Primeras letras
(1931-1943)

Letras Hispánicas

Octavio Paz

Primeras letras
(1931-1943)

Nueva edición revisada y aumentada
de Enrico Mario Santí

CÁTEDRA
LETRAS HISPÁNICAS

1.ª edición, febrero de 2025

Ilustración de cubierta: © D. R. Rufino Tamayo/Herederos/
México/2024/Fundación Olga y Rufino Tamayo, A.C.

Reservados todos los derechos. El contenido de esta obra está protegido
por la Ley, que establece penas de prisión y/o multas, además de las
correspondientes indemnizaciones por daños y perjuicios, para
quienes reprodujeren, plagiaren, distribuyeren o comunicaren
públicamente, en todo o en parte, una obra literaria, artística
o científica, o su transformación, interpretación o ejecución
artística fijada en cualquier tipo de soporte o comunicada
a través de cualquier medio, sin la preceptiva autorización.

D. R. © (2023), por la titularidad de los derechos de las obras
de Octavio Paz, Sistema para el Desarrollo Integral
de la Familia de la Ciudad de México
© De la introducción y notas: Enrico Mario Santí, 2025
© Ediciones Cátedra (Grupo Anaya, S. A.), 2025
Valentín Beato, 21. 28037 Madrid
Depósito legal: M. 23.702-2024
ISBN: 978-84-376-4844-6
Printed in Spain

Índice

Prólogo 11

Descargo, por Octavio Paz 13

Recargo, por Enrico Mario Santí 17

Introducción 23
    Antes: 1931-1937 28
    España, 1937 39
    Después: 1938-1943 50

Esta edición 79

Primeras letras (1931-1943) 95

    Primera parte. Vigilias: Diario de un soñador 97

        Vigilias I 99
        Vigilias II 111
        Vigilias III 124
        Vigilias IV 137
        El trabajo vacío 148
        Inocencia 149

    Segunda parte. Libros y autores 151

        Ética del artista 153
        Distancia y cercanía de Marcel Proust 158

**El tercer partido	171
Notas	175
Noticia de la poesía mexicana contemporánea (Palabras en la Casa de la Cultura de Valencia)	181
*León Felipe	186
*A tres jóvenes amigos	190
Cultura de la muerte	200
Pablo Neruda en el corazón	206
**Carta a Octavio Barreda	218
**Voces de España	220
**Justificación	222
Americanidad de España	224
*La Casa de España	229
Razón de ser	232
El Mar (elegía y esperanza)	239
Isla de gracia	244
*Constante amigo	247
Una obra sin joroba	249
Invitación a la novela	252
Lawrence en español	257
Sabor eterno	260
Mundo de perdición	262
Régimen de Vichy	267
América, ¿es un continente?	270
Silvestre Revueltas	275
Las *Páginas escogidas* de José Vasconcelos	279
Juan Soriano	283
Carlos Pellicer y la poesía de la naturaleza	285
José María Velasco	288
Absurdo y misterio	293
Recoged esa voz	297
Lorenzo Varela, *Torres de amor*	299
Luis Cernuda, *Ocnos*	302
Efrén Hernández, *Entre apagados muros*	305
Manuel José Othón, *Breve antología lírica*	309
Una nueva novela mexicana	311

El teatro de Xavier Villaurrutia	316
Antonio Castro Leal, *Juan Ruiz de Alarcón*	319
Max Aub, *San Juan*	322
Leopoldo Zea, *El positivismo en México*	326
Agustín Yáñez, *Archipiélago de mujeres*	334
Los presocráticos. Jenófanes, Parménides y Empédocles	336
Rafael Dieste. *Historias e invenciones de Félix Muriel*	341
*A la juventud española	344

TERCERA PARTE. Testimonios 347

*La enseñanza de una juventud	349
*Las enseñanzas de una juventud. El camino de la unidad	353
*Palabras en el Ateneo Valenciano	356
**Otra vez España	359
**Palabras en la Casa del Pueblo	363
*Raíces españolas de los mexicanos	370
**Encuesta sobre el Premio Nobel de Literatura	373
**Carta de Octavio Paz a Rubén Salazar Mallén	375
El testimonio de los sentidos	378
Respuesta a una encuesta de *Romance*	382
Respuesta a una encuesta de *Letras de México*	385
Émula de la llama	391
Poesía y mitología. El mito	400
Poesía y mitología. Novela y mito	413
Poesía de soledad y poesía de comunión	424
**Imaginación y realidad I	439
**Imaginación y realidad II	441

CUARTA PARTE. Novedades (1943) 443

El vacilón	445
Don Nadie y don Ninguno	448
¡Viva México, hijos...!	451
Los hijos de Grecia	454
El arte de vestir pulgas	457

Los caballeros águilas	460
Divagación en torno al lector	464
Realismo y poesía	467
El auge de la mentira	470
La jauría	473
**¿Para qué se pelea?	477
Cuestión de palabras	480
Arte tricolor	483
El dormido despierto	488
Qué sabroso veneno	492
Espejo del alma	495
El corazón de la poesía	498
Crédulos y creyentes	501
Apuntes	504
Sobre la moral	507
La crueldad	510
Divagación	513
La mentira de México	516
Consuelos de la filosofía	519
Los beneficios de la muerte	522
De los agachados y otros extremos	526
Novedades	529
El pintor Guerrero Galván	532

Epílogo. **Dos canciones del film *«El Rebelde (Romance de antaño)»* 537

Anexos 541

    Fuentes 543
    Índice onomástico 563

Prólogo

Que la segunda edición, revisada y aumentada, de un libro como *Primeras letras (1931-1943)* se publique en España resulta más que justo. Al volver a comprobar, y al cabo de un buen tiempo, todos los escritos que Octavio Paz produjo en aquella docena de años y comparar esa cantidad con los demás que hace un cuarto de siglo optamos por recoger en la primera edición, soy yo el primer sorprendido ante la cantidad de material que en aquel momento tuvo que ver con España y con el fervor que le despertó la crisis por la que atravesaba la tierra de sus antepasados maternos. Nadie duda de la profunda mexicanidad de Octavio Paz, pero tampoco debe dudarse de su igualmente profunda identidad española. Por eso, al rescatar ahora la mayor parte, si no toda, de esos escritos y así ofrecer una imagen más completa de las primicias de la obra y pensamiento de uno de los grandes escritores del siglo XX, pensamos que todo esto le hace mayor justicia a México, a España y al propio Octavio Paz.

Nuestra edición revisada entrega pocas reformas, aparte de la corrección de consabidas erratas y errores de estilo y, desde luego, el aumento de materiales. Dado que la narración de la trayectoria de Paz en esa docena de años no cambia sustancialmente, hemos optado por dejar incólume la antigua introducción y en cambio añadir, en la sección «Esta edición», propia de esta serie editorial, la lista de textos ahora incorporados junto a sus respectivas descripciones.

Aprovecho estas pocas líneas para reiterar mi agradecimiento de editor a todos aquellos que oportunamente reconocí en mi ya viejo «Recargo», donde di cuenta de la generosidad, por parte de personas e instituciones, de que fui objeto en aquel bisoño ejercicio de investigación en tierra mexicana. Igualmente, ahora debo agradecer la indispensable autorización del DIF y al doctor Arturo Rosique Castillo, albacea de la sucesión de Octavio y Marie José Paz, que otorgó los permisos para esta edición. Como siempre, agradezco al personal de Ediciones Cátedra, y en particular a mi buena amiga Josune García, por su sabia y atenta guía. Y por último, menciono con especial gratitud la ayuda de mi esposa, la doctora Nivia Montenegro, por su diario apoyo y buen humor.

Claremont, California
25 de marzo de 2024

Descargo

Cuando Enrico Mario Santí me propuso publicar en un volumen mis escritos juveniles, dispersos en revistas y diarios, mi primera reacción, pasada la sorpresa, fue negativa: ¿por qué y para qué? Pensé que hay justicia en el olvido y que no debíamos tocar esos textos, enterrados en las páginas de diarios y revistas de hace medio siglo. Después, me dejé ganar por la idea y terminé por acceder. Sin embargo, como estoy convencido de que muchos de esos ensayos y artículos no merecen ser rescatados, le pedí que hiciera una selección rigurosa. Santí aceptó mi condición, solo que, como él mismo lo explica en su prólogo, su criterio no podía coincidir enteramente con el mío. Para él, historiador y crítico, los textos son documentos mientras que para mí son literatura. No fue esta la única ni la más grave dificultad: ¿dónde termina la literatura y dónde comienzan la historia, la psicología, la biografía?

Santí fatigó hemerotecas, bibliotecas y archivos. Al final de esos trabajos, me envió un manuscrito de más de quinientas páginas. Ante mi extrañeza, repuso que, siguiendo mis consejos, había desechado otras muchas. Leí el manuscrito con sorpresa, rubor, angustia, incredulidad: ¿era verdad que había escrito tantas páginas? Apenas si me reconocí en ellas: ¿ese lenguaje había sido el mío? Sentí la tentación justiciera de quemar el manuscrito. Advertí inmediatamente la vanidad del gesto: todo había sido publicado y era ya del dominio público. Lo que tenía ante mis ojos eran copias de papeles impresos. Tampoco podía enterrarlas otra vez. Habría sido una ingratitud y una falta de respeto a la solicitud y los desvelos del generoso Santí, que con tanta amistad había buscado y recogido esos balbuceos. Además, su ensayo preliminar es un ejemplo, poco frecuente, de claridad y penetración.

Aparte de las razones que he mencionado, hay otra que acabó por convencerme: cualquiera que sea su valor, estas páginas son documentos que pueden servir para estudiar la historia de la literatura mexicana en un período que fue, a un tiempo, rico en obras y episodios. Los años que van de 1931 a 1943 fueron notables por varias razones: José Gorostiza publicó *Muerte sin fin* y Xavier Villaurrutia *Nostalgia de la muerte;* Alfonso Reyes y Martín Luis Guzmán regresaron a México después de una larga ausencia, y aquí continuaron su obra*; José Vasconcelos escribió y publicó los tres tomos de sus memorias, un libro capital en la historia espiritual de Hispanoamérica; apareció una nueva generación literaria, en la que figuraron, para citar a unos cuantos, José Revueltas, Efraín Huerta, Alí Chumacero, José Luis Martínez, Neftalí Beltrán; se fundaron varias revistas: *Taller, Tierra Nueva, Letras de México, El Hijo Pródigo;* en fin, muchos escritores españoles desterrados se instalaron en México: Cernuda, Díez-Canedo, Bergamín, Prados, Altolaguirre, Carner, Gil-Albert, Max Aub y tantos otros. Hay varios estudios sobre la influencia estimulante que ejercieron los intelectuales españoles desterrados, especialmente en la Universidad y en los dominios de la filosofía y las ciencias humanas; en cambio, no abundan los estudios sobre los aspectos propiamente literarios del tema. Es lástima pues la literatura fue el campo de elección del encuentro entre mexicanos y españoles. El juego de influencias recíprocas, como puede verse en este libro, fue íntimo y constante.

Estas páginas son el testimonio de los años de aprendizaje de un joven enamorado de la poesía y de la literatura.

Deben leerse como esas indicaciones, flechas, avisos y signos que aparecen en las carreteras y en los caminos; pero no apuntan hacia una dirección precisa: son los rastros de las idas y venidas, las dudas y las transitorias certidumbres de una exploración entre los monumentos y las tumbas, los arenales y los espejismos de la literatura. ¿Búsqueda de la perfección, la belleza, la expresión propia? Tal vez: búsqueda de la comunión. Exploración solitaria y, no obstante, poblada de fantasmas y voces: las de mis admiraciones y mis antipatías, mis fantasmas y mis númenes. La literatura es soliloquio y diálogo, con los otros y con nosotros mismos, con el mundo de aquí y con el de allá.

OCTAVIO PAZ

Recargo

Primeras letras (1931-1943) es una selección de los escritos juveniles de Octavio Paz. Nuestro libro incluye la mayoría de la prosa escrita durante esos años. Pero no toda: representa un compromiso entre las predilecciones del autor y las exigencias del investigador académico.

Yo empecé a estudiar la obra de Octavio Paz hace cinco años. La editorial G. K. Hall de Boston me había pedido una guía de lectura que sirviese para un lector mediano y abarcase toda la obra de Paz. De esa obra yo entonces conocía bien sus poemas, amén de muchos de los ensayos que había escrito a partir de 1950, con su célebre *El laberinto de la soledad*. Era consciente, sin embargo, de que muchos de estos ensayos circulaban en ediciones revisadas que desconocía, y que además existía toda una etapa de la obra de Paz anterior a 1950 que nunca se había recogido en forma de libro y que debía consultar para mi trabajo. En cuanto a los poemas de Paz, también era consciente de la «Advertencia» que figuraba en la segunda edición de *Libertad bajo palabra (1935-1957)* (1968): muchos poemas habían sido eliminados y muchos otros, revisados.

Asaltado por esas dudas, empecé a consultar todas las primeras ediciones, sobre todo las de libros de poemas. No ocurrió lo mismo, sin embargo, con la prosa de Paz. En tanto que sí pude cotejar las primeras ediciones de libros enteros como el propio *Laberinto, Las peras del olmo* y *El arco y la lira,* me era difícil recopilar la prosa dispersa anterior a 1950. Ni siquiera existía entonces, salvo en alguna que otra tesis doctoral, una detallada bibliografía activa de toda la obra de Paz.

Me propuse entonces ir a México el verano de 1982 con la ayuda de una beca Fulbright a consultar esa prosa dispersa. La obra de Paz se me iba precisando como un témpano: la punta que quedaba al descubierto era solo parte de una enorme masa cubierta por las aguas. Como afiliado al Instituto de Investigaciones Filológicas de la UNAM, bajo la dirección del maestro Rubén Bonifaz Ñuño, tuve acceso a la excelente hemeroteca del Instituto. Especialmente útil fue la oportuna consulta del archivo de la hemeroteca, tan rica en revistas literarias mexicanas, a cargo de la maestra Aurora Ocampo. Simultáneamente, visité a Octavio Paz en su casa y empecé a consultarle detalles sobre esa obra dispersa y anterior a 1950.

Al cabo del verano ya había coleccionado buena parte del material que hoy ofrezco en conjunto. La «pre-historia» de Paz, pues así empecé a concebir esta primera época, se me hacía ahora mucho más rica y compleja de lo que había pensado antes de comenzar mis investigaciones. Ante la enorme cantidad de material recuperado me convencí de que una guía de lectura para un lector general resultaba, aunque necesaria, una injusticia a su riqueza. Renuncié entonces a ese proyecto inicial e ideé otro sobre una «biografía intelectual»: un estudio no de Paz la persona —aun cuando este ya resulte necesario— sino de la evolución de su pensamiento y poesía. Tuve la suerte de que la fundación Guggenheim acogiese el proyecto como una de las becas que patrocinó el año lectivo 1983-1984. *Primeras letras* representa los resultados de la primera parte de ese proyecto.

En sucesivos viajes a México pude ahondar más en mi documentación y seguir conversando con Paz sobre mi proyecto. Ambos comprobamos la enorme cantidad de material que había podido acumular. Y, no obstante la ambivalencia con que acogió el desentierro de sus primeros escritos —mezcla de sorpresa y rubor—, fue a él a quien se le ocurrió la idea de recopilar el material en forma de libro, y me pidió que me encargase de ello. Acepté con entusiasmo pero alguna duda. Mi primera reacción fue pedirle que me permitiese incluir todo. Me parecía importante hacerlo con todos los documentos de la época, no importara cuán candorosos o propagandísticos. Su primera reacción fue la contraria: no incluir nada, o al menos lo mínimo, lo cual siempre interpreté más como un gesto ultracrítico que como una retractación de su oferta. Nuestras diferencias nos llevaron a iniciar un diálogo sobre el contenido. El acuerdo fue dar prioridad a valores estéticos sobre los meramente documentales, excluir lo propagandístico y sopesar todo documento que no trascendiese ese estado. En nuestras sesiones discutimos cada texto y repasamos su contexto. A mis preguntas, a veces obsesivas, Paz respondió generosamente ofreciendo material inédito. El resultado de estas obsesiones es la aparición aquí de seis piezas inéditas: los poemas en prosa «El trabajo vacío» e «Inocencia», el ensayo «Distancia y cercanía de Marcel Proust», y las conferencias «Noticia de la poesía mexicana contemporánea» y «Poesía y mitología (I)». Un sexto y breve texto inédito complementa la respuesta de Paz a la encuesta de la revista *Romance* sobre el surrealismo.

Nuestro libro se divide en cuatro secciones, aparte de nuestros prólogos y mi introducción. La primera, «Vigilias: Diario de un soñador», recoge los capítulos del diario íntimo que Paz fue publicando entre 1938 y 1945 más los dos poemas en prosa inéditos que forman parte de la misma colección. La segunda, «Libros y autores», recoge 36 textos sobre literatura, arte, política y moral. La tercera, «Testimonios», recoge 5 ensayos y 2 respuestas a encuestas que tratan exclusivamente sobre poesía. Esta tercera sección es el meollo del libro. En la cuarta sección, «Novedades (1943)», se recogen 27 de las 28 columnas que Paz escribió ese año para el diario capitalino del mismo nombre. La lista de fuentes que añado al final, así como la introducción al principio, tienen la intención de aclarar datos que pueden resultar imprecisos. La bibliografía al final, que cubre la prosa publicada entre 1931 y 1943, da una imagen relativamente completa de la producción de esos años.

Un libro como este es obra de muchos: no solo de Paz y mía, sino de muchos colegas, amigos e instituciones. Por mi parte, debo agradecer la ayuda tan generosa de muchos amigos mexicanos. Debo constante estímulo, sobre todo, a los doctores Ramón Xirau, Carlos Montemayor, Rubén Bonifaz Ñuño, Jan Schultz, José Pascual Buxó, Alejandro Rossi, Luis Mario Schneider, Manuel Ulacia Altolaguirre, Horacio Costa y Aurora Montaño. También a la maestra Aurora Ocampo y a sus serviciales asistentes en la hemeroteca del Instituto de Investigaciones Filológicas. Hugo y Guita Hiriart me dieron no solo estímulo sino también su generosa amistad; al igual que Danubio Torres Fierro y Héctor Libertella, entonces exiliados en México, me supieron dar pistas donde ni siquiera sospechaba que existían. La poeta Ulalume González de León me alentó en momentos difíciles para mi trabajo. Mi amiga la profesora Adriana Méndez Rodenas y Mario Guzmán hicieron de mi primer viaje a México una experiencia familiar y calurosa. Otros colegas en Estados Unidos me ayudaron a encontrar datos y me enviaron textos; entre ellos cuento a los prodigiosos doctores Klaus Müller-Bergh y Hugo J. Verani, especialistas en la obra de Paz. Félix Martínez Bonati, Elias Rivers y Alfred J. MacAdam me apoyaron también en mis búsquedas de fondos de investigación. Debo a mis colegas de Cornell —especialmente a los doctores Jacques Béreaud, Ciriaco Morón Arroyo, John W. Kronik, David G. Grossvogel, Thomas Holloway, Mary G. Randel, Jonathan Tittler, Kathleen Vernon y Debra Castillo— el contexto en que desarrollé mis investigaciones. Agradezco a mis alumnos Wiliam A. Nericcio y Francisco de Miguel Álvarez el esmero con que leyeron la «Introducción». Dejo para el final dos nombres que ahora solo son eso, más mi recuerdo de su noble generosidad: Emir Rodríguez Monegal y José Bianco. El uno me dio aliento, conocimientos y fe para mi trabajo. Con el otro, a la luz de la meseta mexicana, pasé una tarde inolvidable en que evocó para mí sus primeros días en la redacción de *Sur*.

A muchas instituciones debo el apoyo concreto —económico y de recursos— que hizo posible esta investigación. En primer lugar, a la Universidad de Cornell, sus departamentos de Estudios Románicos, Literatura Comparada y el Programa de Estudios Latinoamericanos, y al College of Arts and Science. A las bibliotecas de las universidades de Cornell, Yale, Harvard, Princeton, Duke, Pittsburgh, además de la Biblioteca Pública de Nueva York, la Hemeroteca Nacional de México, el Colegio Nacional de México, la Hemeroteca del Municipio de Madrid, junto con la del Consejo Superior de Investigaciones Científicas de Madrid y la Sala Zenobia-Juan Ramón de la Universidad de Puerto Rico, Río Piedras. Mi especial agradecimiento a las siguientes instituciones por las becas que me concedieron para realizar este estudio: el Programa de Investigación de Humanidades del College of Arts and Science de la Universidad de Cornell y el Programa de Estudios Latinoamericanos de la misma institución, la U.S. Office of Education, bajo su Faculty Research Abroad Program, la American Philosophical Society y la John Simon Guggenheim Memorial Foundation.

Por último, quiero agradecer la paciencia y el aliento de Olga Ros y de mis hijos Alexis y Venissa. ¿Y qué decir de mi otra querida familia —Octavio y Marie-Jo— salvo que ahora tenemos un libro que podemos llamar *nuestro?* Gracias.

E. M. S.
Georgetown University

Introducción

En la docena de años entre 1931 y 1943, Octavio Paz escribió y publicó mucha prosa, gran parte de la cual no ha sido recogida, hasta hoy, en forma de libro. Esos años delimitan una primera época en la vida y obra de Paz: comienza con el año de sus primeras publicaciones y termina con el de su primera salida extensa de México a los treinta años. Es bien conocida la afición de Paz por recoger en libros trabajos dispersos de temas más o menos afines, sobre todo a partir de 1957, con la primera edición de *Las peras del olmo*. Ya en aquella primera colección se recogían, muchas veces en forma revisada al menos seis textos de esa primera época. Pero la gran mayoría de ellos quedaron o bien rezagados en las revistas y periódicos donde se publicaron por vez primera, o bien inéditos y sepultados en el archivo del escritor. Y tan asidua ha sido la práctica del periodismo literario y político, que constituye uno de los rasgos más definitorios de toda su obra.

Primeras letras no es una excepción. Recopila una buena cantidad de prosa poética, amén de ensayos y artículos sobre arte, literatura, política y actualidad social, reseñas sobre toda suerte de publicaciones y respuestas a encuestas solicitadas por revistas mexicanas. Incluye también seis textos inéditos. Dada la notable cantidad de buena y rica prosa de esta época, fundamental para el estudioso de las letras hispánicas, así como también el hábito de Paz de recopilar trabajos dispersos, sorprende que los escritos que hoy ofrecemos hayan tenido que esperar tantos años para ser publicados en conjunto. Análoga, en este sentido, es la impresión del investigador cuando coteja el destino de la primera poesía de Paz[1].

Hasta fecha reciente, el poeta nunca recogió sus primeros poemarios, desde *Luna silvestre* (1933) hasta *A la orilla del mundo* (1942). El propio Paz se ha encargado de señalar, en la «Advertencia» a su libro *Poemas (1935-1975)* (1979), que, si bien existen «poetas precoces que pronto dicen lo que tienen que decir», él mismo, en cambio, se considera un poeta «tardío y nada de lo que escribí en mi juventud me satisface». Paz extrema la paradoja, en el mismo texto, señalando que «mi primer libro, mi verdadero primer libro, apareció en 1949: *Libertad bajo palabra*», sin duda con pleno conocimiento de que en su bibliografía este figura como su octavo libro[2]. La ambivalencia que ha sentido Paz hacia su primera época como escritor resulta evidente, por tanto, en su testimonio sobre los orígenes de su poesía. Refleja, entre otras cosas, la del escritor consagrado hacia una etapa superada: el ojo crítico del poeta maduro ante el principiante que fuera una vez.

Para explicar esa ambivalencia —y, de paso, la demora en el conocimiento de estos primeros escritos— hemos de remontarnos a los años de esta primera época, trazar los datos conocidos de la biografía del escritor y estudiar en

---

[1] Véase *Las peras del olmo,* México, UNAM, 1957. Los seis textos son «Émula de la llama» (antiguo «Pura, encendida rosa...»), «Poesía de soledad y poesía de comunión», «Recoged esa voz...», «Silvestre Revueltas», «Rostros de Juan Soriano» (antiguo «Juan Soriano») y «Pinturas de José María Velasco» (antiguo «José María Velasco»).

[2] Véase *Poemas (1935-1975),* Barcelona, Seix Barral, 1979, pág. 11; ahora en *Obras completas,* Galaxia Gutenberg, Barcelona, 1991-2003. Todas las citas de la orba de Paz, salvo indicación contraria, se basan en esta edición. Los datos esenciales de la obra de Paz se pueden consultar en la indispensable *Octavio Paz: bibliografía crítica (1931-2013),* ed. Hugo J. Verani, México, El Colegio Nacional, 2014, 3 tomos. He tenido el privilegio, además, de manejar otra bibliografía inédita sobre el mismo tema otrora compilada por Luis Mario Schneider.

detalle el reflejo de su pensamiento en los textos que poseemos. Baste recalcar que la docena de años en que se producen estos primeros escritos delimita una época o período dentro de su biografía, y que esa época termina con una salida de México que, si bien no fue la primera, sí posee un carácter de ruptura. El propio autor, en la primera conferencia del ciclo «Cuarenta años de escribir poesía», ofrecido en el Colegio Nacional de México en 1975, se refirió a esa ruptura señalando que su partida hacia Estados Unidos a principios de 1944 había sido «una vía de salida del enredo moral, político y estético que me asfixiaba al iniciarse la década de los cuarenta»[3]. A mí mismo, en una entrevista hecha a propósito de esta recopilación, me contestó, a la pregunta sobre qué termina y qué comienza en 1944, que entonces

> me ahogaba en México. Necesitaba irme. Creo por eso que fue bueno romper en un momento dado con mi pasado e irme primero a los Estados Unidos y luego a Europa. ¿Qué acabó? Pues acabaron los años de iniciación. ¿Qué comenzó? Pues una tentativa de exploración de la poesía moderna, una reconciliación.

La «reconciliación» a la que alude vendrá solo lentamente a lo largo de los siguientes nueve años de ausencia de México y culminará en la publicación de sus dos «primeros» libros de poesía y prosa respectivamente: *Libertad bajo palabra* (1949) y *El laberinto de la soledad* (1950). Para entonces, no solo se habrá reconciliado con su pasado de iniciación; los cambios ocurridos en su vida y la evolución de su pensamiento habrán hecho de él *otro* escritor, *otro* poeta, *otra* persona.

---

[3] Cito por el resumen de la conferencia que ofrece Margarita García Flores, «Es preferible escribir a reventar», *La Onda,* 91, 9 de marzo de 1975, pág. 8.

Antes: 1931-1937

En 1931, cuando empieza a publicar sus obras, Octavio Paz cuenta diecisiete años de edad. Ese mismo año había ingresado en la Escuela Nacional Preparatoria San Ildefonso, una de las más prestigiadas del país, en momentos en que el claustro incluía a figuras de renombre como José Gorostiza y Samuel Ramos. México vivía entonces una época de fervor político e intelectual, todavía a la zaga de la Revolución mexicana y de la política nacionalista que la Revolución había inspirado y que culminará con el ascenso a la presidencia de Lázaro Cárdenas. Apenas dos años antes, en 1929, la campaña presidencial de José Vasconcelos, ministro de Educación bajo el gobierno de Obregón, había inspirado a la juventud mexicana a acoger las entusiastas reformas políticas y culturales que proponía el célebre educador y filósofo. El movimiento de simpatía hacia Vasconcelos se reflejó ese mismo año en una huelga estudiantil que paralizó a casi todas las escuelas de la capital. La huelga, que duró algún tiempo, estuvo motivada en parte por el asesinato del estudiante Germán del Campo durante una convocatoria masiva en la plaza de San Fernando de la ciudad. Ese suceso sangriento sirvió de aglutinante para los miembros de la generación que entonces despuntaba.

«Confieso que nunca he sido vasconcelista —recordará en una reseña que se recoge en este libro— aunque a los quince años haya gritado "¡Viva Vasconcelos!"» Paz ha evocado esos años de lucha estudiantil al recordar las circunstancias que le llevaron a conocer a José Bosch, trasunto del poema «Elegía a un compañero muerto en el Frente de Aragón» (1937). Junto con Bosch, e incitado por él, se convirtió a la lectura clandestina de literatura anarquista (Kropotkin, Réclus, Ferrer, Proudhon y otros) dentro de la cerrada atmósfera de la Escuela Secundaria número 3. Influidos por esa lectura, la pareja de amigos intenta sublevar a los compañeros e incitarles a declararse en huelga. Dos noches de arresto y la amenaza de expulsión de la escuela no les sirvieron de escarmiento. «Yo era demasiado chico y continué mis estudios. En cambio, sí tomé parte en la huelga que paralizó durante varios meses los colegios y facultades de la ciudad de México»[4]. En este ambiente de tensiones políticas Paz ingresa en la Preparatoria, y junto con Bosch y otros pronto forma parte de una agrupación radical, la Unión de Estudiantes Pro-Obreros y Campesinos, con fines doctrinarios que no llegaron a tener mucho alcance.

En una crónica, José Alvarado, condiscípulo en esa época, recuerda que aquel muchacho de dieciséis años era «inquieto, vivaz, lector infatigable y dueño de una dilatada curiosidad»[5]. Recuerda igualmente que al año siguiente de ingresar en la Preparatoria, organiza *Barandal,* una pequeña revista literaria, con la ayuda de sus condiscípulos Rafael López Malo, Salvador Toscano y Arnulfo Martínez Lavalle. La revista de estudiantes apenas llegó a los siete números (hasta marzo de 1932), pero ya sus páginas transparentan el cruce entre vanguardia poética y política que define el momento: textos de Joyce, Marinetti y Valéry se alternan con los de Alberti y Stalin. También en esas mismas páginas Paz publica sus primeros poemas, que coinciden en el tiempo con su debut poético en las páginas de *El Nacional Dominical* el 7 de junio de 1931[6]. Pero es en *Barandal,* donde Paz publica «Ética del artista», su primera tentativa

---

[4] *Poemas (1935-1975),* pág. 668. Paz también se refiere ampliamente a la campaña de Vasconcelos en su entrevista con Julio Scherer García, «Suma y sigue», recogida en *El ogro filantrópico. Historia y política, 1971-1978,* Barcelona, Seix Barral, 1979, págs. 322-338.

[5] «Nociones incompletas acerca de un poeta joven», *La Cultura en México,* núm. 491, 7 de julio de 1971, pág. 2.

[6] Paz publicó sus primeros poemas en *OC,* VIII, 31-43.

de ensayo, que define no solo al joven escritor sino también, como premonición, al futuro moralista.

En ese, su primer ejercicio de ensayo, divide la experiencia estética en «arte de tesis o arte puro» y opta por el primero. El ejercicio parecerá, a ojos maduros, algo gratuito. Pero no solo permite que el joven Paz comience a indagar dentro de su propia convicción estética; también le sirve para situarse ante *Contemporáneos,* la generación de vanguardia inmediatamente anterior a la suya y cuyo contexto condiciona sus primeras nociones sobre arte y poesía. Porque rechazar el arte puro en este momento no significa otra cosa que criticar, a manera de reacción, la posición estética de *Contemporáneos,* su aparente actitud «deshumanizada» (para invocar el manido término de Ortega) y su aparente irresponsabilidad poética, moral o política. No eran otras las críticas que entonces se les dirigían a los «Contemporáneos». De entre las diversas tendencias que proliferan durante los años veinte —los movimientos «estridentista» y «agorista» son otras dos, por ejemplo— la de los «Contemporáneos» es, sin duda, la más cercana: su revista informa al ávido lector en Paz, la presencia de sus miembros le inspira, y el contexto total determina una primera toma de posición ante la vocación literaria.

La contrapartida, si bien tardía, de este ejercicio inicial se encuentra en otro escrito de esos años, «Distancia y cercanía de Marcel Proust», al que Paz ha llamado su «verdadero primer ensayo». Aunque se demorará en publicarse hasta 1939 (y aun entonces solo su primera mitad), el ensayo se remonta a 1933, con el descubrimiento del novelista francés. *(Primeras letras* lo incluye entero por vez primera.) Aparte del entusiasmo evidente, su interés radica en la interpretación peculiar de la obra de Proust: su amoralidad, por ejemplo, y su carácter «poético», constituido por la irrupción de la vida en el arte («En Proust la literatura se convierte y adquiere el carácter de la vida»). Es decir, la lectura de Proust, y esta consiguiente meditación, permite profundizar en las relaciones internas entre vida y literatura —tal como las mediatizan, entre otras, la memoria y el deseo— y de ahí refinar lo que en su lejano primer ejercicio Paz había llamado, con torpeza de principiante, «arte de tesis».

No es este el lugar para realizar la crónica detallada ni de Proust ni de *Contemporáneos*. (A esta hemos de regresar, más adelante y forzosamente, cuando abordemos la época de *Taller*.) Baste señalar, por el momento, la distancia que ya va separándole de la generación anterior a la altura de 1932, año en que pasa de la Preparatoria a la Escuela de Derecho de la UNAM, donde permanecerá todo el siguiente lustro. Transcurren los años treinta, que en México, como en todas partes, son de fermento económico, social y político. Y son años de cambio no solo para Paz sino para todo el ambiente intelectual mexicano. El paso hacia el sexenio de Lázaro Cárdenas (1934-1940) aparece atravesado por las tensiones entre un nuevo nacionalismo de corte socialista y los restos del humanismo liberal de la generación del Ateneo. Ejemplo concreto de esa tensión será el debate que sostienen, en 1933 y en el Primer Congreso de Universitarios Mexicanos, Antonio Caso, maestro de la vieja generación, y el joven Vicente Lombardo Toledano, entonces profesor de Sociología de la misma preparatoria donde estudia Paz, en torno al materialismo dialéctico. Fuera de la universidad, el ambiente intelectual se vuelve ferozmente institucional: en 1931 se funda en México la Lucha Intelectual Proletaria (LIP)[7], y unos años después tanto una Liga de Escritores y Artistas Revolucionarios (LEAR) como un Sindicato de Escritores Revolucionarios (SER). Casi como emblema de esta época nacionalista, Samuel Ramos,

---

[7] Véase Guillermo Sheridan, *Los contemporáneos, ayer*, México, Fondo de Cultura Económica, 1985. Sigue vigente el estudio pionero de Merlin H. Forster, *Los contemporáneos, 1920-1932, perfil de un movimiento vanguardista mexicano*, México, Ediciones de Andrea, 1964.

profesor de Filosofía de la misma universidad, publica en 1934 su *El perfil del hombre y la cultura en México*, suerte de interpretación psicológica del carácter del mexicano y temprano ejercicio de filosofía nacional. Y el poeta Rafael Alberti, ya para entonces comunista, visita México ese mismo año en una gira oficial.

Pero si bien el joven vive el trasiego diario de estas luchas, los poemas que recoge en *Luna silvestre* (1933) no lo reflejan, y no será hasta el estallido de la guerra de España, tres años después, que el referente social irrumpirá en su poesía. Esa primera *plaquette* de siete poemas recoge un lirismo intimista de vagos ecos románticos y modernistas. Heine, Juan Ramón Jiménez, Rilke y Salinas confluyen en la elaboración del repertorio temático: la meditación nocturna, la poesía como deseo, la mujer como símbolo de la naturaleza, la memoria como imaginación erótica, el lenguaje siempre insuficiente, la soledad del poeta-amante:

> Mudo seré en el nocturno Amor,
> vigilando memorias y recuerdos.
> Amor, quedan las voces agotadas,
> el silencio seré de tu silencio[8].

La publicación de *Luna silvestre* estará lejos de consagrar al joven poeta. El librito, hoy rareza bibliográfica, apenas circula y de él no aparece ninguna reseña. Pero significa un notable inicio poético, como otros han señalado[9]. Pronto lo complementan otros poemas que aparecen ese mismo año en *Cuadernos del Valle de México*, la segunda revista literaria que Paz ayuda a fundar y que durará apenas dos números. Aparte de una serie de sonetos neobarrocos que

---

[8] *Luna silvestre*, México, Fábula, 1933; en *OC*, VIII, 44-48.
[9] Por ejemplo, el ensayo de Klaus Müller-Bergh, «La poesía de Octavio Paz en los años treinta», *Revista Iberoamericana*, núm. 74, 1971, págs. 114-133, así como el de Carlos H. Magis, *La poesía hermética de Octavio Paz*, México, El Colegio de México, 1978, especialmente las págs. 9-25.

muestran la huella vanguardista, todos los poemas de la época extreman la misma nota intimista. Muy a propósito Paz recordará, en una de sus conversaciones con Julián Ríos (1973), la reacción que entonces tuvo Rafael Alberti a la lectura de esos poemas durante una velada del poeta español con los jóvenes mexicanos:

> Y cuando yo le enseñé mis poemas a Alberti él me dijo: «bueno, esto no es poesía social...» (al contrario, era una poesía intimista —una palabra horrible ésta, intimista, pero eso era: intimista—); «no es una poesía revolucionaria en el sentido político —dijo Alberti— pero Octavio es el único poeta revolucionario entre ustedes, porque es el único en quien hay una tentativa por transformar el lenguaje». Y estas frases de Alberti me impresionaron mucho[10].

El elogio cualificado de Alberti —ya para entonces el poeta político de *Consignas*— es una muestra más de las tensiones que la época va perfilando y que delata la actividad del joven. Los tiempos eran «revolucionarios»; no así su poesía, al menos en estricto sentido. La nota intimista que Alberti acierta en identificar no refleja una simple moda literaria: revela una necesidad de introspección. A su vez, la introspección está motivada por un deseo: conocerse por medio de la poesía. El poema adquiere así el propósito de descifrar la identidad personal del poeta, servir de «espejo». No será otro, por cierto, el título de un poema clave de 1934, recogido solo quince años después (en *Libertad bajo palabra,* 1949), donde el proverbial símbolo organiza nítidamente el tema de la identidad:

---

[10] Octavio Paz y Julián Ríos, *Solo a dos voces,* Barcelona, Editorial Lumen, 1973, pág. 25, *OC,* VIII, 1315-1480. Paz se ha referido por lo menos una vez a esa aparente «contradicción entre mis opiniones políticas y mis gustos poéticos», en *Xavier Villaurrutia en persona y en obra,* México, Fondo de Cultura Económica, 1978, pág. 12. La cita se refiere a una anécdota de 1937.

De una máscara a otra
hay siempre un yo penúltimo que pide.
Y me hundo en mí mismo y no me toco[11].

En 1934 y a los veinte años, el poeta en ciernes va tomando posesión de sus obsesiones. Junto con la identidad personal, el erotismo. De hecho, de ese mismo año es la primera versión de *Bajo tu clara sombra* (1941), que recogerá en otro libro de poemas de 1937. La toma de posesión que revela la irrupción, en 1934, de esos dos temas centrales se origina, a su vez. en un suceso central: Octavio Paz Solórzano, su padre, muere en un accidente ferroviario. Salvo en unos cuantos memorables versos de *Pasado en claro* (1974) («Por los durmientes y los rieles / de una estación de moscas y de polvo / una tarde juntamos sus pedazos»), Paz se ha referido pocas veces a este suceso[12]. Lo cierto es que ocurre precisamente en 1934 y que esa pérdida, debida al alcoholismo del padre, desata sentimientos oscuros que se irán resolviendo, dentro de un marco introspectivo, en la posesión de obsesiones personales.

No es casual, por eso, que de ese año sean también las *Vigilias,* que *Primeras letras* recoge en su primera sección. Las *Vigilias* forman parte de un diario íntimo que Paz comienza a escribir, precisamente a raíz de la muerte del padre, en los ratos libres que le permitía su trabajo de escribiente en el Archivo General de la Nación. Los fragmentos de calidad literaria los fue publicando con el tiempo; pero lo que no publicó, por demasiado íntimo, fue suprimido y luego se perdió. Publicadas en cuatro «capítulos» entre 1938 y 1945, las *Vigilias* llevan el subtítulo colectivo de «Fragmentos del diario de un soñador». Salvo el primero, que consiste en cinco entradas entre agosto y septiembre de 1935,

---

[11] «Espejo», en *Libertad bajo palabra,* México, Tezontle, 1949; y en *OC,* VII, 69-70.
[12] *Poemas (1935-1975),* pág. 653.

los demás no llevan fecha. Los otros —publicados en 1939, 1941 y 1945— abandonan paulatinamente el formato del diario y adoptan el de la miscelánea de fragmentos y reflexiones —con 6, 37 y 50 secciones, respectivamente—. *Primeras letras* reúne, además, otros dos fragmentos inéditos, «El trabajo vacío» e «Inocencia», que, aunque resulte imposible fecharlos, complementan los capítulos III y IV, respectivamente. Más que fragmentos, esos textos rezagados son verdaderos poemas en prosa.

El cruce entre diario íntimo y miscelánea dramatiza el doble propósito de las *Vigilias:* la introspección y la reflexión. La una dirigida al interior del poeta; la otra al exterior, su relación con los otros. Ambos apuntan, a su vez, a un solo objetivo: la definición moral. Él mismo lo dice: no el sueño desatado libre, sino la *vigilia* dirigida por la conciencia. No exagero al decir que las *Vigilias* contienen, en germen, los orígenes del moralismo por el que Paz será conocido años más tarde. También contienen, casi sin proponérselo, un compendio de los temas del joven poeta: enajenación y soledad, amor y comunión, conocimiento y pasión, la mujer y el deseo. Una vez más, esas meditaciones no son mera crítica literaria. Mejor dicho, son la mejor crítica literaria porque calan más hondo. Dentro del mismo marco introspectivo, constituyen la articulación de una serie de temas que preocupan al joven en su drama personal.

Tanto es así que en los primeros dos capítulos, donde el formato del diario es más sostenido, llega a glosar, sin identificarlos, dos poemas suyos (en esa época aún inéditos) a fin de objetivar y descifrar el oscuro sentido de esos textos. Como Dante en la *Vita Nuova,* o san Juan de la Cruz, cuya figura y obra las *Vigilias* invocarán más de una vez, o como Antonio Machado a través de sus «Complementarios», el poeta se desdobla en lector de sus poemas para descifrar su lenguaje —lo cual equivale a descifrarse—. Será al extender estas autoglosas, sobre todo al principio del segundo capítulo, que se insertará una extensa meditación sobre las relaciones entre poesía y mito, entre estos y el amor y, a su vez, con la moral y la razón. Esas glosas constituyen el meollo y origen del pensamiento poético de Octavio Paz. Al tema regresaré hacia el final, pero por el momento resultan evidentes, en este sentido, las conexiones entre esta meditación y otros dos textos que recoge *Primeras letras* y que anticipan las posteriores meditaciones de *El arco y la lira* (1956). Me refiero a «Poesía y mitología (I)», una conferencia inédita de 1942, y al célebre ensayo «Poesía de soledad y poesía de comunión», de 1943. En ambos Paz recogerá los mismos temas para situarlos en un marco más amplio.

Las meditaciones «intimistas» en prosa y verso sufren, en 1936, un encontronazo con esa historia que tientan tímidamente. El 18 de julio de ese año el general Francisco Franco se levanta en armas con una facción del Ejército español en contra del gobierno constituido de la República. Si la reacción del mundo entero fue de indignación ante tal abuso de poder contra el gobierno peninsular, la de México en particular produjo una identificación nacional. La antigua colonia —lejana Nueva España— bajo un gobierno revolucionario y nacionalista, veía en esa guerra civil un reflejo tardío de la suya. El fantasma de Porfirio Díaz regresaba como Franco, solo que esta vez la Revolución tenía el poder para exorcizarlo. «El cardenismo —escribió Carlos Monsiváis sobre esa época— despliega valerosamente las reivindicaciones del nacionalismo revolucionario»[13]. Y como en ese momento el Estado mexicano empleaba a la mayor parte de los intelectuales, la cultura «oficial», dictamina la militancia del escritor y el artista. Las consecuencias son evidentes: se destituye de sus cargos a los llamados «artepuristas». No solo a los «Contemporáneos» que aún sobrevi-

---

[13] «Notas sobre la cultura mexicana en el siglo XX», en *Historia general de México,* ed. Daniel Cosío Villegas, México, El Colegio de México, 1976, II, pág. 390.

ven; también a artistas más jóvenes, ahora víctimas de la misma etiqueta: Rufino Tamayo, María Izquierdo, Manuel Álvarez Bravo. En su lugar se entroniza a los «oficiales», cuyo emblema viviente ha de ser el ubicuo pintor muralista Diego Rivera y David Alfaro Siqueiros, entre los más conocidos. Al igual que la España en armas, el México cardenista se convierte en meca de intelectuales; a Alberti le siguen, pronto y sucesivamente, Nicolás Guillén, Juan Marinello, León Trotsky y André Breton, entre otros.

Paz reacciona de inmediato al levantamiento. Apenas dos meses después, el 30 de septiembre, publica su poema «¡No pasarán!». Poema desigual. A diferencia de otros de inspiración republicana (la «Elegía a un compañero muerto en el Frente de Aragón», por ejemplo, o «El barco»), Paz no lo recogió hasta fecha reciente. Pero la reacción del poeta es sincera y fervorosa —y no solo por el título explícito que escoge—. Dona todo el usufructo de su edición de 3500 ejemplares al Frente Popular Español en México, como dice el colofón, «en prenda de simpatía y adhesión para el pueblo de España, en la lucha desigual y heroica que actualmente sostiene»[14].

La guerra en España viene a ser reflejo de un conflicto interior que estalla a principios de año. «En 1937 —ha recordado a propósito— abandoné, al mismo tiempo, la casa familiar, los estudios universitarios y la ciudad de México. Fue mi primera salida»[15]. La salida es en dirección a Mérida, capital del estado de Yucatán, para fundar una escuela para hijos de obreros y campesinos. La reacción ante la guerra española, unida a su desilusión ante la carrera de abogado, cataliza el radicalismo soterrado de los años de estudiante. El resultado es la búsqueda de un «compromiso» con la realidad del campesino mexicano fuera de la metró-

---

[14] *¡No pasarán!*, México, Simbad, 1936; *OC*, VIII, 116-118.
[15] *Poemas (1935-1975)*, pág. 665.

poli. También la motiva la seguridad que le concede la publicación, a principios de año, de *Raíz del hombre,* su segundo libro de poemas. A diferencia de la poesía anterior, el libro (que es en verdad un solo poema extenso de 17 cantos) demuestra aliento y ambición. Su minucioso registro de la pasión erótica equivale al intento de posesión de su propia intensidad personal que dos años antes preconizaban las *Vigilias.* Nombrar esa pasión supone también cierta torpeza. El poema incurre en repeticiones, redundancias e imprecisiones que, si bien permanecen fieles al testimonio erótico, arrecian la retórica y la estructura. Jorge Cuesta, en su reseña al libro, la primera que jamás recibiera su obra, destacó esa precipitación retórica:

> la poesía de Octavio Paz no se resiste a una pasión de recomenzar, de repetir, de reproducir una voz de la que no llega a salir la satisfacción esperada por la impaciencia que la golpea. El efecto de esta violencia es que sus sentimientos destrozan las formas que lo solicitan, aunque sin apagarse, y como enloqueciendo[16].

La reseña de Cuesta no es solo un elogio: significa una relativa consagración por quien fuera el ensayista más lúcido de entre los «Contemporáneos». Y el efecto de su saludo en Paz ha de haber sido la saludable infusión de una seguridad interior cuyo resultado inmediato fue la decisión de romper con su vida en la Ciudad de México y marcharse a Yucatán.

La estancia en Yucatán dura apenas cuatro meses. Pero se trata de una temporada de reflexión cuyo resultado poético, al cabo del tiempo, será *Entre la piedra y la flor* (1941), un poema extenso de tema social. En Yucatán, Paz participará en actividades a favor de la República y ayudará a fun-

---

[16] «*Raíz del hombre,* Octavio Paz», *Letras de México,* núm. 2, 1 de febrero de 1937, pág. 9.

dar, además de la escuela, un Comité pro-Democracia Española. Mérida no es la Ciudad de México: es un pueblo, es más pobre, es más india, más mestiza, y es el trópico. Las diferencias implican un desplazamiento no solo en el espacio sino en su interior, lo que, a su vez, propicia otra distancia reflexiva. De ese momento yucateco *Primeras letras* recoge «Notas», un testimonio de recién llegado, y «El tercer partido». El primero Paz lo escribe a petición de Clemente López Trujillo, un amigo poeta entonces director del *Diario del Sureste* de Yucatán. En esas «Notas», que son como la contrapartida en prosa de lo que después llegará a ser *Entre la piedra y la flor*, el joven registra su asombro ante las diferencias geográficas y humanas entre México D. F. y Mérida y su gusto en el análisis del aspecto físico de la antigua ciudad. También registra, al igual que en sus poemas, su indignación ante la explotación económica del indio y el prejuicio que lo asuela. Del segundo, texto abiertamente político, diremos más en el Adendo.

La temporada en Yucatán termina en junio, cuando Paz regresa a la capital. Allí contraerá matrimonio con Elena Garro y le aguarda la sorpresa de una invitación para asistir a un congreso internacional de escritores.

España, 1937

La invitación al Segundo Congreso Internacional de Escritores en Defensa de la Cultura, a celebrarse en la España en guerra, la extiende Pablo Neruda, uno de sus organizadores. Neruda y Paz no se conocían, pero este le había enviado un ejemplar de *Raíz del hombre* que impresionó al poeta chileno[17]. El Congreso era, como se sabe, una facha-

---

[17] Dice Neruda al respecto, con cierta imprecisión u olvido: «Había publicado un solo libro, que yo había recibido hacía dos meses y que me

da soviética. En el Primer Congreso de Escritores, celebrado en París dos años antes, el cisma entre los partidarios de Moscú y los escritores independientes había desatado varias luchas intestinas, la más famosa de las cuales había sido la del grupo surrealista, motivada por el cisma Breton-Aragon a propósito de la independencia ante la política cultural de la Unión Soviética. A su vez, las polémicas de ese Primer Congreso se remontaban al Congreso de Escritores Soviéticos de 1934, donde, entre otros eventos, Máximo Gorki había expuesto la teoría del realismo socialista. Celebrar el Segundo Congreso en medio de la guerra española equivalía, por tanto, a poner en práctica lo que antes solo existía en teoría: la resistencia armada al fascismo. Y a la tensión de la guerra bajo la que se convoca el Congreso se añadía otra más, directamente relacionada con los intelectuales: apenas unos meses antes André Gide, hasta entonces «niño mimado» de la Unión Soviética, condena los males del sistema en dos polémicos panfletos. Esa condena le cuesta a Gide no solo el apoyo de los rusos sino el desprecio de los congresistas.

En esas circunstancias el Congreso convoca a treinta delegaciones y más de cien delegados en las cuatro ciudades donde se celebran las distintas sesiones: París, Valencia (entonces capital de la República), Madrid y Barcelona. La lista de delegados constituye un *who's who* del mundo intelectual de los años treinta: Cowley, Ehrenburg, Landsberg, Lukács, Malraux, Spender, entre otros. Y la representación del mundo hispánico es, desde luego, aún mayor: Carpentier, Neruda, Huidobro, Vallejo, sin contar a los numerosos anfitriones españoles[18]. Los delegados de México eran, jun-

---

pareció contener un germen verdadero. Entonces nadie lo conocía», en su *Confieso que he vivido. Memorias,* Barcelona, Seix Barral, 1975, pág. 182.

[18] Para más datos sobre el Congreso véase *II.º Congreso Internacional de escritores antifascistas (1937),* ed. Manuel Aznar Soler y Luis Mario Schneider, Barcelona, Editorial Laia, 1979. El primer tomo recoge las

to con Paz, el poeta Carlos Pellicer y José Mancisidor, este último como miembro de la LEAR mexicana. A ellos se unen, a la semana de terminarse el Congreso, otros delegados de la LEAR, entre ellos, el compositor Silvestre Revueltas, el pintor José Chávez Morado, Fernando Gamboa, Juan de la Cabada y María Luisa Vera. (El México cardenista era entonces, junto con la Unión Soviética, muy popular: son los únicos dos países que proporcionan ayuda militar a la República.) No todos viajan juntos. Paz, Elena Garro y Pellicer van por barco —en un itinerario que los lleva a París (adonde llegan el 1 de julio), vía Nueva York, Quebec y Cherburgo— junto a Nicolás Guillén y Juan Marinello. Estos dos, que unidos a Alejo Carpentier y Félix Pita Rodríguez constituían la delegación cubana, vivían entonces en México, auspiciados por la LEAR mexicana en el disfrute del ambiente favorable del cardenismo. De París todos viajan en tren hasta Barcelona[19].

El Congreso dura dos semanas, del 4 al 17 de julio, aunque Paz permanecerá en España hasta fines de septiembre. Al cabo de ese mes regresa a París y allí permanece hasta fin de año. La estancia en Europa dura un total de seis meses. Que Paz, a diferencia de Mancisidor o Pellicer, no tuviese ponencia en el Congreso, demuestra su relativa marginalidad. En México no había sido miembro de la LEAR; y en la Agrupación de Escritores Antifascistas, que organiza el viaje de la delegación y a la cual Paz tampoco pertenecía, un grupo estalinista había censurado su invitación acusán-

---

ponencias leídas en el Congreso. Para una interesante reseña contemporánea véase también el ensayo de Corpus Barga, «El II.º Congreso Internacional de Escritores. Su significación», *Hora de España,* núm. VII, agosto de 1937, págs. 5-10.

[19] Ángel Augier, en su *Nicolás Guillén,* La Habana, UNEAC, 1965, págs. 191-194, provee el itinerario detallado del viaje. Para la versión del propio Guillén véanse los fragmentos pertinentes de su *Páginas vueltas. Memorias,* México, Presencia Latinoamericana, 1983, págs. 117-119. Para la de Elena Garro, véase *Memorias de España, 1937,* México, Siglo XXI, 1992.

dolo de trotskista. Participa en el Congreso, por tanto y mayormente, como un poeta invitado por otro, y esa circunstancia determina sus actividades. Asiste a las numerosas reuniones oficiales y actos aledaños, lee sus poemas en recitales, da conferencias por radio y en persona, entabla una relación de trabajo y amistad con los jóvenes poetas españoles, publica tanto fervorosos artículos de adhesión a la República como un libro de poemas, visita el frente de combate. Vigorosa marginalidad.

De los artículos, que son en verdad prosa de propaganda, se conocen al menos tres; dos de ellos se publicaron en México y el tercero figuró prominentemente en la primera plana de *El Mono Azul*[20]. Los tres reflejan, con ese entusiasmo juvenil que a veces raya en ingenuidad, la solidaridad de Paz con la República, con su lucha, su heroísmo y juventud. Nada menos pedía el momento, y la respuesta de Paz es total. *Primeras letras* recoge todos esos textos más uno que era inédito: «Noticia de la poesía mexicana contemporánea», una conferencia leída en la semana dedicada a México y los artistas, del 17 al 23 de agosto, que patrocina la Alianza de Intelectuales de Valencia en el Ateneo Popular[21]. Como una de sus tres intervenciones directas, la conferencia fue el preámbulo a un recital de poesía mexicana con-

---

[20] Los tres artículos son: «A la juventud española», *El Mono Azul*, núm. 32, 9 de septiembre de 1937, pág. 1; «Palabras de Octavio Paz en el Ateneo Valenciano», *El Nacional*, 23 de noviembre de 1937, 2.ª sección, pág. 1; y «Raíces españolas de los mexicanos», *El Nacional*, 7 de diciembre de 1937, 2.ª sección, pág. 1. Sobre el episodio en España son indispensables los comentarios de Paz en su *Itinerario, OC,* VI, 13-90.

[21] Tomo la información del excelente prólogo de Luis Mario Schneider, «De la raíz al pulso», a su edición de *México en la obra de Octavio Paz,* México, Promexa, 1979, pág. xxix. Durante esa misma semana, las otras intervenciones fueron dos discursos en una exposición del grabado político y en una discusión sobre «La revolución en marcha». Véase «Palabras de Octavio Paz en el Ateneo Valenciano» y «Raíces españolas», recogidos en este libro.

temporánea en el que, tras una presentación del poeta español Arturo Serrano Plaja, Paz leyó poemas de Efraín Huerta, Neftalí Beltrán y Alberto Quintero Alvarez, además de los suyos propios. El valor documental de la conferencia es indudable: es el primero de una larga serie en la que se cuentan «Pura, encendida rosa» (1942) (que *Primeras letras* también recoge) o la célebre «Introducción a la historia de la poesía mexicana» (1952), donde se discute la tradición poética de su país. En este primer texto la crónica de esa tradición no provee un mero catálogo de nombres y obras; sí aparece vinculada a la naturaleza dialéctica de la identidad mexicana.

> Lo mexicano —dirá textualmente— no es una inalterable esencia, una estática y pareja suma de reacciones, sino una cambiante, como la propia vida, voluntad y comprensión humanas frente a hechos objetiva e irremediablemente concretos, específicos, nacionales.

La importancia de esta formulación reside no solo en su descripción de la naturaleza histórica de esa identidad. También y sobre todo en el lugar central que ocupa la poesía en su revelación. Ante la proverbial mitificación del carácter mexicano —las meditaciones de Samuel Ramos, entre otras— Paz plantea, en este momento de crisis histórica, un análisis concreto que tiene su origen, como comprueba este texto, en una reflexión sobre la historia de la poesía mexicana y en la necesidad de definir sus rasgos diferenciales ante un público extranjero. Con el tiempo, ese análisis tendrá su mayor alcance en la meditación de *El laberinto de la soledad*.

España en ese momento es sobre todo su juventud, y el joven mexicano hace amistad con muchos congéneres españoles, sobre todo poetas. Con quienes muestra más afinidad es con ese grupo de la revista *Hora de España*: Altolaguirre, Cernuda, Gaya, Gil-Albert, Prados, Sánchez Barbudo, Serrano Plaja. (Apenas dos años después, varios miembros de ese grupo pasarán a México y allí formarán parte de la redacción de otra revista, *Taller,* a instancias de Paz, su director.) *Hora de España* se publicaba, en su primera etapa, en Valencia, una de las sedes del Congreso. A diferencia de algunas revistas de la época *(Octubre,* por ejemplo, o el propio *Mono Azul),* se distingue por su posición independiente ante el compromiso social del arte y la literatura. Frente a la ortodoxia ideológica a que se prestaba la crisis de la época, *Hora de España* elude la demagogia. No asume, por ejemplo, una actitud condescendiente hacia el pueblo a pesar de que su lema explícito era estar «al servicio de la causa popular». Sí pide, en cambio, con insistencia y a veces oposición, una cultura madura de contenido crítico e intelectual. En sus editoriales, así como en la propia obra de creación que publicaba, resalta la circunspección con que se alude a la causa del pueblo y la desconfianza ante consignas o retóricas partidistas. La revista se equilibra, de esta manera, entre el compromiso y la independencia del escritor. La estrategia equivalía, en ese momento, a preservar la independencia artística sin romper con los comunistas, la búsqueda de un *modus vivendi* con la izquierda oficial[22]. Y es precisamente en la moral poética de *Hora de España* donde Paz encuentra una afinidad sorprendente. Como él mismo, los jóvenes españoles atraviesan una etapa de transición: todos rechazan el arte puro, pero no el aspecto crítico, el rigor estético, de la vanguardia. Desean un arte comprometido, pero sin renunciar a la independencia del arte y del artista.

---

[22] Para un lúcido análisis de la significación de *Hora de España* véase J[ohannes] Lechner, *El compromiso en la poesía española del siglo XX,* Leiden, Holanda, Universitaire Pers Leiden, 1968, 1, págs. 179-201. Hay amplias discusiones sobre la época en los estudios de Juan Cano Ballesta, *La poesía española entre pureza y revolución (1930-1936),* Madrid, Editorial Gredos, 1972, y Natalia Calamai, *El compromiso de la poesía en la guerra civil española,* Barcelona, Editorial Laia, 1979.

«Una serie de contradicciones nos atormentaban», dice explícitamente la «Ponencia colectiva» (aunque redactada por el propio Serrano Plaja) del grupo ante el Congreso:

> Lo puro, por antihumano, no podía satisfacernos en el fondo; lo revolucionario, en la forma, nos ofrecía tan sólo débiles signos de una propaganda cuya necesidad social no comprendíamos y cuya simpleza de contenido no podía bastarnos [...] La pintura, la poesía y la literatura que nos interesaban no eran revolucionarias; no era una consecuencia ideológica y sentimental, o si lo era, lo era tan sólo en una tan pequeña parte, en la parte de una consigna política, que el problema quedaba en pie. De manera que, por un lado, habíamos abominado del escepticismo mas, por otro, no podíamos soportar la ausencia absoluta y total[23].

En las dramáticas palabras de la ponencia el joven Paz se reconoce amplia y profundamente. El grupo de jóvenes españoles había logrado lo que su propia generación mexicana no había hecho antes y no podrá hacer hasta la época de *Taller*, y aun entonces solo relativamente: articular una posición que fuese, a la vez, responsable ante la sociedad y libre ante el arte y la conciencia. Esa posición expresaba, a su vez, las preocupaciones del propio Paz, escindidas desde aquel primer ejercicio que pedía una «ética del artista». Mientras que los jóvenes españoles se habían referido, principalmente, a su descontento ante la actitud estética de la generación del 27, ese descontento no era sino análogo al que sentían Paz y los suyos hacia los «Contemporáneos», el grupo mexicano paralelo a los poetas españoles del 27.

La adhesión a la comunidad de jóvenes españoles pronto se expresa en textos explícitos de una y otra parte. El número VII de *Hora de España* (septiembre de 1937), por ejem-

---

[23] *II.º Congreso*, I, 134, 136. La ponencia se publicó por primera vez en *Hora de España*, VII, agosto de 1937, págs. 83-95, en el número dedicado al Congreso Internacional de Escritores Antifascistas.

plo, publica la «Elegía a un compañero muerto en el frente»; y Manuel Altolaguirre, por su parte, publica en la célebre Colección Héroe, que él mismo dirige, *Bajo tu clara sombra y otros poemas sobre España,* su tercer libro de poemas[24]. El contenido es otro reflejo más de las tensiones que permean la obra del poeta mexicano. La mitad del libro la ocupan poemas eróticos: «Helena» (1934), primer fragmento de lo que con el tiempo llegará a ser *Bajo tu clara sombra* (1941) y seis cantos de *Raíz del hombre*. La otra mitad la ocupan poemas de tema civil o, como dice el libro, «Cantos españoles»: «¡No pasarán!», la «Elegía» y una «Oda a España». El propio Altolaguirre, en su breve prólogo, subraya la presencia de esta tensión: «pero antes, en primer lugar, se imprimen algunos de sus poemas de amor, de su *Raíz del hombre,* porque de esa raíz ha nacido siempre lo épico: el amor como origen de todos los sacrificios». La presencia de los dos temas ha de haber sido lo suficientemente evidente para que Juan Gil-Albert, entonces secretario de *Hora de España,* le dedicase espacio en su elegante y fervorosa reseña:

> En los versos de Octavio Paz nada indica una falsa preocupación ni un abandono desgraciado al tema del momento, por lo cual sus cantos a España no producen esa desagradable impresión de impotencia que origina el confundir en la mayoría de los casos el interés por una causa con el ímpetu poético. Los poemas que dedica a los españoles no quiebran la línea de inspiración de esas trémulas palabras de amor que les preceden y en virtud de las cuales sabemos que el que entona aquí su asombro, su lamento y su esperanza con nuestro pueblo es un joven enamorado al que algunos se permitirán tildar por ello mismo de indiferente a otras realidades menos íntimas[25].

---

[24] «Noticia», en *Bajo tu clara sonrisa y otros poemas sobre España,* Valencia, Ediciones Españolas-Nueva Colección Héroe, 1937.
[25] «Octavio Paz», *Hora de España,* XI, noviembre de 1937, pág. 76. Gil-Albert volvió a escribir sobre Paz una vez exilado en México [«Amé-

Los elogios de Altolaguirre y Gil-Albert no dejan de tener un residuo de justificación. No porque el libro yuxtaponga los dos temas del amor y la guerra —el tópico, tan antiguo como el *ars amandi, ars bellandi* clásico, abunda en la poesía de la guerra civil—, sino precisamente porque los separa en dos discretas secciones. Los poemas eróticos no abordan el tema bélico y los «Cantos españoles» no incluyen, salvo de manera inocua, ninguna alusión amorosa. El libro reúne dos voces y dos momentos distintos, dos retóricas en verdad irreconciliables que en el libro aparecen hiladas por esa «línea de inspiración» que ahora, bajo la sombra de la guerra, invocan los amigos del poeta. Lo que sí refleja el libro, en cambio, es un primer intento de síntesis que a su vez responda a la poética implícita en la «Ponencia colectiva» de *Hora de España:* una poesía que mostrase, a la vez, tanto la «revolución» como la «forma», el «símbolo» de la guerra junto con el «contenido vivísimamente concreto» de la pasión amorosa.

«¡No pasarán!», como se sabe, no pasará, salvo tardíamente, la lectura crítica del poeta maduro. Tampoco lo fue injustamente, la «Oda a España». Y la «Elegía» será rescatada solo después de varios años de autocensura («me sigue pareciendo tributario de una retórica que repruebo») por tratarse de «el doble testimonio de una convicción y una amistad»[26]. El único poema que sobrevivió en todas las colecciones ni siquiera figura en ese libro. Se trata de «El barco» (luego vuelto a titular «Los viejos»), una conmovedora meditación de 66 versos escrita a bordo del buque de regre-

---

rica en el recuerdo y la poesía de Octavio Paz», *Letras de México,* vol. 4, núm. 1, 15 de enero de 1943, págs. 5 y 11] y a su regreso a España: *Memorabilia,* Barcelona, Tusquets, 1975, págs. 229-231. A su vez, Paz escribió sobre Gil-Albert, Sánchez Barbudo y Serrano Plaja en su triple reseña: «A tres jóvenes amigos», que recogemos aquí.

[26] *Poemas (1935-1975),* pág. 666. Paz incluye a continuación (págs. 666-673) una extensa nota al poema.

so a América y que publicó *Hora de España* en su último número[27]. El poema se basa en una anécdota que Paz cuenta en su primera edición:

> A mi regreso, en Lisboa, subieron trescientos españoles, viejos todos, gente de campo. Habían escapado, puesto que rebasaban la edad militar, de la zona facciosa. Ningún testimonio más horrendo que el de estos pedazos de tierra. Y el hecho de huir de sus tumbas arroja fuego sobre la realidad espantosa del franquismo.

La indignación personal ante los efectos de la guerra es la misma que se transparenta en los anteriores «Cantos españoles», pero el lenguaje poético, o al menos su estrategia, muestra un cambio. «El barco» es un ejemplo casi perfecto de lo que Johannes Lechner ha llamado, a propósito del «compromiso» en la poesía española, un «poema directo»: «Se toma una saludable distancia hacia los hechos bélicos y lo que domina es la reflexión sobre las consecuencias humanas, las causas y las perspectivas de la guerra»[28]. No es casual que Lechner, en el mismo estudio, asocie este tipo de poesía con la que abundaba en las páginas de *Hora de España*. Como aquellos, el poema de Paz responde más de cerca a ese «contenido esencial» que el grupo de la revista había propuesto como poética y que ahora acoge.

Dos veces visitó Paz el frente durante los tres meses de su estancia en España. Como resultado de esas sesiones, según declaraciones hechas a Luis Mario Schneider, Paz pensó enrolarse como combatiente, pero no llegó a hacerlo[29]. Su compromiso era de otra índole: una identificación con el

---

[27] Cito por *Hora de España,* núm. XXIII, noviembre de 1938, páginas 43-45. Agradezco a mi amigo el profesor Klaus Müller-Bergh el haberme alertado sobre la importancia de este poema. El poema está dedicado a Arturo Serrano Plaja, *Poemas (1935-1975),* págs. 102-103.
[28] Lechner, I, 185.
[29] Schneider, «De la raíz al pulso», pág. xxx e *Itinerario.*

sentido de la lucha del pueblo español. Años después, en medio de una meditación sobre la soledad mexicana, evocaría el efecto de esa temporada en su conciencia de poeta:

> Recuerdo que en España, durante la guerra, tuve la revelación de «otro hombre» y de otra clase de soledad: ni cerrada ni maquinal, sino abierta a la trascendencia. Sin duda, la cercanía de la muerte y la fraternidad de las armas producen, en todos los tiempos y en todos los países, una atmósfera propicia a lo extraordinario, a todo aquello que sobrepasa la condición humana y rompe el círculo de soledad que rodea a cada hombre. Pero en aquellos rostros, semejantes a los que, sin complacencia y con un realismo acaso encarnizado, nos ha dejado la pintura española, había algo como una desesperación esperanzada, algo muy concreto y al mismo tiempo muy universal. No he visto después rostros parecidos[30].

El mismo recuerdo será evocado, en clave personal, en una anécdota contada a Rita Guibert:

> Un domingo fui con dos amigos, los poetas Manuel Altolaguirre y Arturo Serrano Plaja, a un lugar cercano a Valencia y tuvimos que regresar a pie porque perdimos el último autobús. Ya era de noche, caminábamos por la carretera y de pronto el cielo se incendió con los disparos de la artillería antiaérea. Los aviones que no podían penetrar en Valencia debido al fuego de las baterías republicanas arrojaban sus bombas en los alrededores de la ciudad, precisamente por donde nosotros estábamos. El pueblo al que llegamos estaba iluminado por los disparos. Lo atravesamos cantando la *Internacional* [...] nos refugiamos en una huerta. Los campesinos nos fueron a ver y, cuando supieron que yo era mexicano, se conmovieron. México ayudaba a la República y algunos de aquellos campesinos eran

---

[30] Cito por *El laberinto de la soledad,* México, Ediciones Cuadernos Americanos, 1950, págs. 25-26.

anarquistas. En pleno bombardeo regresaron a sus casas a buscar comida y nos trajeron un poco de pan, un melón, queso y vino. Haber comido con los campesinos bajo las bombas..., yo esto no lo puedo olvidar[31].

Después: 1938-1943

Para octubre Paz ya está en París y allí se encuentra a varios de los colegas del Congreso. Además de Pellicer, quien había regresado a mediados de julio después de las últimas sesiones, coincide con Miguel Hernández, cuya «presencia», como dice en «Recoged esa voz...», fue «una ráfaga de sol». También encuentra, entre otros, a Alejo Carpentier, quien a la sazón vivía y trabajaba en la capital francesa. El encuentro con Carpentier es importante porque es él quien a su vez le presenta a Robert Desnos, poeta surrealista y miembro del bando Aragon. «Yo no sabía entonces bien lo que era el surrealismo —le ha confesado Paz a Rita Guibert— aunque tenía una gran simpatía por ellos»[32]. Más adelante abordaré de lleno el tema de las relaciones con el surrealismo durante estos años. Baste señalar, por el momento, que ese primer contacto con el grupo, a través de Carpentier y Desnos, es fugaz pero significativo, aun cuando el bando de Desnos no sea precisamente con el que Paz tendrá más afinidades.

La estancia parisina se extiende hasta fin de año, cuando Paz, Garro y Carlos Pellicer se embarcan de regreso a su país vía La Habana. Durante la escala en la capital cubana,

---

[31] Rita Guibert, *Siete voces,* México, Organización Editorial Novaro, 1974, pág. 279.

[32] *Ibíd.* Para más referencias sobre la estancia de Paz en España recomiendo la consulta de *Solo a dos voces,* las conversaciones con Julián Ríos, especialmente las páginas 25-28 e *Itinerario;* la entrevista con Héctor Tajonar, «Con Octavio Paz y España como tema», *¡Siempre!,* 246, 11 de mayo de 1977, págs. 30-34.

el Partido Socialista Popular festeja a los veteranos del ya célebre Congreso de Escritores, y el órgano oficial del partido hasta llega a publicar, para consumo local, la «Elegía a un compañero muerto en el frente»[33]. Un encuentro inesperado en La Habana con Juan Ramón Jiménez, quien acababa de iniciar lo que con el tiempo llegaría a ser un largo exilio, sin duda ha de haber impresionado a su lejano discípulo. De ese encuentro se conoce poco. A su llegada a México, y con no poco candor, Paz relatará a Luis Cardoza y Aragón, en una entrevista a los delegados mexicanos, que la conversación con el poeta español había sido «una interrogación constante acerca de sus amigos de España». Y casi dos años después, en una carta al propio poeta español, le confesará directamente, al recordar aquella visita, su respeto y admiración[34].

Pero la experiencia de España ya habrá hecho de Paz un poeta muy distinto de Juan Ramón, y su regreso a México, en 1938, estará marcado por una actividad febril a favor de la causa republicana. La entrevista con Cardoza y Aragón (el 16 de enero) registra tanto el recuerdo del año anterior como el proyecto de los meses siguientes. En abril, por ejemplo, Paz participa con una conferencia sobre «Los nuevos poetas españoles y la guerra» en un ciclo sobre España que organiza la LEAR mexicana. Apenas un par de meses

---

[33] «Elegía a un joven *(sic)* muerto en el frente», *Mediodía*, vol. 2, núm. 4, 27 de diciembre de 1937, pág. 13. Véase también, en el mismo número, «Carlos Pellicer de paso por La Habana», pág. 16, que contiene la crónica de la visita. En un número anterior de la misma revista (vol. 2, núm. 37, 11 de octubre de 1937, pág. 9), el nombre de Paz suscribe una «Apelación desde Madrid a los escritores latinoamericanos».

[34] «México en el Congreso de Valencia», *El Nacional (Suplemento)*, 16 de enero de 1938, pág. 2. La carta a la que me refiero, con fecha de «Dic. '39» *(sic),* es una de las dos que se conservan en el archivo de Juan Ramón Jiménez de la Sala Zenobia-Juan Ramón de la Universidad de Puerto Rico, Río Piedras. Agradezco a Raquel Sárraga, encargada de la Sala, su generosa ayuda.

después publica su edición de *Voces de España,* una antología de la poesía que explicara en su conferencia, donde se recogen textos de poetas tanto consagrados (Machado, Jiménez, Felipe, Alberti, Moreno Villa y Cernuda) como jóvenes (Gil-Albert, Hernández, Prados, Serrano Plaja, Aparicio). Y su compromiso parece culminar a mediados de año, cuando comienza a escribir para *El Popular* (el diario que en esas fechas funda la Confederación de Trabajadores Mexicanos), con dos artículos recogidos en *Primeras letras* sobre la juventud revolucionaria española.

El Popular era un diario sindicalista, y Vicente Lombardo Toledano, su director. En el diario Paz colabora de dos maneras: como periodista, sin firma, en muchas secciones; y con firma, en la página editorial. Sin embargo, su colaboración firmada se reduce a solo dos artículos más: el ya citado fragmento sobre Proust (en noviembre de 1939) y la reproducción de su respuesta a la encuesta que, sobre el tema de la poesía, realizó *Letras de México* (en octubre de 1941). La relativa escasez de artículos firmados refleja, una vez más, las tensiones de esos años. Paz mantiene firme su apoyo a España y a la causa republicana. *(Primeras letras* recoge muchos ensayos, de los tantos publicados entre 1938 y 1941, donde se aborda el tema, directa o indirectamente, amén de las muchas reseñas donde también se menciona.) Pero ese firme apoyo no significa un ciego respaldo a la política de *El Popular,* y mucho menos al estalinismo. A los pocos meses de empezar a trabajar en el diario, Paz presencia la renuncia de un grupo de redactores en protesta por el Pacto de Múnich y el papel que en ese pacto le atribuyen a la Tercera Internacional. Al año siguiente, el pacto germano-soviético de no-agresión lo lleva a suspender su colaboración en el diario. El posterior ataque nazi a la Unión Soviética atenúa por un tiempo sus diferencias con sus antiguos amigos, pero el asesinato de Trotsky vuelve a agravarlas. La ruptura se dilata, como muestra la bibliografía, hasta octubre de 1941.

Los escritos políticos de la época, aun aquellos que se publican antes de la ruptura, registran ese lento cambio. Los dos primeros artículos de *El Popular,* por ejemplo, son como los de España: prosa de denuncia y propaganda. En cambio, una serie de ensayos posteriores, como «Americanidad de España» (1939), «Régimen de Vichy» (1940) y «América, ¿es un continente?» (1941), todos recogidos en *Primeras letras,* revela la paulatina evolución hacia una postura realista ante la historia. Es decir, que estos ensayos —amén de algunas de las columnas de *Novedades*— demuestran el cambio no solo hacia un desengaño político; también, simultáneamente, hacia una capacidad crítica y una amplitud de visión ante la realidad social e histórica. No basta decir, en este sentido, que un ensayo como «América, ¿es un continente?», por ejemplo, rebasa los estrechos límites de los que lo anteceden. El argumento del ensayo constituye una excepción dentro del contexto (los años cuarenta) en el que se publica: una América Latina que en esos momentos desarrolla, a la zaga de la influencia de Spengler, todo un discurso sobre la pretendida superioridad de la conciencia americana frente a la «decadencia de Occidente». Cuestionar la propia «continentalidad» de América, como hace Paz en esta ocasión, equivale a desinflar esas pretensiones y a replantear la discusión sobre otra base.

Paralelamente a su trabajo político dentro y fuera de *El Popular,* Paz reanuda su vida literaria. Su adhesión al grupo de *Taller Poético,* la revista que dos años antes había fundado Rafael Solana, es quizá el acontecimiento más importante. Antes de marcharse a Yucatán, había colaborado en el *Tercer Taller Poético* (marzo de 1937) con cinco sonetos neobarrocos. La revista, que entonces publicaba poemas exclusivamente, solo había durado un número más, que por su evidente demora en publicarse (en junio de 1938) sugiere su estado moribundo. En el curso de una comida con Efraín Huerta y Alberto Quintero Álvarez, según ha contado,

Solana nos dijo que había decidido transformar *Taller Poético* en una revista literaria más amplia y en la que se publicasen también cuentos, ensayos, notas críticas y traducciones. Para realizar esa idea deseaba contar con nuestra ayuda. Aceptamos inmediatamente y así se formó el pequeño grupo de «responsables», como se decía en esos años, de la primera época de *Taller*[35].

Con el tiempo, *Taller* llegará a ser el emblema cultural de la generación de Paz. Existían en México otras revistas literarias *(Letras de México* y *Ruta,* las más sonadas), pero a diferencia de estas, *Taller* es portavoz de los escritores jóvenes, aun cuando no excluía a los mayores. Desde *Contemporáneos* (1928-1931) el fenómeno no se había repetido con tanto éxito. *Taller* logra reunir a figuras hasta entonces dispersas: además de los propios «Contemporáneos», a jóvenes como Huerta, Revueltas, Henestrosa; y más tarde, a muchos de los españoles desterrados. Y, al incorporarse Paz, logra atraer al escritor más importante de la joven generación. De hecho, en una encuesta sobre «los nuevos valores de la poesía» publicada en México durante su viaje a España, había figurado prominentemente en las respuestas de cinco de los seis entrevistados («Primer capitán de nuestra nave», lo elogia Efraín Huerta en esa ocasión)[36]. Y que esa

---

[35] «Antevíspera: *Taller (1938-1941)*», en su *Sombras de obras. Arte y literatura,* Barcelona, Seix Barral, 1983, pág. 96; *OC,* III, 110-170. El Fondo de Cultura Económica ha hecho ediciones facsimilares tanto de *Taller Poético* (1981) como de *Taller* (1982). Para la versión contemporánea de Solana véase su «Política literaria», *El Popular,* 13 de noviembre de 1938, págs. 5-6, así como su posterior conferencia sobre *«Barandal, Taller Poético, Taller, Tierra Nueva»,* en *Las revistas literarias de México,* México, Instituto Nacional de Bellas Artes, 1963, págs. 185-207. Sobre la generación entera he consultado con provecho la tesis inédita de Ronni L. Gordon Stillman, «Octavio Paz y la generación de *Taller»,* Nueva Jersey, Rutgers, The State University, 1973.

[36] Antonio Magaña Esquivel, «Los nuevos valores de la poesía en México», *Hoy,* núm. 95, diciembre de 1937, págs. 50-51 y 61. En la encues-

encuesta versara justamente sobre la relación entre la nueva generación y *Contemporáneos* revela en parte el vacío que *Taller* viene a llenar dentro del ambiente mexicano.

El recuento de Paz sobre su participación en *Taller* hace redundante, hasta cierto punto, cualquier otro resumen. El mío se limitará, por eso, a los datos más pertinentes. *Taller* dura doce números: el primero es de diciembre de 1938, el último de enero-febrero de 1941. Paz y Solana, junto con Huerta y Quintero Álvarez, son los «responsables» hasta el número 4; a partir del quinto (octubre de 1939), Paz pasa a ser el director y Juan Gil-Albert, recién exilado en México, su secretario. En *Taller,* Paz publica catorce textos: dos de poesía y doce en prosa. *Primeras letras* recoge toda la docena. De estos, a su vez, el más importante es «Razón de ser», el editorial del segundo número (abril de 1939), cuyo título da la tónica de la nueva empresa.

El texto advierte la relación polémica con «Contemporáneos». Reconoce, por una parte, la disciplina, rigor y carácter intelectual de ese grupo de vanguardia. Lamenta, por otra, su desengaño ante la historia, su consiguiente deportismo irresponsable y su abstracta frialdad. La nota de Paz constituye, en ese momento, una especie de manifiesto, aunque carece de la estridencia de ese tipo de documentos y sus planteamientos resultan, en un final, reconciliadores. Plantea un proyecto y una crítica, pero esa crítica no rechaza a los «Contemporáneos». Antes bien, los acoge reconociendo y aprovechando sus conquistas. («La "tarea", llamemos así nuestra afición y vocación, es *profundizar* la renovación iniciada por los anteriores»). *Taller,* en este sentido, «no quiere ser el sitio donde se asfixia una generación sino el lugar en donde se construye el mexicano y se le rescata de la injusticia, la incultura, la frivolidad y la muerte».

---

ta participaron, además de Huerta, José Gorostiza, Ermilo Abreu Gómez, Luis Cardoza y Aragón, Miguel N. Lira y Alberto Quintero Alvarez.

La revista construye no solo al mexicano. También al español intelectual recién desterrado en México[37]. El núcleo de *Hora de España* (Gaya, Gil-Albert y Sánchez Barbudo) pronto ingresa en la redacción de *Taller*. (Serrano Plaja se había exilado en la Argentina.) A los de este grupo se unen otros: Herrera Petere y Juan Rejano, amén de otros colaboradores: León Felipe, María Zambrano, Luis Cernuda y Rafael Alberti. Se subraya así el carácter *hispánico* (o «hispano-mexicano», dice una nota al frente del número 5) de la revista. La lengua provee la unidad de propósito. También, a no dudarlo, la moral poética común que, antes articulada en la «Ponencia colectiva» y en las páginas de *Hora de España,* ahora se perfila en «Razón de ser» y subyace a toda la empresa de *Taller*. Se trata no ya de la libertad de creación ante una retórica partidista, sino de una confluencia entre poesía e historia, de una concepción del arte como experiencia vivida. «La poesía —escribirá Paz años más tarde en un ensayo polémico sobre el tema— era actividad vital más que ejercicio de expresión»:

> No queríamos tanto decir algo personal como, personalmente, realizarnos en algo que nos trascendiese. Para los Contemporáneos el poema era un objeto que podía desprenderse de su creador; para nosotros, un acto. O sea: la poesía era un ejercicio espiritual [...] A todos nos interesaba la poesía como experiencia, es decir como algo que tenía que ser vivido. Veíamos en ella a una de las formas más altas de la comunión. No es extraño, así, que amor y poesía nos pareciesen las dos caras de una misma realidad.

---

[37] Sobre la emigración española en México se pueden consultar, con relativo provecho, la monumental recopilación *El exilio español en México, 1939-1982*, México, Salvat/Fondo de Cultura Económica, 1982, así como los estudios de Lois Elwyn Smith, *Mexico and the Spanish Republicans*, Berkeley, University of California Press, 1955, y Patricia W. Fagen, *Exiles and Citizens. Spanish Republicans in Mexico,* Austin, Texas, The University of Texas Press, 1973. De este último hay también edición en español.

O más exactamente las dos alas. El amor, como la poesía, era una tentativa por recobrar al hombre adánico, anterior a la escisión y a la desgarradura[38].

En qué consiste la pertinencia de la poesía, cuál es la relación entre esta y la vida y cómo realizar su confluencia son las preguntas que se hacen Paz y la generación de *Taller*. Son las mismas preguntas que se habían planteado y contestado, mucho antes, los románticos, y que, a través de su herencia, infunden a toda la poesía moderna. De ahí la importancia del amor, que el poema debe emular: algo que, cuando ocurre, nos turba y transforma. Si las *Vigilias* anunciaban un «neorromanticismo» («que busca, defiende y rescata no a la conciencia del hombre, no al individuo, no a lo que separa y aísla sino a lo que liga»), en 1940, en otro artículo de ese año que también recoge *Primeras letras,* afirma: «Sentimientos los tiene cualquiera; es la experiencia la que hace al poeta». Es evidente la coincidencia de todas estas ideas con las del surrealismo. Pero en estos momentos, por razones que examinaremos en breve, esa coincidencia resulta secreta, o al menos solapada. Otra coincidencia, más explícita, también es evidente: la obra de D. H. Lawrence, con cuyo pensamiento Paz encuentra enormes afinidades. El eco lejano de Lawrence se escucha primero en las *Vigilias,* parte de las cuales proveen el trasfondo del erotismo de *Raíz del hombre* (Lawrence, nos dice a propósito, «no pretende crear una moral sino una religión»). Y aún más explícita es la breve reseña que Paz le dedica a la traducción al español de *La mujer que se fue a caballo* (1928, 1939), donde subraya, entre otras cosas, el «verdadero ALIMENTO espiritual» y la «comunión» que para Lawrence es la obra de arte[39].

---

[38] Cito por «Poesía mexicana contemporánea», *México en la Cultura,* 271, 30 de mayo de 1954, pág. 4.
[39] En «Distancia y cercanía de Marcel Proust», Paz habla de «el soplo primordial y salvaje que atraviesa los relatos de Lawrence». Paz también

Pero son dos textos escritos y publicados el mismo año de 1938 sobre dos poetas muy distintos —la reseña sobre *Nostalgia de la muerte,* de Xavier Villaurrutia, y el ensayo «Pablo Neruda en el corazón»— los que, leídos en conjunto, revelan con más claridad y en toda su complejidad las implicaciones de esta poética. En la reseña se contraponen los dos nombres y el tipo de poesía que cada autor representa: la «poderosa corriente» de Neruda frente a la «contenida dignidad» del mexicano. Pero la oposición, aunque válida, no es tan sencilla. En *Nostalgia de la muerte* Paz no ve ni su aparente nihilismo ni su bagaje romántico sino su revelación de la identidad mexicana:

> Por estas razones, me parece el libro de Xavier Villaurrutia, más allá de las escuelas poéticas, más allá quizá de él mismo, como un «rescate» que hace la conciencia mexicana del sentido profundo, creador, de la muerte, y puesto que el poeta nos enseña cómo crece la muerte, al compás de nuestra vida, no es remoto que mañana, él mismo o algún otro, que lo que importa es la Poesía, nos muestre también cómo de la muerte nace la vida, la vida mortal, limitada, que tiene un fin.

En su reseña, Paz realiza la lectura histórica de una poesía metafísica. En el ensayo, en cambio, hace exactamente lo inverso: la lectura metafísica de una poesía histórica y social. En *España en el corazón* Paz no ve ni su ideología ni su bagaje civil sino la revelación de un estrato metafísico: «Como universal y metafísica afirmación que es, significa que la invisible corrupción de la nada se muestra *visiblemente* y con su doble realidad, histórica e ideal, en la tierra y en los hechos, medible por el hombre y sus ojos».

---

menciona a Lawrence como influencia decisiva en un proyecto de novela que después pasó a ser *El laberinto de la soledad;* ambos textos recogidos aquí. Véase *Solo a dos voces.*

Las dos lecturas se reflejan mutuamente, como en un espejo: Villaurrutia, poeta esencial, nos remite, en sus buceos en la muerte, a la historia concreta; Neruda, historiador de lo concreto, nos revela, en sus cantos sobre la materia, la poesía esencial. Las dos lecturas se complementan hasta cierto punto y son consecuencia de una poética en que confluyen poesía e historia. Solo que una lectura invierte los elementos de la otra. Es decir, cada una demuestra, a su manera, hasta qué punto poesía e historia resultan intercambiables. Y el intento de síntesis que subyace a ambas revela no solo una poética común; también un intento de autodefinición para el joven poeta, escindido en su admiración por dos modelos, dos poetas y dos tipos de poesía, distintos y, acaso, irreconciliables.

La llegada de Neruda a México en 1940, como cónsul general de Chile, extrema las tensiones ya implícitas en esa doble lectura. Con Neruda, Paz comparte, además de la poesía, la amistad de los españoles desterrados. También, durante esos años en que recrudecía la guerra, una decidida oposición al fascismo. Pero para entonces ya Paz empezaba a distanciarse de la izquierda, como indica el paulatino enfriamiento de sus relaciones con *El Popular*, y Neruda en cambio se afincaba en su estalinismo militante. La ruptura ocurre a raíz de la preparación de *Laurel* (1941), la célebre «Antología de la poesía moderna en lengua española», en cuya selección Paz trabajó junto con Villaurrutia, Gil-Albert y Emilio Prados. Como en otras ocasiones Paz ha contado la historia de su participación en esa empresa, resulta innecesario repetirla aquí[40]. Basta decir que Neruda se negó a colaborar, junto con León Felipe. La negación de

---

[40] «Poesía e historia *(Laurel* y nosotros)», en *OC*, II, 722-778, y su *Xavier Villaurrutia (OC*, 301-344). En este último Paz dice, explícitamente: «A mí se me ocurrió la idea de hacer la antología. Con ella quería mostrar la continuidad y la unidad de la poesía en nuestra lengua». Sobre la antología, véase también, en este libro: «Espejo del alma».

Neruda no se debe enteramente, por cierto, al recelo mutuo entre él y Paz, aunque sí la reflejan e ilustran en parte las diferencias políticas y estéticas que separan a los dos poetas. Se debió, como este cuenta, a la enemistad entre Neruda y José Bergamín, director de la Editorial Séneca, que publica *Laurel,* así como también a su antipatía hacia Villaurrutia. En los meses que suceden a la publicación de *Laurel* la amistad se desintegra: los poetas tienen un altercado y luego debaten públicamente. La ruptura violenta con Neruda no significa, tampoco, una ciega adhesión a Villaurrutia o una vuelta nostálgica a los «Contemporáneos». Sí señala el inicio de un período de crisis y búsqueda en el que ningún modelo, salvo el propio, satisface al poeta e intelectual. No en balde José Luis Martínez, compañero de generación que por entonces le conoce, lo recuerda como «apasionado, distraído, discutidor, curioso lector «pero también un poco perdido y confundido en este mundo en que siempre parece un recién llegado»[41].

En realidad, la ruptura con Neruda viene a culminar una serie de desencantos de signo político entre los cuales se distinguen dos eventos centrales. Uno de ellos, como he dicho, fue el pacto de 1939 entre Alemania y la Unión Soviética. El pacto tuvo el efecto no solo de suspender sus relaciones con *El Popular.* También dividió al grupo de *Taller* y creó las suficientes disensiones en torno a la política de Stalin como para influir en el cierre de la revista en enero de 1941. El otro evento fue el asesinato de Trotsky en México, cuyo extraño efecto en muchos intelectuales fue el de la indignación personal recubierta por una hipócrita reticencia pública.

> Todavía en 1940 —recuerda Paz— seguíamos inmovilizados por el perverso sofisma que ha degradado a tantos

---

[41] En José Luis Martínez, *El trato con escritores,* México, Instituto Nacional de Bellas Artes, 1961, pág. 134.

intelectuales: criticar al régimen soviético es atacar a la revolución, denunciar los crímenes de la burocracia rusa y de sus cómplices es aliarse con los fascistas y con los imperialistas[42].

Es ese «perverso sofisma», por cierto, lo que explica la secreta coincidencia entre la poética de *Taller* y la del surrealismo a la que antes me referí. Secreto a voces, desde luego: la confluencia entre poesía e historia, al igual que la experiencia vital de la poesía, son postulados que *Taller* recoge secreta o indirectamente del surrealismo. Solo que, por tratarse de postulados asociados con la figura de André Breton, quien desde 1930 había roto con la política cultural de la Unión Soviética, su verdadera filiación no podía ser reconocida. Antes bien, *Taller* publica en su número 8-9 (enero-febrero de 1940), por cierto, dirigido por Paz, un violento ensayo de Luis Cardoza y Aragón que denuncia el surrealismo como «demagogia de la poesía».

Son esas circunstancias políticas las que determinan, en gran parte, la errática, por no decir distorsionada recepción del surrealismo en América Latina. Esa recepción determina, a su vez, un prejuicio estético generalizado contra lo que durante los años cuarenta se percibe como el «amaneramiento» o retórica surrealista: mera mala literatura. Ya en «Ética del artista» el surrealismo aparece como «un motivo doctrinario». Las *Vigilias* hablan, a su vez, de «cierta clase de "irracionalistas" a quienes mueve, más que la desesperación o la fe, el apetito impotente, la desesperación pequeña». Todavía en mayo de 1940 el propio Paz, al responder a una encuesta de la revista *Romance* (que se recoge en *Primeras letras),* afirma que «el surrealismo no ha hecho más que continuar lo que el romanticismo inició; ahora, abandonado por las musas moderadoras —las musas del lenguaje— ha caído en la literatura. Es decir, en un lenguaje

---

[42] *Sombras de obras,* págs. 107-108.

hecho de lugares comunes». (Otro texto de Paz, que aparece en la sección de «Fuentes» de este libro, explica las circunstancias de esta respuesta.) Por último, dos años después, al final de la célebre conferencia «Poesía de soledad y poesía de comunión», se hablará de «las revueltas aguas del inconsciente» y de «toda esa literatura de erotómanos». Son todas típicas reacciones del momento. César Vallejo, en ataques mucho más violentos, utilizará fórmulas parecidas; y es bien conocida, en su célebre «Prólogo» a *El reino de este mundo* (1949), la referencia de Alejo Carpentier a «la artimaña literaria, tan aburrida» que para él representaba el surrealismo europeo. El propio Paz es, pues, partícipe, o quizá víctima, de ese prejuicio generalizado, y en vano buscaremos referencias en estas *Primeras letras* a las respectivas visitas a México de Antonin Artaud o de André Breton en 1936 o 1938, por ejemplo, o siquiera a la Exposición Internacional Surrealista que se realizara, justamente en México, en 1940.

La ruptura entre Paz y Neruda también tiene, a mi modo de ver, otro aspecto, ritual o simbólico si se quiere. En 1941 Paz cumple veintisiete años, ya ha publicado cuatro libros de poemas (si contamos el «cuaderno» de «¡No pasarán!»), amén de muchos poemas que aún no recoge en libro y una buena cantidad de prosa. Ha sido también, por otra parte, director de una importante revista literaria y colaborador, junto con otros poetas consagrados, en una antología de toda la poesía moderna en lengua española. Precisamente en ese año publicará otros dos libros suyos que son poemas extensos: *Bajo tu clara sombra* y *Entre la piedra y la flor.* Y a estos seguirá, al año siguiente, la colección *A la orilla del mundo,* su séptimo libro, que recoge casi todos los poemas de esos años. Por tanto, el volumen de toda esa obra ya acredita para esa fecha una creciente madurez que a su vez suscita la independencia poética, moral y política. La ruptura con Neruda significa, a la vez, causa y efecto de esa independencia, sobre todo en vista de las múltiples diferencias que surgían entre los dos poetas, y la necesidad, por parte de Paz, de desarrollar voz propia. Para 1941 Paz empieza a reclamar esa voz.

La voz se empieza a escuchar en esos dos poemas extensos. A diferencia de la recopilación que Altolaguirre había publicado en España, ahora los dos temas de erotismo y sociedad aparecen por separado. *Bajo tu clara sombra* de inmediato suscita comparaciones con *Raíz del hombre,* el otro poema de tema erótico que lo antecede. Más que comparación, contraste. Ambos poemas trazan la trayectoria de la pasión amorosa: ávido comienzo, exultante culminación y solitaria resolución. Difieren, en cambio, en su estilo. *Raíz del hombre* es un poema desbordante, imperioso, un cruce entre el Neruda erótico y el sensualismo de D. H. Lawrence; *Bajo tu clara sombra,* es un poema contenido, intelectual, casi retórico, que hace eco de la poesía de los románticos alemanes (sobre todo Hölderlin y Novalis) y de Rilke. Las fechas del subtítulo de este («1935, 1938») dan a entender, además, que es un poema «trabajado» a lo largo del tiempo; de hecho, su primera versión se remonta a «Helena» (1934), que recogía el librito publicado en España. En suma: *Raíz del hombre* es un canto apasionado que dramatiza el amor; *Bajo tu clara sombra* es una oda intelectual sobre el amor. El uno termina en una nota violenta y mortífera («un ciego amor de ira, torbellino sombrío / donde tu nombre en sangre me devasta»); el otro con ansias de un sosegado renacimiento («que así me resucitas y me llevas, / inerme ante tu gracia / y por tu inmóvil música hechizado»).

Entre *Raíz del hombre* y *Bajo tu clara sombra* media la misma distancia que entre los «Cantos españoles» y *Entre la piedra y la flor.* El último es un poema contenido de tema social: denuncia, sin gritar, la explotación del campesino yucateco. Describe los efectos de esa explotación, no las causas abstractas que la promueven. Para encontrar la explicación de esas causas hay que remontarse a aquellas lejanas «Notas», sobre todo sus últimas dos secciones, que Paz había redactado recién llegado a Yucatán. Incluso la actitud explícita hacia el paisaje mexicano, que forma el trasfondo del poema, ha de encontrarse en otro texto de la época: la reseña sobre la obra del paisajista José María Velasco, que *Primeras letras* también recoge, el segundo de los ensayos de Paz sobre arte (el primero es «Isla de gracia», de 1939). El poema, en cambio, reflexiona, a partir de una saludable distancia, sobre consecuencias concretas: la miseria del hombre, su tristeza y su soledad. En este sentido, *Entre la piedra y la flor* es un ejemplo más, como «El barco», de «poesía directa», solo que ahora aplicada a un tema local, mexicano, y con un propósito igualmente civil.

A la altura de 1941, por tanto, se oye en estos dos libros una sola voz sobria y contenida que reclama el derecho a explorar, por separado, los temas del amor y de la sociedad mexicana. *Bajo tu clara sombra* no será reseñado en ese momento. Pero de *Entre la piedra y la flor* Ermilo Abreu Gómez dirá, haciendo excepción de su acostumbrado malhumor: «No creo que se haya escrito, en la moderna poesía de México, ningún poema de más honda resonancia humana ni de más entrañable responsabilidad poética». Y José Luis Martínez, por su parte, dará en el blanco del poema:

> *Entre la piedra y la flor* da un cierto paso, ya seguro, hacia una poesía mexicana auténtica y no nacional ni cosmopolita, porque se profiere desde México, y México no es en ella el tópico pintoresco ni revolucionario, sino la eternidad y la aspereza de un destino[43].

En efecto, al subrayar que el poema no era ni nacionalista ni cosmopolita, Martínez hacía eco de la respuesta que el

---

[43] Las reseñas se publicaron en *Tierra Nueva,* año II, núms. 9 y 10, mayo-agosto de 1941, págs. 173-174, y en *Letras de México,* año 5, vol. III, 15 de mayo de 1941, pág. 4, respectivamente.

propio Paz había dado tan solo un mes antes a la encuesta sobre poesía mexicana que publica *Letras de México,* la misma revista que incluía su reseña: «Tenemos que luchar contra el cosmopolitismo y el regionalismo —había escrito entonces— para encontrar el acento justo, verdadero, nacional y universal». Esa defensa de la universalidad y contra el nacionalismo hacía eco, a su vez, de otras discusiones sobre el tema (el ensayo de Jorge Cuesta sobre «El clasicismo mexicano», por ejemplo) que circulaban desde los años treinta. Pero el «acento justo, verdadero» que invoca será lo que él mismo llama, al final de su respuesta, la

> autenticidad que rechaza, como indignos y falsos, todos esos intentos alevosos y preconcebidos de «mexicanidad». A esa conclusión llega Paz sólo después de haber trazado un proceso de enajenación histórica en el que la poesía juega un papel saludable, el mejor índice de la conciencia histórica del mexicano. Condicionado por una actitud de rechazo (de España, de lo indígena), dice esta tesis, el mexicano no puede afirmarse en su ser; y la única vez en su historia en que llega a hacerlo, durante la más reciente Revolución, es para corromperlo y perderlo: «Ahora todos hemos vuelto a la soledad y el diálogo está roto como están rotos y quebrados los hombres».

La poesía, como la Revolución, provee la posibilidad de reanudar ese diálogo: una manera de conocerse y de combatir la soledad. La idea se remonta a aquella lejana «Noticia de la poesía mexicana», donde la historia de la poesía revela, en sus cambios, la historia de la identidad cultural; así como también a la reseña sobre *Nostalgia de la muerte,* que ilustraba un caso concreto de esa revelación. A su vez, cada una de las posteriores meditaciones de Paz sobre autores mexicanos —Pellicer, Revueltas, Ruiz de Alarcón, Vasconcelos— constituyen capítulos adicionales de esa misma historia. Pero la respuesta a la encuesta de *Letras de México* aporta otra cosa: un vínculo lógico entre historia nacional y soledad individual, además del papel saludable, diríase terapéutico, que juega la poesía en relación a estos dos.

Ya hacia el final de *Entre la piedra y la flor* se invocaba, para condenarlo, un paisaje cuya topografía encarnaba el rencor y la soledad mexicanos:

> Arde en la soledad que nos deshace, tierra de piedra ardiente, de raíces heladas y sedientas.
> Arde como la soledad que te devora, arde en ti mismo, ardor sin llama, soledad sin imagen, sed sin labios[44].

Pero lo que con el tiempo llegará a ser uno de los temas centrales ni siquiera era nuevo entonces. Las primeras formulaciones en torno a la soledad se encuentran, fuera de los primeros poemas, en las *Vigilias*, sobre todo en los primeros dos capítulos, donde el poeta, aislado del mundo, la analiza. Y aparece de manera aún más explícita en los dos poemas en prosa «El trabajo vacío» e «Inocencia» que complementan el diario y miscelánea. El tema aflora esporádicamente a todo lo largo de *Primeras letras*. De hecho, las líneas que Paz dedica, en 1942, a la pintura de Velasco valen para describir igualmente el escenario del diario íntimo y el paisaje yucateco: «Nada de lo que allí vemos intenta la complicidad de nuestros sentidos o de nuestros apetitos y su misión se reduce a aislarnos de lo humano y a provocar, más que un contagio o una comunión, un estado de soledad». Buena parte de lo que Paz escribirá durante sus últimos años en México estará dedicado a descifrar, por medio de la poesía, las causas de esa soledad. «Nuestra poesía es, en fin», escribirá entonces, en palabras que años más tarde serán casi citadas en *El laberinto de la soledad:*

---

[44] *Entre la piedra y la flor*, México, Nueva Voz, 1941, págs. 14-15. Paz incluye una interesante nota a este texto en *Poemas (1935-1975)*, páginas 665-666 *(OC,* VII, 1384-1385).

la otra cara, la de la vigilia, de un pueblo que si bien es callado y cortés, triste y resignado, ama el desorden y la incuria, un pueblo que grita y mata cuando se emborracha, aunque el resto del día permanezca hermético y velado, y que ha hecho, ciego y vidente a un tiempo, una revolución ayuna de teorías y a la que no podemos calificar de universal, sino de todo lo contrario: intuitiva y oscura, cargada de pasiones más que de ideas, de impulsos más que de propósitos, explosión, más que revolución, de una conciencia reprimida.

La observación es parte del preámbulo de «Pura, encendida rosa», un ensayo de 1943, recogido aquí, con el que Paz gana el primer premio en un concurso literario que ese año patrocina la editorial Séneca. Pero al igual que aquella lejana «Noticia de la poesía mexicana» ofrecía más que solo una crónica de nombres y títulos, ahora el ser del tímido mexicano se revela en la historia de la poesía mexicana, de Othón a Villaurrutia. Una paradoja sintetiza esa historia: «la poesía mexicana es la expresión de esta timidez, de esta vergüenza». No es accidental esa concepción práctica —o, mejor dicho, *hermenéutica*— de la poesía. Es una consecuencia más de la poética confluyente entre poesía e historia. A la interrogación, en los días de *Taller*, sobre la pertinencia histórica de la poesía, Paz responde descubriendo en ella una metáfora o síntoma de la conciencia reprimida, un «espejo del alma», como dirá más tarde a propósito de la antología de *Laurel*. En los escritos más tempranos esa conciencia encarna, como hemos visto, la propia identidad de México. Pero en ensayos posteriores la precisión histórica se atenúa para dar lugar a la identidad a secas.

El paso decisivo se da en «Poesía y mitología», una conferencia inédita de 1942 (recogida en *Primeras letras),* y una de las dos que lee durante una Semana Cultural del Instituto Nacional de Bellas Artes en Oaxaca. Con ambición histórica e información más actual (sobre todo la lectura de

Roger Caillois, a quien el Paz de este momento tanto debe), la conferencia identifica en el mito la forma precisa del testimonio poético, o como dice: «la fabulación maravillosa de un conflicto psicológico colectivo». A su vez, la Poesía (que con mayúscula significa el espíritu de la literatura) figura como «creadora de Mitos Modernos», y sus obras como «condensaciones imaginativas, creación de mundos y de héroes que expresan conflictos sociales y contradicciones nacionales». De esta manera, el vocabulario derivado de la psicología profunda permite precisar las ideas que se habían esbozado en aquel lejano primer «capítulo» de las *Vigilias,* donde en lenguaje lírico e impreciso el joven Paz había aludido a «dos órdenes vitales distintos» de la realidad, y a cómo el mito constituía «una verdad más pura y duradera» por ser «el fruto de los sentidos y de la imaginación, de las más hondas exigencias y las más atroces necesidades del hombre».

Otros aspectos de la conferencia resultan más discutibles, empezando por la falta de distinción entre mito y mitología. Todo el recuento histórico de las relaciones entre poesía y mito —que abarca la segunda conferencia sobre la novela— incurre además en generalizaciones galopantes. Han de haber sido los ingenuos defectos de ese recuento los que hicieron que la primera conferencia permaneciese inédita y que solo se rescatasen sus últimos párrafos en otra que con el tiempo sí llegará a hacerse célebre: «Poesía de soledad y poesía de comunión». En ese texto posterior, que Paz también lee en 1942 dentro de un ciclo que patrocina la Editorial Séneca sobre san Juan de la Cruz, se reduce la importancia del anterior recuento histórico y se favorece, a cambio, un corte transversal en el que la poesía «es, simplemente, poesía de soledad o de comunión». En «Poesía y mitología», san Juan y sus autocomentarios representan un primer momento en que se resquebraja la identidad entre poeta y obra; en «Poesía de soledad y poesía de comunión», en cambio, el santo encarna un momento histórico ejemplar en el que todavía resulta posible conciliar inspiración y razón, amor y sociedad, individuo y masa. Será la obra posterior de Quevedo la que recaerá en el polo de autoconciencia y soledad que se opone al comunitario de san Juan y que señala las primicias de la alienación del poeta moderno. El argumento histórico resulta menos válido para san Juan que para Quevedo: la época del santo es también la de la Inquisición, mientras que Quevedo sigue siendo el verdadero precursor del «poeta maldito» moderno. Pero no es este el aporte más original del ensayo. Además de precisar el tema general de la soledad, realiza un valioso acercamiento entre poesía y religión que se viene gestando, por cierto, desde la época de las *Vigilias*. Como la religión, la poesía «procura tornar sagrado el Mundo», con la palabra «sacramenta la experiencia de los hombres», constituye «la revelación de la inocencia», de esa experiencia única «que está oculta por la rutina y la diaria amargura» y «rescata a lo cotidiano de la vulgaridad y unge con lo irreparable al instante». A diferencia de la religión, en cambio, la poesía es «sacrílega», «disidente» y «marginal», y la comunión que revela no organiza ni reparte, sino que la «dispersa en una empresa estéril y antisocial». He aquí el meollo de la poética de Paz, que con el tiempo habrá de articularse en *El arco y la lira* (1956), y que con justicia él mismo ha llamado «la maduración, el desarrollo y, en algún punto, la rectificación de aquel lejano texto»[45].

Leído hoy, en el contexto de estos primeros escritos, «Poesía de soledad y poesía de comunión» casi parece un manifiesto. Sus últimos párrafos (lo único que se salva de «Poesía y mitología») arremeten contra todo lo que huela a insincero dentro y fuera del contexto inmediato —desde «las revueltas aguas negras del inconsciente» a los «contrabandistas de la Hispanidad», pasando por «los papagayos y

---

[45] *El arco y la lira,* México, Fondo de Cultura Económica, 1956, pág. 7.

culebras nacionalistas que cantando expolian a la triste Revolución Mexicana»—. Toda esa diatriba desaparecerá en la posterior versión revisada del ensayo, debido, en parte, a la contradicción que implicaba yuxtaponer las consabidas pullas contra el surrealismo a la defensa de «la parte hermética del Romanticismo» y su «conciencia del delirio» que el ensayo también incluye. La defensa de una voz auténtica en esa tradición sobre la base de la marginalidad de los «herméticos» (Novalis, Nerval, Baudelaire, Lautréamont, Poe) ya revelaba, por cierto, el tipo de modelo que el Paz poeta reclama para sí. De hecho, buena parte de los poemas que recoge *A la orilla del mundo* en 1942 se asemeja a ese «hermetismo». Más de la mitad del tomo recoge poemas anteriores —desde los lejanos sonetos neobarrocos del *Tercer Taller Poético* hasta *Raíz del hombre* y *Bajo tu clara sombra*—. La otra mitad la ocupan poemas más recientes, fechados entre 1939 y 1941, que en su tono sosegado e intelectual continúan la misma veta de *Bajo tu clara sombra* y evocan los mismos ecos: Novalis está tan presente en «Noche de resurrecciones», por ejemplo, como lo están Hölderlin, Keats y Nerval en las nueve odas que constituyen la última sección[46]. Dentro de un tomo ambiciosamente recopilatorio, proponiéndose demostrar la acumulación de una obra, los poemas más recientes resultan deliberadamente equilibrados, contenidos, maduros, como si buscasen (y en muchos casos lograsen) ese punto medio entre intimismo y poesía social que había intentado la anterior recopilación publicada en la España en guerra.

La primera versión de «Poesía de soledad y poesía de comunión» se había publicado en el número 5 de *El Hijo Pródigo,* la última revista que Paz ayuda a fundar durante

---

[46] La reseña de Eduardo González Lanuza subraya la presencia del Romanticismo en el libro: *Sur,* 109, noviembre de 1943, págs. 70-74. Otra reseña de interés es la de Antonio Sánchez Barbudo en *El Hijo Pródigo,* año 1, núm. 1, 15 de abril de 1943, págs. 44-48.

estos años y donde más colabora durante el año inmediatamente anterior a su partida de México. La revista, que se concebía «exclusivamente literaria» y artística, según Octavio Barreda, su fundador y primer director, logra reunir varios grupos dispersos de escritores: «Contemporáneos» como Villaurrutia, españoles desterrados como Sánchez Barbudo, y algunos del disuelto grupo de *Taller*[47]. En este momento *El Hijo Pródigo* representa, sobre todo, una alternativa a *Cuadernos Americanos,* la otra prestigiosa revista que se había fundado en México un año antes. A diferencia del tono nacionalista de esta («un poco cerrada», según el propio Barreda, «a determinados valores mexicanos de promociones jóvenes»), *El Hijo Pródigo* permanece abierta a Europa y declara una fervorosa defensa del arte y la imaginación.

> La poesía —reza el editorial del quinto número que precede al ensayo de Paz, que fue escrito por él y que recogemos aquí— es una invitación a la rebelión y, por tanto, no una fuga de la realidad sino un deseo de transformarla en algo menos estúpido y mecánico, en algo más libre e individual[48].

Con tal defensa de la independencia de la imaginación frente a las exigencias de la política inmediata —corrían los años más duros de la guerra en Europa— *El Hijo Pródigo* se situaba en la misma línea de *Hora de España* y *Taller.* Paz es corresponsable de la revista hasta el número 7 (octubre de 1943), aunque sigue colaborando hasta el 31 (octubre de 1945) y forma parte del consejo de redacción hasta el último. Colabora directamente 16 veces, con 12 textos de prosa y 4 poemas. *Primeras letras* recoge toda esa docena,

---

[47] *Las revistas literarias en México,* pág. 236.
[48] «Imaginación y realidad», *El Hijo Pródigo,* año 1, núm. 5, 15 de abril de 1943, pág. 270, recogido en este libro.

incluyendo «Poesía de soledad y poesía de comunión» y el cuarto capítulo de las *Vigilias*. Las afiladas reseñas de Paz rescatan las obras de los españoles desterrados (Aub, Cernuda, Dieste, García-Bacca y Varela), así como de autores mexicanos (Othón y Yáñez). Pero aún más importante es la influencia que ejerce en la política editorial de la revista. Los tiempos han cambiado y *El Hijo Pródigo* publica a autores semiprohibidos: surrealistas como César Moro y Benjamin Péret, trotskistas como Victor Serge, o escritores independientes como Jean Malaquais. Es, por cierto, a ese trío de escritores europeos, entonces todos refugiados políticos en México, a quienes Paz ha identificado repetidamente como los responsables de haberle mostrado «otra versión del marxismo», su aspecto crítico y disidente que en parte representan figuras como Trotsky o Breton[49]. Es Péret, de hecho, quien le confirma a Paz la historia interna del cisma Breton-Aragon, de la cual el propio Péret fue testigo; al igual que es Serge, compatriota y admirador de Trotsky, el que le pone al tanto de la disidencia de la Cuarta Internacional.

Las nuevas influencias llevan, por tanto, a una visión política mucho más crítica. Crítica, es decir, de la corrupción política del estalinismo, no de la validez del marxismo como pensamiento o visión. Entre los pensadores que Paz menciona en la primera versión de «Poesía de soledad y poesía de comunión» Marx figura, por cierto, como «el más profundo». Y en otro importante texto del mismo año, su reseña a *El positivismo en México,* del profesor Leopoldo Zea, emprende lo que equivale a una crítica marxista de ese célebre estudio. En el estudio de Zea señala, por ejemplo, la omisión de Marx entre los autores del concepto de ideología; omisión inexplicable, si pensamos que Marx es la

---

[49] Este y muchos otros comentarios se pueden encontrar en *Cuarenta años de escribir poesía: Conferencias en El Colegio Nacional,* ed. Enrico Mario Santí, México, El Equilibrista/El Colegio Nacional, 1998.

fuente de todos los autores que Zea cita. Y, al discrepar de las categorías históricas que el estudio utiliza, lo hace justamente para distinguir entre «los intereses sociales de la burguesía mexicana» y «la realidad política que se llamó el Porfirismo» y que forman «los grandes latifundistas, verdaderos señores feudales, herederos de los bienes de la Iglesia». La crítica es relativa pero significativa: demuestra el marco de referencia específico que utiliza Paz a despecho de su marcada disidencia personal ante la política del momento. Emblema de esas tensiones será la publicación, a poco más de un mes de aparecer la reseña sobre el libro de Zea en *Sur*, recogida aquí, de la polémica «Respuesta a un cónsul», que marca la ruptura definitiva con Neruda[50]. Pero la reseña sobre *El positivismo en México* (1943) tiene otro aspecto saludable: demuestra que no desaparece la preocupación por el tema nacional. Paz podrá criticar el método de Zea, pero es por medio de ese valioso estudio como llega a entender que el positivismo, en México, había sido «un feudalismo anacrónico y que quiere vestirse a la moderna», así como también «la incapacidad de los diversos gobiernos para resolver el problema educativo en términos de coherencia con nuestra realidad». Años más tarde, en las páginas de *El laberinto de la soledad*, estas observaciones se resumirán bajo un solo rubro: «la simulación porfirista».

En efecto, a la par que la diatriba final de «Poesía de soledad y poesía de comunión» y la crítica al libro de Zea, Paz se encuentra escribiendo una columna semanal para el diario capitalino *Novedades* en la que explora en parte los múltiples aspectos de «la mentira de México», para citar el título de una de ellas. La colaboración en *Novedades* viene a llenar el vacío que había dejado la renuncia a *El Popular*. Pero en tanto que este había sido un periodismo partidario y, a veces, anónimo, el de aquel es independiente y bajo la

---

[50] *Letras de México*, 15 de agosto de 1943, pág. 5.

responsabilidad de una firma en la página editorial. Las columnas se publican por intermedio de Edmundo Valadés, tío del escritor trotskista José Ferrer, cuya agencia periodística compraba y colocaba artículos en los diarios del país. Paz llega a publicar un total de 32 columnas semanales entre el 11 de marzo y el 24 de noviembre. *Primeras letras* recoge todas, excepto las cuatro que reproducen artículos publicados en otras partes[51]. Al menos 11 de las columnas tratan del tema de México y muchas de entre ellas constituyen lo que podría denominarse una pre-historia de *El laberinto de la soledad*. De hecho, son su primera versión, o al menos su premonición. Las columnas de *Novedades* continúan la meditación sobre los rasgos del mexicano que se habían anticipado en otros artículos dispersos que ya he comentado y que el posterior libro explorará en detalle: la desconfianza hermética del mexicano, el «ninguneo» de sus semejantes, el sentido profundo de su vocabulario privado, su gusto por la simulación y la doblez, su nihilismo reprimido. Falta en ellas tanto la perspectiva histórica como el afilado análisis psicológico —la fenomenología de la cultura mexicana—, que será el aporte más original del libro. No todas, desde luego, tratan del tema de México: muchas abordan o bien la actualidad de la guerra o de la cultura, o bien temas más generales de filosofía e historia. Pero todas están regidas por el mismo afán costumbrista cuya motivación es el análisis moral. Y algunas, como, por ejemplo, «Los

---

[51] «Una nueva novela mexicana», 17 de mayo de 1943, pág. 4, reproduce la reseña del mismo título en *Sur*, 105, julio de 1943, págs. 93-96; «Presentimiento de México», 21 de junio de 1943, pág. 4, reproduce la misma reseña sobre *Juan Ruiz de Alarcón*, de Antonio Castro Leal, en *Sur*, núm. 106, agosto de 1943, págs. 107-110; «Un nuevo poeta», 12 de julio de 1943, pág. 4, reproduce la misma reseña sobre *Entre apagados muros*, de Efrén Hernández, en *El Hijo Pródigo*, año 1, núm. 4, julio de 1943, pág. 255; y «Prosa de poeta», 26 de julio de 1943, pág. 4, reproduce la misma reseña de *Ocnos*, en *El Hijo Pródigo*, año 1, núm. 3, junio de 1943, págs. 188-189.

caballeros águilas» o «La jauría», rayan en la cólera y la indignación. Desde su columna, el Paz que frisa en los treinta fustiga a su país y a su cultura —su corrupción política, la mala voluntad del nacionalismo, la retórica de una mal llamada izquierda— como muestra de su desilusión. El análisis moral de los fenómenos que Paz observa a su alrededor intenta desentrañar las razones de ese descontento.

> Y así, gracias a mis amigos de *El Hijo Pródigo* y a mis nuevos amigos europeos —dirá al cabo de los años— pude encontrar una vía de salida del enredo moral, político y estético que me asfixiaba al iniciarse la década de los cuarenta[52].

A mediados de 1943, el autor de nueve libros (si incluimos este) decide romper otra vez con su contexto. Para ello solicita y obtiene una beca Guggenheim con el proyecto de estudiar el tema de «América y su expresión poética». Como se sabe, Paz nunca llegó a escribir ese estudio, cuyo proyecto pedía encontrarle a toda la poesía del continente americano «aquellos rasgos que, sin aislarla de la tradición universal, la individualizan, le dan un perfil, un acento y una dirección nativos, originales»[53]. Su estancia de más de dos años en Estados Unidos, «no menos decisiva que la de España», como él mismo ha dicho, la dedicó a otra cosa: la lectura de la poesía norteamericana, que con el tiempo llegará a transformar la suya propia[54]. También, simultáneamente, a estudiar la cultura cuya comparación con la suya con el tiempo formará la base de *El laberinto de la soledad*.

---

[52] «Es preferible escribir a reventar», pág. 8 y también en *Cuarenta años*.
[53] Cito por el «Proyecto de estudio» que Paz presentó en 1943 a la John Simon Guggenheim Memorial Foundation como base de su solicitud de beca. Agradezco al autor y a la fundación Guggenheim, sobre todo a su secretario, el señor Stephen Schlesinger, la consulta de este valioso documento.
[54] *Siete voces*, pág. 231.

Una aventura que llevará a la reconciliación —con su país y consigo mismo—. La salida de México en 1944 es muy distinta a las dos anteriores. A diferencia de Yucatán o España, Estados Unidos es otra cultura, otro idioma y otro clima intelectual. La beca solo dura un año, pero la ausencia de México se prolonga otros ocho, y no será hasta 1953 (después de una larga estancia ininterrumpida en Europa, Asia y la India, donde Paz desempeña distintos cargos en el servicio diplomático mexicano) cuando Paz regresa —nuevo hijo pródigo— a su país.

Durante su ausencia, Paz seguirá colaborando en revistas mexicanas y del continente, sobre todo con los nuevos poemas que iba escribiendo. A más de dos años de su partida, una vez radicado en París, le envía a la revista *Letras de México* uno en el que reflexiona sobre su nueva vida e, indirectamente, sobre la época y el contexto cuya ruptura la había posibilitado. El texto completo dice:

> Llamar al pan el pan y que aparezca sobre el mantel el pan de cada día; darle al sudor lo suyo y darle al sueño y al breve paraíso y al infierno y al cuerpo y al minuto lo que piden; reír como el mar ríe, el viento ríe, sin que la risa suene a vidrios rotos; beber y en la embriaguez asir la vida, su plenitud redonda y fugitiva; bailar el baile sin perder el paso y dormir junto a un cuerpo luminoso que es un sol que se tiende en una playa; tocar la mano de un desconocido en un día de piedra y agonía y que esa mano tenga la firmeza que no tuvo la mano del amigo; probar la soledad sin que el vinagre haga torcer mi boca, ni repita mis muecas el espejo, ni el silencio se erice con los dientes que rechinan: estas cuatro paredes —papel, yeso, alfombra rala y foco amarillento— no son aún el prometido infierno; que no me duela más aquel deseo, helado por el miedo, llaga fría, quemadura de labios no besados: el agua clara nunca se detiene, sólo una vez se abren ciertos cuerpos y hay frutas que se caen de maduras; en unos ojos descubrir el cielo, el mismo en que de niño me perdía, y volver a perderme en esos ojos; saber partir el pan y repartirlo, el pan de una

verdad común a todos, verdad de pan que a todos nos sustenta, por cuya levadura soy un hombre, un semejante entre mis semejantes; pelear por la vida de los vivos, dar la vida a los vivos, y a la vida, y enterrar a los muertos y olvidarlos como la tierra los olvida: en frutos...

Y que a la hora de mi muerte logre morir como los hombres y me alcance el perdón y la vida perdurable del polvo, de los frutos, y del polvo[55].

El poema se titula «La vida sencilla», y, cuando se recoge tres años después en *Libertad bajo palabra,* es el texto que cierra una sección de poemas llamada «Puerta condenada».

Primeras letras no es sino un esfuerzo por abrir esa puerta, por esclarecer una parte importante de los orígenes de un gran escritor, y por dar a conocer un volumen de prosa lúcida y valiosa.

---

[55] *Libertad bajo palabra,* págs. 123-125.

Esta edición

Primeras letras (1931-1943) salió a la luz hace casi medio siglo, cuando Octavio Paz no había ganado aún su Premio Nobel y yo recién empezaba a estudiar su vida y obra. Como he recordado más de una vez, fue él quien quiso que esa primera etapa de su obra, antes indocumentada, se conociera de esa manera —no existían entonces sus *Obras completas*— y me pidió que me ocupara de ello. Dirimimos su contenido en un sinnúmero de cartas donde me reiteró lo mucho que le interesaba porque, a pesar de que para entonces su obra disfrutaba de fama mundial, «nadie en México ha hecho este trabajo». Desde luego, el primero que no lo había hecho era él, por razones tanto personales como profesionales. Sí creo, con toda modestia, que mi trabajo a la larga tuvo un efecto positivo. Lo que produje en materia de hallazgo y edición de su primera época de escritor le instó a reconocer e incorporarla luego de años de desapego.

El «Descargo» que Paz redactó para su salida confesó, además, su sorpresa ante el desentierro del material que yo le había presentado como parte de una investigación que, en un principio, nada tenía que ver con su eventual edición. Sin embargo, en ese texto no abundó en las razones por las que decidió nunca haberlos recogido, salvo que en ellos ya no se reconocía. Por eso también excluyó, para nuestra edición, once de ellos, muchos de las cuales versan de varias maneras sobre cuestiones de la época con las que ya no se sentía afín. Por tanto, en la relectura que en ese momento realizó Paz era la literatura lo que debía predominar en nuestro libro, aunque en un momento revelador de su «Descargo» sí se pregunta, como concediendo margen, «¿dónde termina la literatura y dónde comienzan la historia, la psicología, la biografía?». Convine entonces con dejar fuera esos once, aunque mi primer impulso había sido incluirlos, y cedí cuando comprobé su insistencia; pensé que algún día él mismo se daría cuenta de la inutilidad del gesto, como en efecto ocurrió años después con sus primeros poemas, que, junto con la prosa incluida en *Primeras letras,* finalmente recogió en sus *Obras completas.* Y si bien lo mismo no ocurrió con aquellos once textos en prosa, también con el tiempo he pensado que, de haber vivido, el viejo poeta habría aconsejado al joven apasionado con aquel pasaje del «Propósito» con el que prologó *El ogro filantrópico. Historia y política, 1971-1978* (1979) y que se aplica, *mutatis mutandis,* a aquellos proscritos:

> La *literatura política* es lo contrario de la literatura al servicio de una causa. Brota casi siempre de las realidades políticas de una sociedad y de una época: el poder y sus mecanismos de dominación, las clases y los intereses, los grupos y los jefes, las ideas y las creencias. A veces la literatura política se limita a la crítica del presente; otras, nos ofrece un proyecto de futuro[56].

Luego del fallecimiento de Paz en 1998, he seguido estudiando su vida y obra con el efecto secundario de identificar al menos 12 textos más de aquella primera época que él mismo deslindó entre 1931 y 1943. Así, la edición revi-

---

[56] En «Literatura política», *OC,* VI, 487; este texto fue el prólogo a *El ogro filantrópico* (1979). Todas las citas, salvo indicación contraria, se refieren a esta edición.

sada que ahora presentamos la aumentan 23 textos, incluyendo los 11 antes proscritos. Nuestro índice señala esos 11 con un asterisco, y con dos los otros 12 que ahora añadimos. Si la primera edición reflejaba un compromiso entre las predilecciones del autor y las exigencias académicas del editor, en esta segunda, revisada y aumentada, prevalecen estas últimas.

Pasemos ahora a una lista comentada de ese total.

«El tercer partido»: «Diario del Sureste»
[Mérida, Yucatán] (25 de marzo, 1937, pág. 3)

Se trata del primero de cuatro artículos que Paz publica en el diario del poeta Clemente López Trujillo, con quien vuelve a conectar tras su llegada a Mérida en abril de 1937. Solo uno de esos («Notas») se incluyeron antes: Paz no se acordaba del resto de ellos, y yo no los conocía. En este, el joven reacciona a la resonante «Carta sobre la Independencia», más bien a su posdata, del filósofo Jacques Maritain (1882-1973), donde expone su propuesta sobre una tercera opción política, de raíz cristiana, ante la escisión contemporánea entre fascismo y comunismo. Maritain había albergado la idea desde 1934, cuando firma el manifiesto *Pour le bien commun,* de un grupo de intelectuales católicos que abogaba por esa tercera vía. El pensamiento del filósofo cristiano se conocía bastante en el mundo hispánico, al punto que *Humanismo integral* (1935), tal vez su obra cumbre, se publica en español antes que el original francés. A su vez, en 1936 la «Carta sobre la Independencia» se publica en Madrid en *Cruz y Raya* y en Buenos Aires en *Sur,* donde el mismo año se da a conocer la posdata a la que reacciona el joven Paz[57].

---

[57] Ver *Pour le bien commun. Les Responsabilités du chrétien et le moment présent,* ed. J. Arney *et al.,* París, Desclée de Brouwer et Cie., 1934; «Carta sobre la Independencia», trad. R. Gómez de la Serna, *Cruz y Raya,* 36, 1936,

Con elocuencia admirable para un joven de veintidós años pero que a veces trunca las citas de aquel texto, su artículo cuestiona la propuesta de Maritain desde una izquierda abocada a la política del Frente Popular. Critica la ingenuidad de un tercer partido ante la violencia del fascismo, así como señala la ineficacia histórica de soluciones cristianas a la lucha de clases que el comunismo dice haber superado. Desde Mérida, por tanto, anticipa su próximo viaje a España y reitera el apoyo al Frente asediado en la Península, tal como un año antes había hecho al publicar el poema *¡No pasarán!* y donar su usufructo al Frente Popular de México.

«Otra vez España» y «Palabras en la Casa del Pueblo», «Diario del Sureste» (7 de abril, 1937), 3, y (16 de abril, 1937), 3

Se trata de un ensayo político en contra del fascismo y en defensa de la República, que en parte se reproduce en el discurso pronunciado apenas cinco días después en la Casa del Pueblo de Mérida. Según el acápite, fue parte de una «conversación» en una velada de la «Confederación de Ligas Gremiales el día 12 de abril», aunque la versión publicada omite otras intervenciones y reproduce el texto como discurso individual. Además del tono de arenga provocado por su indignación ante la guerra, resulta notable su estridente vocabulario marxista, que desborda las referencias a España para comentar la situación mundial.

---

págs. 559-611; y *Sur,* núm. 22, julio de 1936, págs. 54-86; «Conferencia de Jacques Maritain a propósito de la "Carta sobre la Independencia"», *Sur,* núm. 27, diciembre, 1937, págs. 7-69. Paz parece comentar únicamente la posdata, que solo fue publicada en *Sur*. Jean Meyer reprodujo el artículo con certeros comentarios, en «Un artículo olvidado de Octavio Paz (presentado por Jean Meyer); disponible en: <https://zonaoctaviopaz.com/detalle_conversacion/168/un-articulo-olvidado-de-octavio-paz-presentado-por-jean-meyer/?> (últ. consulta: 04/12/2024).

«A LA JUVENTUD ESPAÑOLA», «EL MONO AZUL», 32 (9 DE SEPTIEMBRE, 1937), 1

Se trata de la primera publicación de Paz en España, esta vez en la revista dirigida por Rafael Alberti y María Teresa León, y órgano de la *Alianza de intelectuales antifascistas por la defensa de la cultura* que se publicaba en Madrid desde agosto del año anterior. Como fue Alberti el que había invitado a Paz al congreso de la misma organización, era natural que publicara algún texto suyo, como este leído en algún mitin de jóvenes entre los muchos eventos aledaños a la guerra que se celebraron una vez concluido el Congreso. Llama la atención que en el último párrafo señale a sus «compañeros de las Juventudes Socialistas Unificadas», como si en efecto Paz perteneciera a esa organización militante, cuando su filiación no ha sido comprobada hasta la fecha. Coadyuvando esa hipotética filiación sería la siguiente declaración hecha por él mismo al diario *Ahora* [(9 de julio, 1937), 6] como parte de una serie de 17 opiniones de delegados a dicho congreso sobre la actual juventud:

> OCTAVIO PAZ, delegado de Méjico// «Para los camaradas de la J.S.U. de Madrid: Como miembro de la J.S.U. y como artista y, fundamentalmente, como hombre convencido de que el fascismo es el enemigo del género humano, os digo que no solo admiro la extraordinaria fuerza de vuestra actitud, sino que, como todos los jóvenes progresistas mejicanos, me solidarizo con vuestra lucha, con la lucha de la juventud española, vanguardia del mundo»[58].

---

[58] Entre los otros intelectuales en esa lista figuran: Nicolás Guillén, André Malraux, Vicente Huidobro, José Bergamín, Tristan Tzara. Ver *Ahora*, 6.

Como se sabe, las J.S.U. fue una organización política juvenil española fundada en marzo de 1936 tras el triunfo del Frente Popular como resultado de la fusión de la Unión de Juventudes Comunistas de España (UJCE) del Partido Comunista de España (PCE) y la Federación de Juventudes Socialistas (FJS) del PSOE. Que las JSU se habían convertido en realidad en las juventudes del PCE se pudo comprobar, eventualmente, en la Conferencia Nacional de la Juventud (Valencia, enero de 1937), que vino a sustituir al congreso Nacional de Unificación previsto en los acuerdos de marzo de 1936 y donde nunca llegaría a celebrarse debido a la guerra. El texto #7, debajo, da cuenta de esa fusión. Fue en esa conferencia donde se fijó la política y forma de organización que, con escasas variaciones, la JSU mantendría durante toda la guerra y que coincidía con la política defendida por el PCE. Por tanto, en julio de 1937, cuando el joven Paz dice ser «camarada» de las JSU, la filiación es claramente comunista. Así, si bien no cabe duda de que la política de Paz era de izquierda, falta comprobar documentación de su membresía en las JSU y, por tanto, siquiera indirectamente, en el partido.

«Raíces españolas de los mexicanos»,
«El Nacional» (7 de diciembre, 1937), 1

Desde España, de donde no regresaría hasta enero de 1938, el joven Paz enviaba contribuciones como esta a México, y en particular a *El Nacional,* diario que su padre, Octavio Paz Solórzano, había ayudado a fundar y donde él mismo publicara algunos de sus primeros poemas. En Valencia, adonde una delegación de la LEAR (Liga de Escritores y Artistas Revolucionarios) de México había regresado después del Congreso de Intelectuales, los delegados realizaron varios actos culturales, entre ellos una exposición de arte mexicano y la lectura de poemas que prologa la «Noticia de la poesía mexicana contemporánea» que recoge *Primeras le-*

tras. En estas palabras, dichas en un acto del Ateneo Valenciano el 23 de agosto de 1937, el joven discurre sobre historia de México y relaciona su lucha por la independencia de España con la actual revolución y guerra peninsulares.

«La enseñanza de una juventud»
y «Las enseñanzas de una juventud»,
«El Popular» (23 de julio, 1938), 5,
y (3 de agosto, 1938), 5-6

En dos entregas lo publica Paz a su regreso de España en el diario de izquierda donde sigue colaborando hasta el año siguiente, cuando renuncia coincidiendo con el Pacto Múnich-Moscú que lo enajena a él y a tantos otros. Además de dar su testimonio, el artículo explica la trayectoria de las organizaciones de juventud de izquierda hacia su fusión durante la República y, a partir de 1936, durante el gobierno del Frente Popular. Sin llegar a pedir la misma fusión en México, pero con lenguaje evidentemente sectario, el joven critica la desunión local y alaba el ejemplar sacrificio de los españoles.

«Carta a Rubén Salazar Mallén»,
«El Universal» (México, D. F.) (25 de noviembre, 1937)
[bajo el título de «Correspondencia
de Rubén Salazar Mallén»];
recogida en *OC*, V, 631-633

La primera edición de *Primeras letras* no incluyó este texto, pero posteriormente Paz sí lo rescató en sus *Obras completas* (OC, V, 631-632). Años antes, por cierto, ya lo había hecho Javier Sicilia en un apéndice a su libro *Cariátide a destiempo y otros escombros* [Gobierno del Estado de Veracruz, 1980]. Paz le escribe al escritor mexicano Salazar Mallén (1905-1986) desde París, adonde había viajado con Elena Garro luego de su estancia en España, y en respuesta a un artículo anterior donde se le acusaba de oportunismo. Salazar Mallén publica la carta de Paz sin fecha, tal vez escrita y enviada desde París en octubre. Incluye Salazar Mallén un comentario sobre dos asuntos: el poema *¡No pasarán!* y la participación de Paz en la LEAR. En su carta Paz desmiente la afirmación que su publicación del poema *¡No pasarán!* buscaba méritos políticos de cara a la invitación al Congreso de Intelectuales Antifascistas en España. A lo largo de su comentario, al que siguió su reproducción de la carta, Salazar Mallén le atribuye a Paz cercanía, cuando no filiación, a la LEAR mexicana, cuando en realidad el joven poeta no pertenecía a ese organismo y fue invitado al Congreso en España como parte de una delegación independiente que solo incluía, además del escritor comunista José Mancisidor, a dos poetas: Paz y Carlos Pellicer. Para cuando ocurre esta polémica a fines de 1937, Salazar Mallén ya había abandonado su militancia comunista y abrazado el fascismo. Sobre el tema hay valiosos comentarios en «En la mirada de Rubén Salazar Mallén»[59].

«Voces de España», prólogo a la antología
del mismo nombre (subtítulo: «Breve antología
de poetas españoles contemporáneos»,
selección y nota por Octavio Paz, Ediciones Letras
de México, 1938), 9-10; «Justificación»,
en 2.ª edición a la antología del mismo título

No se incluyó en la primera edición de *Primeras letras,* tal vez por olvido tanto de Paz como mío. Según el colofón, la edición se publica el 16 de julio de 1938; una segunda

---

[59] Disponible en: <https://zonaoctaviopaz.com/detalle_conversacion/660/en-la-mirada-de-ruben-salazar-mallen> (últ. consulta: 04/12/2024).

edición, aumentada, aparece en la misma editorial el 16 de diciembre del mismo año. La primera edición incluye 12 poemas, la segunda 15, más una «Justificación» de Paz. La edición y Prólogo tienen que haber sido de los primeros proyectos del joven a su regreso de España, con la ayuda material del editor Octavio G. Barreda, director de la revista *Letras de México,* tal vez la más importante del momento. A diferencia de los anteriores artículos sobre España, cuyos contenidos habían sido exclusivamente políticos, el Prólogo insiste en la contribución temática de los poetas españoles al tema de la guerra y la causa republicana y antifascista. A su vez, la «Justificación» explica y reduce el subtítulo, puesto que «no aspira, dada su brevedad, a representar la poesía española del momento. No es propiamente una antología sino una colección...». Si se coteja la «Justificación» con la carta sin fecha que Paz dirige a Barreda (ver número 11, debajo), se comprueba que esta fue el primer borrador de esa suerte de epílogo que sale a la luz en diciembre del mismo año. En la confección de la «antología» seguramente influyó como modelo *Poetas en la España Leal* (Madrid-Valencia, Ediciones Españolas, 1937), la que Manuel Altolaguirre publica en la prensa que entonces él dirigía y que, entre otras publicaciones, lanza *Bajo tu clara sombra y otros poemas sobre España* (Valencia, Ediciones Españolas, 1937, Nueva Colección Héroe), pequeño conjunto de la poesía del joven Paz que comentamos anteriormente. Si se cotejan los índices de ambas antologías —la de Altolaguirre de 1937 y la de Paz de 1938— se comprueba que esta, a un tiempo, utilizó aquella como modelo aprovechando su nómina de autores, como también aspira a mejorarla al incluir, entre otras cosas, el Prólogo (y luego la «Justificación») que faltaron en la de Altolaguirre[60].

---

[60] Según Manuel Aznar Soler, la edición de *Poetas en la España Leal* fue distribuida como regalo a todos los delegados al Segundo Congreso Internacional para la Defensa de la Cultura; para los pormenores de esta

«Voces de España» en «Letras de México», 31
(1.º de septiembre, 1938), 2

Evidente primer borrador de lo que será la posterior «Justificación» que explicamos arriba bajo números 9 y 10.

«A tres jóvenes amigos», «Ruta» (4.ª época)
(15 de octubre, 1938), 52-58

Fue uno de los once textos que Paz decidió excluir de la primera edición de *Primeras letras*. La triple reseña de libros de los jóvenes poetas Antonio Sánchez Barbudo (1910-1995), Juan Gil-Albert (1904-1994) y Arturo Serrano Plaja (1909-1979), a quienes Paz había conocido y tratado en España, seguramente salda una deuda no solo personal. Los tres, miembros de la redacción de *Hora de España*, tan admirada por Paz, deben haberle entregado entonces sus respectivas obras publicadas en las ediciones de esta revista que se hicieron en Barcelona en 1938 —*Entre dos fuegos. Narraciones; Son nombres ignorados. Elegías, Himnos, Sonetos;* y *El hombre y el trabajo.* No es inverosímil que Paz haya decidido reseñar esos tres libros para ir allanando el terreno que eventualmente permitiese a sus tres amigos poetas exiliarse en México— de hecho, Gil-Albert y Sánchez Barbudo llegaron a México y pronto se asociaron a la mexicana revista *Taller;* este llegó a ser su secretario de redacción; Serrano

---

edición, pero que no menciona la posterior y deudora de Paz, ver su ensayo «Poesía, Guerra y Revolución», inserto como opúsculo aparte en la edición facsímil de esa antología (Sevilla, Editorial Renacimiento, 2007). Para más detalles ver el excelente estudio de James Valender, «*Voces de España:* Una antología de Octavio Paz (1938)», *Cuadernos Americanos* (Nueva época), 26, año V, núm. 2, marzo-abril de 1991, págs. 109-126.

Plaja, en cambio, dio tumbos por Chile, Argentina, Francia y Estados Unidos. En España Serrano Plaja llegó a presentar al joven Paz en un recital de poesía que acogió la Casa de la Cultura de Valencia, tal como consta en la «Noticia de la poesía mexicana contemporánea» en *Primeras letras;* ver de Serrano Plaja, su «Letras: Octavio Paz», *Revista de las Españas* (Madrid), 101 (1938), pág. 24. La entusiasta reseña de Paz peca de imprecisiones, pero provee un buen ejemplo de su prosa ensayística en vías a la madurez que se hará evidente en la siguiente década.

«La Casa de España», *Taller,* 1
(diciembre 1938), 57-58

En la semblanza sobre La Casa de España, institución académica que con el tiempo se conocerá como El Colegio de México, desemboca buena parte del fervor por la causa española y republicana que Paz venía expresando durante los anteriores dos años. Así, aprovecha las conferencias inaugurales del filósofo José Gaos (1900-1969) en 1938 para celebrar su fundación. El sello paciano se resume en la siguiente afirmación:

> Descubrir España, otra vez, y al descubrirla encontrarnos a nosotros mismos, es el mejor y más cercano de los frutos que la *Casa de España* puede ofrecer a nosotros los mejicanos, y no es que nosotros ignoremos a España, sino que no la «conocemos».

Por qué Paz optó por excluir, junto con otros textos sobre la contienda española, de la primera edición *de Primeras letras* tal vez sea una lejana reacción a la opinión del escritor Rafael Solana, cofundador de *Taller,* al efecto de que, con la llegada a la revista de los escritores españoles desterrados, esta se había «desnaturalizado». Notable resulta al menos que el fervor de Paz por la causa española le hiciera asumir en este texto la ortografía española al escribir «mejicanos».

«Constante amigo», «Taller», 4 (julio 1939), 53

También en la España en guerra se conocieron el poeta malagueño Emilio Prados (1899-1962) y Paz. Tras escapar, Prados viajó a México en mayo de 1939 como parte de un enorme contingente de desterrados. Allí reanudan su amistad cuando Prados se incorpora al grupo de *Taller*. Paz y Elena Garro, además, acogieron a Prados en su casa durante algún tiempo. Aparte de proveer una semblanza del amigo y ofrecer su bienvenida, Paz menciona dos inéditos, como el libro *Destino fiel,* recopilación de su poesía de guerra, que recibe el Premio Nacional de Poesía en 1938 pero no se publica entonces. Sin embargo, no hemos encontrado indicio alguno de que *Constante amigo* sea, como dice Paz, otro de los inéditos de Prados. Es de recordar, por último, que Prados formó parte del grupo de editores que produjo *Laurel: Antología de poesía moderna en lengua española* (1941), junto con Gil-Albert, Xavier Villaurrutia y el propio Paz. Ver, de este, «Poesía e historia: *Laurel* y nosotros», *OC,* II, 722-764.

«León Felipe», «El Popular» (17 de julio, 1938), 5 y *Letras de México,* 31 (10 de septiembre, 1938), 4

El poeta León Felipe (1884-1968) era un poco mayor que muchos de los otros escritores desterrados que Paz acoge y en 1922 ya había vivido en México. En cambio, nunca formó parte del consejo de *Taller;* antes bien, a su llegada se le invitó a formar parte de La Casa de España. Paz le da la bienvenida, como en los anteriores casos, y repite más o menos la misma opinión sobre el beneficio de mutuo conocimiento cultural en la convivencia de mexicanos con españoles exiliados.

«El Premio Nobel de Literatura»,
«Hoy», año II, vol. 6 (3 septiembre, 1938)

Junto con otros 13 escritores mexicanos el joven Paz participa en la encuesta que intentaba calibrar las «muy dispares opiniones» en torno al otorgamiento ese año del Premio Nobel de Literatura a Roger Martin du Gard. Fue uno de tres en el grupo de entrevistados, junto con Salvador Novo y Xavier Villaurrutia, que dijo preferir que se le hubiese otorgado el premio a André Gide (1861-1951). La importancia de su opinión, que la revista publicó junto con fotos que incluye la del joven poeta, reside en sus implicaciones políticas. A diferencia de Novo o Villaurrutia, que siempre habían sido gidistas, Paz acababa de regresar de un congreso en España donde había escuchado, y con su silencio tácitamente apoyado, la denuncia de Gide debido a la crítica del estalinismo en sus *Retour de l'URSS* (1936) y *Retouches à mon retour del'URSS* (1937) por parte de críticos liderados por José Bergamín (1895-1983). El comentario del joven no entra en esa polémica, aunque tal vez se escuche un eco de ella cuando se refiere a que el premio «tiene todos los vicios y prejuicios de la contemporaneidad». Por tanto, mentar la soga en casa de ese ahorcado significaba, siquiera tácitamente, un soterrado distanciamiento hacia la condena de Gide en particular y, en general, con la izquierda intelectual de ese momento[61].

---

[61] Con motivo del 50.º aniversario de aquel congreso recordó: «Aunque muchos estábamos convencidos de la injusticia de aquellos ataques y admirábamos a Gide, callamos. Justificamos nuestro silencio con los mismos especiosos argumentos que denunciaba Quinet en 1865», *OC,* VI, 510. Paz

«Respuesta a un cónsul», «Letras de México», tomo 4, núm. 8 (15 de agosto, 1943), 4, 11

No fue incluido en la primera edición de *Primeras letras*. El texto de ruptura con el poeta chileno Pablo Neruda (1904-1973) culmina una serie de eventos que venía distanciando a los dos poetas durante la gestión de este como cónsul *ad honorem* de Chile en México, aunque su relación se remontaba a 1937, cuando se conocieron en España durante el congreso de escritores antifascistas y disfrutaban de buena amistad a la llegada del chileno a México. En el tema y en los incidentes que provocaron su texto, Paz abundó en varias ocasiones. Sin duda el más extenso y elocuente fue en el contexto de su ensayo sobre *Laurel* (1941), antología de poesía moderna que Paz ayudó a recopilar y en la que Neruda se negó a participar. Rebasó la copa de las tensiones entre ambos poetas la opinión de Neruda, recogida en una entrevista concedida a Alardo Prats, un mes antes de abandonar México, al efecto de que «en la poesía [mexicana] hay una absoluta desorientación y una falta de moral civil que realmente impresiona»[62]. Contrasta la «despedida» de Paz a Neruda con aquella suerte de «bienvenida», al menos a su amistad y admiración, de su ensayo «Pablo Neruda en el corazón» que le dedicara cinco años antes y que la primera edición de *Primeras letras* sí incluyó. Por último, junto al texto de Paz y en el mismo número de *Letras de México* el escritor José Luis Martínez publicó una «Despedida» sobre el mismo tema.

---

volvió a abundar sobre el tema en varias ocasiones, entre ellas: *Itinerario* *(OC,* VI, 31-32), y en el prólogo a Alberto Ruy Sánchez, *Tristeza de la verdad: André Gide regresa de Rusia,* 1991 *(OC,* VI, 518-524).

[62] En *Revista América,* México, D. F., 19 de julio de 1943, y posteriormente *Hoy,* México, D. F., agosto de 1943.

«¿PARA QUÉ SE PELEA?», «NOVEDADES»
(14 DE JUNIO, 1943), 4

Fue la única de las 30 columnas para el diario *Novedades* de México que Paz excluyó de la primera edición de *Primeras letras*. Nunca discutimos las razones de su decisión ni tampoco yo las cuestioné. Releyendo la columna hoy, especulo que, aparte de que el tema había perdido su actualidad, discrepaba de algunas de sus antiguas opiniones, como, por ejemplo, las que incluye en el penúltimo párrafo, suerte de diatriba marxista sobre las causas y efectos económicos de la Segunda Guerra Mundial. Sorprende, con todo, que al discutir el tema de los totalitarismos Paz no mencione la Unión Soviética, tal vez porque, en el momento en que escribe, el pacto entre los Aliados contra el nazismo podía pasar por alto la crítica entre ellos.

«IMAGINACIÓN Y REALIDAD», «EL HIJO PRÓDIGO»,
NÚMS. 4 (JULIO, 1943) Y 5 (AGOSTO, 1943)

El hijo pródigo, la excelente revista que funda Octavio G. Barreda en abril de 1943 y cuyo consejo de redacción incluyó al propio Paz, nos dio 9 ensayos y reseñas para la primera edición de *Primeras letras*. Sin embargo, no llegamos a incluir estos dos de los editoriales anónimos con los que la revista solía encabezar cada número. En nuestras conversaciones iniciales Paz nunca me indicó que fuesen de su autoría; yo mismo entonces no los conocía. Fue en dos posteriores ocasiones, y en alguna entrevista, que me los señaló como suyos, y en algún momento también llegué a confirmarlo en una carta de Paz al investigador Luis Mario Schneider donde identificó estos dos de los números 4 y 5. En el primer editorial critica la falta de museos que alberguen el excelente arte moderno mexicano, y señala la contradicción entre esa ausencia y la riqueza de las artes nacionales. El segundo, una defensa de la imaginación ante los materialismos, tanto burgueses como totalitarios, resuena mucho más como parte de la pluma de Paz. Ambos reflejan un cambio de actitud, alejado de las luchas ideológicas, nacional e internacional, que ocuparon al joven Paz durante los anteriores siete años y ahora le traían, como verdadero hijo pródigo, de regreso de esa contienda.

«Dos canciones», en «El rebelde
(Romance de antaño)» (1943), dir. Jaime Salvador;
prod. Óscar Dancingers; Águila Films, S. A.
Adaptación de Jean Malaquais y Jaime Salvador

Entre las muchas «chambas», pequeños empleos que el joven Paz tuvo que realizar para sobrevivir, estuvo el de corrector de diálogos para este film, cuyo guion escribía Jean Malaquais, el escritor franco-polaco entonces exilado en México. Además de corregir esos diálogos, Paz escribió, a petición de Malaquais, dos poemas para canciones que serían cantadas, y nada menos, por el célebre cantante y actor mexicano Jorge Negrete (1911-1953), que compartía créditos con la actriz María Elena Marqués (1926-2008). De las cinco composiciones que aparecen en la película, Paz recordó más de una vez, haber escrito dos a las que se les dio crédito de autor. Ellas son: *Solo por tu amor (Romanza)* y *No te miro con los ojos (Romanza)*. Ambas son composiciones menores que llevan el sello de la erótica paciana, aunque la segunda se acerca más a la retórica amorosa que el poeta ensayaba en esos años. Aunque Paz nunca recogió estas canciones en sus *Obras completas,* sí admitió en varias ocasiones que eran suyas, razón por la cual creemos justo incluirlas en esta edición aumentada de *Primeras letras*[63].

---

[63] Ernesto Cortázar fue el autor de las demás canciones, y Manuel Esperón el compositor de todas. Se ha sabido que el guion se basa en el relato «Dubrovsky», de Alexander Pushkin. Ver, de Jaime Vásquez Gar-

Primeras letras
(1931-1943)

---

cía, «Octavio Paz y *El rebelde, canciones para Jorge Negrete*»; disponible en: <https://zonaoctaviopaz.com/detalle_conversacion/511/octavio-paz-y-el-rebelde-canciones-para-jorge-negrete/?> (últ. consulta: 04/12/2024). Para más información ver «Octavio Paz: aproximaciones al cine»; disponible en: <https://www.correcamara.com.mx/octavio-paz-aproximaciones-al-cine/> (últ. consulta: 04/12/2024), y Alberto Ruy Sánchez, «Jorge Negrete canta a Octavio Paz», *Artes de México* (nueva época), 10, 1990.

PRIMERA PARTE
Vigilias:
Diario de un soñador

Vigilias I

... Y la naturaleza, frente a mí, muda e indiferente. El cielo azul, casi infantil, la niebla, el triste frío de los nacimientos, lívido como grito de parturienta. El campo infinito y, sin embargo, limitado por montañas ásperas. ¿Qué goce representan la curva del cielo, el color del árbol? ¿Qué orden de vida expresan y en qué círculo vibra la delicia que arrastran con ellos? Eso me pregunto, vacío, colérico, al borde de este río sordo, bajo esta nube ciega. Y queda, distante y extraña, igual a sí misma siempre, el agua y su color, la naturaleza toda, compuesta por cien procesos distintos, irreductibles. ¿Qué mundo inclemente es este, ausente de toda dirección y unidad, irreconciliable, que no permite que el silencio de la piedra sea, también, el silencio anhelante del vegetal? ¿Qué estremecimiento une a todas estas dispersas, ciegas y encontradas naturalezas?

Las formas que hacen visible al dios extraño que alimenta la tierra, se me presentan nada más como formas solitarias, y mi alma no goza en ellas; pretendo sumergirme en su dulce y frío torbellino; pero quedo, irreparablemente, extraño, como el aceite del agua. Esta es la verdadera soledad: sin palabras, estrangulado por un mundo fríamente enemigo. Soledad del mundo inhumano, soledad del planeta hostil, ¿en dónde el placer puro de tocar la sombra de la Tierra y respirar el aire que la limita e ilumina?

Pienso que la insatisfacción, verdadera amargura, que nos embarga después de todo intento de integración en la naturaleza no es más que el castigo de nuestra avidez. No estamos hechos para vivir en ella, como ella, sino con ella. El mundo se nos presenta como una forma, como un sutil equilibrio —o desequilibrio— de proporciones; pero nosotros no podemos vivir en su desnuda sencillez: queremos que signifique algo, que deje de ser una presencia, y se convierta en una representación. Que represente algo, no el puro movimiento o la sola inmovilidad sino un proceso —un progreso— o una eternidad. Vemos a la belleza, al mundo objetivo, con ojos fenicios. Tal es la doctrina del fin de la vida, del objeto de moverse en el cosmos, tan fielmente retratada en *La gaya ciencia*. Pero esta exigencia se nos aparece como una necesidad del hombre; consiste, en el fondo, en un deseo de seguridad, no en una desinteresada comprensión. Y esto es lo que nos impide ser formas, dichosas e ignorantes, en el mundo de las formas.

Somos, para siempre, los descontentos del universo. Los que siempre pedimos más. Jamás entenderemos su simplicidad y su fuerza, porque cuando lo intentamos lo reducimos a un seco, trunco sistema. ¡Qué alegre, abandonada desesperación será la que nos hunda en el fluir de las cosas, en el sueño de las raíces, en el clamor oprimido de las aguas! ¡Más allá de todo lo humano, en donde la sangre corre, ignorante de sí, bañando huesos ciegos, músculos hermosos! Y eso es la muerte, la reintegración al mundo de la célula, a la inmovilidad del polvo y a la oscuridad de los ríos.

Será preciso aprender a vivir como la hierba o la nube. Aprender a morir, como los frutos. Pero el destino del hombre no es ese, sino otro, terrible aprendizaje: el conocer, el penetrar. Y hacer claras y fáciles las cosas, aun a costa de su riqueza y verdad. La verdad no es racional. «Es un pensador, es decir, sabe tomar las cosas de una manera más sencilla de como son» (Nietzsche). Tal es el sino del pensamiento: entender, aun traicionando; no quiere nunca reflejar, no puede nunca soportar lo irregular; siempre aspira a una construcción, a una «representación» ideal. Por eso se necesita cierta pequeñez de alma, cierto placer en el engaño, para entender. El que entiende no comprende nunca. Y, ¡ay de los espíritus ambiciosos, de esos tan locos que soportan y comprenden la locura de la naturaleza!; no tomarán nada de la profundidad turbulenta de la tierra, disueltos en la poesía, en la confusión del mundo. Solo el hombre ávido que se ha bañado en las llamas del mundo regresa vacío a la casa de los hombres; nunca será un cazador, un hombre que apresa el misterio y luego, como una joya, lo exhibe ante sus hermanos, los que viven de la admiración, los necesarios hermanos de todo cazador. Y un cazador, así se trate de un filósofo, será siempre un comerciante, aunque sea un comerciante de almas.

Pero yo le digo a ese pensador, a ese cazador, a ese sedentario que se goza en el comercio de la inteligencia, que la vida, en mí, hierve y se agita, negando siempre su afirmación primera, negándose a sí misma, muriendo y renaciendo en un fecundo, portentoso desorden. Esto es, indecible, impensable, inefable. Nosotros no sabemos el secreto del universo porque ese secreto consiste en usar de él, de su existencia o mentira, ignorando siempre que lo usamos. Y solo la Poesía, oscura y arrebatada, hiere en el universo y en su secreto; en su oscuridad subterránea, en su luz de sobre-cielo, en su adivinación o videncia, el mundo nos entrega sus formas y lo que alienta detrás de ellas. Mas ¿la Poesía no es una apasionada, heroica disolución del hombre en el mundo? ¿Acaso la Poesía no es la más profunda manera de ignorar?

10 de agosto de 1935

La mujer es la forma visible del mundo. Ella nos lo hace transparente, agudo, ferozmente lúcido. Lo reconocemos en su dulce avidez, en la ceguera terrible de sus entrañas, en el mover sus miembros, su cuerpo todo, en un aire pesado y profundo: el aire de los primeros días. Ayer me sentía envuelto en tu atmósfera ardiente, y tu pelo nublaba, con una dorada pereza de cielo que se quema, sangre y ojos. Yo estaba desnudo, en la noche, junto a un gran árbol, muro del mundo. Y crecían de mi carne un gran silencio y un vaho poderoso. Y tú crecías de mí. ¡Inocencia! Estábamos en el límite del mundo, en la frontera más sensible del globo, mudos; entonces entendí cómo son vanos toda lengua y todo hablar. Estábamos sobre la tierra y tú eras una alta flor nocturna, blanca, que atravesaba la noche como la música penetrante y líquida de una flauta. Desnudos. En el amor nos despojamos de todo, de las alas y de las palabras; su desnudez es la desasida de la tierra, más pesada, aérea y firme, en su desnuda ligereza, que aire, cielo y agua. Esta es la Poesía del Principio, la poesía de la inmovilidad: nace la danza y nace el hombre, el hombrecillo, el pensador. Pero estar callados, inmóviles, y oír cómo golpea la sangre, cómo golpean los ciegos minerales, cómo golpea la luz, y cómo contesta el pecho henchido al golpe del planeta que crece, es ser, anónimos, impersonales, eternos otra vez.

> Más acá de la música y la danza aquí, en la inmovilidad, sitio de la música tensa, bajo el gran árbol de mi sangre, tú reposas. Yo estoy desnudo y en mis venas golpea la fuerza, hija de la inmovilidad.
> Este es el cielo más inmóvil y esta la más pura desnudez. Tú, muerta, bajo el gran árbol de mi sangre[1].

Yo estaba tranquilo, con el latir parejo de mi cuerpo y con la firmeza de mis piernas, que sostenían mi tronco, como vivas y hermosas raíces; y las tuyas, firmes también, inmóviles, y sin embargo ondulantes, herían mi carne.

Junto a ti crece mi fuerza y trasciendo mi soledad. Tú estás junto a mí, luego ya no existes sino en mí, en el goce de mis

---

[1] O. Paz, *Raíz del hombre,* México, Simbad Cuadernos de Poesía, 1937, pág. 15.

labios en tu oreja, en tu vello que crepita, en tu sexo vegetal y herido, terrible y sollozando, en tu cuerpo retorcido y ardiente, que es una llama que yo enciendo. Imagen visible del mundo, sí; pero también fuerza sobre el mundo. Somos un río subterráneo, un agua poderosa, espesa, un llanto inacabable e insistente golpeando las orillas del globo. Corremos sobre la tierra, bajo tierra, como tierra. La cambiamos, podríamos destruirla. Delirio del amor, delirio tuyo, de un cuerpo que hace de la piel una nueva y más profunda conciencia, que hace lúcida a la materia y la inclina sobre sí misma.

La mujer es la forma visible del mundo. Pero a veces, cuando oigo el rumor lento de su sangre y regreso a la vida ciega del Principio, un vaho, el vaho sordo de su aliento, me desintegra, me deshace, aniquila las formas y la razón; recorro todos los seres, todas las presencias: soy una respiración, un grito, y, más tarde, pura pesadez de materia, hasta adquirir una vida mineral. Vértigo inmóvil que nos disuelve, que nos mata y resucita, hundiéndonos sin remedio en blandos abismos, en torbellinos mansos, hasta tocar la muerte. Estamos cercados por la muerte y cuando queremos huir de su sitio terrible caemos, otra vez, en sus aguas desiertas, en su sueño suavísimo.

> Nube suspensa, cruel, deshabitada, dulces danzas de luz inmoviliza y cruda luz en vértigos irisa tu adolescente carne desolada.
> ¡Qué fértil sed, bajo tu luz gozada!
> ¡Qué tierna voluntad de nube o brisa en torbellino puro nos realiza y mueve en danza nuestra sangre atada!
> Vértigo inmóvil. Avidez primera.
> Aire de amor que nos exalta y libra: danza la carne su quietud ociosa,
> danza su propia muerte venidera, y nuestra sangre obscuramente vibra su miserable desnudez gozosa[2].

---

[2] Este soneto es uno de los cinco de Paz que se publicaron en *Tercer Taller Poético,* marzo de 1937, págs. 33-38, y luego recogió, revisado, en *A la orilla del mundo,* México, Cía. Editora y Librera ARS, 1942, pág. 16.

¿Quién conocerá los límites de la muerte? ¿Quién los del amor? ¿Qué línea, qué estrella, los separa? Sus aguas se juntan en un solo sitio, más allá de todo tiempo; se confunden, se mezclan, y siempre, a través del amor, como una secreta e invisible presencia, escuchamos, palpamos a la muerte. Ella es el contenido de todo amor y la única, asoladora paz. Pero la muerte no es el fin del amor, sino su condición, su entraña, y exigencia: la muerte solo vive del amor y él solo de ella. ¿Quién, al amar, no siente el morir, ya como abandono, ya como avidez?

El amor nos sepulta en la nada; por él sabemos del vacío y de la extinción de lo humano consciente en el terrible, inacabable fluir de la muerte. En el tumulto de la carne escuchamos siempre el poderoso silencio de los huesos y del morir que representan.

> Bajo el desnudo y claro Amor que danza hay otro negro amor, callado y tenso, amor de oculta herida.
> No llegan las palabras a su inefable abismo, eterno Amor inmóvil y terrible.
> Bajo este Amor de soledad herida hay una dulce ira, un ciego amor de ira, torbellino sombrío
> donde tu nombre en sangre me devasta.
> Bajo este Amor de fieras agonías
> hay una sed inmóvil,
> un enlutado río
> presencia de la muerte,
> donde canta el olvido nuestra muerte.
> Bajo esta muerte, Amor, dichoso y mudo,
> no hay venas, piel ni sangre,
> sino la muerte sola;
> frenéticos silencios,
> eternos, confundidos,
> inacabable Amor manando muerte[3].

---

[3] *Raíz del hombre,* págs. 61-62.

El amor nos entrega a la muerte, nos destruye y aniquila en su soplo indecible; pero de tal modo, con tal apasionada, cegadora caricia, que regresamos a la vida por el puro placer de morir otra vez:

> Ven, muerte, tan escondida, que no te sienta venir, porque el placer de morir no me vuelva a dar la vida[4].

Queda así, en toda su integridad, despojada de todo lo «abstracto» que un cristianismo pestilente le dio, la penetrante visión de la religiosidad nuestra. Frente a Dios no se extingue nada, y menos la sensualidad que se arroba, y se transforma de delirio en éxtasis, que es un nuevo delirio, capaz de arrasar todo. Se trata, pues, de la misma fuerza, elevada a lo divino o, mejor, humanizada hasta lo divino. Y se trata siempre de una cosa concreta. Para el místico, para el poeta, todo es motivo de experiencia; todo, hasta las ideas, vuestras ideas, tienen sabor y gracia. No queremos escaparnos del barro.

Agosto de 1935

Necesitamos de ti, amor, que nos haces tocar la muerte, la nada y las corrientes turbias donde nace lo que «no tiene nombre ni medida». Te necesitamos, muerte, que nos entregas, por tu seducción inefable, a la vida y al crear. Necesitamos de ti, tierra misteriosa, que nos devuelves, con solo tocarte, a los días de la piedra, del vegetal soñoliento, de las minas silenciosas. Te tocamos, mundo intocable, a través de la muerte y el amor, a través del conocer y la Poesía. Para vivir fuera de ti, corriente ciega de la vida, cruel Necesidad, es menester que nos hundamos previamente en tu ceguera y en tu correr poderoso.

---

[4] Versos de la «Canción» del comendador Escrivá, recogida en el *Cancionero general* de Hernando del Castillo (1511). Debo a mis amigos, los profesores Ciriaco Morón Arroyo y Antonio Carreño, la identificación de estos versos.

Todo esto es el conocimiento como pasión, como mera exigencia práctica de nuestra naturaleza. Es el vivir como salvación. Pero, se dice, pensar que el conocimiento es solo cumplimiento de nuestra naturaleza es destruir la esencia misma del conocer y la jerarquía del espíritu. La cultura solo vive en la libertad de los valores frente a los procesos naturales. Y su «valor» reside en su existencia; como existencia eterna que son, llevan en sí a la libertad: son bienes —no útiles— alcanzables, intuibles, capaces de teñirse en el deseo y en la vehemencia del hombre, pero inalterables siempre. Existen, no acontecen. Cuando la libertad deja de ser una aspiración, un estado de posibilidades (Kierkegaard), y se realiza, se convierte en un valor: en lo Santo y lo Justo. Y esto, la angustia o libertad, es lo que los hace asequibles e inhumanos, juntamente: la luz que los ilumina es la del hombre que lleva en sí la avidez de la acción y la necesidad de eternidad: representan a la voluntad, que siempre pide la acción, y al pensamiento, que exige la intemporalidad.

El bien supone la libertad. Es, mejor, la libertad. Es un valor, puesto que no parte de la necesidad, sino de la libre elección, y hasta contiene en sí, en potencia, la posibilidad de no realizarlo. Eso no quiere decir que el mal sea la libertad; el mal, para Kierkegaard, es un estado; un estado en donde vive la angustia, la libertad, del bien. De otro modo la salvación no sería obra de nuestra voluntad, como la perdición o el mal, que son estados en que la voluntad, la nuestra, se ve substituida por otra, demoníaca. Para que la regla universal lo sea realmente, es menester que el hombre, por sí, la cumpla, solo, desnudo y sin asideras. O como decía san Juan, en iluminada videncia que otro día comentaré: «si quieres llegar al santo recogimiento debes ir negando, no consintiendo»[5].

---

[5] *Dichos de luz y amor. Avisos y sentencias espirituales* (núm. 51). Véase *Vida y obras completas de san Juan de la Cruz,* ed. de Lucinio Ruano, Madrid, Biblioteca de Autores Cristianos, 1972, pág. 420.

Pero en el instante en que el bien, y la voluntad que nos lleva a cumplirlo, no son más que los resultados de una necesidad de nuestra naturaleza; en el instante en que la cultura solo es un artificio de la vida, para que la propia vida se realice mejor, y toda doctrina del «fin de la vida», como ha dicho Nietzsche, solo representa un feraz engaño, una «creación» del hombre para huir de la nada, ¿qué significaría esa libertad, esa angustia metafísica? No sé, no sé, pero me doy cuenta de que no sería válido enfrentar la libertad del que dudando, cree, con la libertad del que, al negar, afirma.

Pero hay otra clase de fariseos intelectualistas y pseudo-idealistas, que son los autores de toda esta gritería tan parecida al silencio del sepulcro. Los que, sacristanes universitarios, no temen por el bien, sino por su fe; les asusta la destrucción de su creencia de su verdad. La raíz de su dialéctica es el temor y no la angustia. Una vez más: temen por su fe, no por sus dioses.

Septiembre de 1935

Fecundo engaño, destino enmascarado o libertad, lo cierto es que nuestro mundo moderno, ese que está ya dejando de ser, que ya casi no es nuestro, es el mundo de la libertad. En otros días la conducta no se sustentaba en la libertad y en la razón, sino en el destino y la fatalidad. En los días de la Poesía. (Esos días, mañana, volverán. Ya no será el destino, sino la libertad, lo que haga, en otra sociedad, que nuestros actos mejores, los más fatales, tengan el sabor del Arte. Hasta ahora el hombre solo ha conocido el Trabajo, y lo voluntario para la mayoría solo ha podido ser, tristemente, un juego. Mañana nadie escribirá poemas, ni soñará músicas, porque nuestros actos, nuestro ser, en libertad, serán como poemas. Este es el sentido de la frase de Engels: «Del reino de la Necesidad al reino de la Libertad».) Algo de esos tiempos, el hombre reconciliado con la naturaleza y la conciencia con la existencia, subsisten. Y no porque ese tiempo haya sido mejor, sino porque en él reside el secreto de la antigua unidad perdida, como se ve en el mito de Adán. Es solo un sueño; pero es un sueño porque todavía no es una realidad. Mundo eléctrico de lo sobrenatural, que es, en verdad, lo natural puro, milagroso: simple, desnudo y arbitrario. Todo esto no vive sino como aspiración, como posibilidad. Es con la dura, fina herramienta de la libertad, que al principio lo divorció de la naturaleza, con lo que el hombre está construyendo, lentamente, su mundo futuro. Su sociedad sin clases, como solemos decir ahora.

El principio de la libertad está ligado con el de la verdad. Yo no soy libre de decir una mentira. Si digo una mentira, a sabiendas, no ejercito la libertad, sino la esclavitud. Y ahora se quiere substituir, mito o verdad, a la libertad por la tiranía. Todo el mundo quiere huir de la libertad; muchos, aterrorizados quizá por la falta de congruencia de algunos tiranos que hablan de libertad mientras la violan —y otros, fascinados—. Se quiere substituir a la libertad por el mito totalitario. ¡Cómo si eso fuera posible! Los mitos, dice Malraux, no acuden a nuestra razón, sino a nuestra complicidad. Es decir, a la satisfacción de nuestra naturaleza. Y ella, ahora, afición y razón, se nutre de libertad y muere sin ella.

Septiembre de 1935

¿Cuál es el último fundamento de la libertad? Me parece que no puede apoyarse en nada que no sea la acción. La libertad se define, siempre, concretamente, en función de un contrario. En sí misma, como abstracción, la libertad es una idea vacía. La capacidad para determinarse, la libre sumisión al destino, la posibilidad del hombre para realizar su íntima condición, no son más que probabilidades de ser libres; pero no contestan la pregunta: ¿qué es la libertad?

Preguntamos esto y se nos contesta: se puede ser libre, se es libre. Se responde otra cosa.

La libertad no es una idea «autónoma», independiente; depende siempre de sus contrarios y para pensarla es necesario pensar en aquello de que depende y huye. Se es libre con referencia a algo. Justamente porque somos esclavos queremos ser libres, y esa aspiración, resorte de la libertad, funciona en orden a algo concreto. Es un concepto que necesita de su contrario y hasta me atrevería a decir, violentando un poco los términos, que la libertad es el verdadero contenido de la esclavitud, ya como simple rebeldía, ya como sumisión aceptada. Nuestra libertad se mueve dentro de un implacable círculo de fatalidades: huye de unas para caer en brazos de otras.

La libertad absoluta es la nada: ser libre es un contrasentido, pues el ser se opone a la libertad. Ser es limitarse, adquirir un contorno, una fisonomía, un grupo reducido y sobrio de actitudes, territorio dramático abatido por las olas de lo que no es. Y libertad significa la negación del tiempo y del espacio, el hundimiento del ser, de lo concreto, en lo infinito. La experiencia de la libertad absoluta la han tenido unos cuantos hombres excepcionales: algunos poetas (el terrible Rimbaud, san Juan) y... algunos amantes. Pero no sabemos nada de su incursión. La palabra nada, nada, resuena fúnebremente en el pecho del hombre, sin esperanzas. Nada, nada.

Mas estos son los delirios de la abstracción, a los que nosotros nos abandonamos tan fácilmente. Otra cosa es el problema de la eficacia vital de la libertad, en función de la realidad en movimiento, como fuerza actuante sobre el hombre y, recíprocamente, del hombre sobre la historia. Destino y libertad. Es el primero quien introduce a la segunda para cumplirse con toda vitalidad y ligereza, pues así como la libertad requiere, para plasmarse, la existencia de la fatalidad, así el destino exige la posibilidad de la libertad para realizarse verdaderamente. Solo así adquieren significado las frases: hay que luchar contra el destino, hay que luchar por cumplir nuestro destino.

El caso de la tragedia griega ilumina todo esto. El teatro griego representa, con toda hondura y veracidad, al hombre victimado por la fatalidad: para que el destino se cumpla, sin embargo, es menester que los hombres luchen contra el hado y tengan la ilusión de la libertad: en resumen, que esta no es más que una de las enmascaradas formas en las que el destino se forja. Si en la tragedia griega la fatalidad se realiza por el camino de la libertad, en *La vida es sueño,* de Calderón, ocurre lo contrario; es preciso que el Príncipe y todos los personajes, hasta el criado bufón, padezcan la ilusión de la esclavitud a las estrellas, para que la libertad se produzca.

¿La libertad es una forma del destino? La libertad es la única forma de la fatalidad que el hombre soporta, y resiste.

Septiembre de 1935

Vigilias II

Después de quince días reanudo el diario. Me asalta ahora la duda acerca de su «moralidad». ¿Hasta qué grado es un estéril narcisismo? ¿Representa, verdaderamente, una desinteresada sed de conocimiento interior? No lo sé; de cualquier modo, y más allá de las raíces que lo engendran, es una manera de conocerme. Puesto que es un deseo —una angustia que oscuramente se expresa y busca una salida—, el reconocerlo es, ya, una implícita confesión. El deseo es siempre una confesión, cuando no puede ser otra cosa más profunda: un contacto. Y un diario es, al mismo tiempo, una confesión —un alimento— y una revelación —un descubrimiento—. Una confesión que me hago a mí mismo, no por orgullo, sino por pobreza, porque mis palabras no tienen más respuesta que la del tembloroso espejo que soy yo. Y, al hablarme a mí mismo, me reflejo y me invento. Me descubro.

Creo que podría encontrar mejor las causas interesadas y fatales de este afán de saber que las objetivas. No importa. Si los orígenes de las cosas suelen ser turbios, me empeño en llamar turbio a todo lo que tiene que ver demasiado conmigo mismo, con la espontaneidad y no con la razón, sus efectos son distintos y hasta contrarios. Quizá este sea uno de los caracteres de la obra humana, de la misma cultura, que hunde su raíz en el apetito y en la necesidad, pero que, al ejercitarse, se vuelve cada vez más amplia, más desinteresada, hasta convertirse en mero goce, en puro desinterés. ¿Qué saben las ávidas raíces del ocio, caridad suelta, de los frutos?

Por otra parte, ¿qué puedo hacer sino observarme? Yo me siento incapaz de realizarme en cualquier tarea objetiva. Lo único que hago son versos, poesía, pero ellos son absolutamente personales, casi confesiones que adoptan esa forma por una peculiaridad de mi espíritu. Yo no aspiro en mis poemas a una belleza objetiva sino a representar con toda fidelidad a mi alma. Mas ¿cómo representar con «toda fidelidad» a un alma, así sea la última del planeta, sin belleza? ¿Y no hay, acaso, una belleza hecha de estremecimiento y angustia, que no alienta en la línea, sino en su temblor? Tal es la servidumbre de la poesía, que siempre sirve para «liberarnos», pero que, para que de verdad *sirva,* precisa siempre «expresarnos» y expresarse, *libertándose* así de su primitiva y fecunda esclavitud.

El mismo salto —de calidad y de esencia, al contrario de lo que ocurre en la naturaleza— podemos encontrar en el verso. Al principio era un simple procedimiento mnemotécnico, por la facilidad que ofrecía para retener, mediante el ritmo, las sentencias, las fórmulas y los mitos heroicos. Pero era también un medio para expresar rítmicamente, por su puro valor musical y sensual, la vida misma, que para aquellas gentes se caracterizaba por una religiosa insistencia y una misteriosa armonía: el golpear del mar y de la sangre, la solemne carrera del viento abatiendo los árboles, el curso de los astros y la inmovilidad enamorada de la tierra, resonante como un vasto tambor de guerra. El ritmo tenía dos funciones; hacía, por su capacidad comunicativa, por su virtud trasmitiva y retentiva, las veces del libro; en la memoria la aguja del ritmo imprimía las fórmulas de la inspiración religiosa y filosófica y los sucesos heroicos de la leyenda o la historia; además, en su cadencia, en su recóndita magia, el ritmo expresaba —y expresa aún— todo un mundo henchido e inefable: la noche y el alba, el nacer y el morir, el deseo con sus resurrecciones inacabables. El ritmo es como una síntesis del ritmo del planeta. Mediante el ritmo el hombre no solo se comunicaba y trasmitía lo conquistado y lo adquirido, sino que comulgaba en aquello, inefable, que no se adquiere ni es motivo de cambio o posesión, pero que es la única fuente profunda de la vida. Y así, si aquella primera utilidad del verso no tiene sentido ya, el ritmo, liberado, sigue siendo el más vivo espejo del asombro del hombre en la tierra.

La poesía y la palabra que la expresa son la única creación de la que pueden estar orgullosos los hombres. No se trata aquí de una transformación, de una evolución, sino de un verdadero cambio de naturaleza, de una *trasmutación*. Este milagro, sin embargo, se produce por vías naturales y con poderes naturales, lo que, si menos sorprendente, es, ciertamente, más misterioso. La paradoja, aparente, consiste en esto: solo la sumisión a lo natural nos dará el reino de la sobrenatural; y solo el valeroso sumergirse en la duración, en el tiempo, hace posible lo intemporal. Pero esto no pasa de ser la «moral», la «fórmula» que se desprende del misterio. El misterio sigue intacto.

* * *

El milagro poético, la única creación del hombre, la única operación que, en verdad, lo libera, tiene su equivalente colectivo en el mito. Solo que aquí no se trata de una trasmutación, sino de dos órdenes vitales distintos. Las cosas tienen un doble origen, igualmente válido: el histórico y el ideal. El género humano tiene, así, una doble raíz: Adán y Eva, que simbolizan la comunidad eterna del hombre y la mujer (el principio, pero también el ideal de la especie), y el origen real, a través de la evolución de las especies o de cualquier teoría. Y quizá Adán y Eva, sin haber existido nunca, representen más fiel y duraderamente la esencia de la vida y del hombre que cualquier hipótesis. El mito, presente en todas las sociedades, no solo explica el origen, sino que, en una cifra mágica, muestra lo ideal, la más simple y perfecta sociedad humana. Es algo más que una verdad científica: es un ideal. Un ideal vivo, carnal, íntimo, que no muestra lo que fue, ni lo que es, ni lo que será; que, en realidad, no enseña nada, ni arroja ninguna luz, sino que es un desprendimiento de nuestra naturaleza sedienta, una exigencia de nuestra voluntad. Adán y Eva son la pareja, todas las parejas, el amor que se sueña eterno y en el que siempre comienza la especie; el amor, no como quisiéramos que fuera, no como lo soñamos, sino como *es,* en estado de pura existencia, desnudo de toda acechanza mortal. El mito es una verdad mucho más pura y duradera que toda verdad empírica o racional, porque es el fruto de los sentidos y de la imaginación, de las más hondas exigencias y las más atroces necesidades del hombre: Adán y Eva son, en verdad, la pareja original, porque toda pareja es el principio y el manantial del río de las generaciones y en cada pareja de enamorados se vive, con renovado frescor, la caída y el destierro, la soledad y el sueño compartido. Y para los amantes cada mañana es la «primera mañana del mundo» y cada noche la última del planeta. Para ellos el mundo siempre está solo y desierto, como al otro día del destierro, y hay que poblarlo, no solo con la descendencia carnal sino con el sueño y el trabajo. El género humano entero solloza en las entrañas de cada enamorada y, en la soledad, en la noche espesa y fatigada de cada joven, de su costilla dormida, se desprende, con «sabroso dolor», lenta, de carne, soñando aún, Eva.

* * *

De todos modos, yo me persuado de la bondad del diario. Con él quiero justificar a mi voluntad y a mi apetito, expresados en la poesía, mediante este otro apetito de la razón que siempre intenta descifrar y, vanidosamente, prever y autorizar a la voluntad y al deseo, a la parte afectiva del hombre. Esta justificación no es más que una exigencia de la moral de la razón, la única que conocemos los hombres modernos, la única que fingimos; frente a su «moralidad», ¡qué inmoral mi propio deseo, que acude ahora a la complicidad de la razón, como para mejor absolverse! Sé que esta justificación es injusta e interesada, porque no está regida por una desinteresada razón, sino por una necesidad, que llamaríamos de «razón» (la verdadera palabra es de «moral»), de la naturaleza. Mi razón, la Razón, a pesar de su orgullosa objetividad, de su grandioso interés, existe solo para eso: para satisfacer la necesidad de razón, la hipócrita necesidad de desinterés, de la naturaleza.

Esto me lleva, casi insensiblemente, a otra cuestión: ¿por qué estos *previos* remordimientos del deseo?, ¿por qué esta espantosa conciencia del pecado, del más horrendo de todos los pecados, que es el pecado original? Todo lo que es deseo, todo lo que es espontaneidad y capricho, afecto, en suma, está condenado, se siente condenado de antemano, si no recibe la absolución de la razón. Mas este precoz remordimiento, esta apresurada conciencia del pecado, este saberse en el mal, no tiene, por otra parte, valor. No tienen valor nuestros remordimientos porque no creemos que ellos, por sí solos, nos salven; los sometemos a la razón, a la justificación o a la explicación de la razón, no al perdón de Dios o de nuestros semejantes. La naturaleza humana ha perdido toda su inocencia y, con ella, toda su capacidad de redención; en cuanto es, deja de ser inocente; en ella está el pecado, pero es un pecado que no tiene ninguna referencia al cielo o al infierno, pues su conciencia de sí no está referida a ningún valor. El pecado tiene un nombre moderno: angustia. Angustia, ciega e inexplicable desazón que amarga los sentidos y cubre de cenizas el luminoso mundo inocente, libertad que no tiene asidero ni objeto en qué emplearse, como no sea el tantálico de perseguirse a sí misma siempre.

La naturaleza no encuentra en la razón una salvación, un perdón, sino una explicación. Hemos substituido el mundo de la salvación, el mundo de la gracia, por el mundo moral, por el mundo que explica y consiente, sin perdonar. Consiente, castiga, educa, no perdona... ni condena. Ya Baudelaire decía que el «progreso del mundo moderno no está en el gas, ni en el vapor, sino en la disminución de las señas del pecado original». El pecado ha perdido su posibilidad redentora —en cierto modo ha dejado de ser pecado— sin que, por otra parte, el hombre haya perdido esa espantosa, y ahora vacía, «conciencia en el mal».

Acudo a mi razón por una fatalidad de mi apetito, por una condición de mi naturaleza que, puesto que vivo en el cristianismo y he sido bautizado, *se siente mal* y necesita de la redención... aunque ha perdido la certidumbre de la gracia redentora. Mas si ha dejado de creer en lo que redime, no deja de presentir que busca una redención. La miseria del hombre moderno, ha dicho alguien, no consiste en su sufrimiento —¿qué importa eso?— sino en su ignorancia de las causas y del objeto del sufrir: en la inutilidad de su dolor, ciego y preso.

* * *

La angustia sin salida en el mundo moral corresponde, en otra esfera, a lo que ocurre en el mundo del trabajo. Nunca ha sido tan profundo el popular «nadie sabe para quién trabaja». Y, habrá que añadir: nadie sabe para qué o por qué. ¿Quién sabe *para qué* trabaja? (Es muy posible que los trabajadores *sí* sepan para quiénes y para qué trabajan, pero no es esta la cuestión; sus amos, ¿acaso lo saben?) El trabajo, en el mundo capitalista, es infinito, es decir, *no tiene fin, ni finalidad;* no solo no posee ningún sentido personal sino que su esencia consiste en no tener sentido y en ser impersonal, puesto que no es más que una rueda que exprime el tiempo y lo vacía, chupando toda su substancia. La burguesía, que no tiene ya la noción del objeto y del origen, ha convertido el instrumento en su fin y se ha tornado en una clase estéril, impotente para crear o, por lo menos, para regular la vida de lo que ella creó. Y, así, hay trabajos totalmente improductivos —y el trabajo, si no es creación, ¿qué puede ser y qué lo justifica o hace pensable siquiera?—; trabajos que no tienen más objeto que dar «quehacer»; se inventan «tareas para ocupar el tiempo» y para «reducir el número de los desocupados»... ¿Qué tienen que ver esos extraños «trabajos» con el auténtico sentido del trabajo? Todos los oficios han perdido su sabor, hasta los más antiguos y venerables, sabor que provenía de que, antes que tarea, eran *obra*. El trabajo se mide en tiempo, como ha mostrado Marx, y el tiempo en dinero. El dinero es una abstracción sin savia ya, un signo hueco y mágico. Para Fausto, el dinero era el poder o la felicidad, una llave y una espada. Pero Fausto ha sido substituido por el millonario, es decir por un hombre que no es dueño de su riqueza, sino que, por el contrario, es un instrumento de su instrumento. El dinero ha adquirido su libertad y su autonomía, obra ya por sí solo; no es una clase la que se sirve de él para expresarse y mantener su poder, es él quien se sirve de sus poseedores para realizar su fatalidad. Es la única criatura viva del mundo burgués. Pero el dinero no tiene fin ni objeto, es, simplemente, un mecanismo infinito, que no conoce más ley que la del círculo. Es la más pura de las realidades modernas, porque es la más abstracta. No tiene ningún sabor terrenal. No sirve para nada, puesto que no se dirige a nada. Pero todos son sus servidores. Y todos giramos en su órbita, sin salida alguna, en un mundo sin principio ni fin, vacío.

Nadie sabe para qué vive ni por qué muere. El progreso, como ha señalado Scheler[6], se ha convertido en una idea hueca; progresar, ¿hacia dónde? El «progreso por el progre-

---

[6] Max Scheler (1874-1928), fenomenólogo y filósofo alemán, autor de *El resentimiento en la moral* (1912) y otros tratados filosóficos que influyeron mucho durante los años veinte y treinta.

so» es una idea tan espantable, tan inhumana, como la fórmula del «arte por el arte», pero ciertamente lo es menos que la actual «la conservación por la conservación», es decir, la inercia. Y no es que hayan muerto los grandes «ideales» del mundo burgués: aún viven, inmortales, eternos e incorruptibles como el dinero, solo que, como él, no tienen nada por dentro ya. Una reforma de la conciencia contemporánea no puede surgir si antes, o al mismo tiempo, no se crea una nueva realidad en la que la vida humana, el nacer, el morir, el llorar, el trabajar, recobren su dignidad. Pues no se sabe qué subleva y oprime más: si la odiosa injusticia del mundo actual, o la perfecta y estúpida inutilidad de esa injusticia estéril. Cambiar al mundo es devolverle su fertilidad.

* * *

La creencia en la Razón es, en el fondo, tan irracional como la creencia en la Gracia. Solo que la Razón no satisface íntegramente el irracional apetito que la engendra: de allí su ineficacia y la angustia. La moral de la razón no es un producto de la Razón; es, apenas, un artificio incompleto, estéril, con el que el hombre, deshabitado, finge y suple al antiguo soplo redentor. Por eso resultan ingenuamente racionalistas los que combaten el predominio de la razón, como si este predominio fuera, en efecto, un resultado del poder de la razón y no el fruto de la soledad del hombre hueco. Pues no se trata de destruir a la Razón, sino de encontrar al verdadero alimento. Y no es una cuestión de elegir o prescindir; acudimos a la razón porque ella es lo único que, bien que árida y secamente, substituye al agua antigua, al pan verdadero del perdón. Los ataques a la moral de la razón son ataques de otra moral distinta, pero que es, al fin de cuentas, *moral*. Atacan a la moral, a la moral y a la cultura que proceden de la razón, como si estas fueran realmente «moral» y «razón». Olvidan que la fuente de la razón es tan irracional como sus propias razones... Son hombres de razones.

A cierta clase de «irracionalistas» los mueve, más que la desesperación o la fe, el apetito impotente, la desesperación pequeña. Hay dos clases de fe: la que brota de la íntima visión, más que fuego llama cegadora, y la que nace de la ceguera. Ya sé que para creer, que para salvarse, es preciso despojarse de todo. ¡Qué poco, entonces, le dan a su Señor, qué poco le dan a su Dios! «Despojarse de todo» puede tener, y tiene, otro sentido. San Juan de la Cruz ha dejado este *aviso* penetrante: «Si quieres llegar al santo recogimiento debes ir negando, no consintiendo». Contra nuestra voluntad, contra nuestra razón, no sin ellas. Contra nuestra orgullosa razón, no sin ella: disuelta, fundida en una evidencia superior. No porque, «despojados de todo», no sepamos qué hacer, con tristeza de comerciantes que ya nada tienen que vender y venden su alma a Dios, sino despojándonos, negándonos. No prescindo de la razón, la uso: y cuando la uso, cuando con ella me bato, sin Dios, solo, sé que ella no me dará la luz que pido. ¿Entonces, para qué usarla, para qué usar esta arma falsa? No tengo otra; culpa es de Dios y no mía. Habrá un momento en que ella no me sirva, en el límite tenso en que todas las armas se quiebran ante la Roca. ¡Que se rompan ahí mis huesos, que se rompa ahí mi razón¡ No por impotencia sino por desasimiento, se llega allí; no por avaricia de rico sino por desdén de pobre.

¿El poeta también? La poesía es inocencia, pero el poeta no es inocente. De allí su angustia. La poesía es una gracia, un don, pero también es una sed y un padecimiento. La poesía brota del dolor como el agua de la tierra. Con la poesía el poeta recobra la inocencia, recuerda el paraíso perdido y come de la manzana antigua. ¡Pero qué duros páramos, qué desiertos hay que atravesar para llegar a la fuente! Una fuente que a veces es solo un espejo resplandeciente y cruel, en el que el poeta se contempla, sin saciarse, sin hundirse, reflejado por una luz impía. El poeta es una conciencia: la baudeleriana «conciencia del pecado», la conciencia de la embriaguez, la reflexión del vértigo. La conciencia de la existencia. Y de su conciencia brota, no la ceguera ni el abandono, sino una más profunda lucidez que le permite contemplar y ser contemplado, ser el delirio y la conciencia del delirio. Un estado semejante al del amante, al de Adán, pero con experiencia, con la experiencia del pecado. La inocencia recobrada, reconquistada.

* * *

La razón no solo justifica el apetito de la espontaneidad sino que, en cierto modo, lo inventa e inventa sus objetos, sus criaturas. No se limita a MORALIZAR los objetos que desea de la naturaleza; siendo, como es, la facultad superior del hombre y la más desinteresada y objetiva de todas, construye y señala, crea, esos fines. La razón es una servidora del apetito y de la voluntad; por esto no justifica nunca los dispersos deseos de los hombres que niegan a la voluntad. La razón, como procede objetivamente, por generalidades y abstracciones, al dar la ley, mutila a la vida, porque no puede abarcarla en toda su riqueza. Y quizá en esta incapacidad, en esta rigidez, se encuentra, al mismo tiempo que su frialdad y pobreza, su mayor virtud: la intransigencia.

Su intransigencia: no conoce el perdón, nace de su objetividad, de su libertad. Tiene la presunción de que no sirve, de que no rinde cuentas más que a ella misma. Lo que nos mueve a aceptar los dictados de la razón y lo que mueve a la razón misma a tolerar su autoridad es la creencia de que sus decisiones, sus principios y sus consecuencias nacen de ella, en orden a la razón y no a la necesidad. La razón no tiende más que a satisfacerse a sí misma; sus decisiones son el espejo de la libertad, porque no nacen de la coacción o del deseo. Es desinteresada; no sirve a ningún interés, a ninguna conveniencia que no sea ella misma.

Cierto. No tiene más fin que ella misma, pero este fin no tiene valor más que para la razón y el hombre lo acepta tan solo en la medida en que ese fin es el suyo, la respuesta a su secreta necesidad de «fin». Y, así, no es la razón la que da sentido a lo humano, sino lo humano lo que confiere utilidad y ser a la razón. Esta es la única explicación razonable que se puede obtener no para negar sino, precisamente, para sostener la necesidad de la razón, la necesidad de la moral de la razón, en la ausencia de toda otra. El razonar por razonar es estéril y, en verdad, imposible, porque el hombre solo razona lo posible, de modo que los límites de la razón los da el hombre, no la razón. En consecuencia, la esencia de lo racional, el desinterés y la objetividad, no existen. Son imposibles e impensables. De este modo los mandatos de la razón no lo son por su puro carácter racional, por su verdad, sino porque sirven al hombre. Queda erigida, así, la humanidad de la razón, la dignidad de su servidumbre y de su limitación.

Esta opinión, sostenida por Nietzsche, que hace residir el carácter de la exigencia universal de la razón en una necesidad moral, teológica, cristiana, de la naturaleza, reduce el pensar todo a una cuestión de temperamento. Ahora bien, solo la razón desinteresada, aquella, por lo menos, que tiene la ilusión de su libertad y de su desinterés, la razón pura, puede servir al hombre, puesto que es la única que puede darle la objetividad que reclama. Y no de su desinterés sino de su inevitable servidumbre, surge la incapacidad de la razón para regir y perdonar, para condenar y salvar. Pues si es verdad que la razón no es puramente desinteresada y es solo una máscara moral de la necesidad, también lo es que para que la necesidad se cumpla —y para que la razón cumpla lo que la necesidad le exige— es indispensable que la razón se sienta a sí misma como desinteresada y pura.

* * *

La duda de la razón sobre sí misma, que es la duda racional por excelencia, la lleva, de afirmar a la vida, a desengañarla. La razón, por eso, en último término, más que una justificación y una invención, es un desengaño. Decía Montaigne que la filosofía sirve para «preparar a morir». Es decir, para hacernos soportable la idea de la muerte, la realidad monstruosa de la muerte. La actitud de la razón ante la muerte demuestra su incapacidad para regir la totalidad de la vida, y la ineficacia del engaño moral que esta le pide.

La muerte no es un hecho racional; constituye, frente a la razón, una excepción impensable e imposible, a pesar de que se cumple inexorablemente. La muerte niega nuestro apetito volitivo, que es sobrevivir; y al negar a la voluntad, niega a la razón, que es su servidora. Cuando la voluntad pregunta ¿por qué morimos, por qué se muere?, la razón no contesta. No puede contestar porque tiene, ante todo, que afirmar el apetito vital, el apetito de eternidad. Y ante la muerte no puede inventar, ni justificar, ni moralizar. La muerte es inmoral, y se enfrenta a la razón. Entonces la razón emprende, trágicamente, un camino intermedio: desengaña a la vida y la consuela de la muerte. Nos lleva a la resignación. Nos hace tolerable y pensable la idea de la muerte, ese oscuro e inaudito presentimiento que todos llevamos en la sangre, enseñándonos la miseria de la vida, mostrando que no hay diferencia visible entre la muerte y la vida. La razón demuestra, incluso, que todas las ventajas están del lado de la muerte, del lado del descanso eterno. Este desengaño, este «prepararse a morir», que a veces consiste en una frenética e hipócrita exaltación de la muerte, no es más que una ficción, un nuevo y atroz engaño de la vida y de la razón, cobardes ante la muerte. La voluntad, impotente ante su negación, lleva a la reflexión más hondamente MORAL[7], la vida no es

---

[7] *Ligeia,* de Edgar A. Poe (1809-1849). Julio Cortázar hizo una admirable traducción de este cuento; la recoge, junto con sagaces comentarios, en Edgar Alan Poe, *Obras completas*, traducción, introducción y notas de

vivible sino como esperanza, como tránsito. Esperanza, no de sobrevivir, sino de morir. La violencia de la voluntad es tal que, en su frenesí, pretende negarse para sobrevivirse.

En una extraña y penetrante narración Poe SE NIEGA a describir este apetito, que CONSUME Y MATA a una heroína extraordinaria: «es esa ansia salvaje, esa ardiente vehemencia del deseo por la vida, por NADA MÁS que la vida, lo que no puedo retratar, lo que no encuentro palabras con que expresar». Y, más adelante, Ligeia, ante la muerte, exclama: «Oh Dios, oh Divino Padre, ¿deben suceder estas cosas implacablemente? ¿No somos parte y partícula de ti? ¿Quién, quién conoce los misterios de la voluntad con su vigor? El hombre no cede a los ángeles y A LA MUERTE POR COMPLETO, salvo únicamente por la DEBILIDAD DE SU VOLICIÓN»*. Pero si la poesía lleva a la identificación de la vida con la muerte, mediante la exaltación de la voluntad, mediante la inmersión de lo más profundo y vivo del hombre en las aguas de la muerte, la razón, por el contrario, calma y suaviza el ansia de sobrevivir y hace compatible el morir con el vivir. Puesto que no ha podido borrar de nuestra conciencia la espantable idea de la muerte, nos lleva a la convicción de que la vida también es espantable; la vida se convierte en una especie de muerte y agonía, en una estéril lucha de apariencias. Y, así, al matar a la muerte, mata a la vida.

Julio Cortázar, San Juan, Puerto Rico, Editorial Universitaria, 1969, págs. 227-242 y 895-896.

Vigilias III

Escribir un diario (así sea un diario de pensamientos, reflexiones, ocurrencias de cada día, inútiles divagaciones), entraña lucha, dualidad o, por lo menos, análisis. El yo que vive y el que contempla: el verdugo y la víctima. Pues bien, yo quisiera que esta lucha se reflejara en lo que escribo; todo, hasta las mismas mentiras, reveladoras, y lo que yo me atreva a decir (y lo que yo no pueda decir); lo falso y la verdad oculta; la confesión tumultuosa y el análisis tranquilo de mi pasión —más conmovido en su claridad cruel que ella en su abandono—; todo, porque el hombre es doble y triple. En estas notas he de estar, humano e inhumano, alternativamente monstruoso y pecador como cualquier hombre y, como él, inocente.

Dicen que la madurez consiste en un angostamiento de las posibilidades vitales; ser joven es ser muchos al mismo tiempo. El joven no es, tan solo, una aspiración, un anhelo de ser, sino que en su interior pelean muchas posibilidades, muchas formas vitales. La angustia de la juventud no es la angustia de la soledad, aunque el sentimiento de soledad nos hostigue a todos los jóvenes, sino la angustia de no saber lo que se es exactamente. Aquella neurótica princesita de Darío, víctima de una tristeza aparentemente pueril, estaba enferma de juventud; desfallecía, no de hastío, sino de ese vértigo, mal sagrado, que produce la riqueza del mundo y que da a muchos poetas ese aire de pasmo, de asombro indeciso. Estamos abrumados por una especie de lujo vital, habitados por mil fantasmas, por mil yoes que nos reclaman. Y un diario, en tanto que es intento de claridad, es intento de madurez: pretendo ser lo que soy[8].

Quiero que el diario sea lo más sincero posible. O, mejor, lo más transparente. La sinceridad es una virtud, sí, pero jamás consigue su objeto: reflejar la verdad. Para que la sinceridad valga, es necesario que la efusión no la enturbie, que sea transparente. Es decir, que sea inteligente. Y la sinceridad inteligente casi no es sinceridad...

Soy lo que pienso de mí. Y lo que quisiera ser, porque eso es también un pensar de mí. Tal es mi rostro visible, el único que conozco. Un rostro que es una máscara, una imagen; máscara de sangre, doloroso como carne, carne verdadera y amarga. El pensamiento y las imágenes también tienen fibras y tejidos, como el cuerpo; duelen más las invisibles redes nerviosas del espíritu que la carne.

Es horrible saber que sufrimos por lo ajeno a nosotros, por algo que no tiene ninguna solidaridad carnal con nosotros —la única fraternidad verdadera, la de «nuestro semejante»—; pues, evidentemente, y aunque intente persuadirme de lo contrario, yo no soy, tan solo, lo que pienso de mí. No soy una imagen de mí, una máscara de mí, aunque esa imagen sea lo único que soy, si me pienso. Hay otros medios de conocimiento; los sentidos, el goce de las otras

---

[8] Contemplamos ahora muchas juventudes eternas, que no se sabe por qué íntima debilidad o cobardía, por qué escondida rotura psíquica, resisten a la madurez; asimismo, entre mis compañeros, se advierte una extraña impaciencia, una precipitada madurez, no tanto en la obra como en la actitud. Conviven así una madurez que se miente juventud y una respetuosa, grave juventud. ¿Y no será esta última actitud algo muy juvenil, como el adolescente que aspira a la mayoría de edad? ¿Y en la otra, aparte de los resabios narcisistas, no habrá un temer al mundo, a la exigencia del mundo? «Hay que cumplirle a la vida lo que la vida nos promete».

potencias, pueden revelarme rostros más escondidos y secretos, más íntimos y puros.

Deseo encontrar la voz más honda dentro de mí, esa que es, simultáneamente, mi madre y mi hija, pero ¿cuál es ella? Somos gente que vive desde Cristo, quizá desde siempre, desde que brotó la conciencia, en lo sobrenatural, en el mundo dividido. Y nosotros los modernos en lo sobrenatural moral, en el mundo partido por una espada invisible: la espada de la razón. Somos cristianos de una manera muy cruel, muy impía, muy desesperada, casi sin serlo, a pesar nuestro: por el agua del bautismo, por nacimiento, como los delincuentes de Calderón, culpables de haber nacido. El hombre antiguo justificaba y encontraba valiosos sus remordimientos; eran una consecuencia natural de su pecado y significaban algo muy profundo: la ausencia de Dios o, mejor dicho, la invisible presencia de Dios. Pero ahora los remordimientos no son un vehículo de relación, sino que, perdida su capacidad para tornarse comunión, son el espejo que refleja la insalvable soledad de la criatura, la evidencia de la eterna soledad del hombre.

Solo Nietzsche es capaz de reconfortar. Recojo dos de sus máximas: «No hay que avergonzarse» y «Hay que satisfacerse». Esto es verdad y, sobre todo, esto fue verdad antes del cristianismo y quizá lo sea después de él, cuando se haya producido esa síntesis que el Renacimiento dibujó en los mejores espíritus. «No hay que avergonzarse», sí, pero el cristianismo que se avergüenza de su podredumbre y de existir, ¿no se satisface, no satisface lo que su conciencia más profunda le reclama? Y esa conciencia ¿no es tan «natural» como sus instintos y como su existencia? No tenemos remedio posible; en nuestra condición, en nuestra naturaleza, existen ya el conflicto y la disputa; el estado «natural» del hombre es un estado artificial, moral; la naturaleza humana se distingue por una especie de repugnancia hacia sí, por un desagrado y una insatisfacción. El hombre es la única criatura que siente la amargura, la vergüenza de existir. Y esta vergüenza, esta insatisfacción, creadora de lo que llamamos pensamiento y cultura, filosofía, es la que engendra la necesidad de moral que el apetito, no ciego, sino lúcido, padece insaciablemente. Los antiguos también conocían esta conciencia del existir, esta vergüenza, y su melancolía, bárbara como dicen algunos poetas, era una suerte de desesperación, de negro tedio, mucho más profundo que el de los ingleses, que solo están fatigados de la tierra, en tanto que los antiguos lo estaban también del cielo. El suicidio era frecuente entre ellos. Lo que nosotros llamamos conciencia del pecado —y cuyo nombre más exacto sería: conciencia de existir— era, posiblemente, aquella bárbara melancolía, aquel aburrimiento atroz que les hizo inventar la tragedia y que ahora está suavizado, redimido, por la esperanza, hija de la duda. Porque quizá la esperanza no sea sino el oscilar de la duda, uno de los polos de la aguja de la duda; y la duda, también, no es tanto una consecuencia de nuestra razón cuanto una oscilación, un desfallecimiento, de nuestra voluntad.

La moral de cada quien es una tentativa para disculpar el temperamento y una forma en la que, al justificarse, se expresa el ser vivo y subterráneo que da sentido personal a nuestros actos. Y ese ser no es otro que el destino, lo que llamamos nuestro destino, que no consiste tanto en una predestinación como en una fatal e invencible predilección. En suma, en algo profunda y radicalmente moral.

Nos angustia no tener fe: escépticos sin vocación. Verdaderos escépticos.

Narciso moderno: no se contempla, se devora. ¿Narciso? Más bien: Tántalo.

Olvidar que los sistemas filosóficos tienen su origen en el hombre y que solo a él le sirven, es olvidar demasiado. Reducir la cuestión de la razón y de la verdad a una serie de utilidades, de convenciones, es, también, olvidar demasiado. Porque, después de todo, la utilidad de los sistemas filosóficos depende de una ilusión: de la ilusión de que son necesarios y fatales como la naturaleza y de que no está en la mano del hombre desviar su curso.

Van hacia la Naturaleza porque huyen de su naturaleza.

Queremos encontrar la alegre obediencia, la perfecta libertad sumisa de los ángeles y de las hormigas, la altiva y henchida soledad del hombre entre los abismos del cielo y del infierno, pero solo encontramos el vacío, nuestro propio rostro, y en lugar del hombre que se salva, al hombre que se espía y se pierde dentro de sí. ¿Quién soy, si todo lucha dentro de mí? Y el hombre no se abandona; se observa furtivamente, en acecho de sí mismo; quiere saber si es natural o no. Y esa vigilancia (a veces observar que se observa, hasta el infinito) forma parte de la naturaleza del hombre. Naturaleza moral.

Toda reflexión del hombre sobre sí mismo supone una incursión hacia esa última y vigilante conciencia, caverna de la seguridad vital, que llamamos «sentido moral». Un examen de la «naturaleza moral», una descripción científica de su nacimiento, de sus leyes y de sus enfermedades, es casi imposible. En el término «naturaleza moral» hay una contradicción; si es natural, no es moral; y a la inversa. La moral, como se sabe, se funda en la libertad y nace en el momento en que el hombre se rehúsa a la fatalidad de la naturaleza.

El «sentido moral» es el sexto sentido del hombre; es, seguramente, el más fino de los sentidos, el más refinado y el más sensual, el que se ha ejercitado más. Este vicioso cultivo moral ha llegado a tal refinamiento que se ha espiritualizado totalmente y el escalofrío del goce moral —de la caída y del desfallecimiento de la voluntad— se ha convertido en algo tan delicado como los callados, complicados ardores de los italianizantes del xv. La cultura moderna se caracteriza, entre otras cosas, por la absorción de todas las sensaciones y sentimientos por uno, mórbidamente exasperado: el «sentido moral», que posee otro nombre, «el sentimiento de la culpa». Casi toda la psicología moderna y la novela, manantial psicológico, no son, en el fondo, más que el relato minucioso de las aventuras, las caídas, los goces y las recompensas del sentimiento de la culpa. La extraordinaria importancia de la moral en nuestra vida quizá se deba a la pretensión sobrenatural con que se presenta, pero es muy posible que la «conciencia moral» sea tan natural y espontánea, tan fatal, como cualquiera de los otros órganos sensoriales; no es, para ser exactos, sino un sentido, tan refinado, que tiene por órganos a todo el cuerpo y el espíritu —y tan lúcido que es capaz de reflexionar sobre sí mismo—. Es el más perfecto de los sentidos y ha llegado a tener conciencia de sí. Su perfección presagia su decadencia; al conocerse, al saberse, pierde mucho de su eficacia.

Una cultura que aspire a la integridad total del hombre, que es la integridad sensual, deberá educar a los sentidos tanto como a los sentimientos. ¿Quién nos dice que en el futuro no habrá una conciencia táctil, una conciencia visual, auditiva, olfativa, como ahora hay una conciencia moral?

¿Cuándo ha vivido el hombre en contacto con la Naturaleza? Cuando ha hecho de ella un todo dotado de intención y valor. La actitud contraria, que condena a la naturaleza en nombre del espíritu, también es congruente, puesto que la condena en bloque, como una totalidad. La naturaleza vale o significa algo cuando se ha convertido en cultura, en religión, en pensamiento.

Solo lo concreto, lo que no tiene una representación intelectual, es el mal. (Por eso para algunos el mal no existe, es la nada.) El mal es una violación, una irregularidad: el desorden o la transgresión. El odio al arte moderno, el odio al Romanticismo, es una consecuencia del amor de los artistas a lo irregular, a lo individual: una estética de lo irregular tiene que parecer no artística, sino inmoral.

Gran parte de nuestra vida oculta está invadida por los sueños, los presentimientos, las visiones con que el sexo, a través de los mitos, nos habla aún. Es la parte mágica de la vida individual. Y así como el instinto moral ha creado una religión, una cultura y una vida racionalistas, más que racionales, algunas viejas religiones estaban fundadas en los misterios sexuales. Si gran parte de la poesía mística es un diálogo que tiene por interlocutores al alma y a su creador, una porción considerable de la antigua poesía —no escrita— no es más que el asombro, el silencio y el balbuceo del hombre, acostumbrado al monólogo misterioso, carnal de la sangre. La nueva moral sexual pretende iluminar lo sexual, es decir, despojarlo del pecado y del misterio. Es un nuevo artificio de la moral racionalista, celosa de la seducción de la sensualidad. Lawrence se dio cuenta de eso; no pretendía, como tantos otros, fundar una nueva moral sexual; por el contrario, era enemigo de toda moral; quería fundar una religión que hincara sus raíces en lo más antiguo del hombre: el sexo. «Yo aspiro a la realización sensual de mi alma», dice uno de sus héroes. No es que desee disculpar, moralizar, «racionalizar» al cuerpo, sino que, a la inversa, quiere que el espíritu se bañe en la intimidad carnal de cada quien. Su fin es la comunión: por eso no pretende crear una moral, sino una religión. (No es otro el anhelo profundo del comunismo, que busca la fraternidad, la comunión activa de los desesperados tanto como de los desheredados.)

Buena parte del arte moderno —y de algunos movimientos sociales— nace de una huida hacia la naturaleza. Una nueva huida.

Una naturaleza casi sin intenciones, desnuda, arbitraria, en verdadero estado de naturaleza. Esto es el nuevo Romanticismo, que busca, defiende y rescata no a la conciencia del hombre, no al individuo, no a lo que separa y aísla, sino a lo que liga. Romanticismo que no enarbola la bandera de la pasión individual, del sentimiento oprimido, del yo en libertad, como en el XIX, sino la del instinto, la de la sensación, la de lo más antiguo: esa solidaridad carnal, remota y pura que, de un modo oscuro, nos hace hermanos del hombre y nos da la clave de nuestra semejanza bajo la gran noche amenazante. No es humano si entendemos por humano a la sola razón; no pretende rescatar nada más al hombre, sino a lo anterior al hombre en su actual estado, quizá al animal humillado que vive debajo del hombre. Y a la piedra y al vegetal. A todo lo que habita, sueña, devora o duerme en el planeta, y a lo cual estamos más ligados de lo que se piensa.

Tanto como lo primitivo nos atrae lo infantil. La moda deportiva recuerda la ropa de los niños, y nuestra literatura, como nuestro arte, está llena del balbuceo, de las revelaciones y de las inepcias de los niños. Nuestra incapacidad para los sistemas, para las obras extensas, no solo es producto de una mayor capacidad de concentración, que soy el primero en admirar, sino que es el resultado de la preeminencia de la sensación. (Resulta difícil construir una obra sobre esa sombra eléctrica, vibrante, que es una sensación, un recuerdo o el boceto, repentino relámpago, de una idea.) Gran parte de nuestros placeres del pensamiento consisten en una inmersión en lo ilógico. La versatilidad es nuestra musa. No tenemos mayor imaginación, pero en cambio tenemos más sensibilidad. ¿A dónde nos llevará esta preeminencia de las facultades gozadoras sobre las potencias creadoras?

El humor es la forma superior de la desconfianza del hombre hacia sí mismo. El humorismo nace del pesimismo radical, total. Todo humorista es un moralista desilusionado.

Es el crepúsculo; el mar se desenvuelve perezoso; el cielo, leve y azul, calla; sopla el viento sobre dos o tres nubes, sombras de nubes, conchas aéreas, nacaradas, bogando en el mar del cielo no se sabe hacia qué playas. Allá lejos, en el fin del mar, está Asia. Vuelan tres pájaros. La luna llena, amarilla, verde, roja, otra vez amarilla, sube de la tierra. A la orilla del monte hay un filo naranja, casi oro, casi fuego, que se desvanece hacia el centro del cielo vacío; es el sol que se oculta. He aquí a la naturaleza en un momento de equilibrio, de perfecta y pura belleza; nada sobra, nada falta.

Todo parece respirar eternidad y quietud incorruptible; al fin el día se encuentra a sí mismo y parece dispuesto a la calma gozosa; no sería posible encontrar mayor gracia inmóvil, mayor violencia serenada y quieta. Cierro los ojos; los abro. Solo queda de la luz del sol un resplandor lívido, pronto negrura total; el mar de plata es ahora plomo; y por el cielo avanza una luna, ya definitivamente amarilla, gigantesca. Es de nuevo la naturaleza, otra vez perfecta y otra vez eterna. Y ante esta belleza cierro los ojos, casi colérico, casi angustiado, y escribo apresuradamente sobre cualquier cosa, si menos hermosa menos fugitiva. El hombre no sabe cambiar, me digo para consolarme.

Cambiar y ser uno mismo siempre. Tal es el secreto de la naturaleza, el secreto del viaje y del aventurero. Pero, así como algunos no quieren cambiar, enamorados de sí mismos, otros, disgustados de su intimidad, de sus fantasmas, solo ambicionan del viaje los cambios, no el regreso.

La música, al hundirnos en sus aguas amorosas, nos rescata de la forma amada. Nos disuelve y disuelve en su cálido giro a esa forma amada y aborrecida en la que alienta el soplo secreto del mundo. La música es una negación de la tierra y de la persona.

Estoy frente a ti, frente a tus ojos que concentran el mundo para mí, como esa aguja sombría que atrae toda la electricidad de la tarde. Se abren tus ojos, como para devorarme. Me hundo en ellos. Y, de pronto, ya no existen, ni existo yo, náufrago como tú, que desapareces, pegada a mí, fundida. La carne se hace sombra y sueño. Al hundirme en tus ojos, al tocar este cuerpo vivo, limitado, sediento, de pronto infinito, sin contornos, como el mar ¿toco tu cuerpo, vivo en tus ojos? ¿Qué me revelas de pronto? Es como si tocara el sitio en donde todo nace o, mejor, en donde todo alcanza tal insensata plenitud, tal lucidez indecible, tal intensidad que, así como desde lo alto de una montaña se domina todas las vertientes, contemplo y me contemplan, simultáneamente, la vida y la muerte, lo eterno y la nada, la soledad y la compañía. Perdemos nuestro nombre, nuestra forma, nuestros sentimientos, todo lo que, ilusoriamente, nos da individualidad y quedamos desnudos, despojados de todo, vivientes nada más; y sin embargo en este descenso a lo más impersonal, en esta absoluta desnudez, encontramos la única revelación verdadera de nosotros mismos, la revelación total, indecible, de nuestra más escondida, inasible condición.

Yo estoy ligado a ti, entre otros vínculos, por el de la música. Pero esta nueva ligadura, al atarme en el recuerdo, también me ha libertado de ti:

La sala estaba oscura, callada. Desde antes estaba extrañamente conmovido porque íbamos a envolvernos en una misma música y a respirar las mismas notas, tiernas o ardientes. Me conmovía el que yo me conmoviera con lo que te conmovía. Surgió la música desde el centro del mundo, dolorosa y tímida, leve serpiente o tallo, como si creciera de mi corazón. Y esta sensación de nacimiento era como una herida casi dulce. Yo me unía a ti, a ti, ignorante de mi existencia (no sabías que yo estaba allí), como un ámbito impalpable y difuso, con un oscuro y rendido sentimiento, inexpresable, porque no era el deseo, ni el amor, sino algo mucho más concreto, semejante a la adoración. Y la música crecía, cada vez más alto, cada vez más hondo, penetrante, invadiendo los últimos rincones de mi ser, deshaciéndome, como un agua invisible, total, que manara del centro de la tierra; aquella herida dulce y tibia se había hecho ancha, y de ella manaba, espesa, una voluntad de penetrar en todo, de disolverse en todo, como si fuera la misma música. ¿Brotaba de mí el concierto? Cada vez más alto, cada vez más hondo, arriba y abajo, en el alma y en el cuerpo; tú ya no existías o existías en otra forma, en todas las formas que mecía la música. Yo me unía a ti, que eras como una piedra sitiada por las olas del mundo tenebroso, resistente a la música; pero tú te disolvías también, oscura piedra, y te sepultaban las aguas que manaban del centro de mi corazón, del centro de la tierra.

Cesó de brotar, por un minuto, la música. El mundo quedó tenso, rígido, a punto de romperse, tal los nervios de un hombre que va a dar el salto mortal. La nada, negros abismos nos rodeaban como si el mundo hubiera acumulado toda su substancia en un secreto sitio de nuestra alma. En aquel breve silencio estaban toda la música, todo el amor, la exaltación sombría de la tristeza y el frenesí del orgullo humano, la ternura que hace sollozar, el ansia sin objeto y el sórdido sufrimiento de existir; todo lo oscuro y confuso que alienta en el hombre quedaba tenso y apretado en nosotros, al borde de la nada, en aquel minuto de silencio. La música volvió a sonar; nos despeñamos en sus aguas; ya solo éramos una aspiración, un ritmo, sin forma y sin color, un ritmo semejante a la sed, insistente, variando siempre de forma, pero eterno e idéntico en todas sus transformaciones, y así llegamos al fondo de nosotros, que era el fondo del mundo, el mar misterioso de lo no nacido. Pero ¿a qué relatar estos delirios, esta conciencia del vértigo, si son indecibles, rebeldes a la palabra y al pensamiento corriente?

Después de sumergirnos en la música, que fue una inmersión en tu aliento, soplo del mundo, vaho que deshace las criaturas, quedo seco, estéril. Sin sufrimiento pero también sin alegría, sin fuerzas para olvidarte o para recobrarte. Como un animal atormentado por la sed, herido, al pie del mar, sobre una tierra árida e impía. Paraíso perdido.

Te amo rabiosa y desesperadamente. Mi rabia alimenta mi desesperación y en esto reside mi fuerza, mi libertad y hasta el valor de mi súplica. Porque mi súplica está henchida de total desesperación, una desesperación tan grande como mi amor, un amor tan grande como mi desesperación: este es el secreto de mi libertad.

Y sin embargo, es preferible el mundo que nos muestra el amor, la mentira, si es mentira, de la música y del sueño, a esta vida amarga de aquí. Todo se muere, todo se corrompe. Esta palabra nace muerta de mis labios, nace inerte y sin júbilo. No me asusta el sufrimiento, sino el saber que no es eterno y que lo que hoy me amarga mañana me consolará, de tan liviana condición estamos hechos. ¡Dios mío, Dios de todos, Dios de nadie, existe verdaderamente en el milagro de la alegría, en el milagro del dolor eterno! ¡Que nunca olvide el latido de mi corazón y el llamado de mi entraña: que siempre me sienta vivo!

Leyendo a E. H. me he descubierto una simpatía por su poesía[9]. Algo de su espíritu está cerca del mío: el total desengaño que solo pide ya un engaño total: el engaño de la eternidad; el frenesí estéril del dolor y de la alegría; el deseo de apresar de un modo lúcido, pero no helado, el estado más puro del hombre, el estado amoroso, el instante de la total comunión con la mujer. Al leer sus poemas, que no me seducen por su forma, ni por su tono general, sino por sus involuntarios aciertos, desgarradoras revelaciones no buscadas, he recobrado la fe y la alegría. (Nada le place más al desdichado que reconocerse; ¿no es eso lo que nos lleva a «gustar» del Arte y de algunos poetas?) Yo quizá no haga nada, quizá fracase, pero quizá me realice en la poesía interior, en esa que apenas necesita escribirse, y en ti, soledad, que me irás revelando la forma de mi espíritu y la lenta maduración de mi ser.

Frente a la idea de Goethe, que, a imitación de los griegos, creyó que la vida era un cultivo, se levanta la afirmación cristiana, antipedagógica, que solo ve en la vida un juego trágico y absoluto. No «la lenta maduración de mi ser», no la cultura de mí, sino mi entrega, mi pérdida total, a cualquier hora, en cualquier sitio. La vida es sacrificio.

Para muchos, el bien, entendido como la aceptación de la voluntad de Dios, como resignación, es una debilidad.

---

[9] E[fraín] H[uerta] (1914-1982), poeta mexicano y compañero de generación de Paz. Entre sus obras se destacan *Línea del alba* (1936), *La rosa primitiva* (1950) y *Poesía, 1935-1968* (1969). Sobre Huerta, Paz escribió una sentida esquela que recoge *Sombras de obras. Arte y literatura*, Barcelona, Seix Barral, 1983, págs. 310-312.

Pero ¿acaso la resignación que nos pide Dios, el asentimiento que nos exige y que humilla nuestra voluntad, no nos lleva a negar la ley del mundo, a decirle «no» al destino? Frente a la voluntad del mundo, la voluntad del hombre —la voluntad de Dios—, que es la negación del mundo.

¿Existe Dios? Nadie lo sabe y ¿quién se atreverá a negarlo? No lo sabemos, nadie lo sabe, ni Dios mismo posiblemente; ¿acaso esto es lo importante? No quiero saber de ti sino ser hijo tuyo, Dios innombrable.

Dios existe. Y si no existe debería existir. Existe en cada uno de nosotros, como aspiración, como necesidad y, también, como último fondo, intocable, de nuestro ser.

La existencia de Dios no es un problema; la única manera de tocar este tema es ignorando la cuestión: obrando como si ya lo supiéramos.

Nietzsche era un poeta y le molestaba todo lo que la filosofía de Schopenhauer tenía de terrestre, de doméstico, a pesar de su pesimismo. Por eso, en lugar del aniquilamiento de los deseos, que fue la solución ética de Schopenhauer, inventó la tragedia, solución heroica y estética, que consiste en la exaltación de los deseos frente a la fatalidad.

El instinto vital, el apetito de la voluntad de Schopenhauer y Nietzsche, adquiere en Unamuno un sentido cristiano; bautiza esta voluntad de vivir, esta avidez de la naturaleza, y la convierte en «hambre de eternidad». La Esperanza es una virtud, en tanto que la Voluntad es una potencia; Unamuno convierte a la Voluntad en Esperanza. Transubstanciación genial, que no solo cambia los fines, sino también el sentido del apetito de eternidad. Mejor dicho, le da un objeto y un sentido a la voluntad; dota de dirección y de meta a la vida.

Vigilias IV

Ayer estuve con ella. Yo me encontraba destruido, rencoroso, herido y deseoso de herir. Un oscuro resentimiento me impelía, pero mis verdaderos sentimientos, cuidadosamente ocultos aun para mí mismo, se escondían en los pliegues de una retórica sentimental. En el fondo la odiaba porque existía, porque se me entregaba con toda ingenuidad. Ella se daba cuenta de mi tristeza y de mi secreta amargura. Me compadecía. En ese mismo instante, logrado lo que apetecía, la despreciaba y me despreciaba. Mi desprecio me llevaba a herirla, para después compadecerla y, así, poder amarla con nueva pureza. (Pero todos estos pensamientos, si esa es la palabra que puede designar tales vergüenzas, me producían cólera y asco. Irremediable, brotó la infecundidad.) La tarde era transparente y el cielo, inmóvil, se fundía en la transparencia del aire y del silencio. Callamos durante algún tiempo. Las nubes giraban, movidas por un viento misterioso, impalpable, leve y extático balanceo. Había llovido y era un placer, un poco amargo, sentir en los pies la humedad de los charcos y respirar el vapor de la tierra. Yo no sabía si mi destino era la exaltación del amor, ahora que indefensa latía entre mis brazos, o si el amor era la destrucción de lo que se ama. Inclinó su cabeza en mi hombro. Estábamos de pie, junto a un gran árbol húmedo, que goteaba. Al mismo tiempo que la estrechaba veía, entre su pelo, el sol y el gran cielo, tímido y hondo. La respiré, como una esencia. Cerca de nosotros estaba una banca, en la que habíamos estado los días anteriores. La ocupaban dos gentes, una pareja: nosotros mismos. Repuestos del asombro, nos acercamos, pero desaparecieron en el aire apenas nos movimos. No puedo recordar la clase de sentimiento que experimentamos: horror, alegría, pasmo. ¿Éramos nosotros? La besé y creí que nuestro amor era divino, que poseía una significación especial. Día feliz, día estremecido. Un misterio, mayor que nosotros, intervenía en nuestro amor. Y nuestras caricias tuvieron un extraño tinte, ungidas por lo sobrenatural. Poblábamos el mundo con la imagen de nuestro amor.

Quisiera ser tan fuerte y puro que mi humildad solo fuera amor, sin fin ni deseo. Y que, ante mi humildad, no brotara la compasión. Quisiera ser inmóvil y duro, amante eterno, insaciable y, sin embargo, saciado diariamente. Amarla más allá de mí. Pero todo esto es orgullo y mi soledad no se llena con la luz del amor, sino con la sombra del amor.

El amor no es el lento descubrimiento de la persona amada, ni el reconocimiento, en ella, de nuestros sueños y de nuestras esperanzas; ni, en fin, la revelación de lo valioso y de lo perfecto. ¡Dulce y atroz sueño, imagen que nuestra debilidad y nuestro descontento del mundo crean, en horas puras! Ni siquiera eres lo mejor de mí, ni lo peor —como quisiera el vanidoso demonio del mal—. No estás hecha de mi sueño, ni mi sed te engendra, ni naciste para satisfacerla. Imagino valiosa tu presencia porque mi inclinación quiere justificarse. Pero te amo por más secretos, profundos y fatales motivos. El hombre no ama lo que quisiera amar, sino lo que necesita amar. Si somos veraces confesaremos que amamos lo desagradable, lo hiriente, lo imprevisto, todo aquello que nos da noticias de otro mundo que no es el nuestro y que muchas veces lo contradice. Mundo que quisiéramos destruir, absorber, poseer. Quiero que seas mía, para que dejes de ser. Te amo porque no eres mía, porque vives ajena a mí, ignorándome; porque tus sueños están poblados de imágenes que no comparto y porque solo tengo, en ti, evidencia del mundo extraño. Eres como un relámpago, como una daga, como una herida en la que bebo la substancia perdida de la creación, imprevista revelación de que existe algo más que mi soledad y que mi sueño.

Saber que tiene deseos, sueños, preferencias, ha sido un descubrimiento insólito. He descubierto que no es ese ídolo, esa criatura enigmática, vacía de todo lo que no fuera mi amor, que imaginaba. Existe, tiene una vida distinta. No es lo que yo pienso, no es mi creación. Ni mi sueño ni mi razón la han engendrado. Podría existir aun cuando yo no existiera. Mi amor no la modifica, ni la cambia.

He obrado con ella como si realmente fuera esa imagen que me hice y no un ser real. Tenemos una imagen de la mujer —y de todo lo ajeno a nosotros— limitada y unilateral. No adivinamos nuestra necedad al hablarles como les hablamos, porque no hablamos con ellas, sino con fantasmas. Solo si el fantasma nos hiere se nos revela el ser vivo que es. Y tocamos lo desconocido y medimos la infinita distancia que separa un cuerpo de otro, un alma de otra, distancia que nada acortará.

Comprender que la mujer no es el fantasma que nuestro deseo finge, sino el ser vivo que nuestra avidez necesita, nos lleva a comprender muchas cosas. Y aminora la vergüenza de amar lo indebido y la humillación de nuestra vanidad, que se niega a creer en la existencia de todo lo ajeno a nosotros. El sufrimiento se hace más amplio: se sufre no nuestra pequeña herida, sino la condición del hombre, lo irreductible de otro ser al mío, el abismo que nos une y separa.

¡Si no exigiéramos tanto! Si yo no le pidiera toda su vida, toda su carne, sino nada más el goce de una tarde, la herida de un día, y después saber que la mujer es «también un ser humano». Pero el amor vive de absoluto y eternidad. Eso lo distingue del resto de los sentimientos: para toda la vida y toda la vida en un instante, como si el mundo, de pronto, acabase.

Solo comprendemos, sabemos, lo que nos hiere. Y solo hiriendo existimos. Sabemos, con un saber lejano, impersonal, que el hombre es capaz de crueldad, pero solo hasta que la crueldad opera sobre nosotros la conocemos verdaderamente.

Ayer en la noche te vi. Yo estaba en el puente y ustedes en la terraza, jugando, riendo, danzando. Hacía el calor, el calor fresco, la tibieza aromada, del Valle; la noche era azul y la luna, gigantesca, blanca, como una magnolia incandescente, iluminaba las hierbas, las piedras misteriosas y dormidas, las copas y las raíces de los árboles que crecen trabajosamente en las paredes y en el cauce reseco del río. Danzaban, como en una estampa romántica, a la luz de la luna, entre las flores de la terraza; oí tu risa y punzaba muy cruelmente. Porque era una risa ajena, que me revelaba una parte desconocida de tu ser, la existencia de una M. capaz de reír, olvidada de mí, cuando apenas unas horas antes yo era todo —el aire, la luna, el mundo— para ella. ¿De modo que el amor, tu amor, era algo tan frágil? Recatado en la sombra, mi pequeño drama me parecía lo único importante sobre la tierra. Y quizá tenía razón, pues ¿hay algo más importante que el amor para el enamorado?

La angustia del amor, la certidumbre de que el amor se escapa y nos abandona con la misma facilidad con que nos somete, se me presentó, al fin, como la verdadera angustia humana, de la que tú, sin saberlo, eras la más hiriente expresión: angustia de ser. Dolor, más que angustia, ante la irremediable soledad del hombre. Tú, y contigo todo lo que no soy, imposible de aprehender, de tener. Dolor de ser. Pero este dolor me reconciliaba contigo y con el mundo: no solo era la infinita distancia que había entre tú y yo, distancia inagotable y creadora del amor, sino la distancia de todo, la imposibilidad de tocar el verdadero rostro de las cosas y los hombres. Y esta certidumbre me unía a la angustia humana, desamparada de todo, palpando el vacío de su orgullosa conciencia, y a la cólera que hiere para saber de la existencia de «otro», y al ensueño desesperado del solitario, que no tiene más diálogo que el que sostiene con los fantasmas que engendra su delirio.

De esta certidumbre desolada parte toda vida; de allí parte Jesús, de la misma noche en cuya oscuridad y soledad el hombre, cualquier hombre, llega a purificar su condición, mediante la evidencia de su inerme desnudez frente al mundo. Entonces se nos aparece el mundo como la gran comunión de las soledades y de los desesperados. Solo de allí podemos partir para el amor, solo del dolor del ser.

No nos debemos quejar del abismo que nos separa, porque pertenece a nuestra naturaleza.

Amar es dar un salto mortal.

La virtud es, según Diderot, un sacrificio. ¿Qué diremos, entonces del sacrificio sin virtud? ¿No es esto, para algunos, el amor?

Seguramente la más valiosa de las enseñanzas que trae consigo el trato con las mujeres es esta: la inocencia en el mal. O, mejor, la inocencia del mal. Son los únicos seres que hacen el mal de un modo gratuito, desinteresado e inocente. ¿Y no es este el verdadero sentido de la frase: «la inocencia de la naturaleza»? Por lo contrario, el hombre es «la conciencia en el mal». Y la cultura.

La tierra, inmóvil, conservadora, es el elemento femenino del mundo. El viento, huidizo y ligero, transformista (hace una selva de un jardín), y el fuego, devorador de todo, son masculinos. El agua es, como el griego quería, la substancia del mundo: lo que fecunda la tierra es conducido por el aire y apaga al fuego, al espíritu o inteligencia estéril, incapaz de «ser», destructor de todo lo que toca y en primer término de sí mismo.

¿Entender el mundo a través de la cólera amorosa, a través de la indignación? Cristo en el Templo... No, no entenderlo, tocarlo, transformarlo, incendiarlo.

El destino no es la trama, el enredijo, los vericuetos y episodios de nuestra vida. No es nuestra conducta, sino el sentido de ella, del mismo modo que las ideas no son nunca «nuestras»: es nuestro el soplo mágico, misterioso, que las atraviesa y fecunda. El destino es la voz de nuestra naturaleza. Esto es, el destino no tiene nada que ver con el éxito o fracaso de nuestros propósitos, sino con su carácter.

No somos gente hecha de un bloque, «de una pieza», pero aspiramos a la unidad. Y, además, queremos aparecer como «de una pieza», para que no nos destrocen. Basta con nuestro destrozo interior.

La Cultura. La verdad del hombre, su última verdad o realidad, es el residuo de infalsificable falsedad de toda su falsedad: el fantasma verdadero que somos.

El sabio es como un cazador. Pero ¿el cazador que después de haber recorrido la selva poblada de fieras queda inmóvil frente a la inapresable mariposa? ¿No es este el mejor de todos los aventureros, el más sabio de todos los sabios? Oigo una voz que me reprocha esta frivolidad. ¿Pues no es la contemplación desinteresada, sin el propósito de «entender», «comprender» o «conocer», la más castigada de las contemplaciones?

Si la pasión de conocer es superior a la pasión de retener, organizar y utilizar lo que se conoce —como una infinita sed, como el deseo de un cazador desdeñoso que no recoge las piezas, distraído siempre por la próxima que sueña—, se destruye el fundamento mismo de la cultura. Porque lo que esta pretende es el orden en la verdad. ¿Y si la verdad fuera el desorden, el caos, la infidelidad de la naturaleza a lo que llamamos sus leyes? La verdad sería considerada públicamente como una inmoralidad. (En secreto ya lo es, puesto que amenaza a todas las conveniencias y a todas las convenciones en que está fundada la sociedad culta.)

El hombre en su búsqueda por la verdad se guarda mucho de encontrarla: podría destruirlo.

Mediante la famosa definición: «la verdad es la correspondencia o la adecuación o la identidad entre lo que es y lo que pensamos», se ha substituido a la verdad por el orden. Esta fórmula, y todas sus variantes infinitas, quiere decir: «la verdad es el conocimiento que, sobre cualquier cosa, debemos poseer para dominarla y sujetarla».

«Ver las cosas como son» consiste, en cierto modo, en no verlas.

Quizá la cualidad que mayor seducción ejercía sobre mí, hasta ahora, era la inteligencia. Pero he conocido muchas inteligencias sin espíritu: nada hay tan desolador, tan pedante, tan angustioso. Una clase de inteligencia así es capaz hasta de fingirse un espíritu; lo comprende todo, y nada, ni su pobreza, ni su sequedad, se le escapa. Mas ¡qué vacía es esta comprensión y cómo pasa junto a las cosas, exprimiéndolas, guiñando el ojo, «en el secreto», pero helada, yerta, sabiendo su frigidez, ocultándola!

Naturaleza polémica. Necesita de los otros para sentirse sola. Solo se afirma en la dependencia.

Los hombres de costumbres moderadas, que no son, por cierto, los hombres virtuosos (aunque el principio de la virtud está en la moderación), sienten rubor ante los disipados. Rubor porque encuentran a su virtud poco heroica: demasiado moral, esto es, cómoda.

Nada nos avergüenza tanto como nuestras virtudes pequeñas. Y estamos ciegos ante la pequeñez de nuestra virtud.

La fidelidad parece una deshonra a los modernos.

En la Antigüedad el hombre virtuoso era aquel que dominaba sus pasiones. Desde el Romanticismo, virtud no quiere decir moderación sino exaltación; no hay más virtud que la sinceridad. Las pasiones en libertad, el valor de «vivir su vida», eso es la virtud. Moral de débiles: débiles pasiones y débiles hombres, movidos por sus contradictorios sentimientos.

La nueva moral ha producido un nuevo fariseísmo. Se fingen ahora extravíos como antes se ocultaban; y hay muchos fanfarrones de sus instintos, como antes los hubo de sus abstenciones.

Nos enorgullecemos de nuestros defectos. Los acariciamos, los mimamos, los exageramos, no para disfrazarlos de virtudes, sino para que posean grandeza y suntuosidad y poder exhibirlos.

Una adolescente.—Detrás de su frivolidad hay una conciencia muy clara; quiere destruir con su impertinencia el mundo «de los hombres», vencerlos, arrebatarles su «profundidad». Hay una venganza en su frivolidad: la venganza de un alma solitaria, pura, demasiado orgullosa para la confesión, demasiado tímida para entregarse. La impertinencia vela y venga a la adolescente y, sobre todo, al alma solitaria, mordida por toda clase de pensamientos e intuiciones, llena de sí, ahíta.

Confesión de una coqueta: «Se ríen de mí cuando digo que un día me arrepentiré. Les parece una frivolidad o una hipocresía ingenua, porque no se puede aplazar los arrepentimientos ni poner plazo a las conversiones. No saben que arrepentirse es lo más difícil que hay, porque *estamos enamorados de nuestros pecados.* Cristo nos impuso una terrible condición cuando exigió el "entero arrepentimiento". Nadie se arrepiente, porque arrepentirse es negarse a sí mismo».

Se desnudan diariamente, en interminables confesiones que dicta su orgullo, su insensato amor por sí mismos, no su angustia. Y cuanto más se desnudan más ocultos aparecen, y más incomunicados y tapiados cuanto más se confiesan y prodigan.

Si se ha sido educado en el arte es difícil encontrar hermosa la vida real. Olvidamos que la hermosura del arte está hecha de los mismos elementos que forman la vida cotidiana, pero compuestos conforme a un plan. Quizá lo que nos ofende de los acontecimientos diarios es su banalidad, eso es, su falta de sentido. Las costumbres, por ejemplo, son simples repeticiones, pero ¿qué fin persigue esta inerte repetición? Y el trabajo; me anonada su esterilidad, ¿adónde nos lleva y qué nos da fuera de un poco de dinero? Trabajamos para vivir, dicen; y vivimos para trabajar. (¿No se trata de engañar al alma, de aplacar su hambre con unas cuantas migajas de tiempo?) Pero el arte redime a la vida de su inercia mecánica; los sentimientos, las pasiones, las costumbres, todo, encuentra en el arte no solo sentido y dirección sino, lo cual es más importante, *fin*.

El arte no es un reflejo de la vida. Tampoco es solamente una profundización de la vida, una visión más pura y más limpia. Es algo más: limita el acontecer, extrae del fluir de la vida unos cuantos minutos palpitantes y los inmoviliza, sin matarlos.

El caos no es el desorden sino la sistemática repetición de algo que no tiene sentido y que, además, no tiene fin.

Dios hizo al mundo del caos. Es decir, dotó al hombre y a la naturaleza de esperanzas; hizo de las ciegas leyes y de los ciegos apetitos algo armónico, relacionando a cada ser con el todo y al todo con una esperanza de redención, de más allá.

El tiempo no desemboca sino en sí mismo. Un minuto engendra a otro minuto y este a otro, hasta el infinito. Y todos no son sino repeticiones del primer minuto que, a su vez, no es más que la repetición de otro, hasta el infinito, nuevamente. Pero en este transcurrir late una avidez, una impaciencia de «otra cosa». Dios redime al tiempo cuando nutre esa impaciencia y le da la certidumbre de que este ciego engendrarse, ese ciego devorarse, cesará. Dios pondrá fin al tiempo, para que surja «otra cosa».

La relación entre todos los seres de la creación no solo es una relación causal sino erótica, religiosa.

El arte opera con la vida real como Dios con el tiempo. No solo da unidad a la vida dispersa, abandonada a su propio fluir o a los estrechos cauces en que el hombre la encierra; también le «pone un hasta aquí» a esa inagotable marea.

El Monstruo.—En las horas vacías, cuando, despojado de todo lo que soy (el pasado y el futuro, lo que sueño y me sueña, lo que recuerdo y lo que olvido y lo que pienso o me piensa), quedo inundado de mí, de mi sola presencia, de mi solo ser: soy. De la soledad emerjo, río creciendo, como la marea de las lágrimas, como el deseo. Algo crece, brotando del centro de mi ser, inundando mi pecho: algo, mi yo, crece: sus manos invisibles tocan mis paredes interiores y por mis ojos, deslumbrado, ve. Ya solo soy yo. Un yo íntimo, escondido, hecho de avidez y de tiempo; un yo tiránico, que expulsa a mi otro yo, a mis otros yoes —de los que puedo hablar, mis servidores, mis espejos, mis manos, mis máscaras, que me aproximan al mundo, que me defienden y me entregan. Yoes de mi pensamiento, de mis sentimientos, de mis recuerdos, de mis hipocresías, de mis buenos propósitos, yoes del sueño y de la vigilia, yoes que responden a mi nombre, bautizados, afables, coléricos... ¡Pero este yo, sin nombre, bárbaro, mudo, que nada quiere, del que nada sé y que solo es! Yo anterior a todos mis yoes, a todos mis fracasos y mis ambiciones y mis esperanzas, substancia de mi ser (y sin embargo extraño), alimento de mí, padre ciego, que no piensa ni desea, anterior a la luz y a mi nombre: único y verdadero yo. Nada sabe de mí y nada sé de él, pero él y yo somos el mismo y lo mismo.

Estamos educados en el diálogo interior; la unidad de la criatura consigo misma se nos aparece como aterradora.

No queremos ser, queremos transcurrir, vivir. Cambiar. Nos negamos a la Divinidad; hechizados por el mundo, por el cambio, corremos tras los fantasmas que el tiempo engendra, sujetos a la cadena estéril de las infinitas transformaciones.

«Estoy vacío», lleno de mí.

Inventamos el trabajo para olvidarnos de nosotros mismos, del yo innombrable e inefable, insensible, que solo es. Todas las empresas humanas, quizá, no son sino un intento para olvidarnos, para olvidar ese yo que somos, ese monstruo agazapado en la conciencia que solo tiene avidez de existir.

El aburrimiento es una de las experiencias más profundas del hombre. Para huir de él se han inventado muchas cosas. Todo es preferible al aburrimiento, por donde puede escapar ese yo incógnito.

¡Qué cólera, qué desesperación, qué asombro el del yo cuando, de pronto, en una hora cualquiera, se asoma al mundo y se da cuenta de que lo hemos engañado con todo género de mentiras, de pasiones, de locuras!

Nada de lo que hay en el mundo satisface la avidez del yo. Solo la eternidad. «No moriré del todo, amiga mía», dice el yo enamorado; sí, quedará tu yo, tu verdadero yo, inmortal desventurado.

Los ojos del cocodrilo reflejan la eternidad del yo: fijos, estúpidos, ni siquiera son crueles.

El trabajo vacío

Al escribir esta frase, me sobresaltó la palabra *vacío*. ¿Por qué esta palabra, esta idea de oquedad en la realidad, nos asalta diariamente? Nuestra época está henchida de acontecimientos; pasan muchas cosas, demasiadas, y todas ellas atroces. Esta riqueza de acontecimientos, esta avalancha de catástrofes, ¿no nos habrá deshumanizado, insensibilizándonos? Pasan muchas cosas, es verdad; y, por otra parte, la gente sigue amando; llorando y riendo; los árboles crecen, el azul de los cielos canta aún como antes y el agua, el vino y todos los dones de la tierra siguen dándose. Se muere un poco más que antes y no en la cama, sino con los zapatos puestos. Se combate más que nunca y hemos contemplado —y participado— en muchas luchas que creíamos —y que lo son, sin duda— decisivas. Y sin embargo nos sentimos huecos, y lo que hacemos, con todo el fervor de que somos capaces, de pronto se nos aparece como inútil y sin verdadero designio.

Y no nos queda el recurso de decir que somos el sueño de una divinidad y mucho menos de una anónima voluntad vital. Desterrados del cielo y del infierno, la tierra, único paraíso que se ofrecía a nuestra avidez, ha perdido toda su seducción. Si antes se renunciaba a la tierra por el cielo, por un *ansia de vivir,* ahora somos unos desgarrados gozadores, unos escépticos sufridores. Poblados por fantasmas, nada de lo que nos mueve, si lo juzgamos hondamente, nos importa. Nada queremos y solo el terror a la muerte y una oscura esperanza nos hace vivir maquinalmente.

Inocencia

El poeta recuerda; y al recordar, vaticina. En su alma nacen la memoria y el presentimiento de un estado perdido, y un gusto, una reminiscencia, una nostalgia. ¿Nostalgia de qué? Del primer día. El poeta recuerda al primer día. Día de la creación, día fuera del tiempo, vasto como la eternidad. Sombra latiendo, fuente secreta, aguas nocturnas, cuerpo dormido y el viento penetrando la blanda confusión de los árboles, en la noche. Primer día suyo y de todos, de la especie y de cada uno; vaho y tinieblas nos engendraron.

¡Mundo perdido! Paraíso común, fuente y fruto del ser. Paraíso de todos, en el que desaparecen el trabajo, el esfuerzo y la vigilia. Donde no cesan ni el deseo ni la avidez; el deseo es lo que se desea y la necesidad es, al fin, la libertad. Se es uno y otro y no hay distancia entre la fruta y el labio: «se es al mismo tiempo fruta y labio». Desaparecen los objetos y el objeto y desapareces tú; no existen fronteras entre mi tacto y el tuyo, el horror se alía a la belleza, «quietud y movimiento son lo mismo», la estrella late en la entraña del cielo como un corazón anegado en la sombra de su entraña y el corazón nada en su sangre, estrella de mar incandescente. Pensar es engendrar.

El poeta desciende; al descender, desnace. Y nace, nuevamente, fénix de sangre. Roza las desconocidas fronteras de la vida y la muerte, ¡y no existen! Conoce, en una breve ráfaga, la eternidad, aunque no escapará a la muerte. Ha visto el reino. Participa de la vida y la muerte; olvido total, inmovilidad, ignorancia del agua y de la roca, voz que no se escucha —¿qué dices, qué repite tu sílaba de tierra?—, cielo desierto, inocencia del fuego —¿a quién, y para qué, consumes, consumiéndote, oh furioso?—, objeto puro, solo objeto...

Reino del ser, no del acontecimiento; se ilumina la muerte con la vida: son lo mismo. Devoramos la carne y bebemos la sangre, realmente; no hay fronteras entre la carne y el espíritu: es santo el sacrílego y la justicia ha muerto, porque no hay nadie a quien condenar.

Y el olvido te cubre, poeta, como a la tierra el pecho sombrío de la nube a la hora en que el sol deserta.

México, 1935-1941

Segunda parte
Libros y autores

Ética del artista

El objeto de estas líneas no es referirse a la esencia del arte, sino que se dirige a un problema más humilde. No es una consideración estética de lo que es el arte en sí, desligado de otras formas culturales, como la religión, la pasión patriótica o doctrinaria. Se refiere, precisamente, a los problemas que no son puramente artísticos, pero que la tradición nos enseña, a despecho de la doctrina del arte puro, que influyen profundamente en la creación y le dan al arte un valor testimonial e histórico parejo a su calidad de belleza.

El artista ¿debe tener una doctrina completa —religiosa, política, etc.— dentro de la cual debe enmarcar su obra? ¿O debe, simplemente, sujetarse a las leyes de la creación estética, desentendiéndose de cualquier otro problema?

¿Arte de tesis o arte puro?

Estas interrogaciones, que se han presentado a cien generaciones de artistas, las queremos relacionar con esa porción concreta del mundo que son los jóvenes de América. Y es que nunca han aparecido en forma más dramática estas preguntas como en este continente, en el que las responsabilidades se agravan por la ausencia de una tradición en la que sustentarse y que obligue a continuarla.

Quizá jamás en la historia se haya hecho claro y real este doble modo de pensar, como ahora. Por un lado, se nos presentan los jóvenes artistas rusos y alemanes, que crean y trabajan al servicio de la idea marxista. Del otro lado están los que forman el tipo de literato puro, Cocteau, y del pintor puro, Picasso.

Para unos, lo fundamental es la intención, casi religiosa, de su obra. Arte de propaganda. Polémico. De plaza pública.

Para los otros, el artista debe ser simplemente artista. La obra de arte, solo arte. Sin ninguna intención. El arte no es juego. Ni política. Ni economía. Ni bondad. Es solamente arte. Actitud moderna, desmenuzadora de realidades, para llegar a las esencias de las cosas. Pero solamente a las esencias, no a la ESENCIA.

Se dice: no hay que confundir las tareas, hay que distinguir claramente los campos. Y después, sutilizando aún más, el pintor «solo debe pintar formas». De ahí la ausencia de asunto en la pintura de mayor pureza: el cubismo, en la que solo aparecen colores, volúmenes, formas; los valores puramente plásticos. El poeta solo debe trabajar con palabras. Hay que separar, dice Valéry, las emociones que pueda suscitar un paisaje, un sucedido, de la poesía. Lo primero —el estado de alma— es común a todos; lo segundo —la elaboración, la recreación de un estado poético, con puras palabras— es solamente don del poeta. «La poesía es, en realidad, nombrar las cosas, crearlas de nuevo». Y el poeta solo debe dedicarse a eso: a hacer, con palabras, poesía. A clasificar y combinar, de la manera más agradable y bella, las palabras. De esta manera, toda revolución poética no será, en el fondo, más que la substitución de una retórica por otra.

En esta forma de diferenciación se llega a establecer los verdaderos e irreducibles límites de las cosas, de una manera análoga, aunque predeterminada y consciente, al proceso de división del trabajo. Así, para el artista, no existe ningún problema ético y humano que lo agite, en cuanto a su relación con su oficio y su vida como tal, a no ser aquellos que se refieran a los de su arte en particular y los problemas internos que suscite, como el de las formas o el de la técnica.

Desde un punto de vista histórico, la tesis del arte puro es una consecuencia, como la Reforma, la Revolución francesa, el individualismo económico, de la disgregación del orden católico de la Edad Media. El hombre «pierde toda relación con el mundo». Es el hombre de Kant. Se pierde todo sentido de humanidad trascendente. Y es que al hombre de ahora, dice Landsberg, no solo le falta una religión interior, sino una exteriorización de su religiosidad[10]. Falta de sentido del conjunto, del que nos habla Waldo Frank[11]. De aquí seguramente la incomprensión que de la obra artística tienen otros sectores de la vida contemporánea. De ahí, también la indiferencia del artista por todo lo que no sea, exclusivamente, artístico.

En el otro bando, el artista pone toda su vida y su potencia al servicio de motivos extra-artísticos. Motivos religiosos, políticos o simplemente doctrinarios, como el surrealismo. Estos grupos, aunque presentan programas y plataformas no tan elaborados y fácilmente destruibles, por medios dialécticos, están apoyados por toda la fe y el entusiasmo de los jóvenes y por el ejemplo magnífico de la tradición. Como no están situados en una posición racionalista y abstracta, sino mística y combativa, y se creen los realizadores de formas nuevas de la cultura, no les importa por ahora el mérito técnico de su obra, sino el impulso de elevación y de eternidad que ella posea. Saben que las grandes culturas lo han sido precisamente por esa dirección total y conjunta de todos hacia un fin extrahumano, y no por esa inteligente, solamente inteligente, y discreta limitación de los destinos y posibilidades de la creación.

---

[10] Pablo Luis (Paul Ludwig) Landsberg (1901-1944). Filósofo y teólogo alemán. En español, su obra se difundió por artículos publicados en *Revista de Occidente,* y luego por la edición de *Piedras blancas,* México, Editorial Séneca, 1940.

[11] Waldo Frank (1889-1958), novelista y crítico norteamericano, conocido en América Latina y España por sus entusiastas ensayos: *Virgin Spain* (1926) y *América Hispana* (1932).

Como se creen poseídos de la verdad —como están poseídos por la verdad—, sus esfuerzos se dirigen a la destrucción de toda la obra escéptica y corrosiva del hombre individualista, estrechamente hombre, sin sentido religioso. Además, pese a su desconocimiento o negación de la tradición, ellos, en su esencia ética, de dirección dogmática, no hacen más que continuarla. Como el mejor arte del pasado, su arte es de intención reformadora o simplemente humana, en el buen sentido del término. Arte religioso es el primitivo. El egipcio lo mismo. El teatro griego es un teatro político y social. La Edad Media, época en que la misma Filosofía se hace sierva de la Teología, tiene un arte al servicio de Dios y de la Iglesia militante. Más cerca de nosotros, el teatro clásico francés tiene una intención moral. Todas las obras clásicas están llenas de alusiones partidaristas. *El Quijote* es una novela crítica que, aunque de naturaleza disolvente, renacentista, antimedieval, es siempre de tesis.

En cambio, los defensores del arte puro no encontrarán más ejemplo histórico de su tesis que el arte quintaesenciado y efímero de Alejandría, o el preciosismo francés, el marinismo italiano y —con todas las reservas posibles— el caso excepcional de Góngora, grande y alto poeta, aunque poeta al fin de y para decadentes, no comparable a Dante, agotador de la esencia y el sentido de una época.

Ellos saben que la poesía, como nos lo dice toda la Antigüedad, es antes que todo grandes y nobles sentimientos expresados en bellas palabras.

No nos importa, por ahora, ya se desprende claramente de lo escrito, el valor puramente de belleza que puede tener su obra. Ni a ellos quizá les importe. Además de la inseguridad que tiene cualquier juicio de valor sobre toda obra contemporánea, los jóvenes no se preocupan, ellos mismos lo han dicho, de la calidad actual de su obra, sino del sentido de ella.

Situando en América estas dos formas de la actividad artística actual, nos preguntamos cuál de ellas ha de servir mejor a los artistas nuevos. Es indudable que para la futura realización de una cultura en América hemos de optar valerosamente por la segunda forma.

Es indispensable pensar que formamos parte de un continente cuya historia la hemos de hacer nosotros. Que hay un destino manifiesto a través de todos los tiempos, que obliga al hombre a realizar la voluntad de la vida y de Dios. Es necesario hacernos dignos de nuestro sino. Por sobre las contingencias de los sucesos vergonzosos actuales, está la voluntad de limpieza, que en lo «transitorio busca lo eterno», y se angustia por encontrar su propio camino de salvación.

Hemos de ser hombres completos, íntegros. Hemos de ser hombres cultos, en el sentido platónico y scheleriano del vocablo. Solo en esa forma quizá recibamos un día la inspiración que a veces sobrecogía a Nietzsche y que descendió hasta Plotino. Uno de los jóvenes más nobles de la hora, Pablo Luis Landsberg, hace notar ya este carácter religioso y divino de la inspiración. ¿Hemos de dejar que el misterio obre en nosotros, como pide La Rochelle?[12]. ¿O hemos de angustiarnos por saber los destinos ocultos que pesan sobre nosotros?

Aunque quizá esta pregunta, esta angustia de los jóvenes por saber el sentido de su obra, sea una muestra de que el misterio ya está obrando.

México, 1931

---

[12] Pierre Drieu la Rochelle (1893-1945), ensayista y novelista francés. Conocido por sus novelas y ensayos políticos durante los años treinta (*Ginebra o Moscú,* 1927; *Europa contra las patrias,* 1931). Durante la ocupación nazi de Francia fue un colaborador prominente. A la caída del nazismo, se suicidó.

Distancia y cercanía de Marcel Proust

Cerrado y completo universo es la obra de Proust. En un aire tibio y terrible, tormento y delicia del espíritu, vive la humanidad por él creada, casi sin acceso al mundo. Y no quiere decir esto que carezcan de realidad los hombres proustianos, que sean meras e inertes ficciones, tipos, sino que transitan sus conflictos bajo otro cielo, en otro tiempo, suave y lento, trastornadas las medidas habituales, como una lejana estirpe de los hombres, pero que participa, por la tragedia e interna vitalidad de su desarrollo, de las cualidades y maneras del hombre real.

Justamente, no de la ausencia de la vida, sino de su exceso, del agotamiento de todas las posibilidades vitales, ya realizadas, es de donde proviene la lejanía del mundo de *À la recherche du temps perdu*. Porque lo ha recobrado todo, encerrándolo, sin callarse nada, en ese estilo que se deja poseer, pero que no intenta retenernos, seguro de nuestro regreso apasionado, no traza, solitario espectador de sí mismo, ningún camino hacia nosotros. Libro hacia adentro, indiferente del mundo y de la posteridad, no reconoce otra vida que la suya, no se dirige a un público, a un amigo, embriagado en la sola embriaguez de su propia satisfacción.

Por esto no puede tener herederos; en sus personajes —personajes es una palabra injusta— todos los destinos se cumplen, alcanzando la naturaleza y la vida su íntegra realización. Sus obras no serán objeto de una renovada, periódica juventud, pues se nutren de la suya, invencible e inactual. Cuando recordamos los temas y los héroes clásicos sabemos de antemano su valor universal, su perpetua frescura, que los hace tan actuales; su valor, parejo al puramente objetivo que los hace vivir por sí mismos, es el de fuentes. Sus nobles formas, lo mismo que sus conflictos, siguen siendo veneros de temas y héroes, pues se apoyan en las más hondas raíces del mundo. Los protagonistas de Proust no pueden, eternos y perfectos, reproducirse y crecer en otra atmósfera, estériles, atados a sí mismos, sin posibilidades de otra vida o de otra muerte. Pero su eternidad no proviene, como en otros, de la de los problemas planteados que dejan de ser la tragedia pasajera de un hombre para convertirse en una cuestión de orden universal, que abre una interrogación, suscita una duda, profiere un juicio. Su eternidad está en la resolución del conflicto, en la concreta realización del destino individual. Su obra no es un comentario a la vida, una prédica o una inquisición, sino una creación, un producto de la vida. Así, sus hombres quedan lejanos e indiferentes, pues no se dirigen a nosotros, sino a su intimidad. Su clasicismo no surge de la universalidad de sus conflictos, no porque no sean universales las pasiones que maneja, sino por su sequedad vital, moral. No los une a nosotros la simpatía, la congoja de la identidad de la naturaleza humana, pues esa identidad no existe para ellos. Los une, sí, sin saberlo quizás ellos (de otra manera sería indescifrable la obra proustiana), esa identidad, no la conciencia de ella. La simpatía, la intención moral, la ponemos nosotros, no es un elemento de su obra. Su mundo es un mundo siempre sordo, atento únicamente al transcurrir de su propia vida.

La vida en Proust ocurre como un proceso, como una historia. La historia de la oculta inclinación por ciertos colores, el origen remoto de un gesto, las raíces profundas de una afición o de un odio. Se ejercita en escudriñar los resortes subconscientes de nuestras acciones, lo que ocultamos como lo más íntimo y prohibido. Analiza las huellas invisibles que deja nuestro temperamento en la conversación, en los gestos habituales, en la forma de nuestras vestiduras, en los placeres y cosas de carácter social, sellados por el ritmo de la costumbre. Así, una sonrisa esconde detrás de su gracia fina e impertinente una serie de razones obscuras, de móviles ignorados. El hombre interior se expresa en las cosas más fútiles y pequeñas, en ese idioma secreto de los colores, de los gestos, de las preferencias escondidas. ¡Y qué cruel emblema la corbata negra de Charlus, en la que, desesperado, naufraga un pequeño punto rojo, símbolo, lo mismo que su inquieta mirada perdida y rehusando fijarse en lo más cercano, de su inseguridad vital, de su profunda desconfianza del mundo y de sí, a pesar de la coraza de su nombre, que esparce la soledad, y de su inteligencia! Tiene esta corbata la misma significación que su orgullo, surcado de súbitas timideces, que su sequedad, cruzada por ráfagas de ternura; actitudes extrañas que denuncian al transgresor de las leyes divinas y le dan ese aire de huida perpetua, de esconderse continuo, que seguramente ha de haber tenido Caín errante, cuando era asaltado por las miradas eternas en una orilla del mundo, en las llanuras primitivas, secas y áridas, llena de polvo la túnica y amarga la boca, temerosa la mirada. Y luego esa deliciosa costumbre de Odette de conservar en su ropa, recuerdos, pedazos de las modas antiguas, vestigios de otras horas, de otros paseos: costumbre que le da en el tiempo ese mismo carácter cosmopolita que tiene en la geografía del mundo elegante cuando mezcla, en la conversación y en la vida social, los giros anglicanos y las costumbres semiaristocráticas de los grandes balnearios. O bien, examina el carácter de la vida social y penetra, tan aguda y poéticamente, en la fisonomía interna de los salones y las fiestas, como en la recepción de la marquesa de Saint-Euverte, contemplada desde dentro, a diferencia de los salones de Balzac.

No es que todo esto sea una reproducción de la vida, una novela realista; es una verdadera creación, una emanación, por decirlo así, del fluir de la vida. Es realmente una historia, un proceso ciego en medio de los otros procesos, indiferente a las naturalezas ajenas. Habrá que recordar aquí que Proust es un lírico que escribe un libro de memorias, un largo poema —en el límite de la vida, ya cerca la muerte— no a la vida sino a esa vida suya, personal e intransferible.

Su novela, de manera semejante a lo que ocurre en la poesía, se despliega como un desarrollo, como un devenir; recorre sus páginas una tensa sensación de vida que se está realizando, luchando contra la muerte y el olvido, como nosotros combatimos con el dolor y el tiempo. No es que el novelista haya apresado a la vida, inmóvil y quieta, dentro del estilo; es, en verdad, cosa muy distinta, pues no es el arte el que apresa a la vida, sino la vida —la poesía— que irrumpe en el arte. No sigue las leyes de la lógica y ni siquiera las de la cronología. No es un relato ni un estudio científico: la dialéctica y el almanaque le son por completo inútiles. De ahí su falta, aparente, de asunto y tiempo. Ya Thibaudet ha señalado lo que podríamos llamar el bergsonismo de Proust[13]. El tiempo no transcurre como una medida objetiva, como el frío marco dentro del que se ama o se muere, sino como una condición del espíritu, atada a él, envoltura sensible del espacio y del hombre. Su tiempo —tiempo arbitrario de la poesía— es la carne de sus héroes, brota de ellos mismos, inseparable y fecundo a su contacto. Ha dejado de ser una medida y adquiere una dimensión personal y limitada, irrepetible; es verdaderamente tiempo, un trozo viviente de dolorosa eternidad.

Su historia se está viviendo, recreando a sí misma, nacida de la memoria y el deseo, envuelta en el torrente vital. No retrata a sus personajes: ellos crecen por sí mismos en el clima tenso del recuerdo, humanidad vuelta a nacer, con

---

[13] Albert Thibaudet (1874-1936), crítico y ensayista francés.

el calosfrío de la muerte en la sangre, en las tardes de Combray, con el goce de la conversación nocturna, en la terraza húmeda, esperando la llegada de Swann o de Francisca, que anuncian, respectivamente, los placeres del espíritu y del cuerpo. No es un relato sino una verdadera historia que se hace, que se modela a sí misma. La literatura, la técnica, han logrado aquí su mayor milagro: hacernos olvidar su existencia. ¿Hasta qué punto esta realidad, más sutil y penetrante que la verdadera, comparable al sueño si no fuera porque tiene una lógica opuesta a la del soñar, es el resultado de una enfermedad del espíritu, de una disociación de la conciencia?

Una novela de Dostoievski, *El doble,* hace más claro lo anterior. Es también la exposición imparcial de un caso, a pesar de la angustia y la ironía que recorren sus páginas con una no oculta tristeza. Pero en *El doble* la realidad se produce como una realidad objetiva y externa, ya hecha, fuera de nosotros. Es un verdadero relato en el que se ordenan los acontecimientos, se somete la vida a un plan, a una intención, así sea puramente expositiva. En Proust la literatura se convierte y adquiere el carácter de la vida. No la ficticia vida de la creación artística, que tiene su propia lógica vital, sus propias leyes y que nos permite establecer una comparación entre lo relatado y nuestros sentimientos y pasiones, relación que surge, precisamente, de la calidad irreal y distinta de los personajes, unidos a nosotros por una idea o un sentimiento universal que los sobrevive. En Proust no es posible establecer esa comparación —que supone una diferencia— pues existe un vínculo más profundo, que brota —verdadera identidad y no semejanza— de la misma voluntad que corre, inexorable y ciega, en el propósito oscuro de realizar el destino, nuestro particular y limitado destino, lo mismo bajo la piel de Odette, toda surcada de largos y curvados ríos pálidos, que bajo la nuestra; el mismo deseo vital, la misma esencia, misteriosa y terrible, subterránea y sorda, con la que transitamos por la tierra, solos y crueles.

Sin exageración podríamos decir que la obra proustiana es vida, desprendimiento de la vida, no en el sentido literario de la frase, sino en el más verdadero de fragmento del sueño. Para Proust la novela no es sino el ámbito ideal en donde él, nadie más, vive y sueña: vive soñando, entre sueños; los sueños numerosos de su personaje único: su yo, devorador de la realidad.

Pero sueña, crea, vive, desde la memoria.

La memoria es el recurso desesperado de la vida para escapar de la muerte. En Proust no es una simple reproducción del pasado, sino que el recuerdo se vuelve creador, deja de ser añoranza, y engendra hijos sutiles, mundos nuevos. Es la memoria, hermana de la imaginación —la imaginación al revés— que llega, por el camino de la poesía, a los extraños parajes en donde nace la vida. Me asalta una duda cuando mezclo la palabra camino con la poesía y la memoria porque el camino es lo más distante que existe de estas. El camino es orden, es plan, trazo y rectificación de la Naturaleza. Y la poesía —hablo de esa que a veces no está en las antologías pero que se oye, por ejemplo, en algunas páginas de Nietzsche— es su antítesis, su imagen contraria: representa el desorden y lo arbitrario, es decir, el orden de la naturaleza frente al orden de los hombres.

La memoria es una manifestación de la naturaleza y una de sus más poderosas potencias. Se hunde en el hombre y extrae de sus propias entrañas, de sí misma —pues el recuerdo es la entraña del hombre— al odio y al deseo, a la vida. Como la introspección, es un hundirse en sí mismo, un rescatar del fondo de lo acontecido mundos desconocidos. Pero mientras que la memoria, así trate de las nociones de espacio y tiempo, siempre es personal y concreta, la introspección —que sí contiene y hasta exige la idea de camino— es, por esencia, despersonalizada y abstracta. Una sirve a los intereses de la naturaleza y del crear, la otra es una categoría de la ciencia y se alista entre los servidores del juicio: su fin último es el conocimiento del hombre y la valoración —muchas veces implícita— de ese conocer. En Proust no hay introspección sino memoria y poesía. Hay historia, pero no juicio; vida, pero trunca, frustrada por la ausencia de angustia moral. De esto se desprende el carácter de pura naturaleza que tiene el mundo proustiano, en el que solo alienta la vida ignorante de sí misma, realizando inconsciente y fatalmente el ciclo que le marca la Necesidad.

* * *

Mundo de las puras pasiones, del deseo y del sueño, su mundo. Su humanidad es sórdida y pequeña —la sociedad europea de fin de siglo—, pero adquiere grandeza en sus páginas. Cuando reparamos en ella admira cómo se ha podido realizar una obra tan llena de poesía con la Verdurin y el duque de Guermantes. La verdadera tragedia parece no alentar aquí. Sin embargo, no sabemos debido a qué imponderable razón, sus actos más insignificantes toman una desusada importancia: se dirigen a una fiesta y este minúsculo suceso cobra relieves maravillosos; el aparentemente poco importante acto de reconocer en un mueble, ya antiguo, las huellas de nuestro cuerpo, de un cuerpo que hace diez años fue nuestro, hace surgir un mundo ya olvidado y voces antiguas nos reclaman; la decisión de ir a pasar unos días a Combray o a Balbec son asuntos que nos llegan a preocupar hondamente. Y así tantas cosas que un precoz estoicismo intelectual nos había enseñado a despreciar, adquieren de pronto nueva vida, nuevo valor.

Estamos ya en otra tierra, en el mundo de la pura pasión, desligada de la importancia o la bondad del fin. Los hechos están vistos desde otro ángulo, más personal y limitado, pero también más exaltado y agudo. Esta desviación, este modo de ver los hechos solitarios, aislados de todo juicio y relación que no sea la estricta de sí misma, sirve, desde luego, para invalidar a la realidad —a lo que normalmente llamamos realidad— para que pierdan eficacia los valores y medidas ordinarias. Lo importante no es, por ejemplo, la mediocridad moral de Odette, sino la pasión de Swann, el lento y laborioso trabajo de la imaginación. Lo esencial es la lucha, el conflicto, la vida misma, no su justicia o miseria; desligados de todo lo que no sea nuestra satisfacción, importa poco ahora que aparezcan sin trascendencia nuestros deseos; esos deseos, su violencia, es lo que nos da sentido y humanidad. No es el objeto de nuestra solicitud el que nos sirve para valorarnos, sino la intensidad que pongamos en nuestro desear. Y muchas veces hasta es necesario que ese objeto esté por debajo del deseo, pues es nuestra pasión lo que lo eleva y exalta. Pero esa grandeza no es más que temporal y condicionada, en la medida en que es nuestro deseo el que la eleva. Muerto el deseo, el rostro amado se hunde en la corrupción, en la indiferencia de donde lo rescatamos; vuelve a la nada, a lo que no tiene sentido ni carácter. Las cosas nacen al contacto de la simpatía, del interés humano; surgen del mundo de lo indiferente, manchadas todavía con la impureza del caos y del anónimo, pero poco a poco se van clarificando, dignificando al calor del deseo y el recuerdo. Casi siempre estos hijos del deseo y del sueño devoran a sus padres, se convierten en amos de sus señores. Es la venganza de lo que no tiene norma ni medida, vegetación terrible del espíritu, que devora a lo orgánico, la naturaleza que corroe a la norma.

Las cosas viven en la medida en que nos sirven, ya como dóciles instrumentos, ya como obstáculos. ¿Qué ocurre, así, con el arte que está sobre la vida, que se nos presenta como modelo? Y cuando digo arte pienso, casi instintivamente, en todo aquello que no pasa ni se corrompe con el deseo y la vida. Se hunde, se mancha en la naturaleza; asistimos al hundimiento del arte en el torbellino del desear. No la grandeza del arte que, arrancando de la vida, se convierte en su norma, sino su aniquilamiento en el mundo de la necesidad. Y con el arte todas las cosas nobles de que es compañero, que se han vuelto aquí un placer, una manera de satisfacer o engañar nuestro apetito, nuestras primitivas inclinaciones. La humanidad de *À la recherche* jamás podrá «padecer», en el sentido que le daba Nietzsche a la palabra, por las cosas graves del hombre, pues es necesario para este padecimiento, para sentir ese aliento quemante en la mente suspensa, que la vida se eleve por encima de sí, se escrute y angustie por su vía, por su destino y su muerte. En Proust ocurre lo contrario: el espíritu se convierte en naturaleza, no en el sentido creador y dialéctico, sino como mera repetición, agrado o goce, magnificado o empobrecido por el deseo, que le da sentido e impulso. De esto se deriva la costumbre de Swann de encontrar en las gentes que le rodeaban parecidos con las del arte.

Sumersión del arte en la vida, en lo transitorio de la vida; anhelo de olvidar lo que permanece y nos enjuicia, de desposeerlo de su durabilidad; horror a lo grave y decisivo —al sentimiento de lo irreparable—, como cuando Swann dice, al descubrir que no ama ya a Odette («con esa cazurrería intermitente que rebajaba el nivel de su moralidad»): «Cada vez que pienso que he malgastado los mejores años de mi vida, que he deseado la muerte, todo por una mujer que no me gustaba, que no era mi tipo». Más consecuente con Swann, con la moral de Swann, es la duquesa de Guermantes cuando habla de los muebles como objetos de arte. Seguramente tienen el mismo origen moral, parten de la misma concepción, esas palabras de Swann y las ideas acerca de la estética del mueble que tenía Oriana. Solo que se incurre en confusión al medir con las mismas medidas cosas tan diversas como el mueble —la utilidad y el agrado del mueble— y el amor. Pues a uno lo norma el placer, en lo que estaba en lo justo Oriana, y al otro la pasión, desinteresada del agrado. De otra manera solo amaríamos lo que nos produce utilidad o ventaja y odiaríamos lo que nos trae dolor y muerte. Hay un momento maravilloso en que esto se hace más claro: cuando Odette baja de un cuadro, creación de un pintor más admirado, y llega, a través de los tiempos, hasta ese tiempo limitado que es la vida de Swann. Al descender, Odette respira aún una atmósfera eterna; apenas pisa el mundo, se convierte en una criatura instintiva: existe pero no vive, por decirlo así, pues no tiene conciencia de lo bueno y lo malo («eres un agua informe que corre según el declive que se le ofrece, un pez sin memoria y sin reflexión», le dice su amante), sonámbula, entregada a la satisfacción de sus deseos.

Es el hombre en marcha hacia la realización de su destino individual, de su naturaleza. Asistimos a la lucha entre el hombre social, el hombre de salón, y su naturaleza íntima, invencible en el fondo de su espíritu, desterrada de la luz y del mundo. A pesar de todo, el hombre íntimo se manifiesta. Así, Odette, aprisionada en las mallas de lo *smart* y *chic*, se reintegra a su naturaleza cuando sube, con cierta fidelidad de plebeya, las escaleras de la modista su amiga; aquella escalera sucia y maloliente —la escalera del servicio— adonde van los desperdicios, las ruinas miserables de la casa, las cartas rotas e inútiles desbordando del bote de basura, mezclado todo con los ruidos callejeros, con la noticia del último crimen, que asciende en la voz del vendedor de periódicos. Y cómo habrá subido Swann esos amargos escalones, cada uno revelador de una posible traición, guardando en su pobreza y miseria alguna huella del paso cuidadoso de Odette, que subía, a escondidas del mundo, a ser no la mujer que hace naranjadas en el gabinete lleno de cacharros delicados, sino la otra, la primitiva y verdadera, la mujer vulgar y sensual que pugna por escaparse, por huir de la falsa imagen, delicada y perversa, que aprisiona su naturaleza pequeña, que sube a quitarse la máscara, a conversar, quizá con palabras gruesas, de las cosas de que hablan las comadres. Y Swann, querido y desdichado Swann, en el laberinto de la duda, con ese aire trágico y cómico del cornudo, perdida la elegancia, con las manos febriles, la voz lejana, que esquiva el recuerdo, que teme comprometer, manchar con nuevas certidumbres, los momentos felices, las memorias encantadoras.

Para Proust la Naturaleza es siempre *una* naturaleza. Nunca procede desde el punto de vista de las generalidades sino que parte de la intuición particular. Descubre lo espontáneo, el sedimento profundo de la personalidad, a través de lo particular y lo distintivo. De adentro para afuera. Desnuda a la naturaleza de todo valor, de todo atributo; de ley o potencia religiosa la reduce a un puro, solitario acontecer. El soplo del mundo primordial y salvaje que atraviesa los relatos de Lawrence no llega a este letal invernadero. Su obra se dirige a la investigación del carácter individual, nunca a la disolución de la persona en el cosmos o en otros mundos espirituales. Además, su naturaleza se asemeja mucho a la costumbre: ¿en dónde encontrar las fronteras entre las aficiones verdaderas de Oriana y sus costumbres? ¿En dónde se separan los sentimientos de Albertina de su reiterada, insistente, repetición de algunos actos? ¿La visita a ciertos lugares de la búsqueda de un cuerpo y unos labios? Sí, la costumbre, punzante, poderosa, llena de invisible poder, de magia y tortura; pero también la naturaleza, la secreta afición, ascendiendo a través de la costumbre, dando fatalidad a la frecuencia.

No hay tragedia sino conflicto y lucha, drama y comedia. Proust no trabaja con elementos eternos, religiosos o morales —el destino, la libertad, la muerte, lo divino— sino con lo humano y social: el placer, los celos, lo *chic,* la desdicha, el rango. La tragedia parte del reconocimiento del valor de la norma y de la contradicción entre ella y el destino. El valor de la norma solo existe, para Proust, no por valer por sí misma, sino porque ha sido consagrada por el grupo social. Es decir, cuando la norma realmente ha perdido valor y sentido pero ha sido bendecida por la costumbre y por la autoridad de una aristocracia dueña de un repertorio de modales y preceptos. La norma se degrada en un mundo donde las cosas pasan como leyes científicas o como costumbres sancionadas por el gusto de una minoría. Por esto nunca en sus hombres y mujeres se hará patética la interrogación acerca de si se ha obrado bien o mal, sino dolorosa o felizmente. Dejan a un lado el problema metafísico, el más hondamente humano. No sé si sea justo comparar a Dostoievski con Proust. Para mí es inevitable. Los personajes de Dostoievski también surgen de la naturaleza, de los limbos del ser, heridos de apetitos y deseos; su desorden atraviesa el mundo y llenan la tierra con el escándalo de sus acciones; pero en ellos el hombre adquiere toda su dignidad, que le hace someterse o rebelarse, así sea inútilmente, al destino, y el destino es, verdaderamente, la fuerza divina y terrible, la lucha entre la ley y la libertad. En esos hombres reconocemos siempre al hombre: dejan de ser un caso particular y se enfrentan al mundo. En ellos se hacen sangre los problemas humanos, esos que llamamos, un poco ingenuamente, los «problemas del espíritu» —como si fueran algo específico—, y que no son en el fondo sino los de la vida, los únicos interesantes para el hombre. Su obra es menos perfecta que la de Proust pero su arte no rehúye, como no lo rehusaron los trágicos griegos, el enjuiciamiento y la valoración de la vida. Dostoievski no baja de la abstracción a la naturaleza sino que, como Proust, asciende de lo concreto y finito pero, a diferencia de este, se enfrenta al sentido de nuestra presencia en la tierra. No es un moralista ni un educador: es un hombre y se hunde en la vida. No en la ciega de la naturaleza que se ignora a sí misma, sino en el ser que se interroga e interroga al mundo.

Ante obras como la de Dostoievski nos sentimos distantes de Proust, aunque por otras razones estéticas nos sintamos más cerca del novelista francés. La lejanía nace de su ausencia, de su falta de simpatía por el mundo. Sus personajes, por ser solo ellos, preocupados por sí mismos, por su propia historia y particular inclinación y destino, son idénticos a nosotros. Esto nos acerca y nos aleja simultáneamente de ellos. Ya lo dije antes: nos vemos en ellos pero advertimos que carecen de esa dimensión que no sé si llamar heroica o espiritual y que encontramos en las obras de otros grandes novelistas y poetas.

Cada uno escoge, en ese universo que es la novela de Proust, una comarca en donde le hubiera gustado vivir. De todos estos sitios, cabalmente, no me gustaría escoger *Un amor de Swann,* pero lo amo como se quiere a ese amigo del que se recuerdan vagamente las facciones y los gestos, que luego resulta que es uno mismo —nuestra propia imagen perdida, muerta para la memoria—, como le pasa al mismo Swann que se reconoce, al escuchar la sonata de Vinteuil, en ese hombre amargado que llora sin llorar en un salón. Mundo envuelto por el vaho caliente del té que prepara Odette, ceremonia ritual en la que se prepara un veneno sutil que nos hace olvidar, mientras ella sonríe, que ya es hora de irnos, que tenemos que regresar a vivir y a morir, a aprender para siempre que no debemos recordarlo más. Odette-Circe pero ¿dónde está Ulises?

México, 1933

El tercer partido

Maritain, el filósofo francés y la voz más autorizada del neocatolicismo, para uso de las clases intelectuales, ha ampliado y ratificado recientemente en Buenos Aires, su «Carta sobre la Independencia». Y al hacerlo ha expresado bien claramente su pensamiento, el pensamiento central de los intelectuales católicos de su grupo, angustiado por la contradicción terrible que se plantea hoy entre la vida religiosa y la vida política. Así, la ratificación de la independencia del espíritu de lo contingente y cómo la contemplación se liga en la realidad con la acción cristiana y las formas de una nueva política católica, han sido los temas de su conferencia. Pero junto a estas cuestiones, y con una mayor amplitud, ha explicado la posibilidad de formación de nuevos grupos sociales, no necesariamente cristianos, sino más eclécticos, agrupados en medio de la violencia, bajo el signo de la prudencia y la severidad. Ni con la derecha ni con la izquierda, ni con los Frentes Nacionalistas, anticristianos porque postulan una turba pagana del Estado que frecuentemente utiliza a la religión como instrumento de sus propósitos de opresión, ni con el Frente Popular, que predica el desorden. Y a ese tercer partido, que no es precisamente el de la indiferencia, para hablar con las propias palabras del autor, «no hay que considerarlo como un partido que dispute el terreno a los otros, sino como una reunión de hombres de buena voluntad, apoyando y suscitando las medidas reformadoras realizables en cada momento». Pero esto, que es de una vaguedad desesperante y que no se diferencia de ninguno de los miles de programas que conocemos, adquiere sentido político real, contenido concreto, cuando dice que el tercer partido «favorece una simple reunión momentánea contra la guerra civil y por la conservación de los gobiernos que garantizan el orden público». Y todos los gobiernos lo garantizan, parece decirnos, cuando habla del postulado paulino de la misión del cristiano a la autoridad social que se expresa en el Estado.

Pero nosotros debemos analizar todas estas afirmaciones cuidadosamente. ¿Qué significa esta sumisión cristiana del poder público? Olvidemos por un momento las brillantes pruebas que ha dado ese espíritu de España; olvidemos la ejemplar y edificante actitud de todo el clero español, salvo reveladoras excepciones, aliada a la más cruel y bestial forma de la opresión; olvidemos también la actitud del clero mundial en el caso de Etiopía y (puesto que del olvido se trata) olvidemos al clero de nuestro país; pensemos por un momento si realmente todos los gobiernos representan el orden público. ¿Qué orden abstracto es este? ¿El orden de los grandes fabricantes de armamentos, de las haciendas y los financieros? ¿El orden del capital monopolista? ¿Es esto un orden? Y en el caso de los países fascistas, ¿existe realmente el orden? ¿Que el fascismo no es la forma más brutal de la violencia permanente? ¿No es el fascismo acaso la violencia social, la guerra que tanto aflige a Maritain, en una de sus más sangrientas consecuencias, la esclavitud de la clase obrera, de los campesinos y de la inteligencia? Evidentemente que estos gobiernos no representan el orden social, no el bien común. Ellos aspiran, justamente, a que se perpetúe el desorden, la injusticia, y son los verdaderos creadores de la lucha de clases.

Y ¿cómo debemos entender esta otra proposición contra la guerra civil, contra el desgarramiento nacional por la lucha de clases? La guerra social, explica Maritain, se debe al desarrollo del comunismo. La cruzada contra la guerra de clases es, pues, la cruzada contra el comunismo. Y añade esta preciosa, bien que involuntaria, confesión: «En forma global, podemos reconocer tres causas generales del desarrollo del comunismo: la primera y más importante es la miseria y humillación de las masas; la segunda es la incomprensión y el egoísmo de las clases dominantes, a lo cual se unen las amenazas dictatoriales de ciertos partidos políticos; y la tercera es la propaganda marxista. A estas tres causas hay que atender, y la tercera es eficaz porque median las otras dos». Y si la tercera solo es eficaz mediante la presencia de las otras dos, resulta claro que son estas, y no aquella, las que engendran la lucha de clases. Así, esta lucha no es una invención de los comunistas, y no desaparecerá porque estas cesen en su propaganda sino cuando la propaganda deje de justificarse en la realidad. Aunque Maritain no lo ve así, explica que «en definitiva no hay más que dos soluciones: exterminar a todos los comunistas (lo que parece un tanto salvaje —cierto salvajismo son sus palabras—) o reabsorber el comunismo, realizando la justifica social mediante la política cristiana».

La rectificación de esta política cristiana, le pregunta uno de sus oyentes, ¿no sería la realización de la política de la extrema izquierda? Claro que no, contesta el interpelado (y nosotros estamos de acuerdo con esa significativa respuesta), porque los principios evangélicos que inspiran estas soluciones, tan reñidos con la dialéctica materialista, en la que se sustenta la política de izquierda. Pero, nos preguntamos, las llamadas insistentes de esta política evangélica, que es la filosofía de la caridad, ¿han sido escuchadas alguna vez? ¿Estos principios éticos que tanto entusiasman a Maritain, son capaces de transformar desde las raíces la vida capitalista y la cultura occidental? Una experiencia de dos mil años nos habla muy elocuentemente de la paciencia de las masas y de la imposibilidad de que tal cosa se cumpla. En sus principios éticos han sido definitivamente superados en la historia, y es la propia burguesía la que se encargó de substraerlos en otros.

Un tercer partido que reúna las exigencias de Maritain no es posible. Pero el partido de buena voluntad de los hombres ya existe, y tan clara y honestamente que muchas conciencias honestas han sido tocadas por su punzante verdad y por la crítica necesidad que expresa; este partido, que tanto desvela al escritor católico, es justamente aquel que en una reunión momentánea de diversas ideologías, desde católicos hasta comunistas, unidos en una gran tarea: la defensa de la paz, de los valores humanos y colectivos, la defensa del Estado popular, que expresa la voluntad social, la defensa de todos los bienes de la cultura. Este partido ahora lucha heroicamente y con las armas en la mano, en España, por lo que lucha tan hermosamente con los medios domésticos, por el concepto humano del hombre, por la noción de la dignidad del hombre. Este partido es el del Frente Popular.

Mérida, Yuc., marzo de 1937

Notas

I

Bajo del avión levemente aturdido. Una densa oleada de aire caliente me saluda. De pronto, al tocar de nuevo tierra —una tierra que todavía no es la «tierra firme»— toco también otro suelo, cercano y entrañable: me sumerjo, como envuelto en una secreta e invisible onda, en la más tibia infancia. ¿Cómo asociar esta atmósfera ardiente con la bruma de la niñez? ¿Cómo reconocer en este cruel vaho, en esta seca desnudez, un blando aliento, un rumoroso río de recuerdos? No sé pero por un instante brotan dentro de mí las tardes de verano en el Valle de México, los mediodías luminosos y cálidos del colegio. No sé. Lo cierto es que existo y que, otra vez, soy hombre terrestre y no hombre de nubes y aire. Hombre sitiado por la tierra que me saluda y el pasado que me recobra, cercado por la violencia y una naturaleza que rechaza.

Así subo al automóvil. El asfalto, limpio y acerado, luce un resplandor contenido que va del gris al violeta. La ciudad es a estas horas una hermosa luz que atraviesa las calles y desemboca en un sitio misterioso, del que todavía no conozco sino el temblor y la recóndita frescura. Y todas las calles, se presiente, conducen la luz al mismo sitio. Pero, antes, la luz toca un muro resplandeciente, hace brotar espadas de un balcón, atraviesa la atmósfera vibrando... No es una ciudad hecha de volúmenes sino del juego de la luz en el aire y sobre las fachadas, vagando en una calle, hiriendo un verde vegetal; el viajero siente, desde el principio (y esta sensación se afirma cada día), que la ciudad no es más que una calculada danza de colores, el sitio en que reposan los colores, el fruto y la substancia de los colores. Tibios, tímidos colores de Mérida, subiendo del blanco, como un tenue vapor, al rosa, al crema, al verde tierno del amanecer.

En el trayecto cruza una esquina, entre la atmósfera deshabitada de las tres de la tarde, una mestiza. Como un fresco relámpago, un relámpago vivo y súbito, lleno de blanca desnudez, de inesperada y cándida frescura. Sin embargo, no es la llama dulce del rebozo, ni la tranquila hermosura del huipil, lo que conmueve. Con este encuentro me enfrento, por primera vez, a un hecho frecuente y diario en Yucatán: la presencia de lo indígena, su reiterada y siempre decisiva influencia en la vida social. De este encuentro parte, en realidad, todo intento de comprensión, todo esfuerzo por acercarse a lo que verdaderamente mueve a la península. Aquí lo indígena no significa el caso de una cultura capaz de subvivir, precaria y angustiosamente, frente a lo occidental, sino el de los rasgos perdurables y extraordinariamente vitales de una raza que tiñe e invade con su espíritu la superficial fisonomía blanca de una sociedad.

II

Mérida es una población española, señorial y lenta. Las guías de turismo la tratan de «romántica capital». Las casas, de un solo piso, bajas y amplias, tienen una huerta, un molino de viento y tierra húmeda, traída de otros sitios. Todo esto es trabajo humano: aquí la fecundidad es una victoria del hombre contra la sequedad y la inclemencia. En las noches, jadea la ciudad; asomadas a los balcones o en las puertas, las muchachas conversan y sus voces son como un hondo río, como el oscuro presentimiento del agua. A veces gime sordamente una veleta. De una calle silenciosa crece un tumulto de hierro y piedra, y un olor penetrante de belfos y miembros sudorosos: cruza una calesa. A estas horas hay, a pesar de la brisa que empuja el mar cercano, un ahogo que oprime y embelesa; se adivina una oculta, encerrada vida sexual, contenida, ferozmente secreta y aherrojada. Recordemos las hermosas páginas de Cernuda en torno a la Andalucía romántica. Cádiz: la misma construcción, a un tiempo sólida y aérea; la misma seducción, hecha de espanto y delicia; el mismo jadeo nocturno, desesperado, tibio[14].

En las noches de Mérida el hombre se hunde en la vida feudal. La palabra doncella tiene una dramática, tensa significación. Conocemos el secreto de los suspiros, la violencia de un perfume, el poder de ciertas palabras, el temor nocturno de los niños. Hay un pecho agitado, una palabra oscura, impronunciable, detrás de cada puerta, de cada balcón.

Sabemos que este mundo, por más encantador que nos parezca, desaparecerá. Que la palabra no dicha se dirá. Que una nueva vida, una hermosa y limpia vida, rescatará a la mujer de todo esto y tornará claras las relaciones casi sobrenaturales de hombre y mujer, libres de angustia y sombras.

III

Al pasar los días se descubre la composición social de la ciudad. No solo hay clases divididas por la miseria y la servidumbre, sino que existe toda una orgullosa arquitectura de castas, impenetrable y rígida. No es nada más la

---

[14] Se refiere al texto de Cernuda «Divagación sobre la Andalucía romántica», publicado originariamente en *Cruz y Raya,* núm. 37 (abril de 1936), y ahora recogido en su *Crítica, ensayos y evocaciones,* ed. Luis Maristany, Barcelona, Seix Barral, 1970.

pobreza de la ropa, como en Europa, ni la limpieza (todos son pulcros y prodigiosamente albean) lo que distingue a los hombres entre sí. No, no es el corte del traje, la calidad de la ropa, ni siquiera la cultura, lo que separa verdaderamente a los hombres, sino las ganancias. Y el color de la piel, que en Yucatán y en México todavía juega un papel importante en el reparto de las ganancias. Familias poderosas, con espíritu de casta (maravillosas familias criollas que hablan con entusiasmo del racismo alemán) y que rehúsan toda mezcla de sangre, presiden orgullosamente la vida exclusiva de la sociedad. Pero esta gente, tan cuidadosa de la pureza de su sangre, tan cruelmente enemiga de lo indígena, habla el idioma maya. Las necesidades del tráfico los obligan a usar el mismo lenguaje que hablan aquellos a quienes explotan y rechazan. Pero no solo es el idioma. Todo el subsuelo social está profundamente penetrado por lo maya; en todos los actos de la vida brota de pronto: en una costumbre tierna, en un gesto cuyo origen se desconoce, en la predilección por un color o por una forma. El gusto, la suma de aficiones y repulsiones, en lo que tiene de más afinado y genuinamente aristocrático, es maya. La dulzura del trato, la sensibilidad, la amabilidad, la cortesía pulcra y fácil, es maya. Parece que del legado español esta gente (no la clase media, que, a pesar de todo, conserva, como en todo el país, un contenido y sobrio decoro, a punto siempre de naufragar) solo heredó la rigidez, la dureza.

Hay días en que todo, por un instante, se desploma; la ciudad se despoja de su máscara y, desnuda, deja ver sus vivas entrañas, valientes y calladas: los grandes días de la vida en las calles, los días de las huelgas y de los mítines. Hay días en los que el campo recobra a la ciudad; indígenas y mestizos le dan a Mérida entonces su verdadero carácter. La blanca ciudad se vuelve más blanca aún. Los trabajadores le dan sentido, la dignifican, muestran lo verdadero.

IV

Hay una palabra que dice por Sí sola todo lo que es Yucatán: henequén. La vida de la península y la de la ciudad. También la muerte de muchos campesinos pobres, de colectividades enteras de indígenas. El monocultivo (que ha hecho de Yucatán una región con características propias) ha dado a la clase campesina, junto al despojo y al hambre, cohesión nacional y racial, sentido a su destino. Pero cuando los grandes hacendados hablan de las notas que singularizan a la economía y a la vida peninsular y gritan la necesidad de yucatanizar a Yucatán, nosotros sabemos que lo que en realidad quieren es manos libres para la venta del suelo y sus productos al imperialismo. Los latifundistas, ellos que son iguales a todos los del globo, ¡nacionalistas, regionalistas! En este sentido, y en estos momentos, me parece profundamente antidialéctico plantear, de una manera abstracta, la cuestión de las «nacionalidades oprimidas». La única originalidad verdadera, la única riqueza expresiva, con valor y alcance humano y nacional (típico, digamos, para emplear la palabra) es la que imprime lo maya a la población. El idioma y las costumbres, el acento autónomo en suma (sí tiene, verdaderamente, un acento nacional Yucatán, y no es, simplemente, un matiz, todo lo singular que se quiera, de la nación mexicana) es maya. Y lo maya es, justamente, aquello que con mayor horror rechazan los grandes explotadores feudales.

Mérida, la ciudad moderna, dulce y clara, es el henequén. Esos colores blandos y desmayados, a los que la luz impía torna hirientes; ese rumor nocturno y apasionado, que vigila la noche de la ciudad; ese encanto límpido de paseos y jardines: la tierra en que crecen los árboles hermosos, el laurel y el algarrobo y la palma real; la vida toda, es el henequén. La vida. La muerte de los campesinos. Se cumple aquí, como en todo régimen capitalista, aquello de que el hombre vive de la muerte del hombre. A veces, en la noche, uno se despierta como sobre escombros y sangre. El henequén, invisible y diario, preside el despertar.

Mérida, Yucatán, 1937

Noticia de la poesía mexicana contemporánea
(Palabras en la Casa de la Cultura de Valencia)

Sin intentar un panorama de los últimos años de poesía en México, sino una parcial geografía de mis preferencias, quiero daros un breve, injusto esquema de las direcciones últimas de la poesía mexicana, que seguramente os servirá para situar, transitoriamente, a los poetas jóvenes de mi país.

Uno de los reproches más frecuentes que ha sufrido la poesía mexicana es el que se refiere a la ausencia, a través de toda su historia, de lo que se llama acento nacional. Ha sido tal la injusta persistencia del reproche que, por un momento, pensé llamar a esta nota, ambiciosamente, «La poesía en México». Pero me detuvo el pensamiento de que, realmente, la poesía mexicana es, siempre, la poesía en México.

Nacido México en un instante universal de España, se ha dicho, la única tradición que seguir y continuar es la del clasicismo, la del universalismo. Esta opinión de Jorge Cuesta, que fue en cierta época la de la generación anterior a la nuestra, resulta desmesurada si pensamos que trata de justificar no a una tradición, sino a una poesía, ya superada por sus mismos autores, que generalmente ha sido europea, pero no clásica, y muchas veces incolora, sin raíces. Los jóvenes pensamos que sí existe acento nacional, poético, en la obra de los que nos anteceden, aun en la de aquellos que más cuidadosamente se evadieron de la anécdota. Lo que ocurre es que ese acento no es el que inútilmente buscan los enamorados de lo «mexicano», porque lo mexicano es, justamente, lo contrario del nacionalismo, es decir, lo irreconciliablemente enemigo de la mutilación y el engaño del hombre. Lo mexicano, como lo español, es una manera de ser hombre, cumplida y vastamente, y no un camino o una red para truncar y traicionar al hombre. Lo mexicano no es una inalterable esencia, una estática y pareja suma de reacciones, sino una cambiante, como la propia vida, voluntad y comprensión humanas frente a hechos objetiva e irremediablemente concretos, específicos, nacionales. Lo mexicano está, con la misma fuerza, en oposición a lo inhumano y sin carácter, de puro desdén por la vida, que a lo pobremente característico. Cumple de este modo, y con él la poesía que lo realiza en lo que no cambia, el verdadero sentido de su tradición, el signo de su nacimiento.

La poesía ha acompañado al mexicano en todas sus búsquedas. Así, en la época de la Revolución mexicana, en la que el país, al libertarse del feudalismo e iniciar la lucha antimperialista, buscaba su voz y su destino, la poesía —en este caso, el poeta Ramón López Velarde— buscaba, en un lenguaje denso, lo mexicano. Y al encontrar lo mexicano, encontró al hombre. Detrás, más hondo que lo mexicano, estaba gritando, llorando, viviendo, el hombre de siempre. Es López Velarde el poeta moderno que representa lo mexicano. Hay otros nombres en nuestra historia literaria, pero su vida, tan cruelmente rota, su voz paralizada, la profundidad de lo que dijo y, sobre todo, la oscura afinidad que sentimos, nos hace preferirlo entre todos. Su obra está, hay que decirlo, casi inédita a fuerza de lecturas desatentas e interesadas; el sentido último de su voz es frecuentemente traicionado por la grita de los bandos en pugna. Trunca su obra, velada por aquellos que en vida lo juzgaron excéntrico, es, sin embargo, el nacimiento de una nueva poesía. El nacimiento de la poesía de siempre. Siendo una consecuencia de la historia y de la tradición mexicanas, su valor fundamental consiste en su capacidad de penetrar con mayor resonancia cada día en el presente nuestro. López Velarde es un origen, nuestro origen.

Escribió tres libros de poemas: *La sangre devota, Zozobra* y *El son del corazón*. Su mejor crítico, Xavier Villaurrutia, alguna vez ha recordado a Baudelaire. Su profunda pasión amorosa, su descenso a lo más íntimo del hombre, su carnal religiosidad, la angustia metafísica que conmueve lo mejor de su obra, recuerdan, en efecto, al gran maestro francés. Siendo un poeta puramente amoroso, católico, angustiado por su sola intimidad, es, sin embargo, el poeta de la Revolución mexicana. Fue un hombre de su tiempo hasta en aquello que ahora nos resulta más deleznable. El retorno a la nacionalidad, la crisis metafísica, el profundo choque que produjo en los intelectuales de ese tiempo la violencia desencadenada sobre el territorio nacional, el lento descubrimiento de lo nuestro, toda, en fin, la atribulada conciencia del pueblo mexicano que recobraba su dignidad y su autonomía al propio tiempo que, por primera vez, conocía los auténticos valores de su destino, lo expresa López Velarde hondamente en un mundo poético misterioso y cóncavo.

López Velarde tuvo muchos imitadores, pero ningún continuador. Después de él solo encuentro, aparte de ciertos valores aislados, un grupo de poetas que, como poetas y como grupo, han tenido una considerable influencia en la vida cultural del país: la generación de los «Contemporáneos». Valerosa y heterodoxamente huyeron de todo localismo y de toda postiza mexicanidad. Crearon así un clima enrarecido, pero en cierta época propicio, para la poesía. Con la sola excepción de Carlos Pellicer, el gran poeta americano que recientemente estuvo aquí, con nosotros, en España, dando su adhesión y su fe de cristiano y de poeta a la causa del pueblo en armas, no conocemos de los demás —Gorostiza, Villaurrutia, Novo— sino la obra de juventud y, muy fragmentariamente, parte de su producción actual. Todos están en plena producción, en el mediodía de su obra y de su destino. Ellos fueron una reacción necesaria y saludable. Algunos de ellos olvidaron al hombre, preocupados como estaban por la mera perfección, por la avidez de la forma o la sensualidad del misterio. No son un origen, una fuente para nosotros; pero sería injusto negar lo que significan, no solo como curiosidad y búsqueda angustiosa de la poesía, sino como influencia* en la formación poética de los jóvenes de México. Los recordamos, además, por su esforzada y fértil vocación.

Cerca de ellos, la juventud. La juventud, en México, no es más que eso: la juventud. Nos equivocamos y aprendemos lentamente a conocernos y a reconocer los valores que deseamos expresar. Si la generación anterior a la nuestra pretendió y obtuvo un hombre desdichada y cruelmente fragmentado, roto, nosotros anhelamos un hombre que, de su propia ceniza, revolucionariamente, de su propia angustia, renazca cada día más vivo, más iluminadamente angustiado. Nuestra juventud, aun aquellos entre mis compañeros que no profesan ideas políticas (ideas que, por otra parte, a nosotros nos interesan en cuanto somos hombres, pues no somos políticos), nuestra juventud, digo, envuelta ahora por la Revolución, pretende recrear con ella al hombre. Pretendemos plantear, poéticamente, es decir, humanamente, con todas sus consecuencias, el drama del hombre de hoy, ignorantes de si ese drama es el mismo de hace siglos, pero seguros del sentido salvador de ese drama, seguros de nuestra fidelidad al destino, a nuestro destino.

He hablado de Revolución. En muchos sitios se especula hoy con esa palabra. Hay una diaria y contrarrevolucionaria estafa, pues algunos, validos de una retórica superficial y podrida, la utilizan y la deshonran, ya lanzándola contra los mejores valores, ya escondiendo su importancia detrás de ella. Pero nosotros la entendemos, como muy bien lo ha expresado Serrano Plaja, y en eso la juventud española, ahora tan generosa de su sangre, es nuestra hermana mayor, como un fenómeno total, que supone no un mero cambio político, no la sola substitución de una clase por otra, sino un cambio, mucho más profundo, en toda la estructura viva del mundo. Vivimos dentro del ámbito eléctrico de la Revolución porque significa una nueva creación humana, el nacimiento de un espíritu nuevo. Creemos en la Revolución en la medida en que, siendo un mundo nuevo, llegue a ser una vida nueva y una cultura nueva. Sí, expresar la lucha del proletariado y de nuestro pueblo es parte de nuestra ambición. Pero expresarlo con toda veracidad y profundidad y, al propio tiempo, crear un mundo de poesía capaz de contener lo que nace y lo que está muriendo. Esta es nuestra mayor responsabilidad. Nuestra responsabilidad y nuestra ambición, todo junto. Sabemos que esta responsabilidad, que esta ambición, no son, no serán, al fin de cuentas, más que una hermosa coyuntura, la hermosa coyuntura de la historia, para revelar al hombre, a su dolida, viril intimidad de siempre.

Los poemas que voy a leer a continuación representan la evolución poética de mi generación; en ellos, con las inevitables limitaciones de mi voz, podéis contemplar el proceso de la juventud que nace a la vida de mi país.

Valencia, 1937

León Felipe

León Felipe, el poeta castellano, está ya entre nosotros. Viene de España, de su España, que siendo suya, frenéticamente suya, es ahora de todos los hombres. Hemos oído su voz, su mensaje justiciero y prometeico, y el fervor con que muchos lo escuchamos es, seguramente, la mejor venganza que esa voz española ha tomado de todos los fariseos que pretextan siempre no poder acudir a la cita que nos hace. Los burócratas de la inteligencia responden, prudentemente, al grito de la Justicia: «ahora no, que tengo mi pequeña clase, mis odios minúsculos o mi casera virtud, hecha de puras abstenciones. Y con vosotros está el ladrón y el demagogo». Pero «cuando la Justicia nos llama no se puede decir que no se está preparado: la Justicia se defiende con una lanza rota y una visera de papel». Ante ella no hay odios, ni amores, ni escrúpulos, ni casuística que valga. La Justicia nos llama a todos, al inteligente y al imbécil, al puro y al impuro, al hombre recto y al pecador. Quien no oiga su llamado es un fariseo o un canalla, y está podrido y deshecho. Por eso desde la guerra de España los hombres de toda la tierra estamos partidos por una línea inexorable e inmutable: la línea del corazón. Los que escuchamos, y los sordos. O los que se hacen sordos a la sangre y la muerte; ensordecidos y por eso peores que los sordos de nacimiento. Y estamos partidos para siempre, que no hay amigos, amor, ni vínculo humano que la Justicia no deshaga con su aliento terrible.

Pero si la Justicia desata y rompe, también consagra y enlaza. Cúmplese así la hermosa ley de la vida que se nutre en la solidaridad, en la avidez del hombre que exige reconocerse en su semejante. A través de León Felipe el mexicano se reconoce en el español. Y adquiere su hombría cabal, su plena y dolida humanidad. Nunca como en este momento la visita de un poeta español, en México, en esta antigua y Nueva España, es síntoma y anuncio de un acontecimiento, cercano ya y henchido de significaciones, que amanece en la cultura de los pueblos hispánicos. Un acontecimiento que el propio León Felipe ha llamado el más importante de la historia española moderna: el de la Reconquista. «El de la mutua Reconquista que de sí misma hace el alma hispánica». Pues el pueblo, en su guerra heroica y tensa, realiza un acto de Reconquista: la de su propia humanidad, la de su clasicismo, vivo en las más puras regiones del subsuelo español. Y cuando el hombre de España, mediante ese ahondar desesperado en sí mismo que es su guerra, encuentra, intacto y vigilante, en soledad tenaz, a su antiguo espíritu ecuménico, encuentra también a México. Encuentra a América. La encuentra allí, en ese mismo sitio, en esa misma herida, en donde vive y alienta lo más elemental, viviente y antiguo de un pueblo. Y este entrañable «encontrar», este inesperado descubrimiento, es para León Felipe, vidente del hombre que alborea, toda una nueva, incruenta Reconquista. Una mutua reconquista, que hace España de América, del pueblo de América; una reconquista que hace América de España.

León Felipe, hemos dicho alguna vez, es un gran poeta castellano. Y la palabra limitadora, que define geográfica y culturalmente a un espíritu, se vuelve en este caso una palabra ensanchadora. Castellano, de su tierra bronca y cortés. Castellano, hombre de meseta y de luz cruel. En páginas inolvidables, como que están hechas de esa traspasadora luz castellana, León Felipe ha hablado, recientemente, de su meseta. De esa luz agria, sin sabor, sin perfume; luz cegadora para la carne y la sensualidad, luz devastadora. El paisaje de Castilla es solo tierra y luz, como si la misma naturaleza quisiera subrayar, así, la dualidad en que se ha movido el espíritu castellano. No hay en ella la sensualidad, la melancolía aireada y la trémula de Andalucía; no hay tampoco la nobleza mediterránea de Cataluña, ni el febril desmayo levantino. Solo luz y tierra. El barro, la tierra seca y el trigo tierno que es Castilla, viven para esa luz y por esa luz. Si quisiéramos definir la actual lucha revolucionaria, la de España leal, como el Cid, el leal Cid Campeador, diríamos que está presente en ese drama castellano: la lucha de la viva luz que aspira a integrar, en una sola escala, en un solo rayo, a todos los hombres. Y esa integración, que es la República, que es la Revolución, no admite sombras, sino que quiere que todos los hombres se reconozcan en su luz, en su deslumbradora, humilde, recia humanidad.

León Felipe, vástago de la luz castellana, de la misma que engendró a Manrique, está frente a nuestra definidora, exacta luz mexicana. Él ha estado otras veces en México, pero creemos que solo ahora, por razón de la misma intensidad vital de la historia, podrá entender, cabalmente, el sentido de «reconquista», a la luz de México, verde y terrenal, delirante y contenida. Luz volcánica, pétrea, ensimismada. Y este nuevo encuentro de Castilla y de la Meseta Mexicana en el espíritu poético de León, o, mejor, en el espíritu profético de un poeta, será el primer hecho esencial de esta mutua Reconquista, a la que con tan encendidas palabras ha llamado León Felipe.

Los hombres jóvenes de México, los poetas, que siempre y desde el principio, hemos estado con el pueblo español, obedientes al llamado de la Justicia del corazón, saludamos en León Felipe a un gran espíritu profético y a todo un pueblo que lucha por su humanidad. Y queremos recoger en estas palabras del poeta el verdadero y hondo sentido del movimiento revolucionario de todo el Mundo: «Entonces nuestras lágrimas tendrán un origen más ilustre». Entonces, cuando la Revolución del Hombre haya acabado con el último villano, con el último burgués, «nuestras alegrías, nuestros dolores, serán más puros». Por eso, en boca del poeta queremos decir que no renunciamos a nuestra humanidad, al dolor y a la alegría, sino que luchamos por obtenerla, íntegramente.

A tres jóvenes amigos

Poesía y verdad

Confieso que aquí, en medio de esta afilada luz mexicana, que me traspasa sin herirme, es difícil hablar de vosotros, amigos míos. Hablar con vosotros, mejor dicho ¿Pues cómo, sin llanto y veneno en la sangre, puedo yo existir aquí, confiadamente, abandonado a la sola gracia del aire, de la flor, de la soledad, mientras vosotros, en la guerra, eleváis un lento, frenético himno, una perdurable estatua que sonríe al espanto? Nuestra voz, en paz, es más insegura y febril, rota, que la vuestra en guerra. Vosotros exigís al tiempo inestable y destrozado que os rodea una serenidad, una claridad que equilibre vuestra fe con el desorden. Y nosotros pedimos a esta calma, a esta paz, una angustia —la angustia de la posibilidad redentora diría, Kierkegaard—, que nos rescate de todo lo blando y en trance de muerte que nos ciñe. Por eso no escucharéis en mi voz a la paz, sino a la guerra. A la diaria guerra del hombre consigo mismo —muy lejos, Arturo Serrano Plaja, de tu «ensimismada soledad» poseída—; a la querella de los que, lejos de la guerra, estamos también lejos de esa unidad conquistada, de esa interior paz del alma. Y es que nuestra paz es una silenciosa, envenenada contienda; una paz heredada, un desorden soportado. Y vuestra paz, la que amanece por España victoriosa, y vive ya en vuestros corazones, será una paz conquistada. Vuestros libros, tan ardiente y valerosamente juveniles, son libros de paz. De una paz tan espesa y dichosamente compartida, que no logra enturbiarla la guerra.

Libro de futuro

El libro de Antonio Sánchez Barbudo (ENTRE DOS FUEGOS, NARRACIONES, Ediciones Hora de España, Barcelona, 1938), es un libro significativo. Lo que conmueve más al hombre de letras que vive en Antonio, al crítico de sí mismo, es la continuidad de la vida. Desde las primeras páginas, se presenta el conflicto de este joven, hecho para soñar, para anotar cuidadosa, angustiosamente todas las mutaciones y transformaciones de un sentimiento, de una pasión, cuando el mundo enemigo inmoviliza de pronto un gesto, una actitud y un sentimiento. El fachismo, para Sánchez Barbudo, ni siquiera es el odio: es la máscara del odio. Nosotros, los jóvenes del mundo, no tenemos miedo al odio. El odio también es patrimonio nuestro. Pero ellos, «los hombres huecos» tienen los gestos del odio, sin su generosidad exaltada, sin su capacidad redentora. Ni amor, ni odio. Son la nada. La inmovilidad. Desde que la radio sorprende en el pueblecillo al autor, anunciando la revuelta, se ve esta lucha entre la vida, que aspira a recrearse, a olvidarse de sí en nuevas formas y la fuerza paralizadora que intenta detenerla. De allí nace el terror. El terror que paraliza al soldado en su trinchera, frente al «fantoche» muerto que lo espía desde el automóvil.

Pero, si el fachismo es terror, o nada, en el otro lado late la vida, el hombre aterrorizado por los huecos fantasmas de la fuerza, queda, al principio, en soledad. La camaradería, el terror compartido, es el primer estímulo que lo lleva a la dignidad. A la dignidad compartida. El hombre, frente a la nada del fachismo, ha quedado de pronto desnudo. Desnudo y combatiente. Es el combate lo que lo reconstruye lentamente.

Y en esa reconstrucción las cosas antiguas, que la costumbre y la estupidez habían marchitado, cobran nuevo esplendor. Cobran su antiguo, original, imperdible sentido. La amistad, al fin, como el amor, es ya un sentimiento difícil, poderoso. La comida tiene un nuevo sabor, como la luz, el sol, el vino, los labios o los pechos. Un sabor de «territorio arrebatado». La conquista que hace el hombre, para Sánchez Barbudo, es una verdadera «reconquista» de su perdida intimidad.

Los sentimientos reconquistados, la «hombría» recobrada frente a la guerra, envuelven a estas breves narraciones como un vaho húmedo y tierno. Como una segura esperanza o certidumbre. ¿Cómo crecerá el hombre, en la paz futura, con todos estos valores tan duramente arrebatados a la inercia? Tal es la pregunta, implícita, del libro. El autor no lo sabe, no lo quiere saber totalmente. No lo dice. Pero él, como todos los hombres de España, ya tiene una experiencia, una verdad que no se deshace tan fácilmente. De ahora en adelante, allí, en ese sombrío torbellino, él sabe que su soledad, su sonriente o melancólica soledad de hombre, está invadida por mil manos oscuras, por mil miradas solitarias y sin embargo profunda y seriamente camaradas. Antonio Sánchez Barbudo, en la guerra, al tocar el fondo inefable de su propia y tierna soledad ha tocado la soledad de todos sus compañeros. Una soledad entrañablemente habitada por la muerte y el amor. Todos, como su José María, somos hombres «que guardamos un secreto, seres perdidos ansiosos de comprensión». Y todos estamos unidos en ese secreto, que no revelamos nunca, pero que nuestra sangre, nuestra voz, un día delatan.

Son hombres ignorados

Juan Gil-Albert, joven poeta valenciano, había publicado ya, antes de estos Himnos, Elegías y Sonetos, un libro revelador de sus aficiones: *Misteriosa Presencia*. El mundo, para este mediterráneo, es una presencia. Una absorta aparición luminosa. Las formas terrestres y divinas se le aparecen, contrariamente a lo que ocurre con nosotros, hombres de la Meseta Americana, envueltas en un soplo cálido, en una temblorosa luz. La escultura, que es limitación y claridad de contornos, se nubla como por una luz o lluvia celeste. En este rasgo encontramos lo que el mismo Juan Gil-Albert reconoce como lo más recónditamente suyo: lo arábigo. Lo latino y lo moro son las «formas» de la sensibilidad en que mejor respira. Pero hay otros elementos en su obra que nacen de la fusión de estas dos corrientes, y que, justamente, rebasan todo localismo. La poesía de Gil-Albert, a veces, da la impresión de un fruto próximo a corromperse, como esos higos, levemente picoteados por los pájaros, y que poseen ya, en su perezosa miel, el sabor errante de un pico, de unas alas, de unos mortales y efímeros huesecillos. Y es lo efímero, para el poeta, lo mejor y más tierno de este maravillado y terrible mundo que presencia. Él no ve, ni contempla, al mundo: lo presencia. Lo deja fluir, abandonarse a la delicia o al tormento de la recreación, hasta la hora triste en que de la vid ya no quedan sino unos tristes brazos reptantes, y del hombre, tan solo, un nombre, una presencia fugitiva, que se hunde velozmente en el olvido. Y sin embargo, apelando a su antigua, noble sabiduría, que borra lo personal, para dejar a la vida, a la fuerza, él espera, detrás de cada muerte, la hora de la resurrección. No importa, pues, que sean nombres ignorados, presencias anónimas y bellamente mortales, los que transmiten esta hora de España. Detrás de cada sombra que se hunde, parece decirnos, no sin cierta melancolía, hay una oscura raíz, un leve tallo, una dulce flor invisible.

Juan Gil-Albert, como sus compañeros, es un poeta de paz. Es quizá, un poeta que, desgarrado, abandonó su paz y ahora lucha, dentro de sí, como todos los españoles, para encontrar la nueva paz. El momento trágico en que los hombres ibéricos abandonaron su paz, lo canta Gil-Albert de un modo insuperable y magnífico:

> el tiempo que fluía superfluamente
> como en el desarrollo de una flor,
> ¿ha podido barrenarse sin estrépito
> y una sima inseparable separarnos desde hace breves horas?
> ¡Oh desgarradura que ni se oye ni se ve!

La vida corría como la ignorante savia de una flor, cuando la muerte, la guerra, rompió toda esta inmóvil delicia efímera. Gil-Albert traslada su «corazón sin nostalgia» hacia esa nueva tierra dura, hacia ese cielo áspero, cruzado de navajas y hostiles relámpagos. Pero antes presencia, por última vez, el hechizo que se derrumba, como su propia muerta adolescencia: su ciudad, la casa de campo, el año, el tiempo mismo, que se inmoviliza, como un barco en un puerto, y golpea suavemente nuestro pecho, hasta que se hunde, lento.

Si Gil-Albert abandona muchas cosas en la guerra, descubre otras. Descubre a su patria, materializada ya, como su sensualidad lo quiere, en unas piedras, en un rayo de sol, en las aguas del Turia, que empujan los recuerdos, su adolescencia toda, en rotas imágenes, entre sus aguas destrozadas. Pero más que un descubrimiento el poeta nos entrega su antigua verdad, ahora, por la guerra «probada», vencedora de una experiencia terrible: la verdad de la Tierra. Las cosas existen, dice el hombre plástico que es Gil-Albert, existen, pero son vanas apariencias, presencias de una sola verdad, de una sola fuerza. Y esta fuerza es, para el poeta, no una cosa abstracta, la Justicia, la Razón, sino real y poéticamente, una misteriosa corriente, que eleva la flor y hace caer el fruto. Por eso se refugia en los antiguos mitos, en la radiante latinidad, que supo encontrar en todas las formas, alma de ellas, una misteriosa divinidad que las empuja hacia la Tierra:

> Pero tú centelleas entre tus turbias galas
> divinidad sombría, como el mar en la noche,
> y en tu seno latente, nacen apasionados
> los hijos de ese soplo...

Todos somos hijos de ese soplo, de esa tierna arcilla de lágrimas y sueño. Un dios, hermoso y verde, con brazos y piernas y pecho y voz, nos lleva por la Tierra, como la Tierra misma, hacia las húmedas, eternas formas de la vida. Allí, en ese soplo, Juan Gil-Albert descubre la presencia misteriosa de la Tierra, y en ella, iluminada y viviente siempre, sepulta todos sus nombres ignorados, seguro de una gloria futura, que ya enciende sus luces en las costas españolas...

El Hombre y el Trabajo

El caso de Arturo Serrano Plaja es, para algunos jóvenes mexicanos, entrañable. La «apasionada coincidencia» en ciertos valores, en ciertas repulsiones el gusto por la desnudez, la simplicidad y, también, un anhelo arquitectónico, lo hacen, siendo tan profunda y privativamente castellano, muy nuestro. Somos como él, hombres de meseta. La nuestra, más rica, más alta y aireada, no ofrece, sin embargo, ese terrible vacío, esa desnudez hecha de vértigo, que es Castilla y, muy especialmente, El Escorial.

Arturo Serrano Plaja es de ese sitio ilustre, de ese mar de aire, desde el que se ve Castilla como un suave oleaje, inmóvil bajo un cielo paralizado.

El hombre y el trabajo se llama el libro de Arturo. Tantas cosas encuentro en él, que confieso que me hubiera gustado ser el autor yo, puesto que lo siento tan mío, siendo tan de él. Pero, como no lo soy, quiero emplear con él toda la severidad de que es capaz un amor exigente y envidioso.

El título de la obra promete, y cumple, algo que no es frecuente en nuestros días: la concepción de la poesía como arquitectura, como mensaje que ambiciona integrarse en un todo. El libro de Arturo es un todo, un mundo orgánico, coherente. Su coherencia, coherencia lírica, es singular en una época en que, como alguna vez he dicho, la poesía destroza los poemas. Arturo ha «construido» su poema, su mensaje, partiendo de un descubrimiento, de una experiencia absolutamente gratuita: la de la unidad del hombre a través de los oficios. Esta primera verdad, que por ser realmente poética, es profundamente verdadera, es el cimiento de su obra. Hay, sin embargo, que insistir sobre esto: todo lo poético es gratuito; todo lo poético, también, es experiencia. Así se integra la verdad poética, la verdad de la poesía. Pero la experiencia, en el caso del poeta, no tiene sabor práctico alguno. No es, como en la mística, pecado. Ni pecado, ni redención. El acto poético consiste en una especie de sabiduría arrebatada y total que, para emplear las palabras de Serrano Plaja, hace visible «esa absoluta integridad patética del hombre».

«El trabajo es una verdad del hombre». Levanta el edificio metafísico de su poesía, empujado por el fuego de esta verdad, que es una de las verdades irrenunciables del hombre, desde la Biblia y Hesíodo. Pero, si el todo se le dio gratuita y desinteresadamente, en virtud de su experiencia sufrida, de su humanidad solitaria y prodigiosamente arraigada, algunos de los poemas no tienen esa «gracia», ese don invisible que tiene el resto del libro. No le bastó tener la videncia del todo, ni la certeza de la unidad humana a través del trabajo, sino que quiso reconocer en cada trabajo, en cada oficio, la presencia de aquella primera y milagrosa intuición. Y, claro está, algunas palabras que no pasaron a veces la terrible prueba de fuego a que siempre las sujeta al poeta, quedaron como flojas, blandas, apresuradamente colocadas.

No vacilo en declarar, sin embargo, que la obra de Serrano Plaja me parece la más audaz, profunda y significativa de la poesía novísima, que algunos jóvenes de América y España silenciosamente crean. Hay en su obra una insospechada riqueza poética, plena de afirmaciones en verdad anunciadoras de un espíritu profundo, capaz de descender hasta los orígenes del hombre. Los frívolos, los superficiales, o los que todavía se aturden con una retórica que ha perdido toda posibilidad de estremecimiento, seguramente no entenderán. No, no entenderán. No encuentran la poesía en este libro, pues donde ellos ponían un simple juego, en el que el poeta siempre vencía, Arturo pone, expone, una situación hecha toda de lo definitivo.

Así, en el primer poema:

> Te beso y no te agotas:
> porque sabe tu piel a libertad amarga
> y a corazón mordido por alto sufrimiento.

Esta amargura de la libertad, esta piel salvaje y húmeda, que sabe a corazón mordido, nos habla de algo más que un simple juego. El hombre solo, solo frente a su amor, y tiene por única compañía:

> La libertad y nosotros, frente a frente.

Para Arturo la Libertad no es una simple idea. Es un hecho concreto y lleno de «posibilidades». Por eso la Libertad tiene el carácter angustioso de lo que, conquistado, no es, sin embargo, totalmente nuestro. Pues para que la Libertad sea nuestra libertad, es menester que el hombre se encienda con la sangre de todos los hombres.

Solo después de los Oficios,

>> de las voces internas de la sangre,

> de las manos que construyen,

>> techos tan inocentes,
>> palpitantes paredes donde se yergue un beso,
>> ladrillos apilados o cándidos testigos
>> de una esperanza oscura con sabor a doncella,
>> de un llanto, de una muerte...

solo después de recorrer los diversos trabajos que unen al hombre en la fatiga y el descanso, en el sudor y el hambre, puede el poeta tocar a la Libertad. La Libertad es el Pueblo. Y el Pueblo, es el Amor. El amor en los hombres, en los metales, a través de la guerra, como en ese maravilloso poema, «Virginia», que tan despiadadamente toca en nuestros inertes corazones modernos.

La Libertad se consigue, como la Poesía, a través del total desprendimiento:

> Muera el amor también,
> muera el amor privado como la propiedad privada
> [odiosamente
> y enciéndanse los ojos de contemplarte pura, de comprobarte
> [excelsa,
> moviendo corazones de frenético vuelo.

Si la Libertad se alcanza abandonando todo, ella, también, es un fruto de todos. Un fruto que la renuncia de todos los hombres hace crecer. La Libertad se alimenta con nuestro heroísmo, con nuestras lágrimas y con nuestra muerte. Y es por ella, tan solitaria, que los hombres se juntan, y conocen su unidad, esa unidad que se muestra en el trabajo también; unidad esencial,

> ¡Oh júbilo gozoso del peligro en tu nombre!

que nos hace reconocernos en la misma muerte:

> Venid, venid hacia nosotros y olvidaréis lo triste
> porque ya no hay tristeza entre nosotros, sino profundo
> [duelo, patética alegría.
> ....
> Por esa muerte obscura que acompaña tan intrincada, terca
> [y duramente

los hombres y mujeres son otra vez el Hombre,
por obra de la muerte colectiva.

Si la Muerte, el Trabajo y la Libertad han logrado esta reconciliación del poeta con el universo, el amor le hace sentir, por vez primera, el último sentido del Trabajo, de la Muerte y de la Libertad:

> Solo quiero quererte porque quiero
> llevarte, desvalida, de la mano,
> hacia el oscuro llanto que mereces.

El poeta, este ser que ennoblece el dolor y hace de su angustia una profecía, está en la Tierra para conducir a los hombres hacia su propia soledad, hacia ese «oscuro llanto» o esa «patética alegría» que vive en nuestras almas.

> Por eso estoy aquí. Dame tu mano.
> Vuelve hacia mí la maravilla triste,
> la delicada pena de tu rostro,
> que quiero tener lástima en el pecho
> para tener confianza en el destino.

Cultura de la muerte

> Hoy la muerte está frente a mí
> como la curación frente a un enfermo,
> como el salir al aire libre después de una
> [enfermedad.
>
> Hoy la muerte está frente a mí
> tentadora como el deseo de la propia casa
> para quien haya estado preso mucho
> [tiempo.
>
> (Del *Diálogo entre un cansado de la vida y su alma,*
> de un papiro egipcio de la Biblioteca Real de Berlín)

El último y hermoso libro de Xavier Villaurrutia, *Nostalgia de la muerte,* es seguramente uno de los signos de una conciencia mexicana que, por primera vez quizá, se atreve a expresar algunas de sus más profundas y excepcionales experiencias[15]. A través de libros como este el mexicano se reconoce, al fin, no en lo más estéril y negativo, ni en lo puramente ornamental, sino en lo humano esencial. Este valor de excepción se explica por la misma historia interna del espíritu mexicano: solo en aislados momentos lo específicamente nuestro ha adquirido la intensidad artística, humana, que hace viable lo universal, lo clásico. Y digo esto a pesar de que, como apunta Jorge Cuesta, la cultura mexicana, nacida en la hora ecuménica de España, es por tra-

---

[15] Xavier Villaurrutia, *Nostalgia de la muerte,* Buenos Aires, Sur, 1938.

dición una cultura humanística, fugitiva siempre de cualquier «casticismo» o romanticismo: clásica. Pero este clasicismo ha sido un mero formalismo; tenía todas las apariencias del orden, frente al caos nacional, pero no era, no es, sino una árida rigidez, una retórica. Y este «carácter», que consiste, precisamente, en una ausencia de tono vital, solo ha sido superado cuando las intuiciones y vivencias del mexicano se expresan con todo frenesí, y en su obligada y aireada transparencia. Villaurrutia ha logrado este orden arrebatado, luchando contra todas las inepcias retóricas de un orden bien muerto y, también, contra todas las vacuidades románticas.

En su pequeño y denso libro recoge gran parte de las tentativas y experiencias de la poesía contemporánea. El sueño, la revelación humana a través del misterio del soñar vigilante, la «vigilia» sonámbula y exasperada, el turbador silencio de la conciencia, nos hablan de la esforzada conducta poética de Villaurrutia. Cumple así, creadoramente, la frase de Malraux: «La tradición no se hereda, se conquista». Añade nuevas temperaturas líricas a nuestra poesía: desde las de ese cálido hielo que es el sueño hasta el innombrable de la muerte, de su propia muerte, que él, como terrible parcela personal, cultiva con la misma pasión y fiebre con que otros edifican sus largas vidas ruinosas. Y al cultivar su muerte, suya como su amor, como un solitario deseo, ha cultivado su vida, creándola allí donde habita su muerte. A duros golpes, a finos toques de sangre, muerte y sueño, él poeta nos entrega su vida, su libro, vivo y metálico.

Pero además, iluminando —o ensombreciendo, poéticamente— todas estas conquistas, yo encuentro, palpo, lo mexicano. Lo mexicano que en él, como en todos nosotros, circula invisible e invenciblemente: como el aire impalpable y cálido de nuestros labios o el color, levemente triste y danzante, tímido, de nuestras palabras. De nuestras dulces palabras mexicanas, esas mismas que se hacen plásticas en una boca castellana y que en nosotros pierden todo su cuerpo, todo su iluminado contorno. Mas lo que pierden en epicidad lo ganan en lirismo. En este sentido también me parece ejemplar el libro de Villaurrutia: frente a la poderosa corriente poética de un Pablo Neruda, por ejemplo, para citar al más destacado y personal de los poetas hispanoamericanos, el mexicano no puede oponer sino una contenida dignidad, muy lejos, es cierto, del desdén magnífico y andaluz de Luis Cernuda; una dignidad hecha de nobleza y decoro. A igual distancia de la fácil entrega y de la altanería. Esta mesura apasionada es el tono general de su libro, desde los primeros «Nocturnos», angustiados gritos, fugaces relámpagos, hasta sus últimos poemas, sobre los que la conciencia, la sobre-conciencia del poeta, vierte una extraña luz inmóvil. El rigor y el sacrificio son el clima de toda su obra. Las décimas de la muerte («Décima muerte») recuerdan, pero sin que ese recuerdo tenga sabor arqueológico, a sor Juana. Y no olvida a san Juan de la Cruz, a santa Teresa y al mismo Lope, que en forma parecida hablaron de la muerte. Pero en ellos, como en Quevedo, la muerte no era un fin, ni algo «cultivable», sino un gozoso, fatal trance.

Trance final o, mejor, *tránsito*. Y esta concepción, muy europea, muy española, no está sino de muy lejos emparentada con la tierna y desesperada actitud americana, en soledad frente a un mundo deshabitado. A Neruda, así, solo le queda la vida, su vida y la del mundo vasto y sin forma; al mexicano Villaurrutia, en cambio, solo la muerte.

Es en este tema de la muerte, situado ya el poeta, por lo que se refiere al tono que aporta a nuestra poesía, donde yo encuentro las virtudes que lo hacen figurar en esta exigua y exigente tradición de los heterodoxos, de los clásicos heroicos, de nuestra patria.

He dicho que, a mi juicio, la diferencia entre la actitud hispánica y la nuestra, en orden a la muerte, es que la primera piensa en ella como tránsito o trueque valioso. (Díganlo y con qué apasionante y conmovedora hermosura, todos los soldados del Ejército leal, defensores, *con su muerte,* de la *vida* de su estirpe.) Para el mexicano, en cambio, la muerte es, a lo sumo, un *trance,* un *fin.* Pero más allá de los temperamentos, el libro de Villaurrutia adquiere significación universal, por cuanto en él se plantea, poéticamente, uno de los temas más elementales, antiguos de la poesía. Tema y experiencia que el hombre moderno con visible repugnancia relega a lo más hondo de sí. El hombre moderno huye de la muerte, la borra de su conciencia como certeza vital y la reduce a un puro juicio, a un lejano saber. Mas la muerte no es una simple verdad, ni una verdad «simple», como creen los retóricos, sino una vivencia, anterior a todo conocer y a toda experiencia. En el momento mismo en que se produce la vida, nace la sabiduría primaria, y a medida que angostamos la superficie de nuestra vida vivible, vivimos la certeza de nuestra muerte. Vive, pues, en nosotros, la muerte con saludable preeminencia que contorna y limita nuestra avidez, envoltura sensible de nuestro destino, trozo fecundo de nosotros mismos. Pero ante estas palabras verdaderas del soñador, del poeta, el hombre de la calle huye; ha visto morir y solo sabe, oscuramente, que él morirá; no vive para morir, para limitar su destino terrenal, sino que quiere vivir infinitamente, produciendo cada vez más, inerme y triste engranaje en la rueda de la sociedad contemporánea. La muerte, así, adquiere un sentido brutal, antinatural, que aplasta injustamente al hombre. Y esta actitud falsa se justifica o, por lo menos, se explica, si se piensa en la zozobra del hombre de nuestro tiempo, amenazado por una guerra bárbara, en la que le darán muerte, una muerte atroz, que no será, precisamente, la suya, la muerte que solicita y cultiva el poeta.

Si para el occidental moderno la vida es un mero *obtener,* para el mestizo mexicano solo es un moverse, un *transitar.* También se han roto para él, como para todos los hombres modernos, los lazos que nos atan a la tierra, al sentido de la tierra como proceso cósmico intencional, pero ha quedado más duramente ligado a una naturaleza despojada de toda dirección, puesto que en nuestras tierras no ha aparecido aún ese «sentido fraternal» que hace, en otras partes, de la camaradería revolucionaria un depósito de los más puros valores humanos. Así, se vive en un estéril nomadismo del espíritu, en un moverse sin satisfacción posible, en un duro ámbito desolado, recorrido por hechos brutales, carentes de toda humana significación. La muerte, para el mestizo mexicano, es un «hecho». Un hecho más, estéril, del que no es posible extraer nada salvador o personal, ningún alimento. Esta actitud es fruto de toda una posición vital negativa, de la ausencia de un destino. Mas no es que se haya *agotado el destino* y que el hombre se haya realizado, sino que lo ha perdido: en esto estriba su conflicto, ya que no su tragedia.

El mexicano, durante todo un siglo, ha perdido sus raíces y su destino. Han sido relegados a los más profundos estratos psíquicos el valor y el sentido personal que la nación alimenta: el mexicano no se ha cumplido a sí mismo lo que su naturaleza profunda le reclama. Y solo sumergiéndose en la espesa y cambiante intemporalidad de la vida podrá encontrar su propio rostro, otra vez. Por estas hondas razones, me parece el libro de Xavier Villaurrutia, más allá de las escuelas poéticas, más allá quizá de él mismo, como un «rescate» que hace la conciencia mexicana del sentido profundo, creador, de la muerte; y puesto que el poeta nos enseña cómo crece la muerte al compás de nuestra vida, no es remoto que mañana, él mismo, o algún otro, que lo que importa es la Poesía, nos muestre, también, cómo de la muerte nace la vida, la vida mortal, limitada, que tiene un fin. Y así, como Villaurrutia desea, como Rainer Maria Rilke pide[16], crecerá sobre nuestra vida, fruto

---

[16] Se refiere a los *Cuadernos de Malte Laurids Brigge* [*Die Aufzeichnungen des Laurids Malte Brigges,* 1924].

último, nuestra muerte. «Señor, dad a cada uno su propia muerte, el morir que brota de su vida, para que tenga amor, sentido y urgencia. Porque somos nosotros la corteza y la hoja. La gran muerte que cada uno lleva en sí es el fruto en torno al cual gira todo. Porque lo que hace extraño y difícil el morir es que no es nuestra muerte; una muerte que nos arrebata por fin, solo porque no hemos madurado ninguna muerte en nosotros; por eso viene una tormenta, para despojarnos de todo».

México, 1938

Pablo Neruda en el corazón

> La sagrada ley del madrigal y los decretos del tacto, olfato, gusto, vista, oído, el deseo de justicia, el deseo sexual, el ruido del océano, sin excluir deliberadamente nada, sin aceptar deliberadamente nada, la entrada en la profundidad de las cosas en un acto de arrebatado amor y el producto poesía manchado de palomas digitales, con huellas de dientes y hielo, roído tal vez levemente por el sudor y el uso.
>
> («Sobre una poesía sin pureza», en *Caballo verde para la poesía*)

> El sitio del corazón nos pertenece. Solo solamente desde allí, con auxilio de la negra noche, del otoño desierto, salen, al golpe de la mano, los cantos del corazón.
>
> («Los temas», *Caballo verde para la poesía*)

Hace años se nos presentaba a nosotros, los poetas jóvenes, la cuestión trágica de la poesía y lo real. ¿En dónde terminaba el reino de la anécdota, de lo pasajero, y por pasajero irreal, y principiaba el de lo esencial, el de lo real último? Ya en ese tiempo habíamos rebasado la concepción voluntarista de la poesía: el poeta es el héroe de la fatalidad, del subconsciente, de su realidad; quiero decir, el poeta es la víctima, no el vencedor de su poesía. Ese era, y es, el verdadero sino del poeta: no apresar a lo esencial sino dejarse poseer por su eléctrica presencia. No se trataba, pues, de nuestras intenciones, de una poética apriorística, sino de reconocer a la poesía allí donde estuviese y dejarnos matar por ella, en donde nos encontrase. Sin olvidar jamás que la poesía no se entrega a nuestra avidez sino a nuestra inercia: inercia necesaria para que la poesía se apodere del poeta, a ciencia y paciencia de su víctima. De nuestra paciencia para esperarla y sufrirla y de nuestra ciencia para invocarla. (Esto vale para el lector de poesía que, cada día más, es un verdadero reconstructor de ella: paciencia para encontrarla, ciencia para aislarla; aislarla de lo irreal, de lo pasajero, y quedarse con la sola ciencia, con lo imperecedero: con la poesía esencial.) En ese tiempo, la poesía, o lo que pasaba por tal más o menos legítimamente, tenía horror por toda realidad no esencial. Y, de tanto amor a lo esencial, huyó siempre de lo real: la poesía era lo no real, que, ya se sabe, no es lo mismo que lo irreal; la poesía era el mundo inmóvil en donde lo real, nuestro mundo, dejaba de fluir y se cristalizaba hermosamente en palabras eternas, en voces incorruptibles. La poesía se tornaba poema. La ciencia aislaba de antemano de toda impureza cronológica, de todo tiempo —«¿y qué es el hombre al fin de cuentas sino tiempo?»— al poema. Así se crearon hermosas refrigeradoras, máquinas de lo eterno, destiladoras purísimas de lo invisible. Pero la poesía, que quiere eternidad, que es eternidad, huye y rehúsa siempre la inmovilidad: quiere una eternidad hecha de tiempo, de vida, es decir, de muerte y de nacimiento; de renacer y remorir. Anhela corromperse en el poema, disgregarse y, hecha ceniza, polvo, renacer. La poesía sabe que lo esencial permanece porque cambia. Que el poema es una casa, una cueva de llamas que habita un ser vivo, voraz y destructor: la poesía. Y muchos de estos poemas, de estos hermosos poemas, impersonales como la misma «eternidad», no eran más que casas vacías. Ya la poesía, por boca de Eliot, había delatado a sus raptores falsos: a los hombres huecos, a los hombres embutidos de serrín. A esos hombres que no dan más que vueltas al nopal, al nopal a las cinco de la mañana. A esos cobardes sin paciencia, sin heroísmo, que sin usar de su paciencia para que lo sagrado les destruya la carne y les disuelva los huesos, sino armados de su pura ciencia, de su impura ciencia pura, sin exponer nada, acechaban con trampas a la poesía. Los hombres huecos no hacían más que trampas: sus poemas, sus hermosos poemas, no eran sino ingeniosas trampas vacías, casas blandas y huecas, arteras como ellos. Y como la poesía no acudió a la estéril cita, convirtieron a la cita en la poesía, a la casa en su habitante, al poema en poesía. Casa de citas. E inventaron que la poesía no existía; dijeron que la poesía era lo no real, aquello que nadie había visto: una ausencia. La nostalgia de los desterrados hijos de Adán, el sueño, solamente el sueño, de los hombres. (Olvidaban que el sueño es otra cosa: que el sueño son los recuerdos, los pecados, los remordimientos de los hombres: en suma, el hombre.)

El otro camino también era peligroso. ¿Cómo reconocer a la poesía armados solo de paciencia? ¿Y si no llegaba, porque nuestra ciencia no la llamaba con las adecuadas voces? ¿Era poesía nuestro amor, nuestra angustia y no lo era la angustia de ese zapato olvidado, de esa cerilla pisoteada, de ese metal resplandeciente? ¿Todo era poesía? La verdad es que nada es poético hasta que la poesía lo torna entrañable, *necesario* y doloroso. Y esa electricidad que comunica a las cosas entre sí, que hace que los objetos y las pasiones se reconcilien y ordenen en la angustia, es la que los esencializa y los intemporaliza. Y un zapato, como una lágrima, se vuelven, sensiblemente, los objetos de la poesía, los hijos de la poesía: son, ya, la poesía o lo poético. A condición de que vibren. A condición de que sufran, con paciencia, las llamas y las alas de la poesía. Y entonces ya no son esta lágrima temporal, esta cerilla humilde, sino el hombre real, la angustia esencial del hombre. La poesía, la señal divina del hombre.

Y allí, junto a las lágrimas, en el corazón secreto de la madera, en el canto agrio y desgarrado de los panes, allí, en el mundo de lo real, de lo real hasta la desesperación, encontró la poesía a Pablo. A Pablo, llamado poéticamente Neruda. Y su poesía no fue jamás un poema, un hermoso poema, sino un fluir vivo, vencedor, apasionado hasta hundirse en el fondo de la materia sonora y silenciosa; un fluir espeso, impuro, como una gran y confusa corriente trágica; semejante al parto de las mujeres, al fuego de los volcanes, al esperma del hombre; persistente como la sangre, poderoso como las lavas o el aire de transparente pecho y con el candor, el misterio inocente de la piel del mundo: la piel del hombre, la piel de los caballos, la piel del vino, la del mar, la de la melancolía. Poesía lunar y solar, del cielo, del subcielo y del sobrecielo.

Por la ternura, por el amor ardiente y sufrido a las cosas, al mundo, Pablo Neruda, como agua, fue penetrando cada vez más hondo, cada vez más alto. Así conoció la condición angélica y la amargura del destierro. El conocimiento, la experiencia innata, que decía Gérard de Nerval, del estado celeste y la nostalgia del exilio, presiden siempre toda obra poética; constituyen, psicológica y metafísicamente, el estado necesario que anuncia la llegada de la poesía. Y este oscuro sentimiento que convierte a los poetas en *recardadores,* mucho mejor que en soñadores, se fue tornando amor, entrañable comunión con todos los objetos del mundo, que también padecen su actual forma terrestre. A este estado poético lo llamó Pablo: *Residencia en la tierra.* Las cosas del mundo le transmitieron su destino, su lenguaje, sus pasiones: fue la voz de la madera, la del apio, la del sexo humano, animal o vegetal. No se trata, precisamente, de que haya «apresado» o «escuchado» la voz de las cosas (que eso no es escucharlas, substituirlas por la voz humana, humanizarlas, en fin), ni que las cosas hablaran por su boca; él mismo se disolvió en el mundo y se fue deshaciendo lenta y tiernamente, fue renaciendo luego y hablando con arbóreas palabras, con salados ademanes. No, no era la conciencia del mundo, era el mundo, la entraña y la flor del mundo, dándose, creciendo en un espeso, insistente lenguaje de olas materiales, tiernas, tímidas, arrolladoras. El Pablo Neruda que había intentado llegar al «hombre infinito» por vías celestes, deliberadas, fue, diez años más tarde, víctima y héroe de las fuerzas infinitas, incontroladas. Y su anterior nostalgia, su sed, se convirtió, por obra de la poesía, por obra del fluido poético, en pan misterioso y esencial, en río original. Si de ciertos poemas se dice que en donde terminan principia la poesía, del agua poética nerudiana se me antoja decir que no acaba ni principia nunca, que lo que conocemos de ella es solo un momento, un instante, un momento esencial y agudo, semejante a un disparo o a unos labios, tal como ocurre con el agua terrestre de los ríos y del mar, a la que se parece tanto.

Esta presencia desatada de las cosas imprimió a su lenguaje un perdido sabor de roca, de materia primera y natal. De tal modo que bastó que ese idioma tocara las cosas para que ellas le entregaran sus escondidos orígenes, su lenta acumulación de fuerzas, elementos, tiempos, maneras, hasta, sin perder su oleaje, su fluir, equilibrarse en un momento, en una forma. Había hecho algo más que aislar las cosas y buscar una relación entre ellas; es decir, había hecho algo más que metáforas e imágenes: había hecho reales, verdaderas, las metáforas: las había sometido a la prueba del fuego, a la prueba del olvido. Había creado un mundo, de ninguna manera otro mundo de fantasía, ni una copia de la «realidad»; con ciencia y sangre creó la posibilidad (su mundo poético extrañamente incitante) para que lo real, el hombre y sus orígenes de piedra, agua y metales, enseñara su verdadero, atroz rostro: la intimidad humana, la intimidad de las cosas. El otro rostro del hombre que reside en la tierra: el rostro original, adánico. Al mismo tiempo, y por un humanísimo proceso, la fatalidad de que el poeta es víctima se fue tornando, cada vez más, una deliberada, por necesaria, aceptación de la angustia poética. Del hundirse en las cosas, del levantarse y ascender por ellas, llegó a la intuición de su orden, de su movimiento y del ritmo que las cambia. Pablo, paciente de las fuerzas materiales o vivientes, se convirtió en su sangre, en su carne y en su conciencia. Ahora el poeta ve con ternura, desde dentro, cómo se han ido haciendo las cosas en el mundo, cómo se han ordenado, cómo existen y qué manos les dieron calor y movimiento. Insisto: la conciencia desde dentro, por dentro: la verdadera conciencia o entraña, que siempre es interior, amoral, justiciera y amorosa.

De esta nueva actitud suya, de esta nueva aptitud para soportar la experiencia poética y humana, surge el tercer tomo de *Residencia en la tierra* y su anticipo combativo: *España en el corazón. Himno a las glorias del pueblo en guerra.*

Pensemos en las cosas: ¿quién las ha hecho, cómo se han ido haciendo y toman tales formas de vida o de muerte? No se trata ahora de una inquisición filosófica, siempre pedante y estéril en labios legos. Hablo de la diaria experiencia de los hombres, del hombre metido en el polvo, en las aguas, entre las páginas ruinosas de los libros y el tiempo. ¿Quién las ha hecho, las está haciendo? La vida, o Dios, que eso, ya lo sepamos o ignoremos, no importa aquí de un modo inmediato; a nosotros nos hieren los agentes de esas fuerzas creadoras, nos hiere e interesa por ahora aquello que se nos mete por los ojos, por la piel, por la boca: el *tiempo,* que levanta la flor y apaga el rumor de la sangre en el hombre. El tiempo es el que hace, deshace y rehace el mundo. El tiempo que lleva en sí, como única esencia, el germen que enciende y hunde las formas. El tiempo, y con el tiempo y su chispa, el hombre y las cosas, moviéndose a través de él, entre él, hechos de la substancia mortal. El tiempo y la nada: porque la *nada,* el vacío, o como queráis llamar a *eso,* que no es de ninguna manera la muerte, es la otra cara del tiempo, su metafísica y realísima negación.

Con el tiempo y por el tiempo, contra la nada, nos dice Pablo, se han ido creando las cosas y el hombre, como terrible territorio arrebatado:

> Oh profundas materias
> agregadas y puras, ¡cuánto hasta ser campanas!
> ¡cuánto hasta ser relojes!...
> ... El polvo se congrega,
> la goma, el lodo, los objetos
> crecen y las paredes se levantan
> como parras de oscura piel humana[17].

Con el tiempo que congrega al polvo, *las manos* de los hombres. Pues el hombre también crea las cosas. Las crea cuando las congrega y las liga, cuando las descubre tiernamente y les devuelve su perdida fertilidad. Los humildes obreros de la tierra, los albañiles y los panaderos y los herreros. El pueblo, imagen sudorosa, feraz, del hombre. El pueblo y no la muchedumbre, negación de la soledad creadora del hombre. De un modo concreto, por la vía de la experiencia interior y poética, única que vale como conocimiento, como comunión y evidencia, llega el poeta, ya metido en lo humano, a la misma fuente que Marx: a la fuente purísima del trabajo humano. Los hombres que trabajan son los que han hecho nuestro mundo y al descender al origen de las cosas topamos siempre con ellos. Pero se llega por caminos personales, poéticos, lejos de todo dogmatismo apriorístico. Que en poesía todo lo apriorístico, todo lo que no sea experiencia privativa del poeta, es dogmatismo, por más científica que sea su pretensión o verdad. En esto, como en todo, lo que vale, en último término, es la chispa y no el conocimiento racional de su fuego. La quemadura y no el resplandor. El resultado, pues, de

---

[17] Los versos citados provienen del poema «Canto sobre unas ruinas», de *España en el corazón*.

una experiencia poética no puede ser más que un resultado poético; y si el territorio ilimitado de la poesía, en virtud de ese encuentro con la raíz de nuestro mundo actual, se extiende aún más, para el hombre moderno eso no significa una limitación de lo poético por lo social sino una profunda afirmación de que lo poético, que está en todas partes, en potencia, lo está quizás más intensamente en aquello en que el hombre se muestra más desnudo e indefenso en su humanidad. A condición de que este encuentro lo sea realmente y no una mera cita demagógica; a condición, también, de que lo social no sea, para el poeta, más que una nueva ocasión favorable para desnudar y sorprender al hombre eterno.

En esta concreta, personal, «experimentada» afirmación poética de Neruda consiste, a mi juicio, el valor esencial que su libro nos entrega. Y frente a esta afirmación, su correlativa negación: la de la nada. El tiempo con sus dos caras, vida y muerte, y su desnuda contrapartida, la nada.

Todo esto, decía, parte de una afirmación poética y metafísica, personal; y si surge como expresión de la vivencia de la *persona,* es, también, universal afirmación de lo *personal,* de lo viviente, perdido en el océano de la destrucción. Como universal y metafísica afirmación que es, significa que la invisible corrupción de la nada se muestra *visiblemente* y con su doble realidad, histórica e ideal, en la tierra y en los hechos, medible por el hombre y sus ojos. Con los ojos de la poesía, que ahora, en Pablo Neruda, son los ojos del hombre. Y como personal afirmación que es, significa, asimismo, personal experiencia y denuncia de la realidad. Las alusiones de su poesía no se refieren a la materia abstracta sino, precisamente, a este metal sudado y conocido, a esta flor regada y llorada, a todos estos objetos míos, del hombre, hechos en este instante y para este instante por millones de instantes y de pulsos, destruidos visiblemente y contra su destino por la mano enemiga. Los objetos y la poesía que rezuman no son coyuntura para descender a su esencialidad extrahumana, antes bien camino para llegar a las manos que los hicieron, a los ojos que los gozaron.

Con el fascismo, en España, la nada impersonal, subterránea disgregadora, adquiere imagen, forma y acción semihumana. Con la República el lento tiempo que corroía a España de pronto afirma la vida que construye y alimenta y se pone de parte del destino español. Esto es lo que Neruda contempla en su *doble realidad* y lo que unifica en *una y única realidad poética*. Desde dentro, tensa y rectamente, afirma una experiencia concreta, histórica e inolvidable, y al afirmar, así, en esta hora y para nosotros, afirma para todo el tiempo, para el tiempo universal que discurre sobre nosotros sus hijos.

Pablo Neruda, habitante de la Casa de las Flores[18], hoy hecha un montón de ruinas y recuerdos, asiste activamente a esta terrible presencia de lo español amaneciendo por el mundo sórdido que lo asesina. Y amanece de tal modo, con tal gallardía, y tan triste y suciamente se le asesina, que todos los que saben de esto no pueden aceptar que su causa sea, tan solo, un episodio. Ni un episodio ni una causa histórica. Es, por el contrario, el hecho *decisivo* de nuestra historia moral, la causa del hombre, en *definitiva* y para siempre. El gran drama metafísico del tiempo y la nada, agudizado en un instante tremendo y único, en un pedazo de historia, irreparable. Eso es España. Algo más que un escenario. Las metáforas, las ideas, al fin se corporizaron y se hicieron sangre y lucha. Esto no es política. No, y mil veces no. España no es una «causa política»: que se callen todos los políticos, que aquí, en el corazón nuestro, no hay más que el hombre, el hombre solo, el pueblo solo, en última y definitiva soledad. Para los poetas, España no es solo el *escenario histórico pasajero* de la gran lucha mundial, sino el

---

[18] Con el nombre de *La casa de las flores,* Neruda bautizó el piso donde vivió en el barrio de Argüelles de Madrid durante 1936 y 1937.

sitio sangrante que al tocar lo nuestro, lo que nosotros y nuestros padres hemos hecho, abandonado hoy a sí mismo, toca lo que *todos los hombres han hecho*. No de un modo simbólico y metafórico, antes, por el contrario, profundamente real y verdadero. Por eso España en el corazón y no en la boca mentirosa y puritana o en la calumnia enemiga. España desde dentro, desde lo que riega y empuja el vivir. Por eso, porque lo español no es accidente sino esencia, intensidad y no episodio, la poesía nerudiana rebasa la cita y lo anecdótico y nos hiere, y se hiere, allí donde las voces resuenan terribles y por todos los siglos: en el corazón.

Toda la poesía de Pablo Neruda está teñida del sentimiento de lo definitivo: definitiva es, para el poeta, toda lucha, todo episodio. Es el precio heroico de la poesía. Pero aquí, en este instante, lo definitivo no está, solamente, en la pasión del poeta, sino en la objetividad del mundo. «Si se pierde España, se perderá el hombre»; no será, nada más, la derrota política de las democracias: será la quiebra universal de la «hombría». En este sentido último y decisivo habrá que entender a España. Y entendiendo así lo que ahora pasa, podremos después entender, con entereza y desesperación, lo que luego ocurra con el hombre. Y esto no es, habrá que repetirlo, episodio, propaganda o política, sino tragedia y rotura irreparable. A secas y a solas.

Pablo Neruda, testigo y víctima del mundo y de sus fuerzas, conciencia del tiempo creador, es, también, juez. Juez y parte, que no hay juez sin parte, sin partido. Y es juez justiciero, partidario de lo justo. Partidario de la vida, de España, contra la nada, contra la maldita caricatura que es el franquismo. Contra toda la cloaca subhumana de sus legiones y cómplices, de sus cómplices ocultos, porque además de los visibles y descarados que recorren Europa con sus ejércitos y América con sus calumnias, hay los silenciosos cómplices, los sin partido, más viles que los asesinos que destruyen España: hay los que no saben qué hacer, los fariseos imparciales y los fariseos cobardes que temen comprometer a la inteligencia (¡cómo confunden su propia cobardía con la inteligencia universal!) en cualquier empresa o partido, así sea el partido de la justicia. Los amarillentos, silenciosos cómplices de la «traición general». Y hay otros.

Juez y parte, contra la nada y su envilecida imagen, Franco. El poeta, al exaltar al pueblo que crea, condena a Franco. Y lo condena *para siempre,* porque en esto de España todo es para siempre.

> Maldito, que solo lo humano
> te persiga, que dentro del absoluto fuego de las cosas,
> no te consumas, que no te pierdas
> en la escala del tiempo, y que no te taladre el vidrio ardiendo
> ni la feroz espuma
>
> Como el agudo espanto o el dolor se consumen
> ni espanto ni dolor te aguarden. Solo y maldito seas,
> solo y despierto seas entre todos los muertos,
> y que la sangre caiga en ti como la lluvia,
> y que un agonizante río de ojos cortados
> te resbale y recorra mirándote sin término[19].

Juez y partidario, para siempre, es el poeta. Ayer testigo y víctima, para siempre también. Cuando quiso dar su testimonio encendido del amor, fue el amor, el amor desesperado. Cuando quiso penetrar la madera, fue la madera. Conciencia del mundo, es el mundo. Su juez, ahora, sus palabras son las de la justicia divina. Que las oigan los que quieran, que son siempre los que pueden: son sordos los que, porque no pueden, no quieren; los sordos de nacimiento, ensordecidos por su propia sordera al punto de no escuchar su definitivo silencio. Que lo oiga España, que

---

[19] Los versos citados provienen del poema «El general Franco en los infiernos», de *España en el corazón.*

ahora tiene a Pablo Neruda en el Corazón, en el sitio más recio y tierno de su dramático corazón universal. Y que ese grito, esa palabra, nos hiera a todos como ahora hieren a España los asesinos. La herida de la poesía es luz, y con la luz, acción.

México, 1938

Carta a Octavio Barreda

Sr. Octavio Barreda
Editor de LETRAS DE MÉXICO.
Presente.

Querido amigo:
En prensa ya el pequeño libro *Voces de España,* con el que usted y yo queremos expresar, y extender, nuestra fe y nuestro amor por el pueblo que defiende las libertades humanas, me ha saltado un escrúpulo. Resulta que el libro lleva por subtítulo esta frase: «(Breve antología de poesía española contemporánea)». Y aunque el adjetivo limita y da su verdadero alcance a la palabra Antología, no quisiera dejar la puerta entreabierta para que por ahí, olvidando lo «breve» y pensando en lo «antológico», se nos pregunte, con mucha justicia, por algunos poetas, imperdonablemente no incluidos, en apariencia, o escasamente representados.

Pero es que nuestro propósito era, y es, más modesto. A través de los poetas españoles ofrecemos un homenaje al espíritu español, que ellos, junto a la guerra, mantienen vivo. Se trata, pues, de la poesía que está en la guerra. Un homenaje a la poesía española del momento es un homenaje a la República heroica. Esta es la razón por la que no aparecen poetas como Pedro Salinas, cuya actitud política y humana es irreprochable, pero que no ha publicado poemas sobre la guerra actual, o como Vicente Aleixandre, cuya actividad poética, si descontamos los bellos romances de los primeros meses, se ha paralizado por la enfermedad que lo tiene clavado en las cercanías de Madrid. Y la ausencia de algunos jóvenes —Varela, Pedro Garfias—, cuya obra, por lo azarosas que se han tornado las relaciones intelectuales y de comunicación, conocemos muy fragmentariamente, creo que también queda debidamente explicada y perdonada.

Nuestra colección aspira a representar a los poetas «militantes». Mejor que a ellos a la POESÍA que ahora se escribe en España. Buscamos, más que un panorama de los poetas, una tónica, un acento de la poesía que entre todos crean. Y por lo que se refiere a la «militancia» de los poetas, preferimos a los que, sin perder de vista la conquista de la poesía, que es la única misión del poeta, la buscan, y la encuentran en la Libertad, junto a la muerte violenta y enemiga. Recogemos, en lo posible, aquello que tenga carácter menos inmediato y que intente continuar las «experiencias» de la poesía de antes de julio o que las substituya por nuevos acentos. Por eso eludimos algunos géneros (romances, letrillas, etc.). Y lo hemos hecho pensando, con dolor, en Prados, Altolaguirre, Aleixandre, Alberti, etc.

Por último, la «brevedad» de la colección exigía un máximo de gusto, de intensidad poética frente a la reducida extensión de lo seleccionado. No sabemos si lo hemos logrado totalmente, aunque, ¿el fragmento de Prados, breve hasta lo exiguo, no es, sin embargo, una respuesta afirmativa?

Lo saluda cordialmente su agradecido amigo y compañero.

Octavio Paz

Voces de España

Ninguna voz más fiel, honda y alta, para un pueblo; que la de sus poetas. Los pueblos sordos a la poesía (o, lo que es lo mismo, los hombres sordos a su pueblo, a la vida) están destinados a la miseria, a la ceguera: a la ceguera del espíritu, que es siempre ceguera de la injusticia. España nos habla ahora, al encontrar otra vez, en la tragedia, a la injusticia, con las encendidas voces de sus poetas, en vivísima y entrañable comunicación con su pueblo. Antonio Machado, Juan Ramón Jiménez, maestros nuestros, son el mejor y más valioso ejemplo de esta común y arrojada defensa que la poesía y el pueblo, la cultura y la vida, hacen del espíritu español. Y Federico García Lorca, muerto, no por sus ideas políticas, como dicen por allí los malvados o los desorientados, sino, simple y monstruosamente, por sus *ideas vivas,* por su poesía que reanudaba la expresión digna y universal de lo más oscuro y esencial del hombre, del pueblo español, es otro ardiente testimonio de esta unanimidad de los poetas españoles, frente a los valores esenciales de su pueblo, cara al crimen de una casta podrida y juzgada ya por sus hechos.

Los poetas de España han hablado. La guerra, al propio tiempo, ha dado ocasión para que muchos jóvenes (Miguel Hernández, Serrano Plaja, Varela, Gil Albert, Pla y Beltrán, Aparicio, etc.) se revelen como continuadores de un espíritu poético humanísimo, ferviente y universal. El pueblo, por boca de sus poetas, por boca de su poesía, en el Romancero General, ha hablado también. En su presente ha reconocido su destino. Y con él su tradición *y* sus voces. Que esas voces, que esa gran voz española que viene de todos los siglos, no se rompa; que no la apague la muerte ni el desorden, es el más ardiente deseo de los que ahora, con este homenaje, queremos llamar la atención de los hombres de México sobre ese destino español, nuestro, amenazado por el crimen internacional del fachismo.

Justificación

Voces de España no aspira, dada su brevedad, a representar la poesía española del momento. No es, propiamente, una antología, sino una colección, en la que figuran los mejores y más puros nombres de la lírica de España. Se trata, a través de los poetas, de testimoniar nuestra fe en el espíritu hispano y nuestro amor por la República heroica. Nada mejor para nuestro propósito que la poesía española, que en la guerra mantiene vivo ese espíritu. (Esta es la razón por la que no aparecen poetas como Pedro Salinas, cuya actitud política y humana es irreprochable, pero que no ha publicado poemas sobre la guerra actual, o como Jorge Guillén, hasta ahora silencioso. Y lo azarosas que se han tornado las relaciones intelectuales y de comunicación, explican y perdonan la ausencia de algunos jóvenes o lo, quizá, poco representativo de lo que publicarnos de otros.) Nuestra colección intenta recoger la poesía «militante» y, en esta limitación, la de los poetas que sin perder de vista la conquista de la poesía, que es la única misión del poeta, la buscan, y la encuentran, en la Libertad, junto a la muerte. Por eso no recogimos aquello que tenga carácter menos inmediato y que continúe las experiencias de la poesía de antes de julio o ensaye nuevos acentos. Tal es, también, la razón que nos hizo eludir algunos géneros (romances, letrillas, etc.), de sobra conocidos y popularizados en libros, revistas y periódicos.

Nuestro objeto quedará cumplido, con creces, si este testimonio que damos de la riqueza del espíritu español, fortalece la fe de los más y conmueve a los menos que, hasta ahora, se han mostrado ciegos a la Justicia. Y si, con el despertar de la fe, nace también la acción, la activa solidaridad con el pueblo y la cultura españoles, nuestro propósito se realizará íntegramente.

Americanidad en España

La guerra de España, aparte su esencial y dramática significación para el presente de todo el mundo y para su inmediato porvenir, ha señalado, en Hispanoamérica, el despertar de una nueva solidaridad, nutrida no solo en la hermandad democrática y de clase, sino en la unidad histórica de lo hispano. El hispanismo, en América y España, parecía una tesis desprestigiada, reaccionaria. Era natural. Con el hispanismo se hacía la defensa de todo aquello, antiespañol y antiamericano, que constituía lo que se llamaba la «tradición». Y con el pasaporte falso de la tradición «racial» se deslizaban los más inusitados contrabandos ideológicos; la defensa de la obra de España en América era siempre la defensa del régimen económico de encomenderos, clero y Corona; las disputas entre la Corona, la Iglesia y los señores feudales eran y son apreciadas como la lucha del bien contra el mal, de la caridad contra la usura. (Martín Cortés, por ejemplo, representante de toda la soberbia casta de los conquistadores, es presentado por algunos como el precursor de la Independencia, cuando no es más que, como más tarde Iturbide, una reacción del feudalismo novohispano en contra de la burocracia de la metrópoli. El drama del siglo XVI, lucha de los señores contra el poder central, también se desarrollaba en la propia España y fue tema no solo de pugnas y discusiones, sino que, traspasando lo político y lo social, dio origen a la *Fuente Ovejuna* de Lope.) Lo cierto es que, más hondo que la lucha entre el poder central, apoyado por la Iglesia, y el feudalismo criollo o peninsular, gemían en América, como en España, millones de campesinos, al margen de la cultura, de la vida social y del «cristianismo».

La realidad atroz de la vida colonial, al mismo tiempo que influencias extrañas, crearon en el siglo XIX, en México, una fuerte corriente antiespañola. Y entonces lo español fue sinónimo de crueldad, injusticia, rapacidad y usura. Se olvidaba que en España, también, muchos miles de hombres sufrían lo mismo, víctimas de un régimen más que de unos hombres. El equívoco, sin embargo, estaba en marcha y llegaría hasta nuestros días. Liberalismo, republicanismo, todas las tendencias, en fin, que iban creando la fisonomía de nuestra patria, eran incompletas si, además, no eran antiespañolas, desde Guerrero hasta nuestros días. Las fuerzas revolucionarias del México independiente eran siempre anticlericales y antiespañolas. Por otra parte, los amigos del feudalismo, de los privilegios eclesiásticos, los conservadores de ¡Religión y Fueros! fueron los abanderados del españolismo. España, en México, era regresión, fanatismo, incuria. Así hemos crecido todos, con odio en la sangre, vengando siempre a Cuauhtémoc. El hecho social llegó a crear un envenenado complejo colectivo.

La guerra de España ha esclarecido esto. Ahora estamos en aptitud de entender muchas cosas. Entre ellas a Mina; al libertador Mina lo entendemos mejor ahora, puesto que muchos de los nuestros, mestizos o indios, han caído y caen en tierras castellanas o catalanas. Por esta sangre vertida hemos descubierto en lo español al hombre; y al descubrir al hombre los ojos han iluminado lo español del hombre. La obra de España en América todavía no termina. Empieza, apenas, la época de las recíprocas, profundas influencias.

La Colonia fue gremios, encomiendas, Estado, etc.; muchas cosas, no sabemos si malas o buenas, que ya han sido superadas por la realidad. Pero la Colonia fue también historia. Y lo que ella tiene de historia, es decir, de creación, aún nos toca, aún nos impulsa y mueve. Desde el siglo XVI, al otro día del desembarco y de la fundación de municipios, nacieron en México dos cosas: la Nación y la Democracia. El drama de nuestra patria, desde ese día, ha sido, precisamente, realizar lo que, sin saberlo, conquistadores y frailes, indios y castas fundaban: una nación y una democracia. Y ¿cuál es el drama de la España actual sino ese? España ha sido muchas veces un Estado, hasta un Imperio en donde no se ponía el sol, pero pocas veces, muy pocas, ha logrado realizarse en una comunidad nacional, en una democracia que albergue todos los pueblos ibéricos. Las convulsiones internas de España han sido siempre en contra de la tiranía de la riqueza y en contra del despotismo del Estado central. Catalanes, gallegos o vascos, lo mismo que mexicanos, argentinos o cubanos, todos víctimas de un Estado que nunca pudo, por ajeno, por antihumano, ser íntegramente español o americano.

Las dos tiranías: la tiranía de las clases y, dentro de ella, como su más visible expresión, la tiranía del Estado, representante de intereses extraños, ayer austríacos, franceses o ingleses, hoy... Hoy, todo el mundo lo sabe, el Estado antinacional, el Estado pulpo de los pueblos ibéricos, ya no es ni siquiera Estado. Es, simplemente, la rebelión, la fuerza sin normas, degradada y con espíritu colonial, al servicio de Mussolini, Hitler y las bandas del imperialismo fascista.

De allí viene el desconcierto de nuestros «hispanistas». Cuando vieron que España no era el privilegio, la esclavitud, la incuria usurera sino, por el contrario, que era la Nación y la Democracia, inventaron, aquí y allá, el mito de la «anti-España». No sabían que al combatir a la España republicana, a la del Frente Popular, combatían también a América. A esta América de indios y de cuartelazos, estrangulada por el imperialismo, pero en la que alienta, por la voluntad de sus pueblos, el propósito de integrarse como una comunidad de naciones. La lucha de México, por ejemplo, en la que las centrales obreras y el Gobierno han obtenido triunfos tan importantes como el de la nacionalización del petróleo, no es, tan solo, la lucha por recobrar para la nación las fuentes de riqueza. Es algo más. Es dotar a nuestra patria de un esqueleto económico, de una estructura material capaz de abrigar el espíritu de nuestro pueblo. Luchamos por hacer, por crear a nuestra patria. Y nuestra patria se empezó a crear, económica, racial y culturalmente, al otro día de la Conquista.

¿Cuál es, entonces, el entrañable descubrimiento que a la misma hora se hace en México y España? Este: no podemos ser nación si no somos democracia. En las entrañas mismas de nuestro origen está la democracia. Y para España no podrá haber más salida creadora que esa: la de constituirse, al cabo de varios siglos, en un país moderno, en una democracia. La democracia es una idea universal, un hecho mundial. No es el patrimonio de una sangre ni de un régimen. No pertenece, tan solo, a franceses e ingleses, y no es tampoco expresión de la burguesía revolucionaria del xviii y del xix. Es también la meta final del socialismo. Pero, siendo universal, es un hecho profundamente americano. En la lucha contemporánea, salta a la vista la identidad del destino de América y España. En tanto que la democracia se ve traicionada en Francia e Inglaterra, países de vieja raigambre popular, en los pueblos hispanoamericanos, en México y en España, encuentra a sus más ardientes defensores. La explicación la podemos obtener si pensamos que la burguesía francesa e inglesa hace ya mucho que abandonó el «prejuicio democrático» que hace un siglo la llevó al poder; ahora son el proletariado y la pequeña burguesía los que defienden, allí donde no pueden transformarla, a la democracia burguesa. En América y España, por el contrario, al defender su autonomía nacional, se está creando un orden humano y democrático. Con la democracia, fuerza revolucionaria entre nosotros, se están creando las naciones iberoamericanas. Tal es el sentido último de la lucha actual en la que Hispanoamérica, al alinearse al lado de las democracias, actúa como una fuerza purificadora y joven. Por eso, para España y América, la defensa de la democracia es cuestión de vida o muerte: les va en ello todo, no solo el régimen político amenazado por el fascismo, sino su posibilidad histórica de existir como naciones. Lo trágico del dilema obliga a la acción heroica y solidaria. La defensa de España es la defensa de América. ¡Luchemos en el Frente Americano por la victoria del Pueblo Español!

México, 1938

La Casa de España

Con las conferencias del rector de la Universidad de Madrid, señor José Gaos, ha principiado su actividad la Casa de España. No conocemos en su integridad el programa de trabajo, tan brillantemente iniciado ahora, aunque entendemos que una vez terminado el cursillo de Gaos, Enrique Díez-Canedo nos hablará de «El Teatro Moderno». No es nuestro propósito, sin embargo, dar cuenta del plan de trabajo, ni hacer un análisis de los conceptos del señor Gaos, sino, mediante estas cuartillas, hacer un caluroso saludo a todos los intelectuales españoles que convivirán con nosotros durante un año. La Casa de España, siempre, ha sido México, y nosotros queremos que, como en la fórmula de la cortesía mexicana, ellos vivan aquí «como en su casa». Vivir «como en su casa» es, también, dejar de ser un invitado, un extranjero, y ser un habitante. Como habitantes los queremos, como antiguos habitantes o pobladores que ahora regresan, como todos los españoles, al más antiguo y entrañable de sus hogares: al que, fuera de su patria, construyeron sus abuelos, viva imagen de España.

La fundación de la Casa de España es, para el Gobierno mexicano y para las personas que realizaron concretamente el proyecto, un honor y una responsabilidad. El Gobierno mexicano, quizá sin advertirlo, al fundar la Casa de España ha iniciado algo de tan fértiles consecuencias que, posiblemente, sea el principio de una total rectificación en lo que a las relaciones de México con España toca. Nosotros, desde hace un siglo, nos empeñamos en una política cultural ciega, cerrada y resentida. Olvidando o negando lo español —deformado por tantas cercanas realidades—, olvidábamos a México. Es cierto que si nosotros, negando lo español traicionábamos o frustrábamos lo mexicano, España, al olvidar a América, no hacía más que continuar toda aquella gran traición histórica que a sí misma se hizo durante siglos. Es el olvido de sí mismos lo que condujo a los pueblos hispánicos al otro olvido de su origen y destino. La Casa de España, seguramente hará que los hombres, que en América siempre cultivan las diferencias, aprendan a reconocerse. Tan vivo como el placer de las diferencias es el goce del que se reconoce. Como el agua que se busca, y se encuentra, en aire y tierra. Descubrir España, otra vez, y al descubrirla encontrarnos a nosotros mismos, es el mejor y más cercano de los frutos que la Casa de España puede ofrecer a los mexicanos, y no es que nosotros ignoremos a España, sino que no la «conocemos». El trato humano, el trabajo común, el hecho humilde de compartir un cielo, un pan y un mismo sabor de tierra, harán más que las lecturas solitarias o la simple, y fría, relación de mar a mar.

España, también, encuentra ahora una nueva posibilidad de penetrar en América. Penetración entrañable para la que, por su don universal, siempre ha estado predestinada. Desde la pérdida de Cuba, España empezó a ganar. Así lo vio, con videncia poética Rubén Darío. Primero los españoles empezaron a ganarse a sí mismos. Porque estaban perdidos, perdidos para su propia intimidad, como nosotros. La República Española, es por eso la vía histórica más generosa y audaz para este salvador «reencuentro». La guerra, tan estúpida y cruelmente desatada por tres docenas de bárbaros, no solo no ha detenido este apasionado redescubrimiento, sino que lo ha verificado con la sangre. Por eso la guerra de España tiene el carácter ecuménico y de salvación que la hace «decisiva». Más allá de la disputa política y de la lucha mezquina de intereses imperialistas, como nos lo ha dicho León Felipe, está el gran pleito histórico y metafísico: la conquista del hombre. Y es hermoso, para todos los que compartimos con nuestras solitarias y angustiadas esperanzas, esa lucha, ver cómo los intelectuales españoles reconquistan México, lo descubren, a la misma hora en que miles de hombres, allá, mueren para reconquistar lo español universal. «El español, dice el poeta, cava en el pecho de su hermano, para encontrar al hombre». En la misma hora en que España se reconquista por la sangre y la Justicia, los mexicanos, en la Justicia y en la cultura nos reconocemos y descubrimos nuestro perdido rostro. Y allí, en nuestra intimidad, adivinamos que, al fin de cuentas, lo español, como lo mexicano no son sino caminos. Caminos para ascender al hombre.

Razón de ser

> ¡Viva la juventud... pero con tal de
> que no dure toda la vida!
>
> CHATEAUBRIAND

Hace diez años aproximadamente, Ortega y Gasset, en un libro que pronto fue bandera, esbozaba por primera vez en español la «teoría de las generaciones». El libro se llamaba *El tema de nuestro tiempo,* título significativo que, sin duda, cumplía lo que prometía: el tema de ese tiempo no era otro que el de la juventud de los jóvenes. Partiendo de la idea de las generaciones, Ortega iniciaba una nueva ciencia, metahistoria la llamaba, «la cual sería a las historias concretas lo que es la fisiología a la clínica». Una de las más curiosas investigaciones metahistóricas consistiría en el descubrimiento de los grandes «ritmos históricos». Uno de esos ritmos, pues hay varios, es el de las generaciones: generaciones que acumulan y reciben, heredan, y generaciones que «dejan fluir su propia espontaneidad». Épocas de juventud y épocas de vejez. «Ha habido generaciones que sintieron una perfecta homogeneidad entre lo recibido y lo propio: entonces se vive épocas cumulativas. Otras veces han sentido una profunda heterogeneidad entre ambos elementos y sobrevinieron épocas eliminatorias y polémicas». En otras palabras, el ritmo histórico se caracteriza por bruscas revoluciones y reacciones. Los agentes del espíritu de la época no son otros que los hombres; no el hombre aislado, sino el grupo unido por la fatalidad de la sangre y del tiempo, más que por la libertad de la razón.

Las épocas de juventud son revolucionarias. Para Ortega («El ocaso de las revoluciones») el espíritu de la revolución se identifica con el racionalismo, con la creación intelectual, inventada, de un ideal: espíritu geométrico, utópico, saturado «de fe en la razón pura». Libertad, sociedad sin clases, etc., son construcciones de la razón que la razón juzga perfectas. En las épocas revolucionarias es la «vida la que se pone al servicio de las ideas», y estas dejan de ser meros útiles, instrumentos del hombre. El romanticismo, de igual manera, es otra de las características del temperamento revolucionario. Lo que se ha dado en llamar sentimiento romántico no es más que una nostalgia o una aspiración hacia un orden intelectual o amoroso distinto del real. El desorden romántico, curiosa invención de nuestros padres, nunca es otra cosa, cuando es romántico, que nostalgia o sueño del paraíso. Y su desorden no es más que la repugnancia hacia una realidad no-ideal, que no satisface el orden del espíritu; angustia frente al desorden real, frente a la sinrazón de la razón, frente a la sinrazón de los sentidos. La soledad del romántico es un árbol que crece siempre en la angustia del espíritu, nostálgico del bien perdido, desesperado del bien que espera. Romanticismo y racionalismo se identifican, en la medida en que ambos construyen, geométricamente, mundos ideales en los que no cabe la imperfección. Podemos encontrar otra nota del espíritu revolucionario: el radicalismo. El revolucionario, por utópico y geométrico, por su racionalismo intransigente, no quiere destruir «los abusos, sino los usos». No trata de reformar, de corregir, de educar, sino de volver a crear, de inventar y de someter la vida a su construcción ideal. Va hasta la raíz: es un radical.

Las épocas de vejez, por el contrario, son tradicionalistas, más dedicadas a conservar que a destruir, a pulir que a edificar. Almas desilusionadas de la razón, de los excesos imaginativos del sentimiento, se refugian en el pasado, que aceptan sin juzgar, por su mero prestigio de antigüedad. Lo antiguo, el orden de los mayores, aparece como «lo más razonable». El sentido común simboliza lo razonable, en contraposición con lo racional. En toda época de vejez, de tradicionalismo, hay, junto a la desilusión, una cierta dosis de irracionalismo y desmayo, cazurro escepticismo.

La juventud para la que hablaba Ortega tenía un rasgo que la puede distinguir de la nuestra —era una juventud desilusionada, de posguerra—. Nosotros estamos antes de la gran hecatombe próxima; ellos después. La doctrina del punto de vista, en la que el filosofo español mezclaba, sin confundir, el vitalismo y el racionalismo, Sócrates y don Juan, expresaba la contradicción que existía entre una generación inconforme y rebelde a sus mayores que postulaba la novedad de su juventud, y su propia, amarga desilusión. Todas las formas de la vida fueron subvertidas por esta alegre juventud, lo suficientemente inteligente para darse cuenta de que la juventud es una razón de la vida, y no la vida de la razón.

Se distinguían por un irracionalismo rebelde, que exasperaban las gentes mayores, por un amor a lo intrascendente, por la ironía que culminaba en la «greguería», por un deliberado irrealismo, arbitrario e imaginativo, frente al grave naturalismo, bastante convencional, de la época pasada. La novedad, cierto *snobismo,* fuerza disociadora de la época, la intransigencia que exaltaba lo baladí, el rigor formal y el cosmopolitismo eran algunos de los rasgos de esta generación, que se había procurado inusitadas embriagueces, que tenía todos los delirios de la de sus padres, sin ninguna de sus caídas. Esta juventud tan desenvuelta, tan tímida para lo político y lo grave, tan audaz para lo artístico, no sabemos, todavía, si era la expresión última de un mundo en descomposición o, por el contrario, la alegre aurora de otro. O, lo que es más probable, si participaba, alba indecisa, de la amargura del uno y de la juventud del otro. Lo cierto es que en ella, extrañamente, se daban las características más opuestas del espíritu revolucionario, para el que le faltaban gravedad y angustia y le sobraba intrepidez, y del espíritu tradicional, al que lo acercaba su escepticismo y del que lo alejaba su rebeldía, su irrespetuosa novedad. No se puede decir que fueran revolucionarios en el sentido radical, último, de la palabra, pero cambiaron muchas cosas, entre ellas el arte, al que purificaron, aislaron de toda impureza no artística, a riesgo de convertirlo en un juguete extraño. Arte y deporte fueron sinónimos. La inteligencia fue su mejor instrumento, pero jamás la usaron para penetrar lo real o construir lo ideal, sino para, ligeramente, fugarse de lo cotidiano. Al trazo antiguo, a la complacencia por las formas completas, opusieron una estética hecha de signos, líneas, cifras. En lugar de la oda, los poetas compusieron la canción y el poema breve, casi el haikai. Los pintores eliminaron paisaje y anécdota, simplificaron las formas y redujeron los colores; trama y personajes, en la novela, tenían poco espacio; todo era el clima, la atmósfera o el angustioso crecimiento de un yo monstruoso. Su arte fue siempre lírico.

Detrás de esta irresponsabilidad había una gran conciencia de su propio papel; detrás de la alegría irrespetuosa y del *snobismo,* había disciplina, rigor; más allá de su huida intrascendente, una real preocupación por limitar fronteras y encontrar el residuo último de las cosas: pintura pura, arte puro, poesía pura, juventud joven, filosofía de la filosofía, para emplear el concepto que José Gaos ha introducido entre nosotros[20]. Este amor por su juventud, sin embargo,

---

[20] José Gaos (1902-1969), pensador y filósofo español, discípulo de Ortega y Gasset y autor de las obras *El pensamiento hispanoamericano* (1944), y *Filosofía mexicana de nuestros días* (1954), entre otras. Fue, además, traductor de *El ser y el tiempo,* de Martin Heidegger. A raíz de la guerra civil española se exilió en México y allí murió.

¿no nos dice que «algo» suena falso? La preocupación por un arte intelectual, sin concesiones sentimentales, ¿es nada más el ejercicio de un rigor revolucionario, de una reacción contra las insoportables pastelerías literarias del modernismo? ¿No hay aquí una lesión, una herida? El horror a lo grave, a lo último, su carencia de angustia metafísica, ¿no eran una automutilación? Su juventud no era tan joven y tenía todas las apariencias de una máscara, la salud de un cuerpo que se perfecciona en el deporte y no en el trabajo. Su revolucionarismo, su intransigencia, se dirigió a lo externo, más que a la raíz de las cosas. La salud de su juventud no era tan profunda, puesto que la cuidaban tanto, la hacían bandera y la mejor razón de su vida y de su obra. Si reflexionamos sobre esta contradicción implícita, sobre este carácter que hace la revolución sin esperanzas y ejercita el rigor en la forma, quizá podremos encontrar el verdadero sentido de su obra, en lo que tiene de comunicable y transmisible. Toda su obra polémica se dirigió a las formas, a los útiles, a los instrumentos. Crearon hermosos poemas, que raras veces habitó la poesía. Cuadros desiertos, novelas en las que transitaban nieblas puras, obras que terminan como nubes.

Y sin embargo, ¿sería posible el Picasso de *Guernica* sin el Picasso cubista? ¿No es cierto que la pureza actual, la tendencia hacia un orden poético, humano y universal, un mundo de poesía, no son concebibles sin la anarquía y atomización que en su primera obra introdujeron?

El problema de toda generación, como muy bien lo decía Ortega, consiste en saber qué es lo que hereda y qué es lo que agrega. O, para emplear la aguda expresión de Malraux: «la tradición no se hereda; se conquista». ¿Qué conquistaron ellos, qué podemos heredar nosotros? (La herencia, aquí, supone un esfuerzo, una actividad para lograr incorporar la tradición a nuestro acento. Y también para incorporar a la tradición nuestro acento.) Derrumbaron todos los viejos cuerpos, todos los fantasmas y la tramoya literaria «fin de siglo»; crearon instrumentos y delimitaron los campos. Ahora, los que escaparon de la «eterna juventud», se heredan a sí mismos. Heredan las herramientas y de esa herencia los más jóvenes también participan. Todo lo que conquistaron y es ya tradición está en trance de incorporarse a la savia de nuestro espíritu. ¿A qué, pues, inventar otros útiles, si lo importante no es repetir una experiencia sino construir un orden con todas las experiencias del hombre? Una etapa humana no se mide por generaciones biológicas nada más, sino por obras. El segundo Romanticismo fue, indudablemente, más duradero que el primero, que era más feraz. Quiero decir que los jóvenes heredan, de los inmediatamente anteriores, no una obra sino un instrumento y una situación para crear esa obra. Lo mismo ocurre a los «Contemporáneos», para citar el caso mexicano, con la obra de su juventud, que no es más que un útil y una ambición.

Frente a lo conquistado ya ¡qué territorio vasto, sin explorar, nuestro, de todos los valerosos! El arte, alguna vez dije, solo se ejercita con «ciencia y paciencia». La paciencia es el heroísmo, la angustia, el abrirse el pecho para que cante el hombre. Con la ciencia del arte, con el instrumento retórico del poema o de la prosa, hay que abrirse el pecho. Si heredamos algo, queremos con nuestra herencia conquistar algo más importante: el hombre. Es decir, la «tarea», llamemos así a nuestro destino, hoy ligada a nuestra afición y vocación, es profundizar la renovación iniciada por los anteriores. Llevar a sus últimas consecuencias la revolución, dotándola de un esqueleto, de coherencia lírica, humana y metafísica. No se trata, pues, de una «época de vejez». La herencia no es un sillón sino un hacha para abrirse paso. Los mejores de los que nos anteceden también usan de esta delicada y resistente hacha: el sentido de su obra actual, en cierto modo, es más «contemporáneo» de nosotros que de su obra juvenil. El problema, en México, no es de generaciones, siempre fútil cuando no hay detrás más que vanidad, sino de trabajo, de esforzada conquista. Tenemos que conquistar, con nuestra angustia, una tierra viva y un hombre vivo. Tenemos que construir un orden humano, justo y nuestro. Por eso nosotros no heredamos sino una inquietud; un movimiento, no una inercia; un estímulo, no un modelo. Y en esta aspiración nos acompañan los que saben que la juventud no vale nada cuando deja de ser una posibilidad, un acicate y un destino. Tal es el sentido de *Taller,* que no quiere ser el sitio en donde se liquida una generación, sino el lugar en que se construye el mexicano y se le rescata de la injusticia, la incultura, la frivolidad y la muerte.

México, 1939

El Mar
(Elegía y esperanza)

«El poeta es un vidente, debe ser un vidente», ha dicho Rimbaud en una carta célebre ya. «El gran enfermo, el gran criminal, el gran maldito y el supremo sabio». Y, más adelante, «la poesía no pondrá ritmo a la acción, se le adelantará». La concepción de Rimbaud, que es la de toda poesía moderna digna del nombre más que del adjetivo, no hace más que redescubrir el profundo manantial lírico, profético, del hombre. Esta monstruosa sensibilidad del poeta para lo absoluto es de la misma índole que su extraña capacidad para recordar; mediante la memoria sensible, intuitiva, si es posible llamarla así, el poeta, al descender a su infierno, descubre su origen, el origen del hombre y —aún más— las fuerzas anteriores a la misma existencia humana. Por otra parte, al expresar su tiempo, jamás hace un cuadro, un esquema, sino que lo recrea en todo lo que tiene de personal, espontáneo e irreductible. Al recoger en todas estas direcciones —y siempre como experiencia personal— lo esencial de lo real, el poeta logra una especie de «presente eterno», para emplear la expresión de Rolland de Renéville *(L'Expérience poétique)*. A este estado alude Novalis cuando dice: «Existe un presente espiritual que identifica el pasado y el porvenir disolviéndolos, y esa mezcla es el elemento esencial del poeta, su atmósfera propia». La obra de arte, el poema, es, en cierta medida, una cristalización de ese presente absoluto. De ahí procede la eterna juventud de los clásicos griegos, la novedad de Cervantes o de Goethe, la luz de san Juan.

Este carácter ha sido siempre la señal de la verdadera poesía y lo que permite distinguirla de la retórica. Recordarlo ahora, cuando al poeta se le exige fidelidad con su tiempo, no solo es provechoso sino urgente e indispensable; muchas de las incomprensiones que la obra de arte suscita en espíritus de buena fe, pero engañados en lo que toca a la esencia, carácter y misión de la poesía, seguramente desaparecerían si fuera más frecuente su trato con estas ideas. Y la justa exigencia contemporánea dejará de serlo —y sería, si es posible, más justa— si se supiera que el poeta jamás se rehúsa a esa «fidelidad con su tiempo». Solo que, si la relación es legítima, no es más que la antigua y entrañable fidelidad del poeta consigo mismo. En esta comunión se reconoce en el hombre y en su presente miseria; las consignas históricas y las inaplazables aspiraciones actuales quedan incluidas, implícitas, en su mensaje, y llevadas hasta sus absolutas y totales consecuencias. Ya tendré, alguna vez, ocasión de desarrollar esta idea. Baste, por ahora, un ejemplo: en don Quijote, al mismo tiempo que el español histórico, vibra el hombre eterno: don Quijote es el «héroe de la justicia», un héroe español, pero no aparecen en él, sino como atmósfera, casi invisibles, las luchas de su tiempo, y en cambio resplandece y agoniza el drama eterno —que era, también, el suyo— entre la Justicia y los rufianes.

Coincidiendo en el tiempo, pero con la actualidad que solo tiene la verdadera poesía —que, como ha hecho notar sagazmente Quintero Álvarez, siempre es actual—, León Felipe ha venido construyendo un largo, intenso poema español. Toda la obra de León Felipe, en esta etapa de madurez, no es más que un poema, aún no terminado, y que está tan incompleto como la vida de España. *Drop a Star, La insignia, El pescador de caña y el payaso de las bofetadas, El hacha,* no son más que partes, estrofas, de un solo poema. No importan las fechas, simples plataformas desde las que parte la curva de su poesía, aún no cerrada: 1933, 1937, 1938, 1939... Se trata de la historia espiritual del hombre español en esta hora, más de la conciencia que del tiempo. La historia del español, como siempre, es la historia íntima de un español, la biografía de un hombre, algo absolutamente personal y, por lo mismo, hondamente colectivo. La historia de una esperanza, de una lágrima y de una blasfemia españolas. Por eso la obra de León Felipe es actual: su actualidad arranca de su coincidencia, no en el tiempo sino en la temperatura y en el espíritu, con la atormentada, desesperada conciencia española. Esa conciencia que, como él dice, es ya «la conciencia dramática del llanto». A la hora en que muchos huyen de sí mismos, de su propia intimidad, que es la de su patria, un poeta recoge la experiencia histórica y la convierte, por vía poética, en experiencia metafísica.

La obra de León Felipe, a pesar de todo lo que toma —integrándola en su mundo— de la poesía universal y de su acento a veces americano, que subraya, por otra parte, la hispanidad de su espíritu, tiene sus raíces y sus ramas más altas en la tierra y en el cielo de España. No se trata de un poeta «castizo» sino español, castellano. De una meseta en donde todas las olas raciales y culturales se paran, bajo un cielo quieto y, ya sin asideras, se vuelven sobre sí mismas. España es una conciencia, ha dicho Faure. La conciencia de Europa. En todas sus empresas la conciencia, y los remordimientos, acompañan al español. La cultura española es la conciencia del pecado español. Ningún pueblo ha confesado con tanta entereza sus culpas y ninguno con mayor desesperación ha señalado sus llagas. ¿Qué otra cosa son, sino dramática conciencia acusadora —y redentora— Quevedo, Vitoria, Cervantes, Larra, santa Teresa, Juan Ruiz, Unamuno? ¿Y el Greco, Velázquez, Goya? Al español, como tal, no le importa nada que no sea el hombre. Si es español es porque serlo es una manera de ser hombre. (El francés, por el contrario, piensa que lo más general es el hombre: lo último, lo mejor y lo más refinado que puede ser un hombre, es ser francés. La nacionalidad es el elaborado producto de un paciente cultivo.) La poesía de León Felipe es una confesión, un remordimiento y una blasfemia. Una blasfemia, sí. ¿Quién que no sea profunda, atrozmente religioso, tiene el sacrílego, santo valor de blasfemar? Pues ¿qué es una blasfemia sino una esperanza desesperada?

El hacha es una lágrima y una blasfemia españolas, como *El pescador de caña y el payaso de las bofetadas* es una demanda y una súplica, inoídas[21]. El mundo, sordo como los dioses, como el destino, no escuchó la voz de España. Y entonces España se vuelve sobre sí misma, sobre su propia conciencia, y blasfema. ¿Quién blasfemará entre los buitres, los zorros y los cobardes que no oyeron a España, que no oyeron a su propia conciencia?

Una blasfemia y una confesión. También, y aquí encontramos otra vez esa fidelidad de entraña con el pueblo, una desesperación. La desesperación, la agonía de Unamuno, es la única dialéctica que conoce el español. La Desesperación es la forma dialéctica de la Esperanza: no la niega sino, al contradecirla, la afirma. Es una duda, una afirmación, una negación y una esperanzada síntesis, todo teñido de carne, sangre y con un acre sabor a conciencia. Así el clásico:

Sin arrimo y con arrimo, sin luz y a oscuras viviendo, todo me voy consumiendo.

No se trata de una paradoja ni del «conceptismo» que han inventado los profesores de Literatura. A través de todas las edades y de todos los estilos pelean, en la carne española, los contrarios. El drama se desenvuelve en cada conciencia. Y aún no acaba.

No acaba, y porque no acaba hay una promesa y una redención. El martirio de España puede que no sirva para

---

[21] *El hacha, elegía española* (México, Ediciones Insignia, 1938), *El payaso de las bofetadas y el pescador de caña, poema trágico español,* México, Fondo de Cultura Económica, 1939.

salvar a España. Quizá no haga falta que España se salve. Acaso, aunque derrotada, ya se haya salvado en la Historia. (¿Pueden decir otro tanto las demás naciones europeas?) Y las lágrimas españolas esperan, allí,

> en el mar,
> el que mueve las cunas
> y derriba los ciclos,
> el que cuenta los pasos de la luna
> y los de la muía de la noria.
> ¡el llanto... el mar!

Y España, el poeta, conciencia del llanto contemporáneo, del gran llanto universal que llena y amarga nuestro siglo, se pregunta:

> ¿para qué sirve el mar?
> Dios es el mar,
> Dios es el llanto de los hombres.
> Y el Verbo se hizo llanto
> para levantar la vida.
> Toda la luz de la Tierra
> la verá un día el hombre
> por la ventana de una lágrima.

No sabemos si Dios también está sordo, como lo han estado los políticos, los acobardados políticos demócratas. Pero el hombre, el hombre humilde, conciencia del llanto, tendrá que decir si quiere que el llanto, el suyo, el de los españoles y el de todos, se haga Luz. Entonces habrá recobrado su hombría cabal, su honda capacidad para dolores y alegrías más altos. Porque también el Hombre es el llanto de los hombres.

México, 1939

Isla de gracia

La antigüedad pregriega contempla dos culturas equidistantes y contemporáneas: la mesopotámica y la que nace en la cuenca del Nilo. Pero entre ellas, coexistiendo, isla de gracia, surge la cultura cretense. Tres milenios antes de Cristo, Creta florece. ¡Florece!, con la misma difícil espontaneidad imaginativa que la naturaleza. Solo a través de sus testimonios arquitectónicos, escultóricos y, principalmente, pictóricos, podemos intentar una reconstrucción de su espíritu. Reconstrucción o invención, pues Creta, siendo tan antigua, se nos aparece todavía como un fruto —¿de ayer?, ¿de mañana?— perfectamente vivo. Más que nostalgia sentimos ante sus restos el temor de un presentimiento, de un advenimiento.

En Creta nace el espíritu europeo, mediterráneo, en toda su encantadora, apasionada esbeltez. Es decir, para el arte, nace la persona, el hombre que no está sujeto a un «absoluto» deshumanizador. La influencia egipcia fue superficial. En Creta falta el sentido de lo monumental a la manera egipcia o mesopotámica. En el arte cretense hay el asombro ante la naturaleza pero no el terror religioso que inmoviliza a la cultura egipcia o lleva al griego al delirio pánico. Su arquitectura, como su espíritu, es siempre profana. Profana pero no laica. El palacio de Cnossos (2000 a.C.), habitado probablemente por un rey-sacerdote (en Creta había un rey único, a diferencia de las ciudades griegas), es, realmente, una vivienda presidida por la Intimidad y no por el Poder.

La lucha entre la pintura y la escultura, las vías plásticas fundamentales en ese tiempo, se resuelve por un triunfo de la primera. El color, la apariencia y no la esencia, lo domina todo. Se trata de una ilusión, de una ilusión artística, es decir, metafórica: con la apariencia el pintor nos muestra la esencia de las cosas. De las cosas que, al fin de cuentas, no son sino apariencia. Es decir, vida. Por eso dice Rodenwaldt: «El arte cretense es pictórico, pero no en el sentido de que la pintura prescinda de la escultura, como en el impresionismo, sino como una profunda inclinación a reproducir las relaciones naturales que existen entre las cosas»[22]. El cretense estaba absorto ante la Apariencia, como el egipcio ante la Muerte. De allí que se exprese mejor en la pintura, que es amor a la naturaleza, al movimiento y a la acción. Amor a lo personal. Su imaginación no quiere reducir la diversidad de la vida a un símbolo, sino que prolonga la divina verdad de la apariencia. No sujeta a la vida, sino que la enriquece con nuevas, delirantes, libres creaciones.

La cultura cretense fue transportada a Grecia aproximadamente hacia la mitad del segundo milenio. Allí la vemos coexistir, casi sin mezclarse, con la cultura autóctona. Se convierte en un arte cortesano, al servicio de los poderosos príncipes guerreros que construyeron las rudas fortalezas de Micenas y Tirinto. Esta incapacidad para asimilar lo adquirido fue, seguramente, una de las causas de la lenta inmovilización de la llamada cultura micénica. El dualismo de aquella sociedad —muy semejante a la de la época feudal— ha permitido, sin embargo, ya que no contemplar

---

[22] Gerhardt Rodenwaldt (1886-1945), historiador alemán de arte clásico. Paz alude a su libro *Arte clásico (Grecia y Roma)*, traducción de Luis Boya Sacra, Madrid, Editorial Labor, 1931, del original alemán *Die Kunst der Antike* (1927).

nuevas creaciones, sí que podamos ahora ver, casi en toda su pureza, testimonios del espíritu de Creta en tierras griegas. Y contemplar, casi al mismo tiempo, el esplendor de la pintura cretense y el balbuceo de la escultura arcaica.

México, 1939

Constante amigo

Emilio Prados está en México. Con nosotros. Este reconcentrado andaluz, poeta y hombre, ha encontrado, pronto, casi sin trabajo, el secreto de México, y es que el secreto de México antiguo, antiquísimo —tanto que casi no tiene historia sino leyenda— es, también su secreto. El secreto de todo andaluz. Prados, por otra parte, como verdadero poeta que es —y sobre todo, como hombre vivo y no máscara de hombre— tiene una capacidad de entrega, una capacidad de comunión, que es, justamente, la esencia y el drama de su poesía.

Esa capacidad de entrega, esa caridad que lo lleva a enriquecer al mundo —y la angustia de recobrarse, enriquecido, definen su espíritu y su poesía—. Caridad que no es solo dar, sino *recibir*. Y es, quizá, en el recibir en donde se encuentra más puramente el amor, el amor que comulga con el objeto del amor. La poesía, al fin de cuentas, no es más que eso: una caridad, en la que se recibe tanto como se da, una comunión, en la que el entregar y el poseer se confunden. Prados, en una época de su vida, no «escribió» poesía; todo el mundo decía que la había abandonado, «entregado a una actividad política extremista» (Antología de Gerardo Diego). No era verdad. Lo que ocurría es que Prados —breves, maravillosos días por los que todos luchamos— no *necesitaba* escribir su poesía. Escribir, siempre, es un sufrimiento y hasta una traición. *Entregado* a una actividad *extremista* —amor de entrega es amor extremista— la poesía estaba en su pecho y en su piel, en su conducta y en su silenciosa, muda comunión con el mar de Málaga —alto mar azul, transparente y hondísimo— y con los pescadores y campesinos andaluces. La poesía, la mejor poesía, es una conducta; se expresa en hechos. Es una imagen viviente.

Ahora a Prados le han arrebatado esa comunión, esa poesía vivida y no escrita. Renace la angustia, la angustia del amor, la angustia de la poesía que necesita del poema y de la imagen para certificar su existencia. De allí el título de sus dos últimos libros inéditos: *Destino Fiel* y *Constante Amigo*. Amigo constante es Emilio Prados. Por eso, fiel a su destino, viene a México. Comulga con nosotros, sufre nuestra misma angustia. Es uno de los nuestros.

Una obra sin joroba

No creemos en los aniversarios sino en la medida en que dejan de serlo y de simple recuerdo escolar se convierten en tradición; tradición, es decir cosa viva, combatida y combatiente: polémica. En la medida en que son una respuesta a nuestra íntima polémica. Tal es el caso de Alarcón. Y solo en este sentido podemos —si en verdad nos impulsa algo más hondo que una fecha inerte— acudir a la cita que, en nombre del creador de la comedia moderna, nos hacen estudiosos y profesores a los jóvenes de México.

Alarcón es un *caso*. De allí, de su problematicidad, arranca, más que el valor de su obra, su sentido y actualidad. Cómo y por qué escribió lo que escribió son, a nuestro juicio, las preguntas que deberían hacerse —que de hecho se hacen— los investigadores. Su actualidad —nosotros no tenemos horror a lo *actual* sino a lo pasajero— proviene de su carácter extraordinario. Alarcón es una respuesta al siglo XVII español. En Alarcón, por primera vez, se presiente que lo mexicano no es, tan solo, una dimensión de lo español sino, mejor que nada, una réplica. El teatro alarconiano es una réplica al teatro español; por eso no es nada accidental el entusiasmo con que su respuesta fue acogida por los franceses. Alarcón, el indiano, llega a España seducido por Lope, el monstruo de la naturaleza, pero ante ese monstruo, genial, poético, se inhibe. Se «enconcha» en su joroba, esa monstruosa joroba alarconiana que guarda, sin esconder, todas sus lágrimas no derramadas y que desde ese día será el símbolo de todo lo que no hará Alarcón. Y es que veía, en su joroba, a la de todo el teatro de su tiempo; como en un espejo la veía retratada, con toda su violencia inmoderada, con toda su misteriosa ternura, con toda su imprudente desgracia, henchida, hinchada, de lágrimas. En suma, con toda su fatalidad. Y en un callado, heroico esfuerzo artístico y ético, les dijo *no* a la Joroba de su tiempo y a su propia joroba. El precio fue caro: al huir de su joroba, de su fatalidad, huía de la Poesía.

De esta audaz negación parte toda su obra y buena parte del teatro universal. A la temperatura apasionada, religiosa y barroca, heroica, de su tiempo, él opone la suya, hecha de mesura y dignidad. Si no es sublime es, por lo menos, digno. No asciende mucho, pero tampoco su caída es profunda; queda, siempre, en un tenso equilibrio. Y esto es, ya, una estoica lección que lo acerca a nosotros. En su obra no hay Joroba.

En el *no* de Alarcón está, como en cifra, todo el *no* de México. Es un *no* a su tiempo, una réplica. (¿El *no* a su madre, a su fatalidad, Edipo redimido?) Su negación es la réplica que necesitaba el espíritu español, que siempre vive de la polémica y que cuando no tiene interlocutor, lo engendra. Y, también, su *no* es, en potencia, una implícita afirmación. ¿Cuál es el *sí* de esta negación? En primer término, su estoica dignidad, que huye de la desesperación y se afila en la cortesía. Sus virtudes, sin embargo, están más en el contenido de su obra que en el carácter que de ella han desprendido sus críticos. Pero, por encima de las contradictorias verdades en que se vela y revela, más hondo que la imagen que de ella nos dan los estudiosos, queda en pie que la parte más valedera, más fecunda hasta ahora, de su teatro, es la que engendra la «comedia moral». Su claro presentimiento del mundo de la burguesía, su «psicologismo», pertenecen por completo al mundo que hasta hace poco llamábamos moderno. Su mundo es el de la razón y, sobre todo, el mundo de las probabilidades razonables, más que el mundo de las imposibles razones de Calderón. Su lenguaje, asimismo, pertenece por completo a esta esfera del mundo moral, lejos de la fatalidad lopesca. En su obra no cabe, no podía caber, todo lo oscuro y balbuciente, informe y entrañable que alentaba y alienta en los abismos de cada hombre y que, para expresarse, hubiera necesitado, quizá un idioma más inseguro pero más tierno. El español ya había expresado, con ese mismo instrumento, su mundo primario y poético; Alarcón, por el contrario, no da el paso hacia atrás, hacia su mundo incógnito, sino hacia adelante, hacia la razón y lo moderno. Frente a la pasión de los españoles no opuso un estremecimiento más hondo que la pasión, sino una fina arquitectura de posibilidades y razones. Por eso se ha podido decir que «Alarcón es mexicano, en cuanto que no es español».

Esta negación alarconiana es la que, entre todas sus magníficas afirmaciones, que pertenecen a todos los pueblos y viven ya en la historia viva de la literatura dramática, nos acerca a él. En ella palpitan todas las posibles, incumplidas afirmaciones del mexicano. Del mexicano que vive en el hondo, inexpresado mundo primario de su pueblo. Del mexicano, del hombre, que no quiere huir de la Joroba, de su propia joroba, y de la de sus montañas y de la de sus rencores. Y de la Gran Joroba del mundo moderno, el mundo de la razón sin comunión. No quiere huir de ellas sino superarlas, porque en cada una, como en los volcanes, duerme todo el fuego, las lágrimas y las lavas, purificadoras y redentoras. Y solo ellas, «corriendo ya sin duelo», podrán rescatarnos de la Gran Joroba de la injusticia y del rencor.

México, 1939

Invitación a la novela

Después de Proust, el último gran y vigoroso —aunque los necios lo llamen «débil y decadente»— novelista de nuestro tiempo, la novela se ha empobrecido. Y este empobrecimiento paulatino, semejante al de la pintura, especie de «dieta imaginativa», la ha desfigurado. Es decir, tanto como su esencia, su *figura,* sus supuestos formales, han sido afectados por la crisis. Por eso, porque hemos olvidado su figura, su silueta, tantos libros circulan por ahí con el disfraz de «novela», cuando son otra cosa. La novela es, ante todo, un mundo; no simplemente una atmósfera, ni unos personajes, ni una historia, ni una filosofía, sino todo eso, pero en un mundo, viviendo en un mundo. Un mundo, es decir, un orden, humano y mitológico, en el que los personajes respiran una atmósfera, sopla un destino y suceden unas cosas. Nuestro tiempo ha mutilado a la novela; unos, los más, la han convertido en un pretexto para opinar, para «disertar»; otros, los mejores, la han reducido a la soledad de un monólogo interior. Ensayos y confesiones que no son novela, no porque esta no sea ensayo y confesión, sino porque, además, es otras muchas cosas. Nuestro infortunado mundo moderno, sin embargo, ha inventado un tercer tipo de novela; si el siglo pasado conoció la novela-baúl, la obra monstruosa y enciclopédica, banal e insondable, en donde todo cabía, nosotros hemos creado la novela deshabitada, la novela hueca y fría como una máquina de refrigeración, en donde nada cabe, ni existe. Aquí, el ensayo se substituye por la divagación; el análisis psicológico por una especie de relamida convención, que se piensa sutil y es solo afectada y falsa. Un ejemplo de esta clase de novelas lo tenemos los mexicanos en las que frecuentemente publica Torres Bodet, el más asiduo e inteligente cultivador de ese género.

La novela debe volver a su esencia. Su esencia es, como conviene a su naturaleza, impura, porque la novela, me atrevería a decir, es el único género literario que permite el ensayo, la divagación, la poesía, la política, todo, hasta la literatura, a condición de que sean... novela, mundo. La novela debe volver a lo que ha sido desde su nacimiento: épica pura. La épica de nuestro tiempo es la novela. La historia mitológica de un mundo real. Realismo y mitología, tal es su doble condición vital. Realismo como el de Homero, mitología como la del Cid. Mitos, personajes míticos y mitológicos, como Swann, Alejo Karamázov, Charlus, Rastignac, Fabricio, Sancho Panza, tan profundamente reales que nos podemos reconocer en ellos, tan extraordinariamente excepcionales que, siendo como son, sin saberlo ellos, son como todos los hombres. El hombre solo puede vivir en su mundo; los personajes en el suyo; por eso el mundo real de los personajes es un mundo mitológico, pero con toda la religiosa realidad de la mitología, la única realidad que soporta el hombre, la única mitología, también, que tolera el arte.

Si la novela contemporánea casi no existe —a pesar de todos los nombres ilustres que conocemos—, la novela mexicana es más pobre aún. Casi no ha nacido. X. V.[23] me decía, hace tiempo, que él solo encuentra en México una novela, una verdadera novela —de las mejores que se han escrito en español, pienso, desde los tiempos de Pérez Gal-

---

[23] X[avier] V[illaurrutia].

dós—; y sin embargo esta gran novela, esta verdadera novela, no es una novela: es un libro de memorias, el *Ulises criollo,* de José Vasconcelos. Ante la novela mexicana —o lo que así hemos dado en llamar— se piensa inmediatamente: «¡qué gran bloque, qué gran materia prima para un novelista verdadero!». En México, la realidad, el mundo siempre virgen de lo real, ha sido, hasta ahora, superior a los artistas. El «problema de la novela» no existe en México; existe el problema, el gran problema de encontrar a los novelistas mexicanos. Se trata de saber si existen verdaderos novelistas en México; que, si los hay, habrá novela. Por eso el caso de Solana —como el de Juan de la Cabada, Revueltas, Iduarte, Henestrosa y otros— me apasiona. ¿Serán novelistas?

Tenemos ahora la novela de Solana, su primera novela, para contestar a la pregunta[24]. ¿Es una novela verdaderamente, tal como la queremos y la pensamos? No, desde luego. Y, sin embargo, Solana es un novelista. Ante su obra pensamos, justamente, lo contrario de lo que nos sugiere lo que hemos llamado «la novela mexicana». No se nos ocurre decir: «¡qué lástima de historia, de personajes, de realidad!». En la novela de Solana casi no hay historia, los personajes son muy pocos y no se insiste sobre ellos, la trama es una sombra, la realidad se evapora frecuentemente y el autor, con extraordinaria y asombrosa maestría, se escapa frecuentemente por la divagación, el ensayo o la poesía. Pero a pesar de eso, quizá precisamente por eso, por esa ausencia de «materia prima», Solana es un novelista; aunque aún no haya escrito una novela, una novela que, acaso, será injusto pedir a un joven como él. En lugar de esa novela que no esperábamos, nos ha dado algo mejor: nos ha dado un idioma, casi siempre vivo, siempre aéreo y gracioso, admirablemente seguro y fino. Y, con ese idioma, con ese estilo que es el único instrumento para penetrar a la realidad, para

---

[24] Rafael Solana, *El envenenado,* México, Ediciones Taller, 1939.

superarla y tornarla mitología, Rafael Solana nos entrega algunos extraños personajes, reveladores, confirmadores, mejor, del título de su novela: «El envenenado», primera parte de la *Educación de los sentidos*. Estos personajes, vivos, vivientes, son, tan solo, fragmentos: una boca, unos labios, un pecho, una respiración, la espuma de las nubes, la isla de un lecho en medio de una alcoba, un pie vivísimo. En estos afortunados fragmentos Solana ha podido superar a la novela—divagación—; ha recreado los objetos de un mundo, de un mundo que, como los restos de un naufragio, penosamente extrae del fondo de su memoria, del fondo de su conciencia. Son estos fragmentos, estos vivientes restos, un presagio seguro de un mundo que nace, que está naciendo, seguramente, en Solana: el mundo de sus futuras novelas.

Naturalmente que su obra tiene otros aciertos, ya señalados por la crítica. Y otros defectos, también. Pero ni unos ni otros me interesan tanto como esa promisora presencia del novelista en su obra. Del novelista y del escritor, porque Solana, más que nada, en esta su primera novela, se ha mostrado como un verdadero escritor. En México, por sequedad del ambiente, por angustia, y también, por resentimiento, es frecuente el tipo del «aficionado a la literatura». La novela de Solana es la obra de un escritor, no del ocio del burócrata o del intento del *snob*. De un escritor que, con extraña madurez, maneja un idioma limpio y sensible.

Rafael Solana ha publicado su primera novela. Digo su primera novela porque estoy seguro de que, a esta, seguirán otras. Y, también, porque enfrentándolas a la realidad imaginativa de esta primera, me gusta pensar en las otras, aún no escritas, imaginarias, pero auténticas, reales, presentidas. No es, pues, por un simple deseo, por imaginación, que me complazco en pensar en las venideras novelas de Solana, sino porque esta que ha publicado ahora no es más que una incitación, un compromiso que Solana ha contraído consigo mismo, con su naciente mundo novelístico. *El envenenado* es, sobre todo, el presentimiento de una novela;

Solana, en lugar de escribirla, nos ha dicho: «aquí está mi capacidad, mi posibilidad para hacer una novela». Y, mostrando esta capacidad, es, ya, un novelista; un novelista sin novela, exactamente lo contrario de lo que sucede a los demás, que en lugar de enseñarnos al novelista nos enseñan la materia posible de una novela, de una realidad que espera un espíritu. La literatura mexicana sufre de esta contradicción: la novela sin novelista, el novelista sin novela. Prefiero naturalmente, al segundo, porque la realidad es infinita y espera, siempre, en tanto que el artista es siempre excepcional, irrepetible y mortal. Rafael Solana, dueño de un idioma y de un talento nada comunes, se encuentra ante un inexorable compromiso. Un compromiso que no es, tan solo, el banal de una juventud «que promete», sino el mucho más serio de un escritor verdadero consigo mismo, con su propia verdad.

México, 1939

Lawrence en español

En la colección La pajarita de papel, que dirige Guillermo de Torre y en la que hemos leído, entre otras cosas, *La metamorfosis* de Kafka, se ha publicado un volumen de narraciones de D. H. Lawrence, *La mujer que se fue a caballo.*

En un acertado prólogo, Guillermo de Torre sitúa a Lawrence como a uno de «aquellos escritores, hoy en reducido número, cuya grandeza se cifra no solo en la calidad de su obra, sino esencialmente en el mensaje que aportan». En efecto, nada más lejos de Lawrence —ese predicador de la sensualidad, como lo llama Malraux—, que el arte sensual, que se complace en sí mismo y que no tiende sino a la satisfacción de un rigor formal, puramente estético. Para Lawrence la obra de arte es un verdadero alimento espiritual y no la concibe sino como una confesión y una liberación; sus novelas, como su poesía, no son, en los momentos mejores, más que eso: confesión, es decir, comunión. Su antintelectualismo, su culto por la unidad vital, cósmica —de la pareja en la naturaleza—, no es más que una parte de esa aversión suya a la razón y sobre todo al masoquismo de la razón, de la razón individual. D. H. L. siempre huyó de toda atomización y de toda mecanización —psicológica, *nerviosa,* como él diría, o racionalista—; de allí que haya buscado, con más desesperación que nadie, las fuentes secretas de la espontaneidad y de la unidad en lo más oscuro, antiguo e inefable del hombre, en aquello que no admite explicación sino intuición, comunión y no comunicación: la sangre, el misterio de la naturaleza.

Las narraciones que publica La pajarita de papel no reflejan, sin embargo, a excepción de la primera (que ocurre en México, entre indios fantásticos, muy lawrencianos), el temperamento «apostólico» de Lawrence sino más bien esas cualidades de su espíritu, las más modestas quizá, pero las más verdaderas, que lo hacen heredero de la mejor tradición inglesa: su amor por la naturaleza y el hombre. Un amor un poco de miniaturista, delicado, tierno y viril. La prosa de Lawrence se ilumina en cuanto trata de las cosas diarias, que los ojos descuidados nunca ven y que él rescata del olvido: el pequeño arbusto, el rizo de una niña, la humedad de la tierra, la nube solitaria. Cosas vivas, personales, en las que, como en cifra, se da, concentrada, toda la inocencia y el candor del mundo. Y, oponiendo, en cierto modo, la verdad natural a la psicológica, Lawrence gusta de enfrentar a este mundo poético de la hierba, el pájaro y el agua, el alma retorcida y rencorosa de los hombres. Así en «Isla, isla mía...», historia «muy inglesa» de una joven pareja entregada al amor —un amor ignorante y dichoso como el que pinta Keats en «Sleep and Poetry», tranquilo como «una rosa silvestre»—, los personajes abandonan su cerrado paraíso para, bíblicamente, cumplir con su destino, un destino que han querido eludir pero que, al fin, se venga en ellos como rencor. «El oficial prusiano» es un cuento lleno de interés psicológico en el que los dos personajes —Lawrence siempre procede por parejas representan lo que llamaríamos la tesis y antítesis de la concepción lawrenciana: el oficial simboliza la mecanización de la vida; su asistente, un joven campesino, la espontaneidad. Un sordo rencor, una muda, inconfesada envidia, lleva al oficial prusiano a humillar, en la figura y en la carne de su asistente, a toda esa vida libre que él percibe en todo lo que le rodea y a la que tiene un supersticioso temor. La humillación lesiona de tal modo al asistente que solo la sangre, el rescate sangriento, la muerte de su amo y la suya, pueden devolverle la inocencia.

En resumen, el pequeño libro que publica La pajarita de papel nos muestra uno de los más puros aspectos de la obra de Lawrence, de este Lawrence tan ofendido y humillado en lo mejor de su espíritu, en su obra, por tantas traidoras traducciones americanas.

México, 1940

Sabor eterno

Hemos leído el último libro de Emilio Ballagas, el poeta cubano[25]. El título del libro, *Sabor eterno,* es una clave para descender a su intimidad y para situar a la poesía de Ballagas en el cuadro de la poesía cubana contemporánea. Sabor eterno: las dos palabras se oponen y verlas juntas, una frente a otra, parece uno de esos juegos barrocos de los que se ha abusado tanto en los últimos tiempos. Pues, en efecto, el sabor, espuma de los sentidos, es lo más fugitivo, lo menos eterno, del mundo sensual. El gusto es uno de los sentidos desdeñados por el arte; nuestra cultura es, ante todo, la cultura de la vista, del tacto y del oído (¿no es así, Jorge Cuesta?); mediante estos tres sentidos el hombre penetra al mundo exterior o se deja penetrar por este; los ciegos y los amantes —esos lúcidos ciegos— ven con el tacto; y los videntes, con los ojos, tocan y oyen a la música invisible que danza en los colores del paisaje o en las proporciones de las formas. ¿Y no hay colores ásperos, blandos o hirientes? El olfato y el gusto han sido los sentidos ofendidos y empobrecidos por la técnica. Emilio Ballagas pretende rescatar de la pobreza y de la ceguera al gusto, al sabor, mediante la poesía. Y lo inusitado de esta empresa deja de serlo si se piensa que Ballagas es cubano y que alguna vez ha cultiva-

---

[25] Emilio Ballagas, *Sabor eterno. Poemas,* La Habana, Úcar, García y Cía., 1939.

do la poesía negra. El trópico, más que la luz y el color, es el vaho, el sudor, el sabor, en suma, de la naturaleza. La poesía cubana de los últimos tiempos, más que una poesía de color, ha sido una poesía de sudor; de allí el halago con que nos toca y, también, su fragilidad y, muchas veces, su banalidad. Guillén y todo el movimiento de poesía que engendró representan este polo sensual y sabroso de la geografía poética cubana. En el otro extremo se encuentra Florit, autor de unas décimas al trópico en las que intentaba someterlo a una geometría, así fuese la laberíntica de Góngora[26]. Más tarde Florit se ha ido desnudando, por el camino de Juan Ramón. Si Guillén es el vaho del trópico, Florit es su cielo. Y, entre ellos, la poesía de Ballagas, que quiere ser sabor pero que no se resigna a lo efímero y quiere eternizarlo. Y en este intento encontramos el mejor momento de la poesía de Ballagas y, quizá, el más equilibrado y humano de la poesía cubana. Este momento es el momento de la tierra, que humaniza a los sentidos y a la razón. La poesía de Ballagas se mueve, precisamente, entre estos dos límites, el de los sentidos y el de la razón: el mundo de los sentimientos. Las «Elegías», seguramente lo más hermoso del libro, son el mejor ejemplo de lo que decimos.

Este magnífico libro de Ballagas es su mejor libro; en él ha encontrado una forma y un camino seguros hacia la poesía, esa poesía suya que le late en el pecho, no ya como simple sabor, ni como contemplación, sino como diálogo: el diálogo entre su sensibilidad y su sensualidad, entre el sabor y lo eterno, entre lo fugitivo y lo que permanece. Mantener vivo ese diálogo será, en Ballagas, mantener viva la fuente de su poesía.

México, 1940

---

[26] Nicolás Guillén y Eugenio Florit (1902) son dos notables poetas cubanos, contemporáneos de Ballagas.

Mundo de perdición

La porción más valiosa y entrañable de la poesía española joven la forman, sin duda, los poetas andaluces: Cernuda, Alberti, Lorca, Prados, Altolaguirre, Aleixandre, continuadores, dice Juan Ramón, de esa línea poética y lírica que encarnan Garcilaso, fray Luis, san Juan y Bécquer y que se prolonga, hasta nuestros días, a través de Darío, Unamuno, Machado y el propio Juan Ramón. José Bergamín pertenece a ese grupo andaluz, pero no escribe, habitualmente, poesía. Mejor dicho, su poesía no la encontraremos en los versos que excepcionalmente escribe, sino en su crítica. La crítica, para Bergamín, es una forma poética y creadora. Así como ha habido un grupo de poetas críticos, de poetas intelectuales, el grupo andaluz, con la sola excepción del sevillano Cernuda, ha mostrado una singular y poética, aunque peligrosa, incapacidad para la reflexión, para la crítica. Y su crítico, obedeciendo al espíritu universal, pero cierto, que da fisonomía a una generación, concibe a la crítica como una forma de la poesía: como la más arriesgada y expuesta forma de soñar y de jugar. Si la poesía es un juego, el único juego trágico y absoluto del hombre, Bergamín piensa que la crítica es también un juego, es decir, que la crítica es también poesía.

¿Qué clase de juego es este? Jugar, dice Bergamín, es perder. El hombre juega porque quiere perder. «El hombre lleva en lo más intrincado de su ser ese puro afán de perdición eterna. El hombre juega porque jugando pierde; si no, no jugaría». Y más adelante agrega, *como jugando:* «Es difícil perder, es difícil perderse. Pero es más difícil encontrarse sin haberse perdido». Adán, queremos creerlo, se perdió para eso: para salvarse, para que Cristo muriera salvando al género humano. La vida del hombre no es más que un perderse a sí mismo, para luego encontrarse y descubrirse. A subrayar y encontrar esta *revelación del hombre,* fruto de su afán de perdición, fruto de su libertad y de su pecadora experiencia, se dirige toda la obra de Bergamín. (Aquí, en esta concepción de la libertad humana, en esta afirmación de la libertad, reside la razón de ser de su catolicismo.) La poesía no es más que el testimonio encendido de esa revelación, de ese salir a la superficie, a la luz y al aire, al asombro de la «diaria novedad del hombre».

He dicho «salir a la superficie» y creo que hay que insistir sobre esto. Está de moda hablar de los escritores «profundos», de los escritores «hondos». El arte, nos dice Bergamín, recordando a Nietzsche, es siempre superficial, porque es una revelación. La poesía es un sacar a luz lo más íntimo y prohibido del hombre, aquello que constituye su última esencia. La poesía es el rescate del hombre perdido. En este sentido Bergamín es uno de los escritores más superficiales de nuestro tiempo; y eso lo coloca en la línea de los más superficiales poetas de la lengua española y, singularmente, en la del más desenfadado y jugador de todos: Lope. Bergamín tiene más del donaire de Lope que de la inmovilidad conceptuosa de Calderón. No se complace nunca en la forma quieta; animado por un humanísimo amor a la palabra, se goza más en soplar sobre ella, en hacerla volar, en hacerla desaparecer a fuerza de luces, que en modelarla o esculpirla. Su estilo es lo menos arquitectónico posible; su prosa no es nunca una prosa poética, como la de tantos poetas, sino que, por el contrario, en sus mejores momentos, es poesía. Algunos han hablado de Unamuno al escribir sobre el estilo de Bergamín; quizá en ese ir al fondo de los vocablos, en ese trágico embeleso en las diversas luces que una misma palabra arroja, don Miguel esté presente; pero el vasco, más vasto y sólido, más desnudo, es menos ligero. Ligereza lopesca, volátil, airosa y a veces airada, es el rasgo que percibo en la prosa de Bergamín. Su estilo de pensar es, casi, un estilo de danzar.

Decía que para Bergamín la crítica es poesía. Y la poesía, juego. Juego de perdición. Sobre este elemento trágico y religioso, sobre este saber que la mentira del arte es la única, la última verdad, está edificado su *Disparadero español*. El libro recoge varios ensayos y artículos, publicados antes de la guerra española en la revista *Cruz y Raya,* atravesados todos por la misma preocupación.

La última substancia del hombre es la libertad. Y en esa libertad airosa que mueve su pensamiento y su palabra, en ese perderse para encontrarse, como en el arte del toreo, encuentra Bergamín la esencia del disparate. Del disparate, que es el género heroico y religioso que ha cultivado con mayor asiduidad el pueblo español.

El disparate, dice ingeniosamente Bergamín, es «un disparo de la razón». Y de esta afirmación aparentemente superficial llegamos a esta otra, en la que el juego se vuelve mortal: «En el principio era el disparate». En efecto, si España tuviera su Fausto, a esta conclusión evangélica hubiera llegado, y no a la germana. La historia de España es un disparate —porque un disparate fue la Contrarreforma y un disparate fue la República— y su literatura es la quintaesencia de lo disparatado. Y especialmente disparatados son Cervantes y Quevedo, san Juan y santa Teresa, Unamuno y Valle-Inclán. Piden o quieren cosas «fuera de razón». Piden imposibles. El español, al contrario del francés, cree que solo por lo imposible vale la pena vivir. Y si pide cosas fuera de razón, eso no significa que pida cosas contrarias a ella sino, mejor, pura y radicalmente racionales. El radicalismo de la literatura española, el jugárselo todo a una carta, no es más que ese puro afán de «perdición eterna», de salvación eterna, que el hombre lleva en sí.

En Calderón, el problema de la libertad, que es el problema del disparate, que es el problema del destino humano, de la posibilidad de escaparse de la tiranía de los astros, se dibuja con toda claridad y rigor teológico y humano. Bergamín, en esta búsqueda de libertad, nos muestra a los dos hijos del aire, a Segismundo y a Semíramis, «testigos, mártires de su libertad». Y, ante la victoria aparente del destino sobre Semíramis, Bergamín se pregunta: «Todas esas figuraciones dramáticas de Calderón parecen desdoblarse en una contradicción aparente. De un lado, al mostrarnos la ineludible consumación de su destino trágico, aceptan la fatalidad escrita en los cielos. Mas, por otra parte, nos enseñan la libre voluntad del hombre para contradecir lo que así estaba escrito». El sentido de esta aparente contradicción, que es la contradicción del hombre, está en la concepción cristiana de la libertad: Semíramis y Segismundo «cumplen su destino porque lo aceptan libremente». Porque el destino del hombre es la perdición en el mundo y solo contradiciendo al mundo, enemigo del alma, el hombre recobra su libertad. De este modo, agrega Bergamín, «cerraba España Calderón, contra la aventura del mundo y por la ventura de Dios. Y fue o es poesía profética la suya por eso, por haberla pensado, soñado, de este modo: abierta a la libertad del amor...». El último ensayo del libro está referido a la novela. «Laberinto de la novela y monstruo de la novelería». El ensayo, uno de los mejores y más luminosos de Bergamín, está lleno de sugestiones y de inspiraciones. Destacaré algunas de ellas, que me parecen particularmente vivas y, sobre todo, actuales para México: «La verdadera novela burla la novelería». O mejor, la verdadera novela tiene que encerrar, en su laberinto, el monstruo vivo de la novelería. Porque puede haber novelería sin novela, pero no puede haber novela sin novelería. Y ¿qué es la novelería? ¿Qué vivo monstruo es ese? Para Cervantes «eran los libros de caballerías». En el siglo pasado fue el folletín; ahora, las novelas de aventuras, las novelas policiacas. En México, la novelería es la Revolución, la «novela de la Revolución mexicana», monstruo vivo que nadie ha logrado encerrar en una verdadera novela, en una cárcel de sueño y palabras. Monstruo que nadie ha podido hacer vivir en el mundo del arte. México es un país novelesco, romancesco. Pero esta riqueza episódica devora a la novela, como esos monstruos que devoran a sus hijos. Por eso el problema de la novela en México es un problema, más que de sabiduría, de valor. Hay que atreverse con el monstruo y hay que vencerlo y, vivo, encerrarlo en una novela.

Hay otra afirmación de Bergamín que es necesario subrayar. «Los tres enemigos de la novela son la moral, el psicologismo y la historia». En México, que solo ha aprovechado la degeneración realista de la novela romántica, estos tres enemigos, porque son tres prejuicios, se reducen a dos: moral e historia. La moral, en México, es la corrupción de la novela, porque es la negación de la libertad de los personajes. El novelista mexicano construye de un modo elemental; sus engendros están tiranizados por su moral. La historia, en México, se llama costumbrismo realista, fidelidad a una realidad falsificada.

Para Bergamín, la novela es el mundo del hombre. Mundo o perdición del hombre. Y en la novela, como en la poesía, como en la vida, lo que importa es la afirmación de esa libertad del hombre, de esa posibilidad de perderse o ganarse. La novela, así, no será sino la dramatización, la teatralización, el sacar a la superficie esta íntima contradicción que mueve al hombre, suspendido entre el cielo y los infiernos.

Y si la novela es el género que cuenta la caída del hombre, su aventura infinita, la crítica, este género de crítica creadora que realiza Bergamín, es una incitación a la libertad, a la única libertad que merece el hombre: la libertad de creación y recreación de sí mismo.

México, 1940

Régimen de Vichy

Nadie duda de que la Segunda Guerra Mundial ha precipitado la crisis general de la civilización de Occidente. Y nadie duda tampoco de que esa crisis es, sobre todo, la crisis de la democracia y de todas las ideas que hasta hace poco llamábamos modernas. La democracia moderna, tal como la concibieron sus creadores, no es, después de todo, muy distinta a la democracia de las ciudades antiguas. En cierto sentido, se puede decir que es solo una extensión y una profundización de la democracia antigua. Los beneficios de la ley se extendieron a todas las capas de la población y el régimen de privilegios consagrados por el derecho desapareció. Al mismo tiempo que se lograba la igualdad ante la ley, esta dejaba de ser territorial o provincial y se convertía en nacional. La democracia moderna era, así, popular y nacional: la democracia era la nación. El nacionalismo, en esa época, era demócrata; y la democracia, popular. Pero las cosas han variado.

La democracia se paralizó, enfermó. Lentamente dejó de ser popular y, paralelamente, de nacional se convirtió en nacionalista. La evolución de las ideas políticas no es, quizá, sino un reflejo de la sensibilidad política de los pueblos o de las clases sociales. Por eso, más que en las ideas o en las leyes, es en las «reacciones» ante la política, reacciones muchas veces primarias, casi nunca intelectuales, en donde podremos encontrar las huellas de la crisis de la democracia. La democracia burguesa se perdió mucho antes de que se le presentara aquel falso y trágico dilema, consistente en decir que ante las amenazas totalitarias no había más que dos caminos: o convertirse en dictadura o ser vencida. El dilema no existía, como se ve, porque los dos términos de la cuestión venían a ser lo mismo. Solo la hipócrita retórica de los pseudodemócratas burgueses podía fingir una elección donde no había nada que escoger. Y es que la cuestión era otra. Se trataba, después de todo, de algo muy difícil, pero que quizá hubiera salvado, por algún tiempo, a la envejecida democracia occidental: rejuvenecerla. Y solo hay unas aguas de Juvencio: las aguas del pueblo, de donde nació, profundamente popular y nacional, manchada de himnos y sangre, la democracia.

Los enemigos del pueblo —que se decían defensores de la democracia— encontraron, sin embargo, en lugar de las aguas populares, otras químicamente puras, unas aguas medicinales, cargadas de espuma, espumeantes: las aguas de Vichy. Es decir, las aguas del nacionalismo. El falso dilema tenía una solución falsa: frente a la dictadura nazi solo había una respuesta: la dictadura nacional. Eso perdía a la democracia, lo que no importaba ya a Daladier, Bonnet y demás, pero salvaba a la nación[27]. (Ya hemos visto cómo salvaron los nacionalistas a la nación.) Se olvidaba que la democracia era la nación; y que la nación era el pueblo. La democracia dejó de ser popular; hacía muchos años, en rigor, que había dejado de serlo y, por lo mismo, ya no era nacional y estaba a punto de no ser democracia. Era un triste fantasma en manos de un grupo internacional que ha hecho del nacionalismo el remedio universal para curar la parálisis del capitalismo.

Con las etiquetas del nacionalismo los señores de Vichy venden un veneno internacional, que es lo menos francés

---

[27] Édouard Daladier (1884-1970), vicepresidente francés durante el gobierno de León Blum, encarcelado junto con G. Bonnet, entonces canciller, por el gobierno de Vichy.

que hay: el mismo veneno de Franco. El veneno internacional del nacionalismo, que es antipopular, antidemócrata y, por ende, antifrancés. Las espumeantes aguas de Vichy no son, después de todo, distintas de las de Franco, aunque son, si cabe, más sucias. Y esto se debe, quizá, a que Pétain es un Hitler reumático, en tanto que Franco es un Mussolini de zarzuela.

La democracia ha muerto en Francia y, con ella, la nación. Los nacionalistas, después de haber enterrado a la democracia, venden ahora el cadáver de la nación francesa a los alemanes, como Franco ha vendido España a los italianos. La crisis de la democracia ha sido, así, la crisis de las nacionalidades; del cadáver de la nación han salido los hambrientos gusanos del nacionalismo. Porque el nacionalismo, además de ser una estafa, es una degeneración de la nación. Y han sido las clases militares y directoras las encargadas de levantar, frente al cadáver de la Francia democrática y popular, antimperialista y universal, profundamente francesa, el vano, lúgubre y casero fantasma del nacionalismo. De un nacionalismo reumático y diabético, senil, que ha substituido el lema de la Revolución francesa por otro, ridículo y doméstico: Patria, Familia y Trabajo. Lema digno de Vichy, del régimen de Vichy. Régimen, ¡ay!, no para enfermos sino para moribundos

América, ¿es un continente?

Hace algún tiempo, en una reunión de intelectuales argentinos del grupo Sur, que discutían sobre «las relaciones interamericanas», se suscitó esta cuestión: ¿es un continente América? No dudo que así, de pronto, esta pregunta solo provoque extrañeza y repulsa, puesto que una de esas pocas verdades a que nos podemos asir los hombres de ahora se convierte en problema por obra de la pregunta. ¿Quién duda que América es un continente? La prensa diaria habla constantemente de los «problemas del continente», de la «defensa del continente». Sin embargo, unos intelectuales se preguntan, con toda seriedad: ¿vivimos en un continente? Los amigos de la literatura mexicana recordarán, sin duda, el libro de viajes de Novo a través de América que se llama *Continente vacío*[28]. En ese libro, América aparece solo como un escenario... desierto. No nos explica Novo si es un escenario abandonado por los actores o si, por el contrario, los actores aún no han llegado: América prehumana. Negarle contenido al continente me parece posible, pero ¿negarle al contenido, continente? América se ve reducida así a una pura cuestión, a una pregunta casi filosófica.

He de confesar, sin embargo, que en este radicalismo de la pregunta encuentro lo mejor de América. Porque pre-

---

[28] El título completo del libro es *El continente vacío. Viaje a Sudamérica*, Madrid, Espasa-Calpe, 1935.

guntar si se existe es, seguramente, una señal de que se empieza a existir. «Cuando soñamos que soñamos está próximo el despertar». Todos los hombres necesitamos hacernos otra vez todas las preguntas que angustiaron a nuestros padres para resolverlas de nuevo; la tradición no es tanto una suma de inercias y soluciones cuanto una herencia de problemas, de cuestiones. América, más que nunca, necesita hacer una cuestión dramática de su existencia, como al primer día de su nacimiento; muchos lugares comunes serán así convertidos en sorprendentes verdades fecundas. Nada nos ha hecho tanto daño como el lugar común; la vida de América es un estéril y perezoso lugar común. Deshacerlo, hacer cuestión y problema de todas las afirmaciones heredadas, es la mejor tarea a la que se pueden dedicar los hombres de América, mientras la creación no los solicite.

Un continente no es nunca un lugar vacío; no hay, en la historia, continente vacío, por la sencilla razón de que cada continente es una creación de la historia. Una tierra, aunque en la geografía se llame a eso continente, no es un continente. Para la historia un continente es la obra de unos hombres que dan sentido, sabor y forma a la informe materia. Europa es el único continente hoy vivo que conocemos nosotros los americanos, hijos suyos. Y es un continente no solo porque posee una estructura física y un clima sino, sobre todo, por la obra de los hombres que le han dado un esqueleto y una voluntad capaces de sostener y mover esa masa de carne, sangre y nervios que son las naciones europeas. Cuando se dice que Europa es un continente y que América no lo es no nos referimos a la «homogeneidad» de los europeos entre sí. Es evidente que nos parecemos más los mexicanos a los chilenos o a los centroamericanos que los italianos a los alemanes o que estos a los españoles. (Antes bien, creo que las naciones hispanoamericanas no están suficientemente diferenciadas y exhiben la misma suma de pereza y sueño, de finura y desdicha; aún nos parecemos demasiado y quizá por eso no sentimos la necesidad de conocernos más intimamente. Los mejores países de América, los que hacen que América exista, son los más diferenciados: Estados Unidos, Argentina, México...) No es la homogeneidad lo que hace a Europa un continente. Valéry, alguna vez, ha intentado una definición del europeo; no sé si la definición haya encerrado en sus fríos ángulos a ese ser prodigioso y ávido «que es capaz de extraer de la nada un canto de esperanza»; pero si el europeo es casi inapresable, Europa, en cambio, no lo es. La definición de Valéry logra darnos una imagen bastante precisa de lo que es Europa, suma de sueños abandonados, por realizarse o aún no soñados. Valéry considera como europeos a los pueblos que han sufrido tres influencias: la de Grecia, la de Roma y la de Cristo. La razón, que nos hace distinguir, preferir y escoger; el cristianismo y el poder, la noción de la ley y del Estado. Quizá falte en la definición del poeta francés un cuarto elemento: la voluntad de soñar, por lo que el europeo, en lucha consigo mismo, se ha dispersado por el mundo. De todos estos elementos uno, sobre todo, ha hecho de Europa un continente: Roma. El Imperio romano, que recogió y asimiló a Grecia y a Cristo, es quien ha dado a los europeos la conciencia de Europa. La dominación romana «no temió conferir la ciudadanía romana, el título y los privilegios del *civis romanus,* a hombres de todas las razas y de todas las lenguas». El Imperio romano le dio a Europa un esqueleto, una forma y una conciencia; ocurra lo que ocurra, un europeo jamás dejará de sentirse parte de ese todo, heredero de ese gran sueño.

Europa es, por Roma, un continente; una entidad capaz de soportar en su seno a las más contradictorias esencias, capaz de albergar los designios más insensatos e irreconciliables y, sobre todo, capaz de encarnar y fertilizar las más dispersas voluntades. Los americanos somos hijos del sueño de Europa tanto como de su sangre. Empezamos a existir apenas; existir, en la historia y en la vida, es, ante todo, construir una casa, lo suficientemente generosa y flexible para albergar nuestros amores y nuestros odios, nuestros sueños y nuestras peleas. Pero como vivimos, no en un continente, sino en islas, atrozmente lejanas, nos desconocemos tanto que ni siquiera nos odiamos...

América, y pienso sobre todo en la América hispana, como hija del sueño de Europa, heredó de esta un cierto sentido de la totalidad. Mientras fuimos colonias españolas, fuimos continente, aunque atado a voluntad extraña. La independencia de América no solo es el resultado natural del crecimiento de los actuales países hispanoamericanos; tampoco de la justa protesta de los pueblos contra los tiranos, como se decía en la hermosa literatura política de la época; sino que es, también, el fruto, los frutos, mejor dicho, de la atomización del Imperio español. (Un imperio que no tiene nada que ver, por supuesto, con la ridícula farsa azul celeste de los falangistas y de sus propagandistas, más o menos «hispanistas» de América.) Al disgregarse el Imperio español, los países de América surgieron a la independencia pero perdieron conciencia del todo, la conciencia continental. Este olvido de sí mismos, esta resignación a una vida isleña en pleno continente, no dejó de angustiar a Bolívar, pero todos los esfuerzos por devolver a América su conciencia continental fueron vanos porque el proceso de atomización era más profundo que todos los remedios políticos. Se trataba de un cuerpo —el cuerpo del muerto Imperio español— que se deshacía de un modo natural. (Falta estudiar de un modo biológico, si es posible decirlo así, la historia de la independencia americana.) La pérdida del «sentido continental» —que es el sentido de la cohesión y de la solidaridad— fue fomentada, también, por los Estados Unidos y su política imperialista. Predicaban —y todavía predican— un panamericanismo muy semejante, por los resultados, a la política inglesa en el continente europeo; política que, como se sabe, se sustenta en una idea aparentemente magnífica: «el equilibrio europeo». El «equilibrio europeo» —Inglaterra fuera del continente— ha producido el total desequilibrio que ahora contemplamos, y la Gran Bretaña, que antes pudo prosperar gracias a su imperio fuera de Europa y a su carácter insular, se ve ahora amenazada en su poder y en su existencia. El panamericanismo ha colaborado en el proceso de atomización de América. Ahora, frente al continente europeo, en vísperas de recobrar —¡y bajo qué manos y con qué designios!— una unidad, en nada semejante, por cierto, a la que han soñado los mejores europeos, América se presenta como un grupo de islas sin cohesión y sin conciencia, en manos de los Estados Unidos. Y no se trata aquí tan solo de la defensa de América y de la democracia, sino, por encima de todo, de la creación de un auténtico americanismo. Los problemas de la defensa de América están ligados a esta cuestión: la de la conciencia que de sí tenga América. Crear esa conciencia es salvar a América de sus agresores... y de sus defensores.

México, 1941

Silvestre Revueltas

Silvestre Revueltas, todos lo recuerdan, era, físicamente, de la misma estirpe de Balzac y Dumas. (En lo espiritual era otra cosa; nada menos ciclópeo que su delicada, penetrante, aguda música: dardo o estilete.) Se parecía mucho al segundo y tenía del primero la mirada tierna, el ademán poderoso, la generosa corpulencia y la íntima finura que dicen tuvo Balzac. Con ese cuerpo, con esa noble cabeza y ese rostro asombrado de dios, Neptuno de la Música, se erguía frente a la orquesta, frente al mar de los sonidos, como un humano monumento, prodigioso y terrible, devastado por todas las olas, padre de las olas y vencedor de ellas; luchando contra invisibles elementos, desataba las oscuras e infernales potencias de la música que duermen en el silencio y las sometía a su poder, llevándolas a un silencio más alto y tenso del que salieron. Muchos, al dirigir la orquesta, parecen magos; otros, simples prestidigitadores, más que convocar a los espíritus de la música se entretienen en escamotearnos su presencia. Silvestre no era un mago, pero tampoco un prestidigitador; el espectáculo que involuntariamente ofrecía era mucho más patético que las maravillas de la magia y las sorpresas de la habilidad; Silvestre sacaba de sí mismo, de su entraña, cada nota, cada sonido, cada acorde; los extraía de su corazón, de su vientre, de su cabeza, de un bolsillo insondable de sus pantalones —como ese objeto mágico que siempre llevamos con nosotros, único confidente de nuestro tacto angustiado, oscuro resumen de las mil muertes y nacimientos de cada día—. O brotaban de sus ojos, de sus manos, del aire eléctrico que creaba en torno suyo. Silvestre era, al mismo tiempo, la cantera, la estatua y el escultor.

A pesar de su corpulencia y de su espíritu vasto y generoso, no ha creado una música, de grandes proporciones; había como una íntima contradicción en su ser. Su música, irónica, burlona, esbelta —flecha y corazón al mismo tiempo—, era un prodigioso y delgado instrumento para herir. Más que una arquitectura, su obra es un arma aguda y trágica. Un arma y una entraña, simultáneamente. Silvestre no se defendía de la música, como no se defendía de la vida. Aguzaba la punta de su música como el sacerdote aguza la hoja del cuchillo, porque él era, siempre, el sacrificador y la víctima. En esta actitud podemos encontrar el secreto de su autenticidad y de su verdad; había encontrado el punto misterioso en que el arte y la vida se tocan y comunican, el nervio tenso de la creación. Su arte, por eso, era todo lo que puede ser el arte, ni más ni menos: legítimo, genuino. Ni sincero ni mentiroso, categorías que no pertenecen al arte, sino verdadero. Esta legitimidad artística la tenían también su vida y su cuerpo; al tocar su mano, se tocaba algo caliente, profundo: un hombre.

Era tierno en ocasiones; en otras, áspero y reconcentrado. Silvestre no amaba el desorden, ni la bohemia; era, por el contrario, un espíritu ordenado; a veces hasta exageradamente ordenado. Puntual, exacto, devorado casi por ese afán de exactitud, se presentaba siempre con anticipación a las citas y se apresuraba a cumplir con las comisiones o encargos que se le daban. Esta preocupación por el orden era un recurso de su timidez y una defensa de su soledad. Porque era tímido, silencioso y burlón. Amaba a la poesía y a los poetas y su gusto era siempre el mejor. No tenía placer en las compañías ruidosas; era un solitario y un hosco defensor de su soledad. Pero después de aquellas temporadas de orden absoluto y exasperante (el mismo rigor a que se sometía lo exigía a sus compañeros), de ensimismada concentración, se desbordaba en un ansia de comunión, de amor. Entonces su humor negro se convertía en blanco, como la negra ola al besar a la playa. Un humor blanco, como la espuma de la vida. Y el silencio reconcentrado se volvía un mágico, poético surtidor, lleno de imágenes. Y es que Silvestre, como casi todos los hombres verdaderos, era un campo de batalla. Jamás se hizo traición y jamás traicionó la verdad contradictoria, dramática, de su ser. En Silvestre vivían muchos interlocutores, muchas pasiones, muchas capacidades, debilidades y finuras. «Solo una manera simple de considerar a los sentimientos puede afirmar que hay sentimientos simples». Esta riqueza de posibilidades, de adivinaciones y de impulso es lo que da a su obra —la más importante de América— ese aire de primer acorde, de centella escapada de un mundo en formación. No era fácil ordenar elementos tan ricos y dispares, de pronto; sin embargo, toda su obra está presidida por algo que no es la alegría, como creen algunos, ni la sátira o la ironía, como creen los demás. Este elemento, el mejor y el más puro, es la piedad. La alegre piedad frente a los hombres, los animales y las cosas. Por la piedad la obra de este hombre, tan desnudo, tan indefenso, tan herido por el cielo y los hombres, sobrepasa, en significaciones, a gran parte de la música contemporánea. Y ocupa un lugar, en el corazón de nosotros, superior al de la grandiosa pintura mexicana, que lo conoce todo menos la piedad. (Ni en Orozco, ni en Siqueiros, ni en Diego, hay simpatía, alegría o piedad.)

El nombre de Silvestre Revueltas resuena dentro de mí como un gran cohete de luz, como una aguda flecha que se dispersara en plumas y sonidos, en luces, en colores, en pájaros, en humo pálido, al chocar contra el desnudo corazón del cielo. Era como el sabor del pueblo, como el pueblo mismo, cuando el pueblo es pueblo y no multitud. Era como una feria de pueblo; la iglesia, asaeteada por los fuegos de artificio, plateada por la cascada de aguas resplandecientes, fortaleza inocente y cándida, humeante ruina que gime en los sonidos, en los ayes de la cohetería agónica; el mágico jardín, con su fuente y su kiosko con la música heroica, desentonada y agria; y los cacahuates, en pirámides, junto a las naranjas, las jicamas terrestres y jugosas y las cañas de azúcar, con sabor a estrella líquida y tierra inocente, plantadas militarmente, como fusiles o lanzas, en las orillas de las calles. Y era como el silencio de una oscura y desierta calle, en un barrio de la ciudad, poblada de pronto por gritos angustiosos. Y como el rumor de una vecindad y la gracia de la ropa puesta a secar, bajo el cielo altísimo y las nubes que giran, lentamente. Y era, también, como el silencio del cielo, que calla ante nuestras preguntas y nos vela su destino.

México, 1941

Las *Páginas escogidas* de José Vasconcelos

Se trata, indudablemente, de uno de los libros más importantes, para la cultura iberoamericana, de los publicados el año que acaba de transcurrir[29]. El solo nombre de Vasconcelos suscita, en cualquier mexicano de nuestro tiempo, una serie de adhesiones y repulsiones, de cóleras y simpatías, que lo hacen el escritor más vivo de México. Ninguno como él está tan hundido en el tiempo, en la duración; otros hablan «desde la historia», desde los futuros libros de historia literaria (con derecho, sin duda); él, por el contrario, habla, a veces sin tino, desde el instante mismo. La literatura no es un sillón, parece decirnos, ni un sitio cómodo; es un arma, un instrumento, tanto de amor como de pelea. No solo pretende seducir, sino que muchas veces, deliberadamente, se complace en desagradar. «Hay que saber nadar contra la corriente». Y Vasconcelos es un magnífico nadador.

No vale la pena, en una reseña apresurada, anotar cuidadosamente lo que otro compañero suyo de generación ha llamado «simpatías y diferencias». Son muy profundas ambas; Vasconcelos provoca en nosotros —y digo nosotros

---

[29] José Vasconcelos, *Páginas escogidas,* selección y prólogo de Antonio Castro Leal, México, Ediciones Botas, 1940.

porque pienso en este momento en casi todos los jóvenes mexicanos— una seducción y una admiración tan grandes que sería inútil negarlas, una admiración y una simpatía, entendámonos, que no nos hace olvidar, sino que las aviva, por el contrario, todas nuestras profundas diferencias. ¡Dichoso un escritor que sabe mover de tal modo pasiones encontradas y que suscita, junto a la crítica inflexible, una amistad que no consiente otro adjetivo que el de *encarnizada*! Un escritor así es un escritor con discípulos, quiero decir, con interlocutores. Los libros de Vasconcelos provocan un diálogo, mientras que otros solo consiguen un silencio de aprobación. Pero no es este el momento de expresar nuestra parte del diálogo; algún día, quizás, podré escribir ese ensayo encarnizado que pienso. Ensayo en carne viva; en la carne viva de mi juventud, a la que Vasconcelos conmovió no solo como hombre, sino también como escritor. (En una época un grupo de políticos estudiantiles hicieron una profesión del «vasconcelismo». Confieso que nunca he sido vasconcelista, aunque a los quince años haya gritado: «Viva Vasconcelos». Después se vio que aquellos incondicionales del hombre, del político, no lo eran tanto; su admiración era de tal naturaleza que no consentía dudas, ni reservas, ni condiciones; por eso, a última hora, lo pudieron abandonar sin remordimiento.)

Antonio Castro Leal es el autor de la selección y del Prólogo. El Prólogo me parece de lo mejor que ha escrito Castro Leal y, sin duda, lo más exacto que se ha escrito sobre Vasconcelos; nada enturbia la magnífica prosa de Castro Leal, ni siquiera el temblor de una simpatía que, apresurada, la crítica torna en justicia. Es, en suma, un modelo en su género. La selección no nos parece tan acertada. Sale perdiendo en ella el Vasconcelos novelista —el gran novelista de su propia vida: «todo lo que no es autobiográfico es académico»—. Y, además, hay un cierto desorden, atribuible, nos dicen, al editor. (¿Hasta cuándo los escritores mexicanos estarán a merced de semejantes personas? A pesar de todo, habrá que agradecerle que publique los libros; los demás libreros se reducen a enriquecerse sin publicar.)

Al releer estas *Páginas escogidas* de Vasconcelos, ¡cuántos recuerdos, cuántas incitaciones nos asaltan! Pero no se trata de eso, ni siquiera de juzgar al libro sino, tan solo, de señalar su aparición. (Al ver el triste papel, los horribles colores, las erratas, etc., se tiene que pensar, inevitablemente, en la edición que acaba de hacer José Bergamín de la obra de Machado; ¿cuándo podremos hacer algo semejante con los nuestros? Mas ¿para qué digo esto?, ¿cuándo podremos publicar sin angustia, libres de cualquier resentido burócrata metido a dictador de la cultura, supremo dispensador de los «premios a la virtud perruno-literaria»? ¿Cuándo —¡oh México!—, país de licenciados, generales y muertos de hambre?)

Diré por último, la sensación que se tiene después de leer el libro de Vasconcelos. Este hombre ha creado, con palabras, las cosas de América. Mejor dicho, les ha dado voz. En Vasconcelos hablan los ríos, los árboles y los hombres de América. No siempre hablan como debieran; el ímpetu elocuente nubla, en ocasiones, las cosas, pero a cambio de eso ¡cuántos vivos relámpagos, cuántas páginas serenas, quietas y arrebatadas, como la danza lenta, casi invisible, de las nubes en el cielo del Valle! Vasconcelos es un gran poeta de América; es decir, el gran creador o recreador de la naturaleza y los hombres de América. Ha sido fiel a su tiempo y a su tierra, aunque le hayan desgarrado las entrañas las pasiones. La obra de Vasconcelos es la única, entre las de sus contemporáneos, que tiene ambición de grandeza y de monumentalidad. Quiso hacer de su vida y de su obra un gran monumento clásico, como sus maestros; quizá el monumento no sea clásico sino dinámico. (No en balde es el creador de una filosofía dinámica.) Pero palpita en él, al propio tiempo que el arrebato, la pasión del orden, la pasión del equilibrio; sus mejores páginas sobre estética son aquellas en que habla del ritmo y de la danza:

entiende el orden, la proporción, como armonía, como música o ritmo. Hay en su obra una como nostalgia de la arquitectura musical, sobre todo. (Cosa extraña en un filósofo: no es un buen psicólogo.) Pasará el tiempo y de su obra quedarán, quizá, unas enormes ruinas, que muevan el ánimo a la compasión de la grandeza y, ¿por qué no?, alguna humilde, pequeña veta, linfa de agua pura, viviente, eterna: la de su ternura, la de su humanidad. Su autenticidad, tanto como su grandeza, son testimonios de su viril, tierna, apasionada condición, y esta condición es lo que amamos en él, por encima de todo.

México, 1941

Juan Soriano

Cuerpo ligero, de huesos frágiles como los de los esqueletos de juguetería, levemente encorvado no se sabe si por los presentimientos o las experiencias; manos largas y huesudas, sin elocuencia, de títere; hombros angostos, que aún recuerdan las alas de petate del ángel o las membranas del murciélago; delgado pescuezo de volátil, resguardado por el cuello almidonado y estirado de la camisa; y el rostro: pájaro, potro huérfano, extraviado. Viste de mayor, niño vestido de hombre. O pájaro disfrazado de humano. O potro que fuera pájaro y niño y viejo al mismo tiempo. O, al fin, simplemente, niño permanente, sin años, amargo, cínico, ingenuo, malicioso, endurecido, desamparado.

Niño viejo, petrificado, inteligente, escéptico —oh, muy escéptico—, monstruoso. Verdadero monstruo. Niño consciente de su niñez, arrepentido de su niñez, arremetiendo sin compasión contra su niñez, armado de todas las armas de los adultos y sin ninguna de sus hipocresías, virtudes y niñerías: no conoce el instinto de la conservación. (Instinto que no nace con el hombre; lo crean las esperanzas, las ambiciones, los miedos, los triunfos, los años.)

Con la crueldad y el candor arrojado de los niños y la experiencia cautelosa de los viejos, hiere a su niñez. De la herida brotan seres misteriosos: «changos» con algo de niños, casi a punto de hablar, «niñas de vecindad», petrificadas o danzando, penosamente, entre un aire sólido, que las ahoga; flores de papel y animales fraternales y consanguíneos: moscas, camaleones, pequeños reptiles, pájaros, ardillas; puertas de madera —¿qué infancia triste, qué lágrima o qué soledad hay detrás de ellas?— y barandales y corredores por los que corren niños solitarios, siempre a punto de caer en el patio.

(¿Y no es así México, una parte de México, al menos? Adolescente triste, escándalo de sí mismo, siempre buscando el puñal más afilado para herirse. No temáis, huéspedes y vecinos: este país reconcentrado y furioso no conoce otra forma del amor y su aspereza es ternura. Ama las llagas y, sobre todo, llagarse. Solo tiene conciencia de sí mismo cuando sufre.)

Su arte nos sirve porque nos turba y crea entre la obra y el que la contempla un contacto, un choque, a veces una repulsa, y siempre una respuesta. Su dibujo es en ocasiones rígido, angustioso; sus colores, en otras, agrios. ¿Qué busca y expresa? ¿Busca esa niñez que odia, como el enamorado que se golpea el corazón? Revela una infancia, un paraíso, púa y flor, perdido para los sentidos y para la inteligencia, pero que mana siempre, no como el agua de una fuente, sino como la sangre de una entraña. Como la breve y seca chispa eléctrica que brota del pedernal silencioso. Nos revela —y revela a sí mismo, como en un mágico espejo— una parte de nuestra intimidad, de nuestro ser. La más oculta, mínima y escondida; quizá la más poderosa.

México, 1941

Carlos Pellicer
y la teoría de la naturaleza

Posiblemente el más rico y vasto de los poetas mexicanos contemporáneos es Carlos Pellicer. Alguien lo señaló como el más caudaloso y el elogio es justo. Difícilmente se encontrará, en las letras hispanoamericanas contemporáneas, una obra como la de Pellicer; solo, quizá, Alberti —con quien, en algunos momentos, tiene ciertas afinidades— lo iguala. Hay, sí, poetas más perfectos; o más densos, afilados o agudos, pero ninguno tiene su amplia respiración, su deslumbrada sensualidad. Hay un aire de nacimiento en todo lo que toca; sabe devolverle a las cosas su «perdida frescura», su gracia y su resplandor. No importa que en la poesía de Carlos Pellicer la reflexión y la angustia ocupen un sitio muy reducido, porque en cambio las otras potencias del espíritu, desdeñadas por el hombre moderno, lo inundan todo con su dichosa presencia. En este sentido, su poesía es una vena de agua en el desierto; su alegría nos devuelve la fe en la alegría, en la posibilidad de la sorpresa.

Si a la poesía de Neruda la preside el tacto y a la de Gorostiza la inteligencia, a la de Pellicer la definen los ojos. «Poeta del paisaje», han dicho, con intención de limitarle. Pero su paisaje tiene sensibilidad y movimiento; es un «estado de alma» dichoso y deslumbrado. En la poesía de Pellicer hay un intento de transformar el mundo; en tanto que los otros lo sufren o lo niegan, él, con un candor jubiloso, pretende ordenarlo. En los primeros tiempos este orden era el del juego: «Pondré el mar a la izquierda / Jugaré con las casas de Curazao...». El orden del juego, sin embargo, no es más que un milagroso y momentáneo desorden; y este desorden fue substituido, después, por un orden monumental, como si quisiera recordar a los toltecas y a los mayas. La alegría de la sorpresa desaparece para cederle el sitio a la unción del que contempla y ordena. A esta época de su producción corresponden algunos de sus más importantes poemas y, sobre todo, aquel que juzgo, dentro de este aspecto de su obra, como el más realizado, poseedor de un equilibrio arquitectónico: «Esquema para una oda tropical». En ningún poeta moderno alienta este espíritu ordenador de la naturaleza y en esto residen la singularidad y la importancia de Pellicer para la literatura de América. Llamarlo «poeta del paisaje» es una verdad a medias, porque su propósito es mucho más importante que el del simple paisajista. Claro que en todo paisaje la naturaleza está sometida a una perspectiva y a un orden, pero en Pellicer el orden no tiene las dimensiones ni el sentido del paisaje habitual, sino que pretende crear una arquitectura y una mitología con los elementos originales del mundo.

Todo poeta es un creador de mitos. Los mitos de Pellicer son de aquellos que hieren no al sentimiento ni a la razón sino a otras facultades del espíritu. La contemplación, la embriaguez de los ojos ante la grandeza del mundo; el humor, un humor que no tiene nada que ver con la ironía de la inteligencia, sino que brota de la salud del espíritu, conforme con su limitación; el pasmo y el asombro y la queja patética ante la pequeñez del hombre, son las notas salientes de la poesía de Carlos Pellicer. Si en cierto modo continúa una tradición mexicana del paisaje, rebasándola; si, desde otro punto de vista, su poesía se ostenta como la heredera del Darío de algunos poemas de *Cantos de vida y esperanza,* también es cierto que no pertenece tanto al pasado como al porvenir. La naturaleza, abandonada durante tanto tiempo por los poetas modernos, espera, como dormida, y hablando, balbuceando casi, entre sueños. ¡Dichoso aquel que escucha sus secretas palabras, en las que alienta un presentimiento y una esperanza!

México, 1941

José María Velasco

Después de recorrer la exposición del pintor José María Velasco, el espectador se siente en lo alto de un valle frío y respira un aire delgado, tenso, aire solo para las águilas, en un misterioso equilibrio entre el cielo y la tierra, frío otoño de las alturas. Cielos azules, límpidos; nubes blancas, sólidas en medio de su ligereza; aguas tranquilas, ensimismadas; algún cacto solitario, un pirú y, como en un espejo, la lejanía: las mismas aguas, los mismos cielos, la misma tierra rojiza, volcánica, levemente áspera. Solo cielo y tierra y aire: sobre todo aire, invisible presencia que delata a los grandes pintores. Todo está suspendido en un momento de pausa, como si la naturaleza se hubiese detenido, silenciosa, para después proseguir su marcha. Pintor de límites, Velasco nos muestra un mundo que no es el del reposo absoluto, ni tampoco el del movimiento, sino el del descanso. Y el paisaje que nos revela también posee equilibrio de límite: la meseta, donde la desolación de la montaña se inicia y cesa la lujuria de la costa. Hasta la hora y la luz predilectas de este pintor equidistan tanto de la plenitud del mediodía como del abatimiento crepuscular. La pintura de Velasco vive en una reserva inmóvil, que no pertenece al abandono sino al equilibrio, a esa pausa en la que todo cesa y se detiene brevemente, antes de transformarse en otra cosa.

Mas esta tregua prodigiosa no posee ningún temblor. Todo es firme y neto y la reflexión de la creación —porque a esta hora la naturaleza parece reflexionar— no está invadida por las vacilaciones de la duda o el fulgor del presentimiento. Este mundo exacto y transparente parece ignorar la inquietud de la vida y del hombre. Nada de lo que allí vemos intenta la complicidad de nuestros sentidos o de nuestros apetitos y su misión se reduce a aislarnos de lo humano y a provocar, más que un contagio o una comunión, un estado de soledad. Mundo silencioso, extrañamente vivo, pero ajeno a nosotros, a nuestra vida. Lección de desdén.

Casi todos los cuadros de Velasco están compuestos de un modo muy simple: una línea horizontal divide, a la mitad de la composición, la tierra del cielo. Y eso le basta para revivir todo un mundo profundo y sólido, de hondas perspectivas, de infinitas lejanías. Esta línea solo tiene una función estética y no posee ninguna significación espiritual; no separa a dos mundos, como ocurre con otros pintores, ni señala las fronteras entre el infierno terrestre y el cielo, entre el «acá» y el «allá». No hay ningún dualismo en Velasco; este pintor «católico» ignora al infierno tanto como al cielo. Solo hay un mundo, este mundo de límpidas apariencias, de transparentes disfraces, parecen decirnos sus cuadros, si es que esta alma fría y desdeñosa intentó decirnos algo.

No le basta a su reserva, sin embargo, rehusarse a pintar el trasmundo y el intramundo de las cosas. Va más allá y, lejos de contemplar el Valle de México con ojos de asombro, lo retrata como un naturalista. Su pulso anota, sin temblor y sin precipitaciones, lo que su tranquila mirada de águila descubre, con la misma apasionada indiferencia del científico que solo pretende registrar los fenómenos, sin intentar hundirse en ellos. (Actitud muy distinta, por cierto, de la del simple realista, de la del simple fotógrafo, como gritan los inevitables pericos de todos los tiempos.) Hay una especie de horror al hombre en todo lo que pinta; la figura humana solo aparece cuando necesita subrayar la desolación o la grandeza solitaria de la naturaleza, en medio de la cual el hombre siempre es un intruso. Uno se siente asombrado cuando oye decir por ahí que Velasco es un pintor cristiano. ¿En dónde están el cielo o el infierno, la sensualidad, el erotismo crepitante de los cristianos? Este pintor ignora la existencia de otro mundo que no sea este. Una nota domina toda su producción: la ausencia de sensualidad. Esta ausencia lo aleja tanto del cristianismo como del paganismo. No hay nada sobrenatural en su orbe. Ni amor a la carne, ni incendio de la carne. Su pincel es casto, aunque carece por completo de inocencia, de asombro virginal. Y no solo huye de la sensualidad; también se rehúsa a la sensibilidad del impresionismo. Imparcial y exacto, desdeñoso, su orden es el orden de la ciencia. Es el pintor del positivismo.

Hay en todos sus cuadros un equilibrio, una sobriedad arquitectónica, unos ritmos tan austeros que recuerdan, por su precisión, a la de ciertos sonetos mexicanos. Si Velasco hubiera sido poeta, su forma predilecta habría sido el soneto. Sus paisajes poseen el mismo rigor, la misma arquitectura desolada y nítida, la misma monotonía, de los sonetos de Othón. La línea horizontal que los divide tiene la calidad de un final de estrofa. Y hasta se atreve con sobrias rimas, ecos, correspondencias. El cielo frío y azul, inmenso, rima con el agua parada de los charcos, reducido infinito; las nubes inmóviles de los volcanes son algo más que un recuerdo, una ilusión y un eco de las otras nubes que se mueven, silenciosa e invisiblemente, en la profundidad del cielo: son una verdadera metáfora. Como Othón, logra recrear el paisaje de México sin ninguna concesión, sin ningún adjetivo. No necesita vestir la desnudez de lo que pinta con atavíos más o menos regionales para expresar que ese paisaje frío y altanero, más desolado que triste, pertenece a México. Si nombrar las cosas es crearlas, Velasco es el verdadero creador del Valle de México. Esta idea seguramente habría escandalizado al buen católico que era pero, también, seguramente, habría satisfecho al verdadero pintor que fue.

Su horror a la figura humana —más indiferencia que desprecio— tiene estrecha relación con el famoso soneto «A una estepa de Nazas». Aunque no hay semejanza entre el paisaje de Othón y el de Velasco —uno canta al desierto y el otro pinta el Valle de México— sí existe cierta identidad en la actitud espiritual, severa y desinteresada, y un sorprendente aire de familia en el fruto de esta actitud: la desolación altiva y viril. He aquí el soneto de Othón:

> Ni un verdecido alcor, ni una pradera.
> Tan solo miro, de mi vista enfrente,
> la llanura sin fin, seca y ardiente,
> donde jamás reinó la primavera.
>
> Rueda el río monótono en la austera
> cuenca, sin un cantil, ni una rompiente
> y, al ras del horizonte, el sol poniente,
> cual la boca de un horno, reverbera.
>
> Y en esta gama gris que no abrillanta
> ningún color; aquí, do el aire azota
> con ígneo soplo la reseca planta,
>
> solo, al romper su cárcel, la bellota
> en el pajizo algodonal levanta
> de su cándido airón la blanca nota.

Pero Othón encuentra en los sonetos del *Idilio Salvaje* un estremecimiento profundo, del que la desolación del paisaje solo es un eco y un símbolo del desierto, calcinado y en ruinas, de su espíritu. Velasco, nada amoroso, menos profundo, jamás se entrega; se repite infatigablemente, como un espejo que no conoce la sed ni la saciedad. Hay algo aterrador, inhumano, en esta altiva perfección que no descansa.

Cuando se termina de recorrer esta exposición, se siente una especie de plenitud fría, semejante al alivio del aire puro, horriblemente puro, al llegar a la cumbre. Y uno se pregunta ante esta química pureza, lograda solo a través del ascetismo y la abstinencia, ¿cuál es la aventura que nos calla? y ¿qué es lo que aporta esta obra, toda ojos y pulso, a la pintura mexicana? Nada es capaz de alterarla, como nada alteró a su autor: cuando fue a Europa permaneció insensible ante el impresionismo e ignoró a Cézanne. Pues bien, aporta, precisamente, ese desdén, esa insensibilidad ante los excesos y las aventuras de la sensibilidad. Gracias a esta reserva puede ahora la pintura mexicana, después de tantas aventuras, de tantos pecados, contemplarse en una parte de su ser: el rigor, la reflexión, la arquitectura, la castidad. Frío y riguroso, insensible y lúcido, Velasco solo es una mitad del genio. Pero una mitad que nos advierte de los peligros de la pura sensualidad y de la sola imaginación. Su obra nos invita a un examen de todo lo que se ha intentado durante los últimos años.

México, 1942

Absurdo y misterio

Se habla de la sequía de la poesía moderna, después de su breve y brillante verano de los años veinte a treinta y cinco. No comparto esa opinión, aunque sí creo en el cansancio de muchos de los poetas que maravillaron o esperanzaron nuestra adolescencia. Pero la poesía continúa manando, más silenciosa que antes, más doblada en sí misma, más secreta que nunca, del alma de unos cuantos poetas. Ni más ni menos que en cualquier otra época: los de siempre. Uno de estos es José Moreno Villa, hormiga y pájaro, alado minero. Y posiblemente no es sino hasta ahora cuando este poeta nos entrega sus mejores y más hondos poemas, mientras otros enmudecen o se repiten con más habilidad que inspiración. Quisiera hablar de su último y pequeño libro, *La noche del verbo*[30]. Me gustaría que lo que voy a decir no se confunda con una crítica, ni con una interpretación, sino que se entienda como lo que es: una simple nota de la impresión que me produjo.

Hace años, José Moreno Villa escribió un poema característico de su actitud y su poesía. He aquí algunos versos:

> Mira peliculera Jacinta,
> mira bien lo que tiene por nariz el elefante.
> Mira lo que necesitamos para sentarnos,
> mira la casa inmensa que tiene lo que llamamos rey.

---

[30] José Moreno Villa, *La noche del verbo*, México, Tierra Nueva, 1942.

> Mira que del cielo puro nos llegan
> agua, rayo, luz, frío calor, piedras, nieves.
> Absurdo y misterio en todo, Jacinta.

Creo que estos versos definen con bastante exactitud la *poética* de ese tiempo y, especialmente, la de Moreno Villa. El mundo es absurdo y misterioso, y quizá más absurdo que misterioso. El desfile de pájaros, sensaciones, rayos, ángeles, amores, lluvias, adoquines, músicas, leyes, telegramas, refleja el absurdo incoherente del mundo. Absurdo del que no está excluida la monotonía, como no lo está de los diccionarios y de los catálogos. Ante esta monótona incoherencia el poeta se asombra un poco, se burla levemente y se resigna. Enumera las partes que componen la maquinaria, subraya su locura y se encoge de hombros. El asombro ha sido substituido por la comprensión inteligente y desdeñosa. No hay otra respuesta a este mundo de preceptos y sillones.

¿Y el misterio? El misterio resulta tan ininteligible como el absurdo, solo que es más recóndito y, además, incomprensible. Por medio de un resignado encogernos de hombros podemos *comprender* el absurdo del mundo, pero nada podemos hacer ante su misterio. Gran parte de la poesía de ese tiempo no era sino encogerse de hombros. Se contestaba al absurdo del mundo con otro gracioso y alado absurdo, especie de mágico trampolín que lanzaba a los poetas al aire, cirqueros fantasmales:

> suspenso estoy en el vacío, y tengo
> para asirme que asirme a los espacios.

En *La noche del verbo,* Moreno Villa vuelve a enfrentarse con el absurdo y con el misterio. Pero se ha operado un cambio en la conciencia del poeta, una extraña maduración que le ha devuelto asombro y lucidez. Quizá madurar consista en rescatar lo mejor y más antiguo en nosotros, el asombro del primer día, el ardor de la primera palabra. Lo hiere ya no tanto el diurno y aparente desfile de las cosas como su misteriosa y nocturna unidad. El escenario ha cambiado: la noche ha borrado los perfiles y las particularidades; las diferencias han sido suprimidas por la sombra. La heterogeneidad aparente se ha disuelto en una oscuridad de entraña. El mismo tiempo ha dejado de transcurrir —si es posible decirlo así— y todo el vano movimiento se ha tornado ensimismado temblor. Al día ha sucedido la noche, y al mundo de las presencias, otro:

> de adentro, sin colores,
> sin cuerpos,
> donde vive una luz de maravilla,
> una cosa que llaman luz de apodo,
> y que no es cosa ni sustancia alguna,
> sino función del alma misteriosa.

A la conciencia diurna que contempla el absurdo exterior —incoherencia lógica, abigarrada y heterógena repetición— sucede ahora la conciencia nocturna, ensimismada. El poeta se debate en *una noche interior, en pleno día,*. Es un desfile de palabras, borrasca amarga y seca, sin salida. El misterio del mundo es unidad y se concentra en una sola y luminosa palabra, que lo contiene todo: Niño. No un niño abstracto, vana alegoría, sino un niño de verdad —un Niño de Verdad— en el que Moreno Villa, con cierta sacrílega religiosidad, identifica a su hijo con el Hijo del Hombre. En la gran noche amenazante, poblada de palabras violentas y enconadas, la palabra Niño es lo único secretamente fértil, la palabra del principio y del fin, la de la Reconciliación. *Es un milagro en el milagro de la vida. El niño será Dios eternamente.*

> Déjame noche negra esta palabra
> delante de los ojos clausurados.
> Quiero verla con otras que nutrieron
> el corazón del hombre primitivo;

chacal, toro, coyote,
cerdo, serpiente y monstruo,
liliputienses fálicos y rañas achatadas.
¿Qué viraje sufrió la humanidad
para ver en el niño
el centro de la Vida?
Del terror al amor; así fue el cambio.
Déjame, noche negra y pensadora,
derramar mi alegría como llanto
delante de este amor que es lo indefenso,
lo puro y lo vivaz, lo que en su día
vuelve a crear el Verbo.

Frente a esta palabra cruzan otras, que reflejan el absurdo cotidiano, henchidas de rencor y de esperanza, de amor y de odio, palabras excelsas, irreconciliables. Son la locura y la gloria del mundo, su doloroso absurdo. Palabras enemigas. Unas serán vencidas, para que el hombre pueda vivir. Palabras perecederas y por las que se perece, grandes palabras del día. La otra, la pequeña y secreta palabra nocturna permanecerá, porque encarna la identidad del hombre, su permanencia y su unidad. Está fuera de la historia, en las aguas quietas del tiempo, estrella rosa.

Con una sola palabra el poeta ha contestado a la muda pregunta y el misterio se le ha revelado. No es extraño que esta revelación haya sido revelación de palabras, porque la poesía no es otra cosa que palabras. Pero no palabras hermosas y sonoras, como piensa el retórico, ni dictadas por sueño y pereza, como otros quisieran, sino *palabras significativas,* nacidas *entre* sueño y razón. Palabras entrañables y verdaderas que nos revelan el mundo, no como un mágico y prodigioso muestrario, sino como una presencia significativa en la que los opuestos se reconcilian en una misteriosa e ininteligible unidad.

México, 1942

Recoged esa voz

En una cárcel de su pueblo natal, Orihuela, ha muerto Miguel Hernández. Ha muerto solo, en una España hostil, enemiga de la España en que vivió su juventud, adversaria de la España que soñó su generosidad. Que otros maldigan a sus victimarios; que otros analicen y estudien su poesía. Yo quiero recordarlo.

Lo conocí cantando canciones populares españolas, en 1937. Poseía voz de bajo, un poco cerril, un poco de animal inocente: sonaba a campo, a eco grave repetido por los valles, a piedra cayendo en un barranco. Tenía ojos oscuros de avellano, limpios, sin nada retorcido o intelectual; la boca, como las manos y el corazón, era grande y, como ellos, simple y jugosa, hecha de barro por unas manos puras y torpes; de mediana estatura, más bien robusto, era ágil, con la agilidad reposada de la sangre y los músculos, con la gravedad ágil de lo terrestre: se veía que era más próximo de los potros serios y de los novillos melancólicos que de aquellos atormentados intelectuales compañeros suyos; llevaba la cabeza casi rapada y usaba pantalones de pana y alpargatas: parecía un soldado o un campesino. En aquella sala de un hotel de Valencia, llena de humo, de vanidad y, también, de pasión verdadera, Miguel Hernández cantaba con su voz de bajo y su cantar era como si todos los árboles cantaran. Como si un solo árbol, el árbol de una España naciente y milenaria, empezara a cantar de nuevo sus canciones. Ni chopo, ni olivo, ni encina, ni manzano, ni naranjo, sino todos ellos juntos, fundidas sus savias, sus aromas y sus hojas en ese árbol de carne y voz. Imposible recordarlo con palabras; más que en la memoria, «en el sabor del tiempo queda escrito».

Después le oí recitar poemas de amor y de guerra. A través de los versos —y no sabría decir ahora cómo eran o qué decían esos versos—, como a través de una cortina de luz lujosa, se oía mugir y gemir, se oía agonizar a un animal tierno y poderoso, un toro quizá, muerto en la tarde, alzando los ojos asombrados hacia unos impasibles espectadores de humo. Y ya no quisiera recordarlo más, ahora que tanto lo recuerdo. Sé que fuimos amigos; que caminamos por Madrid en ruinas y por Valencia, de noche, junto al mar, o por callejuelas intrincadas; sé que le gustaba trepar a los árboles y comer sandías, en tabernas de soldados; sé que después lo vi en París y que su presencia fue como una ráfaga de sol, de pan, en la ciudad negra. Lo recuerdo todo, pero no quisiera recordarlo... No quiero recordarte, Miguel, gran amigo de unos pocos días milagrosos y fuera del tiempo, días de pasión en los que, al descubrirte, al descubrir a España, descubrí una parte de mí, una raíz áspera y tierna, que me hizo más grande y más antiguo. Que otros te recuerden. Déjame que te olvide, porque el olvido de lo puro y de lo verdadero, el olvido de lo mejor, nos da fuerzas para seguir viviendo en este mundo de compromisos y reverencias, de saludos y ceremonias, maloliente y podrido. Déjame que te olvide, para que en este olvido siga creciendo tu voz, hurtada ya a tu cuerpo y a la memoria de los que te conocimos, libre y alta en los aires, desasida del tiempo y de su miseria.

México, 1942

Lorenzo Varela, *Torres de amor*

Estrella errante, fragmento vivo de una constelación hundida ya en las aguas del cielo, la canción posee una gracia, una frescura, un candor fácil que no tienen las demás formas poéticas. No es una joya, como el soneto, sino una flor. Brote espontáneo, aroma, correr del agua en los arenales del tiempo, casi no es arte o creación. La poesía hispanoamericana apenas la conoce, aunque reclama como suyos el canto y las formas reflexivas del habla poética. La española, en cambio, no solo se enriquece y aligera con ella, sino que el árbol del canto crece de la tierra de la canción y se alimenta con las aguas subterráneas de la poesía popular. Hija del Renacimiento, nuestra poesía no muestra preferencia por esa vena oculta y rica que riega secretamente el alma española. Alguna vez he pensado que una de las cosas que nos distingue de los españoles es la ausencia de Edad Media. Nosotros podemos gustar y apropiarnos, por un acto de conquista intelectual, de los frutos de esa edad, pero no la llevamos en la sangre, como ellos. En cada español hay un señor o un aldeano medieval. Caballeros villanos y villanos caballeros.

Un libro de Lorenzo Varela, joven poeta español, me ofrece un nuevo testimonio de este encendido, encerrado tradicionalismo[31]. *Torres de amor* llama Varela a sus canciones,

---

[31] Lorenzo Varela, *Torres de amor*, Buenos Aires, Editorial Nova, 1942.

sonetos y poemas; torres de amor y recuerdo, castillos de esperanza y nostalgia, piedras para amar o pelear, piedras con alma o del alma contra las almas de piedra. Torres amarillas o verdes, amarilleando por el tiempo y verdeciendo en cada húmeda primavera. Torres de amor, torres de soldado y amante, para cantar junto a sus muros o para morir defendiéndolos. Frente a este castillo o fortaleza militar que es el alma de Lorenzo Varela, se extiende la amarilla llanura del trigo y corre el joven río que lame tierras sedientas, peñas áridas, muros monásticos: toda la encerrada y ardiente vida española, mística y sórdida, de muchachas y viejas, de monjas locas y solitarios caballeros que se remiendan solos los trajes raídos y nobles. Encierro y aventura.

Poesía de adolescente, poesía adolescente, grave a veces, insegura en el decir, desentonada por avidez, nunca confusa ni barroca. Poesía de ardor contenido, de entrega y reserva arrebatadas, poesía de joven puro. No poesía pura, ni pureza lograda con la alquimia intelectual de muchos contemporáneos nuestros, sino con el candor impuro de la lágrima o la savia, con la fatal pureza que mana de los ojos, del cuerpo, del espíritu. Pureza del corazón y los sentidos... Algunos señalarán en este libro los defectos de acento o rima de algún soneto o lira; otros, la dureza de un verso o su inexpresividad; yo, por mi parte, me quedo con este fuego personal, con esta pasión que se contiene, no por mesura ni por miedo, sino por dignidad y señorío, con esta sensualidad viril y melancólica. Dolor de soldado y lágrimas de amante.

La poesía de Varela está llena de presencias: presencias de mujer o de amante, de amigos y de camaradas. Un soplo amoroso, una común inocencia y valentía une a todas sus criaturas. Y esto la distingue de gran parte de la poesía de los jóvenes de su edad: no conoce la angustia y en su obra no se toca ni se presiente la sima del vacío. En casi toda nuestra poesía última hay una nota reflexiva y árida, aunque entrañable: la del espíritu frente a sí mismo o la de la carne frente al lúcido y estéril espejo del espíritu. En Varela no hay espejo y el espíritu no se recrea en su propio abismo, ni en los abismos que descubre, sino que aspira siempre a vivificar, a animar lo que toca. Vuelo, soplo, son palabras que convienen a su espíritu. Poeta de la fe, del entusiasmo, no necesita de ningún artificio, de ninguna embriaguez, para afirmar que el mundo está poblado de presencias y no de fantasmas. Existe el mundo y existe sobre todo la mujer: Ceres terrenal, tierna bestia madre, hija y madre a un tiempo mismo, carne de pan y de sangre, alimento sagrado para el hombre. La sensualidad de Varela no desemboca nunca en el hastío del especulativo ni en la soledad del desengañado sino en la fecundidad de la comunión: en ella se ennoblece y encuentra su sentido, su único sentido posible: el de su eternidad carnal.

En este amoroso entusiasmo, que cuenta de antemano con el fracaso, porque no es un entusiasmo pasajero sino la forma* militante, activa, de la fe, encuentro la originalidad de Varela y lo que distingue a su poesía de toda esa otra, solitaria o socialista, onanista o periodística, que fabrican tantos. *Torres de amor* es el primer libro de Lorenzo Varela; con él, por él, brota otra vez esa naciente primavera, furiosa y reconcentrada, de la eterna poesía española, perpetua madre nuestra.

México, 1943

Luis Cernuda, *Ocnos*

El sino de casi todo escritor es el de escribir un solo libro, como el del filósofo es el de expresar una sola verdad. Es muy posible que esta afirmación no resulte del todo cierta si se piensa en un Goethe, un Balzac o un Shakespeare; pero ¿no es cierto que *Don Quijote* es el único libro que escribió Cervantes, y el resto de su obra puede considerarse como un presentimiento o una consecuencia de su novela? Hay espíritus que nacieron solo para escribir un libro y toda su vida está poseída por un demonio invisible, que los atormenta y hostiga sin cesar; aunque se resistan, el demonio no los abandona y no hay otra manera de vencer a ese tenaz enemigo salvo cumpliendo su ciega voluntad. (Carlos Marx trabajó toda su vida para escribir *El capital*... y no pudo terminarlo. Si el marxismo, a pesar del desdén de la filosofía oficial, ya forma parte de nuestra sangre y de nuestro destino, ¿qué hubiera ocurrido si Marx termina su libro, que es algo más que una crítica de la economía capitalista? La Revolución de Octubre, por ejemplo, no solo es un esfuerzo para realizar el pensamiento de Marx, sino también una tentativa para terminarlo. Los marxistas piensan que será el futuro mundo socialista quien mañana *escriba* todo lo que Marx no pudo escribir. Este hombre no solo nos dejó un testamento, cuyas cláusulas debemos cumplir, sino un pensamiento que debemos desarrollar y completar.)

Me parece que todo esto resulta particularmente verdadero en poesía. No hay poetas de muchos libros, de muchos poemas, aunque sí de muchos versos, de muchas tentativas para expresar una misma cosa y de muchas versiones de esa misma cosa. Al principio el poeta no sabe qué es lo que quiere decir, aunque siente oscuramente la necesidad de decir algo; lentamente se le revela esa verdad oculta, hasta que logra contemplarla con plena lucidez; se hace dueño, por decirlo así, de su secreto y se dispone a expresarlo y a comunicarlo, pues sabe que, aunque suyo, no le pertenece totalmente: es un legado para todos los que le rodean. *La realidad y el deseo,* el único libro de Luis Cernuda, es el mejor ejemplo de lo que digo. Al principio el libro es un balbuceo, más tarde se aclara y, finalmente, el poeta, dueño como nunca de su poesía, advierte que esa poesía suya no es solo suya y que no le pertenece totalmente, puesto que es algo más que el poeta: es la poesía. Este libro extraordinario, en el que la mayoría no ha reparado, atenta a obras más vistosas, no es más que una elegía; en tonos neutros, de un gris perla, el poeta principia cantando las fuerzas del deseo, que aspira a fundirse con la realidad; pero, como la ola que se retira de la playa, llevado por la fatalidad del movimiento, termina cantando, no la desesperación del deseo sino su nostalgia, la nostalgia de la ola por la playa. La lírica, así, sin dejar de ser personal, pierde ese egoísmo, ese individualismo de la poesía última. El libro de Cernuda es algo más que la expresión de sus experiencias individuales; me parece que es la elegía de una generación y de un momento de la historia, que se despiden, para siempre, de España y de un mundo al que ya no volverán.

Ahora, algunos años después, Cernuda publica un breve libro de prosa: *Ocnos*[32]. Se trata de pequeños paisajes transparentes y de recuerdos de infancia y de adolescencia. Este

---

[32] Londres, The Dolphin, 1942.

libro no puede considerarse como algo distinto a su libro de poesía; es como una rama, una pequeña rama, levemente dorada, levemente gris, de *La realidad y el deseo*. Escrito con un vigor y una precisión nada externos, es sorprendente porque, contra la tradición reciente de la prosa de los poetas, no es solo el fruto de la sensibilidad de su autor, sino de la claridad de su espíritu. En estos recuerdos y paisajes, en estos apuntes para la historia de su sensibilidad, hay una gran objetividad: el poeta no se propone fantasear, ni mentirse a sí mismo, o a los demás. Pretende solo iluminar, con una luz casi impersonal, algo muy personal: algunos momentos de su vida. (Pero ¿es nuestra, de verdad, esta vida que vivimos?)

La prosa de Cernuda, exacta y objetiva, no excluye la elegancia y el abandono. Quiero decir, el rigor del pensamiento y la fidelidad de la palabra al pensamiento no la vuelven rígida ni geométrica. Del mismo modo, la imaginación, el brillo de la imagen, no la convierten en superflua, lujosa o barroca. Casi todos los defectos de la prosa de muchos poetas contemporáneos desaparecen en este libro; dichosamente no encontramos en sus páginas las ingeniosidades, las complicaciones pseudofilosóficas, el opulento y hueco barroquismo, males corrientes y lujosos de nuestro tiempo. Transparencia, equilibrio, objetividad, claridad de pensamiento y de palabra son las virtudes externas de la prosa de Cernuda. ¿Para qué hablar de las más secretas y hondas: la sencillez elegante, la melancolía y también el rasgo irónico, que jamás roza la sátira y en el que no percibimos tanto la ira de una vanidad ofendida como el hastío y el cansancio de un espíritu que no podemos llamar escéptico sino desengañado?

México, 1943

Efrén Hernández,
Entre apagados muros

Efrén Hernández era conocido y estimado como uno de los pocos cuentistas mexicanos de valía. Su prosa, divagatoria y como escrita en una vigilia que ya el sueño empieza a inundar, un poco boba en apariencia, rica en poesía y en burlas, continúa la tradición de algunos cuentistas mexicanos. Micros, más neto y amargo, más amigo de la realidad y de la concisión, es su antecedente más próximo. Pero en la prosa de Hernández siempre hay un elemento lírico y personal que la hace difusa y la aleja de la objetividad y la precisión dramática de Micros. La prosa de Hernández es una prosa de poeta, a pesar de su voluntario prosaísmo. Y para confirmar esta idea publica ahora un libro de versos: *Entre apagados muros*[33].

El título del libro da el tono general de su poesía: íntima y tierna, prosaica en ocasiones, con un humor un poco beato, de persona aguda, penetrante y casera. Imagino a su autor como un solitario habitante de una vieja casa, amigo del crepúsculo y del soliloquio, en diálogo con sus propios sueños, perdido en divagaciones de sonámbulo y de filósofo, entretenido en largos monólogos que, a fuerza de sole-

---

[33] México, Imprenta Universitaria, 1943.

dad alucinada, se convierten en diálogos con seres misteriosos y erráticos:

> Esta es la hora amante y amarguísima
> en que mi vida se alza entre la noche
> y vaga en una torre imaginaria.

Como una lechuza —ave poética y filosófica— Hernández, en lo alto de su torre crepuscular, imagina sus razones y razona sus imaginaciones. Del soliloquio brotan sus imágenes milagrosas, a ratos fosforescentes y endemoniadas («el herrumbroso reino de los cielos»), o dichosas y plenas («como una barca sobre un sereno río»). No siempre son tan puras sus visiones; a veces una excesiva fidelidad a los místicos españoles y el empleo de giros deliberadamente arcaicos o de su propia invención, empañan la transparencia de su decir.

Aunque dividido en 17 poemas, el libro forma un solo y largo poema, un soliloquio enamorado, en el que el fantasma del amor, creado por «las laboriosas manos del silencio», pleno y corpóreo al principio, se desvanece y se pierde, hasta deshacerse en el vacío y de allí, de la nada, renacer, ya no como forma o presencia sino como aspiración espiritual: «Oh, inmensa voz de amor, voz invencible y derrotada siempre». A pesar de su extrema pequeñez, de su intimidad y de su recato, la poesía de Efrén Hernández, nada amiga de las lujosas apariencias de tantos, se mueve en las aguas de la eterna poesía y en la eterna angustia del hombre. En ocasiones, esta preocupación metafísica se expresa en un lenguaje que apenas roza lo poético y linda con lo didáctico, pero en otras llega a producir expresiones de una extraña originalidad, esto es, de una permanente y verdadera poesía. Al nombrar el vientre de la Virgen María encuentra una imagen que es algo más que imagen hermosa:

> Tu vientre...
> frente humilde y callada, laboriosa,

> que parece soñar
> en mí, y en mí soñando, concebirme.

Y cuando habla de su cabellera, como padece verdadera sed de fe y de inmortalidad, dice:

> Tus cabellos, que bajan como salto
> de aguas, al abismo
> del corazón sediento.

El poema «A María» no solo posee esas imágenes profundas y plenas; una desesperación resignada, si es posible decirlo así, una lucha entre la sed del agua milagrosa y la certidumbre de su inexistencia, lo hacen no solo su mejor poema, sino uno de los más hondos y originales de la más reciente poesía mexicana:

> Tú, la que eres casi, aunque no eres
> otro que una forma
> de grito...
> no pido que me oigas,
> ya sé que tú no oyes, enloquéceme,
> hazme creer el encanto...
> ciega mi entendimiento...

Otro poema, «A Beatriz», conduce al lector a un clima sonámbulo, en donde los vestidos de una mujer cruzan, ya vacíos, estancias deshabitadas, movidos por un viento suspirante:

> Y tus zapatos vagos que sonaron
> el tacón al caer en la madera,
> huérfanos de tus pies hasta mañana,
> caídos a una alfombra que volaba,
> también los vi flotar entre los muebles.

Efrén Hernández pertenece a esa cada vez menos frecuente especie de los «originales». Alguna vez, citando a Chesterton, dije que los poetas originales eran, no los novedosos, sino los que descendían a los orígenes de las cosas. Poeta original viene siendo ya lo contrario de «poeta nuevo». Lejos de las retóricas al uso y abuso de perezosos e imitamonos, Hernández, entre apagados muros, permanece fiel a su íntima voz y a la verdad que quiere expresar su voz. Solo en este sentido profundo y legítimo merece el calificativo de «poeta original».

México, 1943

Manuel José Othón,
Breve antología lírica

En pleno modernismo Manuel José Othón intentó, con plena conciencia, una «poesía eterna». Ningún propósito de novedad anima a su obra; ninguna complacencia con las corrientes literarias de su tiempo, con los éxitos y con los deslumbramientos de la retórica modernista. Los poetas «académicos» (y él mismo) creyeron que esta actitud lo adscribía a su bando pues, en apariencia, de esta negación del modernismo no se podía desprender nada que no fuera una repetición de la tendencia latinizante y académica, presente en nuestra poesía desde la época romántica. En efecto, buena parte de la obra de Othón no se distingue por sus propósitos e intenciones de la de Pagaza, poeta al que lo unían no solo comunes aficiones sino parecida actitud estética. Se ha dicho que Othón es un poeta de la naturaleza y de los sentimientos que ella despierta en el hombre; esa porción de la poesía del poeta potosino es muy estimable, sí, pero no es la que nos hace amarlo por encima de todos sus contemporáneos. Los sonetos del *Idilio salvaje*, «Urente», «A una estepa del Nazas», y algún otro poema, representan algo más de lo que se ha dado en llamar, tradicionalmente, «poesía de la naturaleza». Aquí el desierto del norte, «enjuta cuenca de un océano muerto», y su cielo desierto y cruel dejan de ser un espectáculo o un símbolo; se convierten en un espejo, impasible y arrebatado al mismo tiempo, en el que el poeta contempla la aridez de su corazón exhausto. Debajo de su forma serena y un poco seca, se advierte el fuego de una pasión estéril y quemante, una pasión que solo se sacia aniquilando lo que ama y que no tiene otro objeto que consumir a sus víctimas. El poeta, lúcido en medio de su fascinación, advierte que ama aquello que lo destruye y acaba por identificar el amor con la ceniza del desierto. Un sol de páramo, de luz impía y fija, ilumina las rocas áridas, las ruinas sedientas y quemantes en que se ha transformado el corazón del poeta. Ninguna nota piadosa conmueve esa desolación gigantesca, que no encuentra más compañía, ni más semejanza, que la soledad calcinada de la estepa. Nunca se había expresado un mexicano con tal hondura y conciencia de sí y de las inflexibles y atroces pasiones que lo mueven; los sonetos del *Idilio salvaje,* escritos unos pocos años antes de morir, hacen a Othón uno de los más hondos, veraces y trágicos poetas de la poesía en lengua española.

Othón, desconocido casi en el extranjero, apenas ha sido estudiado entre nosotros. Jesús Zavala, poeta y crítico, le ha dedicado algunos años de su vida, con una devoción y un fervor admirables. Fruto de esta ejemplar dedicación es la *Antología* que ahora, más que comentar, señalamos al lector[34]. El libro está compuesto por un discreto prólogo, una muy atinada y justa selección de la obra copiosa y desigual del potosino y una síntesis biográfica en la que nada esencial se omite, por lo que a la cronología se refiere. La poesía mexicana le debe al amor de Zavala un libro excelente, que ojalá produzca un trato más íntimo con la obra de Othón.

México, 1943

---

[34] Manuel José Othón, *Breve antología lírica,* San Luis Potosí, edición de la Universidad Potosina.

Una nueva novela mexicana

Cuando cesó la lucha armada y principió lo que se ha dado en llamar la «etapa constructiva de la Revolución mexicana», dos formas diversas de expresión artística, la novela y la pintura, se inclinaron con avidez hacia el pasado cercano. Los resultados de esta seducción han sido la «escuela de pintura mexicana» y la «novela de la Revolución». Durante los últimos veinte años la novela ha servido para expresar, más que las tentativas literarias de sus autores, sus nostalgias, esperanzas y desilusiones revolucionarias. Pobres de técnica, estas obras son más pintorescas que descriptivas, más costumbristas que realistas... Los novelistas de la Revolución, y entre ellos el gran talento miope de Azuela, cegados por el furor de la pólvora o por el de los diamantes de los generales, han reducido su tema a eso: muchas muertes, muchos crímenes y mentiras. Y un escenario superficial de pueblos quemados, selvas delirantes o desiertos impíos. De este modo han mutilado la realidad novelística —la única que cuenta para el verdadero novelista— al reducirla a una pura crónica o a un cuadro de costumbres. Relatos y crónicas han sido todas las «novelas de la Revolución», sin excluir las de Mariano Azuela. (Larbaud decía que Azuela le recordaba a Tácito: ¡extraño elogio para un novelista!)

La generación posterior casi no ha intentado la novela. Compuesta por un grupo de literatos, poetas y ensayistas, ha mostrado un cierto asco, cuando no desdén, por las realidades que los cercan. La novela ha sido la Cenicienta de estos escritores, formados bajo el signo de la curiosidad y la evasión. Después de ellos sí han existido tentativas aisladas: las del más reciente grupo de escritores mexicanos (Juan de la Cabada, Efrén Hernández, Rubén Salazar Mallén, Andrés Henestrosa, Rafael Solana, Francisco Tario)[35]. Casi todos ellos revelan una decidida afición por ese género difícil y estricto que es el cuento. Así como a la generación de los «muralistas» ha sucedido, en la pintura, un grupo de jóvenes que la benévola crítica yanqui ha llamado de los «pequeños maestros», estos nuevos prosistas mexicanos, sucesores de los «novelistas de la Revolución», se han distinguido, sobre todo, en la composición de pequeños cuentos y relatos. Un libro de Juan de la Cabada, *Paseo de mentiras,* reúne, en sus breves páginas, algunos cuentos y una novela corta que lo hacen, hasta ahora, el más interesante y enigmático de todos; una novela, *Camino de perfección,* y muy especialmente unos cuentos agrios y ásperos, hacen pensar que Rubén Salazar Mallén posee también el talento necesario para dotar a México de una verdadera novela.

El más ambicioso y apasionado —el más joven también— es José Revueltas (veintisiete años; afiliado desde los catorce al Partido Comunista; sus ideas políticas le han valido conocer varias veces las cárceles del país, en la época del presidente Rodríguez). José Revueltas ha publicado su primera novela, *El luto humano,* que ha sido premiada en un concurso nacional[36]. Antes había escrito algunos cuentos misteriosos y balbuceantes, una novela corta —*El que-*

---

[35] Juan de la Cabada (1903-1986), Efrén Hernández (1904-1958), Rubén Salazar Mallén (1905-1986), Andrés Henestrosa (1906), Rafael Solana (1915) y Francisco Tario (pseudónimo de Francisco Peláez) (1911) son todos escritores mexicanos y, algunos de ellos, compañeros de generación de Paz y Revueltas.

[36] México, Editorial México, 1943.

branto[37]— y un relato —*Los muros de agua*—, en el que cuenta la vida de una colonia penal del Pacífico. (Allí estuvo preso durante dos años, cuando aún no cumplía los veinte, acusado de conspiración.) La novela de Revueltas ha sabido encender, al mismo tiempo, los más exaltados elogios y las críticas más acerbas. Algún crítico marxista lo ha acusado de «pesimismo»; otros entusiastas, en cambio, no han vacilado en citar a Dostoievski.

El luto humano relata una dramática historia: un grupo de campesinos inicia una huelga en un «Sistema de Riego» fundado por la Revolución. La huelga y la ausencia de agua hacen fracasar el propósito gubernamental y se inicia el éxodo. Solo tres familias se obstinan en permanecer en esa tierra desierta. Un día, el río, seco hasta entonces, crece desmesuradamente y una inundación aísla, en una azotea, a los personajes de la novela. El alcohol, el hambre y los celos acaban con ellos. La novela principia cuando el río crece y termina en el momento en que los «zopilotes» se disponen a devorar a los muertos. Todos estos acontecimientos ocurren en unos cuantos días. Pero la novela apenas alude a lo que hacen realmente los campesinos para escapar de la inundación; Revueltas prefiere decirnos qué piensan, qué recuerdan y qué sienten. Con frecuencia substituye a sus personajes; los borra y, en su lugar, nos expone sus propias dudas, su fe y su desesperanza, sus opiniones sobre la muerte o sobre la religiosidad mexicana. La acción se interrumpe cada vez que uno de los personajes, antes de morir, hace un resumen de su vida (en ocasiones se trata de verdaderos relatos, extraños a la misma novela y colocados muy artificialmente dentro de ella). Una constante preocupación religiosa invade la obra: los mexicanos, piadosos por naturaleza y enamorados de la sangre, han sido despo-

---

[37] No llegó a publicarse sino el primer capítulo *(Taller,* núm. 2, abril de 1939), pues Revueltas perdió el manuscrito.

jados de su religión, sin que la católica les haya servido para satisfacer su pétrea y sangrienta sed de eternidad. Adán, un asesino que se cree encarnación de la Fatalidad, y Natividad, un líder asesinado, simbolizan, muy religiosamente, el pasado y futuro de México. Entre ellos se mueven los rencorosos mexicanos actuales; sus quietas mujeres representan la tierra, sedienta de agua y de sangre, bautismo que combina, junto a los ritos de fecundación agraria, el antiguo de los aztecas y el de los cristianos. En las últimas páginas el autor intenta convencerse a sí mismo —más que al lector— de que mediante un mejor aprovechamiento de los recursos naturales y una mejor distribución de la riqueza, esta religiosidad sin esperanzas, este ciego amor a la muerte, desaparecerán del alma de México. La novela, como se ve, está contaminada de sociología, religión e historia antigua y presente de México. Otro tanto ocurre con su lenguaje, a ratos brillante, a ratos extrañamente torpe, desaliñado y siempre con un lastre de lirismo sin empleo. También son notables su torpeza para relatar —que nace, seguramente, de esa incapacidad de ciertos escritores modernos para decir las cosas de un modo sencillo— y sus frecuentes confusiones de tiempo y espacio. A la novela le falta el sentido del tiempo, de la duración tanto como del suelo. Todo esto contribuye a que la acción deshilvanada transcurra en una atmósfera pantanosa, en la que a veces desaparecen sus fantasmales personajes.

Estos defectos condenan a la obra, pero no a su autor. Porque, extrañamente, el lector se siente contagiado por la fascinación de que es víctima el novelista. Revueltas siente una especie de asco religioso, de amor hecho de horror y repulsión, hacia México. Seguramente Revueltas no ha escrito una novela pero, en cambio, ha hecho luz dentro de sí. Seducido por los mitos de México tanto como por sus realidades, él mismo se ha hecho parte de ese drama que intenta pintar. Dotado de talento, de fuerza imaginativa, de vigor y sensibilidad nada comunes —y devorado por una prisa y una pereza que no le permiten, por lo visto, reparar en sus defectos—, José Revueltas puede escribir ahora una novela. Pues en esta tentativa se libra de todos sus fantasmas, de todas sus dudas y de todas sus opiniones. Como ocurre con gran parte de la pintura mexicana, que muestra un gran vigor que muchas veces queda *fuera* de la pintura, fuera del cuadro, Revueltas ha acumulado, sin orden ni concierto, toda su gran potencia plástica y adivinatoria, pero sin que haya logrado aplicarla a su objeto: la novela. ¿Qué es, en resumen, lo que le reprocho a Revueltas? Le reprocho —y ahora me doy cuenta— su juventud; pues todos esos defectos, esa falta de sobriedad en el lenguaje, ese deseo de decirlo todo de una vez, esa dispersión y esa pereza para cortar las alas inútiles a las palabras, a las ideas y a las situaciones, esa ausencia de disciplina —interior y exterior—, no son sino defectos de juventud. De cualquier modo Revueltas es el primero que intenta entre nosotros crear una obra profunda, lejos del costumbrismo, la superficialidad y la barata psicología reinantes. De su obra no quedará, quizá, sino el aliento: ¿no es eso suficiente para un joven que apenas se inicia, y nos inicia, en la misión de crearnos un mundo imaginativo, extraña y turbadoramente personal?[38].

México, 1943

---

[38] Véase al final de este libro, en las «Fuentes» (págs. 543-562), el comentario crítico de Octavio Paz acerca de este artículo (1979).

El teatro de Xavier Viallaurrutia

Un caso opuesto al del joven Revueltas es el del poeta Xavier Villaurrutia. Crítico, poeta y autor teatral, Villaurrutia no olvida nunca que la condensación —del idioma, de las situaciones, de las ideas— es siempre mejor que la dispersión. Su poesía, concentrada como un diamante, brilla solitaria y sombría en la noche de piedra de México, no como una piedra más, sino como una víscera extrañamente viva, latiente. Sus ensayos sobre pintura y poesía arrojan siempre una luz sobria y cortante, afilada, sobre lo que tocan. Su teatro... El público de México conoce un drama, una comedia y algunas piezas breves de Villaurrutia. La comedia *(La mujer legítima),* representada en 1942 en un teatro de la ciudad, ha sido publicada ahora por la editorial Cultura. Las piezas breves, que Villaurrutia llama *Autos profanos,* por la revista *Letras de México*[39].

Autos profanos es un libro compuesto por cinco breves piezas en un acto. Su autor, lúcido dueño de sus limitaciones y de las limitaciones de sus obras, advierte en una nota preliminar que se trata de ejercicios literarios. Las piezas en un acto son al drama, dice Villaurrutia, lo que el soneto a la poesía: resonancias e imágenes. Algunos críticos han en-

---

[39] *La mujer legítima,* comedia en tres actos, ed. de Rafael Loera y Chávez, México, Culltura Editorial, 1943, y *Autos profanos,* México, Letras de México, 1943.

contrado vituperable que estos ejercicios dramáticos de Villaurrutia sean... ejercicios. Con el mismo derecho se le puede reprochar al cielo su color azul. La cuestión que en apariencia se plantean es esta: ¿estas piezas son nada más ejercicios de teatro o son otra cosa? Casi nunca las obras de Villaurrutia son esa «otra cosa» que buscan los críticos; son, simplemente, lo que quieren ser. Quiero decir: son ejercicios, ejercicios conseguidos y resueltos. Y, por tanto, obras de teatro, pequeñas obras de teatro, a veces angustiosamente deshabitadas, es cierto, pero ¿no sería mejor decir «maliciosamente deshabitadas» por su autor? Pues Villaurrutia en alguna de sus piezas intenta deliberadamente excluir a la realidad de su teatro y lo consigue plenamente, sin que deje de ser teatro. Estos ejercicios literarios, estas pequeñas experiencias literarias, no constituyen para su autor, naturalmente, todo el teatro, sino el principio del teatro.

La mujer legítima marca el camino recorrido por Villaurrutia desde *Autos profanos*. Aunque quizá no deba decir *desde Autos profanos,* sino gracias a ellos. Pues gracias a estos ejercicios Villaurrutia se muestra como un dramaturgo dueño de sus recursos, inteligente y equilibrado, poseedor y no poseído por sus imágenes y personajes. *La mujer legítima,* en este sentido, no es una obra diversa a las que forman *Autos profanos:* sigue siendo un ejercicio de conciencia y maestría. En estas cualidades radica su excelencia; aunque en ocasiones nos fastidie que todos los personajes hablen el mismo lenguaje, que se expresen con demasiada corrección y que un intrincado drama psicológico nos sea explicado acudiendo a la psiquiatría. Todas estas observaciones carecen de importancia. La más grave de todas es esta: Villaurrutia logra interesarnos con su teatro, pero no apasionarnos; nos hace sonreír, pero no nos divierte totalmente y, en suma, no toca nada vivo o profundo de nuestra alma. No consigue seducirnos, apoderarse de nosotros y del público. Es posible que a su autor le repugne esta clase de fascinaciones y de éxitos, pero el teatro, para serlo, no solo requiere esa perfección inteligente de Villaurrutia sino también ese hechizo que embriaga al espectador. El teatro de Villaurrutia no nos hace nunca olvidarnos de nosotros mismos, quizá porque su autor tampoco se olvida bastante de sí.

La obra de Villaurrutia, como la de Rodolfo Usigli y la de Celestino Gorostiza (sus compañeros en el heroico esfuerzo de crear un teatro mexicano, que México se obstina en no merecer), posee una calidad que la hace acreedora a algo más que el interés profesional de los literatos. Pues es, ya, teatro (¿cuándo podremos decir algo parecido de nuestra novela?); y todas nuestras dudas, nuestras diferencias de gusto o de concepto, desaparecen ante la evidente sencillez de este hecho.

México, 1943

Antonio Castro Leal,
Juan Ruiz de Alarcón

Vivo, Juan Ruiz de Alarcón fue víctima de sus ingeniosos y crueles contemporáneos; muerto, de los profesores de Literatura, que lo cubrieron con una espesa capa de adjetivos rutinarios. Sus contemporáneos no lo querían: indiano, jorobado, seguramente amigo de la reverencia y del elogio, seguramente frío y hermético, dueño de una mesura y de un sentido de la perfección que sería inútil buscar entre sus rivales, tenía que aparecer a los ojos de todos como un intruso. Lope, en un retrato apasionado, lo llama «sinuoso». (Más tarde Lawrence hablará de los suaves, violentos, sinuosos mexicanos.) Esta imagen de Alarcón fue substituida después por otra, que lo hace un mártir inocente y una víctima de las intrigas de sus poderosos adversarios. En cuanto a la apreciación de su obra, todos se limitaban a afirmar que Alarcón inicia en la Europa moderna la comedia de caracteres y la tendencia moralista. En 1913 Pedro Henríquez Ureña «se acerca más a la obra de Alarcón, distingue su tonalidad propia dentro del siglo XVII español y la conecta con la psicología del pueblo mexicano». A partir de Henríquez Ureña la crítica de la obra del dramaturgo mexicano se ha hecho más aguda, más profunda y más luminosa. Los trabajos de Alfonso Reyes y Antonio Castro Leal, por una parte, y de José Bergamín y Valbuena Prat, por la otra, han acabado por darnos una imagen compleja, rica en contradicciones, y por tanto viviente, de Alarcón.

Antonio Castro Leal, a quien la poesía mexicana y la novela inglesa deben algunos estudios excelentes, ha publicado un libro, *Juan Ruiz de Alarcón. Su vida y su obra,* que no solo es un resumen de la vida y un análisis de la obra del dramaturgo sino que representa la culminación de los estudios alarconianos[40]. La crítica de los especialistas —Alfonso Reyes, Enrique Díez-Canedo, Ermilo Abreu Gómez— ha señalado ya la importancia de cada capítulo del libro: el preciso, transparente resumen biográfico; la descripción del teatro del siglo XVII, «hecho para despertar el interés y satisfacer el gusto del público», como las modernas novelas policiacas; el análisis de cada comedia de Alarcón, seguramente el más ceñido, claro y agudo que se ha hecho y en el que se destaca el estudio dedicado a la figura de don Domingo de Don Blas, uno de los personajes más humanos y complejos del teatro español; y el examen de la obra alarconiana, en el que se desvanece la imagen de un Alarcón moralista, se enfrenta a la teoría del resentimiento, sostenida por Valbuena Prat, y, finalmente, ahonda y precisa los límites del mexicanismo de Alarcón, siguiendo el camino señalado por Henríquez Ureña.

El estudio de Castro Leal termina con estas palabras: «Creo que la obra de Alarcón anuncia los rasgos predominantes del espíritu mexicano». Recoger esta afirmación, someterla, si es posible, a una nueva y rápida inquisición, me parece todavía fértil y necesario. No solo la figura y el carácter del dramaturgo irritaron y extrañaron a sus contemporáneos; también su obra, medida, clara, viviente negación del monstruoso, laberíntico teatro poético español.

La nota polémica de Alarcón fue advertida, primero que nadie, por sus contemporáneos, aunque la atribuían más a

---

[40] *Juan Ruiz de Alarcón. Su vida y su obra,* prólogo de Alfonso Reyes, México, Cuadernos Americanos, 1943.

singularidades personales. Pero es curioso que «todos los rasgos que caracterizan a la obra de Alarcón (discreción, sobriedad, mesura, observación fina y maliciosa, cortesía, inclinación clásica, tendencia epigramática, temperamento reflexivo y preocupación ética), aunque no son, de ningún modo, privativos del espíritu mexicano, se presentan en él con tal frecuencia y en tan particulares proporciones, que se puede decir que forman un cuadro de tonalidades propias». Es significativo también que la poesía lírica mexicana, por lo menos en su porción más valiosa y constante, posee las mismas cualidades y limitaciones, desde sor Juana Inés de la Cruz hasta Othón.

Debajo de esta mesura y de esta cortesía (¿máscara viviente?) alientan un espíritu violento y mágico, desesperado y nihilista, un humor fúnebre y una alegría salvaje. Pocas veces este carácter subterráneo se ha expresado en el arte y pocas veces se ha manifestado de un modo creador en nuestra historia. Este México secreto, que hizo la Revolución mexicana y que luego la abandonó a los burócratas, vive en algunas páginas de Vasconcelos, en algunos cuadros y murales, en algunos poemas y en muchas fiestas y costumbres populares, pero aún espera su hora. Oprimido por una historia adversa, abandonado a la desesperación y al hambre, cuando no reducido al silencio, se expresará apenas tenga verdadero acceso a la cultura y a sus bienes.

Diré, por último, que el libro de Castro Leal está escrito en un idioma luminoso y transparente, exacto y levemente irónico, que lo hace uno de los tres o cuatro mejores prosistas mexicanos; idioma al que se puede aplicar, sin esfuerzo, esas palabras de La Bruyère que cita («quelle pureté, quelle exactitude, quelle élégance!») y en las que encuentra la mejor definición del estilo del dramaturgo mexicano.

México, 1943

Max Aub, *San Juan*

Apenas conozco la obra anterior de Max Aub. Algunos poemas, una pieza de teatro publicada en *Hora de España*, algún artículo, algún ensayo... Pero me bastan para estimarlo como uno de los pocos, si no el único autor teatral valioso de la última generación española, dos obras: *La vida conyugal* (que aún no ha sido publicada) y *San Juan*. La primera es un drama que merecerá la atención férvida de los espectadores el día en que alguien se decida a llevarlo a la escena; la segunda, que ahora se publica, es una tragedia[41]. No faltará quien se pregunte: ¿tragedia en nuestro tiempo? El género ha sido casi abandonado por los dramaturgos contemporáneos. La mayor parte de las piezas que así se llaman son dramas, o literatura trágica sin posibilidades escénicas. Nuestra época, ha dicho un ensayista inglés, prefiere un arte de verdades «completas» a uno de verdades parciales, aunque sean sublimes. En la épica y en su equivalente contemporáneo, la novela, que canta la gesta de la sociedad burguesa, su ascenso, sus pecados y sus caídas, el hombre aparece «completo», esto es, con esa mezcla de tragedia y de comedia, de drama y de vulgaridad, de digestión y reflexión, de humores y sueños, que lo forman. En la

---

[41] Max Aub, *San Juan. Tragedia,* prólogo de Enrique Díez-Canedo, México, Ediciones Tezontle, 1943.

tragedia el hombre solo es conciencia y destino; el resto —sus caprichos, su melancolía, su apetito, su olor y su sudor, sus «costumbres», en fin— casi no cuenta. Los héroes, en la tragedia, lo son no solo por la magnitud e inevitabilidad de los hechos a que se enfrentan; también el rango —príncipes, gente excelsa— los distinguen del resto de los hombres. Encarnan el destino del hombre y, por más vivientes que sean, son los más abstractos y eternos de todos los personajes creados por la literatura dramática. Diré de paso que la abstracción, la pureza, no resta vitalidad a un personaje: todo depende de la cantidad de *vida concentrada* que el autor haya infundido en su héroe.

La tragedia de Max Aub no tiene héroes. Mejor dicho, los héroes son un barco y una raza. El destino, la fatalidad antigua, ha sido substituido por dos potencias: el viejo, ciego mar y... la estupidez y ceguera de los gobiernos democráticos. Una fatalidad ciega y una fatalidad miope. El antiguo destino obraba de un modo diverso: sus actos, por más oscuros y caprichosos que aparecieran, poseían un secreto designio y de alguna manera expresaban un indescifrable sentido de la justicia. El destino contemporáneo obra como una simple fatalidad social y en sus designios no interviene la justicia, sino el movimiento de una sociedad estéril y que lo ha perdido todo, menos el deseo de dormir. Esto es muy irreal, como es irreal lo que ocurre ahora, pero es verdadero.

Si la atmósfera es irreal, los que se mueven dentro de ella son reales, con una realidad atroz: los judíos y la oficialidad que conduce el barco maldito a través de puertos que se cierran, no son seres de excepción, ni su castigo posee nada de divino. Banqueros y rabinos, comerciantes y periodistas vendidos, jóvenes comunistas y un loco anarquista (que pudo haber sido el héroe pero que, por fidelidad a su escepticismo, prefiere convertirse en la duda de todo y principalmente del valor de ese insensato sacrificio), muchachas enamoradas, niños, viejos sórdidos, oficiales, todo un mundo va en ese barco. ¿Adónde? Hitler los expulsa; el resto de los países no los recibe; el mar los aguarda. Y todo esto, ¿para qué? El rabino, en la hora final, intenta contestar a esta pregunta desesperada y vanidosa (el hombre se empeña en que su muerte posea una significación especial): *¿Y cómo podrá el hombre justificarse con Dios?* Mas ¿cómo podrá Dios justificarse con el hombre? Nada de esto tiene respuesta: «Y acordóse que eran carne; soplo que va y no viene».

Eso es lo triste: somos carne y por la carne sufrimos y soñamos, pero también somos soplo que va y no vuelve. Cada uno de los seres que ha creado Max Aub, con una mezcla de realismo y poesía, ama furiosamente a esta carne que es un soplo: unos aman a sus propiedades; otros, sus recuerdos, un hombre a una mujer y una mujer a un hombre; los niños a sus sueños; el capitán a su barco; Carlos, el nihilista, a su desesperación; el rabino a Israel; carne, carne, soplo que va y no vuelve. Nadie oye la queja de esta carne que grita y come, que suda y se enamora, que regatea y sueña, carne que no se resigna pero que tampoco combate. Estos judíos del barco *San Juan* —que han sido nuestros contemporáneos y a los que hemos dejado morir con esa insensibilidad de los borregos que ven el degüello de sus hermanos— son reales, demasiado reales y demasiado judíos. Max Aub los pinta tal como son y no hay piedad en su retrato. ¿Para qué? No eran gentes de excepción, no eran príncipes escogidos por el destino para cometer un pecado sagrado, ni su sacrificio lava ninguna vieja mancha. No eran puros, no eran inocentes. Judíos, simple y llanamente. Con su viejo Dios, su viejo odio racial, su ceguera, su avaricia, su sentido profético y lírico, su escepticismo, sus jóvenes maravillosas y sus viejas horribles. Carne, soplo que va y no vuelve. Todos ellos forman un héroe único, de mil cabezas y de mil estómagos, de mil lenguas que gritan, en distintos idiomas y con distintas palabras, un grito único, entre la sordera de Londres y Washington y la avidez del mar: ¿por qué? Los estadistas callan; pero el poeta habla por ellos. A través de las frases de todas las víctimas se oye, terrible, ese silencio que Max Aub, para hacerlo más vivo, no se ha atrevido a romper.

Es muy posible que la pieza teatral de Aub no sea una verdadera tragedia; lo cierto es que su obra, más allá de los géneros, es trágica, a pesar de la ausencia de héroes y la impureza de sus personajes. El diálogo es siempre eficaz; su humor, amargo y directo, posee un sabor desgarrado y los monólogos tienen, en ocasiones, una belleza patética. En esta obra colectiva los solitarios viven con vida más verdadera que el resto: Carlos, el rabino, el capitán, el financiero, Chene, Boris, los jóvenes enamorados, Efraín y Raquel, son un poco fantasmales, como su misma pasión. El grupo de comunistas es demasiado frío y más parecen autómatas de partido que seres de carne. Su fuga no está justificada en el drama... ni en la doctrina. Por último, la obra de Aub es teatro. No poesía teatral, ni teatro poético, sino teatro verdadero, sustentado en la realidad de nuestra época y animado por la imaginación. Y esta es la única forma en que la poesía puede ser teatro: encarnando en una pluralidad de voces y destinos.

Resulta inexplicable que la tragedia de Max Aub no haya sido llevada al escenario (no, claro está, por nuestras compañías profesionales, que antes han desdeñado las obras de nuestros mejores dramaturgos, sino por algunas de esas semipolíticas y semifilantrópicas «sociedades para la defensa de»). La edición es excelente. Ojalá la editorial Tezontle, que ha publicado pocos libros tan buenos como este, enriquezca sus títulos con las obras de algunos autores mexicanos inexplicablemente ausentes aún.

México, 1943

Leopoldo Zea,
El positivismo en México

Leopoldo Zea es uno de los más jóvenes escritores mexicanos.

Desde su iniciación se ha dedicado, con singular constancia, al estudio de las cuestiones filosóficas. No es extraña esa afición; es en la juventud cuando nos planteamos, otra vez, los problemas que apasionaron a nuestros mayores. En esa edad todos servimos, bien o mal, a la filosofía, amiga del ocio y de la alegría, aunque piensen otra cosa los pedantes que quieren secuestrarla en sus torres de neologismos y oscuridades. La filosofía es una actividad juvenil... que da sus frutos en la vejez. Pero si no es extraña la vocación de Zea, sí lo son su amor al trabajo, su seriedad y su paciencia, su sentido de las jerarquías y su espíritu de investigación, rasgos nada juveniles y, me atrevería a decir, nada frecuentes entre nosotros. Fruto de esta vocación y de estas virtudes es su primer libro: *El positivismo en México*[42]. Esa doctrina filosófica tuvo una gran importancia en el desarrollo de la nación mexicana; durante muchos años se constituyó en la filosofía oficiosa de un régimen y varias generaciones fueron educadas en sus ideales y sus métodos. El positivismo produjo algunas figuras brillantes y venerables, sobre

---

[42] Publicado por el Colegio de México en 1943.

todo en el campo de la educación, como Gabino Barreda, el fundador de la escuela positivista mexicana, Porfirio Parra y algunos otros. Un grupo de políticos —los «científicos»— rodearon a Porfirio Díaz, tanto para implantar los ideales del positivismo como para realizar sus personales propósitos. Por último, la Revolución mexicana se inicia, al mismo tiempo que con huelgas y desórdenes agrarios, con la crítica que una nueva generación hace del positivismo y de sus hombres. Estos jóvenes rebeldes formaron una sociedad, El Ateneo de la Juventud, y todos ellos sufrieron la dichosa influencia de Pedro Henríquez Ureña. En un libro reciente *(Pasado inmediato y otros ensayos)*, Alfonso Reyes destaca la importancia de esta batalla y el papel que en ella tuvieron sus compañeros de grupo, José Vasconcelos y Antonio Caso. El tema que estudia Zea es, por tanto, de excepcional interés para la historia de las ideas filosóficas en Hispanoamérica.

Zea divide su monografía (de la que solo ha aparecido el primer tomo) en cinco partes; en la primera, después de exponer su punto de vista y decidirse por una especie de «vitalismo histórico» grato a Ortega y Gasset, hace una descripción del positivismo de Comte y de sus interpretaciones mexicanas. En las restantes relata la historia del movimiento positivista a través de sus fundadores y discípulos, siempre en función de la realidad mexicana y de sus diversas transformaciones. Su arquitectura, la claridad y sencillez con que se exponen las doctrinas del autor y las ajenas, el rigor en la interpretación de los textos, el conocimiento profundo y sólido del tema, honradas virtudes que brillan, por decirlo así, bajo la luz tranquila de un estilo modesto, convierten a este libro en algo insubstituible. Estas sólidas virtudes, que son también las de su autor, me hacen esperar con impaciencia la publicación del segundo tomo, en el que se habrá de tratar del positivismo «en su expresión política».

Para Zea la filosofía es un «diálogo con las circunstancias». Por tanto, nos dice en la Introducción, «no hay ideas eternas, sino ideas circunstanciales, pues la idea no viene a ser sino una forma de reacción del hombre frente a una realidad dada». Ahora bien, puesto que la realidad a la que se enfrenta el filósofo no es permanente, sino cambiante, las llamadas ideas eternas solo lo son para una determinada circunstancia. «Cuando cambia la historia, cambia la filosofía.» Las ideas son expresión de la historia y, predominantemente, del hombre y su circunstancia. Esta concepción de la cultura lo lleva a plantearse el problema de la verdad: «las verdades de la filosofía no son verdades absolutas en el sentido de eternas, sino absolutas para una determinada circunstancia». Yo no tengo nada que oponer al pensamiento que ve en la idea la expresión de una circunstancia histórica, pero me parece que Zea, al emplear indistintamente los términos «verdad» e «idea», establece un equívoco. Pues, en efecto, son las ideas (esto es, las hipótesis y las teorías) las que cambian, pero no las verdades. Lo contrario supone un escepticismo que culmina en un pragmatismo (como se le ha podido demostrar a Ortega). El filósofo español es más explícito que sus discípulos: «la verdad o falsedad de una idea es cuestión de política interior dentro del mundo imaginario de nuestras ideas» *(Ideas y creencias)*. Así se substituye el criterio de verdad por el de eficacia:

> ... que si ha de dar un desengaño
> muerte
> mejor es un engaño que da vida...

Ortega y sus discípulos sostienen que postulan un relativismo histórico, pero no es posible creerles bajo su palabra; nunca se han cuidado de explicar cuál es su idea de la historia ni de qué modo la dialéctica de la historia produce las ideas, aunque hayan dedicado más de un estudio al tema. La confusión entre verdad e idea no los conduce, por otra parte, a ese relativismo histórico que proclamo, sino a un pragmatismo. La falsedad de la teoría se manifiesta con particular elocuencia en el campo de las verdades científicas o relativas a la naturaleza. Una cosa son las ideas que tuvieron los griegos acerca de los fenómenos naturales —consecuencia de su historia y de su cultura— y otra cosa es la *verdad* que contengan esas ideas. Zea no solo confunde «verdad» con «idea», sino que no distingue entre la función social de las ideas (dar una respuesta inmediata a una cuestión inmediata) y su posible verdad. Es evidente que en la sociedad primitiva el mago utilizaba una serie de ideas, fruto de la cultura de su tiempo, para provocar las lluvias o curar una fiebre; no lograba ni lo uno ni lo otro, pero satisfacía una necesidad intelectual de los salvajes, de un modo subjetivo «dentro del mundo imaginario de sus ideas». Por el contrario el médico quizá no satisfaga las necesidades de ese mundo imaginario, pero cura... en ocasiones. El primero aplica ideas falsas, el segundo verdaderas, sobre la naturaleza física.

Su concepción de la idea lo conduce a preferir el método histórico. El joven discípulo de José Gaos, en lugar de hacer una crítica del positivismo (que hubiera resultado extemporánea), prefiere hacer un análisis de la doctrina «en su concreción histórica». Porque, nos dice más adelante, «la filosofía alcanza su comprensión situada en un horizonte histórico». Nuevamente tengo que expresar mi conformidad con esta declaración, aunque me decepcione ver, un poco más adelante, que Zea no intenta siquiera decir qué es lo que entiende por historia, ni se cuida de explicar cuál es su método de interpretación histórica. Este terror a las cuestiones límites viene siendo ya una característica de la filosofía moderna. No puedo entender cómo, después de afirmar que el método histórico es el único posible, se prescinda de mostrarnos en qué consiste ese método y cuáles son sus leyes o, por lo menos, sus «constantes». Así pues, el historicismo de Zea es de una especie muy particular, pues se rehúsa a la cuestión misma de su naturaleza: ¿qué es la historia y cómo se transforma y cambia la sociedad humana? En suma, no hay tal «vitalismo histórico», sino una vieja forma del escepticismo, apenas remozada.

El análisis de las ideas «en su concreción histórica» lleva a Zea a definir el objeto de su estudio: «¿Qué hay de mexicano en el positivismo?». A esta extraña —y a mi juicio ociosa— pregunta dedica todo su libro. Afortunadamente, lejos de encontrar esos hipotéticos rasgos mexicanos, hace una magnífica exposición de la historia del positivismo en México. Pues no son las ideas, ni su necesaria adecuación a la realidad, lo que distingue a los europeos de los americanos, sino ciertas diferencias sociales. Estas diferencias sociales apenas modificaron la doctrina, como él mismo confiesa.

En busca de lo «mexicano en el positivismo» el autor acude a la historia de la doctrina. El positivismo europeo solo se explica en función de la historia europea; para Zea es la expresión de una clase social, la burguesía, que había alcanzado el poder con una filosofía revolucionaria, que por su misma naturaleza se había convertido en un germen peligroso. Era necesario invalidarla mediante otra filosofía, contrarrevolucionaria y de orden. Esta filosofía fue el positivismo. La explicación es justa, solo que Zea comete una grave injusticia filosófica e histórica cuando dice: «Karl Mannheim sostiene la tesis, a la que me adhiero, de que toda "ideología" es expresión de una determinada clase social, la cual justifica los intereses que le son propios por medio de una doctrina o teoría...» y cuando, un poco después, afirma: «Max Scheler ha mostrado cómo una clase en el poder tiende a una filosofía estática y una clase sin poder tiende a una filosofía dinámica». En vano he buscado en el libro, y en la bibliografía final, el nombre de Carlos Marx, verdadero autor de esta teoría y el único que, con sus discípulos y continuadores, la ha desarrollado de un modo completo. Esta omisión, que no puede ser fruto de la ignorancia, es tan significativa en nuestro tiempo de «unión sagrada» como la ausencia de un concepto sobre la historia y su dialéctica, en un capítulo anterior. El positivismo, mediante la reconciliación del «orden» y el «progreso» (verdadera Santa Alianza de la filosofía), encuentra una salida histórica y filosófica a la burguesía en el poder. Sirviéndose de la noción de «orden» aniquila o «apacigua» los intentos revolucionarios del proletariado; a través de la noción de «progreso» puede llevar a cabo su prodigiosa obra revolucionaria en la técnica y en la ciencia, modificando la vieja estructura del planeta.

El positivismo mexicano cumple, años más tarde, la misma función. Mediante esta doctrina el régimen de Porfirio Díaz se consolida frente a sus dos enemigos principales: la Iglesia y los jacobinos, que habían logrado liberar al poder civil de la tutela eclesiástica valiéndose de las ideas de los enciclopedistas. Acierta el autor al destacar el papel conservador del positivismo en México, pero sufre una penosa equivocación cuando, en el curso de toda la obra, insiste en hablar de esta doctrina como expresión de la burguesía mexicana. Zea identifica al porfirismo con la burguesía y a esta con el positivismo: «no se podrá negar que el positivismo, tal como lo vio la generación del Ateneo, sirvió de instrumento a una realidad englobada con el nombre de Porfirismo». Esta realidad política poseía una substancia social. ¿Cuál? Para Zea, es la burguesía. Aunque en algunas páginas de su libro intenta distinguir entre la burguesía europea que adoptó el positivismo y los grupos sociales mexicanos que hicieron otro tanto, esa diferencia, muy vagamente presentida, apenas se insinúa. La verdad es que el positivismo no justifica los intereses de la burguesía mexicana, entre otras cosas porque esta clase apenas si tenía intereses. A quien sirve y justifica es a esa realidad política que se llamó el porfirismo. El orden social que el porfirismo defendía no era el orden de la burguesía industrial sino el de los grandes latifundistas, verdaderos señores feudales, herederos de los bienes de la Iglesia. El error de Zea es muy común: casi toda la gente tiene la tendencia a ver en las guerras de Reforma una especie de «Revolución francesa a la mexicana». Y no hay tal, aunque la ideología de los liberales mexicanos haya sido la de sus padres franceses. Con las leyes de Reforma no tomó el poder la burguesía, ni se implantó la democracia en México; simplemente el feudalismo eclesiástico se hizo laico y le fue arrebatada al clero la educación pública. Es notable que Zea aluda en todo su libro a conceptos de clase social y no intente siquiera definirnos qué cosa es una clase. Si Zea se hubiera propuesto saber qué es una clase social, seguramente no habría afirmado que el positivismo mexicano es una expresión de nuestra burguesía. El autor ha desdeñado los datos de la historia mexicana o no los ha sabido interpretar correctamente; es visible, pues, que no ha empleado ningún método histórico para examinar las ideas en su concreción histórica.

Es cierto que resulta extravagante ver cómo la «ideología» de los burgueses europeos es transplantada a México para justificar la estancia en el poder de un feudalismo anacrónico y que quiere vestirse a la moderna, pero no lo es menos ver qué clase de ataques lanzó la burguesía mexicana contra la trinchera filosófica del porfirismo. Antonio Caso, al atacar el positivismo y dar así el primer paso en la lucha revolucionaria, se sirvió predominantemente de la filosofía de Boutroux, es decir, de una «ideología» conservadora, nada diversa, por lo que a su «utilidad social» se refiere, de la de Ortega y sus discípulos. Este contrasentido explica la debilidad ideológica de la Revolución mexicana (que es un movimiento agrario, al mismo tiempo que la última y triunfal tentativa de la burguesía para tomar el poder, ya no en nombre propio, sino como asociada menor del imperialismo). En la ausencia de una filosofía clara y de verdad revolucionaria debe verse también la causa de la incapacidad de los diversos gobiernos para resolver el problema educativo en términos de coherencia con nuestra realidad. Esa ausencia ha permitido, además, toda la escandalosa demagogia que ha inundado al país durante los últimos veinte años.

Las críticas que he hecho al libro de Zea no lo invalidan en su porción fundamental: la clara y precisa exposición de la doctrina de los positivistas mexicanos. En este aspecto su libro es realmente notable. Si es difícil encontrar en un hombre tan joven tal amor paciente al saber, es más difícil contemplar cómo ese amor es servido por una inteligencia tan clara.

México, 1943

Agustín Yáñez,
Archipiélago de mujeres

Agustín Yáñez, ensayista y crítico, es de los pocos escritores mexicanos que, al mismo tiempo, cultivan la prosa imaginativa: relato, novela, cuento. Su más reciente libro, *Archipiélago de mujeres,* está compuesto por siete relatos o «escalas de adolescencia»[43]. En el prólogo —«Montaje y reproducción de una sombra entre luces»—, Yáñez traza un imaginario retrato del supuesto autor del libro, Mónico Delgadillo, compañero y amigo de infancia y juventud. En estas líneas, que poseen cierto sabor autobiográfico, se destaca el carácter contradictorio no tanto del autor como del héroe de cada relato, adolescente tímido y exaltado, cuyo rasgo más notable es este: «el entendimiento nunca llegó a reconciliarse con el romanticismo desenfrenado del sentimiento, y la voluntad fluctuaba, deshecha, entre uno y otro». Por la cabeza y por los sentidos de este héroe, que da vida a siete personajes con diversos nombres y rostros, pasan siete mujeres, siete sueños: los siete relatos que componen el libro. «Sueños con diferentes aires de mujer», «Escalas de adolescencia», «Dédalo de mujeres», y finalmente, «Archipiélago de mujeres»: todos estos nombres, entre los cuales vaciló el autor, expresan con

---

[43] Publicado con grabados de Julio Prieto por Ediciones de la UNAM, México, 1943.

mucha claridad la índole del libro, su sentido y el goce que nos puede proporcionar. Se trata de una especie de iniciación al amor y, al mismo tiempo, a la vida del espíritu, pues cada mujer, cada sueño, no solo revela una nueva pasión, sino también una nueva forma espiritual: «Alda o la Música», «Desdémona o la Belleza», «Doña Inés o el Amor...». En *Flor de juegos antiguos*, Yáñez recrea su infancia; en este nuevo libro relata su deslumbramiento ante la mujer y cómo ella lo lleva, hechizado, hacia nuevas formas de vida.

En el mismo prólogo, Yáñez se adelanta a los posibles reproches: «el estilo preciosista, barroco —"delicuescente" diría Gutiérrez Hermosillo—, que censurarán... Hasta los adjetivos aquí se ensañaron contra mi voluntad de suprimirlos. ¿En qué otro estilo podría expresarse un adolescente?». Me parece excesiva esta desconfianza, pues no es, ciertamente, el lenguaje barroco y a veces un poco pesado el principal defecto de este libro, que, por otra parte, posee tanto encanto, sino su lastre literario; cada relato está erizado, por decirlo así, de citas y referencias literarias. Yáñez incurre en un vicio muy común entre nosotros y del que no se salvan muchos de nuestros mejores escritores: escribe literatura para literatos. Las continuas referencias a los textos clásicos que dan argumento «ideal» a cada relato, lejos de matizarlos dan la impresión de que se trata de literatura no asimilada (dentro del relato, naturalmente). Cierto que en la poesía de Eliot, por ejemplo, o en la prosa de Proust, de Gide o de Giraudoux, son continuas las citas y las alusiones literarias, pero en estos autores forman parte de la materia verbal, dejan de ser meras referencias y se convierten en vida. En Yáñez, por el contrario, me parecen superfluas y, lejos de servirle a su propósito, lo estorban.

Lenta, pero seguramente, la prosa y la obra de Agustín Yáñez caminan hacia una madurez más cercana y rica. Nuevamente el talento —y no solo el genio— es una larga paciencia.

México, 1943

Los presocráticos.
Jenófanes, Parménides y Empédocles[44]

«Nuestros pueblos tienen santos; los griegos tienen sabios». En este hecho encuentra Nietzsche la justificación, no del pueblo griego, sino de la filosofía entre los griegos. La filosofía griega no justificó nunca a los griegos; fue la salud del pueblo griego, que lo hizo capaz de resistir la verdad, quien justificó para siempre a la filosofía. ¿Podemos decir nosotros lo mismo? En México la filosofía casi no existe; no la necesitamos, ni seríamos capaces de soportar las verdades de los filósofos. Mezquinos y débiles, solo la mentira nos alimenta y un poco de verdad nos aniquilaría. La salud moral del pueblo griego no lo inmunizaba contra la verdad, como pasa entre nosotros; por tanto, la filosofía, esto es, la vocación por la verdad y por su expresión viva, no fue nunca ejercicio de academias y sectas (hasta la época de la decadencia), sino una actividad pública, en la que todos se interesaban y que a todos afectaba, como si se tratara de la salud misma de la nación. ¿Quién, entre nosotros, podría soportar la dureza y el fuego de un Jenófanes, de un Heráclito, de un Empédocles? Apenas resistimos las

---

[44] *Los presocráticos. Jenófanes, Parménides y Empédocles,* traducción, prólogo y notas de Juan David García-Bacca, México, El Colegio de México, Colección de Textos Clásicos de la Filosofía, 1943.

encendidas y fragmentarias verdades de un Vasconcelos o las tímidas observaciones de un Samuel Ramos, a pesar de que parte del fuego del primero es apenas de artificio, pólvora gastada en infiernitos, y de que el segundo solo se atreve a descubrir algunos de los rasgos más notables de nuestra enfermiza psicología. Leyendo cualquiera de los textos que nos ofrece tan generosamente García-Bacca, se puede sospechar qué abismos nos separan de la filosofía y cómo jamás podremos tener una propia mientras no seamos capaces de sufrirla, de merecerla. Entre nosotros el filósofo es un ser solitario y perverso, cuando no risible, «un cometa cuya aparición no se puede calcular y que infunde pavor cuando aparece, mientras que en los demás casos es una estrella fija en el cielo de la cultura». De esta espléndida constelación griega García-Bacca desprende algunos astros: los fragmentos de Jenófanes, el poema de Parménides y los restos que nos quedan de la obra de Empédocles.

Se dice que la filosofía nace de asombro y violencia, de un momento de contemplación al que sucede otro de abstracción. Mas, a mi juicio, hay un tercer momento: el de la expresión. Con frecuencia decir la verdad ha sido tarea áspera, pero entre estos padres de la filosofía la aspereza de la expresión posee tal fuego, tales ácidos y tal dureza, que solo entre los profetas hebreos se puede encontrar algo semejante. ¿Qué son las críticas de Voltaire frente a esta aguda furia de Jenófanes, que a los setenta años no solo se atreve a enfrentarse con la religión sino que se burla de la misma razón humana? Maldecir a la humanidad pecadora es bien poco, cuando se piensa que este soberbio juglar se burla de los dioses y de los hombres, no en nombre de un poder divino sino en nombre de su propio entendimiento superior. Va más allá de la blasfemia cuando condena los «mentirosos dichos de Homero y Hesíodo»; a quien sentencia es a la razón humana, pues advierte que si los bueyes y los leones fueran capaces de imaginar dioses, tendrían traza de bueyes y leones.

La furia de Jenófanes, en cierto modo maestro de Parménides, puesto que se le anticipa al sospechar la unidad del ser, se transforma en el eleata en un fuego abstracto. «Araña que chupa la sangre del devenir», lo llamó Nietzsche. Antes de que Platón expulse de la República a los poetas, este lógico implacable inicia, en versos helados y puros como la misma razón, el combate contra la poesía. Al afirmar la identidad del ser consigo mismo —solo es lo que es— y al identificar al ser con el pensamiento —«lo mismo es el pensar y aquello por lo que *es* el pensamiento»—, repudia como vanas apariencias al devenir y a la realidad y consagra al pensamiento como la única fuente del conocer. Los sentidos, la pasión que adivina, la intuición, todas las otras formas de aprehensión de la realidad, son condenadas como una bárbara aberración, como una locura de los hombres «bicéfalos». «Para ellos —dice con desdén—, la misma cosa y no la misma cosa parece el ser y el no ser». Pues bien, para el poeta la misma cosa es y no es el ser; esta evidencia no nace del pensamiento sino de los sentidos, y se verifica en la realidad, en el devenir, aunque en la época de Parménides (¿y en la nuestra?) haya parecido un pecado contra la razón.

Si Parménides condena a los sentidos y a la realidad, Empédocles, misterioso poeta, bastante más insondable y brillante que tantos modernos de pretenciosas profundidades, anima a los cuatro elementos en que hace consistir la substancia, con la pasión: amor y odio mueven a lo viviente. El movimiento y las diversas apariencias que pueblan nuestros ojos de fugitivas imágenes no son más que las separaciones y las uniones de agua, fuego, aire y tierra. Como Heráclito, afirma un eterno retorno: «Unas hacia las Otras se destruyen, Unas hacia las Otras se acrecientan, según el turno que la Parca concierta». La muerte no existe y la materia es indestructible. Los historiadores de la filosofía encuentran en Empédocles una anticipación de las teorías transformistas («Que ya Yo mismo doncella y doncel fui una vez, ave y arbusto, y en el Salado fui pez mundo»); tampoco sería exagerado ver en la voluntad de Schopenhauer un eco de sus palabras. García-Bacca, en una aguda nota, observa que se trata de una «metafísica concreta» (¿no sería más apropiado decir: poética?). Este semidiós no condena a los sentidos como fuente de conocimiento; por el contrario, postula una especie de conocimiento *visceral:* «dividiendo bien el Logos, distribuyéndolo bien por tus entrañas», podrás llegar al conocimiento, dice en una parte de su poema. En fin, Empédocles nos muestra un tipo de filosofía contrario al de Parménides: vitalista, concreto, visión del mundo más que abstracción. No quisiera terminar este superficial comentario sin destacar algunos versos de Empédocles: «Noche: la de ojos en peregrinación, la desierta»; «muchos fuegos están ardiendo bajo el agua»; «El mar: transpiración de la tierra». Versos misteriosos, húmedos aún de no sé qué revelación nocturna, versos románticos, ecos remotos de una naturaleza encantada, soplo del espíritu amoroso que mueve este mundo. En tanto que Parménides busca en la abstracción la esencia de este mundo, Empédocles, el inspirado, quiere develar el secreto de su origen. Su poema —con los fragmentos de Heráclito— inicia eso que llamaríamos «el pensamiento poético», la visión directa del mundo. Es lástima que la traducción de García-Bacca se atenga más a la exactitud filosófica y filológica que a la temperatura poética del poema.

La filosofía se inicia como un desprendimiento de la poesía. Y solo hasta muy avanzado su desarrollo logra expresarse en sus propios términos y con total independencia. Este divorcio no las beneficia: la poesía pierde algunos de sus atributos proféticos; la filosofía, su capacidad de contagio, su humedad espiritual, su erotismo. De esa discordia, cáncer de la cultura moderna, nacen el furor abstracto y la compensadora ola de irracionalismo que luego se apodera de las almas. Por eso, libros como este que debemos a García-Bacca son indispensables para todos y no solo para los estudiantes de Filosofía: en ellos no encontramos solo conocimientos escolares, sino ejemplos vivientes de la verdadera filosofía. Con los presocráticos nace la filosofía, pero también, y esto es quizá lo más importante, nacen los filósofos: ese tipo humano que tiene por vocación la generalidad y por objeto de estudio al hombre mismo. Volver a ellos es intentar la reconquista de esa perdida unidad de visión que permite contemplar al mundo con ojos humanos, de poeta-filósofo y no de miope especialista.

Otros podrán hablar de las virtudes y de los defectos de esta traducción «filosófica». Algunos la pedirán más académica; otros, más inspirada. Yo solo le debo gratitud: sus notas me iluminaron en algunos puntos oscuros, me permitieron relacionar el pensamiento griego con el moderno y me justificaron algunas aparentes extravagancias del texto. ¿Y qué decir de los poemas? Ellos despertaron, al mismo tiempo que mi curiosidad intelectual, la nostalgia por una época a la que le debemos todo y que, encarnizadamente, queremos negar cada vez que substituimos la visión directa del mundo por la libresca y fragmentaria de los modernos.

México, 1943

Rafael Dieste,
Historias e invenciones de Félix Muriel

Conocía a Rafael Dieste por algunos artículos y ensayos leídos en revistas españolas e hispanoamericanas. Pero su espíritu me es, en cierto modo, familiar, porque algunos amigos suyos lo son míos. A través de las palabras de Lorenzo Varela y Antonio Sánchez Barbudo, jóvenes escritores españoles, fui creando, al acaso, una imagen de Dieste que no sé si será verdadera: razonador, poeta, enamorado de un perdido misterio adolescente, de una verdad entrevista e inefable. Lo imagino extraviado en alguna esquina, próxima el alba lívida, empeñado en no sé qué ardiente diálogo con algún joven, tratando de despertar en el alma de su amigo, quizá para ver si así despierta en la suya, la memoria de ese misterio que somos, de ese misterio que un día nos hizo «el alma navegable» y que nos marcó para siempre. Mas lo hemos olvidado y al olvidarlo hemos sepultado en cenizas y huecas palabras lo mejor de nosotros. Algunos no quieren recordar, temerosos de convertirse en sal; otros, los menos, quieren y no pueden. Luchan consigo mismos, llaman en su auxilio a todas las potencias, al silencio o a la palabra, a la memoria o al olvido, a la razón o al sueño. Dieste ha intentado todos los caminos y quizá no siempre ha logrado palpar al hijo de su sueño o de su angustia; pero si alguna vez se ha quedado con las manos vacías, otros se han enriquecido con su desprendimiento. Y así, ya que no la luz y la certidumbre, ha dejado en muchos espíritus de la nueva generación española la quemadura de ese fuego que nada refresca.

Al leer este libro —¿de cuentos?—, quise olvidar todo lo que sabía de Dieste[45]. No creo haberlo logrado. Y es muy posible que él mismo se haya empeñado en recordármelo, pues en muchas de las páginas de su libro reaparece, apenas encubierto por conceptuosas alegorías, el espíritu inquisitivo, el espíritu pedagógico, turbando el sueño o el pasmo del niño, de la loca o del adolescente. Hay una lucha sorda y enconada debajo de la simplicidad de este libro. Su autor huye del barroquismo valleinclanesco como de un demonio familiar a todos los escritores gallegos y se esfuerza por alcanzar una sencillez y una tersura que no siempre consigue. Dieste se acerca de puntillas y con rodeos a cada misterio y a cada recuerdo; a veces quiere atraparlos con la presencia del espíritu indefenso, desnudo y desarmado, pero en el fondo de sí hay algo que no se rinde, al acecho del primer desfallecimiento de su víctima; otras, intenta embelesarlos con lo maravilloso y lo simple —y casi siempre acierta—; en los relatos menos afortunados él mismo se pierde, no tanto en el misterio que quiere recordar como en los conceptos con que pretende atraparlo. Recuerda, más que nada por la actitud, para no citar sino a los mexicanos recientes, no tanto a Juan de la Cabada como a Efrén Hernández, aunque este tenga un mundo más ciudadano y casero, más poblado de fantasmas que de iluminados campesinos. El gallego y el mexicano son amantes, juntamente, de dos potencias adversarias: la inocencia y la especulación; y en ambos la complicación gusta vestirse con la apenas ropa de la sencillez.

Esta lucha entre poesía y razón, entre palabra que se da y lenguaje que se busca, no es visible en todos los relatos de

---

[45] Rafael Dieste, *Historias e invenciones de Félix Muriel,* Buenos Aires, Editorial Nova, Colección Camino de Santiago, 1943.

Dieste sino solo en aquellos que me parecen menos conseguidos. En los demás —especialmente en los dos primeros y el último— la memoria, madre de la poesía tanto como la imaginación, vence y logra revivir (no *esclarecer)* una figura, un momento olvidado, un instante pleno y lleno de sí mismo, henchido, al mismo tiempo, de soledad y de fraternidad, de asombro y de amor. El campo y sus misterios cotidianos, el pequeño puerto y el mar inmenso, la nostalgia por un mar muerto o un fugitivo y la nostalgia de Dios —y el hallazgo de lo infinito en lo diario y lo diminuto—, constituyen, más que el asunto, la atmósfera de estas historias e invenciones. Confieso que prefiero la historia a la invención, y la leyenda a la historia. Quiero decir, me quedo con las historias y leyendas de Félix Muriel más que con sus invenciones y alegorías. Ellas me han dado un goce cierto y han despertado en mí, otra vez, la sed que solo se sacia bebiendo en la fuente de nosotros mismos.

México, 1943

A la juventud española

Hace dos meses que vivo en España; puedo aseguraros que durante todo este tiempo mi corazón y mi espíritu han sido sacudidos diariamente por todos los aspectos de esa vida española de ahora, tensa y fuera de sí, vida que deja ver al hombre español, a los trabajadores en sus rasgos más verdaderos y definitivos. Aquí en Madrid esto se ha hecho más intenso y vivo, algunos camaradas se han lamentado de que nosotros no hayamos conocido el antiguo Madrid, la antigua España, antes del movimiento; pero nada, ni la belleza de la arquitectura, ni la tranquilidad de una hermosa ciudad en paz, ni el esplendor de toda España en tiempos normales es comparable a lo de ahora. Si hay algo que no olvidaré jamás es justamente la vida de la guerra, la vida que los españoles ganan a la guerra y a la muerte. Y hoy, a través de Madrid, saludo a toda España, a la España leal que lucha y triunfa, y a la otra, a la triste España que espera la libertad, esclavizada, amordazada y envilecida por los militares y los invasores extranjeros. Y al saludar a España, a los trabajadores españoles, soldados de la libertad, saludo también a todos aquellos camaradas antifascistas que en todo el Mundo trabajan, sufren y vencen con los trabajadores españoles.

Como joven y como joven mejicano, algo me ha sorprendido y maravillado en España sobre todas las cosas: su juventud. España, la vieja España, es ahora uno de los países de más juvenil aliento, escenario y ámbito de la actividad y del heroísmo de una juventud. Los jóvenes españoles influyen poderosa y alegremente en toda la vida nacional. Eso da a los actos y a los espíritus de las gentes un aire nuevo, a la vez ligero y apasionado. La juventud española está en todas partes; pero fundamentalmente está en aquellos sitios más difíciles, más increíblemente propios para jóvenes: en el corazón de España. La Aviación, las brigadas motorizadas, los cuadros todos del Ejército, son cuadros juveniles. A este precio, el precio de su sangre, la juventud española impulsa y salva a España.

Quizá en ningún país de la Tierra dura ahora tan poco la juventud como en España. Cuando yo pienso en esto recuerdo a la Unión Soviética, el otro país en donde la juventud lo es realmente, el otro viejo país rejuvenecido por los trabajadores. Allí, la juventud me decía un compañero, dura más que en cualquier otra parte. Que eso se cumpla aquí en España, que la vida humana joven y creadora dure cada vez más, que el hombre sea sin cesar cada vez más íntegramente joven y más ardientemente hombre, es lo que pretende y por lo que lucha al pueblo español. Por esto da la vida España y este es el sentido hondo de su combate. Yo estoy cierto de que lo logrará y de que la lucha no es inútil. El vivo y hermoso ejemplo de los trabajadores soviéticos nos dice que lo que esperamos y soñamos es una realidad, un hecho que ellos nos muestran.

En nombre de los jóvenes mejicanos antifascistas, y especialmente en el de mis compañeros de las Juventudes Socialistas Unificadas, saludo a los jóvenes héroes de la libertad, que luchan por todos nosotros, y les aseguro su triunfo cierto, su victoria definitiva.

Tercera parte
Testimonios

La enseñanza de una juventud

A grandes rasgos se pretende, en esta breve y obligadamente esquemática serie de artículos, señalar las etapas que han conducido a la juventud española a la unidad, a través de la lucha que sostiene contra la invasión fachista. Necesariamente el panorama está constreñido a la descripción de los factores españoles, específicamente, sin examinar la cuestión de la unidad de la juventud mexicana. Al mismo tiempo, y esta es una de las inexorables explicaciones que impone toda tarea periodística, no se me oculta que el problema de la unidad juvenil, en México o en España, está estrechamente ligado a la situación universal. Buena muestra de ello es el próximo Congreso Mundial de la Juventud por la Paz, que se efectuará en Nueva York. En esa asamblea se discutirá el problema de la paz y quizá allí mismo se logre, en líneas generales, esa necesaria coincidencia apasionada que mueve a todos los hombres honestos de la tierra su común, entrañable odio a las dictaduras enemigas del Hombre. Y este común odio juvenil, como muy bien apunta Luis Aragon, puede delatar también un amor común, que amanece ya en el mundo.

En el mes de septiembre, por la estación radifusora de Madrid, decía yo a la juventud española, pensando, justamente, en la juventud de mi patria, todavía desunida, sin cohesión, empujada por la miseria y el escepticismo a la frivolidad o a la indiferencia, que de todas las vivas enseñanzas que la España contemporánea nos depara, ninguna tan impresionante como la de su juventud. La juventud, decía, se encuentra ahora en todos los sitios vitales, heroicos de España pero, fundamentalmente, en aquellos más increíblemente difíciles, más extraordinariamente desnudos de defensa: lo mismo en las brigadas de choque, que en la epopeya de Madrid; lo mismo en la tarea de la unidad política del Frente Popular que en la obra de la retaguardia, impulsando la producción de guerra o haciendo el orden republicano. La juventud española ha hecho suya, como consigna diaria ejemplarmente cumplida, la frase de Nietzsche: «vivid peligrosamente». Quiero decir: vivid, siempre, como si cada uno de vuestros actos fuese vuestra última, definitiva empresa: con toda pasión, con toda alegría, con plena y dramática gravedad. España, agregaba, que era uno de los países más viejos de Occidente (viejo, que no es lo mismo que «antiguo», por más que este país lleve en sí el secreto de la «antigüedad», que es el de creación), se ha convertido así en el escenario, en el ámbito en donde una juventud se ejercita en el heroísmo y en lo extraordinario. España, ahora, es un país joven, el país de la juventud.

Pero la juventud española no ha adquirido tales calidades, tal dureza y cohesión, por el mero hecho de ser juventud. La juventud es una suma de posibilidades, de hermosas posibilidades, que necesita de una serie de condiciones objetivas y personales para realizarse, para no malograrse. La juventud, para serlo realmente, precisa no solo una ocasión para mostrarse y una suerte de madurez que difícilmente se alcanza, sino determinadas exigencias externas, históricas, que la hagan posible.

Hay épocas de vejez y épocas de juventud. La juventud no es una gracia, ni un don, sino una conquista y una disciplina.

Para entender la situación real de España y de su juventud precisa recordar las condiciones políticas y sociales que se mantenían en ese país antes de la guerra. El análisis de esas condiciones ha sido hecho ya, insuperablemente, por muchas gentes. Pero no estará de más recordar el proceso de descomposición española a grandes rasgos. España era víctima de una gradual, rápida decadencia desde hacía varios siglos. A la caída de la monarquía España realizaba, pacíficamente, su revolución democrática. El Gobierno intentaba algunas tibias reformas, las más indispensables, para convertir a España en una nación moderna. Quiero decir, intentaba instaurar plenamente el régimen democrático, consumar la reforma agraria, separar el Estado de la Iglesia, extender y elevar la educación, llevar a la vida humana a miles de campesinos de Andalucía, Extremadura, Castilla; enlazar nuevamente la España moderna a su destino nacional y verdadero, torcido y traicionado durante siglos por los mismos que invocan ahora el nombre de la patria que venden. Vino después el gobierno de los conservadores y el glorioso Octubre asturiano. La gente de Lerroux y Gil-Robles, que se distinguió por su rapacidad en el manejo de los fondos públicos, intentó, como ahora Franco, acallar la honda voz española, que pedía tan solo la posibilidad de continuar su historia y su tradición humana y democrática, llevando hasta donde la realidad lo permitiera las reformas sociales más urgentes, encarcelando y torturando a media España e idiotizando el resto. Pero fue inútil todo: en limpias, ejemplares elecciones el pueblo español, a los dos años, demostró que su destino no podía ser traicionado y su voluntad de que esas reformas democráticas se cumpliesen. El Frente Popular había triunfado.

La juventud española, que tanta participación había tenido en la instauración de la República, se encontraba, sin embargo, dividida. Dividida, a pesar de que había votado en su gran mayoría por el Frente Popular. Las dos grandes organizaciones juveniles revolucionarias, las Juventudes Comunistas y las Juventudes Socialistas, no habían hecho la unidad. Y es que estas organizaciones gravitaban, giraban en torno de los dos grandes partidos a que pertenecían. Y obraban más como comunistas que como jóvenes, más como socialistas que como jóvenes. Eran sectarias. Y tenían una vida anémica. No entendían que había, al mismo tiempo que la coincidencia política en lo fundamental, en la Revolución, un dato que las unificaba plenamente: su propia juventud, los problemas propios de la juventud revolucionaria. Eran una juventud política, como deben serlo las juventudes del mundo, pero no realizaban una política juvenil, una política específica de la juventud, sino la política de los partidos a que pertenecían.

Las enseñanzas de una juventud. El camino de la unidad

En el artículo anterior hemos examinado, a grandes trazos, la situación de la juventud española hasta antes de la victoria democrática del Frente Popular. Y hacíamos notar cómo el mal planteamiento de la cuestión de la unidad juvenil hacía, en cierto modo, estéril toda actividad, toda obra política. Los jóvenes españoles eran víctimas del sectarismo reinante y, sobre todo, de los defectos de una política que no tenía nada que ver con los problemas propios de la juventud.

¿Cuál era en tanto la situación política de España? El Frente Popular extendía, ensanchaba su base. Al mismo tiempo principiaba a realizar el programa de mínimas reivindicaciones que lo habían llevado al poder. Pero los reaccionarios, los falangistas, los militares, las clases feudales, el Clero Romano, que tantos crímenes se ha anotado en la historia española, y, en fin, todos los defensores del «orden», instigaban al desorden y al caos. Bandas de pistoleros a sueldo realizaban atentados personales, ultrajando o matando a líderes de izquierda. Todo esto se realizaba después de una violenta «preparación» de prensa «independiente», que en nombre de la libertad, como en México, apuñaleaba por la espalda a esa misma libertad, ante la inconcebible ceguera del Gobierno. Una infame política de provocación se extendió rápidamente. Las represalias no se dejaron esperar. El propósito de los traidores estaba cumplido: la anarquía, el desorden, más artificial que real, propicio para la revuelta y para luego, hipócritamente, justificarse en ella. (Aunque no es intención nuestra referirnos a México salta a la vista la similitud de las situaciones y, también la urgencia de que sean aplastados en nuestro país todos los provocadores imperialistas, en primer término los periódicos derechistas. Esta es, junto con el afianzamiento de la unidad proletaria la tarea política más importante de los obreros y campesinos mexicanos.)

Un mes antes de que estallara la rebelión de los militares, en medio de esta situación gravísima para la democracia y el pueblo español, se hacía la unidad de jóvenes comunistas y jóvenes socialistas. Las bases generales de esta unidad eran, justamente, aquellas que permitían, en la realidad y en los hechos, realizar una política, una obra de la juventud revolucionaria, inspirada en estos los grandes hechos: Revolución y Juventud. Es decir, dialécticamente, realizar una política específica, privativa de la juventud revolucionaria. No más sectarismo. La juventud, unida estrechamente al Frente Popular y a los partidos obreros, pero con la necesaria libertad para realizar sus propios fines, no sería en adelante la Juventud Comunista ni Socialista, sino la nueva Juventud Socialista Unificada, con un nuevo organismo, con una nueva táctica, adecuada a las condiciones objetivas, con una nueva disciplina. Y los partidos Comunista y Socialista dieron ejemplo revolucionario al impulsar al nuevo organismo, declarando que, desaparecidas las Juventudes Comunista y Socialista, y habiéndose formado una nueva, potente y ancha organización de la Juventud, no había más disciplina que seguir que la señalada por la Juventud Socialista Unificada. De este modo, tras de duras luchas, la Juventud afrontaba la dirección de su destino, se lograban los cimientos de la Alianza Nacional de la Juventud y se abría la posibilidad de que las tareas juveniles se cumplieran e irradiaran al campo todo de la lucha.

Un mes después de lograda la unidad juvenil estalló el movimiento rebelde. Es bien conocida y admirada por todos la actitud del pueblo español ante la bárbara agresión. La juventud, en primer término, tomó las armas y se batió y se bate, heroicamente, como ejemplo terrible de humanidad, de valor y de tesón. Miles de jóvenes fueron masacrados y torturados en las provincias dominadas por el fachismo; otros miles han muerto en las llanuras castellanas, defendiendo Madrid, venciendo a los italianos en Guadalajara, o combatiendo en Aragón, muriendo como héroes en Irún, Bilbao, Santander, Gijón, nombres de espanto y desolación. Y otros miles substituyen a los caídos y hacen feraz con su sangre y con su esfuerzo la tierra que pisan y conquistan. Y el mundo contempla si conmoverse este gigantesco desangramiento de todo un pueblo en lo más puro y fino de su cuerpo, esa terrible y universal muerte que envuelve a toda una juventud que no quiere más que la libertad de su patria y reclama, cuando deje las armas, un puesto en la paz y en el trabajo: ¡el puesto del esfuerzo y del sudor!

Palabras en el Ateneo Valenciano

Las dos tiranías: la tiranía de las clases, y dentro de ella, como su más visible expresión, la tiranía del Estado, representante de intereses extraños, ayer austríacos, franceses o ingleses, hoy... Hoy, todo el mundo lo sabe, el Estado antinacional, el Estado pulpo de los pueblos ibéricos, ya no es, ni siquiera, Estado. Es, simplemente, la rebelión, la fuerza sin normas, degradada y con espíritu colonial, al servicio de Mussolini, Hitler y las bandas del imperialismo fascista.

De allí viene el desconcierto de nuestros «hispanistas». Cuando vieron que España no era el privilegio, la esclavitud, la incuria usurera, sino, por el contrario, que era la Nación y la Democracia, inventaron, aquí y allá, el mito de la «anti-España». No sabían que al combatir a la España republicana, a la del Frente Popular, combatían también a la América. A esta América de indios, de cuartelazos, estrangulada por el imperialismo, pero en la que alienta, por la voluntad de sus masas, el propósito de integrarse como una comunidad de naciones. La lucha de México, por ejemplo, en la que las centrales obreras y el Gobierno han obtenido triunfos tan importantes como el de la nacionalización del petróleo, no es, tan solo, la lucha por recobrar para la nación las fuentes de riqueza. Es algo más. Es dotar a nuestra patria de un esqueleto económico, de una estructura material, capaz de abrigar el espíritu de nuestro pueblo. Luchamos por hacer, por crear a nuestra patria. Y nuestra patria se empezó a crear, económica, racial y culturalmente, al otro día de la Conquista.

¿Cuál es, entonces, el entrañable descubrimiento que a la misma hora se hace en México y España? Este: no podemos ser Nación, si no somos Democracia. En las entrañas mismas de nuestro origen está la Democracia. Y para España no podrá haber más salida creadora que esa: la de constituirse, al cabo de varios siglos, en un país moderno, en una Democracia. La Democracia es una idea universal. Es un hecho mundial. No es patrimonio de una sangre, ni de un régimen. No pertenece, tan solo, a franceses e ingleses, y no es tampoco expresión de la burguesía revolucionaria del xix. Es también la meta final del socialismo. Pero, siendo universal, es un hecho profundamente americano. En la lucha contemporánea, salta a la vista la identidad del destino de América y España. En tanto que la democracia se ve traicionada en Francia e Inglaterra, países de vieja raigambre popular, en los pueblos hispanoamericanos, en México y España, encuentra a sus más ardientes defensores. La explicación la podemos obtener si pensamos que la burguesía francesa e inglesa hace ya mucho que abandonó el «prejuicio democrático» que hace un siglo la llevó al poder; es el proletariado y la pequeña burguesía los que defienden; allí donde no pueden transformarla, a la democracia burguesa. En América y España, por el contrario, al defender su autonomía nacional se está creando un orden humano: democrático. Con la Democracia, fuerza revolucionaria entre nosotros, se están creando las naciones iberoamericanas. Tal es el sentido último de la lucha actual en la que Hispanoamérica, al alinearse al lado de las democracias, actúa como una fuerza purificadora y joven. Por eso, para España y América, la defensa de la Democracia es cuestión de vida o muerte: les va en ello todo, no solo el régimen político amenazado por el fascismo, sino su posibilidad histórica de existir como naciones. Lo trágico del dilema obliga a la acción, heroica y solidaria. La defensa de España es la defensa de América. ¡Luchemos por el Frente Americano, por la victoria del Pueblo Español!

Otra vez España

Detrás de todas nuestras voces, desde las más frías hasta las que se exaltan en el grito o el llanto; detrás de todos nuestros gestos y actitudes; detrás de todos los actos que vivimos y que nos viven, España alienta, silenciosamente y vive con tensa vida oculta, con insistente golpe de sangre, rabia y esperanza. España, otra vez, de nuevo siempre, nos convoca en una fraternidad viril de angustia, en una comunidad de sed y cólera. España nos convoca, nos agrupa, hace que el hombre se reconozca en el hombre, devuelve al humanismo su auténtica, antigua y olvidada frescura, anima y tiñe de sentido profundo la dignidad, el honor, todos los viejos conceptos feudales, en lo que ellos tienen de vivientes, de decisivos e influyentes para que el hombre nuevo, España, otra vez de nuevo siempre, sacando a flote al hombre sepultado en lo estrechamente formal, deformado por la costumbre, la profesión y el capitalismo. Ella ha reconquistado, y con qué amargo rescate, al hombre verdadero y viviente de toda la falsificación, mutilación y engaño en que lo ha hundido un régimen que ha substituido las formas violentas de la servidumbre por «el duro pago del contado». He aquí, pues, que España, para usar de las conocidas y magníficas palabras de Élie Faure, vuelve a ser «la realidad y la conciencia del mundo», detrás de su combate (que es tu combate y nuestro combate) arriesga el concepto que el hombre ha obtenido de sí, toda la exquisita, generosa noción que de la libertad y la autodeterminación personal y social el Occidente ha conquistado. Y arriesga esto, los fundamentos de nuestra cultura, para ganarlos, porque, ya se sabe, «solo aquel que se pierde se salva», y se salva y se encuentra transfigurado, henchido y vivo de significaciones, ágil y resuelto. Es, pues, no solo la noción del hombre, la noción que civilización ha alcanzado de sí, sino también el hombre futuro, su futura libertad y el porvenir de la cultura lo que España arriesga y gana cuando pierde sus hombres. Lo que arriesga, lo que defiende, es aquello, justamente, que no solo a ella le toca y duele, sino que punza y aturde a todo hombre. Lo que arriesga es el hombre. El mismo. Nosotros.

Nos defiende España. Defiende nuestra sangre en su continuidad histórica y viviente, y combate por aquella que nos nutre y nos hace capaces de tener noción de nosotros. Defiende nuestra cultura, nuestro ámbito moral y nuestras convicciones centrales, esas convicciones que han asegurado el desarrollo de la especie, y que garantiza su liberación.

De este modo es universal España. Muchas veces lo ha sido. La última vez lo fue mediante el imperio y la espada de Carlos, mediante la política de Felipe. A través de la unidad nacional, a través de Cortés y Pizarro, y claro está, de la cultura y la ciencia de Lope y Gracián, y de todo el inflamado, alegre y profundo espíritu español. En ese tiempo España era una joven nación, que lentamente había madurado en la Edad Media, esculpiéndose en los sucesos de la Reconquista, desangrándose en la lucha que la construía. Pero la universalidad, que es la única catolicidad que conoce España, no es el don de un pueblo, ni tampoco su castigo. Nosotros sabemos todas las causas económicas y culturales que la han hecho la conciencia del mundo. No se es universal ni ayer ni ahora, porque se ame lo general por encima de lo particular, por quijotería y abandonada generosidad, como creen, noblemente, algunos poetas, sino porque lo universal que paradójicamente se sufre en carne viva, es lo particular, lo concreto, y lo urgente. Sí, esta lucha universal es también una lucha nacional. Es España y el mundo en ella, los que se ven comprometidos por el imperialismo y la guerra exterior, es el hombre, y el español, los que se ven amenazados en este doble aspecto por el fachismo antihumano y antinacional (a pesar de su pretendido nacionalismo al servicio de los imperialistas europeos). El español y el hombre, España y el mundo. Por eso Marcelino Domingo, sagazmente ha dicho: «por lo que se lucha en España es por la creación, por que nos deje la posibilidad de continuar la tradición creadora de nuestro pueblo. Luchamos por que se nos deje construir, crear un nuevo español. Un nuevo español es un nuevo hombre, una nueva experiencia humana». Y esta nueva experiencia, este nuevo hombre, se ve amargado y coaccionado en España, en todas las tierras, por formas de producción que hacen crisis, por hombres vilmente gastados, por concepciones enemistadas con lo espontáneo y vital.

Pero las fuerzas de la muerte no solo son las de la reacción nacional, el clero, los militares y los feudalistas, sino las fuerzas internacionales de la destrucción. Y esto, tan redicho, tan evidente, tan sangrientamente vivo en España, es también exacto para todas las luchas nacionales de la clase obrera. Cada mitin, cada huelga, cada acto revolucionario y antifachista que se celebre en todos los rincones del planeta, en todas las plazas de la Tierra, en todas las fábricas y los campos, en todas las orillas del globo, adquiere una solemne, terrible, significación humana. Es la diaria lucha del hombre, la lucha internacional de todas las masas por su derecho a crear y a vivir. Ahora es España en donde las fuerzas en pugna han desbordado los diques de la democracia burguesa y en donde el capitalismo, impotente para regir la vida económica tras la careta de esa democracia, ha destruido sus propias construcciones, y se ha lanzado a las más horrenda e inútil de las aventuras. Ya sabemos que eso ha ocurrido antes en otras partes y que ocurrirá en todas aquellas en donde el hombre amenazado no se agrupe para defenderse y defienda su destino. Pero la quiebra de esa democracia, la amenaza del fachismo, su aparente desarrollo universal, la agresividad del capitalismo, nos señalan la cercanía de la lucha final. Se trata de la última y desesperada forma con que la burguesía pretende controlar las relaciones productivas del hombre (todas las relaciones, desde las económicas hasta las más desvalidas de la Tierra). España es así, el índice trágico que señala hasta dónde puede llegar la desesperación del fachismo y la burguesía. Pero también es el índice severo y exacto que nos marca hasta dónde llega la voluntad de vencer del proletariado. Eso es, pues, España: la realidad y la conciencia del mundo, y más que eso, la voluntad del mundo, la intensa, rica y valerosa voluntad de creación del hombre que amanece.

Palabras en la Casa del Pueblo
Fragmento de la conversación que sostuvo Octavio Paz en la velada de la Confederación de Ligas Gremiales el día 12 de abril [1937]

Nosotros, artistas, escritores, hombres de pensamiento, estamos con el mismo gesto decidido de todos los hombres, contra el fachismo. Y esta actitud universal no es puramente negativa, no significa, solamente, estar en contra de algo, sino que entraña la afirmación de los principios fundamentales que mueven a nuestra civilización. Sabemos que el fachismo, desnudo de toda retórica, es la dictadura despiadada y cruel de los sectores más reaccionarios de la sociedad. La burguesía, que había controlado todos los medios de producción, todas las fuerzas creadoras de la cultura y la técnica mediante la democracia burguesa, acude ahora, en la época en que hacen crisis todas las concepciones y formas tradicionales, al fachismo, que es la tiranía brutal del capital monopolista. Y nosotros estamos en contra de esa dictadura porque significa una concepción regresiva del Estado, que se expresa en la realidad por la opresión nacional y exterior de los pueblos y en lo ideal postula un estrecho, dogmático y mezquino nacionalismo.

El fachismo es la opresión interior de los pueblos que lo sufren. Todas las conquistas de la cultura occidental, desde las inherentes al hombre hasta las que la propia burguesía alcanzó en la época de su ascenso, son ofendidas y negadas en los regímenes totalitarios. La libertad del pensamiento, de expresión, de creencia, de trabajo, de reunión y agrupación el derecho al voto y a la elección popular; la libertad y la democracia, en suma, han sido secuestradas por el fachismo. La cárcel, el cuartel, la supresión de la vida personal, la militarización de la juventud, tales son las medidas educadoras del fachismo, y esa es su obra civilizadora, enraizada en las «puras fuentes del humanismo» y la vida feudal. Todo esto, en una palabra, significa la mecanización del hombre, su mutilación, el criminal y sistemático despojo de lo humano, de lo libre y espontáneo, en el hombre. El fachismo es, por esencia, lo antihumano.

Es la opresión interior. También es la opresión exterior. Es la negación del Derecho Internacional y la más seria amenaza de la paz. Imperialista y guerrero, sostiene el derecho de conquista y crea (estrangulando, además, la economía nacional agobiada por los presupuestos de rearme), una morbosa conciencia de alarma y escándalo, propicia a las grandes gestas, a las criminales mentiras diplomáticas. Es la opresión exterior: esclaviza a los pueblos, conduce a la guerra, dota a la juventud de una serie de falsas nociones, convierte al globo en un vasto cuartel. Pero el fachismo no solo se disfraza de nacionalismo (nacionalismo que, postulando la grandeza nacional y el resurgimiento de una época histórica ya liquidada, únicamente beneficia a la casta dominante), sino que predica el racismo, la superioridad basada en los misteriosos datos de la sangre, de la piel o del cabello. Acude entonces a las grandes palabras místicas, al sino de las razas, introduce todos los elementos irracionales, cargados todavía de un estremecimiento en las relaciones diarias de las naciones. Brotan entonces las actitudes proféticas y la sobreestimación de los caudillos tocados por la por la Divinidad. Estas grandes frases tienen sus hechos. En Alemania, por ejemplo, se aumenta y crea todo el complejo de inferioridad que creó la derrota del 18, exacerbando la rabia nacional y racial; en Italia se habla de vengar las ofensas que el pueblo etíope infligió al imperialismo italiano; en todas partes que aparece el fachismo aparenta ignorar el paso de la historia y pretende regresar a la época de las nacionalidades, a la rapiña, a la guerra de conquista, al despojo del mundo. Nosotros sabemos la significación de todo esto, y cómo se traduce en la tiranía de los pueblos coloniales, en la matanza de las razas extrañas, en el cultivo peligroso de los resentimientos nacionales. El fachismo es la discordia permanente, la perenne amenaza de la paz y de las naciones.

Por otra parte, nos habla de la restauración del sentido jerárquico de la sociedad: del gobierno de los mejores. Ya sabemos que los mejores, en este caso, son los grandes fabricantes de armas, los banqueros, cerveceros y salchicheros. Nosotros no estamos particularmente en contra de la concepción jerárquica de la sociedad sino, precisamente, en contra de la injusta y arbitraria distribución de los productos sociales, desde los económicos hasta los de la cultura y el pensamiento. Estamos en contra de la exclusión de las clases que verdaderamente crean la vida social y hacen posibles todos los bienes de la comunidad al goce y acceso a lo que ellas mismas producen, a lo que, sin ellas, no existiría. No pretendemos que todos los hombres sean iguales, sino que tengan el derecho de crear y a usar de lo que han creado. El fachismo, contrariamente, suprime todos los matices personales, limita y oprime lo individual en beneficio del Estado, de un Estado que solo representa los intereses económicos de una clase. El fachismo quiere que todos los hombres sean iguales, iguales en lo inhumano, en lo mecánico, en la esclavitud y en la miseria. Por eso es el feroz enemigo del hombre individual, del artista y de la inteligencia, con el mismo rabioso resentimiento que anima a su odio, a las masas. El fachismo es, en el fondo, el enemigo de la creación. Este es su último sentido: reducir la vida y el hombre a una impía, unilateral función: la servidumbre, la guerra.

Pero el fachismo español es algo más. No es la grandeza imperialista, no es la resurrección del mundo feudal. No es la gigantesca mentira de un germanismo selvático ni de un romanismo vacío e inexistente. Es algo menos que esto, más corrosivo y destructor. Es la venta de la patria, la entrega de España al imperialismo. Es la desintegración de la nacionalidad, la invasión del suelo, la traición de la sangre española, a su tradición y a su espíritu. La clase latifundista, el Ejército, todo aquello que es por esencia y substancia ajeno y extranjero a la España popular (a la España creadora, Universal), se ha alzado en armas en ese país. Impotente para tomar el poder se ha aliado a las fuerzas internacionales de la muerte. Con ellas, por ellas y para ellas, realiza la matanza, la prolongación de la guerra, y la despiadada represión que practica en donde ha logrado triunfar lo urgente. Sí, esta lucha universal es también una lucha nacional. Es España y el mundo en ella, los que se ven comprometidos por el imperialismo y la guerra exterior, es el hombre, y el español, los que se ven amenazados en este doble aspecto por el fachismo antihumano y antinacional (a pesar de su pretendido nacionalismo al servicio de los imperialistas europeos). No solo son los enemigos de lo humano y lo español, sino de todo lo que significa independencia, juventud, ánimo creador. Ellos, que pretenden recoger toda la herencia de España, cada día, en cada acto, como siempre, ultrajan lo verdadero y permanente de esa herencia, la desconocen y la niegan.

En el fachismo español se hace visible el fachismo universal. España, así, es un ejemplo para nosotros, trabajadores mexicanos, pero más que un ejemplo y que una advertencia, España es una causa, una causa. Nuestra causa. La causa de Uds. Trabajadores de todo el mundo.

El español y el hombre, España y el mundo. Por eso Marcelino Domingo sagazmente ha dicho: «por lo que se lucha en España es por la creación, por que nos deje la posibilidad de continuar la tradición creadora de nuestro pueblo. Luchamos por que se nos deje construir, crear un nuevo español. Un nuevo español es un nuevo hombre, una nueva experiencia humana. Y esta nueva experiencia, este nuevo hombre, se ve amargado y coaccionado en España, en todas las tierras, por formas de producción que hacen crisis, por hombres vilmente gastados, por concepciones enemistadas con lo espontáneo y vital».

Pero las fuerzas de la muerte no solo son las de la reacción nacional, el clero, los militares y los feudalistas, sino las fuerzas internacionales de la destrucción. Y esto, tan redicho, tan evidente, tan sangrientamente vivo en España, es también exacto para todas las luchas nacionales de la clase obrera. Cada mitin, cada huelga, cada acto revolucionario y antifachista que se celebre en todos los rincones del planeta, en todas las plazas de la Tierra, en todas las fábricas y los campos, en todas las orillas del globo, adquiere una solemne, terrible, significación humana. Es la diaria lucha del hombre, la lucha internacional de todas las masas por su derecho a crear y a vivir. Ahora es España en donde las fuerzas en pugna han desbordado los diques de la democracia burguesa y en donde el capitalismo, impotente para regir la vida económica tras la careta de esa democracia, ha destruido sus propias construcciones, y se ha lanzado a la más horrenda e inútil de las aventuras. Ya sabemos que eso ha ocurrido antes en otras partes y que ocurrirá en todas aquellas en donde el hombre amenazado no se agrupe para defenderse y defienda su destino. Pero la quiebra de la democracia, la amenaza del fachismo, su aparente desarrollo universal, la agresividad del capitalismo, nos señalan la cercanía de la lucha final. Se trata de la última y desesperada forma con que la burguesía pretende controlar las relaciones productivas del hombre (todas las relaciones, desde las económicas hasta las más desvalidas de la Tierra). España es, así, el índice trágico que señala hasta dónde, y con qué amargo rescate, al hombre verdadero y viviente de toda la falsificación, mutilación y engaño en que lo ha hundido un régimen que ha substituido las formas violentas de la servidumbre por «el duro pago del contado». He aquí, pues, que España, para usar de las conocidas y magníficas palabras de Élie Faure, vuelve a ser «la realidad y la conciencia del mundo» detrás de su combate (que es tu combate y nuestro combate), arriesga el concepto que el hombre ha contenido de sí, toda la exquisita, generosa noción que de la libertad y de la autodeterminacion personal y social que el Occidente ha conquistado. Y arriesga esto los fundamentos de nuestra cultura, para ganarlos, porque, ya se sabe, «solo aquel que se pierde se salva», y se salva y se encuentra transfigurado, henchido y vivo de significaciones, ágil y resuelto. Es, pues, no solo la noción del hombre, la noción que la civilización ha alcanzado de sí, sino también el hombre futuro, su futura libertad y el porvenir de la cultura lo que España arriesga y gana cuando pierde sus hombres. Lo que arriesga, lo que defiende es aquello, justamente, que no solo a ella le toca y duele, sino que punza y aturde a todo hombre, lo que arriesga es el hombre. El mismo. Nosotros.

Nos defiende España. Defiende nuestros huesos, nuestra libertad, la hermosa posibilidad que tenemos de crecer y extendernos. Defiende nuestra sangre, su continuidad histórica y viviente, y combate por aquella que nos nutre y nos hace capaces de tener noción de nosotros. Defiende nuestra cultura, nuestro ámbito moral y nuestras convicciones centrales, esas convicciones que han asegurado el desarrollo de la especie, y que garantiza su liberación.

De este modo es universal España. Muchas veces lo ha sido. La última vez lo fue mediante el imperio y la espada de Carlos, mediante la política de Felipe. A través de la unidad nacional, a través de Cortés y Pizarro, y claro está, de la cultura y la ciencia de Lope y Gracián, y de todo el inflamado, alegre y profundo espíritu español. En ese tiempo España era una joven nación que lentamente había madurado en la Edad Media, esculpiéndose en los sucesos de la Reconquista, desangrándose en la lucha que la construía.

Pero la universalidad, que es la única catolicidad que conoce España, no es el don de un pueblo, ni tampoco su castigo. Nosotros sabemos todas las causas económicas y culturales que la han hecho la conciencia del mundo. No se es universal ni ayer ni ahora, porque se ame lo general por encima de lo particular, por quijotería y abandonada generosidad, como creen, noblemente, algunos poetas, sino porque lo universal que paradójicamente se sufre en carne viva, es lo particular, lo concreto, y es el índice, severo y exacto, que nos marca hasta dónde llega la voluntad de vencer del proletariado. Eso es, pues, España: la realidad y la conciencia del mundo, y más que eso, la voluntad del mundo, la intensa, rica y valerosa voluntad de creación del hombre que amanece.

Mérida, Yuc., abril de 1937

Raíces españolas de los mexicanos
(Palabras en el Ateneo de Valencia)[46]

Con el acto de esta tarde finaliza el primer ciclo de pequeñas conferencias que ha organizado la Delegación Mexicana. En ausencia de la camarada encargada de desarrollar el tema de «La Revolución en Marcha», quisiera, brevemente, recoger el significado de esta tarea, realizada toda bajo el signo apasionado que despierta vuestra guerra y vuestra Revolución.

Yo no sé, camaradas, si a través de este rápido y casi fugitivo contacto con México, vosotros habréis logrado una imagen real, así sea panorámica, de nuestro país. Ya decía Juan Marinello, ayer por la tarde, en este mismo local, que quizá el perfil de México todavía no era sino un rico, prometedor esbozo; una violenta, dura y viva suma de fuerzas en integración. No sé si vosotros habréis sentido esa contradicción, esa violencia arrebatada, a veces dispersa y otras volcada, sombríamente, sobre sí misma; probablemente vosotros, como españoles, adivináis en esa tensa inmovilidad del mexicano y su paisaje, en esa constante lucha por sí mismo, algo de vuestro aliento y del de vuestro propio sino. México se llamó en una época Nueva España. Los conquistadores quisieron así, al tiempo que recordaban a

---

[46] 23 de agosto de 1937.

su patria (recuerdo que la Meseta Mexicana avivaba) dar sentido y destino a una nueva nacionalidad. Y siendo Nueva España el más rico de los virreinatos y la más importante de las colonias, la región americana en la que el pueblo español se vertió más plena y continuamente adquiere, desde el siglo XVI, relieve propio, contornos personales, autonomía en el estilo y el modo, ya que no en lo económico ni en lo político. Y siendo cada vez más personal y distinta la Nueva España, cumplía su destino y su sino, pues aquellos que la nombraron quisieron que de verdad fuese Nueva España, otra España, y no segunda España; siendo otra era fiel al designio creador de España.

Así, los años del coloniaje, transcurren, para México, como la lenta maduración de su ser, de su propio y vivo ser; y, como un nuevo cuerpo y un nuevo espíritu, nosotros la vemos en esos días. El régimen económico que vivía México era vuestro propio régimen, ese que ahora vosotros aplastáis por todo lo que tiene de opresor, de injusto e inhumano. El proceso independiente de México ha sido semejante al vuestro. Y ahora, después de cuatrocientos años, mi país busca su propio rostro, su voz más propia. Y sabe que eso solo será posible mediante la guerra, mediante la lucha contra todo lo postizo y ajeno, y, también, contra lo falsamente nacional, contra lo que no puede contener al Hombre y a la Revolución. Sabemos los mexicanos que la lucha por el Hombre es, al mismo tiempo, la lucha por salvar lo propio, lo español o lo mexicano, lo que no se vende ni traduce.

Camaradas, vuestra cultura y vuestra sangre forman, desde hace cuatro siglos, nuestra cultura y sangre; y esta sangre y esta cultura, ayer regada en México tan prodigiosamente, ya crecidas entre nosotros a través de una historia amarga y henchida de angustiosas enseñanzas, son las que ahora os ofrecemos los mexicanos que estamos en España: aquellos que luchan con el heroico Ejército Popular en los campos de la muerte y la victoria y los que convivimos con vosotros. Esta sangre española, que no fue toda de conquistadores rapaces, sino de civilizadores y constructores de pueblos; esa sangre del pueblo y de sus sabios y educadores; esa que tiñó a los indios e inició el mestizaje, cualesquiera que hayan sido las características del tiempo, y la otra, la más pura y gloriosa de Javier Mina, que luchó con los revolucionarios mexicanos por la libertad de América y del Hombre; esa sangre del pueblo español, que parecía olvidada ya de España, tan íntima y esencialmente mexicana era, es esta que ahora os entrega México, con su voz, su adhesión y su esperanza y certeza en la victoria.

Nacido México en la hora universal de España, en la hora en que el pueblo español, a través de no importa qué ideas o formas económicas, daba su sangre y su voz a un mundo, ahora en esta otra hora de España universal y popular, en esta hora libertadora del Hombre y del Español, quiere recordar la antigua voz de la sangre creadora y, como ayer Mina en México, dar la mano y el corazón a su pasado entrañable, a lo más dramático y digno de su presente, al más cercano e iluminado de sus amaneceres: a España, madre, hermana y camarada.

Encuesta sobre el Premio Nobel de Literatura

En México, donde a pesar de existir un decreto aprobado por las Cámaras, no ha podido hacerse realidad este año el Premio Nacional de Literatura, han surgido muy dispares opiniones relacionadas con el Premio Nobel otorgado a Roger Martin du Gard el año último. La recompensa sueca ha sido siempre, desde su fundación, un acontecimiento de resonancia universal; en algunos casos ha sido el punto de partida para entrar en el conocimiento y colaborar en la divulgación de la obra literaria de un escritor intocado todavía por el pecado impune de la traducción fraudulenta.

Todo ello nos ha movido a realizar una encuesta, que sería desde luego algo más que un simple juego literario, como aquel de «la isla deshabitada» que inventó en París Jules Lemaître, revivió en algún momento André Gide y prohijó en México Xavier Villaurrutia. Se trataba entonces de saber cuáles serían las diez obras de la literatura universal que llevaría consigo un lector culto a una isla desierta, en caso de un destierro voluntario o involuntario. Hoy se trata de conocer hasta dónde alcanza el mérito del Premio Nobel de Literatura, como consagración universal de un escritor, y de opinar sobre los errores o injusticias que haya podido cometer la Academia Sueca en el discernimiento del Premio. La calidad de las opiniones que hemos logrado reunir, da particular importancia a la cuestión. En beneficio de todos, de los lectores, de los opinantes y de nosotros mismos, nos limitaremos a asentar, en forma textual, los testimonios de los escritores mexicanos más distinguidos.

Yo creo que, en general el juicio de los contemporáneos es un juicio histérico, lleno de cercanías y falto de perspectivas. En este sentido el Premio Nobel tiene todos los vicios y prejuicios de la contemporaneidad y, además, los defectos de todo concurso o fallo oficial. Victor Hugo, por ejemplo, fue más admirado que Baudelaire por la cultura oficial. De todos modos, el Premio significa un gran estímulo y, justo o injusto, indica que hay inquietudes literarias, que es lo que hace falta sostener. Creo que, entre otros, han olvidado a Gide. En el caso de América, opino que el olvido se debe a un defecto de la misma América, que no ha producido todavía una gran obra. Pero como además creo que el Premio Nobel no se ha dado a verdaderas obras de excepción, desde este punto de vista sí se ha cometido una injusticia cuando en América hay obras muy estimables, aunque tampoco de excepción. Un caso solamente tenemos: Rubén Darío, muy digno de recibir el Premio.

Carta de Octavio Paz
a Rubén Salazar Mallén

Rubén:

Hace días me mostró Pellicer, sin comentarios, un recorte de *El Universal*. Era un artículo tuyo en el que, al tratar de una disputa o controversia entre la LEAR y la Galería de Arte (disputa de la que, por otra parte, no tengo más noticias que las de tu artículo), nos mencionas, a Pellicer y a mí, haciendo una serie de afirmaciones ligeras y francamente mentirosas. Como en ellas se trata no de la postura o significación ideológica de la Liga de Escritores y Artistas Revolucionarios (LEAR), de Pellicer o de mi actitud humana y pública, ni de nuestra obra literaria, sino, en mi caso, de cuestiones que, como al propio Pellicer, afectan a mi ética de escritor, a la veracidad vital de mis opiniones y de mi conducta, quiero aclararte todo lo relativo a mi asistencia al Congreso Internacional de Escritores y a mi viaje a España. Esta aclaración o declaración no sería necesaria si, independientemente de nuestras irreconciliables divergencias (divergencias que yo acepto con todo valor y alegría), el ambiente no fuera tan desoladamente corrompido, tan estéril y tristemente torcido y si tú, independientemente también de tu «ideología», adversa, felizmente, a la nuestra, no fueras de los que se hacen eco y camino para que toda esa malsana cloaca del subsuelo de la inteligencia asome a la luz. Y eso lo digo porque, en último término, quien se ve comprometido en tu artículo no es nada más Salazar Mallén, sino la responsabilidad del escritor y del periodista y la de todos aquellos, a la izquierda o a la derecha, que con su silencio, con su favorable resentido silencio, dan la posibilidad de que tales afirmaciones se produzcan y, secreta o públicamente, las alimentan o robustecen. Pero todo esto es tan conocido que mejor es callarlo. Se trata de un envenenamiento de la conciencia pública, como ustedes dicen, de un colectivo y vergonzoso olvido de la dignidad y del respeto que merecen la palabra y quienes, a la izquierda, a la derecha o tristemente escondidos entre las dos, la ejercen vivamente.

Para terminar, y por lo que se refiere al «inmundo halago» de mi poema «¡No pasarán!», quiero decirte, por última vez y contigo a todos los que están detrás de ti o a tu lado, moral o ideológicamente, con la sospecha, el silencio o la mentira, que cuando publiqué ese poema no lo hice con ánimo venal o servil (servil: ¿a quién?) y que hasta la fecha no he obtenido, ni pretendido, ventaja material o espiritual de gobiernos, organizaciones o personas. No lo hice con ánimo de lucro y aclaro nuevamente, ni siquiera la invitación al Congreso de Escritores —invitación que, además humana y verosímilmente, no podía suponer o calcular— partió, no del conocimiento de mi poema, sino del de mi libro *Raíz del hombre,* que, como sabes y lo has juzgado, no es un libro «político», dotando a la palabra de la crueldad y rigidez que ustedes le otorgan en las ideas y en la práctica.

Sé que no somos amigos sino adversarios. Otros, que no son adversarios, tampoco son amigos. Todos, pues, lo mismo que los que opinamos y nos equivocamos que los que aciertan en el silencio, seamos en su caso, adversarios y hasta enemigos, que no es igual que malhechores; compañeros de oficio, que no es igual, tampoco, que amigos o camaradas. Y, así, no nos calumniaremos. Dudé primero en hacer pública esta carta. Público fue el artículo y pública será ella. Esto y la consideración de que, como digo, el incidente no es más que una de las expresiones de una atmósfera que nos corrompe a todos, me decidieron.

Agradezco la atención que te merezcan estas líneas.

Octavio Paz

El testimonio de los sentidos

Hace tiempo un amigo me mostró un pasaje de Rainer Maria Rilke sobre la poesía. Se trataba de unas líneas de los *Cuadernos de Malte Laurids Brigge,* teñidas, como todo lo del poeta alemán, de una melancólica y penetrante agudeza. No recuerdo ahora exactamente las palabras, pero cualquiera que haya leído a Rilke las recordará inmediatamente. Hablaba el poeta de la poesía y decía que para escribir un verso no bastaban la imaginación ni la sensibilidad ni los sentimientos. Sentimientos los tiene cualquiera: es la experiencia la que hace al poeta. Haber contemplado albas y crepúsculos, nacimientos y muertes; reconocer, con solo el tacto, a ciegas, en la noche, en el hueco de un mueble, la ausencia de unos miembros, o en el silencio de una casa abandonada, las voces de sus antiguos habitantes; adivinar, rozando apenas la corteza de un arbusto, su edad, la pesadumbre de sus raíces, la ternura de sus hojas. Y no basta el conocer, ni el adivinar. Ni siquiera el recordar. Es necesario, para que la experiencia se cumpla, olvidar. Cuando el hombre, más allá del recuerdo y la esperanza, se repliega en sí mismo y lo olvida todo, entregado a esa plenitud ensimismada del abandono, cuando su vida es ya tan suya que no necesita recordarla, porque es como su piel, entonces, de pronto, los recuerdos sepultados, las horas vividas gratuitamente, cedidas al tiempo y que se creían perdidas para siempre, reaparecen, se levantan en un verso, en una palabra que acumula todo el sabor de la vida, como el fruto tardío recoge en sí todo el esplendor y la gracia de la estación que muere.

El fervor que me produjeron las fugaces palabras de Rilke despertó en mí algunas ideas dormidas, nieblas nacidas ¿en qué horas, arrebatadas a la mezquina esclavitud de los días? Esta repentina fertilidad corrobora el poder de la poesía, que quizá no sea más que una invisible corriente que nos une con lo olvidado y nos lleva a la creación, a la fecundidad. Todo poema es el origen de otro poema —el mismo poema, que nace de nuevo, otra vez inocente, en el pecho de cada lector; el poema, en ese incansable renacer, se transforma en un gesto, en un luminoso entusiasmo, en un instante de henchido silencio: el hombre desciende hasta sí mismo y se contempla; y al contemplarse es contemplado por su memoria, por el hombre que fue, no ya como recuerdo ni como esperanza sino como olvido, como experiencia. Leer es comulgar, sí, pero sobre todo, es crear. Recrearse a sí mismo: contemplarse, saberse, sentirse vivo.

Quizá saber, más que recordar, sea olvidar. La memoria es el recurso desesperado de la vida para escapar de la muerte. Recordar, dicen, es cerrar los ojos, huir del presente, que es muerte. Y, en cierto sentido, ignorar. La memoria, hermana de la esperanza, engendra hijos sutiles, mundos nuevos que rescata del pasado. Al crear, con el solo calor del recuerdo, un mundo del mundo muerto que vivimos y que nos vivió, el hombre se venga hermosamente de la muerte. Convierte a la muerte en vida; no en estéril añoranza sino en creación.

La memoria es una de las más poderosas potencias del hombre. Con ella nos hundimos en nosotros mismos y extraemos de nuestras entrañas, como al hijo de las de la madre, al odio y al amor, al deseo y al sueño. La memoria, como la introspección, es un hundirse en sí mismo, un rescatar del fondo de lo acontecido, mundos vivos. Pero mientras la memoria es personal y concreta, carnal, la introspección es siempre abstracta. Una sirve para vivir, para inmovilizar lo vivido; la otra es una forma de la ciencia y se alista entre las servidoras del juicio; su fin es el conocimiento, no la perduración[47].

La memoria, como la imaginación, esa extraña nostalgia del futuro, no es más que una forma de ignorar. Olvidar tampoco es saber; el olvido es la muerte, pero no es saberse en la muerte. Y la vida lo que pide es saberse, sentirse en la muerte, para lograr así la más atroz de las exigencias. «Saber es recordar», dijo el griego. Pero recordar más allá del olvido y la memoria, en donde todos los recuerdos y todos los olvidos se juntan. Y este conocimiento total, que es el que busca la vida, acaso se obtenga solo como experiencia y como poesía. Alguien ha aludido a ese estado diciendo:

> Allá, llevadme allá
> donde razón, sentidos,
> alma, nombre, bautismo,
> juventud inocente,
> se juntan y disuelven para siempre,
> en un total olvido,
> más vivo que el deseo.

Pero en este olvido, que es, en el fondo, la «experiencia» de que habla Rilke, nada se pierde ni se muere. Por el contrario, todas las cosas vuelven a su verdad y a su eternidad:

Oh libertad flotante, oh, mar de sones, formas, resplandores, suspendida delicia sin memoria, olvido que devuelves lo olvidado.

---

[47] En este párrafo, en que compara a la memoria con la introspección, Paz recoge, casi textualmente, una observación de su temprano ensayo «Distancia y cercanía de Marcel Proust». Los versos que cita más adelante pertenecen a dos poemas, el X y XI, de *Noche de Resurrecciones* (1939), pequeño libro recogido en *A la orilla del mundo,* México, 1942.

Y ya, al fin de esta divagación, se me ocurre pensar, ¿esta evidencia que nos entrega la poesía no será, tan solo, la evidencia de los sentidos, que nos hablan con un lenguaje que la razón no entiende, de un mundo incógnito, prohibido por todos los legisladores? Mundo que ya no es el de la embriaguez sino el del éxtasis.

México, 1940

Respuesta a una encuesta de *Romance*

—*¿Cuáles son las relaciones entre la mentira y el arte?*
—La cultura es, ante todo, idioma. Quiero decir, comunicación y convención, palabra y mito: mentira. La mentira de la cultura es una mentira moral o moralizadora: explica, justifica, condena a la naturaleza. Pero el arte no aspira, con el lenguaje y la metáfora, a disculpar o perdonar a la vida, sino a engañar. La mentira del arte es una mentira absoluta y desinteresada, vale decir, trágica. Su objeto es la expresión de la experiencia, no su explicación.
—*¿Cómo definiría usted las características de la literatura posterior al movimiento surrealista?*
—El arte barroco (como el neoclásico, aunque en otro sentido) subraya el elemento expresivo, el elemento lenguaje, por una especie de desconfianza en la eficacia de la palabra. La mentira invisible del arte sano se substituye por una mentira que se sabe mentira. Todo el mundo está «en el secreto». El engaño total y trágico se convirtió en engaño virtuoso. Y a este virtuosismo de la sensualidad fatigada y de la expresión gastada no sucedió una salud sino un frenesí. El Romanticismo huye de la lucha que en el arte libran la verdad y la mentira, la experiencia y la palabra. El Romanticismo, más que la desconfianza en la razón, es la desconfianza en el lenguaje, y, más que la victoria de los sentimientos, es la derrota de la expresión. El surrealismo no ha hecho más que continuar lo que el Romanticismo inició;

ahora, abandonado por las «musas moderadoras» —las musas del lenguaje—, ha caído en la literatura. Es decir, en un lenguaje hecho de lugares comunes.

Un arte nuevo será un arte distinto y hasta contrario al de los últimos tiempos. Será —como en Baudelaire, como en Nietzsche— un arte lúcido. O, para decirlo en las palabras de este último, «trágico»[48].

—*¿En cuál de las bellas artes se ha logrado expresar mejor el espíritu de nuestra época?*

—Si procedemos por eliminación será mejor. Nuestro tiempo no se ha expresado en la escultura, ni en el teatro, ni en la religión, ni en la vida —hemos olvidado el arte de vivir—. ¿En la música, en la pintura, en la poesía? Quizá en esta última.

—*A su juicio, ¿cuál es la diferencia más significativa entre el espíritu del Renacimiento y el de nuestro tiempo?*

—No sé si sea esta la más importante, pero es la que veo mejor. El Renacimiento es una época de mediodía, la nuestra de crepúsculo. El Renacimiento es un período de ojos, un ciclo todo ojos; el nuestro se singulariza por la preeminencia del tacto, sentido tutelar de los ciegos. Y, por la virtud de los ojos, el Renacimiento es una época de visiones y de grandes solitarios, que se gozan en serlo. La nuestra, por el contrario, bajo el signo del tacto, es una época de contactos: de hombres que se pudren en la soledad y sueñan con la comunión.

—*¿Considera usted ciertos acontecimientos actuales como una amenaza para la cultura? En caso afirmativo, ¿de qué manera podría realizarse ampliamente su defensa activa?*

—La cultura siempre se ha defendido sola. Pero la duda de la cultura acerca de sí misma —es decir, la crítica de la razón, que ha substituido a las construcciones de la ra-

---

[48] Véase al final de este libro, en las «Fuentes» (págs. 543-562), el comentario crítico de Octavio Paz sobre esta opinión (1983).

zón— es un síntoma de que en esta vez no se defenderá la cultura de la razón: porque no tiene razón. La «defensa de la cultura», sin embargo, es la defensa de «otra cosa»: la defensa de aquello que le «cumpla a la vida lo que ella le promete».

—*Díganos usted su secreto.*

—Todos andamos en busca de confesores para confiarles nuestros secretos. Pero el secreto grande nadie lo ha dicho nunca. O nadie lo sabe o ya todos «estamos en el secreto».

—*¿Qué verso recuerda usted que le parezca más inaceptable?*

—Este, maravilloso y cruel, inaceptable, pero cierto, de Esquilo: «No es posible que escape a la Necesidad».

México, 1940

Respuesta a una encuesta de *Letras de México*

El tema, sin preguntas escolares, es:
la poesía mexicana, ¿por qué sí o por qué
no es mexicana y es poesía?

1

Las literaturas europeas expresan —como profecía, documento o historia— el desarrollo de los pueblos europeos, sí, pero también expresan algo más vasto: el desarrollo, es decir, las vicisitudes, las transformaciones, las resurrecciones de Europa. El Renacimiento o el Romanticismo no son Italia, Francia, o Alemania sino el espíritu europeo. Las literaturas europeas son, así, las diversas expresiones de los sueños y las luchas del espíritu europeo. Lo europeo no es la particularización del hombre sino lo contrario: la invención de Europa consiste en considerar a lo europeo como lo universal.

La poesía española es universal gracias a lo europeo. Pero Europa es Europa gracias a la poesía española. El espíritu europeo encuentra, en cada nación hija suya, la posibilidad de engendrar, de diversificarse en nuevos frutos. Se trata de un choque, de un encuentro, al mismo tiempo, guerrero y erótico. Universalidad quiere decir fertilidad; la universalidad de un espíritu está en relación directa con su capacidad para engendrar: la historia de la literatura europea, considerada como conjunto, es la historia de estas nupcias, de estos encuentros o seducciones. La poesía española, como todas las de Europa, no solo expresa la particularidad de lo español sino, al mismo tiempo, la universalización de lo español, mediante la particularización de lo europeo en lo español. En suma, la universalidad de Europa consiste en la exaltación de los valores nacionales de cada pueblo europeo, unIversalizados, humanizados al contacto del espíritu europeo. (Paralelamente a las particularidades de cada literatura nacional, viven grandes corrientes de cultura que se resisten a toda codicia localista.) La universalidad es el fruto de la nacionalidad; no puede existir auténtica universalidad sin tener los pies sobre la tierra que nos crio. El resto es cosmopolitismo y... patriotismo: el mismo gato. (No es extraño que los cosmopolitas en literatura sean rabiosamente patriotas en política. O a la inversa: detrás de cada patriota tradicionalista hay, en potencia, un traidor.)

Universalidad no quiere decir «hablar para todos», sino para cada uno, para la intimidad de cada quien. Y hablar desde un sitio: suelo, tierra, vivo espacio que nos sostiene, levanta y da a nuestra palabra el acento justo. Universalidad es comunión o ansia de comunión. Diálogo vivo, en el silencio de nuestra conciencia, con nuestro inabordable semejante, hecho de nuestra misma substancia.

2

Poesía es lenguaje, idioma. Y un idioma es espíritu. La palabra, como el espíritu, es un soplo. La palabra es el espíritu mismo. No podemos renunciar al idioma sin renunciar al espíritu. El idioma es irrenunciable. El idioma español se hizo más límpido y cristalino, más puro, al contacto de Italia, pero, por la virtud espiritual del idioma, la poesía española siguió siendo española: si parecía que se italianizaba era porque, invisiblemente, estaba españolizando lo italiano.

La poesía mexicana es, por el idioma, española. Nuestros clásicos son los clásicos españoles. No nos los pueden arrebatar ni el mezquino y engreído particularismo peninsular, ni el cosmopolitismo hueco de los que, en América, pretenden ignorarlos o desdeñarlos. Participamos del espíritu occidental —que es el único vivo sobre la tierra— gracias al idioma español. El idioma español, como el espíritu europeo, alcanzó su plena universalidad en América. Después España se recogió sobre sí misma, agotada. Lo hispánico no es lo peninsular solamente; lo hispánico es algo mucho más rico que la literatura local española.

3

La poesía de la Colonia es un reflejo de la poesía española. El único rasgo en que se puede advertir el nacimiento de un espíritu diferenciado, nacional, es la preferencia por los valores universales, clásicos, de España y la repugnancia por lo regional. El mexicano se distingue del español, al principio, por un simple deseo: no ser español. Alguien ha dicho, nos parece que Abreu Gómez, que Alarcón es mexicano en todo lo que no es español. ¡Forma bien reducida y bien significativa de afirmar una personalidad! Pero toda negación lleva, implícita, una afirmación. El modernismo reproduce la misma preferencia y la misma repugnancia. Preferencia por lo universal, por lo europeo, en un momento en que España casi había dejado de ser Europa; el mexicano se expresaba no solo en su afrancesamiento (explicable: Francia era lo mejor, o así lo suponía el mundo entero) sino que este afrancesamiento ocultaba un deseo subconsciente: no ser español. Lo crepuscular, recogido, íntimo de la poesía mexicana, ¿no será un velo, un recato, un desdén tímido? La poesía mexicana, más que expresar el carácter verdadero, profundo, del mexicano, ¿lo habrá velado, como se vela en su silencio desconfiado el hombre de la meseta? Pero la poesía es una revelación: debe revelarnos al hombre escondido, secreto, visible e invisible: la poesía, tanto «como el desarrollo de una exclamación» es el lenguaje tenso, secreto, del silencio.

La negación del mexicano, su deseo de no ser español es un síntoma, una señal de que ha nacido, de que tiene conciencia de su singularidad. Pero esta singularidad se ha manifestado como negación. Cuando el mexicano ha afirmado algo, esa afirmación no partía de su ser, sino que tendía a subrayar, disculpar o justificar, su negación. La afirmación de sí mismo no se puede obtener fuera de sí, no a través de una negación, sino en la hondura de nuestra conciencia. La Revolución mexicana —a pesar de todo significó para México encontrarse, de pronto, consigo mismo—. Mantener vivo este encuentro, el asombro de este encuentro, de este diálogo, debió ser el propósito de los hombres de 1910 y de sus sucesores. Pero no fue así. No fueron los únicos culpables los escritores, sino los revolucionarios, tan pronto corrompidos. Ellos hicieron hermético, insensible, al pueblo mexicano que, por primera vez en su historia, había despertado. Ahora todos hemos vuelto a la soledad y el diálogo está roto, como están rotos y quebrados todos los hombres. Nos movemos sin dirección, sometidos a los de afuera, huecos los más y otros, los menos, con su secreto, con su palabra a solas, mordiéndoles la entraña y quemando la sangre. Y sin embargo, habrá que reanudar ese diálogo. Porque debe haber alguna manera, alguna fórmula, que abra los oídos y desate las lenguas.

Tanto como alimentarse de un pueblo, la poesía alimenta al pueblo. Se trata de un doloroso intercambio. Cierto que «los pueblos tienen, a pesar suyo, a sus grandes hombres». Se da a luz con dolor y rabia, deseando la muerte. Si el pueblo le da substancia a la poesía, la poesía le da voz al pueblo. ¿Qué hacer con un pueblo silencioso, que ni quiere oír ni quiere hablar? ¿Y qué hacer con una poesía que se alimenta de aire y soledad? La literatura mexicana ha nacido en una hora universal de España; poseemos un idioma hecho, maduro, casi vicioso a fuerza de riqueza; un idioma que ha sufrido todos los contactos, todas las experiencias de Occidente. Y con este idioma tenemos que expresar lo más nebuloso: un pueblo amaneciendo. ¿Cómo renunciar a la conciencia, a la sensibilidad contemporánea? ¡Dificultad casi insuperable! Tenemos que luchar contra el cosmopolitismo y el regionalismo, para encontrar el acento justo, verdadero: nacional y universal. Sin el pueblo, sin el diálogo o la polémica, diálogo encarnizado y amoroso, no es posible que el mexicano exprese su afirmación, su misterioso «sí» a la vida. Encontrar a México significa hacerlo: porque nuestro país está deshecho o aún no nace totalmente. La cultura, decía Machado, sirve para despertar al dormido.

La buena literatura mexicana ha vivido de la originalidad y la novedad. De la curiosidad, de la avidez por lo universal. Lo otro, la literatura «nacionalista», además de su pobreza espiritual, no es casi literatura, sino crónica periodística. Pero esta curiosidad, esta avidez por contemplar al mundo, debe ahora volverse hacia dentro. Hacia nosotros mismos. No para buscar la novedad, ni la originalidad, sino algo mucho más difícil: la autenticidad. Una autenticidad que no quiere decir, por supuesto, «sinceridad», sino algo más profundo. Autenticidad que rechaza, como indignos y falsos, todos esos intentos alevosos y preconcebidos de «mexicanidad». Drieu la Rochelle decía a los argentinos: «No hay más que una cosa en el hombre: sus pasiones. Cuando digo sus pasiones, quiero decir: todo. He ahí lo que hay que cantar, sin cuidarse del timbre que toma el canto. No es necesario decir: cantaré el amor argentino; es necesario decir: cantaré el amor. Y solo más tarde se advertirá que vuestro canto de amor sonaba con un sonido que no se oye más que en Argentina... Misterio, misterio, dejemos que el misterio opere...». Este es el sentido de la autenticidad.

«Cuando soñamos que soñamos está próximo el despertar». El que, desde hace años, nos preocupe a todos encontrar la «mexicanidad» de nuestra literatura es una señal de que esa invisible substancia está en alguna parte. No sabemos en qué consiste, ni por qué camino llegaremos a ella; sabemos, oscuramente, que aún no se ha revelado y que hasta ahora su presencia, en los mejores, solo ha sido una especie de aroma, leve y agrio sabor. Cuidemos que el exceso de vigilancia no la ahuyente: ella brotará, espontánea y naturalmente, del fondo de nuestra intimidad cuando encontremos la verdadera autenticidad, llave de nuestro ser. Que nada nos haga traicionar o vender, como a tantos, esta vocación por la verdad de nosotros mismos. El amor está hecho de celo y sueño, de abandono y exigencia. Soñemos despiertos[49].

México, 1941

---

[49] Más que una respuesta, estos apuntes desordenados son los diversos puntos de partida de un posible ensayo. Cada tema es susceptible de un desarrollo mayor, pero no juzgo útil ni necesario escribir ese «ensayo». La poesía no es cosa de precepto. *[Nota de O. P.]*

Émula de la llama

> Pura, encendida rosa,
> émula de la llama...
>
> Francisco de Rioja

Desde que Pedro Henríquez Ureña señaló que las notas distintivas de la sensibilidad mexicana eran la mesura, la melancolía, el amor a los tonos neutros, las opiniones sobre el carácter de nuestra poesía tienden casi con unanimidad a repetir, subrayar o enriquecer estas afirmaciones. El introvertido mexicano ha creado una poesía sobria, inteligente y afilada, que huye del resplandor tanto como del grito y que, lejos del discurso y de la confesión, se recata, cuando se entrega, en la confidencia. Una poesía que al sollozo prefiere el suspiro, al arrebato la sonrisa, a la sombra nocturna y a la luz meridiana los tintes del crepúsculo. Ni sentimental ni sensitiva: sensible. Nuestra poesía, casi siempre académica, clásica en sus cimas, rigurosa y contenida, es una réplica a una geografía volcánica e indomada; representa el antípoda de una historia violenta y sanguinaria y de una política oscura y pintoresca; constituye el silencioso reproche a una pintura que, no contenta con declamar en los muros públicos, irrumpe en las luchas diarias y en la que no es posible distinguir todavía, al cabo de tantos años, la paja con que se nutren ciertos críticos del país y extranjeros del polvo de la propaganda equívoca. En suma, si fuese verdadera la imagen que nos ofrecen los críticos, nuestra poesía sería la otra cara, la de la vigilia, de un pueblo que, si bien es callado y cortés, triste y resignado, también es violento y terrible, un pueblo que grita y mata cuando se emborracha o se enamora, aunque el resto del día permanezca hermético y velado, y que ha hecho, ciego y vidente a un tiempo, una revolución ayuna de teorías y a la que no podemos calificar de universal, sino de todo lo contrario: de intuitiva y oscura, cargada de pasiones más que de ideas, de impulsos más que de propósitos, explosión, más que revolución, de una conciencia reprimida.

México, uno de los pocos países que aún poseen eso que llaman color local, rico de antigüedad legendaria si pobre de historia moderna, parece que se siente avergonzado de estos dones, signos de su miseria y de su pureza, de su incurable incapacidad para vestir el uniforme gris de la civilización contemporánea. El mexicano necesita de la fiesta, de la Revolución o de cualquier otro excitante para revelarse tal cual es; su cortesía y su mesura no son más que la máscara con que su conciencia de sí, su desconfianza vital, cubren el rostro magnífico y atroz. México tiene vergüenza de ser y solo en las grandes ocasiones arroja la careta, como esos adolescentes apasionados y taciturnos, siempre silenciosos y reservados, que de pronto asombran a las personas mayores con una acción inesperada. La historia nos enseña que la convulsión es nuestra forma de crecimiento. Bomba de tiempo, la sensibilidad mexicana parece complacerse en retrasar el reloj que ha de marcar el estallido final, la final revelación de lo que somos. Ese día, esa noche, subirán al cielo un árbol de fuegos de artificio y una columna de sangre. Mientras tanto, nos hundimos en nosotros mismos, preferimos el silencio al diálogo, la crítica a la creación, la ironía a la acción. El odio y el amor se abrazan en cada uno de nosotros y sus rostros se funden hasta volverse uno solo, indecible e indescriptible. Durante años hemos sentido hacia España un amor encarnizado, que nuestro orgullo encontraba culpable, y que nos ha llevado a negarnos, negándola; y hemos hecho algo parecido con nuestro pasado indígena. Nos despedazamos a nosotros mismos con un extraño gusto por la destrucción y devoramos nuestros corazones con júbilo sagrado. En nuestras manos gotea un ácido que corroe todo lo que toca. Vivimos enamorados de la nada pero nuestro nihilismo no tiene nada de intelectual: no nace de la razón, sino del instinto y, por tanto, es irrefutable. Jamás han sido expresadas por el arte o el pensamiento estas oscuridades y luces de nuestra alma.

Es innecesario extenderse en la consideración de la paradoja que parece constituir una literatura restringida, académica hasta cuando es romántica, frente a un país que nunca ha podido vestir con entera corrección el traje de la civilización racionalista. Después de Henríquez Ureña, Luis G. Urbina, Alfonso Reyes, Antonio Castro Leal y Xavier Villaurrutia, que coinciden en atribuir parecida tonalidad a la poesía mexicana, no parece arriesgado sostener que el espacio de tiempo en que vive no es el del amanecer, como la poesía popular española, ni el del mediodía, como la barroca, ni el de la medianoche del Romanticismo, sino el del crepúsculo. Poesía de crepúsculo, entre azul y buenas noches, de luz tímida, gris y con resplandores suntuosos y melancólicos. La angustia del crepúsculo, minuto de conciencia antes del vértigo, de lucidez frente a la sombra creciente, es una de las notas salientes de nuestra poesía. Y con la angustia, su luz: melodiosos y velados resplandores que, más que recordar al día que muere, anticipan a la noche naciente. Mas no solo la luz y la angustia del crepúsculo: también el ruido, que no es el soñoliento del alba, en el que los gallos preludian la gloria de la mañana; ni el misterio de la noche, poblada no de silencio sino de rumores silenciosos; ni, en fin, el de la plenitud del mediodía, que, así como ciega con su luz, crea el silencio a fuerza de saturarse de las diversas músicas que vibran en el aire; sino un ruido muriente, murmullo, susurro mejor que murmullo, soplo, suspiro del día.

Poesía de crepúsculo: angustia, lucidez, resplandor velado, suspiro. Todo eso es la poesía mexicana: Othón y Díaz Mirón, López Velarde y Urbina, González Martínez y Pellicer, Gorostiza y Villaurrutia. Al mezclar nombres tan diversos nos damos cuenta inmediatamente de que el tono crepuscular no define a toda la poesía mexicana, aunque sí constituye una línea, una atmósfera de cierta porción suya. Pero antes de proferir cualquier juicio y atrevernos a condenar la opinión que intenta reducir la poesía a un solo tono —por otra parte, melódico y rico de matices, fugas y transiciones—, examinemos a algunos de nuestros poetas y, si esto es posible, determinemos su hora, su momento. Cada poesía se instala en una porción del día, en un instante irrepetible y pleno que, si no es infinito, sí puede ser eterno.

La hora de Díaz Mirón no es la hora íntima y crepuscular que se ha convenido en identificar con nuestra sensibilidad. Al contrario, es el mediodía pleno, lujoso, dorado, caliente, majestuoso e insoportable. El mediodía no poda al árbol de la mañana de sus gritos y esplendores visuales, sino que los absorbe y los concentra en una sola luz amarilla y en un solo estruendo parecido al silencio. El poeta veracruzano convirtió el sol de su corazón en un diamante que ciega. Hay ejemplos abundantes en *Lascas:* «Idilio», «A ella», «Beatus ille», «Dentro de una esmeralda». Y sin embargo, el mejor poema de Díaz Mirón, los tercetos de «El fantasma», es un nocturno, tan lejos del crepúsculo como del mediodía. Mediodía y medianoche: ¿no se trata de una versión en negro de la misma hora de plenitud, pues si una absorbe toda la luz, la otra funde todas las tinieblas?

Othón, el seco, el desgarrado Othón, sí posee la lucidez, la angustia, el resplandor herido del sol en el crepúsculo. He aquí, en tres versos, su cielo desolado:

> Asoladora atmósfera candente
> do se incrustan las águilas serenas
> como clavos que se hunden lentamente.

Su corazón es como un águila herida, semejante al sol cuando se hunde, vencido y fiero, en la sombra. Pero su voz no es un suspiro, ni una queja. Tampoco sus paisajes tienen la luz suave del crepúsculo: son demasiado violentos, acusados y crueles. Su pudor no se vela, sino que se muestra en una desnudez austera. No hay medias tintas en Othón. ¿Será porque el crepúsculo del norte es más violento, más viril y neto, menos complaciente, que el del Valle de México? Luz y sombra, su hora inicia el crepúsculo y marca, no la unión, sino la enemistad de los contrarios: las cinco de la tarde.

A Luis G. Urbina le convienen todas las características que se han señalado como distintivas de la poesía mexicana. Voluptuoso y triste, suspirante y melancólico, su sensualidad perezosa lo lleva, tanto como su sentimentalismo, a la luz vacilante del día que muere, no sabemos si para gozar mejor o para recrearse con la idea de la muerte. Su poesía, en la que abundan los cielos aterciopelados, los oros y las púrpuras expirantes, es como la plata de los volcanes al atardecer: ni demasiado brillante, ni demasiado opaca. Monótono y apasionado como una confidencia, es rico de matices y pobre de colores. No es nuestro mejor poeta, pero sí es uno de nuestros más queridos poetas. Su poesía es una graciosa y triste colina, que todos contemplamos con amor y a la que subimos con cierta nostálgica facilidad. Pero otros abismos y otras cimas nos tientan.

¿Cuál es la hora de González Martínez? Este poeta, tan distinto de Urbina, tiene cierto parentesco con él: también prefiere los tonos velados, pero no por sensualidad sino por orgullo y pudor. Su poesía está llena de advertencias y avisos y —excepto en las ocasiones en que desciende al sermón— su índice esboza un gesto amistoso, lleno de simpatía; su queja nunca es un grito, ni siquiera un suspiro: más bien es una sonrisa estoica; su angustia es púdica y su sensualidad siempre prevé el castigo no tanto de Dios como del tiempo. Afirma la vanidad del placer y del conocimiento no solo por lo que tienen de inmorales, sino por lo que poseen de instantáneos, de efímeros. Lejos de horrorizarle la insaciable voracidad del tiempo, se abandona a su río de ruinas y nos advierte que todo es perecedero. Su obra está llena de jardines que la sombra empieza a anegar, jardines románticos y vetustos, un poco descuidados, con estatuas nobles y desiertos zócalos, verdeantes por la lluvia y el tiempo, con calzadas silenciosas, propicias al recuerdo y a la meditación; quizás no posea la trágica intensidad de Othón, pero tiene cierta constancia clásica, que la hace un río navegable, fluido siempre y al que siempre acudimos, no para contemplarnos o naufragar sino para meditar. Si la poesía de Othón es la de las cinco de la tarde, toda sombra y resplandor nítidos, crueles y enemigos, y la de Urbina la de las seis, nácar lujoso y muriente, la de González Martínez es la de las siete: nos anuncia la noche.

López Velarde era un «payo», un provinciano y un gran poeta, que encontró los acentos más originales de nuestra poesía. Siendo tan de México, es difícil encontrar su hora, su tiempo. Su espacio es claro: su pueblo, de cielo cruel y tierra colorada; o la Ciudad de México, gris y rojiza, polvorienta, sórdida y milagrosa. ¿En qué hora situarlo: al atardecer, en la calle de Madero, ruinas del paseo de Plateros, o en un burdel posvillista, con olfato y angustia, pecador y creyente?; ¿o en una iglesia, permanente crepúsculo, llorando ante la Virgen, espantado de sí mismo, que contempla a la imagen con cierta sarracena codicia? Sacrílego e ingenuo, López Velarde crea una atmósfera de alcoba e iglesia en la que no podemos distinguir si la luz es de la lámpara votiva o de la mesa de noche, y entre cuyas sombras es difícil adivinar si, sobre el lujo de un «canapé» o la dureza de una tarima, gesticula la muerte o el placer.

La poesía del humanista Alfonso Reyes es pudorosa y medida, pero estas cualidades no nacen, como en otros poetas, de la represión de una sensibilidad extremosa, sino que fluyen naturalmente de un temperamento equilibrado.

Una poesía que, si aspira a las cimas de Mallarmé, no se rehúsa a las llanuras del habla viva y a los arroyuelos y bosquecillos de la poesía tradicional. Poesía de sobremesa y de siesta sensual, luminosa, de ojos entrecerrados y nostálgicos cuando sueña en la soledad de la estancia, de vivos ojos abiertos cuando departe y reparte la sal de la gracia y el pan de la cordialidad a los invitados. Ni llama ni hielo: brasa, tibia atmósfera, melancolía sin amargura. Más que nostálgica, añorante; más que angustiada, lúcida; más que sensual, voluptuosa; más que voluptuosa, epicúrea, en el más alto de los sentidos de la palabra. Pensamiento y ternura. Alfonso Reyes: con un ojo mira al cielo y con el otro hace guiños a la tierra. Su hora: ¿las tres o las cuatro de la tarde?

Pellicer es el poeta de la mañana, no del amanecer. Con él no nace el mundo; con él, brilla. Apenas roza las cosas, las cambia, las metamorfosea: el caimán es un perro aplastado. Sopla sobre la creación y la ordena en un vuelo, en un arrebato mágico. Es el poeta del entusiasmo y del milagro, como otros son del asombro o de la angustia. Todo lo que toca resplandece. Sin duda es el más poeta de su generación: el que posee mayor aliento, mayor aire, mayor soplo creador. Todo lo que nombra ¡vuela! Pero a su vuelo le falta cierta fuerza de gravedad y a veces las corrientes celestes lo hacen encallar en nubes, estrellas y planetas. Como su hora, la de la mañana, toda júbilo e invitación al viaje, su obra es una promesa y una esperanza: la de la luz plena, la del pleno poeta que un día —¿dentro de cuántos siglos, años, días?— nacerá en México. Y así como la mañana es el anticipo, la profecía del mediodía, Pellicer es la prefigura del gran poeta que espera América.

La hora de Gorostiza es la de la madrugada. (Nos referimos a *Canciones para cantar en las barcas*. Su segundo libro posee un esplendor abstracto: mediodía cruel de la inteligencia, mediodía fuera del tiempo.) Madrugada de luz suave y amarga, un poco fría y húmeda, siempre tierna y deliciosa. Nos levantamos tarde y por eso somos poco sensibles a esta hora pura y afilada; la hora de la poesía naciente y del mundo naciente; el mar pierde en solemnidad lo que gana en inocencia y somos como un vaho en la soledad de la tierra:

> A veces siento ganas de llorar
> pero las suple el mar.

Si Pellicer es el presentimiento de un gran poeta futuro, Gorostiza es la más alta realización, en México y en América, de una vieja y niña sensibilidad, la más secreta de nuestro idioma.

Xavier Villaurrutia es un poeta nocturno. Su hora no es la del crepúsculo, ni tampoco la medianoche romántica (por la que suspira y a la que aspira, pero para la que le sobra inteligencia y le faltan abandono, pureza y destino). Es un poeta desvelado, un poeta insomne, lúcido, sin sueño, sin revelación pero con sueños, con fantasmas que surgen cuando ya han dado las doce y vemos avanzar las manecillas implacables que marcan la una, las dos, las tres, las cuatro... Espera con angustia el nuevo día, con la boca y el paladar secos, los párpados dolorosamente abiertos contemplando la aridez de una alcoba o de un espíritu. Solitario y dramático, asiste a una función sin espectadores, a un monólogo en el que se juzga y condena. Y al condenarse al hastío y al infierno del aburrimiento y de la esterilidad, logra arrancar, difícil y penosamente, de esas rocas impías, extrañas chispas eléctricas: sus poemas. Xavier Villaurrutia, rico de sensibilidad y pobre de fantasía, inclinado sobre unas cuantas imágenes como sobre una constelación fatídica, ha escrito unos cuantos poemas que, por su perfección, se me antojan como un grupo de estatuas nocturnas, a solas con la noche y la muerte. Esos poemas poseen la dureza de las piedras preciosas y su luz fría; la angustia, la soledad, el peso y el paso de las horas, han cristalizado en estas construcciones, a un tiempo heladas e incandescentes. Y así, una vez más, la transmutación poética se nos revela como una alquimia superior, cuya materia prima es el tiempo.

No, el crepúsculo no define a todos los poetas mexicanos. Cada uno tiene su hora, su espacio y su luz propia. El tono crepuscular, la mesura, el amor por las formas cerradas y los matices ¿no son entonces característicos de nuestra poesía? No, no lo son, por fortuna. El carácter de nuestra poesía, como el de la poesía de los otros países, no consiste en esta o aquella cualidad sino en la diversidad de las voces que la componen. Pero si cada poeta mexicano es una voz única y distinta, en todos ellos vive la misma poesía, porque la poesía es, como quería Baudelaire que fuera Dios, lo único común a los poetas. Lo otro, la hora, la atmósfera, la sensibilidad particular, el acento, son las inevitables, necesarias adherencias de la persona y la circunstancia. «Émula de la llama», la poesía cambia de color y de forma, pero a todos a los lectores y a los poetas, a los que la gozan y a los que la sufren, nos devora. Fénix de nuestras humanas cenizas, vuela hacia un cielo desconocido: la huella de su vuelo, el poema, es la nostalgia o el presentimiento de ese cielo.

México, 1942

Poesía y mitología. El mito

Antes de iniciar esta plática quisiera hacer una advertencia. El ambicioso título de esta conversación es «Poesía y mitología». Resulta confuso y desmesurado; me obliga a más de lo que puedo y me compromete ante ustedes peligrosamente. La *y* que une a las dos palabras, sin confundirlas, en una especie de paralelismo fraternal, no explica bien la relación que existe entre ambas y, sobre todo, lejos de limitar su significado y la clase de relación que deseo subrayar, las prolonga indefinidamente. No es esto todo; el título no solo es equívoco, también es levemente inexacto: mi propósito no es analizar a la poesía y a la mitología como seres independientes y, en cierto modo, gemelos sino, más bien, destacar entre todas las relaciones que las unen, una, de dependencia. Creo que todas estas confusiones se evitarán si substituyen ustedes este título por otro, más claro: «La poesía como creadora de mitos». De esta manera la exposición del tema se reduce considerablemente, puesto que no me ocuparé de todos los poemas ni de todos los mitos sino solamente de la poesía que ha creado los mitos. Me parece útil esta distinción porque, si bien es cierto que en ciertas épocas han sido los poetas los grandes creadores de los mitos nacionales, en otras, por ejemplo, en el Barroco español, han sido los mitos grecolatinos la substancia de un gran número de fábulas y poemas líricos. Y a mí solo me interesa, en este momento, considerar a la poesía como creadora de mitos, sin que me preocupe destacar la posterior influencia, generalmente erudita, didáctica o estética, y siempre intelectual, de los mitos sobre la poesía.

Casi todos los poetas se han servido de los viejos mitos, ya remozándolos en reconstrucciones más o menos alegóricas o ya, simplemente, utilizándolos en alusiones y metáforas que muy pronto se convirtieron en lugares comunes de la retórica. Al obrar así se transformaban en recreadores de las fábulas antiguas, a las que seguían con una docilidad de la que no estaba excluida la libertad imaginativa. Por ejemplo, Garcilaso de la Vega, en los catorce versos de un soneto recrea un viejo mito griego. La creencia en la metamorfosis era muy antigua entre los griegos y con ella compusieron una serie de mitos extraordinarios que han llegado hasta nosotros, a través de los poetas y de la leyenda. Mas, en tanto que para un griego arcaico la metamorfosis de una ninfa en piedra, árbol o río no es algo artificial e imaginario, sino un suceso real, aunque sobrenatural, para Garcilaso solo se trata de un motivo estético y, más hondamente, de un símbolo, del cual se sirve como ejemplo. He aquí el soneto, poetización del mito de Dafne, la ninfa convertida en árbol:

> A Dafne ya los brazos le crecían,
> y en luengos ramos vueltos se mostraban;
> en verdes hojas vi que se tornaban
> los cabellos que al oro escurecían.
>
> De áspera corteza se cubrían
> los tiernos miembros, que aún bullendo estaban;
> los blancos pies en tierra se hincaban,
> y en torcidas raíces se volvían.
>
> Aquel que fue la causa de tal daño,
> a fuerza de llorar, crecer hacía
> el árbol que con lágrimas regaba.

> ¡Oh miserable estado, oh mal tamaño!
> ¡que con llorarla crezca cada día
> la causa y la razón porque lloraba!

En este poema Garcilaso se sirve de un mito para crear una obra bella que culmina en una sutil reflexión, más filosófica que moral y más psicológica que filosófica: el llanto con que se lamenta el enamorado, lejos de aliviar la situación de la amada, hace crecer, cruelmente, el árbol en que se ha convertido. Añade desdicha a desventura. Pero se olvida con frecuencia que la vitalidad de este antiguo mito —vitalidad que le permite, después de muchos siglos, servir de pretexto retórico a un poeta renacentista— procede, seguramente, de que es la creación de algún poeta ignorado o de un pueblo en trance de poesía. Y esto es, precisamente, lo que trataré de hacer visible ante ustedes: la intervención de la poesía en la creación de los mitos, y no a la inversa: la influencia de los mitos en la elaboración poética.

Así limitado, el tema se reduce tanto que corre el riesgo de convertirse en una exposición académica, para la que no me siento con ánimos ni competencia y de la que, seguramente, nadie obtendría provecho. Desde hace muchos siglos parece que los poetas han dejado de crear mitos y hace muchos siglos también que en los pueblos no alienta la necesidad del mito, por lo menos en el sentido tradicional de la palabra. ¿Qué sentido tendría, entonces, hablar de la poesía como creadora de mitos si estos ya no existen? Mas esta sed de transformar lo instintivo en lo sobrenatural y de satisfacer, disfrazándolos en lo maravilloso, los más oscuros apetitos, esta exigencia de fábulas que dan cuerpo a las fuerzas de la naturaleza y las relacionan y las transforman sobrenaturalmente, ¿han desaparecido del alma moderna? No lo creo. Ni la religión, ni la filosofía, ni la aventura han saciado nunca esta necesidad de satisfacer lo más antiguo e instintivo del hombre a través de la representación mítica.

No ha desaparecido la necesidad de los mitos; solo ha habido un cambio en la conciencia de los hombres y la zona psíquica de la credulidad imaginativa —que es la fuente y la boca, juntamente, de la que manan y a la que sacian los mitos— ha cambiado de sitio y de figura. Se trata de un fenómeno psicológico que creo se podría llamar de reacomodación o de compensación. El hombre no es menos crédulo que cuando creía en la metamorfosis, solo que ahora cree de otro modo y en otras cosas. Y si es cierto que el hombre ha conservado intacta su credulidad y su necesidad de mitos, aunque ahora se les designe con otro nombre, no lo es menos que aún posee la imaginación necesaria para crearlos y entenderlos. Trataré de exponer cómo la poesía, esto es, la imaginación creadora, ha producido siempre mitos para satisfacer esta sed de proyectarse en lo sobrenatural que el hombre padece. Y para esto, habrá que insistir y delimitar un poco en el significado de la palabra mito. Otro tanto debo decir de la palabra poesía.

Por encima de todo, el mito es un fábula, quiero decir, es el relato de una acción imaginaria, en la que se disfraza una cierta realidad. ¿Qué clase de realidad es la que se expresa, mediante un disfraz fabuloso, en la representación mítica? Como ustedes saben, hay numerosas teorías, casi todas brillantes y casi todas parcialmente verdaderas. Roger Caillois, en su extraordinario libro *El mito y el hombre,* fuente de algunas de estas reflexiones, subraya muy agudamente el peligro de estas interpretaciones unilaterales y maníáticas[50]. La más antigua es, quizá, la de Evhemeros, autor de la época helenística y precursor de las explicaciones racionalistas e históricas. En la historia de Panchia, una isla imaginaria del mar de la India, encuentra el origen de la cosmogonía griega, que no es para él sino la transforma-

---

[50] *Le mythe et l'homme,* París, Gallimard, 1938. Hay traducción al español: *El mito y el hombre,* Buenos Aires, Sur, 1939.

ción y, hasta cierto punto, la degeneración imaginativa, la corrupción, de una historia real. Los mitos son sucesos antiguos adulterados por el tiempo y la ignorancia de los pueblos. Cronos, por ejemplo, representación mítica del tiempo, solo fue un antiguo rey; otro tanto se puede decir de Urano y de Zeus, soberanos históricos de Panchia. Después de Evhemeros, las interpretaciones se han multiplicado. Los mitos han sido explicados como alegorías de los cambios de las estaciones, del paso de los astros, de las transformaciones sociales y geográficas y, finalmente, de los fenómenos fisiológicos. El mito en todas estas interpretaciones es considerado como un disfraz o un jeroglífico de la realidad. Así, el mito de Hércules solo es, para algunos, la representación legendaria de un rey o de una casta de civilizadores; para otros, por el contrario, simboliza las fuerzas de la naturaleza y, naturalmente, no han faltado las audaces interpretaciones de los psicoanalistas, casi siempre más originales que verdaderas. Todas estas tentativas de explicación abandonan un hecho importante: ¿por qué esta gratuita y aparentemente inexplicable necesidad de tabulación? ¿Por qué esta natural frondosidad de los mitos, cuando la simple verdad hubiera bastado? Es muy posible que Hércules sea la representación mítica de un benefactor o de un rey, pero esto solo explica las cosas «históricamente»; en cambio deja intacta la verdadera cuestión, que no se refiere a los accidentes, a las formas, sino a lo esencial, ¿qué clase de necesidad psíquica ha hecho que el hombre se valga de ciertos hechos, de ciertas circunstancias, para luego transformarlos en fábulas y en ritos? ¿Cuál es el sentido íntimo de estas fábulas? Queda algo, sin embargo, de todas estas interpretaciones: la representación mítica se sirve de la realidad circundante, no importa cuál sea esta, para modelar y configurar sus fábulas. Y esta realidad solo determina, para emplear las palabras de Caillois, «los componentes externos de la mitología».

Si se acude al psicoanálisis quizá se pueda encontrar el origen de esta necesidad de la fabulación en la noción de complejo. Acudiré, una vez más, a Caillois: «El individuo aparece presa de conflictos psicológicos que varían naturalmente con la civilización y el tipo de sociedad a que pertenece. De estos conflictos el individuo rara vez tiene conciencia, ya que son también casi siempre el resultado de la estructura social misma y la consecuencia de la obligación que hace pesar sobre sus deseos elementales. Por la misma razón, y más gravemente, el individuo se encuentra en la imposibilidad de salir de estos conflictos, ya que no podría hacerlo sino mediante un acto condenado por la sociedad y, por consiguiente, por él mismo, cuya inocencia se halla fuertemente influida y hasta, en cierto modo, es garante de los vetos sociales. El resultado es que se siente paralizado ante el acto tabú y confía su ejecución al héroe».

En el centro de la constelación mítica aparece un personaje en el que se anudan los conflictos que constituyen la situación y cuya acción puede llevarlos a su desenlace. Este personaje es el héroe y su acción representa una ruptura de las prohibiciones y una posibilidad de conjurar el maleficio o de resolver el conflicto. Caillois continúa: «El héroe es por antonomasia el que encuentra una solución, una salida, triunfante o desdichada, a la situación mítica. Pues el individuo sufre, ante todo, de no salir jamás del conflicto en que se halla preso. Toda solución, aun violenta, aun peligrosa, se le antoja deseable; pero las prohibiciones sociales se la hacen imposible, más aún psicológica que materialmente. En vista de ello, delega en su lugar al héroe, y este, por naturaleza, es el que viola las prohibiciones. Humano, sería culpable; héroe, no deja de serlo: queda mancillado por su acto, y la purificación, si es necesaria, no es nunca completa. Pero a la luz especial del mito: la grandeza, aparece justificado incondicionalmente. El héroe es, pues, el que resuelve el conflicto en que el individuo se debate; y de ahí su derecho superior, no solo al crimen sino a la culpabilidad, teniendo en cuenta que la función de esta culpabilidad ideal es halagar al individuo que la desea sin poder asumirla».

Pero el individuo no puede siempre contentarse con un halago; necesita el acto, es decir, que no sabría atenerse eternamente a una identificación virtual con el héroe, a una satisfacción ideal. Exige además la identificación real, la satisfacción de hecho. De ahí que el mito aparezca casi siempre acompañado de un rito, pues si la violación del veto es necesaria, solo es posible en la atmósfera mítica, y el rito introduce en ella al individuo. «Percíbese aquí la esencia misma de la fiesta: es un exceso permitido mediante el cual el individuo se encuentra dramatizado y se convierte así en héroe; el rito realiza el mito y consiente vivirlo». En suma, el mito es la fabulación maravillosa de un conflicto psicológico colectivo y la resolución de este conflicto a través de un ser extraordinario y semidivino: el héroe. Pero no solo es un sucedáneo imaginativo, una acción ideal de la fantasía. Es, también, un contagio efectivo. Este contagio se logra a través del rito y logra su plenitud en la fiesta. En este sentido, el mito es ejemplar; llama a la acción, cuando no la prefigura más o menos simbólicamente, más o menos realmente, en el rito, en la acción dramática.

La potencia imaginativa del hombre puede elaborar muy diversas construcciones ideales y servir a numerosos y encontrados propósitos. La imaginación auxilia a los moralistas y a los reformadores y crea la literatura de las utopías; a la religión y produce las vidas de santos y las leyendas. Nada de eso interesa a mi propósito. Quiero referirme a la literatura puramente imaginativa, fruto de esa necesidad de fabulación que engendra al mito, y que no pretende moralizar ni enseñar, ni adoctrinar o, siquiera, sorprender con la pura belleza, sino que se dirige a saciar nuestra sed de fábula, contagiándonos y, en cierto modo, embriagando y mitologizando nuestra vida. Esta literatura es la creadora de mitos: la imaginación poética. Mitos, es cierto, incompletos, porque les falta el rito, la danza, la acción, esto es, la activa participación del pueblo. El lector de mitos modernos no interviene en la acción y su colaboración se reduce a un pasivo asentimiento. Ha dejado de ser actor y se ha convertido en el puro espectador. Pero los poderes de la imaginación creadora, aparentemente reducidos con la supresión del rito, que ahora solo sirve a los sacerdotes y a los políticos, esos audaces competidores de los magos, se han acrecentado, gracias, precisamente, a esta mutilación.

Desprovistos del rito y de la acción, de la mágica atmósfera de la fiesta, los mitos modernos son, a pesar de todo, capaces de contagiar al lector, influir en su vida, responder a sus más secretas exigencias y, para bien o para mal, saciar su necesidad sagrada de acción y de pecado, de triunfo y de muerte, de purificación y de exaltación, de vida, en fin. Las notas características de la fábula mítica se dan en los mitos modernos: situaciones dramáticas colectivas; héroes que son la encarnación de esos conflictos y de esos apetitos, capaces además de resolver esos conflictos y aureleados por el prestigio equívoco de la falta sagrada. ¿Quién se atrevería a decir que Rastignac o Aliocha Karamázov no son dos héroes que asumen las responsabilidades, las glorias y las caídas que el tímido hombre medio no se atreve a encarnar y que, sin embargo, sueña constante y secretamente? ¿No es Julián Sorel un héroe de la Francia de la Restauración, el héroe de todos los jóvenes que no pudieron vivir o morir por la República o por el Imperio? En estos héroes de la mitología moderna el hombre medio se reconoce y se contempla, no solo como el medio lo ha modelado sino como él quisiera ser. Y no es nada más una vacua contemplación, un inútil y estático reflejo lo que le ofrecen los mitos modernos de Balzac, Dickens, Proust o Stendhal; lo transportan a otro mundo, mundo que es la imagen viva, la reproducción de nuestro mundo cotidiano, pero en donde los conflictos subterráneos, los pecados y las abnegaciones dejan de ser algo invisible y se manifiestan en todo su poderío y en toda su seducción. Apenas debo insistir en esta capacidad de crear atmósferas extrañamente vivas, reales y fantásticas a un mismo tiempo, de los poetas modernos. Tampoco en el poder de contagio de esas creaciones. La imaginación literaria encuentra siempre substituciones verbales y psicológicas del rito y de la acción dramática.

He hablado de la poesía como creadora de mitos —tanto en la Antigüedad como en los tiempos modernos— y resulta que al hablar de los héroes míticos de nuestra época, solo me he referido a personajes de novelas. ¿No hay aquí una voluntaria confusión de géneros? Trataré de explicarme. La literatura imaginativa ha sido siempre la creadora de mundos míticos y de héroes míticos: Homero y Esquilo, Cervantes y Tolstói... ¿Y cuáles son las grandes obras imaginativas de la Antigüedad en las que el mito se cumple con todo su rigor y toda su exactitud? El teatro griego es, quizá, el mejor ejemplo de la representación mítica: allí, la fábula imaginaria se resuelve en una acción, participa por igual de lo religioso y de lo social, en el ambiente eléctrico de la fiesta. Aunque el teatro griego es la más acabada y plena realización plástica y ritual del mito, los poemas épicos y la literatura tradicional son ricos en obras que son prodigiosas condensaciones míticas. Dos ejemplos entre muchos: la *Odisea* y *Las mil noches y una noche*. En nuestra lengua, dos mitos: el del Cid y el de don Juan. Estos mitos y otros muchos —los *Nibelungos,* la mitología irlandesa— pertenecen a géneros distintos: drama o tragedia, epopeya o novela, cuentos de hadas o leyenda, novela policiaca o comedia. Pero a todas esas obras, en apariencia dispares, las unen dos cosas: primero, el hecho de ser condensaciones imaginativas, creación de mundos y de héroes que expresan conflictos sociales o contradicciones nacionales; segundo, el ser hijas de la imaginación y del sentimiento creador. Si, por ser arte de palabras, son literatura, por ser hijas del sentimiento y de la imaginación, por ser mitos, son poesía. Claro está que una clase especial de poesía, que hay que distinguir de la poesía lírica, que es individual, diálogo del alma con el mundo que la rodea. La poesía lírica —quizá la más pura y la más alta de las artes poéticas, si no la más amplia— no crea mundos ni héroes: es solo una continua embriaguez, un instante de fusión o desgarramiento del alma y el mundo. Es como una flecha clavada en la entraña del cielo. Naturalmente que esta ordenación no es rígida, puesto que hay una continua comunicación entre la poesía creadora de mitos y la poesía lírica: no son extraños los momentos líricos a Sófocles o a Homero, como no es ajena a la poesía de Nerval la representación mítica.

En ningún país y en ninguna época de la historia como en la Grecia homérica han sido los poetas los grandes creadores y recreadores de los mitos. Nunca como en los poemas homéricos la imaginación ha dado pruebas de mayor rigor y exigencia consigo misma y con sus propias leyes, ni de mayor libertad creadora y despreocupada de toda moral y ambición servilmente filosófica. Pero no solo los mitos y la epopeya han sido creaciones de los poetas: la religión griega fue también una expresión de la libre imaginación, sumergida en la sangre misma de la nación, en la substancia del pueblo. La religión griega es creación laica y ha sido transmitida laicamente. He aquí la opinión de Jacob Burckhardt, expuesta en su *Historia de la cultura griega*:

> La elaboración de la religión nada debe a los sacerdotes. Siempre existieron, hasta en los tiempos más tardíos, pero nunca hubo una casta sacerdotal y menos un sacerdocio, y solo con este comienzan la teología, el saber de cosas espirituales, el derecho canónico y la transcripción de las revelaciones. La religión griega hubiera sido desde un principio muy otra si sobre ella hubiera cobrado influencia un sacerdocio cualquiera; se hubieran conservado las concepciones arcaicas y hasta grotescas de la personalidad y del mito de los dioses, y también el temor, no por afán de dominio de los sacerdotes, sino porque estos suelen creerse vinculados a las representaciones de los predecesores. Como ustedes saben, la ausencia de un sacerdocio organizado se debe, más que nada, a la pluralidad y la diversidad

de las polis y, en consecuencia, a la falta de una autoridad estatal común que uniese a todas las ciudades griegas. Pero este hecho no lo explica todo; la ausencia de un dogma fijo, de un cuerpo de doctrina rígido y de un sacerdocio con poder para vigilar la ortodoxia, fueron nada más *condiciones* extraordinariamente favorables para que la imaginación poética substituyese a la teología y a la construcción religiosa propiamente dicha. Hacía falta, además, otra cosa: la existencia de una imaginación poética, capaz de las tabulaciones más ricas y de un poder de síntesis como nunca se ha dado. Herodoto habla así de los poderes y de la capacidad de esta imaginación poética: «Homero y Hesíodo, que yo tengo por cuatrocientos años más viejos que mi tiempo, fueron los que crearon para los griegos su teogonía y distribuyeron nombres, honores y beneficios a los dioses y describieron sus figuras». Es impresionante esta confesión —no encuentro otra palabra mejor para designar la frase del viejo historiador— pues en ella se reconoce que la religión, esto es, la substancia misma de las creencias del pueblo, el alimento espiritual de la nación, que la conformará cada vez más a su semejanza hasta la época de Pericles, es un fruto del hombre y de su imaginación. Si Homero y Hesíodo no crearon los dioses, sí, por lo menos, les dieron la figura, las cualidades y los atributos que después todos les reconocieron[51].

No bastaba, sin embargo, la presencia de una pujante y libre imaginación para que el milagro se diera completamente. Era necesaria otra nota: la de la credulidad mutua del poeta y del oyente. Burckhardt expresa así esta credulidad: «En ningún pueblo de los que han poseído cantares épicos se han entregado público y rapsodas tan de lleno a la materia como entre los griegos. Entre los germanos, la tradición sobre los dioses fue, como entre los griegos, cosa de

---

[51] Jacob Burkhardt, *Historia de la cultura griega,* traducción de Eugenio Ímaz, Madrid, Revista de Occidente, 1935. Del original alemán, *Griechische Kulturgeschichte* (1898-1902).

una poesía laica, pero con una diferencia notable. En la leyenda divina de los germanos, el poeta que la va creando nunca se entrega por completo a la ilusión de su realidad. Por muy maravilloso que sea su sueño, la conciencia queda alerta y se da cuenta de que todo es obra suya, que no necesita tomarlo al pie de la letra, sino como expresión plástica de relaciones naturales y de imperativos morales; que, a pesar de toda la gravedad del asunto y de toda su seriedad, ejecuta con sus dioses y con sus héroes un juego libre y alegre». Entre los griegos parece haber imperado largo tiempo una firme voluntad para olvidar cualquier sentido primitivo de sus mitos y abarcarlo todo épicamente, y a esto se debe que hayan alcanzado una belleza épica mucho mayor.

Más tarde la poesía deja de crear mitos y la reflexión filosófica se disfraza en la alegoría y el afán reformador en la utopía. Los mitos de Platón no son, propiamente, mitos; son construcciones artificiales en las que no aparecen esas notas instintivas y espontáneas que, hemos visto, caracterizan al mito. La identidad del poeta con la poesía, y la de los oyentes, con estos, solo la volvemos a encontrar en la Edad Media. En nuestra lengua, por ejemplo, en Berceo. Ya no son los poetas los creadores de la religión ni del mito, sino los sacerdotes y los teólogos. Pero el mundo europeo vive en la atmósfera del mito más poderoso y entrañable que imaginación alguna pudiera soñar: el del Crucificado. En la Cruz se realiza el misterio mítico y la representación trágica más insondable: un Dios es crucificado para fundar un nuevo hombre. Nunca, como en esa fiesta trágica, el mito ha encarnado con tal realidad y con un verismo que ningún mito pagano conoció. En el misterio de la misa, el mundo durante siglos ha asistido, participando activa y dramáticamente a través de la comunión, a una fiesta terrible, inefable. Las vidas de los santos y los misterios, los milagros y las leyendas, todo ese mundo cándido y profundo que nace de la Cruz, árbol fantástico, es en buena parte obra de poetas, hundidos también, como los aedas, en las creencias y en las visiones populares. Pero la libertad imaginativa del poeta se ciñe a una doctrina ya elaborada, a la que solo puede agregar episodios y sucesos maravillosos. Esta restricción, lejos de reducir el poder de la fantasía, lo estimuló notablemente, como las espuelas y el freno hostigan al caballo de raza. Al lado de este milagroso florecimiento de leyendas populares, una construcción imponente: la *Comedia* de Dante. Hija de la teología tanto como de la imaginación y del genio, prodigiosa síntesis del saber científico y filosófico de su época, este gran poema no es un mito, fluido y capaz de prolongarse en el tiempo a través de sucesivas recreaciones e interpretaciones poéticas, sino un monumento grandioso. Quizá la presencia de una ortodoxia muy precisa, a la que debe su solidez y su permanencia, es lo que ha impedido al cristianismo esa fertilidad mítica y libre de la Antigüedad. De cualquier modo, solo hasta el Renacimiento y, más adelante, en el siglo XIX, el mito, libre de la ortodoxia y de la ley, vuelve a representar, dramáticamente, su función condensadora y transmutadora de la realidad. En nuestra próxima conversación nos ocuparemos de los mitos modernos y contemporáneos.

México, 1942

Poesía y mitología.
Novela y mito

En el siglo XVIII culmina un estado de conciencia europeo que nace en el Renacimiento. Es la época del racionalismo y de la *Enciclopedia,* o sea de la utopía y de la crítica. No es necesario extenderse en la descripción del fenómeno: es de todos conocido. Baste decir que en ese tiempo la religión y el mito —que, según recordarán, lo hemos concebido como una fábula y un rito en el que se manifiestan y se sacian las necesidades de transgresión y de redención de la conciencia colectiva— son combatidos y desplazados por la razón. La crítica racionalista corroe las bases de la religiosidad y de la mitología; la utopía racionalista substituye estas expresiones irracionales e imaginativas por sus construcciones geométricas. A los mitos y a la religión los hombres de la *Enciclopedia* les reprochan la irracionalidad; puesto que son irracionales, nadie debe fiarse de semejantes engendros. No se daban cuenta de que precisamente en su irracionalismo radicaban su vitalidad y su permanencia, su profunda razón de ser. La crítica no fue más que la mitad del gran cambio; frente a las creaciones de la religión, el siglo XVIII levantó las construcciones de la Razón. Rousseau completa a Voltaire. A este cambio en el campo de las creencias corresponde otro en la jerarquía social: el sacerdote y el poeta, esto es, el hombre que es capaz de provocar la liberación mística y el hombre que es capaz de engendrar la fabulación mítica, ceden el sitio al intelectual. El final del siglo XVIII es un tiempo regido por los intelectuales y teñido por sus aspiraciones, como el XVII español lo fue por los teólogos y los poetas. El intelectual es el libre pensador: un ser que se atiene solo a la verdad y a su instrumento, la razón. Pero la posición de los intelectuales al regir la vida europea —recordemos a Voltaire en la corte de Federico— era precaria a pesar de su brillantez. Pues su rectoría estaba condicionada por su función crítica y por la utopía. Si el Antiguo Régimen desaparecía, la crítica perdía su sentido, puesto que era una crítica predominantemente histórica. Entonces llegaría la hora de prueba de la utopía. Las utopías del siglo XVIII, a diferencia de la de Platón, eran viables, tenían posibilidades históricas de realización. En este hecho radicaba su enorme poder de seducción y, al mismo tiempo, su debilidad. En tanto que el mito se sitúa fuera de la historia —en la más remota antigüedad o en el instante mismo, en la actualización del instante en el rito, ruptura de los tiempos—, y en tanto que la religión opone a este mundo otro de salvación, fuera del espacio y del tiempo, la utopía es una promesa que tiende a realizarse aquí, entre los hombres, y en la tierra, en un tiempo determinado.

El éxito de la crítica y de la utopía racionalistas y su consecuencia social, el predominio de los intelectuales como guiadores de la sociedad, sería inexplicable si a esta situación no correspondiese otra gemela en la vida política y económica: la *Enciclopedia* y la Ilustración coinciden —y esto más que una coincidencia es una verdadera rima histórica— con una clase en ascenso: la burguesía. La burguesía se apoya en la *Enciclopedia* del mismo modo que el Antiguo Régimen en el derecho divino, quiero, decir, estas ideas no solo constituyen convicciones históricas sino que son armas de combate. No es una casualidad que en la historia rimen racionalismo y librecambio, manufactura industrial y libertad de conciencia, como no lo es que, en el campo opuesto, la rima se logre a través de servidumbre y teología, absolutismo y derecho divino.

La crítica racionalista y su promesa utópica produjeron al fin su gran hecho: la Revolución. Ahora bien, la Revolución no solo es el gran hecho, la gran creación de la utopía; es, también, su gran prueba histórica. Los resultados de esta gran prueba, de esta gran respuesta de la realidad a la utopía, se pueden simbolizar en un suceso ejemplar: el episodio de Condorcet, que, en plena Revolución, perseguido, escribe, en un escondrijo, en vísperas de la muerte, su *Cuadro histórico de los progresos del espíritu humano*. Ningún ejemplo mejor para corroborar la indomable brutalidad y ferocidad de la realidad, al mismo tiempo que la incurable ceguera de la razón.

El fracaso de la utopía racionalista, las guerras napoleónicas y, al final, la Restauración, crearon una suerte de escepticismo que no se dirigía tanto a los principios como a las personas. A riesgo de entorpecer la marcha de esta conversación deseo introducir aquí una observación: las sucesivas y rápidas desilusiones que la filosofía racionalista ha traído consigo, y la falta de solidez, de equilibrio y de seguridad, esa especie de monopolio de las crisis históricas que parece constituir una de las características del régimen burgués, obedecen a dos causas: la primera es la naturaleza inventiva, vertiginosamente revolucionaria, de la técnica, esto es, de la estructura social de nuestro tiempo; la segunda es la naturaleza crítica de nuestro instrumento intelectual: la razón. Una sociedad que se define a sí misma como una sociedad racional tiene que ser crítica e inestable, porque una de las cualidades de la razón es el análisis y el examen. Conviene no olvidar que este criticismo —que a veces se vuelve sobre sí mismo y hace la crítica de la crítica— constituye una parte irrenunciable de nuestra naturaleza espiritual.

En la primera mitad del siglo XIX asistimos a un gran cambio espiritual: el Romanticismo. En esta época el intelectual es substituido por el artista. Si Voltaire era grande por su *Cándido* y su *Diccionario filosófico,* y no por sus tragedias y sus versos, Hugo lo era por sus poemas y sus dramas, por sus novelas, no por sus infortunadas tentativas filosóficas. El hombre medio sigue confiando en la razón creadora del progreso, pero desconfía de los intelectuales, padres de la utopía. El Romanticismo significa el desplazamiento de los libres pensadores de la rectoría del espíritu y su substitución por los libres artistas. Me parece muy significativo que la palabra «libre» anteceda y defina al sustantivo artistas. Esto quiere decir que en adelante la fabulación, la creación imaginativa, será libre y no estará sujeta a la rigidez de un dogma religioso o racional.

La salida a la superficie histórica de los poetas y artistas románticos ofrece una coyuntura para la reaparición de los poderes imaginativos y del mito. No creo necesario recordar a ustedes nuestra concepción del mito, tal como llegamos a definirlo en nuestra conversación de hace dos días; dijimos, siguiendo a Caillois, que en la fabulación mítica intervenían dos notas determinantes: la situación o conflicto, latente en la colectividad y expresado en la fábula imaginativa, y el héroe: encarnación, individualización del deseo colectivo reprimido. Pero para que el mito se cumpla realmente es necesario, además, la participación activa, esto es, el drama, en el mejor sentido de la palabra. El mito no solo es una fábula; es también una representación, y más que esto: una ceremonia. La novela y el teatro pueden substituir al mito en la medida en que, siendo condensaciones imaginativas de nuestro mundo y de sus conflictos, nos invitan a la participación. No basta reconocernos en un héroe; es necesario que nos contagie y nos mueva a la acción y que su hazaña constituya, más que un estéril sucedáneo de la fantasía, una *real* satisfacción de nuestro apetito. El héroe, al encarnar nuestros deseos, al convertirse en la *declaración visible de nuestro destino,* al revelarnos qué somos y lo que queremos, al mostrarnos al hombre secreto, instintivo, no solo nos otorga un conocimiento de nosotros mismos: nos señala una conducta, nos muestra y revela la fuerza del sino. La imaginación, así, no nos finge otro mundo: nos revela el sentido de este y nos llama a la vida. El mito, a través de sus brumas y de sus metáforas, introduce una luz dentro de nosotros: en lugar de adormecernos con la fantasía, nos aviva, nos revela, esto es, nos da la conciencia del destino. Por eso su más alta expresión es la tragedia. En ella el hombre no solo lucha contra el hado; por encima de todo —y allí radica lo verdaderamente trágico— *posee la conciencia de que lucha sin esperanzas.*

* * *

Balzac, en *La comedia humana,* esa obra monumental, *Ilíada* y *Odisea* de nuestro tiempo, acomete la tarea, realmente mitológica, de dotar a sus contemporáneos de una mitología. Todos los conflictos visibles y secretos de la Francia romántica y sórdida: la lucha por el dinero y la nobleza; las conspiraciones por la libertad o la tiranía; el combate por el poder y por el sexo, «el crimen y el castigo» y la redención, cuando no la justificación, de la sociedad burguesa, todo eso, y más, se encuentra en las páginas folletinescas de *Papá Goriot* y de *Un asunto tenebroso,* o en las de la serie *Las ilusiones perdidas.* Y no solo están los conflictos sociales y privados del hogar y de la calle, del púlpito y del salón, de París y de la provincia; están también los héroes, los tipos, las representaciones carnales y vivientes de esos conflictos y de esos apetitos... Se dice que Balzac es un gran observador, como se dice que Hugo es un gran imaginativo. Ya Baudelaire protestaba contra ese juicio. ¿Cómo no llamar gigantesco imaginativo al creador, al fabulista que ha inventado centenares de personajes y de situaciones, de atmósferas y de dramas? Pero todos esos personajes son reales, nos dicen, encogiendo los hombros, los modernos partidarios de la fantasía. Sí, son reales, pero no por eso dejan de ser imágenes. Si el ambicioso se reconoce en Rastignac y el joven genial y fracasado en Z. Marcas, eso no es un defecto, pues Balzac no les ofrece tanto un espejo como un modelo. También el joven griego se reconocía en Aquiles o en Diomedes, no porque se viera retratado en ellos, sino porque eran sus «héroes». No, Balzac no tiene fantasía sino algo más importante y decisivo: imaginación. Con la fantasía nos escapamos del mundo; con la imaginación creamos otro mundo. El autor de *La comedia humana* es el Homero de la nueva sociedad. Ese hombre gordo y siempre angustiado por el dinero es el padre de la nueva mitología.

Algo distingue a los mitos modernos de los antiguos, y ese algo es el signo bajo el cual han sido creados. Pues no solo son hijos de la imaginación poética, sino también de la razón. *La comedia humana* no es nada más la mitología de una época; también es su crítica. Thibaudet, en su *Historia de la literatura francesa,* lo entiende muy bien: «La *comedia humana* es más que un documento. Tiene, como la *Divina Comedia,* su Infierno, su Purgatorio y su Paraíso, o sea, las pasiones materiales, la depuración moral y la especialidad espiritual. Hay pocos personajes de Balzac que no puedan ser colocados en uno de los tres lugares». En efecto, Balzac no solo concentra en su fábula los deseos y los conflictos de la nueva sociedad; implacablemente, la juzga. ¿Es necesario añadir que de este juicio es más fácil extraer una condena que una absolución?

* * *

De todas las fatalidades que han impedido nuestro crecimiento como pueblo y, paralelamente, de nuestra cultura, hay una que me parece sobremanera importante: la coexistencia, en México, de diversos tiempos históricos, al mismo tiempo que de una gran variedad racial. Como yo creo que es la cultura y no la raza lo que define a los hombres, pienso que la cuestión indígena, desde el punto de vista de la literatura, no tiene una importancia decisiva. En cambio, sí la tiene la «cultura indígena». Y esto es más una cuestión de tiempo histórico que de fatalidad racial. Procuraré ser claro. Si contemplamos la avenida Juárez de la ciudad de México veremos que es igual a la de cualquier ciudad del mundo. No importa que por ella desfilen turistas y criollos, mestizos e indios. Todos, o casi todos, son nuestros contemporáneos: viven en nuestro siglo y en nuestro día. Pero si salimos de la ciudad y vamos a los pueblos, nos encontramos, no en otro país ni ante otra raza sino en otro tiempo.

Ahora bien, la literatura mexicana no puede expresar, porque nada la liga a él, a ese hombre que vive en el siglo XVI o en el XVII, cuando no sumido en la intemporalidad de la antigüedad y de la leyenda. Se dirá que Balzac o Proust no han hablado precisamente de los campesinos sino de los hombres de la ciudad. Sí, pero entre París y Francia había una relación orgánica de tiempo histórico, en tanto que en México no existe esa correspondencia. Por eso el mito, esto es, la novela en el sentido que le hemos dado, ha sido tan pobre. Los conflictos o situaciones míticas y los héroes que deben resolverlo no aparecen plenamente en la novela mexicana —que jamás ha creado atmósferas y mundos y siempre ha sido un relato plano, elemental—. No es una falta de capacidad sino una falta de relación viva, orgánica y natural, la que ha impedido al poeta condensar en una novela la atmósfera mágica de México y todos los secretos e invisibles conflictos que mueven a la nación. Y así, como nación, somos un pueblo mudo. España habla al mundo a través de don Quijote, como Rusia a través de los Karamázov... Nosotros callamos. Carecemos de un héroe y de un mito. El problema es más social que literario: no basta tener genio o talento; es necesario que esa capacidad esté en viva relación con el paisaje humano en que se apoya. Y esto es muy difícil de lograr. Parece que la historia ha estado en contra nuestra. Los demagogos de la literatura encuentran en esta situación un arma magnífica para criticar a sus predecesores y a sus contemporáneos. El conflicto radica en esto: el poeta —y conste que no hablo del intelectual ni del pensador— no puede renunciar a su tiempo. Nadie puede renunciar a la cultura, al espíritu de su tiempo. No solo sería una fuga sino una deserción. ¿Cómo cerrar los ojos, por ejemplo, ante el movimiento superrealista o la novela contemporánea, no tanto por lo que tengan de mensaje o contenido sino por su nueva técnica expresiva? Mas, por otra parte, tampoco se puede cerrar los ojos ante el pueblo porque de lo que se trata, justamente, es de expresar a ese pueblo. No podemos escoger, sino abarcar y concentrar. Hasta ahora, unos han escogido la técnica y se han quedado sin la substancia; otros, ensimismados en su trabajo, no se han dado cuenta de que estaban repitiendo —sin fruto apreciable— una experiencia literaria que en todas partes había sido superada. Hace años escribí en una revista literaria algo sobre esta materia. Me parece que esas palabras siguen respondiendo a mi modo de pensar:

> La novela es, ante todo, un mundo; no, simplemente, una atmósfera, unos personajes, una historia o una filosofía, sino todo esto, pero en un mundo, viviendo en un mundo. Un mundo, es decir, un orden humano y mitológico en el que los personajes respiran una atmósfera, sopla un destino y suceden unas cosas. Nuestro tiempo ha mutilado a la novela; unos, los más, la han convertido en un pretexto para opinar, para «disertar»; otros, los mejores, la han reducido a la soledad de un monólogo interior. Ensayos y confesiones que no son novela, no porque esta no sea ensayo y confesión sino porque, además, es otras muchas cosas, todas ellas trabadas y ligadas en un mundo mítico. Si el siglo pasado conoció la novela-baúl, la obra monstruosa y enciclopédica, banal e insondable, en donde todo cabía, verdadera novela al fin, aun cuando baja de calidad, nuestro infortunado mundo moderno ha creado la novela-refrigeradora, hueca, fría y pulida como una máquina de refrigeración, en donde nada existe vivo, sino conservado a frío lento. La novela debe volver a su naturaleza; su natu-

raleza es, como conviene a su género, impura, porque la novela es, me atrevería decir, el único género que soporta el ensayo, la divagación, la poesía, la política, todo, hasta la literatura, a condición de que sean... novela, mundo. La novela debe volver a lo que ha sido desde su nacimiento: épica. La épica de un mundo racionalista, de nuestro mundo, la historia mitológica de un mundo real. Realismo y mitología, tal es su doble condición vital... Si la novela moderna casi no existe, a pesar de todos los nombres ilustres que conocemos, la novela mexicana es más pobre aún: se diría que no ha nacido si no fuera por el *Ulises criollo,* de José Vasconcelos. Y sin embargo, esta novela, esta gran novela, no es una novela: es un libro de memorias. Ante la novela mexicana, o lo que así hemos dado en llamar, se piensa inmediatamente: «¡Qué gran bloque, qué gran materia prima para un verdadero novelista!». En México, la realidad, el mundo siempre virgen de lo real, ha sido, hasta ahora, superior a la fábula novelesca.

Es significativo que México, como nación, no se haya expresado en un gran personaje que lo encarne. En cambio, como individuos, los mexicanos sí han logrado expresarse tan alto como cualquier otro. La poesía lírica, individual, tiene nombres en México y en América (Othón, Lugones, Rubén Darío, Silva), que soportan la cercanía de los más ilustres de su tiempo. América y México solo hablan a través de sus grandes individualidades. Todos los mexicanos nos reconocemos en los sonetos del *Idilio salvaje* y todos los americanos en los *Cantos de vida y esperanza.* Son universales, siendo locales. Hace un momento cité a Vasconcelos como el único que ha intentado y, en cierto modo, conseguido crear una novela que es fabulación mítica de México. Me refiero a la parte de su autobiografía que se llama *Ulises criollo.* No es necesario decir a los suspicaces que no siento ninguna simpatía por el actual pensamiento político de José Vasconcelos. Hace un año escribí unas palabras sobre su obra. Creo útil reproducirlas:

Este hombre ha creado, con palabras, las cosas de América. Mejor dicho, les ha dado voz. En Vasconcelos hablan los ríos, los árboles y los hombres de América. No siempre hablan como debieran; el ímpetu elocuente nubla, en ocasiones, la verdadera voz de las cosas, pero a cambio de eso, cuántos vivos relámpagos, cuántas páginas serenas, quietas y arrebatadas, como la danza lenta, casi invisible, de las nubes en el cielo del Valle. Vasconcelos es un gran poeta, el gran poeta de América; es decir, el gran creador o recreador de la naturaleza y de los hombres de América. Ha sido fiel a su tiempo y a su tierra, aunque le hayan desgarrado las entrañas las pasiones.

Resulta revelador que el título de la obra de Vasconcelos sea el del héroe griego. Porque Ulises no es el viajero curioso, como se pensó en una época, el Simbad oriental movido por la sed de aventura y el espejismo de lo extraordinario, sino el desterrado, el hombre que regresa. Odiseo era un rey, pero un rey campesino, dueño de tierras y de esclavos, con mujer e hijo, con un hogar y un cielo que lo llamaban. Su lucha es la lucha del que regresa hacia su origen, esto es, hacia lo natural, peleando contra lo extraordinario y escapando de lo terrible y de lo maravilloso. El destino del poeta mexicano, entre el cielo y la tierra, entre las sirenas de las culturas extrañas y un suelo al que ama sin conocer, se encuentra y se define —y esto es más que un símbolo— en ese niño que nos describe Vasconcelos en las primeras páginas de su libro, perdido en el pueblo de la frontera y estudiando las primeras letras en un colegio extranjero. Toda la odisea vasconceliana es una odisea espiritual: la del viajero que regresa, no tanto para administrar su hogar, como el griego, sino para redescubrirlo. Pues en este regreso el viajero no vuelve a cultivar y a regir un hogar, sino a reconocer una tierra a la que solo conocía por los sentidos, pero no con el espíritu. No importa que Vasconcelos, por un espejismo de precursor, se haya detenido a la mitad del viaje, en las formas hispánicas de la nacionalidad; su obra es una aurora. No nos importa tanto su hallazgo como su dirección. Por eso es, también, una lección. Él nos muestra que no es necesario esperar a la plena madurez de México para atreverse a expresarlo. Y quizás el poeta que logre condensar y concentrar todos los conflictos de nuestra nación en un héroe mítico no solo exprese a México, sino, lo que es más importante, contribuya a crearlo. Esta es, a mi juicio, la única posible dirección, arriesgada y audaz, de toda tentativa teatral y novelística en México: no tanto la imitación de una realidad informe y deshecha, cuanto la invención, la creación, mejor dicho, de esa realidad. La fidelidad a la consigna de Rimbaud: «la poesía no pondrá ritmo a la acción: se le adelantará». Y es que el mito no solo expresa a la realidad; representándola en una acción imaginativa y hermética también la prefigura y la modela; al revelarla, la obliga a seguir los dictados de su misteriosa inspiración: la constriñe a alcanzar las metas que se propone. No hagamos un arte a semejanza de México sino un arte que, respondiendo a las secretas exigencias de la realidad, a sus obscuros conflictos, la obligue no a deformarse en la inercia sino a modelarse conforme a lo más alto y, mejor, a lo más original y auténtico. ¿Por qué en donde tantos han fracasado no ha de acertar la poesía, develando el secreto de México, mostrando la verdad de su destino y purificando ese destino?

México, 1942

Poesía de soledad y poesía de comunión

Parece que es una verdad admitida por casi todos la relativa a la naturaleza inapresable de la realidad. La realidad —todo lo que somos, todo lo que nos envuelve, nos sostiene y, simultáneamente, nos devora y alimenta— es más rica y cambiante, más viva, que todas las ideas y sistemas que pretenden contenerla. La cultura y el conocimiento no son más que una convención, un artificial acuerdo y un orden falaz, pues a cambio de reducir la rica y casi ofensiva espontaneidad de la naturaleza a la rigidez de nuestras ideas, la mutilan de una parte de sí, su parte más verdadera y fascinante: su naturalidad. La verdad del físico sobre la materia es una verdad convencional: primero, porque reduce las cualidades del objeto a lo físico, no tanto para reconocer la materia en lo que es verdaderamente cuanto para expresarla, aislándola en una artificial pureza, y así, utilizarla. El hombre, al enfrentarse con la realidad, la sojuzga, la mutila y la somete a un orden de lenguaje, que no es el orden de la naturaleza —si es que esta posee, acaso, algo equivalente a lo que llamamos orden— sino el del pensamiento. Y así, no es la realidad lo que realmente conocemos sino esa parte de la realidad que podemos reducir a lenguaje y conceptos. Lo que llamamos conocimiento es el saber que tenemos sobre cualquier cosa para dominarla y sujetarla. No quiero decir, naturalmente, que la técnica sea el contenido esencial y la consecuencia necesaria del conocimiento. (En rigor, parece que es lo contrario: la técnica es anterior a la ciencia y no ha nacido de esta, sino de una actividad precientífica: la magia.) Pero aun cuando de un conocimiento no podemos extraer una técnica —o sea, un procedimiento para transformar la realidad—, todos los conocimientos son la expresión de una sed de apoderarnos, en nuestros propios términos y para nuestros propios fines, de esa inefable realidad. Y el conocimiento por excelencia, el conocimiento filosófico, solo existe y tiene sentido cuando, lejos de constituir un hábito más o menos tolerado por la sociedad, expresa una sed, una necesidad, tanto de conocimiento, de verdad, como de salvación o de poder.

No es exagerado llamar a esta actitud humana una actitud de dominación. Como un guerrero el hombre lucha y somete a la naturaleza y a la realidad. Su instinto de poder no solo se expresa en la guerra, en la política, en la técnica; también en la ciencia y en la filosofía, en todo lo que se ha dado en llamar, hipócritamente, conocimiento desinteresado.

No es esta la única actitud que el hombre puede asumir frente a la realidad del mundo y de su propia conciencia. Su contemplación puede no poseer ninguna consecuencia práctica y de ella es posible que no se pueda derivar ningún conocimiento, ningún dictamen, ninguna salvación o condenación. Esta contemplación inútil, superflua, inservible, no se dirige al saber, a la posesión de lo que se contempla, sino que solo intenta abismarse en su objeto. No posee trascendencia alguna, al menos en la medida en que es experiencia. El hombre que así contempla no se propone saber nada; solo quiere un olvido de sí, un postrarse ante lo que ve, un fundirse, si es posible, en lo que ama. El miedo a la realidad lo lleva a divinizarla; la fascinación y el horror lo mueven a fundirse con su objeto. Quizá la raíz de esta actitud de adoración sea el amor, el instinto amoroso, que es un instinto de posesión del objeto, un querer, pero también un anhelo de fusión, de olvido, de disolución del ser en «lo otro». En el amor no solo interviene el instinto que nos impulsa a sobrevivir o a reproducirnos: el instinto de la muerte, verdadero instinto de perdición, fuerza de gravedad del alma, también es parte de su contradictoria naturaleza. En él alientan el arrobo silencioso, el vértigo, la seducción del abismo, el deseo de caer infinitamente y sin reposo, cada vez más hondo; y la nostalgia de nuestro origen, oscuro movimiento del hombre hacia su raíz, hacia su propio nacimiento. Porque en el amor la pareja intenta participar otra vez de ese estado en el que la muerte y la vida, la necesidad y la satisfacción, el sueño y el acto, la palabra y la imagen, el tiempo y el espacio, el fruto y el labio, se confunden en una sola realidad. Los amantes descienden hacia estados cada vez más antiguos y desnudos; rescatan al animal humillado y al vegetal soñoliento que viven en cada uno de nosotros y tienen el presentimiento de la pura energía que mueve al universo y de la inercia en que culmina el vértigo de esa energía.

A estas dos actitudes pueden reducirse, con todos los peligros de tan pretenciosa simplificación, las innumerables y variadas posturas del hombre frente a la realidad. Me parece que en la sociedad arcaica es posible contemplar con toda su pureza estas dos actitudes. La primera, de adoración, se manifiesta en la religión. La segunda, de poder, en la magia. La religión encarna la eternidad de la sociedad, pues sobrenaturaliza el vínculo social. La magia prefigura el progreso, la invención, la moral individual, la historia, todo lo que llamamos «adelantos del hombre». Si el sacerdote se postra, aterrado, ante el fetiche, el mago —ese modesto antecesor de los inventores— se alza frente a la realidad y, convocando a los poderes ocultos, hechizando a la naturaleza, obliga a las fuerzas rebeldes a la obediencia. Uno suplica y ama; otro, adula o coacciona.

Ahora bien, la operación poética ¿es una actividad mágica o religiosa? Los puristas contestarán, seguramente, que no es ni lo uno ni lo otro. La poesía es irreductible a cualquier otra experiencia. Y claro es que la poesía como fruto logrado, como poema, no es religión, ni magia. Pero el espíritu que la expresa, los medios de que se vale y la raíz instintiva que la origina muy bien pueden ser mágicos o religiosos. La actitud psicológica ante lo sagrado cristaliza en el ruego, en la oración, y su más intensa y profunda manifestación culmina en el éxtasis místico: en el entregarse a lo absoluto y confundirse con Dios. Pues bien, el poeta lírico establece un diálogo con el mundo; en este diálogo hay dos situaciones extremas, dentro de las cuales se mueve el alma del poeta: una, de soledad; otra, de comunión. El poeta parte de la soledad, movido por el deseo, hacia la comunión. Siempre intenta comulgar, unirse, «reunirse», mejor dicho, con su objeto: su propia alma, la amada, Dios, la naturaleza... La poesía mueve al poeta como el viento a las nubes quietas: siempre más allá, hacia lo desconocido. Y la poesía lírica, que principia como un íntimo deslumbramiento, termina en la comunión o en la blasfemia. No importa que el poeta se sirva de la magia, de la magia de las palabras, del hechizo del lenguaje, para solicitar a su objeto: nunca pretende utilizarlo, como el mago, sino poseerlo, como el místico.

En la fiesta o representación religiosa el hombre intenta cambiar de naturaleza, despojarse de la suya y participar de la divina.

La misa no solo es una verificación, una teatralización de la Pasión de Jesucristo; es, también, y antes que una liturgia, un misterio en donde el diálogo entre el hombre y su Creador culmina en la comunión. Si mediante el bautismo los hijos de Adán adquieren esa libertad que les permite dar el salto mortal entre el estado natural y el estado de gracia, mediante la comunión los cristianos pueden, en las tinieblas de un misterio inefable, comer la carne y beber la sangre de Dios. Esto es, alimentarse con una substancia divina, con la substancia divina, mejor dicho. El festín sagrado diviniza lo mismo a los aztecas que a los cristianos. No es diverso ese apetito al del enamorado y al del poeta. Novalis ha dicho: «El deseo sexual no es quizá sino un deseo disfrazado de carne humana». El pensamiento del poeta alemán, que ve en «la mujer el alimento corporal más elevado», nos ilumina bastante acerca del carácter profundo de la poesía y del amor: se trata, por medio de la antropofagia, de readquirir nuestra naturaleza paradisiaca.

No es extraño, por esto, que la poesía haya provocado el recelo, cuando no el escándalo, de algunos espíritus que veían latir en ella, en una tendencia laica, el mismo apetito y la misma sed que mueven al hombre religioso. Este recelo se justifica si se piensa que la religión es, por encima de todo, un lazo social. (La religión mantiene la eternidad de la sociedad y en cierto modo es una autodivinización del grupo social o de los poderes que lo coaccionan.) Frente a la entraña social de la religión, que solo existe si se socializa en una iglesia, en una comunidad de fieles, la poesía se presenta como una actividad subversiva y disolvente: solo existe si se individualiza, si encarna en un poeta. Su relación con lo absoluto es privada y personal. Religión y poesía tienden a la comunión; las dos parten de la soledad e intentan, mediante el alimento sagrado, romper la soledad y devolver al hombre su inocencia. Pero en tanto que la religión es profundamente conservadora, puesto que torna sagrado el lazo social (económico o político) al convertir en Iglesia a la sociedad, la poesía, por el contrario, rompe ese lazo al sacramentar una relación individual, al margen, cuando no en contra, de la sociedad. La poesía no es ortodoxa; siempre es disidente. No necesita de la teología, ni de la clerecía, porque no tiene misión, ni apostolado. No quiere salvar al hombre, ni construir la ciudad de Dios. Es una conducta personal e irregular, que no pretende nada que no sea darnos el testimonio terrenal de una experiencia. Nacida del mismo instinto que la religión, se nos aparece como una forma clandestina, ilegal, irregular, de la religión: como una heterodoxia, no porque no admita los dogmas sino porque se manifiesta de un modo privado y muchas veces anárquico. En otras palabras: la religión es una forma social y la poesía, un impulso individual.

¿Qué clase de testimonio es el testimonio poético, extraño testimonio de la unidad del hombre y el mundo, de su original y perdida identidad? Ante todo, es el testimonio de la inocencia innata en el hombre, como la religión lo es de su perdida inocencia. Si la una afirma el pecado, la otra lo niega. El poeta revela la inocencia del hombre y de sus instintos. Pero su testimonio solo vale si llega a transformar su experiencia en expresión, esto es, en palabras. Y no en cualquier clase de palabras, ni en cualquier orden, sino en un orden que no es el del pensamiento, ni el de la conversación, ni el de la oración. Un orden que crea sus propias leyes y su propia realidad: el poema. Por eso ha podido decir un crítico francés que «en tanto que el poeta tiende a la palabra, el místico tiende al silencio». Esta diversidad de direcciones distingue, al fin, la experiencia mística de la expresión poética. La mística es una inmersión en lo absoluto; la poesía es una expresión de lo absoluto o de la desgarrada tentativa para llegar a él.

Mas ¿qué intenta el poeta cuando expresa, en poemas, su experiencia? La poesía, ha dicho Rimbaud, quiere cambiar la vida. No intenta embellecerla, como piensan los estetas y los literatos, ni hacerla más justa o buena, como sueñan los moralistas. Mediante la palabra, mediante la expresión de su experiencia, procura tornar sagrado el mundo; con la palabra sacramenta la experiencia de los hombres y las relaciones entre el hombre y el mundo, entre el hombre y la mujer, entre el hombre y su propia conciencia. No se dirige a hermosear, santificar o idealizar lo que toca, sino a volverlo sagrado. Por eso no es moral o inmoral, justa o injusta, falsa o verdadera, hermosa o fea. Es, simplemente, poesía de soledad o de comunión. Porque la poesía, que es un testimonio del éxtasis, del amor dichoso, también lo es de la desesperación. Y tanto como un ruego puede ser una blasfemia.

La sociedad no puede perdonar a la poesía su naturaleza: le parece sacrílega. Y aunque la poesía se disfrace, acepte comulgar en el mismo altar común y luego justifique con toda clase de razones su embriaguez, la conciencia social la reprobará siempre como un extravío y una locura peligrosa. El poeta tiende a participar en lo absoluto, como el místico, y tiende a expresarlo, como la liturgia y la fiesta religiosa. Esta pretensión lo convierte en un ser peligroso pues su actividad no beneficia a la sociedad; verdadero parásito, en lugar de atraer para ella las fuerzas desconocidas que la religión organiza y reparte, las dispersa en una empresa estéril y antisocial. En la comunión que el poeta busca descubre la fuerza secreta del mundo, esa fuerza que la religión intenta canalizar y utilizar, cuando no apagar, a través de la burocracia eclesiástica. Y el poeta no solo la descubre y se hunde en ella; a diferencia del místico, la muestra en toda su aterradora y violenta desnudez al resto de los hombres, latiendo en su palabra, viva en ese extraño mecanismo de encantamiento que es el poema. ¿Habrá que decir que esa fuerza, alternativamente sagrada o maldita, es la del éxtasis, la del vértigo, que brota como una fascinación en la cima del contacto carnal o espiritual? En lo alto de ese contacto y en la profundidad de ese vértigo el hombre y la mujer tocan lo absoluto, el reino en donde los contrarios se reconcilian y la vida y la muerte pactan en unos labios que se funden. El cuerpo y el alma, en ese instante, son lo mismo y la piel es como una nueva conciencia, conciencia de lo infinito, vertida hacia lo infinito... El tacto y todos los sentidos dejan de servir al placer o al conocimiento; cesan de ser personales; se *extienden,* por decirlo así, y lejos de constituir las antenas, los instrumentos de la conciencia, la disuelven en lo absoluto, la reintegran a la energía original. «Cesó todo y dejóme / dejando mi cuidado / entre las azucenas olvidado».

Fuerza, apetito que quiere ser, ser hasta el límite y más allá del límite del ser, hambre de eternidad y de espacio, sed que no retrocede ante la caída, antes bien busca palpar en su exceso vital, en su desgarramiento de sí, esa caída sin fin que le revela la inmovilidad y la muerte, el reino negro del olvido. Hambre de vida, sí, pero también de muerte.

La poesía es la revelación de la inocencia que alienta en cada hombre y en cada mujer y que todos podemos recobrar apenas el amor ilumina nuestros ojos y nos devuelve al asombro y la fertilidad. Ella revela que la conciencia puede encarnar en todo lo que la rodea y que para lograrlo basta no negarla sino anegarla en las aguas puras del amor. Su testimonio es algo más que un simple testimonio: es la revelación de una experiencia en la que participan todos los hombres y todos los seres pero que está oculta por la rutina y la diaria amargura. Los poetas han sido los primeros que han revelado que la eternidad y lo absoluto no están más allá de nuestros sentidos sino en ellos mismos. Esta eternidad y esta reconciliación con el mundo se producen en el tiempo, dentro del tiempo, y en nuestra vida mortal, porque el amor y la poesía no nos ofrecen la inmortalidad y la salvación. Ya Nietzsche lo decía: «No la vida eterna, sino la eterna vivacidad: eso es lo que importa». Mostrar esta condición perecedera quizá pueda ser trágico; lo es, en realidad, pero en ese elemento encuentro el verdadero valor, en el sentido de valioso y valeroso, de la poesía, porque rescata a lo cotidiano de la vulgaridad y unge con lo irreparable al instante.

Una sociedad como la nuestra, que cuenta entre sus víctimas a sus mejores poetas, una sociedad que solo quiere conservarse y durar —y que no ha vacilado en ir hasta la guerra imperialista antes de ceder lo que tan avaramente conserva en cajas de caudales y en arcas de museos—, una sociedad, en fin, para la que la conservación y el ahorro son las únicas leyes y prefiere renunciar a la vida antes que exponerse al cambio, tiene que condenar a la poesía, ese despilfarro vital, cuando no puede domesticarla con toda clase de hipócritas alabanzas. Y la condena no en nombre de la vida, que es aventura y cambio, sino en nombre de la máscara de la vida: en nombre del Instinto de Conservación. De todos los instintos del hombre solo uno es antipoético: el de conservación, el instinto burgués por excelencia, que le permite vivir de los demás y acudir a la guerra antes que resignarse a transformar su miserable estado de vida.

En ciertas épocas la poesía ha podido convivir con la sociedad y su impulso ha alimentado las mejores empresas de esta. En la Antigüedad fueron Homero y Hesíodo los que configuraron y modelaron para siempre el alma griega; ellos dotaron a los griegos de unos dioses y de un sentido de lo sobrenatural que provocaba la cólera de los filósofos que les sucedieron. Y en la Edad Media, un Berceo, por ejemplo, si no ha recreado las creencias religiosas de su pueblo, sí ha sido una especie de inocente conducto por el cual descendía, hasta el pueblo, el misterio de los dogmas, ungido por la gracia de la poesía. En nuestra época la poesía no puede vivir dentro de lo que la sociedad capitalista llama sus ideales: la vida, el martirio, de Shelley, de Rimbaud, de Baudelaire, de Bécquer, son una prueba patética de lo que digo. Si hasta fines del siglo pasado un Mallarmé no pudo crear su poesía fuera de la sociedad, ahora toda actividad poética, si lo es de verdad, tendrá que ir en contra de esa sociedad. No es extraño que para ciertas almas sensibles, la única vocación posible en nuestro tiempo sean la soledad o el suicidio; tampoco es extraño que para otras, hermosas y apasionadas, las únicas actividades poéticas imaginables sean la dinamita, el asesinato político o el crimen gratuito. En ciertos casos, por lo menos, hay que tener el valor de decir que se simpatiza con esas explosiones, testimonio de la desesperación a que nos conduce un sistema social basado solo en la conservación de todo y especialmente de las ganancias económicas.

La misma fuerza vital, lúcida en medio de su tiniebla, el mismo anhelo mueven al poeta de ayer y al de hoy: a Juan el santo, y a Poe el borracho. Solo que ayer era posible la comunión, gracias quizás a esa misma Iglesia que ahora la impide. Y habrá que decirlo: para que la experiencia de san Juan se realice otra vez será menester un hombre nuevo y una nueva sociedad, en la que la inspiración y la razón, las fuerzas irracionales y las racionales, el amor y la sociedad, lo colectivo y lo individual, se reconcilien.

Esta reconciliación se da plenamente en san Juan de la Cruz. No es necesario recordar la naturaleza de la sociedad en que el santo vivió; todos saben que fue una de las últimas épocas de la cultura humana en las que las fuerzas contrarias de razón e inspiración, sociedad e individuo, religión y religiosidad individual, lejos de oponerse, se complementaban y armonizaban. En esa sociedad, donde, quizá por última vez en la historia, la llama de la religiosidad personal pudo alimentarse de la religión de la sociedad, san Juan realiza la más intensa y plena de las experiencias: la de la comunión. Un poco más tarde esa comunión será imposible. Las dos notas extremas de la poesía lírica, la de la comunión y la de la soledad, las podemos contemplar, con toda su verdad, en la historia de nuestra poesía. La poesía española posee dos textos, igualmente impresionantes aunque de distinto valor: los poemas de san Juan y un poema de Quevedo: «Lágrimas de un penitente». Los de san Juan de la Cruz relatan la experiencia mística más profunda de nuestra cultura. Estos poemas no admiten crítica, interpretación o consideración alguna. El mismo santo fracasó cuando quiso trasladar su vértigo a términos conceptuales. (Naturalmente que no me refiero a la imposibilidad del análisis psicológico, filosófico o literario, sino a la absurda pretensión que intenta explicar la poesía.) La poesía es inexplicable. ¿Cómo explicar este poema?

> Que bien sé yo la fuente que mana y corre
>   aunque es de noche.
>
> Su origen no lo sé, pues no lo tiene,
> mas sé que todo origen de ella viene,
>   aunque es de noche.

> Aquí se está llamando a las criaturas,
> y de esta agua se hartan, aunque a oscuras,
> porque es de noche.
>
> Aquesta viva fuente que deseo
> en este pan de vidas y la veo,
> aunque es de noche[52].

San Juan, movido por una conciencia intelectual muy desarrollada, se siente obligado a explicar su experiencia, el sentido de ella y el significado de sus imágenes y visiones. Mas esa explicación, que tanto nos ilumina en lo relativo a la teología y psicología del santo, no nos sirve para comprender su poesía. Su lucidez, su no perder la cabeza en la plenitud del vértigo, lo hacen un hombre moderno, un poeta que posee conciencia de su inocencia, pero no lo hacen un poeta mejor.

A la inversa, es la conciencia lo que hace de Quevedo un gran poeta. La conciencia de sí, llevada hasta la exasperación, constituye la substancia de su poema. En los salmos y sonetos que forman las «Lágrimas de un penitente», Quevedo expresa la certidumbre de que el poeta ya no es uno con sus creaciones: está mortalmente dividido. Entre la poesía y el poeta, entre Dios y el hombre, se opone algo muy sutil y muy poderoso: la conciencia, y lo que es más significativo: la conciencia de la conciencia, el narcisismo intelectual. Quevedo expresa este estado demoniaco en dos versos:

> las aguas del abismo
> donde me enamoraba de mí mismo.

Al principio del poema el poeta, pecador lúcido, se niega a ser salvado, se rehúsa a la gracia, prendido a la hermosura

---

[52] Versos tomados de las «Canciones en que canta el alma», de san Juan de la Cruz.

del mundo. Frente a Dios el poeta se siente solo y rechaza la redención, hundido en las apariencias:

> Nada me desengaña;
> el mundo me ha hechizado.

Lo verdaderamente satánico de la situación es que el pecador se da cuenta de que el mundo que lo encanta y al que se siente prendido con tal amor... no existe. La nada del mundo se le revela como algo real, de suerte que se siente enamorado de la nada. Si san Juan es el poeta del éxtasis, Quevedo lo es de la angustia. Y es que no solo la hermosura vacía del mundo lo sujeta (ni es ella a la que se abraza, en todos los sentidos y con todos los sentidos), sino su conciencia de sí. De ser posible sería interesante un análisis de este poema, posiblemente el único poema «moderno» de la literatura española hasta Rubén Darío. Hay, sí, otros poemas mejores en nuestra lengua, más inspirados, más perfectos y puros, pero en ninguno alienta esta nota, que anticipa a Baudelaire y que consiste en ese saberse en el mal, verdadera y gozosa conciencia del mal. Quevedo no oculta que el saberse en el mal le provoca un placer de ceniza amarga y orgullosa; y es él quien primero atribuye, entre todos los poetas modernos, un contenido pecaminoso a la conciencia, no tanto por lo que peca en sus imaginaciones sino porque pretende sustentarse en sí misma, bastarse sola y sola saciar su sed de absoluto. Mientras san Juan ruega y suplica al amado, Quevedo es solicitado por su Dios; pero prefiere perderse y perderlo antes que ofrecerle el único sacrificio que acepta: el de su conciencia. Al final del poema surge la necesidad de la expiación, que consiste, muy significativamente, en la humillación del yo. Solo así es posible la reconciliación con Dios. La historia de esta reconciliación da la impresión de ser un artificio retórico y teológico, ya porque la comunión no se haya producido realmente, ya porque el poeta no haya podido expresarla con la intensidad con que ha relatado su encantamiento y el goce fúnebre que le proporciona saberse en la nada del pecado, en la nada de sí mismo. En realidad, la solución de Quevedo es una solución intelectual y moderna: se abraza a la muerte no para recobrar la vida, para salvarse en la vida eterna, sino como resignación estoica. Quevedo encuentra en el estoicismo una forma severa de la soledad implacable del hombre, a solas con su conciencia.

Entre estos dos polos de inocencia y conciencia, de soledad y comunión, se mueve toda poesía. Los hombres modernos, incapaces de inocencia, nacidos en una sociedad que nos hace naturalmente artificiales y que nos ha despojado de nuestra substancia humana para convertirnos en mercancías, buscamos en vano al hombre perdido, al hombre inocente. Todas las tentativas valiosas de nuestra cultura, desde fines del siglo XVIII, se dirigen a recobrarlo, a soñarlo. Rousseau lo buscó en el pasado, como los románticos; algunos poetas modernos, en el hombre primitivo; Carlos Marx, el más profundo, dedicó su vida a construirlo, a rehacerlo. Nosotros somos incapaces de articular en un poema esa dualidad de conciencia e inocencia (puesto que esa dualidad corresponde a antagonistas irreductibles de la historia y de la vida material) e intentamos evadirnos de la tragedia que supone su enemistad. Como se nos niega esa integración superior y hemos dejado de luchar o de soñar con ella, la substituimos por un rigor externo, puramente verbal y geométrico, o por el pobre balbuceo del inconsciente. La sola participación del inconsciente en un poema lo convierte en un documento psicológico; la sola presencia del pensamiento, con frecuencia vacío y especulativo, lo deshabita. Ni discursos académicos ni vómitos sentimentales: el mismo asco nos producen las monótonas demostraciones en verso, tristes refrigeradoras de la palabra, que las revueltas aguas negras del inconsciente. ¿Y qué decir de los discursos políticos, de las arengas de los editoriales de periódico que se enmascaran con el rostro de la poesía? ¿Y cómo hablar sin vergüenza de toda esa literatura de erotómanos que confunden sus manías o sus desdichas con el amor? Imposible enumerarlos a todos: a los que se fingen niños y lloriquean porque la Tierra es redonda; a los fúnebres y resecos enterradores de la alegría; a los juguetones, novilleros, cirqueros y equilibristas; a los jorobados de la pedantería; a los virtuosos de la palabra, pianolas del verso, y a los organilleros de la moral; a los místicos onanistas; a los neocatólicos que saquean los armarios de los curas para ataviar sus desnudas estrofas con cíngulos y estolas; a los papagayos y culebras nacionalistas, que cantando y silbando expolian a la triste Revolución mexicana; a los vates de ministerio y a los de falansterio; a los hampones que se creen revolucionarios solo porque gritan y se emborrachan; a los profetas de fuegos de artificio y a los prestigiadores que juegan al cubilete, con dados marcados, en un mundo de cuatro dimensiones; a los golosos panaderos, pasteleros y reposteros; a los perros de la poesía, con alma de repórter; a los pseudosalvajes de parque zoológico; olorosos a guanábana y mango, panamericanos e intercontinentales; a los búhos y buitres solitarios; a los contrabandistas de la Hispanidad...

Pero la poesía sigue siendo una fuerza capaz de revelar al hombre sus sueños e invitarlo a vivirlos en pleno día. El poeta expresa el sueño del hombre y del mundo, y nos dice que somos algo más que una máquina y un instrumento, un poco más que esa sangre que se derrama para enriquecer a los poderosos o sostener a la injusticia en el poder, algo más que mercancía y trabajo. En la noche soñamos y nuestro destino se manifiesta porque soñamos lo que podríamos ser. Somos ese sueño y solo nacimos para realizarlo. Y el mundo —todos los hombres que ahora sufren o gozan— también sueña y conspira y anhela vivir a plena luz su sueño. La poesía, al expresar estos sueños, nos invita a la rebelión, a vivir despiertos nuestros sueños. Ella nos señala la futura edad de oro y nos llama a la libertad.

Para revelar el sueño de los hombres es preciso no renunciar a la conciencia ni a la razón. No un abandono sino una mayor exigencia consigo mismo se le pide al poeta. Estamos hartos de la sinceridad inepta tanto como de la literatura disfrazada de poesía. Queremos una forma superior, digna, de la sinceridad: la autenticidad. En el siglo pasado un grupo de poetas, que representan la parte hermética del Romanticismo: Novalis, Nerval, Baudelaire, Lautréamont, Poe, nos muestran el camino. Todos ellos son los desterrados de la poesía, los que padecen la nostalgia de un estado perdido, en donde el hombre es uno con el mundo y con sus creaciones. A veces de esa nostalgia surge el presentimiento de un estado futuro, de una edad inocente. Poetas originales no tanto, como dice Chesterton, por la novedad, sino porque descienden a los orígenes. Ellos no buscaron la novedad, esa sirena que se disfraza de originalidad; en la autenticidad rigurosa encontraron verdadera originalidad.

Estos poetas, a través de una serie de tentativas heroicas, intentaron reanudar la experiencia poética; en esa empresa no renunciaron a tener conciencia de su delirio. Osadía que les ha traído un castigo divino que no vacilo en llamar envidioso: en todos ellos se ha cebado la desdicha, ya en la locura, ya en la muerte temprana, o en la fuga de la civilización. Son los poetas malditos, sí, pero son algo más también: son los héroes vivientes y míticos de nuestro tiempo porque encarnan, en sus vidas misteriosas y sórdidas y en su obra precisa e insondable, toda la claridad de la conciencia y toda la desesperación del apetito. La seducción que sobre nosotros ejercen estos maestros, nuestros únicos maestros posibles, se debe a la veracidad con que encarnaron ese propósito que intenta unir dos tendencias paralelas del espíritu humano: la conciencia y la inocencia, la experiencia y la expresión, el acto y la palabra que lo revela. O para decirlo con las palabras de uno de ellos: «El Matrimonio del Cielo y del Infierno».

México, 1943

Imaginación y realidad I

En algunos círculos, cada vez más extendidos, de la sociedad contemporánea, se tiende a ver con desdén el ejercicio de la imaginación. Un imaginativo es un pobre pelele «idealista» que tiene la cabeza llena de humo y la boca llena de mentiras. Pero los frutos de la imaginación poseen más realidad de la que supone la gente apegada a la realidad, a una realidad sórdida y, por lo demás, bastante irreal, pues está mutilada por sus limitaciones y desfigurada por sus prejuicios. ¿Quién se atreverá a negar la «realidad», la verdad, que encierran los mitos? ¿Y quién negará que han sido algunos mitos, los verdaderos mitos modernos, los que han concentrado, en su aparente y nada más que aparente realidad, todos los deseos de los hombres que se resignan a esa «realidad» que ofrecían y ofrecen nuestros presentes sistemas sociales? La imaginación nace de la realidad y no puede negarla, sino satisfacer su ansia de realizarse en otra cosa. Imaginar (esto es, crear en arte; proyectar, en política) es la primera función de la realidad, y quizá, su función más imperiosa. El arte, por medio de la imaginación creadora, expresa los deseos, los sueños, los instintos del hombre o de una sociedad. Y al expresar esos instintos o esos sueños los hace más claros y lúcidos, los muestra a plena luz. El arte invita al hombre a vivir sus sueños, no en el reposo y la sombra, sino bajo la luz del sol. La poesía es una invitación a la rebelión y, por tanto, una fuga de la realidad, si no un deseo de transformarla en algo menos estúpido y mecánico, en algo más libre e individual. La poesía no niega la realidad: al mostrarnos los sueños y los instintos, intenta convertir la realidad en el sueño que sueña y no se atreve a cumplir.

Triste es nuestra presente realidad: el hombre, transformado en mercancía, se ha convertido en máquina o en instrumento de cambio. Para calmar su desesperación surgen numerosos charlatanes de todos colores. Sabemos, por ejemplo, que debemos luchar, pero no sabemos qué hacer para ganar la batalla dentro de nuestras propias filas. Sabemos, ciertamente, un mundo libre y justo, pero nadie nos dice, ni los más hábiles dirigentes, cómo lograr ese ideal... sin derrumbar antiguos privilegios. Y cuando se nos habla de liberar a la «persona humana», esto es, de humanizar la civilización, tenemos que expresar nuestras reservas: el hombre, cualquier hombre, no es «un instrumento» ni siquiera para batir a dictadores. El escritor, el poeta, el artista no son instrumentos ni su obra puede ser el proyectil ciego que muchos suponen. La única manera de derrotar, por ejemplo, a Hitler y lo que él significa en tanto que mal universal, es rescatar en el campo de la cultura la libertad de crítica, de denuncia, de soñar, imaginar y expresar los sueños de nuestros pueblos. Y, en otra escala, hay que repetir que «totalitarismo» no es el fruto de la maldad ingénita de aquel pueblo; que allí donde el hombre es simplemente un «medio o instrumento» o un objeto de especulación, allí germina el totalitarismo. Frente al cinismo de Hitler, la hipocresía es complicidad. Por eso cuando hablamos de libertad de imaginación, queremos decir: la libertad y el deseo que tienen todos los pueblos y todos los hombres para soñar y luchar por un mundo donde los sistemas sociales, políticos y de otra especie, estén al servicio del hombre y no a la inversa, como hoy acontece.

Imaginación y realidad II

De los países del Nuevo Continente, el nuestro goza de una envidiable fama en el mundo de la pintura. Norte y Sur se jactan de poseer una pintura tan amplia y rica como, digamos, la colonial nuestra, la cual, a pesar del magnífico trabajo de Manuel Toussaint aún se enriquece día a día con nuestros nombres y telas. Y nuestro siglo XIX, por su parte, en fechas recientes, comienza a revelársenos un período extraordinario de figuras recias y personalísimas que van a ser las bases definitivas en la cristalización del arte nacional contemporáneo, ya como una escuela completamente diferenciada y trascendente. Sin rubor alguno, puede decirse que, extinguida o dispersada la «escuela de París» —más de cien años de hegemonía mundial—, la mexicana contemporánea comienza a ser la única de positivo interés hoy.

Una nación dotada como México de asuntos de arte no es extraño que despierte un atractivo singular en los principales centros artísticos del mundo, y encienda la imaginación de toda clase de viajeros internacionales que la consideran, desde sus respectivos países, como una de las mecas obligadas de nuestros días, a tal grado que la convierten en una pintura casi romántica, digna de vivirse, real y directamente.

MAS el pobre diablo que se deje arrastrar por la fiebre de la pasión y llegue entre nosotros, encontrará algo muy distinto del paraíso que forjaban sus sueños. No solo verá que no existe un decente o mediano o mal museo de nuestro arte moderno o contemporáneo, sino que la que fue la primera galería de América —en tiempo y calidad, la noble y digna Academia San Carlos—, está más que en ruinas, sin guías ni cicerones, sin catálogos al día, sin guardias ni curadores, sin adquisiciones recientes, sin inseguridades contra posibles incendios o robos, sin luz eléctrica para exhibiciones nocturnas dedicadas a maestros y estudiantes.

Esto, que acontece igualmente con todos nuestros museos (el de arqueología, el nuevo Chapultepec, el de historia natural, etc.), es algo inconcebible en cualquier país, sobre todo si ha pasado por un proceso revolucionario gracias al cual, como es bien sabido, las masas tienen derecho a que se les abran, perfeccionen y hagan accesibles todos los medios de divulgación cultural. Pero en México, la deterioración y abyección de nuestros exmuseos (este es del verdadero nombre) son solo comparables a las de los propios funcionarios o empleados que han venido sucediéndose desde hace varios lustros en la dirección cultural del país y que no evitan, sino que hasta fomentan esta clase de vandalismos, dilapidando los escasos dineros nacionales en cosas baladíes que interesan a ellos exclusivamente.

Ni esfuerzos heroicos ni conciencia de la realidad; ni cultura ni imaginación, cosas todas que podrían substituir o complementar posibles raquíticos presupuestos oficiales. En 1943, los directores culturales de México no han avanzado un milímetro del concepto que Humboldt tenía de nuestro país al compararlo con un pordiosero tranquilamente dormido sobre un tesoro.

Cuarta parte
Novedades
(1943)

El vacilón

Según el Diccionario de la Academia (edición de 1939), el verbo vacilar posee estos significados: «moverse indeterminadamente una cosa», «estar poco firme en su estado o tener riesgo de caer o arruinarse», «titubear, estar uno perplejo o irresoluto»... ¿En cuál de todos ellos lo usamos los melancólicos, caviladores mexicanos? A todos nos gusta vacilar y nos vacilamos los unos a los otros. Nuestra tierra, erizada de volcanes, perpetuamente vacila, y los edificios, las casas, los pueblos enteros oscilan con ese «vacilón», esto es: están a punto de caer y arruinarse. ¿México es un país vacilante?

A primera vista hay que responder que sí. Vacilan, en la segunda de las acepciones que señala el Diccionario, el suelo y el subsuelo; y con ellos, las leyes, las instituciones, los decretos, las conductas, las convicciones y la sociedad entera. La sociedad mexicana es una «frontera infinita», como Usigli ha llamado a la compuesta por nuestros nuevos ricos: sitio confuso, estación, restaurante, iglesia, hotel y aduana a un tiempo. Vacila el suelo, sacudido por el subsuelo. Vacilan las convicciones y muchos que ayer mataban curas hoy gritan contra los «rojos» y se apedrean el pecho de cartón con manos de piedra. Vacilan las reputaciones y la honra, y no hay un lugar estable ni un sitio seguro en todo nuestro vacilante territorio. Vacilan, sobre todo, las palabras, y es *gacho* hoy lo que ayer fue *chicho;* los nazis y los franquistas son demócratas, y hasta Brito Foucher es invitado a los Estados Unidos.

A los mexicanos nos gusta ese perpetuo vacilar, porque somos un pueblo de «vaciladores» más que de vacilantes. Y nos gustan las vacilaciones por razones distintas a las de Hamlet. El irresoluto príncipe era uno de esos hombres que dudan de todo: la duda paralizaba sus pasiones. Hasta su venganza, ¿fue suya realmente o del destino? La razón fue devorando la substancia de hombre que había en él —quiero decir, de animal de presa— y lo fue convirtiendo en un fantasma o, mejor, en el sueño de un fantasma. «Solo las almas extraordinarias —dice Leopardi— capaces de ponderar y medir, son víctimas de la perplejidad». El pensamiento es, ante todo, examen y elección: mientras la vida corre, irreparable, el pensamiento, inmóvil, la juzga y se detiene. ¿Qué vale un pensamiento que frustra la vida, que la deja fugarse con su secreto —un secreto que probablemente consiste tan solo en su fugacidad—? Pero ¿qué vale una vida que no puede resolver la pregunta que engendra en el pensamiento?

Estas cuestiones se las pudo plantear Hamlet porque su duda brotaba de la reflexión, pero no el mexicano, que apenas conoce la reflexión y que, más que dudar, desconfía. Nuestra duda es desconfianza vital y está compuesta de asombro, de incertidumbre, de un oscuro presentimiento de fracaso o de temor. No brota del análisis sino de la experiencia. Si el sueño de la razón cría monstruos, como el monstruoso y desdichado Hamlet, y si los monstruos crían fantasmas, como los que veía el príncipe, el miedo a una realidad sórdida y que siempre se ha mostrado hostil engendra vaciladores y relajientos, padres del ninguneo.

A los mexicanos nos han «vacilado» mucho, a través de toda la historia. Nos «vacila» Europa, hasta cuando un Huxley o un Lawrence intentan acercarse a nosotros; nos «vacilan» nuestros vecinos, incluso cuando, ingenuamente, nos toman en serio. Y, por encima de todo, nos «vacilamos» unos a otros. No hay mayor placer para un mexicano que «vacilarse» al vecino, sobre todo si el vecino posee alguna superioridad, verdadera o fingida. Así nos vengamos de lo que nos han hecho. El «vacilón» es una especie de pequeño pinchazo que desinfla a muchos globos públicos y privados. Es una advertencia contra la vanidad y la fanfarronería, contra las posturas excesivas o patéticas. La tragedia clásica es imposible en un mundo de «vaciladores». También lo son Benito Mussolini, Victor Hugo, Job y casi todos los profetas. Hasta Diego Rivera —ese gran victorhuguesco pintor— tiene algo de Rabelais, porque solo toleramos a la elocuencia y al genio si son capaces de burlarse un poco de sí mismos. (Y, entre paréntesis, esto es lo que le falta a Clemente Orozco para ser un genio de verdad, y no de monografía: es un genio unilateral, aburrido, monótonamente genio.) Pero el «vacilar» nos impide creer en algo; nos veda la admiración y, si nos hace huir de los grandes gestos, también nos prohíbe las grandes acciones. El «vacilón», al matar a la admiración, hace estériles y desiertas a las almas.

Los antiguos mexicanos, en las grandes fiestas, se herían en las piernas y las orejas con puntas de maguey y ofrecían esa sangre a sus dioses. Los modernos han substituido ese sacrificio sangriento con el «vacilón», en el que se sacrifica al vecino. ¿Será muy difícil probar quiénes son más crueles: nuestros piadosos antepasados o nuestros vaciladores contemporáneos?

México, a 11 de marzo de 1943

Don Nadie y don Ninguno

Es difícil encontrar un tema más provocador que el de la nada.

En cuanto pensamos en él, sentimos la irrefrenable tentación de decir: la nada es... ¿pero es que la nada puede ser algo? En este absurdo lógico (la nada es lo que no es) reside la fascinación que ejerce sobre todos los espíritus. La nada es un gran escándalo que ofende a la razón pues en ella los opuestos, el ser y el no ser, se funden en un disparatado, impensable ser-no-ser. Un perro muerto no es un perro vivo, pero en la nada lo único vivo es... lo que no es. O sea, nada. Ni siquiera posee un verdadero nombre, porque si de verdad se llamara la Nada, existiría, tendría unos contornos, unos límites, unas fronteras. Debajo del nombre habría algo. Pero cuando queremos ver qué hay debajo de la Nada... no encontramos nada.

Aludiendo, sin duda, a esta impensable contradicción, la gente dice de algunos seres que andan por ahí: es un don Nadie. ¡Don Nadie, gran globo vacío, luna llena, solemne don al que no sigue un nombre cualquiera —Pedro o Juan— sino la infinita oquedad de la Nada! Don Nadie: la Nada se humaniza, se hace persona, adquiere una fisonomía, un carácter, un temperamento. Don Nadie es hueco y vanidoso, mucha fachada y poco fondo, amigo del callejeo y del banqueteo; usa flores en el raído ojal, asiste a los cafés y a los toros, fuma puro y a veces logra ser funcionario, banquero, militar, académico. Don Nadie aparece en todas las fotografías de todos los periódicos, concede entrevistas, hace declaraciones, visita y recibe. Es un hombre público: su gran panza oculta la Nada que lo habita.

Cerca de don Nadie, con su sombra, se desliza, gris y silencioso, el desdichado Ninguno. Es el pariente pobre, flaco, tímido, amarillo de rencor, desvaído como un sueño. Posee un alma romántica y triste y una fisonomía borrosa, semisonriente, de perro callejero. Ninguno es legión y todos lo ignoran: él mismo duda de su existencia. No cree que es Ninguno y que su verdadero nombre es Francisco, Jorge, Rubén. Su mayor ambición es codearse con don Nadie, asistir a las mismas fiestas, enamorar a las mismas señoras, decir discursos, escribir artículos, ir a la sinfónica, a la ópera, al hipódromo, apostar en el frontón y aplaudir en los toros. Ninguno sueña convertirse en un don Nadie, pero no lo dejan los que viven en torno suyo. Cualquier gesto, cualquier tentativa de evasión es reprimida inmediatamente por sus amigos, compañeros y vecinos. Todos lo «ningunean», don nadie lo aparta de su lado. Lo teme y lo odia porque él también se sabe ninguno.

«Ningunear» es convertir a Pedro o a Juan en Ninguno. Y son los don Nadie los que más empeño ponen en el acto mágico, escamoteo silencioso de la personalidad; a don Nadie le irrita que alguien exista de verdad, que alguien no sea un grandilocuente fantasma sino un ser de carne y hueso. Pero como don Nadie no puede oponerse a que los demás existan, ha encontrado, ingeniosamente, un procedimiento muy sutil para vencer a sus enemigos: negar que existen. Esta negación se llama «ningunear». De este modo ha triunfado. La Ciudad de México está poblada por fantasmas, por tristes «ningunéados», definitivamente convertidos en silenciosos, inexistentes Ningunos.

Mediante el «ninguneo», el «ninguneador» finge que nada existe en torno suyo; mejor dicho, que solo la Nada —y sus innumerables hijos, los Ningunos— lo rodea; que él solo vive y respira. En otros países existe eso que se llama la lucha por la vida; la envidia, el rencor, la cólera, el deseo de triunfar —y, en fin, todos los motores del progreso y todos los acicates de la personalidad— se empeñan en furiosos combates, hasta aniquilar al contrario. En México ha desaparecido esta pelea insensata; basta con «ningunear». El «ninguneador» no se toma el trabajo de demostrar que su enemigo o competidor es un ser despreciable, incompetente, o que significa un peligro social. Simplemente lo ignora, lo convierte en una sombra, elude su existencia. El filósofo Martin Heidegger asegura que existir significa «estar sosteniéndose dentro de la nada». Para México, por lo menos, la definición es exacta. Pues existir, aquí, significa impedir que don Nadie nos sumerja para siempre en la Nada.

México, a 23 de marzo de 1943

¡Viva México, hijos...!

Cuando yo era niño vivía en un pequeño pueblo de los alrededores de la Ciudad de México. Mi casa estaba en una calle solitaria y abandonada; viejas casas, árboles, polvo, soledad... La calle desembocaba en una plaza demasiado grande para una iglesia diminuta, casi ahogada por los fresnos de áspera corteza que poblaban al atrio. Aquella plaza estaba siempre vacía, excepto los días de fiestas religiosas. En esas ocasiones, desde temprano, una banda tocaba melancólicas marchas que querían ser marciales; en torno a los músicos, chicos y grandes formaban un absorto círculo de comedores de cacahuates. Los grandes oían sin pestañear, durante todo el día, el reducido repertorio de los músicos, infatigablemente repetido. (¿Pero oían realmente aquellas estatuas de calzón blanco, faja colorada o negra y sombreros de petate, o la música solo era un pretexto para quedarse quietos?) Por la noche la plaza se hacía más grande y la multitud más densa; hasta la iglesia crecía. Me parecía infinita aquella plaza anegada por la sombra; y la marea de la gente, yendo y viniendo, era como una espesa condensación de la sombra infinita.

En las torres las campanas tocaban. Minuto a minuto brotaban, no se sabía de dónde, serpientes voladoras, raudos cohetes que al llegar al corazón de la sombra se deshacían en un abanico de luces («parecen lágrimas») decían algunos niños atónitos). Los vendedores pregonaban sus dulces, frutas y refrescos. La multitud mugía tristemente; a veces se oían gritos, voces, pronto sepultadas en un rumor confuso. A media fiesta la iglesia resplandecía, bañada por la luz blanca, de otro mundo: eran los fuegos artificiales. Silbando apenas, giraban en el atrio las ruedas prodigiosas, primero lentamente, después con tal velocidad que parecían quietas rosas de fuego. Mientras giraban despedían chispas de todos colores. Al final la primera rueda adquiría un verde brillante, como toque de clarín; la segunda, blanco; y la tercera, se volvía de un rojo bizarro, más de sandía que de mamey. Un murmullo sacudía la noche. Y siempre, entre el rumor extático, había alguna voz, desgarrada, angustiosa, que gritaba: «¡Viva México, hijos de...!».

La multitud respondía con un oleaje de penosa alegría. A los pocos minutos los brillantes colores de la bandera se quemaban en su propia luz, vueltos carbones y chirridos agónicos. La gente silbaba y era como si el infinito silbara, desde siglos. Y la banda tocaba alguna marcha de tiempos de don Porfirio.

¿A quiénes les decía «¡Hijos de...!» aquella convulsa voz popular? ¿Y quién era esa señora? Nunca lo supe. Primero pensé que se lo decían a los que allí se congregaban, pero cuando me dijeron que aquello era una injuria muy fea, deseché esa suposición. Más grande, en la primaria, cuando supe de gachupines, gringos y franceses, pensé que se trataba de una alusión histórica. Pronto me convencí de que también era absurda la atribución. Aquella frase no estaba dirigida a nadie y no poseía ninguna significación concreta. Si al principio quiso decir algo, ya todos habían olvidado su primitivo sentido. Se había convertido en algo mágico, inefable. En realidad era un grito en el vacío —y lanzado al vacío—. A veces, sacrílegamente, he pensado que ese grito, allí, frente a la Iglesia, madre de los hombres, era la respuesta nihilista de un pueblo desamparado. México era un país sin madre y, frente a la Madre Universal, el mexicano se proclamaba —o proclamaba a los que lo rodeaban— descendiente de una palabra vacía, hueca, inefable como la nada.

Cuando un español, más enamorado de la honra que del amor, insulta a otro, lo llama hijo de ramera. No hay un insulto más grave porque con él se ofende lo más entrañable y prohibido del español. Eso se explica en un pueblo en donde la relación más importante es la de las madres y sus hijos y en países en donde el amor es una forma de la voluntad, más que un sentimiento del corazón. En México ocurre algo semejante, nada más que los mexicanos, en lugar de convertir a la madre en ramera, la substituyen por otra: la nada. «Hijo...» significa, sencillamente, ser hijo de cualquier cosa, menos de la mamá de cada quien. No es una casualidad que esa palabra se identifique a veces con un país del Oriente, el más remoto, desconocido y extravagante para el pueblo mexicano. Ya sé que hay también una razón eufónica, porque parece que la China contiene a la otra palabra, de un modo abreviado y como en cifra, pero en este caso creo que el parecido verbal solo ha contribuido a fijarla en la imaginación popular.

¡Qué desamparado resulta, entonces, ese grito que oí de niño en un pueblo cualquiera! Pues en ese grito el mexicano se afirma, orgullosa y desesperadamente, como un hijo de la nada. Alude a su situación presente y a su turbia historia. Al gritar así, en el vacío de su alma y contra el inmenso vacío que lo rodea, expresa su voluntad de no ser.

México, a 27 de marzo de 1943

Los hijos de Grecia

Siempre me ha sorprendido una pretensión común a franceses y alemanes: ambos se proclaman los únicos y verdaderos descendientes de la antigua Grecia. El espíritu —mejor dicho, el *esprit* francés— es generalmente considerado como el moderno equivalente del aticismo, y los franceses han creído siempre que París es la Atenas contemporánea. (Recuerdo la célebre definición: «Victor Hugo era un loco que se creía Victor Hugo».) La lógica, la gracia, el sentimiento de la mesura, la ironía, la destreza en la conversación, la claridad, el sentido de las proporciones: he aquí, en ligero resumen, las notas comunes a griegos y franceses. Cuando se hace esta identificación se olvida que los griegos eran más amantes de la discusión que de la conversación; que no conocían la modestia y el disimulo del yo, claves de la cortesía; que su lenguaje hubiera escandalizado a cualquier señora moderna; que su razón no tenía nada de razonable, como la francesa, que dice sí y no al mismo tiempo; que sería difícil comparar a Molière con Aristófanes y a Racine con Esquilo; que si los franceses ocultan su vanidad en la elocuencia, los griegos se servían de la elocuencia para exaltarla... pero, ¿vale la pena acumular las innumerables diferencias? Los franceses son unos locos que se creen... griegos.

Por su parte, los alemanes insisten en llamar a los griegos «indogermanos». Con ingenuidad de zoólogos, subrayan que griegos y alemanes pertenecen a la misma raza. Y eso no es todo: espíritus sutiles han encontrado que los griegos no eran esos seres de salón, ingeniosos, caballerescos, elocuentes y con peluca que aparecen en las tragedias de Racine, sino que, por el contrario, eran voluntariosos, envidiosos y aburridos. La envidia griega es la madre del individualismo y el heroísmo griegos. El hastío, el origen de la tragedia. La tragedia griega, esto es, la representación teatral de la lucha del hombre contra el Destino, brota, según estos críticos, de una característica muy alemana: la voluntad. La voluntad es ese apetito que lleva al hombre a probarlo todo, a poseerlo todo, a tentarlo todo. El griego tentó a la vida y a sus frutos, y los obtuvo; con su victoria, conoció el hastío, la desesperación de la victoria. Y este aburrimiento moral, este hastío, movió su voluntad a inventar, con la complicidad de la imaginación, la tragedia. Esta misma voluntad total ha llevado a los alemanes al totalitarismo. Solo que ellos no han vencido y, dotados de una imaginación seguramente más pobre y realista, no se satisfacen con representar en los teatros esa sed de Todo, sino que la expresan mediante la guerra total. Para los alemanes la guerra total es el moderno equivalente del teatro trágico. ¡He aquí una curiosa teoría literaria!

El parecido entre la tragedia griega y el totalitarismo de Hitler es bastante discutible. La tragedia griega nace de la victoria y de la lucidez, no del resentimiento. El único parecido real que encuentro entre los antiguos griegos y los modernos alemanes es la abundancia de homosexuales, así como la semejanza más notable que existe entre la Tercera República francesa y Atenas es la inmoralidad, la voracidad y la falta de escrúpulos de sus políticos. No cabe duda de que el totalitarismo alemán es un fruto del resentimiento y de la envidia. Esta monstruosa manía de sistematizarlo todo, de reglamentar la totalidad y totalizar la reglamentación, no nace nada más de circunstancias históricas especiales, ni de la personal locura o capricho de los jefes nazis:

es una expresión del alma alemana y, más concretamente, de su falta de salud moral. Pero no se me oculta que si Hitler tomó el poder y tuvo éxito es porque, más que creador de una situación histórica, es su fruto. El nazismo sería imposible sin la presencia de una gran industria, de una gran burguesía y sin la ausencia de mercados y colonias; sería imposible sin la debilidad y la complicidad de los capitalismos democráticos; sin el Tratado de Versalles, etc. Se podrían enumerar las diversas causas que han hecho posible a Hitler, pero todas ellas están contenidas en dos palabras: capitalismo e imperialismo. Hitler es su último fruto. Estas dos palabras son universales y aplicables a cualquier país capitalista: en cualquier sitio puede nacer un Hitler. Esto hay que decirlo siempre, porque hay una tendencia muy generalizada que quiere hacernos creer que la guerra es el fruto de la maldad específica de los alemanes.

Pero hay una nota alemana en todo esto. Una nota, mitad disparatada, mitad trágica: el totalitarismo, hijo de la filosofía y la sensibilidad alemanas. Esa tendencia a prusianizar el universo, a rechazar la contradicción que roe sus entrañas *(nacional-socialismo),* a despojar a la vida de su sorpresa, de su equilibrio, esa envidia a la alegría, esa pesadez, ese filisteísmo, esa desesperación, características alemanas, han encontrado su fórmula de combate en el totalitarismo.

México, a 2 de abril de 1943

El arte de vestir pulgas

Hace algunos años le preguntaron al poeta andaluz Rafael Alberti, a su regreso de un viaje a nuestro país: ¿y cómo son los mexicanos? Alberti, un poco desconcertado, contestó: «Pues, los mexicanos... son unos locos rodeados de volcanes por todas partes». Volcanes y montañas, es verdad, nos rodean. Además superamos los sueños más ambiciosos de cualquier novelista fantástico, pues no solo poseemos volcanes sino que los producimos, como ese berreante, recién nacido Paricutín. Pero estos volcanes y montañas que nos aplastan no rodean a unos locos sino a unos seres melancólicos, tristes y silenciosos. La naturaleza de México —selvas, ríos, pantanos, abismos, desiertos— se ostenta en formas delirantes y barrocas, y su fantasía está más cerca de la locura que los calumniados hombres que la pueblan. Sin contar al advenedizo de Michoacán, ¿hay algo más extravagante, más contra los usos y costumbres de la naturaleza, que los ríos subterráneos de Yucatán, los desiertos del norte, las grutas de Cacahuamilpa y, en fin, todas las desmesuradas, encontradas y contradictorias maravillas y catástrofes que forman nuestro territorio? Solo, quizás, la política mexicana es tan pintoresca y enmarañada como nuestra naturaleza física. Pero ese es otro tema.

¿Cómo hemos replicado a nuestra naturaleza? Casi nada de lo que construimos mantiene relación viva con el suelo y el cielo de México; ni hemos intentado introducir un orden humano en este desbordante medio físico, ni nos hemos aventurado a imitar su atrevimiento en nuestra arquitectura. Nosotros no hemos logrado crear una cultura (y esto quiere decir sobre todo una arquitectura: un estilo de vida) personal, nuestra. El porfirismo imitó a los franceses, y los ricos de la Revolución a los yanquis. Pero no siempre hemos sido tan estériles. Si recorremos nuestro país nos damos cuenta de que aquí hubo, en dos ocasiones por lo menos, una arquitectura que se atrevió a expresar, frente a la naturaleza devorante, sus intuiciones, sus esperanzas y sus creencias. Teotihuacan y Uxmal, Puebla y Morelia, Monte Albán y Oaxaca, son buenos testimonios. Casi todo es ruinas. Ruinas mayas y ruinas aztecas, ruinas de Chiapas y ruinas de Veracruz. Todos los días los arqueólogos descubren, para su desdicha, nuevas ruinas: el suelo de la República es una vasta fosa común que guarda los restos despedazados de las viejas culturas precortesianas. Y en todos los pueblos se arruinan lentamente las iglesias coloniales, construidas muchas veces sobre las ruinas aborígenes. Somos un país en ruinas: un país para etnógrafos y arqueólogos. No nos visitan por lo que somos sino por lo que fuimos. Constituimos, en el mundo moderno, una curiosidad ya histórica, ya simplemente pintoresca. Pues ahora, ¿qué es lo nuestro?: la fabricación de pequeñas curiosidades típicas, de imitaciones y repeticiones de las artes populares. De la capacidad creadora de nuestros antepasados solo nos queda, por lo visto, la habilidad manual, la ligereza de mano y el sentido gracioso del color: juguetes de barro, huaraches, muñecos, petates, canastas, piñatas, todo un mundo de minúsculas maravillas, grotescas o cándidas, y siempre encantadoras.

Resulta cómica esta afición a las miniaturas inverosímiles cuando se tiene al Popocatépetl, a las pirámides de San Juan Teotihuacan y las selvas del sureste. Quizá la naturaleza y el resto de los países —especialmente nuestros vecinos— han monopolizado, en los últimos tiempos, las grandes empresas, el gigantismo físico y el espiritual. Como no hemos podido descubrir ningún nuevo continente, ni inventar el liberalismo o el comunismo, ni la producción en serie, no nos ha quedado más remedio para distinguirnos que sobresalir en el difícil arte de vestir pulgas. No seré yo quien condene esta extraordinaria habilidad, pues desde el punto de vista de la salud espiritual resulta igualmente monstruoso construir un rascacielos que vestir una pulga. Ambas actividades son el fruto de un desequilibrio. En una época la cultura estuvo hecha a la medida del hombre: algunos monumentos europeos así nos lo muestran. Ahora el hombre tiene que realizar un difícil esfuerzo de adaptación para vivir en una civilización que no tiene más preocupación que la de producir y vender, esclavizando y matando, lo que produce. El mundo europeo, durante algunos siglos, fue capaz de crear una cultura humana, ni demasiado grande ni demasiado chica. Luego, Europa se volvió monstruosa y, con ella, todo el mundo. Se hizo demasiado pequeña, incapaz de contener un industrialismo voraz y estéril.

Pero América es demasiado grande, replicarán los optimistas. Aquí cabemos todos. En efecto, es demasiado grande; «continente vacío», lo llamó un escritor mexicano. Pero no se trata de la grandeza física y, me atrevería a decir, ni siquiera de la grandeza espiritual, sino, más humildemente, del equilibrio: de humanizar a la civilización, de hacerla habitable otra vez.

México, a 9 de abril de 1943

Los caballeros águilas

En noticiarios, fiestas y reseñas de sociedad, cualquier descuidado lector de periódicos, vicioso del cine o presidiario de la vida diplomática y social habrá notado la frecuencia con que, en estos últimos tiempos, se intercondecoran e intercambian insignias y distinciones, con actividad y constancia ejemplares, los dirigentes políticos y diplomáticos de América. En ceremonias solemnes el ministro X entrega el Cordón de la Orden Z al embajador Y; a los pocos días, el embajador, en otra ceremonia, rodea el cuello del ministro con un collar equivalente. No faltan críticos de este regular y cada vez más copioso intercambio de estrellas, placas, cordones, lazos, collares, listones, cintas, bandas, diplomas; no solo les parece ridícula la costumbre, sino nociva, porque supone una indebida ostentación. Estos críticos amargados pertenecen a la misma especie desagradable de los que se indignan contra los excesos inocentes de nuestra sociedad: Hipódromo, Ciro's, modistos franceses, fantasías más o menos orientales de algún ministro andalucista, etc. Pero para otros, estas curiosas y arcaicas ceremonias son reconfortantes, pues los distraen de la monotonía y angustia de nuestro tiempo; son como un soplo refrescante, un eco alegre y pintoresco de antiguas prácticas olvidadas, una irrupción saludable y fresca de algo que la estúpida civilización mecanizada quiere sepultar bajo la lápida de lo grotesco, bárbaro y primitivo: el deseo de adornarse. La costumbre de engalanarse con insignias mágicas contribuye a vitalizar a la sociedad contemporánea —Hitler, con penetrante intuición, lo ha entendido así y cubre de medallas el ancho pecho de Goering— no solo porque otorga cierto bizarro y deslumbrante barroquismo al traje contemporáneo, desesperadamente uniforme, sino porque es una nueva comprobación de que los instintos del hombre nunca serán vencidos por los tabúes de la civilización. ¿No es satisfactorio comprobar que, detrás del frac y de la pechera abierta, en cada personaje diplomático hay una buena e ingenua alma de salvaje?

Como todos saben, lo que distingue al hombre del resto de los animales es su capacidad para construir artefactos. Tarde llama a nuestra especie: *homo faber*. Mediante las manos, que no le sirven para caminar, el hombre construye, al principio, hachas, chozas, canoas; más tarde, deja de alimentarse de raíces, frutos y cadáveres de animales: descubre la agricultura. Y así, en un proceso apenas interrumpido, ha llegado a la luz eléctrica, la industria, la aviación, la guerra mecanizada, el divorcio y los métodos anticoncepcionales —que substituyen e higienizan los antiguos y costosos infanticidios con que los salvajes regulaban la economía doméstica— y, en fin, todo lo que constituye la actual civilización. Todo esto lo ha logrado el hombre gracias a dos cualidades: la extraordinaria agilidad y habilidad, tanto nerviosa como muscular, de sus manos y su facultad inventiva y transformadora. El hombre es el único animal que produce cosas útiles y que es capaz de perfeccionar, transformar y distribuir estos productos. Esta capacidad, que se llama «técnica» —el útil que construye útiles— es la esencia, el motor del progreso. Pero, además, el hombre es notable por otra asombrosa y no compartida característica: es la única especie que crea cosas inútiles. Las abejas, aunque de un modo rudimentario y nada consciente, producen miel y la distribuyen en su pequeña sociedad, del mismo modo que nosotros azúcar; las hormigas construyen sus habitaciones como nosotros nuestras ciudades, pero ni las abejas ni las hormigas ni ninguna otra especie, excepto la humana, crea cosas inútiles. Nos gusta adornarnos, decorarnos; hemos inventado la máscara, la ceremonia, el rito, toda una serie de hermosos e inútiles objetos que no tienen ninguna utilidad práctica, pero que son imprescindibles para la especie. Una civilización se mide no solo por la cantidad de cosas útiles que produce sino también por la abundancia de objetos y costumbres superfluas. En estos momentos, sin duda de los más civilizados de la historia, ¡cuántas cosas nos sobran! Y en esta abundancia de usos, objetos y hasta hombres inútiles, radica la grandiosa complejidad, la extraña perfección de nuestra época.

Por eso me parecen injustas esas críticas biliosas contra el actual auge de la manía condecoradora. Son críticas contra la civilización. Entre los salvajes, las insignias tenían un doble sentido: eran, como entre nosotros, un distintivo o una distinción; pero también eran un talismán. Cada adorno poseía un poder mágico especial y significaba que su poseedor era un hombre temible, pues podía utilizar en cualquier momento la fuerza mágica encerrada en la insignia o condecoración. Más tarde, ya en épocas históricas, las condecoraciones eran expresión de un determinado privilegio social o económico: poseer una banda, una medalla o el cordón de una orden quería decir que se pertenecía a una cofradía de hombres privilegiados, con determinadas atribuciones sobre esto o aquello. Entre los salvajes, como entre los caballeros medievales o los cortesanos del siglo XVII y del XVIII, las condecoraciones tenían una utilidad; ahora, son completamente inútiles. No sirven para nada sino para otorgar a su poseedor una inocente satisfacción. Y en esta absoluta inutilidad de las condecoraciones modernas, que se distribuyen de un modo generoso, casi como una fórmula de cortesía, más que como una especial distinción, estriba su incomprendida grandeza. Porque quienes la ostentan no pretenden impresionar a nadie ya, ni ejercer con ellas determinados poderes o fuerzas ocultas sino, simplemente, satisfacer su instinto reprimido: el instinto primitivo de adornarse, de rodearse de cosas inútiles, lujosas y efímeras. Solo un odioso puritanismo y una ignorancia de la extravagante naturaleza humana pueden condenar, en nombre de la razón o del buen gusto, el instinto del adorno, innato en todos los hombres, y no solo en las mujeres y los salvajes, como piensan los moralistas.

Y, por último: el intercambio de condecoraciones no solo afirma la unidad de América sino que constituye un barato y bonito sucedáneo de esa otra colaboración económica y militar del continente, más hablada que practicada.

México, a 16 de abril de 1943

Divagación en torno al lector

Muchas veces me he preguntado ¿cómo será el lector que me lea? Inútilmente he tratado de representarme su figura, sus rasgos físicos y mentales. Ni siquiera su sonrisa, esa sonrisa que a todo buen lector ilumina cuando sus ojos tropiezan con una afirmación que lo hiere, ya porque solicita su repulsa, ya porque ha logrado su aprobación. Siempre que he pensado en ese posible lector el vacío aparecía ante mis ojos. Este resultado, sin embargo, nunca ha herido mi vanidad, pero sí me ha planteado otra cuestión, mucho más honda: ¿para quién escribo? Pues aparte del natural y no por eso menos condenable y vanidoso optimismo que encierra el preguntarse cómo es el lector que me lee, la verdad es que la pregunta encierra otra: ¿para quiénes escribo, para quiénes escriben los escritores que, como yo, no se dirigen a un público especial? ¿Quiénes son esos lectores, ese lector sin nombre propio, desconocido, vago, solo ojos, que se nos aparece en horas de vigilia y aridez como un fantasma, al que tenemos que seducir y atraer?

Sabemos, generalmente, por qué escribimos: todas las razones —y las sinrazones— que mueven a cualquier hombre a escribir se pueden reducir a una: el deseo de expresarse. Por eso se escribe: no tanto para agradar o cultivar a los demás como para satisfacer al hombre íntimo y confuso que cada uno lleva dentro. Pero ¿para quiénes escribimos los que escribimos para todos? Cuando se trata de escritores especialistas la respuesta es fácil. Para un escritor que ha hecho una especialidad de la física, de la química o de la política, es natural que sus lectores sean los aficionados a esa clase de estudios o de problemas. Lo mismo si se trata de una crónica deportiva que de una sección de modas o de divulgación histórica, el escritor ya sabe a quiénes se dirige. Él y sus lectores forman una comunidad, con las mismas preocupaciones, gustos semejantes, parecidos ideales. En estas circunstancias, su tarea está sometida a menores riesgos y azares; no teme la incomprensión y el equívoco, e incluso puede criticar sin piedad aquello que le parezca, aun contra la opinión corriente, seguro de que, aunque su crítica no sea compartida, será por lo menos entendida. Él y sus lectores se mueven en un mismo círculo y forman, en el mar de la sociedad, una pequeña isla de simpatía; su lenguaje es idéntico, las palabras poseen para todos un valor y un significado parecidos y ambos, escritor y público, parten de supuestos previos y comúnmente aceptados. Hace días leí una crónica que relataba un partido de béisbol. Confieso que no entendí nada, pues aquello más bien parecía un texto hermético o surrealista que una crónica deportiva. Sin embargo, el cronista conocía su oficio y se dirigía a un público entendido muy numeroso. Mi primitiva indignación fue substituida por el asombro y, luego, por la comprensión: aquel escritor deportivo, tan poco correcto gramaticalmente, era muy superior a muchos relamidos académicos y literatos que nos rodean y a quienes nadie lee, aunque todos admiran, pues era capaz de hablar para un público determinado, con su lenguaje propio, apasionando a sus lectores y creando entre ellos y él una comunidad de simpatía mutua. No es otro el verdadero objeto del escritor.

Pero ¿para quiénes escriben los escritores que no tienen un público determinado, ni temas fijos, ni preocupaciones especiales y cuya única especialidad es, si es posible decirlo así, la generalidad? La primera respuesta que acude a la mente es esta: escribo para todos. Todos... ¿quiénes son todos? Un político puede hablar de las «masas», porque para él no existe el hombre individual, concreto, sino una vaga entidad, de la que se sirve o a la que sirve, según el caso, que lo apoya y sobre la que se encarama para producir discursos, organizar manifestaciones, construir palacetes, intervenir en todos los negocios, acaparar el arroz y los boletos de los toros, etcétera. Pero un escritor no puede escribir para las «masas» ni para ese vago «todos» sin riesgo de convertirse en un escritor para NADIE. Entonces, ¿para quién se escribe, si no se escribe para el público? Pienso que se escribe para el «cada uno» que forma el público, para el «cada uno» con un nombre y un corazón, con una entraña y unos sueños, que no es superior, ni distinto del escritor. Escribo para ti, lector, para tenderte la mano, para estrechar tu mano. Pues escribo para expresarme, para aclararme muchas cosas que para mí mismo permanecen oscuras; y al expresarme ¿qué es lo que busco, si no busco tu simpatía? El arte de escribir, como el arte de leer, son artes de solitarios, de seres que viven en soledad. A solas leemos y a solas escribimos. Y leemos y escribimos, cuando estamos solos, para romper esa soledad, para poblar esa soledad con un diálogo silencioso. Escribo para ese solitario que me lee, no para la masa porque la masa no lee nunca: escucha, oye, pero no lee. Y ese solitario que me lee, al hacerlo rompe su soledad y rompe esta soledad mía, esta soledad que ya lo presiente y en la que escribo algunas pocas cosas, sin gran substancia ni fundamento, no para asombrar a nadie, ni para instruir o aconsejar, sino para sentirme menos solo, para sentirlo a él en mi soledad. Escribir es tender una mano, abrirla, buscar en el viento un amigo capaz de estrecharla. Es un intento de crear una comunidad. Y nada más.

México, a 23 de abril de 1943

Realismo y poesía

En una sala de la ciudad se ha inaugurado, en estos días, una exposición del pintor español Ramón Gaya. La exposición reúne gran parte de la obra reciente de Gaya: óleos, *gouaches,* dibujos... En total, ochenta obras, fruto de una vocación que ha tenido que vencer muchas crisis y muchas resistencias, interiores y externas, durante estos cuatro últimos, amargos años. El campo de concentración, los días de Francia, la salida a México, el destierro... ¿Hay alguna huella de todas estas vicisitudes en la obra de Gaya? En apariencia, por lo menos, no. Como si quisiera subrayar que hay cierta distancia entre la vida y el arte, no ha intentado relatarnos nada de lo que le ha ocurrido, nada de lo que ha visto caer y hundirse en el polvo. Desasida de todas las circunstancias dramáticas del hombre contemporáneo —y de todas sus íntimas angustias—, su pintura parece atravesar indemne estos años de guerra y destrucción, estática y ajena, como en otro mundo. Casi todos los pintores están muy atareados en retratar nuestro mundo, y en sus cuadros lo juzgan, lo interpretan, lo condenan o lo salvan. Este afán les impide muchas veces reparar en algo que constituye la esencia de su arte: ver el mundo de las formas. Orgulloso dentro de sus severos límites, Gaya no incurre en esta vanidad y no intenta convertir a la pintura en vehículo de sus ideas. Desengañado de todo ese humo ideológico, se rehúsa a hacer de la forma un discurso y del discurso un sermón. Pintar es ver, ver con unos ojos puros, penetrantes; y reproducir lo que se ve con una mano igualmente fría, desinteresada y limpia.

Si su pintura no está contaminada por las ideas, ¿lo estará, acaso, por los sentimientos? En apariencia nada menos sentimental, menos emotivo, que la pintura de Gaya. Este pintor no pretende hacer a su obra cómplice de su alma. Ni sentimientos ni sensaciones invaden la atmósfera cerrada de sus cuadros; su corazón no hace temblar su pulso tranquilo y exacto. Es natural que semejante imparcialidad, que semejante castidad, escandalice a muchos, que no vacilarán en condenarlo. No será difícil que alguien, poco avisado, lo llame «pintor académico». (Como si lo académico no fuera ahora ese monótono surrealismo, esa vacía especulación abstracta, esa falsa novedad, migajas de un banquete hace mucho terminado, que se expone en casi todas las galerías.)

La obra de Gaya tampoco es una especulación, una invención técnica. No intenta continuar las exploraciones formales de los últimos tiempos: sencillamente, recoge todas esas experiencias y las ata a la tradición de la pintura. Juan Gil-Albert dice, muy acertadamente, que Ramón Gaya «continúa la pintura». ¡Cuánto heroísmo, cuánta honradez y qué verdadera vocación de artista se necesita para constreñirse a ser lo que se es: un pintor! Pues Ramón Gaya, crítico, poeta, hombre de nuestro tiempo, cuando pinta no quiere ser más que un pintor. En esa fidelidad a su propio ser hay mucho orgullo y, tras la aparente transparencia de esta decisión, algo satánico. Todos queremos ser otra cosa y solo muy pocos se atreven a ser lo que son. Orgullo y fatalidad se mezclan aquí, de modo indescifrable, como en el Satán de Milton: el único placer que le proporciona su fatal naturaleza es el orgullo de soportarla.

Con todas estas limitaciones —pureza e imparcialidad, fidelidad al mundo externo— cualquier otro que no fuera Gaya produciría una pintura vacía, hueca, o una pobre reproducción de la realidad. Pero el realismo de Gaya, como el de todo verdadero artista, se evade de la realidad no dándole la espalda, sino penetrando profundamente en ella. Ni su mano ni su ojo tiemblan o se contagian del temblor anímico, pero su pintura posee esa sensibilidad, ese sentimiento y esa atmósfera misteriosa que tanto buscan, a través de sus desafueros, muchos de sus contemporáneos. La pintura no solo es un procedimiento para pintar formas, colores y volúmenes; ni para crear o inventar nuevas criaturas. Si la pintura es un arte —y nadie lo duda— es porque expresa un alma y un mundo. Pero los expresa involuntariamente, casi de un modo gratuito. Gaya no pretende expresarse en la pintura, ni expresar su mundo personal, extrañamente poético, lleno de una gracia fatal y triste; y porque no lo pretende, porque no quiere traicionar a la pintura con sus confesiones, la pintura lo recompensa y lo expresa. Lo expresa de un modo natural, sin artificio, como el sol descubre de pronto la alegría para los hombres y baña, insensible y magnánimo, un muro, un cuerpo desnudo, un prado verde, con una luz dichosa y extática.

La pintura de Gaya nos regala algo ausente de casi toda la pintura contemporánea: un mundo. Los *gouaches* de Francia, el retrato de Concha Albornoz, *El eucalipto, La cinta,* son algo más que pintura, son algo más que color, forma, volumen y atmósfera, no porque dejen de serlo sino porque se han vuelto ya otra cosa: espíritu, alma. Estos cuadros son algo más que un discurso o una confesión; son la vida misma, la vida en su magia, en su transcurrir, en su fatalidad desdichada y graciosa. El arte no es la vida pero su misión consiste en crear otra vida o en eternizar esta. Ramón Gaya, en estos cuadros, no crea otra vida sino que salva unos pocos minutos de esta vida nuestra y los hechiza y detiene, sin que pierdan su fluencia. Y al salvar de sí mismo a una porción del tiempo, ¿quién duda que salva de la muerte a un poco de nosotros mismos?

México, a 26 de mayo de 1943

El auge de la mentira

En los tiempos antiguos el hombre no era más crédulo que en los presentes —aunque sí más creyente—. La falta de fe, el escepticismo, la desconfianza, no ciegan las fuentes de la credulidad, solamente la hacen cambiar de color y de objeto. Ya nadie cree en las sirenas, ni en la alquimia, pero muchos millones creen al doctor Goebbels y casi todos los habitantes del planeta prestan crédito al mundo que les pinta Hollywood —crédito que jamás han concedido a un filósofo o a un científico—. La credulidad de los antiguos, al contrario de lo que ocurre ahora, no nacía del cansancio de buscar y de las sucesivas desilusiones de la historia y la vida interior; su fuente era más pura y por eso sus imágenes también poseían frescura y pureza: nacían del candor, del asombro. El hombre moderno cree por desesperación, porque todas las explicaciones le han fallado o han resultado insuficientes: cree por debilidad de la razón, no por exceso de imaginación. Generalmente se intoxica con cualquier teoría o con cualquier pobre sucedáneo cinematográfico; si asiste a un mitin, lo que pretende es buscar, ciegamente, un nuevo contacto con una noción que la vida moderna le ha hecho perder: el sentido de la fraternidad; si va a un cine, lo que intenta es emborracharse de optimismo, vivir la vida que no puede vivir, satisfacer unos instintos reprimidos durante el día o encontrar el olvido de sí mismo.

Los griegos, ese pueblo de políticos, sentían una profunda e instintiva desconfianza frente a los razonamientos y promesas de los políticos y, hasta muy avanzada su historia, dudaban de los filósofos y escarnecían a los utopistas. (No tuvieron profetas, en el sentido hebraico de la palabra.) Y, sin embargo, aceptaban y creían todas las fábulas de los poetas. La religión griega no fue una creación de los sacerdotes ni de un alto clero; tampoco el producto de la filosofía o del pensamiento moral: la religión griega fue una creación, una libre creación, de los poetas griegos. Ni Homero, ni Hesíodo, ni ninguno de los creadores de los mitos de Prometeo, Afrodita, Zeus o Hera fueron intelectuales, santos, profetas o clérigos. Para todos los modernos, la poesía es, evidentemente, una mentira manifiesta, cuando no un extravío reprochable; y si la seca y reflexiva poesía moderna es considerada como superchería y locura, ¿qué decir de la poesía griega? Cuando un poeta dice que las olas son una manada de cabras que trepan por la playa rocosa, ¿quién le puede creer? ¿Y habrá algún loco que tome en serio las hazañas de Aquiles, el tormento de Prometeo, la caja de Pandora, el nacimiento de Venus o el castigo de Galatea? Sí, hubo unos locos que creyeron esas fábulas de los poetas: los griegos, los mismos que desconfiaban de la razón y condenaron a Sócrates..., no obstante que fueron los primeros que descubrieron la razón especulativa, fundando así la ciencia y la filosofía.

Los mitos, esas invenciones y fábulas de los poetas, no impidieron a los griegos concebir la geometría, fundar los sistemas del razonamiento y, en fin, producir una filosofía que no hemos hecho sino desarrollar. La cultura griega no fue sino una racionalización de los mitos griegos. Su educación, una pedagogía tendiente a aplicar y realizar entre la juventud los ideales y las virtudes de los héroes míticos. Filósofos, políticos y pensadores no hicieron otra cosa que racionalizar, explicar y aplicar las intuiciones de los poetas. (A la inversa de lo que ocurre entre nosotros: se quiere un arte al servicio de la religión, de la industria o de las necesidades del Estado. Se crea así un arte oficial, aristocrático, precisamente lo contrario de lo que se pretende.) La teoría de Platón sobre las reminiscencias y los arquetipos, singular anticipación de la doctrina del inconsciente colectivo de Jung, ¿no es acaso la primera y ya afortunada tentativa para explicar los mitos de los poetas, no como simples mentiras sino como verdades ocultas, como figuradas expresiones de la memoria inconsciente y sobrepersonal?

Salvo Platón, poeta en su juventud, los griegos no desconfiaron de la poesía ni la juzgaron irreal y mentirosa. Sabían que la imaginación no es lo contrario de la realidad sino su metáfora. Una creación poética, si lo es de verdad, contiene a la realidad, aunque no la exprese en términos exactos, científicos o racionales. No mintieron Homero ni Cervantes cuando crearon a Aquiles y a don Quijote, como no mintió Flaubert cuando dio vida a Emma Bovary. Los sabios, especialmente los psicólogos y los antropólogos, se sirven de los mitos de los poetas para bautizar sus descubrimientos, porque fueron ellos los primeros que revelaron los misterios de la personalidad y los primeros que expresaron los enigmas de la naturaleza. ¿Qué ha hecho Freud sino glosar y explicar la tragedia griega, el mito de Edipo y el de Electra? ¿Qué han hecho Frazer o Lévy-Bruhl sino servirse de los mitos primitivos, no para negarlos como simples mentiras sino para explicarse el alma y la sociedad arcaicas? La imaginación le sirve al hombre para expresar a la realidad, no para corromperla o mutilarla.

Pero ahora el hombre se rehúsa a la imaginación. Ha dejado de creer en los poetas, aunque sigue prestando crédito a sus baratos sucesores: los empresarios de Hollywood —para no hablar de los nuestros— y los empresarios de la locura, como Hitler... La decadencia de la imaginación no nos ha hecho amantes de la exactitud sino que nos ha entregado a la mentira. Es ella la que triunfa, disfrazada de realidad.

México, a 2 de junio de 1943

La jauría

Asistimos a una época abyecta en la historia de la crítica literaria de México. Vivimos un falso auge económico, que al mismo tiempo que enriquece a especuladores, políticos y banqueros, produce la miseria de las clases pobres y medias; bajo el manto de la unidad nacional y de la colaboración internacional contemplamos las uniones más sospechosas y las amistades más equívocas, que no se traducen sino en un desvergonzado aumento de las ganancias de una minoría voraz; la simulación política alcanza las proporciones de un carnaval permanente; el cine especula groseramente con los sentimientos religiosos y con las mejores emociones del pueblo; algunos periódicos prefieren el chisme a la crítica; el rumor desplaza a la polémica; México se ha convertido en el país de la falsificación y la mentira. En esta atmósfera de miseria y de falsa riqueza material y espiritual, los escritores —y muchos que se disfrazan de tales— han iniciado una estéril y nueva especie de demagogia: la simulación de la crítica. Cada grupo o capilla (amparados en nombres como la humanidad, América, la democracia, la guerra u otros por el estilo) intenta establecer una suerte de crítica en la que se hallan curiosamente los procedimientos del chantaje con los de la Inquisición. Incapaces de realizar una crítica creadora y honrada, ofenden e injurian a todos aquellos que piensan que la literatura no tiene nada que ver con la charla de los loros, con el mugido de las vacas o con las palabrotas de los matones y pistoleros. Cada jefecito o caudillo literario posee para sus usos personales (que cuida muy bien de disfrazar bajo el rubro de «intereses sagrados de la nación o la democracia») una diligente manada de perros literarios que ladran y muerden a todo aquel que señala el capricho, la envidia o el resentimiento del tiranuelo. A veces, los *gangsters* literarios, profesionales de la ofensa como único procedimiento de discusión intelectual, no tienen un jefe o un antecesor de quien heredar los odios y el resentimiento; entonces se juntan en pandillas, que llaman grupos o asociaciones, y redactan en hojas volantes monótonos rosarios de injurias.

Este fenómeno no es exclusivo de la casta literaria y artística: es un reflejo y una imitación de vecindario de lo que ocurre en todo el país. Del mismo modo que la burguesía se enriquece con la falsa industria de la construcción, del mismo modo que muchos políticos prefieren simular la democracia a ejercerla, estas ociosas comadres prefieren disfrazarse de literatos en lugar de serlo. No solo la injuria se finge crítica; los manifiestos políticos mienten ser poemas; las divagaciones místico-indigenistas se visten con el ropaje de la novela y hasta del marxismo; anacrónicos Antonios Plazas confunden sus sórdidos conflictos erótico-cabareteros con la poesía y pretenden hacernos creer que esa chabacanería de hampones es la expresión del sano espíritu del pueblo; los pintores prefieren redactar artículos a pintar cuadros; los señoritos y las señoritas de la clase media disfrazan su cobardía de imparcialidad, su beatería de narcisismo, su ocio de literatura, y nos quieren vender otra vez su vieja mercancía colonialista, ahora ungida por rótulos filosóficos que compran en el expendio de la Facultad de Filosofía y Letras; algunos náufragos europeos pretenden escapar del Diluvio convirtiendo a América en una teosófica Arca de Noé en la que caben la paloma, el toro, el buey Apis, la Virgen de Guadalupe y Vladimir Lenin... En todas partes brotan banderas, grupos, ligas, asociaciones, juventudes de esto y aquello, todos dedicados a la especulación de la vanidad o a la expresión del resentimiento.

No hay que decir que toda esa actividad febril, inútilmente ataviada de literatura, es un fruto del ocio, de la impotencia y del resentimiento. Siempre han existido los impotentes y los resentidos, pero nunca su número ha sido tan crecido y nunca fueron tan impúdicos como ahora. Son explicables las injurias que provocaron en su tiempo los románticos, los gongoristas o el desdichado Alarcón. Pero resulta inútil querer encontrar en los balbuceos rabiosos de los pandilleros alguna pasión auténtica, alguna idea, alguna posición o doctrina. ¿Se puede entablar una polémica con los monos, aunque chillen, o con los loros, aunque parloteen?

El fenómeno no es inexplicable. Se trata, en primer lugar, de un reflejo: esta superabundancia de «críticos» corresponde a ese exceso de dinero, de cabarets, de espectáculos, falsa industria y falsos negocios que caracterizan este momento de México. Esta falsa riqueza es la expresión de una verdadera penuria intelectual: casi no hay creadores. Sería superficial atribuir a pura tontería y maldad el carácter de la «nueva crítica». Debajo de toda esa gritería hay algo muy triste y espantable: el vacío. Para salvarse del vértigo, del horror y de la seducción que ejerce el vacío, muchos gritan y gesticulan. De este modo pretenden huir de sí mismos y de su esterilidad: es más fácil chillar que escribir un poema. La crisis es mucho más profunda, aunque sus síntomas externos sean tan despreciables; es una crisis de la literatura mexicana que abarca no solo a los pobres pandilleros sino a todos, sin excluir a las víctimas de las injurias y provocaciones de los *gangsters*. Examinar el carácter de esa crisis no es el motivo de este artículo. Baste decir que corresponde a una crisis de toda la sociedad contemporánea, de sus sistemas y de sus hombres, de sus ideales y de lo que, vanidosamente, se han llamado «valores eternos».

Es difícil afrontar los deberes amargos que la realidad nos impone. Pero frente a tantos problemas y preguntas que nos acechan hay solo una actitud: la probidad intelectual... La literatura mexicana, como la vida de México, está llena de limitaciones, cobardías, deserciones. Pero ninguna discusión se podrá entablar mientras persistan la simulación y la mentira como formas de ser. Lo primero que tienen que ser los críticos es ser críticos de verdad. Y esto quiere decir: acercarse con amor, limpios el corazón y la cabeza, a las obras.

México, a 9 de junio de 1943

¿Para qué se pelea?

Parece locura preguntar, ahora, en plena guerra: ¿para qué se pelea? Cuando alguien hace una pregunta de esta naturaleza, la gente se escandaliza. Y los que no fulminan al impertinente, contestan con frases vagas acerca de la Libertad y la Democracia, o enumeran los horrores cometidos por los totalitarios. Y, sin embargo, es necesario y saludable preguntarnos y preguntar a todos los que dirigen la guerra: ¿para qué y por qué se pelea?

Las necesidades de la propaganda hacen cada día más triviales nuestros razonamientos e ideas y más superficial nuestra imagen del nazismo. Se nos habla de los horrores del nazismo, pero nunca se nos explica la fuente de esos horrores; al destacar la brutalidad de los procedimientos nazis, generalmente solo se subraya su brutalidad, su carácter ofensivo y bárbaro, pero no se nos dice nada en torno de los sistemas políticos nazis, ni se pretende hacer luz sobre la historia social de los últimos años. Y solo en esa historia podremos encontrar una explicación sobre la brutalidad de los totalitarios. Esta excesiva simplificación de la realidad hace pensar a la gente sencilla que los procedimientos de los nazis son el fruto de una especial malignidad del pueblo alemán. Pero nosotros no somos racistas; sabemos, por lo tanto, que los procedimientos militares y políticos de los totalitarios no tienen nada que ver con esa supuesta maldad innata, sino que representan, simultáneamente, una monstruosa utilización de la técnica moderna y un lógico desarrollo de sus doctrinas políticas.

Se oye decir a menudo que nazismo y germanismo son lo mismo. Muchos de nuestros compañeros —y casi siempre los de última hora— intentan identificar el nazismo con Alemania, a Italia con el fascismo y al Japón con los militares imperialistas. Afirmaciones semejantes conducen a un totalitarismo diverso, apenas cubierto por la palabra democracia, pero más peligroso e hipócrita. El nazismo, claro está, posee muchos rasgos alemanes, privativos de Alemania y su tradición, pero su esencia es universal. No es distinto, en todo caso, al ridículo y sangriento falangismo, ni a tendencias semejantes, que han brotado en todas partes del mundo, allí donde las condiciones sociales lo han permitido. El nazismo no es un hongo alemán, aunque se justifique con las teorías de Nietzsche, declame a Wagner y use la vieja bota prusiana, como el fascismo no es solo italiano, aunque el régimen sea una copia pobretona del cesarismo y en los discursos de Mussolini se alíe la música de ópera a las olvidadas gesticulaciones de la Bertini. El totalitarismo capitalista es el fruto último del capitalismo desesperado; la «economía dirigida» en esos países significa la dictadura de un grupo de magnates, que han prescindido de los guantes blancos y prefieren los modales de los *gangsters*. Antes de saquear a Europa, Hitler robó y explotó al pueblo alemán. Y en todos los países en donde prevalezcan condiciones semejantes a las que existían en Alemania al tomar los nazis el poder, se producirá el mismo fenómeno, aunque los asaltantes recen a Buda en lugar de rezar a Votán. Por lo tanto, luchar contra el nazismo quiere decir, luchar contra las condiciones sociales y políticas que hicieron posible su triunfo en Alemania y... en otros sitios.

Sí, en otros sitios. Porque si Hitler triunfó en Alemania, como después en España, Austria y Checoslovaquia, es porque antes había triunfado diplomáticamente en Londres, París y Washington. Existe un frente interno de batalla: el combate contra los «apaciguadores». Pero los círculos que ayudaron a Hitler desde el exterior no lo hicieron por simple simpatía ideológica, ni por ignorancia acerca de la verdadera naturaleza del movimiento hitlerista; los apaciguadores defendían sus intereses, los intereses sociales de su clan privilegiado. Mañana brotarán otros «apaciguadores» dispuestos a pactar con un pelele creado por el militarismo y los capitalistas alemanes, listos a defender sus ganancias a costa de la libertad de los pueblos. Harold Laski, el famoso economista inglés, demostraba hace poco que en Inglaterra, pese a los impuestos, la guerra había acelerado considerablemente el proceso de concentración de la riqueza. Esto significa que la renta nacional ha crecido vertiginosamente, sin que ese aumento beneficie al pueblo en general, sino a un grupo cada vez más reducido. El monopolio crece, alimentado por la guerra, y en proporción semejante crece el número de trabajadores. ¿Y después? Seguramente ocurre otro tanto en los Estados Unidos. Ahora bien, este clima es propicio al desarrollo de los gérmenes totalitarios. En México muchos especulan y se enriquecen con la guerra; los especuladores de hoy serán los padres de los nazis del mañana.

Estos ejemplos muestran que no basta aniquilar a Hitler en los campos de batalla, e iluminan el carácter de la lucha. Esta guerra no solo es una guerra militar; es una guerra de pueblos, esto es política. No es todo liquidar a Hitler; hay que liquidar las posibilidades de un nuevo totalitarismo, en cualquier país. Por eso es saludable preguntarse: ¿para qué se pelea? Se pelea para crear un mundo en donde la libertad y la democracia no engendren la explotación y el imperialismo, padres del régimen totalitario.

Cuestión de palabras

Cuando se quiere señalar la futilidad de una disputa o de un problema se acostumbra decir: «eso no tiene importancia, es cuestión de palabras». Pero, justamente, son las palabras las que separan a los hombres o las que los unen, porque la palabra es algo más que sonido: es pensamiento, sentimiento, acción. Casi todas las grandes cuestiones, las empresas atrevidas y los sucesos heroicos han sido «cuestión de palabras», al menos en su origen. Por la palabra se define al hombre y es la palabra la que lo lleva no solo a formular su pensamiento sino también a realizarlo. Palabras son, y nada más que palabras, los Evangelios, mas ¡qué llenas de pasión y de carne, de realidad y de ternura!

Las palabras se podrían dividir en dos clases: aquellas que poseen un poder de contagio y encienden en el ánimo de los hombres la necesidad de la acción o del sueño, y las palabras estériles, sin fulgor, con las que nos comunicamos para entendernos. Unas revelan lo mejor de nosotros; las otras solo son un instrumento para cumplir nuestros quehaceres cotidianos. Dejemos a las grandes palabras en paz; ahora se hace un uso inmoderado de ellas para ocultar la pequeña y sórdida verdad que se esconde detrás de su grandilocuente mentir. Asfixiado por las grandes palabras, el hombre contemporáneo no repara en las pequeñas; quizá en ellas está la verdad de esta época de mentira y demagogia.

La política mexicana está llena de grandes palabras. Casi todas ellas no poseen contenido alguno, ya porque nunca lo tuvieron realmente, ya porque lo han perdido a fueza de ser repetidas por labios mentirosos. La Revolución mexicana ha creado sus grandes palabras; con ellas, como hijas tímidas y, sin embargo, legítimas, han surgido otras, menos retumbantes y mesiánicas pero reveladoras de una descomposición y de una decadencia. Los clanes y tribus políticos usan un lenguaje pintoresco de especialistas. (Sabido es que el político es el hombre que tiene por especialidad las cuestiones generales de la sociedad; el uso de un lenguaje hermético delata que la mayor parte de estos «políticos» solo son burócratas o aspirantes a burócratas.) Nada más lejano al nuevo vocabulario que el lenguaje rudo y llano de los rancheros y provincianos, que las expresiones oscuras y cargadas de sentido que han creado boleros, choferes y demás tipos citadinos que Cantinflas encarna, despojo y gracia de la ciudad o, por último, que los restos del verdadero lenguaje revolucionario. El lenguaje de los políticos es un lenguaje híbrido. Veamos algunas expresiones.

El diputado o senador que «controla» la opinión política de los «bloques camerales» se llama «el cerrajero». Con esta expresión, tan oscura como la palabra «chicho» o la palabra «niguas», se quiere decir que el jefe político posee la llave que abre la puerta de la Cámara. Pero ¿nada más la llave? No, puesto que se llama cerrajero, es capaz de abrir la puerta sin usar llave... y sin forzarla. No de otro modo se expresan las personas que viven al margen de la sociedad. Y es que los políticos de esta clase viven, en efecto, al margen de la sociedad mexicana.

En una época se habló de las «infanterías de la Revolución». La expresión recordaba las grandes marchas de los ejércitos revolucionarios, pero en realidad designaba a lo que nuestro pueblo llama «la borregada». El empleo del verbo «respaldar» y sus inflexiones delata la idea que esa gente tiene de los puestos públicos: se pide el «respaldo» de un influyente para «sentarse» en una curul o en una oficina. Gobernar es... sentarse sobre una dorada silla del presupuesto. Hay algunas palabras abyectas: «el hueso», que convierte en perro al que lo monda y en esqueleto a la nación; «la mordida», expresión nuevamente canina, famélica y rabiosa; «el coyotaje», de igual ascendencia y que muestra hasta qué punto esta clase de palabras son expresiones de estómagos insatisfechos y dientes feroces. La palabra «bloque» recuerda al cemento; no es inexacto: la unidad de las tribus políticas es unidad de piedra y no de conciencia. Se habla mucho de la «política del dedazo»; con esto se quiere decir que el favorecido le debe el puesto a un simple gesto del índice de un poderoso. «El dedazo» substituye al respaldo, como el respaldo al espaldarazo. La evolución es curiosa; el espaldarazo aludía al acto de armar caballeros; el «respaldo» era una invitación a sentarse a la mesa del presupuesto; «el dedo» señala a los criados.

La lista es interminable: ¿qué decir de los «enjuagues» mediante los cuales ciertos aprovechados meten las manos, a lo Pilatos, en aguas no precisamente limpias? Todas estas palabras revelan dos cosas: se trata de un lenguaje descompuesto y pintoresco, más propio de cómplices que de compañeros; es notable que en ellas solo aparezcan ideas de lucro, de ganancia o de engaño. El lenguaje de algunos de nuestros políticos es generalmente hinchado y grandioso cuando se dirigen al público; pero si se quiere saber qué clase de realidades ocultan, basta meditar acerca del sentido de las palabras que más arriba mostramos al lector, en un apresurado y triste ramillete.

México, a 28 de junio de 1943

Arte tricolor

De tiempo en tiempo el reducido mundo artístico mexicano se conmueve con un vocerío: la exigencia, expresada a gritos y con aires de matón, de que nuestra pintura, nuestra literatura y nuestra música se tiñan con los colores de la bandera nacional. La exigencia tricolor e iturbidista, disfrazada de amor al pueblo, intenta también naturalizar mexicanas a la filosofía y a la ciencia. Algún profesor de Filosofía —y algún joven aprendiz— ha hablado de la «necesidad de una filosofía mexicana». Confieso que nunca he entendido el significado de esta pretensión: ¿se trata de la filosofía que hacen o deberían hacer los mexicanos o se intenta una filosofía basada en principios particulares, oriundos de esta tierra y diversos al resto de los que sustenta la filosofía universal? Laforgue decía que el cielo no tiene patria, ¿acaso la verdad la tiene? Es curioso que estas tendencias patrióticas surjan en momentos en que todos hablan de unidad nacional para sus fines particulares, excepto el verdadero pueblo, que ya no habla, desfallecido por la dieta a que lo someten las clases ricas, y que apenas escucha, escéptico, los parloteos de sus redentores de todos los matices. A un género semejante de patriotismo —escamoteo de la verdad y pura apariencia— corresponde la última gritería que clama por un arte ataviado a la mexicana: decorar una pulquería en lugar de pintar lo que sucede (puesto que se tienen aspiraciones de cronista épico) no solo es negar un pasado —también lo niegan los generales que hicieron la Revolución en el campo y la deshacen en las ciudades— sino substituir la verdad por la mentira y el arte por una vulgar mascarada.

Cuando el pueblo mexicano luchó contra la intervención francesa y el partido clerical, no solo defendía lo que se llama «la soberanía nacional»; defendía, al mismo tiempo, las ideas liberales, porque esas ideas, extranjeras de origen, no pertenecían a ningún pueblo determinado sino que eran un patrimonio de todos los hombres. El pueblo y sus líderes «extranjerizantes» (Ramírez, Juárez, Altamirano y demás «afrancesados») habían hecho suyas las ideas liberales no solo de un modo académico, sino sirviéndose de ellas para destruir los privilegios de la Iglesia y dando su sangre por ellas. Y esta es la única manera de «mexicanizar» una idea y de hacer nuestro lo universal. ¡Qué pobre y qué mezquino, junto a esto, aparece el propósito de buscar, estérilmente, una verdad que solo nos pertenezca a nosotros! Por lo que a mí se refiere, declaro que no quiero para los mexicanos nada que no sea para el resto de los hombres... En la época de Juárez el «patriotismo» estaba representado por el arzobispo Labastida y el general Miramón, expresión de un pasado injusto y podrido... pero nuestro. Y en la época de Porfirio Díaz la afrancesada camarilla de los «científicos» se disfrazó con los colores de la bandera para señalar a Madero como un instrumento de los yanquis. Victoriano Huerta también fue mucho más patriota que Carranza; hasta quiso declarar la guerra a los Estados Unidos. Y, más cerca aún, ¿no hemos escuchado con asombro a Junco y Pallares llamar a los grupos avanzados partidarios de «doctrinas exóticas»? En efecto, el marxismo es exótico en México, como la nueva industria, la física no euclidiana, el psicoanálisis y la poesía de Rimbaud; también lo fueron, en su tiempo, el catolicismo, el burro y las armas de fuego; y, más tarde, la filosofía positiva, los ferrocarriles y el derecho de huelga. Todas estas cosas han ido haciendo lentamente a nuestro pueblo; algunas de ellas son ahora un pasado muerto, que estorban su marcha. ¿Por qué negarse a lo vivo y universal, solo porque vive para todos? ¡Dialéctica de muertos en vida!

Un artista mexicano tiene, ante todo, que asimilar la tradición universal, no solo de su país, por más rico que sea su pasado artístico. Y esta exigencia no tiene nada que ver con la erudición, con la simple curiosidad o el estéril mariposeo. La tradición, como se sabe, en su verdadero sentido quiere decir el pasado vivo; y por vivo, este pasado es, simultáneamente, presente que nos seduce aún y nos hiere. Sin la tradición, que es conquista y no herencia, búsqueda apasionada y no legado testamentario, el artista se convierte en algo sin raíz. Pero no basta la tradición; la imaginación se nutre de la realidad. Un artista debe vivir, no en las nubes, como piensan los sentimentales, ni en París, como suponen otros, ni entre los códices y las ruinas precortesianas, sino en la realidad. Vivir en la realidad significa vivir entre los hombres, escuchar su silencio tanto como sus palabras y escucharse a sí mismo. Después, claro está, hay algo imponderable: el talento de cada quien, y quizá el azar afortunado que nos lleva a expresar todo lo que hemos visto y oído.

No entiendo cómo un artista puede «acercarse al pueblo»; cuando lo hace, intenta seguramente explotarlo o falsificarlo. En cambio, me parece muy natural que un artista forme parte del pueblo, aunque haya nacido en una clase distinta. Si tiene los ojos puros y el corazón limpio, si es un artista de verdad, no hay peligro de que lo traicione cuando lo exprese, porque al expresarlo quiere expresarse a sí mismo. Para eso no es necesario disfrazarse de charro ni de obrero, ni adquirir el lenguaje y los procedimientos del hampa —que siempre ha sido enemiga del pueblo—, ni mucho menos aturdirnos con una fraseología revolucionaria al gusto del momento político. Del mismo modo no entiendo cómo un artista puede preocuparse de si su obra es mexicana o no lo es; si hay algo, un tono, un saber, una amargura o una esperanza en nuestro decir, si en verdad hemos creado algo vivo y no un seco fantoche, allí, visible o en secreto, estará México. No la bandera mexicana, no el concepto político y superficial, sino el carácter, el genio, el acento del hombre mexicano. Tampoco entiendo cómo se puede insistir tanto acerca de la «mexicanidad» de López Velarde y del «afrancesamiento» de Gutiérrez Nájera. El poeta de *Zozobra* admiraba a Baudelaire y en su obra hay una fuerte influencia de los sudamericanos Herrera y Reissig y Leopoldo Lugones, dos grandes poetas del modernismo, ese movimiento literario gracias al cual los hispanoamericanos hicimos nuestra la tradición francesa. López Velarde logró asimilar esa tradición extranjera; al hacerla suya y adueñarse de sus procedimientos expresivos, logró expresar un momento de México y del hombre. Si pudo decir a una mexicana: «con tu mirada de mestiza pones la inmensidad sobre los corazones», es porque estaba enamorado de la mujer, no de su ropa ni de su condición nativa. La ropa, la nacionalidad, el color de una piel o de una mirada no son sino los encantos que se añaden a la primordial fascinación: la de la mujer. Desnuda, mestiza o criolla, la mujer era la encarnación de un viejo misterio común a todos los hombres y a todos los tiempos. ¡Qué lejos estamos de la Venus mecánica de Villiers de L'Isle-Adam y de los maniquíes y piñatas que hasta hace poco estuvieron de moda! Gutiérrez Nájera, en cambio, no pudo nunca ver a la mujer desnuda; siempre la vio con ojos exóticos, ataviada o decorada de española o francesa, de yanqui o mexicana. Su obra, en buena parte, es externa, como fue externo su «afrancesamiento»; no era algo vivo e incorporado a su ser sino una máscara. Fue una canción aprendida la suya y jamás sus sílabas se mezclaron a la de su corazón.

Lo que se dice del «afrancesamiento» de Gutiérrez Nájera también se puede decir de una gran porción del exotismo regionalista e indigenista. Ambas tendencias, hermanas siamesas aunque se detesten entre sí, expresan el mismo anhelo cosmopolita y superficial de una burguesía pobre que gesticula y «quiere estar a la moda», ayer con Verlaine, hoy con Gauguin. Aunque unos bailen al son de París con la cara polveada y otros al son del teponaxtle, con zapatos Florsheim para nativos o para turistas, todos son, simple y sencillamente, títeres de un mismo tablado.

México, a 5 de julio de 1943

El dormido despierto

En una revista literaria mexicana —*El Hijo Pródigo*— que tiene más enemigos que lectores atentos, como siempre pasa entre nosotros, se publica, en su número de junio, un editorial en el que se declara, un poco vagamente, cuáles son los propósitos de sus redactores. Sin hacer suya ninguna doctrina en boga, indican que la misión del escritor es «despertar al hombre». No faltará quien se escandalice con la frase: ¡despertar al hombre! ¿Acaso está dormido? Por el contrario, nos dirá alguno, el hombre casi no duerme y, cuando duerme, lo despiertan y lo arrojan, otra vez, a la lucha cruel. ¿No es la misión de artistas y poetas, esos «soñadores», comunicar sus sueños a los hombres y hacerlos soñar un poco?

Pues bien, no. El artista, ese soñador, ese lúcido sonámbulo, no quiere que el hombre duerma sino que despierte. Por eso no le cuenta cuentos de hadas ni intenta adormercerlo con la droga embrutecedora de la fantasía, como el cine, sino que le revela sus sueños. Y no solo los de cada hombre, a solas con su alma y con su infancia, sino el gran sueño de todos, el sueño del mundo. El hombre despierto olvida sus sueños nocturnos y, al olvidarlos, se traiciona. El poeta le da, en la vigilia, los mismos sueños para mostrarle que no son una fantasía horrible y sin sentido sino que son la substancia de su alma. Lo despierta con el sueño para que no se olvide a sí mismo ni se traicione. Lo despierta de la borrachera de la actividad mecánica y maquinal; del diario embrutecimiento a que lo someten sus cotidianos verdugos en las fábricas, en las oficinas, en los ejércitos, en las iglesias y en los cines. Le dice: tú eres algo más que una máquina y un instrumento, algo más que esa sangre que te chupan, algo más, en fin, que trabajo y horas de trabajo. Te han reducido los vampiros diurnos a mercancía, y vendes tu vida, lo único que tienes, a cambio de unos centavos. Pero, en la noche, sueñas: vuelves a ser el niño que fuiste, el adolescente que soñaste, el hombre que no te dejan ser. Tú eres ese sueño y no otra cosa, y naciste para realizarlo. Despierta y ponte a vivir tu sueño. Cuando el hombre despierta, cuando hace suyo su sueño y conciencia su delirio, empieza a ser libre. Y el mundo, que también sueña y también olvida lo que sueña (o lo quieren obligar a que lo olvide), cuando despierte de una vez para siempre, dejará de anhelar y conspirar en todos los sitios y se pondrá a vivir, a plena luz, el gran sueño. El poeta expresa el sueño del mundo y el sueño del hombre; y al expresarlos, los invita a vivirlos al aire libre. La poesía es una invitación a la rebelión: a vivir despiertos nuestros sueños.

Hay sueños difíciles de revelar. El infinito está detrás de ellos. Mundos incógnitos, nunca expresados. ¿Cómo revelar, por ejemplo, los sueños de los indios mexicanos, de nuestros campesinos? ¿Acaso sueñan? ¡Pero si el hombre de México, el campesino robado y saqueado, mil veces engañado y mil veces pintado en muros y novelas, en películas y en esculturas, mil veces redimido en sermones y otras mil veces en los discursos, bautizado, legalizado, ayer hijo de Dios y hoy camarada, está muerto y se niega a soñar! Muerto y sin deseos, sin sueños, porque no espera nada ni quiere nada sino dormir, dormir hasta el fin de los siglos. Habrá que despertarlo para que sueñe. Habrá que golpear su corazón de piedra hasta que vuelva a latir; habrá que llamarlo para que recobre su dignidad y, con ella, el sagrado derecho de soñar y de pelear por su sueño. Y habrá que acabar con la mentira de que tú o yo podemos decir su sueño; solo él podrá revelar su sueño indescifrable, su hambre infinita de pan y vida verdadera. Y habrá que impedir que un pintor, que un novelista, que un artista cualquiera lo exploten y digan que ellos saben qué es lo que sueña. Porque quizá no sueña y solo tiene hambre. Denle la vida, el pan —y la sangre— para que pueda soñar y diga su sueño, y no hablen nunca por aquel a quien tienen amordazado.

¿Redención del indio por el arte? El arte no nos puede redimir; solo el hombre puede redimir al hombre. Al indio no se le redime con cuadros o poemas; tampoco, generalmente, se le expresa: se le disfraza cuando no se le explota. Toda esa indianización de México no es muchas veces más que farsa, mentira y, además, comercio. «Redimir al indio» ha sido durante siglos la fórmula de los explotadores. ¡Qué hipócrita resulta toda esa demagogia que habla de la redención del indio desde fuera del indio y en la que se oculta un desdén antihumano y estúpido! ¿Y quién redime a todos estos elocuentes redentores? Porque el indio se redimirá solo, como todos sus hermanos de la tierra. No hablan tanto de la redención del indio porque lo único que quieren, con tanta palabrería, es «dormirlo» y taparle la boca para que no hable. Despierten al indio, denle la posibilidad de que exija lo justo por su trabajo, para que tenga conciencia de sí y de su dignidad de hombre. Cuando el indio se siente hombre, a secas y sin adjetivos coloristas, se vuelve semejante a todos los desamparados de la tierra, a esos que dan la sangre en las batallas o el sudor en las fábricas, sin saber todavía qué mundo están construyendo los políticos y los banqueros. El indio no está solo (y no porque lo acompañen estos vampiros que se dicen sus redentores): millones como él sueñan el gran sueño de la final redención. Y saben que cuando ese sueño deje de serlo y se convierta en vida, todos podremos soñar y vivir nuestros sueños individuales.

No sé si todos los redactores de la revista quisieron decir esto que he dicho. Pero, de cualquier modo, algo nos une:

la creencia de que el poeta es aquel que revela los sueños de los hombres y los invita a vivirlos sobre la tierra. El poeta, dice un poeta mexicano, es «el que habla despierto como si estuviera dormido».

México, a 19 de julio de 1943

Qué sabroso veneno

Hace días leí esta noticia en un periódico: «Juan Camacho, *el Colón,* entró ayer por la tarde en la cantina La Senda del Olvido, a la que iba todos los días. En ese momento no había nadie, excepto el cantinero. Juan Camacho se acercó a la sinfonola, hizo tocar su pieza de música preferida y pidió una copa de aguardiente. Echó en el licor unos polvos; mientras bebía el brebaje, dijo, con voz sarcástica: "¡Qué veneno tan sabroso!". Cayó al suelo inmediatamente. Después de algunas convulsiones y de torcer la boca y los ojos se quedó tieso, tirado boca arriba y con una espuma verdosa entre los labios rígidos. Cuando el cantinero intentó auxiliarlo ya estaba bien muerto. El infeliz se había envenenado con veneno para ratas. El cantinero explicó que cuando Juan Camacho dijo aquellas extrañas palabras pensó que se refería al aguardiente que acababa de servirle; por eso no impidió el suicidio». No faltará pedante que, ante el cadáver del pobre Juan Camacho reflexione así: «He aquí un suicidio bastante vulgar. Juan Camacho, un borrachín, despojo de la ciudad, era un exhibicionista». Sus amigos le decían el Colón, apodo que alude a la locura de sus sueños y a la ruindad de su carácter. ¡Tenía la cabeza llena de viento, su corazón era una quejumbrosa guitarra y en su vientre cantaban unos pequeños demonios sentimentales, entre el rugir de sus tripas hambrientas, que lo hacían, alternativamente, llorar y vomitar!

A Juan Camacho le iba mal, muy mal en la vida. Era, lo que se dice, un paria. No tenía oficio ni beneficio, apenas sobrevivía a través de inverosímiles tretas. Cuando todo fallaba —y eso era frecuente— se ponía a soñar y a beber con sus amigos en La Senda del Olvido, verdadero camino de perfección, asilo para desventurados. A cambio de unos pocos centavos y de un poco de vida se puede soñar y ser feliz un rato en cualquier cantina. Pero la realidad —esa realidad que él quería substituir con su sueño sórdido y mojado de lágrimas y alcohol— crecía cada día más y se hacía grande y poderosa. Ya no había sitio para el sueño y todo era realidad y aridez en torno suyo. El suicidio es la única tentación digna de los que han perdido la capacidad o la posibilidad de autoenvilecimiento. Con el suicidio Juan Camacho se probaba a sí mismo —y a sus amigos— que era un ser excepcional y digno de lástima, un ser que, además, era capaz de extraer todavía, como una amarga venganza, del dolor de la muerte una pequeña chispa de humor. El veneno no era sabroso y, además, le produjo horribles dolores. Y precisamente por eso, por ser un veneno capaz de producir de un modo tan fulminante y doloroso la muerte, Juan Camacho lo proclamaba sabroso. Citaba, sin querer, a los místicos españoles, que hablan del «sabroso dolor», de la «dulce herida», de la «llaga regalada» y del «cauterio suave». Pero Juan Camacho era un pobre diablo y los otros son santos de la Iglesia y de la literatura.

¿Cómo era Juan Camacho? Cuando intento imaginarlo —el pantalón raído, la camisa sucia, el pequeño sombrero grasiento que alguna vez fue verde, la corbata como un hilacho— pienso en muchos rostros que he visto por las calles de México. Era como una imagen de la gente de México. No, claro está, de los gordos y satisfechos, sino de los otros, que son como el fondo gris y pisoteado de la ciudad, anónimos como el asfalto pero que, al fin y al cabo, son los únicos capaces de resistir y de encontrar sabrosa la vida que les dan los victoriosos. Hace algunos siglos un rey indio encontró que el tormento al que lo sometían unos españoles no era, precisamente, «un deleite». Desde entonces, la sensibilidad de los mexicanos se ha ido afilando, como un cuchillo. Y así, hemos encontrado que esta vida no tiene sentido, ni principio, ni fin. El viento eleva a unos y deja caer a otros. «La basura de ayer es la que manda», dicen las viejas; y el pueblo piensa que todos somos basura, basura que el viento junta o separa, arrastra o eleva, a su antojo. Ayer el tormento no era «un baño de rosas»; hoy «el veneno es sabroso» y, para no culpar a nadie, Juan Camacho lo bebe en una cantina solitaria. No es frecuente el suicidio entre nosotros; en general el mexicano prefiere morirse lentamente, de hambre, de tedio, de desprecio. Tampoco hace nada para salvarse. Recuerda —y eso es lo único que recuerda— cómo han terminado todas las aventuras que ha intentado en el curso de la historia. Prefiere dejarse morir, con secreta alegría, cómplice pasivo de la adversidad. ¿Estoicismo? Los estoicos eran moralistas y despreciaban a la muerte para hacer digna la vida. Los mexicanos son nihilistas; es el desprecio a la vida lo que los lleva a la muerte. Un español encuentra que los tormentos de aquí abajo sirven para algo, para producir héroes, santos o conquistadores. Cree en el cielo o en un mundo futuro. Su desesperación es impaciencia de salvación y se expresa en la cólera. Los mexicanos actuales —como quizás los rusos del zarismo— ni siquiera afirman que el hombre es «polvo, viento, humo, nada». Por el contrario, aseguran que lo único que vale es la muerte y que solo el dolor es sabroso de verdad. Y por eso ni la Iglesia los canoniza ni las antologías recogen sus frases.

México, a 16 de agosto de 1943

Espejo del alma

Releer *Laurel, Antología de la poesía moderna en lengua española,* puede parecer en estos tiempos tarea vana, cuando no pecado contra las consignas de ciertos sultanes de la poesía[53]. Este libro, más calumniado que leído, posee ya una leyenda negra; su salida produjo un escándalo y todavía se le suponen no sé qué arteros propósitos. Es inútil enumerar todos los equívocos que lo oscurecen y es inútil también describir cómo se han cebado en sus páginas las malas pasiones, guiadas por la hipocresía, que las ha disfrazado con mil virtuosos ropajes. Pero, más allá de sus limitaciones y de sus generosidades, este libro tenía un objeto que los críticos de bajo vuelo no han querido ver: mostrar la comunidad en la palabra poética de América y España. Pues ¿qué importan las ausencias y las presencias, cuando lo que cuenta es la poesía? Los críticos atendieron más a registrar las minucias de la vanidad que a revelar su sentido: la poesía moderna en lengua española posee, por encima de la diversidad de los acentos y del antagonismo de los individuos o de las tendencias, un tono propio, una fisonomía y un corazón. La poesía hispanoamericana es un ser vivo,

---

[53] *Laurel,* la célebre antología que Paz ayudó a compilar junto con los poetas Xavier Villaurrutia, Emilio Prados y Juan Gil-Albert. Paz ha escrito sobre esta gestión en «Poesía e historia: *Laurel* y nosotros», recogido en *Sombras de obras,* págs. 47-93.

un ser de carne, hueso y alma: memoria, entendimiento y voluntad. Contemplar a ese ser; escuchar el latido de su corazón —«siento en roca, aceite y vino, yo, mi antigüedad»—; ver en sus ojos nuestro propio rostro interrogante; estrechar su mano que crea las formas del barro, del humo y de la ola; tocar en su frente las huellas de las alas del águila, de la paloma o del cuervo; oír en su pecho la respiración de la historia, de la naturaleza o del alma; beber su lágrima que refresca y quema al mismo tiempo; interrogar a sus entrañas sagradas por el destino de nuestra lengua; recoger sus sueños y sus visiones, sus profecías y sus extravíos; oír su silencio y gozar sus pausas... he aquí algo que la crítica no ha intentado.

El lenguaje es conciencia; mejor dicho, se hace conciencia cuando deja de ser un instrumento práctico y se convierte en expresión viva de un espíritu. El pensamiento es inseparable de la palabra, como la pulpa de la fruta. La antología *Laurel* ha dibujado a ese ser vivo, hecho de lenguaje, pensamiento y sentimiento, que es nuestra poesía, y al mostrarlo ha revelado a una conciencia y a un espíritu. Se ha convertido en un testimonio y en un espejo, para perpetuarnos en aquellos que nos sucedan en el tiempo y para que nuestro pueblo se contemple en un cristal siempre fiel a sí mismo. La poesía, ha dicho un poeta mexicano moderno, es una herida y una fuente: un espejo que, al mismo tiempo que nos hiere con sus resplandores plateados, nos muestra un rostro, nuestro propio rostro, que repite y refleja hacia el infinito. La antología *Laurel* entrega a nuestros pueblos de América, humillados por la historia y la naturaleza, un espejo para que se contemplen alguna vez y se reconozcan en lo mejor de sí mismos, en algo que nadie, ni la voracidad de los extraños ni la incuria de los suyos, les podrá arrebatar. Un espejo y un testimonio.

Un testimonio de nuestros sueños secretos prohibidos, de nuestros instintos profundos, de nuestro asombro y de nuestro horror, de nuestra voluntad de morir y de vivir.

Y con todos estos dispersos testimonios de esa fuerza sobrepersonal que es la Poesía, es posible intuir el sentido, el carácter y el destino de nuestro espíritu, como la cara de la luna que vemos por las noches nos revela su otro rostro invisible. ¿Cómo es posible que los críticos no hayan reparado siquiera en esta libre y variada unidad de nuestra poesía? Los críticos han abandonado su misión y, en lugar de mostrar cómo nuestra poesía posee un desarrollo, un ritmo y una constancia de organismo vivo —conciencia de nuestro destino como pueblos—, han preferido ejercer la mezquina tarea de los tenedores de libros: aquí falta Perico de los Palotes y allá sobran Fulano y Mengano. En lugar de preguntarse por la Poesía, preguntaron por los poetas: «¿Están todos?». Jamás preguntaron: «¿Está la Poesía?».

Laurel muestra, de un modo bastante ingenuo, sin que sus autores se lo hayan propuesto de un modo deliberado, que la moderna poesía hispanoamericana posee un carácter muy preciso y que, a pesar de los ríos, arroyos y corrientes que en apariencia la enmarañan, posee una cierta dirección espiritual. Una fidelidad a nuestros grandes escritores clásicos, sin olvidar a ese gran autor anónimo que es la Edad Media, un gusto por la palabra, por la forma estricta o libre, serían una de sus notas predominantes. La reflexión que torna ceniza cuanto toca, el gusto por los infiernos de la conciencia y el deseo de la aventura interior también constituyen otra de sus constantes preferencias. Y, en menor grado, el deslumbramiento y el asombro ante el mundo virginal de América. Es imposible, en un artículo de periódico, destacar con amplitud y coherencia sus rasgos más visibles; baste decir que, como la paloma del filósofo, vuela no solo por el movimiento de sus alas, que son su espíritu de aventura, sino gracias también a la resistencia impalpable, pero cierta, del aire. Esta favorable resistencia es toda nuestra tradición poética.

México, a 23 de agosto de 1943

El corazón de la poesía

En un artículo anterior decía que la lectura de *Laurel* revela que nuestra poesía posee un carácter y una coherencia de la que se alimentan la tradición y la aventura. Es notable que la poesía última, a pesar de ostentarse como una ruptura del orden tradicional —o quizá por eso mismo— continúe en sus líneas más constantes y profundas a esa tradición que niega en apariencia. Muchos han advertido la presencia de Rioja, Medrano y Bécquer en la obra de Cernuda; ya es un lugar común señalar que la poesía de Alberti desciende de Gil Vicente, Góngora, Pedro de Espinosa, Darío y Juan Ramón; toda la crítica relaciona la obra de Lorca con la figura de Lope (y algunos creen notar también ciertos ecos del duque de Rivas)... Pero no se ha visto con claridad cómo Xavier Villaurrutia prolonga a varios poetas clásicos: Calderón, sor Juana, la poetisa gris perla. Otro tanto se puede decir de casi todos los poetas que figuran en *Laurel*.

Como se sabe, los autores de este libro no incluyeron en sus páginas a los poetas modernistas, por diversas razones que en el Prólogo se explican. Pero el modernismo produjo algunos poetas que lo rebasan y que más que habitarlo como una dorada cárcel —a la manera de Herrera y Reissig— lo conciben como un punto de partida para otras aventuras. Si la función del modernismo americano consistió en recordarle a España su perdida universalidad, fertilizando su casticismo romántico y naturalista, la obra de Darío —y después la de Juan Ramón— posee un sentido semejante: devolverle a la poesía su movimiento y su vivacidad, su espíritu, petrificado en esa deslumbrante parálisis en que culmina el modernismo.

La poesía moderna principia con un nombre: Rubén Darío. En su tiempo se juzgó extranjera a su obra. Los españoles le reprochaban su «afrancesamiento»; los americanos, su europeísmo. Olvidaban los primeros que ellos también eran afrancesados, solo que imitaban una Francia demasiado espesa, tradicional o desgastada: la romántica y naturalista. El «casticismo español» no era más que el Romanticismo y naturalismo franceses convertidos en hábito, en «costumbrismo». Los críticos americanos de Darío, por su parte, parecían ignorar que nuestro continente es una creación de Europa, en un sentido literal. Esto es, que América, si se quiere encontrar a sí misma, debe partir de Europa, porque solo la cultura europea posee formas capaces de resistir, sin romperse, todos los ingredientes nativos. El Renacimiento europeo —que es, ante todo, la urbanización del espíritu aldeano medieval— nos descubre, nos conquista y coloniza a nuestras tierras. Tres siglos más tarde esa misma tradición renacentista inspira, a través de la *Enciclopedia,* a los autores de nuestra Independencia. Los actos decisivos de nuestra historia, aquellos que nos dan «personalidad», son siempre consecuencias o desarrollos de ideas europeas: la Independencia, la Reforma, el positivismo, la educación indígena... El espíritu europeo no posee esta o aquella forma; su naturaleza parece consistir en no detenerse en ninguna forma, poseerlas a todas y a todas destruirlas. Está hecho de avidez y de insatisfacción y no solo es grande por lo que ha construido, sino por su instinto crítico, que le permite separar lo vivo de lo muerto, aligerar la historia y liberar al hombre del peso de los siglos. Este es el sentido de nuestro «europeísmo» y este es el sentido del de Rubén Darío.

El poeta de *Cantos de vida y esperanza* no solo es el inventor del modernismo sino, por encima de todo, el padre de la poesía moderna en español. Su poesía es como un corazón que alimenta con su sangre a todos los poetas que le suceden en el tiempo. Su palabra sigue animando, dando vida, a nuestro espíritu. Es como el árbol y los demás somos como sus ramas, su tronco, sus raíces, sus hojas y sus pájaros. En sus libros vive toda la poesía viva de nuestra tradición y viven también, como profecía, todos los poetas de nuestro tiempo. ¿Quién duda de que hay poetas más intensos o más puros, más delirantes o endemoniados, más celestes, o más abstractos? Pero él es más vasto y poderoso y los contiene a todos. Juan Ramón ha llegado más alto, ha tocado más cielos y ha rozado con dedos de viento a la Poesía en su última desnudez, aun de carne, pero no tiene su cuerpo, su espesor de Padre. Lugones es más opulento, pero le falta inocencia, abandono; Unamuno es más pensamiento pero su antigüedad es más de piedra que de mar; Machado lo aventaja en escasez y logra, a veces, más con menos; Barba-Jacob ha saboreado venenos desconocidos; González Martínez ha estrangulado a todos los cisnes; Díaz Mirón es más estricto... Todos viven en él. Su corazón los concentra y su palabra los empuja. Unos son la piedra, otros el cielo, el viento, el fuego; él es el mar. Su corazón es una caracola y en ella, junto al latido de su corazón, oímos el flujo y reflujo infinitos del mar, el latido inagotable de las aguas primeras, origen de la vida. Esa caracola es un testimonio de nuestro nacimiento y en ella están inscritos los signos de nuestro destino.

México, a 30 de agosto de 1943

Crédulos y creyentes

«Allí donde los dioses han muerto, nacen los fantasmas». No es difícil desarrollar esta idea de Novalis; tampoco lo es comprobarla frente a los hechos del mundo contemporáneo. La pérdida de la fe no nos hace menos crédulos sino menos creyentes: la superstición se alimenta del vacío. La creencia en los fantasmas es una forma degenerada de la fe en los dioses. Hay poca fe en el hombre moderno; casi todos nuestros contemporáneos se resisten al misterio, pero aceptan las mentiras más groseras como ciertas. Se sabe que Hitler miente con frecuencia y que la mentira —mientras más increíble, mejor— es una de las armas más poderosas del doctor Goebbels. El nazismo —y no solo su propaganda— nos da buenos ejemplos de *ersatz* (sucedáneos, fantasmas, substitutos). No son los únicos. Hay otros, más modestos, pero no menos significativos.

Casi todos los lectores recordarán a una pequeña actriz de Hollywood: Shirley Temple. Hace algunos años era el ídolo de muchas madres y de muchas hijas que se reconocían en esa diminuta figura de pastelería sentimental. Hollywood, una vez más, adulaba los más acaramelados gustos de ese monstruo que se llama «el público». Pues bien, para mucha gente era un misterio Shirley Temple; parecía increíble que una niña fuera capaz de actuar con tanta naturalidad y tanta perfección. Entonces surgió el fantasma: Shirley Temple no era una niña, como se pretendía, sino una enana, bastante vieja. En esta absurda creencia —que fue muy popular entre cierta clase de la Ciudad de México— alentaban dos notas: primera, una desconfianza hacia la técnica del cine; segunda: la envidia. Para algunas personas constituía una humillación aceptar esa superioridad infantil; por tanto, convirtieron al ángel en monstruo. El gusto por lo grotesco nace, muchas veces, de la envidia.

La resistencia a la verdad no es solamente el fruto de la ignorancia, de la vanidad o de los prejuicios. También nace de la cobardía: la verdad compromete, empuja a la acción. Aceptarla es recibir un legado de fuego; por eso Nietzsche decía que la grandeza de un espíritu se medía por la cantidad de verdad que podía soportar. La verdad es insoportable y muchos prefieren el engaño a la certidumbre. Lope de Vega, en un hermoso soneto, declara así su preferencia por la mentira:

> que si ha de dar un desengaño muerte
> mejor es un engaño que da vida.

Conozco a muchos que no han leído ciertos libros por temor a comprometerse, de tal modo están seguros de su incapacidad para resistir su posible verdad. Hay que desconfiar de estos cobardes, porque su cobardía engendra la superstición y el fanatismo.

El horror a la verdad es ya una costumbre entre nosotros. La vida mexicana está hecha de mentira y simulación. Y, por tanto, de creencias fantasmales, fetichismo y superstición. Se dice con frecuencia que México es un país nihilista y escéptico; en efecto, el mexicano común, acostumbra desconfiar de todo, ¡tantas veces lo han engañado! La burla, la ironía atemperan entre nosotros toda afirmación demasiado acusada, demasiado segura de sí. Una frase popular revela esta inseguridad: «*pos* quién sabe»; mediante esta fórmula evasiva expresamos nuestra duda. Pero jamás la afirmamos, jamás dudamos de veras. Simplemente, nos mostramos incrédulos, desconfiados, inseguros. Y a esta inseguridad vital —que no parte de una incertidumbre intelectual, sino que es una máscara defensiva del instinto— se alía la más grosera credulidad. No, no somos un pueblo de creyentes, como no somos un pueblo de escépticos. Crédulos y supersticiosos, amigos de la mentira y de los fantasmas, por una parte; por la otra, desconfiados, huraños, «dos caras». Esta doble dirección de nuestro carácter, que nos hace al mismo tiempo cínicos e hipócritas, corrompe toda relación humana.

Luchar contra el equívoco y la mentira, que nos asfixian y envenenan, es una manera bastante mejor de amar a México que esa otra, tan socorrida por toda clase de escritores y subescritores, que consiste en adularlo. La máscara de la adulación convierte a nuestro país en un fantasma, en una mentira hecha de superstición, fanatismo, inseguridad y desconfianza. Pero yo confío en México y por eso prefiero desnudarlo.

México, a 6 de septiembre de 1943

Apuntes

Gracias a los equívocos, decía Baudelaire, nos podemos entender. Y, gracias también a ellos, nos podemos distinguir. ¡Qué fortuna no poder entenderse nunca con ciertas gentes!

En una comida, un banquero conversaba con un sacerdote. «México —le decía— padece de sed. Tierras secas, desiertos, un territorio inmenso y yermo. Necesitamos agua». «Sí —le respondió el sacerdote—, necesitamos agua, mucha agua: el agua del bautismo».

¡Poesía social!, gritan en cafés y periódicos algunas personas. Es difícil imaginar a un poema que carezca de autor, de lectores... y de críticos. He allí, en germen, toda una triste sociedad.

El Agua y el Espíritu. Espíritus agudos como la flecha del río; vastos como el mar, tranquilos como los lagos; puros como las fuentes; espumosos como los torrentes; cristalinos como un vaso de agua; espíritus con burbujas, con espejismos, como el agua hirviente como el hielo; espíritus quietos como las charcas.

El nacionalismo mexicano en el arte es una consecuencia del exotismo europeo. Ciertos pintores «muy mexicanos» se parecen demasiado a Gauguin y a Rousseau. Todo ese arte nacionalista adula el hastío de los europeos y norteamericanos, fatigados de la «civilización».

Montaigne sabía más sobre el alma de los mexicanos que la mayor parte de los novelistas de la Revolución.

El arte afrancesado es, también, un arte nacionalista, solo que su nacionalismo es francés. Claro está que no logra su objeto, pero el arte mexicanista tampoco lo consigue. Ni uno es francés, ni el otro es mexicano. El cielo no tiene fronteras y las nubes no poseen papeles de ciudadanía.

El paisaje mexicano no se propone serlo. Sin embargo, lo es.

«De desnuda que está brilla la estrella». Esta es la única forma nacional del arte. Arte desnudo es redundancia: el arte es la desnudez.

En un país tan grande, con montañas tan altas y escarpadas, con desiertos y selvas, junto a otro país inmenso, el amor por las miniaturas solo se explica como una venganza.

La belleza de un estilo es la verdad de un estilo. No hay estilos hermosos sino falsos, como tampoco hay filósofos tartamudos. La verdad es cuestión de palabras, como la belleza.

El valor de un pensamiento se mide por su capacidad destructora, autodestructora.

«La seducción del vacío»: he ahí el objeto del pensamiento y la nostalgia de la poesía.

El arte europeizante es un arte de importación; el nacionalista, de exportación... Artes u oficios de comercio exterior.

Más que padecer por la verdad, hay que padecer la verdad.

El arte no tolera adjetivos. Se basta solo. No hay una poesía humana y otra inhumana. Solamente hay poesía.

El pensamiento no se transmite, ni se imita, ni se asimila. No es comestible, sino combustible.

México, a 13 de septiembre de 1943

Sobre la moral

Por más extraño que parezca, la fuerza de la moral radica en la debilidad de los pecadores y no en la fortaleza de los virtuosos. La moral vive del pecado; de sus extravíos extrae su fuerza, de su abandono su vitalidad, de su degradación su respetabilidad. Sí, frente al pecado la moral se afirma: crece su poder silencioso e intangible con el escándalo de la sociedad; las quejas de la víctima la vuelven necesaria y justa; y los remordimientos del pecador acaban por otorgarle una especie de autoridad sagrada. En un mundo de seres virtuosos la moral no ocuparía sitio alguno, pues ¿qué valor tendrían unas normas que nadie viola y que todos cumplen sin esfuerzo y sin sacrificio?

En una sociedad semejante la virtud sería algo tan corriente como la naturaleza y correría el riesgo de ser confundida con el alma misma del hombre; la ausencia de esfuerzo para cumplirla la haría poco estimable y su naturalidad la despojaría de su carácter esforzado. Si todos fuéramos honrados, la honradez sería una palabra sin sentido; si la castidad formara parte de nuestra naturaleza, la lujuria sería una noción, digamos, intelectual, una probabilidad de la razón y no una realidad de la carne; y algo semejante ocurriría con todas las virtudes, que viven y prosperan gracias a su singularidad.

La moral desfigura al hombre. Contradice sus instintos, le prohíbe lo que su inclinación desea, se niega a satisfacer las fantasías de su carne, los apetitos de su imaginación, las imágenes de su sensibilidad. Niega su afectividad, maldice su fantasía, castiga sus deseos y, en fin, condena todos los objetos que la naturaleza humana anhela. En suma, su misión parece consistir en negar a la naturaleza. Pero la niega... sin suprimirla. Por el contrario, la estimula como las espuelas al caballo de raza o los obstáculos al corredor obstinado. Con frecuencia sus prohibiciones poseen un carácter positivo, activo: si niega la vida temporal es porque afirma la vida eterna; si condena la gula, beneficia a la salud; si abomina del mundo y de sus locuras, elogia los placeres tranquilos, la soledad y la dulzura de la vida retirada. Muchos de los objetos que propone a nuestra voluntad son ilusorios y antihumanos, cuando no superfluos, pero el esfuerzo que realizamos para obtenerlos, en apariencia estéril, enriquece a nuestra naturaleza y la hace más fuerte y flexible, más dueña de sí. Se sabe que para poseer un cuerpo apto y resistente los atletas le dedican un cuidado constante, del que no están excluidos la mortificación y el ayuno: ejercicios de todo género, ausencia de diversiones y de eso que llaman «placeres del cuerpo» (como si el placer fuera posible sin el espíritu).

Del mismo modo, la moral, al condenar los deseos del hombre y señalarle como dignos solo a unos pocos y difíciles, lo somete a una prueba de la que saldrá fortalecido. Al negar a la naturaleza humana no la suprime: la hace más poderosa. Si la niega para lo fácil, señala a su orgullo, en cambio, metas extrañas, senderos impracticables: el sacrificio enriquece. Y muchas veces esos ideales no poseen contenido alguno, son formas vacías, penitencias que no nos llevan a ningún cielo y que no nos hacen mejores sino más fuertes. La moral adula ese secreto instinto del sacrificio que, con el placer, forma parte de la naturaleza dual del hombre.

Esta fuerza que se alimenta de lo que la niega, esta conducta que siempre es un ideal inalcanzable: ¿le ha sido impuesta al hombre como un simple capricho o constituye parte de su naturaleza? Me parece que la moral es un instinto y su función consiste en contradecir al resto de los instintos naturales del hombre. Pero es un instinto social; si con su presión desfigura al hombre individual es porque, precisamente, de ese modo la sociedad, como un ser aparte, se cumple. La sociedad humana es algo distinto a la suma de sus componentes; posee una naturaleza propia y diversa a la de cada hombre que la forma. La moral es uno de los instintos de la sociedad y gracias a ella suprime las diferencias y las singularidades peligrosas. La oposición entre la naturaleza humana individual y la moral no es más que un aspecto de una oposición mucho más profunda y fecunda: la que se entabla entre el individuo y la sociedad. Esta oposición es la madre del cambio —o, como se dice ahora: del progreso—. Por esto los pecadores no son peligrosos para la moral: sus expiaciones la fortalecen. En cambio, hay otros seres que la moral no puede perdonar: aquellos que no pecan pero que hacen el examen y la crítica de la moral.

Frente a ellos la sociedad es impotente y no tiene más remedio que suprimirlos, porque sus desvaríos comprometen su equilibrio. La moral puede tolerar todos los crímenes y todas la infracciones pero jamás tolera el examen y la crítica. Es piadosa con la carne e implacable con el espíritu.

México, a 20 de septiembre de 1943

La crueldad

Se sabe que los asirios, después de cada campaña victoriosa, acostumbraban levantar a su gloria extraños monumentos: pirámides construidas con miles de narices, orejas y labios cortados a sus enemigos. Los griegos, por su parte, no eran menos duros de corazón: en Esparta los dorios se ejercitaban durante noches enteras en la cacería de los ilotas y sus familias. El asesinato formaba parte de la pedagogía lacedemonia: los jóvenes, acompañados de perros amaestrados, eran los encargados del exterminio. De este modo se adiestraba a la juventud espartana y se ejercía una especie de control estatal sobre la población esclavizada, siempre más numerosa y fértil que sus dominadores. Confesamos que este control aún se sigue practicando, solo que menos abiertamente. Es notable, también, que las matanzas griegas hayan sido más racionales, por decirlo así, que las de los insensatos asirios. Cuando los europeos en la primera Cruzada se apoderaron de Jerusalén, los cronistas relatan que la sangre corría por las calles de la ciudad en verdaderos ríos, arrastrando toda clase de objetos y brazos, piernas, cabezas. Esta afirmación podrá parecer metafórica y correría el riesgo de ser confundida con una simple licencia poética del cronista si no existieran testimonios de que en ciertos recintos cerrados, en la Mezquita principalmente, a los caballeros les llegaba la sangre cerca de las rodillas.

Todos estos ejemplos no logran horrorizarnos del todo pues nuestro tiempo es pródigo en sucesos parecidos y nuestra historia, que abarca unos cuantos siglos apenas, ya posee hechos rivales: el sangriento esplendor de las fiestas religiosas aztecas, sobre cuyo carácter piadoso no se ha insistido bastante, y la correlativa brutalidad de la Conquista, que produjo, según parece, la destrucción de cientos de miles de indios, víctimas de las enfermedades europeas y de una forzada aclimatación a la nueva cultura occidental. La crueldad acompaña al hombre en todas sus grandes empresas: en los asirios se asocia a la vanidad y al ansia de inmortalidad de los guerreros; en Grecia forma parte de la política económica del Estado; entre los cruzados se alía a un fin místico: la reconquista del Santo Sepulcro; entre los aztecas se vuelve sagrada —la sangre es el alimento de los dioses— y entre los españoles acompaña a la evangelización.

Pero en todos los casos, como en el de las guerras modernas, la crueldad es un fruto, digamos inevitable, de otras pasiones o actividades, a las cuales se sacrifica todo. Cuando un general manda a la muerte a su ejército, esta decisión nos podrá parecer cruel pero también quizá necesaria. Y es posible que ese general se lamente interiormente de acudir a una medida tan sanguinaria para obtener la victoria o conjurar el desastre. Su decisión no es libre; está influida por la necesidad y todo lo sacrifica a ella. Solo es sensible a la victoria, a la defensa de su patria o de sus ideas y el resto no cuenta: su alma se endurece. Esta «insensibilidad» le impide ser cruel. Podrá parecer monstruoso este pensamiento, pero creo que la crueldad solo se da en las almas sensibles.

La crueldad es un placer. Mediante el ejercicio de la crueldad el hombre obtiene un extraño estremecimiento, un goce helado y una satisfacción indudable. Cuando alguien derrama sangre, no por necesidad ni impelido por fuerzas superiores a su espíritu, sino libremente, afirma su propia vida. Ver morir a otro es, ante todo, afirmar la propia vida; humillar al extraño es, también, una afirmación de nuestro valer, conseguida gracias a la degradación del otro.

La crueldad solo se da en las almas enfermizas o empobrecidas, en las almas blandas y delicadas y siempre consiste en un acto gratuito y desinteresado. Muchas mujeres ejercen la coquetería por pura crueldad; hacen sufrir a sus enamorados y extraen de esos sufrimientos un goce, una alegría que las convence de su propia importancia. Su apetito de poder, su inseguridad, las lleva a afirmarse a través de los sufrimientos ajenos. El sadismo y el masoquismo, formas extremas de la crueldad, nos acompañan en muchos de nuestros actos: cuando amamos, cuando intentamos practicar el bien, cuando queremos triunfar en alguna actividad. Los místicos nos hablan del goce en sus martirios; los enamorados, de la dulzura de sus penas; todos los que adoran parten de la autohumillación.

¿Y qué decir de los placeres de los actores y de las actrices, de los toreros y de los artistas, que confiesan siempre su alegría ante el fracaso de sus compañeros y rivales? Todos nos hemos encontrado con esa risa cruel, extraña compensación que nos consuela de nuestra insignificancia, de nuestros fracasos, de nuestra fealdad o de nuestra irremediable soledad.

México, a 27 de septiembre de 1943

Divagación

Me parece que es a André Gide a quien se le debe esta reflexión: «Si la costumbre es una segunda naturaleza, ¿no será la naturaleza una primera costumbre, cuyo origen hemos olvidado?». Confieso que cito de memoria y seguramente expreso con torpeza una idea verdaderamente profunda. Convertir a la naturaleza en costumbre —¿de quién?— es más grave que convertir a la costumbre en naturaleza, aunque el resultado parezca idéntico. Pues si la naturaleza es una costumbre, estos árboles, estos procesos químicos, estas imprevistas combinaciones que siempre nos sorprenden, son algo más que repeticiones inexorables: no son tanto los frutos de una voluntad creadora que nunca se repite aunque ejecute mil veces la misma suerte, como los resultados de una inercia, de una pereza y de un hábito.

Si la naturaleza es una costumbre, no puede ser más que la costumbre —o las costumbres— de un creador que no crea sino cuando se descuida. Asi como un árbol no se parece a otro —aunque podamos reducir su vida y crecimiento a las mismas falaces leyes biológicas— tampoco son exactamente iguales los rutinarios actos que la costumbre engendra. Algunos tienen la costumbre de dar todas las mañanas cuerda a su reloj —para no citar sino un hábito inofensivo— pero ese acto, siempre igual, jamás es idéntico al del día anterior. El cambio, el trastorno, la diferencia entre uno y otro dependen no de la voluntad sino del descuido y de la inercia.

Del mismo modo, si aceptáramos la idea de Gide, las creaciones que nos asombran en el mundo de la naturaleza —esas extrañas mezclas que producen alteraciones de calidad y no solo de cantidad— no tienen nada que ver con una secreta voluntad libre que engendra cada vez que piensa sino, por el contrario, son el resultado de una conciencia aprisionada por la pereza y que engendra solo cuando no piensa. Ay, el mundo es un error, un descuido de su creador.

La vanidad del hombre —«que prefiere ser ángel caído antes que antropoide erguido»— es tan grande como su hipocresía. Todas las hipótesis son buenas con tal de que nos hagan olvidar nuestra insignificancia, con tal de que nos venguen, por anticipado, de la muerte. Muchos han pensado que el hombre y el mundo son solo un sueño: sueño de un idiota, dijo el inglés; el sueño de los dioses o de un Dios que sueña sueños infinitos —han pensado algunos teólogos—. La idea que se me ocurre citando a Gide es bastante más modesta: el hombre y el mundo son un olvido de Dios. Cada vez que se olvida, cada vez que se entrega a la fuerza de la costumbre, crea.

La hipótesis que aquí me atrevo a insinuar no resiste, sin embargo, un análisis detenido. Pues un creador que tiene costumbres es un creador inmerso en el tiempo, aunque sea un tiempo tan prolongado como la inmortalidad. La hipótesis de un creador «temporal», que vive dentro del tiempo y que dentro de él realiza sus creaciones, no nos puede satisfacer ya. Para los aztecas la cuestión era mucho más fácil puesto que los dioses no eran eternos; tenían necesidad de alimentarlos con la sangre de las víctimas. Estos dioses, sujetos al hambre y a la debilidad, eran mucho más accesibles que las abstracciones modernas. De su fuerza dependía la continuidad del mundo: había, pues, que cuidarlos porque de este modo el hombre también se aseguraba una pequeña parte de inmortalidad. Pero hemos substituido a los dioses inmortales por los dioses eternos; unos se alimentan del tiempo y solo viven en el tiempo; los otros solo pueden ser pensados más allá de la sucesión.

Y volviendo a ese creador que solo crea cuando se olvida de crear: ¿qué es lo que crea, cuando realmente crea? ¡Nada!, responde la mente, mitad en serio, mitad asombrada. Este ser extraordinario no es el creador del mundo sino de la Nada. Si no la verdad, sí el orgullo se beneficia con esta idea: en tanto que somos un descuido de un incógnito creador, nada le debemos a él, pues somos una especie de hijos involuntarios, no queridos ni deseados, y seguramente ignorados. Su única creación —la única que tiene conciencia y la única que se aplica— es la Nada. Y ella nos envuelve y se convierte en la verdadera patria de los espíritus. (Baudelaire pensaba que la muerte era la patria de los pobres.) La Nada es lo único que existe realmente y lo que nosotros llamamos existencia no es sino una «forma» —para decirlo de un modo breve e inexacto— de no existir. He aquí que la idea de Gide me ha llevado a una conclusión que no sé si es simplemente escandalosa o arrogante o razonable: niego la existencia del hombre pues afirmo la existencia de un creador.

México, a 4 de octubre de 1943

La mentira de México

Una de las virtudes del pueblo inglés es su capacidad para resistir, en plena lucha, las verdades más amargas y las críticas más enconadas. Ahora mismo, mientras Inglaterra se enfrenta a una de las crisis totales de su historia, empeñada en un combate en el que el premio es la vida misma, algunos ingleses no vacilan en denunciar ante sus propios compatriotas y ante el mundo entero los vicios y defectos de su patria, de sus instituciones y de sus hombres. Muchos piensan que esta libertad de espíritu nace del prolongado goce de los derechos democráticos de expresión de las ideas. No lo creo: la democracia facilita esa expresión, la hace posible, pero no la engendra. Ese denodado amor a la verdad, ese valeroso poner el dedo en la llaga del propio cuerpo, nace de algo más profundo que de unas instituciones políticas. El valor de los ingleses para decirse las verdades y para resistir que se las digan es el fruto de su prosperidad material, sí, pero también de su salud moral, de su seguridad interior. Muchos pueblos gozan de libertad de expresión; pocos la utilizan para algo que no sea mentirse entre ellos, calumniarse y engañarse. La democracia francesa sirvió para engañar al pueblo francés; la libertad de prensa en la época maderista produjo la mentira sangrienta de Huerta. No basta la libertad de expresión para que nazca el amor a la verdad; se necesitan varias condiciones interiores, cierta integridad de espíritu, fortaleza de alma y serenidad de conciencia, hijas de la salud moral, para poder expresar una verdad y para soportar que nuestro vecino la exprese.

La honradez de carácter de los ingleses tiene dos limitaciones: el positivismo y el nacionalismo. Los ingleses aman los hechos, las verdades concretas y sólidas, pero no muestran ninguna simpatía por las abstracciones y las generalizaciones; su amor a la verdad tangible les hace desconfiar de las teorías y de las especulaciones desinteresadas. El nacionalismo también los empobrece; las críticas de los extranjeros no alteran su flema y su insensibilidad frente al clamor de los extraños da la razón, una vez más, a la vieja sentencia: «No hay peor sordo que el que no quiere oír». Pero todas estas limitaciones dejan intacto el hecho primordial: los ingleses aman la verdad, aunque esta sea fragmentaria e «inglesa» y son capaces de resistirla. ¿Podemos decir nosotros algo semejante?

Algunos historiadores recientes proclaman que nuestra historia es un tejido de mentiras. Es su deber: solo viven para rectificar a sus maestros o a sus antepasados. Pero no es nada más la historia: ¡nuestra vida diaria sería inexplicable sin la mentira que la alimenta, la hipocresía que la vela y la complicidad de todos los que no nos atrevemos a denunciar nuestra miseria y pequeñez! La mentira inunda la vida mexicana: ficción en nuestra política electoral; engaño en nuestra economía, que solo produce billetes de banco; mentira en los sistemas educativos; farsa en el movimiento obrero (que todavía no ha logrado vivir sin la ayuda del Estado); mentira otra vez en la política agraria; mentira en las relaciones amorosas; mentira en el pensamiento y en el arte; mentira por todas partes y en todas las almas. Mienten nuestros reaccionarios tanto como nuestros revolucionarios; somos gesto y apariencia y nada, ni siquiera el arte, se enfrenta a su verdad.

La mentira nace de la pobreza física y espiritual, como una compensación; la imaginación nos engaña con torpes fantasías, puesto que la realidad nada nos puede dar. Este engaño acabará con nosotros, porque un pueblo no puede vivir de viento y mentira. Tampoco de esas medioverdades en las que somos pródigos. La media verdad ni siquiera es una mentira: es una mediomentira, un ser híbrido. El miedo a la verdad, que nos lleva a mentirnos cualidades que no poseemos, también exagera nuestros defectos o ve únicamente nuestros vicios: de la hipocresía saltamos al masoquismo: Vasconcelos todo lo ve negro como Orozco. No sé si su pesimismo es un defecto visual o una manera de oponerse al optimismo profesional de los otros. Los dos niegan a nuestros héroes; el resto, los canoniza. Pero ¿por qué hemos de tener ídolos en lugar de héroes, fantasmas en lugar de hombres de carne y hueso? Ni somos el país más rico de la Tierra ni somos la escoria del globo; los indios no tienen la llave del paraíso terrestre ni son inmóviles cactus vivos, ornato del árido paisaje, fondo para el cuadro «revolucionario» o tema del orador gangoso.

Una verdad a medias es más nociva que una mentira completa. Somos un pueblo triste, pero nadie gasta más que nosotros en las fiestas; somos un pueblo manso, pero todos los días nos matamos; somos un pueblo sobrio, pero todos nos emborrachamos; la mentira nos envuelve y nadie se engaña a sí mismo con tal natural hipocresía, pero tampoco nadie se dice las cosas con tal desnuda desesperación. Este desequilibrio brota de nuestra inseguridad interior. No sé cómo podríamos utilizar esta energía estancada y enfermiza, que ahora solo sirve para destruirnos, pero creo que necesitamos, ante todo, de la verdad. Pues si la mentira torna fantasma cuanto toca, decir la verdad es empezar a existir verdaderamente. He aquí una de las pocas misiones *políticas* o públicas de los escritores mexicanos, aunque me temo que muy pocos la verán con simpatía. Prefieren el ejercicio de la mentira, de la verdad prudente o de la media verdad, de la verdad partida o partidista. Verdades de partido: mozas de partido.

México, a 11 de octubre de 1943

Consuelos de la filosofía

«Filosofar es prepararse a morir». Con esta frase, más estoica que cristiana, Montaigne revela que la reflexión filosófica no consiste nada más que en ese intento de comprender y apresar al mundo, reducir sus imprevistas variedades a la pobre regularidad de nuestro pensamiento lógico, introducir en la vida ese ilusorio «sentido» que ella, todos los días, se empeña en negar. La filosofía también es un consuelo; puesto que nada puede comprender —excepto que no comprende nada—, puesto que la naturaleza desmiente las previsiones con que pretende encadenarla y la vida se burla de su seca moral, se apresura a desengañarnos y a desconfiar de las estrellas mentirosas y de los sentidos presos en las henchidas apariencias; todo lo que vemos es engaño, humo, polvo, nada:

> Y no hallé cosa en qué poner los ojos
> que no fuera recuerdo de la muerte[54].

Impotente para comprender a la vida, la filosofía asegura que la muerte es lo único que de verdad existe y que solo vivimos para ella. Pero tampoco sabe nada de la muerte excepto el hecho mismo, nada «filosófico» por cierto, del

---

[54] Versos del conocido soneto de Quevedo: «Miré los muros de la patria mía...».

inevitable morir. Si no logra decirnos qué es la muerte, ni qué sentido tiene, intenta en cambio familiarizarnos con su idea. ¿Le sirve así a la muerte? No, ella no necesita de esta ingeniosa alcahueta; a quien le sirve es a la vida, al instinto vital, que no se resigna a morir. La muerte existe y no hay manera de escapar; la filosofía procura hacer menos angustiosa su espera, menos terrible su presencia intangible y nos la presenta desfigurada, como una especie de benéfico sueño negro, en el que solo cabe un olvido dulce como el sueño, no tanto brusca interrupción del vivir como tranquilo desenlace.

El pensamiento es hipócrita por naturaleza, pues siempre quiere justificar con elevadas palabras o ideas nuestros deseos y terrores. Cuando no lo consigue, denigra o desfigura. Para negar a la muerte, en beneficio de la vida, la filosofía no tiene más remedio que despreciar, aunque sea en apariencia, a la vida misma. Nos enseña a desdeñar la vida natural, que consiste en el goce completo de nuestros instintos y facultades, y nos impone privaciones en nombre de otra vida «ideal»: la vida filosófica. Obra como los médicos que recomiendan a sus enfermos dietas rigurosas; evitan así la enfermedad, es cierto, ¿pero no es una nueva enfermedad esa obligada abstinencia, esa forzada parálisis de los sentidos y del espíritu? Los médicos, como los ascetas, confunden la castidad con la pureza. Ocurre lo mismo con la moral de los filósofos: nos consuelan de la muerte proponiéndonos una vida que ya no es la verdadera vida. O al menos eso dirían, si pudieran, todos los instintos sofocados, todos los placeres prohibidos, todas las ambiciones frustradas, toda esa sed y toda esa hambre que nunca han logrado saciarse y que han tenido que contentarse, durante milenios, con apenas la espuma de la vida.

¿Qué ocurriría si el hombre fuera dueño de sí hasta el punto de ser, al mismo tiempo, amo y servidor de todos sus sentidos? El resultado es fácil de prever: el hastío espera siempre al final de la calzada de la voluptuosidad o del éxito. Y a la hora del hastío surgen, hermanas enemigas, la desesperación y... la resignación. La desesperación solo les sirve a los desesperados: se devoran silenciosamente, puesto que ya no esperan nada o ya no tienen esperanza en esa espera ¿de qué? Pero de la resignación nace la filosofía como consuelo: si no es posible resucitar al placer o a la ambición, si todo nos conduce a ese mar muerto del hastío, podemos al menos consolarnos no tanto con el recuerdo de lo que fuimos como con la certeza de que nada somos y de que nada valen nuestros sueños ni nuestros pensamientos. Me parece que en esta «filosofía de la resignación» o del desengaño, alientan dos poderes: por una parte, es el fruto de la envidia a la vida, por la otra es un artificio de la vida misma que, impotente para realizarse de nuevo, prefiere negarse, aniquilarse y... sobrevivir. Mediante esta clase de reflexiones el hombre puede vivir, con moderación, su propia vida, lejos de los heroísmos que destruyen y de los placeres que consumen. Una sabia administración de nuestros deseos y de nuestras virtudes nos permite gozar más, desengañarnos menos y precavernos de toda clase de embriagueces. La vida es un veneno que lleva en sí su antídoto: la filosofía.

Esta es, por lo visto, la verdadera misión de la filosofía como preparación a la muerte, como consuelo de la muerte y desengaño de este mundo. Aunque se presenta como la más desinteresada de las especulaciones, su función práctica consiste en la administración de los placeres y de los dolores. ¿Y es esta «toda» la filosofía? No, también existe la filosofía trágica, que no nos consuela sino que nos desespera, que nos dice que cada minuto es irremplazable y que la vida no es felicidad sino goce, intensidad, éxtasis, etc., etc., etc. Y hay también otras filosofías, etc., etc.

México, a 20 de octubre de 1943

Los beneficios de la muerte

Lo que distingue a las sociedades animales de las humanas es el cambio —o como se decía hasta hace poco: el «progreso»—. Las hormigas, los castores, las abejas —especies que han logrado constituir sociedades mucho más sólidas y estables que el Imperio chino o el Imperio romano— no progresan: desde que las conocemos permanecen estacionarias. Nada las modifica, nada las cambia: ninguna revolución ha trastornado sus sistemas de vida, ningún descubrimiento técnico ha transformado el proceso de producción y de consumo, ninguna religión, ninguna moral han alterado su sensibilidad y su conducta. Un hormiguero repite a otro hormiguero. Las sociedades animales no conocen la historia. Por el contrario, la variedad y lo imprevisto reinan en las sociedades humanas; en ellas nada se repite y todo cambia: un moverse continuo, una constante insatisfacción, un gusto por lo nuevo, un desdén por lo conseguido, nos llevan siempre, a través del tiempo, hacia metas cada vez más lejanas e intangibles. ¿Por qué cambiamos? Desde que nació la historia el hombre se hace esta pregunta. Hay infinidad de explicaciones, pero ninguna nos satisface por completo.

Algunos piensan que la historia —esto es, el cambio— posee un sentido secreto, que solo se manifiesta en contadas ocasiones; otros, que el azar o ciegas fuerzas materiales nos rigen y que nada vale nuestra pobre voluntad frente al capricho del Destino, de la sangre o de la economía. Y otros, los menos, piensan que la historia y sus cambios son una ilusión: nada cambia y todo permanece igual. Sería inútil enumerar todas las hipótesis, desde aquellas que hacen consistir el movimiento de las sociedades humanas en una especie de evolución providencial, regida por la Divinidad, hasta las más modernas que intentan conciliar la libertad con la fatalidad y que convienen en admitir que el hombre es capaz de transformar en cierta medida el curso de los acontecimientos aunque estos, de una manera general, estén ya predeterminados. El medio físico y el medio social, la economía, la cultura, las grandes individualidades, el choque con las culturas y las ideas extrañas, la pobreza y la riqueza, la religión, la política, todo engendra el cambio, la lucha y eso que llamamos progreso.

Pero en este vasto cuadro falta un elemento: la Muerte. Ella, que todo lo destruye, es la madre del cambio. Gracias a la muerte de Alejandro fue posible la desintegración de su imperio; más tarde, la muerte del helenismo hizo posible a Roma. Mueren los imperios, mueren las sociedades y morimos cada uno de nosotros. Este continuo desaparecer hace que los ideales se renueven, que los crímenes se repitan con ciertas exquisitas o sorprendentes variaciones, que las sectas se multipliquen, que un problema sea pensado siempre de manera distinta y en diversas circunstancias y, en suma, que la monotonía de la historia se disfrace con los ropajes de la sorpresa, de la novedad y del cambio. Recuerdo una frase, punzante y melancólica, de Leopardi: «La moda es la máscara de la muerte». Y pienso que no solo la moda es la imagen de la muerte; la Historia, con toda su vivacidad, con toda su animación gesticulante, henchida de acciones, de gestos, de tragedias, repleta de vida, no es sino la máscara de la muerte. Calavera que ríe y llora, que pretende seducirnos con mil ropajes y con mil locuras, calavera que nos desengaña de todos nuestros afanes y nos enseña adónde irán a parar todas nuestras angustias, todos nuestros problemas y todas nuestras ambiciones: eso es la historia.

Gracias a la muerte, los jóvenes ocupan el sitio de los desaparecidos. Una vez en el poder lo primero que hacen, como una especie de venganza, es destruir la obra de sus antepasados y substituir los viejos ideales por otros. Es muy posible que no sea solamente la necesidad de vivir mejor, ni el espíritu de invención, quienes nos impulsan al cambio y a la destrucción de los viejos sistemas de vida. Quizá la muerte también intervenga en este apetito de creación y destrucción. Desechamos la obra de los muertos no solo por inútil e inservible sino porque con ella pretenden inmortalizarse y sobrevivir; su obra es una especie de invisible presencia que no nos deja sitio y que, oscuramente, nos impone una conducta, una moral y una política. Y nosotros queremos crear, inventar, ser dueños de nuestra vida y, si podemos, de nuestra esperanza. El miedo a la muerte nos lleva a odiar la obra de los muertos; ese mismo terror nos impulsa a escapar, de cualquier manera, de la muerte.

Para escapar de la muerte el político deshace la obra de sus muertos antecesores y quiere perpetuarse en ese vivo monumento que es la sociedad, hecha a su imagen y semejanza; la misma ambición mueve al poeta cuando escribe, al maestro cuando modela el alma de sus discípulos, al padre y a la madre cuando engendran, al actor cuando, escondido tras una máscara no siempre ilustre, vive una vida y una muerte provisionales, que al día siguiente volverá a encarnar en el escenario.

Unos fundan naciones, estirpes, familias; otros depositan su esperanza de inmortalidad en cosas menos variables y vivas: un libro, un pensamiento, un instrumento, un cuadro; todos, adheridos a su nombre y a su ser, intentan sobrevivirse, vencer al polvo y permanecer. A nada le tenemos tanto miedo como a la muerte, que es el cambio por excelencia, puesto que cuando ella llega, dejamos de ser. Y este miedo al cambio, este miedo al no ser, es uno de los más poderosos estímulos creadores de la historia. Gracias a la muerte y al miedo que nos inspira, la Vida se modifica siempre con una constancia y una energía terribles, exasperadamente vivas, tanto más vivas cuanto más convencidos estamos de que solo la muerte nos espera.

México, a 27 de octubre de 1943

De los agachados y otros extremos

No solo se conoce al hombre por sus actos: también por sus palabras. Cada generación revela una oscura y al mismo tiempo certera sensibilidad frente a ellas. Adora algunas, desprecia otras, olvida o inventa unas cuantas, se arrodilla ante el poder mágico de ciertas expresiones y se burla de aquellas que parecieron sagradas a sus antepasados. Las clases cultas y las minorías que pretenden imponer sus ideas a la sociedad crean las grandes palabras de una época: Libertad, Justicia, Autoridad, Orden, Revolución, Patria, Humanidad... Pero si se quiere conocer la intimidad de un pueblo debemos ir hacia otras, menos ambiciosas, con muy restringido poder intelectual pero henchidas de sabor y de gracia. Estas humildes palabras constituyen el lenguaje secreto de una sociedad y muestran de qué modo la sensibilidad popular reacciona frente a las grandes expresiones, a menudo más brillantes que verdaderas. En México el pueblo es incansable creador de palabras, no solo por su capacidad imaginativa, sino como una especie de compensación a su forzada impotencia social y política. Si en nuestro país está relajada la voluntad, la lengua, en cambio, permanece ágil y viva. Estas palabras informes, desgarradas, son la expresión del desencanto, del escepticismo y del cansancio de la mayoría; por sus sílabas corre un ácido corrosivo, destinado a quemar la mentira de las grandes palabras en boga que nos ahogan y engañan.

De un hombre que ve de lejos a sus víctimas y que las sorprende desde los aires, rápido para el ataque y para la huida, verdadera ave de rapiña, se dice que es «muy águila». Frente al águila silenciosa y voraz, agudo pico, garras terribles y alas poderosas (político de altura), tenemos a la «pantera», no menos silenciosa y cauta. Este animal, ondulante y sinuoso, ataca generalmente por la espalda: es el matón, el jefecillo de la pandilla política. La rayada «pantera» no se contenta nunca con la pura jactancia, como el fanfarrón «gallito», pendenciero y mujeriego, siempre temeroso de que le pisen los callos, gritón y resentido; al contrario, sinuosa y cínica, despiadada con los débiles, la «pantera» conoce el valor del silencio y sabe replegarse a tiempo. Tenemos también los «gatos» y las «gatas», expresiones que designan, en las mujeres, a las criadas y en los hombres a la gente servil e ingrata, al acecho de la gratificación o del araño. Las «gatas» son más independientes: aunque les gusta el fuego del hogar, son errantes por naturaleza y van de casa en casa, de barrio en barrio, buscando no sé qué perdido paraíso.

La lista podría ser innumerable; baste, como ejemplo final, el «coyote» torvo, hipócrita, de húmedo hocico y dientes afilados. Para este insaciable, todo es banquete; no deja hueso con carne y por su culpa la República entera es un osario. No quiero cansar al lector con la descripción del «coyote» (orejas largas, ojos penetrantes, ladrón nocturno, lobo de las oficinas), y dejo para otro artículo el examen de algunos bichos menos populares: la rata de biblioteca, el gorrión poético (come en la mano de sus amos), el burro de la crítica, el camello de la erudición, el sapo de frac y verdes condecoraciones, el loro moralista, la melancólica vaca que pasta en ciertos salones escogidos, la víbora oficinesca, los cuervos y los búhos de café, las mariposas nocturnas, la changuita que, ¡ay!, se viste de seda, el cocodrilo con insignias de general, el banquero hipopótamo, la tenaz hormiga burocrática y las infinitas variedades de perros: policías, mestizos, vagabundos, sentimentales de ojos húmedos, que saludan con la cola, que escarban la basura, de circo, de caza.

El envidiado arte de la masticación es uno de los más fértiles creadores de palabras. En primer lugar, ha engendrado al «mordelón», sobrino del coyote. El «mordelón», como su nombre lo indica, es todo boca. El «dientón», en cambio, es todo diente. ¡Qué expresiva es esta palabra, que ve al hombre como un único y gigantesco diente inexorable! ¿Y el muelón? Su muela, su mole, nos tritura y deshace, nos amuela, nos demole. Junto a estos, brinca, salta, corre, se arrastra el desdentado «lambiscón». No tiene dientes, solo lengua. Con ella lame o lambe las sobras de la comida, limpia la mesa de sus amos y lo que no se traga lo ensucia y babea. El «achichincle» es una variedad del «lambiscón». Confieso que no sé qué significa la palabra, pero supongo que se trata de una especie lactante: mama la sangre del pueblo, prendido a los exhaustos pechos del Estado.

Y no es posible terminar este artículo sin referirse a los «agachados». Son los pobres, los que se agachan para comer, los que se agachan para vivir, los verdaderos «gachos», no solo de las orejas sino del alma. Al contrario de los alegres y mariposeantes «chichos», efímeros y luminosos insectos de barrio. Los «agachados» oscilan entre los altivos vagabundos y los mendigos, caracoles de las alcantarillas. Estos, con un poco de la sal de la caridad oficial, se deshacen en lágrimas espesas y babeantes; en cambio, los «agachados», pisoteados por los poderosos, han perdido la rebeldía y la dignidad pero conservan intacto su amor a la vida. La aman rabiosa y tristemente, con terquedad de yedras, de raíces sedientas, de plantas que se agarran a unas rocas impías. Mudos y cabizbajos, recorren las ciudades; no protestan, hacen chistes, inventan palabras, se emborrachan, encuentran placer en su degradación. Un número cada vez mayor de mexicanos pertenece a esta especie.

México, a 3 de noviembre de 1943

Novedades

Con este título publicó un libro de poemas, hace algunos años, un poeta argentino. No recuerdo gran cosa de esos versos pero el título me ha perseguido durante mucho tiempo. Cielo de tierra: paraíso terrestre, eternidades sustraídas a las horas, plenitud de la espuma en la cima de la ola. Todos queremos un cielo hecho de tierra, un cielo que prolongue a la carne y a la sed de la carne. Cielo de Tierra: abandono, música invisible en el aire, mansos dedos del viento rozando apenas una cabellera, un talle. San Juan de la Cruz ha expresado, con heridas imágenes en las que se alía el amor a la vida con el amor a la muerte, los encantos y las dulzuras, los terribles placeres de este cielo de tierra. Nada falta allí: ni la cena que recrea y enamora, ni el vino bermejo, ni el fluir somnoliento de los ríos que se desangran suavemente como venas abiertas en un baño tibio, corriendo entre praderas de rosas y tréboles, ni la soledad sonora... Cielo de tierra, paraíso cerrado, paraíso que se abre, como una lenta flor desconocida, apenas cerramos los ojos y empiezan a fluir las imágenes. Todo es tenso e inmóvil, extático, como un advenimiento: la nube, la mujer, el corazón paralizado. Al poco tiempo, todo fluye con languidez, porque la misma sed deja de ser rabiosa y ya no sabemos si somos nosotros quienes bebemos el vino o es él quien nos embebe y nos diluye en sus entrañas sangrientas.

Un poeta inglés, Keats, ha cantado en un poema («Sueño y Poesía»), las delicias de ese estado sonámbulo, en el que todo nos acaricia y que es como una revelación de la dicha oculta que yace en el fondo de cada hombre. En el sueño del poeta inglés, como en el de san Juan, nada es casual ni arbitrario; las imágenes, ricas, vivas y animadas por un sereno torbellino, poseen un orden interior, una lógica que no tiene nada que ver con la pobre lógica de la razón pero que tampoco tiene relación con esos simulados delirios de la poesía en boga. La poesía, viento que al mismo tiempo anima y ordena las imágenes del sueño, soplo y mano, se nos presenta en el poema de Keats con su más verdadera fisonomía: ilumina la oscuridad de los sueños, les infunde una vida relampagueante a las muertas palabras, da solidez al barro, fuego a la brasa, cuerpo al humo.

El sueño nos desnuda de todas las apariencias con que, en la vigilia, nos disfrazamos; su llama negra consume todas las fantasías mentirosas que nuestra ambición hipócrita nos finge, no tanto para satisfacerse como para engañarnos mejor y negarnos ese cielo de tierra, ese perdido o prohibido paraíso del que nuestra naturaleza se siente eternamente desterrada. Pero el sueño es enmarañado y confuso como una sentencia judicial; reina en su espesura la extravagancia sin sentido, junto al capricho y a la locura. Solo el poeta —y no el psicólogo, ese fracasado detective del alma, policía secreta de la moral social— es capaz de revelarnos el sentido enigmático de los sueños; solo él puede reducir su incongruencia a un orden de hermosura perenne y solo en la poesía los despojos cenicientos del sueño pueden volver a ser llamas. Sí, estamos hechos de la substancia de los sueños, mas solo al poeta le es dable mostrarnos en qué consisten esos sueños y qué es lo que queremos cuando los soñamos.

Si la poesía es revelación en palabras del sueño de los hombres, ¿no es entonces la revelación de la dicha que nos negamos, de la dicha que nunca podemos realizar y que nada tiene que ver con la mediocre felicidad ni con la serenidad de los filósofos morales o la justicia de los utopistas políticos? Casi todas las doctrinas filosóficas intentan apaciguar al hombre o desnaturalizarlo: hacerlo más bueno, más justo, más resignado, más fuerte. Más, siempre más, como si en el «más» estuviera la dicha. La poesía no le pide al hombre ningún esfuerzo, no quiere conquistar nada para los hombres; no es una espuela sino una entrega. Quiere que nos abandonemos a nosotros mismos porque piensa que en ese abandono, desasidos de todo (del nombre y de la ambición, del éxito y de la gloria), alienta ese cielo de tierra para el que estamos hechos. No predica la sucia pereza, ni pretende hundirnos en la ciega sensualidad, ni en las entrañas prenatales, como piensan algunos; en rigor, solo intenta devolvernos nuestra humanidad, iluminar nuestro sueño y reconciliarnos con nosotros mismos. Nos recuerda que existen la flor y la nube, el pecho que tiene forma de ola que tiene forma de mujer, la música y el silencio, la soledad y la palabra. Nos venga del tiempo porque, si es cierto que estamos sujetos a él y que su substancia voraz nos forma y nos devora simultáneamente, también es cierto que hay un sitio en nuestro ser que se le resiste, un sitio ignorado y secreto que es capaz de paralizar a las horas y hacer de un minuto una eternidad. La poesía, en fin, nos descubre que el cielo no está fuera sino dentro de nosotros: cielo de tierra, de sangre, de sueños y labios, sepultado secreto de cada alma.

México, a 17 de noviembre de 1943

El pintor Guerrero Galván

Los críticos yanquis de la pintura mexicana acostumbran dividir a los pintores en tres generaciones. La primera la constituyen Rivera, Orozco, Siqueiros, Rodríguez Lozano, Montenegro; algunos de ellos no solo mayores por la edad sino también por la obra. El segundo grupo, no menos ambicioso, aunque haya pintado una extensión más reducida de muros y telas, lo forman Tamayo, Castellanos, Orozco Romero, María Izquierdo, para no citar más que a unos cuantos. Los jóvenes, por último, pertenecen al tercer grupo. Esta clasificación es arbitraria y externa; Siqueiros, del primer grupo, se parece más —si es que en arte hay parecidos o simpatías— a Guerrero Galván o Anguiano que a Rodríguez Lozano o Diego Rivera. La pintura de Diego o la de Clemente ha influido más en los pintores que les suceden que en la obra de los de su propia generación. Falta, en suma, un verdadero orden crítico en la superficial clasificación de las generaciones. Diré, de paso, que no se trata propiamente de tres generaciones sino de promociones o grupos. Ordenar a los pintores por sus asuntos, por sus predilecciones o sus repulsiones, por su amor a la forma o por su desdén al color, por el dibujo o por la composición, por lo que intentan o por lo que revelan, me parece más profundo y verdadero que clasificarlos por sus edades. De cualquier modo, es una clasificación esta de las «generaciones» y, a falta de otra, me parece la mejor.

El más joven del segundo grupo, el más viejo de los jóvenes, como queráis, es el pintor jalisciense Jesús Guerrero Galván. Esta minucia de la edad no es casual en este artista, pues corresponde de una manera bastante natural al desarrollo de su obra y al lugar que ocupa dentro de la pintura mexicana contemporánea. La obra de Guerrero Galván, y no solo su persona, es la que posee mayor madurez entre la de todos los jóvenes: Anguiano, Soriano, Meza. Y al mismo tiempo, esa madurez juvenil, no prematura ni anticipada pero sí extraña para un hombre de su edad, lo convierte en el más joven de los pintores del grupo anterior: Castellanos, María Izquierdo, Tamayo, Orozco Romero, etc. Madurez y juventud se alían en la obra de Guerrero; a veces de esta alianza surgen creaciones de una tranquila belleza; en otras, por el contrario, la madurez, el saber que linda con una peligrosa maestría, devora el aliento juvenil o este deshace la grave solidez de ciertos cuadros.

Para mostrarnos esta lucha y cómo se ha logrado armonizar a las dos potencias que lo mueven, una galería de la ciudad expone un conjunto de cuadros al óleo, dibujos y acuarelas de Guerrero Galván. En esta exposición asombra, a primera vista, la unidad. No sé si el pintor posee un extraordinario rigor consigo mismo, que lo obliga a sacrificar todas aquellas tentaciones de la fantasía o de la sensibilidad que lo puedan apartar de lo que se propone, o si esta unidad es el fruto de un temperamento más profundo que rico. Lo cierto es que en Guerrero Galván no se advierten estas frecuentes y a veces afortunadas infidelidades para consigo mismo que en otros pintores revelan una inquietud, una búsqueda, una curiosidad o, simplemente, una debilidad ante otras obras. La pintura de Guerrero Galván no se distingue por la avidez ni por la curiosidad o por el espíritu de invención (que no hay que confundir con el espíritu creador). No es un pintor intelectual, ni torturado, al menos en su expresión. Esto, quizás, lo hace menos rico, pero al mismo tiempo le da una seguridad, una maestría y una solidez realmente extraordinarias, para no hablar sino de sus dotes más externas.

Moreno Villa, en alguna ocasión, intentó definir a Guerrero Galván diciendo que en su pintura veía tres corrientes: la de ciertos pintores italianos, la de una escultura azteca y la de Picasso. Olvidó la pintura popular de Jalisco. Todas estas corrientes (que en realidad no demuestran sino un solo amor a la forma plena y madura, visible en la escultura azteca tanto como en Ingres, en el Picasso pompeyano tanto como en algunos venecianos), han sido asimiladas y se han convertido en una especie de ausencia-presencia. Quiero decir: no están en la obra de Guerrero sino en el fondo de su espíritu, verdaderos alimentos y no afeites para disfrazarse o simular lo que no se es.

El amor a las formas sólidas, maternales o primigenias; la delicadeza del color, siempre templado, denso y melancólico como ciertos cielos de atardecer, especialmente los del Valle de México, que poseen una infinita riqueza de vibraciones en medio de su nada más que aparente sobriedad; la ternura de sus retratos de niños y la infinita desesperanza —una desesperanza altiva— que hay en algunos de sus cuadros (especialmente en *El Tamborilero,* seguramente uno de los más equilibrados y plenos), hacen de Jesús Guerrero Galván uno de nuestros grandes pintores. No mayor por la edad ni por la extensión de su obra ni por la ambición de su contenido; mayor por la excelencia de muchos de sus cuadros, por la solidez y equilibrio de todos. Es cierto que a veces nos parece que se complace en algunos temas y que tenemos miedo de que se detenga con un amor ya moroso en ciertas formas; a cambio de esos titubeos (que en otros pintores se manifiestan en brincos de *clown* y en gesticulaciones que pretenden ocultarnos el vacío), ¡qué pleno es, qué rico! ¡Con qué riqueza verdadera, que no es de abundancia sino de plenitud, nos muestra su mundo primigenio, henchido y melancólico! No solo es posible hablar de la pintura de Guerrero Galván; también es posible hacerlo de su mundo. Porque ese pintor inicia ahora una creación singular: la de su propio mundo. Ese es el destino —iba a decir privilegio, sin pensar en los dolores que significa semejante vocación— de los verdaderos artistas.

México, a 24 de noviembre de 1943

Epílogo

Dos canciones del film *El Rebelde* *(Romance de antaño)*

I

Solo por tu amor
voy siempre caminando
y me deja mi corazón.
Un tiempo será un sueño azul,
un claro de sol
que me cubrió con tu luz.
Lo que le dio suave fulgor
a mi amor.

Mi corazón paró aquel día,
vine por ti de locura.
A Dios pedí que fueras mía
porque sin tu amor
yo no sé vivir.
Quisiera mejor la muerte.

No sé por qué no sientes tú, mi amor,
si a tus lindos pies lo consiguió.
Es mi sufrir tan triste de amor,
sin ti mi vida es todo dolor.
Por tu querer vivo,
y por ti seré inmortal, mi amor.

II

No te miro con los ojos.
Cuando los cierro te miro
y en mi pecho te aprisiono.
Con sonrojos te aprisiono,
con sonrojos de suspiro.
(bis)

Nunca mis labios te nombran
tu nombre son los latidos
y sus sílabas la sangre
de mi corazón partido.
(bis)

Ya todo duerme en la noche.
Solo yo duermo despierto
que por sentirte
siempre a mi lado
no cierro ya los ojos.
(bis)

Te acarician mis manos
y mis labios, ay, te besan.
Mas siempre siempre
de noche y día
mis pensamientos velan.
(bis)

Ayer cantaba palabras,
pero las palabras son
nubes que el viento se lleva.
Hoy canta mi corazón.

Anexos

Fuentes

«Vigilias: Diario de un soñador»

«Vigilias I»: *Taller*, núm. 1, diciembre de 1938, págs. 57-58. El título de la primera edición tiene un llamado al pie de página que reza: «Fragmentos del diario de un soñador». Paz publicó cuatro «capítulos» de estas *Vigilias*. El subtítulo se repite, con ligeras variantes, en los demás capítulos.

«Vigilias II»: *Taller*, núm. 7, diciembre de 1939, pág. 3.

«Vigilias III»: *Tierra Nueva*, año 2, núms. 7 y 8, enero-abril de 1941, págs. 32-43.

«Vigilias IV»: *El Hijo Pródigo*, núm. 24, marzo de 1945, págs. 147-151.

«El trabajo vasto» e «Inocencia» son textos inéditos que formaban parte del cuaderno de *Vigilias* y que se excluyeron de la publicación original de estos textos. Se reproducen aquí por vez primera.

Libros y autores

«Ética del artista»: *Barandal*, tomo 2, núm. 5, diciembre de 1931, págs. 1-5. Texto del primer ensayo cronológico de Paz.

«Distancia y cercanía de Marcel Proust»: primera publicación íntegra del ensayo. Una primera parte se publicó, bajo el título de «Un mundo sin herederos» en *El Popular*, 25 de noviembre de 1939, pág. 3. El texto es una deslumbrada lectura de *Por el camino de Swann*.

«El tercer partido»: *Diario del Sureste*, Mérida, Yucatán, 25 marzo de 1937, pág. 3.

«Notas»: *El Nacional*, 8 de mayo de 1937, págs. 1-3. Escrito a la llegada de Paz a Mérida en 1937.

«Noticia de la poesía mexicana contemporánea»: texto de conferencia inédito. Fue leído durante una velada en el Ateneo Popular de Valencia un día de la semana entre el 17 y el 23 de agosto de 1937. El poeta español Arturo Serrano Plaja (1909) presentó a Paz al público asistente. Se leyeron poemas de Efraín Huerta, Alberto Quintero Álvarez y Neftalí Beltrán, amén de textos de los poetas mencionados en la conferencia.

«León Felipe»: *El Popular*, 17 de julio de 1938, 5 y *Letras de México*, 31, 10 de septiembre de 1938, pág. 4.

«A tres jóvenes amigos»: *Ruta* (4.ª época), 15 de octubre de 1938, págs. 52-58.

«Cultura de la muerte»: *Sur*, núm. 47, agosto de 1938, págs. 81-85.

«Pablo Neruda en el corazón»: *Ruta*, núm. 4, 4.ª época, septiembre de 1938, págs. 25-33. El título de Paz alude al de Neruda: *España en el corazón. Himno a las glorias del pueblo en la guerra* (1937).

«Voces de España»: prólogo a la antología del mismo nombre (subtítulo: «Breve antología de poetas españoles contemporáneos», Selección y nota por Octavio Paz, Ediciones Letras de México, 1938), págs. 9-10.

«Voces de España»: en *Letras de México*, 31, 1 de septiembre de 1938, pág. 2. [Carta a Octavio Barreda.]

«Americanidad de España»: *Futuro*, núm. 35, enero de 1939, págs. 18-19.

«La Casa de España»: *Taller*, 1 de diciembre de 1938, págs. 57-58.

«Constante amigo»: *Taller*, 4, julio de 1939, pág. 53.

«Razón de ser»: *Taller*, núm. 2, abril de 1939, págs. 30-34.

«El Mar (elegía y esperanza)»: *Taller*, núm. 4, julio de 1939, págs. 36-39.

«Isla de gracia»: *Artes plásticas*, núm. 1, primavera de 1939, págs. 31-32. Se trata de la primera crítica de arte escrita por Paz.

«Una obra sin joroba»: *Taller*, núm. 5, octubre de 1939, págs. 43-45. Sobre el mismo tema, véase también, en este mismo libro, la reseña de Paz sobre *Juan Ruiz de Alarcón: Su vida y obra*, págs. 230-232.

«Invitación a la novela»: *Taller,* núm. 6, noviembre de 1939, págs. 66-68.

«Lawrence en español»: *Romance,* año 1, núm. 3, 1 de marzo de 1940, pág. 9. Reseña de *La mujer que se fue a caballo,* Buenos Aires, Editorial Losada, 1939, del original inglés *The Woman Who Rodé Away and other Stories,* Londres, M. Secker, 1928.

«Sabor eterno»: *Taller,* núm. 10, marzo-abril de 1940, págs. 52-53.

«Mundo de perdición»: *Taller,* núm. 11, julio-agosto de 1940, págs. 65-69. Reseña de *Disparadero español,* 3 tomos, México, Editorial Séneca, 1936-1940. José Bergamín (1897-1984) fue director de *Cruz y Raya,* la revista católica española.

«Régimen de Vichy»: *Futuro,* núm. 54, agosto de 1940, pág. 19.

«América, ¿es un continente?»: *Así,* núm. 8, 4 de enero de 1941, pág. 30.

«Silvestre Revueltas»: *Taller,* núm. 12, enero-febrero de 1941, págs. 61-63. Esquela del músico mexicano (1899-1940).

«Las "Páginas escogidas" de José Vasconcelos»: *Taller,* núm. 12, enero-febrero de 1941, págs. 64-66.

«Juan Soriano»: *Tierra Nueva,* año 2, núms. 11-12, septiembre-diciembre de 1941, págs. 241-242. Se reprodujo en la primera edición de *Las peras del olmo* junto con otro texto sobre el mismo tema, bajo el título de «Rostros de Juan Soriano».

«Carlos Pellicer y la poesía de la naturaleza»: *Letras de México,* año V, núm. 11, 15 de noviembre de 1941, pág. 7.

«José María Velasco»: *Hoy,* núm. 290, 12 de septiembre de 1942, págs. 52-53. Se reprodujo, bajo el título de «Pinturas de José María Velasco», en la primera edición de *Las peras del olmo,* págs. 239-243. Velasco (1840-1912) fue uno de los más destacados paisajistas mexicanos del siglo XIX.

«Absurdo y misterio»: *Cuadernos Americanos,* año 1, núm. 5, septiembre de 1942, págs. 236-239.

«Recoged esa voz...»: *Letras de México,* año V, núm. 23, 15 de noviembre de 1942, pág. 3. Precede a una selección de poemas de Miguel Hernández, publicados poco después de su muerte en un número de *Letras de México* parcialmente dedicado a su memoria.

«Lorenzo Varela»: «*Torres de amor*».

«El Hijo Pródigo»: núm. 2, mayo de 1943, pág. 124.

«Luis Cernuda, *Ocnos*»: *El Hijo Pródigo,* núm. 3, junio de 1943, págs. 93-96.

«Efrén Hernández: *Entre apagados muros*»: *El Hijo Pródigo,* núm. 4, julio de 1943, pág. 255.

«Manuel José Othón, *Breve antología lírica*»: *El Hijo Pródigo,* núm. 4, julio de 1943, pág. 256.

«Una nueva novela mexicana»: *Sur,* núm. 105, julio de 1943, págs. 93-96; también reproducido en *Novedades,* 17 de septiembre de 1943, pág. 4. La primera publicación del texto fue acompañada del siguiente sobre Xavier Villaurrutia. El texto de Paz fue reproducido, «sin permiso de su autor», en la sección «Inventario» del *Diorama de la Cultura,* 16 de mayo de 1976, págs. 14-15. Dicha publicación, junto con los comentarios del redactor anónimo, suscitó una carta de Paz que fue reproducida fragmentariamente en la misma sección del semanario: «Revueltas, Paz, *Taller* y *Contemporáneos*», *Diorama de la Cultura,* 16 de mayo de 1976. La nueva inclusión del texto en la recopilación hecha por Luis Mario Schneider, *México en la obra de Octavio Paz,* México, Promexa Editores, 1979, suscitó, a su vez, otro texto complementario de Paz sobre Revueltas, primero publicado bajo el título de «Revueltas, o la sombra de Dios» en *La Letra y la Imagen,* núm. 1, 30 de septiembre de 1979, págs. 2-5, y luego bajo el de «Cristianismo y revolución: José Revueltas», recogido en *Hombres en su siglo y otros ensayos,* Barcelona, Seix Barral, 1984, págs. 145-155. A continuación, el texto de este último complemento crítico:

CRISTIANISMO Y REVOLUCIÓN

Al releer la nota arriba transcrita, desenterrada por Luis Mario Schneider en un viejo *Sur,* sentí inmediatamente la necesidad de aclararla y prolongarla. Es la crítica de un principiante a otro principiante; además, es demasiado tajante y categórica. Mi disculpa es que esos defectos son frecuentes entre los jóvenes. Al final le reprocho a Revueltas su juventud y esa censura es perfectamente aplicable a mis opiniones de entonces. La juventud no justifica otros errores. Por ejemplo, en el primer párrafo condeno a los novelistas de la Revolución mexicana. Fue una tontería: entre ellos hay dos escritores excelentes, Martín Luis Guzmán y Mariano Azuela. Ambos fueron maestros en su arte. La prosa de Martín Luis Guzmán, nítida como la de un historiador romano, posee una suerte de transparencia clásica: su tema es terrible pero él lo dibuja con pulso tranquilo y firme. Azuela no fue «un gran talento miope»; tampoco fue torpe: fue un escritor lúcido, dueño de sus recursos y que exploró muchos caminos que después otros han recorrido. Pero cuando yo escribí mi nota sobre *El luto humano* (1943), la novela de la Revolución se había transformado de movimiento en escuela: la invención era ya receta. En este sentido no me equivoqué: la aparición de *El luto humano,* publicada unos años antes que *Al filo del agua* (1947)[55], fue una ruptura y un comienzo. Con la novela de Revueltas, a pesar de sus imperfecciones, se inició algo que todavía no termina.

Mi análisis de *El luto humano* es demasiado rápido. Señalo con severidad excesiva las impericias del narrador y la frecuencia con que su voz suplanta a la de sus personajes. Esos defectos se deben, en parte al menos, a la dificultad y a la novedad de aquello que se proponía decir Revueltas y que, años más tarde, logró decir con mayor felicidad. El joven novelista deseaba utilizar los nuevos procedimientos de la novela norteamericana (la presencia del Faulkner de *Palmeras salvajes* es constante) para escribir una crónica, a un tiempo épica y simbólica, de un episodio que parecía dotado de ejemplaridad revolucionaria. El propósito era contradictorio: el realismo de Faulkner (quizá todo realismo) implica una idea pesimista del hombre y de su destino terrestre; a su vez, la crónica épica de Revueltas está minada, por decirlo así, por el simbolismo religioso. Los campesinos luchan por la tierra y el agua pero el novelista sugiere continuamente que esa lucha alude a otra lucha que no es enteramente de este mundo. Aunque mi nota subraya la religiosidad de Revueltas, no describe su carácter paradójico: una visión del cristianis-

---

[55] Novela de Agustín Yáñez.

mo dentro de su ateísmo marxista. Revueltas vivió el marxismo como cristianismo y por eso lo vivió, en el sentido unamunesco, como agonía, duda y negación.

Al hablar de la religiosidad del pueblo mexicano menciono el «rencor», palabra inexacta. Lo atribuyo a la gran catástrofe de la Conquista, que arrebató a los indios no solo su mundo sino el otro: sus dioses y sus mitologías. Sin embargo, al abrirles con la llave del bautismo las puertas del cielo y del infierno, el catolicismo les dio paradójicamente la posibilidad de reconciliarse con su antigua religión. Tal vez Revueltas pensó que, «en un plano histórico más elevado», el marxismo revolucionario cumpliría frente al cristianismo la misma función que este había desempeñado ante las religiones precolombinas. Esta idea explicaría la importancia del simbolismo cristiano en la novela. Además, le fascinaron siempre las creencias y los mitos populares. Un amigo me ha contado que una vez, medio en broma y medio en serio, se le ocurrió celebrar un rito matrimonial no ante el altar de la Virgen de Guadalupe sino ante la diosa Coatlicue del Museo. Recuerdo también que la noche de la masacre de Corpus Christi de 1971, reunidos varios amigos en casa de Carlos Fuentes, mientras se discutía qué podríamos hacer, Revueltas se me acercó y con una sonrisa indefinible me susurró al oído: «¡Vámonos todos a bailar ante el Santo Señor de Chalma!». Una frase revela a un hombre: «el ateísmo», me dijo una vez André Breton, «es un acto de fe». Las ocurrencias de Revueltas eran oblicuas confesiones.

Al final de mi nota apunto la verdadera significación de *El luto humano:* «Revueltas no ha escrito una novela pero ha hecho luz en sí mismo». Hoy diría: esa obra fue un paso en su peregrinación, verdadero viacrucis, hacia la luz. Y aquí brota la pregunta central, a la que Revueltas se enfrentó con valentía desde su primer relato, *El quebranto,* y que nunca dejó de hacerse: ¿qué luz, la de aquí o la de allá? Tal vez aquí es allá, tal vez las revoluciones no son sino el camino que recorre el aquí hacia el allá. La actividad de Revueltas parece estar inspirada, secretamente, por esta idea. Fue militante revolucionario, novelista y autor de ensayos filosóficos y políticos. Como militante fue un disidente que hizo con idéntica pasión la crítica del capitalismo y la del «socialismo» burocrático; la misma dualidad se observa en sus novelas, cuentos y ensayos. Así, por una parte, hay una gran unidad entre su vida y su obra: es imposible separar al novelista del militante y a este del autor de textos de crítica filosófica, estética y política; por la otra, esa unidad encierra una fractura, una escisión. Revueltas estuvo en continuo diálogo —o más exactamente: en permanente disputa— con sus ideas filosóficas, estéticas y políticas. Su crítica a la ortodoxia comunista fue, simultáneamente, autocrítica. Su caso, claro, no es único; al contrario, es más y más corriente: la disidencia de los intelectuales marxistas es una de las expresiones, quizá la central, de la crisis universal de esa doctrina. Pero hay algo que distingue a las dudas y a las críticas de Revueltas de las otras: el tono, la pasión religiosa. Y hay más: las preguntas que una y otra vez se hizo Revueltas no tienen sentido ni pueden desplegarse sino dentro de una perspectiva religiosa. No la de cualquier religión sino precisamente la del cristianismo.

Para los occidentales la oposición entre ateísmo y religión es insalvable. No lo ha sido para otras civilizaciones: en su forma más estricta y pura, el budismo es ateo. Sin embargo, ese ateísmo no extirpa lo divino: como todos los seres, sin excluir a los hombres y al Buda mismo, los dioses son burbujas, reflejos de la vacuidad. El budismo es una crítica radical de la realidad y de la condición humana: la verdadera realidad, *sunyata,* es un estado indefinible en el que el ser y el no ser, lo real y lo irreal, cesan de ser opuestos y, al fundirse, se anulan. Así, la historia no es sino fantasmagoría, ilusión —como todo—. De ahí también que la religiosidad budista sea esencialmente contemplativa. En cambio, para el cristianismo la encarnación de Jesús y su sacrificio son hechos a un tiempo sobrenaturales e históricos. La revelación divina no solo se despliega en la historia sino que ella es el lugar de prueba de los cristianos: las almas se ganan y pierden aquí, en este mundo. El marxista Revueltas asume con todas sus consecuencias la herencia cristiana: el peso de la historia de los hombres.

El nexo entre el cristianismo y el marxismo es la historia; uno y otro son doctrinas que se identifican con el proceso histórico. La condición de posibilidad del marxismo es la misma que la del cristianismo: la acción sobre este mundo. A su vez, la oposición entre el marxismo y el cristianismo se manifiesta aquí en la tierra: para cumplirse y cumplir su tarea, el hombre revolucionario tiene que desalojar a Dios de la historia. El primer acto revolucionario es la crítica del cielo. La relación entre marxismo y cristianismo implica, simultáneamente, un vínculo y una ruptura. El budismo —en general todo el pensamiento de Oriente— ignora o desdeña a la historia. Al mismo tiempo, inmerso en la atmósfera de lo divino, rodeado de dioses, desconoce la noción de un Dios único y creador. El ateísmo oriental no es realmente ateo; en un sentido riguroso, solo pueden ser ateos los judíos, los cristianos y los musulmanes: los creyentes en un Dios único y creador. Bloch dijo con mucha razón: «Solo un verdadero cristiano puede ser un buen ateo; solo un verdadero ateo puede ser un buen cristiano».

El marxismo cristiano de Revueltas solo es inteligible desde la doble perspectiva que acabo de esbozar. En primer lugar, la idea de la historia concebida como un proceso dotado de un sentido y una dirección; en segundo lugar, el ateísmo irreductible. Ahora bien, entre historia y ateísmo se abre una nueva oposición; si Dios desaparece, la historia deja de tener sentido. El ateísmo cristiano es trágico porque, según lo vio Nietzsche, es negación del sentido. Para Dostoievski, si no hay Dios todo está permitido, todo es posible; pero si todo es posible, nada lo es; la infinidad de posibilidades las anula y se resuelve en imposibilidad. Del mismo modo, la ausencia de Dios hace pensable todo; pero todo es igual a nada; el todo y la nada no son pensables; por eso es aterrador y, literalmente, insoportable. También por eso hemos instalado en el hueco de Dios otras divinidades: la Razón, el Progreso. Estos principios bajan a la tierra, encarnan y se convierten en los secretos actores de la historia. Son nuestros Cristos; la nación, el proletariado, la raza. En la novela de Revueltas el hombre antiguo se llama Adán, como nuestro padre; y el hombre nuevo, el Cristo colectivo, se llama Natividad. La historia del Hijo del Hombre comienza con el nacimiento y culmina con el Sacrificio; la Revolución obedece a la misma lógica. Esa lógica es racional, «científica»: el materialismo histórico; y es sobrenatural: la trascendencia. Lo «científico» es explícito; lo sobrenatural, implícito. La trascendencia divina desaparece pero, subrepticiamente, a través de la acción revolucionaria, continúa operando. Pues, como decía el mismo Bloch, la Revolución es «trascender sin trascendencia».

La enemistad entre marxismo y cristianismo no desaparece nunca del todo pero se atenúa si los términos cambian de posición. Para el cristianismo los hombres somos los hijos de Adán, el hijo de Dios. En el origen está Dios, que no solo es el dador del sentido sino el creador de la vida. Dios está antes de la historia y al final de ella: es el comienzo y es el fin. Para un marxista cristiano como Bloch o Revueltas, Dios no puede estar antes; en verdad, Dios no existe; la realidad original y primordial es el hombre, mejor dicho, la sociedad humana. Solo que el hombre histórico es apenas hombre; para realizarse, para ser hombre de veras, el hombre debe pasar por las pruebas de la historia, debe vencerla y transformar su fatalidad en libertad. La Revolución hace hombres a los hombres —y más que hombres: el porvenir del hombre es ser Dios—. El cristianismo fue la humanización de un Dios; la Revolución promete la divinización de los hombres. Brusco cambio de posiciones: Dios no está antes sino después, no es el creador de los hombres sino su creatura. Bloch cambia la frase bíblica y dice: *Yo soy el que seré (Un Athéisme dans le Christianisme)*.

Revueltas nunca formuló sus ideas con la claridad de Bloch pero el temple de sus escritos y de su vida corresponde a esta visión agónica y contradictoria del marxismo y del cristianismo. Por supuesto, él llegó a estas actitudes independientemente y por su propio camino. No fue la filosofía la que lo guio sino su experiencia personal. En primer lugar, la vida popular mexicana, toda ella impregnada de religiosidad; en fin, su temperamento filosófico y poético. Esto último fue decisivo: Revueltas se hizo preguntas filosóficas que el marxismo —como lo han reconocido, entre otros, Kolakowski y el mismo Bloch— no puede contestar, salvo con lugares comunes cientistas. En realidad, esas preguntas solo tienen respuestas metafísicas o religiosas. La metafísica, después de Hume y de Kant, nos está vedada a los modernos. Así, Revueltas acudió intuitiva y pasionalmente, en un movimiento de regreso a lo más antiguo de su ser, a las respuestas religiosas, mezcladas con las ideas y esperanzas milenaristas del movimiento revolucionario. Aunque le apasionó la filosofía, fue sobre todo un artista creador. Su temperamento religioso lo llevó al comunismo, que él vio como el camino del sacrificio y la comunión; ese mismo temperamento, inseparable del amor a la verdad y al bien, lo condujo al final de su vida a la crítica del «socialismo» burocrático y el clericalismo marxista.

El marxismo se ha convertido en una ideología y hoy opera como una pseudorreligión. La transformación de una filosofía en ideología y de esta en religión no es un fenómeno nuevo; lo mismo sucedió con el neoplatonismo y el gnosticismo. Tampoco es nueva la transformación de una religión en poder político y la del sacerdocio en burocracia clerical: el catolicismo ha conocido esas perversiones. La peculiaridad histórica del comunismo consiste en que no es realmente una religión sino una ideología que opera como si fuera una ciencia, la Ciencia; asimismo, no es una Iglesia sino un partido que no se parece a los otros partidos sino a las órdenes y cofradías militantes de los católicos y los mahometanos. Los partidos comunistas comienzan como pequeñas sectas pero apenas crecen se convierten en Iglesias cerradas. (Uso el plural porque en el movimiento comunista los cismas y las escisiones proliferan.) Cada Iglesia se cree poseedora de la verdad universal; esta pretensión no sería peligrosa si las burocracias que rigen a estos grupos no estuviesen movidas por una voluntad de dominación y proselitismo igualmente universales. Cada miembro de cada Iglesia es un misionero y cada misionero un inquisidor en potencia. La religiosidad de Revueltas estaba muy alejada de estos fanatismos ideológicos; sus verdaderas afinidades espirituales se encuentran del otro lado, cerca de los cristianos primitivos, los gnósticos del siglo IV o los rebeldes y revolucionarios protestantes de la Reforma. Dentro de la Iglesia católica habría sido un hereje como lo fue dentro de la ortodoxia comunista. Su marxismo no fue un sistema sino una pasión, no una fe sino una duda y, para emplear el vocabulario de Bloch, una esperanza.

Vivir consigo mismo no fue, para Revueltas, menos difícil que convivir con sus camaradas comunistas. Durante años trató de ser un militante disciplinado y cada tentativa culminó con ruptura y expulsión. La dialéctica hegeliana le sirvió para aplazar la ruptura definitiva; como tantos otros, se dijo que el mal es una artimaña de la historia para mejor cumplirse, que la negación es un momento del proceso que inevitablemente se transforma en afirmación, que los tiranos revolucionarios son tiranos para defender a la libertad y que —como lo probaron en el siglo XVII los teólogos españoles y en el XX lo han confirmado brillantemente el procurador Vishinski y los bolcheviques procesados en 1936 y 1938— los culpables son inocentes y los inocentes culpables. Enigmas de la voluntad divina o de la necesidad histórica. La justificación del mal comenzó con Platón; en sus retractaciones y abjuraciones, Revueltas no hizo sino seguir una tradición de más de dos mil años. Según el neoplatónico Proclo, la materia misma «es buena, a pesar de ser infinita, obscura e informe». (Para los antiguos, la infinitud era una imperfección pues carecía de forma.) Pero los recursos de la dialéctica se agotan mientras que el mal crece sin cesar. Al final Revueltas tuvo que afrontar la realidad del bolchevismo y su propia realidad. No resolvió este conflicto —¿quién lo ha resuelto?— pero tuvo el valor de formularlo y pensarlo. Vivió con lealtad su contradicción interior: su cristianismo ateo, su marxismo agónico. Muchos elogian la entereza con que padeció cárceles y estrecheces por sus ideas. Es verdad, pero hay que recordar, además, que Revueltas practicó otro heroísmo no menos difícil y austero: el heroísmo intelectual.

Su obra es desigual. Algunas de sus páginas parecen, más que textos definitivos, borradores; otras son notables y le otorgan un sitio aparte y único en la literatura mexicana: *Los días terrenales, Los errores, El Apando* y, sobre todo, los cuentos de *Dios en la tierra* y *Dormir en la tierra,* muchos de ellos admirables. Pero la excelencia literaria de estas obras, con ser de veras considerable, no explica enteramente la atracción que ejerce su figura. En nuestro mundo todo es relativo, el bien y el mal, el placer y la pena. Aunque la mayoría se contenta, unos cuantos se rebelan y, poseídos por un dios o por un demonio, piden todo. Son los sedientos y los hambrientos de absoluto. No se me pida que lo defina: el absoluto es por definición indefinible. Revueltas padeció esa hambre y esa sed; para saciarlas fue escritor y fue revolucionario. Si busco entre los mexicanos modernos un espíritu afín, tengo que ir al campo ideológico opuesto y a una generación anterior: José Vasconcelos. Como Revueltas, fue un temperamento pasional pero incapaz de someter su pasión a una disciplina, un escritor de corazonadas y adivinaciones, abundante y descuidado, a ratos torpe y otras luminoso. Para ambos la acción política y la aventura metafísica, la polémica histórica y la meditación fueron vasos comunicantes. Unieron la vida activa con la vida contemplativa o, mejor dicho, especulativa: en sus obras no hay realmente contemplación desinteresada —para mí la suprema sabiduría— sino meditación, reflexión y, en los momentos mejores, vuelo espiritual. La obra de Vasconcelos es más vasta y rica que la de Revueltas, no más honda e intensa. Pero lo que deseo destacar es que pertenecen a la misma familia anímica. Son lo contrario de Reyes, que hizo de la armonía un absoluto, y de Gorostiza, que adoró a la perfección con un amor tan exclusivo que prefirió callar a escribir algo indigno de ella.

A pesar de su parentesco espiritual, Vasconcelos y Revueltas caminaron por caminos opuestos. Nutrido en Plotino y creyente en su misión de filósofo coronado, Vasconcelos se sentía enviado de lo alto: por eso fue un educador; Revueltas creía en los apóstoles rebeldes y se veía como un enviado del mundo de abajo: por eso fue un revolucionario. El espiritualista Vasconcelos jamás dudó; no lo tentó el diablo, espíritu de la negación y patrono de los filósofos: lo tentaron el mundo (el poder) y la carne (las mujeres). Vasconcelos confesó que había deseado a la mujer de su prójimo y que había fornicado con ella pero nunca aceptó que se hubiese equivocado. Los únicos pecados que confesó el materialista Revueltas fueron los del espíritu: dudas, negaciones, errores, mentiras piadosas. Al fin se arrepintió e hizo la crítica de sus ideas y de los dogmas en que había creído. Vasconcelos no se arrepintió; exaltó a la humildad cristiana solo para mejor cubrir de invectivas a sus enemigos; Revueltas, en nombre de la filosofía marxista, emprendió un examen de conciencia que san Agustín y Pascal habrían apreciado, y que me impresiona doblemente: por la honradez escrupulosa con que lo llevó a cabo y por la sutileza y profundidad de sus análisis. Vasconcelos terminó abrazado al clericalismo católico; Revueltas rompió con el clericalismo marxista. ¿Quién fue, de los dos, el verdadero cristiano?

«El teatro de Xavier Villaurrutia»: *Sur,* núm. 105, junio de 1943, págs. 96-98.

«Antonio Castro Leal, *Juan Ruiz de Alarcón*»: *Sur,* núm. 106 agosto de 1943, págs. 107-110. El mismo texto se reprodujo, bajo el título de «Presentimiento de México», en *Novedades,* 21 de junio de 1943, pág. 4. Este comentario a la obra de Alarcón recoge, amplía y desarrolla ideas expresadas en otro pequeño ensayo, «Una obra sin joroba», *Taller,* núm. 5, octubre de 1939, reproducido en este libro en las págs. 170-172.

«Max Aub, *San Juan*»: *El Hijo Pródigo,* núm. 5, agosto de 1943, págs. 318-319.

«Leopoldo Zea, *El positivismo en México*»: *Sur,* núm. 107, septiembre de 1943, págs. 78-83. Se reprodujo, bajo el título de «Historia y filosofía», en *Letras de México,* tomo 4, núm. 6, septiembre de 1943, pág. 5 y, bajo el título de «El positivismo en México», en *Novedades,* 2 de agosto de 1943, pág. 4.

«Agustín Yáñez, *Archipiélago de mujeres*»: *El Hijo Pródigo,* año 1, núm. 6, 15 de septiembre de 1943, pág. 380.

«*Los presocráticos*»: *El Hijo Pródigo,* año 1, núm. 7, octubre de 1943, págs. 60-61.

«Rafael Dieste, *Historias e invenciones de Félix Muriel*»: *El Hijo Pródigo,* año 1, núm. 8, 15 de noviembre de 1943, pág. 125.

«Testimonios»

«Otra vez España» y «Palabras en la Casa del Pueblo»: *Diario del Sureste,* 7 de abril de 1937, pág. 3, y, 16 de abril de 1937, pág. 3.

«A la juventud española»: *El Mono Azul,* 32, 9 de septiembre de 1937), 1.

«Carta a Rubén Salazar Mallén»: *El Universal,* México, D. F.), 25 de noviembre, 1937 [bajo el título de «Correspondencia de Rubén Salazar Mallén»]; recogida en *OC,* V, págs. 631-633.

«Raíces españolas de los mexicanos»: *El Nacional,* 7 de diciembre de 1937, 1.

«La enseñanza de una juventud» y «Las enseñanzas de una juventud»: *El Popular,* 23 de julio de 1938, pág. 5, y 3 de agosto de 1938, págs. 5-6.
«El Premio Nobel de Literatura»: *Hoy,* Año II, vol. 6, 3 septiembre de 1938.
«El testimonio de los sentidos»: Romance, año 1, núm. 3, 1 de marzo de 1940, pág. 9.
«Respuesta a una encuesta de *Romance*»: *Romance,* año 1, núm. 7, 1 de mayo de 1940. A continuación, un texto de Paz que es un complemento crítico a su respuesta a esta encuesta:

Releo con cierta incredulidad algunas de mis respuestas a la encuesta de *Romance* (1940). Es una sensación que, aliada con frecuencia al rubor y a la irritación, se ha repetido una y otra vez mientras revisaba los textos que componen *Primeras letras.* Por ejemplo, decir que el arte es un *engaño* fue una manera más bien ingenua de exagerar una paradoja de Wilde; unas líneas más adelante digo que esa mentira es total y trágica: ¿por qué no podría ser parcial o alegre? Por fortuna, después opino que el arte nuevo debe ser *lúcido.* Hoy diría lo mismo. En cambio, me siento muy distante de mis opiniones sobre el surrealismo, lo mismo ante las que expreso en el párrafo que comento como ante otras que aparecen en varios pasajes de este libro. Para explicar mi actitud de entonces, reproduzco un fragmento de mi ensayo «Antevíspera: *Taller*», publicado en *Vuelta* y recogido en *Sombras de obras* (1983): «Los movimientos de vanguardia —no hay más remedio que usar la antipática palabra— comienzan en Europa hacia 1910 y entre 1920 y 1930 alcanzan su mayor virulencia expresiva. *Taller* aparece en 1939 y en este sentido los que colaborábamos en sus páginas éramos (y nos sentíamos) herederos de más de treinta años de experimentos y aventuras estéticas. En México los iniciadores del movimiento moderno habían sido los estridentistas. A diferencia de los ultraístas españoles y argentinos, los estridentistas profesaron ideas radicales en política y unieron, influidos sin duda por el futurismo ruso, la revolución estética a la revolución social.

»El estridentismo duró poco: se disolvió en algaradas y en puestos públicos. El Gobierno mexicano protegía con la misma solicitud a los estridentistas y a los «artepuristas», al trotskista Rivera y al anárquico Orozco. Los mejores poetas de esos años no participaron en el estridentismo. Eran un conjunto de personalidades aisladas —un «grupo sin grupo», dijo uno de ellos— que se reunieron en distintas revistas. Las principales fueron *Ulises* y *Contemporáneos*. No tuvieron ideas políticas definidas; todos colaboraron con los sucesivos gobiernos mexicanos y fueron vagamente republicanos, democráticos y partidarios de los gobiernos de la Revolución mexicana. En materia de arte y literatura casi todos siguieron la doctrina de la poesía pura, a veces en la versión de Juan Ramón Jiménez y otras en la de Paul Valéry. Más tarde algunos se interesaron en el surrealismo, pero lo vieron como un movimiento estético, no como una subversión psíquica y moral. Fue una generación de poetas más que de prosistas. Entre los poemas mejores de la primera mitad del siglo XX, en nuestra lengua, algunos fueron escritos por ellos. Era natural que nosotros los admirásemos; era también natural que nos sintiésemos muy distintos. "Razón de ser", un ensayo publicado en el segundo número de *Taller* (1939), expresa esa coincidencia y esa disidencia. No solo nos sentíamos distintos: sentíamos que los tiempos nos pedían algo distinto. Había que ir más allá pero ¿hacia dónde?

»Aunque es imposible resumir en una frase lo que nos separaba de nuestros predecesores, me parece que la gran diferencia consistía en que nuestra conciencia del tiempo que vivíamos era más viva y, ya que no más lúcida, sí más honda y total. El tiempo nos hacía una pregunta a la que había que responder si no queríamos perder la cara y el alma. Nos angustiaba nuestra situación en la historia. En "Razón de ser" decía: "ellos son la generación de la posguerra; nosotros estamos antes de la gran hecatombe próxima, ellos después". Seis meses más tarde Alemania invadía a Polonia. La historia nos rodeaba con terrible violencia...

»Los términos de nuestro predicamento se manifestaban en la oposición de dos palabras: poesía/historia. Las generaciones anteriores —la "modernista" y la de vanguardia— las habían separado con violencia, en beneficio de la primera. ¿Cómo unirlas, cómo restablecer la circulación entre ellas?

Los románticos se habían hecho la misma pregunta y habían respondido con sus obras y con sus vidas. Pero en lengua española —y también en francés— la gran revolución del arte moderno, desde el simbolismo hasta los movimientos de vanguardia, había acentuado la autonomía y la pureza de la poesía frente a la historia. Con el pretexto de extirpar a la «anécdota» en el poema, se pretendió suprimir a los significados y a los referentes. Sin embargo, en lengua inglesa Pound y Eliot habían logrado insertar a la poesía en la historia moderna[56]. Podríamos habernos inspirado en ellos pero sus ideas, valores y creencias eran precisamente los opuestos a los nuestros. Solo unos años más tarde —no tengo más remedio que acudir a mi caso personal— pude seguirlos por ese camino, aunque en dirección opuesta.

»En Francia los surrealistas se habían enfrentado a la misma disyuntiva y la habían resuelto con violencia al unir las dos palabras magnéticas: poesía y revolución. Cierto, la poética surrealista —el automatismo tanto como la herencia del simbolismo y del cubismo— impidió que, en la realidad, es decir en los poemas, se manifestase la unión de poesía e historia. Pero el surrealismo habría sido un buen punto de partida. Si nuestra evolución hubiese sido la natural, deberíamos haber adoptado en esos años la estética y (sobre todo) la ética de los surrealistas (como, en el dominio del cine, lo había hecho Buñuel). Probablemente habríamos modificado la doctrina atenuando o renunciando al automatismo y reintroduciendo el asunto en el poema, como yo mismo, más tarde, intenté hacerlo.

»La conjunción con el surrealismo se frustró por dos razones. La primera fue de orden político. Uno de los grandes méritos morales e intelectuales de Breton y de sus amigos fue haber roto con el estalinismo desde 1930. Pero ese mérito inmenso era para nosotros un demérito. Todavía en 1940 seguíamos inmovilizados por el perverso sofisma que ha degradado a tantos intelectuales: criticar al régimen soviético es atacar a la revolución, denunciar los crímenes de la burocracia rusa y de

---

[56] Véase el capítulo VI de *Los hijos del limo* (tercera edición, 1981).

sus cómplices es aliarse con los fascistas y con los imperialistas. Se decía: Breton es amigo de Trotsky y ambos sirven "objetivamente", a sabiendas o no: es lo mismo, a Hitler. Un poco después, gracias a Victor Serge, Jean Malaquais y Benjamin Péret —gracias también a que dos años más tarde me alejé de México y sus facciones ideológicas— pude romper el hechizo. Otros vivieron enredados en esa trácala moral hasta el día de su muerte.

»La segunda razón de nuestro desvío frente al surrealismo —a veces expresado con necia hostilidad— fue de orden estético. Creíamos de buena fe que el movimiento había sido superado. Con razón y no sin ironía Jorge Cuesta nos preguntó: ¿por quién y cómo? Confundíamos al surrealismo con una escuela poética y artística; más exactamente: con una manera. Para comprender nuestra actitud deben recordarse dos circunstancias. Una de ellas: efectivamente, ya había pasado el momento de apogeo del surrealismo; la manera, un poco después, triunfaría más y más sobre la inspiración. Este ha sido, por lo demás y cada día con mayor frecuencia, el destino de todos los movimientos de vanguardia durante la segunda mitad del siglo. La diferencia con las otras tendencias o, más bien, la superioridad del surrealismo sobre ellas, es de orden espiritual, no estético. Aunque en su período final no haya dado grandes obras, el surrealismo guardó intactos sus poderes de indignación moral. Fue un foco secreto de pasión poética en nuestra época vil. En sus negaciones palpitó siempre el gran Sí de la poesía, el amor y la libertad. La lección de Breton fue moral y cuando la gritería y la cháchara que hoy nos ensordecen se hayan disipado, su palabra volverá a ser oída.

»La otra circunstancia es la siguiente: nosotros empezamos a escribir en un período de renuncia general a las experiencias y aventuras de la vanguardia. Todos nuestros predecesores, con la excepción de Huidobro, volvían a las formas tradicionales, a veces combinadas, como en el caso de Alberti, con temas políticos. Decíamos que estábamos de *vuelta*. Pero ¿de vuelta de qué y a qué? Esta fue la pregunta que, un poco después, nos hicimos algunos poetas de mi generación, cada uno por su cuenta y de una manera aislada. Con esa pregunta y con las distintas respuestas que unos cuantos le dimos, comienza hacia 1945 la poesía contemporánea hispanoamericana. Esta es una verdad que apenas empieza a abrirse paso en la crítica. Me he referido al tema en otra parte y no volveré ahora a tocarlo[57]. Baste con recordar lo esencial: nuestra actitud puede considerarse como "un regreso a la vanguardia pero a una vanguardia otra, crítica de sí misma y en rebelión solitaria contra la academia en que se había convertido la primera vanguardia, la de 1920...". En mi caso, el redescubrimiento de los poderes de revelación del surrealismo fue ya que no una respuesta a mis preguntas, sí una vía de salida. En 1942 comencé a examinar con ojos distintos a los de la época de *Taller* la herencia de la poesía moderna»[58].

«Respuesta a una encuesta de *Letras de México*»: *Letras de México*, año 5, núm. 3, 15 de abril de 1941, págs. 7-10. La respuesta se reprodujo, bajo el título de «Sobre literatura mexicana» y con ligeras variantes, en *El Popular*, 14 de octubre de 1941, pág. 5, y 29 de octubre de 1941, págs. 4 y 5.

«Émula de la llama»: la primera versión de este texto apareció en *Hoy*, núm. 307, 9 de enero de 1943, págs. 56-57, con un título distinto: «Pura, encendida rosa...». Se reprodujo, con cambios considerables y bajo el título de «Émula de la llama» en la primera edición de *Las peras del olmo*, págs. 50-60; posteriormente apareció refundido, junto con «Poesía mexicana moderna», bajo este mismo título, en la segunda edición revisada, 1971, págs. 49-58. Reproducimos, por indicaciones del autor, la primera versión de *Las peras del olmo*.

«Poesía y mitología. El mito»: este y el siguiente texto fueron conferencias que Paz pronunció en el estado de Oaxaca, México, en 1942 durante una Semana Cultural patrocinada por el Instituto Nacional de Bellas Artes. La primera conferencia nunca fue publicada; esta es su primera publicación. El texto

---

[57] *Cfr.*, el citado capítulo sexto de *Los hijos del limo* y la última parte de «Poesía e historia: *Laurel* y nosotros».

[58] «Poesía de soledad y poesía de comunión», en el núm. 5 de *El Hijo Pródigo*, agosto de 1943, págs. 271-278.

de las últimas páginas es casi idéntico al de la parte final de «Poesía de soledad y poesía de comunión» (1943), incluido en este libro. Por esta razón, decidimos suprimirlas.

«Poesía y mitología. Novela y mito»: publicado como «Poesía y mitología» en *Letras de México,* año 5, vol. 6, 15 de diciembre de 1942, págs. 1, 2, 11.

«Poesía de soledad y poesía de comunión»: *El Hijo Pródigo,* núm. 5, agosto de 1943, págs. 271-278. Posteriormente, el texto de este ensayo fue revisado de manera considerable.

«Respuesta a un cónsul»: *Letras de México,* tomo 4, núm. 8, 15 de agosto de 1943, págs. 4, 11.

«Imaginación y realidad»: *El Hijo Pródigo,* núm. 4, julio de 1943, y 5, agosto de 1943.

NOVEDADES (1943)

«El vacilón»: *Novedades,* 11 de marzo de 1943, pág. 4.
«Don Nadie y don Ninguno»: *Novedades,* 23 de marzo de 1943, pág. 4.
«¡Viva México, hijos...!»: *Novedades,* 27 de marzo de 1943, pág. 4.
«Los hijos de Grecia»: *Novedades,* 2 de abril de 1943, pág. 4.
«El arte de vestir pulgas»: *Novedades,* 9 de abril de 1943, pág. 4.
«Los caballeros águilas»: *Novedades,* 16 de abril de 1943, págs. 4-5.
«Divagación en torno al lector»: *Novedades,* 23 de abril de 1943, pág. 4.
«Realismo y poesía»: *Novedades,* 26 de mayo de 1943, pág. 4.
«El auge de la mentira»: *Novedades,* 2 de junio de 1943, pág. 4.
«La jauría»: *Novedades,* 9 de junio de 1943, pág. 4.
«¿Para qué se pelea?»: *Novedades,* 14 junio, 1943, pág. 4.
«Cuestión de palabras»: *Novedades,* 28 de junio de 1943, pág. 4.
«Arte tricolor»: *Novedades,* 5 de julio de 1943, pág. 4.
«El dormido despierto»: *Novedades,* 19 de julio de 1943, pág. 4.
«Qué sabroso veneno»: *Novedades,* 16 de agosto de 1943, pág. 4.
«Espejo del alma»: *Novedades,* 23 de agosto de 1943, pág. 4.
«El corazón de la poesía»: *Novedades,* 30 de agosto de 1943, pág. 4.

Sobre Darío, Paz volvió a escribir en su conocido ensayo «El caracol y la sirena», recogido en *Cuadrivio,* México, Joaquín Mortiz, 1965, págs. 9-66.

«Crédulos y creyentes»: *Novedades,* 6 de septiembre de 1943, pág. 4.
«Apuntes»: *Novedades,* 13 de septiembre de 1943, pág. 4.
«Sobre la moral»: *Novedades,* 20 de septiembre de 1943, pág. 4.
«La crueldad»: *Novedades,* 27 de septiembre de 1943, pág. 4.
«Divagación»: *Novedades,* 4 de octubre de 1943, pág. 4.
«La mentira de México»: *Novedades,* 11 de octubre de 1943, pág. 4.
«Consuelos de la filosofía»: *Novedades,* 20 de octubre de 1943, pág. 4.
«Los beneficios de la muerte»: *Novedades,* 27 de octubre de 1943, pág. 4.
«De los agachados y otros extremos»: *Novedades,* 3 de noviembre de 1943, pág. 4.
«Cielo de tierra»: *Novedades,* 17 de noviembre de 1943, pág. 4.
«El pintor Guerrero Galván»: *Novedades,* 24 de noviembre de 1943, pág. 4.

Epílogo

«Dos canciones del film *El Rebelde (Romance de antaño)*»: 1943, dir. Jaime Salvador; productor, Óscar Dancingers; Águila Films, S. A. Adaptación de Jean Malaquais y Jaime Salvador.

Índice onomástico

Abreu Gómez, Ermilo, 55n, 64, 320, 387
Adán, 108, 113-114, 120, 208, 263, 427
Adán *(El luto humano)*, 314, 550-551
Afrodita, 471
Agustín (san), 554
Alberti, Rafael, 29, 32-33, 37, 52, 56, 83, 219, 262, 285, 457, 498, 559
Albertina, 168
Albornoz, Concha, 469
Aleixandre, Vicente, 219, 262
Alejandro Magno, 523
Alfaro Siqueiros, David, 37, 277, 532
Alighieri, Dante, 35, 156, 412
Alejo / Alekséi Karamázov, 253
Aliocha Karamázov, 407
Altamirano, Ignacio Manuel, 484
Altolaguirre, Manuel, 219, 262
Alvarado, José, 29
Álvarez, Francisco de Miguel, 21
Álvarez Bravo, Manuel, 37
Anguiano, Raúl, 532-533
Aparicio, Antonio, 52, 220
Apis, 474
Aquiles, 418, 471-472
Aragon, Louis, 40, 50
Aristófanes, 454
Artaud, Antonin, 62
Aub, Max, 14, 72, 232, 322-325
Augier, Ángel, 41n
Aznar Solá, Manuel, 40n, 87n
Azuela, Mariano, 311, 547

Balzac, Honoré de, 160, 275, 302, 407, 417-419
Ballagas, Emilio, 260-261
Barba-Jacob, Porfirio, 500
Barga, Corpus, 41n
Barreda, Octavio Gabino, 71, 87, 93, 218
Baudelaire, Charles, 70, 116, 183, 374, 383, 399, 417, 432, 435, 438, 486, 504, 515
Bécquer, Gustavo Adolfo, 262, 432, 498
Beltrán, Neftalí, 14, 43, 220
Berceo, Gonzalo de, 411, 432
Bergamín, José, 262-266
Bertini, Francesca, 478
Bianco, José, 21
Bloch, Ernst, 550-552
Blum, Léon, 268
Bolívar, Simón, 273
Bonnet, Georges, 268
Boris *(San Juan,* de Max Aub), 325
Bosch, José, 28-29

Boutroux, Émile, 332
Boya Sacra, Luis, 245
Bretón, André, 37, 40, 61, 62, 72, 548, 558-559
Buda, 478, 549
Buñuel, Luis, 558
Burckhardt, Jacob, 410

Cabada, Juan de la, 41
Caillois, Roger, 68, 403-405, 416
Caín, 160,
Calamai, Natalia, 44n
Calderón de la Barca, Pedro, 110, 126, 251, 263, 265, 498
Campo, Germán del, 28
Cano Ballesta, Juan, 44n
Cantinflas, 481
Cárdenas, Lázaro, 28, 31
Cardoza y Aragón, Luis, 51, 55n, 61
Carlos *(San Juan,* de Max Aub), 324-325
Carlos I, 360
Carner, Josep, 14
Carpentier, Alejo, 40, 41, 50, 62
Carranza, Venustiano, 484
Carreño, Antonio, 105
Caso, Antonio, 31, 327, 332
Castellanos, Julio, 532-533
Castillo, Hernando del, 105n
Castro Leal, Antonio, 74n, 279n, 280, 319-321, 393
Cenicienta, 312
Ceres, 301, 564
Cernuda, Luis, 14, 43, 52, 56, 72, 177, 202, 262, 302-304, 498
Cervantes, Miguel de, 240, 241, 264, 265, 302, 408, 472
Cézanne, Paul, 292
Cid Campeador, Rodrigo Díaz de Vivar, llamado el, 188, 253, 408
Circe, 170,
Coatlicue, 548

Cocteau, Jean, 154
Comte, Auguste, 327
Condorcet, Marie-Jean-Antoine-Nicolas de, 415
Cortázar, Julio, 122-123n
Cortés, Hernán, 360, 368
Cortés, Martín, 224
Cosío Villegas, Daniel, 36n
Cowley, Abraham, 40
Cristo, 126, 141, 144, 244, 263, 272, 550
Cronos, 404
Cruz, san Juan de la, 35, 68-69, 106, 109, 119, 202, 240, 262, 264, 433-435, 529-530
Cruz, sor Juana Inés de la, 202, 321, 498
Cuauhtémoc, 225
Cuesta, Jorge, 38, 65, 181, 200, 260, 559
Charlus, 160, 253
Chateaubriand, François-René, vizconde de, 232
Chávez Morado, José, 41
Chene *(San Juan,* de Max Aub), 325
Chesterton, Gilbert Keith, 438
Chumacero, Alí, 14

Dafne, 401
Daladier, Édouard, 268
Dancingers, Óscar, 94
Darío, Rubén, 124, 230, 262, 286, 374, 421, 435, 498-499
Desnos, Robert, 50
Díaz, Porfirio, 36, 327, 331, 452, 484
Díaz Mirón, Salvador, 394, 500
Dickens, Charles, 407
Diego, Gerardo, 247
Dieste, Rafael, 72, 341-343
Díez-Canedo, Enrique, 14, 229, 320, 322n

Diderot, Denis, 141
Diomedes, 418
Domingo Marcelino, don Domingo de Don Blas, 320
don Juan, 234, 408
don Quijote, 240, 419, 472
Dostoievski, Fiodor Mijailovich, 162, 169, 313, 550
Dumas, Alejandro, 275
duque de Guermantes, 164

Edipo, 250, 472
Efraín *(San Juan,* de Max Aub), 325
Ehrenburg, Ilya, 40
Electra, 472
Eliot, Thomas Stearns, 558
Emma Bovary, 472
Empédocles, 336-339
Engels, Friedrich, 107
Espinosa, Pedro de, 498
Esquilo, 384, 408, 454
Eva, 113-114
Evhemeros, 403-404

Fabricio / Fabrizio del Dongo *(La cartuja de Parma),* 253
Fagen, Patricia W., 56n
Faulkner, William, 547
Faure, Élie, 241, 359, 368
Fausto, 117, 264
Federico II el Grande, 414
Felipe, León, 52, 56, 59, 90, 186-189, 231, 240-242
Felipe II, 360
Ferrer, José, 28, 74
Flaubert, Gustave, 472,
Florit, Eugenio, 261
Forster, Merlin H., 31n
Foucher, Brito, 446
Francisca, 162
Franco, Francisco, 36, 216, 269, 351
Frank, Waldo, 155

Frazer, sir James George, 472
Freud, Sigmund, 472
Fuentes, Carlos, 548

Galatea, 471
Gamboa, Fernando, 41
Gaos, José, 89, 229, 235, 329
García-Bacca, Juan David, 72, 336n, 337, 339
García Flores, Margarita, 27n
García Lorca, Federico, 220, 262, 498
Garfias, Pedro, 219
Garro, Elena, 39, 41, 50, 86, 90
Gauguin, Paul, 487, 505
Gaya, Ramón, 43, 56, 467-469
Gide, André, 91, 335, 373-374, 513-515
Gil-Albert, Juan, 14, 43, 46-47, 52, 55, 56, 59, 88, 90, 192-195, 468, 495n
Gil-Robles, José M.ª, 351
Giraudoux, Jean, 335
Goebbels, Joseph Paul, 470, 501
Goering/Göring, Hermann, 461
Goethe, Johann Wolfgang von, 135, 240, 302
Góngora y Argote, Luis de, 156, 261, 498
González Lanuza, Eduardo, 70
González de León, Ulalume, 20
González Martínez, Enrique, 394-396, 500
Gordon Stillman, Ronni L., 54n
Gorki, Máximo, 40
Gorostiza, Celestino, 318
Gorostiza, José, 14, 28, 55n, 184, 285, 394, 397-398, 554
Goya, Francisco de, 241
Greco, Domenikos Theotokopoulos, llamado el, 241
Guerrero, Vicente, 225
Guerrero Galván, Jesús, 532-535

Guibert, Rita, 49, 50
Guillén, Jorge, 222
Guillén, Nicolás, 37, 41, 83n, 261n
Gutiérrez Hermosillo, Alfonso, 335
Gutiérrez Nájera, Manuel, 486
Guzmán, Martín Luis, 14, 547

Hamlet, 446
Heidegger, Martin, 235n, 450
Heine, Heinrich, 32
Henestrosa, Andrés, 54, 254, 312
Henríquez Ureña, Pedro, 319, 320, 327, 391, 393
Hera, 471
Heráclito, 336, 338, 339
Hércules, 404
Hernández, Efrén, 74n, 305-308, 312, 342n
Hernández, Miguel, 50, 52, 220, 297
Herodoto, 410
Herrera Petere, Agustín, 56
Herrera y Reissig, Julio, 486, 498
Hesíodo, 196, 337, 410, 432, 471
Hitler, Adolf, 226, 269, 324, 356, 440, 455-456, 461, 472, 478-479, 501, 559
Homero, 253, 337, 408, 409, 410, 418, 432, 471, 472
Hölderlin, Friedrich, 63, 70
Huerta, Efraín, 14, 43, 53-55, 135n
Huerta, Victoriano, 484, 516
Hugo, Victor, 374, 416-417, 447, 454,
Huidobro, Vicente, 40, 83n, 559
Humboldt, Alexander von, 442
Hume, David, 551
Huxley, Aldous Leonard, 446

Iduarte, Andrés, 254
Ímaz, Eugenio, 410n
Ingres, Jean-Auguste Dominique, 534

Iturbide, Agustín de, 224
Izquierdo, María, 37, 532, 533

Jenófanes, 336-338
Jesucristo, 427
Jesús, 141, 549
Jesús, santa Teresa de, 202, 241, 264
Jiménez, Juan Ramón, 32, 51-52, 220, 557
Job, 447
José María, 192
Joyce, James, 29
Juan Camacho, *el Colón*, 492-494
Juárez, Benito, 419
Julián / Julien Sorel *(Rojo y negro)*, 407
Junco, Alfonso, 484
Jung, Carl Gustav, 472
Juvencio, 268

Kafka, Franz, 257,
Kant, Emmanuel, 155, 551
Keats, John, 70, 258, 530
Kierkegaard, Søren Aabye, 106, 190
Kolakowski, Leszek, 551
Kropotkin, Pyotr Alekseyevich, 28

La Bruyère, Jean de, 321
La Rochelle, Pierre Drieu, 157, 389
Labastida, Jaime, 484
Laforgue, Jules, 483
Landsberg, Paul Ludwig, 40, 155, 157
Larbaud, Valéry, 311
Larra, Mariano José de, 241
Laski, Harold, 479
Lautréamont, Isidore Ducasse, llamado conde de, 70, 438
Lawrence, David Herbert, 57-58, 63, 130, 168, 257-259, 319, 446

Lechner, Johannes, 44n, 48
Lemaître, Jules, 373
Lenin, Vladimir Ilich, 474
León, fray Luis de, 262
León, M.ª Teresa, 83
Leopardi, Giacomo, 446, 523
Lerroux, Alejandro, 351
Lévy-Bruhl, Lucien, 472
Ligeia, 566
Lira, Miguel N., 55n
Loera y Chávez, Rafael, 316n
Lombardo Toledano, Vicente, 31, 56
López Malo, Rafael, 29
López Trujillo, Clemente, 39, 81
López Velarde, Ramón, 182-183, 394, 396, 486
Lugones, Leopoldo, 421, 486, 500
Lukács, Giörgy, 40

Machado, Antonio, 35, 52, 220, 262, 281, 389, 500
Madero, Francisco I., 396, 484
Magaña Esquivel, Antonio, 54
Magis, Carlos H., 32n
Malaquais, Jean, 72, 94, 559
Mallarmé, Stéphane, 397, 432
Malraux, André, 40, 83n, 108, 200, 236, 257
Mancisidor, José, 41, 86
Mannheim, Karl, 330
Manrique, Jorge, 188
Marinello, Juan, 37, 41, 370
Marinetti, Filippo Tommaso, 29
Marcas, Z., 418,
Marqués, M.ª Elena, 94
Martitain, Jacques, 81-82, 171-174
Martin du Gard, Roger, 91, 373
Maristany, Luis, 177n
Martínez, José Luis, 14, 60, 64, 92
Martínez Lavalle, Arnulfo, 29

Marx, Karl, 72, 117, 212, 302, 330, 436
Medrano, Francisco de, 498
Meza, Guillermo, 533
Micros, Ángel de Campo, llamado, 305
Milton, John, 468
Mina, Francisco Javier, 225, 372
Miramón, Miguel, 484
Molière, Jean-Baptiste Poquelin, llamado, 454
Mónico Delgadillo *(Archipiélago de mujeres)*, 334
Monsiváis, Carlos, 36
Montaigne, Michel de, 122, 505, 519
Montemayor, Carlos, 20
Montenegro, Roberto, 532
Moreno Villa, José, 52, 293-295, 534
Moro, César, 72
Morón Arroyo, Ciriaco, 20, 105n
Muriel, Félix, 341-343
Mussolini, Benito, 226, 269, 356, 447, 478
Müller-Bergh, Klaus, 20, 32n, 48n

Narciso, 127
Natividad *(El luto humano)*, 314
Negrete, Jorge, 94-95
Neruda, Pablo, 39-40, 58-60, 62-63, 73, 92, 202, 206-217, 285
Nerval, Gérard Labrunie, llamado Gérard de, 70, 209, 409, 438
Nietzsche, Friedrich, 100, 107, 121, 126, 136, 157, 163, 166, 263, 336, 338, 350, 383, 431, 478, 502, 550
Noé, 474
Novalis, Friedrich von Hardenberg, llamado, 63, 70, 239, 427, 438, 501
Novo, Salvador, 91, 184, 270

Obregón, Álvaro, 28
Odette de Crécy, 160, 162, 165-166, 170
Odiseo, 422
Oriana, duquesa de Guermantes, 166, 168
Orozco, José Clemente, 277, 447, 518, 532, 557
Orozco Romero, Carlos, 532, 533
Ortega y Gasset, José, 30, 232-234, 235n, 236, 327-328, 332
Othón, Manuel José, 67, 72, 290-291, 309-310, 321, 394-395, 396, 421

Pagaza, Joaquín Arcadio, 309
Pallares, Jacinto, 484
Pandora, 471
Parménides, 336, 337-338, 339
Parra, Porfirio, 327
Pascal, Blaise, 554
Paz Solórzano, Octavio, 34, 84
Pellicer, Carlos, 41, 50-51, 65, 86, 183, 285-287, 375, 394, 397-398
Péret, Benjamin, 72, 559
Pérez Galdós, Benito, 253
Pericles, 410
Pétain, Philippe, 269
Picasso, Pablo, 154, 236, 534
Pilatos, 482
Pita Rodríguez, Félix, 41
Pizarro, Francisco, Pla y Beltrán Pascual, 360, 368
Platón, 338, 411, 414, 472, 553
Plaza, Antonio, 474
Plotino, 157, 554
Poe, Edgar A., 70, 122n, 123, 432, 438
Pound, Ezra, 558
Prados, Emilio, 14, 43, 52, 59, 90, 219, 247-248, 262, 495n
Prats, Alardo, 92

Prieto, Julio, 334n
Proclo el Licio, 553
Prometeo, 471
Proudhon, Pierre-Joseph, 28
Proust, Marcel, 19, 30-31, 52, 57n, 158-170, 252, 335, 380n, 407, 419

Quevedo y Villegas, Francisco de, 69, 202, 241, 264, 433-436, 519
Quintero Álvarez, Alberto, 43, 53, 55, 240

Rabelais, François, 447
Racine, Jean, 454-455
Ramírez, Ignacio, 484
Ramos, Samuel, 28, 31, 43, 337
Raquel *(San Juan,* de Max Aub), 325
Rastignac, 407, 418, 253
Réclus, Élisée, 28
Rejano, Juan, 56
Renéville, Rolland de, 239
Revueltas, José, 14, 54, 65, 254, 312-315, 316, 546-555
Revueltas, Silvestre, 41, 275-278
Reyes, Alfonso, 14, 319-320, 327, 393, 396-397, 554
Rilke, Rainer Maria, 32, 63, 204, 378-381
Rimbaud, Arthur, 109, 239, 423, 429, 432, 484
Rioja, Francisco de, 391, 498
Ríos, Julián, 33, 50n
Rivas, Ángel de Saavedra, duque de, 498
Rivera, Diego, 37, 447, 532, 557
Rodenwaldt, Gerhardt, 245
Rodríguez, Abelardo, 312
Rodríguez Lozano, Manuel, 532
Rossi, Alejandro, 20
Rousseau, Henri, 505

Rousseau, Jean-Jacques, 413, 436
Ruano, Lucinio, 106n
Ruiz de Alarcón, Juan, 65, 74n, 249-251, 319-321, 387, 475
Ruiz, Juan, arcipreste de Hita, 241

Saint, Euverte, marquesa de, 160
Salazar Mallén, Rubén, 85-86, 312, 375-377
Salinas, Pedro, 32, 218, 222
Sánchez Barbudo, Antonio, 47n, 56, 70n, 71, 88, 191-192, 341
Sancho Panza, 253
Salvador, Jaime, 94
Sárraga, Raquel, 51n
Satán *(El paraíso perdido)*, 468
Scheler, Max, 117, 330
Scherer García, Julio, 29n
Schlesinger, Stephen, 75n
Schneider, Luis Mario, 20, 26n, 40n, 42n, 48, 93, 546
Schopenhauer, Arthur, 136, 339,
Segismundo *(La vida es sueño)*, 265
Semíramis, 265
Serge, Victor, 72, 559
Serrano Plaja, Arturo, 43, 44, 45, 47n, 48n, 49, 52, 56, 88-89, 185, 190, 195-196, 220
Shakespeare, William, 302
Shelley, Percy Bysshe, 432
Sheridan, Guillermo, 31n
Silva, José Asunción, 421
Simbad, 422
Smith, Lois Elwyn, 56n
Sócrates, 234, 471
Sófocles, 409
Solana, Rafael, 53-55, 89, 254-256, 312
Soriano, Juan, 26n, 283-284, 533
Spender, Stephen, 40
Spengler, Oswald, 53
Stalin, José (Jósef Ivarionovich Dzughazvili), 29, 60

Stendhal, Henri Beyle, llamado, 407
Swann, 162, 165-167, 170, 253

Tácito, 311
Tajonar, Héctor, 50
Tamayo, Rufino, 37, 532, 533
Tántalo, 127
Tario, Francisco Peláez, llamado Francisco, 312
Temple, Shirley, 501
Thibaudet, Albert, 161, 418
Tolstói, Lev, 408
Torre, Guillermo de, 257
Torres Bodet, Jaime, 253
Torres Fierro, Danubio, 20
Toscano, Salvador, 29
Trotsky, León (Lev Davidovich Bronstein), 37, 52, 60, 72, 559
Toussaint, Manuel, 441

Ulises, 170, 422
Unamuno, Miguel de, 136, 241, 242, 262-264, 500
Urano, 404
Urbina, Luis G., 393-396
Usigli, Rodolfo, 318, 445

Valadés, Edmundo, 74
Valbuena Prat, Ángel, 319, 320
Valéry, Paul, 29, 154, 272, 557
Valle-Inclán, Ramón M.ª del, 264
Vallejo, César, 40, 62
Varela, Lorenzo, 72, 219, 220, 299-301, 341
Vasconcelos, José, 14, 28, 29n, 65, 254, 279-282, 321, 327, 337, 421-422, 518, 554,
Velasco, José María, 26n, 64, 66, 288-292,
Velázquez, Diego Rodríguez de Silva y, 241

Vega, Garcilaso de la, 401
Vega, Félix Lope de, 502
Venus, 471, 486
Vera, María Luisa, 41
Verani, Hugo J., 20, 26n
Verdurin, la, 164
Verlaine, Paul, 487
Vicente, Gil, 498
Villaurrutia, Xavier, 14, 33n, 58-60, 67, 71, 90, 91, 183-184, 200-205, 316-318, 373, 393, 394, 398, 495n, 498, 546
Villiers de L'Isle-Adam, Auguste, conde de, 486
Vinteuil, 170
Virgen María, 306

Virgen de Guadalupe, 474
Vishinski, Andrei, 553
Vitoria, Francisco de, 241
Voltaire, François Marie Arouet, llamado, 337, 413, 414, 416
Votán, 478

Wagner, Richard, 478
Wilde, Oscar, 556

Yáñez, Agustín, 74, 334-335, 547n

Zambrano, María, 56
Zavala, Jesús, 310
Zea, Leopoldo, 72-73, 326-333
Zeus, 404, 471

Colección Letras Hispánicas

ÚLTIMOS TÍTULOS PUBLICADOS

896 *Gertrudis. KRTU*, J. V. FOIX.
   Edición bilingüe de Enric Bou.
897 *Poesía y prosa*, JOSÉ MARÍA EGUREN.
   Edición de Gema Areta Marigó.
898 *La bella malmaridada*, LOPE DE VEGA.
   Edición de Julián González-Barrera.
899 *Yngermina o la hija de Calamar*, JUAN JOSÉ NIETO GIL.
   Edición de Consuelo Triviño Anzola.
903 *Laberinto de Fortuna*, JUAN DE MENA.
   Edición de Luis Gómez Canseco.
904 *El triunfo de estar vivo (Obra poética 1996-2012)*, LUIS ALBERTO DE CUENCA.
   Edición de Ricardo Virtanen.
905 *Todo por la Corona (¡Adiós, Borbón!, El Borbón rojo, Un Borbón en el desierto)*, IGNACIO AMESTOY.
   Edición de Fernando Doménech Rico
906 *La lentitud de los bueyes. Memoria de la nieve*, JULIO LLAMAZARES.
   Edición de Raúl Molina Gil.
907 *Los cabellos de Absalón*, PEDRO CALDERÓN DE LA BARCA.
   Edición de Alfredo Rodríguez López-Vázquez.
908 *Himmelweg. El jardín quemado*, JUAN MAYORGA.
   Edición de Emilio Peral Vega.
909 *Los recuerdos del porvenir*, ELENA GARRO.
   Edición de Ángel Esteban y Yannelys Aparicio.
910 *La traición en la amistad*, MARÍA DE ZAYAS Y SOTOMAYOR.
   Edición de Enrique García Santo-Tomás.
911 *Las personas del verbo*, JAIME GIL DE BIEDMA.
   Edición de Carme Riera y Félix Pardo.
912 *Ángel Guerra*, BENITO PÉREZ GALDÓS.
   Edición de Juan Carlos Pantoja Rivero.
913 *Primeras letras (1931-1943)*, OCTAVIO PAZ.
   Nueva edición revisada y aumentada de Enrico Mario Santí.

DE PRÓXIMA APARICIÓN

Memorias del subdesarrollo, EDMUNDO DESNOES.
   Edición de Alejandro Luque.
Poesía, DIEGO HURTADO DE MENDOZA.
   Edición de J. Ignacio Díez.

1.3 Integrale bauteilbezogene Betrachtung

Tabelle **1**.45 (Fortsetzung)

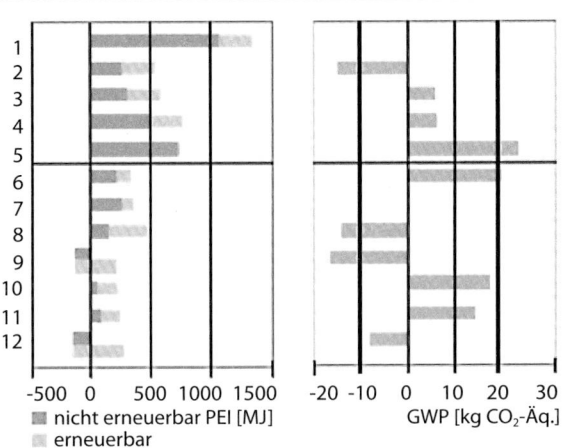

Flachdachaufbauten [1 m² Flachdach (U = 0,20 W/m²K)] Herstellung, Instandhaltung und Rückbau Betrachtungszeitraum: 50 a		PEI n.e [MJ]	PEI e [MJ]	GWP [kg CO₂-Äq.]
Warmdach	Kies (5 cm), EPDM-Bahn, Polyestervlies (0,12 cm); EPS-Wärmedämmung (16,5 cm); Stahlbetondecke (20 cm mit 2% Bewehrung)	1336	47	91,4
Umkehrdach klassisch (ΔU = 0,05 W/m²K)	Kies (5 cm), EPS-Wärmedämmung (22 cm); EPDM-Bahn, Polyestervlies (0,12 cm), Stahlbetondecke (20 cm mit 2% Bewehrung)	1539	48	98,2
Umkehrdach mit Trennlage (ΔU = 0,03 W/m²K)	Kies (5 cm), Folie, EPS-Wärmedämmung (19,5 cm); EPDM-Bahn, Polyestervlies (0,12 cm), Stahlbetondecke (20 cm mit 2% Bewehrung)	1463	48	95,5
Umkehrdach mit Dichtlage (ΔU = 0 W/m²K)	Kies (5 cm), Folie (verklebt), EPS-Wärmedämmung (16,5 cm); EPDM-Bahn, Polyestervlies (0,12 cm), Stahlbetondecke (20 cm mit 2% Bewehrung)	1353	48	91,2

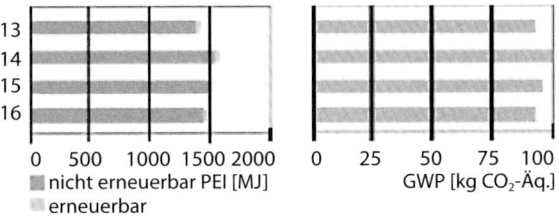

Sie verursachen in der Regel nur geringe Emissionen in die Raumluft. Eine ähnliche Kombination aus geringen Umweltwirkungen und reduzierten Emissionen ist bei schadstoffarmen Acryldispersionsklebern (z. B. nach den Labels Emicode EC1 und EC1plus) zu finden [6].

Tabelle 1.46 Ökobilanzkennwerte verschiedener Bodenaufbauten und Bodenbeläge über 50 Jahre

Estriche [1 m² Estrich] Herstellung, Instandhaltung und Rückbau Betrachtungszeitraum: 50 a		PEI n.e [MJ]	PEI e [MJ]	GWP [kg CO_2-Äq.]
Zementestrich (d = 7,5 cm)	Zementestrich (5,5 cm); Trennlage PE (0,01 cm); Trittschalldämmung Mineralwolle 25-5 (2 cm)	300	9	23,5
Anhydritestrich (d = 6 cm)	Anhydritestrich (4,0 cm); Trennlage PE (0,01 cm); Trittschalldämmung Mineralwolle 25-5 (2 cm)	310	15	16,3
Gussasphaltestrich (d = 5,25 cm)	Gussasphalt (3,0 cm); Rippenpappe (0,25 cm); Trittschalldämmung Mineralwolle 25-5 (2 cm)	365	16	9,2
OSB-Platten (d = 5,2 cm)	OSB 2 ≈ 16 mm (3,2 cm); Tritschalldämmung Mineralwolle 25-5 (2 cm)	230	445	−26,7
Gipskartonplatten (d = 4,5 cm)	Trockenestrichbauplatte 2 ≈ 12,5 mm (2,5 cm); Trittschalldämmung Mineralwolle 25-5 (2 cm)	145	8	8,9
Gipsfaserplatten (d = 4,5 cm)	Gipsfaserplatte (2,5 cm); Trittschalldämmung Mineralwolle 25-5 (2 cm)	120	6	7,5

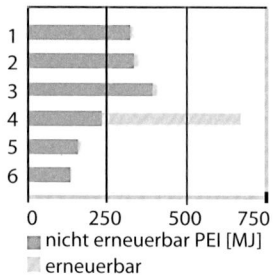
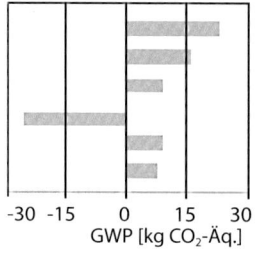

0   250   500   750
■ nicht erneuerbar PEI [MJ]
▨ erneuerbar

-30 -15   0   15   30
GWP [kg CO_2-Äq.]

1.3 Integrale bauteilbezogene Betrachtung

Tabelle **1**.46 (Fortsetzung)

Bodenbeläge [1 m² Bodenbelag] Herstellung, Instandhaltung und Rückbau Betrachtungszeitraum: 50 a Austauschzyklen 1) Parkettlack 10 a; 2) Parkett 40 a; 3) Holzöl 5 a; 4) Laminat + PE-Folie 20 a; 5) Linoleum 25 a; 6) Kautschuk 25 a; 7) PVC 20 a; 8) PU 30 a; 9) Teppich 10 a; (alle anderen Materialien 50 a)		PEI n.e [MJ]	PEI e [MJ]	GWP [kg CO_2-Äq.]
Naturstein	Kalksteinplatten 30,5 ≈ 30,5 cm (1 cm); Fugen, Mörtelgruppe II, 2% Flächenanteil (0,9 cm); Dünnbettmörtel (0,3 cm)	172	13	13,6
Steinzeugfliesen	Steinzeugplatte 30 ≈ 60 cm (0,8 cm); Fugen, Mörtelgruppe III, 2% Flächenanteil (0,7 cm); Dünnbettmörtel (0,3 cm)	96	4	6,8
Fertigparkett schwimmend verlegt [1)][2)]	Parkettlack 1); Fertigparkett 1,25 cm²) (2,5 mm Nutzschicht Eiche, 10 mm Tragschicht Leimholz); PE-Folie	161	638	−5,2
Langstabparkett verklebt [3)]	Holzöl 3); Nutzschicht Eiche (2,25 cm); Acrylatdispersion	87	612	−8
Laminat [4)]	Laminat mit Melaminharzbeschichtung 4), Trägermaterial MDF (0,8 cm); PE-Unterlage, geschäumt 4)	259	671	−16,2
Linoleum [5)]	Linoleumbahn (0,25 cm) 5); Acrylatdispersion (0,4 kg)	178	144	7,3
Kautschuk [6)]	Kautschukbahn (0,2 cm) 6); Acrylatdispersion (0,4 kg)	984	13	54,5
PVC-Bahnenware [7)]	PVC-Bahnenware (0,225 cm) 7); Nutzschicht 0,07 cm mit Glasarmierung; Acrylatdispersion (0,4 kg)	1630	44	93,7
PU-Beschichtung [8)]	Polyurethanbeschichtung (0,25 cm) 8)	1106	13	45,8
Teppich Nadelvlies [9)]	Teppich, Nadelvlies (2 cm) 9); Acrylatdispersion (0,4 kg)	1036	20	78,7

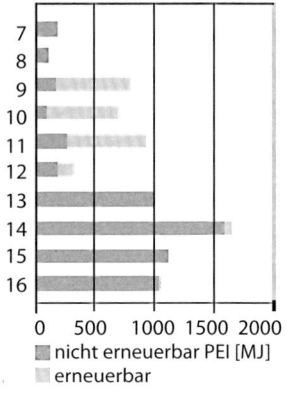
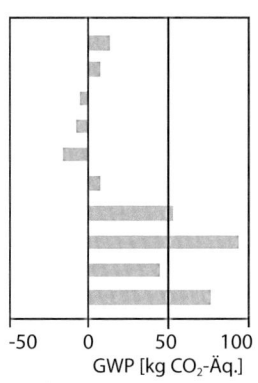

nicht erneuerbar PEI [MJ]
erneuerbar
GWP [kg CO_2-Äq.]

1.4 Normen- und Quellenliste

Schwerpunkt: Nachhaltigkeit

Norm	Ausgabe	Titel
DIN EN 15 643-1	12.2010	Nachhaltigkeit von Bauwerken – Bewertung der Nachhaltigkeit von Gebäuden; Allgemeine Rahmenbedingungen
DIN EN 15 643-2	05.2011	–; –; Rahmenbedingungen für die Bewertung der umweltbezogenen Qualität
DIN EN 15 643-3	04.2012	–; –; Rahmenbedingungen für die Bewertung der sozialen Qualität
DIN EN 15 643-4	04.2012	–; –; Rahmenbedingungen für die Bewertung der ökonomischen Qualität
DIN EN 15 643-5	05.2018	–; –; Rahmenbedingungen für die Bewertung der Nachhaltigkeit von Ingenieurbauwerken
DIN EN 15 978	10.2012	–; Bewertung der umweltbezogenen Qualität von Gebäuden – Berechnungsmethode
DIN EN 16 309	12.2014	–; Bewertung der sozialen Qualität von Gebäuden – Berechnungsmethode
DIN EN 16 627	09.2015	–; Bewertung der ökonomischen Qualität von Gebäuden – Berechnungsmethode
ISO 15 392	12.2008	Nachhaltiges Bauen – Allgemeine Grundsätze
ISO 16 813	04.2007	Umweltgerechte Gebäudeplanung – Innenraumbedingungen – Allgemeine Auslegungsprinzipien
ISO 21 929-1	11.2011	Nachhaltigkeit im Bauwesen – Nachhaltigkeitsindikatoren für Gebäude
ISO/TS 21 929-2	03.2015	–; Nachhaltigkeitsindikatoren für Ingenieurbauwerke
SIA 112/1	2017	Nachhaltiges Bauen – Hochbau

Schwerpunkt: Bauprodukte

Norm	Ausgabe	Titel
DIN SPEC 1096	08.2009	Bauprodukte – Bewertung der Freisetzung von gefährlichen Stoffen – Handelsbarrieren
DIN EN ISO 14 040	11.2009	Umweltmanagement – Ökobilanz – Grundsätze und Rahmenbedingungen
DIN EN ISO 14 044	05.2018	–; Ökobilanz – Anforderungen und Anleitungen
DIN EN 15 804	07.2014	Nachhaltigkeit von Bauwerken – Umweltproduktdeklarationen – Grundregeln für die Produktkategorie Bauprodukte
DIN EN 16 687	09.2015	Bauprodukte – Bewertung der Freisetzung von gefährlichen Stoffen – Terminologie
ISO 21 930	07.2017	Nachhaltigkeit von Bauwerken – Grundregeln für die Umweltdeklaration von in Bauwerken verwendeten Bauprodukten und technischen Anlagen

Schwerpunkt: Energie und Behaglichkeit

Norm	Ausgabe	Titel
DIN EN 4108	Normenreihe	Wärmeschutz und Energie-Einsparung in Gebäuden
DIN EN 15 898	12.2011	Erhaltung des kulturellen Erbes – Allgemeine Begriffe
E DIN EN 15 898	09.2018	–; Allgemeine Begriffe
DIN EN ISO 15 927-1 bis -6	02.2004 bis 03.2012	Wärme- und feuchtschutztechnisches Verhalten von Gebäuden – Berechnung und Darstellung von Klimadaten
DIN EN 16 883	08.2017	Erhaltung des kulturellen Erbes – Leitlinien für die Verbesserung der energiebezogenen Leistung historischer Gebäude

DIN EN 18 599 1 bis 12	Normenreihe	Energetische Bewertung von Gebäuden – Berechnung des Nutz-, End- und Primärenergiebedarfs für Heizung, Kühlung, Trinkwarmwasser und Beleuchtung
DIN EN ISO 52016-1	04.2018	Energetische Bewertung von Gebäuden – Energiebedarf für Heizung und Kühlung, Innentemperaturen sowie fühlbare und latente Heizlasten; Berechnungsverfahren
DIN EN ISO 52017-1	04.2018	–; Fühlbare und latente Wärmelasten und Innentemperaturen; Allgemeine Berechnungsverfahren
VDI 3808	10.2011	Energetische Bewertung von Gebäuden und der Gebäudetechnik – Anwendung bestehender Verfahren

1.5 Literatur

Schwerpunkt: Nachhaltigkeit

[1] Bayrisches Landesamt für Umwelt: Stoffratgeber Gebäuderückbau. Augsburg 2015; www.lfu.bayern.de
[2] *Badr, A., Fuchs, M., Stark, T, Zeumer, M.,*: Nachhaltigkeit gestalten, Bayrische Architektenkammer (Hrsg.), München 2018
[3] Bundesministerium für Inneres, für Bau und Heimat (Hrsg.): Bewertungssystem Nachhaltiges Bauen (BNB), BNB BN 2015, Berlin 2015;
[4] Bundesministerium für Inneres, für Bau und Heimat (Hrsg.): ÖKOBAUDAT -Datenplattform, Berlin 2015; www.oekobaudat.de
[5] BMUB – Bundesministerium für Umwelt, Naturschutz, Bau und Reaktorsicherheit (Hrsg.): Leitfaden Nachhaltiges Bauen, Berlin 2016; https://www.bnb-nachhaltigesbauen.de/bewertungssystem/bnb-buerogebaeude/bnb-bn-2015/kriterien-bnb-buero-und-verwaltungsgebaeude-neubau.html
[6] DGNB – Deutsche Gesellschaft für nachhaltiges Bauen – Zertifizierungssystem; www.dgnb-system.de
[7] Bundesministerium für Verkehr, Bau und Stadtentwicklung BMVBS (Hrsg.): Bewertungssystem Nachhaltiges Bauen (BNB), Berlin; www.bnb-*nachhaltigesbauen.de*
[8] *Christiaanse, K, Rieniets, T., Kretschmann, N., Perret, M.*: Die Stadt als Ressource – Texte und Projekte 2005 – 2014. Berlin 2014
[9] *El khouli, S., John, V., Zeumer, M.,*: Nachhaltig Konstruieren – vom Tragwerksentwurf bis zur Materialwahl – Gebäude ökologisch bilanzieren und optimieren. München 2014
[10] EAWAG – Neubau für die Wasserforschung. Forum Chriesbach, Dübendorf 2006. www.eawag.ch/de/
[11] *Hegger, M., Fafflok, C., Hassemer, F., Henrich, J., Weidemüller, D.*: Best Practice –Soziale Faktoren nachhaltiger Architektur – Wohnungsbauprojekte im Betrieb. Bonn 2015
[12] IBO – Österreichisches Institut für Baubiologie und -ökologie Verein und GmbH; Richtwerte für Baumaterialien. Wien, www.ibo.at
[13] Schweizer Ingenieur- und Architektenverein – SIA 112/1 – Leitfaden Nachhaltiges Bauen - Hochbau. Zürich 2017; www.sia.ch
[14] *Steffan, C.* (Hrsg.): Parameter des Entwerfens – Architektur und Nachhaltigkeit. Berlin 2013
[15] *Turney, C., Lakenbrink, S., Bötzel, B.*: Praxis-Handbuch für nachhaltige Gebäude – Optimierung der Kosteneffizienz im Zertifizierungsprozess. Berlin 2012
[16] *Voss, K., Herkel, S., Kalz, D., Lützkendorf, T., Maas, A., Wagner, A.*: Performance von Gebäuden – Kriterien, Konzepte und Erfahrungen. Stuttgart 2016
[17] *Vassigh, S., Chandler, J.*: Building systems integration for enhanced environmental performance. Fort Lauderdale 2011

Schwerpunkt: Bauprodukte und Konstruktion

[18] *Aksamija, A.*: Sustainable Facades – design methods for high-performance building envelopes (engl.). Hoboken NJ 2013
[19] BauPVO – Bauproduktenverordnung; EU Verordnung Nr.: 305/2011
[20] Bundesinstitut für Bau-, Stadt-, und Raumforschung – BBSR – ÖKOBAUDAT – Grundlage für die Gebäudeökobilanzierung. Bonn 2017; www.bbrs.bund.de
[21] Bundesinstitut für Bau-, Stadt-, und Raumforschung – BBSR – Nachhaltiges Bauen des Bundes – Grundlagen, Methoden, Werkzeuge. Bonn 2017; www.bbsr.bund.de
[22] *Deilmann, C., Reichenbach, J., Krauß, N., Gruhler, K.*: Materialströme im Hochbau – Potenziale für eine Kreislaufwirtschaft, Bonn 2016

[23] *Genswein, M., Arold, J., Bär, R., Luik, B.*: Ressourceneffizientes Gebäude für die Welt von Übermorgen – Forschungsprojekt REG II. Stuttgart 2016

[24] *Hegger, M., Fuchs, M., Stark, T., Zeumer, M.*: Energie Atlas. München 2007

[25] *Hegger, M., Drexler, H.*: Materials (engl.). Basel 2017

[26] *König, H.*: Bauen mit Holz als aktiver Klimaschutz. In: *Kaufmann, H.; Nerdinger, W.*: Bauen mit Holz. Wege in die Zukunft. München 2016

[27] *Mettke, A.; Heyn, S.*: Ökologische Prozessbetrachtungen – RC-Beton (Stofffluss, Energieaufwand, Emissionen). Cottbus 2010

[28] *Proske, T.; Graubner, C.-A.; Hainer, S.*: Ökobetone zur Herstellung von Betonfertigteilen. Darmstadt 2012

[29] *Rückert, K., Shahriari, E.*: Guideline for sustainable energy efficient architecture & construction (engl.). Berlin 2014

[30] Verein Deutscher Zementwerke (vdz): Zement-Merkblätter - Zemente und ihre Herstellung 09/2017, www.vdz-online.de

[31] *Weller, B., Fahrion, M.-S., Horn, S., Naumann, T., Nikolowski, J.*: Baukonstruktion im Klimawandel. Wiesbaden 2016

[32] *Weller, B., Horn, S.* (Hrsg.): Denkmal und Energie 2018 – Energieeffizienz, Nachhaltigkeit und Nutzerkomfort – Abschlussbericht über ein Forschungsprojekt. Wiesbaden 2017

[33] *Winter, S., Richter, K., Ott, S., Hausmann, B.*: Stoffpass Gebäude – Entwicklung von Grundlagen für das operative Ressourcenmanagement im Real-estate-development und Baukonstruktion. München 2015

[34] WECOBIS – Ökologisches Baustoffinformationssystem beim BBSR. Berlin; (www.wecobis.de)

[35] ecoinvent database. Zürich; www.ecoinvent.org

[36] GaBi-thinkstep Ökobilanz Software. Leinfelden-Echterdingen; www.gabi-software.com

[37] *Kaufmann, H.* u. a.: Holzbau der Zukunft in der High-Tech-Offensive Zukunft Bayern. Ganzheitliche Planungsstrategien: Konzeption und Umsetzung. München 2008

[38] *Mergl, O.*: Flexibilisierung von Baustrukturen durch Modularisierung zur Verbesserung des Nutzungspotenzials am Beispiel industrieller Produktionsstätten des Automobilbaus. Kassel 2007

[39] European Chemicals Agency ECHA. Helsinki; www.echa.europa.eu

[40] BG BAU (GISBAU), Frankfurt am Main; www.bgbau.de/gisbau

[41] *John, V.*: Derivation of reliable simplification strategies for the comparative LCA of individual and »typical« newly built Swiss apartment buildings. Zürich 2012

[42] *Knippers, J.* u. a.: Atlas Kunststoffe und Membrane. München 2010

[43] *Plugge, D.*: Holzwerkstoff – Spanplattenherstellung. Hamburg 2006

[44] Gesellschaft für ökologische Bautechnik Berlin mbH (Hrsg): Instrumente für die qualitätsabhängige Abschätzung von Dauerhaftigkeiten von Materialien und Bauteilen. Berlin 2005

[45] *Bahr, C.; Lennerts, K.*: Lebens- und Nutzungsdauer von Bauteilen. Karlsruhe 2010

[46] Impulsprogramm IP Bau. Alterungsverhalten von Bauteilen und Unterhaltskosten: Grundlagendaten für den Unterhalt und die Erneuerung von Wohnbauten; Bern: Bundesamt für Konjunkturfragen 1994.

[47] *Brenner, V.*: Recyclinggerechtes Konstruieren: Konzepte für eine abfallfreie Konstruktionsweise im Bauwesen. Stuttgart 2010

[48] *Deilmann, C., Gruhler, K*: (Zu) hohe Erwartungen an die Kreislaufwirtschaft in BundesBauBlatt 9/2017

[49] Waltjen, Mück, Thorghele, Zelger; Ökologischer Bauteilkatalog; Österreichisches Institut für Baubiologie- und -ökologie (IBO). Wien 1998

[50] *Sprengard, C.; Treml, S.; Holm, A.*: Technologien und Techniken zur Verbesserung der Energieeffizienz von Gebäuden durch Wärmedämmstoffe. Metastudie Wärmedämmstoffe – Produkte – Anwendungen – Innovationen. Gräfelfing 2013

[51] IBO – Österreichisches Institut für Baubiologie und -ökologie GmbH; *Mötzl, H.; Bauer, B.; Lerchbaumer, S.; Torghele, K.*: Planungsleitfaden: Ökologische Baustoffwahl. Wien 2007

[52] *Hegger, M.; Fuchs, M.; Zeumer, M.*: Integration vergleichender Nachhaltigkeitskennwerte von Baumaterialien nach Bauteilschichten. Darmstadt 2005

[53] *Richter, K.; Künniger, T.; Brunner, K.*: Ökologische Bewertung von Fensterkonstruktionen verschiedener Rahmenmaterialien (ohne Verglasung). Studie im Auftrag der Schweizerischen Fachstelle für Fenster- und Fassadenbau SZFF in Zusammenarbeit mit dem Verband der Fenster- und Fassadenhersteller VFF. Frankfurt/Main 1996

[54] *Tichelmann, Heller*: Vergleichende Ökobilanzbetrachtung und Lebenszyklusanalyse mit erweiterten Betrachtungen. Darmstadt 2011

1.5 Literatur

[55] eco-bau (Hrsg): eco-devis 671: Gipserarbeiten – Innenputze und Stuckaturen. Bern 2001
[56] *Rudolphi, A.*: Vortrag im Rahmen der Consense. Stuttgart 2011
[57] CSD-Ingenieure; Ökologische Lebenszyklusanalyse. Stahlbetondeckensystem Cobiax. Berlin 2012, Anhang A, S. 1
[58] *Quack, D.; Liu, R.*: Ökobilanz Betondecken. Freiburg 2010
[59] *Mück, W.*: baubiologie24, Modul 3 – Konstruktion und Innenausbau. Hamm 2011
[60] eco-bau (Hrsg.): Normpositionen-Katalog (NPK) 651–653 Deckenbekleidungen. Bern 2007
[61] *von Arx, U.*: Bauprodukte und -zusatzstoffe in der Schweiz, Bundesamt für Umwelt, Wald und Landschaft (BUWAL), 1995
[62] eco-bau (Hrsg): eco-devis 661: Unterlagsböden und Zementüberzüge. Bern 2001
[63] eco-bau (Hrsg): eco-devis 662: Bodenbeläge für leichte bis schwere Beanspruchung. Bern 2001

2 Geneigte Dächer

2.1 Allgemeines

Dächer sind in ihrer Variantenvielfalt und Gestaltung entscheidend prägend für den Gesamteindruck eines Gebäudes. Die Ausbildung von geneigten Dächern wird durch das Klima, die Region, den verwendeten Baustoff, bautechnische Traditionen und die Nutzungsart der Gebäude bestimmt.

Dächer sollen Bauwerke vor Witterungseinflüssen und meistens auch vor Wärmeverlust schützen. Häufig sind auch Anforderungen des Schallschutzes und des Brandschutzes zu erfüllen.

Zur eindeutigen *Kennzeichnung eines Daches* gehören Angaben über
- Dachform
- Dachgrundriss
- Dachtragwerk
- Dachneigung
- Dachdeckungsmaterial
- Dachdeckungsart
- Dachentwässerung.

Dachflächen können in Abhängigkeit von der Dachneigung auf die verschiedenste Weise hergestellt werden.

Dachdeckungen aus „geschuppt" mit Fugen verlegten Materialien (Abschn. 2.6) erfordern deutlich geneigte Dachflächen, die in der Regel von einem Dachtragwerk getragen werden.

Dachabdichtungen aus geschlossenen, fugenlos verlegten Bahnen (Abschn. 3) können ohne oder mit geringer Neigung auf flachen Tragwerken oder direkt auf Bauwerken oder Bauteilen flächig aufliegen.

2.1.1 Dachformen

Dachform, Dachneigung, Dachdeckung und Dachränder mit Ortgang- und Traufenausbildung haben entscheidenden Einfluss auf die äußere Gesamtwirkung eines Bauwerks. Sie sollen im Einklang stehen mit dessen Funktion und sind damit weitgehend abhängig von Grundriss, Konstruktionsart und Höhe eines Gebäudes.

Dachflächen, insbesondere geneigter, also vielfach sichtbarer Dächer sind als so genannte „*fünfte Fassade*" qualifiziert zu entwerfen.

Herstellungs- und Unterhaltungskosten eines Daches können von der Gestaltung stark beeinflusst werden. Komplizierte Dachformen erfordern meistens aufwändige Detaillösungen, bei denen oft schon geringfügige Planungs- oder Ausführungsfehler zu schwer wiegenden Bauschäden führen können. So sollten allein aus diesen Gründen ebene, zusammenhängende Dachflächen bei der Planung bevorzugt werden, bei denen Dachaufbauten und Unterbrechungen der Dachhaut durch Belichtungsöffnungen, Dachaufbauten, Installationen und Ähnliches auf das unbedingt Notwendige beschränkt bleiben.

Bei Verschneidungen verschiedener Dachflächen untereinander oder mit Dachaufbauten muss unbedingt darauf geachtet werden, dass der Regenwasserlauf nicht auf schwer abzudichtende Wandanschlüsse, schräg verlaufende Ortgänge usw. trifft. Bei manchen Dachentwürfen mit Erkern, Gauben oder Gebäudevor- oder -rücksprüngen wird vielfach übersehen, dass in solchen Fällen für oft nur kurze Traufenabschnitte gesonderte Regenfallrohre notwendig werden, die sich sehr nachteilig auf die Fassadengestaltung auswirken können.

Bezeichnung der Dachformen

Die Grundformen von *geneigten Dächern mit ebenen Flächen* sind in Bild **2**.1 gezeigt. Unterschieden werden *einachsige* (über eine Gebäuderichtung) gespannte Formen wie Sattel-, Pult-, Graben- und Mansarddächer und *zweiachsige* (über zwei Achsen entwickelte) Dächer wie Walm- oder Zeltdächer. Varianten, Misch- und Sonderformen dieser Grundformen sind möglich. Sie entstehen z. B. auch, wenn geneigte Dachflächen auf nicht rechtwinkligen Baukörpern vorgesehen werden. Dabei entstehen Dachformen mit vorspringenden und geneigten Traufen- und Firstlinien, die jedoch besondere Aufmerksamkeit hinsichtlich aller Detailpunkte und der Wasserableitung erfordern.

Geneigte Dächer mit gekrümmten Flächen können einachsig als Tonnendächer (Voll-, Halbtonne, Segmentbogen) oder auch zweiachsig als para-

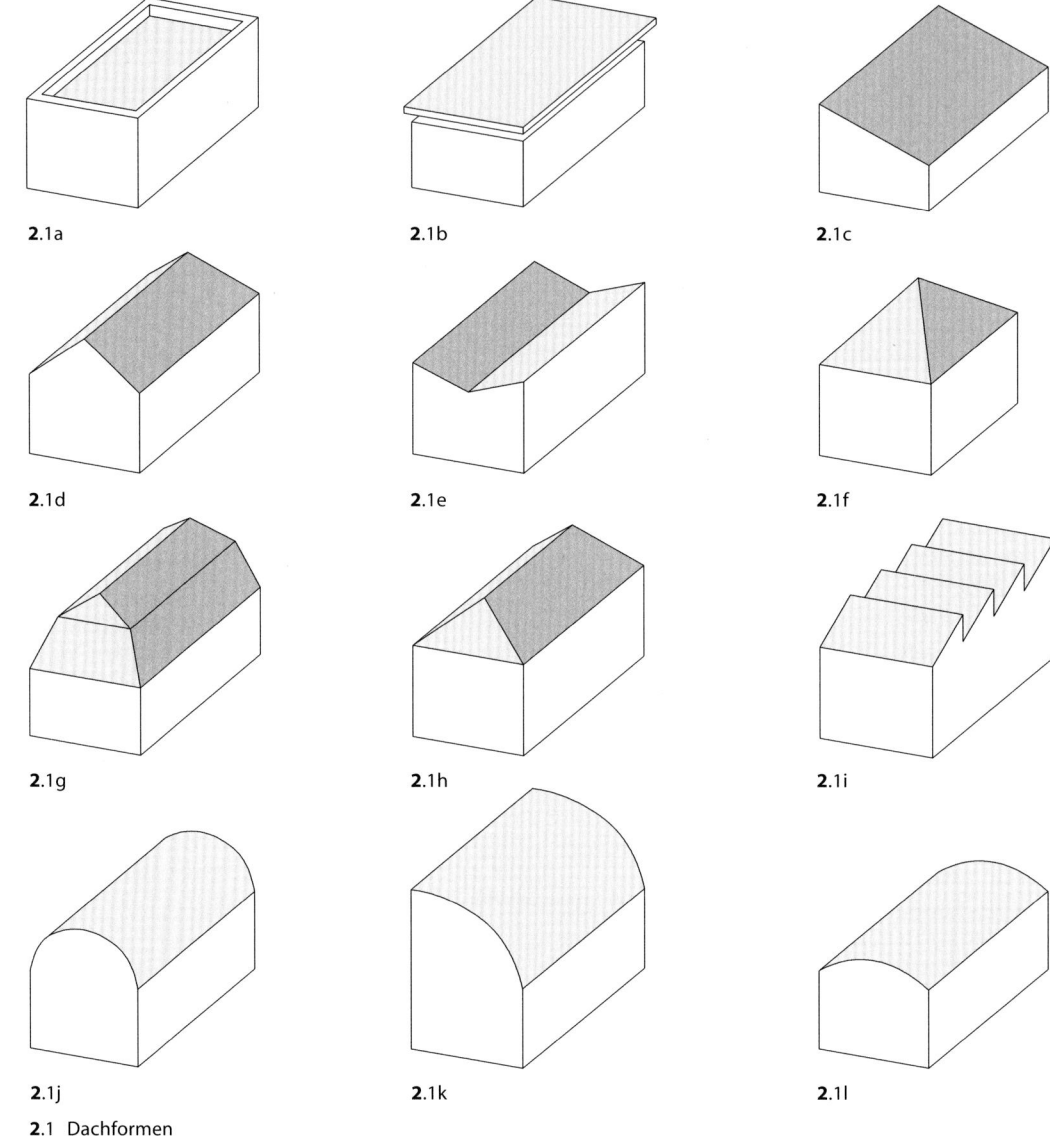

2.1 Dachformen
- a) Flachdach mit Attikarand (s. Abschn. 3)
- b) Flachdach mit auskragender Dachscheibe
- c) Pultdach
- d) Satteldach
- e) Grabendach (Schmetterlingsdach)
- f) Zeltdach
- g) Mansarddach
- h) Walmdach
- i) Sheddach
- j) Tonnendach
- k) Halbtonnendach
- l) Segmentbogendach

bel- oder hyperbelförmige Schalendächer über nahezu jeder Grundrissform ausgebildet werden. Weitere besondere Dachformen ergeben sich durch Konstruktionstechniken wie Hängekonstruktionen, pneumatische Konstruktionen, Faltwerke und andere mehr (s. Bild **2**.18, **2**.22 und **2**.23 in Teil 1 dieses Werkes), die in diesem Zusammenhang nicht behandelt werden können und für die auf weiterführende Literatur verwiesen werden muss.

2.1 Allgemeines

2.1.2 Bezeichnung von Dachteilen

Die Bezeichnungen einzelner Dachteile sind Bild **2**.2 zu entnehmen

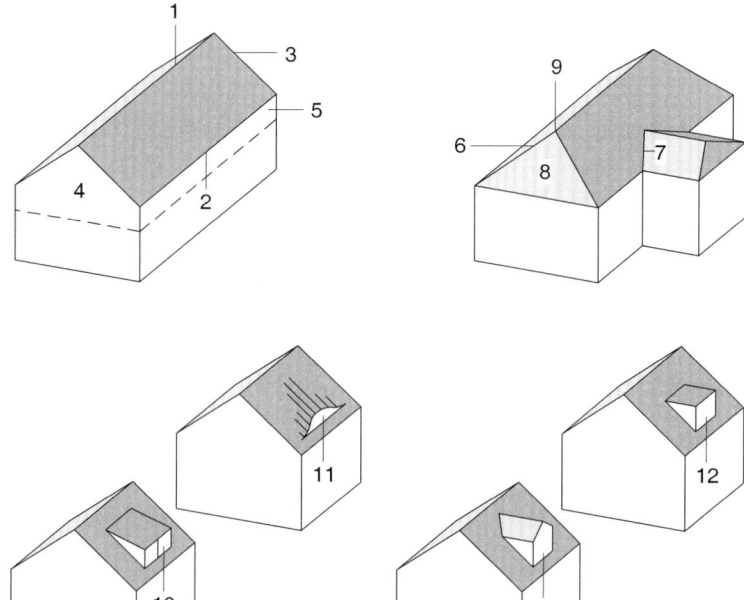

2.2
Bezeichnung von Dachteilen
1 First
2 Traufe
3 Ortgang
4 Giebel
5 Drempel oder Kniestock
6 Grat
7 Kehle
8 Walm
9 Anfallspunkt
10 Schleppgaube
11 Fledermausgaube
12 Stehende Gauben
(s. a. Abschn. 2.10.3)

2.1.3 Konstruktionsgrundregeln

Dachflächen werden durch zwei Belastungsarten beansprucht.

Das *Eigengewicht* und die *Schnee-* und *Eislast* wirken senkrecht auf das Tragwerk ein, – *Windlasten* gemäß DIN EN 1991-1-4 erzeugen hingegen von der Dachneigung abhängige horizontale Lasteinwirkungen als Drucklast (Staudruck) auf der windzugewandten angeströmten Seite (Luvseite) und als Sogwirkung auf der windabgewandten Seite (Leeseite). Die Sogwirkung kann größer sein als der Staudruck und tritt an angeströmten Gebäudekanten und -ecken durch Wirbelbildungen besonders stark auf. Dachkonstruktionen sind deshalb gegen Abheben durch Soglasten zu sichern.

Die Größe der Schnee- und Eislasten richtet sich nach der geographischen Lage des Gebäudes (Deutschland ist gemäß DIN EN 1991-1-3 in fünf Schneelastzonen bzw. vier Eiszonen in Abhängigkeit von der Höhenlage des Standortes über NN unterteilt, s. Bild **1**.4 in Teil 1 dieses Werkes), sowie nach der Dachform und Dachneigung, mit deren zunehmendem Winkel Formbeiwerte μ (früher Abminderungsbeiwert k_s) angesetzt werden.

Die Windbelastungen sind abhängig von der Windgeschwindigkeit (geographische Lage), der Dachform und der Höhenlage über Gelände. Mit zunehmender Höhe des Daches über Gelände nimmt die Windgeschwindigkeit ab. (Windzonen s. Abschn. 6.3.1 und Bild **6**.18).

Dachflächen können auf Bauwerken so aufliegen, dass *die senkrechten Lasten* nur vertikale Auflagerkräfte bewirken (Bild **2**.3a und b). Sie können sich jedoch auch so gegeneinander abstützen, dass an den Auflagern vertikale *und* horizontale Kräfte auftreten (Bild **2**.3c).

Die Grundformen für Dachkonstruktionen, die sich traditionell herausgebildet haben, werden bezeichnet als

- *Sparrendächer* (Bild **2**.3c),
- *Pfettendächer* (Bild **2**.3b, **2**.4b).

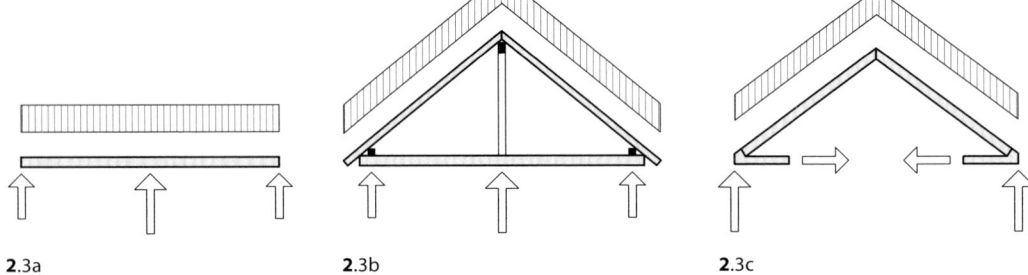

2.3a   2.3b   2.3c

2.3 Auflagerkräfte von Dachkonstruktionen
   a) Flachdächer
   b) vertikale Auflagerkräfte bei Pfettendächern
   c) vertikale und horizontale Auflagerkräfte bei Sparrendächern

Sparrendächer sind auf rechteckigen einfachen Gebäudegrundrissen mit Dachneigungen ab ca. 30 bis 60 Grad einsetzbar. Sie ermöglichen durch die mögliche *Stützenfreiheit* einen uneingeschränkt nutzbaren Dachraum. Das tragende, i. d. R. aus Holz erstellte Tragwerk beruht auf dem Prinzip des unverschieblichen Dreiecks, bei dem jeweils zwei gegeneinander geneigt liegende Sparren und der Deckenbereich dazwischen bzw. ein Deckenbalken zu einem statischen System verbunden sind. Ungünstig wirken sich größere Dachöffnungen aus, die die jeweiligen *Gespärre* unterbrechen. Bei größeren Spannweiten wird das Sparrendach durch horizontale Kehlbalken gestützt (Bild **2**.16).

Pfettendächer sind ab einer Dachneigung unter ca. 25 Grad die einzige konstruktiv und wirtschaftlich sinnvolle Alternative. Sie bieten sich auch immer dann an, wenn komplizierte Grundrissformen sowie Dächer mit nahezu jeder beliebigen Neigung zu überdecken sind. Pfettendächer ermöglichen den Einbau größerer Dachöffnungen für Gauben, Fenster und Dachterrassen. Vielfach stören allerdings notwendige Stützen und Aussteifungsbauteile die Nutzbarkeit des Dachraumes. Zudem ist ein höherer Materialaufwand erforderlich.

Die aus dem Eigengewicht der Dachkonstruktionen, aus Wind- und Schneelasten und aus Nutzlast resultierenden Gesamtlasten können linear über Pfetten auf Außen- und Innenwände bzw. punktweise auf Stützen abgetragen werden (Bild **2**.4b).

Gegen die Auswirkung horizontal angreifender Kräfte – (das sind überwiegend Windkräfte) –

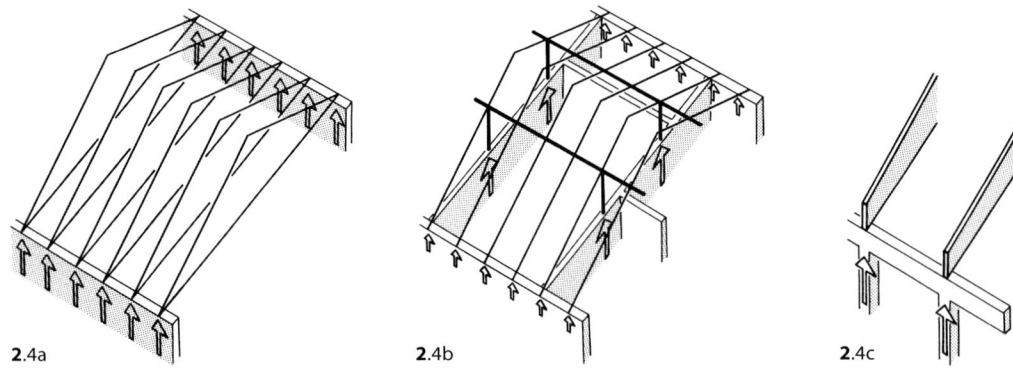

2.4a   2.4b   2.4c

2.4 Lastabtragung
   a) Abtragung der Dachlast auf die Außenwände
   b) Lastabtragung auf Außen- und Innenwände
   c) Lastabtragung punktweise

2.2 Dachtragwerke aus Holz

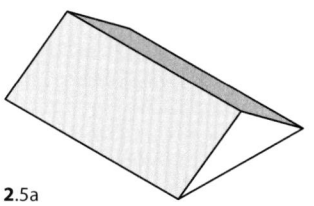 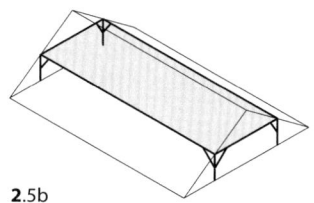 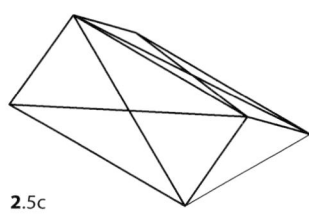

2.5a 2.5b 2.5c

2.5 Aussteifung
a) durch Scheibenwirkung der Dachschale
b) durch biegesteifen Eckverband der Kopfbänder und Scheibenwirkung der Zwischendecke
c) durch Dreieckverbände, z. B. Windrispen (s. Bild **2**.14 u. **2**.17)

müssen Dachkonstruktionen für sich allein oder in Verbindung mit dem übrigen Bauwerk *unverschiebbar* ausgebildet (ausgesteift) sein. Das kann erreicht werden durch die Flächenwirkung scheibenartiger Bauteile (z. B. durch Schalungsflächen in den Dachebenen oder Fußbodenflächen) oder durch Dreiecksverbände (z. B. durch Kopfbänder oder *Windrispen*, Bild **2**.5). Alle Dachkonstruktionen müssen gegen Abheben oder Kippen infolge Winddruck oder -sog durch entsprechendes Eigengewicht oder durch Verankerung mit dem übrigen Bauwerk gesichert sein (Bild **2**.21, **2**.22 und **2**.37).

2.1.4 Zeichnerische Darstellung

Dachkonstruktionen sind in Quer- und Längsschnitten, Grundrissen und Detailzeichnungen darzustellen. Sie dienen zur
- Klarstellung der Konstruktion
- Grundlage der statischen Berechnung
- Preisermittlung
- Bauausführung.

Grundrisszeichnungen sollen zeigen
- Lage aller tragenden Bauteile wie tragende Wände, Unterzüge, Stützen, Pfosten
- Lage der Binder, aller Pfetten, Zangen, Sparren
- Lage von Dachaufbauten, Schornsteinen, Dachfenstern oder Lichtöffnungen, Dachausstiegen und sonstigen Aussparungen mit den evtl. erforderlichen Auswechslungen
- Lage von Firstlinien, Graten und Kehlen sowie Darstellung des geplanten Regenwasserablaufes
- Dachüberstände und Dachrandausbildungen.

Querschnitte sollen insbesondere den Dachbinder zeigen, d. h. den Teil des Dachtragwerkes, in dem alle Glieder der Konstruktion in ihrem Zusammenwirken erkennbar werden. Das sind z. B. beim

- Sparrendach: Sparren, Kehlbalken, Deckenbalken oder Deckenkonstruktion
- Pfettendach: Stuhlsäulen (Stiele, Pfosten), Pfetten, Streben, Sparren und ggf. Zangen, Kopfbänder.

Bei ingenieurmäßig konstruierten und berechneten Tragwerken sollen neben dem Überblick über die Gesamtkonstruktion mit allen Verbänden die Ausbildung der Knotenpunkte mit allen Maßen und Verbindungselementen in großem Maßstab deutlich gemacht werden.

In *Detailzeichnungen* sind Ortgang- und Traufenabschlüsse, Anschlüsse an aufgehende Wände, Lichtöffnungen, Regenrohre usw. im Zusammenhang mit Dachdeckung und Wärmeschutz darzustellen.

2.2 Dachtragwerke aus Holz

2.2.1 Allgemeines

Holz gilt nach wie vor als hervorragend geeigneter Baustoff für Dachkonstruktionen. Die traditionellen, handwerklich (zimmermannsmäßig) hergestellten Dachtragwerke sind ständig weiterentwickelt worden, so dass es auch heute möglich ist, statisch-konstruktiv und geometrisch sehr anspruchsvolle Bauaufgaben gerade mit Holzkonstruktionen wirtschaftlich und formal ansprechend zu lösen. Moderne Holzverarbeitungsverfahren und Holzschutzmittel haben die ohnehin große Lebensdauer von Holzkonstruktionen noch bedeutend verbessert, die Gestaltungsmöglichkeiten ausgeweitet und die Unterhaltung wesentlich vereinfacht. Als Konstruktionsregel ist jedoch auch heute noch zu beachten, dass Hölzer, die Feuchtigkeitseinwirkungen ausgesetzt sind, leicht wieder trocknen können müssen. Vor ständiger Einwirkung von wechselnder Erdfeuchtigkeit, vor Spritzwasser (z. B. in Geländenähe) oder vor Tauwasser (z. B. bei unmittelbarer Berührung mit Mauerwerk, Beton oder größeren Metallflächen) muss Holz durch konstruktive Maßnahmen geschützt sein.

Die Widerstandsfähigkeit von Holzkonstruktionen gegen Feuer kann durch Beschichtungen oder Ummantelungen ggf. erheblich verbessert werden. Verleimte Konstruktionen (z. B. Brettschichtträger, s. Bild **2**.62, **2**.87, **2**.89) und einige Holzwerkstoffplatten sind gegen Entflammung besonders widerstandsfähig.

Für kleinere und konstruktiv einfache Dächer werden auch heute noch Konstruktionen nach handwerklichen Erfahrungsgrundsätzen ausgeführt. In der Regel ist aber ein Standsicherheitsnachweis für das Baugenehmigungsverfahren notwendig, wobei Mindestabmessungen der einzelnen Bauteile und ihre konstruktive Verbindung untereinander festgelegt werden.

2.2.2 Baustoff Holz

Allgemeines

Für Zimmerarbeiten werden hauptsächlich *Nadelhölzer* verwendet:
- Kiefer (sehr harzreich, daher dauerhaft)
- Fichte (Rottanne)
- Weißtanne (Edeltanne)
- Lärche (sehr harzreich).

Hölzer mit größeren Querschnitten (Balken) bestehen meist aus Kiefern- oder Fichtenholz.
Durch Anwenden der Gütevorschriften, volles Ausnutzen der Tragfähigkeit, sachgemäßen Einbau und ggf. geeigneten Holzschutz kann Holz gespart werden; ferner dadurch, dass alle Balken- und Dachverbandhölzer nach der DIN EN 1995-1-1 und DIN EN 1995-1-2 „Bemessung und Konstruktion von Holzbauten" berechnet werden und die DIN 18 334 „Zimmer- und Holzbauarbeiten" beachtet wird.

Gütebedingungen

Holzbauwerke aller Art und somit auch Dachkonstruktionen werden nach Eurocode 5 (DIN EN 1995-1-1 und DIN EN 1995-1-2), vormals DIN 1052 bemessen.

Bauholz

Für Bauholz gelten DIN 68 365 (Nadelholz) sowie DIN EN 338 (Festigkeitsklassen), DIN EN 384 (Charakteristische Werte für mechanische Eigenschaften und Rohdichte) und DIN 4074-1 (Sortierklassen). Nach DIN EN 338 werden hinsichtlich der Festigkeitswerte und zulässigen Beanspruchungen Festigkeitsklassen für Pappel- und Nadelhölzer (C14 bis C40) und für Laubhölzer (D30 bis D70) unterschieden. Der angegebene Zahlenwert benennt die Biegezugfestigkeit in N/mm². DIN 4074-2 unterscheidet darüber hinaus für Nadel*rund*holz 3 Güteklassen:

- Güteklasse I   besonders hohe Tragfähigkeit
- Güteklasse II   gewöhnliche Tragfähigkeit
- Güteklasse III   geringe Tragfähigkeit

Bauholz (Vollholz) für Zimmerarbeiten ist zwar auch in DIN 68 365 genormt, jedoch enthält DIN 4074-1 eine noch weitergehende Klassifizierung der Anforderungen an Nadelschnittholz (Latten, Bretter, Bohlen, Kanthölzer), an die Oberflächenbeschaffenheit, die Zulässigkeit von Krümmungen oder Verdrehungen, von Baumkanten, Ästen, Breite und Neigung von Jahresringen, von Blitz- und Frostrissen, Verfärbungen, Insektenbefall usw.

Die Sortierungsmerkmale werden gem. DIN 4074-1 und 4074-5 unterschieden für:
- „*visuelle* Sortierung"
  Sortierklassen (Festigkeitsklasse gemäß DIN EN 338): S7 (C16), S10 (C24), S13 (C30)
- „*maschinelle* Sortierung"
  Sortierklassen (Festigkeitsklasse gemäß DIN EN 338) : MS7 (C16), MS10 (C24), MS13 (C30) usw., wobei die Angabe der Festigkeitsklasse mit dem Zusatz M gekennzeichnet wird.

Für zimmermannsmäßige Dachkonstruktionen wird in der Regel Vollholz der Sortierklasse S10 verwendet.

Die Sortierkriterien sind gemäß DIN 4074-1 auf eine mittlere Holzfeuchte von 20 % (Gewicht des absolut trockenen Holzes – Holzfeuchte = 0%) bezogen. Holzfeuchten unter 20% lassen sich nur durch technische Trocknung (gesteuerte Holztrocknung in Trockenkammern) erreichen.

Die *Dichte* in kg/dm³ des Holzes in lufttrockenem Zustand (DIN EN 384) beträgt bei
- weichen Hölzern (Fichte, Tanne)   0,55
- halbharten Hölzern (Kiefer, Lärche) 0,60
- harten Hölzern (Buche, Eiche)   0,75–0,80

2.2 Dachtragwerke aus Holz

Konstruktionsvollholz (KVH)

Für Konstruktionsvollholz (Bild **2**.6a) aus Fichte oder Tanne zur Verwendung im Holzhausbau gelten auf Grund von Vereinbarungen zwischen dem Bund Deutscher Zimmermeister (BDZ) und der Vereinigung Deutscher Sägewerksverbände besondere Qualitätsstandards hinsichtlich Maßhaltigkeit und Dimensionsstabilität, optischem Erscheinungsbild, Zulässigkeit von Keilzinkungen, Standardquerschnitten und -längen sowie des Feuchtegehaltes (< 18%). Dabei wird unterschieden zwischen Konstruktionsvollholz für den *sichtbaren* Einbaubereich (KVH-Si) und für den *nicht sichtbaren* Bereich (KVH-NSi).

Brettschichtholz (BSH)

Vollkantige Konstruktionshölzer mit großen Querschnitten (ab einer Seitenlänge von ca. 20 cm) sind heute nicht nur schwierig zu beschaffen, sie neigen wegen der verfügbaren Holzqualitäten auch besonders zum Reißen, Schwinden und Verdrehen.

Sie werden daher vielfach insbesondere bei sichtigem Einbau durch Brettschichtholz (Bild **2**.6b) ersetzt. Die Vorteile des BSH liegen in der Verringerung des Verwindens und Schwindverhaltens sowie in der Erhöhung der Maßhaltigkeit und der Festigkeitswerte quer zur Faser. Brettschichthölzer weisen zudem ein besseres Brandschutzverhalten als Vollholzquerschnitte auf. Es besteht aus lamellenartig zu Vollprofilen in einem Pressbett verleimten, mit *Keilzinkung* (Bild **2**.117) gestoßenen Brettern. Rechteckquerschnitte werden ab ca. 8 cm Breite und in Höhen bis über 2,00 m und Regellängen bis zu 35 m in besonders dafür zugelassenen Betrieben hergestellt. Dabei sind auch gebogene und räumlich gekrümmte Trägerformen sowie trapezförmige o. ä. Querschnitte möglich. Die Abmessungen der gehobelten Querschnitte werden durch die Größen der Hobelmaschinen und den Transport begrenzt.

Duobalken (Halbhölzer) oder Triobalken

Zur Verbesserung der Formstabilität und zur Vermeidung von Rissen in sichtbar eingesetzten Bereichen werden aus zwei bis fünf bis zu ca. 8 cm dicken Bohlenquerschnitten oder Kanthölzern (überwiegend aus Fichtenholz) verleimte, zusammengesetzte Balkenquerschnitte (flachseitig, faserparallel verklebt) ähnlich wie Brettschichthölzer hergestellt gem. DIN EN 14 080 (Bild **2**.6c–e). Die Vorzugsquerschnitte betragen bei Duobalken 8 bis 16 cm, bei Triobalken 18 bis 24 cm Breite und 10 bis 24 cm Höhe. Es sind standardmäßig Längen bis 13 m in der Sortierklasse 10 lieferbar.

Kreuz(holz)balken

Aus einheimischen Nadelhölzern (Fichte/Tanne) werden zur Verbesserung der Holzausbeute aus Schwachhölzern mit kleinen Querschnitten so genannte Kreuzbalken hergestellt. Dabei werden vier Rundholz-Außenteile so miteinander verleimt, dass die Rundungen innen liegen, im Zentrum also ein mehr oder weniger unregelmäßig geformtes Loch entsteht. Die Jahresringe laufen dabei sehr gleichmäßig auf die Außenseiten zu (Bild **2**.6f). Es entstehen somit gegen Risse weit weniger anfällige Außenflächen, und es werden eine erheblich bessere Formstabilität, besseres Feuchtigkeitsverhalten bzw. bessere Trocknungseigenschaften und auch günstigere statische Eigenschaften gegenüber Vollholz erreicht. Es werden standardmäßig Querschnittsabmessungen von 8 bis 10 cm Breite und 20 bis 26 cm Höhe und Längen bis 12 m von zugelassenen Herstellern angeboten.

Nach diesem Herstellungsprinzip können auch großformatige mehrschichtige Wandelemente mit Hohlräumen gefertigt werden.

Durch die Verwendung von Hölzern geringer Feuchte (≤ 15%) für zusammengesetzte, verleimte Querschnitte kann auf einen vorbeugenden chemischen Holzschutz gemäß DIN 68 800-2 gegen Pilze und Insekten verzichtet werden.

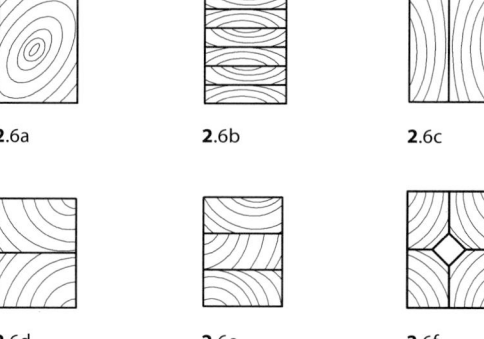

2.6a   2.6b   2.6c

2.6d   2.6e   2.6f

2.6 Bauholz
a) Konstruktions-Vollholz (KVH)
b) Brettschichtholz (BSH)
c) Halbholzbalken
d) Duobalken
e) Triobalken
f) Kreuzholzbalken

Holzwerkstoffe (HWP) gem. DIN EN 13 986 und DIN 20 000-1

Allgemeines. Für die Verwendung in zimmermannsmäßigen Konstruktionen kommen für tragende Bauteile und auch zusammengesetzte Querschnitte wie z. B. Kastenträger (Bild **2**.63) verschiedene Holzwerkstoffplatten (HWP) zur Anwendung. Dies sind plattenförmige Bauteile, die durch Pressen von Holzteilen wie Furnieren, Stäben und zerkleinerten Spänen, Fasern und Holzwolle unter Zugabe von Bindemitteln (z. B. Kunstharze oder mineralische Bindemittel wie Zement) hergestellt werden (DIN EN 12 369). Es werden nach Zerkleinerungsgrad, Art und Qualität des verwendeten Holzes, Bindemittel und Pressverfahren fünf Arten unterschieden.

- Lagenholz (Sperr- und Schichtholz) (Vollholz- und Furnierwerkstoffe)
- Spanplatten (Holzspanwerkstoffe)
- Holzfaserplatten für vorwiegend statisch nicht beanspruchte Bauteile (Holzfaserwerkstoffe)
- Holzwolle-Leichtbauplatten (HWL) überwiegend als Dämmstoffe
- Holz-Verbundwerkstoffe

Holzwerkstoffe sind europaweit in DIN EN 13 986 geregelt. DIN 20 000-1 regelt für Deutschland darüber hinaus zusätzliche Anforderungen an Holzwerkstoffe wie z. B. zum Brandverhalten, zu statischen und bauphysikalischen Kennwerten, zum Verbot von PCP- Pentachlorphenol usw.

Zur umfassenden Beschreibung z. B. für Ausschreibungstexte von Holzwerkstoffen sind folgende Angaben erforderlich:

Funktion des Bauteiles, Art des Holzwerkstoffes, Plattendicke, Beschreibung der Einbausituation und des Untergrundes mit Angaben zur Nutzungsklasse[1)] gemäß DIN 1995-1-1, Kantenausbildung, Art der Befestigung, Befestigungsabstände, Normungsgrundlage und Plattentyp.

Gegebenenfalls sind zusätzliche Eigenschaften wie zum Beispiel Rohdichteanforderungen, Erscheinungsbild der Oberflächen bei sichtigem Einbau, besondere bauphysikalisch oder brandschutztechnische Anforderungen und Emissionsverhalten (besondere Umweltzertifikate) zu nennen.

In der Folge werden die wichtigsten Arten von Holzwerkstoffplatten aufgeführt und beschrieben.

[1)] s. S. 90.

Sperr- oder Schichtholzplatten gem. DIN EN 636 bestehen mindestens aus drei Holzlagen aus Furnieren oder Holzstäbchen, die mit ihren Faserrichtungen gegeneinander versetzt aufeinander geleimt werden.

Dazu zählen:

Drei- oder Fünfschichtplatten (Brettsperrholz – BSP oder X-Lam = Cross Laminated Timber), auch Dickholz oder Kreuzlagenholz genannt, bestehen aus kreuzweise miteinander verleimten unterschiedlich dicken Brettlagen (3 oder 5) aus Nadelholz. Die Decklagen werden in wesentlich geringeren Materialstärken als die Mittellagen ausgebildet. Die Standardabmessungen betragen zwischen 13 bis 52 mm Dicke und 2,50/3,00 m bis 5.00/6.00 m Seitenlänge. Brettsperrholz gem. DIN EN 16 351 darf in den Nutzungsklassen 1 und 2 eingesetzt werden, d. h. für zu erwartende Ausgleichsfeuchten von bis zu 20%. Damit ist ein Einsatz sowohl im Inneren von Gebäuden wie auch im Freien unter Dach möglich. Für die Verwendung in Deutschland ist derzeit eine nationale allgemeine bauaufsichtliche Zulassung (AbZ) des Deutschen Instituts für Bautechnik (DIBt) oder eine europäische technische Zulassung (ETA = European Technical Approval) erforderlich.

Bau- Furniersperrholz (BFU) (Multiplex-Platten) entsteht durch das Verleimen von kreuzweise angeordneten Furnieren (bis 3 mm dick) aus unterschiedlichen Holzarten mit Phenol- oder Resorzinharzen. Die Plattenfeuchte im eingebauten Zustand ist bei der Materialwahl zu berücksichtigen.

- Plattentyp IF-Verklebung beständig in Räumen mit im Allgemeinen niedriger Luftfeuchte;
- Plattentyp AW-Verklebung bedingt wetterbeständig, auch bei erhöhter Feuchtebeanspruchung.

Die Standardabmessungen betragen 8, 9, 10, 12, 15, 18, 20, 21, 24 und 25 mm Dicke und ca. 2,40/3,00 m Länge sowie 1,20/1,50 m Breite. Weiterhin sieht die DIN 68 705-2 eine Einteilung nach dem Aussehen der Oberflächen in Erscheinungsklasse I nach DIN EN 635-2 für Laubholz-Deckfurniere und E II nach DIN EN 635-3 für Nadelholz-Deckfurniere.

Furnierschichtholz (FSH bzw. **LVL = L**aminated **V**eneer **L**imber**),** hergestellt vor allem in den USA, Kanada und Finnland (z. B. Kerto®, Microllam LVL) aus verleimten 3 mm dicken Fichten-Schälholzfurnieren. Das Material wird in Platten

2.2 Dachtragwerke aus Holz

von 1,82 m Breite, Dicken von 21 bis 75 mm (in 6 mm Stufen) und in Längen bis zu 23 m produziert und ist für *tragende* Bauteile (z. B. für aussteifende Scheiben, Wind- und Knickverbände in Verbindung mit Sparren, Rippen usw. bauaufsichtlich zugelassen. Furnierschichtholz gem. DIN EN 14 374 und DIN EN 14 279 wird in 3 Plattentypen angeboten.

- LVL/1 Verwendung im Trockenbereich bei Nutzungsklasse 1 gem. DIN EN1995-1-1 bzw. Gefährdungsklasse 1 gem. DIN EN 335
- LVL/2 Verwendung im Feuchtbereich bei Nutzungsklasse 1 und 2 gem. DIN EN1995-1-1 bzw. Gefährdungsklasse 1 und 2 gem. DIN EN 335
- LVL/3 Verwendung im Außenbereich bei Nutzungsklasse 1 bis 3 DIN EN1995-1-1 bzw. Gefährdungsklasse 1 bis 3 gem. DIN EN 335

Massivholzplatten (SWP = Solid Wood Panels) gem. DIN EN 12 775 und DIN EN 13 353 werden als 3- und 5-Schichtplatten aus Nadelholz für tragende Bauteile im Trockenbereich als SWP/1, im Feuchtbereich als SWP/2 und im Außenbereich als SWP/3 eingesetzt.

Spanplatten gem. DIN EN 309 bestehen aus dünnen Holzspänen oder anderen holzartigen Faserstoffen sowie Bindemitteln als Kunstharz, Zement oder auch Gips, die unter Pressdruck zusammengefügt werden.

Dazu zählen:

Furnierstreifenholz (Parallam **PSL**® = **P**arallel **S**trand **L**umber) aus phenolharzverleimten parallel verlaufenden Schälfurnierstreifen (ca. 16 mm breit und 3 mm dick) aus Douglas Fir oder Southern Yellow Pine. Kantholz-Querschnitte von 280/490 mm und Längen bis etwa 20 m, hohe Festigkeitseigenschaften und einfache Verbindungstechniken ergeben außerordentlich wirtschaftliche Einsatzmöglichkeiten. Gut geeignet für Träger, Stützen, Pfetten usw.

Streifenholz (Intrallam **LSL**® = **L**aminated **S**trand **L**umber) wird aus langen polyurethanverleimten Furnierstreifen (ca. 0,8 x 25 x 300 mm) auch aus minderwertigen Holzqualitäten (Pappelholz) zu großen bis zu 32 bis 89 mm dicken Platten in Abmessungen von max. ca. 2,40 x 10 m gepresst. Diese können in beliebige Einzelstreifen aufgetrennt werden.

Es werden drei Plattentypen nach Anwendungsgebiet unterschieden.

- LSL „P" – im plattenförmigen Bereich, bei großen Flächentragwerken
- LSL „S" – zum stabförmigen Einsatz, als Biegeträger, Stütze oder Unterzug
- LSL „Randbohle" – im Holzhausbau als Abschluss von Deckenebenen als Randbohle

OSB-Flachpressplatten (Oriented **S**trand **B**oards) nach DIN EN 300 aus parallel zur Oberfläche liegenden, gerichteten Längsspänen (i. M. 0,6 mm dick, bis 75 mm lang und 35 mm breit) mit Phenolharz verleimte Platten in Dicken ab 8 mm bis 22 mm, max. 30 mm und Plattenformaten von 2,50/5,00 m Länge und 1,25/2,50 m Breite.

Es stehen 4 Plattenqualitäten für unterschiedliche Einsatzbereiche zur Verfügung.

- OSB/1 – Platten für den Innenausbau für *nicht* tragende Zwecke
- OSB/2 – Platten für *tragende* Zwecke zur Verwendung im Trockenbereich
- OSB/3 – Platten für *tragende* Zwecke zur Verwendung im Feuchtebereich
- OSB/4 – Hochbelastbare Platten für *tragende* Zwecke zur Verwendung im Feuchtebereich

Die in DIN EN 13 986 aufgeführte Formaldehyd-Klasse E2 (≥ 8 mg pro 100 g Werkstoff) ist in Deutschland *nicht* zugelassen.

Flachpressplatten (P1-P7) (Spanplatten) gem. DIN EN 312, bestehen aus parallel zur Plattenebene unter Druck verleimten Holzspänen. Die Plattenfeuchte in eingebauten Zustand ist bei der Materialwahl zu berücksichtigen.

Spanplatten sind hierzu in 7 Plattentypen klassifiziert (vormals $\leq 15\% =$ V 20, $\leq 18\% =$ V100, $\leq 21\%$ = V100G):

- P1 – Platten für allgemeine, *nicht* tragende Zwecke zur Verwendung im Trockenbereich
- P2 – Platten für Inneneinrichtungen (einschl. Möbel) zur Verwendung im Trockenbereich
- P3 – Platten für *nicht* tragende Zwecke zur Verwendung im Feuchtebereich
- P4 – Platten für *tragende* Zwecke zur Verwendung im Trockenbereich
- P5 – Platten für *tragende* Zwecke zur Verwendung im Feuchtebereich
- P6 – Hoch belastbare Platten für *tragende* Zwecke zur Verwendung im Trockenbereich
- P7 – Hoch belastbare Platten für *tragende* Zwecke zur Verwendung im Feuchtebereich

Die Standardabmessungen betragen 4, 8, 10, 13, 16, 19, 22, 25, 28 und 38 bis 80 mm Dicke und ca. 2,70/4,10/5,50 bis 6,70 m Länge sowie 1,85/ 2,05/2,50 m Breite. Extradünne Platten gibt es ab 2,5 mm, extradicke Platten bis 80 mm.

Zementgebundenen Flachpressplatten gem. DIN EN 634. Chemisch behandelte Holzspäne aus Nadelholz, die als Armierung dienen, werden mit Portlandzement gebunden. Sie können in allen Nutzungsklassen (1 = 5–15%, 2 = 10–20% und 3 = 12–24% gem. DIN 1995-1-1) bzw. Gebrauchsklassen GK 1 – 5 nach DIN EN 335 und DIN EN 68 800-1 in den Materialstärken 8, 10, 12, 15, 16, 20, 24, 25, 28, 32, 36 und 40 mm verwendet werden. Sie werden i. d. R. für tragende Zwecke im Trocken- und Feuchtbereich sowie im Außenbereich verwendet. Die Plattenformate betragen ca. 2,20 bis 3,35 und 6,50 m Länge und 1,25 bis 3,00 m Breite.

Zementgebundene Spanplatten sind nicht brennbar. Sie sind in die Baustoffklasse A2-s1, d0 nach der europäischen Norm DIN EN 13 501-1 (vormals A2 nach DIN 4102) eingestuft.

Gipsgebundenen Flachpressplatten. Sie bestehen aus kalziniertem Gips und Holzspänen aus Fichte und Espe, die als Armierung dienen. In den Dicken 6, 8, 10, 12, 15, 18 und 22 mm dürfen sie in Feuchtebereichen bis $\leq$ 18% (Nutzungsklassen 1 und 2 gem. DIN EN 1995-1-1 bzw. Gebrauchsklassen 0 und 1 gem. DIN 68 800) in Holzhäusern in Tafelbauweise eingesetzt werden. Sie stehen in Abmessungen von 10, 12, 15 und 18 mm Dicke, 1,0, 1,25, und 2,50 m Breite und 2,40 – 3,00 m Länge zur Verfügung.

Holzfaserplatten gem. DIN EN 622 bestehen aus Holzfasern oder Holzfaserbündeln, die überwiegend ohne Bindemittel zu Platten gepresst werden. Sie sind für statisch nicht belastungsfähige Bauteilschichten sowie im Innenausbau einsetzbar.

Dazu zählen:

Harte Holzfaserplatten (**HFH** oder HB oder HP – **H**ard **F**ibreboard sog. „Hartfaserplatten") gem. DIN EN 622-2 aus leimfrei im Nassverfahren zusammengepressten verholzten Fasern stehen in Abmessungen von 3,2 mm, 4, 6 und 8 mm Dicke, 2,50/2,60 m Länge und 1,25/2,05 m Breite für *nicht* tragende Zwecke im Trockenbereich als HB, im Feuchtebereich als HB.H und für allgemeine Zwecke im Außenbereich als HB.E-Platten zur Verfügung. Als *tragende* Platten kommen die Plattentypen HB.LA für tragende Zwecke im Trockenbereich, HB.HLA1 für tragende Zwecke im Feuchtebereich und HB.HLA2 für tragende Zwecke im Feuchtebereich und hochbelastbar zur Anwendung. Zur Steigerung der Härte und zur Erzielung abriebfester und wasserabweisender Eigenschaften sind sie mit Kunstharz und Öl imprägniert.

Mitteldichte Holzfaserplatten (**MDF** – **M**edium-**D**ensity-**F**ibreboard) entstehen durch Verpressen von Fasern mit Klebstoffen (Harnstoff- oder Phenolharze) im Trockenverfahren gem. DIN EN 622-5. Folgende Plattentypen kommen in folgenden Anwendungsbereichen zum Einsatz. MDF für allgemeine Zwecke im Trockenbereich, MDF.H für *nicht* tragende Zwecke im Trockenbereich, MDF.LA für *tragende* Zwecke im Trockenbereich und MDF.HLS für *tragende* Zwecke im Feuchtebereich. Darüber hinaus stehen sowohl für den Trocken- und den Feuchtbereich leichte MDF-Platten (L-MDF und L-MDF.H) sowie für den Trockenbereich ultraleichte Platten (UL1-MDF und UL2-MDF) und Spezialplatten als Unterdeckplatten für Dachdeckungen und Wände (MDF.RWH) zur Verfügung. Die Plattenformate betragen i. d. R. 1,25 m x 2,50 m Breite bis 5,70 m Länge, die Standard-Materialstärken 6, 8, 9, 10, 12 und 15 bis 60 mm.

Mittelharte Holzfaserplatten (**HFM** oder **MHB** – **M**edium-**H**ard-**F**ibreboard) gem. DIN EN 622-3 entstehen durch Verpressen von Fasern ohne Klebstoffe im Nassverfahren. Für allgemeine, *nicht* tragende Zwecke im Trockenbereich stehen die Plattentypen MBL und MBH und für *nicht* tragende Zwecke im Feucht- und Außenbereich die Plattenarten MBL.H und MBH.H bzw. MBL.E und MBH.E zur Verfügung. Für *tragende* Zwecke im Trockenbereich kommen die Plattentypen MBH.LA1 und im Feuchtebereich der Plattentyp MBH.HLS1 und als hochbelastbare Platten die Typen MBH.LA2 im Trockenbereich und MBH.HLS2 im Feuchtebereich zur Anwendung. Die Plattenformate betragen i. d. R. ebenfalls 1,875 m × 2,60 m, die Standard-Materialstärken 6, 8, 9,10, 12 und 15 mm.

Harte und mitteldichte/mittelharte Holzfaserplatten dürfen bei der Herstellung von Wand-, Decken- und Dachtafeln in Holzhäusern in Tafelbauweise als mittragende und aussteifende Be-

2.2 Dachtragwerke aus Holz

plankungen herangezogen werden. Bei sonstigen Decken- oder Dachflächen oder auch als Stege von Doppel-T-Trägern dürfen Sie hinsichtlich der Scheibenwirkung jedoch *nicht* herangezogen werden, es sei denn, die Einsatzmöglichkeiten sind über einen Zulassungsbescheid des DiBt (Deutsches Institut für Bautechnik) geregelt.

Weiche Holzfaserplatten (HFD) werden als Dämmstoffplatten aus Zellulosefasern im Nassverfahren bindemittelfrei bis zu einer Rohdichte von 400 kg/m³ in verschiedensten Dicken von 6 bis 20 und 100 mm und Plattenabmessungen von 1,25 x 2,50 m hergestellt. In Feuchtebereichen können bituminierte Holzfaserplatten (BPH) eingesetzt werden (z. B. als Vordeckung/Unterdach).

Holzwolle-Leichtbauplatten (HWL) gemäß DIN 13 168 sind als Dämmstoff bestehend aus Holzwolle und mineralischen Bindemitteln (Zement oder Magnesit) einsetzbar. Die Standardabmessungen betragen 15, 25, 35, 50, 75, und 100 mm Dicke und 2,00 m Länge sowie 50 cm Breite. Je nach Beanspruchungsart sind sie druckbelastbar (WD) oder nicht druckbelastbar (W) lieferbar. HWL-Platten sind schwer entflammbar. Sie sind in die Baustoffklasse A2-s1, d0 oder B-s1,d0 nach der europäischen Norm DIN EN 13 501-1 (vormals A2 oder B1/B2 nach DIN 4102) eingestuft.

Holz-Verbundwerkstoffe gem. DIN EN 15 534 (**WPC** – **W**ood-**P**lastic-**C**omposites) bestehen aus Holzfragmenten (Holzmehl) in Verbindung mit Kunststoffen und Additiven, mit Kunststoffen zur Wärmedämmung oder Beton bzw. Zement als Bindemittel (zementgebundene Holzspanplatte) sowie als Leichtbauplatten mit hochfesten Decklagen und einem leichteren Kern aus Holz-Werkstoffplatten, Schaumstoffen, Balsaholz oder Papierwaben bestehen. WPC werden auch als naturfaserverstärkte Kunststoffe oder Biowerkstoffe (Biokomposite) bezeichnet.

Das Herstellungsverfahren entspricht dem der Kunststoffherstellung. Holz oder auch andere Pflanzenfasern (Hanf, Jute, Flachs) sind hierbei Zuschlagsstoffe in einem Anteil von min. 20 %, i. d. R. 50 bis 90 %. Durch Zugabe von Additiven werden spezielle Materialeigenschaften, z. B. Bindung zwischen Holz und Kunststoff, Fließfähigkeit, Brandschutz, Farbgestaltung und – besonders für Außenanwendungen – Witterungs-, UV- und biozide Schädlingsbeständigkeit erreicht.

Aufgrund des hohen Bindemittelgehaltes sind die Werkstoffe formbarer und formstabiler sowie feuchtigkeitsresistenter als HWP und kommen im Bauwesen vorwiegend als Fassadenbekleidungsmaterial und in Außenanlagen (Terrassenbeläge) zur Anwendung.

Mängel und Fehler des Holzes

Nachteilig ist die Neigung des Bauholzes – insbesondere des Vollholzes zum *Quellen* und *Schwinden* (bei Wasser- und Feuchtigkeitsaufnahme bzw. -abgabe), zum *Reißen* (bei ungleichmäßigem Austrocknen von Kern- und Splintholz) und zum *Werfen* (ungleichmäßiges Quellen oder Schwinden von Schnittholz mit einer Kernholz- und einer Splintholzseite).

Trocken- und *Schwindrisse*, von außen nach innen verlaufend und kaum zu vermeiden, beeinträchtigen die Holzfestigkeit nur wenig. Dagegen wird die Tragfähigkeit durch *Kernrisse*, von innen nach außen gehend, bedeutend vermindert. *Ringschäle*, in der Richtung der Jahresringe verlaufende Risse, sowie *Blitzrisse* und *Frostrisse* sind für Holz der Sortierklasse S13 nicht zulässig.

Gesunde, festverwachsene Äste sind keine Fehler, beeinträchtigen jedoch die Tragfähigkeit des Bauholzes, und zwar bei Zugbeanspruchung mehr als bei Druckbeanspruchung. *Drehwüchsiges Holz* (mit schraubenförmig verlaufenden Fasern) lässt sich schlecht bearbeiten und wirft sich leicht. Faserverlauf schräg zu den Längskanten vermindert die Festigkeit.

Bläue und harte rote Streifen sind bei Verwendung im Trockenen zulässig, nicht aber, wenn das Holz getränkt werden soll.

Rot- und *Weißfäule*, die den lebenden Baum befallen, beeinträchtigen die Güte des Holzes wenig. Befallenes trockenes Holz ist nur im Trockenen verwendbar. Das gleiche gilt für Holz mit *Wurmfraß*, falls die Bohrgänge der Käfer und Holzwespen sich nur an der Oberfläche befinden und das Holz sorgfältig mit Holzschutzmitteln imprägniert wird.

Durch die Verwendung zusammengesetzter, verleimter Holzquerschnitte lassen sich die vorher beschriebenen Nachteile des Bauholzes (Vollholzes) vermeiden.

Holzschutz

Gelagertes und eingebautes Holz ist durch pflanzliche Schädigungen (Pilze wie Echter Hausschwamm, Porenhausschwamm, Kellerschwamm, Bläuepilz) und Insekten (Hausbock, Poch- oder Nagekäfer, Splintholzkäfer, Holzwespen) gefährdet.

Pflanzliche Schädigungen treten vor allem dort auf, wo Holz zu feucht eingebaut wurde und eine rasche Austrocknung nicht möglich ist oder wenn eingebautes Holz ständiger Feuchtigkeit durch Bewitterung, Kondensat oder durch an Schadensstellen eindringendes Wasser ausgesetzt wird. Zu Schutzmaßnahmen zählt daher vor allem der sachgemäße Einbau des Holzes (vgl. Abschn. 17.2 in Teil 1 des Werkes).

Wenn schädigende Beanspruchungen durch bauliche Maßnahmen nicht ausreichend zu verhindern sind, sind chemische Maßnahmen gegen den Befall schädigender Insekten nicht zu vermeiden.

Baulicher (konstruktiver) Holzschutz

Bauholz ist am meisten durch Pilze gefährdet, wenn für diese geeignete Wachstumsbedingungen vorhanden sind. Das ist überall dort der Fall, wo längere Zeit Feuchtigkeit herrscht, die über dem Wert von 20% für luftfeuchtes Holz liegt.

Zu den baulichen Holzschutzmaßnahmen sind daher schon die Wahl geeigneter Holzarten und die Einhaltung der richtigen Holzfeuchte bei der Bearbeitung und beim Einbau zu rechnen.

Bereits bei der Planung von im Freien liegenden Holzkonstruktionen ist darauf zu achten, dass diese nicht durch exponierte Lage übermäßiger Bewitterung ausgesetzt sind. Wenn das nicht zu vermeiden ist, müssen komplizierte Profilierungen und Bauteilanschlüsse vermieden werden, damit keine Feuchtigkeitsnester entstehen können. Freiliegende Holzflächen, insbesondere *Hirnholzflächen*, müssen durch Abdeckungen aus Metall geschützt werden oder – wenn das aus gestalterischen Gründen nicht gewünscht wird – durch zusätzliche Holzbauteile, die wie eine „Verschleißschicht" ggf. leicht zu erneuern sind, abgedeckt werden. Im Übrigen ist durch entsprechende Profilierungen, insbesondere durch Gefällebildung, für eine rasche Ableitung von Niederschlagswasser zu sorgen.

Der Bewitterung ausgesetzte Holzteile sollen möglichst senkrecht eingebaut werden, damit Niederschlagwasser in der Faserrichtung ablaufen kann. Insbesondere bei ungehobelten Oberflächen ist dabei auch die Schnittrichtung des Holzes entsprechend zu beachten.

An Auflagern und Berührungspunkten mit anderen Materialien sind Holzbauteile durch Zwischenlagen (z. B. durch Bitumenbahnen) gegen die aus angrenzenden Bauteilen herrührende Feuchtigkeit z. B. aus Beton zu schützen. Bei eingebauten Bauteilen, wie z. B. *Balkenköpfen* von Holzbalkendecken oder *Pfettenauflagern* in Wänden, ist durch Hinterlüftung und zusätzlichen Wärmeschutz der Tauwasserbildung entgegenzuwirken (s. Abschn. 10.3 in Teil 1 des Werkes).

Während der Bauzeit sind Holzbauteile nötigenfalls durch geeignete provisorische Abdeckungen gegen länger einwirkende Feuchtigkeit zu schützen.

Chemischer Holzschutz

Holz im Innenbereich, das nicht durch Schädlinge gefährdet ist, wie z. B. Treppen, Verkleidungen, Einbaumöbel usw., wird lediglich mit Holzveredelungsmitteln behandelt, die das Holz in natürlicher Farbe belassen und einen Oberflächenschutz gegen Verschmutzung bilden.

Hölzer, die der Bewitterung ausgesetzt sind, müssen zusätzlich zu baulichen Schutzmaßnahmen vor allem gegen zerstörende und verfärbende Pilze geschützt werden.

Dabei ist zunächst die unterschiedliche Resistenz der verwendeten Holzarten gegen Pilzbefall zu berücksichtigen (Tab. **2.**7).

Dauerhaftigkeitsklassen. Weiterhin sind in DIN EN 350 Dauerhaftigkeitsklassen gegen zerstörende Käfer, Termiten und maritime Organismen (DC D = dauerhaft, DC M = mäßig dauerhaft und DC S = nicht dauerhaft) festgelegt.

Durch Beschichtungen, die lichtechte Pigmente enthalten, ist ein Schutz gegen ultraviolette Strahlung des Sonnenlichtes möglich. Für die Herstellung wasserabweisender Oberflächen kommen biozidfreie Grundierungs- und Anstrichmittel (wasserlösliche Lasuren) in Frage.

Für *tragende* und *aussteifende* Holzbauteile ist in der Regel vorbeugender chemischer Holzschutz nötig. Chemische Holzschutzmittel [40] müssen nach dem bisherigen Stand der Forschung biozide Wirkstoffe enthalten. (Die sogenannten „biologischen" Holzschutzmittel haben sich bisher zumindest auf Dauer als nicht ausreichend erwiesen. Bauaufsichtliche Zulassungen (AbZ) wurden bisher nicht erteilt). Zwar sind früher verwendete, inzwischen als außerordentlich gefährlich erkannte Wirkstoffe wie PCP, Lindan, Dioxin usw. durch andere Stoffe ersetzt, doch ist die Entwicklung wegen der erforderlichen Langzeitbeobachtungen ständig im Fluss. Für Schutzmittel mit biozider Wirkung kann eine Gesundheitsgefährdung nicht ausgeschlossen werden. Aus begründeter Vorsicht sollten daher chemische

2.2 Dachtragwerke aus Holz

Holzschutzmaßnahmen nur dort ausgeführt werden, wo sie wirklich unvermeidbar sind.

Nach den Festlegungen von DIN 68 800 ist für den vorbeugenden Holzschutz zunächst zu prüfen, ob die *Notwendigkeit* des Schutzes gegen Insekten und Pilze überhaupt besteht. Die Notwendigkeit wird durch Vergleich mit der Gebrauchsklasse gem. DIN EN 335 bzw. *Gefährdungsklasse* festgestellt.

In den Gebrauchsklassen 1 bis 5 hängt die Notwendigkeit von chemischen Holzschutzmaßnahmen von den Dauerhaftigkeitsklassen (DC 1 bis DC 5) des Holzes gemäß DIN 350 (Tab. **2**.7) ab.

Die Wirkung der verschiedenen Einflussfaktoren ist abhängig von den konkreten Einbaubedingungen, von der Beanspruchung und der daraus sich ergebenden Gefährdung. Es werden neben Klassifikationen der *natürlichen Dauerhaftigkeit* von Holz (DIN EN 350 und DIN EN 460) in DIN EN 335 fünf *Gebrauchsklassen* GK 1 bis GK 5 (ersatzweise für die bisher gültigen Gefährdungsklassen gemäß DIN 68 800-3) neu definiert, die sich vorrangig an der Feuchtebeanspruchung orientieren:

Gebrauchsklassen gem. DIN EN 335

Dauerhaftigkeit von Holz und Holzprodukten – Definition der Gebrauchsklassen:

1. Bauteile im Innenbereich, trocken, keiner Witterung und Befeuchtung, ausgesetzt
2. Bauteile im Innenbereich oder unter Dach, Holz – oder Holzprodukt, das keiner Witterung (insbesondere Regen und Schlagregen) ausgesetzt ist, in denen es aber zu gelegentlicher, aber nicht andauernder Befeuchtung – auch Kondensation an der Oberfläche kommen kann.
3. Bauteile im Außenbereich, ohne Erdkontakt, der Witterung ausgesetzt.
   Unterteilt nach:
   3.1 eingeschränkt feuchte Bedingungen, Wasser kann schnell ablaufen und austrocknen
   3.2 anhaltend feuchte Bedingungen, Wasser kann nicht schnell ablaufen und austrocknen
4. Bauteil im Außenbereich mit zeitweise direktem Kontakt mit Erde oder Süßwasser
5. Bauteile dauerhaft oder regelmäßig in Salzwasser eingetaucht

Gebrauchsklassen (GK) gem. DIN EN 68 800-1
(Holzschutz[1] – Allgemeines):

0. Holzfeuchte/Exposition: trocken (ständig $\leq 20\%$), mittlere relative Luftfeuchte bis 85% Holz oder Holzprodukt unter Dach, nicht der Bewitterung und keiner Befeuchtung ausgesetzt, die Gefahr von Bauschäden durch Insektenkann entsprechend ausgeschlossen werden.

   Innen verbautes Holz, ständig trocken, Anflug durch holzschädigende Insekten *nicht* möglich oder Holzquerschnitt kontrollierbar (mind. dreiseitig einsehbar). Kein chemischer Holzschutz erforderlich

1. Holzfeuchte/Exposition: trocken (ständig $\leq 20\%$), mittlere relative Luftfeuchte bis 85%

   Holz oder Holzprodukt unter Dach, nicht der Bewitterung und keiner Befeuchtung ausgesetzt

   Innen verbautes Holz, ständig trocken, Anflug durch holzschädigende Insekten möglich. Holzschutz vorbeugend gegen Insekten (Iv) erforderlich.

2. Holzfeuchte/Exposition: Bauteile im Innenbereich oder unter Dach, nicht der Witterung ausgesetzt. Möglichkeit der Kondensation;

   Holz, das weder dem Erdkontakt noch direkt der Witterung oder Auswaschung ausgesetzt ist, vorübergehende Befeuchtung möglich. Holzschutz vorbeugend gegen Insekten und Pilz (Iv, P) erforderlich.

3. Holzfeuchte/Exposition: Gelegentlich feucht ($> 20\%$) mittlere relative Luftfeuchte über 85% oder zeitweise Befeuchtung durch Kondensation

   Holz oder Holzprodukt unter Dach, nicht der Bewitterung ausgesetzt, eine hohe Umgebungsfeuchte kann zu gelegentlicher, aber nicht dauernder Befeuchtung führen

   Unterteilt nach:

   3.1 Holzfeuchte/Exposition: Gelegentlich feucht ($> 20\%$); Anreicherung von Wasser im Holz, auch räumlich begrenzt, nicht zu erwarten. Holz oder Holzprodukt nicht unter

---

[1] Anforderungen und Prüfprädikate Holzschutz gem. DIN 68 800-3:
Iv = Insektenvorbeugend; P = Pilzwidrig, vorbeugend wirksam gegen Pilze (Fäulnisschutz); W = witterungsbeständig, für Holz, dass direkter Bewitterung ausgesetzt ist, jedoch ohne ständigen Erd- oder Wasserkontakt; E = moderfäulewidrig, für Holz mit ständigem Erd- oder /und Wasserkontakt.

Dach, mit Bewitterung, aber ohne ständigen Erd- oder Wasserkontakt, Anreicherung von Wasser im Holz, auch räumlich begrenzt, ist aufgrund von rascher Rücktrocknung nicht zu erwarten.

Holz nicht unter Dach, aber ohne ständigen Erd- und/oder Wasserkontakt, Anreicherung von Wasser im Holz – auch räumlich begrenzt – nicht zu erwarten. Vorbeugend gegen Insekten und Pilze, Holzschutzmittel (Iv, P, W) gegen Auswaschung geschützt (Fixierung).

3.2 Holzfeuchte/Exposition: Häufig feucht (> 20 %) Anreicherung von Wasser im Holz, auch räumlich begrenzt, zu erwarten

Holz oder Holzprodukt nicht unter Dach, mit Bewitterung, aber ohne ständigen Erd- oder Wasserkontakt, Anreicherung von Wasser im Holz, auch räumlich begrenzt, zu erwarten

Holzschutz vorbeugend gegen Insekten und Pilze, Holzschutzmittel gegen Auswaschung geschützt (Fixierung) (Iv, P, W) erforderlich.

4. Holzfeuchte/Exposition: Vorwiegend bis ständig feucht (> 20 %)

Holz oder Holzprodukt in Kontakt mit Erde oder Süßwasser und so bei mäßiger bis starker Beanspruchung vorwiegend bis ständig einer Befeuchtung ausgesetzt Holz in dauerndem Erdkontakt oder ständiger starker Befeuchtung ausgesetzt.

Holzschutz vorbeugend gegen Insekten und Pilze einschl. Moderfäule, Holzschutzmittel gegen Auswaschung geschützt (Fixierung) (Iv, P, W, E) erforderlich.

5. Holzfeuchte/Exposition: Ständig feucht

Holz oder Holzprodukt ständig dem Meerwasser ausgesetzt

Die im Wesentlichen gleichartigen Definitionen in beiden Normen unterscheiden sich insbesondere durch die in DIN 68 800-1 zusätzlich vorhandene GK 0, die bezugnehmend auf die Dauerhaftigkeitsklassen der DIN EN 350 einen Einbau von Holz im Innenbereich *ohne* chemischen Holzschutz möglich macht.

Chemische Holzschutzmaßnahmen sind gemäß DIN 68 800-1 *nicht erforderlich* wenn Holz:

- in Räumen mit üblichem Wohnklima verbaut ist (Gebrauchsklassen 0 und 1) und,
- gegen Insektenbefall allseitig durch geschlossene Bekleidungen abgedeckt ist,
- oder zum Raum hin so offen eingebaut ist, dass es kontrollierbar bleibt

sowie in allen Gebrauchsklassen, wenn splintfreie Farbkernhölzer nach DIN 68 364 verwendet werden (Dauerhaftigkeitsklassen s. Tab. **2**.7).

Die Zuordnung zu den Gebrauchsklassen soll nicht formal vorgenommen werden, sondern aus den spezifischen konkreten Bedingungen abgeleitet werden. In DIN 350 werden allgemeine Vorsichtsmaßnahmen hinsichtlich der Einstufung Gebrauchsklassen (vormals Gefährdungsklassen) aufgrund der Wichtigkeit und Zugänglichkeit der Holzteile und der Dauerhaftigkeit und Tränkbarkeit der Hölzer erläutert. Weiterhin wird auf die Gefahr des Auswaschens behandelter Hölzer und notwendige Schutzmaßnahmen insbesondere in der Bauphase ungeschützt verbrachter Bauteile verwiesen.

Die *chemischen* Schutzmittel bestehen in der Hauptsache aus wasserlöslichen und öligen Mitteln, Öl-Salz-Gemischen und Emulsionen. Das Holz kann mit den Schutzmitteln behandelt werden u. A. durch

- *Streichen*, Sprühen (Spritzen)
- *Kurztauchen* (Sek. und Min.)
- *Tauchen* (30 Min. bis mehrere Std.)
- *Trogtränkung* (mehrere Std. bis Tage)
- *Kesseldrucktränkung* (Schutzflüssigkeit wird in die Hohlräume des Holzes gedrückt)
- *Diffusionstränkung* (Schutzpaste wandert durch monatelange Diffusion in saftfrisches Holz ein).

Je nach Schutzmittelverteilung sind Eindringtiefeklassen (NP1 bis NP6 – New Penetration Class) gem. DIN EN 351-1 definiert.

Tabelle **2**.7 Dauerhaftigkeit verschiedener Holzarten gegen zerstörende Pilze, Pilzbefall und Moderfäule nach DIN EN 350

Dauerhaftig-keitsklasse	Beschreibung	Beispiele
DC 1	sehr dauerhaft	einige afrikanische Hölzer
DC 1 bis 2	–	Robinie
DC 2 bis 4	dauerhaft	Eiche
DC 3	mäßig dauerhaft	Pitch Pine
DC 3 bis 4	–	Lärche, Douglasie
DC 4	wenig dauerhaft	Tanne, Fichte
DC 5	nicht dauerhaft	Ahorn, Buche, Esche

2.2 Dachtragwerke aus Holz

Einbringverfahren und Wirksamkeit der Mittel sind in DIN 68 800-3 näher erläutert.

Hölzer für Dachkonstruktionen werden in der Regel mit Salzimprägnierungen im Tauch- oder Tränkverfahren behandelt. Wichtig ist, dass durch lange Tränkzeiten eine ausreichende *Eindringtiefe* der Schutzsalze erreicht wird. An der Baustelle dürfen die Imprägnierungen nicht durch Regenwasser ausgewaschen werden. Die *fixierenden*, meistens grün gekennzeichneten Schutzmittel sind den vielfach üblichen einfacheren rot oder orange gekennzeichneten ggf. vorzuziehen. Beim Einbau etwa entstehende frische Schnitt- oder Bearbeitungsstellen, ggf. auch größere Schwindrisse sind nachzuimprägnieren.

Feuerschutzmittel. Mit schaumbildenden, einen Oberflächenfilm bildenden Feuerschutzmitteln behandelte Hölzer müssen gegen mechanische Beschädigungen und gegen Feuchtigkeit besonders geschützt werden.

In jedem Falle sind für tragende Bauteile nur Holzschutzmittel mit allgemeiner bauaufsichtlicher Zulassung (AbZ) vom Institut für Bautechnik in Berlin (DIBt) vorgeschrieben. Sie müssen das amtliche Prüfzeichen, das Überwachungszeichen (Bild **2.**8a), den Prüfbescheid und Anwendungsbereich sowie Hinweise zur Verarbeitung (S = Sicherheitsratschläge bzw. R = Risikohinweise) auf den Gebinden tragen.

Weiterhin bestehen das freiwillige Prüfverfahren der Gütegemeinschaft Holzschutzmittel e.V. (RAL[1])-Gütezeichen s. Bild **2.**8b) für nicht tragende Bauteile und das freiwillige Registrierverfahren für Bläueschutzmittel des Umweltbundesamtes (UBA-Registrierverfahren).

Der ebenfalls vergebene „Blaue Engel" ist *kein* offizielles Prüf- oder Überwachungszeichen sondern gibt Auskunft über die Gesundheitsverträglichkeit (Lösungsmittelanteil) verschiedener Holzschutzmittel.

Seit 1998 ist zudem die Europäische Biozidrichtlinie in Kraft, die für Holzschutzprodukte Warnhinweise, Abgaben zum Wirkstoffgehalt, Hinweise

---

[1)] RAL – Deutsches Institut für Gütesicherung und Kennzeichnung e.V. als anerkannte Kompetenz für die Kennzeichnung von Produkten und Dienstleistungen ist die alleinige Vergabestelle für das Umweltzeichen „Blauer Engel". (RAL-Reichsausschuss für Lieferbedingungen, gegründet 1925 zur Vereinheitlichung technischer Lieferbedingungen mit dem Ziel der Rationalisierung).

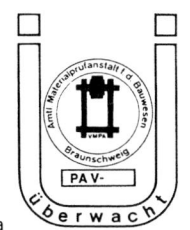 

2.8a 2.8b Holzschutzmittel

2.8 Kennzeichnung von Holzschutzmitteln
a) Überwachungszeichen
b) Gütezeichen

zu Schutzmaßnahmen und zur umweltgerechten Entsorgung erfordern. Seit 2012 ist die Verordnung über Biozidprodukte (BPR-Verordnung (EU) Nr. 528/2012) rechtswirksam in Kraft.

Die in den Prüfbescheiden enthaltenen Prädikate sind in Tabelle **2.**9 zusammengestellt.

Verarbeitungshinweise sind genau zu beachten. Bei der Anwendung dürfen Holzschutzmittel nicht in das Erdreich, Gewässer oder die Kanalisation gelangen.

Die *Beseitigung* von leeren Gebinden ist je nach Art und Menge der Mittel auf üblichen Mülldeponien bzw. gemäß vorgeschriebenem Hinweis der Hersteller ggf. nur über die Sondermüll-Beseitigung durchzuführen.

Zurichten des Bauholzes

Nach dem Fällen sollte das Holz zwei bis drei Jahre lang austrocknen (air dried = AD). Leider erzwingt die Marktlage oft viel kürzere Fristen. Deshalb wird häufig Holz verarbeitet, das nach dem Einbau durch Austrocknen stark schwindet. Dabei entstehen u. A. klaffende Fugen, Putzrisse und häufig Pilzbefall. Holz darf nur dann halbtrocken eingebaut werden, wenn es in Kürze dauerhaft austrocknen kann. Hochwertiges Holz wird technisch getrocknet („Kammertrocknung"). Unter Kammertrocknung versteht man das künstliche Trocknen frischen Holzes in speziellen Trockenkammern auf 12 bis 15% Holzfeuchte (kiln drying = KD).

Durch Schneiden des Stammes im Sägegatter entsteht Schnittholz verschiedener Abmessungen. *Kanthölzer* sind besonders günstig geschnitten, wenn das Kernholz im Schnittpunkt der Querschnittachsen liegt.

Ebenso sind *Bretter* mit stehenden Jahresringen (Kernbretter, Herzdielen) wertvoller als Seitenbretter (Bild **2.**10).

Tabelle 2.9   Kennzeichnung von Holzschutzmitteln

P	= wirksam gegen **P**ilze		M	= geeignet zur Bekämpfung von Schwamm im **M**auerwerk
Iv	= **v**orbeugend wirksam gegen **I**nsekten		F	= Holzschutz gegen **F**euer (durch Verkieselung der Holzfasern, Entwicklung einer Schutzzone aus Sauerstoff absperrenden Gasen oder Bildung von Schmelz- bzw. Schaumschichten auf der Holzoberfläche kann Holz schwerentflammbar gemacht werden)
Ib	= wirksam bei **I**nsekten**b**ekämpfung			
S	= geeignet zum **S**treichen, **S**prühen, Spritzen und Tauchen			
(S)	= zum Spritzen sowie Tauchen von Bauholz in stationären Anlagen geeignet, nicht zum Streichen		KL	= behandeltes Holz führt bei Chrom-Nickel-Stählen nicht zu Lochkorrosion
W	= auch für Holz, das der **W**itterung ausgesetzt ist, jedoch nicht in Erdkontakt oder Gewässern		L	= Verträglichkeit mit bestimmten Klebstoffen (**L**eimen) entsprechend den Angaben im Prüfbescheid nachgewiesen.
E	= auch für Holz, das extremer Beanspruchung ausgesetzt ist (**E**rdkontakt, fließendes Wasser o. Ä.)			

Beispiel: IvSW bedeutet: Mittel ist geeignet zum vorbeugenden Schutz gegen Insekten für Streich-, Sprüh-, Kurztauch- und Tauchverfahren und für der Witterung ausgesetztes Holz.

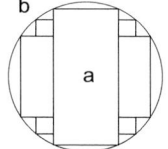 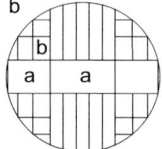 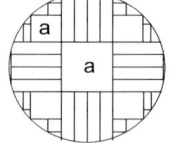 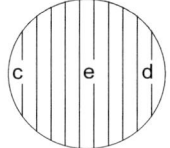 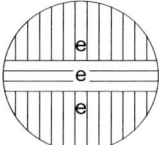

2.10 Sägeschnitte
 a Kanthölzer
 b Latten
 c Schwarten
 d Seitenbretter
 e Kernbretter (Herzdielen)

günstigstes Widerstandsmoment für Vollbalken bei Seitenverhältnis $\approx 5:7$
günstigstes Trägheitsmoment für Vollbalken bei Seitenverhältnis $\approx 4:7$

Unterschieden wird das Bauholz hinsichtlich der Lieferform nach Sortierklassen (s. Tab. 2.11).

Im Allgemeinen genügt bei nicht sichtigem Einbau *fehlkantiges* Bauholz (Sortierklasse S 10 bzw. MS 10), *vollkantiges* soll nur in Ausnahmefällen bei sichtigem Einbau verlangt werden.

Holzabmessungen

In DIN 4074 sind die Schnittholzabmessungen festgelegt. Unterschieden werden *Kanthölzer* ab 4 cm Breite (b) bis zu einer Höhe von 3 x b, *Bretter* mit einer Dicke bis 40 mm und einer Breite ≥ 80 mm und *Bohlen* mit einer Dicke (d) ab 40 mm und einer Breite von größer als 3 x d. Kleinere Querschnitte werden als Latten bezeichnet (Tab.: 2.12).

Bretterdicken

Übliche Dicken rauer Bretter (besäumt und unbesäumt):

- 10 12 15 18 20 22 24 26 28 30 35 und 40 mm;

- Längenstufung innerhalb eines Meters für Nadelholz wie vor, für Laubholz von 10 zu 10 cm

Übliche Dicken gehobelter Bretter (besäumt/unbesäumt) für lufttrockenes Nadelholz:

- 7 9 12 15 17 21 23 27 32 und 36 mm (Brett- und Bohlenbreiten ≥ 8 cm).

Bohlen

Übliche Dicken *rauer* Bohlen (besäumt und unbesäumt):

- 45 50 55 60 65 70 80 90 und 100 mm; Längenstufung wie vor.

Übliche Dicken *gehobelter* Bohlen (besäumt/unbesäumt) für lufttrockenes Nadelholz:

- 40 45 50 55 60 65 75 mm.

2.2 Dachtragwerke aus Holz

Tabelle 2.11 Sortierkriterien für Kanthölzer und vorwiegend hochkant (K) biegebeanspruchte Bretter und Bohlen bei der visuellen Sortierung (DIN 4074-1, Tab. 2)

Sortiermerkmale	Sortierklasse		
	S 7, S 7 K	S 10, S 10 K	S 13, S 13 K
1. Äste	bis $3/5$	bis $2/5$	bis $1/5$
2. Faserneigung	bis 12 %	bis 12 %	bis 7 %
3. Markröhre	zulässig	zulässig	nicht zulässig [a]
4. Jahrringbreite			
– im Allgemeinen	bis 6 mm	bis 6 mm	bis 4 mm
– bei Douglasie	bis 8 mm	bis 8 mm	bis 6 mm
5. Risse			
– Schwindrisse [b]	bis $1/2$	bis $1/2$	bis $2/5$
– Blitzrisse Ringschäle	nicht zulässig	nicht zulässig	nicht zulässig
6. Baumkante	bis $1/4$	bis $1/4$	bis $1/5$
7. Krümmung [b]			
– Längskrümmung	bis 8 mm	bis 8 mm	bis 8 mm
– Verdrehung	1 mm/25 mm Breite	1 mm/25 mm Breite	1 mm/25 mm Breite
8. Verfärbungen, Fäule			
– Bläue	zulässig	zulässig	zulässig
– nagelfeste braune und rote Streifen	bis $2/5$	bis $2/5$	bis $1/5$
– Braunfäule Weißfäule	nicht zulässig	nicht zulässig	nicht zulässig
9. Druckholz	bis $2/5$	bis $2/5$	bis $1/5$
10. Insektenfraß durch Frischholzinsekten	Fraßgänge bis 2 mm Durchmesser: zulässig		
11. sonstige Merkmale	sind in Anlehnung an die übrigen Sortiermerkmale sinngemäß zu berücksichtigen		

[a] Bei Kantholz mit einer Breite > 120 mm zulässig.
[b] Diese Sortiermerkmale bleiben bei nicht trockensortierten Hölzern unberücksichtigt.

Tabelle 2.12 Übliche Holzabmessungen für Nadelschnittholz (die Maße gelten für halbtrockenes [verladetrockenes] Holz in rauhem Zustand)

Kantholz in cm/cm					Balken in cm/cm				Latten in mm/mm			
8/8	6/10	6/12	6/14	8/16	8/18	8/20	10/22	12/24	12/26	24/48	30/50	40/60	50/80
	8/10	8/12	8/14	10/16	10/18	10/20	16/22	16/24	20/26				
	10/10	10/12	10/14	12/16	14/18	12/20	18/22	18/24					
		12/12	12/14	14/16	18/18	14/20		20/24					
			14/14	16/16		16/20							
						20/20							

Längenstufung innerhalb eines Meters   0,0   0,25   0,50   0,75   1,00 m

Zulässige Spannungen

In Bauwerken aus Bauholz nach DIN 4074 sind die zulässigen Spannungen nach Eurocode 5 – DIN EN 1995-1-1 und DIN EN 1995-1-2 zu berücksichtigen. Die zulässige Spannung richtet sich nach der Sortierklasse des Holzes, der Nutzungsklasse[1] (NKL – gemäß DIN EN 1995-1-1, Abschn. 2.3.1.3) sowie der Lasteinwirkungsdauer[2] (KLED – gemäß DIN EN 1995-1-1; Abschn. 2.3.1.2). Nadelholz ist nach DIN 4074 auszuwählen und zu beurteilen. Für zugbeanspruchte Tragglieder aus Holz wird der Bemessungswert für die Zugtragfähigkeit in Abhängigkeit von den gewählten Verbindungsmitteln entsprechend reduziert.

2.2.3 Dachtragwerke als Zimmermannskonstruktionen

Nachfolgend werden herkömmliche, nach Erfahrungsregeln gestaltete Dachkonstruktionen besprochen, wie sie auch heute noch ausgeführt werden. Die aufwändigeren in diesem Zusammenhang dargestellten Zimmermannskonstruktionen werden heute jedoch vielfach ersetzt durch Tragwerke, in denen vorgefertigte Holzbauelemente mit weitaus günstigeren statischen Eigenschaften als das übliche Bauholz wirtschaftlichere Lösungen ermöglichen. Im Hinblick auf die immer wichtiger werdenden Gebiete der Bauerhaltung und -sanierung sowie der Denkmalpflege erscheinen auch Kenntnis und Beurteilungsvermögen älterer Konstruktionen nötig.

Sparrendächer

Sparrendächer bilden einen stützenfreien Dachraum und erleichtern somit die flexible Nutzung von Dachgeschossen (Bild **2**.13). Beim Sparren-

---

[1] **Nutzungsklasse 1** ist gekennzeichnet durch eine Holzfeuchte, die einer Temperatur von 20 °C und einer relativen Luftfeuchte der umgebenden Luft entspricht, die nur für einige Wochen je Jahr einen Wert von 65 % übersteigt, z. B. in allseitig geschlossenen und beheizten Bauwerken. In Nutzungsklasse 1 übersteigt der mittlere Feuchtegehalt der meisten Nadelhölzer nicht 12 %.
Nutzungsklasse 2 ist gekennzeichnet durch eine Holzfeuchte, die einer Temperatur von 20 °C und einer relativen Luftfeuchte der umgebenden Luft entspricht, die nur für einige Wochen je Jahr einen Wert von 85 % übersteigt, z. B. bei überdachten offenen Bauwerken. In Ausnahmefällen können auch überdachte Bauteile in die Nutzungsklasse 3 einzustufen sein. In Nutzungsklasse 2 übersteigt der mittlere Feuchtegehalt der meisten Nadelhölzer nicht 20 %.
Nutzungsklasse 3 erfasst Klimabedingungen, die zu höheren Holzfeuchten führen als in Nutzungsklasse 2 angegeben, z. B. für Konstruktionen, die der Witterung ausgesetzt sind.

[2] **Klassen der Lasteinwirkungsdauer (KLED) gem. DIN EN 1995-1-1**
Größenordnung der akkumulierten Dauer der charakteristischen Lasteinwirkung
ständig   = länger als 10 Jahre
lang   = 6 Monate bis 10 Jahre
mittel   = 1 Woche bis 6 Monate
kurz   = kürzer als eine Woche
sehr kurz = kürzer als eine Minute

Einteilung der Einwirkungen nach Eurocode 1 – DIN EN 1991-1 – Einwirkungen auf Tragwerke

Wichten- und Flächenlasten nach DIN EN 1991-1-1	ständig
Lotrechte Nutzlasten nach DIN EN 1991-1-1 Spitzböden, Wohn- und Aufenthaltsräume	mittel
Büroflächen, Arbeitsflächen, Flure	mittel
Räume, Versammlungsräume und Flächen, die der Ansammlung von Personen dienen können (mit Ausnahme von unter A, B, D und E festgelegten Kategorien)	kurz
Verkaufsräume	mittel
Fabriken und Werkstätten, Ställe, Lagerräume und Zugänge, Flächen mit erheblichen Menschenansammlungen	lang
Verkehrs- und Parkflächen für leichte Fahrzeuge (Gesamtlast ≤ 25 kN)	mittel
Zufahrtsrampen zu diesen Flächen	kurz
nicht begehbare Dächer, außer für übliche Erhaltungsmaßnahmen, Reparaturen	kurz
Treppen und Treppenpodeste	kurz
Zugänge, Balkone und Ähnliches	kurz

[2] (Fortsetzung)

Horizontale Nutzlasten nach DIN EN 1991-1-1 Horizontale Nutzlasten infolge von Personen auf Brüstungen, Geländern und anderen Konstruktionen, die als Absperrung dienen	kurz
Horizontallasten zur Erzielung einer ausreichenden Längs- und Quersteifigkeit entsprechend den zugehörigen Lasten	lang
Windlasten nach DIN 1991-1-4	kurz/sehr kurz
Schneelast und Eislast nach DIN 1991-1-3 Geländehöhe des Bauwerkstandortes über NN ≤ 1 000 m	kurz
Geländehöhe des Bauwerkstandortes über NN > 1 000 m	mittel
Anprallasten nach DIN 1991-1-7	sehr kurz

Einwirkungen aus Temperatur- und Feuchteänderungen sind der Klasse der Lasteinwirkungsdauer „mittel" zuzuordnen Einwirkungen aus ungleichmäßigen Setzungen sind der Klasse der Lasteinwirkungsdauer „ständig" zuzuordnen.
Bei Holzbauteilen darf der Einfluss von Temperaturänderungen vernachlässigt werden.
Einwirkungen der Klasse der Lasteinwirkungsdauer „sehr kurz" wirken weniger als 1 Minute auf die Bauteile und Verbindungen ein.

2.2 Dachtragwerke aus Holz

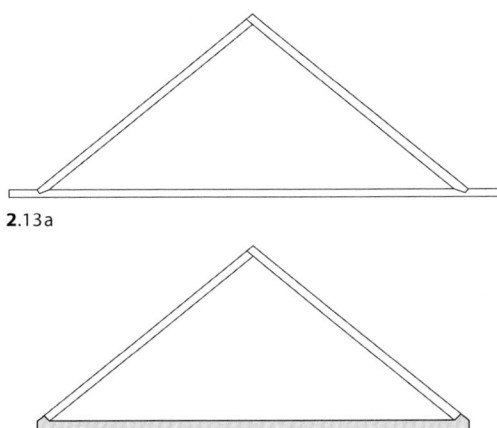

2.13a

2.13b

2.13 Prinzip des Sparrendaches
 a) Sparrendach (Gespärre) in Verbindung mit Holzbalkendecke
 b) Sparrendach (Gespärre) in Verbindung mit Stahlbetondecke

dach bilden zwei Sparren mit einem Deckenbalken oder dem dazugehörigen Streifen einer Massivdecke ein unverschiebliches Dreieck („Gespärre") als Dreigelenk-Stabzug. Jedes Gespärre ist somit in Richtung seiner Konstruktionsachse ausgesteift (*Queraussteifung*). Die gesamte Dachlast wird – ohne die Decke zu belasten – auf die Außenwände übertragen. Decke oder Deckenbalken werden auf Zug beansprucht. Größere Öffnungen in Decken erfordern daher besondere konstruktive Aufwendungen. Ebenso sind größere Öffnungen in der Dachfläche für Dachfenster oder Gauben zu vermeiden. Dabei sollte – wenn überhaupt – möglichst nur ein Gespärre „ausgewechselt" werden (Bild **2**.14).

Dabei müssen die „Wechselsparren" die Belastungen aus den Feldern der ausgewechselten Sparren übernehmen und sind daher in der Regel gegenüber den normalen „Feldsparren" gemäß statischem Nachweis zu verstärken.

Der Sparrenabstand beträgt mit Rücksicht auf die Dachlattenabmessung je nach Gewicht der Dachdeckung 70 bis 100 cm.

2.14
Sparrendach; Begriffe
1 Sparren (Feldsparren)
2 Schwelle
3 Deckenplatte (oder Holzbalkendecke)
4 Giebelscheibe
5 Windrispen (Gegenseite nicht eingezeichnet) (nur in Verbindung mit Firstbrett und/oder Dachlattung für alle Sparren wirksam)
6 Wechsel
7 Wechselsparren
8 ausgewechselter Sparren
9 Firstlasche (vgl. Bild **1**.15, hier nur im 1. Gespärre eingezeichnet)

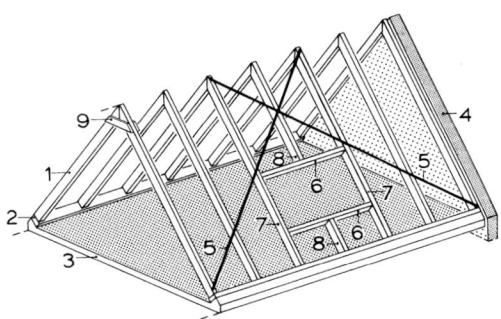

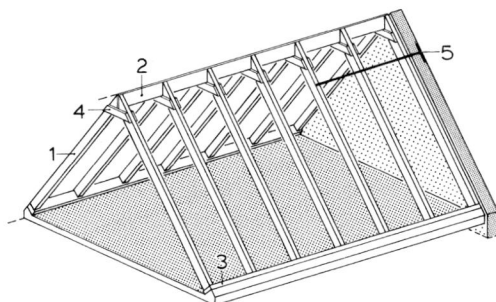

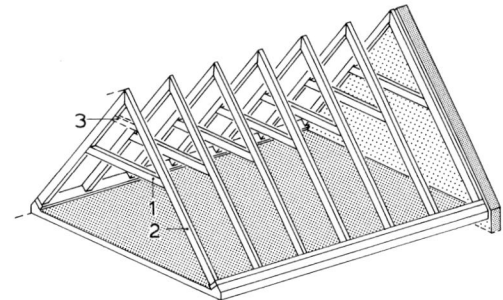

2.15 Einfaches Sparrendach ohne Kehlbalken; Sparrenlänge < ca. 5,00 m (schematisch; Windrispen usw. nicht eingezeichnet)
 1 Sparren
 2 Firstbohle (nicht tragend)
 3 Schwelle
 4 Firstlaschen
 5 Giebelanker

2.16 Sparrendach mit Kehlbalken (schematisch; Windrispen, Laschen usw. nicht eingezeichnet)
 1 Kehlbalken
 2 Sparren
 3 Hahnenbalken (vgl. Bild **2**.24b)

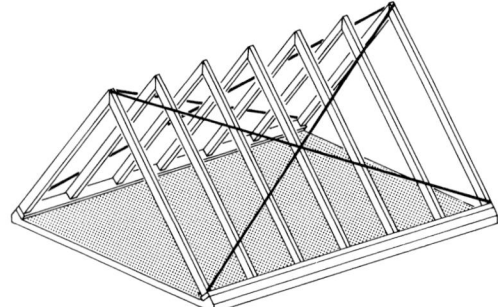

2.17 Aussteifung durch Rispenbänder
(Windrispen nur in Verbindung mit Firstbrett
und/oder Dachlattung für alle Sparren wirksam)

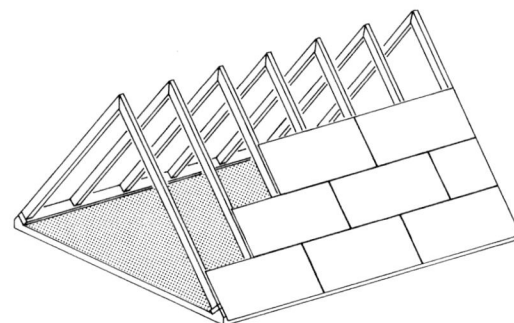

2.18 Aussteifung durch großformatige Bauelemente

Über kleineren Bauwerken, bei denen sich je nach Dachneigung Sparrenlängen bis etwa 5,00m ergeben, können einfache Sparrendächer wie in Bild **2**.15 bzw. **2**.19 geplant werden. Bei größeren Dachabmessungen werden die erforderlichen Abmessungen der Sparren unwirtschaftlich. In der Regel werden die Sparren eines Gespärres zur Abminderung der Durchbiegung dann durch Kehlbalken als Druckstäbe gegeneinander abgestützt. Sparrendächer in derartiger Form werden deshalb auch als „Kehlbalkendächer" bezeichnet (Bild **2**.16).

Aussteifung. In Längsrichtung müssen die Gespärre (Sparrenpaare) von Sparrendächern zur Herstellung von unverschieblichen Dreiecksverbänden durch „Windrispen" ausgesteift werden (*Längsaussteifung*). In herkömmlicher Ausführung waren das diagonal in der Dachfläche unter die Sparren genagelte Bretter. Durch diese Ausführungsart wird jedoch ein Dachausbau zu sehr behindert.

Daher ist heute die Längsaussteifung mit Rispenbändern aus verzinkten, gelochten etwa 4 cm breiten Stahlbändern üblich. Sie werden auf die Oberseite der Sparren (d. h. unterhalb der Dachlattung) angebracht, damit möglichst nur geringe außermittige Kraftanschlüsse entstehen. Da solche Stahlbänder nur Zugkräfte übertragen können, müssen sie auf jeder Dachseite über Kreuz angeordnet werden (Bild **2**.17). Bei größeren Dachflächen sind mehrere derartige Aussteifungsverbände vorzusehen.

Statt durch Windrispen können die Dachflächen auch durch im Verband verlegte und verschraubte großformatige Holzwerkstoffplatten oder vorgefertigte entsprechend belastbare Wärmedämmelemente (Aufdach – Fertigteil – Dämmelemente)) ausgesteift werden (Bild **2**.18). Die Längsaussteifung erfolgt hierbei durch die in der Dachfläche erzeugte „Scheibenwirkung" der Plattenelemente (s. a. Abschn. 1.6 in Teil 1 dieses Werkes).

Bei dieser Form der flächenhaften Aussteifung werden die Dachlatten oder die Schalung eines evtl. vorhandenen „Unterdaches" (s. Abschn. 2.9.3) statisch zur Koppelung der einzelnen Sparren bzw. Gespärre herangezogen. Stöße der Dachlatten bzw. Schalbretter müssen daher auf den Sparren vernagelt sein.

Die Giebelscheiben bilden beim Sparrendach lediglich den Abschluss des Dachraums und sind nicht Bestandteile der Dachkonstruktion. Sie müssen daher mit den ersten Gespärren durch Anker verbunden oder durch einen über die Giebeloberkante verlaufenden *Ringbalken* (s. Bild **2**.25b und Abschn. 10.3.3 in Teil 1 dieses Werkes) eigenständig gegen Kippen gesichert werden (Bild **2**.15).

Die gesamte Dachkonstruktion muss mit dem darunter liegenden Bauwerk so verbunden werden, dass alle auftretenden Horizontal- und Vertikalkräfte sowie Kippmomente aus Winddruck und -sog sicher übertragen werden. Bei Sparrendachkonstruktionen in Verbindung mit Holzbalkendecken sind die Deckenbalken mit dem Mauerwerk oder den in der Regel notwendigen Ringbalken zu verankern (vgl. Bild **2**.21a und b). Wenn Massivdecken Bestandteil von Sparrendachkonstruktionen sind, werden die dabei notwendigen Schwellen oder Sparrenschuhe fest mit dem Bauwerk verankert (Bilder **2**.21c und d, **2**.22).

2.2 Dachtragwerke aus Holz

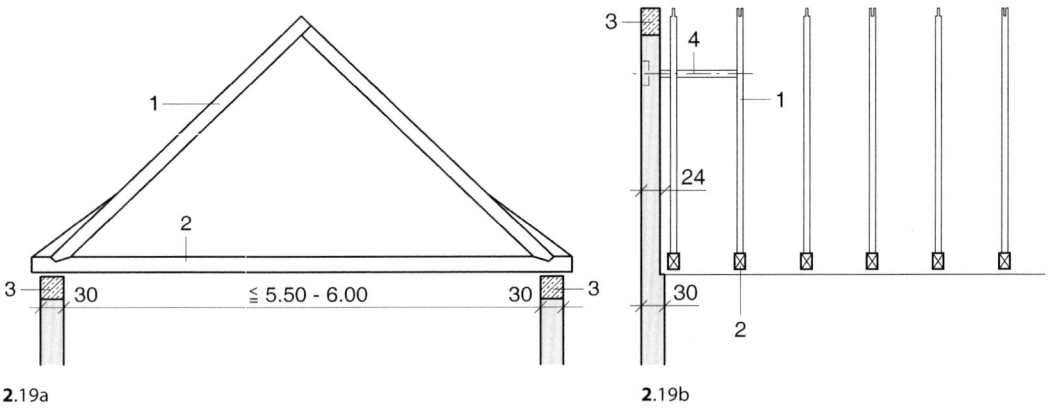

2.19a **2.**19b

2.19 Einfaches Sparrendach auf Holzbalkendecke[1]
a) Querschnitt
b) Längsschnitt

1 Sparren ca. 8/18 cm, Abstand a = ca. 80 cm
2 Deckenbalken ca. 14/20 cm
3 Ringbalken innerhalb des Wandquerschnittes
4 Giebelanker

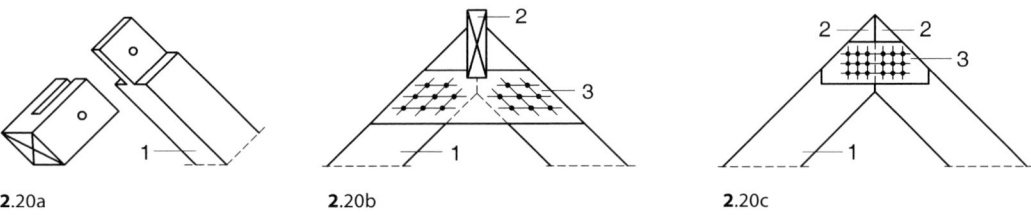

2.20a **2.**20b **2.**20c

2.20 Firstpunkt
a) Firstverbindung mit Scherzapfen
b) Firstverbindung mit Laschen und Firstbohle
c) Firstverbindung mit Sperrholzlaschen und innen liegenden Firstbohlen

1 Sparren
2 Firstbohle
3 doppelte Brettlasche, genagelt

Einfache Sparrendächer

Ein einfaches Sparrendach in traditioneller handwerklicher Ausführung über einem kleineren Bauwerk zeigt Bild **2.**19.

Am First wurden die Sparren nach traditioneller Art durch „Scherzapfen" mit Hartholznagel von quadratischem Querschnitt in entsprechender Bohrung gesichert (Bild **2.**20a). Heute bildet man die Firstverbindung jedoch meist mit einer Firstbohle und mit doppelten, genagelten Brettlaschen aus (Bild **2.**20b und c). Dadurch wird nicht nur der arbeitsaufwändige Scherzapfen vermieden, sondern auch ein einfacheres Ausrichten des gesamten Daches ermöglicht. Die Firstbohle hat keine tragende Funktion im Dachverband, ist jedoch ein Bauteil zur Stabilisierung des Daches in Längsrichtung.

Die am Fußpunkt des Sparrens auftretenden horizontalen Schubkräfte (Bild **2.**3c) wurden traditionell bei Holzbalkendecken durch „Versatz" in die Deckenbalken übertragen. Der Sparrenanschluss muss gegen das Balkenende zurückgesetzt werden, damit eine ausreichend große Scherfläche („Vorholz") entsteht, die errechnet werden muss und keinesfalls weniger als 20 cm lang sein soll. Die handwerkliche Ausführung mit „Stirnversatz" und Zapfen (Bild **2.**21a) wird wegen des hohen Arbeitsaufwandes in dieser Form nicht mehr ausgeführt. Auch die Ausführung ohne Zapfen erfordert aber eine relativ große Vorholzlänge. Bei diesen Ausführungsarten ergibt sich der für derartige Sparrendächer typische Knick in der Dachebene, der durch einen „Aufschiebling" gemildert wird. Aufschieblinge, die meistens aus einer dicken Bohle geschnitten

---

[1] Die im Bild angegebenen Holzdimensionen sollen als Anhalt dienen. Sie sind in jedem Fall durch Standsicherheitsnachweis zu ermitteln.

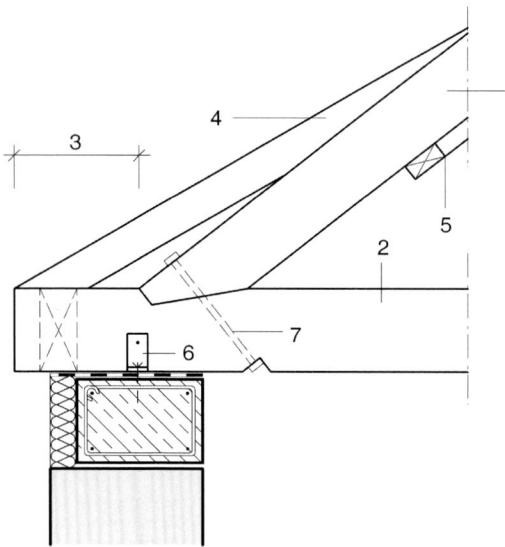
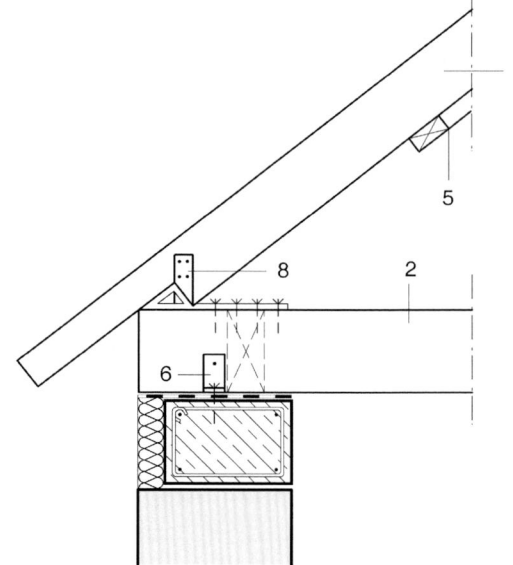

2.21a **2**.21b

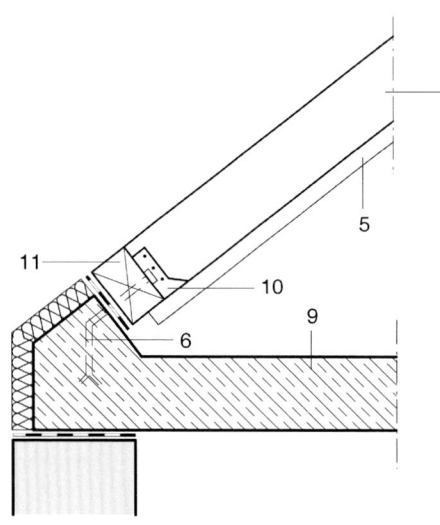
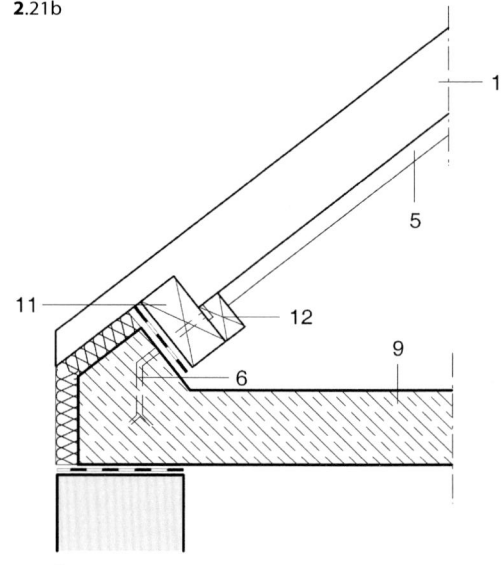

2.21c **2**.21d

2.21 Fußpunkte
a) Traditioneller Sparrenanschluss mit Stirnversatz und Aufschiebling
b) Sparrenanschluss mit Stahlblech-Sparrenhalter
c) Sparrenanschluss mit Stahlbalkenschuh und Schwelle
d) Sparrenanschluss mit Schwelle und überstehendem, versatzartig angeschlossenem Sparren.

1 Sparren
2 Deckenbalken
3 Vorholzlänge
4 Aufschiebling
5 Dachverband
6 Verankerung mit Stahlwinkel
7 Bolzen
8 Sparrenschuh aus Stahlblech
9 Stahlbetondecke
10 Balkenschuh
11 Fußschwelle mit Verankerung in der Deckenaufkantung
12 Beiholz

2.2 Dachtragwerke aus Holz

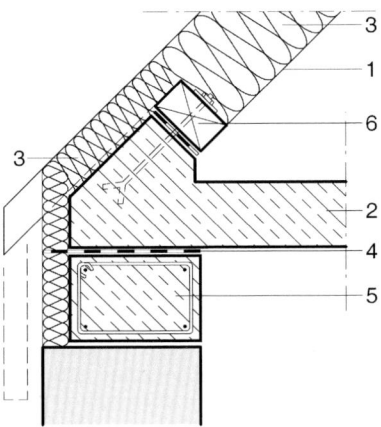

2.22a

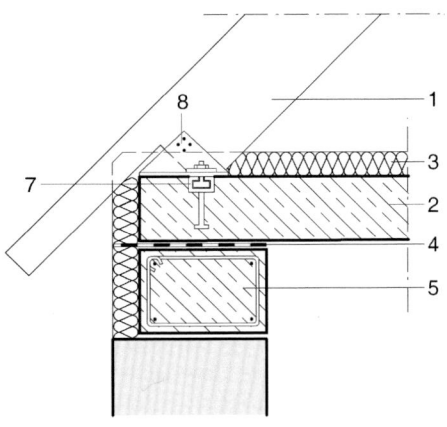

2.22b

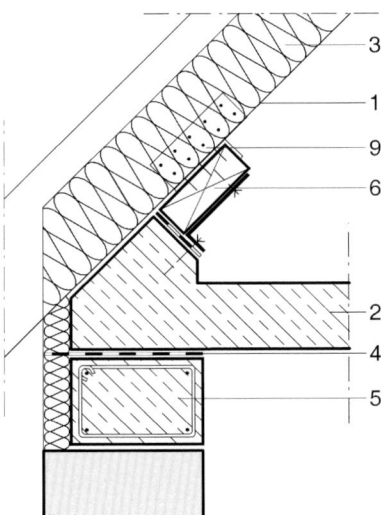

2.22c

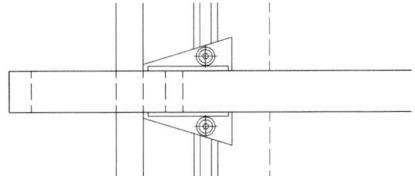

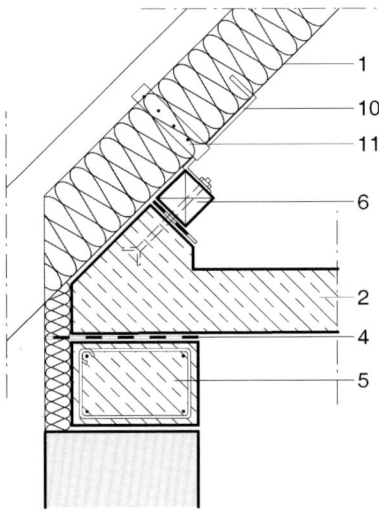

2.22d

2.22 Fußpunkte für Sparrendächer über Stahlbetondecken
   a) Stahlbetondecke mit Aufkantung
   b) Sparrenanschluss mit Sparrenschuh aus Stahlblech
   c) Sparrenanschluss mit Sparrenschuhverbinder aus verzinktem Stahlblech
   d) Sparrenanschluss mit Z-Profil aus Flachstahl

  1 Sparren
  2 Stahlbetondecke
  3 Wärmedämmung
  4 Gleitlager
  5 Ringanker
  6 Fußschwelle mit Verankerung an der Deckenaufkantung, Sparren genagelt
  7 Ankerschiene, einbetoniert
  8 Stahlblech-Sparrenschuh (BTM) auf Ankerschiene verschraubt, Sparren seitlich genagelt
  9 Sparrenfußverbinder
10 Z-förmiger Sparrenfußverbinder aus Flachstahl
11 Zuglasche

und durch Nägel auf Balken und Sparren befestigt werden, sind eine besondere Eigenart des Sparrendaches in Verbindung mit Holzbalkendecken. Die Anschlüsse zwischen Aufschiebling und Sparrenoberkante bedingen einen Knick in der Dachfläche bzw. Dachdeckung. Dieser kann ggf. durch „Aufsparrendämmung" oder die Unterkonstruktion der Dachdeckung ausgeglichen werden.

Stahlblech-Sparrenhalter (Bild **2**.21b) ermöglichen es, einen versatzähnlichen Sparrenanschluss soweit nach außen zu verlegen, dass keine Aufschieblinge erforderlich sind und die Sparrenenden sogar überstehen können.

In jedem Fall ist die Einleitung der Horizontalkräfte am Auflager der Sparren statisch nachzuweisen.

In der Regel liegen die Balken auf Ringankern (s. Abschn. 6.2.1 in Teil 1 des Werkes) der Außenwände auf (vgl. Bild **2**.19a). Durch geeignete Verankerung ist die gesamte Dachkonstruktion gegen Winddruck bzw. -sog zu sichern.

Die am Sparrenfuß auftretenden Horizontalkräfte können natürlich auch von Massivdecken – am einfachsten von Stahlbetonplatten – aufgenommen werden. Die Sparren werden entweder mit einer Fußschwelle auf eine Deckenaufkantung gesetzt (Bild **2**.21c und d, **2**.22a) oder mit Stahlblech-Sparrenschuhen in Verbindung mit einbetonierten Ankerschienen am Deckenrand angeschlossen (Bild **2**.22b). Weiterhin stehen spezielle Stahlverbindungsmittel wie Sparrenschuhverbinder und auch Flachstahlverbinder zur Verfügung (Bild **2**.22.c und d).

Traufüberstände mittels überkragender Deckenbalken sind bei Sparrendächern in Verbindung mit Holzbalkendecken statisch ungünstig, weil in den Deckenbalken bei einem größeren Überstand zusätzliche Biegemomente entstehen (Bild **2**.23b). Wenn aus bautechnischen Gründen überstehende Traufengesimse vorgesehen werden sollen, sind bei der traditionellen Konstruktion lange Aufschieblinge unvermeidlich (Bild **2**.23c). Werden die Fußpunkte jedoch im Zusammenhang mit Stahlbetondecken ausgebildet (Bild **2**.22), können die Sparren problemlos Überstände haben (Bild **2**.23d).

Ortgangüberstände sind bei Sparrendächern konstruktiv nicht zu begründen, da an den Gebäudeabschlüssen die letzten Gespärre (Streichsparren) auf der Innenseite der Giebelscheiben

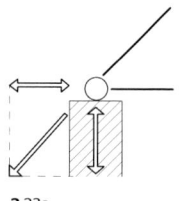
2.23a

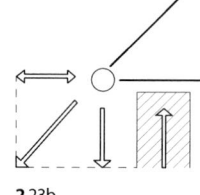
2.23b

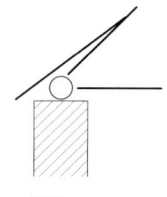
2.23c

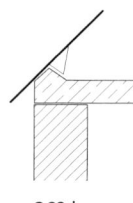
2.23d

2.23 Konstruktive Überlegungen für Dachüberstände bei Sparrendächern
  a) Sparrenanschluss mit Versatz auf Holzbalkendecke
  b) Gesimsbildung durch Balken- oder Deckenüberstand (stat. ungünstige Lösung)
  c) Gesimsform durch Aufschiebling (bildet sich geometrisch in der Dachfläche ab!)
  d) Gesimsbildung bei Sparrenanschlüssen auf Stahlbetondecken

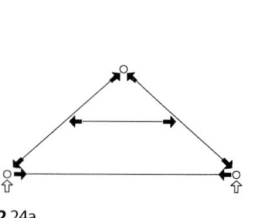
2.24a

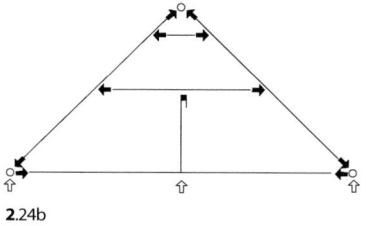
2.24b

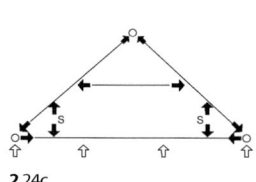
2.24c

2.24 Kehlbalken-Dachtragwerke
  a) Sparrendach mit Kehlbalken etwa in Sparrenmitte
  b) Sparrendach mit 2 Kehlbalken (oberster Kehlbalken = „Hahnenbalken"), Abstützung des unteren Kehlbalkens durch Schwelle auf Stielen mit Kopfbändern (vgl. Bild **2**.33)
  c) dreifach ausgesteiftes holzsparendes Kehlbalkendach (vgl. Bild **2**.27) mit Stielen unter jedem Sparren

2.2 Dachtragwerke aus Holz

stehen. In der Regel wird daher hier lediglich die Dachdeckung über die Giebelscheiben hinweggezogen.

Sparrendächer mit Kehlbalken

Bei größeren Gebäudetiefen, d. h. bei Sparrenlängen über etwa 5,00 m, sind die Sparren gegen Durchbiegen zu sichern. Das geschieht durch Einfügen eines Kehlbalkens der je zwei Sparren gegeneinander abstützt. Der Kehlbalken läge statisch am günstigsten in der Mitte des Sparrens, wo die Durchbiegung am größten ist (Bild **2.**24a). Bei ausgebautem Dachgeschoss wird die Lage der Kehlbalken aber durch die Höhe der Dachgeschossräume bestimmt. Das über dem Kehlbalken liegende Sparrenende kann bis etwa 3,50 m lang werden, da die gegenüberliegenden Sparren sich im First gegenseitig stützen.

Wenn das obere Sparrenende zu lang ist oder bei großen Dächern kann eine zweite Kehlbalkenlage mit „Hahnenbalken" in Frage kommen (Bild **2.**24b und **2.**16).

Unbelastete Kehlbalken erhalten nur Druck in der Faserrichtung. Wird das Dachgeschoss ausgebaut und der Raum über den Kehlbalken als Dachbodenraum ausgenutzt, wird der Kehlbalken durch Deckengewicht und Nutzlast auch auf Biegung beansprucht.

Durch Aussteifungselemente in der Kehlbalkenebene (Diagonalaussteifung oder Schalung mit Scheibenwirkung) und Verankerung an die Giebel- oder Zwischenwände kann eine unverschiebliche, ausgesteifte Kehlbalkenebene hergestellt werden.

Müssen deshalb belastete, lange Kehlbalken durch Stiele gegen Durchhängen gesichert werden, entstehen statisch unklare Verhältnisse, weil die durch die Stiele auf die Geschossdecke mit übertragenen Dach- und Windlasten schlecht erfassbar sind (Bild **2.**24b).

Ein Sparrendach mit freiem, für den Ausbau geeignetem Dachraum über einer Massivdecke ist in Bild **2.**25 dargestellt. Der stützen- und strebenlose Verband besteht aus Hölzern mit verhältnismäßig schmalem, hohem Querschnitt. Die Verbindungen sind genagelt. Die Sparren stehen auf einer Fußschwelle, die auf der Aufkantung der Stahlbetondecke verankert ist. Der Sparrenfuß ist gegen Abheben durch Nagelung gesichert (vgl. Bild **2.**22).

Der Diagonalverband zur Längsaussteifung ist in diesem Beispiel oberhalb der Kehlbalkenlage und durch eine Windrispe hergestellt.

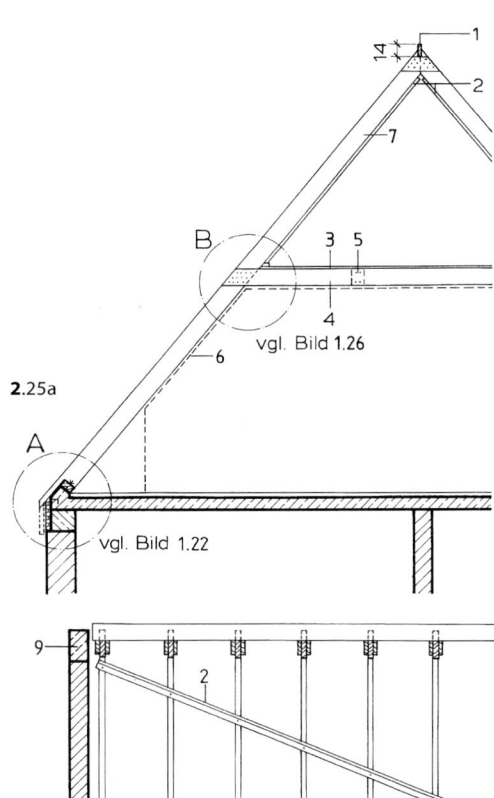

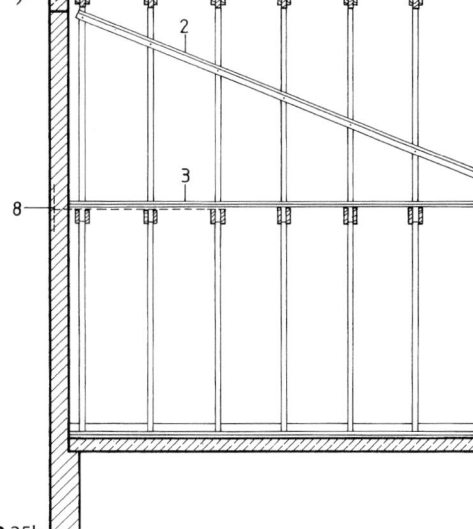

2.25 Sparrendach mit Kehlbalken bei ausgebautem Dachgeschoss auf Massivdecke. Dachneigung 50°.
a) Querschnitt, b) Längsschnitt
1 Firstbohle 3/14
2 Windrispe 3/14
3 Längsverband (Diagonalverband) oder Schalung mit Scheibenwirkung
4 Kehlbalken aus 2 × 3,5/21 (Zange)
5 Futterholz zu Verbindung der Kehlzangen
6 Grenze des Dachausbaues
7 Sparren 7/21
8 Giebelanker
9 Ringbalken/Ringanker

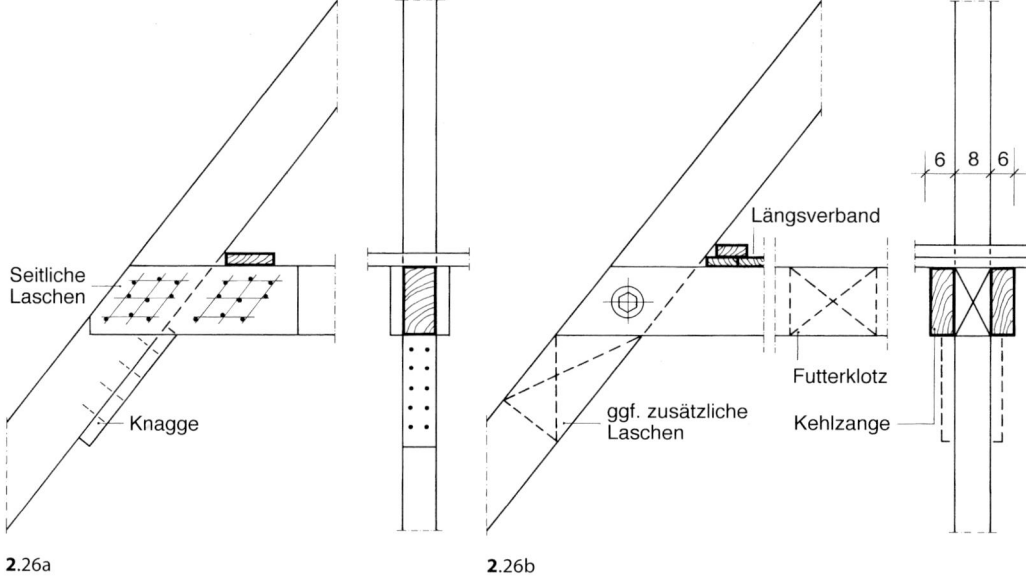

2.26 Kehlbalkenanschlüsse
   a) Kehlbalkenanschluss mit genagelter Knagge und Laschen
   b) Kehlbalkenkonstruktion für große Spannweiten und Belastungen (Kehlzange)

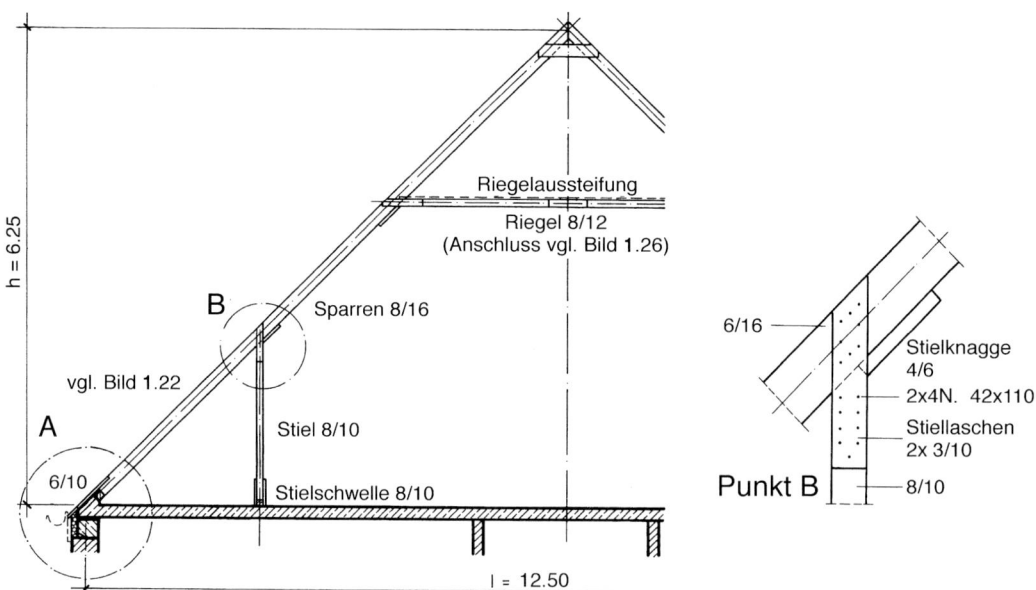

2.27 Dreifach ausgesteiftes Kehlbalkendach[1]

---

[1] Die im Bild angegebenen Holzdimensionen sollen als Anhalt dienen. Sie sind in jedem Fall durch Standsicherheitsnachweis zu ermitteln.

2.2 Dachtragwerke aus Holz

Kehlbalkenanschlüsse wurden früher mit Versatz und Zapfen ausgeführt. Diese Verbindung ist nicht nur handwerklich aufwändig herzustellen, sie ist auch statisch betrachtet falsch, weil sie den Sparren an der am stärksten beanspruchten Stelle schwächt. Kehlbalkenanschlüsse werden daher heute mit Hilfe von *Knaggen* hergestellt, die an die Sparren genagelt werden und so eine Versatzfläche bilden; seitlich werden Brettlaschen angenagelt (Bild **2**.26a). Bei größeren Spannweiten der Kehlbalken, bei Belastung durch Ausbau oder Nutzung des Dachraumes oberhalb des Kehlbalkens wird die Kehlbalkenkonstruktion vielfach durch zwei zangenartige, gegeneinander mit Futterklötzen ausgesteifte Holzbretter oder -bohlen gebildet, die mit dem Sparren durch Nagelung oder Dübelung verbunden werden (Bild **2**.26b).

In Bild **2**.27 ist eine Sonderform für Kehlbalkendächer mit großen Spannweiten in konventioneller Ausführungstechnik gezeigt. Die unteren langen Sparrenabschnitte sind hier durch kurze Stiele unterstützt, die zugfest an die Decke angeschlossen werden.

Die Holzquerschnitte derartiger Konstruktionen können relativ klein sein. Von Nachteil jedoch ist die zusätzliche Belastung der Decken durch die Stiele. Ggf. müssen die Decken entsprechend stärker dimensioniert werden.

Pfettendächer

Allgemeines

Anders als beim Sparrendach entstehen bei der Pfettendachkonstruktion durch die Eigenlasten lediglich vertikale Auflagerkräfte. Die konstruktiv einfachste Form eines Daches ergibt sich, wenn die die Dachdeckung tragenden Sparren auf Lagerhölzern (Pfetten) aufliegen, welche unmittelbar auf tragenden Wänden ruhen. Abstand und Lage der Sparren sind dann allein von der Art bzw. dem Gewicht der Dachdeckung und der hierfür erforderlichen Tragkonstruktion und dem Gebäudegrundriss bestimmt. Lediglich die Durchbiegung der Sparren begrenzt hinsichtlich der Spannweiten die Ausführungsmöglichkeiten (Bild **2**.28).

In der Regel werden die Sparrenauflager durch tragende „Pfetten" gebildet. Sie können bei kleineren Gebäuden mit einfachen Grundrissformen frei zwischen ausgesteifte Giebelwände oder sonstige hochgeführte Querwände gespannt werden (Bild **2**.29).

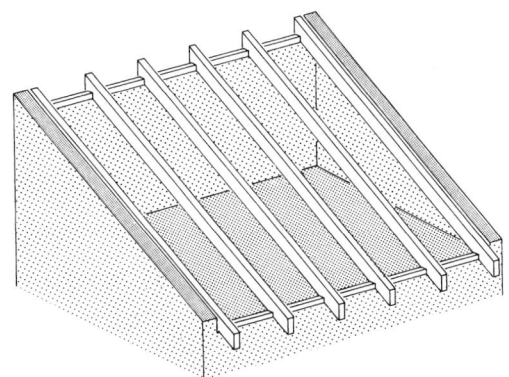

2.28 Ausgangsform des Pfettendaches: Pultdach mit Sparren, die mit Lagerhölzern auf Mauern aufliegen (kleinformatige Dachdeckung)

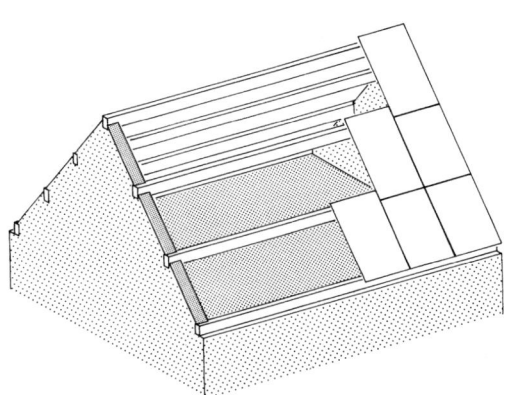

2.29 Pfettendach mit Pfetten auf ausgesteiften Giebelwänden in Verbindung mit großformatiger Eindeckung ohne Lattung (z. B. Faserzement-Wellplatten)

Dachdeckungen aus *groß*formatigen Bedachungsmaterialien (z. B. Faserzement-Wellplatten) können direkt auf Pfetten aufliegen, wenn diese im erforderlichen Abstand frei zwischen ausgesteifte Giebelscheiben gespannt (Bild **2**.29) sind. Mit derartigen Pfettendachkonstruktionen können jedoch nur einfache Satteldächer über kleineren Rechteckgrundrissen gebildet werden. Pfetten können auch als sog. „Koppelpfetten" oder „Sparrenpfetten" verlegt sein, die auf anderen Unterkonstruktionen wie z. B. unverschieblichen Dreiecksverbänden oder Dachbindern (Bild **2**.118) über größeren rechteckigen Grundrissformen aufgelagert sind (Bild **2**.30).

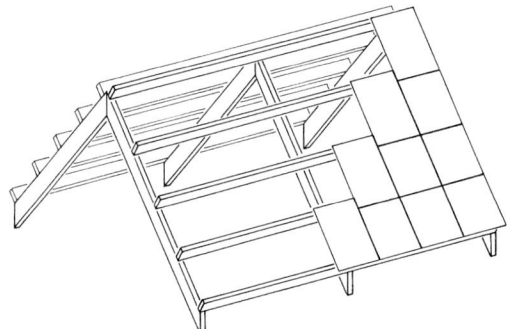

2.30 „Koppelpfetten" (Sparrenpfetten) auf Unterzügen, Bindern o. Ä. in Verbindung mit großformatiger Deckung

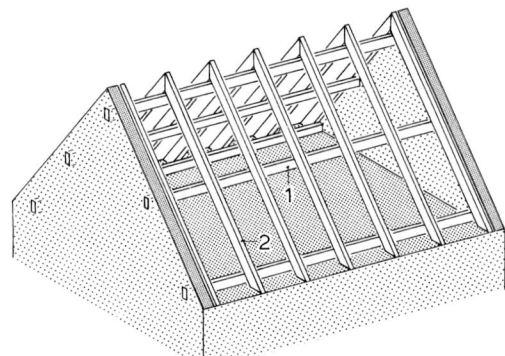

2.31 Pfetten auf ausgesteiften Giebelwänden. Sparrenlage für kleinformatige Deckungen
1 Mittelpfette
2 Sparren

Bei den meisten Dachdeckungen aus *klein*formatigen Materialien (Dachziegel, Dachsteine, Schiefer usw.) bilden die Pfetten (*Hauptträger*) in der Regel das Tragwerk für die erforderlichen Sparren (*Nebenträger*). Bei Bauwerksbreiten ab etwa 8,00 m ergeben sich je nach Dachneigung Sparrenspannweiten von über 4,50 m. Die Durchbiegung von Sparren aus üblichem Bauholz muss dann durch zusätzliche Zwischenauflagerung auf „Mittelpfetten" begrenzt werden (Bild **2**.31).

Bei der herkömmlichen handwerklichen Ausführung von Pfettendächern werden die Sparrenauflager durch den „Dachstuhl" gebildet. Die einfachste Form eines Dachstuhles für geringe Gebäudebreiten stellt der auf *einer* Firstpfette aufliegende „*einfach* stehende Stuhl" dar (Bild **2**.32).

Standardausführung ist der auf *zwei* Mittelpfetten aufliegende „*zweifach* stehende Stuhl" (Bild **2**.33).

Größere Gebäudebreiten führen zu *mehrfach* stehenden Pfettendachstühlen mit einer First- und zwei Mittelpfetten (*dreifach* stehender Stuhl), mit je zwei Mittelpfetten (vierfach stehender Stuhl), mit einer First- und je zwei Mittelpfetten (*fünffach* stehender Stuhl) usw.

Im Laufe der historischen Entwicklung sind zahlreiche weitere Formen von Dachkonstruktionen

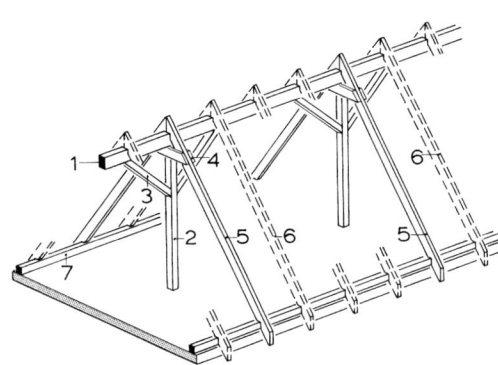

2.32 Pfettendach mit einfach stehendem Stuhl
1 Firstpfette   5 Bindersparren
2 Pfosten (Stiel) 6 Feldsparren (Leergebinde)
3 Kopfbänder   7 Fußpfette (Schwelle)
4 Laschen

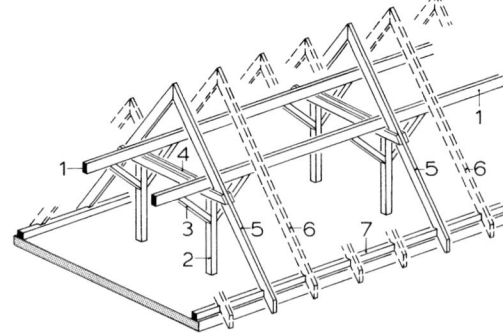

2.33 Pfettendach mit zweifach (doppelt) stehendem Stuhl, schematische Übersicht
1 Mittelpfette   5 Bindersparren
2 Pfosten (Stiel) 6 Feldsparren (Leergebinde)
3 Kopfbänder   7 Fußpfette (Schwelle)
4 Zangen

2.2 Dachtragwerke aus Holz

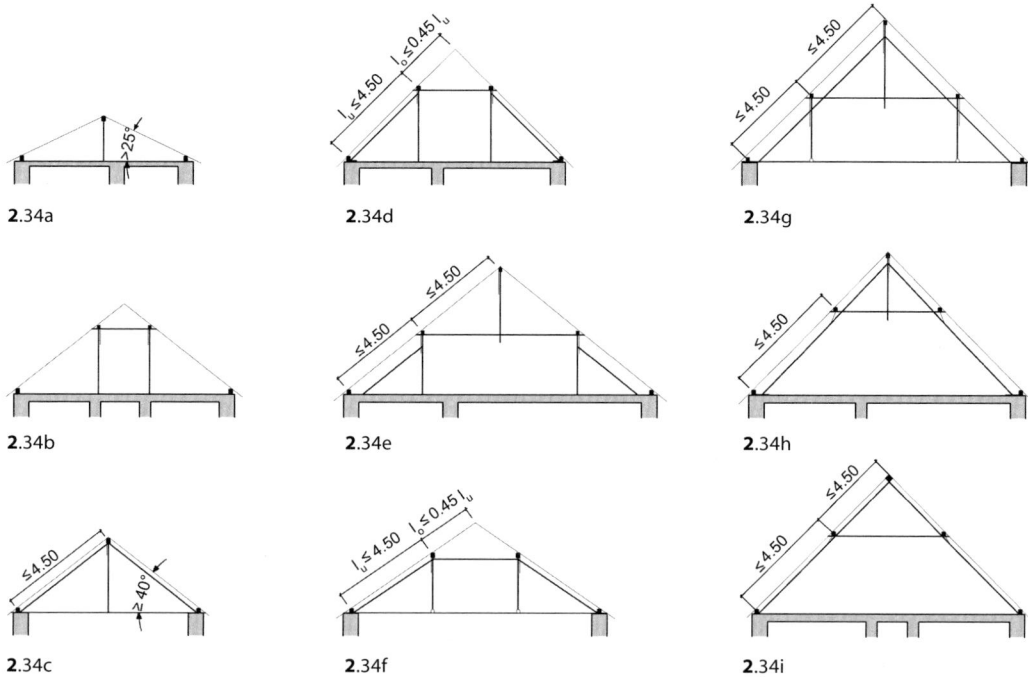

2.34 Herkömmliche Pfettendachformen
a) Einfach stehender Stuhl, Stiel unter Firstpfette. Bei Neigung > 25° Zange erforderlich
b) Zweifach (doppelt) stehender Dachstuhl. Zange erforderlich bei Neigungen > 25°
c) Einfaches Sprengwerk. Hängesäule mit Schwebezapfen
d) Zweifach (doppelt) stehender Stuhl mit Windstreben auf Massivdecke
e) Dreifach stehender Stuhl mit First- und Mittelpfetten und Windstreben auf Massivdecke
f) Doppeltes Sprengwerk (Decke wird nicht belastet). Bei steilen Dächern zusätzlich Zange unter den Mittelpfetten erforderlich.
g) Sprengwerk mit Mittel- und Firstpfette
h) Sprengwerk, bei dem die Stiele unter den Mittelpfetten gleichzeitig die Sprengwerkstreben sind. („Liegende" Kopfbänder)
i) Liegende Stuhlsäulen (Streben) kreuzen sich im First

nach dem Pfettendachprinzip entstanden, die ergänzt werden durch *Sprengwerke* und *Hängewerke* zur Überbrückung größerer Spannweiten.

Ein schematischer Überblick ist in Bild **2**.34 gegeben. Übliche einfache Konstruktionen mit abgestützten Pfetten zeigt Bild **2**.34a und b. In der zweiten Gruppe (Bild **2**.34c bis e) sind Pfettendächer mit Dachneigungen > 40° oder Sparrenlängen > 7 m schematisch dargestellt. Sie sind mit *Streben* gegen Windkräfte gesichert.

Wenn Decken die durch Pfosten übertragenen Dachlasten nicht aufnehmen können, werden mit Hilfe von Streben Sprengwerke gebildet (Bild **2**.34e, f, g).

In Bild **2**.34 h und i schließlich sind Pfettendächer mit „Liegendem Stuhl" gezeigt. In ihnen übernehmen schräg, in Sparrenebene liegende Stuhlsäulen (Pfosten) – mit ebenfalls in der Sparrenebene schräg liegenden Kopfbändern – gleichzeitig die Aufgaben der Streben. Dadurch werden *stützenfreie* Dachräume bzw. unbelastete Decken vergleichbar der Ausführung von Sparrendächern ermöglicht.

Aus wirtschaftlichen und konstruktiven Gründen muss immer angestrebt werden, die erheblich belasteten *Stuhlsäulen* eines Pfettendaches möglichst auf tragende Wände oder Wandpfeiler abzusetzen.

Bei Holzbalkendecken werden für den Binderbalken unter den Stuhlsäulen u. U. so große Querschnitte nötig, sodass 2 bis 3 Balken unmittelbar nebeneinander verlegt werden müssten. Es muss daher die Stiellast über kräftige Schwellen auf mehrere Balken verteilt oder durch Streben ganz oder teilweise auf das Balkenende übertragen werden.

Bei Stahlbeton-Massivdecken ist eine Lastquerverteilung möglich. Die Stützen können somit ohne Bindung an Zwischenwände auf die Deckenplatte gestellt werden, wenn der entsprechende statische Nachweis geführt wird.

Bei den Grundformen des Pfettendaches besteht der Dachstuhl aus den *Stuhlsäulen* oder *Stielen* von quadratischem Querschnitt und den Pfetten, die auf die Stiele aufgelagert und lagegesichert (aufgezapft) sind (Bild **2**.33).

In jeweils ca. 4,50 m Abstand bildet ein in der gleichen senkrechten Ebene liegendes Sparrenpaar mit seinen Doppelzangen, Firstlaschen und den Stielen (ggf. auch mit den Streben, vgl. Bild **2**.34d und **2**.38) einen *Binder*. Die Binder bewirken als Dreieckverbände die *Queraussteifung* der Dachkonstruktion. Die *Längsaussteifung* der Pfettendachkonstruktion wird von den *Kopfbändern* übernommen.

Quer zur Firstlinie werden je zwei Stiele unterhalb der Pfetten durch *Doppelzangen* miteinander verbunden. Die Doppelzangen fassen außer den Stielen und den „aufgekämmten" Pfetten jeweils ein Sparrenpaar.

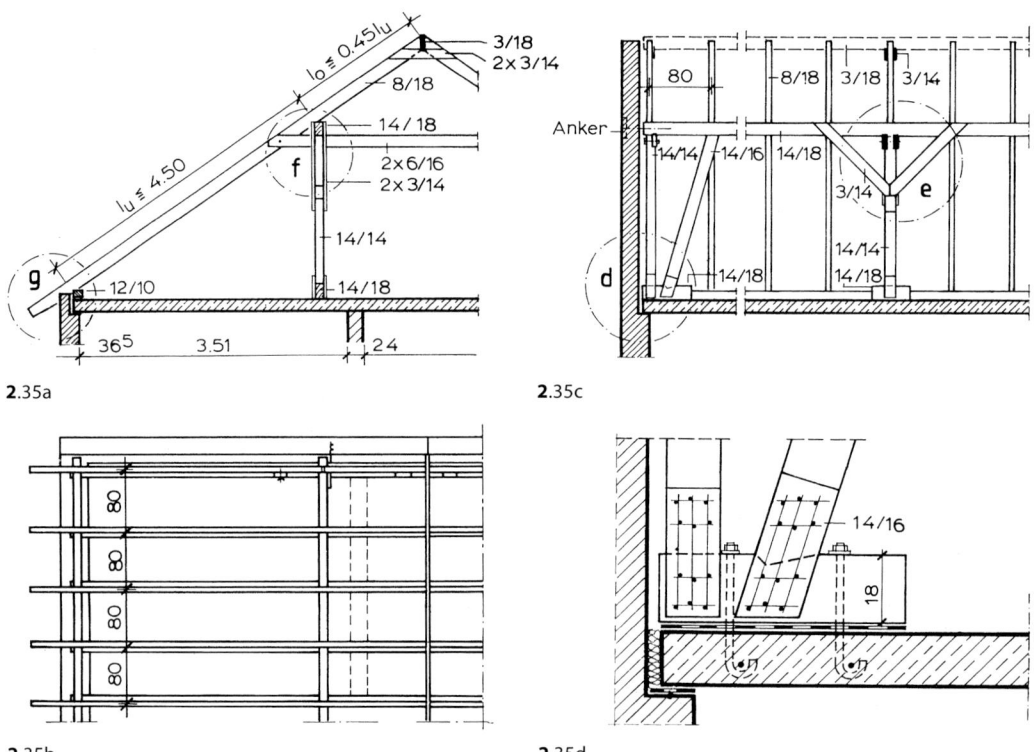

2.35 Pfettendach mit doppelt stehendem Stuhl, Dachneigung < 35°[1] / Fortsetzung s. nächste Seite
    a) Querschnitt
    b) Aufsicht
    c) Längsschnitt
    d) Aussteifung Mittelpfette
    e) Querschnitt „Zange"
    f) Querschnitt Mittelpfette
    g) Sparrenauflager auf Fußpfette

---

[1] Die im Bild angegebenen Holzdimensionen sollen als Anhalt dienen. Sie sind in jedem Fall durch Standsicherheitsnachweis zu ermitteln.

2.2 Dachtragwerke aus Holz

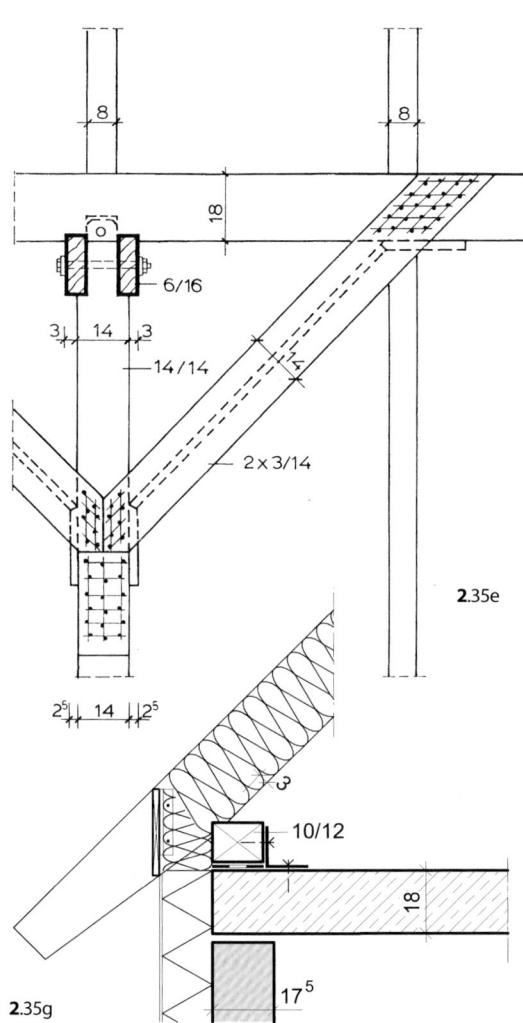

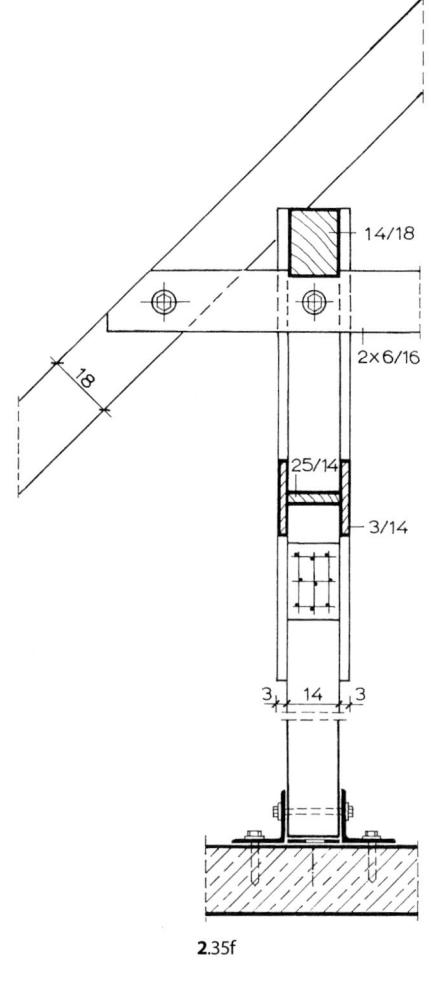

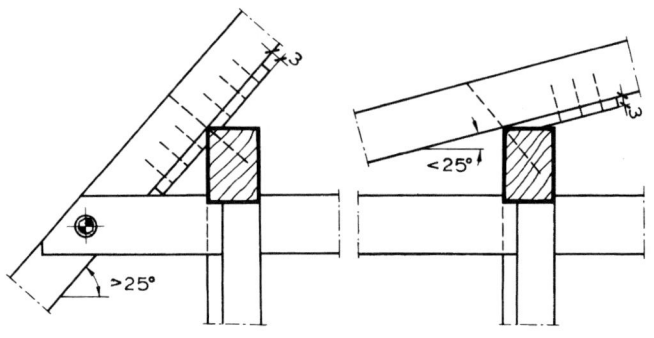

2.36
Sparrenbefestigung auf der Mittelpfette bei auskragendem, oberem Sparrenende (ohne Querschnittsminderung des Sparrens)
a) für Neigungen > 25°
b) für Neigungen < 25°

Alle Zangen liegen so unter den Pfetten, dass die Oberkante der Zange um 2 cm höher als die Unterkante der Pfette liegt (Aufkämmung). Das Maß zwischen Unterkante Zange und Decke richtet sich bei ausgebauten Dachgeschossen nach der Mindestgeschosshöhe, soll jedoch möglichst 2 m betragen (Durchgangshöhe). Die Zangen werden ohne Anblattung neben die Bindersparren gelegt und durch Schraubenbolzen oder Holzverbinder verbunden (Bild **2**.35f).

Im Giebelbinder werden statt der Doppelzangen einfache Zangen verwendet.

Ein Deckenbalken gehört beim Pfettendach über Holzbalkendecken nur dann zum Binder, wenn der Balken als Zugstab für ein Sprengwerk (Bild **2**.38) dienen muss.

Die zwischen den Bindern liegenden Sparrenpaare werden als *Leergebinde* bezeichnet.

Die Sparren der Leergebinde brauchen – anders als beim Sparrendach – nicht paarweise aneinander gegenüberzuliegen, auch nicht von der Fußpfette bis zum First in einem Stück durchzulaufen, vorausgesetzt, dass außer der Mittelpfette eine Firstpfette oder Firstbohle vorhanden ist. Ebenso ist das Leergebinde unabhängig von Balkenlagen in Geschossdecken. Die Leergebinde sind je nach Art der Dachdeckung und nach Lattendicke 65 bis 100 cm voneinander entfernt (Sparrenabstand).

Jeder Sparren ist auf die Pfetten gegen Abrutschen *aufgeklaut* und durch Sparrennägel gegen Abheben gesichert. Über einer Firstpfette werden die Sparren stumpf gestoßen.

Sind die Sparren nicht länger als ca. 4,50 m, genügen Fußpfette und Firstpfette (Pfettendach mit einfach stehendem Stuhl, Bild **2**.32), werden sie länger als ca. 4,50 m, werden sie durch eine Mittelpfette unterstützt (doppelt stehender Stuhl, Bild **2**.33). Auch die Sparrenlänge vom Fußpunkt bis zur Mittelpfette soll nicht größer sein als ca. 4,50 m.

Ist die Länge von der Mittelpfette bis zum First ≤ 0,45 l_u (untere Sparrenlänge zwischen Fußpfette und Mittelpfette), so stützen sich die Sparren auf die Fuß- und Mittelpfette und kragen bis zum First frei aus. Dabei ist, um die Sparren an der Mittelpfette nicht zu schwächen, ein Sparrenauflager nach Bild **2**.36 der *Aufklauung* (unterseitige Einkerbung) vorzuziehen.

Die nach oben auskragenden Sparren bedürfen aus statischen Gründen keiner Verbindung im First. Um jedoch Schäden in der Dachdeckung zu vermeiden, die durch ungleichmäßige Bewegung in den oben auskragenden Sparrenenden auftreten können, und als Montagehilfe ist eine Verbindung durch Anlehnen an eine *Firstbohle* (insbesondere bei nicht gegenüberliegenden Sparren) zweckmäßig (vgl. Bild **2**.20b).

Wenn die die oberste Pfette überragenden Sparrenenden ≥ 0,45 l_u sind, *müssen* sie miteinander verbunden werden.

Die *Traufen* können von überhängenden Sparren gebildet werden.

Die *Pfetten* können aus einfachen Balken bestehen, bei größeren Spannweiten sind aber andere Trägerarten (z. B. Brettschichtträger, Wellstegträger, Gitterträger usw., s. Abschn. 2.2.4) wirtschaftlicher.

Größere Spannweiten mit weitgespannten, freitragenden Pfetten führen meistens zu unwirtschaftlichen Dimensionierungen. Längere Pfetten und „Pfettenstränge", die aus statischen Gründen auch mit Gelenken („Gerberpfetten") ausgeführt werden können (s. Abschn. 2.2.4 und Bild **2**.76), müssen daher Zwischenauflager erhalten. Sie können aus Stützreihen gebildet werden, die auf der obersten tragenden Geschossdecke stehen.

Fußpfetten liegen mit ihrer *Breitseite* auf der Unterkonstruktion. Eine Trennschicht aus Bitumenbahnen schützt am Stahlbeton- oder Mauerwerksauflager vor Feuchtigkeitseinwirkungen. Auf Balkenlagen sind die Fußpfetten durch Nageln zu verankern.

Verschiedene Möglichkeiten für Auflagerung und Verankerung von Fußpfetten auf Mauerwerk und Massivdecken zeigt Bild **2**.37.

Zwischen Pfetten und Stielen werden *Kopfbänder* (Büge) angeordnet. Sie dienen der Längsaussteifung und verkürzen die Feldweite der Pfette. An Stiel und Pfette werden die Kopfbänder traditionell entweder durch *Versatz* mit Schraubenbolzen oder zangenartig durch Nagelung (Bilder **2**.35e und **2**.74) angeschlossen. Wegen des Richtens liegen Pfettenstösse besser *neben* der Stuhlsäule. An der Giebelwand wurden anstatt einseitiger Kopfbänder, die den Endstiel auf Biegung beanspruchen würden, Streben unter jede Pfette gesetzt (Bild **2**.35c und d). Die Fußschwelle bzw. der Pfosten sind in der Decke zu verankern.

Heutzutage üblicher ist die Auflagerung der Pfetten auf die Giebelwände (Bild **2**.31). In Mauerwerkswänden ist am Pfettenauflager häufig ein *Betonposter* zur Verteilung der punktuell einwirkenden Lasten erforderlich. Bei *Brandwänden* können die Pfettenauflager durch eingemauerte,

2.2 Dachtragwerke aus Holz

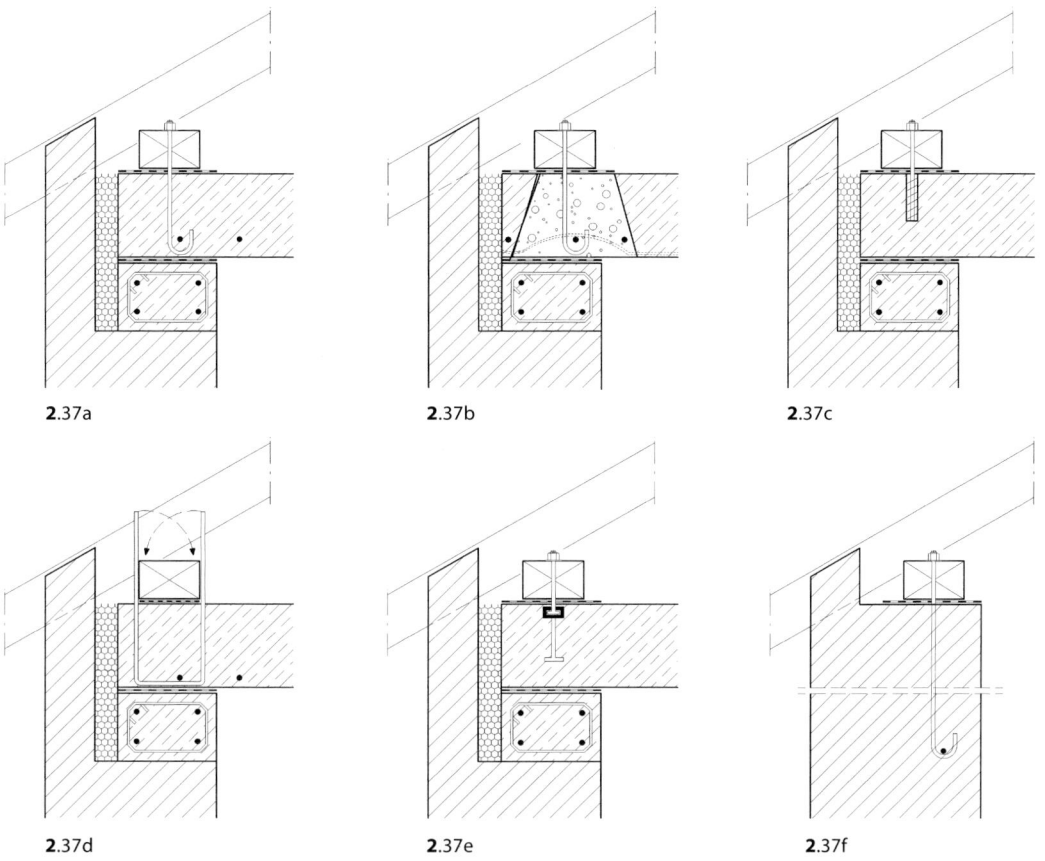

2.37 Verankerung von Fußpfetten
a) Anker in Stahlbetondecke. Anker müssen Bewehrungsstab der Decke umfassen (Probleme für genauen Einbau!)
b) Nachträglicher Einbau von Ankerschrauben (schlechte Lösung: Selbst, wenn die Ankerlöcher konisch ausgeführt sind, ist das spätere ordnungsgemäße Einbetonieren kaum zu gewährleisten!)
c) Verankerung durch Schwerlastdübel in Durchsteckmontage
d) Lochband einbetoniert; nach Pfettenmontage umgeschlagen und vernagelt
e) Befestigung mit Hilfe kurzer längs oder besser quer zur Fußpfette einbetonierter Ankerschienenstücke (teure, aber einwandfreie Lösung)
f) tief heruntergeführte eingemauerte Anker bei Mauerwerk ohne Ringanker

vor die Wandoberfläche auskragende Betonkonsolen oder Stahl- Auflagerkonsolen gebildet werden. Bei Auflagerung *innerhalb* des Wandquerschnittes ist darauf zu achten, dass die verbleibende Dicke der Wand den Anforderungen an eine Brandwand entspricht.

Streben dienen der Queraussteifung, wenn diese bei großen Pfettendächern mit über 35° Dachneigung nicht von den Binderzangen und Sparren übernommen werden kann. Die Streben werden auf der vom Wind abgekehrten Dachseite auch von Zugkräften beansprucht; ihre Endpunkte sind daher gegen Zug zu sichern (Bild **2**.38).

Pfettendächer mit Sprengwerk

Ist eine Sparrenlänge von mehr als ca. 7 m erforderlich, ist außer den beiden Mittelpfetten noch eine tragende Firstpfette anzuordnen. Es ergibt sich ein Pfettendach mit *dreifach* stehendem Stuhl.

Die mittlere Stuhlsäule kann entweder bis auf die Geschossdecke geführt werden (Bild **2**.39) oder endigt unter den Zangen und wird gegen die beiden Seitenstiele durch Streben abgestützt (Bild **2**.40). Streben und Zangen bilden dann ein *Sprengwerk*, das in statischer Hinsicht mit dem Gespärre eines Sparrendaches verglichen werden kann (Bilder **2**.3c und **2**.13), und entlasten so die Decke bzw. den Binderbalken.

Die Streben sind mit doppeltem Versatz dicht unter den Zangen an die Stiele und dicht am Auflager an den Balken angeschlossen. Die Stiele stehen mit 3 cm Zwischenraum über dem Balken und erhalten kurzen Führungszapfen (Schwebezapfen). Die Doppelzangen sind im gezeigten Beispiel durch 12 × 14 cm dicke Futterhölzer ausgesteift und so gegen Ausknicken gesichert. Mit den Stielen sind die Doppelzangen durch 2 Einpressdübel (s. Abschn. 2.2.4) mit Bolzen M16 verbunden (Bilder **2**.41 und **2**.42).

Pfettendächer mit liegendem Stuhl. Dächer mit „liegendem Stuhl" (Bild **2**.34h und i) wurden früher verwendet, wenn die senkrechten Stiele zu

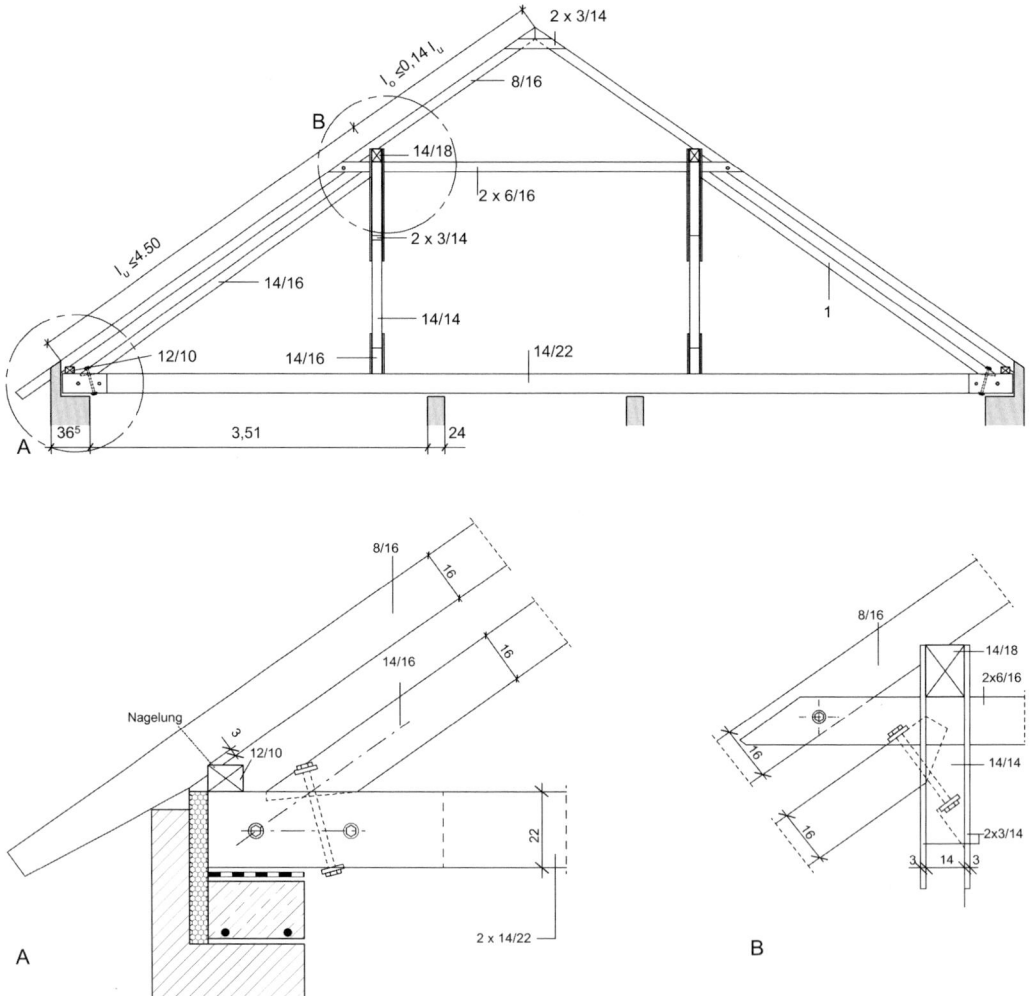

2.38 Pfettendach mit doppelt stehendem Stuhl und Windstreben (Dachneigung > 35°[1])
  1 Streben zur Queraussteifung

---

[1]) Die im Bild angegebenen Holzdimensionen sollen als Anhalt dienen. Sie sind in jedem Fall durch Standsicherheitsnachweis zu ermitteln.

2.2 Dachtragwerke aus Holz

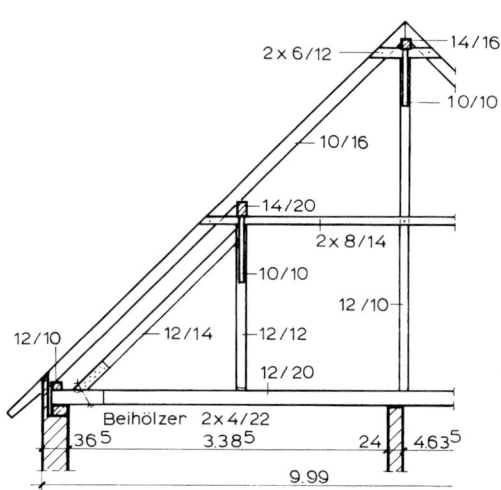

2.39 Pfettendach mit dreifach stehendem Stuhl. Streben und ausgesteifte Zangen bilden ein Sprengwerk zur Entlastung des Binderbalkens. Mittlere Stuhlsäule durchlaufend.[1]

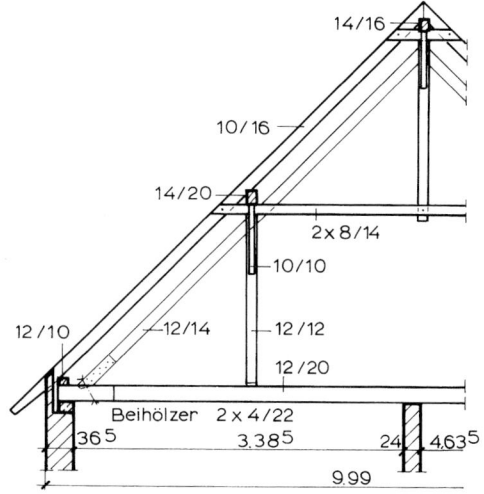

2.40 Pfettendach mit dreifach stehendem Stuhl. Mittlere Stuhlsäule abgestrebt.[1]

---

[1] Die im Bild angegebenen Holzdimensionen sollen als Anhalt dienen. Sie sind in jedem Fall durch Standsicherheitsnachweis zu ermitteln.

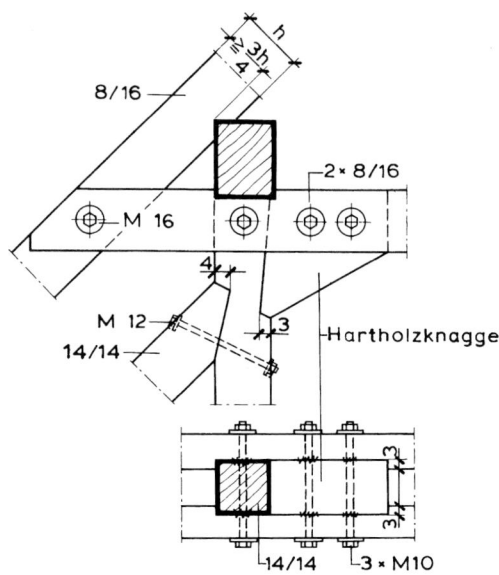

2.41 Strebenanschluss an ausgesteifte Doppelzange, die als Spannriegel benutzt wird

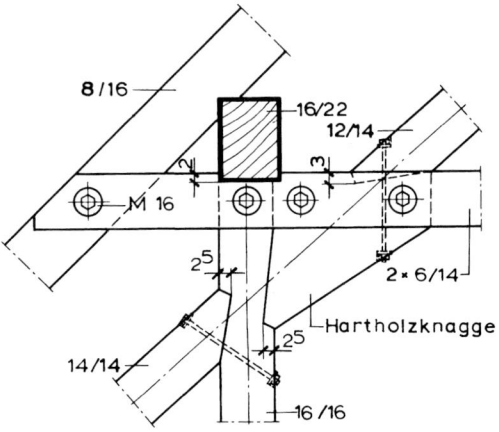

2.42 Aufsetzen eines einfachen Sprengwerks für die Firstpfette auf ein doppeltes Sprengwerk für die Mittelpfetten. Ausgesteifte Doppelzangen dienen als Spannriegel

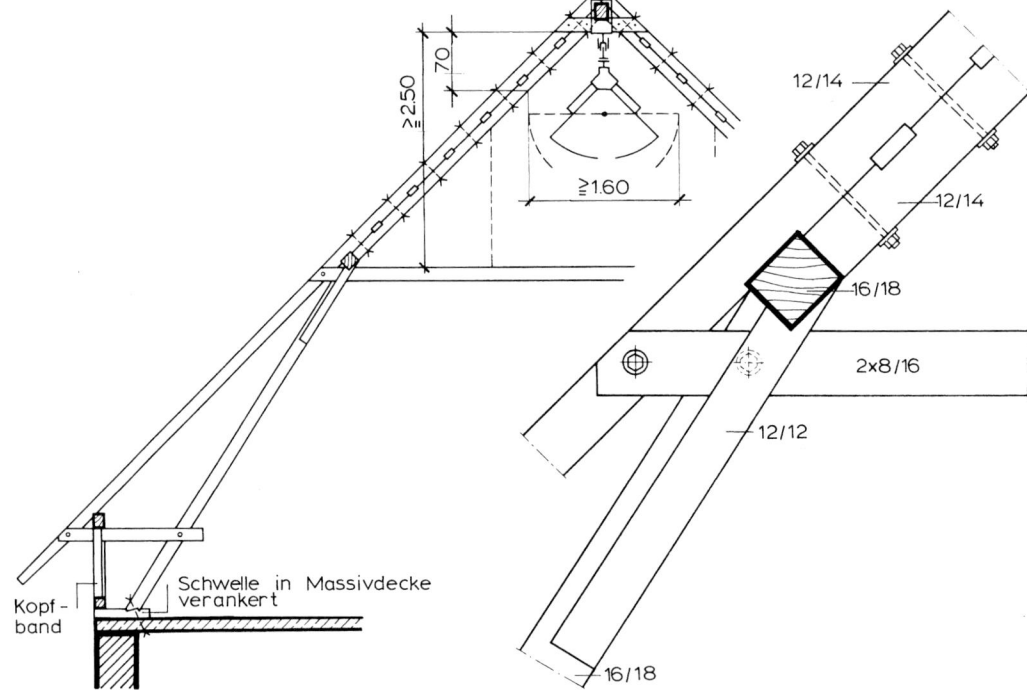

2.43 Pfettendach mit Drempel (Kniestock) und liegendem Stuhl (oberes Sparrenfeld durch Dübelung für Anbringen schwerer Einzellast verstärkt).[1]

---

[1] Die im Bild angegebenen Holzdimensionen sollen als Anhalt dienen. Sie sind in jedem Fall durch Standsicherheitsnachweis zu ermitteln.

große Abstände von den Unterstützungspunkten der Dachbalkenlage erhalten hätten oder wo große freie Dachräume benötigt wurden. Bei landwirtschaftlichen Gebäuden musste vielfach das Aufhängen von Greiferaufzügen und deren freie Bewegung in Firstnähe ermöglicht werden. Einen dafür geeigneten Binder zeigt Bild **2.43** in Verbindung mit einem *Drempel* oder *Kniestock*.

Die Höhe eines solchen Drempels[2] kann von geringen Höhen bis zu fast voller Geschosshöhe reichen. Ein Drempel lässt es zu, den Fußpunkt von Streben selbst sehr flacher Dächer in nächster Nähe der unterstützenden Außenwand auf den Dachbalken aufzusetzen. Die Drempelwand kann als massive Wand unmittelbar die Drempelpfette tragen, aber auch als Holzkonstruktion ausgebildet werden.

---

[2] Als Kniestock- bzw. Drempelhöhe gilt in der Regel der senkrechte Abstand zwischen Oberkante Sparren (bzw. Dachkonstruktion und Oberkante Fußboden), gemessen in der Ebene der Außenwandfläche. Die Regelungen sind jedoch nicht einheitlich.

Drempelpfette, Sparren, Strebe und gegebenenfalls Stiel einer Fachwerkwand werden in der Regel durch Doppelzangen miteinander verbunden. In einem liegenden Stuhl liegen die Kopfbänder geneigt und werden mit den Pfetten durch schräge Zapfen, mit den liegenden Stuhlsäulen durch Anblattung verbunden. Die Stuhlsäulen sind im gezeigten Beispiel mit durch Bolzen gesichertem Versatz über eine Schwelle mit der Massivdecke verbunden.

Hängewerkdächer

Stützenfreie Dachkonstruktionen über großen Räumen wurden früher mit teilweise recht großen Spannweiten als „Hängewerke" errichtet. Dabei ist es möglich, Zwischendecken oder Einzellasten an der Dachkonstruktion aufzuhängen. Derartige Dachtragwerke sind statisch mit dem Sparrendachprinzip vergleichbar (s. Bilder **2.3**c und **2.44**).

Sie übertragen ähnlich wie Sprengwerke die Dachlasten auf die Auflager. Hängewerke kön-

2.2 Dachtragwerke aus Holz

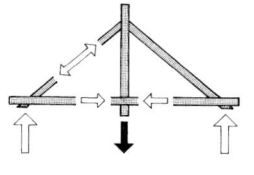 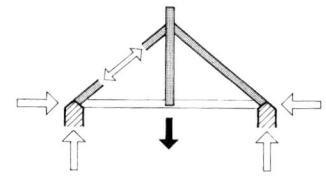 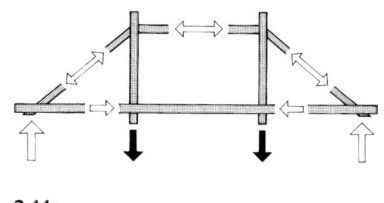

2.44a   2.44b   2.44c

2.44 Hängewerk-Prinzip
 a) Einfaches Hängewerk mit unterem Zuggurt
 b) Einfaches Hänge-Sprengwerk mit festen Widerlagern
 c) Doppeltes Hängewerk

nen als reine Holzkonstruktionen, ingenieurmäßig in Kombinationen von Holz- und zugbeanspruchten Stahlbauteilen (z. B. Stahlseilen) oder als Stahlkonstruktionen ausgeführt werden (vgl. Bilder **2**.47 bis **2**.49).

Das Prinzip derartiger Dachtragwerke kann gut an den nachstehend beschriebenen, in herkömmlicher Zimmermannstechnik ausgeführten Hängewerkkonstruktionen erläutert werden.

Hängewerke bestehen im einfachsten Fall aus einem Zugstab oder -seil, aufgehängt im Knotenpunkt zweier Druckstäbe, die sich auf unverschiebliche Auflager abstützen oder durch einen zugbeanspruchten Bauteil (Massivdecke, Balken, Stahlprofil oder -seil) zusammengehalten werden (Bild **2**.44). Die einzelnen Hänge- oder Sprengwerke bilden dabei Binder mit Abständen von ca. 5 m, abhängig von der Dimensionierung der Pfetten.

Die durchlaufenden Gurtbalken unter den Hängesäulen in den Bildern **2**.45 und **2**.46 dienen der Auflagerung von Holzbalkendecken in den Feldern zwischen den als Bindern angeordneten Hängewerken.

Hängewerkdächer werden als Pfettendächer nicht flacher als 30° ausgebildet. Die Pfetten werden im Allgemeinen von den Hängesäulen getragen.

Nach der Anzahl der Hängesäulen unterscheidet man:
- einfache Hängewerke, für Spannweiten bis 8 m
- doppelte Hängewerke, für Spannweiten bis 12 m
- dreifache Hängewerke, für Spannweiten über 12 m.

Einfache Hängewerke (Bild **2**.45) haben nur *eine* Hängesäule. Die Knotenpunkte an den Strebenenden sind bei allen Hängewerken auf das sorgfältigste auszuführen; die Verbindungen sind durch Bolzen, Stahllaschen usw. zu sichern. In den Knotenpunkten sind die Hölzer so anzuordnen, dass sich die Stabachsen (Schwerelinien) in einem Punkt schneiden. Der Schnittpunkt der Streben- und Balkenschwerelinien muss über dem Auflagerschwerpunkt liegen, wenn der Balken auf Biegung nicht beansprucht werden soll. Dazu sind Auflagerplatten aus Hartholz einzubauen, die einige Zentimeter gegen die Bauwerksvorderkante zurückliegen. Unter der Hartholzplatte ist ein Ringanker auszuführen.

Die Strebe ist mit dem Hängebalken durch einfachen oder doppelten Versatz verbunden. Die Hölzer werden durch Schraubenbolzen in Verbindung mit Dübeln zusammengehalten. In Bild **2**.45 ist ein einfacher Versatz und alternativ ein doppelter Versatz mit Bolzensicherung dargestellt. Der Bolzen soll rechtwinklig zur langen Versatzfläche stehen. Der doppelte Versatz muss sehr genau gearbeitet werden, damit die volle Versatzfläche belastet wird.

Die Vorholzlänge (l_v) ist wie beim Strebenfuß zu berechnen.

Die Hängesäule ist mit dem Hängebalken durch Hängeeisen verbunden (Flachstähle von 40 mm x 10 mm Querschnitt, die an der Hängesäule durch Bolzen befestigt werden). Die Anzahl und der Durchmesser der Bolzen sind zu berechnen.

Die unteren bogenförmig ausgeschmiedeten Flachstahlenden werden durch eine Unterlegplatte oder einen kurzen [-Stahl und Schraubenmuttern verbunden, damit ein Nachziehen der Verbindung möglich bleibt. Die Hängesäule darf nicht auf dem Hängebalken stehen; es muss ein Zwischenraum von 3 bis 4 cm verbleiben. Zur Führung ist ein Zapfen mit 3 bis 4 cm Spielraum anzuordnen (Schwebezapfen). Überzüge liegen neben der Hängesäule auf dem Hängebalken und sind mit diesem durch Schraubenbolzen ver-

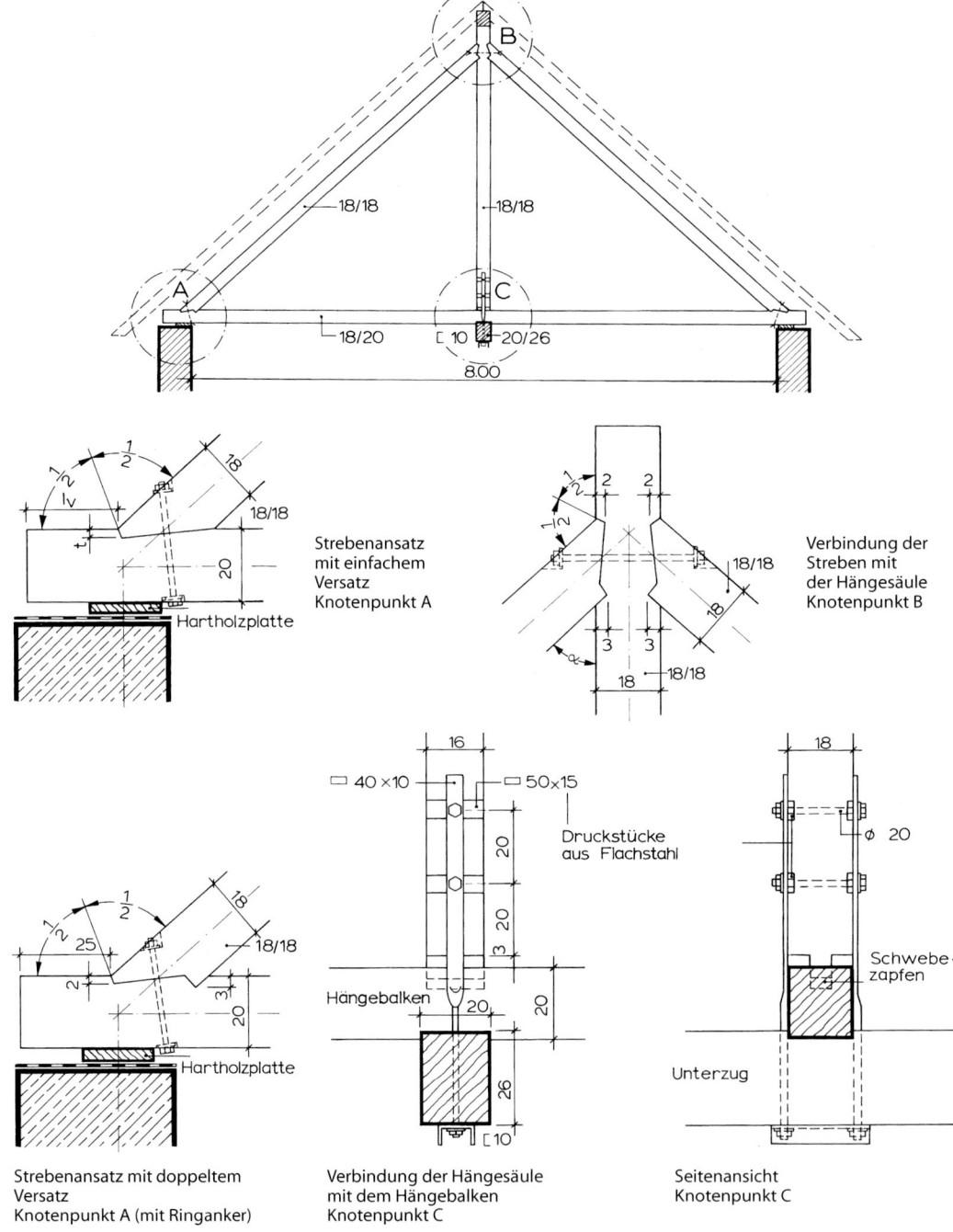

2.45 Einfaches Hängewerk, herkömmliche Ausführung[1]

---

[1] Die im Bild angegebenen Holzdimensionen sollen als Anhalt dienen. Sie sind in jedem Fall durch Standsicherheitsnachweis zu ermitteln.

2.2 Dachtragwerke aus Holz

bunden. Unterzüge liegen unter den Hängesäulen und dem Hängebalken. Sie werden durch Hängeeisen am Hängebalken befestigt.

Doppelte Hängewerke bestehen aus dem Hängebalken, 2 Hängesäulen, 2 Streben und dem Spannriegel. Die Knotenpunkte A und C werden wie beim einfachen Hängewerk ausgeführt. Im Punkt A schließt die Strebe mit einfachem oder doppeltem Versatz an die Hängesäule an; der Spannriegel erhält einfachen Versatz. Die drei Hölzer werden durch dreiteilige Flachstahllaschen und Bolzen miteinander verbunden (Bild **2**.46).

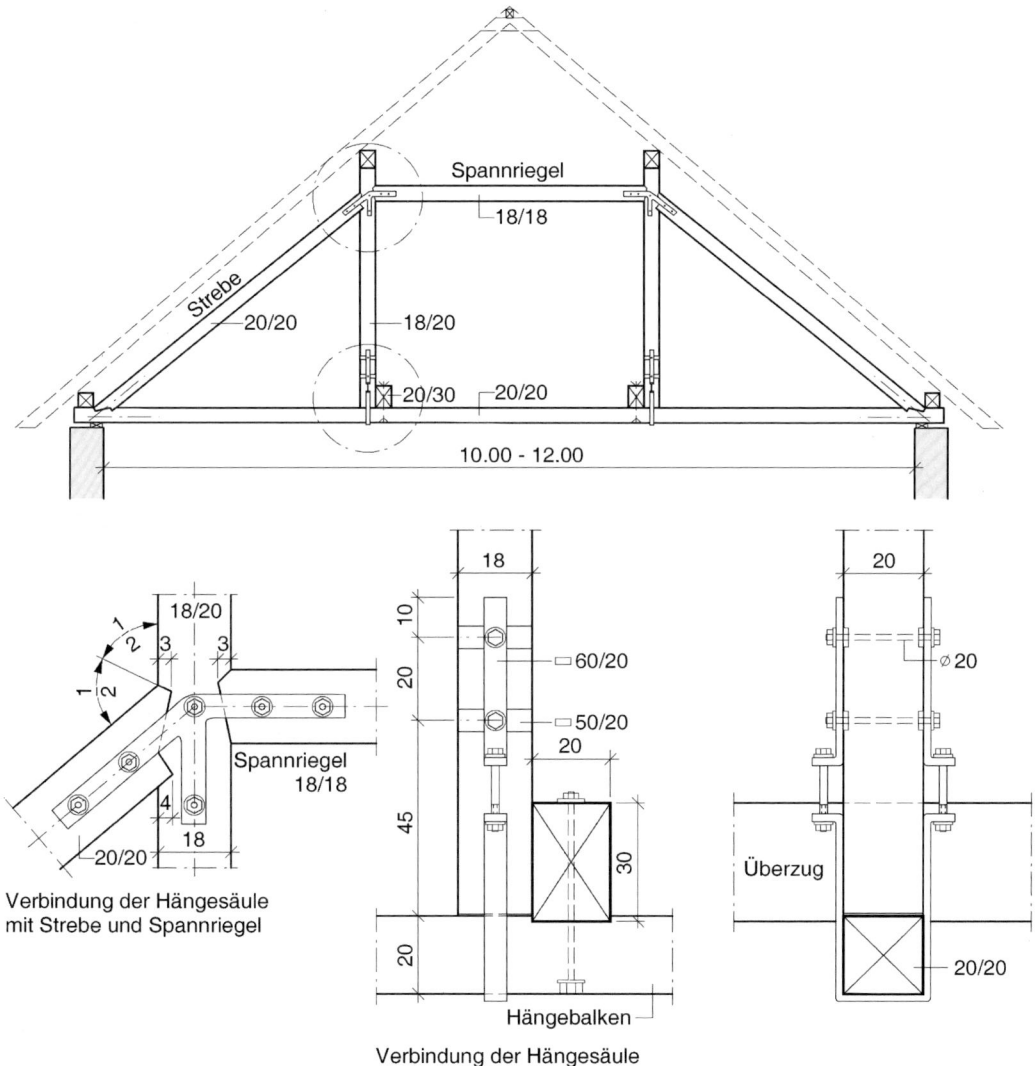

2.46 Doppeltes Hängewerk, herkömmliche Ausführung[1]
Die Holzquerschnitte, Versatze und Stahlquerschnitte für das dargestellte doppelte Hängewerk sind für ein Dach von 12 m Spannweite und 4 m Binderentfernung ermittelt worden. Dachlast einschließlich Pfetten und Binder 3,0 kN/m² Grundfläche; Dachboden 1,0 kN/m² Eigengewicht und 2,0 kN/m² Verkehrslast.

---

[1] Die im Bild angegebenen Holzdimensionen sollen als Anhalt dienen. Sie sind in jedem Fall durch Standsicherheitsnachweis zu ermitteln.

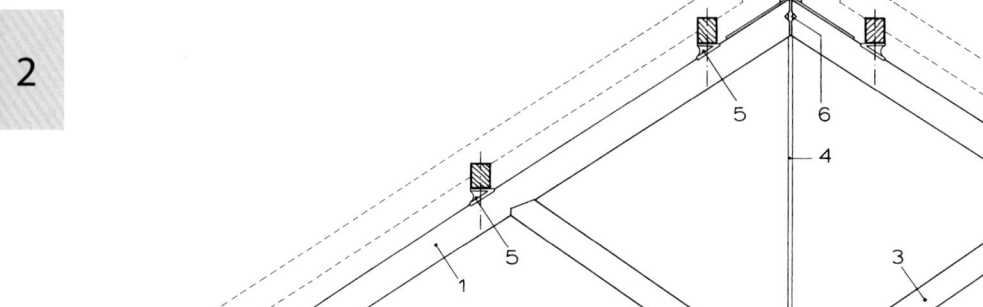

2.47 Moderne Hängewerkkonstruktion (Architekt: H. Caspari)
1 Obergurt
2 Untergurt (Doppelprofil, Anschlüsse mit Bolzenverbindungen)
3 Strebe (Anschluss mit Versatz)
4 Hängesäule (Stahl-Rundprofil)
5 Pfetten auf Stahlguss-Konsolen
6 Gelenk

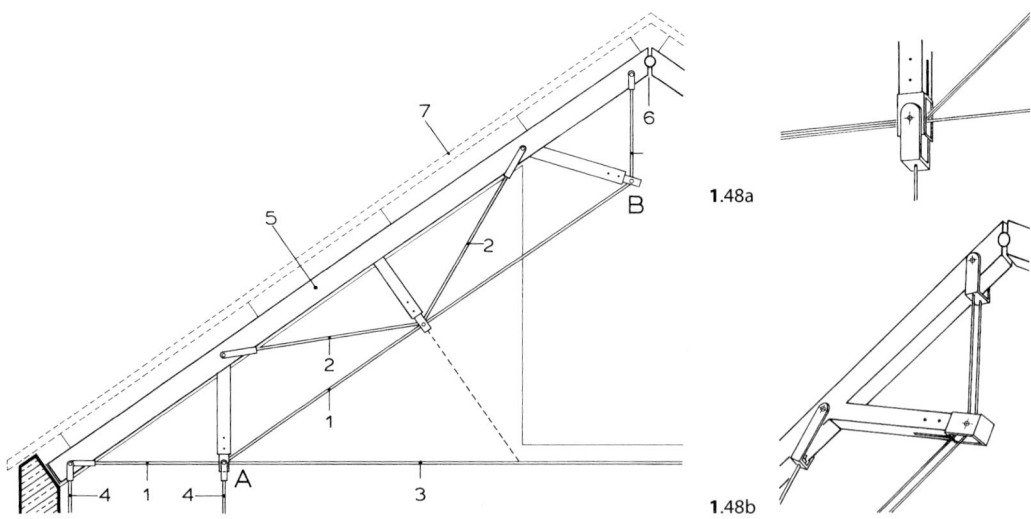

2.48 Hängewerk mit untergespanntem Obergurt (Architekten: J. und M. Schürmann)
a) Detail Aufhängungspunkt
b) Detail Unterspannung
1 Stahlrohr Ø 26
2 Stahlrohr Ø 30
3 Stahlrohr Ø 26
4 Aufhängung Galerie
5 Obergurt Brettschichtholz
6 Gelenk
7 verglaste Dachfläche auf Stahlpfetten

2.2 Dachtragwerke aus Holz

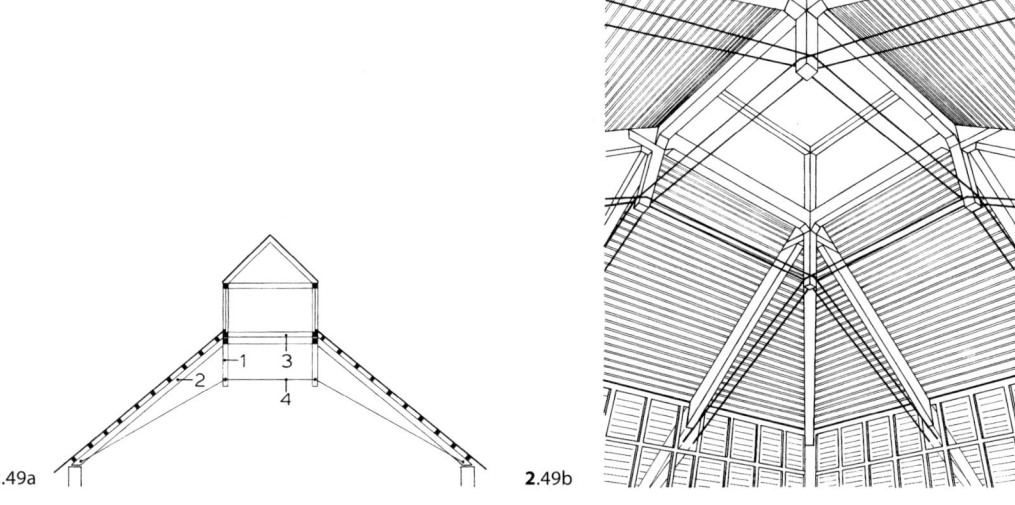

2.49 Räumliche Hängewerkskonstruktion (Architekten: Prof. H. und Prof. C. Nickl)
a) Schnittskizze
b) Innenraum
1 Hängesäule
2 Obergurt
3 Rahmen (Anschlüsse mit verschweißten Knotenblechen)
4 Zugbänder (Rundstahl)

Dachtragwerke nach dem Hängewerksprinzip kommen in vielfach abgewandelten modernen Formen vor. Dabei sind die früher reinen Holzkonstruktionen oft durch Stahlseile oder -profile ergänzt. Insbesondere aber werden die Knotenpunkte mit Hilfe moderner Verbindungsmittel wie z. B. Stahlblech- oder Stahlgussteilen, Stabdübeln mit Stahl-Knotenplatten usw. gebildet.

Der Versuch, einen Überblick über die Fülle der konstruktiven Gestaltungsmöglichkeiten zu geben, würde den Rahmen dieses Werkes sprengen. Die Bilder **2.**47 und **2.**48 können daher lediglich als Anregungen auch für viele auch ganz andersartige Möglichkeiten dienen.

Moderne Hängewerkskonstruktionen können in mehreren Ebenen kombiniert werden und Bestandteil von räumlichen Tragwerken werden (Bild **2.**49).

Besondere Ausführungsformen

Walmdächer

Walmdächer (Bild **2.**1e) können für freistehende, niedrige Gebäude in Frage kommen, wenn die Traufe um alle Gebäudeseiten herumgeführt werden soll.

Der Material- und Arbeitsaufwand ist jedoch deutlich höher als bei vergleichbaren Satteldächern. Der Dachraum lässt sich schlechter nutzen.

Für die Ausführung von Walmdächern sind Pfettenkonstruktionen in der Regel am besten geeignet. Die Lage der Binder ist vom Grundriss (Gebäudetiefe, unterstützende Wände) und der Dachneigung (Sparrenlänge) bzw. der Binderform (Anzahl und Lage der Pfetten) abhängig. Die Binderstiele sollten bei Holzbalkendecken auf tragenden Wänden stehen. Wird eine Firstpfette im Anfallpunkt von einem Binder unterstützt (Bild **2.**50a und e), entfällt dort das einseitige Kopfband (Längsaussteifung durch Walmfläche). Wirtschaftlicher ist es oft, den Binder so aufzustellen, dass das auskragende Pfettenende vom Kopfband unterstützt wird (Bild **2.**50b, c, d). Dabei wird eine etwaige Walmpfette auf das Kragende *aufgeblattet* (Bild **2.**50d) oder *aufgekämmt*. Wird der auskragende Teil der Mittelpfette zu lang, muss er durch Eckstiele unterstützt werden (Bild **2.**50e). Guter Eckverband entsteht durch auf den Pfettenkranz aufgebolzte oder mit Versatz eingesetzte Diagonalhölzer, die Längs- und Walmpfetten horizontal miteinander verbinden (Bild **2.**51 Punkt A).

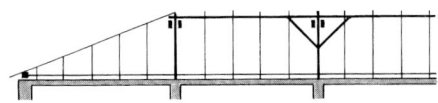

2.50a

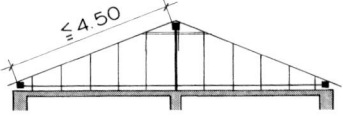

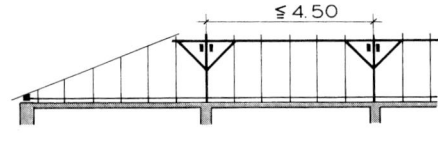

2.50b

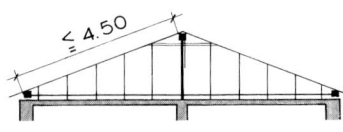

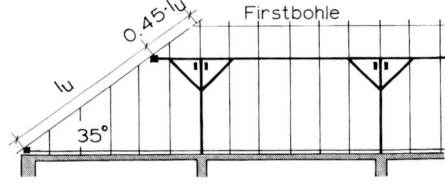

2.50c
ohne Firstpfette, ohne Windstreben

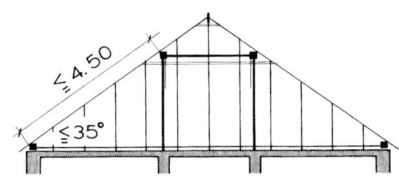

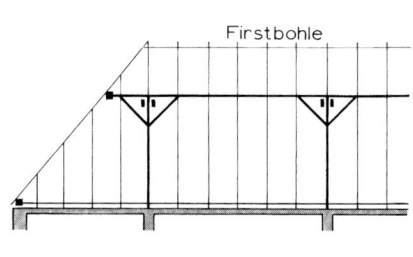

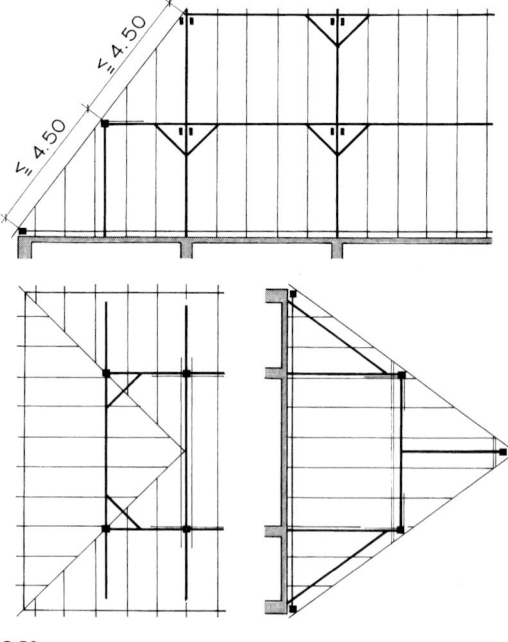

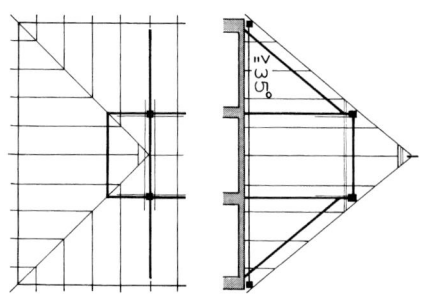

2.50c
ohne Firstpfette, ohne Windstreben

2.50e
mit dreifach stehendem Stuhl

2.50   Walmdächer, Ausführung nach dem Pfettendach-Prinzip

2.2 Dachtragwerke aus Holz

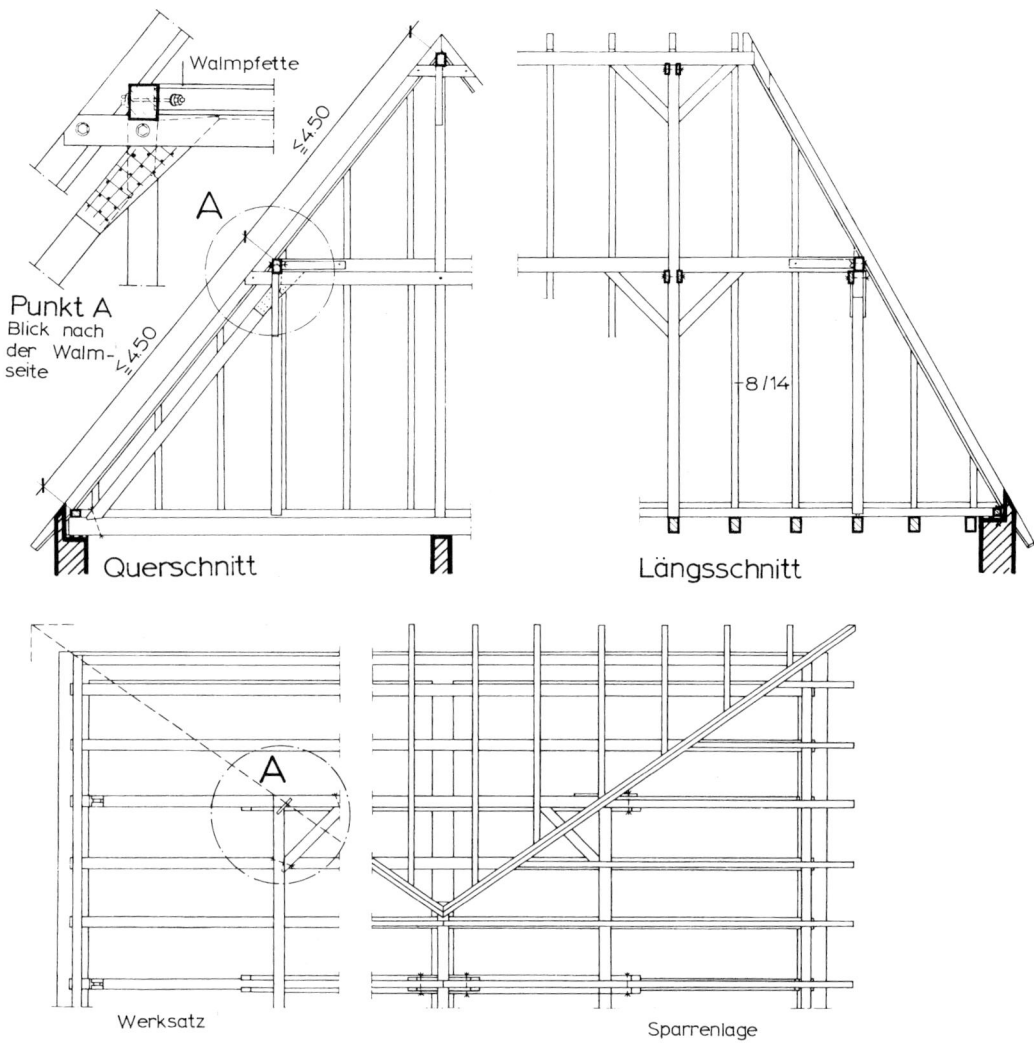

2.51 Pfetten-Walmdach mit dreifach stehendem Stuhl (Firstsäule steht auf Tragwand, Stiele der Mittelpfetten abgestrebt)

Die Hauptkonstruktionshölzer der beiden Seitenteile sind die Gratsparren, die im Anfallspunkt stumpf zusammentreffen. Ist keine Firstpfette vorhanden, so muss im Anfallspunkt ein Sparrengebinde (Anfallsgebinde) angeordnet werden. Gegen dieses Anfallsgebinde legen sich die Gratsparren mit ihren Schmiegen stumpf an (Bild **2.52** Punkt C, Verbindung durch Sparrennägel). Ist eine Firstpfette vorhanden, so werden die Gratsparren auf diese Pfette aufgeklaut. Durch den Anfallspunkt braucht dann kein Sparrengebinde zu gehen. Die Gratsparren haben einen fünfeckigen, der Dachneigung entsprechend oberseitig abgedachten Querschnitt. Die Gratsparren sind im Allgemeinen 2 bis 4 cm breiter als die übrigen Sparren. Die Höhe soll so bemessen werden, dass die Schiftsparren (das sind die Sparren, die am Gratsparren enden) sich mit ihrer vollen oberen Endfläche, der Schmiege, an die Seitenflächen des Gratsparrens anlegen können. Gratsparren dürfen nicht ausgewechselt werden.

Kehlbalkenkonstruktionen können für Walmdächer über Massivdecken eine konstruktiv einfache Lösung darstellen. Über Holzbalkendecken ergeben sich jedoch bei traditioneller Technik aufwändige Zimmerarbeiten. Nach der Walm-

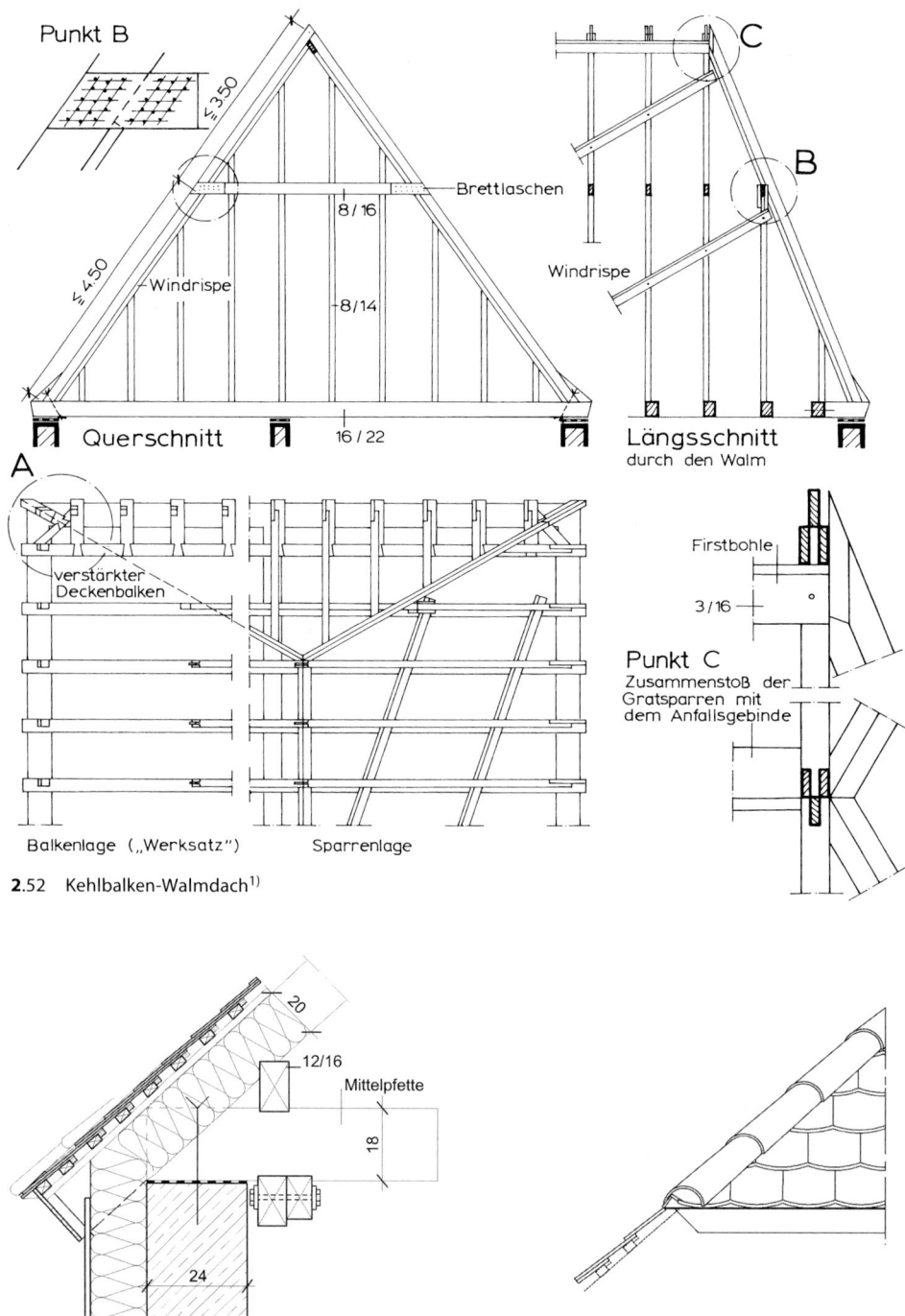

2.52 Kehlbalken-Walmdach[1)]

2.53 Traufe am Krüppelwalm eines Pfettendaches

[1)] Die im Bild angegebenen Holzdimensionen sollen als Anhalt dienen. Sie sind in jedem Fall durch Standsicherheitsnachweis zu ermitteln.

2.2 Dachtragwerke aus Holz

seite wird ein Stichgebälk angeordnet, das die horizontalen Kräfte der in der Walmfläche liegenden Sparren auf einen verstärkten Randbalken der Decke überträgt. Die Stichbalken werden mit dem letzten durchgehenden Balken der Decke durch schwalbenschwanzförmiges Blatt verbunden (Bild **2**.52 Punkt A).

Beim Krüppelwalmdach (Bild **2**.53), einer besonders im norddeutschen Küstengebiet verbreiteten Dachform, wird nur der obere Teil des Giebels abgewalmt. Bei Kehlbalkendächern liegt die Traufe der Walmfläche dann meist in Höhe der Kehlbalkenlage.

Kleine Krüppelwalmflächen werden meistens ohne Entwässerung ausgeführt. Bei größeren Flächen sind Dachrinnen unvermeidlich. Die erforderlichen Fallrohre sind jedoch formal schwierig einzuordnen. Schräg entlang dem Ortgang geführte Ableitungen dürften wohl immer die gestalterisch und auch technisch schlechteste Lösung darstellen. Meistens wird daher das Rinnenwasser über gebogene Rohrstutzen auf die Hauptdachfläche geleitet.

Dächer über zusammengesetztem Grundriss

Treffen zwei *gleich breite* Gebäudeteile mit gleicher Dachneigung zusammen, so schneiden sich die beiden äußeren Dachflächen in einer *Gratlinie*, die beiden inneren Dachflächen in einer *Kehllinie*, die beide bis zum First durchgehen.

Wenn keine Firstpfette vorhanden ist, werden Grat- und Kehlsparren durch Scherzapfen miteinander verbunden. Kehlsparren sind etwa 14/20 bis 16/22 cm dick; sie werden oberseitig der Neigung der beiden Dachflächen entsprechend ausgekehlt (Bild **2**.54b Punkt A) oder be-

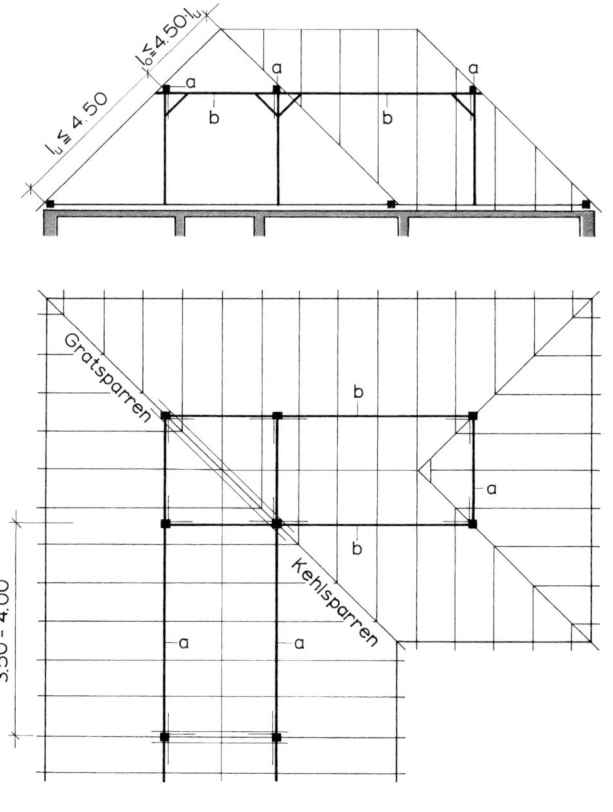
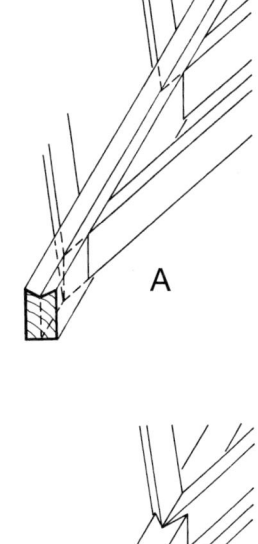
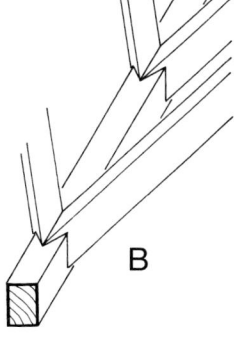

2.54a 2.54b

2.54 Dächer über zusammengesetztem Grundriss
 a) Pfettendach über abgewinkeltem Grundriss. Die Pfetten *a* liegen auf den Pfetten *b*. Beide Gebäudeteile sind gleich tief.
 b) Anschluss der Schifter an den Kehlsparren

halten rechteckigen Querschnitt (Bild 2.54b Punkt B). Im ersteren Falle legen sich die Schiftsparren seitlich an den Kehlsparren und werden durch Nagelung befestigt; im zweiten Falle stützen sich die Schiftsparren mit einer Klaue auf den Kehlsparren. Die letztere Ausführung ist umständlicher, aber fester. Der Kehlsparren wird durch die Schifter belastet und muss daher bei größerer Länge durch eine Strebe unterstützt werden.

Die Mittelpfetten werden entweder in gleicher Höhe herumgeführt oder besser dort, wo sie zusammentreffen, übereinandergelegt. Die Pfette des einen Daches kann als Spannriegel für den Binder des anderen Daches benutzt werden. Die Gebäudeteile werden auf diese Weise fest miteinander verbunden. Sind die Gebäudeteile ungleich breit, so kann man versuchen, die Binder so anzuordnen, dass die Verlängerung der Walmpfette des großen Daches die Firstpfette für das kleine Dach ergibt (Bild 2.55).

Geneigte Dächer lassen sich auch über komplizierten, auch nicht rechtwinklig orientierten Grundrissen – u. U. mit verschieden geneigten Teilflächen – errichten. In jedem Fall aber müssen

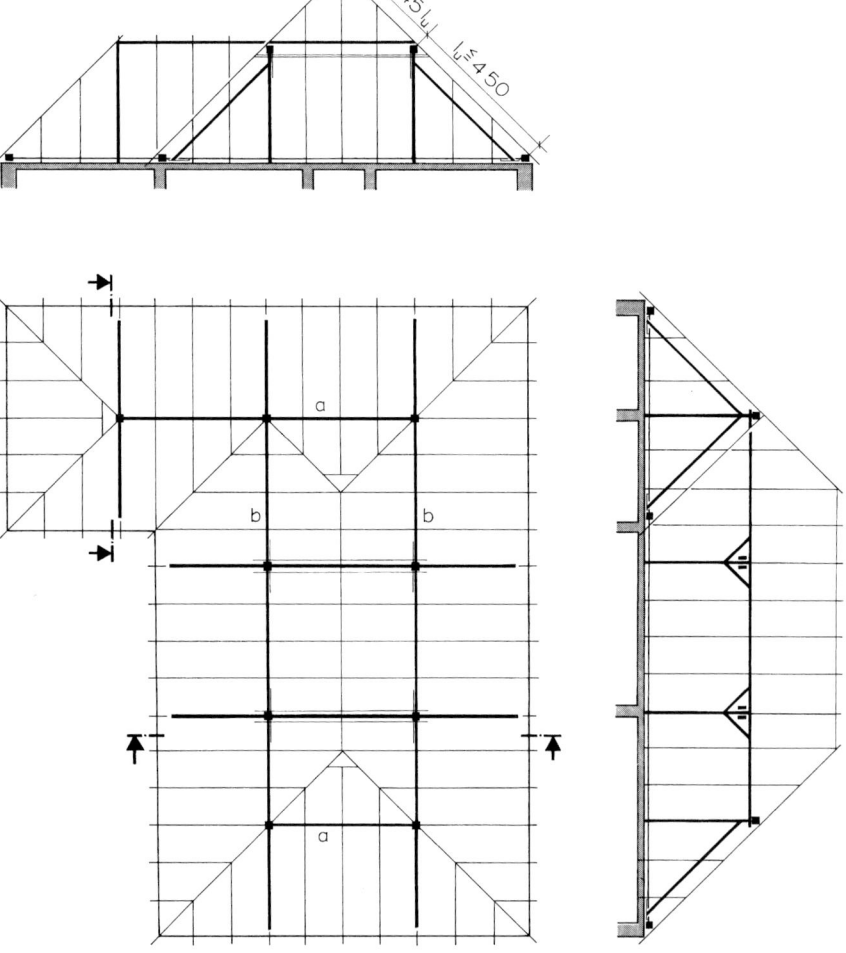

2.55 Pfettendach über zusammengesetztem Grundriss. Die Gebäudeteile sind verschieden breit, Pfetten *a* liegen auf Pfetten *b*

2.2 Dachtragwerke aus Holz

alle dabei entstehenden Anschnitte an Traufen, Ortgängen, aufgehende Bauteile sowie alle Kehlen, Grate und Verfallungen (kurzer Grat zwischen First des höheren Daches und First des kleineren Daches) für die Planung geometrisch genau erfasst werden.

Die sich daraus ergebenden Dachkonstruktionen sind immer im Zusammenhang mit der Dachdeckung zu entwerfen. Nur mit kleinformatigen Deckungsarten (Schiefer, Biberschwänze u. Ä.) oder mit metallischen Dachdeckungen können die sich oft ergebenden komplizierten Anschlüsse und Übergänge befriedigend gelöst werden.

Die Lösung aller entstehenden Detailfragen, insbesondere alle Übergänge zwischen Ort- und Traufgängen, Anschlüsse von Graten und Kehlen – ggf. auch an aufgehenden Bauteilen – sollte keinesfalls der Improvisation auf der Baustelle überlassen werden. Obwohl die Verwendung moderner Materialien (Folien, Dichtungsmassen usw.) für manche Problempunkte hilfreich sein kann, sollten immer konstruktive Lösungen vorgezogen werden.

Bei der Planung der Kehlen in zusammengesetzten Dachformen muss auf die einwandfreie Ableitung von Niederschlagwasser besonders geachtet werden. Vor allem, wenn Niederschlagwasser aus verschiedenen höher gelegenen Dachflächenteilen anfällt, müssen die Querschnitte erforderlicher Kehlrinnen (s. Abschn. 2.7.2) bereits bei der Dimensionierung der Kehlsparren und bei der Planung der Schifteranschlüsse (Bild **2**.54b Punkte A und B) berücksichtigt werden.

Zeltdächer

Zeltdächer können als Walmdächer ohne Firstlinie betrachtet werden. Die Gratlinien treffen sich in der Spitze des Daches. Zeltdächer über regelmäßig vieleckigem Grundriss haben gleich geneigte Dachflächen; bei rechteckigem oder unregelmäßigem Grundriss ergeben sich verschieden geneigte Dachflächen. Die Binder können in den Diagonalen des Grundrisses liegen; die Gratsparren sind dann Bindersparren, alle anderen Sparren Schiftsparren. Die Gratsparren legen sich in diesem Falle oben mit Zapfen und Versatz gegen einen Stiel (Kaiserstiel), der meistens nicht bis zur Dachbalkenlage heruntergeführt wird, sondern unter den mittleren Querzangen endet.

Doppelzangen am Kaiserstiel ordnet man übereinander an. Bild **2**.56 zeigt ein Zeltdach über quadratischem Grundriss mit Kniestock und diagonal liegenden Bindern.

Zeltdächer mit sehr steilen Dachflächen werden als *Turmdächer* bezeichnet. Bei alten Turmdächern standen die Gratsparren mit Zapfen auf einer Balkenlage und legten sich oben gegen den Kaiserstiel, mit dem sie durch Stahlringe und Bolzen fest verbunden waren. Alle 4 bis 5 m wurden die Gratsparren durch Zangen zusammengehalten und ebenso wie die Zwischensparren durch liegende Stühle aus Schwelle, Rähm und gekreuzten Streben unterstützt, denn Zugkräfte konnten vom Turmmauerwerk kaum übernommen werden. Das Eigengewicht der sogenannten „Mollerschen Konstruktion" war jedoch so groß, dass der Turmhelm dem Winddruck ohne zu kippen widerstehen konnte (Bild **2**.57).

Neuere Turmdachkonstruktionen bestehen nur aus den Hölzern, die als Traggerüst für die Dachhaut dienen. Die Standfestigkeit der Konstruktion wird dadurch gewährleistet, dass die bei Wind anfallenden Zugkräfte über Zugstöße der Hölzer und Stahlanker auf die Wände des Turmschaftes übertragen werden. Den Turmhelm bildet ein pyramidenförmiges Raumfachwerk mit den Gratsparren als Tragpfosten, die unten von einem Schwellenkranz zusammengefasst werden. Untereinander sind die Gratsparren durch Streben zu steifen Flächen verbunden. Der horizontalen Aussteifung dienen Pfettenkränze, die durch Zangen gegen Verschieben gesichert sind (Bild **2**.58).

Sehr vereinfachte Turmdachkonstruktionen werden durch Verwendung von geleimten Holzschalen möglich, die durch mehrschichtige, geleimte, horizontal liegende Rahmen ausgesteift werden. Diese Turmhelme sind so leicht, dass sie auch auf dem Werkplatz fertig montiert, teilweise gedeckt und dann mit Kränen auf den massiven Turmschaft gehoben werden können (Bild **2**.59).

Handwerkliche Ausführung

Abmessungen

Auch bei einfachen Kehlbalken- und Pfettendächern in zimmermannsmäßiger Konstruktion sind in der Regel alle Hölzer statisch zu berechnen. Für Dächer mittlerer Spannweite ergeben sich aus statischer Sicht etwa folgende Holzabmessungen, wobei die Sparrenhöhen zusätzlich von den Dicken der einzubringenden Wärmedämmschichten mitbestimmt werden:

Sparren	8/12 bis 10/16 cm
Kehlbalken	8/14 bis 10/20 cm
Zangen	6/14 bis 8/16 cm
Rähme	14/18 bis 14/22 cm
Mittelpfetten	12/20 bis 14/20 cm
Firstpfetten	14/16 bis 14/18 cm
Kniestockpfetten	12/14 bis 12/16 cm
Kniestockstiele	12/12 cm
Stiele unter den Rähmen und Pfetten	12/12 bis 14/14 cm
Streben	14/16 cm
Kopfbänder	10/10 bis 10/12 cm

Faustregel zur überschlägigen Ermittlung der Holzdicken in cm:

Sparrenhöhe	$= 5 + 2L$
Stiel	$= 7 + 2L$
Pfettenhöhe	$= 9 + 2L$
Breite : Höhe	$= 5 : 7$

L = freie Länge des Holzes in m (bei Pfetten und Sparren)

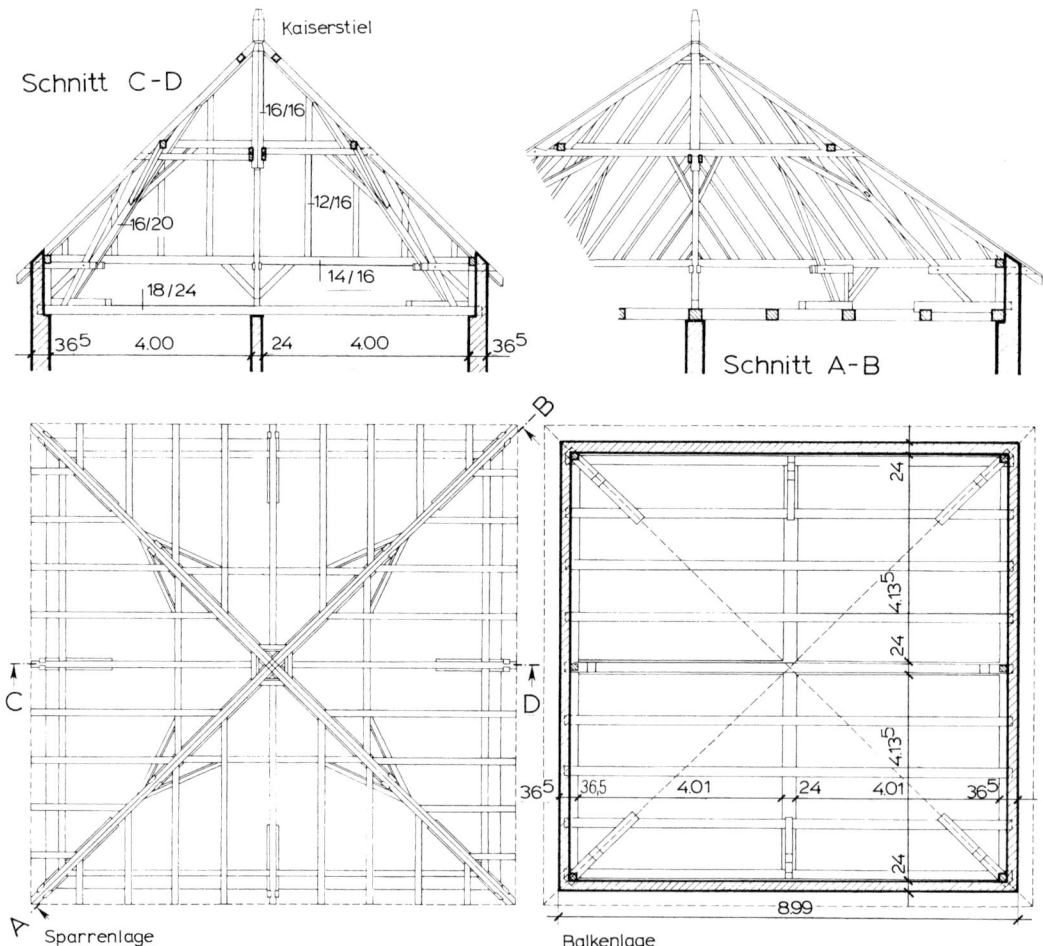

2.56 Zeltdach mit Kaiserstiel und Kniestock über quadratischem Grundriss[1]

---

[1] Die im Bild angegebenen Holzdimensionen sollen als Anhalt dienen. Sie sind in jedem Fall durch Standsicherheitsnachweis zu ermitteln.

2.2 Dachtragwerke aus Holz

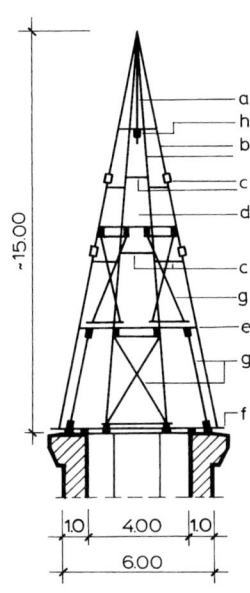
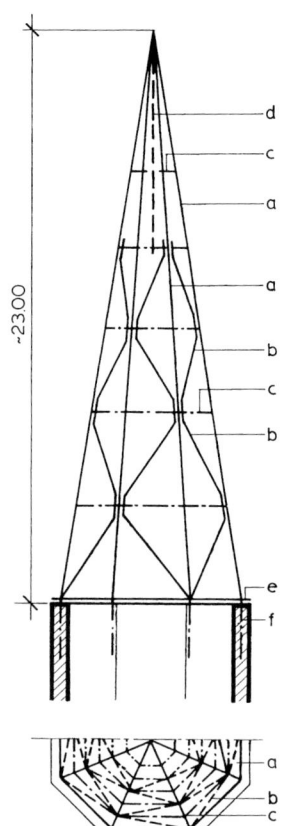
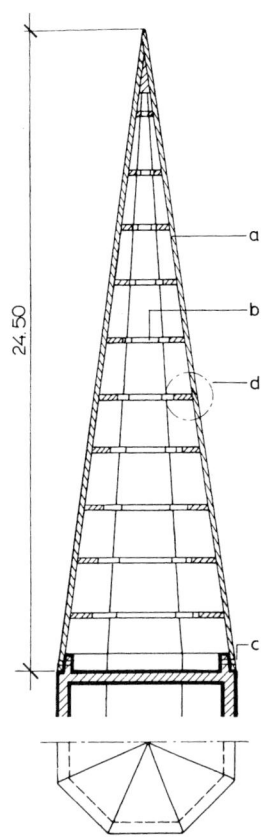
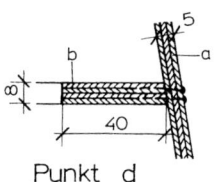

Punkt d

2.57 Mollersche Konstruktion (schematisch)[1]
a) Kaiserstiel 20/20
b) Gratsparren 20/24
c) Wechsel
d) Balkenlage 16/20
e) Balkenlage 18/22
f) Balkenlage 24/30
g) liegende Stuhlwände (Strebenquerschnitt 16/18)
h) Aussteifungslage mit Verankerung des Kaiserstieles

2.58 Pyramidenförmiges Raumfachwerk (schematische Darstellung)[1]
a) Gratsparren 16/26
b) Streben 21/14
c) ausgesteifter Pfettenkranz 14/16
d) Kaiserstiel 20/20
e) Schwellenkranz (Eiche 10/14)
f) Zuganker M 24 (1,50 m tief im Mauerwerk)

2.59 Turmdachschale aus geleimten Holztafeln[1]
a) Brettschale (5 cm dick)
b) Aussteifungsringe (5 bis 13 cm dick)
c) Befestigung der Holzschale am Beton des Turmschaftes durch Geka-Dübel Ø 115 mm

---

[1] Die im Bild angegebenen Holzdimensionen sollen als Anhalt dienen. Sie sind in jedem Fall durch Standsicherheitsnachweis zu ermitteln.

Ausgebaute Dachräume

Bei ausgebauten Dachräumen sind nach den Anforderungen der Energieeinsparverordnung erhebliche Dämmstoffdicken zu berücksichtigen. Die Höhendimensionierung der Sparren wird häufig nicht allein durch die Bemessung hinsichtlich der Tragfähigkeit sondern durch die erforderlichen Dämmstoffdicken bestimmt. Wenn die Wärmedämmung unbelüftet ganz oder teilweise zwischen den Sparren eingebaut wird, ergibt sich meistens ein erforderliches Höhenmaß der Sparren von ca. 20 bis 26 cm. Bei hinterlüfteten Wärmedämmungen sind evtl. noch höhere Sparren nötig (vgl. Abschn. 2.9.2).

Das Zurichten der Grat-, Kehl- und Schiftsparren (Schiftungen)

Die Abmessungen, Querschnittsformen, Schmiegeflächen und Klauen können bei Grat- und Kehlsparren und z. T. auch bei den Schiftsparren nicht unmittelbar aus den Querschnittszeichnungen des Daches entnommen werden.

Mit *Schiftapparaten* werden die Sparrenlängen sowie Lage und Größe von Klauen und Schmiegen mechanisch an verschieblichen rechtwinkligen Dreiecken zusammengesetzten Metallmaßstäben ermittelt und auf den Hölzern angerissen („ausgetragen").

Insbesondere für das Zurichten großer Holzquerschnitte, z. B. aus Brettschichtträgern, werden rechnergestützte Zuschnittmaschinen eingesetzt, mit denen die erforderlichen Abmessungen der Hölzer und die Schnittwinkel direkt aus Zeichnungen ermittelt werden können.

Bohlenschiftung

Kleine Satteldächer, deren Dachraum nicht genutzt wird, können an größere Dachflächen auch ohne Kehlsparren angeschlossen werden. Die Schiftsparren des Nebendaches setzen sich mit ihren Schmiegeflächen auf entsprechend zugerichtete Bohlen, die auf die durchgehenden Sparren des Hauptdaches aufgelegt und durch Nägel befestigt werden. Die Bohlen sind 6 bis 8 cm dick und müssen so breit sein, dass sich die Schiftsparren der Gaube voll auflegen lassen (Bild **2**.60).

2.2.4 Ingenieurmäßige Holzdachkonstruktionen

Allgemeines

Die in Abschn. 2.2.3 behandelten Konstruktionen aus Kanthölzern mit einfachen handwerklich hergestellten Verbindungen erlauben bei noch wirtschaftlichen Holzdimensionen freie Einzellängen bis etwa 7,00 m. Damit ist es möglich, Stützweiten bis etwa 12,00 m zu überspannen.

Dachtragwerke aus Holz können jedoch auch für wesentlich größere Spannweiten und über größere Flächen sehr wirtschaftlich und vor allem auch gestalterisch anspruchsvoll gestaltet werden.

Begrenzungen ergeben sich dabei meistens nur aus Brandschutzforderungen (s. Abschn. 17.7 in Teil 1 des Werkes). Holzkonstruktionen sind jedoch – ausreichende Dimensionierungen dafür vorausgesetzt – im Allgemeinen wesentlich weniger empfindlich gegen Brandeinwirkung als ungeschützte Stahlkonstruktionen.

Neuzeitliche Holzkonstruktionen sind gekennzeichnet durch:

- Einsatz vorgefertigter, hochbelasteter Tragelemente anstelle oder in Ergänzung von Vollholzquerschnitten,
- spezielle Verbindungstechniken, die hoch belastbare Anschlüsse – auch in mehreren Ebenen – ermöglichen,
- Kombination von Holz- und Stahlbauteilen (s. a. Bilder **2**.47 und **2**.48),
- hochentwickelte, auch räumliche Tragwerkssysteme (Bild **2**.120–**2**.125).

Brettschichtholz, vorgefertigte Träger und moderne Holzwerkstoffe ermöglichen sehr große Spannweiten bei ingenieurmäßigen Dachkonstruktionen. Bei der Überdachung großflächiger Gebäude tragen sie z. B. als lange auf Dachbindern oder Zwischenwänden aufgelegte Pfettenstränge („Sparrenpfetten" oder „Koppelpfetten") die Dachhaut.

Einfeld- oder Durchlaufpfetten (bzw. -träger) sind bei großen Spannweiten durch Lieferlängen und Transportmöglichkeiten begrenzt und statisch unwirtschaftlich. Für große Spannweiten bzw. Bauteillängen können tragende Pfetten mit *biegesteifen Stoßverbindungen* durch Nagelung oder Dübelverbindungen gekoppelt werden.

Statisch günstiger sind *Gelenkträger* (bzw. „Gerberträger"), die als Mehrfeldträger aus aneinander gereihten gelenkig verbundenen *Kragträgern* und *Einhängträgern* bestehen. In den Gelenken werden lediglich Querkräfte und keine Biegemomente übertragen. Dadurch ergeben sich Vorteile bei der statischen Dimensionierung (Bild **2**.76).

2.2 Dachtragwerke aus Holz

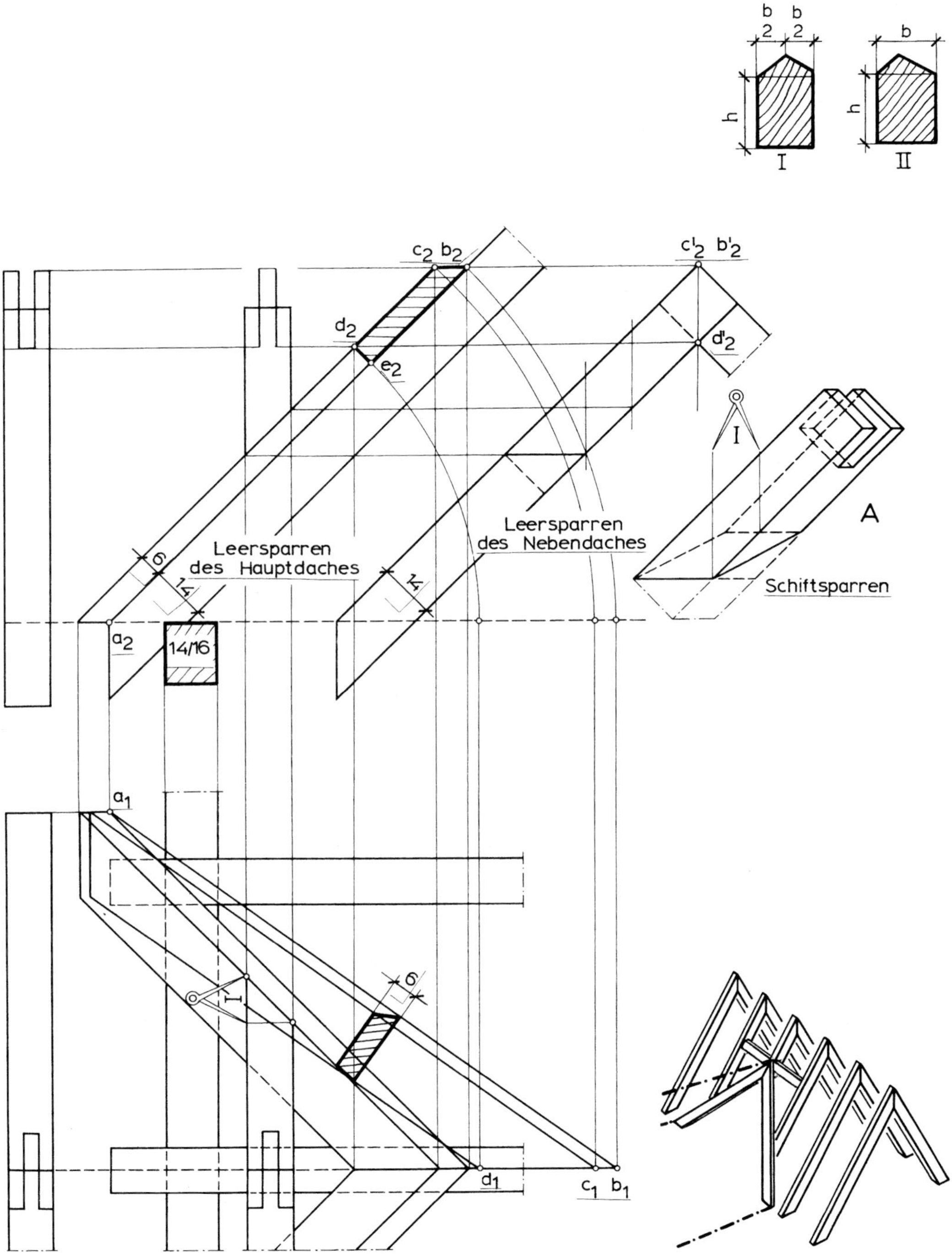

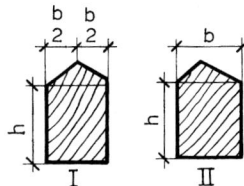

2.60 Bohlenschiftung, Austragung eines Schiftsparrens und einer Schiftbohle

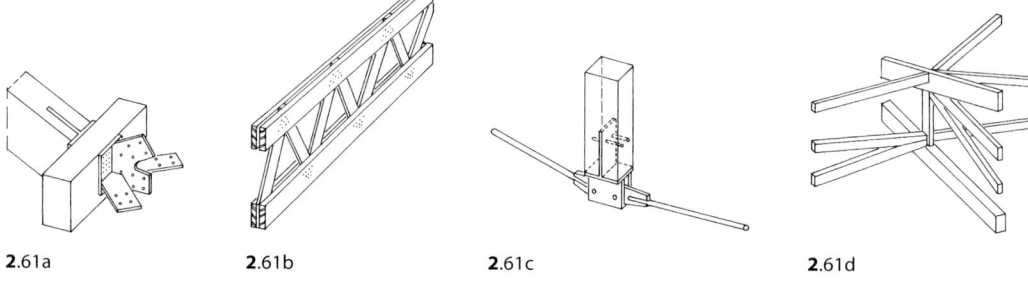

2.61a 2.61b 2.61c 2.61d
2.61 Ingenieurmäßige Holzkonstruktionen
 a) Stabanschlüsse mit verschweißten Knotenblechen und Stabdübeln
 b) genagelter Gitterträger
 c) Zugbeanspruchte Bauteile aus Stahlstäben oder -seilen: Anschluss an Vollholzstab
 d) räumliches Tragwerk

In modernen Holzkonstruktionen werden mit dem Ziel der Reduzierung der Bauteildimensionen zunehmend für zugbeanspruchte Bauteile wie Untergurte von unterspannten Trägern und Dachbindern, für Windverbände und ähnlichem *Drahtseile* und *Rundstahlstäbe* mit justierbaren Anschlussflanschen und mit Verbindungsteilen in vielfältigen Ausführungen verwendet (vgl. Bilder 2.113 bis 2.116 und 2.131).

Konstruktionselemente

Träger aus Holzwerkstoffen, Brettschichtträger
Erheblich größere Spannweiten als mit Vollhölzern lassen sich in Konstruktionen des Ingenieur-Holzbaues mit Trägern aus zusammengesetzten Querschnitten aus Holzwerkstoffen und mit Brettschichtträgern erreichen.
Brettschichtträger (Bild 2.62) können mit unterschiedlichen Höhen und Querschnittsformen, in gebogenen und auch in räumlich gekrümmten Formen hergestellt werden (vgl. Bild 2.125). Für hallenartige Bauwerke können biegesteife Rahmenteile aus gebogen ausgeführten Brettschichtträgern und durch Keilzink- bzw. Stabdübelverbindung gebildet werden.
Zusammengesetzte Querschnitte werden zur Material- und Gewichtsersparnis bei gleichzeitig hoher Tragfähigkeit eingesetzt. Industriell vorgefertigte Tragelemente wie Binder lassen sich auch für große Spannweiten sehr kostengünstig herstellen.

Kastenträger
Für Konstruktionen mit geringeren Belastungen können leichtere zusammengesetzte Kastenträger aus Bausperrholzplatten und Ober- bzw. Untergurten aus Brettschichtholz in Frage kommen (Bild 2.63).
Kastenträger können auch als weitgehend vorgefertigte weitgespannte Dach- oder Flachdachelemente hergestellt werden (Bild 2.64).

Vollwandträger
Vollwandträger (Träger mit Stegplatten) bestehen aus einer Kombination von Sperrholzplatten als Stege und Ober- bzw. Untergurten aus verleimten Brettern (Bild 2.65). Mit wenig Materialeinsatz wird eine hohe Tragfestigkeit erzielt.

Wellstegträger
Als Leichtausführung der Vollwandträger sind die Wellstegträger zu betrachten (Bild 2.66).
Bei ihnen wird der aus 4 bis 7 mm dickem, verleimtem Sperrholz oder Stahl-Wellblech hergestellte Steg maschinell in die sinuswellenförmig ausgefrästen Nuten der Gurthölzer eingepresst und verleimt. Ziel der wellenförmigen Stegform ist eine Verbesserung der Festigkeit gegen Ausbeulen. Wellstegträger werden in Dachtragwerken ähnlich wie übliche Vollholzquerschnitte eingebaut. An Knotenpunkten, in denen Druckkräfte zu übertragen sind, werden Pfetten oder entsprechende Anschlussteile so ausgeschnitten, dass die Krafteinleitung über die Gurte der Wellstegträger möglich ist (s. Bild 2.67). Auskragende Gesimse u. Ä. werden in Form von Zangen angebracht, die sich unter Verwendung von Füllhölzern an beide Seiten des Wellstegs anlegen.

2.2 Dachtragwerke aus Holz

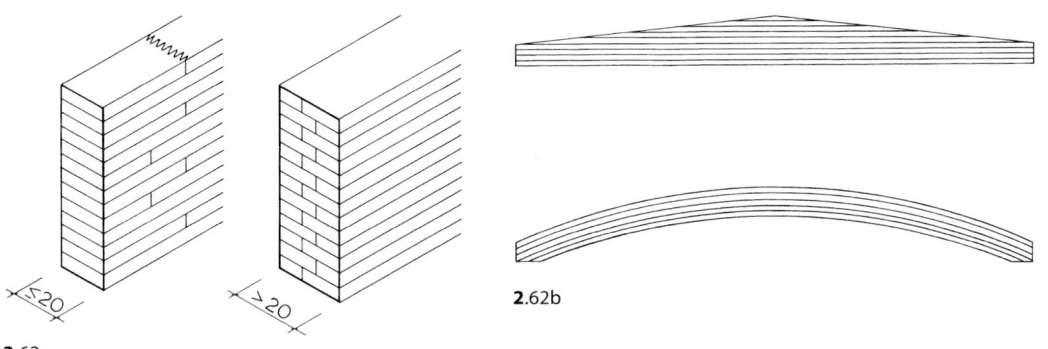

2.62a

2.62b

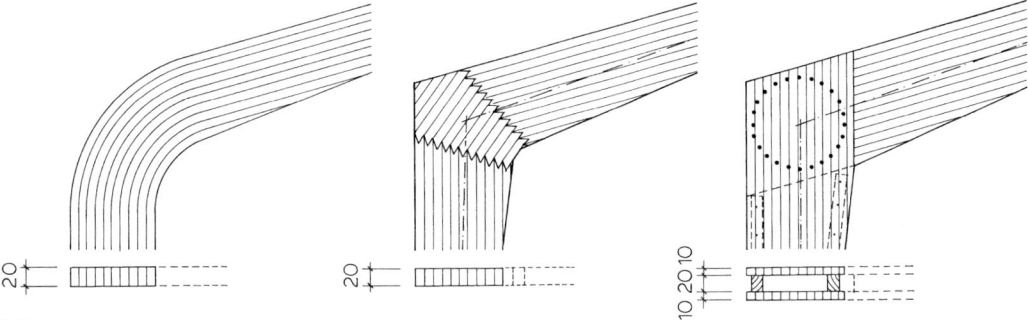

2.62c

2.62 Brettschichtträger
    a) Rechteckprofil
    b) mögliche Trägerformen
    c) Eckausbildungen für Hallenbinder (biegesteife Rahmenecken):
       Gebogen geleimter Binder; Eckverbindung durch Keilzinkung;
       Träger zwischen Doppelstützen; Anschluss durch Stabdübelkreis

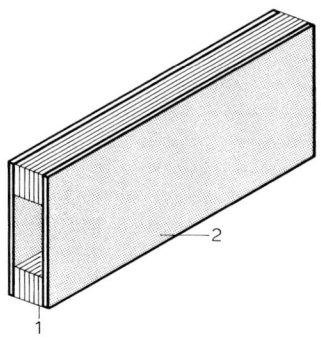

2.63 Kastenträger
    1 Brettschichtträger
    2 Holzwerkstoffplatte (Sperrholz)
    3 Wärmedämmung auf Dampfsperre

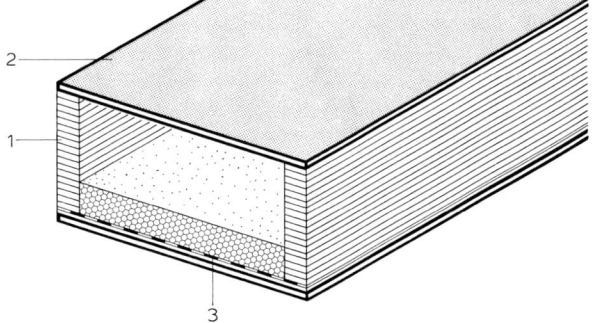

2.64 Vorgefertigtes Dach- bzw. Flachdachelement

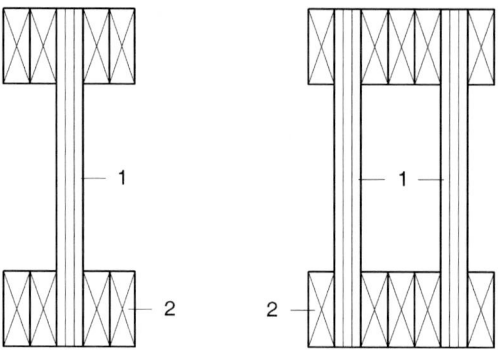

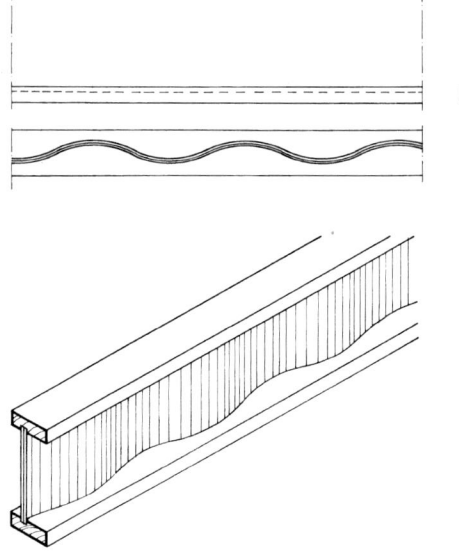

2.65 Geleimter Vollwandbinder mit Sperrholz-Stegträgern
1 Stege aus Sperrholzplatten (mehrlagig)
2 verleimte Bretter/Bohlen

2.66 Wellstegträger (Stegdicke 4 bis 7 mm)

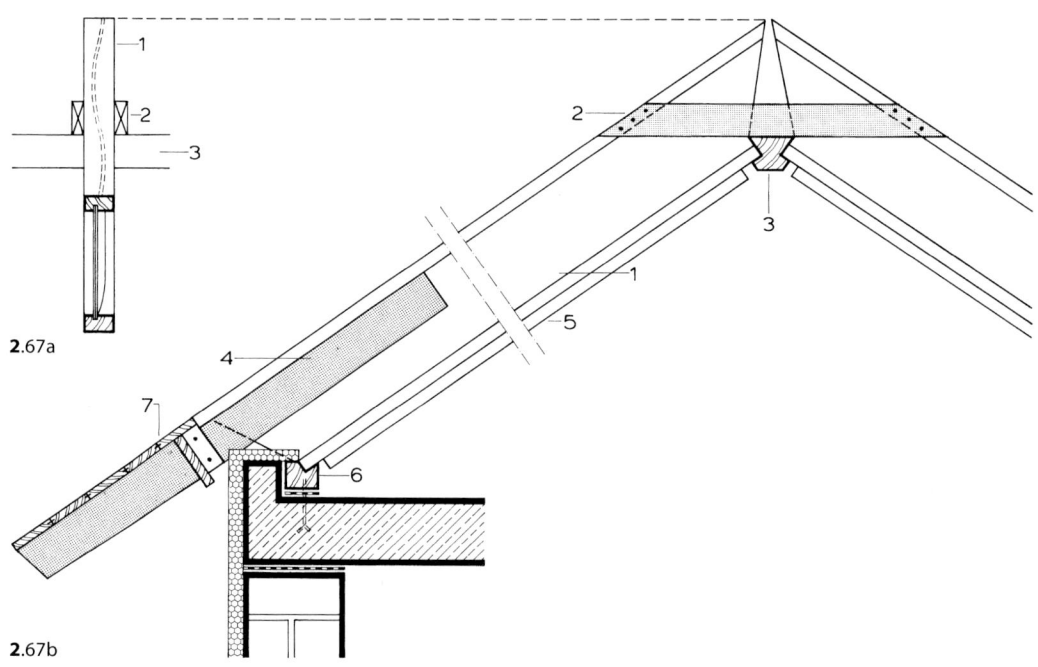

2.67a

2.67b

2.67 Wellstegträger in Sparrendach
   a) Querschnitt durch Sparren, b) Schnitt
   1 Wellstegträger
   2 Laschen
   3 Firstprofil („Gelenkpfette")
   4 Zangen für Gesims auf Füllhölzern
   5 Windverband
   6 Schwelle
   7 Traufschalung

2.2 Dachtragwerke aus Holz

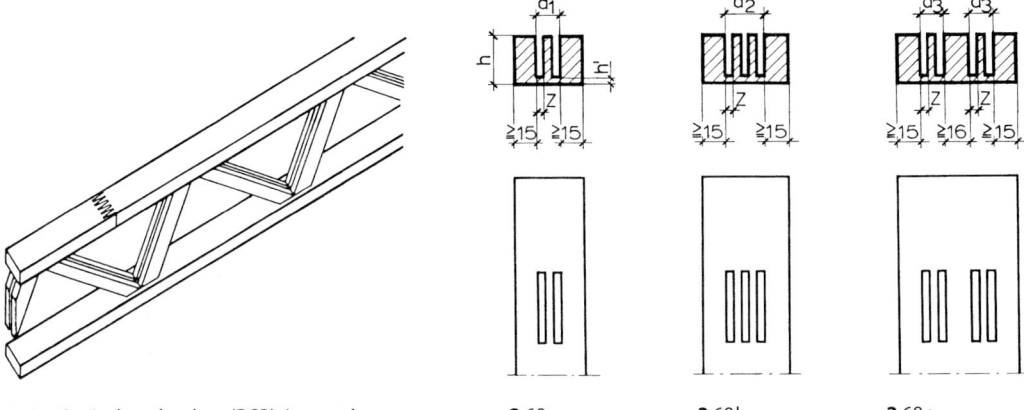

2.68 Dreieckstrebenbau (DSB), Isometrie
Strebentypen
a) 2-Zinker
b) 3-Zinker
c) 2 × 2-Zinker

2.68a   2.68b   2.68c

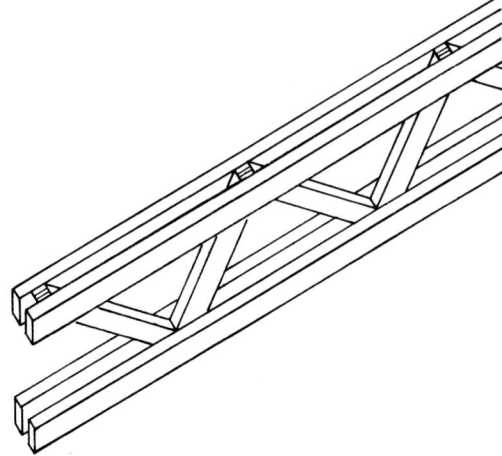

2.69 Trigonit-Träger, Isometrie

DSB-Träger sind als Sparren und Pfetten bis zu Längen bzw. Stützweiten von 12 und 15 m zugelassen. Die Gitterstreben sind hier mit Zinken in die parallel oder geneigt zueinander verlaufenden Gurte geleimt. Mit verschieden breiten Ober- und Untergurten werden je nach Beanspruchungsmöglichkeit Träger mit Doppel-, Dreifach- und Vierfachstreben hergestellt (Bild **2.68**).

Trigonit-Träger sind in drei Ebenen angeordnete leichte Trägersysteme, bei denen die mittig angeordneten Diagonalstäbe durch Keilzinkung miteinander verleimt sind. Ober- und Untergurt werden durch angenagelte Doppelprofile gebildet. Es können Einfach- oder Mehrfachgitterstäbe hergestellt werden, die Gurte können parallel, dreiecksförmig oder pultartig verlaufen.

Vorgefertigte Gitterträger

Der den Fachwerken zugrunde liegende Gedanke, durch Aneinanderreihen einer Vielzahl von aus Stäben gebildeten Dreiecken sehr leistungsfähige und materialsparende ebene Tragwerke zu konstruieren, führte zum vorgefertigten *Gitterstegträger*. Träger dieser Art werden maschinell als leichte Bauelemente vorgefertigt.

Als Beispiel für das Konstruieren mit Gitterträgern ist in Bild **2.**70 der Schnitt durch ein Kehlbalkendach dargestellt. Gitterträger werden auch im Schalungsbau und für Holzbaukonstruktionen mit großen Spannweiten eingesetzt, wenn Vollholzprofile wegen ihres Eigengewichtes unwirtschaftlich sind.

Holzverbindungen

Bei ingenieurmäßig konstruierten Holzbauwerken werden die herkömmlichen handwerklichen Holzverbindungen hinsichtlich einfacherer und maschineller Herstellungsmöglichkeiten sowie höherer Belastbarkeit durch ähnliche, jedoch vereinfachte Anschlüsse ersetzt. In der Regel wird die Tragfähigkeit derartiger Versatzanschlüsse durch Nagelungen, Dübel und Bolzenverbindungen verbessert.

Außerdem werden moderne Verbindungstechniken (z. B. Verleimungen) und Verbindungsele-

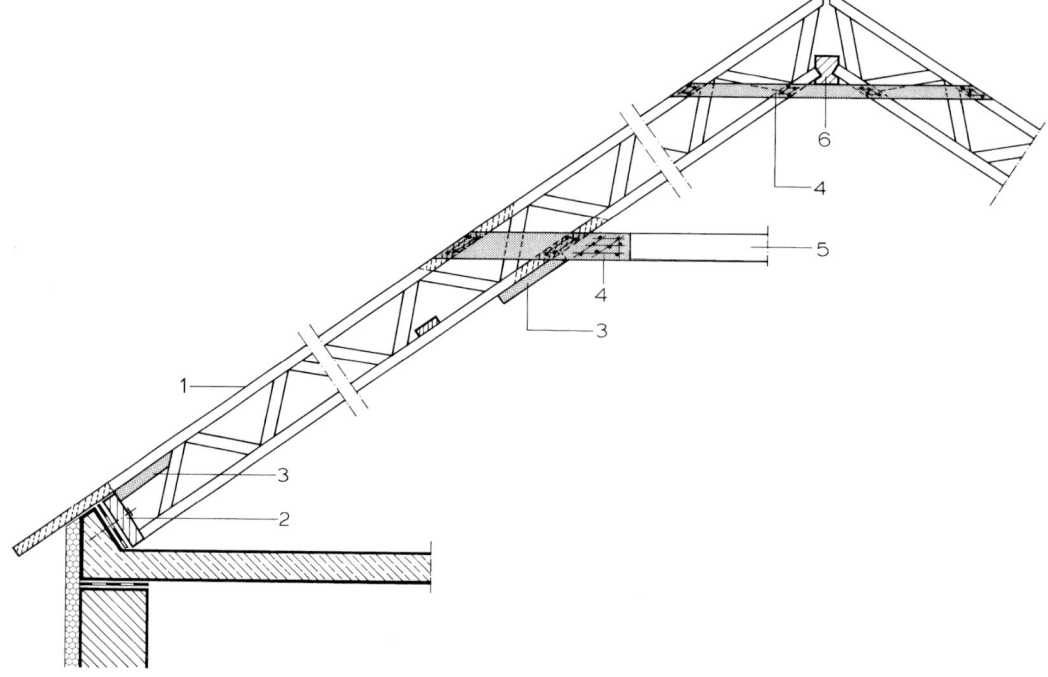

2.70 Sparrendach aus Gitterträgern (diagonale Windverbände nicht eingezeichnet), Schnitt
1 Gitterträger
2 Sattelschwelle auf Trennlage, verankert
3 Knagge
4 Verbindungslaschen
5 Kehlriegel
6 Firstprofil, nicht tragend

mente wie Stahlbleche und spezielle Knotenverbindungen eingesetzt.

Weiterentwickelte Zimmermannsverbindungen

Beim Anschluss von Druckstäben durch *Versatz* wird die Tragfähigkeit durch Verbreiterungen der anzuschließenden Hölzer und zusätzlichen Einsatz von Dübeln (Bild **2.71**a) verbessert oder die herkömmlichen Versätze werden durch aufgedübelte Laschen gebildet (Bild **2.71**b; Dübel, Bolzen- und Nagelverbindungen s. Bilder **2.71** ff).

Zur einfacheren Herstellung der Knotenpunkte werden Versätze auch durch aufgenagelte oder aufgedübelte Laschen oder Knaggen ersetzt, kombiniert mit Bolzenverbindungen oder genagelten Verbindungslaschen (Bild **2.72**).

Vielfach werden die Anschlussknoten für Druck- und Zugstäbe durch Doppelprofile in Verbindung mit verbolzten Dübeln vereinfacht (Bild **2.73**).

Anschlüsse von Zugstäben sind in der gleichen Weise oder mit Stabdübeln möglich (Bild **2.74**a und b) oder werden bei Verbindung von Einfachprofilen mit Nagellaschen ausgeführt (Bild **2.74**c).

Stoßverbindungen werden mit Hilfe genagelter oder verbolzter Laschen hergestellt oder durch Stabdübel in Verbindung mit Knotenblechen aus Stahl (Bild **2.75**).

Gelenke *durchlaufender* Pfettenstränge (Gelenkträger) werden mit Stahlblechformteilen oder durch Überplattungen mit Bolzenverbindungen gebildet. Die Stöße sind so auszuführen, dass die Bolzen auf Zug beansprucht werden, oder die Hölzer müssen durch Klemmbolzen gegen Aufreißen gesichert werden (Bild **2.76**).

Gelenkträger („Gerberpfetten" – Namensgeber ist der dt. Ingenieur H. G. Gerber, 1832-1912) haben in Pfettensträngen über die Stützen hinauskragende Pfettenenden als Auflager für gelenkig eingehängte zwischengehängte Pfettenabschnitte. In den Gelenken werden nur die Auflagerkräfte des eingehängten Trägers, jedoch keine Biegemomente übertragen. Dadurch sind erheblich günstigere statische Dimensionierungen möglich.

2.2 Dachtragwerke aus Holz

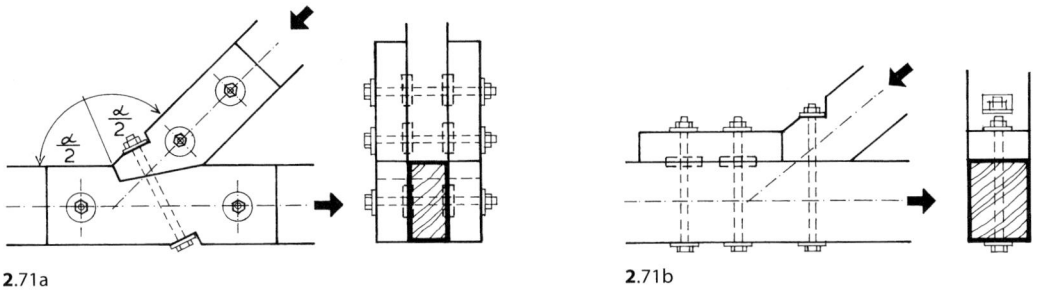

2.71a **2.**71b

2.71 Druckstabanschlüsse mit Versatz
a) Versatzflächen vergrößert durch angedübelte Verbreiterungslaschen
b) Versatz gebildet durch aufgedübelte Lasche (vgl. „Vorholz"), Druckstab durch Bolzen gesichert

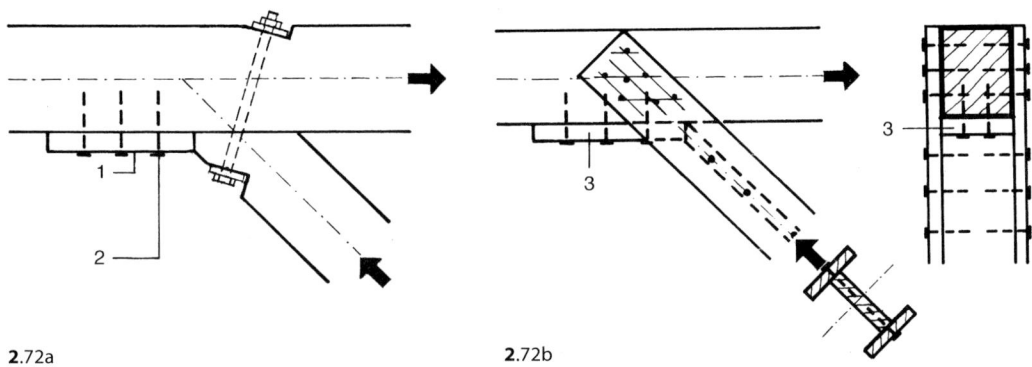

2.72a **2.**72b

2.72 Druckstabanschlüsse („Kopfbänder" zur Verminderung der Stützweiten der Pfetten)
a) Anschluss mit Stirnversatz, gebildet durch genagelte Knagge, Bolzensicherung
b) Anschluss eines Kopfbandes mit zusammengesetztem I-Querschnitt aus Einzelbrettern
1 Knagge
2 Nagelung
3 Brettlasche

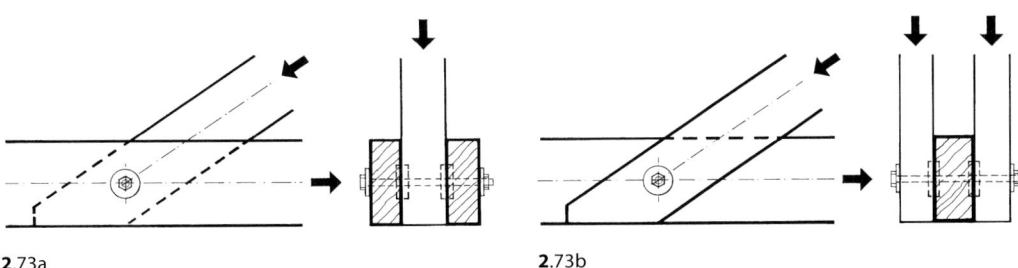

2.73a **2.**73b

2.73 Knotenpunkte durch Doppelprofile gebildet (Verbindung durch Bolzen in Verbindung mit Dübeln, s. Bilder **2.**80 bis **2.**85)
a) Zugstab als Doppelprofil, b) Druckstab als Doppelprofil

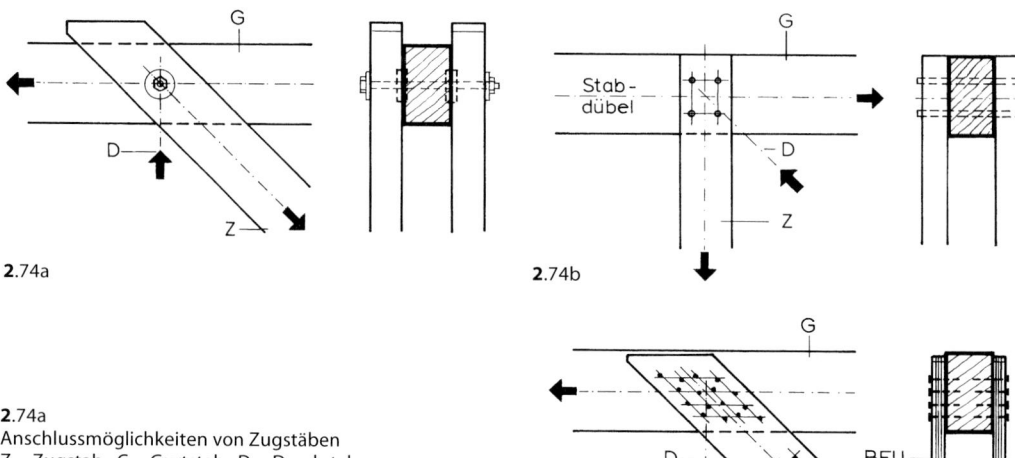

2.74a
Anschlussmöglichkeiten von Zugstäben
Z = Zugstab, G = Gurtstab, D = Druckstab
a) Anschluss von zweiteiligem Zugstab mit Dübeln
b) Anschluss eines zweiteiligen Zugstabes mit Stabdübeln
c) Anschluss eines einteiligen Zugstabes durch genagelte Laschen aus Baufurnierplatten (BFU)

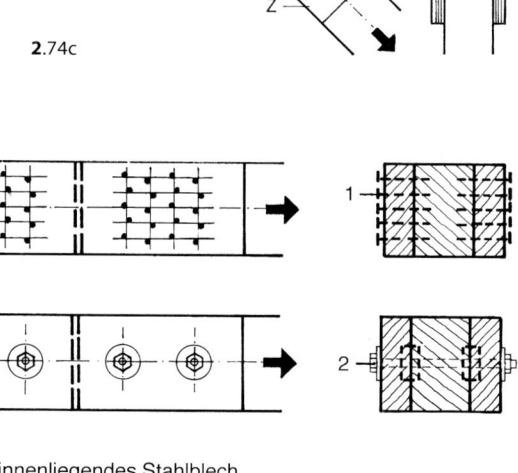

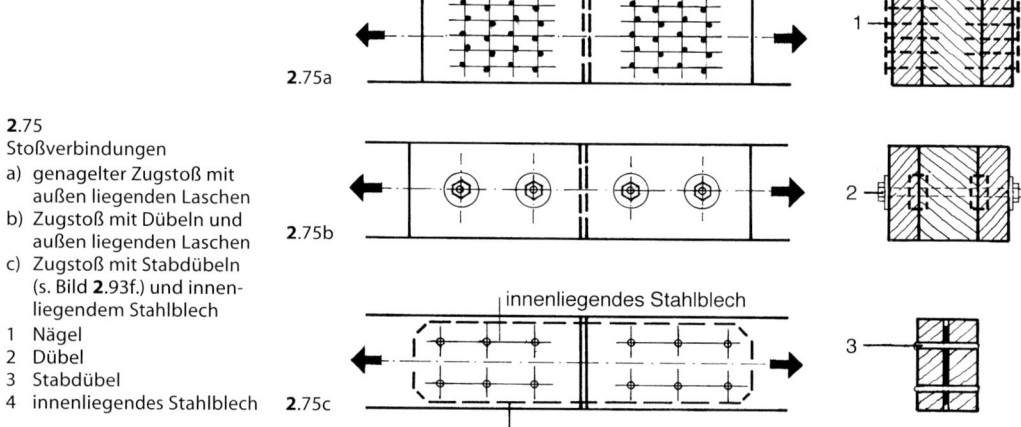

2.75
Stoßverbindungen
a) genagelter Zugstoß mit außen liegenden Laschen
b) Zugstoß mit Dübeln und außen liegenden Laschen
c) Zugstoß mit Stabdübeln (s. Bild **2.**93f.) und innenliegendem Stahlblech
1 Nägel
2 Dübel
3 Stabdübel
4 innenliegendes Stahlblech

Spitzwinklig zusammenlaufende Gurthölzer werden durch beidseitig aufgenagelte Platten aus Baufurnierplatten verbunden (Bild **2.**77).

Dübelverbindungen

Dübelverbindungen ermöglichen das Übertragen großer Kräfte bei kleinen Anschlussflächen. Unter die Festlegungen für Dübelverbindungen fallen alle überwiegend auf *Druck* und *Abscheren* beanspruchten Verbindungsmittel, wie

- *rechteckige Dübel aus Hartholz* (Bild **2.**78)
- *Dübel aus Stahl* („Dübel besonderer Bauart"), Bild **2.**79 und Bilder **2.**80 bis **2.**85
- *Stabdübel* (Bilder **2.**92 und **2.**93).

Dübel dürfen nur in Holz mindestens der Sortierklasse S10 nach DIN 4074-1, Einpressdübel nur in Nadelholz verwendet werden. Die Grundplatten von Einpressdübeln müssen, wenn sie mehr als 2 mm dick sind, eingelassen werden.

2.2 Dachtragwerke aus Holz

Alle Dübelverbindungen müssen durch in der Regel nachspannbare Schraubenbolzen zusammengehalten werden, wobei jeder Dübel durch einen Bolzen gesichert sein muss. Bei Verbindungen mit Dübeldurchmessern bzw. -seitenlängen ≥ 120 mm sind an den Enden der Außenhölzer oder -laschen Klemmbolzen anzuordnen (Bild 2.79). Die Bolzen sind so anzuziehen, dass die Unterlegscheiben geringfügig, jedoch höchstens 1 mm tief in das Holz eingedrückt werden.

Die Abstände von Dübeln untereinander und vom Rand sind – wegen der großen Tragfähigkeit – entsprechend groß, so dass Anschlüsse mit mehreren Dübeln hintereinander eine große Länge erfordern.

Rechteckige Dübel nach Bild 2.78 dürfen nur aus trockenem Hartholz oder aus Metall hergestellt werden. Ihre zulässige Belastung ist rechnerisch zu ermitteln.

Es dürfen in einem Anschluss höchstens 4 hintereinanderliegende Rechteck- oder Flachstahldübel in Rechnung gestellt werden (das gilt nicht für Rechteckdübel in verdübelten Balken).

Rechteckige Holzdübel sind so einzulegen, dass ihre Fasern und die der zu verbindenden Hölzer gleichgerichtet sind. (Gerade, aufrechtstehende Dübel aus Flachstahl dürfen zur Kraftübertragung nicht verwendet werden.)

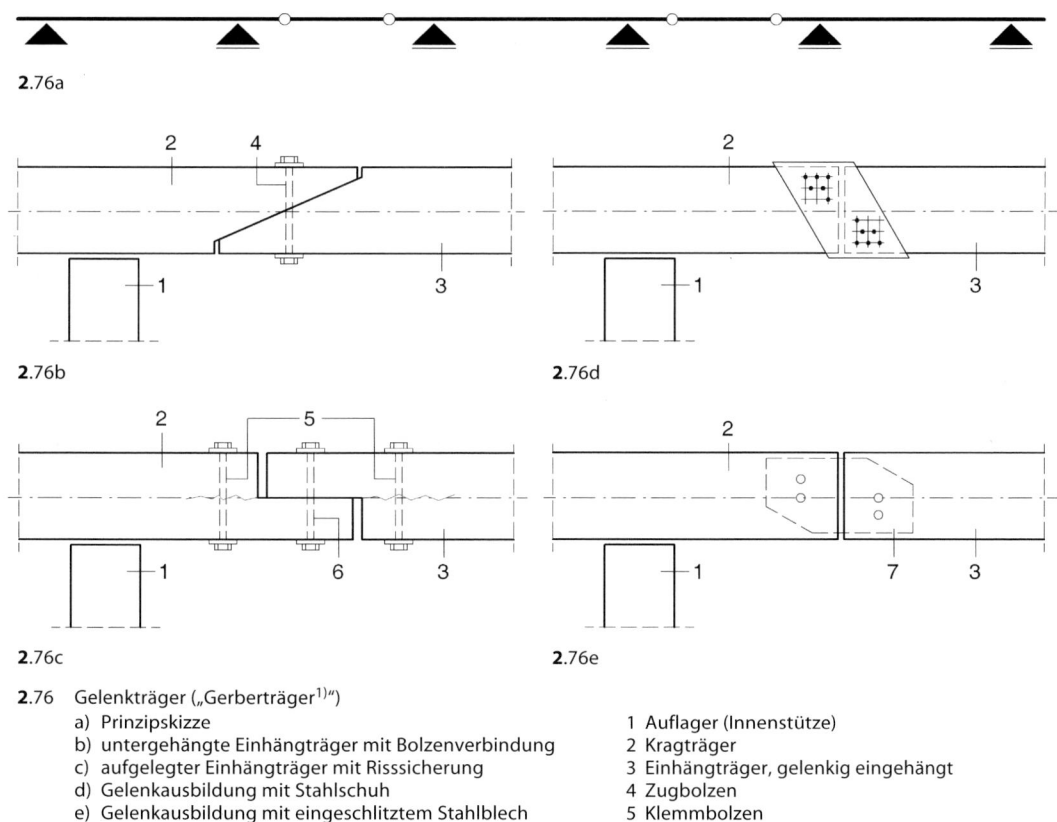

2.76 Gelenkträger („Gerberträger[1]")
  a) Prinzipskizze
  b) untergehängte Einhängträger mit Bolzenverbindung
  c) aufgelegter Einhängträger mit Risssicherung
  d) Gelenkausbildung mit Stahlschuh
  e) Gelenkausbildung mit eingeschlitztem Stahlblech

  1 Auflager (Innenstütze)
  2 Kragträger
  3 Einhängträger, gelenkig eingehängt
  4 Zugbolzen
  5 Klemmbolzen
  6 nicht tragender Verbindungsbolzen
  7 Stahlblech mit Stabdübeln

---

[1] „Gerberträger" ist ein 1866 patentierter Gelenkträger aus dem Brückenbau, benannt nach dem Deutschen Ingenieur Heinrich Gottfried Gerber (1832–1912)

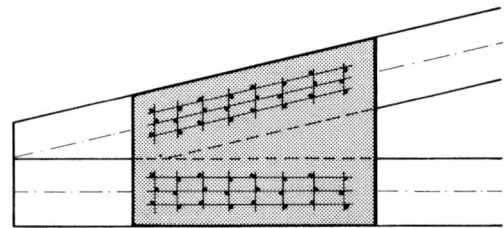

2.77 Verbindung von flachgeneigtem Obergurt mit Untergurt durch beidseitig genagelte Sperrholzplatten

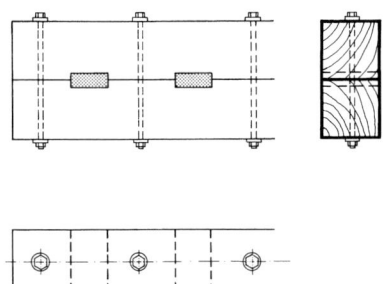

2.78 Verdübelter Balken. Rechteckdübel aus Hartholz; Faserrichtung in Dübeln und Balken muss übereinstimmen

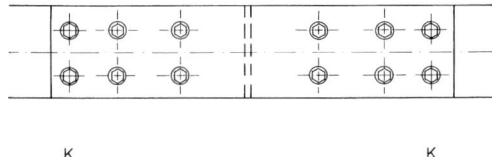

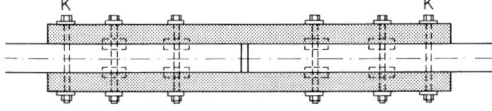

2.79 Bolzenanordnung bei Dübelverbindungen (links und rechts außen zusätzliche Klemmbolzen (K) bei großen Dübeln)

Dübel besonderer Bauart Man unterscheidet *Einlass*dübel, die in vorbereitete passende Vertiefungen des Holzes eingelegt, und *Einpress*dübel, die ohne Benutzung von Bohr-, Nut- oder Fräswerkzeugen in das Holz eingepresst werden, ferner Dübel, die teils eingelassen, teils eingepresst werden (Einlass-/Einpressdübel).

Sie werden hergestellt als
- Ringdübel aus Metall (Dübeltyp A) (Bild **2**.80)
- Scheibendübel aus Metall (Dübeltyp B) (Bild **2**.81)
- Scheiben mit Zähnen (Dübeltyp C) (Bild **2**.82 bis **2**.84).
- Sonstige Dübel besonderer Bauart aus Eichenholz (Bild **2**.85)

Die nach Form, Durchmesser und Materialdicke in DIN EN 912 festgelegten Dübel (keine Stabdübel) können große Kräfte übertragen. Die Metalldübel werden in zweiseitiger und einseitiger Form hergestellt; dabei dienen die zweiseitigen Dübel zum Verbinden von Holz mit Holz, die einseitigen zum Verbinden von Holz mit Stahlteilen (Bild **2**.86).

Der Dübeltyp A (Ringdübel) darf auch zur Kraftübertragung in der Hirnholzfläche bei Brettschichtträgern herangezogen werden (Bild **2**.87). Damit ist es möglich, den Anschluss von Neben- an Hauptträger mit nicht sichtbaren Verbindungsmitteln herzustellen.

Einpressdübel sind so einzubauen, dass die Hölzer außerhalb der eigentlichen Dübelfläche nicht beschädigt oder überbeansprucht werden. Im Allgemeinen sind daher besondere Vorrichtungen (Pressen, Schraubenspindeln oder dgl.) zum Einpressen der Einpressdübel zu verwenden.

Dübel aus Metall müssen ausreichend korrosionsbeständig sein.

Bolzen sind lange Stahlschrauben mit Schaft und Gewinde zum Zusammenspannen von Holzteilen (Bild **2**.88). Da die Bohrlöcher ca. 1 mm größer hergestellt werden müssen als der Bolzendurchmesser, sind Bolzen *allein* zur Übertragung von Kräften senkrecht zur Bolzenachse nicht geeignet. Der *Schlupf* von ca. 1 mm bedeutet für Dauerbauwerke und hochbelastete Bauteile eine zu große Anfangsverschiebung.

Bolzen dürfen für tragende Verbindungen nur dann eingesetzt werden, wenn durch besondere Maßnahmen ein Schlupf verhindert wird (Einbau nur trockener Hölzer und in Verbindung mit Dübeln). Im Übrigen sind Bolzenverbindungen nur für untergeordnete bzw. nicht ständige Bauten mit geringen Belastungen möglich. Bolzen sind außerdem ein hervorragendes Verbindungsmittel zur Montage (Bild **2**.89), Verankerung, Bauteilsicherung (Bild **2**.90) und für vorübergehende Baumaßnahmen (Gerüste, Hilfsbauwerke, fliegende Bauten). Wegen des Austrock-

2.2 Dachtragwerke aus Holz

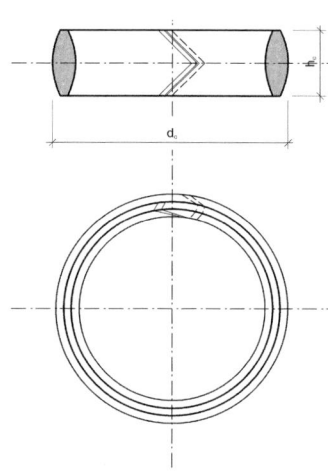

2.80 Dübeltyp A4 (Ringdübel) zweiseitiger (Einlassdübel) z. B. System Appel

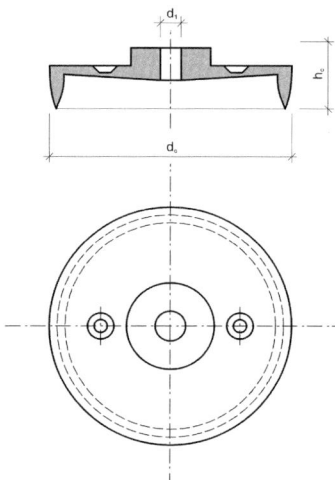

2.81 Dübeltyp B1 (Scheibendübel) zweiseitiger, runder Einpressdübel

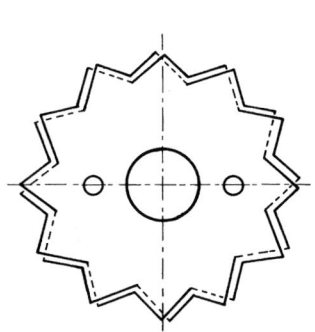

2.82 Dübeltyp C1 (Scheibendübel mit Zähnen) zweiseitiger Einpressdübel z. B. System Bulldog

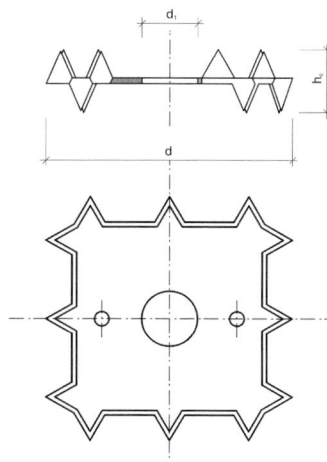

2.83 Dübeltyp C8 (Scheibendübel mit Zähnen) zweiseitiger quadratischer Einpressdübel)

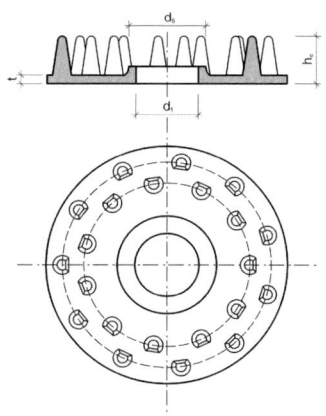

2.84 Dübeltyp C11 (Scheibendübel mit Zähnen) einseitiger Einpressdübel z. B. System GEKA

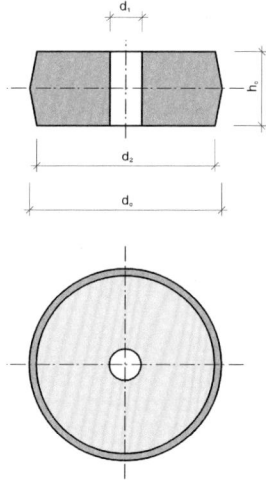

2.85 Dübel besonderer Bauart (Einlassdübel) Scheiben-Hartholzdübel z. B. System Kübler

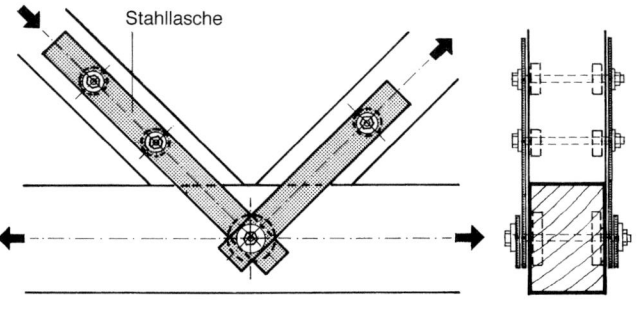

Stahllasche

2.86 Fachwerkknoten mit außen liegenden Stahllaschen und einseitigen Dübeln

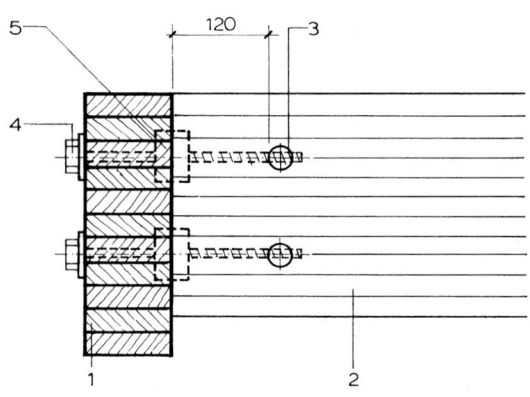
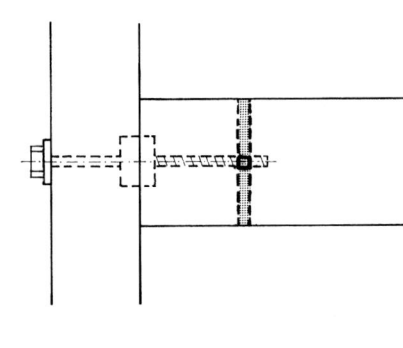

2.87a **2.**87b

2.87 Hirnholzanschlüsse bei Brettschichtholz mit Dübeln Typ A
 a) Schnitt
 b) Draufsicht
 1 Hauptträger
 2 Nebenträger
 3 Stabanker 30 mm mit Quergewinde
 4 Bolzen M 12
 5 Dübel Typ A

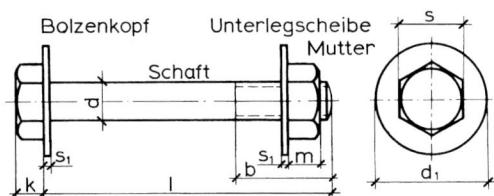

2.88 Schraubenbolzen

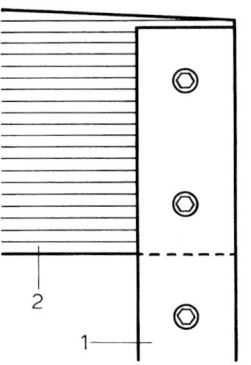
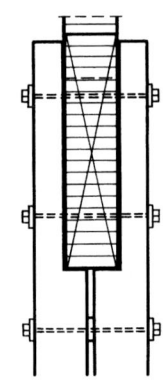

nens des Holzes und des damit verbundenen Schwindens sollen die Bolzen nach einiger Zeit nachgespannt werden.

Die Mindestdicke von Bolzen beträgt 12 mm, der größte Durchmesser 30 mm; die üblichen Abmessungen und die jeweils dazugehörigen Unterlegscheiben sind in der Tabelle **2.**91 aufgeführt.

Werden Bolzen durch Zugkraft beansprucht (Zugstangen), so beträgt die zulässige Spannung für den Kernquerschnitt 10 kN/cm² , wenn nicht eine nachgewiesene höhere Stahlqualität verwendet wird.

2.89 Stützenanschluss durch Bolzen
 1 eingespannte und ausgesteifte Doppelstütze
 2 Brettschichtträger

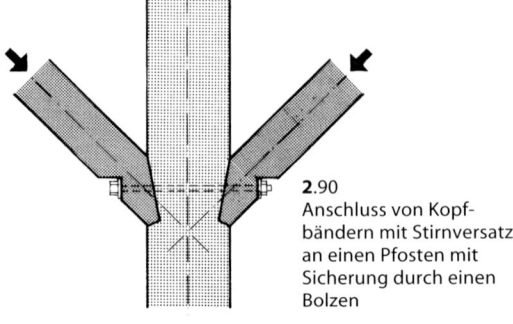

2.90 Anschluss von Kopfbändern mit Stirnversatz an einen Pfosten mit Sicherung durch einen Bolzen

2.2 Dachtragwerke aus Holz

Tabelle 2.91 Maße der gebräuchlichsten Sechskantschrauben und Scheiben (für den Holzbau) in mm

Gewinde	Schaft-Ø d	b für l			k	m	s	d_1	d_2[1]	s_1
		≤ 80	> 80 bis 200	> 200						
M 12	12	22	28	40	8	9,5	19	58	50	6
M 16	16	28	35	50	10,5	13	24	68	60	6
M 20	20	32	40	55	13	16	30	80	70	8
M 24	24	38	50	65	15	18	36	105	95	8

[1] Seitenlänge bei quadratischer Scheibe

Stabdübel. Durch die Möglichkeit, *Abbundarbeiten*[1] und damit auch die Herstellung von hochbelastbaren Holzverbindungen mit Hilfe rechnergestützter Maschinen außerordentlich präzise auszuführen, haben im ingenieurmäßigen Holzbau Stabdübelanschlüsse eine große Verbreitung gefunden.

Stabdübel sind glatte, zylindrische an den Enden angefaste Stahlstäbe (6, 8, 10, 12, 16, 20, 24 mm, Stahlsorten S 235, S 275 und S 355), die in Bohrlöcher mit gleichem Durchmesser eingetrieben werden (Bild 2.92). Die Kraftübertragung erfolgt stets rechtwinklig zur Stabachse (Scherkraftübertragung) und wird durch *Lochleibungspressung* auf die zu verbindenden Hölzer übertragen. Stabdübel werden in den Durchmessern 6 bis 24 mm verwendet.

Stabdübelverbindungen können ein-, zwei- oder mehrschnittig sein. Sie müssen mindestens 4 Scherflächen aufweisen (Bild 2.93).

Die Mindestabstände von Stabdübeln und Passbolzen sind DIN EN 1995-1-1, Abschn. 8.6 zu entnehmen (Tab. 2.95).

Soll bei Stabdübelverbindungen neben der Scherkraftübertragung eine Klemmwirkung auf die zu verbindenden Hölzer ausgeübt werden, können Stabdübel mit Kopf, Gewinde und Mutter (Passbolzen) verwendet werden. *Passbolzenverbindungen* müssen mindestens 2 Scherflächen aufweisen.

In der Regel entsprechen die Stabdübellängen der Gesamtdicke der gebildeten Holzverbindung (Bild 2.96a). Soll eine Stabdübelverbindung höhere Anforderungen an den Brandschutz erfüllen, ist die Stabdübellänge kürzer als die Holzgesamtdicke zu wählen. Die verbleibenden Bohrlochenden werden mit *Holzpfropfen* verschlossen. Die Dicken der außen liegenden Hölzer sind entsprechend größer auszuführen (Bild 2.96b).

Stabdübelanschlüsse werden in sehr vielen Fällen mit Hilfe von ebenen oder räumlich zusammengeschweißten Knotenblechen aus Stahlblech ausgeführt (Bild 2.97 und 2.120).

Mit Hilfe von speziell geformten Knotenblechen werden auch Anschlüsse mit Stabdübeln zwi-

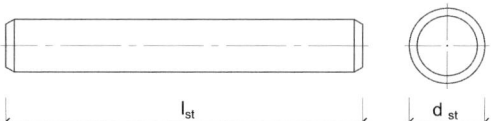

2.92 Stabdübel mit angefasten Enden

[1] Abbund bzw. Abbinden ist das maßgerechte Anreißen, Bearbeiten, Zusammenpassen und Kennzeichnen von Schnitt- und Rundholz für Tragwerke, Bauteile und Einbauteile. Man unterscheidet den traditionellen, den zeichnerischen, den rechnerischen und den computergestützten Abbund. Alle Verfahren bauen aufeinander auf und werden in der Praxis oft kombiniert. Das Ausarbeiten der Hölzer erfolgt mit Zimmererwerkzeug, großen Handmaschinen, stationären Zimmereimaschinen oder CNC-gesteuerten Abbundstraßen, meist auf einem Abbundplatz oder einer Abbundhalle der Zimmerei, kann aber auch vor Ort auf der Baustelle erfolgen.

einschnittig

zweischnittig

2.93 Verbindungsarten bei Stabdübeln

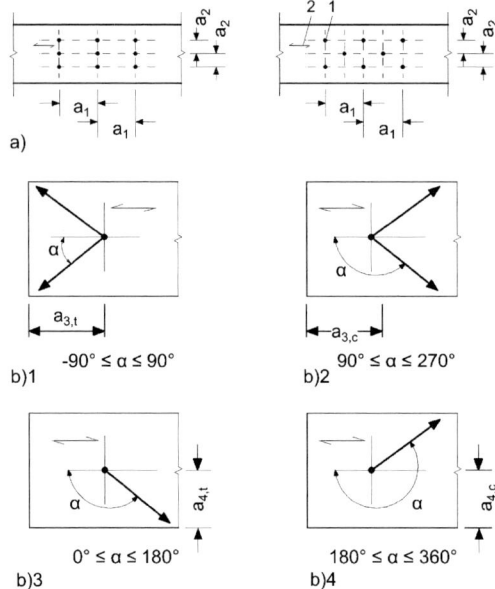

2.94 Abstände der Verbindungsmittel (Nagelverbindungen)
a) Abstände in Faserrichtung innerhalb einer Reihe und rechtwinklig zur Faserrichtung zwischen den Reihen
b) Abstände vom Hirnholzende und vom Rand
b1) beanspruchtes Hirnholzende
b2) Unbeanspruchtes Hirnholzende
b3) beanspruchter Rand
b4) unbeanspruchter Rand
1 Verbindungsmittel
2 Faserrichtung des Holzes

schen Holz- und Stahlstäben bzw. Gurten ermöglicht (Bild **2**.98).

Windverbandanschlüsse können insbesondere in sichtbaren Bereichen mit eingeschlitzten Knotenblechen und Stabdübelanschluss hergestellt werden. Sie werden durch Verschraubungen mit gegenläufigen rechts/links-Gewinden gespannt (Bild **2**.99).

Dübel für räumliche Tragwerke. Stabverbindungen der behandelten räumlichen Holztragwerke werden bei größeren Kantholz- oder Brettschichtholz-Profilen meistens mit Stabdübeln in Verbindung mit *Stahlblechknoten* ausgeführt. Für schlanke quadratische Holzquerschnitte sind jedoch spezielle Dübelformen erforderlich.

Eine neue Entwicklung dafür stellen sehr hoch belastbare *Verpressdübel* dar. Speziell geformte Ankerkörper aus Stahlguss werden dabei in entsprechende Bohrungen eingesetzt und mit Epoxidklebern verpresst. Die Kraftübertragung übernehmen überkreuz eingebaute Stabdübel (Bild **2**.100).

Ebenfalls mit überkreuz eingebauten Stabdübeln werden die Lasten bei den in Bild **2**.101 gezeigten Verbindungen übertragen.

Die Knotenverbindungen werden lösbar über Verschraubungen mit Stahlkugeln oder unlösbar durch Verschweißen mit Stahlhohlkugeln oder Stahlringen gebildet (Bild **2**.102, s. a. Bild **2**.124).

Nagelverbindungen

Das Bestreben, aus wirtschaftlichen, baustofftechnischen und konstruktiven Gründen Vollhölzer durch zusammengesetzte Querschnitte zu ersetzen, hat zur *Holznagelbauweise* geführt. Nagelungen ergeben flächenhafte Verbindungen von großer Steifigkeit. Die Tragkraft einer Nagelbindung hängt hauptsächlich von der Biegefestigkeit des Nagels und der Druckfestigkeit des Holzes ab. Erforderliche Anzahl der Nägel, Nagelabstände und Mindestholzdicken werden nach DIN EN 1995-1-1, Abschn. 8.3 errechnet. Die Mindestmaterialdicken bei Holz-Holz- sowie Holz-Gipswerkstoff- und bei Stahlblech-Holz-Nagelverbindungen sind festzulegen.

Eine Nagelverbindung wird hergestellt durch *Einschlagen* in das Holz (nicht vorgebohrt) oder in *vorgebohrte* Nagellöcher. Das Vorbohren stellt zwar einen Mehraufwand dar, bedeutet jedoch für die Nagelverbindung eine erhebliche Quali-

Tabelle **2**.95 Mindestabstände von Stabdübeln gem. DIN EN 1995-1-1 und DIN EN 1995-1-1/NA

a_1	parallel zur Faserrichtung	$(3 + 2 \cdot \cos \alpha) \cdot d$
a_2	rechtwinklig zur Faserrichtung	$3 \cdot d$
$a_{1,t}$	beanspruchtes Hirnholzende	$7 \cdot d$ (jedoch mindestens 80 mm)
$a_{1,c}$	unbeanspruchtes Hirnholzende	$7 \cdot d \cdot \sin \alpha$ (jedoch mindestens $3 \cdot d$)
$a_{2,t}$	beanspruchter Rand	$3 \cdot d$
$a_{2,c}$	unbeanspruchter Rand	$3 \cdot d$

α ist der Winkel zwischen Kraft- und Faserrichtung

2.2 Dachtragwerke aus Holz

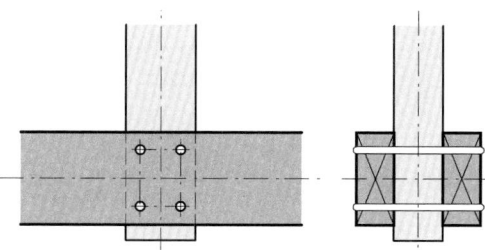
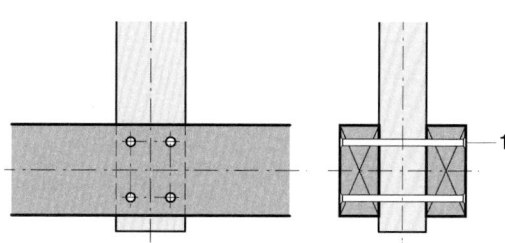

2.96a Anordnung von Stabdübeln: Länge des Stabdübels wie die Gesamtdicke der Hölzer

2.96b Anordnung von Stabdübeln: Länge des Stabdübels kleiner als die Gesamtdicke der Hölzer (Brandschutz)
1 eingeleimte Holzscheiben

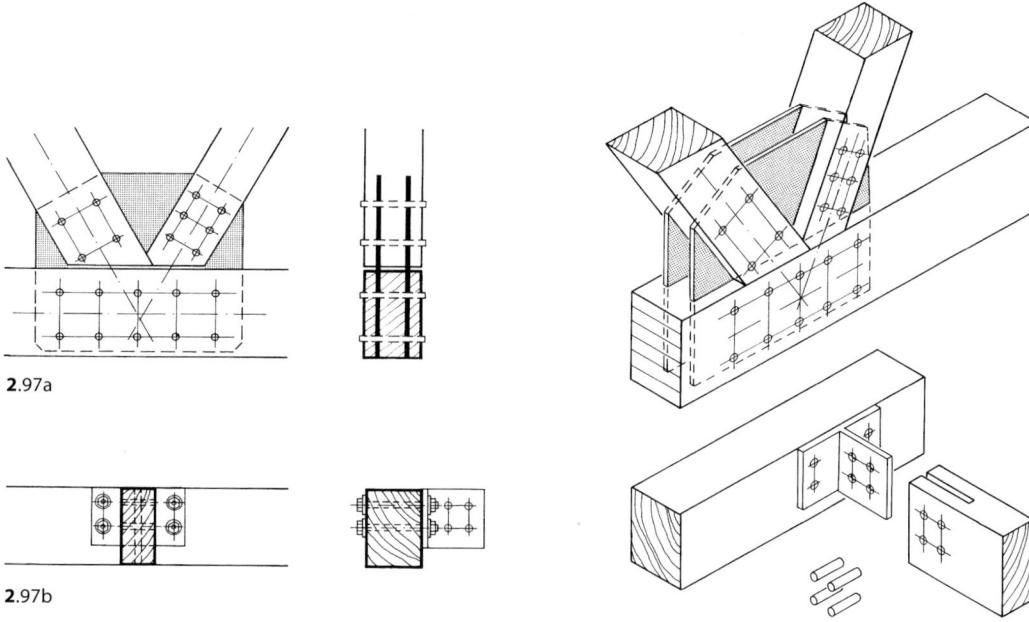

2.97a

2.97b

2.97 Stabdübelanschlüsse mit Knotenblechen
  a) 2 innenliegende Knotenbleche, 4-schnittige Stabdübel
  b) geschweißtes Knotenblech mit Bolzen am Durchlaufträger, Nebenträger mit Stabdübeln angeschlossen

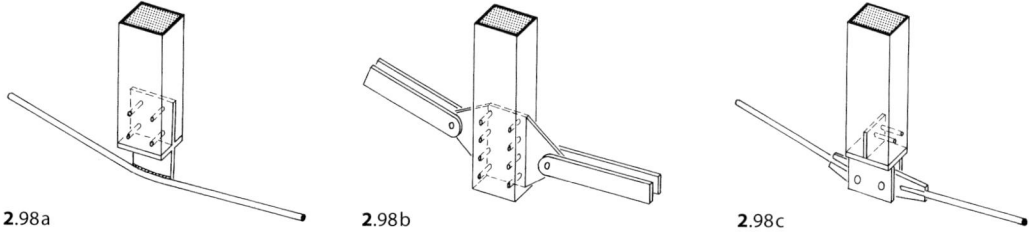

2.98a 2.98b 2.98c

2.98 Anschlüsse von Holz-Druckstäben an Stahl-Untergurte
  a) Knotenblech mit Zugstab verschweißt, Stabdübelanschluss ggf. auch zur Aufnahme eines Versatzmomentes
  b) Knotenblech mit Stabdübelanschluss für den Druckstab, Zugstäbe mit Bolzen angeschlossen
  c) Zugstäbe mit Bolzen gelenkig an doppelten Knotenblechlaschen

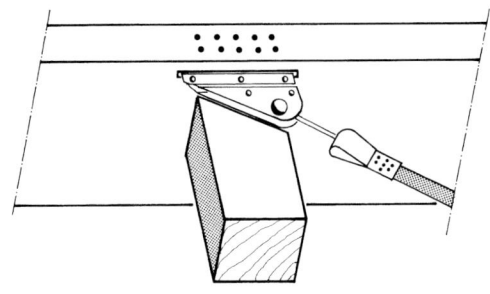
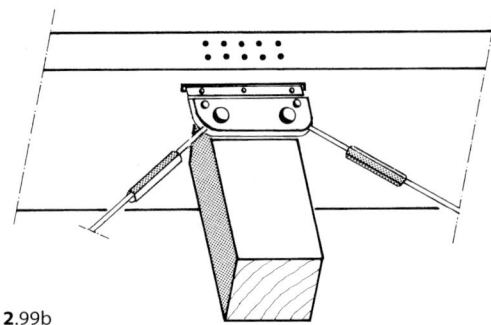

2.99a **2.99b**

2.99 Windverbandanschlüsse (BMF)
a) Anschluss eines Windrispenbandes
b) Doppelter Verbandanschluss aus justierbaren Rundstäben

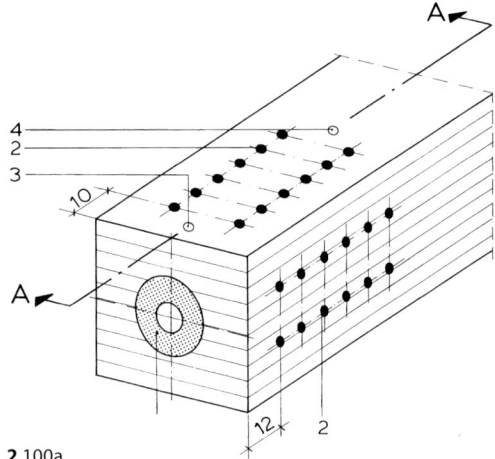
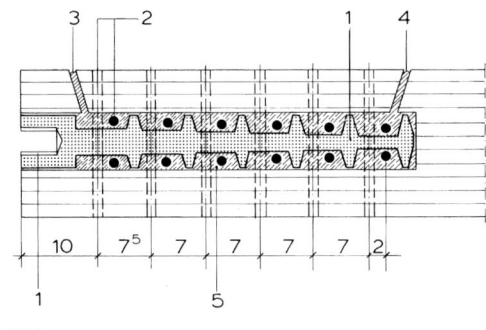

2.100b

2.100a

2.100 Verpressdübel
a) isometrische Ansicht
b) Schnitt

1 Ankerkörper mit Gewinde
2 Stabdübel 14 mm
3 Vergussbohrung
4 Entlüftungsbohrung
5 Restvolumen, ausgefüllt mit Vergussmasse

tätsverbesserung hinsichtlich Tragfähigkeit, Nagelabstand, Rissgefahr usw. und sollte überall dort zur Anwendung kommen, wo hochwertige Verbindungen geschaffen werden müssen (Bohrlochdurchmesser ≈ $0{,}85 \times d_n$, Bohrlochtiefe mindestens gleich der Einschlagtiefe s).

Verwendung finden Standardnägel nach DIN EN 10 230-1 und Sondernägel nach DIN EN 14 545 und DIN EN 14 592 (Bild **2.103**). Schraubnägel werden überwiegend dort verwendet, wo auch Zugkräfte in Schaftrichtung zu übertragen sind, Rillen- oder Ankernägel für die Befestigung von Stahlblech-Formteilen an Holzträgern.

Unterschieden werden 1-, 2- und mehrschnittige Nagelverbindungen (Bild **2.104**).

Die Mindestholzdicken (**a**) sind materialabhängig und unter Berücksichtigung der Nagelabstände festzulegen.

Die kleinsten *Nagelabstände* sind in der DIN EN 1995-1-1, Tab. 8.2 festgelegt (Bild **2.94** und **2.105**). Rechtwinklig zur Kraftrichtung muss der Nagelabstand sowohl untereinander als auch vom Rand mindestens $5 \times \boldsymbol{d_n}$ bzw. $7 \times \boldsymbol{d_n}$ bei nicht vorgebohrten und $3 \times \boldsymbol{d_n}$ bei vorgebohrten Nagellöchern betragen.

2.2 Dachtragwerke aus Holz

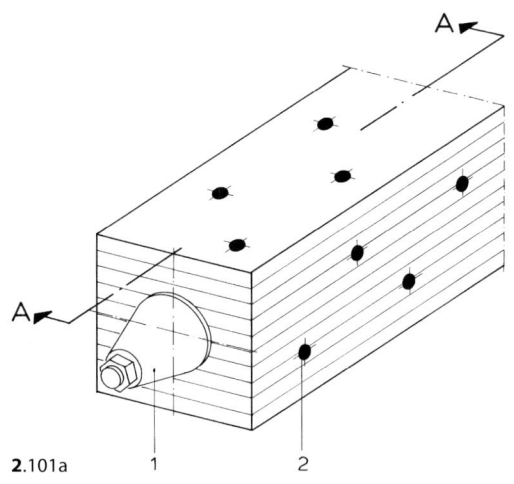
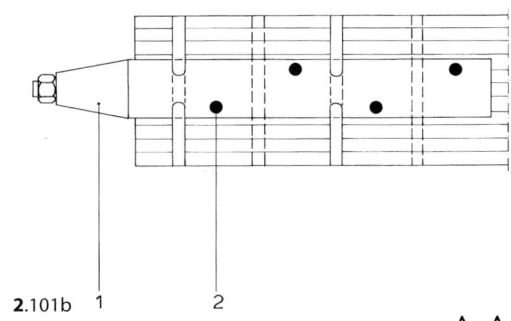

2.101 Dübelverbindung System MERO (DBP)
 a) isometrische Ansicht
 b) Schnitt

1 MERO-Dübelstab mit Schraubanschluss (s. Bild **2**.102a)
2 Stabdübel

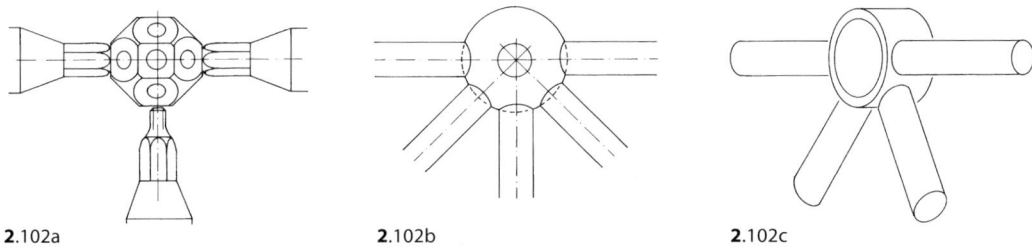

2.102 Räumliche Knotenverbindungen
 a) Schraubanschluss System MERO (max. 18 Stäbe), b) Schweißanschluss über Hohlkugel
 c) Schweißanschluss über Stahlring

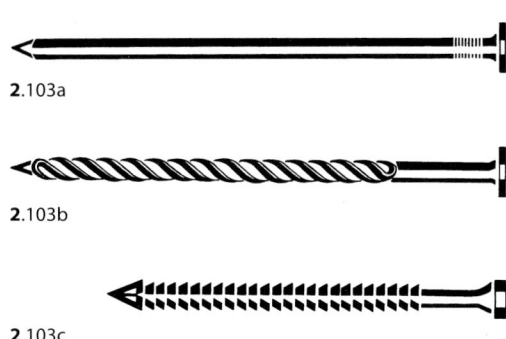

2.103 Nagelformen
 a) Standardnagel
 b) Schraubnagel (Sondernagel mit spiralförmig angerolltem Schaft)
 c) Rillen- oder Ankernagel (Sondernagel mit angerolltem Ringschaft)

Schalbretter sind mit mindestens 2 Nägeln an jedem Sparren, Binder oder Stiel zu befestigen. In Hirnholz eingeschlagene Nägel dürfen auf Herausziehen nicht in Rechnung gestellt werden.

Nagelverbindungen von Vollholz- *mit Stahlblechteilen* oder Baufurnierplatten ermöglichen eine erhebliche Verminderung der Querschnittsmaße an den Anschlusspunkten und damit oft überhaupt erst eine Nagelkonstruktion. In DIN EN 1995-1-1 und DIN EN 1995-1-1/NA sind in Abhängigkeit von der Dicke der Stahlbleche Nagelart und Nagelabstände festgelegt. Die Nagellöcher sind in der Regel gleichzeitig in Holz- und Blechteilen auf die erforderliche Nagellänge vorzubohren (Bohrlochdurchmesser = Nageldurchmesser). Es werden Verbindungen mit innen oder außen liegenden dünnen ($\geq 0{,}5\,d_N$) bzw. dicken ($\geq 1{,}0\,d_N$) Stahlblechen unterschieden.

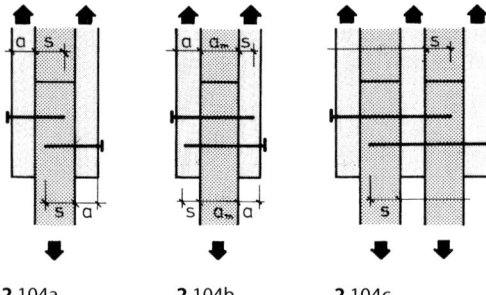

2.104a **2.104b** **2.104c**

2.104 Holzdicken und Einschlagtiefen bei Nagelverbindungen
a) einschnittig
b) zweischnittig
c) dreischnittig

Bei Blechdicken unter 5 mm ist Korrosionsschutz nach DIN EN ISO 12 994-2 und -5 stets erforderlich. Bei druckbeanspruchten Blechen ist auf eine ausreichende Beulsicherheit zu achten.

Bei Verbindung von Furnierplatten mit Vollholz haben in der Regel die Furnierplatten den Anforderungen nach DIN EN 315 – Sperrholz der DIN EN 14 374 – Furnierschichtholz und der DIN EN 13 986 – Holzwerkstoffe zu entsprechen.

Die in diesem Abschnitt behandelten Möglichkeiten für die Herstellung von Nagelverbindungen mit glatten Nägeln gemäß DIN EN 10 230-1 werden erheblich erweitert, wenn Spezialnägel (Bild **2**.103) verwendet werden, die auf Grund von Sonderzulassungen geringere Nagelabstände sowie höhere Scher- und Ausziehbeanspruchungen erlauben.

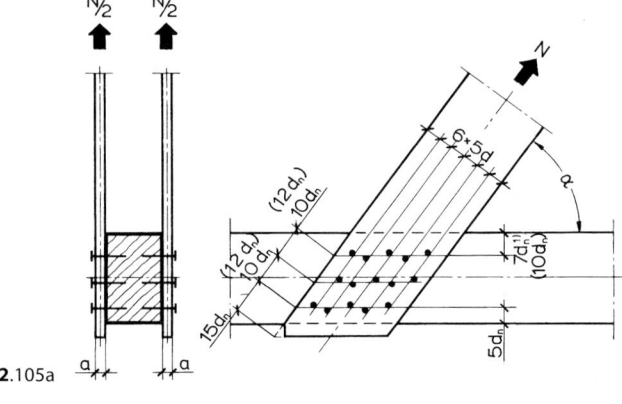

2.105a

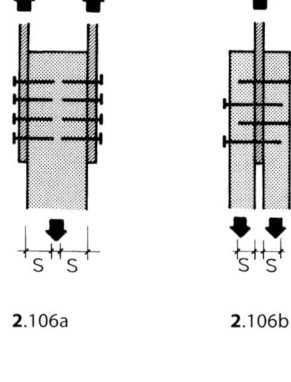

2.106a **2.106b**

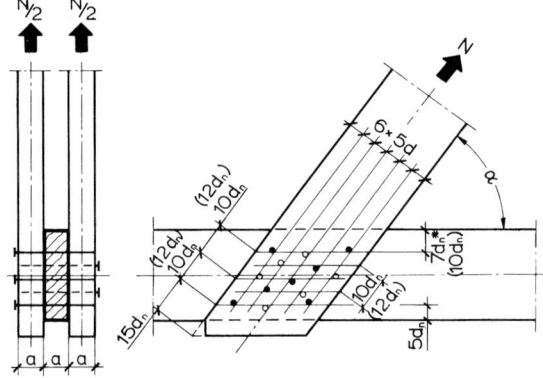

2.105b

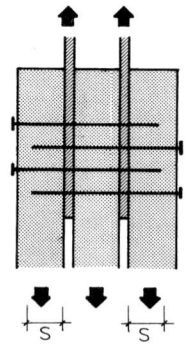

2.106c

2.105 Mindestnagelabstände nicht vorgebohrter Nagelungen
a) einschnittige Nagelung
b) zweischnittige Nagelung
*) bei · < 30°: 5 dn (bzw. 7 dn)
● Nagel Vorderseite
○ Nagel Rückseite
( ) Werte in Klammern gelten für Nageldurchmesser größer als 4,2 mm

2.106 Schnittigkeit von Nagelverbindungen mit Stahlblechen
a) einschnittig
b) zweischnittig
c) vierschnittig

2.2 Dachtragwerke aus Holz

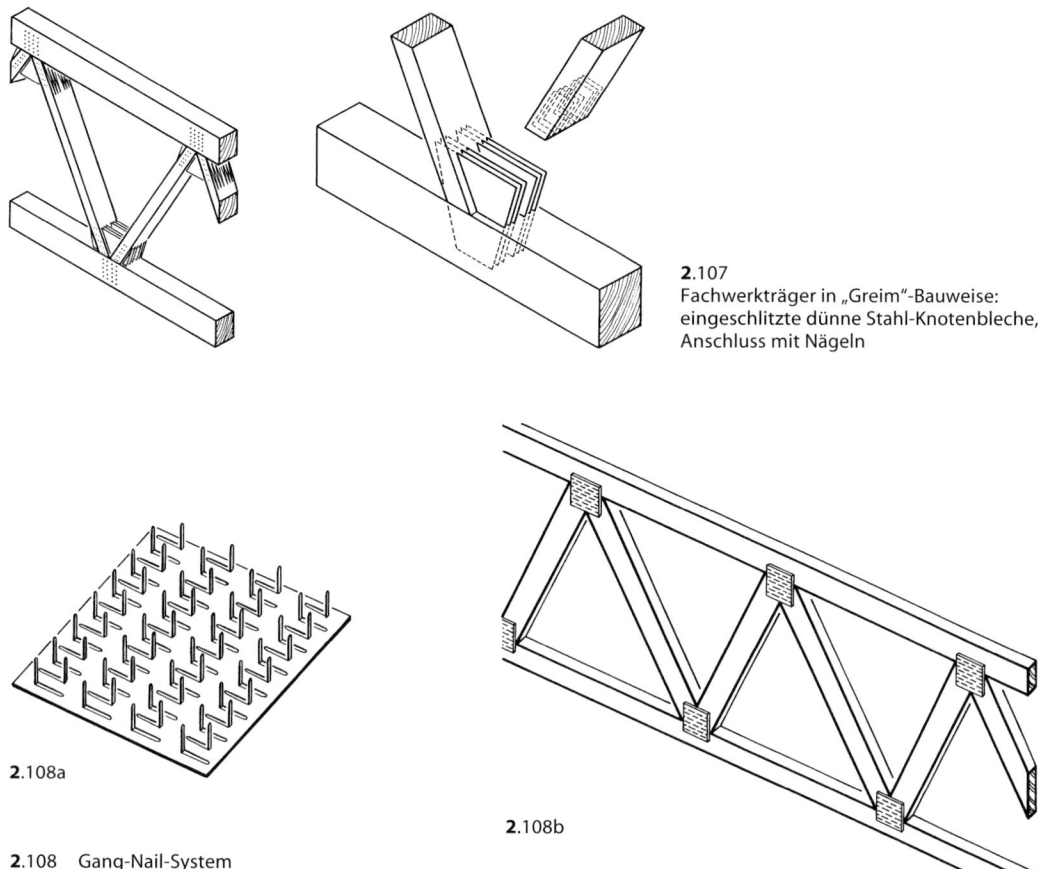

2.107 Fachwerkträger in „Greim"-Bauweise: eingeschlitzte dünne Stahl-Knotenbleche, Anschluss mit Nägeln

2.108 Gang-Nail-System
a) Gang-Nail-Platte, b) Fachwerkbinder

Stahlblech-Holz-(Lochplatten-)Verbindungen

In Verbindung mit Lochplatten und den verschiedensten Spezial-Nagelverbindungen kann die Herstellung sowohl konstruktiver wie auch statisch beanspruchter Holzverbindungen erheblich rationalisiert werden. Spezielle Stahlblech-Lochplatten werden verwendet in geschlossenen Systemen wie z. B. bei den Knotenblechen in Fachwerkbindern der „Greim"-Bauweise[1] (Bild **2**.107). Hierbei handelt es sich um eine Stahlblech-Holz-Nagelverbindung für Fachwerkträger, bei der mehrere Knotenbleche (1,0-1,75 mm) in Sägeschlitze, die in die Holzquerschnitte eingesägt sind eingelegt und mit Nägeln nicht vorgebohrt verbunden werden. Auf Grund behördlicher Einzelzulassungen werden leichte Fachwerkbinder (Nagelplattenbinder) oder andere Tragwerksteile auch mit Hilfe von besonderen Nagelplatten hergestellt, die beidseitig maschinell in die jeweils gleich dicken Konstruktionshölzer eingepresst werden („Gang-Nail"-System[2], Bild **2**.108). Die Kontenpunkte der Gurte und Streben werden hierbei mittels verzinkten Stahlblechen außenseitig verbunden.

Im Übrigen werden im modernen Holzbau die traditionellen arbeits- und lohnaufwändig herzustellenden Zimmermannsverbindungen fast vollständig von Stahlblech-Holzverbindungen ver-

---

[1] Die Bauweise wurde von dem deutschen Ingenieur Walther Greim entwickelt (patentiert 1959) und ist in fast allen Ländern Europas patentrechtlich geschützt.

[2] Die Bauweise wurde von dem amerikanischen Ingenieur John Calvin Jureit (1918-2005) entwickelt (patentiert 1955) und ist in vielen Ländern patentrechtlich geschützt.

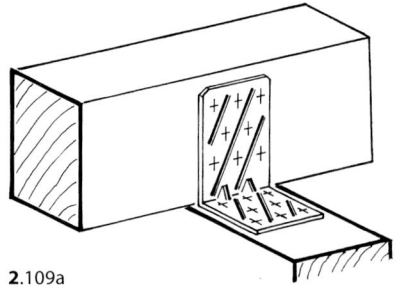
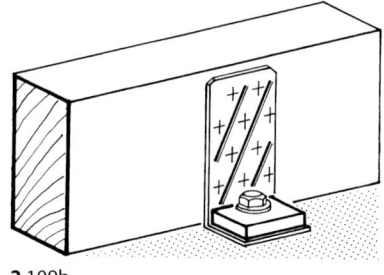

2.109a 2.109b

2.109 Stahlblechwinkel, schwere Ausführung (BiLO® Euro-Winkel)
   a) für Holz/Holz-Verbindungen
   b) für Holz/Beton-Verbindung mit Verstärkungs-Fußplatte

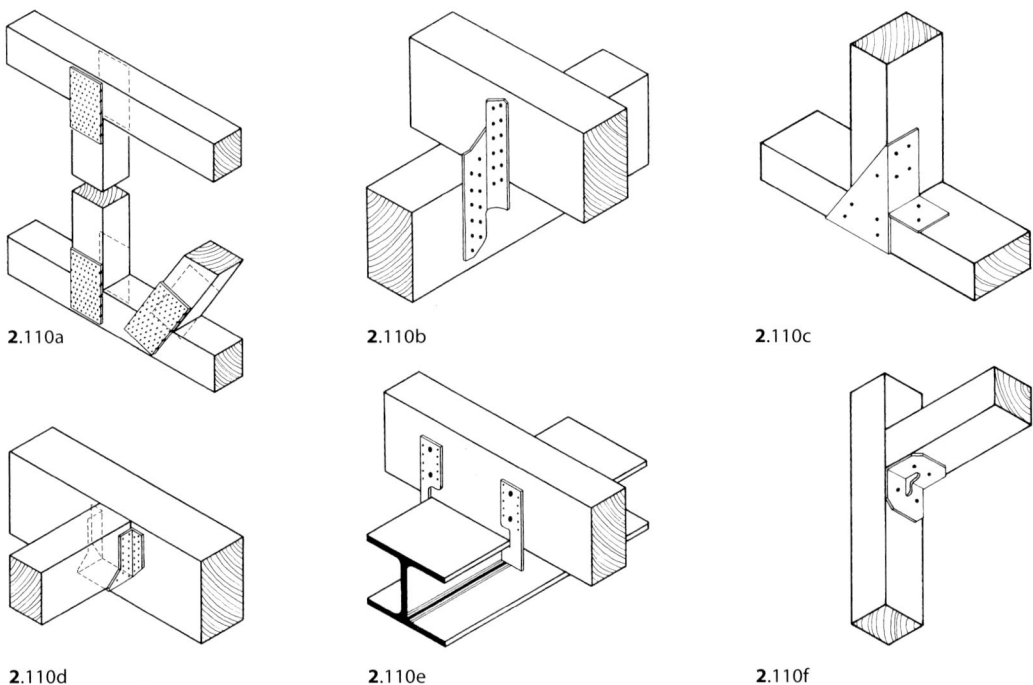

2.110 Stahlblechformteile als Verbindungsmittel
   a) Nagelplatten-Verbindung
   b) Sparren-Pfetten-Anker
   c) Pfosten-Schwelle-Verbindung
   d) Balkenschuh
   e) Pfettenanker für Stahlträger
   f) Konsolwinkel

drängt. Für praktisch alle vorkommenden Verbindungspunkte zwischen Konstruktionshölzern und auch zwischen Holzbauteilen und Unterkonstruktionen, (z. B. für Anschlüsse an Ringanker, für Pfettenauflager, Holz-Stahlverbindungen usw.) gibt es nagel- oder schraubbare verzinkte Stahlblech-Formteile, von denen in den Bildern **2.**109 und **2.**110 im Rahmen dieses Abschnittes nur einige Beispiele gezeigt werden können.

Zur Verbesserung der Kraftübertragung können bei Knotenanschlüssen Nagelplatten mit Bolzenverbindungen kombiniert werden (Bild **2.**111).

2.2 Dachtragwerke aus Holz

Für rechtwinklige Stabanschlüsse können spezielle kaum sichtbare Hakenplatten-Verbindungen in Frage kommen (Bild **2**.112).

Schließlich sind die vielfältigen konstruktiven und gestalterischen Möglichkeiten zu erwähnen, die sich aus der Verwendung speziell hergestellter *Stahlgussteile* ergeben. Sie werden in zahlreichen Formen hergestellt.

Für hoch beanspruchte Anschlüsse von Zugstäben aus Rundstahl oder Stahlseilen an Holzbauteile gibt es zahlreiche serienmäßig oder speziell gefertigte Knotenverbindungen (Bild **2**.113). Das in Bild **2**.114 gezeigte Anschlusssystem ermöglicht die Verbindung verschiedener in einer Ebene liegender Zugstäbe z. B. im Kreuzungspunkt von Aussteifungsdiagonalen.

Ein Ausführungsbeispiel für einen Dachbinder aus einer Kombination von Holzsparren, Anschlüssen aus Profilstahl und zugbeanspruchten Stahlseilen ist in Bild **2**.115 dargestellt.

Aus der großen Anzahl von Ausführungsmöglichkeiten für räumliche Holz-Gussstahl-Kombinationen zeigt Bild **2**.116 zwei Beispiele.

Leimverbindungen

Der Leimbau ermöglicht flächenhafte Verbindungen von einer Steifigkeit, wie sie bei Dübel- oder Nagelverbindungen nicht erreicht wird. Die Entwicklung wasser- und schimmelfester, härtbarer Kunstharzleime lässt Leimverbindungen auch bei hochbelasteten Konstruktionen des Ingenieurholzbaues zu.

Die Ausführung geleimter Bauteile dürfen nur Betriebe übernehmen, die über geeignete Fachleute, erfahrene Handwerker und entsprechende Werkstatteinrichtungen verfügen. Hierzu zählen Vorrichtungen zur Erzeugung eines ausreichend großen, auch genügend lange wirkenden Pressdruckes, Maschinen zur Bearbeitung der Leimflächen, zuverlässige Messgeräte zur Ermittlung der

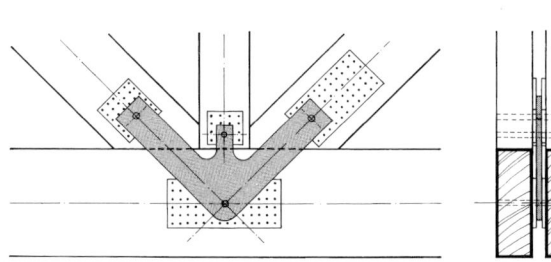

2.111 Nagelbleche in Verbindung mit Gelenkbolzen

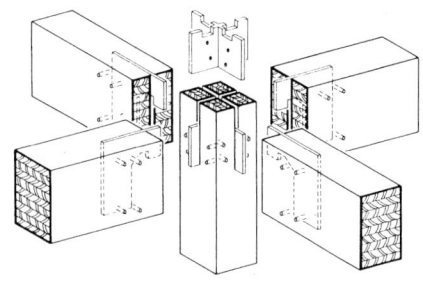

2.112 Anschlüsse mit Hakenplatten (System Bulldog)

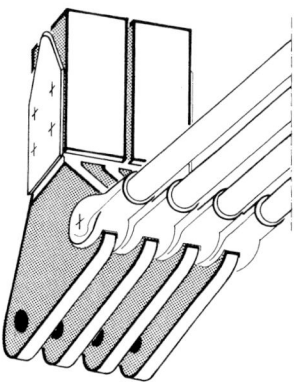

2.113 Anschluss von Zugstäben durch Gussformteil (Detec)

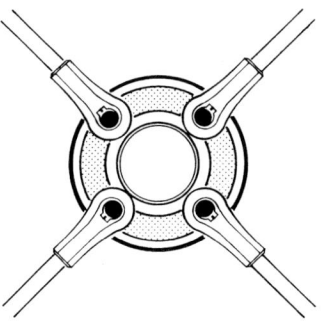

2.114 Knotenring für Zugstabanschlüsse (Rodan®)

2 Geneigte Dächer

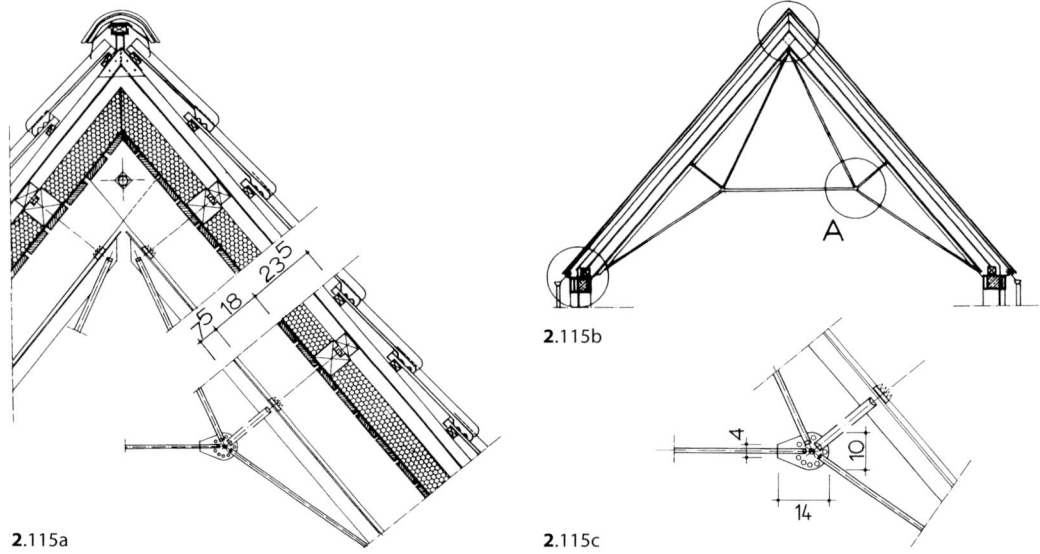

2.115a
2.115b
2.115c

2.115 Dachtragwerk aus unterspannten Sparren (Architekt: Prof. L. Rongen, Erfurt)
  a) Detail
  b) Schnittskizze
  c) Knoten-Detail A

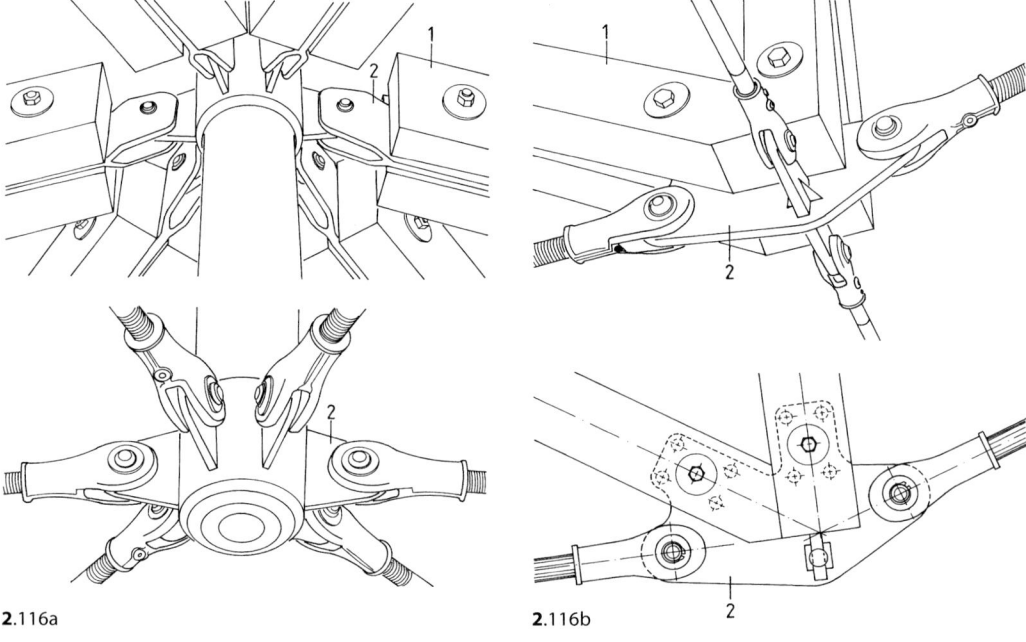

2.116a
2.116b

2.116 Knotenbildung mit Hilfe von Stahlgussteilen
  a) Stabanschluss mit sternförmigen Gussformteilen
  b) Knoten mit gegossenen Pressdübelplatten

1 Holz-Doppelprofile
2 Stahlguss-Formteil

2.2 Dachtragwerke aus Holz

Holzfeuchtigkeit, ferner eine Anlage zur künstlichen Holztrocknung und überdachte, heizbare Arbeitsräume. Die Leimbaubetriebe sind verpflichtet, den Nachweis zu erbringen, dass eine von der zuständigen obersten Bauaufsichtsbehörde dazu anerkannte Stelle ihre Werkeinrichtung und ihr Fachpersonal überprüft und als geeignet befunden hat. Jedes verleimte Bauteil ist vom Hersteller mit einer Kennzeichnung zu versehen, aus der Herstellerwerk und Herstellungstag entnommen werden können.

Für Leimverbindungen dürfen nur trockene Hölzer (mit weniger als 15% Feuchtigkeit) verwendet werden. Der Feuchtigkeitsgehalt ist in jedem Falle durch geeignete Feuchtigkeitsmesser zu ermitteln. Die zu verleimenden Oberflächen müssen vollständig trocken sein.

Leime für tragende Bauteile müssen DIN 68 141 entsprechen.

Der Pressdruck wird durch Spindelpressen, hydraulische Pressen o. Ä. erzeugt und muss gleichmäßig wirken. Die Pressdauer hängt von der Wahl des Leimes und der Temperatur ab. Die Lufttemperatur beim Pressen darf nicht unter 18 bis 20 °C liegen.

Leimfugen dürfen nicht durch wesentliche, quer zu ihnen wirkende Zugkräfte beansprucht werden.

Stöße für lange Bauteile und Brettstöße innerhalb von Brettschichtholz werden durch *Keilzinkung* hergestellt (DIN EN 14 080 und DIN EN 15 497, Bild **2**.117).

Die Zinken werden mit beweglichen, auf Schlitten aufgesetzten Fräsmaschinen hergestellt. Die Zinkendicke an der Spitze beträgt 1 bis höchstens 2,7 mm, um die Fasern auf möglichst große Länge in die Leimverbindung einzubeziehen; Zinkenlänge 40 bis 60 mm, Zinkenentfernung 9 bis 15 mm. Die Tragfähigkeit wächst mit der Summe der Flächen der verleimten Zinkenflanken innerhalb des gleichen Kantholzquerschnitts. Die Verleimung der Keilzinkenverbindungen muss unter Druck (in Längsrichtung 250 N/cm², in Querrichtung 80 bis 100 N/cm²) erhärten.

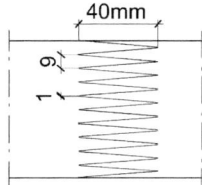

2.117
Keilzinkenverbindung für Leimbinder und Einzelbauteile

Binderkonstruktionen

Wenn keine besonderen gestalterischen Anforderungen bestehen, kommen für Bauwerke mit einfachen Rechteckgrundrissen bei großen Spannweiten Fachwerkbinder in Frage, die nach den Methoden des Ingenieurholzbaues konstruiert sind (Bild **2**.118 und **2**.119).

Die Möglichkeit, gleichartige Tragkonstruktionen in größerer Zahl vorzufertigen, kann dabei in erheblicher Weise kostenmindernd sein.

Fachwerkbinder unterscheiden sich, abgesehen von Form und Spannweite durch die Art der Stabquerschnitte und die Art der Verbindungsmittel.

Im Allgemeinen werden Fachwerkbinder aus Bauholz- oder Brettschicht-Vollprofilen hergestellt. Daneben können auch zusammengesetzte Profile in Frage kommen. Tragende einteilige Einzelquerschnitte sollen eine Mindestdicke von 4 cm und mindestens 40 cm² Querschnittsfläche haben. Bei genagelten, geschraubten oder geleimten Bauteilen muss der Einzelquerschnitt mindestens 2,4 cm dick sein und 24 cm² Querschnittsfläche aufweisen.

Die Dimensionierung aller Fachwerkstäbe sowie die Art und Anzahl der Verbindungsmittel sind nach statischer Berechnung unter Beachtung von DIN EN 1995-1-1 und DIN EN 1995-1-2 festzulegen.

Je nach ihrer Lage im Gesamtgefüge sind die Fachwerkstäbe entweder Zug- oder Druckstäbe. *Sparrenpfetten* (Koppelpfetten) als Nebenträgerlagen für die Dachdeckung sollten möglichst in den oberen Knotenpunkten der Binder aufliegen. Wenn das nicht möglich ist, werden die Obergurte der Binder zusätzlich auf Biegung beansprucht.

Fachwerkbinder sind wie alle aus Einzelhölzern zusammengesetzte Tragkonstruktionen wegen des Schwindens des Bauholzes und für den Fall der Nachgiebigkeit von Verbindungsmitteln bei der Ausführung um etwa 1/200 der Spannweite zu *überhöhen*.

Als Verbindungsmittel kommen vor allem Bolzen mit Dübeln oder Nagelung in Frage.

Alle Verbindungsmittel sind möglichst symmetrisch zur Stabachse vorzusehen. Bolzenverbindungen sollen so angeordnet sein, dass ein späteres Nachziehen möglich ist.

In Bild **2**.118 ist als Beispiel ein Fachwerkbinder in Dübeltechnik gezeigt.

Genagelte Binder können bei Abständen von 4,00 bis 5,00 m als Pfettenauflager bzw. als Auflager von Sparrenpfetten (Koppelpfetten) dienen.

Genagelte Bretterbinder – katalogmäßig verfügbar oder speziell werksmäßig hergestellt – bieten u. U. aber auch wirtschaftliche Lösungen, wenn sie in leichter Ausführung in üblichen Sparrenabständen von ca. 70 bis 80 cm direkt die Dachdeckungen tragen. Zu beachten ist die sorgfältige Längsaussteifung, wenn die Möglichkeit von Windeinwirkung senkrecht zur Binderachse besteht (Bild **2**.119).

Für die stützenlose Überspannung großer Räume werden Fachwerkbinder auch als Bestandteil von Rahmenkonstruktionen eingesetzt. Hierfür muss auf weiterführende Literatur verwiesen werden.

Rosttragwerke

Aus Vollholzprofilen, Brettschichtträgern und auch aus vorgefertigten Gitterträgern können weitgespannte, ebene Tragwerke in Form von *Trägerrosten* hergestellt werden, in denen sich die einzelnen Träger rechtwinklig oder sternförmig schneiden. Rosttragwerke können in Leimbauweise dadurch hergestellt werden, dass die Brettlagen von Brettschichtträgern abwechselnd überlappend an Kreuzungspunkten durchlaufen (Stapelbauweise). Bei einer derartigen Herstellung sind wegen der Transportprobleme jedoch nur begrenzte Abmessungen der Gesamtelemente möglich.

In den meisten Fällen werden die Rostträger durch Knotenblech-Kreuze oder -Sterne so untereinander verbunden, dass Rosttragwerke auf Quadrat-, Rechteck- oder Vieleckrastern entstehen. Die Feldgrößen werden so bemessen, dass für die Ausfachung übliche Vollholzquerschnitte bei Holzlängen von 4 bis 5 m verwendet werden. Diese Sekundärträger werden dabei meistens in wechselnden Spannrichtungen eingebaut, so dass die Hauptträger jeweils nur einseitig belastet werden (Bild **2**.120).

Räumliche Tragwerke

Als Weiterentwicklung der in den vorangegangenen Abschnitten dargestellten Tragwerksarten sind in Verbindung mit modernen Befestigungsmitteln gestalterisch sehr interessante Tragwerke für große Spannweiten entwickelt worden. Die eindeutige Typisierung ist in den meisten Fällen nicht möglich, weil es sich vielfach um Mischformen statischer Systeme handelt. Aus der großen Fülle der nach den verschiedensten Bauprinzipien ausgeführter Projekte können im Rahmen dieses Werkes nur einige typische Beispiele gezeigt werden.

Bei der in Bild **2**.121 schematisch dargestellten Tragwerkskonstruktion über einem Versammlungsraum ist der Hauptträger durch ein pyramidenartiges Sprengwerk unterstützt. Die Widerlager werden von Bauteilen gebildet, die durch benachbarte Flachdach- bzw. Deckenscheiben ausgesteift sind.

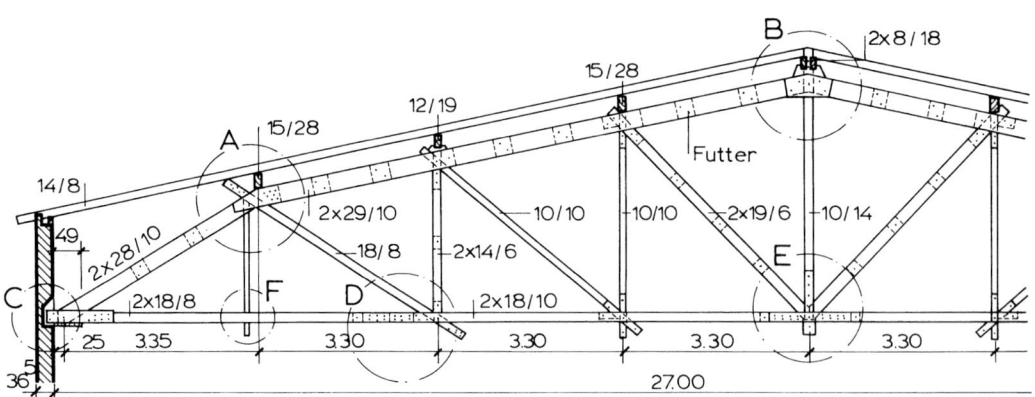

2.118 Fachwerkbinder (Fortsetzung s. nächste Seite)[1]
Φ = Bolzen   ⊕ = Dübel   ⊕ = Dübel mit Bolzen

---

[1] Die im Bild angegebenen Holzdimensionen sollen als Anhalt dienen. Sie sind in jedem Fall durch Standsicherheitsnachweis zu ermitteln.

2.2 Dachtragwerke aus Holz

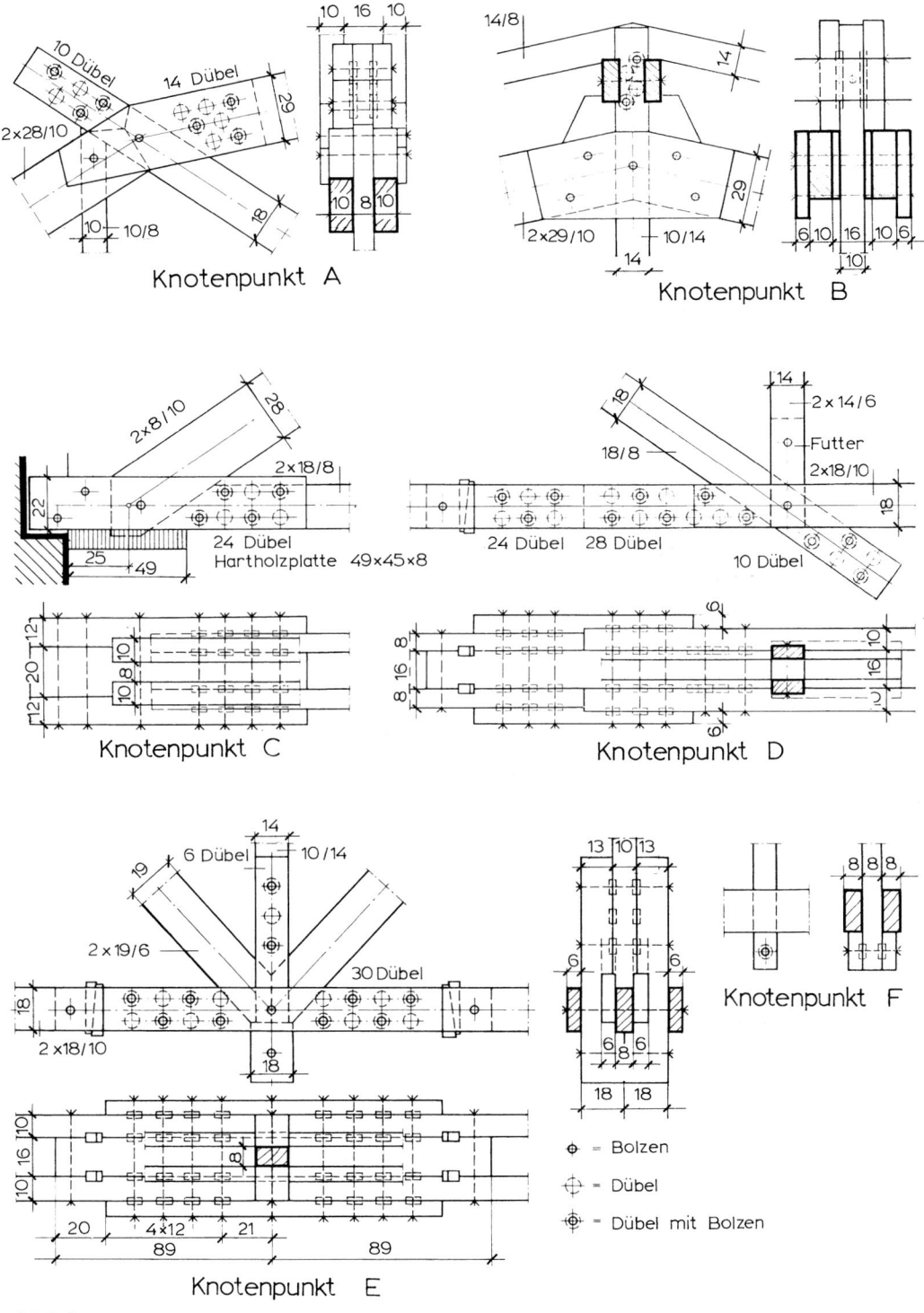

2.118 Fortsetzung

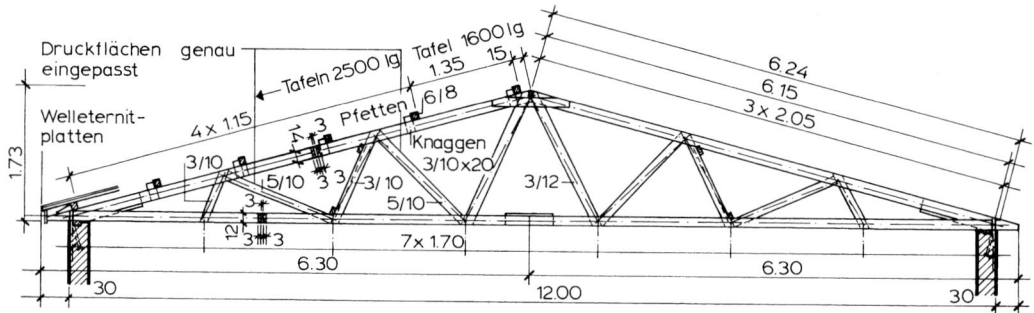

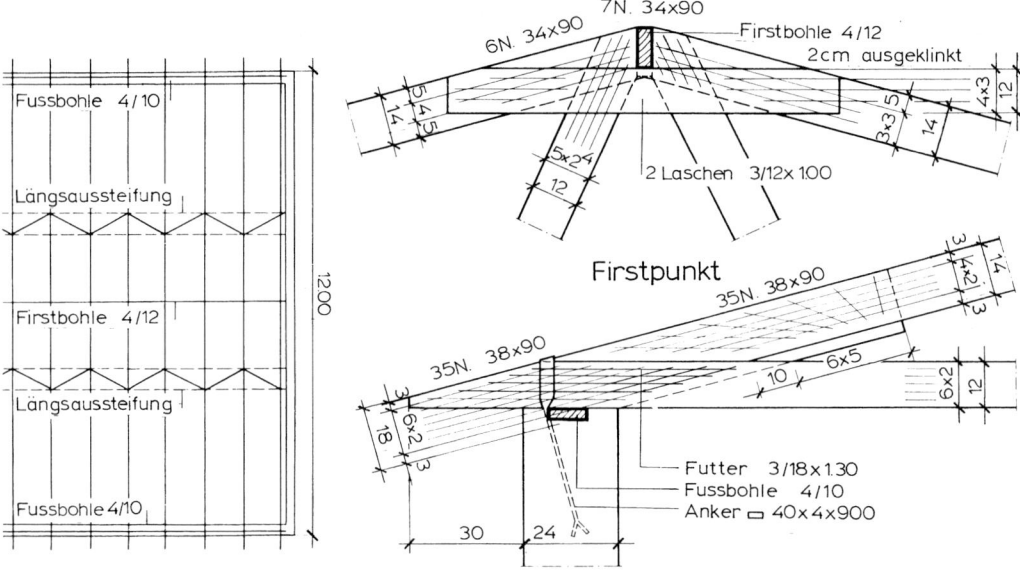

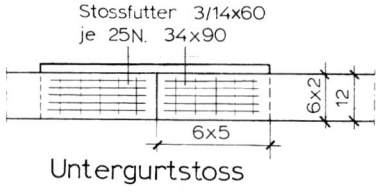

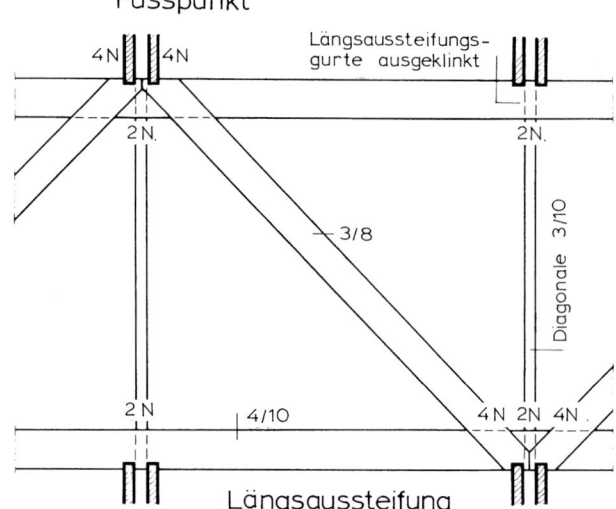

2.119
Genagelte Fachwerk-Brettbinder mit
Koppelpfetten für Wellplatten-Dachdeckung
(s. Bild **2.**19)
Nadelholz Sortierklasse S 10
Nägel: 34 × 90 und 38 × 90
Binderabstand 1,00 m
(Umfassungswände: Stahl-
beton-Rahmenkonstruktion)

2.2 Dachtragwerke aus Holz

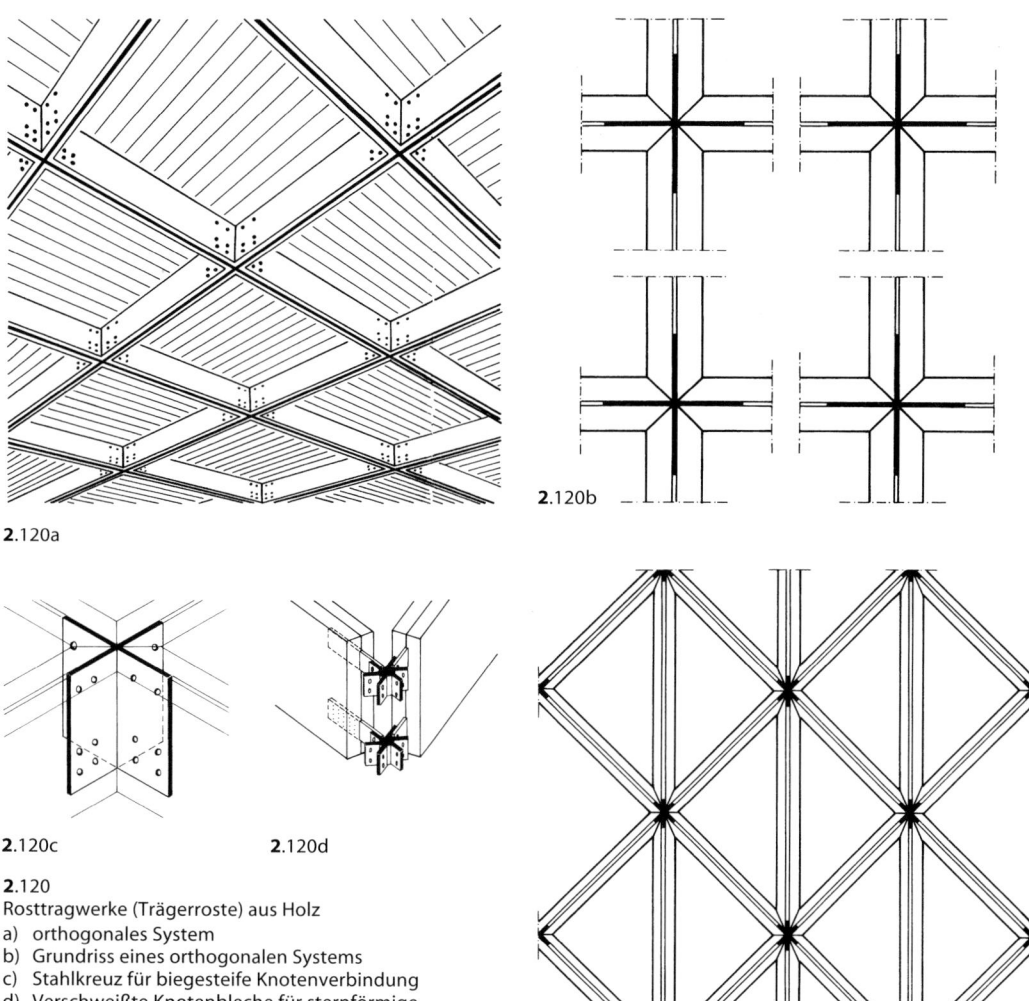

2.120
Rosttragwerke (Trägerroste) aus Holz
a) orthogonales System
b) Grundriss eines orthogonalen Systems
c) Stahlkreuz für biegesteife Knotenverbindung
d) Verschweißte Knotenbleche für sternförmige Rosttragwerke
e) polygonales System

Die Felder zwischen den Hauptträgern sind durch geschiftete Zwischenträger überbrückt. Alle Stabanschlüsse sind mit eingeschlitzten Knotenblechen und Stabdübeln ausgeführt. Trotz der Gesamt-Spannweite von über 27 m ist bei dem Hauptträger ein Brettschichtprofil von nur 0,25/1,20 m ausreichend.

Um die für die stützenfreie Überspannung eines anderen weiträumigen Versammlungsgebäudes in Betracht gekommenen großen Trägerquerschnitte bei Spannweiten bis 34 m zu vermeiden, wurden die Hauptträger in räumliche Fachwerke aufgelöst (Bild **2.**122). Bei den aus Einzelrahmen mit quadratischem Querschnitt gebildeten Fachwerkträgern werden die Zugkräfte durch parabelförmig gespannte Untergurte aus Stahlrohren aufgenommen. Die Längsaussteifung bewirken Diagonalverbände aus verspannten Stahlseilen.

Ein räumliches stützenfreies Tragwerk über einem quadratischen Grundriss mit ca. 17 m Seitenlänge ist in Bild **2.**123 schematisch dargestellt. Hier können die auf die Dachspitze zulaufenden Verbände als „unterspannte Träger" (vgl. Bild **2.**131) betrachtet werden, die durch quadratische Horizontalrahmen und Diagonalstäbe ausgesteift sind. Auch in diesem Beispiel werden die

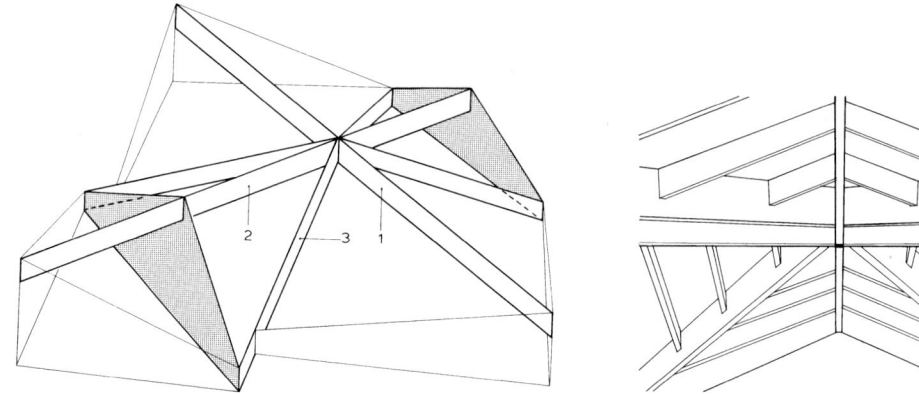

2.121 Räumliches Tragwerk mit abgestütztem Hauptträger; schematische Darstellung des Tragwerkes und Innenansicht (Architekt: Prof. D. Neumann, Erzhausen)
1 Durchlaufträger (ca. 27 m Spannweite), unterstützt durch Kehlträger
2 Nebenträger (im Schnittpunkt gestoßen)
3 Kehlträger als Druckstab, abgestützt auf unverschiebliche Auflager (angrenzende Bauteile)

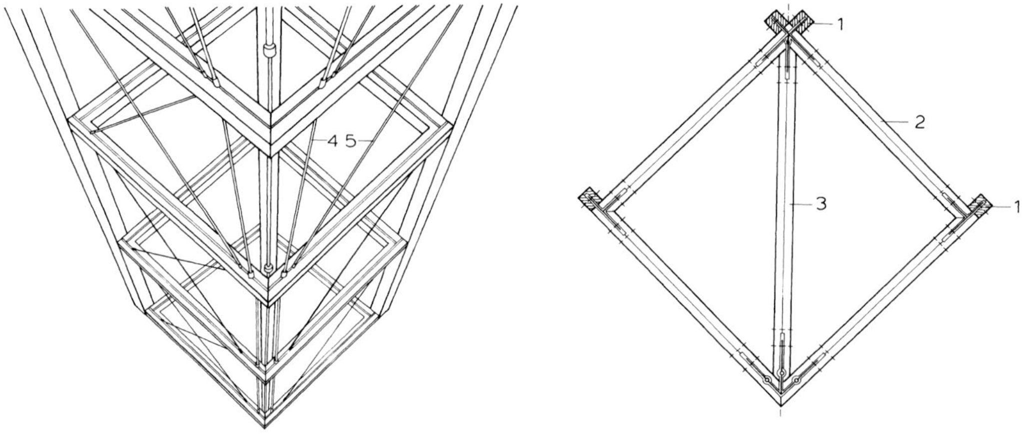

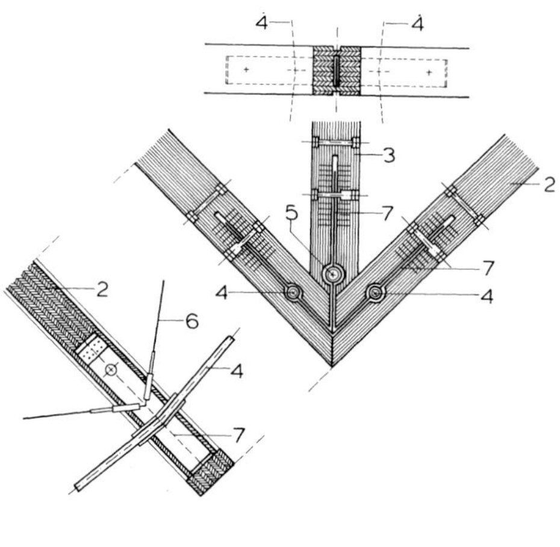

2.122
Räumlicher Fachwerkträger mit Zugbändern aus Stahl, Obergurte (Pfetten) aus Brettschichtholz (Architekten: P. Faller und C. Muschalek, Stuttgart)
1 Obergurte
2 Fachwerkrahmen
3 Diagonalstiel
4 parabelförmig gespannter Stahl-Zugstab für seitliche Untergurte (45 mm)
5 parabelförmig gespannter Stahl-Zugstab für mittl. Untergurt (64 mm)
6 Diagonalverspannungen
7 Nagel- und Verbindungslaschen

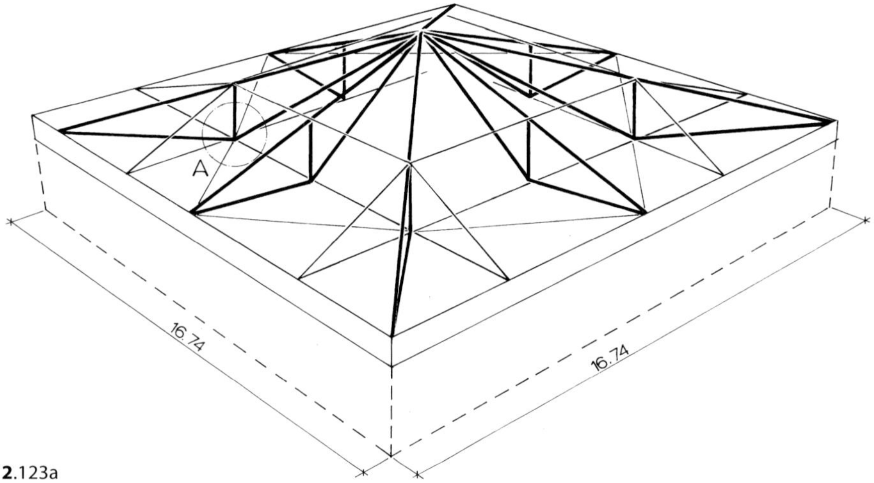

2.2 Dachtragwerke aus Holz

2.123a

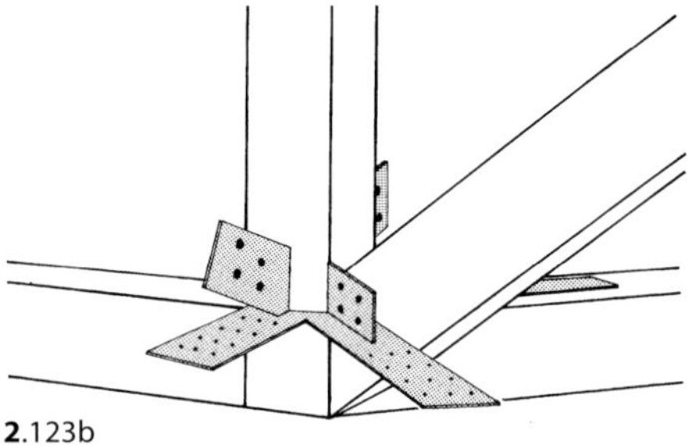

2.123b

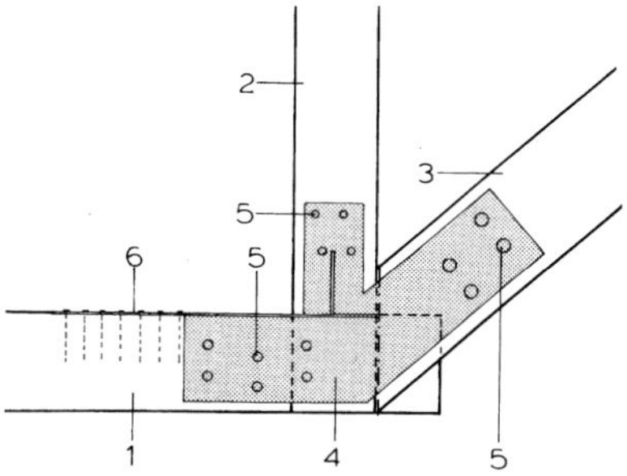

2.123 Aus unterspannten Trägern zusammengesetztes räumliches Tragwerk (Architekt: E. Ritz, Viechtach)
a) Übersicht (vereinfacht), b) Knotenpunkt A
1 Untergurt   4 räumliche Knotenbleche
2 Druckstreben   5 Stabdübel
3 Diagonalstab   6 Nagelung

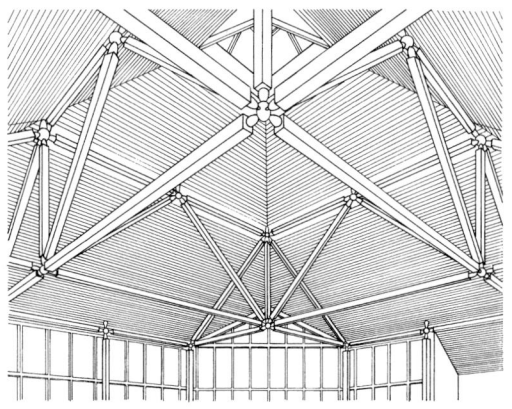
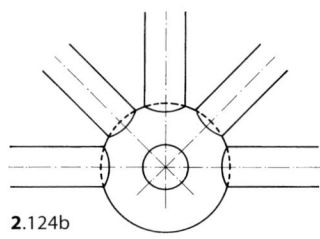

2.124a

2.124b

2.124 Räumliches Tragwerk mit Stabanschlüssen mit Schweißverbindung an Stahl-Hohlkugeln
(Architekten: W. Riehle, G. Loew, H. Goldbach, Reutlingen)
a) Innenraum (vereinfacht), b) Anschlusspunkte

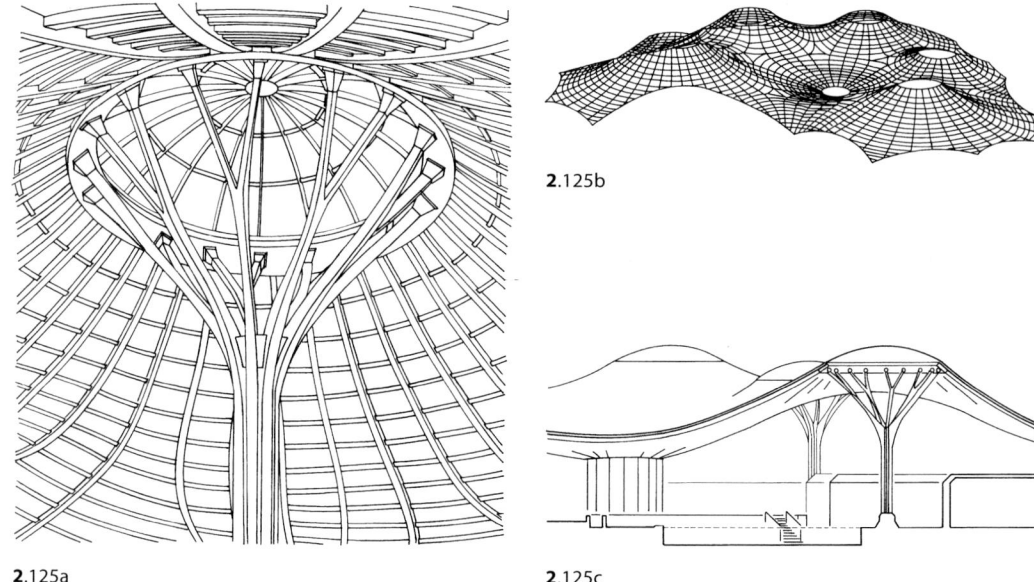

2.125 Schalenartiges Tragwerk mit mehrfach gekrümmten Brettschichtträgern; Zentralstützen aus zusammengesetzten Profilen (Entwurf und konstruktive Bearbeitung: Prof. F. Wenzel, B. Frese und R. Barthel, Karlsruhe; Architekten: R. und I. Geier, Stuttgart)
  a) Innenraum mit Stützenbündel
  b) Prinzipskizze der Dachkonstruktion
  c) Schnitt (Ausschnitt)

Stabanschlüsse mit Hilfe räumlich zusammengefügter, eingeschlitzter Knotenbleche mit Stabdübeln bzw. Nagelung hergestellt.

Ein ähnliches räumliches Tragwerk mit gitterartigen Strukturen zeigt Bild **2**.124. Hier sind die Einzelstäbe in den Knotenpunkten jedoch mit Hilfe von Verpressdübeln an Stahlhohlkugeln zusammengeschweißt.

Aus der großen Zahl von räumlichen Tragwerkskonstruktionen, die mit gekrümmten Brettschichthölzern ausgeführt sind, zeigt Bild **2**.125 eine Schwimmbadüberdachung. Die Hauptstützen bestehen aus baumartig zusammengesetzten räumlich gekrümmten Trägerbündeln, die kreisförmige Auflagerrahmen abstützen. An diese sind die parabelförmigen zugbeanspruchten Träger der Hängeschalen angeschlossen. Ringförmige Pfettenkränze nehmen die Druckkräfte auf und tragen die Dachhaut.

2.3 Dachtragwerke aus Stahl

2.3.1 Allgemeines

Stahlkonstruktionen kommen besonders im Bereich des Industriebaus überall dort vor, wo der Einsatz von Holz zum Beispiel aus Gründen des Brandschutzes zunächst nicht möglich ist. Es sollte allerdings beachtet werden, dass Stahlkonstruktionen zwar nicht brennbaren Bauteile darstellen, in ihrem Brandverhalten aber vielfach kritischer beurteilt werden müssen als etwa Holz-Leimbauteile. Sie erfordern in vielen Fällen aufwändige Brandschutzmaßnahmen (s. Abschn. 17.7 in Teil 1 dieses Werkes) und Korrosionsschutz.

Im Folgenden soll einen Überblick über die verwendeten Konstruktionselemente und -Systeme aus Stahl gegeben werden. Für eine ausführliche Darstellung muss jedoch auf Spezialliteratur verwiesen werden.

2.3 Dachtragwerke aus Stahl

Tab. 2.126 Korrosionsschutz, Aufgaben und Schichtdicken je nach Beschichtungssystem und Schutzdauer gem. DIN EN ISO 12 944-5

Anzahl der Schichten	Beschichtung Überzug	Sollschichtdicke je Schicht in μm	Aufgaben
1	Fertigungsbeschichtung (FB)	15 bis 30	Schutz der Stahlbauteile während Lagerung Fertigung und innerbetrieblichem Transport
1 bis 2	Grundbeschichtung (GB)	40 bis 400	Schutz der Stahloberfläche gegen Korrosion je nach Korrosivitätskategorie (C2–C5)
1 bis 2	Deckbeschichtung (DB)	40 bis 500	Schutz der Grundbeschichtung bzw. in besonderen Fällen der Feuerverzinkung vor aggressiven Stoffen je nach der Korrosivitätskategorie (C2–C5)
1	Feuerverzinkung (Stückverzinkung)	50 bis 85 (360 bis 610 g/m^2)	Schutz der Stahloberfläche vor Korrosion

2.3.2 Baustoff Stahl

Für Stahlbauwerke kommen Baustähle nach DIN EN 10 025 als Stabstahl, Flachstahl, Formstahl oder in Hohlprofilen hauptsächlich in den Qualitäten S235 oder S355 (frühere Bezeichnungen: St 37-2 oder St 52-3) in Frage (Streckgrenze 235 bzw. 355 N/mm^2). Für Konstruktion und Standsicherheitsberechnungen ist die DIN EN 1993-1; Eurocode 3 Grundlage.

2.3.3 Schutzmaßnahmen

Korrosionsschutz[1]

Stahlbauteile, die einer Festigkeitsberechnung oder einer bauaufsichtlichen Zulassung bedürfen (d. h. praktisch alle tragenden Bauteile), müssen einen Korrosionsschutz gemäß DIN EN ISO 12 944 erhalten.

Er kann bestehen aus:

- *Beschichtungen* (Anstrichen), 1- bis 5-fach aufgetragen,
- *Überzügen* aus metallischen Schichten (im Stahlbau bevorzugt Feuerverzinkung),
- *Korrosionsschutz-Systemen*, die eine Kombination aus Beschichtungen und Überzügen bilden.

Einen ausschnittsweisen, vereinfachten Überblick in Anlehnung an DIN EN ISO 12 944-5 über Beschichtungsarten und erforderliche Schichtdicken gibt Tabelle **2.**126.

Brandschutz

Stahlbauteile bzw. Bauwerke aus Stahl erfordern insbesondere bei Bauwerken über zwei Vollgeschossen im Allgemeinen zusätzliche, in den Bauordnungen bzw. in DIN 4102 festgelegte Brandschutzmaßnahmen. Konstruktive Einzelheiten sind in Abschn. 17.7 in Teil 1 des Werkes behandelt.

2.3.4 Bauteile aus Stahl

Profilträger

Als Tragelemente bei flachen Dächern kommen für Binder und Pfetten alle Walzprofile der genormten Reihen (z. B. IPE, IPB = HE-B, IPBl = HE-A, IPBv = HE-M) gem. DIN 1025 insbesondere überall dort in Frage, wo nur geringe Bauhöhen zur Verfügung stehen. In vielen Fällen kann auch der

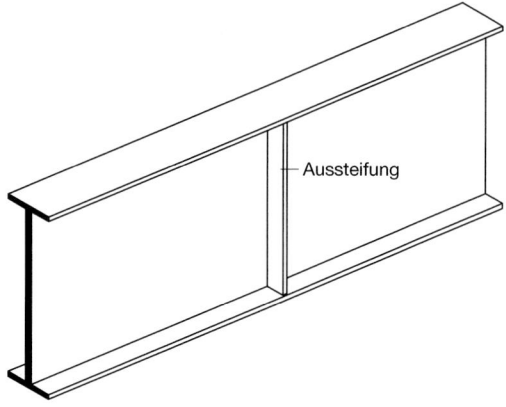

2.127 Leichter, aus Blech verschweißter Träger

---

[1] s. auch Abschn. 7.4.3 in Teil 1 des Werkes

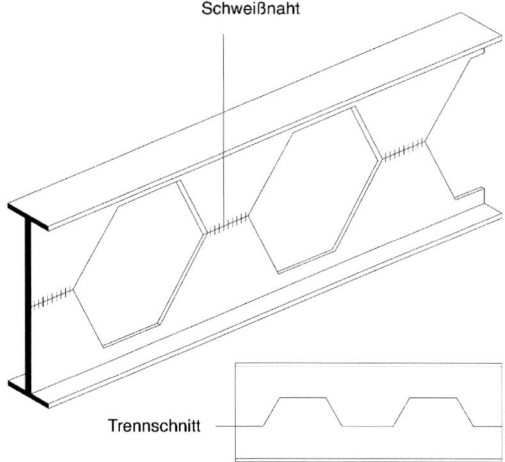

2.128 Wabenträger

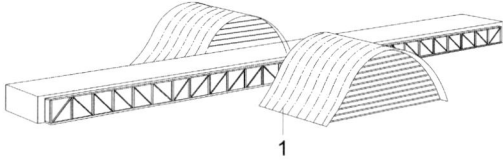

2.129 Forschungszentrum für Stahlanwendung in Zelzate-Gent (Belgien); Arch.: Samyn und Partner, Brüssel
1 Systemlinien HEB 200

Einsatz *speziell angefertigter Träger* wirtschaftlich sein, die als Kasten- oder als hohe I-Profile aus relativ dünnen Blechen mit entsprechenden Beulsicherungen maschinell hergestellt werden können (Bild **2**.127).

Eine Sonderform der Profilträger stellen die *Wabenträger* dar, die aus sägezahnförmig aufgeschnittenen üblichen Walzprofilen lageversetzt verschweißt werden (Bild **2**.128).

Bauteilverbindungen für Stahlkonstruktionen sind in Abschn. 7.4 in Teil 1 des Werkes näher behandelt.

Heute ist es problemlos möglich, auch Walzprofile zu biegen. Dies hat zur Entwicklung bogenförmiger Tragwerke beigetragen. In Bild. **2**.129 ist schematisch das Forschungszentrum für Stahlanwendung in Zelzate-Gent (Belgien) dargestellt. Die Dach-Tragkonstruktionen der Versuchshallen bilden jeweils Walzprofile HE-B 200, die zu einem Paraboloidbogen geformt sind. Die Außenhülle des Daches besteht aus kaltgewalzten, kunststoffdichten Stahltrapezprofilen.

Bild **2**.130 zeigt das Bogentragwerk der Bahnhofsüberdachung des Lehrter Bahnhofs in Berlin. Das Bogentragwerk ermöglicht eine filigrane und materialsparende Konstruktion. Die Form der Binder entspricht annähernd dem Verlauf der Stützlinie. Dadurch werden die Eigenlasten überwiegend über Druckkräfte abgetragen.

Unterspannte Träger

Eine andere Möglichkeit, die Tragfähigkeit der handelsüblichen Profile wesentlich zu erhöhen, besteht in der „*Unterspannung*". Unterspannte I-Profile werden vielfach dort verwendet, wo die zulässige Durchbiegung einzelner Tragprofile sonst überschritten würde (Bild **2**.131).

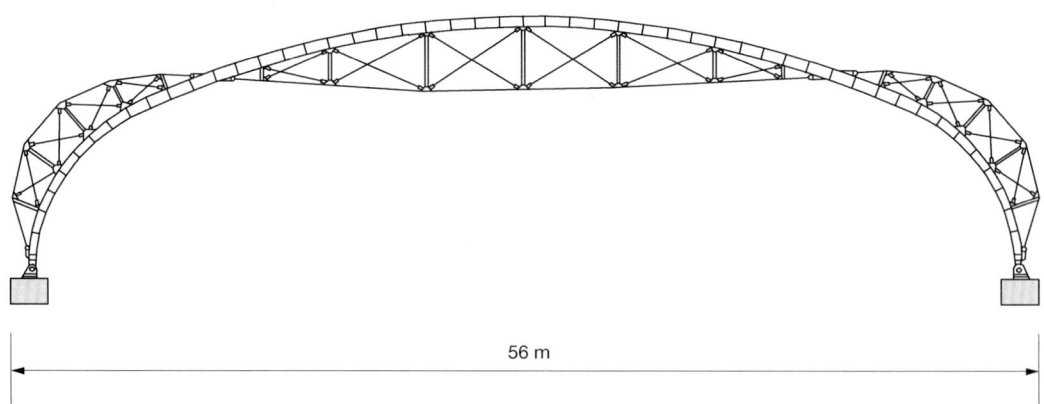

2.130 Bogentragwerk Lehrter Bahnhof Berlin; Arch. gmp-Architekten, Hamburg
Statik: Schlaich, Bergermann und Partner

2.3 Dachtragwerke aus Stahl

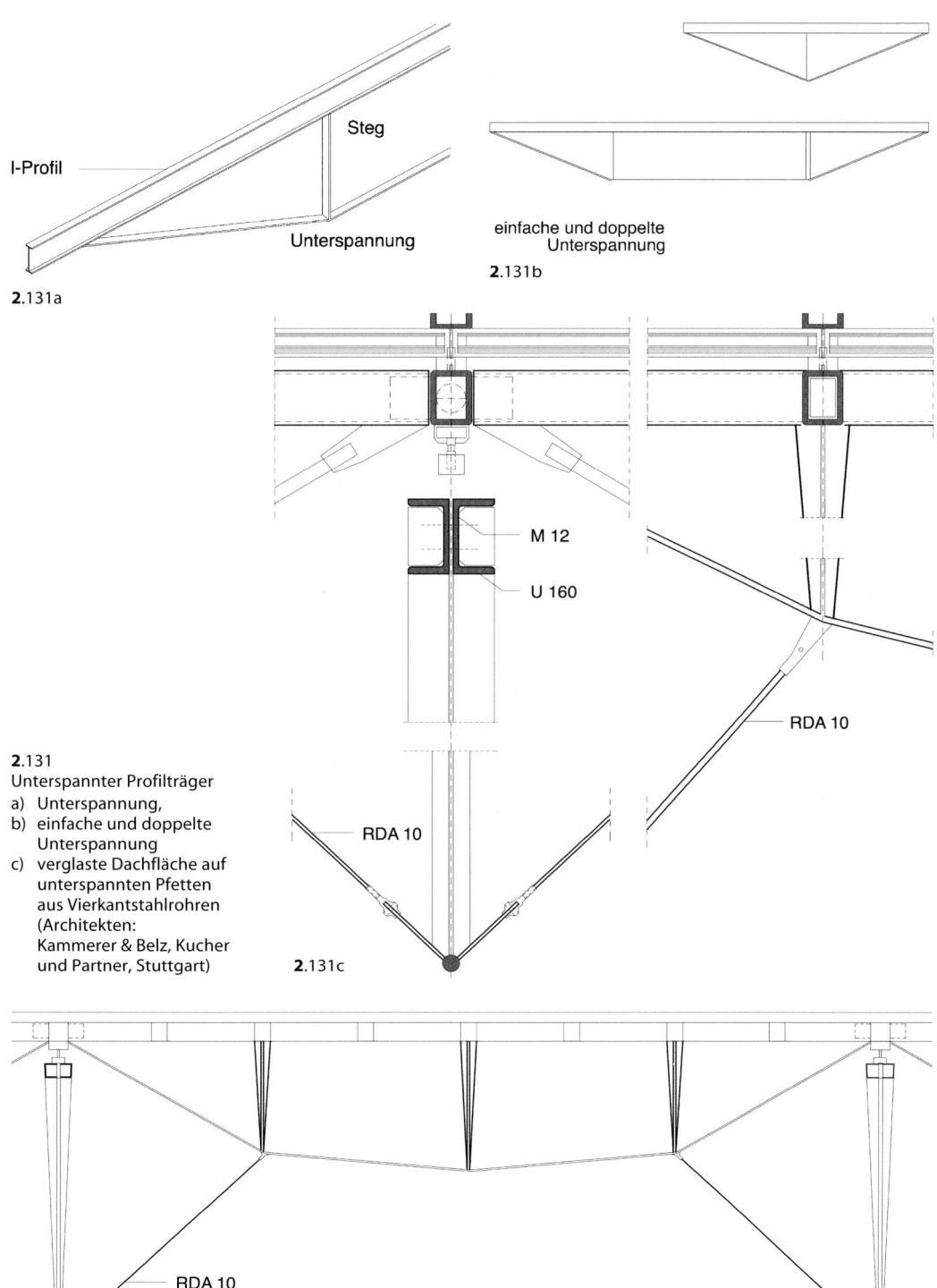

2.131
Unterspannter Profilträger
a) Unterspannung,
b) einfache und doppelte Unterspannung
c) verglaste Dachfläche auf unterspannten Pfetten aus Vierkantstahlrohren (Architekten: Kammerer & Belz, Kucher und Partner, Stuttgart)

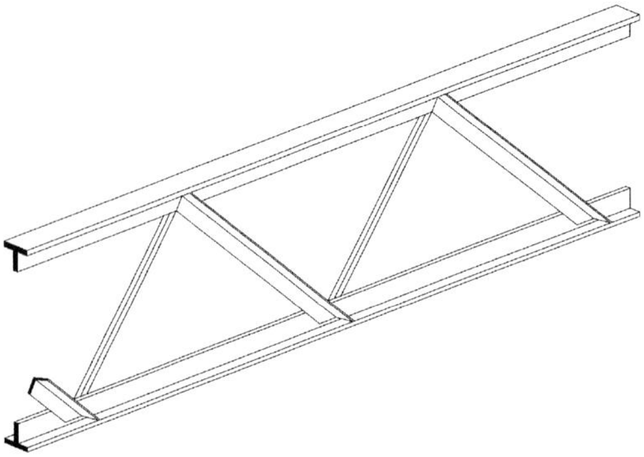

2.132 Leichte Stahlfachwerkträger
  a) Stahlfachwerk aus T-Profilen und aus Winkeln
  b) R-Träger aus gebogenen Rundstählen zwischen Gurten aus T-Profilen
  c) Vollautomatisch hergestellte X-Träger aus kalt verformtem Stahlblech
  d) Fachwerk aus Stahlrohren

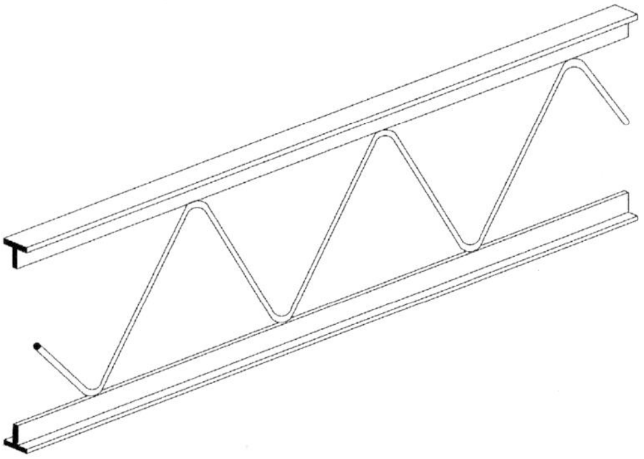

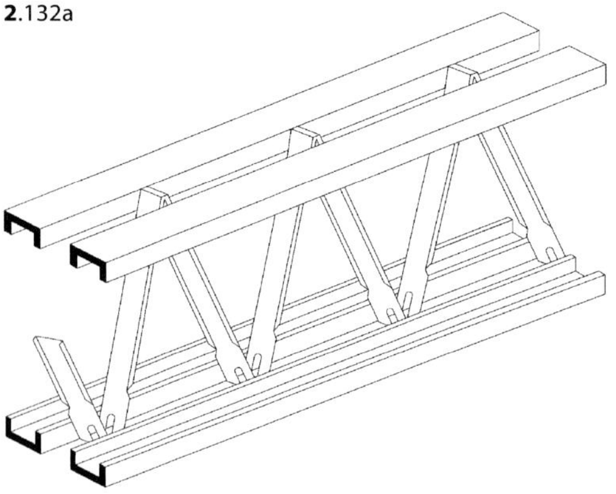

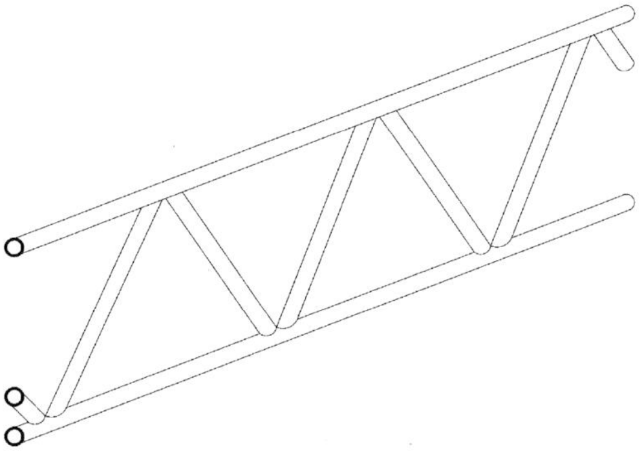

Dabei werden die ermittelten Druckbeanspruchungen durch einen Profilstahl als „Obergurt" aufgenommen, der außerdem das seitliche Ausknicken der Konstruktion zu verhindern hat. Die Zugkräfte nehmen leichte Profilstähle oder Spannseile auf. In Verbindung mit druckbeanspruchten Stäben kommen große, statisch günstige „Profilhöhen" der Gesamtkonstruktion des unterspannten Trägers zustande.

Als Beispiel für die vielfachen konstruktiven und gestalterisch anspruchsvollen Möglichkeiten des Bauens mit unterspannten Trägern sollen ein Ausschnitt und Details für eine weitgespannte verglaste Dachfläche auf Pfetten aus Vierkantstahlrohren dienen (Bild **2.**131c).

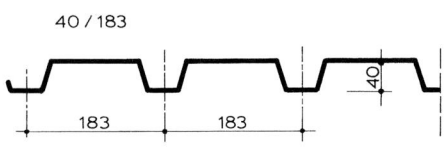
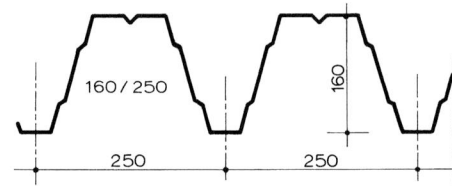

2.133 Trapezblechprofile (HOESCH)

2.3 Dachtragwerke aus Stahl

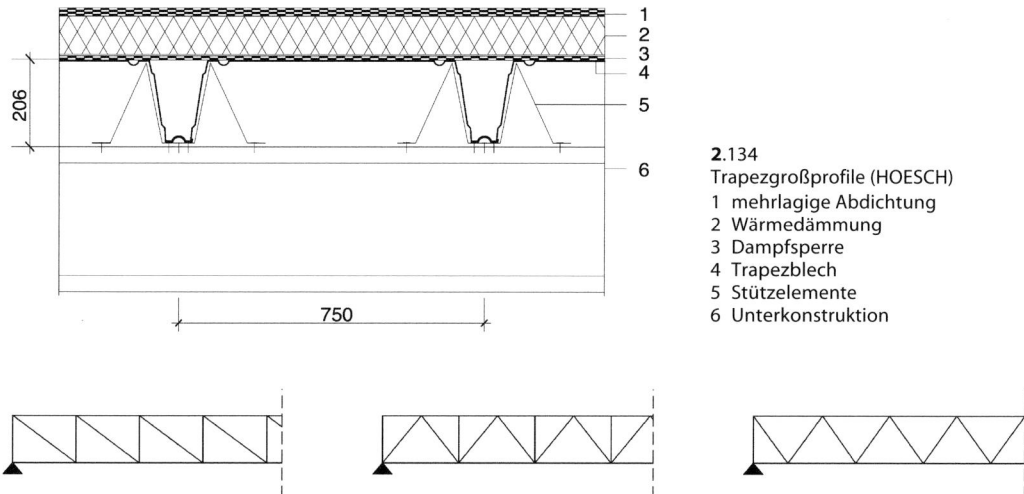

2.134
Trapezgroßprofile (HOESCH)
1 mehrlagige Abdichtung
2 Wärmedämmung
3 Dampfsperre
4 Trapezblech
5 Stützelemente
6 Unterkonstruktion

2.135 Formen von Gitterbindern (schematische Darstellung)

Fachwerkträger

Anstelle von Profilträgern oder von unterspannten Trägern können leichte Stahl-Fachwerkträger bei größeren Spannweiten als Hauptträger oder als Trägerpfetten sehr wirtschaftlich sein.

Derartige Fachwerkträger können in vielfachen Dimensionierungen aus Winkel-, Vierkant- oder Rundstahlprofilen zusammengesetzt werden oder als so genannte R-Träger (R = Rundstahl als Stabwerk) oder X-Träger (kalt verformte Bleche) vollautomatisch hergestellt werden (Bild **2.**132).

Profilblechkonstruktionen

Wenig geneigte oder flache Dachflächen können sehr wirtschaftlich durch trapezartig geformte Stahlblechelemente hergestellt werden. Trapezblechkonstruktionen stellen großflächige Leichtbauelemente dar, die sich durch ihre unterschiedliche Querschnittsprofilierung und Materialdicke den jeweiligen statischen Anforderungen optimal anpassen. Sie überbrücken je nach Höhe der Profilierung (Sickenhöhe = Vertiefungen zwischen den oberen Kanten = Stegen der Bleche) auch sehr große Spannweiten und sind unabhängig von der Art der Unterkonstruktion.

Trapezbleche in der in Bild **2.**133 als Beispiel gezeigten Form können als 1-, 2- oder 3-Feldträger mit Einzelspannweiten bis etwa 8 m eingesetzt werden.

Trapezblechelemente lassen sich ohne großen Montageaufwand auf praktisch allen Unterkonstruktionen leicht auflegen und können kraftschlüssig so miteinander und der Unterkonstruktion verbunden werden, dass Windverbände und Aussteifungen überflüssig werden.

Die bis zu 18 m langen Elemente sind verzinkt und können zusätzlich lackiert oder beschichtet werden. In den Hohlräumen der Platten können Kabel verlegt werden. Jede Art von Abhängungen ist mit Hilfe von Kippdübeln oder seitlich aufgenieteten Abhängern leicht herzustellen. Mit Systemen, die aus Spezial-Trapezelementen von 75 cm Breite bestehen, können Mehrfeldträgerspannweiten von etwa 10 m überbrückt werden (Bild **2.**134).

Trapezblechkonstruktionen sind ferner als vorgefertigter Dachelemente mit bereits aufgeschäumter Wärmedämmung als Sandwichpaneele auf dem Markt (s. hierzu auch Abschn. 3, Bild **3.**43).

2.3.5 Gittertragwerke

Für große Spannweiten, verbunden mit schweren Dachflächen, werden Gitterbinder als ingenieurmäßige Stahlkonstruktionen in den verschiedensten Formen eingesetzt. Gittertragwerke sind sehr oft im Zusammenhang mit Sheddachkonstruktionen anzutreffen (Bild **2.**135).

Gitterbinder aus Stahlprofilen sind konstruktiv ähnlich den in Abschn. 2.2.4, Bilder **2.**118 und **2.**119 gezeigten Holzkonstruktionen. Sie werden meistens in ingenieurmäßig geplanten hallenar-

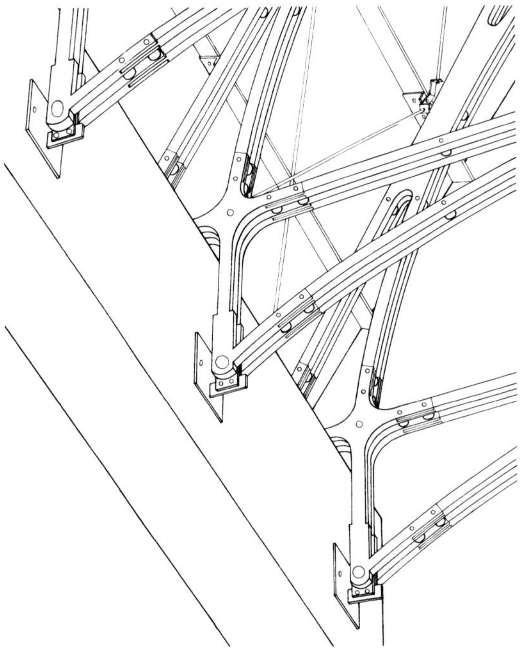

2.136 Dachtragwerk aus Flachstahlkombinationen (Architekt: J. P. Kleihues, Dülmen)
  a) isometrische Darstellung (Ausschnitt)
  b) Detail Auflager: Schnitt/Ansicht
  c) Detail Auflager: Grundriss

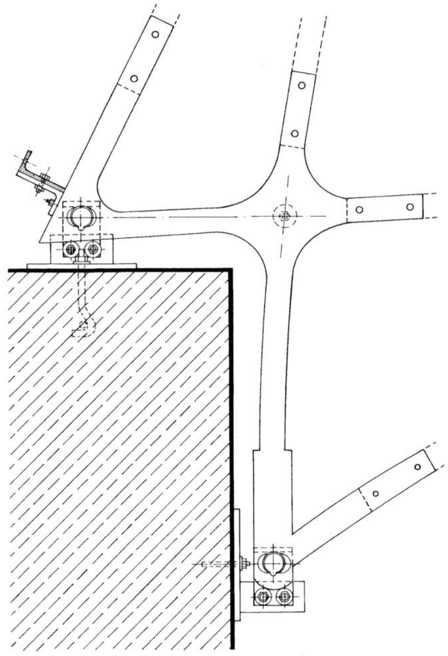

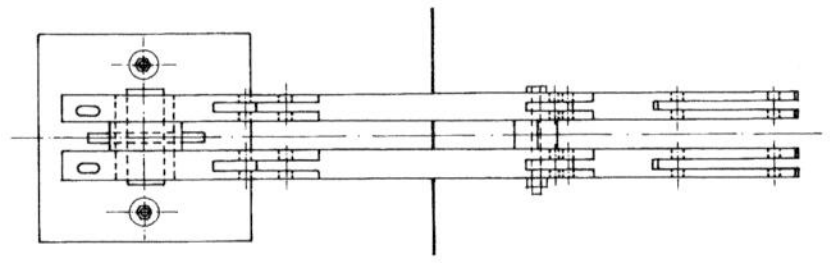

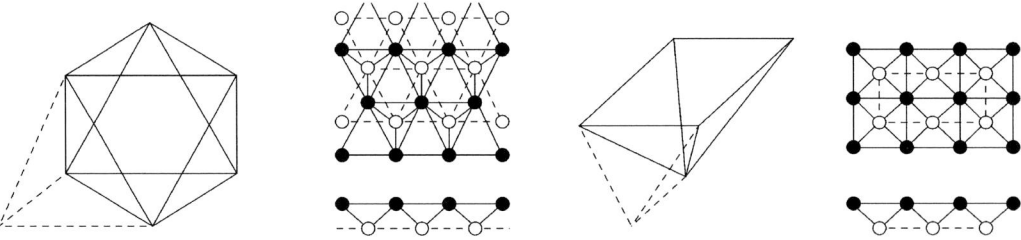

2.137 Raumtragwerk aus Stahlrohr-Stäben
  a) Raumstruktur aus Oktaeder und Tetraeder (räumliche Darstellung, schematischer Grundriss mit Schnitt)
  b) Raumstruktur aus Halboktaeder und Tetraeder (räumliche Darstellung, schematischer Grundriss mit Schnitt)

tigen Industriebauten oder als Dachtragwerke im Zusammenhang mit untergehängten Decken ausgeführt.

Eine ausführliche Behandlung ist im Rahmen dieses Werkes nicht möglich, und es muss auf Spezialliteratur verwiesen werden.

Als Hinweis dafür, welche auch gestalterisch außerordentlich interessanten Möglichkeiten das Bauen mit Stahl bei Dachtragwerken bietet, zeigt ein aus Flachstahlprofilen zusammengesetzter, sichtig eingesetzter Dachbinder über einem historischen Bauwerk in Bild **2**.136.

2.3 Dachtragwerke aus Stahl

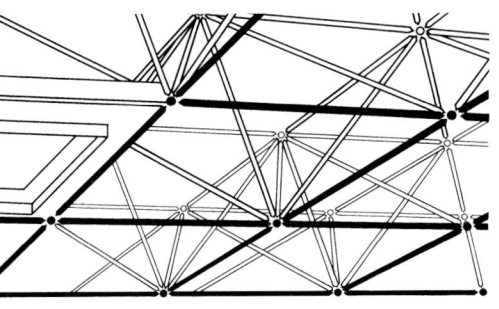

2.138a

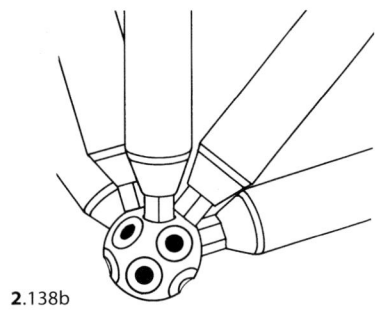

2.138b

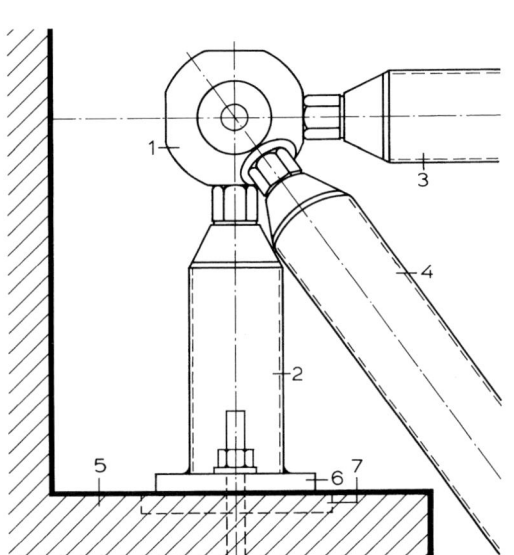

2.138c

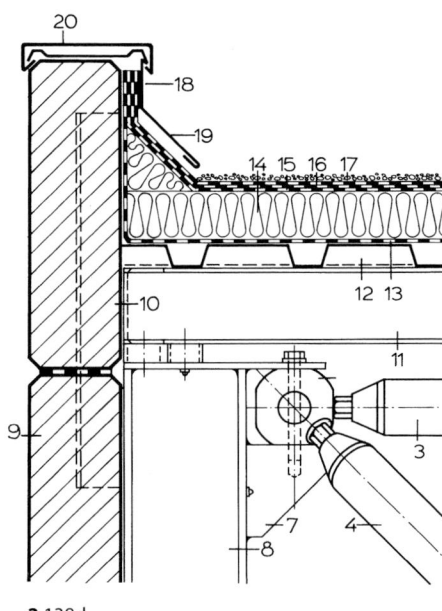

2.138d

2.138 Raumtragwerk aus Stahlrohr-Stäben System MERO
    a) Untersicht einer Dachkonstruktion
    b) Knoten eines Raumtragwerks MERO KK-Kugelknoten-System
    c) Auflager z. B. für Dachtragwerke
    d) Dachrand-Ausbildung

1 MERO- Kugelknoten	8 Stütze	15 Dampfdruckausgleichschicht
2 MERO- Stababschnitt	9 z. B. Porenbetonelemente	16 Dachabdichtung
3 MERO- Obergurtstab	10 Stützenverlängerung	17 Kiespressung
4 MERO- Diagonalstab	11 Unterzüge	18 Anflanschung der Dachabdichtung
5 Konsole	12 Trapezblech	19 Blechverwahrung
6 Fußplatte	13 Voranstrich und Dampfsperre	20 Abdeckprofil
7 einbetonierte Anschweißplatte mit Verankerung	14 Wärmedämmung	

2.3.6 Raumtragwerke

Die konsequente Weiterentwicklung der nur in einer Ebene wirksamen, in den vorangegangenen Abschnitten beschriebenen Tragsysteme stellen die Raumtragwerke dar. In ihrem räumlichen Fachwerkgefüge entstehen in sich steife Bauteilsysteme, die keiner horizontalen Wind- bzw. Stabilisierungsverbände bedürfen. Sie können auf Stützen aus Stahl oder Stahlbeton oder direkt auf Gründungspunkte aufgesetzt werden.

Ebene räumliche Fachwerke aus Stahlstäben basieren auf geometrischen Polyeder-Strukturen. Sie werden vor allem aus Kombinationen von Oktaedern mit Tetraedern gebildet (Bild **2**.137a und b). Durch Variationen der Stablängen lassen sich auch gekrümmte, kuppelartige räumliche Tragwerke bilden.

Bei den verbreiteten MERO-TSK-Knotensystemen werden Stahlstäbe unterschiedlicher Querschnitte und Abmessungen je nach statischen und geometrischen Erfordernissen mit Hilfe von Verbindungsknoten zu Tragwerken geformt. Die Bedachungen werden bei ebenen Tragwerksoberflächen meistens auf Trapezblechkonstruktionen ausgeführt. Für gekrümmte Oberflächen kommen als Unterkonstruktion für die Dachabdichtung den Teilflächen entsprechend zugerichtete Verbundplatten in Frage. Auch Verglasungen aus Sicherheitsgläsern auf Spezialbefestigungen sind möglich. Einige Konstruktionsdetails sind in den Bildern **2**.138a bis d gezeigt.

2.4 Massivdachkonstruktionen

2.4.1 Dachtragwerke aus Massivplatten

Die Tragwerke von geneigten Dächern oder Flachdächern können durch Bauelemente aus Porenbeton- oder Leichtbetonmassivplatten, aus Lochziegeln und aus Stahlbeton-Platten bzw. -Fertigteilen in den verschiedensten Ausführungsarten gebildet werden.

Bei Bauteilen aus Massivplatten sind hohe Feuerwiderstandsfähigkeiten (Feuerwiderstandsklassen bis REI 90 (F90) erreichbar, vgl. Abschn. 17.7 in Teil 1 des Werkes). Die Verbesserung des Schutzes gegen Luftschallübertragung (DIN 18 005 – Schallschutz im Städtebau) durch die gegenüber anderen Konstruktionen erhöhte Masse sind vielfach der Grund, die i. d. R. noch höheren Kosten gegenüber Holzkonstruktionen zu rechtfertigen.

Bei geneigten Dächern ist der Einbau derartiger Elemente traufenparallel, giebelparallel (Binderabstände bzw. Spannweiten ca. 5 bis 6 m) oder bei raumüberspannenden Fertigteilen in freitragender Montage möglich (Bild **2**.139).

Stahlbetonteile für Dächer können aus Standard-Hohlplatten aus Normal- oder Spannbeton, Leichtbeton-Vollmassivplatten, Ein- oder Doppelschalenplatten mit Gitterarmierung sowie aus speziell hergestellten Normalbetonbauteilen bestehen. Fertigteile aus Porenbeton oder Lochziegeln stellen begrenzt wärmedämmende Dachelemente dar.

Bei allen Massivdachkonstruktionen ist insbesondere der Nachweis für die Lage der Taupunktgrenzen erforderlich (s. Abschn. 17.5.6 in Teil 1 des Werkes).

Verschiedene Ausführungsmöglichkeiten massiver Dachkonstruktionen sind in Bild **2**.140 erläutert.

2.4.2 Steildachelemente aus Holz

Kreuzweise verleimte Brettlagen können formstabile Dachelemente bilden. Sie zeichnen sich einerseits durch flächige und rissfreie Untersichten aus. Andererseits wird durch die hinterlüftete Dachkonstruktion und die durchgängige Luftdichtung, die ohne Unterbrechung auf die Außenwände übergeht, ein bauphysikalisch sicheres Dach erreicht (Bild **2**.141).

Die tragenden Elemente liegen auf der Innenseite der Dachkonstruktion, dadurch kann auf chemischen Holzschutz verzichtet werden.

Als weitere Systemvorteile können genannt werden:
- guter sommerlicher Wärmeschutz, der durch die Holzmasse bedingt ist
- guter Schallschutz
- ebene Untersicht
- schnelle Montage
- Brandschutzklasse REI 30 (F30)
- Einsparung von Pfetten bei Verlegung längst zur Traufe

Bild **2**.141 zeigt einen Querschnitt durch ein Steildachelement, das für Spannweiten bis 8 m geeignet ist und aufgrund der ausgedämmten Elemente über einen ausgezeichneten Wärmeschutz verfügt. Die Elemente werden bis 18 m Länge hergestellt.

2.4 Massivdachkonstruktionen

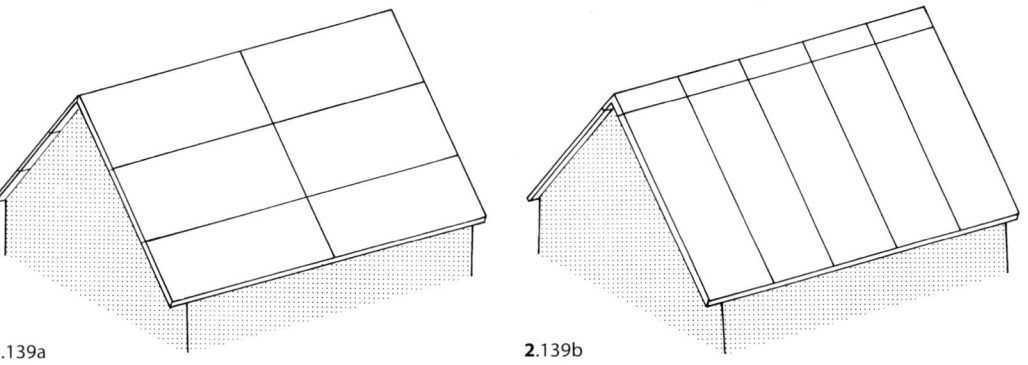

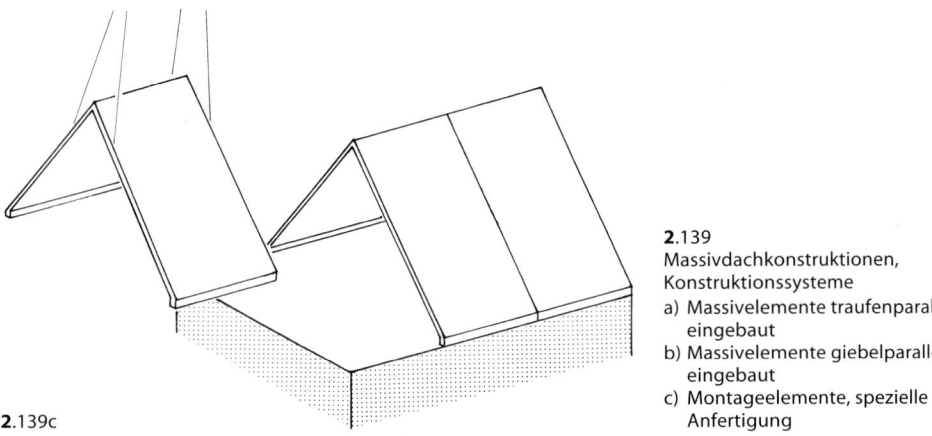

2.139
Massivdachkonstruktionen,
Konstruktionssysteme
a) Massivelemente traufenparallel
   eingebaut
b) Massivelemente giebelparallel
   eingebaut
c) Montageelemente, spezielle
   Anfertigung

2.4.3 Dachtragwerke aus Stahlbeton

Betonkonstruktionen sind wenig empfindlich gegen Feuchtigkeitseinflüsse und erfordern kaum Unterhaltungskosten. Sie eignen sich auch als Dachtragwerke. Für Flachdächer kommen dabei in entsprechend abgeänderter statischer Dimensionierung nahezu alle Stahlbeton-Deckensysteme in Frage (s. Abschn. 10.2 in Teil 1 dieses Werkes). Im Folgenden soll daher nur ein Überblick über spezielle Stahlbetonelemente für geneigte Dachkonstruktionen gegeben werden.

Stahlbetonträger

Stahlbetonträger werden in der Regel als Spannbeton-Fertigteile in Verbindung mit entsprechenden Stützen innerhalb geschlossener Hallenbausysteme eingesetzt oder als Dachbinderelemente, wenn die Transportprobleme – auch an der Baustelle – lösbar sind. Für geringere Spannweiten sind Rechteck- oder Trapezprofile aus Beton C 35/45 oder C 45/55 üblich. Größere Träger werden meist als T- oder I-Spannbetonträger hergestellt. Sie können kombiniert werden mit Spannbeton-Pfetten als Unterkonstruktion für großformatige Dachelemente (Bild **2**.142).

Stahlbeton-Plattenkonstruktionen

Für Spannweiten bis zu etwa 12 m werden – in der Regel in Verbindung mit kompletten Stahlbeton-Hallenbausystemen – Stahlbeton- bzw. Spannbetonbauteile mit verschiedenen Querschnittsformen eingesetzt (Bild **2**.143).

Faltwerke und Schalen

Theoretisch ist es möglich, Stahlbetonkonstruktionen in jeder aus formalen Gründen gewünschten und auf die gegebene Belastung abgestimm-

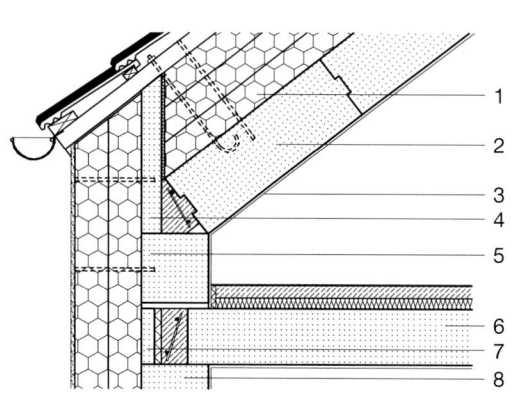
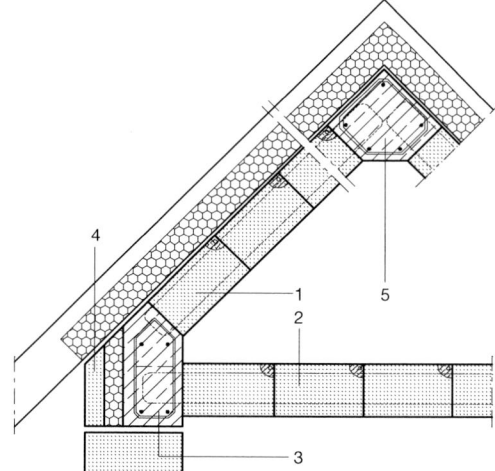
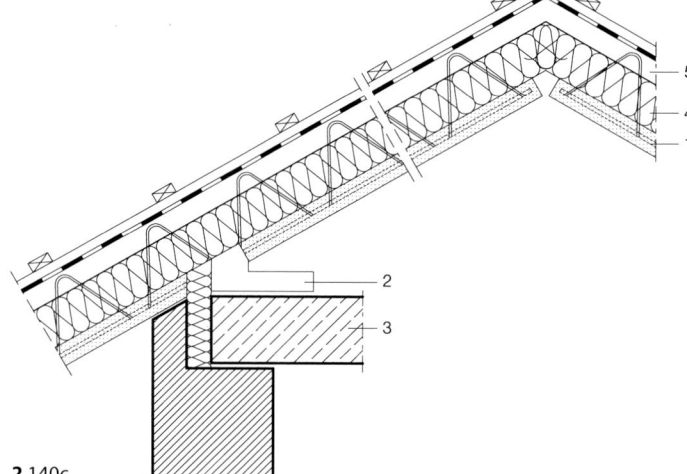
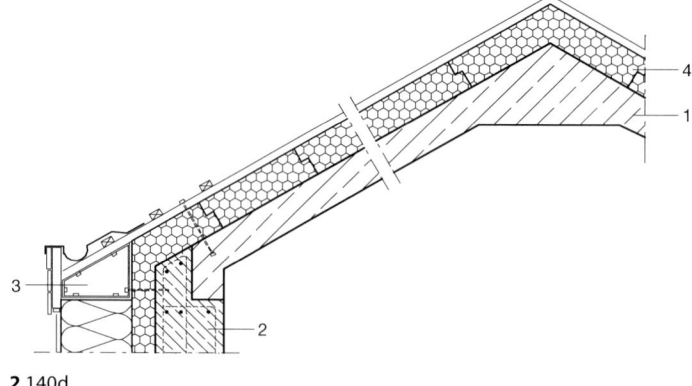

2.140a

2.140b

2.140c

2.140d

2.140
Massivdachkonstruktionen
a) Massivdachkonstruktion im Passivhausstandard [System Hebel] (s. hierzu auch Teil 1, Abschn. 16.3 dieses Werkes)
1 Mineraldämmplatte MD, 260 mm
2 Porenbeton, traufenparallel liegend verlegt auf tragenden Zwischenwänden, 250 mm
3 Innenputz, 10 mm
4–8 Porenbetonelemente

b) Ziegelelemente, giebelparallel verlegt (Sparrendachprinzip)
1 Dachplatten
2 Deckenplatten
3 Ringanker mit Wärmedämmung
4 Verblendstein
5 Betonanker (Firstbalken)

c) Stahlbeton-Montagedach
1 Betonschale mit Gitterträgern als Halbfertigteil (Plattendecke o. „Filigranplatte")
2 Auflager-Formteile
3 Stahlbetondecke
4 Wärmedämmung
5 Sparren mit Unterspannbahn und Lattung

d) Massivdach System
1 Stahlbeton-Element
2 Stahlbetonauflager mit Ringbalken
3 Traufen-Formteil
4 Wärmedämmung

2.4 Massivdachkonstruktionen

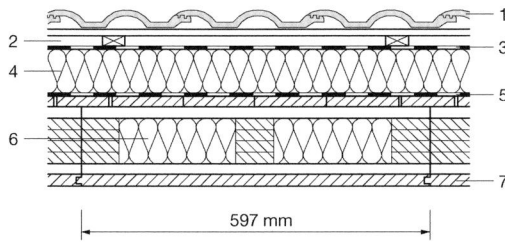

2.141 Querschnitt durch Steildachelement
(System LIGNOTREND)
1 Bedachung
2 Hinterlüftungsebene
3 Winddichtung/Unterdach
4 Wärmedämmung
5 Luftdichtung und Dampfsperre
6 Einblasdämmung
7 LIGNOTREND Block Q 3

ten Form herzustellen. Mit dünnwandigen Schalen- oder Faltwerkkonstruktionen sind Spannweiten von 150 m erreicht worden. *Schalen* sind einfach oder doppelt gekrümmte Flächentragwerke geringer Dicke mit oder ohne Randaussteifung. *Faltwerke* sind räumliche Flächentragwerke, die aus ebenen, kraftschlüssig miteinander verbundenen Scheiben bestehen (Bild **2**.144).

Nur in Sonderfällen sind derartige individuelle Konstruktionen aus Ortbeton wegen des überaus großen Arbeitsaufwandes für Schalungen und Gerüste vertretbar. Dagegen lassen sich nach dem Faltwerk- oder Schalen-Prinzip hergestellte *vorgefertigte Elemente* mit Spannweiten bis zu 40,00 m wirtschaftlich einsetzen, insbesondere wenn die allgemeinen Vorteile von Stahlbetonkonstruktionen gegenüber Witterungs- und Feuchtigkeitseinflüssen sowie ihre relativ große Sicherheit gegen Feuer ins Gewicht fallen (Bilder **2**.145 und **2**.146).

Für eine ausführliche Darstellung der vielfachen Konstruktionsmöglichkeiten mit Faltwerk- und Schalenkonstruktionen muss auf Speziallitertur verwiesen werden.

Mischformen aus diesen Konstruktionssystemen in Ortbetonausführung kommen in vielfältigsten Formen vor. Einen Eindruck von den fast unbegrenzten Möglichkeiten, mit Hilfe moderner Schalungssysteme auch komplizierteste räumliche Dachtragwerke aus Stahlbeton auszuführen, kann die in Bild **2**.146 gezeigte Bahnhofsüberdachung vermitteln.

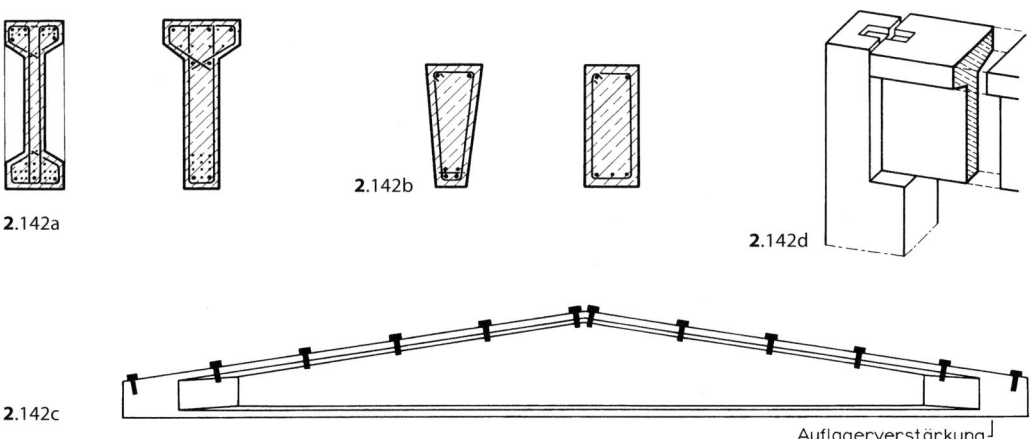

2.142 Spannbetonträger
a) Querschnitte von Spannbetonträgern
b) Querschnitt von Spannbetonpfetten
c) Spannbeton-Binderträger mit eingehängten Spannbetonpfetten
d) Stützenanschluss

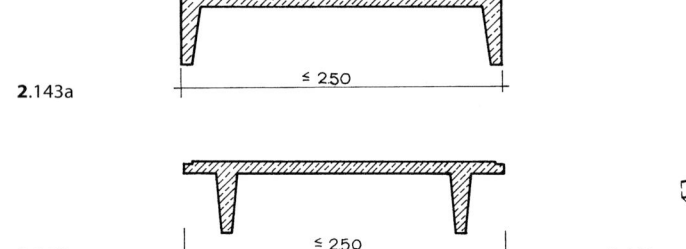
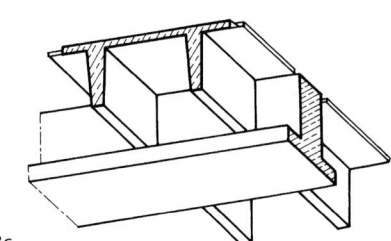

2.143a
2.143b
2.143c

2.143 Stahlbeton-Plattentragwerke (Auflagerung und konstruktive Einzelheiten s. Abschn. 7.5 in Teil 1 dieses Werkes)
  a) Trogplatte d = 35 cm, Stützweite ~ 7,50 m, d = 50 cm, Stützweite ~ 12,50 m,
  b) TT-Platte
  c) Auflagerung einer TT-Platte

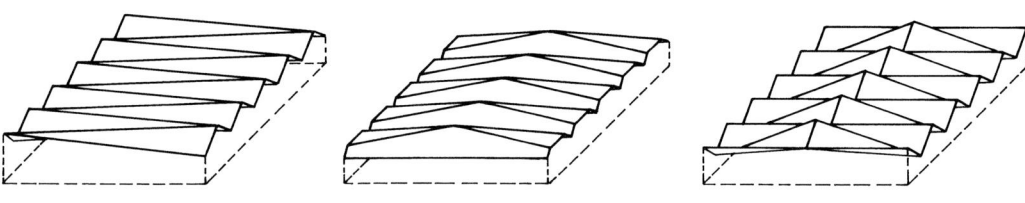

2.144 Formen von Faltwerken

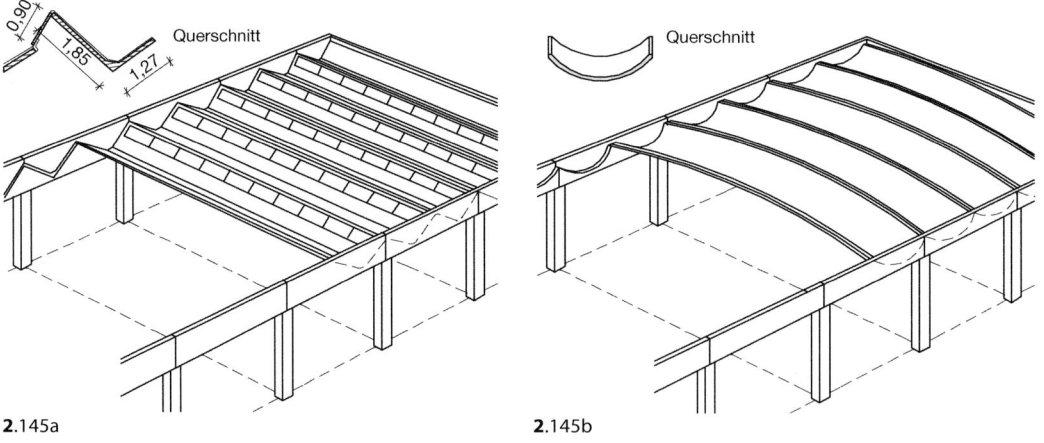

2.145a
2.145b

2.145
Dachkonstruktionen aus vorgefertigten Stahlbetonelementen
  a) Faltwerk, V-Element-Shed (System Züblin),   b) HP-Schale (System HOCHTIEF)

2.5 Textile Flächentragwerke

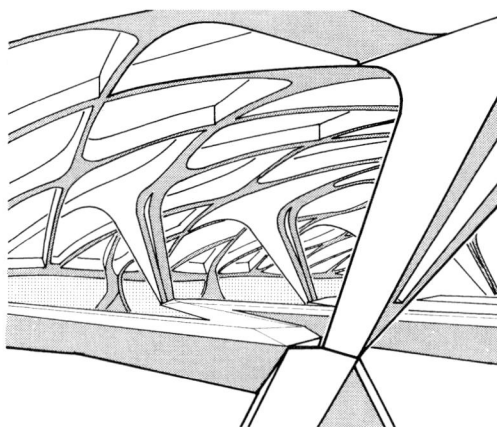

2.146 Stahlbetonüberdachung Bahnhof Lyon
(Architekten: S. Calavatra, A. Rourrat, S. Memet)

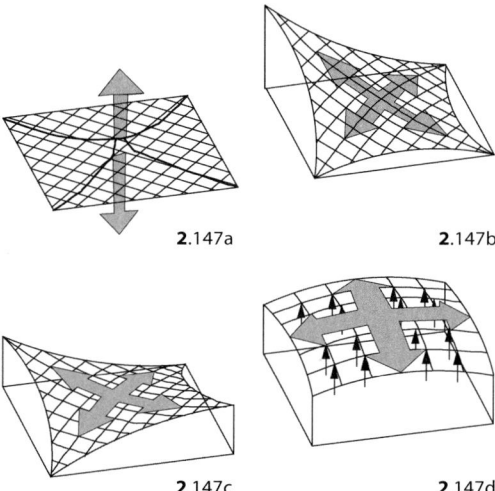

2.147 Leichte Flächentragwerke
a) Flachplane: Flattert leicht, ist mit geringer Kraft aus der Ebene auszulenken
b) und c) Mechanisch gespannte Konstruktion: Ecke(n) angehoben, zweiachsig gegensinnig gekrümmte Fläche, auch antiklastische Flächen genannt
d) Pneumatisch gespannte Konstruktion: Zweiachsig gleichsinnig gekrümmte Flächen, auch synklastische Flächen genannt

2.5 Textile Flächentragwerke

2.5.1 Allgemeines

Textilbahnen können zugbeanspruchte Bestandteile von Flächentragwerken sein. Das Besondere an dieser Bauweise ist die nicht orthogonale, organisch wirkende Formensprache. Großflächige Textilbahnen ermöglichen sehr großzügige, lichtdurchlässige Überdachungen. Wegen ihres geringen Gewichtes bieten Textilbahnen ein hohes Maß an Flexibilität bei den mit ihnen überdeckten Bauwerken (je nach Anforderung Verfahrbarkeit einzelner Segmente, Errichtung temporärer Bauwerke mit einfacher Montagemöglichkeit usw.).

Die Textilbahnen werden zwischen Haltepunkten und Fixierungsrändern aufgespannt. Haltepunkte können z. B. fundamentartige Verankerungen und Maste sein, wie aus dem Zeltbau bekannt.

Textilien können nur gespannt als dauerhafte Bauelemente eingesetzt werden. Ohne Spannung sind sie lose und nicht standfest im Wind, wodurch es zwangsweise zum Reißen des Materials kommen würde. Beim Spannen bilden sie gegen- oder gleichseitig gekrümmte, flattersichere Flächen, in der jeder Punkt durch räumliche Kraftvektoren gehalten ist.

Die Geometrie der gespannten Fläche hängt von der Lage und Form der Haltelinien und Haltepunkte ab. Dabei ist entscheidend, wo Randseile und Haltelinien geführt werden, wo Randstützen platziert sind, an welchen Stellen Maste und Stützbögen in das System eingefügt werden und welche Krümmungen und Höhenverhältnisse das Gesamtbild beeinflussen. Eine erste Anschauung der sich einstellenden Geometrie gewinnt man am besten durch Modellstudien. Die weitere Planung erfolgt dann mit Hilfe von CAD – Programmen in Verbindung mit für die Ausführung spezialisierten Firmen.

Bild **2**.147 zeigt verschiedene grundsätzliche Möglichkeiten des textilen Bauens.

2.5.2 Werkstoffe und Materialien

Werkstoffe für die textilen Bauteile bestehen aus Kunststofffolien oder hochzugfesten Fasern, die zu Bahnen gewebt werden. Beschichtungen schützen das Fasermaterial vor UV-Strahlung. Übliche Werkstoffe sind polyvinylchlorid-beschichtete Gewebe aus Polyesterfasern und polytetrafluorethylen-beschichtete (PTFE) Gewebe aus Glasfasern sowie armierungsgewebefreie Kunststoffmaterialien. Die Materialien haben ein Gewicht zwischen 500 bis 1000 g/qm und eine

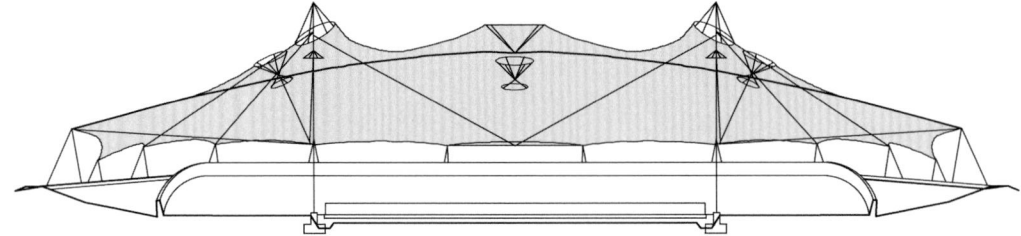

2.148 Sportarena in Hamburg-Stellingen; Arch. Silcher, Werner + Redante, Hamburg

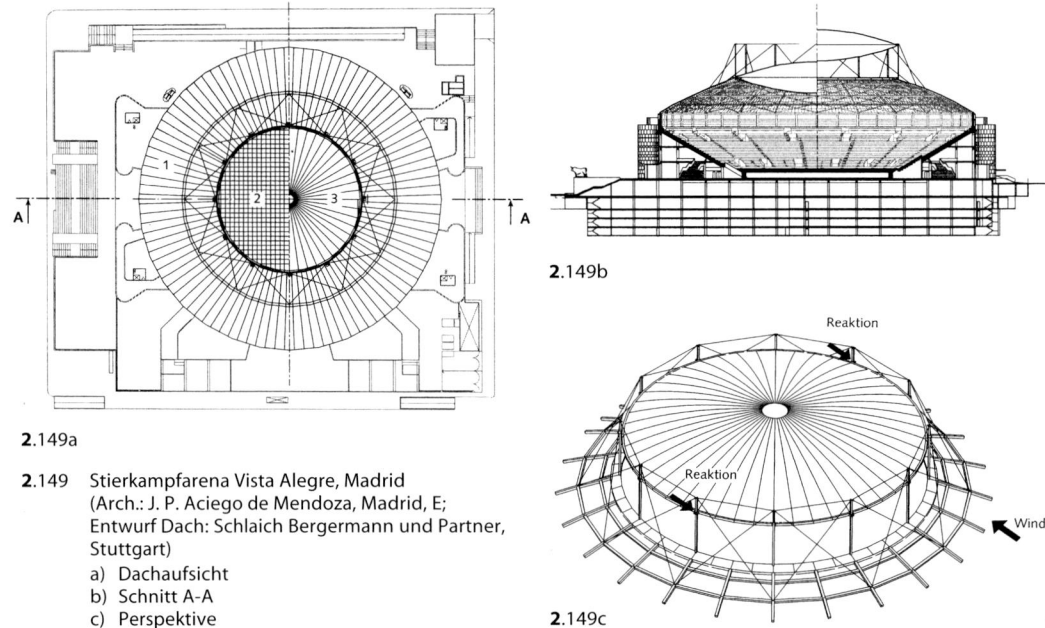

2.149 Stierkampfarena Vista Alegre, Madrid
(Arch.: J. P. Aciego de Mendoza, Madrid, E;
Entwurf Dach: Schlaich Bergermann und Partner, Stuttgart)
a) Dachaufsicht
b) Schnitt A-A
c) Perspektive

Reißfestigkeit von 5 kN bis 10 kN/ 5 cm Materialstreifenbreite.
Verwendete Materialien im textilen Bauen im Außenbereich:
- Einfache Membran:
  Polyestergewebe, PVC-beschichtet, Lackierung zur Verbesserung der Langzeiteigenschaften, wasserfest, durchscheinend, Lebensdauer ca. 15–20 Jahre
- Hochwertige Membran:
  Glasfasergewebe, PTFE-beschichtet, wasserfest, nimmt keinen Schmutz an, durchscheinend, Lebensdauer mind. 30 Jahre.
  PTFE-Gewebe, UV-stabil, wird auch für Raumanzüge von Astronauten verwendet, hohe Lichtqualität, Lebensdauer mind. 30 Jahre

- Neuere und besondere Membrankonstruktionen:
  Glasfasergewebe, Silikon beschichtet, (z. B. Sikabran), wasserfest, durchscheinend, im Brandfall entstehen keine toxisch wirkenden Produkte, Lebensdauer mind. 20–30 Jahre
  Polyestergewebe, Silikon beschichtet, wasserfest, durchscheinend, Lebensdauer ca. 15–20 Jahre.
  Aramidgewebe, PVC beschichtet, Sonderanfertigung, nicht transluzent
- Stark durchscheinendes Material:
  Glasfaser-Gittergewebe mit beidseitiger CTFE-Folie, wasserfest, nimmt keinen Schmutz an, optischer Eindruck ähnlich Drahtgitterglas, Lebensdauer ca. 25 Jahre

- Voll transparentes Material:
  ETFE-Folie (Ethylen-Tetrafluorethylen-Copolymer), ohne eingearbeitete Armierung, bei Spannweiten ab ca. 1 m mit Seilnetz zur Unterstützung, wasserfest, nimmt keinen Schmutz an, optisch voll transparent, kann bedruckt werden um Verschattung mit optischen Gittern zu erzeugen, Lebensdauer ca. 25 Jahre
- Gittermembran:
  Feinmaschiges Polyestergittergewebe, mit PVC-Ummantelung der Fäden, geeignet für Werbetransparente und Markisen
  grobes offenmaschiges Polyestergewebe mit PVC-Ummantelung der Fäden, geeignet für sehr leichte Schattendächer oder Rankhilfen
  Offenmaschiges Glasfasergewebe, geeignet für mechanisch gespannte Schattendächer
- Naturfasergewebe wie Baumwolle oder Leinen:
  Sind im textilen Bauen seit den sechziger Jahren vollständig von PVC-Plane verdrängt worden. Nachteil ist die fehlende Wasserfestigkeit (Wasseraufnahme bis zu 50% des Eigengewichts) und die überaus hohe UV-Anfälligkeit (Zerfall in ganzjähriger Freibewitterung in drei bis fünf Jahren).

2.5.3 Ausführungsbeispiele

Als Beispiel für die vielen Möglichkeiten und Formen des textilen Bauens ist in Bild **2**.148 der Querschnitt der Sportarena in Hamburg-Stellingen gezeigt. Sie wird von einer dünnen Zellmembran aus transluzentem Polyestergewebe überspannt. Zum Rand hin ist die Zellmembran mit Seilen über Zugpfähle im Boden verankert.

Die Stierkampfarena Vista Alegre in Madrid ist von einer großen, kreisrunden Stahlkonstruktion überdacht, in die ein rundes „Kissen" mit einem Durchmesser von 50 m eingelassen ist. Dieses Kissen besteht aus zwei Membranen, die in ihrer Mitte 12 m voneinander entfernt sind. Innerhalb von fünf Minuten kann das „Kissen" nach oben gefahren und dort „geparkt" werden und das Dach ist „geöffnet". Das feste Ringdach hat einen Außendurchmesser von 100 m. Ein Druckring verstärkt den runden Ausschnitt für das Membrankissen und trägt gleichzeitig dessen Lasten ab (Bild **2**.149). Beim geöffneten Dach werden die Horizontallasten über Knaggen und Seile in die Pylone und dann weiter tangential zum Kissenrand in das feste Dach abgeleitet (Bild **2**.149c).

2.6 Dachdeckungen

2.6.1 Allgemeines

Geneigte Dächer werden in der Regel mit Dachdeckungen ausgeführt. Unterschieden werden geneigte Flächen ab 5° Mindestdachneigung, die mit Dachdeckungen *gedeckt* werden und Flächen unterhalb von 5° Neigung (Flachdächer), die mit Dachdichtungen *abgedichtet* werden. (s. Abschn. 3).

Das Erscheinungsbild eines Bauwerkes und besonders von ganzen Gebäudegruppen mit geneigten Dächern wird weitgehend von der Dachneigung und von den Baustoffen der Dachdeckung bestimmt.

Auch wenn keine Aspekte des Denkmal- oder Ensembleschutzes zu beachten sind, sollten bei der Auswahl neben gestalterischen Überlegungen die ortsüblichen Bauweisen in die Betrachtung einbezogen werden, weil sie sehr oft Ausdruck langer Erfahrung mit Klima und Baustoffen sind.

Die Dachdeckung hat bei Steildächern vor allem die Aufgabe, Niederschlagswasser sicher abzuleiten und ausreichende Sicherheit gegen das Eindringen von Wasser durch Winddruck oder Flugschnee zu gewährleisten.

Sie muss regensicher, wetterbeständig, feuerbeständig und kostengünstig in Herstellung und Unterhaltung sein.

Traditionelle Dachdeckungen erfüllten bei *nicht* ausgebauten Dachräumen außerdem ohne besondere Vorkehrungen die Forderung nach Durchlüftung und Ableitung von Wasserdampf.

Da Dachräume heute sehr oft intensiv genutzt werden und damit die Wärme- und Wasserdampfverhältnisse grundlegend verändert sind, werden an die bauphysikalischen Eigenschaften geneigter Dächer zunehmend höhere Anforderungen gestellt (s. Abschn. 2.9 und auch Abschn. 17.5 in Teil 1 des Werkes).

Wenn flachere Dachneigungen aus wirtschaftlichen und gestalterischen Gründen bevorzugt werden, ergeben sich zusätzliche Forderungen an die Dichtigkeit der Eindeckungen, die vielfach nur durch Einführung einer weiteren wasserableitenden Schicht unterhalb der Dachdeckung (Unterspannbahnen, Unterdach, s. auch Abschn. 2.6.2, Tab. **2**.152 und Abschn. 2.9.3) erfüllt werden können.

Nach Werkstoff und Decktechnik unterscheidet man:

- Ziegeldächer
- Betondachstein-Dächer
- Schieferdächer
- Schindeldächer
- Gründächer
- Stroh- und Rohr- (Reet-, Ried-)Dächer
- Wellplattendächer
- Pappendächer
- Metalldächer

Brandschutz. Gemäß DIN 4102-7 – (Brandverhalten von Baustoffen und Bauteilen – Bedachungen) werden Dachdeckungen hinsichtlich ihrer Widerstandsfähigkeit gegen Flugfeuer und strahlende Wärme unterschieden in

- *„harte"* Bedachungen – Dachabdichtung beziehungsweise Konstruktionen, die nach Bauart und verwendeten Baustoffen widerstandsfähig gegen Flugfeuer und strahlende Wärme sind (Dachdeckung/Bedachung aus Beton und Ziegeln sowie aus natürlichen oder künstlichen Steinen der Baustoffklasse A, Bedachungen mit einer mindestens 0,5 mm dickem oberen Metallblechlage, Bedachungen mit bestimmten, min. zweilagigen Bitumendachbahnen auf tragenden Unterkonstruktionen aller Art min. der Baustoffklasse B2, sonstige Bedachungen mit mindestens 5 cm dicker, vollständig bedeckender Kiesschüttung 16/32 oder Bedeckung aus mindestens 4 cm dicken Betonwerksteinplatten o. Ä. gem. DIN 4102-4, Abschn. 11.4 sowie begrünte Dächer mit bestimmten Eigenschaften) und
- *„weiche"* Bedachungen, die die vorgenannte Widerstandsfähigkeit nicht besitzen (Bedachungen aus natürlichen Materialien wie z.B. Holzschindeln, Stroh, Schilf, Reet sowie unbesandete Pappen) bzw. die nicht in der Aufstellung gem. DIN 4102-4, Abschn. 11.4 aufgeführt sind. Weiche Bedachungen sind nur bei Gebäuden der Gebäudeklassen 1–3 zulässig. Die Verwendung weicher Bedachungen erfordert weiterhin die Berücksichtigung nach Gebäudeklasse unterschiedlicher, deutlich größerer Grenzabstände nach den jeweils gültigen Landesbauordnungen.

Für die Ausführung von Dachdeckerarbeiten gelten die Vorschriften der Vergabe- und Vertragsordnung (VOB) Teil C: Allgemeine technische Vertragsbedingungen für Bauleistungen (ATV) – Dachdeckungs- und Dachabdichtungsarbeiten DIN 18 338 sowie die „Fachregeln des Zentralverbandes des Deutschen Dachdeckerhandwerks e. V. (ZVDH) für die verschiedenen Deckungswerkstoffe und -arten." [8].

Dachlattungen. Dachdeckungen mit Dachziegeln, Betondachsteinen u. Ä. werden *auf Lattungen* ausgeführt. Der Dachlattenquerschnitt hängt vom Gewicht der Ziegeldeckung und vom Sparrenabstand ab. Bei einem Gewicht von z. B. 0,55 kN/m² (Berechnungsgewicht für Flachdachpfannen einschl. Lattung) werden empfohlen bis:

- 70 cm Sparrenabstand 24/48 mm Lattenquerschnitt, S13, nur bei Dachlattungsabständen ≤ 17 cm zulässig,
  80 cm Sparrenabstand 24/60 mm Lattenquerschnitt, S13
- 80 cm Sparrenabstand 30/50 mm Lattenquerschnitt, S10
- 100 cm Sparrenabstand 40/60 mm Lattenquerschnitt, S10.

Eindeckungen mit Schiefer, Blechbahnen oder Dichtungsbahnen erfordern in der Regel eine mindestens 24 mm dicke Vollschalung als *flächig tragende* Unterkonstruktion. Großformatige Wellplatten können ohne weitere Unterkonstruktionen auch direkt auf Pfetten verlegt werden.

**Regeldachneigungen
für Dachdeckungsmaterialien**

Als Regendachneigung (RDN) – auch Mindestdachneigung genannt – wird eine Dachneigung bezeichnet, bis zu der eine Deckung als regensicher gilt, d. h., bei der traufwärts fließendes Wasser im Normalfall nicht eindringt. Es gelten folgende RDN (s. a. Tab. **2.**151) für:

Schiefer
- Altdeutsche Doppeldeckung,
  Deutsche Schuppenschablonen,
  Rechteckschablonendeckung $\geq 22°$ (40 %)
- Schablonendeckung
  verschiedener Formen $\geq 30°$ (58 %)

Dachplatten (Faserzementplatten)
- deutsche Deckung, Doppeldeckung $\geq 25°$ (47 %)
- waagerechte Deckung $\geq 30°$ (58 %)

Wellplatten (Faserzement)
- bei Plattenlängen von 1,25 bis 2,50 m
  je nach Dachtiefe (Entfernung
  Traufe-First) ≥ 7 bis 12°
  (12 bis 22 %)

2.6 Dachdeckungen

- Kurzwellplatten
  (Gesamtlänge 62,5 cm) $\geq 15°$ (27 %)

Reet- und Strohdeckung
- Mindestdeckung $\geq 45°$ (100 %)
- in windreichen Gegenden $\geq 50°$ (119 %)

Holzschindeln
- je nach Deckungsart   etwa $\geq 30°$
  (58 %)

Metalldeckungen (Zink, Kupfer)
- Bei Dachneigungen < 5° (12 %) sind Längsfälze zusätzlich abzudichten $\geq 3°$ (5 %)

2.6.2 Dachdeckungen mit Dachziegeln und Dachsteinen

Material

Dachziegel stellen eine der ältesten und bewährtesten Dachdeckungen dar. Wenn bei der Herstellung gute Tonerden richtig verarbeitet werden, können Dachziegel mehrere hundert Jahre überdauern. Als kleinformatiges Deckungsmaterial ermöglichen sie die Anpassung an praktisch alle Dachformen. Durch die Porosität des Ziegelmaterials wird unter normalen Umständen die Gefahr der Tauwasserbildung an der Unterseite der Dachhaut erheblich herabgesetzt.

Bei engobierten Ziegeln[1] wird häufig nicht berücksichtigt, dass die Engobe auch Auswirkungen auf den Feuchtehaushalt der Ziegel haben kann. Unter ungünstigen Bedingungen können Frostschäden die Folge sein. Bei einem engobierten Ziegel ist die Saugfähigkeit der Oberseite deutlich geringer als die der Unterseite. Dagegen treten bei unbehandelten Ziegeln nur geringe Unterschiede bezüglich des Wasseraufnahmekoeffizienten der Ober- und Unterseite auf. Nur Engoben, die gleich oder weniger dicht als der Untergrund sind, sind in dieser Hinsicht unproblematisch. Bei dichteren Schichten, insbesondere bei Glasuren[2], sollte die Möglichkeit einer Schä-

digung durch die Unsymmetrie der Wasseraufnahmefähigkeit der Ober- und Unterseite nicht außer Acht gelassen werden.

Dachziegel aus gebranntem Ton sollen keine die Verwendbarkeit einschränkenden Risse aufweisen, im Rahmen der Normen eben und maßhaltig, wasserundurchlässig und frostbeständig sein. DIN EN 1304 legt Anforderungen an Dachziegel und Formziegel für Dacheindeckungen geneigter Dächer und für Außen- und Innenwandbekleidungen fest.

Nach der Art der Herstellung unterscheidet man Press- und Strangdachziegel.

Strangdachziegel werden aus dem Mundstück einer Schneckenpresse (als Strang) gepresst. Rillen, Falze usw. sind nur parallel zur Längsrichtung möglich.

Pressdachziegel werden einzeln aus Ton gepresst, daher sind Längs- und Querfalze möglich.

Strangdachziegel sind:
- Biberschwanzziegel, Strangfalzziegel, Hohlpfannen.

Pressdachziegel sind:
- Falzziegel und Reformpfannen, Falz- und Flachdachpfannen, Krempziegel.

Eine Zusammenstellung über Abmessungen und Deckmaße von Dachziegeln enthält Tabelle **2**.150.

Planung

Bei der Planung von Dächern, die mit Dachziegeln oder Dachsteinen eingedeckt werden sollen, sind zunächst die *Regeldachneigungen* zu beachten. Die Regeldachneigung bezeichnet die untere Dachneigungsgrenze, bei der sich in Abhängigkeit vom Dachdeckungsart und -material die Regensicherheit erwiesen hat.

Regeldachneigungen(RDN) für die verschiedenen Deckungsarten sind in der „Fachregel für Dachdeckungen mit Dachziegeln und Dachsteinen" [8] festgelegt. Bei Unterschreitung der Regeldachneigung sowie bei einer oder mehreren erhöhten Anforderungen sind *Zusatzmaßnahmen* erforderlich (s. Tab. **2**.152).

Nach Möglichkeit sind möglichst glattflächige, klare Dachformen zu wählen. Bei sorgfältiger Planung lassen sich alle bei der Eindeckung vorkommenden Problemstellungen z. B. für Dachränder und für Anschlüsse an andere Bauteile (Schornsteine, Dachgauben und -fenster, usw.) lösen. Es sollte jedoch beachtet werden, dass die Eindeckung von Kehlen gestalterisch am besten und

---

[1] Als Engobe bezeichnet man eine mit Mineralien versetzte Tonschlämme, die *nach* dem Brand auf den heißen Ziegel unter Druck aufgebracht wird. Engoben sind begrenzt farbig herstellbar. Sie verringern die Wasseraufnahmefähigkeit an der Oberseite der Dachziegel.

[2] Glasuren werden mittels farbigem Quarzsand *vor* dem Brand auf den Ziegel aufgebracht. Es sind vielfältige, auch kräftige Farbgebungen möglich. Der Haftverbund zwischen Ziegel und Glasur ist jedoch begrenzt.

Tab: **2.**150 Angaben über die wichtigsten Dachziegelarten[1) 2) 3) 4)]

Dachziegel			Länge Breite	Gewicht je Stück ≈ kg	Deckweise	Mindestsparrenneigung	Überdeckung bei 45° Neigung	Weite der Lattung bei 45°	Lattenbedarf je m² Deckfläche	Dachziegelbedarf je m² Deckfläche	Dachlast je m² Deckfläche
Art	Gruppe	Bezeichnung[1)]	in cm	≈ kg		in Grad[2)]	in cm	in cm	in m	in Stück	in kN/m²
Pressdachziegel	verfalzte Ziegel	Flachdach-Pfanne	42 / 26	3	in Reihen	20			3	15	0,55
		Flachkremper									
		Reformpfanne	42 / 25	2,8					3	15	0,55
		Falzziegel								8–15	0,41–0,55
	konische Kremper	Romano-Kremper	43 / 27	3,0		22			3	15	0,55
	Schalenziegel	Mönch-Nonne	40 / 11 40 / 21	2,0 2,5		40	5	35	3	2×13	0,70 ohne, 0,90 mit Mörtel
Strangdachziegel		Hohl-Pfanne	40 / 23,5	2,5	mit Kurzschnitt Aufschnittdeckung	35	9[3)]	31	3,3	16	0,50
					mit Langschnitt Vorschnittdeckung	40	7[3)]	33	3	15	
	falzlose Dachziegel	Biberschwanzziegel	38 / 18	1,8	in Pappdocken[4)]	20 bis 25					
					Spliessdeckung	40	16[3)]	21,5	4,8	30	0,65
					Doppeldeckung	30	8[3)]	15	6,25	35	0,80
					Kronendeckung		8[3)]	30	3,4	37	0,80

[1)] s. Deutsches Dachdeckerhandwerk, Regelwerk [8]
[2)] Die Zahlen stellen Durchschnittswerte dar. Nicht nur die Ziegelform, sondern auch die Größe der Dachflächen sowie der Regen- und Windanfall beeinflussen die Werte. Je ungünstiger die Verhältnisse, desto steiler die Dachneigung. Ziegeldeckungen können um 5° flacher verlegt werden, wenn durch Schalung, Unterspannung und Konterlattung dafür gesorgt wird, dass durch Wind eingetriebenes Wasser unter den Dachlatten abläuft.
[3)] S. a. DIN 18338. Die Überdeckung bei den Stranddachziegeln nimmt – von 45° Sparrenneigung ausgehend – zu, die flacher das Dach geneigt ist. Sie kann bei steilen Dächern in dem gleichen Maße, nämlich um 2 % die Neigungsgrad, vermindert werden.
[4)] Pappdocken: Streifen aus Bitumenpappe unter den Längsstößen der Ziegel

2.6 Dachdeckungen

Tabelle 2.151 Regeldachneigung für Dachdeckungen mit Dachziegeln und Dachsteinen [8]

	Form	Deckungsart	Regeldachneigung
Dachziegel mit Verfalzung			
Mehrfache Ringverfalzung	Flachdachziegel	Einfachdeckung	22°
Unterbrochene Ringverfalzung	Doppelmuldenfalz-/ Reformziegel		30°
Verschiebefalz			30°
Seitenverfalzung			35°
Dachziegel ohne Verfalzung			
Seitenaufkantung	Krempziegel	Einfachdeckung	35°
gewölbt	Hohlpfanne	Aufschnittdeckung	35°
	Hohlpfanne	Vorschnittdeckung	40°
	Mönch- und Nonne	Einfachdeckung	40°
eben	Biberschwanzziegel	Doppel- und Kronendeckung	30°
		Einfachdeckung mit Spließen	40°

Tabelle 2.152 Zuordnung von Zusatzmaßnahmen [8]

	Erhöhte Anforderung[2]			
Dachneigung	Nutzung – Konstruktion – klimatische Verhältnisse			
	keine weitere erhöhte Anforderung[2]	**eine** weitere erhöhte Anforderung[2]	**zwei** weitere erhöhte Anforderungen[2]	**drei** weitere erhöhte Anforderungen[2]
≧ Regeldachneigung (RDN)	–	Unterspannung	Unterspannung	überlappte oder verfalzte Unterdeckung
≧ (RDN −6°)	Unterspannung	Unterspannung	überlappte oder verfalzte Unterdeckung	verschweißte oder verklebte Unterdeckung
≧ (RDN −10°)	regensicheres Unterdach	regensicheres Unterdach	regensicheres Unterdach	wasserdichtes Unterdach
≦ (RDN −10°)	regensicheres Unterdach	wasserdichtes Unterdach	wasserdichtes Unterdach	wasserdichtes Unterdach

[1] Die in der Tabelle genannten Zusatzmaßnahmen sind Mindestmaßnahmen.
[2] Bei besonders hohen Anforderungen und/oder besonderen örtlichen Bestimmungen ist eine höherwertige Zusatzmaßnahme zu wählen (s. „Merkblatt für Unterdächer, Unterdeckungen, Unterspannungen", Tabelle 1 [8]). Grundsätzlich können höherwertigere Zusatzmaßnahmen auch anstelle der Mindestmaßnahme eingesetzt werden.

vor allem materialgerecht nur mit Kleinformaten zu lösen ist. Anderenfalls sind blechverwahrte Kehleindeckungen unvermeidlich.
Bei großformatigem Dachdeckungsmaterial, insbesondere bei allen Dachziegeln oder Dachsteinen mit Falzen, sind die je nach Form und Anwendungsart unterschiedlichen Decklängen (bzw. Lattenabstände) für die normalen Deckungsreihen in der Dachfläche und für First- und Traufenabschlüsse anhand der Herstellerunterlagen planerisch zu berücksichtigen. Zur Vermeidung von Zuschnitten sind die erforderlichen Sparrenlän-

gen nötigenfalls durch geringfügige Änderungen der Dachneigung oder der Dachüberstände herzustellen.

Die Breite und die Lage für alle größeren Dachaufbauten oder Dachdurchbrüche ist im Grundriss, insbesondere für evtl. nebeneinander liegende Dachflächenfenster oder Gauben auf die Deckbreite der verwendeten Dachziegel oder Dachsteine abzustimmen, damit volle Formate oder Formsteine verwendet werden können. Alle etwa erforderlichen Trennschnitte bilden Schwachstellen der Eindeckung.

Zusatzmaßnahmen zur Regensicherheit

Dachdeckungen müssen im Grundsatz regensicher sein. Dies wird üblicherweise dadurch erreicht, dass die werkstoffabhängigen Regeldachneigungen und -überdeckungen geschuppter Dachdeckungen eingehalten werden. Werden Regeldachneigungen unterschritten, müssen zusätzliche Maßnahmen wie Unterdächer, Unterdeckungen oder Unterspannungen vorgesehen werden.

Bei erhöhten Anforderungen wie besonderen geometrischen, konstruktiven oder Witterungsverhältnissen ist jedoch auch bei Einhaltung der RDN der Eintritt von Treibregen und Flugschnee sowie Vereisungen nicht auszuschließen. Aus diesem Grund sollte i. d. R. auf die Ausführung von Dachkonstruktionen mit Unterspannung, Unterdeckung oder Unterdach als *zweite* Wasser führende Schicht nicht verzichtet werden (s. a. Abschn. 2.9.3). Dies trifft insbesondere auf zu Wohnzwecken ausgebaute Dachbereiche zu.

Zusatzmaßnahmen bilden diese zweite Wasser führende Schicht unter der Dachdeckung zum Schutz der Dachkonstruktion vor Feuchteeinwirkungen von außen. Sie dient zur Ableitung von Regeneintritt bei fehlerhafter Dacheindeckung, Treibregen, Flugschnee, Vereisungen sowie abtropfendem Kondensat von der Unterseite der Dachdeckung bei sommerlicher Nachtabkühlung.

Zusätzliche Maßnahmen sind bei der Planung und Ausführung immer dann vorzusehen, wenn die Regeldachneigung unterschritten wird, das Dachgeschoss zu Wohnzwecken oder vergleichbar hochwertigen Nutzungen genutzt wird oder wenn konstruktive Besonderheiten (z.B. besonders steile und flache Dächer, lange Sparren, Dachverschneidungen, stark gegliederte Dachflächen), klimatische Verhältnisse oder besondere örtliche Gegebenheiten dies erfordern (Tab. **2.**152).

Im Fachregelwerk des Deutschen Dachdeckerhandwerkes werden die erforderlichen Maßnahmen unterschieden für Unterschreitungen der Regeldachneigung um bis zu 6° oder über 6° bzw. um bis zu 10° oder über 10°.

Als Zusatzmaßnahmen kommen je nach Deckungsart und Werkstoff in Frage:
- Vermörtelung bzw. Innenverstrich
- Unterspannung,
- Unterdeckung,
- Unterdach

Zusatzmaßnahmen werden gemäß ZVDH (Merkblatt für Unterdächer, Unterdeckungen und Unterspannungen) [8] in 6 Klassen eingeteilt, wobei die Klasse 1 der höchsten Schutzanforderung und die Klasse 6 der geringsten Schutzanforderung entspricht.

Es werden folgende Klassen gemäß des Regelwerkes des Deutschen Dachdeckerhandwerks unterschieden:

Klasse 1: Wasserdichtes Unterdach *mit* Überdeckung/Eindichtung der Konterlattung, Nähte und Stöße verklebt

Klasse 2: Regensicheres Unterdach *ohne* Überdeckung/Eindichtung der Konterlattung, Nähte und Stöße verklebt, naht- und perforationsgesichert[1] mit Nageldichtband

Klasse 3: Unterspannung oder Unterdeckung, naht- und perforationsgesichert mit Nageldichtband

Klasse 4: Unterdeckung, verklebt oder verschweißt oder Unterspannung, nahtgesichert, ohne Nageldichtband

Klasse 5: Unterdeckung, überlappend oder verfalzt verlegt

Klasse 6: Unterspannung, gespannte oder frei hängend, lose überlappend verlegt

Unterspannungen[2] aus diffusionsoffenen Unterspannbahnen können bei zu Wohnzwecken

---

[1] Nahtgesichert = in Nähten und Stößen regensicher verklebt; Perforationsgesichert = Maßnahmen unterhalb der Konterlattung gegen Wassereintritt mit z.B. Nageldichtmaterial.

[2] Eine Unterspannung ist eine Zusatzmaßnahme aus wasserundurchlässigen Bahnen ohne flächige Unterlage, gespannt oder mit planmäßigem Durchgang verlegt. Wird eine Unterspannbahn auf einer Wärmedämmung verlegt (z.B. bei Vollsparrendämmungen), wird diese als Unterdeckbahn bezeichnet. Sie bildet hierbei gleichzeitig eine windabweisende Schutzschicht für die Wärmedämmung und verbessert damit die Dämmwirkung.

2.6 Dachdeckungen

ausgebauten Dachräumen verwendet werden, wenn bei einfachen Dachformen die Regeldachneigung eingehalten wird. Im Übrigen können sie bei Unterschreitung der Regeldachneigung um bis zu 6° verwendet werden, wenn keine besonderen Anforderungen an die Dachdeckung gestellt werden.

Unterdeckungen[1] sind anzuwenden bei Unterschreitung der Regeldachneigung bis zu 6°. Unterdeckbahnen können geeignete Schalungsbahnen oder diffusionsoffene Unterspannbahnen sein. Für wasserdichte Unterdächer (bei Unterschreitung der Regeldachneigung von mehr als 10°) kommen Bitumen-Schweißbahnen oder Bitumenbahnen mit Glasvlieseinlage in Frage. Unterdeckungen müssen auf druckbelastbaren, vollflächigen Unterlagen (z.B. Schalungen) aufliegen. Zusatzmaßnahmen können in allen Fällen auch für den Bereich flacher Kehleindeckungen in Frage kommen (s. auch Abschn. 2.9.3).

Unterdächer[2] werden entweder als *wasserdichtes* Unterdach (Klasse 1) oder als *regensicheres* Unterdach (Klasse 2) mit verschweißten Bitumen- oder verklebten Kunststoffbahnen hergestellt und führen somit über die Funktion einer zweiten, lediglich Wasser führenden Schicht hinaus. Sie erfüllen den Zweck einer nahezu voll funktionsfähigen Dachabdichtung vergleichbar mit Flachdachabdichtungen. Dachziegel oder -steine haben hierbei eher dekorativen Charakter. Unterdachbahnen sind dampfdicht mit der Folge, dass, sofern keine zweite Lüftungsebene oberhalb der Wärmedämmung vorgesehen wird, die Innenausbauschichten (Dampfsperren) absolut luft- und dampfdicht auszuführen sind – in der Praxis eine nur schwer erfüllbare Anforderung – und dass keine nennenswerte Baufeuchte in der Konstruktion eingeschlossen ist. Zudem ist der Aufwand zur Herstellung einer zweien Wasser ableitenden Ebene (Unterdach zzgl. Dachdeckung) hoch.

Wasserdichte Unterdächer werden in ihrer Gesamtheit an allen Naht- und Stoßverbindungen über die ganze Fläche einschl. Überdeckung der Konterlattung werkstoffgerecht wasserdicht verklebt oder verschweißt. Durchdringungen, Einfassungen und Einbauteile sind regensicher auszuführen.

Regensichere Unterdächer werden wie vor ausgeführt, jedoch wird die Konterlattung hierbei von der Unterdachbahn *nicht* überdeckt. Verklebungen vertikaler Bahnstöße sind unterhalb einer Konterlatte anzuordnen. Um zu verhindern, dass Wasser kapillar unter die Konterlattung eingezogen werden und durch die Nagellöcher eindringen kann, muss die Konterlatte auf ein spezielles Nageldichtband (Butylkautschukband) gelegt werden.

Vordeckungen (Behelfsdeckungen) werden häufig als Witterungsschutz für die Konstruktion vor freier Bewitterung während der Bauzeit vorgesehen.

Sicherung gegen Flugschnee

Zwar sind einige Lösungen für Lüftungssteine, Firstentlüftungen usw. auf dem Markt, doch ist bei ungünstigen Verhältnissen der Eintrieb von Flugschnee nicht mit absoluter Sicherheit zu verhindern.

Zusatzmaßnahmen zur Windsogsicherung

Bei exponierter Lage, Höhe, ungünstigen Dachformen und bestimmten Ausführungsarten der Dachdeckung sowie im Zusammenhang mit geschlossenen Deckunterlagen unterhalb der Dachdeckung reicht das Eigengewicht der Dachdeckung vielfach nicht als Windsogsicherung aus. Besonders an Dachecken und -rändern, Firsten und Dachdurchdringungen (z.B. Gauben, Schornsteine) sind Zusatzmaßnahmen zur Windsogsicherung erforderlich.

Bei Dachneigungen über 65° muss *jeder* Dachziegel bzw. Dachstein durch korrosionsgeschützte Klammern, Schrauben oder Nägel befestigt werden. Für alle anderen Dachdeckungen sind teilweise in den Landesbauordnungen und in den Fachregeln des Dachdeckerhandwerkes die erforderlichen Zusatzmaßnahmen in Abhängigkeit von der Höhenlage und Abmessung der Gebäude festgelegt.

---

[1] Eine Unterdeckung ist eine Zusatzmaßnahme aus wasserundurchlässigen Bahnen auf einer ausreichend tragfähigen Unterlage (Unterdeckplatten, Schalungen; Wärmedämmungen).

[2] Ein Unterdach ist eine Zusatzmaßnahme aus wasserdichten Werkstoffen auf einer ausreichend tragfähigen Unterlage. Unterdachbahnen werden mit verschweißten oder verklebten Naht- und Stoßausbildungen auf Vollholzschalungen, Holzwerkstoffplatten oder formstabilen Wärmedämmstoffen verlegt.

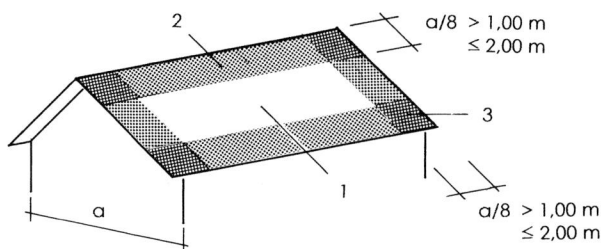
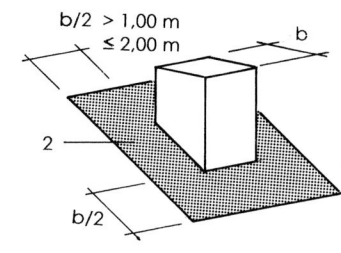

2.153 Randbereiche
1 Flächenbereich
2 Randbereich
3 Eckbereich

Weitere Einflüsse ergeben sich aus unterschiedlichen Geländekategorien[1] hinsichtlich Geländerauhigkeit, Topographie und davon abhängigen vorübergehenden Windzuständen (Böengeschwindigkeitsdruck) sowie Schwingungsanfälligkeiten von Bauwerken, Bauteilen, Vordächern und Brücken.

Es werden 4 Windzonen nach DIN 1991-1-4/NA unterschieden:

Windzone WZ1 (Höhe bis 800 m ü. NN; Hessen, Südwest-Thüringen, Rheinland-Pfalz, Bayern teilw., Baden-Württemberg teilw.)

Windzone WZ2 Höhe über 800 m ü. NN; Niedersachsen, Sachsen-Anhalt, Brandenburg, Sachsen, Bayern teilw., Baden-Württemberg teilw.

Windzone WZ3 Norddeutsche Küstengebiete, Gebiete um Rügen und Fehmarn

Windzone WZ4 Norddeutsche Inseln und Küstengebiete

Art und Anzahl der erforderlichen Befestigungsmittel sind für die Windzonen WZ1 bis WZ3 zu entnehmen. Einzelfallberechnungen sind erforderlich für die Windzone WZ4, für offene Gebäude mit offener Deckunterlage, Gebäude in besonders exponierter Lage und bei Firsthöhen über 30 m.

---

[1] Geländekategorie I = Offene See, Seen mit min. 5 km freier Fläche in Windrichtung, glattes, flaches Land ohne Hindernisse.
Mischprofil Küste als Übergangsbereich zwischen Geländekategorie I und II
Geländekategorie II = Gelände mit Hecken, einzelnen Gehöften, Häusern oder Bäumen, z. B. landwirtschaftliches Gebiet
Mischprofil Binnenland als Übergangsbereich zwischen Geländekategorie II und III
Geländekategorie III = Vorstädte, Industrie- und Gewerbegebiete, Wälder
Geländekategorie VI = Stadtgebiete, bei denen min. 15% der Fläche mit Gebäuden bebaut ist, deren mittlere Höhe 15 m überschreitet.

In allen Fällen sind bei den Dachflächen unterschiedliche Anforderungen an Eck-, Rand- und Flächenbereich zu berücksichtigen (Bild **2.**153).

An Dachkanten (First, Ortgang, Grat, Pult) ist *jeder* Dachziegel bzw. Dachstein zu befestigen. Die Latten sind auf der tragenden Unterkonstruktion so zu befestigen, dass sie eine Zugkraft von mindestens 0,60 kN/m lotrecht zur Befestigungsebene aufnehmen können.

Wärmedämmung

Die Ausführung der nachfolgend behandelten Dachdeckungen ist für Dächer mit *nicht* ausgebauten Dachgeschossen vorgesehen. Bei nachträglich eingebrachten Wärmedämmungen ist in jedem Fall eine Taupunktberechnung durchzuführen (s. Abschn. 2.9.2 und 17.5.6 in Teil 1 dieses Werkes).

Wartung und Pflege

Dachdeckungen sind neben der natürlichen Alterung ihrer Baustoffe vielfachen mechanischen Beanspruchungen (z. B. Bewegungen der Dachkonstruktion infolge von Wind- oder Schneelas-

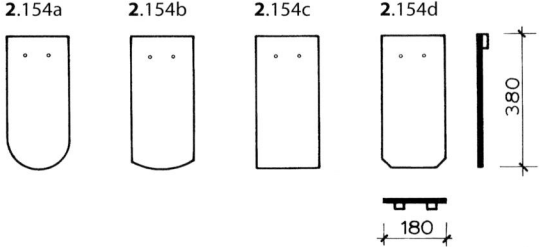

2.154 Biberschwanzformen
a) Rundschnitt c) Geradschnitt
b) Segmentschnitt d) gestutzte Ecken

2.6 Dachdeckungen

ten) sowie Temperaturschwankungen, chemischen Einflüssen (z. B. saurer Regen), Abgasen, UV-Strahlung und Pflanzenwuchs (Moose und Flechten) ausgesetzt.

Sie bedürfen daher der regelmäßigen Kontrolle und Wartung durch den Fachmann, um die fortdauernde Funktionstüchtigkeit und die Sicherheit bei den für die Begehung und Reinigung vorhandenen Einrichtungen (Schornsteinreinigung u. Ä. s. Abschn. 2.8.2) zu erhalten.

Biberschwanzdeckung (Flachziegeldeckung)

Biberschwanzziegel nach DIN 1304 sind rechteckige Tafeln ohne Falz, deren untere Seite gerundet, geradlinig, auch mit gestutzten Ecken oder halbkreisförmig ist (Bild **2**.154). Am oberen Ende des Ziegels sitzt auf der Unterseite eine „Nase" zum Aufhängen auf die Dachlatten. Biberschwänze werden im Format 18/38 cm hergestellt mit mindestens 10 mm Dicke.

Kleinformatige Bedachungselemente wie auch Biberschwanzziegel haben insbesondere in der Denkmalpflege eine Bedeutung und sind auch bei der Eindeckung von komplizierten Dachformen von Vorteil. Mit Biberschwänzen lassen sich nach alten Handwerksregeln insbesondere Kehlen, Wand- und Gaubenanschlüsse gut lösen. Biberschwänze sind auch für komplizierte Eindeckungen von Turmdächern u. Ä. gut geeignet. Bei stark gewölbten Dachflächen werden dafür entsprechend gekrümmte Formziegel hergestellt (Bild **2**.158).

Mit Biberschwänzen werden hauptsächlich zwei Deckungsarten ausgeführt: *Doppeldach* (Bild **2**.155) und *Kronendach* (Bild **2**.156).

Doppeldachdeckung

Auf jeder Latte hängt eine Reihe Dachziegel in Verbanddeckung; nur die oberste Reihe am First und die unterste Reihe an der Traufe liegen als Doppelreihen, oder es werden Schlussplatten bzw. Traufplatten verwendet (Bild **2**.155).

Kronendachdeckung

Beim Kronendach liegen die Dachziegel in allen Deckreihen doppelt (Bild **2**.156). Der Dachziegel-

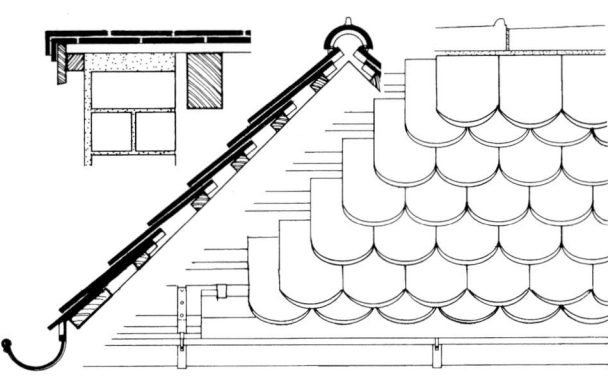

2.155
Biberschwanz-Doppeldach [8]
(Ort mit Abschluss-Formsteinen)

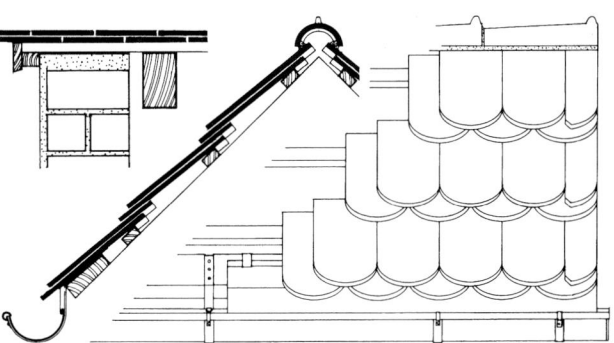

2.156
Biberschwanz-Kronendach [8]

2.157
First- oder Gratziegel für Ziegeldächer
(nicht genormt)

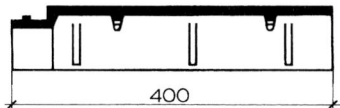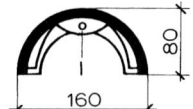

bedarf ist annähernd der gleiche, das Kronendach erfordert jedoch weniger Latten.

Das *Spließdach* ist eine meist noch in Baudenkmälern anzutreffende alte Deckungsform, bei der auf jede Latte nur eine Ziegelreihe Fuge über Fuge hängt. Unter die Fugen wurden „Spließe" (5 cm breite Kiefer- oder Eichenholzspäne, Blech- oder Kunststoffstreifen) geschoben.

Firste, Grate, Kehlen werden mit konischen oder zylindrischen Firstziegeln eingedeckt (Bild **2**.157). Sie werden insbesondere im Denkmalbereich noch in Mörtel verlegt oder auf Firstbohlen mit Drahtklammern gesichert als „Trockenfirste" („Trockenfirste" s. Bild. **2**.172a) ausgeführt. Die Stöße liegen von der Wetterseite abgekehrt.

Für die Deckung der *Grate* werden Grat- bzw. Firstziegel verwendet. Sie greifen seitlich über die entsprechend schräg zugehauenen Dachziegel. Die Gratziegel werden durch Bindedraht auf dem Gratbrett, das hochkant auf dem Gratsparren genagelt ist, befestigt und in Mörtel verlegt bzw. mit Klammern gesichert.

Kehlen der Biberschwanzdächer sollten ohne sichtbaren Blechstreifen, sondern mit gewöhnlichen Biberschwänzen oder mit keilförmigen Kehlsteinen gedeckt werden. Diese Ausführung bezeichnet man als „Deutsch eingebundene Kehle". Die Kehle wird beim Kronendach als Doppeldach gedeckt, wobei der infolge der geringeren Neigung des Kehlsparrens entstehende Unterschied in den Schichtenbreiten regelmäßig wechselnd durch An- und Unterlaufen der Kehlschichten an und unter die Schichten der Dachfläche ausgeglichen wird. Geringste Kehlsparrenneigung 22°.

Bild **2**.158 zeigt den Anfang einer „gleichhüftig eingebundenen Kehle" im Doppeldach. Das mindestens 25 cm breite Kehlbrett beginnt über dem Zusammenstoß der Deckschicht des Traufgebindes. Die Aufteilung der Kehlschichten ergibt sich aus der Kehlbreite, die 2 oder 3 Ziegelbreiten entspricht. Es sind die Schnittpunkte der Fluchtlinien der Deckschichtenkanten mit die Kehlbreite begrenzenden Kehlfluchtlinien festzustellen und je 2 der entstehenden Zwischenräume in 3 gleiche Teile zu teilen.

Bild **2**.159 zeigt den Anfang einer „gleichhüftig eingebundenen Kehle" im Kronendach. Die Kehlschichten werden wie beim Doppeldach aufgeteilt, jedoch ist *jeder* Zwischenraum, der sich aus dem Anschnitt der Deckschichtunterkanten an

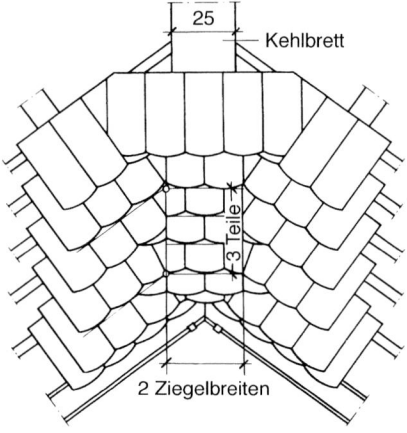

2.158 Gleichhüftig eingebundene Biberkehle bei Doppeldeckung (beide Dachflächen sind in der Darstellung in eine Ebene geklappt)

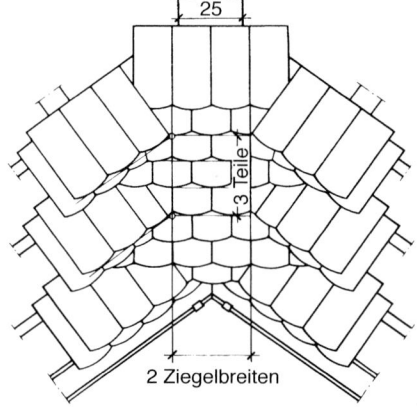

2.159 Gleichhüftig eingebundene Biberkehle bei Kronendeckung

2.6 Dachdeckungen

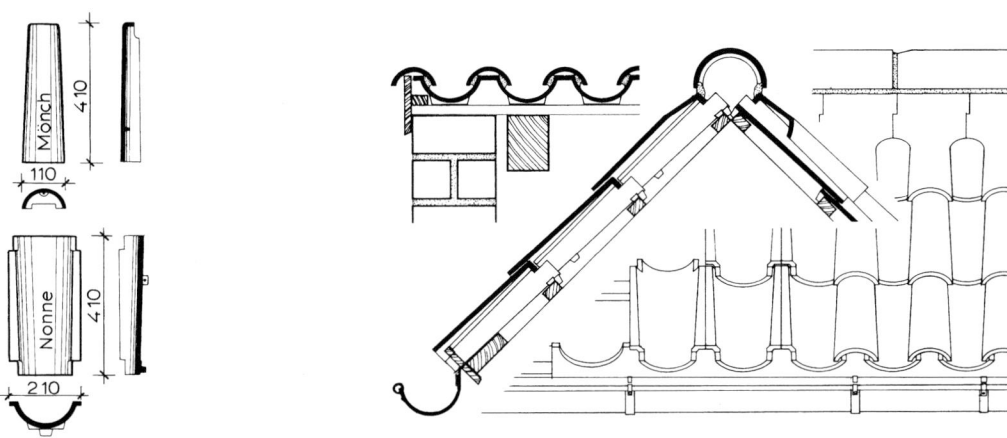

2.160 Mönch- und Nonnenziegeldeckung (Schnitt: links durch Mönchziegelreihe; rechts durch Nonnenziegelreihe) [8]

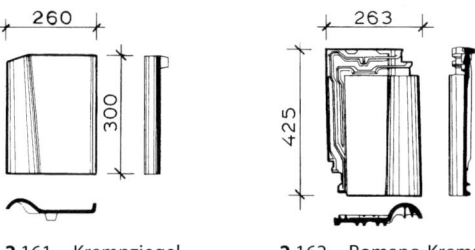

2.161 Krempziegel   **2.162** Romano-Kremper

die Kehlfluchtlinien ergibt, in 3 gleiche Teile zu teilen.
Kehlen aus gewöhnlichen Biberschwänzen können auch als „Untergelegte Kehlen" ausgeführt werden. Auf dem Kehlsparren liegen in einer muldenförmigen mindestens 40 cm breiten Unterschalung keilförmig zugeschnittene Biberschwänze („Schwenksteinkehle").

Hohlziegeldeckungen
Bei allen Hohlziegeldächern überdecken sich die einzelnen Dachziegel nicht nur oben und unten, sondern auch *seitlich*.

Mönch- und Nonnen-Dachdeckung (Bild 2.160)
Diese aus römischer Antike überlieferte Dachdeckungsart wurde häufig bei mittelalterlichen Bauten verwendet. Sie ist wegen des gleichmäßigen Wechsels von Licht und Schatten von guter architektonischer Wirkung.

Der *Mönch* ist ein konisch geformter, 40 bis 42 cm langer Hohlziegel, dessen oberes schmales Ende geschlossen ist. Die *Nonne* hat ähnliche Form, ist jedoch breiter und auf der Unterseite mit einer Nase zum Aufhängen auf die Dachlatten versehen. Die Längskanten sind an der Breitseite gekerbt.

Die Nonnenziegel müssen mit Mörtelquerschlag über der Nase, die Mönchziegel mit zwei Mörtellängsschlägen und Mörtelfüllung des Kopfes verlegt werden.

Diese Deckungsart ergibt ein Dach mit hohem Eigengewicht und ist wegen der zeitraubenden und großes handwerkliches Geschick erfordernden Verlegungsarbeiten sehr kostenaufwändig.

Wenn keine Forderungen des Denkmalschutzes erfüllt werden müssen, werden stattdessen vielfach Deckungen mit Krempziegeln (Bild **2**.161) oder mit „Romano-Krempern" (Bild **2**.162), einer Sonderform von Falzziegeln verwendet, die ein ähnliches Dachbild ergeben wie Mönch- und Nonnenziegeldeckungen.

Hohlpfannendeckung
Hohlpfannen sind Dachziegel, die in „S"-Form gewölbt sind und weder eine Längs- noch eine Querverfalzung aufweisen (Bild **2**.163 und **2**.164) (DIN EN 1304). Es werden nur noch rechtsdeckende Pfannen und für den linken Ortgang Doppelwulstziegel (Doppelkremper) hergestellt (Bild **2**.165).

Zwei gegenüber liegende Ecken der Pfannen sind abgeschrägt, um die doppelte Überdeckung (in der Quer- und Längsrichtung) zu ermöglichen.

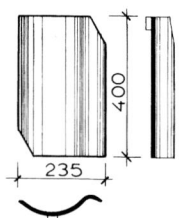
2.163 Hohlpfanne (Langschnittpfanne)

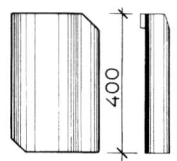
2.164 Hohlpfanne (Kurzschnittpfanne)

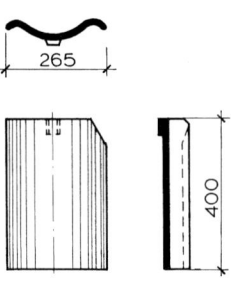
2.165 Hohlpfanne („Doppelkremper")

Hohlpfannen werden in Vorschnitt- oder in Aufschnittdeckung verlegt.

Bei der *Vorschnittdeckung* (Bild **2.**166) liegt Ziegel C vor Ziegel B, bei der *Aufschnittdeckung* (Bild **2.**168) liegt Ziegel C auf Ziegel B. Für Vorschnittdeckung wird die *Langschnittpfanne*, für Aufschnittdeckung die *Kurzschnittpfanne* verwendet (Bild **2.**163 und **2.**164).

Bei Sparrenlängen ≥ 6 m (starker Wasseranfall in den unteren Schichten) wird die *Aufschnittdeckung* bevorzugt.

Die Pfannen können entweder trocken eingedeckt werden oder trocken mit Innenverstrich oder mit Querschlag und Innenverstrich. An der Traufe, am First und an den Stellen, wo kein Innenverstrich möglich ist, werden die Pfannen in Kalkmörtel gelegt. Ohne Innenverstrich oder Querschlag verlegte Hohlpfannen sollen mit Sturmklammern gesichert werden.

Flache Pfannendächer werden auch auf Unterdeckungen ausgeführt. Auf der Dachschalung liegen in der Richtung der Sparren erst Streck- oder Konterlatten (2/8 cm) und darauf parallel zur Traufe die eigentlichen Dachlatten (3/5 cm). An der Traufe wird eine so genannte Bundlatte angeordnet, die mit Ausschnitten zur Lüftung der Hohlräume versehen ist. Die Pfannen werden bei dieser Ausführung nicht verstrichen.

First und Grate werden wie bei den Flachziegeldächern mit vermörtelten Gratziegeln gedeckt. Der Gratziegel für Pfannendächer ist 400 mm lang, hat flachbogigen Querschnitt und ist etwas breiter als der Gratziegel für Strangdachziegel (Bild **2.**157). Die übrigen Abmessungen sind aus Bild **2.**167 ersichtlich.

Die Kehlen werden als untergelegte Kehlen mit Zinkblech- oder als Ziegelkehlen („Herzkehlen") aus Biberschwänzen mit mindestens 4 Ziegelbreiten hergestellt.

Falzziegeldeckung

Falzziegel, Falzpfannen und Flachdachpfannen sind Pressdachziegel mit mehrfacher Ringverfalzung, mit unterbrochener Ringverfalzung, mit

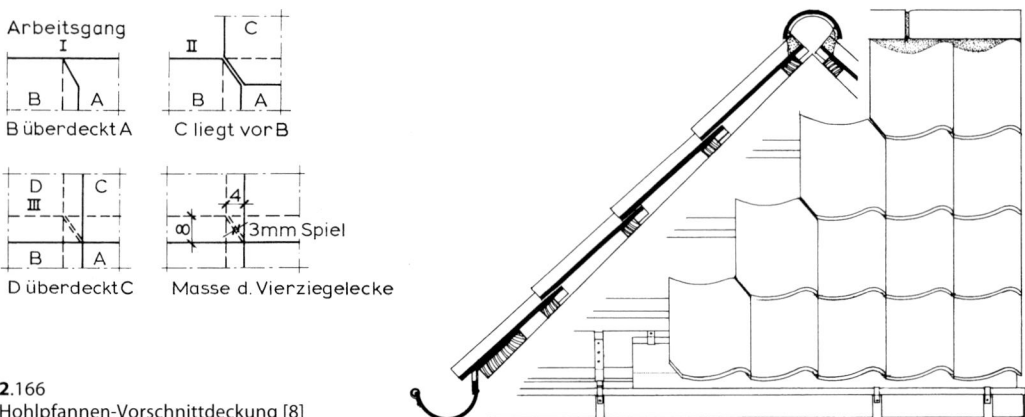

2.166
Hohlpfannen-Vorschnittdeckung [8]

2.6 Dachdeckungen

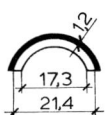 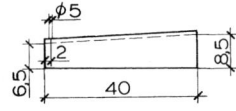

2.167 First- und Gratziegel

Verschiebefalz oder mit Seitenverfalzung. Sie werden in den verschiedensten Formen hergestellt (s. auch Bild **2.**162 Romano-Kremper).

Die Verfalzungen greifen allseitig bzw. teilweise in- oder übereinander ein, so dass sich eine sehr regensichere dichte Deckung ergibt.

Falzziegel werden trocken (ohne Vermörtelung) verlegt.

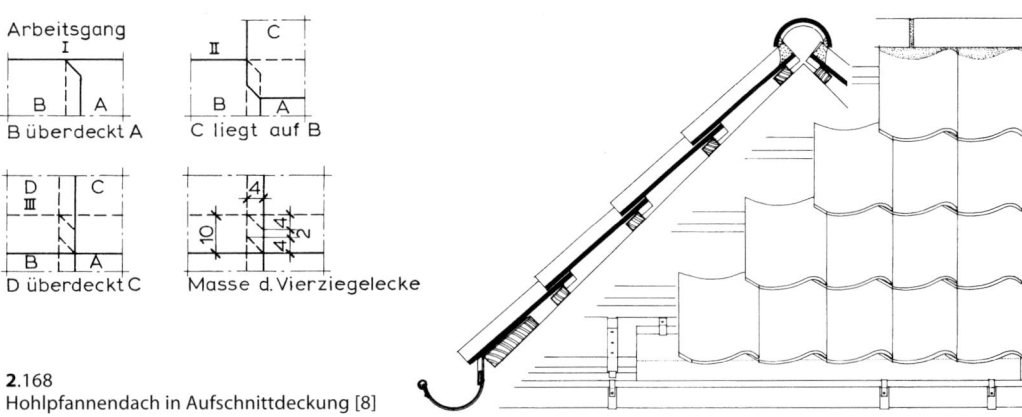

2.168
Hohlpfannendach in Aufschnittdeckung [8]

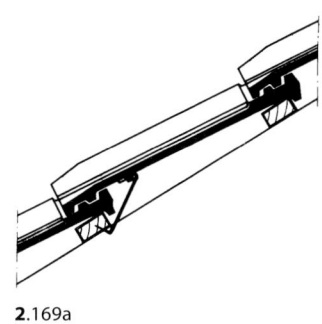

2.169a

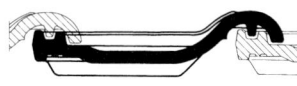

2.169b

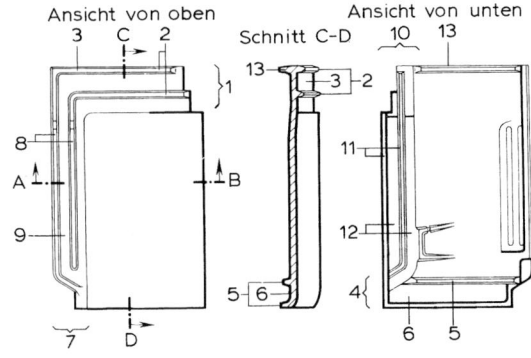

2.169c

2.169 Flachdachpfanne
    a) Längsschnitt mit Sturmklammer
    b) Schnitt A–B (vergrößert)
    c) Einzelheiten

1 Kopffalzteil	6 Fußfalzrippen	11 Deckfalzrippen
2 Kopffalzrippen	7 Seitenfalzteil	12 Deckfalznute
3 Kopffalznut	8 Seitenfalzrippen	13 Aufhängenase
4 Fußfalzteil	9 Seitenfalznut	
5 Fußfalze	10 Deckfalzteil	

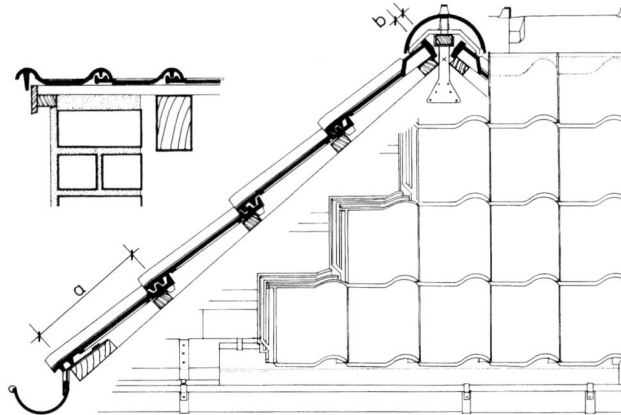

2.170
Flachdachpfannendeckung [8]

Pressdachziegel sind im Gegensatz zu Strangdachziegeln nicht in ihren Außenmaßen, sondern in ihrem Deckmaß genormt. Die Decklänge beträgt einheitlich 333 mm (± 10 mm), die Deckbreite 200 mm (± 6 mm). Damit ergibt sich ein Ziegelbedarf von 15 Stück für 1 m² Dachfläche. Innerhalb der Lieferung für ein Bauwerk dürfen sich die Deckmaße der größten und der kleinsten Ziegel höchstens um 2 %, bezogen auf die Maße des kleinsten Ziegels, unterscheiden.

Falzpfannen können sowohl in der Decklänge als auch in der Deckbreite gegeneinander nur innerhalb geringer Toleranzen verschoben werden. Deshalb ist bei der Planung des Daches je nach Fabrikat der verwendeten Falzpfannen die Dachlänge (Sparrenlänge) und Dachbreite unter Berücksichtigung der Anschlüsse an Dachrinnen und First (Maße a und b in Bild **2.**170) genau zu ermitteln. Nötigenfalls müssen die erforderlichen Maße durch Änderungen der Dachüberstände oder der Dachneigung erreicht werden.

Die in Bild **2.**169 dargestellte weit verbreitete Flachdachpfanne, die die wirtschaftlichen und konstruktiven Vorteile der Falzpfanne mit dem Aussehen der Hohlpfanne vereint, kann u. U. für Neigungen ab 22° verwendet werden (Bild **2.**170).

Firste und Grate werden mit besonderen First- und Gratziegeln gedeckt. Sie können in Mörtel – der Dachfarbe entsprechend eingefärbt – verlegt werden (Bild **2.**171a und b). Firstziegel werden heute jedoch meistens mörtelfrei mit Klammern an den Sparrenspitzen (Bild **2.**170, **2.**171c und **2.**172) oder an Firstbohlen befestigt. Am Zusammenstoß verschiedener Grate bzw. von Graten und First müssen die Firstziegel passend geschnitten werden, oder es werden Gratkappen verwendet (Bild **2.**171d). Zur Entlüftung des Dachraumes oder der Dachkonstruktion werden Lüfter-Firstziegel verwendet (Bild **2.**171c und **2.**172a), Lüfter-Formsteine in Firstnähe eingebaut (Bild **2.**172b) oder bei Pultdächern Abluftöffnungen im Gesims eingeplant (Bild **2.**173).

Übergänge zwischen verschieden geneigten Dachflächen können mit Formsteinen ausgeführt werden. Dafür stehen bei den gebräuchlichen Dachziegel- bzw. Dachsteinserien „positive" (Bild **2.**174) oder „negative" Knickdachziegel einschließlich der erforderlichen Ortgangsteine zur Verfügung.

Auf diese Weise eröffnen sich Ausführungsmöglichkeiten für zusammengesetzte Dachflächen mit wechselnden Neigungen, und es können dabei komplizierte und schadensanfällige Hilfskonstruktionen mit Blechen vermieden werden.

Kehlen werden als untergelegte Kehlen ausgebildet, wobei die Kehle mit 40 bis 50 cm breiten gefalzten Blechen, die auf Kehlbrettern aufliegen, oder seltener mit Formziegeln (Bild **2.**175) gedeckt wird. Die Anschlusspfannen werden mit der Trennscheibe fluchtgerecht abgeschrägt und auf die Deckung der Kehle aufgelegt.

Ortgang. An den Ortgängen, den seitlichen Dachabschlüssen, können die letzten Deckreihen in *ungedämmten* Konstruktionen in Mörtel auf dem Giebelmauerwerk verlegt werden (vgl. Bild **2.**176a). Üblicherweise werden heute auch die letzten Deckreihen auf Lattungen verlegt und durch Klammern, Haken o. Ä. gegen Sturm

2.6 Dachdeckungen

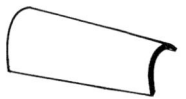 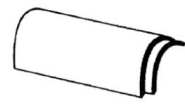 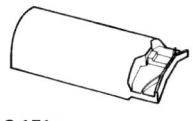 

2.171a   **2.**171b   **2.**171c   **2.**171d

2.171 Firstziegel
    a) konischer First- und Gratziegel
    b) Firstziegel mit Überfalzung
    c) Lüfter-Firstziegel
    d) Gratkappe

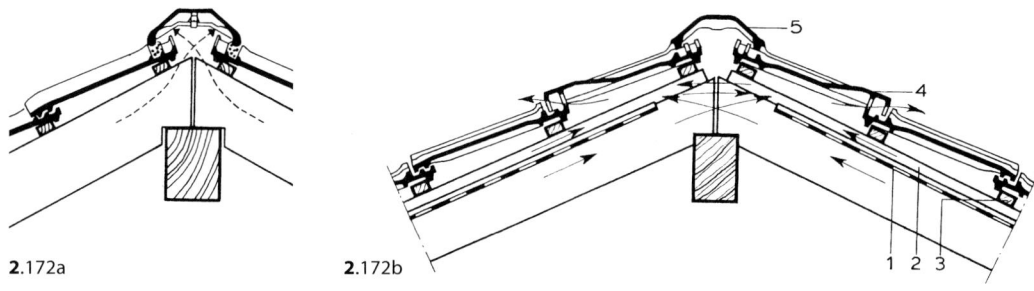

2.172a   **2.**172b

2.172 Firstentlüftung
    a) Lüfter-Firstziegel (vgl. Bild **2.**171c)
    b) Entlüftung mit Lüfter-Formsteinen (vgl. Bild **2.**180e)
    1 Unterspannbahn (z. B. DELTA-Folie)
    2 Konterlattung, die die unterseitige Belüftung der Dachziegel ermöglicht
    3 Dachlatte
    4 Lüftungspfanne
    5 Firstziegel

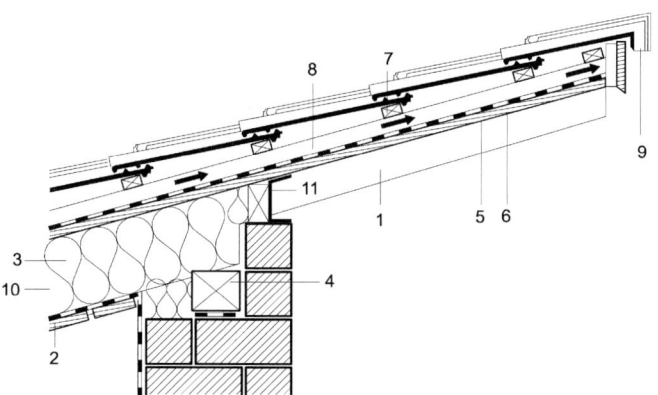

2.173 Pultdachfirst
1 Sparren, Sparrenende gehobelt
2 Deckenschalung
3 Wärmedämmung
4 Pfette (verankert)
5 Schalung
6 Unterdeckung (Sicherung gegen Sprühwasser und Flugschnee)
7 Dachlattung
8 Konterlattung
9 Pultdachziegel (Schenkel 70° bis 90° lieferbar)
10 Luftdichtheitsebene
11 Füllung zwischen den Sparren als Schattenfuge mit Holzbrett oder gekantetem Blech

gesichert. Der Abschluss zum Giebelmauerwerk kann durch den Außenputz gebildet werden. Ein Putzanschluss ist jedoch kaum einwandfrei herzustellen. Auch wegen der Rissgefahr werden besser Zahnleiste und Windbrett als Übergang vorgesehen (Bild **2.**176b). Bei Hohlpfannen, Krempziegeln, Falzpfannen, Beton-Dachsteinen u. Ä. bilden „Doppelkremper" die Abschlussreihe, oder es werden spezielle Ortgang-Formstücke verwendet (Bild **2.**176c und d). Sie bilden den Übergang zum Giebel oder dem Ortganggesims. Weiterhin kann mit Profilbrettern, evtl. in Verbindung mit einer Ortgangrinne ausgeführt (Bild **2.**176e) oder auch mit vorgefertigten Elementen gestaltet werden (Bild **2.**176f).

Werden aus gestalterischen Gründen keine Formstücke am Dachrand gewünscht, kann der Übergang zwischen Ortganggesimsen und Dachflä-

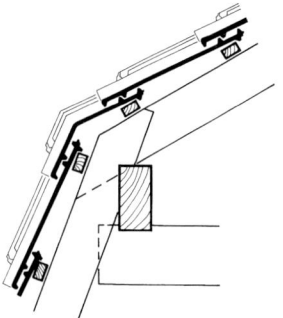

2.174
Knickdachziegel (positiv),
s. auch Bild **2**.180i

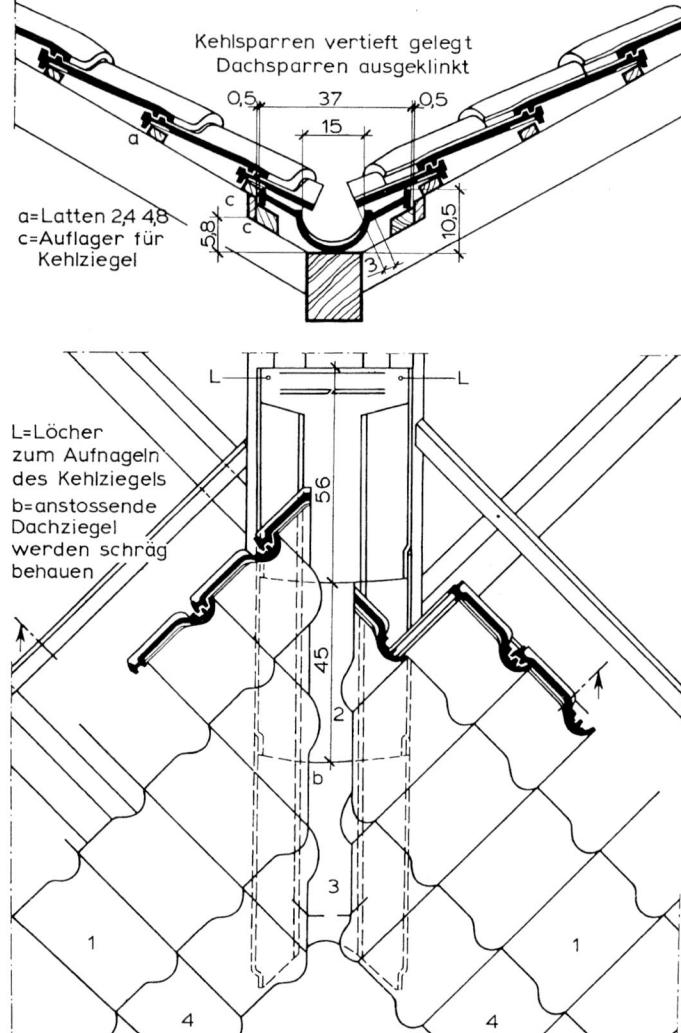

2.175
Kehldeckung eines
Flachdachpfannendaches
mit Formziegeln
1 Dachpfanne
2 Rinnenkehlziegel
3 Rinnenkehlziegel, Traufanhänger
4 Traufziegel

che durch Ortgangrinnen gebildet werden, die mit Überhangstreifen an der Gesimsoberkante anschließen. Wenn bei trapezförmigen Dachflächen die letzten Deckreihen am Ortgang schräg anschließen, sind Ortgangrinnen unvermeidlich, um das anfallende Niederschlagwasser vom Gesims fernzuhalten und in die Dachrinnen abzuleiten (vgl. Bild **2**.176e).

Wandanschluss. Schließen Dachflächen seitlich an Wände an, wird der Übergang durch Überhangstreifen aus Blech- oder auch Walzbleiverwahrungen gebildet. Die Verwahrungen können *auf* den Dachziegeln oder -steinen aufliegend (Bild **2**.177a) oder – gestalterisch befriedigender – jeweils in einzeln Stücken (Nockenbleche) *unter* den einzelnen Deckungsreihen verdeckt eingebracht werden. Die Wandanschlussbleche werden mit Kappleisten abgedeckt und befestigt. Die Kappleisten wurden früher bei Sichtmauerwerk in handwerklich aufwendiger Arbeit abgetreppt ausgeführt, dabei in die Mauerwerksfugen abgewinkelt und sorgfältig eingemörtelt bzw. eingedichtet. Heute werden meistens vorgefertigte Kappleistenprofile der Dachneigung folgend an die Wand angedübelt und dauerelas-

2.6 Dachdeckungen

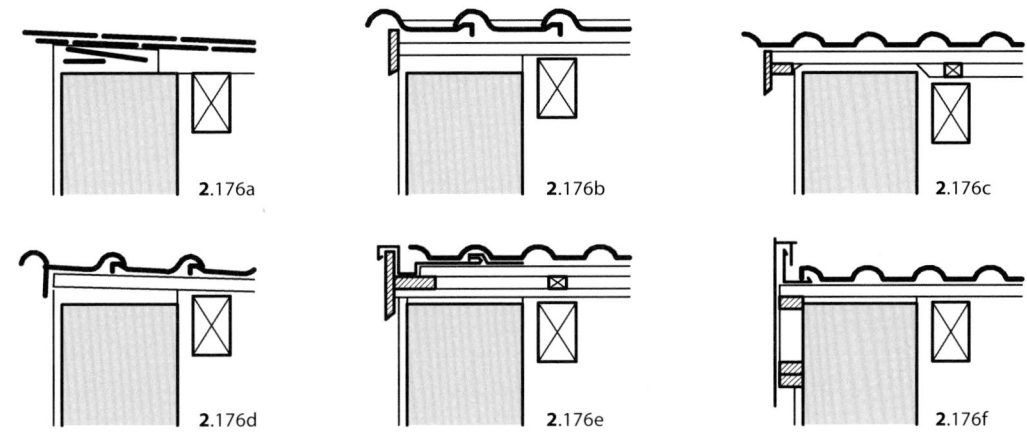

2.176 Ortgänge
   a) Biberschwanz-Kronendach: eingemörtelte Ortgangziegel
   b) Krempziegel: Ortgang mit Zahnleiste
   c) Dachsteine: Doppelkremper mit Zahnleiste und Windbrett
   d) Falzziegel: Ortgang-Formziegel
   e) Ortgangrinne
   f) Ortgangabschluss mit Formteil („Herforder Dachkante") und Ortgangrinne

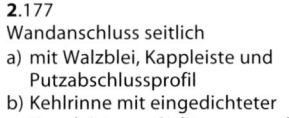

2.177
Wandanschluss seitlich
a) mit Walzblei, Kappleiste und Putzabschlussprofil
b) Kehlrinne mit eingedichteter Kappleiste am Sichtmauerwerk

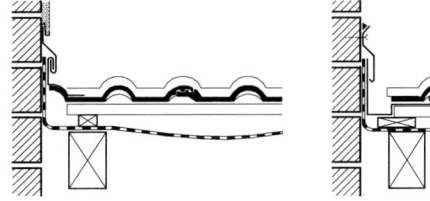

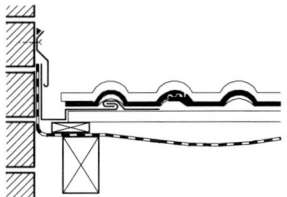

tisch (Wartungsfuge[1]!) eingedichtet. Bei dieser Ausführung muss jedoch fast immer mit einer Hinterwanderung durch Schlagregenwasser über die Mauerwerksfugen gerechnet werden. Gestalterisch scheint die Ausführung mit Kehlrinnen zufrieden stellender, doch sind durch Verschmutzung (Laub) oder Eisbildung im Winter Undichtigkeit durch Rückstaubildung nur durch eine angemessene Breite der Rinne zu vermeiden (Bild 2.177b).

---

[1] Gemäß DIN 52 460 werden als Wartungsfugen die Fugen bezeichnet, die einem starken chemischen und/oder mechanischen Einfluss ausgesetzt sind und deren Dichtstoff in regelmäßigen Zeitabständen überprüft und ggf. erneuert werden müssen, um Folgeschäden zu vermeiden. Sie unterliegen nicht der Gewährleitung üblicher Verfugungsarbeiten. Deshalb ist die Festlegung zwischen den am Bau Beteiligten über Wartungsfugen vor Ausführung in den Leistungsbeschreibungen erforderlich.

Traufseitige Wandanschlüsse sollten beim Entwurf eines Bauwerkes schon aus formalen Gründen immer die Ausnahme darstellen. Konstruktiv ist nur bei kurzen Anschlussstellen mit ausreichendem Gefälle und einwandfreier Wasserableitung eine solche Lösung überhaupt vertretbar, weil immer mit der Gefahr von Rückstau insbesondere bei winterlichen Verhältnissen durch Schneesackbildung zu rechnen ist. Eine Lösungsmöglichkeit zeigt Bild **2**.178.

Dachgräben können sich bei großflächigen, zusammengesetzten Satteldächern ergeben. Die Schalungsflächen des kehlenartigen Dachgrabens sind ähnlich wie bei Flachdächern abzudichten (vgl. Abschnitt 3). Am Auflager von Laufrosten muss durch elastische Zwischenschichten (z. B. Gummigranulatmattenstreifen) einer Beschädigung der Abdichtung vorgebeugt wer-

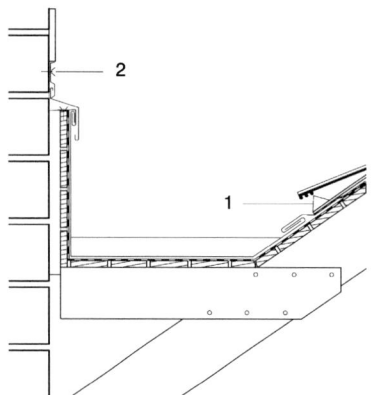

2.178 Traufe Wandanschluss
1 Trauflochleiste mit Insektenschutz
2 Kappleiste

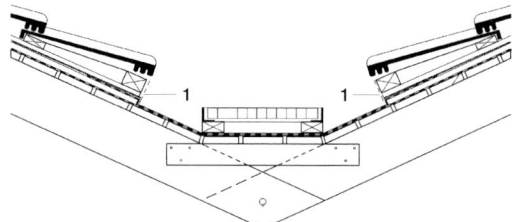

2.179 Dachgraben mit Laufrost
1 Insektenschutzgitter

den. Sofern Hölzer als Auflagerung zur Anwendung kommen, die vorübergehend Nässe ausgesetzt sein können, sind diese durch hochwertige Imprägnierungen zu schützen. Durch Gitter ist das Eindringen von Vögeln und Ungeziefer in die Belüftungsschlitze zu verhindern (Bild **2**.179).

Formziegel (Zubehörziegel)

Formziegel sind Zubehörziegel, die in Ergänzung zu den Dachziegeln eine konstruktive Funktion erfüllen.

Die DIN EN 1304 unterscheidet dabei in koordinierte Formziegel und unkoordinierte Formziegel. Koordinierte Formziegel sind an Dachziegel, mit denen sie verlegt werden, unmittelbar ausgerichtet oder mit diesen verfalzt (z. B. Ortgangziegel mit Falz, Lüfterziegel mit Falz usw.).

Unkoordinierte Formziegel sind nicht an Dachziegel, mit denen sie verlegt werden, unmittelbar ausgerichtet oder mit diesen verfalzt (Firstziegel, Gratziegel, Kehlziegel, Ortgangziegel, Winkelziegel).

Zu den geläufigsten Dachziegelformen werden Formziegel angeboten, die nicht nur den Arbeitsvorgang beim Dachdecken wesentlich vereinfachen und beschleunigen, sondern bei Dachanschlüssen aller Art auch in Form und Farbe besser wirken als Blechverwahrungen, Deckleisten usw. So gibt es neben rechten und linken Ortgang- und Winkelziegeln beispielsweise Kehlziegel, Firstziegel usw.

Einige Beispiele sind in Bild **2**.180 gezeigt.

Für die Eindeckung gerundeter Dachflächen (z. B. kegelförmige Turmhelme, Fledermausgauben o. Ä.) werden auch keilförmige Dachziegel in Ausgleichsätzen in Sonderanfertigung hergestellt.

Großflächenziegel in den Abmessungen bis ca. 59 cm × 37 cm eignen sich besonders für die Eindeckung großer homogener Dachflächen wie z. B. Industriehallen. Sie haben eine Decklänge zwischen 54 und 44 cm. Für die Eindeckung einer 1 qm großen Dachfläche benötigt man 6 Stück solcher Großflächenziegel (Gewicht ca. 5 kg/Stck.). Durch die Verschiebbarkeit von etwa 7 cm im Höhenüberdeckungsbereich werden ohne Schnitt

2.180a   2.180b   2.180c   2.180d

2.180 Formziegel und Formsteine
a) Ortgangziegel (links)   c) Firstziegel
b) Firstziegel   d) Lüfterziegel

2.6 Dachdeckungen

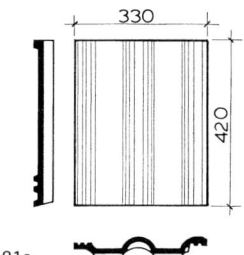 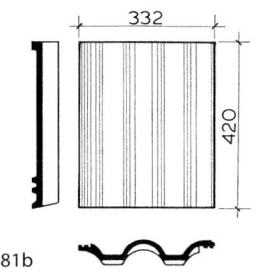 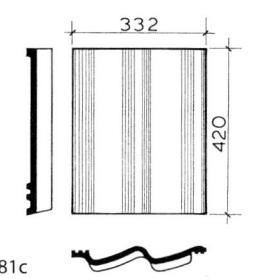

2.181 Betondachsteine mit Mittelwulst
a) Frankfurter Pfanne
b) Römerpfanne (ähnlich Zamis-, Tessinerpfanne)
c) Doppel-S-Pfanne

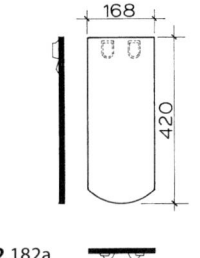 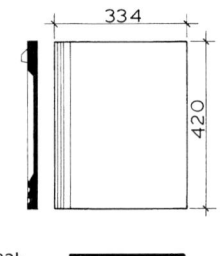

2.182 Plattenförmiger Beton-Dachstein (BRAAS)
a) Biberstein
b) Tegalit

größere Masstoleranzen durch Verschieben dieser Großflächenziegel ausgeglichen.

Gegenüber einer Eindeckung mit Normalziegeln ergibt sich eine Gewichtseinsparung, so dass die Konstruktion des Dachstuhls statisch einfacher ausfallen kann.

2.6.3 Betondachstein – Deckung

Ähnlich den in Abschn. 2.6.2 erwähnten Strangziegeln werden aus hochwertigem Beton Betondachsteine in verschiedenen Profilierungen (Beispiele in Bild **2**.181) oder als plattenförmige, ebene Dachsteine (Bild **2**.182) mit allen für die Eindeckung erforderlichen Formsteinen hergestellt (DIN EN 490).

Betondachsteine erhalten in der Regel durch Aufbringen gebrannter Farbgranulate eine dauerhafte Farboberfläche in ähnlichen Farbtönen wie engobierte Dachziegel.

Wegen der guten Maßhaltigkeit der Betondachsteine gewähren einfache Längsfalze in Verbindung mit aerodynamisch wirksamen Rippen an den Querstößen eine gute Dichtigkeit von Betonsteineindeckungen, die durch Einlegen von Dichtungsstreifen noch verbessert werden kann. Selbstverständlich erfordern auch Betondachsteine bei der Planung die genaue Berücksichtigung der gegebenen Deckbreiten und der Lattenabstände, doch können wegen der fehlenden Querfalzung u. U. größere Toleranzen in der Längsüberdeckung in Anspruch genommen werden. Im Übrigen sind die handwerklichen Verlegeregeln sowie die zu beachtenden Details denen für Falzziegel – Deckungen (s. Abschn. 2.6.2.) vergleichbar.

Auch für Betondachsteine ist für alle Typen eine große Zahl von Sonderformsteinen verfügbar (vgl. Bild **2**.180). Dach- und Formsteine aus Beton können eine Oberflächenbeschichtung aufweisen und aus zusammen geklebten Betondachsteinen bestehen.

Dachsteine aus Beton werden auch in Biberform mit verschiedenen Rund-, Segment- oder Eckenschnitten hergestellt. Für die Verlegung gelten die gleichen Regeln wie für Tonziegelbiber (s. Abschn. 2.6.2).

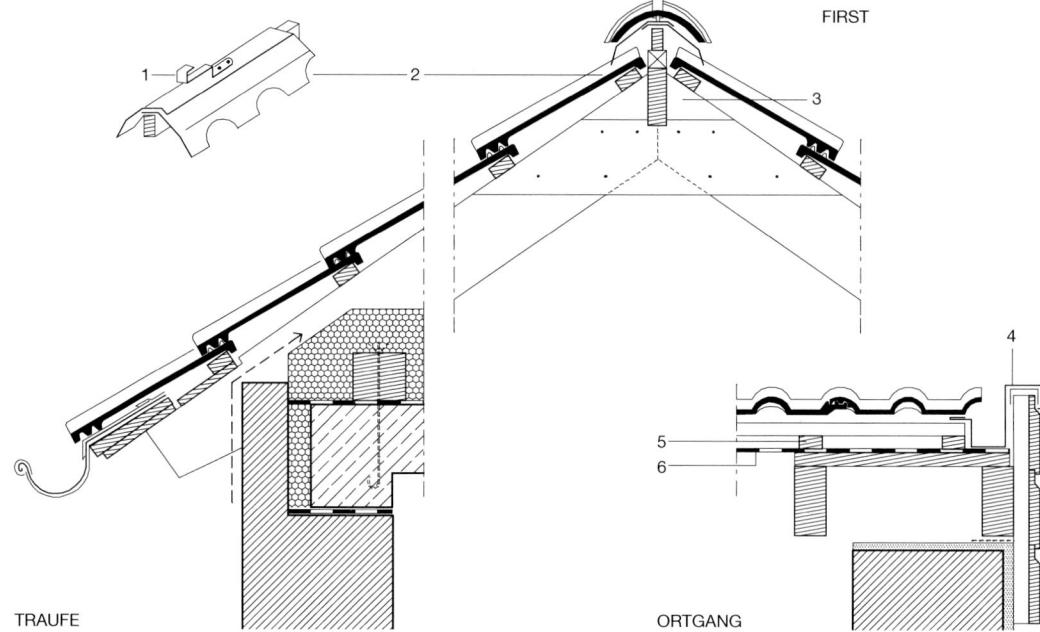

2.183 Eindeckung mit Beton-Dachsteinen (Trockenfirst)
1 Halteklammer für Firststein
2 Flugschneedichtung
3 Firstbohle
4 Ortgang mit Zinkblech-Abdeckung
5 Konterlattung
6 Unterspannbahn

2.6.4 Schieferdeckung

Auch für regional noch übliche Dachdeckungen mit Schiefer nach DIN EN 12326 ist das Regelwerk des Deutschen Dachdeckerhandwerks (ZVDH) zu beachten [8]. Die Regeldachneigungen betragen je nach Denkungsart 22–30°, die Mindestdachneigungen bei Ausführung eines wasserdichten Unterdaches betragen zwischen 12–20°.

Dachschiefer sollen fluchtrechte Flächen haben, wetterbeständig und weder porig noch bituminös sein und dürfen keine Beimischungen von Schwefel oder Kupferkies, Eisenoxyd und Kalkerde enthalten. Sie sollen gleichmäßige Farbe und beim Anschlagen mit einem Hammer hellen Klang haben.

Schieferplatten werden in verschiedenen Formen und Größen verwendet. Je größer die Platten, desto flacher kann die Dachneigung gewählt werden, desto härter muss aber auch der Schiefer sein, um der länger andauernden Durchfeuchtung Widerstand zu leisten. Nach der Schieferform werden u. A. folgende Deckungsarten unterschieden:

- Altdeutsche Deckung, altdeutsche Doppeldeckung
- Deckung mit deutschen Schuppenschablonen (einfache oder Doppeldeckung)
- Deckung mit Rechteckschablonen
- Deckung mit Fischschuppen- oder Spitzwinkelschablonen

Die Schieferplatten werden in der Regel auf eine Schalung aus 24 mm dicken und bis 20 cm breiten Brettern genagelt, die auf jedem Sparren mit mindestens 3 Nägeln befestigt werden.

Die Schalung muss vollkommen trocken sein, da nasse Schalung beim „Zusammentrocknen" der Bretter zum Zerspringen einzelner Schiefer führen kann. Die Schalung darf nicht federn; die Herzseite der Bretter liegt nach unten, dem Dachraum zu.

Großflächige Schieferplatten (z. B. bei der Englischen Deckung) werden auf Latten genagelt. Zum Schutze gegen Staub und Flugschnee wird

2.6 Dachdeckungen

die Schalung in der Regel mit einer leichten Dachpappe (Überdeckung 6 cm) abgedeckt.

Altdeutsche Deckung

Die Regeldachneigung beträgt 25°, die Mindestdachneigung 15°. Die Decksteine für Altdeutsche Deckung sind trapezförmig mit gerundetem Rücken zugehauen und nach der Höhe sortiert. Nach ihrer Größe werden sie als Ganze, Halbe, Viertel, Achtel, Zwölftel, Sechzehntel und Zweiunddreißigstel bezeichnet. Für Dachflächen mit mittlerer Größe werden hauptsächlich Achtel (ca. 30 cm × 23 cm) und Zwölftel (ca. 26 cm × 21 cm), für Dächer, die steiler als 45° sind, auch Sechzehntel (ca. 22 cm × 19 cm) verwendet.

Je nach Überdeckung im „Rücken" der Steine wird „normaler" und „scharfer Hieb" unterschieden (Bild **2**.184).

Bild **2**.185 stellt die Deckung einer rechteckigen Dachfläche dar. Die Decksteine werden, je nach

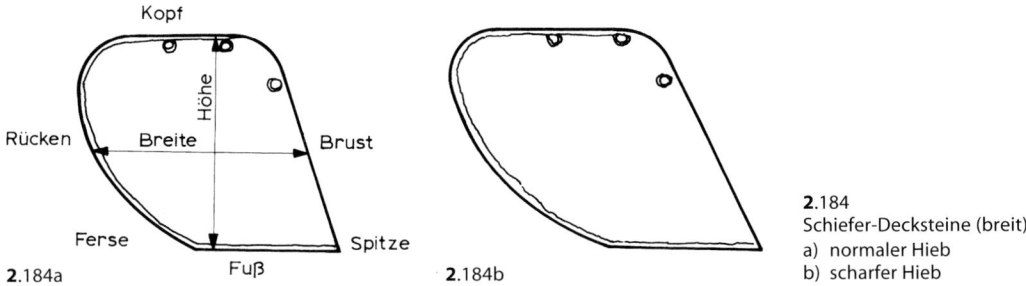

2.184
Schiefer-Decksteine (breit)
a) normaler Hieb
b) scharfer Hieb

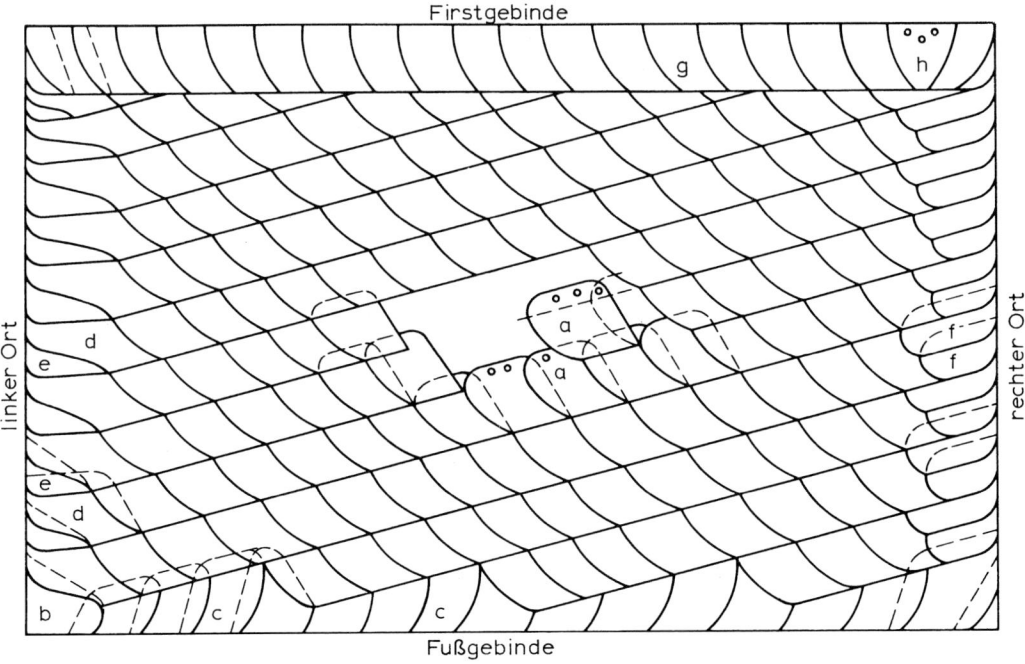

2.185 Altdeutsches Schieferdach
a) Deckstein
b) Anfangfußstein
c) Fußstein
d) Anfangortstein
e) Anfangortstichstein
f) Endortstein
g) Firststein
h) Schlussstein

der Windrichtung, in von links nach rechts oder umgekehrt ansteigenden Reihen (*Deckgebinden*) angeordnet. Je steiler das Dach ist, desto flacher kann die Steigung der Gebinde werden; sie beträgt bei 45° Dachneigung ca. 30 cm auf 1 m, bei 60° Dachneigung ca. 14 cm auf 1 m.

Die Gebindehöhen nehmen nach dem First zu allmählich ab. Die einzelnen Gebinde enthalten Steine gleicher Höhe, aber verschiedener *Breite*, wodurch die Dachfläche wirkungsvoll belebt wird.

Die Steine desselben Gebindes überdecken sich um 6 bis 7 cm. Die Überdeckung der aufeinander folgenden Gebinde beträgt 7 bis 8 cm.

Jeder Deckstein wird mit 2 bis 4 Nägeln auf der Schalung befestigt. Jeder Stein darf nur auf *einem* Brett genagelt werden, damit die Platten beim Werfen des Holzes nicht springen. Die Nagellöcher werden beim Decken mit der Spitze des Schieferhammers eingeschlagen. Die breitköpfigen Schiefernägel sind 4 cm lang und müssen aus verzinktem Schmiedeeisen bestehen.

Bei allen Schieferdächern sind für die Ausführung von Ausbesserungsarbeiten *Leiterhaken* in ca. 2,50 m Entfernung anzubringen, die mind. doppelt zu befestigen sind. Unter den aus verzinktem Stahl bestehenden Haken werden die Schieferplatten durch Bleiplatten ersetzt.

Deckung der Traufe. Das Fußgebinde wird aus verschieden hohen Steinen, wie es der Anschluss an die Deckgebinde erfordert, gebildet. Die Fußsteine erhalten runden (Bild **2**.185) oder geraden Rücken (Bild **2**.190).

Deckung der Orte. Bei der Altdeutschen Deckung müssen alle Orte eingebunden werden. *Aufgelegte* Orte (Strackorte) sind zu vermeiden. Am Anfangort werden besonders geformte *Anfangortsteine* mit untergelegten *Stichsteinen* angeordnet, damit das Wasser möglichst von der Ortlinie abgelenkt wird. Die Anfangortsteine können geschwungenen oder runden Rücken erhalten. Am Endort endet jedes Deckgebinde mit zwei übereinanderliegenden *Endortsteinen*, die mit mindestens 4 Nägeln befestigt werden (Bild **2**.185).

Deckung des Firstes. Das 30 bis 40 cm hohe Firstgebinde greift etwa 10 cm über die letzten Steine der Deckgebinde. Die Firststeine erhalten runden oder geraden Rücken. Das der Wetterseite zugekehrte Firstgebinde ragt 5 bis 7 cm über die andere Dachfläche hinaus (Bild **2**.186). Der dabei entstehende Winkel wird mit *Schieferkitt* (Asphalt und Kreide) ausgefüllt.

Deckung der Grate. Alle Grate sind einzubinden. Strackorte sind zu vermeiden.

Der Anfangort am Grat wird als Stichort mit geschwungenem oder rundem Rücken gebildet (Bild **2**.187). Der Endort am Grat erhält auf jedes Gebinde zwei übereinanderliegende Endortsteine (wie im Bild **2**.185, rechts).

Deckung der Kehlen. Alle Kehlen sind einheitlich mit Schiefer zu decken (*kein* Blech!). Die Kehlen werden muldenförmig ausgeschalt, mit Dachpappe ausgefüttert und mit schmalen, 14 cm breiten Schieferplatten (Kehlsteinen) als Herzkehlen oder in Rechts- bzw. Linksdeckung gedeckt.

Bei der *Herzkehle* (Bild **2**.189) wird von dem in der Mitte der Kehle liegenden Herzwasserstein nach beiden Dachflächen gedeckt (mindestens 4 Kehlsteine auf jeder Seite). Die Kehlgebinde überdecken sich um 8 bis 10 cm und schließen mit Wasserstein bzw. „Schwärmer" an die Deckgebinde an. Bei der *rechts* oder *links gedeckten* Kehle (Bild **2**.190) erfolgt die Deckung vom Wasserstein aus. Die Breite der Kehle muss mindestens 7 Kehlsteine betragen.

Deckung der Dachfenster- und Maueranschlüsse. Da die Altdeutsche Deckung mit Hilfe eingehender und ausgehender Kehlen eine Deckung von der Dachfläche zur senkrechten Wand oder umgekehrt ermöglicht, sollen alle Anschlüsse an Dachfenster, Schornsteine und Mauern *ohne* Verwendung von Metallblechen einheitlich in Schiefer gedeckt werden.

Altdeutsche Doppeldeckung. Das Altdeutsche Schieferdach kann auch als Doppeldach ausgeführt werden. Dabei greifen die Gebinde so weit übereinander, dass jedes dritte Gebinde das erste noch um 3 cm überdeckt.

Deckung mit deutschen Schuppenschablonen

Sparrenneigung nicht unter 25°. Die Deckung entspricht der Altdeutschen Deckung; es werden jedoch Decksteine *gleicher* Größe verwendet. Alle Gebinde sind also gleich hoch, alle Schuppen gleich breit. Dadurch wirkt die Deckung ruhiger als bei der Altdeutschen Deckung.

2.6 Dachdeckungen

Die Deckung der *Traufe*, des *Firstes*, der *Orte* und der *Kehlen* geschieht genau wie bei der Altdeutschen Deckung. Die *Grate* können entweder eingebunden oder als aufgelegte Orte (Strackorte) gedeckt werden (Bild **2**.187).

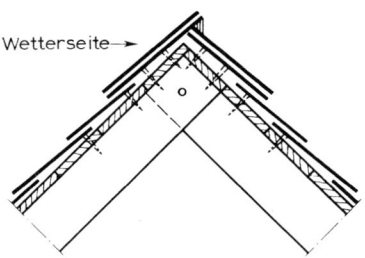

2.186   Deckung des Firstes

Das deutsche Schuppenschablonendach kann auch als *Doppeldach* ausgeführt werden. Dabei greifen die Gebinde so weit übereinander, dass jedes dritte Gebinde das erste noch um 3 cm überdeckt.

Deckung mit Rechteckschablonen

Die Regeldachneigung beträgt 22°, die Mindestdachneigung 12°. Die Schiefer werden in waagerechten Reihen als Doppeldach im Verband gedeckt. Die Reihen greifen so weit übereinander, dass jede dritte Reihe die erste noch um 6 bis 8 cm überdeckt. Je flacher das Dach, desto größer müssen die Schiefer gewählt werden. Das Firstgebinde besteht aus Firststeinen mit geradem Rücken. Die Orte können als Strackorte oder *Ausläuferorte* gedeckt werden (wasserableitender Hieb bei Ausläuferorten).

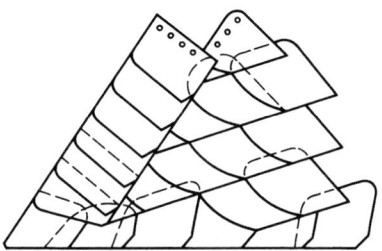

2.187   Gratdeckung mit Strackort (Deckung mit deutschem Schablonenschiefer)

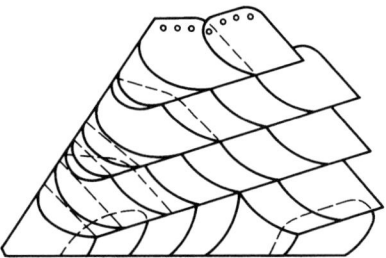

2.188   Eingebundener Grat als Stichort mit rundem Rücken (Altdeutsche Deckung)

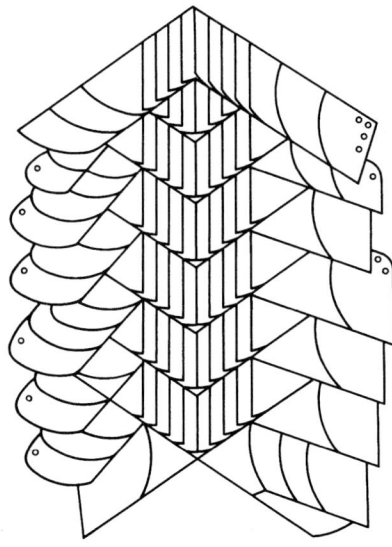

2.189   Herzkehle

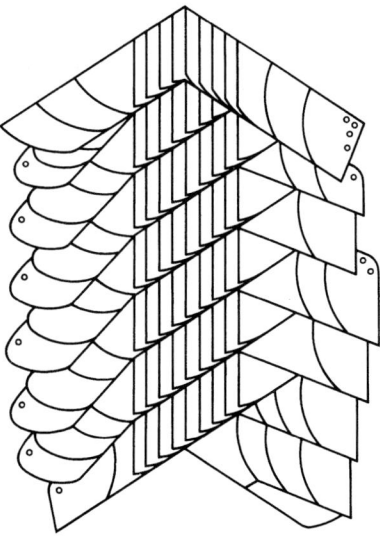

2.190   Rechts gedeckte Kehle

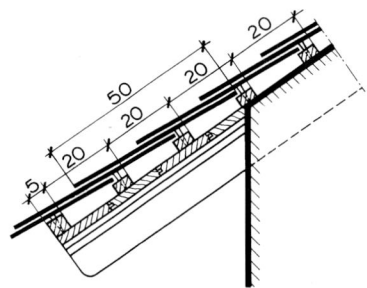 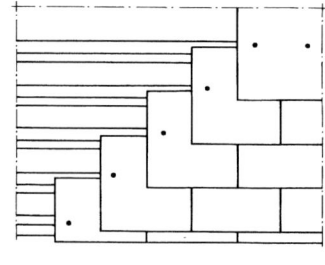

2.191 Doppeldach mit rechteckigem Schiefer (Englisches Schieferdach)

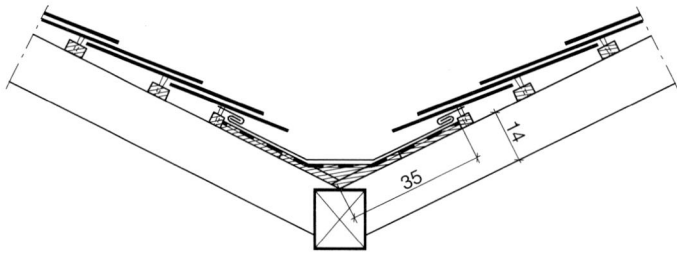

2.192 Deckung flacher Kehlen beim Englischen Schieferdach

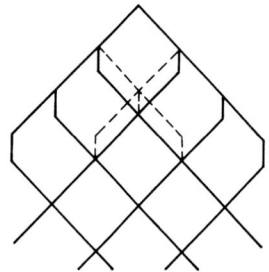 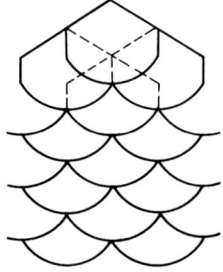

2.193 Deckung mit Sechseckschablonen (Spitzwinkelschablonen)

2.194 Deckung mit Halbkreisschablonen (Fischschuppenschablonen)

Große Rechteckschiefer können auch auf Latten 40/60 gedeckt werden (*Englisches Schieferdach*; Bild **2**.191). Lattenweite = Schieferlänge minus 8 cm, geteilt durch 2. Die Schiefer liegen dann überall doppelt, auf 8 cm sogar dreifach. Die nebeneinanderliegenden Platten der einzelnen Reihen stoßen stumpf zusammen (vgl. Flachziegel-Doppeldach). Jede Platte wird in der Mitte durch 2 Nägel auf der Latte befestigt. Die Nagelstellen werden durch die folgende Reihe überdeckt. Die unterste Reihe an der Traufe besteht aus Steinen halber Länge, die im unteren Teil auf die erste Latte genagelt werden.

Die Kehlen müssen hier auf flach geneigten Dächern untergelegt, d. h. geschalt und mit Zink- oder Bleiblech ausgekleidet werden. Die der Kehllinie entsprechend zugehauenen Platten überdecken den gefalzten Blechrand um 8 bis 10 cm (Bild **2**.192).

2.6 Dachdeckungen

2.195 Faserzement-Dachplatten in waagerechter Deckung auf Latten

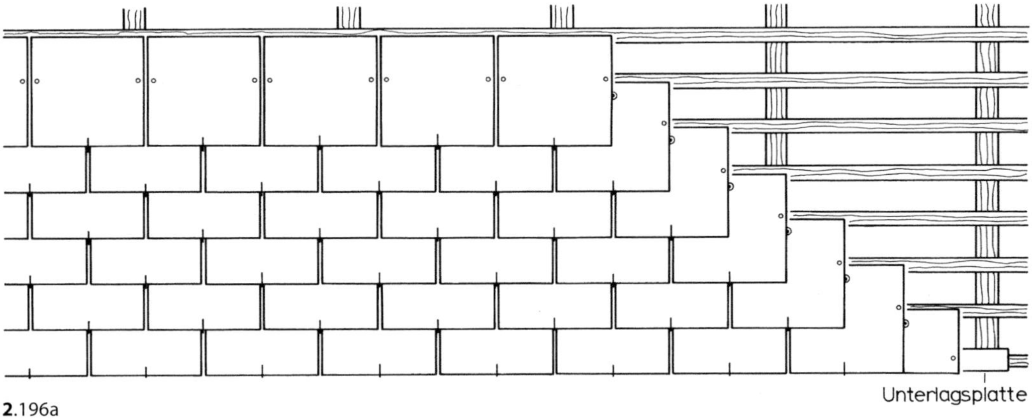

Unterlagsplatte

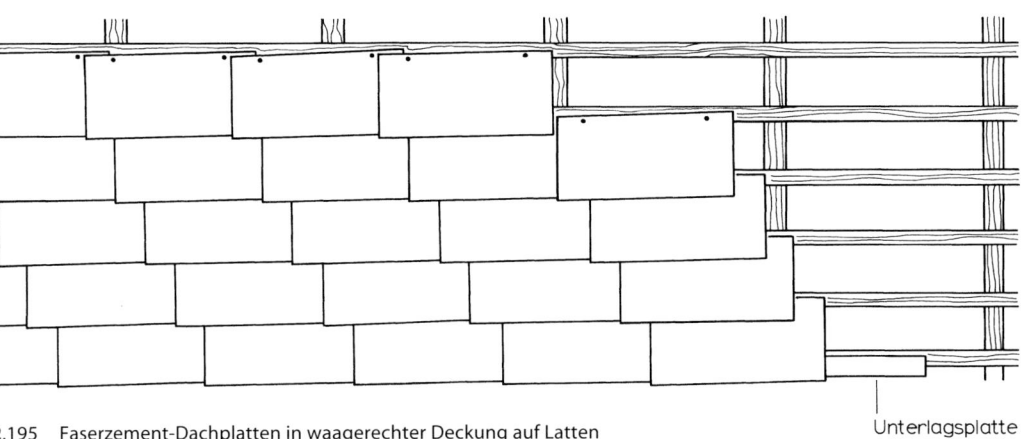

2.196a

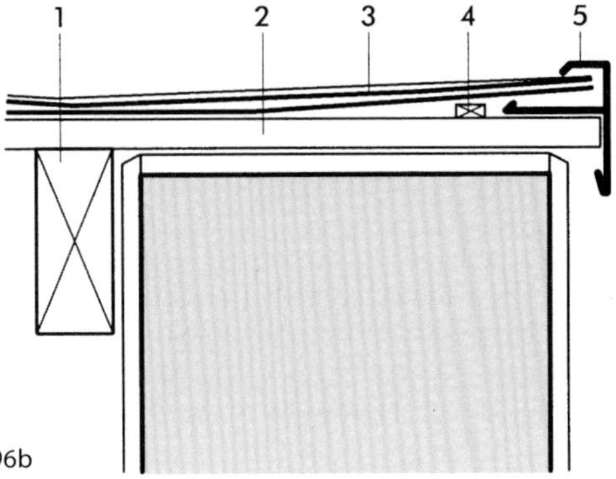

Unterlagsplatte

2.196
Faserzement-Dachplatten in Doppeldeckung auf Latten
a) Doppeldeckung mit Quadraten
b) Ortgang schematisch
1 Sparren
2 Lattung
3 Faserzement-Dachplatten
4 Keil-Leiste
5 Zinkblech-Einfassung

2.196b

Deckung mit Sechseck-, Achteck- oder Halbkreisschablonen

Sechseckschablonen (Spitzwinkelschablonen, Sparrenneigung nicht unter 35°) werden in waagerechten Reihen so gedeckt, dass sich ein rhombisches Schuppenmuster ergibt (Bild **2**.193). An der Traufe ist ein Fußgebinde aus Fußsteinen gleicher Höhe, am First ein Firstgebinde anzuordnen. Die Orte werden als Strackorte gedeckt.

Halbkreisschablonen (Fischschuppenschablonen) werden in waagerechten Reihen so gedeckt dass sich das in Bild **2**.194 dargestellte Schuppenmuster ergibt. Deckung der Traufe und des Firstes wie vor. Die Ortsteine der geraden Ortkante können eingebunden werden, die Grate werden als Strackorte gedeckt.

Deckung mit Faserzement-Dachplatten

In ähnlicher Weise wie mit Naturschiefer können Dächer (Mindestneigung 25°) und senkrechte Flächen mit Faserzement-Dachplatten nach den Fachregeln des Deutschen Dachdeckerhandwerks (ZVDH) [8] gedeckt werden (Faserzement s. Abschn. 2.6.5). Die Platten werden nach DIN EN 492 witterungs-, volumen-, korrosions- sowie frost- und hitzebeständig hergestellt und sind unbrennbar (DIN 4102, Baustoffklasse A2). Es werden verschiedene Quadrat- und Rechteckformate (Vorzugsgrößen 60/30, 40/40, 40/20 cm) – auch mit gestutzten Ecken – sowie Schablonen für Deutsche Deckung gefertigt in den Farben, Rostbraun und Rot sowie verschiedenen Grautönen.

Die Deckung erfolgt je nach Deckungsart, Plattengröße, Neigung und Witterungsbeanspruchung der gedeckten Flächen auf Lattung oder Vollschalung, wobei geschalte Flächen eine *Unterdeckung* mit 333er Dachpappenbahnen erhalten (Bild **2**.195 und **2**.196).

Die Platten werden mit je 2 verzinkten oder kupfernen Schiefernägeln (Breitkopfnägel) genagelt und in verzinkte, kupferne oder aus rostfreiem Stahl hergestellte Sturmhaken eingehängt.

Die Deckung von Firsten, Graten, Kehlen und Traufen ähnelt der Naturschieferdeckung.

2.6.5 Faserzement-Wellplattendeckung[1]

Faserzement-Wellplatten nach DIN EN 494 müssen im Wesentlichen aus Zement oder Calciumsilikat bestehen, das durch chemische Reaktion von silicium- und kalkhaltigen, mit Fasern bewehrten Materialien gebildet wird. Dabei muss der Zement DIN EN 197-1 oder techn. Spezifikationen entsprechen, die in dem Land angewendet werden, in dem der Zement eingesetzt wird. Die einer feuchten Pappe ähnliche Rohmasse kann praktisch in alle Formen gepresst werden, so dass neben Standarderzeugnissen (Wellplatten, ebene Platten und Rohre) alle dazugehörigen Formteile auch in Sonderanfertigungen leicht hergestellt werden können.

---

[1] Die Verwendung von Asbestfasern für zementgebundene Bauplatten ist wegen ihrer gesundheitsschädigenden Wirkung eingestellt worden. Die Richtlinie 76/796/GWB verbietet seit dem 1.1.2005 auch die Einführung neuer asbestzementhaltiger Stoffe. Es werden stattdessen Kunststoff-Fasern verwendet. Für alle Erzeugnisse ist daher die Bezeichnung „Faserzement" eingeführt.
Bei Dachdeckungsarbeiten mit Asbestzementerzeugnissen sind Gesundheitsschäden vor allem dann beobachtet worden, wenn durch sorglosen Umgang mit Trennschleifern o. Ä. Asbestfasern freigesetzt wurden. Die Gefahren, die von eingebautem Material ausgehen, werden nach Untersuchungen von Wissenschaftlern geringer als die Gefährdung durch Tabakrauchen eingeschätzt.
Bei funktionstüchtigen, eingebauten Asbestzement-Produkten, die für Dachdeckungen oder Fassadenverkleidungen verwendet wurden, ergeben sich nach heutigen Erkenntnissen kein Sanierungsbedarf und keine Notwendigkeit, diese Produkte aus Gründen der Asbestfaserbindung zu beschichten oder gar auszutauschen. Dies gilt auch, wenn die Oberflächen durch Verwitterung beansprucht sind.
Das für bauaufsichtliche Fragen bundesweit zuständige Institut für Bautechnik stellt hierzu im Jahresbericht 1989 (2) fest: „nach heutiger Auffassungen gehen von genormten oder allgemeinen bauaufsichtlich zugelassenen Asbestzementprodukten für Dach ein Deckungen und Fassadenverkleidungen im eingebauten Zustand keine konkreten Gesundheitsgefahren im Sinne der Landesbauordnung aus, wenn die Produkte bestimmungsgemäß hergestellt, gearbeitet und verwendet worden sind. Somit ist ein generelles bauaufsichtliches Sanierungsgebot – vergleichbar mit dem für schwach gebundene Asbestprodukte – nicht erforderlich". (Die vorstehenden Aussagen gelten auch für Asbestzement-Produkte, die in der früheren DDR gefertigt und verwendet wurden, da diese Erzeugnisse ebenfalls nach der nicht mehr gültigen Baustoffnorm DIN 274 bzw. der entsprechenden TGL hergestellt worden sind.)
Bei allen Arbeiten und Veränderungen an Asbestzementprodukten und schwach gebundenen Asbestprodukten sind die technischen Regeln für Gefahrenstoffe (TRGS 517 und 519-Asbest) der Bundesanstalt für Arbeitsschutz zu beachten [2].

2.6 Dachdeckungen

Der Mischung können auch Farbstoffe zugesetzt werden. Auch farbige oder farblose Oberflächenbeschichtungen dürfen aufgebracht werden.

Als *kurze Wellplatten* werden Wellplatten bis einschließlich 900 mm Länge bezeichnet; *lange Wellplatten* weisen eine Länge von > 900 mm auf.

Faserzement-Wellplatten bieten infolge ihres großen Formates die Möglichkeit, große Sattel- und Pultdächer (Mindestneigung 7°) insbesondere in Verbindung mit Pfettenkonstruktionen gemäß Bild **2**.29 und **2**.30 sehr wirtschaftlich zu decken.

Folgende meist voneinander abhängige Rahmenbedingungen sowie die Fachregeln des Deutschen Dachdeckerhandwerks (ZVDH) [8] sind bei Faserzement-Wellplattendächern zu beachten:

- Dachtiefe
- Dachneigung
- Plattenprofil
- Plattengröße
- Pfettenabstand
- Zahl der Befestigungspunkte
- Höhenüberdeckung
- Auflagerbreite
- Lochabstand vom Plattenrand

Die Standardplatte mit 5 Wellen für Dachdeckungen wird entsprechend den Hauptabmessungen mit 177/51 gekennzeichnet („Profil 5", von einzelnen Werken auch mit 6 Wellen als „Profil 6" hergestellt). Für kleinere Dachflächen, besonders aber für Wandbekleidungen, gibt es außerdem dünnwandige Wellplatten mit der Bezeichnung 130/30 – Profil 8 – (Bild **2**.197).

Die Wellplatten sind durchgefärbt oder mit verschiedenen Standard-Farbbeschichtungen lieferbar.

Die gängigen Plattengrößen sind Tabelle **2**.198 zu entnehmen.

Für Eindeckung auf Dachlatten werden Wellplatten Profil 5 auch in Längen von 625 und 800 mm als Kurzwellplatten (auch als „Berliner Welle" bezeichnet) mit werkseitiger Lochung hergestellt.

Für alle üblichen Anschlusspunkte usw. steht eine große Zahl von Standardformteilen zur Verfügung. Für spezielle Probleme oder besondere gestalterische Absichten ist die Anfertigung von Sonderformteilen bei Faserzementplatten leicht möglich. Für Belichtungsfelder in einfachen Dächern sind den Wellplattenprofilen entsprechende Welldrahtglas- und Wellacrylplatten im Handel.

Bogendächer können in Radien ab i. d. R. 7 m bis 15 m als bombierte[2] Wellplatten als Profil 5 in Plattenlängen von 2500 mm projektbezogen hergestellt werden.

---

[1] Fortsetzung
Es wird unterschieden zwischen Abbruch-, Sanierungs- und Instandsetzungsarbeiten, d. h. für den Ausbau einzelner Bauteile gelten erleichterte Bedingungen.
Bei den Asbestzementprodukten gelten unterschiedliche Vorschriften für unbeschichtete Produkte mit zementgrauer Oberfläche und beschichtete Produkte, sofern die Beschichtung nicht großflächig abgewittert ist.
Abbruch- und Sanierungsarbeiten dürfen nur von besonders zugelassenen Unternehmen durchgeführt werden und sind anzeigepflichtig. Für das eingesetzte Fachpersonal und für den Schutz sind dabei besondere, im Einzelnen festgelegte sicherheitstechnische Maßnahmen einzuhalten.
Asbestzement-Produkte sind möglichst zerstörungsfrei auszubauen um Faserfreisetzungen zu vermeiden. In Innenräumen müssen die Arbeitsbereiche staubdicht abgeschottet werden. In allen Fällen ist bei den Arbeiten Atemschutz zu tragen.
Asbesthaltige Abfälle sind in geschlossenen Behältern zusammen und nach besonderen Vorschriften der Länder zu entsorgen.
Alle farbigen oder beschichteten Asbestzementflächen dürfen mit drucklosem Wasserstrahl und Seifenlauge mit weichen Bürsten o. Ä. gereinigt werden. Das anfallende Wasser ist aufzufangen und wie Abwasser zu entsorgen.
Bei unbeschichteten, naturgrauen Asbestzementplatten ist die dafür in der Regel erforderliche Reinigung mit mechanischen Arbeitsgeräten, mit Hochdruck-Strahlgeräten und Kaltwasser-Druckstrahlgeräten aber auch druckloses Abwaschen wegen der unvermeidlichen Freisetzung von Asbestfasern grundsätzlich untersagt.
Nach den bisherigen Erkenntnissen ist eine Sanierung für Bauteile innerhalb von Gebäuden dann erforderlich, wenn festgestellt wird, dass Asbestfasern nur noch „schwach gebunden" sind und z. B. aus Asbestzement-Lüftungskanälen, asbesthaltigen Dichtungen, Brandschutzbeschichtungen o. Ä. freigesetzt werden.
Bei alterungsbedingten Erneuerungen müssen alte Asbestzementbauteile wegen der vorhandenen baulichen Gegebenheiten vielfach durch gleichgeformte neue Erzeugnisse ersetzt werden. Dabei und bei vorsichtshalber gefordertem Austausch sind strenge bauaufsichtliche Auflagen zu beachten. Die daraus resultierenden Kosten für den Ausbau und die Entsorgung der asbesthaltigen Bauteile übersteigen in der Regel die Kosten einer Neueindeckung mit asbestfreiem Material.
Eine neue Beschichtung von Außenbauteilen aus Asbestzementerzeugnissen ist allenfalls als optische Oberflächenverbesserung zu betrachten.

[2] Als Bombierung wird allgemein eine wölbende (konvexe) Verformung mit Innenwölbung und Außenrundung bezeichnet.

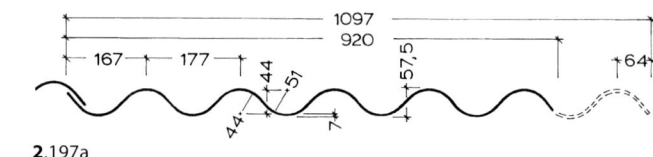

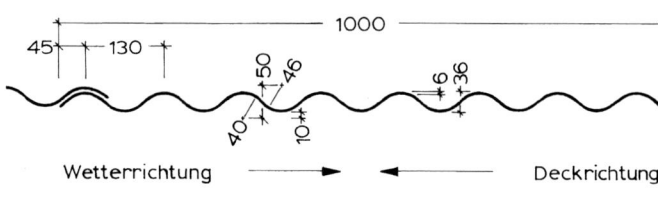

2.197
Dünnwandige Wellplatten
a) Faserzement-Wellplatten
   Profil 5 (6)
b) Faserzement-Wellplatten
   Profil 8

Eindeckung

Bei der *Eindeckung* ist zunächst die Deckrichtung so festzulegen, dass die Überdeckungen der Wellplattenlängsstöße von der Hauptwindrichtung abgewendet liegen.

Die *Höhenüberdeckung* beträgt generell 200 mm, bei der Kurzwellplatten („Berliner Welle") 125 mm. Bei Neigungen < 10° sind die Fugen zu dichten.

Die *Seitenüberdeckung* muss bei

Profil 5 und 6   177/51 mindestens 47 mm
                                = 1/4 Welle

und bei Profil 8   130/30 mindestens 90 mm
                                = 2/3 Welle

betragen (s. Bild **2**.200).

Am Kreuzungspunkt von vier Wellplatten ist ein *Eckenschnitt* an den sich diagonal gegenüber liegenden Wellenbergen erforderlich (Bild **2**.200). Standard-Wellplatten werden mit werkseitigem Eckenschnitt geliefert. Lediglich bei Passplatten muss er an der Baustelle vorgenommen werden. Der Abstand zwischen den Eckenschnitten soll 5 bis 10 mm betragen.

Wellplatteneindeckungen sind am wirtschaftlichsten, wenn die Unterkonstruktion lediglich aus durchlaufenden Pfetten besteht (vgl. Bild **2**.29). Auf Bindern – mit möglichst weitem Abstand – dienen kleine Sparrenpfetten als Trägerlage für die Wellplatten (vgl. Bild **2**.30).

Die *Auflagerbreite* für Wellplatten soll bei Holzpfetten ≥ 60 mm und bei Stahlpfetten ≥ 40 mm betragen (ausgenommen bei Stahlrohrpfetten o. Ä. mit Durchmessern ≥ 40 mm).

Tabelle **2**.198   Plattengrößen

Vorzugs-längen[1] in mm	Vorzugsbreiten[2]	
	Profil 5 177 / 51[3] in mm	Profil 8 130 / 30[4]
1250	920 / 1097	1000
600		
2000	5 Wellen-	8 Wellen-
2500	berge	berge
3100[5]		

[1] zul. Maßabweichungen ± 10 mm
[2] zul. Maßabweichungen ± 5 mm
[3] Plattendicke 6,5 mm ± 0,5 mm
[4] Plattendicke 6 mm ± 0,5 mm
[5] nur für Wandbekleidungen

Tabelle **2**.199   Neigungen Profil 5, 6 und 8

Dachtiefe in m	Regel-dachneigung		Mindest-dachneigung	
	in Grad	in %	in Grad	in %
≤10	9	16	7	12
≤20	10	18	8	14
≤30	12	22	10	18
>30	14	25	12	22

Bei *Befestigung* der Wellplatten ist zu beachten:

- Jede Wellplatte ist in 4 Verankerungspunkten zu befestigen. Bei Dachneigung <35° sind Wellplatten der Profile 177/51 und 130/30, die auf 3 Pfetten aufliegen, an den Dachrändern im Bereich von 2 m auf der mittleren Pfette zusätzlich an 2 Punkten zu befestigen.
- Wellplatten des Profils 5 (177/51) werden stets auf dem 2. und 5. Wellenberg (Bild **2**.197), die

2.6 Dachdeckungen

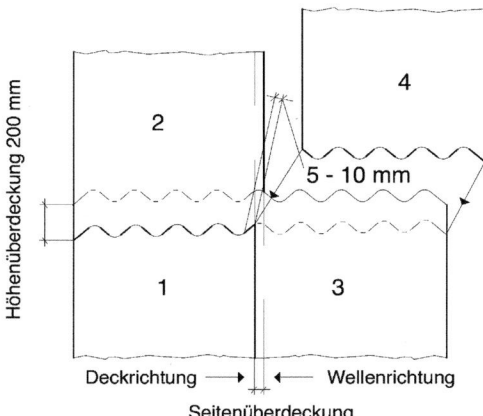

2.200 Eckenschnitt von Wellplatten

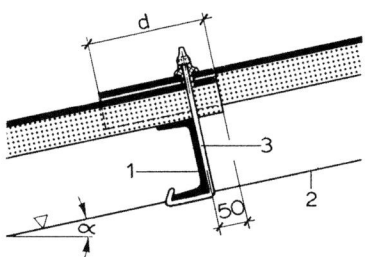

2.201 Plattenstoß auf Stahlpfette
1 Pfette
2 Sparrenoberkante
3 Stahlhaken mit Kunststoff-Pilz-Dichtung und Korrosionsschutzhut
d Höhenüberdeckung
α Dachneigung

des Profils 6 auf dem 2. und 6. Wellenberg und die des Profils 8 (130/30) auf dem 2. und 7. Wellenberg befestigt. Der Abstand der Befestigung vom unteren bzw. oberen Plattenrand muss mindestens 50 mm betragen (Bild **2**.201), Ausnahme s. Bild **2**.203.

Bei sehr geringen Dachneigungen, bei besonderen Beanspruchungen durch Winddruck oder bei komplizierten Anschlüssen sind die Plattenstöße mit selbstklebenden Dichtungsbändern zu sichern.

Ebenso können die Regeldachneigungen um 2° (5° bei Kurzwellplatten) unterschritten werden, wenn in den Höhenüberdeckungen Dichtungsschnüre eingelegt werden. Sie werden bei den Querstößen unterhalb der Befestigungsstellen in die Wellen eingelegt. Die Längsüberdeckungen werden mit selbstklebenden Spezial-Dichtungsbändern abgedichtet (Bild **2**.202).

Wellplattendeckungen auf Satteldächern können – auch mit Dichtungsbändern – wegen der erforderlichen Abluftöffnungen an den Firsten einwandfrei sprühwasser- und flugschneesicher nur in Verbindung mit einer zweiten Entwässerungsebene (Spannbahnen, Unterdach, vgl. Abschn. 2.6.2 und 2.9.3) ausgeführt werden. Auch durch schroffe Außentemperaturveränderungen bedingtes, von den Wellplatten nicht aufsaugbares Kondenswasser, sowie rückstauendes Schmelzwasser in Folge von „Eisschanzen" im überstehenden Taufbereich kann nur auf diese Weise abgeleitet werden.

Höchstzulässige *Pfettenabstände* (bzw. Abstände der Unterstützungen der Wellplatten für selbsttragende Dachkonstruktionen) s. Tabelle **2**.204.

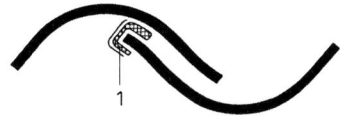

2.202 Dichtung der Längsüberdeckung
1 selbstklebendes umgeschlagenes Dichtungsprofil

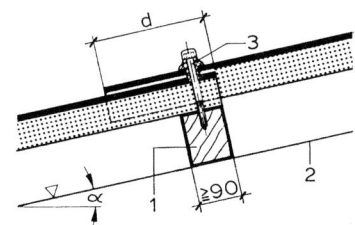

2.203 Plattenstoß auf Holzpfette
1 Holzpfette (45 mm Mindestabstand zwischen Lochmitte und Plattenrand zulässig)
2 Sparrenoberkante
3 Holzschraube nach DIN 571 Ø = 7 mm (mit Pilzdichtung und kleinem Korrosionsschutzhut); s. Tab. **2**.199
α Dachneigung

Befestigungsmittel

Als Befestigungsmittel dienen je nach Unterkonstruktion feuerverzinkte Sechskant-Holzschrauben Ø 7 (Einschraubtiefe > 36 mm) oder feuerverzinkte Hakenschrauben in verschiedenen Ausführungen für Befestigungen auf Profilstahlpfet-

Tabelle **2**.204 Höchstzulässige Pfettenabstände

Dachneigungen in Grad	Profil 5	Profil 8
	177 / 51	130 / 30
< 20°	1150 mm	1150 mm
≧ 20°	1450 mm	1150 mm

ten. Für Fälle, in denen mit stärkeren Bewegungen in Unterkonstruktionen (z. B. durch Windbeanspruchung) zu rechnen ist, gibt es verschiedene Gelenkschrauben. Durch Kunststoff-Quetschdichtungen sind die Befestigungspunkte gesichert, und alle Schraubenköpfe werden mit Kunststoffkappen als Korrosionsschutz abgedeckt (Bild **2**.205).

Löcher für Befestigungsschrauben müssen vorgebohrt werden. Die Schrauben dürfen keinesfalls durch die Platten geschlagen werden!

Kurzwellplatten sind werkseitig vorgebohrt und werden mit so genannten Glockennägeln (mit angeformten Kunststoffdichtungen) unter Beachtung besonderer Verlegevorschriften der Hersteller auf die Dachlatten genagelt.

Bei allen Verlegearbeiten ist darauf zu achten, dass Wellplattenflächen nur auf Laufbohlen betreten werden dürfen, die über eine fest installierte Leiter oder andere sichere Zugänge zu erreichen sind.

Firste

Firste werden mit Wellfirsthauben eingedeckt. Sie werden als einteilige Wellfirsthauben für die wichtigsten Dachneigungen in Abstufungen von 5° hergestellt. Eine Entlüftung Luft führender Bauteilschichten ist nur mittels firstnah angeordneter Lüfterhauben möglich. Es dürfen sich bei der Verlegung an der Überdeckung außen keine klaffenden Fugen ergeben. Daher ist immer die der nächsten Dachneigung entsprechende Wellfirsthaube zu wählen. Die gegenüberliegenden Dachflächen müssen mit genau auf der Gegenseite fluchtenden Stößen und absolut winkelgerecht verlegt sein. Die Längsüberdeckungen liegen in diesem Fall auf beiden Seiten von der Wetterseite abgewendet, d. h. auf der einen Seite „rechtsdeckend" und auf der anderen Seite „linksdeckend". Die Gestaltung mit einteiligen Wellfirsthauben setzt also eine sehr genaue Verlegung auf genau hergestellter Unterkonstruktion voraus.

Bei zweiteiligen Firsthauben sind die Ansprüche an die Unterkonstruktion weniger hoch, auch können die Deckrichtungen auf gegenüberliegenden Dachseiten wechseln. Die Muffenstöße liegen von der Hauptwindrichtung abgewendet (Bild **2**.206). Bei der Ausführung als „Kaltdachfirst" kann zudem die Entlüftung Luft führender Bauteilschichten *ohne* zusätzliche Lüfterhauben sichergestellt werden.

Traufen

Traufen von Wellplattendächern sind so zu planen, dass Vögel, Marder usw. nicht unter den

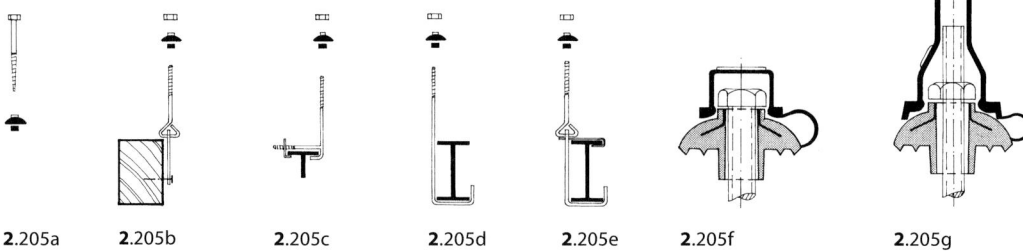

| 2.205a | 2.205b | 2.205c | 2.205d | 2.205e | 2.205f | 2.205g |

2.205 Befestigungsmittel für Wellplatten
  a) Holzschraube Ø 7/110
  b) Gelenkschraube für Holzpfetten,
  c) Spezialschraube für Stahlpfetten
  d) Hakenschraube für Stahlpfetten
  e) Gelenkschraube für Stahlpfetten
  f) Kunststoffdichtung für Holzschrauben (Deckkappe anhängend, über Schraubenkopf gestülpt)
  g) Kunststoffdichtung für Metallschrauben mit großer Deckkappe

2.6 Dachdeckungen

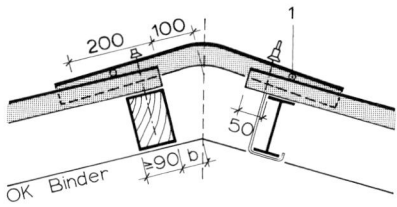

2.206a

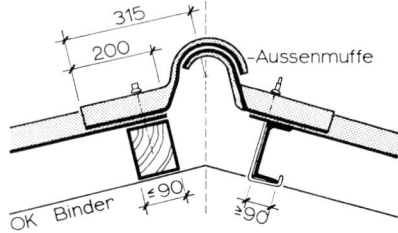

2.206b

2.206 Wellfirsthaube
  a) einteilig; b) zweiteilig
  1 Dichtungsband

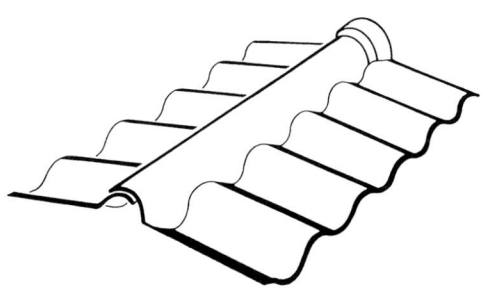

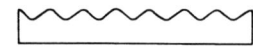
2.207a

2.207b

2.207c

2.207d

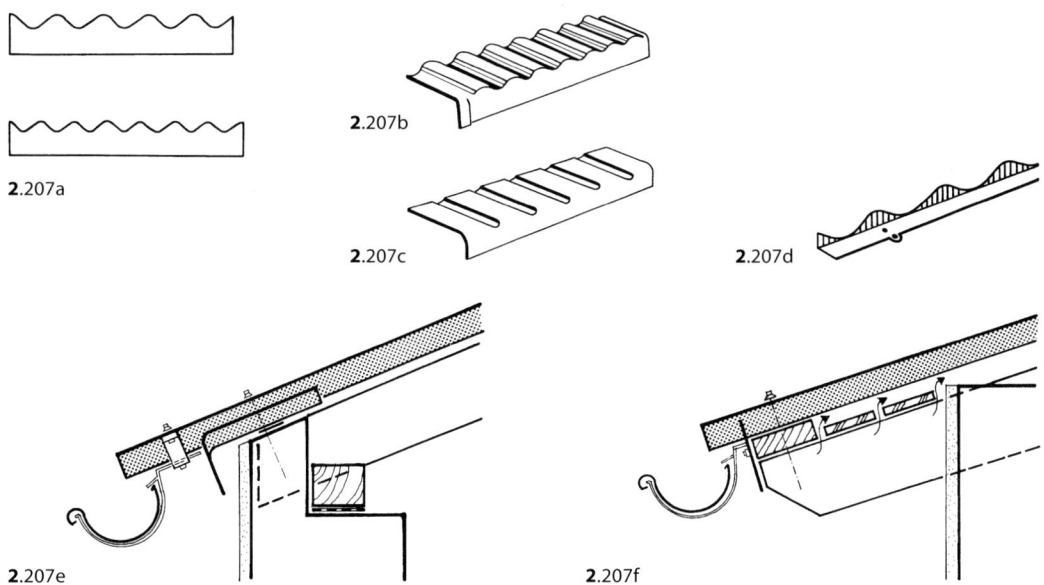

2.207e 2.207f

2.207 Traufen-Formteile für Wellplattendächer
  a) Zahnleisten
  b) Traufenfußstück, dicht schließend
  c) Traufenfußstück mit flachen Wellenbergen (Lüftung, vgl. e)
  d) Lüftungsgitter für Traufenabschluss
  e) Traufenausbildung mit angehängter Dachrinne (mit Traufenfußstück, vgl. c)
  f) Traufenausbildung bei Sparrenüberstand (Belüftung durch die Gesimsschalung)

2.208 Traufen bei Tragwerken mit Pfettenkonstruktionen
  a) vorgehängte Rinne mit Traufenfußstück
  b) untergehängte Rinne, Gesimsbildung durch einteilige Wellfirsthaube oder Wellübergangsstück
  1   einteilige Wellfirsthaube
  2   Traufenzahnleiste (Bild **2**.207a oder d)
  3   Dachrinne mit Einlaufblech

Wellenbergen in den Dachraum kommen können. Dichte Abschlüsse gewähren Traufenfußstücke und -zahnleisten (Bild **2**.207a und b), wenn Zuluftöffnungen anderweitig vorgesehen werden können (Bild **2**.207f). Sonst sind Traufenlüftungsgitter oder -fußstücke mit flachen Wellenbergen vorzuziehen (Bild **2**.207c, d und e).

Dachrinnen können bei einfachen Dächern mit geringerem gestalterischen Anspruch wie in Bild **2**.207e gezeigt mit Hilfe spezieller Rinnenträger an Wellplattenüberstände angeschlossen werden. Bei Traufen mit Sparren ist die Ausführung nach Bild **2**.207f in Verbindung mit Traufenfußstücken oder Traufenzahnleisten möglich wie bei anderen Dachdeckungen. Besteht das Tragwerk jedoch lediglich aus Pfetten (vgl. Bild **2**.29 und **2**.30), können die Rinnenhalter auf der Fußpfette befestigt werden (Bild **2**.208a). Traufengesimse können ggf. bei kleineren Dachflächen auch durch Verwendung von einteiligen Traufenfußstücken oder speziellen allerdings sehr auffälligen Traufenformteilen wie Wellfirsthauben gebildet werden (**2**.208b).

Grate und Kehlen

Eindeckungen für komplizierte Dachformen mit Graten und Kehlen sind für Wellplatten nicht materialgerecht. So wirken die erforderlichen Grat-Formteile bei kleineren Dachflächen sehr klobig.

Insbesondere Kehlen sind nur mit recht großem handwerklichem Aufwand einwandfrei herzustellen. Grate und Kehlen sollten daher in der Planung vermieden werden. Ausführungsmöglichkeiten sind in Bild **2**.209 und **2**.210 gezeigt.

Am Anschluss zwischen Graten und First (Bild **2**.209c) muss meistens ebenso wie bei Anschlüssen an Dachaufbauten, Schornsteine u. Ä. an der Baustelle mit Walzblei – Übergängen improvisiert werden.

Faserzementplatten können werkseitig nahezu beliebig zu Sonderformteilen verarbeitet werden, wenn entsprechende genaue zeichnerische Festlegungen vorliegen. Die Herstellung ist jedoch meistens sehr aufwändig und nur bei größeren Stückzahlen wirtschaftlich vertretbar.

Ortgänge

Ortgänge von Wellplattendächern können mit häufig klobig wirkenden Formteilen (Bild **2**.211a) oder ähnlich wie bei anderen Dachdeckungen mit Ortganggesimsen oder – brettern (Bild **2**.211b), Ortgangrinnen usw. ausgeführt werden.

Für Pultdachabschlüsse, seitliche und obere Wandanschlüsse, Sanitärentlüftungen, Dachfenster usw. steht eine große Zahl von gestalterisch wenig zufrieden stellenden Sonderformteilen zur Verfügung (Bild **2**.212).

2.6 Dachdeckungen

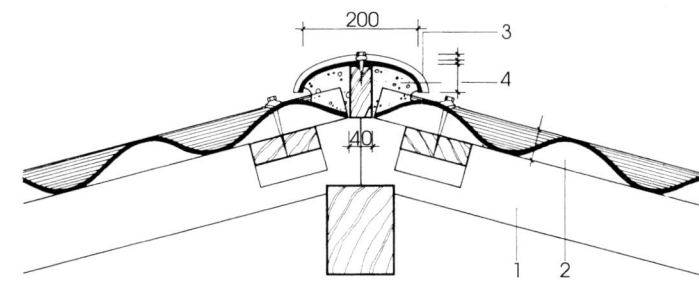

2.209a

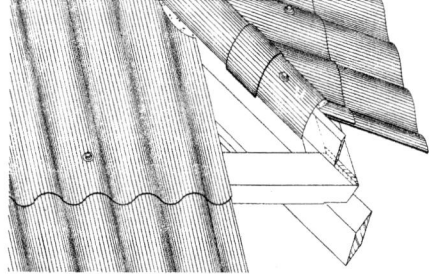

2.209b

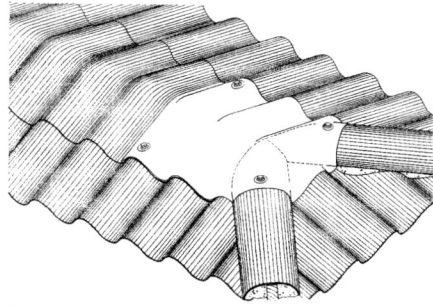

2.209c

2.209 Grate
a) Schnitt, senkrecht zum Gratsparren
b) Grat, isometrische Darstellung
c) Gratanschluss an First mit Walzbleiüberdeckung

1 Sparren
2 Wellplatte, Schräganschnitt
3 Gratkappe
4 Dichtung durch Mörtel auf verz. Drahtgewebe

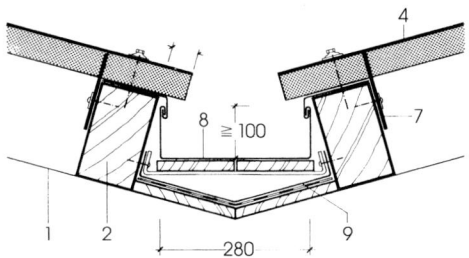

2.210a

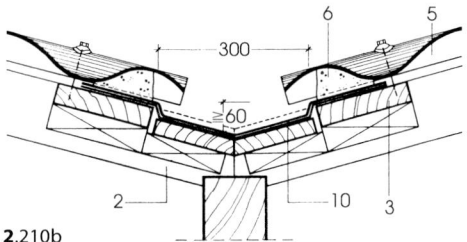

2.210b

2.210 Kehlen
a) Dachgraben (gefällelose Kehle)
b) Kehle, Mindestgefälle 17°
1 OK Binder
2 Pfette
3 Auflagerbohlen auf Futterhölzern, Pfette ausgeklinkt
4 Wellplatte, gerader Abschluss

5 Wellplatte mit Schräganschnitt
6 Haarkalkmörtel auf verz. Drahtgewebe
7 Traufenzahnleiste (Bild **2**.207a oder d)
8 Zinkblechrinne auf Trennlage und Laufbohlen in Hängeeisen
9 Sicherheitsrinne (z. B. Kunststoff-Dichtungsbahn auf Schalung)
10 Zinkblech-Kehlrinne auf Trennlage

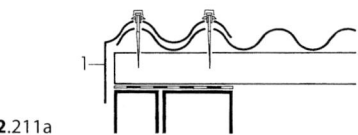

2.211a

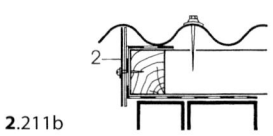

2.211b

2.211 Ortgänge
a) Ortgang mit Well-Ortgang-Formteilen
1 Formteil, senkrechte Flächen mit Muffen
b) Ortgang mit konisch zugeschnittenen Ebenen
2 Faserzementstreifen (Stöße unterlegt)

2.6.6 Schindeldeckung

Holzschindeldeckungen finden gelegentlich noch regionale Anwendungen insbesondere in der denkmalpflegegerechten Sanierung. Schindeln sind handgespaltene Brettchen aus Tannen-, Kiefern-, Lärchen- oder Eichenholz. Sie werden schuppenförmig nach den Fachregeln des Deutschen Dachdeckerhandwerks (ZVDH) [8] verlegt. Imprägniert haben sie eine Lebensdauer von vielen Jahrzehnten. Sie bilden eine leichte Dachhaut. Gesägte Schindeln sind weniger dauerhaft. Man unterscheidet Leg- und Scharschindeln.

Legschindeln kommen praktisch nur noch im Rahmen der Denkmalpflege in Frage. Sie sind 10 bis 20 cm breit, 80 bis 100 cm lang, 20 mm dick und im Längsschnitt rechteckig oder schwach keilförmig. Legschindeln werden auf flach geneigten Dächern (15 bis 25°) so auf Latten aufgelegt, dass sie sich dreifach überdecken. Festgehalten werden sie in der Hauptsache durch schwere Steine (Bild **2**.213). Der First wird ähnlich wie beim Schieferdach ausgebildet. Auf den flach geneigten Dächern alpenländischer Häuser werden Legschindeln heute noch verwendet.

Scharschindeln werden auf Lattung oder Schalung genagelt. Sie haben, je nach Region, verschiedene Formen und Maße (Bild **2**.214). Gedeckt werden sie doppel- oder dreilagig (Bild **2**.215), aber auch vier- und fünflagig. Die Nagellöcher werden vorgebohrt. Oft werden ungenutete Langschindeln am unteren Ende mit Kupfernägeln *sichtbar* (blank) genagelt, um das Aufwerfen zu verhindern. An der Traufe sind die einander überdeckenden Schindeln verschieden lang.

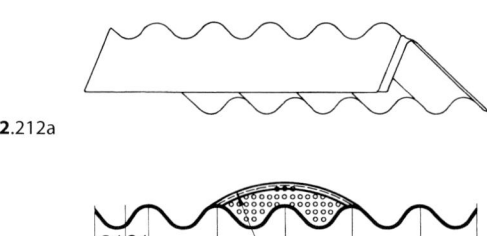

2.212a

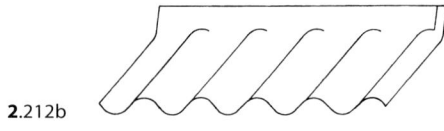

2.212b

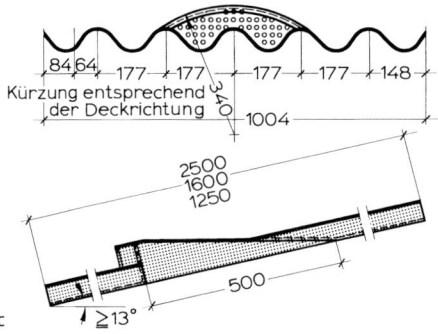

2.212c

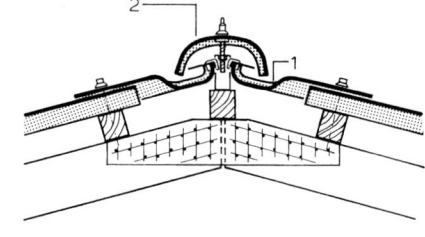

2.212d

2.212 Formteile
a) Wellpulthaube
b) Wandanschluss
c) Belüftungshaube, in Wellplatte eingeformt
d) Lüftungsfirst (FULGURIT 400)

1 Firstanschlussstück mit Flugschneeabweiser
2 Firstkappe auf Stützschrauben

2.6 Dachdeckungen

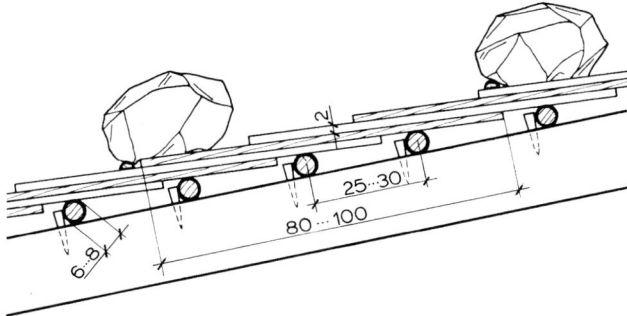

2.213 Legschindeln. Die Rundstangen sind mit Holzpflöcken festgehalten, die lose aufgelegten Schindeln mit Steinen beschwert. Bei Dächern über 20° werden die Steine durch vorgelegte Rundholzstangen, die am Ortgang verkeilt sind, gesichert.

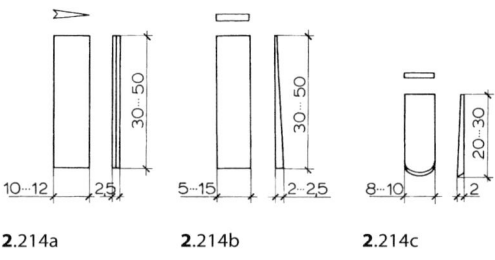

2.214a **2.214b** **2.214c**

2.214 Schindelabmessungen
a) Spund- oder Nutschindel
b) Brettschindel
c) Rundschindel

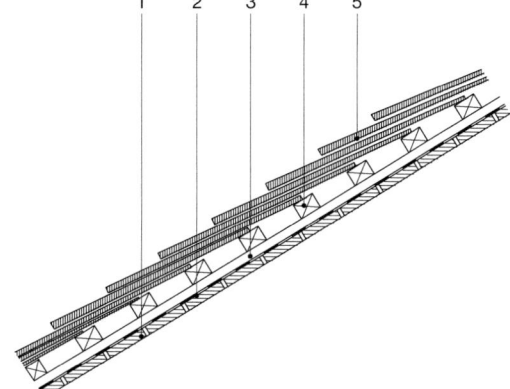

2.215 Deckung mit Scharschindeln
1 Schalung
2 Bitumendachbahn (V13)
3 Konterlattung
4 Lattung
5 unbeh., gesägte WRC-Schindeln (Western Red Cedar), 3-lagig, DIN 68 119

Firste
Am First hat die der Wetterseite zugekehrte Firstschar > 3 cm Überstand (vgl. Bild **2**.186), oder es wird ein „aufgelegter First" ausgeführt (Bild **2**.216).

Grate
Grate können ebenfalls „aufgelegt" ausgeführt werden. Aufwändiger, jedoch formal besser sind Schwenkgrate mit gerade oder rund herangeführten Schindelreihen (Bild **2**.217).

Kehlen
Kehlen werden auf untergelegter Kehlschalung mit Kehlblechen als „eingebundene" oder Schwenkkehlen ausgeführt (Bild **2**.218).

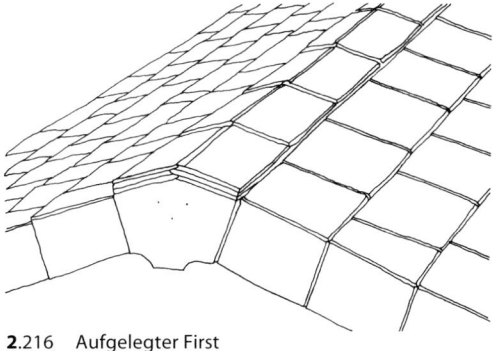

2.216 Aufgelegter First

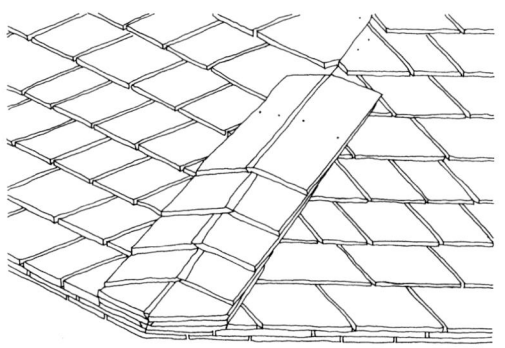
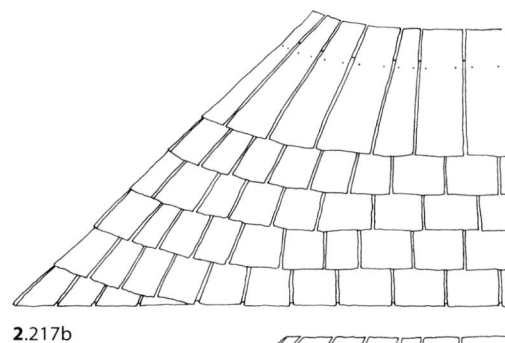

2.217a   **2**.217b

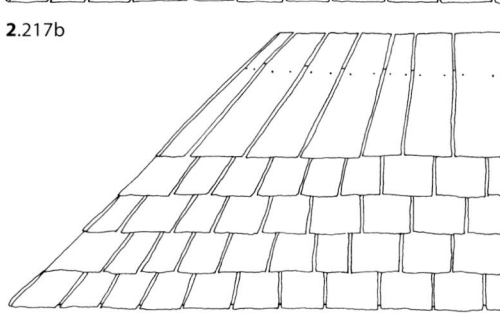

2.217   Grate
   a) aufgelegter Grat
   b) Schwenkgrat mit herangeführten Reihen
   c) Schwenkgrat mit geraden Reihen

2.217c

2.218a   **2**.218b

2.218   Kehlen
   a) eingebundene Kehle,   b) Schwenkkehle (mit längeren Schindeln im Kehlbereich)

2.6 Dachdeckungen

2.6.7 Bitumenschindeldeckung

Bitumenschindeln (DIN EN 544) werden aus Bitumenbahnen mit Glasvlies- oder Kunstfaservlieseinlagen gestanzt (Bild 2.219). Neben diesen Normalschindeln werden auch verschiedene Schablonenformen hergestellt (vgl. Bilder 2.193 und 2.194). Die Oberflächen werden in verschiedenen Farben durch eingewalzte Bestreuungen aus Schiefersplit oder anderen mineralischen Granulaten gebildet. Mit Bitumenschindeln lassen sich für Dachneigungen von 15° bis 85° auch komplizierte Dachformen gut eindecken, weil sich die flexiblen Schindeln – ggf. bei entsprechendem Zuschnitt – Wölbungen und Krümmungen selbst über Kehlen und flache Grate hinweg gut anpassen.

Bitumenschindeln werden in Doppeldeckung (vgl. Bild 2.155) auf Nut-Feder-Vollschalung in der Regel auf einer Unterdeckung aus einer Lage Glasvlies-Bitumendachbahn V13 (DIN 13 707) mit verzinkten Breitkopfnägeln nach den Fachregeln des Deutschen Dachdeckerhandwerks (ZVDH) [8] genagelt oder mit Breitklammern geheftet.

Firste und Grate

Sofern Firste und Grate nicht fortlaufend mit Zuschnittplatten überdeckt werden, sind sie auf speziellen Grat- oder Firstschindeln „aufgelegt" einzudecken (Bild 2.220).

Im Übrigen sind die Verlegeregeln für Standard-Bitumenschindeln denen für Biberschwanzdeckungen (s. Abschn. 2.6.2.2) und von Schablonenschindeln denen für Schiefer vergleichbar (s. Abschn. 2.6.4).

Bei nicht durch Beschieferung o. Ä. geschützten Bitumendachflächen bilden sich unter dem

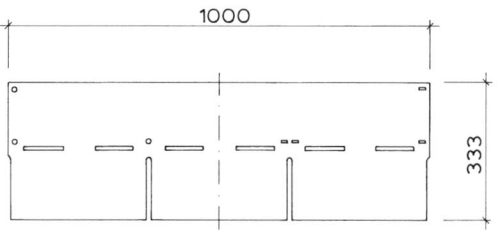

2.219a

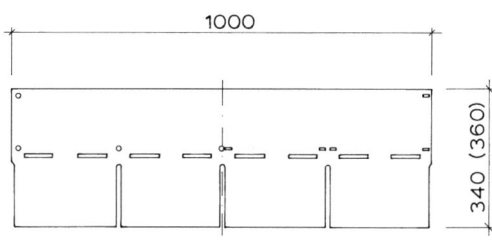

2.219b

2.219 Bitumenschindeln (Maße; Normalschindeln)
 a) dreiblättrige Schindel
  Befestigung:
  < 60° 4 Nägel oder 6 Klammern
  > 60° 6 Nägel oder 8 Klammern

b) vierblättrige Schindel
 Befestigung:
 < 60° 5 Nägel oder 8 Klammern
 > 60° 7 Nägel oder 10 Klammern

2.220a

2.220b

2.220 Grateindeckung
 a) fortlaufende Überdeckung bei flachen Gratwinkeln
 b) aufgelegter Grat (Eindeckung mit Schablonenschindeln)

Einfluss der Bewitterung Carbonsäuren, die Metalle angreifen und in relativ kurzer Zeit bis zur Zerstörung korrodieren können („Bitumenkorrosion"). Bei einwandfreiem Bedachungsmaterial sind diese Schäden weniger zu befürchten. Im Zweifelsfall sollten alle erforderlichen Metalleinfassungen, -anschlüsse, -Dachrinnen usw. entweder bitumenkorrosionsfest ausgeführt (Kupfer oder V2A-Stahl), oder durch Bitumen- oder Kunststofflacke dauerhaft gegen Korrosion geschützt werden.

2.6.8 Bitumen-Wellplattendeckung

Für einfache Dächer stehen weiterhin die sehr leichten (nur ca. 3 kg pro/m^2) und kostengünstigen Bitumen-Wellplatten als Deckungsmaterial zur Verfügung. Sie bestehen aus in Bitumen getränkten, organischen Faserstoffen. Die Oberseiten der Platten können mit Kunstharzen verhärtet und mit Farben (schwarz, rot, braun, grün) durchtränkt oder beschichtet werden. Einer übermäßigen Aufheizung durch den dunkelfarbigen Werkstoff ist durch eine gute Belüftung der darunter liegenden Konstruktionen bzw. des Dachraumes Sorge zu tragen.

Bitumen-Weltplatten sind nach DIN 4102 der Baustoffklasse B2 (normal entflammbar) zugeordnet. Sie sind für Dachneigungen ab 7° bis 85° geeignet. Die Hersteller geben eine Garantie von 15 Jahren.

Die Plattenabmessungen betragen ca. 2000/2100 x 900/950 mm bei 2,6 bis 3 mm Plattenstärke. Die Unterstützungsabstände, i. d. R. hergestellt durch Dachlatten, betragen je nach Dachneigung 33 bis 50 cm. Die Platten werden mit feuerverzinkten Drahtstiften mit Kunststoffköpfen durch Nagelung auf den Wellenbergen befestigt. An First, Traufe, Ortgang sowie bei Höhenüberdeckungen werden die Wellplatten auf *jedem* Wellenberg genagelt. Die Seitenüberdeckung sollte eine Welle – bei Dachneigungen ≤10° und in schnee- und windreichen Gebieten zwei Wellen betragen. Die Höhenüberdeckung richtet sich nach der Dachneigung (≤ 10° ≥ 20 cm, ≥ 10° ≥ 16 cm, ≥ 15° ≥ 14 cm). Im Übrigen gelten die Fachregeln des Deutschen Dachdeckerhandwerks (ZVDH) [8].

Die Wellplatten sind nicht direkt, sondern nur mit Gewicht verteilenden Laufbrettern begehbar.

Für die Ausbildung von Firsten, Graten Kehlen und Ortgängen stehen ähnlich wie für Faserzement-Wellplatten besondere Formteile und Dichtungsmaterialien zur Verfügung.

2.6.9 Stroh- und Rohr-(Reet-)Deckung

In einigen Gegenden Europas werden Gebäude landwirtschaftlicher Betriebe und frei in der Landschaft stehende Wohnhäuser noch mit handgedroschenem Winterroggenstroh (Maschinendrusch zerdrückt den Halm) oder – in der Nähe von Gewässern – mit dünnhalmigem, mittellangem Rohr gedeckt. Diese so genannten Weichdächer bieten eine sehr gute Wärmedämmung und sind dicht und sturmsicher, leicht, bei einfacher Pflege dauerhaft (Lebensdauer bis 50 und mehr Jahre), jedoch nicht billig (importiertes Rohr, hohe Lohnkosten, Brandversicherung). Mindestdachneigung 45°. Nachteilig ist ihre Empfindlichkeit gegenüber Feuer und Funkenflug (bauaufsichtlich geforderte Mindestabstände sind zu beachten. Hauseingänge an Giebelseiten legen!). Abstände der Sparren (Rundholz) 1,00 bis 1,30 m. Abstand der Latten (Rundstangen 5 cm Ø) 25 cm $^2/_{10}$ der Halmlänge. Dicke der Dachhaut 35 bis 40 cm. Die Eindecktechnik ist je nach Deckmaterial (Stroh oder Rohr) und je nach Region verschieden. Für Reet-Dachdeckungen gelten die Fachregeln des Deutschen Dachdeckerhandwerks (ZVDH) [8].

Im Allgemeinen werden die Strohbunde oder Rohr- (Reet-, Ried-, Reith-) schoofe (auch Bündel, Garben, Scheebe oder Docken bezeichnet), die Rispenseite zum First, mit 1,5 mm dickem verzinktem Draht in mehreren 10 cm dicken Lagen unter Zuhilfenahme einer Rundnadel auf die Latten genäht, nachdem mit dem Klopfbrett die Wurzelenden schuppenartig hochgeklopft worden sind. Mit einem Messer werden am Schluss die Wurzelenden in der Dachebene und an den Kanten geradegeschnitten (Bild **2**.221).

Eine andere Deckungsart ist das Binden. Dabei werden die Stroh- oder Rohrlagen mit „Bandstöcken" auf die Lattung gepresst, danach die Bandstöcke an den Latten festgebunden (Bild **2**.222).

Die Firste – beim Weichdach besonders wettergefährdet – werden auf die verschiedenste Art gedeckt: Mit gedrehten, dicht an dicht nebeneinandergebundenen Strohseilen, die 70 bis 80 cm vom First abwärts reichen, mit aufgelegten Heide- oder Rasensoden, die von kreuzweise zusammengepflockten, über den First gespreizten Knüppeln (Wahrhölzern) festgehalten werden, oder mit quer über den First gebundenen Langstrohbunden. Neuerdings werden auch vorgeformte Firsthauben aus Wellfaserzement verwendet. Eine baustoffgerechte Eindeckung ist jedoch vorzuziehen (s. auch DIN 18 338).

2.6 Dachdeckungen

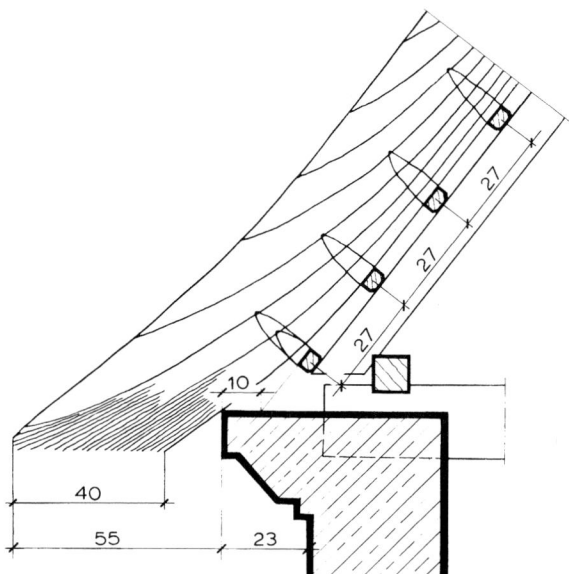

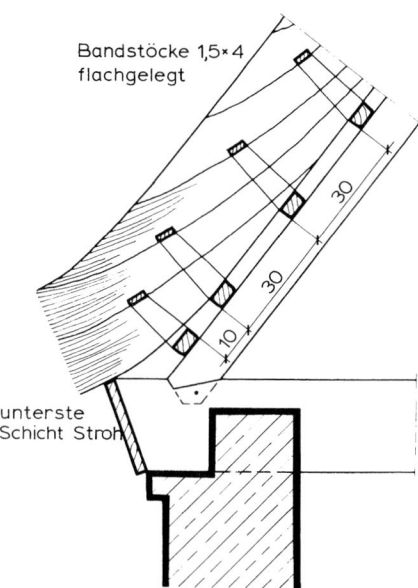

2.221 Das genähte Dach. Das Stroh wird an der Traufe waagerecht geklopft und abgerundet. Auf der ersten Latte wird zweimal genäht. Die Entfernung der Dachlatten beträgt 27 cm, Dicke der Dachhaut ≥ 28, in den Kehlen ≥ 42 cm.

2.222 Das gebundene Dach. Schnitt durch die Traufe. Lattenabstand 30 cm. Flache Bandstöcke drücken die Lagen fest. Latten 4 × 6 cm unten abgerundet, damit der Bindedraht nicht bricht.

Die Schornsteine sind nur am First ≥ 80 cm hoch aus der Dachfläche zu führen. Die Deckung greift unter das 1/2 Stein auskragende, bis mindestens 50 cm unterhalb der Deckungszone 1 Stein dicke Schornsteinmauerwerk. Ähnlich werden die Anschlüsse an Gauben (Fledermausgauben) durch Überkragen der Brüstungsbohle gebildet.

Weichdächer mit erheblich verminderter Brandgefahr werden in Form so genannter *Lehmschindeldächer* hergestellt. Dazu wird das Reet mit verzinktem Draht zu 8 bis 10 cm dicken, ca. 75 cm breiten und 1 m langen Matten zusammengenäht, mit dünnem Lehmbrei getränkt und wie oben geschildert auf die Dachlatten gebunden (Lehmbedarf 5 bis 6 kg/m^2). Die Lehmschindeln überdecken sich dreifach. (Lattenentfernung 30 bis 40 cm, Sparrenentfernung 1,20 bis 1,50 m. Dachneigung = 45°). Über den First werden lehmgetränkte Strohseile gelegt und festgepflockt.

2.6.10 Metalldeckungen

Allgemeines

Dächer oder Dachteile mit sehr geringer Neigung (> 3°) oder mit sehr komplizierten Formen sind in den meisten Fällen mit Metalldeckungen am dauerhaftesten. Blei- und Kupferdeckungen zählen zu den ältesten und beständigsten Dachdeckungsmaterialien, die es gibt, und ihre Lebensdauer auf historischen Gebäuden ist meist nur durch die Lebensdauer der Unterkonstruktion begrenzt. Metalldeckungen sind leicht, dicht und nicht brennbar.

Die Verlegetechnik aller Metalldeckungen ist weitgehend bestimmt durch die Forderung nach ungehinderter Bewegungsmöglichkeit für die Bleche bei Temperaturänderungen. Außerdem müssen die Bleche gegen Berührung mit korrosionsfördernden Chemikalien in Putz. B.ton, Holzwolle-Leichtbauplatten oder Schalungsflächen gesichert werden.

Für Metalldeckungen verwendet man Zink-, Kupfer-, Stahl-, Blei- und Aluminiumbleche in Form von ebenen Tafeln, ebenen und profilierten Bändern sowie in profilierten Sandwichelementen.

Metalldeckungen in handwerklicher Ausführung

Allgemeines

Metalldeckungen sind auf der Grundlage von DIN 18 339 – Klempnerarbeiten – (VOB Teil C) sowie den Fachregeln des Deutschen Dachdeckerhandwerks (ZVDH) [8] und des Zentralverbandes Sanitär Heizung Klima (ZVSHK) [57] auszuführen.

Bei Dachneigungen unter 3° (5,2 %) sind die Längsfalze zusätzlich abzudichten.

Die Mindestneigung für Metalldeckungen mit Titanzink beträgt 3° bzw. 5,2 %. Bei Dachneigungen bis 15° (26,8 %) sind Trennlagen mit Dränagefunktion einzubauen.

Metalldeckungen erfordern *vollflächige*, nagelhaftende Unterkonstruktionen, in der Regel 24 mm dicke Holzschalungen (Spanplatten o. Ä. sind für die Unterkonstruktion nicht geeignet und kommen nur ausnahmsweise für kleinere Flächen in Frage). Dachschalungen müssen glatt, eben und trocken, die Schalbretter (Sortierklasse S7, besser jedoch S10) müssen mindestens 24 mm (für Bleideckungen mindestens 20 mm) dick sein und eine Breite von 140 mm haben. Bei gekrümmten Schalungsflächen können dünne Sperrholztafeln zusätzlich zur Ausrundung aufgebracht werden.

Auch moderne Holzwerkstoffe wie OSB-Platten, Baufurniersperrholz und mineralfasergebundene Platten kommen als Unterkonstruktion zur Anwendung.

Mineralisch gebundene Spanplatten (Baustoffklasse A2 oder B1) können bei erhöhten Anforderungen an den Brandschutz verwendet werden, wenn auch die Unterkonstruktionen entsprechend ausgeführt sind.

Befestigungsnägel sind sorgfältig zu senken.

Trotz aller kontroversen Diskussionen über Umweltverträglichkeit sind Holzschalungen nach DIN 68 800 gegen Insekten und Pilzbefall zu schützen (s. a. Abschn. 2.2.2).

Bei allen Metalldeckungen ist die temperaturabhängige Wärmedehnung in Länge und Breite der Dachflächen bzw. der Bauteile zu berücksichtigen. Sie ist abhängig vom Ausdehnungskoeffizienten der Materialien. Er beträgt z. B. für

- Zink $\quad$ 0,000036 K^{-1}
- Zinklegierungen
  mit Kupfer und Titan $\quad$ 0,000022 K^{-1}
- Aluminium $\quad$ 0,000024 K^{-1}
- Beton (zum Vergleich) $\quad$ 0,000012 K^{-1}

Auf Dächern sind Temperaturdifferenzen von etwa −20 °C bis +80 °C möglich. Bei einer Verlegetemperatur von z. B. 15 °C errechnet sich dann die Ausdehnung l_A einer 5,00 m langen Kupferbahn dann wie folgt:

l_A = 5,00 × 0,000017 × (80 °C − 15 °C = 65 K)
$\quad$ = 0,005525 m = 5,525 mm

Die Zusammenziehung l_z beträgt dann:

l_z = 5,00 × 0,000017 × (+ 15 °C − 20 °C = 35 K)
$\quad$ = 0,002975 m = 2,975 mm

Die gesamte Längenänderung kann somit also 8,5 mm betragen!

Sie muss durch entsprechende konstruktive Maßnahmen so ausgeglichen werden, dass keine unkontrollierten Verwerfungen oder Ausbeulungen auftreten.

Als Richtwerte für die Abstände von Dehnungsausgleichen (Dilatationsstücke) können angenommen werden:

- Bei eingeklebten Winkelanschlüssen, Dachrandeinfassungen, eingeklebten innen liegenden Dachrinnen: $\quad$ 6 m
- Bei Mauerabdeckungen; Dachrandabschlüssen außerhalb der Wasserebene; innen liegenden, nicht eingeklebten Dachrinnen
  Zuschnitt größer 500 mm $\quad$ 8 m
- Bei Scharen für Dachdeckungen und Wandbekleidungen; innen liegenden, nicht eingeklebten Dachrinnen
  Zuschnitt kleiner 500 mm $\quad$ 15 m
  Zuschnitt größer 500 mm $\quad$ 10 m
- Hängedachrinnen
  Zuschnitt bis 500 mm $\quad$ 15 m

Diese Richtwerte gelten für die gestreckte Länge; von Ecken oder Enden (Festpunkte) aus gemessen sind die *halben* Richtwerte einzuhalten.

Hinterlüftung

Dächer mit Metalldeckungen werden in der Regel als *hinterlüftete Konstruktionen* ausgeführt, um die auftretende Wärme durch Sonneneinstrahlung abzuleiten sowie den Feuchteschutz zu gewährleisten. Bedingt sind jedoch auch nicht hinterlüftete Eindeckungen möglich.

Metalldeckungen ergeben konstruktiv und auch unter bauphysikalischer Betrachtung sehr dichte Flächen. Sie müssen daher unter ganz besonderer Berücksichtigung aller feuchteschutztechni-

2.6 Dachdeckungen

schen Problemfelder geplant und ausgeführt werden.

Die Hinterlüftung von Metalldeckungen ist durch Zustromöffnungen in Traufengesimsen (vgl. Bild 2.231) oder aufgesetzte kleine Zuluftgauben (Bild 2.236) sowie durch Lüfterfirste (Bild 2.237) ausreichend zu gewährleisten. Schließen Metalldachflächen an aufgehende Wände an, lässt sich die Abluftführung wie in Bild 2.237c, am besten aber in Verbindung mit einer hinterlüfteten Fassadenbekleidung lösen (Bild 2.238).

Wie auch bei anderen Dachdeckungen muss jedes Eindringen von Feuchtigkeit in die Dachkonstruktion auch während der Bauzeit, durch Sprühwasser und Flugschnee, durch Wasserdampfdiffusion, durch Luftaustausch über offene Fugen sowie durch Kondensatbildung infolge von *Wärmebrücken* verhindert werden. Insbesondere über offene Fugen kann von Innen derart viel Feuchtigkeit eingetragen werden (Wärmekonvektion) und an kälteren Bauteilen oder in Bauteilschichten kondensieren, dass Schäden auch durch eine richtig ausgeführte Hinterlüftung nicht verhindert werden.

Die einwandfreie Ausführung einer richtig dimensionierten, vor allem aber luftdichten Dampfsperre mit sorgfältig gedichteten Materialstößen und dichten Anschlüssen an angrenzende oder durchdringende andere Bauteile ist daher bei Dachkonstruktionen mit Metalleindeckungen absolute Voraussetzung ($s_d = \mu \times s > 10$ m). Wärmebrücken müssen in Planung und Bauausführung ausgeschlossen werden (vgl. Abschn. 2.9.2 und 17.5.7 in Teil 1 des Werkes).

Bei belüfteten Dachkonstruktionen mit Metalldeckungen ist bei Dachneigungen von 7° bis 15° für den Belüftungsraum eine freie Höhe[1] von > 8 cm erforderlich (Zuluftöffnungen im Traufenbereich > 4 cm/m). Bei Dachneigungen von mehr als 15° sind dafür ca. 5 cm ausreichend (Zuluftöffnungen im Firstbereich > 3 cm/m). Bei flach geneigten Dächern, Dächern mit Innengefälle sind diese Werte erheblich höher anzusetzen und in kritischen Fällen (Gauben, Kehlen, Grate, Dachflächenfenster) muss sichergestellt werden, dass Unterbrechungen des Luftstroms durch Umlenkungen vermieden werden. In jedem Fall muss sichergestellt sein, dass der Belüftungsraum nicht durch Hindernisse oder auch durch aufquellende Wärmedämmungen eingeengt wird. Insbesondere bei Durchdringungen mit größeren Dachaufbauten, Dachflächenfenstern oder Gauben muss planerisch – z. B. durch zweilagige Unterkonstruktionen – für durchgehende Lufträume gesorgt werden.

Die genannten Voraussetzungen gelten in besonderem Maße für *nicht hinterlüftete* Konstruktionen. Sie sollten deshalb nur dann ausgeführt werden, wenn diese Bedingungen sowohl bauphysikalisch als auch ausführungstechnisch in allen Bereichen voll erfüllt werden können. Die Dampf- bzw. Windsperre unterhalb der Wärmedämmung muss mindestens den gleichen Diffusionswiderstand wie die Metalleindeckung aufweisen.

Material

Zink. Für die Herstellung von Dachdeckungen und Wandbekleidungen wird bandgewalztes Titanzink[2] (eine Legierung aus Zink, Kupfer und Titan, DIN EN 988) verwendet. Auf der zunächst walzblanken Oberfläche bilden sich an der Atmosphäre Deckschichten aus Zinkoxid und basischem Zinkcarbonat, die einen natürlichen Langzeitschutz gegen Witterungseinflüsse bilden. Neben der walzblanken, glänzenden Normalausführung kann für besondere Einsatzzwecke „*vorbewittertes*", glanzlos stumpfes Material eingesetzt werden.

Nur in sehr aggressiver Industrieatmosphäre oder in unmittelbarer Nähe von Abgasen mit hohem SO_2-Gehalt bei gleichzeitiger hoher Luftfeuchtigkeit können Beschichtungen (Anstriche) zur Erhöhung der Lebensdauer notwendig werden.

Abbauprodukte des Bitumens können in Verbindung mit UV-Strahlung und Feuchtigkeit aggressive Säurekonzentrationen bilden (Bitumenkorrosion). Wenn Bitumenbaustoffe (ausgenommen Dachabdichtungen mit ausreichender Kiesschüttung/Begrünung) in Verbindung mit Zinkbauteilen kommen können, müssen besondere Schutzmaßnahmen getroffen werden.

Für *Schutzanstriche* haben sich Chlorkautschukfarben bewährt, jedoch bedürfen die Flächen je nach Alterung laufender Unterhaltung.

Anstriche mit Kaltbitumen können nur schwer wirklich vollflächig aufgebracht werden. Wenn

---

[1] Die Vorgaben des ZVSHK [57] empfehlen erheblich größere Dimensionen der freien Lüftungsquerschnitte in Abhängigkeit von der Dachneigung (Dachneigung unter 5% (3°) ≥ 20 cm, Dachneigung von 5% bis 36% (3° bis 20°) ≥ 10 cm, Dachneigungen über 36% (20°) ≥ 5 cm) bei Lüftungswegelängen von bis zu 15 m.

[2] Die verbreitete Bezeichnung Rheinzink® ist ein geschützter Markenname.

Tabelle 2.223 Ausführung von Unterdächern, Trennlagen und Dichtungsband bei belüfteten Konstruktionen in Abhängigkeit vom Klima und Gebäudestandort [44]

Europäisches Flachland — Trennlagen bei belüfteten Konstruktionen

	Dachneigung	besonders empfehlenswert	empfehlenswert	weniger empfehlenswert	nicht empfehlenswert
Leistensystem Rheinzink-Klick	≧ 3° ≧ 15°	1 1	2/2 2/3	6 8	8 /
Doppelstehfalz	≧ 3° ≧ 15°	1 1	2/3 2/3	5/7 6/8	4/8 /
Winkelstehfalz**	≧ 25°	1	2	3/6/8	/
Quick-Step (Rheinzink)	≧ 10°	1	/	/	/

Mittel-/Hochgebirge

	Dachneigung	besonders empfehlenswert	empfehlenswert	weniger empfehlenswert	nicht empfehlenswert
Leistensystem Rheinzink-Klick	≧ 3° ≧ 15°	1 1	2/2 2/3	/ /	6/8 6/8
Doppelstehfalz	≧ 3° ≧ 15°	1 1	2+9/3+9 2+9/3+9	7 4	6/8 6/8
Winkelstehfalz**	≧ 35°	1	2+9/3+9	8	6
Quick-Step (Rheinzink)	≧ 10°	1	/	/	/

1 Ohne Trennlage mit Unterdach
2 Strukturierte Trennlage
3 Trennlage (z. B. „V13" oder gleichwertig) im Zusammenbau mit Strukturmatte z. B. „Colbond Enkamat 7008"
4 Trennlage (z. B. „V13" oder gleichwertig) in Ergänzung mit geeignetem Dichtungsband
5 Ohne Trennlage, ohne Unterdach, jedoch mit geeignetem Dichtungsband
6 Ohne Trennlage, ohne Unterdach, jedoch mit temporärer Montagedeckung (Folie) während der Bauphase
7 Strukturierte Trennlage in Ergänzung mit geeignetem Dichtungsband

selbst geringe ungeschützte blanke Stellen auf den Zinkblechen verbleiben, kann durch derartige Anstriche die Korrosion eher gefördert werden. Völlig ungeeignet als Korrosionsschutz sind Bitumen-Emulsionen wegen ihrer hohen Alkalität.

Trennlagen. Gemäß DIN 18 339 sind bei Dachneigungen bis 15^0 (26,8%) Trennlagen mit Dränagefunktion zur unterseitigen Wasserableitung (Verhinderung von Weißrostbildung) vorgeschrieben. In Deutschland sind Metalle weiterhin gegen schädigende Einflüsse angrenzender Stoffe zu schützen, z. B. durch Trennschichten. Titanzink ist selbst unter sehr ungünstigen Einflüssen gegen die gängigen Holzschutzmittel weitestgehend unempfindlich.

Bei vollflächig aufliegenden Metalldeckungen aus Zinkblech ist der Einfluss von *Trennlagen* für die Minderung von Regengeräuschen relativ gering. Lediglich mit Trennlagen aus Polyamid-Strukturmatten (ca. 18 mm dick, schwer entflammbar) kann der Schalldurchgang spürbar verhindert werden.

Neuere Untersuchungen und Erfahrungen im Ausland haben ergeben, dass eine Trennlage nicht unbedingt erforderlich ist. So sind z. B. in Frankreich Trennlagen seit jeher nicht üblich. Lediglich zum Schutz der Unterkonstruktion werden dort armierte Folien verlegt, die entsprechend dem Montagefortschritt der Metallbekleidungen wieder abgenommen werden.

Holzwerkstoffplatten und andere großflächige Unterkonstruktionen sowie *Auf-Dach-Dämmsysteme* erfordern jedoch grundsätzlich strukturierte Trennlagen. Strukturierte Materialien sind mehrlagig aufgebaut und bestehen aus dreidimensional strukturierten, kompressiblen Gelegen (Polyamid-Monofilamente), die mit diffusionsoffener Folienkaschierung zusätzlich ausgestattet sein können.

2.6 Dachdeckungen

Tabelle 2.224 Ausführung von Unterdächern, Trennlagen und Dichtungsband bei *nicht* belüfteten Konstruktionen in Abhängigkeit vom Klima und Gebäudestandort [44]

Europäisches Flachland		Trennlagen bei nicht belüfteten Konstruktionen			
	Dachneigung	besonders empfehlenswert	empfehlenswert	weniger empfehlenswert	nicht empfehlenswert
Leistensystem Rheinzink-Klick	$\geq$ 3° $\geq$ 15°	2 2	3*** 3***	/ /	8 8
Doppelstehfalz	$\geq$ 3° $\geq$ 15°	2 2	3*** 3***	7+9 /	4/5/6/8 6/8
Winkelstehfalz**	$\geq$ 25°	2	3***	/	8
Quick-Step (Rheinzink)	$\geq$ 10°	1	/	/	/
Mittel-/Hochgebirge					
	Dachneigung	besonders empfehlenswert	empfehlenswert	weniger empfehlenswert	nicht empfehlenswert
Leistensystem Rheinzink-Klick	$\geq$ 3° $\geq$ 15°	2 2	3*** 3***	/ /	6/8 6/8
Doppelstehfalz	$\geq$ 3° $\geq$ 15°	7+9 2	2/3*** 3+9***	7 7	4/5/6/8 4/5/6/8
Winkelstehfalz**	$\geq$ 35°	2	3+9***	7	6/8
Quick-Step (Rheinzink)	$\geq$ 10°	1	/	/	/

8 Trennlage (z. B. „V13" oder gleichwertig)
9 Verwendung von Dichtungsband in den Doppelstehfalzen bis $\geq$ 2 m im Neigungsverlauf des Daches innerhalb des Gebäudes bei Eisschanzen/Rückschwellwasser
* Bei Winkelstehfalzdeckungen im europäischen Flachland gilt eine Mindestdachneigung $\geq$ 25°, in Mittel- oder Hochgebirgslagen beträgt die Mindestdachneigung $\geq$ 35°
** Maschinenfalzung aufgrund höherer Dichtigkeit zu bevorzugen
*** Bei Dachschalung aus z. B. Holz/-werkstoffen etc. möglich; bei trittfester Mineralwolle, Schaumglas, PU-Schaum etc. nicht möglich

In jedem Fall sollte der Einbau von Trennlagen differenziert betrachtet werden. Als Entscheidungshilfe können die Tabellen 2.223 und 2.224 (Ausführung von Unterdächern, Trennlagen und Dichtungsband bei belüfteten/nicht belüfteten Konstruktionen in Abhängigkeit vom Klima am Gebäudestandort) herangezogen werden. Wenn ja, dann muss die Art der Trennlage in Abhängigkeit vom Klima, von der Dachneigung und von der Art der Metalldeckung (Leistensystem, Doppelstehfalz, Winkelstehfalz usw.) sorgfältig ausgewählt werden. Insbesondere ist dabei zu differenzieren, ob es sich um eine belüftete oder nicht belüftete Konstruktion handelt. Besondere Dachformen, extreme Klimaverhältnisse, besondere Nutzungen (z. B. Schwimmbäder) usw. können zu Abweichungen führen.

In sehr regen- oder schneereichen Gebieten sind grundsätzlich strukturierte Trennlagen erforderlich; dabei soll die Höhe von Stehfalzen auf mind. 35 mm angehoben werden.

Bei hochwertigen Zinkbahnen ist die Gefahr der „*Kontaktkorrosion*" durch Berührung mit Bauteilen aus Aluminium, Blei, verzinktem Stahl und nichtrostendem Stahl durch elektrochemische Prozesse geringer als bisher meistens angenommen, so dass der Zusammenbau mit diesen Materialien problemlos ist.

Bauteile aus Titanzink sollen jedoch niemals in Verbindung mit Bauteilen aus Kupfer oder Stahl verlegt werden, insbesondere wenn von Kupfer- oder Stahlteilen abfließendes Wasser auf Titan-Zinkflächen gelangen kann.

Titan-Zinkbleche werden in Blechdicken von 0,65 bis 1,0 mm (auf Anfrage 1,5 mm) hergestellt. Die Fertigung erfolgt in Bändern (Coils) mit maximal 1000 mm Breite sowie in Tafeln von 1000 × 2000 mm und 1000 × 3000 mm.

Außerdem werden vorgefertigte Profilstreifen in Mindestdicken von 0,65 mm für Traufstreifen, Kehlen, Kappleisten, Abdeckungen usw. geliefert. Die Zinkbleche müssen nach DIN EN 988 gekennzeichnet sein.

Kupfer (DIN EN 504 bzw. DIN EN 506, DIN EN 1172 und DIN EN 1652) ist noch immer das dauerhafteste, aber auch teuerste Deckmaterial. Auf der Kupferdeckung schlägt sich allmählich eine schützende, zunächst dunkelbraune und dann meist grüne Oxydschicht (Patina)[1] nieder, die den Dächern mit zunehmendem Alter ihr besonderes Aussehen verleiht.

Bei der Verwendung von Kupfer auf senkrechten Wandflächen und geneigten Dachflächen entstehen aufgrund unterschiedlicher Witterungseinflüsse Unterschiede bei der Farbigkeit der Oberflächen.

Bei Eindeckungen mit Kupfer kann es insbesondere in der Anfangsphase des Oxydationsprozesses durch Auswaschungen zu grünen Verfärbungen an benachbarten Bauteilen kommen, die kaum beseitigt werden können. Durch sorgfältige Planung muss daher sichergestellt werden, dass Niederschlagswasser nicht unkontrolliert ablaufen kann.

Kupfertafeln oder -bahnen werden auch mit verzinnter Oberfläche geliefert, wenn die Oxydierung und Grünverfärbung der Oberflächen ausgeschlossen bleiben soll, jedoch die hohe Korrosionsbeständigkeit von Kupfer als erforderlich erachtet wird.

Kupferblech muss mindestens 99 % reines Kupfer enthalten und sich falzen lassen, ohne Sprünge und Risse zu bekommen. Es muss eine glatte, von Poren, Zunder und Asche vollkommen freie Oberfläche haben.

Kupfer ist auch in Verbindung mit Feuchtigkeit unempfindlich gegen Holzinhaltsstoffe oder Imprägnierungen. Deshalb kann auf Trennlagen zum Schutz der Kupferdeckung verzichtet werden, wenn nicht andere Gründe für den Einsatz einer Trennschicht sprechen (vorläufige Dachdichtung bis zur Fertigstellung der Deckung).

---

[1] Kupferpatina sind Kupferhydroxid-Gemische oder Salze anderer organischer Säuren (basische Kupferverbindungen) und bilden sich auf Kupferdächern, die der Witterung ausgesetzt sind (Korrosion). Entgegen landläufiger Meinung ist diese meist grünliche Schicht jedoch kein Grünspan (Kupferacetat). Kupferpatina kann auch künstlich hergestellt werden (Patinieren, grün vorpatiniertes oder braun voroxidiertes Kupferblech)

Aluminium. Aluminiumbleche (DIN 17 611 und DIN EN 485) werden in verschiedenen Legierungen in ebenen Tafeln (1000/2000, 1250/2500, 1500/3000 sowie bei verschiedenen Breiten in Längen bis 6000 mm) oder in Bändern von 600, 800 und 1000 mm Breite geliefert. Für Dacharbeiten in handwerklicher Ausführung kommen hauptsächlich Dicken von 0,7 und 0,8 mm in Frage.

Walzblankes Aluminium bildet bei Bewitterung eine oberflächenschützende natürliche Korrosionsschicht. Sie bleibt unter dem Einfluss starker Luftverschmutzung jedoch nicht auf Dauer beständig. Einen verbesserten Oberflächenschutz bietet die Eloxierung, doch werden heute auch farblich beschichtete oder einbrennlackierte Aluminiumbleche verwendet.

Nichtrostender Stahl. Für hochwertige oder durch eine aggressive, schadstoffbelastete Atmosphäre stark beanspruchte Eindeckungen werden zunehmend Bleche aus nichtrostendem Stahl, DIN EN 10 088-2, verwendet. Das Material wird in 0,4 mm dicken Blechen in Coils von 625 mm (auch 1250 mm) Breite mit blanker oder mattierter Oberfläche geliefert. Es bedarf im Allgemeinen keines besonderen Oberflächenschutzes.

Die Verlegung erfolgt wie bei anderen Metalldeckungen in Bahnen (*Scharen*), die mit Hilfe spezieller Rollnaht-Schweißmaschinen absolut wasserdicht verbunden werden können. Damit können Deckflächen aller Art auch für Sanierungsaufgaben und sogar für gefällelose Dächer hergestellt werden.

Verzinkter Stahl. Bleche aus verzinktem Stahl kommen für handwerklich ausgeführte Metalldeckungen weniger in Frage, weil bei der Bearbeitung die korrosionsschützende Zinkschicht fast zwangsläufig beschädigt wird.

Blei (DIN 17640-1 und DIN 59610) sollte aufgrund seiner hohen Toxizität nur in Ausnahmefällen verwendet werden. Vollständige Bleideckungen werden außer in der Denkmalpflege wegen der hohen Kosten selten ausgeführt. Sie eignen sich wegen der leichten Verformbarkeit von Walzbleitafeln oder -bändern aber ganz besonders für komplizierte oder mehrfach gekrümmte Dachflächen wie z. B. von Kuppeln u. Ä. Blei wird daher auch für schwierige Anschlussstellen anderer Deckungen verwendet.

2.6 Dachdeckungen

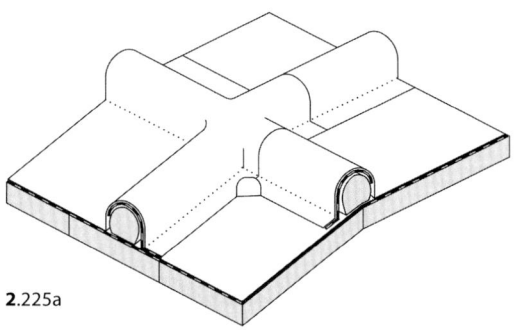
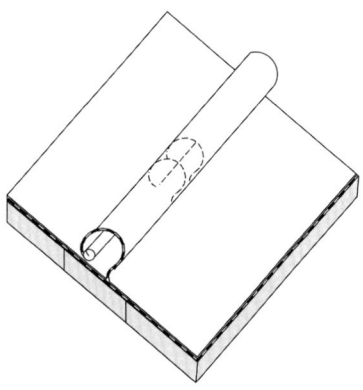

2.225a   2.225b

2.225 Ausführung von Bleideckungen
  a) Holzwulst
  b) Hohlwulst

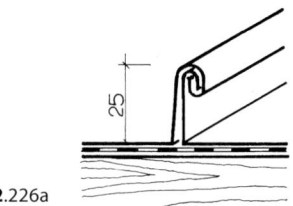 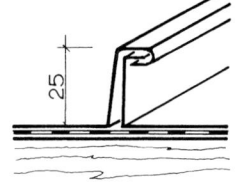 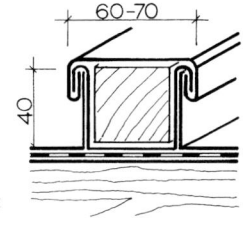

2.226a   2.226b   2.226c

2.226 Ausführungsarten von Zink- und Kupfereindeckungen
  a) Doppelstehfalzdeckung
  b) Winkelstehfalz
  c) Leistendeckung

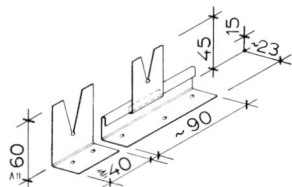

2.227 Hafte

Deckblei muss mindestens 2 mm dick sein. Es wird in Rollen von 1,00 m Breite und bis zu 10 m Länge geliefert (DIN 59 610). Die erforderliche Vollschalung muss mindestens 30 mm dick sein.

Für Bleideckungen sind spezielle Hohlwulst- und Holzwulstdeckung (diese besonders für flach geneigte, begehbare Dächer) üblich (Bild **2.**225).

Verarbeitung

Metalldeckungen werden aus senkrecht zur Traufe verlegten Blechbahnen oder -tafeln („Schare") gebildet. Die Art der Längsstoßausbildung kennzeichnet die Ausführungsarten. Metalldeckungen aus Zink- oder Kupferbahnen werden als *Doppelstehfalzdeckung* bei Dachdeckungen > 25° auch als Winkelstehfalzdeckung oder als *Leistendeckung* ausgeführt (Bild **2.**226).

Doppelstehfalzdeckung

Bei dieser Deckungsart werden die einzelnen bis ca. 60 cm breiten (Achsmaß) Metallbahnen durch Fest- oder Schiebehaften (Bild **2.**227) gehalten.

Jeder Hafter wird mit 3 Breitkopfstiften auf der Dachfläche befestigt.

Die Anzahl und der Abstand der Hafte ist abhängig von der Windbelastung der Eindeckung, d. h. der Einbauhöhe über Gelände (Gebäudehöhe), dem Einbaubereich (Normalbereich bzw. Dachrandbereich) und der Scharenbreite (Tab. **2.**228).

Tabelle 2.228 Breite und Länge der Scharen, Mindestbanddicke sowie Anzahl und Abstand der Hafte (DIN 18 399; Tab. 3)

	Gebäudehöhe		bis 8 m					über 8 m bis 20 m				über 20 m bis 100 m		
	1	2	3	4	5	6	7	8	9	10	11	12	13	14
1	Scharenbreite [1] in mm		520	590	620	720	920	520	590	620	720	520	590	620
2	Werkstoff	Scharenlänge m	Mindestbanddicke											
3	Aluminium	≤10	0,7	0,7	0,8	0,8	–[2]	0,7	0,7	0,8	–[2]	0,7	0,7	–[2]
4	Kupfer	≤10	0,6	0,6	0,6	0,7	–[2]	0,6	0,6	0,6	–[2]	0,6	0,6	–[2]
5	Titanzink	≤10	0,7	0,7	0,7	0,8	–[2]	0,7	0,7	0,7	–[2]	0,7	0,7	–[2]
6	feuerverzinkter Stahl	≤14	0,6	0,6	0,6	0,6	0,7	0,6	0,6	0,6	0,6	0,6	0,6	0,6
7	nichtrostender Stahl	≤14	0,4	0,5	0,5	–[2]	–[2]	0,4	0,5	0,5	–[2]	0,4	0,5	–[2]
8	Dachbereich		Hafte: Anzahl und Abstand untereinander[3]											
9	Mitte	mm Stck/m²	500 3,9	500 3,9	400 4,0	400 4,0	280 3,9	500 3,9	500 3,9	400 4,0	400 4,0	500 3,9	500 3,9	400 4,0
10	Rand	mm Stck/m²	500 3,9	500 3,9	400 4,0	400 4,0	280 3,9	350 5,5	350 5,5	300 5,4	300 5,4	250 7,7	200 8,5	200 8,5
11	Eck	mm Stck/m²	300 6,4	300 6,4	250 6,4	250 6,4	150 7,2	200 9,6	200 9,6	150 10,0	150 10,0	150 12,8	150 12,8	150 12,8

[1] Die Scharenbreiten errechnen sich aus den Band- bzw. Blechbreiten von 600 mm, 670 mm, 700 mm, 800 mm und 1000 mm abzgl. ≈80 mm bei Falzdächern. Bei Einsatz einer Profiliermaschine ergeben sich ≈10 mm breitere Scharen. Für Leistendächer ergibt sich eine geringere Scharenbreite in Abhängigkeit vom Leistenquerschnitt.
[2] Unzulässig.
[3] Der angegebene Haftabstand in mm ist als Mittelwert über einen Bereich von 3 m einzuhalten.

Die Hafter werden von Hand, mit der Falzzange oder – bei großen Dachflächen – maschinell beim Verfalzen mit eingearbeitet (Bild **2**.229).

Bei der maschinellen Deckung arbeitet man von der Rolle und kann somit Deckbahnen großer Länge ohne Querstöße aufbringen. Wegen der Wärmedehnung müssen jedoch mindestens alle 10 m Schiebestöße in den Scharen ausgebildet werden. Bei geringen Dachneigungen sollen die Scharen jedoch nur 5 m Länge haben. Die waagerechten Stöße werden bei Dächern mit Neigungen > 7° mit liegenden einfachen oder doppelten Falzen ausgebildet (Bild **2**.230a bis d). Bei flachen Dächern (3 bis 7°) müssen Gefällestufen gebildet werden (Bild **2**.230e).

An der Traufe werden die Schare um gerade oder profilierte Vorstoß- bzw. Traufstreifen gefalzt (Bild **2**.231).

Abknickungen für Aufkantungen in den Dachflächen werden durch Quetschfalz (Bild **2**.232a) oder mit umgelegtem Doppelstehfalz (Bild **2**.232b) gebildet.

Winkelstehfalzdeckung

Der Winkelstehfalz ist eine Sonderform des Doppelstehfalzes (Bild **2**.226b). Hierbei wird der Falzvorgang nicht um 180° sondern um 90° ausgeführt. Hierdurch entstehen eine breitere Ansichtsfläche des Falzes und eine stärker strukturierte Dachfläche. Aufgrund des jedoch nicht ganz geschlossenen Falzes ist diese Ausführung nur für Dachneigungen von über 47% (25°), in schneereichen Gebieten 70% (35°) und für Außenwandbekleidung geeignet.

Wandanschlüsse und Anschlüsse an Dachdurchdringungen wie z. B. an Schornsteine sind bei Dachneigungen von ≤ 5° mindestens 15 cm und bei Dachneigungen ≥ 5° mindestens 10 cm hochzuführen. Sie werden am besten dadurch gebildet, dass die Eindeckung hinter Bekleidungen oder unter *Hinterschneidungen* hochgeführt werden (vgl. Abschn. 2.8.1).

Anschlüsse mit Kappleisten (vgl. Bild **2**.233a und c) sollten möglichst vermieden werden. Zu be-

2.6 Dachdeckungen

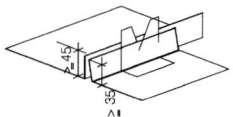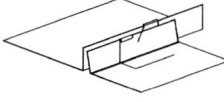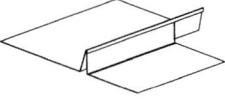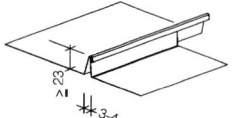

2.229 Doppelstehfalzdeckung [44]

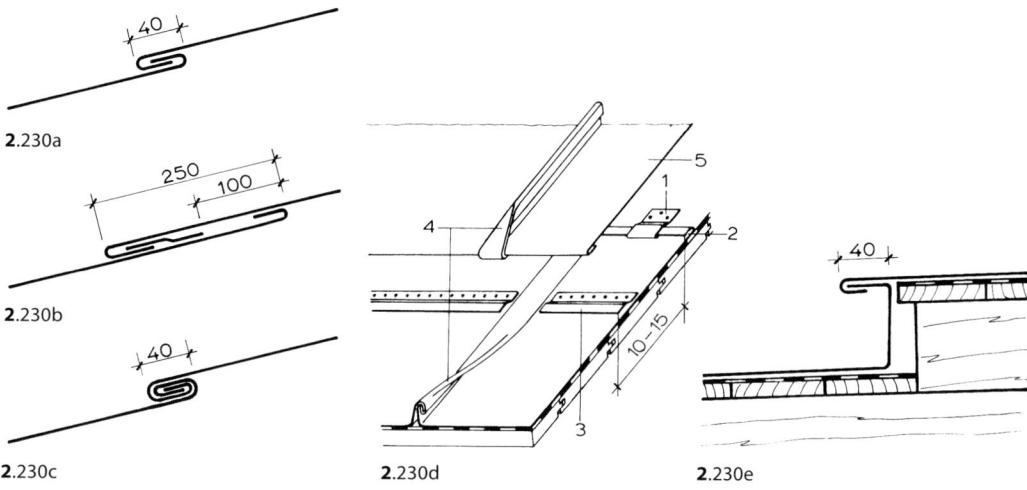

2.230 Querfalze in Metalldeckungen (Stehfalze nicht eingezeichnet)
  a) einfacher Querfalz, Dachneigung = 47% (25°)
  b) einfacher Querfalz mit Zusatzfalz, Dachneigung = 18% (10°)
  c) doppelter Querfalz, anwendbar bei Dachdurchbrüchen oder kleineren Dachflächen in Tafeldeckung = 13% (7°)
  d) Schiebestoß gemäß Schnittskizze b)
  e) Gefällestufe, Dachneigung = 5% (3°)
  1 Normalhafter
  2 Wasserfalz
  3 aufgenieteter Zusatzhaftstreifen
  4 umgelegter Doppelstehfalz
  5 von oben kommendes Blechband

denken ist, dass Fugendichtungsmassen nicht auf lange Zeit alterungsbeständig sind (Wartungsfugen s. a. Abschn. 2.6.2). Nicht allein dadurch kommt es bei Kappleisten-Anschlüssen insbesondere bei starker Schlagregenbeanspruchung oft zur Hinterwanderung durch Niederschlagswasser. Anschlüsse an aufgehende geputzte Flächen können mit Hilfe von Putzschlussprofilen ausgeführt werden (Bild **2**.233b). Die Verwendung von Spezial-Einbauprofilen ist zwar aufwändig bei den Schalungsarbeiten, kann aber sichere Anschlüsse an Betonbauteile gewährleisten (Bild **2**.233d).

Bei langen Wandanschlüssen muss der Dehnungsausgleich berücksichtigt werden. Handwerkliche Ausführung mit „Schiebekasten" (Bild **2**.234a) erfordern sehr sorgfältige, aufwändige Arbeitsgänge. Vorgefertigte Dehnungsausgleicher sind hier vielfach eine rationelle Alternative (Bild **2**.234b).

Ortgang. Eine übliche Ortgangausbildung zeigt Bild **2**.235.

First. Wird die Dachentlüftung nicht über einen „Lüfterfirst" (Bild **2**.237a) vorgesehen, sind Lüftergauben je Schare unvermeidlich. Der Firstfalz wird dann ca. 40 mm hochgeführt.

Gekrümmte Formen. Für Sonderformen können Stehfalzeindeckungen auch mit gekrümmten (bombierten, s. Abschn. 2.6.5) Scharen ausgeführt werden, die in diesen Fällen meistens bereits werkseitig vorbereitet werden.

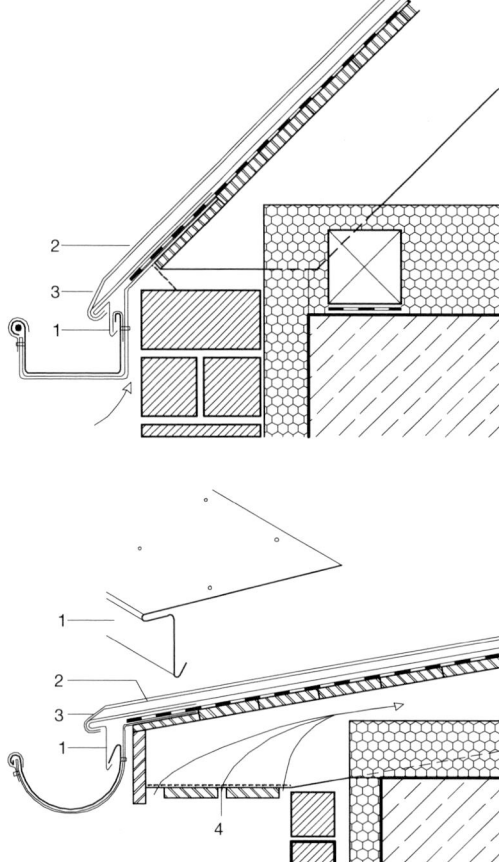

2.231 Traufenanschlüsse [44]
1 Traufenstreifen („Vorstoß")
2 Doppelstehfalz
3 Falzlasche umgeschlagen
4 Zuluftschlitze mit Insektengitter

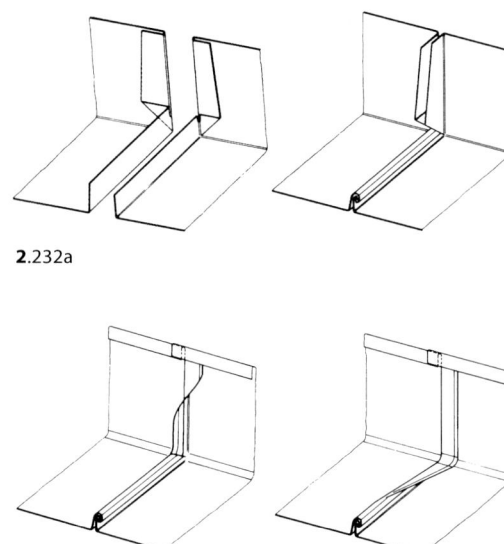

2.232 Abknickungen in Doppelstehfalzdeckungen [44]
a) Arbeitsablauf Quetschfalz
b) umgelegter Doppelstehfalz

Grate und Kehlen. Die Ausführung von Graten und Kehlen hängt ab von der Größe und Neigung der angrenzenden Dachflächen. Bei der Planung der Grate sind zunächst ausreichende Querschnitte für die aufsteigenden Luftströme der Hinterlüftung sicherzustellen. Bei kleineren Flächen kann dabei eine entsprechend gestaltete mehrlagige Unterkonstruktion ausreichen, und die Grate können mit Doppelwinkelfalz eingedeckt werden (Bild **2**.239a). Bei großen Dachflächen kann die einwandfreie Entlüftung nur durch Grate mit Abluftschlitzen ähnlich wie bei Firstentlüftungen gewährleistet werden (vgl. Bild **2**.237a).

Kehlen mit einfachem Einhangfalz (Bild **2**.239b) können bei steilen Neigungen ausreichen. Wenn größere Niederschlagmengen von großen Dachflächen abgeführt werden müssen und bei geringen Neigungen, ist die Ausführung von *Kehlgräben* erforderlich (Bild **2**.239c). Bei ihnen ist die Kombination mit Zuluftöffnungen *nicht* ratsam, denn bei Verunreinigungen der Kehlgräben z. B. durch Laub oder bei Vereisung von Schnee könnte leicht durch Rückstau Wasser in die Dachkonstruktion eindringen. In jedem Fall ist die sichere Entwässerung von Kehlrinnen planerisch durch entsprechende Dachrandgestaltung zu gewährleisten.

Bei großen Dachflächen können im Kehlenbereich Zustromöffnungen zur Hinterlüftung erforderlich werden. Sie werden am besten durch *Lüftergauben* gebildet (Bild **2**.236). Die ausreichende Hinterlüftung muss auch in der Unterkonstruktion durch geeignete Maßnahmen gesichert sein wie z. B. durch Auflagerung der Unterschalung mit Konterlattung oder auf doppelter Pfettenlage sowie ggf. durch Ausschnitte an den Anschlüssen zwischen Schiftersparren und Kehlsparren.

2.6 Dachdeckungen

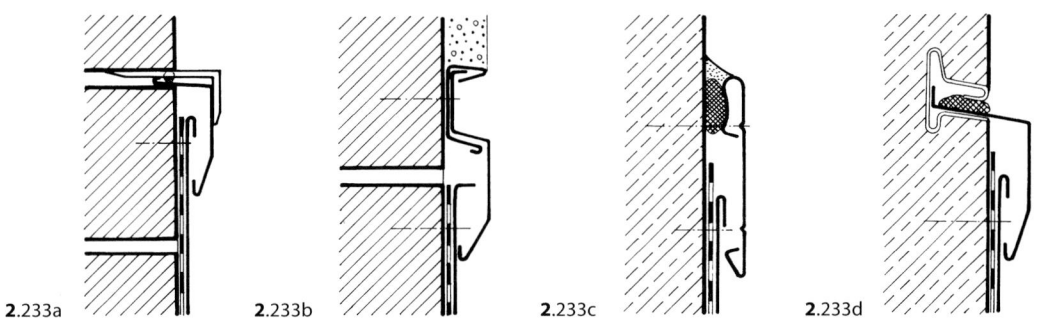

2.233 Wandanschluss
a) Kappleiste abgetreppt in Mauerfuge eingelassen, Sicherung durch verzinkte Mauerhaken, zusätzliche Abdichtung mit Dichtungsmasse (bedenkliche Ausführung: Kappleiste in eingeschnittene Fuge eingelassen)
b) vorgefertigtes Putzanschlussprofil, Kappleiste nachträglich aufgeschraubt
c) Profil-Kappleiste mit Quetschdichtung und dauerelastischer Abdichtung (auf Stahlbeton oder Sichtmauerwerk)
d) einbetonierte Profilschiene; Kappleiste eingeschoben, mit Kunststoff-Klemmprofil gehalten

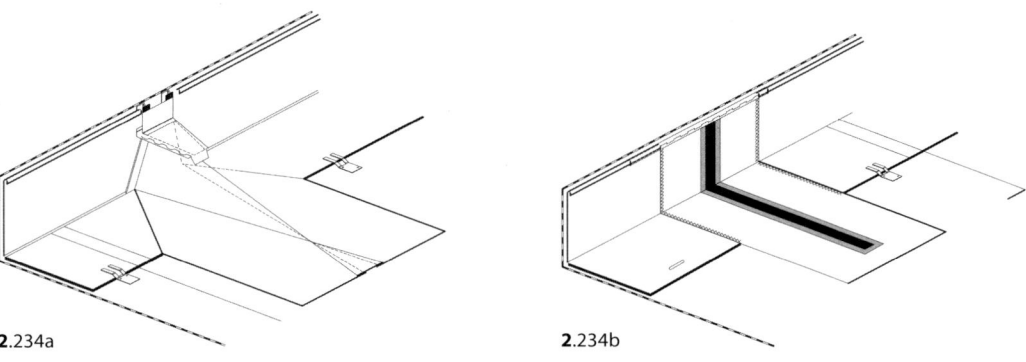

2.234 Wandanschluss mit Dehnungsausgleich
a) handwerklich hergestellter Dehnungsausgleich (Schiebekasten)
b) RHEINZINK-Kopf-Dehnungsausgleicher für Wandanschluss

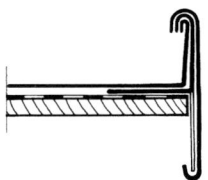

2.235 Ortgangabschluss

Leistendeckung

Leistendeckungen haben gegenüber den Stehfalzdeckungen den Vorzug, dass sich die einzelnen Blechbänder („Schare"), die durch Holzleisten getrennt sind, gänzlich unabhängig voneinander dehnen und zusammenziehen können.

Die Aufkantungen der Deckschare grenzen so an die Deckleisten (mind. 40/40 mm) an, dass der Dehnungsausgleich in der Querrichtung problemlos möglich ist. Die Stoßstelle wird durch die Deckkappen überbrückt. Unterschieden wird

- „Deutsche" Leistendeckung als Regelausführung (Bild **2**.240a) und
- „Belgische" Leistendeckung (Bild **2**.240b).

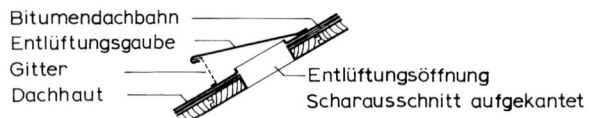

verschiedene Formen von Entlüftungsgauben

2.236 Lüftungsgauben

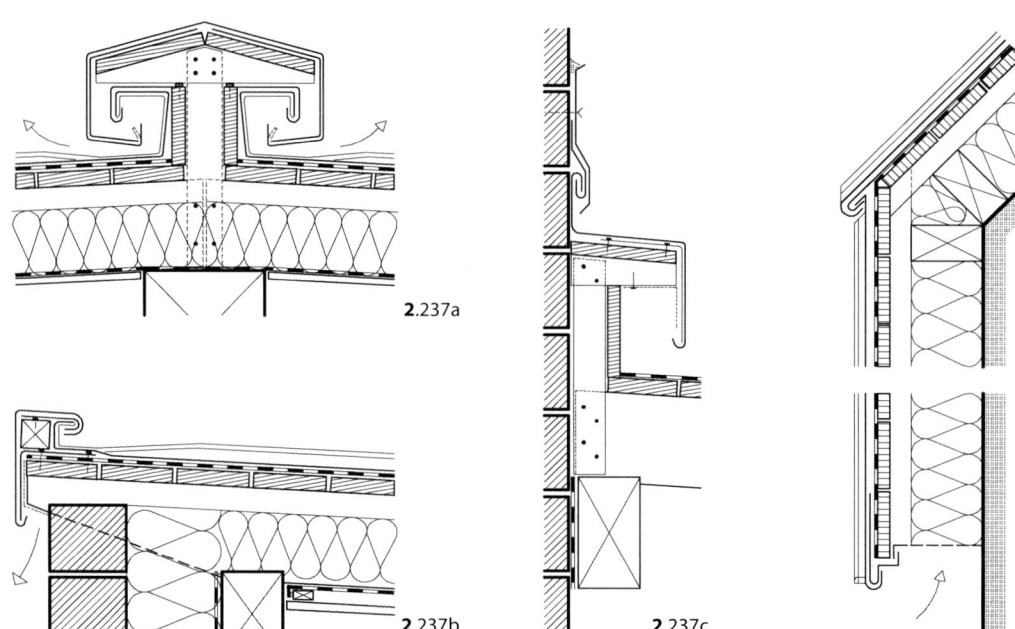

2.237 Firstentlüftung [44]
a) Firstentlüftung für Satteldächer (mit Flugschneesicherung)
b) Pultdachfirst mit Abluftschlitz
c) Pultdachanschluss mit Entlüftung an aufgehender Wand
(empfehlenswerte Ausführung: s. Bild 2.233a)

2.238 Fassadenknickpunkt mit Falzunterbrechung [44]

Zu beachten ist, dass die „Belgische" Leistendeckung wegen der hier fehlenden Verfalzung an den Leisten zwar einfacher herzustellen ist, jedoch nicht schlagregen- und rückstausicher ist, wenn die Dachneigung geringer als 25° ist.

Bei beiden Deckarten werden die Schare durch Hafte gehalten, müssen aber insbesondere bei steilen Dächern gegen Abrutschen gesichert werden (Bild 2.241).

Aus gestalterischen Gründen können Leistendeckungen mit Doppelstehfalzdeckungen kombiniert werden, so dass in den Dachflächen z. B. jede 2. Stoßstelle in der jeweils anderen Deckart ausgeführt wird.

Die Ausführung von Traufenkanten und Ortgängen zeigen die Bilder 2.242 und 2.243. Firste, Grate und Kehlen und insbesondere die erforderlichen Hinterlüftungen sind wie bei Stehfalzdeckungen auszuführen.

2.6 Dachdeckungen

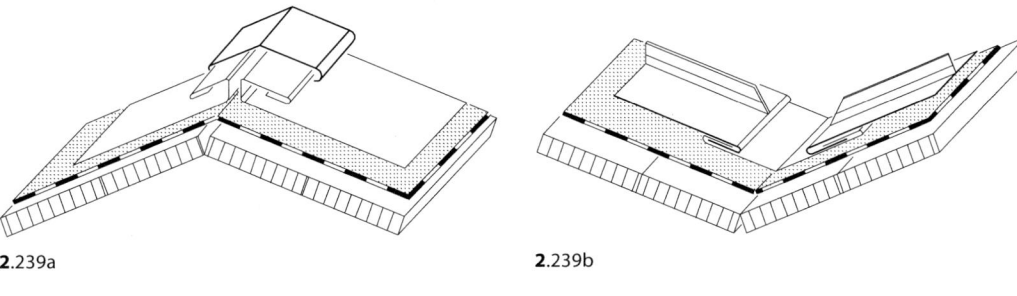

2.239a **2**.239b

2.239 Grate und Kehlen
  a) Gratausführung mit Doppelwinkelfalz
  b) Kehlenanschlüsse mit einfachen Einhangfalzen
  c) Kehlrinne

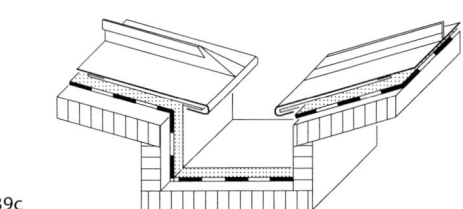

2.239c

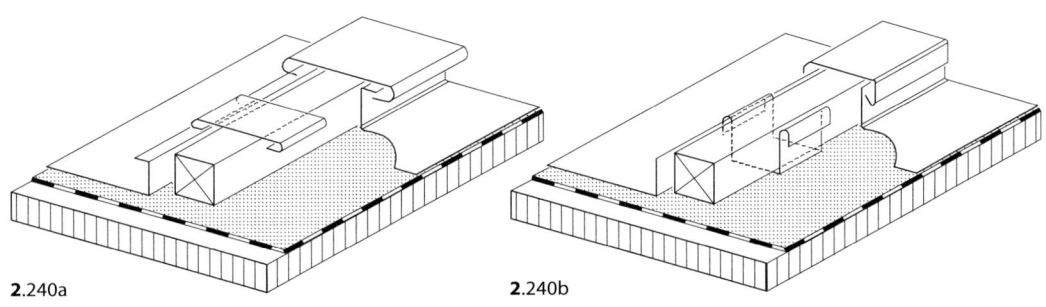

2.240a **2**.240b

2.240 Leistendeckung
  a) „Deutsche" Leistendeckung, b) „Belgische" Leistendeckung

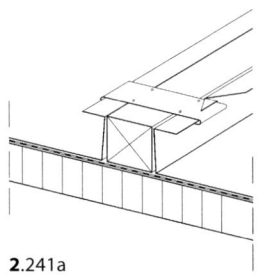
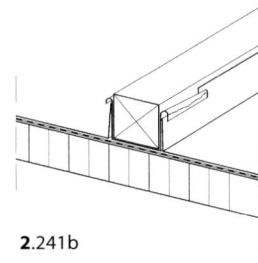

2.241a **2**.241b

2.241
Sicherung der Schare gegen Abrutschen [44]
  a) „Deutsche" Leistendeckung
  b) „Belgische" Leistendeckung

Metalldachdeckungen mit vorgefertigten Elementen

Profilbleche aus verzinktem oder/und beschichtetem Stahlblech oder aus beschichtetem Aluminium in verschiedenen Formen und mit Blechdicken von 0,35 bis 1,00 mm können für Eindeckungen größerer Dachflächen von Hallen und ähnlichen Bauwerken verwendet werden (Bild **2**.244). Profilbleche können je nach Abstand, Werkstoffdicken, Biegefestigkeit des Metalls, Form und Höhe des Profils auch als „*selbsttragende* Metalldecke" ausgeführt werden.

2 Geneigte Dächer

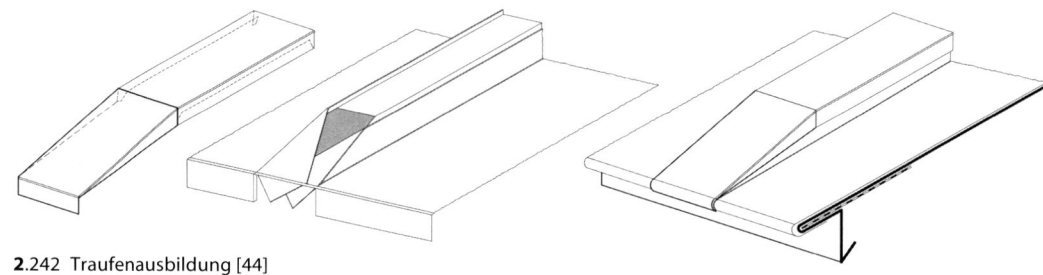

2.242 Traufenausbildung [44]

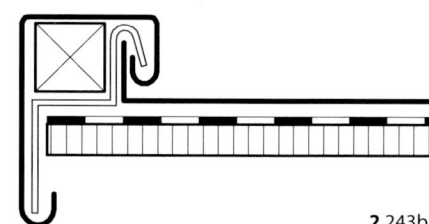

2.243a **2**.243b

2.243 Ortgangausbildung
a) „Deutsche" Deckung
b) „Belgische" Deckung

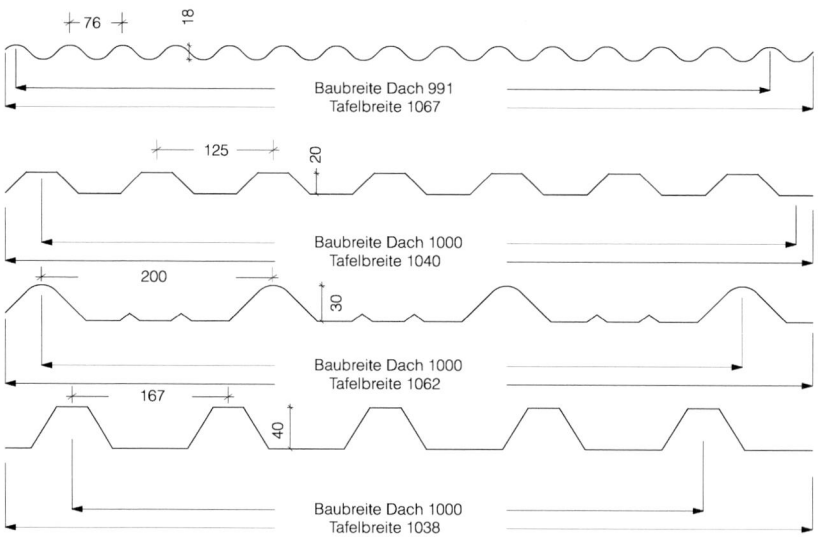

2.244 Aluminium-Blechprofile

2.6 Dachdeckungen

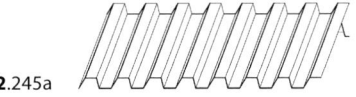
2.245a

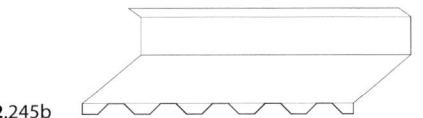
2.245b

2.245 Formteile für Wellplatten aus Metall (Beispiele)
a) Firsthaube, b) Zahnblech-Anschlussstück

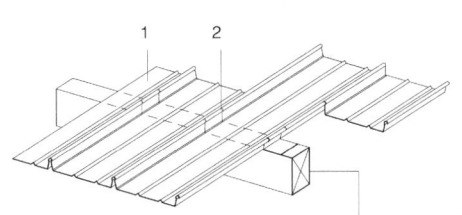
2.246a

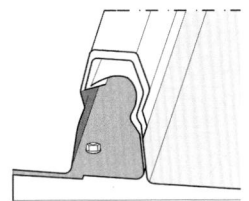
2.246b

2.246 Profilblechkassetten
a) Schematische Darstellung
b) Detail Längsverfalzung

1 Profilblechkassette
2 Ankerclip (Gleitbügel)
3 Pfette

Sie werden mit Holz- bzw. Blechtreib- oder -bohrschrauben mit Dichtungen direkt auf den tragenden Unterkonstruktionen befestigt. Für Firste, Wandanschlüsse usw. stehen Formteile zur Verfügung (Bild **2**.245).

Profilblechkassetten aus verzinktem Stahlblech oder aus beschichtetem Aluminium werden in großen Längen hergestellt, so dass eine querstoßfreie Verlegung möglich ist. Je nach Profilart und statischem System (1- oder 3- Feldverlegung) können Pfettenabstände bis ca. 3,00 m überbrückt werden. Derartige Elemente haben je nach Hersteller verschiedene Verfalzungsformen. Sie werden auf Halteprofile aufgeklemmt bzw. ineinandergehängt (Bild **2**.246). Für die Eindeckung von Firsten, Pultdachabschlüssen usw. werden alle erforderlichen Formteile hergestellt.

Wärmegedämmte Dachflächen können mit Profilkassetten in Verbindung mit Mineralwolleplatten eingedeckt werden. Sie werden bei hallenartigen Bauwerken mit Pfettentragwerken auf Trapezprofile aufgelegt oder in tragende Profilkassetten eingelegt. Dabei ist zur Vermeidung von Wärmebrücken eine *zweilagige* Verlegung der Wärmedämmung zu bevorzugen.

Die Profilkassetten der Dachdeckung werden in die Befestigungsclips von durchlaufenden Halteprofilen eingehängt (Bild **2**.247). Die Halteprofile verlaufen in der Regel quer zur Spannrichtung

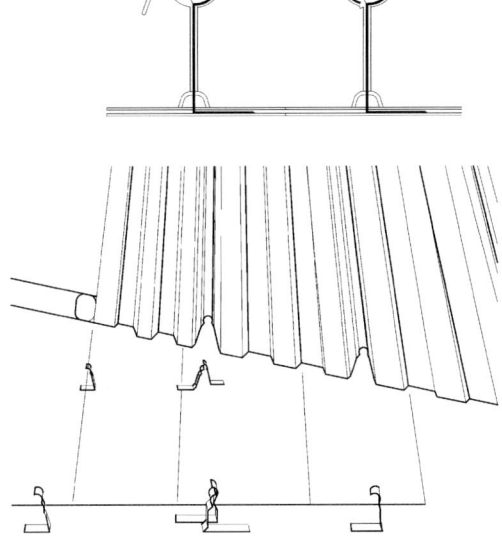

2.247 Profilblechkassetten auf Schalung und Dampfsperre, befestigt mit Ankerclips

der Unterkonstruktionen (Bild **2**.248a). Wenn eine Verlegung parallel zur Spannrichtung der tragenden Profilbleche nötig ist, werden Halteprofile verwendet, die für die Montage im Winkel von 45° vorgerichtet sind (Bild **2**.248b und c).

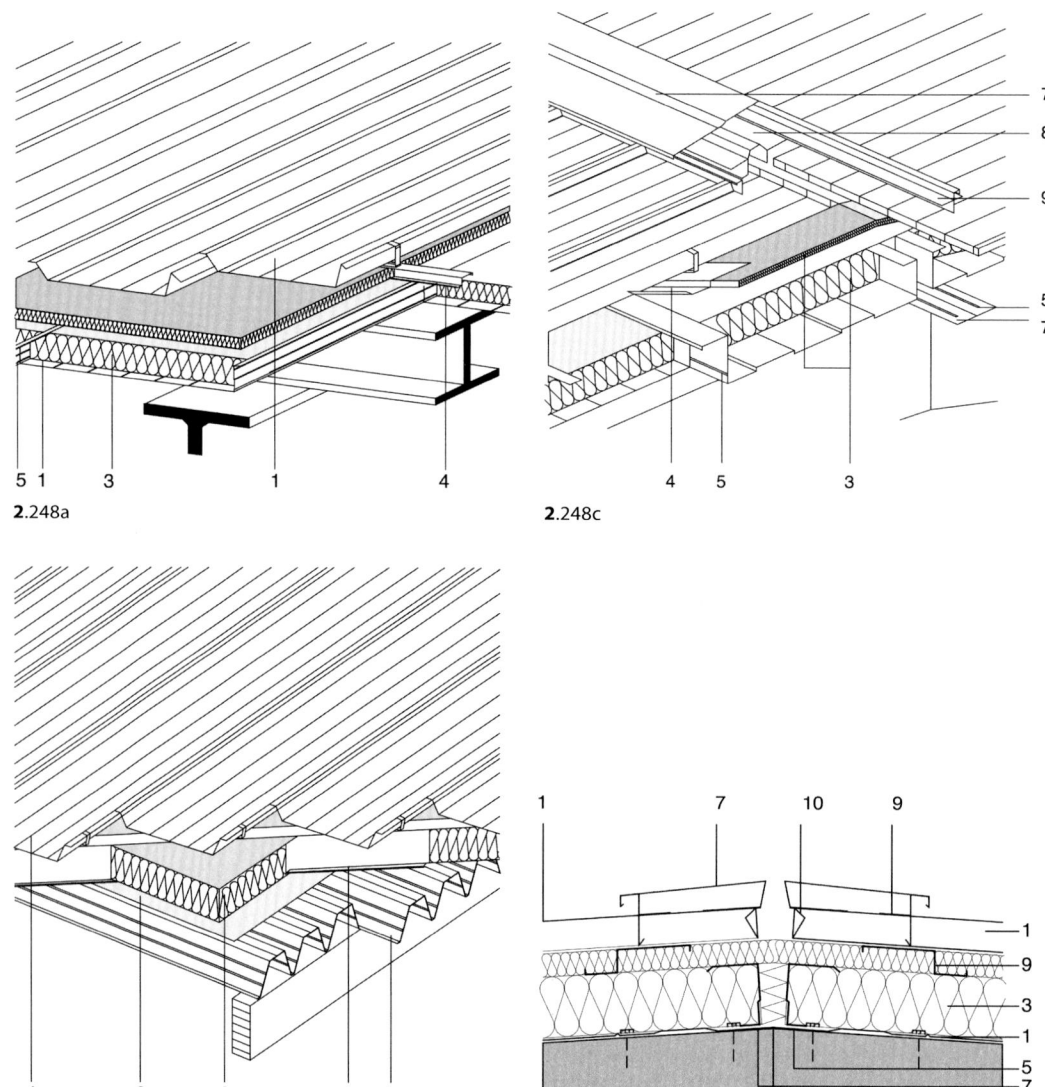

2.248 Metalldachdeckungen mit vorgefertigten Profilblech-Elementen (Beispiele)
  a) Deckung mit Profilblechkassetten auf Tragschale aus Profilblechkassetten, Tragschalen und Deckprofile verlaufen in gleicher Richtung
  b) Profilblechkassetten auf Tragschale aus Profilblechkassetten, Tragschalen und Deckprofile verlaufen quer zueinander: Halteprofile unter 45° verlegt
  c) Profilblechkassetten auf Tragschale aus Trapezblechen, Halteprofile unter 45° verlegt
  d) Detail Firstausbildung

  1 Profilblechkassette
  2 Trapezblech
  3 Wärmedämmung
  4 Halteprofil
  5 Dichtungsband
  6 Dampfsperre
  7 Firstprofil
  8 Unterbauprofil
  9 Zahnleiste
  10 Falz-Umschlag

2.6 Dachdeckungen

Die erforderliche raumseitige Dampfsperre kann bei Konstruktionen mit tragenden Profil*kassetten* mit Hilfe von alukaschierten Bitumenbändern erreicht werden. Bei Unterkonstruktionen aus Trapezprofilen ist in der Regel eine durchlaufende Dampfsperre aus Bitumen- oder Kunststoffbahnen erforderlich (Bild **2**.247).

Wenn zwischen Dachdeckung und Dämmung ein Luftraum besteht, sollte mindestens im Bereich der Traufe über einen ca. 3,00 m breiten Streifen eine wasserdichte, dampfdurchlässige Kondensatschutzbahn mit einem s_d-Wert von $\leq 1,00$ m liegen. Es sind Bahnen auf dem Markt, die einen s_d-Wert von ≤ 10 cm haben. Diese Bahnen lassen von unten Wasserdampf durch, leiten die von der Traufe eingedrungene und unter der Oberschale kondensierte, abtropfende Feuchte ab und schützen die Dämmung vor Flugschnee.

In jedem Fall ist neben einer vollflächigen Schutzbahn über der Dämmung eine Be- und Entlüftungsebene zu empfehlen. Diese Ebene sollte in der Lage sein, eingedrungenes Sprühwasser und Flugschnee schadlos zu verdampfen oder abzuleiten. Auch die sorgfältigste Montage kann schon allein aufgrund der Befestigung der Distanzkonstruktionen o. a. Unachtsamkeiten zu Undichtigkeiten in der Dampf- oder Luftsperre führen, die dann besonders bei kritischem Klima erhebliche Bauschäden verursachen können.

Für Firste, Traufen, Ortgänge usw. werden zu den Profilkassetten passende Formteile und Zahnleisten geliefert (vgl. Bild **2**.248c und d). Profilkassetten können für Sonderformen von Dächern werkseitig auch gekrümmt hergestellt werden.

2.6.11 Dachpappedeckungen[1]

Dachpappedeckungen sind nicht zu verwechseln mit Dachabdichtungen, die ebenfalls auf Holzschalungen ausgeführt werden können. Sie kommen in Frage für leichte, mit Holz geschalte, geneigte Dachflächen. Dachpappedeckungen erfordern jedoch einen recht hohen Arbeitsaufwand bei der Herstellung und bei der Unterhaltung und sind daher heute weitgehend durch andere Konstruktionen (z. B. Wellplatten u. Ä.) verdrängt worden.

Verwendete Materialien:
- *Bitumen-Dachbahnen* (DIN EN 13 707) 500 g/m^2 oder 333 g/m^2.
- *Glasvlies-Bitumen-Dachbahnen* (DIN EN 13 707) – V13.

Benötigt werden ferner:
- *Voranstrichmittel* (kalt, vor punktförmiger oder vollflächiger Aufklebung der Dachhaut auf Beton anzuwenden)
- *Bitumen-Klebemassen* (für Kalt- bzw. Warmanstrich), z. B. geblasenes Bitumen 85/25
- *Bitumen-Anstrichmasse* (auch farbig)
- *Deckaufstrichmittel kalt* bzw. *heiß* zu verarbeiten.

Allgemein gelten DIN 18 338 (VOB, Teil C) und folgende Regeln:

1. Die *Mindestdachneigung* nicht vollflächig aufgeklebter Dächer ist 5°. (Unter 5° geneigte Flächen werden nicht *gedeckt*, sondern *abgedichtet*, s. Abschn. 3)

   Bei Dachneigungen über 30° müssen für vollflächig aufgeklebte Dächer Klebemassen mit hohem Erweichungspunkt verwendet werden. Für nicht vollflächig aufgeklebte Dächer ist die Dachneigung nach oben unbegrenzt.

2. Deckungen sind mindestens *zweilagig* auszuführen.

3. Die *Überdeckung* der Bahnen jeder Lage an den Nähten und Stößen muss versetzt angeordnet werden und beträgt = 8 cm. Die Lagen sind versetzt bei zweilagiger Deckung 50 cm, dreilagiger Deckung 33$^{1/3}$ cm, vierlagiger Deckung 25 cm.

4. *Holzschalung* unter Pappdächern muss gesund, trocken, trittfest, fugendicht und ohne vorstehende Fugenkanten sein. Gespundete Schalung (mit Nut- und Spundverbindung) ist vorzuziehen. Kehlen sind durch Dreikantleisten auszufüllen.

   Betondielen müssen nach dem Verlegen eine ebene Oberfläche ohne scharfe Kanten bilden, unterschiedliche Plattendicken sind mit Mörtel auszugleichen. Die Fugen zwischen den Dielen müssen voll vermörtelt sein.

5. Die *Nagelung* der Bahnen muss folgendermaßen vorgenommen werden:

   Bei Deckung *parallel zur Traufe* (Dachneigung < 8°) wird die erste Lage der Dachbahnen am

---

[1] Die Bezeichnung „Dachpappe" ist ersetzt durch die Benennung „Dachbahn", findet sich aber immer noch im Sprachgebrauch.

oberen Rand nur geheftet, am unteren Rand mit Nagelabständen von 15 cm genagelt. Die weiteren Lagen werden vollflächig geklebt und am oberen Rand alle 25 cm genagelt.

Bei *Deckung senkrecht zur Traufe* (Dachneigung > 8°) wird die erste Lage am oberen Rand durch versetzte Nagelung mit etwa 50 mm Nagelabstand gegen Abgleiten gesichert.

Die weiteren Lagen werden vollflächig geklebt und am oberen Rand alle 10 cm, an der überdeckten Längskante alle 30 cm genagelt.

Die Nagelabstände an Traufen und Giebelkanten betragen in jedem Falle 4 cm.

Beim Verlegen der *Dachhaut auf Holzschalung* sind mindestens die ersten beiden Lagen unmittelbar nacheinander aufzubringen. Falls das nicht möglich ist, wird auf die erste Lage ein heißflüssiger Deckaufstrich aufgebracht. Als erste Lage ist eine einseitig grobbestreute Dachbahn zu verwenden und mit der grobbestreuten Seite nach unten zu verlegen, um ein Festkleben der ersten Lage auf der Schalung zu verhindern.

6. *Klebe- und Deckaufstriche* müssen überall satt die Fläche bedecken. Loses Bestreuungsmaterial muss dort, wo geklebt wird, sauber entfernt werden.

7. Bei *Verlegen* mehrlagiger Deckungen mit verschieden schweren Rohfilzpappeeinlagen wird in der Regel die Dachpappe mit der leichtesten Rohfilzpappeeinlage als untere Lage verarbeitet.

8. Schutz von *Sonnenbestrahlung* der Dächer und damit höhere Lebensdauer bietet die Bekiesung. Bei Dachneigungen bis zu 10° kann Perlkies (Ø 3 bis 5 mm) in Warm- oder Kalt-Klebeaufstriche, dicht und gleichmäßig deckend, auf die Dachflächen aufgewalzt werden. Bei steilen Dächern empfiehlt sich die Verwendung von fabrikfertigen naturschieferplättchen- oder granulatbestreuten Dachbahnen.

9. Auf der fertig gedeckten Dachfläche dürfen keine schweren Lasten transportiert oder gelagert werden.

In Bild **2**.249 ist die Ausführung von Detailpunkten schematisch dargestellt.

Schwach geneigte oder flache Dächer brauchen 15 bis 20 Jahre lang keine besondere Pflege, wenn sie als so genanntes *Kiespressdach* ausgeführt werden (d. h. mit dünner, aber dichtliegender reiner Perlkiesschicht auf sattdeckend aufgebrachter bituminöser Kieseinbettmasse).

Im Übrigen sind die Dächer je nach Lage und Beanspruchung nach etwa 5 Jahren mit Anstrichen auf Bitumenbasis nachzubehandeln.

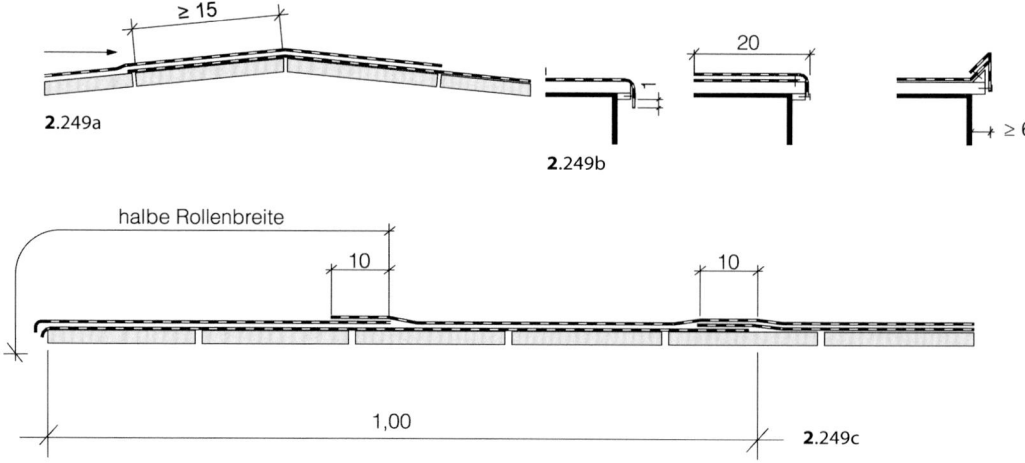

2.249 Pappdächer
  a) First
  b) Ortgangausführungen
  c) Traufe

2.6.12 Geneigte Dächer mit Begrünung

Begrünungen werden vor allem aus ökologischen und aus gestalterischen Gründen auch bei geneigten Dächern ausgeführt (s.a. Abschn. 3.4). Mit einem intensiven Begrünungsaufbau gelten sie im Allgemeinen bauaufsichtlich zwar als „harte Bedachung" im Sinne des Brandschutzes, doch müssen die teilweise unterschiedlichen Vorschriften der jeweiligen Landesbauordnungen beachtet werden. Begrünte Dachflächen wirken als Regenwasserrückhalt und minimieren die Niederschlagsabflussspitzen. In vielen Gemeinden wird heute für Gründächer schon eine Verminderung der Abwassergebühren gewährt. Begrünte Dächer haben eine wesentlich größere Lebensdauer als frei bewitterte Systeme. Dies liegt darin begründet, dass eine Werkstoffalterung der Abdichtung durch UV-Strahlung und übermäßige Aufheizung nicht gegeben ist. Die Dachabdichtung ist unter der Dachbegrünung einer gleichmäßigeren Belastung ausgesetzt. Schäden durch Krustenbildung und Rissschäden in Folge von Eisbewegungen können nicht auftreten. Auch Frost- und Tauwechsel belasten die Abdichtung lange nicht so stark wie dies bei frei bewitterten Dächern der Fall ist.

Auf geneigten Dächern kommt allein wegen der i. d. R. begrenzten Tragfähigkeit der oberen Schale nur ein relativ leichter Schichtenaufbau mit 5 bis 10 cm dicken Erdschichten in Frage. Als Bepflanzung geeignet sind dafür naturnahe Vegetationen aus Gräsern, Moosen, Sedum-Arten (Dachwurz) oder geeigneten flachwurzelnden Kräutern (sog. *„extensive Begrünungen"*). Diese können sich auch den extremen Standortbedingungen auf geneigten Dächern anpassen und unter einem minimalen Pflegeaufwand gedeihen bzw. sich regenerieren.

Begrünungen sind grundsätzlich für alle Dachformen (Bild **2**.1) möglich. Es sind zwar schon Dächer bis zu 45° Neigung mit besonderen Sicherungen gegen Abrutschen der Vegetationsschicht begrünt worden, doch sollten im Allgemeinen Neigungen von etwa 30° nicht überschritten werden. Neben anderen Problemen ergibt sich bei größeren Dachneigungen eine zu schnelle Ableitung von Oberflächenwasser und eine oft nicht ausreichende Speicherung von Niederschlagswasser.

Die Begrünung mit dem gesamten dafür erforderlichen Schichtenaufbau bildet innerhalb der gesamten Dachkonstruktion eine zusätzliche Wärmedämmung. Bei einem Dachaufbau mit hinterlüfteter Wärmedämmung (Bild **2**.250a)

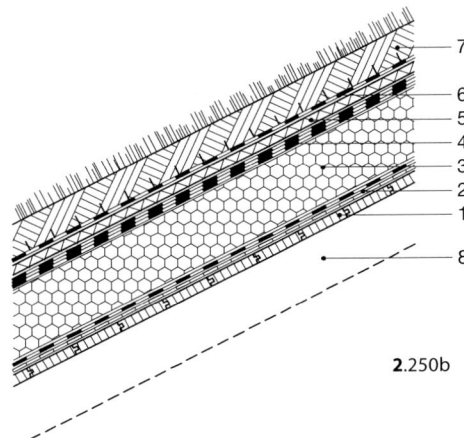

2.250 Gründach, Abrutschsicherungen
  a) mit Schubschwellen
  1 Dampfsperre
  2 Wärmedämmung
  3 Hinterlüftung
  4 NF-Schalung
  5 Kunststoffabdichtung (wurzelfest) auf Trennlage
  6 Schubschwelle
  7 extensive Begrünung (einschichtiger Aufbau)
  8 Sparren

  b) mit Krallenmatte
  1 NF-Schalung
  2 Dampfsperre auf Trennlage
  3 Wärmedämmung
  4 Dachabdichtung, wurzelfest
  5 Filtermatte
  6 geotextile Krallenmatte kombiniert mit Filtervlies
  7 extensive Begrünung (zweischichtiger Aufbau)
  8 Sparren

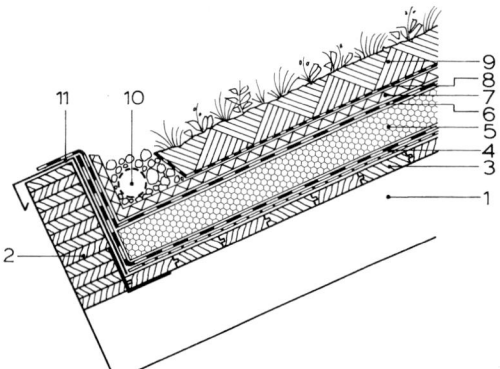
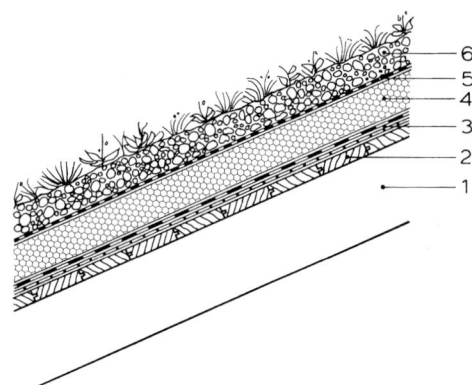

2.251 Gründach, Aufbau nach dem Warmdachprinzip; Traufe mit Entwässerung
1 Sparren
2 Rand-(Abfang-)träger, gehalten durch Stahlwinkel
3 NF-Schalung
4 Dampfsperre auf Trennlage
5 Wärmedämmung
6 Kunststoffabdichtung, wurzelfest
7 Filterschicht
8 Filtervlies
9 extensive Begrünung
10 Dränrohr Ø 50 in Kiesbett
11 kunststoffbeschichtetes Abdeckblech, Dachabdichtung aufgeschweißt

2.252 Gründach, Aufbau nach dem Umkehrdachprinzip
1 Sparren
2 NF-Schalung
3 Kunststoffabdichtung (wurzelfest) auf Trennlage
4 Wärmedämmung (extrud. PS-Hartschaum; Roofmate o. Ä.)
5 Filtervlies
6 extensive Begrünung (einschichtiger Aufbau)

wird dieser Effekt abgemindert. Für ein einwandfreies Funktionieren der Hinterlüftung ist außerdem ein hoher konstruktiver Aufwand (Lüftungsfrist usw.) erforderlich. So werden begrünte Dächer meistens im Zusammenhang mit *nicht* hinterlüfteten Wärmedämmungen (s. auch Abschn. 2.9.2) ausgeführt, wie in den Bildern **2.**250b, **2.**251 und **2.**252 gezeigt.

Bei nicht hinterlüfteten Wärmedämmungen ist aber unbedingt darauf zu achten, dass oberhalb der Dampfsperre keine Holzbauteile innerhalb des Schichtenaufbaus eingebaut werden (s. hierzu auch Abschn. 3.4.4).

Dabei können sowohl mehrlagig geklebte konventionelle Abdichtungssysteme mit Dampfsperre (Bild **2.**251) als auch Abdichtungen mit lose verlegten Kunststoffdichtungsbahnen nach dem Prinzip des „Umkehrdaches" wie bei Flachdächern (s. a. Bild: **3.**36 und **3.**38) ausgeführt werden (Bild **2.**252).

Wärmedämmende Dachbegrünungssysteme dürfen nur als Zusatzdämmung angerechnet werden; weil das unter den Drainelementen abfließende Wasser temporär zu erheblichen Wärmeverlusten unterhalb der Abdichtungsebenen führt.

Grundsätzlich sind Begrünungen nur auf *wurzelfest* abgedichteten Dachflächen möglich (Abdichtung ähnlich wie bei Flachdächern nach Abschnitt 3, nicht zu verwechseln mit Dachdeckungen nach Abschn. 2.6.11!).

Für Begrünungen ist allgemein folgender Schichtenaufbau (von unten nach oben) üblich:
- Abdichtung (wurzelfeste Dach- und Dichtungsbahnen, wasserundurchlässiger Beton)
- Schutzlage (Schutzvliese, -platten und -bahnen, ggf. auch Dränelemente)
- Dränung (Schüttstoffe, Dränmatten und -platten)
- Filterschicht (Vliese)
- Vegetationsschicht (Boden- und Schüttstoffgemische, Substratplatten)

Die Zusammensetzung der Vegetationsschicht ist abhängig von der gewählten Bepflanzung. Sie kann aus einer Mischung von Nährboden mit Schüttstoffen bestehen, die Niederschlagswasser gleichzeitig ausreichend speichern und ggf. ableiten kann (einschichtiger Aufbau, s. Bilder **2.**250a und **2.**252). Wenn aus dem Nährbodenge-

2.6 Dachdeckungen

misch Feinstoffe ausgeschwemmt werden können, ist ein mehrschichtiger Aufbau erforderlich mit einer gesonderten Filterschicht (Bild **2**.250b und **2**.251).

Für geneigte Dächer ist besonders zu beachten: Bei Dachneigungen bis ca. 20° sind bei geeigneter Zusammensetzung der Vegetationsschicht und der übrigen Schichten keine besonderen Maßnahmen gegen Abrutschen der Schichten notwendig.

Bei größeren Dachneigungen oder schweren Begrünungsschichten müssen Stützschwellen oder -profile ggf. mit besonderem statischem Nachweis vorgesehen werden. Sie sind mit der Unterkonstruktion kippsicher fest zu verankern und sehr sorgfältig einzudichten (Bild **2**.250a). Einfacher ist die Anwendung von verrottungsfesten geotextilen Krall-Vliesmatten, die entweder beiderseits gleich weit über die Firste von Satteldächern hinweggeführt oder z.B. bei Pultdächern u. Ä. oben auf der Dachhaut mit zusätzlichen Eindichtungen fixiert werden (Bild **2**.250b).

An den Traufen wird Überschusswasser aus Niederschlägen in druckfesten Dränrohren gesammelt und abgeleitet. Die Dränrohre werden in Kiespackungen eingebettet, unter denen das Filtervlies bis zum Traufenabschluss hinweggeführt ist (Bild **2**.251).

Die sonstigen allgemeinen Anforderungen an begrünte Dächer sind in Abschn. 3.4.4 näher behandelt.

2.6.13 Solardach-Systeme

Zunehmende Bedeutung erhalten Systeme zur Energiegewinnung über solarthermische Kollektoren zur Brauchwassererwärmung oder Heizungsunterstützung und auch Photovoltaikanlagen auf geneigten Dachflächen, die hierzu je nach Himmelsausrichtung und Neigungswinkel häufig sehr gut geeignet sind. Aktuelle Entwicklungen streben an, solare Dachsysteme gebäude- und konstruktionsintegriert vorzusehen und über zurzeit vielfach noch vorzufindende additive Anwendungsmöglichkeiten (Aufdachsysteme) hinaus zum Bestandteil der Gestaltung und Konstruktion von geneigten Dächern zu machen. Ziel hierbei ist es, übliche Dachdeckungsmaterialien durch solarthermische oder auch Photovoltaikmodule zu ersetzen. Die gestalterisch befriedigende Integration solarer Dachsysteme spielt auch zunehmend in der Denkmalpflege eine entscheidende Rolle.

Bedenkt man, dass mit einer richtig dimensionierten solarthermischen Anlage jährlich bis zu 65% des Warmwasserbedarfs gedeckt werden kann, lässt sich leicht nachvollziehen, dass in Zukunft das Erscheinungsbild von Dachflächen immer stärker von Solar- und auch Photovoltaik-Anlagen geprägt sein wird.

Solartechnik nutzt direkt die Energie aus Sonnenstrahlung. Es wird unterschieden in Solarthermie und Photovoltaik:

- Solarthermie ist die Übertragung der Wärme aus der Sonnenenergie auf ein geschlossenes System (z.B. zur Warmwasserbereitung oder zur Heizungsunterstützung).
- Photovoltaik[1] ist die Umwandlung von Sonnenstrahlung in Elektrizität.

Solaranlagen müssen schon früh in der Planungsphase festgelegt werden.

Energiegewinnungsflächen sollten sowohl von der Himmelsrichtung (SSO bis SSW) als auch vom Neigungswinkel her optimal zusammenstehen. Die Neigungswinkel können zwischen 20° und 60° betragen, wobei geringe Neigungswinkel die Energieausbeute im Sommer und steilere Winkel die Solareinträge im Winter begünstigen. Abschattungen sind zu vermeiden.

Die Hersteller von Bedachungselementen haben eigene Solarsysteme entwickelt, die in die jeweiligen Dachdeckungssysteme integriert werden. Dadurch soll gewährleistet werden, dass die Solarsysteme regensicher in die Dachdeckung eingebunden werden und die Ästhetik des Daches nicht übermäßig negativ beeinträchtigt wird. Für den Einbau von Solaranlagen in das Dach und auch für die Verlegung von Leitungen durch den gesamten Dachaufbau ist der Dachdecker zuständig.

Die gebräuchlichste *dachintegrierte* Lösung für Solarthermie-Anlagen bilden Systeme mit Eindeckrahmen ähnlich wie bei Dachflächenfenstern. Diese Eindeckrahmen werden direkt auf die Sparren oder die Dachlatten montiert. Die Solarkollektoren oder Photovoltaik-Module liegen in diesen Rahmen, wodurch die Gesamtanlagen sehr flach bleiben. Innovative Lösungen für integrierte Photovoltaikanlagen ersetzen die Dacheindeckung vollständig. Die Wirtschaftlichkeit wird durch die Einsparung der Dachdeckung

---

[1] Der Begriff leitet sich aus dem altgriechischen Wort *phos*, im Genitiv *photós* für Licht sowie der physikalischen Einheit für elektrische Spannung *Volt* ab.

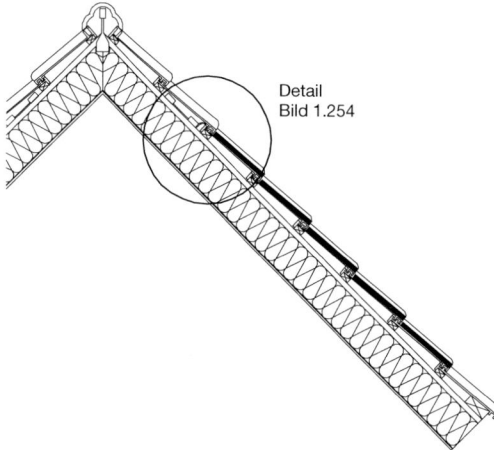

2.253 Dacheindeckung teilweise mit Solar-Dachziegeln

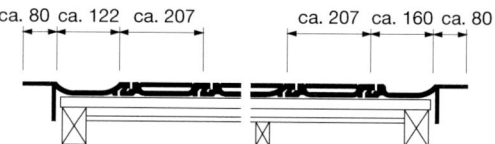

2.255 Solar-Dachziegel-Typ Rheinland
(System Laumanns)
Hinweis: Die genauen Mengen müssen an der Baustelle nach dem Regelwerk des ZVDH ermittelt werden.

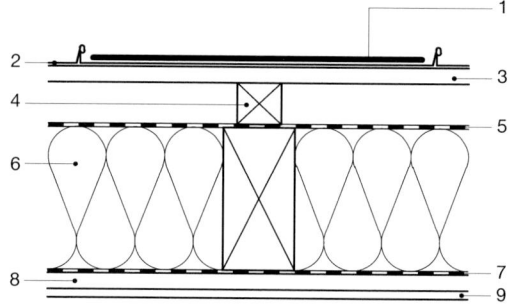

2.256 Photovoltaik-Anlage in Doppelstehfalztechnik integriert (System Rheinzink®)
1 Solarmodul vollflächig auf Metallscharen aufgeklebt
2 Doppelstehfalz (Zink)
3 Unterkonstruktion imprägnierte Rauhspundschalung
4 Sparrenaufdickung/Konterlattung
5 Diffusionsoffene Unterspannbahn
6 Wärmedämmung
7 Dampfbremse/Luftdichtheitsebene
8 Unterkonstruktion
9 Innere Dachbekleidung (Gipskartonbauplatte o. a.)

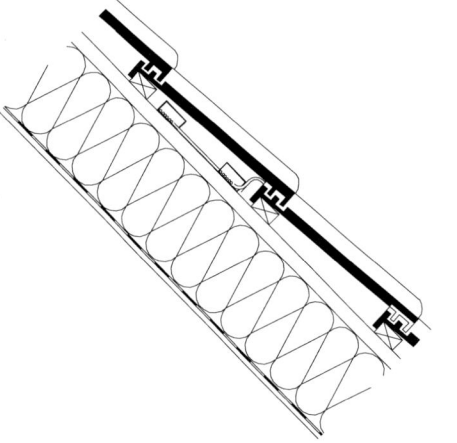

2.254 Detail zu Bild **2**.253 Verlegung des Kabelkanals und Anschluss der Module an die Strangverkabelung

deutlich verbessert. Die PV-Module werden begehbar hergestellt und als Wasser ableitende Ebene über einem Unterdach geschuppt – vergleichbar einer Deckung mit großformatigen Dachsteinen oder -ziegeln verlegt oder bei flachen Neigungen mit geschlossenen, versiegelten Fugen ausgeführt.

Für *aufgeständerte* Anlagen (Aufdachanlagen) sind verschiedene Systeme möglich, z.B. Schienen- und Trägerelemente aus verschiedenen Werkstoffen, die mindestens aus Aluminium oder feuerverzinkten Stahlprofilen sind. Die Verschraubungen sind mit nicht rostenden Metallen auszuführen.

Der Mindestabstand zwischen Oberkante Dachdeckung und Unterseite Element darf 60 mm nicht unterschreiten.

Die Abbildungen zeigen verschiedene dachintegrierte Solar-Systeme. Kollektoren und Module einer Solaranlage müssen eine Bauartzulassung besitzen.

2.7 Dachrinnen und Regenfallrohre

2.7.1 Allgemeines

An geneigten Dächern sind in aller Regel Dachrinnen erforderlich. Nur bei sehr niedrigen Traufen und bei weiten Dachüberständen kann bei einfachen Gebäuden auf Dachrinnen verzichtet werden, wenn durch ablaufendes Niederschlagwasser keine Schäden im Sockelbereich zu befürchten sind.

Dachrinnen werden vielfach als *vorgehängte Rinnen* am Traufengesims ausgeführt (Bilder 2.271 und 2.272). Aus gestalterischen Gründen oder immer dann, wenn ein Bauwerk direkt auf einer Grundstücksgrenze steht, darf eine erforderliche Dachrinne in der Regel nicht über die Außenflucht hinwegreichen und muss dann als „Standrinne" oder auch *aufliegende Rinne* ausgeführt werden (Bild 2.276).

Dachrinnen und die erforderlichen Regenfallrohre beeinflussen die Gestaltqualität von Traufen und Fassaden erheblich und wurden an historischen Gebäuden daher vielfach bewusst auch als Gestaltungsmittel eingesetzt.

Bei langen Traufen mit freihängenden Dachrinnen sind die sich aus dem erforderlichen Rinnengefälle ergebenden Höhenunterschiede bei der Gestaltung der Gesimse zu berücksichtigen. Eine Aufteilung in kürzere Rinnenabschnitte zur Reduzierung der Gefällehöhen bedingt eine entsprechend größere Anzahl von stark ins Auge fallenden Regenfallrohren (s. Abschn. 2.7.6).

Diese formale Problematik führt bei vielen Planungen zu Lösungen, bei denen die Dachrinnen verdeckt hinter Traufengesimsen eingebaut werden (Bilder 2.273 bis 2.275). Dabei ist aber zu bedenken, dass es – abgesehen vom i. d. R. höheren konstruktiven Aufwand – leicht zu folgenschweren Bauschäden an Gesimsen und im Fassadenbereich kommen kann, wenn durch Verschmutzungen (z. B. Laub) der Regenwasserablauf unterbunden wird. (Frei hängende Rinnen laufen in solchen Fällen einfach über. Dadurch können Störungen viel schneller erkannt und beseitigt werden!)

An Dachrinnen zur Entwässerung von Dachflächen, die mit Bitumenbaustoffen eingedeckt sind, wurden in den letzten Jahren oft starke Korrosionserscheinungen (Bitumenkorrosion) beobachtet. Als Ursache wurden in der Hauptsache chemische Umwandlungen auf nicht oder nicht ausreichend gegen Bewitterung geschützten Bitumenflächen erkannt.

Bei nicht durch Beschieferung o. Ä. geschützten Bitumendachflächen bilden sich unter dem Einfluss der Bewitterung in Verbindung mit der Luftverschmutzung insbesondere durch Schwefeldioxid Polycarbonsäuren, die Metalle angreifen und in relativ kurzer Zeit bis zur Zerstörung korrodieren können. Im Zweifelsfall sollten alle erforderlichen Metalleinfassungen, -anschlüsse, -Dachrinnen usw. entweder bitumenkorrosionsfest ausgeführt (Kupfer oder V2A-Stahl), oder durch Bitumen- oder Kunststofflacke dauerhaft gegen Korrosion geschützt werden.

2.7.2 Bemessung

Die Dachrinnen und Regenfallrohre aller Art sind in DIN EN 607 (Hängedachrinnen aus PVC-U) und DIN EN 612 (Hängedachrinnen aus Metall) in ihren Begriffen, Maßen und Eigenschaften genormt.

Dachrinnen sind als halbrunde und kastenförmige (Bild 2.262) Hängedachrinnen mit den dazugehörigen Rinnenhaltern genormt. Daneben gibt es Sonderformen wie z. B. verdeckte Dachrinnen, auch als „Standrinnen" o. a. aufliegende Rinnen bezeichnet (Bild 2.274 und 2.275).

Regenfallrohre sind als kreisförmige und quadratische Regenfallrohre genormt (Tabelle 2.279 und 2.280).

Berechnung des Regenwasserabflusses

Die Bemessung der Dachentwässerung erfolgt nach DIN EN 12 056 (Schwerkraftentwässerungsanlagen innerhalb von Gebäuden). Sie ist abhängig von der Berechnungsregenspende r in Litern je Sekunde und Quadratmeter [l/(s × m²)], der wirksamen Dachfläche A in Quadratmeter (m²) und dem *Abflussbeiwert* C (1,0 wenn nationale und regionale Vorschriften und technische Regeln nichts anderes vorschreiben), dimensionslos.

Der Regenwasserabfluss, der von einem Dach unter stetigen Bedingungen abgeleitet werden muss, wird durch folgende Gleichung bestimmt:

$Q = r \cdot A \cdot C$

Dabei ist:

Q = der Regenwasserabfluss in Litern je Sekunde (l/s)

r = die Berechnungsregenspende, in Litern je Sekunde und Quadratmeter [l/(s · m²)]

A = die wirksame Dachfläche in Quadratmeter (m²)

C = der Abflusskennzahl (1,0 in D; AU; CH; NL), dimensionslos.

Sofern genaue Daten über die Häufigkeit des Auftretens von Regenereignissen und deren genaue Intensität und Dauer vorliegen, ist diese Berechnungsregenspende r in o. a. Gleichung, entsprechend dem vertretbaren Risiko und unter Beachtung der Art und der Nutzung des Gebäudes, zu verwenden.

Wenn keine statistischen Daten über örtliche Regenspenden existieren, ist eine minimale Berechnungsregenspende als Basis für die Auslegung aus Tabelle 2.257 zu wählen, die den klimatischen Gegebenheiten und den nationalen und regionalen Vorschriften und den Technischen Regeln entspricht. In Deutschland, der Schweiz und den Niederlanden liegt z. B. dieser Wert bei 300 l/s · ha = 0,03 l/s · m². Die Berechnungsregenspende zur Verwendung in o. a. Gleichung ergibt sich dann aus der Multiplikation dieser minimalen Regenspende mit einem zusätzlichen Sicherheitsfaktor aus Tabelle 2.258. Bei Vorliegen örtlicher statistischer Daten ist der Regenwasserabfluss mindestens für die 5-Minuten-Regenspende zu bemessen, die einmal in 2 Jahren ($T_{5/2}$) erwartet werden kann (Berechnungsregen). Die Einbeziehung des Zuschlagsfaktors entfällt bei dieser Berechnungsweise des Regenwasserabflusses.

Bei der Ermittlung der wirksamen Dachfläche wird der Windeinfluss nicht berücksichtigt, sofern nationale und regionale Vorschriften und Technische Regeln nichts anderes vorschreiben.

Dort, wo keine Windeinwirkung besteht, wird die wirksame Dachfläche durch folgende Gleichung bestimmt:

$$A = L_R \cdot B_R$$

Dabei ist:
A = die wirksame Dachfläche in Quadratmeter (m²)
L_R = die Trauflänge (siehe Bild 2.259) in Meter (m)
B_R = die horizontale Projektion der Dachtiefe von der Traufe bis zum First (siehe Bild 2.259) in Meter (m)

In Deutschland ist die Berücksichtigung einer möglichen Windeinwirkung nicht erforderlich.

Sofern andernorts die Windeinwirkung zu berücksichtigen ist, muss die wirksame Dachfläche in Übereinstimmung mit Tabelle 2.260 berechnet werden.

In Gebieten, in denen Wind in die Berechnung des Regenwasserabflusses einzubeziehen ist und Regen durch den Wind gegen eine Wand getrieben werden und auf das Dach abfließen kann, müssen 50% der Wandfläche zur wirksamen Dachfläche addiert werden.

Bei der Dimensionierung der Dachrinne ist zu berücksichtigen, dass ihr Abflussvermögen durch Rinnenwinkel beeinflusst wird! Sofern die Rinne einen oder mehrere Richtungsänderungen > 10° erhält, ist ihr Abflussvermögen einmalig mit einem Faktor 0,85 zu multiplizieren.

Bei Fallrohren ist zu berücksichtigen, dass der Einbau von Laubfangvorrichtungen das Ablaufvermögen um 50% reduziert.

Tabelle 2.257 Berechnungsregenspende (DIN EN 12 056 Schwerkraftentwässerungsanlagen innerhalb von Gebäuden)

Berechnungsregenspende $l/s \cdot m^2$
0,010
0,015
0,020
0,025
0,030
0,040
0,050
0,060

Tabelle 2.258 Sicherheitsfaktoren (DIN EN 12 056 Schwerkraftentwässerungsanlagen innerhalb von Gebäuden)

Situation	Sicherheitsfaktor
vorgehängte Dachrinnen	1,0
vorgehängte Dachrinnen, bei denen überfließendes Wasser unangenehme Folgen hat, z. B. über Eingängen von öffentlichen Gebäuden	1,5
innenliegende Dachrinnen und überall dort, wo ungewöhnlich starker Regen oder Verstopfungen in der Dachentwässerungsanlage Wasser in das Gebäude eindringen lässt	2,0
innenliegende Dachrinnen in Gebäuden, wo ein außergewöhnliches Maß an Schutz notwendig ist, z. B. Krankenhäuser/Theater, sensible Kommunikationseinrichtungen; Lagerräume für Substanzen, die durch Nässe toxische oder entflammbare Gase abgeben; Gebäude, in denen besondere Kunstwerke aufbewahrt werden	3,0

2.7 Dachrinnen und Regenfallrohre

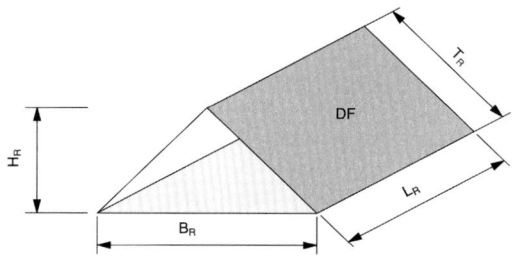

2.259 Dachabmessung
A = Dachfläche
L_R = die Trauflänge (m)
B_R = die horizontale Projektion der Dachtiefe von der Traufe bis zum First (m)
H_R = die vertikale Projektion der Dachfläche von der Traufe bis zum First (m)
T_R = die Ortganglänge (m)

Tabelle **2**.260 Wirksame Dachfläche (DIN EN 12 056 Schwerkraftentwässerungsanlagen innerhalb von Gebäuden)

Windeinwirkung	Wirksame undurchlässige Dachfläche A (m²)
Schlagregen 26 % zur Senkrechten	$A = L_R \cdot \left(B_R + \dfrac{H_R}{2}\right)$
Regen senkrecht zur Dachfläche (Oberfläche des Daches verwenden)	$A = L_R \cdot T_R$

Dabei ist:
L_R = die Trauflänge (m)
B_R = die horizontale Projektion der Dachtiefe von der Traufe bis zum First (m)
H_R = die vertikale Projektion der Dachfläche von der Traufe bis zum First (m)
T_R = die Ortganglänge (m)
Bild **2**.259 illustriert die Dachabmessungen

Berechnungsbeispiel für eine vorgehängte halbrunde Dachrinne:
Gegeben sei ein rechteckiges Gebäude in den Abmessungen 18,00 · 12,00 m mit Satteldach.
Wirksame Dachfläche (je Dachhälfte)
$A = 6{,}00 \text{ m} \cdot 18{,}00 \text{ m} = 108{,}00 \text{ m}^2$
$C = 1$
$Q = 0{,}03 \text{ l/s} \cdot \text{m}^2 \cdot 1 \cdot 108{,}00 \text{ m}^2 = 3{,}24 \text{ l/s}$

- Ermittlung der Rinnengröße gem. Tabelle **2**.261a:

Laut Tabelle **2**.261a ist bei einer Länge von 18,00 m und dem ermittelten Q-Wert von 3,24 l/s eine Rinne mit Nennmaß 400 mm ausreichend.

- Ermittlung des Einhangstutzens und der Fallleitung gem. den Tabellen **2**.261b und **2**.261c:

Laut Tabelle **2**.261b reicht ein Einlauftrichter mit $Q = 14{,}5$ l/s aus.
Nach Tabelle **2**.261c kann ein zum Einlauftrichter passendes Fallrohr mit ⌀ 100 mm 10,7 l/s entwässern und reicht somit ebenfalls aus.

2.7.3 Werkstoffe

DIN EN 612 legt Anforderungen für Dachrinnen und Fallrohre aus Metallblech fest.
Danach bestehen für Dachrinnen und Fallrohre aus Metall folgende Werkstoffanforderungen:
- Titanzink nach DIN EN 988
- Aluminium oder Aluminiumlegierungen der Serien 1000, 3000, 5000 oder 6000 nach DIN EN 573-3 in Blechen nach DIN EN 485-1 (ausgenommen Legierungen mit einem Magnesiumgehalt von mehr als 3 % oder einem Kupfergehalt von mehr als 0,3 %.
- Kupferblech Cu-DHP (Werkstoffnummer CW024A) und CuZn 0,5 (Werkstoffnummer CW 119C) nach DIN EN 1172
- Schmelztauchveredeltes Stahlblech (Stahlblech mit Zinküberzug) DX51D+Z, DX51 + ZA, DX51D + AZ) nach DIN EN 10 346 und DIN EN 10 143
- Schmelztauchveredeltes Stahlblech mit organischer Beschichtung (Trägermaterial Schmelztauchveredeltes Stahlblech wie vor) mit Mindest-Nenndicke von 25 μm bei Bandbeschichtung und 60 μm bei Stückbeschichtung
- Nichtrostendes Stahlblech X 3 CrTi 17 (Werkstoffnummer 1.4510), X 6 CrNi 19 10 (Werkstoffnummer 1.4301), X CrNiMo 17 12 2 (Werkstoffnummer 1.4401).

2.7.4 Hängedachrinnen

Hängedachrinnen mit halbrundem oder kastenförmigem, rechteckigem Querschnitt (Bild **2**.262a und **2**.262b) aus Metall sind hinsichtlich Abmessungen und Material gemäß DIN EN 612 genormt. Anforderungen an Hängedachrinnen und Zubehörteile aus weichmacherfreiem Polyvinylchlorid (PVC-U) sind in DIN EN 607 geregelt. Die Abmessungen von Kunststoffdachrinnen aus PVC-U entsprechen denen aus Metallblech.

Hängedachrinnen und Zubehörteile sind mit
- einer Beschreibung des Produktes (Dachrinne, Endstücke, Ablauf)
- der entsprechenden Norm
- der Rinnenbreite bzw. im Fall eines Zubehörteiles der Breite der zugehörigen Rinne in Millimeter
- dem Symbol für den Werkstoff (PVC-U)

zu bezeichnen.

Tabelle 2.261a Abflussverhalten von Halbrunden Rinnen (und daran anschließbare Niederschlagsflächen in m²) bei unterschiedlichen Regenspenden r in l (s · ha) und $C = 1,0$ [9]

Nennmaß		\multicolumn{16}{c|}{Rinnenlänge (= Länge vom Rinnenanfang bis zum Ablauf) in m}															
		5	6	7	8	9	10	11	12	13	14	15	16	17	18	19	20
250 r in l/(s·h)	Q (l/s)	1,07	1,05	1,02	1,00	0,98	0,96	0,94	0,92	0,90	0,88	0,86	0,85	0,83	0,81	0,80	0,78
	250	43	42	41	40	39	38	38	37	36	35	34	34	33	32	32	31
	300	36	35	34	33	33	32	31	31	30	29	29	28	28	27	27	26
	350	31	30	29	29	28	27	27	26	26	25	25	24	24	23	23	22
	400	27	26	26	25	25	24	24	23	23	22	22	21	21	20	20	20
280 r in l/(s·h)	Q (l/s)	1,68	1,65	1,62	1,59	1,56	1,53	1,50	1,48	1,45	1,42	1,40	1,37	1,35	1,33	1,30	1,28
	250	67	66	65	64	62	61	60	59	58	57	56	55	54	53	52	51
	300	56	55	54	53	52	51	50	49	48	47	47	46	45	44	43	43
	350	48	47	46	45	45	44	43	42	41	41	40	39	39	38	37	37
	400	42	41	41	40	39	38	38	37	36	36	35	34	34	33	33	32
333 r in l/(s·h)	Q (l/s)	2,68	2,64	2,59	2,55	2,51	2,48	2,44	2,40	2,36	2,33	2,29	2,26	2,22	2,19	2,16	2,13
	250	107	106	104	102	100	99	98	96	94	93	92	90	89	88	86	85
	300	89	88	86	85	84	83	81	80	79	78	76	75	74	73	72	71
	350	77	75	74	73	72	71	70	69	67	67	65	65	63	63	62	61
	400	67	66	65	64	63	62	61	60	59	58	57	57	56	55	54	53
400 r in l/(s·h)	Q (l/s)	4,71	4,63	4,57	4,51	4,46	4,40	4,35	4,29	4,24	4,18	4,13	8,08	4,03	3,98	3,93	3,89
	250	188	185	183	180	178	176	174	172	170	167	165	323	161	159	157	156
	300	157	154	152	150	149	147	145	143	141	139	138	269	134	133	131	130
	350	135	132	131	129	127	126	124	123	121	119	118	231	115	114	112	111
	400	118	116	114	113	112	110	109	107	106	105	103	202	101	100	98	97
500 r in l/(s·h)	Q (l/s)	8,78	8,78	8,68	8,60	8,51	8,42	8,34	8,26	8,18	8,10	8,02	7,94	7,86	7,78	7,71	7,63
	250	351	351	347	344	340	337	334	330	327	324	321	318	314	311	308	305
	300	293	293	289	287	284	281	278	275	273	270	267	265	262	259	257	254
	350	251	251	248	246	243	241	238	236	234	231	229	227	225	222	220	218
	400	220	220	217	215	213	211	209	207	205	203	201	199	197	195	193	191

Tabelle 2.261b Ablaufleistung Q ovaler Einhangstutzen halbrunden Rinnen [9]

Rinnennennmaß in mm	250	280	333	400	500
Fallrohrnenndurchmesser in mm	60–80	75–100	75–100	100–120	150
Abflussverhalten Q in l/s:	2,9	4,1	7,4	14,5	21,1

Tabelle 2.261c Abflussvermögen senkrechter Regenwasserfallleitungen (DIN EN 12 056-3)

Innendurchmesser d_i in mm	Abflussvermögen Q in l/s bei einem Füllungsgrad von 0,33
60	2,7
70	4,1
75	5,0
80	5,9
85	6,9
100	10,7
120	17,4
150	31,6

2.7 Dachrinnen und Regenfallrohre

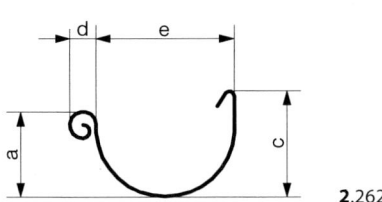
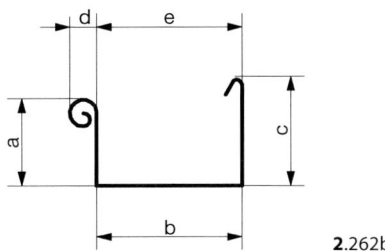

2.262 Hängedachrinnen
a) halbrund, b) kastenförmig

Tabelle **2**.263 Dachrinnen, Wulstdurchmesser und Höhe der Rinnenvorderseite (DIN EN 612)

Zuschnittbreite w	Wulstdurchmesser d		Höhe der Rinnenvorderseite	Summe aus Wulstdurchmesser und Höhe der Rinnenvorderseite
	Klasse X min.	Klasse Y min.	Maß a nach Bild 1 min.	Maß $a + d$ nach Bild 1 und Bild 2 min.
$w \leqslant 200$	16	14	40	70
$200 < w \leqslant 250$	16	14	50	75
$250 < w \leqslant 333$	18	14	55	75
$333 < w \leqslant 400$	20	18	65	90
$400 < w$	20	20	75	100

Beispiel für die Bezeichnung einer Hängedachrinne aus PVC-U (weichmacherfreies Polyvinylchlorid) mit einer Breite von 150 mm:
Hängedachrinne EN 607-150-PVC-U

Die Verwendung von gebrauchten (wieder verwendbaren) Werkstoffen für Hängedachrinnen aus Kunststoff ist im Anhang A zu DIN EN 607 geregelt.

Hängedachrinnen aus Metall oder Kunststoff haben an der vorderen Längsseite einen Wulst, an der hinteren Längsseite eine nach innen gerichtete Umkantung (Wasserfalz).

Die an der Gesimsseite liegende Rinnenoberkante liegt *höher* als die Oberkante des vorderen Rinnenwulstes, damit etwa überlaufendes Wasser nicht an der Wandseite herabläuft. Der hintere Rinnenrand kann auch mit einem auf der Dachschalung aufliegenden Vordeckstreifen (Rinneneinhang) verfalzt werden. Die Dachhaut darf nur so weit in die Rinne hineinragen (bis ca. 1/3 der Rinnenbreite), dass kein Wasser über den vorderen Rinnenrand hinwegschießt. Dagegen soll bei steilen Dächern abrutschender Schnee möglichst *nicht* in der Rinne hängen bleiben.

Die Rinnenlängen sind bei Zuschnitten < 500 mm auf höchstens 15 m, bei Zuschnitten > 500 mm auf höchstens 10 m zu begrenzen. Für Abstände zu Ecken oder Festpunkten gelten die halben Längen. Sind größere Längen erforderlich, müssen die Rinnen in einzelne Abschnitte aufgeteilt und mit Rinnenbewegungsausgleichern (Dilatationsstücke) (Bild **2**.265) ausgestattet werden. In DIN EN 12 056 werden für *Rinnengefälle* von 0–10 mm/m Zuschlagfaktoren für die Querschnittsbemessung benannt, also auch für *gefällelose* Rinnen. Es empfiehlt sich jedoch, die Rinnen mit einem Gefälle von 3 mm/m zu verlegen bzw. zumindest sicherzustellen, dass zur Vermeidung von Pfützenbildungen kein Gegengefälle im Rinnenlängsschnitt entsteht.

Hängedachrinnen werden von *Rinnenhaltern* gem. DIN EN 1462 aus rostgeschütztem Material getragen. Sie werden (4 bis 8 mm dick und 25 bis

Tabelle 2.264a Halbrunde Dachrinne, Maße in mm [9]

Nenn-größe	Zuschnitt-breite	d_1	d_2	e_1	f_1	g	Werkstoffdicke nach DIN EN 612 s_1				
	+1−2	±1	+20	±1	min.	+1	Al	Cu	VSt	Zn	S.s[1]
200	200	16	80	6	8	5	0,70	0,60	0,60	0,65	0,40
250	250	18	105	7	10	5	0,70	0,60	0,60	0,65	0,40
280	280	18	127	7	11	6	0,70	0,60	0,60	0,70	0,40
333	333	20	153	9	11	6	0,70	0,60	0,60	0,70	0,40
400	400	22	192	9	11	6	0,80	0,70	0,70	0,80	0,50
500	500	22	250	9	21	6	0,80	0,70	0,70	0,80	0,50

[1] mindestens Klasse B

Tabelle 2.264b Kastenförmige der Dachrinne, Maße in mm [9]

Nenn-größe	Zuschnitt-breite	a_1	d_1	d_2	e_1	f_1	g	Werkstoffdicke nach DIN EN 612 s_1				
	+1−2	±1	0−1	±1	±1	min.	±1	Al	Cu	VSt	Zn	S.s[1]
200	200	42	70	16	5	8	5	0,70	0,60	0,60	0,65	0,40
250	250	55	85	18	7	10	5	0,70	0,60	0,60	0,65	0,40
333	333	75	120	20	9	11	6	0,70	0,60	0,60	0,70	0,40
400	400	90	150	22	9	11	6	0,80	0,70	0,70	0,80	0,50
500	500	110	200	22	9	21	6	0,80	0,70	0,70	0,80	0,50

[1] mindestens Klasse B

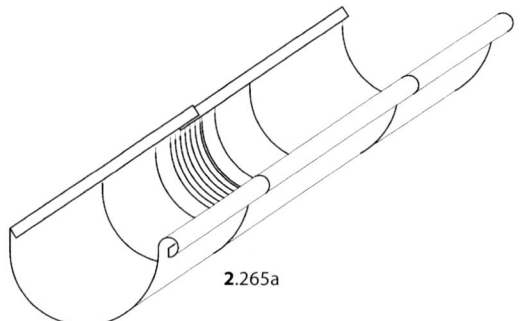

2.265a   2.265b

2.265 Rinnenbewegungsausgleicher

40 mm breit) in Abständen von 80 bis 90 cm auf die Konterlattung bzw. auf die Schalung geschraubt. Die Rinne wird am Rinnenhalter durch Federn (25 mm breite, über die Rinnenwülste gebogene Blechstreifen) befestigt, ohne in ihrer Längs- oder Querbewegung behindert zu werden (s. Bild 2.266 und 2.267). Die Bemessung der Rinnenhalter richtet sich nach klimatischen und örtlichen Anforderungen.

Die Rinnenhalter-Abstände sind nach Tabelle 2.268 zu wählen.

2.7 Dachrinnen und Regenfallrohre

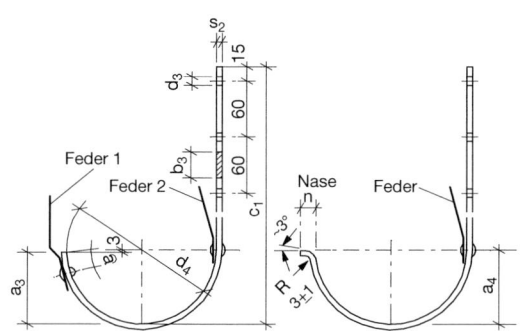

2.266 Rinnenhalter für halbrunde Hängedachrinnen
a) Form FFH mit zwei Federn
b) Form NFH mit Nase und Feder (Maße wie bei a)

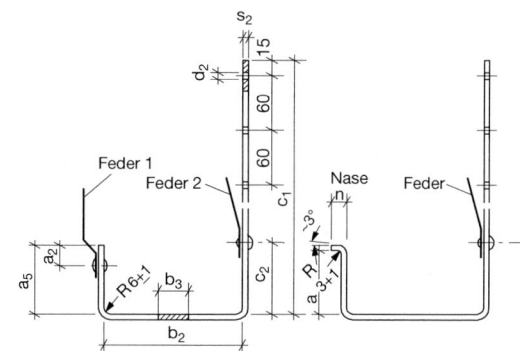

2.267 Rinnenhalter für kastenförmige Hängedachrinnen
a) Form FFH mit zwei Federn
b) Form NFH mit Nase und Federn (Maße wie linkes Bild)

Tabelle 2.268   Zuordnung der Rinnenhalter-Querschnitte [9]

Rinnenhalterabstand	übliche Beanspruchung	hohe Beanspruchung
in mm	Reihe	
≤ 740	1	3
≤ 840	2	4

Abmessungen und die bei der Montage zu beachtenden Bestimmungen gemäß DIN EN 612 sind aus den Tabellen 2.269 und 2.270 zu entnehmen.

Für die Werkstoffe der Rinnenhalter ist zu beachten:

Für Dachrinnen aus legiertem Zink (Titanzink) und aus verzinktem Stahlblech sind Rinnenhalter aus feuerverzinktem Bandstahl, für Dachrinnen aus Kupfer sind Rinnenhalter aus Flachkupfer oder aus kupferummanteltem Bandstahl (feuerverzinkt), und für Dachrinnen aus Aluminium sind Rinnenhalter aus Aluminiumband oder feuerverzinktem Bandstahl zu verwenden.

Mit den Regenfallrohren werden die Hängerinnen durch angelötete Blechstutzen verbunden, die in das Fallrohr eingeschoben werden.

In Bild 2.271 sind die Rinnenhalter auf einer abschließenden *Keilbohle* befestigt.

In diesem Beispiel ist die Unterspannbahn nicht hinterlüftet (Vollsparrendämmung s. Abschn. 2.9.2). Sprühwasser und Schmelzwasser von Flugschnee wird mit in die Regenrinne abgeleitet. Der Übergang zur Dachrinne wird durch ein Einlaufblech (Traufblech/Tropfblech)[1] gebildet. Die Lufteintrittsöffnung für die Hinterlüftung der Dachdeckung *oberhalb* der Unterspannbahn werden vor der Konterlattung durch ein Gitterband oder durch Kunststoff-Stachelbänder gesichert (Vögel, Marder!).

Statt der zwar verbreiteten jedoch etwas aufwändigen Ausführung mit Keilbohle wird heute vielfach bei Dachneigungen ab etwa 30° für Eindeckungen mit Dachziegeln oder Dachsteinen am

---

[1] Die Ausführung der Wasserableitung über ein Einlaufblech/Traufblech/Traufstreifen ist zwingend vorgeschrieben, es sei denn, es kommen regensichere oder wasserdichte Unterdächer (s. Abschn. 2.6.2) mit UV-beständigen Dachdichtungen zur Ausführung, die auch in frei bewitterten Bereichen anwendungsfähig sind. Übliche Unterspann- und Unterdeckbahnen sind nicht dauerhaft UV-beständig und dürfen daher für die direkte Einleitung der Entwässerung in die Dachrinnen im freibewitterten Bereich nicht eingesetzt werden. Ebenso ist nicht vollständig zu vermeiden, dass abtropfendes Wasser unvorhergesehen in darunter liegende Gebäudeteile abtropft. Diese Ausführung stellt somit einen fachtechnischen Mangel dar. Hinzu kommen ggf. ästhetische Mängel, wenn im Traufbereich die Bahnen teilweise sichtbar verbleibend angeordnet werden.

Tabelle 2.269   Rinnenhalter für halbrunde Dachrinne, Maße in mm [9]

Halbrunde Dachrinnen Nenngröße	c_1 ± 3	Maße für steigende Beanspruchung $b_3 \times s_2$ Reihe[1] 1	2	3	4	d_3 ± 1	d_4 +2 0	a_3[4] ± 1	a_4 ± 1	n ± 1
200	230	25×4	25×4	25×4	–		80	37	40	12
	270									
250	280	25×4	30×4	25×6	–		105	50	53	14
	330									
	410	25×4	–	–	–					
	500									
280	290	30×4	30×5	25×6	25×8	[2]	127	61	64	14
	350									
	390	30×4	–	–	–					
	480									
333	300	30×5	25×6	40×5	30×8		153	74	77	14
	370									
	450									
400	340	30×5	40×5	25×8	30×8		192	93	96	14
	430									
	410	30×5	–	–	–					
500	375	40×5	40×5	30×8	30×8		250	122	125	14
	515									

[1] s. Tabelle 1.270

[2] $d_3 = 6$ mm bei $s_2 \leqq 5$ mm; $d_3 = 7$ mm bei $s_2 > 5$ mm

Tabelle 2.270   Rinnenhalter für Kasten vermietet Dachrinnen, Maße in mm [9]

Kasten- förmige Dachrinnen Nenngröße	c_3 ± 3	Maße für steigende Beanspruchung $b_3 \times s_2$ Reihe[1] 1	2	3	4	d_2 ± 1	b_2 +2 0	a_2 ± 1	a_5 ± 1	a_6 ± 1	c_2 ± 1	n ± 1
200	230	25×4	25×4	25×4	–	70	70	18	31	34	34	12
	270											
250	280	25×4	30×4	25×6	–		85	20	44	47	46	14
	330											
333	300	30×5	25×6	40×5	30×8	[2]	120	20	62	65	65	14
	370											
400	330	30×5	40×5	25×8	30×8		150	20	77	80	79	14
	420											
500	350	40×5	40×5	30×8	30×8		200	20	97	100	99	14
	490											

[1] s. Tabelle 1.269

2.7 Dachrinnen und Regenfallrohre

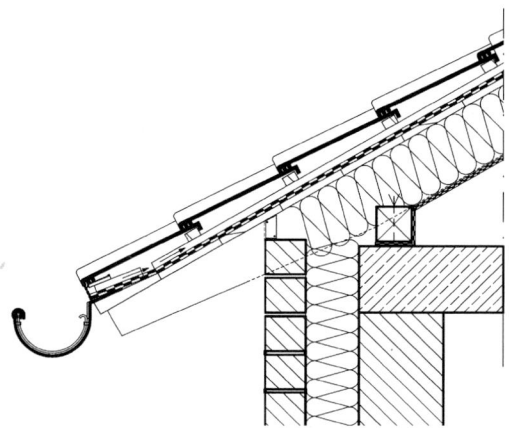

2.271 Halbrunde Hängedachrinne an Sparrengesims Traufenübergang mit Keilbohle (Traufbohle)

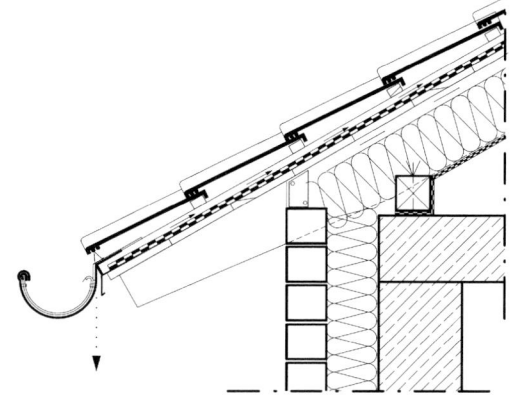

2.272 Halbrunde Hängedachrinne an Sparrengesims; Unterdeckung mit freiem Auslauf

Traufenabschluss eine Lösung bevorzugt wie in Bild **2**.272 gezeigt.

Den Abschluss der unteren Deckreihe, die Zuluftöffnungen und den erforderlichen Höhenausgleich bilden spezielle gelochte Kunststoff- oder Aluminiumprofile.

Die Hinterlüftung sowie die Ableitung von Sprüh- und Flugschnee-Schmelzwasser können im Winter durch Schnee- und Eisbarrieren behindert werden, die sich bei schneereichen wechselnden Wetterlagen an den Traufen bilden können. Größere Sicherheit bietet für solche Fälle die in Bild **2**.272 gezeigte Gesimsausbildung.

Die dort vorhandene Unterdeckung bzw. Unterspannbahn wird nicht über die Rinne entwässert. Anfallendes Sprüh- oder Schmelzwasser tropft frei über einen Blechstreifen *hinter* der Rinne ab. Ggf. sind die Sparrenzwischenräume oberhalb der Wärmedämmung über Zuströmgitter belüftet.

2.7.5 Dachrinnen – Sonderformen

Verdeckt eingebaute Traufenrinnen

Aus formalen Gründen werden Dachrinnen oft verdeckt hinter Gesimsen eingebaut (s. Abschn. 2.7.1). Dies stellt immer eine sorgfältig zu planende, kostenträchtige und schadensanfällige Lösung dar, weil bei Verstopfung der Abläufe oder der Rinnen durch Laub o. Ä. oder bei Undichtigkeiten der Rinnen beträchtliche Bauschäden an Gesimsen oder im Fassadenbereich die Folge sein können. Um die Risiken einer verdeckt eingebauten Rinne zu reduzieren ist es ratsam, unterhalb der Rinne eine *zweite* Wasser führende Schicht (Sicherheitsrinne, Bild **2**.273, **2**.277 und **2**.278) vorzusehen. Wenn die Sicherheitsrinne an ihren Enden freie Ausläufe ggf. als Wasserspeier erhält, können zudem frühzeitig mögliche Un-

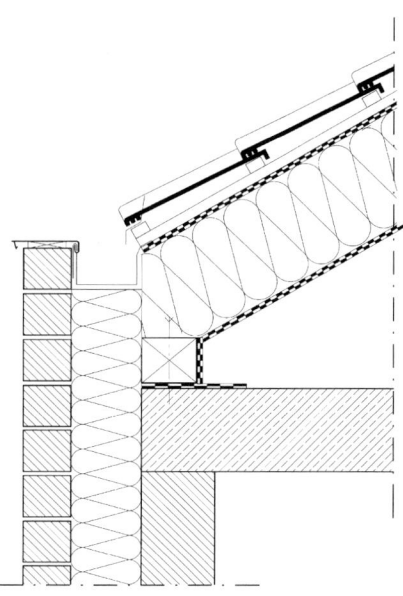

2.273 Verdeckte aufliegende Rinne als Kastenrinne mit Sicherheitsrinne

2 Geneigte Dächer

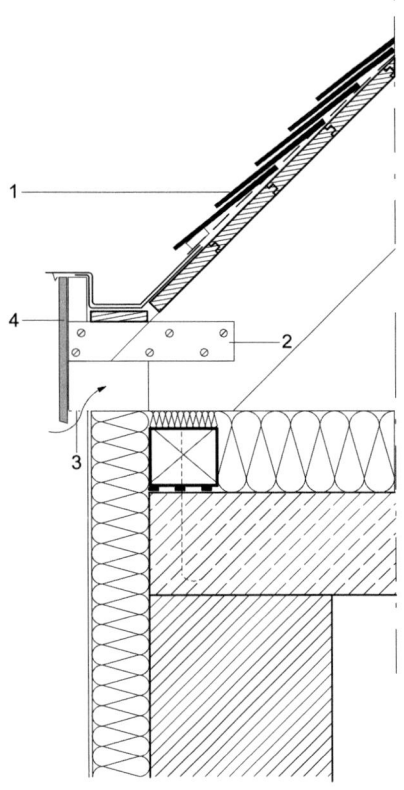

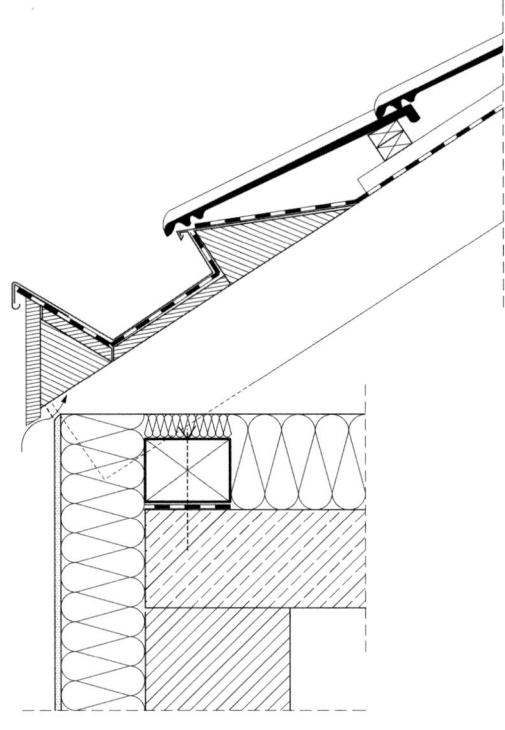

2.275 Verdeckte aufliegende Dachrinne aus abgekanteten Blechprofilen

2.274 Verdeckte aufliegende Dachrinne (Standrinne)
1 Faserzement-Platten
2 Lasche
3 Luftgitter
4 Bekleidungsbrett

dichtigkeiten der Dachrinne erkannt und behoben werden.

Eine in dieser Hinsicht am ehesten vertretbare Lösung stellt die in Bild **2**.273 gezeigte Ausführung dar. Das Überlaufen der Rinne in Folge von Verunreinigungen kann von außen erkannt werden, und es kann allenfalls zu Schäden am Gesims kommen.

Bild **2**.274 zeigt eine Kastenrinne in Verbindung mit einer Faserzementplattendeckung und einem Traufengesims als Holzbekleidung auf einer Holzunterkonstruktion. Die kastenartig geformte Rinne bildet gleichzeitig die obere Abdeckung des Traufengesimses. Die Rinnenoberkante unter der Dachhaut muss bei derartigen Rinnenkonstruktionen immer höher liegen als die Vorderkante des Gesimses. Das Traufengesims ist so ausgebildet, dass gleichzeitig die Belüftung der Dachkonstruktion und die Hinterlüftung der Holzteile innerhalb des Traufengesimses möglich sind.

Eine Ausführung wie in Bild **2**.275 mit einer speziell angefertigten kehlenförmigen Rinne ermöglicht an den Traufenenden freie Ausläufe als Wasserspeier, die im gezeigten Beispiel bei einem eingeschossigen Haus zur Einleitung des Regenwassers in Gartenteiche dienen.

Standrinnen

Standrinnen als „aufliegende" Rinnen (Halbrund- oder Kastenrinnen) werden bei Bauten ausgeführt, bei denen die Rinne vor dem Hauptgesims nicht in Erscheinung treten soll bzw. bei Grenzwänden nicht überstehen darf.

Standrinnen erfordern eine zweite Entwässerungsebene – ähnlich einer Gesims- oder Fensterbankabdeckung – zum Schutz des Gebäuderandes und zur Ableitung von Regenwasser und Rinnenwasser, das aus möglichen – meis-

2.7 Dachrinnen und Regenfallrohre

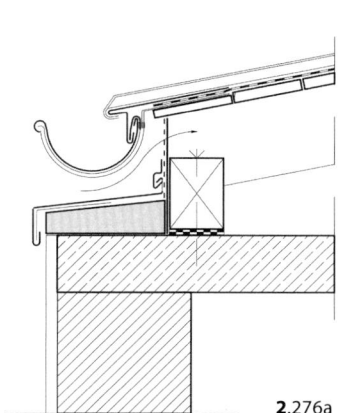
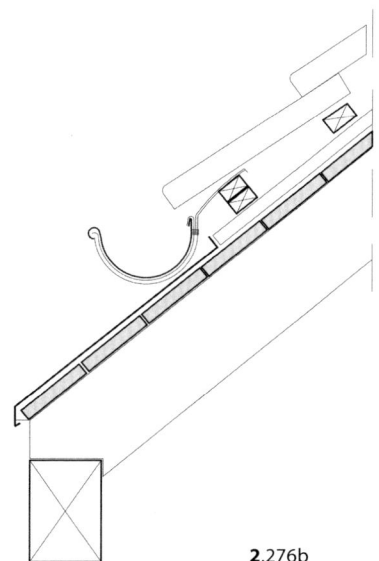

2.276a 2.276b

2.276 Standrinnen (Aufliegende Rinne)
a) auf Mauerwerk eines nicht beheizten Gebäudes
b) am Traufrand eines Carports

tens schwer zu beobachtenden – Undichtigkeiten herrührt (Bild **2**.276).

Innen liegende Dachrinnen

Bei Satteldachflächen zwischen giebelständigen Reihenhäusern, bei Grabendächern (Schmetterlingsdächer), Sheddächern (s. Bild. **2**.1) und wenn bei zusammengesetzten Dachflächen eine Ausführung von Kehlrinnen nicht möglich ist, sind innen liegende Dachrinnen nicht zu vermeiden.

Sie müssen in jedem Fall sehr reichlich dimensioniert werden, allein um eine einwandfreie Ausführung nicht durch zu kleine Bewegungsmöglichkeiten bereits bei der Herstellung zu gefährden. Die Funktion innenliegender Rinnen wird außerdem durch Verschmutzung und hereingefallene Fremdkörper (Kinderbälle!) immer wieder gefährdet. Für jeden Entwässerungsabschnitt sind daher zur Sicherheit mindestens *zwei* Fallrohre vorzusehen. In schneereichen Gegenden sollte außerdem eine thermostatgesteuerte Rinnenheizung eingebaut werden. Im Übrigen ist eine regelmäßige Wartung unbedingt erforderlich. Sie wird erleichtert, wenn die Rinnen begehbar ausgeführt sind (Bild **2**.278).

Das Gefälle sollte mindestens 5 % betragen. Bei innen liegenden Rinnen in großen Dachflächen ist zu der darunter liegenden Wärmedämmung ein Abstand von mindestens 30 cm einzuhalten, damit die Hinterlüftung der Dachflächen gewährleistet bleibt.

Undichtigkeiten werden bei innenliegenden Rinnen meistens erst dann bemerkt, wenn bereits Folgeschäden eintreten. Eine Ausführung mit „Sicherheitsrinne" (Bild **2**.277) ermöglicht ein frühzeitiges Erkennen von Undichtigkeiten, wenn der Auslauf der zusätzlichen unteren Wasserführung an einer Außenwand so angeordnet wird, dass er im Blickfeld liegt.

Die untere Abdichtungsebene kann auch über Wasserspeier oder zusätzliche Regenfallrohre bzw. mit Hilfe von Etageneinläufen (vgl. Flachdachentwässerungen Abschn. 3.6.2) entwässert werden.

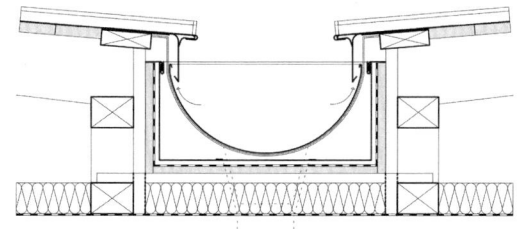

2.277 Innenliegende Dachrinne, halbrund mit Sicherheitsrinne

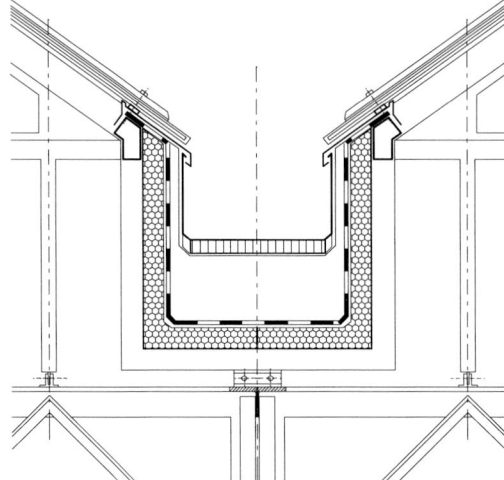

2.278 Innenliegende Dachrinne zwischen verglasten Dachflächen mit Sicherheitsrinne; begehbar

Eine begehbare (Innenbreite > 25 cm) Rinne mit Sicherheitsrinne in wärmegedämmter Ausführung zeigt Bild **2**.278 in Verbindung mit verglasten Dachflächen. Die auf einer Stahl-Unterkonstruktion aufliegende Blechschale, in der die Sicherheitsrinne mit der Wärmedämmung aufliegt, wirkt in diesem Falle als Dampfsperre.

Im Übrigen sollten besonders bei kleineren innenliegenden Rinnen Halbrund-Querschnitte bevorzugt werden. Durch die Krümmung der Rinnenfläche sind sie gegen Verformungen und damit auch gegen Undichtigkeiten wesentlich stabiler.

2.7.6 Regenfallrohre

Regenfallrohre sind je nach Dimension der Dachrinnen in Abständen von höchstens 12 m, mindestens aber für jeden einzelnen Rinnenabschnitt notwendig. Diese eigentlich selbstverständliche Forderung wird aber bei den heute weit verbreiteten komplizierten „Dachlandschaften" vielfach schon bei der Entwurfsplanung nicht beachtet, und es kommt dann später zu unbefriedigenden, oft abenteuerlichsten „Lösungen" für die Anzahl, Anordnung und Ausführung der Regenfallrohre. Die Lage und Anzahl der erforderlichen Regenfallrohre muss folglich bereits z. B.ginn jeder Dach- und Fassadenplanung berücksichtigt werden.

Regenfallrohre sind genormt nach DIN EN 612. Die Abmessungen können der folgenden Tabelle **2**.279 entnommen werden.

Bei der Herstellung werden Regenfallrohre gelötet (*L*), geschweißt (*S*) oder gefalzt (*F*).

Für die Werkstoffe der Regenfallrohre gelten die gleichen Bestimmungen wie für Dachrinnen.

Bezeichnung Dachrinnen und Fallrohre

Hängedachdinnen und Regenfallrohre aus Metallblech sind mit folgenden Angaben zu bezeichnen:

a) Beschreibung von Querschnittsform und Art des Erzeugnisses
b) Nummer der entsprechenden Norm (DIN EN 612)
c) Identifizierungsblock, bestehend aus
   – der Zuschnittbreite der Dachrinne bzw. dem Durchmesser des Fallrohrs in mm;
   – der Art des Werkstoffs durch Angabe des Kurzzeichens nach den Tabellen 3 und 4 der DIN EN 612 und Werkstoffklasse im Fall des Werkstoffes S.S.B (nicht rostender Stahl, Klasse B);
   – dem Buchstaben der Klasse für Wulstdurchmesser nach Tabelle 1 bzw. Klasse der Nahtüberlappung nach Tabelle 2 der DIN EN 612

Beispiel Bezeichnung einer rechteckigen Hängedachrinne mit einer Zuschnittbreite von 333 mm aus Kupfer (CU) mit einem Wulst der Klasse Y (Fallrohre werden nach dem Maß der Nahtüberlappung in die Klassen X und Y eingeteilt (s. Tab. 2 DIN EN 612). Wenn ein Produkt als Klasse X ausgewiesen ist, erfüllt es auch die Anforderungen der Klasse Y)
Rechteckige Hängedachrinne DIN EN 612-333-CU-Y
Bezeichnung eines Fallrohrs mit kreisförmigem Querschnitt von 100 mm aus nicht rostendem Stahl (S.S.) mit einer Dicke der Klasse B und einer Nahtüberlappung der Klasse X (Die Werkstoffdicke in Abhängigkeit von der Breite und von den Klassen A und B ist in Tab. 3 DIN EN 612 angegeben).
Rundes Fallrohr DIN EN 612-100-S.S.B-X

Für quadratische Fallrohre gilt Tabelle **2**.280.

An den Verbindungsstellen müssen die Fallrohre mind. 50 mm ineinander greifen.

Regenfallrohre für außen liegende Rinnen werden i. d. R. durch Rohrschellen an der Hauswand befestigt. Der Abstand der Fallrohre von der Wand soll dabei mind. 2 cm betragen, der Abstand der Rohrschellen untereinander soll bei einem Rohrdurchmesser bis zu 100 mm nicht über 3 m, bei größeren Rohrdurchmessern nicht über 2 m sein (Bild **2**.281).

2.7 Dachrinnen und Regenfallrohre

Tabelle 2.279 Regenfallrohre, Maße in mm [9]

Nenngröße[1]	Durchmesser $d^{[2]}$ ±1	Werkstoff nach DIN EN 612				
		Al	Cu	VSt	Zn	S.S
60	60	0,70	0,60	0,60	0,65	0,40
80	80	0,70	0,60	0,60	0,65	0,40
100	100	0,70	0,60	0,60	0,65	0,40
120	120	0,70	0,70	0,70	0,70	0,50
150	150	0,70	0,70	0,70	0,70	0,50

[1] Regional sind auch Regenfallrohre mit den Nenngrößen 76 und 87 noch möglich
[2] Innendurchmesser am oberen Ende
[3] mindestens Klasse B

Tabelle 2.280 Quadratische Regenfallrohre, Maße in mm [9]

Nenngröße	Seitenlänge $B^{[1]}$ ±1	Werkstoff nach DIN EN 612				
		Al	Cu	VSt	Zn	S.S[2]
60	60	0,70	0,60	0,60	0,65	0,40
80	80	0,70	0,60	0,60	0,65	0,40
100	100	0,70	0,60	0 60	0,65	0,40
120	120	0,70	0,70	0,70	0,70	0,50
150	150	0,70	0,70	0,70	0,80	0,50

[1] Innenmaße am oberen Ende
[2] mindestens Klasse B

Rohrnähte sollten an der Vorderseite oder seitlich liegen, damit bei nicht rechtzeitig erkannten Undichtigkeiten keine Schäden am Bauwerk entstehen.

Zwischen Übergang von Rinne und Fallrohr kann zur Verbesserung des Wasserabflusses entweder ein Wassersammelkasten oder ggf. konisch verlaufender Einlauftrichter vorgesehen werden. Insbesondere bei breiten Rinnenquerschnitten erhöhen Wasserkästen die Abflussleistung. Bei Rinnengefällen ≥2 cm/m müssen Wasserkästen vorgesehen werden, da anderenfalls das Wasser über den Ablauf hinwegschießen kann.

Ausgerundete Dachrinnenauslässe oder konische Einlauftrichter erhöhen ebenfalls die Abflussleistung. Sie sollten dem 1,5-fachen des Durchmessers des Regenfallrohres entsprechen.

Ästhetisch befriedigender sind Verbindungsstücke zwischen Rinne und Fallrohr ohne Änderung der Durchmesser sowie Geometrie der

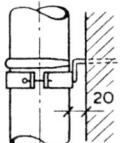
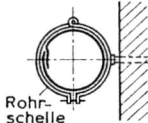

2.281
Befestigung des Fallrohrs an der Hauswand. Breite der Rohrschelle 30 mm; Länge des Dorns ohne Gewinde mind. 140 mm [9]

Verbindungsstücke (eckiger Dachrinnenauslass). Vielfach reicht bei gleich gewählter Dimensionierung der Durchmesser von Rinne und Fallrohr der Fallrohrquerschnitt bei üblich großen Dachflächen am Einlauf aus, so dass sich die Erhöhung des Abflussvermögens durch konische, trichter-

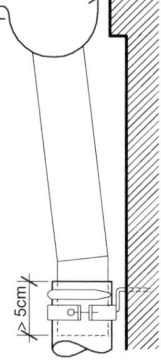

2.282 Verbindungsstück zwischen Dachrinne und Fallrohr, lose in das Fallrohr eingesteckt, das hier mit einem Rohrwulst auf der Rohrschelle hängt

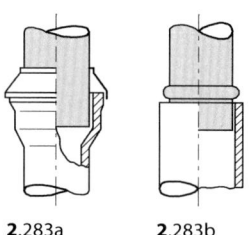

2.283a   2.283b

2.283 Standrohrübergang
a) Einführung in Gussrohr mit Muffe
b) Einführung in Gussrohr ohne Muffe

oder kastenförmig Querschnittserweiterungen erübrig. Bei Standrinnen kann das Wasser auch unmittelbar senkrecht aus der Rinne über Fallrohre in Wandschlitzen abgeleitet werden.

Laubfangkörbe reduzieren das Ablaufvermögen um bis zu 50 %!

Bei Dachüberständen und ausladenden Gesimsen sind vielfach schräg verlaufende (Bild **2**.282) oder durch Rohrbögen und Bogenrohre hergestellte Verbindungsstücke (Schwanenhals) zwischen Rinne und an der Fassade befestigten Fallrohren herstellbar und lassen sich nur vermeiden, wenn die Lage der Rinne in der Dachebene nach oben versetzt direkt über dem Fallrohr angeordnet wird. Der Dachüberstand wird dann frei entwässert (Bild **2**.276b).

Zubehörteile wie Rinnenablaufstutzen, Schrägrohre für den Übergang von Dachrinnen und Fallrohren sowie Rohrbögen sind so herzustellen, dass sie den Angaben der Hersteller entsprechend zu den zugehörigen Erzeugnissen passen.

Bei gefällelosen Rinnen wird die Rinne am Übergang zwischen Rinne und Fallrohr zu einem Rinnenkasten verbreitert, um das Überlaufen des aus zwei entgegengesetzten Richtungen einfließenden Wassers bei Sturzregen zu vermeiden. Lage und Form des Rinnenkastens werden von der Architektur des Bauwerks bestimmt.

Anschluss der Fallrohre

In der Regel war bisher meistens in den Landesbauordnungen oder Bausatzungen der Gemeinden der Anschluss aller Regenfallrohre an das öffentliche Abwassernetz vorgeschrieben.

Heute wird dagegen vielfach gefordert, das anfallende Regenwasser in Grünflächen versickern zu lassen oder es über Versickerungsschächte oder Rigolen[1] in das Grundwasser einzuleiten. Das Regenwasser kann auch in Zisternen für die Gartenbewässerung oder aber für die „Grauwasser"-Versorgung (z. B. Toilettenspülung) gesammelt werden.

Die Fallrohre werden an Grundleitungen über dickwandige verzinkte Stahl- oder Kupferrohre oder gusseiserne, „Standrohre" mit den Abwasserleitungen verbunden. Die Standrohre sollen mechanische Beschädigungen der dünnwandigen Regenfallrohre verhindern und werden daher je nach der zu erwartenden Beanspruchung 30 bis 100 cm über den Geländeanschnitt hochgeführt. Die obere Abschlusshöhe wird ggf. mit einem Gebäudesockel abgestimmt.

Der Übergang zwischen Regenfallrohr und Standrohr kann durch einen angelöteten Übergangsring gebildet werden (Bild **2**.283a). Damit werden zwar der Austritt von Kanalgasen und die damit meistens verbundene Verschmutzung der Übergangsstelle unterbunden, doch ist diese Lösung formal wenig befriedigend. Der in Bild **2**.283b gezeigte muffenlose Übergang, bei dem die Anschlussstelle lediglich mit einem aufgelöteten Wulstring abgedeckt wird, ist deshalb besser in Verbindung mit einem Regenrohrsand- und Laubfang mit Geruchsverschluss auszuführen (Bild **2**.284).

Innen liegende Regenfallrohre

Innen liegende Dachgräben (s. Bild **2**.278) und innen liegende Dachrinnen sollten am besten im-

---

[1] Eine Rigole ist ein mit Kies aufgefülltes unterirdisches, teilweise auch oberirdisches Auffangvolumen für Regenwasserrückhaltung und -versickerung.

2.8 Dachzubehör und Anschlüsse

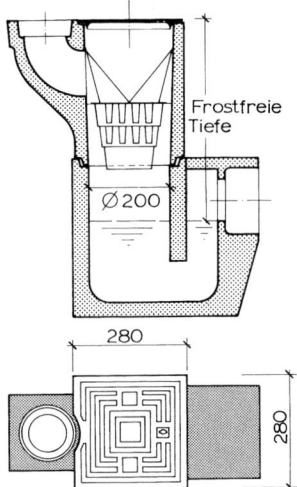

2.284   Regenrohrablauf aus Betonfertigteilen mit Geruchverschluss

mer über außen liegende Regenfallrohre an den Gebäuderändern entwässert werden. Wo dies nicht möglich ist, müssen innen liegende Regenfallrohre vorgesehen werden, deren Lage natürlich die Grundrissplanung beeinflusst. Beim Anschluss an das Kanalnetz sind besonders im Hinblick auf Rückstaugefahren die Bestimmungen von DIN 1986 in Verbindung mit DIN EN 752 – Entwässerungssysteme außerhalb von Gebäuden – zu beachten.

Wegen der Gefahr der Kondensatbildung müssen die Fallrohre bis mind. 1 m unterhalb des Regenwasserzulaufes – besser vollständig – durch eine ausreichende Wärmedämmung mit äußerer Aluminiumfolienhülle als Dampfsperre geschützt werden. Auch die Rinnen sind wenn nötig durch Wärmedämmungen gegen Kondensatbildung an der Unterseite zu schützen (vgl. Bild **2.**278).

Vorhandene Sicherheitsrinnen oder -abdichtungen müssen ggf. durch Etagenabläufe mit an die Regenfallrohre angeschlossen werden (vgl. Bild **3.**74 in Abschn. 3.6.2). Wenn irgend möglich, sollte durch Notüberläufe einer Rückstaubildung infolge von Verunreinigungen – z. B. durch Laub – innerhalb der meistens völlig unbeaufsichtigten Dachgräben wegen der oft beträchtlichen Folgeschäden vorgebeugt werden.

2.8 Dachzubehör und Anschlüsse an Dachdeckungen

2.8.1 Anschlüsse an Wände und Abgasanlagen[1]

DIN 18 160-5 – Einrichtungen für Schornsteinfegerarbeiten ist zusammen mit den Unfallverhütungsvorschriften „Bauarbeiten" (DGUV – Vorschrift 38, vormals BGV C 22) überarbeitet worden. Es wurden auch Arbeitsschutzbestimmungen über Arbeitsplätze und Verkehrswege für die Durchführung von Schornsteinfegerarbeiten aufgenommen. DIN 18 160-5 ist gleichzeitig Anwendungsnorm für die Bauprodukte der DIN EN 516 und der DIN EN 517 DIN EN 12 951.

Abgasanlagen müssen durch Zinkblech- oder Bleikragen („Verwahrungen") in die Dachhaut so eingebunden werden, dass Bewegungen zwischen Abgasanlage und Dach möglich sind. Eine früher verbreitete Abgasanlagen – „Einfassung" an einen Kaminkopf aus Mauerwerk zeigt Bild **2.**285. Ein Walzbleikragen stellt den beweglichen Übergang zwischen Dachhaut und Kaminkopf her. Der obere Anschluss wird durch einen Zinkblech-Überhangstreifen („Kappleiste", Bild **2.**233) gebildet. Während früher die Einfassung oft stufenförmig in die Fugen der meistens verwendeten Kaminkopf-Verklinkerung eingelassen wurde, verwendet man heute meistens kostengünstigere gerade Kappleisten, die mit Klebebändern und dauerelastischem Fugenmaterial (Wartungsfuge!) gegen das Mauerwerk abgedichtet werden.

Abgasanlagenköpfe wurden früher häufig mit Klinker-Sichtmauerwerk ausgeführt. Durch Verarbeitungsfehler kam es in vielen Fällen z. B. uschäden durch Schlagregenwasser, das hinter den Einfassungen durch das Mauerwerk der Abgasanlagen eindrang. Deshalb sind hinterlüftete Bekleidungen der Abgasanlagenköpfe aus Faserzementplatten, Schiefer, Metall oder durch vorgefertigte Komplettelemente nahezu zur Standardausführung geworden. Hinterlüftete Konstruktionen ermöglichen die wesentlich sicherere und gestalterisch bessere Ausführung der Anschlüsse durch Hochführung der Verwahrung unter und hinter das Bekleidungsmaterial (Hinterschneidung).

Dachanschlüsse an andere, senkrecht an die Dachfläche grenzende Wandflächen werden in

---

[1] Für den Begriff Schornstein wurde aufgrund des geänderten Baurechts der Begriff „Abgasanlage" eingeführt.

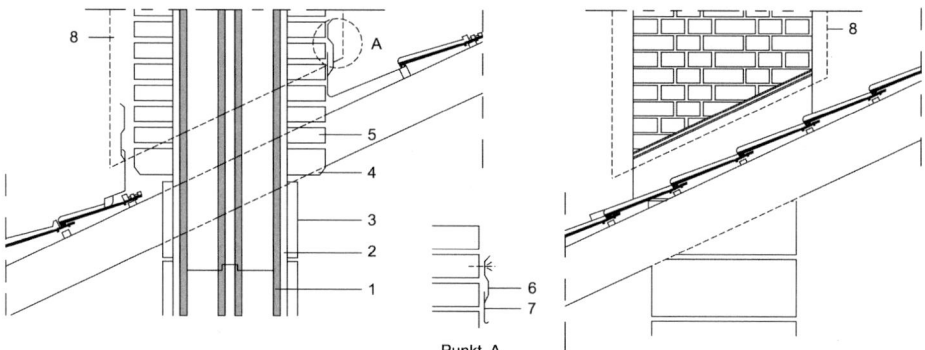

2.285 Einfassung eines mehrschaligen Montageschornsteines
1 Schamotte-Innenrohr
2 Wärmdämmung ≧ 25 mm
3 Ummantelung aus Formsteinen
4 Beton-Kragstein für Schornsteinkopfmauerwerk
5 Schornsteinkopf, gemauert (oder Formsteine)
6 Kappleiste mit dauerelastischer Eindichtung
7 Walzblei-Einfassung (dem Fugenschnitt folgend oder in schräg eingeschnittenem Schlitz)
8 hinterlüftete Bekleidung

gleicher Weise wie Abgasanlageneinfassungen hergestellt (s. auch Bilder **2**.177 und **2**.178).

Bei größeren Längen von Dachrandanschlüssen müssen temperaturbedingte Längenänderungen berücksichtigt werden. Die früher üblichen Schiebestöße (s. Bild **2**.234a) werden wegen des großen handwerklichen Arbeitsaufwandes heute meistens durch spezielle eingelötete Schiebestücke (Dilatationsstücke) ersetzt (vgl. Bild **2**.234b und **2**.265).

2.8.2 Standflächen für Schornsteinfeger an Abgasanlagen

An den erforderlichen Stellen der Abgasanlagen sind Standflächen nach DIN 18 160-5 anzuordnen. Die Standflächen werden in die Klassen A–D klassifiziert. Dabei bedeuten

- Klasse A: Standfläche an der Mündung der Abgasanlage
- Klasse B: Standfläche an einer Reinigungsöffnung bis 5 m unterhalb der Mündung der Abgasanlage
- Klasse C: Standfläche an einer Reinigungsöffnung bis 15 m unterhalb der Mündung der Abgasanlage
- Klasse D: Standfläche an der unteren Reinigungsöffnung der Abgasanlage
- Klasse E: Standfläche an der Mündung von Abgasanlagen, die mit Steigschutz erreicht werden

Standfläche DIN 18 160-5

Die Standflächen müssen über sichere Verkehrswege (Treppen, Leitern, Laufstege, Trittflächen oder Einzeltritte) erreichbar sein. Dabei müssen die Bauteile der Einrichtungen aus Metall einen ausreichenden Korrosionsschutz aufweisen. Bauteile aus Holz sind für Verkehrswege und Standflächen im Freien unzulässig.

Die Anordnung der Standflächen ist in DIN 18160-5, Abschn. 6.3 geregelt. Bild **2**.286 zeigt die Anordnung der Standfläche Klasse A mit Trittflächen.

Standroste bestehen aus feuerverzinkten Stahlrosten. Standroste werden auf verstellbaren, in die Dachdeckung eingehängten Konsolen oder auf Formsteinen montiert (Bild **2**.287).

Der Zugang zum Standrost am Schornstein führt – in der Regel aus Dachausstiegfenstern neben der Abgasanlage – direkt oder über treppenartig angeordnete kurze Standroste bzw. Trittkonsolen (Bild **2**.287c).

2.8.3 Dachhaken, Schneefanggitter und Dachüberstand

Bei sehr glatten Dachdeckungen wie Schiefer- oder Faserzement-Platteneindeckungen und auf steilen Dächern werden Dachhaken vorgesehen, die das Einhängen von Dachdeckerleitern, leichten Arbeitsgerüsten und Sicherheitsleinen für Reparaturarbeiten erleichtern, ohne dass teure

2.8 Dachzubehör und Anschlüsse

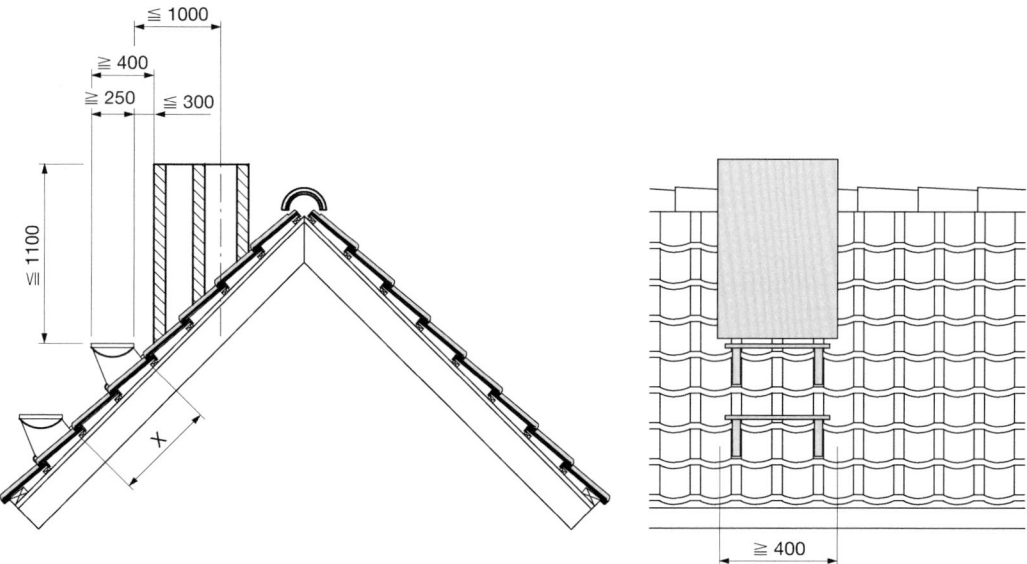

2.286 Standfläche Klasse A mit Trittflächen gem. DIN 18 160-5
Maß x : Dachneigung ≤ 45° → ≤ 0,75 m; Dachneigung > 45° → l ≤ 0,50 m

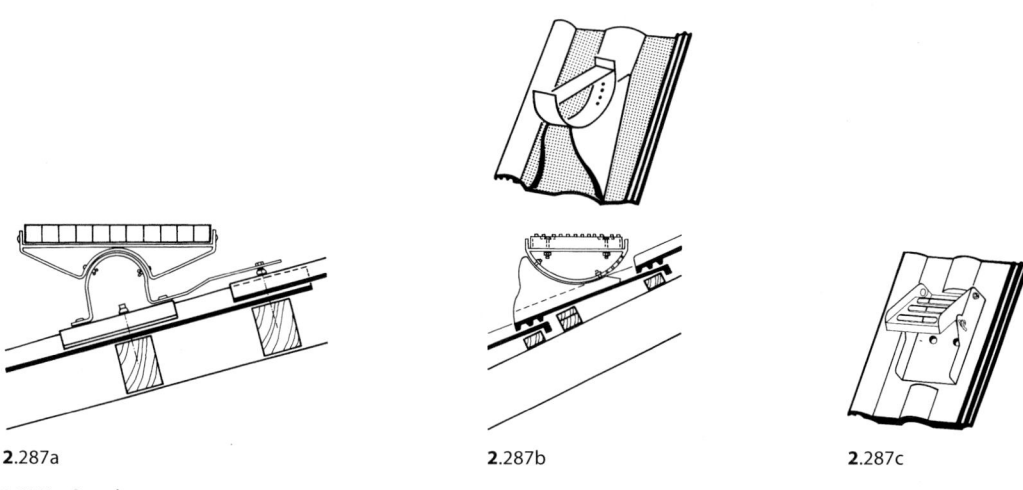

2.287a **2**.287b **2**.287c

2.287 Standroste
a) auf verstellbaren Konsolen
b) Standroststein
c) Standon-Trittstein (Fa. Klöber)

Gesamteinrüstungen des Bauwerkes nötig werden (Bild **2**.288a).

Wenn Dachflächen mit größerer Neigung als etwa 30° Verkehrsflächen (Bürgersteige, Wege im Grundstück, Hauseingänge) zugewandt sind, werden Sicherungen gegen das Herabfallen von Schneemassen, Eis oder auch gelöstem Dachdeckungsmaterial verlangt. Es müssen daher Schneefanggitter (Bild **2**.288b) oder Schneefangbalken am Traufenrand vorgesehen werden (in sehr schneereichen Gegenden auch in mehreren Reihen hintereinander in der gesamten Dachfläche), um das Abgleiten von „Dachlawinen" zu verhindern.

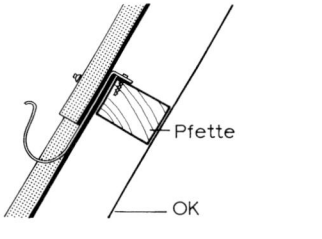 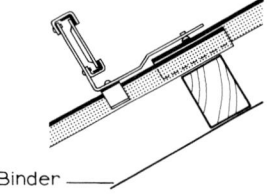 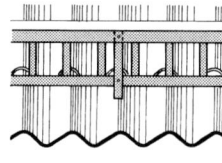

2.288a 2.288b

2.288 Dachhaken und Schneefanggitter
a) Dachhacken auf Wellplatten-Eindeckung, b) Schneefanggitter auf Wellplatten-Eindeckung

Insbesondere bei großen *Traufenüberständen* kann an der Fassade aufsteigende Warmluft im Winter den Schnee am Dachrand vorzeitig zum Schmelzen bringen. Die mit Schnee oder Eis gefüllte Dachrinne lässt das Schmelzwasser überfließen, und es kann zur Bildung großer, beim Herabfallen sehr gefährlicher Eiszapfen kommen.

Dazu kommt, dass die sich bildende Eisbarriere in Verbindung mit verharschtem Schnee oberhalb der Traufe zu Rückstau von Schmelzwasser führen kann, das schließlich in den Dachraum überfließt. Diesen Gefahren kann durch Wärmedämmung der Gesimse begegnet werden. Rückstauwasser kann über diffusionsoffene, gut hinterlüftete Spannfolien abgeleitet werden.

Dachüberstand. Hinsichtlich der Abstandsflächen sind Dachüberstände genehmigungsrechtlich i. d. R. dann nicht relevant, wenn sie nicht mehr als 1 m vor die Außenwand hervortreten. In einzelnen Landesbauordnungen gelten hiervon teilw. abweichende Regelungen. Weiterhin wird die Größe des Dachüberstandes vielfach von der Geometrie des gewählten Dachdeckungsmaterials bestimmt (begrenzte Verschiebbarkeit der horizontalen Fugen von Dachziegeln und -steinen).

Gestalterisch werden Dachüberstände gern so schlank wie möglich ausgeführt. Die Dachüberstände liegen dabei außerhalb des thermisch geregelten Volumens, d. h. im nicht beheizten Bereich. So sind sie i. d. R. auch nicht wärmegedämmt bzw. nicht von der Wärmedämmung des Daches überdeckt („überdämmt") (Bild **2**.289b). Die Problematik derartiger Dachüberstände mit Unterkonstruktionen aus Holzwerkstoffplatten

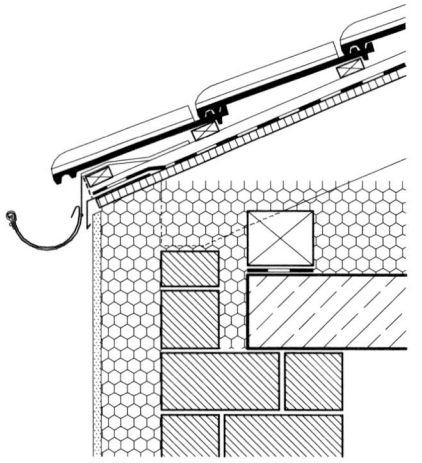 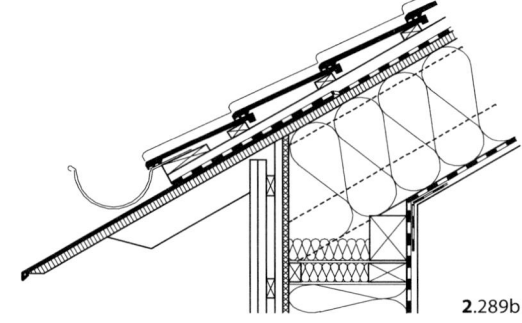

2.289a 2.289b

2.289 Traufengesims (Dach mit Unterdach),
a) ohne Dachüberstand, Dachraum nicht ausgebaut
b) mit Dachüberstand, Dachraum ausgebaut

2.8 Dachzubehör und Anschlüsse

an Traufen und Ortgängen darf nicht unterschätzt werden. Vielfach ist es zu Mängeln und auch zu gravierenden Schäden durch Schimmel- und Bläuebefall gekommen. Dabei wird der Befall aus der Außenluft eingetragen. Holzschädlinge benötigen für ihr Wachstum eine ausreichend feuchte Umgebung und ein entsprechendes Nährstoffangebot. Als ausreichend feuchte Umgebung reicht schon eine relative Luftfeuchte von mehr als 80 %. Die starke Auskühlung der Holzwerkstoffplatten in klaren Nächten führt dazu, dass es an der Oberfläche der Platten zu Luftfeuchten von bis zu 100 %, kommt und damit entsteht Tauwasser. Dabei führt eine Metalldeckung oder Folienabdichtung eher zu starken Unterkühlungen als eine Dacheindeckung aus Dachziegeln oder Betondachsteinen. Insbesondere, wenn hygroskopische Plattenwerkstoffe eingesetzt werden, deren Verleimung Alkalisalze enthalten, erhöht sich das feuchte Niveau beträchtlich. Deshalb sollten hygroskopische Plattenwerkstoffe vermieden werden. Es sollte an solchen Stellen auch kein Birken-, Buchen- und Seekiefer-Sperrholz eingesetzt werden. Holzbauteile sollten durch Anstrich oder Grundierung gegen Schimmel- und Bläuebefall besonders geschützt werden. Platten sind vor der Verlegung mit einem geeigneten Kantenschutzmittel zu versehen. Für die Außenanwendung eignet sich hierfür u. A. Acrylat oder Baumwachs, die eingespachtelt werden können.

2.8.4 Sanitärentlüftungen und Antennendurchgänge

Für das Einbinden von Durchgängen von Sanitär-Entlüftungen, Antennen und ähnlichen die Dachhaut durchdringenden Bauteilen werden heute fast durchweg Kunststoff-Formteile – passend zu allen gängigen Dachdeckungsarten – verwendet, deren schwenkbare Oberteile das Anpassen an jede Dachneigung ermöglichen (Bild **2**.290 und **2**.298).

Außer den in Bild **2**.290a gezeigten Lüfteraufsätzen können auch spezielle Lüfter-Formteile (vgl. Bild **2**.180d) verwendet werden (Bild **2**.290c).

Für Dacheindeckungen mit mörtelfrei verlegten Firststeinen sind Entlüftungssysteme auf dem Markt, bei denen der Druckausgleich für die Sanitärleitungen durch spezielle Endstücke im Luftraum des Firstes erfolgt (Bild **2**.290b). Die Sanitärleitungen werden mit Hilfe von flexiblen Übergangsrohren (Flexrohre) angeschlossen.

Für Antennendurchgänge und ähnliche Dachdurchbrüche gibt es spezielle Formteile (Bild **2**.291a).

Beim Einbau aller Formteile sind oberhalb der erforderlichen Ausschnitte in die Unterspannbahnen *Ablaufschlaufen* einzubauen, die das Eindringen von ablaufendem Sprüh- oder Kondenswasser verhindern (Bild **2**.291b).

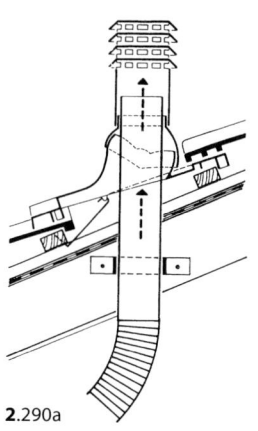
2.290a

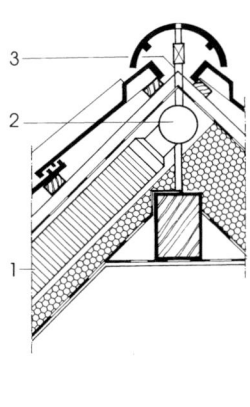
2.290b

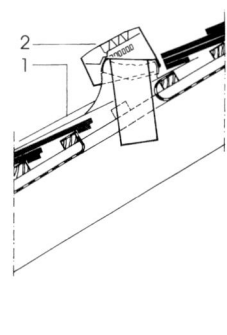
2.290c

2.290 Sanitärleitungs-Entlüftungselemente
  a) Kunststoff-Entlüfter-Formteil für Falzpfannen und Betondachsteine
  b) Sanitärentlüftung über Trockenfirst SITAsalü®
  1 Sanitärleitung (Flexschlauch)
  2 Spezial-Lüfterelement
  3 Strömungsregulator
  c) Sani-Lüfter (Braas)
  1 Durchgangsplatte (Formstein oder Universalplatte für alle Deckungsarten)
  2 Sani-Lüfter-Haube (auch mit zusätzl. Wetterkappe)

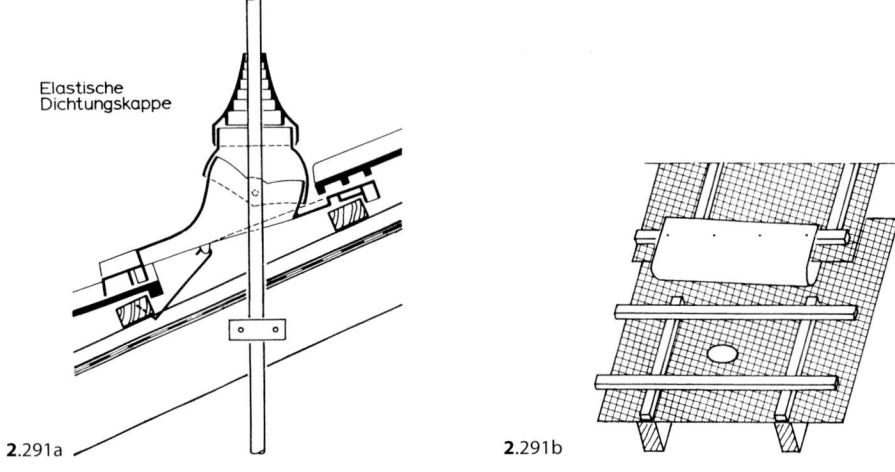

2.291a 2.291b
2.291 Sicherung Dachdurchbrüche
a) Kunststoffformteil für Antennendurchgang
b) Sicherung von Durchbrüchen in Unterspannbahnen durch „Ablaufschlaufe" als Saumrinne

2.9 Ausbau von Dachräumen

2.9.1 Allgemeines

Dachräume unter geneigten Dachflächen werden heute zur besseren wirtschaftlichen Ausnutzung des umbauten Raumes, aber ggf. auch wegen der besonderen Eigenschaften der sich aus der Dachform ergebenden Räume in der Regel zum Wohnen genutzt. Die Dachflächen müssen damit allen Anforderungen an Wärme-, Feuchtigkeits-, Schall- und Brandschutz genügen.

Dachdeckungen geneigter Dächer sind in der Regel ohne zusätzliche Maßnahmen nicht absolut wasser- und winddicht. Insbesondere bei starker Windbelastung kann Sprühwasser und Flugschnee durch die Deckfugen der Dachdeckung eindringen (s. Abschn. 2.6.2) Auch durch Rückstau (z. B. durch Eisbarrieren im Traufenbereich) muss unter extremen Witterungsbedingungen vorübergehend mit eindringendem Wasser gerechnet werden.

Die Anforderungen an den Wärmeschutz von Gebäuden sind zudem durch die Energieeinsparverordnung (EnEV) erheblich gesteigert worden.

Die zwangsläufig immer dicker werdenden Wärmedämmschichten erfordern neue bauphysikalische und konstruktive Überlegungen auch für Dächer über ausgebauten Dachräumen.

2.9.2 Wärmeschutz

Allgemeines. Die Wärmedämmung von ausgebauten Dachgeschossen muss den gesamten genutzten Dachquerschnitt *lückenlos* umschließen (Bild **2**.292). Schließen die Wärmedämmungen dabei an seitliche Abmauerungen von Dachzwickeln an, müssen auch die dahinter liegenden Deckenflächen einen geeigneten ausreichenden Wärmeschutz erhalten (Bild **2**.292c).

Der erforderliche Wärmeschutz ist nach DIN 4108 in Verbindung mit der Energieeinsparverordnung (EnEV) zu dimensionieren (s. Abschnitt 17.5 in Teil 1 dieses Werkes).

Je nach Wärmeleitfähigkeitsgruppe des Dämmstoffes (WLG 020 bis 045) sind Dämmstoffdicken von oft mehr als 220 mm erforderlich.

Bei geneigten Dächern mit ausgebautem Dachgeschoss hat sich die Dämmung ohne Hinterlüftung zwischen den Sparren als *Vollsparrendämmung* durchgesetzt (Bild **2**.293, **2**.295c und **2**.296a). Hierdurch wird erreicht, dass die gesamte Sparrenhöhe für das Einbringen von Dämmstoffen genutzt werden kann. Darüber hinaus wird der Wärmeschutz insgesamt verbessert, da eine zusätzliche Auskühlung der Wärmedämmschicht durch eine Luftschicht *zwischen* Unterspannung, -dach bzw.- deckung und Wärmedämmung vermieden wird. Die Ausführungen mit *belüfteter* Wärmedämmung (Bild **2**.295a und b

2.9 Ausbau von Dachräumen

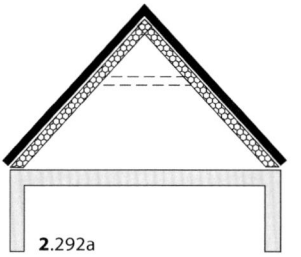 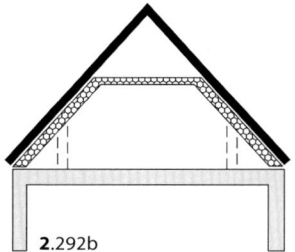 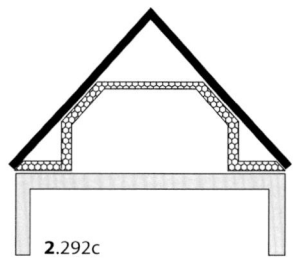

2.292 Wärmedämmung von Dachräumen
 a) Dachraum voll wärmegedämmt
 b) Dachraum bis Kehlbalken- oder Zangenhöhe wärmegedämmt
 c) Wärmedämmung bei seitlich offenen Dachräumen

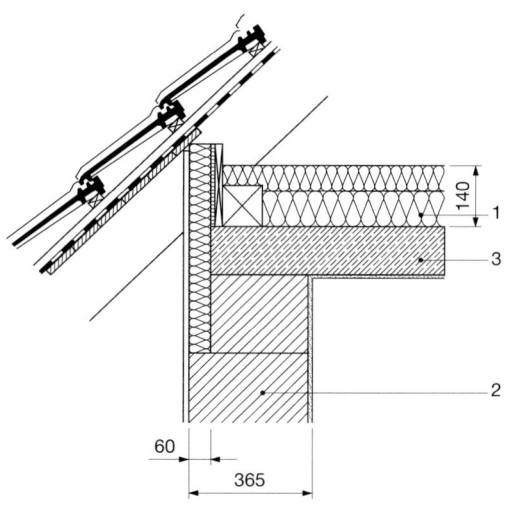 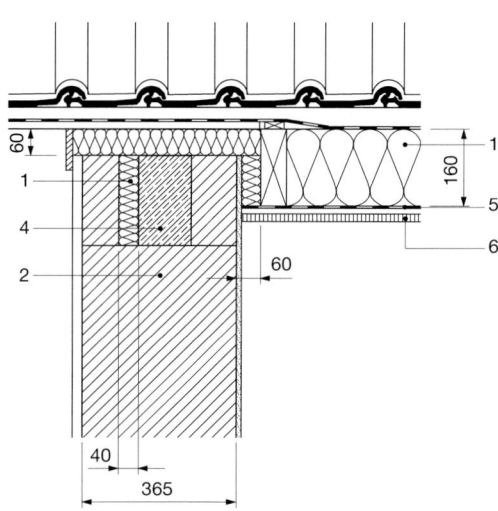

2.293a   2.293b

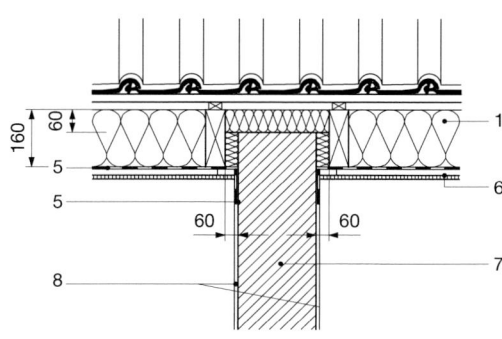

2.293 Wärmebrückenfreie Konstruktionen
 nach DIN 4108 Bbl 2
 a) Pfettendach-monolithisches Mauerwerk
 b) Ortgang-monolithisches Mauerwerk
 c) Dach-Innenwand-Anschluss
 1 Wärmedämmung (Vollsparrendämmung)
 2 Monolithisches Mauerwerk
 3 Stahlbetondecke
 4 Stahlbeton-Ringanker
 5 Dampfsperre/Luftdichtheitsebene
 6 Innenbekleidung (z. B. GK-Bauplatte)
 7 Innenwand
 8 Innenputz

2.293c

und 2.296b) kommen heute nur noch bei sehr hohen Sparrenprofilen oder besonderen bauphysikalischen Anforderungen an die Dachkonstruktion in Frage.

Überall da, wo der mittlere Wärmedämmwert einer Fläche (Außenwand, Dachfläche usw.) unterschritten wird, spricht man von einer *Wärmebrücke*.

Je besser eine Fläche gedämmt wird, desto größer wird zwangsläufig auch die Gefahr, dass konstruktive Wärmebrücken entstehen. Die sehr hohen Anforderungen an die Wärmedämmung von Außenbauteilen erfordert gleichzeitig eine sorgfältige Planung und Ausführung, damit Wärmebrücken weitestgehend vermieden werden. Bild 2.293 zeigt Beispiele aus DIN 4108 Bbl. 2, wie Wärmebrücken möglichst verhindert werden (vgl. hierzu Abschn. 17.5 in Teil 1 des Werkes).

Luftwechsel. Auf ausreichenden Luftwechsel ist aus Gründen der Hygiene, der Begrenzung der Raumluftfeuchte sowie ggf. der Zuführung von Verbrennungsluft nach bauaufsichtlichen Vorschriften (z. B. Feueranlagenverordnungen der Bundesländer) zu achten. Dies ist in der Regel der Fall, wenn während der Heizperiode ein auf das Luftvolumen innerhalb der Systemgrenze bezogener durchschnittlicher Luftwechsel von 0,5 h^{-1} bei der Planung sichergestellt wird.

Wärmedämmstoffe. Es können alle Wärmedämmstoffe verwendet werden, die mindestens die Brandschutz-Anforderungen der Baustoffklasse B 2 (normal entflammbar) erfüllen.

Einen Überblick über die wichtigsten Dämmstoffe und ihre Wärmeleit- bzw. Dämmeigenschaften gibt Tabelle 2.294).

Die Wärmedämmungen können eingebaut werden

- *zwischen* den Sparren mit hinterlüfteter Unterspannbahn (Bild 2.295a)
- *unter* und *zwischen* den Sparren (Bild 2.295b)
- *zwischen* den Sparren *ohne* Hinterlüftung der Unterspannbahn (Vollsparrendämmung, Bild 2.295c).
- *über* den Sparren (Bild 2.295d).

In der Vergangenheit wurden die lichten Sparrenabstände oft auf die Standardbreiten der Dämmstoffe (z. B. 60 cm) festgelegt.

Tabelle 2.294 Wärmedämmstoffe

Dämmstoff	Wärmeleitfähigkeitsgruppen WLG	Wärmeleitfähigkeit W/(m² K)
Mineralwolle[1]	0,35; 0,45	0,035; 0,045
PS-Hartschaum	040	0,040
PS-Hartschaum	035	0,035
PUR-Hartschaum	030	0,030
PUR-Hartschaum	025	0,025
PUR-Hartschaum	020	0,020
Schafwolle	045	0,045
Kork	050	0,050
Holzfaserdämmplatten	045	0,045
Imprägnierte Zellulose	050	0,050
Vakuumisolationspaneele (VIP)	004	0,004
ferner Holzwolle-Leichtbauplatten, Naturfaserplatten, Papierplatten, Schüttdämmstoffe.		

[1] Mineralwolle wird aus Glasrohstoffen oder Gesteinen unter Zusatz von Kunstharzen als Binder und willen hergestellt.

In letzter Zeit wurden Mineralfasererzeugnisse wegen möglicher gesundheitlicher Gefahren bei der Verarbeitung kritisch betrachtet. In Deutschland dürfen nur noch Mineralfaserdämmstoffe in den Verkehr gebracht werden, die die Herstellungs- und Verwendungsbeschränkungen der Gefahrenstoffordnung (GefStoffV) erfüllen (Anhang II zu § 16, Abs.2, Nummer). Diese Mineralfaserstoffe sind „frei von Krebsverdacht".

Der entstehende Staub kann dennoch bei der Verarbeitung und dem Einbau zu starken Reizungen der Augen, der Atemwege und der Haut führen, die allerdings in der Regel rasch abklingen. Es sollte daher beim Arbeiten mit Mineralwolle-Erzeugnissen, insbesondere beim Ausbau von alten Mineralfaserdämmungen, für gute Belüftung an den Arbeitsplätzen gesorgt werden. Sinnvoll sind Feinstoff-Atemmasken, Schutzbrillen und eventuell das Auftragen von Schutzcremes (s. Broschüre: Umgang mit Mineralwolle-Dämmstoffen; Hrsg.: Fachvereinigung der Mineralfaserindustrie sowie Arbeitsgemeinschaft der Bau-Berufsgenossenschaften).

Heute ist es sinnvoller, möglichst hohe Sparren mit folglich größeren Sparrenabständen zu verwenden, damit die aufgrund der Energieeinsparverordnung (EnEV) erforderlichen dickeren Dämmstoffschichten untergebracht werden können. Schaumstoffe und faserförmige Wärmedämm-Materialien sind heute so aufbereitet, dass sie sich gut zwischen die Sparren klemmen lassen (sogen. „Klemmfilze") . Mineralwolleplatten lassen sich auch bei unterschiedlichen Spar-

2.9 Ausbau von Dachräumen

2.295 Einbau von Wärmedämmungen
a) zwischen den Sparren mit Luftraum
b) zwischen und unter den Sparren mit Luftraum
c) Zwischen den Sparren, Vollsparrendämmung
d) auf den Sparren aufliegend (auf Vollschalung oder als freitragende Dämmelemente)
1 Lattung
2 Konterlattung
3 Unterspannbahn (diffusionsoffen)
4 Wärmedämmung
5 Dampfsperre (luftdicht)

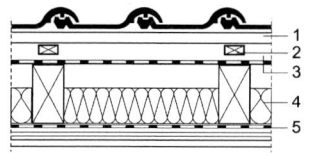
2.295a

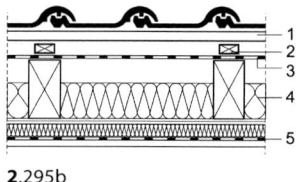
2.295b

2.295c

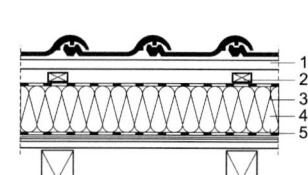
2.295d

renabständen bei geringem Verschnitt leicht einbauen. Die Zuschnittsbreite sollte dabei 1 cm breiter als der lichte Sparrenabstand sein. Dadurch ist gewährleistet, dass die Wärmedämmungen zwischen den Sparren möglichst absolut dicht eingebaut sind.

Wegen der unvermeidlichen Rohbauungenauigkeiten durch Verformung der Sparren u. A. ist dies jedoch nur bei sehr sorgfältiger Ausführung zu erreichen.

Wärmedämmung muss auch untereinander dicht gestoßen eingebaut werden. Besser sollten Dämmungen *zweilagig* und fugenversetzt eingebaut werden, um eine nahezu vollständige Fugenüberdeckung durch eine zweite unterseitige Dämmschicht zwischen der Unterkonstruktion der Innenbekleidung zu erreichen (Bild **2.**295b). Das gilt auch für Dämmlagen in den Sparrenzwischenräumen.

Zellulosedämmung. Zunehmend kommt auch Zellulose als Dämmstoff zum Einsatz. Dieser Dämmstoff bietet neben dem klassischen winterlichen Wärmeschutz auch einen verbesserten Schutz gegen sommerliche Hitze und gegen Außenlärm. Die natürliche Sorptionsfähigkeit (Wasserdampfaufnahmefähigkeit) von Zellulose bewirkt außerdem, dass sich der Feuchtegehalt seiner Umgebung anpasst.

Zellulosefaserdämmstoffe werden aus ungebleichter, reiner Zellulose oder aus mechanisch zerfasertem Zeitungspapier hergestellt. Das Material wird durch Zerfaserung und Mahlung zerkleinert und danach verdichtet. Es können durchaus (je nach Inhaltsstoffen des Recyclingmaterials) Schadstoffe, z. B. Schwermetalle, in das Dämmmaterial gelangen. Häufig wird Zellulosefaserdämmstoffen auch Borsalz beigemengt, um diese pilz- und schädlingsresistent zu machen. Außerdem kann dadurch die Brandschutzklasse B2 erreicht werden.

Zellulosefaserdämmstoffe werden i. d. R. mit Maschinen in die Dachkonstruktion *eingeblasen* (Einblasdämmung). Diese Arbeiten sollten nur durch geschultes Personal von Fachfirmen erfolgen. Auch dieses Material soll keiner Feuchtigkeit ausgesetzt werden. Neben dem Verlust der Dämmwirkung könnte dies zu Pilz- und Schädlingsbefall führen, weil die Borsalze ausgewaschen werden können.

Auch Schafwolle, Baumwolle, Baumwollvlies und Flachs können als Dämmstoffe verarbeitet werden. Derartige Dämmstoffe sollten nicht in Bereichen, in denen erhöhter Brandschutz erforderlich ist, eingebaut werden.

Als natürlicher Dämmstoff haben Holzfaserdämmplatten bei relativ guten Dämmeigenschaften, eine hohe Druckfestigkeit, ein geringes Gewicht, eine ausgezeichnete Wärmespeicherfähigkeit und ein sehr gutes Sorptionsverhalten (Feuchtetransport).

Auch die oberen Abschlussflächen von Zwischen- oder Giebelwänden müssen zur Vermeidung von Wärmebrücken sorgfältig gedämmt werden.

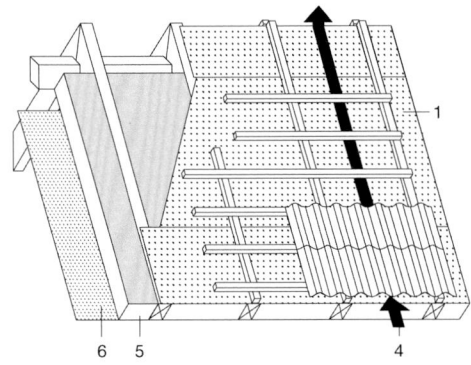
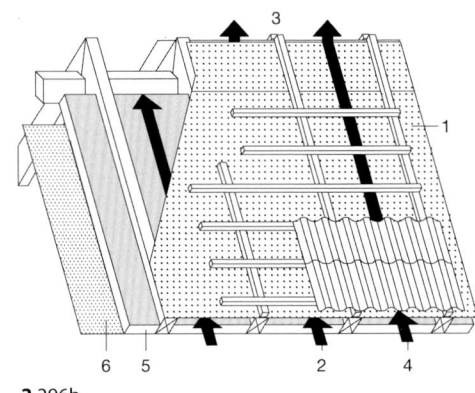

2.296a **2.296b**

2.296 Wärmegedämmte Dachkonstruktionen
  a) Wärmedämmung *ohne* Hinterlüftung (Vollsparrendämmung)
  b) Wärmedämmung *mit* Hinterlüftung
  1 Unterspannbahn
  2 Lüftung zwischen Unterspannbahn und Wärmedämmung
  3 Lüftungsspalt am First
  4 Hinterlüftung der Dachdeckung
  5 Wärmedämmung
  6 Luftdichtheitsschicht/Dampfsperre

Fugen zwischen Streichsparren und Giebelwänden müssen sorgfältig ausgestopft werden. Der auch hier vielfach eingesetzte Bauschaum[1] ist kaum in der Lage, Verformungen von Tragwerken aus Holz aufgrund seiner starren Konsistenz auszugleichen und ist deshalb ungeeignet.

In allen Fällen ist die Wärmdämmung mindestens durch eine Unterspannbahn gegen Sprühwasser und Flugschnee zu schützen (s. Abschn. 2.9.3). Raumseitig ist eine dicht schließende Dampfsperre oder Dampfbremse erforderlich (s. Abschn. 2.9.4).

Bei den wärmegedämmten Dächern werden unterschieden (s. a. Abschn. 2.9.7)

• zweischalige, *belüftete* Konstruktionen (Bild **2.296a**)

• einschalige, *nicht belüftete* Konstruktionen (Bild **2.296b**).

Der belüftete Konstruktionsaufbau ist durch eine Belüftungsebene zwischen Wärmedämmung und Unterspannbahn gekennzeichnet.

---

[1] Bauschaum, oft auch Montage-, Isolier-, Füll-, PU- oder Dämmschaum genannt, ist ein vor Ort eingebrachter Schaum, der zur Abdichtung verwendet wird. Man spricht dann von „Ausschäumen". In Bereichen weitgehend geschlossener Füllquerschnitte wird durch das Ausschäumen erheblicher Druck auf die angrenzenden Bauteile ausgeübt.
Es werden Ein- (1-K) und Zweikomponenten (2-K) Montageschäume sowie weitere Schäume auf PUR-Basis unterschieden. PU- bzw. PUR-Kunststoffe sind bis zur Erhärtung giftig. PU-Schaum kann Allergien auslösen und steht im Verdacht, Krebs zu erregen. Im Handel sind diese Produkte dann mit dem Hinweis „*H351 – Achtung! Kann vermutlich Krebs erzeugen*" versehen (**H**- und **P**-Sätze „Gefahren- und Sicherheitshinweise", englisch: *hazard* and *precautionary* und die ergänzenden **EUH**-Sätze der EU) sind knappe Sicherheitshinweise für Gefahrstoffe, die im Rahmen des global harmonisierten Systems zur Einstufung und Kennzeichnung von Chemikalien (GHS) verwendet werden. Die H- und P-Sätze haben in der GHS-Kennzeichnung eine analoge Aufgabe wie die bei der EU-Kennzeichnung verwendeten R- und S-Sätze).
Bei mangelnder Vorsicht können Reizungen in den Augen, den Atemwegen und auf der Haut entstehen. Daher sollte bei der Verwendung immer darauf geachtet werden, dass der erforderliche Arbeitsschutz angewendet wird.
Schäume werden aus Spraydosen direkt aufgetragen. Beim Schäumen reagiert der Doseninhalt der 1-K Schäume außerhalb der Dose mit der Luftfeuchtigkeit und der Feuchtigkeit aus den empfohlenermaßen anzufeuchtenden Untergründen. Der Schaum quillt durch bei der Reaktion gebildetes Kohlendioxid auf. Nach ca. 10 Minuten ist der Schaum klebefrei, nach ca. 45–60 Minuten schneidbar und nach 3–5 Stunden belastbar. Die Dosen sind als Sondermüll zu entsorgen.
In ausgehärtetem Zustand sind Montageschäume beständig gegen Wasser, Öl, Benzin, Laugen und verschiedene Lösungsmittel jedoch nicht beständig gegen UV-Strahlung. Nach der Aushärtung ist der Schaum starr und nicht mehr flexibel.

2.9 Ausbau von Dachräumen

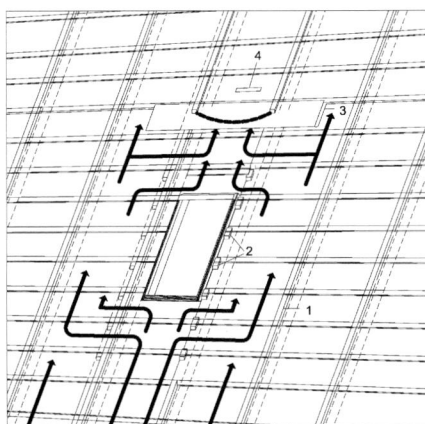

2.297 Umlenkung des Luftstromes an Hindernissen
1 durchgehende Konterlatte
2 unterbrochene Konterlatte
3 Unterspannbahn, taschenartig umgelegt – Ablaufschlaufe (Ablenkung von evtl. ablaufendem Sprühwasser)
4 Belüfter oberhalb der Tasche

Bei der Konstruktion *ohne* Hinterlüftung fehlt diese zweie Belüftungsschicht oberhalb der Wärmedämmung.

Hinterlüftung zwischen Dachdeckung und Unterspannung, Unterdeckung bzw. Unterdach.

In beiden Konstruktionsarten ist eine Belüftungsebene zwischen der Dachdeckung und der Unterspannbahn erforderlich. Durch die damit mögliche Luftströmung zwischen Trauflinie und First wird auch eine Wärmeableitung im Sommer erreicht.

In dieser Ebene wird vor allem aber Sprühwasser, geschmolzener Flugschnee, durch kleinere Schäden oder Fehlen der Dachdeckung eingedrungenes Regenwasser sowie Tauwasser, das durch Reif- und Kondensatbildung innerhalb des Belüftungsraumes entstehen kann, auf einer *zweiten, wasserführenden Schicht* abgeleitet.

Es muss in jedem Fall dafür gesorgt werden, dass der Luftstrom innerhalb der Dachkonstruktion nicht durch Wechsel, Dachfenster, Dachgauben, Schornsteine und ähnliche Hindernisse unterbrochen wird. Bei derartigen Durchdringungen der Lüftungsquerschnitte muss durch unterbrochene Konterlattungen oder vergleichbare Maßnahmen eine Umlenkung der Luftströmung ermöglicht werden (Bild **2**.297).

Oberhalb von Dachfenstern, Schornsteinen oder sonstigen Einbauteilen sind die Unterspannbahnen taschenförmig hochzuklappen (Ablaufschlaufe)), damit etwa ablaufendes Wasser seitlich an den Hindernissen vorbei geleitet wird (s. a. Bild **2**.291b).

Vor oder hinter Hindernissen im Luftstrom können auch zusätzliche Ab- bzw. Zuluftöffnungen – z.B. mit Hilfe von Lüftersteinen – eingebaut werden. Der Anschluss an aufgehende Wände ist wie z.B. in Bild **2**.237c gezeigt auszuführen.

Besondere Aufmerksamkeit ist bei der Planung zusammengesetzter Dächer erforderlich, damit auch an Wandanschlüssen, Graten, Pulten usw. ausreichende Abluftöffnungen und an Kehlen, Dachgräben o. Ä. die erforderlichen Zuströmöffnungen vorhanden sind. Durch zweilagige Konstruktionen muss ggf. z.B. bei Schifteranschlüssen (Bild **2**.54) dafür gesorgt werden, dass keine Hindernisse für den Luftstrom entstehen.

Eine Mittelstellung zwischen Unterspannbahnen und den nachfolgend beschriebenen Unterdächern nehmen speziell ausgerüstete Gipskartonplatten mit einem s_d-Wert von 0,1 m ein. Sie können als relativ windsichere Noteindeckung für einen Zeitraum bis zu zwei Monaten dienen.

Konstruktionskriterien (s. a. Abschn. 2.9.7). Lange Zeit wurden die *belüfteten* Konstruktionen für wärmegedämmte Dächer als nahezu standardmäßige Ausführung vorgezogen. Es kommt bei ihnen jedoch immer wieder zu erheblichen Schäden, die vor allem bedingt sind durch ungenügend dimensionierte oder durch aufgequollene Wärmedämmungen, eingeengte Lüftungsquerschnitte sowie durch fehlerhaft ausgeführte Dampfsperren oder Dampfbremsen.

Die früher üblichen Unterspannbahnen behindern außerdem trotz normalerweise ausreichender Dampfdurchlässigkeit bei extremen Feuchtigkeitsverhältnissen das Austrocknen zu stark. Auf Dauer kann dadurch die Wärmedämmung bis zu weitgehendem Funktionsverlust durchnässt werden, und es werden an den hölzernen Konstruktionsteilen trotz Imprägnierung schwere Schäden verursacht.

Die Bauindustrie hat daher für den Einsatz bei ausgebauten Dachgeschossen Unterspannmaterialien mit sehr geringem Diffusionswiderstand und sogar mit einer gewissen vorübergehenden Speicherungsfähigkeit für Feuchtigkeit auf den Markt gebracht. Bedingt hierdurch kommen

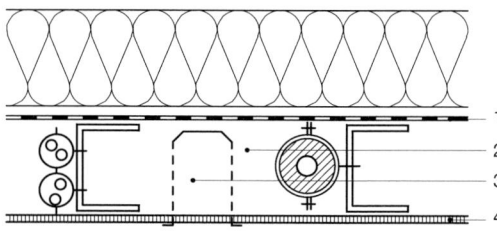

2.299 Installationsebene als Schutzbereich gegenüber der Luftdichtheitsebene
1 Dichtheitsebene
2 Installationsebene
3 Installationsleerdose
4 Raumseitige Bekleidung

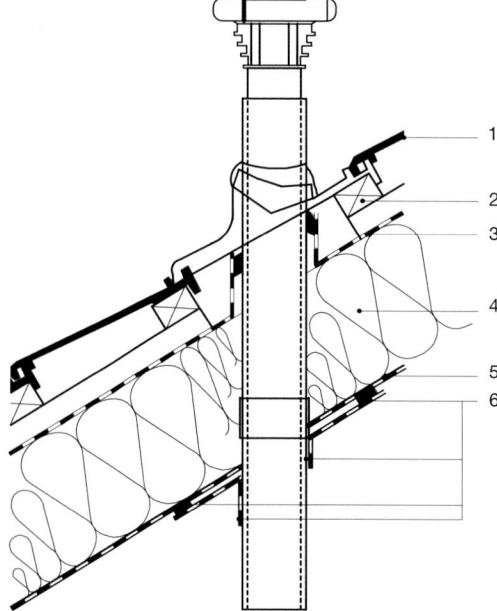

2.298 Luftdichte Dachdurchdringung mit einem Dunstrohr
1 Dacheindeckung
2 Konterlattung
3 Diffusionsoffene Unterspannbahn
4 Wärmedämmung
5 Dampfbremse und Luftdichtheitsebene
6 Dauerhaft luftdichter Anschluss

heute überwiegend *nicht belüftete* Konstruktionen zur Ausführung. Der hierbei nicht mehr erforderlich Belüftungsquerschnitt oberhalb der Wärmedämmung kommt der Unterbringung der heutzutage erheblich größeren Dämmstoffdicken zugute.

Luftdichtheit. Es muss jedoch bei der unbelüfteten Konstruktionsweise wesentlich mehr Aufmerksamkeit auf die absolute Luftdichtigkeit gegenüber der Raumluft gerichtet werden. Dies fand Niederschlag in der DIN 4108-7 (Wärmeschutz- und Energieeinsparung in Gebäuden, Luftdichtheit von Gebäuden, Anforderungen, Planungs- und Ausführungsempfehlungen sowie -beispiele).

Luftdichtheit ist auch bei allen Bauwerksanschlüssen und -durchdringungen zu gewährleisten (Bild **2**.298).

Die Dichtheit eines Gebäudes wird durch den Luftwechsel beschrieben und bei einer Druckdifferenz von 50 Pa[1]) gemessen. Die Richtwerte für den Luftwechsel sind in der DIN 4108, Teil 7, angegeben. Die Funktion der Luftdichtungen wird mit Hilfe des so genannten *Blower-Door-Tests* nachgewiesen. Dabei wird mit Hilfe eines Ventilators ein Über- oder Unterdruck von 50 Pa in Gebäuden erzeugt und durch den einzublasenden oder abzusaugenden Luftstrom wird der Luftwechsel ermittelt.

Chemischer Holzschutz. In *belüfteten*, wärmegedämmten Dachkonstruktionen ist eine Gefährdung der Sparren durch Schadinsekten nicht auszuschließen. Bei diffusionsäquivalenten Luftschichtdicken (s.a. Abschn. 17.5.6.2 in Teil 1 dieses Werkes) üblicher Unterspannbahnen von $s_d > 1$ m und damit einer relativ geringen Dampfdurchlässigkeit ist infolge von Holzrestfeuchte, durch Leckagen in der Dachhaut und durch Kondensatbildung eine Schädigung durch Pilzbefall möglich. Es ist daher eine Holzschutzbehandlung entsprechend der Gebrauchsklasse GK2 gem. DIN EN 335 (s. Abschn. 2.2.2) erforderlich.

In *nicht belüfteten* Konstruktionen mit Vollsparrendämmung kann dagegen die Gebrauchsklasse GK1 gem. DIN EN 335 (ehem. Gefährdungsklasse 0 gem. DIIN 68 800-3 – alt) angenommen und auf einen chemischen Holzschutz verzichtet werden (s. Abschn. 2.9.7).

Für alle wärmegedämmten Konstruktionen, insbesondere jedoch bei Vollsparrendämmung, ist

---

[1]) Die international verwendete Einheit (SI-Einheit) des Luftdrucks ist das *Pascal* (Einheitenzeichen Pa; Namensgeber: Blaise Pascal (1623–1662) oder die in Deutschland und Österreich gesetzlich ebenfalls zulässige Einheit *Bar* (Einheitenzeichen bar vom altgriechischen barýs= schwer, 1 bar = 10^5 Pa).

2.9 Ausbau von Dachräumen

2.300a **2**.300b

2.300 Einbau von Unterspannbahnen
a) Einbau über den Sparren, einfache Lattung (bedenkliche Lösung!)
b) Einbau mit Konterlattung

eine einwandfreie Luftdichtheit bzw. Dampfsperre zwischen Innenraum und Wärmedämmung und gegenüber allen angrenzenden Bauteilen unbedingte Voraussetzung (s. Abschn. 2.9.4).

Auch auf Grund dieser Kriterien hat sich wie bei der Entwicklung von Flachdächern (s. Abschn. 3) ein Trend zu nicht belüfteten wärmegedämmten Konstruktionen beim Ausbau von Dachräumen ergeben.

2.9.3 Unterdeckungen

Zusatzmaßnahmen zur Regensicherheit sind bei Unterschreitung der Regeldachneigung (RDN) sowie besonderen witterungsabhängigen, klimatischen, lageabhängigen sowie nutzungsbedingten (Dachausbau) Anforderungen gemäß dem Regelwerk des Zentralverbandes des Deutschen Dachdeckerhandwerks (ZVDH) [8] in den Klassen 1 bis 6 vorzusehen (s. a. Abschn. 2.6.2).

Unterspannbahnen. Unterspannbahnen sind feinperforierte, wasserdampfdurchlässige, schwer entflammbare Kunststoff-Gitterfolien oder diffusionsoffene sonstige Glasfasergewebebahnen. Unterspannbahnen („Flatterfolien") werden mit 10 cm Stoßüberdeckung schlaff quer zur Sparrenrichtung gespannt und genagelt bzw. geheftet.

Wenn ein späterer Dachausbau nicht in Frage kommt, dienen Unterspannbahnen bei Eindeckungen mit einfacher Lattung, d. h. ohne Konterlattung, häufig bis zur Fertigstellung der Dachdeckung als vorläufige Dachhaut. Sie werden dann – entgegen den Verlegerichtlinien – oft straff über die Sparren gespannt. Fast alle Unterspannbahnen schrumpfen aber mit der Zeit, so dass sie auch bei sachgemäßem leicht durchhängendem Einbau (Bild **2**.300a) später straff gespannt sind. Wenn Sprüh- oder Schmelzwasser auf den Unterspannbahnen abläuft, staut es sich dann an den Dachlatten und insbesondere an den Befestigungspunkten auf den Sparren. Es kommt zu Fäulnis an Dachlatten und Sparren. Eine derartige Ausführung ist daher bedenklich.

In Verbindung mit Unterspannbahnen oder Unterdeckungen sollten deshalb Dachdeckungen grundsätzlich auf Konterlattung ausgeführt werden (Bild **2**.300b).

Spezielle Unterdeck- und Schalungsbahnen können bis zu 60% der sommerlichen Wärmestrahlung reflektieren. Außerdem bieten diese Materialien eine hohe Abschirmung gegen elektromagnetische Strahlung, z. B. bei Strahlungen aus dem Mobilfunkverkehr. Diese Unterdeck- bzw. Schalungsbahnen bestehen i. d. R. aus einem speziell behandelten Polypropylenvlies mit hohem Reflektionsgrad, einer diffusionsoffenen Folie und einem Schutzvlies aus Polypropylen. Mit ihrem s_d-Wert von nur 0,02 m leiten sie bei vollgedämmten Dächern die in den Dachraum eindringende Raumnutzungsfeuchte sicher nach außen ab. Die wasserdichte Bahn schützt die Wärmedämmung vor Flugschnee und Regen.

Unterdach und Unterdeckung. Muss – insbesondere bei wenig geneigten Dächern – mit starken Beanspruchungen durch Sprühwasser oder Flugschnee gerechnet werden, ist ein Unterdach bzw. auch Unterdeckung (früher auch als „Unterdichtung" bezeichnet) vorzusehen (Bild **2**.301). Dazu wird als Regelausführung auf einer 24 mm dicken Nut-Feder Schalung oder einer anderen festen Unterlage (z. B. Holzwerkstoffplatten oder formstabile Wärmedämmstoffe) eine je nach Ausführungsart regensichere oder wasserdichte

2.301 Unterdach

Abdichtung aufgebracht (s. a. Abschn. 2.6.2), die bestehen kann aus
- 2 Lagen Bitumendachbahnen V13 (1. Lage genagelt, 2. Lage vollflächig geklebt),
- 1 Lage Bitumenschweißbahn (Stöße verdeckt genagelt),
- 1 Lage Kunststoff-Dichtungsbahn auf Trennlage (verdeckt genagelt bzw. auf aufgenagelte Folienbleche geschweißt.

Im Prinzip stellen Unterdächer bzw. Unterdeckungen somit eine funktionsfähige Dachhaut dar. Die darüber liegende Dachdeckung gewährleistet also vor allem den Bewitterungsschutz für die zweite wasserführende Schicht und schützt zusätzlich gegen Wärmeeinstrahlung.

Bei Unterdächern muss durch ausreichende Hinterlüftung sichergestellt sein, dass sie nicht innerhalb des gesamten Dachaufbaues wie falsch angeordnete Dampfsperren wirksam werden.

Es sind daher unterhalb des Unterdaches ausreichende Zu- und Abluftquerschnitte vorzusehen. Im Widerspruch hierzu steht die dann entstehende Hinterlüftung der Wärmedämmung, die heute bei Vollsparrendämmung nicht mehr üblich ist. Bei Satteldächern mit hinterlüfteter Wärmedämmung (Bild **2**.296a) ist am First ein ca. 10 cm breiter Streifen als Abluftöffnung im Unterdach offen zu belassen.

Bei allen Konstruktionen ist grundsätzlich eine entsprechend der gewählten Unterdeckung bzw. Unterdach berechnete und dimensionierte, überall dicht schließende Dampfsperre oder Dampfbremse erforderlich. Dabei ist dafür Sorge zu tragen, dass innenseitig angeordnete Dampfsperren eine höhere wasserdampfdiffusionsäquivalente Luftschichtdicke (s.a. Abschn. 17.5.6.2 in Teil 1 dieses Werkes) (s_d-Wert) haben, als das Unterdach/Unterdeckung.

2.9.4 Dampfsperren und Luftdichtheit

Die immer höheren Anforderungen an die Wärmedämmung der Außenbauteile erfordern auch eine höhere Sensibilität bezogen auf die Feuchtigkeitsschäden durch Wasserdampfdiffusion und Kondensatbildung. So legt die DIN 4108-3 Anforderungen, Berechnungsverfahren und Hinweise für die Planung und Ausführung zum klimabedingten Feuchteschutz in Gebäuden fest. Demnach ist Tauwasserbildung im Inneren von Bauteilen, die durch Erhöhung der Stoffeuchte von Bau- und Wärmedämmstoffen zu Materialschädigungen oder zu Beeinträchtigungen der Funktionssicherheit führt, zu vermeiden.

Zur Verhinderung von Wasserdampfdiffusion und Kondensatbildung innerhalb der Dachkonstruktion ist in der Regel nach DIN 4108-3 ein rechnerischer Tauwasser-Nachweis erforderlich.

Die DIN 4108-3 erhält Angaben zur Berechnung der Tauwassermenge. In Abschnitt 5.3.3 sind die Dächer aufgeführt, für die kein rechnerischer Tauwasser-Nachweis erforderlich ist. Danach ist für die dort aufgeführten Bauteile dann kein rechnerischer Tauwasser-Nachweis erforderlich, wenn sie mit ausreichendem Wärmeschutz nach DIN 4108-2 und luftdichter Ausführung nach DIN 4108-7 ausgeführt sind und wenn die in Anhang A der DIN 4108-3 genannten Klimabedingungen gegeben sind. In diesen Fällen ist davon auszugehen, dass kein Tauwasserrisiko besteht oder der Feuchtetransport, z. B. bei kapillaraktiven Materialien, wesentlich durch Kapillaritätseffekte beeinflusst und nur z. T. durch Diffusionsvorgänge bestimmt wird.

Konvektion. Zu bedenken ist: Durch eine 1,00 m lange und 1 mm breite Fuge kann bis zu 3.000 mal mehr Feuchtigkeit durch Konvektion in die Konstruktion eindringen als über eine 1 qm große Fläche eindiffundieren kann. Jede Durchdringung der Luftdichtheitsebene bleibt auch dann ein Schwachpunkt, wenn diese Stellen noch so sorgfältig mit entsprechendem Klebeband abgedichtet werden. Deswegen sollten möglichst alle Leitungen und Installationen vor der Luftdichtheitsebene, also in der so genannten „Installationsebene" untergebracht werden (s. Bild **2**.299) (Vgl. Abschn. 2.9.2). Diese Installationsebene fällt vielfach zusammen mit sowieso notwendigen Unterkonstruktionen für Innenbekleidungen. Das zusätzliche Einbringen einer Wärmedämmung in verbleibenden Hohlräumen der Installationsebene erhöht den Querschnitt der Wärmedämmung insgesamt und trägt zudem zur Fugenüberdeckung von Dämmungen bei, die zwischen Sparren verlegt sind.

Luftdichtheit kann z. B. durch eine 0,2 mm dicke PVC-Folie auf der Raumseite erfüllt werden. Luftdichte Bahnen können aus Kunststoff, Bitumen, Elastomeren oder Papier bestehen. Sie dürfen nicht perforiert sein. Dies gilt nicht für „Perforierungen" durch Befestigungsmittel wie z. B. Klammern. Gipsfaser-, Gipskarton-, Faserzement- und Holzwerkstoffplatten sowie Bleche sind luftdicht.

2.9 Ausbau von Dachräumen

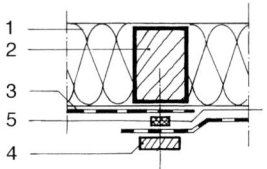
2.302a

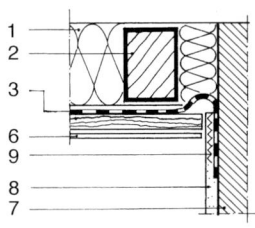
2.302b

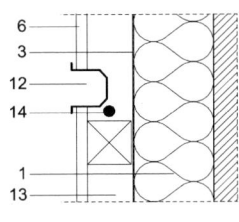
2.302c

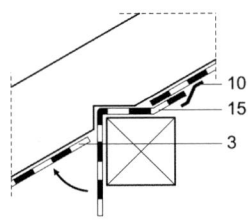
2.302e

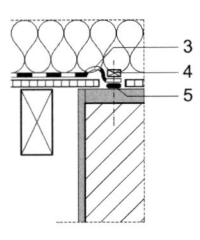
2.302f

2.302 Luftdichtheitsschicht: Anschlüsse, Überlappungen, Durchdringungen (in Anlehnung an DIN 4108-7 – Auszug)
    a) Überlappung mit doppelseitigem Klebeband oder Klebemasse
    b) Anschluss an geputztes Mauerwerk oder Beton durch Einputzen
    c) Installation ohne Durchdringung der Luftdichtheitsschicht
    d) Durchdringung unter Verwendung einer vorkonfektionierten Manschette oder eines Formteils
    e) Anschluss der Luftdichtheitsschicht an einer Pfette
    f) Ortganganschluss der Luftdichtsheitsschicht an verputzte Mauerkrone bei Aufsparrendämmung

1 Wärmedämmung
2 Sparren
3 Luftdichtheitsschicht
4 einseitiges Klebeband ggf. mit Anpressleiste/Latte
5 alt. Doppelseitiges Klebeband (Klebemasse) oder komprimierbares Butyl-Kautschukband
6 Raumseitige Bekleidung
7 Mauerwerk oder Beton
8 Innenputz
9 Putzträger, z. B. Streckmetall
10 einseitiges Klebeband
11 vorkonfektionierte Manschette, Formteil
12 Luftdichte Steckdose (z. B. beim Passivhaus)
13 Installationsebene (z. B. beim Passivhaus)
14 Kabel in der Installationsebene
15 Bahnenstreifen (rutschsicher)

Stöße der Bahnen und Anschlüsse an andere Bauteile müssen mit speziell zugelassenen Klebebändern sehr sorgfältig absolut luftdicht verklebt und im Übergang zu anderen Bauteilen (z. B. Anschlüsse an Massivbauteile/Rohrdurchführungen) bestenfalls zusätzlich mechanisch befestigt werden. Die Klebebänder müssen ihre Funktion über Jahre hinweg gewährleisten und auch gewisse Bewegungen des Dachstuhls ohne Schaden überstehen. In DIN 4108-7 sind für Stöße bzw. Überlappungen der Folien und für Bauteilanschlüsse genaue Hinweise enthalten, die in Bild **2.**302 in einigen Beispielen auszugsweise wiedergegeben werden.

2.9.5 Schallschutz[1]

Art und Umfang erforderlicher Schallschutzmaßnahmen für die Außenflächen ausgebauter Dachgeschosse richten sich nach dem zu erwartenden Außenlärmpegel (Beurteilungspegel) gemäß DIN 18 005 (z. B. verkehrsreiche Straßen o. Ä.).

In der Umgebung von Flughäfen ist das Gesetz zum Schutz gegen Fluglärm (FluLärmG) in Verbindung mit der Verordnung über bauliche Schallschutzanforderungen zu beachten. Darin sind je nach Art des Flughafens Schutzzonen festgelegt (Tag – Schutzzone 1 und 2 und Nacht – Schutzzone).

---

[1] s. a. Abschn. 17.6 in Teil 1 dieses Werkes

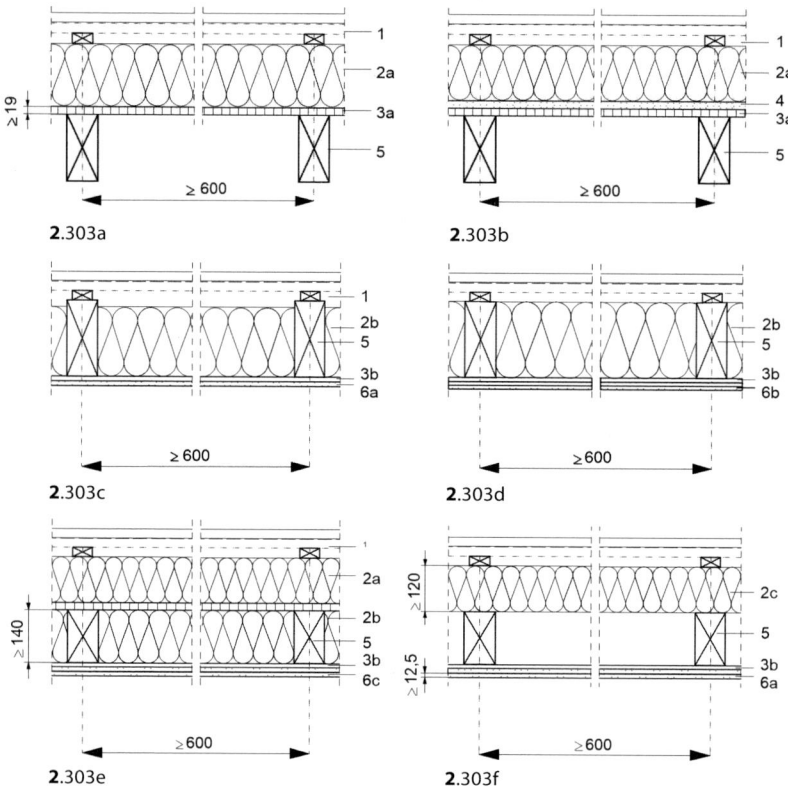

2.303 Luftschallschutz von Dachkonstruktionen (DIN 4109 -33)
a) Dächer mit Aufsparrendämmung, 100-140 mm aus Mineralwolle für R_w, 46 (C -3; C_{tr} -9)[1] dB und $\geq$ 160 mm aus MW für R_w, 50 (C -3; C_{tr} -10) dB
b) Dächer mit Aufsparrendämmung, $\geq$ 120 mm aus Mineralwolle für R_w, 51 (C -3; C_{tr} -10) dB und $\geq$ 160 mm aus MW für R_w, 53 (C -2; C_{tr} -8) dB
c) Dächer mit Zwischensparrendämmung; $\geq$ 180 mm aus Mineralwolle für R_w, 52 (C -3; C_{tr} -10) dB
d) Dächer mit Zwischen- (Voll-) sparrendämmung $\geq$ 200 mm aus R_w, 57 (C -4; C_{tr} -11) dB
e) Dächer mit Auf- und Zwischensparrendämmung für Rw, 58 (C -2; C_{tr} -8) dB
f) Dächer mit Aufsparrendämmung für Rw, 46 (C -2; C_{tr} -9) dB
1 Lattung und Konterlattung
2a Aufsparrendämmung aus Mineralwolle (MW) nach DIN EN 13 162, Anwendungsgebiet gem. DIN 4108-10, DAD-dm (Außendämmung im Dach unter Deckungen, vor Bewitterung geschützt; mittlere Druckbelastbarkeit)
2b Zwischensparrendämmung aus Mineralwolle (MW) nach DIN EN 13 162, Anwendungsgebiet gem. DIN 4108-10, DZ (Zwischensparrendämmung zweischaliges Dach)
2c Aufsparrendämmung, $\geq$ 120 mm Hartschaumplatten EPS, XPS oder PU, Anwendungsgebiet gem. DIN 4108-10, DAD (Außendämmung im Dach unter Deckungen, vor Bewitterung geschützt)
3a Nut- und Federschalung (NFS), $\geq$ 19 mm
3b Traglattung, UK Bekleidung
4a Beschwerungslage, ein- oder mehrlagig aus z.B. Gipsplatten GK, Gipsfaserplatten GF, zementgebunden Spanplatten; $\geq$ 10 kg/m²
4b Beschwerungslage, wie vor; $\geq$ 20 kg/m²
5 Sparren aus Holz
6a Gipskartonplatten GK; 10 mm
6b Gipsfaserplatten GF; 2 x 10 mm für R_w, 57 dB und 3 x 10 mm für R_w, 59 dB
6c Gipskartonplatten GK; 2 x 12, 5 mm

Darstellungen *ohne* Zusatzmaßnahmen (s. a. Abschn. 2.6.2, z. B. Unterspannbahnen) und diffusionshemmende Schichten (Dampfbremsen/Dampfsperren (s. a. Abschn. 2.9.4)

---

[1] C = Anpassungskennwert (Spektrum 1) = Wohnaktivitäten, Kinderspielen, u. A; C_{tr} = Anpassungskennwert (Spektrum 2) = Städtischer Verkehr, Schienenverkehr mit geringer Geschwindigkeit u. A. gem. DIN 4109-2

2.9 Ausbau von Dachräumen

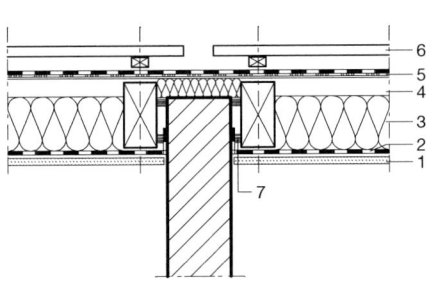

2.304
Schallschutz an Wohnungstrennwänden
(Wandanschlüsse s. Bild **2.**302)
1 Gipskartonplatte, mehrlagig
2 Dampfsperre
3 Faserdämmstoff
4 Hohlraum belüftet/nicht belüftet
5 Unterspannplatten o. Ä.
6 Dachlattungen
7 vorkomprimiertes Fugendichtungsband

Voraussetzungen für guten Luftschallschutz sind bei Dachkonstruktionen
- möglichst dichte, schwere Dachdeckungen (z. B. Faserzementplatten auf Nut-Feder-Schalung, Falzziegel, Betondachsteine o. Ä.),
- die Verwendung weicher Dämmstoffe wie z. B. Mineralwolleerzeugnisse,
- dichte, mehrlagige Innenschalen z. B. aus Gipskartonplatten (Nut-Feder-Schalungen sind wesentlich weniger schallschützend),
- Vermeidung von Schallbrücken insbesondere durch mangelhafte Fugendichtungen.

Dachfenster sollten annähernd die gleichen Schalldämmwerte aufweisen wie die angrenzenden Dachflächen.
Mit den in Bild **2.**303 (DIN 4109-33) gezeigten Konstruktionen kann bei Außenlärmpegeln bis etwa 75 dB der erforderliche Schallschutz ohne Nachweis erreicht werden. Bei davon abweichenden Konstruktionen ist – ebenso wie für Decken unter nicht ausgebauten Dachgeschossen – ein entsprechender Nachweis zu führen. Der Schallschutz der Dachdeckung wird dabei mit 10 dB angesetzt.

Wohnungstrennwände. Besondere Schallschutzmaßnahmen sind bei ausgebauten Dachgeschossen an Wohnungstrennwänden notwendig. Es besteht die Gefahr der flankierenden Schallübertragung über Sparren und Wärmedämmung, wenn Bauteile über die Trennwände hinweggeführt werden. Dies gilt z. B. für die Dachlattung oder steife, geschlossenporige Wärmedämmplatten. Auch innen sichtbar bleibende Sparren können zu Schallübertragungen beitragen.
Wärmedämmungen sollen zumindest in den ersten angrenzenden Sparrenfeldern aus Mineralwollematerial bestehen. Die Dachinnenschale ist mehrschichtig auszuführen. Beidseitig der Trennwand sollten wenigstens zwei Sparrenfelder ein Unterdach (s. Abschn. 2.9.3) haben. Dachlatten sind über der Trennwand zu unterbrechen (Bild **2.**304).

2.9.6 Brandschutz

Für ausgebaute Dachgeschosse gelten grundsätzlich die gleichen Anforderungen wie für Wohnungen in normalen Geschossen. Zu bedenken ist, dass sich durch nachträglichen Dachgeschossausbau die Gebäudeklasse (s. Abschn. 5.1.2 und Abschn. 17.7.2 und 17.7.3 in Teil 1 dieses Werkes) ändern kann und dadurch an das Gesamtgebäude höhere brandschutztechnische Anforderungen gestellt werden als vor dem Ausbau.

Unterschieden wird zwischen Brandbeanspruchung von außen („harte" oder „weiche" Bedachung, s. Abschn. 2.6.1) und Brandbeanspruchung von innen. In Dachgeschossen, in denen in darüber liegenden Geschossen oder Ebenen *keine* Aufenthaltsräume möglich sind, sind die Brandschutzanforderungen gering (je nach GK bis (REI 0 vormals F0).

Bei traufseitig aneinander gebauten Gebäuden (Dachgraben) ist die Dachkonstruktionen für eine Brandbeanspruchung von innen nach außen einschl. ihrer tragenden und aussteifenden Bauteile feuerhemmend (REI 30 vormals F30) auszubilden. Öffnungen müssen lotrecht gemessen ≥ 2 m von Brandwänden entfernt sein.

Brandwände sind entweder 30 cm über Dach zu führen oder die Dachkonstruktion muss beiderseits der Brandwand jeweils mindestens 50 cm horizontal feuerbeständig (REI 90 vormals F90) hergestellt werden. Brennbare Bauteile (Dachlattungen) dürfen über diesen Bereich nicht herübergeführt werden.

Dächer von Anbauten an Wände mit Fenstern müssen in einem Abstand von ≥ 5 m so feuerwiderstandsfähig sein, wie die Decke des anschließenden Gebäudeteils.

Es ist jedoch zu beachten, dass Dachgeschosse bei Bränden Sonderfälle für die Brandbekämpfung bilden. So ist z. B. die Einwirkung von Löschwasser begrenzt, weil die Dachflächen weitgehend wasserdicht sind. Hohlräume innerhalb der Konstruktion aber auch nicht ausgebaute Dachraumteile in Dachschrägen u. Ä. begünstigen die Brand- und Rauchausbreitung und erschweren die Brandbekämpfung.

In vielen Fällen sind die Rettungswege bei Dachgeschossen unübersichtlicher als in Normalgeschossen, und die Rettung eingeschlossener Personen ist über die geneigten Dachflächen schwieriger.

Die Anforderungen an den baulichen Brandschutz bei ausgebauten Dachgeschossen sind in den einzelnen Bundesländern unterschiedlich. Allgemein gilt:

- Für Wärmedämmungen dürfen nur die Baustoffe der Brennbarkeitsklasse B 2 (DIN 4102) verwendet werden.
- Wohnungstrennwände innerhalb ausgebauter Dachgeschosse müssen feuerbeständig (REI 90 vormals F90, Brennbarkeitsklasse A) hergestellt werden.
- Räume, ihre Zugänge und die dazugehörigen Nebenräume müssen durch mindestens feuerhemmende Bauteile (REI30 vormals F30 sowie EI30-C bzw. EI 30-CS$_{200}$ vormals T30 bzw. T30 RS) gegen nicht ausgebaute Dachräume abgeschlossen sein.

Die darüber hinaus in den Bauordnungen einzelner Bundesländer enthaltenen Einzelvorschriften sind zu beachten. Vor allem jedoch sollten bei der Planung möglichst übersichtliche Rettungswege vorgesehen werden. Bei größeren Objekten ist eine Abstimmung mit den Brandschutzbehörden dringend anzuraten.

2.9.7 Ausführungsarten

Allgemeines

Folgende Konstruktionsarten für Dächer werden hinsichtlich ihrer Hinterlüftungskonzepte für die Wärmedämmung einerseits sowie die Dachdeckungen andererseits unterschieden (s. a. Abschn. 2.9.2).

Die Unterscheidung bezüglich einer Hinterlüftung der Wärmedämmung erfolgt in:

- *nicht belüftete* Dächer, bei denen oberhalb der Wärmedämmung *keine* belüftete Luftschicht angeordnet ist. Hierzu gehören auch Dachkonstruktionen, die außenseitig im weiteren Dachaufbau angeordnete Lüftungsebenen oder Luftschichten (z. B. Hinterlüftung der Dachdeckung) haben (Bild **2**.296a).
- *belüftete* Dächer, bei denen *direkt oberhalb* der Wärmedämmung eine belüftete Luftschicht angeordnet ist (Bild **2**.296b).

Hinsichtlich der Belüftung der Dachdeckungen werden *belüftete Dachdeckungen* auf linienförmiger Unterlage (z. B. Konter- und Dachlattung) und *nicht belüftete Dachdeckungen* auf flächige Unterlage (z. B. Metall- oder Schieferdeckungen auf Schalung) unterschieden.

Nicht belüftete Dachkonstruktionen

Nicht hinterlüftete Wärmedämmungen mit Vollsparrendämmung (Bild **2**.295c, und **2**.296a und **2**.303d und e) sind besonders dadurch wirtschaftlich, dass bei der statischen Bemessung niedrigere, der heute nötigen großen Dämmstoffdicke entsprechende Sparrenquerschnitte gewählt werden können und sind hierdurch bedingt heute die Regelausführung.

Der Wärmedurchlasswiderstand von Bauteilschichten *unterhalb* der diffusionshemmenden Schicht (Dampfsperre/Dampfbremse) darf ohne rechnerischen Nachweis max. 20 % des Gesamtwärmedurchlasswiderstandes betragen.

Nach DIN 4108-3 ist *kein* rechnerischer Tauwasser-Nachweis erforderlich (s. hierzu auch Abschn. 17.5 in Teil 1 des Werkes) für:

- nicht belüftete Dächer (Vollsparrendämmung) mit *belüfteter* Dachdeckung oder mit zusätzlich belüfteter Luftschicht unter nicht belüfteter Dachdeckung und einer Wärmedämmung zwischen, unter und/oder über den Sparren und zusätzlicher regensichernder Schicht bei einer Zuordnung der Werte der wasserdampfdiffusionsäquivalenten Luftschichtdicken s_d nach Tabelle **2**.305;
- nicht belüftete Dächer (Vollsparrendämmung) mit *nicht belüfteter* Dachdeckung und einer raumseitigen diffusionshemmenden Schicht mit $s_{d,\,i} \geq 100$ m unterhalb der Wärmedämmschicht;
- nicht belüftete Dächer (Vollsparrendämmung) mit *Dachabdichtung* mit einer diffusionshemmenden Schicht mit $s_{d,\,i} \geq 100$ unterhalb der Wärmedämmschicht;

2.9 Ausbau von Dachräumen

Tabelle 2.305 Zuordnung für Werte der wasserdampfdiffusionsäquivalenten Luftschichtdicken der außen- und raumseitig zur Wärmedämmschicht liegenden Schichten (Tab. 3: DIN 4108-3)

Wasserdampfdiffusionsäquivalente Luftschichtdicke in Metern

s_d	
m	
außen $s_{d,e}$ [a]	innen $s_{d,i}$ [b]
$\leq 0{,}1$	$\geq 1{,}0$
$0{,}1 < s_{d,e} \leq 0{,}3$	$\geq 2{,}0$
$0{,}3 < s_{d,e} \leq 2{,}0$	$\geq 6 \cdot s_{d,e}$
$>2{,}0$ [c]	$\geq 6 \cdot s_{d,e}$ [c]

[a] $s_{d,e}$ ist die Summe der Werte der wasserdampfdiffusionsäquivalenten Luftschichtdicken aller Schichten, die sich oberhalb der Wärmedämmschicht befinden bis zur ersten belüfteten Luftschicht.
[b] $s_{d,i}$ ist die Summe der Werte der wasserdampfdiffusionsäquivalenten Luftschichtdicken aller Schichten, die sich unterhalb der Wärmedämmschicht befinden bis zur ersten belüfteten Luftschicht.
[c] Gilt nur für den Fall, dass sich weder Holz noch Holzwerkstoffe zwischen $s_{d,e}$ und $s_{d,i}$ befinden.

- nicht belüftete Dächer aus Porenbeton-Fertigteilen nach DIN 4223 ohne diffusionshemmende Schicht an der Unterseite und ohne zusätzliche Wärmedämmung;

  Anmerkung: Bei nicht belüfteten Dächern (Vollsparrendämmung) mit belüfteter oder nicht belüfteter Dachdeckung und äußeren diffusionshemmenden Schichten mit $s_{d,e} \geq 2$ m kann erhöhte Baufeuchte oder später z. B. durch Undichtheiten eingedrungene Feuchte nur schlecht oder gar nicht austrocknen (s. hierzu auch Abschn. 3.4.4).

Holzschutz. Auf chemischen Holzschutz darf verzichtet werden, denn nach DIN 68 800-2 dürfen nicht belüftete Dachkonstruktionen in die Gebrauchsklasse GK1 gem. DIN EN 335 (ehem. Gefährdungsklasse 0 nach DIN 68 800-3 – alt) eingeordnet werden (s. Abschn. 2.2.2). Voraussetzungen dafür sind u. A.:

- obere Abdeckung (Unterspannbahnen) mit $s_d < 0{,}2$ m
- obere Abdeckung mit offener Brettschalung, Brettbreite < 100 mm, Fugenbreite > 5 mm und aufliegende wasserableitende Schicht mit $s_d < 0{,}02$ m
- obere Abdeckung mit $s_d < 0{,}2$ m, Dachdeckung oberhalb der Konterlattung und des belüfteten Hohlraumes: Brettschalung mit Zwischenlage und Deckungen aus Blechen oder Schiefer.

Zu beachten ist jedoch ggf. der Holzschutz von Dachsparren in überstehenden Traufgesimsen.

Belüftete Dachkonstruktionen

Bei den belüfteten Konstruktionen (Bild 2.295a und b und 2.296b) ist die Dachhaut durch eine Luftschicht[1] von den wärmegedämmten Raumabschlussteilen (oberste Raumdecke) getrennt.

Bei belüfteten Dachkonstruktionen gelten als Vorteile:

- Bessere Abschirmung gegen unerwünschte Wärmeeinstrahlung mit guter Wärmeabfuhr durch Ventilation; damit verbunden geringere Temperaturbelastung der Dachhaut (insbesondere bei metallischen Dachdeckungen zu empfehlen!).
- Verminderte Problematik hinsichtlich Wasserdampfdiffusion.

Nachteilig hinsichtlich des winterlichen Wärmeschutzes wirkt sich die in die Konstruktion eingeleitete kalte Luft auf die Dämmfähigkeit und Luftdichtigkeit der Gesamtkonstruktion aus.

Voraussetzung für die Wirksamkeit sind ausreichend bemessene Belüftungsquerschnitte mit hindernisfreien, möglichst glatten Belüftungswegen. Der erforderliche Luftaustausch wird bewirkt durch Staudruck des Windes auf die Zuluftöffnungen (an den Traufen), unterstützt durch Auftrieb und durch Sogwirkung an den Abluftöffnungen (am First). Dadurch wird Tauwasserbildung vermieden bzw. werden geringfügig Tauwassermengen abgetrocknet.

In jedem Fall ist durch eine richtig dimensionierte und sehr sorgfältig ausgeführte Dampfsperre oder Dampfbremse[2] ein völlig dichter Abschluss zwischen Innenraum und den Hinterlüftungsräumen sicherzustellen. Andernfalls kommt es zu Feuchtigkeitseinträgen in die Konstruktion, die auf Dauer zu schweren Bauschäden führen.

Feuchteadaptive Dampfbremsen.
Neuere Materialentwicklungen sind feuchteadaptive bzw. kapillaraktive Dampfbremsmaterialien, bei denen

---

[1] DIN 4108-3 bezeichnet eine belüftet Luftschicht als Konstruktion, die zum Zwecke der konvektiven Feuchteabfuhr mit der Umgebungsluft in Verbindung steht.
[2] Unterschieden werden diffusions*dichte* Schichten ($s_d \geq 1500$ m), diffusions*hemmende* Schichten ($s_d < 1500$ m) und diffusions*offene* Schichten ($s_d \leq 0{,}5$ m). Bauteile mit einer wasserdampfdiffusionsäquivalenten Luftschichtdicke $s_d \geq 10$ m werden als Dampf*bremsen* und $s_d \geq 100$ m als Dampf*sperren* bezeichnet.

eine Anpassung der Widerstandswirkung der Dampfbremsbahnen gegen die anstehende Wasserdampfmenge möglich ist. Bei erhöhter Wasserdampfmenge insbesondere im Winter erhöht sich der Widerstand gegen Dampfdiffusion. Im Sommer hingegen verringert sich der Diffusionswiderstand. Es können dann eventuell eingelagerte Wasserdampfmengen auch auf die Innenseite entweichen. Feuchteadaptive Dampfbremsen kommen auch bei Innendämmungen von Außenwänden infrage[1].

Für belüftete Dächer mit einer Dachneigung $\geq 5°$ erübrigt sich ein rechnerischer Tauwasser-Nachweis unter folgenden Bedingungen:

- Die Höhe des freien Lüftungsquerschnittes innerhalb des Dachbereiches über der Wärmedämmschicht muss mindestens 2 cm betragen.
- Der freie Lüftungsquerschnitt an den Traufen bzw. an Traufe und Pultdachabschluss muss mindestens 2‰ der zugehörigen geneigten Dachfläche betragen, mindestens jedoch 200 cm²/m.
- Bei Satteldächern sind an First und Grat Mindestlüftungsquerschnitte von 0,5 ‰ der zugehörigen geneigten Dachfläche erforderlich, mindestens jedoch 50 cm²/m.

---

[1] Dampfsperren bestehen meistens aus geschlossenen Kunststofffolien, die zur Verbesserung der Festigkeit mit Vliesen kaschiert oder mit Kunststoffgittern armiert werden. Neuere Entwicklungen von Dampfbremsen verfügen über einen variablen Diffusionswiderstand. Man unterscheidet hierbei zwei Funktionsweisen, die als kapillaraktive und feuchteadaptive Dampfbremsen bezeichnet werden.
Die *feuchteadaptive* Dampfbremse passt durch Feuchtigkeitsaufnahme (Feuchtespeichereffekt) ihren s_d-Wert der Umgebungsfeuchte an. Hierdurch steigt im Winter der Sperrwert der Dampfbremse aufgrund der trockenen Umgebungsfeuchte an und schützt die Konstruktion vor Eintritt von feuchtwarmer Raumluft. Im Sommer wirkt sie dem umgekehrten Effekt (Umkehrdiffusion durch umgekehrten Partialdampfdruck) entgegen. Hierbei dringt an schwülen, warmen Sommertagen insbesondere bei klimatisierten/gekühlten Räumen feuchtwarme Luft von außen bis zur Dampfsperre in die Konstruktion ein. Das kann zur Folge haben, dass die Luftfeuchtigkeit unterhalb der Dämmung bzw. oberhalb der Dampfsperre ansteigt und es ggf. durch Unterschreitung der Taupunkttemperatur zu einem Kondensatausfall kommt. Dieses wird durch die gute Wasseraufnahmefähigkeit feuchteadaptiven Kunststoffs aus Polyamid und die damit verbundene Erhöhung der Permeabilität (Durchlässigkeit) für Wasserdampf verhindert.
Kapillaraktive Dampfbremsen aus ein- oder wechselseitig polymerbeschichteten, stark wassersaugenden Vliesen nehmen anfallende Feuchtigkeit auf und geben sie langsam wieder an die Raumluft ab.

- Belüftete Dächer mit einer Dachneigung $< 5°$ erfordern eine diffusionshemmende Schicht mit $s_{d,\,i} \geq 100$ m unterhalb der Wärmedämmschicht und Bauteilschichten unterhalb der diffusionshemmenden Schicht dürfen höchstens 20 % des Gesamtwärmedurchlasswiderstandes aufweisen.

  Anmerkung 1: Bei klimatisch unterschiedlich beanspruchten Flächen eines Daches (z. B. Nord/Süd-Dachflächen) ist eine Abschottung der Belüftungsschicht im Firstbereich zweckmäßig.

  Anmerkung 2: Bei Kehlen sind Lüftungsöffnungen im Allgemeinen nicht möglich. Solche Dachkonstruktionen – auch solche Dachgauben – sind daher zweckmäßiger ohne Belüftung auszuführen.

- Der s_d-Wert der unterhalb der Belüftungsschicht angeordneten Bauteilschichten muss insgesamt mindestens 2 m betragen.

Dachneigung, Dachform und Querschnittsform des Bauwerkes können die Durchlüftung der Dachkonstruktion wesentlich beeinflussen. Steilere Dachneigungen begünstigen die Luftströmung innerhalb der Konstruktion, während komplizierte Grundrissformen, Hindernisse im Luftstrom und insbesondere geringe Dachneigung in Verbindung mit windgeschützter Lage eines Gebäudes die Wirksamkeit einer Belüftung stark beeinträchtigen können (Bild **2**.306).

Es muss auch beachtet werden, dass Wärmedämmungen aus Faserdämmstoffen nachträglich um bis zu 30 % aufquellen können und dadurch ggf. geplante Lüftungsquerschnitte eventuell kaum noch vorhanden sind. Es sollten daher nur die Anwendungsgebiete DAD (Außendämmung Dach/Decke, witterungsgeschützt, unter Deckung, vormals W und WD) oder DZ (Zwischensparrendämmung) eingeplant werden.

Im Übrigen muss in jedem Fall dafür gesorgt werden, dass der Luftstrom innerhalb der Dachkonstruktion nicht durch Wechsel, Dachfenster, Dachgauben, Schornsteine und ähnliche Hindernisse unterbrochen wird. Bei derartigen Durchdringungen der Lüftungsquerschnitte muss durch Konterlattungen oder vergleichbare Maßnahmen eine Umlenkung der Luftströmung ermöglicht werden (vgl. Bild **2**.297).

Aufliegende Wärmedämmung

Aufliegende Wärmedämmung (Bild **2**.295d) aus großformatigen vorgefertigten Elementen (s. a. Bild **2**.64) – auch in Verbindung mit tragenden Bauteilen (Sparren/Koppelpfetten) – werden i. d. R. in Neubauten mit möglichst einfach gestalteten Satteldachflächen eingesetzt, und auch,

2.9 Ausbau von Dachräumen

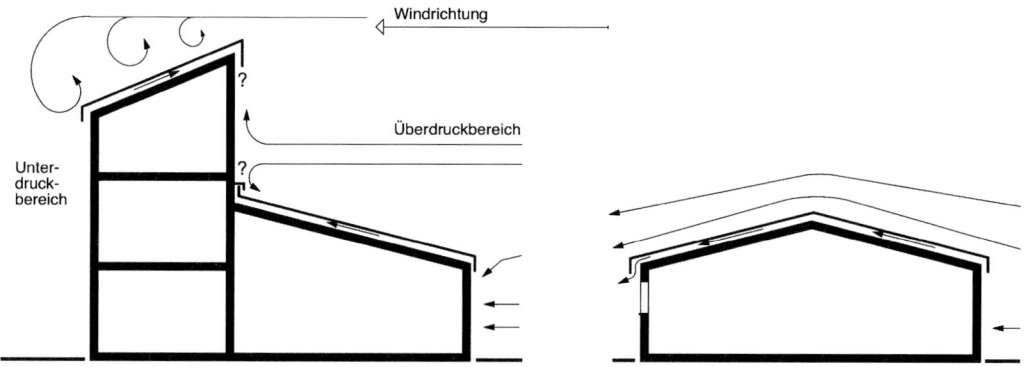

2.306 Einfluss der Windrichtung und der Dachform auf die Wirksamkeit von Belüftungen

wenn die Sparren innen sichtbar bleiben sollen. In solchen Fällen bestehen die Sparren und sonstige Konstruktionsteile aus Holz, in der Regel aus vollkantigen, gehobelten Vollhölzern oder aus Brettschichtholz.

Die nach der Energieeinsparverordnung geforderten hohen Dämmwerte und der sich immer stärker durchsetzende Passivhaus-Standard haben dazu geführt, dass häufig auch die aufliegende Wärmedämmung *in Kombination* mit der Zwischensparrendämmung zur Ausführung kommt. Auch bei energetischen Sanierungen von Altbauten ist die Kombination von Aufsparren- und Vollsparrendämmung häufig eine sinnvolle Alternative.

Alle größeren Durchdringungen durch Gauben usw. sollten möglichst vermieden werden. Zur Vermeidung von Wärmebrücken an den Übergängen sind für liegende Dachfenster spezielle PUR- Übergangsprofile auf dem Markt.

Besondere Aufmerksamkeit erfordert der Übergang zwischen der Dachdämmung und den Außenwänden. Die Details sind je nach Lage der Fusspfetten so festzulegen, dass keine Schwachpunkte entstehen.

Auch beim nachträglichen Ausbau von Dachgeschossen mit gleichzeitiger Sanierung der Dachdeckung können aufliegende Wärmedämmungen vor allem unter dem Aspekt möglichst kurzer Ausführungszeiten günstig eingesetzt werden.

Inzwischen sind auch Aufsparrendämmsysteme auf dem Markt, die neben Ziegel- und Dachsteindeckungen die direkte Aufnahme von Schiefer und anderen Dachplatten ermöglichen. Dabei können kostenintensive Unterkonstruktionen entfallen (Bild **2**.307).

2.9.8 Innenflächen

Beim Ausbau von Dachgeschossen sind Raumbegrenzungsflächen nötig, die zur Gewährleistung eines angenehmen Wohnklimas vorübergehend Feuchtigkeit speichern können. Dafür sind Bekleidungen aus Gipskartonplatten sehr gut geeignet. Es ist aber zu berücksichtigen, dass die Balken des Dachstuhles durch das Schwinden des Holzes, durch Setzung, eventuell auch durch wechselnde Belastung (Winddruck und -sog, Schneelast) keine starren Ebenen bilden. Es muss immer mit geringfügigen Bewegungen und Formänderungen gerechnet werden.

Bei großflächigen Ausbauelementen (z. B. Gipskartonplatten) besteht daher besonders in Neubauten immer – auch bei sorgfältigem und vorschriftsmäßigem Einbau – die Gefahr der Rissbildung an den Plattenstößen und insbesondere an den Anschlüssen zu den Wandflächen.

Dieser Nachteil besteht nicht, wenn Schalungen aus Profilbrettern, Paneelen oder sonstigen kleinformatigen Materialien verwendet oder GK-Platten zweilagig eingebaut werden. Um unvermeidliche Ungenauigkeiten gegenüber den Giebel- und sonstigen Umfassungswänden besser ausgleichen zu können, werden dabei Wandanschlüsse am besten mit mindestens 2 cm breiten Schattenfugen ausgeführt.

Auf die sorgfältige Ausführung aller Anschlüsse der Luftdichtheits-Folien bzw. der Dampfsperre ist besonders zu achten (s. Bild **2**.302). Die dabei einsetzbaren Anpresslatten (Bild **2**.302a) können als Unterkonstruktion für Deckenbekleidungen verwendet werden.

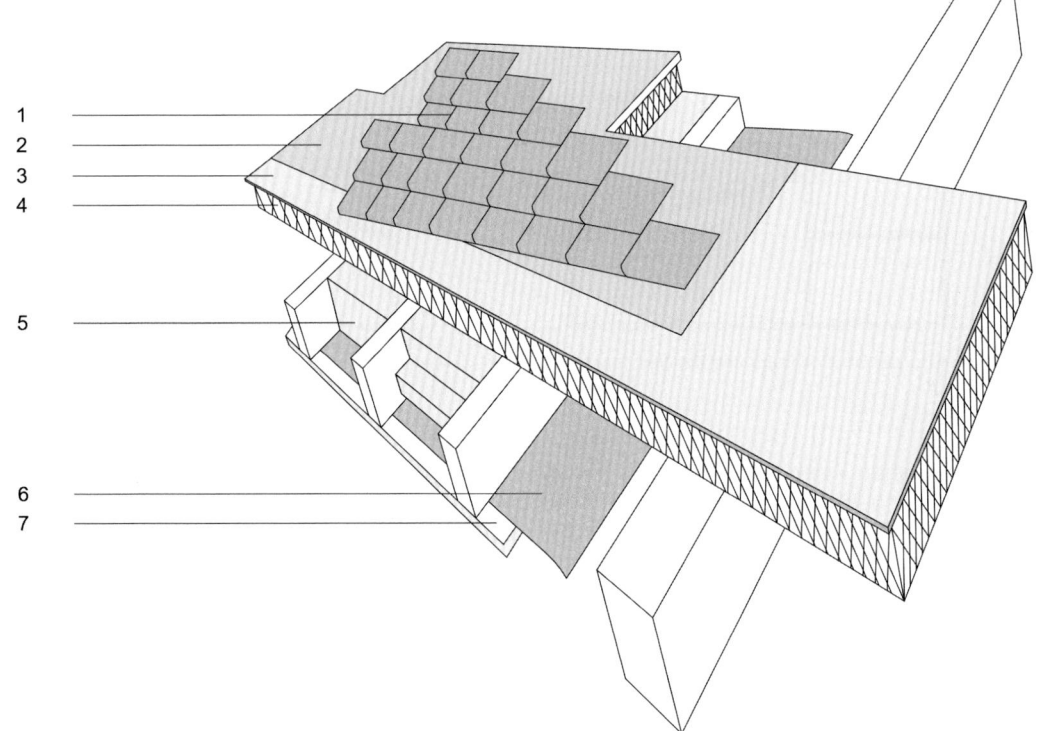

2.307 Aufsparrendämmsystem zur direkten Aufnahme der Schieferdeckung (System ThermoSklent, Rathschek-Schiefer)
1 Schiefereindeckung
2 Diffusionsoffene Vordeckung (nicht zwingend erforderlich)
3 Agepan DWD, 19 mm
4 EPS-Kern
5 Alternativer Dämmstoff (evtl. Dampfsperre erforderlich) Zwischensparrendämmung mit EPS
6 Luftdichtheitssperre (diffusionsoffen)
7 Innenbekleidung

2.10 Dachfenster und Dachgauben

2.10.1 Flächenverglasungen (verglaste Dachflächen)[1]

Belichtungsflächen können in einfacher Weise mit durchscheinendem Deckungsmaterial geschaffen werden wie Falzpfannen aus Glas oder Acrylglas und Welldrahtglas oder Wellkunststoffplatten. Derartige Belichtungen kommen jedoch nur für nicht ausgebaute Dachräume oder untergeordnete Räume in Frage, da die Gefahr der Kondenswasserbildung besonders groß ist.

Lichtbänder („Atelierfenster, Sheddachverglasungen") in Dachflächen, an die keine besonderen Ansprüche hinsichtlich Wärmeschutz gestellt werden und die nicht für Lüftung oder Reinigung geöffnet werden müssen, können mit fest verglasten Sprossensystemen ausgeführt werden (Bild **2**.308).

Derartige Glasbausysteme, die besonders auch im Industriebau eingesetzt werden, bestehen aus Sprossenprofilen (hergestellt aus verzinktem Stahlblech, Walzstahl oder Aluminium). Zwischen ihnen werden Sicherheits- oder Gussdrahtglasscheiben in Einfach- oder Isolierverglas-

---
[1] s. auch Abschn. 6.4.5

2.10 Dachfenster und Dachgauben

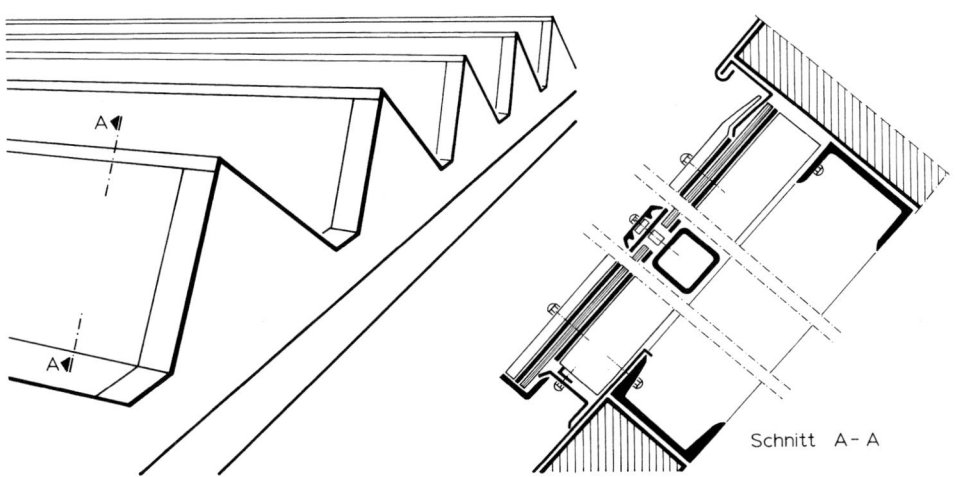

2.308 Verglasung von Fensterflächen einer Shedhalle

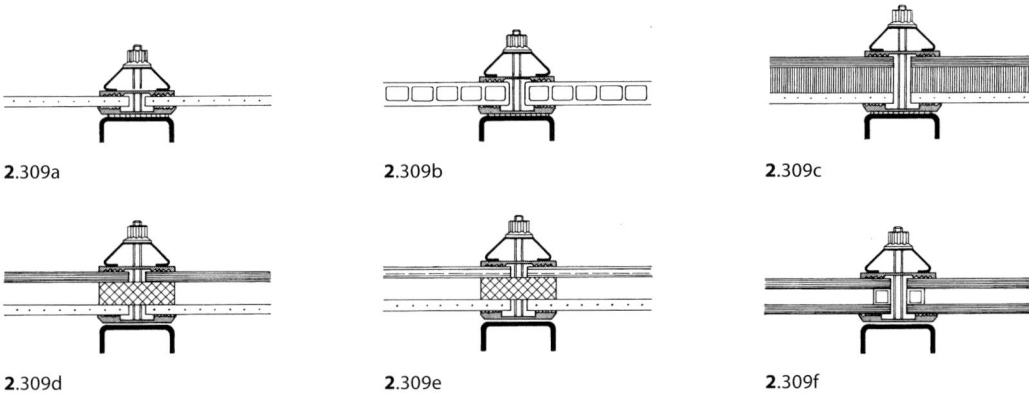

2.309 Industrieverglasungen (Eberspächer)
  a) Einfachverglasung (Drahtglas oder Sicherheitsglas)
  b) Verglasung mit Steg-Doppelplatte
  c) Lichtstreuende Doppelverglasung, bestehend aus Gussglas, lichtstreuender Kapillarplatte und Drahtglas („Ovalux")
  d) Doppelverglasung
  e) Wärmedämmende Doppelverglasung, bestehend aus Steg-Doppelplatte und Drahtglas
  f) Isolierverglasung (raumseitig Sicherheitsverglasung)

sung mit Quetschdichtungen, ferner auch Stegdoppelplatten durch Verschraubung montiert (Bild **2**.309). In DIN 18 008-2 (vormals den nicht mehr gültigen Technischen Regeln für linienförmig gelagerte Verglasungen – TRLV) ist für Oberlichtverglasungen („Überkopfverglasung" bei >10° Neigung zur Vertikalen) u. A. raumseitig splitterbindendes Glas (bzw. Drahtglas, Verbundsicherheitsglas VSG) vorgeschrieben.

Mit Hilfe zusätzlicher Übergangsprofile aus abgekanteten Blechen sind Übergänge und der Anschluss an alle anderen Bauteile möglich.

Die Dachneigung verglaster Flächen sollte bei Flächen ohne Querstöße mindestens 10° betragen. Sind Querstöße mit Sprossenprofilen unvermeidlich, sollte zur Vermeidung von Stauwasser eine Mindestneigung von 30° vorgesehen werden.

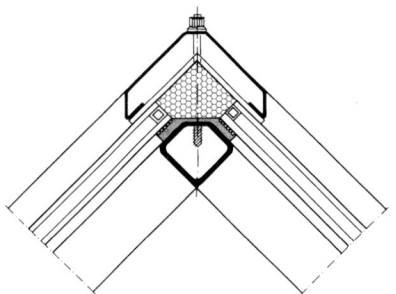 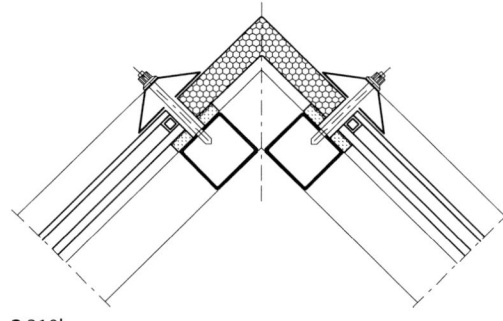

2.310a 2.310b

2.310 Übergänge zwischen verschiedenen Verglasungsflächen
  a) Übergang mit Spezial-Eckprofilen
  b) Übergang mit abgewinkeltem Verbundelement

Übergänge zwischen verschiedenen Verglasungsflächen werden durch speziell geformte Dichtungsprofile, im Übrigen durch Kombinationen mit abgekanteten Blechwinkeln oder Mehrschichtplatten gebildet (Bild **2**.310).

Neben standardisierten Belichtungselementen wie z. B. Pyramidenkuppeln für verschiedene Größen von Deckenöffnungen sind für Belüftungen, Rauchabzüge, Sonnenschutzeinrichtungen usw. besondere Bauelemente auf dem Markt.

Für die Verglasung geneigter Dachflächen sind Isoliergläser mit Stufenfalz (Stufenglas) gut geeignet, weil dadurch an erforderlichen Stößen Quersprossen vermieden werden können (s. a. Abschn. 7).

2.10.2 Dachflächenfenster

Dachflächenfenster (DFF) werden für ausgebaute Dachgeschosse verwendet, wenn Dachgauben oder Dachaufbauten durch Bausatzungen nicht zulässig oder zu kostenaufwändig sind. Sie stellen eine optische Unterbrechung der Dachdeckung und deutliche Schwächung des wärmegedämmten Dachaufbaus dar. Der Einbau erfordert hinsichtlich Planung und Ausführung der sehr unterschiedlichen Bauteilschichten und komplizierten Anschlüsse größte Sorgfalt.

Dachflächenfenster werden in verschiedenen, auf die üblichen Sparrenabstände (vgl. Bild **2**.316) und Dachneigungen von Holzdächern abgestimmten Formaten und Öffnungsarten geliefert (Bild **2**.311). Zu praktisch allen Dachdeckungsarten gibt es passende Eindeckrahmen, so dass Dachflächenfenster im Zuge der Dachdeckerarbeiten vom Dachdecker mit eingebaut werden können (Bild **2**.312). Fast alle Fabrikate bestehen aus Kombinationen von Holz und Aluminiumprofilen. Für die Reinigung der Dachflächenfenster sind Schwingflügel am günstigsten, die jedoch geöffnet störend im Innenraum sind

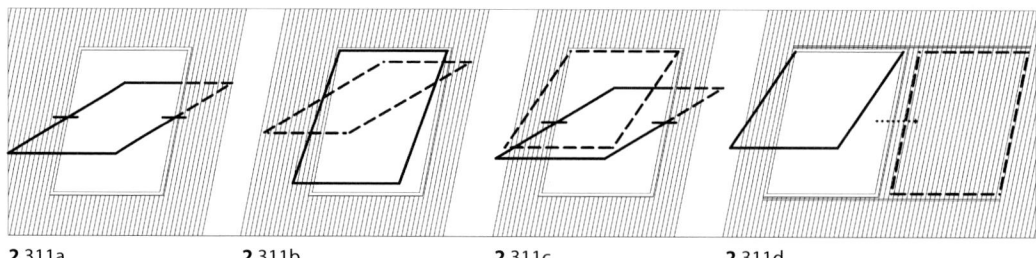

2.311a 2.311b 2.311c 2.311d

2.311 Öffnungsarten von Dachflächenfenstern
  a) Schwing-Fenster
  b) Klapp-Schwing-Fenster
  c) Schwing- und Klapp-Fenster
  d) Klapp-Schiebe-Fenster

2.10 Dachfenster und Dachgauben

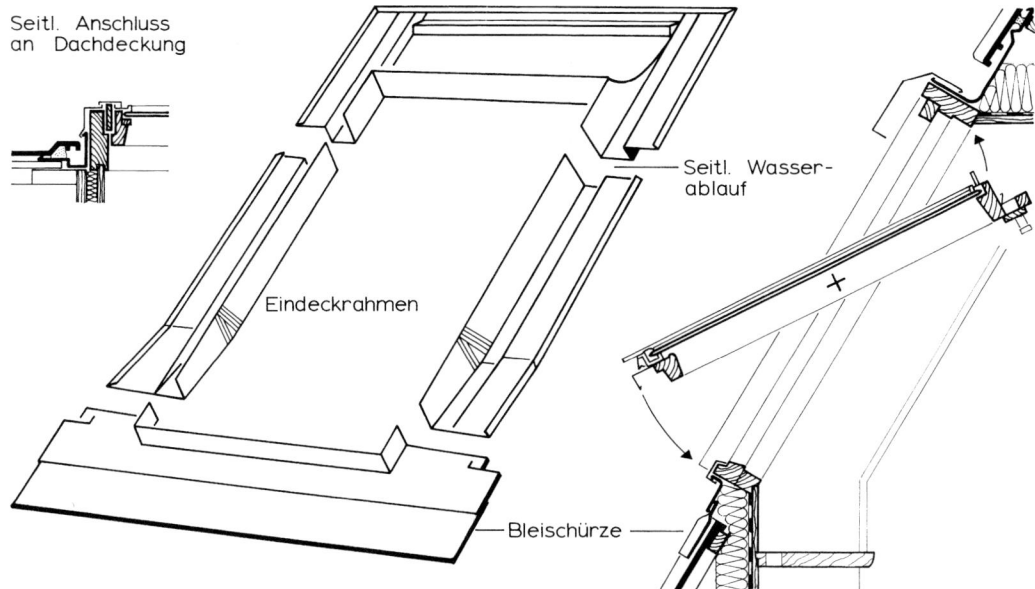

2.312 Dachflächenfenster (Schnitte und Eindeckrahmen System VELUX)

und den Durchblick behindern. Dachflächenfenster weisen daher heute meist eine Kombination von Schwing- und Klappbeschlägen auf (**2.**311b).

Isolierverglasung, Dauerlüftungen, Sonnenschutzjalousetten oder -markisen, Verdunklungsrollos und Insektengitter als Zusatzausstattung machen aus Dachflächenfenstern Bauelemente mit vielfältigen Zusatzfunktionen.

Bei der Planung von Dachflächenfenstern muss in der Regel der freie Zugang zum Fenster berücksichtigt werden, d. h. dass die Oberkante des Fensters bei mindestens 2,00 m liegen muss. Wenn ein Ausblick auch im Sitzen gewünscht wird, ist eine Brüstungshöhe von etwa 85 cm erforderlich. Je nach Dachneigung ergeben sich daraus die Höhenmaße für die Dachflächenfenster (Bild **2.**313). Da aus technischen Gründen die Höhe von Dachfenstern auf etwa 1,60 m begrenzt ist, kann eine Anordnung von zwei Dachflächenfenstern übereinander oder eine Kombination mit senkrechten Fensterflächen in Frage kommen (Bild **2.**314). Mit Hilfe besonderer Kombinations-Eindeckrahmen können mehrere einzelne Dachflächenfenster auch ohne Auswechslung der Sparren nebeneinander eingebaut und zu Fensterbändern kombiniert werden.

Im Übrigen sind auch für den Einbau von Dachflächenfenstern die Vorschriften der Landesbau-

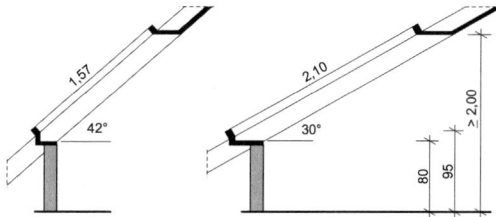

2.313 Einbauhöhen von Dachflächenfenstern bei unterschiedlicher Dachneigung

ordnungen zu beachten. So muss die Fensterfläche bei Wohnräumen mindestens 1/8 der Grundfläche betragen. Sie müssen von Brandwänden einen Mindestabstand von 1,25 m haben. Bei giebelständigen Reihenhäusern muss der Abstand von der Grenzlinie an der Traufe mindestens 2,00 m betragen.

Einbau. Beim Einbau ist unbedingt darauf zu achten, dass die Belüftungsquerschnitte der Dachkonstruktion nicht unterbrochen werden. Unterspannbahnen sind oberhalb der Dachflächenfenster so umzuschlagen, dass ablaufendes Wasser an den Öffnungen vorbeigeleitet wird (Ablaufschlaufe) (vgl. Abschn. 2.9.2, Bild **2.**291b und **2.**297). Die raumseitige Dampfsperre muss sehr sorgfältig an die Fensterrahmen angeschlos-

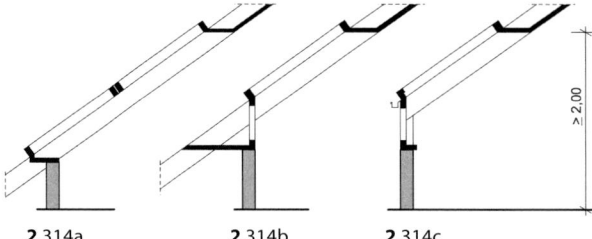

2.314 Dachflächenfenster mit niedrigem unterem Durchsichtpunkt
a) Einbau von 2 Dachflächenfenstern übereinander
b) Dachflächenfenster mit fest verglaster senkrechter Fläche
c) Dachflächenfenster mit senkrechtem Brüstungsanschluss (VELUX)

sen werden, und alle Fugen in der Wärmedämmung sind voll auszustopfen bzw. mit vorkomprimierten Fugendichtungsbändern zu verschießen. Der auch hier vielfach eingesetzte Bauschaum ist kaum in der Lage Verformungen von Tragwerken aus Holz aufgrund seiner starren Konsistenz auszugleichen und Fugen zwischen Holzdachstuhl und Fensterrahmen dauerhaft zu schließen (s. a. Abschn. 2.9.2).

2.10.3 Dachgauben

Dachgauben (auch „Gaupen") und Dachaufbauten werden nicht nur zur Belichtung und Belüftung von Dachräumen eingesetzt, sondern sie gliedern darüber hinaus auch die Dachfläche und können gestalterische Akzente setzen. Deshalb ist es wichtig, die Gaubenproportionen der Proportion der Dachfläche anzupassen und die Dachfläche weder mit überdimensionierten Gauben noch mit einer zu hohen Anzahl von Gauben zu überladen.

Die Gaubenhöhe ist abhängig von
- der Höhe des Gaubenspiegels,
- der Neigung der Gaubendachfläche,
- der Konstruktionsdicke der Gaubendachfläche (s. a. Bild **2**.318).

Vielfach wird versucht, durch übergroße Gauben Dachgeschosse unter Umgehung einschränkender Bestimmungen fast wie Vollgeschosse zu nutzen. Oft sind daher in Bausatzungen bzw. Bebauungsplänen Verbote oder enge Bestimmungen für Gauben enthalten.

Für die gestalterische und konstruktive Ausführung von Gauben gibt es zahlreiche Möglichkeiten:

- **Fledermausgauben**, bei denen die Dachhaut nur leicht angehoben erscheint, im Übrigen aber nicht unterbrochen wird, kommen für Reet-, Schindel-, Biberschwanz- und Schieferdeckung überwiegend in der Altbausanierung in Frage, Bild **2**.315f.
- **Schleppdachgauben**, über die das steilere Hauptdach mit geringerer Neigung „abgeschleppt" wird. Die dreieckförmigen Seitenflächen (Gaubenbacken bzw. Gaubenwangen können geschlossen (Bild **2**.315b) oder zur Verbesserung der Belichtung verglast werden (Bild **2**.315 e). Hierbei ist jedoch die Möglichkeit zur Außenreinigung der Verglasung der Gaubenwangen zu berücksichtigen.
- **Dachhäuschen** als Giebel- oder Walmgauben (Bild **2**.315a, c und d),

In weiterem Sinn können auch Zwerchgiebel (Bild **2**.315h) und Dachreiter (Bild **2**.315g) in diesem Rahmen genannt werden. Zu diesen Grundtypen sind vielfache Varianten möglich.

Während die Höhenlage der Gauben durch Brüstungsmaß und die mindestens nötige Innenhöhe von ca. 2,00 m vorgegeben ist, richtet sich die Breite technisch nach den Einbaumöglichkeiten innerhalb der Dachkonstruktion.

Kleinere Gauben können *zwischen* den Dachsparren eingebaut werden (Bild **2**.316a) und können somit etwa 70 bis 80 cm breit sein. Für breitere Gauben müssen die Sparren „ausgewechselt" werden (Bild **2**.316b). Während dies bei Pfettendachkonstruktionen in den Dachfeldern zwischen den Bindern technisch problemlos ist, kann bei Sparrendächern meistens *nur ein* Sparren ausgewechselt werden. Es können in beiden Fällen aber auch durchlaufende Sparren als Gestaltungselement des Innenraumes einbezogen werden (Bild **2**.316c).

2.10 Dachfenster und Dachgauben

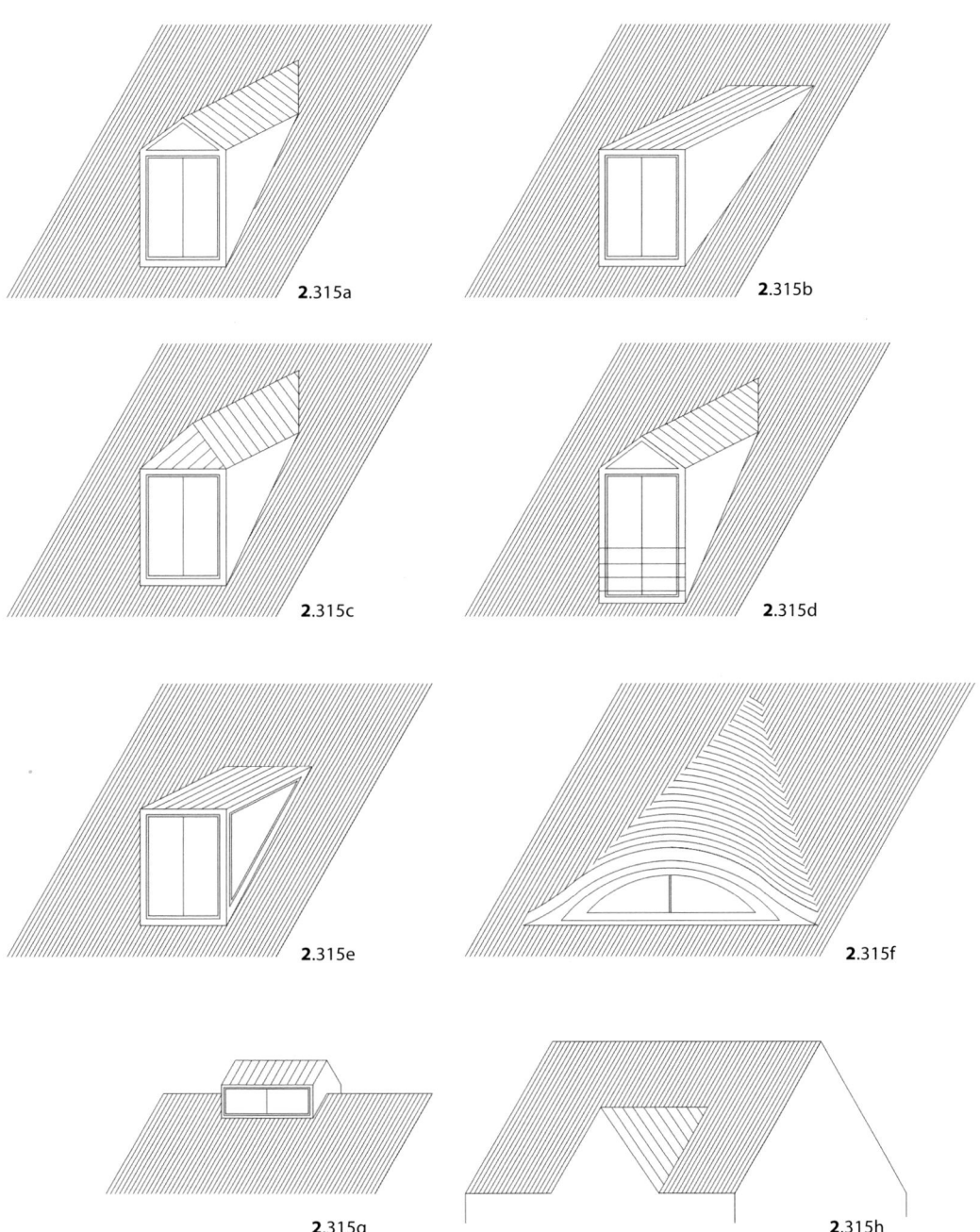

2.315 Gaubenformen
a) Giebelgaube, b) Schleppgaube, c) Walmgaube, d) Fenstererker, e) Gaube mit verglasten Wangen
f) Fledermausgaube (Ochsenauge), g) Dachreiter, h) Zwerchgiebel

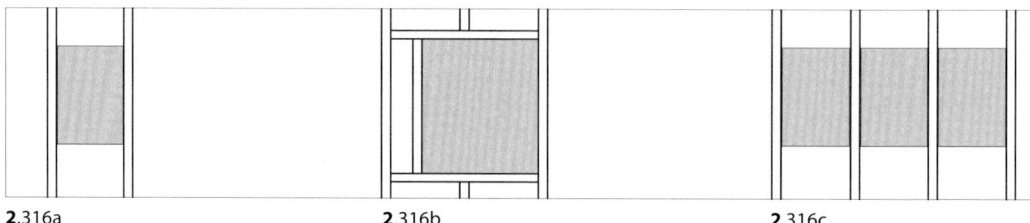

2.316a 2.316b 2.316c

2.316 Einbau von Gauben
a) Zwischen den Sparren, Einzelgaube
b) Gaube in ausgewechseltem Sparrenfeld
c) Gaubenreihung bei durchlaufenden Sparren

Schleppsparren von Schleppgauben liegen auf den Hauptsparren bzw. auf Wechseln – eventuell auch auf den Mittelpfetten – auf.

Die Vorderseite aller Dachfensteraufbauten bildet ein Kantholz- oder Bohlenrahmen (Gaubenstock), der in Brüstungshöhe auf die Sparren oder unmittelbar auf die Geschossdecke aufgesetzt wird. Das obere Rahmenholz trägt die Gaubensparren oder das Gaubendach (Bild **2**.317).

An den seitlichen Rahmenpfosten werden bei Schleppgaube und Dachhäuschen die Gaubenwangen befestigt.

Bei kleinformatigen Materialien wie Schiefer oder Biberschwänzen können die Übergänge zwischen Dach- und Gaubenflächen als gedeckte Kehlen ausgeführt werden. Besser ist aber der Anschluss mit Hilfe von unterlegten Blechstreifen (vgl. Bild **2**.177 und **2**.192) oder – gestalterisch befriedigender – jeweils mit einzeln Blechstücken (Nockenbleche), die *unter* den einzelnen Deckungsreihen verdeckt eingebracht werden.

Bei Deckungen mit Dachziegeln oder Dachsteinen wird die Gaubenbreite von der Deckbreite des verwendeten Dachdeckungsmaterials bestimmt.

Bei Dachhäuschen und bei kleinen oder komplizierten Gaubendachflächen ist die Eindeckung – auch der Wangen – meistens nur mit Metall ausführbar (s. Abschn. 2.6.10).

Für die Entwässerung von Gaubendächern insbesondere von Schleppgauben müssen Vorkehrungen getroffen werden, wenn oberhalb der Gauben größere Dachflächen liegen. In diesem Fall muss an der Stirnseite eine entsprechend dimensionierte Regenrinne vorgesehen werden, deren Ablauf meistens seitlich auf die Dachfläche geführt wird. Um das zu vermeiden, kann das oberhalb der Schleppgaube anfallende Regenwasser auf die seitlich angrenzenden Dachflächen abgeleitet werden.

Bei den anderen Glaubenarten wird das Regenwasser seitlich an der Gaube vorbeigeleitet. Das kann jedoch – besonders bei Vereisung im Winter – leicht zu Rückstau in den Kehlanschlüssen führen. Diese müssen daher ausreichend unter die angrenzenden Dachflächen geführt sein und die erforderlichen Querschnitte haben (vgl. Bild **2**.318).

Bild **2**.318 zeigt eine kleine Schleppdachgaube, die mit Hohlpfannen in Vorschnittdeckung gedeckt ist. Der linke Rand des Gaubendaches ist mit Doppelkrempziegeln gedeckt. Die Gaubenwangen sind doppelt geschalt. Die Kehle zwischen Gaube und Dachflächen ist in alter Handwerkstechnik mit *Nockenblechen* (Schichtstücken) ausgebildet, die schuppenartig in die Dachdeckung eingebunden und hinter die Schalung der Gaubenwangen hochgeführt werden. Eine Gaube mit verglasten Wangen und Metalleindeckung zeigt Bild **2**.319.

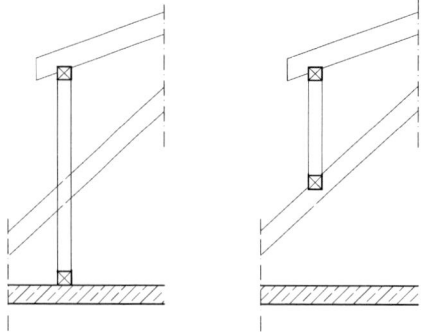

2.317 Ständer- und Rahmenkonstruktion für Gauben-Stirnseiten

2.10 Dachfenster und Dachgauben

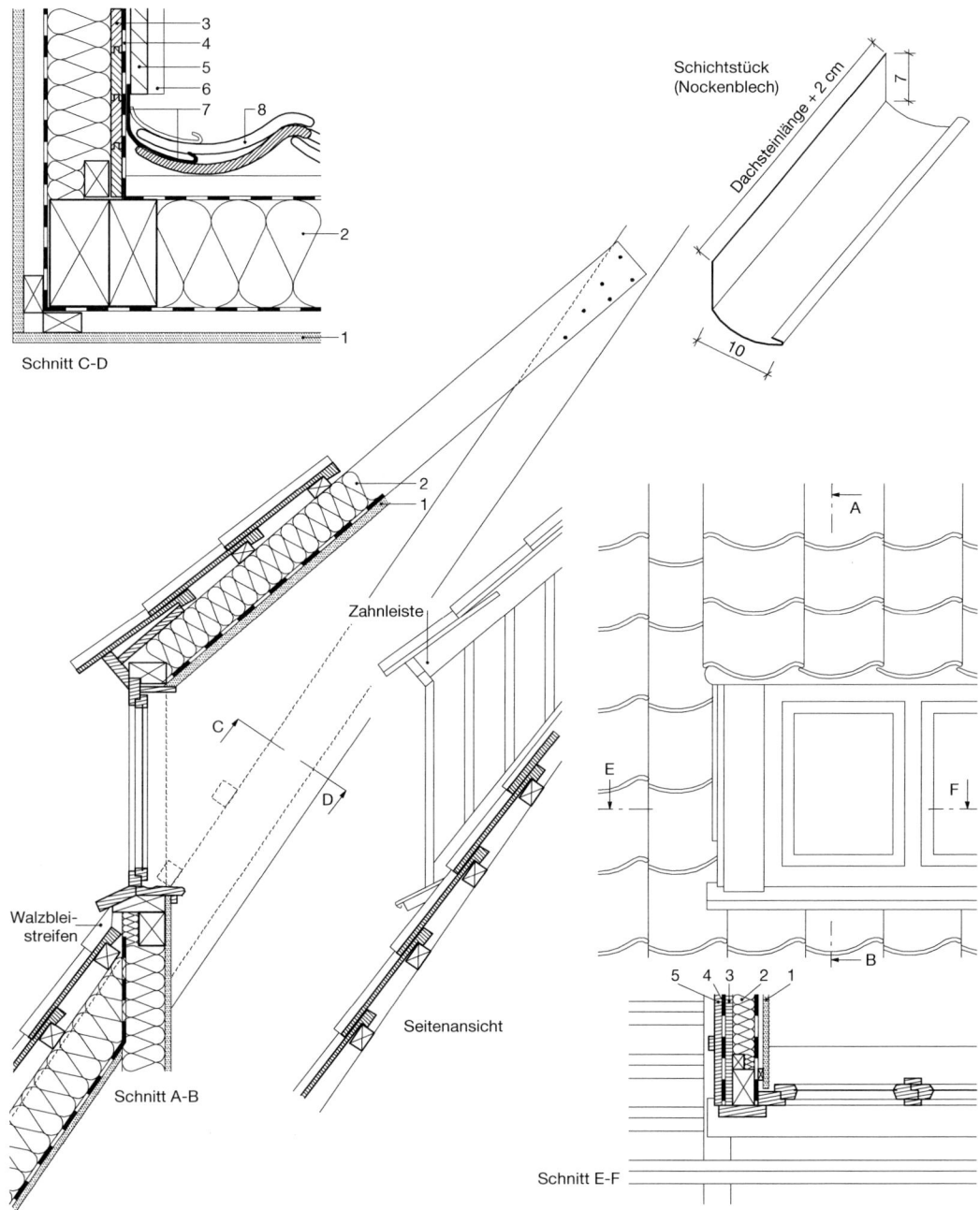

2.318 Schleppdachgaube mit Hohlpfannendeckung
1 Gipskartonplatte
2 Wärmedämmung mit raumseitiger Dampfsperre bzw. Luftdichtheitsebene
3 Schalung
4 Bitumen-Dachbahn V13
5 Außenschalung
6 Eckleiste
7 Schichtstück (Nockenblech)
8 Hohlpfanne

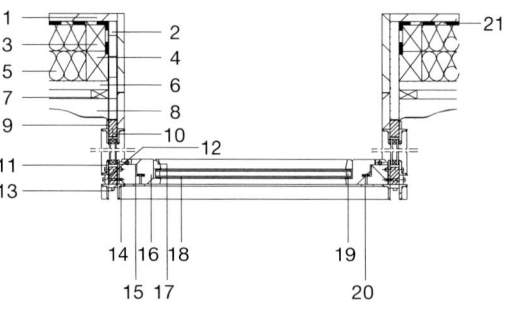

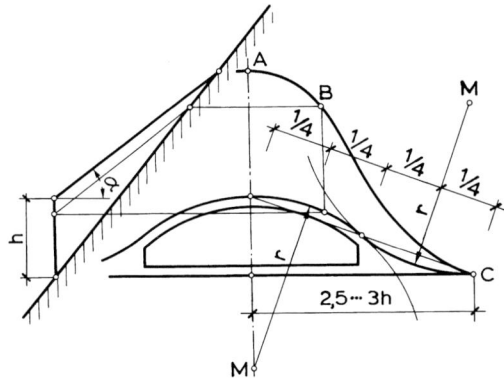

2.320 Form der Stirnseite einer Fledermausgaube (Ochsenauge)

Fledermausgauben mit ausladendem Übergang zur Dachfläche sind verhältnismäßig breit und für kleinere Dächer kaum verwendbar. Die maximale Rahmenhöhe h ergibt sich aus der für die Deckung zulässigen Mindestneigung des Gaubendaches und der Gesamthöhe des Hauptdaches (zwischen dem oberen Gaubenansatz und Hauptdachfirst muss eine hinreichend breite Fläche verbleiben). Die halbe Gaubenbreite beträgt ca. 2,5 bis 3 h (Bild **2**.320). Die Radien der seitlichen Bögen können größer sein als der des mittleren Bogens (r). Der kleinste Radius sollte bei Dachziegeldeckung mindestens 5 Dachziegelbreiten betragen. Die Spur des Gaubenkörpers auf der Hauptdachfläche ist leicht zu ermitteln (Kurve ABC).

Die Stirnseite der Fledermausgaube wird am besten durch eine aus zwei Brettern zusammengesetzte Stirnbohle gebildet, damit ein doppelter Anschlag für das Fenster entsteht.

Auf die Stirnbohle können Bohlensparren aufgeklaut werden, die entweder auf den Hauptdachsparren bzw. Sparrenwechseln oder auf einer Kehlbohle endigen (Bild **2**.321). Die Dachlatten werden dann bügelförmig über die Gaubensparren gebogen. Meist werden die Fledermausgauben aber auch bei Ziegeldeckung ganz eingeschalt und die Latten auf die Schalung aufgenagelt. Die Dachlatten, die bei senkrecht stehender Stirnbohle in zwei Ebenen gekrümmt sind (der Abstand der Gaubenlatten ist kleiner als der der Hauptdachlatten), werden über der Gaube aus zwei übereinander zu nagelnden Leisten 1,5/5 cm gebildet. Die unterste Dachsteinschicht muss an den Flanken der Gaube mit Nägeln befestigt werden. Alle Vorderkanten der Dachsteine einer

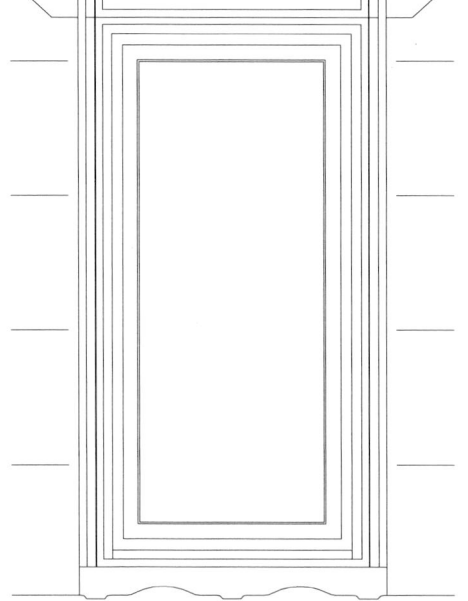

2.319 Gaube mit verglasten Wangen [Architekt: Rongen Architekten, Wassenberg]

1	Verschalung auf Nut und Feder	11	L-Profil
2	Stabsperrholz	12	Deckleiste
3	Sparren	13	Sechskantschraube
4	Dampfsperre	14	Bauseitiges Vorlageband
5	Wärmedämmung	15	Blendrahmen
6	Konterlattung	16	Flügelrahmen
7	Lattung	17	Glashalteleiste
8	Ziegel	18	Isolierglas
9	Bleianschlussband	19	Verklotzung
10	Hartholz	20	Flachstahl
		21	Luftdichtheitsebene

Die Rahmenkonstruktion dieser Gaube ist aus Stahl-Walzprofilen hergestellt, wodurch die Konstruktion schlank wirkt. Die Stahlprofile sind durch eingebundene Hartholzeinlagen thermisch getrennt.

2.10 Dachfenster und Dachgauben

Schicht liegen über Hauptdach und Gaube in einer Ebene parallel zur Traufenwand.

Fertigteilgauben. Gauben erfordern in Planung und Bauausführung die sorgfältige Abstimmung aufwändiger Arbeiten mehrerer Gewerke. Es liegt daher nahe, diesen komplizierten Bauteil industriell vorgefertigt herzustellen. Die Gestaltung muss bei vorgefertigten Gauben nicht unbedingt zurückstehen, denn auch kleinere Serien können nach individuellen Entwürfen wirtschaftlich hergestellt werden. Beispiele für vollständig vorgefertigte Gauben, die komplett mit allen Anschlussteilen geliefert in die entsprechende Dachaussparung eingesetzt werden, zeigt Bild 2.322.

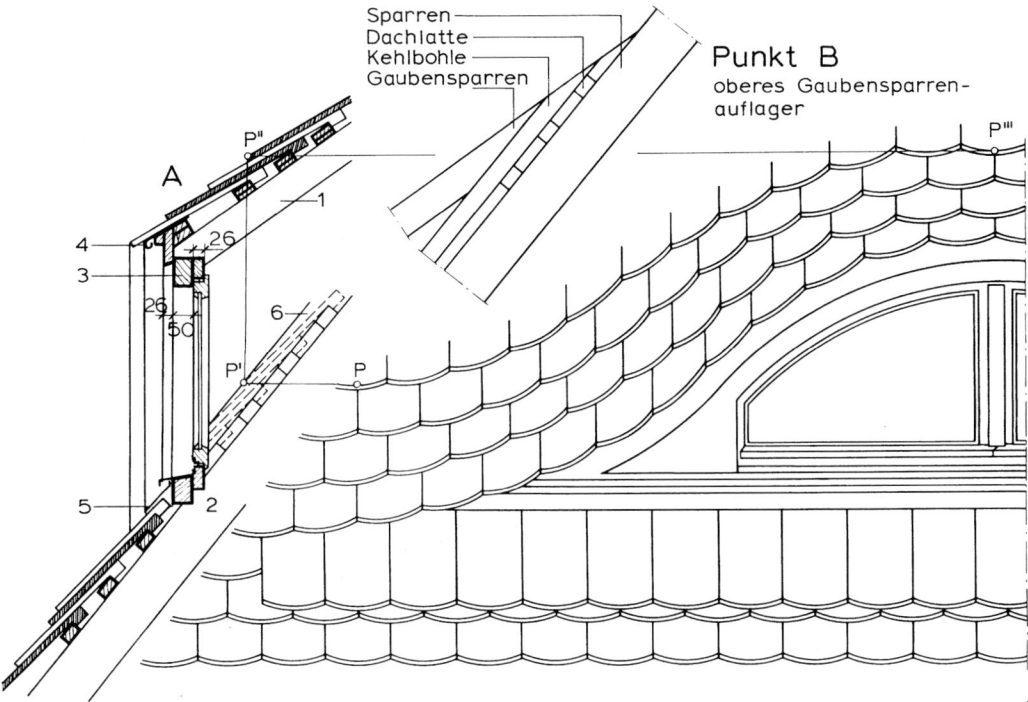

2.321 Fledermausgaube mit Bohlensparren und Kehlbohle. Deckung: Biberschwanz-Doppeldach
1 Gaubensparren
2 Hauptdachsparren
3 Stirnbohle
4 Zinkblechstreifen
5 Bleistreifen
6 Schift- oder Kehlbohle

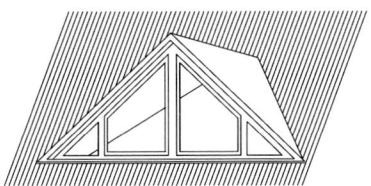
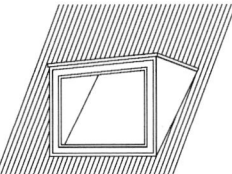

2.322 Vorgefertigte Dachgauben (WANIT)

2.11 Normen

Norm	Ausgabedatum	Titel
DIN EN 300	09.2006	Platten aus langen, flachen, ausgerichteten Spänen (OSB); Definitionen und Klassifizierung und Anforderungen
DIN EN 309	04.2005	Spanplatten; Definition und Klassifizierung
DIN EN 312	12.2010	Spanplatten; Anforderungen
DIN EN 315	10.2000	Sperrholz – Maßtoleranzen
DIN EN 335	06.2013	Dauerhaftigkeit von Holz und Holzprodukten; Gebrauchsklassen: Definitionen, Anwendung bei Vollholz und Holzprodukten
DIN EN 336	12.2013	Bauholz für tragende Zwecke; Maße, zulässige Abweichungen
DIN EN 338	07.2016	Bauholz für tragende Zwecke, Festigkeitsklassen
DIN EN 350-1	12.2016	Dauerhaftigkeit von Holz- und Holzprodukten – Prüfung und Klassifizierung der Dauerhaftigkeit von Holz und Holzproduktengegen biologischen Angriff
DIN EN 350 Ber.1	05.2017	–; –; Berichtigung zu DIN EN 350:12.2016
DIN EN 351-1	10.2007	Dauerhaftigkeit von Holz und Holzprodukten – Mit Holzschutzmitteln behandeltes Vollholz ; Klassifizierung der Schutzmitteleindringung und -aufnahme
DIN EN 383	03.2007	Holzbauwerke – Prüfverfahren – Bestimmung der Lochleibungsfestigkeit und Bettungswerte für stiftförmige Verbindungsmittel
DIN EN 384	12.2016	Bauholz für tragende Zwecke – Bestimmung charakteristischer Werte für mechanische Eigenschaften und Rohdichte
DIN EN 460	10.1994	Dauerhaftigkeit von Holz und Holzprodukten – Natürliche Dauerhaftigkeit von Vollholz – Leitfaden für die Anforderungen an die Dauerhaftigkeit von Holz für die Anwendung in den Gefährdungsklassen
E DIN EN 460	12.2018	–; Leitfaden für die Anforderungen an die Dauerhaftigkeit von Holz für die Anwendung in den Gebrauchsklassen
DIN EN 485-1	10.2016	Aluminium und Aluminiumlegierungen; Bänder, Bleche und Platten; Technische Lieferbedingungen
DIN EN 490	04.2017	Dach- und Formsteine aus Beton für Dächer und Wandbekleidungen; Produktspezifikationen
DIN EN 491	11.2011	–; Prüfverfahren
DIN EN 492	07.2018	Faserzement-Dachplatten und dazugehörige Formteile – Produktspezifikation und Prüfverfahren
DIN EN 494	12.2015	Faserzement-Wellplatten und dazugehörige Formteile – Produktspezifikation und Prüfverfahren
DIN EN 501	11.1994	Dacheindeckungsprodukte aus Metallblech – Festlegung für vollflächig unterstützte Bedachungselemente aus Zinkblech
DIN EN 502	06.2013	–; Spezifikation für vollflächig unterstützte Dachdeckungsprodukte aus nichtrostendem Stahlblech
DIN EN 504	01.2000	–; Festlegung für vollflächig unterstützte Bedachungselemente aus Kupferblech
DIN EN 505	06.2013	–; Spezifikation für vollflächig unterstützte Dachdeckungsprodukte aus Stahlblech
DIN EN 506	07.2009	–; Festlegung für vollflächig unterstützte Bedachungselemente aus Kupfer- oder Zinkblech
DIN EN 507	01.2000	–; Festlegung für vollflächig unterstützte Bedachungselemente aus Aluminiumblech
E DIN EN 507	08.2017	Dachdeckungs- und Wandbekleidungselemente aus Metall; Festlegung für vollflächig unterstützte Bedachungselemente aus Aluminiumblech
DIN EN 508-1	08.2014	Dacheindeckungs- und Wandbekleidungsprodukte aus Metallblech – Spezifikation für selbsttragende Dachdeckungsprodukte aus Stahlblech, Aluminiumblech oder nichtrostendem Stahlblech – Teil 1: Stahl
DIN EN 508-2	07.2009	Dachdeckungsprodukte aus Metallblech; Festlegungen für selbsttragende Bedachungselemente aus Stahlblech, Aluminium oder nichtrostendem Stahl; Teil 2: Aluminium

2.11 Normen

Normen, Fortsetzung

Norm	Ausgabedatum	Titel
E DIN EN 508-2	06.2017	Dacheindeckungs- und Wandbekleidungsprodukte aus Metallblech; Spezifikation für selbsttragende chdeckungsprodukte aus Stahlblech, Aluminiumblech oder nichtrostendem Stahlblech -; Teil 2: Aluminium
DIN EN 508-3	07.2009	–; –; Teil 3: Nichtrostender Stahl
DIN EN 508-3 Ber.1	11.2009	–; –; Teil 1: Nichtrostender Stahl; Berichtigung 1
DIN EN 516	04.2006	Vorgefertigte Zubehörteile für Dacheindeckungen – Einrichtungen zum Betreten des Daches – Laufstege, Trittflächen und Einzeltritt
DIN EN 517	05.2006	–; Sicherheitsdachhaken
DIN EN 538	11.1994	Tondachziegel für überlappende Verlegung; Prüfung der Biegetragfähigkeit
DIN EN 539-1	12.2005	Dachziegel für überlappende Verlegung; Bestimmung der physikalischen Eigenschaften – Prüfung der Wasserundurchlässigkeit
DIN EN 539-2	08.2013	Dachziegel für überdeckende Verlegung; Bestimmung der physikalischen Eigenschaften – Prüfung der Frostwiderstandsfähigkeit
DIN EN 573-3	12.2013	Aluminium und Aluminiumlegierungen – Chemische Zusammensetzung und Form von Halbzeug – Chemische Zusammensetzung und Erzeugnisformen
DIN EN 607	02.2005	Hängedachrinnen und Zubehörteile aus PVC-U – Begriffe, Anforderungen und Prüfung
DIN EN 612	04.2005	Hängedachrinnen mit Aussteifung der Rinnenvorderseite und Regenrohre aus Metallblech mit Nahtverbindungen
DIN EN 622-1	09.2003	Faserplatten – Anforderungen; Allgemeine Anforderungen
DIN EN 622-2	07.2004	–; Anforderungen an harte Platten
DIN EN 622-2/Ber 1	07.2006	–; –; Berichtigung 1
DIN EN 622-3	07.2004	–; Anforderungen an mittelharte Platten
DIN EN 622-4	03.2010	–; Anforderungen an poröse Platten
DIN EN 622-5	03.2010	–; Anforderungen an Platten nach dem Trockenverfahren (MDF)
E DIN EN 622-4	04.2018	–; Anforderungen an poröse Platten
DIN EN 634-1	04.1995	Zementgebundene Spanplatten – Anforderungen – Allgemeine Anforderungen
DIN EN 634-2	05.2007	–; Anforderungen an Portlandzement (PZ) gebundene Spanplatten zur Verwendung im Trocken-, Feucht- und Außenbereich
DIN EN 635-1	01.1995	Sperrholz; Klassifizierung nach dem Aussehen der Oberfläche – Allgemeines
DIN EN 636	05.2015	–; Anforderungen
DIN EN 752	07.2017	Entwässerungssysteme außerhalb von Gebäuden – Kanalmanagement
DIN EN 789	01.2005	Holzbauwerke – Prüfverfahren; Bestimmung der mechanischen Eigenschaften von Holzwerkstoffen
DIN EN 795	10.2012	Persönliche Absturzschutzausrüstung – Anschlageinrichtungen
DIN EN 844-3	04.1995	Rund- und Schnittholz – Terminologie – Allgemeine Begriffe über Schnittholz
DIN EN 912	09.2011	Holzverbindungsmittel; Spezifikationen für Dübel besonderer Bauart für Holz
DIN EN 988	08.1996	Zink und Zinklegierungen – Anforderungen an gewalzte Flacherzeugungen für das Bauwesen
DIN EN 1013	03.2015	Lichtdurchlässige, einschalige, profilierte Platten aus Kunststoff für Innen- und Außenanwendungen an Dächern, Wänden und Decken – Anforderungen und Prüfverfahren
DIN EN 1024	06.2012	Tondachziegel für überlappende Verlegung: Bestimmung der geometrischen Kennwerte
E DIN EN 1024	08.2017	–; Bestimmung der geometrischen Kennwerte
DIN EN 1058	04.2010	Holzwerkstoffe – Bestimmung der charakteristischen 5% Quantilwerte und der charakteristischen Mittelwerte
DIN EN 1172	02.2012	Kupfer- und Kupferlegierungen – Bleche und Bänder für das Bauwesen
DIN EN 1253-1	03.2015	Abläufe für Gebäude – Bodenabläufe mit Geruchsverschluss mit einer Geruchsverschlusshöhe von mindestens 50 mm
DIN EN 1253-2	03.2015	Abläufe für Gebäude – Bodenabläufe ohne Geruchsverschluss

Normen, Fortsetzung

Norm	Ausgabedatum	Titel
DIN EN 1253-5	05.2017	Abläufe für Gebäude – Abläufe mit Leichtflüssigkeitssperre
DIN EN 1304	08.2013	Dachziegel und Formziegel – Begriffe und Produktspezifikationen
DIN EN 1365-2	02.2015	Feuerwiderstandsprüfungen für tragende Bauteile – Decken und Dächer
DIN EN 1380	07.2009	Holzbauwerke – Prüfverfahren – Tragende Verbindungen mit Nägeln, Schrauben, Stabdübeln und Bolzen
DIN EN ISO 1461	10.2009	Durch Feuerverzinken auf Stahl aufgebrachte Zinküberzüge (Stückverzinken) – Anforderungen und Prüfungen
DIN EN 1462	12.2004	Rinnenhalter für Hängedachrinnen – Anforderungen und Prüfung
DIN EN 1652	03.1998	Kupfer und Kupferlegierungen – Platten, Bleche, Bänder, Streifen und Ronden zur allgemeinen Verwendung
DIN EN 1745	07.2012	Mauerwerk und Mauerwerksprodukte – Verfahren zur Bestimmung von wärmeschutztechnischen Eigenschaften
DIN EN 1912	10.2013	Bauholz für tragende Zwecke – Festigkeitsklassen – Zuordnung von visuellen Sortierklassen und Holzarten
DIN 1986-4	12.2011	Entwässerungsanlagen für Gebäude und Grundstücke – Verwendungsbereiche von Abwasserrohren und -formstücken verschiedener Werkstoffe
E DIN EN 1986-4	12.2018	–; Verwendungsbereiche von Abwasserrohren und -formstücken verschiedener Werkstoffe
DIN 1986-100	12.2016	Entwässerungsanlagen für Gebäude und Grundstücke – Bestimmungen in Verbindung mit DIN EN 752 und DIN EN 12 056
DIN EN 1991-1-1	12.2010	Eurocode 1: Einwirkungen auf Tragwerke – Teil 1-1: Allgemeine Einwirkungen auf Tragwerke – Wichten, Eigengewicht und Nutzlasten im Hochbau
DIN EN 1991-1-1/NA	12.2010	Nationaler Anhang – National festgelegte Parameter – Eurocode 1: Einwirkungen auf Tragwerke Teil 1-1
DIN EN 1991-1-3	12.2010	Eurocode 1: Einwirkungen auf Tragwerke – Teil 1–3: Allgemeine Einwirkungen, Schneelasten
DIN EN 1991-1-3/NA	12.2010	Nationaler Anhang – National festgelegte Parameter – Eurocode 1: Einwirkungen auf Tragwerke Teil 1-3
DIN EN 1991-1-4	12.2010	–; Teil 1–4: Allgemeine Einwirkungen, Windlasten
DIN EN 1991-1-4/NA	12.2010	Nationaler Anhang – National festgelegte Parameter – Eurocode 1: Einwirkungen auf Tragwerke Teil 1-4
DIN EN 1991-1-7	12.2010	Eurocode 1: Einwirkungen auf Tragwerke – Teil 1-7: Allgemeine Einwirkungen – Außergewöhnliche Einwirkungen
DIN EN 1991-1-7/NA	12.2010	Nationaler Anhang – National festgelegte Parameter – Eurocode 1: Einwirkungen auf Tragwerke – Teil 1-7
DIN EN 1992-1-1	01.2011	Eurocode 2: Bemessung und Konstruktion von Stahlbeton- und Spannbetontragwerken – Allgemeine Bemessungsregeln und Regeln für den Hochbau
DIN EN 1992-1-1/NA	04.2013	Nationaler Anhang – National festgelegte Parameter – Eurocode 2: Bemessung und Konstruktion von Stahlbeton- und Spannbetontragwerken
DIN EN 1993-1-1	12.2010	Eurocode 3: Bemessung und Konstruktion von Stahlbauten: Allgemeine Bemessungsregeln und Regeln für den Hochbau
DIN EN 1993-1-1/NA	08.2015	Nationaler Anhang – National festgelegte Parameter – Eurocode 3: Bemessung und Konstruktion von Stahlbauten
DIN EN 1993-1-1/NA/A1	12.2018	–; –; Änderung 1
DIN EN 1993-1-2	12.2010	Eurocode 3: Bemessung und Konstruktion von Stahlbauten: Allgemeine Regeln – Tragwerksbemessung für den Brandfall
DIN EN 1993-1-2/NA	12.2010	Nationaler Anhang – National festgelegte Parameter – Eurocode 3: Bemessung und Konstruktion von Stahlbauten
DIN EN 1993-1-3	12.2010	Eurocode 3: Bemessung und Konstruktion von Stahlbauten – Teil 1-3: Allgemeine Regeln – Ergänzende Regeln für kaltgeformte Bauteile und Bleche
DIN EN 1993-1-3/NA	05.2017	Nationaler Anhang – National festgelegte Parameter – Eurocode 3: Bemessung und Konstruktion von Stahlbauten – Teil 1-3
DIN EN 1995-1-1	12.2010	Eurocode 5: Bemessung und Konstruktion von Holzbauten – Teil 1-1: Allgemeines – Allgemeine Regeln und Regeln für den Hochbau

2.11 Normen

Normen, Fortsetzung

Norm	Ausgabedatum	Titel
DIN EN 1995-1-1/NA	08.2013	Nationaler Anhang – National festgelegte Parameter – Eurocode 5: Bemessung und Konstruktion von Holzbauten Teil 1-1
DIN EN 1995-1-2	12.2010	Eurocode 5: Bemessung und Konstruktion von Holzbauten – Teil 1-2: Allgemeine Regeln – Tragwerksbemessung für den Brandfall
DIN EN 1995-1-2/NA	12.2010	Nationaler Anhang – National festgelegte Parameter – Eurocode 5: Bemessung und Konstruktion von Holzbauten Teil 1-2
DIN 4074-1	06.2012	Sortierung von Holz nach der Tragfähigkeit; Nadelschnittholz
DIN 4074-2	12.1958	Bauholz für Holzbauteile; Gütebedingungen für Baurundholz (Nadelholz)
DIN 4102-2	09.1977	Brandverhalten von Baustoffen und Bauteilen; Bauteile, Begriffe, Anforderungen und Prüfungen
DIN 4102-7	11.2018	Brandverhalten von Baustoffen und Bauteilen – Bedachungen; Begriffe, Anforderungen und Prüfungen
DIN 4108 Bbl.2	03.2006	Wärmeschutz und Energie-Einsparung in Gebäuden; Wärmebrücken – Planungs- und Ausführungsbeispiele
E DIN 4108 Bbl. 2	11.2017	–; Wärmebrücken – Planung und Ausführungsbeispiele
DIN 4108-2	02.2013	–; Mindestanforderungen an den Wärmeschutz
DIN 4108-3	10.2018	–; Klimabedingter Feuchteschutz; Anforderungen, Berechnungsverfahren und Hinweise für Planung und Ausführung
DIN 4108-4	03.2017	–; Wärme- und feuchteschutztechnische Bemessungswerte
DIN V 4108-6	06.2003	–; Berechnung des Jahresheizwärme- und des Jahresheizenergiebedarfs
DIN V 4108-6 Ber. 1	03.2004	–; Berichtigungen zu DIN V 4108-6: 06.2003
DIN 4108-7	01.2011	–; Luftdichtheit von Gebäuden, Anforderungen, Planungs- und Ausführungsempfehlungen sowie -beispiele
DIN 4108-10	12.2015	–; Anwendungsbezogene Anforderungen an Wärmedämmstoffe – Werkmäßig hergestellte Wärmedämmstoffe
DIN 4109-1	01.2018	Schallschutz im Hochbau: Mindestanforderungen
DIN 4109-2	01.2018	Schallschutz im Hochbau: Rechnerische Nachweise der Erfüllung der Anforderungen
DIN 4109-33	07.2016	–; Daten für die rechnerische Nachweise des Schallschutzes (Bauteilkatalog)- Holz-, Leicht- und Trockenbau
DIN EN ISO 7345	07.2018	Wärmeverhalten von Gebäuden und Baustoffen; Physikalische Größen und Definitionen
DIN EN 10 025-1	02.2005	Warmgewalzte Erzeugnisse aus Baustählen – Allgemeine technische Lieferbedingungen
E DIN EN 10 025-1	04.2011	Warmgewalzte Erzeugnisse aus Baustählen – Allgemeine technische Lieferbedingungen
DIN EN 10 088-2	12.2014	Nichtrostende Stähle – Technische Lieferbedingungen für Blech und Band aus korrosionsbeständigen Stählen für allgemeine Verwendung;
DIN EN 10 346	10.2015	Kontinuierlich schmelztauchveredelte Flacherzeugnisse aus Stahl – Technische Lieferbedingungen
DIN EN 12 056-1	01.2001	Schwerkraftentwässerungsanlagen innerhalb von Gebäuden – Allgemeine und Ausführungsanforderungen
DIN EN 12 056-3	01.2001	–; Dachentwässerung, Planung und Bemessung
DIN EN 12 326-1	11.2014	Schiefer und Naturstein für überlappende Dachdeckungen und Außenwandbekleidungen – Spezifikationen für Schiefer und carbonhaltige Schiefer
DIN EN 12369-1	04.2001	Holzwerkstoffe – Charakteristische Werte für die Berechnung und Bemessung von Holzbauwerken; OSB, Spanplatten und Faserplatten
DIN EN 12 369-2	09.2011	–; Sperrholz
DIN EN 12 369-3	02.2009	–; Massivholzplatten
DIN EN 12 588	03.2007	Blei- und Bleilegierungen – Gewalzte Bleche aus Blei für das Bauwesen

Normen, Fortsetzung

Norm	Ausgabedatum	Titel
DIN EN 12 871	09.2013	Holzwerkstoffe – Bestimmung der Leistungseigenschaften für tragende Platten zur Verwendung in Fußböden, Wänden und Dächern
DIN CEN/TR 12 872	04.2015	Holzwerkstoffe – Leitfaden für die Verwendung von tragenden Platten in Böden, Wänden und Dächern
DIN EN ISO 12 944-1 bis 12 944-8	04.2018 und 06.2018	Beschichtungsstoffe – Korrosionsschutz von Stahlbauten durch Beschichtungssysteme
DIN EN 12 951	02.2005	Vorgefertigte Zubehörteile für Dacheindeckungen – Fest installierte Dachleitern – Produktanforderungen und Prüfverfahren
DIN EN 12 951 Ber.1	05.2007	–;–; Berichtigung 1
DIN EN 13 111	11.2010	Abdichtungsbahnen – Unterdeck- und Unterspannbahnen für Dachdeckungen und Wände – Bestimmung des Widerstandes gegen Wasserdurchgang
DIN EN 13 162	04.2015	Wärmedämmstoffe für Gebäude – Werkmäßig hergestellte Produkte aus Mineralwolle (MW) – Spezifikation
DIN EN 13 167	04.2015	–; Werkmäßig hergestellte Produkte aus Schaumglas (CG) – Spezifikation
DIN EN 13 168	04.2015	–; Werkmäßig hergestellte Produkte aus Holzwolle (WW) – Spezifikation
DIN EN 13 170	04.2015	–; Werkmäßig hergestellte Produkte aus expandiertem Kork (ICB) – Spezifikation
DIN EN 13 171	04.2015	–; Werkmäßig hergestellte Produkte aus Holzfasern (WF) – Spezifikation
DIN EN 13 271	02.2004	Holzverbindungsmittel – Charakteristische Tragfähigkeiten und Verschiebungsmodul für Verbindungen mit Dübeln besonderer Bauart
DIN EN 13 353	07.2011	Massivholzplatten (SWP); Anforderungen
DIN EN 13 501-5	12.2016	Klassifizierung von Bauprodukten und Bauarten zu ihrem Brandverhalten – Klassifizierung mit den Ergebnissen aus Prüfungen von Bedachungen bei Beanspruchung durch Feuer von außen
DIN EN 13 599	12.2014	Kupfer und Kupferlegierungen – Platten, Bleche und Bänder aus Kupfer für die Anwendung in der Elektrotechnik
DIN EN 13 693	10.2009	Betonfertigteile – Besondere Fertigteile für Dächer
DIN EN 13707	12.2013	Abdichtungsbahnen – Bitumenbahnen mit Trägereinlage für Dachabdichtungen – Definitionen und Eigenschaften
E DIN EN 13 707	05.2017	–; Bitumenbahnen mit Trägereinlage für Dachabdichtungen – Definitionen und Eigenschaften
DIN EN ISO 13 788	05.2013	Wärme- und feuchtetechnisches Verhalten von Bauteilen und Bauelementen – Raumseitige Oberflächentemperatur zur Vermeidung kritischer Oberflächenfeuchte und Tauwasserbildung im Bauteilinneren – Berechnungsverfahren
DIN EN 13 859-1	07.2014	Abdichtungsbahnen – Definitionen und Eigenschaften von Unterdeck- und Unterspannbahnen – Unterdeck- und Unterspannbahnen für Dachdeckungen
DIN EN 13 986	06.2015	Holzwerkstoffe zur Verwendung im Bauwesen; Eigenschaften, Bewertung der Konformität und Kennzeichnung
DIN EN 14 080	09.2013	Holzbauwerke – Brettschichtholz und Balkenschichtholz; Anforderungen
DIN EN 14 081-1	06.2016	Holzbauwerke – Nach Festigkeit sortiertes Bauholz für tragende Zwecke mit rechteckigem Querschnitt; Allgemeine Anforderungen
DIN EN 14 081-2	03.2013	–; Maschinelle Sortierung – zusätzliche Anforderungen an die Erstprüfung
E DIN EN 14 081-2	07.2017	–; Maschinelle Sortierung – zusätzliche Anforderungen an die Erstprüfung
DIN 14 094-2	04.2017	Feuerwehrwesen – Notleiteranlagen – Rettungswege auf flachen und geneigten Dächern
DIN EN 14 250	05.2010	Holzbauwerke – Produktanforderungen an vorgefertigte tragende Bauteile mit Nagelplattenverbindungen
DIN EN 14 279	07.2009	Furnierschichtholz (LVL) – Definitionen, Klassifizierung und Spezifikationen
DIN EN 14 315-1	04.2013	Wärmedämmstoffe für das Bauwesen – An der Versendungsstelle hergestellter Wärmedämmstoff aus Polyurethan (PUR)- und Polyisocyanurat (PIR)-Spritzschaum – Spezifikation für das Schaumsystem vor dem Einbau
DIN EN 14 315-2	04.2013	–; –; Spezifikation für die eingebauten Produkte

2.11 Normen

Normen, Fortsetzung

Norm	Ausgabedatum	Titel
DIN EN 14 318-1	04.2013	–; An der Versendungsstelle hergestellter Wärmedämmstoff aus dispensiertem Polyurethan (PUR)- und Polyisocyanurat (PIR)-Hartschaum – Spezifikation für das Schaumsystem vor dem Einbau
DIN EN 14 318-2	04.2013	–; –; Spezifikation für die eingebauten Produkte
DIN EN 14 374	02.2005	Holzbauwerke – Furnierschichtholz für tragende Zwecke; Anforderungen
E DIN EN 14 374	07.2016	Holzbauwerke – Furnierschichtholz (LVL) – Anforderungen
DIN EN 14 509	12.2013	Selbsttragende Sandwich-Elemente mit beidseitigen Metalldeckschichten – Werkmäßig hergestellte Produkte – Spezifikationen
DIN EN 14 545	02.2009	Holzbauwerke – Nicht stiftförmige Verbindungselemente – Anforderungen
DIN EN 14 592	07.2012	Holzbauwerke – Stiftförmige Verbindungsmittel – Anforderungen
E DIN EN 14 592	07.2017	–; Stiftförmige Verbindungsmittel – Anforderungen
DIN EN 14 782	03.2006	Selbsttragende Dachdeckungs- und Wandbekleidungselemente für die Innen- und Außenanwendung aus Metallblech – Produktspezifikation und Anforderungen
E DIN EN 14 782	09.2015	–; Produktspezifikation und Anforderungen
DIN EN 14 963	12.2006	Dachdeckungen – Dachlichtbänder aus Kunststoff mit oder ohne Aufsetzkränzen – Klassifizierung, Anforderungen und Prüfverfahren
DIN EN 14 963 Ber.1	06.2007	Berichtigungen zu DIN EN 14963:2006-12
DIN EN 15 497	07.2014	Keilverzinktes Bauholz für tragende Zwecke – Leistungsanforderungen und Mindestanforderungen an die Herstellung
DIN EN 15 534-1 ff.	02.2018	Verbundwerkstoffe aus zellulosehaltigen Materialien und Thermoplasten (üblicherweise Holz-Polymer-Werkstoffe (WPC) oder Naturfaserverbundwerkstoffe (NFC) genannt, Prüfverfahren zur Beschreibung von Compounds und Erzeugnissen
DIN EN 16 351	12.2015	Holzbauwerke – Brettsperrholz; Anforderungen
E DIN 16351	12.2018	–; Brettsperrholz; Anforderungen
DIN 17 611	11.2011	Anodisch oxidierte Erzeugnisse aus Aluminium und Aluminium-Knetlegierungen; Technische Lieferbedingungen
DIN 17 640-1	02.2004	Bleilegierungen für allgemeine Verwendung
DIN 18 005-1	07.2002	Schallschutz im Städtebau – Grundlagen und Hinweise für die Planung
DIN 18 160-5	04.2016	Abgasanlagen – Einrichtungen für Schornsteinfegerarbeiten; Anforderungen, Planung und Ausführung
DIN 18 234-1 bis 4	05.2018	Baulicher Brandschutz großflächiger Dächer – Brandbeanspruchung von unten
DIN 18 334	09.2016	VOB Vergabe- und Vertragsordnung für Bauleistungen – Teil C: Allgemeine technische Vertragsbedingungen für Bauleistungen (ATV); Zimmer- und Holzbauarbeiten
DIN 18 338	09.2016	–; –; Dachdeckungs- und Dachabdichtungsarbeiten
DIN 18 339	09.2016	–; –; Klempnerarbeiten
DIN 18 384	09.2016	–; –; Blitzschutzanlagen
DIN 20 000-1	06.2017	Anwendung von Bauprodukten in Bauwerken – Holzwerkstoffe
DIN 20 000-3	02.2015	–; Brettschichtholz und Balkenschichtholz nach DIN 14 080
DIN 20 000-4	08.2013	–; Vorgefertigte tragende Bauteile mit Nagelplattenverbindungen nach DIN EN 14 250
E DIN 20 000-4	11.2016	–; Vorgefertigte tragende Bauteile mit Nagelplattenverbindungen nach DIN EN 14 250
DIN 20 000-5	06.2016	–; Nach Festigkeit sortiertes Bauholz für tragende Zwecke mit rechteckigem Querschnitt
DIN 20 000-6	02.2015	–; Stiftförmige und nicht stiftförmige Verbindungen nach DIN 14 592 und DIN EN 14 545
DIN 20 000-7	08.2015	–; Keilverzinktes Vollholz für tragende Zwecke nach DIN 15 497
DIN SPEC 20 000-201	08.2018	–; Anwendungsnorm für Abdichtungsbahnen nach Europäischen Produktnormen zur Verwendung in Dachabdichtungen

Normen, Fortsetzung

Norm	Ausgabedatum	Titel
DIN EN 26 891	07.1991	Holzbauwerke; Verbindungen mit mechanischen Verbindungsmitteln; Allgemeine Grundsätze für die Ermittlung der Tragfähigkeit und des Verformungsverhaltens
DIN EN 50 536	11.2011	Blitzschutz, Gitterwarnsysteme; VDE 0185-236
DIN EN 50 536/A1	02.2013	–; –; Änderung 1
DIN 55634-1	03.2018	Beschichtungsstoffe und über Überzüge – Korrosionsschutz von tragenden dünnwandigen Bauteilen auf Stahl; Anforderungen und Prüfverfahren
DIN 55634-2	03.2018	–; Überwachung und Zertifizierungsanforderungen
DIN 59 610	02.2004	Blei und Bleilegierungen – Gewalzte Bleche aus Blei zur allgemeinen Verwendung
DIN EN 60 335-2-83	02.2009	Sicherheit elektrischer Geräte für den Hausgebrauch und ähnliche Zwecke – Besondere Anforderungen für beheizbare Dachabläufe
DIN EN 62 305-1 bis 4	versch.	Blitzschutz; VDE 185-305-1 bis 4
DIN 62 561-1	12.2017	Blitzschutzsystembauteile (LPSC) –Anforderungen an Verbindungsbauteile; VDE 0185-561-1
DIN 62 561-2	02.2013	–; Anforderungen an Leiter und an die Erder; VDE 0185-561-2
E DIN 62 561-2	03.2016	–; Anforderungen an Lyeiter und an die Erder; VDE 0185-561-2
DIN 68 119	09.1996	Holzschindeln
E DIN 68119	05.2018	Holzschindeln
DIN 68 364	05.2003	Kennwerte von Holzarten; Rohdichte, Elastizitätsmodul und Festigkeiten
DIN 68 365	12.2008	Schnittholz für Zimmererarbeiten; Sortierung nach dem Aussehen; Nadelholz
DIN 68 705-2	03.2016	Sperrholz; Stab- und Stäbchensperrholz für allgemeine Zwecke
DIN 68 800-1	10.2011	Holzschutz; Allgemeines
E DIN 68 800-1/A1	02.2018	–; Allgemeines
DIN 68 800-2	02.2012	Holzschutz; Vorbeugende bauliche Maßnahmen im Hochbau
DIN 68 800-3	02.2012	Holzschutz; Vorbeugender Schutz von Holz mit Holzschutzmitteln
DIN 68 800-4	02.2012	Holzschutz. B.kämpfungs- und Sanierungsmaßnahmen gegen Holz zerstörende Pilze und Insekten
VdS 3145	07.2011	Photovoltaikanlagen – Technischer Leitfaden

2.12 Literatur

[1] *Ahnert, R.; Krause, K.H.*: Typische Baukonstruktionen von 1860-1960, Band III. Berlin 2014
[2] BM für Arbeit und Soziales: Technische Regeln für Gefahrenstoffe, TRGS 519 – Asbest, Ausgabe 01/2014 und 01/2015
[3] *Baus, U., Zebe, H.C.:* Dächer – Neubau, Umbau, Ausbau. München 2008
[4] *Borsch-Laaks, R.:* Belüftet oder lieber doch nicht? Tauwasserschutz bei flach geneigten Dächern in Holzbauweise. In quadriga 5/2004
[5] Bund deutscher Zimmerer (BDZ) Merkblätter, u. A. Merkblatt „Dachlatten" 12/2016; www.infoline.bdz-holzbau.d
[6] DETAIL- Fachzeitschriften : Dächer: 07 und 08/2002; 07 und 08/2004; 07 und 08/2005; 01 und 02/2009; 10/2011, 11/2014 und 10/2016
[7] Deutscher Beton- und Bautechnik-Verein e.V.; DBV Merkblatt WU-Dächer 07-2013
[8] Deutsches Dachdeckerhandwerk – Regelwerk, Hinweise, Merkblätter und Produktdatenblätter, herausgegeben vom Zentralverband des Deutschen Dachdeckerhandwerks (ZVDH) – Fachverband Dach-, Wand- und Abdichtungstechnik e. V., Köln; www.dachdecker-regelwerk.de; www.ddh.de
 –; Fachregel für Dachdeckungen mit Dachziegeln und Dachsteinen, (12/2012)
 –; Fachregel für Deckungen mit Schiefer, (02/2016)
 –; Fachregel für Dachdeckungen mit Faserzementdach- (06/2001) und -wellplatten (03/2002)
 –; Fachregel für Deckungen mit Holzschindeln (04/1986)
 –; Fachregel für Deckungen mit Bitumenschindeln und -wellplatten (06/2001)

2.12 Literatur

–; Fachregel für Deckungen mit Reet und Stroh (10/2008)
–; Fachregel für Metallarbeiten im Dachdeckerhandwerk(06/2017)
–; Blei im Bauwesen, Teil 1: Technisches Merkblatt (01/2003)
–; Richtlinien für die Planung und Ausführung von Dächern mit Abdichtungen (Flachdachrichtlinien). (12/2016)
–; Merkblatt Wärmeschutz in Dach und Wand (04/2015)
–; Merkblatt für Unterdächer, Unterdeckungen und Unterspannungen (01/2010)
–; Merkblatt Äußerer Blitzschutz auf Dach und Wand (04/2011)
–; Merkblatt Einbauteile bei Dachdeckungen (07/2013)
–; Merkblatt Solartechnik für Dach und Wand (04/2011)
–; Merkblatt zur Bemessung von Entwässerungen (03/2011)

[9] Deutsches Dachzentrum e.V.; Informationsdienst Geneigtes Dach; www.dach-zentrum.de; www.dachwelten.de
[10] Deutsches Institut für Bautechnik (DiBt) Referat I5; Holzschutzmittel – Zulassungsverzeichnisse (AbZ und ETA); www.dibt.de/de/Fachbereiche/Referat_I5.html
[11] Deutsches Kupferinstitut e.V.; Dachdeckungen mit Kupfer und Dachentwässerung. Düsseldorf; www.kupferlistitut.de
[12] Braas Dachsysteme GmbH (Hrsg.): Handbuch geneigte Dächer; 2014
[13] *Friedland, A.*: Wohnen unter Geneigten Dächern. In DBZ 1/2006
[14] Gesamtverband der Deutschen Versicherungswirtschaft e.V. – GDV; VdS 2216, 08/2001; Brandschutzmaßnahmen für Dächer – Merkblatt für die Planung und Ausführung; www.vds.de
[15] *Grassnick, A.* (Hrsg.) u. A.: Der schadenfreie Hochbau, Bd. 1–4. Köln– Braunsfeld 1992-1997
[16] *Halasz, R. v., Scheer C.*: Holzbautaschenbuch, Bd. 1- Grundlagen, Entwurf, Bemessung und Konstruktion. Berlin 1996
[17] *Haselhuhn, R.*: Leitfaden Photovoltaische Anlagen; DGS – Deutsche Gesellschaft für Sonnenenergie. Berlin 2012
[18] *Hauser, G., Stiegel, H.*: Holzbau- Handbuch, Reihe 3, Teil 2, Folge 7 Bauphysik; Wärmebrücken, 2008; www.infoholz.de
[19] *Hauser, G., Stiegel, H.*: Wärmebrücken-Atlas für den Mauerwerksbau. Wiesbaden 1996
[20] *Hähnel, E.*: Holzbau und Holzschutz von A bis Z; Berlin 2007
[21] *Herzog, T.; Natterer, J.; Schweizer, R.; Volz, M.*: Holzbau- Atlas, Basel 2003/2013
[22] *Holzapfel, W.*: Typische Schäden am Dach – Erkennen – vermeiden – beheben. Köln 2015
[23] *Holzapfel, W.*: Moderne Dächer – Richtig planen, ausführen und Schäden vermeiden. Köln 2011
[24] *Holzapfel, W.*: Baustoffe für Dach und Wand – Herstellung, Eigenschaften und Anwendungsmöglichkeiten. Köln 2011
[25] *Holzapfel, W.*: Dächer – Kompendium der Schadensursachen; Fehleranalyse und Ursachenvermeidung. Stuttgart 2015
[26] Informationsdienst Holz, Publikationen – Holzbauhandbuch und Druckschriften. Düsseldorf; www.informationsdienst-holz.de; www.infoholz.at; dataholz.com
[27] Informationsstelle Edelstahl Rostfrei; Dokumentation D 962: Dächer aus Edelstahl Rostfrei; Düsseldorf 2002
[28] *Irmschler, H.-J., Ouitt, H.*: Holzschutzmittelverzeichnis, DiBt. Berlin 2006; www.dibt.de
[29] *Jocher, T.; Wietzorreck, U.*: Dachräume – Entwerfen, Konstruieren, Bewohnen, München 2018
[30] *Krüner, G.* Geneigte Dächer – Konstruktion, Details. In DBZ 4/2005
[31] *Leimer, H.P., Bode, J., Heuer, H., Septinus, F.*: Bauphysikalische Anforderungen an geneigte Dächer. Wärme-, Feuchte-, Schall- und Brandschutz. in WTA Journal 1/2008
[32] *Leiße, B.*: Holzbauteile richtig geschützt; langlebige Holzbauten durch konstruktiven Holzschutz, Leinfelden-Echterdingen 2002
[33] *Liersch, K. W., Langer, N.*; Bauphysik kompakt: Wärme – Feuchte – Schall. Berlin 2015
[34] *Lohmann, U.*: Holz Handbuch. Hamburg 2016
[35] *Luley, H.*: Das geneigte Massivdach. In: Beton- und Fertigteil-Jahrbuch. Wiesbaden 1992
[36] *Mannes, W.; Lips-Ambs, F.-J.*: Dachkonstruktionen in Holz. Stuttgart 2001
[37] *Mönck, W., Erler, K.*: Schäden an Holzkonstruktionen, Analyse und Behebung, Berlin 2004
[38] *Mönck, W., Rug, W.*: Holzbau – Bemessung und Konstruktion, Berlin 2015
[39] *Mostaedi, A.*: Roofs – Architecture in Detail, Barcelona, 2003
[40] *Müller, J.*:(Hrsg.): Holzschutz im Hochbau; Grundlagen – Holzschädlinge – Vorbeugung – Bekämpfung; IRB Verlag 2005
[41] *Pech, A.; Hollinsky, K.*: Dachstühle, Wien 2017
[42] *Prehl, H.*: Hölzerne Dachkonstruktionen, Berechungen, Konstruktion, Tafeln, Beispiele. Düsseldorf 2001
[43] *Pfeifer, G., Liebers, A., Reiners, H.*: Der neue Holzbau, München 1998
[44] Rheinzink: Anwendung im Hochbau. Datteln 1988, www.rheinzink.de/service/downloads
[45] *Scheer, C.* (Hrsg.).: Holz-Brandschutz-Handbuch der Dt. Gesellschaft für Holzforschung. Berlin 2009
[46] *Scheer, C.* (Hrsg.); *Mandy, P.*: Holzbau –Taschenbuch Bd. 3, Bemessungsbeispiele nach Eurocode 5. Berlin 2015

[47] *Schulze, H.:* Holzbau: Wände, Decken, Bauprodukte, Dächer, Konstruktionen, Bauphysik, Holzschutz. 3. Aufl. Wiesbaden 2005
[48] *Schulze, H.:* Feuchtebedingte Schäden an Wänden, Decken und Dächern in Holzbauart. Stuttgart 2011
[49] *Schunk, E., Oster, H. J., Barthel, R., Kießl, K.:* Dachatlas – Geneigte Dächer. München 2002
[50] *Siepenkort, K.:* Metallarbeiten an Dach und Fassade – Richtig planen. Sicher ausführen. Köln 2017
[51] *Watts, A.:* Moderne Baukonstruktion – Dächer. Wien 2005
[52] *Weissenfeld, P.; König, H.:* Holzschutz ohne Gift, Holzschutz und Oberflächenbehandlung in der Praxis. Staufen 2011
[53] *Wendehorst, R.; Neroth, G.; Vollenschaar, D.* (Hrsg.).; Baustoffkunde: Grundlagen – Baustoffe – Oberflächenschutz. Wiesbaden 2011
[54] *Werner, G.; Zimmer, K.; Lissner, K.:* Holzbau Teil 2: Dach- und Hallentragwerke nach DIN und Eurocode 5. Berlin 2010
[55] *Wesche, K.:* Baustoffe, Bd. 1 Grundlagen. Wiesbaden 1996
[56] *Zebe, H.C.; Baus, U.:* Dächer – Neubau, Umbau, Ausbau. München 2008
[57] ZVSHK Zentralverband Sanitär Heizung Klima: Richtlinien für die Ausführung von Klempnerarbeiten an Dach und Fassade (Klempnerfachregel), St Augustin 2016; www.zvshk.de

3 Flachdächer

3.1 Allgemeines

Abhängig von ihrer Neigung werden Dächer entsprechend DIN 68800-2 wie folgt definiert:
- Flachdach $\geq 2\,\%$ und $\leq 5\,\%$ (3°)
- Flach geneigtes Dach $> 3°$ und $\leq 5°$
- Geneigtes Dach $> 5°$ (ab ca. 10 %)

Demnach werden Dachflächen mit einer geringeren Neigung als 5 % (3°) als Flachdach bezeichnet und erhalten anstelle einer Dachdeckung eine *Abdichtung*. Abgedichtete Dächer sind in der Regel mit Gefälle auszuführen, denn fast alle gefällelosen Dächer haben sich als nicht dauerhaft haltbar erwiesen. Dachabdichtungen können auch für besonders beanspruchte Stellen flachgeneigter Dächer mit Neigungen zwischen 5 und 25° in Frage kommen. Sie sind grundsätzlich für alle Dachformen möglich und werden deshalb auch für Sonderformen wie Faltwerke, Hängedächer oder kuppelartige Dächer eingesetzt.

Entscheidend für die Qualität der Abdichtung sind die Wahl des Abdichtungsmaterials, ihr Aufbau (richtige Schichtenfolge) und ihre Lagesicherung. Die Abdichtung ist unter Berücksichtigung der Anwendungsklassen K1 und K2 und der Einwirkungsklassen nach DIN 18531-1 vorzunehmen.

Gegenüber geneigten Dächern mit Dachdeckungen haben Flachdächer mit Abdichtungen eine Reihe von Vorteilen wie:
- Geringes Eigengewicht der Dachhaut,
- Erweiterte Nutzungsmöglichkeit (z. B. Dachterrassen, begrünte Flächen, Parkdecks, Aufstellung und leichte Zugänglichkeit für technische Aggregate),
- Belichtungsmöglichkeit für innenliegende Räume,
- Gestalterische Freiheit, z. B. auch bei späterer Erweiterung.

Stahlbetonmassivplatten, Profilbleche oder Stahlbetontragwerke sind in vielen Fällen gleichzeitig raumabschließende obere Decke und Bestandteil einer Flachdachkonstruktion. Abgedichtete Flachdachflächen können genauso auch auf flachgeneigten Holzdachkonstruktionen aufliegen.

Wenn Flachdächer unmittelbar über genutzten Räumen liegen, hängt es in erster Linie vom bauphysikalisch richtigen Aufbau des Flachdaches ab, ob es auf die Dauer den erheblichen Beanspruchungen durch verschiedene Außen- und Innentemperaturen sowie aus Niederschlägen und Wasserdampfdiffusion ausreichend Widerstand leisten und im Zusammenhang mit den übrigen Teilen des Bauwerkes das verlangte Raumklima gewährleisten kann. Wegen ihrer engen gegenseitigen Abhängigkeit müssen Dachtragwerk und Aufbau der Dachabdichtung immer gemeinsam betrachtet werden.

3.1.1 Nutzung

Bei Flachdächern werden unterschieden:

Nicht genutzte Dächer und genutzte Dächer.
- Nicht genutzte Dächer: nur zur Pflege, zu Wartung und zur Instandhaltung begehbar, darunter auch Dachflächen mit extensiver Begrünung)

Genutzte Dächer sind
- begehbare Dachflächen (z. B. Gehwege innerhalb begrünter Dächer, Dachterrassen)
- Intensiv begrünte Flachdachflächen
- Dächer mit
  – Solaranlagen, die am Tragwerk befestigt sind,
  – ballastierten Solaranlagen
  – haustechnischen Anlagen

Bei allen Flachdachflächen ist mindestens immer von Begehung zu Wartungsarbeiten, in vielen Fällen aber auch von einer speziellen Nutzung auszugehen.

In der neu erarbeiteten DIN 18 531-1 wird für die Abdichtung von nicht genutzten und genutzten Dächern Anwendungsklassen K1 und K2 unterschieden. Im Industriebau kommen schon lange wesentlich einfachere Abdichtungssysteme als beispielsweise im Wohnungsbau zur Anwendung. Dem will die neue DIN 18 531-1 jetzt gerecht werden.

Abdichtungen sind grundsätzlich mindestens der Anwendungsklasse K1 zuzuordnen.

Anwendungsklasse K1 (Standardausführung):
- Ausführungen, an die übliche Anforderungen gestellt werden
- Dächer der Anwendungsklasse K1 können unter der Voraussetzung, dass die Auswahl der Abdichtung den Anforderungen der Anwendungsklasse K2 entspricht, ohne Gefälle ausgeführt werden.

Anwendungsklasse K2 (höherwertige Ausführung):
- Dachabdichtungen, an die durch Planer/Bauherren erhöhte Anforderungen gestellt werden (Hochhäuser, höherwertige Gebäudenutzung, Dächer mit erschwertem Zugang)
- Dachneigung der Abdichtungsebene mindestens 2%, im Bereich von Kehlen 1%

Damit sind mit der Einführung von Anwendungsklassen der neuen DIN 18 531 Pfützen auf dem Flachdach mindestens in der Anwendungsklasse K1 keine grundsätzlichen Mängel mehr. Normalerweise ist die höherwertige Ausführung K 2 ausdrücklich zu vereinbaren; sie kann allerdings bei „höherwertiger" Gebäudenutzung als „von vornherein" vereinbart gelten.

In der neuen Fachregel für Abdichtungen – Flachdachrichtlinie – [1] existieren die „Beanspruchungsklassen" für Dachabdichtungen nicht mehr. Auch sind dort nicht die Anwendungsklassen K1 und K2 (DIN 18 531-1 aufgenommen.

Dort heißt es:

Auf Abdichtungen können folgende Beanspruchungen einwirken:
- Feuchte
- Mechanische Beanspruchungen (z.B. durch Wurzelwachstum)
- Thermische Beanspruchungen
- Biologische Beanspruchungen
- Chemische Beanspruchungen (z.B. Emissionen aus Industrieanlagen)
- Sonstige Beanspruchungen

Auch an dieser Stelle sei noch einmal darauf hingewiesen: Der Planer ist nicht an die Einhaltung der Normen gebunden, er sollte aber in jedem Fall mit dem Auftraggeber abstimmen, ob die geplante Ausführung normgerecht sein oder der Fachregel Abdichtungen – Flachdachrichtlinie – entsprechen soll.

3.1.2 Einwirkungen – Arten, Stufen und Klassen

Bei der Planung von Flachdächern sind die vielfachen Einwirkungen auf die Abdichtung zu berücksichtigen, denen die Oberfläche und die gesamte Flachdachkonstruktion ausgesetzt sind.
Die DIN 18531-1 unterscheidet zwischen Wasser-/Feuchteeinwirkung und mechanischer Einwirkung.

Feuchteeinwirkung

Feuchteeinwirkungen sind Einwirkungen aus Niederschlägen sowie Feuchtigkeit, die in Baustoffe der Unterkonstruktion oder in die Schichten des Flachdachaufbaues, z.B. während der Bauzeit eindringen kann oder die durch die Nutzung zu erwartende Feuchtigkeit, die in die Konstruktion eindringen kann, ebenso die Einwirkungen aus vorübergehend stehendem Wasser wie Pfützenbildungen.

Mechanische Beanspruchung Einwirkung

Dachabdichtungen müssen die auf sie einwirkenden, planmäßig zu erwartenden Lasten auf die Tragkonstruktionen ableiten und dürfen dadurch nicht geschädigt werden. Sie müssen auch den planmäßigen Formänderungen der Tragkonstruktionen und den Stoffen des Dachschichtenaufbaus (Längenänderungen, Bewegungen im Bereich der Stoßfugen von Dämmplatten) standhalten.

DIN 18 531-1 unterscheidet zwei Beanspruchungsstufen:

Stufe I – Hohe mechanische Einwirkung

Bei genutzten Dächern ist die Abdichtung immer – außer bei Umkehrdächern – der Stufe I (hohe mechanische Einwirkung) zuzuordnen.

- Bei nicht genutzten Dächern liegt eine hohe mechanische Einwirkung auf die Abdichtung vor, wenn mindestens eine der nachfolgend genannten Einwirkungen vorliegt:
- Element- oder plattenförmiger Untergrund (Tragkonstruktion) wie z.B. Betonfertigteile, die nicht mit Maßnahmen zur Querkraftübertragung, durch die unterschiedlichen Bewegungen der Einzelelemente sowohl an ihren Längs- als auch an den Querfugen vermieden werden, versehen sind
- Abdichtungen im direkten Verbund mit rissgefährdeten Untergründen
- Harte Dämmstoffe (XPS), soweit diese Fugen aufweisen, deren Bewegungen sich auf die Abdichtungsschicht auswirken können
- Tragkonstruktionen aus Stahltrapezprofilen
- Schalungen aus Holz
- Bestehende Dächer, deren Abdichtungsschicht unmittelbar als Untergrund für die neue Abdichtungsschicht dienen soll

3.1 Allgemeines

- Einwirkung aus der Lagesicherung bei lose verlegten Bahnen durch mechanische Befestigung
- Weiche Unterlage (z. B. Mineralwolldämmung)
- Arbeiten auf der Abdichtungsschicht (z. B. bei Dachflächen oder -bereichen, die häufig zu Instandhaltungszwecken begangen werden)
- Extensivbegrünung
- Sonstige mechanischen Einwirkungen während der Nutzungsdauer (z. B. bei Abdichtungen, die in besonders Hagelschlag gefährdeten Gebieten ausgeführt werden)

Stufe II – Mäßige mechanische Einwirkung

Mäßige mechanische Einwirkung liegt vor, wenn die beschriebenen hohen mechanischen Einwirkungen nicht vorliegen oder durch geeignete Maßnahmen ausgeschlossen werden können.

Thermische Einwirkung

Als Abdichtung mit hoher thermischer Einwirkung (Stufe A nach DIN 18531-1) gilt eine Abdichtung, die witterungsbedingt starken thermischen Wechselwirkungen ausgesetzt ist, z. B:

- ein nicht genutztes Dach mit Abdichtung ohne Oberflächenschutz oder mit nur leichtem Oberflächenschutz
- ein genutztes Dach mit Abdichtung ohne thermisch wirksame Schutz- bzw. Nutzbeläge
- die Abdichtung von An- und Abschlussbereichen, die nur durch eine thermische nicht wirksame Schutzabdeckung, z. B. Metallabdeckungen, geschützt wird

Eine mäßige thermische Einwirkung (Stufe B nach DIN 18531-1) auf die Abdichtung liegt vor, wenn auf Grund von ausreichendem Oberflächenschutz (Kiesschüttung, Umkehrdächer, begrünte Dächer) oder durch abdeckende Nutzschichten keine starken Aufheizungen, keine schnellen Temperaturveränderungen und keine direkten witterungsbedingten Einwirkungen auftreten.

Einwirkung aus Wurzelwachstum

Bei begrünten Dächern treten Einwirkungen aus Wurzelwachstum auf die Abdichtungsschicht auf.

Umweltbelastungen und sonstige Beanspruchungen

- Korrosionsgefährdung der Abdichtungen durch Schmutzablagerung infolge nicht ausreichender Dachentwässerung (fehlendes oder zu geringes Gefälle, falsche Anordnung der Dachabläufe), verbunden mit Mikroben-, Algen- und Pflanzenwuchs
- Chemische Belastung (verwendete Lösungsmittel, Weichmacher, Kleber, Farben, Lacke sowie chemisch verunreinigtes Niederschlagswasser)
- Biogene Beanspruchungen
- Fotochemische Einflüsse in Verbindung mit Immissionen, UV-Einstrahlung und Ozonbildung

Bei der Planung müssen auch die spätere einwandfreie *Ausführung* aller Arbeiten sowie die regelmäßigen Instandhaltungsarbeiten *unter Baustellenbedingungen* berücksichtigt werden. Kritische Anschlusspunkte müssen gut zugänglich sein. Durch genügend Abstand an anderen Problempunkten müssen die Voraussetzungen für eine einwandfreie Arbeit geschaffen sein, z. B. soll zwischen Dachrändern bzw. Wandanschlüssen und Durchdringungen für Regenabläufe, Sanitärlüftungen u. Ä. ein Mindestabstand von 50 cm eingeplant sein.

Einwirkungsklassen

Durch die Kombination von mechanischen und thermischen Einwirkungsstufen werden die vier Einwirkungsklassen IA, IB, IIA und IIB definiert, auf die die Abdichtung jeweils abzustimmen ist (Tab. 3.1).

Tabelle **3**.1 Einwirkungsklassen für Abdichtungen (DIN 18531-1)

1	2	3
Einwirkungsstufen	Hohe mechanische Einwirkung Stufe I	Mäßige mechanische Einwirkung Stufe II
Hohe thermische Einwirkung Stufe A	IA	IIA
Mäßige thermische Einwirkung Stufe B	IB	IIB

3.1.3 Bauarten (Bauphysikalischer Aufbau)

Flachdächer können nach zwei bauphysikalisch unterschiedlichen Konstruktionsarten ausgebildet werden als:

- einschaliges, nicht belüftetes Flachdach, früher fälschlicherweise häufig als „Warmdach" bezeichnet (Bild **3**.2),
- zweischaliges belüftetes Flachdach, früher fälschlicherweise häufig als „Kaltdach" bezeichnet (Bild **3**.3).

Die früheren, bauphysikalisch unkorrekten Bezeichnungen „Warmdach" bzw. „Kaltdach" kennzeichneten den Unterschied der bauphysikalischen Systeme nur unzureichend, sind jedoch immer noch weit verbreitet. Sie können wie folgt erklärt werden:

- Beim nicht belüfteten Flachdach, früher fälschlicherweise „Warmdach", bildet die wärmegedämmte, tragende Konstruktion mit der Dachabdichtung ein Verbundelement, das – je nach äußeren Verhältnissen und Schichtenaufbau – als Ganzes mehr oder weniger stark gemeinsam Wärmetransmission ausgesetzt ist.
- Beim belüfteten Flachdach, früher fälschlicherweise „Kaltdach", sind wärmegedämmter Raumabschluss und die Dachhaut mit ihrer Tragkonstruktion durch einen („kalten") Luftraum getrennt. Die Dachschale mit der Dachabdichtung liegt also bei niedrigen Außentemperaturen im „kalten" Bereich.

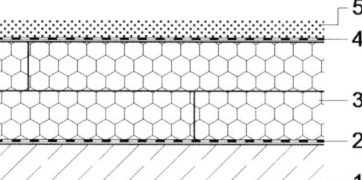

3.2 Einschaliges, nicht belüftetes Flachdach, schematische Darstellung
1 Unterkonstruktion (Stahlbetondecke)
2 Dampfsperre
3 Wärmedämmung (2-lagig, stoßfugenversetzt)
4 Dachabdichtung
5 Oberflächenschutz

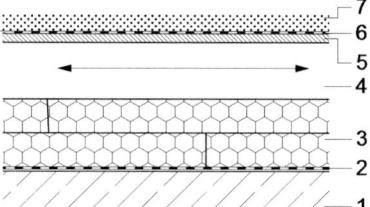

3.3 Zweischaliges, belüftetes Flachdach, schematische Darstellung
1 Unterkonstruktion Stahlbetondecke
2 Dampfbremse (vgl. Abschn. 3.2.4, 3.2.5 und 3.3.1)
3 Wärmedämmung (2-lagig, stoßfugenversetzt)
4 Belüftungsraum
5 Unterkonstruktion der Abdichtungsebene (Holzschalung)
6 Dachabdichtung
7 Oberflächenschutz

3.1.4 Dachneigung/Gefälle

Flachdachabdichtungen sollten ein Mindestgefälle von 2 % aufweisen (Ausnahme: Intensiv begrünte Dächer mit Anstaubewässerung). Dächer mit einer Dachneigung < 2% sind Sonderkonstruktionen, die besondere Maßnahmen erfordern. Dies gilt gleichermaßen für beide Anwendungsklassen K 1 und K 2 (s. Abschn. 3.1.1).

Gefällelose Flachdächer (auch Teilbereiche von Flachdächern mit Gefälle) werden als „Sonderkonstruktionen" für Ausnahmefälle bezeichnet, bei denen besondere Maßnahmen zur Verminderung der Risiken durch stehendes Wasser zu treffen sind (z. B. Erhöhung der Bahnendicke, schwerer Oberflächenschutz durch Kies, s. Abschn. 3.2.1).

Bei Dachflächen mit einer Neigung bis ca. 5 % (3°) können sich auf Grund von Durchbiegungen des Tragwerks und Unebenheiten durch Überlappungen von Abdichtungsbahnen Pfützen auf dem Dach bilden. Um Pfützenbildungen auf dem Flachdach zu vermeiden, ist eine Neigung der Abdichtung von mehr als 5 % vorzusehen.

3.1.5 Wärmeschutz

Der erforderliche Wärmeschutz von Bauteilen ist in DIN 4108-2 und in der Energieeinsparverordnung (EnEV) geregelt. Bei den heutigen Anforderungen an den baulichen Wärmeschutz muss bei Flachdächern von einer Dämmstoffdicke von mindestens 200 mm und mehr (bei Wärmeleitfähigkeit 0,035 W/(mK) ausgegangen werden.

In jedem Fall ist der *rechnerische Nachweis* für ausreichenden Wärme- und Tauwasserschutz zu führen (s. Abschn. 17.5.6 in Teil 1 dieses Werkes).

Wärmeschutzmaßnahmen bei Flachdächern müssen umfassen:

3.1 Allgemeines

- *Wärmedämmstoffe* (s. Abschn. 3.2.3) müssen bauaufsichtlich eingeführten Normen, allgemeinen bauaufsichtlichen Zulassungen oder europäischen technischen Bewertungen (ETA) entsprechen und trocken eingebracht werden. Wenn sie zwischen Dampfsperre und Dachhaut eingeschlossen sind, können sie später kaum völlig austrocknen.

Wärmedämmstoffe sollen im Fugenversatz eng aneinander verlegt werden. Bei einlagig verlegten, stumpf gestoßenen Dämmatten sollte eine Fugenbreite von ≤ 5 mm eingehalten werden, damit der Wärmedurchgangskoeffizient nicht korrigiert werden muss. Damit dieses Problem erst gar nicht auftritt, empfiehlt sich entweder die Verwendung von Platten mit Stufenfalz oder eine 2-lagige, fugenversetzte Dämmung.

Bei Verwendung von Dämmplatten unter der Abdichtungsschicht, deren temperaturbedingte Längenänderung sich nachteilig auf die Abdichtungsschicht auswirken kann (z. B. XPS), ist eine Trennung zwischen Dämmschicht und Abdichtungsschicht vorzusehen.

Werden *abgehängte Decken* unter einschaligen Flachdächern vorgesehen, muss dafür gesorgt werden, dass durch Hinterlüftung auch oberhalb der Abhängung die für die Dimensionierung der Wärmedämmung zu Grunde gelegten Raumtemperaturen herrschen. Eingeschlossene Luftschichten über abgehängten Decken wirken sonst als zusätzliche Wärmedämmung. Dadurch kann in der Gesamtkonstruktion die Taupunktgrenze so verlagert werden, dass es an der Unterseite der Dachschale zur Kondensatbildung kommt.

Auf keinen Fall darf ohne rechnerischen Nachweis des ausreichenden Tauwasserschutzes ein wärmedämmendes Material vollflächig an der Deckenunterseite aufgebracht werden. Diese zusätzliche Wärmedämmung kann die Lage der Taupunktgrenze so beeinflussen, dass Kondensatbildung innerhalb der Konstruktion möglich wird.

3.1.6 Luftdichtheit

Zur Vermeidung von Konvektionswärmeverlusten und damit verbundenem Tauwasseranfall müssen Gebäude schon lange mehr oder weniger luftdicht gebaut werden. In den letzten Jahren sind zudem die Anforderungen an die Energieeffizienz von Gebäuden mit Blick auf die Richtlinie 2010/31/EU des Europäischen Parlaments und des Rates vom 19. Mai 2010 über die Gesamtenergieeffizienz von Gebäuden, in Europa nur noch sogenannte „Nearly Zero Energy Buildings (NZEB)" zuzulassen, kontinuierlich verschärft worden, was ebenfalls dazu beigetragen hat, dass die Gebäude immer dichter werden.

Bei wärmegedämmtem Dächern wird die erforderliche Luftdichtheit i. d. R. durch luftdichte Bauteilschichten (Folien, Holzwerkstoffplatten, Stahlbetondecken u. a.) erreicht.

Im Falle von beheizten Flächen unter der Dachfläche gilt ein Bauteil als „luftdicht,", wenn es die Anforderungen der DIN 4108-7 und der EnEV erfüllt. Bei Passivhäusern darf der n_{50}-Wert (Messwert der Blower Door Messung) den Wert von 0,6 nicht überschreiten.

3.1.7 Feuchtigkeitsschutz (Tauwasserschutz)

Die Schichten des Flachdachaufbaus sind so anzuordnen und zu dimensionieren und an An- und Abschlüssen von Durchdringungen so zu gestalten, dass die Dachkonstruktion nicht in schädigendem Umfang durch Tauwasser belastet wird (DIN 4108-3).

3.1.8 Brandschutz

Flachdächer müssen hinsichtlich des Brandschutzes den Anforderungen der DIN 4102, der DIN EN 13501-1 sowie der DIN 18234 genügen. Sie müssen widerstandsfähig gegen Flugfeuer und strahlende Wärme sein (DIN 4102-7 bzw. DIN EN 13501-1). Sie müssen dazu den Bestimmungen von DIN 4102-7 genügen bzw. entsprechend einer in DIN 4102-4 zugelassenen Bauart ausgeführt sein. Die Forderung hinsichtlich Sicherheit gegen Flugfeuer gilt in jedem Fall als erbracht, wenn die Dachhaut mit einer mindestens 5 cm dicken Kiesschicht abgedeckt ist (Körnung 16/32). Besondere Brandschutzmaßnahmen sind für großflächige Flachdächer auf Trapezblechkonstruktionen (s. Abschn. 3.3.3) erforderlich.

Die jeweiligen Brandschutzanforderungen der Länder sind zu beachten.

3.1.9 Oberflächenschutz nicht genutzter Dächer

Ständiger Wechsel von Feuchtigkeit und Trockenheit, Temperaturdifferenzen zwischen winterlichen Temperaturen von −20 °C bis zu etwa 80 °C bei Sonneneinstrahlung im Sommer, insbesondere auch die Einwirkung des ultravioletten Anteils der Sonneneinstrahlung beanspruchen ungeschützte Flachdachabdichtungen sehr stark. Ein Oberflächenschutz ist daher immer vorzusehen. Bereits eine helle Einfärbung von Kunststoff-Dachdichtungsbahnen, dauerhafter aber Beschichtungen mit Feinsplitt, Perlkies oder Aluminiumpulver bewirken eine erhebliche Reflexion des Sonnenlichtes und setzen damit die Erwärmung der Dachhaut herab. Es können ferner zusätzliche Schutzfolien auf die Dachhaut aufgebracht werden. Unterschieden wird:

Leichter Oberflächenschutz

Dachabdichtungen aus Bitumen- oder Polymerbitumenbahnen werden in der Regel mehrlagig ausgeführt. Leichter Oberflächenschutz erfolgt bei Polymerbitumenbahnen durch werkseitige Bestreuung mit vorwiegend schuppenförmigem Korn oder Granulat. Streich-, roll- oder spritzbare Beschichtungsstoffe müssen mit den Abdichtungsstoffen verträglich sein und dürfen das Brandverhalten des Daches nicht nachteilig verändern.

Schwerer Oberflächenschutz

Schwerer Oberflächenschutz besteht in der Regel aus einer losen Kiesschüttung (Körnung 16 bis 32 mm, Mindest-Schütthöhe 50 mm), unter der sich meistens nur wenig schwankende Feuchtigkeitsverhältnisse einstellen. Kiesschüttungen müssen in windreichen Gegenden und bei Gefahr von Wirbelbildung durch Dachaufbauten (z. B. größere Schornsteine, Aufzugsschächte) gesichert werden. Da die Verwendung von *Kieseinbettmassen* nicht bei jeder Dachabdichtungsart möglich ist, kann die Schüttung durch aufgesprühte Kunstharze befestigt werden, die die obere Kiesschicht binden. Übernimmt der Oberflächenschutz gleichzeitig die Sicherung gegen Wind- und Sogkräfte, ist die Dicke der Kiesschüttung entsprechend statisch nachzuweisen.

Als Schwerer Oberflächenschutz kommen weiterhin begehbare Beläge aus Beton-Gehwegplatten, Verbundsteinen u. ä., verlegt auf mineralischer Feinschüttung, z. B. Splitt, i. M. 30 mm sowie Bautenschutzmatten oder -platten und Terrassenbeläge, befahrbare Beläge (bei genutzten Flachdächern) und extensive Begrünungen in Betracht.

Die UV-Beständigkeit neu entwickelter Kunststoff-Dachdichtungsbahnen ist in letzter Zeit so verbessert worden, dass bei leichten Dachkonstruktionen auch eine Verlegung ohne zusätzliche Schutzschichten möglich ist.

3.1.10 Windbeanspruchung

Der gesamte Flachdachaufbau muss gegen Abheben durch Windbeanspruchung, dabei insbesondere durch Sogwirkung gesichert werden. Die Art der Windsogsicherung ist abhängig von der Windzone, der Geländekategorie, der Gebäudehöhe, der Dachform, der Dachneigung, den Dachbereichen, dem Dachrand, der Lasteinzugsfläche und dem Innendruck bei offenen Gebäuden.

Die Sicherung kann erfolgen durch

- Auflast
- Verkleben
- mechanische Befestigung

Unterschieden werden Sicherungen im Innen-, Rand- und Eckbereich. Die Definition der Bereiche für Bauwerke bis 30 m Höhe zeigt Bild **3**.4.

Einen Überblick über handwerkliche Ausführungen von Windsicherung bei geschlossenen Bauwerken gibt Tabelle **3**.5.

Sicherung durch Auflast. Lose verlegte Dachabdichtungen werden durch Auflast gesichert. Als Auflast zur Sicherung gegen abhebende Windkräfte werden z. B. verwendet [1]:

- Schüttungen aus Kies 16/32, Mindestdicke im Einbauzustand 50 mm; bei Dachhöhen über 20 m müssen im Rand- und Eckenbereich Platten, Pflaster o. Ä. die Kiesschüttung zusätzlich gegen Windeinwirkung schützen,
- Plattenbeläge aus Betongehwegplatten oder gleichwertigen Platten, mindestens 400/400/40 mm zur Abdeckung von Kies oder direkt auf einer Schutzlage verlegt,
- Betonformsteine, auf Kies und/oder Schutzlage verlegt,
- Betonplatten, an der Einbaustelle betoniert oder vorgefertigt, Größe und Bewehrung nach statischen Erfordernissen bis maximal 2,50 × 2,50 m, auf Schutz- und zwei Gleitlagen verlegt,

3.1 Allgemeines

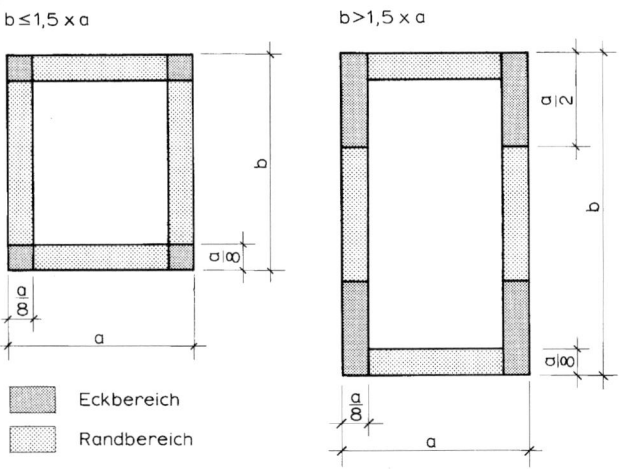

3.4 Definition der Randbereiche (vereinfachte Flächeneinteilung; bis 30 m Gebäudehöhe)

Tabelle **3**.5 Verklebung bis 25 m Höhe bei geschlossenen Gebäuden (Fachregel für Abdichtungen – Flachdachrichtlinie)

Bereiche	Heißbitumen	Kaltbitumen[1)] ca. 100 g/m und Streifen	PU-Kleber[1)] (ca. 40 g/m) oder PU-Schäume
Innenbereich (I)	10 % der Fläche	2 Streifen/m^2	4 Streifen/m^2
Innenbereich (H)	20 % der Fläche	3 Streifen/m^2	5 Streifen/m^2
Randbereich (G)	30 % der Fläche	3 Streifen/m^2	6 Streifen/m^2
Eckbereich (F)	40 % der Fläche	4 Streifen/m^2	8 Streifen/m^2

Bei Kaltverklebung sind die entsprechenden Angaben der Hersteller zu beachten. Für Kaltbitumenkleber und PU-Kleber/-Schäume sind insbesondere folgende Herstellerangaben erforderlich:
– Haltbarkeitsdatum
– Anwendungs- und Klimarandbedingungen
– Verarbeitungsvorschriften z. B. Angaben zur Menge, Verteilung, Untergrundvorbehandlung.

- Vegetationssubstrate mit entsprechendem Nachweis.

Eine Sicherung der Dachabdichtung durch Auflast eignet sich in der Regel nur für Dächer bis 3° Dachneigung. Darüber hinaus besteht die Gefahr, dass die Auflast abrutscht.

Sicherung durch Verkleben. Für geschlossene Gebäude bis 25,00 m Höhe sind die nach Tabelle **3**.5 aufgeführten Verklebungen ausreichend. Bei Kaltverklebung sind die entsprechenden Angaben der Hersteller zu beachten. Die Abreißfestigkeit jeder zu klebenden Lage oder Schicht und die Eigenfestigkeit der Klebstoffverbindungen müssen so groß sein, dass die angesetzten Windlasten lagesicher abgeleitet werden können. Wenn eine der zu klebenden Lagen oder Schichten keine ausreichende Abreißfestigkeit aufweist, sind andere Maßnahmen, z. B. mechanische Befestigung oder Auflast anzuwenden, sodass die Windlasten durch die Auflast oder die mechanische Befestigung aufgenommen bzw. abgetragen werden. Maßnahmen zur Sicherung gegen Abhebung durch Windkräfte sind in DIN 18531-3 unter Abschn. 6.3. näher beschrieben, im Einzelnen sind dies Maßnahmen durch

- Verkleben
- Mechanische Befestigung
- Auflasten

Sicherung durch mechanische Befestigung. Bei geeignetem Untergrund (z. B. Profilblech, Holz) darf die Lagersicherheit durch Tellerdübel, Spreizdübel, Holzschrauben oder selbstbohrende

Schrauben mit Haltetellern, auch mit Breitkopfnägeln punktweise mit mindestens 2 Befestigungen/m² hergestellt werden. Auch Linienbefestigungen (im Überdeckungsbereich) mit durchlaufenden Metallbändern sind möglich.

Auf Stahltrapezprofilen soll der Abstand der Befestigungen auf gleichen Obergurten in Längsrichtung nicht kleiner als 20 cm sein.

Auf Holz erfolgt die Befestigung von Bahnen mit Befestigungsmitteln, die für Holz geeignet sind.

Für die Befestigung von Bitumenbahnen auf Holzschalung sind Befestigungselemente oder korrosionsgeschützte Stifte nach DIN EN 14592 mit extra großem Flachkopf, Kopfdurchmesser ≥ 9 mm, zu verwenden, die mindestens 25 mm lang, bei dickeren Bahnen oder Mehrfachüberdeckungen entsprechend länger sein müssen.

Befestigungsmittel müssen über einen ausreichenden Korrosionsschutz verfügen.

Der Schaft von Befestigungen aus Kupfer oder Edelstahl muss aufgeraut oder geharzt sein.

Die Anzahl der Befestigungselemente ist im Regelfall unabhängig von der errechneten Anzahl mit mindestens 2 Stück/qm zu bemessen.

Schalung unter Dachabdichtungen. Bei der Bemessung der Dachschalung einschl. Unterkonstruktion ist eine Wassersackbildung durch unvermeidbare Ausführungsmängel zu berücksichtigen.

In Tabelle **3**.6 sind Verankerungsmittel und Befestigungsabstände für Bohlen bei verschiedenen Untergründen und Gebäudehöhen angegeben.

Bei mechanischer Befestigung der Dachabdichtung muss die Nenndicke von Holzwerkstoffen mindestens 22 mm betragen, bei Vollholzschalung mindestens 24 mm. Die Bretter sollten höchstens 16 cm breit sein. Verwendete Holzschutzmittel dürfen die Dachabdichtungen nicht schädigen, über Schalungen aus Holz ist eine Trennschicht anzuordnen.

3.1.11 An- und Abschlüsse

Für Anschlüsse an aufgehenden Bauteilen (auch an Fenster- und Terrassentüren und an Attika-Anschlüsse) sind bei der Planung folgende Mindesthöhen einzuhalten:
- Bei genutzten Dächern ≥ 15 cm
- Bei nicht genutzten Dächern
  - mit einer Dachneigung bis 5° ≥ 15 cm
  - mit einer Dachneigung über 5° ≥ 10 cm
- Bei Abdichtungen mit Schutzschichten, Bekiesungen, Belägen und Begrünungen gelten diese Maße ab Oberkante der jeweiligen Schicht.

Die Flächen, an denen die Abdichtungen hochzuführen sind, müssen eben und frei von Fugen, Betonnestern u. ä. sein. Falls erforderlich, ist ein Ausgleichsputz herzustellen.

An den Dachrändern sind die Abschlüsse über Oberfläche Belag oder Kiesschüttung ausreichend hoch zu führen. Diesbezüglich gilt:
- Bei genutzten Dächern ≥ 10 cm
- Bei nicht genutzten Dächern
  - mit einer Dachneigung bis 5° ≥ 10 cm
  - mit einer Dachneigung über 5° ≥ 5 cm

Tabelle **3**.6   Verankerungsmittel für Bohlen bei mehrfacher Beanspruchung [11]

Befestigungsart	Verankerungsmittel	Befestigungsabstände bei Gebäudehöhen		
		bis 8 m	über 8 m bis 20 m	über 20 m bis 40 m
Holz auf Beton ($\geq$ B 25)	verzinkte Schrauben Ø 7 mm mit Dübel	1,00 m	0,66 m	0,50 m
Holz auf Gasbeton	verzinkte Schrauben Ø 7 mm mit Spezialdübel	0,90 m	0,50 m	0,33 m
Holz auf Profilblech	verzinkte Blechschrauben Ø 4,2 mm	0,50 m	0,33 m	0,25 m
Holz auf Vollholz	verzinkte Holzschrauben Ø 6 mm	0,80 m	0,50 m	0,33 m

3.1 Allgemeines

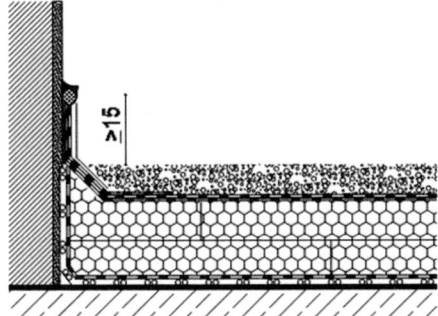

3.7 Wandanschluss (Schnitt)

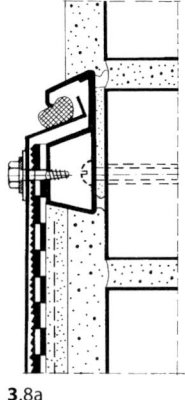
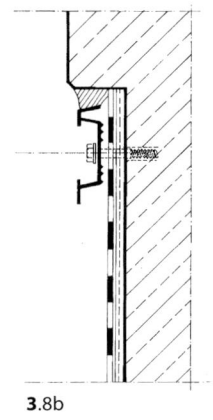
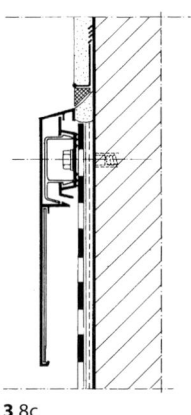

3.8a 3.8b 3.8c

3.8 Wandanschlüsse (Beispiele)
a) Detail oberer Abschluss
b) Klemmschiene (alwitra),
c) Anschlusssicherung bei genutzter Oberfläche (alwitra)

Die bei An- und Abschlüssen für die Hochführung der Abdichtungen vorgenannten Mindesthöhen sind gegebenenfalls zu erhöhen (schneereiche Gebiete, Sheddach-Rinnen).

Wandanschlüsse. Anschlüsse können starr (durch Klebung) oder beweglich (mit lose verlegten Kunststoff-Dichtungsbahnen) hergestellt werden. Anschlüsse mit eingeklebten Blechen in Bitumenbahnen dürfen nur bei Anwendungsklassen K1 angewendet werden und sollten zu Wartungszwecken zugänglich sein. Starre Anschlüsse mit Klemmschienen u. Ä. sollen nicht über Bauteile hinweggehen, die statisch voneinander – z. B. durch Bewegungsfugen – getrennt sind. Hier sind Fugenprofile zu verwenden, die Bewegungen zulassen und an den Trennstellen besonders abgedichtet sind.

Die hochgezogenen Abdichtungen einschließlich Trennlage und ggf. Dampfsperre werden mit aufgedübelten Klemmschienen befestigt (Bild **3.**7). Kunststoff-Dichtungsbahnen können auch auf Verbundbleche geschweißt oder geklebt werden (**3.**9).

Die oberen Abschlüsse sollten vor allem durch konstruktive Vorkehrungen geschützt werden. Ausreichend tiefe Rücksprünge in den Anschlusswänden (Bild **3.**8b) oder Überdeckungen durch Fassadenbekleidungen sind wesentlich sicherer als Abschlüsse durch Fugendichtungsmassen (Bild **3.**8b und c; vgl. auch Abschn. 10.7.3 in Teil 1 des Werkes). Lediglich mit Dichtstofffasern abgedichtete Fugen sind nicht mehr grundsätzlich abzulehnen. Nur durch Fugendichtungsmassen gesicherte Anschlüsse sind allerdings der Anwendungsklassen K1 zuzuord-

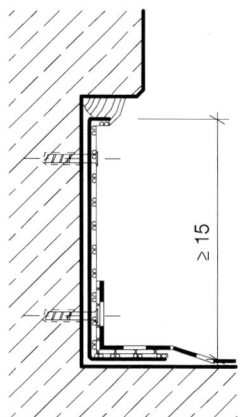

3.9   Anschluss durch Schweißung auf beschichtetem Anschlussblech

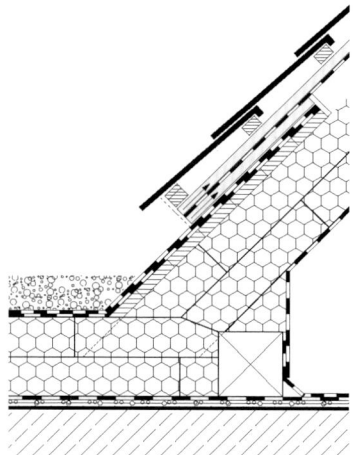

3.10   Flachdachanschluss an belüftetes Steildach

nen. Die Dichtstofffasern müssen regelmäßig gewartet werden.

Bei genutzten Flächen sind die hochgezogenen Abdichtungen durch entsprechende konstruktive Maßnahmen gegen mechanische Beschädigungen zu schützen (Bild **3**.8c).

Anschlüsse an geneigte Dachflächen sind mindestens bis über die Höhen der Flachdachränder zu führen, damit im Falle des Versagens der Dachentwässerung kein Stauwasser in die empfindliche Steildachkonstruktion eindringen kann und allenfalls nach außen überfließen kann. Die nötigen Belüftungsöffnungen (vgl. Abschn. 2.9.2) sind zu berücksichtigen (Bild **3**.10).

Bei Bellichtungselementen (Lichtkuppeln, Dachflächenfenster) ist in der Anwendungsklasse K2 die Abdichtung bis Oberkante Aufsetzkranz hochzuführen.

Anschlüsse an Durchdringungen z. B. von Dachabläufen Sanitärrohren, Antennendurchgängen u. Ä. können zwar mit Hilfe von bahnenförmigen Abdichtungsstoffen und Klebeflanschen hergestellt werden, doch sind derartige Abdichtungen auch bei sorgfältiger Ausführung schadensanfällig. Besser sind Anschlüsse mit Dichtungsmanschetten oder Klemmflanschen. Durchdringungen müssen untereinander und zu anderen Bauteilen im Regelfall einen Mindestabstand von 30 cm (gemessen ab Flanschaußenkante) aufweisen. Bei flüssig zu verarbeitenden Abdichtungsstoffen sollte dieser Abstand mit mindestens 10 cm geplant werden.

An Durchdringungen sind konstruktive Maßnahmen gegen die Brandweiterleitung nach DIN 18234-3 zu planen und auszuführen. Dies gilt insbesondere an Anschlussstellen von Durchdringungen von profilierten flächigen Baustoffen und belüfteten Dächern. Hier gilt es, den Eintritt von Flammen in den Profil- oder Dachhohlraum zu verhindern.

Ausbildung von Ecken. Wenn Abdichtungen gegenüber angrenzenden Bauteilen hochgezogen werden müssen, stellen die dabei entstehenden unvermeidlichen Ecken Schwachpunkte dar. Bei der Ausführung muss an diesen Stellen sehr sorgfältig gearbeitet werden. Die anstoßenden hochgezogenen Abdichtungsbahnen erhalten zunächst besonders zugeschnittene Überlappungen (Bild **3**.11a). Zusätzlich werden die Eckpunkte mit herzförmig zugeschnittenen oder teilweise auch als Formteil lieferbaren Abschlüssen überklebt (Bild **3**.11b).

Anschlüsse an Türen. Besonders kritische Anschlusspunkte stellen die Übergänge von Abdichtungen zu Balkon- oder Terrassentüren dar. Nach DIN 18531-1 muss die Abdichtung bei waagerechten oder schwach geneigten Flächen an anschließenden, höher führenden Bauteilen in der Regel 15 cm über die Oberfläche der Schutzschicht, des Belages oder der Kieslage (Schutzschicht) hochgeführt werden. Besteht diese Möglichkeit nicht, so sind besondere planerische Maßnahmen gegen das Eindringen von Wasser oder das Hinterlaufen der Abdichtung erforderlich.

3.1 Allgemeines

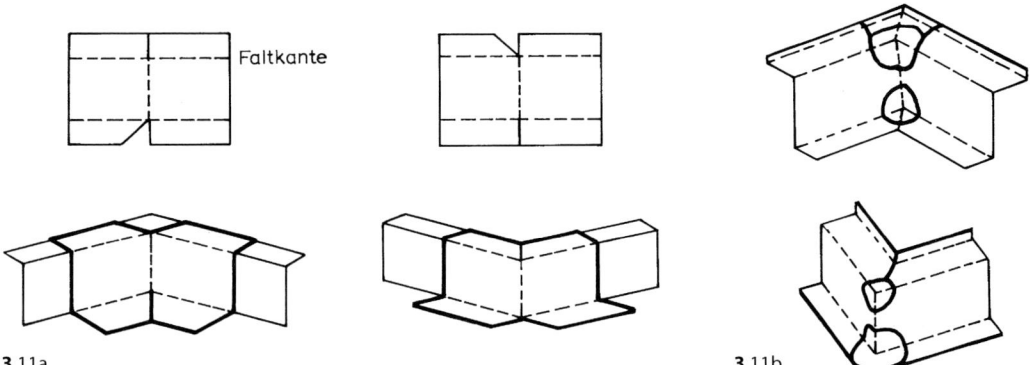

3.11 Eckausbildung von Abdichtungen
a) Zuschnitt der Anschluss-Dachbahnen (Innen- bzw. Außenecke)
b) Abschluss der Eckpunkte mit vorgefertigten Abdeckstücken Innen- bzw. Außenecken (BRAAS-Rhenofol)

Das Oberflächengefälle des Belags sollte von der Tür weg gerichtet sein.

Wenn die Abdichtungen den o. g. Forderungen gemäß mindestens 15 cm über die Entwässerungsebene hochgezogen werden, ergeben sich zwischen Außen- und Innenbodenflächen so große Höhendifferenzen, dass entweder die Konstruktionsflächen auf unterschiedlichen Höhen liegen müssen oder Stufen (Bild **3.**12) unvermeidlich sind (Bild **3.**13).

Dies kann aber wegen der Nutzung der außen liegenden Flächen (Kinderwagen, Rollstühle usw.) oft nicht akzeptiert werden.

Bei behindertengerechten Gebäuden sind nach DIN 18 025 untere Türanschläge und -schwellen grundsätzlich zu vermeiden bzw. dürfen eine Höhe von 2 cm nicht überschreiten. Solche „barrierefreien, niveaugleichen Übergänge" sind abdichtungstechnische Sonderkonstruktionen, die nicht der DIN entsprechen und die eine auf den

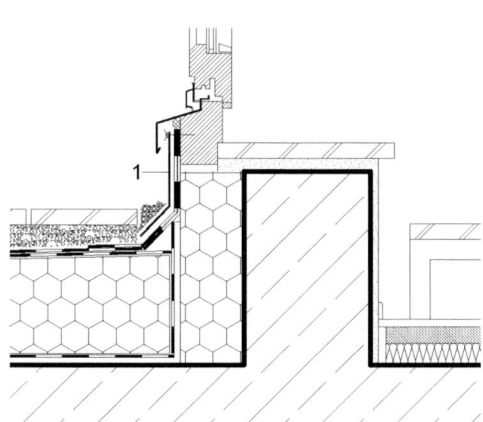

3.12 Abdichtungsanschluss an Terrassen- oder Balkontüren: Bei 15 cm Abdichtungsaufkantung Stufen innen unvermeidlich
  1 Abdeckblech

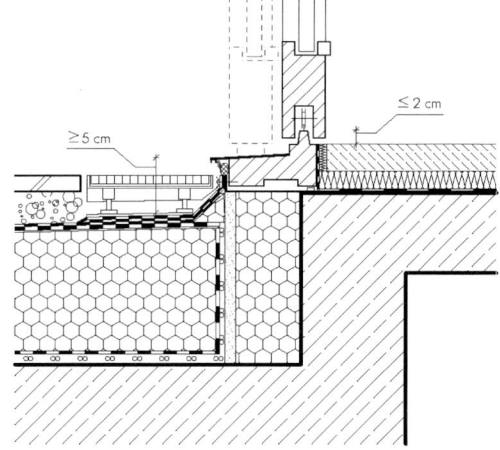

3.13 Abdichtungsanschluss an Terrassen- oder Balkontür: Erforderliche Höhendifferenz des Abdichtungsanschlusses durch vorgelagerten Gitterrost abgemindert
  1 großformatige Platten, lose in Kies verlegt
  2 Gitterrost mit Aufständerung
  3 L-Stahl als Abdichtungsauflage (Abdichtungsanschluss mit Lochband und Versiegelung)

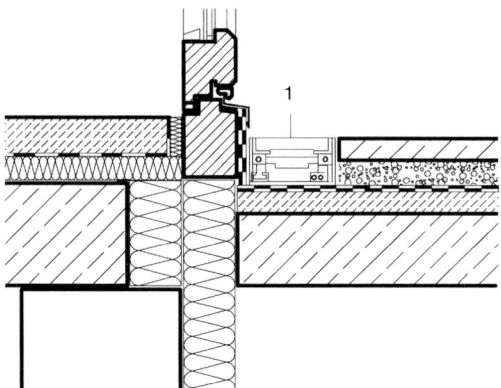
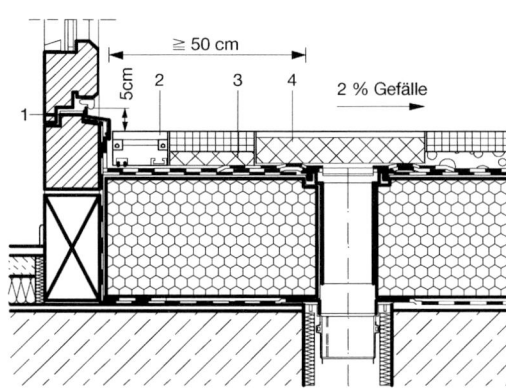

3.14 Flächenbündiger Terrassenanschluss
(SystemAcoProfiLine)
1 Terrassenrinne

3.15 Abdichtungsanschluss an Terrassentür
(System AcoProfiLine)
1 Anschlussblech
2 Terrassenrinne
3 Stichkanal
4 Aufsatz für Dachabläufe

Einzelfall abgestimmte Ausführungsart erfordern. An dieser Stelle muss darauf hingewiesen werden, dass Normen und Richtlinien keine zwingenden gesetzlichen Forderungen darstellen. Wenn von Ihnen abgewichen wird, muss jedoch die Tauglichkeit der gewählten Konstruktion nachgewiesen und verantwortet werden. Die Ausführung ist einschl. aller Vor- und Nachteile mit dem Auftraggeber zu besprechen. Der Auftraggeber muss in schriftlicher Form auf die nicht normgerechte Ausführung hingewiesen werden, will der Planer sich vor eventuellen Regressansprüchen schützen.

Bild **3**.14 zeigt einen möglichen flächenbündigen, nicht normgerechten Terrassenanschluss. Bild **3**.15 zeigt einen nach den Flachdachrichtlinien möglichen Anschluss, bei dem zu jeder Zeit ein einwandfreier Wasserablauf im Türbereich gewährleistet ist. Die Dachdurchdringung ist vom Wand-/Türanschluss mindestens 30 cm entfernt.

Vor den Türen ist durch ständig wirksame Entwässerung der Außenflächen ein Wasserstau an den Abdichtungsanschlüssen – auch bei Schneematsch – auszuschließen (vgl. auch Abschn. 10.7.3 in Teil 1 des Werkes).

Wenn im Belag unmittelbar vor der gesamten Türbreite eine Entwässerungsrinne, die die Wasserbelastung minimiert, eingebaut wird, dann kann die Anschlusshöhe verringert werden, wenn gleichzeitig jederzeit ein einwandfreier Wasserablauf im Türbereich sichergestellt ist.

Dann kann die Anschlusshöhe der Abdichtung vom oberen Ende bis Oberkante Belag auf 5 cm reduziert werden.

Die Abdichtungen müssen sorgfältig hinter etwa vorhandenen Rolladenschienen oder Deckleisten hochgeführt werden und sind an den Türrahmen mit Klemmschienen o.ä. mechanisch zu befestigen.

Durch konstruktive Maßnahmen ist eine mechanische Beschädigung der hochgezogenen Abdichtungen auszuschließen.

3.1.12 Flachdachränder

An den Rändern von Flachdächern enden außer der Unterkonstruktion alle Schichten der Abdichtung und Wärmedämmung mit völlig verschiedenartigen Materialien, die wiederum unterschiedlichen Beanspruchungen und Anforderungen ausgesetzt sind:

- *Temperatureinflüsse.* Unterkonstruktion, Dachabdichtung und Randabschlussteile haben verschiedene thermisch bedingte Form- und Längenänderungen. Damit sich diese thermisch bedingten Längenänderungen sich nicht nachteilig auf die Abdichtungsschicht auswirken, sind mehrteilige Dachrandabschlussprofile oder Mauerabdeckungen zu verwenden, die diese thermisch bedingten Längenänderungen ohne Probleme aufnehmen können.

3.1 Allgemeines

- *Mechanische Beanspruchungen.* Von allen Schichten des Dachaufbaus muss insbesondere die Dachabdichtung am Rand zuverlässig gegen Wasser- und Eisdruck, gegen den Druck von Kiesschüttungen und gegen Beschädigungen bei Bau- und Wartungsarbeiten geschützt sein. Außerdem muss ausreichender Schutz gegen die Auswirkung von Windkräften gewährleistet sein.
- *Materialbedingte Beanspruchungen.* Längenänderungen der Randprofile müssen so ausgleichbar sein, dass weder am Übergang zur Abdichtung noch an Innen- oder Außenecken des Dachrandes Undichtigkeiten oder Verformungen entstehen. Gewisse Kunststoff-Dichtungsbahnen neigen bei Alterung zum Schwinden. Die daraus entstehenden Zugspannungen müssen von der Randkonstruktion aufgenommen werden können.
- *Bauwerkstoleranzen.* Randkonstruktionen müssen die problemlose Anpassung an unvermeidliche Bauwerksungenauigkeiten in der Fluchtrichtung, in Höhen und ggf. auch Neigung ermöglichen.
- *Belüftung.* Flachdachränder von zweischaligen Dächern müssen ausreichende Belüftungsquerschnitte haben, die genügend gegen Schlagregen sowie gegen Kleintiere, Vögel und Insekten gesichert sind.

Dachüberstände. Ausladende Gesimse von massiven Flachdächern erfordern zusätzliche Wärmeschutzmaßnahmen. Zur Vermeidung von Wärmebrücken müssen auskragende Stahlbetonplatten entweder vollständig mit zusätzlichen Wärmedämmungen umhüllt oder ther-

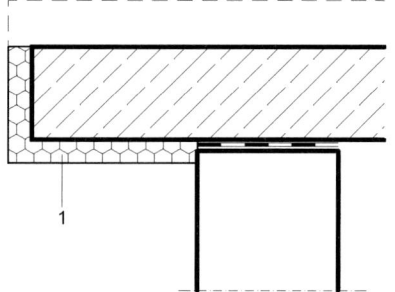

3.16   Hochleistungsdämmung (Vakuumdämmung)

misch getrennt werden. Dies führt auf Grund von drastisch veränderten Bauteilproportionen häufig zu gestalterisch unbefriedigenden Lösungen, die durch Verwendung von Hochleistungsdämmstoffen vermieden werden können (Bild **3**.16), (s. auch Abschn. 3.2.3)

Bei allen Flachdachkonstruktionen bildet die Trennlinie zwischen Dachplatte und Auflager gleichzeitig eine Material- und Bewegungsfuge. Infolge Durchbiegung können sich außerdem die Auflagerenden von weit gespannten Massivplatten insbesondere an den Ecken hochbiegen (Bild **3**.17). Das kann durch Aufkantung der Deckenplatten zu einer umlaufenden „Attika" weitgehend verhindert werden (Bild **3**.18). Wird die Attika als statisch wirksamer Überzug ausgebildet, sind raumhohe Öffnungen in den Außenwänden möglich.

Vielfach werden Attika-Konstruktionen lediglich aus formalen Gründen gewählt, um dahinterliegende Schräganschnitte von Gefälleschichten zu verbergen. Es ist aber zu bedenken, dass Aufkan-

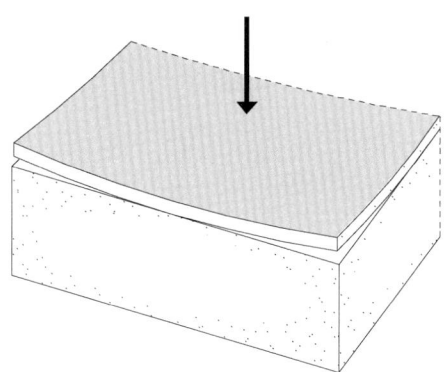

3.17   Hochbiegen von Plattenecken infolge Durchbiegung

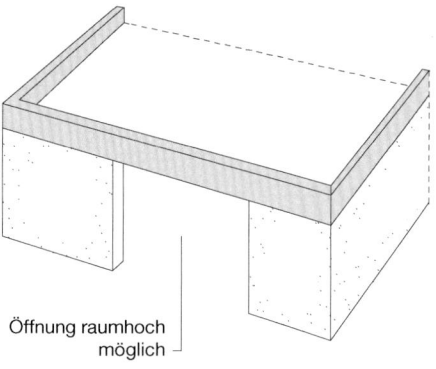

3.18   Flachdach-Aufkantung („Attika")

tungen von Flachdachrändern mit hochgezogenen Abdichtungen meistens recht schadensanfällig sind. Insbesondere die an der Innenseite hochgezogenen Abdichtungen sind bei hohen Attiken schwierig gegen UV-Strahlung und mechanische Beschädigungen zu schützen.

Auflager. Damit durch material- und temperaturbedingte Längenänderungen oder lastabhängige Formänderungen größerer Stahlbetonmassivplatten keine Beanspruchungen von Flachdächern auf die Auflagerwände übertragen werden, sind die Auflager mit Hilfe von Gleitlagern oder Gleit-Kipp-Lagern zu bilden (s. Abschn. 3.3.2). Je nach statischen Erfordernissen sind als Auflager Ringanker vorzusehen (vgl. Abschn. 6.2.1.1 in Teil 1 dieses Werkes). In jedem Fall sind die Auflagerfugen vor allem in den Außenwänden konstruktiv und gestalterisch zu berücksichtigen. Sie werden in der Regel durch entsprechende Gesims- oder Fassadenverblendungen abgedeckt (Bild **3**.19).

Dachrandabschlussprofile bilden den Übergang zwischen Dachabdichtungen und Dachrändern. Dabei sind direkt eingeklebte Blechverwahrungen als Flachdachabschlüsse ungeeignet. Es steht für diese Aufgabe eine große Zahl von Spezial-Profilsystemen aus Leichtmetall-Strangpressprofilen sowie aus Blech- und Faserzement-Profilen in den verschiedensten Formen auf dem Markt zur Verfügung (Bild **3**.20).

In der Fachregel für Abdichtungen – Flachdachrichtlinie – ist für Dachrandabschlussprofile vorgeschrieben:

- Die Oberflächen der Abdichtungen bzw. der Kiesschüttungen müssen bei Dachneigungen bis 5° mindestens 10 cm, bei größeren Dachneigungen um mindestens 5 cm überragt werden (Bild **3**.19a bis d).
- Die Überlappung der oberen Abschlüsse von Putz oder Bekleidungen muss mindestens betragen: Bei Gebäudehöhen
  – bis 8 m   > 5 cm
  – über 8 bis 20 m   > 8 cm
  – über 20 m   > 10 cm.

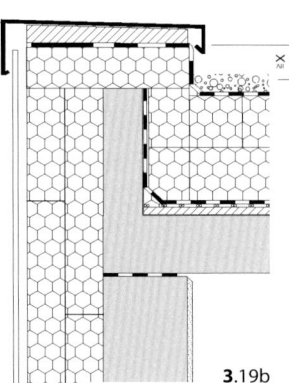

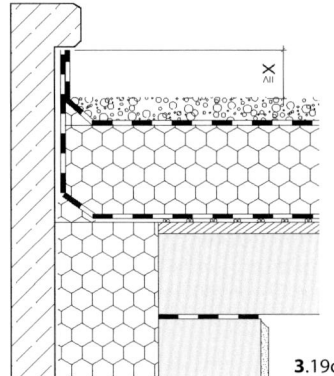

3.19a   3.19b   3.19c

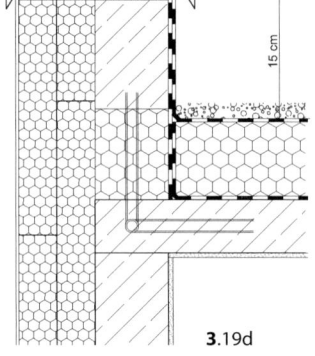

3.19d

3.19 Flachdachränder (schematisch)
  a) Flachdach mit Randprofil
  b) Flachdach mit Attika
  c) Anschluss der Dichtungen mit Hinterschneidung
  d) Attika-Anschluss mit IsoKorb® (SCHÖCK)
  x = 10 cm bei Dachneigung ≤ 5°
  x = 5 cm bei Dachneigung > 5°

3.1 Allgemeines

- Der Überstand der Tropfkanten vor den zu schützenden Bauteilen soll mindestens 2 cm betragen (Bild **3**.20c und d).

Die Halterungen der Abschlussprofile werden am besten auf aufgedübelten Randbohlen aus Holz montiert (Befestigung s. Abschn. 3.1.10, Tab. **3**.6). Die Montage wird sehr erleichtert, wenn die Profilkonstruktion ein möglichst einfaches Ausgleichen von unvermeidlichen Rohbauungenauigkeiten in der Höhe, in der Neigung und in der Fluchtrichtung erlaubt.

Den Übergang zu bituminösen Dachabdichtungen bilden Polymerbitumenbahnen oder Kunststoff-Anschlussbahnen, die je nach Profilsystem auf unterschiedliche Weise zugfest eingeklemmt werden bzw. in die Abdichtungsränder einge-

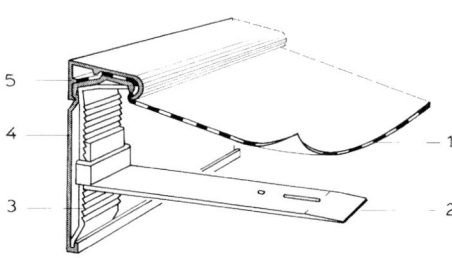

3.20a

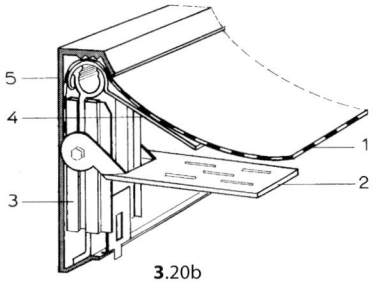

3.20b

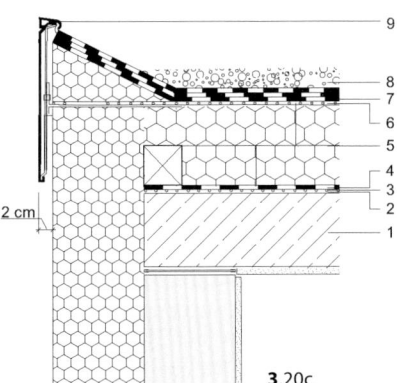

3.20c

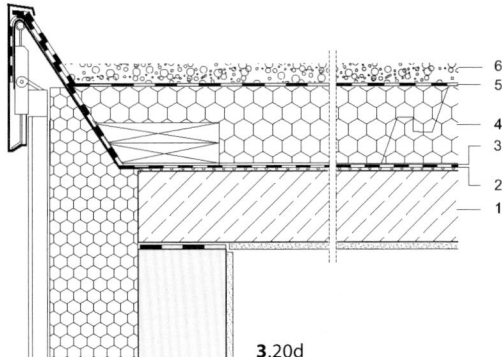

3.20d

3.20 Dachrandabschlussprofile und Einbaubeispiele
  a) In Fluchtrichtung und Höhe justierbar (ALWITRA)
   1 Anschluss-Dichtungsbahn, zugfest eingespannt
   2 Halteprofil, auf Unterkonstruktion aufgeschraubt, in Fluchtrichtung justierbar
   3 Halteprofil, durch Zahnleiste mit Klemmring werkzeugfrei justierbar
   4 Deckprofil, gleichzeitig Auflager für Anschlussbahn, längs verschiebbar
   5 Oberes Deck- und Klemmprofil, längs verschiebbar
  b) In Fluchtrichtung, Höhe und Neigung justierbar (JOBA)
   1 Anschluss-Dichtungsbahn, zugfest eingespannt
   2 Halteprofil, auf Unterkonstruktion aufgeschraubt, in Fluchtrichtung justierbar
   3 Halteprofil, in Höhe und Neigung justierbar
   4 Auflagerprofil für Anschlussbahn
   5 Deckprofil, aufgeklemmt; längs verschiebbar
  c) Flachdachrand bei Abdichtung mit Bitumenbahnen
   1 Stahlbeton
   2 Voranstrich
   3 Glasvliesbitumenlochbahn (unt. Dampfdruckausgleichsschicht)
   4 Dampfsperre
   5 Polystyrol-Hartschaum, 2-lagig, stoßfugenversetzt
   6 Glasvliesbitumenlochbahn (obere Dampfdruckausgleichsschicht)
   7 3-lagige Bitumenbahnabdichtung
   8 Kiesschüttung
   9 Abschlussprofil
  d) Flachdachrand bei Umkehrdach
   1 Stahlbeton
   2 Trennlage (geschäumtes Polyäthylen)
   3 Flachdachfolie
   4 extrudierte Polystyrolplatten (z. B. Roofmate)
   5 Filtervlies
   6 Kiesschüttung

klebt werden. Kunststoff-Dachabdichtungen können direkt an die meisten Profilsysteme angeschlossen werden. Die äußeren, den wechselnden Temperatureinflüssen ausgesetzten Teile der Dachrandabschlüsse müssen Längenänderungen zulassen, ohne dass diese sich auf die Anschlussbahnen übertragen können. Für Innen- und Außenecken stehen bei allen Herstellern entsprechende Formteile zur Verfügung. In Bild **3**.11 sind 2 Beispiele für derartige Profile schematisch gezeigt.

An- und Abschlüsse von Dachflächen der Anwendungsklasse K1, die nur unter hohem Montageaufwand oder nur durch Zerstörung von anderen Bauteilschichten zugänglich werden, sind nach Anwendungsklasse K2 auszuführen.

3.1.13 Arbeitsablauf auf der Baustelle

Dachabdichtungen dürfen bei Witterungsverhältnissen, die sich nachteilig auf die zu erbringende Leistung auswirken (z. B. Temperaturen unter +5 °C; Nässe, Schnee, Eis, starker Wind), nur ausgeführt werden, wenn besondere Maßnahmen ergriffen werden.

Bezüglich der Anforderungen an den Untergrund von Dachabdichtungen ist DIN 18531-1, Abschn. 7, zu beachten.

3.2 Baustoffe

3.2.1 Abdichtungen

Abdichtungen müssen das zu schützende Bauwerk vor dem Eindringen von Niederschlagswasser schützen. Die verwendeten Baustoffe, die richtige Schichtenfolge der einzelnen Schichten und die Herstellung der Abdichtung müssen in ihrem Zusammenwirken die ordnungsgemäße Funktion der Abdichtung gewährleisten und dies auch unter Berücksichtigung von Bewegungen des Abdichtungsuntergrundes.

Die Anforderungen an Abdichtungen genutzter und nicht genutzter Dächer sind unter Nr. 4 der DIN 18531-1 beschrieben.

Stoffe und Bauteile des Dachaufbaus, die untereinander in Berührung kommen, müssen miteinander verträglich sein. Bei Unverträglichkeiten sind geeignete Maßnahmen (z. B. Trennschichten/-lagen) vorzusehen.

Die zur Dachabdichtung geeigneten Stoffe sind in DIN 18 531-2 genannt und nach DIN 18 531-3 zu bemessen. Für andere Stoffe ist ein Eignungsnachweis erforderlich.

Eigenschaftsklassen

Zu den Einwirkungsklassen für die Dachabdichtungen (s. Abschn. 3.1.2) werden in DIN 18 531-2 Eigenschaftsklassen der Abdichtungsstoffe definiert (Tab. **3**.21).

Bitumen- oder Polymerbitumenbahnen

Bitumen-Dachbahnen nach DIN EN 13707 sind für Dachabdichtungen mit verschiedenen Trägereinlagen genormt als

- **Bitumenbahnen** (eine oder mehrere Trägereinlagen mit beidseitigen Deckschichten),
- **Polymerbitumenbahnen** (Elastomer- PYE und Plastomerbitumenbahnen PYP).

DIN SPEC 20000-201 und DIN SPEC 20000-202 legen für Bitumen- und Polymerbitumenbahnen nach DIN EN 13707 anwendungsbezogene Anforderungen für deren Verwendung als Abdichtung fest. Dabei werden den Bahnen Eigenschaftsklassen und Anwendungstypen zugeordnet Tab. **3**.22).

Zur einheitlichen Kennzeichnung für Stoffe und Produktmerkmale von Bitumenbahnen und Anwendungstypen von Abdichtungsbahnen sind in der Fachregel für Abdichtungen – Flachdachrichtlinie – Kurzzeichen festgelegt (Tabellen **3**.23 und **3**.24)

Das Produktdatenblatt für Bitumenbahnen Regelwerks für das deutsche Dachdeckerhandwerk

Tabelle **3**.21 Eigenschaftsklassen der Abdichtungsstoffe (DIN 18 531-2)

Eigenschaftsklasse	Hoher mechanischer Widerstand	Mäßiger mechanischer Widerstand
Widerstand gegen hohe thermische Beanspruchung	E1	E3
Widerstand gegen mäßige thermische Beanspruchung	E2	E4

3.2 Baustoffe

Tabelle 3.22 Bitumen- und Polymerbitumenbahnen (DIN 18531-2)

1	2	3	4
Bahnen (Stoffart, Kurzbeschreibung)	DIN SPEC 20000-201:2015-09, Tabelle 1	Eigenschafts- klasse	Anwendungs- typ[a]
Bitumendachdichtungsbahnen – G 200 DD, PV 200 DD	Zeile 1	E2	DU
Bitumenschweißbahnen – V 60 S4 – G 200 S4, G 200 S5, PV 200 S5 – KTG S4, KTP S4	Zeile 3 Zeile 2 Zeile 4	E4 E2 E2	DU[b]/DZ DU DU
Polymerbitumen-Dachdichtungsbahnen – PYE-G 200 DD, PYE-PV 200 DD	Zeile 6	E1	DO
Polymerbitumenschweißbahnen – PYE-KTG S4, PYE-KTP S4 – PYE/PYP-KTG S4, PYE/PYP-KTP S4 – PYE-G 200 S4 – PYE-PV 200 S5 – PYP-KTG S4, PYP-KTP S4 – PYP-G 200 S4 – PYP-PV 200 S5 – PYP-Vcu S5, PYE-Cu01 S5	Zeile 5 Zeile 5 Zeile 7 Zeile 7 Zeile 5 Zeile 7 Zeile 7 Zeile 10	E1 E1 E1 E1 E1 E1 E1 E2[c]	DO DO DO DO DO DO DO DO
Kaltselbstklebende Polymerbitumenbahnen (KSP) mit Kombinationsträgereinlage (KTG oder KTP) – PYE-KTG KSP-2,8, PYE-KTP KSP-2,8 – PYP-KTG KSP-2,8, PYP-KTP KSP-2,8 – PYE-KTG KSP-3,2, PYE-KTP KSP-3,2 – PYP-KTG KSP-3,2, PYP-KTP KSP-3,2	Zeile 8	E1	 DU DU DO DO
Polymerbitumenbahnen für einlagige Verlegung – PYP-KTG-4, PYP-KTP-4 – PYE-KTG-4,5, PYE-KTP-4,5 – PYP-KTG-4,5, PYP-KTP-4,5	Zeile 9	E1	DE
Glasvlies-Bitumendachbahnen – V 13	Zeile 11	E4[d]	DZ

[a] Bahnen, die den genannten Stoffen entsprechen, jedoch die Anforderungen an die Eigenschaften nach DIN SPEC 20000-201 nicht erfüllen, dürfen als Zwischenlage oder zusätzliche Lage ohne weitere Nachweise verwendet werden. Bei geeigneter Oberflächenausrüstung dürfen Bahnen für die einlagige Abdichtung auch als Oberlage verwendet werden und Bahnen des Anwendungstyps DO und DE dürfen auch als untere Lage sowie Zwischenlage verwendet werden. Bahnen des Anwendungstyps DU dürfen auch als Zwischenlage verwendet werden.
[b] Nur bei Dachabdichtungen mit geringer mechanischer Einwirkung der Einwirkungsklassen IIA, IIB nach DIN 18531-1.
[c] Nur als Oberlage bei Abdichtungen unter Dachbegrünungen.
[d] Nur als zusätzliche Lage oder als Trennlage.

legt für Bitumen- und Polymerbitumenbahnen anwendungsbezogene Anforderungen und Eigenschaften für die Verwendung in Abdichtungen nach der der Fachregel für Abdichtungen – Flachdachrichtlinie – fest [1]. Bitumenbahnen nach diesem Produktenblatt müssen eine CE-Kennzeichnung entsprechend den harmonisierten Normen (Bahnen für Dachabdichtungen; Bahnen für Bauwerksabdichtung; Mauersperrbahnen) aufweisen.

Beispiel für eine Kennzeichnung:
DO /E1 PYE – PV 200 S4:

Polymerbitumenbahn als Oberlage einer mehrlagigen Dachabdichtung, Eigenschaftsklasse E1, aus Polymerbitumen (PYE) mit Polyestervlieseinlage 200 g/m², Schweißbahn, 4 mm dick

Vorteile von Elastomerbitumenbahnen PYE sind:
- geringe Temperaturempfindlichkeit
- gute Standfestigkeit bei schroffen Temperaturwechseln

- hohe Rückstellkraft nach kurzzeitiger punktförmiger Belastung (auch bei niedrigen Temperaturen)
- hohe Perforationssicherheit
- lange Lebensdauer und Witterungsbeständigkeit
- gute Verklebbarkeit

Vorteile von Plastomerbitumenbahnen PYP (in der Regel als Schweißbahnen) sind:

- hohe Temperaturbeständigkeit
- plastisches Verhalten mit hoher Flächenstabilität
- Witterungsbeständigkeit in Verbindung mit Kälteflexibilität

Bitumen- und Polymerbitumenbahnen müssen bei mehrlagigen Abdichtungen an den Längs- und Quernähten mit mindestens 8 cm Stoßüberlappung (bei einlagiger Abdichtung mindestens 10 cm Stoßüberlappung) verlegt werden. Kreuzstöße sind durch versetzt angeordnete Bahnen zu vermeiden. Die Nahtverbindungen müssen verklebt werden.

Abdichtungsschichten aus Bitumen- und Polymerbitumenbahnen können verklebt, lose verlegt mit mechanischer Befestigung oder mit Auflast ausgeführt werden. Anforderungen für

a) Verklebungen
b) lose Verlegung mit mechanischer Befestigung
c) lose Verlegung mit Auflast

sind in DIN 18531-3, Abschn. 5.7.2.3 näher beschrieben.

Zur Verklebung sind zugelassen:

- Gießverfahren
- Schweißverfahren
- Bürstenstreichverfahren
- Kaltverklebung

Eine hohlraumfreie Verklebung ist unter Baustellenbedingungen am besten durch das Gieß- und Einrollverfahren erreichbar, bei dem die Dichtungsbahn in vorher reichlich aufgegossene ungefüllte Bitumenklebemasse so eingerollt wird, dass in ganzer Bahnenbreite ein Klebemassenwulst entsteht (Bild **3**.25).

Beim Schweißverfahren werden die Bitumen-Schweißbahnen an der Unterseite mit dem Flächenbrenner erhitzt, die zu verklebenden Bitumenschichten angeschmolzen und die Bahnen unter leichtem Andruck eingerollt.

Tabelle **3**.23 Kurzzeichen für Stoffe und Produktmerkmale von Bitumenbahnen (Fachregel für Abdichtungen – Flachdachrichtlinie)

Kurzzeichen	Beschreibung
PYE	Elastomerbitumen (Bitumen modifiziert mit thermoplastischen Elastomeren)
PYP	Plastomerbitumen (Bitumen modifiziert mit thermoplastischen Kunststoffen)
KSP	Kaltselbstklebende Polymerbitumenbahn mit Trägereinlage
PV (Zahl)	Polyestervlies (Flächengewicht in g/m^2)
G (Zahl)	Glasgewebe (Flächengewicht in g/m^2)
KTG	Kombinationsträgereinlage mit überwiegendem Glasanteil
KTP	Kombinationsträgereinlage mit überwiegendem Polyesteranteil
VCu	Verbundträger aus Glasvlies mit Polyester-Kupferfolienverbund
Cu01	Kupferbandträgereinlage aus Kupferband 0,1 mm
S (Zahl)	Schweißbahn (Dicke der Bahn in mm)
DD	Dachdichtungsbahn
Zahl	Dicke der Bahn in mm

Tabelle **3**.24 Anwendungstypen von Abdichtungsbahnen (Fachregel für Abdichtungen – Flachdachrichtlinie)

Typkurzzeichen	Anwendung in Abdichtungen
DE	Bahnen und Flüssigkunststoffe für einlagige Abdichtungen
DO	Bahnen für die Oberlage einer mehrlagigen Abdichtung
DU	Bahnen für die untere Lage einer mehrlagigen Abdichtung

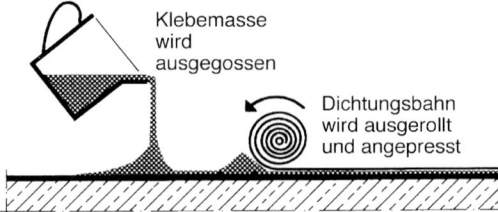

3.25 Gieß- und Einrollverfahren

3.2 Baustoffe

Tabelle 3.26 Abdichtung mit Bitumen- und Polymerbitumenbahnen (DIN 18531-3)

1	2	3	4	5	
Anwendungs-klasse	Anwendungs-bereich	Geplantes Gefälle	Einwirkungsklasse	Stoffe nach DIN 18531-2: 2017-07, Tabelle 2	
				Lagen	Erforderliche Eigenschaftsklasse[a]
K1	nicht genutzte Dächer	≥2%	IA, IB, IIA, IIB	zwei	obere Lage: E1 untere Lage: E2
			IIA, IIB	zwei	obere Lage: E1 untere Lage: E4[b]
			IA, IB, IIA, IIB	eine	E1[c]
		<2%	IA, IB, IIA, IIB	zwei	obere Lage: E1 untere Lage: E1
	genutzte Dächer	≥2%	IB	zwei	obere Lage: E1 untere Lage: E2
		<2%	IB	zwei	obere Lage: E1 untere Lage: E1
K2	nicht genutzte Dächer	≥2%[e]	IA, IB, IIA, IIB	zwei	obere Lage: E1 untere Lage: E1
	genutzte Dächer	≥2%[d, e]	IB	zwei	obere Lage: E1 untere Lage: E1

[a] Die Abdichtung kann durch zusätzliche Lagen mit Bahnen nach DIN 18531-2:2017.07, Tabelle 2 bzw. durch Schutzlagen ergänzt werden.
[b] Mindestens V60 S4 nach DIN 18531-2:2017-07, Tabelle 2, Zeile 2.
[c] DIN 18 531-2:2017-07, Tabelle 2, Zeile 6. Eine einlagige Abdichtung mit Polymerbitumenbahnen darf nicht unter begrünten Flächen angeordnet werden.
[d] Bei intensiver Begrünung mit Anstaubewässerung bis 100 mm ist ein geringeres Gefälle zulässig, wenn der Dachaufbau nach DIN 18531-1:2017-07, 6.13 mit Maßnahmen zur Begrenzung der Wasserunterläufigkeit ausgeführt wurde.
[e] Im Bereich von Kehlen sollte eine Gefälle von 1% geplant werden.

Kaltverklebung kommt für spezielle, werkseitig mit einer Kaltklebemasse versehene Bitumenbahnen nach Vorschrift der Hersteller in Frage. Sie darf nur mit Bahnen nach DIN 18531-2, Tab. 2, Nr. 5 (KSP) ausgeführt werden.

Die kaltselbstklebenden Bahnen wurden insbesondere für den Einbau auf brandsensiblen Gebäuden entwickelt, weil der Einsatz von Schweißbrennern hier ein zu großes Risiko bedeuten würde.

Im Kaltselbstklebeverfahren dürfen nur Bahnen nach DIN 8531-2 verwendet werden. Untergrund und Nahtbereiche müssen für eine Kaltselbstklebung geeignet und vorbereitet sein. Die vom Hersteller vorgeschriebene Untergrund- und Umgebungstemperatur ist einzuhalten. Anforderungen an Abdichtungen mit Bitumen- und Polymerbitumenbahnen sind in Tab. 3.26 beschrieben.

Einlagige bituminöse Abdichtungen werden von verschiedenen Herstellern angeboten. Nach DIN 18 531 dürfen Dachabdichtungen einlagig hergestellt werden, wenn das Gefälle der Unterlage mindestens 2% beträgt. An- und Abschlüsse sind mehrlagig auszuführen. An Kehlen sollte die Abdichtung verstärkt werden. Einlagige Abdichtungen aus Polymerbitumenbahnen sind unter begrünten Dächern nicht zulässig. In der Fachregel für Abdichtungen – Flachdachrichtlinie – heißt es andererseits eindeutig: „Dachabdichtungen mit Bitumenbahnen sind mindestens zweilagig auszuführen ...". Hier widersprechen sich die DIN und die Fachregel für Abdichtungen – Flachdachrichtlinie –. Planer und Bauherr sollten sich bei Verwendung einlagiger bituminöser Abdichtungen gemeinsam entscheiden und dies schriftlich festhalten.

Neben Polymerbitumenbahnen entwickeln sich auch so genannte „Sanierungsbahnen" immer mehr zu einem eigenständigen Produkt der Sonderbahnen. Diese sind so aufgebaut, dass die alte Abdichtung (bei Bedarf auch mit einer zusätzlichen Wärmedämmung) auf dem Dach verbleiben kann und die neue Abdichtung darüber aufgebracht wird. Wegen der in den alten Bauteilen meistens enthaltenen Restfeuchtigkeit muss für guten Dampfdruckausgleich gesorgt werden. Deshalb sind die Sanierungsbahnen häufig unterseitig mit Hohlraumsystemen versehen. Die erforderlichen Hohlräume können auch durch punkt- und streifenweise Verklebung oder mit speziellen Vliesen oder Noppen gebildet werden.

Dachabdichtungen mit Dachneigung < 2% sind Sonderkonstruktionen, die 2lagig mit Polymerbitumenbahnen nach DIN 52 132 der 52 133 oder 3lagig auszubilden sind. Bei einer 3-lagigen Dachabdichtung muss die Oberlage aus einer Polymerbitumenbahn nach DIN 52 132 oder 52 133 und einer weiteren Lage aus Bitumenbahnen nach DIN 52 130 oder 52 131 mit Trägereinlage aus Polyestervlies oder Glasgewebe bestehen.
Für die 3. Lage können auch Bahnen mit einer Glasvliesträgereinlage verwendet werden. Ein schwerer Oberflächenschutz (z. B. Kies, s. Abschn. 3.1.9) sollte vorgesehen werden.

Kunststoff- oder Elastomerbahnen
Dachabdichtungen aus Kunststoff- oder Elastomerbahnen der Eigenschaftsklasse E1 können für alle Einwirkungsklassen einlagig ausgeführt werden. Die Lagesicherung erfolgt entweder durch lose Verlegung mit Auflast, mechanische Befestigung oder Verklebung. Je nach Untergrundbeschaffenheit sind Trenn- und/oder Brandschutzlagen unter der Abdichtung anzuordnen oder Abdichtungsbahnen mit werkseitig aufgebrachten Kaschierungen zu verwenden. Tab. **3**.27 be-

Tabelle **3**.27 Abdichtung mit Kunststoff- oder Elastomerbahnen (DIN 18531-3)

1	2	3	4	5								6
				Stoffe nach DIN 18531-2: 2017-07, Tabelle 3								
				Mindesnenndicke d_{ff} mm								
Anwendungsklasse	Anwendungsbereich	Geplantes Gefälle	Einwirkungsklassen	ECB, Nr. 1	EVA, Nr. 5	FPO, Nr. 9	PIB, Nr. 2	PVC-P, Nr. 3 u. 4	TPE, Nr. 8	EPDM, Nr. 7	EPDM, Nr. 7[a]	Schutzlagen nach DIN 18531-2:2017-07
K1	nicht genutzte Dächer	≥2%	IA, IB, IIA, IIB	2,0	1,2	1,2	1,5	1,2	1,2	1,3	1,1	k. A.
		<2%	IA, IB, IIA, IIB	2,3	1,5	1,5	1,5[b]	1,5	1,5	1,6	1,3	
	genutzte Dächer	≥2%	IB	2,0	1,5	1,5	1,5	1,5	1,5	1,6	1,3	5.6 a) oder b)
		<2%	IB	2,3	1,5	1,5	1,5	1,5	1,5	1,6	1,5	5.6 c) bis f)
K2	nicht genutzte Dächer	≥2%[c]	IA, IB, IIA, IIB	2,3	1,5	1,5	1,5[b]	1,5	1,5	1,6	1,3	k. A.
	genutzte Dächer	≥2%[c,d]	IB	2,3	1,5	1,5	1,5	1,5	1,5	1,6	1,5	5.6 c) bis f)

[a] homogene Bahn.
[b] Zusätzliche Anforderungen:
 – Verhalten unter simuliertem Hagelschlag nach DIN EN 13583 auf hartem Untergrund: mindestens 25 m/s;
 – Perforationsverhalten nach DIN EN 12691: dicht bei Fallhöhe 700 mm;
 – Falzen in der Kälte nach DIN EN 495-5: keine Risse bei –40 °C.
[c] Im Bereich von Kehlen sollte ein Gefälle von 1% geplant werden.
[d] Bei intensiver Begrünung mit Anstaubewässerung bis 100 mm ist ein geringeres Gefälle zulässig, wenn der Dauchaufbau nach DIN 18531-1:2017-07, 6.13 mit Maßnahmen zur Begrenzung der Wasserunterläufigkeit ausgeführt wurde.
k. A. keine Anforderung.

3.2 Baustoffe

nennt für Abdichtungen mit Kunststoff- und Elastomerbahnen Mindestnenndicken in Abhängigkeit von der Anwendungsklasse, dem Anwendungsbereich, dem jeweiligen Gefälle und der Einwirkungsklasse (DIN 18531-3).

Bei Verlegung ohne Trenn-/Kaschierlagen auf Bitumenbahnen dürfen nur bitumenverträgliche Kunststoff- oder Elastomerbahnen zur Anwendung kommen, die dann auch voll- oder teilflächig verklebt verlegt werden können.

Die Überlappungen für Baustellennähte müssen mindestens 40 mm betragen. Die Überlappungs- und Fügetechniken sind in DIN 18531-3, Abschn. 5.7.3.2, die Verlegearten in Abschn. 5.7.3.2. näher beschrieben.

Eine Übersicht der Kunststoff- und Elastomerbahnen gibt DIN SPEC 20000-201, Tabelle 3.

Aber auch die Fachregel für Abdichtungen – Flachdachrichtlinie – geben Bemessungen von Abdichtungen, die sich nicht unbedingt immer mit den Angaben der entsprechenden Norm decken, vor. Es ist Sache des jeweiligen Planers, ob er der Empfehlung der Normen oder der Fachregel für Abdichtungen – Flachdachrichtlinie – folgen will. Er sollte diese Entscheidung in jedem Fall in Abstimmung mit seinem Auftraggeber treffen.

Lose verlegte Dachbahnen können – auch mit allen erforderlichen Randausbildungen – werkseitig in großen Planen vorgefertigt werden, so dass in Verbindung mit geeigneten, geschlossenporigen Hartschaum-Dämmplatten (z.B. BASF-Styrodur oder DOW-Roofmate) Verlegearbeiten auf allen Unterkonstruktionen auch bei Witterungsverhältnissen erfolgen können, bei denen das Herstellen heißgeklebter bituminöser Dachdichtungen nicht möglich wäre.

Lose verlegte Dachbahnen werden vielfach nur durch eine Kiesschüttung beschwert (Windsicherung s. Abschn. 3.1.9). Diese soll die Dachfolie gegen Abheben durch Windsog sichern und bildet gleichzeitig einen wirksamen Schutz gegen ultraviolette Strahlung. Abdichtungssysteme, bei denen die Abdichtungsfolie ohne Befestigung mit der darunterliegenden Unterkonstruktion und nur unter Berücksichtigung loser Kiesschüttung die anzusetzenden Sogkräfte aufnehmen soll, sind in Richtlinien der Bauaufsichtsbehörden zugelassen, wenn besondere Bestimmungen für die Randbefestigung der lose verlegten Abdichtungsbahnen als Sicherung gegen Windsog beachtet werden. Außerdem bestehen Richtlinien für die Ausführung des Oberflächenschutzes gegen Windsog (lose Grobkiesschüttung, Kiesschüttung mit Verklebung, Beton-Plattenbelag), wobei die Größe der Dachfläche und ihre Höhe über Gelände zu berücksichtigen sind.

Bei modernen Kunststoff-Dichtungsbahnen ist ein besonderer Oberflächenschutz nicht erforderlich. Deshalb können lose verlegte Dachbahnen auch bahnenweise an den Längsstößen durch Tellerdübel oder durch streifenweise Verklebung auf der Tragschale fixiert werden.

Dachabdichtungen für genutzte Dachflächen (s. Abschn. 3.4) müssen den erhöhten Anforderungen entsprechen, die bei Nutzung durch Personen- oder Fahrverkehr oder durch Begrünung entstehen.

Sie sollten mit mindestens 2 % Gefälle unter Beachtung von DIN 18531-1 ausgeführt werden und dauernd wirksame Schutzschichten gegen mechanische Beschädigungen erhalten. Dachabdichtungen mit einer Neigung unter 2% sind Sonderkonstruktionen und sollen nur in Ausnahmefällen vorgesehen werden (s. Abschn. 3.1.4). In diesen Fällen ist die Qualität der Dachabdichtung zu verbessern. Dazu ist z.B. eine Erhöhung der Bahnendicke geeignet. Auch Teilbereiche mit Neigung unter 2% (z.B. Rinnen) sind entsprechend auszubilden (vgl. Abschn. 10.7.5 in Teil 1 des Werkes).

Wenn derartige Flächen horizontal sein müssen, kommt z.B. eine Ausführung mit großformatigen Platten auf Stelzlagern in Frage. Die darunter liegende Abdichtung kann dann auch auf einem entsprechenden Gefällebeton ausgeführt werden (vgl. Bild **3**.48).

Beim statischen Nachweis ist sicherzustellen, dass die Abdichtungen keine Kräfte parallel zur Abdichtungsebene übertragen können.

Flüssig aufzubringende Dachabdichtungen

Flüssig aufzubringende Dachabdichtungen gelten als einlagige Abdichtungen. Sie bestehen aus einer oder mehreren Komponenten, die vor Ort flüssig und nahtlos vollflächig unter Verwendung einer Einlage direkt auf Beton, Estrich, oder einer bahnenförmigen Unterlage aufgetragen werden und sind damit direkt nutzbare einlagige Abdichtungen von genutzten Dächern. Für flüssig aufzubringende Dachabdichtungen dürfen Stoffe nach DIN 18531-2 verwendet werden (Tabelle **3**.26). der Dabei sind die für die Anwendungsklassen K1 und K2 DIN 18531-3 geforderten Mindesttrockenschichtdicken einzuhalten.

Tabelle 3.28 Abdichtung mit Flüssigkunststoffen (FLK) (DIN 18531-3)

1	2	3	4	5	6	7
Anwendungsklasse	Anwendungsbereich	Geplantes Gefälle	Mindesttrockenschichtdicke[b] in mm	Einwirkungsklasse	Stoffe nach DIN 18531-2:2017-07, Tabelle 4 / Leistungsstufen nach ETAG 005[a]	Schutzlagen, Schutz- und Nutzschichten nach DIN 18531-2:2017-07
K1	nicht genutzte Dächer	≥2%	1,8	IA, IIA, IB, IIB	Nutzungsdauer W3, Klimazone M, Nutzlast P4, Oberflächentemperatur TL3, TH3	k. A.
K1	nicht genutzte Dächer	≥2%	1,8	IIA, IIB	Nutzungsdauer W3, Klimazone M, Nutzlast P3, Oberflächentemperatur TL3, TH3	k. A.
K1	nicht genutzte Dächer	<2%	2,1	IA, IIA, IB, IIB	Nutzungsdauer W3, Klimazone M, Nutzlast P4, Oberflächentemperatur TL3, TH3	k. A.
K1	genutzte Dächer	≥2% <2%	2,1	IA[c]	Nutzungsdauer W3, Klimazone S, Nutzlast P4, Oberflächentemperatur TL4, TH4	5.9 c)
K1	genutzte Dächer	≥2% <2%	2,1	IB	Nutzungsdauer W3, Klimazone M, Nutzlast P4, Oberflächentemperatur TL3, TH3	5.6, 5.7, 5.9 a) und b)
K2	nicht genutzte Dächer	≥2%[d]	2,1	IA, IIA, IB, IIB	Nutzungsdauer W3, Klimazone S, Nutzlast P4, Oberflächentemperatur TL4, TH4	k. A.
K2	genutzte Dächer	≥2%[e]	2,1	IA[c]	Nutzungsdauer W3, Klimazone S, Nutzlast P4, Oberflächentemperatur TL4, TH4	5.9 c)
K2	genutzte Dächer	≥2%[e]	2,1	IB	Nutzungsdauer W3, Klimazone S, Nutzlast P4, Oberflächentemperatur TL4, TH4	5.6, 5.7, 5.9 a) und b)

[a] Unabhängig von der tatsächlichen Dachneigung ist die Neigungsstufe S4 nachzuweisen.
[b] Die Mindesttrockenschichtdicke ohne ggf. integrierte Nutzschicht.
[c] Über der Wärmedämmung nur auf Lastverteilschicht siehe DIN 18531-1:2017-07, 7.7.
[d] Im Bereich von Kehlen sollte eine Gefälle von 1% geplant werden.
[e] Bei intensiver Begrünung mit Anstaubewässerung bis 100 mm ist ein geringeres Gefälle zulässig, wenn der Dachaufbau nach DIN 18531-1:2017-07, 6.15 mit Maßnahmen zur Begrenzung der Wasserunterläufigkeit ausgeführt wurde.
k. A. keine Anforderung.

Außerdem gelten für die Verarbeitung von flüssig aufzubringenden Dachabdichtungen die in der Zulassung (ETA) festgelegten Verarbeitungsanweisungen. In Tab. 3.28 sind entsprechende Anforderungen für die Anwendungsklassen K1 und K2 genannt.

Die einzelnen Bahnen der Einlage müssen sich in der Fläche mindestens 50 mm überlappen. Bei Übergängen von FLK auf bahnenförmigen Abdichtungen muss die Überlappungsbreite 100 mm betragen.

Zweilagige Abdichtungen in Verbindung mit Gussasphalt, wie

- untere Lage Asphaltmastix, obere Lage Gussasphalt
- untere Lage Polymerbitumen-Schweißbahn, obere Lage Gussasphalt

sind direkt nutzbar. Die Gussasphaltlage muss mindestens 25 mm dick sein.

Tab. 3.29 benennt Anforderungen für Abdichtungen mit Gussasphalt.

3.2 Baustoffe

Tabelle 3.29 Abdichtung in Verbindung mit Gussasphalt (DIN 18531-3)

1	2	3	4	5			
				Stoffe nach DIN 18531-2:2017-07, 4.4.5			
					mittlere Dicke mm		
Anwendungsklasse	Anwendungsbereich	Geplantes Gefälle	Einwirkungsklassen	Varianten	Asphaltmastix[b]	Gussasphalt[c]	Polymerbitumen-Schweißbahn
K1	nicht genutzte Dächer			nicht vorgesehen	–		
K1	genutzte Dächer	≥2 % <2 %	IA, IIA, IB, IIB	Variante 1 Abdichtung aus einer unteren Lage Asphaltmastix und einer oberen Lage Gussasphalt Variante 2 Abdichtung aus einer unteren Lage Polymerbitumen-Schweißbahn und einer oberen Lage Gussasphalt	≥10 %	≥25	a
K2	nicht genutzte Dächer			nicht vorgesehen	–		
K2	genutzte Dächer	≥2 %	IA, IIA, IB, IIB	Variante 1 Abdichtung aus einer unteren Lage Asphaltmastix und einer oberen Lage Gussasphalt Variante 2 Abdichtung aus einer unteren Lage Polymerbitumen-Schweißbahn und einer oberen Lage Gussasphalt	≥10 %	≥25	a

[a] DIN V 20000-203:2010-05, Tabelle 1, Zeile 2 und 3.
[b] Darf an keiner Stelle <7 mm oder >15 mm dick sein.
[c] Darf an Einzelstellen um bis zu 5 mm unterschritten werden.

Flüssigkunststoffe

Flüssigkunststoffe (FLK) müssen mindestens zweischichtig (nicht zu verwechseln mit 2-lagig!) mit Einlage ausgeführt werden. Die Einlage ist in eine vorgelegte Menge Flüssigkunststoff einzuarbeiten. Lufteinschlüsse sind zu vermeiden. Die einzelnen Bahnen der Einlage sollen sich mindestens 50 mm überlappen.

Mit integrierter Nutzschicht sind Flüssigkunststoffe (FLK) direkt nutzbare Abdichtungen genutzter Dächer. Sie müssen einer europäisch technischen Zulassung/Bewertung (ETA) entsprechen. Wenn Flüssigkunststoffe auf Trägerlagen mit Stoßfugen (Dämmstoffe, Schalungen) aufgebracht werden oder chemische Unverträglichkeiten bestehen, muss der Flüssigkunststoff (FLK) auf einer Trägerlage nach DIN 18531-2 verarbeitet werden.

Als Trägerlagen unter Flüssigkunststoffe (FLK) eignen sich Bitumenbahnen und Kunststoffbahnen nach DIN 18531-2.

Der Flüssigkunststoff ist vollflächig haftend aufzubringen. Eine Vorbehandlung des Untergrundes ist erforderlich; dennoch sind geringfügige, unebenheitsbedingte Hohlstellen des Untergrundes nicht immer auszuschließen. Sie beeinträchtigen die Funktion aber nicht.

Bei der Ausführung der Abdichtungsschicht muss die Oberflächentemperatur des Untergrundes mindestens 3 K über der Taupunkttemperatur der Umgebungsluft liegen, das sich sonst auf der Oberfläche ein trennend wirkender Feuchtigkeitsfilm bilden kann.

Weitere Verarbeitungsvorschriften sind in DIN 18531-3, Abschn. 5.7.4.1.1 „Allgemeines" beschrieben.

3.2.2 Voranstrich

Auf Stahlbeton- und Porenbetonflächen ist bei geklebtem Dachabdichtungsaufbau zur Staubbindung und zum Porenverschluss ein Voranstrich auf Bitumen- oder Kunststoffbasis erforderlich. Unter flüssig zu verarbeitenden Abdichtungsstoffen ist eine Grundierung erforderlich. Verzinkte Stahlprofilbleche benötigen einen Korrosionsschutzanstrich. Auf kunststoffbeschichteten Stahlprofilblechen ist nur bei Abdichtungen mit Bitumenschweißbahnen ein Voranstrich als Haftvermittler erforderlich.

Trennschicht/Trennlagen

Die Werkstoffe müssen untereinander dauerhaft verträglich sein. Zur Vermeidung chemischer Unverträglichkeiten (z. B. aus der Schalung oder unkaschierten Wärmedämmstoffen) und von Perforationsrisiken wegen der Beschaffenheit des Untergrundes (z. B. zu rauher Untergrund) für die Abdichtungsschicht werden zusätzliche Trennlagen angeordnet. Hierfür kommen Bitumenbahnen, Glasvliese, Vliese aus synthetischen Fasern, Polyethylen-(PE)Folien und Lochglasvlies-Bitumenbahnen in Frage: Wenn Bewegungen des Untergrundes ein Rissrisiko für die Abdichtungsschicht- bzw. -bahn darstellen, kann ebenfalls eine Trennschicht erforderlich sein.

Schutzlagen/Schutzschichten

Als Schutzlagen kommen Vliese aus synthetischen Fasern, Schutzbahnen aus PVC, Kunststoff- und Elastomerbahnen, Bautenschutzmatten und -platten aus Gummigranulat, Schutzlagen gegen Durchwurzelung, Bitumendachabdichtungsbahnen und Bitumenschweißbahnen in den in DIN 18531-2 genannten Dicken und Abmessungen in Frage.

Als Schutzschichten sind Beton, Mörtel, Estrich, Gussasphalt, Dränmatten und -platten sowie Platten aus Hartschaum in den in DIN 18531-2 genannten Dicken und Abmessungen geeignet.

Oberflächenschutz nicht genutzter Dächer

Der Schutz der Oberflächen von Abdichtungen nicht genutzter Dächer kann durch „leichten – bzw. „schweren Oberflächenschutz" sichergestellt werden.

Für leichten Oberflächenschutz eigenen sich werkseitig bestreute Polymerbitumenbahnen (i. d. R. schuppenförmiges Korn oder Granulat) sowie streich-, roll- oder spritzbare Beschichtungen, die mit den Abdichtungsstoffen verträglich sein müssen und das Brandverhalten des Daches nicht nachteilig verändern dürfen.

Als schwerer Oberflächenschutz kommen Schüttungen aus natürlichem, ungebrochenem Gestein (Korngröße 16/32), mindestens 50 mm dick, Plattenbeläge aus frostbeständigen Beton-, Keramik- oder Natursteinplatten, Bautenschutzmatten oder -platten sowie extensive Begrünungen in Frage.

Kennzeichnung eingebauter Dachabdichtungswerkstoffe

Eingebaute Dachabdichtungsstoffe sind i. d. R. auf der Dachfläche eindeutig zu kennzeichnen. Dazu ist z. B. ein Kennzeichnungsschild aus beständigem Material (etwa 250 mm × 100 mm) mit einer witterungsbeständigen Aufschrift oder Aufprägung zu versehen, die Mindestinformationen zu Kurzzeichen für Anwendungstyp, Eigenschaftsklasse und Produktmerkmal nach DIN SPEC 20000-201 bzw. nach DIN 18531-2 für flüssig aufzubringende Dachabdichtungen, Herstellerangaben, Handelsnamen, Ausführungsjahr der Dachabdichtung und ausführendem Unternehmen enthält.

Das Kennzeichnungsschild ist an gut einsehbarer Stelle, z. B. an der Aufkantung der Dachabdichtung, fest anzubringen. Es sollte in max. 5 m Entfernung vom Hauptzugang der Dachfläche oder an der zu dieser Zugangsstelle nächstgelegenen Aufkantung montiert werden.

3.2.3 Wärmedämmstoffe

Für Wärmedämmungen von Flachdächern können je nach Anwendungsart verschiedenste Werkstoffe, die den Anforderungen der DIN 4108-2 und 4108-10 (Anwendungstypen DAA und DUK) genügen, verwendet werden.

Bei der Auswahl der Dämmstoffe sollte beachtet werden, dass nationale Vorschriften zu gefährlichen Stoffen bei der Einführung der von dieser Norm abgedeckten Bauprodukte auf dem

3.2 Baustoffe

Tabelle 3.30 Beispiele für geeignete Wärmedämmstoffe (DIN 18531-3)

1	2	3	4
Wärmedämmstoff	**Anwendungstyp**[a]	**Kurzzeichen der Druckbelastbarkeit**[a,b]	**Einsatzbereich nach dieser Norm**
Mineralwolle MW	DAA	kein	nicht genutzte Dächer
Expandierter Polystyrol-Hartschaum EPS	DAA	dm (mittlere Belastbarkeit)	nicht genutzte Dächer
		dh (hohe Belastbarkeit) ds (sehr hohe Belastbarkeit)	nicht genutzte Dächer, begehbare Flächen, z. B. Terrassen, intensive Dachbegrünung
Extrudierter Polystyrol-Hartschaum XPS	DAA DUK	dm (mittlere Belastbarkeit), dh (hohe Belastbarkeit) ds (sehr hohe Belastbarkeit)	nicht genutzte Dächer, begehbare Flächen, z. B. Terrassen, intensive Dachbegrünung, Umkehrdächer
Polyurethan-Hartschaum PUR	DAA	dh (hohe Belastbarkeit) ds (sehr hohe Belastbarkeit)	nicht genutzte Dächer, begehbare Flächen, z. B. Terrasen, intensive Dachbegrünung
Schaumglas CG	DAA	dh (hohe Belastbarkeit) ds (sehr hohe Belastbarkeit) dx (extrem hohe Belastbarkeit)	nicht genutzte Dächer, begehbare Flächen, z. B. Terrassen, intensive Dachbegrünung

[a] Nach DIN 4108-10.
[b] Mindestanforderung

Markt des betreffenden Landes die Vorlage eines Nachweises und einer Deklaration über die Freisetzung von solchen Stoffen und teilweise über deren Gehalt fordern können. Solange keine harmonisierten europäischen Prüfverfahren zur Verfügung stehen, sollten der Nachweis und die Deklaration über die Freisetzung von gefährlichen Stoffen bzw. über deren Gehalt unter Berücksichtigung der nationalen Vorschriften, die am Ort der Verwendung gelten, erfolgen.

Eine Informationsdatenbank über europäische und nationale Bestimmungen zu gefährlichen Stoffen ist auf der Internetseite der Kommission EUROPA unter „Construction" [in englischer Sprache] verfügbar, Zugang über http://ec.europa.eu/enterprise/construction/cpd-ds.

Die Anforderungen an im Dachaufbau ingebaute Wärmedämmschichten sind in DIN 18531-3, Abschn. 5.4 näher beschrieben. Tabelle 3.30 listet für Dächer geeignete Wärmedämmstoffe auf.

Für *Umkehrdächer* (s. Abschn. 3.3.2) dürfen nur geschlossenporige Polystyrol-Extruder-Hartschaumplatten verwendet werden (z. B. DOW-Roofmate und BASF-Styrodur).

Auch für Kunststoff- und Elastomerbahnen hat der Zentralverband des Deutschen Dachdeckerhandwerks im März 2007 Produktdatenblatt herausgegeben (aktualisiert Dezember 2016), das mit

- Tabelle 1 „Eigenschaften der Abdichtungsbahnen für Dachabdichtungen"
- Tabelle 2 „Anwendungstypen Bauwerksabdichtungen"
- Tabelle 3 „Kurzzeichen für Werkstoffbezeichnungen"
- Tabelle 4 „Kurzzeichen für Produktmerkmale"
- Tabelle 5 „Übersicht der Kunststoff- und Elastomerbahnen für Abdichtungen"
- Tabelle 6 „Übersicht der Kunststoff- und Elastomerbahnen für Bauwerksabdichtungen"

Hinweise für die Anwendung dieser Baustoffe gibt.

Wärmedämmplatten werden zur Vermeidung von Wärmebrücken der innerhalb der inzwischen üblichen hohen Dämmstoffstärken i. d. R. entweder mit Haken- oder Stufenfalz (s. Bild 3.31 und 3.32) oder 2-lagig mit Stoßfugenversatz verlegt. Die größte Seitenlänge von Hartschaumplatten sollte nicht größer als 1,25 m sein.

Die aus den sehr hohen Wärmeschutzanforderungen an Flachdächer resultierenden großen Dämmstoffdicken sind nicht für alle Material-

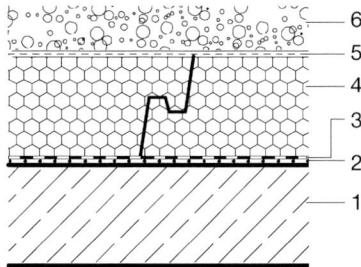

3.31 Umkehrdach
1 Stahlbeton
2 Trennlage (geschäumtes Polyäthylen)
3 Kunststoffdichtungsbahn, lose verlegt
4 extrudierter geschlossenporiger PS-Hartschaum, Hakenfalzplatten
5 Dampfdruckausgleichsschicht
6 Kiesschüttung

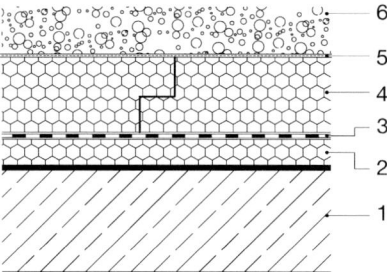

3.32 DUO-Dach (Fa. Reinhold & Mahla)
1 Stahlbeton
2 PS-Hartschaum
3 Kunststoffdichtungsbahn, lose verlegt
4 extrudierter geschlossenporiger PS-Hartschaum, Stufenfalzplatten
5 Dampfdruckausgleichsschicht
6 Kiesschüttung

arten problemlos. Es wurden z. B. Schwindvorgänge und Verwerfungen beobachtet, die bei fest aufgeklebten Dachdichtungen zu schweren Schäden führten. Es empfiehlt sich daher bei Schaumstoffplatten eine 2lagige Verlegung, bei der die obere Schicht aus Rollbahnen besteht.

Bei genutzten wärmegedämmten Dachflächen, die mit einer Schicht aus Flüssigkunststoffen (FLK) abgedichtet sind, sind lastverteilende Schichten (z. B. Beton, Vollholz- und Holzwerkstoffe) vorzusehen.

Wärmedämmplatten aus PS-Schaum werden auch als Gefälleplatten hergestellt und mit 1- oder 2seitiger Kaschierung aus Bitumenbahnen. Wenn die Kaschierung aus mindestens 3 m langen Dachdichtungsbahnen besteht, kann sie als 1. Lage einer mindestens 3-lagigen Abdichtung verwendet werden. Dabei müssen die Nähte sorgfältig verklebt werden.

Mittlerweile sind – insbesondere für Flachdächer, bei denen konstruktionsbedingt nur eine besonders geringe Aufbauhöhe möglich ist – auch schon Wärmdammelemente mit Vakuum-Isolier-Kern auf dem Markt. Um die Vakuumisolationspaneele vor mechanischer Beschädigung zu schützen, sind sie i. d. R. an der Ober- und Unterseite durch andere Materialien (Gummigranulatmatte, EPS-Hartschaumplatten, Aluminiumfolien o. a.) geschützt. Mit einem nur 4 cm dicken Vakuum-Isolier-Kern ist schon ein U-Wert von unter 0,2 W/m^2 K erreichbar. Noch sind Wärmdammelemente mit Vakuum-Isolier-Kern gegenüber anderen Dämmstoffen allerdings noch nicht wettbewerbsfähig, sondern die Ausnahme für Teilbereiche, die ansonsten die an deren Wärmedämmeigenschaften geforderten Anforderungen nicht erfüllen könnten (z. B. niveaugleicher Austritt auf Dachterrasse).

3.2.4 Dampfdruckausgleichsschicht

Werden Flachdachabdichtungen auf Stahlbetonflächen fest aufgeklebt, muss Restfeuchtigkeit aus dem Beton in Dampfform abgeführt werden können. Insbesondere dann, wenn bei unsicheren Witterungsverhältnissen ein völlig trockener Einbau der Wärmedämmungnicht gewährleistet werden kann, ist auch eine obere Dampfdruckausgleichsschicht unter vollflächig aufgeklebten Abdichtungsschichten vorzusehen.

Als Regelausführung gilt dafür die streifen- oder punktförmige Verklebung der Abdichtungsschichten bzw. der Dampfsperre.

Eine punktförmige Verklebung mit dem Untergrund kann erzielt werden, wenn eine Trennlage aus einer an der Unterseite grob besandeten Bitumen-Lochbahn verwendet wird. Der Dampfdruckausgleich erfolgt über die durch die Grobbesandung bewirkten Hohlschichten zwischen den Verklebungspunkten (s. auch Abschn. 3.3.1).

Bei lose verlegten Dampfsperren oder Dichtungsbahnen sind Dampfdruckausgleichsschichten nicht erforderlich.

3.2.5 Dampfsperren

Als Dampfsperren auf Bitumen-Basis sind geeignet:
- Bitumenschweißbahnen mindestens 4 mm dick, mit Glasvlies- und Metallbandeinlage 0,1 Typenbezeichnung V 60 S 4 + AL 01
- Dampfsperrbahnen mit Metallbandeinlage, Typenbezeichnung AL 01, CU 01
- Bitumenschweißbahn, 5 oder 4 mm dick, Typenbezeichnung G 200 S 5, G 200 S 4, J 300 S 5, J 300 S 4, V 60 S 4
- Bitumendachdichtungsbahnen, Typenbezeichnung G 200 DD, J 300 DD
- Glasvlies-Bitumendachbahnen Typenbezeichnung V 13

Außerdem können als Dampfsperren fast alle Kunststoff-Dichtungsbahnen (s. Abschn. 3.2.1) verwendet werden, doch ist der jeweilige materialspezifische Systemaufbau zu berücksichtigen.

Bei Schaumglas-Platten reicht im Allgemeinen allein die vollflächig aufgetretene Bitumenklebemasse in Verbindung mit sorgfältigem Bitumen-Fugenverguss als Dampfsperre aus.

Der Sperrwert einer Dampfsperrschicht $s_d = \mu \cdot s$ ergibt sich aus der werkstoffspezifischen Wasserdampf-Diffusionswiderstandszahl μ Mal der Dicke des Werkstoffes s (in m). An Ort und Stelle aufgebrachte Klebeschichten bleiben bei der Bemessung unberücksichtigt (s. DIN 4108-3 „Wärmeschutz und Energie-Einsparung in Gebäuden – Teil 3: Klimabedingter Feuchteschutz – Anforderungen, Berechnungsverfahren und Hinweise für Planung und Ausführung")

Beim Einbau einer Dampfsperre mit einem Sperrwert („diffusionsäquivalente Luftschichtdicke") von mindestens 100 m in Verbindung mit einer nach DIN 4108-3 ausreichend bemessenen Dämmschicht ist die Dachkonstruktion von nicht klimatisierten Wohn- und Bürogebäuden ohne besonderen Nachweis ausreichend gegen Tauwasser geschützt.

Bei raumklimatisch höher beanspruchten Räumen (z. B. bei Schwimmbädern und bei klimatisierten Räumen besteht die Dampfsperre in der Regel aus Dachdichtungsbahnen mit Metallbandeinlagen und ist nach DIN 4108-3 bauphysikalisch zu dimensionieren.

3.2.6 Gefälleschichten

Gefälleschichten aus wärmedämmendem Material, die *unterhalb* der Dampfsperre angeordnet werden, können die Taupunktgrenze innerhalb der Gesamtkonstruktion erheblich beeinflussen. Für den Gefälleausgleich auf Massivdecken sind daher Leichtbetone auch wegen ihres hohen Wassergehalts (> 200 l/m^3) und der langsamen Wasserabgabe ungeeignet. Außerdem bilden sie eine ungleichmäßig dicke, auf der warmen Seite der Dampfsperre unerwünschte Wärmedämmung.

Der Gefälleausgleich liegt bauphysikalisch richtig unmittelbar über der Stahlbetonplatte.

Bewährt haben sich Gefälleausgleichsschichten aus Normalbeton. In Frage kommen auch Gefälleausgleiche aus Bitumensplitt (Steinsplitt mit Bitumenemulsion), die nach Regenfällen während der Bauausführung schnell austrocknen. Den Porenverschluss dieser im Gefälle abgezogenen und gewalzten Schicht bildet bituminierter Sand.

Auch keilförmige Wärme-Dämmplatten können den Gefälleausgleich bilden. Dabei muss die dünnste Stelle vollen Wärmeschutz bieten.

3.3 Nicht belüftete Flachdächer mit nicht genutzter Oberfläche

3.3.1 Allgemeines

Wie aus der Prinzipskizze (Bild **3**.2) zu erkennen, haben nicht belüftete Flachdächer in der dort gezeigten, noch verbreiteten herkömmlichen Bauart einen komplizierten, aus vielen Schichten bestehenden Aufbau mit entsprechend bei der Herstellung genau abzustimmenden Arbeitsabläufen. Ungenügende Kenntnis der bauphysikalischen Zusammenhänge, häufige Verarbeitungsfehler und daraus resultierende Bauschäden haben lange Zeit Vorurteile gegen den Einsatz einschaliger Flachdachkonstruktionen bewirkt. Die Weiterentwicklung von Dichtungs- und Wärmedämmmaterial und neue Verlegetechniken haben jedoch zu so zuverlässigen Konstruktionen geführt, dass einschaligen Flachdächern in der Regel heute der Vorzug gegeben wird.

Für den Aufbau mehrschichtiger Bauteile, also auch von Flachdachkonstruktionen, gilt als bauphysikalische Grundregel:

- Der Wärmedurchlasswiderstand der Gesamtkonstruktion soll von der warmen Seite zur kalten Seite hin zu nehmen.
- Der Wasserdampf-Diffusionswiderstand soll von der warmen Seite zur kalten Seite hin abnehmen.

Flachdachkonstruktionen, bei denen die abdichtende Dachhaut über der Wärmedämmung liegt, haben prinzipiell einen bauphysikalisch kritischen Schichentaufbau, der die Wasserdampfdiffusion behindert. Wenn Wasserdampf bedingt durch das Dampfdruckgefälle zwischen erwärmter Innen- und kühlerer Außenluft in die Konstruktion eindringt, würde er bei Unterschreiten der Taupunktgrenze kondensieren. Die damit verbundene Durchfeuchtung der Wärmedämmung setzt dann deren Dämmeigenschaft ständig herab und lässt damit den Vorgang der Tauwasserbildung eskalieren. Auf der – warmen – Innenseite der Konstruktion muss daher eine *Dampfsperre* so angeordnet werden, dass das Eindringen von Wasserdampf unterbunden wird. Die durch Berechnung bestimmte Taupunktgrenze muss auf jeden Fall oberhalb (bzw. auf der kalten Seite) der Dampfsperre liegen. Der Diffusionswiderstand ergibt sich aus dem materialspezifischen Diffusionswiderstandsfaktor $\mu \times$ Materialdicke d als „diffusionsäquivalente Luftschichtdicke s_d", ausgedruckt in m.

Für den erforderlichen Diffusionswiderstand (bzw. die diffusionsäquivalente Luftschichtdicke) von Dampfsperren sind in DIN 4108-3 Ausführungshinweise enthalten.

Ob ein Schichtenaufbau die Forderungen des Feuchtigkeitsschutzes erfüllt, lässt sich durch eine Tauwasserberechnung nach DIN 4108-3 überprüfen.

Keines rechnerischen Nachweises bedürfen nachfolgend aufgeführte nicht belüftete Flachdächer:

- Nicht belüftete Dächer mit Dachabdichtung und einer diffusionshemmenden Schicht $s_{d,i} \geq 100$ m unterhalb der Wärmedämmschicht, wobei der Wärmedurchlasswiderstand der Bauteilschichten unterhalb der diffusionshemmenden Schicht höchstens 20% des Gesamtwärmedurchlasswiderstandes betragen darf. Bei diffusionsdichten Dämmstoffen (z. B. Schaumglas) auf starren Unterlagen kann auf eine zusätzliche diffusionshemmende Schicht verzichtet werden;
- nicht belüftete Dächer aus Porenbeton nach DIN 4223 mit Dachabdichtung und ohne diffusionshemmende Schicht an der Unterseite und ohne zusätzliche Wärmedämmung;
- nicht belüftete Dächer mit Dachabdichtung und Wärmedämmung oberhalb der Dachabdichtung (so genannte „Umkehrdächer") und dampfdurchlässiger Auflast auf der Wärmedämmschicht (z. B. Grobkies).

In den „Umkehrdächern" (s. Bilder **3**.31, **3**.32, **3**.36c und d) ist die Dachabdichtung gleichzeitig auch Dampfsperre.

Bei einem Dachaufbau aus miteinander dicht verklebten Schichten besteht immer die Gefahr, dass zwischen massiven tragenden Schalen und Dampfsperre oder zwischen Dampfsperre und Dachhaut Restfeuchtigkeit eingeschlossen wird.

Dampfdruck-Ausgleichsschichten sollen ein Entspannen entstehenden Dampfdruckes und langfristig auch ein Abführen von Restfeuchtigkeit ermöglichen. Sie werden bei geklebten Dachabdichtungen angeordnet als *Ausgleichs- und Trennschicht* zwischen Unterkonstruktion (z. B. Massivdecke) und Dampfsperre und ggf. als *obere Dampfdruckausgleichsschicht* zwischen Wärmedämmung und Dachabdichtung (Bild **3**.33).

Bei großflächigen Flachdächern kann die Funktion von Dampfdruckausgleichsschichten durch Flach-

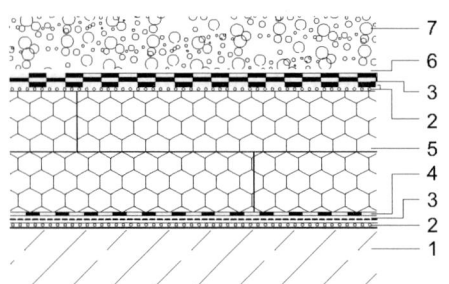

3.33
Dampfdruckausgleichsschicht (schematisch)
1 Massivdecke (mit Voranstrich)
2 Dampfdruckausgleichsschicht, Glasvlieslochbahn, unterseitig grob besandet
3 Bitumenklebemasse
4 Dampfsperre
5 Wärmedämmung, 2-lagig, stoßfugenversetzt
6 3lagige bituminöse Abdichtung (Klebeschichten nicht besonders dargestellt) auf Glasvlieslochbahn (obere Dampfdruckausgleichsschicht)
7 Kiesschüttung (Körnung 16/32)

3.3 Nicht belüftete Flachdächer

dach-Entlüfter unterstützt werden. Die damit verbundenen Unterbrechungen in der Dachhaut, auch Kondensatbildung an den Belüfterwandungen stellen jedoch oft Schadensquellen dar.

3.3.2 Flachdachabdichtungen auf Stahlbetonplatten

Auflager. Besonders bei mehrgeschossigen Gebäuden bildet vielfach eine Stahlbetondecke über dem obersten Geschoss den Raumabschluss mit ebener Untersicht und gleichzeitig das Tragwerk für ein Flachdach. Die gleiche stoffliche Beschaffenheit über den gesamten Querschnitt hinweg ermöglicht – besser als bei Decken z. B. mit Hohlkörpern – die Übersicht über die Vorgänge, die sich bei der Dampfdiffusion im Inneren der Massivdachkonstruktion abspielen. Der bei Stahlbetonplatten unvermeidlichen Längenänderung durch Kriechen und Schwinden sowie durch Temperatureinflüsse und die Biegeverformung muss durch Ausbildung von *Gleitlagern* begegnet werden.

Gemauerte Wände als Deckenplattenauflager müssen durch Ringanker gegen Abreißen der oberen Schichten bei Dehnungsbewegungen der Deckenplatte gesichert werden. Die Gleitschichten sind so herzustellen, dass die Gleitflächen unter Druck nicht miteinander verkleben. Geeignet sind doppelte Lagen kräftiger Kunststoff-Folien, die lose auf die völlig eben hergestellte Oberfläche der Ringanker aufgelegt werden. Eine Randabklebung zwischen beiden Folien lässt Gleitbewegungen zu, verhindert aber das Eindringen von Betonschlämme während des Betonierens, wodurch die Reibung zwischen beiden Folien erhöht werden würde (Bild **3**.34a).

Bei Biegeverformung der Deckenplatten können durch die damit verbundene Verdrehung am Auflager Zwängungen an den Wandkanten entstehen. Sie lassen sich reduzieren, wenn man als Auflager der Decke nur das mittlere Wanddrittel berücksichtigt und durch Schaumstoffstreifen an den Rändern eine gewisse Verdrehbarkeit des Auflagers gewährleistet. Bei Spannweiten über etwa 6 m ist darüber hinaus die Auflagerung auf Butylkautschukstreifen ratsam („Gleit-Kipp-Lager", Bild **3**.34b).

Die durch das Gleitlager gebildete Fuge wird bei geputzten Bauteilen innen durch Einputzprofile ausgebildet. Die äußere Abdeckung der Gleitfuge ist bei der Gesimsgestaltung zu berücksichtigen.

Wärmedämmmaßnahmen sind mit größter Sorgfalt auszuführen, um Wärmebrücken in jeder denkbaren Situation zu vermeiden.

Fugen. Wenn bei großen Bauteilen *Bewegungsfugen* erforderlich sind, müssen sie in *allen* Schichten des Flachdachaufbaues berücksichtigt werden.

Die DIN 18 531-1 definiert für Bewegungsfugen in Dachflächen zwei *Fugentypen*:

- *Fugentyp I* für langsam ablaufende und einmalig oder selten wiederholte Bewegungen (Setzungsbewegungen, Schwindverkürzungen, Längenänderungen) auf Grund von jahreszeitlichen Temperaturschwankungen (Dehnungen) in oberseitig gedämmten Dachflächen.
- Die Abdichtungen aus verklebten Bitumen-, Kunststoff- oder Elastomerbahnen sowie Flüssigabdichtungen können über Fugen mit Bewegungen bis 5 mm eben durchgeführt werden. Bei lose verlegten Kunststoff- oder Elas-

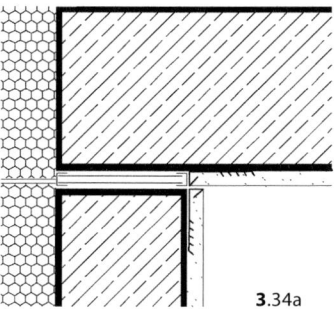

3.34a

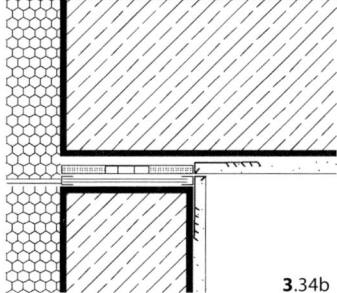

3.34b

3.34 Auflagerung von Stahlbeton-Dachplatten (schematisch)
a) Gleitlager, b) Gleit-Kipp-Lager

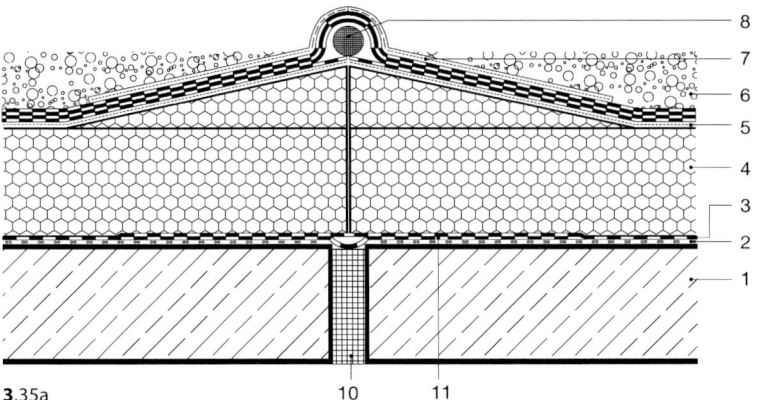

3.35a

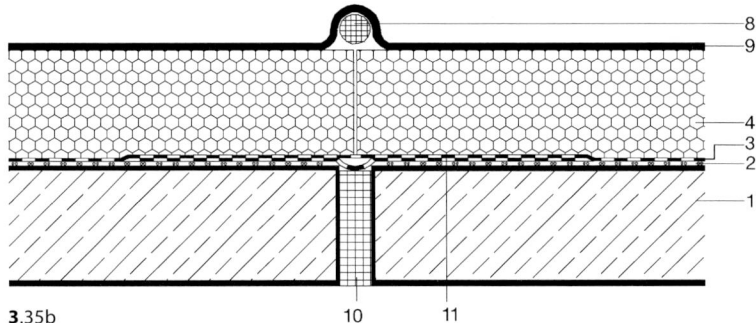

3.35b

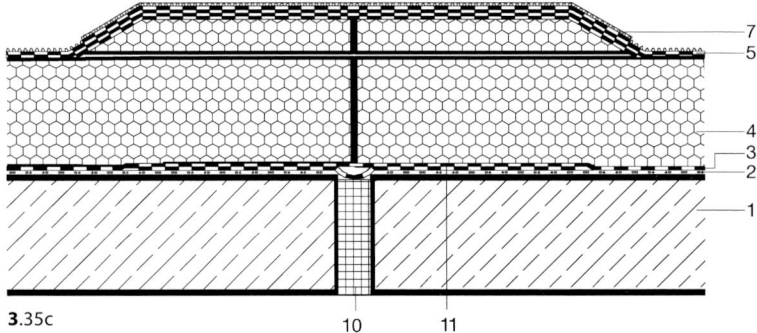

3.35c

3.35 Bewegungsfugen
  a) mehrlagige Abdichtung aus Polymerbahnen, mit Schlaufe durchlaufend; schwerer Oberflächenschutz (Kiesschüttung)
  b) einlagige Abdichtung aus Kunststoff-Dichtungsbahn, mit Schlaufe durchlaufend
  c) mehrlagige Abdichtung aus Polymerbahnen mit leichtem Oberflächenschutz (Besplittung)

  1 Stahlbetondecke
  2 Dampfdruckausgleichsschicht
  3 Dampfsperre
  4 Wärmedämmung
  5 mehrlagige Abdichtung
  6 schwerer Oberflächenschutz (Kiesschüttung 16/32)
  7 Dehnungsschlaufe, Polymerbahnen mit hoher Reißfestigkeit, Flexibilität und Standfestigkeit
  8 Schaumstoffwulst
  9 Kunststoff-Dachdichtungsbahn
  10 Fugenausfüllung
  11 Fugenüberbrückung (Trennstreifen)

3.3 Nicht belüftete Flachdächer

tomer sowie Bitumen- und Polymerbitumenbahnen dürfen die Bewegungen 10 mm nicht überschreiten. Bei einer Abdichtung aus flüssig zu verarbeitenden Abdichtungsstoffen sind Schleppstreifen von mindestens 5 cm Breite anzuordnen. Bei Überschreitungen der Bewegungsmaße sind die Fugen nach Fugentyp II auszuführen.

- *Fugentyp II* für schnell ablaufende und häufig wiederholte Bewegungen

Abdichtungen von Fugen des Fugentyps II sind je nach Einzelfall festzulegen, z. B. durch Unterbrechen der Flächenabdichtung und

- schlaufenartige Anordnung geeigneter Abdichtungsstoffe
- Anordnung von Fugenbändern mit Einklebeflansch
- mit Hilfe vorgefertigter Fugenkonstruktionen mit integrierten Kunststoff- bzw. Elastomer-Dichtungsprofilen
- mit Hilfe von Los- und Festflanschkonstruktionen und Einbau von Fugenbändern

Bei Fugen des *Fugentyps II* sollten die Abdichtungen aus der wasserführenden Schicht herausgehoben werden (DIN 18 531-3). Durch Dämmstoffkeile sind Hochpunkte zu bilden. Die auf diese Weise durch die Bewegungsfugen gebildeten Dachflächen sind unabhängig voneinander zu entwässern.

Die Ausbildung von Fugen des Fugentyps II zeigt Bild **3**.35a bis c.

Abdichtung. Für die Abdichtung einschaliger Flachdächer auf Massivplatten haben sich als Bauarten herausgebildet:

- Flachdächer mit geklebter Bitumenabdichtung (Bild **3**.36a)
- Flachdächer mit lose verlegten Kunststoffbahnen (Bild **3**.36b)
- Umkehrdächer (Bild **3**.36c) mit der Abwandlung zum „Duo-Dach" (Bild **3**.36d)

Geklebte bituminöse Abdichtungen (Bild 3.36a) haben sich bei einwandfreier Ausführung seit langem bewährt und werden an vielen Stellen immer noch neueren Ausführungen vorgezogen. Der wesentliche Vorteil besteht durch die bei mehrlagiger Ausführung größerer Sicherheit gegen Undichtigkeiten und mechanische Beschädigungen vor allem während der Bauzeit. Andererseits sind die zahlreichen, mit großer Sorgfalt und handwerklichem Können auszuführenden Arbeitsgänge, die außerdem nur bei trockener Witterung und bei Temperaturen über +4 °C ausgeführt werden dürfen, von Nachteil. Eventuelle Schadensstellen lassen sich in mehrlagigen verklebten Abdichtungen fast unmöglich lokalisieren, weil eindringendes Wasser in den verschiedenen Schichten vielfältige Wege nehmen kann. Eine Reparatur ist dann vielfach nur mit Abtragen des gesamten Abdichtungsaufbaues möglich, oder es muss über der schadhaften Abdichtung ein „Umkehrdach" ausgeführt werden.

Lose verlegte Abdichtungen aus Kunststoffbahnen können nahezu witterungsunabhängig verlegt werden, vor allem, wenn für kleinere Flächen komplett vorgefertigte Planen verwendet werden.

Die Dichtungsbahnen sind durch mechanische Fixierung, durch streifenweise Verklebung oder durch Auflasten (Kiesschüttung, Begrünung, Nutzschichten usw.) zu sichern. Verschiedene Ausführungsmöglichkeiten für die Fixierung in den Randbereichen (insbesondere für PVC-Dachdichtungsbahnen wegen ihres alterungsbedingten Schrumpfens) sind in Bild **3**.37 dargestellt.

Die Bilder 3.36b bis d zeigen auch verschiedene Anwendungsformen für lose verlegte Dachdichtungsbahnen aus Kunststoffen.

Umkehrdächer (auch IRMA-Dach, aus „Insulated Roof Membrane Assembly" sinngemäß übersetzt: „Wärmegedämmte Dachhaut", Bild **3**.31) entstanden aus der Überlegung, dass die Dampfsperre bereits eine hochwertige Dachabdichtung darstellt und beim üblichen Warmdachaufbau die obere Dichtungsschicht nur die Aufgabe hat, die Wärmedämmung zu schützen.

Nachdem in Form von extrudiertem Polystyrol-Hartschaum (z. B. DOW-Roofmate und BASF-Styrodur) ein Dämmstoff mit gleichmäßigem, geschlossenem Porenaufbau zur Verfügung steht, der kein Wasser aufnimmt, nicht quillt und schrumpft, ist es daher möglich, die Dachdichtung *unter* der Wärmedämmung unmittelbar auf der Unterkonstruktion aufzubringen.

Die Abdichtung kann aus allen üblichen Dachbahnen hergestellt werden. Am vorteilhaftesten ist jedoch meistens die Ausführung mit lose verlegten Kunststoff-Dachdichtungsbahnen. Entweder werden dabei Dichtungsbahnen mit aufkaschierter Schutz- und Trennlage verwendet, oder es ist als Schutz gegen mechanische Beschädigungen während der Verlegungsarbeiten eine

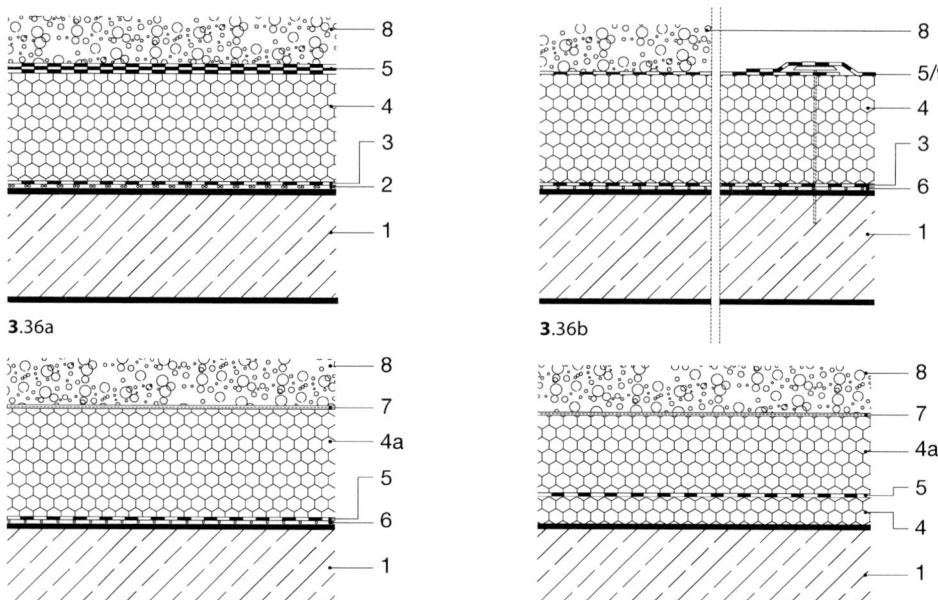

3.36 Bauarten für einschalige Flachdachabdichtungen
  a) geklebte 3lagige Abdichtung mit Bitumendachbahnen
  b) lose verlegte Kunststoff-Dachdichtungsbahnen
  c) Umkehrdach, Abdichtung auf lose verlegter Kunststoff-Dachdichtungsbahn
  d) DUO-Dach

  1 Stahlbetonplatte
  2 Dampfdruckausgleichsschicht
  3 Dampfsperre
  4 Wärmedämmung
  4a Wärmedämmung aus geschlossenporigen extrudierten PS-Hartschaumplatten
  5 Flachdachabdichtung
  6 Trennlage
  7 Filtervlies
  8 Oberflächenschutz (Kiesschüttung)
  9 mechanische Fixierung

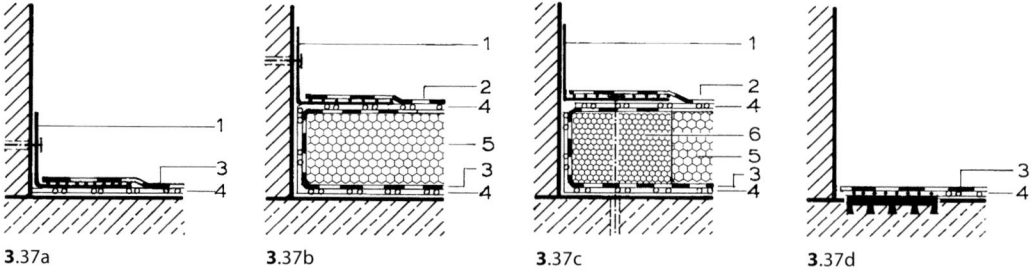

3.37 Randfixierung von Kunststoff-Dachbahnen (Prinzipskizzen)
  a) Fixierung einer Dampfsperre
  b) Fixierung von Dampfsperre und Dachbahn an senkrechter Fläche
  c) Fixierung von Dampfsperre und Dachbahn an waagerechter Fläche
  d) Fixierung einer Dampfsperre auf einbetoniertem Kunststoffprofil

  1 Beschichtetes Anschlussblech
  2 Dachbahn
  3 Dampfsperre
  4 Trennschicht
  5 Wärmedämmung
  6 extrudierter PS Hartschaum
  7 Dampfdruckausgleichsschicht

3.3 Nicht belüftete Flachdächer

Tabelle 3.38 Zuschlagswerte für Umkehrdächer

Anteil des Wärmedurchlasswiderstandes raumseitig der Abdichtung am Gesamtwärmedurchlasswiderstand %	Zuschlagswert, ΔU W/(m² · K)
unter 10	0,05
von 10 bis 50	0,03
über 50	0

Trennschicht vorzusehen (z. B. geschäumte PE-Folie o. ä.).

Die dicht gestoßenen einlagig lose verlegten Wärmedämmplatten müssen gegen Verschieben noch während der Herstellungsarbeiten und der damit verbundenen Gefahr der Bildung von Wärmebrücken unbedingt gesichert werden. Das geschieht am zuverlässigsten durch Verwendung von Dämmplatten mit Stufenfalz, besser mit Hakenfalz (Bild 3.31 bzw. 3.31).

Gegen UV-Strahlung, mechanische Beschädigung und Aufschwimmen wird die Wärmedämmung durch eine Kiesschüttung geschützt, die etwa genauso dick sein sollte wie die Dämmplatten.

Bei Umkehrdächern wird angenommen, dass die Wirkung der oberhalb der Abdichtung liegenden Wärmedämmung durch unterströmendes Niederschlagswasser beeinträchtigt werden kann.

Bei einem Umkehrdach ist der errechnete Wärmedurchgangskoeffizient U um einen Differenzbetrag ΔU in Abhängigkeit des prozentualen Anteils des Wärmedurchlasswiderstandes unterhalb der Abdichtung am Gesamtwärmedurchlasswiderstand zu erhöhen (Tab. 3.38).

Zum Schutz gegen Windsog sind – abhängig von der Gebäudehöhe – die in Abschn. 3.1.9 genannten Auflasten gefordert.

DUO-Dächer stellen eine Kombination von herkömmlichem und umgekehrtem Dachaufbau dar. Dabei werden die Vorteile beider Systeme genutzt. So liegt die Dachabdichtung wie beim Umkehrdach im warmen Bereich unter der Wärmedämmung, ist aber noch zusätzlich durch die Einbettung zwischen der unteren und oberen Dämmschicht vor mechanischen Beschädigungen geschützt. Bei vorübergehendem Unterströmen der oberen Wärmedämmung durch Regenwasser bleibt der volle Dämmwert der unteren Dämmschicht erhalten. Dieser sollte einen Anhaltswert von 20% der gesamten Wärmedämmung nicht überschreiten.

Flachdächer mit Wärmedämmung aus Schaumglasplatten. Wenn die Wärmedämmung aus dampfdichten Schaumglasplatten nach EN 13167 besteht, kann in der Regel auf eine besondere Dampfsperre verzichtet werden. Bei der Verlegung werden die Schaumglasplatten in die Bitumenheißklebemasse (4 kg/m²) „eingeschwommen", so dass auch die Fugen mit Klebemasse voll verfüllt sind. Die damit überall durchgehende Bitumenschicht hat in diesem Falle ausreichende Dampfsperrwirkung (Bild 3.39).

3.3.3 Flachdachabdichtungen auf Trapezblechkonstruktionen

Flachdachkonstruktionen aus Trapezprofilen müssen DIN EN 1090-1 entsprechen und nach DIN EN 1993-1-3 einschließlich DIN EN 1993-1-3/NA bemessen und nach den „Richtlinien für die Planung und Ausführung von Dach-, Wand- und Deckenkonstruktionen aus Metallprofiltafeln" (IFBS-Fachregeln des Metallleichtbaus) des Industrieverbandes für Bausysteme im Metallleichtbau e.V. ausgeführt werden.

Die Mindestdicke der Trapezbleche sollte nach DIN 18531-1 0,88 mm nicht unterschreiten.

Die Trapezbleche müssen Korrosionsschutz mindestens nach DIN EN 1993-1-1 einschließlich DIN EN 1993-1-3/NA haben.

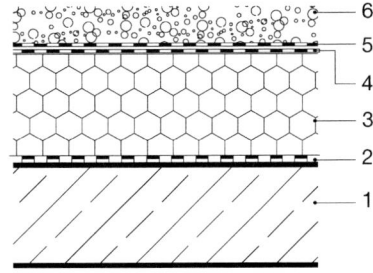

3.39 Flachdach mit Wärmedämmung aus Schaumglas (Vedag Kompaktdach)
 1 Stahlbetonplatte
 2 Voranstrich und Heißbitumen-Klebemasse
 3 Schaumglas
 4 Elastomerbitumen-Unterlagsbahn (Vedastar® V3E) in Heißbitumen-Klebemasse
 5 Elastomerbitumen-Schweißbahn (Vedatop® S5)
 6 Oberflächenschutz (Kiesschüttung)

Besonders zu beachten ist:

- Trapezblechdächer müssen im Gegensatz zu fast allen anderen Flachdachkonstruktionen als elastische Flächen betrachtet werden, die insbesondere durch Winddruck oder -sog, durch Druckwellen vorbeifliegender Flugzeuge usw. laufend wechselnden Biegebeanspruchungen ausgesetzt sind. Die Abdichtungen müssen diesen Beanspruchungen folgen können und dürfen daher nur mit dafür geeigneten flexiblen Materialien ausgeführt werden.
- Die Durchbiegung der Stahltrapezprofile in Bezug auf die Stützweite darf bei Anwendungsklasse K1 l/300 und bei Anwendungsklasse K1 l/500 nicht überschreiten. Kritisch sind Dachneigungen unter 2°, weil dann immer infolge von Durchbiegungen mit Wassersackbildung gerechnet werden muss.

Besondere Aufmerksamkeit ist der Planung der Entwässerung zu widmen. Bei Trapezblechdächern sollten außenliegende Dachrinnen unbedingt vermieden werden. Innenliegende Regenwasserabläufe müssen an den Tiefpunkten der Dachflächen liegen, die sich infolge der unvermeidlichen Durchbiegungen der Trapezblechflächen in der Regel in den Feldmitten ergeben. Dort sind jedoch die Abläufe wegen der unterhalb der Dachflächen erforderlichen Regenwasserleitungen in hallenartigen Bauwerken vielfach sehr störend. Bei eben verlegten Trapezprofilflächen lässt sich ausreichendes Gefälle durch die Verwendung von Wärmedämmungen aus PS-Hartschaum mit Gefälle-Elementen erzielen.

Wenn es formal möglich ist (Untersichten, Dachrandanschlüsse), wird jedoch die einfachste Lösung des Gefälleproblems dadurch erreicht, dass die gesamte Dachfläche in Teilflächen mit entsprechendem Gefälle zu geeigneten Entwässerungspunkten errichtet wird. Die besten Lösungen müssen je nach Einzelfall gefunden werden, und es lassen sich hier keine allgemeinen Empfehlungen geben.

Bei allen derartigen Elementen muss der sorgfältigen Ausbildung von Längsstößen (Wärmebrücken) und dem Anschluss von Zwischenwänden (Schallübertragung) besondere Aufmerksamkeit gewidmet werden.

Soll bei Stahltrapezprofilen die Luftdichtheit durch eine Dampfsperre erreicht werden, müssen besondere Voraussetzungen für die Fügung der Bahnennähte geschaffen werden (z. B. flächige Unterlage, Blechstreifen unter Quernähten).

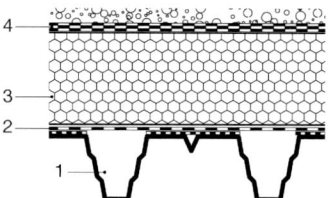

3.40 Flachdachabdichtungen auf Trapezprofildächern (Ausführungsbeispiele)
konventioneller Aufbau
1 Trapezblech, korrosionsgeschützt
2 Voranstrich auf den oberen Profilstegen
3 Dampfsperre
4 Wärmedämmung
5 3-lagige Abdichtung mit Feinsplitt-Oberflächenschutz

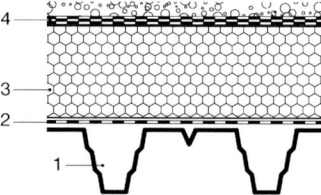

3.41 Ausführung mit Elastomerbitumenbahnen (Vedag)
1 Trapezblech, korrosionsgeschützt
2 Elastomerbitumen-Dampfsperre, selbstklebend (Vedagard® Al-V4e)
3 Wärmedämmung, z. B. EPS-Hartschaum DIN EN 13163, (Vedapor® mit Elastomerbitumenbahn kaschiert (1. Abdichtungslage), mit Klebestreifen aufgeklebt (Vedatex® adhäsiv)
4 Elastomerbitumen-Schweißbahn mit Feinsplittoberfläche (Vedatop® S5, vollflächig aufgeschweißt) (DIN EN 13164 ≙ PS)

Für die Dachhaut dürfen bei der Verklebung von Kunststoff- und Elastomerbahnen auf dem Untergrund Selbstklebebahnen oder produktbezogene Systemkleber verwendet werden (Bilder **3**.40 und **3**.42).

Jedoch setzt sich auch hier die lose Verlegung von Folien immer mehr durch. Lose verlegte Kunststoffdichtungsbahnen werden auf Trapezblechen an den Längsstößen durch Tellerdübel punktweise mit mindestens 2 Befestigungen/m (Bild **3**.44) durch aufgedübelte Fixierbänder oder durch streifenförmig aufgebrachte Verklebung fixiert.

Bei Kunststoff- und Elastomerbahnen beträgt die Überdeckung für Baustellennähte mindestens 40 mm. Bei mechanisch befestigten Bahnen mit

3.3 Nicht belüftete Flachdächer

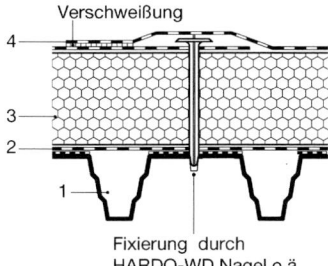

3.42 Ausführung mit lose verlegten Kunststoff-Dichtungsbahnen (Rhepanol®)
1 Trapezblech, korrosionsgeschützt
2 Dampfsperre
3 Klappdämmbahn EPS DAA mit großformatigen Einzelsegmenten kaschiert mit Bitumenbahn mechanisch befestigt mit Tellerdübeln
4 Abdichtungsbahn (Rhepanol® fk) auf Klebestreifen mit selbstklebenden Rändern

Saumbefestigung muss die Überdeckungsbreite erhöht werden.

Die Anzahl der Befestigungen muss für die verschiedenen Bereiche der Dachfläche mindestens betragen:

- Innenbereich: 4 Stück/m²
- Randbereich: 6 Stück/m²
- Eckbereich: 8 Stück/m²

Ebenso können die Dichtungsbahnen linear mit Metallprofilen oder -bändern befestigt werden. Die jeweils nachfolgend aufgeschweißte bzw. aufgeklebte Dichtungsbahn überdeckt die Fixierungen.

Bild **3**.43 zeigt Flachdachelemente aus Trapezblech.

Im Übrigen sind die Sicherungen gegen Windbeanspruchung nach Abschnitt 3.1.9 auszuführen.

Die Wärmedämmung wird bei lose verlegten Dachabdichtungen gemeinsam mit diesen durch die punkt- oder linienförmige Fixierung gegen Abheben gesichert. Soll bei Stahltrapezprofilen die Dampfsperre die Funktion der Luftdichtheit übernehmen, sind für die Fügung der Bahnennähte besondere Voraussetzungen erforderlich (flächige Unterlage, Blechstreifen unter Quernähten). Die Dampfsperren sind dann an Nähten, Stößen, An- und Abschlüssen sowie Durchdringungen luftdicht anzuschließen.

Für Verklebungen sind heiße Bitumenklebemassen nur bedingt geeignet. In der Fachregel für Abdichtungen – Flachdachrichtlinie – [1] wird für Wärmedämmungen die Verklebung mit Kaltklebemassen empfohlen, ggf. in Verbindung mit zusätzlichen mechanischen Befestigungen im Randbereich.

Am Dachrand und an Durchdringungen ist das Einströmen von Außenluft durch Verschluss der Hohlräume mit Sickenfüllern zu verhindern, die für alle gängigen Trapezprofile lieferbar sind.

Dächer aus Trapezprofilen sind relativ brandempfindlich. Im Brandfall kommt es bei starker Erhitzung der Dachunterseite durch Hitzeübertragung oft zu rascher Brandausweitung auf die Wärmedämmung und die Abdichtungen. Die Trapezbleche verlieren durch Verformungen ihre Tragfähigkeit, und es kann zu schlagartigem Einsturz kommen. Für Trapezdächer kann durch Bekleidungen der Unterseiten mit Brandschutzplat-

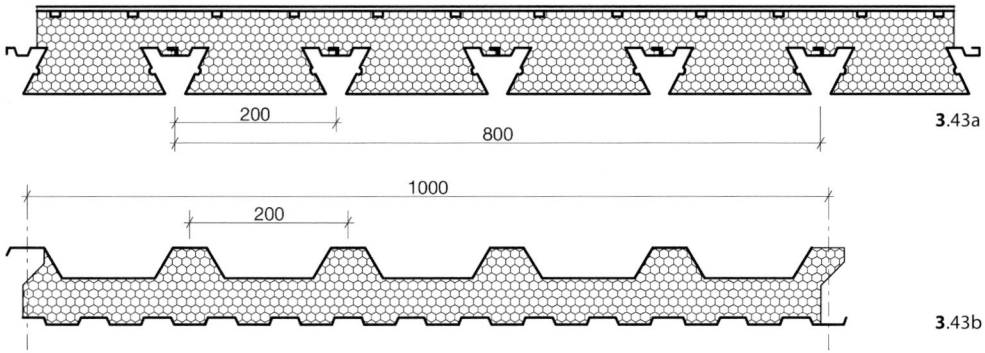

3.43 Flachdachelemente aus Trapezblech
a) DLW-Dachelement, Dachabdichtung nachträglich aufzubringen
b) HOESCH-Isodach. Trapezprofilierte Oberfläche (Wasserablauf berücksichtigen!). Keine weitere Flächenabdichtung erforderlich. Stöße mit Dichtungsbändern.

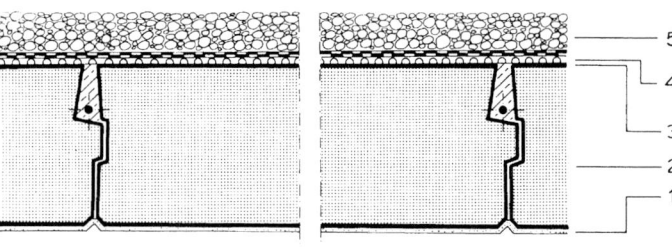

3.44
Flachdachabdichtung auf Porenbetonplatten
1 Glättputz und Anstrich
2 Porenbeton-Dachplatten
3 Bitumen-Voranstrich
4 Dampfdruck-Ausgleichsschicht: Glasvlies-Lochpappe
5 Dachhaut mit Schutzschicht: Kiesschüttung 15/30

ten eine verbesserte Feuerwiderstandsfähigkeit erreicht werden (s. Abschn. 17.7 in Teil 1 des Werkes und DIN 4102). Außerdem kann durch spezielle Brandschutzeinlagen mit Kühleffekten in die Hohlräume der Trapezflächen eine Verbesserung des Brandverhaltens erreicht werden.

3.3.4 Flachdachabdichtung auf Poren- und Leichtbetonplatten

Porenbetonplatten als Tragwerk einschaliger Flachdachkonstruktionen sind hinsichtlich der wärmetechnischen Bemessung ein Sonderfall. Bei den aus statischen Gründen erforderlichen Dimensionen stellen Porenbetonplatten eine akzeptable Wärmedämmung dar. Würde man ähnlich wie bei Stahlbetondecken eine obere Wärmedämmung anordnen und so bemessen, dass der Taupunkt oberhalb der Dampfsperre liegt, müssten überdimensional dicke Wärmedämmschichten verwendet werden.

Untersuchungen haben ergeben, dass bei einschaligen Flachdachkonstruktionen mit Porenbetonplatten gemäß Bild **3**.44 unter der Voraussetzung mittlerer Raumtemperaturen von 20 °C bei 65% relativer Luftfeuchtigkeit zwar innerhalb der Porenbetonplatten Wasserdampfkondensat auftritt, sich jedoch im Jahresmittel durch kontinuierliche Rücktrocknung zum Innenraum hin keine bedenklichen Feuchtigkeitskonzentrationen ergeben.

Da diese Voraussetzungen jedoch nicht immer gegeben sind und Porenbetonplatten allein die geforderten Mindestanforderungen an den Wärmeschutz nicht erfüllen können, müssen ggf. mit bauphysikalischen auf den Einzelfall abgestimmten Berechnungen eine zusätzliche Wärmedämmung und die zweckmäßige Anordnung einer Dampfsperre bestimmt werden.

Lose verlegte Kunststoffdichtungsbahnen werden auf Porenbetonplatten mechanisch oder durch Voranstrich und streifenförmigen Kleberauftrag fixiert.

3.3.5 Sperrbetondächer

Bei dem heutigen Stand der Betontechnologie ist es ohne große Schwierigkeiten möglich, wasserundurchlässige Stahlbetonplatten herzustellen. Daher lag der Gedanke nahe, derartige „Sperrbeton"-Platten als Tragkonstruktion und zugleich als Dachabdichtung auszubilden.

Die erforderliche Wärmedämmung liegt bei Sperrbetondächern in der Regel an der Unterseite der Platten. Da demzufolge die Sperrbetonplatte großen Temperaturänderungen ausgesetzt ist und deshalb verhältnismäßig großen Längenänderungen unterworfen wird, können Sperrbetondächer nur mit einwandfrei funktionierenden Gleitlagern (s. Abschn. 3.3.2) ausgeführt werden. Meistens werden die Temperatureinwirkungen auf die Sperrbetonplatte durch eine Kiesschüttung herabgesetzt.

Eingehende Untersuchungen der Hersteller verweisen darauf, dass an Sperrbetondächern bei Verwendung geeigneter Wärmedämm-Materialien (z. B. Styroporplatten, Hartschaumplatten) zwar unter extremen Bedingungen besonders in der Randzone zwischen Dämmmaterial und Stahlbetonplatte Kondensatbildung auftritt, bisher jedoch noch keine Bauschäden beobachtet worden seien.

Beim Betonieren sind alle Aufkantungen und Einbauteile (z. B. Dachgullys, Entlüftungen) direkt mit einzubetonieren. Die erforderliche weitgehend porenfreie Oberfläche von Sperrbeton-Dachflächen wird durch Bearbeitung mit Tellerscheibe oder Flügelglätter erreicht. Äußerst wichtig ist die sorgfältige Nachbehandlung der jungen Betonflächen (s. Abschn. 5.3.2 in Teil 1 des Werkes). Nach dem Erhärten und Austrocknen des Betons kann die Oberfläche durch Beschichtungen geschützt werden.

Vielfach werden nach diesem Prinzip heute Dachparkdecks gebaut. Als Fahrbelag kommen unbewehrte Ortbetonplatten mit Fugenraster sowie bewehrte Großflächenplatten auf Stelzlagern oder Gummitellern, Großflächenplatten auf

3.3 Nicht belüftete Flachdächer

Tabelle 3.45 Abstände der Scheinfugen für unbewehrte Ortbetonplatten als Fahrbelag

Seitenverhältnis Länge/Breite	Maximaler Fugenabstand
bei $l/b = 0{,}80 \ldots 1{,}25$	max $l \leq 33\ d^{1)}$
bei $l/b < 0{,}80$ und $> 1{,}25$	max $l \leq 30\ d^{1)}$
[1] d = Plattendicke	

Kies- oder Splittbettung, Pflaster auf Drainschicht und Splittbett in Frage. Die Fahrbeläge sind allen Witterungseinflüssen und der Sonneneinstrahlung unmittelbar ausgesetzt. Außerdem müssen sie Verkehrslasten, Temperaturdifferenzen aus dem Abfließen der Hydratationswärme sowie der Sonneneinstrahlung, Schwind- und Kriechverformungen und mechanische Angriffe aus dem Fahrbetrieb aufnehmen. Hellere Fahrbeläge verhalten sich durch ihren größeren Reflektionsanteil günstiger. Um die thermischen Längenänderungen der Fahrbeläge auch bei größeren Abmessungen aufnehmen zu können, sollen außer 20 mm breiten Randfugen weitere Trenn- bzw. Scheinfugen innerhalb der Fläche angeordnet werden. In Tabelle 3.45 sind Abstände von Trennfugen für unbewehrte Ortbetonplatten als Fahrbelag angegeben.

Trennfugen können als Scheinfugen durch nachträgliches Einschneiden in den erhärtenden Beton gebildet werden. Werden zur Nachbehandlung des Betons Folien verwendet, dürfen sie erst kurz vor dem Einschneiden des Betons entfernt werden; sie müssen ggf. sofort nach dem Schneiden wieder aufgebracht werden.

Um die thermische Beanspruchung von Sperrbetondächern zu vermeiden, werden nach dem Prinzip des Umkehrdaches (s. Abschn. 3.3.2) auch aufliegende Wärmedämmungen aus extrudiertem PS-Schaum mit Auflast durch Kiesschüttung verwendet. Bild 3.46 zeigt ein wärmegedämmtes befahrbares Dach mit Fahrbelag aus Ortbeton.

3.3.6 Nicht belüftete Flachdachabdichtungen auf Holzkonstruktionen

Flachdachabdichtungen können auch auf Unterkonstruktionen aus Holz ausgeführt werden.

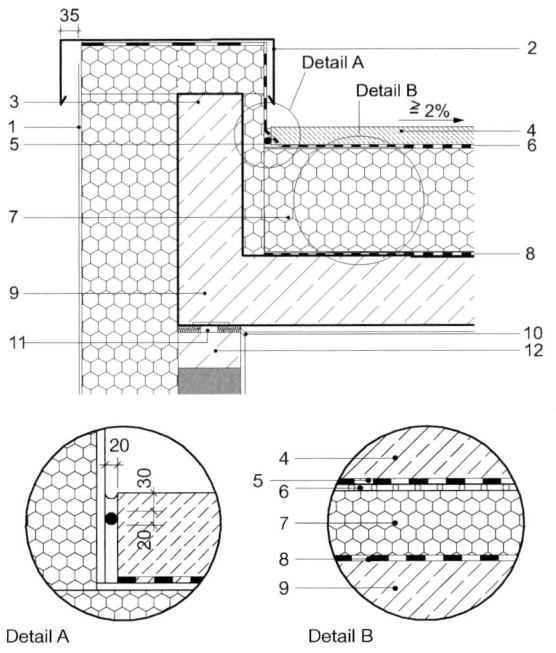

3.46
Oberseitig gedämmtes Dachparkdeck mit Fahrbelag aus Ortbeton
1. Freie Gestaltungsmöglichkeit der Fassade z. B. durch Putz, Verschalung
2. Blechabdeckung
3. Randaufkantung
4. Ortbeton (unbewehrt mit Scheinfugen)
5. PVC-Folie
6. Dampfdruckausgleichsschicht
7. Schaumglas
8. 2 Lagen PE-Folie 0,2 mm
9. Stahlbetondecke (WU-Beton)
10. Putzfuge
11. Gleitlager in kaschierter Schaumstoffbahn
12. Ringbalken

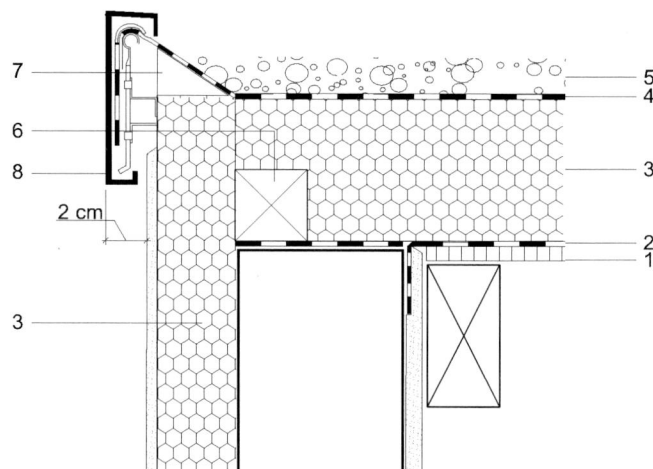

3.47a Flachdach mit lose verlegter Abdichtung auf Holz-Unterkonstruktion
1 Spanplatte
2 Dampfbremse
3 Wärmedämmung
4 Kunststoff-Dachbahn
5 Kiesschüttung
6 Randbohle (auch Fixierung der Dampfsperre)
7 Randkeil
8 Dachrandprofil mit Klemmprofil für Dachbahn (schematisch)

Allerdings kann an dieser Stelle nicht unerwähnt bleiben, dass sich im Zusammenhang mit immer größeren Dämmstärken Flachdächer in Holzbauweise mit Vollsparrendämmung (Wärmedämmung in der Tragebene) ohne Hinterlüftung der Abdichtungsunterlage in jüngerer Vergangenheit als sehr schadensträchtig erwiesen haben. Deshalb sind sie mittlerweile als Sonderkonstruktionen zu betrachten, die nicht als Regelaufbau empfohlen werden können. Derartige Sonderkonstruktionen sind einer umfassenden bauphysikalischen Prüfung (hygrothermische Berechnung nach DIN EN 15026) zu unterziehen. Sie sollten allenfalls für temporäre Bauten zur Anwendung kommen, es sei denn, ihre Funktionstüchtigkeit steht unter dauerhafter Kontrolle (Monitoring, s. auch Abschn. 3.9), oder die Bauausführung erfolgt nur in Verbindung mit einem entsprechenden Qualitätsmanagement.

Deutlich weniger schadensanfällig sind Holzdachkonstruktionen mit Aufdachdämmung. Die vollständige Überdämmung der Tragkonstruktion hat erhebliche bauphysikalische Vorteile. Darüber hinaus ist diese Konstruktion schon in der Bauzeit durch die zweite „Abdichtungsebene", die später die Funktion der Dampfbremse übernimmt, vor Niederschlagswasser geschützt (Bild **3**.47a). Allerdings haben derartige Konstruktionen auf Grund der heutzutage hohen Dämmstoffdicken einen deutlich dickeren Gesamtdachaufbau zur Folge.

Eine Alternative zu Holzdachkonstruktionen mit Aufdachdämmung sind solche mit Wärmedämmung in der Tragebene mit Überdämmung. Diese weisen wie Holzdachkonstruktionen mit

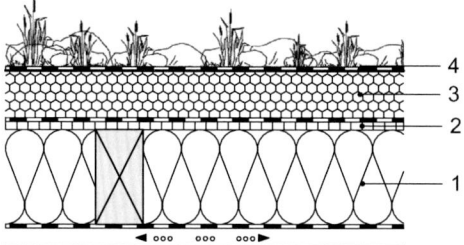

3.47b Wärmedämmung in der Tragebene mit Überdämmung
1 Balkenlage voll ausgedämmt
2 Zweite Abdichtungsebene (Dampfsperre als Behelfsabdichtung)
3 Überdämmung
4 Dachabdichtung

Aufdachdämmung eine hohe Konstruktionssicherheit auf, sparen aber durch das Nutzen der Tragebene als zusätzliche Dämmebene Konstruktionshöhe ein, aber auch hier muss der Nachweis des thermischen Feuchteschutzes durch eine hygrothermische Berechnung nach DIN EN 15026 erfolgen (Bild **3**.47b).

Dachschalungen unter Dachabdichtungen aus Brettern aus Nadelholz sind mit einer Breite von ≤ 160 mm herzustellen. Die Mindestdicke beträgt 24 mm.

Dachschalungen aus Nadelholz sind trocken (massenbezogene Holzfeuchte $u_m \leq 20\,\%$) einzubauen. Für den Holzhausbau gelten mit $u_m \leq 18\,\%$ erhöhte Anforderungen, um eine hohe Maßhaltigkeit zu gewährleisten und Verformungen der Konstruktion zu vermeiden. Bei nicht belüfteten

3.4 Nicht belüftete Flachdächer

Flachdächern sollte eine Einbaufeuchte von 15 % möglichst nicht überschritten werden.

Dachschalungen aus Holzwerkstoffen wie OSB-Platten, kunstharzgebundenen Spanplatten, Sperrholzplatten, Massivholzplatten, Furnierschichtholz und zementgebundene Spanplatten. Span- und OSB-Platten müssen als Dachschalung eine PMDI- (Polymeres Diphenylmethandiisocyanat) Verklebung, die das Risiko von erhöhten Formaldehydbelastungen reduzieren, aufweisen.

Falls schädigende Einflüsse von Holzschutzmitteln nicht mit Sicherheit ausgeschlossen werden können, sind Trennlagen vorzusehen. Ein Ausführungsbeispiel mit lose verlegter Abdichtung aus Kunststoffbahnen zeigt Bild **3**.47b.

Bei *geklebten*, mehrlagigen Abdichtungen besteht die unterste Lage aus Bahnen mit hoher mechanischer Festigkeit (s. Abschn. 3.2.1), die mit verzinkten Breitkopfstiften auf die Unterlage genagelt wird.

Im Übrigen wird der Schichtenaufbau wie auf Massivplatten ausgeführt.

Holzbauteile sind schon während der Bauzeit durch geeignete Maßnahmen vor schädlichen Witterungseinflüssen, insbesondere vor überhöhtem Feuchteeintrag, z. B. durch ein Schutzdach oder eine Behelfsabdichtung zu schützen (DIN 68800-2).

3.4 Nicht belüftete Flachdächer mit genutzter Oberfläche

3.4.1 Allgemeines

Vielfach besteht die Notwendigkeit, Flachdachflächen von ganzen Bauwerken oder Bauwerksteilen nutzbar zu machen.

Für die Abdichtungen ist dabei *schwerer Oberflächenschutz* (s. Abschn. 3.1.9) erforderlich. Man unterscheidet:

- begehbare Flachdächer
- befahrbare Flachdächer
- begrünte Flachdächer

Flachdächer mit genutzten Oberflächen werden fast ausschließlich als einschalige Konstruktion ausgeführt. Ihr bauphysikalischer Aufbau gleicht den Flachdächern mit nichtgenutzter Oberfläche, doch muss – je nach Beanspruchung – für die Wärmedämmung entsprechend druckfestes Material verwendet werden, und es müssen besondere Vorkehrungen für den Schutz der Abdichtungen getroffen werden. Insbesondere muss dafür gesorgt werden, dass sich weder mechanische Beanspruchungen noch Spannungen aus thermischer Belastung der Nutzflächen auf die Abdichtungen übertragen können.

Bei der Ausführung sind neben den Flachdachrichtlinien und Normen für Flachdächer auch die Normen über Bauwerksabdichtung DIN 18531-1 bis DIN 18531-4 zu beachten.

3.4.2 Begehbare Flachdächer[1]

Bei Belägen von begehbaren Flachdächern muss die kraftschlüssige Verbindung mit der Abdichtung durch *Trennlagen* verhindert werden. Auf den abgedichteten Flächen werden die Gehbeläge vielfach aus frostfesten keramischen Platten ausgeführt. Kleinformatige Platten werden in bewehrtem, mindestens 4 cm dickem Mörtelbett auf Noppenplatten oder auf einer wasserdurchlässigen Schicht aus Einkornbeton (s. Abschnitt 10.7.4 in Teil 1 des Werkes) verlegt. Diese Dränschicht ist an die Entwässerung anzuschließen. Zwischen Dränschicht und Abdichtung sind zwei lose verlegte PE-Folien o. Ä. als Trennschicht zu verlegen.

Da in Plattenbelägen jedoch erhebliche temperaturbedingte Längenänderungen vorkommen können, müssen in Abständen von höchstens 2 m *Fugen* angeordnet werden, die auch das Mörtelbett durchschneiden und mit einem elastischen Material (z. B. Bitumenverguss) verfüllt werden. Fugen müssen ebenso an allen Randanschlüssen vorhanden sein. Außerdem muss die Abdichtung bereits das notwendige Gefälle aufweisen. Der Gefälleausgleich darf nicht durch das Mörtelbett erfolgen. Zwischen Mörtelbett und Dachabdichtung ist eine Gleitschicht (z. B. PE-Folie) vorzusehen (Bilder **3**.48 bis **3**.50).

Wenn bei kleineren Flachdachflächen eine Außenentwässerung mit vorgehängter Rinne nicht zu vermeiden ist, bergen solche Konstruktionen viele Fehlerquellen. Einer Innenentwässerung ist der Vorzug zu geben. Dabei muss darauf geachtet werden, dass die Wandabschlüsse der Dachabdichtung 15 cm, in jedem Falle aber so weit hochgezogen werden, dass bei Rückstau infolge verstopfter Abflüsse allenfalls ein Überfließen des Wassers nach außen über einen Notüberlauf (Wasserspeier) möglich ist.

Bei größeren begehbaren Flächen können die Schwierigkeiten eines kompakten Gehbelages in

---

[1] s. Abschnitt 10.7 in Teil 1 des Werkes.

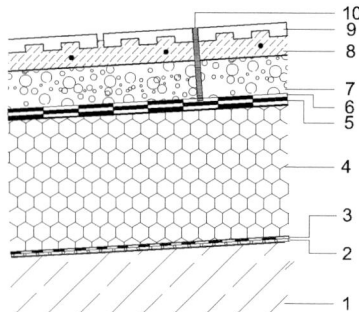

3.48 Begehbares Flachdach, Belag aus kleinformatigen frostfesten keramischen Platten in Mörtelbett
1 Massivdecke mit Gefälle
2 Ausgleichsschicht (Lochbahn)
3 Dampfbremse
4 Wärmedämmung
5 3-lagige bituminöse Abdichtung
6 Trennlage (PE-Folie, 2lagig)
7 Einkornbeton
8 bewehrter Verlegemörtel ≤ 4 cm
9 Spaltplatten
10 Trennfuge, oben mit dauerelastischer Abdichtung (e ca. 2 m/$\leq$ 4 m2)

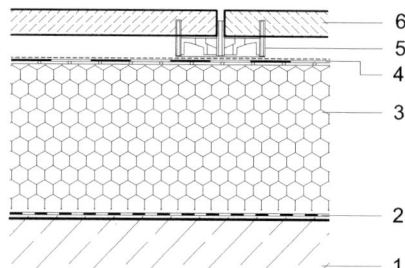

3.49 Begehbares Flachdach, Platten auf höhenverstellbaren Stelzlagern
1 Massivdecke
2 Dampfbremse
3 Wärmedämmung
4 Abdichtung auf Dampfdruckausgleichsschicht mit oberer Schutzlage
5 Stelzlager (ALWITRA)
6 5 cm Betonplatten

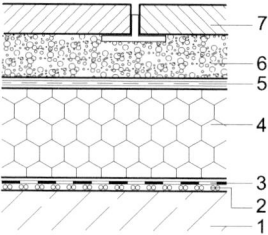

3.50 Begehbares Flachdach mit lose verlegten Platten (Prinzip des „Umkehrdaches")
1 Stahlbeton
2 Trennlage
3 Abdichtung
4 extrudierter PS-Hartschaum
5 Filtervlies
6 Kiesschüttung, Körnung 6/9
7 Beton- oder Natursteinplatten mit Fugenkreuzen

Mörtelbett vermieden werden, wenn mindestens 4 cm dicke großformatige Natur- oder Kunststeinplatten lose mit punktförmiger Auflagerung auf vorgefertigten „Stelzlagern" verlegt werden. Die aus Eigengewicht der Platten und Nutzlast bedingten Punktlasten von Stelzlagern müssen durch entsprechend große Auflagerflächen (Schutzlage) übertragen werden. Als Wärmedämmung ist ein nicht zusammendrückbares Material (Hartschaum, Foamglas) zu verwenden. Sonst können die Stelzlager die Abdichtung allmählich „durchstanzen".

Stelzlager, die in der Höhe justierbar sind, erleichtern die Verlegearbeiten und ermöglichen die bei derartigen Ausführungen fast immer nötigen Nacharbeiten, wenn einzelne Platten sich senken (Bild **3**.49).

Aufstelzungen können auch erreicht werden, wenn großformatige Platten auf Kunststoffsäckchen, gefüllt mit feuchtem Zementmörtel, verlegt werden. Bei einem solchen Verlegeverfahren ist nachträgliches Ausrichten der Platten jedoch aufwendig.

Zu berücksichtigen ist, dass die Hohlräume unter den Platten mit der Zeit stark verschmutzen und einen fast idealen Unterschlupf für allerlei Kleinlebewesen bieten. Sie müssen daher immer wieder durch Aufnehmen einzelner Platten gereinigt werden.

Bei der Verwendung steifer Wärmedämmplatten in Verbindung mit Stelzlagern sind ggf. besondere Maßnahmen zur Verhinderung von Trittschallübertragung erforderlich.

Der wohl einfachste Terrassenaufbau ergibt sich, wenn die Dachabdichtung nach dem Prinzip des „Umkehrdaches" (vgl. Abschn. 3.3.2) ausgeführt wird und schwere, großformatige Platten lose in mindestens 5 cm dicke Schüttungen aus Splitt oder Perlkies verlegt werden (Bild **3**.50).

3.4.3 Befahrbare Flachdächer

Auf befahrbaren Flachdachflächen ohne Wärmedämmung (z. B. in offenen Parkdecks) haben die

3.4 Nicht belüftete Flachdächer

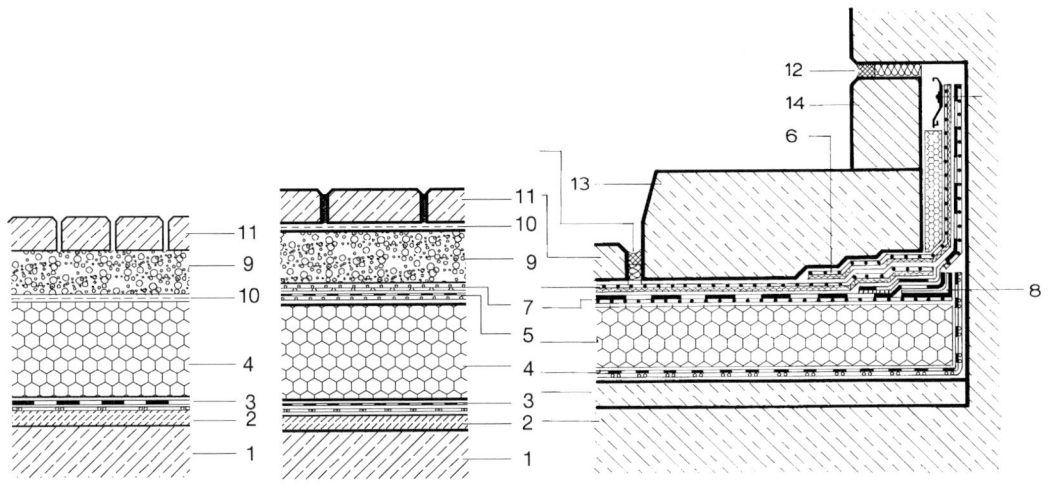

3.51
Befahrbare Flachdachabdichtung (Umkehrdach) für leichte Fahrzeuge, Verbundpflaster

3.52
Befahrbare Flachdachabdichtung, Fahrbahn aus bewehrten Betonplatten auf Filterschicht

3.53
Befahrbare Flachdachabdichtung, Fahrbahn aus Stahlbetonplatten; Abdichtung mit Kunststoff-Dichtungsbahnen

1 Stahlbeton
2 Gefälleestrich
3 Dampfsperre auf Ausgleichsschicht bzw. Kunststoff-Dachabdichtung auf Trennlage
4 Wärmedämmung WD oder WDS
5 Flachdachabdichtung (mehrlagige Bitumenabdichtung oder 1-lagige Kunststoff-Dichtungsbahn auf Trennlage)
6 Anschlussbahn
7 doppellagige Trenn- bzw. Gleitschicht
8 Fixierungswinkel
9 Kies- bzw. Splittschüttung
10 Filtervlies
11 Stahlbeton-Fahrbahn bzw. Pflaster
12 Trenn- und Dehnungsfuge mit Dichtung
13 Schrammbord
14 Vormauerung

Abdichtungen nur die Aufgabe, die tragende Konstruktion gegen Regen und Schmelzwasser (meistens auch in Verbindung mit Auftausalzen) zu schützen. Alle Oberflächen sollen ein Mindestgefälle von 1% aufweisen. Die Fahrbahnbeläge können z.B. aus großformatigen bewehrten Stahlbetonflächen von ca. 5 m² Einzelfläche bestehen. Die Abdichtungen müssen gegenüber der Fahrbahnkonstruktion durch mehrlagige Gleit- bzw. Trennschichten geschützt werden.

Bei befahrbaren wärmegedämmten Flachdächern dürfen nur druckfeste Wärmedämmstoffe mit den Kurzzeichen ds (sehr hohe Druckbelastbarkeit) und dx (extrem hohe Druckbelastbarkeit) verwendet werden (DIN 4108-10).

Befahrbare Dächer nach dem Prinzip des Umkehrdaches (s. Abschn. 3.3.2) können mit Fahrbahnbelägen aus Pflasterungen oder Verbundpflaster ausgeführt werden. Dabei sollten mindestens 8 cm dicke Steine (bei Schwerverkehr 10 cm dick) verlegt werden (Bilder **3.51** bis **3.53**).

Durch ausreichende Filterschichten ist zu verhindern, dass der Verlegesand oder der Sand der Verfugungen in die Dränschicht des Umkehrdaches ausgewaschen werden kann. Sonst besteht die Gefahr, dass sich Pflasterungen infolge von Walk- und Horizontalbeanspruchungen (durch Anfahren oder Abbremsen) verschieben. Befahrbare Flachdächer werden bei schwereren Beanspruchungen durch spezielle Beläge und mit oberer Abdichtung ausgeführt.

Die Fahrbahnen werden dabei aus Stahlbetonplatten in Ortbeton mit Einzelfeldgrößen von etwa 0,80 x 0,80 m bis etwa 2,50 x 2,50 m gebildet. Sie liegen auf Filterschichten aus Einkornbeton oder Splitt- bzw. Kiesschichten (Bild **3.52**) oder mit doppelten Trennlagen unmittelbar auf der Abdichtung (Bild **3.53**). Die Fugen werden mit Spezialprofilen oder durch Vergussmassen geschlossen.

Bei schweren Belastungen durch Fahrzeuge bis etwa 30 t Gesamtgewicht werden die Abdichtungen bzw. die Wärmedämmungen durch Stahlbeton-Druckverteilungsplatten geschützt.

Zu beachten ist, dass sich je nach Konstruktionsart bzw. anzunehmender Belastung – erhebliche Aufbauhöhen bis insgesamt etwa 35 cm ergeben können, zusätzlich erhöht durch die erforderlichen Gefälleschichten.

In allen Fällen sind die Abdichtungen mindestens 15 cm an Wandanschlüssen o. ä. hochzuziehen und durch hochgezogene Schutzstreifen, Schrammborde usw. zu schützen (vgl. Bild **3**.53).

3.4.4 Begrünte Flachdächer

Begrünte Flachdächer gewinnen immer mehr an Bedeutung. Sie können Staubpartikel binden, Feuchtigkeit speichern und den Schallschutz verbessern.

Bei begrünten Flachdächern ist die Abdichtung keinen Temperaturschwankungen ausgesetzt und vor UV-Strahlung geschützt. Begrünte Flachdächer können deshalb eine wesentlich höhere Lebensdauer haben als frei bewitterte Systeme.

Bei begrünten Flachdächern wird auch Gussasphalt als Abdichtung angewendet. In DIN 18 531-3 wird Gussasphalt im Verbund mit einer Dichtungsschicht aus speziellen Bitumen-Schweißbahnen als Abdichtung genannt. Der Gussasphalt muss dabei eine Nenndicke von mindestens 25 mm aufweisen. Vorteile des Gussasphalts sind

- große mechanische Widerstandsfähigkeit insbesondere auch gegen Durchwurzelung
- kurz nach dem Einbau ist die Endfestigkeit erreicht, Abbindezeiten sind nicht erforderlich
- unmittelbar nach dem Auskühlen ist der Aufbau der weiteren Schichten möglich
- Beständigkeit gegen Düngemittel und Humussäure
- Gussasphalt ist hohlraumfrei und wasserdicht, dadurch keine Wasseraufnahme, kein Quellen und kein Schwinden
- unempfindlich gegen Frost-Tau-Wechsel
- keine Pflanzen und umweltschädigenden Bestandteile
- Gussasphalt ist viskoelastisch und passt sich langsamen Gebäudebewegungen rissfrei an
- Gussasphalt ist kapillarporenfrei, keine osmotischen Vorgänge, keine Nährstoffe für Wurzeln

Für begrünte Flachdächer wird gem. DIN 18 560-4 in der Regel in der Härteklasse IC 40 verwendet.

Wird eine Gussasphaltschicht im Verbund mit einer Bitumen-Schweißbahn eingebaut, sind Bitumen-Schweißbahnen mit hoch liegender Trägereinlage aus Polyestervlies oder edelstahlkaschierte Bitumen-Schweißbahnen zu verwenden.

Neben den einschlägigen DIN-Vorschriften und der Fachregel für Abdichtungen – Flachdachrichtlinie – sind auch die Richtlinien für die Planung, Ausführung und Pflege von Dachbegrünungen (FLL) zu berücksichtigen.

Die Entwässerung von begrünten Dächern erfordert spezielle Einlaufbauteile. Durch sie muss einerseits das aus Niederschlägen oder künstlicher Bewässerung herrührende Wasser auf der Abdichtungsebene abgeleitet werden, ohne dass dabei Substrat ausgewaschen wird. Andererseits dürfen keine Überflutungen der Pflanzflächen durch starke Regenfälle möglich sein. Unterbrechungen der Abdichtung durch schlecht zu überwachende Durchführungen von Geländerstützen, Installationsbelüftungen, Antennen o. ä. sind möglichst zu vermeiden.

Man unterscheidet:

Mehrschichtaufbau: Diese Bauart weist eine genau definierte wasserableitende Schicht auf, die mit Hilfe von Kombinationen aus Schaumstoffelementen und Filterkies gebildet wird. Durch Filtervlieslagen wird das Auswaschen von mineralischen Feinanteilen und organischen Substanzen aus der Vegetationsschicht vermieden. Dieses System ermöglicht größere Aufbauhöhen, die für intensive Begrünungen erforderlich sein können.

Einschichtaufbau: Vegetationstragschicht (Substrat) und Drainschicht werden zu einer Schicht zusammengefasst. Das Substrat übernimmt die vegetationstechnischen Funktionen wie Nährstoff- und Sauerstoffversorgung, gleichzeitig die physikalischen Aufgaben wie ausreichende Drainfähigkeit, Strukturstabilität, Frostsicherheit und Windsogstabilität. Der Einschichtaufbau kommt vor allem in Frage für extensive Begrünungen (Bild **3**.54).

Wenn auf künstlichen Vegetationsflächen Pflanzen auf Dauer gedeihen sollen, müssen dazu je nach Bepflanzungs- und Nutzungsart geeignete Voraussetzungen geschaffen werden.

Bei der Begrünung von Flachdächern wird unterschieden:

- **Intensive Begrünung**
- *in einfacher Form* (einfache Intensivbegrünungen) bestehend aus bodenbedeckenden Gräsern, Stauden und Gehölzen, die geringe Ansprüche an den Aufbau der Vegetations-

3.4 Nicht belüftete Flachdächer

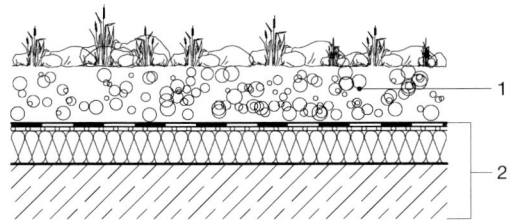

3.54 Einschichtaufbau einer extensiven Dachbegrünung
1 Einschichtaufbau
2 Stahlbetondecke mit Flachdachaufbau

schicht, die Wasser- und Nährstoffversorgung und an den Pflegeaufwand stellen,
- *in aufwendiger Form* mit Bepflanzungen, die nur durch ständige Pflege erhalten werden können, aus Stauden, Gehölzen, einzelnen Bäumen und Rasenflächen, eingebaut mit besonderer gärtnerischer Gestaltung, z. B. mit Höhendifferenzierungen, Wasserbecken, Rankgerüsten usw.
- Diese Begrünungsart erfordert eine intensive Pflege sowie eine regelmäßige Wasser- und Nährstoffversorgung.
- In der neuen FLL Dachbegrünungsrichtlinie 2018 werden Rasenflächen für Spiel-, Sport, und Repräsentationszwecke in der erfasst.
- **Extensive Begrünung**
- in naturnah angelegten flächigen Begrünungen mit niedrigen Stauden und Gehölzen, Pflanzungen aus Moosen, Flechten, Sukkulenten, Gräsern, die für die extremen Standortbedingungen auf einer Dachfläche besonders geeignet sind. Extensiv begrünte Flächen haben eine natürliche Bestandsumbildung bei minimalem Pflegeaufwand und erfordern nur wenige Kontrollen innerhalb eines Jahres.

Gemäß § 32 (1) MBO (Musterbauordnung der Länder müssen Dächer gegen Flugfeuer und strahlende Wärme ausreichend lang widerstandsfähig sein. Nach DIN 4102 werden begrünte Dächer als gegen Flugfeuer und strahlende Wärme widerstandsfähige Bedachungen eingestuft, wenn
- es sich um Intensivdachbegrünungen handelt
- Extensiv-Dachbegrünungen
  - einen Anteil der organischen Substanz 20 % in der Vegetationsschicht haben
  - eine mindestens 30 mm dicke Vegetationsschicht aufweisen
  - Gebäudeabschlusswände, Brandwände oder Wände, die solche ersetzen, aufweisen, die in korrekter Weise (nach DIN 4102) über die Dachbegrünung hinausgeführt werden
  - Abstandsstreifen nach DIN 4102 zu Öffnungen oder aufgehenden Wänden mit einer Brüstungshöhe von 80 cm oberhalb der Vegetationsschicht einhalten
  - bei aneinandergereihten, giebelständigen Gebäuden im Bereich der Traufen einen nach DIN 4102 ausgeführten vegetationsfreien Streifen aufweisen

Die Vegetationsflächen können als „schwerer Oberflächenschutz" üblicher Flachdachkonstruktionen betrachtet werden. Im Übrigen sind alle in Abschn. 3.1 genannten Bedingungen für den Aufbau von Flachdächern zu beachten. Darüber hinaus muss das Folgende berücksichtigt werden:

- Bei begrünten Dächern darf als obere Lage auch eine Polymerbitumenbahn PYE-VcuS5 oder PYE-Cu01 S5 nach DIN 18531-2 Tab. 2, Zeile 4 verwendet werden (außer an den An- und Abschlussbereichen!).
- Bei einer Abdichtung unter einer Dachbegrünung mit Anstaubewässerung muss die Stoffauswahl nach Anwendungsklasse K2 erfolgen.
- Die verwendeten Dachabdichtungen müssen gegen mechanische Beschädigungen bei Pflanz- und Pflegearbeiten und gegen Durchwurzelung geschützt werden.
- Dies wird bei Bitumenbahnen durch eine Metalleinlage (Kupferband) gewährleistet oder die entsprechende Wurzelschutzbahn ist mit biochemischen Zusätzen ausgerüstet und verhindert dadurch das Einwachsen von Wurzeln. Sie dürfen nicht durch biologische Einwirkungen, Mikroorganismen und im Wasser gelöste Stoffe geschädigt werden.
- Da Beschädigungen der Abdichtungen niemals völlig ausgeschlossen werden können, sollte der Flachdachaufbau (Dampfsperre, Wärmedämmung, Abdichtung) in voneinander abgeschotteten Teilabschnitten ausgeführt werden.
- Gegenüber Wandanschlüssen, Dachöffnungen und sonstigen Dachaufkantungen sind 0,50 m breite unbepflanzte Schutzstreifen zu belassen, die mit Kiesschüttungen oder Plattenbelägen abgedeckt werden.
- Für den gesamten Dachaufbau ist das für begrünte Dächer spezielle Wasserdampfdiffusionsverhalten bauphysikalisch zu überprüfen (s. Abschn. 17.5.6 in Teil 1 des Werkes).

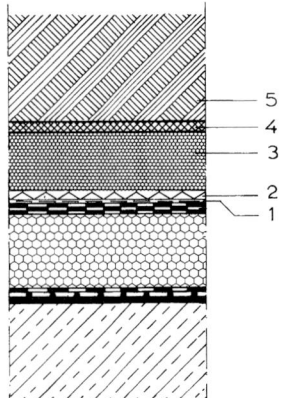

3.55 Flachdach mit Begrünung, Regelaufbau oberhalb der Abdichtung
1 Schutzschicht gegen mechanische Beschädigungen (Schutzvliese, Schutzplatten- oder Bahnen, Dränschichten des Bodenaufbaues)
2 Schutzschicht gegen Durchwurzelungen (bei geeignetem Material durch die Dachabdichtung selbst gebildet, sonst spezielle Wurzelschutzbahnen oder Beschichtungen)
3 Entwässerungs- und Dränageschicht (Schüttstoffe aus Kies, Splitt, Lava, Bims; Dränmatten und -platten aus Kunststoff- oder Schaumstofferzeugnissen; Dränelemente aus Kunststoff, Drän- und Substratplatten)
4 Filterschicht (Vliese aus Geotextilien)
5 Vegetationsschicht (Zusammensetzung und Dicke abhängig von der Art der Begrünung)

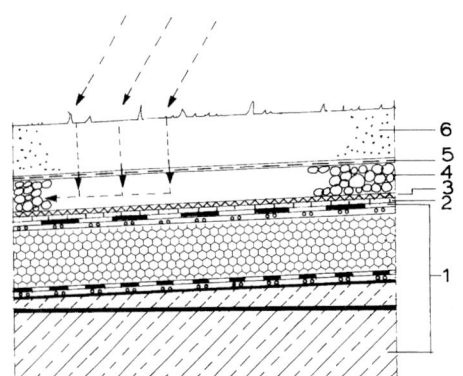

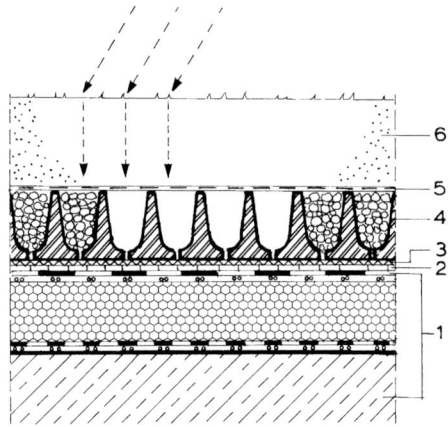

3.56 Begrüntes Flachdach für extensive, nicht wartungsbedürftige Begrünung mit niedrigem Schichtenaufbau; Dränschicht aus Kies oder Blähbeton
1 Stahlbetonplatte mit Flachdachaufbau auf Gefällebeton (vgl. Abschn. 3.3.2)
2 Wurzelschutzbahn (PVC weich)
3 Schutzmatte (d = 10 mm)
4 Dränschicht
5 Filtervlies
6 Vegetationsschicht (Humus oder Erdsubstrat)

3.57 Begrüntes Flachdach für extensive Begrünung; Aufbau mit Kunststoff-Systemplatten (Novoflor X)
1 Stahlbeton mit Flachdachaufbau (vgl. Abschn. 3.3.2)
2 Wurzelschutzbahn
3 Sickerkanal
4 Schaumstoff-Tragkörper mit Wasserspeicher
5 Wurzelverankerungsgewebe
6 Bodensubstrat

- Neben den Lasten des Dachaufbaues, von schweren Einzelpflanzen, Wasserbecken usw. müssen ggf. die von hohen Pflanzen herrührenden besonderen Windlasten statisch erfasst werden.
- Begehbare Dachflächen müssen Umwehrungen für Besucher bzw. Absturzsicherungen für Unterhaltungsarbeiten erhalten.
- Die Entwässerung von Vegetationsflächen (Ableitung von Oberflächen- und Überschusswasser in den Schichten) muss entsprechend DIN 1986 geplant werden. Dabei sind als Abflussbeiwerte anzunehmen:
  - für Intensivbegrünungen und Extensivbegrünungen ab 10 cm Aufbauhöhe $\psi = 0{,}3$,
  - für Extensivbegrünungen unter 10 cm Aufbauhöhe $\psi = 0{,}5$ (vgl. Abschn. 2.6.12).
- Zuleitungen für die fast immer erforderliche ggf. automatische Zusatzbewässerung sind einzuplanen.

3.4 Nicht belüftete Flachdächer

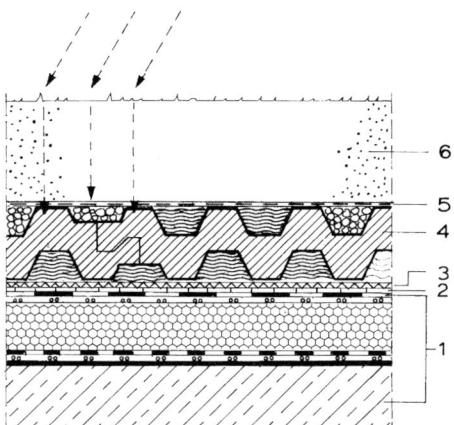

3.58 Begrüntes Flachdach für intensive Begrünung, Dränschicht aus Kies oder Blähton (ZinCo)
1 Stahlbetonplatte mit Flachdachaufbau (vgl. Abschn. 3.3.2)
2 Wurzelschutzmatte
3 Speichermatte
4 Schaumstoff-Dränkörper mit Filterschicht
5 Filtervlies
6 Vegetationsschicht (Gärtnererde)

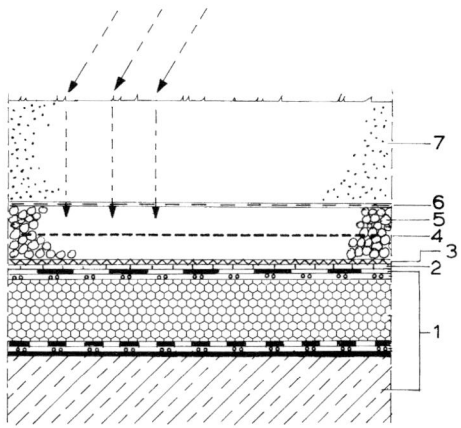

3.59 Begrüntes Flachdach für intensive Begrünung, Dränschicht aus Kies oder Blähton (Optima)
1 Stahlbetonplatte mit Flachdachaufbau (vgl. Abschn. 3.3.2)
2 Trennlage
3 Wurzelschutzbahn
4 Verwurzelungsgewebe
5 Optima-Dränschicht mit Regenwasserspeicher
6 Filtermatte
7 Dauererde

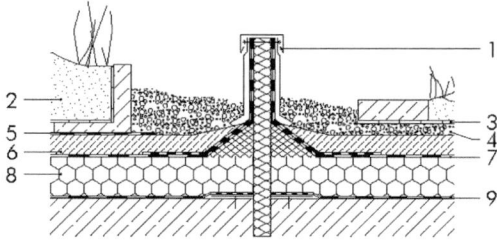

3.60 Bewegungsfuge mit Hilfskonstruktion
1 Anpress- und Schutzprofil
2 Vegetationsschicht
3 Filterschicht
4 Dränschicht
5 Trennfolie
6 Gussasphalt
7 Dichtungsschicht
8 Dämmschicht
9 Dampfsperre

- Wasserbecken innerhalb intensiver Begrünungen sind für sich gesondert abzudichten.

Aufbauend auf den beschriebenen Grundsätzen für die Ausführung begrünter Dachflächen wurden von darauf spezialisierten Fachunternehmen eine große Zahl von Sonderkonstruktionen für Dächer aller Begrünungsarten entwickelt. Dabei werden fast immer speziell auf die verschiedenen Bepflanzungsmöglichkeiten abgestimmte Bodensubstrate eingesetzt. Durch Kunststoff-Formteile werden Regenwasserspeicher gebildet, der Abfluss von überschüssigem Niederschlagswasser reguliert, die Verankerung der Pflanzenwurzeln in den der Vegetationsschicht verbessert, das Abrutschen der Begrünungen von geneigten Dachflächen verhindert usw.

Aus der großen Zahl derartiger Begrünungssysteme werden nachfolgend einige Beispiele gezeigt (Bilder **3**.55 bis **3**.59).

Bewegungsfugen in der Fläche des begrünten Flachdachs dürfen durch den Begrünungsaufbau nicht überdeckt werden (Bild **3**.60).

Einen Anhalt für die jeweils erforderlichen Schichtdicken gibt Tabelle **3**.61.

Damit begrünte Flachdächer lange Jahre schadensfrei bleiben, sollte eine regelmäßige fachgerechte Pflege nach den FLL-Richtlinien und der DIN 18 919 erfolgen. Auch begrünte Dächer sollten nicht sich selbst überlassen werden.

Gerade auf Flachdächern können Fotovoltaik- und Solaranlagen mit Dachbegrünungen kombiniert werden. Dabei kann es zu Synergieeffekten kommen. Eine mögliche Verschattung der Module durch die Vegetation sollte dabei berück-

Tabelle **3**.61 Regelschichtdicken bei verschiedenen Begrünungsarten

Begrünungsart	Dicke der Vegetationsschicht in cm	Gesamtdicke des Begrünungsaufbaus in cm	
		bei 2 cm Dränmatte	bei 4 cm Schüttstoff*)
Extensivbegrünungen, geringer Pflegeaufwand, ohne zusätzliche Bewässerung			
bei Flachdächern:			
Moos-Sedum-Begrünung	2 bis 5	4 bis 7	6 bis 9
Sedum-Moos-Kraut-Begrünungen	5 bis 8	7 bis 10	9 bis 12
Sedum-Gras-Kraut-Begrünungen	8 bis 12	10 bis 14	12 bis 16
Gras-Kraut-Begrünungen (Trockenrasen)	≥ 15	≥ 17	≥ 19
Einfache Intensivbegrünungen, mittlerer Pflegeaufwand, periodische Bewässerung			
bei Flachdächern:			
Gras-Kraut-Begrünungen (Grasdach, Magerwiese)	≥ 8	≥ 10	≥ 12
Wildstauden-Gehölz-Begrünungen	≥ 8	≥ 10	≥ 12
Gehölz-Stauden-Begrünungen	≥ 10	≥ 12	≥ 14
Gehölz-Begrünungen	≥ 15	≥ 17	≥ 19
Begrünungsart	Dicke der Vegetationsschicht in cm	Dicke der Dränschicht in cm	Gesamtdicke des Begrünungsaufbaus in cm
Aufwendige Intensivbegrünungen, hoher Pflegeaufwand, regelmäßige Bewässerung			
Rasen	≥ 8	≥ 2	≥ 10
niedrige Stauden-Gehölz-Begrünungen	≥ 8	≥ 2	≥ 10
mittelhohe Stauden-Gehölz-Begrünungen	≥ 15	≥ 10	≥ 20
höhere Stauden-Gehölz-Begrünungen	≥ 25	≥ 10	≥ 35
Strauchpflanzungen	≥ 35	≥ 15	≥ 50
Baumpflanzungen	≥ 65	≥ 35	≥ 100

*) Bei 2 bis 3 % Dachgefälle; ab 3 % Dachgefälle kann die Schichtdicke auf 3 cm reduziert werden.

sichtigt werden (z. B. Verschattung durch zu geringe Abstände von den Fotovoltaik- oder Solarmodulen). Bei durchdringungsfreien Konstruktionen kann die Dachbegrünung als Auflast dienen.

Gründächer auf Holzkonstruktionen

Durch die stetig steigenden Anforderungen an die Energieeffizienz von Gebäuden werden die Dämmstoffstärken immer dicker. So werden heute Flachdächer meistens als unbelüftete Konstruktionen ausgeführt (s. Abschn. 3.3.6). Nach den Regelwerken sind Gründächer auch auf unbelüftenden Holzdächern möglich.
Ein Gründachaufbau ist aber praktisch dampfdicht. In der Drainschicht bildet sich i. d. R. ein Wasserfilm, durch den kein Wasserdampf ausdiffundieren kann. Eine hundertprozentig funktionierende Dampf- und insbesondere auch Luftdichtheitsebene ist aber unter Baustellenbedingungen praktisch nicht herstellbar. Bei Holzkonstruktionen wird einerseits die Eigenfeuchte des Holzes und andererseits die vom Holz beim Einbau aus der Luft aufgenommene Feuchtigkeit in die Konstruktion eingetragen. Diese kann aber bei einem Gründach nach oben praktisch nicht mehr ausdiffundieren. Mit zunehmender Zeit nimmt also der Feuchtigkeitsgehalt in der Konstruktion – auch bei noch so sorgfältiger Ausführung der Dampf- und Luftdichtheitsebene – unvermeidbar zu. Dieses Problem ist nicht durch Dampfsperren mit Metalleinlagen – wie es einige Gründachhersteller inzwischen empfehlen – zu lösen. Es ist also nur eine Frage der Zeit, wann Holzkonstruktionen in „dichten" Gründächern verrottet sind. Selbst dann, wenn Blower-Door-

3.4 Nicht belüftete Flachdächer

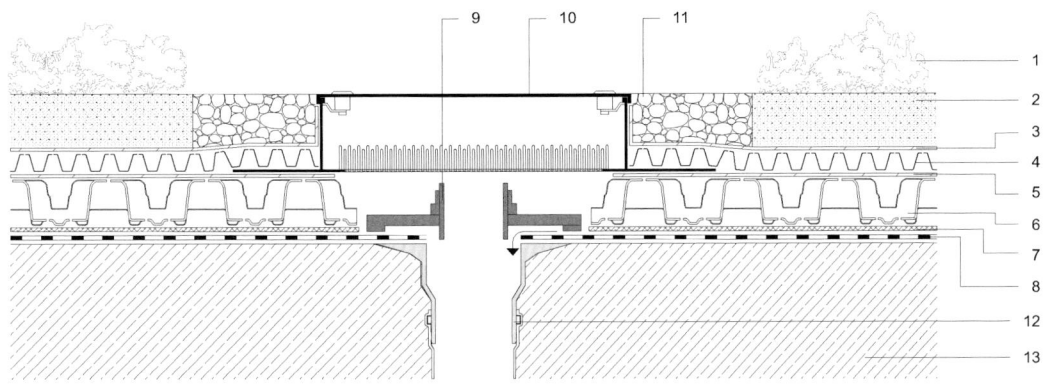

3.62 Retentionsdach (ZinCo GmbH)
1 Begrünungsebene („Sedumteppich")
2 Systemerde „Sedumteppich", ca. 60 mm
3 Systemfilter
4 Floradrain FD 25
5 Systemfilter
6 Retentions-Spacer RS 60
7 Systemfilter als Schutzlage
8 Wurzelfeste Abdichtung
9 Drossel-Element
10 Retentions-Kontrollschacht
11 Kies
12 Dachablauf
13 Dachaufbau unter der wurzelfesten Abdichtung

Tests einwandfreie Ergebnisse zeigen, bedeutet dies noch lange nicht, dass über partielle Luftundichtigkeiten keine nennenswerten zusätzlichen Wasserdampfmengen in die Konstruktion gelangen. Deshalb sollten auch die durch Regelwerke (DIN, EnEV usw.) „abgesicherten" Konstruktionen sowie herrschende Lehrmeinungen nicht immer ohne kritisches Hinterfragen nachgeahmt werden. Im Falle der diffusionsdichten Gründachkonstruktionen sollte besser eine ausreichend dimensionierte Belüftungsebene eingesetzt werden.

3.4.5 Retentionsdächer

Mit der einhergehenden Klimaveränderung ist von zunehmenden Starkregenereignissen auszugehen. Dabei stoßen die kommunalen Entwässerungssysteme häufig an ihre Grenzen.

Ein großer Vorteil von Dachbegrünungen ist ihr Wasserrückhaltevermögen und der damit verbundene und planbare zeitlich verzögerte Regenwasserabfluss (Retention). So können die kommunalen Entwässerungssysteme im Bedarfsfall entlastet w und Überschwemmungen vermieden werden.

Eine Erhöhung der Wasserspeicherung im normalen Gründachaufbau sollte allerdings nicht beliebig gesteigert werden, da mehr Wasser auch zu einer Vegetationsumbildung führen kann.

Bild **3**.62 zeigt einen Systemaufbau zu einem Retentionsdach der ZinCo GmbH. Dieses kann bis ca. 80 l/m² Niederschlag (bezogen auf eine Anstauhöhe von 60 mm) zurückhalten und in einem definierten Zeitraum (zwischen 24 Stunden und mehreren Tagen) an die Kanalisation abgeben. Die erhöhte Regenwasseraufnahme wird durch Abstandshalter möglich, die sich unterhalb des eigentlichen Begrünungsaufbaus befinden. Dabei bleiben alle für das Funktionieren der Dachbegrünung wichtigen Aspekte wie Wasserspeicherung für die Pflanzen, Luft-Wasser-Haushalt im Wurzelraum etc. erhalten.

Der Planer hat gegenüber dem Auftraggeber eine Hinweispflicht, dass ein Retentionsdach eine Abweichung gegenüber einer üblichen Dachentwässerung darstellt.

Festzulegen sind:
- Einstauvolumen
- Wassermenge/Zeiteinheit
- Entleerungszeit

Die zusätzliche Last des Anstauvolumens ist statisch zu berücksichtigen. Dabei muss auch die Abdichtung für die zusätzliche Belastung geeignet sein.

Gegebenenfalls ist ein gefälleloses Dach bei Anstau auf der Dachabdichtung sinnvoll.

Eine dauerhafte Vernässung der Begrünung ist auszuschließen.

Oberhalb der Retentionsebene ist an Nutzungsformen fast alles möglich, was die Statik zulässt, von der extensiven Begrünung bis hin zum Dachgarten mit Geh- und Fahrbelägen.

3.5 Zweischalige, belüftete Flachdachkonstruktionen

3.5.1 Allgemeines

Ein Vorteil des *„belüfteten Daches"* wurde lange darin gesehen, dass auch bei fehlender oder fehlerhafter Dampfsperre weniger Schäden durch Wasserdampfkondensation innerhalb der Gesamtkonstruktion zu befürchten seien, wenn die Durchlüftung des Dachraumes einwandfrei ist. In der Praxis erweist es sich jedoch, dass mehrere Faktoren sehr oft die vorgesehene Durchlüftung der Konstruktion nicht ausreichend wirksam werden lassen (Bild **3**.63). Die häufigsten Schadensquellen sind:

- Zu geringe Höhe des Luftraumes, daher zu wenig Strömungsgefälle (Bild **3**.63a).
- Nicht ausreichend bemessene oder verstopfte Zu- und Abluftöffnungen.
- Wärmebrücken und Hindernisse im Luftraum, die durch Wirbelbildung den Luftstrom behindern oder ihn sogar in Teilbereichen wie bei Überzügen oder Wechseln völlig unterbinden (Bild **3**.63c).
- Ungünstige Grundrissformen oder Gebäudequerschnitte (Bilder 3.63d und e).
- Windgeschützte Lage des Bauwerkes.
- Fehlerhafte bzw. unzureichende Dampfsperren. Es hat sich gezeigt, dass der Feuchtigkeitseintrag durch Undichtigkeiten in der Dampfsperre weitaus höher ist als durch Wasserdampfdiffusion. Grundlegende Voraussetzung für das Funktionieren des belüfteten Daches bei Flachdächern ist daher eine absolut luftdicht abschließende Dampfsperre von $s_d > 10$ m an der Unterseite der Wärmedämmung (s. Abschn. 2.9.4, Detailausführung Bild **2**.302).

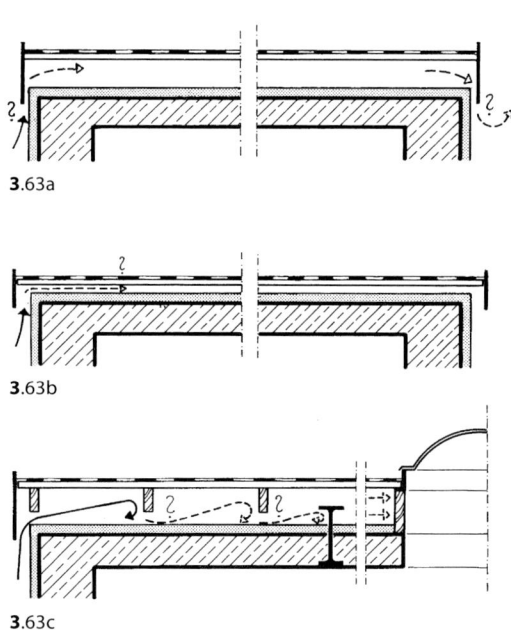
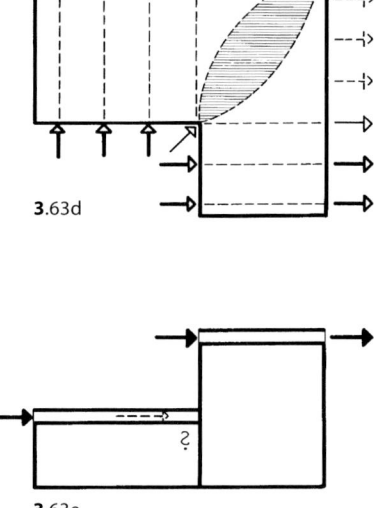

3.63 Schadensquellen an zweischaligen Flachdächern
   a) Belüftungsquerschnitt zu klein
   b) fehlendes Gefälle
   c) Hindernisse für die Durchlüftung und Wärmebrücken durch Stahlüberzug und an Lichtkuppel
   d) ungünstige Grundrissform, schlecht belüftete Bereiche
   e) problematischer Gebäudequerschnitt

3.5 Flachdachkonstruktionen

Tabelle 3.64 Belüftete Dächer nach DIN 4108

Dachneigung	Dampfsperre (geforderte diffusionsäquivalente Luftschichtdicke)[1]	freier Lüftungsquerschnitt	Mindestlüftungsquerschnitt[2]	Bei Satteldächern: First/Grat
< 5°			≥ 2 ‰ der gesamten Dachgrundrissfläche an mindestens zwei gegenüberliegenden Traufen	
≥ 5°	Der s_d-Wert der unterhalb der Belüftungsschicht angeordneten Bauteilschichten muss mindestens 2 m betragen	≥ 2 cm	≥ 2 ‰ der zugehörigen Dachfläche an den Traufen bzw. an Traufe und Dachabschluss und ≥ 200 cm²/m	≥ 0,5 ‰ der zugehörigen geneigten Dachfläche und ≥ 50 cm²/m

[1] Die diffusionsäquivalente Luftschichtdicke s_d lässt sich hierbei errechnen aus $s_d = \mu \cdot s$.
  μ ist die Wasserdampfdiffusions-Widerstandszahl, s ist die Schichtdicke in Meter.
  Angaben über den Wasserdampfdiffusions-Widerstand sind gegebenenfalls beim Hersteller zu erfragen.
[2] Baustellenbedingte Ungenauigkeiten, Maßtoleranzen, Querschnittseinengungen, Lüftungsgitter u. Ä., sollten mit ihrem Einfluss auf die Lüftungsquerschnitte bei der Planung berücksichtigt werden.

Nach DIN 4108-3 bedürfen nachfolgend aufgeführte belüftete Flachdächer keines rechnerischen Tauwasser-Nachweises (Tab. 3.64):

- belüftete Dächer mit einer Dachneigung < 5° und einer diffusionshemmenden Schicht mit $s_{d,i} \geq 100$ m unterhalb der Wärmedämmschicht, wobei der Wärmedurchlasswiderstand der Bauteilschichten unterhalb der diffusionshemmenden oder diffusionsdichten Schicht höchstens 20% des Gesamtwärmedurchlasswiderstandes betragen darf (s. Abschn. 2.9.7).

Belüftete Dächer mit einer Dachneigung < 5° unter folgenden Bedingungen:

- Die Höhe des freien Lüftungsquerschnittes innerhalb des Dachbereiches über der Wärmedämmschicht muss mindestens 2 cm betragen.
- Der freie Lüftungsquerschnitt an den Traufen bzw. an Traufe und Pultdachabschluss muss mindestens 2‰ der zugehörigen geneigten Dachfläche betragen, mindestens jedoch 200 cm²/m.
- Bei Satteldächern sind an First und Grat Mindestlüftungsquerschnitte von 0,5‰ der zugehörigen geneigten Dachfläche erforderlich, mindestens jedoch 50 cm²/m.

ANMERKUNG 2: Im Bereich von Kehlen ist die Ausführung von Lüftungsöffnungen nicht ganz unkompliziert. Hier sind u. U. zusätzliche Dachentlüfter (s. Bild 3.76) erforderlich.

- Der s_d-Wert der unterhalb der Belüftungsschicht angeordneten Bauteilschichten muss insgesamt mindestens 2 m betragen.

Ist der Lüftungsweg (Abstand Zuluft- und Abluftöffnung) länger als 10 m, sind besondere Maßnahmen erforderlich (z. B. Erhöhung des freien Luftraumes, Zwangsentlüftung).

Wenn die Flachdachkonstruktion aus Trägern mit Vollquerschnitten besteht, sollten die Lufträume der einzelnen Felder durch Konterlattung oder querliegende Pfettenlagen unter der Dachschale miteinander verbunden werden.

Eine einwandfreie Durchlüftung von Dachkonstruktionen ist nur dann sicherzustellen, wenn die Dachflächen zwischen Lufteintritt und -austritt ein Gefälle aufweisen. In gefällelosen oder nur wenig geneigten Flachdächern wird jedoch auch bei einer empfohlenen Mindest-Luftraumhöhe von 15 cm bei Luftstille kaum gewährleistet werden können, dass in die Konstruktion diffundierter Wasserdampf vollständig abgeleitet wird.

Rohrdurchführungen, Entlüftungsschächte u. ä. müssen im Luftraum zweischaliger Flachdachkonstruktionen sorgfältig wärmegeschützt werden, da sonst an ihnen Kondenswasser auftreten kann.

Für Dachhaut, Oberflächenschutz und Randausbildung kommen für zweischalige, belüftete Flachdachkonstruktionen die gleichen Materialien in Betracht, wie sie unter Abschn. 3.2 aufgeführt sind. Als Wärmedämmung dienen auch hier alle Dämm-Matten und -Platten aus Mineralfasern und Schaumstoffen. Wenn z. B. aus Kostengründen verschiedenartige Wärmedämm-Materialien eingesetzt werden, soll grundsätzlich festes, weniger wasserdampfdurchlässiges Material (z. B. Hartschaumplatten) an der Unterseite der Konstruktion angeordnet werden.

3.5.2 Zweischalige Flachdachkonstruktionen über Stahlbetondecken

Stahlbetondecken als Bestandteil zweischaliger Flachdachkonstruktionen bilden gleichzeitig statisches Tragwerk, ausgleichende Wärme-Speichermasse und auch eine für normale Beanspruchungen ausreichende Dampfsperre. Bild **3**.65 zeigt eine übliche Konstruktion. Für größere Flachdachflächen können binderartige Holzkonstruktionen so ausgebildet werden, dass der Luftraum über der Wärmedämmung zur Kontrolle der Dachschale bekriechbar ist.

Als tragende Schale für die Dachhaut werden Holzschalungen oder Spanplatten mit Nut-Feder-Verbindung verwendet.

3.5.3 Zweischalige, belüftete Flachdach-Leichtkonstruktionen

Die Kombination zweier leichter Schalen – Abdichtung mit leichter Tragschicht und raumseitige Unterdecke – mit Holzbalken als Tragwerk stellt eine technisch einfache und preiswerte Konstruktion für belüftete Flachdächer dar (Bild **3**.66).

Es muss aber auf die in Abschn. 3.5.1 dargelegte Problematik derartiger Konstruktionen verwiesen werden.

3.5.4 Vorgefertigte zweischalige, durchlüftete Flachdachkonstruktionen

Insbesondere über Stahlbetondecken erfordern zweischalige, belüftete Flachdachkonstruktionen bei handwerklicher Ausführung mehrere, oft von verschiedenen Unternehmern auszuführende witterungsabhängige Arbeitsgänge. Durch Vorfertigung von Dachschalen- und Auflagerelementen können diese Nachteile verringert werden (Bild **3**.67).

3.6 Flachdachzubehör

3.6.1 Lichtkuppeln

Ein Vorteil von Gebäuden mit Flachdächern besteht darin, dass bei eingeschossigen Bauten bzw. in den Obergeschossen innenliegende oder sehr tiefe Räume durch Dachöffnungen leicht

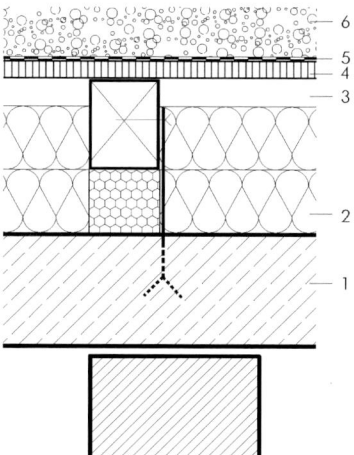

3.65 Zweischaliges belüftetes Flachdach in Verbindung mit Stahlbetondecke (einlagige Ausführung der Unterkonstruktion nur bei freistehenden Bauwerken; sonst zweilagige Ausführung der Trägerlagen, vgl. Abschn. 3.5.1)
1 Stahlbetondecke   4 Dachhaut
2 Wärmedämmung   5 Kiesschüttung
3 Querlüftung

belüftet und belichtet werden können. Belichtungsöffnungen in Flachdächern werden am einfachsten mit Acrylglas-Bauelementen ausgeführt, für die sich die Bezeichnung „Lichtkuppel" durchgesetzt hat.

Lichtkuppeln werden von verschiedenen Herstellern, jedoch fast durchweg nach dem gleichen Konstruktionsprinzip, hergestellt.

Das Basiselement bildet ein wärmegedämmter „Aufsetzkranz", der mit breiten Aufstand- bzw. Klebeflanschen in die Dachhaut eingebunden werden kann. Die Montage erfolgt i. d. R. auf imprägnierten Holzrahmen. oder direkt auf dem Tragwerk. Die Anschlusshöhe soll sich mindestens 0,15 m über Oberfläche Belag befinden. Vorteilhaft sind Aufsatzkränze, die so geformt sind, dass der Auflagerrahmen auf der Innenseite abgedeckt werden (Bild **3**.67).

Im Übrigen sind die Rohbauöffnungen so zu bemessen, dass ggf. Leibungsfutter montiert werden können.

Die eigentliche Belichtungsfläche besteht aus doppelschaligen Acrylglaskuppeln. Lichtkuppeln werden fest geschlossen oder mit manuell oder elektrisch fernbedienten Öffnungseinrichtungen (auch mit Fernbedienung als Rauchabzug z. B. in Treppenhäusern), mit Gebläseentlüftungen, Ver-

3.6 Flachdachzubehör

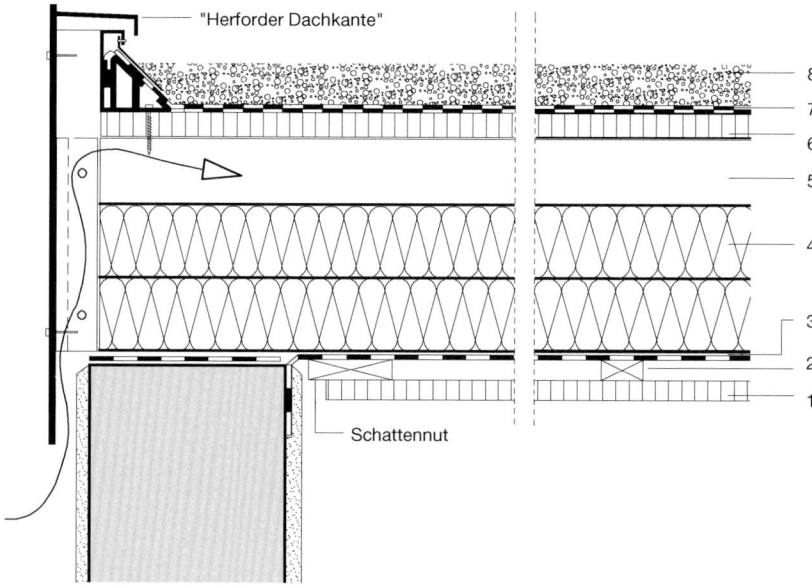

3.66 Zweischaliges belüftetes Flachdach in Verbindung mit Holzbalkendecke
1 Deckenbekleidung (z. B. NF-Schalung)
2 Konterlattung, dazwischen auch untere Wärmedämmung möglich
3 Dampfsperre
4 Wärmedämmplatte, 2-lagig verlegt
5 Trägerlage mit Gefälle (sonst obere Schalung auf Gefällekeilen)
6 Dachschalung
7 Dachabdichtung (z. B. lose verlegte Kunststoffdichtungsbahn auf Trennlage)
8 Kiesschüttung

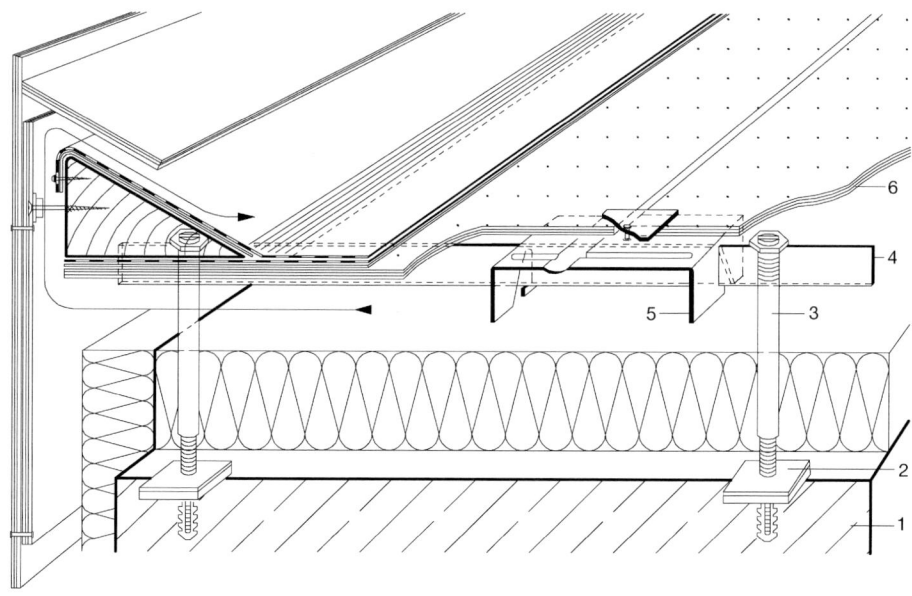

3.67 Vorgefertigtes zweischaliges Flachdach (System FUCHS)
1 Stahlbetonrohdecke mit Wärmedämmung
2 Druckplatte mit Korkunterlage
3 Teleskop-Stütze mit Nylondübel
4 Flachstahlpfette
5 Auflagerschuh mit Vierfeldplatte
6 Faserzement-Tafeln

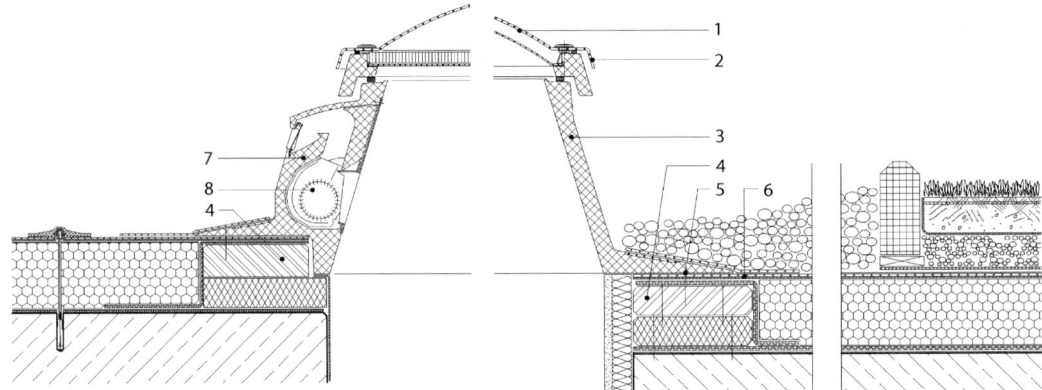

3.68 Lichtkuppel (System ALWITRA)
1 zweischalige Acrylglas-Kuppel
2 Sicherungsklemme
3 wärmegedämmter Aufsatzkranz
4 Randbohle
5 Fixierung der Dachabdichtung
6 Dachabdichtung
7 Aufsetzkranz mit Lüftungsgebläse
8 Gebläse

dunkelungseinrichtungen und als Dachausstieg geliefert (Bild **3**.68 links).

Mehrere Lichtkuppeln können mit Hilfe spezieller Eindeckrahmen zu Belichtungsgruppen zusammengefasst werden. Es sind auch bandartige Acrylglaskonstruktionen als Belichtungsbänder auf dem Markt, die ähnlich wie Lichtkuppeln eingebaut werden.

Wenn sehr große Belichtungsöffnungen erforderlich sind, können diese aus satteldach- oder pyramidenförmigen Konstruktionen mit Flächenverglasungen gebildet werden (s. Abschn. 2.10.1).

Lichtkuppeln und sonstige größere Öffnungen in Flachdächern (z. B. Rauch- und Wärmeabzugsanlagen) brachten schon immer ein hohes Schadensrisiko mit sich. Auch hier unterscheidet die DIN 18 531 in verschiedene Qualitätsstufen. So sind horizontal in der Abdichtungsebene eingeklebte Flansche der Anwendungsklasse K1 zuzuordnen.

3.7 Entwässerung

Dachentwässerungen sollten das Niederschlagswasser auf möglichst kurzen Wegen ableiten und. sind nach DIN 1986-100 zu planen und auszuführen.

Flachdächer sind grundsätzlich mit mindestens 2% Gefälle (s. Abschn. 3.1.4) zu planen. Flachdächer mit einem geringeren Gefälle als 2% sind Sonderkonstruktionen. Bei Abdichtungen mit bitumenhaltigen Baustoffen ist die besondere Korrosionsgefahr an den Dachrinnen zu beachten (s. Abschn. 2.7.1).

Eine *gefällelose* Flachdachausführung wäre nur dann problemlos, wenn wirklich ebene und absolut horizontale Flächen der Unterkonstruktion zur Verfügung stehen. Das ist jedoch in der Praxis durch unvermeidliche Ungenauigkeiten bei der Ausführung und wegen des Durchhängens der Flächen nicht zu gewährleisten (Bild **3**.69b). Muldenbildungen mit unvermeidlicher Schlammablagerung können zu Schäden besonders an freiliegenden Dachabdichtungen (ohne Kiesschüttung) führen. Wegen derartiger Probleme gelten *gefällelose* Flachdächer als „Sonderkonstruktionen" und bedürfen besonderer Sorgfalt bei der Ausführung.

Die meisten Flachdächer werden mit Innenentwässerung ausgeführt. Dabei ist einleichtes Gefälle mit flacher Kehlenbildung überall zu den Ablaufstellen hin erforderlich (Bild **3**.69c).

Die Praxis, bei Innenentwässerungen auf Massivplatten einen Gefällebeton aufzubringen, gehört im Zeitalter modernen Bauens der Vergangenheit an.

Das Gefälle durch Gefälle-Estrich auf der Rohdecke herzustellen ist ebenfalls unwirtschaftlich und findet heute kaum noch Anwendung. Die heutige gängige Praxis zur Herstellung des erforderlichen Gefälles ist die Verwendung von Gefälledämmung (vgl. Abschn. 3.2.6).

3.7 Entwässerung

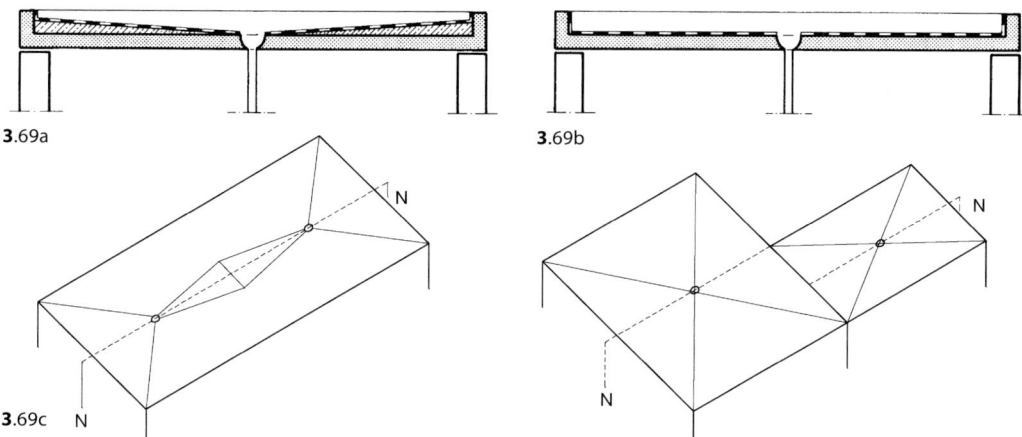

3.69 Innenentwässerung von Flachdächern
a) mit Gefälle
b) gefällelos (Sonderkonstruktion!)
c) Grundrisse mit Lage der Entwässerungsstellen, N = Notüberlauf

Die erforderlichen Querschnitte der Abflussleitungen sind gemäß DIN EN 12 056-3 zu ermitteln (vgl. Abschn. 2.7.2). Erfolgt die Entwässerung über vorgefertigte Rinnen, ist als Übergang ein Traufblech anzuordnen. Entwässerungsleitungen sollen möglichst senkrecht geführt werden, doch können besondere örtliche Verhältnisse den Einbau abgewinkelter Entwässerungsgullys notwendig machen. Da alle Entwässerungsöffnungen Wärmebrücken in der Dachkonstruktion darstellen, sind Dachgullys grundsätzlich in zweigeteilter wärmegedämmter Ausführung zu verwenden und an Fallrohre anzuschließen, die bis mindestens 1 m unterhalb der Wärmedämmung der Dachfläche wärmegedämmt werden. In schneereichen Gebieten kann eine eingebaute elektrische Beheizung der Gullys dafür sorgen, dass der Einlauf eisfrei bleibt. Je nach Ausbildung der Dachoberfläche werden Dachgullys mit Sieben oder Kiesfangkörben kombiniert (Bild **3.**70 und **3.**71).

Bei Terrassenflächen sind über Dachabläufen herausnehmbare Gitterroste anzuordnen. Bei ungeschützten Dachabdichtungen aus Bitumen- oder bitumenhaltigen Bahnen werden bei Rinnen aus Zinkblech Korrosionsschutzmaßnahmen erforderlich.

Insbesondere bei Leichtkonstruktionen wird vielfach auf den Gefälleausgleich verzichtet und die gesamte Decke im Gefälle verlegt. Eine waagerechte Untersicht wird dabei nötigenfalls durch einwandfrei hinterlüftete, untergehängte Putzdecken o. ä. erreicht (s. auch Abschn. 3.2.6).

Dachflächen mit nach innen abgeführter Entwässerung müssen unabhängig von der Größe der Dachfläche für jede Teildachfläche mindestens entweder zwei Dachabläufe (von denen ein Ablauf als Notablauf funktioniert) oder einen Dachablauf und einen Notüberlauf erhalten (Bil-

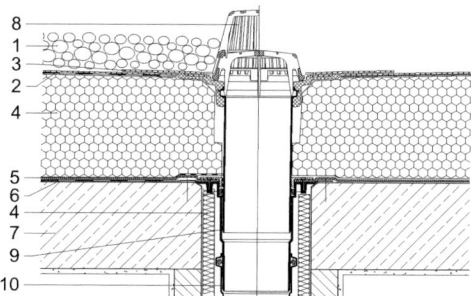

3.70 Flachdachgully mit senkrechtem Einlauf
1 Kiesschüttung
2 Dachabdichtung
3 Anschlussfolie
4 Wärmedämmung
5 Dampfsperre
6 Dampfdruckausgleichsschicht
7 Stahlbetondecke
8 Kiesfangkorb
9 wärmegedämmter Einlauftrichter
10 wärmegedämmtes Abflussrohr

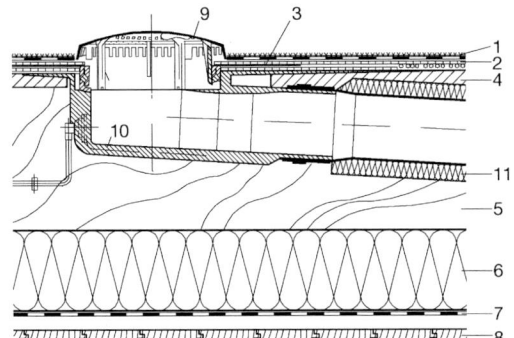

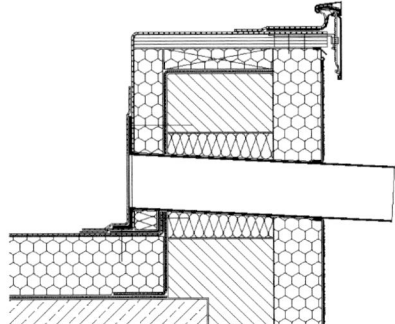

3.71 Flachdachgully in abgewinkelter Bauart für zweischalige belüftete Flachdächer
1 Dachabdichtungen mit Reflexionsschicht
2 zweite Lage der Dachabdichtung
3 Anschlussfolie
4 Nut-Feder-Schalung
5 Dachbalken
6 Wärmedämmung
7 Dampfbremse
8 Schalung auf Konterlattung
9 Laubfangkorb
10 wärmegedämmter und beheizter Einlauftrichter
11 wärmegedämmtes Abflussrohr

3.72 Notüberlauf nicht belüftetes Dach *(kein Anschluss an die Entwässerung)*

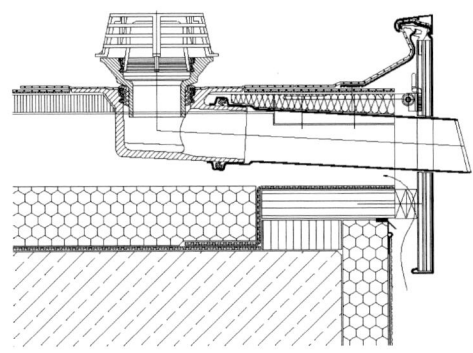

3.73 Notüberlauf belüftetes Dach *(kein Anschluss an die Entwässerung)*

der **3**.69c, **3**.73 und **3**.74). Abläufe und Notüberläufe müssen nach DIN 1986-100 geplant und nach DIN EN 1253-1 sowie DIN EN 12 056-3 bemessen werden.

Die Notentwässerung muss mindestens die Differenz zwischen Jahrhundertregen und Berechnungsregen entwässern können; dies wird i. d. R. erreicht durch:

- zusätzliche Dachabläufe mit Anstauelement und freier Entwässerung auf das Grundstück (Bild **3**.71) oder
- Entwässerung über Attikagullys jeweils unter Beachtung der angegebenen Ablaufleistung; bzw. durch
- partielles Absenken der Attika auf die Mindeststauhöhe (z.B. bei Ablauf NW 100 = 35 mm)
- eines durch die Attika geführten Notüberlaufs (Bild **3**.72 und **3**.73).

Kunststoffdachbahnen werden mit Klemmringen an die Abläufe angeschlossen (Bild **3**.74). Die meisten Dachabläufe (auch sonstige Zubehörteile wie z.B. in Bild **3**.76 und **3**.77) werden mit werkseitig angebrachten Einbaumanschetten geliefert, die in bituminöse Abdichtungen eingeklebt werden oder auf die Kunststoffabdichtungen aufgeschweißt werden (Bild **3**.75b).

- Regenfallleitungen dürfen keine Abläufe von Balkonen, Loggien oder Terrassenabläufen mit geschlossener Brüstung angeschlossen werden, damit Überflutungen darunterliegender Etagen vermieden werden.
- Bei Balkonen, Loggien und Dachterrassen mit nicht geschlossenen Brüstungen müssen mindestens 50 % der Brüstung als freier Ablauf verfügbar sein, damit das Niederschlagswasser bei Überflutung ungehindert abfließen kann.
- Für Türanschlüsse mit verringerter Anschlusshöhe (barrierefreie Türanschlüsse) sind geeignete Maßnahmen zur Vermeidung von Spritz- und Stauwasserbelastung (z.B. Entwässerungsrinnen) mit Gitterrost-Abdeckungen) vorzusehen (DIN 18531-3).
- Loggien sollten wie Balkone eine vorgehängte Rinne erhalten.

3.8 Sanitärentlüftungen, Antennendurchgänge

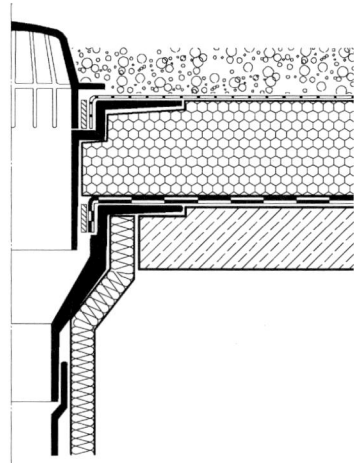

3.74 Eindichtung von Dachabläufen
Anschluss mit Klemmring, hochpolymere Dachbahnen lose verlegt

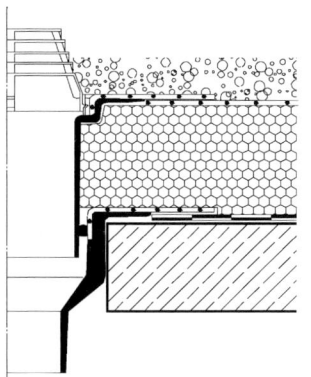

3.75 Dachgully mit eingeschäumter Manschette, auf hoch-polymere, lose verlegte Dachbahnen aufgeschweißt

Dachabläufe sind so einzubauen, dass sich vor dem Ablauf kein Wasserstau bilden kann (z. B. oberflächenbündiges Einlassen). Bei Verwendung bahnenförmiger Abdichtungsstoffe sind sie mit ihren Flanschenaußenkanten im Abstand von mindestens 30 cm zu den Außenkanten sonstiger Durchdringungen, Fugen, Dachaufbauten oder zu aufgehenden Bauteilen zu planen (außer bei speziell für den Einbau in die Attika vorgesehenen Dachabläufen/Notüberläufen), um einerseits eine einwandfreie Ausführung der Eindichtung zu gewährleisten und andererseits zu Wartungszwecken frei zugänglich zu sein. Der Abstand von 30 cm kann bei flüssig zu verarbeitenden Abdichtungsstoffen auf 10 cm verkleinert werden.

Dachabläufe müssen zur Instandhaltung zugänglich sein.

Bei genutzten Dächern müssen die Belagsoberfläche und die Abdichtungsebene entwässert werden.

3.8 Sanitärentlüftungen, Antennendurchgänge und Blitzschutzanlagen

Für das Hindurchführen von Sanitärentlüftungen, Luftschächten, Antennen u. ä. gelten die gleichen Einbauforderungen wie für sonstige Einbauteile. Auch für diese Einbauteile werden vorgefertigte Kunststoffelemente verwendet (Bild **3**.76 und **3**.77).

Bei Blitzschutzanlagen ist bei einer Dachneigung von ≥ 5 % oder bei mechanisch befestigten Dachbahnen eine Sicherung der Dachleitungshalter für Blitzschutzfangleitungen gegen Verschieben zu empfehlen. Für Kunststoff- und Elastomerbahnen sind dafür spezielle systembedingte Formteile auf dem Markt.

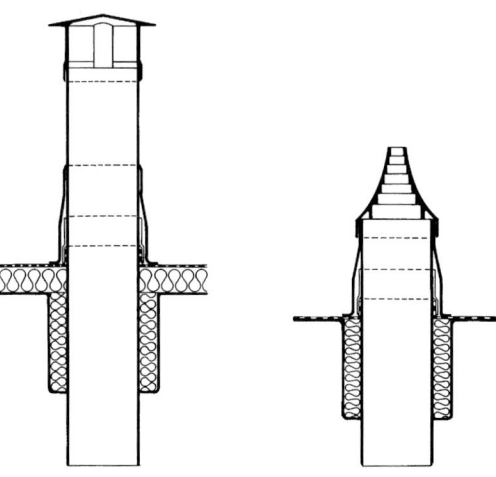

3.76 Kunststoff-Dachentlüfter

3.77 Kunststoff-Antennendurchführung (BRAAS)

Tabelle **3**.78 Grundmaßnahmen zur Instandhaltung der Abdichtung von Dächern (DIN 18531-4)

1	2
Inspektion	Sichtkontrolle zur Feststellung des Zustandes und der Funktion der Abdichtung und der An- und Abschlüsse sowie der Entwässerungseinrichtungen (siehe 5.2)
Wartung	Maßnahmen zur Pflege und Reinigung der Abdichtung und der Entwässerungseinrichtungen (siehe 5.3)
Instandhaltung	Maßnahmen zur Reparatur der Abdichtung und ihrer An- und Abschlüsse und der Entwässerungseinrichtungen (siehe 5.4)

3.9 Instandhaltung

Das Vorurteil, Flachdächer seien gegenüber geneigten Dächern auch bei einwandfreier Ausführung wesentlich schadensanfälliger, beruht fast immer auf Schäden, die durch jahrelange Vernachlässigung bedingt sind. Weil sich bei den oft nicht einsehbaren Flachdachflächen Schäden erst wesentlich später und dann meistens folgenschwer zeigen, muss gegenüber den Auftraggebern klargestellt sein:

Flachdächer erfordern zu ihrer Erhaltung und zur Verlängerung ihrer Lebensdauer – wie jedes andere Dach auch – *regelmäßige Wartung und Pflege.*

Erstmals sind mit DIN 18531-4 in einer Norm Grundmaßnahmen zur Instandhaltung von Dächern geregelt (Tab. **3**.78).

Zur regelmäßigen Überprüfung der Dachflächen sollte ein Inspektions- und Wartungsvertrag mit einer Fachfirma abgeschlossen werden. Wartungsmaßnahmen schließen die Beseitigung von Verschmutzungen und unerwünschtem Pflanzenbewuchs, die Reinigung von Dachrinnen und -abläufen, die Beseitigung von Kiesverwehungen und die Reinigung von Be- und Entlüftungsöffnungen – soweit ohne Gerüst möglich – ein. Die Überprüfung der Dachfläche, ihrer An- und Abschlüsse der Durchdringungen und Übergänge zu benachbarten Flächen und ggf. der Zustand der Nutzschichten sollte mindestens einmal im Jahr erfolgen. Die Überprüfung der Entwässerungseinrichtungen muss nach DIN 1986-3 mindestens zweimal im Jahr erfolgen. Die Ergebnisse der Inspektion sind in einem Protokoll schriftlich festzuhalten, ebenso weitere notwendige Maßnahmen.

Um Inspektions- und Wartungsarbeiten gründlich durchführen zu können, müssen Dachflächen ungehindert zugänglich sein. Dies ist häufig auf Dachflächen, auf denen in größerem Umfang Klimaaggregate installiert sind, nicht gegeben. DIN 18 531 fordert zwischen den Aggregaten und der Dachhaut einen Mindestabstand von 50 cm.

Flachdach-Monitoring

Immer häufiger kommen Monitoringsysteme zur laufenden Kontrolle (Leckagedetektion) von größeren und schwer zugänglichen Dachflächen, über Räumen mit hochsensibler Nutzung sowie zur Leckageortung zum Einsatz. Auch können durch Einsatz derartiger Systeme frühzeitig erhöhte Feuchteeinträge in die Konstruktion auf Grund von Undichtigkeiten in der Luftdichtheitsebene erkannt werden. Bei Sonderkonstruktionen (s. Abschn. 3.3.6) wird eine Leckagedetektion dringend empfohlen, zumal die geringen Mehrkosten solcher Systeme in Bezug auf die Gesamtkosten heute kaum noch eine Rolle spielen.

Als Sensoren dienen Feuchtemesser, Sensorkabel, Edelstahlmessgitter, Edelstahlkontaktplatten und elektrisch leitfähige Glasvliese, die i. d. R. direkt unter der Dachabdichtung eingebaut werden (Bild **3**.79).

Ein Datenkollektor sendet die gesammelten Daten an einen Datenserver, der diese vollautomatisch auswertet und direkt an den Eigentümer bzw. Nutzer oder Betreiber des Gebäudes sendet (Bild **3**.80).

Zusätzlich können auch Schneelastsensoren eingebaut werden, die bei Überschreitung der zulässigen Schneelasten Alarm auslösen.

3.10 Normen

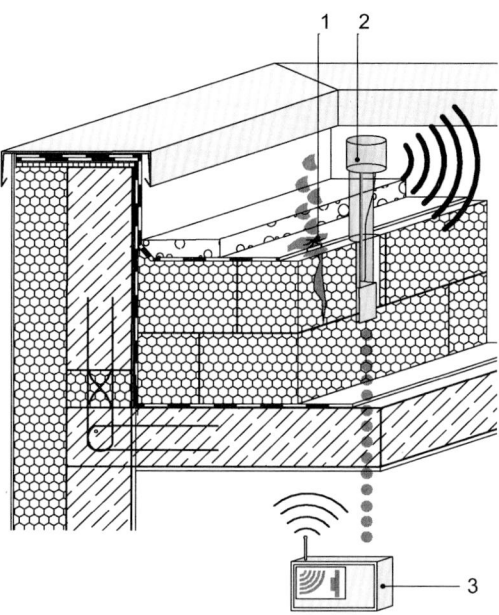

3.79 Schema Flachdachaufbau mit eingebauten Sensoren zur Feuchtedetektion
1 Leckage
2 Sensor
3 Datenkollektor

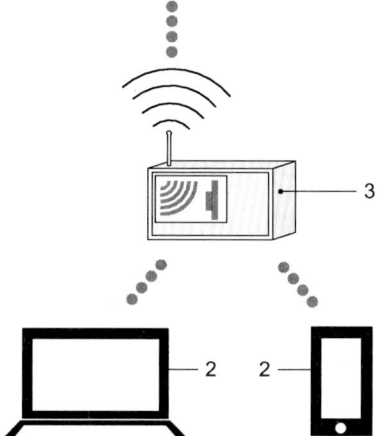

3.80 Informationsübertragung beim Monitoring von Flachdächern (schematisch)
1 Sensor
2 Datenempfänger (z. B. Computer, Handy)
3 Datenkollektor

3.10 Normen

Norm	Ausgabedatum	Titel
DIN 1986-4[1]	12.2011	Entwässerungsanlagen für Gebäude und Grundstücke – Teil 4: Verwendungsbereiche von Abwasserrohren und -formstücken verschiedener Werkstoffe
DIN 1986-100	12.2016	Entwässerungsanlagen für Gebäude und Grundstücke –Teil 100: Bestimmungen in Verbindung mit DIN EN 752 und DIN EN 12056
DIN 4108-2	02.2013	Wärmeschutz und Energie-Einsparung in Gebäuden: Mindestanforderungen an den Wärmeschutz
DIN 4108-3	10.2018	–; Teil 3: Klimabedingter Feuchteschutz – Anforderungen, Berechnungsverfahren und Hinweise für Planung und Ausführung
DIN 4108-4	03.2017	Wärmeschutz und Energie-Einsparung in Gebäuden –Teil 4: Wärme- und feuchteschutztechnische Bemessungswerte
DIN 4108-7	01.2011	–; Luftdichtheit von Gebäuden, Anforderungen, Planungs- und Ausführungsempfehlungen sowie -beispiele

[1] z. Zt. in Neubearbeitung (E 12.2018)

Normen, Fortsetzung

Norm	Ausgabedatum	Titel
DIN 4108-10	12.2015	–; Anwendungsbezogene Anforderungen an Wärmedämmstoffe – Werkmäßig hergestellte Wärmedämmstoffe
DIN 7864-1	04.1984	Elastomer-Bahnen für Abdichtungen; Anforderungen, Prüfung
DIN 16 726	08.2017	Kunststoffbahnen – Prüfungen
Zusammengefasst in:		
DIN 18195	07.2017	Abdichtung von Bauwerken – Begriffe
DIN 18 334	09.2016	VOB Vergabe- und Vertragsordnung für Bauleistungen – Teil C: Allgemeine Technische Vertragsbedingungen für Bauleistungen (ATV) Zimmer- und Holzarbeiten
DIN 18 338	09.2016	VOB Vergabe- und Vertragsordnung für Bauleistungen – Teil C: Allgemeine Technische Vertragsbedingungen für Bauleistungen (ATV) Dachdeckung- und Dachabdichtungsarbeiten
DIN 18 339	09.2016	VOB Vergabe- und Vertragsordnung für Bauleistungen – Teil C: Allgemeine Technische Vertragsbedingungen für Bauleistungen (ATV) Klempnerarbeiten
DIN 18 384	09.2016	VOB Vergabe- und Vertragsordnung für Bauleistungen – Teil C: Allgemeine Technische Vertragsbedingungen für Bauleistungen (ATV) Blitzschutzanlagen
DIN 18 531-1	07.2017	Abdichtung von Dächern sowie von Balkonen, Loggien und Laubengängen – Teil 1: Nicht genutzte und genutzte Dächer – Anforderungen, Planungs- und Ausführungsgrundsätze
DIN 18 531-2	07.2017	– Teil 2: Nicht genutzte und genutzte Dächer – Stoffe
DIN 18 531-3	07.2017	Teil 3: Nicht genutzte und genutzte Dächer – Auswahl, Ausführung und Details
DIN 18 531-4	07.2017	–; Teil 4: Nicht genutzte und genutzte Dächer - Instandhaltung
DIN 52 117	11.2014	Rohfilzpappe; Begriff, Bezeichnung, Anforderungen
DIN 68 365	12.2008	Schnittholz – Sortierung nach dem Aussehen für Zimmerarbeiten
DIN EN 612	04.2005	Hängedachrinnen mit Aussteifung der Rinnenvorderseite und Regenrohre aus Metallblech mit Nahtverbindungen
DIN EN 988	08.1996	Zink und Zinklegierungen – Anforderungen an gewalzte Flacherzeugnisse für das Bauwesen
DIN EN 1090-4	09.2018	Ausführung von Stahltragwerken und Aluminumtragwerken – Teil 4: Technische Anforderungen an tragende, kaltgeformte Bauteile für Dach-, Decken-, Boden- und Wandanwendungen; Deutsche Fassung EN 1090-4: 2018
DIN EN 1253-1	03.2015	Abläufe für Gebäude – Anforderungen Abläufe für Gebäude – Teil 1: Bodenabläufe mit Geruchverschluss mit einer Geruchverschlusshöhe von mindestens 50 mm; Deutsche Fassung EN 1253-1:2015
DIN EN 1873	07.2016	Vorgefertigte Zubehörteile für Dachdeckungen – Lichtkuppeln aus Kunststoff – Produktspezifikation und Prüfverfahren
DIN EN 13 162	04.2015	Wärmedämmstoffe für Gebäude – Werkmäßig hergestellte Produkte aus Mineralwolle (MW) – Spezifikation
DIN EN 13 163	02.2017	Wärmedämmstoffe für Gebäude –Werkmäßig hergestellte Produkte aus expandiertem Polystyrol (EPS) – Spezifikation
DIN EN 13 164	04.2015	Wärmedämmstoffe für Gebäude – Werkmäßig hergestellte Produkte aus extrudiertem Polystyrolschaum (XPS) – Spezifikation
DIN EN 13 165	09.2016	Wärmedämmstoffe für Gebäude – Werkmäßig hergestellte Produkte aus Polyurethan-Hartschaum (PUR) – Spezifikation
DIN EN 13 166	09.2016	Wärmedämmstoffe für Gebäude – Werkmäßig hergestellte Produkte aus Phenolharzhartschaum (PF) – Spezifikation
DIN EN 13 167	04.2015	Wärmedämmstoffe für Gebäude – Werkmäßig hergestellte Produkte aus Schaumglas (CG) – Spezifikation
DIN EN 13 168	04.2015	Wärmedämmstoffe für Gebäude – Werkmäßig hergestellte Produkte aus Holzwolle (WW) – Spezifikation

3.10 Normen

Normen, Fortsetzung

Norm	Ausgabedatum	Titel
DIN EN 13 169	04.2015	Wärmedämmstoffe für Gebäude – Werkmäßig hergestellte Produkte aus Blähperlit (EPB) – Spezifikation
DIN EN 13 170	04.2015	Wärmedämmstoffe für Gebäude – Werkmäßig hergestellte Produkte aus expandiertem Kork (ICB) – Spezifikation
DIN EN 13 171	04.2015	Wärmedämmstoffe für Gebäude – Werkmäßig hergestellte Produkte aus Holzfasern (WF) – Spezifikation
DIN EN 13 238	10.2018	Prüfungen zum Brandverhalten von Bauprodukten – Konditionierungsverfahren und allgemeine Regeln für die Auswahl von Trägerplatten; Deutsche und Englische Fassung prEN 13 238: 2018
DIN EN 13 501-1	01.2010	Klassifizierung von Bauprodukten und Bauarten zu ihrem Brandverhalten – Teil 1: Klassifizierung mit den Ergebnissen aus den Prüfungen zum Brandverhalten von Bauprodukten; Deutsche Fassung prEN 13 501-1: 2017
DIN EN 15 026	07.2007	Wärme- und feuchtetechnisches Verhalten von Bauteilen und Bauelementen – Bewertung der Feuchteübertragung durch numerische Simulation; Deutsche Fassung EN 15 026: 2007
DIN EN ISO 7345	07.2018	Wärmeverhalten von Gebäuden und Baustoffen – Physikalische Größen und Definitionen (ISO 7345: 2018); Deutsche Fassung EN ISO 7345: 2018
DIN EN ISO 13 788	05.2013	Wärme- und feuchtetechnisches Verhalten von Bauteilen und Bauelementen – Raumseitige Oberflächentemperatur zur Vermeidung kritischer Oberflächenfeuchte und Tauwasserbildung im Bauteilinneren – Berechnungsverfahren
DIN EN 1991-1-1	12.2010	Eurocode 1: Einwirkungen auf Tragwerke – Teil 1-1: Allgemeine Einwirkungen auf Tragwerke – Wichten, Eigengewicht und Nutzlasten im Hochbau
DIN EN 1995-1-1/NA	08.2013	Nationaler Anhang – National festgelegte Parameter – Eurocode 5: Bemessung und Konstruktion von Holzbauten – Teil 1-1: Allgemeines
DIN EN 1991-1-4	12.2010	Eurocode 1: Einwirkungen auf Tragwerke - Teil 1–4: Allgemeine Einwirkungen – Windlasten
DIN EN 1991-1-4/NA	12.2010	Nationaler Anhang – National festgelegte Parameter – Eurocode 1: Einwirkungen auf Tragwerke – Teil 1–4: Allgemeine Einwirkungen – Windlasten
DIN EN 1991-1-3	12.2010	Eurocode 1: Einwirkungen auf Tragwerke – Teil 1–3: Allgemeine Einwirkungen, Schneelasten; Deutsche Fassung EN ISO 7345: 2018
DIN EN 1991-1-3/NA[1)]	12.2010	Nationaler Anhang – National festgelegte Parameter – Eurocode 1: Einwirkungen auf Tragwerke – Teil 1–3: Allgemeine Einwirkungen – Schneelasten
DIN EN 1993-1-3	12.2010	Eurocode 3: Bemessung und Konstruktion von Stahlbauten – Teil 1–3: Allgemeine Regeln – Ergänzende Regeln für kaltgeformte Bauteile und Bleche;
DIN EN 1995-1-1	12.2010	Eurocode 5: Bemessung und Konstruktion von Holzbauten – Teil 1-1: Allgemeines – Allgemeine Regeln und Regeln für den Hochbau
DIN EN 1995-1-1/NA	08.2013	Nationaler Anhang – National festgelegte Parameter – Eurocode 5: Bemessung und Konstruktion von Holzbauten – Teil 1-1: Allgemeines – Allgemeine Regeln und Regeln für den Hochbau
DIN EN 13707[2)]	12.2013	Abdichtungsbahnen – Bitumenbahnen mit Trägereinlage für Dachabdichtungen – Definitionen und Eigenschaften
DIN SPEC 20000-201	08.2015	Anwendung von Bauprodukten in Bauwerken – Teil 201: Anwendungsnorm für Abdichtungsbahnen nach Europäischen Produktnormen zur Verwendung in Dachabdichtungen

[1)] z. Zt. in Neubearbeitung (E 03.2018)
[2)] z. Zt. in Neubearbeitung (E 05.2017)

3.11 Literatur

[1] Zentralverband des Deutschen Dachdeckerhandwerks -Fachverband Dach-, Wand- und Abdichtungstechnik- e. V. und Hauptverband der Deutschen Bauindustrie e. V._ Bundesfachabteilung Bauwerksabdichtung: Fachregel für Abdichtungen -Flachdachrichtlinie-, Ausgabe Dezember 2016

[2] Zentralverband des Deutschen Dachdeckerhandwerks – Fachverband Dach-, Wand- und Abdichtungstechnik e. V.: Deutsches Dachdeckerhandwerk – Regelwerk – Fachregeln für Dächer mit Abdichtungen (Flachdachrichtlinien). Köln 2001/2003 – Merkblatt zur Bemessung von Entwässerungen 03/2007

[3] Aachener Institut für Bauschadensforschung und angewandte Bauphysik, Forschungsbericht: Niveaugleiche Türschwellen bei Feuchträumen und Dachterrassen

[4] Holzbau Deutschland Institut e.V.: Informationsdienst Holz, Flachdächer in Holzbauweise, Ausgabe 2019

[5] Behning, F. und Neumann, F.: Trennlagen bei Metallbedachungen – ja oder nein? In: Das Architektenmagazin 5/2001

[6] Forschungsgesellschaft Landesentwicklung Landschaftsbau. Dachbegrünungsrichtlinie, Ausgabe 2008

[7] Künzel, H.: Engobierte Dachziegel, Frostschäden. In: DAB 12/2001

[8] Rode, P.: Abdichtungen mit Gussasphalt als Wurzelschicht. In: bba 04/2001

[9] Zentralverband des Deutschen Dachdeckerhandwerks – Fachverband Dach-, Wand- und Abdichtungstechnik e. V.: Deutsches Dachdeckerhandwerk – Regelwerk – Fachregeln für Dächer mit Abdichtungen (Flachdachrichtlinien). Köln 2001/2003 – Merkblatt zur Bemessung von Entwässerungen 03/2007

[10] FLL (Forschungsgesellschaft Landschaftsentwicklung Landschaftsbau e. V.) – Dachbegrünungsrichtlinie, Ausgabe 2018

4 Abgasanlagen (Schornsteine) und Lüftungsanlagen

4.1 Allgemeines

Der Begriff *Abgasanlagen* umfasst alle für die Ableitung sämtlicher Abgase von Feuerstätten aller Art hergestellten baulichen Anlagen. *Abgasleitungen* für Feuerstätten mit flüssigen oder gasförmigen Brennstoffen sind Abgasanlagen, die nicht rußbeständig sind. Als *Schornsteine* für Feuerstätten mit festen Brennstoffen werden Abgasanlagen, die rußbeständig sind, bezeichnet.

Abgasanlagen müssen Abgase von Feuerstätten in allen Betriebszuständen ordnungsgemäß ins Freie abführen. Sie müssen durchgehend ohne Unterbrechung angeordnet sein. Die vertikalen Bauteile sind lotrecht mit einheitlichen Baustoffen und i. d. R. gleichen Abmessungen in einheitlicher Bauart herzustellen. Die freie Beweglichkeit der Innenschale mehrschaliger Abgasanlagen ist sicherzustellen.

Durch Abgasanlagen dürfen Feuer und Rauch nicht in andere Geschosse oder Brandabschnitte übertragen werden. Im Freien müssen Abgasanlagen einen Mindestabstand von 20 cm zu Fenster- und Wandöffnungen haben. In Gebäuden muss jede Abgasanlage, die Geschosse überbrückt, in einem eigenen Schacht in L 90 (in Gebäuden der Gebäudeklassen 1 und 2 in L 30, sofern sie nur durch eine Nutzungseinheit geführt wird) angeordnet sein. Dies gilt als gegeben, wenn die Abgasanlage selbst eine Feuerwiderstandsdauer von min. F 90 (in niedriggeschossigen Wohngebäuden gemäß Definitionen der Landesbauordnungen min. F 30) aufweist. Unter besonderen Bedingungen sind mehrere Abgasanlagen auch in einem Schacht möglich. Sie müssen so angeordnet und wärmegedämmt sein, dass Abgas und ggf. Rußbrände im Inneren nicht auf das Gebäude übertragen werden. Abgase dürfen aus den äußeren Wänden nicht in gefahrdrohender Menge austreten können (Gasdichtheit). Der konstruktive Aufbau mehrschaliger Anlagen und nicht hinterlüfteter Bekleidungen muss sicherstellen, dass es zu keinen schädigenden Feuchteansammlungen in den Baustoffen kommt (Dampfdiffusionswiderstand der einzelnen Schichten).

Abgasanlagen müssen leicht und sicher mittels unteren und ggf. auch oberen Reinigungsöffnungen geprüft und gereinigt werden können. Zu Abmessungen und der Anordnung von Reinigungsöffnungen macht DIN V 18160-1 Abschn. 6.5 weitergehende Angaben.

Die Funktions-, Brand- und Standsicherheit darf durch fremde Bauteile und Einrichtungen *in und an* Abgasanlagen nicht gemindert werden.

Die beim Verbrennungsvorgang entstehenden heißen Abgase haben ein geringeres spezifisches Gewicht als die umgebende Außenluft. Sie erhalten dadurch nach dem Archimedischen Prinzip einen Auftrieb mit einer Strömungsgeschwindigkeit, die abhängig ist von

- Temperaturdifferenz zwischen Abgas- und entsprechender Außenluftsäule,
- Höhe der Luftsäulen,
- Frischluftzustrom zur Feuerungsanlage,
- Strömungs- und Reibungswiderständen in Feuerungsraum und Abgasanlagen,
- Abkühlung der Abgase innerhalb der Abgasanlage.

Mit der Abgassäule muss eine entsprechende Zuluftsäule nach dem Prinzip der „kommunizierenden Röhren" einen Kreislauf bilden können (Bild **4**.1).

Richtig dimensionierte Abgasleitungen und Schornsteine funktionieren bei den jeweils betriebsbedingten Abgastemperaturen nach diesem Prinzip mit natürlichen Druckunterschieden. Bei ihrem Weg durch die Abgasanlagen kühlen sich die Verbrennungsgase ab. Der in ihnen enthaltene Wasserdampf kann dabei insbesondere in der Nähe der oberen Mündung kondensieren. Bei hohen Abgastemperaturen kommt es bei *vorübergehender Kondensatbildung* an den Innenwänden der Mündung der Abgasanlage in der Regel zu keinen Schäden.

Moderne Feuerstätten bzw. Wärmeerzeuger haben jedoch zur besseren Energieausnutzung heute meistens Abgastemperaturen von nur etwa 150 °C, bei Niedertemperaturkesseln mit Wärmerückgewinnung aus den Abgasen („Brennwertkessel") sogar von nur 40 bis 60 °C. Bei modernen Heizungssteuerungen können außerdem Programmschaltungen die Wirtschaftlichkeit der Anlage durch längere Betriebspausen erhöhen. Die Abkühlung der Kessel wird dabei zudem durch Abgasklappen in den Verbindungsstücken

4 Abgasanlagen und Lüftungsanlagen

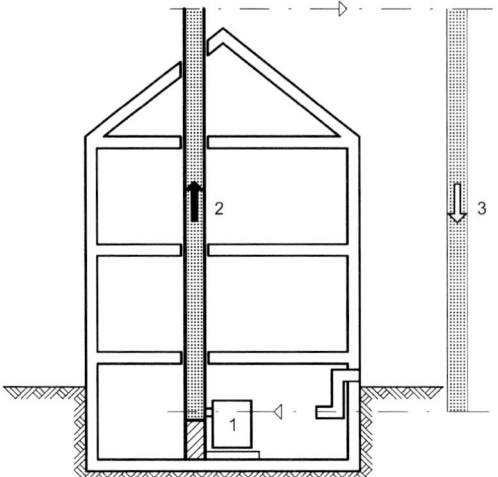

4.1 Funktionsschema einer Abgasanlage
1 Feuerstätte
2 Abgassäule („warm, leicht") mit Auftrieb
3 äquivalente Außenluftsäule („kühler, schwerer")

EN 13 384). Die Wandungen von Abgasanlagen müssen deshalb ohne Schaden vorübergehend Feuchtigkeit speichern können oder aus feuchtigkeitsunempfindlichen Baustoffen (z. B. Edelstahlrohre, Glas) bestehen.

Aus alledem folgt daher, dass Abgasanlagen sich aus den ehemals einfachen, meist gemauerten Bauarten zu stark spezialisierten, mehrschichtigen Bauelementen entwickelt haben, die sorgfältig in Verbindung mit der gesamten Heizanlage geplant werden müssen (Bild **4**.2).

Bei der *Planung von Abgasanlagen* und bei der Bestimmung des Querschnitts sind zu beachten:

- Abgasart (Art der Brennstoffe)
- Nennwärmeleistung in kW, Abgasmassestrom und Zugbedarf
- Abgastemperatur (thermische Beanspruchung des Materials der Abgasleitungen und Schornsteine)
- Betriebsart (z. B. gleichmäßiger Dauerbetrieb oder Intervallbetrieb)
- Lage (Festlegung innerhalb des Gebäudegrundrisses, Beeinflussung der Abgasführung durch Dachform, benachbarte Gebäude u. Ä.)
- Zuluft
- Überwachung und Reinigung

zwischen Kessel und Abgasanlage begrenzt. Dadurch kommt es zu verstärkter Auskühlung innerhalb der Abgasanlage und besonders bei gasgefeuerten Heizanlagen zu erheblicher Kondensatbildung (Taupunktberechnung nach DIN

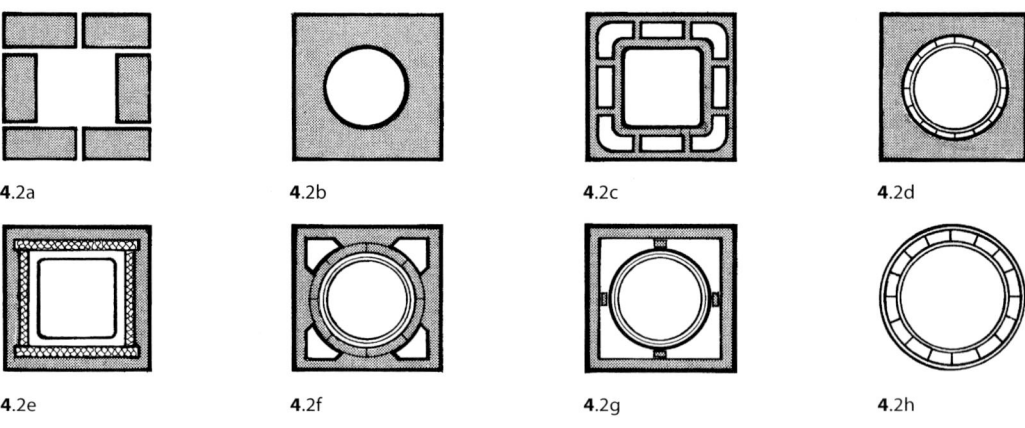

4.2 Bauarten von Abgasanlagen und Schornsteinen
  a) nur noch als Ummantelung
  b) nur noch als Ummantelung
  c) einschalige Bauart aus Beton-Fertigteilen mit Entlüftungskammern
  d) zweischalige Bauart aus Beton-Fertigteilen mit Schamotte-Abgasrohr (säurebeständig)
  e) dreischalige Bauart aus Beton-Fertigteilen mit Schamotte-Abgasrohr, wärmegedämmt (säurebeständig)
  f) zweischalige Bauart aus Beton-Fertigteilen mit feuchtigkeitsunempfindlichem Abgasrohr und Wärmedämmung (säurebeständig)
  g) Abgasanlage für Gasfeuerungen mit feuchtigkeitsunempfindlicher Abgasleitung und mit Zuluftrückführung
  h) Abgasanlage aus Stahl mit Abgasleitung aus Edelstahl, Wärmedämmung und Außenschale aus Edelstahlblech (säurebeständig)

4.2 Allgemeine Bauvorschriften

Eine Heiz- bzw. Feuerungsanlage besteht grundsätzlich aus Heizkessel (bzw. Feuerstätte), Verbindungsstück und Abgasleitung (Schornstein). Die weiteren Grundbegriffe sind Bild **4**.3 zu entnehmen.

4.2 Allgemeine Bauvorschriften

4.2.1 Vorschriften und Normen

Grundlage für die Bauvorschriften von Abgaseinrichtungen und Schornsteinen sind die Bestimmungen der Landesbauordnungen, das Bundesimmissionsschutzgesetz und die Technischen Anleitungen zur Reinhaltung der Luft (TA-Luft vom 24.07.2002).
Planung und Ausführung von Abgasanlagen (Abgasleitungen und Schornsteine) sind in DIN EN 13063, DIN V 18 160-1, DIN EN 12446, DIN EN 1443 und in den Landesbauordnungen durch verschiedene Einzelvorschriften geregelt. Sie können im Rahmen dieser Abhandlung nur in den wichtigsten Teilen erwähnt werden.

4.2.2 Baustoffe

Bauprodukte für Abgasanlagen werden je nach Anwendungsbereich und Leistungsanforderungen in DIN V 18 160-1 klassifiziert nach
- Temperaturklasse T (gibt an, bis zu welcher Abgastemperatur das Bauprodukt einsetzbar ist, von T080 °C bis T600 °C)
- Gasdichtheitsklasse/Druckklasse N, P oder H nach DIN EN 1443/Druckklasse gibt u. a. an, welche Leckrate das Bauprodukt unter Prüfbedingungen aufweisen darf und für welche Betriebsweise das Produkt geeignet ist (Unter-, Über- oder Hochdruckanlage).
- Rußbrandbeständigkeitsklasse G (für Abgasanlagen *mit* Rußbeständigkeit) oder O (für Abgasanlagen *ohne* Rußbeständigkeit) (gibt an, ob die Bauprodukte in Abhängigkeit von der Bauart der Anlage auch für eine rußbrandbeständige Abgasanlage als Schornstein geeignet sind).
- Kondensatbeständigkeitsklasse (D = geeignet für trockene, W = geeignet für feuchte Betriebsweise)
- Korrosionswiderstandsklasse (gibt an für welche Brennstoffe das Bauprodukt ausreichend korrosionsbeständig ist. 1 = gasförmig, 2 = flüssig/gasförmig, 3 = fest, flüssig/gasförmig)

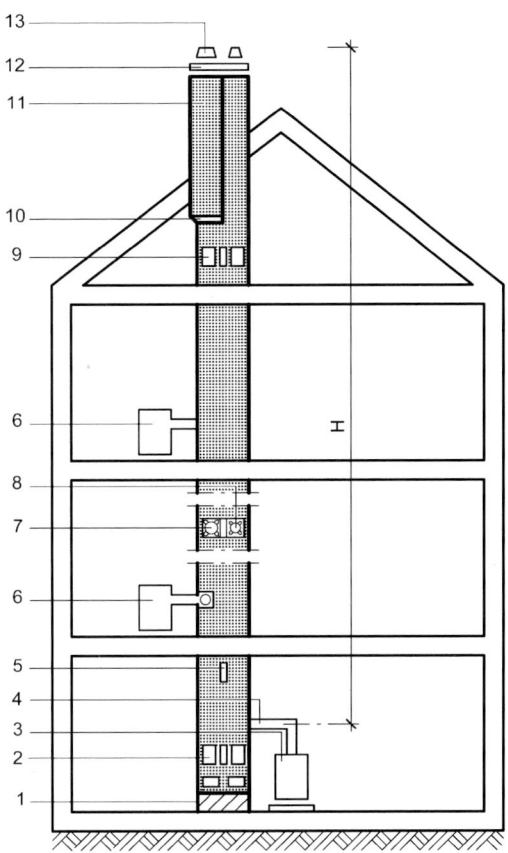

4.3 Abgasanlage (Grundbegriffe)
1 Sockel/Fundament
2 Untere Reinigungsverschlüsse (Putztüren)
3 Heizkessel (Sammelfeuerstätte)
4 Verbindungsstück
5 Heizraum-Abluft
6 Einzelfeuerstätte
7 „Gemeinsame" Abgasleitung
8 „Eigene" Abgasleitung
9 Obere Reinigungsverschlüsse
10 Kragplatte für Verkleidung
11 Schornsteinkopf (mit Verkleidung und Einfassung)
12 Abdeckplatte
13 Mündung H = wirksame Höhe der Abgasanlage

- Wärmedurchlasswiderstandsklasse TR; die Bezeichnung TR (für engl.: *thermal resistance*) wird ergänzt durch die Angabe des Wärmedurchlasswiderstandes des Bauproduktes in $(m^2 K)/W$ multipliziert mit 100
- Feuerwiderstandsklasse L 30/L 90 nach DIN EN 1366-1 (als Angabe für die Dauer des Widerstandes bei Brandbeanspruchung)

- Baustoffklasse A (nicht brennbare Baustoffe) oder B (brennbare Baustoffe) gemäß DIN 4102-1[1)]

Bauprodukte für Abgasanlagen müssen mit dem CE-Zeichen[2)] gekennzeichnet sein (s. Abschn. 2.2.4 in Teil 1 dieses Werkes). Ausgeführte Anlagen sind mindestens gemäß den oben aufgeführten Anforderungen zu kennzeichnen, (z. B. DIN V 18160-1 T400, P1, W, 1 C50 und L90), dabei steht

- DIN V 18160-1 für Nummer der Norm
- T400 für Temperaturklasse
- P1 für Gasdichtheits- oder Druckklasse
- W für Kondensatbeständigkeitsklasse
- 1 für Korrosionswiderstandsklasse
- O50 für Rußbrandbeständigkeitsklasse mit Angabe eines Abstandes zu brennbaren Baustoffen
- L90 für Feuerwiderstandsklasse

Bei den für Hausheizungen in Betracht kommenden Abgastemperaturen ist in der Regel keine Erhitzung von Bauteilen der Abgasanlagen zu befürchten, die für angrenzende Bauteile kritisch werden könnte.

Wenn jedoch Abgasrückstände (z. B. Ruß) in Brand geraten oder wenn diese vom Schornsteinfeger beim „Ausbrennen" absichtlich in Brand gesetzt werden, können außerordentlich hohe Temperaturen an den Außenflächen entstehen. Brennbare Bauteile müssen daher bestimmte Abstände von den Abgasleitungen und Schornsteinen haben (s. Abschn. 4.2.4), die mit der Rußbrandbeständigkeitsklasse zu benennen sind.

Bei großen Querschnitten insbesondere von hohen Abgasanlagen kann es durch Unregelmäßigkeiten bei der Verbrennung zu *Verpuffungen* mit erheblichen Explosionsschlägen kommen. Wandungen müssen daher so beschaffen sein, dass sie auch derartigen Beanspruchungen gewachsen sind.

Die oberhalb des Daches liegenden Bauteile von Abgasanlagen müssen frostbeständig sein.

4.2.3 Höhe der Abgasanlage

Die Höhe von Abgasanlagen ist im Allgemeinen von der Gebäudehöhe abhängig, wenn nicht freistehende Anlagen (s. Bilder **4.**19, **4.**21 und **4.**22) eine unabhängige Höhe ermöglichen. Die wirksame Höhe (Abstand Achse der Abgaseinführung – Mündung) sollte mindestens 4 m betragen. Geringere Höhen sind bei speziellen Feuerungsanlagen bzw. bei Nachweis nach DIN EN 13 384-1 möglich.

4.2.4 Lage der Mündung und Abstände von brennbaren Bauteilen

Die Mündungen von Abgasanlagen müssen so angeordnet sein, dass sie nicht in unmittelbarer Nähe von Fenstern, Zuluftöffnungen, Balkonen usw. liegen. Bei terrassenartigen Gebäuden sollten sie aus der höchsten Dachfläche austreten. Bei Flachdächern mit geschlossener Brüstung von mindestens 50 cm Höhe müssen Öffnungen in der Brüstung zur Ableitung von gefährlichen Abgasansammlungen vorgesehen werden.

Die Mündung der Abgasanlage ist für geneigte Dächer bei Dachneigungen von mehr als 20° möglichst am First vorzusehen. Sie muss die höchste Dachkante um mindestens 40 cm, bei Feuerstätten für feste Brennstoffe und weicher Bedachung (mit Stroh- oder Reetdeckung) mindestens um 80 cm überragen. Von Dachflächen, die weniger als 20° geneigt sind, müssen Mündungen von Abgasanlagen einen Sicherheitsabstand von mindestens 1 m haben (ausgenommen bei raumluftunabhängigen Gasfeuerstätten ≤ 50 kW Nennwärmeleistung, hier beträgt der Mindestabstand 40 cm).

Bei zusammengesetzten Baukörpern müssen die Mündungen in der Regel im höchsten Bauwerk liegen. Dachaufbauten, Gebäudeteile und Öffnungen zu Räumen, auch an Nachbargebäuden im Umkreis von 15 m, deren Abstand kleiner als 1,5 m oder kleiner als das 1,5-fache der Höhe der Abgasanlage beträgt, müssen von Abgasanlagen

---

[1)] Derzeit stehen in Deutschland die deutsche Norm *DIN 4102-2: Brandverhalten von Baustoffen und Bauteilen; Bauteile, Begriffe, Anforderungen und Prüfungen* und die europäische Norm *DIN EN 13501-2: Klassifizierung von Bauprodukten und Bauarten zu ihrem Brandverhalten – Teil 2: Klassifizierung mit den Ergebnissen aus den Feuerwiderstandsprüfungen, mit Ausnahme von Lüftungsanlagen* gleichberechtigt nebeneinander. Entsprechend muss die Feuerwiderstandsklasse von Bauteilen durch Prüfungen nach DIN 4102 oder nach *DIN EN 1363: Feuerwiderstandsprüfungen* nachgewiesen werden.
Die nationalen Normen werden nach und nach von den europäischen Normen abgelöst.

[2)] Die alleinige Kennzeichnung durch das CE-Zeichen deckt oft nicht die weitergehenden nationalen Anforderungen an das Bauprodukt ab. Einige Hersteller fordern deshalb zusätzlich eine allgemeine bauaufsichtliche Zulassung (abZ).

4.2 Allgemeine Bauvorschriften

Tabelle **4.4** Korrosionswiderstandsklassen nach DIN V 18 160-1

Korrosionswiderstandsklassen	1	2	3
mögliche Brennstoffarten	Gas: Schwefelgehalt ≤ 50 mg/m^3, Erdgas: L + H, Flüssiggas	Gas Erdgas: L + H, Flüssiggas	Gas Erdgas: L + H, Flüssiggas
	Öl und Kerosin: Schwefelgehalt < 50 mg/m^3	Öl und Kerosin: Schwefelgehalt $< 0,2\%$ (Massenanteil)	Öl und Kerosin
		Holz für ausschließlich offen betriebene Feuerstätten	Holz Kohle Torf

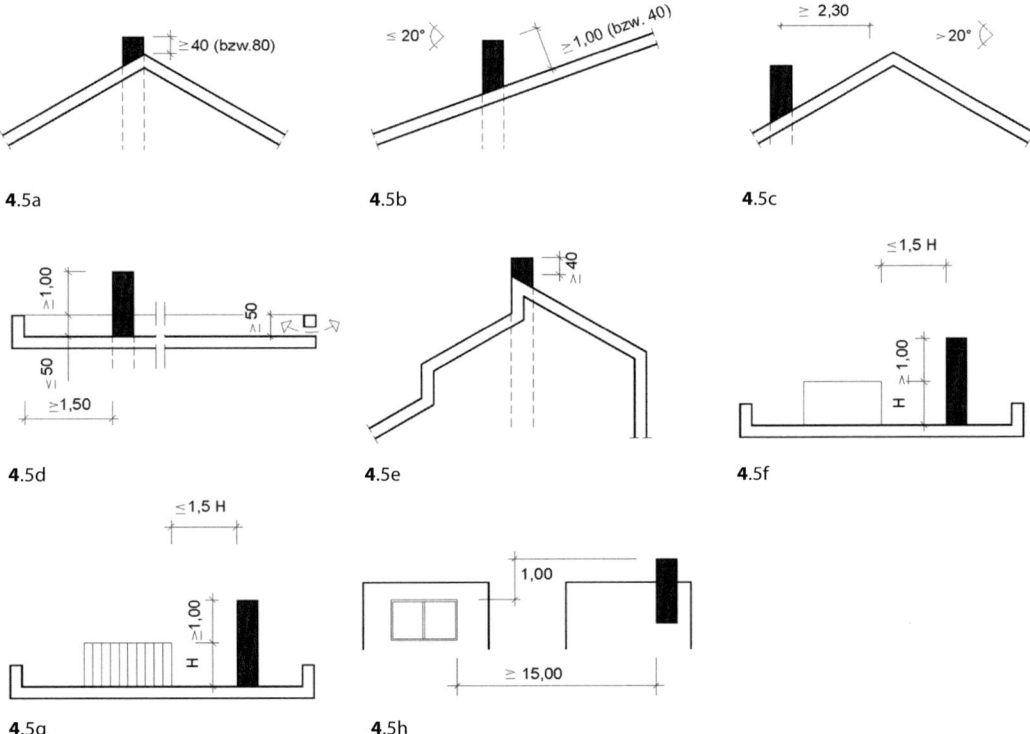

4.5a   4.5b   4.5c

4.5d   4.5e   4.5f

4.5g   4.5h

4.5 Abstände der Mündungen von Abgasanlagen
  a) 40 cm bei harter Bedachung, 80 cm bei weicher Bedachung
  b) Dachneigung $\leq 20°$ 1,00 m Abstand; bei Gasfeuerstätten < 50 kW 40 cm Abstand
  c) Dachneigung $> 20°$
  d) Flachdächer mit allseitig geschlossener Aufkantung/Brüstung
  e) zusammengesetzte Baukörper
  f) Abstand von Dachaufbauten
  g) Abstand von Bauteilen aus brennbaren Baustoffen
  h) Feuerungsanlage bis 50 kW: in 15 m Umkreis 1,0 m Abstand bis OK Öffnung

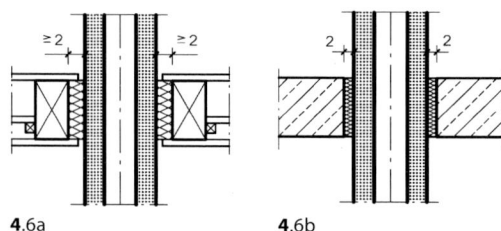

4.6 Deckendurchführung von Schornsteinen
  a) Schnitt durch Schornstein und Holzbalkendecke, Hinterfüllung mit nichtbrennbarer Mineralwolle oder Beton
  b) Schornsteinführung durch Stahlbetondecke; nicht brennbare Dämmplatte in senkrechter Fuge

um mindestens 1 m überragt werden. Gleiches gilt für den Abstand von Bauteilen oder Bekleidungen aus brennbaren Baustoffen (Bild **4**.5).

Andererseits haben auch häufige Sturmschäden an frei über Dachflächen stehenden Abgasanlagen zu *Höhenbegrenzungen* geführt. Diese sind abhängig von der Bauart und der Einbauhöhe über Gelände. Bei Abgasanlagen aus gemauerten Formsteinen werden sie zum Bestandteil der amtlichen Einzelzulassungen. Danach dürfen ummauerte Anlagen – gemessen in der Achse – geneigte Dachflächen oder Flachdachflächen etwa 1,40 m bis 1,90 m und verputzte oder verkleidete Abgasanlagen teilweise nur etwa 0,60 m bis höchstens 1,50 m überragen.

Zwischenräume in den Deckendurchbrüchen sind dicht mit nicht brennbaren und ausreichend wärmedämmenden Baustoffen auszumauern oder auszufüllen (Bild **4**.6). Die Höhenänderungen der Abgasanlagen dürfen dadurch aber nicht behindert werden. Die notwendige Aussteifung muss wirksam bleiben.

Abstände zu brennbaren Bauteilen. Nach DIN V 18160-1, Abschn. 6.9 müssen die Außenflächen von Abgasanlagen so weit von brennbaren Baustoffen entfernt sein, dass an diesen keine höheren Temperaturen als 85 °C und bei Rußbränden im Inneren von Schornsteinen Temperaturen von max. 100 °C auftreten können. Bauteile aus oder mit brennbaren Baustoffen müssen zu den Außenflächen von Abgasanlagen mindestens einen Abstand einhalten, der dem mit der Rußbeständigkeitsklasse angegebenen Abstand zu brennbaren Baustoffen entspricht. Die Zwischenräume zwischen den Bauteilen aus oder mit brennbaren Baustoffen und der Abgasanlage sind zu belüften bzw. durchgehend offen zu halten oder unter Berücksichtigung der Herstellerangaben mit formbeständigen nicht brennbaren Baustoffen mit geringer Wärmeleitfähigkeit auszufüllen. Zwischenräume in Decken sind mit nicht brennbaren Baustoffen geringer Wärmeleitfähigkeit auszufüllen.

Des Weiteren gelten in Abhängigkeit von der Bauart und Betriebsweise folgende Regelungen:

Für Schornsteine, deren mit der Rußbeständigkeitsklasse angegebener Abstand zu brennbaren Baustoffen max. 50 mm beträgt, genügt gegenüber *Holzbalken* und *Bauteilen* entsprechender Abmessungen aus brennbaren Baustoffen ein Mindestabstand von 2 cm (Bild **4**.6). Zu Holzbalkendecken, Dachbalken aus Holz, weichen Bedachungen und ähnlichen, streifenförmig an Schornsteine angrenzenden Bauteilen aus oder mit brennbaren Baustoffen ist kein Abstand erforderlich, wenn die Schornsteine im Bereich dieser Bauteile zusätzlich mit mindestens 11,5 cm Mauerwerk verkleidet sind. Bauteile wie Fußleisten oder Dachlatten, die nur geringflächig an Schornsteine angrenzen, benötigen keinen Abstand zu diesen, wenn diese Bauteile außenseitig frei liegen und außenseitig nicht zusätzlich wärmegedämmt sind.

Abgasleitungen innerhalb von Schächten (L90 oder L30) benötigen bei Temperaturklassen bis T120 keinen Abstand. Bis T200 sind keine Abstände gefordert, wenn die Schächte aus nicht brennbaren Baustoffen bestehen, der Zwischenraum zwischen Schacht und Abgasleitung dauernd belüftet ist und der Abstand zwischen Abgasleitung und Schacht i. d. R. ≥ 3 cm beträgt.

Bei Temperaturklassen ab T200 ist i. d. R. ein Nachweis über die Maximaltemperatur (max. 85 °C) an den angrenzenden Bauteilen erforderlich. Der Nachweis kann für Temperaturklassen bis T400 entfallen, wenn entweder der Zwischenraum belüftet ist oder der Wärmedurchlasswiderstand des Schachtes mindestens 0,12 (m²K)/W beträgt und ein Abstand von ≥ 5 cm eingehalten wird.

Abgasleitungen außerhalb von Schächten mit Temperaturklassen bis T300 müssen von brennbaren Bauteilen einen Mindestabstand von 20 cm einhalten. Wenn die Abgasleitung mit mind. 2 cm dickem, nicht brennbaren Baustoff ummantelt ist oder wenn die Abgastemperatur 160 °C nicht übersteigt, genügt ein Abstand von 5 cm (Bild **4**.7a). Für Abgasleitungen mit Temperaturklassen über T300 ist ein Abstand von 40 cm einzuhalten. Bei einer Ummantelung mit mind.

4.2 Allgemeine Bauvorschriften

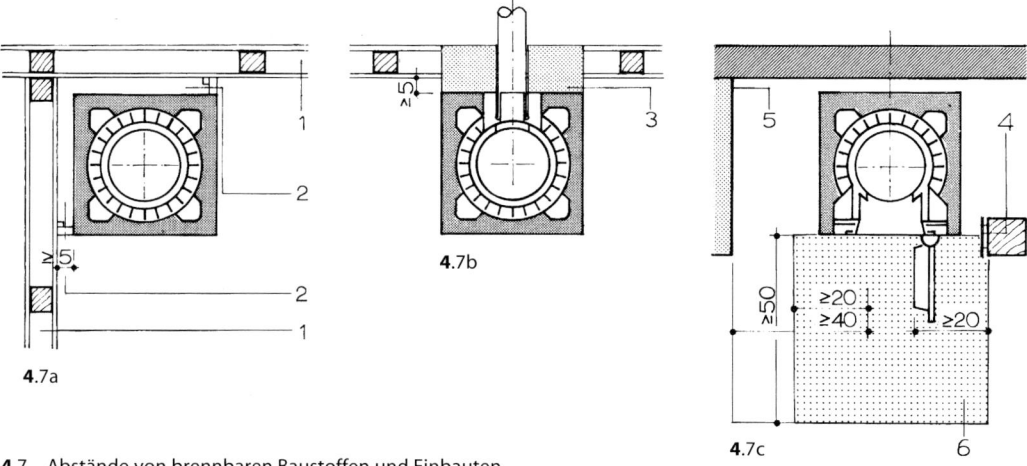

4.7 Abstände von brennbaren Baustoffen und Einbauten
a) Abstand von leichten brennbaren Trennwänden und Einbauten (≥ T 200 ≤ T 400)
b) Abstände von Verbindungsstücken
c) Abstände von Reinigungsöffnungen
1 Trennwand, brennbare Baustoffe
2 Belüftungsöffnungen oben und unten
3 Wandteil aus nichtbrennbaren Baustoffen
4 Brennbarer Baustoff mit Schutz gegen Wärmestrahlung
5 Einbauschrank o. Ä.
6 Fußbodenbereich aus nichtbrennbaren Baustoffen

2 cm dickem, nicht brennbarem Baustoff genügt ein Abstand von 20 cm.

Abstände von Verbindungsstücken für Feuerstätten mit flüssigen oder gasförmigem Brennstoffen zu brennbaren Bauteilen betragen min. 20 cm bei Abgastemperaturen von 160 °C bis 400 °C bzw. ≥ 5 cm bei Temperaturen von 85 °C bis 160 °C. Darunter ist kein Abstand erforderlich. Bei festen Brennstoffen ist ein Abstand von min. 40 cm, bei mindestens 2 cm dicker Ummantelung mit nicht brennbaren Baustoffen ein Abstand von min. 10 cm erforderlich (Bild **4.**7b).

Wanddurchführungen von Verbindungtücken sind entweder in einem Abstand von min. 20 cm in einem nicht brennbaren Schutzrohr zu führen oder in einer Dicke von min. 20 cm mit nicht brennbaren Baustoffen geringer Wärmeleitfähigkeit zu ummanteln. Bei Abgastemperaturen unter 160 °C genügt ein Abstand von ≥ 5 cm.

Von Reinigungsöffnungen zu brennbaren Bauteilen (auch bei oberen Reinigungsöffnungen in Dachräumen) muss ein Mindestabstand von 40 cm eingehalten werden. Er kann auf 20 cm abgemindert werden, wenn die brennbaren Bauteile einen besonderen Schutz gegen Wärmestrahlung erhalten. Vor den Reinigungsöffnungen muss eine Fußbodenfläche von mindestens 50 cm Tiefe und jeweils 20 cm Breite seitlich über die Öffnung ragend aus nichtbrennbaren Baustoffen vorhanden sein (Bild **4.**7c).

Bei Luft-Abgas-Systemen (s. Abschn. 4.3.2) zu Bauteilen aus oder mit brennbaren Baustoffen ist min. der mit der Rußbeständigkeitsklasse angegebene Abstand einzuhalten. Des Weiteren gelten die Abstände zu brennbaren Bauteilen wie zuvor beschrieben. Brennbare Bauteile und Luft-Abgassysteme mit einer Feuerwiderstandsklasse L90 benötigen bei Abgastemperaturen bis 120 °C keinen Abstand.

4.2.5 Wärmeschutz

In den Abgasen der üblichen Brennstoffe sind neben Stickstoff aus der Verbrennungsluft und Ruß aus unverbranntem Kohlenstoff vor allem Kohlendioxyd (CO_2), Schwefeldioxyd (SO_2) und Wasser (H_2O) enthalten. Die Abgase von 1 kg Heizöl enthalten etwa 1,5 kg Wasserdampf, die Abgase von 1 m^3 Heizgas etwa 1,5 kg Wasserdampf.

Wenn sich die Rauchgase auf ihrem Weg durch die Abgasanlage abkühlen, kommt es bei Temperaturen von 40 °C bis 45 °C zu *Kondensatbildung*, und das als Dampf im Rauchgas enthaltene Wasser schlägt sich vor allem im Bereich der im Freien liegenden Teile der Abgasanlage nieder. Bei dem üblichen intermittierenden Betrieb der Heizungsanlagen kann die Abgasanlage nur bei ausreichender Durchlüftung austrocknen.

Bei Neuanlagen sollten daher grundsätzlich *Abgasanlagen für feuchte Betriebsweise* verwendet werden, die zusätzlich über einen Kondensatablauf verfügen oder zumindest mit einem Kondensatfang ausgerüstet sind.

Besonders bei Ölheizungen verbindet sich im Laufe der Zeit die sich ansammelnde Feuchtigkeit mit den SO_2-Anteilen der Abgase zu schwefliger Säure, die die Baustoffe der Abgasanlage angreift und allmählich durchdringt. Es kommt zur „Versottung" der Anlage. Diese Gefahr besteht insbesondere bei falsch bemessenen zu großen Querschnitten, etwa, wenn bei Änderungen an der Heizungsanlage – z. B. bei Umstellung von Öl- auf Gasfeuerung – die Überprüfung der Dimensionierung vernachlässigt wird.

Zur Planung von Abgasanlagen gehört daher die Festlegung des Wärmeschutzes für die Abgasleitung innerhalb des Gebäudes sowie für den im Freien oder in Kalträumen liegenden Teil, damit die Abgastemperatur möglichst nicht die kritischen Grenzen zur Kondensatbildung erreicht (etwa 50 °C für Wasserdampf, etwa 100 °C bis 130 °C für Säuren je nach Verbrennung und Brennstoffqualität).

Die früher üblichen gemauerten *einschaligen* Schornsteine (Bild **4**.2a) sowie ein- oder zweischalige Abgasanlagen aus Formsteinen (Bild **4**.2b und c) kommen somit nur noch für Einzel-Ofenheizungen, offene Kamine o. Ä. in Betracht, die dort Verwendung finden, wo die EnEV nicht greift. Einschalige Abgasanlagen wie in Abb. **4**.2a und b bekommen i. d. R. keine Zulassung mehr, da sie die Anforderung W3G (rußbeständig und feuchteunempfindlich) nicht erfüllen.

Heute übliche *mehrschalige* Systeme (Bild **4**.2d bis f) bestehen in der Regel aus einer Schamotte-Innenschale (auch mit Spezialbeschichtungen und Innenglasur), Wärmedämmschichten aus nicht brennbaren Mineralwollplatten (auch Vermiculite o. ä. als Dämmmörtel oder Verfüllung) und aus Leichtbeton-Außenschalen, die gleichzeitig auch Lüftungskanäle enthalten können.

Abgasanlagen für Heizungsanlagen mit niedrigen Abgastemperaturen werden mit hinterlüfteten Abgasrohren ausgeführt.

Die Industrie hat auf die höheren Anforderungen aus der EnEV bezüglich Wärmeschutz und Dichtigkeit reagiert und spezielle Formsteine mit z. B. nicht brennbarer und wärmedämmender Schaumglaseinlage oder -ummantelung entwickelt, die eine thermische Trennung im Übergangsbereich Außenraum bzw. nicht beheizten Raum sicherstellen und somit die Wärmeverluste reduzieren. Spezial-Folienschürzen und Dichtmanschetten sorgen für die erforderliche Luftdichtheit (Bild **4**.8). Revisionsöffnungen sind mit Dichtungen ausgestattet.

4.2.6 Standsicherheit

Abgasanlagen müssen auf tragfähigem Baugrund mit entsprechenden Fundamenten gegründet oder auf feuerbeständigem Unterbau aufgesetzt sein. Für Abgasanlagen in Gebäuden geringer Höhe, für Abgasanlagen und Schornsteine, die oberhalb der obersten Geschossdecke beginnen sowie für Anlagen *an Gebäuden* genügt eine Unterstützung aus nicht brennbaren Baustoffen. Müssen Abgas- oder Feuerungsanlagen mit hohen zu erwartenden Temperaturbelastungen auf bindigen Böden gegründet werden, muss durch Wärmedämmung ein Austrocknen und die damit verbundene Volumenverringerung des Untergrundes verhindert werden, weil es sonst zu erheblichen Setzungen der Fundamente kommen kann.

Die horizontale Krafteinleitung (Aussteifung) muss unmittelbar erfolgen. Dies gilt als erfüllt, wenn der umlaufende Bewegungsspalt nicht größer als 2 mm (ohne Wärmedämmstreifen) ausgeführt ist.

Umfassungsbauteile von Abgasanlagen (Schornsteinwangen) dürfen durch andere Bauteile wie Decken, Unterzüge und Stürze nicht belastet werden.

Abgasanlagen dürfen in tragende oder aussteifende Wände nur dann eingreifen, wenn dadurch die statische Wirksamkeit und die Brandschutzanforderungen dieser Wände nicht beeinträchtigt werden.

In Dachräumen sind freistehende Abgasanlagen je nach Bauart ausreichend auszusteifen (in der Regel in Abständen von höchstens 3 m). Dabei dürfen auch Bauteile aus brennbaren Baustoffen (z. B. Teile der Dachkonstruktion) herangezogen

4.2 Allgemeine Bauvorschriften

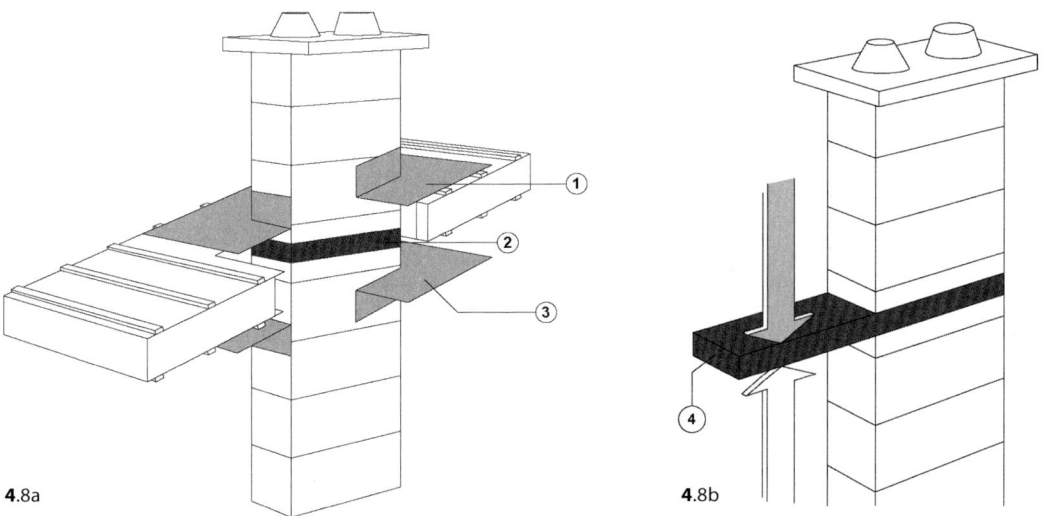

4.8a   **4**.8b

4.8 Schornsteinkopf mit thermischer Trennung und luftdichtem Anschluss
   a) Schornsteinkopf mit Thermo-Trennstein und Thermo-Dichtset (Schiedel)
   b) Prinzipskizze Thermo-Trennstein
   1 außenseitig: Folie an Unterspannbahn der Dachhaut und am Schornsteinkopf fixieren
   2 Mantelstein mit Schaumglaseinlage
   3 innenseitig: Dichtmanschette anheften und luftdicht verkleben mit raumseitiger Dampfbremse und Schornstein
   4 Unterbrechung Wärmefluss

worden, wenn die erforderlichen Abstände eingehalten werden (s. a. Abschn. 4.2.4).

Die über die Dachfläche hinausragenden Teile der Abgasanlagen (Aufsätze, Verlängerungen, Schornsteinköpfe) müssen insbesondere den einwirkenden Winddruck- und -sogkräften standhalten können. Die Kippsicherheit der Köpfe muss in der Regel allein durch ihr Eigengewicht bewirkt werden und ist bei größeren Höhen der Anlage statisch zu ermitteln. Für Abgasanlagen aus Fertigelementen können die erforderlichen Nachweise anhand von Tabellen der Hersteller geführt werden.

Weitergehende Regelungen zu erforderlichen Standsicherheitsnachweisen trifft DIN V 18160-1 Abschn. 13.

4.2.7 Querschnitte

Der lichte Querschnitt einer Abgasleitung oder eines Schornsteins ist rund, quadratisch oder – nicht so günstig – rechteckig ($a : b$ < 1:1,5. Durch die heute oft niedrigen Abgastemperaturen <120 °C können die Querschnitte im Wohngebäude geringer ausfallen als früher (Ø<100 mm).

Bei der Dimensionierung gilt als Grundregel, dass die Abgasanlagen möglichst immer voll ausgelastet sein sollen, da auf diese Weise am besten der Kondensatbildung entgegengewirkt wird.

Der erforderliche Querschnitt ist rechnerisch nach DIN EN 13 384 zu ermitteln.

Die Schornsteine sind ohne Querschnittsänderungen senkrecht hoch zu führen. Ein *„Verziehen"* (bis zu 60 °C gegen die Waagerechte) ist bis zu Querschnittsgrößen von 400 cm^2 ohne Querschnittsänderung *nur einmal* zulässig. Bei Schornsteinen aus Formstücken nach DIN EN 1858 dürfen für die Knickstellen nur besonders geformte Winkelstücke verwendet werden. Der schräg geführte Teil der Abgasanlage muss in einem zugänglichen Raum liegen.

Bei geringfügigem „Verziehen" brauchen Schornsteine nicht besonders abgestützt zu werden. Bei größeren Verziehungen ist eine Abstützung auf nichtbrennbare tragende Bauteile vorzusehen (Bild **4**.9).

Wenn irgend möglich, sollte das Verziehen von Schornsteinen jedoch vermieden werden, denn abgesehen vom baulichen Mehraufwand wird die Schornsteinleistung verringert, der Rußansatz begünstigt und die Brandgefahr erhöht.

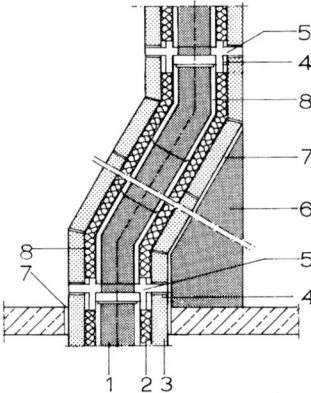

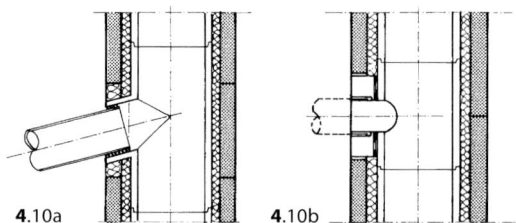

4.10 Rauchrohranschluss mit Formteilen (Schiedel)
a) normaler Rauchrohranschluss
b) Anschluss für Einzelfeuerstätten in den Geschossen mit Rauchrohrfutterstein

4.9 Unterstützung einer gezogenen Abgasanlage (Lastabtragung auf ggf. besonders dimensioniertem Deckenteil)
1 Innenschale
2 Wärmedämmung
3 Außenschale
4 Auflagenplatte mit Dehnstutzen (Dehnfuge 3 mm/stgdm, mind. 30 mm, Überdeckung > 20 mm)
5 Zwischenbauteil mit Dehnungstutzen
6 Untermauerung
7 Trennschicht
8 Innenrohr-Formteil

4.2.8 Anschluss von Feuerstätten

Beim Anschluss von Feuerstätten ist nach DIN V 18 160-1 Abschn. 12 sicherzustellen, dass die Abgasanlage einen ausreichend lichten Querschnitt, eine ausreichende Höhe und einen ausreichenden Wärmedurchlasswiderstand hat, damit kein gefährlicher Überdruck entsteht und dass ausreichend Verbrennungsluft zuströmt.

Raumluftunabhängige Feuerstätten – auch für unterschiedliche Brennstoffarten – dürfen mehrfach angeschlossen werden, wenn Abstände und Lage sowie Feuerfestigkeit der Verbindungsstücke den Regelungen der DIN entsprechen. Mehrfachbelegungen werden i. d. R. für gemeinsame Anschlüsse von Feuerstätten unterschiedlicher Betriebsart, Anschlüsse oberhalb des 5. Vollgeschosses sowie für Feuerstätten mit Abgastemperaturen ≥ 400 °C und einige Bauarten offener Kamine und Kaminöfen ausgeschlossen. Der Abstand zwischen der Einführung des untersten und des obersten Verbindungsstückes soll bei Mehrfachbelegung 6,50 m nicht überschreiten.

Verbindungsstücke. Unterschieden werden Verbindungsstücke für gasförmige und flüssige sowie für feste Brennstoffe. Anschlüsse von Feuerstätten sind mit möglichst kurzen Verbindungsstücken und möglichst wenigen Umlenkungen an den Schornstein anzuschließen. Im Allgemeinen sind die Verbindungsstücke zum Schornstein hin steigend zu planen (Bild **4**.10). Bei Feuerstätten mit Gebläsebrennern oder Saugzuggebläsen können sie aber auch fallend ausgeführt werden, wenn der Feuerstättenraum mit Lüftungseinrichtung versehen ist (weitere Einzelheiten s. DIN V 18 160-1, Abschn. 6.10.5 und 10.4).

Verbindungsstücke sind zu einem Kondensatablauf mit einem Gefälle von min. 3% anzuordnen. Verbindungsstücke dürfen nicht durch Decken, Wände, Hohlräume oder andere Geschosse geführt werden und die Feuerwiderstandfähigkeit von Wänden nicht vermindern.

Die Verbindungsstücke sind möglichst mit Hilfe besonderer Formstücke so in die Abgasrohre einzuführen, dass sie keinesfalls in diese hineinragen. Zwischenräume sind mit nicht brennbaren Materialien gasdicht abzudichten. Dabei ist darauf zu achten, dass durch Zwischenräume die Übertragung von Körperschall (Brennergeräusche) auf den Schornstein vermieden wird und dass das Verbindungsstück keine Kräfte durch Wärmedehnung an die Abgasanlage überträgt. Für feuchteunempfindliche Schornsteine (s. Abschn. 4.2.2) sind spezielle, kondensatdichte Verbindungsstücke zu verwenden.

Im Übrigen müssen Abgasanlagen i. d. R. eine *Sohle* von min. 20 cm Höhe unterhalb der Unterkante des untersten Feuerstättenanschlusses haben, damit Verbrennungsablagerungen die Abführung der Abgase nicht beeinträchtigen können (DIN V 18 160-1 Abschn. 6.7), ausgenommen bei nur vorübergehend genutzten Feuerstätten (< 10 kW) in eingeschossigen einfachen Gebäuden und bei allseitig offenen Kaminen nach DIN EN 13 229.

4.2 Allgemeine Bauvorschriften

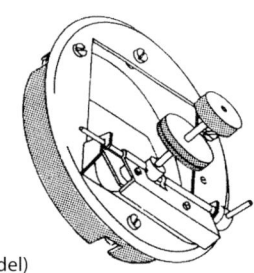

4.11 Zugbegrenzer (selbsttätige Nebenlufteinrichtung, Schiedel)

Stemmarbeiten aller Art sind an Abgasanlagen und Schornsteinen nicht zulässig! Müssen ausnahmsweise nachträglich Anschlussarbeiten ausgeführt werden, dürfen die erforderlichen Aussparungen nur durch Bohren oder mit Hilfe von Trennscheiben o. ä. hergestellt werden.

Nebenluftvorrichtungen. Richtig bemessene Abgasanlagen bedürfen keiner besonderen Regelungseinrichtungen für die Abgasableitung oder Durchlüftung. Bei Abgasanlagen, die nach Umbaumaßnahmen an der Heizung überdimensioniert sind oder die eine nicht ausreichende Wärmedämmung aufweisen, können Nebenluftvorrichtungen bzw. Zugbegrenzer (Zulassung nach DIN EN 16475-3) zu gleichmäßigerem Zug und zur Verringerung der Kondensatbildung beitragen (Bild **4**.11). Zugbegrenzer arbeiten entweder selbsttätig oder mit Zwangssteuerung während der Betriebsunterbrechungen der Kessel.

4.2.9 Wartungseinrichtungen

Zur Reinigung müssen im senkrechten Teil der Abgasanlagen an der Rauchrohrsohle, i. d. R. unterhalb des letzten Feuerstättenanschlusses und – wenn eine Reinigung von der Mündung aus nicht vorgesehen werden kann – im Dachraum eine zweite, dicht verschließbare, wärmegedämmte Reinigungsöffnung (RÖ) mit bauaufsichtlichem Prüfzeichen angeordnet werden. Angaben zu Mindestabmessungen der RÖ werden in DIN V 18 160-1, Tab. 8 und 9 in Abhängigkeit vom Durchmesser und der Geometrie der Abgasleitung und des Brennstoffes gemacht. In Verbindungsstücken ist ebenfalls eine seitlich oder an der Stirnseite angeordnete Reinigungsöffnung vorzusehen.

Reinigungsöffnungen sind in Räumen mit erhöhter Brandgefahr nicht zulässig (Garagen zählen nicht dazu!) und dürfen nicht in Wohn- oder Schlafräumen, Lagerräumen für Lebensmittel oder Ställen liegen.

Die Reinigungsöffnungen sollen mindestens 20 cm unterhalb des tiefsten Feuerstättenanschlusses liegen.

Für die heute fast ausschließlich verwendeten mehrschaligen Schornsteine sind komplette Formteile für die Reinigungsöffnungen auf dem Markt (Bild **4**.12b), die mit Kondensatfängen bzw. -ableitungen (auch mit Neutralisierungskammern) kombiniert werden können (Bild **4**.12c).

Für die Reinigung von der Mündung aus muss gemäß DIN 18 160-5, Abschn. 6.5 ein entsprechender, sicherer Zugang mit einer lichten Durchstiegsöffnung von mind. 60 cm × 80 cm vorhanden sein. Die geöffneten Klappen oder Fensterflügel dürfen nicht in den Verkehrsweg hineinragen. Für Durchstiegsöffnungen in geneigten Dachflächen gelten Mindestbreiten von 42 cm und lichte Längen von 52 cm bei max. 55° bis bzw. 80 cm bei max. 60° Dachneigung.

Wenn die Austrittsöffnung höher als 50 cm über dem Fußboden des Zugangs liegt, sind entweder

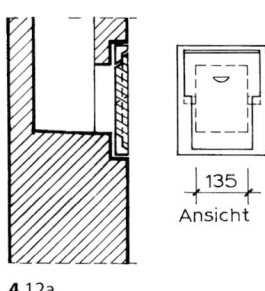
4.12a

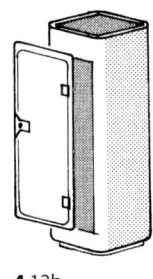
4.12b

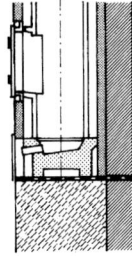
4.12c

4.12 Reinigungsöffnungen
 a) Reinigungsöffnung für einschaligen Schornstein
 b) Formteil (Plewa)
 c) Reinigungsöffnung kombiniert mit Kondensatfang (Schiedel)

eine unverschiebbare Leiter oder Tritte vorzusehen.

Befindet sich der Schornsteinkopf nicht unmittelbar neben der Austrittsöffnung, müssen auf Dächern mit Neigungen über 20° Trittstufen mit Gitterrosten angebracht werden (s. Abschn. 2.8).

Auf Dächern mit Neigungen über 20° oder mit nicht begehbaren Dachdeckungen (z. B. auch Wellfaserzementplatten) sind sicher begehbare *Standroste* neben den Schornsteinen (Fläche mindestens 25 cm × 40 cm) nicht tiefer als 1,10 m unterhalb der Mündung oder auch *Laufstege* gemäß DIN 18 160-5 notwendig (s. auch Bild **2**.287), diese müssen mindestens 25 cm breit sein und unterhalb des Firstes liegen. Auf Dächern mit einer Neigung von mehr als 60° oder wenn sie mehr als 2,00 m über Dach- oder sonstigen Flächen liegen, müssen sie auf mindestens einer Seite Geländer haben. Bei Höhenunterschieden von mehr als 1 m sind Leitern oder Steigeisen (bis max. 2 m) vorzusehen (Steigeisen an Schornsteinen sind unzulässig).

Antennen, Freileitungen u. Ä. dürfen den Zugang zum Schornstein und die Arbeit des Schornsteinfegers nicht behindern. Von elektrischen Freileitungen (> 1000 V) ist ein Sicherheitsabstand von > 1,00 m einzuhalten.

Im Übrigen sollten alle Maßnahmen rechtzeitig mit dem zuständigen Schornsteinfegermeister abgestimmt werden.

4.2.10 Heizräume

Zusammen mit den Abgasanlagen sind in der Regel auch die Heizräume zu planen.

Für Feuerungsanlagen mit Gesamtwärmeleistungen von mehr als 50 kW sind besondere Heizräume erforderlich, für die es in den verschiedenen Landesbauordnungen eine Reihe von untereinander abweichenden Bestimmungen gibt. Die nachfolgenden auszugsweisen Angaben aus der Muster-Feuerungs-Verordnung (MFeuVO) können daher nur als Anhalt dienen.

- Heizräume müssen einen Rauminhalt von mindestens 8 m³ und eine lichte Höhe von mindestens 2 m haben. Allerdings ergibt sich die lichte Höhe von Heizräumen meistens aus der Notwendigkeit, unter erforderlichen oft in mehreren Lagen vorzusehenden Heizungsleitungen noch die notwendige Durchgangshöhe zu erreichen.
- Heizräume dürfen nicht unmittelbar mit Treppenräumen „notwendiger" Treppen (s. Abschn. 5) oder mit Aufenthaltsräumen in Verbindung stehen. Bei Feuerstätten für feste Brennstoffe dürfen Heizräume nicht oberhalb des Erdgeschosses liegen. Werden Heizräume für gas- oder ölgefeuerte Feuerstätten an anderer Stelle untergebracht, muss sichergestellt sein, dass Rauch oder Abgase nicht in den Heizraum dringen können.
- Bis zu einer Nennwärmeleistung von 350 kW ist mindestens ein, darüber hinaus sind zwei unmittelbar ins Freie oder in Rettungswege gehende Notausgänge bzw. -ausstiege einzuplanen.
- Alle Wände, Decken und Stützen von Heizräumen müssen feuerbeständig (Feuerwiderstandsklasse F 90; s. Abschn. 17.7 in Teil 1 dieses Werkes) ausgeführt werden. Türen müssen in Fluchtrichtung aufschlagen, selbstschließend sein und, sofern nicht höhere Auflagen seitens der Bauaufsicht gemacht werden, mindestens der Feuerwiderstandsklasse T 30 entsprechen.
- Leitungen aller Art (nur aus nichtbrennbaren Baustoffen) dürfen durch Wände und Decken von Heizräumen nur mit besonderen Vorkehrungen gegen Brandübertragung hindurchgeführt werden.
- Heizräume müssen mit einer oberen und einer unteren unverschließbaren Be- und Entlüftungsöffnung ausgestattet sein. Deren freier Mindestquerschnitt muss 150 cm² (+ 2,5 cm²/ 1 kW der über 50 kW hinausgehenden Gesamtnennwärmeleistung) betragen. Spezielle Bauvorschriften betreffen Lüftungsleitungen und Lüftungseinrichtungen mit Ventilatoren. Gegen die Körperschallübertragung von Brennergeräuschen sind die Kessel auf Betonplatten zu montieren, die auf der Bodenplatte des Gebäudes bzw. die Fundamente weich federnd gelagert sein müssen.
- Brenner und Brennstoff-Fördereinrichtungen müssen durch außerhalb des Heizraumes liegende Schalter oder Absperreinrichtungen im Gefahrenfall abschaltbar sein.

Auch für die Brennstofflagerung gelten besondere Vorschriften.

Heizöl darf in Mengen bis 5000 l innerhalb des Heizraumes, bis 100 000 l nur in besonderen Lagerräumen mit feuerfesten Decken, Wänden und Türen gelagert werden. Es müssen entweder öldichte Auffangwannen vorgesehen oder doppelwandige Lagerbehälter mit Leckwarnanlagen eingebaut werden. Auf jeden Fall muss sichergestellt sein, dass Heizöl nicht in das Grundwasser oder in Entwässerungsanlagen geraten kann.

4.3 Bauarten von Abgasleitungen, Luft-Abgas-Systemen und Schornsteinen

4.3.1 Allgemeines

Aus Rationalisierungsgründen und weil hohe Anforderungen an die Abgas- und Schornsteinanlagen gestellt werden, werden fast nur noch hochbeanspruchbare, vorgefertigte Systemanlagen – überwiegend aus Leichtbetonformsteinen oder aus Edelstahl – verwendet.

Formsteine werden ohne Verband neben tragenden oder nichttragenden Wänden errichtet und in der Regel durch die Geschossdecken ausgesteift. Je nach Fabrikat sind *Richtungsänderungen* entweder überhaupt nicht oder nur für größere Querschnitte und in Gebäuden mit nicht mehr als 5 Geschossen zugelassen. Dabei sind besondere Formstücke einzusetzen (s. Bild **4**.9). Es müssen für den Anschluss der Feuerstätten, für Reinigungsöffnungen u. Ä. Formteile verwendet werden.

Formstück-Innenschalen werden hergestellt mit rundem, quadratischem oder rechteckigem Rauchrohrquerschnitt, letztere mit ausgerundeten Ecken.

Insbesondere im Geschosswohnungsbau werden zur Rationalisierung geschosshohe Fertigelemente (s. Bild **4**.14) mit im Übrigen gleichem konstruktivem Aufbau verwendet.

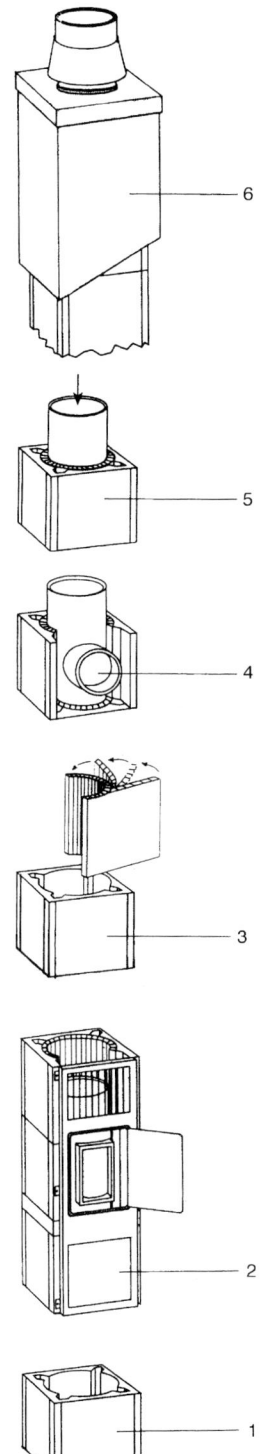

4.13
Montage-Schema für den Aufbau einer mehrschaligen Abgasanlage mit Hinterlüftung (nach Unterlagen der Fa. Schiedel)
1 Einbau des Sockelformsteines (bzw. Mauern oder Betonieren des Sockels)
2 Einbau des Sohlen-Formstücks (Fertigelement mit Kondensatfang und ggf. Neutralisierungseinsatz, mit Reinigungstür und Zuströmöffnung für Hinterlüftung)
3 je nach Höhe des Rauchrohranschlusses: Einbau von Normal-Mantelsteinen, Zuschnitt, Biegen und Einsetzen der vorgefertigten Wärmedämmung, Einsetzen der Schamotte-Abgasleitung (Stoßfugen in Spezialkit)
4 Einbau des Formteiles für den Rauchrohranschluss wie vor
5 weiterer Aufbau mit Formstücken wie bei 3
6 Aufsetzen der Verkleidung z. B. als Fertigteil mit Abströmrohrsatz (ggf. Anschluss des Blitzableiters), Schornsteinkopf mit Bekleidung oder Fertigteilen (s. Abschn. 4.4)

4 Abgasanlagen und Lüftungsanlagen

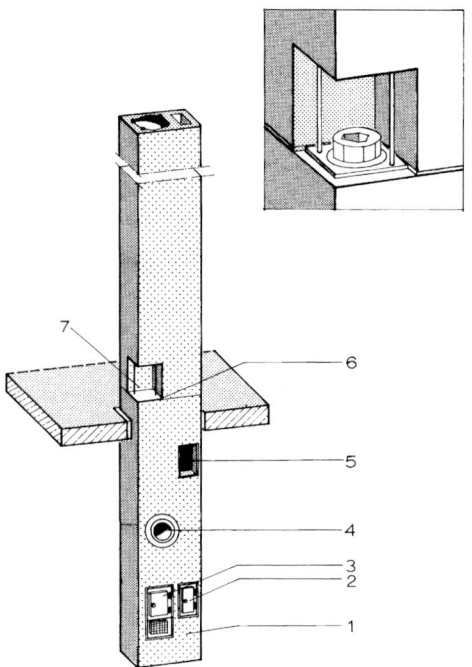

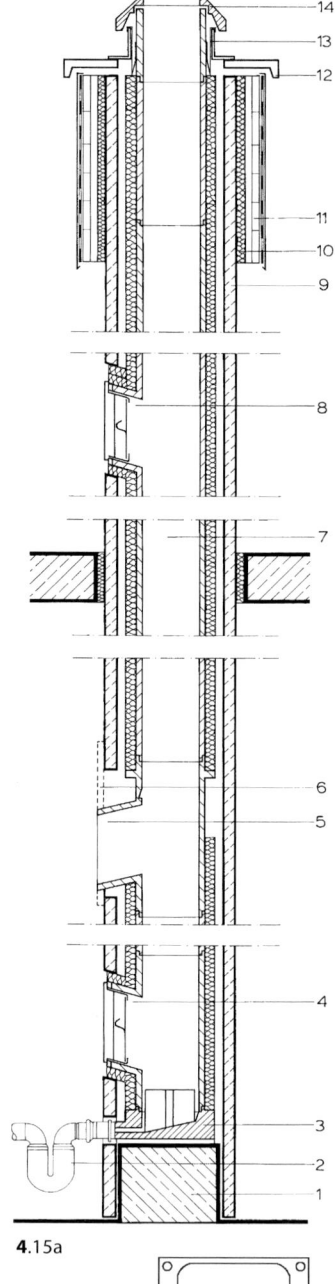

4.14 Geschosshohe Abgasanlage (z. B. Einzügig mit Hinterlüftung und Lüftungschacht, Schiedel EGH)
1 Fußteil mit Sockel, Zuluft, Kondensatablauf
2 Putztür
3 Revisionstür
4 Rauchrohranschluss
5 Heizraum-Abluftöffnung
6 Elementfuge (oberhalb Geschossdecke)
7 Biegesteife Verbindung

4.15 Mehrschalige Abgasanlage mit hinterlüfteter Wärmedämmung (Isomit GW3)
  a) Schnitt, b) Grundriss mit seitlichem Abluftschacht
1 Betonsockel
2 Kondensatablauf mit Geruchsverschluss an Abwasserkanal angeschlossen
3 Kondensatsammler
4 Reinigungs-Formstück
5 Formstück für Feuerstättenanschluss (innen Kondensat-Umlenkrille)
6 Lufteintrittsöffnung mit Gitter
7 Abgasleitung (glasierte Schamottrohre) mit Wärmedämmung
8 Reinigungs- bzw. Revisions-Formstück (im Dachgeschoss; falls erforderlich)
9 Außenschalen-Formstein
10 Zusätzliche Wärmedämmung des Schornsteinkopfes
11 Verkleidung auf hinterlüfteter Schalung
12 Beton-Abdeckplatte
13 Edelstahlblech-Kragen mit Haltekrallen für das Abgas-Endrohr (Abluftauslass)
14 Abschlusshaube

4.15a

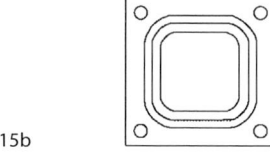

4.15b

4.3.2 Abgasleitungen

Mehrschalige Montage-Abgasanlagen für Feuerstätten für flüssige oder gasförmige Brennstoffe bestehen aus einer Innen- und einer Außenschale und ggf. einer Dämmschale. Sie werden unterschieden in:
- Abgasleitungen mit einer Feuerwiderstandsdauer von 90 bzw. 30 Minuten
- Abgasleitungen ohne definierte Feuerwiderstandsdauer

Abgasleitungen sind nicht rußbeständig (s. o.)

Abgasleitungen *mit einer Feuerwiderstandsdauer* L90 (in Gebäuden geringer Höhe L 30) verfügen über eine Außenschale aus Leichtbeton nach DIN EN 1858 oder DIN EN 12466 mit einer Wandstärke von ≥ 2 cm, aus verschiedenen Mauersteinen ≥11,5 cm dick, Porenbeton-Blocksteinen nach DIN EN 771-4, ≥ 10 cm dick oder aus Hohlblocksteinen aus Leichtbeton nach DIN V 18 151-100, ≥ 17,5 cm dick. Sie sind entsprechend der Klassifizierung (s. Abschn. 4.2.2) der Bauprodukte zu kennzeichnen.

Formstücke sind mit Mörtel MGII gasdicht zu vermauern und so zu versetzen, dass die außenliegende Falzaufkantung nach oben weist, damit Kondensat oder Schlagregenwasser nicht in die Wärmedämmschicht eindringen kann (Bild **4**.27 und **4**.28). Bei den Rauchrohren ist säurefester Fugenkitt zu verwenden. In Anlagengruppen müssen die Stoßfugen der Rauchrohre gegeneinander versetzt sein.

Beispiele für vorgefertigte mehrschalige Abgasanlagen zeigen die Bilder **4**.13 bis **4**.15.

Abgasleitungen *ohne definierte Feuerwiderstandsdauer* bestehen aus einer Innenschale und ggf. einer Dämmschale ohne Außenschale. Die Festlegungen gelten analog.

Ebenso lassen sich dreischalige Abgasleitungen mit Wärmedämmung und einem Mantelrohr aus 40 mm Fibersilikat-Platten in sehr platzsparender Bauweise auch nachträglich herstellen.

Abgasanlagen müssen nach EN 13216-1 geprüft werden.

Einschalige Systemabgasleitungen sind *Abgasleitungen*, die bei extrem niedrigen Abgastemperaturen um ca. 40 °C eingesetzt werden. Es ist auch bei ausreichender Wärmedämmung der Abgasleitungen Kondensatbildung in den Abgasrohren nahezu unvermeidlich. Damit keine Durchfeuchtungsschäden entstehen, sind feuchtigkeitsunempfindliche Edelstahl- oder Aluminium-Innenrohre, Schamotte-Innenrohre mit besonderer Zulassung, glasierte Innenrohre oder auch Glasrohre zu verwenden. Die Glasur bildet zwar in der Regel eine ausreichende Dampfsperre, doch sind bei einigen Herstellern sicherheitshalber zusätzliche Hinterlüftungen der Rauchrohre vorgesehen (Bild **4**.15).

Kondensat wird in speziellen Sammlern am Boden der Abgasleitung aufgefangen. Das Kondensat wird in geschlossene Sammelbehälter aus Kunststoff geleitet und von Fall zu Fall entsorgt. Der Kondensatfang kann über einen Geruchsverschluss an die Abwasserleitung angeschlossen werden, sofern nicht örtliche Bestimmungen dem entgegenstehen. Es sollte in diesen Fällen z.B. durch unmittelbar in der Nähe liegende Strangentlüftung des Kanalnetzes jedoch sichergestellt werden, dass über den Geruchverschluss (Austrocknungsgefahr!) keine Kanalgase in den Schornstein gelangen.

Anfallendes Kondensat kann bei Gasfeuerstätten bis 200 kW Nennleistung unter Berücksichtigung der örtlichen Abwassersatzungen meistens in das Abwassernetz eingeleitet werden. Falls das nicht möglich ist, muss es ebenso wie Kondensat aus Ölfeuerungsanlagen in geschlossenen Behältern aufgefangen, regelmäßig neutralisiert und vorschriftsmäßig entsorgt werden.

Für Brennwert- oder Niedertemperatur-Feuerstätten mit Abgastemperaturen bis 160 °C gibt es Abgasanlagen mit Nennweiten ab 8 cm bis 25 cm Ø, die aus überdruckdichten, feuchtigkeitssicheren Glas-, Edelstahl- oder Aluminiumabgasrohren oder keramischen Abgasrohren mit speziellen Muffendichtungen und aus Beton-Mantelsteinen bestehen. Die Innenrohre werden mit Abstandhaltern in den Mantelsteinen gehalten. Die plangeschliffenen Mantelsteine können mit Dünnbettmörtel versetzt werden.

Derartige Abgasleitungen können raumluftunabhängig und für zusätzliche Energieeinsparung im Gegenstrombetrieb (*Wärmetauscher-Abgasanlage*) eingesetzt werden (Bild **4**.16). Bei raumluftunabhängigen Anlagen wird kalte Zuluft von der Mündung entlang des außenseitig profilierten Innenrohres nach unten geführt und erwärmt sich an dem warmen Innenrohr. Die Verbrennungsluft wird somit vorgewärmt, was zu Energieeinspareffekten von 5 bis 10% führen kann.

In ähnlicher Weise können Abgas-*Innenrohre aus Edelstahl oder Aluminium* verwendet werden, die sich auch besonders für den nachträglichen Einbau in vorhandene alte Schächte eignen (Bild **4**.17).

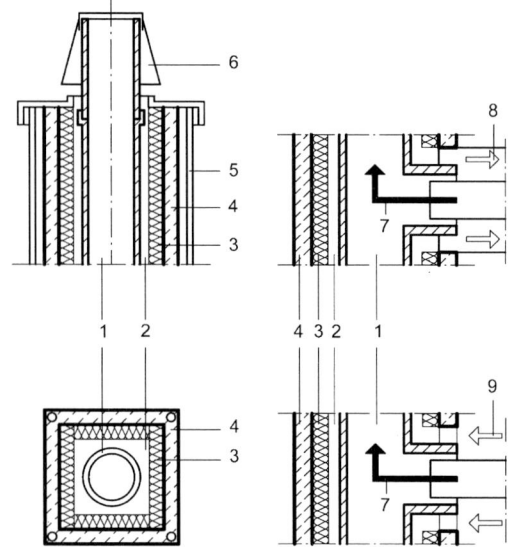

4.16 Abgasanlage für Niedertemperaturtechnik (Schiedel Absolut)
 a) Kopfausbildung der Abgasanlage
 b) Raumluftunabhängige Zuluftführung über die Mündung der Abgasanlage
 c) Grundriss
 d) Raumluftabhängige Zuluftführung, Belüftung über Ringspalt
 1 Profil-Keramikrohr
 2 Hinterlüftungs- bzw. Zuluftraum
 3 Dämmschicht
 4 Mantelstein
 5 Faserbeton-Stülpkopf
 6 Abströmkonus
 7 Abgas
 8 Zufuhr Verbrennungsluft über Ringspalt
 9 Abluft Heizraum über Ringspalt

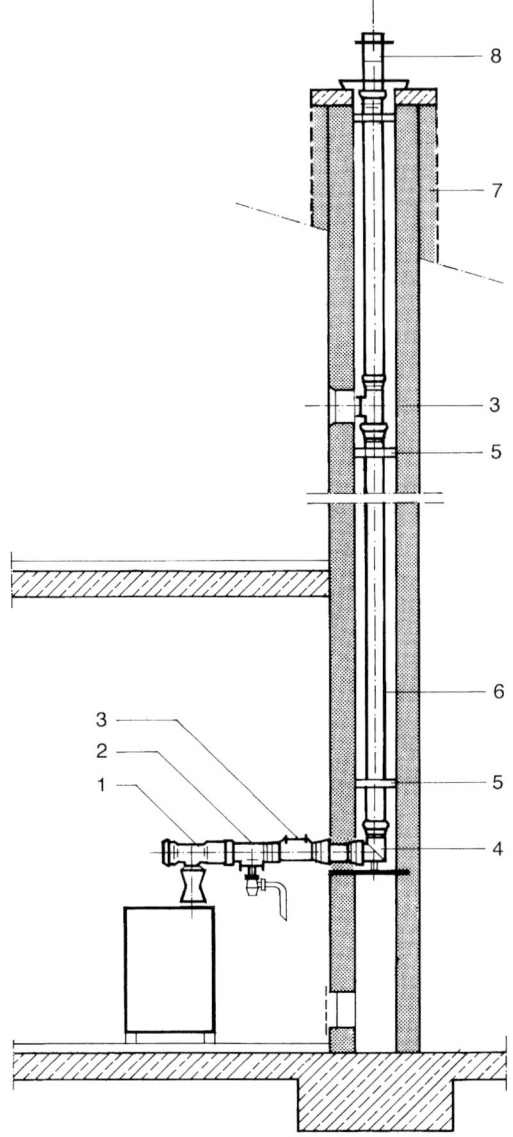

4.17 Abgasanlage mit Abgasleitungen aus Edelstahl (LORO)
 1 Kesselanschluss mit Revisionsstück
 2 Kondensatablauf
 3 Revisionsstück
 4 Stützbogen mit Auflageschiene
 5 Abstandhalter
 6 Edelstahl-Muffenrohr
 7 Schornsteinkopf
 8 Abdeckkranz und Abströmaufsatz mit Windschutz

Für den nachträglichen Einbau sind doppelwandige Elementsysteme aus Edelstahl, die in Schächten oder Nischen und auch frei vor Außenwänden montiert werden können, gut geeignet (Bild **4**.18).

Einschalige Abgasleitungen, die aus Mauerwerk oder einer Leichtbetonschale ohne zusätzliches Innenrohr oder Dämmschicht bestehen, finden sich häufig noch in älteren Gebäuden. Einschalige Abgasanlagen wie in Abb. 4.2a und b erhalten i. d. R. keine Zulassung mehr, da sie die Anforderung W3G (rußbeständig und feuchteunempfindlich) nicht erfüllen. Bei den niedrigen Abgastemperaturen fällt bei den im allgemeinen großen Querschnitten dieser Systeme auch immer Kon-

4.3 Bauarten von Abgasleitungen

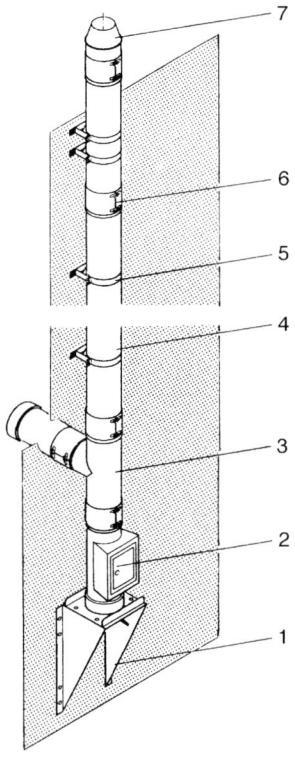

4.18 Doppelwandige Abgasanlage
(Live® DES) (Außenmontage am Gebäude)
1 Wandkonsole
2 Prüföffnung
3 Rauchrohranschluss
4 Rohrelement
5 Wandbefestigung
6 Klemmband
7 konischer Mündungsabschluss

densat an, das hier allerdings zur Versottung führt.

Solche Anlagen arbeiten zudem raumluftabhängig, was aufgrund der heutigen dichten Bauweise längst nicht mehr zulässig ist. Es gibt nur noch vereinzelt Hersteller, die solche Abgasanlagen produzieren. Sie dienen nur noch als Mantelsteine für mehrschalige Anlagen.

Luft-Abgas-Systeme verfügen über konzentrisch oder nebeneinanderliegende, getrennte Zuluft- und Abgasschächte. Die Außenschalen können zur Gewichtseinsparung und zur Vereinfachung der Montage auch aus 40 mm dicken Fibersilikat-Platten (A1-Baustoff) mit einem Edelstahl-Innenrohr hergestellt werden. Der verbleibende ringförmigeHohlraum zwischen metallischer Abgasleitung und dem Schacht wird hierbei zur Zuluftführung der Verbrennungsluft von der Mündung aus als Luft-Abgas-System (LAS) genutzt. Heutzutage dürfen nur noch auf die Betriebsweisen abgestimmte raumluftunabhängige Feuerstätten angeschlossen werden. Mehrfachbelegungen sind bei einem Mindestabstand von 30 cm der Anschlüsse untereinander möglich. LAS sind entsprechend der Klassifizierung (s. Abschn. 4.2.2) für Bauprodukte zu kennzeichnen.

Mehrfachbelegung von Abgasleitungen mit mehreren Feuerstätten ist nur möglich, wenn die einwandfreie Ableitung der Abgase in jedem Betriebszustand sichergestellt ist, die Ableitung von Abgasen über nicht im Betrieb befindliche Feuerstätten ausgeschlossen ist und die Abgasleitungen aus nicht brennbaren Baustoffen bestehen oder selbsttätige Absperrvorrichtungen zwischen den Geschossen eine Brandübertragung verhindern.

4.3.3 Vorgefertigte freistehende Abgasanlagen

Vollständig vorgefertigte freistehende Abgasanlagen – auch mit großen Höhen – werden überwiegend aus Stahlrohren hergestellt. Bei ihnen besteht das Rauchrohr aus korrosions- und säurefestem Stahl, das äußere Mantelrohr aus korrosionsbeständigem oder beschichtetem Stahlrohr (Bild **4**.19).

Derartige Abgasanlagen können einzeln oder mit mehreren Abgasrohren auf verschiedene Weise freistehend oder im Zusammenhang mit Gebäuden errichtet werden (Bilder **4**.20 und **4**.21).

Auch sehr hohe oder hoch beanspruchte freistehende Abgasanlagen mit großen Querschnitten können in Montagebauweise hergestellt werden. Bei derartigen Anlagen muss die besondere thermische Beanspruchung durch mehrlagige Wärmedämmung, durch Alufolien als zusätzlicher Abstrahlungsschutz und durch Leichtbetonmantelsteine mit zusätzlichem Wärmeschutz berücksichtigt werden (Bild **4**.22). Die Hohlräume der Mantelsteine nehmen bei derartigen freistehenden Abgasanlagen die erforderliche, bei der Montage fortlaufend einbetonierte Stahlbewehrung auf.

4.19 Freistehende Stahl-Abgasanlage
1 Mündungshaube
2 Ruhepodest Sicherheitsleiter
3 Sicherheitsleiter
4 Außenrohr aus Stahl, statisch tragend
5 Luftspalt zur thermischen Belüftung
6 Wärmedämmung
7 Rauchrohr
8 Rauchrohr-Anschnittstutzen
9 Revisionsklappe mit Kondensat-Ablaufstutzen
10 Anschnittverstärkung
11 Ankerbolzen
12 Fußkonstruktion
13 Blitzschutzklemme
14 Fundament

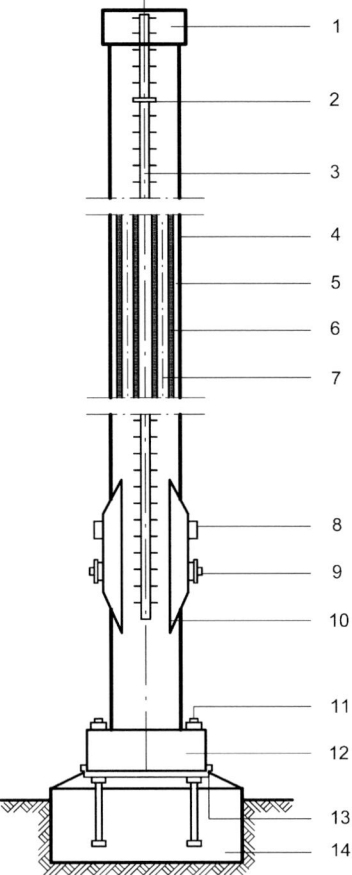

4.3.4 Schornsteine

Mehrschalige Montageschornsteine. Montageschornsteine von Feuerstätten für feste Brennstoffe bestehen aus einer Innen- und Außenschale, und einer i.d.R. vorhandenen Dämmschale. Zu den Bauprodukten, die für die einzelnen Schalen geeignet sind, macht DIN V 18 160-1 Abschn. 7.2 detaillierte Angaben. *Innenschalen* bestehen aus hochhitzebeständigen und chemikalienfesten Rohren aus Leichtbeton, Schamotte, glasierter Schamotte oder Edelstahl, jeweils gemäß DIN EN 13 063. Für *Dämmschalen* dürfen hochtemperaturbeständige, nicht brennbare Dämmplatten nach DIN EN 13 063 oder zugelassene mineralische Dämmstoffe – mindestens 3 cm dick – verwendet werden. Die *Außenschale* besteht aus Formstücken, in die auch Lüftungszüge für die Entlüftung der Heizungsräume mit eingeformt sein können. Die Außenschale muss einen niedrigeren Wasserdampfdiffusionswiderstand haben als die Innenrohre, damit Kondensatausfall zwischen den Schichten vermieden wird. Der Wärmedurchlasswiderstand ist zu ermitteln und die Schornsteine sind entsprechend der Klassifizierung (s. Abschn. 4.2.2) der Bauprodukte zu kennzeichnen.

Systemschornsteine. Systemschornsteine bestehen aus einschaligen Formstücken mit einer Feuerwiderstandklasse L 90. Die Schornsteine sind entsprechend der Klassifizierung (s. Abschn. 4.2.2) der Bauprodukte zu kennzeichnen.

Einschalige Formsteine bestehen meistens aus Leichtbeton nach DIN EN 1858 und werden in verschiedenen Kombinationen von Rauchrohren und Entlüftungsschächten mit muffenartigen Querfugen als Einzeltrommeln mit vermörtelten Stoßfugen (MG II oder II a) aufgebaut (Bild **4**.24).

Einen besseren Schutz vor unnötig überhöhten Wärmeverlusten bieten einschalige Hausschornsteine aus Leichtbeton mit zusätzlichen Luftkammern (Bild **4**.2c).

Die relativ kostengünstigen einschaligen Schornsteine kommen heute fast nur noch für offene Kamine, Kachelofenheizungen o. Ä. in Frage, da sie die heutigen Anforderungen (W3G) an Abgasanlagen nicht mehr erfüllen und somit keine Zulassung mehr erhalten würden.

Aus Platzgründen und Gründen der Gewichtseinsparung können einschalige Schornsteine auch aus 40 mm dicken Fibersilikat-Platten in F 90 als geschosshohe Schächte und Formstücke verwendet werden. Der Einbau erfolgt in Trockenbau-Montagebauweise mit Spezialklebern. Der Schornsteinkopf wird als Fertigteil mit witterungsschützender Metall- oder Faserzementplatten-Verkleidung aufgesetzt (Bild **4**.30).

4.3 Bauarten von Abgasleitungen

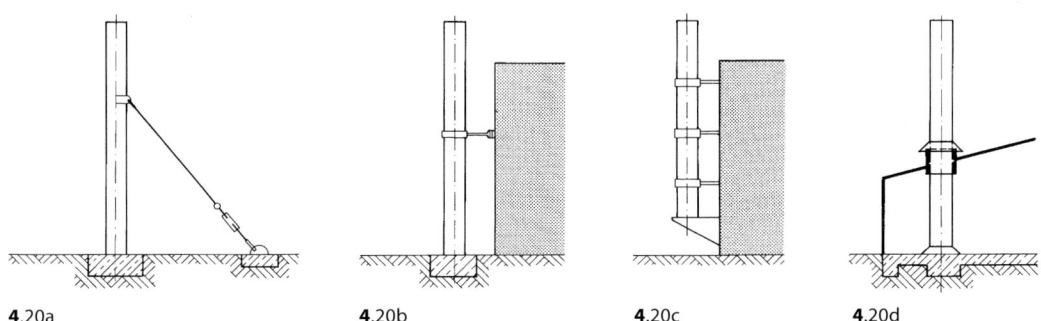

4.20 Statische Systeme für Stahl-Abgasanlagen
a) Freistehend auf Stahlbetonfundament verschraubt (ggf. auch mit zusätzlichen Abspannungen)
b) Freistehend auf Fundament mit Verankerung an Gebäude
c) Auf Konsole mit Verankerungen an Gebäude
d) Auf Fundament oder Bodenplatte innerhalb eines Gebäudes, Aussteifung durch entsprechend dimensionierte Gebäudeteile

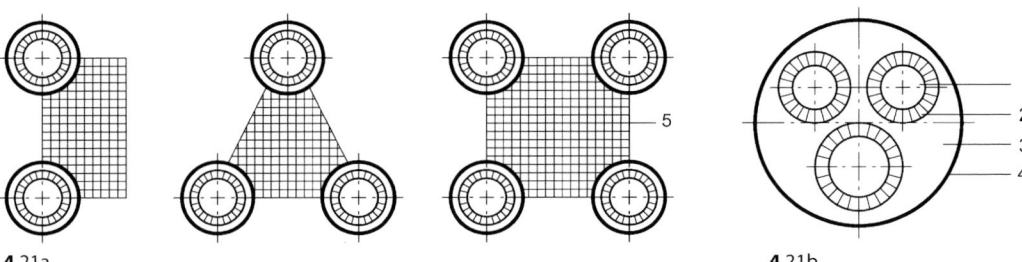

4.21 Kombinationsmöglichkeiten für freistehende Stahl-Abgasanlagen
a) Kombinationen von Einzelanlagen
b) Zusammenfassung verschiedener Abgasleitungen zu einer Anlage
1 Edelstahl-Abgasleitung
2 Wärmedämmung
3 Luftraum
4 Edelstahl-Außenschale
5 Aussteifungs- und Wartungsrost

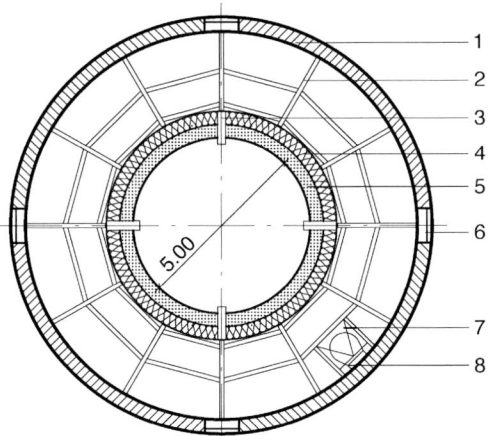

4.22
Frei stehender Hochleistungsschornstein d = 6,40–11 m, h = bis 150 m Horizontalschnitt (Ooms-Ittner-Hof GmbH).
1 Tragmantel für Wind- und Eigenlasten (Beton B25, d = 250–500 mm)
2 Stahlkonstruktion für Wartungsbühne
3 Messstutzen für Kontrollzwecke
4 Mineralfasermatte oder Foamglas
5 Rauchgasrohr (säurefestes Mauerwerk, d = 10 cm)
6 Öffnung für Messlanze
7 Klapprost
8 Korbleiter

4 Abgasanlagen und Lüftungsanlagen

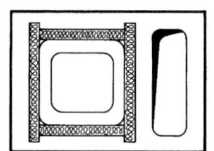 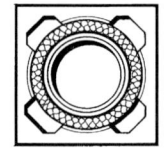 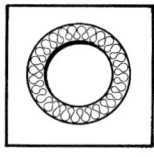 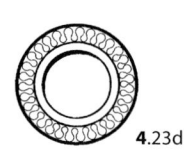

4.23a **4**.23b **4**.23c **4**.23d

4.23 Mehrschalige Abgasanlagen
  a) Isolierschornstein Isomit (mit Abluftschacht kombiniert)
  b) Isolierschornstein (ERLUS)
  c) Isolierschornstein mit Edelstahl-Innenrohr
  d) Isolierschornstein aus Stahl

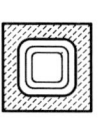 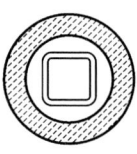 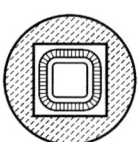

4.24a

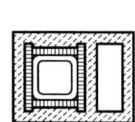 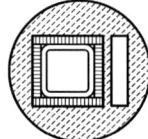 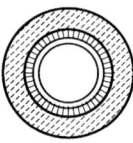

4.24b

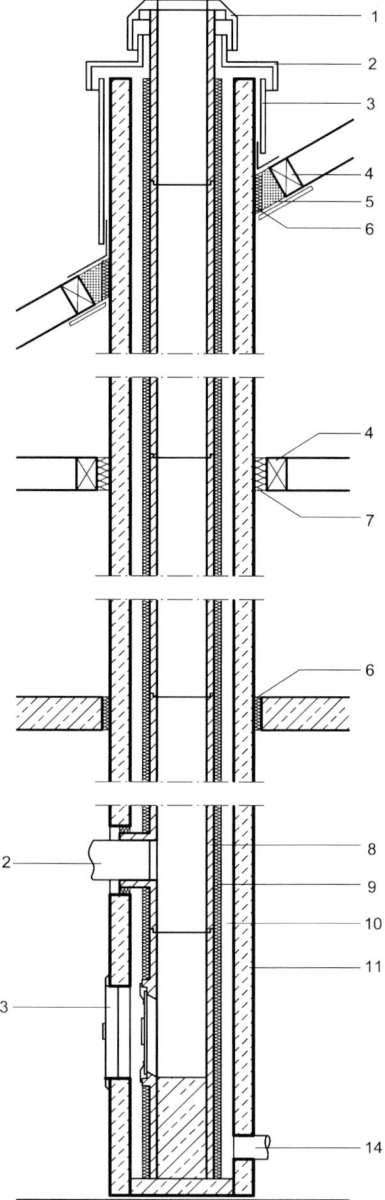

4.24c

4.24 Unterdruck-Abgasanlage, geschosshoch (PLEWA)
  Ausführungsbeispiele
    a) mehrschalig mit Luftspalt
    b) mehrschalig ohne Luftspalt
    c) Schnitt
  1 Mündungsabschlusshaube
  2 Abdeckung
  3 Kopfverkleidung
  4 Holzbalken (Wechsel)
  5 Leichtbeton
  6 nicht brennbare Dämmplatte
  7 nicht brennbare Mineralwolle oder Beton
  8 Innenrohr aus Schamotte
  9 Wärmedämmung
  10 Hinterlüftung
  11 Leichtbetonmantel
  12 Rauchrohranschluss
  13 Revisionstür
  14 Kondensatableiter

4.4 Abgasanlagen im Freien (Schornsteinköpfe)

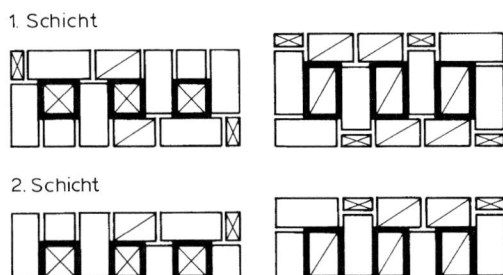

4.25 Gemauerte frei stehende Schornsteine (Abgasanlagen)

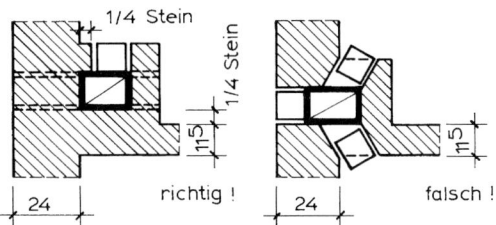

4.26 Schornsteingruppe am Maueranschluss. Die an der Ecke liegenden Viertelsteine sind besonders sorgfältig zu vermauern

Gemauerte Schornsteine. Wegen des hohen Arbeitsaufwandes, vor allem jedoch wegen der heutigen hohen Anforderungen, werden Hausschornsteine heute i. d. R. nicht mehr in Mauerwerk ausgeführt. Sie werden hier im Hinblick auf Sanierung oder Denkmalpflege behandelt.

Schornsteinmauerwerk ist unbedingt dicht auszuführen. Die Mauersteine sind innen bündig zu vermauern, die Fugen sind im Inneren glatt zu verstreichen. Putzauskleidungen von Rauchrohren sind nicht zulässig.

Die Wangen gemauerter Schornsteine können aus Mauerziegeln oder Kalksand-Vollsteinen gemäß DIN EN 771 hergestellt werden und müssen mindestens 11,5 cm, bei einem Querschnitt über 400 cm² Querschnitt 24 cm dick sein. Stark beanspruchte Schornsteinwangen aus Mauersteinen, insbesondere freiliegende Wangen in Außenwänden, müssen mindestens 24 cm dick sein. Sie sollten zusätzlich durch Dämmschichten vor Abkühlung geschützt werden. Wangen dürfen nicht durch Schlitze, Dübel, Anker, Mauerhaken usw. geschwächt oder sonst unzulässig beansprucht werden. „Zungen" (Zwischenwände zwischen den Rauchrohren) müssen mindestens 11,5 cm dick sein.

Schornsteine aus Mauersteinen dürfen mit Wänden nur aus den gleichen Baustoffen gleichzeitig im Verband hochgeführt werden.

Für den *Mauerverband der Schornsteine* gelten folgende Regeln:
1. Alle Zungen müssen in die Wangen eingebunden werden.
2. Durchgehende Stoßfugen von einem Schornstein zum anderen und Gesamtstoßfugen eines Schornsteins sind auf die kleinste Anzahl zu beschränken.
3. Es sind möglichst viele ganze Steine zu verwenden; abfallende Viertelsteine sind *außen* in das Wangenmauerwerk einzufügen.

Bild **4**.25 zeigt einen Schornsteinverband, bei dem die abfallenden Viertelsteine mitverwendet worden sind. Liegen die Schornsteine in einem Mauerzusammenstoß, so sind die Verbandregeln für den Maueranschluss zu beachten (Bild **4**.26).

Bei der Anordnung von Schornsteinrohren in den Ecken sich kreuzender Mauern dürfen tragende Mauern nicht geschwächt werden. Es ist zweckmäßig, die Schornsteinrohre mind. $^1/_4$ Stein vor die durchgehende Wand zu setzen, um einfache, rechtwinklige Rauchrohranschlüsse zu ermöglichen (Bild **4**.26).

4.4 Abgasanlagen im Freien (Schornsteinköpfe)[1]

Der im Freien oder in Kalträumen liegende Teil einer Abgasanlage muss gegen Wärmeverlust, aber auch gegen Witterungseinflüsse, insbesondere gegen Schlagregen, geschützt werden.

Für die Oberflächen von außenliegenden Teilen von Abgasanlagen und der Schächte von Abgasleitungen enthält DIN 18 V 160-1 (Abschn. 6.11) eine Reihe von Bestimmungen.

Außenliegende Teile von Abgasanlagen müssen aus witterungs- und frostbeständigen Baustoffen hergestellt sein oder gegen das Eindringen von Niederschlagswasser z. B. durch Außenputz oder eine Verkleidung geschützt werden.

Wärmedämmmaßnahmen mit formbeständigen und nicht brennbaren Baustoffen müssen sicher-

---
[1] Höhen s. Bild **4**.5.

stellen, dass außerhalb der gasabführenden Schale kein Tauwasser auftreten kann. Dämmstoffe müssen dampfdiffusionsoffen und Verkleidungen zur Vermeidung von mit einer Hinterlüftung von min. 1,5 cm Breite angebracht werden. Für nicht belüftete Konstruktionen muss eine Taupunktberechnung durchgeführt werden.

Verkleidungen von Außenflächen von Abgasanlagen für feste Brennstoffe (Schornsteine) sind ohne Nachweis mindestens bis zu einer Höhe von 1 m ab der Mündung *aus nicht brennbaren Baustoffen* der Brennbarkeitsklasse A1 und A2 DIN 4102-1 (s. Abschn. 17.7 in Teil 1 des Werkes) herzustellen. Für Verkleidungen kommen Mauersteine (z. B. Klinker, jedoch keine Lochsteine), Faserzementplatten, Schindeln aus Schiefer, Faserzement, Zink-, Edelstahl-, Aluminium- und Kupferblech in Betracht.

Verkleidungen aus brennbaren Materialien dürfen ohne Abstand zu den Außenflächen nur für Abgasanlagen von Feuerstätten für flüssige und gasförmige Brennstoffe bis zu einer max. Abgastemperatur von 200 °C eingesetzt werden, wenn sie einen geringeren Wärmedurchlasswiderstand als die Abgasanlage haben. Anderenfalls ist ein Abstand von min. 5 cm (belüftet min. 2 cm) vorzusehen.

Unterkonstruktionen zur Befestigung der Verkleidungen können bei Abgasanlagen mit Außenschalen aus Mauerwerk oder Beton an Schächten von Abgasleitungen rahmenartig anliegen oder mit Dübeln auf Schachtumwandungen befestigt werden. Sie können aus Holzlatten bestehen. Bei

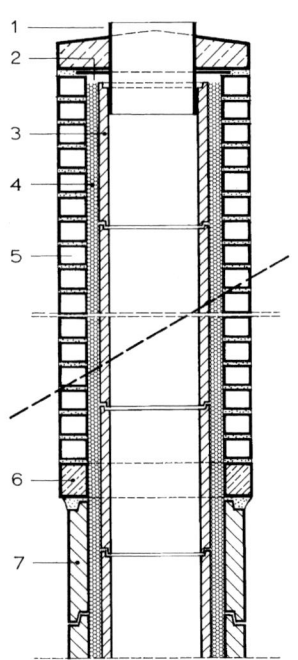

4.27 Ausführung einer Mündung mit vorgemauerter Verkleidung (Dachanschluss nicht eingezeichnet)
1 Abdeckung mit Dehnfugenblech (Dehnfugenblech auch bündig mit OK-Abdeckung möglich)
2 Dehnfuge
3 Schamotte-Rauchrohr (auch mit Innenglasur)
4 Wärmedämmung
5 Verkleidung mit sorgfältig verfugtem Klinkermauerwerk (nur Vollsteine!)
6 Kragplatte
7 Mantel-Formsteine

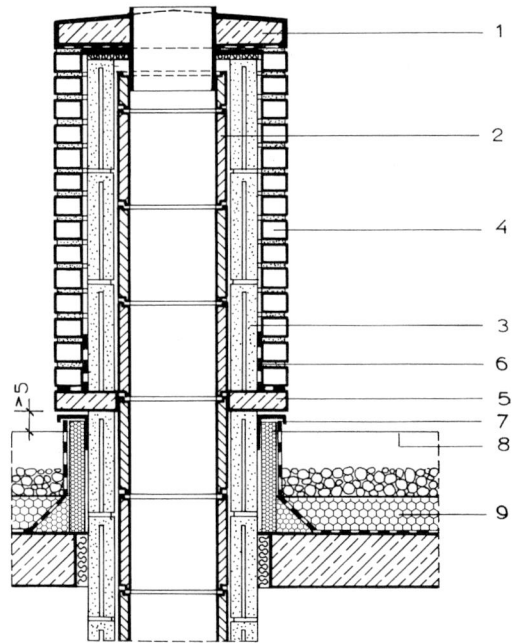

4.28 Schornsteinkopf in Flachdachfläche
1 Abdeckung mit Dehnfugenblech und Dichtungsschicht
2 Schamotte-Rauchrohr
3 Mantelsteine, wärmedämmend
4 Verkleidung mit Vollsteinen
5 Kragplatte
6 Abdichtung
7 Flachdachabdichtung mit Wandanschlussprofil
8 OK-Randprofil
9 Flachdachaufbau (Umkehrdach)

4.4 Abgasanlagen im Freien (Schornsteinköpfe)

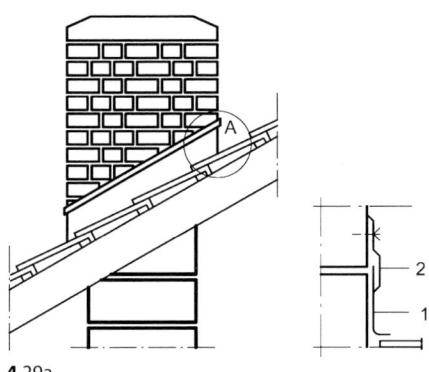

4.29a

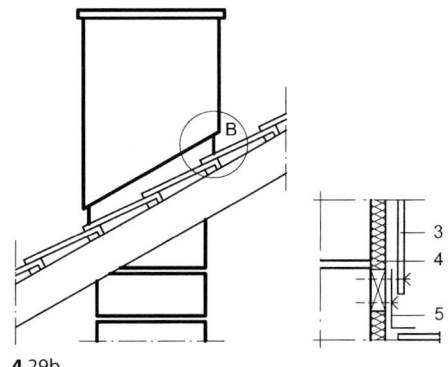

4.29b

4.29 Konventionelle Einfassung
1 Walzblei-Einfassung
2 Kappleiste auf Bitumendichtungsband aufgedübelt, oben mit dauerelastischer Eindichtung (Wartungsfuge)
3 hinterlüftete Verkleidung
4 Wärmedämmung
5 Walzbleieinfassung auf Unterkonstruktion aus Holz

der Verwendung von Unterkonstruktionen aus brennbaren Baustoffen müssen diese bei Anschluss an Feuerstätten für feste Brennstoffe mit nicht brennbaren Baustoffen dicht abgedeckt sein.

Für Verkleidungen aus Mauerziegeln können Auskragungen aus Leichtbeton (LB) verwendet werden.

Überwiegend werden außenliegende Bauteile von Abgasanlagen und Schornsteinen mit hinterlüfteten Verkleidungen ausgeführt.

Bei der aufwändigen, regional aber immer noch verbreiteten *Ausführung mit einer Vorsatzschale* werden sorgfältig verfugte Vormauersteine (VMz) oder Klinker (KMz) auf einer unterhalb der Dachhaut eingebauten Formsteinplatte aufgemauert (s. Bild **4**.27).

Den Übergang zu Flachdachdeckungen bildet eine Abdeckung („Einfassung") aus Zinkblech oder Walzblei, die ca. 20 cm bis 30 cm an der Abgasanlage bzw. am Schacht hochgezogen werden soll und mit einer dauerelastisch eingedichteten Übergangsleiste („Kappleiste") am Kaminkopf angeschlossen wird.

Kappleisten wurden früher treppenförmig in die Lager- bzw. Stoßfugen von gemauerten Kaminkopfbekleidungen eingebunden. Wegen des hohen Arbeitsaufwandes und auch wegen der Schadensanfälligkeit (Aufplatzen der erforderlichen Lötnähte) werden heute gradlinig verlaufende Kappleistenprofile verwendet, die auf komprimierbare Bitumendichtungen gedübelt und

an der Oberkante dauerelastisch eingedichtet werden (Bild **4**.29a). Hierbei ist zu berücksichtigen, dass dauerelastische Verfugungen regelmäßig gewartet werden müssen („Wartungsfuge").

Derartige Einfassungen werden jedoch leicht über offene oder gerissene Verfugungen – insbesondere, wenn für eine angemauerte Bekleidung gelochte Klinker verwendet wurden – von Nässe hinterwandert. Bei der heute meistens gegebenen intensiven Nutzung des Dachraumes kommt es dadurch oft zu erheblichen Schäden an den angrenzenden Bauteilen.

Sicherer ist es, die Schornsteinköpfe mit einer hinterlüfteten Bekleidung aus Metallblechen oder mit Bekleidungen aus Faserzementplatten o. Ä. auszuführen (Bild **4**.29b), oder die Bekleidung wird als Fertigteil über die Einfassung gestülpt (Bild **4**.30).

Abdeckungen an der Mündung zum Schutz der Schalen und Schächte der Abgasanlagen gegen Niederschlagswasser können aus Beton-, Faserzement- oder aus Edelstahlplatten (Werkstoffnummer 1.4301 gemäß DIN 10 028-7 oder höherwertig) hergestellt werden. Sie dürfen die Wärmeausdehnung der Innenschalen nicht behindern und die Austrittsöffnungen nicht verengen.

Ein konventionell hergestellter, gemauerter Kaminkopf wird oben mit einer mindestens 8 cm dicken Ortbeton- oder Fertigteilplatte abgedeckt, die bündig mit den Außenflächen abschließen sollte. Überstände verursachen Luftwirbel und können zu Stauungen im Abgasstrom führen.

4 Abgasanlagen und Lüftungsanlagen

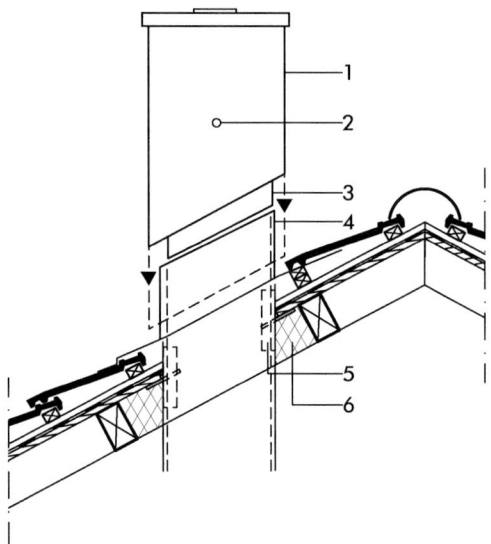

4.30 Vorgefertigter Schornsteinkopf (SCHIEDEL)
  1 vorgefertigtes Bauelement aus Faserbeton, versch. Oberflächen möglich
  2 Fixierschraube
  3 Formteil-Abgasanlage
  4 Zinkblech-Verwahrung
  5 Schornsteinabstützung
  6 nicht brennbare Dämmung

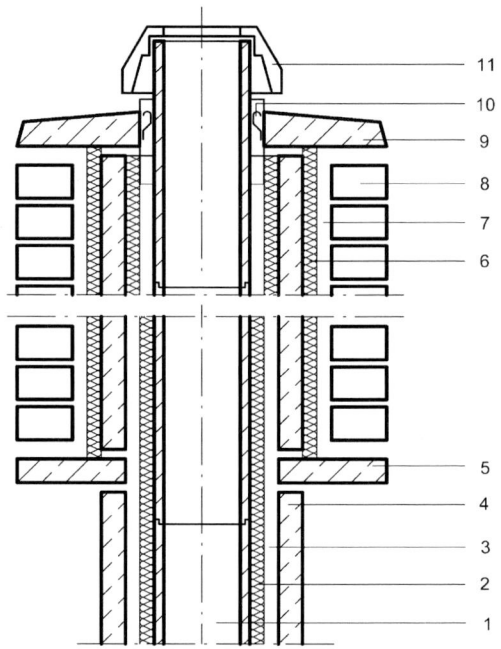

4.31 Schornsteinkopf für hinterlüftete Wärmedämmung (KA-BE)
  1 Abgasleitung
  2 Wärmedämmung
  3 Hinterlüftung
  4 Mantelsteinmantel mit zusätzlicher Wärmedämmung an der Mündung
  5 Kragplatte
  6 Wärmedämmung
  7 Hinterlüftung
  8 Mauerwerk aus frostbeständigen Vollsteinen
  9 Beton-Abdeckplatte
  10 Führungsflansch mit Abstandhaltern
  11 Mündungsabschlusshaube

Auch bei sorgfältiger Ausführung entstehen insbesondere zwischen großen betonierten Schornsteinabdeckungen und dem Mauerwerk des Schornsteinkopfes leicht Risse durch temperaturbedingte Längenänderungen und durch „Schüsselung" (Verformung) der Platte. Hier kann Schlagregen eindringen und leicht seinen Weg bis zur Wärmedämmung des Schornsteinkopfes finden. Es empfiehlt sich daher, vor dem Betonieren den fertig gemauerten Schornsteinkopf oben zunächst mit einer Dichtungsschlämme zu behandeln. Auch eine abdichtende Zwischenlage mit einer Bitumen-Dachdichtungsbahn kann einen sicheren Übergang bis zum Dehnfugenblech bilden (s. Bild **4**.28).

Die Fuge zwischen Kaminkopfmauerwerk und Abdeckplatte ist dauerelastisch abzudichten. Auch diese Fuge ist eine „Wartungsfuge".

Die Innenrohre aus Schamotte o. Ä. der heute fast ausschließlich verwendeten Abgasanlagen aus Formteilen unterliegen infolge der Erwärmung durch die Abgase einer *Längenänderung* von etwa 1 mm/m. Diese Längenveränderungen werden unterhalb der oberen Schornsteinabdeckung durch *Dehnfugenbleche* aus korrosionsfestem Stahl (Bilder **4**.27 und **4**.28) oder Formteile ausgeglichen (Bild **4**.31).

Abgasanlagen für niedrige Abgastemperaturen haben in der Regel hinterlüftete Abgasrohre bzw. Wärmedämmungen. Bei derartigen Abgasleitungen werden die Innenrohre mit Endhauben über die obere Schornsteinabdeckung hinausgezogen (Bild **4**.31 und **4**.16).

Bei größeren Rauchrohrquerschnitten, insbesondere auch bei selten genutzten Schornsteinen (offene Kamine), kann Vorsorge gegen Niederschlagswasser erforderlich werden. *Abdeckungen* aus korrosionsbeständigen Materialien müssen in mindestens 20 cm Höhe über der Rauchrohrmündung ausgeführt werden. Sie müssen abklappbar sein und dürfen die Arbeit des Schorn-

4.5 Schornsteinsanierung

steinfegers nicht behindern. Derartige Abdeckungen können durch die von ihnen bewirkte Querschnittsänderung des Abgasstromes zur Erhöhung der Strömungsgeschwindigkeit beitragen (z. B. „Meidinger Scheibe").

Abdeckungen sind für Schornsteine mit feuchtigkeitsgeschützten Abgasrohren für Niedertemperaturbetrieb nicht erforderlich.

Gemauerte Schornsteinköpfe bilden wegen der vielen sorgfältig aufeinander abzustimmenden Arbeitsvorgänge, die meistens auch noch von verschiedenen Auftragnehmern auszuführen sind, und wegen der hohen Beanspruchungen andererseits bereits bei geringfügigen Ausführungsmängeln häufig ärgerliche Schadensquellen.

4.5 Schornsteinsanierung

Ältere gemauerte Schornsteine, bei denen durch Abnutzung der inneren Wandungen oder der Ausfugungen die Gasdichtigkeit nicht mehr ausreichend gegeben ist, oder Schornsteine, deren Querschnitt geänderten Heizungsanlagen anzupassen ist, müssen deshalb nicht unbedingt vollständig erneuert werden. Zur Sanierung bzw. zur Querschnittsverringerung kommen verschiedene Verfahren in Frage, die jeweils mit dem Schornsteinfeger abzuklären sind.

- **Auskleidung mit Spezialbeton.** Bei gleichzeitigem Einbringen des Betons in das vorhandene, vorher gereinigte Rauchrohr werden Rüttelflaschen, deren Durchmesser dem geplanten neuen Querschnitt entspricht, hochgezogen (Bild **4**.32a).

- **Einbau neuer Abgas-Rohrsysteme.** Insbesondere bei der Modernisierung von Heizungsanlagen bzw. Wechsel der Brennstoffart (z. B. auf Gas) müssen die Querschnitte der vorhandenen Schornsteine meistens erheblich verringert werden. Außerdem muss bei derartigen Umbauten der höhere Kondensatanfall berücksichtigt werden. In Frage kommen Rohrsysteme aus korrosionsfestem Stahl

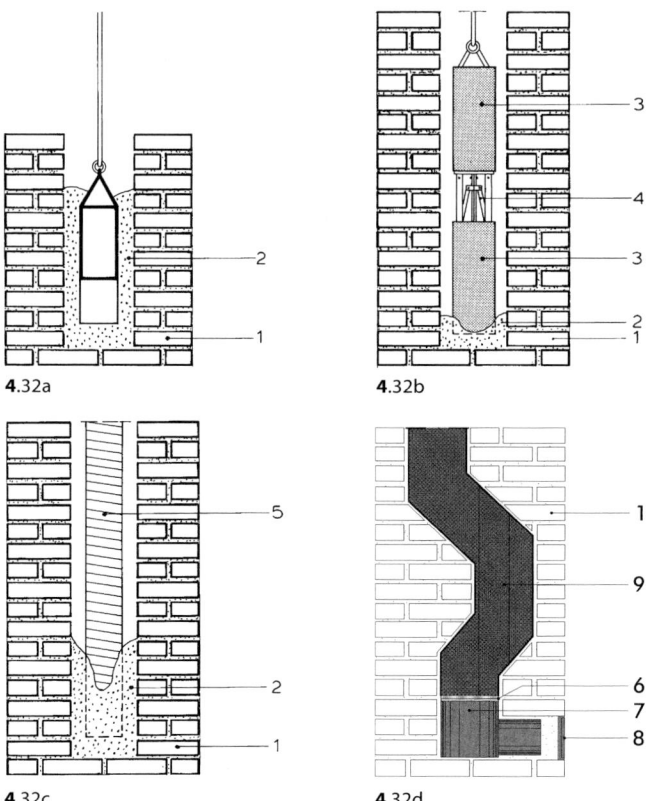

4.32a **4**.32b **4**.32c **4**.32d

4.32
Sanierungssysteme
a) Auskleidung mit Spezialmörtel
b) Einbau von Schamotte-Formstücken
c) Einbau von flexiblen Edelstahlrohren
d) Auskleidung mit flexiblem, glasfaserverstärktem Kunstharzkompositschlauch (Furanflex)

1 Vorhandenes Schornsteinmauerwerk
2 Mörtel
3 Schamotterohr
4 Hebe- und Ausrichtvorrichtung
5 flexibles Edelstahlrohr
6 Kalibrierungsring
7 Kondensatreinigungsstück
8 Schornsteintür
9 Kompositrohr mit thermohärtendem Kunstharz, textilummantelt

(Bild **4**.32b), Kunststoff, Schamotte- oder Keramikrohren sowie Einsätze aus feuerfestem Glas mit Edelstahl-Verbindern.

- **Einbau neuer Formteile.** Für gerade, allenfalls nur geringfügig gezogene Schornsteine kommen starre oder flexible Edelstahl- oder Kunstoffrohre sowie Schamotterohre mit oder ohne Innenglasur in Frage (Bild **4**.32c).
- **Auskleidung mit Kompositgewebeschlauch.** Eine moderne Alternative hierzu bilden hitze- und korrosionsbeständige Auskleidungen mit flexiblem carbonfaserhaltigem Gewebe. Sie haben den großen Vorteil, dass sie auch bei schwierigen Geometrien einsetzbar sind, da sie sich der Form des Schornsteins anpassen. Hierbei wird ein Schlauch den Schornstein heruntergelassen. Erforderliche T-Stücke oder andere anwendungsspezifische Stahlteile werden im Vorfeld gesetzt. Über ein auf dem Schlauch aufgesetztes Adapterstück wird Dampf eingeblasen, sodass das Rohr sich an die Form des vorhandenen Schornsteins anschmiegt. Das Material härtet irreversibel aus. (Bild **4**.32d), die Mündung wird auf Länge abgeschnitten.

Ob eine Wärmedämmung erforderlich ist, muss im Einzelfall geklärt werden. Sie kann aus überstülpter Mineralwolle, bei einigen Systemen auch aus Dämmstoffschüttungen bestehen.

Vielfach wird es bei Sanierungen erforderlich sein, die Schornsteinköpfe vollständig zu erneuern. Dann sollten Lösungen ähnlich wie in Bild **4**.31 gezeigt oder Fertigteil-Schornsteinköpfe (Bild **4**.30) vorgezogen werden. Bei einer energetischen Sanierung kann eine Kopferhöhung aufgrund einer stärkeren Dämmlage (Flachdach, Satteldach, Attika) erforderlich sein. Dafür eignen sich Edelstahlrohraufsätze.

4.6 Anschluss von Gasfeuerstätten gemäß DVGW [7]

Nach den „Technischen Vorschriften und Richtlinien für die Einrichtung und Unterhaltung von Niederdruckgasanlagen in Gebäuden und Grundstücken DVGW-TVR-Gas" sind für *Gasgeräte* (z.B. Haushaltsgasherde, Kleinwasserheizer) keine besonderen Abgasanlagen erforderlich.

Größere *Gasfeuerstätten*, wie z.B. Warmwasser-Durchlauferhitzer für Bäder oder „Thermen" als Heizgeräte für Etagen- oder Zentralheizungen, müssen an Abgasanlagen gemäß DIN V 18 160-1 angeschlossen werden.

Der lichte Querschnitt muss mindestens 100 cm² bei einer kleinsten Seitenlänge von 10 cm aufweisen.

An einen Abgasschornstein dürfen bis zu 3 Gasfeuerstätten mit einer Nennwärmeleistung von je 30 kW angeschlossen werden, wenn die Verbrennungsluft den Aufstellungsräumen entnommen wird.

Bei allen Gasfeuerstätten ist zwischen Gerät und Anschluss an den Abgasschornsteinen eine *Strömungssicherung* einzubauen, die bei Sauerstoffmangel oder Störungen bei der Gasverbrennung gefährliche Anreicherungen von unverbranntem Gas, Kohlenmonoxyd oder Kohlendioxyd verhindert. Außerdem sind für innenliegende Räume und für Räume mit größeren Gasfeuerstätten Be- und Entlüftungsöffnungen mit mindestens 75 cm² freiem Querschnitt vorzusehen (bei Vergitterung Zuschlag 20%) [7]. Die obere Belüftungsöffnung muss möglichst dicht unterhalb der Decke, mindestens jedoch 1,80 cm über dem Fußboden, die untere in Fußbodennähe liegen (Bild **4**.33). Belüftungsöffnungen dürfen nicht

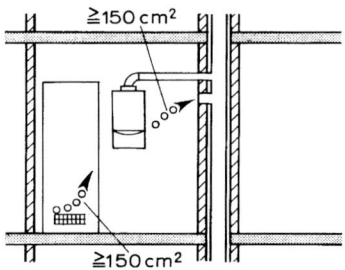

4.33a

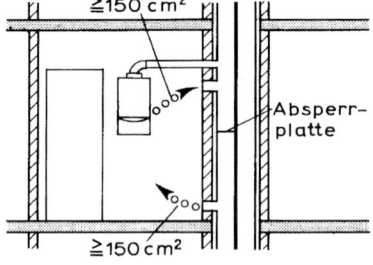

4.33b

4.33 Belüftung von innenliegenden Räumen mit Gasfeuerstätten
    a) Zuluft durch Türöffnung aus benachbartem Raum mit Außenfenster
    b) Zuluft aus Belüftungsschacht

4.7 Lüftungsanlagen

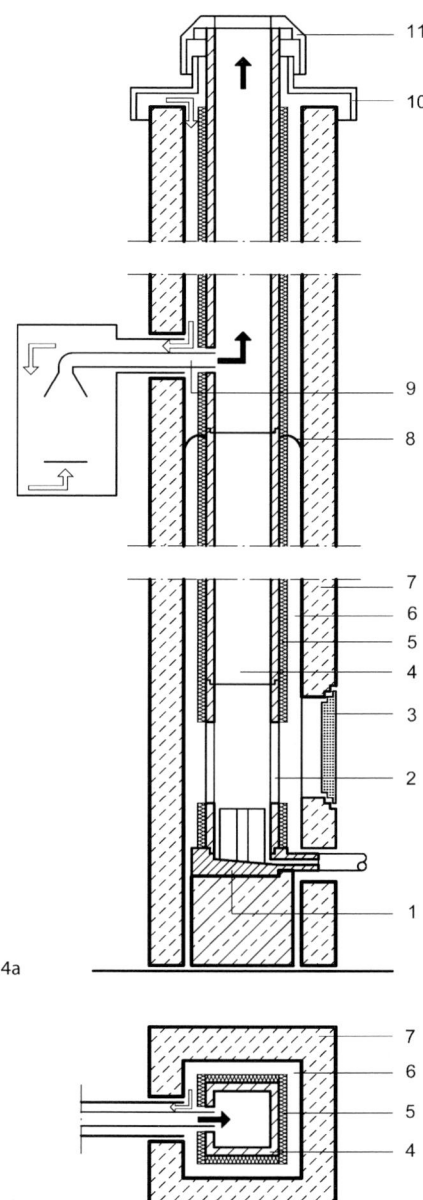

4.34 Abgas-Sammelschacht für raumluftunabhängige Gasfeuerstätten (PLEWA)
a) Schnitt, b) Grundriss
1 Kondensatablauf
2 Überströmöffnung
3 Kontrolltür
4 Keramikrohr
5 Wärmedämmung
6 Zuluftschacht
7 Mantelstein
8 Abstandhalter
9 Feuerungsanschluss mit Zuluftführung (schematisch)
10 Abdeckplatte
11 Abdeckschürze

verschließbar sein. Die erforderliche Größe der Öffnungen richtet sich im Übrigen nach den Landesbauordnungen und beträgt im Allgemeinen für die untere Zuluftöffnung mindestens 50%, für die obere mindestens 25% des vorhandenen Querschnitts.

Bei der Verbrennung von Erd- oder Stadtgas fällt neben den übrigen Abgasen eine beträchtliche Menge von Wasserdampf an (ca. 800 g/m^3 des verbrannten Gases). Auch bei gutem Wärmeschutz kommt es daher zu erheblicher Kondensatbildung. Die Abgasanlagen müssen daher aus wasserundurchlässigen Materialien (z. B. Faserzementrohre, Edelstahlrohre, glasierte oder feuchtigkeitsunempfindliche Schamotterohre) bestehen. Am unteren Ende der Abgasleitungen sind Kondensatsammler vorzusehen (Bild **4**.34) oder das Kondensat ist in die Hausentwässerung einzuleiten (s. Abschn. 4.3.2).

Bei winterlichen Außentemperaturen muss in den oberen Bereichen von Abgasanlagen mit erheblicher Vereisungsgefahr bei Kondensatbildung gerechnet werden. Deshalb muss immer für eine ausreichende Wärmedämmung im Mündungsbereich und in offenen Dachräumen gesorgt werden.

An einer gemeinsamen Abgasleitung dürfen nach DIN EN 15502-2-1 bis zu 10 *raumluftunabhängige* (d. h. zum Aufstellungsraum hin völlig dicht) gebläseunterstützte Gasgeräte angeschlossen werden, wenn die Verbrennungsluft besonderen Zuluftschächten entnommen wird (Bild **4**.34).

4.7 Lüftungsanlagen

4.7.1 Lüftungsanlagen

Nach DIN 1946-6 ist für neu zu errichtende oder zu modernisierende Gebäude[1] ein Lüftungskonzept erforderlich. Ist eine ausreichende Belüftung der Räumlichkeiten nicht über eine freie Lüftung (Quer- oder Schachtlüftung) sicher zu stellen, ist eine mechanische bzw. ventilatorgestützte Belüftung erforderlich, was Auswirkungen auf die Planung eines Gebäudes hat. Es ist notwendig, die entsprechenden Fachplaner frühzeitig – möglichst schon in der Entwurfs-

---

[1] Für Bestandssanierungen oder Modernisierungen ist nach DIN 1946-6 ein Lüftungskonzept erforderlich, wenn im MFH mehr als 1/3 der Fenster ausgetauscht, im EFH mehr als 1/3 der Fenster ausgetauscht oder mehr als 1/3 der Dachfläche abgedichtet werden.

phase – mit ins Boot zu holen. Das Belüftungssystem muss dabei nicht nur den allgemeinen Anforderungen entsprechen (Brand- und schallschutztechnische Bestimmungen, Mindestwärmeschutz, thermische Behaglichkeit, Luftwechselraten, Anforderungen aus der jeweiligen Landesbauordnung), sondern auch den projektspezifischen, wie ggfls. erhöhte Anforderungen an Hygiene, Raumluftqualität, Schallschutz etc. aus der Nutzung heraus.

Hierzu stellt der Markt mehrere Systeme zur Auswahl, die in diesem Kapitel grob im Hinblick auf die baukonstruktiven Auswirkungen vorgestellt werden. Des Weiteren wird auf die große Auswahl an RLT-Fachbüchern verwiesen.

Reine Abluftsysteme

Reine Abluftanlagen (sog. „Ein-Richtung-Lüftungsgerät (ELG)" nach EU-Richtlinie) werden bedarfsgerecht geführt und sorgen für den notwendigen hygienischen Luftaustausch. Sie können ohne oder mit Wärmerückgewinnung – auch in Kombination mit einer Abluftwärmepumpe – arbeiten. Es wird unterschieden zwischen dezentralen (Einzelventilator-) und zentralen (Zentralventilator-) Lüftungsanlagen (Bild **4**.35).

Zu- und Abluftsysteme mit oder ohne Wärmerückgewinnung

Der Vorteil dieser als sog. „Zwei-Richtung-Lüftungsgeräte (ZLG)" bezeichneten Systeme liegt in der Steuerung der Zu- und Abluftmenge und in der Filterung von Pollen und Schadstoffen aus der Außenluft (hygienischer Vorteil). Zusätzlich kann die Zuluft be- oder entfeuchtet werden (adiabate Systeme).

Zunehmende Bedeutung bei der Planung von Lüftungseinrichtungen erhält die Wärmerückgewinnung aus Abluftanlagen, denn für die heute zu beheizenden Gebäude nach Niedrigstenergiekonzepten (s. Kap. 16.2, Teil 1 dieses Werkes), die eine hohe Luftdichtigkeit aufweisen müssen, ist die kontrollierte *Wärmerückgewinnung* auch aus den Lüftungsanlagen zur Realisierung der Energieeinsparziele unerlässlich. Dabei wird die Frischluft von außen angesaugt und über Filter in einer Filterbox vorgereinigt. Von dort gelangt sie zum Wärmetauscher und wird dort aus der aus der Abluft rückgewonnenen Wärme vorerwärmt und erst dann in die *Zulufträume* geleitet (Kreuzstromwärmetauscher-Prinzip). Die Abluft wird dabei aus den Sanitärräumen (Bad, WC) und der Küche abgesaugt (Bild **4**.36a und **4**.36b). So wird

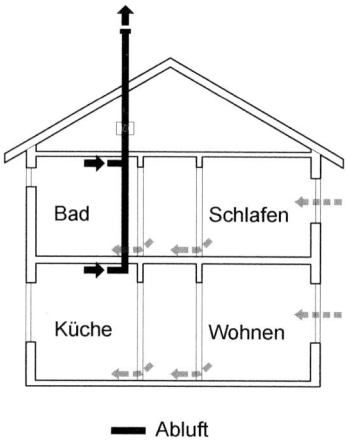

— Abluft
--- Überströmende Luft

4.35 Zentrale Abluftanlage ohne Wärmerückgewinnung (WRG)

– je nach Wirkungsgrad des Wärmetauschers – der Abluft bis über 90% der Wärme entzogen und der Frischluft zugeführt, wobei die Frisch- und die Abluft sich nicht vermischen. Es wird zwischen dezentralen und zentralen Anlagen unterschieden. Voraussetzung für die Wirksamkeit der Lüftungssysteme ist eine luftdichte Gebäudehülle. Aussage hierüber gibt ein Blower-Door-Test (s. Abschn. Kriterien und 16.2 Funktionsweise von Passivhäusern, Teil 1 dieses Werkes). Der n_{50}-Wert eines Gebäudes mit Lüftungsanlage liegt nach EnEV bei 1,5/h, im Passivhausbereich bei 0,6/h.

Dezentrale Lüftungssysteme

Bei dezentralen Lüftungssystemen wird zonen- oder raumweise die Zu- und Abluft eingebracht (Bild **4**.37). Die Anlagen liegen dabei häufig in der Außenwand des jeweiligen Zuluftraumes. Die Abluft erfolgt durch Überströmung aus den entsprechenden Ablufträumen. Der große Vorteil besteht darin, dass kein aufwendiges Kanalnetz erforderlich ist. Das spielt insbesondere bei einem nachträglichen Einbau (z. B. bei Sanierungen oder Modernisierungen) eine große Rolle. Die Systeme sind oft preiswerter, erfordern aber einen größeren Aufwand in der Wartung.

Eine Ausbalancierung der Zu- und Abluft im Raumverbund ist nur begrenzt möglich. So kann es unter Umständen bei stark exponierten Windlagen zu einer mangelhaften Belüftung der leeseitigen Räume bzw. zu Zugerscheinungen in den luvseitigen Räumen kommen.

4.7 Lüftungsanlagen

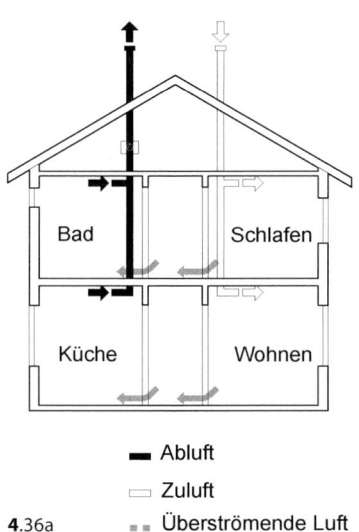

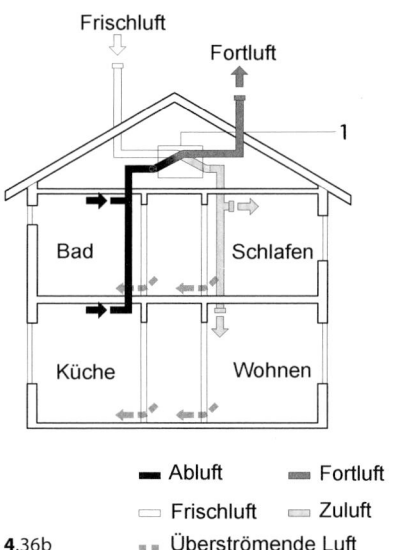

4.36a

4.36b

- ■ Abluft
- ▬ Fortluft
- ▭ Frischluft
- ▭ Zuluft
- ▪▪ Überströmende Luft

4.36 Zentrale Lüftungsanlage
a) ohne WRG b) mit WRG
1) Kreuzstromwärmetauscher

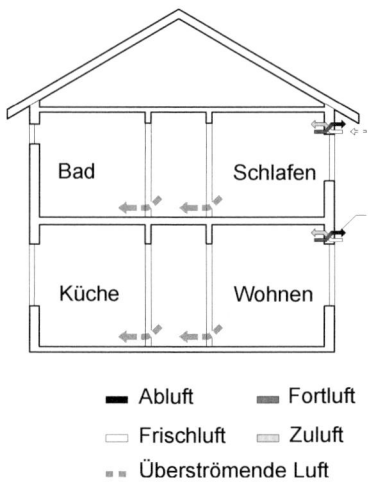

- ■ Abluft
- ▬ Fortluft
- ▭ Frischluft
- ▭ Zuluft
- ▪▪ Überströmende Luft

4.37 Dezentrale Lüftungsanlage mit WRG
1) Kreuzstromwärmetauscher

Bei *Einzelraumlüftern*, die reversierend arbeiten, wird die Zu- und Abluft wechselseitig eingebracht, was die Filterqualität und damit die Hygiene beeinträchtigt. Die Wärmerückgewinnung ist bei diesen Geräten nicht sehr hoch und die Schallbelastung ist höher, da die Einheiten direkt in der Außenwand der Wohnräume positioniert werden. Hier sollten die Vor- und Nachteile besonders gut abgewogen werden.

Zentrale Lüftungssysteme

Zentrale Lüftungssysteme bestehen aus einer Lüftungszentrale mit Anbindungsmöglichkeiten zur Außen- und Fortluftführung (vom Gerät zur Außenluft) und Zu- und Abluftführung (raumseitig) mit angebundenem Kanal- oder Leitungsnetz und den dazugehörigen Zu- und Abluftdüsen. Die Zuluft wird über eine zentrale Verteilung in die einzelnen Räume gebracht. Das Lüftungsgerät sollte aus Gründen der Kosten- und Energieeffizienz so aufgestellt werden, dass der Weg der Außen- und Fortluft zum Gerät möglichst kurz ist, aber auch das Verteilernetz im Gebäude kurz gehalten werden kann, um den Druckverlust gering zu halten. Außenluftansaugung und Fortluftauslass müssen so platziert sein, dass es nicht zu einem thermischen Kurzschluss kommt, d.h. die Fortluft darf nicht direkt wieder von der Außenluftöffnung angesaugt werden. Dies sollte ohnehin allein schon aus hygienischen Gründen vermieden werden. Zwischen Außenluftansaugstutzen und Fortluftauslass sollte ein Abstand von mind. 2,0m eingehalten werden. Auch sollte die Außenluft nicht in Bodennähe angesaugt werden, um die Schadstoff-und Staubbelastung zu reduzieren. Verbrauchte Luft und auch CO_2, sind bspw. schwerer als Frischluft ist und setzten sich daher in Bodennähe ab.

Semizentrale Lüftungssysteme

Semizentrale Komfortlüftungssysteme basieren auf einem zentralen Lüftungsgerät für die Frischluftansaugung und die Wärmeaufbereitung und dezentralen Einheiten je Zone oder Wohnung. Sie bieten den Vorteil, dass der Wartungsaufwand durch die zentrale Aufbereitung gering ist und der Filterwechsel nicht kostenintensiv. CO_2-Sensoren messen in den Zonen oder Wohneinheiten die CO_2-Konzentration be- und entlüften bei Unterschreitung der Luftqualität. Die Volumenstromanpassung erfolgt durch Ventilatoren in den einzelnen Zuluftbereichen und nicht zentral im Lüftungsgerät.

4.7.2 Planungsgrundsätze

Lüftungsgeräte sollten so aufgestellt werden, dass sie fü9r Bedienung, Filterwechsel und Wartungsarbeiten gut zugänglich sind. Ein Gerät verfügt über vier Ein- bzw. Auslässe für Zu- und Abluft sowie Außen- und Fortluft, die meist gegenüberliegend angeordnet sind (Bild **4**.38). Von da aus erfolgt die Versorgung der Zulufträume mit Frischluft. Richtungswechsel erfordern bei den Leitungsgrößen gewisse Radien, die bei der Planung zu beachten sind (z. B. ausreichenden Platzbedarf vorsehen!). Auch die Leitungsdämmung der Außen- und Fortluftleitung erfordert mehr Platz als der eigentliche Rohrdurchmesser vermuten lässt.

Bei allen Systemen sind die Anforderungen an Schall- und Brandschutz einzuhalten. So sind Schalldämpfer zur Reduzierung der Ventilatorengeräusche erforderlich. Bei zentralen Anlagen sind Ventilatoren und Kanalnetz schallentkoppelt zu verlegen. Die Geräteschalldämpfer sind zwischen Zu- und Abluft und Verteilern (Bild **4**.38) eingebaut, um eine Schallübertragung in Wohn- oder Schlafräume auszuschließen. Bei Zonen- und Geschossquerungen ist der Brandschutz nach DIN 4102 zu beachten. Ggf. sind – insbesondere bei den zentralen Verteilern – Brandschutzklappen erforderlich.

In Gebäuden geringer Höhe oder Wohngebäuden mit weniger als drei Wohneinheiten ist keine separate Lüftungszentrale für die Ventilatoren und Luftaufbereitungseinrichtungen erforderlich. Der Aufstellort des Lüftungsgerätes muss immer unter objektspezifischen Anforderungen abgewogen werden.

- Die Aufstellung im Spitzboden oder obersten Geschoss (Bild **4**.39a) hat den Vorteil der kurzen Leitungswege. Frisch- und Fortluft können einfach über Dach geführt werden. Wird eine Vorerwärmung oder Vorkühlung der Außenluft über einen Erdwärmetauscher angestrebt, ist die Anbindung aufwendiger. Liegt der Aufstellort außerhalb der thermisch geregelten Hülle, ist ein Kondensatschutz vorzusehen.
- Die Aufstellung des Lüftungsgerätes innerhalb der thermischen (beheizten/gekühlten) Gebäudehülle (Bild **4**.39b) ermöglicht eine frostfreie Aufstellung. Die Leitungsführungen lassen sich unkompliziert (in, auf oder unter der Decke) verlegen. Allerdings sind dabei die schalltechnischen Einflüsse nicht zu vernachlässigen.
- Ist ein Keller vorhanden, ist dies der ideale Standort, wenn ein Erdwärmetauscher zur Vorerwärmung oder Kühlung eingesetzt wird. Eine direkte Frischluftansaugung der Außenluft in Bodennähe gilt es zu vermeiden (Bild **4**.39c).

Im Bild **4**.40a–c ist eine dezentrale Lüftungsanlage mit Wärmerückgewinnung dargestellt, wie sie beispielsweise in Gebäuden Verwendung findet, in denen viele gleichartige Nutzungseinheiten zu versorgen sind (z.B. Hotels, Schulen, Geschoss-Mietwohnungsbau). Die Lüftungsanlage wurde in einer Fenstereinheit verbaut uns als vorgefertigtes Modul zur Baustelle gebracht. Zu- und Abluft verlaufen in der Rohdecke, der Zuluftauslass befindet sich direkt unter der Decke, die Abluft wird aus dem Bad abgesaugt.

Das Kanalnetz sollte immer in der thermisch geregelten (beheizten) Zone liegen und kann in, auf oder unter der Decke geführt werden (Bild

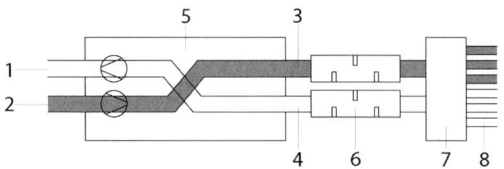

4.38   Aufbau einer Zentraleinheit Lüftungsanlage mit Wärmerückgewinnung
   1) Frischluft
   2) Fortluft
   3) Abluft
   4) Zuluft
   5) Kreuzstromwärmetauscher
   6) Schalldämpfer
   7) Verteiler
   8) Kanalnetz Ab- und Zuluft

4.7 Lüftungsanlagen

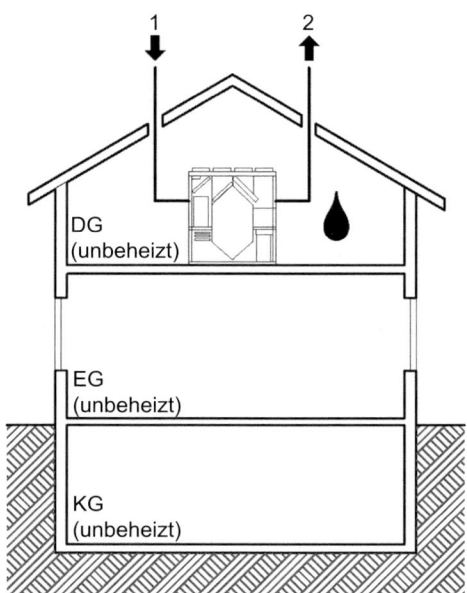

4.39a

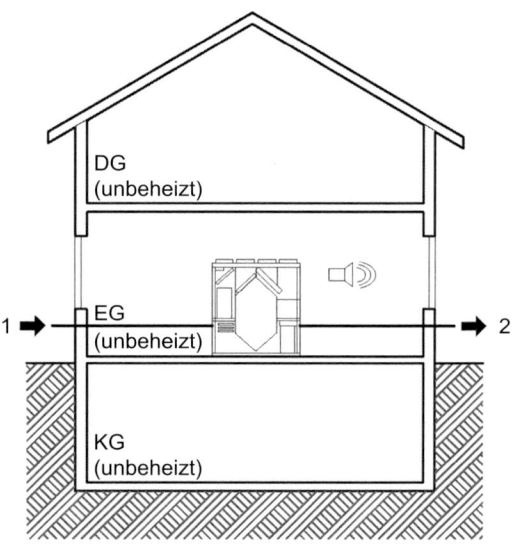

4.39b

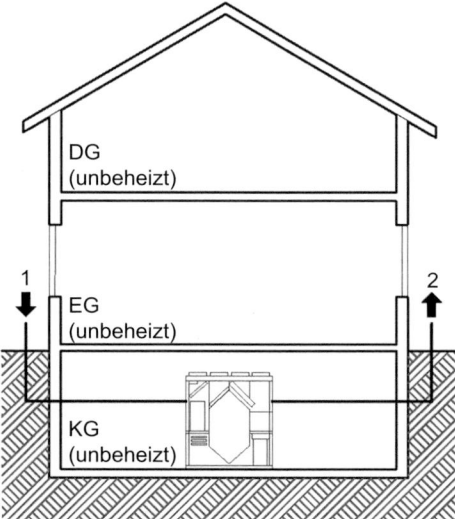

4.39c

4.39 Aufstellstandorte einer Lüftungsanlage
a) auf dem unbeheizten Spitzboden
b) in der beheizten Wohneinheit
c) im unbeheizten Keller

EU-weit werden seit Einführung der Ökodesign-Richtlinie[1] Anforderungen an energieverbrauchsrelevante Geräte (ErP) gestellt. Dazu gehören auch die Lüftungsanlagen. Seit 2016 gilt nun eine Kennzeichnungspflicht für Wohnraumlüftungsanlagen mit Zu- und Abluft durch ein Energieeffizienzlabel[2], deren Anforderungen mit Beginn des Jahres 2018 nach Vorgaben der Ökodesign-Richtlinie nochmal verschärft wurden. Die beste Effizienzklasse, d.h. die Klasse mit dem geringsten Energieverbrauch, entspricht nach wie vor der Klasse A+, die schlechteste der Klasse D. Die weiteren, bisher gültigen Klassen E bis G entfallen. Hinter den Klassen steht der sog. *SEC-Wert*, der sich aus der Differenz der verbrauchten elektrischen Energie (Betrieb des Gerätes) zur eingesparten Primärenergie berechnet.

4.41a–c). Auch ist eine geschossübergreifende Strangverteilung möglich, bei der die Zuluftauslässe in den Innenwänden sitzen. Die Zu- und Abluftkanäle sind zum Kondenswasserschutz zu dämmen. Bei der Verlegung unter der Decke (Bild **4.**41c) ist die Raumhöhe zu beachten, insbesondere bei der nachträglichen Verlegung im Bestand.

---
[1] Ökodesign-Verordnung (EU) Nr. 1253/2014 Lüftungsanlagen
[2] **EU-Rahmenrichtlinie 2010/30/EU** des Europäischen Parlaments und des Rates vom 19. Mai 2010 über die „Angabe des Verbrauchs an Energie und anderen Ressourcen durch energieverbrauchsrelevante Produkte mittels einheitlicher Etiketten und Produktinformationen"

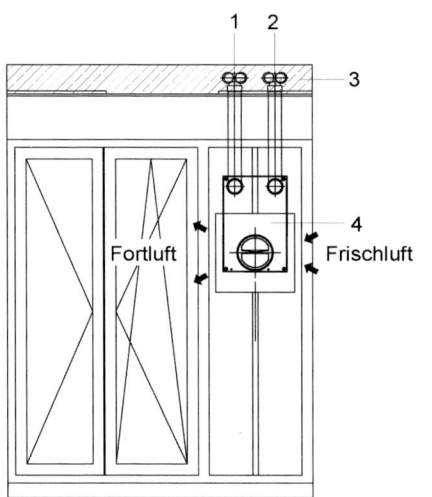
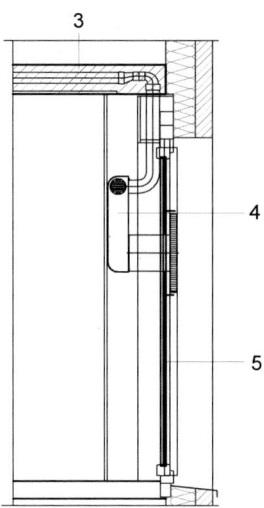

a) Außenansicht
4.40a

b) Vertikalschnitt
4.40b

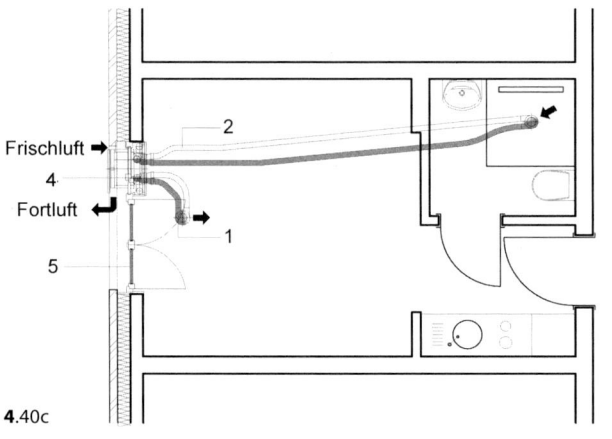

4.40c

4.40 Fensterelement mit integrierter Lüftungsanlage mit Wärmerückgewinnung (Quelle: EnTeW® GmbH)
  a) Außenansicht
  b) Vertikalschnitt
  c) Grundriss Nutzungseinheit
  1) Zuluft(kanal)
  2) Abluft(kanal)
  3) Betondecke
  4) Lüftungseinheit mit Kreuzstromwärmetauscher
  5) Fenster

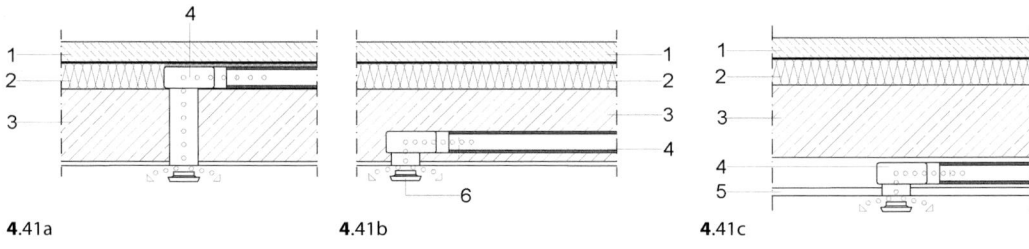

4.41a   4.41b   4.41c

4.41 Verlegung Zuluftkanal
  a) auf der Betondecke
  b) in der Betondecke
  c) unter der Betondecke (freiliegend oder verkleidet)
  1) Estrich auf Folie
  2) Wärme-/Trittschalldämmung
  3) Stahlbetondecke
  4) Lüftungskanal/-rohr
  5) Abhangdecke
  6) Auslassventil

4.7 Lüftungsanlagen

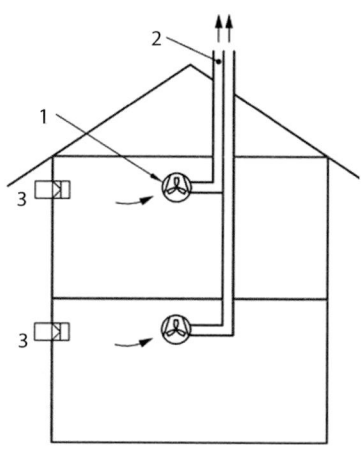

4.42a

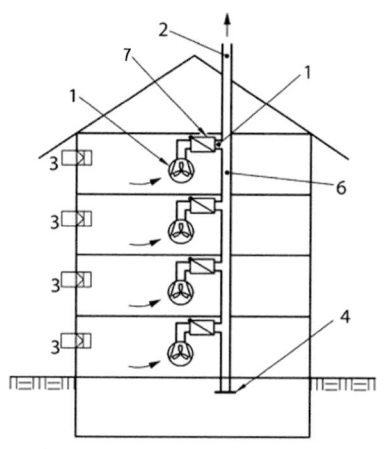

4.42b

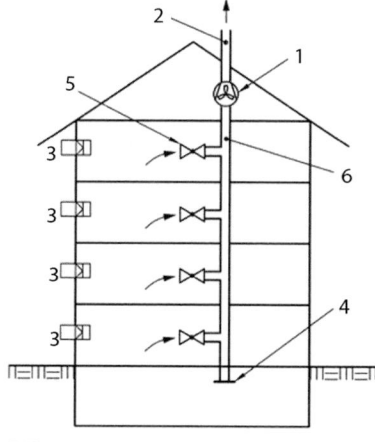

4.42c

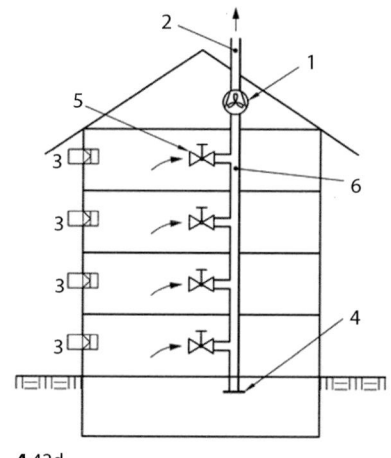

4.42d

4.42 Lüftungsanlagen mit Ventilatoren (DIN 18017-3)
    a) Einzelentlüftung mit eigenen Abluftleitungen
    b) Einzelentlüftung mit gemeinsamer Abluftleitung
    c) Zentralentlüftung mit nur gemeinsam veränderlichen Volumenstrom
    d) Zentralentlüftung mit wohnungsweise veränderlichen Volumenströmen
    1 Ventilator
    2 Abluftleitung/Ausblasleitung (zentral)
    3 Außenluftdurchlässe
    4 Reinigungsverschluss
    5 Ventile c) unveränderliche Kennlinie bzw. d) von Bewohnern einstellbar
    6 gemeinsame Abluftleitung
    7 Rückschlagklappe

Zusätzlich enthält das Label Angaben zum Schallleistungspegel des Gerätes, gemessen bei 70% des max. Luftvolumenstromes, und den maximalen Luftvolumenstrom bezogen auf die Zuluft. Die neuen Anlagen dürfen den Leistungspegel von 40 dB nicht überschreiten (bislang 45 dB).

Lüftungsgeräte werden als fertige Bauteilsysteme auf dem Markt angeboten. Sie müssen nach den Landesbauordnungen, wenn sie zur Errichtung, Veränderung und Instandhaltung baulicher Anlagen dienen, einen allgemeinen bauaufsichtlichen Verwendungsnachweis haben in Form einer abZ haben und mit dem CE-Zeichen gekennzeichnet sein.

4.7.3 Lüftung von fensterlosen Räumen

Können innenliegende Bäder und Toilettenräume nicht durch Fenster ausreichend be- und entlüftet werden, muss Frischluft durch Schächte und Kanäle in die Räume geleitet und die Abluft abgeführt werden. Bei den heute mit den hohen Anforderungen einhergehenden immer dichteren Bauweisen ist die Entlüftung innenliegender Sanitärräume nur noch Ventilator betrieben möglich.

Die DIN 18017-1 wurde zurückgezogen.

DIN 1946-6 gilt für die freie und die ventilatorgestützte Lüftung von Wohnungen und Nutzungseinheiten gleicher Art und Nutzung.

DIN 18017-3 ist weiterhin gültig für die ventilatorgestützte Lüftung fensterloser Räume.

Lüftungseinrichtungen mit Ventilatoren

Für Belüftungssysteme mit einzelnen oder zentralen Ventilatoren sind nähere Bestimmungen in DIN 18 017-3 enthalten., die nachstehend auszugsweise wiedergegeben werden.

Unterschieden werden

- Einzelentlüftungsanlagen mit eigenen Abluftleitungen (Bild **4**.42a),
- Einzelentlüftungsanlagen mit gemeinsamer Abluftleitung (Bild **4**.42b),
- Zentralentlüftungsanlagen mit nur gemeinsam veränderlichem Gesamtvolumenstrom,
- Zentralentlüftungsanlagen mit wohnungsweise veränderlichen Volumenströmen.

Die Anlagen können wahlweise für folgende Mindest-Luftvolumenströme ausgelegt werden:

- 40 m^3/h: Dieser Volumenstrom muss über mindestens 12 Stunden je Tag abgeführt werden.
- 60 m^3/h: Wenn die Entlüftungen völlig abgestellt werden können, muss sichergestellt werden, dass nach jedem Ausschalten durch *Nachlaufen des Gerätes* mindestens 5 m^3 Luft aus dem zu lüftenden Raum abgeführt werden.

Jeder Raum muss eine unverschließbare Zuluftöffnung von 150 cm^2 freiem Querschnitt haben. Die Abluftöffnungen müssen möglichst nahe unter der Decke liegen. Im Aufenthaltsbereich sollen keine größeren Luftgeschwindigkeiten als 0,2 m/s entstehen.

Zentralentlüftungsanlagen sind so zu bauen und zu betreiben, dass Gerüche oder Staub nicht von Wohnung zu Wohnung oder in andere Räume übertragen werden können.

Die Vermeidung von Schallübertragungen ist bei Sammelschachtanlagen zu gewährleisten. Die Hersteller von Sammelentlüftungsanlagen versuchen auf verschiedene Weise das Problem der Übertragung von Luftschall durch spezielle Schallschutzmaßnahmen an den Einströmöffnungen zu lösen. Körperschallübertragung ist durch Maßnahmen nach DIN 4109 zu vermeiden.

Die benötigten Einzel- oder Sammel-Abluftschächte entsprechen im Wesentlichen den Anforderungen, die für Anlagen ohne Ventilatoren gelten.

Lüftungsanlagen mit Ventilatoren können mit flächensparenden Sammelschächten betrieben werden. Zur Verbesserung der Energieeffizienz können Wärmetauscher zur Wärmerückgewinnung aus der Abluft integriert werden.

4.8 Normen

Norm	Ausgabedatum	Titel
DIN 1946-6[1]	01.2018 05.2009	Raumlufttechnik – Teil 6: Lüftung von Wohnungen – Allgemeine Anforderungen, Anforderungen zur Bemessung, Ausführung und Kennzeichnung, Übergabe/Übernahme (Abnahme) und Instandhaltung
DIN 4719	07.2009	Lüftung von Wohnungen – Anforderungen, Leistungsprüfungen und Kennzeichnung von Lüftungsgeräten
DIN 18 017-3	09.2009	Lüftung von Bädern und Toilettenräumen ohne Außenfenster; mit Ventilatoren
DIN V 18 151-100	10.2015	Hohlblöcke aus Leichtbeton – Teil 100: Hohlblöcke mit besonderen Eigenschaften
DIN V 18 160-1	01.2006	Abgasanlagen, Planung und Ausführung
DIN V 18 160-1,Bbl.1	11.2015	–, Planung und Ausführung; Nationale Ergänzung zur Anwendung von Metall-Abgasanlagen nach DIN EN 1856-1, von Innenrohren und Verbindungsstücken nach DIN EN 1856-2, der Zulässigkeit von Werkstoffen und der Korrosionswiderstandsklassen
DIN V 18 160-1,Bbl.2	04.2016	–, Planung und Ausführung; Nationale Ergänzung zur Anwendung von Keramik-Innenschalen nach DIN EN 1457-1 und DIN EN 1457-2, Zuordnung der Kennzeichnungsklassen für Montage-Abgasanlagen
DIN V 18 160-1,Bbl.3	09.2009	–, Planung und Ausführung, Beiblatt 3: Nationale Ergänzung zur Anwendung von System-Abgasanlagen mit Kunststoffinnenrohren nach DIN EN 14 471
DIN 18 160-5	04.2016	–, Einrichtungen für Schornsteinfegerarbeiten, Anforderungen, Planung und Ausführung
DIN 18 160-60	02.2014	–, Nachweise für das Brandverhalten von Abgasanlagen und Bauteilen von Abgasanlagen; Begriffe, Anforderungen und Prüfungen
DIN 18 379	09.2016	VOB Vergabe- und Vertragsordnung für Bauleistungen; Teil C: Allgemeine Technische Vertragsbestimmungen (ATV) für Bauleistungen; Raumlufttechnisch Anlagen
DIN 18 380	09.2016	VOB Vergabe- und Vertragsordnung für Bauleistungen; Teil C: Allgemeine technische Vertragsbestimmungen (ATV) für Bauleistungen; Heizanlagen und zentrale Wassererwärmungsanlagen
DIN V 18 599	092018	Energetische Bewertung von Gebäuden – Berechnung des Nutz-, End- und Primärenergiebedarfs für Heizung, Kühlung, Lüftung, Trinkwarmwasser und Beleuchtung
DIN EN 771	11.2015	Festlegungen für Mauersteine – Teil 1: Mauerziegel; Deutsche Fassung EN 771-1: 2011+A1:2015
DIN EN 1443	05.2017	Abgasanlagen; Allgemeine Anforderungen
DIN EN 1457	04.2012	Abgasanlagen; Keramik – Innenrohre; Anforderungen und Prüfungen
DIN EN 1856-1	09.2009	Abgasanlagen – Anforderungen an Metall-Abgasanlagen; Bauteile für System-Abgasanlagen
DIN EN 1856-2	09.2009	–, –, Innenrohre und Verbindungsstücke aus Metall
DIN EN 1857	08.2010	Abgasanlagen; Bauteile; Betoninnenrohre
DIN EN 1858	09.2011	Abgasanlagen; Bauteile – Betonformblöcke
DIN EN 1859	07.2013	Abgasanlagen; Metall-Abgasanlagen, Prüfverfahren
DIN EN 1993-3-2	12.2010	Bemessung und Konstruktion von Stahlbauten – Teil 3-2: Türme, Maste und Schornsteine – Schornsteine
DIN EN 12097	11.2006	Lüftung von Gebäuden – Luftleitungen - Anforderungen an Luftleitungsbauteile zur Wartung von Luftleitungssystemen;
DIN EN 12 446	09.2011	Abgasanlagen-Bauteile; Außenschalen aus Beton
DIN EN 13 063-1	10.2007	Abgasanlagen – System-Abgasanlagen mit Keramik-Innenrohren – Teil 1: Anforderungen und Prüfungen für Rußbrandbeständigkeit
DIN EN 13 063-2	10.2007	Abgasanlagen – System-Abgasanlagen mit Keramik-Innenrohren – Teil 2: Anforderungen und Prüfungen für feuchte Betriebsweise
DIN EN 13 084-1	05.2007	Freistehende Schornsteine; Allgemeine Anforderungen

[1] z. Zt. in Neubearbeitung (E 01.2018)

Normen, Fortsetzung

Norm	Ausgabedatum	Titel
DIN EN 13 142 [2)]	06.2013	Lüftung von Gebäuden – Bauteile/Produkte für die Lüftung von Wohnungen – Geforderte und frei wählbare Leistungskenngrößen; Deutsche Fassung EN 13 142: 2013
DIN EN 13 229	10.2005	Kamineinsätze einschließlich offene Kamine für feste Brennstoffe; Anforderungen und Prüfung
DIN EN 13 229, Ber. 1	06.2008	–,–, Berichtigung zu DIN EN 13 229; 2005-10
DIN EN 13 384-1	06.2015	Abgasanlagen – Wärme- und strömungstechnische Berechnungsverfahren; Abgasanlagen mit einer Feuerstätte
DIN EN 13 384-2	06.2015	–, Abgasanlagen mit mehreren Feuerstätten
DIN EN 13 779	09.2007	Lüftung von Nichtwohngebäuden – Allgemeine Grundlagen und Anforderungen für Lüftungs- und Klimaanlagen und Raumkühlsysteme
DIN EN 14 471	03.2015	–, Systemabgasanlagen mit Kunststoffinnenrohren – Anforderungen und Prüfungen
DIN EN 15 287-1	12.2010	Abgasanlagen – Planung, Montage und Abnahme von Abgasanlagen – Teil 1: Abgasanlagen für raumluftabhängige Feuerstätten
DIN EN 15 287-2	06.2008	Abgasanlagen – Planung, Montage und Abnahme von Abgasanlagen – Teil 2: Abgasanlagen für raumluftunabhängige Feuerstätten
DIN EN 15 502-2-1	09.2017	Heizkessel für gasförmige Brennstoffe - Teil 2-1: Heizkessel der Bauart C und Heizkessel der Bauarten B2, B3 und B5 mit einer Nennwärmebelastung nicht größer als 1 000 kW
DIN EN 16475-3	11.2016	Abgasanlagen – Zubehörteile – Teil 3: Selbsttätig arbeitende, zwangsgesteuerte und kombinierte Nebenluftvorrichtungen – Anforderungen und Prüfverfahren
MFeuV	09.2017	Muster – Feuerungsverordnung
BImSchV	01.2010	1. Bundes-Immissionsschutzverordnung, geändert durch Art. 77 V v. 31.8.2015
Ferner: Technische Vorschriften und Richtlinien für die Einrichtung und Unterhaltung von Niederdruckgasanlagen in Gebäuden und Grundstücken; DVGW-Regelwerk-Gas [7]		
M-LüAR	12.2015	Muster-Lüftungsanlagen-Richtlinie über brandschutztechnische Anforderungen an Lüftungsanlagen

[2)] z. Zt. in Neubearbeitung (E 09.2018)

4.9 Literatur

[1] *Aschoff, C., Grotjan, H.*: Frischlufttechnik im Wohnungsbau, Stuttgart 2004
[2] Dt. Vereinigung für Wasserwirtschaft, Abwasser und Abfall e. V.: ATV DVWK-Regelwerk A 251-Kondensate aus Brennwertkesseln (11/2011), www.dwa.de
[3] Beuth DIN-Taschenbuch Teil 146, Abgasanlagen – Schornsteine; Planung , Berechnung, Ausführung, Normen. Berlin 2005
[4] DVGW-Arbeitsblätter, Regelwerk-Gas. www.dvgw.de
[5] *Ehrenfried, H.*: Kontrollierte Wohnungslüftung Bibliothek Gebäudetechnik. Berlin 2000
[6] Informationszentrum RAUM und BAU der Frauenhofer-Gesellschaft-Forschungsberichte und IRB-Literaturdokumentationen: Schornsteine. Stuttgart. www.irb.fhg.de
[7] *Kehm, B.*: Abgasanlagen und die Europäische Normung – Auswirkungen der CE-Kennzeichnung. In DAB 7/2004
[8] *Künzel, H.*: Überlegungen zur Wohnungslüftung. Stuttgart 2006. (Aufsatz aus Wohnungslüftung und Raumklima, Grundlagen, Ausführungshinweise, Rechtsfragen), www.irb.fhg.de
[9] *Last, D.*: Abgasanlagen als architektonisches Element. Design, Technik und Montage von Edelstahlkaminen. In TAB-Technik am Bau 3/2005
[10] *Last, D.*: Abgassysteme in Leichtbauweise. Technische Eigenschaften mehrerer Systeme. In TAB 7+8/2004
[11] *Pistohl, W.*: Handbuch der Gebäudetechnik, Band 2. München 2005, (9. Auflage 10.2016)
[12] PLEWA Schornsteintechnik und Abgassysteme. Speicher; www.plewa.de
[13] Schiedel GmbH & Co.: Schornsteinsysteme und Lüftungssysteme. München, www.schiedel.de

5 Treppen, Rampen, Aufzüge und Fahrtreppen

5.1 Allgemeines

5.1.1 Begriffe

Treppen verbinden verschiedene Ebenen von Bauwerken als *Geschosstreppen* oder *Ausgleichsstufen* zur Verbindung unterschiedlicher Fußbodenebenen. Rampen und Aufzüge sind zur stufenlosen Erschließung von Bodenflächen auf unterschiedlichen Höhen erforderlich.

Die Grundrisse und Ausführungsformen von Treppen sind vielfältig, da Treppen meistens nicht nur ihrem eigentlichen Zweck der Vertikalerschließung, sondern darüber hinaus auch der Gestaltung von Bauwerken und Räumen dienen.

Unterschieden werden

- *notwendige Treppen*, d.h. Treppen, die nach behördlichen Vorschriften als Teil des ersten *Rettungsweges* vorhanden sein *müssen* und an deren Dimensionierungen und Bauausführung in der Regel besondere Anforderungen gestellt werden und
- *nicht notwendige Treppen*, die zusätzlich vorhanden sein *können* und dabei auch der vielfach häufiger genutzten, repräsentativen Erschließung der Hauptnutzungen dienen.

Treppen zwischen zwei Vollgeschossen werden Geschosstreppen, zwischen Kellergeschossen und Erdgeschoss Kellertreppen und zwischen oberstem Vollgeschoss und Dachboden Bodentreppen genannt.

In Gebäuden mit mehr als zwei Vollgeschossen[1] müssen Treppen in der Regel in einem abgeschlossenen *Treppenraum* liegen.

Eine ununterbrochene Folge von mindestens drei Steigungen bildet einen *Treppenlauf*. Weniger als drei aufeinanderfolgende Steigungen werden Ausgleichsstufen genannt.

Die Form einer Treppe wird durch die Anzahl der Treppenläufe nur annähernd gekennzeichnet. Zur genaueren Bestimmung gehören Angaben über die Lage der Läufe, Anzahl und Form der Stufen sowie Form, Lage und Anzahl von *Podesten*, die als Treppenabsätze am Anfang oder Ende eines Treppenlaufes Teile der Geschossdecken sind oder als *Zwischenpodest* zwischen zwei Treppenläufen liegen (Bild **5**.1). Der von Treppenläufen, -podesten und -geländern umschlossene freie Raum wird *Treppenauge*, die für eine Treppe vorgesehene Aussparung in der Geschossdecke Treppenöffnung oder *Treppenloch* genannt.

Treppenstufen werden in der Regel mit *einem* Schritt begangen. Die Bezeichnung der Stufenteile zeigt Bild **5**.2. Die erste Stufe eines Treppenlaufes wird als *Antritt-*, die letzte Stufe als *Austrittstufe* bezeichnet. Die *Lauflinie* kennzeichnet bei der Darstellung von Treppen im Grundriss den Weg eines Benutzers im üblichen *Gehbereich*. Bei Treppen mit geraden Läufen liegt die Lauflinie im Allgemeinen in der Mitte der nutzbaren Treppenlaufbreite bzw. innerhalb des „*Gehbereiches*". Die Definition des Gehbereiches ist für gewendelte Treppen, für Treppen mit teilweise gewendelten Läufen und für Treppen mit verschiedenen nutzbaren Treppenlaufbreiten in DIN 18 065 enthalten (Bild **5**.19).

In Bauzeichnungen wird gem. DIN 1356-1 bei Treppen (auch bei Rampen) die Vorderkante der Antrittstufe mit einem Punkt, einem Kreis oder einem Doppelstrich gekennzeichnet und die Vorderkante der Austrittstufe mit einem Pfeil. Dabei wird durch den Pfeil die Richtung angegeben, in der die Treppe ansteigt.[2]

Die tragenden Teile der Treppe, die die Stufen seitlich tragen und zugleich den Treppenlauf seitlich begrenzen, werden *Treppenwangen* genannt. *Treppenholme* tragen oder unterstützen die Stufen paarweise oder einzeln von unten. Als *Treppenspindel* wird der tragende Kern von Spindeltreppen bezeichnet (Bild **5**.1l).

Die Bezeichnung der Treppenteile zeigt Bild **5**.3.

Treppenstufen können ausgeführt werden als Blockstufen, Plattenstufen, Keilstufen oder Winkelstufen (Bild **5**.4). Sie werden im Allgemeinen auf Unterkonstruktionen (Platten, Wangen, Holme)

---

[1] „Vollgeschoss": Definition jeweils in den Landesbauordnungen bzw. in der MBO §2 (6)

[2] In Geländedarstellungen o. Ä. weisen hiervon abweichend die Pfeile in Gefällerichtung, d. h. nach unten!

© Springer Fachmedien Wiesbaden GmbH, ein Teil von Springer Nature 2018
U. Hestermann, L. Rongen, *Frick/Knöll Baukonstruktionslehre 2*
https://doi.org/10.1007/978-3-658-21913-0_5

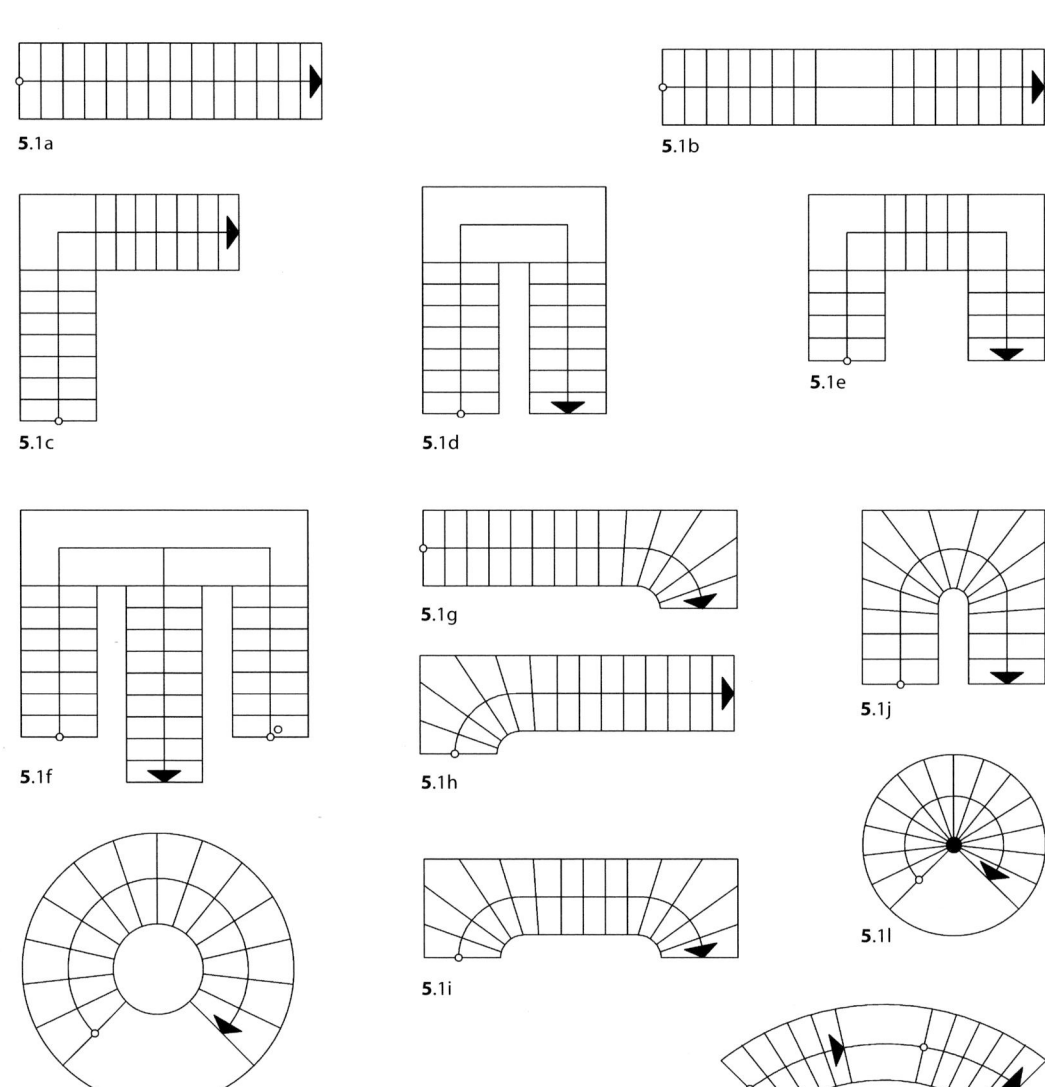

5.1 Treppengrundrisse (schematische Darstellung nach DIN 18 065)
  a) einläufige gerade Treppe
  b) zweiläufige gerade Treppe mit Zwischenpodest
  c) zweiläufige gewinkelte Treppe mit Zwischenpodest
  d) zweiläufige gegenläufige Treppe mit Zwischenpodest (dargestellt als „Rechtstreppe")
  e) dreiläufige zweimal abgewinkelte Treppe mit Zwischenpodesten
  f) dreiläufige gegenläufige Treppe mit Zwischenpodest
  g) einläufige, im Austritt viertelgewendelte Treppe
  h) einläufige, im Antritt viertelgewendelte Treppe
  i) einläufige, zweimal viertelgewendelte Treppe
  j) einläufige, halbgewendelte Treppe (dargestellt als „Rechtstreppe")
  k) Wendeltreppe (Treppe mit Treppenauge)
  l) Spindeltreppe (Treppe mit Treppenspindel)
  m) zweiläufige, gewendelte Bogentreppe mit Zwischenpodest

5.1 Allgemeines

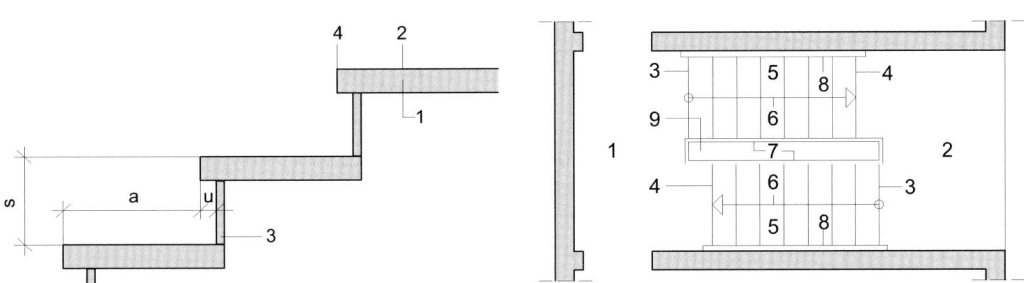

5.2 Bezeichnung von Stufenteilen
s = Steigung
a = Auftritt
u = Unterschneidung
1 Trittstufe
2 Trittfläche
3 Setzstufe
4 Trittkante

5.3 Bezeichnung von Treppenteilen
1 Treppenpodest
2 Zwischenpodest
3 Antrittstufe
4 Austrittstufe
5 Treppenlauf
6 Lauflinie
7 innere Treppenwange
8 äußere Treppenwange
9 Treppenauge

5.4a **5**.4b

5.4c

5.4d **5**.4e

5.4 Stufenarten (DIN 18 065)
a) Blockstufen, b) Keilstufen, c) Plattenstufen, d) Winkelstufen, e) L-Stufen

Tabelle **5**.5   Maßliche Anforderungen (DIN 18 065) (Fertigmaße im Endzustand)

Gebäudeart		Treppenart	Nutzbare Treppenlaufbreite min. in cm	Steigung s max. in mm	Auftritt a min. in mm
Wohngebäude mit nicht mehr als zwei Wohnungen und innerhalb von Wohnungen[a]	Baurechtlich notwendige Treppen	Treppen, die zu Aufenthaltsräumen führen	80	$\geq 140 \leq 200$	$\geq 230 \leq 370$[b]
		Baurechtlich nicht notwendige (zusätzliche) Treppen[c]	50	$\geq 140 \leq 210$	$\geq 210 \leq 370$
Gebäude im Allgemeinen		Baurechtlich notwendige Treppen	100	$\geq 140 \leq 190$	$\geq 260 \leq 370$
Alle Gebäude		Baurechtlich nicht notwendige (zusätzliche) Treppen[c]	50	$\geq 140 \leq 210$	$\geq 210 \leq 370$

[a] schließt auch Maisonetten-Wohnungen in Gebäuden mit mehr als zwei Wohnungen ein.
[b] Bei Stufen, deren Treppenauftritt a unter 26 cm liegt, muss die Unterscheidung u mindestens so groß sein, dass insgesamt 26 cm Trittfläche ($a + u$) erreicht werden.
[c] Bei Stufen, deren Treppenauftritt a unter 24 cm liegt, muss die Unterscheidung u mindestens so groß sein, dass insgesamt 24 cm Trittfläche erreicht werden.

aufgelegt, auf verschiedene Weise aufgehängt oder in Seitenwänden auskragend eingespannt. Es werden Treppen *mit* Setzstufen (geschlossene Treppen) und Treppen *ohne* Setzstufen (offene Treppen) unterschieden. Bei offenen Treppen ist eine Unterschneidung von min. 30 mm gefordert.

Unterschneidungen sind bei geschlossenen Treppen in Abhängigkeit von den baurechtlichen Notwendigkeiten sowie der Art der Gebäude (Gebäude im Allgemeinen und Wohngebäude) vorzusehen (s. Abschn. 5.1.3).

5.1.2 Vorschriften[1]

Maße

Die Neigung von Treppen wird durch das *Steigungsverhältnis*, d.h. das Verhältnis von Stufenhöhe **s** („Steigung") zu Stufenbreite **a** („Auftritt") gekennzeichnet (s. Abschn. 5.1.3).

Für die sonstigen Hauptmaße von Treppen sind in DIN 18 065 allgemeine Regeln festgelegt. Sie weichen jedoch teilweise von den unterschiedlichen Treppenbau-Vorschriften ab, die in den Durchführungsverordnungen der Landesbauordnungen enthalten sind[2]. Es ist also zu beachten, ob die DIN 18 065 im jeweiligen Bundesland bauaufsichtlich eingeführt ist oder ob weitergehende Bestimmungen der Landesbauordnung beachtet werden müssen. Die maßlichen Mindestanforderungen an Treppen sind in Tabelle **5**.5 enthalten bzw. aus den Bildern **5**.6 und **5**.7 ersichtlich.

DIN 18 065 unterscheidet bei den maßlichen Festlegungen zwischen Gebäuden im Allgemeinen und Wohngebäuden mit bis zu zwei Wohnungen sowie innerhalb von Wohnungen.

Stufenabstand. Für Gebäude im Allgemeinen wird ein maximaler Stufenabstand von 12 cm gefordert. Dies gilt nicht für Wohngebäude mit bis zu zwei Wohnungen und innerhalb von Wohnungen. Der Seitenabstand von Läufen und Podesten zu Wänden und/oder Geländern darf nicht mehr als 60 mm betragen.

---

[1] Vorschriften für Geländer s. Abschn. 5.3.1

[2] Sondervorschriften für Treppen sind enthalten in der bundeseinheitlichen Arbeitsstättenverordnung sowie in den unterschiedlichen Landesrichtlinien für
- Versammlungsstätten (Versammlungsstättenverordnung)
- Geschäftshäuser (Geschäftshausverordnung)
- Garagen (Garagenverordnung)
- Krankenhäuser (Krankenhausbauverordnung)
- Schulbauten (Schulbaurichtlinien)
- Gaststätten (Gaststättenbauverordnung)
- Hochhäuser (Hochhausrichtlinien).

5.1 Allgemeines

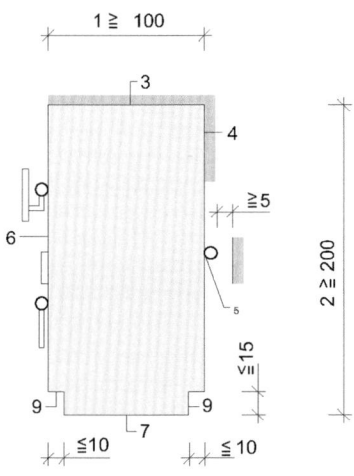 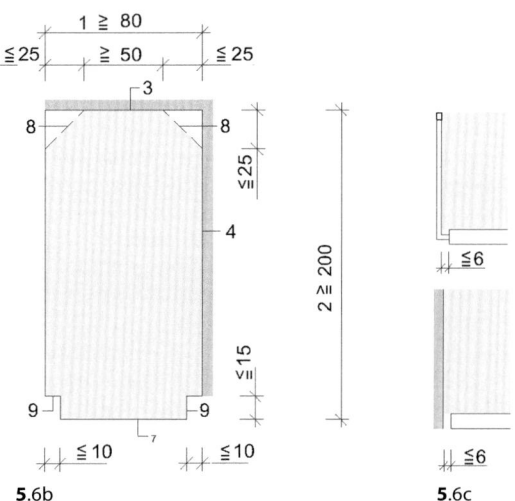

5.6a **5**.6b **5**.6c

5.6 Lichtraumprofil; für Treppen; Maße, Benennungen (DIN 18 065)
   a) notwendige Treppen in Gebäuden im Allgemeinen
   b) Treppen in Wohngebäuden mit bis zu zwei Wohnungen und innerhalb von Wohnungen
   c) max. Breitenabstand zu Wänden und Geländern
   1 nutzbare Treppenlaufbreite
   2 lichte Treppendurchgangshöhe (Die Höhe ist zu niedrig vorgegeben!)
   3 Obere Begrenzung des Lichtraumprofils
   4 Seitliche Begrenzung des Lichtraumprofils durch fertige Wandoberfläche
   5 Seitliche Begrenzung des Lichtraumprofils z. B. durch Innenkante eines Wand-Handlaufes
   6 Seitliche Begrenzung des Lichtraumprofils durch Innenkante Geländer oder geländerseitigen Handlauf
   7 Untere Begrenzung des Lichtraumprofils durch Messebene für die lichte Durchgangshöhe
   8 Obere Begrenzung des Lichtraumprofils z. B. durch Dachschrägen, Treppenwangen, Installationen
   9 Untere Begrenzung des Lichtraumprofils durch z. B. Treppenwangen oder „Bischofsmützen"

5.7 Lichte Durchgangshöhe („Kopfhöhe")
   1 Unterkante eines darüber liegenden Treppenlaufes
   2 Rohr, Leuchte
   3 Balken, Podestkante
   4 Dachschräge, Deckenunterseite
   5 lichte Durchgangshöhe
   6 Messebene für die lichte Durchgangshöhe

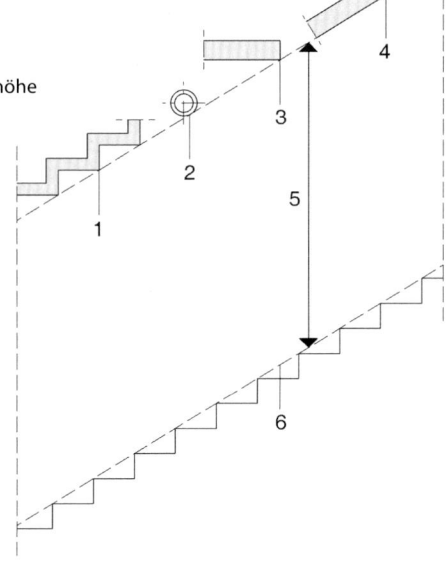

DIN 18 065 stellt bemerkenswerter Weise keine Anforderungen an den Stufenabstand in Wohngebäuden mit bis zu zwei Wohnungen und innerhalb von Wohnungen. Anforderungen an die Sicherheit gerade in Wohnungen wird hiermit nicht hinreichend genüge getan. Wenn mit der *Anwesenheit von Kindern* gerechnet werden muss, wird in einigen Landesbauordnungen bei Treppen *ohne* Setzstufen jedoch auch eine lichte Weite des Stufenabstandes von weniger als 12 cm zwischen den Trittstufen gefordert (s. a. Abschn. 5.3.1).

Die nach Tabelle **5**.5 möglichen Mindestmaße müssen bei der Planung kritisch bewertet werden. Es ist bestimmt nicht überall möglich, an baurechtlich *nicht* notwendige Treppen so geringe Sicherheitsanforderungen zu stellen, wie sie aus einem möglichen Stufenauftritt von nur 210 mm resultieren.

Lichte Durchgangshöhe. Ebenso ist die geforderte lichte Durchgangshöhe mit 200 cm gemäß Bild **5**.6 nur als absolutes Mindestmaß zu sehen, das heutigen Ansprüchen kaum noch genügt. Eine lichte Höhe von 210 cm sollte nicht unterschritten werden.

Podestflächen sind am An- bzw. Austritt von Treppenläufen erforderlich. Bei längeren Treppenläufen müssen bei Gebäuden im Allgemeinen nach mehr als 18 Steigungen Zwischenpodeste als Ruhe- und Ausweichpodeste angeordnet werden. Dies gilt nicht für Wohngebäude mit bis zu zwei Wohnungen und innerhalb von Wohnungen. Podestflächen im Zuge von langen Treppenläufen (*Zwischenpodeste*) sind auf die Schrittlänge bzw. das Schrittmaß der Treppe abzustimmen (vgl. Abschn. 5.1.3).

Die nutzbare Treppenpodestbreite und -tiefe notwendiger Treppen muss auch, wenn diese Teil einer Geschossdecke sind, mindestens der nutzbaren Treppenlaufbreite entsprechen. Die Auftrittsbreite bei Podesten muss mindestens 3 Auftritte (3 × a) des Treppenlaufes betragen, In Wohngebäuden mit bis zu zwei Wohnungen und innerhalb von Wohnungen ist mindestens eine Auftrittsbreite von 2,5 Auftritten (2,5 × a) des kleinsten Auftrittes der anschließenden Treppenläufe vorzusehen. Für Krankentransporte in Gebäuden im Allgemeinen ist sicherzustellen, dass die fertigen Maße den Transport von Personen auf einer Trage nach DIN EN 1865 erlauben.

Beispiel Steigungsverhältnis der Treppe 185/270 mm
Schrittmaß $s = a + 2s = 270 + 2 \times 185 = 640$ mm
Podestlänge $= s + a = 640 + 270 = 910$ mm

Der Auftritt von Treppenpodesten beträgt mindestens 3,5 × *a* des Laufes, in Wohngebäuden mit nicht mehr als zwei Wohnungen und innerhalb von Wohnungen 2,5 × *a*. Die nutzbare Podestbreite muss mindestens der nutzbaren Breite der Treppenläufe entsprechen. Sie müssen so beschaffen sein, dass sie die Benutzung der Treppen auch in den üblicherweise zu erwartenden Ausnahmefällen gefahrlos ermöglichen (z. B. Möbeltransport, Transport von Krankentragen usw.). Dies gilt nicht für Wohngebäude mit bis zu zwei Wohnungen und innerhalb von Wohnungen.

In den Gehbereich von Podestflächen *notwendiger* Treppen dürfen *keine* Türen aufschlagen. Die Podestfläche ist nötigenfalls entsprechend zu vergrößern. Eine Treppe darf nicht unmittelbar vor einer Türe enden, die in Richtung der Treppe aufschlägt. In diesem Fall ist zwischen Treppe und Tür ein Treppenabsatz anzuordnen, der mindestens der Breite der Tür entspricht.

Treppenpodeste und -stufen sind waagerecht auszubilden. Wenn eine Entwässerung erforderlich ist, darf das Gefälle 3 % nicht überschreiten.

Barrierefreies Bauen. DIN 18 040-1 und DIN 18 040-2 fordern grundsätzlich die Ausbildung gerader, geschlossener Treppenläufe mit Setzstufen und ohne Unterschneidungen. Ab einem Innendurchmesser des Treppenauges von 200 mm sind auch gebogene Treppenläufe möglich. Schleppstufen z. B. im Außenbereich sind nicht geeignet. Neben einer ausreichenden Belichtung und Beleuchtung von Treppen und Treppenpodesten sind z. B. durch Farb- und Materialwechsel Treppenläufe deutlich erkennbar zu machen. Anfang und Ende der Treppenläufe müssen insbesondere für Sehbehinderte z. B. durch Farbstreifenmarkierungen optisch gut erkennbar ausgebildet werden und für blinde Menschen durch „taktile Hilfen" (z. B. erfühlbare Kennung des Anfangs und des Endes der Handläufe oder auch zur Orientierung der Stockwerke durch Erhebungen oder Vertiefungen an der von der Treppe abgewandten Seite des Handlaufes haptisch ertastbar) erkennbar sein.

Handläufe sind *beidseitig* in einer Höhe von 85–90 cm anzuordnen und ohne Unterbrechung an Treppenaugen und Zwischenpodesten auszuführen. Der günstigstenfalls runde oder ovale Querschnitt soll einen Durchmesser von 3 cm bis 4,5 cm haben. Die Halterungen der Handläufe sollen an der Unterseite angeordnet sein. In den Raum hineinragende freie Enden von Handläufen sind nach unten oder zur Wandseite hin ab-

5.1 Allgemeines

zurunden. Treppen müssen gerade Läufe sowie Setzstufen haben.

Die Treppenlauflinie muss rechtwinklig zu den Stufenkanten verlaufen. Unterschneidungen an Stufen sind unzulässig es sei denn, sie werden schräg ausgeführt und sind nicht größer als 2 cm (vgl. Bild **5**.16). Neben Treppenauf- und abgängen (Treppenpodesten) sind Bewegungsflächen von 1,50 m Breite (ohne Anrechnung der Austrittsfläche) vorzusehen. In begehbare Flächen hineinragende Bauteile, wie zum Beispiel die Unterkante eines Treppenlaufes müssen für blinde und sehbehinderte Menschen wahrnehmbar sein (kontrastreiche Ausbildung, Möglichkeit zu Ertastung durch Gehstock).

Brandschutz

Treppen. Im Brandfall sind Treppen die einzigen Fluchtwege zum Verlassen nicht ebenerdiger Geschosse. Es muss daher sichergestellt sein, dass Treppen je nach Menge der darauf voraussichtlich angewiesenen Benutzer in ausreichender Zahl und Abmessung vorhanden sind und aus nicht zu großer Entfernung sicher erreicht werden können. Sie dienen darüber hinaus zur Personenrettung und zur Durchführung eines Löschangriffes in Brandfall.

Selbstverständlich dürfen die Fluchtwege über Treppenhäuser im Brandfall nicht durch Rauch- oder Brandeinwirkung unpassierbar werden. Begrenzungswände und -decken, Zugänge und die Konstruktion der Treppen selbst müssen daher im Hinblick auf sichere Benutzbarkeit im Brandfall geplant und ausgeführt werden.

Die brandschutztechnischen Anforderungen an notwendige Treppen und Treppenhäuser richten sich nach den Gebäudeklasse[1], die in den Landesbauordnungen auf Grundlage der Musterbauordnung (MBO) definiert werden. Als planerische und konstruktive Brandschutzmassnahmen (s. a. Abschn. 17.7 in Teil 1 des Werkes) sind vor allem zu beachten.

- Jedes nicht zu ebener Erde liegende Geschoss sowie der benutzbare Dachraum *müssen* über mindestens eine Treppe als erster Rettungsweg erreichbar sein („*notwendige Treppe*"). Statt notwendiger Treppen sind Rampen mit flacher Neigung zulässig. Weitere Treppen können gefordert werden, wenn sonst die Rettung von Menschen gefährdet wäre. Einschiebbare Treppen oder Rolltreppen (Fahrtreppen) sind als notwendige Treppen *nicht* zulässig. In Gebäuden der Gebäudeklassen 1 und 2 sind einschiebbare Treppen und Leitern als Zugang zu einem Dachraum *ohne* Aufenthaltsraum zulässig. Notwendige Treppen sind *in einem Zuge* zu allen angeschlossenen Geschossen zu führen. Sie müssen mit den Treppen zum Dachraum unmittelbar verbunden sein, ausgenommen Treppen in den Gebäudeklassen 1–3 sowie Treppen als Verbindung von höchstens zwei Geschossen derselben Nutzungseinheit von insgesamt nicht mehr als 200 m², wenn in jedem Geschoss ein anderer Rettungswege erreicht werden kann (Maisonettewohnungen).

- Keine besonderen brandschutztechnischen Anforderungen werden an Treppen der Gebäudeklassen 1 und 2 gestellt.

---

[1] Gebäudeklassen gem. Musterbauordnung (MBO 11/2002, zuletzt geändert am 13.05.2016)

Gebäudeklasse 1
a) freistehende Gebäude mit einer Höhe bis zu 7 m und nicht mehr als zwei Nutzungseinheiten von *insgesamt* nicht mehr als 400m² und
b) freistehende land- oder forstwirtschaftlich genutzte Gebäude.

Gebäudeklasse 2
Gebäude mit einer Höhe bis zu 7 m und nicht mehr als zwei Nutzungseinheiten von *insgesamt* nicht mehr als 400 m².

Gebäudeklasse 3
Sonstige Gebäude mit einer Höhe bis zu 7 m.

Gebäudeklasse 4
Gebäude mit einer Höhe bis zu 13 m und Nutzungseinheiten mit *jeweils* nicht mehr als 400 m².

Gebäudeklasse 5
Sonstige Gebäude einschließlich unterirdischer Gebäude.

Sonderbauten
wie z. B. Hochhäuser (Gebäude mit einer Höhe von mehr als 22 m), bauliche Anlagen mit einer Höhe von mehr als 30 m, Gebäude mit mehr als 1600 m² Grundfläche des jeweils größten Geschosses, ausgenommen Wohngebäude und Garagen, Verkaufsstätten mit mehr als 800 m², Büro- und Verwaltungsgebäude mit Räumen, die einzelnen mehr als 400 m² umfassen, Gebäude mit Räumen, die einzeln für die Nutzung durch mehr als 100 Personen bestimmt sind, Versammlungsstätten für mehr als 200 Besucher mit gemeinsamem Rettungswesen, Versammlungsstätten im Freien für jeweils mehr als 1000 Besucher, Schank- und Speisegaststätten mit mehr als 40 Gastplätzen, Beherbergungsstätten mit mehr als 12 Betten, Spielhallen mit mehr als 150 m² Grundfläche, Krankenhäuser, Heime, Einrichtungen für Kinder, Behinderte und alte Menschen, Schulen, Hochschulen, Justizvollzugsanstalten usw.

(Die Höhenangaben sind das jeweilige Maß der Fußbodenoberkante des höchst gelegenen Geschosses, in dem ein Aufenthaltsraum möglich ist über der Geländeoberfläche im Mittel oder an den zum Anleitern bestimmten Stellen über der Geländeoberfläche. Die Grundfläche der Nutzungseinheiten sind die Brutto-Grundflächen, ausgenommen Flächen im Kellergeschoss.)

- In Gebäuden der Gebäudeklasse 3 müssen die tragenden Teile notwendiger Treppen aus nicht brennbaren Baustoffen (Baustoffklasse A) bestehen *oder* mindestens in feuerhemmender Bauart (min. R30 bzw. vormals F30-B), bei Gebäuden der Gebäudeklasse 4 aus nicht brennbaren Baustoffen und in der Gebäudeklasse 5 feuerhemmend *und* aus nicht brennbaren Baustoffen (R30 bzw. vormals F30-A)[1]) ausgeführt werden.

- Von jeder Stelle eines zum dauernden Aufenthalt von Menschen bestimmten Raumes oder eines Kellergeschosses muss gemäß MBO eine Treppe oder ein direkter Ausgang ins Freie in höchstens *35 m Entfernung* erreichbar sein. Sondervorschriften gelten darüber hinaus z. B. für Hochhäuser, Schulen (max. Stichflurlängen 10 m), Verkaufsstätten (25 m bzw. 35 m), Versammlungsstätten (i. d. R. 30 m), Krankenhäuser (30 m, max. Stichflurlängen 10 m), geschlossene und unterirdische Mittel- und Großgaragen (30 m), offene Garagen (50 m).

---

[1]) Begriffe nach DIN 4102 (EUORKLASSEN nach DIN EN 13 501-1
s. a. Abschn. 17.7.2 in Teil 1 dieses Werkes)
Baustoffklassen von Baustoffen:
A nicht brennbare Baustoffe
A1 – ohne organische Bestandteile
A2 – mit organischen Bestandteilen
B brennbare Baustoffe
B1 – schwer entflammbare Baustoffe
B2 – normal entflammbare Baustoffe
B3 – leicht entflammbare Baustoffe
Feuerwiderstandsklassen von Bauteilen:
REI 30 bzw. F 30 Feuerwiderstandsdauer 30 min.
REI 60 bzw. F 60 Feuerwiderstandsdauer 60 min
REI 90 bzw. F 90 Feuerwiderstandsdauer 90 min
REI 120 bzw. F 120 Feuerwiderstandsdauer 120 min
Der Feuerwiderstandklassen REI 30 bzw. F30 entsprechen ohne besonderen Nachweis Treppen aus Sandstein, Mauerwerk, Beton, Stahlbeton (mind. 10 cm dick) oder Eichenholz oder Treppen, die als Stahlsteindecken konstruiert sind, wenn sie unterhalb mind. 1,5 cm dick auf Putzträgern geputzt oder gleichwertig bekleidet sind.
Der Feuerwiderstandklasse REI 90 bzw. F90 sowie REI 120 bzw. F120 entsprechen Treppen, die nicht brennbar sind, unter dem Einfluss eines Brandes und Löschwassers ihre Tragfähigkeit oder ihr Gefüge nicht wesentlich ändern und den Durchgang des Feuers während einer Prüfzeit von 90 Min. bzw. 120 Min. verhindern. Im Besonderen gelten als feuerbeständig Treppen aus Mauerwerk (mind. 10 cm dick) oder aus mind.10 cm dicken Stahlbetonfertigteilen mit 1,5 cm dickem Putz auf der Unterseite. Treppenstufen aus Naturstein gelten nicht als feuerbeständig.

Die Mindestlaufbreiten für einzelne Gebäude- bzw. Nutzungsarten betragen z. B.:
- In Wohngebäuden mit nicht mehr als zwei Wohnungen sowie innerhalb von Wohnungen $\geq$ 80 cm
- In sonstigen Gebäuden $\geq$ 100 cm
- in Versammlungs- und Gaststätten 120 cm je 200 Personen
- in Hochhäusern $\geq$ 120 cm
- in Krankenhäusern, notwendige Treppen $\geq$ 125 cm und $\leq$ 150 cm, allgemein zugängliche Flure $\geq$ 150 cm, rollstuhlgerechte Flure $\geq$ 180 cm, für Liegendkrankentransporte geeignete Flure $\geq$ 220 cm
- in Verkaufsstätten $\geq$ 200 cm jedoch $\leq$ 250 cm, $\geq$ 125 cm bei Verkaufsflächen $\leq$ 500 m^2
- zwischen zwei Handläufen $\leq$ 250 cm

Treppenräume
- Jede notwendige Treppe muss in einem eigenen, durchgehenden Treppenraum (notwendiger Treppenraum) i. d. R. *an einer Außenwand* liegen, je Geschoss ein öffenbares Fenster mit einem freien Querschnitt von min. 0,5 m^2 und einen sicheren, direkten Ausgang ins Freie haben. Notwendige Treppen sind *ohne* eigenen Treppenraum zulässig in Gebäuden der Gebäudeklassen 1 und 2 und als Verbindung von höchstens zwei Geschossen innerhalb derselben Nutzungseinheit von insgesamt nicht mehr als 200 m^2 (Maisonettewohnung), wenn in *jedem* Geschoss ein anderer Rettungswege erreicht werden kann sowie als Außentreppe, wenn ihre Nutzung ausreichend sicher ist und im Brandfall nicht gefährdet werden kann.
- Innen liegende Treppenräume können gestattet werden, wenn ihre Benutzung ausreichend lang durch Raucheintritt nicht gefährdet werden kann. Ersatzweise für geforderte öffenbare Fenster je Geschoss ist an der obersten Stelle des Treppenraumes eine Öffnung als Rauch- und Wärmeabzugsanlage (RWA mit < 5% der Grundfläche des Treppenraumes, jedoch min. 1 m^2), sowie rauchdichte, selbstschließende Türen (CS bzw. RS) oder EI 30-CS bzw. T30 Türen zu notwendigen Fluren vorzusehen. Öffnungen zu anderen Räumen sind unzulässig. Sofern der Ausgang eines notwendigen Treppenraumes nicht unmittelbar ins Freie führt, muss der Raum zwischen dem notwendigen Treppenraum und dem Ausgang ins Freie dieselben Anforderungen wie an die Wände des Treppenraumes erfüllen.

5.1 Allgemeines

- In notwendigen Treppenräumen dürfen keine brennbaren Baustoffe verwendet werden. Wände und Decken aus brennbaren Baustoffen müssen eine Bekleidung aus nicht brennbaren Baustoffen haben. Bodenbeläge sind mindestens aus schwer entflammbaren Baustoffen herzustellen (B1).
- Die *Wände von Treppenräumen notwendiger Treppen* sind auszuführen:
  - Gebäudeklassen 3 mindestens feuerhemmend (REI 30 bzw. F30),
  - Gebäudeklassen 4 hochfeuerhemmend (REI 60 bzw. F60) auch unter zusätzlicher mechanischer Beanspruchung
  - Gebäudeklassen 5 in der Bauart von Brandwänden.
- Öffnungen zu Kellergeschossen, zu Dachräumen, Läden, Gastronomie, Abfallsammelräumen usw. sowie zu sonstigen Räumen und Nutzungseinheiten mit einer Fläche von mehr als 200 m², ausgenommen Wohnungen müssen in der Regel rauchdichte und selbstschließende Abschlüsse (Türen oder Tore) mindestens der Feuerwiderstandsklasse CS_{200} bzw. T30 RS haben. Abschlüsse zu notwendigen Fluren sind rauchdicht und selbstschließend, zu sonstigen Räumen und Nutzungseinheit mindestens dicht und selbstschließend herzustellen. Feuerschutz- und Rauchschutzabschlüsse dürfen lichtdurchlässige Seiten- und Oberlichter enthalten, wenn der Abschluss (die Öffnungsbreite insgesamt) nicht breiter als 2,50 m ist.
- Notwendige Treppenräume müssen beleuchtet sein, innen liegende notwendige Treppenräume in Gebäuden mit einer Höhe von mehr als 13 m zusätzlich eine Sicherheitsbeleuchtung haben.
- Notwendige Treppenräume müssen belüftet werden können (ins Freie führende Fenster in jedem oberirdischen Geschoss mit mindestens 0,50 m² freiem Querschnitt). Für *innen liegende notwendige Treppenräume* sowie notwendige Treppenräume in Gebäuden mit einer Höhe von mehr als 13 m ist an der obersten Stelle eine im Erdgeschoss sowie vom obersten Treppenabsatz öffenbare Öffnung als Rauchabzug mit einem freien Querschnitt von mindestens 1 m² erforderlich.
- Besondere Vorschriften gelten für übereinander liegende Kellerräume und unterirdische Garagengeschosse. Sie müssen z. B. je zwei getrennte Ausgänge haben, von denen einer unmittelbar ins Freie führt. Zu beachten ist, dass gemeinsame Schächte für übereinander liegende Kellergeschosse nicht zulässig sind.
- An *nicht notwendige Treppen* werden keine Anforderungen hinsichtlich des Brandschutzes gestellt. Sie werden brandschutztechnisch wie Deckendurchbrüche behandelt und dürfen i. d. R. über zwei Geschosse geführt werden. Die Anordnung über mehr als zwei Geschosse erfordert gesonderte Festlegungen im Rahmen eines gebäudespezifischen Brandschutzkonzeptes (z. B. die Einrichtung einer Brandmeldeanlage oder automatischer Löscheinrichtung wie z. B. eine *Sprinkleranlage*.

Hochhäuser fallen unter besondere Brandschutzverordnungen gem. der Muster-Hochhaus-Richtlinie (MHHR 04/2008) bzw. die Richtlinien der Bundesländer.

In ihnen müssen mindestens zwei voneinander getrennte Treppenräume als bauliche Rettungswege ins Freie (Mindest-Treppenlaufbreite 1,20 m) vorhanden sein, die über Dach miteinander als Fluchtwege verbunden werden können, oder es muss bei Hochhäusern bis 60 m Höhe ein feuer- und rauchfreier *Sicherheitstreppenraum* vorhanden sein (Zugang nur über im Freien liegende Balkone, Laubengänge oder offene Podestflächen). Innen liegende Sicherheitstreppenräume sind genehmigungsfähig, wenn vor dem Treppenraum zusätzlich Sicherheitsschleusen mit Schächten (firetower mit Abmessungen von min. 5 × 5 m zur natürlichen Belüftung oder eine Druckbelüftung (Überdruck) angeordnet werden. Bei mehr als 60 m Höhe sind alle notwendigen Treppenräume als Sicherheitstreppenräume auszubilden.

In notwendigen Treppen von Hochhäusern sind gewendelte Stufen nicht zulässig. Für die Treppenlaufbreiten in Sicherheitstreppenhäusern können folgende Werte als Anhalt dienen:

Für Fluchtwege von

bis zu	100 Personen	1,20 m
bis zu	250 Personen	1,65 m
über	250 Personen	2,10 m

Weiterführende Vorschriften zur Ausbildung von Rettungswegen in Hochhäusern sind den jeweiligen Richtlinien zu entnehmen.

Altbauten. In vielen mehrgeschossigen Altbauten sind Treppen in Stahl- oder/und Holzbauweisen anzutreffen, die den jetzigen Vorschriften in keiner Weise entsprechen. Ein Austausch ist meistens technisch und finanziell sehr aufwändig und widerspricht vielfach den Denkmalschutzbestimmungen. Untersuchungen haben ergeben, dass nachträgliche Brandschutzmaßnahmen, wie z. B. Bekleidungen der Treppenuntersichten mit Brandschutzplatten, wenig wirksam sind, wenn Brände in den Treppenräumen entstehen oder von den angrenzenden Bereichen aus übergreifen.

Der vorbeugende Brandschutz sollte in solchen Fällen vor allem darin bestehen, die Brandlasten zu reduzieren, indem alle nicht unbedingt erforderlichen brennbaren Einbauten beseitigt werden und jede Ablagerung brennbarer Stoffe unterbleibt. Vor allem sollten Türen zum Treppenraum nicht nur „dicht schließend" sein, wie in den Brandschutzbestimmungen gefordert, sondern sollten einschließlich etwa vorhandener Verglasungen, von Oberlichten o. Ä. mindestens den Anforderungen der Feuerwiderstandsklasse EI 30 bzw. T30 entsprechen (s. Abschn. 8.6). Vielfach sind Substitutionsmaßnahmen (z. B. Rauch- und Brandmeldeanlagen) oder ggf. ist der Anbau zusätzlicher Treppenräume ratsam.

Schallschutz

Die erhöhten Anforderungen an den Trittschallschutz von Treppen sind in DIN 4109 Bbl.2 festgelegt, jedoch nicht überall als Technische Baubestimmung bauaufsichtlich eingeführt. Für die Festlegung der je nach Komforterwartungen für Wohnnutzungen nötigen Werte für den Schallschutz sind in der VDI-Richtlinie 4100 Schallschutzstufen (SSt) festgelegt. Danach können die erforderlichen Maßnahmen für den Luft- und Trittschallschutz festgelegt und nachgewiesen werden. Mit der Schallschutzstufe SSt III werden die erhöhten Schutzwerte der DIN 4109 Bbl. 2 nochmals übertroffen.

Bei der Planung sollten Treppen und Treppenhäuser möglichst an untergeordnete Räume (Nebenräume, Flure, Dielen) angrenzen und dadurch insbesondere von den besonders zu schützenden Bereichen wie z. B. Schlafräumen getrennt sein. Bei besonders hohen Anforderungen kann eine zweischalige Ausführung der Treppenraumwände in Frage kommen, insbesondere wenn Aufzugsanlagen geplant sind (Bild **5**.8e).

Im Übrigen richten sich die Schallschutzmaßnahmen bei Treppen in erster Linie gegen die Übertragung von Trittschall.

Für weniger beanspruchte Treppen in Gebäuden der Gebäudeklasse 1 bis 3 und in Gebäuden mit geringen Anforderungen kann ggf. durch weichfedernde, verschleißarme und gut zu reinigende Textilbeläge (z. B. hochwertige Nadelfilze) ein wirksamer Trittschallschutz erreicht werden.

Allein wegen der Brandschutzauflagen ist jedoch in den meisten Fällen die Übertragung von Trittschall nur durch schwimmend verlegte Gehbeläge auf Podesten und Läufen oder besser die konstruktive Trennung (schalltechnische Entkoppelung) von Treppen und Umfassungswänden bzw. benachbarten Decken zu vermeiden.

Bei Stahlkonstruktionen u. Ä. kann die Trittschallübertragung durch pendelnde Aufhängungen mit elastischen Abstützungen gegenüber den benachbarten Bauteilen verhindert werden.

Stahlbetonkonstruktionen sind in erster Linie durch elastische Auflager und Fugen von den Umfassungswänden bzw. angrenzenden Decken zu trennen.

Grundsätzlich kommen folgende Maßnahmen für den Schallschutz in Betracht:

- Verwendung weichfedernder Podest- und Stufenbeläge, soweit im Rahmen brandschutztechnischer Vorschriften möglich (Bild **5**.8a),
- Einbau von schwimmendem Estrich auf den Podesten (mit Trennfugen auch an Wohnungsabschlüssen) sowie von schwimmend aufgelagerten Stufenelementen (Bild **5**.8b),
- elastische Auflagerung der Treppenpodeste und/oder -läufe bei gleichzeitiger Trennung von den angrenzenden Wänden durch offene oder elastisch abgeschlossene Fugen (Bild **5**.8 c und d),
- offene Fugen oder elastische Trennplatten zwischen Treppenläufen und angrenzenden Wänden (Bild **5**.8d).
- Ausbildung einer zweischaligen Treppenraumumwandung (Bild **5**.8e)

Die grundsätzlich gegebenen Möglichkeiten für die elastische Auflagerung von Massivtreppen zeigt Bild **5**.9.

Durchlaufende Auflager an den Rändern von Podest- oder Laufplatten sowie von Treppenholmen sind wie in Bild **5**.10 gezeigt möglich. Daneben ist zur Vermeidung direkter Körperschallübertragung die Ausbildung von „Auflager-Klauen" mit Hilfe vorgefertigter zweischaliger etwa 50 cm breiter Auflagerkästen möglich. Sie werden in die tragenden Treppenhauswände mit eingemauert oder -betoniert und nehmen die klauenförmigen Treppenauflager auf (Bild **5**.11).

5.1 Allgemeines

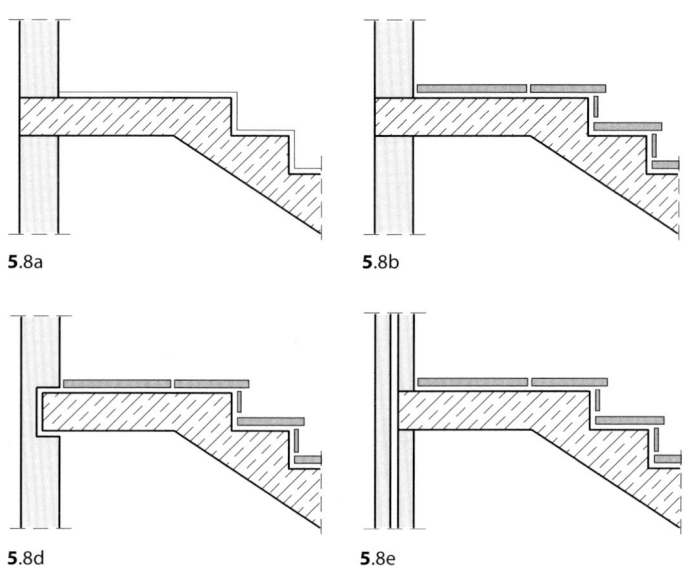

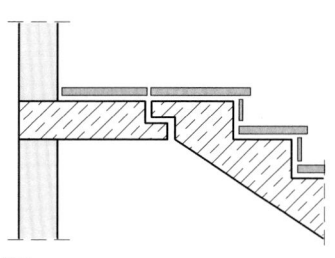

a) weichfedernder Gehbelag auf Podesten und Treppenläufen
b) schwimmend verlegter Gehbelag auf Podesten und Läufen
c) schwimmend verlegter Gehbelag auf Podesten, Gehbelag im Verbund auf Treppenläufen, Treppenläufe schalltechnisch entkoppelt
d) Treppenpodeste einschl. Läufe schalltechnisch entkoppelt, Gehbelag im Verbund auf Podesten und Treppenläufen
e) zweischalige Treppenraumumwandung, Gehbelag im Verbund auf Podesten und Treppenläufen

5.8 Möglichkeiten der Trittschalldämmung in Treppenräumen

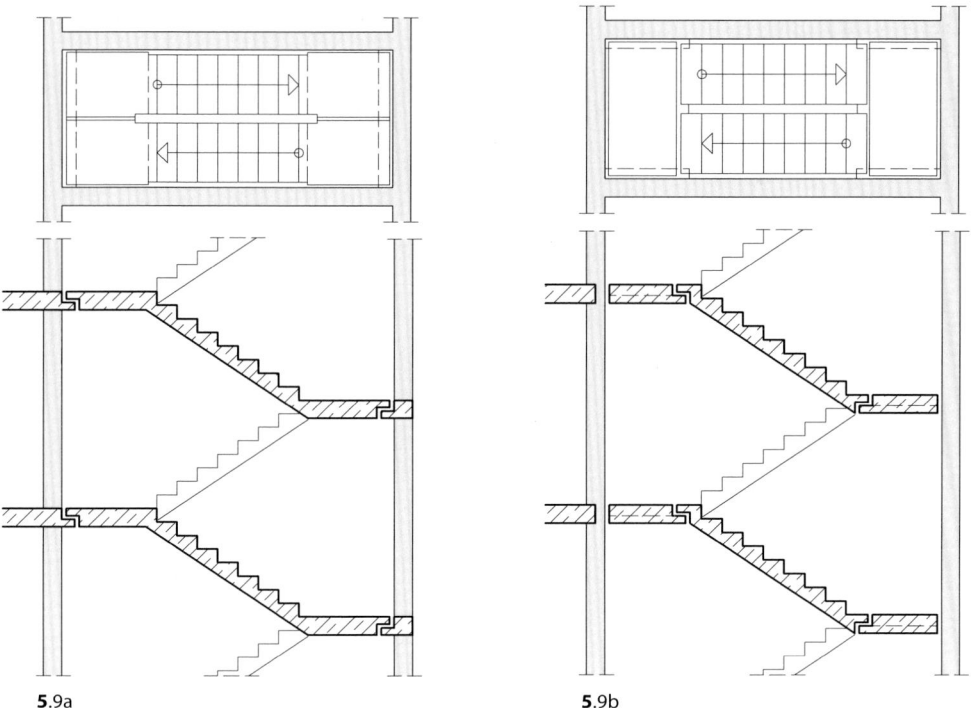

5.9 Elastische Auflagerung von Massivtreppen
  a) Längsgespannte Lauf- und Podestplatten, auf Konsolen elastisch aufgelagert
  b) Podeste quergespannt und elastisch aufgelagert (vgl. Bild **5**.11) oder mit schwimmendem Estrich; Laufplatten auf Podesten elastisch aufgelagert (vgl. Bild **5**.10)

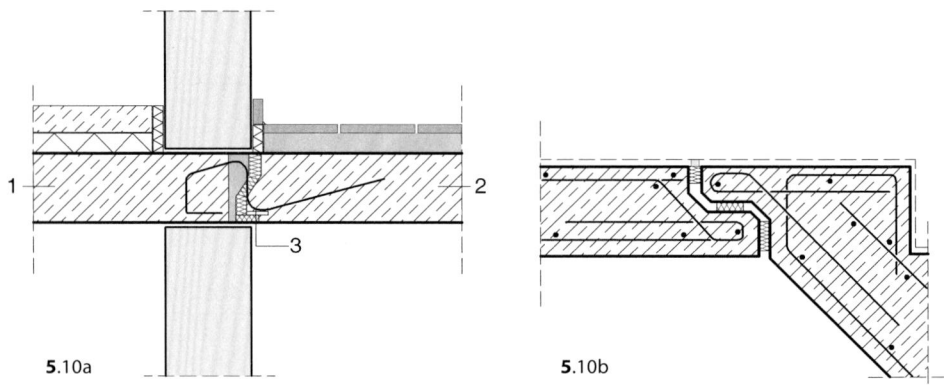

5.10 Schalltechnische Trennung der Auflager bei Stahlbetontreppen
a) Trennung von Decke und Podest durch tragendes Verbindungselement (Schöck Tronsole V®). Nichttragende Anschlüsse mit Spezial-Trennplatten (z. B. Schöck Fugenplatte PL)
1 Deckenplatte, 2 Podestplatte, 3 Schöck Tronsole V®
b) Trennung von Podest und Laufplatte (Elastomerlager MEA TLA®)

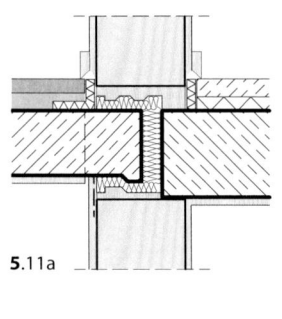

5.11a

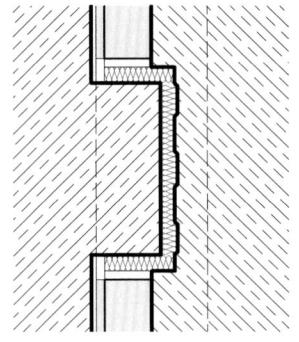

5.11b

5.11a Auflager-„Klaue" für Podest- und Laufplatten (Reson DG®)
a) senkrechter Schnitt
b) waagerechter Schnitt durch die Auflager-Klaue

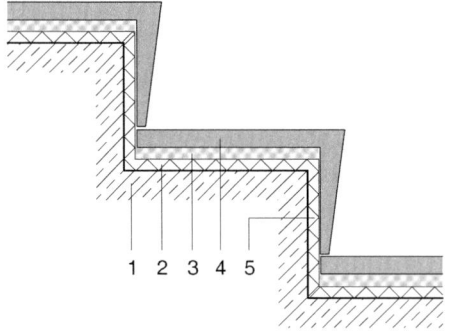

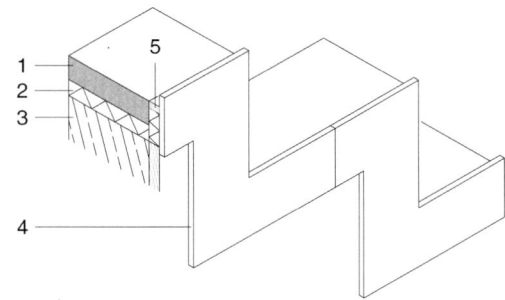

5.12 Schwimmend aufgelegte Winkelstufen
1 Treppenlauf Stahlbeton
2 Trittschalldämmplatten
3 Mörtelbett
4 Winkelstufe aus Werkstein
5 Dämmschicht aus Polystyrol

5.13 Seitliche Abdeckung schwimmend aufgelagerter Treppenstufen
1 Stufenbelag
2 Dämmschicht
3 Rohtreppe
4 Randprofil aus Stahlblech
5 Elastischer Fugenverschluss

5.1 Allgemeines

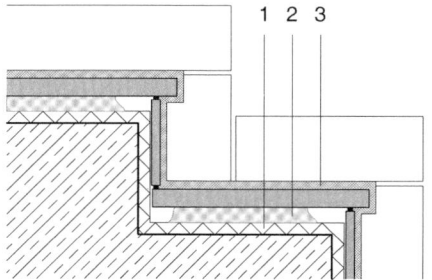

5.14 Schwimmende Verlegung getrennter Tritt- und Setzstufen
1 Trittschalldämmung (z. B. Schaumstoff-Platten)
2 Verlegemörtel
3 Dauerelastischer Fugenverschluss an den Fußleisten

Schwimmend aufgelagerte Winkelstufen aus Werkstein zeigt Bild **5**.12 und **5**.8b. Diese Ausführung birgt erhebliche Risiken hinsichtlich der Stabilität der Stufenlagerung sowie der allseitig herzustellenden schalltechnischen Entkoppelung an anschließende Bauteile. Bei einer solchen Stufenausbildung müssen die seitlichen Anschlussfugen durch Abdeckprofile geschlossen werden, die keine Schallbrücken bilden dürfen und elastisch angeschlossen werden (Bild **5**.13). Werden Tritt- und Setzstufen getrennt ausgeführt und schwimmend verlegt, sind die Fugen zwischen den Werksteinen sorgfältig mit überquellendem Verlegemörtel und Verunreinigungen freizuhalten und durch Schaumstoffbänder (z. B. Kompriband) oder elastische Abdichtungen zu schließen (Bild **5**.14). Derartige Konstruktionen sollten nur für frei gespannte Treppenläufe ohne Wandanschlüsse ausgeführt werden. Sonst sind auch alle Wandanschlüsse elastisch zu trennen und abzudichten.

Eine schalltechnische Entkoppelung von Laufplatten und/oder Podesten ist der schwimmenden Verlegung von Treppenbelägen aufgrund des erhöhten Ausführungsrisikos vorzuziehen.

Aus den Wänden auskragende Stufen (Bild **5**.23d) sind i. d. R. nur in Verbindung mit schalltechnisch getrennten Auflagerwänden möglich.

5.1.3 Planung

Ob eine Treppe bequem und unfallsicher zu begehen ist, hängt hauptsächlich von ihrem Neigungswinkel ab (Bild **5**.15).

Der Neigungswinkel von Treppen wird als Verhältniszahl von Steigungshöhe s und Auftrittsbreite a ausgedrückt (Bild **5**.16).

Steigungsverhältnisse von Treppen gehen von der mittleren Schrittlänge des erwachsenen Menschen aus, die 59 bis 65 cm beträgt. Diese ist allerdings auch abhängig von der Neigung der begangenen Fläche.

Die angemessenen Steigungsmaße haben sich für Treppen der verschiedenen Beanspruchungen in langer Erfahrung ergeben und betragen für:

- Treppen im Freien etwa 14 cm
- Treppen in Versammlungsräumen, Theatern u. Ä. etwa 16 cm
- Treppen in Schulen und öffentlichen Gebäuden 16 bis 17 cm
- Treppen in Wohnhäusern 17 bis 19 cm
- Nebentreppen bis 20 cm

Das Steigungsverhältnis wird auf die „Lauflinie" bezogen. Es darf sich im Verlauf einer Treppe – auch bei mehrläufigen Treppen (s. Bild **5**.1b bis f) nicht ändern – Geschosstreppen insgesamt dürfen voneinander abweichen. In Wohngebäuden mit nicht mehr als zwei Wohnungen und innerhalb von Wohnungen dürfen die Steigungsverhältnisse einzelner Läufe voneinander abweichen, müssen innerhalb eines Laufes aber gleich sein. Bei geraden Treppenläufen ist die Lauflinie die Lauf-Mittellinie. Bei gewendelten und Spindeltreppen soll die Lauflinie im „Gehbereich" (DIN 18 065) liegen (Bild **5**.19).

Unterschneidungen. Treppen *ohne* Setzstufen („offene Treppen") sind um mindestens 3 cm zu unterschneiden (s. Bild **5**.16).

Weiterhin werden Unterscheidungen in baurechtlich notwendigen Treppen in Wohngebäuden mit bis zu zwei Wohnungen sowie innerhalb von Wohnungen gefordert, wenn die Auftrittsbreite unter 260 mm liegt. Dann muss die Unterscheidung so groß sein, dass insgesamt mindestens 260 mm Breite der Trittfläche ($a + u \geq 260$ mm) erreicht wird. Für baurechtliche notwendige Treppen in Gebäuden im Allgemeinen sind Unterscheidungen nicht relevant, da hier das Mindestmaß für die Auftrittsbreite bereits mit 260 mm festgelegt ist.

Baurechtlich *nicht* notwendige Treppen erfordern dann eine Unterscheidung, wenn eine Auftrittsbreite von 240 mm unterschritten wird – in der Größe, dass insgesamt min. 240 mm Auftrittsbreite erreicht wird.

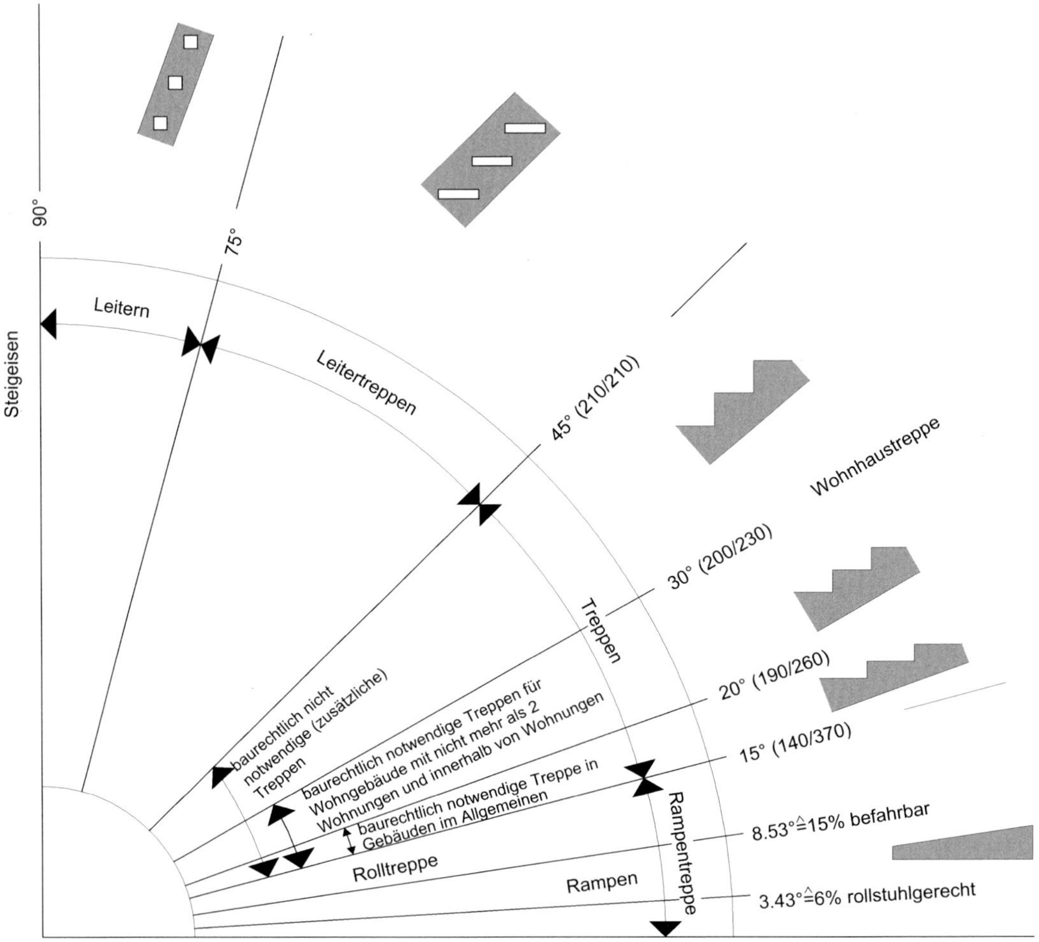

5 Treppen, Rampen, Aufzüge und Fahrtreppen

5.15 Treppenneigungen nach DIN 18 065

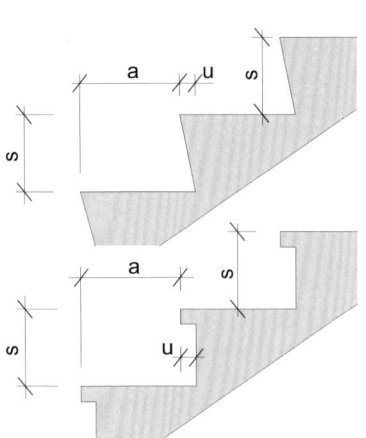

5.16
Steigungsverhältnis: Bezeichnungen
s = Steigungshöhe
a = Auftrittbreite
u = Unterschneidung

5.1 Allgemeines

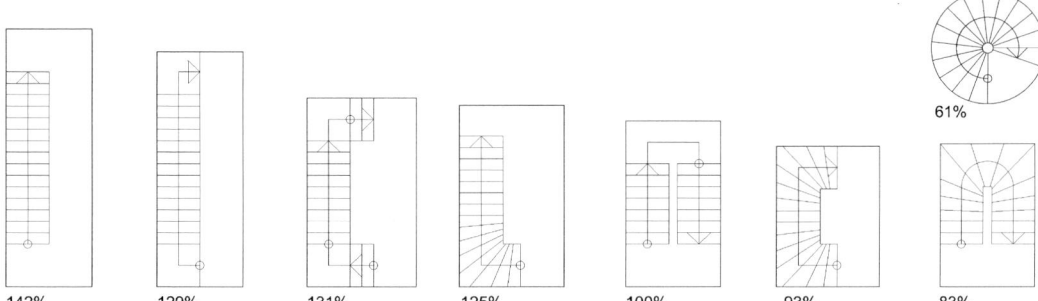

5.17 Vergleich des Flächenbedarfs verschiedener Treppenarten (vgl. Bild **5**.1)

Zur Bestimmung des Steigungsverhältnisses werden verschiedene Formeln verwendet.[1]

Die *Schrittmaßregel* ist die bekannteste Grundlage für Steigungsverhältnisse

$2s + a = 630$ mm

(nach DIN 18 065: 590 bis 650 mm)

Weiterhin können zur Verbesserung der Begehbarkeit folgende Regeln angewendet werden:

Die *Bequemlichkeitsregel*

$a - s = 120$ mm

ergibt Steigungsverhältnisse, die beim Treppensteigen den geringsten Kraftaufwand erfordern sollen, berücksichtigt jedoch nicht das Schrittmaß.

Die *Sicherheitsregel*

$a + s = 460$ mm

berücksichtigt besonders die Verhältnisse beim *Herabsteigen* auf einer Treppe, weil sich bei ihrer Anwendung immer ausreichend große Auftrittsflächen ergeben.

Allen Formeln ist gemeinsam, dass sie nur zur Überprüfung ermittelter, aus Geschoss- oder Podesthöhen resultierender Steigungsverhältnisse dienen. Bei Einhaltung aller drei Regeln ergibt sich das als sehr angenehm empfundene Steigungsverhältnis z. B. für Wohnungstreppen von 170/290 mm.

Toleranzen. Als Ausführungstoleranzen sind nach DIN 18 065 ± 5 mm für alle Auftritts- bzw. Steigungsmaße zugelassen, wobei die geforderten Mindest- und Höchstmaße für Steigung und Auftritt gemäß Tab. **5**.5 nicht über- oder unterschritten werden dürfen. In Wohngebäuden mit bis zu zwei Wohnungen und innerhalb von Wohnungen darf die Toleranz der Antrittshöhe der ersten Stufe ± 15 mm betragen. Insbesondere die letztere Toleranz ist wohl eindeutig zu groß und sollte bei der Auftragsvergabe ausdrücklich ausgeschlossen werden.

Im fertigen Zustand dürfen die Auftrittsflächen von Stufen um ± 0,5 % in Treppenlaufbreite und ± 1,0 % in Auftrittstiefe von der waagerechten Lage abweichen. Gegenläufige Neigungen zwischen zwei Auftritten sowie Neigungstoleranzen sind zulässig soweit sie innerhalb des Toleranzmaßes von ± 5 mm liegen.

Ebenheitstoleranzen der Zwischenpodeste von der Waagerechten dürfen in jede Richtung maximal ± 0,5 %, jedoch nicht mehr als 10 mm betragen. Steigung und Auftritt einzelner Geschosstreppen und Treppenläufe dürfen voneinander abweichen, müssen jedoch innerhalb einer Geschosstreppe bzw. eines Treppenlaufes gleich sein.

Auf Trittflächen von Stufen und Podesten dürfen weitere Bauteile, z. B. Stufenkantenaufsätze oder rutschhemmende Aufsätze eine Höhe von max. 2 mm aufweisen.

Flächenbedarf

Aus der Wahl des Steigungsverhältnisses ergeben sich Stufenzahl und Lauflänge und damit der Flächenbedarf einer Treppe mit den erforderlichen Podesten. Wenn einläufige Treppen über mehrere Geschosse führen, muss neben den Podestflächen auch der Flächenbedarf für den Weg jeweils zwischen Austritt- und Antrittpodest berücksichtigt werden (Bild **5**.17).

---

[1] Die Schrittmaß-, Sicherheits- und Bequemlichkeitsregel wurden als Formeln erstmals von dem französischen Architekten und Ingenieur François Blondel (1617–1686) entwickelt.

Beispiel: für die Ermittlung der Auftrittbreite und der Lauflänge einer Wohnhaustreppe

Die Geschosshöhe (Entfernung von Oberkante Fußboden bis Oberkante Fußboden) wird durch die geschätzte Stufenzahl so geteilt, dass sich eine Steigung von etwa 180 mm ergibt:

Empfohlen wird für	Steigung s	Auftritt a
Schulen	140 bis 160	450 – s
Theater, Kinos, Saalbauten	150 bis 170	470 – s
Verwaltungsgebäude	160 bis 170	460 – s
Wohnhäuser	160 bis 180	460 – s
gewerbliche Bauten	170 bis 180	460 – s
Freitreppen	140 bis 160	470 – s
Bodentreppen	180 bis 200	450 – s
Kellertreppen	180 bis 190	450 – s

2,85 m (Geschosshöhe) : 16 = 178,1 mm Steigung

Nach der Schrittmaßregel ist die Auftrittstiefe

$a = 630 - 2 \cdot 178 = 274$ mm

gewählt: 280 mm

Die Treppe soll zweiläufig angelegt werden. Jeder Lauf erhält dann 8 Steigungen. Da die Austrittstufe jeweils im Podest liegt, ist jeder Lauf nur 7 Auftritte lang; also:

Lauflänge = (Anzahl der Steigungen – 1) · Auftritt-Breite = 7 · 280 mm = 1960 mm

Gestaltung Podestanschlüsse

Bei der *Gestaltung* von Treppen sind die Abmessung und Geometrie der tragenden Bauteile zu berücksichtigen, die von Belastung, Spannweite und Bauart abhängig sind. Außerdem ist bereits bei der konstruktiven Planung auch die Gestaltung der erforderlichen Geländer zu berücksichtigen. Die aus der Konstruktion der Treppe resultierenden geometrischen Gegebenheiten besonders am Übergang zwischen verschiedenen Treppenläufen und zu den Podestanschlüssen erfordern große Aufmerksamkeit bei der Gestaltung (s. auch Abschn. 5.3).

Diese Überlegungen gelten sinngemäß für alle mehrläufigen Treppenbauarten.

Treppen *mit geraden Läufen* sind am bequemsten zu begehen und geometrisch einfach zu planen; sie erfordern jedoch mehr Fläche für Lauflänge einschließlich Podestlänge.

Bei mehrläufigen Treppen, insbesondere bei Podesttreppen, sollte der Anschluss von Laufplatten, Wangen oder Holmen an die Podeste gestalterisch einwandfrei gelöst werden.

Die dabei auftretenden geometrischen Anforderungen lassen sich am einfachsten am Beispiel einer Stahlbetontreppe erläutern:

Angestrebt wird aus gestalterischen Gründen, jedoch auch zur Erleichterung der Einschalarbeiten, dass die Knickkanten an den Unterseiten der Laufplatten im Übergang zur Unterseite der Podeste und auch die kurze Kante des Treppenauges *in einer durchlaufenden Linie* anschließen (Bild **5**.18a). Das ist zu erreichen, wenn die Dicke d_1 der Podestplatte in Abhängigkeit von dem Kreuzungspunkt der Unterkanten der beiden Laufplatten gewählt wird, d. h. in der Regel dicker als statisch erforderlich ist. Die Begrenzung des Treppenauges kann an dem Kreuzungspunkt vertikal angelegt werden, was darüber hinaus zur Folge hat, dass im Bereich des Treppenauges ein Höhenvorsprung des Handlaufes vermieden werden kann. Andernfalls ergeben sich am Anschnitt hässliche Zwickel (Bild **5**.18b).

Wenn die Vorderkanten von Austritt- und Antrittstufen am Podest im Grundriss in einer Linie liegen, kann sich für den inneren Handlauf am Treppenauge ein Höhenverspürung ergeben (Bild **5**.18b). Er kann bei entsprechend breitem Treppenauge notfalls mit einem Übergangskrümmling ausgeführt werden, oder die Handläufe müssen – unter Einschränkung des Podestraumes – bis zum Schnittpunkt **s** (Bild **5**.18b) weitergeführt werden. Es ist daher oft günstiger, im *Grundriss* den Antritt bzw. Austritt *nicht* auf einer durchgehenden Linie festzulegen (Bild **5**.18c). Dabei ergibt sich allerdings durch die erforderliche Verschiebung bei gleich langen Treppenläufen eine entsprechende größere Gesamtlänge für zweiläufige Podesttreppen. Die Dicke d_3 der Podestplatte kann jedoch geringer sein.

Wendelungen. Durch Wendelung eines Teils der Stufen kann in der Grundfläche Raum gespart werden (vgl. Bild **5**.17). Die Treppe büßt dabei jedoch einen wesentlichen Teil der Bequemlichkeit und Sicherheit ein, die ein gradliniger Treppenlauf bietet und ist zudem i. d. R. in der Herstellung aufwändiger. Die Nachteile teilweise (halb- oder viertel-) gewendelter Treppen können durch *allmähliches* Umformen der rechteckigen Stufen in keilförmige Stufen (*Verziehen*) vermindert werden, das jedoch häufig zu unbefriedigenden geometrischen Ansichten bzw. Untersichten der Stufen und insbesondere der Wangen oder Holme und insbesondere der Geländer und Handläufe führt.

Folgende Forderungen sind zu berücksichtigen:
- An keiner Stelle der Stufe soll die Auftrittbreite weniger als 100 mm betragen. Die normale Auftrittbreite ist auf der Lauflinie abzu-

5.1 Allgemeines

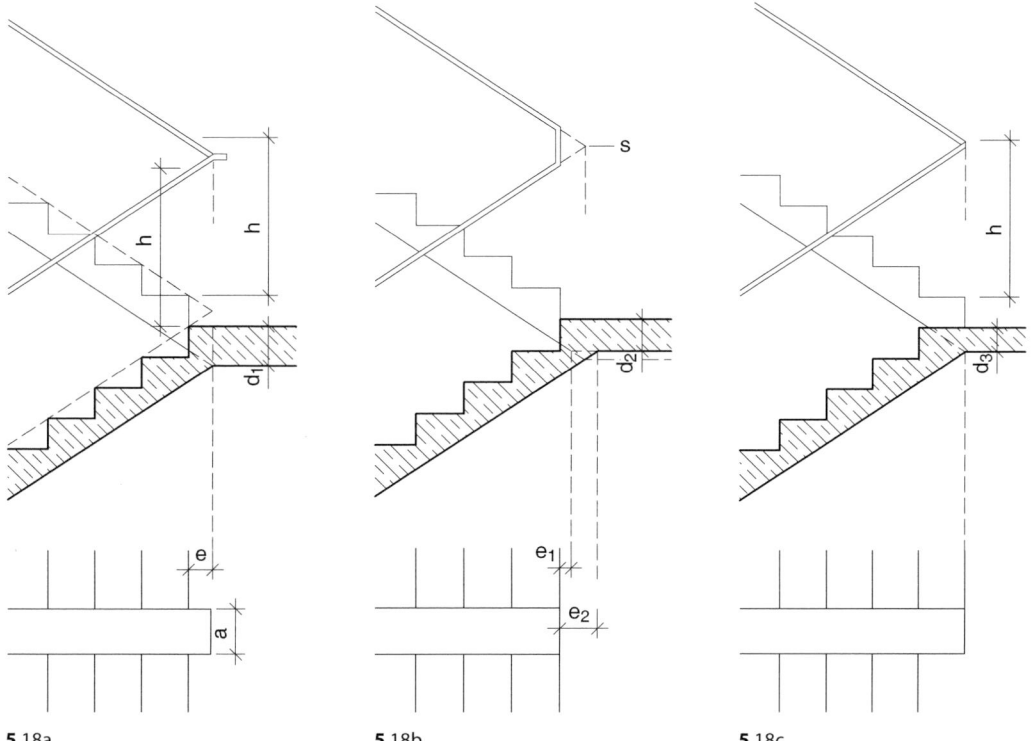

5.18 Beziehung zwischen Podestdicke, Handlaufführung und Podestanschluss
a) Laufplattenunterseiten und Treppenauge schließen in einer Linie an das Podest an: Handlaufübergang ohne Höhenversprung
b) Stufenvorderkanten von Aus- und Antritt im Grundriss auf einer Linie: Bei einem Treppenlauf versetzter Knick in der Untersicht; Höhenversprung im Handlauf
c) Laufplattenunterseiten schließen in einer Linie an das Podest an, jedoch liegen Aus- und Antritt im Grundriss *nicht* auf einer Linie: Handlaufübergang ohne Höhenversprung

tragen. Nur für Spindeltreppen in Wohngebäuden mit nicht mehr als zwei Wohnungen und innerhalb von Wohnungen wird keine Mindestauftrittsbreite gefordert.

- Um ein allmähliches Überleiten des geraden in den gewendelten Laufteil zu gewährleisten, müssen möglichst viele Stufen *verzogen* werden. In den gradläufigen Bereich eines Laufes hinein dürfen gewendelte Stufen nur bis zu einer Länge von 3,5 × **a** gemessen an der kürzesten Seite der inneren Begrenzungslinie des Gehbereiches angeordnet werden (Bild **5**.19a und b).

- Die Lauflinie muss stetig und ohne Knickpunkte innerhalb des Gehbereiches verlaufen (Bild **5**.19). Die Breite des Gehbereiches bei Treppen bis 100 cm Treppenlaufbreite beträgt $^2/_{10}$ der Laufbreite bei einem Abstand von $^4/_{10}$ der Laufbreite vom Innenrand der Treppe (Bild **5**.19a). Bei Treppenlaufbreiten über 100 cm (ausgenommen Spindeltreppen) beträgt die Breite des Gehbereiches 200 mm bei einem Abstand des Bereiches von der inneren Begrenzung der Treppenlaufbreite von 400 mm (Bild **5**.19b). Bei Spindeltreppen beträgt der Gehbereich ebenfalls $^2/_{10}$ der Laufbreite. Die innere Begrenzung des Gehbereiches liegt bei einer nutzbaren Treppenlaufbreite bis 130 cm in der Mitte der nutzbaren Treppenlaufbreite (Bild **5**.19d). Der Abstand des Gehbereiches von der äußeren Begrenzung der Treppenlaufbreite beträgt maximal 40 cm. Dies gilt nicht, wenn für das Verziehen einer gewendeten Treppe allgemein anerkannte handwerkliche Regeln, z.B. die Verhältnis-, Winkel- oder Kreisbogenmethode (Bilder **5**.20 bis **5**.22) angewendet werden.

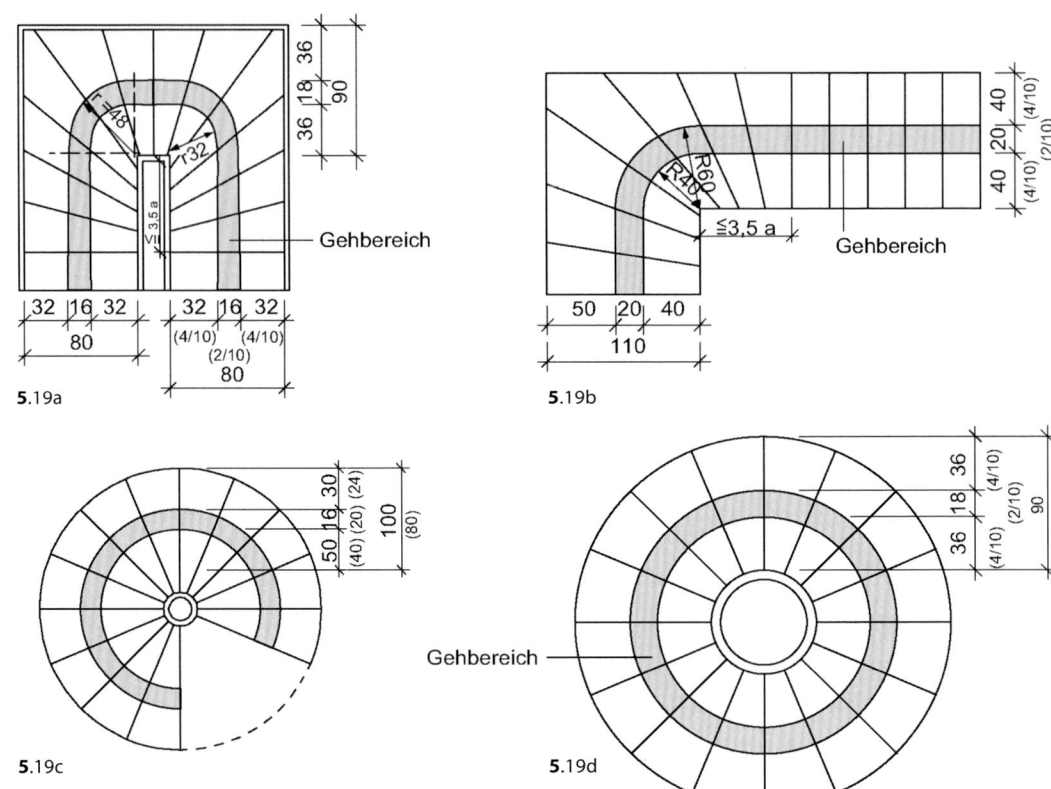

5.19 Gehbereiche (DIN 18 065) für alle Gebäude
a) gewendelter Lauf
b) viertelgewendelter Lauf
c) Spindeltreppe (Wohngebäude mit bis zu zwei Wohnungen und innerhalb von Wohnungen in Klammern)
d) Wendeltreppe

Der Auftritt ist immer in der Lauflinie zu messen. Bei gewendeten Auftritten wird die Lauflinie als Sehne, die sich durch die Schnittpunkte der gekrümmten Lauflinie mit den Stufenvorderkanten ergibt, gemessen. Bei gewendeten Treppenläufen kann die Lauflinie frei innerhalb des Gehbereiches gewählt werden.

Die Stufen können einfach im Grundriss oder auch, genauer, in Grundriss und Aufriss „verzogen" werden. Beide zeichnerischen Verfahren werden hier am Beispiel der viertelgewendelten, die erste auch an der halbgewendelten Treppe gezeigt (Bilder **5**.20 bis **5**.22).

Verziehen der Stufen im Grundriss (Bild **5**.20 und **5**.21)
Beispiel: Treppenlaufbreite, Treppenraumbreite und Lauflänge (Steigungsverhältnis) liegen fest. Die mittlere Auftrittbreite wird für die geraden wie für die gewendelten Stufen auf der Lauflinie abgetragen.

Die Stufen 4 bis 16 sollen verzogen werden. Eine Stufenkante (Stufe 10) soll in der Achse des Wangenzwischenraums (Treppenauges) liegen. Die geringste Auftrittbreite von 100 mm sollen die Stufen 9 und 10 haben. Die Verlängerungen ihrer Stufenvorderkanten schneiden sich in **A**. Punkt **B** liegt auf der Linie der ersten bzw. letzten geraden Stufe.

Der Halbkreis um **B** mit **A** – **B** wird in 6 gleiche Teile geteilt, da zwischen Stufenkante 17 und 11 bzw. 3 und 9 sechs Stufen liegen. Die Fußpunkte der Lote von den Teilpunkten des Halbkreises auf **A** – **B** werden mit den Teilpunkten auf der Lauflinie verbunden.

In Bild **5**.21 ist ein anderes Verfahren für eine viertelgewendelte Treppe dargestellt. Die Eckstufe wird an der schmalsten Stelle mind. 100 mm breit angenommen. Die letzte und erste gerade Stufe an der Ecke ergeben mit ihren Verlängerungen das Achsensystem, auf dem beide verlängerte Eckstufenkanten das Maß für die Stufenkantenfluchtpunkte abschneiden (**x** und **y**).

5.1 Allgemeines

Verziehen der Stufen im Grundriss und Aufriss
(Bild **5**.22)

Zwischen den Stufen 2 und 9 einer viertelgewendelten Treppe sollen 6 Wendelstufen angeordnet werden. Man wickelt die Innenseite der Freiwange ab und zeichnet die erste und letzte gerade Stufe

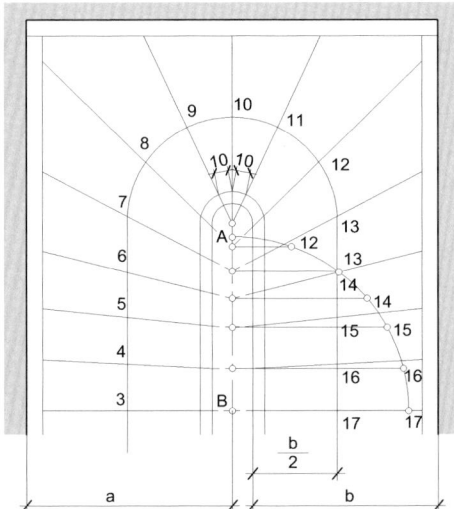

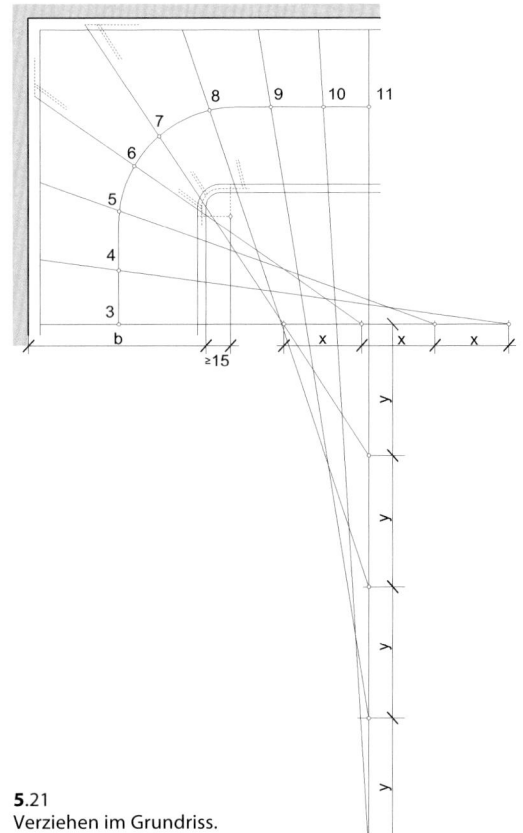

5.20 Verziehen im Grundriss. Halbgewendelte Treppe. Dieselbe Konstruktion kann angewendet werden, wenn auf die Treppenachse keine Stufenkante, sondern eine Stufenmitte trifft

5.21
Verziehen im Grundriss.
Viertelgewendelte Treppe

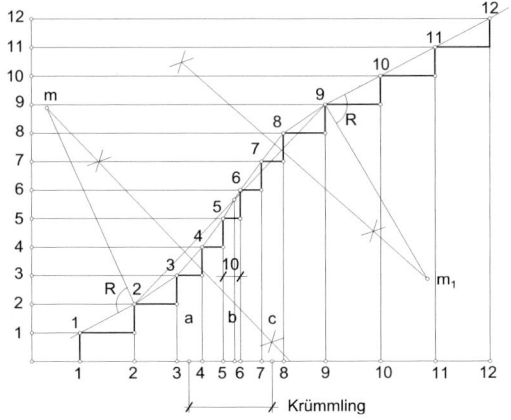

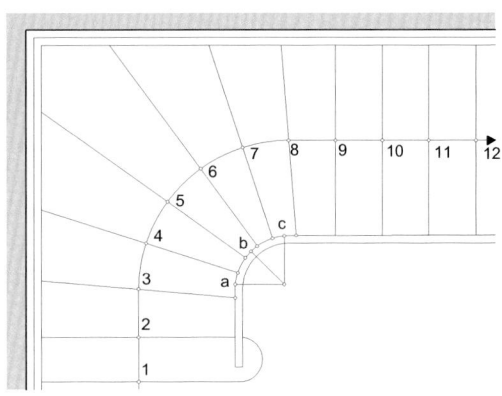

5.22 Verziehen im Aufriss u n d Grundriss (Abwicklungsmethode)

(Kante 2 und 9) mit den Steigungslinien 1 bis 2 und 9 bis 12 usw. Dann verbindet man Punkt 2 und 9 und ersetzt diese gerade Linie durch eine aus zwei Kreisbögen zusammengesetzte geschwungene Linie, in die die Steigungslinien 1 bis 2 und 9 bis 12 als Tangenten übergehen. Zu diesem Zwecke wird die Linie 2 bis 9 halbiert. Für jede Hälfte wird die Mittelsenkrechte gezeichnet und zum Schnitt mit den zu den Steigungslinien in den Punkten 2 und 9 errichteten Senkrechten gebracht. Die Schnittpunkte m und m_1 sind die Mittelpunkte für die beiden von 2 nach 9 zu zeichnenden Bogenlinien. Diese doppelte Bogenlinie schneidet die Stufenhöhen an der Vorderkante der Stufen. Dadurch ergeben sich die Auftrittsbreiten, die in den Grundriss übertragen werden. Das Verfahren ist unverändert für halbgewendelte Treppen anwendbar.

Beim Verziehen von Treppen ist der davon abhängigen Gestaltung der erforderlichen Handläufe bzw. Geländer Aufmerksamkeit zu widmen. Zu beachten ist, dass sich wegen der sehr ungleichen Auftrittsbreiten an den Treppenaußenseiten ein ungleichförmiger Verlauf des Handlaufes ergibt, der zu Knickpunkten an den Raumecken führt.

5.2 Treppenbauarten

Die Bauarten moderner Treppen beruhen zu einem großen Teil auf den handwerklichen Techniken für die Ausführung von Holztreppen. Die folgenden Grundtypen des Treppenbaues werden unterschieden (Bild **5**.23):

- Wangentreppen
- aufgesattelte Treppen
- Holmtreppen
- Kragtreppen
- Spindeltreppen
- Bolzentreppen
- wangenfreie Treppen mit aufgehängten Stufen
- Stahlbeton-Massivtreppen.

Der *Baustoff* kennzeichnet Treppenbauarten nur unvollkommen. Vielfach bestehen aus gestalterischen oder statischen Gründen Mischkonstruktionen mit tragenden Bauteilen, Stufen oder Geländern aus unterschiedlichem Material. Bei nicht notwendigen bzw. bei Treppen, an die keine Brandschutzanforderungen gestellt werden müssen, eröffnet z. B. die Verwendung von Glas über die gezeigten Standardlösungen hinaus zahlreiche technische und gestalterische Möglichkeiten (vgl. auch Abschn. 5.2.6).

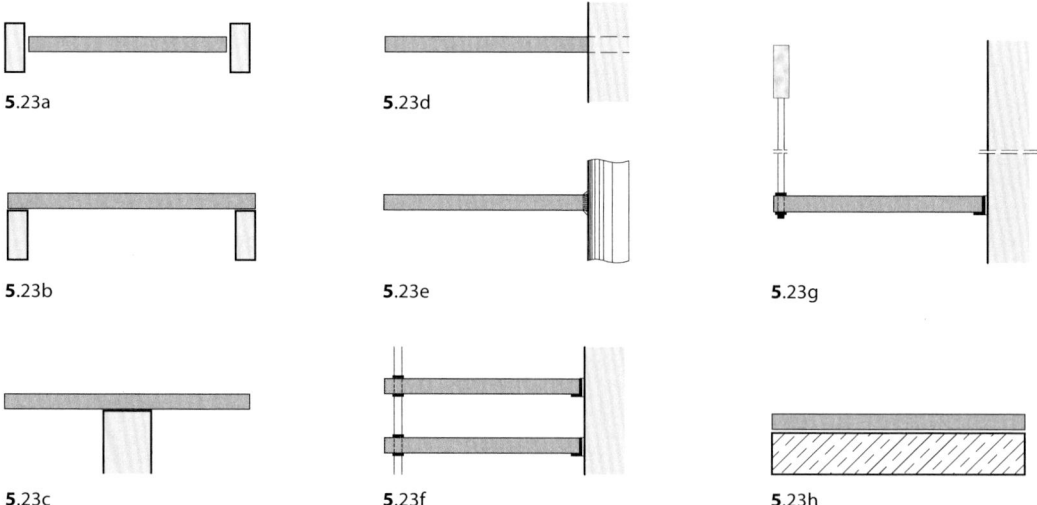

5.23 Treppenbauarten
  a) Wangentreppen
  b) aufgesattelte Treppen
  c) Holmtreppe
  d) Kragtreppe
  e) Spindeltreppe
  f) Bolzentreppe
  g) wangenfreie Treppe mit aufgehängten Stufen
  h) Stahlbeton-Massivtreppe

5.2 Treppenbauarten

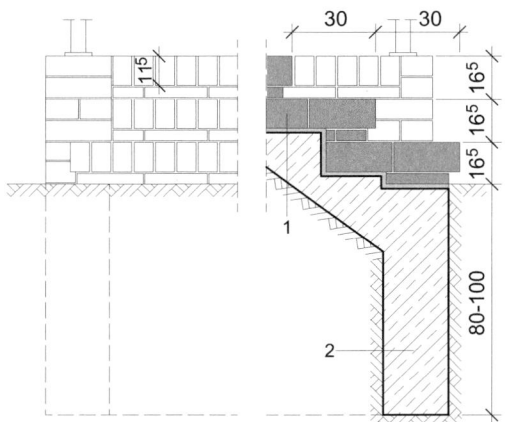

5.24 Gemauerte Freitreppe. Das Stufenmauerwerk liegt auf einer tragenden Stahlbetonplatte
1 gemauerte Stufen
2 frostfreie Gründung

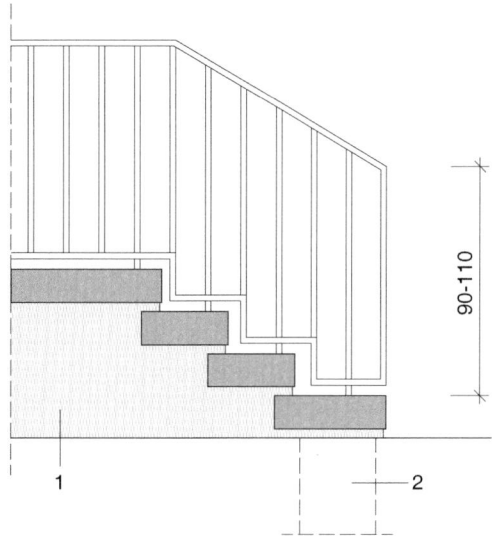

5.25 Freitreppe mit Werksteinstufen. Die Stufen liegen auf gemauerten Wangen
1 Wangenmauerwerk, frostfrei gegründet
2 Frostschutzschürze

Eine Einteilung nach Treppenbaustoffen versucht daher lediglich, den Überblick über das sehr vielfältige und umfangreiche Sachgebiet zu erleichtern.

5.2.1 Gemauerte Treppen

Einfache Frei- und Innentreppen werden gelegentlich noch aus Mauerziegeln hergestellt. Die einzelnen Stufen werden als Rollschichten aus Vormauerziegeln oder Hochbauklinkern (DIN 105) mit Kalkzementmörtel gemauert. Bei *Freitreppen* liegt die unterste Stufe auf einem Fundament, dessen Sohle in frostfreie Tiefe reicht (s.a. Abschn. 4.2 in Teil 1 dieses Werkes). Die übrigen Stufen ruhen auf einer Stahlbeton- oder gestampften Magerbetonschicht (Bild **5**.24). Die Stufen haben leichtes Gefälle nach vorn, damit das Wasser schneller abläuft.

5.2.2 Werksteintreppen

Geschosstreppen mit frei aufliegenden Stufen aus *Naturwerkstein*, wie sie in älteren Gebäuden noch vorkommen, gelten als nicht feuerbeständig. Ihre Verwendung für notwendige Treppen ist daher heute nur eingeschränkt zulässig (vgl. Abschn. 5.1.2). Es ist aber möglich, Naturwerksteinstufen mit Bewehrungseinlagen zu versehen, die in Längsbohrungen eingebracht und verpresst werden. Derartige Werksteinstufen sind dann ähnlich wie Stahlbeton-Werkstein zu betrachten.

Für außen liegende *Freitreppen* eignen sich besonders wetterbeständige Steine geringer Abnutzbarkeit: Granit, Basalt, harte Sandsteine. Die Stufen erhalten rechteckigen Querschnitt oder nur sparsame Profilierung der Vorderfläche. Bei nach zwei oder drei Seiten abgewinkelten Freitreppen sollen die Längsstufen mit den kürzeren Seitenstufen so zusammenstoßen, dass die Stoßfugen nicht in der Vorderansicht erscheinen. Die Stufen sind frostsicher zu gründen und sorgfältig miteinander zu verklammern bzw. zu verdübeln.

Bei Freitreppen mit seitlichem Geländerabschluss (Bild **5**.25) werden die Stufenenden durch tragende Wangenmauern unterstützt. Unter der untersten Stufe ist außerdem in der ganzen Länge eine (nicht tragende) Frostschutzschürze erforderlich.

Außentreppen. Außen liegende Differenztreppen an Gebäudeeingängen sind schwierig einwandfrei zu gründen, weil die nötigen Fundamente in der Regel im Verfüllbereich des früheren Arbeitsraumes liegen. Eine absenkungsfreie Gründung ist nur durch Bildung eines Auflagers an der Außenwand oder mit getrennter Fundamentierung bis auf die Bauwerkssohle möglich.

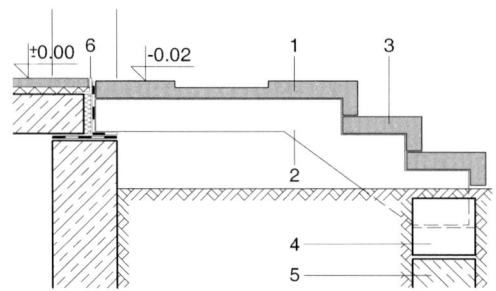

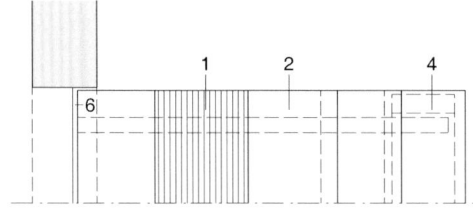

Bei nicht zu großer Stufenzahl können derartige *Außentreppen* auch mit Stahlbetonlaufplatten ausgeführt werden, die aus der Kellerdecke auskragen. Hinsichtlich des erforderlichen Wärmeschutzes (Wärmebrückenbildung) ist auf eine thermische Entkoppelung zu achten. Hinsichtlich der Ausführungssicherheit bei der in aller Regel notwendigen Abdichtung ist diese Ausführungsart jedoch nicht ratsam.

Die Laufplatten oder Tragkonstruktionen längerer äußerer Differenztreppen werden thermisch getrennt auf dem Gebäudesockel aufgelegt. Die Außenkante liegt auf kurzen frostsicheren Streifenfundamenten oder kurzen Bohrpfählen (Bild **5**.26).

Werksteinstufen können auf Stahlbetonwangen (vgl. Bild **5**.26 und **5**.27c) oder Stahlwangen bzw. -holme oder auf entsprechende Untermauerungen (vgl. Bild **5**.25) aufgelegt werden. Zur Planung sind Hinweise des Merkblattes des Zentralverbandes des Deutschen Baugewerbes (ZDB) Außentreppen – Treppen aus keramischen Fliesen und Naturwerkstein im Außenbereich zu beachten.

Stufen im Außenbereich mit sich verringernder Höhe oder sich verjüngen der Tiefe (Schleppstufen) sind für barrierefreie Erschießungen ungeeignet.

5.26 Hauseingangstreppe
1 Betonwerkstein-Podestplatte mit Aussparung für durchlaufenden Fußrost
2 Stahlbetonwange (oben eingemauert, unten auf Sockelstück gelagert)
3 Betonwerksteinwinkelstufen
4 Sockelstück
5 Fundament
6 Anschlagschiene mit dauerelastischer Abdichtung außen und innen

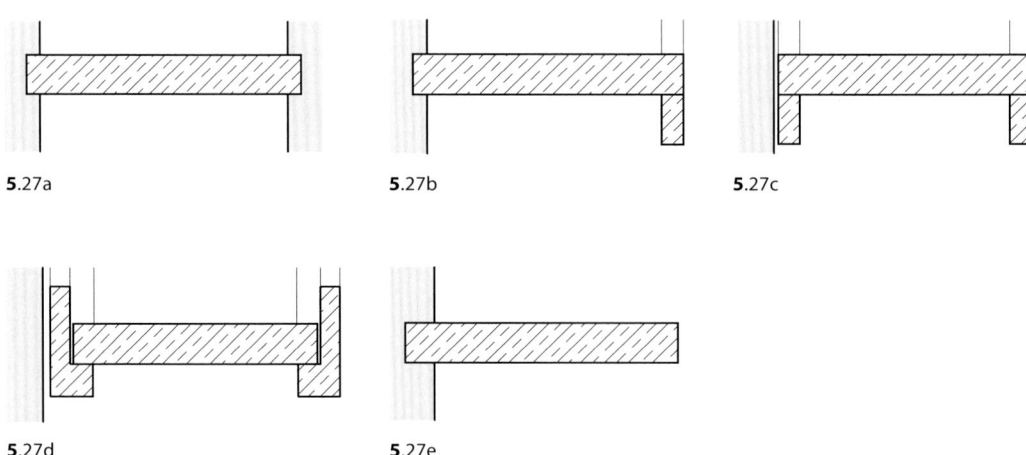

5.27 Stufen aus Stahlbetonfertigteilen oder aus Werkstein
    a) beiderseits auf Treppenhauswände aufgelegt (Schachttreppe)
    b) auf Treppenhauswand und Stahlbetonwange aufgelegt
    c) beiderseits auf Stahlbetonwangen aufgelegt
    d) beiderseits in Stahlbetonwangen aus Fertigteilen eingehängt
    e) einseitig in Treppenhauswand eingespannt (Kragtreppe)

5.2 Treppenbauarten

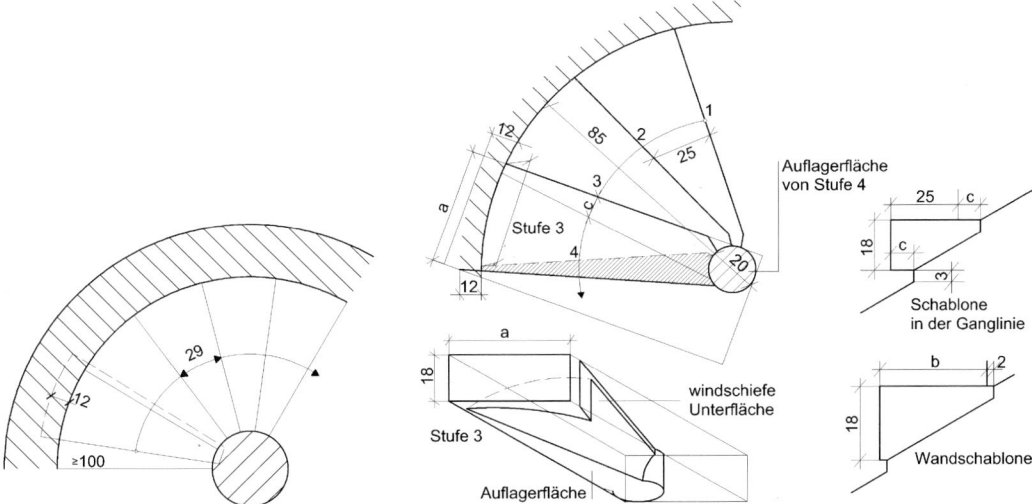

5.28 Wendeltreppe mit gemauerter Spindel

5.29 Wendeltreppe mit an die Stufen gearbeiteter Spindel

Kragtreppen können in gemauerte oder betonierte Treppenhauswände (vgl. Bild **5**.23d) eingespannt werden. In jedem Fall ist ein Standsicherheitsnachweis erforderlich. Bei auskragenden Stufen aus Werkstein beträgt bei Stufenlängen bis etwa 1,20 m die Einbindtiefe jeder dritten oder vierten Stufe 25 cm, bei den übrigen 12 cm. Alle Stufen größerer Freilänge binden mindestens 25 cm ein. Die Stufen werden erst nach Fertigstellung des Rohbaues versetzt, um Beschädigungen zu vermeiden; die erforderlichen Aussparungen müssen beim Aufmauern der Treppenhauswände angelegt werden. Beim Versetzen werden die Stufen mit dem freien Ende auf ein schräg liegendes, durch Stiele gestütztes Kantholz als Montagehilfe aufgelegt. Um den unvermeidlich nachträglich eintretenden Setzungen entgegenzuwirken, werden die einzelnen Stufen mit einer Überhöhung der Abstützungskonstruktion eingebaut. Die Auflagerflächen in der Wand müssen einwandfrei verkeilt und die Fugen restlos mit Zementmörtel verfüllt werden.

Wendeltreppen werden meist als Spindeltreppen ausgeführt. Die Spindel wurde früher gemauert oder ist als Bestandteile der Stufen angearbeitet.

Bei *Spindeltreppen* mit gemauerter Spindel wird die Spindel als Ziegelpfeiler voll oder bei größerem Durchmesser auch hohl gemauert. Der Stufenquerschnitt ist meist rechteckig. Die Auflagertiefe beträgt 12cm (Bild **5**.28).

Bei Spindeltreppen aus Werkstein mit an die Stufen angearbeiteter Spindel legen sich die Stufen der ganzen Länge nach und außerdem mit dem zylindrischen Spindelansatz aufeinander (Spindeldurchmesser 15 bis 20 cm). In der Spindel werden die Stufen durch starke verzinkte Stahldübel verbunden. Die Stufenvorderfläche tritt gegen die Spindelfläche etwas zurück oder geht tangential in diese über. In Bild **5**.29 setzen sich die Stufen *stumpf* aufeinander. Die Stufen können auch mit Falz aufeinandergesetzt werden. Die Laufunterfläche bildet dann eine glatte Schraubenfläche.

5.2.3 Stahlbetontreppen

Die weitaus meisten Geschosstreppen werden aus Stahlbeton in Ortbeton oder aus wirtschaftlichen Gründen zunehmend aus Fertigteilen hergestellt, allein schon um die vielfach vorhandenen Brandschutzanforderungen erfüllen zu können.

Einläufige oder zweiläufige Treppen mit Podest werden am häufigsten ausgeführt, doch erlaubt das Konstruieren mit Stahlbeton auch vielfältige Sonderformen.

In statischer Hinsicht sind die Laufplatten, Wangen oder Holme der meisten Stahlbetontreppen entweder als Einfeldträger, die auf den Podesträndern aufgelagert sind (Bild **5**.30a) oder als geknickte Träger (Bild **5**.30b) zu betrachten. Selte-

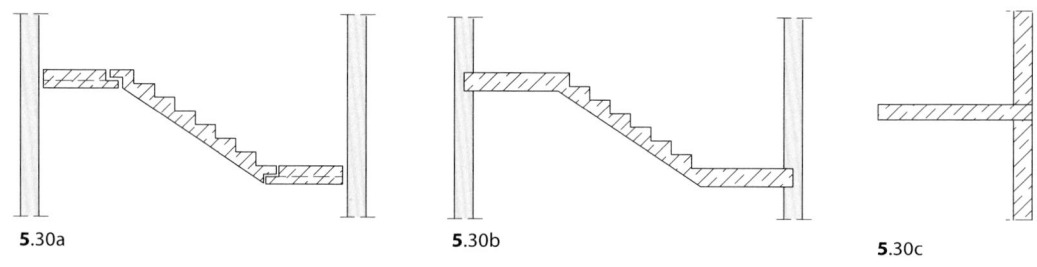

5.30a   5.30b   5.30c

5.30 Statische Systeme von Stahlbetontreppen
    a) Laufplatten bzw. Wangen auf tragende Podeste aufgelegt (vgl. Bild **5.**9)
    b) Laufplatte und Podestplatten als geknickter Träger ausgebildet
    c) Laufplatte oder Stufen seitlich eingespannt

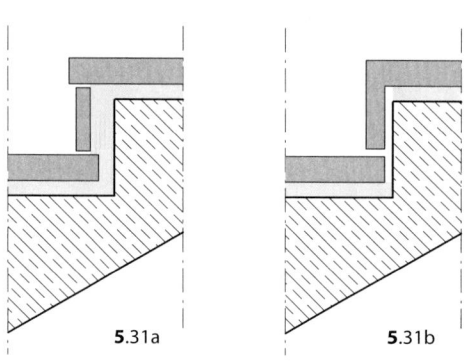
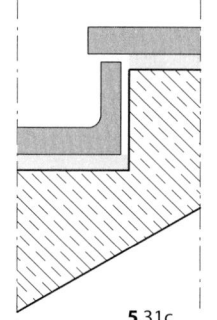
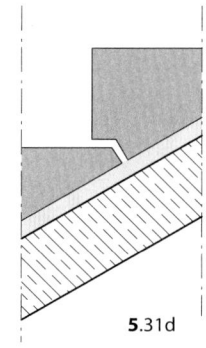

5.31a   5.31b   5.31c   5.31d

5.31 Stufenbeläge aus Beton- oder Naturwerkstein
    a) Plattenstufen mit Tritt- und Setzstufe   c) L-Stufen
    b) Winkelstufen   d) Keilstufen

ner werden Laufplatten oder Podeste aus Stahlbetonwänden ausgekragt (Bild **5.**30c).

Bei Podesttreppen sind nur bei sehr großen Abmessungen oder Belastungen gesonderte Auflagerträger am Podestrand erforderlich. In Form ggf. zusätzlicher Bewehrungen verschwinden die statisch erforderlichen Podestbalken meistens in der Podestplatte, so dass die Unterflächen von Laufplatten und Podesten ineinander übergehen (s. auch Abschn. 5.1.3 und Bild **5.**18).

In Bild **5.**32 ist als Beispiel eine einfache, zweiläufige Stahlbeton-Podesttreppe mit den erforderlichen Bewehrungen dargestellt. Die Laufplatten spannen sich zwischen den Podestplatten (Trittschalldämmung ggf. nach Abschn. 5.1.2).

In den meisten Fällen werden die Stufenbeläge aus Natur- oder Betonwerksteinplatten hergestellt, die in Mörtel verlegt werden. Dabei können getrennte Tritt- und Setzstufen (Bild **5.**31a) oder Winkelstufen aus Betonwerkstein (Bild **5.**31b und c) mit Metall- oder Kunststoffprofilen als Rutschsicherung (Bild **5.**33d) verwendet werden.

Ferner können vorgefertigte, monolithische Block- oder Hohlstufen auf glatte Stahlbetonlaufplatten ohne Rohstufen aufgelegt werden (Bild **5.**31d). Von Vorteil ist es, hinsichtlich von Verunreinigungen und der besseren Reinigungsmöglichkeiten den Fugenanteil der Stufenbeläge zu reduzieren bzw. zu vermeiden.

Gehbeläge. Einfache Treppen aus Ortbeton erhalten als Gehbelag lediglich einen Glattstrich – am besten mit Randprofilen als Kantenschutz (Bild **5.**33a). Stufen oberflächenfertiger Fertigteiltreppen (Sichtbeton) können je nach Betongüte (Expositionsklasse XM – Betonangriff durch Verschleißbeanspruchung gem. DIN 1045) ohne Oberflächenvergütung eingesetzt werden oder erfordern je nach Beanspruchung eine Vergütung zur Verminderung der Feuchtigkeitsaufnahme (Hydrophobierung, Imprägnierung, Versiegelung) oder eine leistungsfähige Beschichtung (geschlossene Kunststoff- Schutzschicht gegen z. B. Säuren, Laugen). Kantenschutzprofile sowie Rutschsicherungen (eingelegte Kunststoff-

5.2 Treppenbauarten

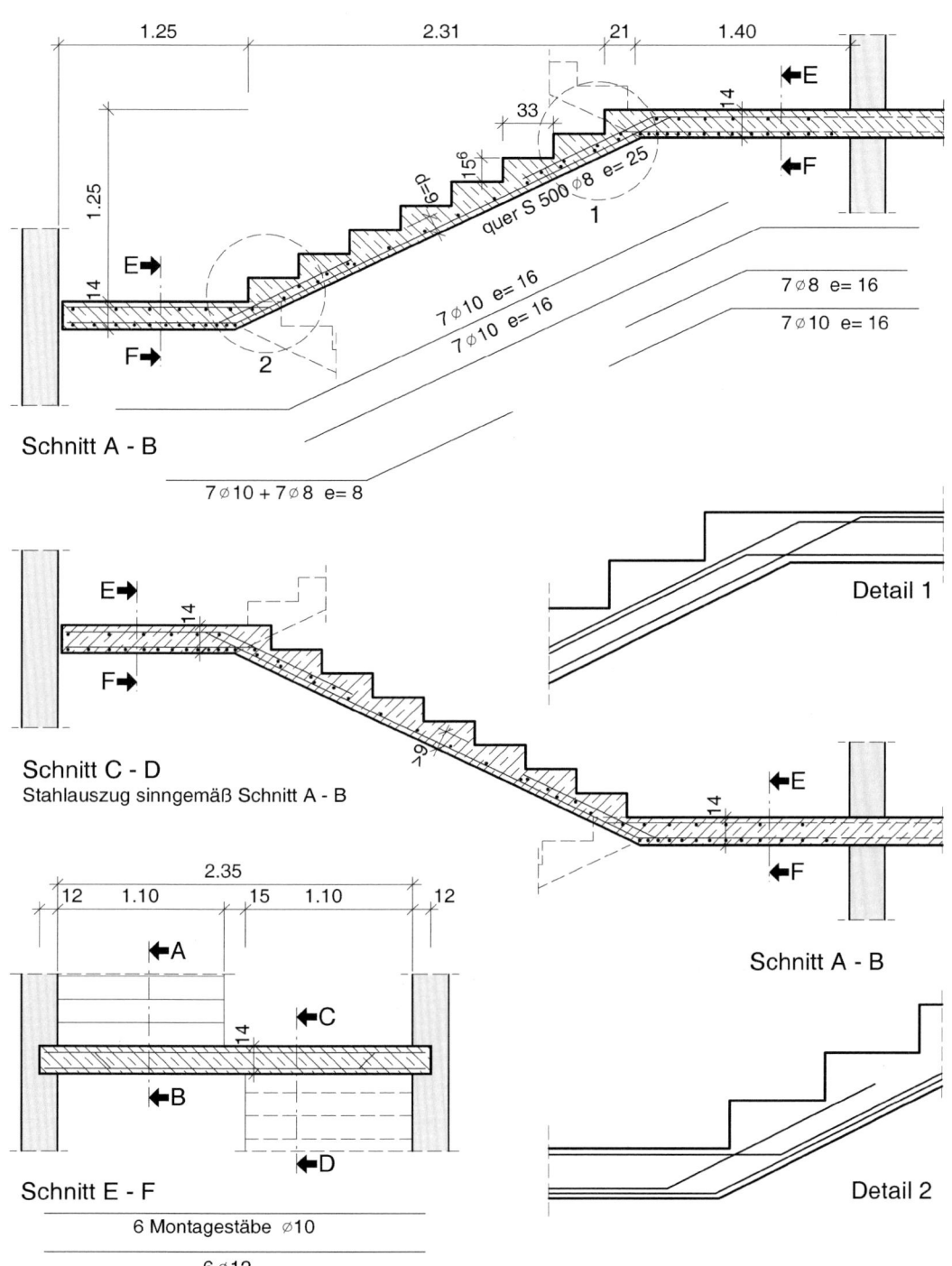

5.32 Zweiläufige Stahlbetontreppe (berechnet von Prüfingenieur Dr.-Ing. G. Raczat, Hagen)

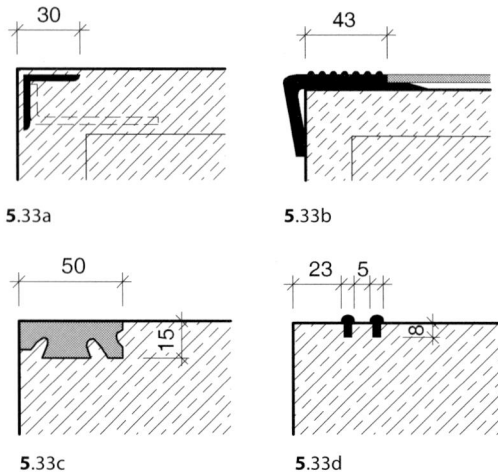

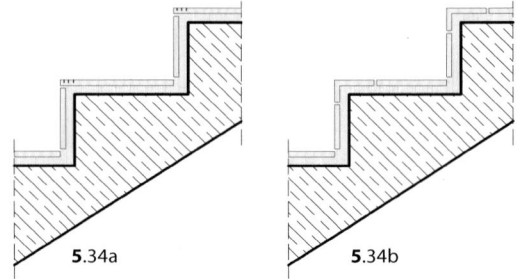

5.34 Stufenbeläge aus keramischen Platten
a) Trittstufenplatten mit Sicherheitsrillen
b) Trittstufenwinkel (Schenkelplatten)

5.33 Kantenschutzprofile
a) Vorstoßschiene aus Metall für Beton-Rohstufen mit Glattstrich
b) Kunststoff-Stufenkanten mit Rippen (Mipolan) für Bahnenbeläge oder Textilbeläge
c) Kantenschutz aus Kunststoff für vorgefertigte Stufen (bei Herstellung der Stufe eingesetzt)
d) Rutschsicherung aus Kunststoff- oder Metallrippen (in gefräste Rillen geklebt)

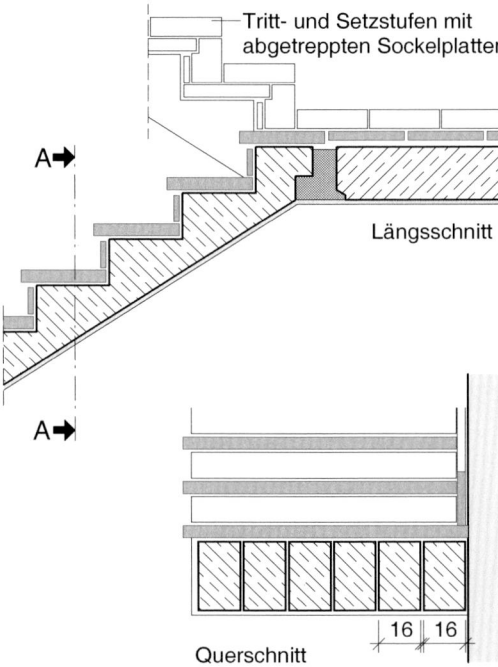

5.35 Lamellentreppe aus nebeneinander verlegten Stahlbetonbalken (Bürkle)

oder Metallprofile, Schalungen mit Siebdruckplatten) werden in das Fertigteil integriert oder die Oberflächen werden aufgeraut (Sandstrahlen, Schleifen).

Auf vorgefertigten Stufen oder auf Ortbetonstufen, die mit einem Glattstrich versehen werden, können Kunststoff- oder Textilbeläge verlegt werden, wenn nicht Brandschutzbestimmungen entgegenstehen. Die Beläge werden durchlaufend um die Stufenvorderkanten geklebt, oder es werden zur Minderung des Verschleißes und zur Verbesserung der Trittsicherheit optisch nachteilige Kantenschutzprofile verwendet (Bild **5**.33b).

Bei Stufenbelägen aus Betonwerkstein können als Kantenschutz einbetonierte Kunststoff-Eckprofile (Bild **5**.33c) eingesetzt werden. Je nach Glätte der Oberflächen und den Anforderungen an die Rutschsicherheit sind Trittschutzrippen (Bild **5**.33d) erforderlich.

Stufenbeläge aus keramischen Platten können ggf. ohne Formstücke, mit speziellen am vorderen Rand geriffelten Treppen-Auftrittplatten (Bild **5**.34a) oder mit Trittstufenwinkeln bzw. Schenkelplatten (Bild **5**.34b) hergestellt werden.

Vorgefertigte Stahlbetontreppen werden zunehmend mit dem Ziel der Zeit- und Kosteneinsparung, sowie der Verbesserung der Ausführungsqualitäten eingesetzt. Sie können aus einzelnen Stufen bestehen, die wie Werksteinstufen verlegt bzw. eingespannt werden (Bild **5**.27). In Ortbeton hergestellte Laufplatten können insbesondere bei der Sanierung erforderlichem nachträglichem Treppeneinbau durch vorgefertigte schmale, leichter transportable Stahlbetonbalken ersetzt werden, die *neben*einandergelegt den Lauf ergeben (Bild **5**.35).

5.2 Treppenbauarten

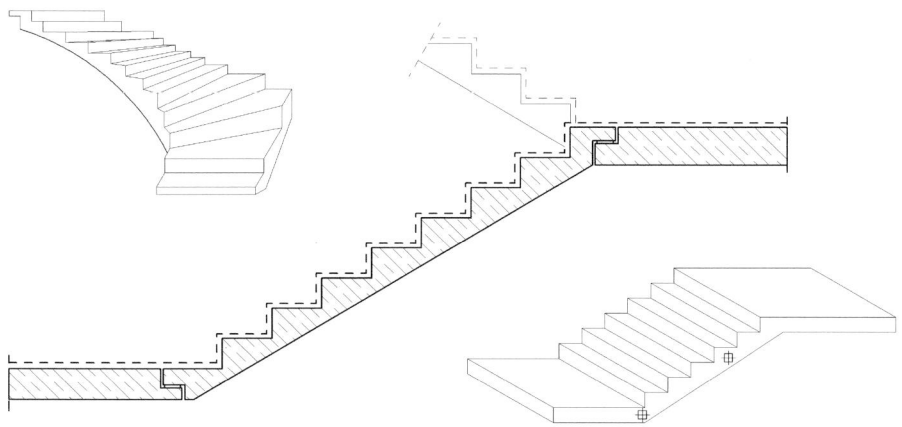

5.36 Vorgefertigte geknickte Stahlbeton-Treppenläufe (Dennert)

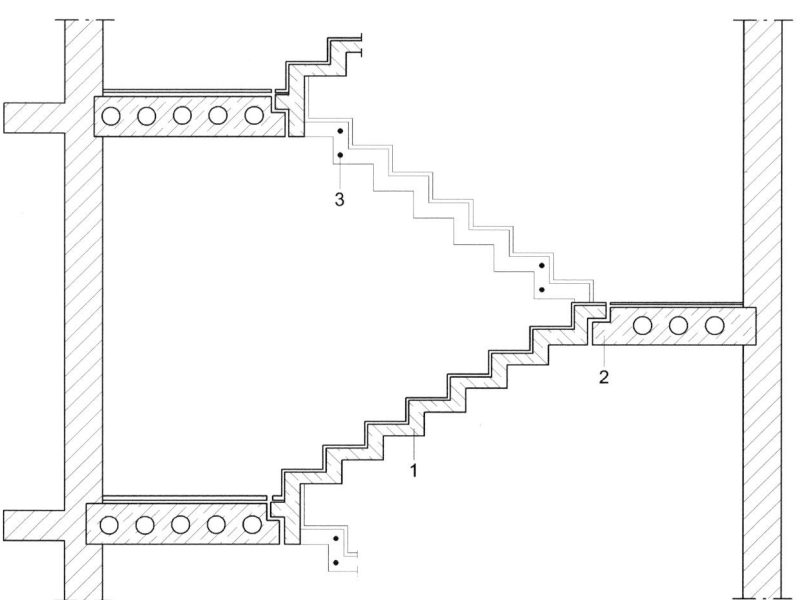

5.37 Vorgefertigte Treppenläufe aus Stahlbeton (Stahlbetonfertigteiltreppen)
  1 geknickte Laufplatte, 2 Fertigteilpodest, 3 Geländerhalterung

Zunehmend werden ganze Treppenläufe auch in gewendelten Ausführungen und mit Podesten vorgefertigt und mit dem Baukran versetzt (Bild **5**.36).

Nach dem gleichen Prinzip vorgefertigte, geknickte Stahlbetontreppenlaufplatten in Verbindung mit vorgefertigten Podestplatten zeigt Bild **5**.37. Einem höheren Schalungs- und damit Herstellungsaufwand stehen hier Gewichtseinsparung und eine anspruchsvollere Gestaltung gegenüber.

Für Außentreppen (z.B. auch für Nottreppen) werden vielfach auch vorgefertigte freitragende Stahlbeton-Spindeltreppen verwendet (Bild **5**.38).

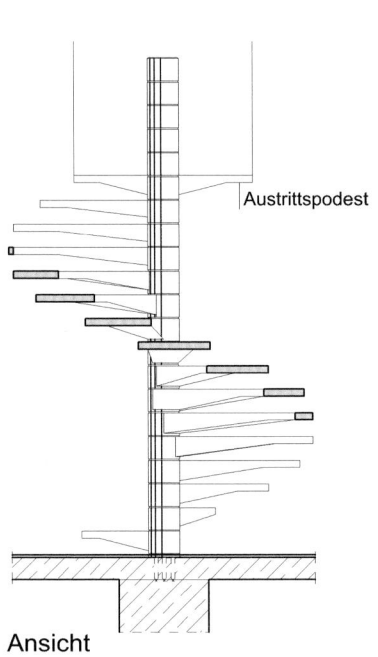

Ansicht

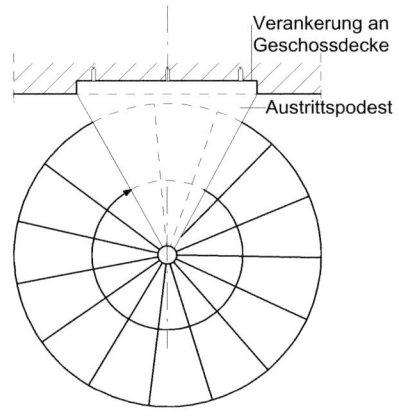

Grundriss

5.38
Spindeltreppe aus
Stahlbeton

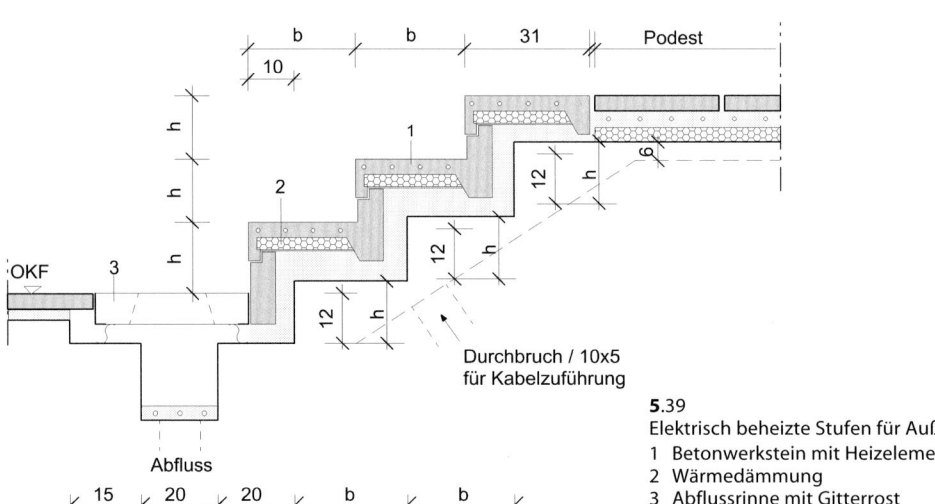

5.39
Elektrisch beheizte Stufen für Außentreppen
1 Betonwerkstein mit Heizelement
2 Wärmedämmung
3 Abflussrinne mit Gitterrost

Wenn Außentreppen zwingend schnee- und eisfrei gehalten werden müssen, können vorgefertigte Stufenelemente mit unterseitiger Wärmedämmung und eingearbeiteten elektrischen Heizelementen eingebaut werden (Bild **5**.39).

5.2.4 Holztreppen

Allgemeines

Holztreppen gemäß DIN EN 16 481 sind nach den Bestimmungen der Bauordnungen in den meisten Bundesländern nur in Gebäuden mit bis zu zwei Vollgeschossen zugelassen (Gebäudeklas-

5.2 Treppenbauarten

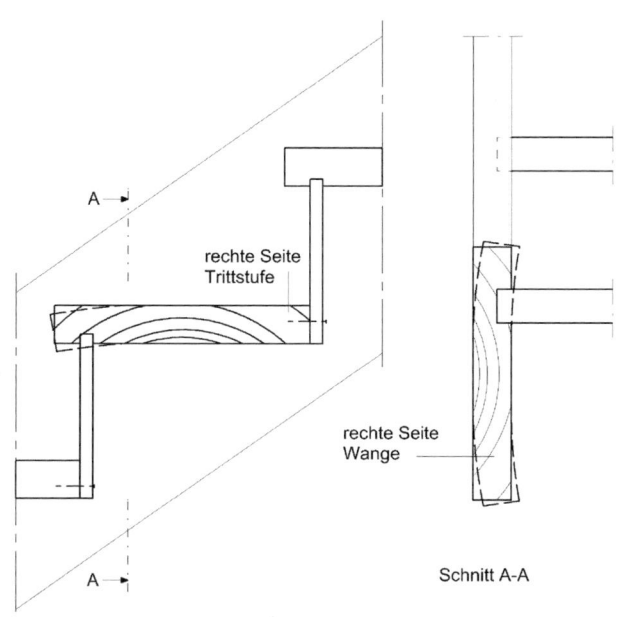

5.41a

5.41b

5.41c

5.41 Verleimung von Massivhölzern
a) Stumpfe Verleimung
b) Keilzinken-Verleimung
c) Feder-Verleimung

5.40 Einbau von Massivhölzern in Holztreppen

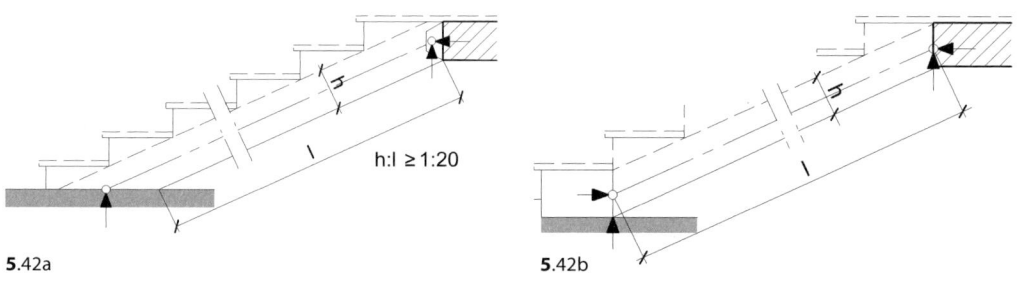

5.42a

5.42b

5.42 Auflagerung von Treppenwangen
a) unten bewegliches Auflager; oben eingehängt an Podest- oder Deckenrand
b) unten Widerlager (z. B. durch Blockstufe), oben angelehnt an Treppenpodest oder Deckenrand

sen 1 und 2, s. Abschn. 5.1.2). Die Feuerwiderstandsfähigkeit kann nur bedingt durch Bekleidungen oder durch Beachtung von Mindestquerschnitten gemäß DIN 4102 erhöht werden.

Als Material für Holztreppen werden vorzugsweise Massivholz- oder Furnierschichthölzer verwendet, und zwar für tragende Teile Nadelhölzer und Eichenholz, für Trittstufen und Handläufe auch Rotbuche, Ahorn, Esche und ausländische Harthölzer. Für breitflächige Teile sind Kernbohlen zu verwenden. Im Übrigen ist das Holz so einzubauen, dass mögliche Krümmungen („Schüsseln" – Krümmung entgegengesetzt zu den Jahresringen) der Belastung entgegenwirken (Bild **5.**40).

Wangen, Blockstufen und dicke Trittstufen werden zur Vermeidung von Verformungen vielfach aus verleimten Massivhölzern (Verleimung auch mit Keilzinken oder Sperrholzfeder, Bild **5.**41), aus Sperrholz (DIN EN 315, 635, 636 und DIN 68 705-2) oder aus brettschichtverleimten Hölzern hergestellt. Für Setzstufen kommen auch Holzwerkstoffplatten in Frage.

Wangen und Holme sind bei gradläufigen Holz- oder auch Stahltreppen entweder unten beweglich aufgelagert und oben *aufgehängt* (Bild **5.**42a)

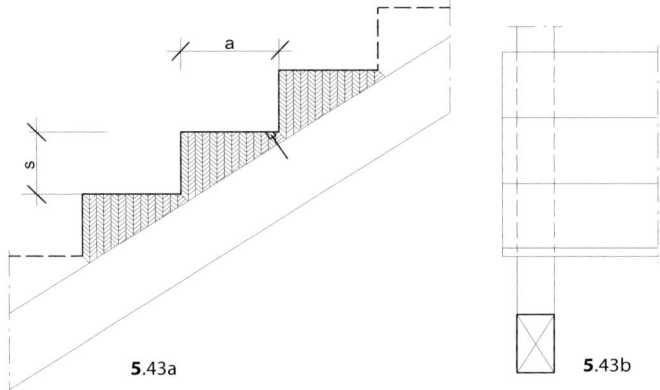

5.43 Blocktreppe (Stufen in Brettschichtverleimung)
a) Schnitt
b) Ansicht

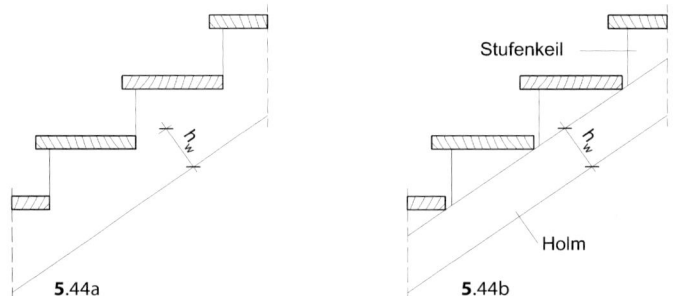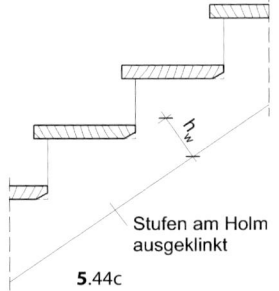

5.44 Aufgesattelte Treppe, Ausbildung der Tragholme
a) Stufenauflager aus dem Tragholm ausgeschnitten
b) Tragholm mit Rechteckprofil, Stufenkeile aufgesetzt
c) Tragholm für Stufenlager ausgeschnitten, Stufen am Holm ausgeklinkt

oder unten aufgestützt und gegen Horizontalschub gesichert und oben beweglich *angelehnt* (Bild **5**.42b). Die Wangen bzw. Holme sind also ähnlich wie eine Leiter gegen den oberen Podestrand gesetzt.

Die Holme werden am Podestrand mit Stahllaschen befestigt. Wangen oder Holme können unter Beachtung der punktuellen Lasteintragung auf den fertigen Fußboden aufgesetzt werden. In der Lagerfuge ist ein Filzstreifen als Gleitschicht und zur Schalldämpfung einzulegen.

Bauarten

Hinsichtlich der Bauart unterscheidet man bei Holztreppen:

Blocktreppen. Blocktreppen mit Stufen aus Massivholz gehören zu den ältesten Treppenkonstruktionen. Bei ihnen werden Massivholzstufen auf Tragholme so aufgedübelt, dass unterbrochene oder auch geschlossene Untersichtflächen entstehen. Derartige Stufen reißen jedoch leicht. Durch Verwendung von brettschichtverleimten Stufen werden Blocktreppen heute wieder für die Ausführung interessant (Bild **5**.43).

Aufgesattelte Treppen. Bei aufgesattelten Holztreppen werden die Wangenoberkanten abgestuft ausgeschnitten (Bild **5**.44a), oder die Trittstufen werden auf die Wangen mit Hilfe von dreieckigen Zwischenstücken aufgesetzt oder „aufgesattelt" (Bild **5**.44b). Bei einer Ausführung nach Bild **5**.44c kann die Höhe des Holmes optisch verringert werden.

Aufgesattelte Treppen bieten der Gestaltung weiten Spielraum. Dass die Wangen auf schmale Tragholme reduziert werden können, kommt der Absicht entgegen, die Treppenläufe so schlank

5.2 Treppenbauarten

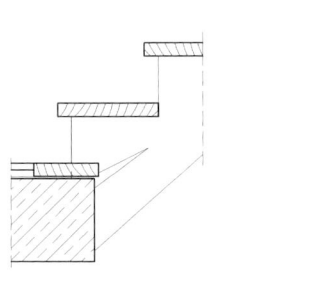
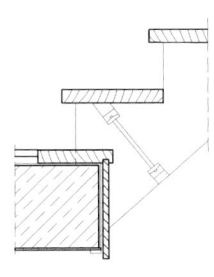
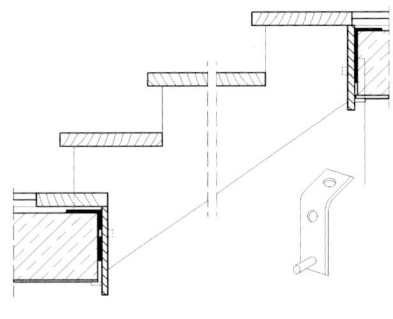

5.45a   5.45b   5.45c

5.45   Auflager von Treppenwangen bzw. -holmen
     a) Rissgefahr am Holmauflager
     b) Bolzensicherung gegen Rissgefahr
     c) Holmauflager mit Tragbolzen

wie möglich erscheinen zu lassen und die Schatten werfenden Teile des Treppenkörpers auf ein Mindestmaß zu beschränken. In der Regel wird daher auf Setzstufen verzichtet.

Die Wangen oder Holme bestehen entweder aus einfachen gehobelten Bohlen oder aus Brettschichtträgern. Die Außenflächen der Träger können mit Edelhölzern furniert, gebeizt oder gestrichen werden. Für gebogene Treppen werden Holme aus Sperrholz verleimt.

Der Anschluss der Holme am Podestrand soll so erfolgen, dass die Aufklauung möglichst keine Kräfte übertragen muss, weil die Gefahr des Einreißens besteht (Bild **5**.45a). Durchgeschraubte Bolzen können als Abhilfe dienen (Bild **5**.45b). Besser ist der Anschluss durch Hängewinkel mit Tragbolzen (Bild **5**.45c).

Für die Bemessung von Tragholmen aufgesattelter Treppen geben die Tabellen **5**.46 und **5**.47 einen Anhalt.

Die Lage der Holme unter den Stufen ist bei aufgesattelten Treppen von der Treppenbreite unabhängig. Die Trittstufen kragen in ihrer Längsrichtung mehr oder weniger weit aus.

Die Trittstufen sind 4 bis 7 cm dicke Bohlen oder verleimte Platten (stäbchenverleimte Platten mit Umleimern oder Furnierplatten mit sichtbaren Schnittflächen oder brettschichtverleimte Platten). Die Befestigung der Stufen auf den Holmen ist weitgehend eine Frage der Gestaltung. Im einfachsten Falle werden die Trittstufen auf die oben ausgeschnittenen Wangen aufgeschraubt oder aufgedübelt und verleimt. Werden keine ausgeschnittenen Wangen, sondern oberseitig glatte Holme verwendet, so werden dreieckige oder trapezförmige Bohlenstücke (Stufenkeile) aufgesetzt oder angeblattet (geschraubt, verdübelt, geleimt), die die Trittstufen tragen. Für die Dimensionierung von Trittstufen sind in Tabelle **5**.48 auf der Grundlage von DIN EN 1991-1 Richtwerte gegeben.

Tabelle **5**.46   Tragholmhöhen h_w in cm für Tragholme aus Bauschnittholz

Stützweite	Treppenhöhe	Treppenlaufbreite											
		$b = 0{,}80$ m				$b = 1{,}00$ m				$b = 1{,}20$ m			
		Breite b_w in cm				Breite b_w in cm				Breite b_w in cm			
l in m	h in m	5,5	8,5	10,5	12,5	5,5	8,5	10,5	12,5	5,5	8,5	10,5	12,5
1,50	≤ 1,50	10,5	9,5	8,5		10,5	9,5	8,5		11	10	9	
2,00	≤ 2,00	13,5	11,5	10,5		14	12	11		14,5	12,5	12	
2,50	≤ 2,50	17	14	13	12,5	17,5	15	14	13	18,5	16	14,5	14
3,00	≤ 3,00		16,5	15,5	15		18	16,5	15,5		19	17,5	16,5
3,50	≤ 3,00		19	18	17		20	19	18		21,5	20	19
4,00	≤ 3,00		21,5	20	19		22,5	21	20		24	22,5	21
4,50	≤ 3,00		24	22	21		25	23,5	22		26,5	25	23,5

Tabelle 5.47 Tragholmhöhen h_w in cm für Tragholme aus Brettschichtholz

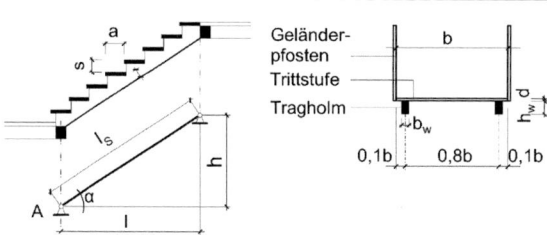

Stütz-weite	Treppen-höhe	Treppenlaufbreite											
		$b = 0{,}80$ m				$b = 1{,}00$ m				$b = 1{,}20$ m			
		Breite b_w in cm				Breite b_w in cm				Breite b_w in cm			
l in m	h in m	5,5	8,5	10,5	12,5	5,5	8,5	10,5	12,5	5,5	8,5	10,5	12,5
1,50	≤ 1,50	10,5	9,5	8,5		10,5	9,5	8,5		10,5	9,5	8,5	
2,00	≤ 2,00	13	11	10,5		13,5	11,5	11		14	12	11,5	
2,50	≤ 2,50	16	13,5	12,5	12	16,5	14,5	13,5	12,5	17,5	15	14	13,5
3,00	≤ 3,00		16	15	14,5		17	16	15		18	17	16
3,50	≤ 3,00		18,5	17,5	16,5		19,5	18,5	17,5		20,5	19,5	18,5
4,00	≤ 3,00		21	19,5	18,5		22	20,5	19,5		23	21,5	20,5
4,50	≤ 3,00		23	21,5	20,5		24,5	22,5	21,5		25,5	24	22,5

Tabelle 5.48 Trittstufen für Wangentreppen und für aufgesattelte Treppen, empfohlene Dicken d [mm]

		Stützweite l	0,80 m		0,90 m		1,00 m		1,10 m		1,20 m	
		Stufenbreite b	240	300	240	300	240	300	240	300	240	300
Nadelholz Sortierklasse S10 nach DIN 4074, z. B. Fichte, Kiefer, Lärche oder Tanne. Rohholzdicken = 45, 50, 55 u. 60 mm		empfohlene Dicke	40	40	45	45	45	45	50	50	55	55
Eiche oder Buche, mittlere Güte (Hartholz) Rohholzdicken = 45, 50, 55 u. 60 mm		empfohlene Dicke	40	40	45	45	45	45	50	50	55	55
Bau-Furnierplatten (BFU) nach DIN EN 315, 635, 13 986, 14 279, 14 374		empfohlene Dicke	40	40	45	45	45	45	50	50	55	55
Verbundstufen BTI/BFU: Mittellage = Bau-Tischlerplatten Decklagen = Bau-Furnierplatten		Gesamtdicke	46	46	46	46	48	48	50	50	54	54
Verbundstufen BTI, furniert: Mittellage = Bau-Tischlerplatten Decklagen = Hartholzfurniere oder BFU		Gesamtdicke	48	44	50	48	52	50	54	52	56	54
Verbundstufen Spanpl./BFU: Mittellage = Holzspanplatten Decklagen = Bau-Furnierplatten		Gesamtdicke	46	46	48	46	50	48	54	50	58	54
Verbundstufen Spanpl./Spanpl.: Mittellage = Holzspanplatten Decklagen = Holzspanplatten		Gesamtdicke	58	54	64	58	70	64	70	70	76	70

5.2 Treppenbauarten

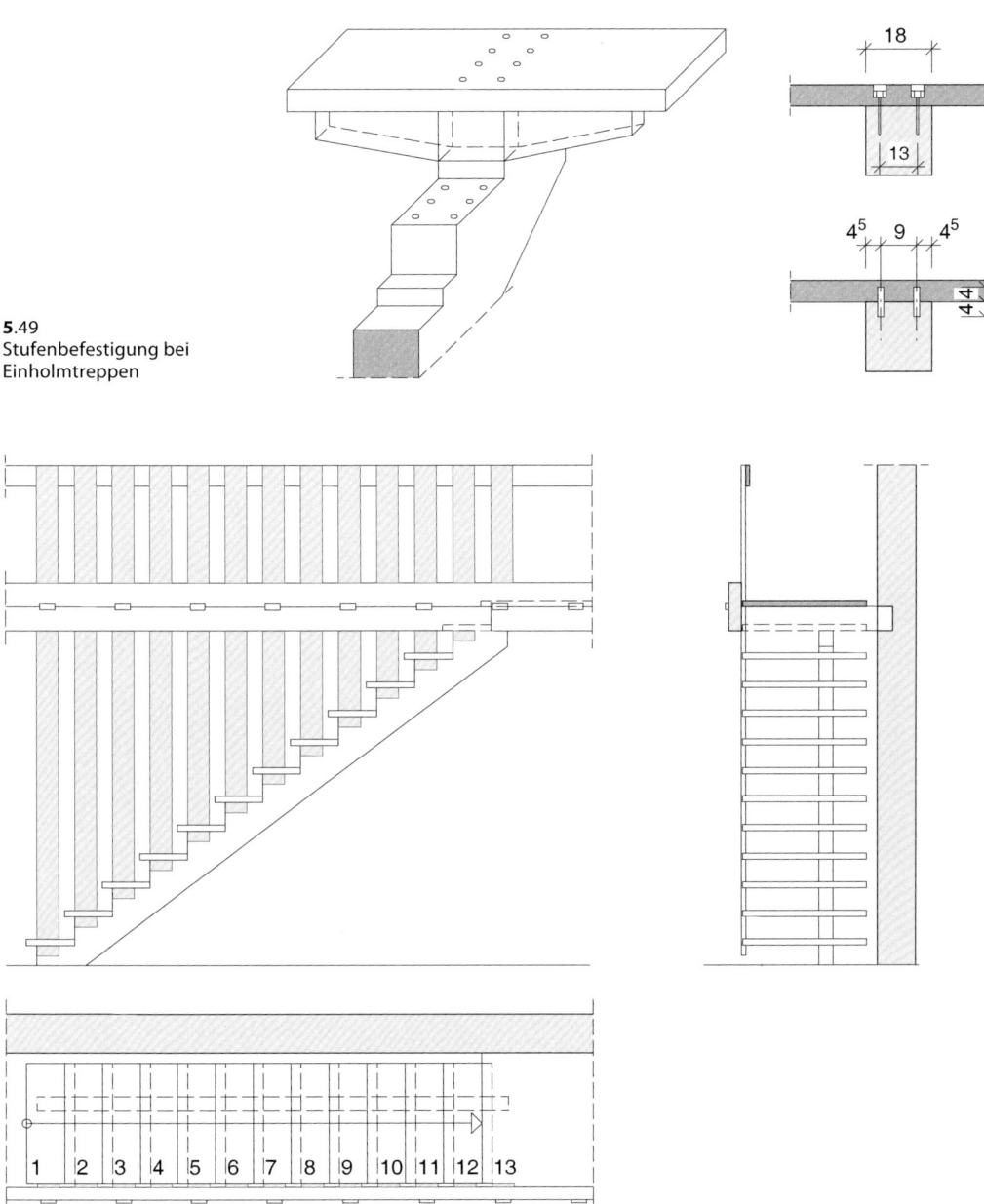

5.49 Stufenbefestigung bei Einholmtreppen

5.50 Aufgesattelte einläufige Treppe mit nur einem Tragholm (Prof. Gieselmann, Wien)

Einholmtreppen sind eine Variante der aufgesattelten Treppen. Die Stufen werden auf dem in der Regel in der Mitte liegenden Holm versenkt aufgeschraubt oder aufgedübelt (Bild **5**.49) und bei großen Treppenbreiten auch durch Stützkonsolen bzw. Setzstufen gegen Durchbiegung und Abkippen gesichert. In Bild **5**.50 ist eine Einholmtreppe mit außermittig angeordnetem Holm gezeigt, bei der die Stufen durch Geländerstäbe gehalten werden, die in diesem Falle am Randbalken des Treppenloches aufgehängt sind.

5 Treppen, Rampen, Aufzüge und Fahrtreppen

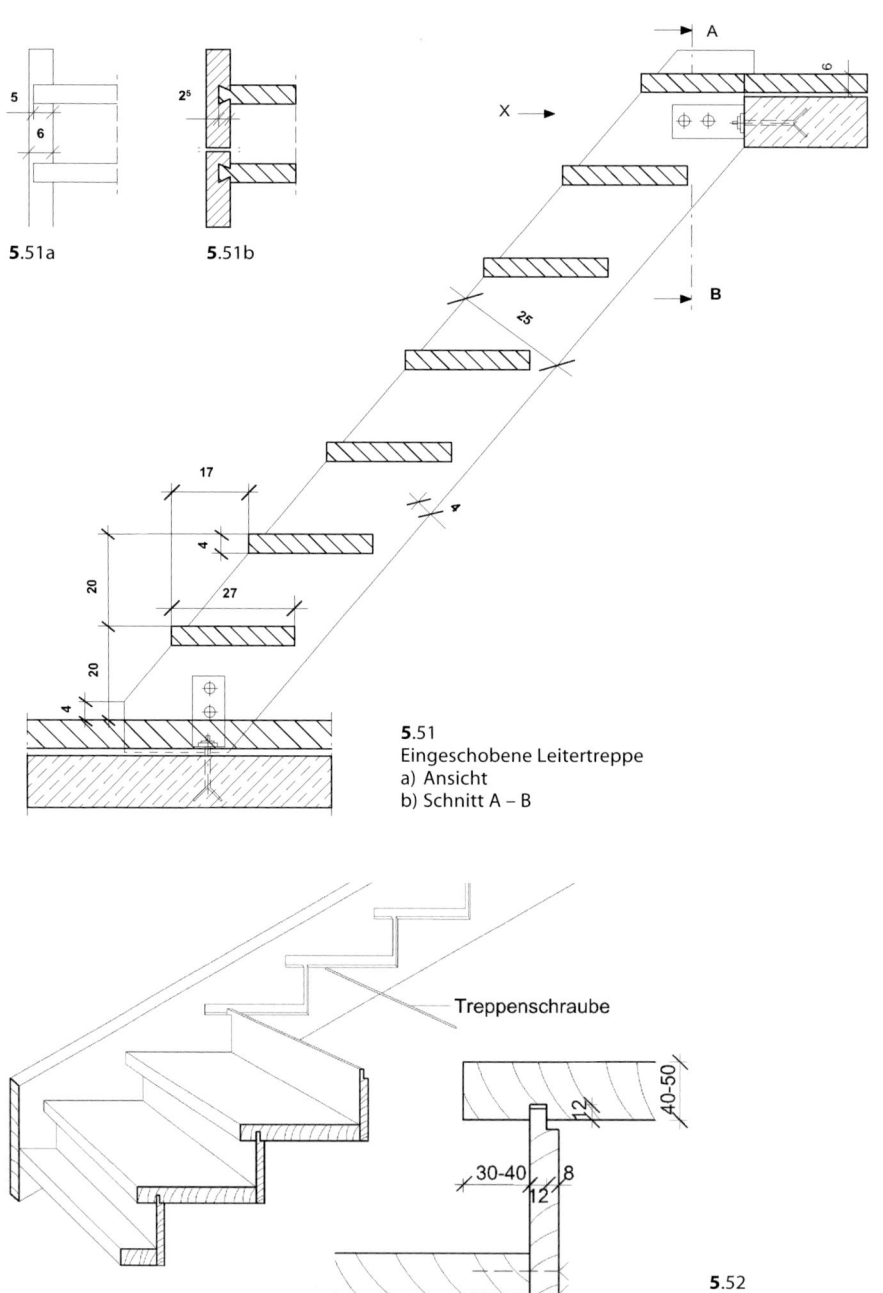

5.51 Eingeschobene Leitertreppe
a) Ansicht
b) Schnitt A – B

5.52 Gestemmte Treppe

Eingeschobene Treppen. Bei dieser Konstruktion werden zwischen 5 bis 6 cm dicke, etwa 25 cm breite Wangen die 4 cm dicken Trittstufen „auf Grat" in eine in Form eines Schwalbenschwanzes eingefräste Nut eingeschoben (Bild 5.51). Die beiden Wangen werden durch 2 bis 3 lange Schraubenbolzen miteinander verbunden. Die Wangen werden mit Stahllaschen auf den Decken oder Podesten gehalten.

5.2 Treppenbauarten

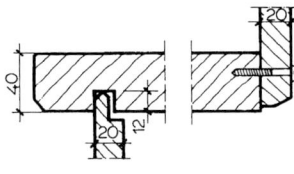

5.53a

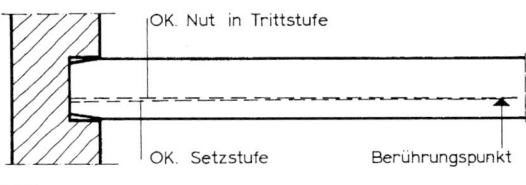

5.53b

5.53 Gestemmte Treppe
a) Querschnitt durch Tritt- und Setzstufe
b) Längsschnitt durch Trittstufe und Wange, Einsetzen der segmentbogenförmig gehobelten Setzstufen
c) Längsschnitt durch Trittstufe mit Treppenschraube
1 Holzscheibe
2 Schraubenkopf bzw. Mutter mit Unterlegscheibe
3 Schraubenbolzen
4 Treppenwange
5 Trittstufe

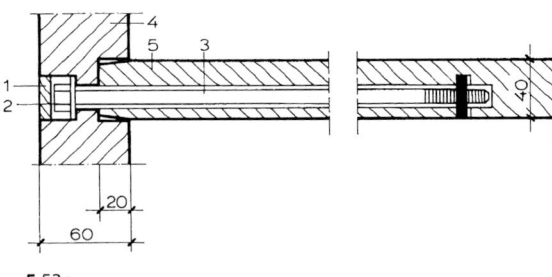

5.53c

Die Trittstufen sind 25 bis 30 cm breit. Zwischen den einzelnen Trittstufen sind keine senkrechten Zwischenbretter (Futterstufen, Setzstufen) angeordnet. Geländer werden außen an den Wangen befestigt.

Gestemmte Treppen. Bei den gestemmten Treppen werden die einzelnen Stufen in gestemmte bzw. gefräste Nutungen der Wangen so eingesetzt, dass die Stufenvorderkanten 3 bis 4 cm von der Wangenoberkante entfernt liegen (Bild **5**.52). Die Stufen bestehen aus dem 4 bis 5 cm dicken Trittbrett (Trittstufe) und dem 2 cm dicken Futterbrett (Setzstufe).

Die *Trittstufe* (Kernseite nach oben), die etwa 4 cm über die Setzstufe vorsteht, wird einfach profiliert und kann mit einem Kantenschutz ausgestattet werden. Die *Setzstufe* wird mit dem oberen Ende in die obere Trittstufe eingenutet, das untere Ende wird an die Rückseite der unteren Trittstufe genagelt oder geschraubt. Gemeinsam mit den Wangen bilden sie ein räumliches Tragwerk.

Vor dem Befestigen der Setzstufe werden die obere und untere Trittstufe mit einem Hebel oder mit Keilen auseinandergespreizt, damit die Stufen unter Vorspannung stehen und beim Begehen weder in den Nutungen noch in der Nagelung knarren (Bild **5**.53). Noch sicherer wird das Knarren verhindert, wenn die gespannte, am oberen Rand flachsegmentbogenförmig geschnittene Setzstufe nur mit dem Scheitelpunkt an die darüber liegende Trittstufe gepresst ist.

Die *Wangen* sind – je nach Lauflänge ca. 4 bis 6 cm breit. Sowohl über der Vorderkante der Trittstufe als auch unter der Hinterkante soll, senkrecht zur Steigungslinie gemessen, 4 bis 5 cm Holz stehen bleiben. Daraus bestimmt sich die Wangenhöhe h_W. Für die Bemessung der Wangen gibt Tabelle **5**.54 einen Anhaltspunkt. Beide Wangen werden in Abständen von 4 bis 5 Stufen durch lange Schraubenbolzen (⌀ 12 bis 16 mm) zusammengehalten.

Tabelle **5**.54 Treppenwangen für gestemmte und halbgestemmte Treppen

Wangenhöhen h_w in cm
für gerade Treppen
bis 1,20 m Laufweite

Stützweite	Wangenbreite b_w		
l in m	4,2 cm	5,2 cm	6,2 cm
bis 3,25	28	28	28
3,50	30	28	28
3,75	–	28	28
4,00	–	30	28
4,25	–	32	30
4,50	–	34	32

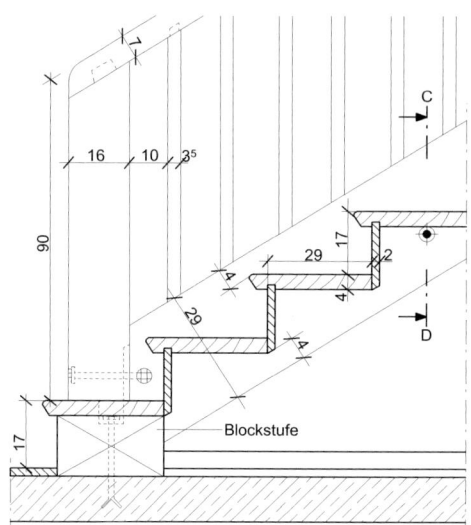
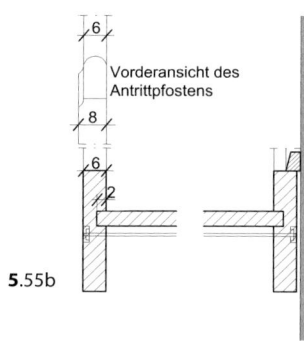

5.55b

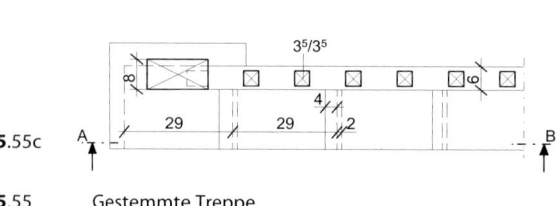
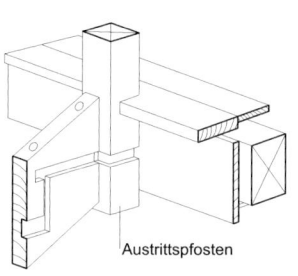

Austrittspfosten

5.55 Gestemmte Treppe
a) Schnitt A–B b) Schnitt C–D c) Grundriss

Die Schraubenbolzen liegen entweder unmittelbar *unter* einer Trittstufe, oder sie werden 25 bis 35 cm tief in Längsbohrungen der Trittstufe gesteckt und von den äußeren Wangenflächen her angezogen (Bild **5**.53c).

Die *Antrittstufe* (unterste Stufe), die im Allgemeinen auf der Massivdecke aufliegt, kann als Blockstufe hergestellt werden. Die Blockstufe wird gegen Verschieben durch Bolzenanker gesichert. In die Wandwange wird die Blockstufe 2 cm tief eingelassen, die Innenwange fasst mit einer Klaue auf die Antrittstufe und greift mit einem Zapfen in den auf der Blockstufe stehenden Antrittspfosten. Mit einer Pfostenschraube wird die Wange fest in den Pfosten hineingezogen (Bild **5**.55).

Ein *Antrittspfosten* kann bei Holztreppen die Wange aufnehmen und gleichzeitig den Anfang des Geländers bilden. Er besteht aus einer 6 bis 8 cm dicken Bohle und ist an der Breitseite der Wange oder am Kopf der Blockstufe mit Dübeln oder Bolzen befestigt.

Die Wangen können am Podestrand frei enden und im Bereich des Treppenauges die Tragpfosten des Geländers aufnehmen (Bild **5**.56).

Handwerklich aufwändig ist die früher allgemein übliche Ausführung mit „Krümmling", einem spiralförmigen Übergangsstück zwischen den Treppenwangen (Bild **5**.57). Die Wangen werden in den Krümmling eingezapft. Das Krümmlingsstück wird gegen den Podestrand gelehnt und durch Dübel oder Bolzenlaschen gesichert.

Zwischenpodeste zweiläufiger Holztreppen werden als Holzbalkenkonstruktionen ausgeführt oder bestehen aus Stahlbeton. Die Wangen der Treppenläufe werden auf den Podestrand aufgeklaut oder durch einbetonierte Laschen oder Stahlwinkel mit Dollen gesichert (Bilder **5**.45c, **5**.51 und **5**.56), oder sie enden im Austrittspfosten (Bild **5**.55).

5.2 Treppenbauarten

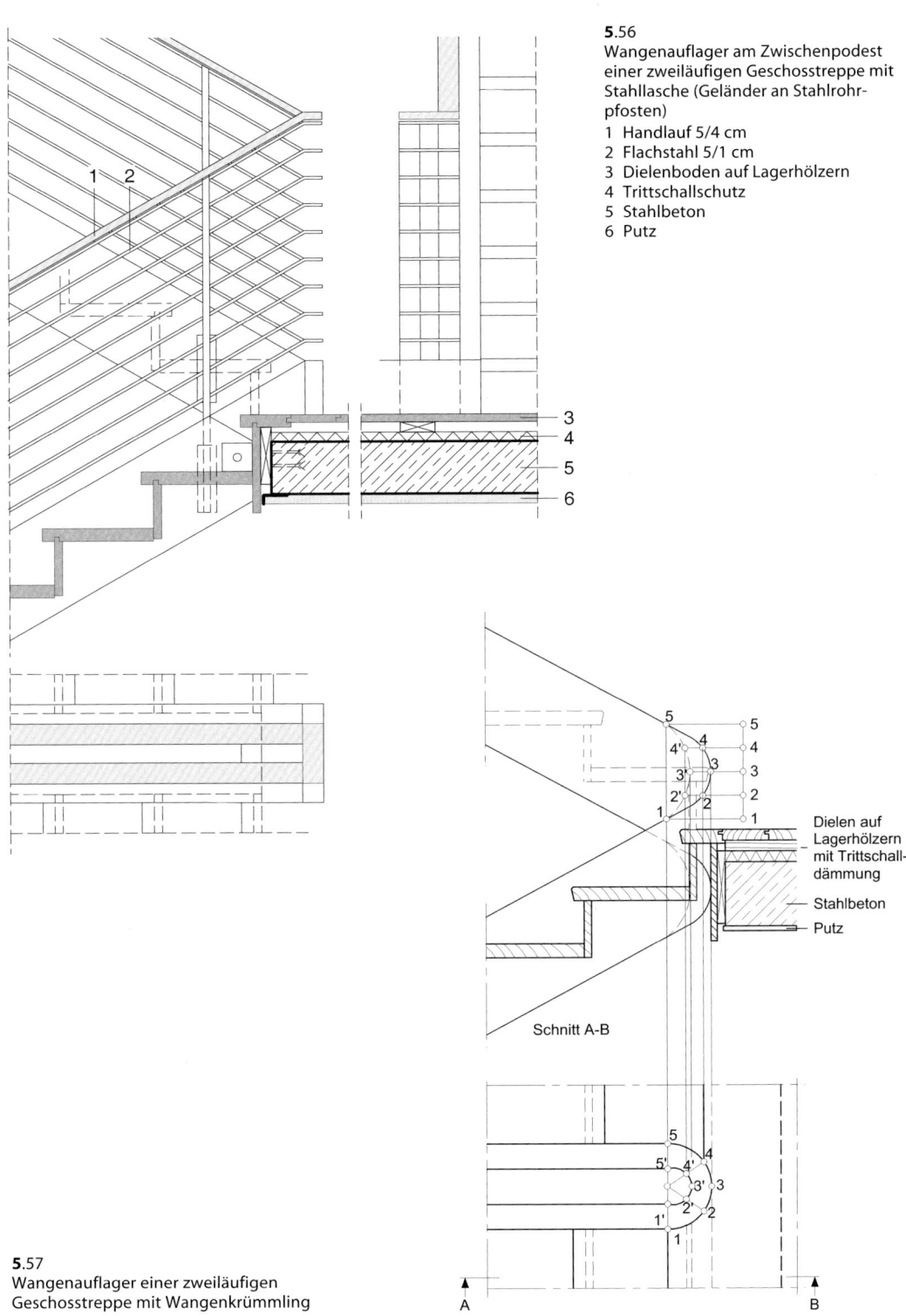

5.56
Wangenauflager am Zwischenpodest einer zweiläufigen Geschosstreppe mit Stahllasche (Geländer an Stahlrohrpfosten)
1 Handlauf 5/4 cm
2 Flachstahl 5/1 cm
3 Dielenboden auf Lagerhölzern
4 Trittschallschutz
5 Stahlbeton
6 Putz

5.57
Wangenauflager einer zweiläufigen Geschosstreppe mit Wangenkrümmling

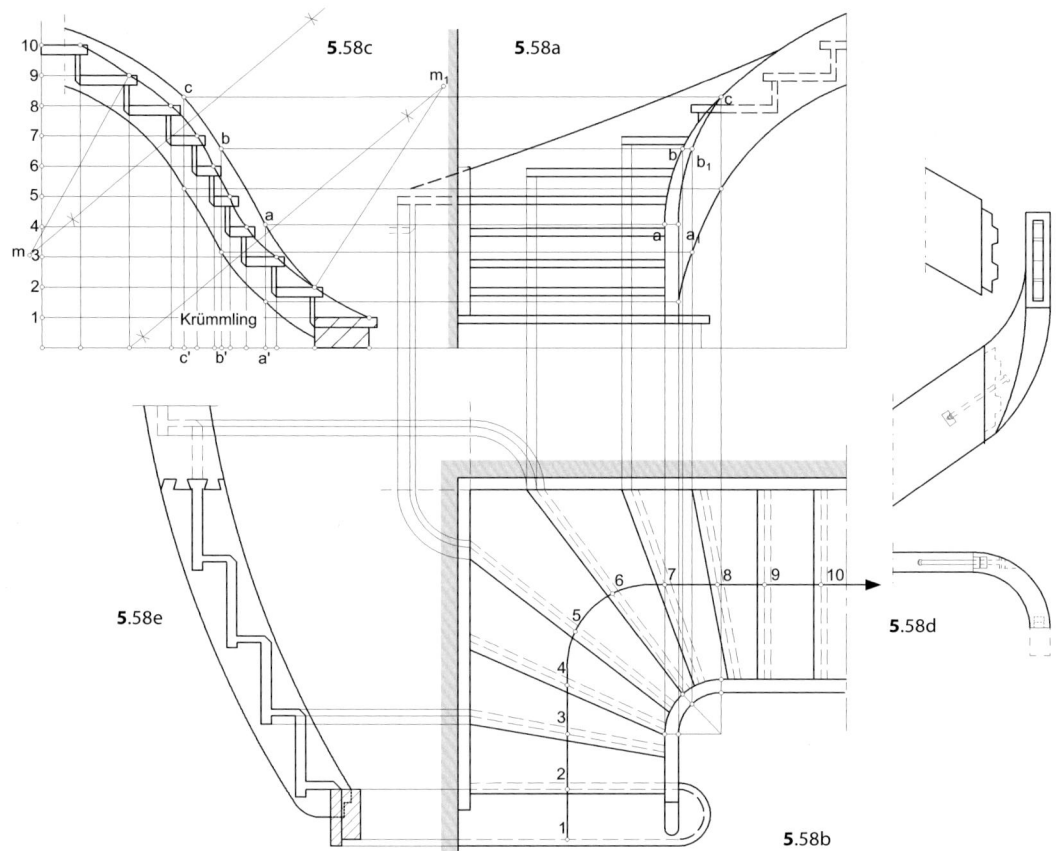

5.58 Viertelgewendelte Treppe (zimmermannsgemäßes Konstruktion)
a) Ansicht (Antrittspfosten weggelassen)
b) Grundriss
c) Innere Wange
d) Verbindung von Wange und Krümmling
e) Abwicklung der Wandwange

Ausführung gewendelter Holztreppen

Bei *Wendeltreppen* müssen, um überall ausreichende Durchgangshöhe (1,85 bis $\geq$ 2,00 m) zu behalten, in einem Umlauf 11 bis 12 Stufen bei ca. 18 cm Steigungshöhe untergebracht werden. Für größere Wendeltreppen werden die Wangen als Sperrholz verleimt. Bei kleineren Wendeltreppen wird (ähnlich Bild **5**.28 bzw. **5**.29) die innere Wange durch eine Spindel ersetzt, in die die Trittstufen und die Futterstufen eingestemmt werden.

Der Durchmesser der Spindel (oder des Treppenauges) hängt vom Steigungsverhältnis ab, wenn die geringste Auftrittbreite festgelegt ist. Die Holzspindeln können aus langen Bohlen verleimt und im ganzen abgedreht oder in einzelnen Teilen hergestellt werden, die ausgebohrt und über ein Stahlrohr geschoben und in der Spindelachse durch eine Schraube zusammengepresst werden.

Mit Hilfe der Leimtechnik sind auch *weitgeschwungene* Holztreppen ausführbar. Abstützung der ausschwingenden Wangen durch Stahlstützen auf den Podesten oder Aufhängung an Stahlprofilen sind möglich.

Bei *halb- oder viertelgewendelten Treppen* werden die Wandwangen an den Ecken gezinkt. Soweit Wendelstufen anschneiden, ist die Form der Wange besonders zu ermitteln (Bild **5**.58a und b). Die Wandwangen werden durch starke Flach- oder Profilstähle mit der Treppenhauswand verbunden.

5.2 Treppenbauarten

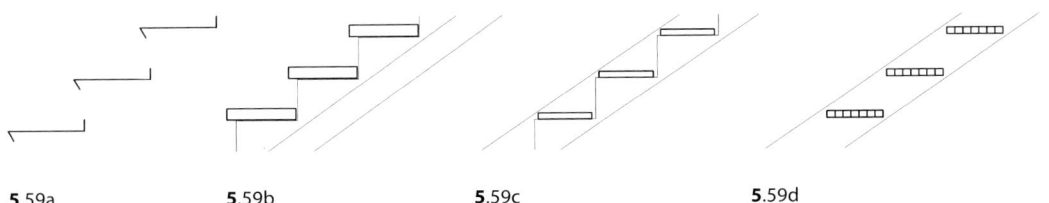

5.59a   **5.**59b   **5.**59c   **5.**59d

5.59   Formen von Stahlblechstufen
      a) abgekantete ebene Profile
      b) Rechteckige Hohlkastenprofile auf Konsolauflager
      c) Stufenband
      d) Gitterrost-Stufen

Die Innenwange besteht aus geraden Wangenstücken und dem *Krümmling*. Die geraden Wangen werden mit dem Krümmling durch Doppelzapfen und Schraubenbolzen, die entweder senkrecht zur Wangenrichtung oder in der Wangenrichtung angeordnet werden, verbunden (Bild **5**.58d). Der Stoß darf nicht mit einer Setzstufe zusammenfallen.

Form und Befestigung von *Pfosten* (Staketen) und *Geländer* auf oder seitlich an Wangen oder Stufen sind Gestaltungsaufgaben und nicht unbedingt abhängig von der Konstruktion der Treppen. Materialkombinationen aller Art (z. B. Holztreppen mit Metallgeländer, Holzwangen bei Stahlbetonpodesten usw.) sind möglich (s. Abschn. 5.3).

5.2.5 Stahltreppen

Stahl bietet als Konstruktionsmaterial für Treppen vielfältige Gestaltungsmöglichkeiten. Hohe Festigkeit bei relativ geringem Gewicht und einfache Verbindungsmöglichkeit durch Verschraubungen und Schweißen erlauben feingliedrige Konstruktionen.

Stahltreppen sind vielfach Bestandteil von Stahlskelettbauten, können aber auch mit allen anderen Bauweisen i. d. R. als *nicht* notwendige Treppen kombiniert werden. In Gebäuden der Gebäudeklassen 1 bis 4 erlauben die Brandschutzanforderungen für tragende Bauteile den Einsatz von Stahl als nicht brennbarem Baustoff (MBO). In sonstigen Gebäuden (GK 5 und Sonderbauten) erfordern *notwendige* Stahltreppen besondere Vorkehrungen hinsichtlich des baulichen Brandschutzes (z. B. feuerhemmende Ausführung (R30 bzw. F30) mittels Brandschutzbeschichtungen). Insbesondere tragende Wangen und Holme innen liegender Treppen müssen ggf. durch Betonummantelung oder Feuerschutzplatten geschützt werden (vgl. Abschn. 5.1.2 und 17.7 in Teil 1 dieses Werkes).

Die Konstruktionsgrundsätze für Stahltreppen sind ähnlich denen für eingeschobene oder aufgesattelte Holztreppen.

Die Treppenwangen oder Holme bestehen aus Profilstahl, Hohlprofilen oder aus Flachstahlblech (Bild **5**.61). Die Stufen können je nach Brandschutzanforderungen aus Holz, Natur- oder Betonwerkstein, Stahlbeton und aus Glas oder Acrylglas bestehen. Gitterroste oder abgekantete Stahlbleche, auch in individuell gestalteten Hohlkastenprofilen, können in den verschiedensten Formen direkt als Trittstufen dienen (strukturierte Bleche wie z. B. „Tränenblech"). In der Regel erhalten die Trittstufen jedoch Auflagen oder Auffüllungen (gekantete Stahltrittstufen als Trogstufe) aus Werk- oder Naturstein, keramischen Belägen, strukturierten Edelstahl- oder Aluminiumblechen, Gummi-Noppenplatten, Holz, Gussasphalt usw. (Bild **5**.59). Sie können auch mit Beton verfüllt werden (Bild **5**.60).

Für Stahltreppen mit eingeschobenen Stufen und für eine Stahltreppe mit aufgesattelten Stufen sind in Bild **5**.61a bis d schematische Beispiele gezeigt. Die Stahlprofile von Wangen bzw. Holmen können mit den Stufen oder deren Auflagerprofilen verschweißt werden. Zur Vereinfachung der Montagemöglichkeiten werden die einzelnen Bauteile besser mit Schraubverbindungen errichtet.

Die meisten Stahltreppen werden ohne Setzstufen ausgeführt. Die Trittstufen werden deshalb unterschnitten (Bild **5**.16) um den Durchblick zu vermindern und um das Gefühl der Sicherheit beim Begehen zu erhöhen.

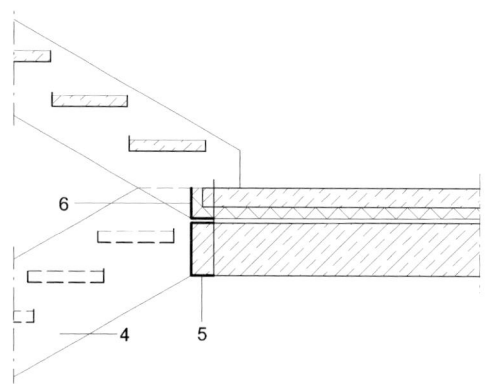
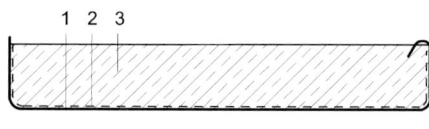

5.60 Stahltreppe mit Stufen aus abgekantetem Stahlblech mit Betonfüllung
1 Stahlblech abgekantet (2 mm) – Trogstufe
2 Bitumenanstrich
3 Beton, geglättet und beschichtet
4 Stahlblech-Wange nach statischer Berechnung
5 U-Profil als Podestrand
6 L-Profil als Randeinfassung Podestbelag

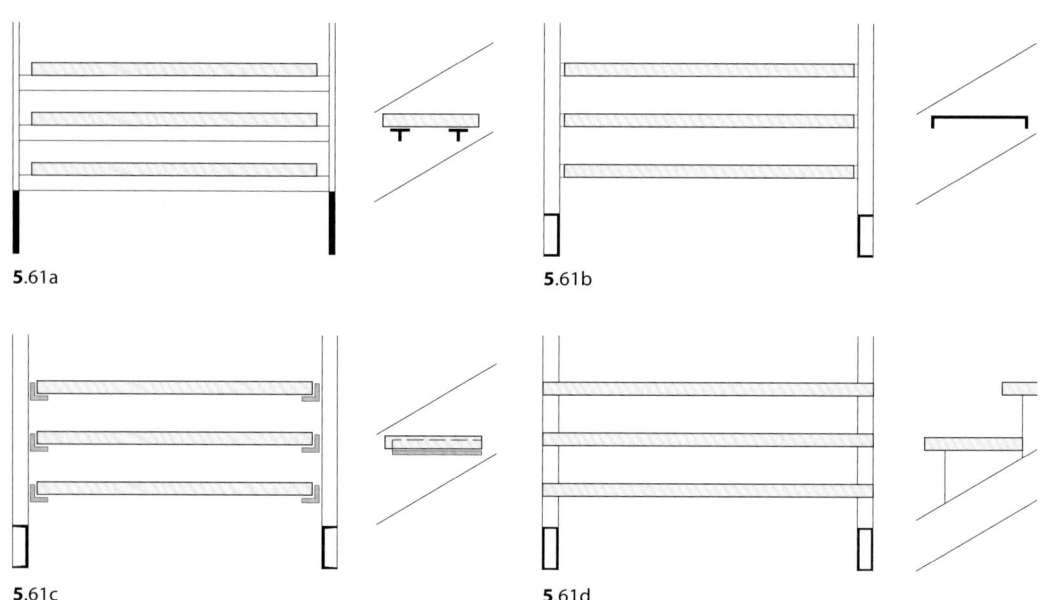

5.61a   **5**.61b

5.61c   **5**.61d

5.61 Wangenarten und Stufenauflager bei Stahltreppen
a) Holz-, Glas-, oder Werksteinstufen auf durchgehenden Auflagerprofilen, Wange aus Flachstahl
b) Stahlblechstufen, zwischen Wangen (Profilstahl) geschweißt
c) Holz- oder Werksteinstufen auf seitlichen L-Konsolen an Profilstahlwangen
d) Holz- oder Werksteinstufen, mit Konsolen aufgesattelt auf Wangen als Hohlprofile

5.2 Treppenbauarten

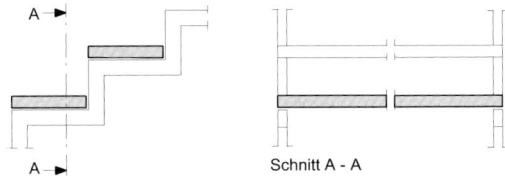

5.62 Winkel-Tragholme aus Hohlprofilen

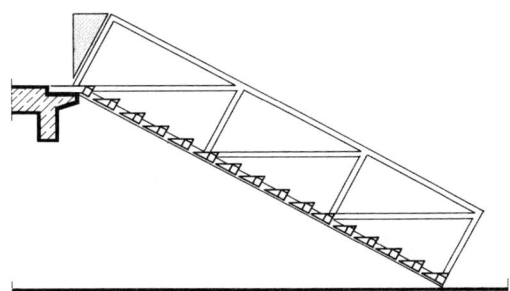

5.64 Einläufige Treppe mit Fachwerkträger aus Vierkantstahlrohr, das gleichzeitig Stufenauflager und Geländer bildet

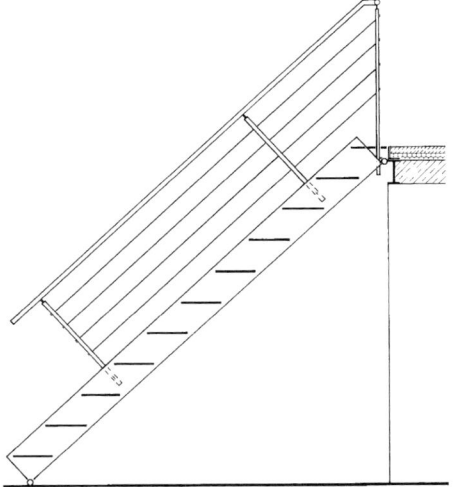

5.63 Kleine Wohnhaustreppe (Architekt: Prof. B. Duscha, Erfurt)

Für besondere Anforderungen sind im Übrigen die gestalterischen Möglichkeiten für die Ausbildung von Wangen und Stufen außerordentlich vielfältig. Die nachfolgend gezeigten Ausführungsbeispiele können daher nur einen Ausschnitt bilden, und es muss im Übrigen auf weiterführende Literatur verwiesen werden.

Aus Hohlprofilen können z. B. gewinkelte Tragholme als geknickte Träger zusammengeschweißt werden, die bei längeren Treppenläufen von durchgehenden Geländerstäben unterstützt oder an Stahlseilen bzw. Stahlprofilen aufgehängt werden (Bild 5.62).

Bei den folgenden Beispielen für Zweiwangentreppen hat die kleine nur 60 cm breite Treppe innerhalb einer Wohnung (Bild 5.63) seitliche Wangen aus 8 mm dickem Stahlblech mit dazwischen geschweißten Trittstufen aus 5 mm dickem strukturiertem Stahlblech. Das Geländer besteht aus Stahlrohren mit Füllungen aus gespannten Stahlseilen.

Treppenholme können mit den Geländern auch gemeinsam tragende Fachwerkträger bilden (Bild 5.64).

Die in Bild 5.65 mit den wichtigsten Details dargestellte einläufige Treppe für eine Schule hat tragende Wangen aus großen Stahlrechteckrohren auf Auflagerböcken. Zwischen die Wangen sind Stufenträger aus verstärkten [-Profilen eingeschweißt. Die Trittstufen bestehen aus verleimten Eichen-Holzblockstufen, die mit den Stufenträgern verschraubt sind. Das Geländer ist aus Stahlrohrprofilen konstruiert. Es hat einen zweiten hölzernen Handlauf für Kinder.

In Stahlbauweise lassen sich auch *Einholmtreppen* mit mittig oder nur an einer Stufenseite liegenden Trageprofilen gestalten. Bei der nach diesem Bauprinzip gestalteten Treppe in Bild 5.66 sind Holzstufen auf zusammengesetzten Flachstahlprofilen als Kragstufen an einen schweren Profilstahl-Tragholm als Hohlprofil geschweißt.

Die Einholm-Bauweise ist auch gut geeignet für Wendeltreppen mit Stahlblechwangen (Bild 5.67).

Spindeltreppen in Stahlbauweise haben in der Regel eine zentrale Stahlrohrspindel, an die die Stufen- bzw. Geländerträger (Staketen) aus Profilstahl, Stahlrohren oder abgekanteten Blechen radial angeschweißt werden (schematische Darstellung in Bild 5.68). Auch hier gibt es zahlreiche Möglichkeiten individueller Gestaltungen.

Treppen mit geraden Läufen und Spindeltreppen ohne besondere gestalterische Anforderungen, wie z. B. Treppen im Industriebau und Nottreppen, können aus baukastenartig kombinierbaren Stahlbausystemen zusammengebaut werden (Bild 5.69).

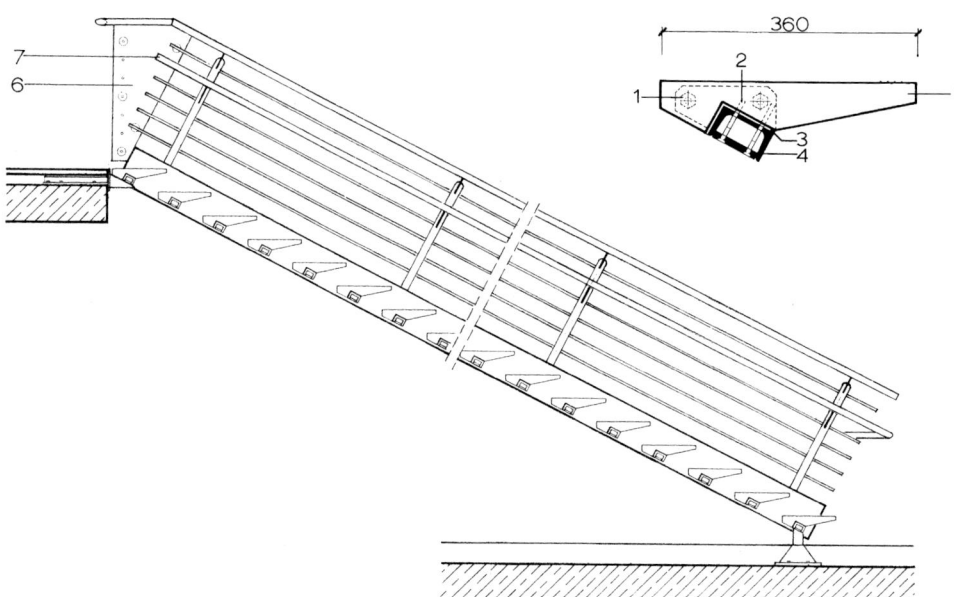

5.65 Zweiwangen-Stahltreppe mit Holzblockstufen (Architekt: Prof. R. Scholl, Stuttgart)
1 Befestigungsschrauben
2 Holzschrauben
3 Neopren-Einlage
4 Profilkombination (U 80 + Flachstahl)
5 verleimte Holzblockstufe, Eiche
6 Stahlblech
7 Holzhandläufe, mit Konsolen an den Stahlrohr-Geländerstützen

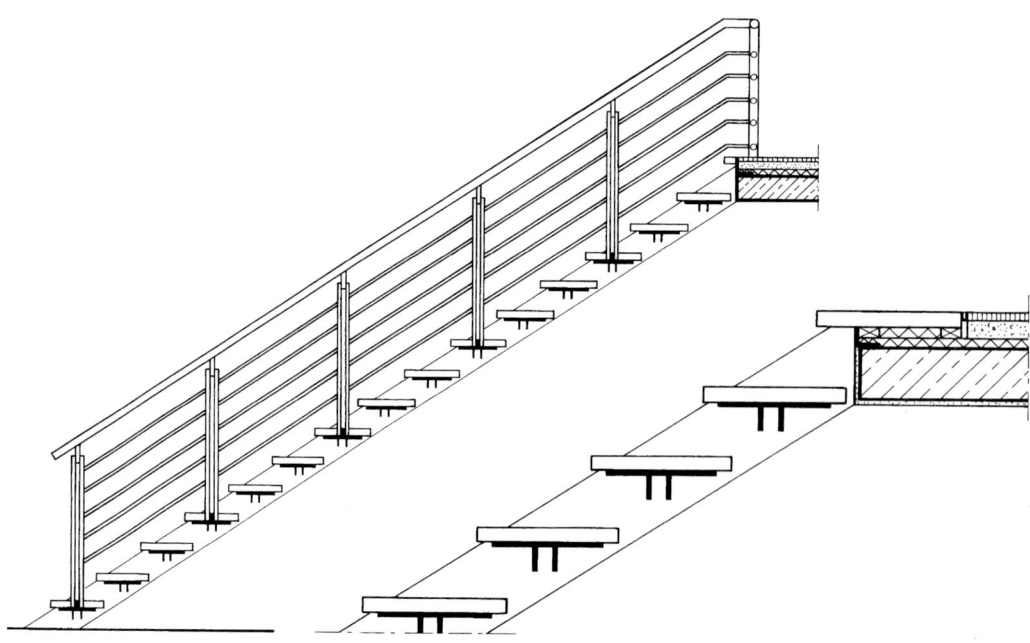

5.66 Einholmtreppe mit seitlich angeschweißten auskragenden Stufen

5.2 Treppenbauarten

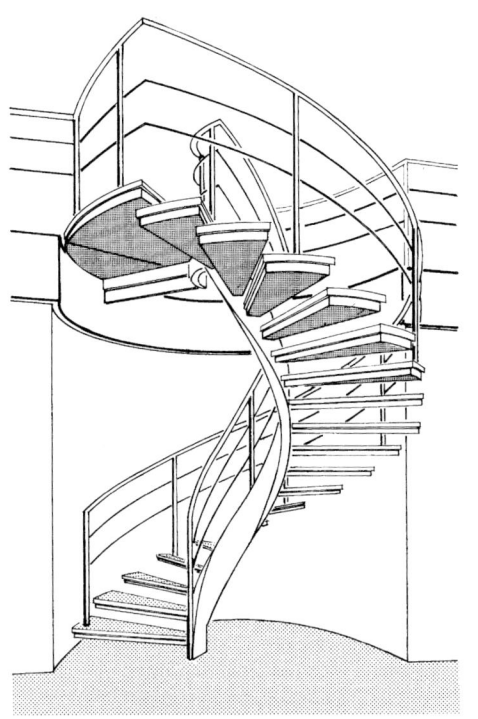

5.67 Einholm-Wendeltreppe
(Spreng GmbH, Schwäbisch Hall)

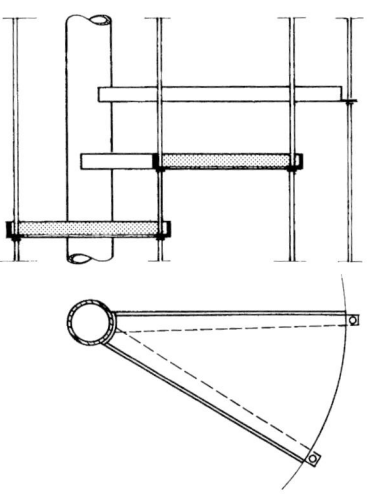

5.68 Stahlspindeltreppe mit angeschweißten Winkelkonsolen und Holz- oder Werksteinstufen (Ausschnitt der Seitenansicht und Einzelstufe)

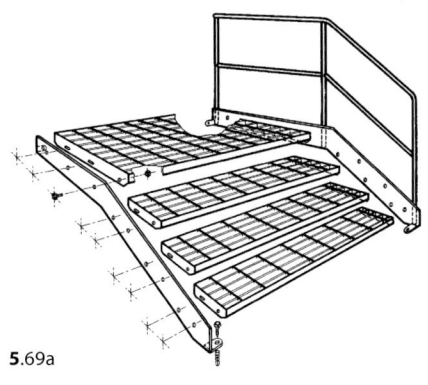

5.69a

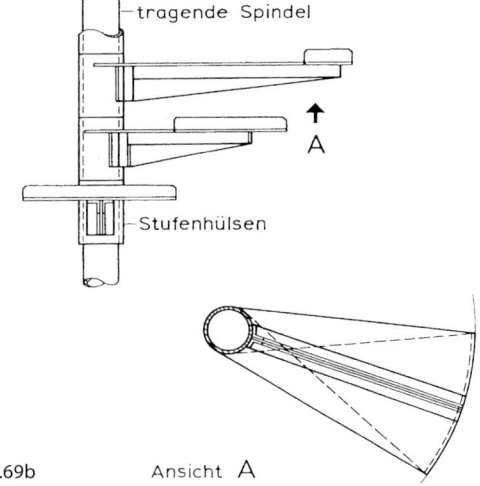

5.69b   Ansicht A

5.69 a) gerade Montagetreppe mit Gitterrost-Stufen (Weland)
b) Spindeltreppe; die vorgefertigten Riffelblechstufen mit Unterkonstruktion werden auf die tragende Stahlrohrspindel geschoben und je nach Steigungsverhältnis fixiert.

5.2.6 Treppen aus Glas

Treppen mit Glasstufen und/oder -wangen zudem in Verbindung mit Geländerausführungen ebenfalls aus Glas ermöglichen eine hohe Transparenz und Lichtdurchlässigkeit (Tageslichteintrag) und stellen eine Ausführungsvariante für repräsentative Treppenanlagen dar. Die Einsehbarkeit nach oben jedoch, sowie die Durchsichtigkeit nach unten sind Funktionseinschränkungen hinsichtlich des Bedürfnisses nach Sichtschutz und Sicherheit bei der Begehung.

Treppen, bei denen Glas als tragender Baustoff zur Anwendung kommt, unterliegen besonderen Anforderungen hinsichtlich der Art des Glases sowie der Einbaubedingungen. In den Fällen, in denen keine allgemeine bauaufsichtliche Zulassung vorliegt, muss eine Zustimmung im Einzelfall (ZiE) auf Basis einer statischen Berechnung erwirkt werden. Hierbei sind Verformungen aus der Unterkonstruktion zzgl. Toleranzen sowie Klimalasten (DIN 18 008) sowie die Ausbildung der Auflager zu berücksichtigen. Kanten von vorgespannten Gläsern sollten mit einem Kantenschutz versehen werden.

Glasstufen können vierseitig in oder auf einem Rahmen oder zweiseitig auf Konsolen oder Wangen aufgelagert werden. Punktlagerungen auch in Verbindung mit Treppenwangen aus Glas oder mit Tragbolzen (vgl. Bild **5**.23g und **5**.73b und c) sind möglich.

Die Tragfähigkeit begehbarer Stufen muss mindestens aus dreischeibigem Verbundsicherheitsglas[1] (VSG) oder Verbundglas (VG) sichergestellt werden. Hierbei dient die obere Scheibe lediglich als Deck- oder Verschleißscheibe und trägt nicht zum Nachweis der Tragfähigkeit bei. Die beiden unteren Scheiben stellen die Tragscheiben dar und übernehmen alleine die statischen Belastungen.

Die obere Seite der oberen Scheibe wird in nicht hochfrequentierten Bereichen mit einer rutschhemmenden Bedruckung, Ätzung oder durch Strahlen aufgerauten Oberfläche versehen (empfohlen: Verschleißklasse II bis III nach DIN EN ISO 10 545-7). In öffentlichen Bereichen und Arbeitsstätten sind Anforderungen an die Rutschhemmung gemäß weiterführenden Richtlinien und Unfallverhütungsvorschriften (BGR 181 und BGI/GUV 561) gemäß den Bewertungsgruppen R9 bis R13 (DIN 51 130) vorzusehen [15].

Der Einbau punktförmig gelagerter begehbarer Verglasungen muss zwängungsfrei erfolgen. Alle Verschraubungen sind gegen Losdrehen zu sichern. Die Flächigkeit der Auflagerung linienförmig gelagerter, begehbare Verglasungen ist zu kontrollieren.

5.2.7 Sonderformen

Wie bereits einleitend erwähnt, ist eine Einteilung der Treppenbauarten nach verwendeten Baustoffen problematisch. Aber auch die in den vorangegangenen Abschnitten genannten Konstruktionsformen stellen nur die grundsätzlichen Möglichkeiten zur Ausführung von Treppen dar. Während in historischen Bauwerken zahlreiche Varianten und Sonderformen von Treppen aus Naturwerkstein oder Holz vorkommen, erlauben heute Kombinationen von Stahl, Stahlbeton, verleimten Hölzern, Glas und Kunststoffen eine Vielfalt von Gestaltungsmöglichkeiten.

Im Rahmen einer Baukonstruktionslehre können diese Möglichkeiten nur in wenigen Beispielen exemplarisch gezeigt werden.

Wangenfreie Treppen. Die tragende Funktion der Treppenwangen kann bei Holz- und Stahltreppen durch entsprechend dimensionierte Handläufe oder Geländer übernommen werden (s. auch Bild **5**.64). Beim System Bucher werden die Stufen an den Geländerstäben aufgehängt und miteinander verbunden. Die hölzernen Geländerstäbe sind im Handlauf verleimt oder verschraubt und enthalten bei größeren Treppen durchgehende Stahl-Gewindestäbe. Es sind freistehende Konstruktionen möglich. In der Regel werden die Stufen jedoch an der Wandseite auf Traganker aufgelegt (Bild **5**.70).

In ähnlicher Weise werden die Stufen bei dem in Bild **5**.71 gezeigten Treppensystem getragen. Hier sind Stahl- oder Holzstäbe einzeln oder meistens gitterartig zusammengefasst am oberen Rand des Treppenloches befestigt und dienen als Stufenauflager und gleichzeitig zur Montage des Handlaufes (Harfentreppe). An der Wandseite liegen die Stufen auf Traganckern wie in Bild **5**.70 gezeigt oder auf Montagewangen, bei denen durch eingefräste Montageschienen

---

[1] Glasaufbau: 3-fach VSG-Glas. Oberste Scheibe: 10 mm ESG, ESG-H oder TVG; PVB-Folie; 12 mm SPG oder TVG; PVB-Folie; 12 mm SPG oder TVG. Die Zwischenschichten aus Polyvinyl-Butyral-Folie (PVB) kann klar, durchscheinend, farbig oder ggf. auch UV-schützend ausgebildet werden. Die Verwendung von z. B. Ornamentgläsern oder Drahtspiegelglas ist möglich.

5.2 Treppenbauarten

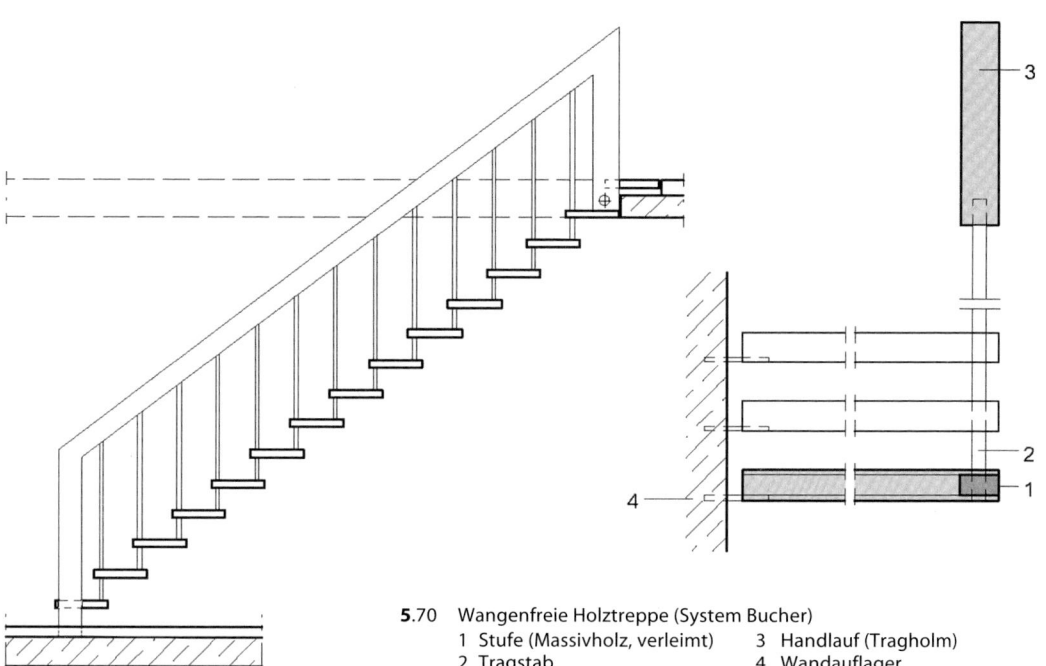

5.70 Wangenfreie Holztreppe (System Bucher)
1 Stufe (Massivholz, verleimt)
2 Tragstab
3 Handlauf (Tragholm)
4 Wandauflager

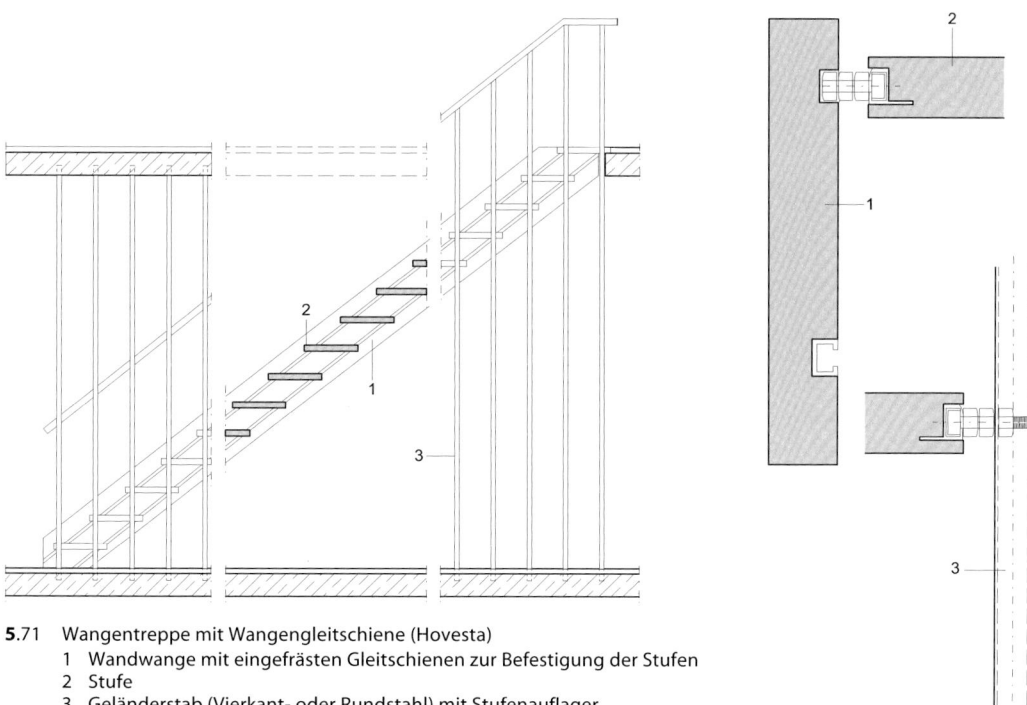

5.71 Wangentreppe mit Wangengleitschiene (Hovesta)
1 Wandwange mit eingefrästen Gleitschienen zur Befestigung der Stufen
2 Stufe
3 Geländerstab (Vierkant- oder Rundstahl) mit Stufenauflager

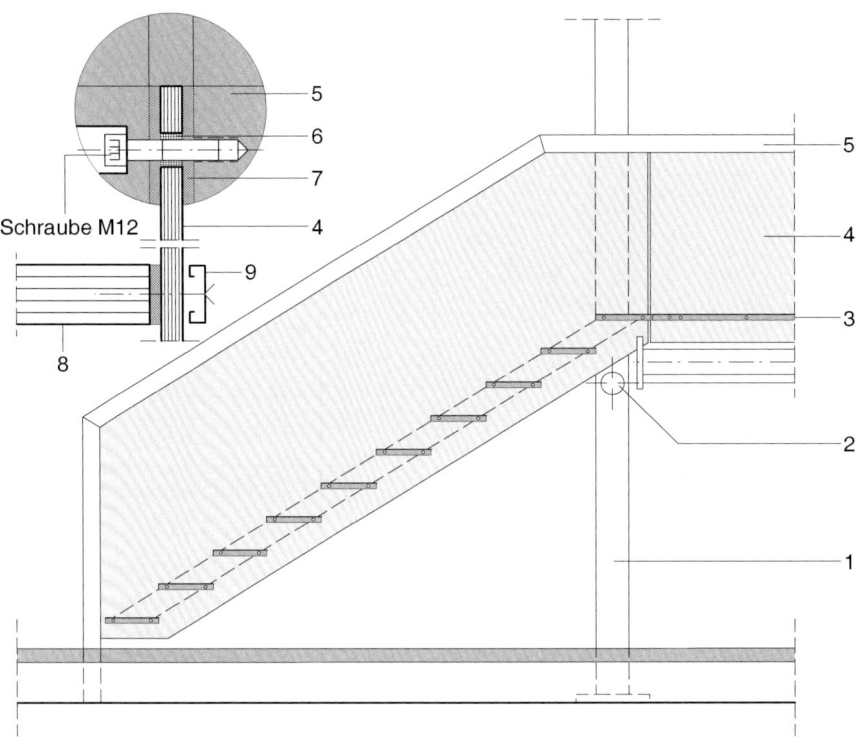

5.72 Wangenfreie Treppen in Edelstahl-Glaskonstruktion (Architekten: Art & Design, Flein/Talheim)
1 Stahlrohrstütze
2 Stahlrohr-Trageprofil, am Podest mit Stütze und Wangen verschraubt
3 Treppenstufen und Podest aus VSG 33 mm, mit den Wangen verschraubt
4 Wangen aus VSG 12 mm
5 Edelstahl-Rundprofil, Ø 100 mm
6 Neoprene-Hülse
7 Neoprene-Einlage
8 Stufe VSG 33 mm
9 Edelstahl-Profil, mit Stufen und Wange verschraubt

das Ausrichten der Stufen auch bei komplizierten Treppengrundrissen und -formen sehr erleichtert wird.

Bei der in Bild **5**.72 dargestellten wangenfreien Treppe wird die Tragkonstruktion aus der Kombination zwischen einem Edelstahl-Vollprofil und der Geländerfüllung aus 12 mm dickem Verbundsicherheitsglas (VSG) gebildet. Die Podeste werden an Stahlrohren in den Treppenaugen zusätzlich abgestützt. Die Stufen bestehen aus 33 mm dickem teilvorgespanntem 3-fach-Verbundsicherheitsglas, das auf der Lauffläche mit einem rutschfesten Farbsiebdruck beschichtet ist.

Tragbolzentreppen wurden in verschiedenen Bauarten auf der Grundlage von Typzulassungen gebaut. Diese Konstruktionsart war in der 09.2015 zurückgezogenen DIN 18 069 genormt. Für alle Einzelheiten, Bauteile und Bauarten waren darin einheitliche Bezeichnungen vorgesehen. Es wurde nicht nur weitgehend auf die ohnehin in diesem Bereich gültigen Normen hingewiesen, sondern z. B. auch gefordert, dass die Arbeiten „mit geeignetem Werkzeug auszuführen" sind (DIN 18 069, Abschn. 7.2.5)!

Unterschieden werden „Einbolzentreppen WE1" und „Zweibolzentreppen WF2" (Bild **5**.73).

Die Trittstufen bestehen aus Betonwerkstein mit Natursteinoberflächen oder aus Holz in Verbundkonstruktionen. Bei den Einbolzentreppen werden die Stufen auf der einen Seite in entsprechende Aussparungen der Treppenhauswand mindestens 7 cm tief fest mit Zementmörtel eingebaut. Sie können aber auch auf Tragankern aufliegen. Auf der freien Seite werden die Stufen mit den Tragbolzen untereinander verbunden.

Bei „Zweibolzentreppen WF2" sind die Stufen beidseitig durch Tragbolzen verbunden. Außer-

5.2 Treppenbauarten

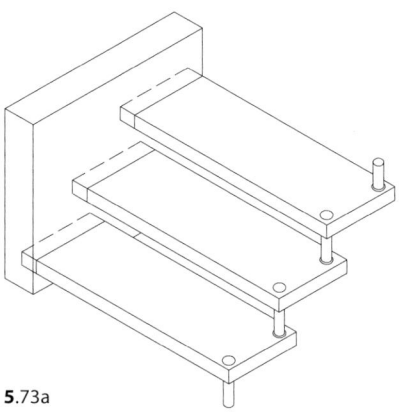

5.73a

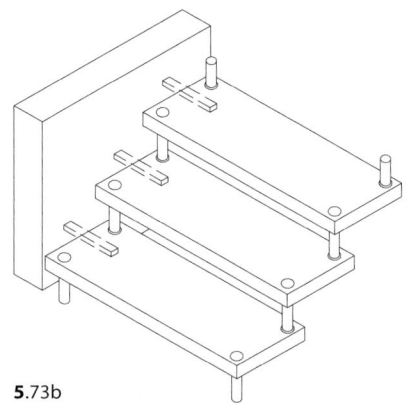

5.73b

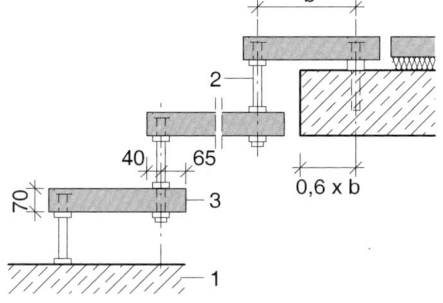

5.73 Tragbolzentreppen
 a) Einbolzentreppe WE1
 b) Zweibolzentreppe WF2
 c) Schnitt
 1 Stahlbetondecke
 2 Tragbolzen
 3 Betonwerksteinstufe   **5**.73c

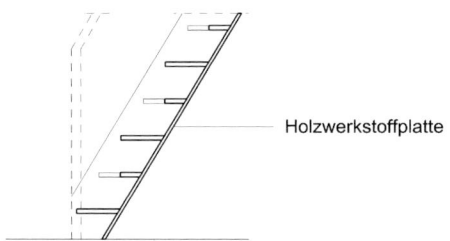

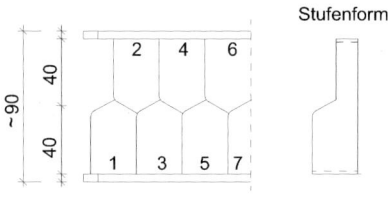

5.74 Steiltreppe

dem muss jede dritte Stufe am Tragbolzen einen mindestens 12 cm tief eingebundenen Wandanker haben.

Die Geländerstäbe werden bei den meisten Anbietern in Verlängerungen der Tragbolzen aufgeschraubt (Bild **5**.73).

Steiltreppen. Eine Sonderform hinsichtlich der Funktion stellen Steiltreppen mit Wechselstufen (sog. „Schiffs- oder Sambatreppen") dar. Sie ermöglichen auf engstem Raum den Zugang zu allerdings nur untergeordneten Räumen und erfordern besondere Gewöhnung (Bild **5**.74).

Kelleraußentreppen, insbesondere ohne Überdachung, sind schadensanfällige Gebäudeteile, wenn sie nicht sorgfältig geplant und ausgeführt werden. Zu empfehlen ist die Anordnung unter Dach oder eine zusätzlichen Überdachung, um den Anfall von Niederschlags- und Schmelzwasser sowie Schnee zu vermindern. Wegen des unvermeidlich hohen baulichen Aufwandes sieht

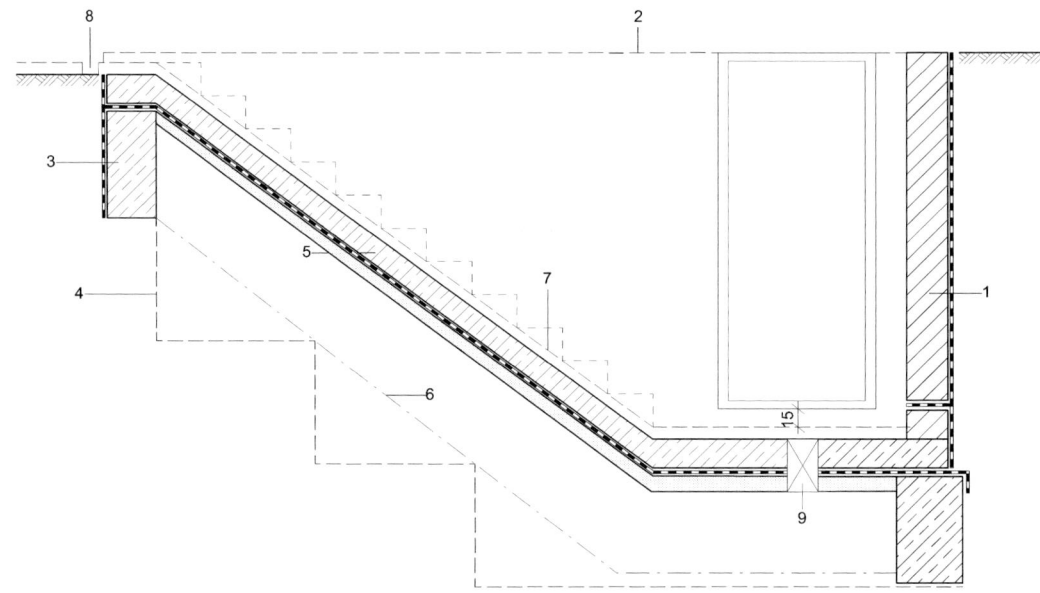

5.75 Kelleraußentreppe in konventioneller Ausführung (Entwässerung teilweise eingezeichnet)
1 Umfassungswand mit Abdichtung gegen Bodenfeuchtigkeit
2 Oberkante der äußeren Umfassungsmauer (Geländer nicht eingezeichnet)
3 Fundament am Treppenaustritt (Frostschutzschürze)
4 abgetrepptes Fundament für äußere Umfassungsmauer
5 Stahlbetonlaufplatte mit aufbetonierten Stufen
6 Frostgrenze (> 80 cm)
7 Wasserableitende Rinne an der Gebäudeaußenwand
8 ggf. Rinne zur Ableitung von Oberflächenwasser
9 Aussparung für Anschluss Entwässerung ≥ 15 cm unterhalb der Kellersohle

man vielfach von Kelleraußentreppen ab, doch sind sie als „notwendige Treppen" z. B. bei mehreren Kellergeschossen nicht zu vermeiden (s. Abschn. 5.1.2).

Kelleraußentreppen erfordern in der Regel eine dreiseitige Umfassungswand, die an den Hauptbaukörper anschließt und bis etwa 15 cm über das anschließende Gelände reicht.

Die Stahlbetonplatten der Kellertreppen werden in der Regel direkt auf das Erdreich bzw. die Sauberkeitsschicht betoniert. Fast immer sind diese Arbeiten und die erforderlichen Gründungen im aufgefüllten Arbeitsraum des Gebäudes auszuführen. Es besteht deshalb immer auch bei sorgfältiger Verdichtung erhöhte Setzungsgefahr.

Fundamente von Kelleraußentreppen sind überall, d. h. auch im Bereich des Kellerzuganges, in frostfreier Tiefe auszuführen. Bei der vielfach üblichen Ausführung mit abgetreppten Streifenfundamenten (Bild **5**.75) besteht die Gefahr, dass die gesamte Kelleraußentreppe an den Anschlussfugen zum Gebäude infolge unterschiedlicher Setzungen abreißt.

Setzungen werden vermieden und die Abdichtungsarbeiten werden vereinfacht und sind kontrollierbar auszuführen, wenn für das Kellergeschoss und die Umfassungswände der Kelleraußentreppe ein gemeinsames Stahlbeton-Plattenfundament vorgesehen wird (Bild **5**.76).

Abdichtungen gegen Bodenfeuchtigkeit bzw. gegen nicht drückendes Wasser müssen *allseitig* – also auch unterseitig – ausgeführt werden können und in den Eckbereichen mindestens mit besonderen rissüberbrückenden Einlagen ausgeführt werden. Die äußeren senkrechten Wandabdichtungen des Gebäudes müssen am Anschluss der Treppe bis ≥ 30 cm über Oberkante der fertigen Stufen hochgeführt werden. Die Stufenabschlüsse müssen dann gegen die häufig aus Sperrputz oder Vormauerungen bestehende Wandoberfläche von oben sorgfältig gegen das Eindringen von Niederschlagswasser gesichert

5.2 Treppenbauarten

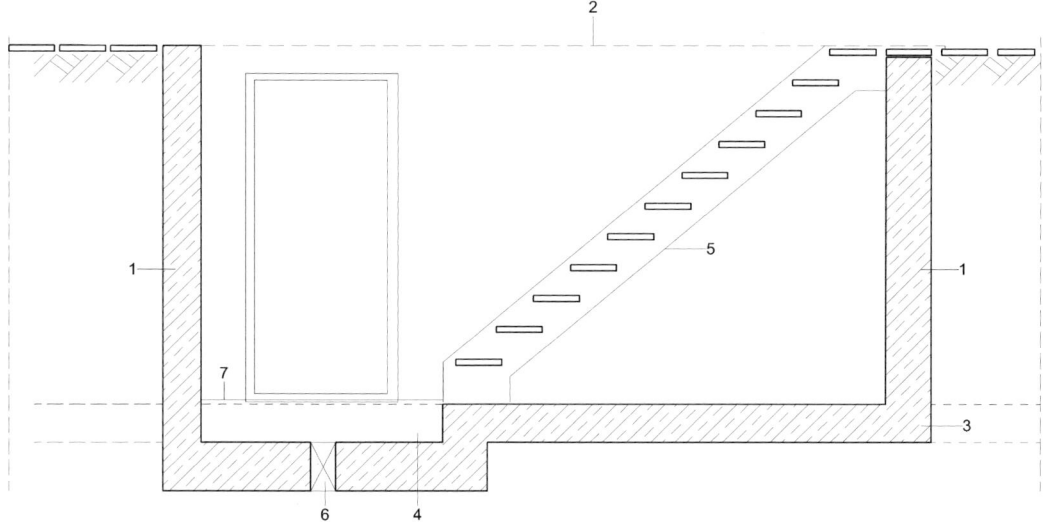

5.76 Kelleraußentreppe, Umfassungswände auf gemeinsamer Stahlbetonplatte mit dem Gesamtbauwerk
1 Umfassungswand (wasserundurchlässiger Beton)
2 Oberkante der äußeren Umfassungsmauer (Geländer nicht eingezeichnet)
3 Stahlbetonplatte
4 Auffangwanne für Niederschlagswasser mit Gitterrost-Abdeckung
5 freitragende Treppe (z.B. Stahlkonstruktion mit Gitterroststufen)
6 Aussparung für Anschluss Entwässerung
7 OK Gitterrost

werden – Ausführungen, die nur schwerlich einwandfrei hergestellt werden können.

Besser ist die Ausführung einer schräg abfallenden Rinne zwischen Gebäudeaußenwand und den Treppenstufen zur zügigen und vollständigen Ableitung von Niederschlagswasser und zur vereinfachten oberen Randausbildung der Abdichtung an der Außenwand. An abgetreppten Fundamenten sind Abdichtungen auf den innenliegenden Zwickeln der Umfassungswände kaum ausführbar. Sicherer und einfacher in der Ausführung ist die Ausbildung einer Kelleraußentreppe mit durchgehender, tief liegender Sohlplatte als schachtartige Umfassung, die die Ausführung der Abdichtungsmaßnahmen (Bitumen- oder Kunststoffabdichtungen oder Ausbildung der Umfassung aus WU-Beton) leichter ermöglicht (s. a. Abschn. 17.4 in Teil 1 diese Werkes).

Kelleraußentreppen bleiben nur bei sehr sorgfältiger Ausführung und nur bei geringer Beanspruchung durch Bodenfeuchtigkeit und Niederschlagswasser z.B. durch eine Anordnung unter Dach schadensfrei.

Treppenläufe bestehen in Kelleraußentreppen mit schachtartigen Umfassungswänden am besten aus freitragenden korrosionsgeschützten Stahlkonstruktionen [51] mit Gitterroststufen (Bild **5**.76). Dadurch bleiben die Umfassungswände insbesondere bei etwa erforderlichen Abdichtungen gegen drückendes Wasser von innen kontrollierbar. Zur Erleichterung von Reinigungsarbeiten können die Treppen im Ganzen oder in Teilbereichen hochklappbar oder auch Stufen demontierbar ausgeführt werden.

Die Ausführung der Treppenläufe in Stahlbeton oder aufgemauerten Blockstufen sind auch ausführbar, eine einwandfreie Ausführung der Stufenabschlüsse an die Gebäudeaußenwand ist jedoch nur schwierig herzustellen. Die Trennfuge zwischen Stufenabschluss und Außenwand kann oberseitig wasserdicht nur mit dauerelastischen Wartungsfugen geschlossen werden. Zu empfehlen ist hier die Ausführung einer offenen Trennfuge bei dann notwendiger Ableitung von Niederschlag- oder Schmelzwasser aus dem Hohlraum unter dem Treppenlauf an die Entwässerung.

Niederschlagswasser, das sich im unteren Treppenbereich ansammelt, muss in die Kanalisation abgeleitet werden. Wegen der Gefahr des Einfrierens müssen die erforderlichen Geruchsverschlüsse dabei innerhalb des Gebäudes liegen. Durch Verschmutzungen und z. B. durch Laub werden die meistens wenig kontrollierten Abläufe leicht funktionsunfähig, und es kann bei heftigen Niederschlägen zur Überflutung der Türschwelle kommen. Das kann verhindert werden, wenn das untere Podest der Kelleraußentreppe vertieft und mit einer Gitterrostabdeckung ausgeführt wird. Dadurch wird der Wasserablauf besser geschützt, und ein Stauraum für Niederschlagswasser gebildet (vgl. Bild **5**.76).

Außentüren zur Kelleraußentreppe müssen nach außen hin mit einer 15 cm hohen Schwelle geplant werden (vgl. DIN 18 195). Kelleraußentüren sind erfahrungsgemäß durch Einbrüche besonders gefährdet und müssen dementsprechend gut gesichert werden. Sie können (z. B. durch Wagenheber, die gegen die Umfassungswand gestützt werden) leicht gewaltsam nach innen gedrückt werden. Das kann erschwert werden, wenn die Türen nach außen aufschlagen. Dabei ist ggf. eine entsprechende Vergrößerung des äußeren Treppenbereiches erforderlich.

Wärmedämmungen (z. B. außen liegende „Perimeterdämmungen") von Kellergeschossen sind in Verbindung mit Kelleraußentreppen schwierig auszuführen. Nur mit erheblichem Aufwand lassen sich Wärmebrücken vollständig ausschließen. Es muss im Einzelfall entschieden werden, welche Kompromisse eventuell möglich sind. Ggf. ist die Errichtung einer vierten Umfassungswand der Außentreppe parallel zur Gebäudeaußenwand sinnvoll.

5.3 Geländer und Umwehrungen

5.3.1 Vorschriften[1)]

Die freien Seiten von Treppenläufen und -podesten müssen mit Geländern versehen sein, wenn sie an mehr als 100 cm tiefer liegende Flächen anschließen. Fensteröffnungen und Verglasungen in Brüstungsbereichen von Treppen und Podesten sind ebenfalls zu sichern.

Treppengeländerhöhen werden immer über der Vorderkante der Stufen bzw. Oberfläche der Podeste lotrecht gemessen. Je nach Absturzhöhe und Nutzungsart sind unterschiedliche Geländerhöhen einzuhalten (Tab. **5**.77).

[1)] s. auch Abschn. 5.1.2

Tabelle **5**.77 Treppengeländerhöhen (gem. DIN 18 065)

Spalte	1	2	3
Zeile	Absturzhöhen in m	Gebäudeart	Treppengeländerhöhe in cm
1	≤ 12	Alle Gebäude, die nicht der Arbeitsstättenverordnung unterliegen	90 [b)]
2	≤ 12	Arbeitsstätten	100 [c)]
3	> 12 [a)]	für alle Gebäudearten	110
4	< 12	Wohngebäude mit bis zu 2 Wohnungen und innerhalb von Wohnungen	90
	≥ 12 [a)]		110

[a)] bei Treppenaugenbreiten bis ≤ 20 cm breit gelten die Anforderungen nach Zeile 1.
[b)] nach Bauordnungsrecht.
[c)] nach Arbeitsstättenrecht.

An Treppen- und Podesträndern müssen gem. MBO Geländer bei Absturzhöhen bis zu 12 m eine Höhe von mindestens 90 cm haben und bei Absturzhöhen über 12 m mindestens 110 cm hoch sein.

Schutz für Kleinkinder. In Gebäuden, in denen mit der Anwesenheit von unbeaufsichtigten Kleinkindern zu rechnen ist, sind Treppengeländer so zu gestalten, dass ein Hindurchzwängen verhindert und das Überklettern (Leitereffekt) erschwert werden. Öffnungen in Geländern dürfen dabei nicht breiter als 12 cm sein. Dies gilt nicht für Wohngebäude mit nicht mehr als zwei Wohnungen und innerhalb von Wohnungen. Dass seitens der DIN 18 065 nach wie vor an Wohngebäude keine Anforderungen an Öffnungenabmessungen gestellt werden bleibt unverständlich, da insbesondere in Wohnnutzungen vielfach Kinder ohne kontinuierliche Beaufsichtigung anwesend sind. Eine Absicherung des Planers über die Sicherstellung der Beaufsichtigung von Kleinkindern oder/und die Zustimmung zu ggf. vorgesehenen größeren Abmessungen von Geländeröffnungen ist zu empfehlen. Ggf. sollten Treppen dann mit Kinderschutztüren nach DIN EN 1930 gegen unbeaufsichtigtes Betreten durch Kleinkinder gesichert werden.

Ein Überklettern eines waagerechten oder der Treppenneigung folgenden Anordnung von Pro-

5.3 Geländer und Umwehrungen

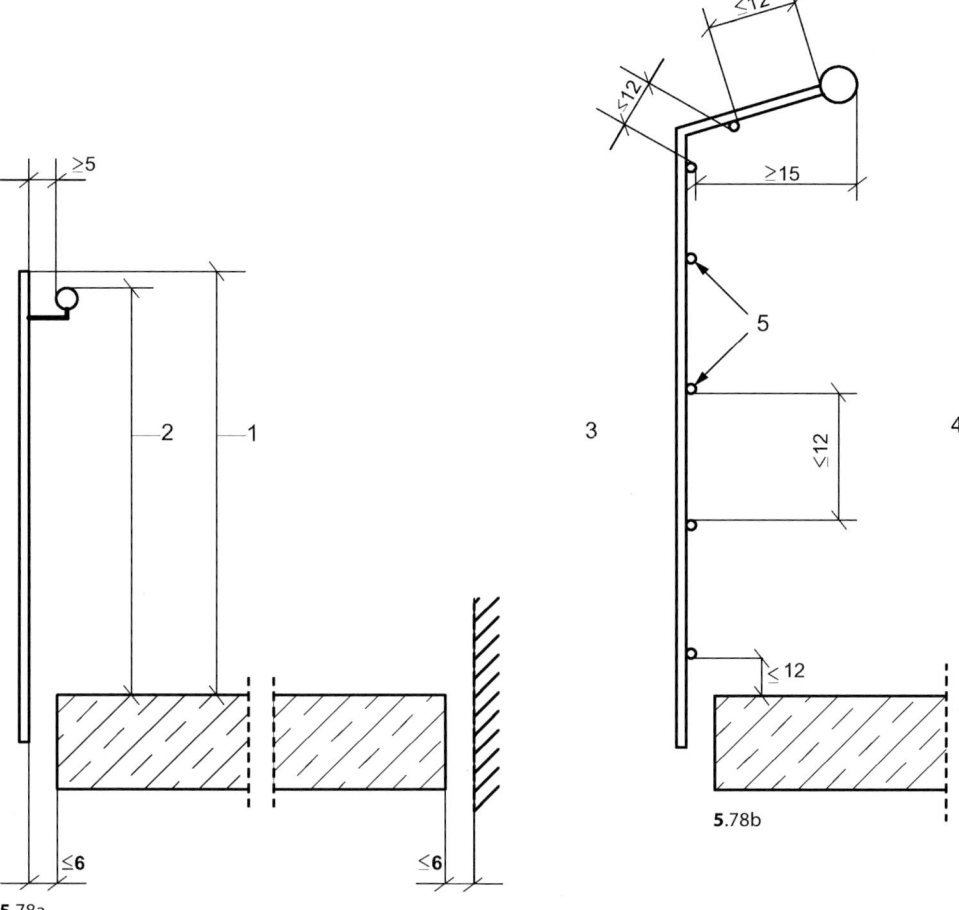

5.78 Treppengeländer über Treppenläufen und Podesten (gem. DIN 18 065)
   a) Treppengeländer und seitliche Abstände
   b) Übersteigeschutz
   1 Treppengeländerhöhe
   2 Treppenhandlaufhöhe
   3 Außenseite (Absturzbereich)
   4 Innenbereich (Gehbereich)
   5 Geländerfüllung/-stäbe

filen oder Stäben des Geländers kann durch geschlossene Geländerflächen oder die Anordnung von senkrechten Geländerstäben oder einer Scheibe im unteren Bereich (Mindesthöhe 70 cm) oder durch einen nach innen verkröpften Handlauf (min. 15 cm) verhindert werden oder auch durch temporäre Maßnahmen (z. B. textile Bespannungen) vermieden werden. Mit temporären Maßnahmen kann ein solches Geländer z. B. in Wohngebäuden solange geschützt werden, bis die Gefahr der unbeaufsichtigten Anwesenheit von Kleinkindern vorbei ist.

Bei Treppen von Gebäude im Allgemeinen (vgl. Tab **5**.5) und Gebäuden, die Sonderverordnungen unterliegen (s. Abschn. 5.1.2) gilt:

Geländer *oberhalb* von Läufen und Podesten. Bei Unterkanten von Geländern, die oberhalb von Treppen*podesten* liegen, darf der lichte Abstand höchstens 12 cm betragen. Liegt das Geländer über dem Treppen*lauf*, so ist die Unterkante des Geländers so auszubilden, dass durch offene Zwickel zwischen Stufen und Geländerunterkante sich ein Würfel von 15 cm Kantenlänge nicht hindurchschieben lassen darf (Bild **5**.79a). Für Wohngebäude mit bis zu zwei Wohnungen sowie innerhalb von Wohnungen werden unverständlicherweise keine Anforderungen gestellt.

Geländer *neben/seitlich* von Läufen und Podesten. Bei Geländern, die neben Treppen und Podesten angeordnet sind, darf der seitliche Abstand nicht größer als 6 cm sein (s. a. Bild **5**.6c). Der Abstand der Unterkante des *daneben* liegenden Geländers darf bei Treppen*podesten* max. 6 cm betragen. Bei Treppen*läufen* muss die Unterkante des Geländers seitlich neben dem Treppenlauf so angeordnet werden, dass sie mit einer gedachten Verbindungslinie der Halbierenden der Tiefe der Trittstufe zusammenfällt (Bild **5**.79b). Wird die Unterkante des Geländers *unterhalb* der Trittflächen von Stufen und Podesten angeordnet, muss der waagerechte Abstand mindestens 2 cm betragen.

Für *absturzsichernde Verglasungen* im Bereich von Geländern und Umwehrungen gelten hinsichtlich Kategorisierung, Dimensionierung, Einbauart und Kantenschutz die Regelungen der DIN 18 008-4 (vormals die nicht mehr gültigen Technischen Regeln für die Verwendung von absturzsichernden Verglasungen (TRAV)).

Handläufe. Treppen müssen mindestens auf einer Seite (bestenfalls absteigend auf der rechten Seite), Treppen größerer Breite (ab 1,20 m) auf beiden Seiten Geländer bzw. feste und griffsichere Handläufe in einer Höhe von 80 cm bis 115 cm aufweisen. Höher angeordnete Treppengeländer benötigen einen gesonderten, tiefer liegenden Handlauf. Breitere Treppen sind durch in den Läufen frei stehende Handläufe zu unterteilen.

Handläufe sollen so beschaffen sein, dass sie sich nach Form und Material gut umgreifen lassen. Eine Breite von 3,5 bis max. 5 cm wird als angenehm empfunden. VOB/DIN 18 334 fordert einen Durchmesser von min. 40 mm oder einen Querschnitt von min 40×60 mm. Der seitliche Abstand des Handlaufes von benachbarten Bauteilen muss mindestens 5 cm betragen.

Im Allgemeinen sollen Handläufe unterbrechungsfrei ausgeführt werden. In Wohngebäuden mit bis zu zwei Wohnungen und innerhalb von Wohnungen können Handläufe unterbrochen werden. Für *notwendige* Treppen gilt hier, dass der lichte Abstand einer Handlaufunterbrechung ≥ 5 cm und ≤ 20 cm und ein Höhenversatz an der Oberkante max. 20 cm betragen darf. Die Höhe

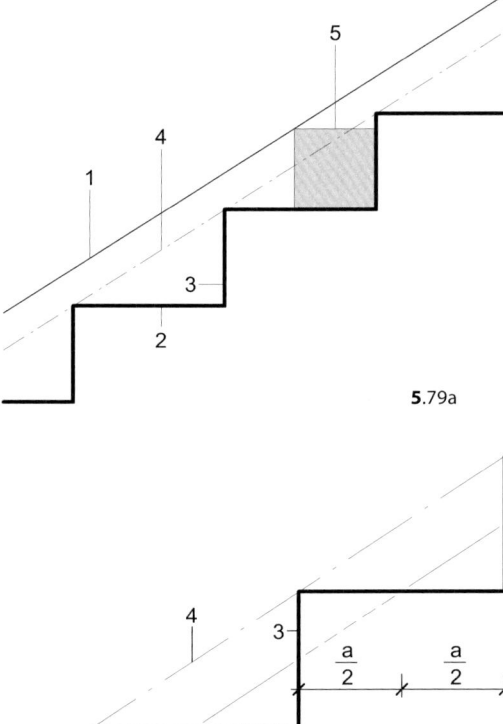

5.79 Höhe Unterkante Treppengeländer über Treppenläufen und Podesten
a) Treppengeländer *über* Treppenläufen
b) Treppengeländer *neben* Treppenläufen
1 Unterkante Treppengeländer
2 Trittfläche (Auftritt)
3 Setzstufe
4 Messebene für Treppengeländer- bzw. Handlaufhöhe
5 Würfel, Kantenlänge 15×15 cm

eines endenden Handlaufs darf nicht über der Höhe des weiterführenden Handlaufs liegen.

Barrierefreies Bauen. Bei Anforderungen des barrierefreien Bauens (DIN 18 040) sind an Treppen und Zwischenpodesten *beidseitig* bestenfalls runde oder ovale Handläufe in einer Höhe von 85 cm bis 90 cm mit 3,0 bis 4,5 mm Durchmesser und unterseitiger Halterung vorzusehen. Die Enden von frei in den Raum ragenden Handläufen sind nach unten oder zur Wandseite hin abzurunden.

5.3 Geländer und Umwehrungen

Der innere Handlauf am Treppenauge darf nicht unterbrochen werden. Die Handlaufenden müssen 30 cm über den Anfang und das Ende des Treppenlaufes hinausragen. Beginn und Ende des Treppenlaufes sind z. B. durch „taktile Hilfen" (erfühlbare Kennung durch Rillen oder Erhebungen an den Handläufen) erkennbar zu machen.

Beim Verziehen von Treppen ist der davon abhängigen Gestaltung der erforderlichen Handläufe Aufmerksamkeit zu widmen. Zu beachten ist, dass sich wegen der sehr ungleichen Auftrittsbreiten an den Treppenaußenseiten ein entsprechender Verlauf des Handlaufes ergibt, der zu Knickpunkten an den Raumecken führt.

Handläufe können an Wendelungen von Treppenläufen oder bei mehrläufigen Treppen mit Krümmlingen (vgl. Bild **5**.57) oder mit geraden Übergangsstücken (vgl. Bild **5**.56) miteinander verbunden werden, oder sie laufen am Austritt frei aus. An keiner Stelle soll der Benutzer durch Einengungen, Befestigungsteile u. Ä. genötigt sein, den Handlauf loszulassen. Wandhandläufe müssen zur Wand einen lichten Abstand von mindestens 5 cm haben.

5.3.2 Ausführung

Geländer und Umwehrungen bestehen aus Handlauf, Stützen (Staketen) und Ausfachung der Geländerfelder. Sie sind ein wesentliches Gestaltungsmittel für die Treppen und für den Innenausbau.

Verschiedene Gestaltungsmöglichkeiten für Geländer sind im Zusammenhang mit den Treppenkonstruktionen gezeigt (Bilder **5**.18, **5**.25, **5**.50, **5**.55, **5**.56. **5**.63 bis **5**.67 und **5**.70 bis **5**.72).

Es gibt für Geländer eine solche Fülle von Konstruktions- und Gestaltungsmöglichkeiten, dass der Rahmen einer Baukonstruktionslehre deren Darstellung gesprengt würde [23].

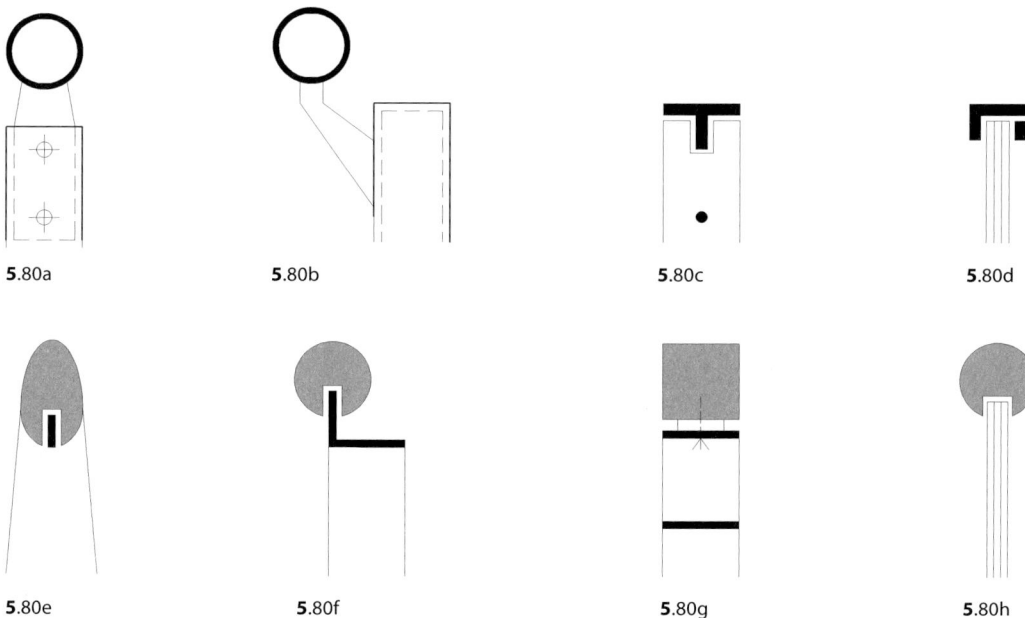

5.80a **5**.80b **5**.80c **5**.80d

5.80e **5**.80f **5**.80g **5**.80h

5.80 Handläufe
   a) Geländertragstäbe aus Flachstahl 2×40×10 mm, Handlauf aus Stahlrohr, ⌀ 40 mm mit Konsolen, verschraubt
   b) Geländertragstäbe aus Rundrohr ⌀ 40 mm, Handlauf aus Stahlrohr, außermittig auf Konsolen, verschweißt
   c) Geländertragstäbe aus Flachstahl 50×10 mm, Handlauf Flachstahl 50×10 und 30×10 mm , verschweißt
   d) Geländerausfachung aus Sicherheitsglas 12 mm, Handlauf aus L-60×30 und Glashalteprofil
   e) Geländertragstäbe Flachstahl 40 bis 70×10 mm, Handlauf aus Holz auf punktuelle Halterungen aus Flachstahl geklebt
   f) Geländertragstäbe Flachstahl 60×10 mm, Handlauf ⌀ 50 mm aus Holz auf L 60×60 mm
   g) Geländertragstäbe Flachstahl 45×10 mm, Handlauf aus Holz 45×45 mm mit durchgehendem Flachstahl unterseitig verschraubt
   h) Geländerausfachung aus Sicherheitsglas 12 mm, Handlauf aus Holz, verklebt

Im Folgenden sind daher lediglich schematisch und zur Übersicht einige Lösungsmöglichkeiten gezeigt.

Handläufe werden hergestellt aus (Bild **5**.80)
- Vollhölzern, verleimten Bohlen, gepressten Holzwerkstoffen u. Ä.,
- Winkelprofilen und -rohren aus Metall,
- Flachstahl mit Metall-, Gummi- oder Holzauflagen oder mit Kunststoffüberzügen,
- ggf. an untergeordneten Treppen auch Kunststoffprofilen.

Für die Innenanwendung kommen bevorzugt Holzmaterialien zu Anwendung, im Außenbereich eignen sich eher witterungsresistente Metallprofile.

Rundungen in Handläufen aus Flachstahl werden mit sägezahnartig ausgeschnittenen vorgefertigten Sonderprofilen ausgeführt, die sich auch kalt leicht verformen lassen (Bild **5**.81).

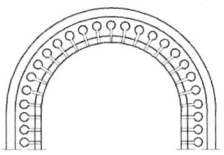

5.81
Bogen-Formteil für Flachstahl-Handläufe (Innendurchmesser > 180 mm)

Durch Handläufe mit unter- oder rückseitig angeordneten durchlaufenden Beleuchtungskörpern kann eine gleichmäßige, von störenden Schlagschatten freie Ausleuchtung der Treppenläufe erzielt werden.

Geländerfelder können bestehen aus:
- Holz- oder Metallstäben oder -profilen, Drähten, Rohren u. Ä., senkrecht, horizontal oder parallel zum Handlauf (Bild **5**.82a),
- geschlossenen oder transparenten Tafeln aus Sperrholz, Metall, gelochten Blechen, Draht-

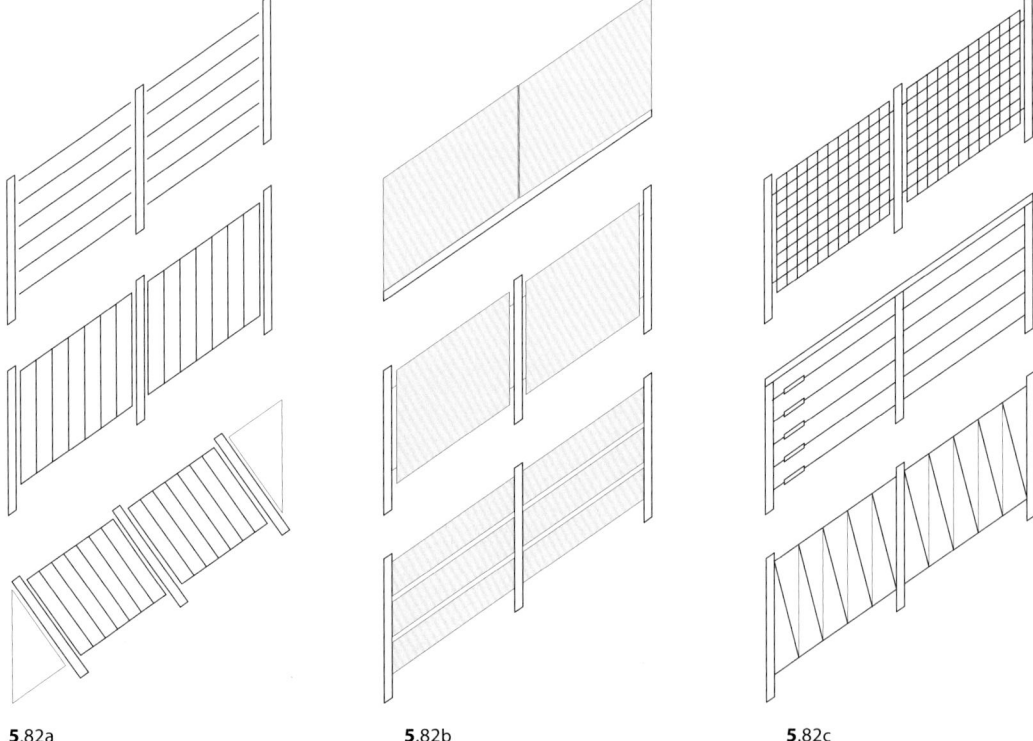

5.82a   5.82b   5.82c

5.82 Geländerfelder
    a) Felder mit Stäben, Flachstählen, Rohren o. Ä.
    b) Felder aus transparenten oder geschlossenen Tafeln oder eingespanntem Sicherheitsglas
    c) Felder mit Gittern oder Verspannungen aus Seilen oder Netzen

5.3 Geländer und Umwehrungen

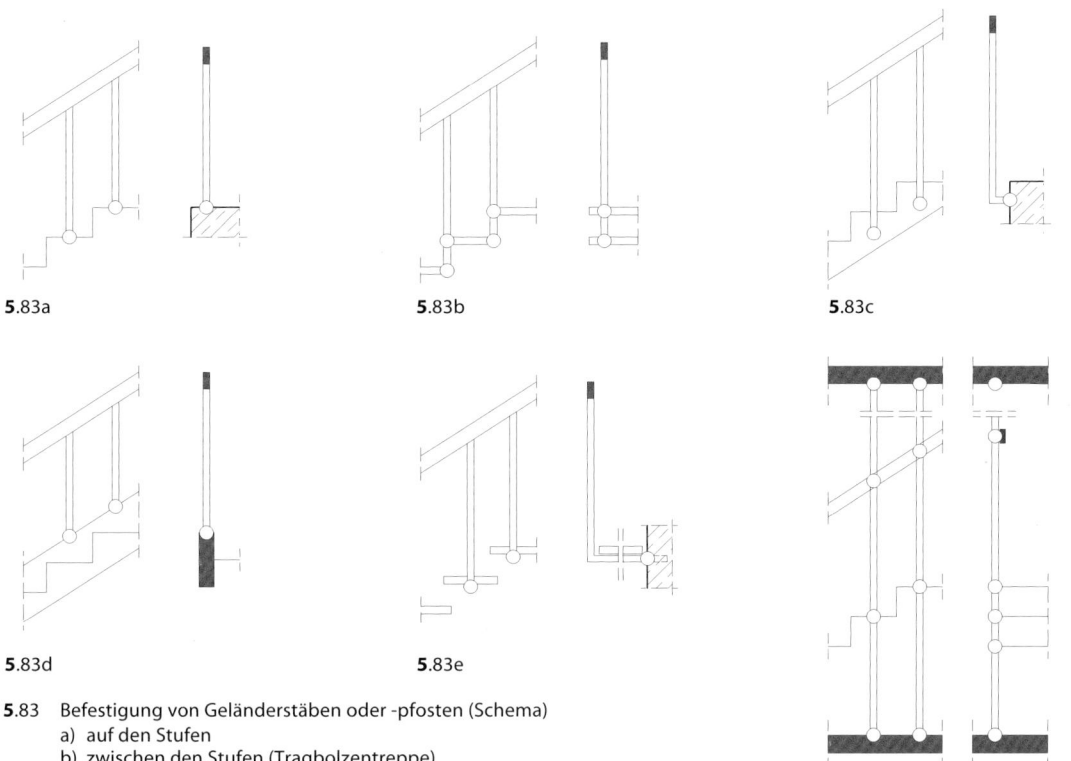

5.83 Befestigung von Geländerstäben oder -pfosten (Schema)
a) auf den Stufen
b) zwischen den Stufen (Tragbolzentreppe)
c) seitlich an der Laufplatte oder Wange
d) auf der Wange
e) an Kragarm
f) zwischen Geschossdecken oder Podesten („Harfe")

oder eingespanntem Verbundsicherheitsglas (VSG), Acrylglas o. Ä. (Bild **5**.82b),
- Geflechten oder Verspannungen aus Draht, Seilen, Gitterrosten u. Ä. (Bild **5**.82c).

Geländerstützen. Für die Befestigung der *Geländerstäbe* oder *Tragstäbe* (Staketen) bestehen folgende grundsätzliche Möglichkeiten:
- auf oder zwischen den Stufen (Bild **5**.83a und b),
- seitlich an den Laufplatten (Bild **5**.83c),
- auf oder seitlich an den Wangen (Bild **5**.83d),
- an Kragarmen (Bild **5**.83e),
- zwischen Fußboden und Decke (Treppenharfe) (Bild **5**.83f).

Füll- oder Tragstäbe aus Holz werden meistens in entsprechende Bohrungen der Holzwangen eingelassen oder seitlich an die Wangen geschraubt.

Metallstützen oder -stäbe werden in massiven Treppen in entsprechenden Bohrungen von fertig verlegten Werksteinstufen eingesetzt und mit Schnellbindern vergossen. Die Anschlussstelle wird mit einer Kunststoff- oder Metallrosette abgedeckt (Bild **5**.84a). Befestigungen von oben haben den Nachteil, dass sie keine ungehinderte Reinigung der Stufenoberfläche ermöglichen.

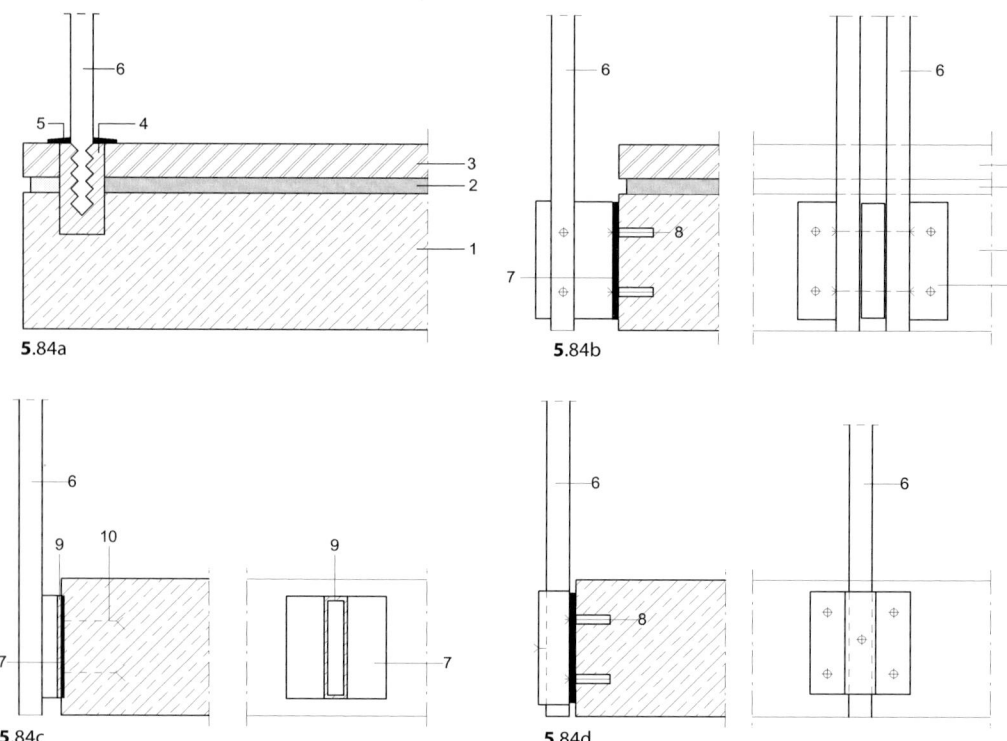

5.84 Befestigung von Geländerpfosten (Details)
a) Befestigung in gebohrten Werksteinstufen
b) Befestigung seitlich an Laufplatten oder Massivwangen, aufgeschraubt
c) Ankerplatte zum Einbetonieren, Tragpfosten angeschweißt oder aufgeschraubt
d) angedübeltes Aluminium-Formteil, Tragpfosten eingesteckt und gesichert

1 Massivplatte
2 Verlegemörtel
3 Werksteinstufe
4 Bohrung mit Verguss
5 Deckrosette
6 Geländerstab
7 Ankerplatte
8 Dübelverschraubung
9 Anschweißstelle
10 einbetonierte Ankerplatte

An Stahlbetonlaufplatten oder -wangen werden Metallstützen mit Ankerplatten aufgedübelt (Bild **5**.84b und d) oder auf vorher einbetonierte Ankerplatten geschweißt (Bild **5**.84c).

Bei Stahltreppen werden im allgemeinen Metallstützen oder -stäbe verwendet, die an die Wangen angeschweißt oder angeschraubt werden.

Bei aufgesattelten Treppen können die Geländerstäbe nur in die Trittstufen eingesetzt werden, wenn diese dick genug sind und nicht zu weit auskragen. Wenn Setzstufen verwendet werden, können diese seitlich mit einem Überstand so gestaltet werden, das Geländerstäbe bzw. -pfosten befestigt werden können. Meistens werden jedoch abgewinkelte Stahlprofile unterhalb der Trittstufen seitlich am Holm montiert (Bild **5**.85 c).

Der Anfang und der obere Abschluss von Geländern kann durch besonders gestaltete Pfosten gebildet werden (Bild **5**.55 und **5**.65). In historischen Beispielen diente insbesondere der Anfangs- bzw. Antrittpfosten neben seinem technischen Zweck vielfach als dekoratives Element.

5.3 Geländer und Umwehrungen

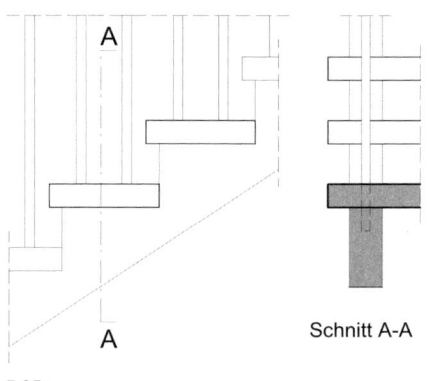

5.85a

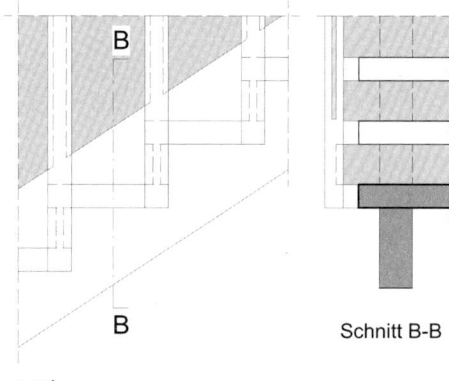

5.85b

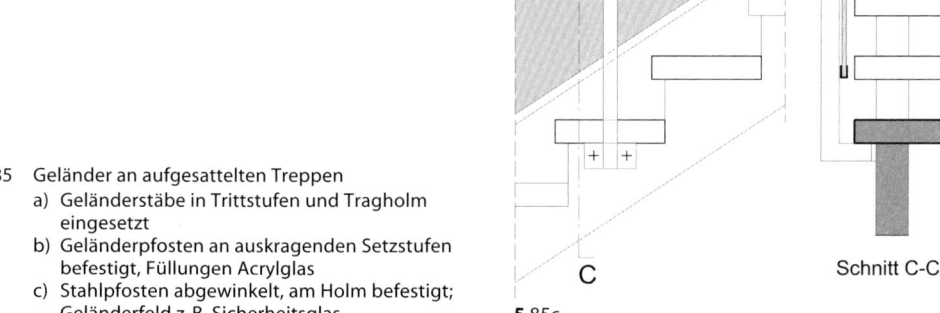

5.85c

5.85 Geländer an aufgesattelten Treppen
 a) Geländerstäbe in Trittstufen und Tragholm eingesetzt
 b) Geländerpfosten an auskragenden Setzstufen befestigt, Füllungen Acrylglas
 c) Stahlpfosten abgewinkelt, am Holm befestigt; Geländerfeld z. B. Sicherheitsglas

Es sind verschiedene vorgefertigte Geländersysteme auf dem Markt. Sie bestehen aus baukastenartig kombinierbaren Stützen- bzw. Handlaufteilen und -Füllungen, die je nach Treppenmaß durch besondere werkseitig hergestellte Passstücke ergänzt und an der Baustelle zusammengebaut werden. In den Bildern **5**.86 und **5**.87 sind Beispiele für Ausführungen mit verstärkten Kunststoff- oder Metallrohren gezeigt.

Bei einigen Systemen werden spezielle Formteile zur Anpassung an die jeweilige Handlaufneigung weitgehend vermieden, indem die Verbindungen zwischen Geländerstützen und Handläufen bzw. Füllstäben gelenkig ausgebildet sind.

Bei Geländerkonstruktionen aus Metall ist insbesondere bei Außengeländern darauf zu achten, dass in regelmäßigen Abständen (ca. alle 4 bis 6 m) Dehnungsmöglichkeiten (Fugen, Langlochverbindungen, Überschiebestücke) zur Aufnahme thermischer Längenänderungen (Dilatation) aufgenommen werden können.

5.86
Vorgefertigtes Treppengeländer aus Stahlrohren mit Nylon-Ummantelung (NORMBAU GmbH)
1 Handlauf, Nylonrohr d=40 mm
2 Queranschluss für Handlauf
3 Verbindungsbolzen
4 Pfosten, Nylonrohr d=40 mm
5 Stahlrohrkern
6 Befestigungsklemme, Nylon
7 Abdeckkappe, Nylon
8 Abstandhalter, Nylon
9 Gewindestange M10
10 Verschraubung mit Unterlegscheibe

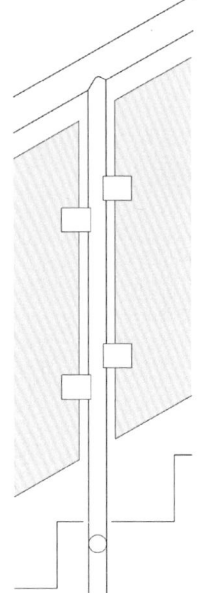
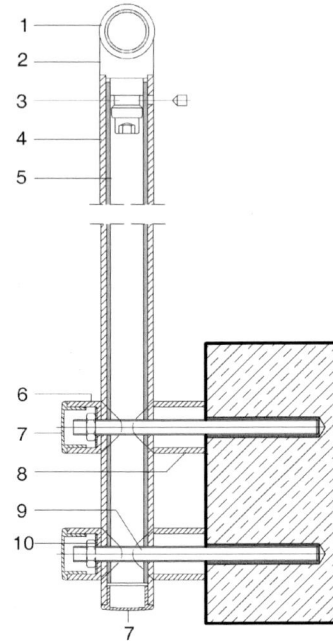

5.87
Vorgefertigtes Treppengeländer aus Aluminiumpfosten und Edelstahlrohren (SCHÜCO)
1 Handlauf, Edelstahlrohr d=40 mm
2 Handlaufhalterung
3 Handlaufadapter
4 Geländerstab, Edelstahl d=12 mm
5 Aluminium Doppelprofil als Tragstab
6 Konsole für Aufsatzmontage
7 Befestigungselement (ist den baulichen Gegebenheiten und statischen Bedingungen anzupassen)

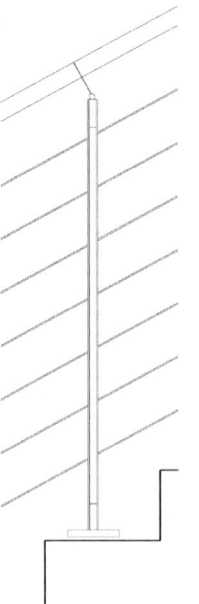
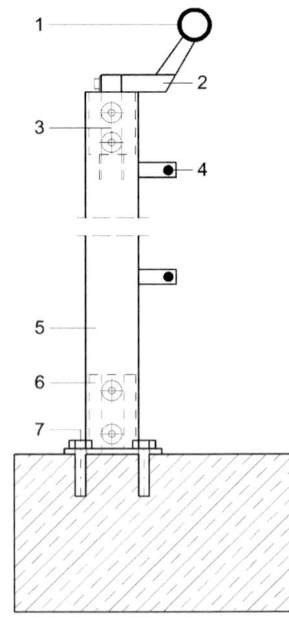

5.4 Rampen

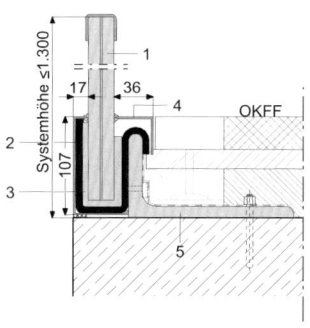 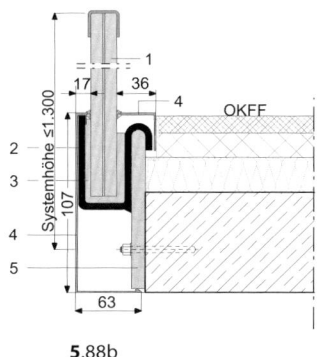 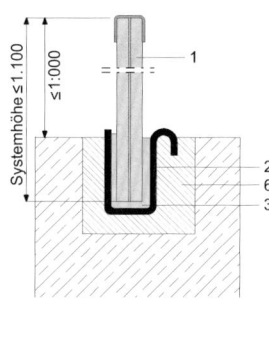

5.88a   5.88b   5.88c

5.88   Glasgeländer, eingespannt, © Balardo Glassline
      a) Geländerbefestigung auf der Tragkonstruktion
      b) Geländerbefestigung vor der Tragkonstruktion
      c) Geländerbefestigung oberseitig flächenbündig vermörtelt oder einbetoniert
      1 VSG-Sicherheitsglas, $\geq 2 \times 6$ mm
      2 Tragprofil aus Stahl, feuerverzinkt, eingehangen und verschraubt
      3 Klemmprofil und Keilband aus EPDM, einseitig Keilstücke aus Aluminium
      4 Abdeckbleche nach örtlichen Gegebenheiten
      5 L – Profilstahl oder Flachstahl
      6 Quellmörtel oder direkt einbetoniertes Tragprofil

5.4 Rampen

Verbindungen zwischen verschiedenen Ebenen können auch durch niveaugleiche Rampen überwunden werden. Sie können bei flacher Neigung notwendige Treppen ersetzen. Für barrierefreie Erschließungen, für KFZ- Verkehrswege z. B. zwischen Garagengeschossen oder auch als Transportweg für Güter usw. sind Rampen erforderlich.

Barrierefreie Rampen. Die Steigung barrierefreier Rampen darf 6% gem. DIN 18 040 nicht überschreiten und sind ohne Quergefälle auszubilden (s.a. Bild **5**.15). Am Rampenan- und -austritt sind jeweils Bewegungsflächen mit 1,50 m × 1,50 m Größe vorzuhalten. Rampen von mehr als 6 m Länge erfordern ein Zwischenpodest von ≥ 1,50 m Länge. Die Mindestbreite der Rampen und von Zwischenpodesten beträgt 1,20 m. Es ist beidseitig ein Radabweiser für Rollstühle als Aufkantung von 10 cm Höhe vorzusehen. Rampen und Zwischenpodeste erhalten beidseitig ununterbrochene Handläufe in 85 bis 90 cm Höhe mit 3 bis 4,5 cm Durchmesser und unterseitiger Halterung. Radabweiser sowie Handläufe müssen auf der Laufseite senkrecht in einer Ebene übereinander liegen.

Handläufe dürfen in die Bewegungsflächen vor und hinter der Rampe hineinragen, wenn sie unterfahrbar sind. Die Enden von frei in den Raum ragenden Handläufen sind nach unten oder zur Wandseite hin abzurunden.

In Verlängerung einer Rampe darf keine abwärtsführende Treppe angeordnet werden.

Befahrbare Rampen zu Stellplätzen und in Garagen sind auf Basis der Muster-Garagenverordnung (MGarVO 05.2008) in den Landesbauordnungen und Garagenverordnungen der Bundesländer geregelt. Es werden Kleingaragen (bis 100 m² Nutzfläche), Mittelgaragen (bis 1000 m² Nutzfläche), und Großgaragen unterschieden.

In der Regel dürfen Rampen von Mittel- und Großgaragen nicht mehr als 15% geneigt sein (Parkrampen ≤6%). Die Landesbauordnungen fordern zudem eine Verringerung der Neigung auf max. 10% über 3 m Länge im Übergang zu öffentlichen Verkehrsflächen. Weiterführende Empfehlungen sind ggf. der EAR 05 (Empfehlungen für Anlagen des Ruhenden Verkehrs) zu entnehmen um die Bodenfreiheit von Fahrzeugen in den Rampenübergängen sicherzustellen. Gemäß EAR ist u. A. an Rampenübergängen die Neigung oben (Kuppen) über 1,50 m und unten (Wannen) über 2,50 m Länge auf die Hälfte zu reduzieren bzw. auszurunden.

In Mittel- und Großgaragen müssen Rampen eine Breite von ≥ 2,75 m haben und in Großgaragen ist ein zusätzlicher erhöhter Fußweg von 80 cm Breite notwendig. In gewendelten Bereichen be-

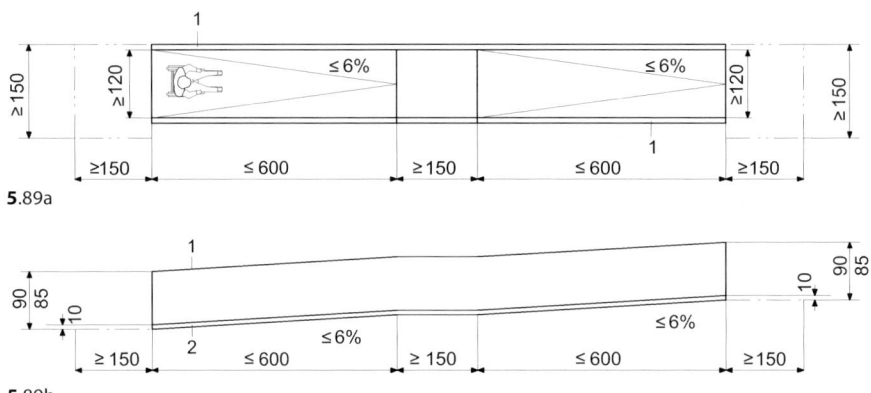

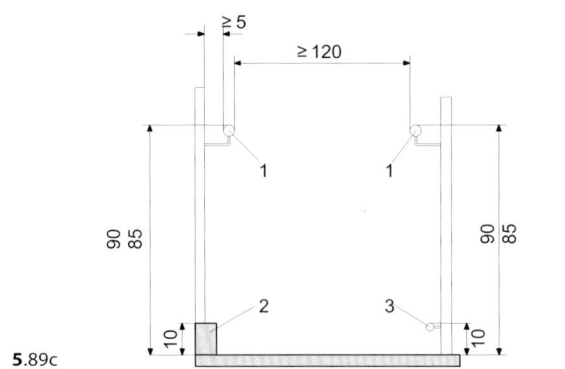

5.89
Barrierefreie Rampe
a) Grundriss
b) Seitenansicht
c) Querschnitt
1 Handlauf
2 Aufkantung als Radabweiser
3 Holm als Radabweiser

trägt die Rampenbreite mindestens 3,50 m, die Querneigung ≤ 3% und der Innendurchmesser mehr als 5 m.

5.5 Aufzüge[1]

5.5.1 Allgemeines

Aufzüge dienen der Verbindung verschiedener Ebenen und der Überwindung großer Höhenunterschiede als vertikale Erschließung. Für Hochhäuser, Türme und vergleichbare Bauwerke sowie barrierefreie Gebäude sind Aufzugsanlagen Voraussetzung. Lage, Anzahl und Größe von Aufzugsanlagen sind insbesondere bei turmartigen Gebäuden Hauptmerkmal der Konzeption für die Vertikalerschließung und somit entwurfsbestimmend. Treppenhäuser übernehmen dann häufig nur noch Fluchtwegefunktionen, da Aufzüge als Rettungswege nicht zulässig sind.

Art und Ausführung von Aufzugsanlagen ist maßgeblich durch die zu befördernde Personenanzahl, die Belastung sowie die Geschwindigkeit bestimmt. Hierzu ist ggf. eine *Förderleistungsberechnung*[2] erforderlich, mit der nutzungsabhängig die Anzahl, Größe, Fahrgeschwindigkeit, Um-

---

[1] Aufzüge sind Anlagen, mit denen Personen oder Lasten in vertikaler oder schräg verlaufender Richtung zwischen mehreren Ebenen in einer Kabine, einem Fahrkorb oder auf einer Plattform transportiert werden können.

[2] Förderleistung N_A eines Aufzuges ergibt sich aus der Formel:

$N_A = 60 \times \dfrac{T}{t_u}$ in Personen /Minute

Hierbei ist T (Zuladung in Personen) = $\dfrac{Q \times \mu}{75}$ mit Q = Tragfähigkeit des Aufzuges und μ = Füllungsgrad i.d.R. mit 80% (0,8)
Weitere Leistungsparameter sind die „5-Minuten-Leistung, die bewertet, welcher prozentuale Anteil der Gebäudebelegung in 5 Minuten befördert werden kann sowie die mittlere Wartezeit t_w, die bei Wohnhäusern 30–50 Sek. und bei Verwaltungsgebäuden zwischen 10 und 25 Sek. liegen sollte.

5.5 Aufzüge

lauf- und Haltezeiten, Antriebsart und weitere Leistungsparameter festgelegt werden.

Hierbei wird zwischen Personen-, Lasten-, Güter- und barrierefreien Aufzügen sowie funktionsbedingten Sonderaufzügen (Feuerwehr-, Krankenbetten-, Panorama-, Außenaufzüge, Auto-, Schrägaufzüge usw.) unterschieden. Eine Optimierung der Wirtschaftlichkeit (Volumen-, Flächeneinsparung, Erhöhung der Förderleistung) werden durch neuere Entwicklungen von Mehrkabinenaufzügen (TWIN-System) erreicht, bei denen zwei Kabinen mit Steuerungstechnik zur Vermeidung von Kollisionen in demselben Fahrschacht verkehren.

Je nach Landesbauordnung sind in Gebäuden mit mehr als 13 m Höhe eines Geschosses, in dem ein Aufenthaltsraum möglich ist oder ab dem 4. oder 5. Obergeschoss Aufzüge in ausreichender Anzahl vorgeschrieben (notwendige Aufzüge). Hiervon muss i. d. R. mindestens ein Fahrkorb Kinderwagen, Rollstühle (Grundfläche von 1,10 m × 1,40 m), ggf. Krankentragen (Grundfläche von 1,10 m × 2,10 m) und (in begrenztem Umfang) Lasten aufnehmen können. Zur Aufnahme von Kinderwagen, Rollstühlen und Krankentragen geeignete Aufzüge müssen von der öffentlichen Verkehrsfläche stufenlos erreichbar sein und stufenlos erreichbare Haltestellen in allen Geschossen haben. Haltestellen im obersten Geschoss, im Erdgeschoss und im Kellergeschoss sind nicht erforderlich, wenn sie nur unter besonderen Schwierigkeiten hergestellt werden können.

Aufzüge müssen gemäß Musterbauordnung (§ 39 MBO Stand: 05.2016) in eigenen Schächten liegen. In einem Schacht dürfen max. 3 Aufzüge angeordnet werden. Aufzüge *ohne* eigene Fahrschächte sind zulässig:

- innerhalb des notwendigen Treppenraumes, außer bei Hochhäusern,
- innerhalb von Räumen, die Geschosse überbrücken,
- zur Verbindung von Geschossen, die offen miteinander in Verbindung stehen dürfen und
- in Gebäuden der Gebäudeklassen 1 und 2.

Fahrschächte sind in der Gebäudeklasse 5 feuerbeständig (REI 90 bzw. F90-A), in GK 4 hochfeuerhemmend (REI 60 bzw. F60) und in GK 3 feuerhemmend (REI 30 bzw. F30), Türen und andere Öffnungen rauchdicht auszubilden (DIN 1366-7). Fahrschachtwände aus brennbaren Baustoffen müssen schachtseitig eine Bekleidung aus nicht-brennbaren Baustoffen in ausreichender Dicke haben. Fahrschächte müssen zu lüften sein und erfordern eine Rauchabzugsvorrichtung in Größe von 2,5 % der Grundfläche des Schachtes, jedoch mindestens 0,1 m². Für außen liegende Aufzüge sowie für Güteraufzüge kann von den Vorschriften abgewichen werden.

Je nach Brandschutzanforderungen können als Sonderformen Fahrschacht und Fahrkabine auch aus Sicherheitsglas – häufig in Verbindung mit Traggerüsten aus Stahl hergestellt werden.

Es werden elektrisch oder hydraulisch betriebene *Personen-, Lasten- und Kleingüteraufzüge* in DIN EN 81 hinsichtlich der Konstruktion und des Einbaues unterschieden. Im Bereich des Fahrkorbschachtes sind am unteren Ende eine unterschiedlich hohe Schachtgrubentiefe (*Unterfahrt*) und an der Schachtdecke eine Schachtkopfhöhe (*Überfahrt*) als Schutzraum für Inspektions- und Wartungsarbeiten vorgeschrieben (Tab. **5**.95). Einige Hersteller bieten Aufzüge nahezu ohne Grube (Schachtgrubentiefe min. 30 cm) und annähernd ohne Schachtkopf (Schachtabschluss über oberste Haltestelle 2,60 m) an, besonders geeignet im Gebäudebestand sowie bei beschränkten Platzverhältnissen.

Für Aufzüge gelten neben den Bauordnungsrechtlichen Vorschriften eine Reihe weitergehender technischer Regelwerke für Aufzüge. Für den Betreiber einer Aufzugsanlage ist die Betriebssicherheitsverordnung (BetrSichV) zu beachten.

5.5.2 Barrierefreie Erschließungen

Barrierefreie Erschließungen auch für Rollstuhlfahrer gemäß DIN 18 040-1 und DIN 18 040-2 über Aufzüge stellen Anforderungen (DIN EN 81-70; Aufzugstyp 2) an die Fahrkorbabmessungen (Lichte Breite $\geq$ 1,10 m, Lichte Tiefe $\geq$ 1,40 m) und an die Breite der Fahrschachttüren (Breite $\geq$ 90 cm). Weiterhin gelten zusätzliche Anforderungen an die Innenausstattung der Fahrkörbe (Spiegel als Orientierungshilfe gegenüber der Fahrschachttür, akustische Ansagen, runde Handläufe an min. einer Seite des Fahrkorbes, Bedienungstableau, ggf. Klappsitz). Vor Fahrschachttüren sind Bewegungsflächen in Größe des Fahrkorbes, jedoch mindestens 1,50 m × 1,50 m vorzusehen, die sich mit anderen Bewegungsflächen nicht überlagern dürfen. Sie dürfen nicht gegenüber abwärts führenden Treppen und Rampen angeordnet werden bzw. muss der Abstand hierzu min. 3 m betragen.

5.5.3 Bauarten

Aufzüge werden hinsichtlich ihrer Antriebsart unterschieden als
- Seilaufzüge und
- Hydraulikaufzüge

Seilaufzüge werden durch Treibscheiben angetrieben. Die Antriebstechnik wird in separaten – bestenfalls über – oder neben dem Schacht liegenden Triebwerksräumen angeordnet (Bild **5**.90). Die Nutzungsdauer der Seile wird wesentlich von der Anzahl der Seilumlenkungen und den Durchmessern der Umlenkscheiben (kleine Durchmesser beanspruchen das Seil mehr) bestimmt. Energiesparende Seilantriebe werden bei großen Förderhöhen und bei relativ hohen Fahrgeschwindigkeiten eingesetzt.

Hydraulikaufzüge ermöglichen konstruktionsbedingt größere Transportlasten bei geringeren Förderhöhen (bis ca. 20 m). Der Hydraulikheber kann unterhalb des Schachtes angeordnet sein (Bild **5**.91a), – verbunden mit dem Nachteil der

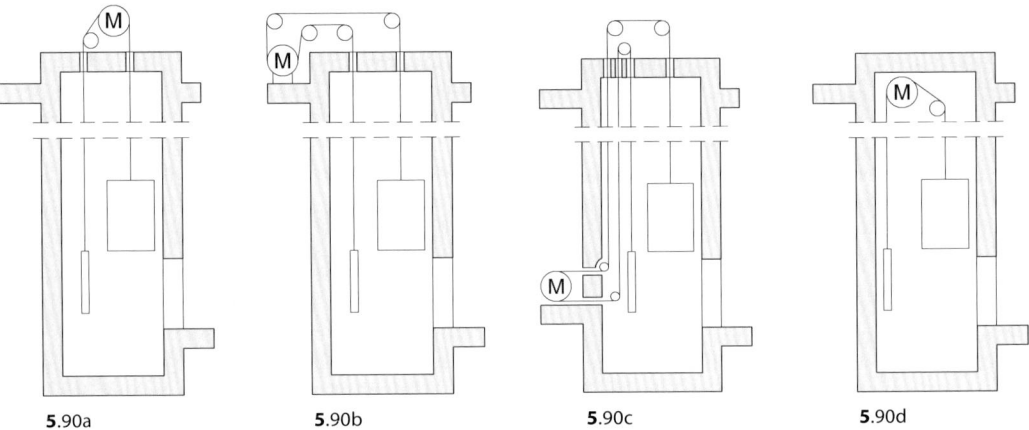

5.90a 5.90b 5.90c 5.90d

5.90 Antriebsarten für Seilaufzüge
 a) Triebwerksraum oberhalb des Schachtes (kurze Seillängen mit wenig Umlenkungen)
 b) Triebwerksraum oberhalb neben dem Schacht (kurze Seillängen mit häufigeren Umlenkungen)
 c) Triebwerksraum unten neben dem Schacht (lange Seillängen mit häufigeren Umlenkungen)
 d) Hebeanordnung im Schachtkopf (kurze Seillängen, kein Triebwerksraum)

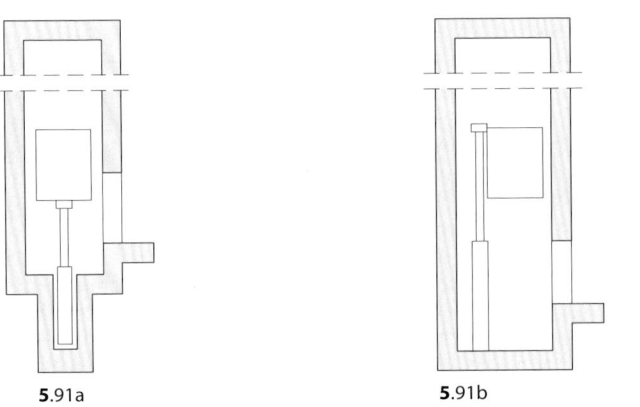

5.91a 5.91b 5.91c

5.91 Antriebsarten für Hydraulikaufzüge
 a) Hebeanordnung (Teleskopheber) unterhalb des Schachtes
 b) Hebeanordnung neben dem Fahrkorb innerhalb des Schachtes
 c) Hebeanordnung an der Schachtdecke angeordnet

5.5 Aufzüge

zusätzlichen Einbindetiefe ins Erdreich. Einfacher ist die Anordnung des Druckzylinders neben dem Fahrkorb im Schacht (Bild **5**.91b) oder als Zugkolben an der Schachtdecke (Bild **5**.91c). Vorteilhaft für den Hydraulikantrieb ist, dass der Triebwerksraum nicht zwingend direkt am Schacht angeordnet sein muss, wenn auch der Abstand möglichst gering sein sollte. Die Verwendung von Gegengewichten kann durch geringere Dimensionierung des Kolbens und des Antriebsaggregates den erhöhten Energieaufwand einschränken. Ohne derartige Maßnahmen ist der Energieaufwand für hydraulische Antriebe ca. doppelt so hoch wie für Seilantriebe.

Neue Entwicklungen und erweiterte Vorschriften erlauben bei niedrigen und mittleren Förderhöhen den Verzicht auf einen oft störenden, separaten Triebwerksraum oberhalb oder neben dem Schacht. Das Antriebsaggregat kann beim Seilaufzug oben *im Schachtkopf* (Überfahrt) angebracht werden (Bild **5**.90d). Eine Anordnung weiter unten bzw. in der Schachtgrube (Unterfahrt) ist auch möglich,– sollte jedoch immer unter den Gesichtspunkten verlängerter Seillängen und vermehrter Umlenkungen und damit zusammenhängender Kosten des Unterhaltes betrachtet werden. Bei hydraulischen Antrieben gibt es Lösungen zur Unterbringung in der Schachtwand bzw. -grube.

DIN 15 309 unterschiedet darüber hinaus bei Aufzügen in Nichtwohngebäuden zwischen *normaler Nutzung* (bis 15 Etagen = Haltestellen), und *intensiver Nutzung* (Hochhäuser mit $\geq$ 15 Etagen und einer Geschwindigkeit von $\geq$ 2,5 m/s) sowie vier Größen von Bettenaufzügen (s. Tab. **5**.93) für Alten- und Pflegeheime sowie Krankenhäuser.

Tabelle **5**.92 Schacht- und Fahrkorbabmessungen nach DIN 15 306 für Personenaufzüge in Wohngebäuden in mm

Trag-fähigkeit	Schacht-breite b_3	Schacht-tiefe d_2	Fahrkorb-breite b_1	Fahrkorb-tiefe d_1	Fahrkorb-höhe h_4	Türbreiten b_2
320 kg	1.500	1.500	900	1.000	2.200	700
450 kg	1.600	1.700	1.000	1.200	2.200	800
630 kg[1]	1.700	1.900	1.100	1.400	2.200	900
1.000 kg[2]	1.700	2.600	1.100	2.100	2.200	900

[1] Rollstuhlfahrergerecht.
[2] Krankentragengerecht.

Tabelle **5**.93 Schacht- und Fahrkorbabmessungen nach DIN 15 306 für Personen- und Bettenaufzüge in Nichtwohngebäuden in mm.

Trag-fähigkeit	Schacht-breite b_3	Schacht-tiefe d_2	Fahrkorb-breite b_1	Fahrkorb-tiefe d_1	Fahrkorb-höhe h_4	Türbreiten b_2
630 kg	2.000	2.100	1.100	1.400	2.200	900
800 kg	2.000	2.200	1.350	1.400	2.200	900
1.000 kg	1.600	2.600	1.100	2.100	2.300	800
1.000 kg	2.200	2.200	1.600	1.400	2.300	900
1.000 kg	2.400	2.200	1.600	1.400	2.300	1.100
1.275 kg	2.500	2.200	2.000	1.400	2.300	1.100
1.275 kg	2.600	2.300[1]	2.000	1.400	2.400	1.100
1.600 kg	2.700	2.500	2.100	1.600	2.400	1.100
1.800 kg	3.000	2.500	2.350	1.600	2.400	1.200
2.000 kg	3.000	2.600	2.350	1.700	2.400	1.200
1.275 kg[a]	2.100	2.900	1.200	2.300	2.300	1.100
1.600 kg[a]	2.400[2]	3.000	1.400	2.400	2.300	1.300
2.000 kg[b]	2.400[2]	3.300	1.500	2.700	2.300	1.300
2.500 kg[c]	2.700	3.300	1.800	2.700	2.300	1.300
2.500 kg[c]	2.700	3.300	1.800	2.700	2.300	1.400

[1] bei Nenngeschwindigkeit 2,50 m/s = 2.200 m.
[2] Schachtbreite für hydraulische Aufzüge = 2.600 mm.
[a] Bettenabmessungen 900 × 2.000 mm.
[b] Bettenabmessungen 1.000 × 2.300 mm.
[c] Bettenabmessungen 1.000 × 2.300 mm mit zusätzlichen Geräten.

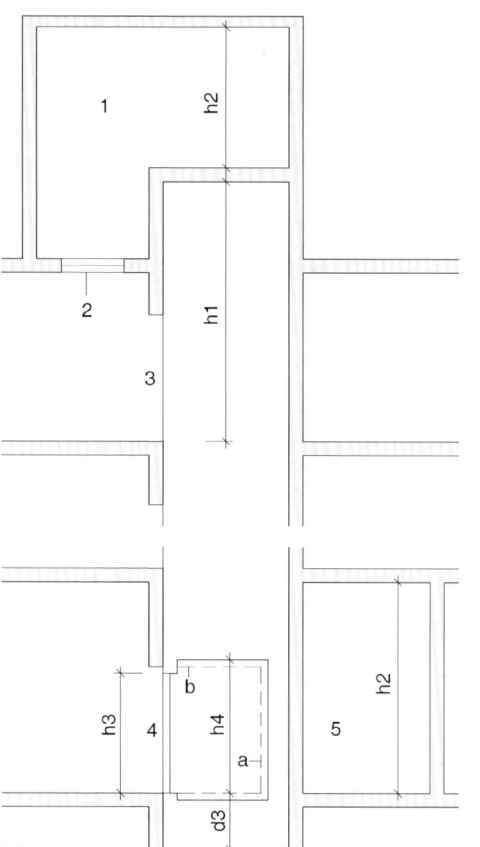
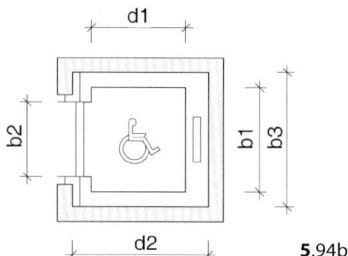

5.94 Abmessungen von Aufzügen gemäß DIN 15 306 und 15 309 (Zusammenfassung)
  a) Schemaschnitt
  b) Schemagrundriss
  1 Triebwerksraum elektrisch angetriebener Aufzüge
  2 Montageöffnung
  3 Oberste Haltestelle
  4 Unterste Haltestelle
  5 Triebwerksraum hydraulisch angetriebener Aufzüge
  d3 Schachtgrubentiefe, min 30 cm herstellerbedingt
  h1 Schachtkopfhöhe
  b3 Schachtbreite
  d2 Schachttiefe
  h2 Triebwerksraumhöhe
  b1 Fahrkorbbreite
  b4 Fahrkorbhöhe
  d1 Fahrkorbtiefe
  b2 Türbreite
  h3 Türhöhe
  a abgehängte Decke
  b Wandbekleidung

5.5.4 Abmessungen und Grundrissplanung

Abmessungen von *Personenaufzügen* für Wohn- (DIN 15 306) und *Nichtwohngebäude* und *Bettenaufzüge* (DIN 15 309) sowie deren Schächte sind in Abhängigkeit von ihrer Tragfähigkeit, ihrer Antriebsart, der Nutzungsart und -intensität geregelt. Abmessungen von Einzelschächten, Fahrkörben und Türbreiten sind in Tab. **5**.92 und Tab. **5**.93 angegeben. Notwendige Aufzüge müssen eine lichte Türbreite von mind. 90 cm haben. Vor Aufzugstüren sind Stauflächen i. d. R. mind. in der Tiefe des Fahrkorbes zu planen. Vor rollstuhlgerechten Aufzügen betragen die Abmessungen der Stauflächen mind. 1,5 m mal 1,5 m.

Sammelschächte für mehrere Aufzüge sind im Weiteren in DIN 15 306 und DIN 15 309, Abschn. 2.2 geregelt. Aufzüge mit einer Tragfähigkeit von 320 und 450 kg sind nur für die Benutzung von Personen geeignet. 630 kg Tragfähigkeit erlaubt auf Grund der Fahrkorb-Innenabmessungen die Benutzung auch mit Kinderwagen und Rollstühlen – 1000 kg-Aufzüge sind für den Transport von Krankentragen, Möbeln und Rollstühlen geeignet.

Gemessen wird in 1m Höhe. Wandbekleidungen, Handläufe und hervorstehende Einbauten bleiben unberücksichtigt und schränken die lichten Innenmaße ein.

Triebwerksräume für elektrische Antriebe sind oberhalb des Schachtkopfes – teilweise überkragend – angeordnet, bei hydraulischen Antriebsarten liegen sie i. d. R. in Höhe der untersten Haltestelle. Die Abmessungen der Triebwerksräume elektrischer und hydraulischer Antriebsarten bestimmen DIN 15 306 und DIN 15 309, Abschn. 3. Triebwerksräume erfordert eine nach außen aufschlagende Tür.

Tabelle 5.95 Schachtgrubentiefen (Unterfahrten) und Schachtkopfhöhen (Überfahrten) gemäß DIN 15 306 und DIN 15 309 in mm

Nenn-geschwindigkeit in m/s[a]	Wohngebäude Grubentiefen d_3	Wohngebäude Schachtkopfhöhen h_1	Nichtwohngebäude Grubentiefen d_3	Nichtwohngebäude Schachtkopfhöhen h_1	Bettenaufzüge Grubentiefen d_3	Bettenaufzüge Schachtkopfhöhen h_1
0,40[a]	1.400	3.600	–	–	–	–
0,63	1.400	3.600	1.400[4]	3.800[4) 6)]	1.600[9]	4.400[9]
1,00	1.400	3.700	1.400[4]	3.800[4) 6)]	1.700[9]	4.400[9]
1,60	1.600[1]	3.800[1]	1.600[4]	4.000[4) 6)]	1.900[9]	4.400[9]
2,00	1.750[2]	4.300[2]	1.750[3) 4)]	4.400[4) 7)]	2.100[9]	4.600[9]
2,50	2.000[2]	5.000[2]	2.200[3]	5.000[3] (5.500[5])	2.500	5.400[9]
3,00	–	–	3.200[5]	5.500[5]	–	–
3,50	–	–	3.400[5]	5.700[5]	–	–
4,00	–	–	3.800[5]	5.700[5]	–	–
5,00	–	–	3.800[5]	5.700[5]	–	–
6,00	–	–	4.000[5]	6.200[5]	–	–

[a] gilt nur für hydraulische Aufzüge
[1] gilt nur für ≥ 450 kg Tragfähigkeit
[2] gilt nur für ≥ 630 kg Tragfähigkeit
[3] gilt nur für ≥ 800 kg Tragfähigkeit
[4] gilt nur bei normaler Nutzung
[5] gilt nur bei intensiver Nutzung
[6] bei 1.000 kg bis 1.275 kg Tragfähigkeit = 4.200 m
[7] gilt nur ab 800 kg Tragfähigkeit
[8] bei 1.000 kg bis 1.275 kg Tragfähigkeit = 5.200 m
[9] bei ≥ 2.500 kg Tragfähigkeit zuzügl. 200 mm

Fahrkorb[1]. Die Fahrkorbhöhe h_4 (Tab. 5.92 und 5.93), gemessen zwischen Fahrkorbschwelle und Unterfläche der Fahrkorbdecke (ohne Berücksichtigung von Beleuchtung- und Lüftungseinrichtungen) beträgt i. d. R. mindestens 2,20m, bei Aufzügen in Nichtwohngebäuden je nach Nutzungsintensität und Tragfähigkeit bis zu 2,40 m. Die Türhöhen der Fahrkörbe h_3 betragen mindestens 2,10 m, in Aufzügen mit einer Tragfähigkeit von ≤320 kg in Wohngebäuden 2,00 m.

Vor Schachttüren ist ausreichende Fläche für das ungehinderte Ein- und Aussteigen von Personen und das Laden von Lasten (Kinderwagen, Krankentragen, Möbel) vorzusehen. Abmessungen von 1,50 m × 1,50 m bei Wohngebäuden und dem 1,5-fachen der Fahrkorbtiefe bei Nichtwohngebäuden sollen nicht unterschritten werden.

Schachtgrubengrößen und Schachtkopfabmessungen (Unter- und Überfahrtshöhen) der unterschiedlichen Personenaufzugsarten sind Tab. 5.95 zu entnehmen.

Bedienungs-, Signalelemente und Zubehör für die Fahrtsteuerungsarten, die Art, Lage und Größe hinweisgebender Symbole (Bildzeichen) im Fahrkorb und an den Haltestellen sowie Handläufe, sind in DIN EN 81 geregelt.

5.6 Fahrtreppen und Fahrsteige

Fahrtreppen (Rolltreppen) nach DIN EN 115 dienen zur Beförderung großer Personenmengen mit höherer Geschwindigkeit bei gleichzeitiger Zeit- und Platzersparnis und niveaugleicher Erschließung auch für mobilitätseingeschränkte Menschen (z. B. in Bahnhöfen, Flughäfen, Verkaufsstätten, Messen). Sie sind somit bei geringen Förderhöhen und hohem Verkehrsaufkommen (Förderleistung bei 1 m Breite und Fahrgeschwindigkeit von 0,5 m/s Sekunde bis zu 9000 Personen/h) als Alternative bzw. in Kombination mit Aufzügen einsetzbar.

Bei den Betriebsarten wird zwischen Dauerbetrieb und intervallweiser Nutzung nur bei Bedarf durch Steuerung per Lichtschranke und Kontaktmatte unterschieden.

Fahrersteige sind keine Treppen sondern auf ebener Fläche angeordnete Personenbeförderungsmittel. Es werden horizontale Fahrsteige

---

[1] Die Tragfähigkeit für jede beförderte Personen muss mindestens 75 kg betragen. Pro Person wird eine Fahrkorbgrundfläche von 0,15 m² zugrunde gelegt.
In Wohngebäuden sind folgende Tragfähigkeit festgelegt:
320 kg für die Benutzung durch Personen
450 kg für die Benutzung durch Rollstuhlbenutzer (Aufzugstyp 1 gem. DIN 81-70)
630 kg für die Benutzung auch mit Kinderwagen und Rollstühlen mit Begleitperson (Aufzugstyp 2 gem. DIN 81-70)
1000 kg für die Benutzung zum Transport von Krankentragen, Möbeln und Rollstühlen mit Wendemöglichkeit (Aufzugstyp 3 gem. DIN 81-70).

und geneigte Fahrsteige bis max. 12° unterschieden. Die üblichen Nenngeschwindigkeiten betragen zwischen 0,5 bis 0,75 m/s.

Die Regelbreiten der Stufen und „Paletten" betragen 80 cm und 100 cm. Aus Sicherheitsgründen muss das Übersteigen der Umwehrungen von der Außenseite durch Übersteigerungssicherungen verhindert werden. Die beträchtliche Lasteinleitung an den Auflagern ist zu berücksichtigen. Bauwerksfugen und Dehnungsfugen müssen an den Auflagern durch Loslager berücksichtigt werden, um Gebäudebewegungen ausgleichen zu können.

Im Brandfalle müssen sich Fahrtreppen und Fahrsteige selbsttätig abschalten.

5.7 Normen

Norm	Ausgabedatum	Titel
DIN EN 81-3	06.2011	Sicherheitsregeln für die Konstruktion und den Einbau von Aufzügen; Elektrisch und hydraulisch betriebene Kleingüteraufzüge
DIN EN 81-20	11.2014	–; Aufzüge für den Personen- und Gütertransport – Personen und Lastenaufzüge
E DIN EN 81-20	03.2018	–; –; Personen- und Lastenaufzüge
DIN EN 81-50	02.2015	–; Konstruktionsregeln, Berechnungen und Prüfungen von Aufzugskomponenten
E DIN EN 81-50	03.2018	–; –; Konstruktionsregeln, Berechnungen und Prüfungen von Aufzugskomponenten
DIN EN 81-70	07.2018	–; Besondere Anwendungen für Personen- und Lastenaufzüge; Zugänglichkeit von Aufzügen für Personen einschließlich Personen mit Behinderungen
DIN EN 81-72	06.2015	–; –; Feuerwehraufzüge
E DIN EN 81-72	03.2018	–; –; Feuerwehraufzüge
DIN EN 115-1	01.2018	Sicherheit von Fahrtreppen und Fahrsteigen – Konstruktion und Einbau
DIN EN 1365-6	02.2005	Feuerwiderstandsprüfungen für tragende Bauteile; Treppen
DIN EN 1930	02.2012	Artikel für Säuglinge und Kleinkinder – Kinderschutzgitter – Sicherheitstechnische Anforderungen und Prüfverfahren
DIN EN 1991-1-1	12.2010	Eurocode 1: Einwirkungen auf Tragwerke, Allgemeine Einwirkungen auf Tragwerke – Wichten, Eigengewicht und Nutzlasten im Hochbau
DIN EN 1991-1-1/NA	12.2010	Nationaler Anhang – National festgelegte Parameter – Eurocode 1: Einwirkungen auf Tragwerke – Teil 1-1: Allgemeine Einwirkungen auf Tragwerke – Wichten, Eigengewicht und Nutzlasten im Hochbau
DIN EN 1991-1-1/NA/A1	05.2015	–;–; –; Wichten, Eigengewicht und Nutzlasten im Hochbau; Änderung A1
DIN 4102-1	05.1998	Brandverhalten von Baustoffen und Bauteilen; Baustoffe, Begriffe, Anforderungen und Prüfungen
DIN 4102-4	05.2016	–; Zusammenstellung und Anwendung klassifizierter Baustoffe, Bauteile und Sonderbauteile
DIN 4109-1	01.2018	Schallschutz im Hochbau; Mindestanforderungen
DIN 4109 Bbl.2	11.1989	–; Hinweise für Planung und Ausführung; Vorschläge für einen erhöhten Schallschutz; Empfehlungen für den Schallschutz im eigenen Wohn- oder Arbeitsbereich
ISO 4190-1	05.2010	Personenaufzüge: Aufzüge der Klassen I, II, III und IV
ISO 4190-1 Kor.1	12.2011	–; Aufzüge der Klassen I, II, III und IV; Korrektur 1
ISO 4190-2	02.2001	Personenaufzugsanlagen – Aufzüge der Klasse IV (Lastenaufzüge)
ISO 4190-3	03.1982	Aufzugsanlagen – Güteraufzüge der Klasse V (Kleingüteraufzüge)
ISO 4190-5	11.2006	Aufzüge – Befehlsgeber, Anzeigen und zusätzliche Einbauten
ISO 4190-6	10.1984	Aufzüge und Lastenaufzüge – Personenaufzüge für den Einbau in Wohnhäusern; Planung und Auswahlkriterien
DIN EN 13 015	12.2008	Instandhaltung von Aufzügen und Fahrtreppen – Regeln für Instandhaltungsanweisungen
DIN EN 14 076	03.2014	Holztreppen – Terminologie; dreisprachige Fassung
DIN EN ISO 14 122-3	10.2016	Sicherheit von Maschinen; Ortsfeste Zugänge zu maschinellen Anlagen; Treppen, Treppenleitern und Geländer

5.7 Normen

Normen, Fortsetzung

Norm	Ausgabedatum	Titel
DIN EN ISO 14 122-4	10.2016	–; –; Ortsfeste Steigleitern
DIN EN ISO 14 798	04.2013	Aufzüge, Fahrtreppen und Fahrsteige – Verfahren zur Risikobeurteilung und -minderung
DIN EN 14 843	07.2007	Betonfertigteile – Treppen
DIN EN 14 975	12.2010	Bodentreppen-Anforderungen; Kennzeichnung und Prüfung
DIN 15 306	06.2002	Aufzüge; Personenaufzüge für Wohngebäude; Baumaße, Fahrkorbmaße Türmaße
DIN 15 309	12.2002	–; Personenaufzüge für andere als Wohngebäude sowie Bettenaufzüge; Baumaße, Fahrkorbmaße Türmaße
DIN EN 15 644	03.2009	Traditionell konstruierte, vorgefertigte Treppen aus Massivholz – Spezifikationen und Anforderungen
DIN EN 16 481	09.2014	Holztreppen – Bauplanung – Berechnungsmethoden
DIN 18 008-4	07.2013	Glas im Bauwesen – Bemessungs- und Konstruktionsregeln – Zusatzanforderungen an absturzsichernde Verglasungen
DIN 18 008-5	07.2013	–; –; Zusatzanforderungen an begehbare Verglasungen
DIN 18 040-1	10.2010	Barrierefreies Bauen – Planungsgrundlagen; Öffentlich zugängliche Gebäude
DIN 18 040-2	09.2011	–; Wohnungen
DIN 18 040-3	12.2014	–; Öffentlicher Verkehr und Freiraum
DIN 18 065	03.2015	Gebäudetreppen – Begriffe, Messregeln, Hauptmaße
DIN 18 090	01.1997	Aufzüge; Fahrschacht-Dreh- und -Falttüren für Fahrschächte mit Wänden der Feuerwiderstandsklasse F90
DIN 18 091	07.1993	Aufzüge; Schacht-Schiebetüren für Fahrschächte mit Wänden der Feuerwiderstandklasse F90
DIN 18 385	09.2016	VOB Vergabe- und Vertragsordnung für Bauleistungen; Teil C : Allgemeine Technische Vertragsbedingungen für Bauleistungen (ATV); Aufzugsanlagen, Fahrtreppen und Fahrsteige sowie Förderanlagen
DIN 24 531-1	04.2006	Roste als Stufen; Gitterroste aus metallischen Werkstoffen
DIN 24 531-2	08.2007	Roste als Stufen; Blechprofilroste aus metallischen Werkstoffen
DIN EN ISO 25 745-2	10.2015	Energieeffizienz von Aufzügen, Fahrtreppen und Fahrsteigen – Energieberechnung und Klassifizierung von Aufzügen (ISO 25745-2:2015)
DIN 68 368	02.2006	Laubschnittholz für Treppenbau – Gütebedingungen
12. ProdSV	04.2016	Aufzugsverordnung; 12. Verordnung zum Produktsicherheitsgesetz 04/16; BGBl. I S. 605, ersetzt V 8053-4-15 v.17.6.1998 – 393 (GSGV 12)
BGR 181	10.2003	Berufsgenossenschaftliche Regeln für Sicherheit und Gesundheit bei der Arbeit (BG- Regeln) – Fußböden in Arbeitsräumen und Arbeitsbereichen mit Rutschgefahr (bisher ZH 1/571)
BGI/GUV-I 561	07.2010	DGUV Informationen 208-005 – Treppen; Berufsgenossenschaftliche Informationen für Sicherheit und Gesundheit bei der Arbeit (BGI) (bisherige ZH 1/113)
BetrSichV	02.2015	Betriebssicherheitsverordnung BGBl. I S. 49; zuletzt geändert 15.11.2016; BGBl. I S. 2549
BTI 1.3	06.2013	Bautechnische Informationen des DNV – Deutscher Natursteinverband – Massivstufen und Treppenbeläge, außen
Edelstahl Rostfrei D 871	2015	Treppen und Geländer aus nichtrostendem Stahl – Dokumentation 871 der Informationsstelle Edelstahl Rostfrei
ETB Absturzsicherung	06.1985	ETB-Richtlinie; Bauteile, die gegen Absturz sichern
EAR, Abschn. 4.5	2005	Empfehlungen für Anlagen des ruhenden Verkehrs – Forschungsgesellschaft für Strassen- und Verkehrswesen (FGSV). Köln
ETAG 008	09.2002	Bekanntmachung der Leitlinie für europäische technische Zulassungen für vorgefertigte Treppenbausätze – Vorgefertigte Treppenbausätze im Allgemeinen (mit Ausnahme von erschwerenden klimatischen Beanspruchungen)

Normen, Fortsetzung

Norm	Ausgabedatum	Titel
VerglasungZustVerfEmpf	11.2009	Anforderungen an begehbare Verglasungen; Empfehlungen für das Zustimmungsverfahren
MaschinenRL 2006/42/EG	05.2006	Richtlinie 2006/42/EG des europäischen Parlaments und des Rates vom 17. Mai 2006 über Maschinen und zur Änderung der Richtlinie 95/16/EG (Neufassung), ABl. EG Nr. L 157/24
MGarVO	05.1993	Muster- Garagenverordnung – M-GarVO, zuletzt geändert 30.05.2008 – MGaV
MBO	05/2016	Musterbauordnung – MBO von 11/2002, zuletzt geändert 13.05.2016
RL 2014/33 EU	02.2014	Richtlinie 2014/33/EU des europäischen Parlaments und des Rates zur Angleichung der Rechtsvorschriften der Mitgliedstaaten für Aufzüge und Sicherheitsbauteile für Aufzüge
VDI 2566 Blatt 1	04.2011	Schallschutz bei Aufzugsanlagen mit Triebwerksraumr
VDI 2566 Blatt 2	05.2004	Schallschutz bei Aufzugsanlagen ohne Triebwerksraum
VDI 3810- Blatt 6	11.2013	Betreiben und Instandhalten von Gebäuden und gebäudetechnischen Anlagen – Aufzüge
VDI-Richtlinie 4100	10.2012	Schallschutz im Hochbau – Wohnungen – Beurteilung und Vorschläge für erhöhten Schallschutz
VDI 4707 Blatt 1	03.2009	Aufzüge – Energieeffizienz
VFF Merkblatt V.01	07.2013	Merkblatt Absturzsichernde Verglasungen des Verbandes Fenster und Fassade (VFF)
ZDB Außentreppen	12.2012	Zentralverband des Deutschen Baugewerbes (ZDB); Außentreppen – Treppen aus keramischen Fliesen und Naturwerkstein im Außenbereich

Weiterhin sind verschiedene gebäudespezifische Richtlinien der Bundesländer zu beachten (z. B. Hochhaus-, Verkaufsstätten-, Schulbau-, Krankenhausrichtlinie, Fliegende Bauten usw.).

5.8 Literatur

[1] Aachener Bausachverständigentage 2010: Konfliktfeld Innenbauteile- Treppe. Wiesbaden 2010
[2] *Baus, U., Siegele, K.*: Holztreppen. Stuttgart: DVA 2001
[3] *Baus, U., Siegele, K.*: (Hrsg.): Stahltreppen. Stuttgart: DVA 2001
[4] *Baus, U., Siegele, K.* (Hrsg.): Gradläufige Treppen. Konstruktion, Gestaltung, Beispiele. Stuttgart: DVA 2009
[5] *Baumgärtner, T.*: Planung und Konstruktion von Glastreppen. In DBZ 08/2004
[6] BMUB – Bundesministerium für Umwelt, Naturschutz, Bau und Reaktorsicherheit (Hrsg.): Leitfaden Barrierefreies Bauen, Berlin 2014; www.bmub.bund.de
[7] *Braun, M. S.*: stairs – architectural details. Berlin 2008
[8] Bundesanstalt für Arbeitsschutz und Arbeitsmedizin: Funktionelle, sichere und nutzerfreundliche Treppen 2013; Publikationen –Treppen. Dortmund; www.baua.de
[9] Bund deutscher Zimmermeister (BDZ): Handwerkliche Holztreppen: Regelwerk Holztreppenbau, Berlin 1999; www.holzbau-deutschland.de; www.treppenbau.de
[10] BVTG e. V.: Bundesverband Treppen- und Geländerbau e.V.: Richtlinien zur Beurteilung von Treppen und Geländern; www.bvtg.de
[11] Deutscher Stahlbauverband (DSTV) : Stahlbau Arbeitshilfen – 22 Treppen im Geschossbau 2000.; www.deutscherstahlbau.de
[12] Deutsches HolzTreppen Institut (DHTI e. V).: Europäische-Technische Zulassung (ETA) Holzwangentreppen sowie weitere Publikationen; www.treppenbau.de
[13] Deutsches Institut für Treppensicherheit e.V.: Publikationen; www.treppensicherheit.de
[14] DETAIL- Fachzeitschriften: Treppenkonstruktionen: 2/1990; 2/1992; 2/1994; 2/1996; 2/1998; 2/2000; 04/2002; 04/2014; Treppen und Aufzüge 05/2004; Treppen, Wege, Rampen 06/2009
[15] DGUV – Deutsche Gesetzliche Unfallversicherung; BGI/GVU-I 561 – Treppen 07/2010; Fahrtreppen und Fahrsteige BGI 5069 Teil 1 und 2, 12/2007. Berlin; www.dguv.de

5.8 Literatur

[16] DHTI – Deutsches HolzTreppen Institut. Saarbrücken, www.treppenbau.de
[17] *Diehl, W.*: Scala – Moderner Treppenbau. Karlsruhe 2002
[18] *Diehl, W.*: Moderne Treppen. Holz, Glas, Stahl, Beton. Köln 2014
[19] *Drexel, T.*: Neue Treppen – Konstruktion und Design: München 2000
[20] *Engelbert, A.*: Die Treppe – eine kulturgeschichtliche und medienkritische Studie anhand ausgewählter Beispiele aus verschiedenen Medien. Würzburg 2014
[21] *Everding, D.; Sieger, V.; Meyer, S.*: Handbuch barrierefreies Bauen – Leitfaden zur DIN 18040 Teil 1 bis Teil 3 mit Checklisten. Köln 2015
[22] *Fischer, H., Weißgerber, B.*: Sicheres Begehen von Treppen: ergonomische, psychologische und technische Aspekte. Bremerhaven 2001
[23] *Goldelius, H.-W.*: Balkon- und Treppengeländer richtig planen, konstruieren und montieren. Köln 2008
[24] *Grund, M.*: Die Roten Hefte, Bd.46, Aufzüge Fahrtreppen, Fahrsteige (Feuerwehraufzüge): Stuttgart 1995
[25] *Haack, A. Emig, K.-F.*: Abdichtungen im Gründungsbereich und auf genutzten Dachflächen; Abschn. B 1.5.8. Berlin 2003
[26] *Habermann, K. J.*: Treppen- Entwurf und Konstruktion. Birkhäuser 2003
[27] *Hansmann, C.-R.*: Treppen in der Architektur. Stuttgart 1996
[28] *Hartisch, K.*: Treppen in Stahl, Holz und Beton. Stuttgart 1993
[29] *Hempel, J.*: Ein Fotograf sieht Treppen. Konstein 2009
[30] *Hoffmann, K., Griese, H.*: Stahltreppen. Stuttgart 1994
[31] Informationszentrum RAUM und BAU der Fraunhofergesellschaft – IRB-Literaturdokumentation: 1587: Betontreppen, 1588: Metalltreppen, 1589: Fertigteiltreppen, 1620: Treppengeländer, 3108: Holztreppen,. Stuttgart; www.irb.fhg.de
[32] *Jiricna, E.*: Moderne Treppen, Stuttgart: DVA 2001
[33] *Klingsohr, K.*: Die Treppe als Rettungsweg, DETAIL 4/2002
[34] *Kotthoff, I.*: Brandschutz im Altbau. Sicherheit bei Holztreppen, In: BBauBl. 7/1995
[35] *Kottje, J.*: 77 Treppen für Wohnhäuser – Material, Konstruktion, Rumwirkung. München 2014
[36] *Losantos, A.* (Hrsg.): Stair design. Köln 2006
[37] *Mannes, W.*: Die Treppe. Zeitgemäße Beispiele in Holz, Stein und Stahl. Stuttgart: DVA 1994
[38] *Mannes, W.*: Treppen und Geländer aus Holz, Stahl, Edelstahl, Stein, Glas Textil. Planung , Konstruktion, Ausführung. Köln 2004
[39] –: Treppen-Technik, technische und konstruktive Hinweise, Empfehlungen und Vorschläge für den Treppenbau (Holztreppen). Stuttgart 1996
[40] –: Der handwerkliche Holztreppenbau. Stuttgart 1996
[41] –: Schöne Treppen. Stuttgart 1999
[42] –: Wohnhaustreppen, Konstruktion, Detail, Gestaltung. Stuttgart: DVA 1999
[43] *Mielke, F.*: Handbuch der Treppenkunde; Hannover 1993
[44] *Ordás, J. M.*: Treppen – Material, Konstruktion, Gestaltung. Stuttgart 2001
[45] *Pech, A.; Kolbitsch, A.*: Treppen / Stiegen – Einführendes Lehrbuch. Wien 2005
[46] *Peter, C., Peter, C., Reisch, D., Temme, K.*: Treppen. Detail Praxis 2017
[47] *Pracht, K.*: Treppen aus Metall, gerade und gewendelt. Lübeck 2000
[48] *Reitmayer, U.*: Holztreppen in handwerklicher Konstruktion. Stuttgart 1998
[49] *Schittlich, C.* (Hrsg.): Erschließungsräume – Treppen, Rampen, Aufzüge – Wegeführung – Entwurfsgrundlagen. München 2013
[50] H *Schöllkopf, K.; O.*: Planungsgrundsätze für Aufzüge. DETAIL 5/2004
[51] Stahl – Informationszentrum: Merkblätter 155, 255 und 355; Treppen aus Stahl. Düsseldorf 2006; www.stahl-info.de
[52] *Weidinger, H.*: Treppen im Einfamilienhaus. München 2000

Smarter Zutritt bedeutet Leistung

Aus Dorma und Kaba wird dormakaba.
Ein smarter Schritt für noch bessere Zutrittslösungen.

Lassen Sie sich inspirieren unter dormakaba.de

dormakaba

6 Fenster

6.1 Allgemeines

Im Unterschied zu Fensterfassaden (s. Abschn. 7) und Glasfassadensystemen (s. Abschn. 9 in Teil 1 dieses Werkes) werden im folgenden Abschnitt Fenster als Bauteile behandelt, die als eigenständige Bauelemente zur Anwendung in einzelnen Fassadenöffnungen (Lochfassaden) ausgeführt werden.

Fenster beeinflussen durch Form, Gliederung und Größe, durch Lage, Anordnung und Baustoff entscheidend Fassadengestaltung, Baukörper und Innenraum. Beim Fensterbau sind Fragen der Gestaltung, der Konstruktion, der Fertigungstechnik und der Wirtschaftlichkeit (bei Herstellung und Benutzung) besonders eng miteinander verflochten, so dass jeweils die für den einzelnen Fall günstigsten Lösungen gefunden werden müssen.

Wesentlich ist neben der Belichtung die psychologische Bedeutung des Tageslichtes für das Wohlbefinden des Menschen in Wohn- und Arbeitsräumen. Der Wechsel von Helligkeit und Dunkel, der Witterung, Besonnung und Verschattung, insbesondere aber auch der Sichtkontakt mit der Umwelt durch ausreichenden Ausblick sind wichtig. Von Nachteil ist es, wenn durch gegenüberliegende Verbauung oder wegen ungünstiger Lage der Fenster (z.B. hohe Fensterstürze und Brüstungen) das Blickfeld und insbesondere der sichtbare Himmelsausschnitt eingeschränkt sind.

Durch eine große Zahl von Vorschriften und Normungen sind Fenster zu einem komplizierten, komplexen Bauteil geworden, dessen konstruktive Einzelheiten bei fast allen Ausführungsarten weitgehend durch den Hersteller festgelegt werden müssen.

Durch den Planer sind die allgemeinen Anforderungen für den jeweiligen Einzelfall zu definieren und Lage, Größe und gestalterische Einzelheiten der Fenster festzulegen. Insbesondere müssen durch ihn alle Details für den Einbau geplant und koordiniert werden.

Bauaufsichtliche Vorschriften. Mindestanforderungen an Fenster bzw. an die Belichtung von Räumen durch Tageslicht sind in den Landesbauordnungen auf Grundlage der Musterbauordnung (MBO) festgelegt. So wird z.B. u. A. gefordert:

- Alle Aufenthaltsräume müssen durch unmittelbar ins Freie führende Fenster ausreichend Tageslicht erhalten und belüftet werden können („notwendige Fenster").
- Das Rohbaumaß solcher Fensteröffnungen muss mindestens 1/8 der Raumgrundfläche einschließlich der Grundfläche verglaster Vorbauten und Loggien betragen.

In einigen Bundesländer gilt: Geneigte Fenster und Oberlichter können zugelassen werden, wenn wegen des Brandschutzes keine Bedenken bestehen. Wenn die dahinter liegenden Fenster ausreichend Tageslicht erhalten und die Lüftung ausreicht, sind vor notwendigen Fenstern auch Loggien und verglaste Vorbauten zulässig.

- Aufenthaltsräume, deren Benutzung eine Beleuchtung mit Tageslicht verbietet sowie Verkaufsräume, Schank- und Speisegaststätten, Behandlungsräume des Gesundheitswesens, Sport-, Spiel-, Werk- und ähnliche Räume sind ohne Fenster zulässig. (Es ist jedoch die Arbeitsstättenverordnung zu beachten).
- Fensterlose Küchen, Kochnischen, Bäder und Toilettenräume sind nur zulässig, wenn eine wirksame Lüftung gewährleistet ist.
- Öffnungen von Fenstern, die auch als Rettungswege im Brandfall dienen, müssen mindestens 0,90 x 1,20 m groß und nicht höher als 1,20 m über Fußbodenoberkante angeordnet sein.
- Fenster müssen gefahrlos gereinigt werden können. Wenn dies nicht von innen oder vom Erdboden aus möglich ist, müssen für die Reinigung von außen besondere Vorkehrungen (Aufzüge, Halterungen, Stangen) getroffen werden.
- Fensterbrüstungen müssen (ausgenommen in Erdgeschossen) mindestens 0,80 m, bei einer Absturzhöhe von mehr als 12 m jedoch mindestens 0,90 m hoch sein. In einigen Landesbauordnungen gilt zur Bemessung der Brüstungshöhe die Oberkante des feststehenden Blendrahmens (OK Fertigfußboden bis OK lichte Fensteröffnung), in anderen sind feststehende Fensterrahmen nicht in die erforderliche Brüstungshöhe mit einzubeziehen (OK Fußbo-

den bis OK Fensterbank). Geringere Brüstungshöhen sind zulässig, wenn durch Geländer, Brüstungsverglasungen u. Ä. die erforderlichen Mindesthöhen eingehalten werden.

Die geforderten Brüstungshöhen dürften bei hochgelegenen Fenstern besonders von groß gewachsenen Menschen als recht niedrig empfunden werden. Der Planer sollte daher die Brüstungsmaße nicht überall nach den Mindestanforderungen wählen.

Die Anforderungen können in den jeweiligen Landesbauordnungen variieren, d. h. es ist stets die aktuelle Landesbauordnung (LBO) zu berücksichtigen.

Für den Nutzer eines Gebäudes ist insbesondere die Gebrauchstauglichkeit des Fensters – also die Eignung für den Verwendungszweck im eingebauten Zustand – von Interesse. Daher müssen alle Betrachtungen zum Fenster die Wand und insbesondere den Übergang von der Wand zum Fenster (Bauwerksanschluss) mit einbeziehen.

Als Bestandteil der Außenwand wirken auf das Fenster vielfältige bauphysikalische, mechanische und sonstige Belastungen.

Wesentliche Aufgaben des Fensters sind dabei u. A.:

- Schutz vor Witterungseinwirkungen (Wind, Niederschläge),
- sommerlicher und winterlicher Wärmeschutz,
- Schallschutz,
- Sicherheit vor unbefugtem Zugang,
- Sicherung von Leib und Leben (Absturzhemmung, Nutzungssicherheit),
- Belichtung und Belüftung der Räume,
- Energiezugewinn durch solare Einstrahlung (solare Wärmegewinne),
- Herstellung einer Verbindung zur Umgebung.
- Barrierefreiheit, z. B. geringe Bedienkräfte und -höhen.

Bei bodentiefen Fenstertüren, wie Balkon- und Terrassentüren kommt hinzu

- Möglichkeit des Zu- und Durchgangs,
- Barrierefreiheit (lichte Durchgangsbreiten, Schwellenhöhe)
- Bruchsicherheit der frei zugänglichen Verglasungen (Raum- und Außenseite)

Hinzu kommt, dass Fenster die Fassaden maßgeblich prägen und damit ein wesentliches Merkmal für die Gestaltqualität sind. Große Fenster waren in vergangenen Jahrzehnten der Ausdruck moderner Architektur und fortschrittlicher Bautechnik. Großflächige verglaste Flächen haben massive Wände als Gebäudehülle bei vielen Gebäudearten abgelöst. Damit kommen im Zeitalter des solaren Bauens und des effizienten Ressourcenumgangs eine große Anzahl an Herausforderungen an die Werkstoffe, und die Bautechnik für Fenster hinzu, welche sich in den aktuellen Entwicklungen der transparenten Bauteile widerspiegeln.

All diese Anforderungen, die im Fenster in technische Eigenschaften umzusetzen sind, müssen über einen angemessenen Nutzungszeitraum erhalten bleiben. Typische Zeiträume für die Nutzungserwartung der Fenster sind 30 bis 40 Jahre. Dabei wird ein angemessener Aufwand an Instandhaltung und Instandsetzung vorausgesetzt. Die Dauerhaftigkeit des Fensters ist vom Zusammenwirken *aller* Einzelteile abhängig. Soweit Teile mit planmäßig kürzerer Nutzungserwartung im Fenster vorhanden sind, müssen diese erneuerbar sein. Solche Teile sind z. B. Beschläge, Dichtungen und das Mehrscheiben-Isolierglas.

Planung. Die *Lage* von Fenstern innerhalb des Grundrisses wird vielfach durch die Fassadengestaltung des Gebäudes vorgegeben. Sie sollte bei der Gesamtbetrachtung jedoch auch von der jeweiligen Innenraumgestaltung aus betrachtet werden. Ähnlich wie bei der Planung von Türen (vgl. Abschn. 8.2) ist die Nutzung und Einrichtung des Raumes zu berücksichtigen. Der freie Ausblick von den voraussichtlich häufigsten Aufenthaltsbereichen ist ebenso zu beachten wie der Durchblick in benachbarte Innen- und Außenbereiche vom Hauptzugang des Raumes aus. Mitunter ist auch der Ausblick aus einer sitzenden Position durch verringerte Brüstungshöhen sicherzustellen.

Fenstergrößen. Die *Größe* der Fenster ist von vielen Faktoren abhängig. Die Anforderungen hinsichtlich des Mindest-Tageslichtquotienten (DIN 5034-4) für Wohnräume sind u.A. abhängig von der Verbauung (Lage zu gegenüberliegenden Bauwerken), von der Anordnung und Größe der Verglasungsfläche, der Lichtdurchlässigkeit, der Reflexion der Verglasung und der Refexionsgrade der Innenflächen sowie von der Lage des Fensters zur Himmelsrichtung. Die Breite des Fensters bzw. die Summe aller Fensterbreiten soll mindestens 55 % der Raumbreite betragen. Im Allgemeinen werden in den meisten Fällen diese Kriterien bei den üblichen Fensterabmessungen auch ohne besonderen Nachweis erfüllt.

6.1 Allgemeines

Bauphysikalisch betrachtet sind Fenster Teile der Außenwände (= wärmeübertragende Umfassungsfläche gemäß EnEV). Mit diesen gemeinsam müssen für das Bauwerk die Anforderungen an den Wärme- Schall- und Feuchteschutz erfüllt werden.

Die Mindestanforderungen an den Wärmeschutz sind durch die Energieeinsparverordnung (EnEV) neu definiert worden (s. Abschn. 6.2.4 und Abschn. 17.5 in Teil 1 des Werkes). Bei den hier erforderlichen Nachweisen spielt der Fensterflächenanteil (größer oder kleiner als 30 % der Fassadenfläche) eine bedeutende Rolle und sollte daher bereits in einem frühen Entwurfsstadium in Betracht gezogen werden.

Zur Erhöhung der Funktionalität und Gebrauchstauglichkeit sollten großformatige Fensterflügel vermieden werden. Dies wird erreicht durch eine geeignete Fensterteilung in mehrere Elemente, wie z. B. Oberlichter, feststehende Elemente, etc.

Wärmeschutz. Fenster und Fassaden bestimmen das energetische Verhalten eines Gebäudes in verschiedener Art und Weise. Sie bestimmen als Außenwandbauteile die Energieverluste maßgeblich mit. Dabei sind auch die linearen Wärmebrücken an Glasrand und am Baukörperanschluss durch den Einsatz von entsprechenden Werkstoffen und Konstruktionen von zunehmender Bedeutung. Punktförmige Wärmebrücken wie Befestigungsstellen können durch Tauwasser- oder Schimmelpilze negative Auswirkungen haben.

Die Dichtheit der Funktionsfugen zwischen Flügel und Blendrahmen ist durch den Einsatz von mehreren Dichtebenen und der Weiterentwicklung der Beschlagtechnik wesentlich verbessert worden. Die damit verbundene Minimierung der Wärmeverluste durch unkontrollierten Luftaustausch ist ein weiterer Faktor der energetisch verbesserten Wirkung der Fenster. Dichte Konstruktionsfugen, Verglasungsfugen und Anschlussfugen sind Stand der Technik.

Die wesentlichen Faktoren für die wärmetechnische Optimierung beim Fenstereinbau (Montage) sind

- Einbauebene in der Leibung (umgebender Wand), mittig bzw. in der Dämmebene bei mehrschaligen Wandaufbauten,
- Überdämmung der Anschlussfuge von außen.

Die wesentlichen Faktoren für die wärmetechnische Optimierung bei Verglasungen sind:

- Aufbauten mit einem oder zwei, selten drei Scheibenzwischenräumen (SZR), wobei hier Breiten über ca. 16 mm keine wesentlichen Verbesserungen mehr erzielen.
- Die Füllung der Scheibenzwischenräume mit einem Gas wie Argon oder Krypton.
- Die Beschichtung von Glasoberflächen auf der geschützten Seite zum Scheibenzwischenraum (*low-ε-Schicht*) – seltener auf ungeschützten nach außen liegenden Scheibenoberflächen mit sog. Hard – Coatings.
- Der sich durch den Aufbau aus den Faktoren Glas (Dicke, Anzahl, Glasart) und Beschichtungen ergebende Gesamtenergiedurchlassgrad (*g*-Wert), sollte für die Sonnenschutzfunktion niedrig und umgekehrt für gute solare Zugewinne und Lichteinfall hoch sein.
- Der Randverbund des Isolierglases aus Edelstahl Kunststoffen und/oder Dichtstoffen, sog. warm edge/Warme Kanten-Systeme.

Die wesentlichen Faktoren für die wärmetechnische Optimierung beim Fensterrahmen sind:

- Geringe Ansichtsbreiten für einen hohen Glasanteil des Fensters, Verzicht auf zusätzliche Rahmenprofile wie glasteilende Sprossen, Pfosten und Riegel.
- Dämmstoffe oder Dämmzonen (thermische Trennung) im Aufbau des Profils, Reduzierung von metallischen Werkstoffen, wo möglich.
- Große Rahmendicken.
- Unterteilung von Hohlräumen in eine hohe Anzahl dämmender Kammern, teilweise mit Dämmstofffüllung; z.B. auch durch den Einsatz entsprechend großvolumiger, mit Luftkammern versehener Dichtungen im Falz zwischen Flügel und Blendrahmen.
- Konstruktive Optimierungen durch Formgebung der Profile, z.B. großzügige Überlappung des Glasrandes.

Himmelsausrichtung. Für den *sommerlichen* Wärmeschutz ist insbesondere die Lage der Fenster zur *Himmelsrichtung* ausschlaggebend.

Nordfenster sind in unserer geographischen Breite in dieser Hinsicht unproblematisch.

Westfenster. Durch Westfenster erhalten Räume besonders viel Strahlungsenergie und müssen daher in der Regel einen vertikal angeordneten Sonnenschutz haben, der jedoch wegen des flachen Einfallswinkels der Sonnenstrahlen vielfach nur mit erhöhtem Aufwand (z. B. bewegliche Sonnenschutzanlagen) zu gewährleisten ist.

Ostfenster. Bei Ostfenstern ist die Erwärmung wegen der morgendlichen Kühle weniger lästig, jedoch ist auch hier vielfach Verschattung notwendig, um zu verhindern, dass bereits am Morgen zugeführte Wärmeeinträge zur Aufwärmung der Räume beitragen, die tagsüber nicht mehr abgeführt werden kann.

Südfenster werden bedingt durch den großen Einfallswinkel der Sonnenstrahlen im Sommer (mittags ca. 60°) relativ weniger aufgeheizt und auch einfache, feststehende Sonnenschutzeinrichtungen können sehr wirksam sein (s. a. Abschn. 9.6 in Teil 1 dieses Werkes). Im Winter ist bei Südfenstern die Einstrahlung (solare Wärmegewinne) häufig sogar erwünscht. Ein damit verbundener passiver Energiegewinn muss jedoch im Hinblick auf die oft nicht hinreichend vorhandene Speicherungsfähigkeit der raumumschließenden Bauteile relativiert werden.

Hinsichtlich des *winterlichen Wärmeschutzes* ist zu bedenken, dass die ermittelten Mindestanforderungen an die Fenster ganz erheblich durch spätere Maßnahmen der Benutzer beeinträchtigt werden können (z. B. Anbringung von Gardinen vor den Fenstern und damit verbundene niedrigere Oberflächentemperaturen an Rahmen und Verglasungen als planerisch zu Grunde gelegt).

Großflächige Fenster können aus gestalterischer Sicht erwünscht sein, doch muss in Kauf genommen werden, dass bei ihnen die Aufwendungen für Sonnen- und Blendschutzeinrichtungen sowie *zum Schutz gegen Außenlärm* überproportional wachsen.

Auch die Kosten für Fenster müssen bereits bei der Planung betrachtet werden. Sie betragen etwa das Drei- bis Vierfache der üblichen Wandbaukosten und sind darüber hinaus sehr abhängig von den Öffnungseinrichtungen und der Einbauart. Je nach Ausführung betragen die Kosten der Verglasung etwa 25 % der Gesamtherstellungskosten der Fenster.

Im Zusammenhang mit der Fensterplanung sind auch die Kosten des Rohbaus zu betrachten. Raumhohe Fenster können durch Wegfall der Stürze (vor allem von Stürzen mit Rollladenkästen s. Abschn. 6.8.2) und von Brüstungen (insbesondere durch die Vermeidung von ggf. aufwändigen Heizkörpernischen) kostenmindernd sein.

6.1.1 Bezeichnungen und Bauarten

Allgemeine Regelungen von Begriffen, Bezeichnungen und Maßangaben für Fenster und Fenstertüren enthält DIN EN 12 519. Die wichtigsten Festlegungen für die Darstellung in Bauzeichnungen zeigt Bild **6**.1.

Bei der Beschreibung von Fenstern muss für Dreh- und Drehkippflügel klargestellt sein, ob das Fenster „rechts" oder „links" angeschlagen ist.

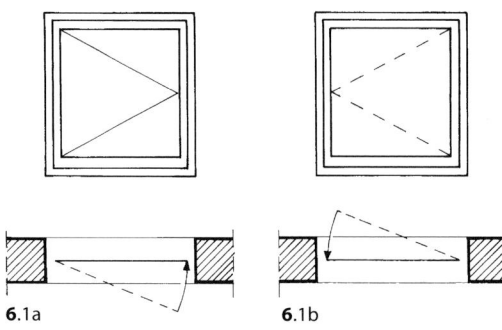 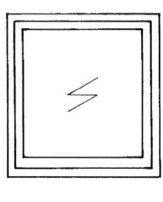 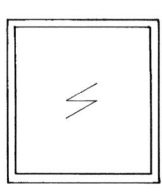

6.1a 6.1b 6.1c 6.1d

6.1 Darstellung der Bewegungsrichtung bzw. Öffnungsart von Fenstern (DIN EN 12 519)
  a) Drehflügel: Die Bewegung des Flügels in Richtung des Benutzers (d. h. von der Bandseite her gesehen) wird in der Ansicht mit durchgehenden Linien symbolisiert
  b) Drehflügel: Die Bewegung des Flügels weg vom Benutzer (d. h. von der Außenseite her gesehen) wird in der Ansicht mit gestrichelten Linien symbolisiert
  c) Fixiertes, nicht öffenbares Fenster
  d) Festverglasung

6.1 Allgemeines

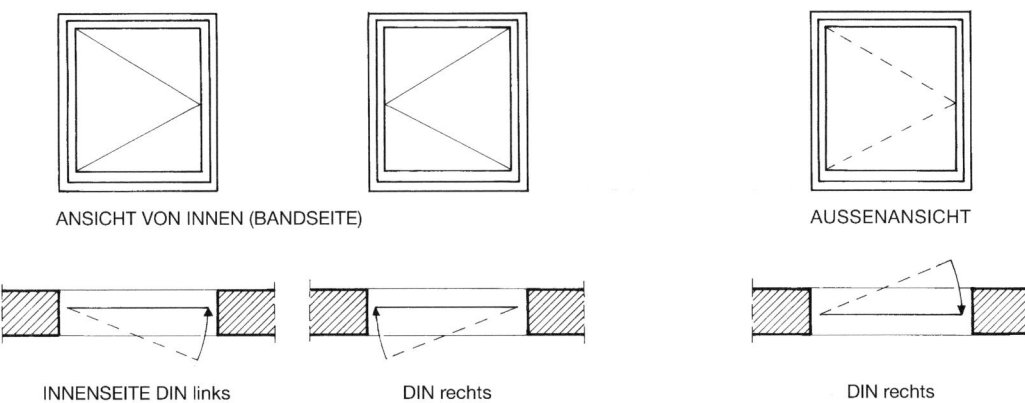

6.2 Schließrichtung von Fenstern (DIN 107 bzw. DIN EN 12 519)
„Links" (DIN links): Schließrichtung gegen den Uhrzeigersinn
„Rechts" (DIN rechts): Schließrichtung im Uhrzeigersinn

Nach DIN 107 (Bezeichnung mit links oder rechts im Bauwesen) und DIN EN 12 519 wird bezeichnet:
- „DIN rechts": Flügel zur Ansichtsseite öffnend mit Bändern auf der rechten Seite (nach DIN: „Man sieht auf das Band").
- „DIN links": mit Bändern auf der linken Seite.

Auf Zeichnungen ist ferner zur Vermeidung von Irrtümern deutlich klarzustellen, ob die Fenster von außen oder innen dargestellt sind (Bild **6**.2).

Fenster können in Form von Einzelfenstern (mindestens dreiseitig vom tragenden Wandsystem umgeben), Fensterbändern und Fensterwänden (Aneinanderreihung von einzelnen Elementen – durch die frei tragenden Rahmenteile müssen Anforderungen an die Statik erfüllt werden) und Fenster-Tür-Elementen hergestellt werden.

Sie bestehen gewöhnlich aus dem verglasten *Fensterflügel* und einem fest eingesetzten *Fensterrahmen* (auch Stock, Blendrahmen oder Zarge genannt).

Man unterscheidet Fenster nach Einbauart, Baustoff, Bauart, Öffnungsmöglichkeit, und Art der Verglasung:

- **Einbauart** im Rohbau:

  Wandöffnungen können *mit innerem Anschlag*, *mit äußerem Anschlag* oder *ohne Anschlag* (stumpfer Anschlag) (s. Bild **6**.3a–c) angelegt werden. Jede dieser Formen hat Vor- und Nachteile:

  - **Fensterleibungen ohne Anschlag** sind im Rohbau insbesondere in Betonwänden am einfachsten herzustellen. Schmale Rahmenprofile sind möglich. Die Bauwerksanschlüsse und die Eindichtung erfordern hier aber besonders sorgfältige Ausführung. Bei größerer Beanspruchung durch Schlagregen und Winddruck bzw. -sog sind anschlaglose Fensterleibungen (stumpfe Anschläge) daher problematisch. Gleiches gilt für die Einhaltung des Mindestwärmeschutzes (Temperaturfaktor f_{Rsi}). Als Einbauhilfen können Anschlagwinkel aus Metall (Bild **6**.3b) oder Einbauzargen (Bild **6**.3c) dienen.

  - **Leibungen mit innerem Anschlag** erfordern zusätzlichen Aufwand bei der Ausführung der Außenwände. Gemauerte Anschläge sind wegen der Steinformate entweder mit 12,5 cm Tiefe vorgegeben, oder es müssen besondere Anschlagsteine verwendet werden (Bild **6**.3d). Bei Fassaden mit äußerer Wärmedämmung ist der Einbau „mit Anschlag" vorteilhaft (Bild **6**.3e). Die Fenster sind wegen der meistens relativ großen äußeren Leibungstiefe recht gut gegen Witterungsbeanspruchung geschützt. Ein innerer Anschlag wirkt sich positiv auf das Vermeiden von kritischen, raumseitigen Oberflächentemperaturen aus, d.h. geringere Tauwasserausfallgefahr.

    Die erforderliche Verbreiterung der Blendrahmen ergibt entsprechend breite Innenansichtsflächen, doch sind gute Voraussetzungen für den Einbau von Leibungsdämmungen und für dichte Bauwerksanschlüsse gegeben. Der Fenstereinbau ist in der Regel nur von innen her möglich.

  - **Leibungen mit äußerem Anschlag** entstanden baugeschichtlich vor allem in den sturm-

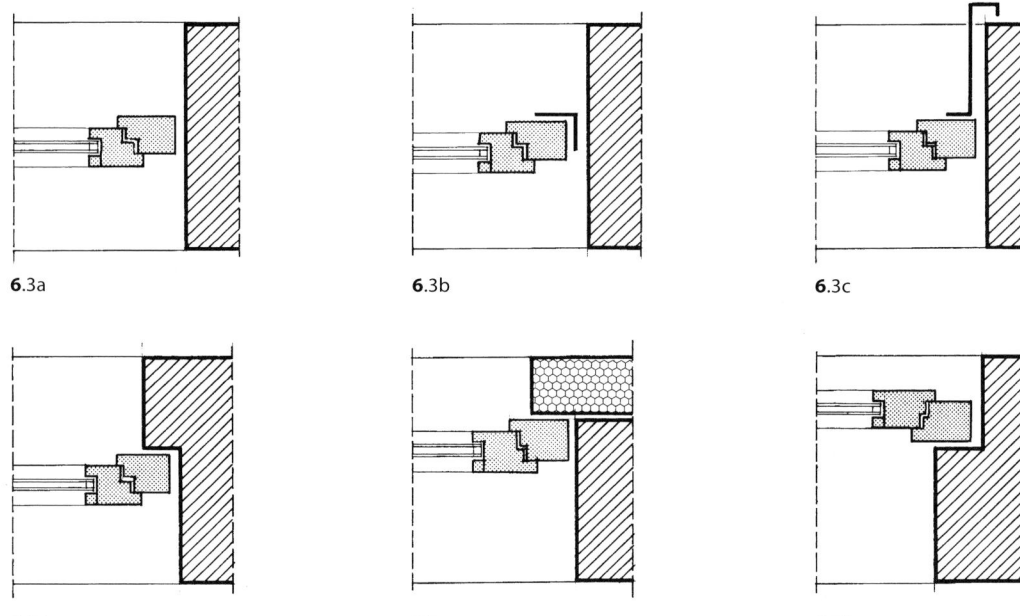

6.3 Einbau von Fenstern (schematisch, Abdichtungen, Befestigung usw. nicht eingezeichnet)
a) Fensterleibung ohne Anschlag
b) Einbau mit Anschlagswinkel aus Metall
c) Einbauzargen aus Stahlblech (Röder- Sturoka®)
d) Fensterleibung mit Anschlag innen
e) Einbau in Verbindung mit außen liegender Wärmedämmung („Thermohaut")
f) Fensterleibung mit Anschlag außen

reichen nordeuropäischen Küstengebieten. Der Winddruck presst das gesamte Fenster – und auch die hier damals meistens nach außen aufschlagenden Fensterflügel – vorteilhaft auf die Dichtungen bzw. in die Falze. Heute werden Fenster mit äußerem Anschlag vorwiegend dort ausgeführt, wo große und schwere Fensterelemente mit Hebezeugen von außen eingebaut werden müssen sowie unter denkmalspflegerischen Aspekten (Bild **6.**3f).

Vermeidung von Wärmebrücken. Bestimmend hierfür ist die Lage des Fensters in der Außenwand. Die Darstellungen in Bild **6.**3, **6.**21, **6.**34 und **6.**35 zeigen im Allgemeinen günstige Einbauebenen bei unterschiedlichen Außenwandkonstruktionen in Bezug auf die Minimierung von Wärmeverlusten und der Gefahr von Tauwasser- und Schimmelpilzbildung. Zudem müssen Hohlräume in der Anschlussfuge möglichst vollständig mit wärmedämmenden Materialien gefüllt werden.

Als Nachweis für den Mindestwärmeschutz können das Beiblatt 2 der DIN 4108 (nur Neubau), Wärmebrückenkataloge sowie die Einbaubeispiele in Regelwerken herangezogen werden. Bei davon abweichenden Einbausituationen ist der Temperaturfaktor f_{Rsi} durch Berechnung zu ermitteln. Im Altbau ist der angrenzende Baukörper im Besonderen hinsichtlich vorhandener, Wärmebrücken im Bereich der Anschlüsse zu prüfen.

- **Art des Baustoffes (Rahmenmaterial)**
  Holzfenster,
  Aluminiumfenster,
  Kunststoff-Fenster,
  Stahlfenster
  sowie Fenster aus Kombinationen dieser Stoffe,
  z. B. *Holz-Aluminium-Fenster.*

- **Bauart:** Einfachfenster, Verbundfenster, Kastenfenster (Bild **6.**4).

Bei den Einfachfenstern wird das Element aus einem Flügel und einem Blendrahmen gebil-

6.1 Allgemeines

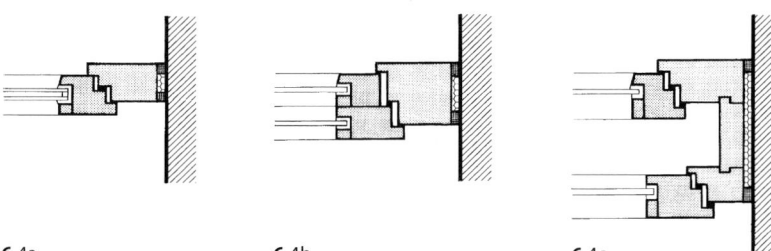

6.4 Fensterbauarten
a) Einfachfenster
b) Verbundfenster
c) Kastenfenster

6.4a   6.4b   6.4c

det. Die Ausfachung ist dabei in der Regel Mehrscheiben – Isolierglas (MIG).

Beim Verbundfenster besteht der Flügel aus zwei – miteinander verbundenen – Teilen, die als zwei Rahmen zusammengesetzt werden und eine gemeinsame Drehachse haben. Diese Rahmen können jeweils mit Einfachglas oder mit einer Kombination aus Einfachglas und Mehrscheiben-Isolierglas ausgestattet sein. Im Zwischenraum der Flügel können Sonnenschutzeinrichtungen integriert werden. Die Flügel sind mit Beschlägen lösbar zu verbinden, um eine unkomplizierte Reinigung zu ermöglichen.

Werden zwei Fensterelemente mit einem Futter verbunden, handelt es sich um ein Kastenfenster. Die Innen- und Außenflügel verfügen über eine eigene Drehachse. Die Flügel können dabei sowohl mit Einfach- als auch mit Mehrscheiben-Isoliergläser ausgestattet sein. Bei Kastenfenstern sind beide Flügel unterschiedlich groß ausgeführt, dass eine größtmögliche Öffnung der Fenster für eine Reinigung der Außenflächen ermöglicht wird. Auch hier kann der Zwischenraum zwischen den Flügeln für Einbauten wie Sonnenschutzeinrichtungen genutzt werden. Bei dieser Bauart ist die doppelte Anzahl von Glasflächen zu reinigen.

Bauartbedingt steigt die Schalldämmung vom Einfach- über das Verbund- bis hin zum Kastenfenster deutlich an. Durch weitere Dichtebenen, entkoppelte Konstruktionen und dem Einsatz von entsprechenden Gläsern können mit Verbund- und Kastenfenstern hochschalldämmende Konstruktionen entwickelt werden.

Sowohl bei Verbund- als auch bei Kastenfenstern ist der Zwischenraum mit dem Außenklima zu verbinden um eine Tauwasserbildung zu minimieren. Der Grad dieser Hinterlüftung kann die Schalldämmung des Fensters reduzieren. Die gegenläufigen Anforderungen hinsichtlich Schallschutz und Tauwasserschutz können teilweise nur vor Ort durch stufenweises Testen verschiedener Belüftungsmöglichkeiten angeglichen werden.

- **Öffnungs- bzw. Flügelarten (Bild 6.5):**

Außer den in Bild **6**.5 gezeigten Öffnungsarten werden mit Spezialbeschlägen Varianten hergestellt wie Senkklappfenster (nach außen klappend und dann zur Verbesserung der oberen Abluftführung absenkbar), Wendefenster (an Ausstellscheren, nicht um die horizontale Mittelachse umschwenkend), Schiebedrehfenster (nach dem Öffnen ist die Drehachse verschiebbar, um den inneren Schwenkraum für den Flügel zu vermindern) u. a. m.

- **Art der Verglasung:**

Einscheibenverglasung (EV) ist nur noch für Bauwerke zugelassen, für die keine besonderen Vorschriften hinsichtlich Wärmedämmung bestehen,

Mehrscheiben-Isolierverglasung (MIG) als 2- oder 3-Scheiben-Isolierverglasung (Bild **6**.6),

Doppelverglasung[1] (DV),

Verglasung mit Sondergläsern, z. B. Sonnenschutzgläser, Wärmeschutzgläser, Schallschutzgläser, Sicherheitsgläser.

---

[1] Vorläufer der Mehrscheiben-Isolierverglasung waren Doppelverglasungen ohne Luftabschluss als so genanntes Verbundfenster (Bild **6**.4b) und die doppelte Einzelverglasung beim Kastenfenster (Bild **6**.4c) oder Winterfenster (temporär zweiter Glasrahmen zur Verbesserung des Wärmeschutzes vorwiegend in Altbauten mit einfachverglasten Fenstern).

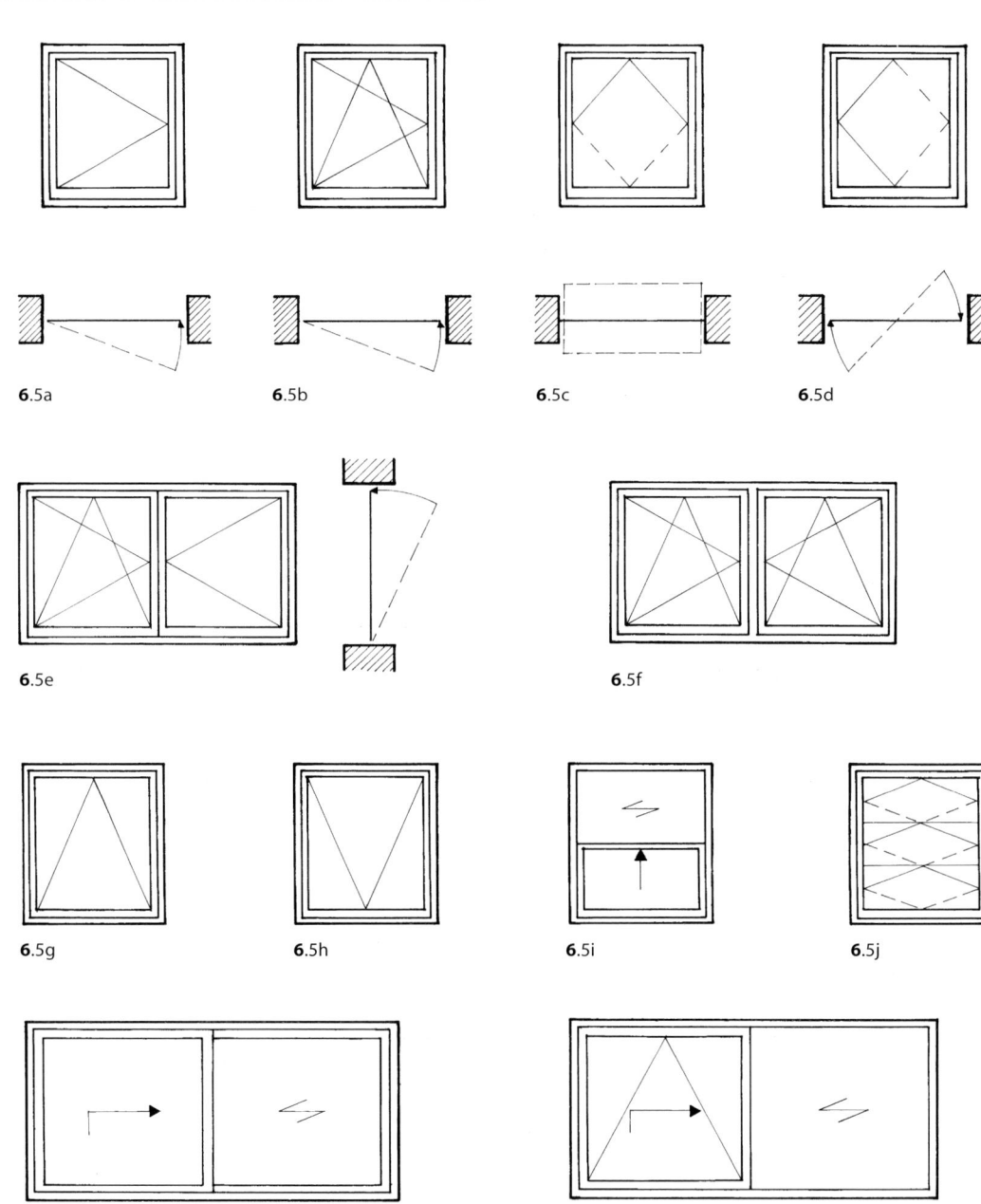

6.5 Bezeichnung von Fenstern nach Öffnungs- und Flügelarten;
(Ansichten: Innenseite; Grundrisse: Außenseite oben; Schnitt: Außenseite links)
a) Drehflügel
b) Drehkippflügel
c) Schwingflügel
d) Wendeflügel
e) zweiflügliges Fenster mit einem Drehkipp- und einem Drehflügel
f) zweiflügliges Fenster mit festem Mittelpfosten; zwei Drehkippflügel
g) Kippflügel
h) Klappflügel
i) Vertikalschiebefenster, oberer Teil fest verglast
j) Lamellenfenster (horizontal)
k) Hebeschiebefenster
l) Hebeschiebekippfenster

6.2 Anforderungen an Fenster

6.6 Verglasungsarten
a) Einscheibenverglasung (EV)
b) 2-Scheiben-Isolierverglasung (MIG)
c) 3-Scheiben-Isolierverglasung (MIG)

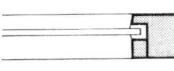 **6**.6a 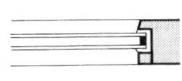 **6**.6b 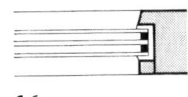 **6**.6c

6.7 Elemente einer Fensterkonstruktion (Schema nach DIN 68 121-1)
1 Blendrahmen (ggf. mit Anschluss- oder Abdeckprofilen)
   a) aufrechtes Blendrahmenholz
   b) oberes Blendrahmenholz
   c) unteres Blendrahmenholz
2 Pfosten (Setzholz)
3 Riegel (Kämpfer)
4 Sprosse
5 Drehflügelfenstertür
6 Drehkippflügelfenster
7 Kippflügel (Oberlicht)
8 festverglastes Oberlicht
9 festverglaste Fensterfläche
10 Fensterbrüstung mit nichttransparenter Ausfachung

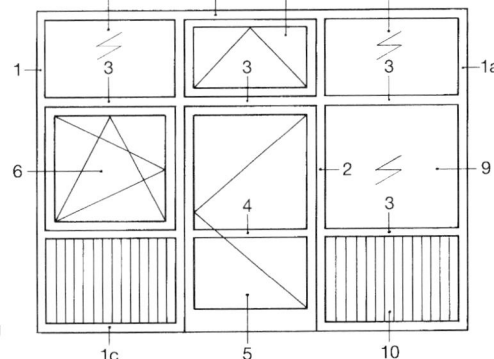

Bezeichnung von Einzelteilen der Fenster

Die Bezeichnung von Grundelementen bei Fensterkonstruktionen zeigt Bild **6**.7 am Beispiel einer Fensterwand.

Außer den in Bild **6**.7 genannten Bauteilen kommen noch in Frage:

- Einbauzargen (in die Rohbauöffnung eingebaute Montagerahmen, in die das komplette Fenster nach Fertigstellung von Putzarbeiten eingesetzt wird (s. Bild **6**.3b und c),
- Glashalteleisten (leichte Profilleisten zur Befestigung von Verglasungen, s. Abschn. 6.4.3)
- Wetterschutzschienen (Zusatzprofile am unteren Blendrahmen, um das anfallende Wasser über die untere Fuge zwischen Flügel und Blendrahmen abzuleiten s. Abschn. 6.6.2),
- Fensterbänke (äußere Abdeckung der Brüstung oder des Rohbauanschlusses, meistens aus Aluminium, Kunst- oder Naturstein; innen als Abdeckung über Brüstungen oder Heizkörpernischen u. Ä. aus Natur- oder Kunststein, Holz oder kunststoffbeschichteten Holzwerkstoffplatten s. Abschn. 6.3.5), ferner
- Zusatzprofile wie z. B. Rollladenführungen, Abdeck- und Anschlussprofile.

Die Entscheidung über die Fensterbauart beeinflussen:

- **formale Anforderungen** (z. B. Größe, Format, Flächenaufteilung, Farbe bzw. Oberflächenbehandlung)
- **funktionale Anforderungen** (z. B. Öffnungsart, Lüftungsbedarf, Sonnenschutz, Bedienungskomfort)
- **technisch-konstruktive Anforderungen** (allgemeine Sicherheit wie z. B. Brüstungs- und Absturzhöhen, Fehlbedienungssicherheit, Luftdurchlässigkeit und Schlagregendichtigkeit, Wärmeschutz)
- **Sonderanforderungen** (z. B. Brandschutz, Schallschutz, Einbruchhemmung, Barrierefreiheit).

6.2 Anforderungen an Fenster

Fenster sind heute hoch entwickelte Bauelemente mit sehr hohen Ansprüchen an Materialien und Ausführungsqualität.

Für Fenster und Fenstertüren, Rahmen von Fenstern und Fenstertüren, für Rollladenkästen und Mehrscheiben-Isoliergläser gibt es zahlreiche Richtlinien mit privatrechtlich gesondert zu vereinbarenden Qualitätsanforderungen, z. B. der RAL-Gütegemeinschaft. Seit dem 01. Februar 2009 sind Fenster auf Grundlage der Bauproduk-

Als Ersatz für die bisherigen nationalen Regelungen wurden europäische Produktnormen erarbeitet. Dabei werden für Fenster „Leistungsmerkmale" festgelegt (z. B. für Dämmwerte, Dichtigkeit, Einbruchhemmung usw.), die für die Gebrauchstauglichkeit eines speziellen Objektes erreicht werden müssen. Die europäisch, harmonisierte DIN EN 14 351-1 ermöglicht eine europaweite, einheitliche Ermittlung der ca. 25 Eigenschaften und Leistungsklassen europaweit einheitlicher Prüfungen und Nachweise. Hersteller, Verarbeiter und Planer erhalten mit dieser Produktnorm die Grundlage für eine leistungs- und funktionsorientierte Planung, Ausschreibung und Bewertung von Fenstern und Außentüren. In Tabelle **6**.9 sind die wesentlichen Eigenschaften zusammengestellt und kommentiert.

Eine Zuordnung für einen bestimmten Anwendungszweck ist in der Produktnorm DIN EN 14 351 nicht vorgesehen. Kriterien für die Anwendung von Fenstern und Außentüren (Einsatzempfehlung) bietet die neue DIN 18 055.

Im Zuge der Vereinheitlichung der nationalen Bestimmungen für die verschiedenen Anforderungen an Fenster (z. B. Luftdurchlässigkeit, Schlagregendichtheit, Schall- und Wärmeschutz, Brandschutz usw.) und zur entsprechenden Klassifizierung liegen neue Normen vor. So wird die erforderliche mechanische Beanspruchbarkeit von Fenstern und Türen in DIN EN 12 400, die Durchführung von Dauerfunktionsprüfungen in DIN EN 1191 geregelt.

Bei der Planung und Ausschreibung und der Vergabe sollten neben den Bestimmungen der Vergabe- und Vertragsordnung für Bauleistungen (VOB) auch die neuesten „Zusätzlichen Technischen Vertragsbedingungen zur Ausschreibung" (ZTV) des Verbandes der Fenster + Fassade e. V. (VFF) beachtet werden [32-44].

Einwirkungen auf Fenster, Außentüren und Fassaden werden in den Regelwerken gem. Tab. 10 behandelt:

Es muss festgehalten werden, dass es bei der raschen Entwicklung von Normen, Gesetzen, Verordnungen und Richtlinien nicht möglich ist, bis zum Redaktionsschluss des Werkes überall den aktuellen Stand zu berücksichtigen.

Auch würden vollständige Auflistungen den Rahmen dieses Werkes sprengen. Es muss dem Baupraktiker an dieser Stelle dringend empfohlen werden, die Verabschiedung neuer Normen und Richtlinien, insbesondere ihre eventuelle bauauf-

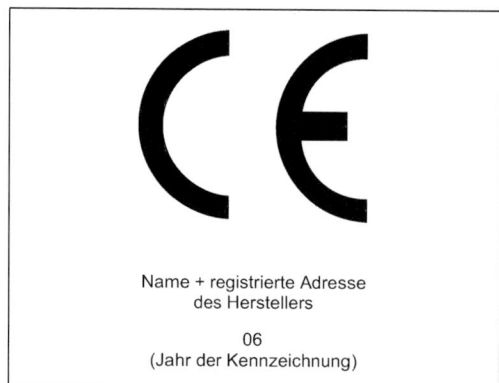

Name + registrierte Adresse des Herstellers	
06 (Jahr der Kennzeichnung)	
EN 1451-1:2006 +A1:2010	
Dreh-Kipp-Fenster geeignet für den Einsatz in Büro- und Geschäftsgebäuden	
Widerstand gegen Windlast	C5/B5
Schlagregendichtheit	E 1050
Stoßfestigkeit	450 mm
Tragfähigkeit von Sicherheitsvorrichtungen	erfüllt
Luftschalldämmung $R_W(C;C_{tr})$	35 (-1;-5) dB
Wärmedurchgang U_W	1,4 W/(m²K)
Strahlungseigenschaften g	0,55
Strahlungseigenschaften $_{Tv}$	0,75
Luftdurchlässigkeit	4

6.8 Übereinstimmungszeichen
Beispiel: Es handelt sich um ein Fenster gemäß Bauregelliste A Teil 1 lfd. Nr. 8.5, Typ 1; Mehrscheibenisolierglas mit einem U_g- Wert von 1,6 W/(m2K) und einem g-Wert von 0,72. Das Fenster hat eine umlaufende Dichtung. Gemäß DIN 4108-4 ist der Fugendurchlasskoeffizient a < 1,0 m3/hm (vgl. Abschn. 6.2.1)

tenverordnung zwingend zu kennzeichnen (vgl. Abschn. 2.2.4 in Teil 1 dieses Werkes). Die Produkte müssen ein Konformitätszeichen (CE-Zeichen) z. B. in Form von Aufklebern aufweisen, in dem die Übereinstimmung der Produkteigenschaften mit den festgelegten technischen Regeln bzw. einschlägigen europäischen Normen je nach Prüfungsverfahren durch den Hersteller oder eine amtlich zugelassene (notifizierte) Prüfstelle (notified body) bestätigt ist (Bild **6**.8).

6.2 Anforderungen an Fenster

Tabelle 6.9 Eigenschaften gemäß DIN EN 14 351-1 Normtabelle gekürzt und kommentiert

Nr.[1)]	Eigenschaft / Wert / Einheit	Klassifizierung/Werte								
1	**Widerstandsfähigkeit gegen Windlast** Prüfdruck P1 (Pa)	1 400	2 800	3 1200	4 1600	5 2000	Exxxx >2.000			
	Die erforderliche Klassifizierung sind der ift Richtlinie FE-05/2 „Einsatzempfehlungen für Fenster und Außentüren" zu entnehmen. Klasse E erfordert Angabe des Prüfdrucks.									
2	**Widerstandsfähigkeit gegen Windlast** Rahmendurchbiegung	A ≤1/150		B ≤1/200		C ≤1/300				
	Für die frontale Durchbiegung des Fensters wird üblicherweise mindestens Klasse B (≤1/200) vorgesehen, damit wird die TRLV erfüllt.									
4	**Brandverhalten – Schutz gegen Brand von außen**	F	E	D	C	B	A2	A1		
		siehe DIN EN 13 501-5								
	gilt für Dachflächenfenster									
5	**Schlagregendichtheit** Ungeschützt (A) Prüfdruck (Pa)	1 A 0	2 A 50	3 A 100	4 A 150	5 A 200	6 A 250	7 A 300	8 A 450	9 A 600	Exxxx >600
	gilt für ungeschützt eingebaute Fenster (Standardfall). Klasse E für Sonderanforderungen erfordert Angabe des Prüfdrucks.									
6	**Schlagregendichtheit** Geschützt (B) Prüfdruck (Pa)	1 B 0	2 B 50	3 B 100	4 B 150	5 B 200	6 B 250	7 B 300		
	gilt für geschützt eingebaute Fenster. Die Schlagregendichtheit muss nach DIN EN 1027 geprüft und nach DIN EN 12 208 klassifiziert sein.									
8	**Stoßfestigkeit** Fallhöhe (mm)	200	300	450	700	950				
	zu prüfen nach DIN EN 13 049; Nachweis der Belastbarkeit bei Dagegenstoßen von weichen, schweren Körpern.									
9	**Tragfähigkeit von Sicherheitsvorrichtungen**	Schwellenwert								
	Für Fenster, die gegen Absturz sichern gilt die Richtlinie „Technische Regeln für die Verwendung von absturzsichernden Verglasungen (TRAV)" vom Deutschen Institut für Bautechnik (DIBt). Nur dann keine Angabe erforderlich, falls keine Sicherheitsvorrichtung(en) vorhanden ist (sind).									
10	**Schallschutz** Bewertetes Schalldämm-Maß R_w (C; C_{tr}) (dB)	Festgestellte Werte								
	Für die Fenster wird ein bewertetes Schalldämm-Maß $R_{w,R}$ gem. DIN 4109 gefordert. Dieses erforderliche Schalldämm-Maß $R_{w,R}$ ist nach DIN 4109 Tabelle 8 bis 10 zu ermitteln.									
11	**Wärmedurchgangskoeffizient** U_w (W/(m² K))	KLASSEN oder festgestellter Wert								
	Die Anforderungen an den Wärmeschutz sind in der Energieeinsparverordnung beschrieben. Nachzuweisen ist der U_w-Wert des Fensters. Der Nachweis des geforderten U_w-Wertes kann durch DIN 4108-4 oder DIN EN ISO 10 077-1 (Tabellenverfahren) oder mittels Messung nach EN 12 567-2 erfolgen.									

Tabelle **6**.9 (Fortsetzung)

Nr.	Eigenschaft					
12	**Strahlungseigenschaften** Gesamtenergiedurchlassgrad (g)	KLASSEN oder festgestellter Wert				
	Wert nach Produktnorm oder orientierende Klasse					
13	**Strahlungseigenschaften** Lichttransmissionsgrad (τ_v)	KLASSEN oder festgestellter Wert				
14	**Luftdurchlässigkeit** Maximaler Prüfdruck (Pa) Referenz-Luftdurchlässigkeit bei 100 Pa ($m^3/(h \cdot m^2)$ oder $m^3/(h \cdot m)$)	1 150 50 oder 12,50	2 300 27 oder 6,75	3 600 9 oder 2,25	4 600 3 oder 0,75	
	Die Luftdurchlässigkeit muss nach DIN EN 1026 geprüft und nach DIN EN 12 207 klassifiziert sein.					
15	**Bedienungskräfte** bei handbetätigten Fenstern Klasse		1		2	
	Mit DIN EN 12 046-1 werden die Kräfte zur Bedienung ermittelt und nach DIN EN 13 115 klassifiziert. Gilt nur bei handbetätigten Fenstern. ANMERKUNG: Klasse 1 wird für höheren Bedienungskomfort und bei barrierefreien Bauen etc. empfohlen.					
16	**Mechanische Festigkeit** Klasse	1	2	3	4	
	Wird gebildet aus statischer Verwindung (Prüfung nach DIN EN 14 609) und Vertikallast (Prüfung nach DIN EN 14 608), die Klassifizierung wird nach DIN EN 13 115 ermittelt.					
17	**Lüftung** Festgestellte Werte	Natürliche Lüftungselemente Volumenstrom nach DIN EN 13 141-1 [m^3/h] 2 Pa / 4 Pa / 6 Pa / 8 Pa			Motorische Lüftungsgeräte Volumenstrom nach DIN EN 13 141-1 [m^3/h] 8 Pa / Minimal / Maximal	
	Anzugeben ist bei natürlichen Lüftungseinrichtungen der erforderliche Luftvolumenstrom V durch die Lüfter bei einer bestimmten Druckdifferenz Δp (2, 4, 6 oder 8 Pa). Daraus leitet sich der erforderliche Strömungskoeffizient k und der Strömungsexponent n ab (V = k x Δp^n). Bei motorischen Lüftern ist der erforderliche Luftvolumenstrom V bei 8 Pa Druckdifferenz anzugeben. Handelt es sich um regelbare Geräte, dann ist zur Beschreibung der Kennlinie der minimale und maximale Volumenstrom V_{min} und V_{max} anzugeben.					
21	**Dauerfunktion** Anzahl der Zyklen	10.000		20.000	Sonderanwendung zu vereinbaren	
	Die Dauerfunktionstüchtigkeit des Fensters bei Bedienung wird nach DIN EN 1191 geprüft und nach DIN EN 12 400 klassifiziert.					
23	**Einbruchhemmung** Widerstandsklasse	1	2	3	4	5	6
	Die Widerstandsklasse des Bauteils muss nach DIN EN 1627 nachgewiesen sein. Die Einstufung der bei den zur Anwendung kommenden Gläsern ist durch ein Prüfzeugnis nach DIN EN 356 bzw. DIN 1063 nachzuweisen.					

[1] Nummerierung gemäß Tabelle 1 der DIN EN 14351-1 ohne die Eigenschaften Widerstandsfähigkeit gegen Schnee- und Dauerlast, Durchschusshemmung, Sprengwirkungshemmung, Differenzklimaverhalten und gefährliche Substanzen.

6.2 Anforderungen an Fenster

Tabelle 6.10   Übersicht der Einwirkungen auf Fenster, Außentüren und (Fassaden) mit wichtigen Regelwerken

Einwirkungen		Regelwerke	
		Fenster, Außentüren	Fassade
– von der Außenseite	Regen, Wind	EN 12 207 EN 12 208 EN 12 210 EN 1991-1-4	EN 12 152 EN 12 154 EN 13 051 EN 13 116
	Temperatur- und Feuchtewechsel Sonneneinstrahlung Schall (Außenlärm)	EN 13 420 EN 12 219 DIN 4109	
	evtl. mechanischer Angriff bei Einbruch evtl. aggressive Umwelteinflüsse	EN 1627	
– von der Raumseite	Raumlufttemperatur, Raumluftfeuchte	DIN 4108	
– aus dem Bauwerk	Bauwerksbewegungen, Toleranzen	DIN 18 202	
– aus dem Bauteil	Längenänderungen, Formänderungen Kräfte aus dem Eigengewicht	EN 1991-1-4	
– aus der Nutzung	Kräfte aus der Benutzung. Stoßbelastungen	EN 13 115	
		EN 13 049	EN 14 019

sichtliche Einführung sowie die künftige weitere Entwicklung ständig zu beobachten.

6.2.1 Luftdurchlässigkeit

Während Rahmen und Verglasung kleinerer Fenster in niedrigen, einfachen Gebäuden nach Erfahrungsregeln dimensioniert werden können, müssen für die Bemessung größerer Fenster insbesondere in den oberen Geschossen von hohen Gebäuden genaue Berechnungen zugrunde gelegt werden. Dadurch muss gewährleistet werden, dass die Luftdurchlässigkeit innerhalb zulässiger Grenzen bleibt und die Verglasung durch Staudruck nicht überbeansprucht oder sogar zerstört werden kann.

Unabhängig vom Rahmenmaterial werden für die Luftdurchlässigkeit in DIN EN 12 207 Klassifizierungen vorgenommen.

Dabei wird die Fugendurchlässigkeit gegenüber den früheren Regelungen neu definiert:

Die Gesamtdurchlässigkeit **Q** entspricht dem Luftstrom (m³/h), der bei einer Druckdifferenz von Δp durch eine 1 m lange Fuge zwischen Rahmen und Flügel hindurchgeht. Diese Leckage kann zudem auch auf 1 m² des Fensterelements bezogen werden, d. h. die Norm enthält hierzu zwei Tabellen.

In den Tabellenwerten von DIN EN 12 207 wird von einer Referenzluftdurchlässigkeit Q_{100} bezogen auf einen Prüfdruck von 100 Pa ausgegangen. Die Ergebnisse werden in den Klassen 0 bis 4 festgehalten.

In DIN 4108 wird gefordert, dass die Funktionsfugen von Fenstern und Fenstertüren mindestens der Klasse 2 (bei Gebäuden bis zu zwei Vollgeschossen) bzw. der Klasse 3 (bei Gebäuden mit mehr als zwei Vollgeschossen) entsprechen muss.

Bei der Ermittlung der Luftdurchlässigkeit nach DIN EN 1026 werden ggf. vorhandene Lüftungsvorrichtungen abgeklebt.

Im Übrigen ist in der EnEV festgelegt, dass die wärmeübertragenden Umfassungsflächen neu zu errichtender Gebäude einschließlich ihrer Fugen entsprechend dem Stand der Technik luftundurchlässig abzudichten sind. Dabei muss jedoch *„der zum Zwecke der Gesundheit und Beheizung erforderliche Mindestluftwechsel sichergestellt sein"*. Werden dazu andere Lüftungseinrichtungen als Fenster verwendet, müssen diese einstellbar und leicht regulierbar sein und in geschlossenem Zustand den geforderten Klassen

Tabelle **6**.11 Klassifizierung der Luftdurchlässigkeit, Korrelation zwischen DIN 18 055: 11.2014 und DIN EN 12 207

Klassifizierung nach DIN 18 055: 11.2014 Klassifizierung/Wert	Mindestprüfdruck Pa	Referenzluftdurchlässigkeit bei 100 Pa $m^3/(h \cdot m)$ oder $m^3/(h \cdot m^2)$	Klassifizierung nach DIN EN 12 207
1	150	(50 oder 12,50)	1
2	300	(27 oder 6,75)	2
3	600	(9 oder 2,25)	3
4	600	(3 oder 0,75)	4

Tabelle **6**.12 Beanspruchungen für Fenster von 0–18 m Höhe (Binnenland) (Auszug aus Tabelle A.1 DIN 18 055; 11.2014)

Binnenland	Windzone 1				Windzone 2				Windzone 3				Windzone 4			
	0–10 m		>10–18 m		0–10 m		>10–18 m		0–10 m		>10–18 m		0–10 m		>10–18 m	
	Mitte	Rand	Mitte	Rand	Mitte	Rand	Mitte	Rand	Mitte	Rand	Mitte	Rand	Mitte	Rand	Mitte	Rand
Geschwindigkeitsdruck in kN/m^2 nach DIN EN 1991-1	0,50	0,50	0,65	0,65	0,65	0,65	0,80	0,80	0,80	0,80	0,95	0,95	0,95	0,95	1,15	1,15
Windlast – Winddruck in kN/m^2 $c_{pe,1} = 1,0/1,0$	0,50	0,50	0,65	0,65	0,65	0,65	0,80	0,80	0,80	0,80	0,95	0,95	0,95	0,95	1,15	1,15
Windlast– Windsog in kN/m^2 $c_{pe,1} = 1,1/1,7$	0,50	0,85	0,72	1,11	0,72	1,11	0,88	1,36	0,88	1,36	1,05	1,62	1,05	1,62	1,27	1,96
Widerstand gegen Windlast nach DIN EN 14351-1	B2	B3	B2	B3	B2	B3	B3	B4	B3	B4	B3	B5	B3	B5	B4	B5
Schlagregendichtheit nach DIN EN 14351-1	4A	4A	5A	5A	5A	5A	5A	5A	5A	5A	6A	6A	6A	6A	7A	7A
Luftdurchlässigkeit nach DIN EN 14351-1	2	2	2 (3)	2 (3)	2	2	2 (3)	3	2	3	2	3	2	3	3	3

der Fugendurchlässigkeit der Fenster entsprechen.

Für eine konsequente Kontrolle der Gebäudelüftung werden Konzepte zur Integration der Fenster in die gesamte Haustechnik umgesetzt (s. a. Abschn. 9.5 in Teil 1 dieses Werkes).

So ist nach manueller Öffnung der Fenster eine Rückmeldung an die Heizungssteuerung und eine automatische Drosselung der betreffenden Raumheizkörper realisierbar. Auch eine Kombination mit automatischem Öffnen und Schließen der Fenster auf Grund von Messungen von CO_2-Gehalt bzw. Raumluftfeuchte oder Schadstoffkonzentrationen ist technisch machbar. Zentrale Abluftanlagen können derart gesteuerte Fenster als Zuluftelemente nutzen und durch Wärmerückgewinnung eine Minimierung der Lüftungs-Wärmeverluste bewirken.

Für die Erfüllung der Mindestanforderungen an die Luftdurchlässigkeit von Fenstern und Fenstertüren sind in Abschnitt 6.2.7 Hinweise gegeben.

Die Qualitätsmerkmale von Fenstern sind von den Herstellern durch Vorlage des CE-Kennzeichens zu belegen. Beachtet werden muss allerdings, dass die bei der Prüfung festgestellten Mittelwerte für die Luftdurchlässigkeit lediglich

6.2 Anforderungen an Fenster

für ein – meistens besonders sorgfältig hergestelltes – Musterfenster und für den Neuzustand gelten und daher nicht allein als Bewertungsmaßstab für alle anderen mit gleichen Konstruktionsmerkmalen gebauten Fenster ausreichen.

Nur durch laufende Gütekontrolle bei der Herstellung (Fremdüberwachung) kann gewährleistet werden, dass Fenster auch den in Prüfzeugnissen belegten Eigenschaften entsprechen.

Es ist festzuhalten, dass für die Fugendichtigkeit nicht nur im Hinblick auf die EnEV sondern auch für den Wärme- und Schallschutz von Fenstern und Fenstertüren die einwandfreie Ausbildung der Bauwerksanschlüsse mit entscheidend ist (s. Abschn. 6.3).

Zur Überwachung von Herstellung und Einbau von Fenstern haben sich daher viele Herstellerfirmen von Fenstern und Fenstertüren u. A. zu RAL – Gütegemeinschaften zusammengeschlossen.

6.2.2 Widerstandsfähigkeit bei Windlast

Je nach Einsatzbedingungen wie z. B. geographischer Einsatzort, Geländesituation und Einbauhöhe sind Rahmen, Verglasung und Bauwerksanschlüsse von Fenstern und Fenstertüren u. U. erheblichen Belastungen durch Winddruck und -sog ausgesetzt.

Eine wesentliche Rolle spielt dabei die Rahmendurchbiegung der Fenster.

Die mögliche Belastbarkeit wird in Laborversuchen mit verschiedenen Prüfdrucken in Pascal (Pa) bei unterschiedlichen Bedingungen gemessen (P1 zur allgemeinen Messung der Rahmendurchbiegung, P2 als stossweiser Druck zur Einschätzung der Einflüsse von wiederholten Windlasten, P3 zur Einschätzung des Verhaltens unter extremen Bedingungen).

Die ermittelte relative frontale Rahmendurchbiegung führt zu einer Klassifizierung von Fenstern nach DIN EN 12 210 zunächst in die Klassen A, B und C nach Tabelle 2. Für Bauvorhaben in Deutschland ist vor allem die Klasse B (Durchbiegung l/200) wichtig. Danach erfolgt die Einordnung in die weiter unterscheidenden Klassifizierungsklassen A bzw. B und C 1 bis 5 (DIN EN 12 210 Tabelle 3) hinsichtlich der Widerstandsfähigkeit bei Windlast (s. Tab. **6**.9).

Die betreffenden Eigenschaften der Fenster sind durch Vorlage des CE-Kennzeichens zu belegen.

Für die Erfüllung der Mindestanforderungen an die Widerstandsfähigkeit bei Windlast von Fenstern und Fenstertüren sind in Abschnitt 6.2.7 Hinweise gegeben.

6.2.3 Schlagregendichtheit

Schlagregendichtheit ist der Schutz, den ein Fenster bei gegebener Windstärke, Regenmenge und Beanspruchungsdauer gegen das Eindringen von Wasser in das Innere des Gebäudes bietet. In die Rahmenkonstruktion eingedrungenes Wasser muss so abgeführt werden, dass keine Schäden am Fenster auftreten können und dass nirgends Wasser aus der Rahmenkonstruktion in den Baukörper eindringt.

Die Schlagregendichtheit ist abhängig von

- Ausbildung der Falze zwischen Blend- und Flügelrahmen,
- Art und Lage der Falzdichtungen,
- Entwässerung des Falzraumes (Entwässerungsöffnungen mind. 5 × 20 mm oder Bohrungen Ø 8 mm, Abstand < 30 cm),
- Druckausgleich zwischen Außenluft und Falzraum.

Bevorzugt werden Fensterbauarten, bei denen Schlagregen- und Winddichtung in verschiedenen Ebenen mit mindestens 15 mm Abstand liegen (2-stufige Systeme).

In DIN EN 12 208 wird die Klassifizierungen der Schlagregendichtheit von Fenstern und Türen unabhängig vom Rahmenmaterial eingeführt.

Die Klassifizierung erfolgt in die Klassen 1A bis 9A bzw. 1B bis 7B (Klassen A für Fenster bei ungeschütztem Einbau bzw. Klassen B für Fenster, die durch Vordächer, Bauwerksvorsprünge o. Ä. geschützt sind („geschützter Einbau")).

Zu beachten ist, dass bei der Ermittlung der Schlagregendichtheit nach DIN EN 1027 Lüftungsvorrichtungen, falls vorhanden, mit Klebeband verschlossen werden.

Für die Erfüllung der Mindestanforderungen an die Schlagregendichtheit von Fenstern und Fenstertüren sind in Abschnitt 6.2.7 Hinweise gegeben.

Tabelle 6.13 Klassifizierung der Schlagregendichtheit (Lage: ungeschützt), Korrelation zwischen DIN 18 055: 11.2014 und DIN EN 12 208

Klassifizierung nach DIN 18 055: 11.2014 Klassifizierung/Wert	Prüfdruck Pa	Klassifizierung nach DIN EN 12 208		Anforderungen
		Verfahren A	Verfahren B	
	–	nicht geprüft	nicht geprüft	keine Anforderung
1 A	0	1A	1B	15 min Besprühung
2 A	50	2A	2B	Wie Klasse 1 + 5 min
3 A	100	3A	3B	Wie Klasse 2 + 5 min
4 A	150	4A	4B	Wie Klasse 3 + 5 min
5 A	200	5A	5B	Wie Klasse 4 + 5 min
6 A	250	6A	6B	Wie Klasse 5 + 5 min
7 A	300	7A	7B	Wie Klasse 6 + 5 min
8 A	450	8A	–	Wie Klasse 7 + 5 min
9 A	600	9A	–	Wie Klasse 8 + 5 min
Exxx	> 600			

Anmerkungen: Verfahren A ist für ein Produkt geeignet, das nicht geschützt ist.
Verfahren B ist für ein Produkt geeignet, das teilweise geschützt ist.

Wird die Klassifizierung nach der ungeschützten Lage vorgenommen, so wird hiermit auch die Klassifizierung 1 B bis 7 B der geschützten Lage erfüllt.

6.2.4 Wärmeschutz[1]

Die seit 1995 gültige Wärmeschutzverordnung wurde durch die seit dem 1. 2. 2002 gültige, seither regelmäßig novellierte Energieeinsparverordnung (EnEV) ersetzt. Mit ihr werden die Anforderungen mit dem Ziel der Energieeinsparung und der Emissionsreduzierung weiter verschärft. Die entsprechenden Nachweise für neue Bauwerke sind durch sehr komplizierte Rechenverfahren nach DIN V 18 599 ff. zu führen; s. Abschn. 17.5 in Teil 1 des Werkes).

Im Zuge der europäischen Normung wurden die Bezeichnungen für die Wärmedurchgangskoeffizienten geändert. Der Anwender muss in der Übergangszeit unterscheiden zwischen Angaben in DIN 4108 (ältere Ausgabe), in DIN V 4108 (ab 10.98) und in DIN EN-Normen (Tabelle 6.14). Der Wärmedurchgangskoeffizient U_w von Fenstern[2] wird nach DIN EN ISO 10 077 gemeinsam für Rahmen und Verglasung ermittelt.

---

[1] Vgl. auch Abschn. 8.3.1.

[2] Bei der Fensterwahl unter nachhaltigen Aspekten muss nicht allein auf das Rahmenmaterial, sondern allem die gesamte Fensterkonstruktion betrachtet werden. Wichtigster Indikator hierfür ist der UW-Wert des Fensters. Zukunftsfähige Konstruktionen erreichen derzeit einen U_w-Wert von 0,60 W/m²K und rücken damit in den Leistungsbereich eines Passivhaus-Fensters.
Eine Fensterkonstruktion mit U_w-Wert von 0,60 W/m²K kann folgendermaßen ausgeführt werden:
• Kunststoffrahmen oder Holzrahmen (z.B. Kiefer) mit einem U_f-Wert von < 1,0 W/(m²K) mit Mitteldichtung
• 3 – Scheiben – Wärmeschutzglas U_g = 0,6 W/m²K mit Argonfüllung (4/12/4/12/4) und optimierter IR-Beschichtung
• Randverbund, wärmetechnisch verbessert

Tabelle 6.14 Vergleich von Bezeichnungen für Wärmedurchgangskoeffizienten

	DIN 4108 (ältere Ausgaben)	DIN V 4108 (ab 10.98)	DIN EN-Normen[a]	
Fenster	k_F	U_F	U_w	(w für window)
Verglasung	k_V	U_V	U_g	(g für glass)
Rahmen	k_R	U_R	U_f	(f für frame)

[a] Bei Indices Kleinschreibung bei g und f beachten!

6.2 Anforderungen an Fenster

Der U_W-Wert ist abhängig von der Fensterfläche und setzt sich zusammen aus den Werten für den Fensterrahmen (U_f), die Verglasung (U_g) und dem Wert des linearen Wärmedurchgangskoeffizienten Ψ (psi) für den Übergangsbereich von Fensterrahmen zur Verglasung.

(Der Randverbund von Mehrscheiben-Isolierverglasungen stellt im Vergleich zur Scheibenmitte eine Wärmebrücke dar. Bei der Ermittlung des Gesamt-Wärmedurchgangskoeffizienten wird daher der Übergangsbereich zwischen Verglasung und Fensterrahmen durch einen linearen Wärmedurchgangskoeffizienten Ψ berücksichtigt. Der Ψ-Wert kann aus Tabellen der DIN EN ISO 10 077-1 entnommen oder durch Berechnung ermittelt werden. Er ist abhängig von der Art des Scheibenrandverbundes, der Einstandstiefe der Verglasung im Glasfalz und von der Materialart des Abstandshalters. Die Werte für Ψ liegen bei konventioneller Ausführung mit Aluminium-Abstandshaltern bei 0,07 bis 0,08 und bei wärmetechnisch verbesserten Abstandshaltern bei etwa 0,04 W/(mK); s. Bild **6**.43).

Der Einfluss der neuen Regelung wird deutlich bei einem rechnerischen Nachweis:

Bei einer Fensterfläche von etwa 1,80 m² entfallen etwa 50 % des Wärmeverlustes auf den Fensterrahmen, etwa 40 % auf die Glasfläche und ca. 10 % auf die Glasrandzone.

In der EnEV sind verschiedene Mindestwerte für Wärmedurchgangskoeffizienten vorgeschrieben:

Beim Ersatz von Bauteilen (die Anforderungen gelten bei Erneuerungen von Bauteilen ab mehr als 20 % des Bestandes) ist bei Gebäuden mit normalen Innentemperaturen für Außenfenster und -türen ein Wärmedurchgangskoeffizient von U_{max} = 1,3 W/(m²K) und beim Ersatz von Verglasungen ein U_{max} = 1,1 W/(m²K) einzuhalten.

Bei Neubauten ist der Wärmedurchgangskoeffizient U_W der Fensterflächen im Rahmen der wärmetechnischen Gesamtbetrachtung festzulegen (Referenzgebäudeverfahren). Dabei hat der Anteil der Fensterflächen an der Summe aller Außenflächen großen Einfluss auf die Energiebilanz und wird über die Nebenanforderung des spezifischen Transmissionswärmeverlustes begrenzt.

Die von den Fenstern erreichten U_W-Werte sind durch Vorlage des CE-Kennzeichen nachzuweisen.

Nichttransparente Ausfachungen von Fensterwänden im Sinne eines Wandersatzes müssen dem Mindestwärmeschutz der DIN 4108-2 entsprechen. Gefordert wird ein Wärmedurchgangskoeffizient von $U_p \leq 0{,}73$ W/(m²K) für die opake Ausfachung und ein Wärmedurchgangskoeffizient $U_f \leq 2{,}9$ W/(m²K) für den Rahmen.

Während der winterliche Wärmeschutz in jedem Falle nachzuweisen ist (s. Abschn. 17.5.2 in Teil 1 dieses Werkes), kann bei Gebäuden mit geringem Fensterflächenanteil auf den Nachweis des sommerlichen Wärmeschutzes verzichtet werden. Jedoch sind je nach Fensterneigung und -orientierung bestimmte Grenzwerte einzuhalten.

So darf der Grundflächen bezogene Fensterflächenanteil nach DIN 4108-2 bei einer Neigung von 0° bis 60° bei allen Orientierungen max. 7 % und bei Neigungen über 60° bis 90° bei Orientierung nach Nordost über Süd bis Nordwest max. 10 % betragen.

Die Einhaltung der neuen Grenzwerte ist mit den bisher üblichen Fensterkonstruktionen, Verglasungen und Bauwerksanschlüssen teilweise nicht mehr zu erreichen. Konstruktive Verbesserungen (vor allem mehrschichtiger Profilaufbau und verbesserte thermische Trennungen) sind daher bei vielen Fensterrahmen neu auf dem Markt gekommen und werden ständig weiter entwickelt (s. Abschnitte 6.4 und 6.6). Weiter entwickelt wurden auch die speziellen Eigenschaften von Verglasungen (Beschichtungen sowie Füllungen bzw. Evakuierung des Scheibenzwischenraumes von Isoliergläsern = Vakuumglas, thermisch verbesserter Randverbund) sowie wärmetechnisch günstigere Bauwerksanschlüsse (z. B. Leibungsanschluss mit Abdeckung der Blendrahmen).

Der Wärmedurchlasswiderstand der Fensterrahmen wird erhöht durch Kombination der Rahmen mit Wärmedämmstoffen oder bei Kunststoff- und Aluminiumfenstern durch sehr feingliedrige Profile. Wärmebrücken begegnet man z. B. durch wärmegedämmte Wetterschutzschienen, durch neuartige mehrkammerige Dichtungsprofile, wärmetechnisch verbesserte Kantenausbildung von Isoliergläsern usw.

Es muss betont werden, dass für eine wärmetechnisch einwandfreie Bauausführung nicht nur die Qualität der Fenster, sondern in hohem Maße auch der vorschriftsmäßige Einbau von entscheidender Bedeutung ist (s. Abschn. 6.3).

6.2.5 Tauwasserschutz

Raumfeuchte entsteht vor allem durch die Feuchtigkeitsabgabe von Menschen, Tieren und Pflanzen, durch Wasserdampfentwicklung in Bädern und Küchen und durch Restfeuchte in Baumaterialien.

Weil die Raumluftfeuchte durch die raumabschließenden Bauteile von der wärmeren zur kälteren Bauteilseite diffundiert bzw. Fugen durchströmt (Konvektion), und dabei an den Taupunktgrenzen kondensiert, bildet sich Tauwasser vor allem an allen Schwachstellen der Wärmedämmung d.h. Flächen mit niedrigen Oberflächentemperaturen. Dazu gehören vor allem fehlerhafte Anschlüsse zwischen Fenstern und Außenwänden (s. Abschnitt 6.3.2) und bei schlecht gedämmten Fensterkonstruktionen der Zwischenraum von Flügel- und Blendrahmen (Fensterfalz), dem Übergang vom Glas zum Rahmen sowie Glasfalzräume (s. Abschn. 6.6.2) und Verglasungsränder. Auf Dauer kann es infolge von ständigem Tauwasserausfall zu gesundheitsschädigender Schimmelpilzbildung an den betroffenen Stellen kommen.

Schäden durch Tauwasser- und Schimmelpilzbildung entstehen jedoch auch, wenn in den Räumen die erforderliche gesundheitlich und bauphysikalisch verträgliche Luftfeuchte (s. Abschnitt 6.3.1) nicht durch ausreichende Raumlüftung sichergestellt wird.

Bisher konnte davon ausgegangen werden, dass sich vorübergehende übermäßige Raumluftfeuchte durch Undichtigkeiten der Fenster und Bauanschlussfugen bis zu einem gewissen Maß ausglich.

Die mit der EnEV beabsichtigte höhere Energieeinsparung kann erreicht werden durch wärmetechnische Verbesserungen der Gebäudehülle, vor allem jedoch durch Vermeidung von Undichtigkeiten an den Fenstern und durch die Reduzierung von Lüftungswärmeverlusten. Bauwerksanschlüsse müssen deshalb mit großer Sorgfalt dicht hergestellt werden (s. Abschn. 6.3). Damit sind jedoch erhebliche Einwirkungen auf den Feuchtehaushalt der Gebäude verbunden.

In DIN 4108-2 wird gefordert, dass bei einer Außentemperatur von −5 °C und einer Raumtemperatur von +20 °C an der kältesten Stelle einer Wärmebrücke eine Temperatur von 12,6 °C nicht unterschritten wird. Dies kann auch rechnerisch ermittelt werden, indem die Oberflächentemperaturen ins Verhältnis gesetzt werden. Der dadurch ermittelte Temperaturfaktor f_{Rsi} an der Innenseite muss ≥ 0,7 sein. Bei üblicher Raumluftfeuchte ist damit die konstruktive Voraussetzung zur Vermeidung von schädlicher Tauwasserbildung und in deren Folge von Schimmelpilzbildung gegeben.

Künftig sind zusätzliche, genau gesteuerte Lüftungseinrichtungen zunehmend auch mit Wärmerückgewinnungseinrichtungen (WRG) zur Erfüllung der neuen Anforderungen fast unvermeidlich (s. Abschnitt 6.10).

6.2.6 Schallschutz

Die Schalldämmung von Fenstern hängt im Wesentlichen von der Dicke der Glasscheiben, der Schalldämmung der Füllung des Scheibenzwischenraumes, sowie des Rahmens und der Dichtigkeit der Falze und der Ausführung der Baukörperanschlüsse ab.

Hinsichtlich des Schallschutzes erfordern Fenster im Vergleich zu anderen raumbildenden Bauteilen meistens die sorgfältigsten Maßnahmen. Diese haben als Grundlage die DIN 4109 (Teile 1, 2 und 35 mit Ausgabedatum 2016-07).

Gegen Geräuscheinwirkung von außen müssen Fenster eine ausreichende Luftschall-Dämmwirkung haben. Von Einfluss sind neben dem Schall – Einfallwinkel die Dicke, der Abstand und die Einbauart der Glasscheiben sowie die Anschlüsse der Fenster an das Bauwerk (vgl. Abschn. 6.3).

Übliche Zweischeiben-Isolierverglasungen ergeben wegen des relativ dünnen eingeschlossenen Luftpolsters und der damit verbundenen Resonanzerscheinungen ohne zusätzliche Maßnahmen keine entscheidende Verbesserung der Schall-Dämmwirkung. Durch größeren Scheibenabstand und verschieden dicke Scheiben kann eine deutliche Verbesserung erzielt werden[1].

---

[1] Die Schalldämmung von Glas und Glaserzeugnissen wird durch den geometrischen Aufbau (Scheibendicken, Scheibenzwischenräume), die Glaskonstruktion (Einfachscheiben und Verbundgläser) und die Gasfüllung im Scheibenzwischenraum bestimmt. Als akustische Einflussgrößen sind die Doppelscheibenresonanzfrequenz f_R (Masse-Feder-Masse Prinzip, das Schwingungsverhalten der Scheiben gegeneinander) und die Koinzidenzgrenzfrequenz f_g (Einfluss der Biegesteifigkeit der Scheiben) zu nennen. Die Schalldämmung verschiedener Aufbauten von Isoliergläsern sind in DIN EN 12758 tabellarisch zusammengestellt.
Die Füllung mit Gas bzw. Mischungen aus mehreren Gasen sind ein weit verbreitetes Verfahren zur Verbesserung der thermischen und akustischen Eigenschaften von Isolierglas. Verwendung findet vor allem das Gas Argon zur Verringerung des Wärmedurchgangs. Das Gas SF_6 (Schwefelhexafluorid) wurde bis etwa 2004 zur Verbesserung der Schalldämmung verwendet. Ferner wird das Gas Krypton zur Verbesserung der Wärme- und Schalldämmung eingesetzt, was jedoch mit einem hohen Kostenaufwand verbunden ist. Außerdem steht Krypton mengenmäßig auch nur begrenzt zur Verfügung.
Die Konstruktion von Isolierverglasungen mit hoher Schalldämmung hat sich in der letzten Zeit dahin entwickelt, dass Verbundscheiben mit speziell entwickelten Kunststofffolien als Zwischenlage in die Produktpalette vieler Glashersteller aufgenommen worden sind. Diese Art Folie ermöglicht einen biegeweichen Sandwichaufbau aus dünnen Glasscheiben

6.2 Anforderungen an Fenster

Erheblichen Einfluss auf die Schalldämmung von Fenstern hat die Rahmenart[1] und deren Fugendichtigkeit, wenn auch bisher zwischen Fugendurchlasskoeffizient (vgl. Abschn. 6.2.1) und erreichter Schalldämmung keine Relationen festgelegt sind.

Neben der Fugendichtigkeit zwischen Flügel- und Blendrahmen ist auf dicht ausgefüllte und geschlossene Fugen zwischen Blendrahmen und Bauwerk zu achten. Gute Verankerung am Bauwerk in Verbindung mit guten Verriegelungssystemen verbessert weiterhin den Schalldämmwert von Fenstern (s. Abschn. 6.3).

Die besten Ergebnisse können erzielt werden bei Doppelfenstern mit getrennten Blendrahmen, mit Kastenfenstern und besonders solchen Kastenfenstern, bei denen die Kastenleibung mit schallschluckendem Material bekleidet ist. In jedem Fall ist jedoch die Gesamtdicke und Unterschiedlichkeit der Dicken der verwendeten Scheiben (8 bis 12 mm) sowie der Scheibenzwischenraum (SZR >150 mm bei Kastenfenstern) von Einfluss.

Die mit den verschiedenen Fensterbauarten erreichbaren Dämmwerte gegen Luftschall (bewertete Schalldämm-Maße) galten bisher ohne besonderen Nachweis als erfüllt, wenn die Ausführung den jeweiligen Angaben von Tabelle 40 aus DIN 4109 Beiblatt 1 entsprach.

Für abweichende Bauarten ist die Eignung durch anerkannte amtliche Prüfzeugnisse zu belegen.

Bei der Festlegung der Anforderungen ist zunächst der vorhandene „maßgebliche Außenlärmpegel" zu definieren. Das kann erfolgen anhand von

- Lärmschutzkarten bzw. durch für den betreffenden Standort vorgegebene Verwaltungsvorschriften (Immissionswerte gemäß TA Lärm in den Bebauungsplänen),
- Berechnungen nach 16. BImSchV,
- Messungen,
- Verwendung von Nomogrammen aus DIN 18 005-1,
- Regelungen aus dem Gesetz zum Schutz gegen Fluglärm

Bei der Festlegung der erforderlichen Schallschutzmaßnahmen werden nicht nur die Anforderungen an die Fenster, sondern auch an die gesamte Außenwand – ggf. unter Berücksichtigung der Flankenübertragung – sowie die Proportionen der zu schützenden Räume mit einbezogen. Um die geforderten Mindestanforderungen einzuhalten können die guten Schallschutzeigenschaften der Außenwände hergenommen werden um die naturgemäß weniger guten Werte der Fenster (zumindest teilweise) zu kompensieren.

Mindestanforderungen für Räume in Wohngebäuden sind in Tabelle **6**.17 aufgeführt. Das „resultierende Schalldämm-Maß" für Wand-Fenster-Kombinationen ist flächenanteilig entsprechend der Vorgaben aus DIN 4109-2 (Abschnitt 4.4 dieser Norm) zu berechnen.

Vor der Festlegung sind ggf. Korrekturwerte von –3 bis +5 dB gemäß DIN 4109-2, Abschn. 4.4.1 zu berücksichtigen.

Eine genaue Wiedergabe aller Berechnungsverfahren würde den Rahmen dieser Ausführungen sprengen (s. dazu Abschn. 17.6.3 in Teil 1 des Werkes).

Fortsetzung der Fußnote von S. 462
mit elastischer Zwischenschicht. Verbundscheiben werden auch für Sicherheitsverglasungen eingesetzt. Die hier eingesetzten Folien sind üblicherweise jedoch relativ steif und führen damit nicht unbedingt zu einer Verbesserung der Schalldämmung.

[1] Fensterrahmen können aus bauakustischer Sicht in massive Rahmen, die in der Regel aus Holz bestehen, und Rahmen aus Hohlkammerprofilen, die aus Kunststoff oder Metall hergestellt werden, unterschieden werden.
Bei massiven Rahmenprofilen hängt die Schalldämmung von der flächenbezogenen Masse ab, d. h. steigende Rohdichte des Materials und höhere Rahmendicke wirken sich günstig auf die Schalldämmung aus. In der Ansicht breite Profile können die Schalldämmung stärker beeinflussen als schmale Profile, dies beruht im Wesentlichen auf der Schalldämmung des Rahmenprofils und dessen Flächenanteils.
Bei Hohlkammerprofilen ist neben der Profilstärke und Ansichtsbreite die Größe der Kammern ein wesentliches Kriterium. Je größer die Profilkammern sind, (ab etwa 50 bis 75 mm Kammergröße und größer) desto geringer ist die Profilschalldämmung, und die gesamte Schalldämmung des Fensters reduziert sich. Dieser Effekt kann durch Verbesserungsmaßnahmen wie Sandfüllungen oder Beschwerungen mit Metall oder Gipsbauplatten reduziert werden.
Über die Profilart hinaus ist die Falzgeometrie ein wesentliches Konstruktionskriterium. Eine oder besser zwei umlaufende Dichtungsebenen, die ohne Unterbrechung den Falz vollständig abdichten, sind eine Grundvoraussetzung für schalldämmende Fenster. Durch die in Deutschland übliche Bauart mit umlaufenden Verriegelungen, die die Flügeldichtung in den Falz ziehen und einstellbar sind, ist die Fensterkonstruktion des Drehkippfensters eine günstige Fensterbauweise für schalldämmende Fenster. Bei Spezialkonstruktionen wie Stulpfenstern, Schwingfenstern oder Schiebefenstern kann die Unterbrechung der Dichtung oder die spezielle Dichtungsbauarten wie Bürstendichtungen die Gesamtschalldämmung maßgeblich reduzieren im Vergleich zur typischen Drehkipp-Fensterkonstruktion.

Tabelle **6**.15 Schalldämmung von Einfachfenstern mit Einfachglas, Verbund- und Kastenfenstern gem. DIN 4109-35, Tab 2 Bbl.1/A1, Tab 40a

Spalte	1	2	3	4	5
Zeile	R_w, dB	Konstruktionsmerkmale	Einfachfenster mit Einfachglas[1]	Verbundfenster[1]	Kastenfenster[1) 2)]
1	25	d_{Ges} in mm Falzdichtung	≥ 4 ①	≥ 6 –	>6 –
2	30	d_{Ges} in mm SZR in mm Falzdichtung	≥ 8 – ①	≥ 6 ≥ 30 ①	>6 ≥ 30 –
3	32	d_{Ges} in mm Glasaufbau in mm SZR in mm Falzdichtung	3)	≥ 8 bzw. ≥ 4 + 4/12/4 ≥ 30 ①	≥ 8 – ≥ 30 ①
4	35	d_{Ges} in mm Glasaufbau in mm SZR in mm Falzdichtung	3)	≥ 8 bzw. ≥ 6 + 4/12/4 ≥ 40 ①	≥ 8 – ≥ 40 ①
5	37	d_{Ges} in mm Glasaufbau mm SZR in mm Falzdichtung	3)	≥ 10 bzw. ≥ 6 + 6/12/4 ≥ 40 ①	≥ 8 bzw. ≥ 4 + 4/12/4 ≥ 100 ①
6	40	d_{Ges} in mm Glasaufbau in mm SZR in mm Falzdichtung	3)	≥ 14 bzw. ≥ 8 + 6/12/4 ≥ 50 AD + ID[4)]	≥ 8 bzw. ≥ 6 + 4/12/4 ≥ 100 AD + ID
7	42	d_{Ges} in mm Glasaufbau in mm SZR in mm Falzdichtung	3)	≥ 16 bzw. ≥ 8 + 8/12/4 ≥ 50 AD + ID[4)]	≥ 10 bzw. ≥ 8 + 4/12/4 ≥ 100 AD + ID
8	45	d_{Ges} in mm Glasaufbau in mm SZR in mm Falzdichtung	3)	≥ 18 bzw. ≥ 8 + 8/12/4 ≥ 60 AD + ID[4)]	≥ 12 bzw. ≥ 8 + 6/12/4 ≥ 100 AD + ID
9	≥ 46		3)	3)	3)

d_{Ges} Gesamtglasdicke, bei Verbund- und Kastenfenstern alternativ zum Glasaufbau für Konstruktionen mit Einfachgläsern
Glasaufbau Zusammensetzung der Einzelscheiben
SZR Scheibenzwischenraum
$R_{w,GLAS}$ ist der nach der zutreffenden DIN EN deklarierte Wert des bewerteten Schalldämm-Maßes R_w (z. B. bei MIG: DIN EN 1279-5)
Falzdichtung AD = Dichtung im äußeren Flügel, umlaufend, bei Verbundfenstern mit Belüftung des SZR
ID = Dichtung im inneren Flügel, umlaufend
① mindestens eine umlaufende elastische Dichtung, in der Regel als Mitteldichtung angeordnet.
[1)] Doppelfalze bei Flügeln von Holzfenstern; mindestens zwei wirksame Anschläge bei Flügeln von Metall- und Kunststofffenstern. Erforderliche Falzdichtungen sind umlaufend, ohne Unterbrechung anzubringen und müssen weich federnd, dauerelastisch, alterungsbeständig und leicht auswechselbar sein.
Um einen möglichst gleichmäßigen und hohen Schließdruck im gesamten Falzbereich sicherzustellen, ist eine genügende Anzahl von Verriegelungsstellen vorzusehen (wegen der Anforderungen an Fenster s. a. DIN EN 14 351-1).
[2)] Eine Schallabsorbierende Leibung ist sinnvoll, da sie die durch Alterung der Falzdichtung entstehenden Fugenundichtigkeiten teilweise ausgleichen kann.
[3)] Nachweis durch Prüfung
[4)] Werte gelten nur, wenn keine zusätzlichen Maßnahmen zur Belüftung des Scheibenzwischenraumes getroffen sind oder wenn eine ausreichende Luftumlenkung im äußeren Dichtungssystem vorgenommen wurde (Labyrinthdichtung).

6.2 Anforderungen an Fenster

Tabelle 6.16 Schalldämmung von Einfachfenstern mit Mehrscheiben-Isolierglas (MIG) gem. DIN 4109-35, Tab 1 (Auszug)

Spalte	1	2	3	4	5	6	7	8	9	10
Zeile	R_W dB	$C^{1)}$ dB	$C_{tr}{}^{1)}$ dB	Konstruktionsmerkmale	Einfachfenster mit MIG[2)]	Korrekturwerte dB				
						K_{RA}	K_S	K_{FV}	$K_{F1,5}$	K_{Sp}
2	30	–	–	d_{Ges} in mm SZR in mm oder $R_{w,GLAS}$ in dB Falzdichtung	≥ 6 ≥ 12 ≥ 30 ①	–	–	–	–	–
5	35	–2	–4	Glasaufbau in mm SZR in mm oder $R_{w,GLAS}$ in dB Falzdichtung	≥ 6 + 4 ≥ 12 ≥ 32 ①	–2	0	–1	0	0
10	40	–2	–5	$R_{w,GLAS}$ in dB Falzdichtung	≥ 40 ② (AD/MD + ID)	–2	0	0	–1	–1
11	41	–2	–5	$R_{w,GLAS}$ in dB Falzdichtung	≥ 41 ② (AD/MD + ID)	0	0	0	–1	–2
12	42	–2	–5	$R_{w,GLAS}$ in dB Falzdichtung	≥ 44 ② (AD/MD + ID)	0	–1	0	–1	–2
13	43	–2	–4	$R_{w,GLAS}$ in dB Falzdichtungen	≥ 46 ② (AD/MD + ID)	0	–2	0	–1	–2
16	≥ 46[3)]	–	–	–	–	–	–	–	–	–

d_{Ges}	Gesamtglasdicke
Glasaufbau	Zusammensetzung der außenliegenden Einzelscheiben.
SZR	Scheibenzwischenraum (bei 3-fach MIG Summe der Zwischenräume); mit Luft oder Argon gefüllt.
$R_{w,GLAS}$	ist der nach der zutreffenden DIN EN-Norm deklarierte Wert des bewerteten Schalldämm-Maßes R_w (z. B. bei MIG: DIN EN 1279-5) Anmerkung: Die Angabe $R_{w,GLAS}$ dient dem Nachweis abweichender Glasprodukte und korreliert nicht zwingend mit dem beschriebenen Glasaufbau.
Falzdichtung	AD = umlaufende Außendichtung, MD = umlaufende Mitteldichtung, ID = umlaufende Innendichtung im Flügelüberschlag
①	mindestens eine umlaufende elastische Dichtung, in der Regel als Mitteldichtung angeordnet
②	2 umlaufende elastische Dichtungen, in der Regel als Mittel- und Innendichtung oder auch als Außen- und Innendichtung angeordnet
MIG	Mehrscheiben-Isolierglas
[1)]	Die Spektrum-Anpassungswerte gelten für das Bauteil Fenster. Sie können von den glasspezifischen Werten abweichen.
[2)]	Doppelfalze bei Flügeln von Holzfenstern; mindestens zwei wirksame Anschläge bei Flügeln von Metall- und Kunststofffenstern. Erforderliche Falzdichtungen sind umlaufend, ohne Unterbrechung anzubringen und müssen weich federnd, dauerelastisch, alterungsbeständig und leicht auswechselbar sein. Um einen möglichst gleichmäßigen und hohen Schließdruck im gesamten Falzbereich sicherzustellen, ist eine genügende Anzahl von Verriegelungsstellen vorzusehen (zu Anforderungen an Fenster s. a. DIN EN 14 351-1)
[3)]	Nachweis nach DIN EN 14 351-1 durch Prüfung

Festzuhalten ist, dass sich die Schalldämmqualität von Wandbauteilen und auch von Fenstern gut ermitteln und planen lässt. Die Schalldämmung der Einbaufuge kann über ein bewertetes Fugenschalldämm-Maß $R_{s,W}$ beschrieben werden, welches im Laborprüfstand nach DIN EN ISO 10140-1 ermittelt werden kann. Bei kritischen Einbausituationen (z. B. Fenster in Dämmebene) kann das bewertetes Fugenschalldämm-Maß $R_{s,W}$ zum Nachweis der resultierenden Schalldämmung von Fenster und Fuge rechnerisch herangezogen werden, näheres ist der DIN 4109-2, Abschnitt 4.4.4 zu entnehmen. Die Fugenschalldämmung kann zwar unter Laborbedingungen festgestellt und verglichen werden, doch sind die Unwägbarkeiten bei der Bauausführung kaum erfassbar. Kleine Ausführungsfehler können die theoretischen Schalldämmwerte ($R_{S,W}$) von Fugen ganz

Tabelle 6.17 Anforderungen an die Luftschalldämmung von Außenbauteilen (DIN 4109-1 Tab. 7)

Zeile	Lärmpegel-bereich	„Maßgeblicher Außenlärmpegel L_a in dB
1	I	55
2	II	60
3	III	65
4	IV	70
5	V	75
6	VI	80
7	VII	> 80[1)]

[1)] Für maßgebliche Außenlärmpegel La > 80 dB sind die Anforderungen aufgrund der örtlichen Gegebenheiten festzulegen.

erheblich verschlechtern. Bei ordnungsgemäßer Fugenausbildung (s. Abschn. 6.3) können Fugenschalldämmmaße von 50 dB erreicht werden (s. auch RAL Montage-Leitfaden oder Angaben in DIN 4109-35). Sie reichen für Bauteile mit bewertetem Schalldämmmaß R_w von ca. 40 dB aus [20].

6.2.7 Erfüllung von Mindestanforderungen an Fenster und Fenstertüren

Je nach Einsatzbedingungen müssen Fenster und Fenstertüren so ausgewählt werden, dass sie die nötigen Anforderungen hinsichtlich Luftdurchlässigkeit (Abschn. 6.2.1), Widerstandsfähigkeit bei Windlast (Abschn. 6.2.2) und Schlagregendichtheit (Abschn. 6.2.3) erfüllen.

In Zusammenarbeit mit Herstellern und Fachverbänden wurden vom Institut für Fenstertechnik in Rosenheim (ift) „Einsatzempfehlungen für Fenster und Außentüren" entwickelt, die für den Regelfall (d. h. Gebäude ohne spezielle Grundrisse und Fassadenformen bzw. Anforderungen an die Fenster in Geländehöhen unter 800 m) als Grundlage für Leistungsbeschreibungen dienen können.

Deutschland ist in verschiedene Windzonen und Geländekategorien unterteilt. Fenster und Außentüren in küstennahen Gebieten müssen andere Anforderungen an Schlagregendichtheit, Luftdurchlässigkeit und Widerstandfähigkeit gegen Windlast erfüllen als beispielsweise in Stadtgebieten im Binnenland. Die sinnvollen Anforderungen zu kennen ist die Voraussetzung für die Auswahl der richtigen Fenster. Um Hersteller, Planer und ausschreibende Stellen bei dieser Auswahl von Fenstereigenschaften zu unterstützen, wurden die Einsatzempfehlungen des ift-Rosenheim entwickelt [5].

Durch die Eingabe der Postleitzahl und der Gebäudehöhe des Objekts ermittelt das Programm sekundenschnell die Empfehlungen für die Anforderungen. Es ist für alle betriebsfertigen Fenster und Außentüren gültig, unabhängig von Werkstoffen, Konstruktionen, Anforderungen und Prüfungen. Grundlage des Programms FE 14/2 ist die DIN 18 055: 11.2014 „Kriterien für die Anwendung von Fenstern und Außentüren nach DIN EN 14 351-1 und die DIN EN 1991-1-4 Eurocode 1: Einwirkungen auf Tragwerke, Teil 1-4: Allgemeine Einwirkungen – Windlasten.

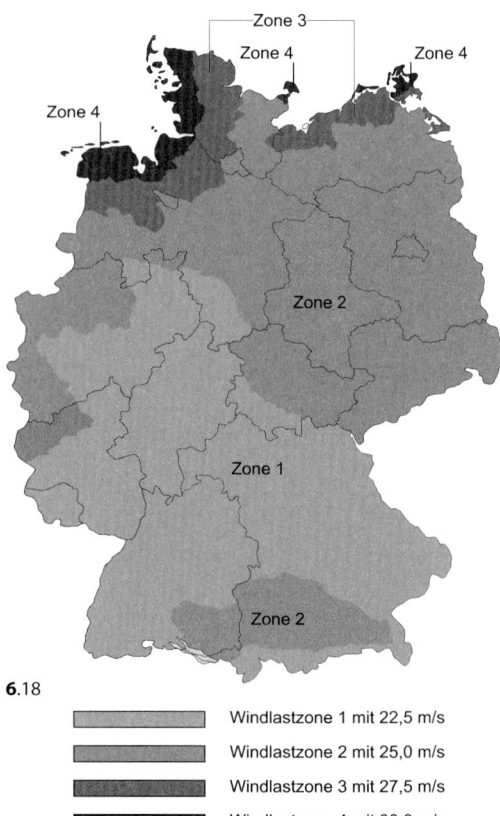

6.18

Windlastzone 1 mit 22,5 m/s
Windlastzone 2 mit 25,0 m/s
Windlastzone 3 mit 27,5 m/s
Windlastzone 4 mit 30,0 m/s

Bild 6.18 Windlastzonenkarte gem. DIN EN 1991-1-4/NA

6.3 Bauwerksanschlüsse

Tabelle **6**.19   Geländekategorie aus DIN EN 1991-1-4 (Eurocode 1) Tab.4.1 (Auszug)

	Geländekategorien
0	See, Küstengebiete, die der offenen See ausgesetzt sind
I	Seen oder Gebiete mit niedriger Vegetation und ohne Hindernisse
II	Gebiete mit niedriger Vegetation wie Gras, und einzelne Hindernisse (Bäume, Gebäude) mit Abständen von min. 20-facher Hindernishöhe
III	Gebiete mit gleichmäßiger Vegetation oder Bebauung oder mit einzelnen Objekten mit Abständen von weniger als der 20-facher Hindernishöhe (z. B. Dörfer, vorstädtische Bebauung, Waldgebiete)
IV	Gebiete, bei denen mindestens 15 % der Oberfläche mit Gebäuden mit einer mittleren Höhe größer als 15 m bebaut sind.

Anm.: Die Geländekategorien sind in Anhang A1 der Norm illustriert.

6.3   Bauwerksanschlüsse[1)]

6.3.1   Allgemeines

Die Gebrauchstauglichkeit und Lebenserwartung von Fenstern und Türen und die Vermeidung schwerwiegender Bauschäden an den seitlich, unten und oben angrenzenden Bauteilen durch Eindringen von Niederschlagwasser und durch Tauwasserbildung hängen in ganz erheblichem Maße vom fachgerechten Einbau in der Wandöffnung ab (s. a. ift-Richtlinie MO-01/1 – Baukörperanschluss von Fenstern – Teil 1: Verfahren zur Ermittlung der Gebrauchstauglichkeit von Abdichtungssystemen) [11].

Die Anschlussfugen zwischen Fenstern und Bauwerk werden von außen beansprucht durch Schlagregen, durch Winddruck und -sog mit den dadurch bewirkten Durchbiegungen der Fensterelemente, durch Schall und UV-Strahlung.

Die erhöhten Anforderungen an den Wärmeschutz (s. Abschn. 6.2.4) mit dem Ziel einer möglichst großen Energieeinsparung erfordern Gebäude mit weitgehend luftdichter Außenhaut. Damit ergeben sich gegenüber früher üblichen Bauweisen erheblich kompliziertere bauphysikalische Beanspruchungen für die Bauwerksfugen und für die Anschlüsse von Fenstern auch von der Innenseite (s. Abschn. 6.2.1).

Um den Anforderungen an die Gebrauchstauglichkeit von Baukörperanschlussfugen zu genügen, sind folgende Punkte zu berücksichtigen:

a) luftdichte, raumseitige Abdichtung der Fuge

b) schlagregendichte, außenseitige Abdichtung der Fuge

c) Vermeiden einer unzulässigen Feuchteanreicherung in der Dämmzone - Prinzip „außenseitig durchlässiger als raumseitig" einhalten, für definierten Feuchteausgleich

d) Dämmung der Anschlussfuge

e) Nachweis der Tauwasser- und Schimmelpilzfreiheit auf raumseitigen Oberflächen

f) Ableiten aller planmäßig auf das Bauteil einwirkenden Kräfte in den Baukörper

g) kontrollierte Wasserableitung von evtl. in die Konstruktion eingedrungenem Wasser

Die Forderungen gelten umlaufend, insbesondere bei Elementstößen und bei Übergängen der Dichtsysteme in den Eckbereichen, z. B. zur Fensterbank.

Bereits im Vorfeld des Fenstereinbaues müssen Grenzwerte für die Raumfeuchtigkeit definiert werden, die für die Gebäudehülle verträglich sind. Für alle bauphysikalisch kritischen Stellen sind planerisch einwandfreie Lösungen vorzugeben und bei der Ausführung zu überwachen.

Außenwände, Fenster und Außentüren mit allen Anschlussfugen müssen dabei als Gesamtsystem betrachtet werden. In DIN 4108-7 und in technischen Richtlinien von Verbänden sind Planungshinweise für die Abdichtung der Fugen zwischen Fensterrahmen und Außenwänden enthalten [24].

Maßungenauigkeiten des Rohbaus (auch bei Einhaltung der nach DIN 18 202 zulässigen Toleranzen, s. Abschn. 2.5 in Teil 1 des Werkes), nachträgliche Verformungen angrenzender Bauteile (Durchbiegung von Stürzen und Decken, Kriechen und Schwinden von Betonbauteilen usw.), das Gewicht schwerer Fensterflügel in geöffnetem Zustand und die zu berücksichtigenden temperatur- und materialbedingten Längenänderungen von Fensterteilen erschweren in der Praxis die Ausführung einwandfreier Anschlüsse zwischen Fenstern und Bauwerk.

[1)] Vgl. auch Abschn. 8.3.2

Die Belastungen, die auf Fenster und den Anschlussbereich einwirken, können in drei Ebenen betrachtet werden[1]):

- *äußere Wetterschutzebene* (umlaufend wind- und schlagregendichte Ausbildung als Regenschutz und zur schadensfreien Ableitung von eingedrungenem Niederschlagwasser); die bewitterten Oberflächen bilden dabei die Verschleißschicht der Fenster.
- *mittlerer Funktionsbereich* (insbesondere dauerhafter Schall- und Wärmeschutz und auch Dampfdruckausgleich aus den Glasfalzen)
- *innere Trennung von Raum- und Außenklima* (nicht unterbrochene, raumseitig luftdichte Trennebene zur Vermeidung von Tauwasserbildung - Oberflächentemperatur über der Taupunkttemperatur - und Wärmeverlusten durch Konvektion).

Für eine *wärmetechnische Optimierung* sind beim Fenstereinbau folgende Faktoren maßgebend:

- Mittige Anordnung der Fenster im Bezug zur Dämmzone bei monolithischen Außenwänden ohne Zusatzdämmung
- Optimierung der Anordnung und Einbausituation bei Wandaufbauten mit Zusatzdämmungen an der Außenseite (WDVS) oder durch Leibungsdämmungen

- Minimierung von Wärmebrücken in den Bereichen der Befestigungspunkte, Fensterbänke, Rollläden usw.
- Verfüllung alle Anschlussfugen mit weichen Dämmstoffen

Hinzu kommt die Sicherstellung der definierten Lastabtragung aller am Fenster auftretenden Kräfte in den Baukörper und vielfach auch die Anbindung an Gebäudetechnik, z. B. an die Stromversorgung von elektrischen Antrieben oder Datenleitungen für Mess- und Regeltechnik.

Für vertiefte Informationen wird auf die einschlägigen Richtlinien verwiesen (z. B. Leitfaden zur Planung und Ausführung der Montage von Fenstern und Haustüren für Neubau und Renovierung) der RAL-Gütegemeinschaft Fenster und Haustüren e.V. [31]).

Eine gute Hilfestellung bietet der ift-Montageplaner. Durch die Abfrage der wichtigsten Parameter erstellt das Programm einen Montagepass, der eine fachgerechte, bauphysikalische Planung des Fenstereinbaus ermöglicht und bestätigt. Der ift-Montagepass kann somit als Beleg für einen bauphysikalisch korrekten Fenstereinbau bzw. Baukörperanschluss genutzt werden. Auf dem ift-Montagepass wird der f_{RSI}-Wert als relevante Kenngröße angegeben, der gemäß EnEV und DIN 4108-2 über 0,7 liegen muss. Zusätzlich werden eine Querschnittzeichnung, die innere Oberflächentemperatur, der Isothermenverlauf und die Verarbeitungshinweise für die verwendeten Materialien im Montagepass zur Verfügung gestellt. Damit erhält der Monteur, aber auch der Planer und Bauherr alle Informationen, die für die fachgerechte Planung und Ausführung notwendig sind. So ist auch eine Überprüfung auf der Baustelle möglich, da die meisten Bauprodukte gekennzeichnet sind.

6.3.2 Einbauebene

Bei einer für Wohnräume typischen Raumtemperatur von z. B. 20 °C, einer Außentemperatur von −5 °C und einer relativen Raumluftfeuchte von 50 % liegt die Taupunkttemperatur bei +9,3 °C. Um Kondensatbildung zu vermeiden, muss *mindestens* dafür gesorgt werden, dass an den Fenstern, insbesondere im Bereich der Bauwerksanschlüsse Oberflächentemperaturen von +10 °C nicht unterschritten werden.

Je nach ermittelter Taupunkttemperatur (in diesem Beispiel für +10 °C) muss die Isothermenlinie

---

[1]) In der EnEV und DIN 4108-2 ist die luftdichte Ausbildung der Baukörperanschlussfuge gefordert. So werden Baukörperanschlussfugen mit einem Fugendurchlasskoeffizienten von a ≤ 0,1 m³/(h m (daPa)) als Luftdicht eingestuft. Für die Baukörperanschlussfugen bedeutet dies, dass ein Dichtsystem zwischen Blendrahmen und Luftdichtheitsebene der Außenwand eingesetzt werden muss, um derartige Werte zu erreichen.
Für schalldämmende Konstruktionen ist eine luftdichte Anschlussfuge ebenfalls eine wichtige Voraussetzung. Gemäß DIN 4109 sowie in der VDI-Richtlinie 2719 sind hier teilweise sogar zwei umlaufend luftdichte Ebenen erforderlich.
Mit Schlagregen belastete Fenster müssen so eingebaut sein, dass Niederschlagswasser nicht undefiniert in den Baukörper oder die Fensterkonstruktion eindringen kann. Für die Vermeidung von Kapillarfugen und für die definierte Wasserableitung müssen Dichtsysteme im Bereich der äußeren Anschlussfuge und im Bereich von Fensterbänken und an Dämmzonen angeordnet werden.
Es ergeben sich somit zwei bzw. drei wesentliche Dicht- bzw. Dämmebenen im Anschlussbereich, die es konstruktiv umzusetzen gilt. Dabei muss unter Berücksichtigung der baulichen Voraussetzungen, der bauphysikalischen Randbedingungen und des Bauablaufs in eine gebrauchstaugliche Anschlussfugenkonstruktion in mehreren Ebenen umgesetzt werden

6.3 Bauwerksanschlüsse

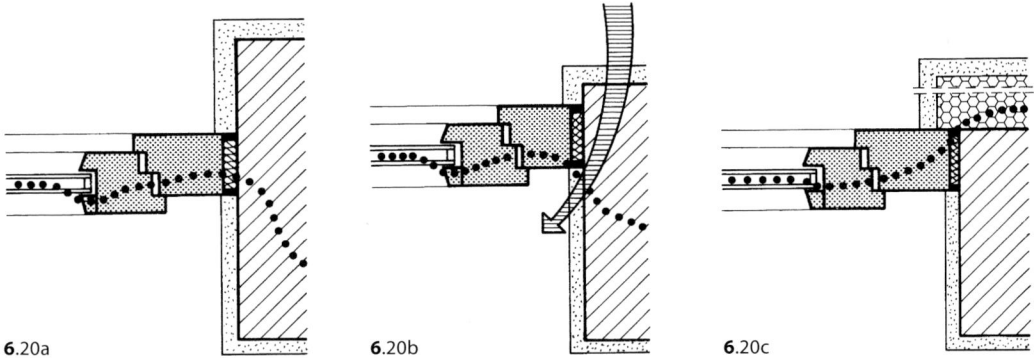

6.20a **6.**20b **6.**20c

6.20 Einbauebenen
a) Einbau im mittleren Wandbereich: Tauwassergefahr an der Leibung gering
b) Einbau im äußeren Wandbereich: Tauwassergefahr an der Leibung
 (10 °C-Isotherme berührt den inneren Anschlussbereich)
c) Einbau bei äußerer Wärmedämmung

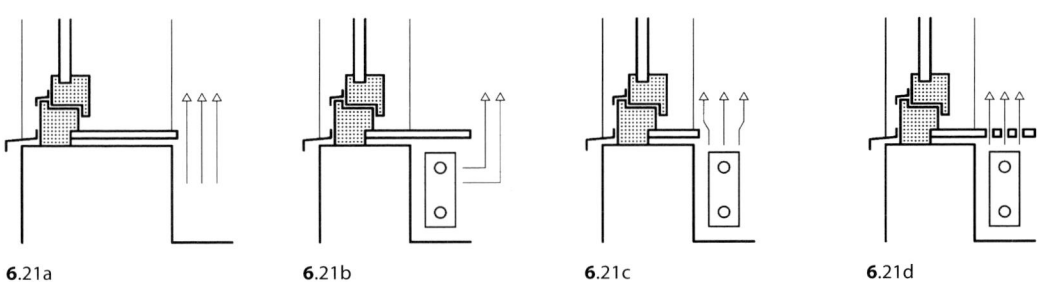

6.21a **6.**21b **6.**21c **6.**21d

6.21 Tauwasser-Wahrscheinlichkeit an der Fenster-Innenseite
a) und b) Tauwassergefahr an unterem Fensterrahmen und Verglasungsrand
c) und d) geringe Tauwassergefahr

für +10 °C ununterbrochen innerhalb der Wände bzw. der Fensterkonstruktion und der Verglasung (unter Berücksichtigung des Ψ (psi)-Wertes) verlaufen (Bild **6.**20).

Zum Nachweis des Mindestwärmeschutzes gemäß DIN 4108-2 wird nicht die Taupunkttemperatur (10°C-Isotherme), sondern die für „Schimmelpilzbildung" kritische Temperatur von 12,6 °C (13 °C-Isotherme) zugrunde gelegt. Hierzu wurde der Temperaturfaktor f_{Rsi} eingeführt. Der Temperaturfaktor f_{Rsi} wird nach DIN EN ISO 10211 ermittelt. Der Index Rsi steht für den der Berechnung zugrunde gelegten raumseitigen Wärmeübergangswiderstand Rsi. Der Temperaturfaktor muss an der ungünstigsten Stelle des Baukörperanschlusses die Mindestanforderung $f_{Rsi} \geq 0{,}70$ erfüllen, d. h., unter den Randbedingungen nach DIN 4108-2 (20 °C / 50 %) muss die Oberflächentemperatur si, $\geq 12{,}6$ °C betragen.

Bei homogenem, hochwärmedämmendem Außenwandmaterial ist mit Tauwasserbildung in der Fensterleibung zu rechnen, wenn die Fenster zu weit außen eingebaut werden (Bild **6.**20b). Ein einwandfreier Fenstereinbau ist daher fast nur noch möglich, wenn der Leibungsbereich durch eine zusätzliche Wärmedämmung geschützt wird (Bild **6.**20c). Zu beachten ist, dass bei der Fensterverglasung die Isothermenlinie für +10 °C am Randverbund der Isolierglasscheiben bereits sehr nahe am kritischen Bereich liegt (s. auch Abschnitt 6.4).

Auf der Raumseite sollen Warmluftströme zur Verminderung der Tauwassergefahr möglichst dicht an der Fensteroberfläche verlaufen. Bei großer innerer Leibungstiefe ergibt sich ein ungünstiger Verlauf dieser von Heizflächen (Heizkörper, Fußbodenheizung) erzeugten Warmluftströmung. Sie bleibt weitgehend entfernt vom unteren Fensterrand. Es besteht die Gefahr der Tauwasserbildung am unteren Fensterrahmen und vor allem am unteren Rand der Verglasung (Bild **6**.21a). Der gleiche Effekt entsteht durch weit überstehende Innenfensterbänke (Bild **6**.21b). Die Gefahr der Tauwasserbildung an der Fenster – Innenseite ist gering, wenn bauliche Verhältnisse wie in Bild **6**.21c und d geplant werden.

Die Gefahr von Tauwasserbildung am unteren Fensterrand ist mit der Entwicklung verbesserter Wärmeschutzeigenschaften von Fensterrahmen und Randverbund der Verglasung (Glas mit „warmer Kante") bzw. bei der Ausführung von Dreifachverglasungen wesentlich geringer geworden.

Die Wahl der Einbauebene prägt das Erscheinungsbild des Fensters innerhalb einer Fassade und im Innenraum erheblich. Gestalterische Absichten müssen jedoch mit den bauphysikalischen Gegebenheiten abgestimmt werden.

6.3.3 Befestigung

Die Fenster müssen mit Ihren Blendrahmen so in die Rohbauöffnungen eingebaut werden, dass ihr Eigengewicht und alle einwirkenden äußeren Kräfte (Wind- und Verkehrslasten) sicher auf das Bauwerk übertragen werden. Neben den statischen Belastungen sind Klimabedingungen, die Einbauebene, die Anschlagsart, der Befestigungsgrund (Wandbaustoff), der Rahmenwerkstoff und die notwendigen Randabstände zu beachten. Ein Nachweisverfahren durch Prüfungen bietet die ift-Richtlinie MO-01/1 – Baukörperanschluss von Fenstern – Teil 2: Verfahren zur Ermittlung der Gebrauchstauglichkeit von Befestigungssystemen) [12].

Die materialspezifischen temperaturabhängigen Formänderungen vor allem von dunklen Kunststoff- und Metallfenstern sowie Bewegungen und Formänderungen benachbarter Bauteile dürfen zu keinen Zwängungen oder Belastungen führen können. Sonst sind Funktionsstörungen die Folge, und es kann sogar zu Verformungen der Blendrahmen bis hin zu Glasschäden kommen. Um das Dehnungsverhalten (Längenänderung) der Rahmenwerkstoffe zu berücksichtigen, sind die im Bild **6**.22 aufgezeigten Befestigungsabstände einzuhalten. Daneben sind ggf. die Angaben der Befestigungsmittelhersteller und Systemgeber zu berücksichtigen.

Das Eigengewicht wird durch Tragklötze aufgenommen. Durch zusätzliche Distanzklötze werden die Fenster beim Einbau ausgerichtet. Die Verklotzungen sind so auf die Rahmenbreite abzustimmen (schmal auszuführen; s. Abschn. 6.4.3), dass die später ausgeführten Abdichtungen nicht beeinträchtigt werden (Bild **6**.21). Die Tragklötze sind im Bereich von Rahmenecken, Pfosten und Riegeln in Abhängigkeit von der Öffnungsart anzuordnen und gegen Verrutschen zu sichern. Ihre Anordnung muss so erfolgen, dass eine Einspannung des Rahmens verhindert wird. Bei Fenstertüren sind ab einer Breite von 1 Meter Tragklötze auch am unteren Rahmenprofil mittig einzusetzen.

Die Verbindungen zum Bauwerk müssen federnd oder verschiebbar sein. Bewegungen dürfen auch nicht durch Putz oder sonstige angrenzende Bauteile verhindert werden (Bild **6**.24).

Nach dem Ausrichten sind die Fenster mit dem Bauwerk sicher zu verankern. Die je nach Rahmenmaterial unterschiedlichen temperaturbedingten Längenänderungen der Rahmen erfor-

6.22 Temperaturbedingte Längenänderung ε verschiedener Rahmenmaterialien

Werkstoffe der Fensterprofile	e in mm/m
PVC-U (weiß)	1,6
PVC-U (farbig) und PMMA (farbig coextrudiert)	2,4
harter PUR-Integralschaumstoff	1,0
wärmegedämmtes Aluminiumverbundprofil (hell)	1,2
wärmegedämmtes Aluminiumverbundprofil (dunkel)	1,3

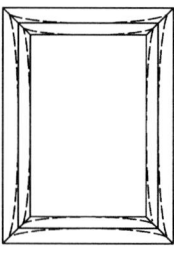

Verformungsbilder:
bei Ausdehnung

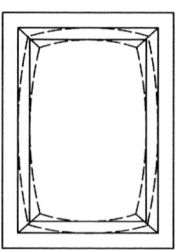

bei Schrumpfung

6.3 Bauwerksanschlüsse

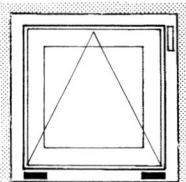
6.23a

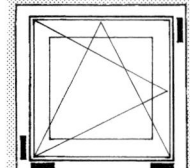
6.23b

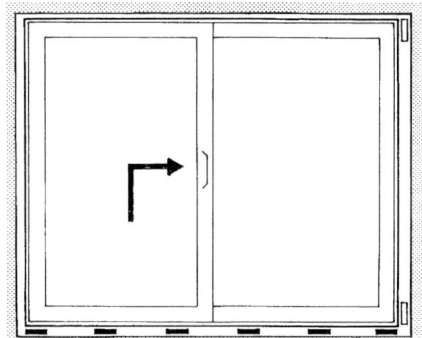
6.23c

6.23 Einbau von Fenstern: Anordnung von Trag- und Distanzklötzen
a) Kippfenster
b) Drehkippfenster
c) Hebe-Schiebtür

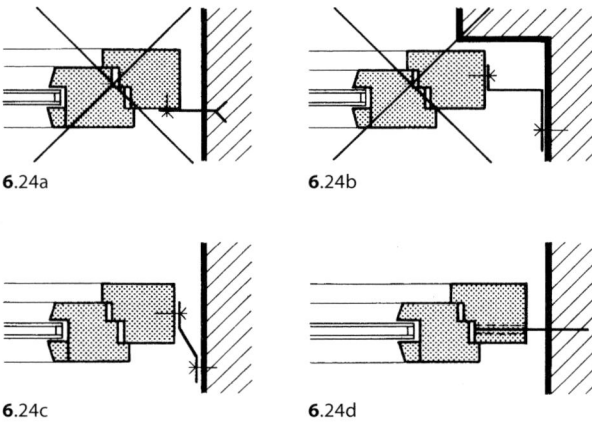

6.24a 6.24b

6.24c 6.24d

6.24 Befestigung von Blendrahmen und Lastabtragung (schematische Darstellung)
a) starre Verbindung (Maueranker) – falsche Ausführung!
b) starre Verbindung durch Winkel – falsche Ausführung!
c) Befestigung mit Bandeisen (federndes Element)
d) verschiebbarer Anschluss mit Steckdübel als gleitende Verbindung

dern unterschiedliche Abstände der Verankerungspunkte. Sie können Bild **6**.25 entnommen werden.

Die Verankerungsmittel werden je nach Belastung, Verankerungsmöglichkeit in der Fensterleibung und Rahmenbauart gewählt. In Frage kommen vor allem Durchsteck-Rahmendübel und Ankerlaschen („Schlaudern"). Ankerlaschen sollten durch Dübel, nicht durch Nagelung am Rohbau befestigt werden. Für die Befestigung von Kunststoff- und Metallrahmen sind verschiedene spezielle Arten von Tragankern auf dem Markt. Schwere Fensterelemente können mit Hilfe von Ankerschienen befestigt werden (Bild **6**.26).

Die Befestigung der Fensterrahmen von der Raum-Innenseite her (Bild **6**.26b und c) ist für die einwandfreie Ausführung der inneren Abdichtung (Abschnitt 6.3.4) ungünstig. Bei Fensterleibungen ohne Anschlag (Bild **6**.3a) ist daher eine Befestigung durch *Ankerlaschen auf der Außenseite* vorzuziehen.

Montageschaum darf nicht als alleiniges Befestigungsmittel, sondern nur in Verbindung mit Verankerungen verwendet werden. Bei Einkomponenten-Schäumen kann es durch Feuchtigkeitseinfluss zu einer Nachreaktion kommen, sodass größere Fenster beim Aufquellen verspannt oder verformt werden können. Diese Gefahr ist bei der Verwendung von Zweikomponentenschaum nicht gegeben.

Das Ausschäumen kann keinesfalls als Fugenabdichtung (Abschnitt 6.3.4) betrachtet werden.

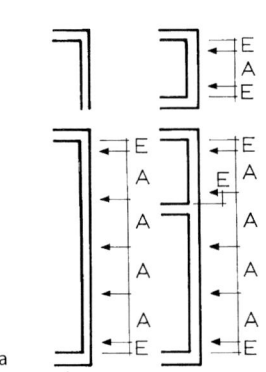 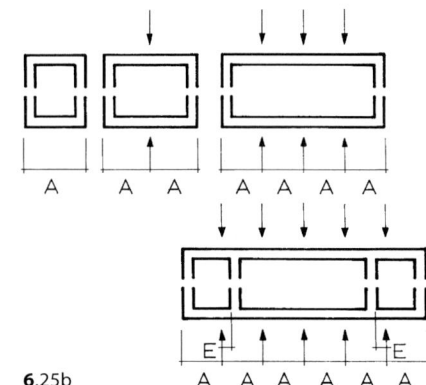

6.25 Befestigungsabstände von Ankern
a) bei senkrechten Blendrahmen, b) bei waagerechten Blendrahmen
A: Ankerabstände
   bei Aluminiumfenstern   max. 800 mm
   bei Holzfenstern   max. 800 mm
   bei Kunststoff-Fenstern   max. 700 mm
B: Abstand der Anker von
   der Innenecke   100 bis 150 mm
   bei Pfosten und Riegeln
   von der Innenseite des Profils   100 bis 150 mm
E: Abstand von der Innenecke und bei Pfosten und Riegel von der Innenkante des Profiles   100 bis 150 mm

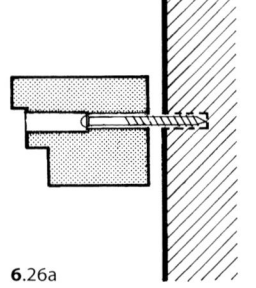 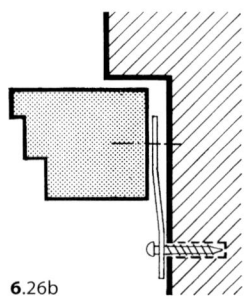 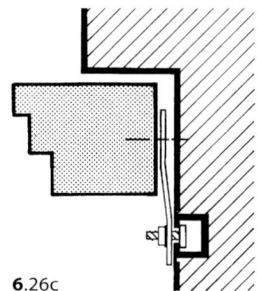

6.26 Befestigungsarten
a) Befestigung mit Durchsteckdübelschraube
b) Befestigung mit Ankerlasche (auch: Schlauder, Bankeisen)
c) Befestigung mit Ankerschiene

Für die spätere Ausführung von Abdichtungen mit Dichtstoffen ist der Kantenbereich des Rahmens bzw. der Bauwerksfuge von aufquellendem Schaum frei zu halten und durch Abklebungen vor Verschmutzung zu schützen.

Ein statischer Nachweis für die Befestigung von Fenstern und Außentüren ohne besondere Belastungen ist bei Beachtung der anerkannten Regeln der Technik im Allgemeinen nicht erforderlich.

Sind hingehen besondere Anforderungen zu berücksichtigen, z. B.

- die absturzsichernde Ausführung von Elementen (statischer Nachweis),
- der Einbau einbruchhemmender Elemente (Prüfnachweis),
- die Montage von Brandschutzelementen (Verwendbarkeitsnachweis) oder im Hochhausbereich,

sind entsprechende Nachweise (Statiker, Prüfstelle, Zulassungsstelle) zu führen.

Im aktuellen RAL-Leitfaden zur Montage werden für die Befestigung von Fenster und Außentüren drei Fälle unterschieden. Unterstützung hierfür

6.3 Bauwerksanschlüsse

bietet der kostenlose „ift Befestigungsplaner" (www.befestigungsplaner.de). Durch die Abfrage der wichtigsten Parameter ermittelt das Programm die Auflagerkräfte je Befestigungspunkt. Auf Basis dieser Ausgabewerte können zusammen mit den Herstellern geeignete Befestigungsmittel ausgewählt werden.

Bei Fenstern in Lochfassaden ist hierzu folgendes zu beachten:
- eine umlaufende mechanische Befestigung mit geeigneten Befestigungsmitteln unter Einhaltung der
  Verarbeitungsvorgaben der Hersteller für das eingesetzte Befestigungssystem
- bei Rollladenkästen ist der obere Blendrahmen statisch freitragend zu dimensionieren und seitlich ausreichend zu befestigen
- die Anordnung und Ausbildung der Trag- und Distanzklötze ist zu beachten (Bild **6**.23);
- der Befestigungsabstand und der Abstand von den Innenecken ist einzuhalten (Bild **6**.25).

Für Fensterkonstruktionen mit einem detaillierten statischen Nachweis muss deren Befestigung und Lastabtragung mit bauaufsichtlich zugelassenen Bauteilen bzw. Befestigungsmitteln mit entsprechendem Prüfnachweis erfolgen.

Dübel, Laschen, Ortschäume und dergleichen sind zur Abtragung der in Fensterebene wirkenden Lasten nicht ausreichend, es sei denn es handelt sich um distanzhaltende Befestigungsmittel mit entsprechendem Nachweis.

6.3.4 Fugendämmung und Abdichtung

Fugendämmung. Aus wärme- und aus schallschutztechnischen Gründen ist eine umlaufende Verfüllung zwischen Fensterrahmen und Rohbau erforderlich. Dafür in Frage kommt sorgfältiges Ausstopfen mit loser Mineralwolle oder mit Naturprodukten wie Sisal, Jute, Wolle, Flachs, mit Schaumstoff-Füllbändern oder das Einbringen von Montageschaum.

Als Dämmstoffe in der Baukörperanschlussfuge kommen prinzipiell alle Werkstoffe mit dämmenden Eigenschaften in Frage. Der eingesetzte Fugendämmstoff muss die Fugenhohlräume möglichst vollständig ausfüllen. Darüber hinaus ist bei Faserdämmstoffen auf eine ausreichende Verdichtung beim Einbringen zu achten.

Bei der Ausführung der Dämmung der Anschlussfuge mit Ortschaum ist darauf zu achten, dass die Fugenflanken für die Abdichtung (Haftfläche für Dichtstoff oder Klebung von Dichtfolien) nicht verunreinigt werden. Diesbezüglich ist je nach Abdichtungssystem eine sinnvolle Arbeitsabfolge einzuhalten.

Abdichtungen. Die Anschlussfugen zwischen Fenstern und Fensterleibungen sind nach der EnEV und DIN 4108-2 bzw. DIN 4109 sowie ift-Richtlinie MO-01/1, 2007 [11] luft- und winddicht zu verschließen.

Die Fugen zwischen Fenster und Außenwand sind stets Bewegungsfugen. Die verwendeten Dichtsysteme müssen also Bewegungen aus dem Baukörper und/oder z. B. thermisch bedingte Längenänderungen des Rahmenprofils dauerhaft ausgleichen können. Daneben beanspruchen auch Temperaturschwankungen, Feuchtebeanspruchungen und ggf. chemische Belastungen das Dichtsystem. Bei der Auswahl des Dichtsystems muss auf diese Randbedingungen Rücksicht genommen werden.

Dabei ist Kondensatbildung innerhalb des Anschlussraumes bzw. der wärmedämmenden Verfüllung durch abdichtenden Fugenanschluss bzw. Dampfsperren auszuschließen. Durch Niederschlagwasser eingedrungene Feuchtigkeit muss schadensfrei nach außen abgeleitet werden können.

Die Abdichtungen müssen wie bei allen mehrschichtigen Bauteilen so aufgebaut sein, dass der Wasserdampfdiffusionswiderstand der einzelnen Schichten von innen nach außen abnimmt, d. h. sie müssen auf der Raumseite dampfdichter ausgeführt sein als auf der Außenseite.

Die Anschlüsse zwischen Fenster und Leibung sind demnach auszuführen:
- an der *Außenseite Wasser ableitend* gegen Schlagregen (Regensperre)
- an der *Innenseite abdichtend, luftdicht gegen Wärmekonvektion*.

Die innere Abdichtung ist umlaufend an allen Anschlussfugen, d. h. auch an der inneren Fuge zwischen Fensterrahmen und Fensterbank herzustellen. Rollladenkästen müssen nach innen luftdicht ausgeführt werden.

An der Außenseite ist unterhalb von schlagregendichten Fensterbänken oder ähnlichen Wasser ableitenden Bauteilen ein besonderer zusätzlicher Schutz in der Regel nicht unbedingt erforderlich (Bild **6**.27, s. jedoch auch Abschn. 6.3.5, Bild **6**.39). Sind aufgesteckte Endstücke der Fensterbank nicht schlagregendicht, muss mit einer wannen-

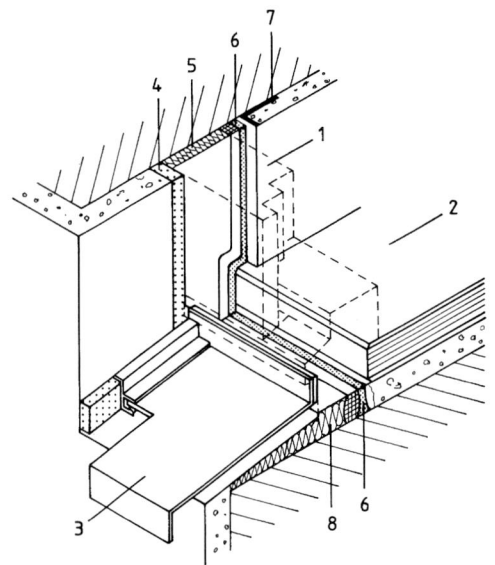

6.27 Verlauf der Abdichtungsebenen (innenseitig umlaufend, außen nur seitlich)
1 Fensterblendrahmen
2 innere Brüstungsabdeckung
3 äußere Brüstungsabdeckung
4 äußere Abdichtung
5 Fugendämmung
6 innere Abdichtung
7 Putzanschlussprofil
8 Hinterfüllung der äußeren Büstungsabdeckung (z. B. Mineralwolle)

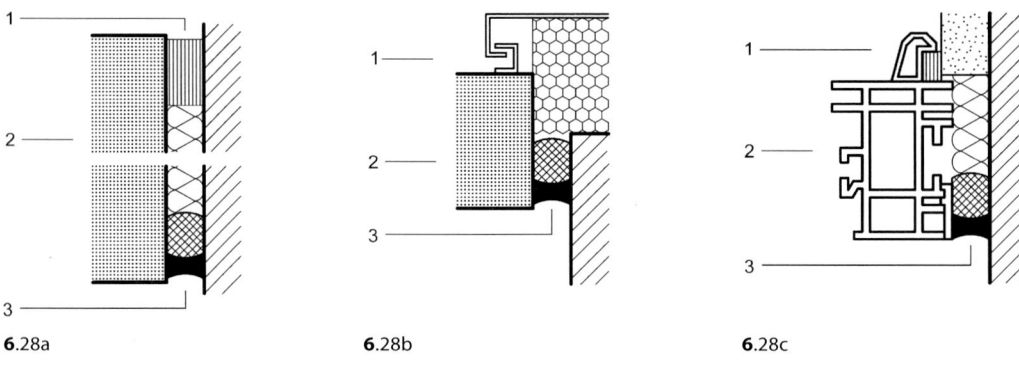

6.28a 6.28b 6.28c

6.28 Fugenausbildung
a) einstufige Fugenausbildung
b) und c) zweistufige Fugenausbildung

1 Regensperre
2 Windsperre
3 luftdichter Anschluss

förmig ausgebildeten Dichtfolie unter der Fensterbank eine zweite wasserführende Ebene hergestellt werden.

Unterschieden wird einstufiger und zweistufiger Fugenaufbau (Bild **6**.28).

Die genaue Einhaltung bestimmter Fugenbreiten zwischen Fensterrahmen und Rohbauöffnungen ist unter Baustellenbedingungen in der Praxis schwer zu erreichen und eigentlich nur im Fertigteilbau oder mit Hilfe von Einbauzargen möglich. Die erforderliche Mindestfugenbreite ist abhängig vom Rahmenmaterial, von der Elementlänge und von dem verwendeten Abdichtungsmaterial (s. Abschn. 6.6.2 bis 6.6.6).

Fugengeometrien und die Beschaffenheit der Fugenoberflächen haben ebenso wie die Dichtigkeitsanforderungen Einfluss auf die unterschiedlichen Dichtungsarten (Tab. **6**.29).

Es ist festzustellen, dass eine gewisse Ebenheit, Stabilität und Sauberkeit der Leibung für jedes Dichtsystem erforderlich ist. Dies hat meist zu Folge, dass insbesondere gemauerte Leibungsflächen für die Abdichtung vorbereitet werden müssen. Fehlerhafte Fugenanschlussflächen, vor

6.3 Bauwerksanschlüsse

Tabelle 6.29 Einsatzgebiete der Dichtungsarten (ift-Rosenheim)

Dichtungsart	Spritzbare Dichtstoff	Imprägnierte Dichtbänder aus Schaumkunststoff	Fugendichtungsbänder	Elastomer – Fugenbänder	Dichtfolien	Anputzdichtleisten
Große Fugenbreiten (> 3 cm)	–	–	+	+	+	–
Geringe Fugenbreiten (< 10 mm)	–	o	+	o	o	+
Große Fugenunebenheiten	+	–	o	o	o	–
Große Fugenbewegungen	+	o	+	+	+	–
Wasserdichtheit	+	+	+	+	–+	o
Feuchteausgleich	–	+	–	–	+ … –	o
Oberflächen mit schlechten Haftungseigenschaften (sandender, alter Putz usw.)	–	+	o	o	o	o

Legende: + = sinnvoll   o = möglich   – = nicht sinnvoll

Tabelle 6.30 Eignung und Bezeichnung von Dichtstoffen

Für die Außen- und Innenanwendung geeignet				Nur für die Innenanwendung geeignet			
D	Außen	Innen	Zusatzanforderungen Abschn. 4.3	D RS	Außen	Innen	Zusatzanforderungen Abschn. 4.3
1	ja	ja	Ha	1 RS	nein	ja	Hi
2	ja	ja	Ha; N	2 RS	nein	ja	Hi; N
3	ja	ja	Ha; A1; A2	3 RS	nein	ja	Hi; A1; A2
4	ja	ja	Ha; N; A1; A2	4 RS	nein	ja	Hi; N; A1; A2
5	ja	ja	La	5 RS	nein	ja	Li
6	ja	ja	La; N	6 RS	nein	ja	Li; N
7	ja	ja	La; A1; A2	7 RS	nein	ja	Li; A1; A2
8	ja	ja	La, N; A1; A2	8 RS	nein	ja	Li, N; A1; A2

allem seitliche Leibungsflächen müssen vor dem Einbau der Fenster (z. B. durch einen Ausgleichsputz oder Glattstrich) vollfugig und parallel nachgearbeitet (geglättet) und auf die planungsgemäße Breite gebracht werden (vgl. DIN 18 540 und Abschn. 2.5 in Teil 1 dieses Werkes).

Zur Abdichtung kommen in Frage:

- Spritzbare Dichtstoffe (Silikon, Polysulfid, Polyurethan, Polyether SMP, Acryldispersion (Tab. 6.30 und 6.31)
- Imprägnierte Dichtungsbänder aus Schaumkunststoff (vorkomprimierbar)
- Dichtungsbahnen (selbstklebende Bitumenfolien, Polyisobutylen, EPDM, PVC – weich)
- Dichtungsbänder (Butyl, Polysobutylen)
- Elastomer – Fugenbänder (Polysulfid, Silikon, Polyurethan)
- Multifunktionsdichtungsbänder
- Anputzdichtleisten

Tabelle 6.31 Anwendung von Dichtstoffen

Sind die Dichtstoffe nur raumseitig verwendbar, so sind diese mit der Kennzeichnung **„RS"** zu ergänzen z. B.: D1RS

			Fensterrahmenwerkstoffe									
			Kunststoff		Aluminium			Metall			Holz	
			F 1.1	F 1.2	F 2.1	F 2.2	F 2.3	F 3.1	F 3.2	F 3.3	F 4.1	F 4.2
			PVC-U	foliert	pressblank	anodisch oxidiert	farbbeschichtet	Kupfer	Stahl, verzinkt	Stahl, farbbeschichtet	Beschichtung lösemittelhaltig	Beschichtung wasserverdünnbar
Putz	A 1.1	Putzmörtelgruppe I	D5	D5	D7	D7	D7	D7	D7	D7		
	A 1.2	Wärmedämmputz	D5	D5	D7	D7	D7	D7	D7	D7		
	A 1.3	Gipsputz innen	D5	D5	D7	D7	D7	D7	D7	D7		
	A 1.4	Kunststoffputz	D5	D5	D7	D7	D7	D7	D7	D7		
WDVS	A 2.1	Wärmedämm-Verbundsystem	D5	D5	D7	D7	D7	D7	D7	D7		
Beton	A 3.1	Porenbeton	D5	D5	D7	D7	D7	D7	D7	D7		
	A 3.2	Leichtbeton	D5	D5	D7	D7	D7	D7	D7	D7		
	A 3.3	Beton						D3				
Mauerstein	A 4.1	Vormauerziegel (Klinker)	D1	D1	D1	D1	D1	D7	D7	D7	D3	D3
	A 4.2	Kalksandstein	D1	D1	D1	D1	D1	D7	D7	D7	D3	D3
	A 4.3	Hochhohlziegel	D1	D1	D1	D1	D1	D7	D7	D7	D3	D3
	A 4.4	Keramikklinker	D1	D1	D1	D1	D1	D7	D7	D7	D3	D3
Naturwerkstein	A 5.1	grobkristallin — Travertin	D2	D2	D2	D2	D2	D2	D2	D2	D4	D4
	A 5.2	grobkristallin — Nagelfluh	D2	D2	D2	D2	D2	D2	D2	D2	D4	D4
	A 5.3	mittelkristallin — Kalkstein	D2	D2	D2	D2	D2	D2	D2	D2	D4	D4
	A 5.4	feinkristallin — Marmor	D2	D2	D2	D2	D2	D2	D2	D2	D4	D4
	A 5.5	— Granit	D2	D2	D2	D2	D2	D2	D2	D2	D4	D4
	A 5.6	— Quarz	D2	D2	D2	D2	D2	D2	D2	D2	D4	D4
Metall	A 6.1	Kupfer	D1	D1	D1	D1	D1	D1	D1	D1	D3	D3
	A 6.2	Zinkblech	D1	D1	D1	D1	D1	D1	D1	D1	D3	D3
	A 6.3	Aluminium — pressblank	D1	D1	D1	D1	D1	D1	D1	D1	D3	D3
	A 6.4	Aluminium — anodisch oxidiert	D1	D1	D1	D1	D1	D1	D1	D1	D3	D3
	A 6.5	Stahl	D1	D1	D1	D1	D1	D1	D1	D1	D3	D3
	A 6.6	Blei	D1	D1	D1	D1	D1	D1	D1	D1	D3	D3
Sonstiges	A 7.1	Holz	D3	D3	D3	D3	D3	D3	D3	D3	D3	D3
	A 7.2	Kunststoff	D1	D1	D1	D1	D1	D1	D1	D1	D3	D3
	A 8.0	Beschichtungen[1]	Abstimmung mit dem Dichtstoffhersteller notwendig									

[1] Unter Beschichtungen von Außenwandsystemen sind alle Beschichtungssysteme wie z. B. Anstriche, Einbrennlacke und Folien zu verstehen, die auf die Oberfläche aufgebracht werden, z. B. beschichteter Beton oder Kalksandstein.
Bei beschichteten und im nachhinein beschichteten Oberflächen sowie bei gealterten Oberflächen muss eine Beratung durch den Dichtstoffhersteller erfolgen.

6.3 Bauwerksanschlüsse

Dichtstoffe müssen folgende Grundanforderungen erfüllen:
- standfest
- gut haftend (ggf. in Verbindung mit Primer)
- wechsellastbeständig bei Temperaturschwankungen und mechanischen Belastungen
- kleberfreie Oberfläche im Gebrauchszustand
- Verträglichkeit mit angrenzenden üblichen Baustoffen und Metallen.

Einen Überblick für die Einsatzmöglichkeiten der verschiedenen Dichtstoffe geben die Tabellen **6**.30 und **6**.31.
Darüber hinaus bestehen Klassifikationen zusätzlicher Anforderungen für
- Dehnspannungen (**L** = low, max. 0,20 N/mm² bei 25 % Dehnung und **H** = high; max. 30 N/mm² bei 25 % Dehnung)
- Außen und Innenanwendung (**La** und **Ha** bzw. **Li** und **Hi**),
- Verträglichkeit mit Natursteinen (**N**),
- Anstrichverträglichkeit (**A1** bis **A3**).

Dichtstoffe die nur raumseitig verwendbar sind, tragen die Kennzeichnung **RS**.

Bei Abdichtungen mit spritzbaren Dichtstoffen ist ein Tiefen/Breitenverhältnis der eingespritzten Dichtstoffmasse von

$$t = 0{,}5 \times b \ (t > 6 \text{ mm})$$

einzuhalten.
Eine „Dreiflankenhaftung" ist nicht zulässig und ist ggf. durch eingelegte Trennfolien zu verhindern (Bild **6**.32b).
Fugen mit Abdichtungen aus spritzbaren *Dichtstoffen* müssen zwischen 10 und 20 mm breit sein.
Je nach Untergrund ist zur Haftverbesserung ein Primer einzusetzen. Angrenzende Rahmen- und Bauwerksflächen sind mit Abklebungen gegen Verschmutzung durch Primer und überquellendes Dichtungsmaterial sorgfältig zu schützen. Zu beachten ist, dass Anstriche nicht auf Flächen haften, die mit silikonhaltigem Material verunreinigt sind.
Die Dichtstoffoberfläche ist nach dem Einbringen mit einem Gleitmittel zu besprühen und mit einem Kunststoffspachtel so abzuziehen, dass eine hohlraumfreie gleichmäßige Verfüllung der Versiegelungsfuge gewährleistet ist.
Bei der Ausführung mit *vorkomprimierten Dichtungsbändern* beträgt die Mindestfugenbreite zwischen 6 und 10 mm.

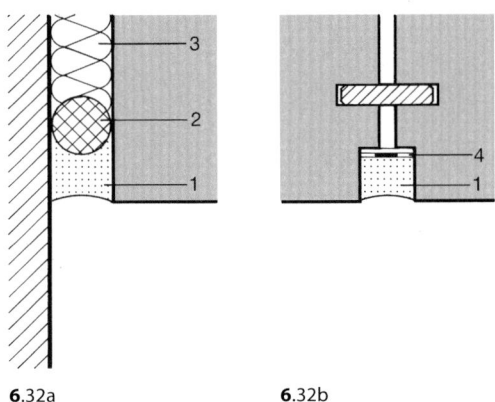
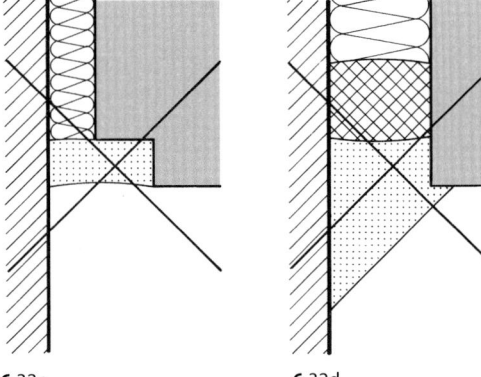

6.32a   6.32b   6.32c   6.32d

6.32 Ausführung von Fugenabdichtung mit Dichtstoffen
  a) Bauwerksanschlussfuge (Bewegungsfuge), Abdichtung Innenseite
  b) Konstruktionsfuge (z. B. Koppelung von Holzrahmen)
  c) falsche Fugenabdichtung (Dreiflanken-Haftung nicht zulässig)
  d) Dreiecksfuge grundsätzlich ungeeignet: Hier Dichtungsmasse zu breit, spitz auslaufend und über den Rahmen verschmiert (würde sich an den Rändern ablösen)

1 Dichtungsmasse (t = 0,5 b)
2 Hinterfüllung (Schaumstoff-Dichtungsband, geschlossenporig)
3 Fugenfüllung (z. B. Mineralwolle)
4 Trennlage (dadurch Vermeidung der Dreiflanken-Haftung)

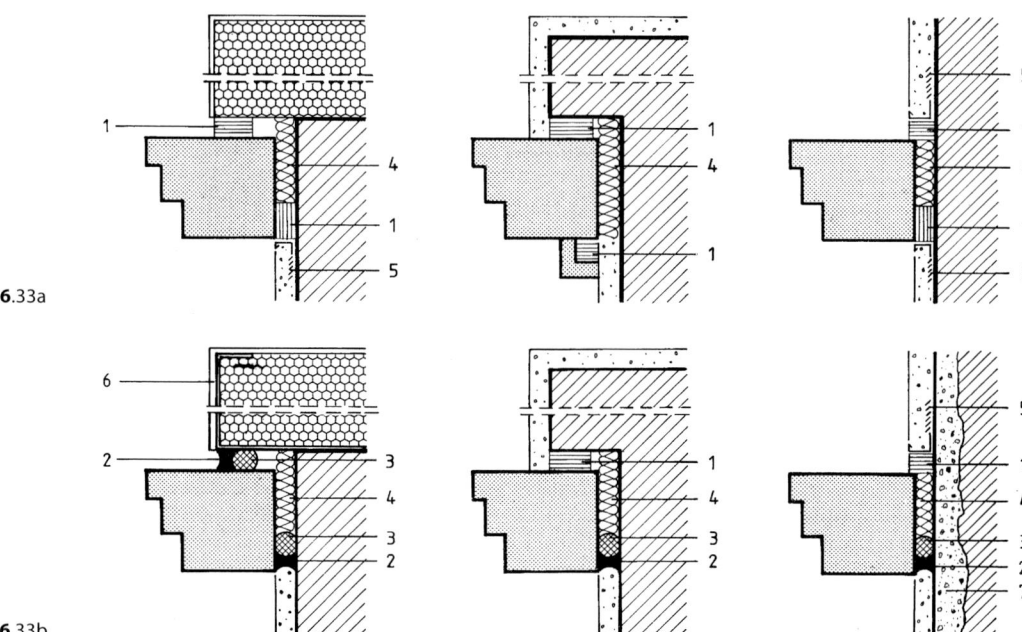

6.33 Abdichtungen von Fugen zwischen Fensterrahmen und Bauwerk
    a) Abdichtungen mit vorkomprimiertem Dichtband
    b) Abdichtungen mit Dichtstoffen

1 vorkomprimiertes Dichtband
2 elastischer Dichtstoff
3 Schaumstoff-Hinterfüllung
4 Fugenfüllung (Wärmedämmung)
5 Putzanschlusswinkel
6 Abschlussprofil
7 ggf. Ausgleichsputz

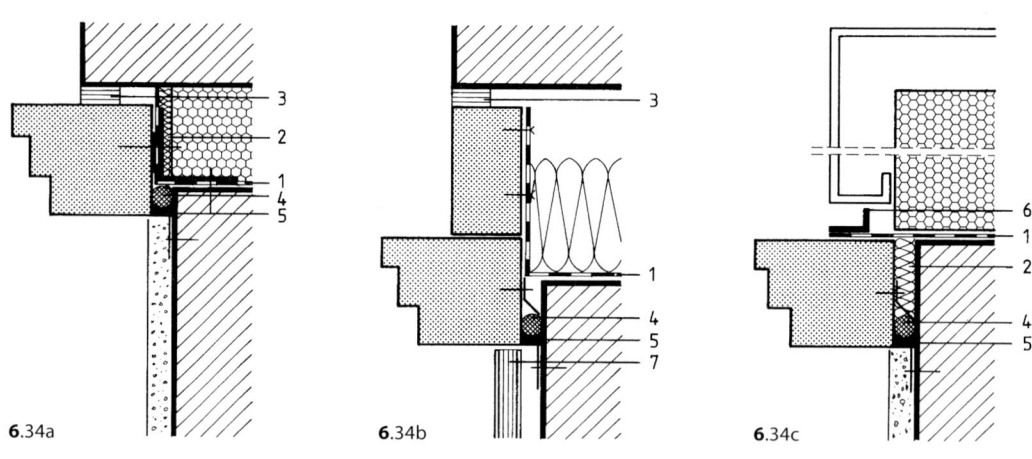

6.34 Abdichtung mit Folien
    a) Abdichtung bei zweischaligem Mauerwerk mit Kerndämmung
    b) Abdichtung bei zweischaligem Mauerwerk mit hinterlüfteter Wärmedämmung
    c) Abdichtung bei hinterlüfteter Formteilfassade

1 Abdichtungsfolie
2 Fugendämmung
3 vorkomprimiertes Dichtungsband
4 Schaumstoff-Hinterfüllung
5 elastischer Dichtstoff
6 Folien-Fixierung
7 Gipskartonplatte

6.3 Bauwerksanschlüsse

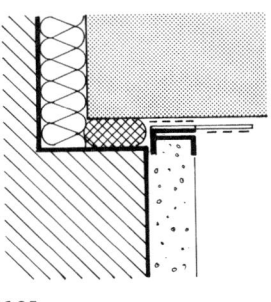 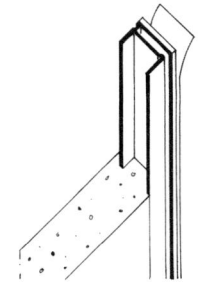 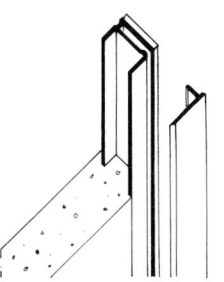 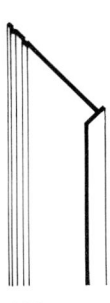

6.35a **6.35b** **6.35c**

6.35 Putzanschlussprofile (Protektor)
a) Selbstklebendes Putzanschlussprofil mit seitlichem Schutzstreifen zum Aufkleben von Schutzfolien. Nach Beendigung der Arbeiten wird der Schutzstreifen entfernt.
b) Verschluss der Klemmfuge durch Zusatzprofil
c) einschiebbare Klemmleiste für spätere Renovierungsarbeiten

Einige Beispiele für die Abdichtung von seitlichen Bauanschlussfugen mit Dichtstoffen, mit vorkomprimierten Dichtbändern und mit Bauabdichtungsbahnen sind in den Bildern **6**.33 und **6**.34 gezeigt. Die oberen Anschlüsse an Stürze werden in gleicher Weise ausgeführt (Abdichtungen bei Rollladenkästen s. Abschn. 6.8.2). Im Übrigen wird auf die zahlreichen Ausführungsbeispiele in Bbl. 2 zu DIN 4108 verwiesen.

Putzanschlüsse an den Fensterrahmen bilden immer wieder sowohl innen wie außen Ausführungsprobleme. Die Putzanschlüsse sollen selbstverständlich rechtwinklig zur Fensterebene und exakt parallel und gleichmäßig breit zu den Rahmenkanten verlaufen.

Die Fensterprofile und -scheiben müssen sorgfältig gegen Verschmutzungen geschützt werden. Das kann durch die Verwendung von Putzanschlussprofilen erreicht werden, die mit zusätzlichen Dichtungsstreifen oder mit besonderen Vorkehrungen für die Anbringung von Schutzfolien auf dem Markt sind (Bild **6**.35). Putzanschlussprofile ersetzen jedoch keinesfalls die erforderlichen Abdichtungen. Hierzu sind sogenannte Anputzdichtleisten erforderlich, die – neben dem „sauberen" Anschluss auch bewegungsaufnahmefähig sind, d. h. gleichzeitig abdichten.

6.3.5 Brüstungsanschlüsse

Sofern die Fenster nicht Bestandteil einer vorgehängten Fassade sind (Bild **6**.36a; vgl. auch Abschn. 9.4.3 in Teil 1 dieses Werkes), schließen sie unten in der Regel an gemauerte (Bild **6**.36b) oder aus Fertigteilen hergestellte (Bild **6**.36c) *Brüstungen* an (s. auch Abschn. 6.3.2, Bild **6**.21).

Bei Fensterelementen, die bis auf den Fußboden hinabreichen, muss der äußere Abschluss am Rand der Geschossdecken und ggf. der Übergang zu Terrassen oder Balkonen und deren Abdichtungen (s. Abschn. 10.7.3 in Teil 1 des Werkes) sowie der Anschluss an die innere Abdichtung und den Fußbodenaufbau genau geplant werden (Bild **6**.36d).

Fensterbrüstungen dienen nicht nur als Absturzsicherung, sondern werden auch zur Anbringung von Heizflächen genutzt. Die Anordnung von Heizflächen unter den Fenstern ist heizungstechnisch am günstigsten. Fenster sind innerhalb von Außenwänden die stärksten Abkühlungsflächen. Der durch Heizkörper an der Fensterbrüstung erzeugte Warmluftstrom wirkt der Abkühlung und der möglichen Kondensatbildung an Fensterscheiben und Fensterleibungen entgegen. Beim Lüften eindringende Kaltluft wird beim Einströmen in den Raum angewärmt. Innere Fensterbänke, die als Ablageflächen erwünscht sind oder die Heizkörper optisch verkleiden sollen, dürfen daher den notwendigen Luftstrom nicht behindern (s. auch Abschn. 6.3.2).

Die Vorteile der Anordnung von Heizkörpern an Fensterbrüstungen nehmen mit zunehmender Verbesserung der Wärmeschutzeigenschaften der Außenwände, insbesondere der Fenster deutlich ab.

Heizkörpernischen unterhalb der Fenster sollen, sofern sie überhaupt vorgesehen werden, den an der Innenseite flächenbündigen Einbau von Heizkörpern ermöglichen. Sie bedeuten je-

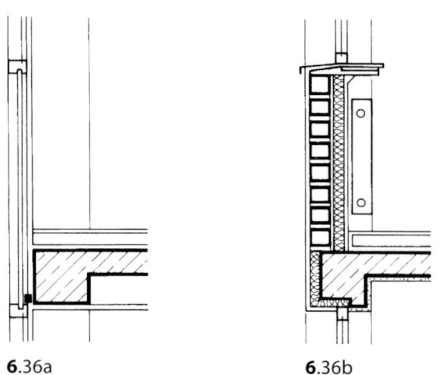
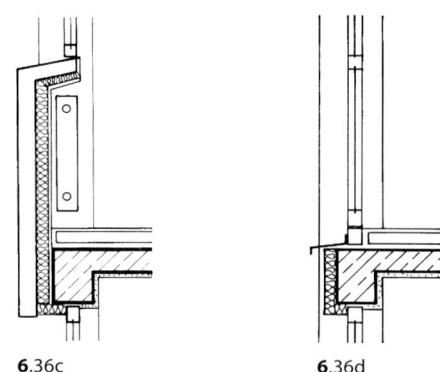

6.36 Brüstungsanschlüsse
a) Vorhangfassade
b) gemauerte Brüstung mit Heizkörpernische
c) Fertigteil/Brüstung mit Heizkörpernische
d) Fenstertür oder raumhohes Fensterelement

doch statische und wärmetechnische Schwachstellen für die Außenwand. Durch zusätzliche Wärmedämmschichten auf der Innenseite lässt sich zwar ein entsprechender Wärmeschutz wie für die übrigen Wandflächen erreichen. Durch die Ausführung von bewehrtem Mauerwerk muss jedoch der Rissbildung an den Anschlussstellen entgegengewirkt werden. Es muss ferner gewährleistet werden, dass durch Heizkörperkonsolen oder Auflagerkonsolen für Innenfensterbänke keine Wärmebrücken entstehen.

Wegen der Komplizierung der Bauarbeiten, der Mehrkosten und vor allem wegen der möglichen Ausführungsfehler sollte auf die Ausführung von Heizkörpernischen verzichtet werden.

Werden Heizkörper vor Fensterflächen angeordnet, wird beim erforderlichen Wärmeschutz zwischen transparenten und nichttransparenten Ausfachungsflächen unterschieden.

Zur Verringerung der Wärmeverluste müssen geeignete nicht demontierbare oder integrierte Abdeckungen zwischen Heizkörperrückseite und Fensterfläche vorgesehen werden.

Vorteilhafter ist i. d. R. die Vermeidung der Anordnung von Heizkörpern vor verglasten Fensterflächen.

Im Übrigen müssen die Anforderungen an den Brandschutz (DIN 4102) und an den Schallschutz für Außenbauteile (DIN 4109) erfüllt werden.

Innenfensterbänke. Die innere Brüstungsabdeckung wird meistens mit Natur- oder Kunststeinfensterbänken ausgeführt, die im Mörtelbett oder auf Konsolen verlegt werden oder aus kunststoffbeschichteten Holz - Pressstoffprofilen oder wasserbeständig beschichtetem Holz. Mit durchgehenden Luftschlitzen oder angesetzten, ausreichend bemessenen Gitterprofilen ist ggf. für den Warmluft-Durchlass von Heizkörpern zu sorgen.

Meistens werden die Fensterbänke in entsprechende Nutungen des Rahmens eingeschoben oder unter entsprechende Aussparungen des Rahmens gesetzt.

Die innere Fugenabdichtung ist zwischen Fensterrahmen und Brüstung mit Anschluss an die seitlichen Abdichtungen auszuführen (Bild **6.**37).

Außenfensterbänke. Die äußere Brüstungsabdeckung und damit der untere Bauwerksanschluss von Fenstern ist besonders stark allen Witterungsbeanspruchungen ausgesetzt und muss deshalb sehr sorgfältig geplant und ausgeführt werden. Das direkt anfallende und von den Fenstern ablaufende Niederschlagwasser muss so abgeleitet werden, dass an Fassadenflächen keine anhaltende Feuchtigkeit und Verschmutzung entsteht.

Alle äußeren Fensterbänke sollen mindestens 30 mm, besser 40 mm weit überstehende Tropfkanten haben. Seitlich muss durch Aufkantungen mit sorgfältig gedichteten Anschlüssen an die Fensterleibungen ein unkontrolliertes Ablaufen an der Fassade und das Eindringen von Niederschlagwasser in die Eckenbereiche (Hinterläufigkeit) verhindert werden. Es ist ein Gefälle nach Außen von mindestens 5° vorzusehen.

Durchfeuchtungen aber auch Fassadenverschmutzungen und Verfärbungen infolge nicht

6.3 Bauwerksanschlüsse

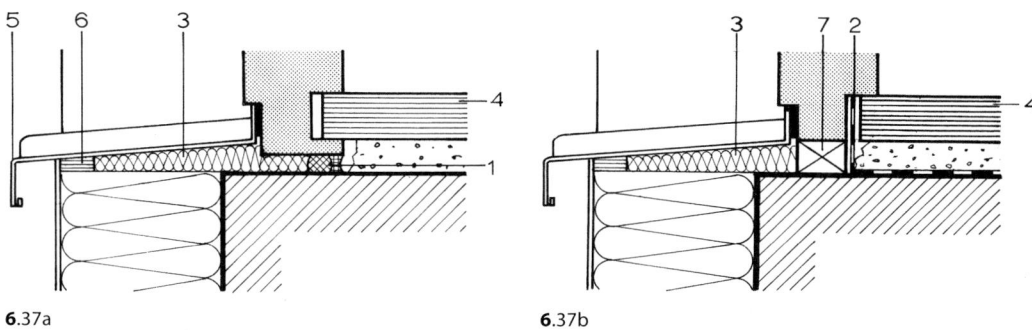

6.37a   **6**.37b

6.37 Abdichtung an der inneren Brüstungsabdeckung
- a) Abdichtung zwischen Fensterrahmen und Brüstung mit spritzbarem Dichtstoff
- b) mit Dichtungsbahn (an die seitlichen Abdichtungen anschließend)
1. Abdichtung mit Dichtstoff auf Hinterfüllung
2. Abdichtung mit Dampfsperre
3. Hinterfüllung der äußeren Brüstungsabdeckung
4. innere Brüstungsabdeckung
5. Aluminium-Brüstungsabdeckung außen
6. vorkomprimiertes Dichtungsband
7. Tragklotz

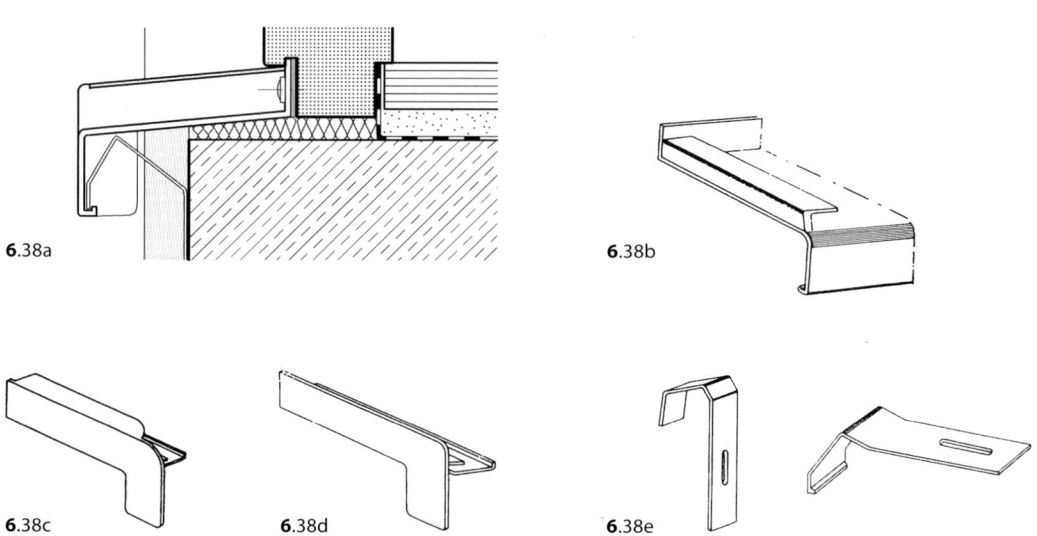

6.38a   **6**.38b

6.38c   **6**.38d   **6**.38e

6.38 Leichtmetall-Außenfensterbank (BUG)
- a) Schnitt
- b) Angeformte Randaufkantung
- c) Seitliche Randaufkantung zum Aufstecken für Putzanschluss (seitl. Dehnfuge berücksichtigen)
- d) Seitliche Randaufkantung zum Aufstecken für Sichtmauerwerk (seitl. Abdichtung mit spritzbarem Dichtungsmittel)
- e) Sicherung gegen Abheben durch Winddruck für Putz- und für Sichtmauerwerkfassaden (auch Spezialprofile für Dämmfassaden)

ausreichender Überstände und wegen fehlerhafter Randabschlüsse können nicht nur als Ausführungsmangel sondern gegebenenfalls auch als *Planungsfehler* reklamiert werden! [47]

Die äußeren Brüstungsabdeckungen werden vielfach durch Fensterbank-Aluminium-Profile gebildet.

Sie können außen mit aufgesteckten bzw. aufgeklemmten Wandanschluss-Formteilen an geputzte Fensterleibungen anschließen. Anschlüsse an gemauerte Fensterleibungen oder Anschlüsse an Beton werden mit Dichtstoff oder vorkomprimierten Dichtungsbändern abgedichtet. (Bild **6**.38).

Bei starker Witterungsbeanspruchung oder wenn Bedenken hinsichtlich der Dichtigkeit angebracht sind, ist eine wannenartige Abdichtung aus Bauabdichtungsfolie als zusätzliche, zweite Dichtebene unterhalb von Metall- oder Kunststoff-Brüstungsabdeckungen ratsam. Alternativ kann dies durch eine Dichtschlemme erfolgen. Es muss allerdings sichergestellt werden, dass ein Dampfdruckausgleich zwischen Bauwerk bzw. Wärmedämmschichten und Atmosphäre möglich ist (Bild **6**.39).

Die Oberflächen von Aluminium-Fensterbänken können technisch oder farbig eloxiert sein. Derartige Oberflächen sind jedoch gegen Verschmutzung durch Putz oder Mörtel sehr empfindlich und müssen bis zum Abschluss der Bauarbeiten durch abziehbare Schutzfolien geschützt werden. Weniger empfindlich, nötigenfalls ausbesserbar und in allen Farben ausführbar sind Oberflächenbeschichtungen (s. Abschn. 6.6.4).

Je nach Lage zur Himmelsrichtung sind die temperaturbedingten Längenänderungen von Aluminiumfensterbänken zu berücksichtigen. Ab etwa 3,00 m Länge sind dafür Schiebestöße vorzusehen.

Bei geputzten Leibungen sind auf den Abkantungen der Fensterbänke Dehnungsstreifen aus nicht putzhaftendem Material aufzukleben.

Bei mehr als 150 mm Tiefe müssen Metall-Außenfensterbänke Sicherungen im Abstand von etwa 90 cm gegen Abheben durch Windkräfte haben.

Der Raum zwischen Metall- oder Kunststofffensterbänken und dem Brüstungsmauerwerk wird mit loser Mineralwolle ausgestopft oder mit Montageschaum verfüllt. Bei Ausführung der Brüstungen in Sichtmauerwerk oder Beton wird die äußere Fuge am besten durch vorkomprimierte Dichtungsbänder geschlossen. Bei anschließenden Putzflächen sind breite Anschlussfugen unter den Fensterbänken mit bewehrtem Putz oder mit Anschlussprofilen auszuführen.

Antidröhnschutz. Durch zähe Kunststoff- oder Bitumenauflagen auf der Unterseite können Metallfensterbänke entdröhnt werden. Damit wird die Geräuschbildung bei auftreffendem Regen reduziert. Diese Beschichtung sollte 1/3 der Ausladung über die gesamte Fensterbank-Länge betragen.

Äußere Brüstungsabdeckungen können auch aus Zink- oder Kupferblech in handwerklicher Ausführung gebildet werden.

Zu beachten ist, dass von Kupferblechen färbende Oxydationsrückstände auf darunter liegende Bauteile gelangen können. Hier empfiehlt sich ein Überstand von 50 mm. Auch sollten für Bauteile, die unterhalb von Kupferabdeckungen liegen (z. B. auch Pflaster und Plattenbeläge), Materialien gewählt werden, bei denen die unvermeidliche Grünverfärbung akzeptiert werden kann.

Für Kunststofffenster sind spezielle Fensterbankprofile aus Kunststoff auf dem Markt, die Bestandteil der unteren Rahmenprofile sein können oder in sie eingefügt werden (Bild **6**.40).

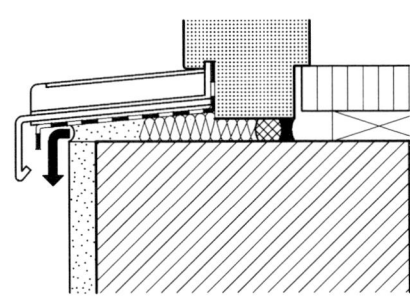

6.39   Brüstungen mit Abdichtung – Dampfdruckausgleich

6.3 Bauwerksanschlüsse

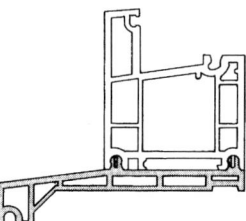

6.40 Brüstungsabdeckung aus Kunststoff (Salamander)

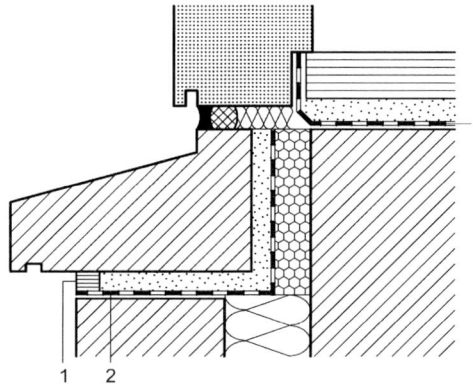

6.41 Brüstungsabdeckungen mit gemauerter Rollschicht aus Formsteinen
1 Dichtungsband
2 Brüstungsabdichtung
   (seitl. bis OK Formstein; Anschlussfuge mit spritzbarem Dichtstoff)

Seltener werden äußere Brüstungsabdeckungen aus Klinkerplatten, Spaltplatten, aus Rollschichten mit frostbeständigen Mauersteinen oder Formsteinen sowie aus Natur- bzw. Betonwerksteinen ausgeführt. Derartige Brüstungsabdeckungen sollten in jedem Fall auf seitlich hochgezogenen Abdichtungsbahnen ausgeführt werden. Der Leibungsanschluss ist wasserdicht mit spritzbarem Dichtungsstoff oder dauerhafter mit vorkomprimiertem Fugen-Dichtungsband herzustellen (Bild 6.41). Bei betretbaren Fenstertüren sind ein trittfester Unterbau sowie ein rutschhemmender Belag zu berücksichtigen.

6.3.6 Schwellen bei Fenstertüren

An Fenstertüren (s. a. Abschn. 3.1.11) ändern sich die baulichen Randbedingungen für die Anschlussausbildung. Auch die Belastungssituation durch Oberflächenwasser auf der Balkon- oder Terrassenfläche verschärft sich, häufig noch in Verbindung mit dem Wunsch des Nutzers, möglichst geringe Schwellenhöhen zu erhalten. Für die Ausbildung der äußeren Schwellenabdichtung liegen verschiedene Regelwerke vor, die sich primär an die Außenwand richten und Maßnahmen zum Schutz gegen eindringendes Wasser zur Vermeidung von Schäden in der Außenwand fordern.

Folgende Kriterien sind bei der Abdichtung von Außen- und Fenstertüren zu beachten:
- Der Schutz der seitlich an Außen- und Fenstertüren angrenzenden Außenwand, wobei die Anschlüsse an die Wand die Abdichtungshöhe sicherstellen müssen.
- Der Schutz der unten an Außen- und Fenstertüren angrenzenden Außenwand, wobei die Anschlüsse dauerhaft dicht sein müssen.
- Die tatsächlich zu erwartende Belastung des Anschlusses von Außen- und Fenstertüren durch nicht drückendes Wasser aus Niederschlag und Spritz- oder Schmelzwasser.
- Die zumutbare Schwellenhöhe aus der Raumnutzung, insbesondere bei barrierefreiem Bauen.

DIN 18195-9, Abschnitt 5 sehen eine Abdichtungshöhe über der wasserführenden Schicht von 150 mm als ausreichend an. Gleichzeitig wird auf die Erfordernis von Ausnahmen bei den Abdichtungshöhen bei Außen- und Fenstertüren hingewiesen, es werden aber keine genauen Maße definiert. Auch die Fachregel für Dächer mit Abdichtungen – Flachdachrichtlinien – gibt vor, dass die Anschlusshöhe 150 mm über Oberfläche Belag oder Kiesschüttung betragen soll. Sofern eine Entwässerungsrinne vor der Schwelle positioniert wird, ist dabei eine Reduzierung auf 50 mm möglich. Für barrierefreies Bauen nach DIN 18 040-1 und DIN 18 040-2 muss eine möglichst bodenbündige Schwelle ausgeführt werden. Auf eine gute Überrollbarkeit ist zu achten.

Daraus folgt, dass eine Unterschreitung der Abdichtungshöhe, wie sie in den Regelwerken beschrieben ist, zulässig und zum Teil notwendig ist, wobei stets flankierende Maßnahmen zur Vermeidung von Feuchtigkeitsschäden erforderlich sind. Die Einhaltung der Abdichtungshöhe ist also kein ausreichendes Merkmal für einen dichten Anschluss. Die Schwellenhöhe ist daher vor Ausführung schriftlich zu vereinbaren.

In der baulichen Umsetzung wird in der Regel mit Dichtbahnen oder mittels Flüssigkunststoff die Abdichtung und Wasserführung vorgenommen. Speziell die seitlichen Übergänge zur Abdichtung im Bereich der Wand sind genau zu planen und sorgfältig auszuführen.

6.4 Verglasungen[1]

6.4.1 Glasarten und Lieferformen

Der bedeutendste Werkstoff für Fenster ist das Glas. Zum einen bewirkt er durch die Transparenz Durchsicht, Licht- und Energiegewinn und zum anderen besitzt er flächenmäßig den größten Anteil am Fenster.

Bei den für die Verglasung von Fenstern in Frage kommenden Flachglasarten werden folgende Lieferformen bzw. Qualitäten unterschieden:

Normales Floatglas[2]:
(3 bis 19 mm dick), DIN EN 572-2 (früher „Spiegelglas"), verwendet für Mehrscheiben-Isoliergläser, Wärmeschutzgläser, Sonnenschutzgläser sowie für Schallschutzglas, Sicherheitsglas, Drahtspiegelglas (7 mm dick mit Drahtnetzeinlage, Maschenweite 12,7/12,7 mm) und Brandschutzglas.

Das im so genannten Float-Verfahren hergestellte Flachglas wird durch Beschichtungen, physikalische und technische Weiterbehandlungen in eine Vielzahl von Produkten veredelt. Diese Gläser werden dabei entweder als Einzelscheiben (EV) oder im Verbund mit zwei oder mehr Scheiben als Mehrscheiben-Isolierglas (MIG) im Fenster eingesetzt. Andere Herstellverfahren wie das Gussverfahren haben in der Praxis nur noch eine untergeordnete Bedeutung.

Beschichtungen. Mit Beschichtungen werden die energetischen und optischen Eigenschaften des Glases eingestellt. Mit großtechnischen Beschichtungsverfahren werden hauptsächlich so genannte low-ε-Schichten – niedrig emittierende Beschichtungen – als Basis für Wärmeschutzgläser aufgebracht. Diese metallischen Beschichtungen werden beim MIG in den Scheibenzwischenraum gerichtet, da sie mechanisch kaum belastbar sind. Müssen Beschichtungen auf zugängigen Oberflächen aufgebracht sein, z. B. bei Einfachscheiben von Verbund- oder Kastenfenstern, werden so genannte Hard-coatings. eingesetzt, welche ausreichend beständig gegenüber den typischen mechanischen Einwirkungen bei Nutzung und Pflege sind.

Während bei den Low-ε-Schichten eine hohe Durchlässigkeit bezüglich Licht und solarer Energie gewünscht ist, sollen Sonnenschutzgläser hier absperrend wirken. Durch Beschichtungen, aber auch durch Einfärbung des Glases oder das Aufbringen von Bedruckungen kann dies erzeugt werden. Damit ist stets eine optische Veränderung verbunden, die in der Gestaltung auch oftmals gewünscht ist, z. B. stark spiegelnde Glasoberflächen.

Neben diesen wesentlichen Beschichtungen können auch Spezialanwendungen wie Photovoltaik, beheizbare Gläser, Schmutz abweisende Oberflächen usw. umgesetzt werden.

Gussglas:
Ornamentglas in 4, 6 oder 8 mm Dicke, Drahtglas (Drahtnetzeinlage mit Maschenweite 12,7/12,7 mm), Drahtornamentglas (an einer oder beiden Oberflächen ornamentiert). Bei Drahtglas handelt es sich um ein Gussglas, welches mit einer netzartigen Drahteinlage ausgestattet ist. Die Drahteinlage erhält bei Scheibenbruch das Gefüge der Scheibe weitgehend. Drahtglas hat im Fensterbereich kaum noch eine Bedeutung. Auch gilt es – trotz der splitterbindenden Wirkung der Drahtnetzeinlage - nicht als Sicherheitsglas.

Funktionsgläser:
(Sondergläser), hergestellt auf der Basis von Floatglasqualitäten für die verschiedensten Einsatzgebiete, u. A. für

- **Gläser mit Sicherheitseigenschaften** *gegenüber mechanischen Belastungen* (Glasbruch, Absturzsicherung, Einbruchhemmung, Explosions- und Beschusssicherheit, angriffhemmende Gläser).

---

[1] In diesem Abschnitt werden Glasarten und die Verwendung von Glas lediglich im Zusammenhang mit Fenstern behandelt. Über Verglasung von Türen, Fassaden, Dachflächen, Umwehrungen usw. mit teilweise speziellen Glassorten werden Ausführungen in den betreffenden Kapiteln gemacht.

[2] Bei der Glasherstellung im Floatglasverfahren wird die Glasschmelze auf ein beheiztes Zinkbad ausgebreitet und schwimmt („floatet") auf dem schwereren Zinn. Das geschmolzene Glas wird langsam gekühlt und dabei auf die beabsichtigte Dicke gestreckt.

6.4 Verglasungen

Einscheiben-Sicherheitsglas (ESG)[1] besteht aus Floatglas oder Sonnenschutzglas, das durch Wärmebehandlung vorgespannt wird, nachdem es in die benötigte Größe und Form geschnitten und an den erforderlichen Stellen gegebenenfalls durchbohrt worden ist. Das vorgespannte oder *teilvorgespannte Glas*[2] kann nicht mehr bearbeitet werden. Bei gewaltsamer Zerstörung zerfällt es in kleine Krümel und nicht in gefährliche Glassplitter. Infolge der Vorspannung ist es wesentlich biegefester als Normalglas, außerdem besitzt es eine hohe Temperaturwechselbeständigkeit. Einscheiben-Sicherheitsgläser werden für besonders beanspruchte Verglasungen (z. B. Verglasung von Turnhallen und Sportstätten), z. B. für Ganzglas-Türanlagen, Treppengeländer (nur bei allseitiger linienförmiger Auflagerung, sonst nur aus VSG mit 2 x ESG/TVG, s. u.) verwendet.

Verbund-Sicherheitsgläser (VSG)[3], bei großer Dicke auch als Panzerglas bezeichnet) bestehen aus 2 oder mehreren Glasscheiben, die durch eine oder mehrere hochelastische Folien aus Polyvinylbutyral (PVB) oder gelegentlich auch mit Ethylenvinylacetat (EVA) zusammengeklebt sind.

Verbund-Sicherheitsgläser lassen sich durch Schneiden, Bohren usw. bearbeiten. Bei Zerstörung entstehen keine losen, scharfkantigen Glassplitter. Die Formbeständigkeit (Resttragfähigkeit) hängt von der innen liegenden Kunststoff-Folie ab. In Verbund-Sicherheitsglas können Schleifen – umgangssprachlich Alarmspinne genannt – aus Feinsilberdraht eingelegt werden, die bei Beschädigung über elektrische Meldeanlagen Einbruchalarm auslösen (Widerstandsklassen usw. s. Abschn. 6.9).

Sicherheitsgläser – auch in mehrschichtigen Ausführungen – können auch Bestandteil von Isolierverglasungen sein.

Verbund-Gläser mit Gießharzverbund, besonders wenn sie aus Glasscheiben unterschiedlicher Dicke bestehen, werden auch für sehr wirksame Schallschutzverglasungen eingesetzt.

- **Gläser mit Sicherheitseigenschaft** *gegenüber erhöhten thermischen Belastungen* (Brandschutz) Brandschutzgläser[4] werden mit oder ohne Drahtnetzeinlagen, mit höher liegendem Schmelzpunkt oder als mehrscheibige Verglasungen mit Spezialzwischenlagen hergestellt. Sie können auf Grund besonderer Zulassungsbescheide im Zusammenhang mit entsprechenden Fenster- und Türkonstruktionen für Feuerwiderstandsklassen bis EI 90, vormals F90 verwendet werden (s. Abschn. 17.7 in Teil 1 des Werkes).

- **Gläser mit besonderen lichttechnischen Eigenschaften** werden hergestellt z. B. als stark streuende, reflektierende, reflexarme, IR- und UV-absorbierende Gläser (Sonnenschutzglas). Lichtlenk-Gläser transportieren auftreffendes Tageslicht in größere Raumtiefen.

- **Wärmeschutzgläser**. Durch spezielle Beschichtungen wird der Gesamtenergiedurchlass, die Lichttransmission oder der Wärmedurchgangskoeffizient derartiger Gläser beeinflusst.

---

[1] Über eine thermische Behandlung wird beim Einscheiben-Sicherheitsglas (ESG) ein Spannungsbogen über den Glasquerschnitt erzeugt. Die Kombination aus oberflächennahen Druckspannungen und Zugspannungen im Querschnitt erzeugt ein stabileres Glas mit höherer Biegefestigkeit und verbesserter Temperaturwechselbeständigkeit. Im Bruchfall zerfällt das Glas in kleine stumpfkantige Krümel. Diese Wärmebehandlung muss an der fertigen Scheibe durchgeführt werden, damit kann ESG nachträglich nicht mehr durch Schneiden, Bohren etc. bearbeitet werden. Beim ESG-H wird mit der Scheibe vor der Auslieferung ein Heißlagerungstest (engl. heat soak test) durchgeführt. Damit können kritische Nickelsulfideinschlüsse im Glas ermittelt werden, die verantwortlich für Spontansprünge des ESG sind. Die Verwendung von ESG-H ist bei Fassaden gemäß Bauregelliste des DIBt Berlin vorgeschrieben, bei der Anwendung im Fenster dagegen nicht.

[2] Beim teilvorgespanntem Glas (TVG) wird ein ähnlicher thermischer Prozess wie beim ESG angewandt. Durch die geringeren Druck Zug-Druck-Spannungsunterschiede bricht dieses Glas in deutlich größere Einzelstücke.

[3] Beim Verbund-Sicherheitsglas (VSG) werden zwei oder mehrere Scheiben durch Kunststoffe zu einem Scheibenverbund zusammengefügt. Diese Kunststoffe sind entweder Folien oder seltener auch Gießharze (für die auch eine bauaufsichtliche Zulassung erforderlich ist) und haben zwei Funktionen. Einmal sollen im Bruchfall die entstehenden Bruchstücke nicht herausfallen können. Zudem soll durch eine Resttragwirkung die Fensteröffnung nach wie vor geschlossen bleiben, um z. B. das Abstürzen von Personen oder den Durchbruch bei Einbruchversuchen zu verhindern. VSG kann sowohl aus einfachen Floatscheiben als auch aus ESG und TVG gefertigt sein. Die Resttragwirkung ist dabei mit den großformatigen TVG-Bruchstücken verbessert.

[4] Bei Brandschutzgläsern kommen auch Verbundgläser (VG) zum Einsatz. Als Werkstoffe zur Verbindung der Scheiben dienen hier Wasserglas und so genannte Hydrogele, die im Brandfalle aufschäumen und so die Übertragung der Brandwärme minimieren. Bei diesen Brandschutzgläsern spricht man von F-Gläsern. Bei den weiteren VG steht dagegen nicht die Sicherheitsfunktion im Vordergrund. Sie werden bei Schallschutzverglasungen oder auch für dekorative Zwecke eingesetzt. Es gilt deshalb genau zu unterscheiden, ob derartige VG oder VSG zur Anwendung gebracht werden muss und gebraucht wird.

- **Gläser mit „selbstreinigenden"** (schmutzabweisenden) **Oberflächen**: Durch Beschichtungen lässt sich die Oberfläche von Gläsern so beeinflussen, dass die Benetzbarkeit und damit die Schmutzablagerung reduziert wird (s. auch Abschn. 6.4.5 und 9.1 in Teil 1 dieses Werkes)

Für besondere Verglasungen kommen weiter in Frage
- mundgeblasenes Glas als Echtantikglas, Antikglas, Butzenglas usw.
- sonstige Gläser wie z.B. Farbglas, Opakglas usw.

Zu beachten ist, dass alle bei Glaserzeugnissen verwendeten Materialien eine rohstoffbedingte Eigenfarbe haben, welche mit zunehmender Glasdicke deutlicher werden können. Aus funktionellen Gründen werden beschichtete Gläser eingesetzt. Auch beschichtete Gläser haben eine Eigenfarbe. Diese Eigenfarbe kann in der Durchsicht (Transmission) und/oder in der Aufsicht (Reflexion) unterschiedlich erkennbar sein.

Mehrscheiben-Isolierglas (MIG)

Für die Verglasung von Fenstern in Aufenthaltsräumen kommen wegen der Anforderungen an den Wärmeschutz heute nur noch Mehrscheiben-Isoliergläser in Frage.

Sie bestehen aus zwei oder drei mit 8 bis 24 mm Scheibenzwischenraum (SZR) hintereinander liegenden Scheiben, die luftdicht miteinander verbunden sind.

Der Scheibenzwischenraum ist mit getrockneter Luft, mit Edelgasen (Argon und Krypton) oder bei Schallschutzgläsern mit Schwergasen gefüllt. Das früher meistens verwendete Schwefelhexafluorid SF_6 ist aus Gründen des Umweltschutzes seit 2006 verboten.

Im Gegensatz zu den offenen Doppelverglasungen bei Verbund- und Kastenfenster ist die Trennung des eingeschlossenen Gasvolumens von der Umgebung die Voraussetzung für die Tauwasserfreiheit und den verbesserten Wärme- und Schallschutz.

Randverbund. Der Randverbund hat die Aufgabe
- die beiden Scheiben mechanisch miteinander zu verbinden,
- den Austritt der Gasfüllung im SZR zu verhindern und
- den Eintritt von Feuchtigkeit in den SZR zu verhindern bzw. eingedrungene oder vorhandene Feuchtigkeit zu binden.

Der Randverbund[1] der Isolierglasscheiben besteht i. d. R. aus einem Metallprofil als Abstandhalter, das mit feuchtigkeitsabsorbierenden Stoffen gefüllt sein muss, und einer einschichtigen oder heute meistens zweischichtigen Abdichtung. Die Außenkante wird mit Dichtungsmassen aus Thiokol, Silikon, Polysulfid oder Polyurethan geschützt (Bild **6**.42).

Der Kanten von MIG insbesondere bei Abstandhaltern aus Metall stellen im Vergleich zur gesamten Scheibe eine Wärmebrücke dar. Bei der Ermittlung des Gesamt-Wärmedurchgangskoeffizienten wird der Übergangsbereich zwischen Verglasung und Rahmen durch einen linearen Wärmedurchgangskoeffizient Ψ (psi) berücksichtigt.

Um die Wärmebrückenbildung am Randverbund der Isolierglasscheiben einzuschränken, wird der Abstandhalterrahmen aus Aluminium zunehmend durch so genannte Warme Kanten-Systeme (engl. warm – edge) abgelöst. Dabei werden anstelle der gut wärmeleitenden Aluminiumprofile Kunststoffe und Kunststoffprofile eingesetzt und die thermische Trennung im Glasrandbereich damit erheblich verbessert. („Warme Kanten", Bilder **6**.42d–f).

Außerhalb von Glasfalzen liegende Kanten von Isoliergläsern (z.B. bei Stufengläsern) müssen einen gegen UV-Einwirkung geschützten Randverbund haben.

Das Gas im Scheibenzwischenraum von Isolierglasscheiben steht unter dem Druck der bei der Produktion herrschte. Werden die Scheiben nach dem Einbau anderen Temperaturen und anderem Luftdruck ausgesetzt, kommt es durch Ausdehnung oder Volumenminderung der eingeschlossenen Luft zu Verformungen („Isolierglas-

---

[1] Die Kleb- und Dichtstoffe im Randverbund (s. a. ift-Richtlinie DI-01/1, 2008 und DI-02/1, 03/2009) haben für die dauerhafte Sicherstellung der Funktion des MIG größte Bedeutung. Beim einstufigen Randverbund übernimmt eine Dichtebene die Dichtheitsfunktion (Gas und Feuchtigkeit) sowie den mechanischen Verbund. Bei der zweistufigen Ausführung des Randverbunds, welche die häufigste Art ist, werden die Funktionen Dichten und Verbindung durch unterschiedliche Materialien sichergestellt. Als erste Dichtstufe im Randverbund wird Butyl eingesetzt. Die äußere zweite Dichtstufe für den mechanischen Verbund wird durch Polysulfid, Polyurethan oder Silikon gebildet. Während Silikon unempfindlich gegenüber UV-Strahlung ist, ist die Gasdichtheit des Werkstoffs eingeschränkt. Polysulfide und Polyurethane müssen durch konstruktive Maßnahmen im Glasfalz oder durch undurchlässige Emaille-Beschichtungen des Scheibenrands vor UV-Strahlung geschützt werden.

6.4 Verglasungen

6.42
Zweischeiben-Isolierglas (Standard Ausführungen)
a) einfach gedichteter Randverbund
b) doppelt gedichteter Randverbund
c) thermisch verbesserter Randverbund (Thermix®)

Zweischeiben-Isolierglas mit „Warmer Kante"
d) TPS Abstandsrahmen mit Butyl-Dichtband
e) System Intercept
f) Thermix Abstandshalter

1 Spiegelglas
2 Abstandshalter (auch farbig lieferbar)
3 Trockenmittel
4 Dichtung
5 Versiegelung
6 Kunststoff
7 Edelstahl
8 Kunststoffabstandshalter mit eingearbeitetem Trockenstoff, Butyl-Dichtband
9 Intercept Rahmen mit Butyl-Sekundärdichtung
10 Trockenmittel
11 Kunststoffabstandshalter mit Edelstahlfolie
12 Kunststoffperlen mit Trockenmittel

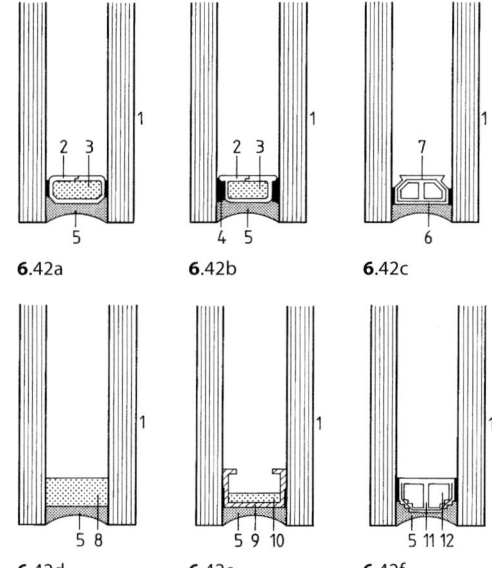

6.42a   6.42b   6.42c

6.42d   6.42e   6.42f

6.43
„Isolierglaseffekt" (schematisch)
a) bei Zweischeiben-Isolierglas
b) bei Dreischeiben-Isolierglas

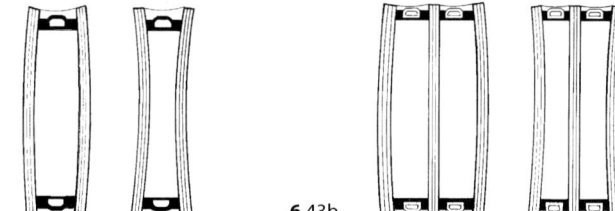

6.43a   6.43b

effekt", Bild **6**.43), der bei Dreifachscheiben besonders ausgeprägt sein kann. Bei großen Scheibenformaten ist dieser Effekt – abgesehen von optischer Verzerrung der Durchsicht in extremen Fällen – unbedenklich und muss als normal betrachtet werden.

Zu Problemen kann es bei kleinformatigen Isolierglasscheiben kommen (z. B. bei Sprossenfenstern, s. Abschn. 6.4.4) oder bei schmalen, langen Formaten. Weil sich solche Scheiben den Druckschwankungen nur schlecht anpassen können, kommt es oft zu Glasbruch.

Neben den Standardausführungen mit 2 oder 3 Scheiben, Scheibendicken von 4 bis 8 mm, Scheibenzwischenraum 6 bis 24 mm, werden Mehrscheiben-Isoliergläser in verschiedenen Spezialausführungen erzeugt:

Wärmeschutzgläser werden mit farbneutraler Beschichtung aus Edelmetallen hergestellt. Sie haben als Zweifach-Isolierglas eine Gesamt-Dicke zwischen 18 und 24 mm bei einem Scheibenzwischenraum (SZR) von 10 bis 16 mm. Die immer stärker verbreiteten Dreifach-Isolierglasscheiben haben üblicherweise einen SZR von ca. 8 mm und sind insgesamt ab etwa 28 mm dick.

Der erzielbare U_g-Wert liegt bei Zweifach-Isoliergläsern zwischen 1,1 und 1,8 W/(m²K), bei hochwertigen Dreifach- Isoliergläsern zwischen 0,5 und 1,0 W/ (m²K). Der Energiedurchlasswert **g** liegt je nach Fabrikat etwa zwischen 45 und 75 %.

Wärmeschutzgläser vermindern somit den Wärmedurchgang erheblich. Andererseits ist bei winterlichen Verhältnissen ein Wärmegewinn

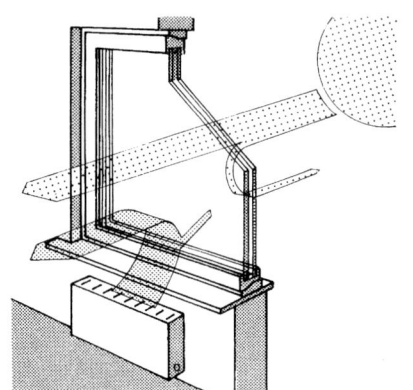 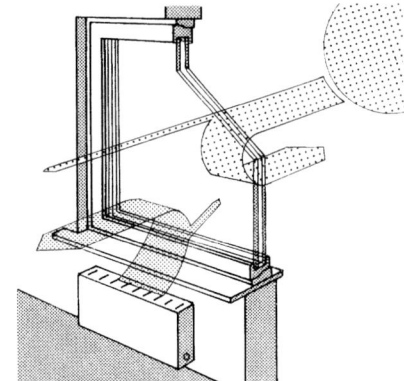

6.44a **6.44b**

6.44 Funktionsverglasungen
a) Wärmedämm-Isolierglas (isolar neutralux®): sehr gute Wärmedämmung, hoher Energiedurchlass, hohe Lichttransmission
b) Sonnenschutz-Isolierglas (isolar solarlux®): hohe Lichttransmission, niedriger Energiedurchlass, sehr gute Wärmedämmung

durch Sonneneinstrahlung anzustreben (s. Abschn. 6.2.3). Es ergibt sich somit bei den Anforderungen an Wärmeschutzgläser ein Zielkonflikt (s. a. Abschn. 9.1 in Teil 1 dieses Werkes).

Es wurden daher Verglasungen entwickelt, mit denen es möglich ist, einerseits Wärmeverluste zu minimieren, andererseits jedoch bei winterlichen Verhältnissen durch Ausnutzung von Sonneneinstrahlung Wärmegewinne zu erzielen.

- **Sonnenschutzverglasungen** werden mit Spezialgläsern oder edelmetallbeschichteten Gläsern mit besonderer Reflexionswirkung insbesondere gegen UV- und Infrarotstrahlung ausgeführt. In der Regel sind zusätzliche Beschattungen durch Sonnenschutzeinrichtungen vorzusehen (s. Abschn. 6.8 und 9.6 in Teil 1 dieses Werkes).

Sonnenreflexionsgläser als wärme- und schallschützende Gläser haben oft besondere, gestalterisch effektive spiegelnde Oberflächen.

Sonnenschutzgläser haben bei hoher Lichttransmission und guter Wärmedämmung (U_g-Wert bei 0,7 W/(m² K)) einen niedrigen Energiedurchlassgrad (**g**-Wert bis ca. 20 %). Die Wirkungsweise von Wärme- bzw. Sonnenschutzverglasungen sind in Bild **6.**44 veranschaulicht.

- **Schallschutzverglasungen.** Die Dicke der Scheiben wird im Massenverhältnis auf die jeweiligen Anforderungen abgestimmt. Der Scheibenzwischenraum beträgt 12 bis 24 mm. Es gibt die Schallschutzklassen 3 bis 5 (VDI 2719) mit 37 bis 45 dB. Dabei werden oft Scheiben unterschiedlicher Dicke (6 bis 12 mm) oder auch Kombinationen mit Verbundsicherheitsgläsern verwendet (Bild **6.**45).

Der Scheibenzwischenraum hat in der Regel eine Spezialgasfüllung. Bei besonderen Anforderungen z. B. an den Sonnenschutz sind auch Kombinationen mit anderen Funktionsgläsern möglich.

Zu beachten ist, dass bei Schallschutzmaßnahmen die Verwendung von Schallschutzgläsern nur eine Teillösung darstellt. Die Schalldichtig-

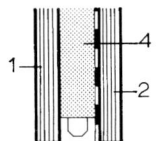 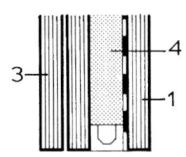

6.45 Schallschutzverglasung
1 Floatglas
2 Floatglas mit Wärmeschutz-Edelmetallbedampfung
3 Laminit-Verbundsicherheitsglas
4 Spezialfüllung (Argon, SF 6)

6.4 Verglasungen

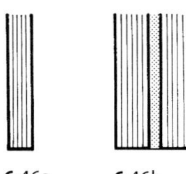 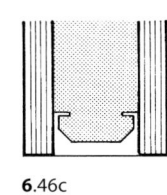 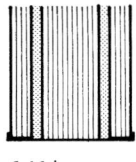 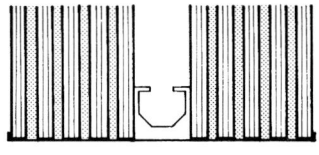

6.46a   **6**.46b   **6**.46c   **6**.46d   **6**.46e

6.46 Brandschutzgläser
  a) Einfachglas (vorgespanntes Kalknatronglas), G 30, PYRAN®
  b) Verbundsicherheitsglas (Kalknatronglas), G 30, FIRESTAR®
  c) Isolierglas (vorgespanntes Kalknatronglas, Sekurit), je nach Dicke F 30 bis F 90, CONTRAFLAMM®
  d) Spezial-Verbundsicherheitsglas, je nach Dicke F 30 bis F 90, PROMAGLAS®
  e) Isolierglas mit Spezial-VSG-Scheiben, F 90, PYROSTOP®

keit eines Fensters kann nur im Zusammenhang mit einer entsprechenden Fensterkonstruktion und bei sachgerechtem Bauwerksanschluss erzielt werden (s. Abschn. 6.3).

- **Brandschutzglas**. Bei Brandschutzverglasungen (DIN 4102-13) müssen die verwendeten Gläser immer im Zusammenhang mit den Umrahmungen betrachtet werden. Die Angebote der verschiedenen Hersteller haben in der Regel spezielle Zulassungen amtlicher Prüfstellen.

Unterschieden werden EI 90, vormals **F**- und E 90, vormals **G**-Verglasungen (s. Abschn. 17.7 in Teil 1 des Werkes).

Brandschutzgläser für E 30, vormals **G**-Verglasungen (G30) können hergestellt werden als spezielle Einscheiben- (ESG) oder als Verbundsicherheitsgläser (VSG) aus vorgespanntem Kalknatronglas ohne oder mit Drahtgeflechteinlage. Aus dem gleichen Material sind auch Isolierglasscheiben verfügbar.

Für EI 90, vormals **F**-Verglasungen gibt es Isoliergläser aus Kalknatronglas mit einer Gel-Zwischenfüllung aus wasserhaltigen Salzlösungen (Gesamtdicke 36 bis 71 mm). Im Brandfall verdampft das Wasser, und das Gel bildet einen opaken Hitzeschutz. Andere EI 90, vormals **F**-Gläser bestehen aus mehrschichtigen Verbundgläsern aus Kalknatronglas mit Zwischenlagen aus Alkalisilikat, das im Brandfall zu einer zähen, festen Masse aufschäumt. Mit festen Verglasungen ohne öffenbare Fenster können Feuerwiderstandsklassen bis EI 90, vormals F90 erreicht werden (Bild **6**.46).

- **Einbruchhemmende/Beschusshemmende Verglasungen** sind in DIN EN 356 und DIN EN 1063 genormt (s. Abschn. 6.9). Sie können mit Alarmanlagen kombiniert werden.

- **Lichtstreuverglasungen**[1]. Hierbei werden die Scheibenzwischenräume mit lichtstreuenden Kapillareinlagen ausgefüllt.

Lichtstreuende Verglasungen schaffen diffuses Licht und eine gleichmäßige Lichtverteilung im Raum. Sie verhindern direkte Sonneneinstrahlung, sind aber nicht als Sonnenschutz wirksam. Sie werden vielfach in Oberlichtbereichen eingesetzt, um Blendungserscheinungen im fensternahen Bereich zu verhindern.

- **Sichtschutzgläser** werden mit Rasterdekoren bedruckt oder mit Folien irreversibel beschichtet (Dauersichtschutz). Neuere Entwicklungen können zwischen transparentem und transluzentem bzw. undurchsichtigem (opakem) Zustand der Verglasung durch das Anlegen einer elektrischen Spannung wechseln (elektrochrome Verglasung). Die Verglasung ist somit rever-

---

[1] Zur Lichtstreuung wird häufig transparente Wärmedämmung (TWD) wegen der guten Wärmeeigenschaften eingesetzt. TWD besteht aus einer Hohlkammerstruktur aus Kunststoff, die hoch lichtdurchlässig ist. I. d. R. wird TWD vor einer massiven, schweren Wand eingebracht, damit der erhöhte solare Wärmeeintrag gespeichert und zeitverschoben an den Innenraum abgegeben wird. Der vielfach erforderliche Sonnenschutz und die relativ hohen Kosten haben jedoch dazu geführt, dass TWD häufiger zur Lichtstreuung bei der Tageslichtnutzung eingesetzt wird. Durch die Kapillareinlage zwischen zwei Glasscheiben sowie einem einschließenden Glasvlies lässt sich mit TWD eine gleichmäßigere Lichtverteilung im Raum erzielen. Die Verglasung erreicht durch lichtstreuende TWD eine Lichttransmission von 80 %, ist jedoch nicht mehr klar durchsichtig. Problematisch beim Einsatz von TWD ist die Überhitzungsgefahr, da die Kapillarglasscheiben i. d. R. nicht verschattet werden. Der einfache Systemaufbau von Lichtstreuverglasung erzeugt relativ niedrige Investitionskosten. Der Einsatz sollte jedoch auf Bereiche beschränkt bleiben, in denen entweder der Sichtbezug nach Außen keine Rolle spielt oder in denen sich Klarglasscheiben mit den undurchsichtigen TWD-Scheiben abwechseln können, z. B. in Oberlichtern.

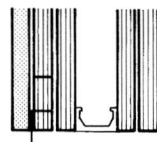
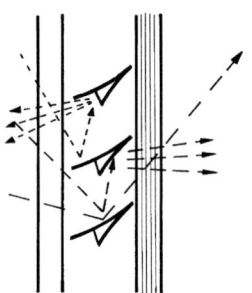
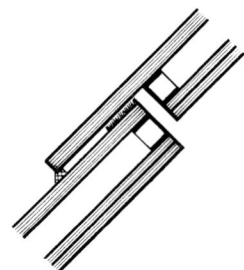

6.47 Sicherheitsglas (VEGLA – Alarm-SEKURIT® ASR-Typ A)
1 Anschluss für Alarmauslösung

6.48 Lichtlenkendes Isolierglas: Lichtlenkung abhängig vom Sonnenstand (OKALUX Okasolar®)

6.49 Stufengläser

sibel je nach Anforderung transparent oder transluzent veränderbar einstellbar.

Ornamentgläser oder gesandstrahlte bzw. geätzte Gläser und auch „Michglas"[1)] haben ebenfalls Sichtschutzeigenschaften. Je nach Glasart und Hersteller werden *Durchsichtklassen* zur Definition der Sichtschutzeigenschaften festgelegt.

- **„Intelligente Gläser"** (s. a. Abschn. 9.2 in Teil 1 diese Werkes): Zur Regulierung der Durchsichtigkeit aber auch zur Beeinflussung der Sonnen- und Blendschutzeigenschaften von Verglasungen werden Beschichtungen oder Füllungen des SZR mit reaktionsfähigen Gasen hergestellt.

In Verbundscheiben können Folien oder Schichten mit Flüssigkristallen eingebettet werden (thermotrope Gläser). Durch Anlegen einer Spannung können bei Bedarf die Eigenschaften der Verglasung dem je nach Tages- oder Jahresverlauf wechselnden Licht- und Energieeinfall angepasst werden (elektrochrome Gläser).

Mit der gleichen Zielsetzung sind auch der Entwicklung.

Bei dem in Bild **6**.48 gezeigten Isolierglas sind lichtlenkende Lamellen je nach Anforderungen an der Anwendungsstelle fest eingebaut. Damit ist ein jahres- oder tageszeitabhängiger permanenter Sonnenschutz möglich, und die Scheiben können auch als Passiv-Solar-Element dienen.

- **Schaufensterverglasungen** werden mit entspiegelten Isolierglasscheiben ausgeführt.

Bei fast allen Ausführungen sind Kombinationen mit Ornamentgläsern und Sicherheitsgläsern (z. B. für Überkopfverglasungen) möglich.

Für den Einbau in Schrägverglasungen u. Ä. werden Mehrscheiben-Isoliergläser auch mit falzartiger Randausbildung geliefert (Stufengläser, Bild **6**.49). Die Spezial-Randverklebungen sind gegen Sonneneinwirkung beständig (UV-beständig).

Sonderformen. Alle Isolierglasscheiben werden unter Berücksichtigung von Toleranzen, Falzmaßen, der zu verglasenden Öffnungen und der erforderlichen Falztiefen auch in Sonderformen („Modellscheiben") geliefert, z. B. mit trapezförmigen oder halbkreisförmigen Zuschnitten und auch in gekrümmten Formen (vgl. Bild **6**.57).

Bei gekrümmten Scheiben sind besondere Vorschriften der Hersteller für Falzabmessungen und Verklotzung zu beachten.

Qualitätsprüfung. Für die *Beurteilung der visuellen Qualität* von Mehrscheiben-Isolierglas bestehen ausführliche Richtlinien des Bundesinnungsverbandes des Glaserhandwerks (BIV), Hadamar [24]. Darin ist festgelegt, in welchem Umfang und in welchen Scheibenbereichen Glasfehler (kleine Einschüsse, Blasen, Kratzer) noch zugelassen sind.

Keine Reklamationsgründe bei Isolierglasscheiben sind

- Interferenzerscheinungen (Streifen in den Spektralfarben, hervorgerufen durch Planparallelität von Scheiben),
- Doppelscheibeneffekte (Spiegelungen und Verzerrungen durch prinzipbedingte Durchbiegungen der Scheiben infolge von Temperatur- oder Druckänderungen),

---

[1)] Milchglas enthält als Sichtschutzglas neben den üblichen Glasbestandteilen Zinnoxid, das für die milchige Färbung des Glases verantwortlich ist.

6.4 Verglasungen

- Anisotropien (Irisationserscheinungen wie leichte Wolken oder Ringe an Einscheibensicherheitsgläsern,
- Kondensatbildung auf den Außenflächen [28].

Lagerung und Schutz vor dem Einbau. Isolierglasscheiben dürfen nur stehend auf Unterlagen gelagert werden, die gewährleisten, dass keine Beschädigungen entstehen. Beim Transport muss darauf geachtet werden, dass keine Verwindungen auftreten.

Müssen Glasscheiben auf der Baustelle gelagert werden, so sind sie in einem trockenen, regelmäßig belüfteten Raum hochkant und mit Luftzwischenraum aufzustellen. Staub mit Nässe schadet der Glasoberfläche. Auf dem Transport entstehen zuweilen Scheuerflecken durch Aneinanderreiben feuchter Glasflächen. Sie lassen sich durch geeignete Zwischenlagen vermeiden.

Ist eine vorübergehende Lagerung im Freien unvermeidlich, sind die Scheiben gegen Wärmeeinstrahlung zu schützen. Insbesondere bei Glaspaketen kommt es oft zu starker Erwärmung, die zum Bruch insbesondere von Ornament- und Drahtglasscheiben führen kann.

Zu beachten ist auch, dass der Randverbund von Isolierglasscheiben empfindlich gegen UV-Strahlung ist.

Bei Arbeiten mit Trennscheiben, Schweißbrennern und Sandstrahlgeräten müssen in der Nähe gelagerte oder eingebaute Scheiben sorgfältig geschützt werden. Oberflächenschäden durch Funkenflug o. Ä. sind nicht reparierbar.

6.4.2 Bemessung der Glasscheiben

Bei der Fenster- und Türverglasung ist die Scheibendicke von der Scheibengröße abhängig sowie von der Lage der verglasten Außenfläche über Gelände (Windlast s. DIN EN 1991-1-4 und DIN EN 12 210). Für die Glasbemessung gilt die Normreihe DIN 18 008, welche auf dem semiprobabilistischen Teilsicherheitskonzept[1)] des Eurocodes basiert. Die „alten" Technischen Regelwerke wie TRLV; TRPV oder TRAV gelten nicht mehr.

Bei der Belastung von vertikal eingebauten Isoliergläsern (z. B. durch Winddruck und -sog) wird durch den luftdichten Zwischenraum zwischen Außen- und Innenscheibe ein Koppelungseffekt bewirkt. Dadurch übertragen sich Belastungen auf beide Scheiben, und die Scheiben wirken statisch als Gesamtsystem. Bei der Scheibendimensionierung kann von dieser Voraussetzung jedoch nur bei gleich dicker Innen- und Außenscheibe ausgegangen werden oder wenn sich die Belastung einer dünneren Außenscheibe auf eine dickere Innenscheibe abstützen kann (z. B. bei dem typischen Aufbau von Schallschutzgläsern).

Für besondere Belastungsfälle sind genaue statische Berechnungen nötig. Die Glasindustrie gibt für normal beanspruchte und vertikal eingebaute Verglasungen mit Isolierglasscheiben Empfehlungen in Form von Dimensionierungs-Diagrammen.

Für Schrägverglasungen (Überkopfverglasungen), die durch Wind, Schnee und Eigengewicht belastet werden, sind besondere statische Nachweise erforderlich.

Eine Behandlung der speziellen Dimensionierungsverfahren würde den Rahmen dieses Werkes sprengen, und es muss auf die von allen Glasherstellern gegebenen Berechnungshilfen verwiesen werden.

6.4.3 Einbau von Verglasungen

Über die Ausführung von Verglasungsarbeiten enthalten die Vergabe und Vertragsordnung für Bauleistungen in VOB Teil C DIN 18 361 besondere Bestimmungen.

Außerdem geben die ständig überarbeiteten Schriften des Institutes des Glaserhandwerks Richtlinien, z. B. über Glas-Abdichtungsmaterialien, Klotzungen, Ganzglaskonstruktionen mit Glaszementverbindungen usw. [24–27].

Unterschieden werden

- Verglasungen mit Dichtstoffen
- Verglasungen mit Dichtprofilen
- Verglasungen mit Dichtprofilen und elastischen Dichtstoffen.

[1)] Das **semiprobabilistische Teilsicherheitskonzept** ist ein Sicherheitskonzept, das im Bauwesen zur Bemessung in einer statischen Berechnung verwendet wird. Seit Einführung der Eurocodes ist es Stand der Technik. Es berücksichtigt Standardabweichungen sowohl auf der Einwirkungsseite als auch auf der Widerstandsseite. Der Eurocode 0 verlangt nachzuweisen, dass eine von der Gebäudeart abhängige Versagenswahrscheinlichkeit unterschritten wird, und erlaubt das semiprobabilistische Sicherheitskonzept, das in den Eurocodes 1 und 8 für die Belastungen und für die Widerstände 2–7 und 9 beschrieben wird. (Quelle Wikipedia, Zugriff am 06.06.2018)

Verglasungssysteme

Die Verglasung, d. h. die Verbindung des Glases an den Rahmen, hat zwei wesentliche Aufgaben. Das Glas muss luft- und wasserdicht an den Rahmen angebunden werden. Weiterhin besteht die Möglichkeit *bei spritzbaren Dichtstoffen* durch eine Klebeverbindung das Glas direkt mit dem Rahmen zu verbinden um die mittragende und aussteifende Wirkung des Glases zu nutzen.

Für die Abdichtung der Fuge zwischen Glas und Rahmen können spritzbare *Dichtstoffe* und/oder *Dichtprofile* eingesetzt werden. Während die Dichtungsprofile bereits im „fertigen" Zustand eingebaut werden, werden die Dichtstoffe im pastösen Zustand eingebracht und erhärten.

Die Ausführung von Glasfalzen, der Einbau von Verglasungen und die Ausführungsmöglichkeiten für die Abdichtung zwischen Verglasung und Rahmen („Verglasungssysteme") sind in DIN 18 545 geregelt.

Es werden gem. DIN 18 545-3 (Tab. **6**.61) unterschieden

- Verglasungssystem mit ausgefülltem Falzraum (Va1)
- Verglasungssystem mit Glashalteleisten und ausgefülltem Falzraum (Va2 bis Va5)
- Verglasungssystem mit Glashalteleisten und dichtstofffreiem Falzraum (Vf3 bis Vf5).

Hierbei bedeuten:

V   Verglasungssystem
a   ausgefüllter Falzraum
f   dichtstofffreier Falzraum

Verglasungen mit ausgefülltem Falzraum (Va) sind nur noch in Sonderfällen (z. B. Reparaturverglasungen) für Einfachverglasung möglich.

Verglasungen mit dichtstofffreiem Falzraum (Vf) sind Standardausführung für die Verglasung mit Isolierglasscheiben.

Die Verglasung von Holzfenstern kann ausgeführt werden

- mit Vorlegebändern und Dichtstoff (Bild **6**.50a)
- mit Kombinationen aus Vorlegebändern und Dichtstoff mit Dichtprofilen (Bild **6**.50b)
- mit Dichtstoff ohne Vorlegebänder (Scheibengrößen bis 6 m^2 mit Kantenlängen bis zu 3 m) (Bild **6**. 50c)
- mit Dichtprofilen.

Verglasungen ohne Vorlegeband sind aus fertigungstechnischen Gründen eher die Regel als die Ausnahme. Das Institut für Fenstertechnik in Rosenheim (ift Rosenheim) veröffentlichte hierzu die Richtlinie VE-13/2 „Verglasungen von Holzfenstern ohne Vorlegeband" [15].

Dichtprofile. Bei Kunststoff- und Metallfenstern werden i. d. R. Dichtprofile zur Glasabdichtung eingesetzt. Am häufigsten werden Dichtungsprofile aus der Gruppe der Elastomere (DIN 7863) verwendet. Neben Silikonen sind die Synthesekautschukarten Polychloroprene und EPDM (Ethylen-Propylen-Dien-Kautschuk, früher APTK) im Einsatz.

Relevante Kennwerte für den Einsatz sind:

- der Wirkungsbereich, d. h. das Maß, auf welches die Dichtung beim Gebrauch gepresst wird,
- der dafür aufzubringende lineare Anpressdruck,
- das Rückstellvermögen, d. h. die Fähigkeit einer Dichtung nach Belastung wieder in den Ausgangszustand zurückzukehren und
- das Langzeitrückstellvermögen.

Zudem muss das Dichtprofil mit den angrenzenden Werkstoffen verträglich sein, um Beeinträchtigungen der Dichtung aber auch der angrenzenden Werkstoffe zu vermeiden.

Dichtprofile müssen auf das Fenstersystem abgestimmt sein und die Dickentoleranzen der Scheiben aufnehmen können. Es muss sichergestellt sein, dass die Dichtprofile ohne Überdehnung und mit dem erforderlichen Anpressdruck eingebaut werden.

Die Dichtprofile werden in die Rahmenprofile bzw. Glasleisten eingerollt oder eingeschoben und beziehen den erforderlichen Anpressdruck entweder aus dem Profil-Eigendruck oder aus einstellbaren Druckelementen in den Glasleisten.

Die Dichtprofile müssen gegen Verschiebungen im Falz einwandfrei gesichert werden. Eckstöße müssen unbedingt dicht sein. Sie werden bei Elastomerprofilen durch *Vulkanisierung* verbunden. Bei anderen Materialien werden auch Keilschnitte ausgeführt, bei denen die Dichtlippen an den Knickstellen der Ecken nicht durchtrennt werden.

Die Profile sollen an Ecken keineswegs einfach herumgezogen werden.

6.4 Verglasungen

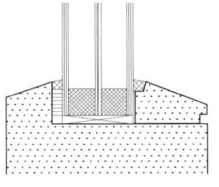 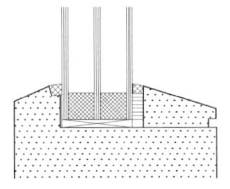 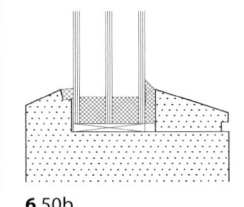 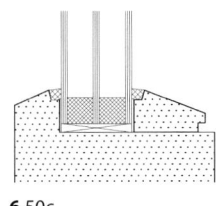

6.50a　　　　　　　　　　　　　　　　　　　　　**6.**50b　　　　　　　　**6.**50c

6.50 Verglasung von Holzfenstern mit dichtstofffreiem Falzraum (Dampfdruckausgleich nicht dargestellt)
　　a) mit Vorlegeband (außen oder innen) und Dichtstoff (Versiegelung)
　　b) mit Versiegelung außen; innen mit Dichtungsprofil
　　c) ohne Vorlegebänder mit Versiegelung (vergrößerte Nuten für Dichtstoff)

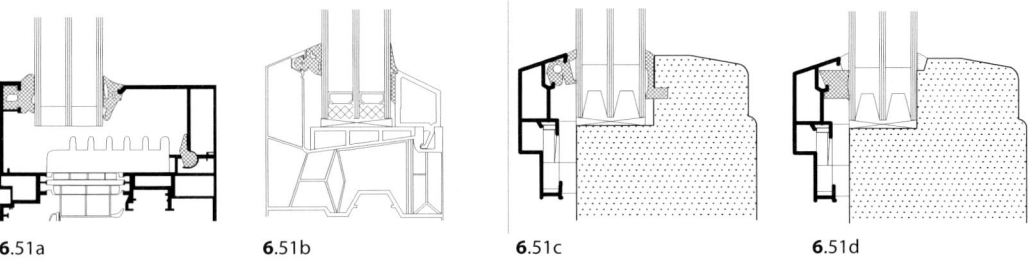

6.51a　　　　　　**6.**51b　　　　　　　**6.**51c　　　　　　　**6.**51d

6.51 Verglasung mit Dichtprofilen
　　a) Aluminiumfenster (WICONA)
　　b) Kunststofffenster (Kömmerling)
　　c) Holz-Aluminium-Fenster (Gutmann); Verglasung mit Dichtprofilen
　　d) Holz-Aluminium-Fenster (Gutmann); Verglasung mit Spritz-Dichtstoff und spritzbarem Dichtstoff

Bei Isolierverglasungen, die nicht mit Dichtprofilen eingebaut sind, werden die äußeren Fugen zwischen Scheibe und Rahmen mit spritzbaren, in der Regel transparenten Dichtstoffen geschlossen. Diese Abdichtung bei Verglasungen wird in der Praxis vielfach auch als „Versiegelung" bezeichnet.

Dichtstoffe[1]**.** Überwiegend kommen bei Holzfenstern elastische Dichtstoffe zum Einsatz. Wesentliche Grundmaterialien für derartige Dichtstoffe sind Polyurethane, Polysulfide und Silikone. Diese verformen sich unter Einwirkung einer äußeren Kraft und kehren am Ende der Krafteinwirkung wieder in ihre ursprüngliche Form zurück. Ihre Dehnfähigkeit erreicht maximal 25 %, so dass die Fugen je nach Elementgröße und zu erwartenden Bewegungen ausreichend bemessen werden müssen.

Die Eigenschaften von Fugendichtstoffen sind gemäß DIN EN 15 651-2 zu bestimmen und im Rahmen eine CE-Kennzeichnung zu deklarieren. Damit wurde die bis dato gültige DIN 18 545-2 ersetzt.

Alle Dichtstoffe und Dichtprofile müssen im Sinne der DIN 52 460 (Fugen- und Glasabdichtungen – Begriffe) verträglich sein.

Unbehandeltes oder nur grundiertes Holz bietet keinen geeigneten Haftgrund für Versiegelungen. Holzfenster dürfen daher erst nach dem ersten Zwischenanstrich verglast werden, der alle Verglasungsfalze überall gut decken muss. Je

---

[1] Polysulfide gibt es als Einkomponentenprodukt (Vernetzungszeit abhängig von der umgebenden Feuchtigkeit bis zu 4 Wochen) und als Zweikomponentenprodukt (Verarbeitungszeit 2–4 Stunden und Vernetzungszeit 4 bis 7 Tage). Silikonkautschuk ist ein Einkomponentenprodukt mit einer wesentlich kürzeren Vernetzungszeit von 2 bis 4 Tagen. Härtende Dichtstoffe wie Leinölkitt oder plastische Dichtstoffe wie Isolierglaskitt werden in der Praxis lediglich noch bei Reparaturverglasungen oder im Bereich der Denkmalpflege eingesetzt.

nach Untergrund muss zur Haftverbesserung ein Primer eingesetzt werden.

Die Dichtstoffoberfläche ist nach dem Einbringen mit einem Gleitmittel zu besprühen und mit einem Kunststoffspachtel so abzuziehen, dass eine hohlraumfreie gleichmäßige Verfüllung der Versiegelungsfuge gewährleistet ist. Der Dichtstoff darf dabei nicht auf das Rahmenholz verschmiert werden, weil sonst die einwandfreie Ausführung von Schluss- oder Erneuerungsanstrichen unmöglich werden kann.

Holzfenster können auch mit *Dichtprofilen* verglast werden (vgl. Bild **6**.51c). Die Dichtungsprofile müssen jedoch mit Anstrich- und Imprägnierungsmitteln verträglich sein.

Aluminiumfenster und Kunststofffenster werden ausschließlich mit Dichtprofilen verglast. Holz-Aluminium-Fenster werden sowohl mit Dichtprofilen als auch mit den Techniken für Holzfenster verglast (s. Bilder **6**.51a und b, **6**.107 und **6**.108).

Konstruktive Einzelheiten

Glasfalze. Die Falzhöhe h muss gemäß DIN 18 545 folgende Werte aufweisen:

Längste Seite der Verglasungseinheit:
- bis 1000 mm = 10 mm bei Einfachglas und 18 mm bei MIG
- über 1000 bis 3500 mm = 12 mm bei Einfachglas und 18 mm bei MIG
- über 3500 mm = 15 mm bei Einfachglas und 20 mm bei MIG

Der Glaseinstand i soll 10 mm nicht unterschreiten, jedoch nicht mehr als 20 mm betragen. Bei einer Erhöhung des Glaseinstandes über 20 mm ist sicherzustellen, dass die zulässige Temperaturdifferenz innerhalb der Glasscheibe (Glaskante zu Glasfläche) für die eingesetzte Glasart nicht überschreitet.

Der Glasfalzgrund g (= Klotzdicke) muss mindestens 5 mm betragen; daraus resultiert eine Mindest-Glasfalzhöhe h von 15 mm ($h = g + i$).

Die Falzbreite richtet sich nach der Dicke der Verglasungseinheiten und ist bei Isolierglasscheiben mit mindestens 16 mm und bis ca. 28 mm anzunehmen. Hinzu kommen die Maße der Vorlegebänder bzw. Dichtprofile (Bild **6**.52 und Tabelle **6**.53).

Für die Verglasung mit Sondergläsern (z. B. Brandschutz- und Dachverglasungen, einbruchhemmende Verglasungen), für Hallenbäder und für andere besonderen Beanspruchungen gelten spezielle Bestimmungen.

Der Einbau der Verglasungseinheit muss zwängungsfrei erfolgen. Dies wird erreicht durch einen definierten Luftspalt von ca. 1 mm. Eine Möglichkeit diesen Luftspalt einzustellen, ist die Verwendung von Trag- und Distanzklötzen, die 1 bis 2 mm breiter sind als die Verglasungseinheit.

Dichtstoff – Vorlagen

Selbstklebende elastische Dichtungsbänder („Dichtstoffvorlagen") dienen vor allem bei Holzfenstern als Abstandhalter zwischen Scheiben, Falzgrund bzw. Glashalteleisten und zum Ausgleich kleinerer Unebenheiten.

Die Dicke der Dichtstoff-Vorlage variiert zwischen 3 und 6 mm.

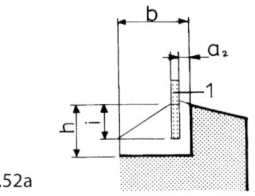
6.52a

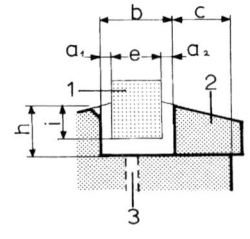
6.52b

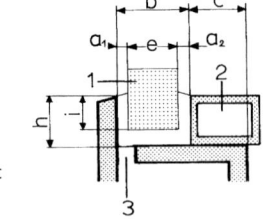
6.52c

6.52 Glasfalz, Abmessungen (DIN 18 545-1)
  a) Verglasung in Holzrahmen mit freier Dichtstoff-Fase
  b) Verglasung in Holzrahmen mit Glashalteleisten (Falzoberkante außen angefast oder auch ohne Anfasung)
  c) Verglasung in Kunststoff- oder Metallrahmen mit Glashaltleisten

  1 Verglasung   a1 äußere Dichtstoffdicke   e Dicke der Verglasung
  2 Glashalteleiste   a2 innere Dichtstoffdicke   h Glasfalzhöhe
  3 Dampfdruck-Ausgleichsöffnung   b   Glasfalzbreite   i Glaseinstand
                                     c   Auflagebreite für Glasleiste

6.4 Verglasungen

Tabelle **6**.53 Mindestdicken der Dichtstoffvorlagen a_1 und a_2 nach DIN 18 545 (Tab. 2)

Längste Seite der Verglasungseinheit in mm	Werkstoff des Rahmens				
	Holz	Kunststoff, Oberfläche		Metall, Oberfläche	
		hell	dunkel	hell	dunkel
	a_1 und $a_2{}^{1)}$ in mm				
bis 1500	3	4	4	3	3
über 1500 bis 2000	3	5	5	4	4
über 2000 bis 2500	4	5	6	4	5
über 2500 bis 2750	4	–	–	5	5
über 2750 bis 3000	4	–	–	5	–
über 3000 bis 4000	5	–	–	–	–

[1] Die innere Dichtstoffdicke a_2 darf bis 1 mm kleiner sein. Nicht angegebene Werte sind im Einzelfall zu vereinbaren.

Das Maß **a** für die innere und äußere Dichtstoffvorlage ist Tabelle **6**.53 zu entnehmen.
Beim Einkleben der Vorlagebänder muss sorgfältig darauf geachtet werden, dass ein Versiegelungsquerschnitt von mindestens 3 x 5 mm verbleibt.

Dampfdruckausgleich

Alle Verglasungen mit dichtstofffreiem Falzraum erfordern Öffnungen zwischen Falzraum und Außenluft zur Belüftung, zum Dampfdruckausgleich und zur schadensfreien Abführung von Tauwasser innerhalb der Fensterkonstruktion. Öffnungen zum Dampfdruckausgleich sind in Vorkammern zu führen und dürfen nicht direktem Winddruck ausgesetzt werden.
Wenn dieses bei Festverglasungen nicht möglich ist, sind mit höchstens 60 cm Abstand Abdeckkappen vor den Öffnungen anzubringen. Auf keinen Fall soll der Dampfdruckausgleich zum Innenraum möglich sein, da sonst mit überhöh-

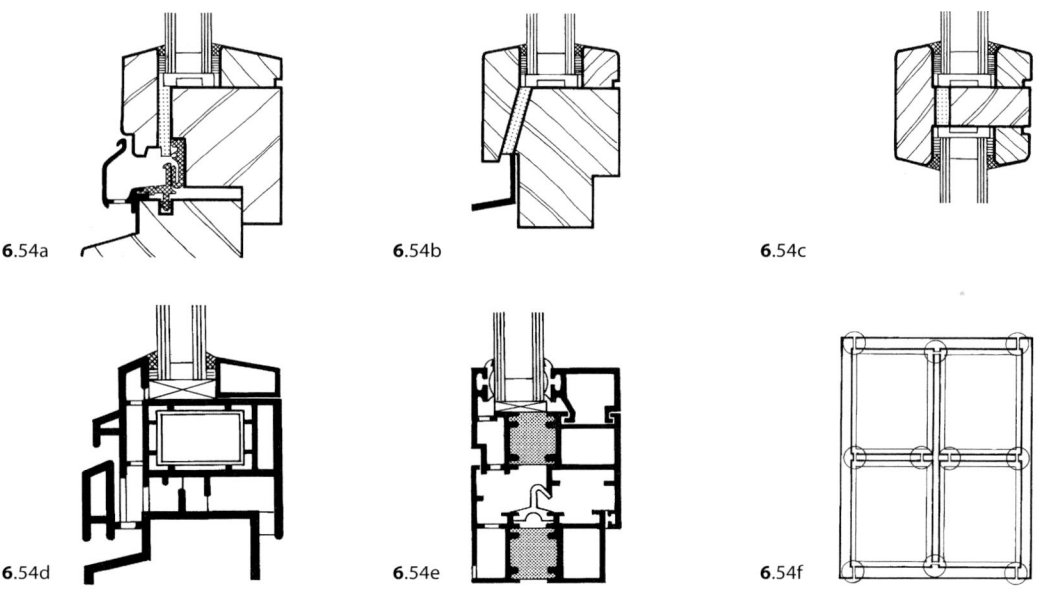

6.54 Möglichkeiten des Dampfdruckausgleiches
  a) Fensterflügel aus Holz
  b) Festverglasung, Holzfenster
  c) Sprossenfenster aus Holz
  d) Kunststoff-Fenster
  e) Leichtmetallfenster
  f) Lage der Ausgleichsöffnungen bei Sprossenfenstern

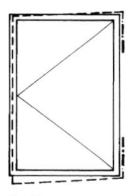 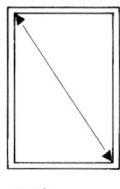 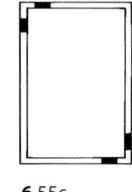

6.55a **6.**55b **6.**55c

6.55 Verklotzungsprinzip
   a) Verformung eines unverglasten Fensterflügels
   b) erforderliche Druckdiagonale
   c) Lage der erforderlichen Verklotzungen

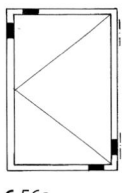 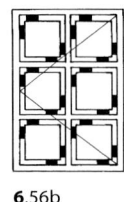 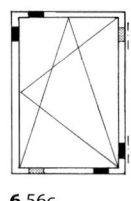 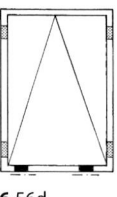 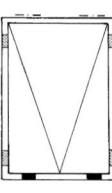 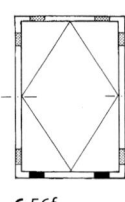

6.56a **6.**56b **6.**56c **6.**56d **6.**56e **6.**56f

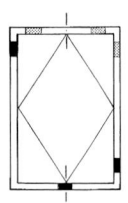 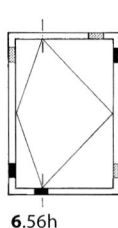 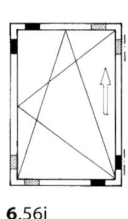 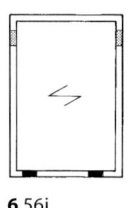 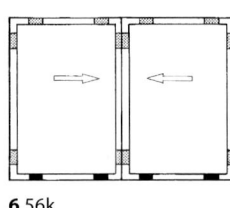

6.56g **6.**56h **6.**56i **6.**56j **6.**56k

6.56 Verklotzen von Fensterscheiben (schwarz: Tragklötze; grau: Distanzklötze)
   a) Drehflügel
   b) Drehflügel mit Sprossen
   c) Drehkippflügel
   d) Kippflüge l
   e) Klappflügel
   f) Schwingflügel
   g) Wendeflügel, mittig
   h) Wendeflügel, außermittig
   i) Hebe-Drehkipp-Flügel
   j) feststehende Verglasung
   k) Horizontal-Schiebefenster

tem Schwitzwasseranfall durch Wärmekonvektion im Falzraum gerechnet werden muss.

Glashalteleisten müssen in der Regel an der Innenseite angeordnet werden. Wenn das in Ausnahmefällen nicht möglich ist, z. B. bei Montageproblemen von großen fest verglasten Scheiben, müssen die Glasleisten zusätzlich zum Rahmen hin abgedichtet werden.

Glasleisten müssen abnehmbar sein und in Höchstabständen von 35 cm geschraubt oder durch Klemmverbindungen o. Ä. gesichert sein.

Die Auflagebreite muss bei Holzausführung mindestens 14 mm betragen. Bei geschraubten Glashalteleisten darf die Auflagefläche auf 12 mm reduziert werden.

Glashalteleisten aus Holz müssen ebenso wie der Falzgrund vor dem Verglasen ausreichend durch Voranstriche geschützt sein, die mit den Dichtstoffen verträglich sind.

Verklotzung

Fensterflügel erhalten ihre Steifigkeit (Diagonalaussteifung) erst in Verbindung mit der Verglasung. Zur einwandfreien Abtragung des Glasgewichtes auf den Rahmen müssen daher die Scheiben „verklotzt" werden (Bild **6.**55).

In den Zwischenraum zwischen Scheibe und Falzbett (vgl. Bild **6.**52, Maße **h** bis **g**) werden mindestens 100 mm lange Abstandhalter („Klötze") aus Hartholz, Hartgummi oder Neoprene

6.4 Verglasungen

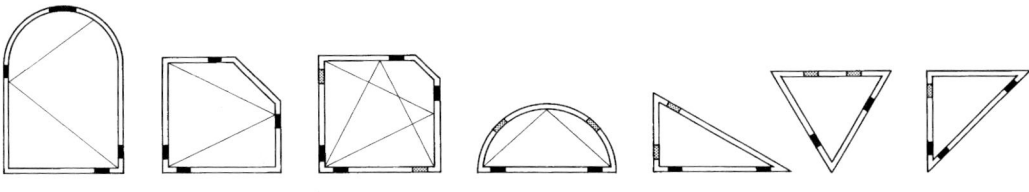

■ Tragklötze
▨ Distanzklötze

6.57 Verklotzung von Modellscheiben

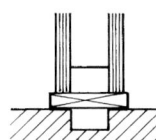 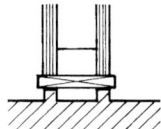 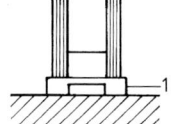 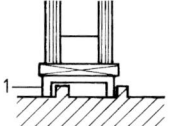

6.58 Verklotzung bei dichtstofffreiem Falzraum (Falzraumentlüftung nicht eingezeichnet)
 1 Klotzbrücken

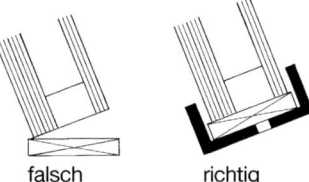

6.59 Verklotzung bei Schrägverglasungen   falsch   richtig

eingeschoben, die 2 mm breiter als die Dicke der Scheiben sein müssen. Bei besonders großflächigen bzw. schweren Isolierscheiben ist die Klotzlänge zu vergrößern.

Der Abstand der Klötze von den Scheibenecken muss mindestens eine Klotzlänge betragen. An keiner Stelle dürfen die Scheiben den Rahmen berühren, und es müssen starre Einspannungen vermieden werden.

Unterschieden werden Tragklötze (Scheibenauflager) und Distanzklötze (Ausrichtung und Sicherung gegen Verschieben).

Die Verklotzung richtet sich im Einzelfall nach der Funktionsart der Fensterflügel und ist nach dem in Bild **6**.56 dargestellten Prinzip vorzunehmen.

Für die Verklotzung von *Modellscheiben* sind in Bild **6**.57 einige Beispiele gegeben.

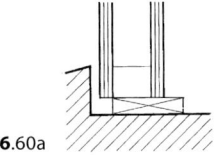 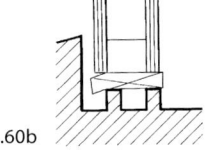 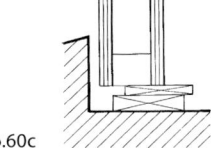 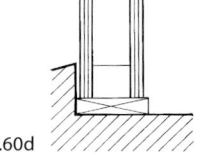

6.60a   **6**.60b   **6**.60c   **6**.60d

6.60 Verklotzungsfehler
 a) Scheibe sitzt nicht voll auf
 b) Klotzmaterial ungeeignet für Scheibengewicht
 c) falsches Falzraummaß durch „Klotzstapel" ausgeglichen
 d) Klotzung behindert Falzbelüftung bzw. -entwässerung

Die Verklotzung darf den Dampfdruckausgleich und Wasserableitungen aus dem Falzraum nicht behindern. Bei glattem Falzgrund müssen bei dichtstofffreiem Falzgrund daher Klotzbrücken verwendet werden. Stege und Nuten sind in ähnlicher Weise stabil zu überbrücken (Bild **6**.58). Die Klötze müssen verkantungsfrei und vollflächig auf Scheibe und Falzgrund aufliegen.

Bei Schrägverglasungen muss der Falzgrund senkrecht zur Verglasungsebene liegen, damit eine einwandfreie Verklotzung möglich ist (Bild **6**.59). Klötze sind gegen Verrutschen zu sichern.

Bei gekrümmten Scheiben sind besondere Vorschriften der Hersteller für Verklotzung zu beachten.

Einige häufig anzutreffende Verklotzungsfehler zeigt Bild **6**.60.

Auswahl des Verglasungssystems

Beanspruchungsgruppen

Die Auswahl der geeigneten *Verglasungsbauart* erfolgt auf Grundlage der Beanspruchungen, denen die Fenster ausgesetzt sind, aus

- Winddruck und -sog, abhängig von der Gebäudehöhe (erforderliche Glasdicke s. Abschn. 6.4.2)
- Scheibengrößen (Kantenlänge, Rahmenmaterial, Dichtstoffvorlage)
- Einwirkung von der Raumseite (Feuchtigkeit, mechanische Beanspruchungen)
- Öffnungsart.

Für die Auswahl der geeigneten Konstruktion gibt die Tabelle **6**.61 und ift Rosenheim Empfehlungen [13].

Bezeichnung. Verglasungssysteme sind mit den Kurzzeichen entsprechend Tabelle **6**.61 zu bezeichnen.

Beispiel: Bezeichnung eines Verglasungssystems (V) mit dichtstofffreiem Falzraum (f) für die Beanspruchungsgruppe 3:
Verglasungssystem DIN 18 545 – Vf3

6.4.4 Verglasung von Sprossenfenstern

Neben der Problematik kleinformatiger Mehrscheiben-Isoliergläser (vgl. Abschn. 6.4.1) ergeben sich für Sprossenfenster auch gestalterische Schwierigkeiten, denn die heute erforderlichen Falztiefen ergeben recht klobige Sprossenabmessungen (Bild **6**.62a). Sie können allenfalls durch Profilierungen optisch etwas gemildert werden. Bei Leichtmetall- und Kunststoff-Fenstern beträgt die Sprossenbreite bei allen Systemen sogar ca. 70 mm (Bild **6**.62b). Hinzu kommt, dass Sprossenaufteilungen in der Regel zu einer erheblichen Verschlechterung des Schallschutzes der Fenster führen. Auch führt es in der Regel zu einer Verschlechterung der U-Werte aufgrund linearer Wärmebrücken.

Aus allen diesen Gründen wird auf verschiedene Weise versucht, die Sprossen zwar optisch in Erscheinung treten zu lassen, sie jedoch technisch anders auszuführen.

Eine Verringerung der Sprossenbreite ist bei Holz- und Kunststoff-Fenstern möglich, wenn Leichtmetallstege die Glashalteprofile verbinden (Bild **6**.62c und d). Der optische Eindruck von Sprossenfenstern kann auch annähernd erreicht werden, wenn bei durchlaufender Verglasung die Sprossenprofile lediglich vorgesetzt werden (Bild **6**.62e). Bei der Fabrikation der Verglasung können Sprossenprofile zwischen die Scheiben gesetzt werden (Bild **6**.62e und f). Derartige Imitationen sind jedoch gestalterisch überaus fragwürdig.

Wenn Sonnen- oder Wärmeschutzgläser verwendet werden, kann es durch unterschiedliche Erwärmung der Scheiben in der Fläche bzw. im abgeschatteten Sprossenbereich zu Spannungen in den Gläsern kommen, die zum Bruch führen können. Abhilfe ist durch Erhöhung der Glasdicken oder durch Verwendung vorgespannter Gläser möglich.

6.4.5 Schrägverglasungen (Überkopfverglasungen)

Für Eingangsüberdachungen, Pergolen, besonders aber bei den überaus vielfältigen Formen (z. B. wie in Bild **6**.63) gebauter Glasarchitekturen für Erker, Glasvorbauten, Dachaufbauten und Wintergärten mit fest verglasten geneigten Dachflächen werden besondere Anforderungen, z. B: an die Resttragfähigkeit und Mindestauflagebreite der Glaskonstruktion gestellt.

Bei Wintergärten und Glasvorbauten werden unterschieden:

- *unbeheizte* Vorbauten (die passive Nutzung der Sonnenenergie ist vorrangig; die gebildeten Räume sind für Pflanzungen oder als Wohnräume nur bedingt geeignet),

6.4 Verglasungen

Tabelle 6.61 Verglasungssysteme (DIN 18 545, Tab. 4)

Beanspruchungsgruppe[1]		1	2	3	4	5
		Verglasungssysteme mit ausgefülltem Falzraum (Va)				
Kurzzeichen		Va 1	Va 2	Va 3	Va 4	Va 5
werkstoffunabhängige schematische Darstellung		◿▨	–	⌐⌐	–	–
Dichtstoffgruppe nach 5.4	für Falzraum	A/B[2]	Nachweis der Falzgrundverklebung und Verträglichkeit mit dem Isolierglas-Randverbund über Regelwerke für verklebte Verglasungssysteme[3]			
		Verglasungssysteme mit dichtstofffreiem Falzraum (Vf)				
Kurzzeichen[1]				Vf 3	Vf 4	Vf 5
werkstoffunabhängige schematische Darstellung		Für die Beanspruchungsgruppe 1 und 2 sind Verglasungssysteme mit dichtstofffreiem Falz raum nicht möglich	Für die Beanspruchungsgruppe 1 und 2 sind Verglasungssysteme mit dichtstofffreiem Falz raum nicht möglich.	⌐⌐	⌐⌐	⌐⌐
Dichtstoffgruppe nach DIN EN 15 651-2	für Versiegelung			20/25 HM	20 LM	25LM

Erläuterung:

▨ Dichtstoff des Falzraumes   ▓ Dichtstoff der Versiegelung   ⫼ Vorlegeband

[1] Nach ift-Richtlinie VE06
[2] Für das Verglasungssystem Va 1 dürfen auch Dichtstoffe der Gruppe 8 eingesetzt werden, wenn sie von den Herstellern dafür empfohlen werden.
[3] Nach ift-Richtlinie VE08
V   Verglasungssystem
a   ausgefüllter Falzraum
f   dichtstofffreier Falzraum
1 bis 5 Beanspruchungsgruppen für die Verglasung von Fenstern

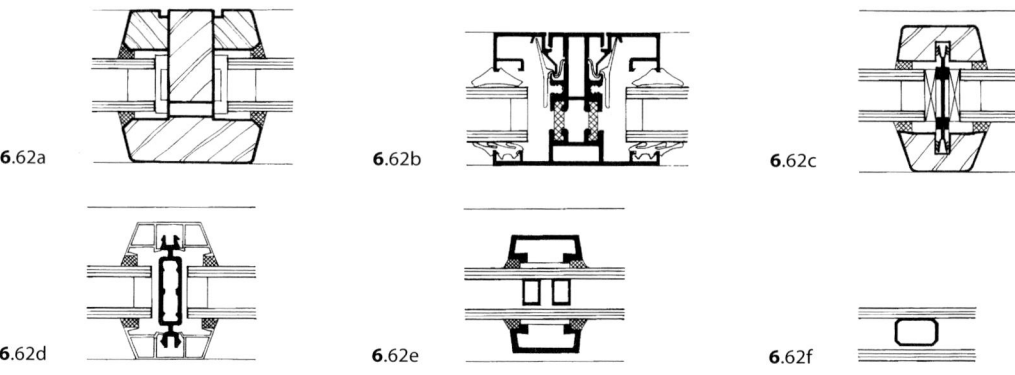

6.62 Sprossen
a) Holzsprosse, b) Leichtmetallsprosse, c) Holzsprosse mit Leichtmetallsteg, d) Kunststoffsprosse mit Aluminiumsteg, e) imitierte aufgeklebte Sprosse („Wiener Sprosse"), f) imitierte eingebaute Sprosse

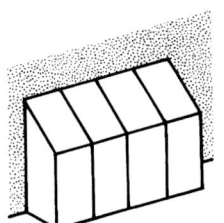 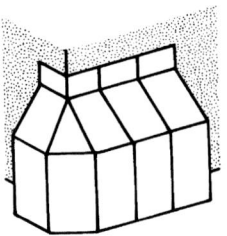 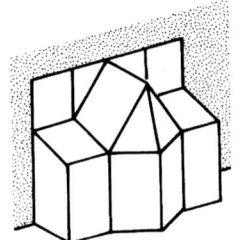 

6.63 Erker und Glasvorbauten

- *beheizte* Vorbauten (die gebildeten Räume sollen ganzjährig oder in den Jahresübergangszeiten als Wohnraum u. Ä. genutzt werden; sie müssen den Anforderungen der Energieeinsparverordnung (EnEV) und DIN 4108 hinsichtlich des winterlichen und sommerlichen Wärmeschutzes entsprechen.

Konstruktiv sind bei Schrägverglasungen („Überkopfverglasungen") zusätzlich zu den Anforderungen an senkrechte Verglasungen und Fenster besondere Sicherheitsanforderungen zu berücksichtigen, insbesondere wenn derartige Konstruktionen an öffentliche Verkehrsflächen angrenzen.

Die Bestimmungen für Überkopfverglasungen finden sich in der DIN 18 008, insbesondere in Teil 2 und 3 dieser Normreihe. Die Normreihe DIN 18 008 ersetzt die bis dato gültigen Technischen Regeln, wie z. B. TRLV, TRPV und TRAV.

Sie sind vielfach in den Bundesländern als bauaufsichtlich zu beachtende Technische Bestimmung eingeführt.

In der Regel wird verlangt:
- Die Vorschriften für Wände, Decken und Dächer sind sinngemäß hinsichtlich Standfestigkeit und Brandschutz zu beachten.

Somit sind Berechnungen zur Standsicherheit der Konstruktionen und der Verglasung auf der Grundlage von DIN EN 1991-1 (Eurocode 1) erforderlich. Die Durchbiegungen der Glasscheiben zu einer Seite gilt als eben linienförmig gelagert, wenn bezogen auf die aufgelagerte Scheibenlänge der Bemessungswert der Durchbiegung der Unterkonstruktion nicht größer als 1/200 ist.

- Für Arbeiten, die von Dächern auszuführen sind (z. B. Reparaturen an den Verglasungen) müssen sicher benutzbare Vorrichtungen angebracht sein.

- Verglaste Flächen müssen gegen das Betreten von angrenzenden Dachterrassen o. Ä. durch Umwehrungen gesichert sein.
- Niederschlagwasser muss so abgeleitet werden, dass benachbarte Bauteile nicht durchfeuchtet werden.
- An öffentlichen Verkehrsflächen und über Ausgängen können Sicherungen gegen das Herabfallen von Eis, Schnee oder Glasstücken verlangt werden.
- Bei Überkopfverglasungen an öffentlichen Verkehrsflächen werden besondere Anforderungen an die „Resttragfähigkeit" der verwendeten Gläser gestellt. Es soll ausgeschlossen werden, dass bei unvorhersehbarem Bruch von Scheiben Menschen gefährdet werden.

Für Überkopfverglasungen im privaten Bereich werden für einzelne Fenster mit einer Glasfläche bis zu 2 m^2 und einer Einbauhöhe von bis zu 3,50 m bauaufsichtlich keine besonderen Anforderungen an die verwendeten Glassorten gestellt. Die Beurteilung von Risiken obliegt dem Planer bzw. Auftraggeber.

Schrägverglasungen sollten mindestens 10°, besser 15° geneigt sein, damit ablaufendes Niederschlagswasser sicher abgeleitet wird und auch am unteren Rand oder an Scheibenstößen über Profilvorsprünge abläuft.

Für Wintergärten, Erker und Anbauten an Aufenthaltsräumen kommen nur Mehrscheiben-Isolierverglasungen in Frage. Die Scheiben werden auf speziell für Schrägverglasungen entwickelten Aluminiumprofilen mit besonderen Falzentwässerungen und teilweise mit zusätzlicher Wärmedämmung eingebaut. Diese liegen auf Tragkonstruktionen auf oder sind Bestandteil von speziellen Schrägverglasungssystemen aus Holz- Aluminium-, Kunststoff- oder Aluminiumprofilsystemen.

6.4 Verglasungen

Für die Verglasung kann verwendet werden:
- *Verbundsicherheitsglas* (VSG) aus Floatglas, PVB – Folien als Zwischenschicht für Stützweiten bis 1,20 m bei zweiseitiger Auflagerung ohne bes. Nachweis oder Gießharz mit Nachweis,
- *Verbundsicherheitsglas* (VSG) aus teilvorgespanntem Sicherheitsglas (TVG). Dieses ist jedoch z. Zt. noch nicht als geregeltes Bauprodukt eingestuft und muss für den Einzelfall bauaufsichtlich zugelassen werden (ZiE),
- *Drahtglas* (für Verglasungen mit Stützweiten bis zu ca. 0,70 m),
- *Acryl-Stegplatten* für Eingangsüberdachungen o. Ä.

Scheiben aus *Einscheibensicherheitsglas* (ESG) dürfen nicht für Überkopfverglasungen verwendet werden.

Schmutzabweisende Verglasung. Bei allen Schrägverglasungen muss wegen der unvermeidlichen Schmutzablagerung die Reinigungsmöglichkeit planerisch bedacht werden. Diese Problematik kann künftig vielleicht durch den Einsatz besonderer schmutzabweisender Gläser gemildert werden. Auf den Markt gekommen sind Spezialgläser mit Beschichtungen aus Titandioxid. Diese lösen in Verbindung mit der Sonneneinstrahlung photokatalytische Reaktionen aus, durch die organischer Schmutz zersetzt wird und durch Regenwasser leichter abgespült wird. Derartige Scheiben können auch zu Isolierglas verarbeitet werden (z. Zt. Pilkington Activ TM®). Weitere Glasbeschichtungssysteme mit Selbstreinigungseffekt s. Abschn. 9.1. in Teil 1 dieses Werkes.

Die Verglasung erfolgt in der Regel mit Dichtprofilen und dichtstofffreien Falzräumen.

Besonderheiten bei der Planung. Grundsätzlich ist bei der Planung von geschlossenen Vorbauten, Wintergärten usw. der *Scheibeneinbau von außen* zu berücksichtigen, da schwere und empfindliche Isolierglasscheiben kaum einwandfrei über Kopf montiert werden können.

Besonderes Augenmerk muss dem Dampfdruckausgleich und der Entwässerung der Falze gewidmet werden, damit der empfindliche Glasverbund der Isoliergläser keinesfalls ständig der Feuchtigkeit ausgesetzt wird. Die Falzräume von Querriegeln und Pfosten müssen dabei ein zusammenhängendes Entwässerungssystem bilden (Bild **6**.64 und **6**.16). Wichtig ist dabei, dass durch entsprechend geformte Profile die Dichtungsebene von der Entwässerungsebene ge-

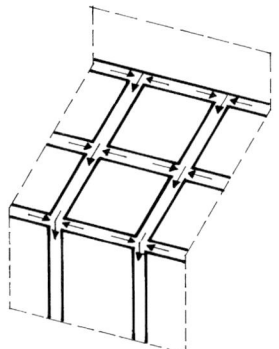

6.64 Falzentwässerung von Schrägverglasungen

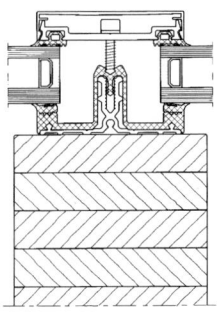 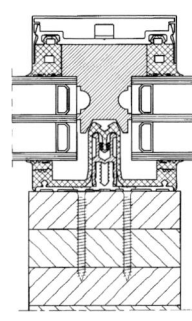

6.65a **6**.65b

6.65 Sprossenprofile mit Wasserführungsebene (RAICO®)
  a) Sparrenprofil, Normal-Ausführung 1
  b) senkr. Pfosten, Passivhausstandard
  ($U_W \leq 0.8$ W/(m²K)

trennt ist (Bild **6**.65). Jede – auf Dauer fast unvermeidliche – kleine Undichtigkeit zwischen Scheibe und Dichtprofil führt sonst zum Wassereinbruch in den Innenraum.

Feldgröße. Die Felder von Schrägverglasungen sollten möglichst ohne Quersprossen ausgeführt werden. Wenn das wegen der Größe der Baukörper nicht möglich ist oder wenn sich zu lange und schmale – bauphysikalisch problematische (vgl. Abschn. 6.2) – Glasformate ergeben, müssen die erforderlichen Verbindungsprofile so flach wie möglich sein. Durch die Neigung der Gesamtkonstruktion muss gewährleistet sein, dass sich kein Niederschlagswasser an den Profilen aufstaut. Möglich ist auch die Ausführung notwendiger Verglasungsstöße mit Hilfe von Stufenglas (Bild **6**.69c).

Die seitlichen Wandanschlüsse werden wie bei Fenstern ausgeführt.

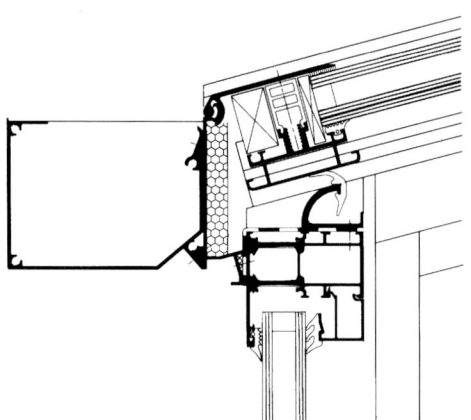

6.66 Traufdetail mit Regenrinne für Wintergarten (Schrägverglasung hier mit nicht wärmegedämmten Leichtmetallprofilen), WICONA, WICTEC 60

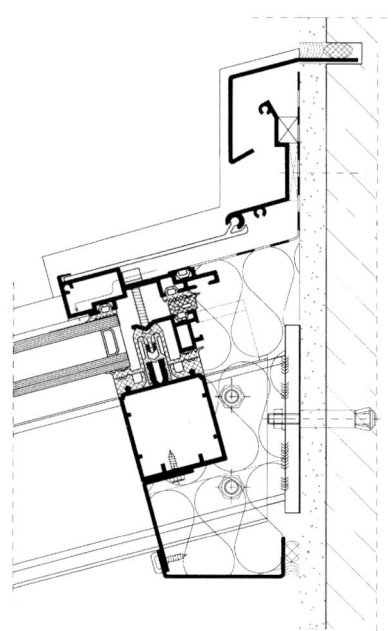

6.67 Wandanschlusssystem für Wintergärten o. Ä. (RAICO AW 50)

Für den oberen Wandanschluss sind verschiedene Systeme auf dem Markt, die den jeweiligen Neigungen der Schrägverglasung angepasst werden können (Bild **6**.67).

Dachrinnen. Bei schräg verglasten Flächen sind Dachrinnen zwar oft formal störend, konstruktiv unbedingt ratsam und bei größeren Flächen unvermeidbar. Eine Ausführung mit Dachrinne für einen großen Wintergarten zeigt Bild **6**.66.

Bei kleineren Erkern können die Übergänge von schräg verglasten zu senkrechten Flächen ohne Dachrinnen ausgeführt werden (s. Punkt c und f in Bild **6**.68).

Durch Profilüberstände sollte jedoch dafür gesorgt werden, dass von Schrägflächen ablaufendes Wasser möglichst weit vor den senkrechten Verglasungsflächen abtropft. Sonst sind starke Verschmutzungen unvermeidbar.

An den Traufen können Isoliergläser als *Stufenglas* ausgeführt werden. (Traufenfußpunkt in Bild **6**.69; vgl. auch Bild **6**.49, **7**.13c, **7**.19 und **7**.25b und d). Es müssen jedoch Isoliergläser mit UV-beständigem Randverbund verwendet werden.

In Bild **6**.68 sind Schnitte für Glasvorbauten mit wärmegedämmten Aluminium-Profilen gezeigt.

An den Knickpunkten werden verstellbare Profile verwendet (Punkt f).

Aussteifende Quersprossen können wie in Punkt e ausgeführt werden. Für Sprossen, die größere liegende Glasflächen unterteilen, ist in Punkt g ein Beispiel gezeigt.

Die wichtigsten Details für die Ausführung eines Wintergarten-Anbaues mit vorgehängter Dachrinne in Holzkonstruktion enthält Bild **6**.69.

Die Ausführung eines Verglasungsstoßes ist alternativ mit einem Sprossenprofil bzw. mit Stufenglas gezeigt.

Sonnenschutz. In der Regel erfordern verglaste Vorbauten einen Sonnenschutz. Innen liegende Sonnenschutzeinrichtungen sind zwar weniger aufwendig, aber kaum wirksam. Sonnenschutzgläser (beschichtete Gläser) reichen für beheizte Vorbauten nicht aus. Sie müssen durch zusätzliche – am besten außen liegende – Sonnenschutzeinrichtungen ergänzt werden. Deren Wirkung wird durch Hinterlüftung wesentlich verbessert (s. a. Abschn. 9.6 in Teil 1 dieses Werkes).

Außen liegende Sonnenschutzeinrichtungen sollten durch automatische Steuerungen nicht nur

6.4 Verglasungen

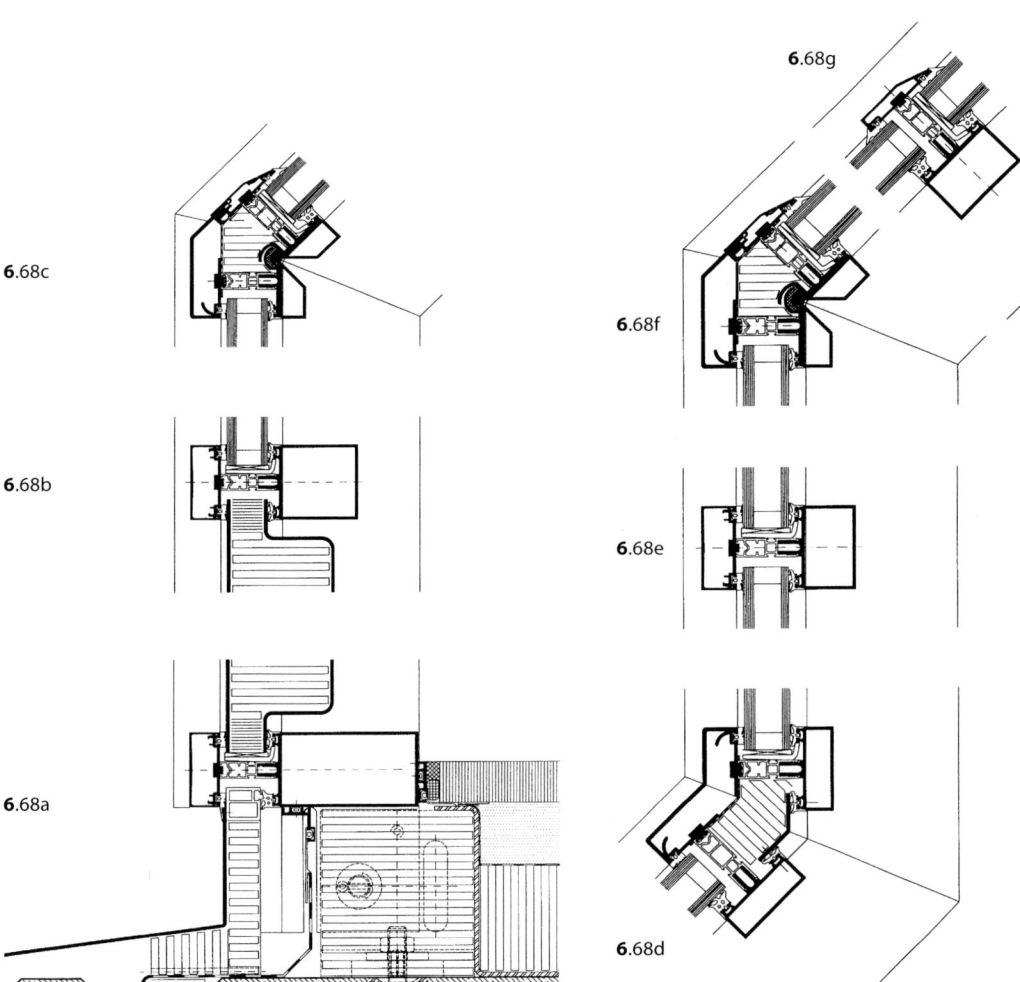

6.68 Schrägverglasungssystem (WICONA WICTEG 50®)
a) Brüstungsanschluss
b) Brüstungsfeld mit Querriegel
c) und d) Knickpunkte, Ausbildung mit verschweißten Profilen
e) Querriegel
f) Knickpunkt, Ausbildung mit verstellbaren Profilen
g) Quersprosse

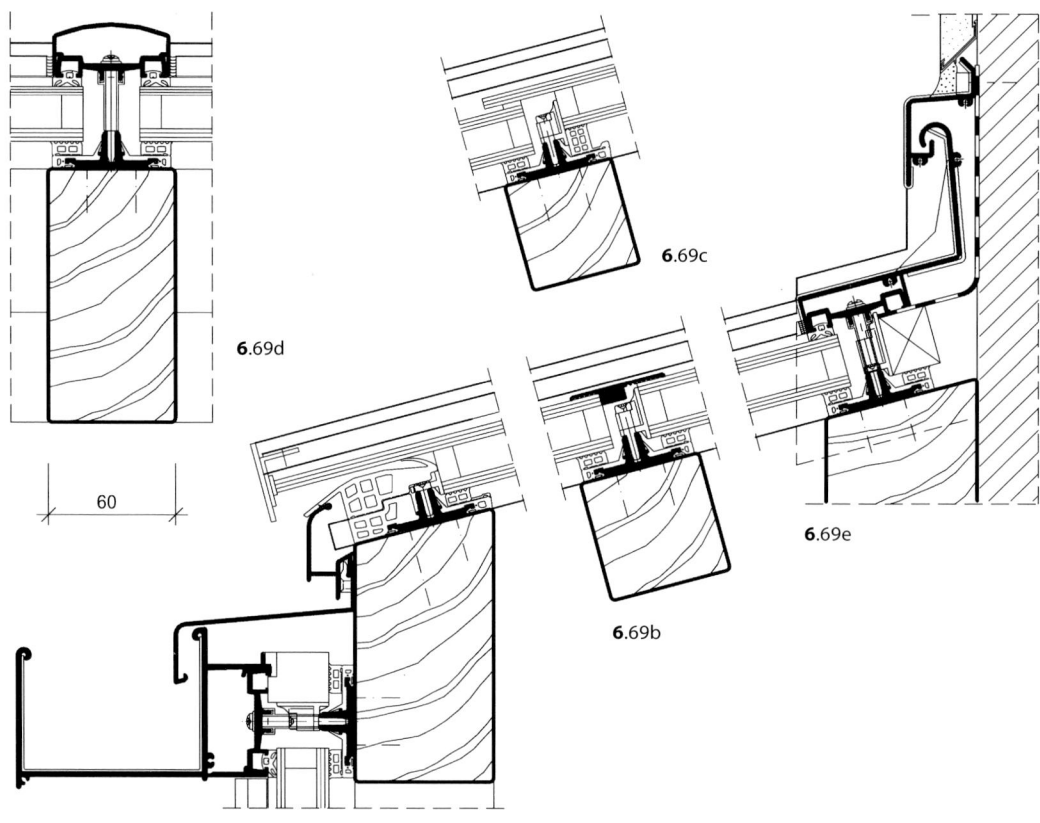

6.69 Anbau (Wintergarten) in Holzausführung, Überkopfverglasung mit Stufenglas an der Traufe (innere Scheibe VSG)
  a) Traufe mit Regenrinne, Stufenglasabschluss
  b) Quersprosse
  c) Glasstoß mit Stufenglas
  d) Glasstoß mit Stufenglas in einer Ebene
  e) Schnitt Wandanschluss

eine zu starke Sonneneinstrahlung verhindern, sondern auch bei Sturm, Regen oder Hagel wieder eingefahren werden. Dies kann durch sogenannte Windwächter realisiert werden.

Geschlossene Glasvorbauten müssen gut lüftbar sein. Die Lüftung kann durch automatisch gesteuerte Ventilatoren, aber auch auf natürliche Weise durch Druckunterschiede und thermischen Auftrieb bewirkt werden. Eine natürliche Entlüftung ist umso wirksamer, je größer der Höhenunterschied zwischen Zustrom- und Abluftöffnungen ist. Der Querschnitt von Abluftöffnungen sollte mindestens $1/6$ der Grundfläche betragen. Die Entlüftungsöffnungen sollen dabei etwa $1/3$ größer sein als die Zuluftöffnungen.

Konstruktionen, an die keine besonderen Anforderungen hinsichtlich des Wärmeschutzes gestellt werden müssen, wie z.B. Vordächer u. Ä., können mit Einfachverglasung (VSG) auf Walz-, Voll- oder Hohlprofilen aus Holz, Stahl oder Aluminium ausgeführt werden (Bild **6**.70).

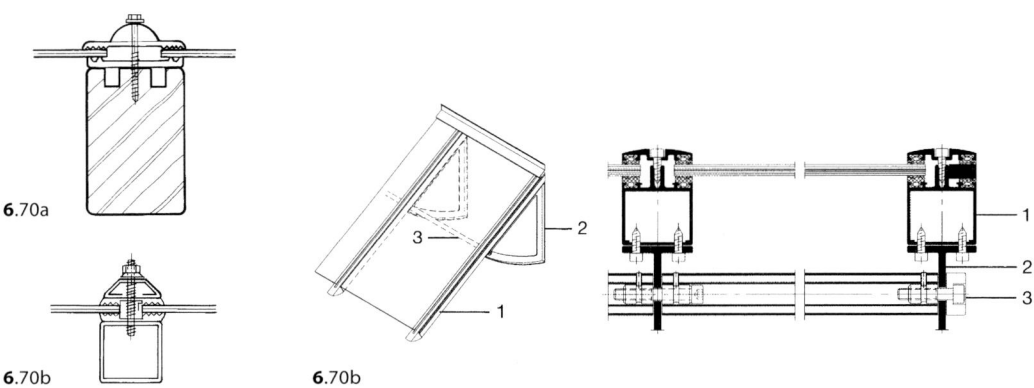

6.70 Schrägverglasung mit Einfachverglasung
a) Holzunterkonstruktion; Verglasung aufgelegt auf Kunststoffprofil (Nutungen mit Verbindung zur Außenluft)
b) Stahlrohr-Unterkonstruktion
c) Vorgefertigte Eingangsüberdachung (SCHÜCO Top Sky 1)

1 Aluminiumkonstruktion
2 Tragprofil
3 Querverspannung

6.5 Beschläge

6.5.1 Allgemeines

Für die Ausführung von Beschlagarbeiten ist DIN 18 357 (VOB Teil C) maßgebend. Daneben sind Europäische Normen wie DIN EN 1935 und die Normreihe DIN EN 13 126 für Baubeschläge und DIN EN 12 365 für Dichtungen zu beachten. Güteanforderungen an Fenstergriffe regeln RAL-Prüfbestimmungen [31].

Wesentliche Anforderungen an Beschläge sind:
- Dauerhaftigkeit (Bedienungszyklenanzahl, mechanische Belastungen)
- Sicherheit bei unbeabsichtigter Fehlbedienung
- Sicherheit bei Angriffsversuchen = Einbruchhemmung
- Wartung und Pflege (Justage, Schmierung)
- Ausstattung (Antriebe, Bedienmöglichkeiten, Zusatzfunktionen, Zubehör)

In der DIN 18 357 werden nur allgemeine Hinweise gegeben.
So müssen z. B. Scheren von Kipp- oder Klappflügeln aushängbar sein, Eckscharniere u. Ä. und Öffnungsbremsen nachstellbar sein usw.
Im Übrigen müssen alle Beschläge so beschaffen sein, dass auch bei nicht sachgemäßer Bedienung Gefahren ausgeschlossen sind. So müssen z. B. Drehkipp-Beschläge gegen Fehlbedienung mit möglichem Herausfallen des Flügels gesichert sein. Schiebetürbeschläge für schwere Flügel sollen kurz vor der Schließstellung blockieren. Schwingflügel sollen Sicherung gegen völliges Umschlagen z. B. durch Winddruck aufweisen.

Bedienungsgriffe müssen in günstiger Greifhöhe liegen. Für Rollstuhlbenutzer sind dies Greifhöhen von 85 cm bis 105 cm (über OKFF). Sehbehinderten Menschen helfen zum Fensterprofil kontrastreich gestaltete Bedienelemente.

Ebenso ist auf einen Sicherheits-Mindestabstand zwischen äußerster Flügelrahmenkante und innerer Leibung zu achten. Er beträgt je nach Beschlag 25 bis 50 mm.

Die Beschläge müssen der Funktion, Größe und Beanspruchung von Fenstern oder Fenstertüren entsprechend dimensioniert sein. Ihre Bauart variiert in Bezug auf die Fensterkonstruktionen (Holz-, Holz-Aluminium-, Aluminium-, Kunststoff- oder Stahlfenster). Sie sind teilweise funktionsbedingt „aufliegend", d. h. äußerlich sichtbar auf Flügel- oder Blendrahmen montiert wie Bänder, Ausstellscheren u. Ä. Im Übrigen sind sie in der Regel „verdeckt", d. h. innerhalb von Ausfräsungen im Falzbereich von Holzfenstern oder in Hohlräumen von Kunststoff- oder Metallprofilen eingebaut.

Während die Funktionsart der Beschläge sowie die Gestaltung der, Bedienungselemente (z. B. Form und Farbe von Bedienungsgriffen vom Planer festgelegt werden, wird die Wahl der

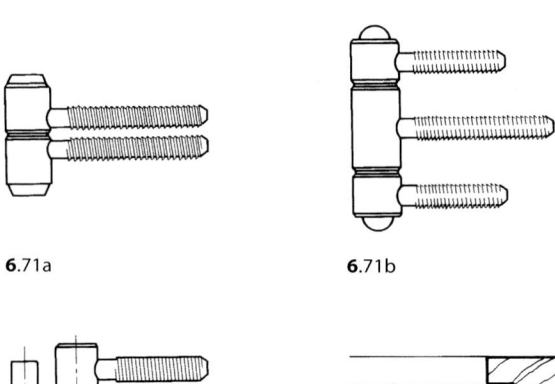

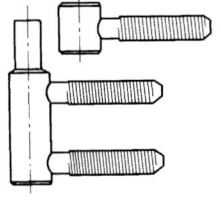

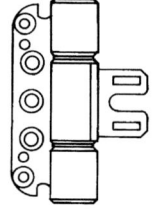

6.71 Einbohrbänder
 a) Normalband für Fensterflügel
 b) Band mit losem Stift
 c) Band mit zweilappigem Tragteil
 d) Schnitt durch die Fensterrahmen

6.72 Einfräsband (HEWI)

Beschlagskonstruktionen in den meisten Fällen abhängig von Fenstergröße (Gewicht), Beanspruchung und Zweck vom Fensterhersteller getroffen.

Dabei ist die Auswahl der Beschlagfabrikate weitgehend abhängig von den bei den Fensterherstellern jeweils vorhandenen Spezialwerkzeugen, Einbaulehren usw.

Alle Beschläge werden ständig weiterentwickelt im Hinblick auf sichere und leichte Bedienbarkeit, verbesserten Einbruchschutz, rationalisierten Einbau, möglichst vielseitige Verwendungsmöglichkeit von Teilelementen zur Reduzierung der Lagerhaltung usw.

Es würde den Rahmen dieses Werkes sprengen, hier auch nur einigermaßen ausreichend alle konstruktiven Varianten mit dem jeweilig aktuellsten Entwicklungsstand zu erwähnen. Im Rahmen dieses Buches kann nur ein allgemeiner Überblick über die wichtigsten Bau- und Funktionsarten gemacht werden.

Konstruktionsmerkmale der Beschläge werden in diesem Abschnitt – weil leichter verständlich – überwiegend für Holzfenster dargestellt. Sie gelten sinngemäß aber auch für Fenster aus anderen Materialien.

6.5.2 Fensterbänder

Die bewegliche Verbindung der Fensterflügel mit dem Blendrahmen wird bei Dreh- und Kippfenstern durch die „Bänder" gebildet. Dafür werden heute überwiegend *Einbohrbänder* verwendet, für deren Zapfen mit Hilfe von Anschlaglehren Bohrungen in das Flügelholz hergestellt werden. Die Zapfen werden bei Holzfenstern direkt, bei Metall- und Kunststoffprofilen in eingelassene Hülsen eingeschraubt und ggf. durch Stifte gesichert (Bild **6**.71 und Bild **6**.72). Durch Heraus- oder Hereindrehen der Bandteile können jederzeit – auch nachträglich – Justierungen vorgenommen werden. Derartige Bänder gibt es in den verschiedensten Ausführungen, für schwere Flügel z. B. mit mehreren Zapfen, mit Nylon- oder Kugellager, für Montagen bei beengten Platzverhältnissen auch mit losem Stift.

Die noch in Altbauten anzutreffenden *Fitschbänder* oder Fischbänder (französisch la fiche = Türband), deren Bandlappen in Flügel- bzw. Blendrahmen „eingestemmt" oder mit Spezialsägen eingelassen wurden, werden nur noch im Rahmen der Denkmalpflege verwendet (Bild **6**.73).

6.5 Beschläge

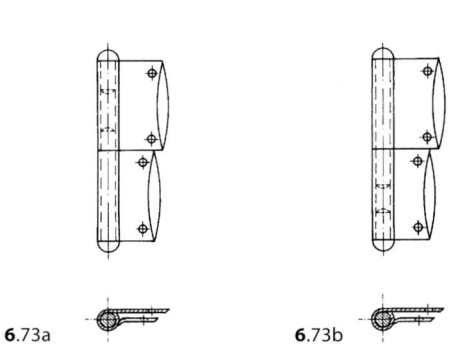

6.73a   **6.**73b

6.73 Einstemmbänder
(dargestellt sind Linksbänder,
Rechtsbänder spiegelbildlich)
  a) mit festem Stift
  b) mit losem Stift, rechts und links verwendbar

6.74a

6.74b

6.74 Zapfenband (Prinzip)
  a) isometrische Darstellung
  b) Justierachse, in 4 Stellungen einsetzbar

Für größere Fenster und -fenstertüren werden besonders in Verbindung mit Boden-Türschließern auch *Zapfenbänder* verschiedener Bauart verwendet. Bild **6.**74 zeigt den typischen Aufbau derartiger Bänder, die mit exzentrischen Justierbuchsen nachstellbar sind.

Fenstertüren werden mit Beschlägen wie bei Fenstern in entsprechend verstärkter Dimensionierung konstruiert. Die ausreichende Dimensionierung der Bänder ist aufgrund der höheren Glasgewichte – aufgrund des Einsatzes von Dreifach-Isolierglas von zentraler Bedeutung. Neben dem Gewicht beeinflusst auch die Flügelbreite (Hebelwirkung) die Belastung auf die Bänder.

6.5.3 Fensterverschlüsse

Fensterverschlüsse müssen gewährleisten, dass die Fensterflügel mit ihren Dichtungen beim Schließen allseitig dicht an die Rahmen gezogen werden, so dass die in Abschn. 6.2 behandelten vielfachen Anforderungen erfüllt werden.

Kleine oder nur zu Reinigungszwecken öffenbare Fenster haben in der Regel Drehflügel mit entsprechend einfachen Verschlüssen.

Die meisten Fensterflügel werden mit Funktionsbeschlägen, vor allem als Dreh- und Kippfenster sowie in besonderen Fällen als Wende-, Schwing-, Hebe-Schiebefenster u. Ä. ausgeführt.

Angestrebt wird es, alle Funktionen, wie Öffnen und Verriegeln des Flügels möglichst mit nur einem Bedienungsgriff zu ermöglichen („Einhandbedienung").

Fenstergriffe (Oliven)

Betätigt werden die Fensterverschlüsse in der Regel mit Drehgriffen („Olive"), die in den verschiedensten Gestaltungen und Oberflächenbehandlungen auf dem Markt sind. Zur Verbesserung der Einbruchshemmung gibt es verschließbare bzw. über einen Drückknopf arretierbare Drehgriffe (Bild **6.**75c).

Einreiber

Einreiberverschlüsse werden nur für kleine einflügelige Fenster und ebensolche Fenster mit festem Mittelpfosten verwendet. Bei Einreiberverschlüssen dreht sich die Zunge des Einreibers in das Schließblech in der Falzkante des Blendrahmens oder Pfostens (Bild **6.**76). Von dem *Anzug*, der durch die oben konische Schlitzverbreitung im Schließblech bewirkt wird, hängt das Dichtschließen im Rahmenüberschlag ab.

Einlassgetriebe

Einlassgetriebe mit Stangenverschlüssen (Bild **6.**77) verriegeln das Fenster an 3 Stellen: Riegelstangen greifen oben und unten in Rollkloben und in der Mitte mit einer Zungen in ein Schließblech.

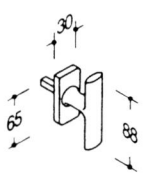 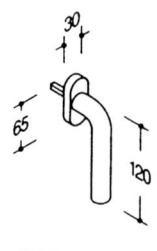 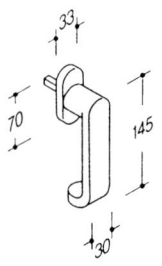 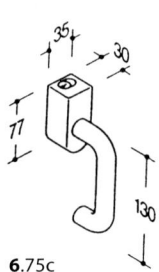

6.75a 6.75b 6.75c

6.75 Fensteroliven (HEWI)
a) einfache Olive für kleinere Fenster
b) Oliven („Halbolive") geeignet für Fenster mit Drehkippbeschlägen
c) verschließbare Olive

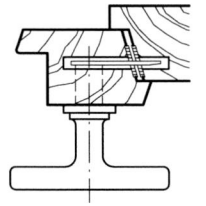 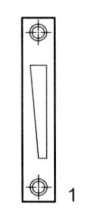

6.76 Einreiberverschluss
1 Führungsblech

Kantengetriebe

Die nur noch in der Denkmalspflege vorkommenden Einreiber und Einlassgetriebe wurden durch *Kantengetriebe* ersetzt. Sie werden in Nutungen der Rahmenkanten eingebaut. Einseitige Kantengetriebe haben mehrfache Verriegelungen über die ganze Höhe des Fensterflügels mit 2 bis 4 *Zapfen*, die in Schließbleche im Rahmen greifen (Bild **6**.78). Die Sicherung der Fensterflügel gegen gewaltsames Aufhebeln von außen können pilzförmige Verriegelungszapfen erheblich verbessern.

Moderne Kantengetriebe verschließen mit Eck-Umlenkungen die Fensterflügel allseitig an mehreren Stellen (vgl. Bild **6**.79)

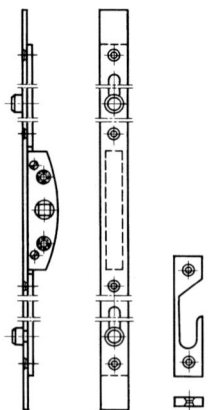

6.77c

6.77a 6.77b

6.77 Einlassgetriebe
a) Vorder- und Seitenansicht
b) Schließblech
c) Rollkloben

6.78 Kantengetriebe

6.5 Beschläge

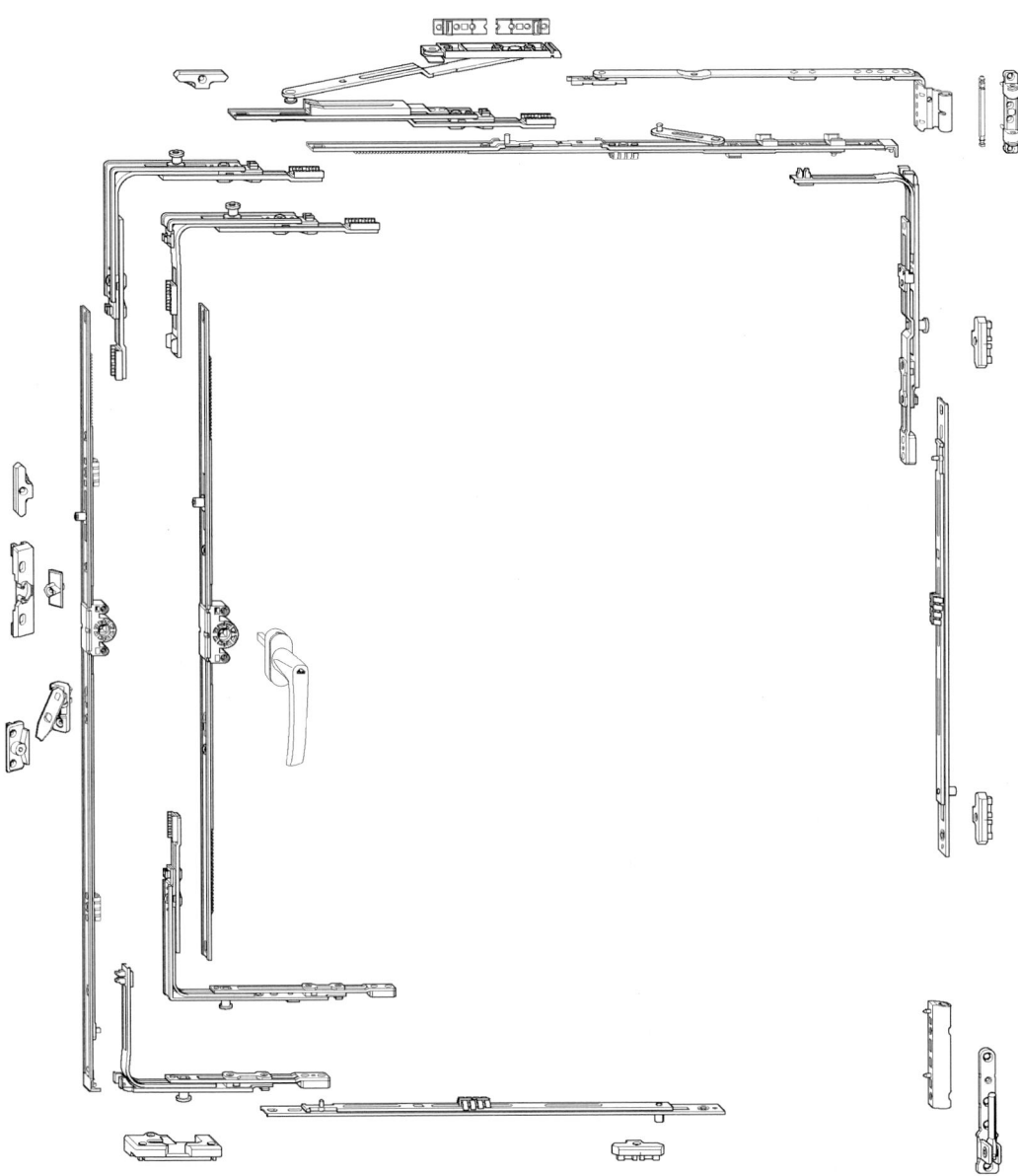

6.79 Drehkippfenster-Beschlag (ROTO Centro 104®) mit zusätzlichen Mittelverschlüssen und mit verschließbarer Olive mit Bohrschutz für erhöhte Einbruchhemmung)

Die in Abschnitt 6.5.4 beschriebenen Funktionsbeschläge sind fast immer eine Kombination aus, Fensterverschlüssen nach dem Prinzip der Kantengetriebe mit speziellen Dreh- und Kipplagern, Ausstellvorrichtungen, Öffnungsbegrenzungen usw.

6.5.4 Funktionsbeschläge

Drehkipp-Beschläge

Fenster mit Drehflügeln werden fast immer als *Drehkippfenster* ausgeführt, die zur Lüftung nach innen gekippt werden können.

Zunehmend kommen jedoch auch automatisierte, i. d. R. in den Blendrahmen integrierte, dezentrale Lüftungselemente teilweise mit Wärmerückgewinnungsfunktion (WRG) oder auch Lüftungseinrichtungen mit Schallschutzfunktion zur Anwendung. (s. auch Abschn. 6.10).

In der Regel werden Beschläge mit *Einhandverschluss* eingebaut (Drehen, Kippen und Schließen des Fensters mit demselben Handhebel). Mit dem Handgriff werden durch umlaufende Verbindungen die in der Regel allseitigen Kantenverriegelungen ver- bzw. entriegelt und der Fensterflügel in Kippstellung gebracht.

Getriebe, Treibstangen, Ausstellschere und Eckumlenkungen liegen in Aussparungen des Flügelrahmens.

Eckumlenkungen werden durch Stahlbänder bewerkstelligt, in welche die Treibstangen jeweils eingehängt sind.

Durch Ausstellscheren wird die Kippstellung begrenzt und der Fensterflügel am Rahmen gehalten. Als Beispiel für viele ähnliche Konstruktionen ist in Bild **6**.79 ein Drehkippbeschlag gezeigt, der für breite Flügel mit einer Zusatzschere ergänzt werden kann.

Die Beschläge werden in der Regel per Hand als letzter Arbeitsgang am fertigen Flügelrahmen montiert. Dabei sind bei den Beschlagsgarnituren Anpassungen durch Ablängen entsprechend den Flügelmassen erforderlich.

Weiterentwicklungen richten sich besonders auf die Rationalisierung dieser Einbauarbeiten.

Alle Drehkippbeschläge müssen Sicherungen gegen Fehlbedienung haben, die verhindern, dass die Flügel herausfallen können. Die meisten Beschläge weisen auch Sicherungen (Manipulationsschutz) auf, die verhindern, dass Flügel in Kippstellung von außen bedient und geöffnet werden können.

Bei sehr breiten Flügeln sind Beschläge günstiger, in denen die Bedienungsfunktionen (Öffnen durch Kippen bzw. Öffnen durch Drehen) getrennt sind.

Festgehalten sollte werden, dass der Einbau von Drehkippbeschlägen angesichts der immer strengeren Anforderungen an den Wärmeschutz (s. Abschn. 6.2.4) und an die Fugendichtigkeit von Fenstern bis hin zu der Forderung nach Einbau spezieller wärmesparender Lüftungseinrichtungen (Abschn. 6.10) widersprüchlich ist.

Die Benutzer werden verleitet, ihre sehr subjektiven Lüftungsanforderungen oder sogar die Regelung der Raumtemperatur durch mehr oder weniger langes Beibehalten der Kippstellung der Fenster zu erreichen.

Schwingflügelbeschläge

Bei großen Flügelabmessungen werden Drehflügel zu schwer und unhandlich. Schwingflügel ermöglichen bei Flügelgewichten bis etwa 350 kg große Flügelmaße infolge der statisch günstigen mittigen Aufhängung.

Bei der Bemessung der senkrechten Flügelrahmenteile muss sichergestellt sein, dass die Flügel in geöffnetem Zustand nicht durchhängen, weil dadurch die Isolierverglasung beschädigt werden würde.

Schwingflügelfenster lassen ein schnelles und bequemes Öffnen großer Fensterflächen zu (Die Drehlager ermöglichen eine Drehung um 180°, so dass die Außenfläche der Scheiben leicht von innen aus zu reinigen ist. Die Drehung wird in jeder Stellung gebremst und in der Endstellung durch Falzscheren begrenzt. Sie können durch Schlüssel entsichert werden, wenn der Flügel zum Reinigen umgeschlagen werden soll.

Besonderes konstruktives Merkmal von Schwingflügelfenstern sind senkrechte Falzleisten, die auf der einen Seite des Drehlagers am Flügelrahmen, auf der anderen Seite am Blendrahmen befestigt sind.

Einzelheiten eines Schwingflügelbeschlages zeigt Bild **6**.80.

Wendeflügelfenster-Beschläge

Fensterflügel mit hohen stehenden Rechteckformaten können als Wendeflügel ausgebildet werden. Die Drehachse kann mittig und auch außermittig liegen.

Wendeflügelfenster haben Falzleisten in den oberen und unteren Anschlüssen an den Blendrahmen, die auf der einen Seite des Drehlagers am Flügelrahmen, auf der anderen Seite am Blendrahmen (Stock) befestigt sind.

Die Verriegelung der Flügel erfolgt ähnlich wie bei Drehkippfenstern durch umlaufende Kantengetriebe.

Die wichtigsten konstruktiven Einzelheiten können Bild **6**.81 entnommen werden.

Schiebefensterbeschläge

Schiebefensterflügel können senkrecht oder waagerecht verschoben werden, um große Öffnungen freizugeben. Der Vorteil aller Schiebefenster besteht vor allem darin, dass die geöffneten Fensterflügel nicht in den Raum hineinragen.

6.5 Beschläge

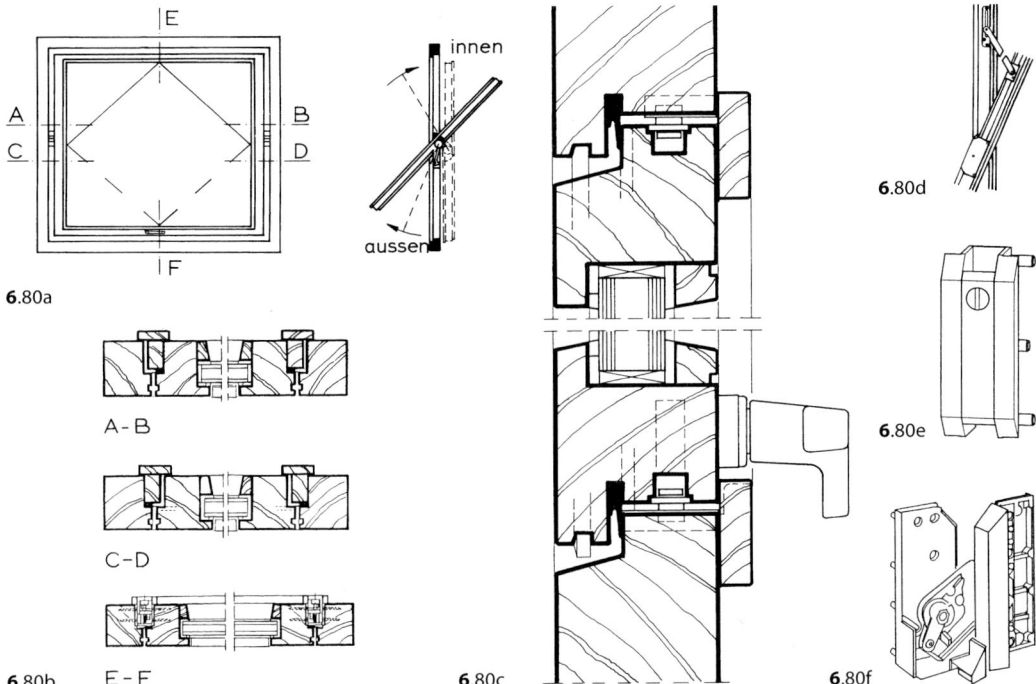

6.80 Schwingflügelbeschlag (Gretsch Unitas 5 B0, 7 B0, 10)
a) Ansicht von innen mit Schnittschema
b) Schnitte: A–B oberhalb Drehachse,
   C–D unterhalb Drehachse, E–F im Lagerbereich
c) senkrechter Schnitt
d) Falzschere
e) Drehlager, geschlossenes Fenster
f) Drehlager in 180°-Stellung

Bei *Vertikalschiebefenstern* liegen zwei Flügel übereinander. Die quer liegenden Flügelrahmen sollten die im Rauminneren wichtigste Sichthöhe berücksichtigen.

Oberer und unterer Flügel eines Vertikalschiebefensters werden untereinander als Gegengewichte ausgenutzt.

Vertikalschiebeflügel, die in zwei Ebenen hintereinander liegen, können mit einfacheren Beschlägen geführt werden (schematische Darstellung in Bild **6**.82). Moderne Beschlagsgarnituren ermöglichen es, die Schiebeflügel in geschlossenem Zustand in einer Ebene anzuordnen. Zum Öffnen wird der untere Flügel zunächst in Kippstellung gebracht und dann nach oben geschoben (Bild **6**.82c bis e).

Für die Seilzugführung der Flügel wird ein kastenartiger Raum im oberen Blendrahmen derartiger Vertikalschiebefenster benötigt.

Auf eine Darstellung der aufwendigen Beschlagsgarnituren für Vertikalschiebefenster muss verzichtet und auf Herstellerunterlagen verwiesen werden.

Horizontalschiebefenster haben Flügel, die sich hintereinander oder seitlich hinter feststehende Flügel oder in Mauerschlitze schieben lassen, so dass die gesamte Fensteröffnung frei wird. Die Flügel ruhen bei kleineren Fenstern auf Kunststoffgleitern, sonst auf Rollen. Die Dichtung der Flügel untereinander und gegen den Blendrahmen wird durch Schleif- oder Pressdichtungen bewirkt.

Türhohe Horizontalschiebefenster, z. B. als großflächige Terrassen- oder Balkonfenster werden als Hebeschiebefenster ausgebildet. In der Regel beschränkt man sich auf eine nur teilweise Öffnungsmöglichkeit durch horizontal verschiebliche Fenster- bzw. Fenstertürelemente, kombiniert mit feststehenden Elementen, die evtl. nur zu Reinigungszwecken verschiebbar sein können.

In den unteren Rahmenteil der beweglichen Flügel sind Rollenwagen eingelassen, die auf Edel-

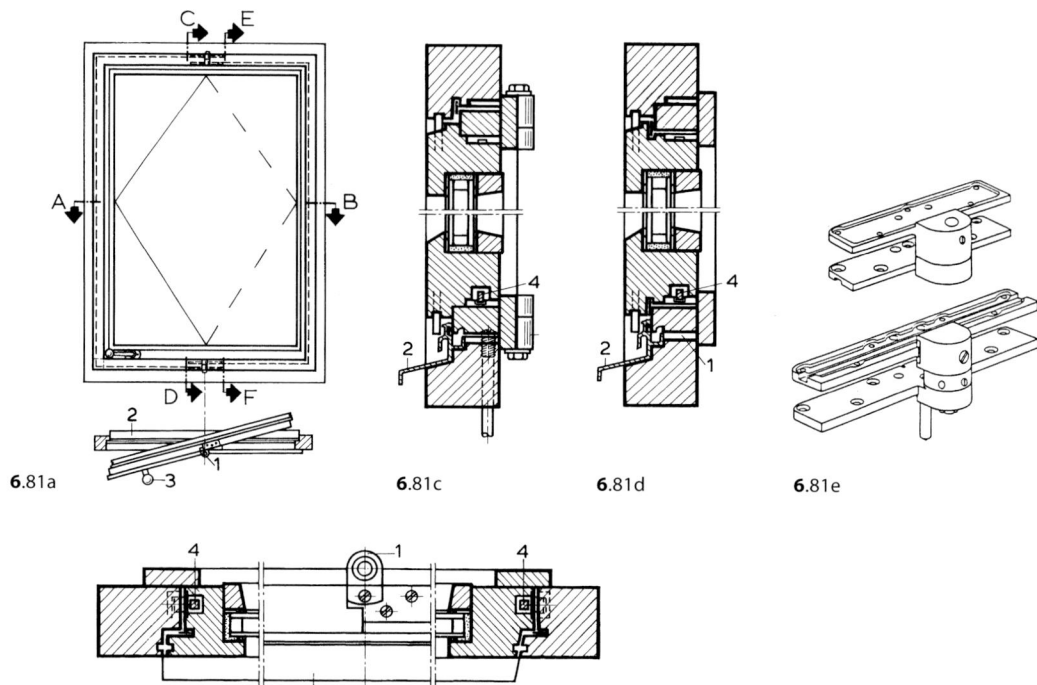

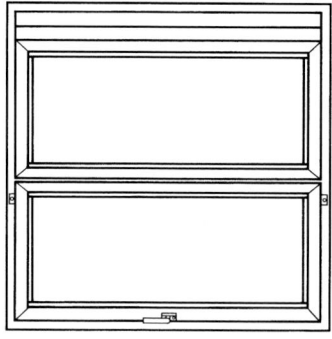

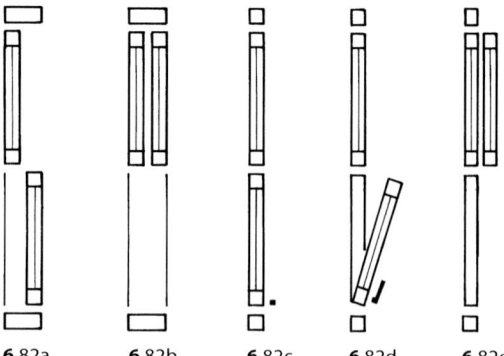

6.81 Wendeflügelfenster (Gretsch-Unitas 97)
 a) Innenansicht und Grundriss
 b) Schnitt A–B,
 c) Schnitt C–D,
 d) Schnitt E–F,
 e) oberes und unteres Drehlager

1 Drehlager
2 Regenschutzschiene R mit Dichtung
3 Drehgriff
4 Verriegelungsgestänge

6.82 Vertikalschiebefenster
 a) einfache Konstruktion: geschlossen
 b) einfache Konstruktion: geöffnet
 c) flächenbündige Flügel mit Kippstellung: geschlossen
 d) flächenbündige Flügel mit Kippstellung: in Kippstellung
 e) flächenbündige Flügel mit Kippstellung: geöffnet

6.5 Beschläge

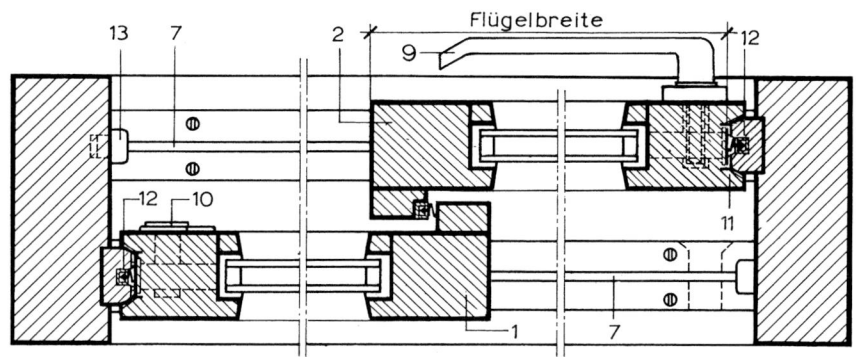

6.83a

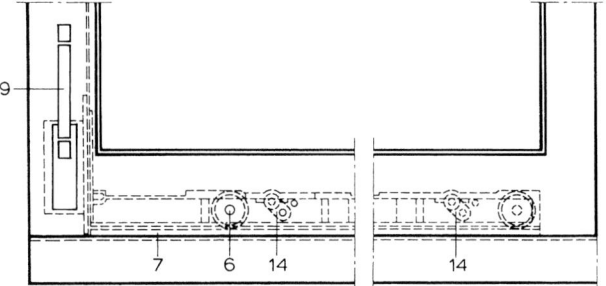

6.83b

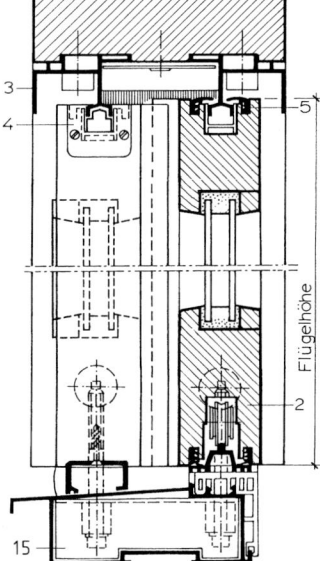

6.83c

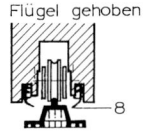

Flügel gehoben

6.83 Horizontal-Schiebefenster in Holzzarge (mit Hebeschiebefensterbeschlag von Gretsch-Unitas GmbH)
  a) Horizontalschnitt
  b) schematische Darstellung der Laufwagenanordnung mit Hebevorrichtung
  c) Vertikalschnitt (Flügeldicke ≥ 50 mm)

  1 äußerer Flügel
  2 innerer Flügel
  3 äußere Falzleiste, mit Zarge verdübelt
  4 Führung mit verriegeltem Flügel
  5 Dichtung
  6 Laufwagen
  7 Laufschiene
  8 Dichtung der untersten Fuge
  9 Drehgriff
  10 Deckrosette für einsteckbare Handkurbel
  11 Vertikalfugendichtung
  12 Lippendichtung der Vertikalfuge
  13 Gummipuffer
  14 Schwinglasche, deren oberes Lager den Flügel um 5 mm anhebt
  15 Leichtmetall-Rohrschwelle mit aufgestecktem wärmedämmendem Kunststoffprofil

stahlschienen der Fensterschwelle laufen. Beim Öffnen wird gleichzeitig die Verriegelung des Fensters gelöst und der Flügel durch den Rollenwagen (Schlitten) angehoben so dass der Flügel seitlich bewegt werden kann.

Die Bodenschwelle von Holz-Hebeschiebefenstern wird von Aluminium-Rohrprofilen in wärmegedämmter Ausführung oder mit rückseitig aufgesteckten Kunststoff-Wärmedämmprofilen gebildet (Bild **6**.83).

Insbesondere Fenstertüren werden vielfach mit *Kipp-Schiebebeschlägen* ausgeführt. Mit ihnen kann ein Flügel zur Lüftung gekippt werden. Der Beschlag ermöglicht es jedoch auch, den Flügel parallel abzustellen und seitlich zu verschieben. Es sind vielfache Kombinationsmöglichkeiten mit normal öffenbaren Fensterflügeln oder feststehenden Verglasungsflächen möglich. Auch können derartige Kipp-Schiebeflügel vor seitliche Wandflächen geschoben werden (Bild **6**.84).

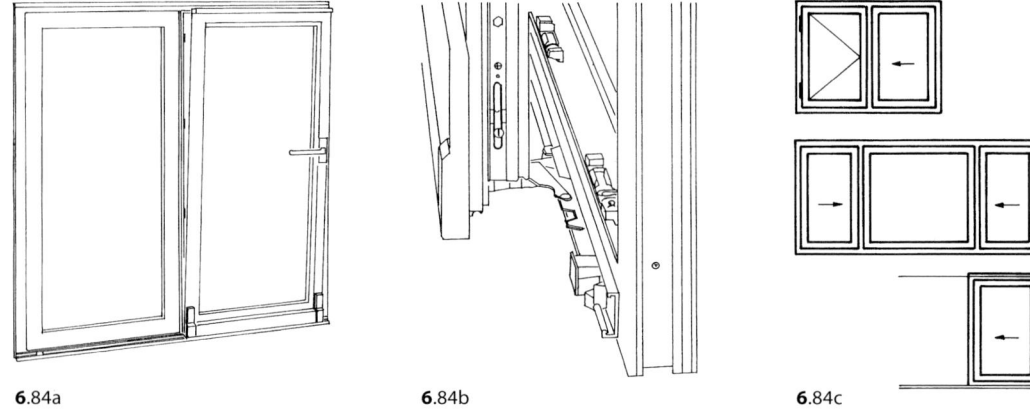

6.84 Kipp-Schiebebeschlag (HAUTAU HKS 180 ZE®)
  a) Innenansicht eines Fensters mit Kipp-Schiebebeschlägen
  b) unterer Flügel ausgestellt zum Verschieben
  c) Beispiele für Kombinationsmöglichkeiten

Besteht bei ebenerdigen Bauten die Forderung, sehr breite Fenstertüröffnungen ohne verbleibende Schwellen zu schaffen (z. B. große Terrassenfenster mit Durchfahrtmöglichkeit für Rollstühle, Servierwagen u. Ä.), bilden vertikal *versenkbare Fensterelemente* eine zwar sehr aufwändige, aber optimale Lösung.

Die – ggf. durch besondere Tragkonstruktionen unterstützten – Fensterelemente werden durch entsprechende Deckenschlitze in speziell geplante Nischen oder Schlitze des Untergeschosses abgesenkt. Neben den komplizierten, motorgetriebenen Bewegungs- und Führungselementen erfordern auch die bauseitigen Vorkehrungen (z. B. Entwässerungs-, Revisions- und Reparatureinrichtungen) einen erheblichen Kostenaufwand. Derartige Lösungen kommen daher nur für Ausnahmefälle in Frage.

Oberlichtbeschläge

Oberlichtbeschläge dienen zum Öffnen von ein- oder auswärtsgehenden Kipp- oder Klappflügeln, die nicht im Griffbereich liegen. Die Betätigung erfolgt durch Handhebel mit Gestänge oder durch Motorgetriebe. Bei Oberlichtern, die Teil eines größeren Fensters sind, ist das Gestänge in der Regel im Blendrahmen eingelassen.

Als Bedienungsraum muss für den Bestätigungshebel 4 bis 4,5 cm Breite zwischen Flügelkante und Leibung eingeplant sein.

Bei einzelnen hoch liegenden Oberlichtern werden die sonst unvermeidbaren komplizierten aufliegenden Gestänge mit Umlenkungen besser durch Elektroantriebe ersetzt.

Die Ausstellscheren müssen sich zum Reinigen der Fenster aushängen lassen (Bild **6**.85).

6.5.5 Zubehör

Dichtungsprofile

Um die Anforderungen an Fugendichtigkeit und Schlagregendichtheit zu erfüllen, müssen alle Fenster elastische Anschlagdichtungen bzw. Mitteldichtungen zwischen Blend- und Flügelrahmen haben. Diese müssen ausreichende Rückstelleigenschaften haben, hochelastisch und alterungsbeständig sein.

Falz zwischen Flügel und Blendrahmen. In der Funktionsfuge zwischen Flügel- und Blendrahmen können ausschließlich Dichtungsprofile verwendet werden. Es gelten hier die in Abschn. 6.4.3. enthaltenen Ausführungen zu den Dichtprofilen.

Dichtprofile spielen zunehmend bei der Verbesserung des Wärmeschutzes eine Rolle. So werden große Dichtprofile häufig in kleinere Kammern unterteilt, auch die Ausstattung mit Schaumstoffen im Profilkern soll eine Verbesserung erzielen.

Alle Dichtungen müssen so eingebaut sein, dass sie leicht ausgewechselt werden können. An den Rahmenecken sind die Dichtungsprofile sauber

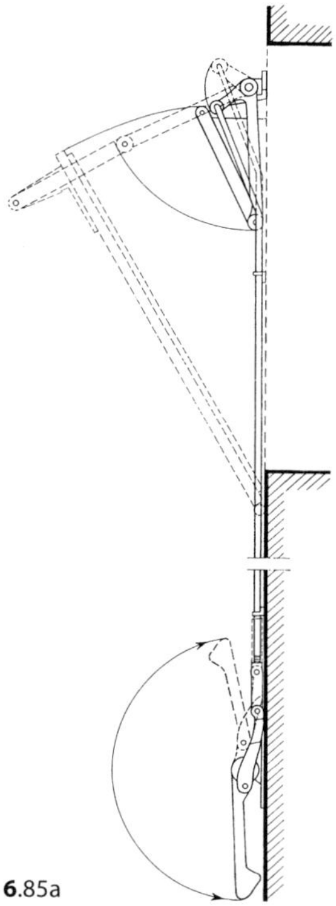

6.5 Beschläge

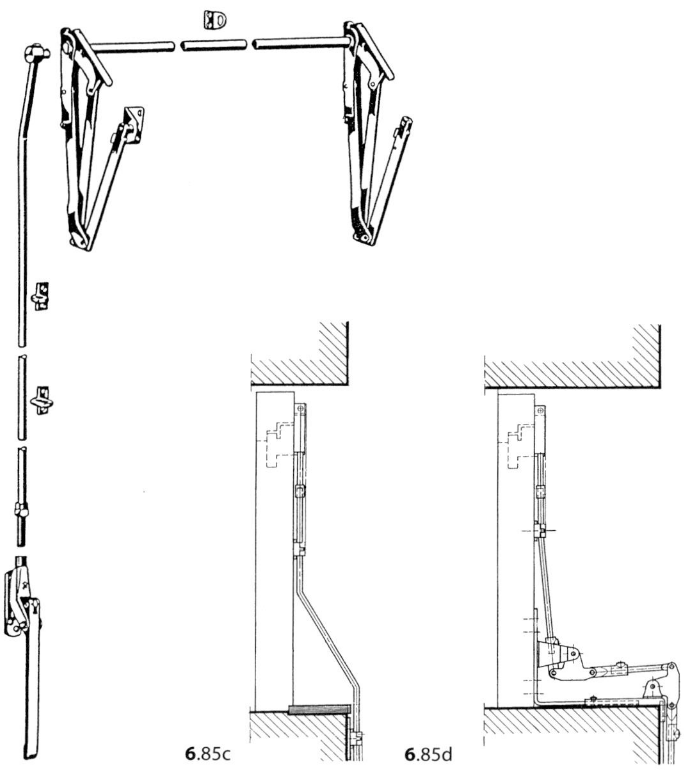

6.85 Oberlichtöffner
  a) Klappflügel öffner, Funktionsweise
  b) Kippflügel schlag, räumliche Darstellung eines aufliegenden Oberlichtbeschlages (HAUTAU Zentrik 15®)
  c) Kippflügelbetätigung mit gekröpftem Gestänge
  d) Kippflügelbetätigung mit Umlenk-Antrieb (Gretsch-Unitas Ventus®)

auf Gehrung zu schneiden, zu verkleben oder zu verschweißen.

Für größere Fensterserien können werkseitig hergestellte Dichtungsrahmen sehr wirtschaftlich sein.

Für die verschiedenen Fensterbauarten sind viele, meistens speziell entwickelte Profiltypen entwickelt. Sie unterscheiden sich in den Einzelheiten je nach Einsatz in Holz-, Metall- oder Kunststofffenstern (s. Abschnitte 6.6). Unterschieden werden Aufschlagdichtungen (bei Kunststoff- und Aluminiumfenstern) und Mitteldichtungen.

Die Dichtungsprofile bestehen meistens aus Neoprene (Polychloroprene), EPDM, PVC weich oder Silikon und sind in der Regel homogene aus einer Materialart hergestellt.

In letzter Zeit wird jedoch versucht, die Eigenschaften z. B. von Mittelanschlagdichtungen durch Materialkombinationen zu verbessern (Bild **6.**86).

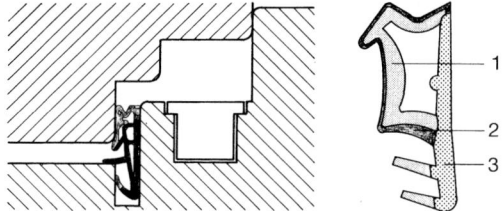

6.86 Flügelfalzdichtung, zusammengesetzt aus unterschiedlichen Materialien (TwinTec®)
  1 hochelastische Dichtlippe mit Schaumkern und weicher Ummantelung
  2 weiche Dichtlippen
  3 Harter Profilrücken

6.6 Ausführungsarten und Konstruktionsbeispiele

6.6.1 Allgemeines

Wenn man von Sonderanforderungen absieht – wie z. B. besonders große Abmessungen oder extreme Beanspruchungen (z. B. Fenster für Hallenbäder) – können im Fensterbau fast alle Aufgaben mit jeder Baustoffgruppe gelöst werden.

Ebenso können Fenster in fast allen Materialarten oder -kombinationen nach den in Bild 6.87 schematisch gezeigten Bauartsystemen und darüber hinaus entwickelten Mischformen ausgeführt werden.

Die in den Abschn. 6.1 bis 6.5 behandelten allgemeinen Anforderungen an Fenster und die daraus resultierenden konstruktiven Grundsätze gelten sinngemäß für Fenster aus allen in Frage kommenden Fensterbaustoffen.

Es kann nicht Aufgabe dieses Werkes sein, einen vollständigen Überblick über alle Konstruktions- und Gestaltungsmöglichkeiten im Fensterbau zu geben. In den nachfolgenden Abschnitten werden daher nur die besonderen Konstruktionsbedingungen und -anforderungen für Fenster aus den jeweiligen Materialarten behandelt und einige typische Ausführungsbeispiele gezeigt.

Moderne Fensterkonstruktionen weisen heutzutage i. d. R. mindestens 2 Falzdichtungsebenen und eine 3-fach-Verglasung mit thermisch verbessertem Randverbund (warme Kante) auf. Bei Holzfenstern finden sich zudem häufig auch Wetterschutzschienen mit einer thermischen Trennung. Durch Einkleben der Verglasung in das Rahmenprofil können deutlich geringere Ansichtsbreiten der Rahmenprofile realisiert werden. Auch kann damit bei Kunststoffprofilen auf das Einlegen von wärmetechnisch ungünstigen Stahlverstärkungen verzichtet werden. Vorteil sind schmale, filigrane Rahmen, größere Glasflächen und damit einhergehende besserer Lichteinfall und bessere U_w-Werte.

Ein Trend zu multifunktionalen Elementen ist erkennbar, wie Fenster mit integriertem Sonnenschutz, schaltbaren Gläsern oder gar PV-Modulen. Sensoren melden einer Einbruchmeldeanlage (EMA) ihren Verriegelungszustand. Automatisierte Fenster lassen sich über mobile Endgeräte wie Mobiltelefone öffnen und schließen.

6.6.2 Holzfenster

Allgemeines

Holz ist der älteste Rahmenwerkstoff für Fenster. Rahmenquerschnitte und Holzverarbeitung wurden immer wieder neuen Anforderungen angepasst. Die traditionellen Querschnitte von Rahmen und Flügeln wurden dabei durch Metall- und Kunststoffprofile insbesondere für den unteren Rahmen/Flügelanschlag und für Dichtungen ergänzt oder durch völlig neue Bauarten ersetzt.

Holzfenster erfordern trotz ständig verbesserter Beschichtungssysteme gegenüber Kunststoff- und Aluminiumfenstern eine intensivere Überwachung der Rahmen-Außenflächen und je nach Beanspruchung eine Renovierung oder Erneuerung der Oberflächenbehandlung. Vor allem deshalb ist der Anteil der Holzfenster am Markt in letzter Zeit stark zurückgegangen.

Die Erfüllung der neuen Anforderungen an den Wärmeschutz ist zwar mit dem Rahmenmaterial Holz grundsätzlich möglich, stößt aber an Grenzen. Neben genormten Profilen kommen daher immer mehr Spezialentwicklungen auf den Markt, die die vielen guten Eigenschaften des Holzes kombinieren mit integrierten Wärmedämmschichten[1] (Bild 6.90) und mit Kunststoff-

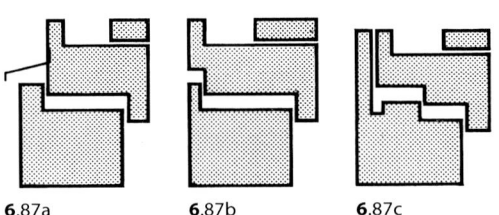

6.87a 6.87b 6.87c

6.87 Profilsysteme (schematische Darstellung)
    a) flächenversetzt
    b) einseitig flächenbündig
    c) Blockrahmen, auch „integrierter Flügel"
      (Blendrahmen verdeckt außen den Flügelrahmen)

---

[1] Aktuelle Entwicklungen zeigen, dass in lamellierten Fensterkanteln auch Dämmstoffe und vergütete Hölzer mit verbesserten technischen Eigenschaften integriert werden können. Auch ist die Verwendung dekorativer Hölzer auf der Raumseite denkbar, die sonst im Fensterbereich nicht einsetzbar sind. Für derartige mehrschichtige Aufbauten müssen ggf. umfangreichere Versuche zum Nachweis der Gebrauchstauglichkeit erfolgen.
Lamellierung von Holzfensterkanteln. Für die Klebeverbindung der Keilzinken und der Lamellen untereinander ist ein Klebstoff D4 nach DIN EN 204 „Klassifizierung von thermoplastischen Holzklebstoffen für nichttragende Anwendungen" vorzusehen. In der Regel werden auch hier PVAc-Leime eingesetzt. Die Temperaturbeständigkeit nach DIN EN 205 „Klebstoffe – Holzklebstoffe – Bestimmung der Klebfestigkeit von Längsklebungen im Zugversuch" muss $\tau_{80°C}$ ≧ 7 N/mm² betragen.

6.6 Ausführungsarten und Konstruktionsbeispiele

und Aluminiumbauteilen (s. a. Holz-Aluminium-Fenster, Abschn. 6.6.3).

Grundsätzlich ist die Herstellung aller Fensterbauarten und Einbauarten (Bilder **6**.3 bis **6**.5) in Holzbauweise möglich.

Für die Herstellung von Holzfenstern sind insbesondere DIN 18 355, DIN 18 361 und DIN 68 121 zu beachten.

Anzumerken bleibt, dass die DIN 68 121 als Bewertungsgrundlage für Holzfenster nicht mehr geeignet ist. Mit Erscheinen der europäischen Produktnorm EN 14 351-1 wurden europaweit für Fenster – unabhängig von deren Rahmenmaterial – einheitliche Beurteilungsgrundlagen und damit die Basis für eine CE-Kennzeichnung geschaffen. Die in ihren Grundzügen aus Anfang der 70'er Jahre stammende Konstruktionsnorm für Holzfenster DIN 68 121 kann heute in Bezug auf die Leistungseigenschaften nicht mehr in Ansatz gebracht werden, da die dort erwähnten Klassen für die Schlagregendichtheit usw. auf überholten deutschen Normen basieren. Weiterhin weichen die hier behandelten Fenster in Bezug auf die Konstruktion (Beispiel: Verglasungsart, Ausbildung der Glashalteleiste, fehlendes Verbreitungsprofil bei Fenstertürflügel, Holz-Aluminium-Fenster) sowie von den dort vorhandenen Gewichten und Abmessung ohnehin von den Ausführungen in DIN 68 121 ab.

Bei der Bezeichnung werden unterschieden

EV Einfachfenster und -fenstertüren mit Einscheibenglas (Einfachverglasung)

MIG Einfachfenster und -fenstertüren mit Mehrscheiben-Isolierglas

DV Verbundfenster und -fenstertüren mit Einscheiben- und/oder Mehrscheiben-Isolierglas (Doppelverglasung)

Die Gütebestimmungen finden sich in der aktuellen Ausgabe der RAL-GZ 695 „Fenster, Fassaden und Haustüren" (vormals RAL-RG 636/1).

Holz

Für die erfolgreiche Anwendung müssen verschiedene Kriterien beachtet werden:

- Auswahl der Holzart,
- Auswahl der Holzqualität und die
- Ausführung der Lamellierung

Vorgaben zur Lamellierung bietet die ift-Richtlinie HO-10/1 „Massive, keilgezinkte und lamellierte Profile für Holzfenster; Anforderungen und Prüfung" [6]. Holz für den Fensterbau muss die folgenden Eigenschaften haben:

Holz für den Fensterbau muss die folgenden Eigenschaften haben:

- Widerstandsfähigkeit gegen äußere Einwirkungen, insbesondere gegen Befall pflanzlicher und tierischer Schädlinge
- Standfestigkeit auch bei wechselnden Feuchtigkeits- und Temperaturverhältnissen
- Verträglichkeit mit Anstrichen
- gute Verarbeitbarkeit.

Nach den von der Gütegemeinschaft für Holzfenster und Haustüren e.V. [31] herausgegebenen Richtlinien sind die in Tabelle **6**.88 aufgeführten Holzarten für den Fensterbau geeignet.

Tropenhölzer. Zur Schonung der durch Raubbau bedrohten tropischen Regenwälder wurden in manchen Bundesländern bei öffentlichen Bauten Verwendungsverbote für tropische Hölzer erlassen. Es muss jedoch berücksichtigt werden, dass nur ein recht kleiner Anteil (geschätzt ca. 5 %) derartiger Hölzer für den Fensterbau verwendet wird, während nahezu die gesamte übrige Waldfläche durch Brandrodungen oder ungeeignete Verwendungen verloren geht. Andererseits gibt es auch große Bemühungen für einen forstwirtschaftlich geregelten, nachhaltigen Anbau, und die Einnahmen aus Holzexport bedeuten für die Ursprungsländer eine sehr wichtige Einnahmequelle für die Entwicklung ihrer eigenen Wirtschaft. Ein Verwendungsverbot für tropische Hölzer im Fensterbau lässt sich daher nicht aufrechterhalten.

Für Fenster werden deshalb jedoch zunehmend auch einheimische bzw. europäische Nadelhölzer wie Kiefern-, Fichten- und Hemlockholz verwendet.

Die Qualitätsanforderungen für Hölzer zur Herstellung von Fenstern sind in DIN EN 942 festgelegt. Man unterscheidet:

- Holz für Außenanwendung, deckend zu behandeln
- Holz für Außenanwendung, nicht deckend zu behandeln

mit den Qualitätsklassen J 2, J 10, J 20, J 40 und J 50.

Tabelle 6.88 Auszug aus der Liste der bewährten Holzarten

Holzart	Kurzzeichen DIN 13 556	Botanischer Name	Wuchsgebiet	Farbe	Mindestrohdichte g/cm³ bei 15 % Holzfeuchte	Holzarttypische Eigenart	Dimensionsstabilität	Feuchteangleichgeschwindigkeit	Anstrichgruppe i. f. t.- Tabelle	Dauerhaftigkeit s. DIN EN 350	Verfügbarkeit	Eignung für Fensterbau
Nadelholz												
Douglasie Oregone Pine Douglas fir	PSMN	Pseudotsuga menziesii	westliches Nordamerika	Kern gelb bis rotbraun Splint weiß	0,3	harzhaltig	gut	groß	I		gut	2
Fichte Rottanne	PCAB	Picea abies	Europa	gelblich bis rötlich weiß	0,35		gut	groß	II		gut	2
Hemlock Western Hemlock	TSHT	Tsuga heterophylla	nordwestl. Nordamerika	weißlich grau bis hell graubraun	0,35	etwas spröde	gut	groß	II		gut	2–3
Laubholz												
Afzelia Doussie	AFXX	Afzelia pachyloba	Afrika	Splint grau Kern gelblich bis hellbraun, später rötlich braun	0,45	sehr widerstandsfähige Inhaltsstoffe	sehr gut	sehr gering	III		gering	1–2
Eiche Sommereiche Stieleiche Traubeneiche	QCXE	Quercus robur L. Quercus petraea	Europa	Splint grau, Kern graugelb bis hellbraun u. dunkelbraun	0,45	Gerbsäure führt bei Eisenkontakt zu Dunkelfärbung z. Zt. nicht lamell.	mittel	gering	III		massiv gering	1–2
Framire Black Afarra Emeri, Idigbo Freme	TMIV	Terminalia ivorensis	Elfenbeinküste, Ghana, Sierra Leone	Kern grün blassgelb bis hellbraun nachdunkelnd	0,45	Gerbsäure führt bei Eisenkontakt zu Dunkelfärbung	gut	groß	III		gering	2
Sipo Mahagoni Utile Sipo	ENUT	Entandrophragma utile	Westafrika	Splint rötlichgrau, Kern rötlichbraun bis braunviolett	0,45	widerstandsfähige Inhaltsstoffe	gut	sehr gering	III	2		2
White Seraya Uratmata	PHWS	Parashorea plicata	Südostasien	Splint hellgrau, Kern gelb bis blassrosa	0,45	widerstandsfähige Inhaltsstoffe	gut	gering	III		gut	3
Niangon	HEXN	Tarrietia utilis	Westafrika	Splint rötlich grau, Kern hell bis dunkelrotbraun	0,45	harzhaltige Inhaltsstoffe	gut bis mittel	sehr gering	III	III	gering	2

Ferner gelten als geeignet: Pitch Pine, Carolina Pine sowie Wenge, Kambala (Iroko) und Sapeli-Mahagoni.

6.6 Ausführungsarten und Konstruktionsbeispiele

Die *Rohdichte*[1] soll bei Nadelhölzern 0,35 g/cm³ und für Laubhölzer 0,45 g/cm³ (Obergrenze 0,80 g/cm³) nicht unterschreiten, weil sonst der sichere Sitz von Beschlägen nicht zu gewährleisten ist.

Die Resistenz gegen *Pilzbefall* ist ein weiteres Kriterium für die Holzartenwahl. Sie hängt insbesondere von den Holzinhaltsstoffen ab, die vorwiegend im Kernbereich des Stammes eingelagert sind. Die Resistenz bzw. natürliche Dauerhaftigkeit einzelner Holzarten ist in DIN EN 350 angegeben. Folgende Holzarten haben sich für den Einsatz bei Holzfenstern bewährt:

Fichte, Lärche, Kiefer, Douglasie, Hemlock (Nadelhölzer) sowie Eiche, Meranti, Teak (Laubhölzer).

Von den einheimischen Hölzern wird für die Fensterherstellung am meisten Kiefernholz verwendet. Es ist besonders haltbar wegen seines relativ hohen Harzgehaltes. Grundsätzlich, vor allem für stark beanspruchte Stellen, sollte nur Kernholz verwendet werden (z. B. untere Rahmenhölzer, Glasfalze).

Zu beachten ist, dass unter Sonneneinstrahlung vor allem bei dunklen Anstrichen auf Kiefernholz mit Harzaustritt gerechnet werden muss.

In wie weit bei Nadelholz Äste in Kauf genommen werden, muss vor der Ausführung festgelegt werden. Gegen fest eingewachsene kleinere Äste ist technisch wenig einzuwenden. Allerdings muss ihr unterschiedliches Quell- und Schwindverhalten beachtet werden. Bei lasierenden Beschichtungen kann es zu Haftproblemen kommen und bei deckenden Anstrichen sind Farbmarkierungen über den Ästen zu befürchten.

Profile aus Vollholz kommen kaum mehr zum Einsatz. Üblich ist der Einsatz meist dreilagig lamellierter Fensterkanteln. Die technischen Qualitätsanforderungen an diese lamellierten Holzfensterprofile erstrecken sich auf die Bereiche

- Holzqualität in den Decklagen und im Kern bezüglich visueller Kriterien und Jahrringlage,
- Qualität der Klebung bezüglich Dauerhaftigkeit, Feuchtebeständigkeit und Wasserdichtheit,
- Qualität der Keilzinkenverbindungen bezüglich Wasserdichtheit

Lamellierte Holzfensterprofile[2]
Lamellierte Holzprofile für Fenster („Kanteln") bestehen aus 3 miteinander verleimten Lamellen. Dabei ist zu beachten:

- Leimfugen dürfen nicht direkt der Bewitterung ausgesetzt sein
- Querschnitte müssen symmetrisch aufgebaut sein
- bei der Verarbeitung müssen enge Feuchtigkeitstoleranzen für die zu verleimenden Hölzer eingehalten werden (13 % ± 2 %).

Im Übrigen sollten lamellierte Kanteln nur aus Produktionen kommen, bei denen eine ständige Güteüberwachung gewährleistet ist (Bild **6**.89). Die ift-Richtlinie HO-10/1 enthält Anforderungen und Vorgaben zur Prüfung von lamellierten Holz-Profilen.

Bei Verwendung in Fenstern mit deckender Beschichtung dürfen bei geklebten (lamellierten) Profilen in den Klassen J 10 bis J 50 (DIN EN 942) die Lamellen durch Keilzinkung gestoßen werden, jedoch nur wenn vom Auftraggeber zugelassen (Bild **6**.89b).

Zur Verbesserung der Wärmeschutzeigenschaften wurden Rahmenprofile entwickelt mit äußeren Schalen aus streichfähigem Nadelholz und einem Kern aus recyceltem PU-Hartschaum (Ultraline HPH 2®, Bild **6**.90).

Zubehör
Dichtungsprofile

Bisher übliche, einfache Holzfensterprofile haben im Gegensatz zu Aluminium- und Kunststofffenstern keine Aufschlagdichtungen. Sie weisen in der Regel nur eine Mittelfalzdichtung auf. Diese muss umlaufend in einer Ebene eingebaut, in den Ecken sauber auf Gehrung geschnitten und verklebt bzw. verschweißt werden (Bild **6**.91). Für größere Fensterserien können auch werkseitig hergestellte Dichtungsrahmen eingesetzt werden.

Bei Spezial-Rahmenprofilen von Holzfenstern werden Aufschlagdichtungen ähnlich wie bei

---

[1] Mit steigender Rohdichte nehmen die Festigkeit, aber auch das Quell- und Schwindmaß zu. Das „Stehvermögen" charakterisiert das Verhalten des Holzes im Wechsel klimatischer Bedingungen. Entscheidend dabei sind die Geschwindigkeit der Holzfeuchteänderung, das Verhältnis von tangentialem zu radialem Quellmaß, die Jahrringbreite und der Faserverlauf. Hölzer mit starken Zuwachszonen oder Faserabweichungen sind für Fenster ungeeignet.

[2] Durch die Lamellierung kann bei Dreifach- oder Mehrfachprofilen neben einer besseren Holzausnutzung eine optisch bessere Qualität erzielt werden. In den Mittellagen können Hölzer verwendet werden, die Eigenschaften nach DIN EN 942 aufweisen, aber nicht den optischen Anforderungen des Auftraggebers entsprechen. Für Holzfenster kommen prinzipiell die angegebenen Sortierklassen nach DIN EN 942 in Frage. Bei der Klasse J2 ist nach Norm keine Ausführung als lamellierte Kantel vorgesehen. Die Klasse J2 ist daher im Regelfall für die einzelne (Deck-) Lamelle anzuwenden.

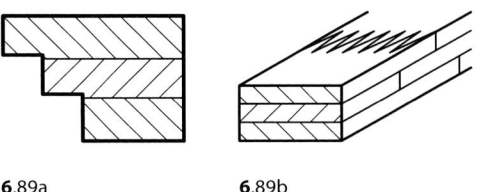
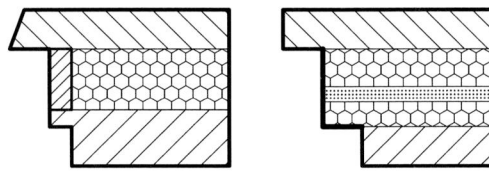

6.89a 6.89b

6.89 Lamellierte Profile
a) lamelliertes Holzfensterprofil
b) Keilzinkung

6.90 Holzprofile mit Wärmedämmschichten

Aluminium- und Kunststofffenstern eingesetzt (Bilder **6**.103 bis **6**.105), um z. B. durch eine zweite oder auch dritte Dichtungsebene die Fugendichtigkeit insbesondere hinsichtlich der Verbesserung der Schallschutzqualität zu verbessern.

Wetterschutzschienen

Bei Holzfenstern werden die unteren Blendrahmen mit Wetterschutzschienen kombiniert. Diese bilden den Anschlag für die Mitteldichtung und leiten das aus den seitlichen Falzen ablaufende Schlagregenwasser ab. Sie wirken außerdem als zusätzliche Winddichtung. Wetterschutzschienen werden für alle vorkommenden Falzmaße i. d. R. aus Aluminium und in verschiedenen Oberflächenbehandlungen hergestellt. Sie werden auf den unteren Blendrahmen aufgeschraubt oder in entsprechend gefräste Nute eingesetzt. Die Wetterschutzschienen können mit einer Abdeckung der besonders durch Witterung beanspruchten unteren Blendrahmenteile kombiniert sein.

An den Innenseiten der Wetterschutzschienen (und am Metall von Beschlägen) kann sich durch unvermeidliche Undichtigkeiten oder durch die Verbindung zu den Glasfalzkammern Tauwasser niederschlagen. Dies kann zu Schimmelpilzbildung oder Fäulnis am unteren Blendrahmen führen. Wärmegedämmte Profile verringern diese Gefahr erheblich und sollten immer vorgezogen werden.

Wetterschutzschienen müssen gegen die senkrechten Blendrahmenteile sorgfältig abgedichtet werden, damit kein Wasser in die Fensterecken dringen kann. Hierfür gibt es Profil-Endkappen aus formelastischem Material. Sie werden mit Unterschnitt in den seitlichen Falz eingebaut. Bei stark durch Witterungseinflüsse beanspruchten Fenstern muss zusätzlich Dichtstoff am Schienenanschluss eingespritzt werden (Bild **6**.92).

Wasseraustrittsöffnungen (Querschnitt = 4/20 mm) müssen durch eine Tropfnase vor direktem Windanfall geschützt liegen.

Fensterbänke

Innere und äußere Fensterbänke sind allgemein in Abschnitt 6.3.5 behandelt. Bei Holzfenstern ist zu beachten, dass Aluminium-Fensterbänke nur auf fertigem Anstrich und nicht direkt auf die Rahmenprofile geschraubt werden sollen, am besten in Verbindung mit abdichtenden, nicht voll am Rahmen aufliegenden Dichtungsbändern (vgl. Bild **6**.111).

6.91a 6.91b 6.91c

6.91 Falzdichtung für 22 mm Falztiefe mit thermisch getrennter Wetterschutzschiene und Endkappen (s. Bild **6**.94c)

6.6 Ausführungsarten und Konstruktionsbeispiele

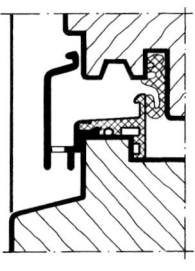
6.92a

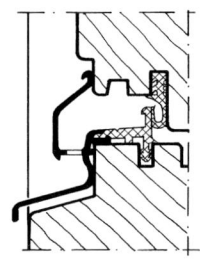
6.92b

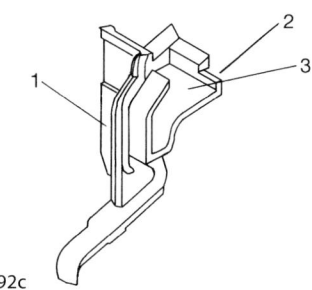
6.92c

6.92 Wetterschutzschienen (BUG)
    a) Wetterschutzschiene mit thermischer Trennung
    b) mit Abdeckung des Blendrahmens
    c) Endkappe für b)

1 seitlicher Unterschnitt
2 Dichtstege zur Wetterschutzschiene
3 Möglichkeit zur Dichtstoff-Einspritzung

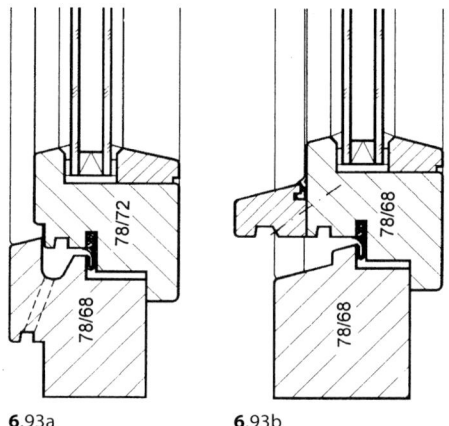

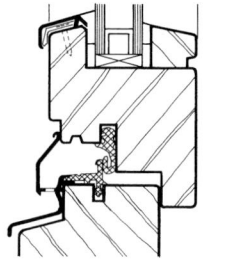 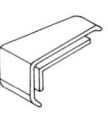

6.94 Flügelabdeckprofil mit Endkappe (BUG)

6.93a   6.93b

6.93 Rahmenanschluss ohne Wetterschutzschienen (Altbauten, Denkmalschutz)
    a) mit Entwässerungsrinne, seitl. sorgf. einzudichten
    b) mit herkömmlichem Wetterschenkel

Bei der Altbausanierung, besonders bei Auflagen des Denkmalschutzes kann eine Ausführung ohne Wetterschutzschienen bzw. mit traditionellem Wetterschenkel mit Wasserabreißnut in Frage kommen (Bild **6.**93).

Abdeckprofile

Der Anstrich der unteren Flügelrahmenteile von Holzfenstern ist in besonderem Maße der Bewitterung ausgesetzt und bedarf ständiger Kontrolle und ggf. der Erneuerung, damit die Versiegelung der Scheiben nicht durch Feuchtigkeit hinterwandert werden kann. Auf dem Markt sind Aluminium-Abdeckprofile mit dazugehörigen Endkappen. Unbedingt notwendig ist ein einwandfreier, versiegelter Anschluss an die senkrechten Rahmenprofile und an die Verglasung, damit jede Feuchtigkeitsanreicherung unter den Abdeckprofilen ausgeschlossen bleibt (Bild **6.**92b und **6.**94).

Türschwellen

Fenstertüren (s. a. Abschn. 6.3.6) müssen mit den unteren Blendrahmen an die erforderlichen äußeren Abdichtungen und innen an die Fußbodenkonstruktionen bzw. an die innere Abdichtung anschließen.

Bereits geringfügige Ausführungsfehler können bei Fenstertüren aus Holz zur Zerstörung der unteren Rahmenteile durch Fäulnis führen. Deshalb ist es besser, hier Metallprofile mit thermischer Trennung vorzusehen. Diese ergeben geeignete Anschlussflächen für die erforderlichen Abdichtungen (Bild **6.**95).

Holzfensterprofile

Fensterprofile für die Herstellung von nach innen aufgehenden Dreh-, Drehkipp- und Kippfenstern

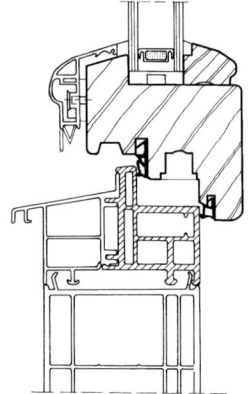

6.95 Untere Blendrahmenausbildung für Fenstertüren: Kombination von Aluminium- und Kunststoff-Profilen (Gaulhofer)

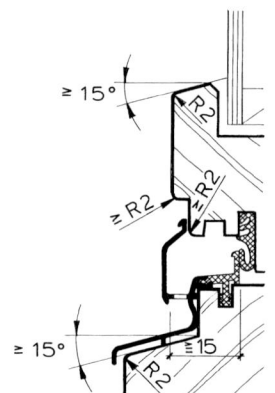

6.96 Kantenrundungen zur Vermeidung von Schwachstellen in der Beschichtung und besseren Wasserabführung

sind in DIN 68 121-1 für Doppel- und Isolierverglasungen festgelegt.

Wegen der gestiegenen Anforderungen an den Wärmeschutz kommen nur noch die Profilgruppen IV 68–92 in Frage. Werden Fenster mit einer 3-fach-Verglasung gefordert, sollten mindestens IV 78 Profile zum Einsatz kommen, welche das dickere Glaspaket aufnehmen können.

Die Profilierung aller horizontal verlaufenden Fensterteile wie Flügel- und Blendrahmen, Riegel und Sprossen sind mit einer Neigung von mindestens 15° auszuführen, damit Regenwasser – ggf. auch bei gekippten Flügeln – rasch abfließt.

Profilkanten sind nach DIN 68 121-2 sorgfältig abzurunden (Radius mindestens 2 mm), weil der durch Anstriche gebildete Schutzfilm an scharfen Kanten geschwächt wird und dort zuerst Oberflächenschäden entstehen können (Bild **6**.96).

Außer mit den gezeigten Norm-Profilen werden moderne Holzfenster von verschiedenen Herstellern auch mit speziellen Profilformen und Materialkombinationen ausgeführt. (Holz-Aluminium-Fenster s. Abschnitt 6.6.3).

Die *Eckverbindungen* der Rahmen[1] sind in der Regel als Schlitz/Zapfenverbindung auszuführen.

Bei den für Holzfenstern heute erforderlichen Holzdicken von ≥ 68 mm kommen nur noch Doppelzapfen in Frage. Alle Zapfenverbindungen müssen völlig dicht und mit gut ausreichendem Leimauftrag hergestellt werden (Bild **6**.97).

Neben Zapfenverbindungen sind auch Dübelverbindungen zugelassen. Vorteilhaft ist eine möglichst große Zahl von Dübeln an den Anschlussstellen (Bild **6**.98).

Von verschiedenen Herstellern wurden vor allem für nicht genormte Holzfensterprofile auch andersartige Eckverbindungen z. B. durch Gehrungsschnitte mit eingesetzten speziellen Verbindungsteilen entwickelt.

Für die bei den einzelnen Profilgruppen möglichen *Flügelabmessungen* sind in DIN 68 121-1 Angaben enthalten.

Einige Ausführungsbeispiele für Fenster aus Profilen IV 68 gem. DIN 68 121-1 zeigen die nachfolgenden Bilder **6**.99 und **6**.100.

Fenstertüren müssen mit den unteren Blendrahmen außen an die erforderlichen Abdichtungen und innen an die Fußbodenkonstruktionen anschließen. Dabei ist auf ausreichenden Abstand von Wasser führenden Außenflächen zu achten (s. Abschn. 10.7 in Teil 1 dieses Werkes).

Bei Fenstertüren und bei fest verglasten Fensterelementen ist zur Verbesserung des Spritzwasserschutzes für die unteren Glasfalze sowie als Schutz der Verglasungen gegen mechanische Beschädigungen eine Verbreiterung der unteren Blendrahmen- bzw. Flügelprofile sinnvoll. Dafür werden gefälzte Profilkombinationen wie in Bild **6**.99c und **6**.100d verwendet. Wichtig ist, dass an den Stoßstellen keine zu engen Fugen entstehen, in denen das Auftragen von Anstrichen problematisch wird und in denen sich Schlagregen-

---

[1] **Rahmenverbindung bei Holzfenstern.** Für die Klebung der Rahmenverbindungen werden überwiegend PVAc – Leime mit Härterzusatz (D3 oder D4) verwendet. Bei sorgfältiger Ausführung der Klebung kann mit diesem Klebstoff neben einer ausreichenden Festigkeit auch eine Abdichtung der Konstruktionsfuge erreicht werden. Andere Klebstoffe auf Polyurethan- oder EPi-Basis werden seltener eingesetzt

6.6 Ausführungsarten und Konstruktionsbeispiele

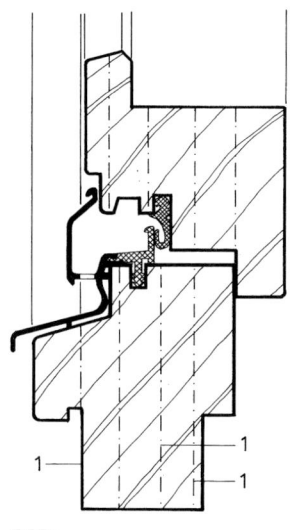

6.97a

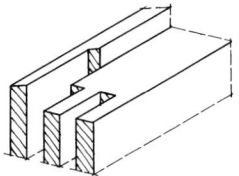

6.97b

6.97
Eckverbindung
a) Doppelzapfen, Schnitt
   (1 Schnittebenen der Doppelzapfen)
b) Doppelzapfen, räumliche Darstellung

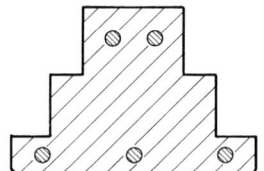
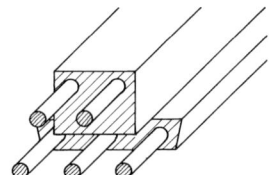

6.98
Eckverbindung mit Dübeln

wasser stauen kann. Die Fugen sind insbesondere im Eckbereich nach Bild **6**.101 abzudichten.

Ausfachungen. Mit nichttransparenten Füllungen ausgeführte Teile von Fensterelementen können mit innen aufgesetzten oder eingesetzten Füllelementen hergestellt werden. In jedem Fall ist eine Dampfsperre vorzusehen. Die Füllungen müssen hinsichtlich des erforderlichen Wärmeschutzes die gleichen Anforderungen wie die Fenster erfüllen (Bild **6**.102).

Passivhausfenster. Mit Holzfenstern lassen sich auch die hohen Anforderungen an den Wärmeschutz von „Passivhäusern" erfüllen (s. Abschn. 16.3 in Teil 1 dieses Werkes). Es werden dabei Dreifachverglasungen, Rahmenprofile mit hochwärmedämmenden Kunststoffkernen, spezielle

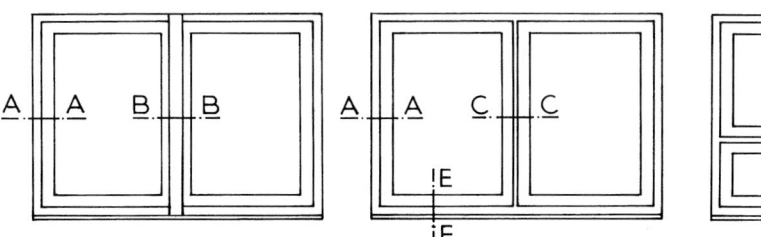

6.99a

6.99 Profile für Einfachfenster mit Isolierverglasung (DIN 68 121-1), Fortsetzung s. nächste Seite
a) Übersichten

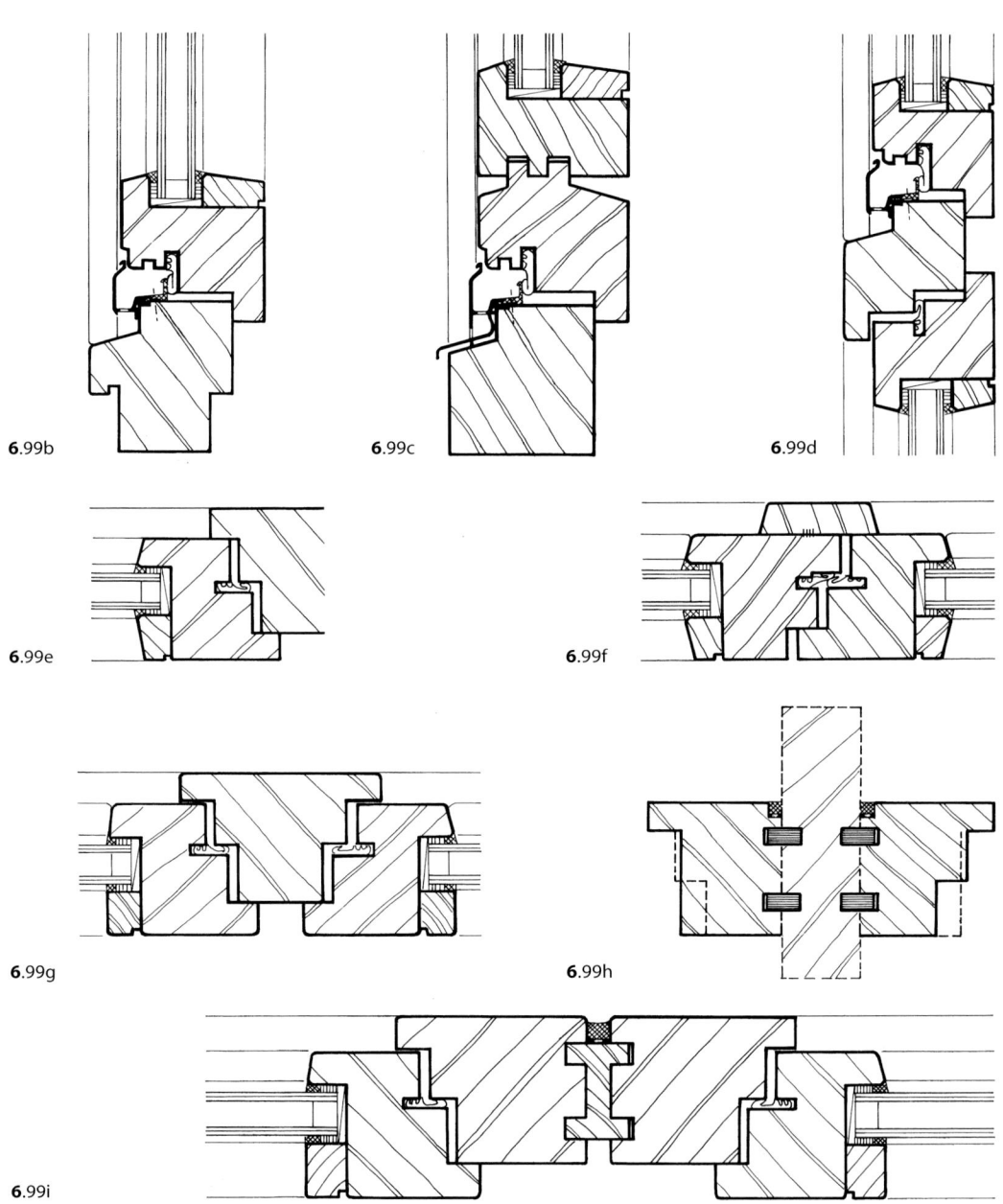

6.99 Fortsetzung
    b) Schnitt E–E, Normalausführung
    c) Schnitt E–E, verstärkter unterer Flügelrahmen für schwere Flügel oder Fenstertüren
    d) Schnitt D–D, Fenster mit Riegel (Kämpfer)
    e) Schnitt A–A (Bauwerksanschlüsse s. Abschn. 5.3)
    f) Schnitt C–C, zweiflügliges Fenster ohne Mittelpfosten
    g) Schnitt B–B, zweiflügliges Fenster mit Mittelpfosten
    h) Mittelpfosten-Verstärkung für sehr hohe Fenster
    i) Koppelung von Einzelfenstern zu Fensterbändern
       (Fugenversiegelung bei zusammengesetzten Profilen s. Bild **6**.101)

6.6 Ausführungsarten und Konstruktionsbeispiele

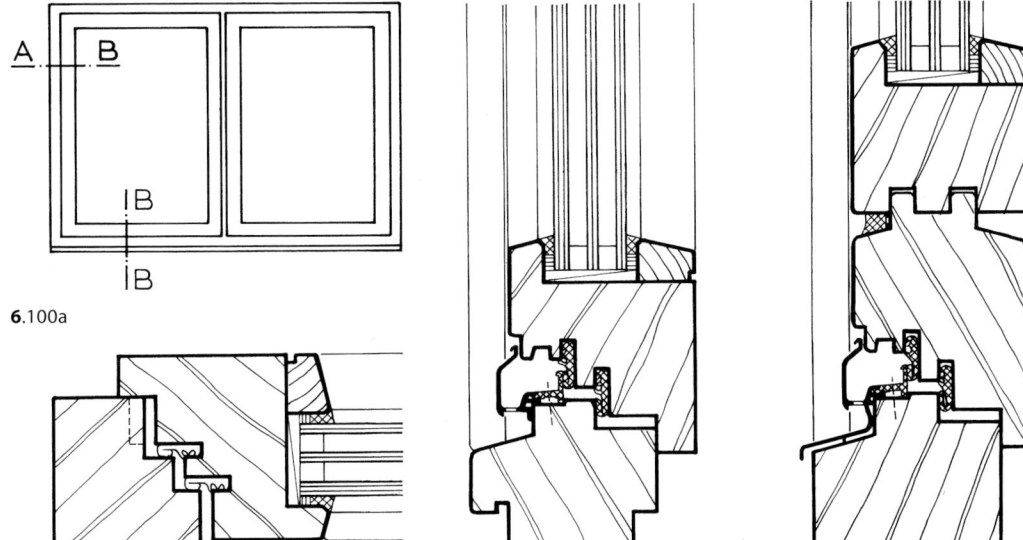

6.100 Schallschutzfenster IV78 nach DIN 68 121-1
a) Übersicht
b) Schnitt A–A
c) Schnitt B–B, Normalausführung
d) Schnitt B–B, Profilkombinationen für Fenstertüren o. Ä.

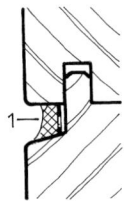 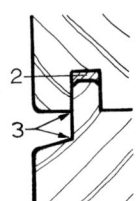

6.101
Fugenabdichtung bei zusammengesetzten Profilen
1 Abdichtung der Längsfuge außen mit Hinterlegung (keine „Dreiflankenhaftung"!)
2 Abdichtung der Längsfuge innen durch vorkomprimiertes Dichtungsband
3 Abdichtungen im Eckbereich (Versiegelungsmasse)

Dichtungen und wärmegedämmte Wetterschutzschienen verwendet.

Beispiele für derartige Fenster mit U_W-Werten von $\leq 0{,}8$ W/(m²K) zeigen die Bilder **6**.103 bis **6**.105.

Oberflächenbehandlung

Bei allen Anforderungen an Fenster sind die Maßhaltigkeit und eine angemessene Haltbarkeit von Holzfensterprofilen nur durch eine geeignete Oberflächenbehandlung zu erreichen.

Holzfenster sind vor übermäßiger Feuchtigkeitseinwirkung durch eine Beschichtung von ausreichender Dicke zu schützen. Ein konstruktiver Holzschutz durch „geschützten Einbau" (s. Abschn. 6.2.3) verlängert in jedem Falle die Haltbarkeit von Beschichtungen und die Nutzungsdauer von Holzfenstern erheblich.

Die früher allgemein geforderte Imprägnierung von Holzfenstern mit Holzschutzmitteln gegen Pilz- und Insektenbefall ist nach DIN 68 800-3, Anhang C, nicht mehr unbedingt erforderlich und sollte nur bei besonders beanspruchten Fenstern ausgeführt werden.

Eine Holzschutzbehandlung beugt gegen einen Befall mit Bläuepilz vor, der zwar die Haltbarkeit

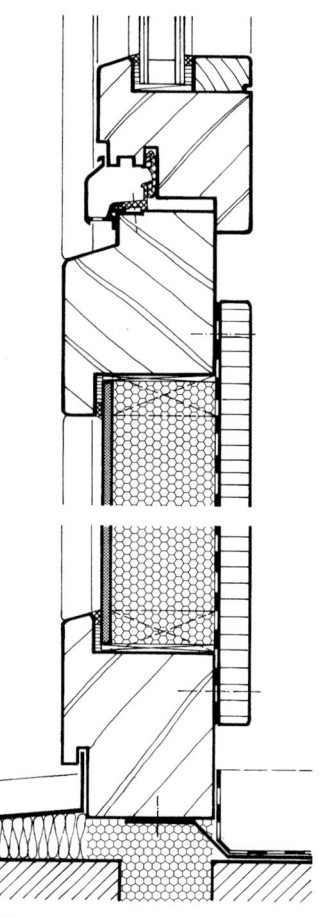
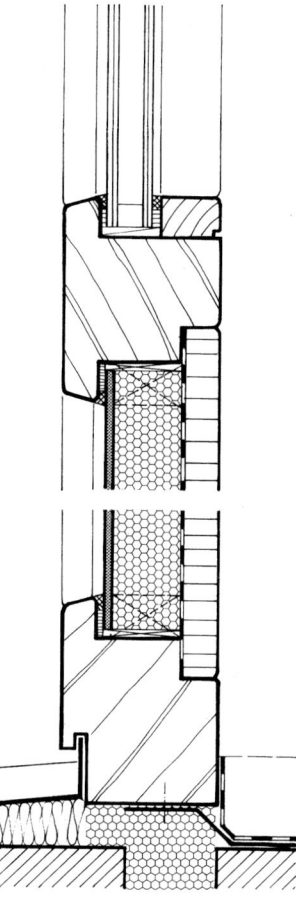

6.102a **6**.102b

6.102 Brüstungen mit nicht transparenten Ausfachungen
 a) Deckplatte innen aufgesetzt
 b) Deckplatte innen in Rahmen eingesetzt

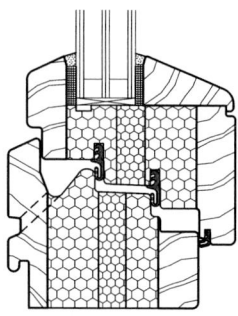
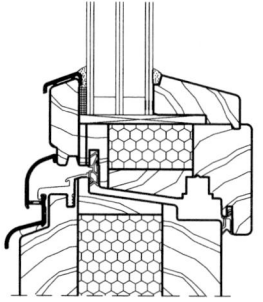
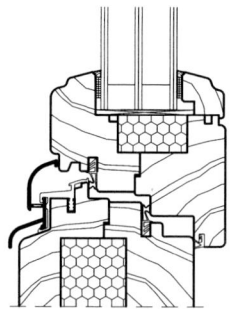

6.103 Fenster Niedrigenergie- und Passivhausstandard (Ultrapur S, Fa. Striegel, Bad Saulgau)

6.104 Passivhaus-zertifiziertes Holzfenster (Variotec SANDWICHELEMENTE GmbH & Co. KG)

6.105 Passivhausfenster (GOLD Plus /Gutmann)

6.6 Ausführungsarten und Konstruktionsbeispiele

von Fensterhölzern zunächst nicht direkt beeinflusst, aber immer zu Anstrichschäden führt [7].

Notwendige Schutzimprägnierungen werden am besten im Tauchverfahren aufgebracht. Sie müssen auf jeden Fall verträglich mit nachfolgenden lasierenden oder deckenden Beschichtungen sein.

Für die Oberflächenbehandlung der fertigen Fenster stehen filmbildende, deckende Beschichtungen oder lasierende, so genannte „offenporige" kombinierte Anstrich- und Holzschutzmittel gem. DIN EN 927 für maßhaltige Holzbauteile zur Verfügung.

Beschichtungssysteme. Von vielen Herstellern werden „Beschichtungssysteme"[1)] angeboten, bei denen die verschiedenen notwendigen Anstrichschichten besonders aufeinander abgestimmt sind.

In Anlehnung an DIN 18 363 (VOB Teil C, Maler- und Lackierarbeiten-Beschichtungen), an die Empfehlungen des ift Rosenheim, sowie des Arbeitsausschusses „Bautenbeschichtungen" im Normenausschuss Beschichtungsstoffe und Beschichtungen (NAB) ordnen die Hersteller gem. DIN EN 927-1 die Beschichtungssysteme ausgenommen Holzschutz in eigener Verantwortung hinsichtlich vorgesehener Verwendung (Maßhaltigkeit der Holzbauteile), Aussehen (Schichtdicke, Deckvermögen, Glanz) und Beanspruchungsbedingungen (Klimafaktoren, Beschaffenheit des Untergrundes, Konstruktionsfaktoren) ein.

Vor dem Einbau sollen Holzfenster eine durch Tauchen oder Spritzen aufgebrachte Grundierung und einen Zwischenanstrich von $\geq 30\,\mu m$ Schichtdicke erhalten. Dieser sollte jedoch nicht farblos sein, da sonst bis zur endgültigen Oberflächenbehandlung bereits eine Vergrauung eintreten kann, die vor dem Schlussanstrich abgeschliffen werden müsste.

Lasierende Anstriche müssen eine Trockenschichtdicke von mindestens $60\,\mu m$ bis $80\,\mu m$, deckende Anstriche eine solche von mindestens $100\,\mu m$ aufweisen.

Sonnenlicht, vor allem Strahlungen im UV-Bereich können an der Oberfläche von Holzfenstern zu einem Ligninabbau mit Verfärbungen und Oberflächenschäden führen. Helle lasierende Beschichtungen sind nur dann vertretbar, wenn diese in Abhängigkeit von der verwendeten Holzart ausreichend pigmentiert sind.

Farblose Lasuren bieten dem Holz keinen ausreichenden Schutz gegen UV-Strahlung und sind daher für Außenanstriche nicht zu verwenden. Besser sind mittlere Lasurtöne.

In der Regel werden heute Holzfenster fertig beschichtet eingebaut. Sie müssen deshalb sorgfältig gegen Verschmutzung insbesondere durch nachfolgende Putzer- und Malerarbeiten geschützt werden.

Während ihrer Nutzungsdauer sollten alle Fenster, insbesondere jedoch Holzfenster hinsichtlich ihrer Funktionsfähigkeit, vor allem aber ihrer Oberflächenbeschaffenheit regelmäßig inspiziert und gewartet, ggf. ausgebessert und nötigenfalls neu beschichtet werden.

Für die zu erwartenden Renovierungsintervalle gibt das VFF Merkblatt HO.01 [42] einen Überblick.

Bei der Ausführung von Renovierungsanstrichen **R** ist zu unterscheiden zwischen Überholungsanstrich **RÜ** und Erneuerungsanstrich **RE**. Bei Überholungsanstrich darf der Altanstrich nur geringe Anstrichschäden aufweisen und muss als Anstrichträger geeignet sein. Ist der alte Anstrich zerstört, müssen die Anstrichreste entfernt und

---

[1)] Die Auswahl des Beschichtungssystems muss nach der **ift**-Tabelle „Anstrichgruppen für Fenster und Außentüren" in Verbindung mit Merkblatt HO.03 „Anforderungen an Beschichtungssysteme von Holzfenstern und -haustüren" und HO.01 „Klassifizierung von Beschichtungen für Holzfenster, -haustüren und Fassaden" erfolgen. Eine manuelle Beschichtung muss in Anlehnung an das BFS-Merkblatt Nr. 18 „Beschichtungen auf Holz und Holzwerkstoffen im Außenbereich" und nach den Vorgaben der technischen Merkblätter der Beschichtungsmittelhersteller ausgeführt werden. Erfolgt die Auslieferung der Fenster im Sonderfall nur grundiert, dann müssen alle Holzteile vor ihrem Einbau zwischen- und endbeschichtet werden. Die Schichtdicke der fertigen Beschichtung muss den Vorgaben der Beschichtungsmittelhersteller entsprechen. Sie ist auf Anforderung nachzuweisen.

Nach DIN EN 460 ist bei den Resistenzklassen 1, 2 und 3 nach DIN EN 350-2 kein vorbeugender chemischer Holzschutz erforderlich. Für die Klassen 4 und 5 (z. B. Fichte, Kiefer-Splint, Hemlock) kann die Notwendigkeit eines vorbeugenden chemischen Holzschutzes gem. DIN EN 460 oder Merkblatt HO.06 bewertet werden. Auf einen vorbeugenden chemischen Holzschutz kann durch eine entsprechende Vereinbarung zwischen Auftraggeber und Auftragnehmer gemäß DIN 68 800-3, Anhang C verzichtet werden. Das für den vorbeugenden chemische Holzschutz eingesetzte Mittel muss ein geeignetes, auf den Verwendungszweck bezogenes, gültiges Prüfzeugnis besitzen; entweder das RAL-Gütezeichen Holzschutz, oder eine DIBt-Zulassung.

Die Holzschutzbehandlung hat, soweit es die Größe der Fensterelemente zulässt, im Tauch- oder Flutverfahren zu erfolgen. Das gilt auch für Leisten. Bei größeren Teilen ist das Beschichtungsverfahren einzusetzen.

eine tragfähige Holzoberfläche wiederhergestellt werden. Die Einschränkung bei Nadelholz und dunklem Anstrich ist zu beachten.

6.6.3 Holz-Aluminium-Fenster[1)]

In Holz-Aluminium-Fenstern ergänzen sich die guten Eigenschaften von Holz- und von Aluminiumfenstern. Der Werkstoff Holz hat sehr gute Eigenschaften hinsichtlich der Wärmedämmung, erfordert jedoch bei Fenstern eine ständige Überwachung und ggf. Erneuerung vor allem des äußeren Oberflächenschutzes.

Holz-Aluminium-Fenster stellen eine Kombination aus einer tragenden inneren Holzkonstruktion und einer äußeren wetterschützenden Außenschale aus Aluminium-Aufbauteilen dar.

Damit entfallen die Probleme der Anstrichunterhaltung von Holzfenstern weitestgehend.

Holz-Aluminium-Fenster werden besonders bei solchen Objekten verwendet, wo bei bestem Wärmeschutz eine pflege- und unterhaltungsarme Außenschale und innen der besonders im Wohnungsbau oft gewünschte Materialcharakter des Holzes bevorzugt wird.

Auch aus Holz-Aluminium-Systemen lassen sich alle Arten von ein- und mehrflügeligen Fenstern, Fensterkombinationen und geschosshohen Elementen (s. a. Abschn. 7) herstellen.

Bei der Ausführung sollten die Vorgaben der VFF-Richtlinien HM.01 und HM.02 „Richtlinie für Holz-Metall-Fensterkonstruktionen" beachtet werden. Die Güteanforderungen sind in RAL-GZ 695 „Fenster, Fassaden und Haustüren" geregelt.

Diese – im Jahre 2005 erstmals erschienenen – Güte- und Prüfbestimmungen sind unabhängig vom Rahmenmaterial. Sie ersetzen

- Gütesicherung Aluminiumfenster, RAL-RG 636/1, Ausgabe Mai 1988,
- Gütesicherung Holzfenster – Fertigung und Montage, RAL-GZ 424/ 1, Ausgabe Januar 1996,
- Gütesicherung Holz-Aluminiumfenster – Fertigung und Montage, RAL-GZ 424/2, Ausgabe Januar 2000,
- Gütesicherung Haustüren (Aluminium-, Holz- und Kunststoffhaustüren), Ausgabe Juli 1987,

---

[1)] Oberflächenbehandlung von Aluminiumprofilen s. Abschn. 6.6.4

- Gütesicherung Kunststoff-Fenster, RAL-RG 716/1 Teil III: Fensterfertigung, Ausgabe Februar 1985 (vormals RAL-RG 424/2).

Für Ausschreibungen sollten die zusätzlichen technischen Vertragsbedingungen des VFF-Verband Fenster + Fassade. [31] beachtet werden.

Die Güteanforderungen müssen denen von Holz- bzw. Aluminiumfenstern entsprechen, sowie der „Richtlinie für Anforderungen und Prüfung des Verbundes zwischen Aluminium- und Holzprofilen von Holz-Aluminium-Fenstern RAL-RG 424/2". Für Ausschreibungen sollten die zusätzlichen technischen Vertragsbedingungen des VFF-Verband Fenster und Fassade e.V. [32] beachtet werden.

Die Aluminiumprofile müssen auf der Holzkonstruktion so aufliegen, dass eine Hinterlüftung (mindestens 7 mm Luftzwischenraum) möglich ist. Damit sich unter Temperatureinfluss die Aluminiumteile gegenüber den Holzteilen frei bewegen können, sind verschiebbare Laschenverbindungen zwischen beiden Bauteilen erforderlich (Bild **6**.106).

Es sind verschiedene Konstruktionsarten möglich. So können die äußeren Aluminiumschalen auf Holzprofile nach DIN 68 121 aufgesetzt werden (nach Austausch der Wetterschutzschienen auch nachträglich auf bereits eingebaute Fenster (Bild **6**.107)).

Bei den meisten Systemen werden die Holzprofile jeweils speziell auf das Aluminium-System abgestimmt. Die Aluminiumprofile bilden die äußere Glasfalzebene und werden mit Anschlagdichtungen kombiniert (Bild **6**.108). Wegen der auftretenden temperaturbedingten Längenänderungen zwischen Holz- und Aluminiumprofilen werden in diesen Konstruktionen die Glasscheiben mit Dichtungsprofilen eingebaut. Auf der Innenseite sind Verglasungen mit oder ohne Glasleiste (Bild **6**.107 und **6**.108) möglich.

Die Wärmedämmeigenschaften von Holz-Aluminiumkonstruktionen können verbessert werden durch Verwendung von ausgeschäumten Aluminium-Profilen (Bild **6**.107 und **6**.108).

Außer den in den voranstehenden Beispielen gezeigten Konstruktionen mit flächenversetzten Blend- bzw. Flügelrahmenprofilen sind auch Holzaluminium-Fenster in flächenbündiger Ausführung möglich (Bild **6**.111).

Schließlich können auch Aluminiumfensterflügel mit Blendrahmen aus Massivholz kombiniert werden. Für völlig neuartige Konstruktionsprinzipien kann das in Bild **6**.112 gezeigte Fenstersys-

6.6 Ausführungsarten und Konstruktionsbeispiele

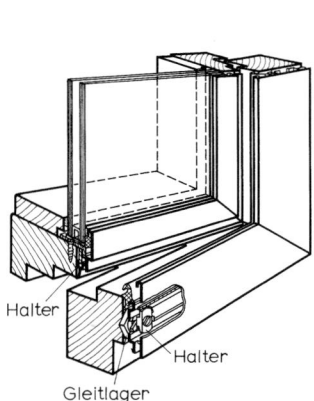

6.106 Holz-Aluminium-Fenster, Befestigung der Aluminium-Außenschalen

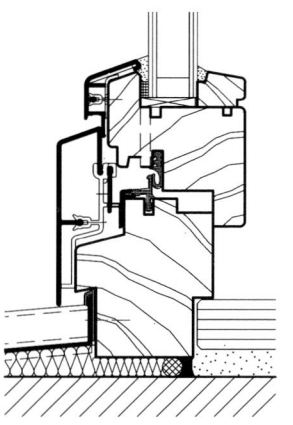

6.107 Holz-Aluminium-Fenster unter Verwendung von Holzprofilen nach DIN 68 121 (BUG Holz Plus®)

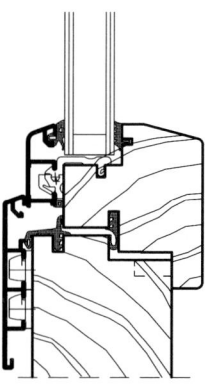

6.108 Holz-Aluminium-Fenster mit speziellen Holzprofilen, äußere Glasleiste aus Aluminium (aluvogt®)

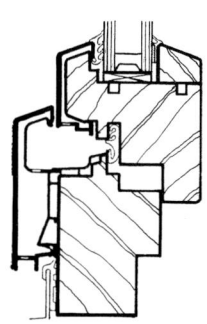

6.109 Holz-Aluminium-Fenster mit speziellen Holzprofilen, Glasleisten innen (Gutmann 4000®)

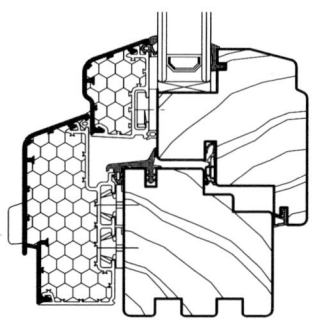

6.110 Holz-Aluminium-Fenster mit ausgeschäumten äußeren Aluminiumprofilen (Gutmann Mira Therm®)

tem als Beispiel gelten. Die Fenster haben eine Außenansicht, in der lediglich der Aluminium-Fensterflügel sichtbar ist. Relativ einfach gestaltete Holzprofile sind im Regelfall für alle Blendrahmen-Seiten einsetzbar. Diese verdecken den außen liegenden Flügelrahmen, so dass eine gestalterisch sehr klare Formensprache gegeben ist.

Konsequenz dieses Konstruktionsprinzips ist, dass die Fensterflügel nur nach außen aufschlagen können. Spezialbeschläge ermöglichen vielfache Öffnungsarte (Wende-, Senkklapp-, Schiebe-Drehfenster usw.), die Lüftungs- und Reinigungsmöglichkeiten gewährleisten.

6.6.4 Aluminium-Fenster

Allgemeines

Als Baustoff für Fenster und Fassaden hat Aluminium als dauerhafte und hoch belastbare Fensterrahmenkonstruktion eine außerordentliche Bedeutung gewonnen. Aluminiumkonstruktionen zeichnen sich aus durch

- hochwertige Oberflächen bei vielfältiger Möglichkeit der Oberflächenbehandlung,
- Anspruchslosigkeit in Unterhaltung und Pflege bei sehr hoher Lebensdauer,

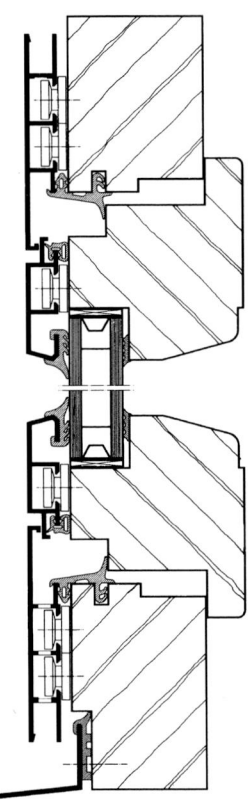 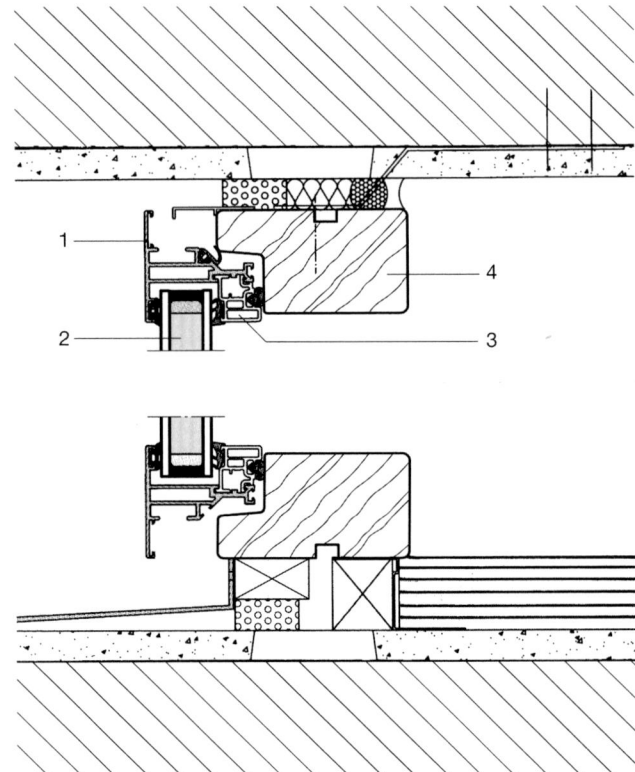

6.111 Holz-Aluminium-Fenster, außen flächenbündig (Gutmann)

6.112 Aluminium-Holz-Kombinationssystem (Velfac®)
1 Aluminium-Profil
2 Isolierverglasung mit „warmer Kante" (Glasabstandhalter mit reduzierter Wärmeleitung)
3 Kunststoff-Glashalteprofil mit Anschlagdichtung
4 Inneres Rahmenprofil (Kiefernholz)

- große Herstellungsgenauigkeit der Profile und damit verbunden sehr geringe Toleranzen sorgfältig gefertigter Konstruktionen (z. B. hohe Fugendichtigkeit),
- gute Reinigbarkeit (gut desinfizierbar)
- gute Bearbeitbarkeit,
- geringes Gewicht.

Aus diesen Eigenschaften ergibt sich die große Wirtschaftlichkeit von Aluminiumkonstruktionen insbesondere im Objektbau, obwohl die Investitionskosten gegenüber Fenstern gleicher Größe aus anderen Materialien zunächst höher liegen.

Allerdings ist Aluminium hinsichtlich des Primärenergieinhaltes[1] (PEI) ein Baustoff mit den höchs-

---

[1] Der Primärenergieinhalt [MJ/kg bzw. kWh/m³] eines Baustoffes gibt an, wie viel Energie für die Bereitstellung von Prozesswärme und/oder elektrischem Strom für die Rohstoffgewinnung sowie Herstellung des Baustoffes benötigt wurde und bezieht den eigenen Heizwert der Rohstoffe mit ein. Der Primärenergieinhalt (PEI) bezieht sich auf alle Vor- und Herstellungsprozesse bis zum lieferfertigen Produkt. Als Energiegehalte werden nur nicht erneuerbare Energien berücksichtigt, erneuerbare Energieinhalte (Holz, Wasser, Sonne) bleiben unberücksichtigt. Je kleiner der PEI-Wert desto günstiger seine ökologische Bewertung. Je nach Möglichkeit der Recycelbarkeit von Aluminiumprodukten schwankt der PEI–Wert für Aluminium zwischen 230 MJ/kg (nicht recycelbar) bis 23 MJ/kg (100% recycelbar). (zum Vergleich z. B.: Stahl 36–100 MJ/kg je nach Legierung, EPS/XPS/PUR um die 100 MJ/kg, Glas ca. 15 MJ/kg, Zementmörtel 0,8 MJ/kg)

6.6 Ausführungsarten und Konstruktionsbeispiele

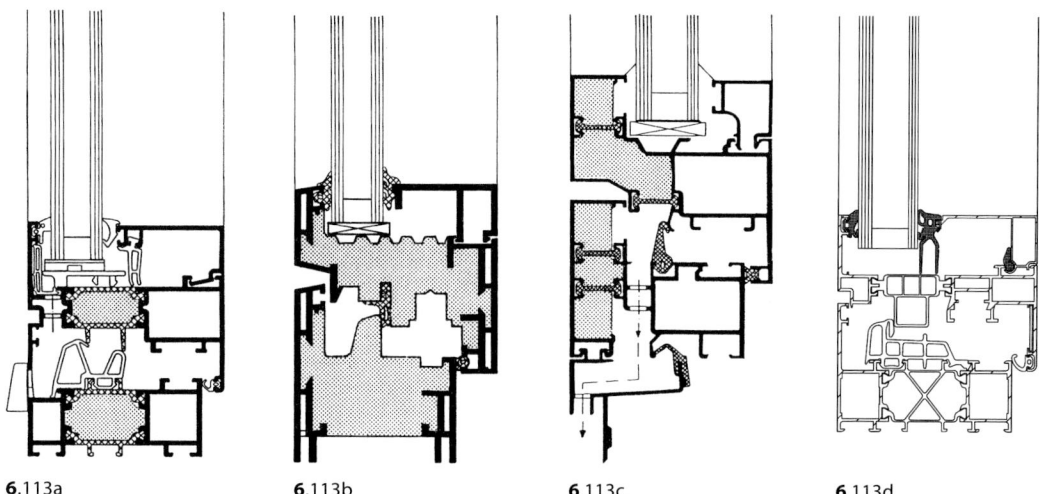

6.113a **6.**113b **6.**113c **6.**113d

6.113 Wärmegedämmte Aluminiumprofile (Darstellungen nach Hersteller-Unterlagen)
- a) thermische Trennung durch Kunststoffstege mit Schaumstoff (Brökelmann Conform RG®)
- b) thermische Trennung durch Kunststoffkern (RP-ISO-PURAL®-Sandwichprofil)
- c) Verbundkonstruktion: Außenprofile mit Schaumstoffeinlagen (FWB, Serie WG 80 und WG200)
- d) thermische Entkoppelung durch filigrane Trennprofile (WICONA WICLINE 77®)

ten Werten überhaupt, sofern nicht die 100% Recyclebarkeit sichergestellt ist.

Im Allgemeinen werden Aluminiumfenster aus Halbzeugen hergestellt, die von verschiedenen Herstellern – sogenannten Systemgebern – als Profilsysteme, teilweise ergänzt durch passendes Zubehör wie Bänder, Beschläge, Dichtungen, Rollladenführungen usw. angeboten werden. Der Fensterhersteller wird anhand von speziellen Profilisten, Kombinationsvorschlägen, Statik- und Bemessungstabellen sowie von entsprechenden Bauanleitungen in die Lage versetzt, Fenster für den speziellen Bedarfsfall zusammenzubauen.

Die für die Fenster verwendeten Strangpressprofile werden überwiegend aus der Legierung AlMgSiO, 5F22 (DIN EN 573, DIN 1706 und DIN 755) hergestellt. Für die technischen Lieferbedingungen gilt DIN EN 12 020-1 und 2. In DIN EN 1999-1-1 sind Festigkeitswerte und zulässige Belastungen festgelegt.

Die Anforderungen an den Wärmeschutz (s. Abschn. 6.2.3) können von Aluminiumfenstern nur bei mehrschaligem Profilaufbau erfüllt werden.

Thermische Entkoppelung. Profilsysteme für Aluminiumfenster werden fast ausschließlich als Aluminium-Kunststoff-Verbundprofile hergestellt. Die innere und äußere Schale wird durch Kunststoffstege oder Hartschaumkerne (Kunststoffvergussmassen) thermisch getrennt („entkoppelt"). Weiterentwicklungen zielen besonders auf die Verbesserung der Wärmedämmeigenschaften und führen zu inzwischen sehr aufwändiger Mehrkammer-Gestaltung der Aluminiumprofile sowie zu äußerst filigraner Ausführung der thermisch trennenden Kunststoffstege (Bild **6**.113). Die Kunststoffe, die hier zum Einsatz kommen, sind in der Hauptsache faserverstärktes Polyamid, Polyurethan und PVC. Es existieren auch Ansätze, bei denen die thermische Trennung mit fachwerkartigen Edelstahl-Stegen hergestellt wird.

Metallprofile mit thermischer Trennung werden nach DIN EN 14 024 geprüft und beurteilt.

Mit dem so hergestellten Abstand von metallischer Innenschale und Außenschale werden die wärmeschutztechnischen Eigenschaften verbessert, zugleich erhöhen sich allerdings die mechanischen Beanspruchungen (Schubbeanspruchungen) für das Profil. Diese mechanischen Beanspruchungen ergeben sich sowohl aus äußeren Einwirkungen (wie beispielsweise Wind) als auch aus dem Anstieg der Temperaturdifferenz zwischen Innen und Außen aufgrund einer Verbesserung des Wärmeschutzes.

Für nichttransparente Füllungen (Paneele) gelten die gleichen Anforderungen wie an die Fenster.

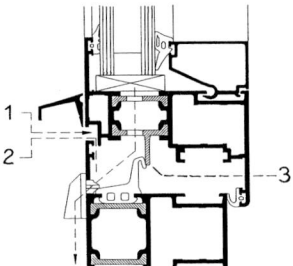

6.114 Beanspruchungs- bzw. Dichtungsebenen bei Aluminiumfensterprofilen
1 Ebene der Regensperren
2 Druckausgleichsebene
3 Windsperr-Ebene

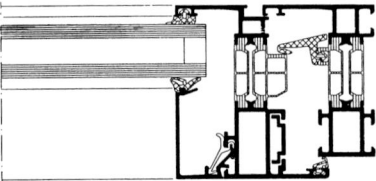

6.115a

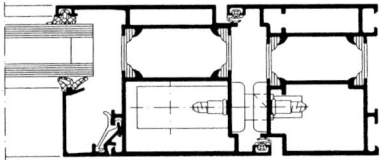

6.115b

6.115 Aluminiumfenster in flächenbündiger Ausführung SCHÜCO Royal S 70
a) Fensterflügel innen „aufschlagend", außen flächenbündig
b) Türflügel, flächenbündig

Auch bei Aluminiumfenstern müssen die Profilsysteme eine Trennung von Wind- und Regensperre (s. Abschn. 6.3.1) ermöglichen. Die Falze müssen den in Abschn. 6.4.3 genannten Anforderungen entsprechen. Die Lage der verschiedenen Beanspruchungs- bzw. Dichtungsebenen bei Aluminiumfensterprofilen ist in Bild **6**.114 erläutert.

Dichtungen werden als Mitteldichtungen und Aufschlagdichtungen in verschiedenen Kombinationen je nach Profilsystem und Anforderungen an die Fenster verwendet. Bei integrierten Flügeln bilden das Verglasungsprofil gleichzeitig Mittel- bzw. Anschlagdichtung.

Mitteldichtungen werden in den Blend- oder Flügelrahmen allseitig in einer Ebene umlaufend eingebaut und liegen dabei außerhalb der Witterungszone. In den Rahmenecken werden die Dichtungsprofile verklebt bzw. verschweißt.

Formal werden unterschieden flächenbündige, flächenversetzte und „integrierte" (Block-) Konstruktionen (vgl. Bild **6**.87).

Wegen der mit Aluminiumprofilen möglichen sehr feingliedrigen Falzanschläge ergibt sich keine technische Notwendigkeit, eines Flächenversatzes zwischen Blend- und Flügelrahmen. Fast alle gängigen Fenstersysteme haben deshalb außen eine nahezu vollständig bündige Lage der Flügel.

Auf der Innenseite werden die Flügelrahmen in der Regel „aufschlagend" ausgeführt. Durch entsprechende Rahmen-Rücksprünge ist auch eine flächenbündige Ausführung problemlos machbar.

Zwangsläufig ergeben sich jedoch breitere Rahmen-Ansichtsflächen (Bild **6**.115).

Aus formalen Gründen sind deshalb Systeme mit außen deutlich flächenversetzten Rahmen auf dem Markt (Bild **6**.116).

Der gestalterische Wunsch nach möglichst schmalen Ansichtsflächen (vor allem im Zusammenhang mit Fassadensystemen (s. Abschn. 6 sowie 9.4 in Teil 1 dieses Werkes) führte zur Entwicklung der Blockrahmen-Konstruktionen in verschiedenen Bauarten. Bei ihnen ist der Außenanschlag des Blendrahmens so breit, dass der Flügelrahmen vollständig dahinter angeordnet werden kann. Die Glasdichtung kann dabei zugleich die äußere Anschlagdichtung bilden. Bei einigen Konstruktionen wird durch Verwendung von Stufenglas der Fensterflügel vollständig verdeckt. Diese Konstruktionsart bringt auch erheb-

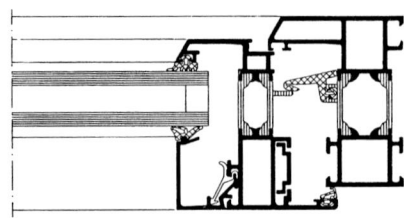

6.116 Aluminiumfenster in flächenversetzter Ausführung SCHÜCO Royal S 65 AK

6.6 Ausführungsarten und Konstruktionsbeispiele

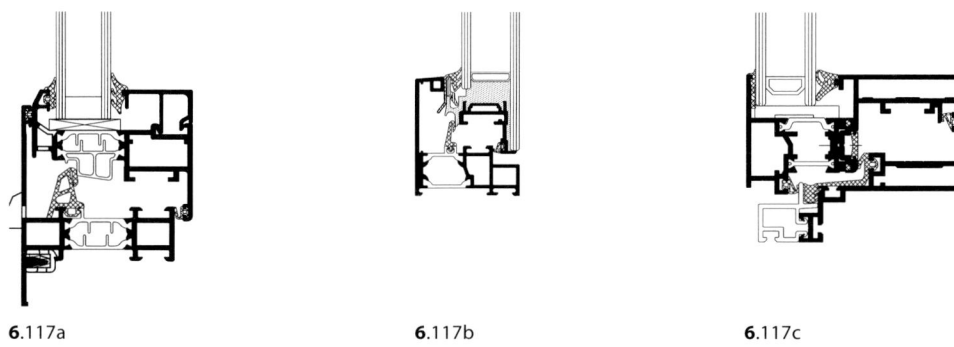

6.117a   **6**.117b   **6**.117c

6.117 Aluminiumfenster mit Blockfügeln
     a) Blockrahmen in Aluminiumausführung (ALCOA AA 610)
     b) Blockkonstruktion in „Ganzglasausführung" unter Verwendung von Stufenglas (SCHÜCO S 70SG)
     c) Blockkonstruktion für Senkklapp-Fenster (nach außen öffnend)
        unter Verwendung von Standard-Isolierglas (RAICOWING SK 50 R)

liche Vorteile im Hinblick auf die Wärmedämmeigenschaften (U_f-Werte) der Fenster (Bild **6**.117).

Bauwerksanschlüsse sind nach den in Abschn. 6.3.4 erläuterten Grundsätzen auszuführen.

Dabei muss die im Vergleich zu Fenstern aus Holz oder Stahl größere Längenänderung infolge von Temperatureinflüssen beachtet werden. Es sind ausreichend bemessene Bewegungsfugen nicht nur zwischen Aluminiumkonstruktion und Bauwerk sowie innerhalb von größeren Fenster- und Fassadenelementen einzuplanen. Die Verankerungen müssen den Längenänderungen der Fensterkonstruktion folgen können (s. Abschn. 6.3.3).

Alle Stahlteile von Unterkonstruktionen, Einbauzargen, Befestigungsmitteln sind zu verzinken. Nur Teile, die nach dem Einbau zugänglich bleiben, dürfen auf andere Weise gegen Korrosion geschützt werden.

Die Gütebestimmungen finden sich in der aktuellen Ausgabe der RAL-GZ 695 „Fenster, Fassaden und Haustüren" (vormals RAL-RG 636/1)".

Konstruktion

Mit fast allen Bausystemen für Aluminiumfenster lassen sich die in Abschn. 6.1 beschriebenen Fensterbauarten herstellen sowie Sonderkonstruktionen wie Schallschutzfenster (Bilder **6**.120 und **6**.121) und einbruchhemmende Fenster (s. Abschn. 6.9).

Schaufenster. Auch *Schaufenster* werden heute fast durchweg mit Standardprofilen hergestellt, wie sie auch für übliche fest verglaste Fensterflächen verwendet werden. Zur Erleichterung des Einbaus großer Scheiben liegen die Falze mit den Glashalteleisten hier jedoch in der Regel auf der Außenseite.

Beim *Zusammenbau* der Fenster werden die Profile zunächst in der notwendigen Länge zugeschnitten, die notwendigen Aussparungen für Beschläge, Griffe, Verbindungsteile, Entwässerung usw. durch Fräsen, Stanzen oder Bohren hergestellt und alle Teile sorgfältig entgratet und gereinigt.

Die Eckverbindungen der Blend- und Flügelrahmen werden auf verschiedene Weise mechanisch hergestellt oder stumpf geschweißt.

Eckverbindungen[1]. Bei mechanischer Eckverbindung werden Spezialeckwinkel aus Aluguss (ggf. mit Justierungsvorkehrungen) in die Hohlprofile der Rahmen eingeschoben und dort eingestanzt bzw. eingepresst oder durch verdeckt angeordnete Schrauben, Bolzen oder Keilstifte fixiert. Zusätzlich werden derartige Eckverbindungen fast immer mit kalt aushärtenden Zweikomponenten-Metallklebern geklebt und gleichzeitig abgedichtet. Mittels spezieller Spritzpistolen kann der Kleber präzise dosiert und über definierte Kanäle sowohl an die Innenflächen der Eckwinkel als auch an die Gehrungsstöße der

---

[1] Am Gehrungsstoß der Metallprofile wird mit PU-Klebstoffen eine Abdichtung der Fuge erreicht. Bei T-Verbindungen an Pfosten und Riegel werden neben spritzbaren Dichtstoffen an den mechanischen Verbindern auch Dichtungsformteile aus Schaumstoffen oder Elastomeren eingesetzt.

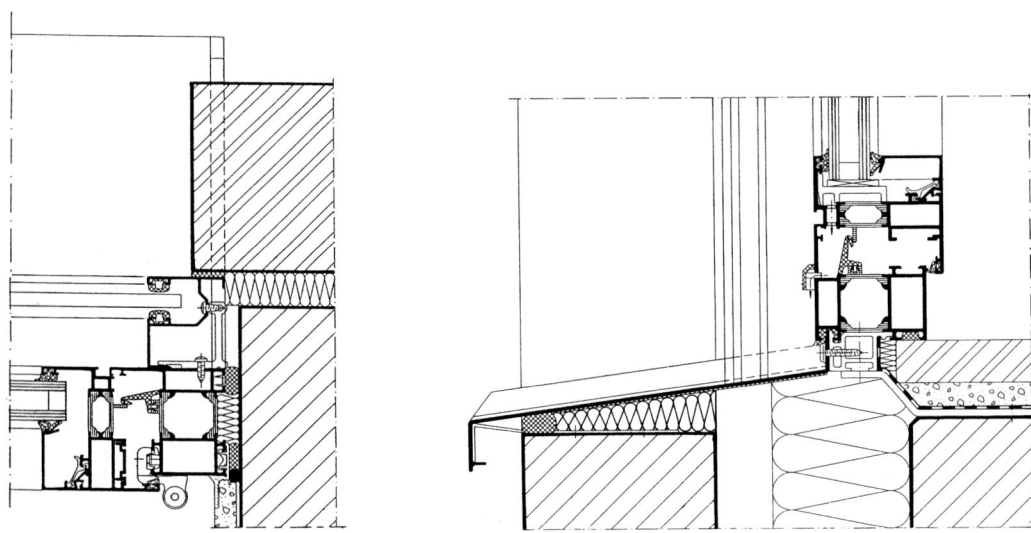

6.118 Aluminiumfenster SCHÜCO Royal S 65®, Profilserie geeignet u. a. für Dreh-, Drehkipp-, Schwing- und Wendeflügelfenster und für Fenstertüren

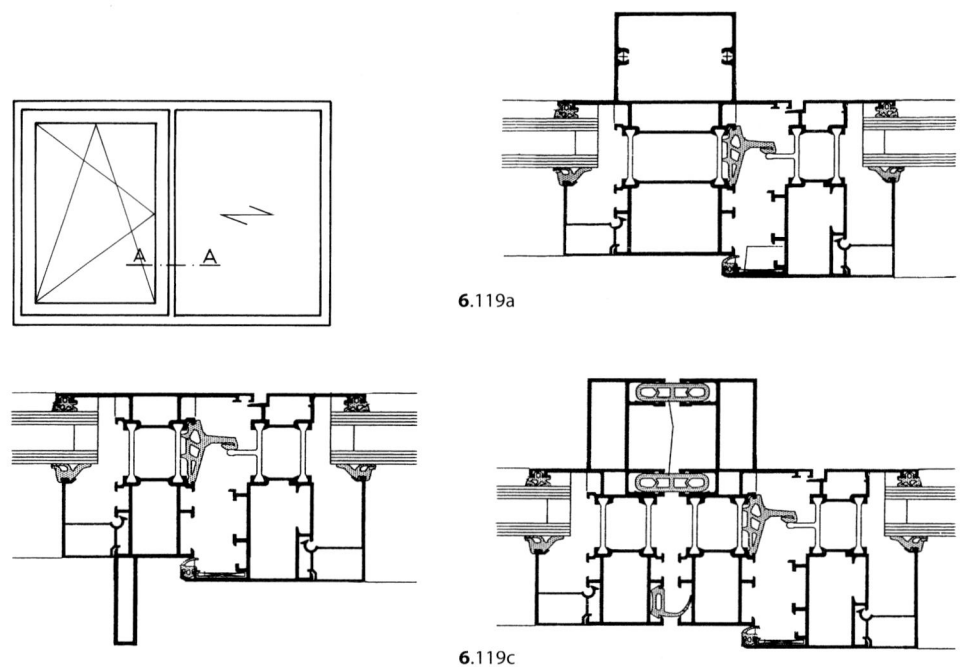

6.119b **6**.119c

6.119 Aluminiumprofile für großformatige Fenster oder Fenstertüren (WICONA wicline 70®)
  a) mit Verstärkung nach außen
  b) mit Verstärkung nach innen
  c) geteilt mit Dehnfuge

6.6 Ausführungsarten und Konstruktionsbeispiele

Aluminiumprofile gebracht werden. Dadurch kann der Reinigungsaufwand an Profilen minimiert werden, die bereits eine fertige Oberflächenbehandlung aufweisen.

Eckverbindungen durch Abbrenn-Stumpfschweißung werden für nicht vorbehandelte Profile angewendet. Nach dem Entfernen der Schweißgrate und mechanischer Nacharbeit erfolgt die Oberflächenbehandlung in besonderen Arbeitsgängen.

Aus der großen Fülle von Profilsystemen der zahlreichen Hersteller und der Vielfalt von Konstruktionsarten sind ohne jeden Anspruch auf Vollständigkeit nachfolgend einige Beispiele dargestellt.

In Bild **6**.118 ist eine typische Aluminiumfenster- bzw. Fenstertürkonstruktion für normal große Flügelabmessungen gezeigt.

Große Flügel- oder Scheibenabmessungen können je nach gestalterischen Absichten innen oder außen liegende Verstärkungen (Bild **6**.119a und b) und besonders bei langen Fensterbändern auch Trenn- bzw. Dehnungsfugen erfordern (Bild **6**.119c).

Für *Fenster mit besonders guten Schalldämmeigenschaften* stehen Konstruktionen zur Verfügung, die in der Regel mit Spezialverglasungen oder Verglasungskombinationen ausgeführt werden (s. Abschn. 6.4.1). Sie können ausgeführt werden als Verbundfenster mit innerer Isolierverglasung und Einfachverglasung außen sowie mit mehrfachen Dichtungsanschlägen (Bild **6**.120).

Wesentlich höhere Schallschutzwerte lassen sich erzielen mit Konstruktionen, die mit dem alten Bauprinzip der Kastenfenstern (Bild **6**.4) verglichen werden können (Bild **6**.121).

In diesem Zusammenhang muss nochmals darauf hingewiesen werden, dass für die Wirksamkeit von Schallschutzfenstern der richtige Einbau in die Rohbauöffnung von entscheidender Bedeutung ist (s. Abschn. 6.2.6).

In Bild **6**.126 ist ein Schnitt durch den seitlichen Blendrahmen eines Schiebe- bzw. Hebeschiebetürenelementes dargestellt.

Fingerschutz. Insbesondere bei Fenstertüren bilden beim Schließen von schweren Flügeln die

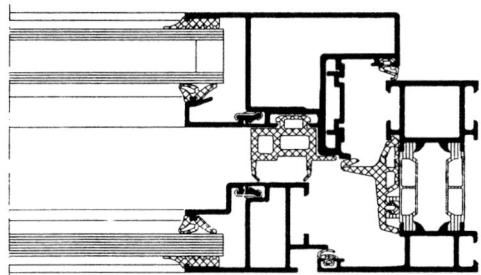

6.120
Schallschutz-Verbundfenster, SCHÜCO Royal S 70®

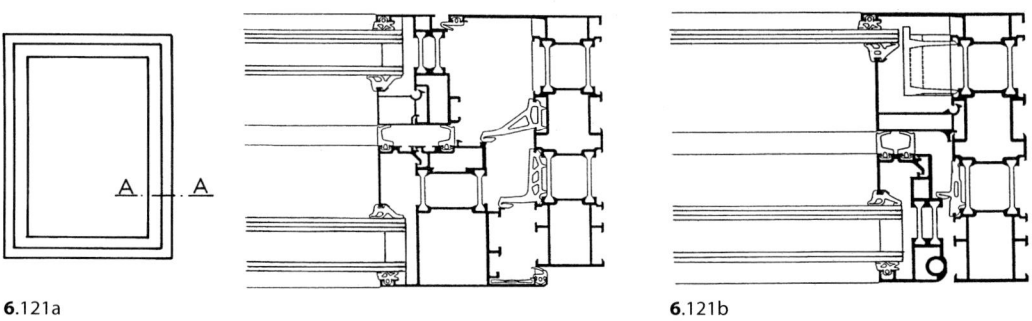

6.121a   6.121b

6.121 Aluminium-Verbundfenster mit Blendrahmen-Bautiefe 125 mm (WICONA wicline 125)
  a) beide Flügel öffenbar und mit Schallschutzverglasung
  b) äußere Verglasung feststehend, innerer Flügel zur Reinigung öffenbar

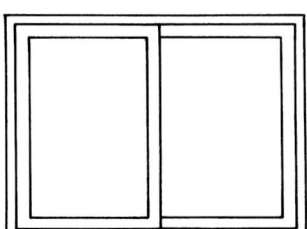 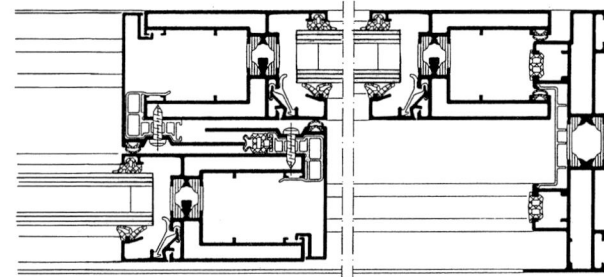

6.122 Schiebe- bzw. Hebeschiebetür mit Blendrahmen-Bautiefe 120 mm (SCHÜCO royal S 120®)

recht scharfen Profilkanten eine Gefahrenquelle. Für den Einsatz z. B. in Kindergärten gibt es deshalb Spezialprofile, bei denen breite Anschläge aus Kunststofflippen die Verletzungsgefahr erheblich vermindern (Bild **6**.123).

Als Sicherung gegen Quetschgefahren können vor allem bei schweren Fensterfügeln elektrischen Schließantrieben auch Miniaturschaltleisten in Frage kommen. Diese bestehen aus Kontaktleisten, die in Dichtungsprofile integriert sind und nötigenfalls eine Sofortabschaltung auslösen.

Oberflächenbehandlung

Als Oberflächenschutz und Gestaltungsmittel von Aluminiumprofilen kommen Eloxalbehandlung (Anodische Oxydation) und Farbbeschichtungen in Frage.

Eloxierung

Die Oberflächen der im Strangpressverfahren hergestellten Rohrprofile werden zunächst durch mechanische Bearbeitung (Schleifen, Bürsten, Polieren u. a.) in Verbindung mit chemischen Verfahren (Reinigen, Entfetten, Beizen) oder allein durch chemische Verfahren (Beizen, Anodisation u. A.) vorbehandelt.

Das spätere Aussehen der fertig behandelten Profile ist abhängig durch die Art der gewählten Vorbehandlung nach DIN 17 611:

E0 ohne oberflächenabtragende Vorbehandlung
E1 geschliffen
E2 gebürstet
E3 poliert
E4 geschliffen und gebürstet
E5 geschliffen und poliert
E6 chemisch behandelt in Spezialbeizen.

Die Oxydschichten werden bei farblosen Eloxierungen mit dem GS-/GSX- Verfahren erzeugt (Gleichstrom – Schwefelsäure bzw. Gleichstrom – Schwefelsäure – Oxalsäure als Elektrolyt). Für elektrolytische Einfärbungen wird die GS-/GSX – Anodisation angewendet.

Die erzielbaren Farbtöne werden nach den Richtlinien des Eloxalverbandes bezeichnet mit

EV1 Naturfarben
EV2 Neusilber
EV3 Gold
EV4 Hellbronze
EV5 Dunkelbronze
EV6 Schwarz.

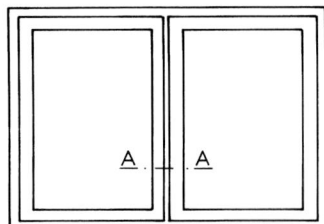 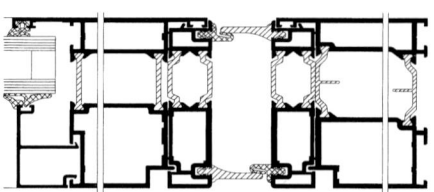

6.123 Aluminiumtürenprofile mit Fingerschutz (Hueck SYSTHERM® 72 E)

6.6 Ausführungsarten und Konstruktionsbeispiele

Nach EURAS/EWAA[1] gelten u. A. die Bezeichnungen

C-0   Naturton
C-31 Leicht Bronze
C-32 Hellbronze
C-33 Mittelbronze
C-34 Dunkelbronze
C-35 Schwarz.

In allen Fällen beträgt die Mindest-Schichtdicke 20 µm.

Für die Beurteilung des Oberflächenaussehens sind in DIN 17 611 besondere Regeln enthalten. Es sollten jedoch vor der Ausführung anhand von Mustern alle Qualitätsanforderungen festgelegt werden. Auch der VFF Verband Fenster + Fassade veröffentlicht hierzu Merkblätter:

- AL.02: „Visuelle Beurteilung von organisch beschichteten (lackierten) Oberflächen auf Aluminium"
- AL.03: „Visuelle Beurteilung von anodisch oxidierten (eloxierten) Oberflächen auf Aluminium"

Eloxierte Aluminiumflächen sind sehr empfindlich gegen mechanische Beschädigungen, insbesondere aber gegen die Einwirkung von Kalk- oder Zementmörtel, Farben und verschiedene am Bau verwendete Lösungsmittel. Die Profile müssen daher – am besten durch selbstklebende Kunststoff-Folien – sorgfältig geschützt werden.

Ebenso wichtig ist der Schutz von Schnittkanten, um gegen Filiformkorrosion[2] zu schützen. Diese Filiformkorrosion kann durch solhaltiges Klima in Küstennähe, aber auch durch Streusalz hervorgerufen werden. Informationen hierzu bietet das VFF-Merkblatt AL.01 „Filiformkorrosion – Vermeidung bei beschichteten Aluminium-Bauteilen"

Farbbeschichtungen

Während bei Eloxierung nur wenige Farbtöne erzielt werden können, sind durch Beschichtungen mit Kunststoffen alle gewünschten Farbgebungen möglich. Farbbeschichtungen sind unempfindlich gegen Verschmutzungen durch Kalk und Zement und weitgehend korrosionsbeständig. Man unterscheidet lösungsmittelfreie Beschichtungen („Pulverbeschichtung") und Farbauftrag durch lösungsmittelhaltige Lackierungen („Nasslackierung"). Vor der Beschichtung werden die Rohprofile nach DIN EN 12 206-1 und nach RALRG 631 (Stückbeschichtung von Bauteilen aus Aluminium 12.2005) ähnlich wie bei der Eloxierung vorbehandelt.

Nassbeschichtungen werden mit Zweikomponentensystemen (Lack + Härter) mit Polyurethanlacken (auch als DD- oder PUR-Lack bezeichnet) durch ein- oder zweimaligen Spritzauftrag ausgeführt. Die Schichtdicke beträgt 50 bis 80 µm. Derartige Beschichtungen können mit hoher Farbgenauigkeit ausgebessert werden.

Pulverbeschichtungen (EPS) entstehen durch Farbauftrag in elektronischem Spritzverfahren von Polyester- oder Polyurethanharzen, die anschließend bei Temperaturen von 160 bis 200 °C verschmolzen und ausgehärtet werden. Die Schichtdicke beträgt mindestens 60 µm.

Farbvereinbarungen sind anhand der RAL-Farbkarte oder des Farbregisters RAL 840 HR zu treffen.

Für die Ausführung sind Richtlinien von der GBS International – Gütegemeinschaft für die Stückbeschichtung von Bauteilen (www.gsb-international.de) aufgestellt.

6.6.5 Stahlfenster[3]

Für besondere gestalterische Anforderungen z. B. in der Denkmalpflege und im Industriebau können auch Stahlfenster aus T- oder L-Stahl oder aus warm gewalzten Sonderprofilen eingesetzt werden. Die früher verbreiteten einfachen, thermisch nicht getrennten Halbzeugprofile kommen nur für untergeordnete Räume in Frage und wo auf Wärmeschutz verzichtet werden kann.

Für Fenster- und Türkonstruktionen mit Anforderungen an den Wärmeschutz können hochwertige Profilrohrsysteme aus Edelstahl oder Stahl-

---

[1] EURAS – Europäischen Vereinigung der Anodiseure; EWAA – Europäischen Vereinigung der Aluminiumhalbzeugwerke

[2] Filiformkorrosion (auch Filigran-, Wurmfraß- oder Schneckenspurkorrosion) wurde zuerst von C. F. Sharman auf beschichteten Stahloberflächen beschrieben und bezeichnet eine fadenförmige Korrosionserscheinung, die als spezielle Form der anodischen Unterwanderung vor allem unter organischen Beschichtungen von Aluminium sowie niedrig legierten Stählen auftritt.

[3] Bei Stahlprofilen wird in der Regel SN 235JRG2 eingesetzt. Diese sind je nach nationaler Anforderung blank, sendzimir oder galvanisch verzinkt. Edelstahlqualitäten sind in der Hauptsache 1.4301 und 1.4401, wobei für besondere Einsatzgebiete (z. B. Tunnel) auch andere Legierungen Anwendung finden.

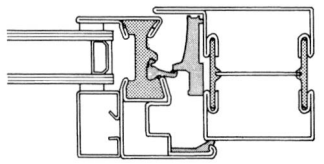 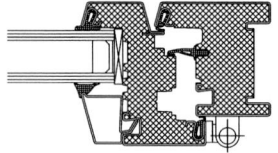 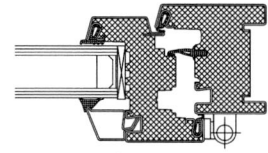

6.124a **6.124b**

6.124 Fenster aus Edelstahl-Rohrprofilen
  a) Profilserie mit thermischer Stegtrennung (SCHÜCO)
  b) Profilserie mit Schaumstoffkernen in flächenversetzter und flächenbündiger Ausführung (RP – ISO-Garant®)

blech mit thermischer Trennung verwendet werden.

Die gezeigten Beispiele mit thermischer Trennung durch Schaumstoffkerne gewährleisten bei normal vorkommenden Temperaturverhältnissen Schutz vor Kondensatbildung (Bild **6**.124).

Profilrohre aus normalem Stahlblech werden durch Stumpfschweißung zusammengefügt. Profile mit Schaumstoffkern aus dem in Bild **6**.124b gezeigten Stahlfenstersystem werden mit Hilfe von Eckverbindern stumpf verklebt.

Als Oberflächenbehandlung kommt Nass- oder Pulverbeschichtung (s. Abschn. 6.6.4) in Frage. Edelstahlprofile werden vielfach auch naturblank verwendet, gebürstet oder geschliffen.

6.6.6 Kunststoff-Fenster

Allgemeines

Nach langjähriger Weiterentwicklung der Ausgangsstoffe und Verarbeitungstechnik haben Kunststoff-Fenster als preiswerte Ausführungsvariante einen sehr großen Marktanteil erreicht.

Als Rahmenmaterial[1] dient nahezu ausschließlich schlagzähes PVC (Polyvinylchlorid). Die dafür notwendigen Rohstoffe sind Ethylen aus Erdöl oder Erdgas und Chlor, das aus Steinsalz gewonnen wird.

---

[1] Ein weiterer Werkstoff für Kunststofffensterprofile ist Polyurethan, welche als integralgeschäumte Profile auf dem Markt sind. Integralschäume besitzen in der Randzone eine höhere Dichte als im Kern. Zur Charakterisierung dieser Schäume dienen Rohdichte, E-Modul und Schlagzähigkeit. Der in Profilen verwendete PUR-Integralschaumstoff muss eine Rohdichte größer als 0,4 g/cm³ besitzen. Polyurethan-Profile müssen aus statischen Gründen mit Verstärkungen aus Aluminium bzw. oder Stahl versehen werden. Bei Polyurethan-Profilen kann die unbehandelte Oberfläche wie bei PVC-Profilen mit PMMA-Folien oder Lacken beschichtet werden.

Bedingt durch den im Verhältnis zu anderen Rahmenwerkstoffen relativ niedrigen Elastizitätsmodul und durch das thermoelastische Verhalten des Materials ist vielfach eine zusätzliche Aussteifung nötig. Dazu werden i. d. R. Stahlprofile in die Kammern gesteckt. Auch faserverstärkte Kunststoffe kommen im Profil oder als zusätzliche Verstärkung zum Einsatz.

Der größte Teil der PVC-Kunststofffenster wird im weißen Farbton hergestellt. Für die *farbige Gestaltung der Oberfläche* kommen folierte, lackierte und mit PMMA (Polymethylmethacrylat) coextrudierte Profile zum Einsatz. Durch die Farbgebung kommt es zu einer höheren Erwärmung bei Sonneneinstrahlung und es ist mit der beschleunigten Veränderung der mechanischen Eigenschaften und einem höheren Schrumpf auf der Warmseite zu rechnen. Zudem ist mit Veränderungen des Farbtones durch Lichteinwirkung und die daraus folgende Notwendigkeit einer späteren nachträglichen Beschichtung nicht auszuschließen.

An den Kunststoff werden Anforderungen u. A. bzgl. Witterungsbeständigkeit, Schlagzähigkeit, Schweißeignung usw. gem. DIN EN 12 608 gestellt.

Das als Granulat oder Pulver hergestellte Ausgangsmaterial PVC lässt sich leicht modifizieren, durch Zusatz von Weichmachern plastifizieren und bei Temperaturen um 200 °C formen und verarbeiten.

Die für den Fensterbau entwickelten Profile werden durch Extrudieren hergestellt und können mit den für die Holzbearbeitung üblichen Werkzeugen zugeschnitten werden.

Ökobilanz. Kunststoffprofile können in sehr großer Formenvielfalt für praktisch alle Einsatzbereiche hergestellt werden. Die Lebenserwartung von Kunststoff-Fenstern ist derjenigen von Fens-

6.6 Ausführungsarten und Konstruktionsbeispiele

tern aus anderem Rahmenmaterial vergleichbar. Ein wichtiger Aspekt ist, dass sich das Rahmenmaterial von Kunststoff-Fenstern gut aufarbeiten und wieder verwenden lässt. Auch in der so genannten „Ökobilanz"[1)] sind Kunststoff-Fenster mit den anderen Rahmenmaterialien vergleichbar.

Dennoch bestehen gegen die Verwendung von Kunststoff-Fenstern vielfach Vorbehalte. Sie werden u. A. damit begründet, dass das PVC-Rahmenmaterial im Brandfall giftige, schleimhautreizende Substanzen (HCl-Gas) freisetze. Das PVC-Rahmenmaterial ist jedoch schwer entflammbar. Durch Energiezufuhr aus anderen Brandquellen entflammte PVC-Profile erlöschen, sobald diese Energiezufuhr nicht mehr erfolgt.

Zu bedenken ist, dass die geringe Masse von Fensterrahmen – auch gegenüber anderen am Bau verwendeten Kunststoffen – nur sehr wenig an Brandverläufen beteiligt ist.

Weiter wurde geltend gemacht, dass die im Material mit etwa 4 % enthaltenen Schwermetall – Stabilisatoren (Pb und Cd) giftig sind. Derartige Stabilisatoren können jedoch nur während der Produktion der Halbzeuge in Feinstaubform in den menschlichen Körper gelangen. Durch gekapselte Produktionsanlagen und neuerdings durch Entwicklung anderer Stabilisatoren (Ca und Zn) sind derartige Argumentationen kaum noch haltbar [45].

Die Gütebestimmungen finden sich in der Ausgabe der RAL-GZ 695 „Fenster, Fassaden und Haustüren" (vormals RAL-RG 636/1)". Die aktuelle Fassung RAL-Gütesicherung RAL-GZ 695 definiert keine Mindestanforderungen an die Wanddicke der Kunststoff-Profile mehr. Voraussetzung für die Gütesicherung ist der Nachweis nach der ift Richtlinie FE-13/1 „Eignung von Kunststofffensterprofilen – Prüfung und Klassifizierung (Ausgabedatum: 04.2011)". Diese Richtlinie gilt unabhängig von der Wandstärke.

[1)] Hinsichtlich der Umweltbelastungen und Gesundheitsgefahren bei der Verwendung von PVC und des Primärenergieinhaltes (PEI-Wert) s. Fachveröffentlichungen (z. B. PVC-Fenster – Ökobilanz des Forums für Nachhaltiges Baues; www.nachhaltiges-bauen.de) und Abschn. 1.
Ein strittiger Punkt ist bislang die Entsorgung von PVC-Rahmen. Zwar sind von Verbands- und Herstellerseite die Voraussetzungen für den geschlossenen Stoffkreislauf von PVC-Rahmen geschaffen, bislang findet jedoch nur ein sehr geringer Rücklauf von Altrahmen statt. Entscheidend bei der Bilanzierung von Rahmenmaterialien bleibt jedoch die Herstellung. Werden bei der PVC-Produktion Calcium-Zink-Stabilisatoren verwendet, sind PVC-Rahmen und Holzrahmen in der Ökobilanz in etwa gleichwertig.

Unterschieden werden Fensterprofile aus
- Polyvinylchlorid (PVC-U) mit weißen Oberflächen,
- hartem PUR- Integralschaum,
- Coextrudiertem PVC-U und PMMA (Polymethylmethacrylat in verschiedenen Farben),
- Coextrudiertem PVC-U und PMMA mit vollmassivem, duroplastartigem Kernmaterial, verstärkt mit Glasfaserstäben,
- Verbund von PVC- Hartschaum und Aluminium-Armierung mit Beschichtungen,
- PVC-U mit Beschichtungen,
- PVC-U mit Folien kaschiert.

Bei den weitaus am meisten verwendeten Profilen aus Polyvinylchlorid (PVC-U) mit weißen Oberflächen müssen die weichmacherfreien Formmassen mindestens folgenden Eigenschaften entsprechen:

DIN EN ISO 1163-1 – PVC-U, EDLP, 076-25-23 (Pulver) oder

DIN EN ISO 1163-1 – PVC-U, EGLP, 076-25-23 (Granulat).

U = weichmacherfrei
E = Extrusionsmasse
D = Pulver
G = Granulat
076 = Vicat- Erweichungstemperatur
25 = Kerbschlagzähigkeit
23 = E-Modul

Der Einsatz von Regenerat und/oder Recyclat von Fenstern aus PVC-U ist zulässig, wenn die der Witterung ausgesetzten Oberflächen durch Coextrudierung mit PVC-Frischmaterial (Schichtdicke > 0,5 mm) abgedeckt sind und die recycelten Formmassen frei von Weichmachern, Fremdkörpern und Verunreinigung sind.

Die Wanddicke von „Hauptprofilen" muss bei den Sichtflächen mindestens 3 mm und bei den Stegen 2,5 bis 2,7 mm betragen (RAL-GZ 716/1, Abschn. 3.3.2).

Alle Hauptprofile (Blendrahmen-, Flügel- und Pfostenprofile) müssen fortlaufend im Abstand von ca. 1 m mit dem Herstellerzeichen, Prüfzeichen mit Registriernummer und Herstellungszeitraum gekennzeichnet sein.

Die notwendige Steifigkeit der für die Fensterrahmen verwendeten Hohlprofile wird durch Unterteilung in kleine, oft noch zusätzlich durch Rippen gegliederte Hohlräume erreicht.

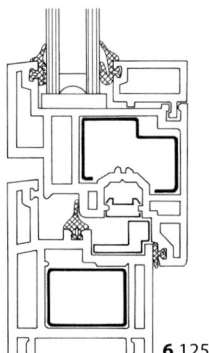 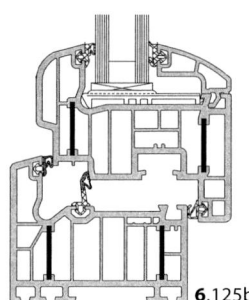 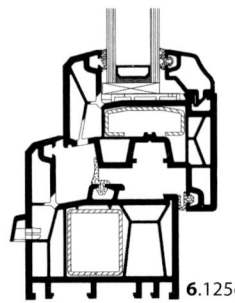 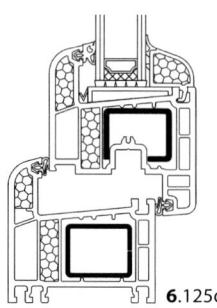

6.125 a) Kunststoff-Fenster aus 3-kammer-Hohlprofilen kombiniert mit verzinkten Stahlprofilen (VERU®)
b) Kunststoff-Fenster aus Mehrkammer-Hohlprofilen kombiniert mit verzinkten Stahlarmierungen (SCHÜCO Corona CT 70®)
c) Kunststoff-Fenster aus Mehrkammer-Hohlprofilen kombiniert mit verzinkten Stahlprofilen (TROCAL Innonova 70®)
d) Kunststoff-Fenster aus Mehrkammer-Hohlprofilen mit Schaumstoffeinlagen ($U_f \geq 0{,}9$ W/m²K Höhbauer Visiotherm®)

Die Entwicklung führt von den früher verbreiteten 3-Kammerprofilen (Bild **6**.125a) inzwischen zu sehr filigranen Mehrkammerprofilen (Bild **6**.125b und c) und zu Profilen mit integrierter Wärmedämmung (Bild **6**.125d).

Nur bei kleinen Fensterflächen reicht die Festigkeit des Kunststoffs allein aus, um Eigengewicht und Windlast einwandfrei über Beschläge und Verschlüsse in die tragenden Bauteile abzuleiten. Um die erforderliche Verwindungssteifigkeit zu erreichen, enthalten daher in der Regel alle Kunststoff-Fenster Verstärkungen aus den verschiedensten Stahl- oder Aluminium-Profilen.

Mit fast allen auf dem Markt vorhandenen Fensterbausystemen lassen sich die vorkommenden Bauarten ausführen. Es gibt Profilsysteme mit flächenversetzten, halb flächenversetzten oder außen bündigen Flügel/Blendrahmenebenen, Kombinationen für Verbund- und Kastenfenster sowie für den Einbau im Zusammenhang mit dicken Dämmstoffschichten (Bild **6**.126).

Für den Einbau in Gebäude mit Passivhausstandard kommen Profilsysteme mit Schaumstoffkernen und vertieften Glasfalzen für Dreifachverglasungen in Frage (Bild **6**.127).

Für Fensterbänder, Ecklösungen usw. gibt es passend zu allen wichtigen Profilsystemen die entsprechenden Kunststoff-Sonderformteile.

Alle Profilsysteme haben elastische Falz- oder Mitteldichtungen und Verglasungen mit Dichtungsprofilen.

Die Anforderungen an Glasfalze und Dichtungen sowie an den Einbau von Kunststoff-Fenstern entsprechen den in den Abschnitten 5.2, 5.3 und 5.4.3 behandelten Grundsätzen.

Zusätzliche Vorschriften für die Ausschreibung von Kunststofffenstern hat der VFF-Verband Fenster + Fassade herausgegeben [35].

Konstruktion

Eckverbindungen und Profilanschlüsse werden entsprechend den RAL Güte- und Prüfbestimmungen bei Profilen ohne Oberflächenbehandlung meistens in Verbindung mit je nach System unterschiedlichen Eckverbindern im Press-Stumpf-Schweißverfahren hergestellt. Die dabei entstehenden Schweißwulste werden manuell entfernt und sauber beigearbeitet oder maschinell mit betonten Nuten ausgeführt (Nuttiefen b/t max. 4/3 mm). Alle scharfen Kanten müssen gebrochen werden.

Profile mit Oberflächenbehandlung werden geklebt.

Die innerhalb der Profile liegenden Stahl- oder Aluminium-Verstärkungen werden mit Hilfe eingeschobener Formteile verklebt oder verschraubt. Zur Vermeidung von Kontaktkorrosion sind Edelstahl- oder bei geringen Belastungen Aluminiumschrauben zu verwenden.

Die erforderlichen Beschläge werden in die dafür von allen Herstellern berücksichtigten durchlaufenden Aussparungen der Profile eingeschoben.

6.6 Ausführungsarten und Konstruktionsbeispiele

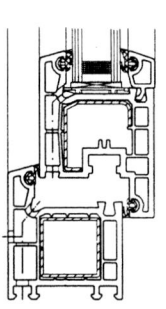 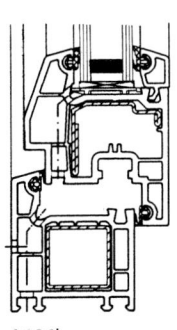 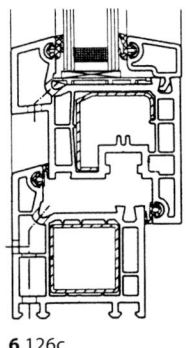 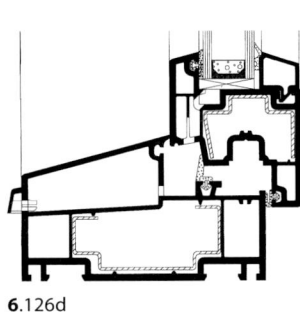

6.126a   **6.**126b   **6.**126c   **6.**126d

6.126   Kunststoff-Fenstersysteme (VEKA Softline AD®)
  a) außen flächenversetzt
  b) außen halbflächenversetzt
  c) außen flächenbündig
  d) mit Rahmen für mehrschaliges Mauerwerk (TROCAL Relief®)

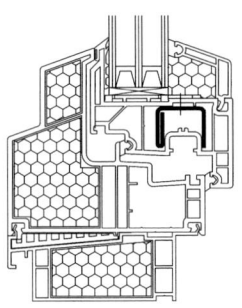 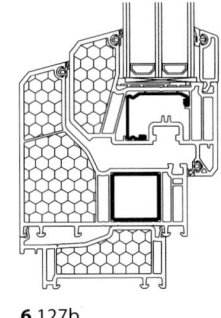

6.127a   **6.**127b

6.127 Kunststofffenster für Passivhausstandard
  a) System REHAU Clima®
  b) System VEKA Topline plus®

Beim Einbau an der Baustelle sind die temperaturabhängigen Längenänderungen der Kunststoffprofile zu beachten (Tabelle **6.**132).

Als Befestigungsmittel dienen federnde Maueranker oder Steckdübel (Verankerungsabstände s. Bild **6.**25). Bei Fensteröffnungen in mehrschaligen Wänden kann die Verwendung von Einbauzargen sehr vorteilhaft sein (Bild **6.**129).

Der Versuch, die äußerst vielfältigen Möglichkeiten für den Fensterbau mit Kunststoff-Profilen aufzuzeigen, würde den Rahmen dieses Abschnittes sprengen. Als Beispiel für die große Zahl der Konstruktionen von Kunststoff-Fenstern sollen Horizontal- und Vertikalschnitte für eine Hebeschiebetür dienen (Bild **6.**130).

Tabelle **6.**128   Temperaturbedingte Längenänderung je Fuge in Abhängigkeit des Rahmenmaterials (RAL GZ 716/A)

Werkstoff der Fensterprofile	Temperaturbedingte Längenänderung je Fuge [mm/m]
PVC-U (weiß), (Abschnitt I Teil 1)	1,6
Harter PUR-Integralschaumstoff (Abschnitt I Teil 2)	1,0
PVC-U und PMMA (farbig koextrudiert) (Abschnitt I Teil 3)	2,4
PVC-U und PMMA (koextruiert mit vollmassivem, duroplastartigem Kernmaterial, verstärkt mit Glasfaserstäben (Abschnitt I Teil 4)	0,8

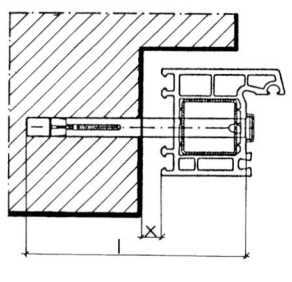 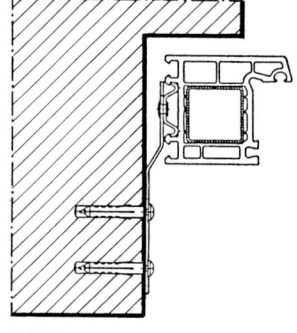 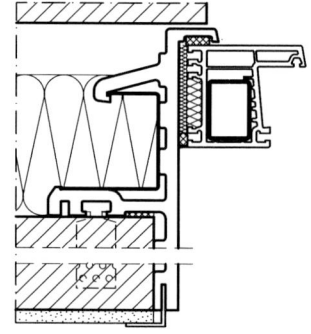

6.129a   **6**.129b   **6**.129c

6.129   Befestigung von Kunststoff-Fenstern
- a) Dübel mit Durchsteckmontage
- b) federnder Stahlblechanker
- c) Einbauzarge (Kömmerling)

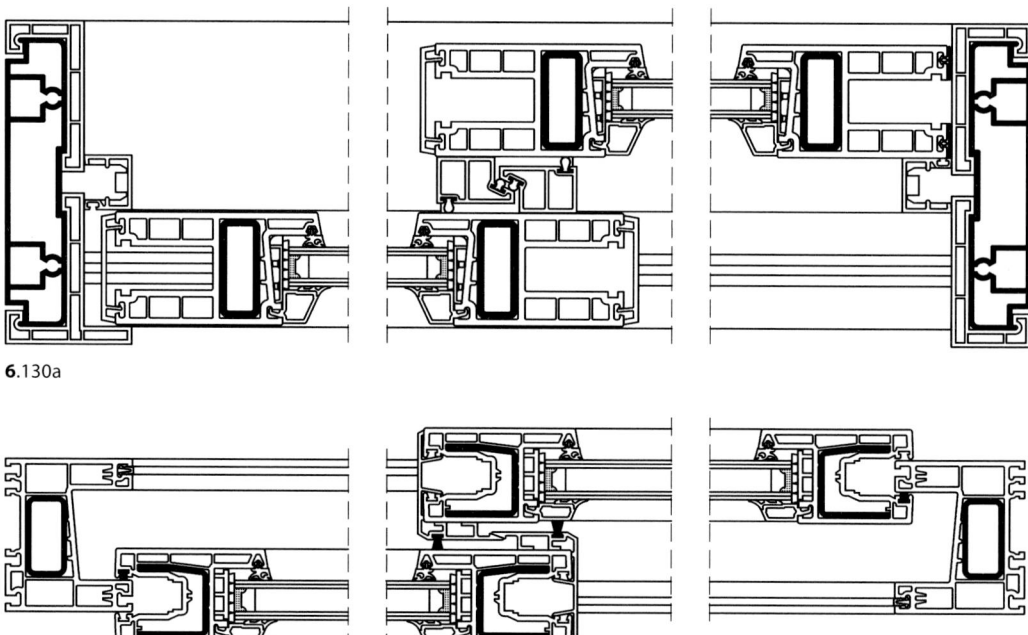

6.130a

6.130b

6.130   Kunststoff-Hebeschiebetür (Kömmerling, Eurodur®)
- a) Serie 3 S für max. Flügelaußenmaße b/h < 3,00/2,10 m
- b) Serie SF 2 für max. Flügelaußenmaße b/h < 1,60/1,40 m

Oberflächen

Die UV-Beständigkeit farbiger Oberflächen ist gegenüber früheren Jahren erheblich verbessert worden.

Die Farbgestaltung von PVC-Profilen ist auf verschiedene Weise möglich.

Homogen durchgefärbte Profile haben sich als problematisch erwiesen und werden allenfalls in wenigen Standardtönen angeboten. Fast alle farbigen Profile werden daher mit Kaschierungen hergestellt. Diese können durch Coextrudierung mit farbigen PMMA-Granulaten (Polymethylmethacrylat) erfolgen. Wirtschaftlicher in der Herstellung sind jedoch Beschichtungen mit PMMA-Folien. Hierbei sind hinsichtlich der Farben und der Oberflächenstrukturierung sehr viele Möglichkeiten gegeben. Bei Farbbehandlungen sind unterschiedliche Außen- und Innenflächen möglich oder unterschiedliche Farben für Blend- bzw. Flügelrahmen.

Ein besonderes Argument für den Einsatz von Kunststoff-Fenstern ist, dass diese gegenüber Holzfenstern keine Anstriche und keine laufende Anstricherneuerung brauchen. Es werden dennoch Farben angeboten, mit denen nach einer entsprechenden Grundierung das Lackieren von Kunststoff-Fenstern in allen Abtönungen und sogar in Lasierungen möglich ist.

In jedem Falle sollte beachtet werden, dass bei der Farbgestaltung der weiße Grundstoff der Fenster in seinen bewährten Eigenschaften meistens ungünstig beeinflusst wird.

So können dunkle Farbtöne bei Sonneneinstrahlung eine Erwärmung von bis zu 80 °C bewirken. Die dadurch erheblich größeren Materialdehnungen müssen beim Einbau der Fenster durch ausreichend breite Anschluss-Fugen berücksichtigt werden. Bei fehlendem Temperaturausgleich zwischen Außen- und Innenfläche kann es außerdem zu Problemen der Formbeständigkeit kommen.

Weißes Rahmenmaterial erfordert je nach äußerer Belastung einen mehr oder weniger großen Reinigungsaufwand. Es laufen daher Bemühungen, schmutzabweisende Oberflächen zu entwickeln.

Die Außenflächen von Kunststoff-Fenstern lassen sich durch aufgeklipste Aluminium-Bekleidungen (Bild **6**.131) oder durch Aluminium-Verbundsysteme ähnlich wie bei Holz-Aluminium-Fenstern (Abschn. 6.6.3; Bild **6**.132) zugleich schützen und höherwertiger gestalten.

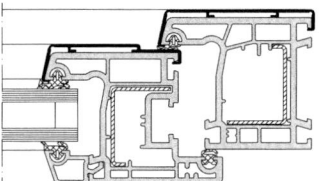

6.131 Kunststoff-Fenster mit Außenschalen aus Aluminium-Profilen (SCHÜCO Corona AS 60 plus®)

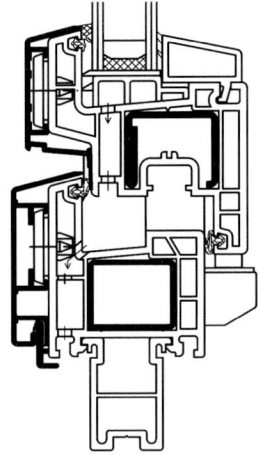

6.132 Kunststoff-Aluminium-fenster (WERU Colore®)

6.7 Kellerfenster

6.7.1 Allgemeines

In Kellergeschossen können grundsätzlich die in Abschn. 5.6 behandelten Fenster aus Kunststoff, Holz oder Metallen verwendet werden. Für die meistens kleinformatigen Fensteröffnungen und bei den in unbeheizten Kellern geringeren Anforderungen an die Fenster sind jedoch spezielle einfachere Fensterkonstruktionen üblich.

Bei der Planung von Gebäuden ist mit der Festlegung der Höhenlage gegenüber den angrenzenden Geländeoberflächen die Entscheidung für die mögliche Lage von Kellerfenstern verbunden.

Bei freistehenden Gebäuden ergibt sich in der Regel, bedingt durch den erforderlichen Spritzwasserschutz (s. Abschn. 17.2 in Teil 1 des Werkes), eine Sockelhöhe von bis zu 50 cm. Dabei verbleibt für Fensteröffnungen oberhalb des angrenzenden Geländes eine verfügbare Höhe von lediglich ca. 20 cm oder weniger (Bild **6**.133a).

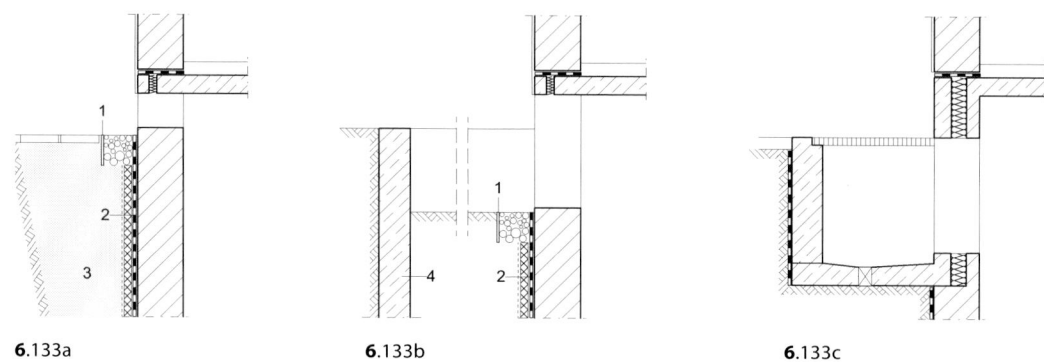

6.133a **6.133b** **6.133c**

6.133 Höhenlage von Kellerfenstern
  a) im Sockelbereich
  b) in abgesenktem Geländebereich
  c) in Lichtschacht (schematisch)

1 Traufstreifen (vgl. Bilder **17**.12, **17**.13, **17**.14 und **17**.20 in Teil 1 des Werkes)
2 Abdichtung mit Sickerschicht
3 verfüllter Arbeitsraum
4 Stützwand

Wenn keine besonderen Anforderungen an die Raumbelichtung bestehen, kann der Einbau einfacher Fenster aus Stahl-Winkelprofilen ausreichend sein. Auf besondere Einbruchssicherungen kann verzichtet werden, wenn ein Durchstieg nicht möglich ist.

Sind größere Fensteröffnungen erforderlich, kann die erforderliche Sockelhöhe durch Geländeabtreppung gewonnen werden, doch ist dies vielfach durch Gestaltungssatzungen ausgeschlossen und gestalterisch wenig überzeugend. (Bild **6**.133b).

Meistens wird es jedoch erforderlich sein, die Kellerfenster in Verbindung mit Lichtschächten unterhalb des Geländeanschnittes anzuordnen (Bild **6**.133c).

In hochwassergefährdeten Bereichen sollten spezielle Kellerfenster zum Einsatz kommen. Eine Prüfung und Beurteilung ist gemäß der ift-Richtlinie FE-07/1 „Hochwasserbeständige Fenster und Türen" möglich. Alternativ kann die Abdeckung des ggf. vorhandenen Lichtschachtes entsprechend hochwasserbeständig ausgeführt werden.

6.7.2 Lichtschächte

Lichtschächte werden in konventioneller, gemauerter oder betonierter Ausführung (Bild **6**.134) wegen des hohen Arbeitsaufwandes fast nur noch dort hergestellt, wo große Abmessun-

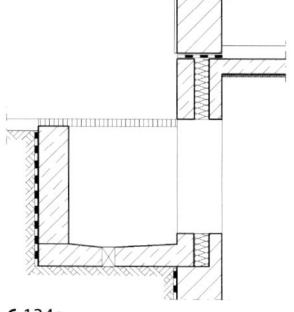

6.134a

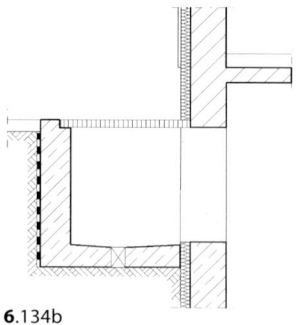

6.134b

6.134 Konventionell hergestellte Lichtschächte
  a) Bodenplatte in Außenmauer auskragend eingespannt, Umfassung gemauert
  b) Lichtschacht aus Stahlbeton (Fertigteil mit eigener Gründung)

6.7 Kellerfenster

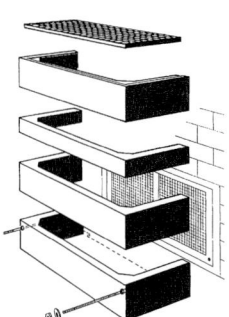

6.135   Lichtschacht aus vorgefertigten Stahlbetonteilen (Betonsteinwerk Heibges, Moers)

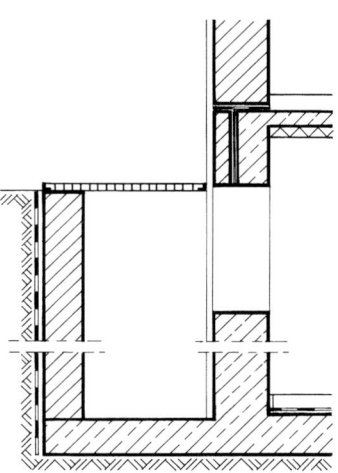

6.136   Großer Lichtschacht (z. B. für mehrere nebeneinander liegende Fenster) auf eigenem Fundament (in Verbindung mit Fundamentplatte des Gebäudes)

gen oder statische Anforderungen (z. B. wegen notwendiger Befahrbarkeit oder wegen großer Tiefenlage) dies erfordern.

Bei konventionellen Lichtschächten bleibt fast immer die einwandfreie Ausführung der äußeren Wandabdichtungen unterhalb der auskragenden Auflager wegen der schlechten Zugänglichkeit problematisch. Außerdem ist unterhalb größerer Lichtschächte die einwandfreie Verfüllung und Verdichtung des Arbeitsraumes kaum zu gewährleisten.

Es ist deshalb oft günstiger, die Lichtschächte aus Betonfertigteilen aufzusetzen (Bild **6.**135) oder nicht auskragend auszuführen, sondern – ggf. zusammengefasst für mehrere Fenster – im Bereich der Kellersohle auf einem eigenen Fundament zu gründen (Bild **6.**136). Diese Lösung kommt vor allem in Frage, wenn Lichtschächte in Verbindung mit Abdichtungen gegen drückendes Wasser auszuführen sind (Weiße Wanne, s. Abschn. 17.4.6 in Teil 1 dieses Werkes).

Zu beachten ist, dass jedoch wegen des ungünstigen Lichteinfallswinkels bei tiefen Lichtschächten keine besonders gute Raumbelichtung erwartet werden darf.

Für kleinere Kellerfenster werden heute fast ausschließlich vorgefertigte Lichtschächte aus glasfaserverstärktem Kunststoff (GFK) oder aus Polypropylen (PP) verwendet. Derartige Kunststoff-Lichtschächte gibt es in Sonderausführungen sogar für Fenster von bis zu 2,00 m Breite und bis zu 1,50 m Höhe. Durch Aufsatz-Elemente können nötigenfalls Höhenangleichungen bei besonders tief angeordneten Fenstern vorgenommen werden.

Entwässerungsabläufe und passende Gitterrostabdeckungen mit Abhebesicherungen gehören bei allen Herstellern zum Lieferumfang.

Die Kunststoff-Lichtschächte werden nach Ausführung der äußeren Wandabdichtungen mit Zwischenlagen aus vorkomprimierten Fugen-Dichtungsbändern auf die Kellerwände aufgedübelt.

Durch die abgerundete Formgebung wird die einwandfreie Verfüllung und Verdichtung des Arbeitsraumes erleichtert. Die glatten Oberflächen können gut gereinigt werden, und die helle Farbe der Lichtschächte begünstigt die Belichtung der Kellerräume (Bild **6.**137).

Besondere Aufmerksamkeit und sorgfältige Detaillierung ist bei allen Lichtschächten zur Vermeidung von Wärmebrücken erforderlich, wenn die Kellerwände außen liegende Wärmedämmungen („Perimeterdämmung") erhalten. Auch wenn die äußeren Wärmedämmschichten von Bauwerkssockeln und darüber liegenden Wandflächen unterschiedlich dick sind, können sich am oberen Abschluss der Lichtschächte Probleme ergeben. Die Hersteller vorgefertigter Lichtschächte bieten dafür verschiedene Lösungsmöglichkeiten mit speziellen Aufsatzkränzen, Abstandshaltern oder gekürzten Lichtschachtrosten an.

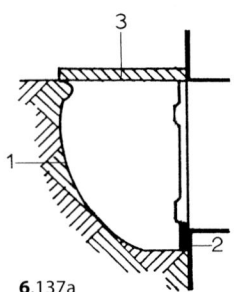
6.137a

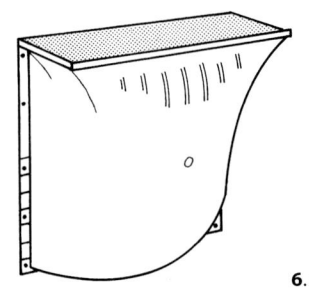
6.137b

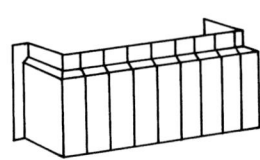
6.137c

6.137 Vorgefertigter Kunststoff-Lichtschacht aus GFK (Schöck)
   a) Schnitt
   b) räumliche Darstellung
   c) Aufsatz-Element
   1 GFK-Schale
   2 Randabdichtung mit vorkomprimiertem Dichtungsband
   3 Rost mit schräggestellten Lamellen zur Verbesserung des Lichteinfalles

6.7.3 Einbau von Kellerfenstern

Bei Kellerräumen mit geringen Anforderungen an die Nutzung sind teilweise noch einfach verglaste ein- oder zweiflüglige Stahlfenster üblich. Zusätzliche Gitterblechflügel dienen der Einbruchshemmung und als „Mäuseschutz" (Bild **6**.138).

Für Keller mit erhöhten Nutzungsansprüchen gibt es spezielle einfach konstruierte Kippflügelfenster oder Drehkippfenster aus Holz oder Kunststoff.

Zur Rationalisierung der Rohbau- und Einbauarbeiten werden derartige Kellerfenster komplett mit Einbauzargen geliefert und können beim Aufmauern der Kelleraußenwände mit eingebaut werden. Für Kelleraußenwände aus Stahlbeton werden die Fenster in Schutzfolien und mit später leicht herausnehmbaren Aussteifungen geliefert (Bild **6**.139).

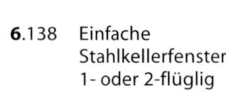

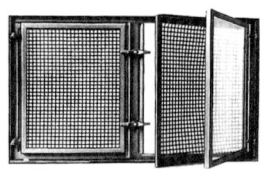

6.138 Einfache Stahlkellerfenster, 1- oder 2-flüglig

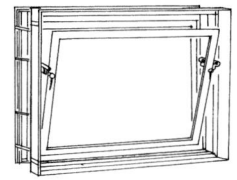
6.139a

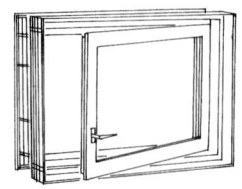
6.139b

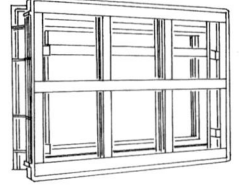
6.139c

6.139 Kunststoff-Kellerfenster für Kellerräume mit erhöhten Nutzungsanforderungen, kombiniert mit Einbauzargen
   a) Kippflügel fenster
   b) Drehkippflügelfenster
   c) Einbauelement für Stahlbetonwände mit Fenster in Schutzfolie und Einbauzarge mit Aussteifung
      (Einbauzarge als „verlorene Schalung")

6.8 Sonnenschutz[1)]

6.8.1 Allgemeines

Sonnenschutzmaßnahmen sollen ganze Fassadenflächen oder einzelne Räume vor sommerlicher Überhitzung schützen (s. a. Abschn. 9.6 und 17.5.8 in Teil 1 dieses Werkes).

Sie sind besonders wirksam, wenn sie *außen, vor* den Fassadenflächen und mit Hinterlüftung angeordnet werden.

Etwas vermindert ist die Wirkung von Sonnenschutzmaßnahmen *innerhalb* von Verglasungen, weil dadurch die Wärmetransmission nicht vollständig vermieden werden kann.

Den geringsten Effekt haben Sonnenschutzmaßnahmen *innen, hinter* Verglasungsflächen, die durch Umwandlung einfallender UV-Strahlung in Wärme einen Treibhauseffekt erzeugen. Dies kann durch reflektierende Materialien und geringe Abstände zu den Glasflächen nur wenig abgemindert werden.

Im Hinblick auf den *sommerlichen Wärmeschutz* werden in DIN 4108-2 Abschn. 7 Empfehlungen für Gebäude ohne raumlufttechnische Anlagen gegeben. Durch geeignete Sonnenschutzeinrichtungen kann die Aufheizung der Räume bei einer Folge heißer Sommertage erheblich herabgesetzt werden.

Moderne Sonnenschutzgläser (s. Abschn. 6.4) reflektieren unerwünschte Einstrahlung, verhindern jedoch nicht vollständig den Energiegewinn bei winterlichen Verhältnissen.

Die meisten Sonnenschutzmaßnahmen können gleichzeitig auch als Blend- und Sichtschutz unerwünschten Lichteinfall und Einblick in Räume verhindern. Außen angeordnete Sonnenschutzeinrichtungen sind dabei am effizientesten.

6.8.2 Rollläden

Allgemeines

In vielen Gegenden zählen vorwiegend im Wohnungsbau *Rollläden* zum üblichen Sonnen- und Sichtschutz. Sie dienen je nach Bauart zur Verbesserung des Wärmeschutzes während der Nacht, zur Verbesserung des Schallschutzes und je nach Bauart auch als Einbruchschutz.

Die technischen Anforderungen an Rollladen sind in DIN V 18 073 und DIN 18 358 (VOB) enthalten, ferner in den Technischen Richtlinien des Bundesverbandes Rollladen + Sonnenschutz e.V. (BVRS; www.rs-fachverband.de).

Rollläden sind gemäß der europäisch harmonisierten Produktnorm DIN EN 13 659 „Abschlüsse Außen" mit einem CE-Zeichen zu versehen, es sei denn, sie werden zusammen mit einem Fenster in Verkehr gebracht. In diesem Fall kann das „Gesamt-Bauteil" nach der harmonisierten Produktnorm DIN EN 14 351-1 „Fenster und Außentüren ohne Eigenschaften bezüglich Feuerschutz und/ oder Rauchdichtheit" gekennzeichnet werden.

Rollladen tragen in geschlossenem Zustand bei winterlichen Verhältnissen nennenswert zur *Verminderung des Wärmeverlustes* von Fenstern bei. Beim Gesamt-Wärmedurchgangskoeffizient U_{WS} wird der geschlossene Rollladenpanzer als zusätzlicher Wärmedurchlasswiderstand berücksichtigt, Voraussetzung ist ein möglichst dichter Rollladenpanzer, der eine nahezu ruhende Luftschicht zwischen Rollladenpanzer und Glasschicht entstehen lässt.

Die Wärmedämmwirkung ist am günstigsten bei einem Abstand von ca. 40 mm zwischen Rollladen und Fenster. Dicht schließende Rollladen mit ausgeschäumten Kunststoffprofilen und mit Führungsschienen, die weich federnde PVC-Einlagen haben, können den Wärmeschutz von Fenstern um mehr als 50 % verbessern.

Wärmeschutz. Für den Wärmeschutz der Rollladenkästen sind in DIN 4108, Bbl. 2 Hinweise gegeben. Gefordert wird raumseitig eine Dämmstoffdicke von mindestens 60 mm.

Schallschutz. Der zeitweilige Schallschutz von Fenstern kann ebenfalls durch Rollladen verbessert werden. Messungen haben bei einem Mindestabstand von 100 mm zwischen Rollladen und Fenster eine Verbesserung des Schallschutzes von bis zu 10 dB ergeben, wenn außer den für optimalen Wärmeschutz genannten Maßnahmen dafür gesorgt wird, dass ein möglichst dichter oberer Abschluss entsteht.

Für den *Schallschutz von Rollladenkästen* sind in DIN 4109, Teil 35 genaue Hinweise gegeben. Sie gelten für Rollladenkästen mit einem bewerteten Schallschutzmaß von 25 bis 40 dB. Zur Erfüllung der erforderlichen Schalldämmung sind dabei für die zu verwendenden Materialien, für die Ausbildung von Anschluss- und Elementfugen sowie

---
[1)] s. auch Abschn. 9.6 (Sonnen- und Blendschutzsysteme) in Teil 1 des Werkes

für die äußeren Durchlassschlitze genaue Vorschriften aufgestellt. So sind z. B. die Innenflächen ggf. mit schallschluckendem Material auszukleiden, und die Schalldämmeigenschaften der Begrenzungsflächen sind ggf. durch Blech- oder sonstige gewichtsteigernde Auflagen zu verbessern.

Einbruchschutz. Einbruchshemmend sind Rollladen nur dann, wenn sie in dafür geeigneter besonderer Konstruktionsart ausgeführt werden. Nach DIN V 18 073 gelten Rollladen als einbruchshemmend, wenn doppelwandige Aluminiumprofile mit mindestens 1 mm oder einwandige Aluminiumprofile mit mindestens 2 mm Materialdicke verwendet werden. Die Endleisten müssen gegen Herausziehen gesichert sein, und die Rollladen dürfen sich nicht hochschieben lassen. Außerdem müssen mindestens 40 mm breite Führungsschienen verwendet werden, die gegen Heraushebeln und Demontage gesichert sind. Derartige Rollladen sind natürlich kostenaufwändig.

Ebenso wie Fenster und Außentüren wird die einbruchshemmende Wirkung von Rollläden gemäß der DIN EN 1627 beurteilt und klassifiziert. Die Kommission Polizeilicher Kriminalprävention (KPK) führt ein jährlich aktualisiertes Herstellerverzeichnis, auf welchem geprüfte und zertifizierte einbruchshemmende Rollläden gelistet sind.

Als Sicherung gegen Hochdrücken von manuell betätigten Rollladen sind am wirkungsvollsten einfache Verriegelungsbolzen, die durch den Fensterrahmen hindurch in entsprechende Aussparungen der Rollladenstäbe eingreifen oder seitliche Einreiber an den Rollladenstäben, die in die Rollladenschienen greifen. Die automatisch wirkenden Klemm- oder Scharniersicherungen in den Führungsschienen sind meistens nicht besonders wirksam oder lassen sich verhältnismäßig leicht außer Funktion setzen.

Dagegen bieten Sicherungsfedern, die in die oberste Rollladenleiste eingesetzt werden, guten Schutz gegen das Hochschieben der Rollladen von außen.

Bei motorgetriebenen Rollladen ist durch eingebaute Blockademechanismen das Hochschieben nahezu ausgeschlossen.

Einbau,

Beim Einbau von Rollläden (auch bei Rollgittern) müssen zur Aufnahme der hochgezogenen, aufgewickelten Rollladenballen („Panzer") in *Rollladenkästen*, für die seitlichen Führungen und die Bedienungseinrichtungen die erforderlichen Vorkehrungen bereits im Rohbau getroffen werden.

Die erforderliche Höhe der Rollladenkästen ist von der Fensterhöhe und den verwendeten Rollladenprofilen abhängig und beträgt etwa 20 bis 25 cm.

Die Breite der Rollladenkästen erfordert eine rechtzeitige Abstimmung mit der Wanddicke bzw. Sturzbreite, damit innerhalb der Räume formal unbefriedigende seitliche Abschlüsse vermieden werden.

Luftdichtheit. Die raumseitige luftdichte Dichtebene muss auch im Bereich des Rollladenkastens geschlossen sein. Dies gilt für den Stoß zum Blendrahmen, den seitlichen Fugen am Kasten und natürlich auch für das Rollladenkastensystem insgesamt.

Bei raumseitigen Revisionsdeckeln müssen spezielle Dichtungen dafür sorgen, dass der Deckel umlaufend dicht angebunden ist. Im Rollladenkasten ist eine Dämmung an den zur Raumseite gerichteten Oberflächen und der sonstigen Hohlräume vorzusehen.

Einbauarten. Unterschieden wird der Einbau mit

- Rollladenkästen, die zusammen mit dem Rohbau erstellt werden. Dabei sind verschiedene konstruktive Anordnungen möglich (Bilder **6.**140a bis c),
- Aufbau-Rollladenkästen, die mit dem Fenster eine konstruktive Einheit bilden (Bilder **6.**140d und e),
- Vorbau-Rollladenkästen, die außen am Fensterrahmen oder an der Fassade montiert werden (Bilder **6.**140f bis h).

Weitere Einbaumöglichkeiten für Rollladen mit Elektroantrieb z. B. im Dachraum oder in Vordächern o. Ä. sind in den Abbildungen **6.**140g und h gezeigt bzw. sind der Richtlinie „Anschlüsse an Fenster und Rollladen bei Putz, Wärmedämm-Verbundsystemen und Trockenbau", 2010 des Fachverbands der Stuckateure für Ausbau und Fassade zu entnehmen. Zur bestmöglichen Ausleuchtung mit Tageslicht sollte in Aufenthaltsräumen die Oberkante der Fenster möglichst hoch liegen. Bei der Planung muss daher der zusätzliche Platzbedarf der Rollladen oberhalb des Fensters berücksichtigt werden.

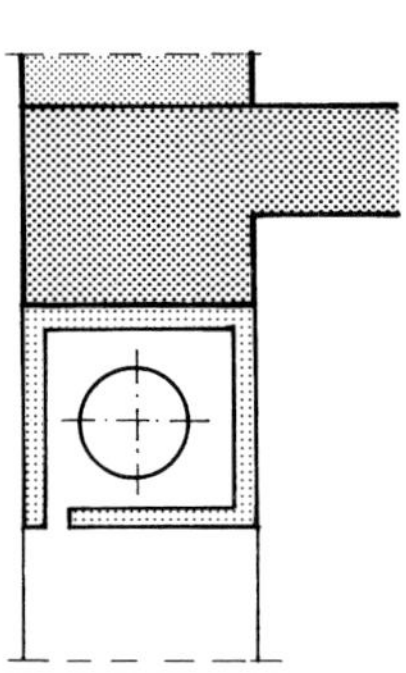

6.140a

6.140b

6.140c

6.140d

6.140e

6.140f

6.140g

6.140h

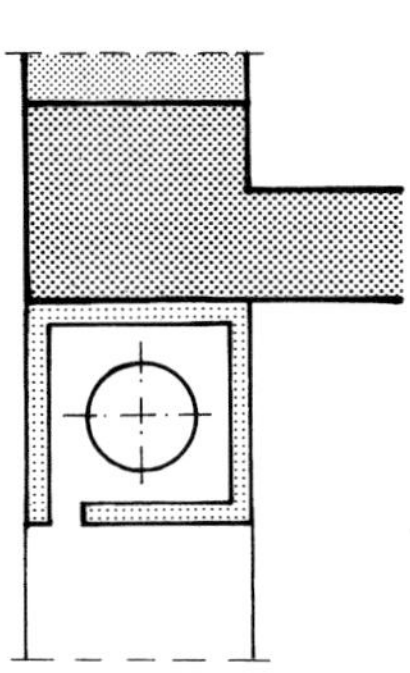

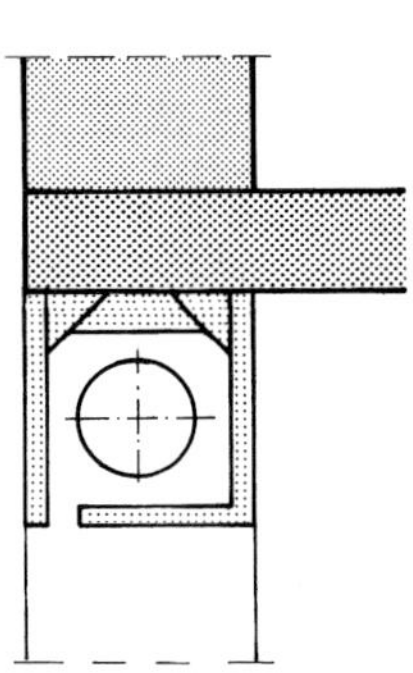

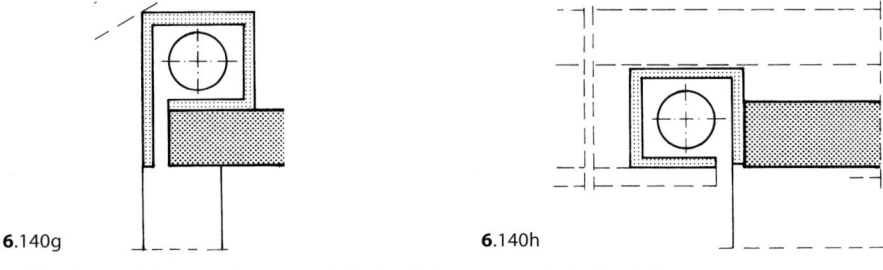

6.140 Konstruktive Anordnung von Rollladenkästen (schematische Darstellung)

a) unter Fenstersturz (Standardausführung)
b) unter Überzug
c) tragender Rollladenkasten
d) unter der Decke mit tragendem Deckenrand (Aufbau-Rollladenkasten)
e) Aufbau-Rollladenkasten bei Fassade mit äußerer Wärmedämmung
f) vor der Fassade (Vorbau-Rollladenkasten)
g) oberhalb der Decke (z. B. in Dachraum)
h) in angrenzendem Bauteil, z. B. im Freiraum unter einem Vordach

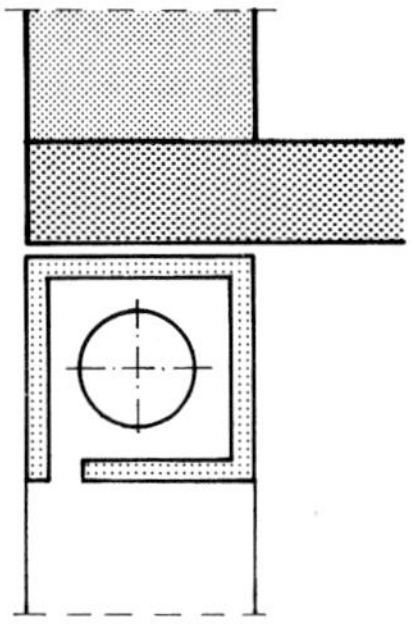

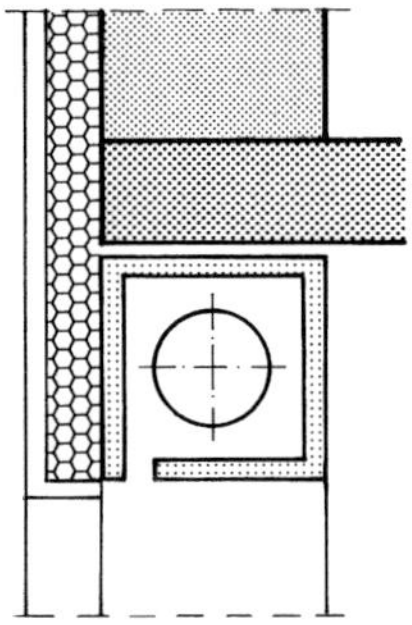

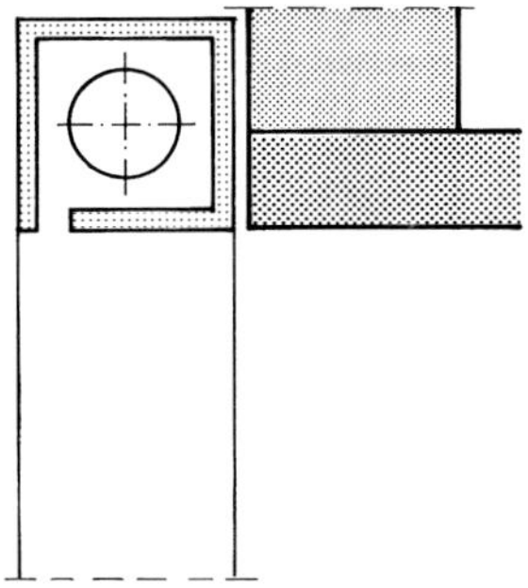

Wenn statisch möglich, ist in Wohn- und Aufenthaltsräumen der Einbau möglichst dicht unter der Decke anzustreben. Bei dem meistens erforderlichen Einbau unter einem Fenstersturz (Bild **6**.140a) ergibt sich bei üblichen Raumhöhen von 2,50 m und einer mindestens erforderlichen Fenster- bzw. Fenstertürhöhe von z. B. 2,13^5 m je nach der Dicke der Decken eine relativ geringe restliche Höhe für die konstruktiv erforderlichen Fensterstürze. Wenn die Abtragung von Lasten nicht durch einen stärker bewehrten Deckenrand möglich ist (vgl. Bild **6**.140d), kann die Sturzhöhe im Einzelfall durch Verwendung von Profilstahl verringert werden oder die Stürze werden als Überzüge ausgebildet (Bild **6**.140b).

Die nötigen Fensterstürze könne je nach statischen Erfordernissen ersetzt werden durch *tragende Rollladenkästen* (Bild **6**.140c). Sie werden in Standardbemessungen oder speziell nach gegebenen statischen Anforderungen unter Verwendung verschweißter Stahlbleche hergestellt.

Zu bedenken ist, dass die Funktionssicherheit sehr breiter, schwerer Rollladen durch die unvermeidliche Durchbiegung der Walzen und durch gewichtsbedingte Stauchungen des geschlossenen Rollladens eingeschränkt wird.

Fenstereinbau. Sind Rollladen mittels Sturzkasten integriert, sind für den Fenstereinbau verschiedene Punkte zu beachten. Da eine direkte Befestigung der Fenster an in die tragende Wand bzw. den Sturz hier nicht möglich ist, muss das obere Rahmenteil als frei tragend angesehen werden und entsprechend dimensioniert bzw. verstärkt werden. Bei weit gespannten Fensterkonstruktionen ist die Teilung des Rollladens sinnvoll, so kann an der Stoßstelle eine stabile Konsole angebracht werden, um die Lastabtragung des oberen Rahmenteils zu übernehmen.

Problematisch ist bei sehr breiten Fensteröffnungen mit Rollladen auch der obere Bauwerksanschluss der Fenster. Die oberen Blendrahmen können nur sehr bedingt so dimensioniert werden, dass auf Verankerungspunkte am Sturz verzichtet werden könnte (s. Bild **6**.25). Die ausreichende Verankerung der Fenster ist nötigenfalls durch Hilfskonstruktionen z. B. aus Stahlwinkeln sicherzustellen.

Konstruktionsrisiken. Die unterschiedlichen Baustoffeigenschaften von Rollladenkasten, Decke bzw. Fenstersturz und Außenwandmaterial sind bauphysikalisch nicht unproblematisch. Innerhalb des Außenwandbereiches liegende Rollladenkästen bilden nur bei größter Sorgfalt in der Planung und Ausführung keine kritischen Schwachstellen hinsichtlich des Wärme- und Schallschutzes.

Das Eindringen von Außenluft in die Rollladenkästen und somit i. d. R. nach innen hinter die thermische Hülle ist durch geringe äußere Spaltmaße am Durchgangsschlitz der Rollläden (max. 10 mm größer als die effektive Stabdicke), durch zusätzliche Bürstendichtungen und evtl. durch pendelnde Abschlussprofile einzuschränken jedoch nicht zu vermeiden.

Außerdem können die *Rollladenpanzer* in geschlossenem Zustand durch Federaufhängungen gegen abdichtende Innenbekleidungen des Rollladenkastens gedrückt werden (Bild **6**.141).

Die erforderlichen Revisionsdeckel sollten möglichst außen liegen, was jedoch nur in den seltensten Fällen möglich ist. Wenn das z. B. in mehrgeschossigen Gebäuden nicht möglich ist, müssen sie die Anforderungen an den Wärmeschutz erfüllen (bei hohen Anforderungen nur mittels Vakuums-Isolationspaneele (VIP) möglich), insbesondere an allen Fugen dicht schließen. Am günstigsten ist aus dieser Sicht der Einbau von Rollladenkästen, die mit dem Fenster eine konstruktive Einheit bilden (Aufbau-Rollladenkästen, Bilder **6**.140d und e).

Rollladenkästen, die zusammen mit dem Rohbau erstellt werden, sind fast nur noch als komplett vorgefertigte Rollladenkästen mit genau festgelegten Wärme- und Schallschutzeigenschaften üblich. Sie haben in der Regel eine Bauhöhe von etwa 25 bis 30 cm und Breiten von 24 bis 36^5 cm.

Als Beispiel ist einer der in vielen Varianten angebotenen vorgefertigten Rollladenkästen zum Einbau in den Rohbau gezeigt (Bild **6**.141). Bei knappen Höhenverhältnissen kann ein *tragender*

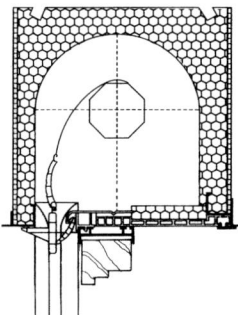

6.141   Vorgefertigter Rollladenkasten (Beck & Heun, RKS)

6.8 Sonnenschutz

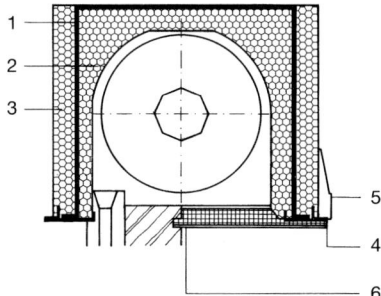

6.142 Tragender Rollladenkasten (STUROKA®)
1 tragender Stahlmantel
2 Wärmedämmung (auch an Stirnflächen)
3 Wärmedämmung mit Putzträger
4 Alu-Anschlusswinkel
5 Gurtdurchführung mit Bürstendichtung
6 Revisionsdeckel, wärmegedämmt

Rollladenkasten den ggf. erforderlichen Fenstersturz ersetzen (Bild **6**.142).

Aufbau-Rollladenkästen sind in verschiedenen Systemen auf dem Markt. Kunststoff-Hohlprofile, die mit Wärmedämmstoffen ergänzt werden, bilden mit den Fenstern in der Regel eine konstruktive Einheit. Derartige baukastenartig zusammensetzbare Rollladenkästen sind komplett mit Seitenteilen, Rollladenwalzen und Bedienungs- und Revisionseinrichtungen (ggf. mit elektrischem Antrieb) ausgestattet. Sie werden zusammen mit den Fenstern in entsprechend vergrößerte Rohbauöffnungen eingebaut. Wie auch die Fenster müssen die Rollladenkästen raumseitig luftdicht gegenüber dem Bauwerk abgedichtet werden. Die Außenflächen der Rollladenkästen können je nach gestalterischer Absicht sichtbar bleiben oder durch vorgesetzte Bauteile verdeckt werden (Bild **6**.143).

Außen liegende Rollladenkästen vermeiden die Nachteile der ein- und aufgebauten Bauarten und können ggf. ein Gestaltungsmittel darstellen. Sie werden vor dem Fenstersturz an der Fassade, in Sturzaussparungen oder direkt an Fenstern mit verbreitertem oberem Rahmenprofil montiert.

Bei außen liegenden Rollladenkästen entfallen die großen Probleme des Wärme- und Schallschutzes weitestgehend (Bild **6**.144).

Rollladen für Sonderformen von Fenstern, z. B. für Fenster mit schrägen oder dachförmigen Stürzen können mit außen liegenden Rollladenkästen vor der Brüstung bzw. bei großen Fensteranlagen außen vor waagerechten Fensterriegeln ausgeführt werden. Die speziell hergestellten Rollladenpanzer werden über Umlenkrollen mit seitlichen oder mittigen Seilführungen nach oben gezogen. Die Führungsschienen haben bei

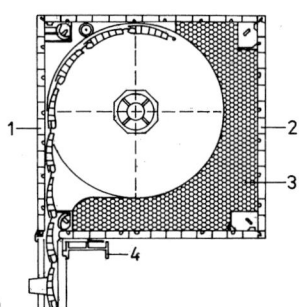

6.143a

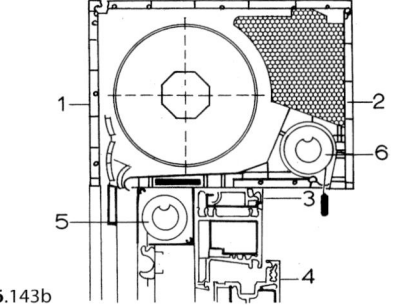

6.143b

6.143 Aufbau-Rollladenkästen
  a) Aufbau-Rollladenkasten SKS Roll-Line, Top Maxi®
   1 Hohlkammerprofil als äußere Abschlussplatte
   2 Hohlkammerprofil als innere Abschlussplatte und Revisionsklappe
   3 Wärmedämmung
   4 Fenster-Anschlussprofil
  b) Aufbau-Kombinationsrollladenkasten Kömmerling RolaPlus®
   1 Hohlkammerprofil als äußere Abschlussplatte
   2 Revisionsklappe (Wärmegedämmtes Hohlkammerprofil mit Klipsverschluss)
   3 Fensteranschlussprofil
   4 Kunststoff-Fenster
   5 Insektengitter
   6 Sicht- und innerer Sonnenschutz

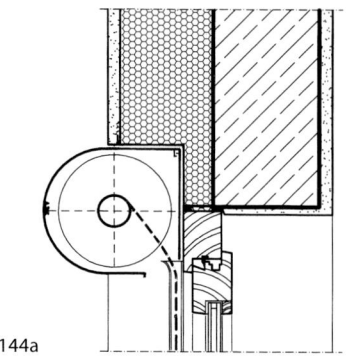
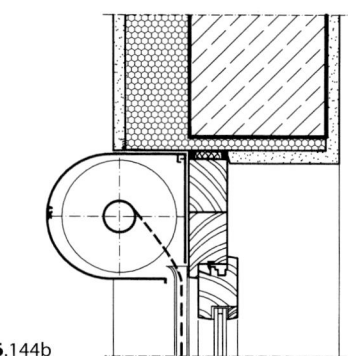

6.144a **6.144b**

6.144 Außen liegende Rollladenkästen (roma rondo®)
 a) in Sturzaussparung
 b) auf verlängertem oberem Fensterrahmen

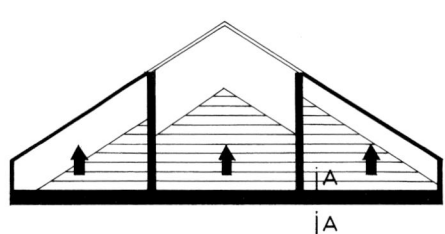
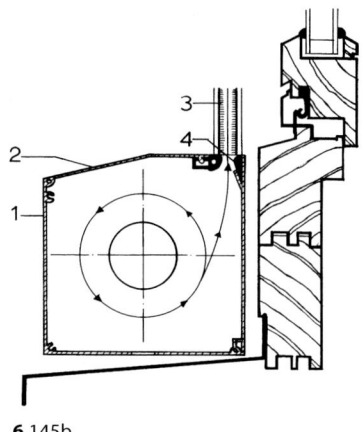

6.145a **6.145b**

6.145 Außen liegender Rollladen für Fenster-Sonderformen (der Rollladen wird mit Umlenkrollen hochgezogen)
 a) Beispiel für die Anwendung
 b) Schnitt A–A
 1 Leichtmetall-Rollladenkasten mit Bodenentwässerung, mit Abstandshaltern vor verbreitertem unterem Blendrahmen
 2 Revisionsklappe
 3 Führungsschiene mit Bürstendichtung
 4 Einlauftrichter

derartigen Rollläden besondere Bürsten- oder Gleitdichtungen. Dennoch ist bei hochgezogenen geschlossenen Rollläden das Eindringen von Schlagregenwasser in den nach oben offenen Rollladenkasten nicht völlig zu verhindern. Die Rollladenkästen müssen daher ausreichende Wasserablauföffnungen haben und zur Wartung gut zugänglich sein (Bild **6.**145).

Rollladenprofile und Zubehör
Die Rollladen („*Rollladenpanzer*") werden heute überwiegend aus Kunststoffhohlprofilen in den verschiedensten Formen mit Deckbreiten von 25 bis 60 mm hergestellt. Die Profile haben eine Standarddicke von 14 mm für Öffnungen bis etwa 4m^2 mit Breiten bis etwa 2,50 m. Bei größeren Breiten ergibt sich die Gefahr der Ausbeulung des geschlossenen Rollladens. Wenn auch die Farbbeständigkeit von Kunststoffen ständig verbessert wurde, sollte hellen Einfärbungen der Vorzug gegeben werden.

Für große Öffnungsbreiten werden Kunststoffprofile verwendet, die zur Erhöhung der Stabilität ausgeschäumt sein können (Bild **6.**146a).

6.8 Sonnenschutz

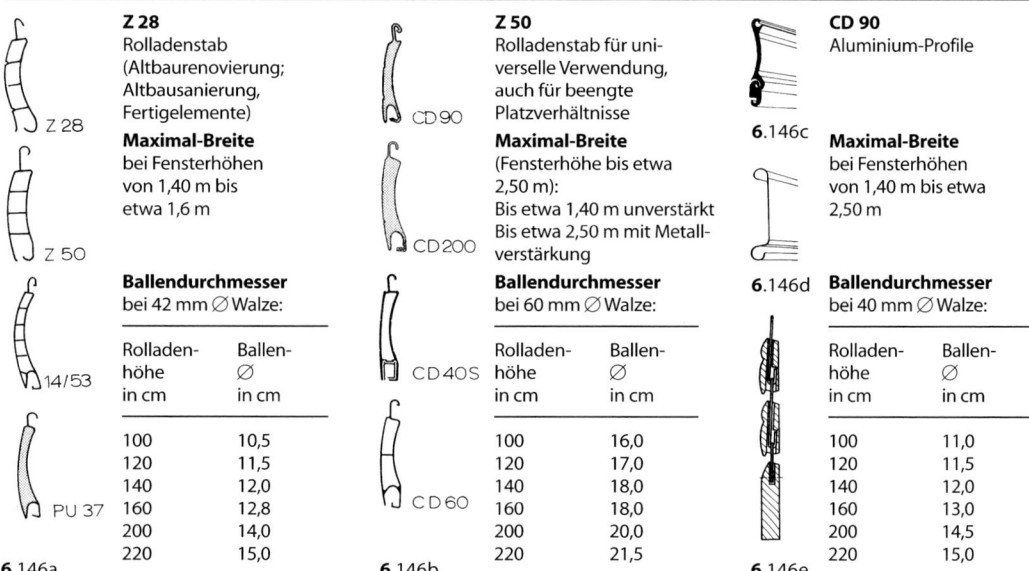

6.146 Rollladenprofile
a) Kunststoff-Rollladenprofile z. B. Z 28 und Z 50 (Kömmerling) und Profile 4/53 und PU 37 (ROMA)
b) Aluminium-Rollladenprofile z. B. ausgeschäumte Profile Alulac CD 90, Alulac CD 200, Hohlkammerprofil CD 40/S mit Verstärkungseinlage, Zweikammer-Hohlprofil CD 60 (Alulux®)
c) Stranggepresstes Aluminium-Vollprofil
d) rollgeformter Rollladenstab aus Stahlblech bzw. V2A-Stahl
e) Holzrollladen, Verbindung mit verz. Drahtklammern (dargestellt in auseinander gezogenem Zustand); Schlussleisten aus Hartholz

Aluminium-Profile werden rollengeformt mit Polyurethan-Ausschäumung hergestellt. Die Oberflächen haben farbige Dickschicht-Einbrennlackierungen oder Folienbeschichtungen (Bild **6**.146b).

Für höhere Sicherheitsansprüche kommen stranggepresste Ein- oder Mehrkammer-Hohlprofile in Frage (Bild **6**.146c) oder Stahlprofile (Bild **6**.146d).

Bei Kunststoff- und Metall-Rollladen sind Steckprofile am meisten verbreitet (Bild **6**.146a und b). Bei allen diesen Verbindungen sitzen die Stäbe dicht aufeinander, wenn der Rollladen vollständig herabgelassen ist. Wird der Aufzuggurt angezogen, so entstehen schmale Lichtschlitze durch Lochstreifen in den Anschlussstegen. Wenn z. B. bei nachträglichem Einbau nur wenig Platz zur Verfügung steht, werden – ebenso wie für Rolltore – nicht ausziehbare Stabprofile verwendet, die bei geringeren Ballendurchmessern in herabgelassenem Zustand dicht geschlossene Rollladenflächen ergeben.

Holz-Rollladen werden wieder zunehmend eingesetzt, nachdem durch lasierende Anstriche das früher gegebene Problem des Oberflächenschutzes mit der bei Lackfarben sehr aufwändigen Erneuerung der Anstriche gelöst ist. Neben den genormten Stabprofilen wurden in letzter Zeit konkave, raumsparende Profile ähnlich den Kunststoffprofilen entwickelt. Rollladenprofile aus Holz werden durch gegeneinander verschiebliche, ineinandergreifende Draht- oder Blechkammern aus rostgeschütztem Stahl miteinander verbunden (Bild **6**.146e).

Die Tabellen im Bild **6**.150 geben einen Anhalt für die bei gegebener Fensterhöhe entstehenden „Ballen"-Durchmesser (vollständig aufgewickelter Rollladen) und die damit nötigen Abmessungen der Rollladenkästen.

Rollladenwalzen müssen entsprechend dem Rollladengewicht so dimensioniert sein, dass die Durchbiegung $< 1/500$ der Fensterbreite ist. Die früher üblichen einfachen Gabellager sind heute meistens durch Kugellager abgelöst.

Laufschienen. Die Rollladen werden seitlich in Laufschienen aus Leichtmetallprofilen geführt – zur Geräuschdämmung bei Windanfall auch mit innen liegenden Kunststoff-Führungen –, die bei

Holzfenstern auf ausgeschnittenen Beiholzleisten, bei Kunststoff- oder Metallfenstern auf entsprechenden Zusatzprofilen befestigt werden. Die Laufschienen müssen so weit vor der Fensterebene liegen, dass die Rollladen auch bei einer gewissen zu berücksichtigenden Durchbiegung an allen Teilen des Fensters einwandfrei vorbeigleiten können (Bild **6**.147).

Antriebe. Bewegt werden kleinere Rollladen von Hand mit Hilfe von 18 bis 23 mm breiten Flachgurten. Der Zuggurt läuft von der Gurtscheibe auf der Achse der Rollladenwalze durch einen Schlitz des Rollladenkastens auf einen Gurtroller. Dieser sitzt in einem Mauerkasten und rollt den Gurt durch Federkraft ein. Durch Selbstsperrung des Gurtrollers kann der Rollladen in jeder Stellung festgehalten werden (Bild **6**.148).

Die Gurtdurchlässe und die Mauerkästen der Gurtwickler sind wärmetechnische Schwachstellen. Deshalb und wegen des Bedienungskomforts werden Rollladen zunehmend – insbesondere bei großen Abmessungen – durch Elektromotoren bewegt. Derartige (auch programmierbare und funkbetätigte) Elektroantriebe bestehen aus Rohrmotoren, die in die hohlen Gurtwalzen eingebaut werden. Für kleinere Rollladen kommen auch programmierbare Gurtwicklerantriebe in Frage (Bild **6**.148e).

Schwere Rolltore werden durch seitlich eingebaute Getriebemotoren bewegt.

6.8.3 Jalousetten (Raffstores)

Jalousetten aus dünnen, lackierten Leichtmetalllamellen dienen zum Schutz vor übermäßiger Sonnen- oder Lichteinstrahlung und – in Sonderausführungen – auch zur Abdunklung von Räumen.

Sie werden mit Zugbändern aus Polyesterschnüren oder Seilen aus rostfreiem Stahl manuell oder

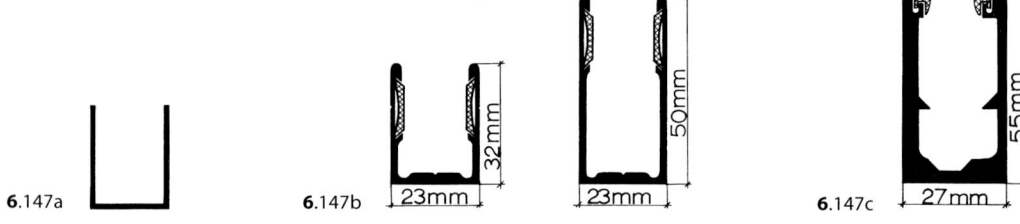

6.147 Laufschienen
    a) einfache Aluminiumschiene für Kunststoff- oder Holzprofile; 20/20 mm; bei großen Breiten: 30/20 mm
    b) Aluminiumschienen mit geräuschdämmenden Profilen oder Bürstenkedern
    c) Sicherheitsschiene (Alulux)

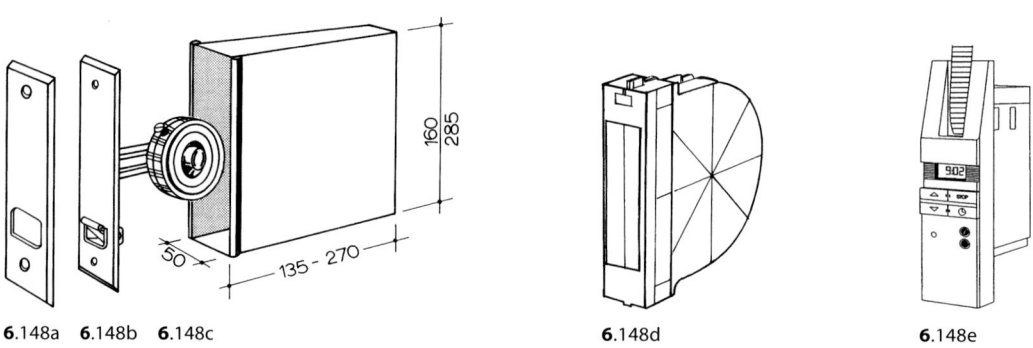

6.148 Gurtwickler mit Mauerkasten und Abdeckung
    a) Kunststoff-Abdeckung, b) Gurtwickler, c) Mauerkasten aus Blech für große Antriebe u. Ä.,
    d) Mauerkasten aus Kunststoff (vordere Abdeckung zum Herausbrechen),
    e) Gurtwickler-System mit programmierbarem Motorantrieb

6.8 Sonnenschutz

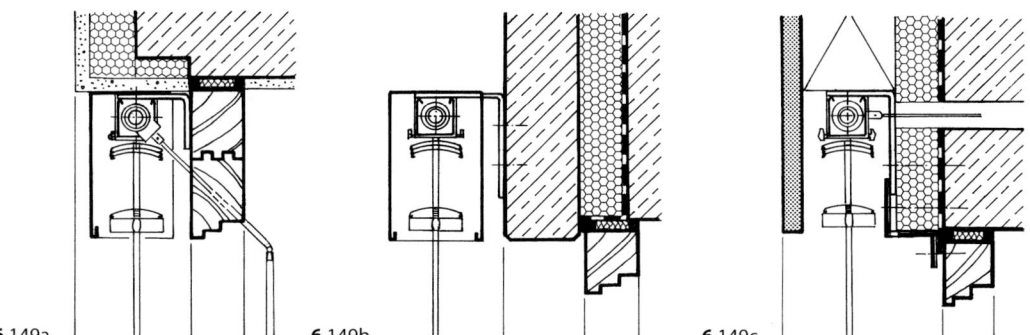

6.149a   6.149b   6.149c

6.149 Einbau von Außenjalousetten
a) Anbringung am Fenster
b) Anbringung vor der Fassade
c) Anbringung hinter vorgehängter Fassade

mit Motorantrieben zu einem flachen Stapel zusammen- und hochgezogen.

Die Pakethöhe beträgt etwa 6 bis 10 % der Jalousiehöhe.

Jalousettenanlagen als *Sonnenschutz* sind außen vor den Fenstern anzubringen, weil nur so die auftreffende Wärmestrahlung wieder an die Außenluft abgestrahlt wird. Sie können mit Verkleidungsblenden vor den Fenstern, frei vor Fassaden oder hinter Fassadenschürzen oder -bekleidungen eingebaut werden (Bild **6**.149).

Außen liegende Jalousetten müssen mit einer ausreichenden Windsicherung ausgestattet sein. Je nach Flächengröße und Windbeanspruchung sind Führungen in Form von kunststoffummantelten Spanndrähten (Bild **6**.150a) oder Führungsschienen (Bild **6**.150b) vorzusehen. Dadurch soll auch die Geräuschentwicklung bei Windeinwirkung nach Möglichkeit herabgesetzt werden. Jalousetten sind gemäß der europäisch, harmonisierten Produktnorm DIN EN 13 659 „Abschlüsse Außen" mit einem CE-Zeichen zu kennzeichnen.

Größere Jalousettenanlagen müssen an Gebäuden, bei denen eine dauernde Aufsicht nicht gewährleistet ist, durch Windüberwachungsanlagen gesichert werden, die bei aufkommendem Sturm die Jalousetten automatisch hochziehen.

Bei dem in Bild **6**.151 dargestellten Kunststoff-Aluminium-Verbundfenster ist eine Jalousette witterungsgeschützt zwischen dem tragenden Kunststoff-Flügel und einer zusätzlichen äußeren Schallschutzverglasung eingebaut.

Eine Alternative für Sicht- und Sonnenschutz bieten Isolierglasjalousien. Bei ihnen sind regelbare Jalousien innerhalb von Isolierglasscheiben mit 22 mm Luftzwischenraum eingebaut (s.a. Abschn. 9.6 in Teil 1 dieses Werkes).

Auch transparente oder nicht durchsichtige Folien, die mit Motorantrieb verfahren werden können, lassen sich als Sicht- und Wärmeschutz in Isolierglasscheiben einbauen (Bild **6**.152).

6.8.4 Markisen

Als sehr wirksame außen liegende Sonnenschutzeinrichtungen kommen Stoffmarkisen in Frage. Die Bespannungsstoffe bestehen meistens aus wasser- und schmutzabweisend ausgerüsteten farbigen Acrylgeweben. Bei Standardbreiten von bis zu 12 m kann eine Ausladung von etwa 3,50 m erreicht werden.

Markisen müssen eine Sturmsicherheit bis zur Windstärke 5 haben. Bei größerer Windbelastung sind Windwächter einzubauen. Für große Anlagen sind Sonnen- und Regenwächter notwendig, mit deren Hilfe die Markisen gegebenenfalls automatisch einzeln oder auch in Gruppen motorisch eingefahren werden. Fast alle Markisenanlagen werden mit Sicherheits- bzw. TÜV-Prüfung geliefert. Markisen sind gemäß der europäisch, harmonisierten Produktnorm DIN EN 13 561 „Markisen" mit einem CE-Zeichen zu kennzeichnen.

Unterschieden werden *Fallmarkisen* für überwiegend vertikalen Sonnenschutz und ausfahrbare *Tragrohrmarkisen*.

Bei Fallmarkisen wird der Bespannungsstoff beim Absenken durch das Gewicht des unteren Abschlussprofils, das in seitlichen Führungen läuft, in seine Lage gebracht. Fallmarkisen kön-

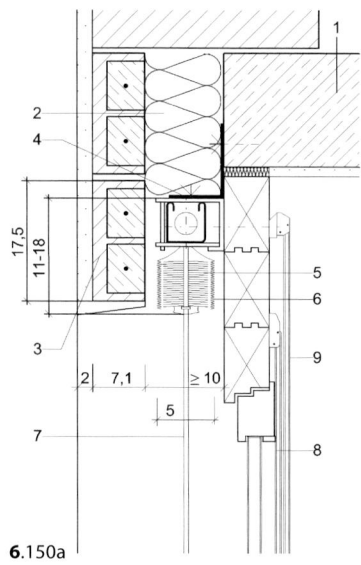 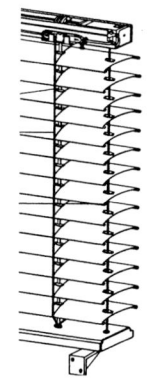 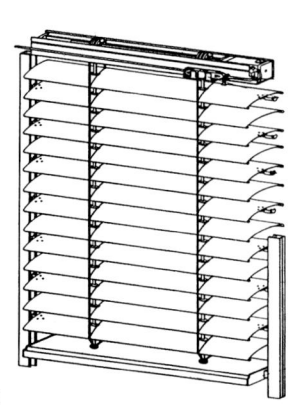

6.150a **6**.150b **6**.150c

6.150 Außenjalousette
  a) Schnitt
  b) Windsicherung mit Spanndraht (WAREMA)
  c) Windsicherung mit Führungsschiene

  1 Stahlbetondecke
  2 Wärmedämmung
  3 vorgefertigter Flachziegelsturz als Jalousieblende
  4 Metallwinkel zur Jalousienbefestigung
  5 Pakethöhe = 50 mm breiter Lamellenstapel mit Ober- und Unterschiene
  6 Leitkordel (Terylene)
  7 Windsicherung (Nylonspanndraht)
  8 Zugband
  9 Wendeschnüre zum Verstellen der Lamellenneigung

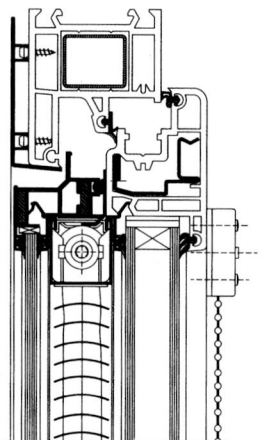 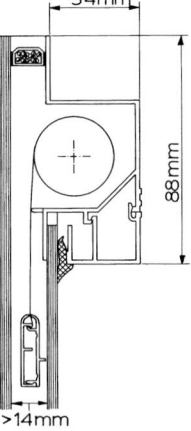

6.151 Jalousette, verglasungsintegriert in Kunststoff-Aluminium-Verbundfenster eingebaut (Finistral KAB®)

6.152 Sonnen-, Sicht- oder Wärmeschutz in Isolierglasscheibe integriert (Consafis)

6.8 Sonnenschutz

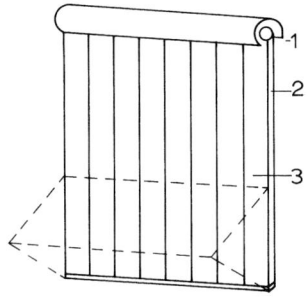
6.153a

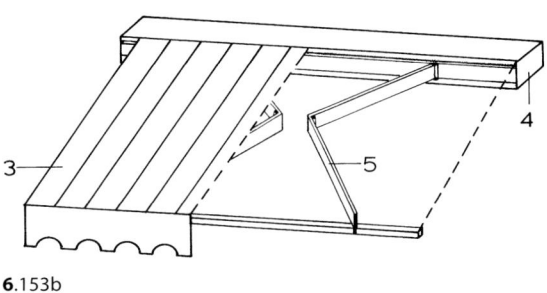
6.153b

6.153 Markisen
a) Fallmarkise (auch ausstellbar), b) Tragrohrmarkise
1 Schutzkasten bzw. -hülse
2 Seitenführung
3 Bespannungsstoff („Behang")
4 Tragrohr und Schutzkasten
5 Gelenkarme

nen auch über abgewinkelte Bauteile (z. B. bei Wintergärten) geführt werden und können ganz oder teilweise ausgestellt werden. Antrieb und aufgewickelter Bespannungsstoff liegen in hülsenförmigen Schutzkästen aus Aluminium und auch aus Acrylglas (Bild **6**.153a).

Tragrohr-Markisen haben freitragende Tragrohre, die mit den Hülsen bzw. Schutzkästen für die eingerollte Bespannung kombiniert sind. Sie werden an den Außenwänden oder an Deckenrändern verankert (Bild **6**.153b). Die Bespannung wird mit Hilfe von Gelenkarmen ausgefahren, die unter Federspannung stehen.

Der Antrieb der Markisen erfolgt in der Regel durch Walzenmotoren.

6.8.5 Außen liegende Lamellensysteme

Guten Schutz gegen steile Sonneneinstrahlung insbesondere an Südseiten von Fassaden bieten auskragend am Gebäude montierte Lamellensysteme aus Leichtmetall.

Bei der Planung sind je nach Anforderungen die genauen Sonnenstandsdaten in Abhängigkeit von der geographischen Lage zu berücksichtigen. Die Sonnenschutzlamellen können starr eingebaut werden oder schwenkbar mit motorischer Steuerung zur Anpassung an die jeweils optimale Beschattungsposition (Bild **6**.154).

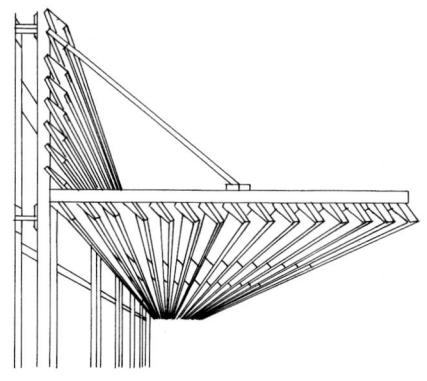
6.154a

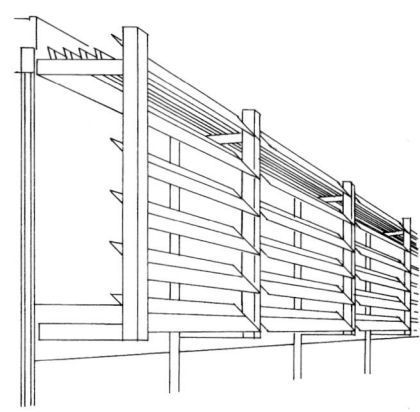
6.154b

6.154 Außen liegende Lamellen-Systeme (COLT International)
a) Horizontal auskragende Lamellenkonstruktion (Unisunr®)
b) Sonnenschutzsystem mit steuerbaren Lamellen (Solarfin®)

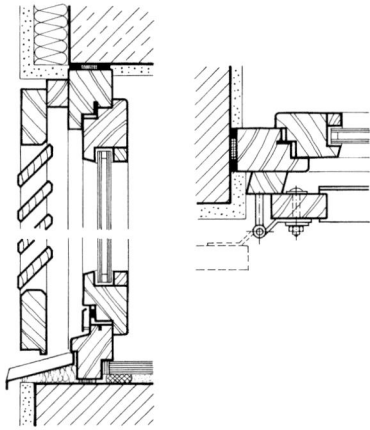
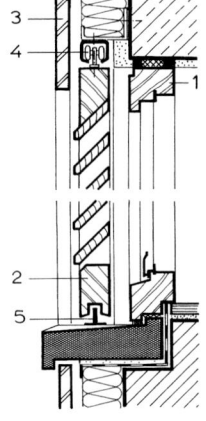

6.155 Klappladen

6.156 Schiebeladen
1 Blendrahmen
2 Schiebeladen
3 Gesimsverbretterung
4 Laufwerk
5 Führungsschiene mit Verriegelung

Für flach einfallendes Sonnenlicht aus östlichen oder westlichen Richtungen ist vertikale Lamellenanordnung zweckmäßig.

6.8.6 Fensterläden und Schiebeläden

Als Sonnenschutz, zum Schutz gegen Einblick und auch zur Einbruchhemmung werden Klapp- oder Schiebefensterläden ausgeführt. Sie werden als Holz-, Kunststoff- oder Leichtmetall-Läden hergestellt und bestehen aus Rahmen mit vollflächigen Füllungen oder aus eingeschobenen, schräg gestellten Leisten, die die Lüftung und einen gewissen Lichtdurchfall erlauben. Sein Drehlager hat der Klappladen an Stützkloben (bzw. Plattenstützkloben) die am Fensterrahmen angeschraubt oder im Mauerwerk befestigt werden können. Im geschlossenen Zustand wird der Laden oben und unten durch Schubriegel festgestellt. Die Bedienung erfolgt meistens von Hand, doch gibt es auch Elektroantriebe für Klappladen (Bild **6**.155). Fensterläden sind gemäß der europäisch, harmonisierten Produktnorm EN 13 659 „Abschlüsse Außen" mit einem CE-Zeichen zu kennzeichnen.

Dichte Klappläden können eine Verbesserung des temporären Wärmeschutzes im Fensterbereich bewirken, wenn sie an der Leibung oder dem Fensterrahmen anschließen.

Schiebeläden eignen sich zur Einbruchshemmung für große Fensteröffnungen, wenn Klappläden wegen zu großer Flügelgewichte nicht in Frage kommen. Die obere Führung sollte durch Schutzkästen oder durch übergreifende Fassadenteile witterungsgeschützt sein (Bild **6**.156).

6.9 Einbruchhemmung

Allgemeines

Neben Haustüren stellen leicht zugängliche Fenster und Fenstertüren den von Einbrechern am häufigsten gewählten Zugang dar.

Es muss vorab festgestellt werden, dass es einen weitgehenden Einbruchschutz allenfalls mit unverhältnismäßig großem Aufwand geben könnte. Die meisten Einbrüche werden jedoch nicht von besonders ausgerüsteten Profis sondern von Gelegenheitstätern ausgeführt. Sie werden durch erkennbare Sicherungseinrichtungen abgeschreckt, weil zum Einbruch ein zu großer Aufwand und ein entsprechend großes Entdeckungsrisiko bestehen.

Die Bestrebungen der Einbruchshemmung bei Fenstern und Fenstertüren gehen deshalb dahin, gegen gewaltsames Eindringen einen je nach Erfordernissen mehr oder weniger lang hemmenden Widerstand zu gewährleisten. Dem Planer und dem Auftraggeber fällt es im Einzelfall zu, den zur Einbruchhemmung erforderlichen Aufwand zu definieren.

Immer müssen Sicherungen gegen Einbruch nicht nur für die Fenster allein, sondern im Zu-

6.9 Einbruchhemmung

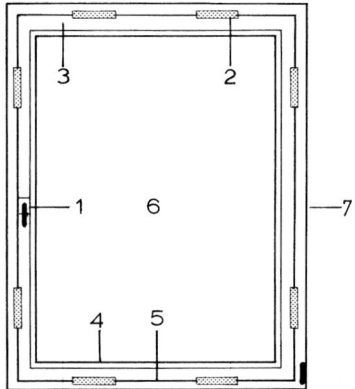

6.157 Konstruktionsmerkmale einbruchhemmender Fenster
1 abschließbarer Fenstergriff mit definierten Anforderungen zum Schutz des Getriebes und mit Sicherung gegen Aufbohren
2 verstärkte Beschläge
3 verstärkte Rahmenkonstruktion
4 verstärkte Glashalteleiste
5 einbruchhemmend wirksame Falzausbildung
6 Verglasung nach DIN EN 356 und DIN EN 1063
7 Einbau nach besonderer Vorschrift in geeignete Baukörper

sammenhang mit allen anderen Außenbauteilen geplant werden.

Bereits bei der Gebäudeplanung sollte z. B. darauf geachtet werden, dass in der Nähe von besonders gefährdeten Fenster- und Türöffnungen wie Kelleraußentüren und Terrassentüren keine gegenüberliegenden Ansatzflächen vorhanden sind, die das Eindrücken mit Hilfe von Hebeln, Wagenhebern, u. Ä. erleichtern.

Begriffe, Anforderungen und Konstruktionen sind in DIN EN 1063, DIN EN 1627 ff. (Türen, Fenster, Vorhangfassaden, Gitterelemente und Abschlüsse; Einbruchhemmung; Anforderungen und Klassifizierung) und durch DIN EN 356 (Sicherheitssonderverglasung; Widerstand gegen manuellen Angriff) geregelt.

Als einbruchhemmend werden Fenster bezeichnet, wenn bei Einbruchversuchen mit körperlicher Gewalt (z. B. durch Tritte, Schulterstoß) und auch unter Anwendung von Werkzeugen (Brecheisen, Spaten, Bohrer, Hammer, Steinwurf usw., nicht jedoch Sprengstoff o. Ä.) eine bestimmte Widerstandszeit erreicht wird, bis zu der eine durchgangsfähige Öffnung erreicht werden kann. Hierzu müssen die Fenster geschlossen und verriegelt sein. Allerdings sind auf dem Markt geprüfte RC 2 Elemente verfügbar, die auch im gekippten Zustand eine einbruchhemmende Wirkung aufweisen.

Widerstandsklassen. Einbruchhemmung in allen Widerstandsklassen entsteht nicht durch Einzelmaßnahmen, sondern durch das Zusammenwirken der verschiedenen konstruktiven Schutzmaßnahmen an Fensterrahmen, Beschlägen, Verschlüssen, Verglasung, Einbau bzw. Verankerung im Bauwerk usw. (Bild **6.**157).

Je nach Sicherungsgrad werden in DIN EN 1627 die Widerstandsklassen RC 1 bis RC 6 unterschieden.

Den einzelnen Widerstandsklassen sind Verglasungen mit durchwurf- und durchbruchhemmenden Sicherheitssondergläsern nach DIN EN 356 zugeordnet (Widerstandsklassen P1A bis P5A sowie P6B bis P8B; Tabelle **6.**158).

Sicherheitssonderverglasungen mit Widerstand gegen Beschuss sind genormt nach DIN EN 1063 (Widerstandsklassen BR 1 – NS bis BR 7 – S).

Sicherheitssondergläser müssen durch spezielle, nicht entfernbare Aufkleber oder Beschriftung entsprechend gekennzeichnet sein.

In der Widerstandsklasse RC 1 bestehen keine Anforderungen an eine durchwurfhemmende Verglasung. Fenster der Widerstandsklasse RC 1 stellen daher lediglich eine Grundsicherungsstufe dar.

Die Einordnung erfolgt auf Grund von genormten Prüfabläufen nach DIN EN 1628 bis 1630.

Bei der dynamischen Teilprüfung dürfen Stoßkörper aus jeweils verschiedenen Fallhöhen die geprüften Fenster nicht so weit beschädigen, dass durchgangsfähige Öffnungen entstehen (> ca. 250 x 400 mm).

Bei der Manuellen Teilprüfung wird in Einbruchsversuchen mit unterschiedlichen Werkzeugsätzen und entsprechend den bekannten Vorgehensweisen von Einbrechern die Widerstandszeit der Prüfstücke festgestellt.

Beispiel für Widerstandsklasse RC 3:
Bei einer maximalen Prüfdauer von 20 Minuten mit dem Werkzeugsatz B muss die Konstruktion eine Widerstandszeit von mindestens 5 Minuten erreichen.
Das Ergebnis wird durch entsprechende Zertifikate belegt (Tabellen **6.**158 und **6.**159).

Tabelle **6**.158   Kriterien für die Auswahl der Widerstandsklasse (Tätertyp, Täterverhalten, Einsatzort, Risiko und Einsatzempfehlung

Widerstandsklasse	Erwarteter Tätertyp, mutmaßliches Täterverhalten	Empfohlener Einsatzort des einbruchhemmenden Bauteils		
		A Wohnobjekte	B Gewerbeobjekte, öffentliche Objekte	C Gewerbeobjekte, öffentliche Objekte (hohe Gefährdung)
RC 1 N	Bauteile der Widerstandsklasse RC 1 N weisen einen Grundschutz gegen Aufbruchversuche mit körperlicher Gewalt wie Gegentreten, Gegenspringen, Schulterwurf, Hochschieben und Herausreißen auf (vorwiegend Vandalismus). Bauteile der Widerstandsklasse RC 1 N weisen nur einen geringen Schutz gegen den Einsatz von Hebelwerkzeugen auf.	Wenn Einbruchhemmung gefordert wird, wird der Einsatz der Widerstandsklasse RC 1 N nur bei Bauteilen empfohlen, bei denen kein direkter Zugang (nicht ebenerdiger Zugang) möglich ist.		
RC 2 N	Der Gelegenheitstäter versucht, zusätzlich mit einfachen Werkzeugen wie Schraubendreher, Zange und Keile, das Bauteil aufzubrechen.	a)	a)	
RC 2	Der Gelegenheitstäter versucht, zusätzlich mit einfachen Werkzeugen wie Schraubendreher, Zange und Keile, das Bauteil aufzubrechen.	durchschnittliches Risiko	durchschnittliches Risiko	
RC 3	Der Täter versucht zusätzlich mit einem zweiten Schraubendreher und einem Kuhfuß das Bauteil aufzubrechen.	hohes Risiko	hohes Risiko	hohes Risiko
RC 4	Der erfahrene Täter setzt zusätzlich Sägewerkzeuge und Schlagwerkzeuge wie Schlagaxt, Stemmeisen, Hammer und Meißel- sowie eine Akku-Bohrmaschine ein.			geringes Risiko
RC 5	Der erfahrene Täter setzt zusätzlich Elektrowerkzeuge wie z. B. Bohrmaschine, Stich- oder Säbelsäge und Winkelschleifer ein.			durchschnittliches Risiko
RC 6	Der erfahrene Täter setzt zusätzlich leistungsfähige Elektrowerkzeuge, wie z. B. Bohrmaschine, Stich- oder Säbelsäge und Winkelschleifer ein.			hohes Risiko

a) Wenn Einbruchhemmung gefordert wird, wird der Einsatz der Widerstandsklasse RC 2 N nur bei Bauteilen empfohlen, bei denen kein direkter Angriff auf die eingesetzte Verglasung zu erwarten ist.

ANMERKUNGEN: Diese Tabelle stellt lediglich eine ungefähre Orientierung dar. Fachkundige Beratung z. B. durch die örtlichen Beratungsstellen der Polizei, ist unerlässlich. Die Abschätzung des Risikos sollte unter Berücksichtigung der Lage des Gebäudes (geschützt/ungeschützt), Nutzung und Sachwertinhalt auf eigene Verantwortung erfolgen. Bei hohem Risiko sollten zusätzlich geprüfte und zertifizierte Einbruchmeldeanlagen eingesetzt werden.

Bei der Auswahl von einbruchhemmenden Elementen der Widerstandsklassen 4 bis 6 ist anzumerken, dass bei der Auswahl solcher Elemente in Flucht- und Rettungswegen der Werkzeugeinsatz der Feuerwehr erschwert und deshalb zu berücksichtigen ist.

Außensteckdosen, z. B. im Hausflur, im Garten oder im Bereich der Terrasse sollten spannungslos sein, um ihre Benutzung durch den Einbrecher zu verhindern.

geringes Risiko   durchschnittliches Risiko   hohes Risiko

Eine sehr weit gehende Sicherung bieten Fenster (und Türen), die Durchschusshemmung nach DIN EN 1522 in Verbindung mit Verglasungen nach DIN EN 1063 gewährleisten. Es gelten die Widerstandsklassen FB 2 bis FB 6 in Verbindung mit Verglasungen der Widerstandsklassen BR 1-NS/S bis BR 6-NS/S (Tabelle **6**.160).

Derartige Fenster werden aus gepanzerten, schweren Aluminium-Spezialprofilen mit speziellen verschließbaren Sicherheitsbeschlägen her-

6.9 Einbruchhemmung

Tabelle **6**.159   Einbruchhemmung von Fenstern, Türen, Abschlüssen: Anforderungen an die Verglasung (DIN EN 356)

DIN EN 1627	Klassifizierung Glas nach DIN EN 356	Typischer Glasaufbau Gesamtdicke in mm
RC 2	EN 356 P4 A	24-27
RC 3	EN 356 P5 A	27-32
RC 4	EN 356 P6 B	32-37
RC 5	EN 356 P7 B	38-45
RC 6	EN 356 P8 B	47-50

Anmerkung: Für Widerstandsklassen RC 1 N und RC 2 N bestehen keine Anforderungen an die Verglasungen, jedoch kann bei Verglasung mit einer geringeren Widerstandsklasse als P4 A die Verwendung eines Beschlages erforderlich sein, bei dem zur Entriegelung ein abnehmbarer Schlüssel notwendig ist.

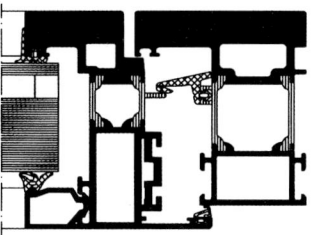

6.161   Durchschusshemmendes Fenster mit durchschusshemmender Isolierverglasung (SCHÜCO Royal S 70 DH®)

gestellt. Die Verglasung besteht aus mehrschichtigen Sicherheitsverbundgläsern. Es ergeben sich dadurch ganz erhebliche Flügelgewichte, bei denen motorische Öffner in Verbindung mit fernbedienbaren Ent- bzw. Verriegelungen in Frage kommen (Bild **6**.161).

Fenster der höchsten Widerstandsgruppen verfügen meistens über elektronische Öffnungs- und Verschlussüberwachungen auch mit Anschluss an Einbruchmeldeanlagen.

Es bedarf kaum der Erwähnung, dass derartige Fenster sehr kostenaufwändig sind. Es sollten deshalb zusätzlich Rollladen, Rollgitter und feste Gitter als Schutzmaßnahmen in Erwägung gezogen werden. Sie bieten bei entsprechender Ausführung einen verbesserten Schutz und wirken abschreckend. Außerdem werden nach vergeblichen Einbruchsversuchen die oft sehr hohen Kosten für die Reparatur von Schäden an den einbruchhemmenden Fenstern vermieden (s. Abschn. 6.8.2).

Konstruktive Maßnahmen

Einbruchhemmende Fenster können in beliebigen Konstruktionen und Materialarten hergestellt werden.

Tabelle **6**.160   Durchschusshemmung nach DIN EN 1522 bzw. DIN EN 1063; Klassifizierung und Anforderungen für die Prüfung

Widerstandsklassen Heute	Beanspruchung Waffenart	Kaliber	Prüfentfernung m	Verglasung DIN EN 1063
FB 2	Revolver	9 mm Luger	5,0 ± 0,5	BR 2-NS/S
FB 3	Revolver	357 Magnum	5,0 ± 0,5	BR 3-NS/S
FB 4	Revolver	44 Remington 357 Magnum	5,0 ± 0,5	BR 4-NS/S
FB 5	Gewehr	5,56 × 45	10,0 ± 0,5	BR 5-NS/S
FB 6	Gewehr	7,62 mm × 51	10,0 ± 0,5	BR 6-NS/S

Sie müssen so beschaffen sein, dass an den Falzen zwischen Flügel und Blendrahmen ein Eingriff mit Werkzeugen erschwert wird. Die Falztiefe und -breite müssen auf die erhöhten Anforderungen an die Steifigkeit der Rahmen und die Anbringung von Verriegelungsteilen abgestimmt sein.

In der Regel sind spezielle verstärkte Verriegelungsbeschläge mit Pilzkopfzapfen erforderlich in Verbindung mit verstärkten und besonders montierten Fensterbändern sowie mit abschließbaren Betätigungsgriffen. Für verschließbare Betätigungsgriffe müssen hochwertige Zylinder mit Aufbohrsicherung verwendet werden.

Die Verriegelungen müssen besondere Sicherungen aufweisen gegen das Öffnen von außen mit Hilfe von gewissen Bohrungen.

Gegen das Herausdrücken der Verglasung sind die innen liegenden Glashalteleisten ausreichend zu dimensionieren und zu befestigen.

Der Schutz der unteren Falzfuge zwischen Blend- und Flügelrahmen wird verbessert durch verstärkte Wetterschutzschienen bzw. Wetterschutzschienen mit Blendrahmenabdeckung. Bei Holzfenstern sollten möglichst lange Befestigungsschrauben zum Schutz gegen gewaltsames Herausreißen schräg und in leicht versetzten Richtungen eingedreht werden (Bild **6**.162).

Beschlagteile bei Kunststofffenstern müssen in den Stahlverstärkungen der Profile verankert sein.

Für einbruchhemmende Fenster sollten einflügelige Fenster oder Fenster mit festem Mittelpfosten bevorzugt werden. Kritisch für die Einbruchsicherung sind mehrflügelige Fensterelemente, Oberlichter und Hebeflügelkonstruktionen. Letztere sind auch deshalb fast völlig vom Markt verschwunden, obwohl sie immer noch in vielen Publikationen in Verbindung mit Bauwerksanschlüssen, Abdichtungen usw. gezeigt werden.

Bauwerksanschluss

Unbedingt erforderlich sind für einbruchhemmende Fenster besondere Bauwerksanschlüsse, bei denen das Herausbrechen kompletter Fenster allenfalls unter größter Gewaltanwendung möglich wäre. Voraussetzung für eine sichere Montage und Verankerung der Fenster sind entsprechend beanspruchbare Außenwandkonstruktionen (Tabelle **6**.163). Nötigenfalls müssen Außenwände aus Hohlblock- oder Leichtbetonwänden an den Verankerungspunkten der Fenster durch Vollsteinmauerwerk o. Ä. verstärkt werden.

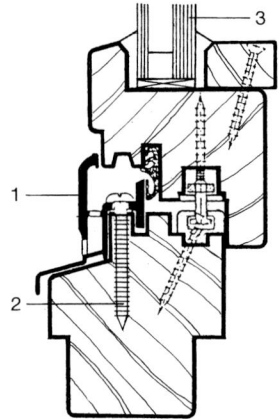

6.162 Einbruchhemmendes Fenster: Unterer Blend- und Flügelrahmenanschluss mit verstärkter Regenschutzschiene
1 Regenschutzschiene (Materialdicke 3 mm)
2 verlängerte Befestigungsschrauben
3 Verglasung mit VSG-Glas und breite Glashalteleisten

Übliche Befestigungen der Blendrahmen mit Bankeisen in Verbindung mit loser Hinterfüllung aus Mineralwolle reichen für einbruchhemmende Fenster ab Widerstandsklasse RC 2 nicht aus. Nur möglichst tief in widerstandsfähige Teile des Bauwerkes eingreifende Falzschrauben und Hinterfüllung mit Montageschaum bieten ausreichenden Schutz gegen das Herausbrechen der Verankerungen.

Die Fenster müssen je Verriegelungspunkt zwischen Blendrahmen und Flügelrahmen (Bänder, Sicherungsbolzen, Sicherheitsverriegelung usw.) mit mindestens einem Befestigungsmittel (Bankeisen, Blendrahmenschraube usw.) am Bauwerk verankert werden.

Hochwertige einbruchhemmende Fenster werden an einbetonierten Stahlprofilen verschraubt.

Für den Einbau sind genaue Montageanweisungen zu geben und zu überwachen. Über die ordnungsgemäße Montage muss eine Bescheinigung nach DIN-Muster durch die einbauende Firma vorgelegt werden.

Geprüfte und zertifizierte einbruchhemmende Fenster können auf Antrag in das Herstellerverzeichnis der Kommission Polizeilicher Kriminalprävention (KPK) aufgenommen werden.

Tabelle 6.163   Zuordnung der Widerstandsklassen von einbruchhemmenden Bauteilen zu Massivwänden

Widerstandsklasse des Bauteils nach DIN EN 1627	Umgebende Wände					
	aus Mauerwerk nach DIN EN 1996-1 (Eurocode 6) (vormals DIN 1053 Teil 1)				aus Stahlbeton nach DIN EN 1992-1 (Eurocode 2) und DIN 1045	
	Wanddicke (ohne Putz) mm	Druckfestigkeitsklasse der Steine (DFK)	Rohdichteklasse der Steine (RDK)	Mörtelgruppe	Nenndicke mm min.	Festigkeitsklasse min.
RC 1 N RC 2 N RC 2	≥115	≥12	–	min. MG II / DM	≥100	B 15
RC 3	≥115	≥12	–	min. MG II / DM	≥120	B 15
RC 4	≥240	≥12	–	min. MG II / DM	≥140	B 15
RC 5	≥240	≥20	≥1,8	DM	≥140	B 15
RC 6	≥240 [a]	≥20	≥1,8	DM	≥140	B 15

[a] Anwendbar auf Formate der Höhe 238 mm, 498 mm, 623 mm und 648 mm.

6.10 Lüftungseinrichtungen

Nach DIN 4108-2 Abschn. 4.2.3 wird aus Gründen der Hygiene, zur Begrenzung der Luftfeuchtigkeit und ggf. auch zur Zuführung von Verbrennungsluft ein ausreichender Luftwechsel gefordert. Planungshinweise enthalten DIN EN 1946-4, 1946-6 und 1946-7 sowie die VDI 2719 und ift- Richtlinien LU 01/1 06/2007 und LU- 02/1 03/2010.

Bei Gebäuden mit hohem Wärmeschutz und mit modernen dichten Fenstern und einwandfreien Bauwerksanschlüssen (s. Abschn. 6.3) findet allenfalls ein sehr geringer natürlicher Luftaustausch statt. Bei geschlossenen Fenstern kommt es daher bei einer Luftwechselrate von weniger als 0,5 pro Stunde in normal temperierten Aufenthaltsräumen rasch zu einer kritischen Erhöhung der Luftfeuchtigkeit und zu der Gefahr von Kondensatbildung an unvermeidlichen Schwachstellen der Wärmedämmung (z. B. Raumecken, Fensterleibungen, schlecht durchlüftete Bereiche z. B. hinter Möbeln).

Die qualifizierte Lüftung eines Gebäudes ist wesentlich für das Wohlbefinden innerhalb von Gebäuden. Zu geringe Lüftung führt zudem häufig zu Bauschäden, gerade im Hinblick auf dichter werdende Gebäudehüllen. Wenn zusätzlich Anforderungen an die Schalldämmung der Außenbauteile gestellt werden, ist eine Lüftung auf dem herkömmlichen Weg durch geöffnete Fenster nur bedingt möglich, da aufgrund der niedrigen Schalldämmung geöffneter Fenster der Schallpegel im Raum zu hoch wird.

Bei den durch die Energieeinsparverordnung (EnEV) gegebenen Anforderungen an fast absolute Luftdichtheit bzw. äußerst geringe Fugendurchlässigkeit der Fenster sind die berechtigten Ansprüche auf ausreichenden Luftwechsel ohne zusätzliche technische Maßnahmen nicht zu erfüllen.

Der Planung der Raumlüftung – auch in Verbindung mit der Wärmerückgewinnung – muss daher künftig noch größere Aufmerksamkeit gewidmet werden.

Zu beachten sind folgende Gesichtspunkte:
- Luftqualität/Lufthygiene,
- Begrenzung der Luftfeuchtigkeit, Energieeinsparung durch richtig gewählte Volumenströme[1],
- Schallschutz,
- Vermeidung von Zugluft,
- Brand- und Rauchschutz
- ggf. Überströmöffnungen zwischen den Räumen.

---

[1] Anzugeben ist bei natürlichen Lüftungseinrichtungen der erforderliche Luftvolumenstrom V durch die Lüfter bei einer bestimmten Druckdifferenz Δp (2, 4, 6 oder 8 Pa). Daraus leitet sich der erforderliche Strömungskoeffizient k und der Strömungsexponent n ab ($V = k \times \Delta p^n$). Bei motorischen Lüftern ist der erforderliche Luftvolumenstrom V bei 8 Pa Druckdifferenz anzugeben. Handelt es sich um regelbare Geräte, dann ist zu Beschreibung der Kennlinie der minimale und maximale Volumenstrom V_{min} und V_{max} anzugeben.

Für die Integration der Fenster in ein Lüftungskonzept existieren unterschiedliche Ansätze. So kann das Fenster eine passive Rolle bei der Zuluft- und/oder Abluftführung übernehmen. Dazu werden Lüftungseinrichtungen in oder am Fenster montiert. Passive Fensterlüfter können auch mit zentralen Abluftsystemen kombiniert sein.

Aktive Einheiten mit Ventilatoren und Wärmerückgewinnungsfunktion können im oder am Fenster positioniert sein.

Kontrollierte Lüftung. Zur kontrollierten Lüftung sind eine Reihe von regelbaren Einrichtungen auf den Markt gekommen. Mit ihnen kann bei richtiger Dimensionierung ein teilweise auch automatisch geregelter ausreichender Luftwechsel für Aufenthaltsräume sichergestellt werden, ohne dass es zu unverhältnismäßig großen Wärmeverlusten kommt. Sie können in die Fensterrahmen oder in die Brüstung eingebaut werden.

Alle derartigen Lüftungselemente müssen in geschlossenem Zustand die gleiche Fugendichtigkeit wie die Fenster aufweisen.

Ein zugfreier Luftaustausch kann z. B. durch besondere Spaltlüftungsbeschläge erreicht werden. Mit ihnen wird der Öffnungswinkel des Fensterflügels in Dreh- und Kippstellung so begrenzt, dass die umlaufenden Falzdichtungen nicht mehr überall anliegen und ein umlaufender Lüftungsspalt entsteht.

Der Luftaustausch kann ohne Öffnung der Fenster auch durch regelbare Spaltlüfter erreicht werden, die in den oberen und unteren entsprechend dimensionierten Flügelrahmen eingebaut werden (Bild **6**.164).

Ähnlich wirkende regelbare Spaltlüfter gibt es für (auch nachträglichen) Einbau in der Verglasungsebene der Fensterflügel. Bei dem gezeigten Beispiel mit einer drehbaren Regulier- und Dichtungswalze wird das Lüfterelement in den oberen Glasfalz eingesetzt und hat auf seiner Unterseite eine Profilierung zur Aufnahme von Isolierverglasungen (Bild **6**.165).

Das in Bild **6**.166 gezeigte Lüftungssystem wird unterhalb von Fenstern in die Brüstung eingebaut. Walzenventilatoren saugen Frischluft an, die auf der Raumseite über Heizelemente geleitet werden kann.

Die mit Ventilatoren ausgestatteten Systeme können teilweise steuerungstechnisch in die Heizungstechnik der Gebäude integriert werden (vgl. auch Abschn. 6.2.1).

Lüftungseinrichtungen mit Wärmerückgewinnung (WRG). Die Anrechnung der Wärmerückgewinnung aus Lüftungsanlagen auf die Energiebilanz eine Gebäudes ist auf Grund der EnEV möglich (s. Abschn. 16.2, 16.4 und 17.5.1, 17.5.2, 17.5.8.6 und 17.5.8.9 in Teil 1 des Werkes). Sie darf bei den Wärmeschutznachweisen jedoch nur erfolgen, wenn die Dichtigkeit des Gebäudes nach DIN EN 13 829 nachgewiesen wird, in der Lüftungsanlage die Zuluft nicht unter Einsatz von elektrischer oder aus fossilen Brennstoffen gewonnener Energie gekühlt wird und wenn die Lüftungsanlage den Mindestluftwechsel sicherstellt.

Bei fast allen der erwähnten Lüftungseinrichtungen wird zwar den strikten Forderungen der Energieeinsparung Rechnung getragen, doch sind alle Lösungen mit z. T. recht erheblichen Zusatzkosten für Herstellung, Betrieb und Wartung verbunden. Insbesondere ist das Problem der Verschmutzung durch staub- und pollenbelastete Außenluft zu bedenken.

Auch erfordert bei vielen Systemen die Gefahr der Tauwasserbildung an den Luftdurchlässen eine kritische Beachtung.

Wenig sinnvoll ist es auch, einerseits die Benutzer mit komplizierten und teuren Lüftungseinrichtungen zu konfrontieren, auf der anderen Seite eine weitgehend unkontrollierte Lüftung durch Drehkippbeschläge zu ermöglichen. Schließlich lösen in der Praxis des Alltages viele Nutzer das Problem der zu dicht schließenden Fenster wesentlich weniger aufwändig durch teilweises Entfernen der Falzdichtungen.

Für den Einsatz in besonders lärmbelasteten Gebieten können hochgradig schallschluckende labyrinthartige Lüftungselemente mit oder ohne Ventilatoren unentbehrlich sein (Bild **6**.167).

6.10 Lüftungseinrichtungen

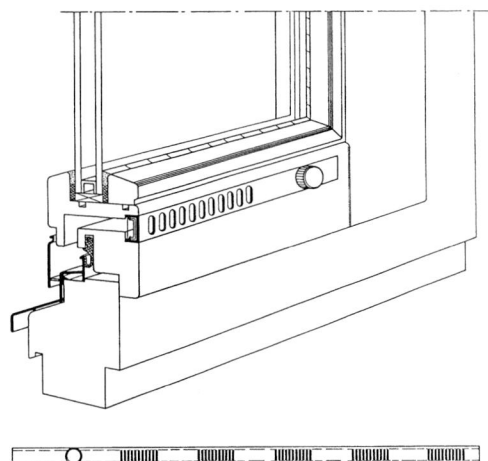

6.164 Spaltlüfter für den Einbau in Flügelrahmen (BUG-Lüftung®)

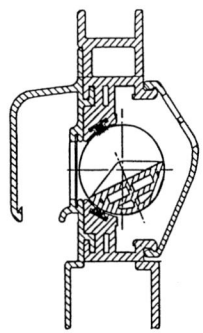

6.165 Spaltlüfter für den Einbau in der Verglasungsebene (Lüftomatic LR 6®)

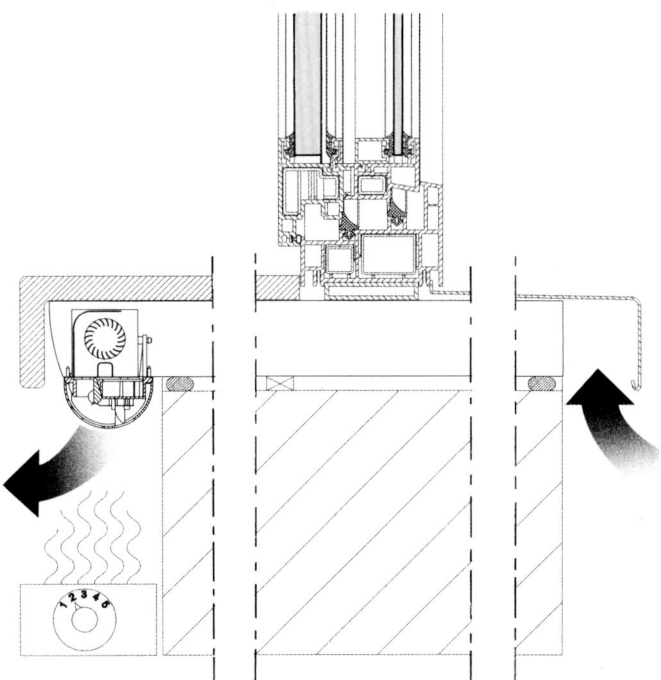

6.166 Lüftungselement zum Einbau in die Fensterbrüstung (Siegenia AEROFLAT®)

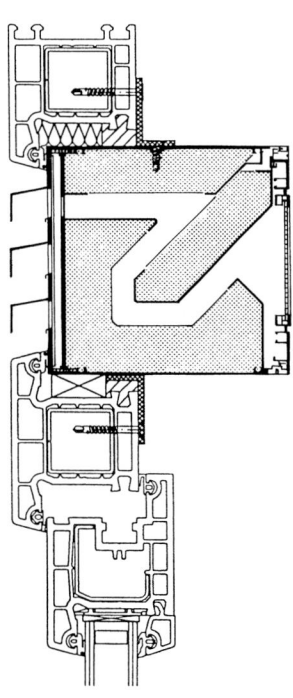

6.167 Schalldämmendes Lüftungselement (VEKA/Gretsch-Unitas Schalldämmlüfter®)

6.11 Normen

Norm	Ausgabedatum	Titel
DIN 107	04.1974	Bezeichnung mit links oder rechts im Bauwesen
DIN EN 107	02.1982	Prüfverfahren für Fenster; Mechanische Prüfungen
DIN EN 350	12.2016	Dauerhaftigkeit von Holz- und Holzprodukten – Prüfung und Klassifizierung der Dauerhaftigkeit von Holz und Holzprodukten gegen biologischen Angriff
DIN EN 350 Ber.1	05.2017	–; –;Berichtigung zu DIN EN 350:12.2016
DIN EN 356	02.2000	Glas im Bauwesen - Sicherheitssonderverglasung – Prüfverfahren und Klasseneinteilung des Widerstandes gegen manuellen Angriff
DIN EN 410	04.2011	– ; Bestimmung der lichttechnischen und strahlungsphysikalischen Kenngrößen von Verglasungen
DIN EN 572-1	06.2016	Glas im Bauwesen - Basiserzeugnisse aus Kalk-Natronsilicatglas – Definitionen und allgemeine physikalische und mechanische Eigenschaften
DIN EN 572-2	11.2012	– ; – ;- Floatglas
DIN EN 572-3	11.2012	– ; – ;- Poliertes Drahtglas
DIN EN 572-4	11.2012	– ; – ;- Gezogenes Flachglas
DIN EN 572-5	11.2012	– ; – ;- Ornamentglas
DIN EN 572-6	11.2012	– ; – ;- Drahtornamentglas
DIN EN 572-7	11.2012	– ; – ;- Profilbauglas mit oder ohne Drahteinlage
DIN EN 572-8	06.2016	– ; – ;- Liefermaße und Festmaße
DIN EN 942	06.2007	Holz in Tischlerarbeiten – Allgemeine Anforderungen
DIN EN 1026	09.2016	Fenster und Türen - Luftdurchlässigkeit – Prüfverfahren
DIN EN 1027	09.2016	– ; Schlagregendichtheit – Prüfverfahren
DIN EN 1051-1	04.2003	Glas im Bauwesen; Glassteine und Betongläser, Begriffe und Beschreibungen
DIN EN 1063	01.2000	Glas im Bauwesen - Sicherheitssonderverglasung - Prüfverfahren und Klasseneinteilung für den Widerstand gegen Beschuss
DIN EN 1096-1	04.2012	–; Beschichtetes Glas; Definitionen und Klasseneinteilung
DIN EN 1191	04.2013	Fenster und Türen – Dauerfunktionsprüfung – Prüfverfahren
DIN 1259-1	09.2001	Glas; Begriffe für Glasarten und Glasgruppen
DIN 1259-2	09.2001	–; Begriffe für Glaserzeugnisse
DIN EN 1279-1	10.2018	Glas im Bauwesen - Mehrscheiben-Isolierglas; Allgemeines, Systembeschreibung, Austauschregeln, Toleranzen und visuelle Qualität
DIN EN 1522	02.1999	Fenster, Türen, Abschlüsse - Durchschusshemmung - Anforderungen und Klassifizierung
DIN EN 1523	02.1999	Fenster, Türen, Abschlüsse; Durchschusshemmung; Prüfverfahren
DIN EN 1627	09.2011	–; Türen, Fenster, Vorhangfassaden, Gitterelemente und Abschlüsse; Einbruchhemmung; Anforderungen und Klassifizierung
E DIN EN 1627/A1	08.2015	–; –; Einbruchhemmung; Anforderungen und Klassifizierung
DIN EN 1628	03.2016	–; –; Prüfverfahren für die Ermittlung der Widerstandsfähigkeit unter statischer Belastung
DIN EN 1629	03.2016	–; –; Prüfverfahren für die Ermittlung der Widerstandsfähigkeit unter dynamischer Belastung
DIN EN 1630	03.2016	–; –; Prüfverfahren für die Ermittlung der Widerstandsfähigkeit gegen manuelle Einbruchsversuche
DIN EN 1935	05.2002	Baubeschläge - Einachsige Tür- und Fensterbänder, Anforderungen und Prüfverfahren
DIN EN 1991-1-4	12.2010	Eurocode 1: Einwirkung auf Tragwerke - Teil 1-4: Allgemeine Einwirkungen, Windlasten
DIN EN 1991-1-4/NA	12.2010	Nationaler Anhang - National festgelegte Parameter – Eurocode 1: Einwirkungen auf Tragwerke Teil 1–4

6.11 Normen

Normen, Fortsetzung

Norm	Ausgabedatum	Titel
DIN 4108-2	02.2013	Wärmeschutz und Energieeinsparung in Gebäuden; Mindestanforderungen an den Wärmeschutz
DIN 4108-3	10.2018	–; Klimabedingter Feuchteschutz; Anforderungen, Berechnungsverfahren, und Hinweise für Planung und Ausführung
DIN 4108-4	03.2017	–; Wärme- und feuchteschutztechnische Bemessungswerte
DIN V 4108-6	06.2003	–; Berechnung des Jahresheizwärme- und Jahresheizenergiebedarfes
DIN 4108-7	01.2011	–; Luftdichtheit von Gebäuden, Anforderungen, Planungs- und Ausführungsempfehlungen sowie -beispiele
DIN 4109-1	01.2018	Schallschutz im Hochbau; Mindestanforderungen
DIN 4109 Bbl. 2	11.1989	–; Hinweise für Planung und Ausführung; Vorschläge für einen erhöhten Schallschutz; Empfehlungen für den *Schallschutz* im eigenen Wohn- oder Arbeitsbereich
DIN 5034-1	07.2011	Tageslicht in Innenräumen; Allgemeine Anforderungen
DIN 5034-2	02.1985	–; Grundlagen
DIN 5034-3	02.2007	–; Berechnung
DIN 5034-4	09.1994	–; Vereinfachte Bestimmung von Mindestfenstergrößen für Wohnräume
DIN 5034-6	02.2007	–; Vereinfachte Bestimmung zweckmäßiger Abmessungen von Oberlichtöffnungen in Dachflächen'
DIN EN ISO 6946	03.2018	Bauteile - Wärmedurchlasswiderstand und Wärmedurchgangskoeffizient – Berechnungsverfahren
DIN EN ISO 7345	07.2018	Wärmeschutz; Physikalische Größen und Definitionen
DIN EN ISO 10 077-1	01.2018	Wärmetechnisches Verhalten von Fenstern, Türen und Abschlüssen – Berechnung des Wärmedurchgangskoeffizienten – Allgemeines
DIN EN ISO 10 211	03.2018	Wärmebrücken im Hochbau – Wärmeströme und Oberflächentemperaturen – Detaillierte Berechnungen
DIN EN 12 046-1	04.2004	Bedienkräfte – Prüfverfahren – Fenster
E DIN EN 12 046-1	04.2018	Bedienkräfte – Prüfverfahren – Fenster
DIN EN 12 150-1	12.2015	Glas im Bauwesen; Thermisch vorgespanntes Kalknatron-Einscheibensicherheitsglas; Definition und Beschreibung
DIN EN 12 207	03.2017	Fenster und Türen: Luftluftdurchlässigkeit – Klassifizierung
DIN EN 12 208	06.2000	Fenster und Türen: Schlagregendichtheit – Klassifizierung
DIN EN 12 210	09.2016	Fenster und Türen: Widerstandsfähigkeit bei Windlast; Klassifizierung
DIN EN 12 211	10.2016	Fenster und Türen; Widerstandsfähigkeit bei Windlast; Prüfverfahren
DIN EN 12 216	11.2002	Abschlüsse – Terminologie, Benennungen und Definitionen
E DIN EN 12 216	08.2016	Abschlüsse – Terminologie, Benennungen und Definitionen
DIN EN 12 365-1–4	12.2003	Baubeschläge – Dichtungen und Dichtungsprofile für Fenster, Türen und andere Abschlüsse sowie vorgehängte Fassaden
DIN EN 12 400	01.2003	Fenster und Türen – Mechanische Beanspruchung – Anforderungen und Einteilung
DIN EN 12 488	11.2016	Glas im Bauwesen – Empfehlungen für die Verglasung – Verglasungsgrundlagen für vertikale und geneigte Verglasungen
DIN EN 12 519	06.2004	Fenster und Türen; Terminologie; dreisprachige Fassung
E DIN EN 12 519	01.2015	Fenster und Türen; Terminologie
DIN EN ISO 12 543-1	12.2011	Glas im Bauwesen; Verbundglas und Verbund-Sicherheitsglas, Definitionen und Beschreibung von Bestandteilen
DIN EN ISO 12 543-2	12.2011	–; Verbundglas und Verbund-Sicherheitsglas; Verbundsicherheitsglas
DIN EN ISO 12 543-3	12.2011	–; Verbundglas und Verbund-Sicherheitsglas, Verbundglas
DIN EN ISO 12 543-5	12.2011	–; Verbundglas und Verbund-Sicherheitsglas, Maße und Kantenbearbeitung
DIN EN ISO 12 543-6	12.2011	–; Verbundglas und Verbund-Sicherheitsglas, Aussehen
DIN EN 12 758	04.2011	Glas im Bauwesen – Glas und Luftschalldämmung – Produktbeschreibungen und Bestimmung der Eigenschaften

Normen, Fortsetzung

Norm	Ausgabedatum	Titel
DIN EN 13 049	08.2003	Fenster – Belastung mit einem weichen, schweren Stoßkörper – Prüfverfahren, Sicherheitsanforderungen und Klassifizierung
DIN EN 13 115	11.2001	Fenster –Klassifizierung mechanischer Eigenschaften – Vertikallasten, Verwindung und Bedienkräfte
E DIN EN 13 115	04.2018	–; Klassifizierung mechanischer Eigenschaften – Vertikallasten, Verwindung und Bedienkräfte
DIN EN 13126-1	02.2012	Baubeschläge - Beschläge für Fenster und Fenstertüren – Anforderungen und Prüfverfahren; Gemeinsame Anforderungen an alle Arten von Beschlägen
DIN EN 13 420	07.2011	Fenster - Differenzklima - Prüfverfahren
DIN EN 13 501-2	12.2016	Klassifizierung von Bauprodukten und Bauarten zu ihrem Brandverhalten Klassifizierung mit den Ergebnissen aus den Feuerwiderstandsprüfungen, mit Ausnahme von Lüftungsanlagen
DIN EN 13 541	06.2012	Glas im Bauwesen; Sicherheitssonderverglasung; Prüfverfahren und Klasseneinteilung des Widerstandes gegen Sprengwirkung
DIN EN 13 561	08.2015	Markisen - Leistungs- und Sicherheitsanforderungen
DIN EN 13 659	07.2015	Abschlüsse außen - Leistungs- und Sicherheitsanforderungen
DIN EN 14 024	01.2005	Metallprofile mit thermischer Trennung, Mechanisches Leistungsverhalten – Anforderungen, Nachweise und Prüfungen für die Beurteilung
DIN EN 14 220	01.2007	Holz und Holzwerkstoffe in Außenfenstern, Außentüren und Außentürzargen - Anforderungen und Spezifikationen
DIN EN 14 351-1	12.2016	Fenster und Türen; Produktnorm, Leistungseigenschaften – Fenster und Außentüren
DIN EN ISO 14 438	09.2002	Glas im Bauwesen – Bestimmung des Energiebilanz-Wertes – Berechnungsverfahren
DIN EN 14 501	02.2006	Abschlüsse – Thermischer und visueller Komfort – Leistungsanforderungen und Klassifizierung
E DIN EN 14 501	06.2018	Abschlüsse - Thermischer und visueller Komfort - Leistungsanforderungen und Klassifizierung
DIN EN 14 608	04.2009	Fenster – Ermittlung des Widerstandfähigkeit gegen Lasten in der Flügelebene (Racking)
DIN EN 14 609	04.2009	Fenster – Ermittlung des Widerstandfähigkeit gegen statische Verwindung
DIN EN 15 651-2	07.2017	Fugendichtstoffe für nicht tragende Anwendungen in Gebäuden und Fußgängerwegen – Fugendichtstoffe für Verglasungen
DIN 16 034	12.2014	Türen, Tore und Fenster – Produktnorm, Leistungseigenschaften – Feuer- und /oder Rauchschutzeigenschaften
DIN 16 034 Ber 1	02.2018	–;–; Feuer- und /oder Rauchschutzeigenschaften- Berichtigung 1
DIN 16 281	04.2013	Kinderschutzprodukte – Vom Verbraucher anzubringende kindersichere Verschlussvorrichtungen für Fenster und Balkontüren – Sicherheitstechnische Anforderungen und Prüfverfahren
DIN 16 830-3	11.2000	Fensterprofile aus hochschlagzähem Polyvinylchlorid (PVC-HI) – Profile mit beschichteten, farbigen Oberflächen; Anforderungen
DIN 18 005-1	02.2007	Schallschutz im Städtebau; Grundlagen und Hinweise für die Planung
DIN 18 005-1 Bbl. 1	05.1987	–; Berechnungsverfahren; Schalltechnische Orientierungswerte für die städtebauliche Planung
DIN 18 005-2	09.1991	–; Lärmkarten; Kartenmäßige Darstellung von Schallimmissionen
DIN18 055	11.2014	Kriterien für die Anwendung von Fenstern und Außentüren nach DIN EN 14 351-1
E DIN 18073	09.2018	Rollläden, Markisen, Rolltore und sonstige Abschlüsse im Bauwesen – Begriffe und Einsatzempfehlungen
DIN 18 202	04.2013	Toleranzen im Hochbau, Bauwerke
DIN 18 355	09.2016	VOB Vergabe- und Vertragsordnung für Bauleistungen Teil C: Allgem. Techn. Vertragsbedingungen für Bauleistungen (ATV) Tischlerarbeiten
DIN 18 357	09.2016	–; Beschlagarbeiten

Normen, Fortsetzung

Norm	Ausgabedatum	Titel
DIN 18 358	09.2016	–; Rollladenarbeiten
DIN 18 360	09.2016	–; Metallbauarbeiten
DIN 18 361	09.2016	–; Verglasungsarbeiten
DIN 18 540	09.2014	Abdichten von Außenwandfugen im Hochbau mit Fugendichtstoffen
DIN 18 542	07.2009	Abdichten von Außenwandfugen mit imprägnierten Dichtungsbändern aus Schaumkunststoff -Imprägnierte Dichtungsbänder – Anforderungen und Prüfung
DIN 18 545	07.2015	Abdichten von Verglasungen mit Dichtstoffen, Anforderungen an Glasfalze und Verglasungssysteme
DIN 52 338	10.2016	Prüfverfahren für Flachglas im Bauwesen; Kugelfallversuch für Verbundglas
DIN 52 460	12.2015	Fugen- und Glasabdichtungen - Begriffe
DIN 68 121-1	09.1993	Holzprofile für Fenster und Fenstertüren; Maße, Qualitätsanforderungen
DIN 68 121-2	06.1990	–; Allgemeine Grundsätze
DIN 68 800-1	10.2011	Holzschutz; Allgemeines
E DIN 68 800-1/A1	02.2018	–; Allgemeines
DIN 68 800-3	02.2012	Holzschutz; Vorbeugender Schutz von Holz mit Holzschutzmitteln
TR Glas 17	00.2016	Verglasen mit Isolierglas
VDI-Richtlinie 2719	08.1987	Schalldämmung von Fenstern und deren Zusatzeinrichtungen

6.12 Literatur

[1] Arnold, U.; Huckfeldt, T., Wenk, H.-J.; Holzfenster und -türen Band II, Konstruktion, Anschlüsse, Oberflächen, Energieeinsparung, Köln. 2012
[2] Feist, W.: Optimierungsstrategien für Fensterbauart und Solarapertur unter gleichzeitiger Berücksichtigung von Tageslicht, Solargewinnen und Sommerklima, Darmstadt. 2008
[3] Gerner, M., Gärtner, D.: Historische Fenster. Entwicklung, Technik, Denkmalpflege. Stuttgart 1996
[4] Huckfeldt, T., Wenk, H.-J., Arnold, T.; Holzfenster – Konstruktion, Schäden, Sanierung, Wartung, Bd. 1, Köln. 2011
ift Rosenheim (Institut für Fenstertechnik e.V., Rosenheim) Richtlinien, Empfehlungen, sonstige Publikationen; www.ift-rosenheim.de; u. A.
[5] ift-Richtlinie FE-05/2: Einsatzempfehlungen für Fenster und Außentüren; Richtlinie zur Ermittlung der Mindestklassifizierung in Abhängigkeit der Beanspruchung. Teil 1 Windwiderstandsfähigkeit, Schlagregendichtheit und Luftdurchlässigkeit (08.2005).
[6] ift-Richtlinie HO-10/1: Massive, keilgezinkte und lamellierte Profile für Holzfenster; Anforderungen und Prüfung (11.2002).
[7] ift-Merkblatt: Lasierende Anstrichsysteme für Holzfenster und -türen (03.1994).
[8] ift-Richtlinie FE-06/1: Prüfung von mechanischen und stumpf geschweißten T-Verbindungen bei Kunststoff-Fenstern (08.2005).
[9] ift-Fachinformation SI-01/1: Bautrend Sicherheit; Einbruchhemmung – Brandschutz – Absturzsicherheit (01.2005).
[10] ift-Richtlinie FE-07/1: Hochwasserbeständige Fenster und Türen – Anforderungen, Prüfung, Klassifizierung (10.2005).
[11] ift-Richtlinie MO-01/1: Baukörperanschluss von Fenstern – Teil 1: Verfahren zur Ermittlung der Gebrauchstauglichkeit von Abdichtungssystemen (01.2007).
[12] ift-Richtlinie MO-02/1: Baukörperanschluss von Fenstern – Teil 2: Verfahren zur Ermittlung der Gebrauchstauglichkeit von Befestigungssystemen (06.2015).
[13] ift-Richtlinie VE-06/01: Beanspruchungsgruppen für die Verglasung von Fenstern; Richtlinie zur Ermittlung der Beanspruchungsgruppen für die Verglasung von Fenstern und Fenstertüren bei Verwendung von Dichtstoffen (01.2003).
[14] ift-Richtlinie VE-07/2: Mehrscheiben-Isolierglas mit beweglichen Sonnenschutzsystemen integriert im Scheibenzwischenraum; Nachweis der Gebrauchstauglichkeit von Mehrscheiben-Isolierglas (MIG) mit integrierten beweglichen Einbauten (08.2005).
[15] ift-Richtlinie VE-13/2: Verglasungen von Holzfenstern ohne Vorlegeband (06.2015).
[16] ift-Richtlinie WA-01/2: U_f-Werte für thermisch getrennte Metallprofile aus Fenstersystemen; Verfahren zur Ermittlung von U_f- Werten für thermisch getrennte Metallprofile aus Fenstersystemen (02.2005).
[17] ift-Richtlinie WA-02/3: U_f-Werte für Kunststoffprofile aus Fenstersystemen; Verfahren zur Ermittlung von U_f- Werten für Kunststoffprofile aus Fenstersystemen (02.2005).

[18] ift-Richtlinie WA-03/3: U_f-Werte für thermisch getrennte Metallprofile aus Fassadensystemen; Verfahren zur Ermittlung von U_f-Werten für thermisch getrennte Metallprofile aus Fassadensystemen (02.2005).
[19] ift-Richtlinie WA-04/1: Verfahren zur Ermittlung von U_W-Werten für Holzfenster (06.2003).
[20] ift-Richtlinie AB-01/1: Einsatzempfehlungen für äußere Abschlüsse; Richtlinie zur Auswahl geeigneter Windklassen nach DIN EN 13 659 (01.2006)
[21] ift-Richtlinie AB-02/1: Luftdichtheit von Rollladenkästen; Anforderung und Prüfung (03.2010)
[22] Industrieverband Dichtstoffe e.V. Düsseldorf: IVD - Praxishandbuch Dichtstoffe, 2004 und IVD-Merkblätter, u. A.: Merkblatt Nr. 09: Spritzbare Dichtstoffe in der Anschlussfuge für Fenster und Außentüren; Grundlagen für die Ausführung (11.2014); www.ivd-ev.de
[23] Informationsdienst Holz (ehem.): H383 Holzfensterprofile, lamelliert und keilgezinkt; Düsseldorf 1999. www.informationsvereinholz.de; www.fachagenturholz.de
Innungsverband des Glaserhandwerks (BIV), Hadamar; Technische Richtlinien. www.glaserhandwerk.de
[24] –; Technische Richtlinie Nr. TR 1. Dichtstoffe für Verglasungen und Anschlussfugen – Arten, Eigenschaften, Anwendung, Verarbeitung (2016)
[25] –; Technische Richtlinie Nr. TR 3. Klotzung von Verglasungseinheiten (2016)
[26] –; Technische Richtlinie Nr. TR 17. Verglasen mit Isolierglas (2016)
[27] –; Technische Richtlinie Nr. TR 20. Leitfaden zur Planung und Ausführung der Montage von Fenstern und Haustüren für Neubau und Renovierung (2014)
[28] Interpane Glasindustrie GmbH: Gestalten mit Glas. Lauenförde 2011; www.interpane.com
[29] *Jehl, W.*: Baukörperanschluss von Fenstern und Türen; ift-Rosenheim. Rosenheim 2007
[30] *Pech, A.*: Fenster, Wien. 2005
[31] RAL-Gütegemeinschaft Fenster und Haustüren e. V. (Hrsg.): Leitfaden zur Planung und Ausführung der Montage von Fenstern und Haustüren für Neubau und Renovierung. Frankfurt 03/2014
VFF Verband der Fenster- und Fassadenhersteller e.V., Frankfurt – Zusätzliche Technische Vorbemerkungen und Merkblätter; www.window.de; u. A.
[32] –; VFF; Hinweise zu den Zusätzlichen Technischen Vertragsbedingungen (ZTV) zur Ausschreibung von Holzfenstern. Frankfurt a. M. 01/2016
[33] –; VFF; ZTV zur Ausschreibung von Aluminiumfenstern. Frankfurt a. M. 01/2016
[34] –; VFF; ZTV zur Ausschreibung von Holzfenstern. Frankfurt a. M. 01/2016
[35] –; VFF; ZTV zur Ausschreibung von Holz - Metallfenstern. Frankfurt a. M. 01/2016
[36] –; VFF; ZTV zur Ausschreibung von Kunststofffenstern. Frankfurt a. M. 01/2016
[37] –; VFF; ZTV zur Ausschreibung von Stahlfenstern. Frankfurt a. M. 01/2016
[38] –; VFF; ZTV zur Ausschreibung der Aufarbeitung und Instandsetzung (Runderneuerung) von Kastenfenstern aus Holz. Frankfurt a. m. 03/2003
[39] –; VFF Merkblatt ES.01. Energetische Kennwerte von Fenstern, Türen und Fassaden (09.2013)
[40] –; VFF Merkblatt ES.02: Anforderungen der Energieeinsparverordnung 2014 für Fenster, Türen und Fassaden (04.2014)
[41] –; VFF Merkblatt ES.04: Sommerlicher Wärmeschutz (10.2014)
[42] –; VFF Merkblatt HO.01: Klassifizierung von Beschichtungen für Holzfenster, -Haustüren und Fassaden (03.2017)
[43] –; VFF Merkblatt HO.06-1: Holzarten für den Fensterbau – Eigenschaften, Holzartentabelle (09.2013)
[44] –; VFF Ökologische Bewertung von Fensterkonstruktionen und Ganzheitliche Bilanzierung von Fenstern und Fassaden; www.window.de
[45] Wicona Bausysteme GmbH.; Downloads für Architekten, Ulm; www.wicona.de
[46] *Wagner, A*: Energieeffiziente Fenster und Verglasungen; BINE Fachinformationszentrum, Karlsruhe. 2008
[47] *Zimmermann, G.*: Schmutzwasserfahnen und andere Fassadenschäden infolge fehlender Tropfkanten. In: arconis 2/1996

7 Pfosten-Riegel-Fassaden (PRF)

7.1 Allgemeines

Vermehrte Belichtungsanforderungen mit natürlichem Licht und eine Verbesserung der Raumbezüge zwischen Innenräumen und Außenbereichen führen bei Gebäuden zunehmend zu Vergrößerungen der Fensterflächenanteile innerhalb der Fassaden (s. a. Abschnitt 9 in Teil 1 dieses Werkes). Die Nutzung natürlichen Tageslichtes (Lichtqualität, Beleuchtungsstärke und Helligkeitsverteilung, Farbechtheit) durch Vergrößerung des Tageslichteintrages wird durch hohe Verglasungsanteile wesentlich verbessert. Einzelfenster eingebaut zwischen Sturz, Wandpfeilern und ggf. Brüstung (Lochfassaden) können diesen erweiterten Anforderungen oft nicht hinreichend genügen. Zudem sind in Rahmen gehaltenen Fenstern auf Grund ihrer beschränkten Einzelgrößen geometrische Grenzen gesetzt.

PRF – auch Fensterfassaden genannt – ermöglichen nahezu unbeschränkte Größen und eine freie Geometrie von Glasflächen und zudem eine Verbesserung der Flexibilität der Grundrissgestaltung. Die regelmäßig in engen Rasterabständen angeordneten Pfosten bieten eine Vielzahl von Anschlusspunkten für innere Trennwandanschlüsse. Mit Pfosten-Riegel-Fassaden lassen sich je nach Gestaltungsabsicht und Konstruktionsart großflächige Glasfassaden mit horizontalen und/oder vertikalen Gliederungen planen.

PRF können mit speziellen *Fenster-Fassadensystemen* hergestellt werden, in denen fest verglaste, transparente oder auch geschlossene (opake) Flächen (Ausfachungen) mit Fenster- und Türöffnungen kombiniert werden können. Hierfür stehen geschlossene Systeme verschiedener Hersteller zur Verfügung. Es kann aber auch auf Profilprogramme aus Stahl oder Aluminium (Halbzeuge) oder individuell hergestellte Holzquerschnitte als Tragprofile und Befestigungssysteme für die Verglasungen zurückgegriffen werden, die in handwerklicher Weise zusammengefügt und montiert werden.

Derartige i. d. R. geschosshohe Fassadenverglasungen werden als Pfosten-Riegel-Fassaden (PRF) bezeichnet. Die hier betrachteten Systeme bestehen als stabartiges Fassadentragwerk aus vertikalen Pfosten und horizontalen Riegeln, die wahlweise mit Verglasungen, geschlossenen Elementen sowie Fenster- und Türöffnungen ausgefacht werden.

Die Befestigung der Verglasungen und unterschiedlichen Ausfachungselemente erfolgt meist einheitlich mit Metall-Pressleisten, die mit dem Tragwerk der Fassaden durch Verschraubungen mechanisch verbunden und abgedichtet werden. Die Pressleisten können aus ästhetischen Gründen außenseitig mit Metall- oder Holzleisten abgedeckt – aber auch ohne Abdeckprofile eingebaut werden.

7.2 Planung von PRF

Im Fassadenbau werden *Elementbauweisen* und *Pfosten-Riegel-Bauweisen* unterschieden (Bild **7**.2).

Bei der Elementbauweise werden vorgefertigte Fassadenelemente ggf. einschl. Verglasung vor Ort montiert. Vorteilhaft sind insbesondere der hohe Vorfertigungsgrad und die dadurch bedingte schnelle Montagemöglichkeit. Nachteilig wirken sich ggf. die Doppelung der Profile und der Ansichtsbreiten an den Elementstößen aus.

Bei der Pfosten-Riegel-Bauweise werden einzelne Pfosten- und Riegelbauteile oder auch teilvorgefertigte Baugruppen an der Baustelle zu schlanken Traggerüsten einer zusammenhängenden Fassadenkonstruktion für die nachträgliche Verglasung und Ausfachung mit Füllelementen zusammengefügt. Die Teilungsraster und Proportionen der einzelnen Felder (Bild **7**.1a–c), die Bauweise und Montageart (Bild **7**.2), die Ansichtsbreiten der Profile sowie Materialart, Farbgestaltung und Fugenbild bestimmen die Gestaltqualität der Fassade. Je nach Lagerungsart des Glases nur an den Pfosten (Pfostenfassade) oder nur an den Riegelprofilen (Riegelfassade) können vertikale bzw. horizontale Betonungen der Teilungsfelder erzeugt werden (Bild **7**.1d und e).

Übliche *Profilbreiten* der Pfosten und Riegel betragen zwischen 35 bis 80 mm (Standardbreiten 50 und 60 mm). Die *Profiltiefen* werden wesentlich vom Tragverhalten für die Eigenlasten aus der Verglasung und die horizontalen Windlasten für Druck und Sog beeinflusst (Tab. **7**.9 und **7**.10).

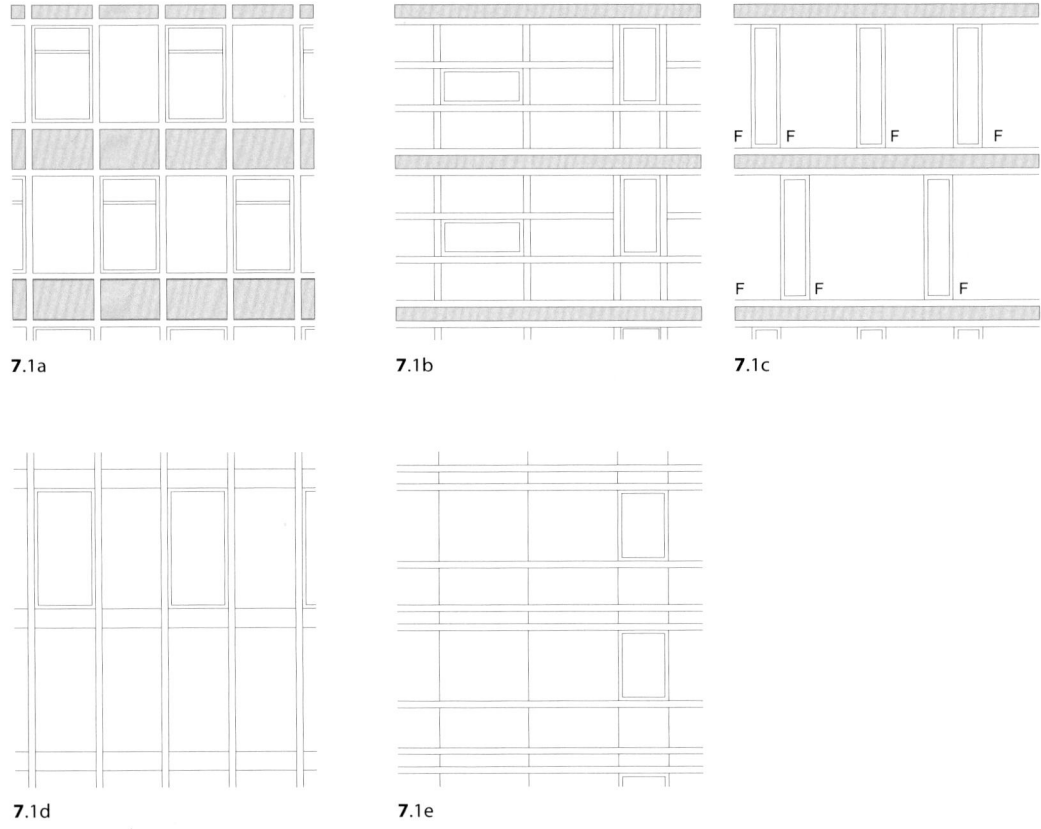

7.1 Fassadenteilungen (Beispiele)
   a) Vertikal und horizontal gleichmäßige Teilung mit Öffnungsflügeln und Oberlicht, Deckenränder verdeckt
   b) Horizontale Teilung mit Öffnungselementen, Deckenränder sichtbar
   c) Vertikale unregelmäßige Teilung mit Öffnungselementen, Deckenränder sichtbar
   d) Pfostenfassade mit geklebten horizontalen Verglasungsfugen
   e) Riegelfassade mit geklebten vertikalen Verglasungsfugen

Verformungen. Für die Funktionsfähigkeit der Fassaden ist von entscheidender Bedeutung, dass Verformungen durch Längenänderungen in Folge von Temperaturschwankungen (direkte Sonneneinstrahlung kann zu erheblichen Erhitzungen der Fassadenbauteile führen) aber auch Verformungen aus dem Bauwerk durch Dehnungsprofile in der Fassadenebene aufgenommen werden können. Dehnungsfugen in den Randbereichen an den seitlichen und oberen Anschlüssen sowie *verschiebliche Anschlüsse* an die Grundkonstruktion des Bauwerkes (Loslager) müssen gewährleisten, dass alle Fassadenanschlüsse *beweglich* ausgebildet werden, damit Lasteintragungen aus Verformungen des Bauwerkes (Schwindprozesse, Setzungen) auf die Fassadenkonstruktion vermieden werden.

Winterlicher Wärmeschutz. Glasflächen verfügen heute bei üblicher Isolierverglasung über U-Werte von 1,3 bis 1,1 W/(m²K). Dreifachverglasungen erreichen U-Werte bis zu 0,5 W/(m²K). Durch Edelgasfüllungen und emissionsreduzierende Beschichtungen (low-e coatings) können bei Zweischeibenverglasungen U-Werte bis zu 0.9 W/(m²K) erreicht werden. Sogenannte „Vakuumgläser (VIG = Vakuum-Isolierglas)" mit erwarteten U-Werten von bis zu 0,15 W/(m²K) sind noch nicht serienreif entwickelt.

Wie bei allen transparenten Fassadenflächen kann mit energieeffizienten, hochwertigen Verglasungssystemen und Fenstern unter gewissen Rahmenbedingungen mehr Solarenergie gewonnen werden als Transmissions- und Lüftungswärmeverluste auftreten (Gewinnstrate-

7.2 Planung von PRF

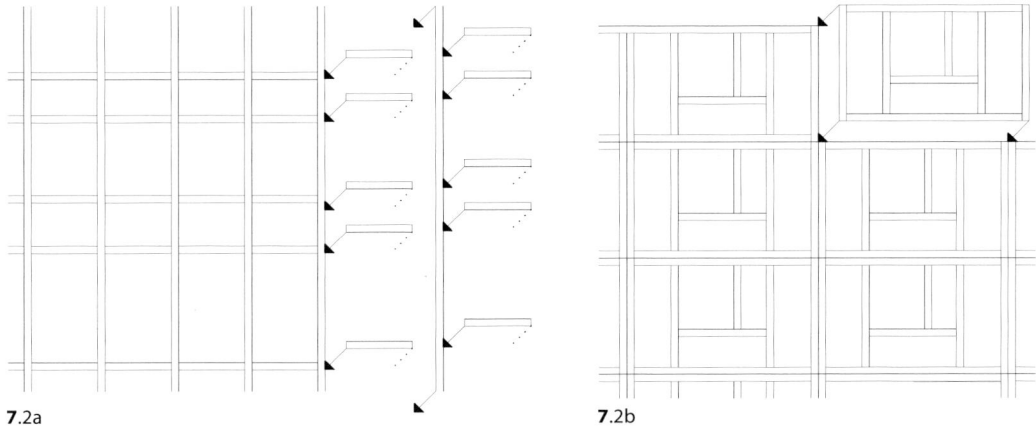

7.2a **7**.2b

7.2 Fassadenbauweisen und Montagearten
  a) Pfosten-Riegel-Bauweise mit zusammenhängenden Bauteilen
  b) Elementbauweise mit unabhängigen Einzelelementen

gie). Entscheidend für die Energieeffizienz ist bei zunehmend verbesserter Glasqualität die Ausführung des Randverbundes des Glases und die thermischen Trennung der Rahmung und Glashalterung.

Sommerlicher Wärmeschutz wird gemäß Energieeinsparverordnung (EnEV) bei Räumen ab einem Fensterflächenanteil nach Süden, Osten und Westen von 20 % (ab 30 % für Nordost bis Nordwest) nachweislich gefordert (s. a. Abschn. 17.5.4 in Teil 1 dieses Werkes). Er kann neben beschichteten Sonnenschutzverglasungen am besten durch *außen liegende* Sonnenschutzsysteme erreicht werden (s. a. Abschn. 6.8 und Abschn. 9.6 in Teil 1 dieses Werkes). Eine Befestigung außenseitig angeordneter Sonnenschutzeinrichtungen ist in aller Regel an den Pfosten- und Riegelprofilen möglich.

Zur Vermeidung von Windbelastungen, Bewitterung und Verschmutzung außen liegender Sonnenschutzeinrichtungen kann bei nur mäßig verschlechterten Energiedurchlassgraden (**g**-Wert) ein *verglasungsintegrierter Sonnenschutz* im Scheibenzwischenraum (SZR) der Isolierverglasung angeordnet werden. Innen auf der Raumseite angeordnete Sonnenschutzanlagen sind wenig dazu geeignet, den Wärmeintrag aus der Sonnenstrahlung wirksam zu reduzieren. Sie erfüllen überwiegend Blendschutzfunktionen gegen übermäßig auftretende Lichteinstrahlung.

Schallschutz. PRF werden zunehmend geschossübergreifend und auch trennwandübergreifend geplant, so dass neben der Luftschalldämmung gegen Außenlärm die Längsschalldämmung zwischen einzelnen Geschossen und auch Räumen innerhalb eines Geschosses von Bedeutung ist (s. a. Abschn. 9.4 in Teil 1 dieses Werkes). Ergänzend zu den Standardanforderungen an den Schallschutz gemäß DIN 4109 ist es vielfach gängige Praxis, im Rahmen von Ausschreibungen Schallschutzklassen von 1 bis 6 gemäß VDI-Richtlinie 2719 zu vereinbaren, obwohl die VDI-Richtlinie bauaufsichtlich nicht eingeführt ist.

Brandschutz. Fassaden, deren Segmente mit Glas ausgefacht sind, gelten im Sinne des Baurechtes als nicht tragende Außenwände, da sie nur einen Raumabschluss zur Umgebung darstellen. Nach § 28 der Musterbauordnung (MBO) sind nichttragende Außenwände außer bei den Gebäudeklassen 1 bis 3 (Oberkante Fußboden eines Geschosses mit Aufenthaltsräumen ≤ 7 m über Geländeoberkante) aus nicht brennbaren Materialien oder mindestens in der Feuerwiderstandsklasse E/EI 30 (vormals F 30) herzustellen. Mit Fassadenkonstruktionen aus Stahl oder Aluminium kann der Forderung nach Verwendung von nicht brennbaren Baustoffen (A-Baustoffe) entsprochen werden. Mit Holz-Tragprofilen können diese Forderungen nicht erreicht werden.

Brandversuche mehrlagiger Anordnungen von Holz-Glas-Fassaden führender Hersteller haben jedoch gleichwertige Ergebnisse hinsichtlich der

Brandschutzeigenschaften (Rauchdurchtritt durch den Deckenanschluss und Brandausbreitung an den Holzteilen) wie für Metall-Glas-Fassaden ergeben. Die Ausführung ist unter bestimmten Bedingungen mit Einzelzulassung möglich (s. a. Abschn. 7.4.2). [19]

Brandschutzfassaden. Nach DIN 4102-13 werden *Brandschutzverglasungen* (nicht tragende Innenwände oder Teilflächen von Innenwänden) und *Brandschutzfassaden* (transparente, nicht tragende Außenwandflächen) unterschieden. Für beide Fälle ist eine allgemeine bauaufsichtliche Zulassung erforderlich. Hierfür sind Nachweise gemäß DIN 18 008 (vormals gem. den nicht mehr gültigen technischen Regeln für die Verwendung von linienförmig gelagerten Verglasungen (TRLV) notwendig. Für Brandschutzverglasungen und Brandschutzfassaden sind der Aufbau der Zulassung und die Anforderungen gleichartig.

Brandschutzfassaden als Außenwände oder Teilflächen in Außenwänden können für folgende Anwendungsbereiche erforderlich werden.

- Brüstungsbereiche (h ≥ 1 m) mehrgeschossiger Gebäude zur Verhinderung des Feuerüberschlages in das nächsthöhere Geschoss
- Innenecken von mehrgeschossigen Gebäuden zu Verhinderung des Brandüberschlages in einen anderen Brandabschnitt
- Bei geringen Grenzabständen zur Verhinderung des Brandüberschlages auf einen anderen Brandabschnitt oder ein anderes Bauwerk

Tragwerkplanung. Gemäß den allgemeinen Anforderungen an die Standsicherheit erfordern großflächigere Fassaden einen Nachweis für die Standsicherheit der skelettartigen Tragkonstruktion für die Eigenlasten der Ausfachungs- und Füllelemente und für die Windlasten. Die Pfosten und Riegel werden somit zu tragenden Bauteilen für die Fassadenkonstruktion. Die verschiedenen Baustoffe und Bauelemente der Fassade sind hinsichtlich ihrer mechanischen Aufgaben und bauphysikalischen Anforderungen so aufeinander abzustimmen, dass Feuchte- und Temperaturschwankungen von den verwendeten Baustoffen und Bauteilen schadensfrei aufgenommen werden können. Zudem müssen Geräuschentwicklungen („Knacken") in Folge von Längenänderungen vermieden werden.

Grundsätzlich werden Pfosten-Riegel-Fassaden durch Eigenlasten (ständige Lasten) aus den tragenden Bauteilen der Fassade, Ausfachungselementen wie Gläsern, Paneelen, Öffnungselementen und Sonnenschutzeinrichtungen beansprucht. Hinzu kommen zeitweise einwirkende Horizontallasten aus Winddruck- und Windsogwirkung, die von der Gebäudegrundrissform, der Gebäudehöhe, der Windangriffsrichtung und dem Seitenverhältnis von Höhe und Breite der Fassade abhängen.

Ab Spannweiten (Höhen) von ca. 5 m können Pfosten- und Riegelprofile durch Lochungen, Fachwerkformen oder räumliche Hinterspannungen (Bild **7**.3.e) aufgelöst werden, um Gewicht einzusparen und die Transparenz zu verbessern.

Die Lasten aus der Fassade können *direkt* in das Tragwerk (Primärtragwerk) des Gebäudes abgetragen werden oder mittels einer *selbsttragenden Sekundärstruktur* (die Glas- und Füllelemente tragende Konstruktion) abgeleitet werden.

Die direkte Übertragung der Lasten (Bild **7**.3a und g) mit z. B. Riegeln in das Gebäudetragwerk (z. B. Stützen im Skelettbau) erfordert einen engen Stützenabstand und eine überwiegend horizontale Gliederungsstruktur um angemessene Verglasungsgrößen zu erreichen. An das Tragwerk des Gebäudes werden dabei sehr hohe Anforderungen an die Maßgenauigkeit gestellt. Eine Vergrößerung der Dimensionierung des Primärtragwerkes zur Begrenzung von Verformungen ist ggf. die Folge.

Selbsttragende Fassaden können geometrisch unabhängig vom Primärtragwerk mit einer eigenen Teilungsstruktur geplant werden (Bild **7**.3b bis f). Die glastragende Konstruktion der Fassade überbrückt die Abstände der tragenden Bauteile (Dächer, Decken, Bodenplatten, Stützen) des Primärtragwerkes. Die Trennung vom Tragwerk des Gebäudes hat einfachere Anschlussdetails bei höherem Konstruktionsaufwand zur Folge. Zudem können die Fassadenraster und die Verglasungsgrößen je nach Anforderung optimiert werden.

Selbsttragende Fassaden werden je nach Lastabtragungsart unterschieden als

- Pfostenfassaden oder als
- Riegelfassaden

Pfostenfassaden. Bei mäßigen Abständen der horizontalen Primärtragelemente (Decken- und Dachränder) des Gebäudes können lediglich Pfosten als glastragende Konstruktion von Decke

7.2 Planung von PRF

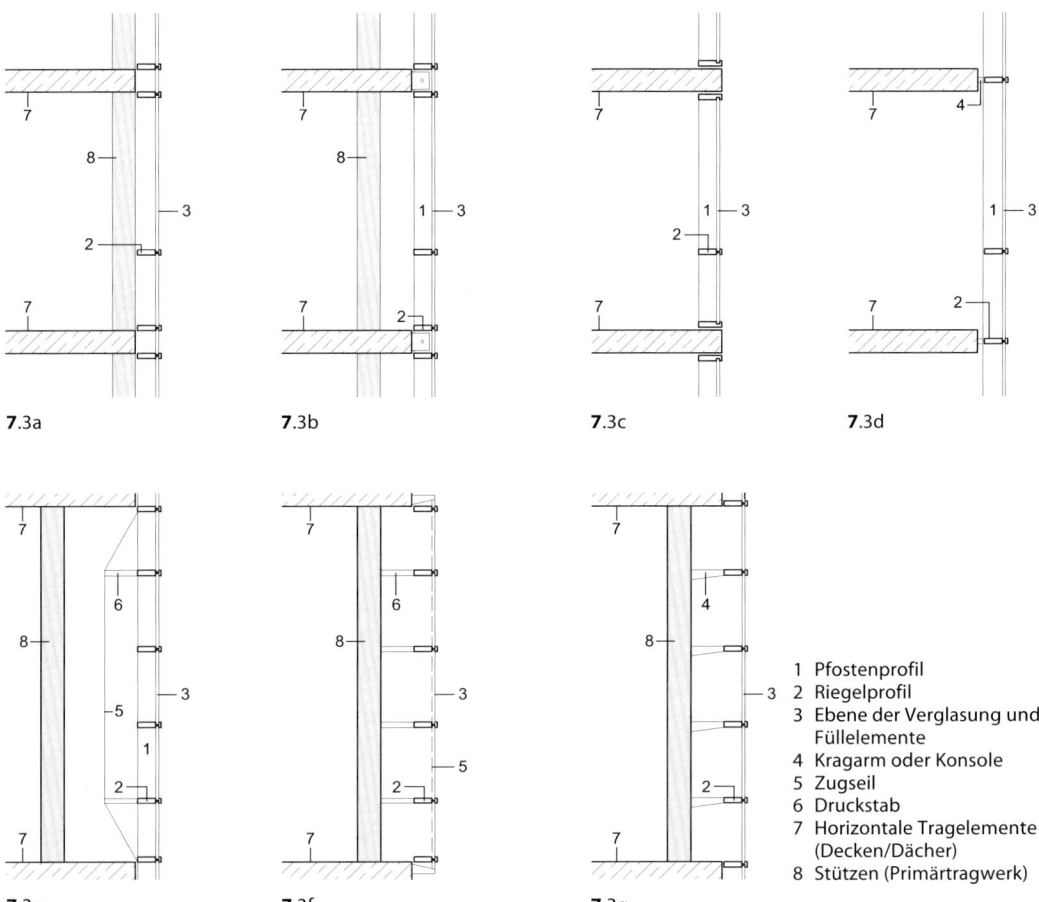

7.3 Tragwerksysteme für Pfosten-Riegel-Fassaden (PRF)
   a) Direkte Befestigung der Fassadenriegel (Fensterwand)
   b) Geschosshohe Fassadenelemente *vor* den Deckenrändern (Einfeldsystem bis ca. 5 m Höhe)
   c) Geschosshohe Fassadenelemente *zwischen* den Decken angeordnet (Einfeldsystem)
   d) Pfostenprofile durchgehend vor den Deckenrändern (Durchlaufsystem)
   e) Höhere Fassadenflächen mit Hinterspannung
   f) Riegelfassade, hängend an Zugseilen im Bereich der Riegelprofile oder der Verglasungsebene
   g) Riegelfassade an Kragkonsolen am Primärtragwerk befestigt

zu Decke angeordnet werden. Vertikale Eigenlasten und horizontale Windlasten aus Winddruck und -sog werden ausschließlich von Pfostenprofilen übernommen und in das Primärtragwerk eingeleitet (Bild **7**.3b und c). Notwendige Horizontalstöße der Verglasungen können durch geklebte Ausführung (Glasstoß mit Silikonverfugung) optisch in den Hintergrund treten (Bild **7**.1d). Die vertikalen Verglasungsprofile an den Pfosten bestimmen dann alleine das Erscheinungsbild der Fassade.

Riegelfassaden. Um insbesondere bei höheren Fassaden die nach unten zunehmenden Vertikallasten aus dem Eigengewicht zu begrenzen, können die horizontalen Riegelprofile regelmäßig an dem Primärtragwerk des Gebäudes befestigt werden. Eigengewicht und Windlasten werden über die Riegel und Kragarme oder Konsolen in die Primärstruktur eingeleitet (Bild **7**.3g). Durch Zugstäbe im Bereich des Riegelprofils oder Zugseile innerhalb der Verglasungsebene können die Vertikallasten an die Decken- oder Dachkon-

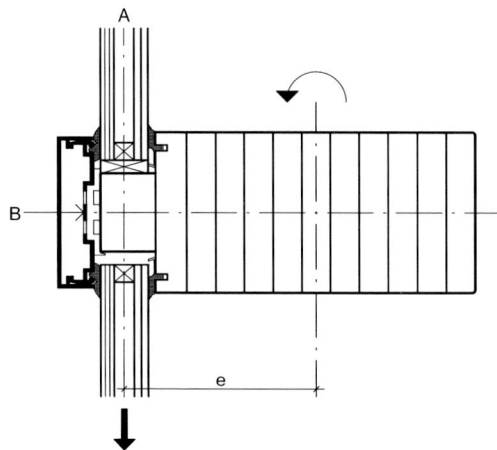

7.4 Lasteinwirkung auf Riegelprofile
A Belastungsachse aus Eigengewicht des Glases (exzentrisch)
B Belastungsachse aus Winddruck und -sog (zentrisch)

struktionen des Bauwerkes abgehängt werden. Die horizontalen Windlasten werden über die Riegelprofile und Zug- und Druckstäbe in die Stützen eingeleitet (Bild **7**.3f). Die Ansichten der Fassaden sind dann vor allem durch horizontale Riegelprofile geprägt. Vertikale Glasstöße können bei geklebter Ausführung (Glasstoß mit Silikonverfugung) in den Hintergrund treten (Bild **7**.1e).

Statische Grundsysteme. Die Lastabtragung erfolgt über die Pfostenprofile überwiegend punktuell auf den Baukörper. Hierbei werden Einfeld- (Bild **7**.3b und c) und Mehrfeldträgersysteme unterschieden (Bild **7**.3d).

Einfeldträgersysteme sind stehend zwischen den Geschossdecken (auf Druck beanspruchte Fassadenbauteile) oder hängend vor den Decken (auf Zug beanspruchte Fassadenbauteile) ausführbar. Die maximale Biegebeanspruchung aus horizontalen Windlasten erfolgt in der Feldmitte. Durchlaufträgersysteme über die Geschossdecken hinweg reduzieren die Biegebeanspruchung in den Feldmitten (Durchlaufwirkung s. a. Abschn. 1.4 in Teil 1 dieses Werkes).

Die Lasteinwirkungen aus dem Eigengewicht der Ausfachungselemente erfolgt auf die Riegelprofile in der Achse der Verglasungsebene. Bei der Dimensionierung der Anschlüsse an die Pfosten ist ein Abkippen der Riegel durch exzentrisch wirkende Glaslasten auszuschließen. Die Einwirkungen der Horizontallasten aus Winddruck und -sog erfolgt in der Achse von Pfosten und Riegeln (Bild **7**.4) – in Randbereichen aufgrund der einseitigen Anschlusssituationen auch exzentrisch.

Die *Knickstabilität* schmal dimensionierter, stehend gelagerte Fassadentragwerke kann durch Querriegel oder auch die biegesteife Ausbildung der Knotenpunkte innerhalb des Traggerüstes der PRF erreicht werden. Sicherheit gegen Knicken kann auch durch *hängende Lagerung* der dann auf Zugbelastung zu dimensionierenden Tragglieder der Fassade erreicht werden (Bild **7**.3f).

7.3 Befestigung am Bauwerk

Die Lastabtragung erfolgt bei stehend gelagerten Fassaden an unteren und bei hängend gelagerten Fassaden an oberen *Festpunkten*. Zusätzlich ist eine bewegliche Lagesicherung in Fassadenebene durch Befestigungen mit *Lospunkten* erforderlich. Bei *stehend gelagerten Profilen* erfolgt die Lastabtragung am unteren Ende des Pfostens i.d.R. mittels Auflagern. Die Festpunkte müssen sich dreidimensional ausrichten lassen.

An den zusätzlichen Lospunkten werden die Fassadenbauteile lagegesichert. Eine ungehinderte *Dilatation* (Verschiebung der Fassadenbauteile in Fassadenebene in Folge von Temperaturschwankungen) der Fassadenfläche muss dabei sichergestellt werden. Bei der Konstruktion sowie bei der Montage ist zu gewährleisten, dass eine zwängungsfreie Ausdehnungsmöglichkeit der einzelnen Profile und Fassadenelemente durch *Langlöcher* oder Anschlussschienen möglich ist (Bild **7**.5).

Für Verbindungsbauteile und Befestigungsmittel dürfen nur korrosionsbeständige Bauteile (Be-

7.3 Befestigung am Bauwerk

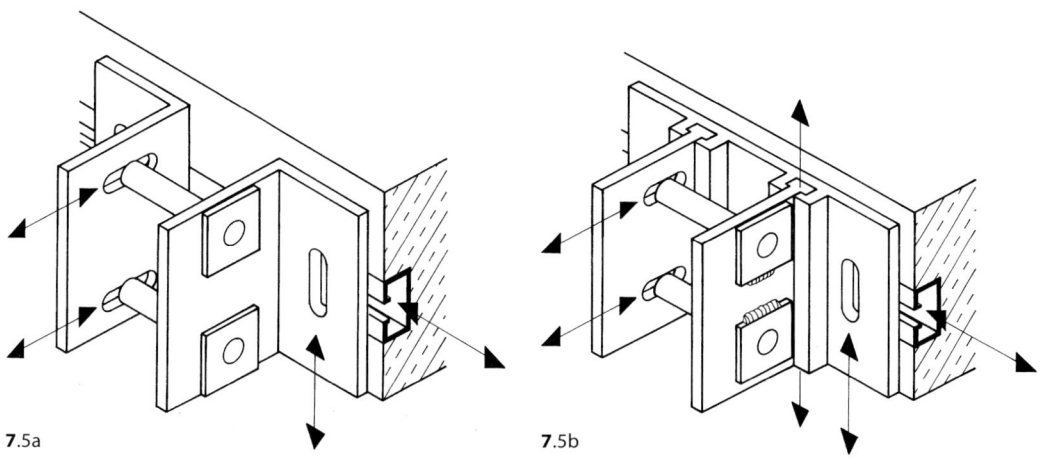

7.5a   **7**.5b

7.5 Befestigung am Bauwerk
  a) Festlager mit Justiermöglichkeiten in drei Richtungen durch Langlöcher und Ankerschiene
  b) Loslager mit Justiermöglichkeiten in drei Richtungen durch Langlöcher und Ankerschiene

schichtungen oder nicht rostender Stahl) eingesetzt werden. Kontaktkorrosion verschiedener Baustoffe der Befestigungsmittel und Fassadenbauteile ist dabei auszuschließen.

Bewegungen in den Fassadenbauteilen und in Verbindung zum Bauwerk müssen geräuscharm aufgenommen werden können (Verhinderung von Knackgeräuschen). Schraubverbindungen sind gegen selbstständiges Lösen zu sichern.

Bauseitig können am Bauwerk entsprechend zu dimensionierende Befestigungsmittel für die Fassadenanschlüsse vorgerichtet werden (Bild **7**.6).

- Einbetonierte Ankerschienen mit Ankerschrauben,
- Einbetonierte Ankerplatten

oder die Befestigungen erfolgen in nachträglicher Montage mit Schwerlastankern.

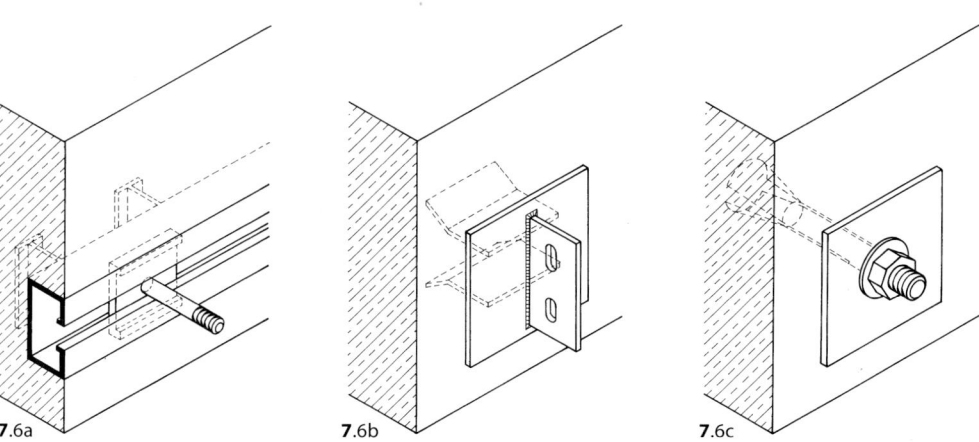

7.6a   **7**.6b   **7**.6c

7.6 Befestigungsmittel für Fassadenanschlüsse
  a) Ankerschiene, einbetoniert (Fa. Halfen)
  b) Ankerplatte, einbetoniert
  c) Nachträgliche Befestigung mit Schwerlastanker

Ankerschienen mit systemgebundenen Verbindungsmitteln (Ankerschrauben) in vorgeschriebenen Werkstoffklassen übernehmen Kräfte überwiegend nur in einer Richtung. In Schienenrichtung sind Kräfte lediglich beschränkt in Abhängigkeit von dem Anzugsmoment der Ankerschraube übertragbar. *Ankerplatten* können mit Bohrungen für Schraubverbindungen versehen werden oder dienen zum direkten Anschweißen (Anschweißplatten) von Verbindungselementen. Bei Schweißverbindungen ist auf die Befähigungsnachweise geeigneten Personals und einen anschließenden Korrosionsschutz der Schweißnähte gemäß DIN EN ISO 12 944 zu achten. *Dübelverbindungen* übertragen Kräfte in alle Richtungen. Befestigungen mit Dübeln dürfen nur mit bauaufsichtlich zugelassenen Systemen unter Berücksichtigung von Mindest-Randabständen und Mindestabständen der Dübel untereinander erfolgen. Sie haben den Vorteil, dass sie von den Rohbaumaßnahmen unabhängig, damit leichter justierbar und nachträglich ausgeführt werden können.

7.4 Bauarten

7.4.1 Allgemeines

Zur Herstellung der tragenden Fassadenkonstruktion stehen verschiedene Profile aus Stahl, Aluminium oder/und Holz zur Verfügung (Bild 7.7 und 7.8). Je nach erforderlicher Tragfähigkeit, nach den Schall- oder Brandschutzanforderungen und gestalterischen Absichten (Teilungsraster, horizontale oder vertikale Betonung der Fassadenteilung innen und außen, Schlankheit, Schattenkanten durch Profilvorsprünge) können Pfosten- und Riegelprofile unterschiedlichster geometrischer Form eingesetzt werden. Neben serienmäßigen Profilsystemen verschiedener Hersteller können auch Sonderformen aus Metall

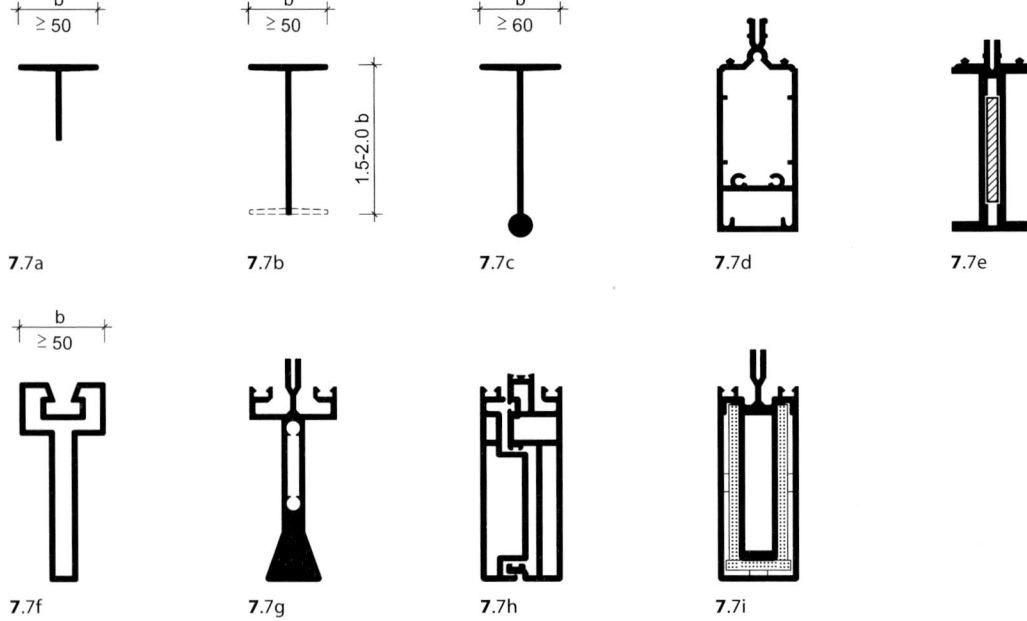

7.7 Pfosten- und Riegelprofile aus Metall
 a) T-Profil, gleichschenkelig aus Stahl, warmgewalzt oder kaltgezogen
 b) T-Profil, nicht gleichschenkelig aus Stahl oder I-Profil
 c) T-Profil mit Randverstärkung aus Stahl (Fa. Raico)
 d) Kastenprofil aus Aluminium mit Installationskanal (Fa. Raico)
 e) I-förmiges Profil aus Aluminium mit Einschiebestück aus Stahl (Fa. Raico)
 f) T-förmiges Profil aus Stahl (Fa. Schüco Jansen Viss)
 g) Sonderprofil aus Aluminium mit verstärkter Randausbildung (Fa. Schüco)
 h) Dehnpfostenprofil (Fa. Raico)
 i) Pfostenprofil, doppelschalig mit Isoliermaterial für EW30 und EI30 bzw. F30 und G 30 Fassaden (Fa. Schüco BF)

7.4 Bauarten

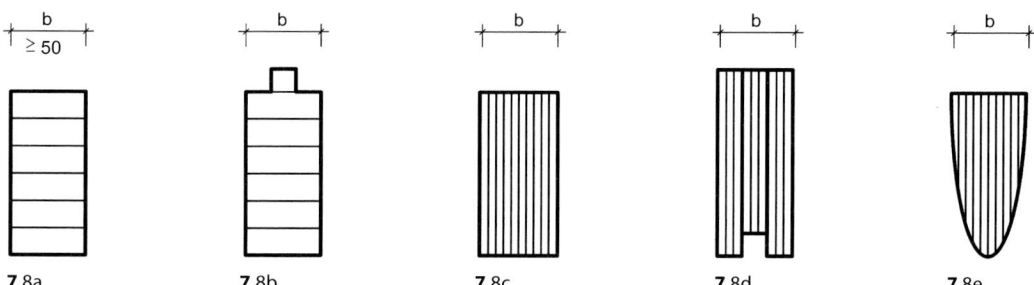

7.8 Pfosten- und Riegelprofile aus Holz
  a) Brettschichtholz
  b) Brettschichtholz mit Falz zur Glasauflagerung
  c) Furnierschichtholz o. glw.
  d) Furnierschichtholz (zusammengesetzt) mit Anschlussnut
  e) Furnierschichtholz (Sonderform)

Tabelle **7**.9 Tabelle: Statikdiagramm zur Vorbemessung für senkrechte Verglasungen bei Gebäudehöhen bis 8 m[1]) (Fa. Raico)

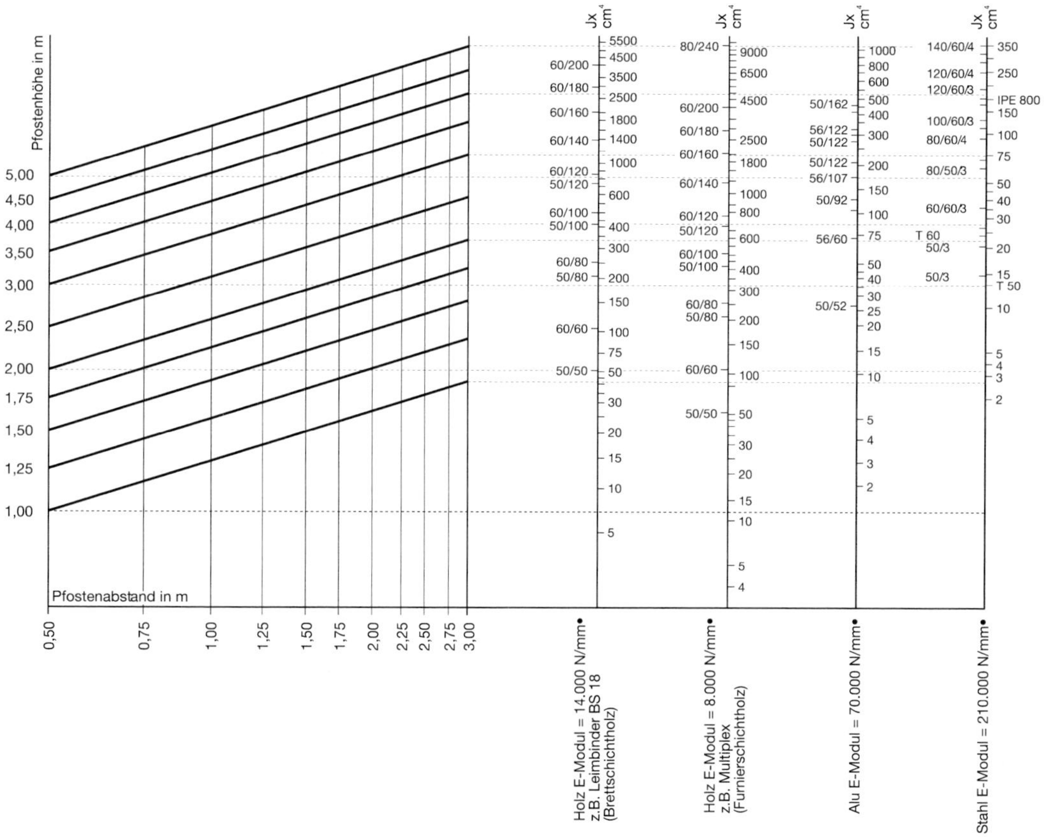

[1]) Die dargestellten Diagramme dienen lediglich zur Vorbemessung von Fassadenpfosten. Sie ersetzten in keinem Fall die notwendigen Spannungs- und Stabilitätsnachweise. Bei der Ermittlung der Werte wurden folgende Grundlagen angenommen. Windlasten gemäß DIN EN 1991-1-4 von 0 bis 8 m Gebäudehöhe = 0,5 KN/m², von 8 bis 20 m Gebäudehöhe = 0,8 KN m², Druckbeiwert c_p = 0,8, Lasterhöhung für einzelne Bauteile = 25 %, max. Durchbiegung l/300, max. Scheibengrößen 2,40 m. Die Werte beziehen sich auf Einfeldträger. Bei Zweifeldträgersystemen reduziert sich das erforderliche Trägheitsmoment um den Faktor 0,42.

Tabelle **7**.10 Statikdiagramm zur Vorbemessung für senkrechte Verglasungen bei Gebäudehöhen über 8 bis 20 m[1])
(Fa. Raico)

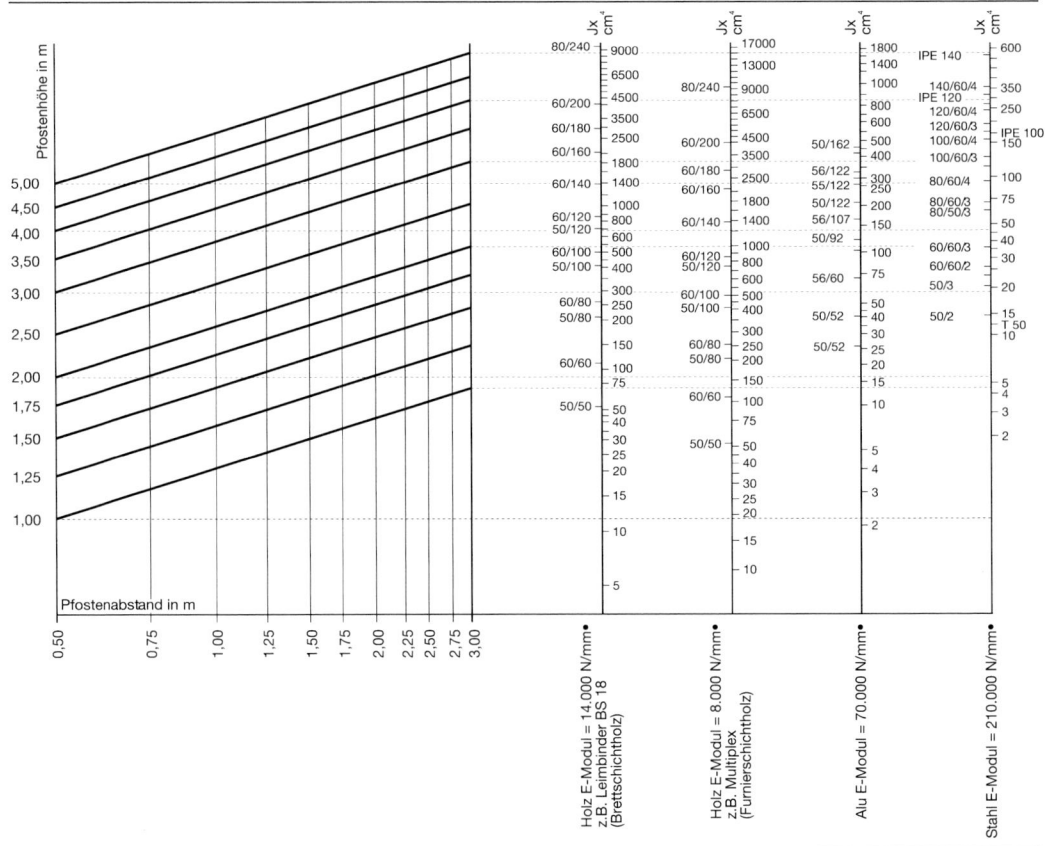

[1]) s. Statikdiagramm in Bild **7**.9

und insbesondere auch aus Holz entwickelt werden. Sie können je nach Randausbildung Zusatzfunktionen für integrierte Installationskanäle (z. B. elektrische Versorgung von beweglichen Sonnenschutz- und Verschattungselementen s. Bild **7**.7d) sowie Anschlussmöglichkeiten für Innenwände und Verglasungen (Bild **7**.8d) usw. aufnehmen.

Metall- und Holzprofile sind auch als Mischkonstruktion innerhalb einer Fassade einsetzbar. Die Profiltiefen der Pfosten und Riegel können zur Betonung einer horizontalen oder vertikalen Wirkung unterschiedlich ausgebildet und farblich behandelt werden.

Eine überschlägige Vordimensionierung der Tragkonstruktion einer Fassade kann anhand der Tabellen **7**.9 für Gebäude bis 8 m Höhe und Tabelle **7**.10 für Gebäude von 8 bis 20 m Höhe vorgenommen werden. In jedem Fall ist ein genauer statischer Nachweis der Tragfähigkeit der Pfosten und Riegel einer Fassade erforderlich.

Befestigungssysteme zwischen Pfosten- und Riegelbauteilen in Metall- oder Holzbauweise müssen den hohen Beanspruchungen in den Knotenpunkten entsprechen. Die Riegel übertragen die Lasten über eine kurze Distanz in die Pfostenprofile. Hierbei entsteht ein Biege- und Drehmoment. Die exzentrische Lagerung des Glases am Riegel erfordert eine steife Verbindung zwischen Riegel- und Pfostenprofil (Bild **7**.4).

Je nach Aufführungsart sind unterschiedliche Belastungen im Pfosten-Riegel-Stoß zu erwarten. Hierbei werden zwei Ausführungsvarianten unterschieden.

- Überleitung des Glasgewichtes über den Riegelquerschnitt und ein Verbindungsmittel

7.4 Bauarten

zwischen Pfosten und Riegel in den Pfosten (Bild **7**.11a bis d)
- Überleitung des Glasgewichtes durch Flachstahlwinkel oder -kreuze in der Verglasungsebene exzentrisch in den Pfosten (Bild **7**.11e)

Die Lastübertragung mit Flachstahlprofilen erfordert zusätzliche Verbindungsmittel für die Lastabtragung des Glases.

Die Verbindungen zwischen Pfosten und Riegel stellen im Bereich der Anschlussknoten erhöhte Anforderungen an die mechanischen Eigenschaften der Verbindungselemente und der Befestigungsmittel. Die Eignung der Anschlussart hängt von dem Material der Tragkonstruktion und dem abzutragenden Glasgewicht ab und muss insbesondere bei Holz-Tragkonstruktionen im Einzelfall abgestimmt und nachgewiesen werden.

7.4.2 Pfosten und Riegel aus Holz

Die Lastübertragung vom Riegelprofil in den Pfosten kann innerhalb des Riegelquerschnittes mit Holzdübeln, Schwalbenschwanzverbindungen, bzw. Stahl-Verbindungsmitteln oder in Verglasungsebene mit einem kreuz- oder T-förmigen Flachstahlprofil erfolgen (Bild **7**.11).

Brandschutz. Die Forderung der Musterbauordnung nach Herstellung von nichttragenden Außenwänden bei Gebäuden der Gebäudeklasse 3–5 sowie bei Sonderbauten aus nicht brennbaren Baustoffen (A-Baustoffe) oder mindestens in feuerhemmender Bauweise (E/EI30 bzw. F30) widerspricht zunächst der Verwendung von Holzprofilen für Fassadentragkonstruktionen bei höheren Gebäudehöhen.

Brandversuche haben jedoch ergeben, dass bei Holzfassadenkonstruktionen nach 30 Minuten Branddauer weder Raucheintritt durch den Deckenanschluss noch eine Brandausbreitung an den Holzbauteilen zu verzeichnen waren und dass darüber hinaus auch nach einer Branddauer von 60 Minuten die brennbaren Fassadenbauteile der anderen Geschosse ebenfalls ihre Standfestigkeit behalten haben.

Bei Gebäuden der Gebäudeklasse 3–5 sowie bei Sonderbauten ist somit eine Zustimmung im Ein-

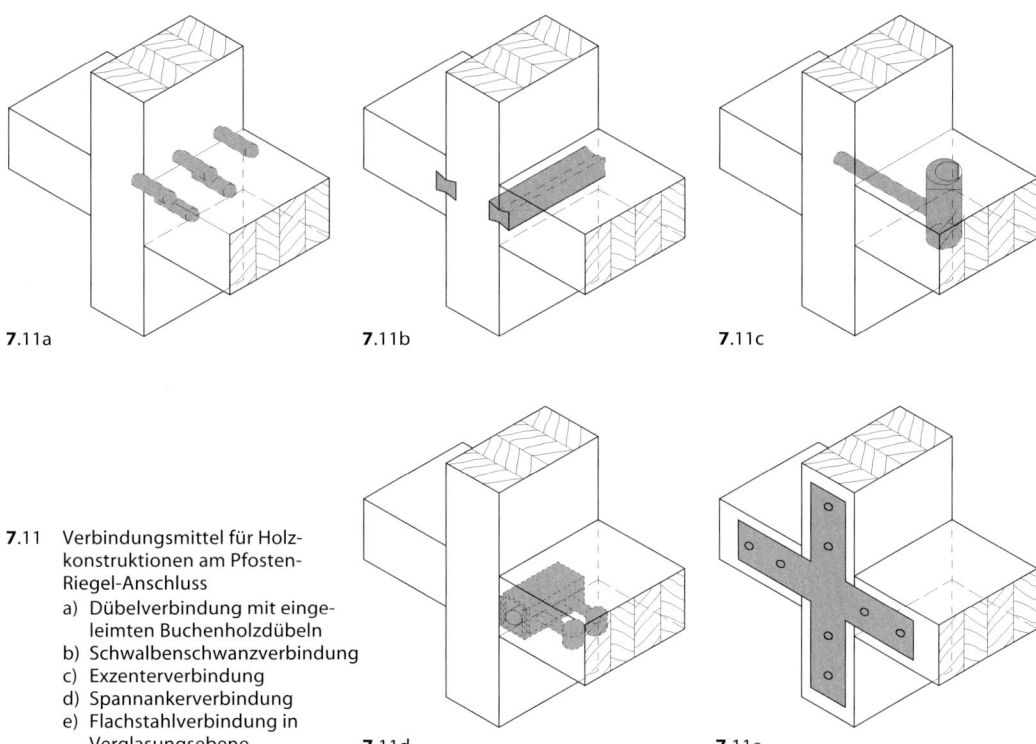

7.11 Verbindungsmittel für Holzkonstruktionen am Pfosten-Riegel-Anschluss
a) Dübelverbindung mit eingeleimten Buchenholzdübeln
b) Schwalbenschwanzverbindung
c) Exzenterverbindung
d) Spannankerverbindung
e) Flachstahlverbindung in Verglasungsebene

zelfall (ZiE) bei der Baubehörde möglich und erforderlich.

7.4.3 Pfosten und Riegel aus Stahl oder Aluminium

Pfosten und Riegel aus Stahl oder Aluminium werden mit Bolzen vor der Verglasungsebene und Verschraubungen sowie zusätzlichen Verbindungsmitteln für den direkten oder nachträglichen Einbau des Riegelprofils miteinander verbunden (Bild **7**.12).

Aluminiumprofile können zur Verbesserung der statischen Eigenschaften zusätzlich mit in die Hohlräume eingeschobene Flachstahlprofile verstärkt werden (Bild **7**.7e).

Zur Verbesserung der Brandschutzeigenschaften (E30 bzw. G30 und EI30 bzw. F30) von Aluminium-Tragprofilen stehen zweischalige Profile mit innen liegenden, nicht brennbaren, wärmedämmenden Trennlagen zur Verfügung (Bild **7**.7i).

Fugenlos hergestellte Pfosten-Riegelsysteme aus Stahl- oder Aluminium-Hohlprofilen können wassergefüllt und an die Heiz- bzw. Kühlanlage des Gebäudes angeschlossen werden. Je nach Querschnitt ist dadurch eine Temperierung im Bereich der Fassaden (schwitzwasserfreies Glas, Vermeidung des abfallenden Kaltluftstromes) oder auch ganzer Räume als Ersatz für herkömmliche Heizsysteme möglich. In Ergänzung zu den senkrecht und waagerecht verlaufenden Fassadenprofilen werden innenseitig Zusatzprofile zur Aufnahme von magnetisch mit Wärmeleitprofi-

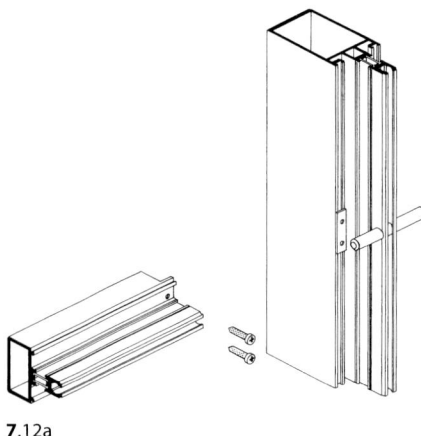

7.12a

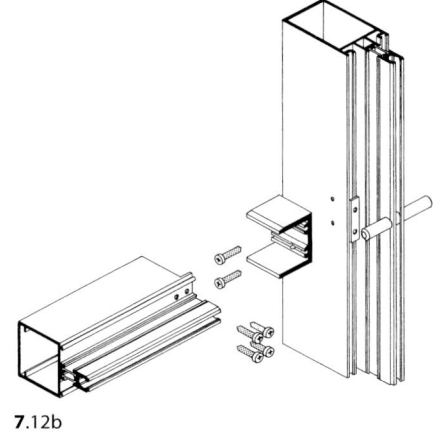

7.12b

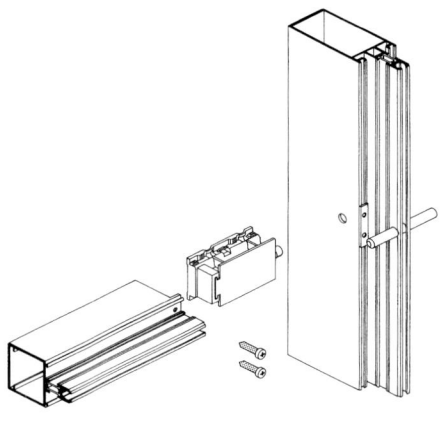

7.12c

7.12 Verbindungsmittel für Metallkonstruktionen am Pfosten-Riegel-Anschluss
a) Verbindung mit Bolzen und Verschraubung
b) Verbindung mit Bolzen und zusätzlichem T-Stück aus Aluminium
c) Nachträglicher Einbau des Riegels mit Sonderverbinder (Fa. Heroal)

7.5 Ausfachungen und Füllelemente

len befestigten Rohren aus Kupferrohr zur Beheizung und Kühlung angeboten (Bild **7**.7d).

7.4.4 Pfosten und Riegel – Mischformen

Für Metall- und/oder Holz-Tragkonstruktionen stehen verschiedene Befestigungsmöglichkeiten zwischen Pfosten- und Riegelbauteilen zur Verfügung (Bild **7**.11 und **7**.12). Pfosten-Riegel-Verbindungen müssen neben den mechanischen Eigenschaften in jedem Fall einen dichten Fugenverschluss erhalten. Insbesondere bei der Verwendung von Holzprofilen können offene Fugen im Bereich der Verbindungspunkte als Folge von Verformungen (Schwinden und Quellen quer zur Holzfaser) durch Feuchteschwankungen und hierdurch hervorgerufener Kondensatausfall im Fugenquerschnitt zu Schäden an der Tragkonstruktion der Fassade führen. Geeignete Dichtungselemente aus EPDM-Profilen (Ethylen-Propylen-Dien-Kautschuk, früher APTK) vermindern das kapillare Eindringen von Feuchtigkeit in die Fugen und das Diffundieren warmer, feuchter Raumluft in den Verbindungsmittelbereich.

7.5 Ausfachungen und Füllelemente

Als Ausfachungs- und Füllelemente stehen folgende Bauteile zur Verfügung.
- transparente Verglasungen
- transluzente (lichtdurchscheinende) Verglasungen
- opake (lichtundurchlässige) Verglasungen
- feststehende oder öffenbare Paneelelemente als Fertigteile oder vor Ort gefertigt
- Fenster-, Fenstertür- und Türöffnungen
- Füllelemente mit besonderen Funktionen (z. B. Flächen zur Solarenergiegewinnung)

Um den Einsatz eines gleichartigen Verglasungs- und Befestigungssystems für alle Ausfachungsflächen innerhalb der Fassadenkonstruktion zu ermöglichen, müssen die Verglasung und alle Füllelemente die gleiche Randdicke aufweisen, damit sie in gleicher Bauart eingebaut und befestigt werden können.

Verglasungs- und Befestigungssysteme sollen das einfache Durchführen von Ersatzverglasungen und Instandhaltungsmaßnahmen von Dichtprofilen, Versiegelungen und beweglichen Bauteilen ermöglichen.

Verglasungen werden in Abhängigkeit von unterschiedlichsten statischen, bauphysikalischen, konstruktiven und sicherheitstechnischen Anforderungen gewählt (s. a. Abschn. 6.4 und Abschn. 9 in Teil 1 dieses Werkes). Bedingt durch den gesetzlich vorgeschriebenen Wärmeschutz kommen in aller Regel Mehrscheiben-Isoliergläser zum Einsatz. Der Aufbau der Verglasung führt als Kombination von verschiedenen Glasarten (Floatglasscheiben, Einscheibensicherheitsglas = ESG oder Verbundsicherheitsglas = VSG), Größe des Scheibenzwischenraumes (SZR), Art und Lage der Beschichtung, Gasfüllung sowie einer Vielzahl von Sondergläsern für Wärme-, Sonnen-, Schall-, oder Brandschutzfunktionen zu anforderungsgerechten Lösungen für die transparenten oder auch transluzenten Fassadenflächen.

Blickdichte, opake Verglasungen können ebenfalls als Isolierglasscheiben oder – vor wärmegedämmten Außenwandflächen – auch als Einscheibenverglasung eingesetzt werden. Praxisübliche Einzelscheibengrößen betragen ca. 1,20 m bis 2,40 m Seitenlänge. Die Eigenlasten der Glasscheiben stehen i. d. R. nicht direkt auf den Riegelprofilen auf und werden somit nicht linear eingeleitet, sondern durch Klotzungen aus Vollkunststoffstücken (Polyamid) i. d. R. zweimal punktuell aufgelagert. Die liegend angeordneten Profilquerschnitte der Riegel müssen zur Aufnahme der Eigenlasten der Verglasungen ausgelegt werden.

Brandschutzverglasungen (E bzw. G– oder E bzw. F-Verglasungen; s. a. Abschn. 17.7.4 in Teil 1 dieses Werkes) müssen einschließlich ihrer Halterungen, Befestigungen und Fugenausbildungen beim Brandversuch als Raumabschluss wirksam bleiben.

Sicherheitsverglasungen. Verbundsicherheitsgläser aus mehreren mit Folien, Gießharz oder Polykarbonat verbundenen Glasschichten für den Objektschutz als angriffshemmende Verglasungen gemäß DIN 356 oder beschusshemmende Verglasungen gemäß DIN 1063 erfordern eine der Widerstandsklasse konforme Einbauart.

Wärmeschutzgläser sind einerseits hinsichtlich ihrer Wärmeschutzeigenschaften (U_w-Wert) und ihres Gesamtenergiedurchlassgrades (**g**-Wert) zu betrachten.

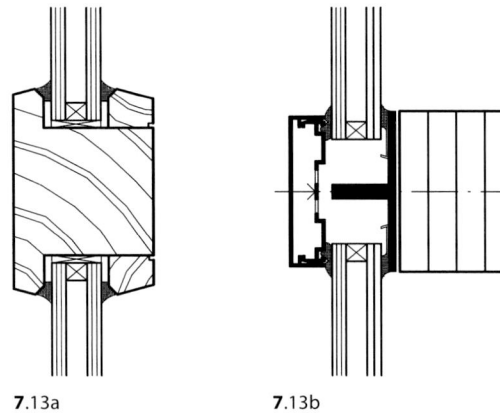

7.13a 7.13b

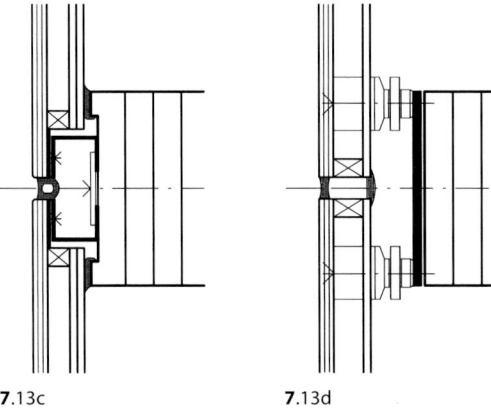

7.13c 7.13d

7.13 Verglasungsarten
  a) Fassadenverglasung mit Glashalteleiste für Fensterwände kleiner Flächengröße
  b) Verglasung mit Profilsystemen, geeignet für alle Anwendungsbereiche (Pressleistenverglasung)
  c) Structural Glazing-System (teilweise anwendbar)
  d) Ganzglassysteme mit punktgehaltenen Scheiben und dauerelastischem Fugenverschluss

Verglasungsarten. Verglasungssysteme müssen in Verbindung mit *allen* Ausfachungs- und Füllelementen eine wind- und schlagregendichte Fassadenhülle bilden. Sie dienen der mechanischen Befestigung der Verglasungen und der sonstigen Einbauelemente. Darüber hinaus muss das Verglasungssystem den Dampfdruckausgleich in den Glasfalzen ermöglichen und über eine *Glasfalzentwässerung* verfügen. Als Verglasungsarten (Bild **7.**13a–d) kommen vergleichbar mit Fensterverglasungen grundsätzlich Systeme mit Glashalteleisten, Pressleistenverglasungen mit Profilsystemen, structural sealant glazing (SSG-Systeme) und auch rahmenlose Ganzglassysteme in Frage (s. a. Abschn. 6.4 und Abb. **9.**1 in Teil 1 dieses Werkes).

Pressleisten- Verglasung. Überwiegend werden für PRF jedoch Verglasungen als Profilsysteme mit Pressleisten ausgeführt, da diese Befestigungsart für alle Anwendungsfälle (Füllelemente) geeignet ist. Marktübliche Profilvarianten für Pressleisten-Verglasungen werden entweder diffusionsoffen oder -geschlossen ausgeführt (Bild **7.**14). Diffusionsoffene Verglasungssysteme ermöglichen im Bereich der Profilquerschnitte den Dampfdruckausgleich von innen nach außen. Bei dampfdiffusionsgeschlossenen Systemen ist das nicht möglich.

Verglasungen mit außen liegenden Pressleisten werden in den Bauarten einer Holz-, Aluminium-, oder Stahltragkonstruktion im Grundsatz gleichartig ausgeführt. Neben der dichten Ausführung und thermischen Trennung innen und außen liegender Bauteile kommt der Berücksichtigung eines ungehinderten Dampfdruckausgleichs und einer störungsfreien Entwässerung der Fassadenhohlräume große Bedeutung zu. Es ist darauf zu achten, dass im Glasfalzraum eventuell austretendes Kondensatwasser ablaufen bzw. ablüften kann.

Auf die tragenden Profile wird ein inneres Verglasungsprofil aus Aluminium oder Kunststoff aufgebracht, das in Verbindung mit den Dichtgummiprofilen im Übergang zum Glas eine innere dampfdichte Ebene ausbildet. Diese Dichtungsebene verhindert den Eintritt feuchter Innenraumluft in den dichtstofffreien Glasfalzraum und das Eindringen von Feuchtigkeit aus dem Falzraum in die Tragkonstruktion (bei Holz-Tragprofilen von besonderer Bedeutung). Die raumseitige Dichtebene muss vollständig geschlossen sein und an den Kreuzungspunkten den unterbrechungsfreien, kontrollierten Abfluss von Kondensat und eingedrungenem Regenwasser gewährleisten (Bild **7.**15).

Falzentwässerung. Die *Entwässerung der Falzräume* und die Belüftung zum Dampfdruckausgleich kann in zwei Arten vorgesehen werden. Die vertikalen Falzräume der Pfostenprofile erhalten eine untere Zuluftöffnung, eine obere Abluftöffnung und in Abhängigkeit von dem Falzraumquerschnitt bei größeren Höhen ca. alle 6 m eine zusätzliche Zuluftöffnung. An den horizontalen Riegelprofilen werden entweder Wasserablauföffnungen unterseitig an den horizonta-

7.5 Ausfachungen und Füllelemente

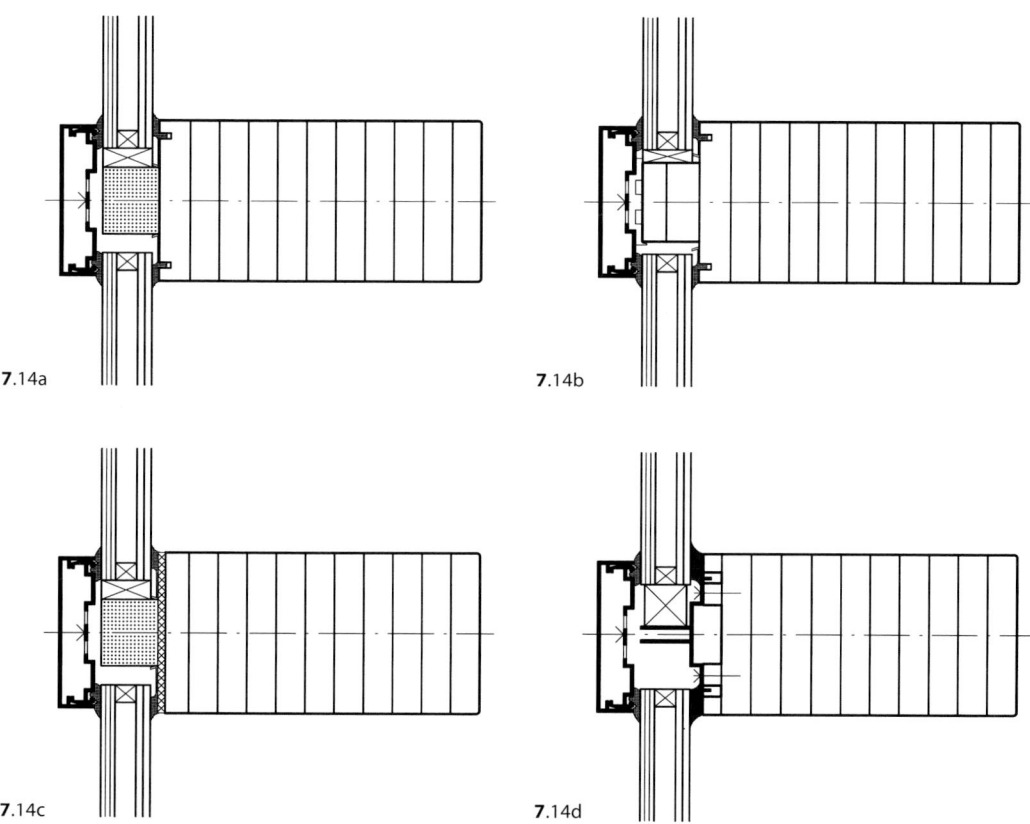

7.14 Verglasungsarten mit Profilsystemen
    a) System mit diffusionsoffener Basisdichtung und zusätzlichen Glasauflagern
    b) System mit diffusionsoffener Basisdichtung und Glasauflagern im Holzquerschnitt
    c) System mit diffusionsgeschlossener Basisdichtung und zusätzlichen Glasauflagern
    d) System mit diffusionsgeschlossener Basisdichtung und zusätzlichen Glasauflagern

len Pressleisten in jedem Feld vorgesehen (Bild 7.16a) – ab einer Breite von ca. 1,25 m in jedem Fall notwendig – oder die Falzentwässerung der Riegel erfolgt nur über die Pfosten (Bild 7.16b) an den unteren Fassadenabschluss (erforderlich bei Schrägverglasungen, s. a. Abschn. 6.4.5). Wichtig ist die geschlossene Ausführung der Stöße der inneren Dichtungen mittels Dicht- oder Klebestoffen oder Stauchdichtungen (Bild 7.17).

Nach Einbau der Verglasungs- und der sonstigen Ausfachungselemente auf lastabtragenden, verschraubten Klotzungen (häufig aus Polyamid, 80 bis 100 mm lang und so breit, dass jede Einzelscheibe der Verglasungseinheit unterstützt wird) erfolgt der äußere Fugenverschluss mit einer Weichgummidichtung, die das Eindringen von Wasser verhindert. Die vertikalen Dichtungen sollen im Regelfall durchlaufend verlegt werden.

Dichtungen erfordern in Anschlussbereichen eine geringfügige Überdimensionierung, um offene Fugen im Stoßpunkt als Folge von Schrumpfungsprozessen der Dichtungen zu vermeiden.

Gläser und Ausfachungselemente und auch die äußeren Dichtungsprofile werden mit äußeren Pressleisten als Halteprofile über Verschraubungen befestigt (Anpressdruck am Scheibenrand max. 50 N/cm Kantenlänge). Ggf. können ergänzend Abdeckprofile oder -leisten aus Metall oder Holz aufgeklemmt oder geschraubt werden (Bild 7.18).

Structural-Glazing-Systeme. Bild 7.19 zeigt beispielhaft die Ausführung einer geklebten Isolierverglasung auf einer Holzunterkonstruktion [11]. Bei dieser Ausführung kann gänzlich auf Pressleisten und Abdeckprofile verzichtet werden.

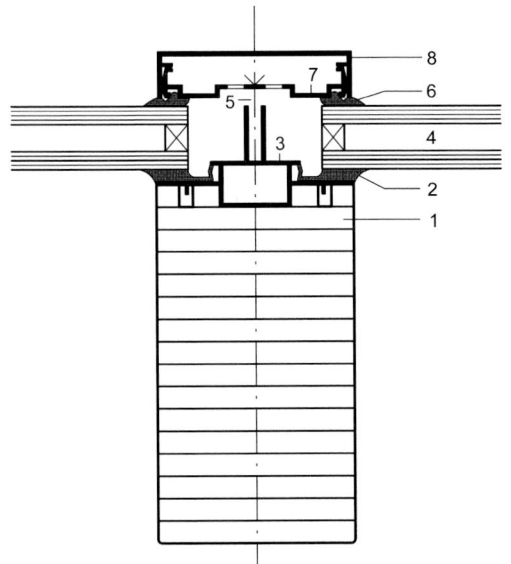

7.15 Einzelbauteile für Fassadenverglasung
1 Fassadentragwerk (Pfosten/Riegel)
2 Innere Dichtungsebene
3 Innen liegendes Verglasungsprofil
4 Verglasung- und Ausfachungsebene
5 Thermische Trennung
6 Äußere Dichtungsebene gegen Wasser
7 Äußeres Pressleistenprofil
8 Abdeckprofil

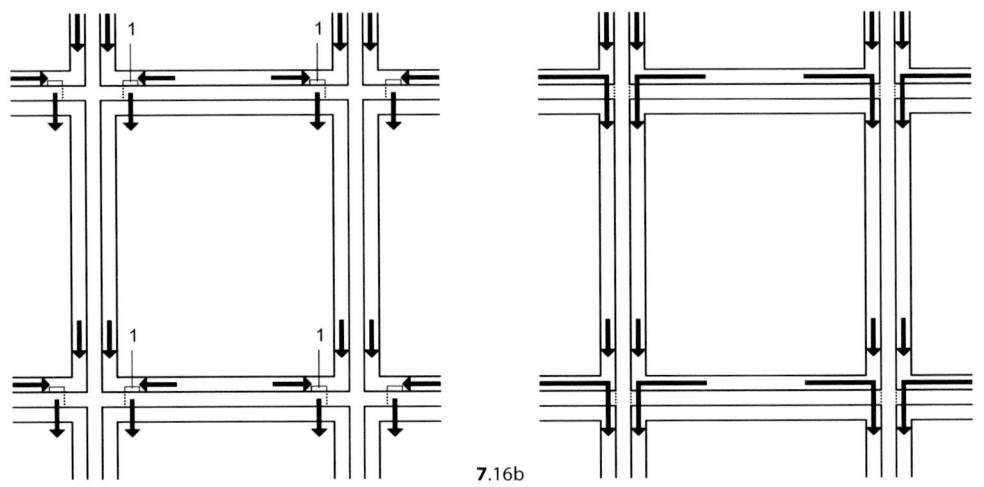

7.16 Falzentwässerung und Belüftung
 a) Entwässerung und Dampfdruckausgleich in jedem Feld
 b) Entwässerung und Dampfdruckausgleich ausschließlich über Pfostenprofile
 1 Wasserablauföffnung

7.5 Ausfachungen und Füllelemente

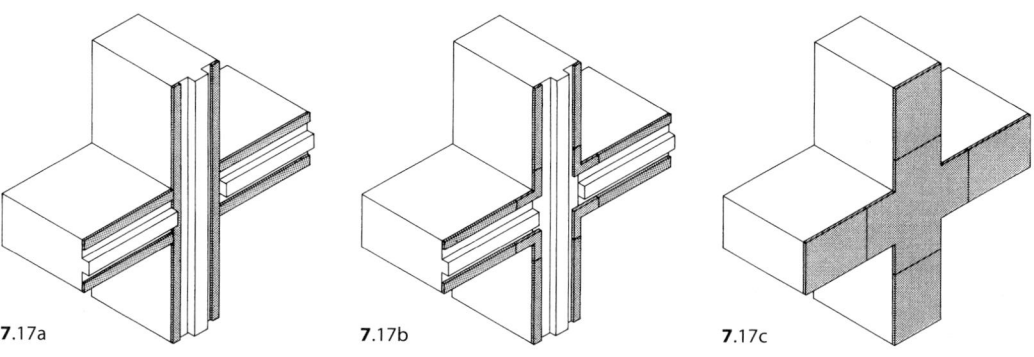

7.17a   **7.**17b   **7.**17c

7.17 Knotenpunkte innere Dichtungsebene
 a) Stumpfer Stoß der Dichtungen
 b) Dichtung mit Eckformstücken
 c) Dichtung mit Vollgummiauflage und kreuzförmigem Eckformstück

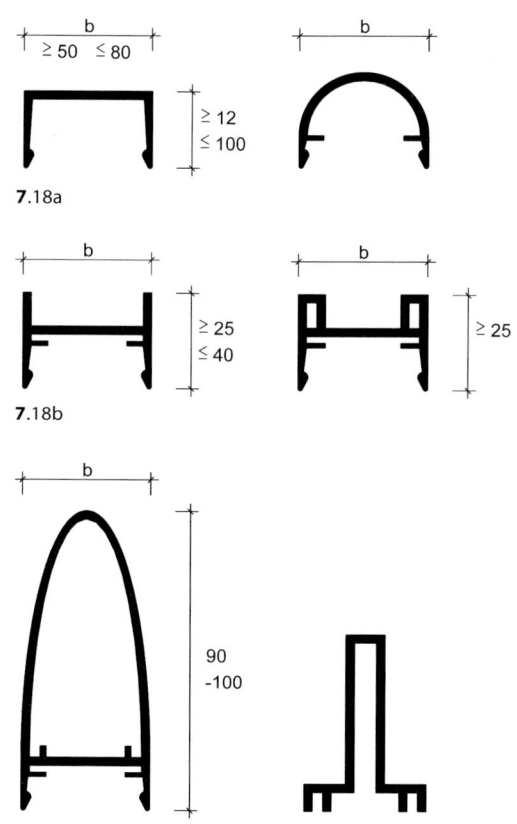

7.18a

7.18b

7.18c

7.18 Abdeckprofile aus Stahl und Aluminium
 a) Abdeckprofile ohne äußere Profilierung
 b) Abdeckprofile mit vorderen (erhabenen) Lisenen
 c) Abdeckprofile, Sonderformen

Wie auch für andere Fassadenarten (s. a. Abschn. 9.2 in Teil 1 dieses Werkes) sind Structural-Glazing-Systeme (SSGS = Structural Sealant Glazing Systems) in Deutschland im Gegensatz zu anderen europäischen Ländern ohne mechanische Sicherung nicht zugelassen. Zur Ausführung ist eine bauaufsichtliche Zulassung erforderlich. Die Verklebung darf dauerhaft ständig wirkenden Lasten nicht ausgesetzt sein. Durch zusätzliche mechanische Halter muss die Eigenlast abgetragen und bei Versagen der Klebung muss das Glas gehalten werden. Diese Forderung gilt in Deutschland für Gebäude ab 8 m Höhe. Die Befestigung über Klebung erfolgt über die äußere Scheibe. Eine mechanische Abstützung der äußeren Scheibe ist nicht vorhanden. Die Fugenabdichtung zwischen den *Stufenglasscheiben* erfolgt mit eingeklemmten Silikonprofilen.

Öffnungselemente. Fenster und Türen und sonstige Öffnungselemente zur Be- und Entlüftung können in die Fassadensysteme integriert werden. Die Einbau- und Befestigungsmöglichkeiten entsprechen denen der Verglasungen. Die Materialarten von Pfosten bzw. Riegeln sowie der Öffnungselemente können unterschiedlich sein. Die Lage der Öffnungselemente kann in der Ebene der Verglasung (Bild **7.**20a) oder flächenbündig (Bild **7.**20b und c) mit den Abdeckprofilen erfolgen. Fensteröffnungen können auch „schwimmend" unter Verzicht auf einen direkten Anschluss an ein bzw. zwei Pfosten- oder Riegelprofile innerhalb der Fassadenfläche eingebaut werden (Bild **7.**20d).

7 Pfosten-Riegel-Fassaden (PRF)

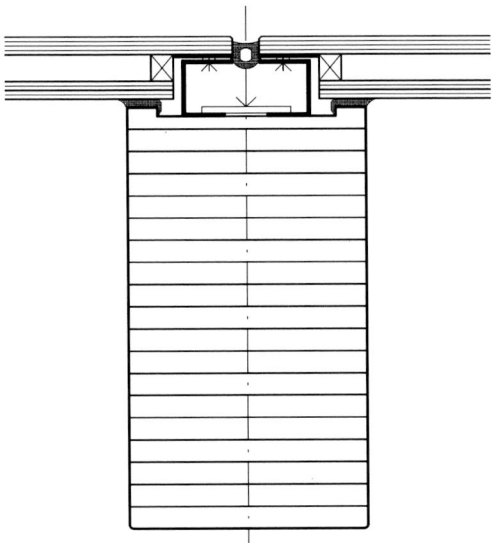

7.19 Structural-Glazing-System auf Holzkonstruktion (Stufenisolierglas mit Bolzen auf geklebten Blechstreifen)

Paneelelemente. Nicht transparente (opake) Füllungen mit Wärmedämmung können als Sandwichelemente oder Paneele (Verbundelemente) oder als mehrschichtige zusammengesetzte Bauteile eingesetzt werden. Überwiegend werden sie in Brüstungsbereichen und als Sichtschutzverkleidung der Deckenstirnflächen verwendet. Es stehen wärmedämmende Blechpaneele in Sandwichbauweise, wärmedämmende Vakuumpaneele (VIP) mit den Glasscheiben ähnlichen Einbautiefen von nur 26 bis 37 mm oder aus Einzelschichten handwerklich gefügte Konstruktionen zur Verfügung, die unterschiedliche Oberflächen (Holzwerkstoffplatten, opakes Glas, Bleche) erhalten können (Bild **7**.21). Wichtig ist der innenseitig dampfdichte Anschluss der Paneelelemente an die Grundkonstruktionen.

Elemente zur Solarenergienutzung. Neben herkömmlichen transparenten Verglasungen können als Ausfachungen auch Füllelemente mit besonderen Eigenschaften eingesetzt werden. Opake oder teiltransparente Flächen sind gut geeignet,

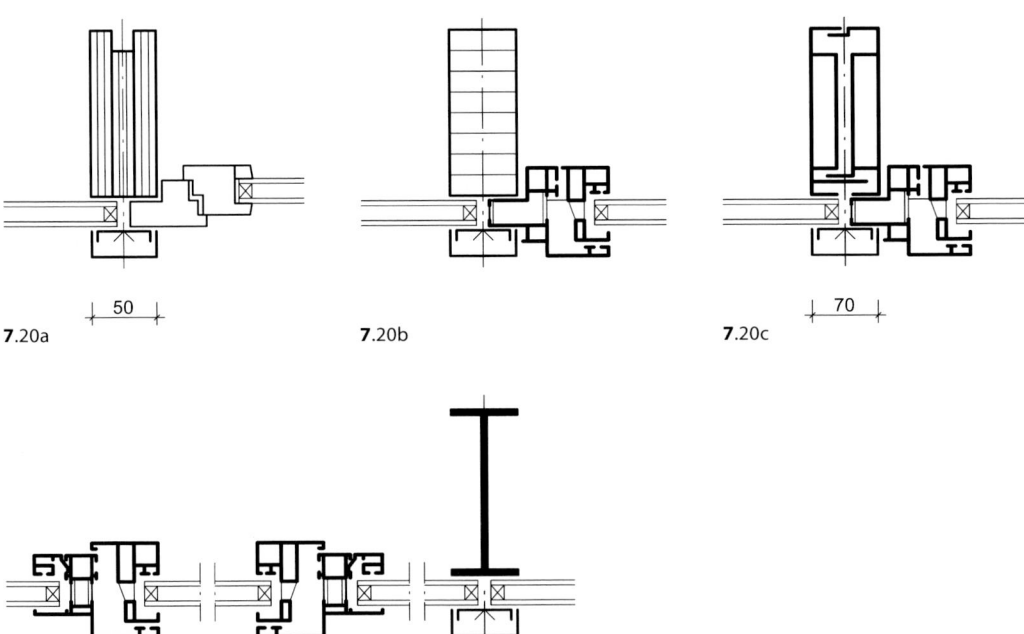

7.20 Einbauarten von Öffnungselementen
   a) Pfosten und Riegel aus zusammengesetzten Furnierschichthölzern mit Holzfenster
   b) Pfosten und Riegel aus Brettschichtholz mit Stahl- oder Aluminiumfenster
   c) Dehnpfosten und -riegel aus Stahl- oder Aluminium, akustisch entkoppelt mit Fenster
   d) Pfosten und Riegel aus Stahl mit „schwimmend" eingebautem Fenster

7.6 Fugen- und Anschlussausbildung

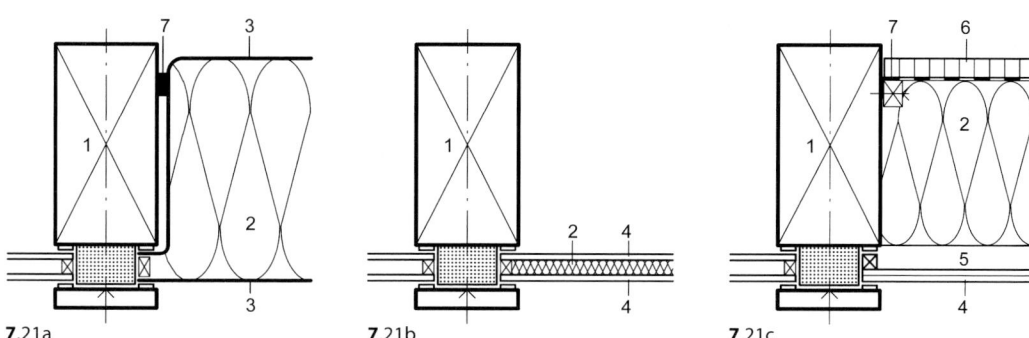

7.21a 7.21b 7.21c

7.21 Paneelelemente für opake Ausfachungs- und Füllelemente
   a) Wärmegedämmtes Sandwichpaneel Sandwichpaneel gem. DIN EN 14509
   b) Vakuum-Paneelelement
   c) Handwerklich gefertigter mehrschichtiger Aufbau
   1 Pfosten- oder Riegelquerschnitt mit Verglasungssystem
   2 Wärmedämmung
   3 Blech-Deckschicht
   4 Glasdeckschicht
   5 Luftschicht
   6 Innere Bekleidung mit Dampfsperre
   7 Dichtungsband, umlaufend

Funktionselemente zur Energiegewinnung aufzunehmen. Passive und aktive Systeme zur Solarenergienutzung sind wahlweise in die Fassadenkonstruktion integrierbar (BIPV = Building Integrated Photovoltaics).

Photovoltaik (PV-Module). Photovoltaikflächen erwärmen sich durch Solarstrahlung stark und verlieren mit zunehmender Temperatur ihren Wirkungsgrad. Sie können zur Kühlung mit Luftkollektorsystemen kombiniert werden – somit kann neben der Erzeugung von elektrischer Energie der PV durch die Kühlung mittels Luftkollektoren zusätzlich aus der Abwärme ein Energiegewinn erzielt werden. Neben der Hauptfunktion zur Gewinnung elektrischer Energie können PV-Module auch Funktionen des Sonnen- und Blendschutzes übernehmen.

Transparente Wärmedämmung (TWD). Lichtstrahlungsdurchlässige, transluzente Materialien mit guten Wärmedämmeigenschaften können in PRF wie Paneelelemente eingesetzt werden. Hinter der TWD können in Teilflächen dunkelfarbige, massive Absorberwände als Speichermassen angeordnet werden, um die direkte Solarstrahlung den dahinterliegenden Räumen zukommen zu lassen. Sie werden ähnlich wie Verglasungsflächen eingebaut und befestigt.

Luftkollektoren. Eine besondere Form der aktiven Nutzung von Solarenergie ist die Kombination von TWD mit einer vorgelagerten Verglasung. In einem Zwischenraum hinter der Verglasung wird kalte Außenluft eingeführt und erwärmt dem Innenraum zugeführt oder in ein Umluftsystem eingebracht.

7.6 Fugen- und Anschlussausbildung

Fugen innerhalb der Fassadenfläche und an den Randanschlüssen erfüllen neben den gestalterischen und bauphysikalischen Anforderungen Aufgaben der Bauteilverbindung, der Übernahme von Bewegungen zwischen den Bauteilen und des Ausgleiches von Maßtoleranzen in Fassadenebene und zwischen Fassade und Bauwerk. Bei allen Fassadenfugen sind bauphysikalische Anforderungen u. A. des Wärmeschutzes, des Feuchteschutzes von Außen (Regen- und Oberflächenwasser, Schmelz- und Spritzwasser) und der Dampfdichtigkeit von Innen zu berücksichtigen. Bei allen Anschlüssen muss der Grundsatz beachtet werden, dass die Wasserdampfdiffusionswiderstände der inneren Dichtung größer sind als die der äußeren Dichtsysteme (Innen dichter als Außen!). Sind vergleichbar dichte Systeme außen und innen vorgesehen, muss nach außen der Dampfdruckausgleich gewährleistet werden.

Sowohl bei der unabhängigen (Elementfassade) und auch der zusammenhängenden (PRF) Fassa-

denbauweise (s. Bild **7**.2) entstehen zwei unterschiedliche Arten von Fugenausbildungen:
- Bewegungsfugen innerhalb der Konstruktion
- Anschlussfugen an das Bauwerk in den Randbereichen

Bewegungsfugen innerhalb der Fassadenfläche sind so anzuordnen, dass sie Zwängungen aus Verformungen verhindern und Verformungsdifferenzen aus unterschiedlichen Bauteileigenschaften und Beanspruchungen schadensfrei ausgleichen. Sie können mehrere Aufgaben erfüllen.

Bei *Elementfassaden* werden sie durch die Stöße der einzelnen unabhängigen Fassadenelemente gebildet und ermöglichen den Ausgleich von Maßtoleranzen der einzelnen Elemente und die Aufnahme von Verschiebungen in Folge von Längenänderungen. Lage und Anzahl der Fugen wird von der Fassadenteilung und den Funktionsanforderungen (Bewegungsintensität) bestimmt. Fugen zwischen Elementfassaden werden mit elastischen, vorkomprimierten Dichtstoffen bzw. Weichgummidichtungen (z. B. EPDM – Ethylen-Propylen-Dien-Kautschuk) geschlossen.

Fugen für horizontale Bewegungsmöglichkeiten an im Zusammenhang hergestellten PRF können innerhalb der Pfostenprofils (Bild **7**.7h, **7**.20c) angeordnet werden. Senkrechte Bewegungsfugen sind insbesondere bei mehrgeschossigen PRF an den Stößen der Pfostenprofile erforderlich. Bei allen Fugen ist auf die notwendige Dichtigkeit sowohl von Innen als auch von Außen zu achten. Die Gummidichtungen der Verglasungen können nur begrenzt Bewegungen aus Verformungen der Fassade aufnehmen.

Anschlussfugen zu angrenzenden Bauteilen sind geprägt durch weitergehende Einwirkungen. Es ist hierbei erforderlich, die Eigenschaften der Fassadenkonstruktionen und die des Baukörpers miteinander zu kombinieren und die Bauteile und Bauteilschichten ineinander zu überführen.

Bei den Anschlussanforderungen der Fassadenflächen sind Aufgaben der Gestaltung, der Statik (Lastabtragung, Verformung), der verschiedenen Baustoffeigenschaften und der unterschiedlich großen Maßtoleranzen aus Rohbau und Fassaden zu berücksichtigen. Möglicherweise kommen gesetzliche Auflagen (Brandschutz, Schwellenhöhen) und Erfordernisse des Bauablaufes hinzu.

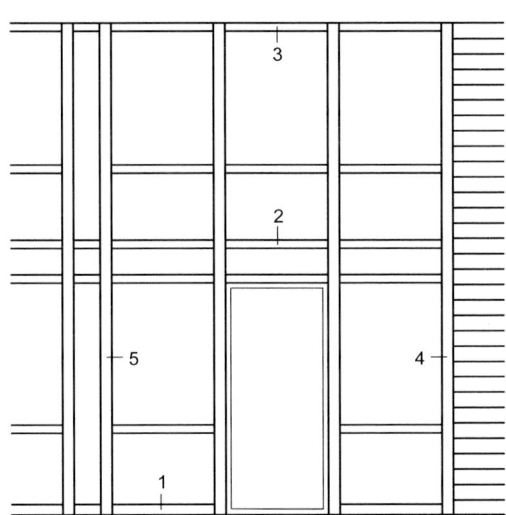

7.22 Anschlussfugen an angrenzende Bauteile
 1 Bodenanschluss
 2 Deckenanschluss
 3 Dachanschluss
 4 Wandanschluss
 5 Trennwandanschluss

Die Anschlusssituationen an Dach, Decken, Wänden und Trennwänden und am Fußpunkt müssen verschiedenen Ansprüchen Rechnung tragen (Bild **7**.22 bis **7**.25).

Abdichtungssysteme für Anschlussfugen müssen einerseits in der Lage sein, vertikale Bewegungen zwischen Baukörper und Fassade in der Folge von Setzungs- und Schwindvorgängen und andererseits horizontale Breitenveränderungen der Fuge als Folge von Wärmedehnungen sowie Setzungs- und Schwindvorgängen aufzunehmen.

Abdichtungen zwischen Baukörper und Fassade können grundsätzlich ein- oder zweistufig erfolgen. Bei *einstufiger* Ausführung werden Regen und Wind in einer Ebene abgehalten (Bild **6**.28a) – in *zweistufiger* Konstruktionsart erfolgt die Regen- und Winddichtung in zwei Ebenen, die über eine kontrollierte Wasserableitung hinter der außenliegenden Regensperre verfügen (Bild **6**.28b und c). Bei Pressleisten-Verglasungen mit oder ohne Abdeckprofil erfolgt die Abdichtung überwiegend in zwei Ebenen.

Die hohen Anforderungen an eine dauerhafte Elastizität können erfüllt werden durch:
- Dichtstoffe mit geschlossenzelligem, nicht wassersaugendem Hinterfüllmaterial

7.6 Fugen- und Anschlussausbildung

- vorkomprimierte, imprägnierte Schaumkunststoffbänder (Kompribänder)
- Bauabdichtungsbahnen und Butylbänder

Die Wahl des Abdichtungssystems richtet sich nach der Geometrie der Fuge, den durch die Konstruktionen von Fassade und Baukörper gegebenen Voraussetzungen, der Fugenart, der erforderlichen Toleranzgröße, der Bauabfolge und der chemischen Verträglichkeit der angrenzenden Baustoffe. In geschossübergreifenden, großflächigen Fassadenkonstruktionen kommen üblicherweise auf Grund zu erwartender größerer Verformungen und Windbelastungen nur Dichtungsbahnen in Frage. In Bereichen mit geringen Verformungen können Fugendichtstoffe und Dichtungsbänder angewendet werden. Insbesondere in Übergangsbereichen zwischen verschiedenen Dichtsystemen (Eckübergängen) ist auf einen luftdichten Anschluss zu achten (Verschweißung oder Verklebung). Die Auswahl der Dichtsysteme erfolgt unter Berücksichtigung der Wasserdampfdiffusionswiderstände der Innen- und Außendichtung (Innen dichter als Außen!). Bei nahezu gleicher Dichte der Abdichtungssysteme innen und außen ist für einen Dampfdruckausgleich nach Außen zu sorgen.

Bodenanschluss. Bodenanschlüsse der Fassaden und von Türelementen (Bild **7**.23) sind insbesondere bei angrenzenden Gelände- oder Balkonflächen der Belastung durch Schmelz- und Spritzwasser ausgesetzt. Im Übergang von Fassadenflächen zu wasserführenden Ebenen ist unter Berücksichtigung der *Flachdachrichtlinien* bzw. der DIN 18 531 die Dichtung mindestens 15 cm hochzuführen und vor mechanischen Beschädigungen zu schützen (s. a. Abschn. 10.7.3 in Teil 1 dieses Werkes).

Bei barrierefreien Planungen ist zudem eine Schwellenhöhe von max. 2 cm zu berücksichtigen. Um hierbei einen niveaugleichen Übergang von innen nach außen zu ermöglichen, muss im Anschlussbereich zwischen Bodenbelag und Fassadenfußpunkt ein Gitterrost aus Metall oder Holz vorgesehen werden. Feuchtigkeit kann hierdurch nach unten abgeleitet werden. Der Fußpunkt der Fassade reicht ohne sichtbaren Sockelrand bis auf die Bodenfläche (Bild **7**.23b).

Am Bodenanschluss wird meist ein Festpunkt ausgebildet (stehende Fassade). Maßtoleranzen aus dem Rohbau müssen durch Unterfütterungen mit Keilen oder Anschlussprofile mit Langlochausbildung aufgenommen werden können. Bei Fassaden aus Holz wird am Bodenanschluss häufig zunächst ein Schwelle als Lagerholz und zur Ausrichtung der aufstehenden Pfostenprofile eingebracht (Bild **7**.23b).

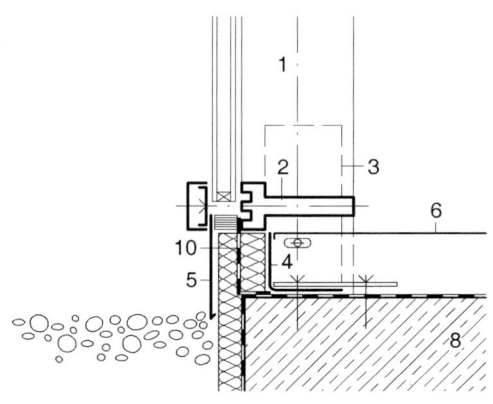

7.23a

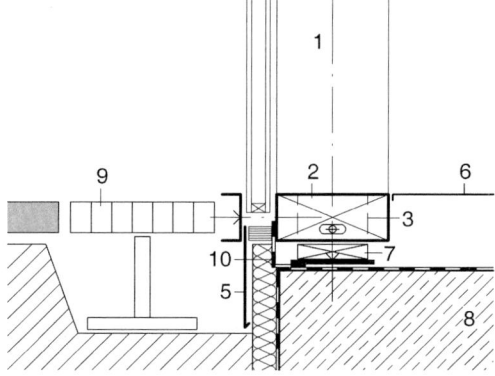

7.23b

7.23 Bodenanschlüsse (Beispiele)
  a) Bodenanschluss Metallfassade
  b) Bodenanschluss Holzfassade
  1 Pfostenprofil aus Stahl oder Aluminium bzw. aus Holz
  2 Riegelprofil mit Pressleisten-Verglasung
  3 Fußplatte oder L-Winkel zur Befestigung des Pfostens mit Unterfütterung zum Ausgleich von Maßtoleranzen
  4 L-Winkel als Randabschluss
  5 Blechverwahrung mit Pressleiste eingeklemmt
  6 Oberkante Fertigfußboden
  7 Schwelle als Lagerholz
  8 Bodenplatte mit Abdichtung und Wärmedämmung
  9 Gitterrost aus Metall oder Holz
  10 Dampfsperre und Dichtung

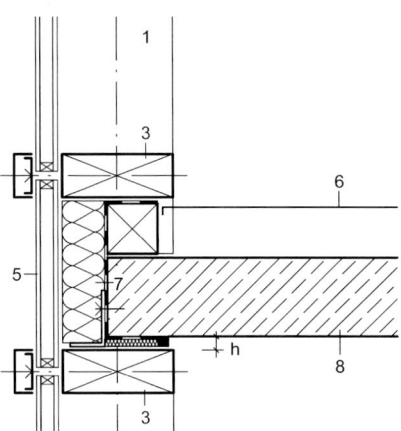
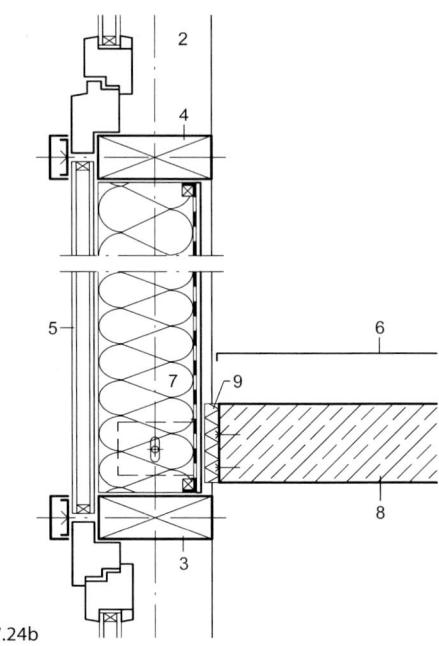

7.24a   **7**.24b

7.24 Deckenanschlüsse (Beispiele)
  a) Deckenanschluss ober- und unterseitig
  b) Deckenanschluss vor dem Deckenrand
  1 Pfosten, geschosshoch
  2 Pfosten, durchlaufend mit Stahl-L-Profil und Langloch befestigt
  3 Riegel mit Pressleisten-Verglasung, oben mit L-Profil und Langloch befestigt
  4 Riegel in Brüstungshöhe
  5 Opake Verglasung oder Ausfachung
  6 Oberkante Fertigfußboden
  7 Wärmedämmung mit Dampfsperre
  8 Stahlbetondecke
  9 Fugenverschluss mit Brandschutzmaterial (Promat)
  h = Dimension der Anschlussfuge gemäß den zu erwartenden Verformungen

Deckenanschluss und Dachanschluss. Decken- und Dachanschlüsse unterscheiden sich durch die Lage der Fassade *zwischen* den Decken- bzw. Dachflächen oder *vor* dem Decken- oder Dachrand durchlaufend (Bild **7**.24). Es wird i.d.R. ein Lospunkt z. B. durch Langlochausbildung zur Aufnahme von Verformungen und Bewegungen aus Fassade und Bauwerk vorgesehen. Wichtig ist die Berücksichtigung von ausreichend dimensionierten Anschlussfugen zur Aufnahme von Setzungen aus dem Bauwerk im Übergang zu Bauteilen der Primärkonstruktion (Bild **7**.24a).

Wandanschlüsse an angrenzende Bauteile müssen ebenfalls Bewegungen und Maßtoleranzen aus dem Bauwerk und der Fassadenfläche zwängungsfrei aufnehmen können. Häufig sind die Anordnung von Futterhölzern oder Füllelementen zwischen Fassadenpfosten und Wandflächen sinnvoll. In diesen Bereichen können Wärmedämmschichten und Außenwandbekleidungen angeschlossen werden (Bild **7**.25).

Innen- und Außenecken innerhalb der Fassadenflächen können mittels ein- oder zweiteiligem Eckpfosten oder als an der Ecke geklebte Stufenglasscheibe ausgebildet werden (Bild **7**.25b und d). Frei auskragende Eckverglasungen ohne Pfosten erfordern ab einer Breite von ca. 50 – 60 cm ein Zugseil oder einen Zugstab zur Aufnahme der Lasten aus den über Eck angeordneten Riegelprofilen (Bild **7**.25d).

7.6 Fugen- und Anschlussausbildung

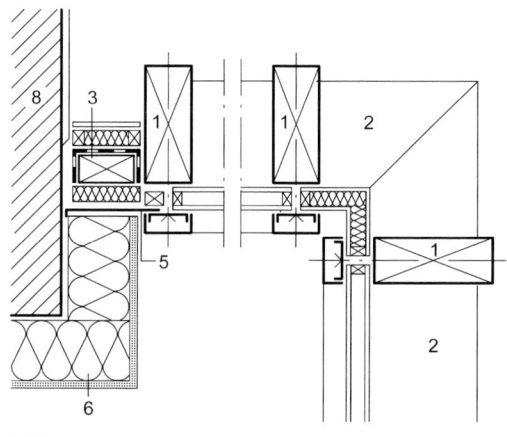

7.25a

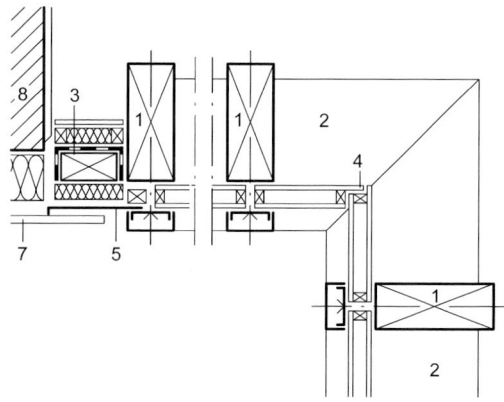

7.25b

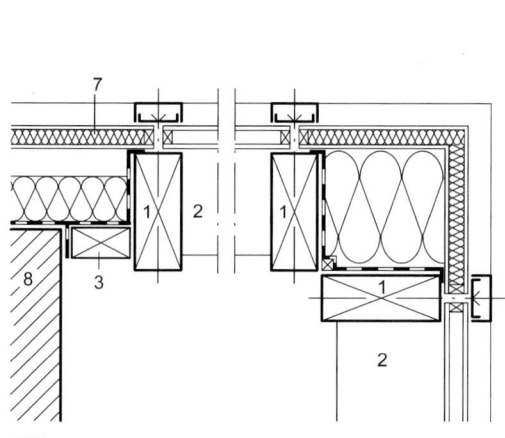

7.25c

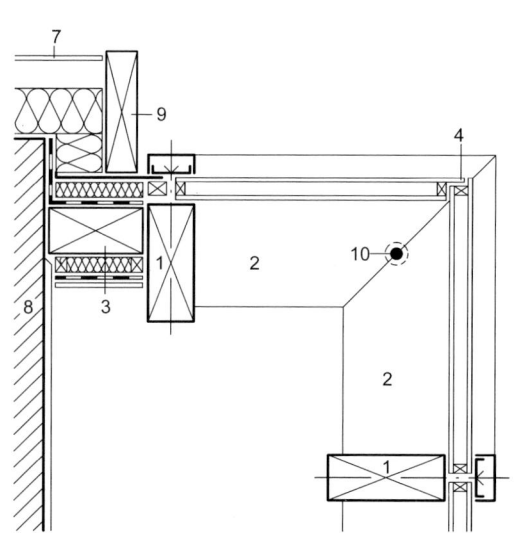

7.25d

7.25 Wandanschlüsse (Beispiele)
  a) Innenecke mit zwei Pfostenprofilen
  b) Innenecke ohne Pfostenprofile mit geklebter Glasecke
  c) Außenecke mit zwei Pfostenprofilen
  d) Außenecke ohne Pfostenprofile mit geklebter Glasecke
  1 Pfosten mit Pressleisten-Verglasung
  2 Riegelprofil
  3 Futterholz oder Füllelement
  4 geklebte Ecke mit Stufengläsern
  5 Blechverwahrung
  6 Wärmedämmverbundsystem
  7 Hinterlüftete Außenwandbekleidung
  8 Primärkonstruktion
  9 Blockzarge als Leibungsbekleidung
  10 Zugstab oder Zugseil zur Lastabtragung der Riegelprofile

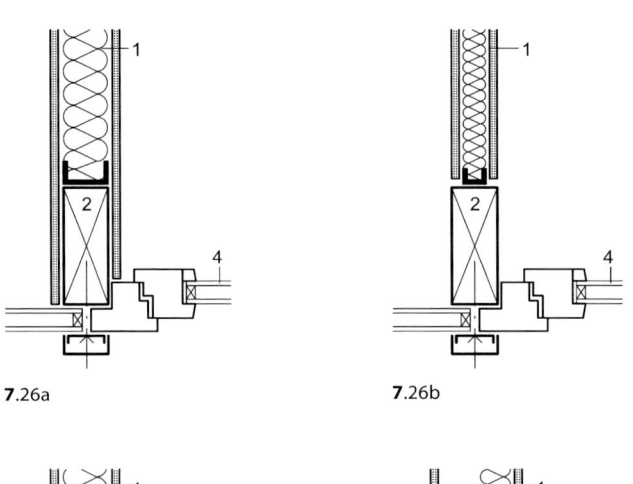

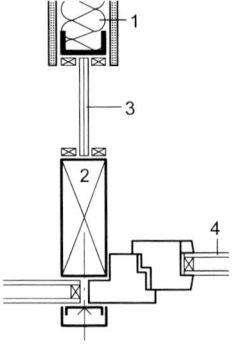
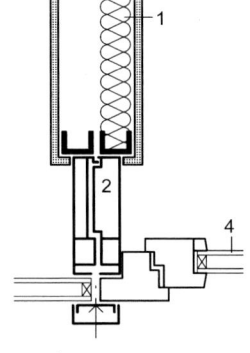
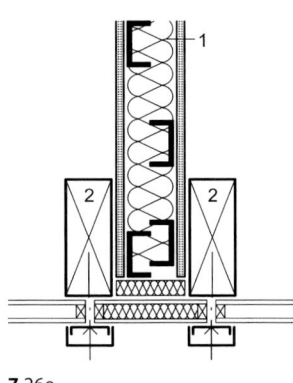

7.26 Trennwandanschlüsse (Beispiele)
  a) Pfostenprofil mit überlappendem Trennwandanschluss (nicht empfehlenswert)
  b) Pfostenprofil mit stumpfem Wandanschluss
  c) Pfostenprofil mit Glas- oder Paneelelement als Anschluss
  d) Doppeltes Pfostenprofil mit eingeschobener zweischaliger Trennwand (Schallschutzwand)
  e) Getrenntes Pfostenprofil mit zweischaliger Trennwand (Schallschutzwand)
  1 Leichte Trennwand
  2 Fassadenpfosten
  3 Sicherheits-Glasscheibe (Dicke gemäß Schallschutzanforderungen)
  4 Öffnungselement

Trennwandanschlüsse. Die größere Dicke ($\geq$ ca. 10 cm) von inneren Trennwänden führt im Anschluss an die häufig schmaleren Pfostenprofile zu nicht flächenbündigen Übergängen, die zudem die Bedienbarkeit von ggf. vorhandenen Öffnungselementen behindern können (Bild **7**.26a). Im Übergang zwischen Fassade und Trennwand sollten daher die Fassadenprofile freigestellt bleiben und die Wand rückseitig anschließen (Bild **7**.26b) oder durch schlankere Glas- oder Paneelelemente als Zwischenstücke getrennt werden (Bild **7**.26c).

Schallschutzanforderungen zwischen Räumen können nur durch zweischalige Trennwandaufbauten und deren separate Anschlüsse an getrennte Dehnprofile in der Fassade (Bild **7**.26d) oder doppelte Pfostenprofile (Bild **7**.26e) gelöst werden.

7.7 Normen

(s. a. Abschn. 6 und Abschn. 9 in Teil 1 dieses Werkes)

Norm	Ausgabedatum	Titel
DIN 107	04.1974	Bezeichnung mit links oder rechts im Bauwesen
DIN EN 410	04.2011	Glas im Bauwesen; Bestimmung der lichttechnischen und strahlungsphysikalischen Kenngrößen von Verglasungen
DIN EN 673	04.2011	–; Bestimmung des Wärmedurchgangskoeffizienten (U- Wert); Berechnungsverfahren
DIN EN 1096-1	04.2012	Glas im Bauwesen; Beschichtetes Glas; Definitionen und Klasseneinteilung
DIN 1249-11	05.2017	Flachglas im Bauwesen; Glaskanten; Begriffe, Kantenformen und Ausführung
DIN 1259-1	09.2001	Glas; Begriffe für Glasarten und Glasgruppen
DIN 1259-2	09.2001	Glas; Begriffe für Glaserzeugnisse
DIN EN 1279-1	10.2018	Glas im Bauwesen – Mehrscheiben-Isolierglas – Allgemeines, Systembeschreibung, Austauschregeln, Toleranzen und visuelle Qualität
DIN EN 1991-1-4	12.2010	Eurocode 1: Einwirkungen auf Tragwerke – Teil 1-4: Allgemeine Einwirkungen – Windlasten
DIN EN 1991-1-4/NA	12.2010	Nationaler Anhang – National festgelegte Parameter – Eurocode 1: Einwirkungen auf Tragwerke Teil 1-4; Allgemeine Einwirkungen – Windlasten
DIN 4102-13	05.1990	Brandverhalten von Baustoffen und Bauteilen; Brandschutzverglasungen; Begriffe, Anforderungen und Prüfungen
DIN 4108-2	02.2013	Wärmeschutz und Energie-Einsparung in Gebäuden; Mindestanforderungen an den Wärmeschutz
DIN 4108-3	10.2018	–; Klimabedingter Feuchteschutz; Anforderungen, Berechnungsverfahren und Hinweise für Planung und Ausführung
DIN 4108-7	01.2011	–; Luftdichtheit von Gebäuden, Anforderungen, Planungs- und Ausführungsempfehlungen sowie -beispiele
DIN 4109	01.2018	Schallschutz im Hochbau, Mindestanforderungen
DIN 4109 Bbl. 2	11.1989	–; Hinweise für Planung und Ausführung; Vorschläge für einen erhöhten Schallschutz; Empfehlungen für den Schallschutz im eigenen Wohn- und Arbeitsbereich
DIN 5034-1	07.2011	Tageslicht in Innenräumen; Allgemeine Anforderungen
DIN 5034-2	02.1985	–; Grundlagen
DIN EN ISO 7345	07.2018	Wärmeschutz von Gebäuden und Baustoffen – Physikalische Größen und Definitionen
DIN EN 12 152	08.2002	Vorhangfassaden; Luftdurchlässigkeit; Leistungsanforderungen und Klassifizierung
DIN EN 12 153	09.2000	–; Luftdurchlässigkeit; Prüfverfahren
DIN EN 12 154	06.2000	–; Schlagregendichtheit, Leistungsanforderungen und Klassifizierung
DIN EN 12 155	10.2000	–; –, Laborprüfung unter Aufbringen von statischem Druck
DIN EN 12 179	09.2000	Vorhangfassaden; Widerstand gegen Windlast; Prüfverfahren
DIN EN 12 207	03.2017	Fenster und Türen; Luftdurchlässigkeit – Klassifizierung
DIN EN 12 208	06.2000	–; Schlagregendichtheit – Klassifizierung
DIN EN 12 210	09.2016	–; Widerstandsfähigkeit bei Windlast – Klassifizierung
DIN EN 12 354-3	11.2017	Bauakustik – Berechnung der akustischen Eigenschaften von Gebäuden aus den Bauteileigenschaften; Luftschalldämmung von Außenbauteilen gegen Außenlärm
DIN EN ISO 12354-4	11.2017	–; Schallübertragung von Räumen ins Freie
DIN EN 12 464-1	08.2011	Licht und Beleuchtung – Beleuchtung von Arbeitsstätten; Arbeitsstätten in Innenräumen
DIN EN 12464 Bbl.1–4	08.2017	–; –; Beleuchtungskonzepte und Beleuchtungsarten für künstliche Beleuchtung
DIN EN 13 022-1	08.2014	Glas im Bauwesen – Geklebte Verglasungen; Glasprodukte für SSG-Systeme – Einfach- und Mehrfachverglasungen mit oder ohne Abtragung des Eigengewichtes

Normen, Fortsetzung

Norm	Ausgabedatum	Titel
DIN EN 13 022-2	08.2014	–; Verglasungsvorschriften für Structural-Sealant-Glazing (SSG-) Glaskonstruktionen
DIN EN 13 050	09.2011	Vorhangfassaden – Schlagregendichtheit – Laborprüfung mit wechselndem Luftdruck und Besprühen mit Wasser
DIN EN 13 051	11.2001	–; – Schlagregendichtheit – Feldversuch
DIN EN 13 116	11.2001	Vorhangfassaden; Widerstand gegen Windlast; Leistungsanforderungen
DIN EN 13119	12.2016	–; Terminologie
DIN EN 13 830	07.2015	Vorhangfassaden – Produktnorm
DIN EN 14 019	11.2016	Vorhangfassaden – Stoßfestigkeit – Leistungsanforderungen
DIN EN 14 351-1	12.2016	Fenster und Türen – Produktnorm, Leistungseigenschaften; Fenster und Außentüren
DIN EN 14 509	12.2013	Selbsttragende Sandwich-Elemente mit beidseitigen Metalldeckschichten – Werkmäßig hergestellte Produkte – Spezifikationen
DIN EN 15 254-4	10.2013	Erweiterter Anwendungsbereich der Ergebnisse von Feuerwiderstandsprüfungen – Nichttragende Wände; Verglaste Konstruktionen
E DIN EN 15 254-4	12.2016	Erweiterter Anwendungsbereich der Ergebnisse von Feuerwiderstandsprüfungen – Nichttragende Wände; Verglaste Konstruktionen
E DIN EN 15 254-6	05.2014	–; –; Vorhangfassaden
DIN EN 15 434	07.2010	Glas im Bauwesen; Produktnorm für lastübertragende und/oder UV-beständige Dichtstoffe (für geklebte Verglasungen und/oder Isolierverglasungen mit exponierten Dichtungen)
DIN EN 15 651-1	07.2017	Fugendichtstoffe für nicht tragende Anwendungen in Gebäuden und Fußgängerwegen; Fugendichtstoffe für Fassadenelemente
DIN EN 15 651-2	07.2017	– ; Fugendichtstoffe für Verglasungen
DIN EN ISO 16 283-1	04.2018	Akustik – Messung der Schalldämmung in Gebäuden und von Bauteilen am Bau; Luftschalldämmung
DIN EN ISO 16 283-3	09.2016	–; Fassadenschalldämmung
E DIN EN 16 759	05.2017	Geklebte Glaskonstruktionen für Türen, Fenster und Vorhangfassaden – Überprüfung der mechanischen Leistungseigenschaften der Verklebung auf Aluminium- und Stahloberflächen
DIN 18 005-1	07.2002	Schallschutz im Städtebau; Grundlagen und Hinweise für die Planung
DIN 18 005-1 Bbl. 1	05.1987	Schallschutz im Städtebau; Berechnungsverfahren; Schalltechnische Orientierungswerten für die städtebauliche Planung
DIN 18 008-1	12.2010	Glas im Bauwesen; Bemessungs- und Konstruktionsregeln; Begriffe und allgemeine Grundlagen
E DIN 18008-1	05.2018	– ; – ; Begriffe und allgemeine Grundlagen
DIN 18 008-2	12.2010	– ; – ; Linienförmig gelagerte Verglasungen
DIN 18 008-2 Ber.1	04.2011	Berichtigung zu DIN 18008-2
E DIN 18008-2	05.2018	– ; – ; Linienförmig gelagerte Verglasungen
DIN 18 008-4	07.2013	– ; – ; Zusatzanforderungen an absturzsichernde Verglasungen
DIN 18 055	11.2014	Kriterien für die Anwendung von Fenstern und Außentüren nach DIN 14 351-1
DIN V 18 073	05.2008	Rollläden, Markisen, Rolltore und sonstige Abschlüsse im Bauwesen – Begriffe, Anforderungen
E DIN 18073	09.2018	– ; Begriffe und Einsatzempfehlungen
DIN 18195	07.2017	– ; Abdichtung von Bauwerken – Begriffe
DIN 18 202	04.2013	Toleranzen im Hochbau; Bauwerke
DIN 18 351	09.2016	VOB Vergabe- und Vertragsordnung für Bauleistungen; Teil C: Allgemeine technische Vertragsbedingungen für Bauleistungen (ATV); Vorgehängte, hinterlüftete Fassaden
DIN 18 361	09.2016	–; Verglasungsarbeiten
DIN 18 516-4	02.1990	Außenwandbekleidungen, hinterlüftet; Einscheiben-Sicherheitsglas; Anforderungen, Bemessung, Prüfung

7.8 Literatur

Normen, Fortsetzung

Norm	Ausgabedatum	Titel
DIN 18 540	09.2014	Abdichten von Außenwandfugen im Hochbau mit Fugendichtstoffen
DIN 18 542	07.2009	Abdichten von Außenwandfugen mit imprägnierten Dichtungsbändern aus Schaumkunststoff; Imprägnierte Dichtungsbänder; Anforderungen, Prüfung
DIN 18 545	07.2015	Abdichten von Verglasungen mit Dichtstoffen; Anforderungen an Glasfalze und Verglasungssysteme
DIN V 18 599-1 bis 12	09.2018	Energetische Bewertung von Gebäuden – Berechnung des Nutz-, End- und Primärenergiebedarfs für Heizung, Kühlung, Lüftung, Trinkwarmwasser und Beleuchtung
DIN EN 26 891	07.1991	Holzbauwerke; Verbindungen mit mechanischen Verbindungsmitteln; Allgemeine Grundsätze für die Ermittlung der Tragfähigkeit und des Verformungsverhaltens (ISO 6891: 1983)
DIN EN ISO 52016-1	04.2018	Energetische Bewertung von Gebäuden – Energiebedarf für Heizung und Kühlung, Innentemperaturen sowie fühlbare und latente Heizlasten; Berechnungsverfahren
DIN EN ISO 52017-1	04.2018	– ; Fühlbare und latente Wärmelasten und Innentemperaturen; Allgemeine Berechnungsverfahren
DIN EN ISO 52022-1	01.2018	Energieeffizienz von Gebäuden – Wärmetechnische, solare und tageslichtbezogene Eigenschaften von Bauteilen und Bauelementen; Vereinfachtes Berechnungsverfahren
DIN EN ISO 52022-3	01.2018	– ; Detailliertes Berechnungsverfahren zur Ermittlung der solaren und tageslichtbezogenen Eigenschaften von Sonnenschutz in Kombination mit Verglasungen
DIN 52 460	12.2015	Fugen- und Glasabdichtungen – Begriffe
GlaskonstrZulBek	12.1998	Bekanntmachung der Leitlinie für die europäische technische Zulassung für geklebte Glaskonstruktionen
ETAG 002-1	12.1998	Bekanntmachung der Leitlinie für die Europäische Technische Zulassung für geklebte Glaskonstruktionen (Structural Sealant Glazing Systems – SSGS); Gestützte und ungestützte Systeme
ETAG 002-2	04.2002	–; Beschichtete Aluminium-Systeme (ETAG 002)
ETAG 002-3	04.2003	–; Systeme mit thermisch getrennten Profilen
ift-Fachinformation VE-12/1	03.2009	Überkopfverglasungen mit geringer Neigung – technische Umsetzung anspruchsvoller Details
VDI 2719	08.1987	Schalldämmung von Fenstern und deren Zusatzeinrichtungen

7.8 Literatur

[1] *Bäckmann, R.*: Sonnenschutz Teil 1 bis 3; Systeme, Technik und Anwendung, Gestaltung und Konstruktion, Tageslichttechnik u. a. Bochum 1998/2000
[2] *Brandi, U.,* (Hrsg.): Tageslicht , Kunstlicht – Grundlagen, Ausführung, Beispiele, München. 2005
[3] *Bratfisch, R., (Red.)*: Innovative Fassadentechnik. Berlin 2009 – 2012.
[4] Fassadentechnik – Fachzeitschrift, Cubus – Medienverlag. Hamburg; www.fassadentechnik.de
[5] Flachglas Markenkreis: GlasHandbuch 2017; www.flachglas-markenkreis.de
[6] Fassade – Technik und Architektur: Heftarchiv; www.die-fassade.de
[7] *Gall, D.,* Grundlagen der Lichttechnik. München. 2007
[8] *Haas-Arndt, D.; Ranft, F.*: Tageslichttechnik in Gebäuden. Heidelberg 2007
[9] *Herzog, T., Krippner, R.; Lang. W.*: Fassadenatlas. München/Basel 2013
[10] *Hindrichs, D., Heusler, W.*: Fassaden – Gebäudehüllen für das 21. Jahrhundert. Basel 2010
[11] Informationsdienst Holz: Schriftenreihe des Holzabsatzfonds, Bonn; Holz-Glas-Fassaden; Holzbauhandbuch, Reihe 1, Teil 10, Folge 3, 12/1999; www.infoholz.de
[12] Informationszentrum RAUM und BAU- (IRB)- Literaturdokumentationen : Glasfassaden, Temporärer Wärmeschutz, Lichtumlenkung, Energiegewinnung durch Fenster, Tageslichttechnik, Hochhausfassaden, Sonnenschutz von Büro- und Verwaltungsbauten u.a. Stuttgart, tagesaktuell; www.irb-fraunhofer.de

[13] Institut für Fenstertechnik e. V.; „Pfosten-Riegel-Fassaden" tagesaktuell Rosenheim; ift-rosenheim/fachartikel.de

[14] Industrieverband Dichtstoffe – IVD Merkblätter; u. A. Merkblatt Nr.9; Spritzbare Dichtstoffe in der Anschlussfuge für Fenster und Außentüren. Düsseldorf 11.2014; und Merkblatt 26; Abdichten von Fenster- und Fassadenfugen mit vorkomprimierten und imprägnierten Fugendichtbändern (Kompri-Bänder). Düsseldorf 11.2014; www.ivd-ev.de

[15] *Knaack, U.; Führer, W.; Wurm, J.*: Konstruktiver Glasbau – Neue Möglichkeiten und Techniken. Köln 2000

[16] *Knaack, U.; Klein, T.; Bilow, M.; Auer, T.* : Fassaden – Prinzipien der Konstruktion, Basel 2014

[17] *Pech, A; Pommer, G.; Zeininger, J.*: Fassaden. Wien 2014

[18] *Roberts, S; Guariento, N.* : Gebäudeintegrierte Photovoltaik – Ein Handbuch. Basel 2009

[19] *Schmid, J., Schumacher, R., Hoeckel, C., Niedermeier, P., Kotthoff, J.* : Entwicklung und Erprobung von Konstruktionsgrundlagen für mehrgeschossige Holzfassaden; i.f.t. Rosenheim 1999

[20] *Schmid, J., Niedermeier, P.*: Structural Glazing – Gebäudehüllen aus Glas auf Holztragkonstruktionen. In: Bayern innovativ; Rosenheim 1999

[21] *Schuler, M.*: Glasfassaden und Sonnenschutz – Kühllastvermeidung. In: VfA Profil 10/98

[22] *Schittich, C., Staib, G., Balkow, D., Schuler, M., Sobeck, W.*: Glasbauatlas, München 2006

[23] *Schittich, C.* (Red.): Glas: best of detail = glass. München 2014

[24] *Stiell, W., Schmid, J., Lieb, K., Krause, H., Stengel, F.* : Geklebte Glaselementen in Holztragwerken . i.f.t. Rosenheim 1996

[25] *Swab, A.*: Transparenz ohne tropische Temperaturen. Natürliche Lüftung und sommerlicher Sonnenschutz. In Fassadentechnik Sonderheft 2004

8 Türen, Zargen und Schlösser

8.1 Allgemeines

Türen trennen und verbinden Außen- und Innenraum sowie Räumlichkeiten mit unterschiedlicher Nutzung und Repräsentation. Dementsprechend unterscheidet man Außentüren, Innentüren und Schutztüren.[1), 2)]

Von der jeweiligen Zweckbestimmung eines Türelementes werden Anordnung, Größe, Form und Öffnungsart, Werkstoff und Konstruktion sowie Art und Eignung der Beschläge beeinflusst. Daneben sind immer auch gestalterische und wirtschaftliche Gesichtspunkte zu beachten.

Außen- und Innentüren gibt es in einer Vielzahl von Formen und Materialien. Sie können aus Holz und Holzwerkstoffen, Aluminium und Stahl, Kunststoff und Glas oder aus Kombinationen dieser Werkstoffe – als Einzelstück gefertigt nach handwerklichen Grundsätzen oder in industrieller Serienproduktion – hergestellt sein.

Außentüren sind meist integrierter Bestandteil einer Hauseingangsanlage, die Zweck und Bedeutung des Gebäudes erkennen lassen soll. Wesentliche Bestandteile sind Vordach, Türnische oder Windfang, Hausnummer- und Namensschild, Klingel, Sprech- und Briefkastenanlage sowie Beleuchtung und Schuhabstreifer. Sie bestimmen – zusammen mit den Fenstern – nicht unwesentlich das äußere Erscheinungsbild eines Gebäudes und müssen daher – neben den technischen – immer auch formalen Ansprüchen gerecht werden.

Außentüren bilden im Wohn- und Objektbereich die Nahtstelle zwischen Innen und Außen (Tabelle **8**.1). Sie trennen somit Zonen mit unterschiedlichen, meist gegensätzlichen Bedingungen. Daraus resultierend müssen Außentüren

- allen Witterungseinflüssen und klimatischen Beanspruchungen standhalten,
- eine hohe mechanische Festigkeit gegen Stoß und Verformungsstabilität bei Differenzklima (Temperatur- und Feuchteunterschiede) aufweisen,
- einen zeitgemäßen Wärme-, Schall- und Feuchteschutz erbringen,
- durch den Einbau von Boden- und Falzdichtungsprofilen möglichst fugendicht schließen sowie
- mit einbruchhemmenden Bändern, Garnituren und Schlössern ausgerüstet sein.

Innentüren trennen und verbinden Räume mit unterschiedlicher Nutzung und Gestaltung im Wohn- und Objektbereich (Tabelle **8**.1). Sie sind Öffnung und Abschluss zugleich. Zweck und Anspruch der Räumlichkeiten bestimmen auch hier weitgehend Form, Materialwahl und Konstruktion der vielfältig gestaltbaren Elemente. Die wesentlichen Grundanforderungen an normale Innentüren sind

- Dauerfunktionstüchtigkeit,
- Widerstandsfähigkeit bei mechanischer Beanspruchung,
- Verformungsstabilität bei klimatischer Beanspruchung,
- ausreichender Mindestschallschutz und Fugendichtheit,
- Einbruchhemmung, insbesondere bei Wohnungsabschlusstüren.

Sonderanforderungen, wie sie nachstehend und in Abschn. 8.6, Sondertüren, näher erläutert sind, können je nach Zweckbestimmung hinzukommen. Vgl. hierzu Tabelle **8**.2.

Sondertüren sind Türelemente, an die je nach Zweckbestimmung noch weitere besondere Anforderungen gestellt werden, die über die allgemeine Funktionstauglichkeit einer Tür hinausgehen. Diese erhöhten Anforderungen sind sowohl ihrer Art als auch ihrem Umfang nach im jeweiligen Leistungsverzeichnis eindeutig zu definieren. Vgl. hierzu insbesondere Abschn. 8.6.

[1)] Unter der Bezeichnung **Tür** versteht man allgemein das komplette Türelement, bestehend aus dem Türblatt und einem fest mit der Wand verbundenen Türrahmen (auch Türzarge genannt). Die Tür ist in der Regel nur für den Durchgang von Personen angelegt.

[2)] Der Begriff **Tor** umfasst alle Einrichtungen zum Schließen von Öffnungen, die für die Durchfahrt von Fahrzeugen und den Durchgang von Personen geeignet sind. Tore sind gemäß DIN EN 12 433 (Terminologie) und DIN EN 13 241-1 (Sicherheitsanforderungen) genormt, bleiben im Rahmen dieser Abhandlung jedoch unberücksichtigt.

© Springer Fachmedien Wiesbaden GmbH, ein Teil von Springer Nature 2018
U. Hestermann, L. Rongen, *Frick/Knöll Baukonstruktionslehre 2*
https://doi.org/10.1007/978-3-658-21913-0_8

Tabelle **8**.1 Einteilung und Benennung von Türen im Bauwesen

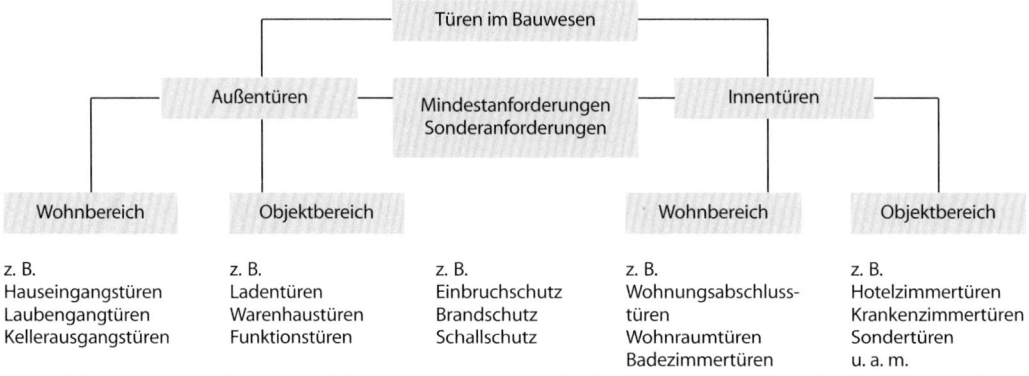

Tabelle **8**.2 Technische Minest- und Sonderanforderungen, die je nach Zweckbestimmung an Außen-, Innen- und Sondertüren gestellt werden können

Mindestanforderungen		Sonderanforderungen	
Außen- und Innentüren	**Nur Außentüren**	**Schutz- und Sondertüren**	
Funktionssicherheit	Wärmeschutz	Brandschutz	erhöhter Wärmeschutz
Mechanische Festigkeit	Luftdichtheit	Rauchschutz	erhöhter Schallschutz
Verformungsstabilität	Winddichtheit	Strahlenschutz	erhöhter Feuchteschutz
Fugendichtheit	Schlagregendichtheit	Beschussfestigkeit	erhöhter Einbruchschutz
Schallschutz	Bewitterungsfähigkeit		u. a. m.
Einbruchhemmung			

8.1.1 Einteilung und Benennung: Überblick

Einteilung nach dem Verwendungszweck

Beispielhaft für eine Vielzahl von Möglichkeiten sollen hier nur einige Einsatzbereiche erwähnt werden:

- Außentüren
  Hauseingangstüren, Büro-, Geschäfts- und Warenhaustüren, Kino-, Gaststätten- und Hoteleingangstüren
- Innentüren
  Wohnungsabschluss- und Windfangtüren, Wohnraum- und Badezimmertüren, Arztpraxen- und Labortüren
- Repräsentationstüren
  Konzertsaal- und Konferenzraumtüren, Rathaus- und Kirchentüren, Banken- und Theatereingangstüren
- Objekttüren
  Büroraum- und Hotelzimmertüren, Pflege- und Altenheimzimmertüren, Krankenhaus- und Klassenraumtüren
- Sonder- und Schutztüren
  Schallschutz- und Feuerschutztüren, Nassraum- und barrierefreie Türen, Strahlenschutztüren, einbruch- und beschusshemmende Türen u. a. m.

Zu weiteren Einteilungen nach Bewegungsrichtung (Bild **8**.3), Türrahmen- (Bild **8**.4) oder Türblattausbildung (Bild **8**.5) sei auf die entsprechenden Abbildungen verwiesen.

8.2 Planungshinweise

Es würde den Rahmen dieses Werkes bei weitem sprengen, wollte man auf alle Normen, Verordnungen, Richtlinien und technischen Anforderungen näher eingehen, die bei der Gebäudeplanung im Zusammenhang mit der Türauswahl zu beachten sind. Beispielhaft sollen dennoch einige Aspekte genannt und kurz erläutert werden.

8.2 Planungshinweise

Einteilung nach der Bewegungsrichtung

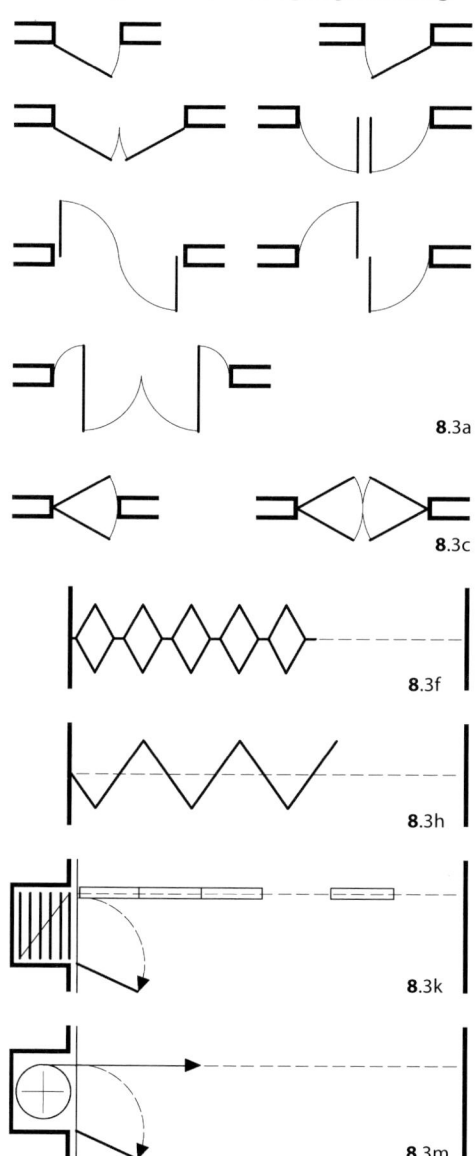
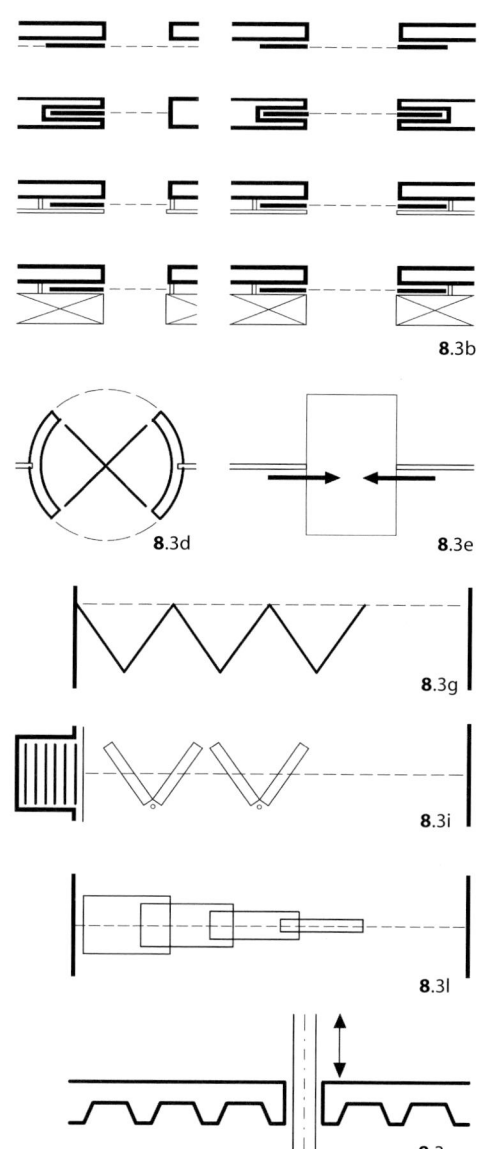

8.3 Einteilung nach der Bewegungsrichtung
- a) Drehflügeltüren (ein- und zweiflügelig)
- b) Schiebetüren (ein- und zweiflügelig),
- c) Pendeltüren (ein- und zweiflügelig)
- d) Drehkreuztür
- e) automatische Schiebetür (ein- und zweiflügelig)
- f) Harmonikatür bzw. Harmonikawand
- g) Falttür bzw. Faltwand, seitlich geführt (Holzlamellen mit Scharnieren verbunden)
- h) Falttür bzw. Faltwand mittig geführt (mit einem halben Flügel beginnend)
- i) Paarwand (aus beweglichen Plattenpaaren)
- k) Bewegliche Trennwand aus Einzelelementen (auch Element- oder Schiebewand genannt),
- l) Teleskopwand
- m) Rollwand, vertikal oder horizontal angeordnet (ein- oder zweischalig)
- n) Hub- und Versenkwand

Einteilung nach der Türrahmenausbildung

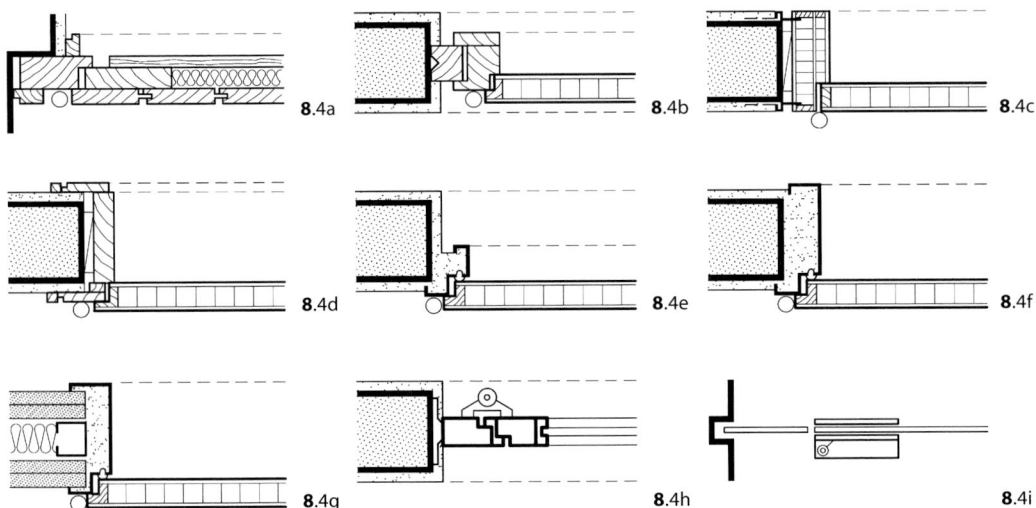

8.4 Einteilung nach der Türrahmenausbildung (nur Drehflügeltüren)
   a) Blendrahmentür (Holz)
   b) Blockrahmentür (Holz)
   c) Zargenrahmentür (Holz)
   d) Futterrahmen mit Bekleidungen (Holz)
   e) Stahlzargentür: Eckzarge
   f) Stahlzargentür: Umfassungszarge
   g) Stahlzargentür: Umfassungszarge für Plattenwände
   h) Metallrahmentür
   i) Ganzglastür (rahmenloser Einbau)

Einteilung nach der Türblattausbildung

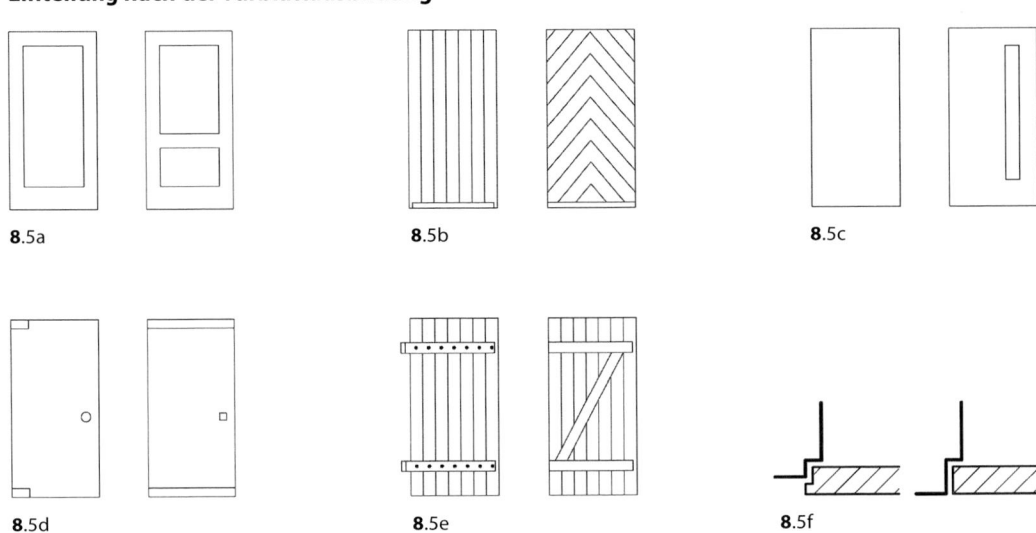

8.5 Einteilung nach der Türblattausbildung
   a) Rahmentüren mit Füllungen (Glas, Holz etc.)
   b) aufgedoppelte Türen (Außentüren)
   c) glatte Sperrtüren (ggf. mit Sehschlitzen)
   d) Ganzglastüren
   e) Latten- oder Brettertüren
   f) Falztüren oder Stumpftüren

8.2 Planungshinweise

8.6 Türanordnung und Aufschlagrichtung von Türflügeln
  a) falsche Raumerschließung: einengend, Raum nicht überschaubar
  b), c) unbefriedigende Türanordnung in Bezug auf die Möblierung, Verlust an wertvoller Möbelstellfläche
  d) richtige Türanordnung: zum Raum und Licht hinführend, ausreichend bemessene Schrankstellfläche zwischen Trennwand und Türflügel
  e) ungünstige Türanordnung bei schmalen und langen Räumen
  f) günstigere Raumerschließung und bessere Ausnützung der Möbelstellfläche im Vergleich zu e)

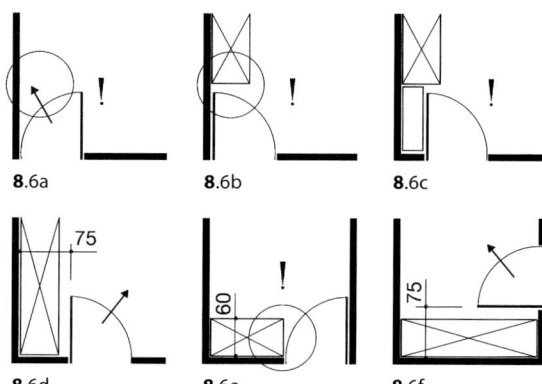

8.2.1 Wohnungsbau

Raumöffnungen – Türen wie Fenster – beeinflussen immer auch die Gebrauchstauglichkeit eines Raumes. Innentüren sollten daher nie ohne Bezug zu ihrer Umgebung geplant werden. Immer müssen die davor, daneben und dahinter liegenden Bereiche in die Überlegungen mit einbezogen werden. Bereits bei der Planung sind die spätere Möblierung des Raumes und die Aufschlagrichtung des Türflügels zu berücksichtigen.

Türöffnungen sind so zu bemessen und im Grundriss derart anzuordnen, dass der ungehinderte Transport von Möbeln, Geräten u. Ä. gewährleistet ist. Wird die Türöffnung von der Raumecke abgerückt, dann ist der Abstand zwischen Trennwand und Türleibung möglichst so festzulegen, dass ein Möbelstück hinter dem aufgeschlagenen Türflügel angeordnet werden kann. Im Einzelnen sind bei der Planung zu beachten (Bild **8.6**):

- Nutzungszweck, Dimension und grundrisslicher Zuschnitt der zu erschließenden Räumlichkeiten,
- Lage, Anordnung und Größe des Türelementes unter Berücksichtigung weiterer Raumöffnungen sowie natürlicher und künstlicher Lichtquellen,
- Verteilung der Ruhe- und Verkehrszonen im Raum und der damit zusammenhängenden Mobiliaranordnung,
- Aufschlagrichtung des Türflügels im Hinblick auf Raumerschließung, Raumerlebnis und Wegeführung,
- Betonung oder nahezu unsichtbare Einbindung des Türelementes in die Wandfläche

bzw. Wandbekleidung durch entsprechende Materialfestlegung, Farbgebung, Detailausbildung und Beschlagwahl.

Türabmessungen. Normal begangene, einflügelige Innentüren weisen in der Breite ein Baurichtmaß (BR) von 87,5 cm, vielbegangene Innentüren ein Baurichtmaß von 100 cm und einflügelige Außentüren (Haustüren) ein BR von 112,5 cm auf; bei Nebentüren kommt man üblicherweise mit einem BR von 75 cm aus.

Die Höhe von einflügeligen Innentüren ist in DIN 18 100 mit Baurichtmaßen von 200 cm bzw. 212,5 cm festgelegt (Bild **8.7**).

Hauseingangs- und Wohnungsabschlusstüren schlagen in der Regel nach innen auf. Eingangstüren von öffentlichen Gebäuden und Räumen, in denen sich regelmäßig viele Menschen aufhalten (z. B. Verwaltungsbauten, Hotels, Kinos, Schulen, Theater u. a.) müssen immer nach außen aufschlagen (Fluchtrichtung). Gleiches gilt für Türen in Fluchtwegen in sämtlichen Arbeitsstätten. Die jeweiligen Landesbauordnungen und Richtlinien sind bei der Planung zu beachten.

8.2.2 Arbeitsstätten[1]

Nach der Technischen Regel für Arbeitsstätten ASR A 2.3 müssen die Türen und Tore in begehbaren Räumen so angeordnet sein, dass

---
[1] Die Neustrukturierung der Arbeitsstättenverordnung führte zum Ersatz der früheren Arbeitsstättenrichtlinien durch Technische Regeln für Arbeitsstätten (ASR) ersetzt wurden.

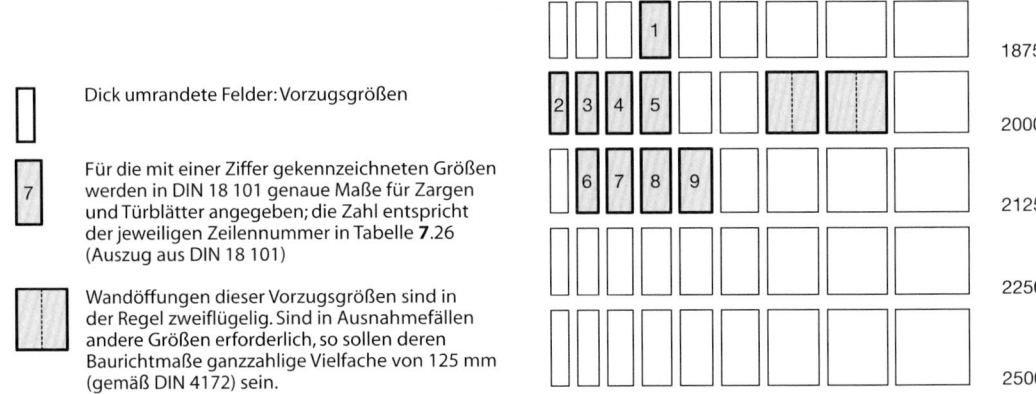

8.7 Baurichtmaße für Wandöffnungen für Türen nach DIN 18 100 (Maße aus DIN 4172 abgeleitet)

Dick umrandete Felder: Vorzugsgrößen

Für die mit einer Ziffer gekennzeichneten Größen werden in DIN 18 101 genaue Maße für Zargen und Türblätter angegeben; die Zahl entspricht der jeweiligen Zeilennummer in Tabelle **7**.26 (Auszug aus DIN 18 101)

Wandöffnungen dieser Vorzugsgrößen sind in der Regel zweiflügelig. Sind in Ausnahmefällen andere Größen erforderlich, so sollen deren Baurichtmaße ganzzahlige Vielfache von 125 mm (gemäß DIN 4172) sein.

von jeder Stelle des Raumes eine bestimmte Entfernung zum nächstgelegenen Ausgang nicht überschritten wird. Die in der Luftlinie gemessene Entfernung soll höchstens betragen:

a) in Räumen, ausgenommen Räume nach b) bis f) 35 m
b) in brandgefährdeten Räumen ohne Sprinklerung oder vergleichbaren Sicherheitsmaßnahmen 25 m
c) in brandgefährdeten Räumen mit Sprinklerung oder vergleichbaren Sicherheitsmaßnahmen 35 m
d) in giftstoffgefährdeten Räumen 20 m
e) in explosionsgefährdeten Räumen, ausgenommen Räume nach f) 20 m
f) in explosivstoffgefährdeten Räumen 10 m

Die Ausgänge müssen unmittelbar ins Freie oder in Flure oder Treppenräume – die Rettungswege im Sinne des Bauordnungsrechts der Länder sind – oder in andere Brandabschnitte führen. Die Zahl der Türen richtet sich nach der Zahl der Personen und der Lage der Arbeitsplätze im Raum. Dabei sind die vorgenannten höchstzulässigen Entfernungen und die nach Tabelle **8**.8 erforderlichen Türabmessungen zu berücksichtigen.

Türen müssen so angebracht sein, dass sie in aufgeschlagenem Zustand die nutzbare Laufbreite vorbeiführender Verkehrswege nicht einengen. Griffe und andere Einrichtungen für die Handbetätigung von Türen dürfen mit festen oder beweglichen Teilen der Tür oder deren Umgebung keine Quetsch- oder Scherstellen bilden.

Nach der Technischen Regel für Arbeitsstätten ASR A1.7 müssen lichtdurchlässige Türflächen bruchsicher sein oder durch feste Abschirmungen, wie z. B. Stabgitter, geschützt sein. Solche lichtdurchlässigen Flächen von Türen müssen aus Einscheiben- (ESG) bzw. Verbundsicherheitsgläsern (VSG) oder einem Kunststoff mit vergleichbaren Sicherheitseigenschaften bestehen. Hingegen genügt eine Ausführung in Drahtglas nicht den Anforderungen.

Türen, die zu mehr als 3/4 ihrer Fläche aus durchsichtigen Werkstoffen bestehen, müssen in Augenhöhe so gekennzeichnet sein, dass sie deutlich wahrgenommen werden können. Eine Verbesserung der Wahrnehmbarkeit der Türen durch die Gestaltung mit auffallenden Griffen oder einer Handleiste wird empfohlen. Zu weiteren Anforderungen an Ganzglasanlagen vgl. Abschn. 8.4.7.

Tabelle **8**.8   Türabmessungen, Auszug aus der Technischen Regel für Arbeitsstätten (ASR A 2.3)

	Anzahl der Personen im Einzugsgebiet des Auszuges		Baurichtmaße (cm)
1	bis	5	8,5
2	bis	20	100
3	bis	200	120
4	bis	300	180
5	bis	400	240

8.2 Planungshinweise

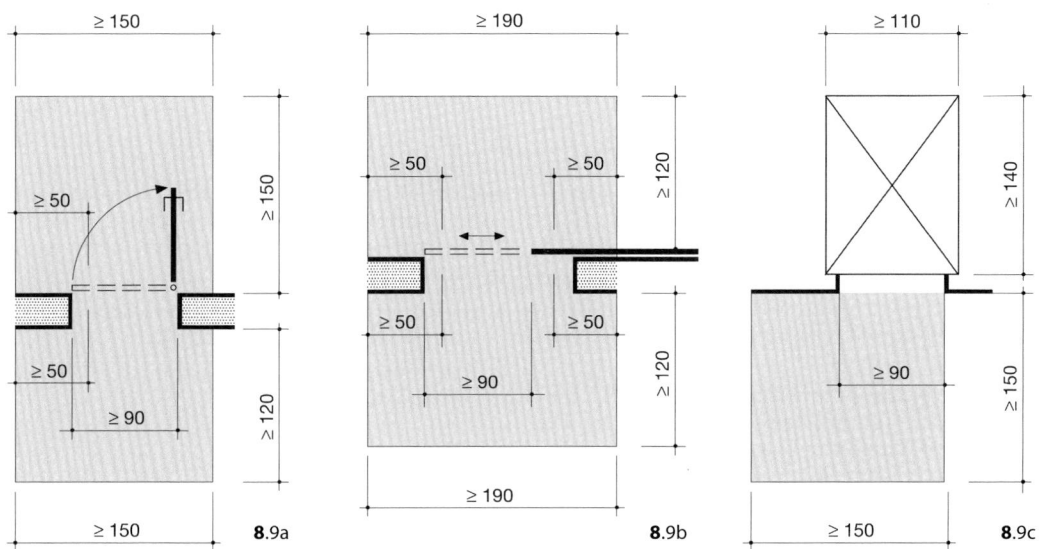

8.9 Bewegungsflächen vor handbetätigten Türen und vor Fahrschachttüren nach DIN 18 025-1 (alle Maße in cm)
 a) Bewegungsfläche vor Drehflügeltüren
 b) Bewegungsfläche vor Schiebetüren
 c) Bewegungsfläche vor Fahrschachttüren (mit den lichten Maßen des Aufzugfahrkorbes)

8.2.3 Barrierefreies Bauen

Öffentlich zugängliche Gebäude und Arbeitsstätten (DIN 18 040-1) sowie Wohnungen (DIN 18 040-2) sind so zu planen, zu bauen und einzurichten, dass sie auch von Rollstuhlbenutzern, Blinden, Sehbehinderten, Gehörlosen, Hörgeschädigten, Menschen mit sonstigen Behinderungen, älteren Menschen, Kindern und klein- oder großwüchsigen Menschen – von fremder Hilfe weitgehend unabhängig – barrierefrei erreicht und genutzt werden können. Aufgrund der großen Vielfalt möglicher Einschränkungen bzw. Behinderungen ist gemäß dem „2-Sinne-Prinzip" darauf zu achten, dass an erforderlichen Stellen möglichst unterschiedliche Handlungs- bzw. Orientierungshilfen (optische, akustische, taktile etc.) zur Verfügung stehen.

Bei selbst schließenden Türen ist der für die Türöffnung aufzubringende Kraftaufwand gering zu halten.

Türabmessungen. Hauseingangstüren, Wohnungsabschlusstüren, Aufzugstüren sowie Türen in Wohnungen, die für Rollstuhlfahrer geplant werden, müssen eine lichte Durchgangsbreite von mind. 90 cm aufweisen und sollten eine lichte Durchgangshöhe von mind. 205 cm haben. Baurichtmaße von Türöffnungen s. Bild **8.**7.

Türen von Sanitätsräumen, Toiletten, Dusch- und Umkleidekabinen dürfen nicht nach innen schlagen. Große Glasflächen müssen bruchsicher und gut erkennbar sein; hierzu dienen Sicherheitsmarkierungen, die in einer Höhe von 40 bis 70 cm und von 120 bis 160 cm über OFF angeordnet sind und

- über die gesamte Glasbreite reichen;
- visuell stark kontrastierend sind und
- jeweils helle und dunkle Anteile (Wechselkontrast) enthalten

Die letztgenannte Anforderung dient dazu, wechselnde Lichtverhältnisse im Hintergrund zu berücksichtigen.

Hauseingangstüren, Brandschutztüren und Garagentore müssen auch mit geringem Kraftaufwand bzw. kraftbetätigt zu öffnen und zu schließen sein.

Untere Türanschläge und Türschwellen sind grundsätzlich zu vermeiden. Soweit sie technisch unbedingt erforderlich sind, dürfen sie nicht höher als 20 mm sein.

Bewegungsflächen vor handbetätigten Türen und vor Fahrschachttüren sind gemäß DIN 18 040 zu bemessen (Bild **8.**9a bis c). Der Fahrkorb des Aufzugs muss eine lichte Breite von mind. 110 cm und lichte Tiefe von mind. 140 cm aufweisen. Weitere Hinweise s. Abschn. 4.5.2.

8.2.4 Türmaße und Türgeometrie

Vereinbarungen über Maßordnungen, Toleranzen und Fügungsprinzipien sind wichtige Voraussetzungen für die Planung und Ausführung von Bauwerken sowie für die Planung und Herstellung von Bauteilen, Bauelementen und Halbzeugen. Sie bestimmen auch weitgehend den Grad der Zusammenfügbarkeit und Austauschbarkeit industriell hergestellter Bauelemente sowie deren Verwendbarkeit in Bauwerken mit unterschiedlicher Zweckbestimmung. Im Bauwesen wird derzeit mit zwei Ordnungssystemen gearbeitet.[1]

- **Maßordnung im Hochbau** (DIN 4172). Die Maßordnung fügt „maßgenormte" Bauwerksteile und Bauteile (z. B. aus Ziegelsteinen) additiv aneinander: Vom Einzelteil zum Bauwerk. Diese Norm führte bereits 1955 zu einer wesentlichen Vereinheitlichung der Maße im Bauwesen (Oktameterordnung: 125 mm = Achtelmeter). Einzelheiten hierzu s. Abschn. 2.3, Teil 1 dieses Werkes.

- **Modulordnung im Bauwesen** (DIN 18 202). Die Modulordnung beinhaltet in erster Linie Angaben zu einer Entwurfs- und Konstruktionssystematik unter Zugrundelegung eines Koordinationssystems als Hilfsmittel für Planung und Ausführung im Bauwesen. Mit diesem Koordinationssystem – das aus rechtwinkelig zueinander angeordneten, im Raum sich kreuzenden, theoretischen Ebenen besteht – können Bauwerke, Bauteile und Bauelemente koordiniert werden, um ihre Lage und/oder Größe zu bestimmen. Das Abstandsmaß dieser Koordinationsebenen ist das Koordinationsmaß; es ist in der Regel ein Vielfaches eines Moduls (Grundmodul 100 mm; Multimodule 3M = 300 mm, 6M = 600 mm, 12M = 1200 mm). Diese Methode der maßlichen Abstimmung ist material-, herstellungs- und ausführungsneutral. Einzelheiten hierzu s. Abschn. 2.4, Teil 1 dieses Werkes.

8.2.4.1 Genormte Wandöffnungen für Türen

Vorzugsmaße für Wandöffnungen, in die Türelemente eingebaut werden sollen, sind in DIN 18 100 festgelegt; sie sind aus der Maßordnung im Hochbau (DIN 4172) abgeleitet. DIN 18 100 gilt sowohl für Mauerwerksbauten mit den üblichen Fugenbreiten als auch für Bauarten ohne Fugen (z. B. Betonwände, Gipsdielen- oder Ständerwerkwände). Entsprechende Maße für Wandöffnungen für Türen sind Bild **8**.7 zu entnehmen.

Nach DIN 4172 werden die Nennmaße[2] (Sollmaße der Bauteile) aus den Baurichtmaßen[3] abgeleitet. Bei Bauarten ohne Fugen entsprechen die Nennmaße den Baurichtmaßen, bei Bauarten mit Fugen ist das Nennmaß der Öffnungen um den Fugenanteil größer. Beim Mauerwerksbau (NF-Steine) beträgt die Fugenbreite üblicherweise 10 mm. Daraus ergibt sich:

- Baurichtmaß + 10 mm = Nennmaß der Wandöffnungs**breite**
- Baurichtmaß + 5 mm = Nennmaß der Wandöffnungs**höhe**

Beispiel:

Baurichtmaße für Wandöffnungen nach Bild 8.7: 875 mm für die Breite, 2000 für die Höhe

Tatsächliche Nennmaße (Eintrag in die Ausführungszeichnung):

Bei Bauarten ohne Fugen: 875 · 2000 mm.

Bei Bauarten mit Fugen: 885 · 2005 mm.

Die Nennmaße für die Wandöffnungs**höhe** beziehen sich immer auf die planmäßige Lage der Oberfläche des **fertigen** Fußbodens (waagerechte Bezugsebene), die in der Solllage 1000 mm unter dem Meterriss liegt (Höhenmarkierung an der Wand). Angaben über die jeweilige Solllage von **OFF** (Oberfläche Fertigfußboden) und **OFR** (Oberfläche Rohfußboden) sind in die Ausführungszeichnungen einzutragen.

Bild **8**.10 zeigt, in welcher Weise Baurichtmaße[3] und Nennmaße[2] in Abhängigkeit zueinander stehen.

Bild **8**.11 sind die nach DIN 18 100 zulässigen Maßtoleranzen[4] zu entnehmen.

Bild **8**.12 zeigt Maßbezeichnungen und wichtige Fachbegriffe, beispielhaft dargestellt an einem Innentürelement aus Holz und Holzwerkstoffen. Vgl. hierzu auch Tabelle **8**.15, mit den Kennbuchstaben **A** bis **H**.

---

[1] Der aktuelle Stand der Normung ist Abschn. 8.8 zu entnehmen

[2] Das **Nennmaß** ist ein Maß, das zur Kennzeichnung von Größe, Gestalt und Lage eines Bauteiles oder Bauwerkes angegeben und in Zeichnungen eingetragen wird.

[3] Das **Baurichtmaß** (BR) entsteht beim Aneinanderreihen der Bauteile als Maß von Mitte Fuge bis Mitte Fuge an beiden Enden eines Bauteiles. Vgl. hierzu auch Abschn. 2.3, Teil 1 dieses Werkes.

[4] Die **Maßtoleranz** ist die Differenz zwischen Größtmaß und Kleinstmaß. Das Größtmaß ist das größte zulässige Maß, das Kleinstmaß ist das kleinste zulässige Maß.

8.2 Planungshinweise

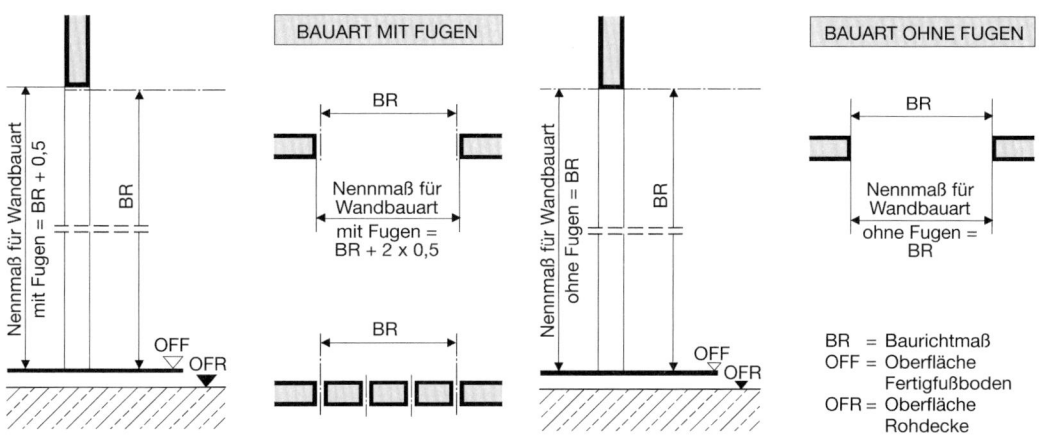

8.10 Ableitung der Nennmaße aus den Baurichtmaßen bei Bauarten mit Fugen und Bauarten ohne Fugen entsprechend DIN 4172 (Maße in cm)

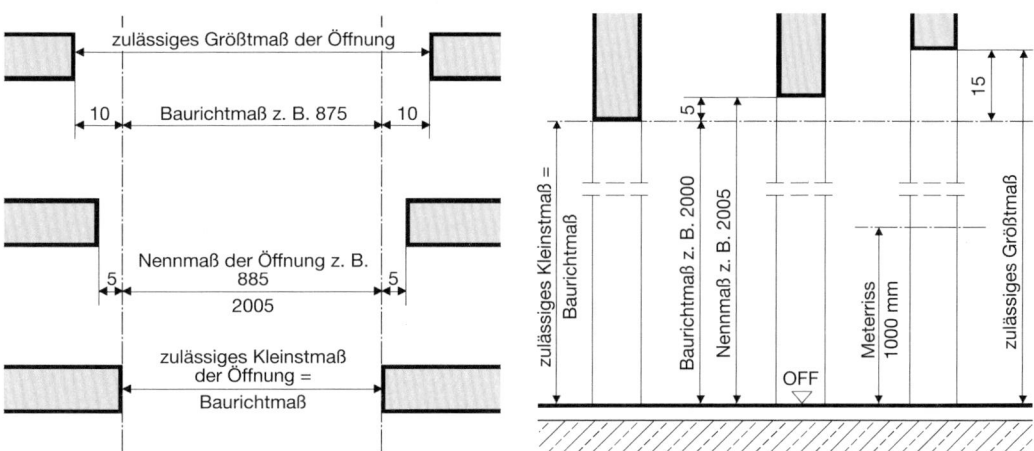

8.11 Maßtoleranzen bei Wandöffnungen in der Breite (Breitenmaße) und in der Höhe (Höhenmaße) nach DIN 18 100

8.2.4.2 Türblattgrößen, Bandsitz und Schlosssitz

Die gegenseitige maßliche Abhängigkeit zwischen Türblatt und Türzarge sowie die Lage der Türbänder und des Türschlosses (Bandsitz und Schlosssitz) regelt DIN 18 101. Diese Norm gilt werkstoffunabhängig für einflügelige gefälzte Türen, so wie sie üblicherweise im Wohnungsbau vorkommen. Sie gilt **nicht** für Schutz- und Sondertüren, wie beispielsweise Feuerschutztüren, Rauchschutztüren, einbruchhemmende Türen, Wohnungsabschlusstüren u. a.

Die Festlegung der wichtigsten Maße und ihrer Lage zu bestimmten Bezugskanten oder Bezugsebenen soll sowohl dem problemlosen Zusammenbau der einzelnen Bauteile einer Tür dienen als auch die Austauschbarkeit eines Türblattes in einer Zarge ohne Nacharbeiten sicherstellen. Um dies zu erreichen, geht man nach DIN 18 101 von folgenden Annahmen aus (Bild **8.**13):

- **Seitliche Bezugskante** für die Maße an Türzarge und Türblatt ist der seitliche Zargenfalz der Bandseite.
- **Obere Bezugskante** für die Maße an Türzarge und Türblatt ist der obere Zargenfalz.
- **Untere Bezugskante bei Stahltüren** ist die Fußbodeneinstandsmarkierung.
- **Untere Bezugskante bei Holzzargen** ist die Unterkante der Zargenseitenteile. Diese untere Bezugskante entspricht der planmäßigen Solllage der Oberfläche des fertigen Fußbodens (OFF).

- **Die Türblattfalzmaße** betragen 13 · 25,5 mm.
- **Die übliche Türblattdicke** von Innentüren liegt bei 40 mm (je nach Decklage zwischen 39 und 42 mm).

Bandbezugslinie

Die Bandbezugslinie – wie in Bild **8**.13 dargestellt – ist eine gedachte Linie bei einem Türband, deren Abstand vom oberen Zargenfalz (als obere Bezugskante) die Höhenlage der Bänder festlegt.

Der Abstand der Bandbezugslinie des oberen Türbandes zum Zargenfalz beträgt immer 241 ± 1 mm. Der Abstand des unteren Türbandes zum oberen hängt von der Türblatthöhe ab. Bei einer Türblatthöhe von 2000 mm beträgt beispielsweise der Abstand beider Bandbezugslinien 1435 ± 0,5 mm. Wird das Türblatt mit drei Bändern angeschlagen, beträgt der Abstand der Bandbezugslinie des mittleren (dritten) Türbandes von der des oberen Türbandes 350 mm.

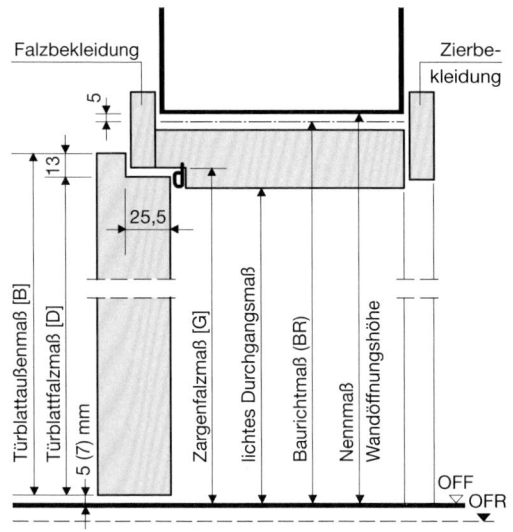

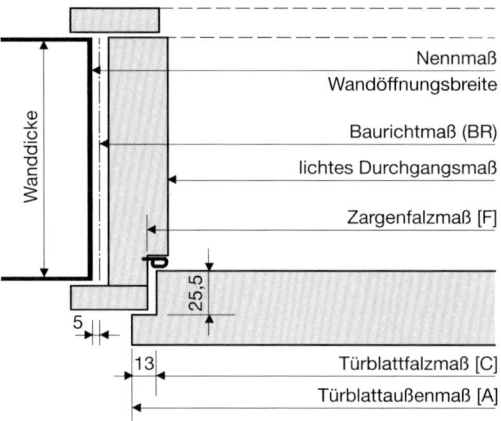

8.12 Maßbezeichnungen und Fachbegriffe beispielhaft dargestellt an einem Innentürelement aus Holz und Holzwerkstoffen. Vgl. hierzu auch Tab. **8**.15 (Kennbuchstaben A bis H)

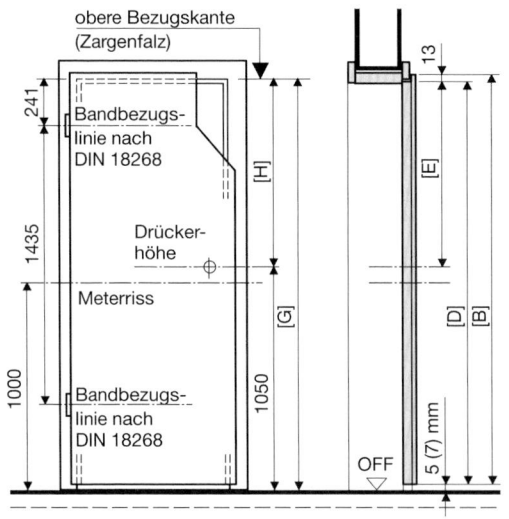

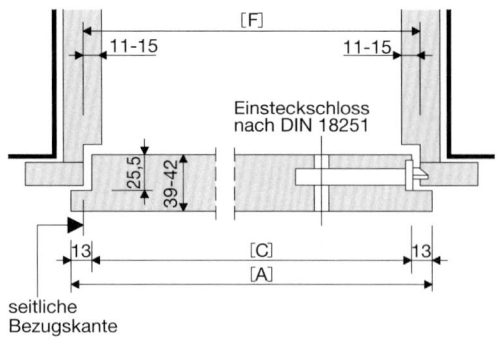

8.13 Darstellung der wichtigsten Maße und Bezugskanten für gefälzte Türblätter und Türzargen sowie Band- und Schlosssitz nach DIN 18 101. Die entsprechenden Einzelmaße sind Tabelle **8**.15 zu entnehmen. Vgl. hierzu auch Bild **8**.7.

8.2 Planungshinweise

Die Bandbezugslinie ist unabhängig von Bandtyp und Bandhersteller. In DIN 18 268, Türbänder, ist festgehalten, dass die Hersteller von Türbändern in ihren Katalogen alle erforderlichen Anschlussmaße anzugeben haben, damit die Einbaulage eindeutig erkennbar wird. Erst diese exakte Festlegung der Bandbezugslinien ermöglicht das Zusammenspiel von Türzargen, Türbändern und Türblättern und erlaubt eine rationelle Fertigung und Montage der Türelemente. Einige Bänder mit den ihnen zugeordneten Bezugslinien sind in Bild **8**.14 gezeigt.

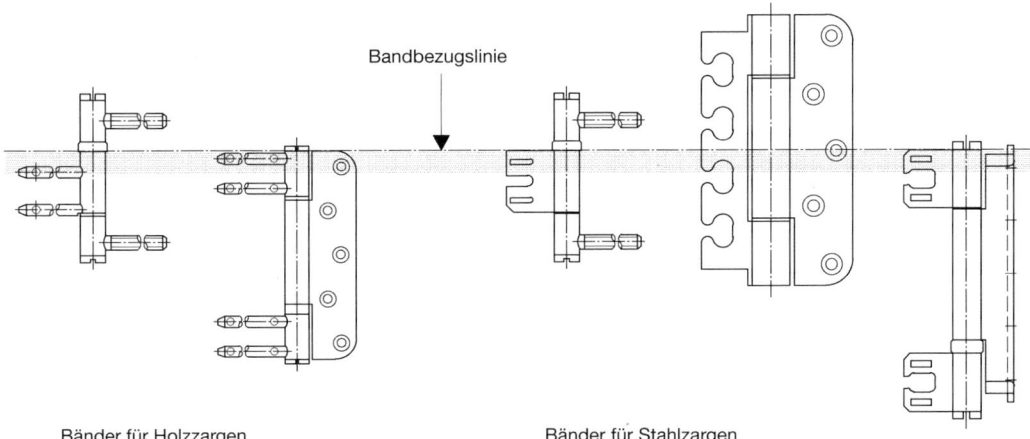

Bänder für Holzzargen   Bänder für Stahlzargen

8.14 Bandbezugslinie bei verschiedenen Türbändern für Holz- und Stahlzargen

Tabelle **8**.15 Maße für gefälzte Türblätter und Türzargen in mm (Auszug aus DIN 18 101, Tab. 1)[1)][2)]

	Baurichtmaße Wandöffnungen für Türen (s. DIN 18 100)		Maße am Türblatt					Maße an der Türzarge		
			Türblattaußenmaße („Typmaße")		Türblattfalzmaße Nennmaße		Oberkante Türfalz bis Mitte Schlossnuss	lichte Zargenbreite im Falz (seitliche Bezugskante auf der Bandseite)	lichte Zargenhöhe im Falz (obere Bezugskante)	obere Bezugskante bis Unterkante Fallenloch (Schließblech)
	Breite	Höhe	Breite A	Höhe B	Breite C	Höhe D	Höhe E	Breite F	Höhe G	Höhe H
1	875	1875	860	1860	834	1847	804	841	1858	808
2	625	2000	610	1985	584	1972	929	591	1983	933
3	750	2000	735	1985	709	1972	929	716	1983	933
4	875	2000	860	1985	834	1972	929	841	1983	933
5	1000	2000	985	1985	959	1972	929	966	1983	933
6	750	2125	735	2110	709	2097	1054	716	2108	1058
7	875	2125	860	2110	834	2097	1054	841	2108	1058
8	1000	2125	985	2110	959	2097	1054	966	2108	1058
9	1125	2125	1110	2110	1084	2097	1054	1091	2108	1058

[1)] Vgl. hierzu auch Tabelle **8**.66, Maße von Stahlzargen
[2)] Vgl. hierzu auch Tabelle 1 von DIN 68 706-2, Maße für Zargen für gefälzte und stumpf einschlagende Türblätter (Innentüren aus Holz und Holzwerkstoffen)

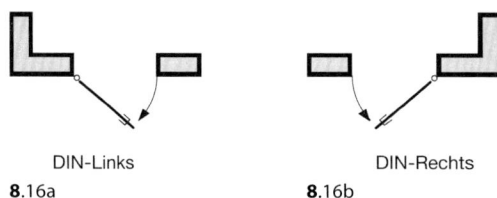

DIN-Links
8.16a

DIN-Rechts
8.16b

8.16 Links- und Rechtsbezeichnung von Türen nach DIN 107
a) Linkstür (linkes Band, linkes Schloss usw.)
b) Rechtstür (rechtes Band, rechtes Schloss usw.)

8.2.4.3 Links- und Rechtsbezeichnung bei Türen

Türen, Zargen, Schlösser, Beschläge und Türschließer sind nach DIN 107 mit DIN-LINKS oder DIN-RECHTS zu bezeichnen (Bild **8.**16).

Drehflügeltüren sind an einer Längskante an der Zarge angeschlagen. Als Regel für die Bezeichnung gilt, dass Türen von derjenigen Seite betrachtet werden, nach der die Flügel aufschlagen (Anschlagseite). Liegen die Bänder links vom Betrachter, so handelt es sich um eine Linkstür. Liegen die Türbänder auf der rechten Seite, ist es eine Rechtstür.

Schiebetüren werden in der Regel an einem Laufwerk aufgehängt und in ihrer ganzen Breite seitlich verschoben. Eine Linksschiebetür schlägt beim Verschließen vom Standort des Betrachters aus gesehen links an. Eine Rechtsschiebetür schlägt beim Verschließen vom Standort des Betrachters aus gesehen rechts an. Der Standort des Betrachters befindet sich im Raum. Bei gleichberechtigten Räumen ist der Standort anzugeben.

8.3 Außentüren

Türen zählen zu den durch Gebrauch stark beanspruchten Bauteilen. Sie haben eine Vielzahl von Anforderungen gleichzeitig zu erfüllen. Ausgehend von den jeweiligen funktionellen und nutzungsbedingten Ansprüchen sind die entsprechenden Prioritäten immer wieder neu zu setzen, um so unnötige Forderungen auszuschließen und die Baukosten niedrig zu halten. Auf folgende Anforderungen (Hauptgruppen) wird nachstehend näher eingegangen.

- Schallschutz
- Wärmeschutz
- Luftdichtigkeit
- Feuchteschutz
- Montagetechnik

Weitere Anforderungen, wie beispielsweise Feuer-, Rauch-, Strahlen- und Einbruchschutz werden in Abschn. 8.6, Sondertüren, im Einzelnen erläutert.

8.3.1 Anforderungen an Außentüren

8.3.1.1 Schallschutz

Aufgrund der zunehmenden Belästigung durch störenden Lärm im Außenbereich (Verkehrslärm) und der gestiegenen Erwartungen im Innenbereich (Schutz vor Geräuschen aus Treppenräumen, Vertraulichkeit von Gesprächen in Praxen o. Ä.) wurden die normativen Anforderungen an die Schalldämmung von Türelementen wiederholt angehoben. Die Normung bezieht sich dabei überwiegend auf die Schalldämmung im Inneren von Gebäuden.

Anforderungen an die Schalldämmung von Außentüren

In der einschlägigen DIN 4109 werden keine speziellen Anforderungen an Hauszugangstüren erhoben. Je nach vorhandenem Außenlärmpegel hat das Gesamtsystem aus Wänden und Öffnungen bestimmte Anforderungen zu erfüllen, um die nach innen durchdringenden Schallemissionen auf ein – insbesondere für Wohnnutzungen (auch: Pflegeheime, Krankenhäuser etc.), aber auch für Büroräume – verträgliches Maß zu reduzieren.

Die Norm differenziert die Außenbelastung in die Lärmpegelbereiche von I bis VII, inwelchen ein jeweils „Maßgeblicher Außenlärmpegel" von unter 55 dB bis zu mehr als 80 dB abgedecktwird. Die resultierenden Schalldämm-Maße der Außenbauteile reichen dabei von 30 dB bis über 50 dB.

Da in Mehrfamilienwohnhäusern und Büros die Grundrissorganisation es in der Regel mit sich bringt, dass Windfanganlagen, Flure etc. den sensiblen Räumen vorgelagert sind, relativiert sich der diesbezügliche Schutzanspruch an die Außentüren.

Bei Einfamilienwohnhäusern hingegen (aber auch im Geschosswohnungsbau z. B. bei Gebäuden mit einer offenen Gangerschließung) kann eine schalltechnisch solide Ausführung große Bedeutung erhalten. Neben einer schweren Bauart des Türelementes empfiehlt es sich vor allem darauf zu achten, dass die Tür dicht schließt.

8.3 Außentüren

Außentüren, die den Witterungseinflüssen unmittelbar ausgesetzt sind sowie Wohnungsabschlusstüren, die häufig unterschiedliche klimatische und akustische Bereiche trennen, sollten möglichst an eine Anschlagschwelle stoßen (s. Bild **8**.159 und Bild **8**.160). Dabei muss andererseits der Schwellenüberstand jedoch so niedrig wie möglich gehalten werden (zwischen 10 und 15 mm), damit auch Rollstuhlfahrer und Menschen mit anderweitigen Behinderungen des Bewegungsapparates dieses Hindernis ohne besondere Kraft- oder Koordinationsanstrengung überwinden können (zulässige Höchstabmessung im barrierefreien Bauen nach DIN 18 040-2 bei „technischer Unabdingbarkeit": max. 20 mm).
Weitere Informationen s. auch Abschn. 8.4.1.1 und Abschn. 17.6 in Teil 1 des Werkes.

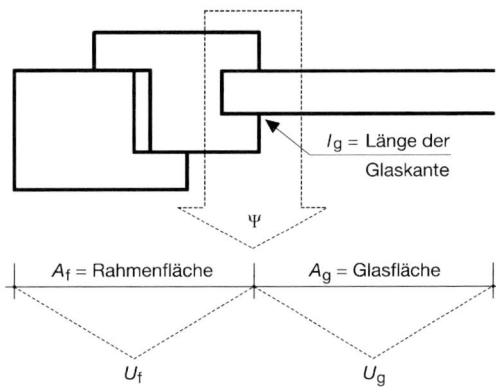

8.17 Schematische Darstellung der Komponenten für die Ermittlung des Wärmedurchgangskoeffizienten von Rahmen und Verglasungen

8.3.1.2 Wärmeschutz

Ein verbesserter Wärmeschutz der Gebäudehülle stellt die wirksamste Maßnahme zur Senkung des Heizwärmebedarfes dar. Wichtige Bestandteile dieser Hülle sind Fenster und verglaste Fassadenteile sowie Türen. Dazu zählen Hauseingangstüren, Balkon- und Terrassentüren (sog. Fenstertüren, s. Abschn. 6). Das Problem des Wärmeschutzes tritt jedoch auch bei Wohnungsabschlusstüren vermehrt auf, wenn diese beispielsweise an unbeheizte Treppenhäuser angrenzen.

Die Gebäudehülle – und damit auch jede darin befindliche Öffnung – hat im Wesentlichen drei wärmeschutztechnische Anforderungen zu erfüllen:
- möglichst niedriger U-Wert
- optimale Luft- und Winddichtheit
- Vermeidung von Wärmebrücken.

Wärmeverluste entstehen bei den Türen – ähnlich wie bei den Fenstern – durch (Bild **8**.17):
- **Transmissionswärmeverlust** (Wärmedurchgangskoeffizient U_D) über Glas, Glasrandverbund, Rahmen sowie Baukörperanschluss
- **Lüftungswärmeverlust** (Fugendurchlässigkeitsklasse) bedingt durch Undichtigkeiten im Türelement (Fugen zwischen Rahmen und Türblatt und beim Glaseinstand) sowie beim Baukörperanschluss.

1. Wärmedurchgangskoeffizient von Außentüren

Nach den Vorgaben der Energieeinsparverordnung (EnEV) ist bei der Wertung des Energiehaushalts eines Gebäudes eine ganzheitliche Betrachtungsweise erforderlich.

Anforderungen an einzelne Bauteile gibt es in der EnEV nur noch beim Nachweis für bestehende Gebäude (Altbausanierung). Danach dürfen bei der Erneuerung von Außentüren nur Außentüren eingebaut werden, deren Türfläche einen Wärmedurchgangskoeffizienten von 1,8 W/(m²K) nicht überschreitet (Anlage 3 der EnEV).

Der Wärmedurchgangskoeffizient U_D einer Tür wird ähnlich wie beim Fenster bestimmt (Vgl. hierzu Abschn. 6.2.4). Zur Ermittlung der U-Werte ist die
- Berechnung nach DIN EN ISO 10 077-1 – in Verbindung mit DIN EN ISO 10 077-2 – oder durch
- Messung nach DIN EN ISO 12 567-1 möglich.

Der Wärmedurchgangskoeffizient ist im Wesentlichen abhängig von (Bild **8**.17):
- dem Wärmedurchgangskoeffizienten des Rahmens (U_f)
- dem Wärmedurchgangskoeffizienten der Verglasung (U_g)
- dem längenbezogenen Wärmedurchgangskoeffizienten im Übergangsbereich von Glas und Rahmen (Ψ_g)
- den Abmessungen (Länge des Glasrandes l_g) und Flächenanteilen.

Für Türen, die in ihrem Aufbau Fensterkonstruktionen entsprechen, lassen sich die Wärmedurchgangskoeffizienten U_D eines Türbauteils nach folgender Gleichung berechnen:

$$U_D = \frac{A_g U_g + A_f U_f + l_g \Psi_g}{A_g + A_f} \; W/(m^2K)$$

Weitere Einzelangaben hierzu sind DIN EN ISO 10 077-1 und -2 zu entnehmen.

- **Rahmen und Türblätter.** Die Rahmenkonstruktionen von Türen und Fenstern wurden und werden in Bezug auf die Wärmedämmung – auch im Hinblick auf die anstehende Ablösung der EnEV durch ein Gebäudeenergiegesetz (GEG) – ständig optimiert. Hinsichtlich der Wärmedurchgangskoeffizienten U_f der Rahmen kann derzeit von folgenden **Pauschalwerten**[1)2)] ausgegangen werden:
- Kunststoffrahmen aus PVC-Hohlprofilen mit zwei Hohlkammern sind mit einem U_f-Wert von 2,2 (2,0), solche mit drei Hohlkammern mit 1,6 (1,5) W/(m²K) anzusetzen. Die Werte von siebenkammrigen Profilen liegen noch darunter, bis 1,1(0,8) W/m²K.
- Bei Holzrahmen muß zwischen Hartholz und Weichholz unterschieden werden. Übliche Rahmen-Nenndicken von 68 mm weisen ungedämmt einen U_f-Wert von etwa 1,8 für Hartholz und 1,4 W/(m²K) für Weichholz auf. Passivhaustaugliche gedämmte Rahmen erreichen Werte von ca. 0,8 W/m²K.
- Metallrahmen ohne thermische Trennung werden üblicherweise mit einem U_f-Wert von 5,9 W/(m²K) angesetzt, sie sind nur für unbeheizte Gebäude verwendbar. Bei Rahmen mit thermischer Trennung liegen die Werte in Abhängigkeit des Abstandes der zwei getrennten Metallschalen zwischen 4,0 und 1,8 (1,7) W/(m²K).

Einzelangaben hierzu sind auch DIN EN ISO 10 077 zu entnehmen.

Konstruktionsbeispiele über die Ausbildung von Baukörperanschlüssen bei Außentüren sowie Angaben zu bauphysikalischen und montagetechnischen Anforderungen s. Abschn. 8.3.2.

Um die Rahmen hinsichtlich der Wärmedämmung noch weiter zu verbessern, ist es notwendig, sich von der monolithischen Bauart zu lösen und Mehrschicht-Verbundsysteme weiter zu entwickeln. Dabei übernehmen einzelne Schichten jeweils nur ganz bestimmte Teilaufgaben (z. B. außenseitige Verschleißschicht, Dämmzone, Festigkeit/Statik, raumseitige Verblendung). Dies gilt auch für Holzrahmenkonstruktionen, deren Dämmwerte nur durch Einfügen einer Dämmstoff-Mittellage weiter verbessert werden können. Allen Systemen ist gemeinsam, dass die erhöhten Wärmedämmanforderungen Profile mit Bautiefen von über 100 mm erforderlich machen. Weitere Einzelheiten hierzu sind [1], [2] zu entnehmen.

- **Hohlraumtürblätter.** Bei Hohlraum- und Sandwich-Außentürblättern (Bild **8**.30) wird der Zwischenraum zwischen den Deckplatten zur Verbesserung der Wärmedämmung mit hochwertigem Dämmmaterial vollflächig dicht verfüllt. Auf diese Weise sind hohe Wärmedämmwerte bei entsprechenden Türblattdicken relativ problemlos zu erzielen. Damit jedoch bei derartigen Außentürblättern aus Holz und Holzwerkstoffen keine Durchfeuchtung (Tauwasserbildung) innerhalb der Konstruktion auftreten kann, muss das Dämmmaterial selbst dampfdicht und/oder auf der Innenseite (Warmseite) mit einer Dampfbremse (PE-Folie) oder Dampfsperre (Aluminiumblech) abgedeckt werden. Beispiele wärmegedämmter Außentüren s. Abschn. 8.3.3.3 und Abschn. 8.4.4.3.

Außentürverglasung. Der Wärmedurchgangskoeffizient U_g einer Verglasung gibt an, wie viel Energie (in Watt) pro Stunde und pro m² Glasfläche bei einem Temperaturunterschied von 1 Kelvin verloren geht.

Entscheidend beeinflusst wird der U-Wert einer Verglasung durch

- Beschichtung,
- Gasfüllung,
- Scheibenzwischenraum (Scheibenabstand),
- Anzahl der Glasscheiben und Scheibenzwischenräume.

„Konventionelle" Isoliergläser – bestehend aus zwei Glasscheiben mit einer eingeschlossenen Luftschicht – wurden durch Wärmedämmgläser (Wärmeschutzverglasungen) ersetzt. Bei diesen Gläsern ist mindestens eine Scheibe mit einer wärmereflektierenden (niedrig emittierenden) Schicht versehen (low-E-coatings). Zusätzlich wird die Luft im Scheibenzwischenraum (SZR) durch ein nur gering wärmeleitendes Gas (zumeist Argon)ersetzt.

[1)] Die Zahlenangaben sind als ungefähre Werte anzusehen. Zu berücksichtigen sind in diesem Zusammenhang auch Maßnahmen bezüglich des Einbruchschutzes (z. B. Einbau von Schwenk- bzw. Fallenriegeln, Bolzensicherungen u. Ä.), die in der Regel die Wärmedämmwerte – insbesondere von Hohlkammerprofilen – deutlich mindern.

[2)] Der aktuelle Stand der Normung ist Abschn. 8.8 zu entnehmen.

8.3 Außentüren

„Standard"-Wärmedämmglas – dessen U_g-Werte nach DIN EN 673 berechnet werden – zeichnet sich durch einen U_g-Wert von etwa 1,2 (1,1) W/(m²K) aus, ist mit einer Silberschicht ausgestattet und der Scheibenzwischenraum mit dem Edelgas Argon gefüllt, das in der Atmosphäre in genügenden Mengen vorhanden ist.

Dreischeiben-Wärmedämm-Isoliergläser mit zwei low-E-Beschichtungen und Argonfüllung ergeben U_g-Werte von ca. 0,6 W/(m²K). Das bis zu 50% höhere Scheibengewicht bedingt jedoch stärkere Profilquerschnitte und eine Erhöhung der Tragfähigkeit der Beschläge.

Durch den Einsatz von anderen Edelgasen wie Krypton oder Xenon lassen sich zwar U-Werte bis zu 0,4 W/(m²K) erzielen; diese Gase kommen jedoch in der Erdatmosphäre nur in verschwindend geringen Mengen vor und können nicht künstlich hergestellt werden (Spezialgläser für Nischenprodukte).

Eine noch weitere Reduzierung des Wärmeverlustes wäre durch Evakuierung des Scheibenzwischenraumes bei Zweischeiben-Isoliergläsern zwar möglich (bis zu 0,15 W/(m²K)), führt aber bei der Herstellung dieser sog. Vakuumverglasung zu Problemen im Bereich des Randverbundes (extreme Gasdichtigkeit erforderlich) und zu einer enorm hohen Flächenbelastung der Glasscheiben (Unterdruck/Luftdruck). Diese Last wird im Scheibenzwischenraum durch eine Vielzahl geometrisch minimierter Abstandhalter aus Glas oder Edelstahl aufgefangen, die aber wiederum die Wärmeverluste erhöhen und die Durchsicht beeinträchtigen können. Die Weiterentwicklung auf diesem Gebiet wird zukünftig mit besonderem Interesse zu verfolgen sein. Nähere Einzelheiten sind der Fachliteratur [1], [2] zu entnehmen.

8.3.1.3 Luftdichtigkeit von Außentüren

Nach DIN 4108 und der Energieeinsparverordnung (EnEV) sind zu errichtende Gebäude so auszuführen, dass die wärmeübertragende Umfassungsfläche einschließlich der Fugen dauerhaft luftundurchlässig entsprechend dem Stand der Technik abgedichtet ist. Dadurch sollen unkontrollierte Wärmeverluste über eine undichte Gebäudehülle verhindert werden.

- **Fugendurchlässigkeit** von Außenbauteilen wie Fenster und Türen ist nach DIN EN 12 207 in die Klassen 1 bis 4 eingeteilt. Gemäß DIN 4108-2 bestehen folgende Anforderungen an Funktionsfugen von Fenstern und Türen:

- Gebäude mit bis zu 2 Vollgeschossen = Klasse 2
- Gebäude mit mehr als 2 Vollgeschossen = Klasse 3, jeweils nach DIN EN 12 207 Mit zunehmenden Anforderungen an den Wärmeschutz steigt die Bedeutung der Lüftungsverluste durch Fugen und Undichtigkeiten. Als Stand der Technik sind die in DIN 4108-7 angeführten Planungs- und Ausführungsbeispiele anzusehen.

Bei **Außentüren** muss gemäß DIN 4108-2 (Abschnitt 7) die Luftdurchlässigkeit von Bauteilanschlussfugen $\leq 1,0$ m/mh(daPa$^{2/3}$) betragen. Falz- und Bodendichtungen begrenzen bei Außentüren den Wärmeverlust über die funktionsbedingte Fuge. Die Anordnung der Dichtungen muss so erfolgen, dass eine umlaufende Dichtungsebene ohne Unterbrechung – auch im Bereich der Bodenschwelle – möglich ist. Dies bedingt immer auch eine korrekte Einstellung der Beschläge. Einzelheiten über Türbeschläge und Türdichtungen s. Abschn. 8.7

- Die Schlagregendichtheit von Türen (Fenster) ist in DIN EN 12 208 klassifiziert. Die Prüfung erfolgt gemäß DIN EN 1027; dabei wird von zwei unterschiedlichen Einbaulagen ausgegangen (ungeschützte oder teilweise geschützte Lage). Vgl. hierzu Tabelle **6**.13 in Abschn. 6, Fenster.

8.3.1.4 Feuchtebeanspruchung von Außentüren

Türen können sehr unterschiedlichen klimatischen Bedingungen und mechanischen Anforderungen ausgesetzt sein. Je nach Einsatzort müssen sie Kälte, Hitze, Sonneneinstrahlung und Feuchtebelastungen sowie mechanischen Beanspruchungen standhalten. Türelemente, die derartigen Belastungen ausgesetzt sind und den normativen Anforderungen nicht entsprechen, können sich im Laufe der Zeit verziehen und dadurch wichtige Funktionen, wie beispielsweise Schall- und Wärmeschutz, Einbruchhemmung usw., verlieren.

Türblattverformungen durch Klimaeinflüsse

Wenn ein Türelement Bereiche mit unterschiedlichen Klimaten trennt, dann wirken auf die beiden Oberflächen des Türblattes in der Regel unterschiedliche Temperaturen und Luftfeuchtigkeiten ein. Dieses Differenzklima führt zu einer mehr oder weniger großen Verformung (Formänderung) des Türblattes. Je größer der Unterschied von Temperatur und Feuchtigkeit zwischen den beiden Türblattoberflächen ist, umso mehr ist auch die Gefahr einer Verformung der Türblattebene.

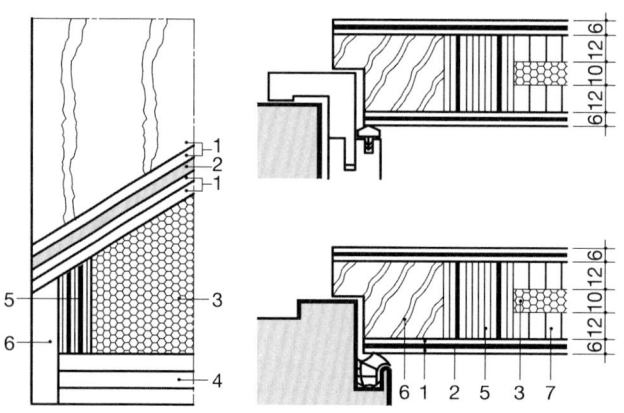

8.18 Konstruktionsbeispiel eines wärme- und schalldämmenden Haustürblattes mit eingeleimten Alu-Stabilisatoren an den Längsseiten und vollflächig aufgebrachten Aluminium-Einlagen in den beiden Deckplatten
1 Holzfurniere (Furniersperrholzplatte)
2 Aluminium-Einlage (Dampfsperre)
3 PU-Hartschaumeinlage
4 dreifaches unteres Rahmenholz
5 Stabilisatoren (zwei Alu-Blechstreifen in Furnierlagen eingeklebt)
6 umlaufender Hartholzrahmen
7 Holzspanplatte
WESTAG & GETALIT, Rheda-Wiedenbrück

Das jeweilige Verformungsverhalten hängt von den physikalischen Eigenschaften der eingesetzten Werkstoffe und von der Konstruktion bzw. dem Aufbau des jeweiligen Türblattes ab.

Verformungen werden verursacht

- **bei Holz und Holzwerkstoffen** (hygroskopische Werkstoffe) sowohl durch temperaturbedingte als auch feuchtebedingte Änderungen der Abmessungen: **hygrothermische** Verformung. Der Feuchtedehnungskoeffizient (Quellmaß) liegt bei Massivholz im Bereich von 0,01% bis 0,20% je nach Faserrichtung. Bei Holzwerkstoffen ist er weitgehend unabhängig von der Richtung und beträgt etwa 0,2%. Weitere Einzelheiten sind der Fachliteratur [3], [4] zu entnehmen.
- **bei Metallen und Kunststoffen** (nicht hygroskopische Werkstoffe) durch temperaturbedingte Änderungen der Abmessungen: **thermische** Verformung. Beachtenswert ist, dass der Wärmedehnungskoeffizient von Aluminium etwa doppelt so hoch ist wie derjenige von Stahl oder nichtmetallisch-organischen Stoffen.

Außentüren aus Holz- und Holzwerkstoffen

Außentüren bilden die Nahtstelle zwischen Außen- und Innenbereich. Als Trennungsebene liegen sie zwischen zwei Klimazonen (Außenklima – Innenklima), deren Einwirkung sich im jahreszeitlichen Rhythmus (Winter – Sommer) ständig ändert. Außentüren (Hauseingangstüren) schließen in der Regel Flure und Vorräume nach außen hin ab. Immer häufiger grenzen jedoch Wohn- und Aufenthaltszonen an den Außenbereich an (offene Grundrissgestaltung), so dass die Hauseingangstür (Laubengangtür) zunehmend einer hohen hygrothermischen Beanspruchung ausgesetzt ist.

Technische Anforderungen an Haustüren sind in den Güte- und Prüfbestimmungen RAL-GZ 695 [5][1)] im Einzelnen festgeschrieben. Diese gelten für Aluminium-, Holz- und Kunststoffhaustüren. Auch ausführliche Montagerichtlinien sind Bestandteil dieser RAL-Gütesicherung. Vgl. hierzu auch Abschn. 8.3.3.3 und Abschn. 8.3.4. Auf die weiterführende Fachliteratur [6], [7] wird verwiesen.

Bild 8.18 zeigt eine hochwertige Türblattkonstruktion aus Holzwerkstoffen. Das dargestellte Haustürblatt, lieferbar in den Dicken 45, 55 und 70 mm, besteht aus einem umlaufenden Hartholzrahmen mit eingeleimten Stabilisatoren (Alu-Streifen) an den Längsseiten. Sie dienen zur Verstärkung des Rahmenbereiches, der Erhöhung des Stehvermögens des Türblattes und der Ausreißfestigkeit der Beschläge (Einbruchschutz). Die schall- und wärmedämmende Einlage setzt sich aus offenporigem PU-Hartschaum- und Spanplatten zusammen (Sandwichkonstruktion). In 5-fach verleimten Furnierholz-Deckplatten sind jeweils dünne Aluminiumeinlagen vollflächig eingearbeitet. Diese Schicht dient als Dampfsperre, bewirkt einen Temperaturausgleich und gewährleistet ein gutes Stehvermögen des gesamten Türblattes.

8.3.2 Baukörperanschlüsse von Außentüren

An Außentüren, Innentüren und Schutztüren werden jeweils sehr unterschiedliche Anforderungen hinsichtlich der Ausbildung ihres Anschlusses an den Baukörper gestellt.

[1)] Der aktuelle Stand der Normung ist Abschn. 8.8 zu entnehmen.

8.3 Außentüren

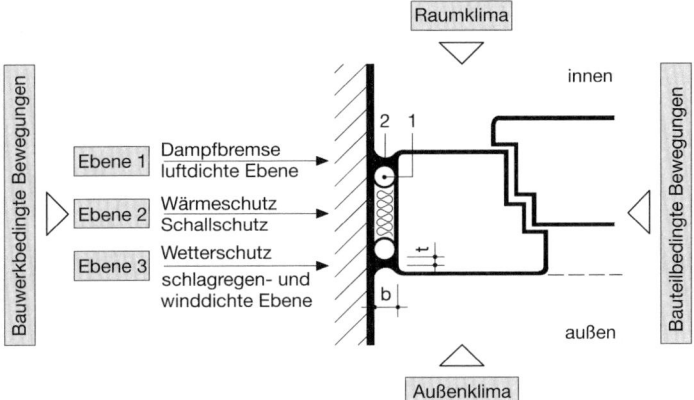

8.19 Schematische Darstellung möglicher Einwirkungen auf die Bauanschlussfuge einer Außentür mit Fugendimensionierung bei spritzbarem Dichtstoff.
Faustregel nach [12]:
$t = 0,5 \times b \geq 6$ mm
1 Hinterfüllmaterial
2 spritzbarer Dichtstoff
t = Tiefe des Dichtstoffes in der Fuge
b = Breite des Dichtstoffes in der Fuge

So muss die Bauanschlussfuge von Außentüren üblicherweise Forderungen hinsichtlich Schlagregendichtheit und Luftdichtheit, Wärmeschutz und Schallschutz sowie Standsicherheit erfüllen.

Bei normalen Innentüren hingegen wird vor allem auf eine preiswerte, rationale und relativ problemlose, gleichzeitig jedoch auch sichere Befestigungsmethode geachtet.

8.3.2.1 Bauphysikalische Anforderungen

Wie Bild 8.19 verdeutlicht, muss die Anschlussfuge zwischen Türrahmen und Baukörper einerseits bauwerk- und bauteilbedingte Bewegungen (z. B. Zug-, Druck- und Scherkräfte sowie thermisch bzw. hygrothermisch bedingte Formänderungen der Rahmenprofile) aufnehmen, andererseits jedoch auch bauphysikalischen und umweltbedingten Anforderungen (z. B. Wärme-, Schall-, Feuchte- und Wetterschutz) gerecht werden. Dementsprechend müssen bei einer fachgerechten Ausführung des Baukörperanschlusses – neben der Standsicherheit – im Wesentlichen vier Grundforderungen erfüllt sein:

- innen luftdicht
- außen schlagregendicht
- innen dampfdichter als außen
- optimale Fugendämmung.

Aus diesen unterschiedlichen Einwirkungen (dichten – dämmen – nach außen abdiffundieren) lassen sich drei Funktionsebenen [8], [9] hinsichtlich des konstruktiven Aufbaues der Anschlussfuge ableiten.

- **Raumseitiger Abschluss** (Ebene **1** in Bild **8**.19). Der raumseitige Abschluss – eine umlaufend luftdichte Ebene (Luftdichtheitsschicht) als Trennung von Raum- und Außenklima – muss so ausgebildet sein, dass keine feuchte Raumluft in die Bauanschlussfuge eindringen und im kalten Bereich des Anschlusses zu Tauwasserbildung[1] führen kann. Die Trennung muss in einer Ebene erfolgen (Isothermenverlauf beachten)[2], deren Temperatur über der für das Schimmelpilzwachstum kritischen Temperatur des Raumklimas liegt. Zu beachten ist, dass diese innere Dichtebene einen höheren Dampfdiffusionswider-

---

[1] Im Bereich von Wärmebrücken kann es zu Tauwasserbildung und damit Schimmelpilzbildung kommen. Daher wird in der DIN 4108-2 im Bereich von Wärmebrücken ein Mindestwärmeschutz gefordert. Außerdem werden in dieser Norm Maßnahmen zur Vermeidung von Schimmelpilzbildung im Einzelnen erläutert.
Entsprechende Planungs- und Ausführungsbeispiele (Wärmebrückendetails) sind Beiblatt 2 zu DIN 4108 zu entnehmen. Vgl. hierzu auch Abschn. 17.5., Teil 1 dieses Werkes.

[2] Isothermen sind Linien, die Punkte gleicher Temperatur verbinden und somit die rechnerische Temperaturverteilung innerhalb eines Bauteiles wiedergeben. Für die Beurteilung einer Anschlusssituation hinsichtlich der Tauwasserbildung wurde bisher die 10 °C-Isotherme herangezogen.
Diese bezieht sich allerdings nur auf den Tauwasserausfall bei üblichem Raumklima. Schimmelpilze können sich jedoch auch auf Bauteiloberflächen bilden, die über längere Zeiträume einer relativen Luftfeuchte von über 80% ausgesetzt sind. Für die Beurteilung einer Anschlusssituation wurde deshalb der Temperaturfaktor fRsi eingeführt. Einzelheiten hierzu s. [9] sowie Abschn. 17.5, Teil 1 dieses Werkes.
Entsprechend dieser Zusammenhänge liegt die schimmelpilzkritische Temperatur unter 12,6 °C. Für die Beurteilung einer Anschlusssituation hinsichtlich der Schimmelpilzbildung kann daher – unter Zugrundelegung der Randbedingungen nach DIN 4108-2 – die 13 °C-Isotherme als Hilfsgröße herangezogen werden.

stand aufweist als der äußere, witterungsseitige Abschluss (Dampfdruckgefälle von innen nach außen).

- **Fugen-/Hohlraumdämmung** (Ebene **2** in Bild **8**.19). Dieser Funktionsbereich erfüllt vorwiegend wärmedämmende und schalldämmende Aufgaben. Das Wärme- und Feuchteverhalten dieses Bereiches wird durch Außen- und Innenklimate bestimmt. Die Wärmedämmung im Fugenhohlraum erhöht die Fugentemperatur. Ohne ausreichende Dämmung der Fuge wäre mit einer Unterschreitung der Taupunkttemperatur an der raumseitigen Oberfläche und damit Tauwasserbildung im Anschlussbereich zu rechnen. Zur Dämmung der Anschlussfuge werden vor allem Mineralwolle, Polyurethan-Montageschaum (ein- oder zweikomponentig), Spritzkork sowie in geringem Umfang Naturprodukte (z. B. Schafwolle) mit dämmenden Eigenschaften eingesetzt.

  Bei erhöhten Anforderungen an den Schallschutz reicht die Fugendämmung als alleinige Maßnahme jedoch nicht aus. Um eine optimale Schalldämmung der Anschlussfuge zu erzielen, müssen sowohl die innere Dichtebene als auch der außenseitige Wetterabschluss immer noch zusätzlich dauerhaft dicht ausgebildet werden. Erst diese Luftdichtheit und das vollflächige Verfüllen der Anschlussfuge ergeben – unabhängig von der Einbausituation (stumpfer Anschlag oder Innenanschlag) – gute Fugenschalldämmwerte.

- **Wetterseitiger Abschluss** (Ebene **3** in Bild **8**.19). Die Wetterschutzebene schützt die Fuge vor Witterungseinwirkungen von außen (Regen- und Windsperre). Sie verhindert weitgehend den Eintritt von Regenwasser (Schlagregen) und führt eingedrungenes Wasser wieder kontrolliert nach außen ab. Zugleich muss sichergestellt sein, dass gegebenenfalls von der Raumseite eindiffundierende Feuchte nach außen entweichen kann.

  Eine Hilfe bei der Auswahl geeigneter Dichtungsmaterialien zur Herstellung nach außen hin diffusionsoffener Anschlussfugen ist der jeweilige s_d-Wert (diffusionsäquivalente Luftschichtdicke). Durch entsprechende Materialwahl oder Fugendimensionierung kann sowohl für die innere wie äußere Abdichtungsebene das gleiche Dichtsystem eingesetzt werden. Angaben zum s_d-Wert der Dichtmaterialien können den Herstellerunterlagen entnommen werden.

Nach der Fugenausbildung unterscheidet man einstufige und zweistufige Fugensysteme. Bei der einstufigen Fugenausbildung wird Schlagregen (Regen und Wind) in einer Ebene abgewiesen; die Fuge ist allen Witterungseinflüssen ohne Schutz unmittelbar ausgesetzt. Bei der zweistufigen Fugenausbildung liegen Regen- und Windsperre in räumlich getrennten Ebenen (zusätzliches Abdeckprofil). Wesentliches Merkmal dieser Ausbildung ist die prüfbare Wasserabführung hinter der äußeren Sperre. Vgl. hierzu auch Abschn. 6.3, Bauwerksanschlüsse von Fenstern.

8.3.2.2 Montagetechnische Anforderungen

Wandöffnungen für Außentüren können mit Außenanschlag (Sonderfall), mit Innenanschlag oder ohne Anschlag (stumpfer Anschlag) ausgebildet sein. Beim Innenanschlag sitzt der Türrahmen in einem raumseitigen Mauerfalz, dessen Breite zwischen 50 und 62,5 mm liegen soll. Laibungen ohne Anschlag werden jedoch immer häufiger geplant, da sie am Rohbau am einfachsten herzustellen sind. Einzelheiten hierzu s. Abschn. 6.3.3.

Einbaulagen. Aus Gründen des Wärmeschutzes sollte das Türelement bei

- einschaliger, monolithischer Außenwand im mittleren Laibungsbereich[1], bei
- zwei- bzw. mehrschaligen Außenwandsystemen auf der Ebene der Dämmschicht eingebaut werden. Bei außenseitig aufgebrachtem
- Wärmedämm-Verbundsystem (WDVS) ist die Wärmedämmung an den Laibungs- und Sturzflächen bis zum Türrahmen – diesen mind. 30 bis 50 mm überdeckend – heranzuführen und daran dicht-elastisch anzuschließen. Aufgrund dieser Überdeckung ist in der Regel eine größere Rahmenfriesbreite einzuplanen. Vgl. hierzu Bild **8**.34 sowie Beiblatt 2 zu DIN 4108, Wärmebrücken.
- **Türrahmenbefestigung.** Türen müssen rechtwinklig, lot- und fluchtgerecht sowie in der Höhe genau passend eingebaut werden. Die Abweichung von der Lotrechten darf max. 1,5 mm pro Meter, jedoch höchstens 3 mm auf die Gesamthöhe des Türelementes betragen.

Die Türen sind so zu setzen, dass der an der Zarge markierte Meterriss mit dem vor Ort angebrachten Höhenbezugspunkt übereinstimmt. Es empfiehlt sich, je Geschoss min-

---

[1] Je weiter ein Türelement nach außen – und damit in die kalten Bereiche der Vollwand gesetzt wird – desto größer ist die Gefahr der Tauwasserbildung innerhalb der Konstruktion.

8.3 Außentüren

destens eine dauerhafte – auch zu einem späteren Zeitpunkt noch feststellbare und nachprüfbare – Markierung (z. B. Meterrissbolzen) anzubringen. Die Ausrichtung und Fixierung der Türen in der Wandöffnung erfolgt zunächst mit Distanzklötzen, Keilen o. Ä., die nach der endgültigen Befestigung des Türrahmens in der Regel wieder entfernt werden.

Die Befestigung selbst muss alle auf das Außentürelement einwirkenden Kräfte – wie beispielsweise Eigenlast, Windlast und Verkehrslast (DIN 1055) – sicher in den Baukörper ableiten. Für Sondertüren gemäß Abschnitt 8.6 gelten besondere Anforderungen.

- **Befestigungsmittel.** Bei der Wahl der Befestigungsmittel sind der konstruktive Aufbau des jeweiligen Außenwandsystems, die materialspezifischen Kennwerte der Wandwerkstoffe (z. B. Mauerwerk, Beton) und Rahmenwerkstoffe der Tür, die zu erwartende Belastungsgrößen sowie die vorgegebene bauliche Situation (Altbau, Neubau) zu berücksichtigen.

Als Befestigungsmittel werden Rahmendübel (Durchsteckdübel), federnde Laschen oder Schlaudern, Konsolen, Eindrehanker u. Ä. verwendet (vergl. Bilder **6**.24 und **6**.26). Diese müssen korrosionsgeschützt sein oder aus nicht rostendem Stahl bestehen. Starre Verbindungen (z. B. mit Mauerpratzen) sind wegen der im Außenbereich zu erwartenden bauwerk- und bauteilbedingten Bewegungen zu vermeiden.

Der Abstand zwischen den einzelnen Befestigungspunkten darf bei Kunststofftüren 700 mm, bei Aluminium- und Holztüren 800 mm nicht überschreiten. Außentüren werden üblicherweise an mindestens 3 Punkten je Rahmenfriesseite befestigt und zwar jeweils in Höhe der Bänder bzw. des Schlosses. Breitere und doppelflügelige Türelemente sind auch am Türsturz zu arretieren.

Außentüren dürfen am Baukörper nur mit geeigneten mechanischen Befestigungsmitteln verankert werden. Montageschäume und Dichtstoffe können die auf die Außentür einwirkenden Kräfte nicht aufnehmen und sind daher zur alleinigen Befestigung von Wohnungsabschluss- und Außentüren ungeeignet.

Angaben über die Befestigung von Holzwerkstoffzargen von Innentüren s. Abschn. 8.4.3, von Stahlzargen Abschn. 8.4.5. Auf die von den RAL-Gütegemeinschaften herausgegebenen Montagerichtlinien [5], [8] wird verwiesen.

8.3.2.3 Fugenabdichtungssysteme

Das zu wählende Abdichtungssystem hängt im Wesentlichen von den jeweiligen bauphysikalischen Anforderungen, den zu erwartenden bauteil- und baukörperbedingten Bewegungen sowie von der vorgegebenen baulichen Situation (z. B. Außenwandbeschaffenheit, Materialverträglichkeit usw.) ab. Als Dichtsysteme bieten sich an:

- Spritzbare, elastische Dichtstoffe mit Hinterfüllmaterial
- Imprägnierte, vorkomprimierte Dichtungsbänder aus Schaumkunststoff (DIN 18 542)
- Dichtungsfolien.

Entsprechend den jeweiligen Anforderungen können diese Systeme auch sinnvoll kombiniert werden (sog. Kombinationssysteme).

1. Fugendichtstoffe. Eine hervorragende Eigenschaft der spritzbaren Dichtstoffe ist ihr elastisches Verhalten und damit ihre Fähigkeit, Bewegungen im Bereich der Bauanschlussfuge aufzunehmen, ohne dass es zu einer Beeinträchtigung oder Zerstörung der Abdichtung kommt.

Üblicherweise ist die Dimensionierung der Fugenbreite (z. B. auf der Außenseite – Ebene 3) für einen Dichtstoff mit einer zulässigen Gesamtverformung von 25% ausgelegt. Dieser Wert bezieht sich auf die dehnfähige Anschlussfuge. Bei einer 10 mm breiten Fuge läge demnach die zulässige Gesamtverformung des Dichtstoffes bei 2,5 mm.

Abgesehen von Sonderfällen und sofern vom Hersteller keine abweichenden Angaben gemacht werden, gilt generell für den Fugenquerschnitt, dass die Dichtstoff**tiefe t** der halben Fugen**breite** entsprechen soll ($t = 0{,}5 \cdot b \geq 6$ mm). Vgl. hierzu Bild **8**.19. Je nach Türelementlänge und Werkstoff der Rahmenprofile sowie der Anschlagart (stumpf oder im Mauerfalz) ist von einer Mindestfugenbreite von etwa 10 bis 15 (25) mm auszugehen. Einzelheiten s. Abschn. 6.3.4.

Um die vorgenannten Forderungen einhalten zu können, wird in die Anschlussfuge zunächst ein geschlossenzelliges, nicht saugendes Hinterfüllmaterial (PE- oder PU-Rundschnur) eingebracht. Es begrenzt die Eindringtiefe des Dichtstoffes und verhindert, dass dieser am Fugengrund anklebt. Diese Hinterfüllung dient demnach nicht nur – wie häufig fälschlicherweise angenommen – der Einsparung von Dichtstoff, sondern ergibt auch die wesentlich vorteilhaftere sog. Zweiflankenhaftung. Demgegenüber sind einfache Dreiecksfugen ohne Rundschnüre auf die Dauer nicht in der Lage, Bewegungen aufzunehmen, da aufgrund ihrer Dreiflankenhaftung keine Trennung im Fugengrund gegeben ist (Folge: erhöhte Abrissgefahr).

Einzelheiten über die Planung und Ausführung von Dichtstoffen in der Anschlussfuge von Außentüren sind dem IVD-Merkblatt [10] zu entnehmen.

- **Ausführung.** Der Dichtstoff wird als spritzbare Masse in die Fuge eingebracht; er dichtet sie ab, durch Haftung an geeigneten Fugenflanken (Adhäsion). Mit einem sog. Primer (chemische Haftbrücke) – der vor dem Einbringen des Dichtstoffes aufgebracht wird – kann die Haftfähigkeit entscheidend verbessert werden. Zu beachten ist, dass spritzbare Dichtstoffe üblicherweise nur bei trockener Witterung und Temperaturen über 5 °C verarbeitet werden dürfen. Verwendet werden vor allem Dichtstoffe auf Silikon- und Polyurethanbasis. Die Verarbeitungsrichtlinien der Dichtstoffhersteller [11] sind einzuhalten.
- **Überstreichbarkeit.** Dichtstoffe sollen grundsätzlich nicht vollflächig überstrichen werden, zumindest nicht ohne Rücksprache und schriftliche Absicherung beim Dichtstoffhersteller. Nur sehr wenige Produkte sind überstreichbar. Die meisten Dichtstoffe verlieren durch vollflächig aufgetragene Beschichtungen (Lacke und Lasuren) ihre Elastizität und damit ihre Funktionsfähigkeit (Folge: Fugenflankenabrisse). Wegen möglicher Überdehnung des Anstrichfilmes – nicht des Dichtstoffes – besteht außerdem die Gefahr von Rissen in der Farbe auf den Fugenoberflächen.
- **Anstrichverträglichkeit.** Die Bezeichnung „anstrichverträglich" bedeutet, dass sich ein Dichtstoff lediglich in den Randbereichen einer Fuge mit einem bestimmten Anstrich verträgt. In diesem Fall müssen die Zusammensetzung des Dichtstoffes und die der Beschichtung aufeinander abgestimmt sein. Andernfalls kommt es zu Weichmacherwanderungen, Verschmutzungen und Ablösungen. Die vom Industrieverband Dichtstoffe [10] herausgegebenen Merkblätter sind zu beachten.

2. Vorkomprimierte Dichtungsbänder. Dichtungsbänder bestehen überwiegend aus einem offenzelligen Polyurethan-Schaumstoff, der mit einem wasserabstoßenden und ggf. flammhemmend eingestellten Imprägnat (Kunstharz) behandelt ist. Sie werden in der Regel in vorkomprimierter (verdichteter) Form geliefert und daher in der Baupraxis auch als sog. Kompribänder bezeichnet.

Durch das Imprägnat zunächst verzögert, expandiert der Schaumstoff nach dem Einbau in die Fuge sein Volumen und entwickelt dabei eine Rückstellkraft, die das Dichtungsband an die Fugenflanken anpresst. Durch diesen Anpressdruck passt sich das Band den Unebenheiten an, so dass eine wind- und schlagregendichte – gleichzeitig jedoch dampfdiffusionsoffene – Fugenabdichtung erreicht wird.

Dichtungsbänder für Außenanwendungen werden nach der Größe der Beanspruchungen – denen sie in eingebautem Zustand ausgesetzt sind – in Beanspruchungsgruppen (BG1 und BG2) gemäß DIN 18 542 eingeteilt.

Maßgebend für die Wirkung von Dichtungsbändern ist u. a. die Einhaltung des Kompressionsgrades, der von den Herstellern vorgegeben ist und in der Regel 20 bis 30% beträgt [11]. Auch die Vorgaben für die Fugenbreiten dürfen weder über- noch unterschritten werden. Je nach Türelementlänge, Rahmenwerkstoff und Anschlagart ist von einer Mindestfugenbreite von 8 bis 10 mm auszugehen. Einzelheiten hierzu sind dem „Leitfaden zur Montage" [8] zu entnehmen.

Vorkomprimierte Dichtungsbänder können ohne Vorbehandlung der Fugenflanken, witterungsunabhängig und somit auch bei feuchtem Untergrund und niedrigen Außentemperaturen verarbeitet werden. Aufgrund des relativ hohen Anpressdruckes erbringen sie auch gute Schalldämmwerte. Außerdem weisen Dichtungsbänder – im Vergleich zu den anderen Dichtungssystemen – den geringsten Wasserdampfdiffusionswiderstand auf. Diese Eigenschaft kann bei der Umsetzung des bauphysikalischen Grundsatzes „innen dichter als außen" genutzt werden.

3. Systeme mit Dichtungsfolien. Die Gruppe der (elastischen) Fugenbänder umfasst ein breites Produktangebot, so dass die Möglichkeit besteht, ganz spezielle Anschlussabdichtungen auszuführen.

Fugenbänder eignen sich für unterschiedliche Fugenbreiten und können verhältnismäßig große Bewegungen aufnehmen. Um den Bewegungsausgleich sicherzustellen, sind sie schleifenförmig und nicht straff über die Anschlussfuge zu kleben (Bild **8**.20b). Dabei werden sie einmal am Rahmenprofil der Außentür, zum anderen am Baukörper – entweder selbstklebend oder mit zusätzlichem Klebstoff und ggf. mechanischer Sicherung – befestigt. Hierbei muss immer auf die ausreichende Haftung, überlappende Verklebung der Bahnenstöße sowie die Verträglichkeit mit angrenzenden Werkstoffen geachtet werden.

Übliche Dichtungsbahnen weisen einen verhältnismäßig hohen Wasserdampfdiffusionswiderstand auf. Um dem bauphysikalischen Grundsatz „innen dichter als außen" entsprechen zu können, werden neben den weitgehend dampfdichten auch dampfdiffusionsoffene Dichtungsfolien angeboten. Somit ist es möglich, sowohl winddichte und schlagregendichte – gleichzeitig je-

8.3 Außentüren

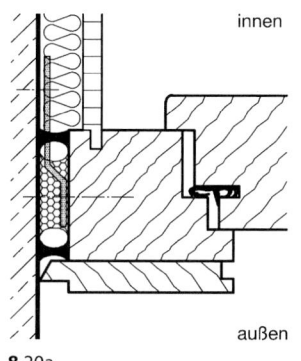
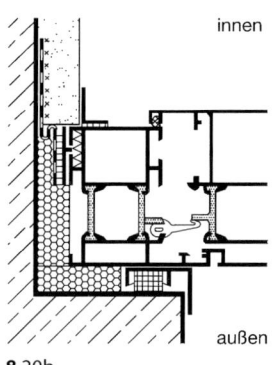
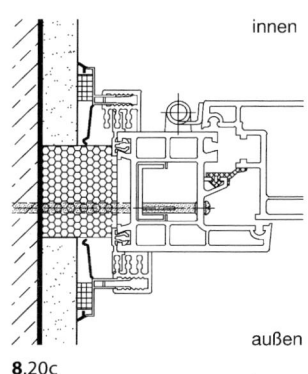

8.20a **8.**20b **8.**20c

8.20 Konstruktionsbeispiele: Baukörperanschlüsse von Außentüren
a) Stumpfer Anschlag: Holzrahmen-Profil mit Federanker an Sichtbetonwand befestigt. Anschlussfuge innen- und außenseitig mit Vorfüllprofil und spritzbarem Dichtstoff abgedichtet.
b) Innenanschlag: Aluminium-Rahmenprofil mit Klemmfederanker an Betonwand befestigt. Verputzter Innenanschluss mit Dichtungsfolie dampfdicht ausgebildet. Außenverleistung mit Alu-Profil und vorkomprimiertem Dichtungsband (Kompriband).
c) Stumpfer Anschlag: Kunststoff-Rahmenprofil mit Rohrdübel am verputzten Mauerwerk befestigt. Innen- und Außenanschluss mit Komfort-Verleistungsprofilen und vorkomprimierten Dichtungsbändern abgedichtet (Fa. Innoperform, Dillingen). Überall Dampfdruckgefälle von innen nach außen.

doch auch diffusionsoffene – Fugenabdichtungen herzustellen. Einzelheiten hierzu sind der weiterführenden Literatur [8] zu entnehmen.

8.3.3 Außentüren aus Holz und Holzwerkstoffen

Allgemeines. Das Türblatt ist das bewegliche Teil eines Türelementes, das die Türöffnung schließt und in der Regel nach innen bzw. zum Raum hin aufgeht. Türblätter gibt es in einer Vielzahl von Formen, Materialien und Konstruktionen, in Einzel- oder Serienfertigung hergestellt (Bild **8.**4 und Bild **8.**5).

Je nach Einsatzort und den sich daraus ergebenden Anforderungen unterscheidet man

- **Außentüren** (z. B. Hauseingangs-, Laubengangtüren),
- **Innentüren** (Wohn- und Objektbereich),
- **Sondertüren** (z. B. Wohnungsabschlusstüren, Nass- und Feuchtraumtüren),
- **Schutztüren** (z. B. Feuer-, Rauch-, Schallschutztüren).

Drehflügeltüren kommen im Bauwesen am häufigsten vor. Bei dieser Türart wird das Türblatt um eine Längskante gedreht und schlägt – gefälzt oder ungefälzt – auf bzw. in den Türzargenrahmen.

Bauarten. Je nach Bauart des Türblattes unterscheidet man Latten- und Brettertüren, Vollholzrahmentüren und Sperrtüren sowie Schutz- und Sondertüren gemäß Abschn. 8.6.

Die entsprechenden **Normen** sind in Abschn. 8.8 angeführt.

8.3.3.1 Türblattkonstruktionen von Latten- und Brettertüren

Lattentüren (Bild **8.**21a). Lattentüren eignen sich als einfache Außentüren von Schuppen, Ställen, Abstellgebäuden etc. Sie bestehen aus ungehobelten oder gehobelten Latten (40 bis 50 mm breit, 25 bis 35 mm dick), die senkrecht in Abständen von 20 bis 25 mm auf zwei Querriegel und eine Strebe (100 bis 120 mm breit, 30 bis 35 mm dick) genagelt oder geschraubt werden. Die Strebe muss, dem statischen Kräfteverlauf entsprechend – von der oberen Türkante diagonal zum unteren Anschlag des Langbandes – gerichtet sein. Lattentüren gestatten Einblick in die dahinter liegenden Räume und lassen Luft und Licht eindringen.

Stumpf verleimte Türen (Bild **8.**21b). Vollholztüren dieser Art bestehen aus bis zu 120 mm breiten und etwa 30 mm dicken, senkrecht angeordneten Brettern. Diese werden stumpf oder gefedert aneinander geleimt, durch zwei auf Grat eingeschobene Querleisten von etwa 120 mm Breite und 35 bis 40 mm Dicke verbunden und so das Türblatt gegen Verwerfen gesichert. Die Gratleisten dürfen nicht eingeleimt, auch nicht genagelt oder geschraubt werden, da das Vollholz des Türblattes stets „arbeiten" muss (unterschiedliche Schwindrichtungen von Lang- und Querholz beachten). Bei dieser Türblattkonstruktion entfällt die Diagonalstrebe.

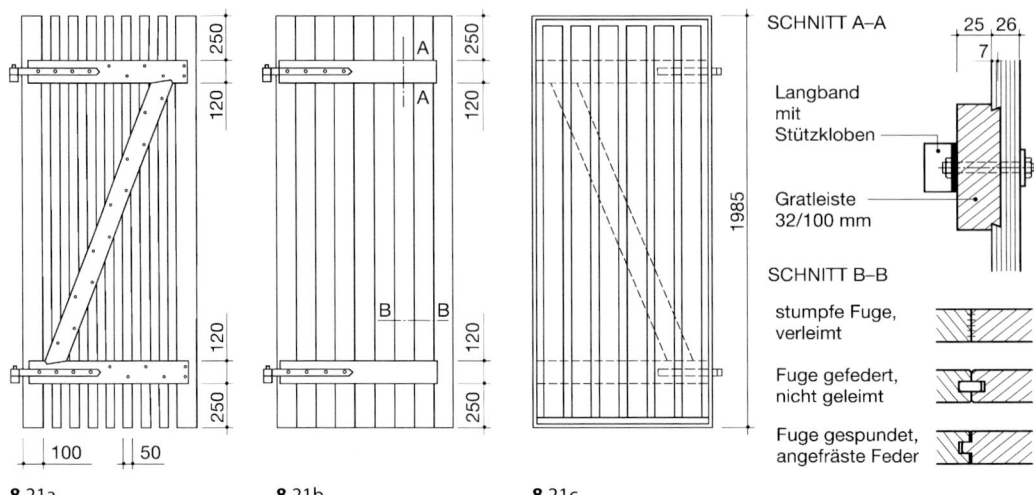

8.21 Schematische Darstellung von einfachen Latten- und Bretter-Türblattkonstruktionen
  a) Lattentür mit Querriegeln, Diagonalstrebe und Langbändern
  b) Stumpf verleimte Vollholztür mit auf Grat eingeschobenen Querleisten (Gratleisten) ohne Diagonalstrebe (Schnitt A–A)
  c) Gespundete Brettertür mit Querriegeln und Diagonalstrebe sowie außenseitig aufgebrachten Deckleisten
  Ausschnitt A–A: Brettertür mit Gratleiste
  Ausschnitt B–B: Alternative Bretterverbindungen in der Breite

Brettertüren (Bild **8**.21c). Brettertüren werden aus 120 bis 160 mm breiten und 25 bis 30 mm dicken, gehobelten und gespundeten Einzelbrettern (= angefräste Nut- und Federverbindung) hergestellt, die senkrecht auf 120 mm breite und 30 mm dicke Querriegel bzw. Diagonalstreben genagelt oder geschraubt sind. Dienen derartige Brettertüren als Außentüren (z. B. Schuppentüren), so liegen Querriegel und Strebe auf der Innenseite der Tür. In diesem Fall können die Bretterfugen außenseitig noch mit Deckleisten abgedeckt werden, die oben und unten in einen rings um das Türblatt laufenden Leistenrahmen enden. Weitere Einzelheiten sind der Fachliteratur [12] zu entnehmen.

8.3.3.2 Türblattkonstruktion von Rahmentüren

Türblätter von Rahmentüren (Bild **8**.22 bis **8**.26) bestehen aus vierseitig umlaufenden Rahmenfriesen, ggf. einem oder mehreren waagerechten Mittelfriesen sowie eingesetzten Füllungen unterschiedlichster Art. Sie werden als Außen- und Innentüren eingesetzt und dienen oftmals als Unterkonstruktion (Tragrahmen) für aufgedoppelte, mehrschalig ausgebildete Türblattkonstruktionen, wie sie in Abschn. 8.4.4.3 näher erläutert sind.

Außentürblätter. Für Außentüren eignet sich nur gesundes fehlerfreies Vollholz[1]. Holzarten die ein witterungsbeständiges Verhalten aufweisen und zur Herstellung maßhaltiger Bauteile in Frage kommen sind beispielsweise

- Laubhölzer (Eiche, Sipo Mahagoni, Meranti, Afzelia u. a.),
- Nadelhölzer (Kiefer, Lärche, Oregon Pine, Pitch Pine, Hemlock u. a.).

---

[1] **DIN EN 942, Holz in Tischlerarbeiten.** Diese Norm beschreibt das Verfahren, das zur Bestimmung der Merkmale und zur Sortierung nach der sichtbaren Qualität von Holz – vorwiegend Vollholz – in Tischlerarbeiten anzuwenden ist.
In Tabelle **1** dieser Norm sind die Kriterien für das Aussehen des Holzes in Tischlerarbeiten (Holzmerkmale hinsichtlich Klasse und Oberfläche) festgelegt. Dabei wird zwischen offenen und verdeckten Oberflächen unterschieden.
Im Anhang B ist der Feuchtegehalt von Vollholz nach den vorgesehenen Einsatzbedingungen festgelegt. Demnach ist im Außenbereich ein mittlerer Feuchtegehalt von 12 bis 19%, bei Verwendung im Innenbereich (Raumtemperatur 12 bis 21 °C) eine mittlere Holzfeuchte von 9 bis 13% und in beheizten Gebäuden mit Raumtemperaturen über 21 °C von 6 bis 10% ausgewiesen.
Anhang C enthält des Weiteren einen Leitfaden, der die Anforderungen an das Holz in Tischlerarbeiten festlegt.
Im Anhang D wird die Auswahl der Holzarten behandelt.

8.3 Außentüren

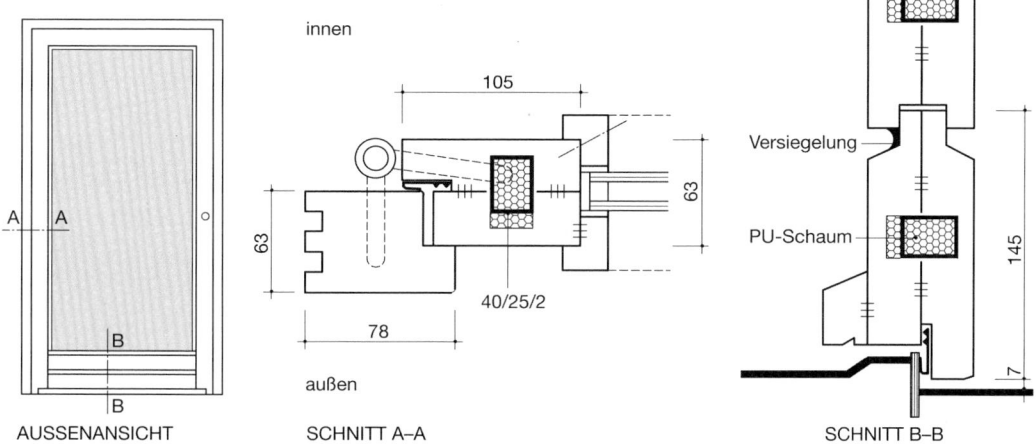

8.22 Konstruktionsbeispiel einer Rahmentür aus Vollholz mit Mehrscheiben-Isolierglas als Füllung.
Außentürblatt mit wärmegedämmtem, biegesteifem Stahlrahmen als Stabilisator (Serienfertigung).
Ausschnitt A–A: Horizontalschnitt
Ausschnitt B–B: Vertikalschnitt

Grundsätzlich sollten nur solche Konstruktionen gewählt werden, die den Belastungen der Bewitterung, des Klimas und der Nutzung wirksam standhalten.

Demnach müssen die Rahmenfriese eine ausreichende Biegefestigkeit aufweisen, um mechanischen Beanspruchungen standzuhalten und das Verwinden des Türblattes auf ein Minimum zu reduzieren. Daraus ergibt sich bei schweren Außentüren ein Rahmenquerschnitt von beispielsweise 130 · 60 (68) mm. Diese Querschnittsmaße können durch den Einbau von Stabilisatoren in Form von Metallprofilen deutlich reduziert werden. S. hierzu Bild **8**.22 und Bild **8**.43.

Die Anforderungen an schwere Außentüren (Haustüren, Balkontüren u. Ä.) weichen bezüglich der konstruktiven Merkmale nicht von denen der Fenster ab. Auch die Herstellungsweise ist denen von Fenstern sehr ähnlich, so dass diesbezüglich auf Abschn. 6.6 verwiesen werden kann.

8.3.3.3 Aufgedoppelte mehrschalige Türblattkonstruktionen

Aufgedoppelte Holztürblätter bestehen aus einer Tragkonstruktion – in Form eines Rahmen- oder Sperrtürblattes – und der darauf ein- oder beidseitig aufgebrachten Beplankung (Aufdopplung).

Derart mehrschalig ausgebildete Türblattkonstruktionen eignen sich insbesondere zur Herstellung von Außentüren (z. B. Haustüren), aber auch Innentürblätter können ein- oder beidseitig mit Vorsatzschalen beplankt werden.

Diese Aufdopplungen dürfen mit der Tragkonstruktion keinesfalls kraftschlüssig verbunden sein, sondern müssen sich darauf gleitend bewegen können.

Hinsichtlich des Türblattaufbaues wird grundsätzlich zwischen symmetrisch und asymmetrisch aufgebauten Konstruktionen unterschieden. Vgl. hierzu auch Abschn. 8.3.1.4 und 8.4.1.4 zur Feuchtebeanspruchung von Türen.

1. Aufgedoppelte Außentüren aus Holz und Holzwerkstoffen

Außentüren haben eine ganze Reihe von technischen Anforderungen zu erfüllen. Bei Holzaußentüren zählen dazu vor allem

- bewitterungsbeständige Konstruktionen, Werkstoffe und Oberflächenbeschichtungen,
- Widerstandsfähigkeit gegen mechanische Beanspruchung,
- Stehvermögen bei hygrothermischer Beanspruchung mit möglichst geringer Verkrümmung bzw. Verwindung des Holztürblattes,
- normgerechte Luftdurchlässigkeit und Schlagregendichtigkeit,
- optimaler Schall-, Wärme- und Feuchteschutz,
- bestmögliche Einbruchhemmung,

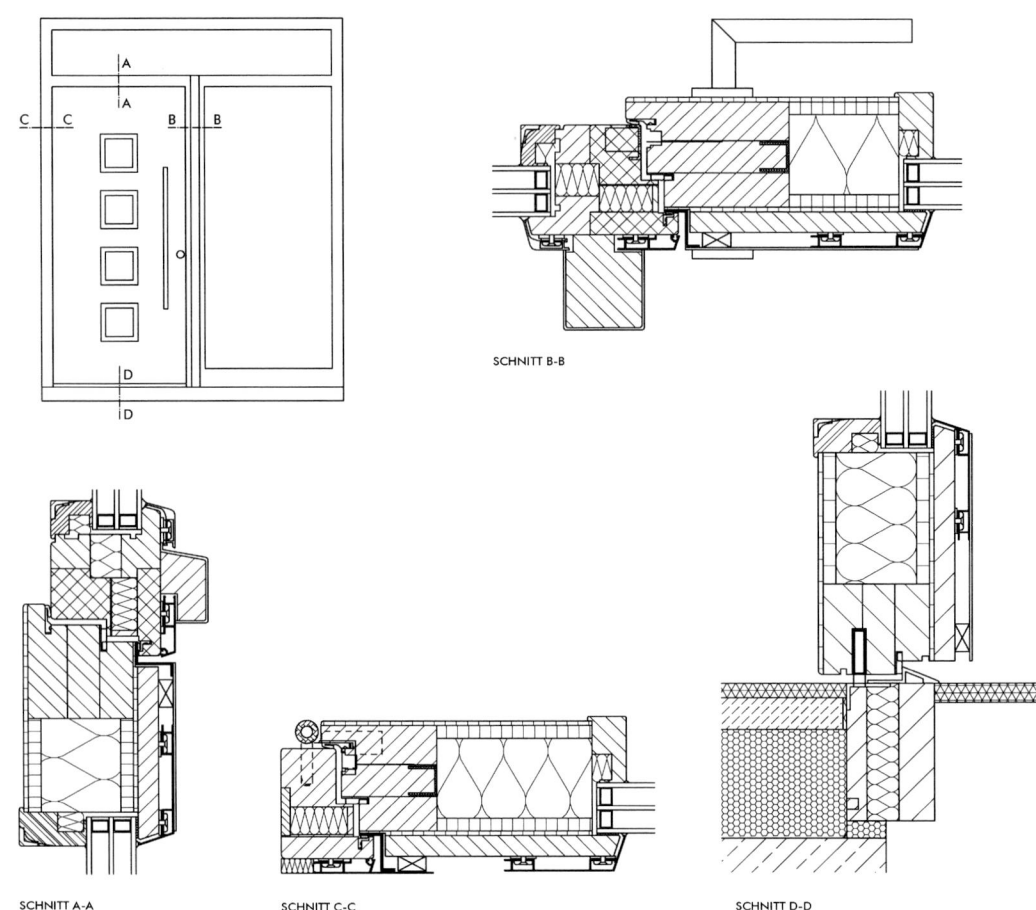

8.23 Außentür hochwärmegedämmt (passivhaustauglich). Weitere Bodenschwellenausbildungen s. Bild **8**.158.
  Schnitt A–A: Vertikalschnitt durch verglastes Oberteil und Türblatt
  Schnitt B–B: Horizontalschnitt durch verglastes Seitenteil und Türblatt
  Schnitt C–C: Horizontalschnitt durch Türblatt (Bandseite)
  Schnitt D–D: Vertikalschnitt durch Türblatt (Schwelle)
  Wiegand-Fensterbau, Hatzfeld

- Anordnung von Vordächern oder Fassadenrücksprüngen sowie richtige Orientierung des Einganges (Wetterseite beachten).

Güte- und Prüfbestimmungen für Haustüren sind in RAL-GZ 695 festgeschrieben [5].

Klassifizierung von Beschichtungen für Holzfenster und -Haustüren ist dem VFF Merkblatt [13] zu entnehmen.

Rahmentürblätter, symmetrisch aufgebaut (Bild **8**.24e). Bei schwerer Türblattausführung mit hohen Anforderungen an Schall-, Wärme- und Feuchteschutz werden auf einen biegesteifen Grundrahmen zunächst beidseitig jeweils 13 (16) mm dicke Holzwerkstoffplatten (Sperrholz- oder Spanplatten) gleicher Art fest aufgeleimt, so dass Rahmen und vollflächige Beplankung in statischer Hinsicht zusammen ein biegesteifes Tragelement ergeben. Bei hoher hygrothermischer Beanspruchung kann der Grundrahmen noch zusätzlich mit metallischen Stabilisatoren (z. B. Stahlrohrrahmen) verstärkt sein. S. hierzu Bilder **8**.24d; **8**.25, Variante zu A–A, und Bild **8**.43.

Dieses Tragelement ist jedoch nur dann weitgehend verformungsfrei, wenn es in jeder Beziehung symmetrisch aufgebaut und gefertigt wurde. Jede Abweichung in der Symmetrie des kon-

8.3 Außentüren

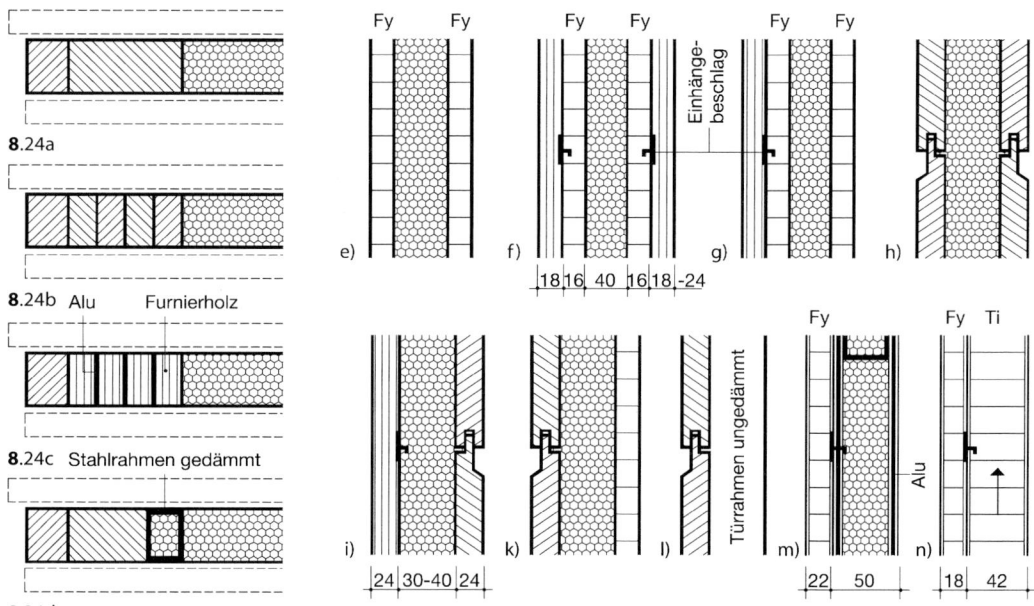

8.24 Schematische Darstellung des konstruktiven Aufbaues von aufgedoppelten, mehrschalig ausgebildeten Türblättern aus Holz und Holzwerkstoffen (Beispiele)

Querschnitte (a bis d) durch tragende Türblatt-Unterkonstruktionen (Rahmenkonstruktionen)
a) normaler Vollholzrahmen
b) lamellierter Vollholzrahmen
c) Rahmen aus Furnierholz mit Alu-Streifen (Stabilisatoren)
d) Vollholzrahmen mit gedämmtem Stahlrahmen als Stabilisator

Längsschnitte (e bis n) durch symmetrisch oder asymmetrisch aufgebaute Türblattkonstruktionen
e) zweischaliges Türblatt fest verleimt (biegesteifes Tragelement)
f) Tragelement mit beidseitiger Aufdoppelung (schweres Türblatt)
g) Tragelement mit einseitiger Aufdoppelung
h) Vollholzrahmen symmetrisch aufgedoppelt (leichtes Türblatt)
i) Vollholzrahmen asymmetrisch aufgedoppelt
k) Vollholzrahmen asymmetrisch aufgedoppelt
l) Vollholzrahmen einseitig beplankt (ungedämmtes Türblatt)
m) Türblatt (Sperrtür) einseitig aufgedoppelt mit gedämmtem Stahlrohrrahmen
n) Türblatt (Sperrtür) einseitig aufgedoppelt

struktiven Aufbaues führt zum Verzug des Türblattes.

Zusätzliche Aufdopplungen (Bild **8.**24f–g) in Form von Vorsatzschalen, Profilhölzern u. Ä. dürfen nur beweglich, d. h. mittels Einhängebeschläge, Topfverbinder usw. an diesem Tragelement befestigt werden. Da derart gleitend aufgebrachte Vorsatzschalen keinen kraftschlüssigen Verbund mit dem Tragelement haben, können etwaige Verformungen der Aufdopplung(en) sich auch nicht negativ auf die Gesamt-Türblattkonstruktion auswirken. Ganz vermeiden lassen sie sich bei Holztüren allerdings nicht, doch handelt es sich hierbei meist um keine bleibenden Verwindungen.[1]

Bei leichter Türblattausbildung (Bild **8.**24h) mit weniger hohen Anforderungen an den Schall-

---

[1] Hygrothermische Verformungen lassen sich bei Türelementen aus Holz und Holzwerkstoffen nicht vermeiden. Gemäß DIN 18 355, Tischlerarbeiten, muss deshalb der Feuchtegehalt fertig zusammengebauter Teile aus Holz – für Bauteile die ständig mit der **Außenluft** in Verbindung stehen – bezogen auf das Darrgewicht 10 bis 15% betragen, wenn diese den Herstellerbetrieb verlassen. Vgl. hierzu auch DIN EN 942, Anhang B, Feuchtegehalt von Holz in Tischlerarbeiten.

8 Türen, Zargen und Schlösser

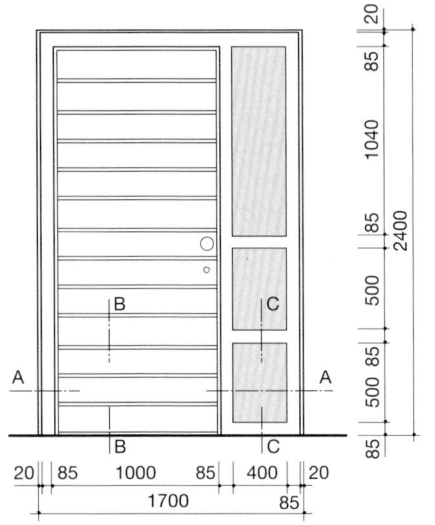

AUSSENANSICHT

8.25 Konstruktionsbeispiel: Aufgedoppelte Haustür aus Holz und Holzwerkstoffen mit fest verglastem Seitenteil (Einzelanfertigung)
Schnitt A–A:
Blockrahmen mit angenutetem Blendrahmen für Wandöffnung mit Innenanschlag (raumseitiger Mauerfalz). Wärmegedämmtes Türblatt mit lamelliertem Vollholzrahmen und asymmetrischer Aufdoppelung (leichtes Türblatt).
Variante zu A–A:
Zweiteiliger Blockrahmen. Der bereits im Rohbaustadium montier- und einputzbare Montagerahmen ermöglicht den sehr viel späteren Einbau des oberflächenfertigen Türelementes. Wärmegedämmtes Türblatt mit Stahlrahmen, beidseitig fest verleimter Sperrholz- oder Spanplattenbeplankung (= biegesteifes Tragelement) und außenseitiger, beweglicher Profilholzaufdoppelung (schweres Türblatt).
Schnitt B–B:
Konventioneller Schwellenanschlag (Wärmebrücke beachten) mit abgedichteter Gitterrostrinne. Vgl. hierzu Bild **8**.159 und Bild **8**.160 mit thermisch getrenntem Schwellenanschlag.
Variante zu B–B:
Konventioneller Schwellenanschlag mit Anschlagwinkel (Wärmebrücke beachten) und Außenabdichtung
Schnitt C–C:
Bodenanschluss des verglasten Seitenteiles mit höher gezogenem Stahlwinkel und Außenabdichtung

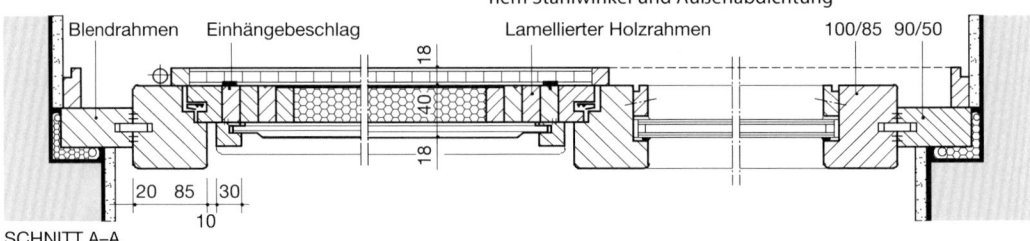

SCHNITT A–A

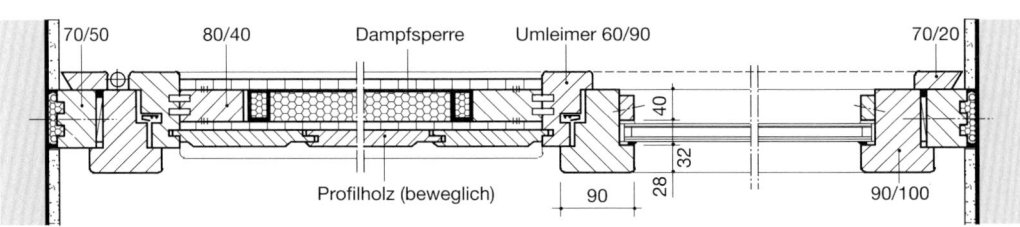

VARIANTE ZU A–A

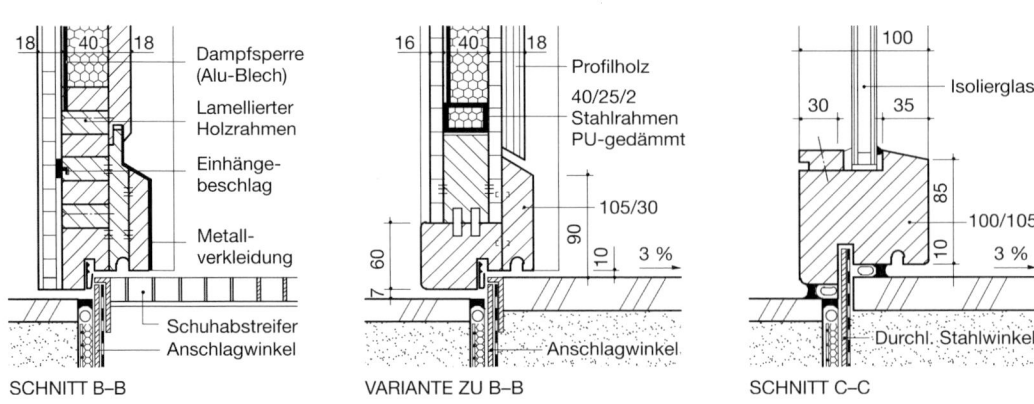

SCHNITT B–B   VARIANTE ZU B–B   SCHNITT C–C

8.3 Außentüren

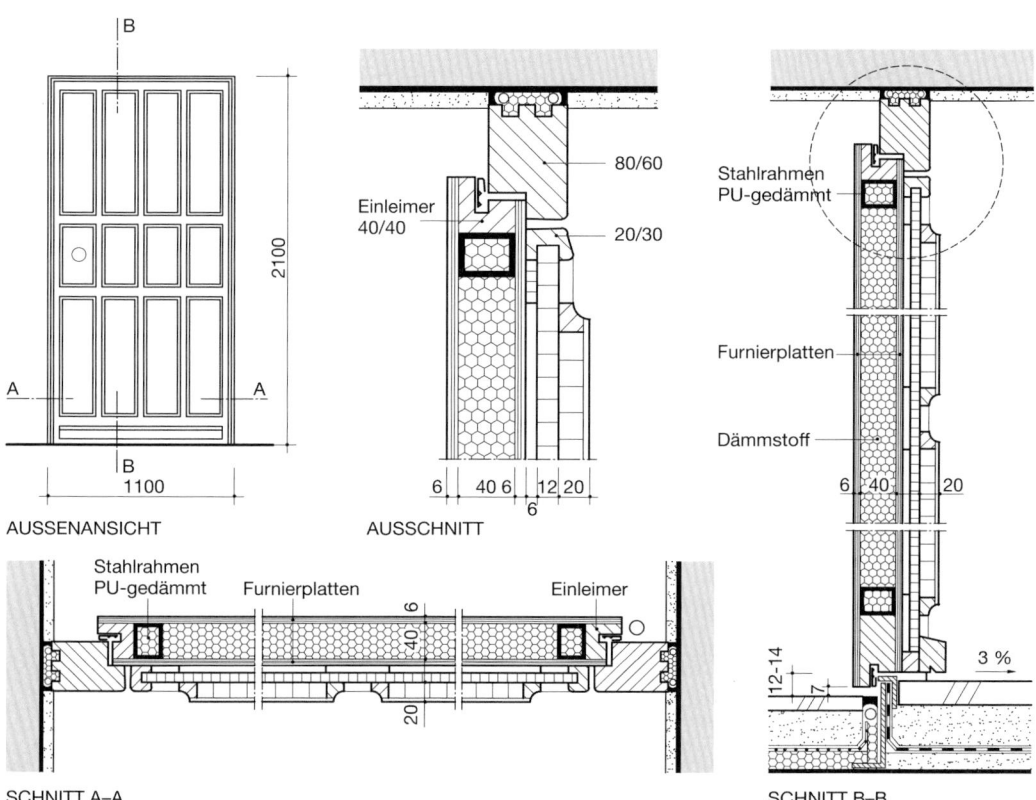

8.26 Konstruktionsbeispiel: Aufgedoppelte Haustür aus Holz und Holzwerkstoffen mit wärmegedämmtem Stahlrahmen als Stabilisator und vorgesetzter Aufdoppelung aus furnierten Sperrholz- oder Spanplatten mit bewitterungsbeständiger Oberflächenbeschichtung (Serienfertigung).
Vgl. hierzu auch Bild **8**.160 mit thermisch getrenntem Schwellenanschlag
HOVESTA GmbH, Kruft

und Wärmeschutz können Aufdopplungen bei symmetrisch aufgebauten Außentüren auch unmittelbar auf eine biegesteife Rahmen-Unterkonstruktion aufgebracht werden. Gleich dicke und gleich gerichtete Aufdopplungen auf beiden Seiten des Rahmens verhindern bei diesen Türen am ehesten eine Verformung des Türblattes.

Sperrtürblätter, symmetrisch aufgebaut (Bild 8.24h) eignen sich ebenfalls als Tragelement (Unterkonstruktion) für daran beweglich befestigte Aufdopplungen. Auch hier ist darauf zu achten, dass das tragende Basistürblatt selbst genügend biegesteif ausgebildet ist. Besonders geeignet sind Sperrtürblätter mit eingebauter Randverstärkung, beispielsweise in Form von Alu-Stabilisatoren o. Ä. Siehe hierzu auch Abschnitt 8.4.4.4, Sperrtüren, mit Bild **8**.61c.

Asymmetrisch aufgebaute Türblätter (Bild 8.24i–k) weisen ebenfalls ein tragendes Basiselement – Rahmen- oder Sperrtürblatt – auf, das nur einseitig beplankt oder beidseitig mit ungleichen Vorsatzschalen bzw. Profilhölzern aufgedoppelt sein kann. Bei derartigen Türen, die sich bei unsachgemäßer Konstruktion bereits bei geringer Klimaänderung deformieren können, ist die tragende Unterkonstruktion besonders biegesteif auszubilden. Eine einseitige Beplankung verbietet sich von selbst, wenn der Tragrahmen oder das Sperrtürblatt zu schwach dimensioniert sind. Außerdem müssen auch hier die ein- oder beidseitigen Aufdopplungen immer beweglich angebracht sein.

Eine gewisse Ausnahme bilden Türblätter, die einen umlaufenden Stahlrahmen als Stabilisator aufweisen (Bild **8**.26). Dieser muss allerdings dann so dimensioniert sein, dass er die während des Verformungsvorganges auftretenden Spannungen aufnehmen kann, ohne dass er sich wesentlich verwindet. Ein solcher Rahmen kann sich jedoch unter Umständen nachteilig auf den Wärme- und Schallschutz des Türblattes auswirken.

Konstruktionsmerkmale von aufgedoppelten Außentüren

- **Tragkonstruktion.** Wie zuvor erläutert und in den Bildern **8**.24 und **8**.26 aufgezeigt, besteht die tragende Unterkonstruktion bei aufgedoppelten Holztüren aus Rahmen- oder Sperrtürblättern, die bei hoher hygro-thermischer Beanspruchung noch mit metallischen Stabilisatoren verstärkt sein können.
- **Einlage.** Die Hohlräume dieser Tragelemente sind mit hochwertigem, bei Außentüren feuchtigkeitsunempfindlichem Dämmmaterial gefüllt und die Randfugen rings umlaufend dicht ausgebildet. Damit keine Durchfeuchtung (Tauwasserbildung) innerhalb der Konstruktion auftreten kann, muss das Dämmmaterial auf der Innenseite (Warmseite) – ggf. auch beidseitig – mit einer Dampfsperre abgedeckt werden (z. B. Alu-Dünnblech, Delignit-Furniersperrholz). Geeignet sind auch dicht eingebrachte Dämmmaterialien mit hohem Wasserdampfdurchlasswiderstand (z. B. extrudierte PS-Hartschaumplatten). S. hierzu auch Abschn. 8.3.1.4 und 8.4.1.4, Feuchtebeanspruchung von Türen.
- **Aufdopplung.** Die Aufdopplung von Außentüren besteht meist aus Vorsatzschalen aus Sperrholz- oder Spanplatten oder Profilbrettern, die – überfälzt oder genutet – wahlweise sichtbar oder unsichtbar an der Tragkonstruktion befestigt werden. Die häufig verwendeten Vollholz-Profilbretter, üblicherweise in gespundeter Ausführung (= angefräste Federn), sind zwischen 18 und 24 mm dick und sollten möglichst nicht breiter als 100 bis max. 120 mm sein. Sie können horizontal, vertikal oder in anderer Form aufgebracht werden. Die Längen- und Breitenverbindungen der einzelnen Bretter müssen so ausgebildet sein, dass kein Wasser in die Nuten eindringen kann. Vor allem bei Außentüren mit horizontaler Verbretterung müssen die angefrästen Federn immer nach oben gerichtet sein.
- **Wetterschenkel** aus Holz weisen direkten Schlagregen von der Schwelle ab. Sie werden an das untere Rahmenholz angeleimt und zusätzlich mit Dübeln oder Lamellenfedern gesichert. Wetterschenkel sind an ihrer Oberkante ausreichend abzuschrägen, an ihrer Unterkante erhalten sie zum sicheren Abtropfen des Niederschlagwassers eine Nut.
- **Blendrahmen** oder Blockrahmen haben die Aufgabe, das Türblatt zu tragen, einen dichten Verschluss des Türblattes mit einer Falzdichtung (ggf. auch Doppelfalzdichtung) zu ermöglichen sowie eine sichere Befestigung am Baukörper – mit normgerechtem Dämm- und Abdichtungssystem gemäß Abschn. 8.3.2 – zu gewährleisten.
- **Falz- und Bodendichtungen.** Außentüren sind mit mindestens einer dreiseitig umlaufenden Dichtung auszurüsten. Geeignet sind sowohl Türfalzdichtungen als auch Zargenfalzdichtungen. Im Hinblick auf den geforderten Schall- und Wärmeschutz sowie Wind- und Schlagregendichtheit sind auch Doppelfälze mit zwei Dichtungsebenen durchaus üblich und empfehlenswert. Am Fußboden schlagen Außentüren am vorteilhaftesten gegen Schwellen- bzw. Anschlagdichtungen wie sie in Abschn. 8.3.2 im Einzelnen erläutert sind. Geeignet sind auch Bodenfugendichtungssysteme wie beispielsweise Auflaufdichtungen und automatische Absenkdichtungen.
- **Bänder.** Die ausgewählten Bänder müssen eine ausreichende Tragfähigkeit aufweisen. Bei sehr schweren und überhohen Türblättern wird üblicherweise ein drittes Band eingesetzt. Verwendet werden vor allem gekröpfte Lappenbänder mit oder ohne Tragzapfen, Kombibänder sowie Bodentürschließer. Einzelheiten hierzu s. Abschn. 8.7.1, Türbänder.
- **Mehrscheiben-Isolierglas.** Werden Außentürblätter und – wie Bild **8**.25 zeigt – auch die unmittelbar neben der Tür befindlichen Seitenteile fest verglast, so ist auf einen ausreichenden Wärmeschutz und Einbruchschutz zu achten. Das Einglasen erfolgt in den meisten Fällen mit Vorlegebändern und spritzbaren Dichtstoffen oder vorgefertigten Dichtprofilen. Vgl. hierzu auch Abschn. 8.3.1.2, Wärmeschutz sowie Abschn. 8.6.6, Einbruchhemmende Türen.

8.3.4 Außentüren aus Metall

Türen aus Metall zeichnen sich vor allem durch ihre weitgehende Widerstandsfähigkeit gegen mechanische Beanspruchung, Unempfindlichkeit gegen Feuchtigkeit und Temperatureinflüsse sowie durch ihre meist sehr günstigen Schalldämmwerte aus. Den erhöhten Anforderungen des Wärmeschutzes genügen hohlraumgedämmte bzw. thermisch getrennte Konstruktionen, so wie sie beim Fenster- und Fassadenbau gleichermaßen eingesetzt werden. Sie werden als Außen- und Innentüren im gesamten Bauwesen (Wohnungs-, Verwaltungs-, Industrie-, Freizeit-, Schul- und Krankenhausbau) verwandt.

Korrosionsschutz. Unter Korrosion versteht man die Zerstörung von beispielsweise Metalloberflächen durch chemische oder elektrochemische Vorgänge. Korrosion kann durch die Luft – bei Stahl etwa ab 70% relativer Luftfeuchte – und deren Verunreinigungen, durch Wasser sowie durch Berühren mit anderen feuchten Baustoffen verursacht werden. Korrosionsschäden sind demnach durch vorbeugende Maßnahmen gemäß DIN EN ISO 12 944-1 bis 7 (Ersatz für DIN 55 928) auszuschließen.

Wirksamer Korrosionsschutz definiert sich über das Fernhalten aggressiver Stoffe von der Stahloberfläche durch

- nichtmetallische Beschichtungen (Anstriche) oder
- metallische Überzüge

8.3 Außentüren

Demnach werden zur klareren Unterscheidung Schichten aus Beschichtungsstoffen **Beschichtungen** (früher Anstriche), Schichten aus Metall **Überzüge** genannt.

Korrosionsschutzsysteme können somit beispielsweise bestehen aus

- mehreren Beschichtungen (Anstriche),
- feuerverzinkten Oberflächen (Überzüge),
- Kombination aus Überzug und Beschichtung (sog. Duplexsystem).

Beschichtungssysteme setzen sich aus mehreren zusammenhängenden Schichten aus Stoffen mit Bindemitteln (sog. Beschichtungsstoffe) zusammen. Man unterscheidet

- Grundbeschichtung(en),
- Zwischenbeschichtung(en),
- Deckbeschichtung(en).

In DIN EN ISO 12 944-5 sind die wichtigsten Grundtypen von Beschichtungsstoffen zum Korrosionsschutz von Stahloberflächen angeführt. Weitere Angaben sind der Fachliteratur [14] sowie Abschn. 8.8, Normen, zu entnehmen.

Metallische Überzüge bestehen aus einer metallischen Schicht, die auf die Stahloberfläche aufgebracht wird. Der gebräuchlichste Überzug ist das Feuerverzinken, bei dem die gereinigte und vorbehandelte Stahloberfläche durch Eintauchen in ein Schmelzbad (Stückverzinkung bei 430 bis 480 °C) mit Zink oder Zinklegierungen überzogen wird. Diese aufgeschmolzenen metallischen Überzüge sind in der Regel dauerhafter als der Korrosionsschutz mit Beschichtungssystemen.

Duplexsysteme. Den besten Korrosionsschutz auf Stahloberflächen erhält man durch die Kombination von Verzinkung und Deckbeschichtung(en). Die Beschichtung erfolgt nach intensiver Reinigung der Zinkoberfläche beispielsweise durch Tauchen oder Spritzen des Bauteiles (z. B. mit Zweikomponentenlack, Einbrennlack).

- **Oberflächenvorbereitung.** Voraussetzung für einen langfristig wirksamen Oberflächenschutz ist die gründliche Entfernung artfremder Bestandteile (Reinigung von Schmutz, Öl, Rost usw.) von der Metalloberfläche.
- Bei der Oberflächenvorbereitung von Stahlflächen für Korrosionsschutzsysteme sind strenge gesetzliche Auflagen hinsichtlich des Umwelt- und Gesundheitsschutzes sowie der Entsorgung zu beachten.

Umweltschutz. Bereits Mitte der 80er Jahre des vergangenen Jahrhunderts wurden die Schwermetallpigmente (Zinkchromat, Bleimennige u. a.) in den Grundbeschichtungen durch andere Stoffe (z. B. Phosphatpigmente) ersetzt und wirksame Maßnahmen gegen die umweltbelastende Emission von organischen Lösemitteln unternommen. Außerdem müssen alle Abfälle gesammelt und entsprechend den einschlägigen nationalen Verordnungen entsorgt werden.

Kontaktkorrosion. Besteht zwischen zwei Metallen mit unterschiedlichem elektrochemischen Potential eine elektrisch leitende Verbindung, führt dies bei kontinuierlicher oder periodischer Belastung durch Feuchte (Elektrolyt) zu einer Korrosion des weniger edlen Metalls. Beim Verbinden von Bauteilen aus weniger edlen Metallen (d. h. solchen mit negativem elektrochemischen Potential) mit Bauteilen aus edleren Metallen ist deshalb Vorsicht geboten.

Sind Verbindungen zwischen derart unterschiedlichen Metallen oder Legierungen konstruktiv nicht vermeidbar, müssen bereits bei der Planung sog. **Korrosionstabellen** beachtet werden. Diese zeigen in Form von Spannungsreihen an, ob bestimmte Metalle bzw. Legierungen direkt miteinander verbunden oder die Kontaktflächen elektrisch isoliert werden müssen (z. B. durch Beschichten der Oberflächen oder Zwischenlager aus Neoprene, Fiber, Butyl oder ähnlich neutralen Werkstoffen).

Den Tabellen ist zu entnehmen, dass bei ungünstigen Flächenverhältnissen der Werkstoffe zueinander beispielsweise feuerverzinkter Stahl nicht mit Kupfer in Kontakt kommen darf. Dies gilt auch für Verbindungen zwischen Aluminiumlegierungen und Kupfer, Zinn oder Blei sowie zwischen Aluminium und Zink bzw. verzinktem Stahl oder unlegiertem Stahl.

- **Außenbauteile** sind außerdem so anzuordnen, dass die Korrosionsprodukte edler Werkstoffe (= positives Potential) möglichst nicht auf unedlere Werkstoffe (= negatives Potential) verschleppt werden können, beispielsweise durch Regenwasser. Deshalb dürfen Bauteile aus Kupfer nicht über solchen aus Zink angeordnet werden. Weitere Einzelheiten sind [15] sowie DIN EN ISO 12 944-3 zu entnehmen.
- **Werkstoff Aluminium.** Grundsätzlich muss beachtet werden, dass Aluminiumflächen sehr empfindlich gegen das Einwirken von frischem Kalk- oder Zementmörtel, Farben sowie verschiedener Lösemittel sind. Daher dienen Haftfolien bzw. Haftpapiere mit denen Rahmenprofile abgedeckt sind dem vorübergehenden Schutz der fertigen Oberflächen bei Lagerung, Bearbeitung und Montage. Sie müssen sich allerdings leicht und ohne Rückstände wieder entfernen lassen. Weitere Angaben über Metalle im Innenausbau s. Abschn. 8.4.5 und 8.4.6.

8.3.4.1 Türen aus Stahlprofilrohren

Das Ausgangsmaterial für die Herstellung von Stahlprofilrohren ist feuerverzinkter Bandstahl auf Rollen. Dieser wird zunächst durch mehrere hintereinander angeordnete Walzenpaare zu einem oben offenen Schlitzrohr geformt und anschließend durch Schweißen geschlossen.

Die gewünschte Profilierung der Rohre erfolgt durch Kaltziehen über eine Ziehmatrize. Bei komplizierten Profilquerschnitten wird dieser Vorgang wiederholt. Anschließend werden die auf Gehrung geschnittenen Ecken stumpf verschweißt.

Es entstehen Türrahmen mit hoher Formstabilität, die Verbindungstechnik ist relativ einfach und damit wirtschaftlich. Als nachteilig ist die Korrosionsanfälligkeit und hohe Wärmeleitfähigkeit des Werkstoffes Stahl zu bezeichnen. Auf die möglichen Korrosionsschutzsysteme wurde in Abschn. 8.3.4. bereits hingewiesen.

Profilsysteme. Bei den Profilkonstruktionen ist zu unterscheiden zwischen

- ungedämmten – thermisch nicht getrennten – Türprofilen (Bild **8**.27),
- wärmegedämmten – thermisch getrennten – Verbundprofilen (Bild **8**.28).

Die ungedämmten Stahlprofilrohre lassen sich zu Türelementen verarbeiten, an die keine besonderen bauphysikalischen Anforderungen gestellt werden.

Bei den wärmegedämmten Profilrohrsystemen erfolgt die thermische Entkopplung der zweischaligen Verbundprofile je nach Hersteller – entweder durch hochwertige Isolierstege oder in Form einer sog. Sandwichkonstruktion mit mittig angeordneten wärmedämmenden Kunststoffprofilen.

Diese thermische Trennung wird auch im Bereich der Beschläge konsequent eingehalten. Außerdem weisen die Türflügel doppelte Falzdichtungen auf. Im Schwellenbereich sind je nach Ausführung automatische Absenkdichtungen oder Schwellen-Anschlagdichtungen einsetzbar.

Die verschiedenen Profilserien werden jeweils mit unterschiedlichen Profiltiefen (gängige Maße: 40, 45, 50, 60, 65 mm) angeboten. Dabei können die einzelnen Rahmenteile (Türflügel/Blendrahmen) entweder

- aufschlagend oder
- flächenbündig

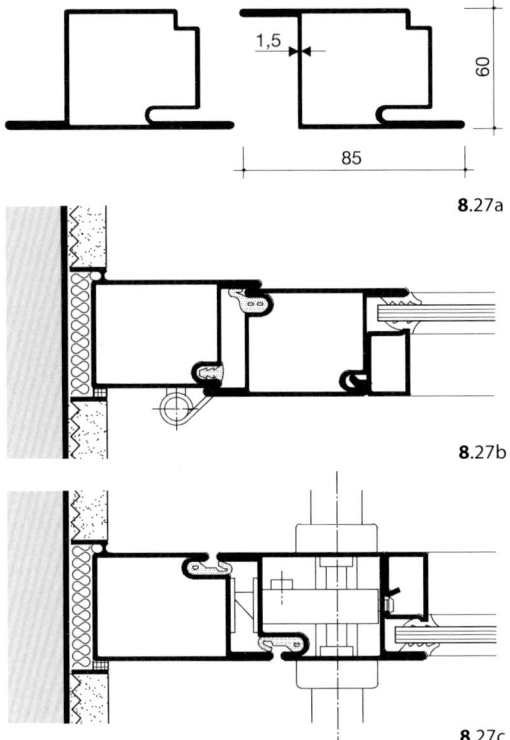

8.27 Konstruktionsbeispiele von Türen aus thermisch nicht getrennten (ungedämmten) RP-Stahlprofilrohren
a) ungedämmte Einzelprofile (Beispiele)
b) Profile aufschlagend angeordnet
c) Profile flächenbündig angeordnet
RP Technik-Profilsysteme, Wickede

zueinander angeordnet sein. Zu beachten ist auch, dass die Dimensionierung dieser Profile nicht nur nach statischen und wärmeschutztechnischen Erfordernissen zu treffen ist, sie hängt ebenso von den eingesetzten Beschlägen (z. B. Einbruchhemmung) und der vorgesehenen Verglasungsart ab.

Mit diesen Profilsystemen lassen sich auch Feuer- und Rauchschutztüren gemäß Abschn. 8.6.1 bzw. Abschn. 8.6.2 herstellen.

8.3.4.2 Türen aus Stahl-Aluminium-Kombinationsprofilen

Bei dieser Mischkonstruktion besteht der tragende Kern aus Stahlprofilrohren, die auf einer oder auf beiden Seiten mit Aluminium-Deckschalen verkleidet werden (Bild **8**.29). Auch diese Profil-

8.3 Außentüren

systeme können ungedämmt oder wärmegedämmt ausgebildet sein.

Als großer Vorteil dieser Kombinationsbauweise gilt, dass die gegen Beschädigungen weitgehend unempfindliche Stahlrahmenkonstruktion zur Herstellung der notwendigen Bauwerksanschlüsse schon frühzeitig (Rohbaustadium) montiert werden kann. Erst nach Abschluss aller groben Bauarbeiten werden dann die oberflächenfertigen Deckschalen aus Aluminium montiert, so dass Beschädigungen durch den Baustellenbetrieb bei diesen Kombinationssystemen weitgehend vermieden werden.

Da die Deckschalen mit Kunststoffklammern an den Stahlgrundprofilen befestigt sind, lassen sie sich im Bedarfsfall auch einzeln auswechseln. Die Rahmenkonstruktion und Verglasung bleiben hiervon unberührt.

Diese Schalenbauweise ergibt insgesamt kubische Formen und vermeidet zusätzliche Fugen durch die bei anderen Systemen sonst üblichen Glasfalzstäbe. Daher eignen sich diese Profile auch zur Herstellung großflächiger Schaufensteranlagen.

8.3.4.3 Türen aus selbsttragenden Aluminiumprofilen

Die Rahmenprofile – für Türen und Fenster – werden im Strangpressverfahren aus einer Aluminiumlegierung hergestellt. Dieser Werkstoff ist leicht, korrosions-, feuchtigkeits- und witterungsbeständig, lässt sich gut und präzise verformen und die Oberfläche vielseitig veredeln.

Neben der rein mechanischen Oberflächenbehandlung durch Schleif- und Bürstenbänder gibt

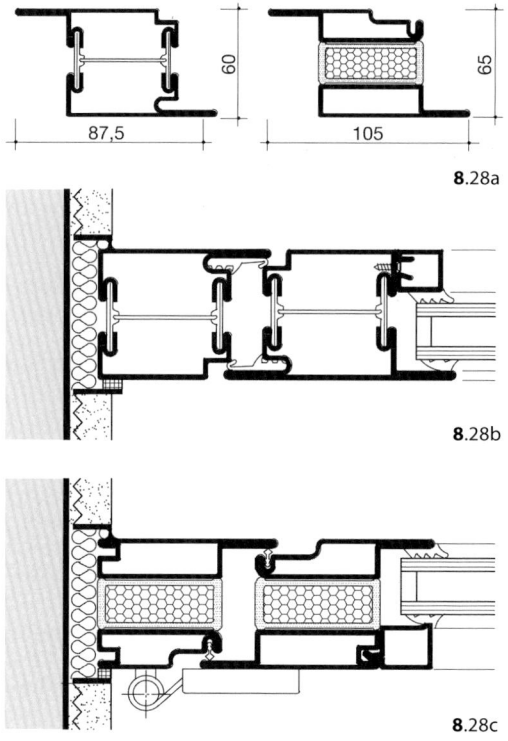

8.28a
8.28b
8.28c

8.28 Konstruktionsbeispiele von Türen aus thermisch getrennten (wärmegedämmten) Stahlprofilrohren
 a) wärmegedämmte Einzelprofile (Beispiele)
 b) zweischalige Verbundprofile mit Isolierstegen (Schüco-Stahlsysteme Jansen)
 c) zweischalige Verbundprofile mit Kunststoffprofilen (RP-Profilsysteme),
 jeweils flächenbündig angeordnet

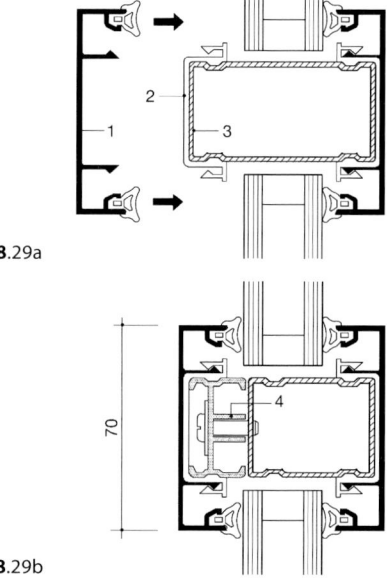

8.29a
8.29b

8.29 Stahl-Aluminium-Kombinationsprofile für Türen und Schaufensteranlagen
 a) Kombinationsprofil thermisch nicht getrennt (ungedämmt)
 b) Kombinationsprofil thermisch getrennt (wärmegedämmt)
 1 Aluminiumprofil (Deckschale)
 2 Kunststoffklammern zur Befestigung der Deckschalen
 3 Stahlprofilrohr (tragende Stahlrahmenkonstruktion)
 4 Isoliersteg für thermisch getrennte Profile
 MBB Metallbau-Bedarf, Willich

Aluminium ist außerdem recycelbar. Es kann immer wieder eingeschmolzen und ohne Beeinträchtigung seiner originalen Qualitätseigenschaften wieder zu Profilen verarbeitet werden. Trotz relativ hoher Investitionskosten ist die Wirtschaftlichkeit von Aluminiumbauteilen aufgrund geringer Unterhaltskosten gegeben.

Ungedämmte Konstruktionen (Bild **8**.34a). Als nachteilig kann das hohe Wärmeleitvermögen von Aluminium, beispielsweise bei einteiligen ungedämmten Rahmenprofilen, angesehen werden. Bei niedrigen Außentemperaturen kühlen diese (wie alle Metallprofile) stark ab, so dass sich auf der warmen Raumseite Kondenswasser – vor allem bei relativ hoher Raumluftfeuchte – bildet. Um diese sog. Schwitzwasserbildung zu vermeiden und auch die Forderung der Energieeinsparverordnung einhalten zu können, kommen daher im Wohnungs- und Objektbau derzeit nur noch thermisch getrennte, wärmegedämmte Verbundkonstruktionen zum Einsatz.

Verbundkonstruktionen (Bild **8**.34b–c). Wärmegedämmte Verbundprofile bestehen aus einer inneren und einer äußeren Profilschale aus Aluminiumhohlprofilen, die über durchlaufende Dämmstege aus glasfaserverstärktem Polyamid oder sonstige Kunststoffdämmstreifen zu einem zweischaligen Gesamtprofil verbunden sind (Drei- oder Mehrkammer-Profilsysteme). Der form- und kraftschlüssige Verbund der inneren und äußeren Schale – bei gleichzeitiger thermischer Entkoppelung – ergeben hohe Querzug- und Schubfestigkeitswerte, so dass beide Profilschalen zum Abtragen von Druck-, Zug- oder Verwindungskräften herangezogen werden können.

Eckverbindungen (Bild **8**.31). Bereits bei ihrer Herstellung erhalten die Hohlkammerprofile alle für Zusammenbau und Funktion der Türen erforderlichen Ausformungen, so dass eine problemlose Verarbeitung und Montage durch den Metallbaubetrieb gewährleistet ist.

Die Eckverbindung der auf Gehrung geschnittenen Rahmenprofile erfolgt über Eckwinkel, die in die inneren und äußeren Hohlkammern eingeschoben werden. Der feste Verbund wird mechanisch durch maschinelles Einstanzen bzw. Einpressen der Profilwandungen in dafür vorgesehene Nuten des Eckwinkels erreicht. Außerdem werden die Eckverbindungen noch zusätzlich mit Metallklebstoffen verklebt (konventionelle Hohlkammer- oder gezielte Injektionsverklebung) und damit gleichzeitig die Gehrungsfuge abgedichtet.

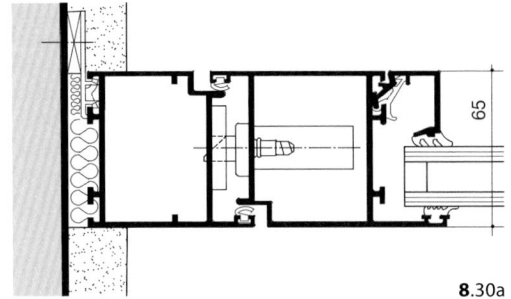

8.30a

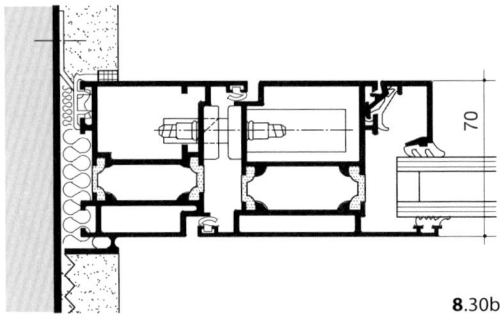

8.30b

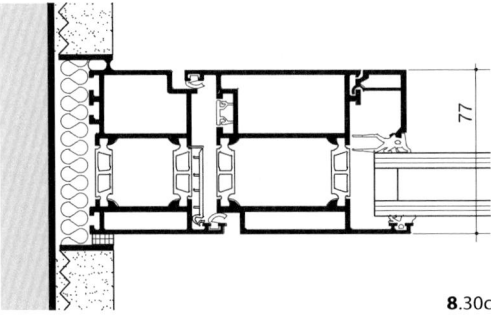

8.30c

8.30 Konstruktionsbeispiele von Türen aus selbsttragenden Aluminiumprofilen, innen- und außenseitig flächenbündig angeordnet (Beispiele)
a) ungedämmte Anschlagtür (Bautiefe 65 mm)
b) thermisch getrennte Türkonstruktion (Bautiefe 70 mm)
c) thermisch getrennte, hochwertig wärmegedämmte Türkonstruktion (Bautiefe 77 mm)
SCHÜCO International, Bielefeld

es die dekorative Behandlung in Form von anodischer Oxidation (Eloxalverfahren nach DIN 17 611) oder farbiger Kunstharzbeschichtung (Nasslack- bzw. Pulverbeschichtung) in allen Farben. Vgl. hierzu auch die Abschnitte 5.6.4 sowie 8.3.4.

8.3 Außentüren

Bild 8.32 zeigt beispielhaft den Montagevorgang von Türbeschlägen an einem Aluminium-Hohlkammertürblatt.

8.3.5 Außentüren aus Kunststoff

Der überwiegende Teil der Kunststofftüren wird nach wie vor aus Hohlkammerprofilen hergestellt. Die an die Rahmen gestellten statischen und bauphysikalischen Anforderungen werden weitgehend über die Anzahl der jeweils hintereinander liegenden Kammern im Profil (Mehrkammersystem) und damit die Profiltiefe insgesamt erfüllt.

Entwicklungstendenzen (Bild 8.33). Für die Weiterentwicklung von Kunststoffrahmenprofilen müssen – wie bei allen anderen Profilgruppen auch – neue konstruktive Ansätze gefunden werden.

Um die vielschichtigen Anforderungen zukünftig erfüllen zu können, bietet sich ein mehrschaliger und modularer Aufbau der Rahmenprofile an, wie er sich bei einigen nachstehend gezeigten Konstruktionsbeispielen bereits andeutungsweise abzeichnet. Außerdem kommen neue Werkstoffe hinzu, die mit den traditionellen Materialien wie Holz, Kunststoff und Metall in Form von neuartigen Verbundkonstruktionen zu kombinieren sind.

Kunststoffe ist ein Gattungsbegriff für polymere Werkstoffe, die durch chemische Reaktionen künstlich hergestellt werden. Nach ihrem molekularen Aufbau unterscheidet man Plastomere (Thermoplaste), Duromere (Duroplaste) und Elastomere.

Kunststoffprofile für Türen und Fenster werden überwiegend aus Polyvinylchlorid (PVC) hergestellt. Je nach Weichmacheranteil unterscheidet man Hart-PVC und Weich-PVC (letzteres bleibt hier unberücksichtigt).

Kunststoff-Hohlkammerprofile bestehen demnach aus thermoplastischem, weichmacherfreiem Hart-PVC. Dieser Werkstoff weist gute mechani-

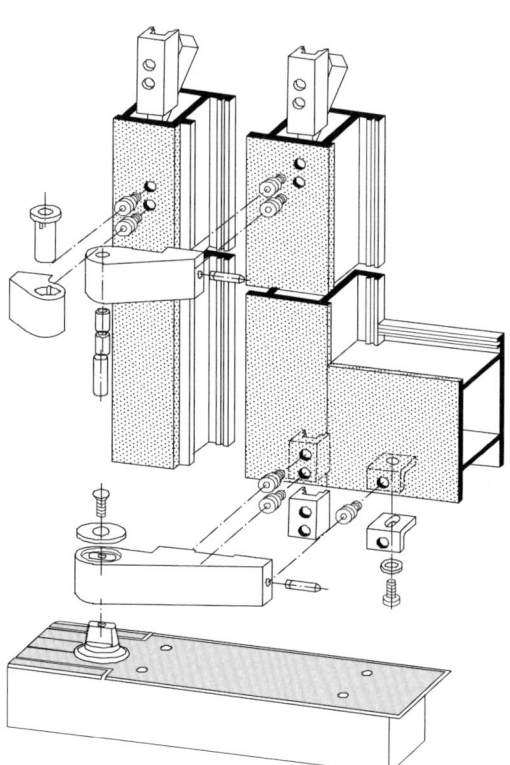

8.31 Darstellung von Eckwinkelverbindungen bei Aluminium-Hohlkammerprofilen (Beispiele)
  a) Leichtmetall-Eckwinkel mit zweischaligem Aluminium-Verbundprofil
  b) Leichtmetall-Eckwinkel mit Einbaubeispiel

8.32 Montagebeispiel einer flächenbündig liegenden Aluminium-Anschlagtür mit Leichtmetall-Türband, Türhebel und Bodentürschließer
  DORMA-Baubeschläge, Ennepetal

sche Eigenschaften auf, ist schlagzäh, schwerentflammbar, unverrottbar, feuchtigkeits-, witterungs-, alterungs- und UV-beständig, relativ gut wärmedämmend und wiederverwertbar. Weichmacherfreies PVC ist außerdem beständig gegen alle gebräuchlichen Säuren, Laugen und Salzlösungen sowie gegen Alkohol, Benzin, Öle usw. Dagegen reagiert es unbeständig bei einigen Lösemitteln wie Benzol, Aceton usw.

- **Thermoplaste.** haben die Eigenschaft, dass sie bei Erwärmung weich werden und sich bei Abkühlung wieder verfestigen. Hart-PVC Profile sind daher üblicherweise nur im Temperaturbereich von −30 °C bis +70 °C einsetzbar. Der Erweichungspunkt liegt bei etwa +80 °C.
- **Farbgebung.** Der Wärmeausdehnungskoeffizient von PVC ist relativ hoch, daher spielt die Farbgebung von Kunststoff-Rahmenprofilen eine wichtige Rolle. PVC in hellen Farbtönen heizt sich bei intensiver Sonneneinstrahlung bis zu 50 °C an der Profiloberfläche auf, in dunklen Farben sogar bis 80 °C. Dunkle Kunststoffprofile dehnen sich demnach stärker aus als helle, was bei einschaligen Elementen Auswirkungen auf die Funktionstüchtigkeit von Türelementen haben kann. In der Baupraxis werden daher vorwiegend weiße und hellgraue Profile eingesetzt.
- **Recycling.** Kunststoffprofile aus Hart-PVC können sowohl vollständig aus Frischmaterial bestehen als auch aus einem Recyclatkern, wenn dieser im Koextrusionsverfahren hergestellt und umlaufend mit PVC-Frischmaterial abgedeckt ist.
  Somit können ausgebaute Türen, Fenster, Rollläden usw. sowie Profilreste aus Kunststoff werkstofflich nahezu vollkommen wiederverwertet und der Produktion neu zugeführt werden – und zwar ohne Qualitätsverluste. Dadurch entfällt auch die thermische Entsorgung oder Deponieverwahrung.

Konstruktionen. Auf dem Markt wird eine große Zahl unterschiedlichster Türkonstruktionen angeboten. Im Wesentlichen sind die Türen gefertigt aus (Bild **8**.33)
- Hohlkammerprofilen,
- Verbundprofilen.

8.33 Schematische Darstellung von Kunststoff-Metall-Rahmenprofilen (Beispiele). Vgl. hierzu auch Bild **8**.34
 a) Kunststoff-Hohlkammerprofil (PVC-Mehrkammerprofil mit eingeschobener Metallverstärkung)
 b) Hohlkammer-Verbundprofil (PVC mit integrierter Aluminiumarmierung)
 c) Hohlkammer-Verbundprofil (Kombinationsprofil Aluminium-PVC mit Hartschaumdämmung)
 d) Verbundprofil aus PUR-Hartschaum-Dämmblock mit integrierten Aluminium-Vorsatzschalen

1. Türen aus Kunststoff-Hohlkammerprofilen

(Bild **8**.33a). Der überwiegende Teil der Kunststofftüren wird aus Hohlkammerprofilen (Hart-PVC) hergestellt, deren Konstruktionsprinzip auf dem Mehrkammersystem beruht. Die Profile werden durch Extrusion (beheizte Strangpresse mit formgebendem Mundstück) gefertigt.

Diese einschaligen, stranggepressten Profile weisen üblicherweise drei, bei hohen Wärme- und Schalldämmanforderungen vier oder sogar fünf Kammern auf. Dementsprechend variieren auch die Profiltiefen zwischen 60 und 75 (100) mm.

Um auch bei größeren Türelementen die notwendige Rahmensteifigkeit zu erhalten und die Lasten aus Eigengewicht und äußerer Beanspruchung über Beschläge und Verankerungen in die tragenden Bauteile ableiten zu können, werden in die Hohlkammerprofile Metallverstärkungen eingebracht. Diese bestehen üblicherweise aus verzinkten Stahlprofilrohren, die nachträglich in die Hohlkammerprofile eingeschoben und verschraubt werden.

Die auf Gehrung geschnittenen Eckverbindungen von Kunststoffrahmen werden im Press-Stumpf-Schweißverfahren hergestellt und damit dicht verschweißt.

Güte- und Prüfbestimmungen von Haustüren sind in RAL-GZ 695 festgeschrieben [5].

2. Türen aus Hohlkammer-Verbundprofilen

(Bild **8**.33b–c und **8**.34a). Neben den Türen aus Kunststoff-Hohlkammerprofilen (einschalige Mehrkammerprofile) werden Außentüren auch in Form von Hohlkammer-Verbundprofilen herge-

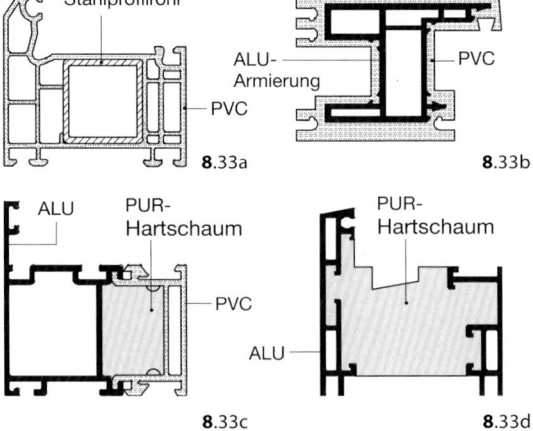

8.33a 8.33b
8.33c 8.33d

8.3 Außentüren

stellt. Diese Türen zeichnen sich durch neuartige Materialkombinationen (z. B. PVC mit Aluminium) aus, wobei die jeweiligen Vorteile der beiden Werkstoffe – meist in Verbindung mit einem hochwertigen Dämmstoffkern – in sinnvoller Weise miteinander verbunden werden.

Bild 8.34b zeigt eine Tür aus PVC-Hartschaum-Verbundprofilen mit integrierter Aluminiumarmierung. Bereits bei der Herstellung dieser Verbundprofile gehen beide Werkstoffe eine unlösbare formschlüssige Verbindung ein. Dabei nimmt die Metallarmierung alle Druck-, Zug- und Biegekräfte auf und gibt den Bändern, Schlössern und Türgarnituren einen optimalen Halt.

Die auf Gehrung geschnittenen Eckverbindungen von Kunststoffrahmen werden üblicherweise stumpf verschweißt. Bei den PVC-Hartschaum-Verbundprofilen erfolgt die Eckverbindung auch noch mechanisch durch in die Aluminium-Hohlkammerprofile eingepresste und verklebte Eckwinkel.

Bild 8.34c zeigt eine Tür, deren Profile aus einem tragenden, außen liegenden Aluminiumprofil mit innenseitig aufgesetzter Schale aus PVC bestehen. Letztere ist durch expandierten PUR-Hartschaum kraft- und formschlüssig mit dem Aluminiumprofil verbunden. Durch das großvolumige Aluminiumprofil wird die notwendige Stabilität erreicht; die innenliegende Schale aus PVC mit dem Hartschaumkern ergeben zusammen gute Wärmedämmwerte.

Die Werkstoffe sind konstruktiv so aufeinander abgestimmt, dass sich trotz ihrer unterschiedlichen Ausdehnungskoeffizienten und der im Einbauzustand auftretenden unterschiedlichen Außen- und Raumtemperaturen identische Längenänderungen der Verbundprofile ergeben.

Wie bei Türen und Fenstern aus Aluminium-Hohlkammerprofilen üblich, werden die auf Gehrung geschnittenen Rahmenecken mit stabilen Eckwinkeln verbunden und zusätzlich noch mit Metallklebstoff verklebt bzw. abgedichtet.

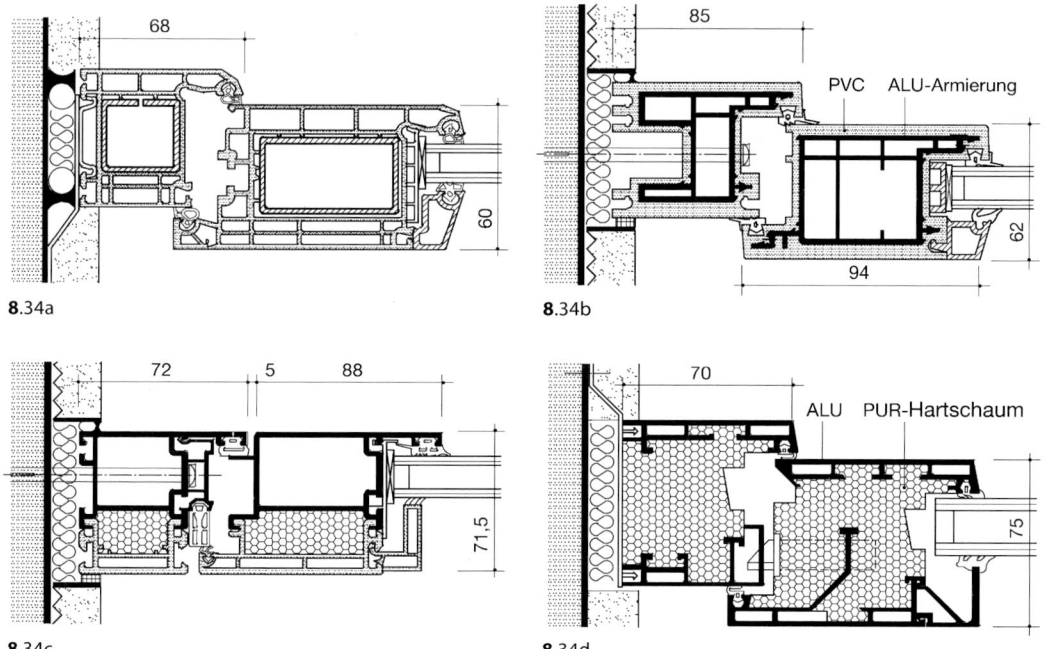

8.34 Konstruktionsbeispiele von Außentüren aus Kunststoff-Metall-Rahmenprofilen
 a) Tür aus PVC-Hohlkammerprofilen mit Stahlprofilrohraussteifung (Brügmann, Papenburg)
 b) Tür aus PVC-Hartschaum Verbundprofilen mit integrierter Aluminiumarmierung (Kömmerling, Pirmasens)
 c) Tür aus Aluminium-PVC-Verbundprofilen mit PUR-Hartschaumkern (Rehau AG, Erlangen)
 d) Türen aus PUR-Hartschaum-Vollprofilen mit tragenden Aluminium-Vorsatzschalen (RP-Technik, Wickede)

3. Türen aus Verbundprofilen und Dämmblock (Vollprofil) und Vorsatzschalen (Bild **8**.34d). Eine Alternative zu den Hohlkammerprofilen stellen Verbundprofile dar, die aus einem hochwärmedämmenden PUR-Hartschaum-Dämmblock mit innen- und außenseitig vorgesetzten, kraftschlüssig damit verbundenen Alu-Vorsatzschalen bestehen.

Im Vergleich mit Hohlkammer-Stegprofilen zeichnen sich diese Dämmblock-Vollprofile durch hervorragende Wärmedämmeigenschaften aus, so dass es auch bei tieferen Außentemperaturen auf der Türinnenseite zu keiner Schwitzwasserbildung kommt.

Die beiden äußeren, tragenden Aluminium-Vorsatzschalen erbringen die notwendige Stabilität und mechanische Beanspruchbarkeit. Die auf Gehrung geschnittenen Rahmenecken werden mit selbstverriegelnden Eckverbindern in den Alu-Schalen und vollflächiger Verklebung der Schnittflächen dicht verbunden.

8.3.6 Außentüren aus Glas

Türen aus Glas ergeben großzügige, transparente Raumabschlüsse, die in der Regel aus rahmenlosen Türblättern aus Sicherheitsglas bestehen und mit den notwendigen Beschlägen ausgerüstet sind. Man unterscheidet

- Ganzglas-Türen,
- Ganzglas-Türanlagen,
- Ganzglas-Schiebe- und Faltwände (Abschn. 8.5)

Glas im Bauwesen. In Verbindung mit der Neuabfassung der europäischen Normen wurden die Begriffe neu geordnet und definiert. Im Wesentlichen sind zu nennen:

- DIN EN 52-2   – Floatglas
- DIN EN 52-3   – Profiliertes Drahtglas
- DIN EN 52-4   – Gezogenes Flachglas
- DIN EN 52-5   – Ornamentglas
- DIN EN 52-6   – Drahtornamentglas

Sicherheitsgläser im Bauwesen. Glasarten dieses Bereiches vereinen sowohl passive als auch aktive Sicherheitseigenschaften. Dementsprechend unterscheidet man folgende Glasgruppen:

1. **Gläser für passive Sicherheit** (Sicherheit **mit** Glas) sollen im Bruchfall Menschen und Tiere vor Verletzungen durch die Materie Glas schützen. Glasarten, die dieses Kriterium erfüllen, sind neben anderen:

- DIN EN 12 150-1   – Einscheiben-Sicherheitsglas (ESG)
- DIN EN ISO 12 543-2   – Verbund-Sicherheitsglas (VSG)

Glasprodukte dieser Gruppe zerfallen bei einem Bruch entweder in stumpfkantige Krümel (ESG) oder die Glasbruchstücke haften an einer Zwischenschicht (VSG).

Um Glasunfälle zu vermeiden und hochwertige Güter vor Einbruch zu sichern, müssen bei Ganzglas-Türen und Ganzglas-Türanlagen immer Sicherheitsgläser verwendet werden.

2. **Gläser für aktive Sicherheit** (Sicherheit **durch** Glas) sollen neben passiven Sicherheitseigenschaften auch Schutz des Eigentums oder des Menschen selbst gegenüber Angriffen durch Dritte bieten.

Hierfür eignet sich insbesondere Verbund-Sicherheitsglas (VSG) in unterschiedlichen Dicken. Wie die Bilddarstellungen in Tabelle **5**.163 verdeutlichen, ist der Glasaufbau je nach Widerstandsklasse sehr unterschiedlich und nur in Kombination mit Polyvinylbutyralfolien (PVB) möglich. Durch den Einbau von dünnen Alarmdrähten zwischen zwei Scheiben wird die Sicherheit in Verbindung mit einer Einbruchmeldeanlage noch weiter erhöht.

Angriffhemmende Verglasungen gibt es je nach Schutzwirkung als

- DIN EN 356   – **Durchwurfhemmende** Gläser: Widerstandsklassen P1A bis P5A (früher A1 bis A3)
                – **Durchbruchhemmende** Gläser: Widerstandsklassen P6B bis P8B (früher B1 bis B3)
- DIN EN 1063   – **Durchschusshemmende** Gläser: Widerstandsklassen BR1 bis BR (früher C1 bis C5)
- DIN EN 13 541   – **Sprengwirkungshemmende** Gläser (bleiben hier unberücksichtigt).

Einscheiben-Sicherheitsglas (ESG nach DIN EN 12 150-1) ist ein thermisch vorgespanntes Glas. Beim Vorspannprozess wird die Glastafel bis zur Erweichung erwärmt und dann mit Kaltluft konvektiv abgeschreckt. Durch diese Behandlung wird in der Glasscheibe ein im Gleichgewicht befindlicher Spannungszustand aufgebaut: Die beiden Oberflächen stehen unter Druckspannungen, das Scheibeninnere unter Zugspannungen.

Damit dieser Spannungszustand nicht verloren geht, muss die Glastafel der Wärmebehandlung auf Größe zugeschnitten, die Kanten bearbeitet und alle erforderlichen Lochbohrungen (z. B. für die Befestigung der Beschläge) vorgenommen werden.

8.3 Außentüren

Einscheiben-Sicherheitsglas lässt sich nachträglich nicht mehr bearbeiten. Jede weitere Bearbeitung hätte den Zerfall des Glases zur Folge. Bei Glasbruch zerfällt es in kleine, stumpfkantige Glaskrümel, die jedoch niemanden ernsthaft verletzen.

Sicherheitsglas dieser Art wird im Wesentlichen aus Floatglas, gezogenem Floatglas und strukturiertem Ornamentglas in Dicken von 3–4–5–6–8–10–12–15–19–25 mm hergestellt. Das Glas kann durchsichtig, eingefärbt, transluzent, beschichtet oder emailliert sein.

Aufgrund seiner Vorspannung weist es eine stark erhöhte Schlag- und Biegebruchfestigkeit sowie Temperaturwechselbeständigkeit auf. Daher wird es nicht nur zu konventionellen Mehrscheiben-Isolierglas-Kombinationen verarbeitet, ebenso können Wärmeschutz- oder Sonnenschutzgläser in ESG-Ausführung geliefert werden.

Verwendet wird es vor allem für rahmenlose Ganzglas-Türen, Ganzglas-Türanlagen und -Trennwände, zur Absturzsicherung als Treppen-, Balkon- und Geländerbrüstung, bei anwendungsfertigen Produkten wie Duschkabinen usw. sowie im Fahrzeug- und Sportstättenbau (Ballwurfsicherheit). Weitere Einzelheiten sind der Fachliteratur [16], [17], [18] zu entnehmen.

Verbund-Sicherheitsglas (VSG nach DIN EN ISO 12 543-2) besteht aus zwei oder mehreren – im Regelfall gleich dicken – Glastafeln, die jeweils durch klardurchsichtige, zähelastische und hochreißfeste PVB-Folien (PolyvinylButyral) fest miteinander verbunden sind.

Bei gewaltsamer Zerstörung haften die Bruchstücke an der Folie (splitterbindendes Glas), so dass dadurch die Verletzungsgefahr gemindert wird und kein Totalverlust der Verglasung wie beim Einscheiben-Sicherheitsglas befürchtet werden muss. Die Schutzwirkung (aktive Sicherheit) bleibt demnach auch bei einem Glasbruch weitgehend erhalten.

Die Schutzwirkung von Verbund-Sicherheitsglas beruht im Wesentlichen auf der hohen Reißfestigkeit der PVB-Zwischenschichten. Durch die Kombination verschieden dicker Glas- und Folienschichten ist es möglich, angriffshemmende Verglasung gegen Durchbruch, Beschuss und Explosion in den jeweiligen Widerstandsklassen herzustellen.

Verbund-Sicherheitsglas kann mehrschichtig aus einzelnen Glastafeln gefertigt oder in Form von Mehrscheiben-Isolierglas mit Funktionsgläsern für Sonnen-, Wärme-, Schall- und Brandschutz ausgestattet werden. In die Verbundschicht können auch dünne Drähte für Alarmanlagen, zu Heizzwecken usw. eingelegt sein.

Verbund-Sicherheitsglas wird überall dort eingesetzt, wo Licht und gute Durchsicht gebraucht und ein Höchstmaß an Sicherheit verlangt wird, wie beispielsweise bei Schaufenster- und Türanlagen von Juwelier-, Pelz- und Antiquitätengeschäften, in Banken, Museen usw. Aufgrund seiner splitterbindenden und einbruchhemmenden Eigenschaften wird es auch in Schulen, Kindergärten und Privathäusern sowie bei Überkopfverglasungen eingebaut.

Damit die gewünschte Schutzwirkung nach einem möglichen Glasbruch gewährleistet ist und um zu verhindern, dass die Kunststofffolien am Glasrand von außen nicht beschädigt bzw. angegriffen werden (z. B. Feuchtigkeitseinwirkung), ist Verbund-Sicherheitsglas in der Regel in eine **Rahmenkonstruktion** zu legen.

Rahmenlose Ganzglas-Türanlagen werden demnach fast ausschließlich aus Einscheiben-Sicherheitsgläsern (ESG) hergestellt. Außerdem ist Verbund-Sicherheitsglas im Allgemeinen auch teurer als Einscheiben-Sicherheitsglas. Weitere Einzelheiten sind der Fachliteratur [16], [17], [18] zu entnehmen.

8.3.7 Automatische Außentüranlagen

Schiebetüren mit automatischem Türantrieb finden überall dort Anwendung, wo ein schnelles, präzises Öffnen und Schließen von Türen erforderlich ist und der Benutzer überdies nur schwer in der Lage ist, den üblichen Türöffnungsvorgang selbst vorzunehmen. Sie sind besonders geeignet als Abschluss stark frequentierter Zugänge von Einkaufszentren, Versammlungsstätten, Krankenhäusern, Verwaltungsbauten, Alten- und Pflegeheimen, Schalterhallen von Bahnhöfen, Flughäfen usw. Eine hohe Flügelgeschwindigkeit in Öffnungsrichtung erlaubt die schnelle Freigabe, aber auch den sofortigen Wiederverschluss einer breiten Türöffnung (Heizkostenersparnis).

Automatische Schiebetüren werden auch überall dort eingesetzt, wo die bauseitigen Gegebenheiten vor oder hinter der Tür keinen Bewegungsraum für Drehtürflügel zulassen, zu den Seiten hin jedoch ausreichend Platz zur Verfügung steht. Sie dürfen auch im Zuge von Rettungswegen eingebaut werden, sofern sich ihre Flügel im Notfall von Hand aus ihrer seitlichen Führung herausdrücken lassen und so zu Türen mit Drehflügeln in Fluchtrichtung werden.

Die Türanlagen werden nach Aufmaß projektiert, passgenau hergestellt, einbaufertig geliefert und betriebsbereit montiert.

Normen. Automatische Türanlagen müssen einer Reihe von Normen und Richtlinien entsprechen:

- **DIN 18 650-1** Automatische Türsysteme – Produktionsanforderungen und Prüfverfahren
- **DIN 18 650-2** Automatische Türsysteme – Sicherheit an automatischen Türsystemen
- **BGR 232** Richtlinie Kraftbetätigte Fenster, Türen und Tore
- **ASR A 1.7** Technische Regel für Arbeitsstätten

Grundsätzlich besteht jede automatische Schiebetüranlage aus drei Hauptkomponenten:

- Impulsgeber (Impulsgeräte)
- Schaltkasten mit verschiedenen Befehlsstellungen und Offen-Haltezeiteinstellung
- Antriebssystem.

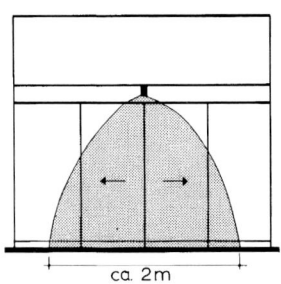
8.35a Gesamtansicht

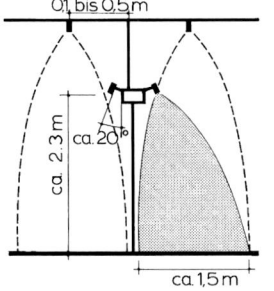
8.35b Gesamtschnitt

8.35 Konstruktionsbeispiel:
Automatische Schiebetüranlage
(Ganzaluminiumkonstruktion)
a), b) Funktionsprinzip der
  Radarsteuerung mit einstellbarem
  Wirkungsbereich
c) Horizontalschnitt durch Türanlage
d) Vertikalschnitt durch Türanlage
  mit Isolierverglasung (Sicherheitsglas)
e) Vertikalschnitt durch Türanlage
  mit Einfachverglasung (Sicherheitsglas)
1 Trägerwinkel aus Aluminium bis 5,00 m
  freitragend
2 abnehmbare Winkelverkleidung
3 Elektromotor (Antrieb mit voll-
  elektronischer Steuerung)
4 Laufrolle
5 feststehendes Seitenteil
6 Schiebetürflügel
7 Türblattführung mit integriertem
  Einbruchschutz
8 Seitendichtung
9 Fotozelle (elektron. Klemmschutz)
10 Oberlichtverglasung
BLASI GmbH, Mahlberg

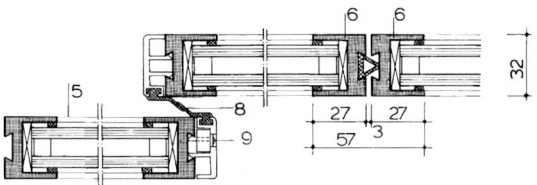
8.35c Horizontalschnitt

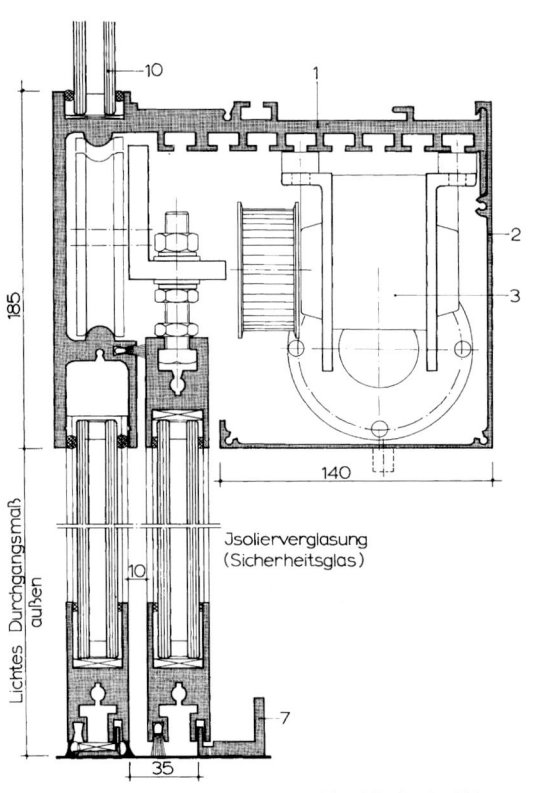
8.35d

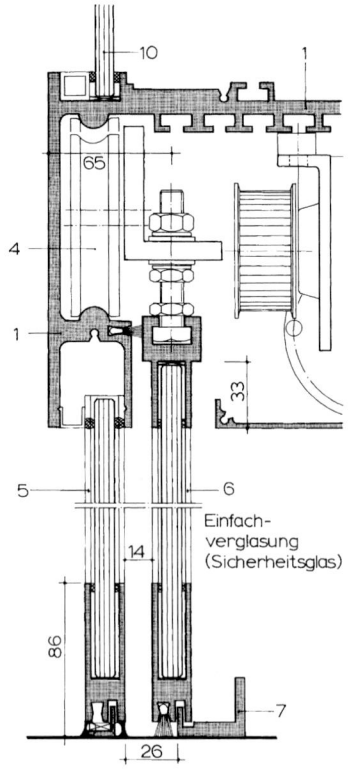
8.35e

Vertikalschnitte

8.4 Innentüren

Die Steuerung (Befehl zum Öffnen) der Türanlage erfolgt über

vollautomatische Impulsgeber wie beispielsweise

- Kontaktmatten (im Fußboden eingelassen),
- Radarbewegungsmelder (über der Schiebetür angebracht),
- Lichtschranken (vertikal oder horizontal wirkend) oder über

halbautomatische Impulsgeber wie beispielsweise

- Schalter, Drucktaster u. Ä.

Generell gilt, dass der Abstand zwischen der Türautomatik und dem Impulsgeber so bemessen sein muss, dass man die Türanlage bei normaler Gang- oder Fahrgeschwindigkeit ohne Behinderung passieren kann.

Bild 8.35 zeigt die wichtigsten Konstruktionsmerkmale einer automatischen Schiebetüranlage. Die Schiebetürautomatik ist zu einer kompakten Einheit zusammengefasst, die komplett auf einem freitragenden Trägerwinkel aus Aluminium an Ort und Stelle montiert wird (z. B. als Kämpferprofil einer Türanlage mit Oberlichtverglasung). Jede Anlage muss mit einer automatischen Wendeschaltung versehen sein, die ein sofortiges Öffnen der Türflügel bei Einklemmgefahr bewirkt. In der gezeigten Anlage ist eine Reflexfotozelle im unmittelbaren Türbereich als zusätzliche Sicherheitseinrichtung eingebaut. Bei Stromausfall müssen sich die Türflügel selbsttätig öffnen (Übergang zu manuellem Betrieb).

8.4 Innentüren

8.4.1 Anforderungen an Innentüren

8.4.1.1 Schallschutz

Im Zusammenhang mit den gestiegenen Erwartungen an die schalltechnische Qualität von Gebäuden (Schutz vor Geräuschen aus Treppenräumen, Vertraulichkeit von Gesprächen in Praxen o. Ä.) wurden die normativen Anforderungen an die Schalldämmung von Türelementen wiederholt angehoben.

Anforderungen an die Schalldämmung von Innentüren

DIN 4109 sieht verbindliche (Mindest-) Anforderungen an die Luftschalldämmung von Türen gegen Schallübertragung aus einem fremden Wohn- oder Arbeitsbereich vor.

In Tabelle **8**.36 sind die entsprechenden Werte für verschiedene Einsatzbereiche zusammenfassend dargestellt. Die erforderlichen Schalldämmwerte beziehen sich allein auf das **betriebsfertige Türelement** – bestehend aus Zarge, Türblatt, Beschlägen und den notwendigen Dichtungen – unter **Ausschluss** der Schallübertragung über flankierende Bauteile wie Fußboden, Wand und Decke. Die kennzeichnende Größe für die Luftschalldämmung eines betriebsfertigen Türelementes ist dementsprechend das bewertete Schalldämm-Maß R.

Vorschläge für einen erhöhten Schallschutz von Wohnungen – wie beispielsweise die Einführung von Schallschutzstufen (SSt I bis III) – beinhaltet VDI-4100.

Die Verbindlichkeit dieser Vorschläge muss in jedem Einzelfall vertraglich vereinbart werden.

Prüfung der Schalldämmung von Türen

Bei der Beurteilung der Luftschalldämmung von Türen wird vielfach vom labormäßig ermittelten Schalldämm-Maß eines allein im Prüfstand gemessenen Türblattes ausgegangen. Dies führt in der Praxis zu übertriebenen Erwartungen an die Schalldämmeigenschaften betriebsfertig eingebauter Türelemente, da bauübliche Schallnebenwege die schalldämmende Wirkung eines Bauteiles vermindern. Um die Problematik der Übertragung von Laborwerten auf die reale Situation am Bau besser zu verstehen, werden die wichtigsten Prüfmethoden in Bild **8**.37 kurz umrissen.

Ein Prüfzeugnis, das nur den Schalldämmwert eines Türblattes wiedergibt, hat für den Planer bzw. die ausschreibende Stelle keine Aussagekraft. Das gemessene **Labor-Schalldämm-Maß** R_w eines in betriebsfertigem Zustand geprüften Türelementes ist für den Planer bzw. die ausschreibende Stelle von größter Wichtigkeit. Auch in den Prüfzeugnissen der meisten (soliden) Türenhersteller werden die Schalldämmwerte für betriebsfertige Türelemente DIN-gemäß mit dem bewerteten Schalldämm-Maß $R_{w,p}$ angegeben.

Vorhaltemaß. Da der Türenhersteller auf das bauliche Umfeld – in das die Türelemente später einmal eingebaut werden – keinen Einfluss hat,

Tabelle 8.36 Erforderliche (Mindest-)Luftschalldämmung von Türen zum Schutz gegen Schallübertragung aus einem fremden Wohn- oder Arbeitsbereich (Auszug aus DIN 4109-1 Tab. 2–6)

Zeile	Bauteile		Anforderungen erf. $R_w{}^{1)}$ in dB	Anforderungen einschl. Vorhaltemaß (+ 5 dB) $R_w{}^{1)}$ in dB
1	Mehrfamilienhäuser, Büro- und gemischt genutzte Gebäude	Türen, die von Hausfluren oder Treppenräumen in geschlossene Flure und Dielen von Wohnungen und Wohnheimen oder von Arbeitsräumen führen	27	32
2		Türen, die von Hausfluren oder Treppenräumen unmittelbar in Aufenthaltsräume – außer Flure und Dielen- von Wohnungen führen	37	42
3	Hotels und Beherbergungsstätten	Türen zwischen Fluren und Übernachtungsräumen	32	37
4	Krankenhäuser und Sanatorien	Türen zwischen – Fluren und Krankenräumen, – Operations- bzw. Behandlungsräumen – Fluren und Operations- bzw. Behandlungsräumen	32	37
5		Türen zwischen – Untersuchungs- bzw. Sprechzimmern, – Fluren und Untersuchungs- bzw. Sprechzimmern – Räumen mit Anforderungen an erhöhtes Ruhebedürfnis und besondere Vertraulichkeit (Diskretion)	37	42
6	Schulen und vergleichbare Unterrichtsbauten	– Türen zwischen Unterrichtsräumen und ähnlichen Räumen und Fluren	32	37
7		– Türen zu ähnlichen Räumen untereinander	37	42

[1)] Bei Türen gilt statt R'_w der Wert R_w

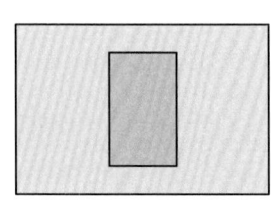
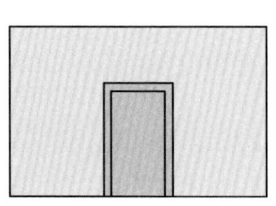
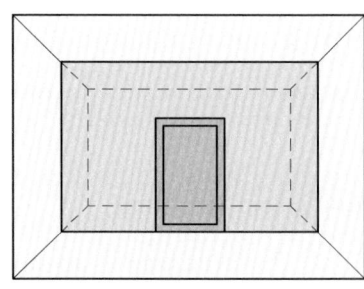

8.37a   8.37b   8.37c

8.37 Schematische Darstellung von Prüf- und Einbaubedingungen bei Türen
   a) Türblatt allein, eingekittet in einen Prüfstand, **ohne** Schallübertragung über flankierende Bauteile oder sonstige Nebenwege
   b) Betriebsfertiges Türelement, eingebaut in einen Prüfstand, mit seinen funktions- und konstruktionsbedingten Schallnebenwegen, jedoch **ohne** Schallübertragung über flankierende Bauteile (wie Fußboden, Wand und Decke)
      Bewertetes Schalldämm-Maß R_w
      Bewertetes Schalldämm-Maß $R_{w,P}$ als Resultat einer Eignungsprüfung in einem Prüfstand
      Bewertetes Schalldämm-Maß R_{wR}. Dieser Wert wird benutzt, wenn man das Gesamtschalldämm-Maß zusammengesetzter Bauteile ermitteln will. Der Rechenwert RwR ist der um das Vorhaltemaß (5 dB) verminderte Wert von RwP.
   c) Betriebsfertig (gebrauchsfertig) eingebautes Türelement im realen Bau, **mit** Schallübertragung über flankierende Bauteile und sonstige Nebenwege
      Bewertetes Schalldämm-Maß R'_w; bei Türen: R_w

8.4 Innentüren

werden diese, wie geschildert, in Prüfständen ohne Schallübertragung über flankierende Bauteile geprüft. Das Ergebnis einer solchen Messung ist jedoch meist besser als am realen Bau, da Schallnebenwege die schalldämmende Wirkung eines Bauteiles vermindern. Daher hat man das sogenannte Vorhaltemaß eingeführt. Das Vorhaltemaß beträgt bei Türen **5 dB**. Es soll den möglichen Unterschied zwischen den Prüfobjekten im Prüfstand und den tatsächlichen Verhältnissen am Bau sowie eventuelle Streuungen der Eigenschaften der geprüften Konstruktion berücksichtigen.

Das Vorhaltemaß ist jedoch nicht gedacht zum Ausgleich für grobe Planungs- und Montagefehler (Undichtigkeiten).

Beispiel: Soll gemäß Tabelle 8.36 auf der Baustelle ein Schalldämm-Maß R_W von 27 dB erreicht werden, muss ein geprüftes Türelement mit einem Schalldämm-Maß von $R_{W,P}$ = 32 dB ausgesucht und eingesetzt werden.

2. Nachweis durch Güteprüfungen im realen Bau (Objektbezogene Prüfung)[1]

- **Prüfung des betriebsfertig eingebauten Türelementes** (Bild 8.37c). Beim funktionsfähigen Türelement am Bau wird der Schall sowohl über die funktions- und konstruktionsbedingten Nebenwege als auch über die flankierenden Bauteile übertragen. Das ermittelte **Schalldämm-Maß R'_W** fällt dabei oftmals deutlich schlechter aus als der labormäßig ermittelte $R_{W,P}$-Wert. Vgl. hierzu auch den nachstehenden Abschnitt, Einflüsse auf die Schalldämmung betriebsfertig eingebauter Türelemente.

Einflüsse auf die Schalldämmung betriebsfertig eingebauter Türen

Das schalltechnische Verhalten betriebsfertig eingebauter Türelemente wird im Wesentlichen von den in Bild 8.38 genannten Schallübertragungswegen bestimmt.

Die Schalldämmung eines Türblattes wird maßgeblich von seinem Aufbau und Flächengewicht beeinflusst. Grundsätzlich unterscheidet man zwischen einschaligen Konstruktionen – die einschichtig oder mehrschichtig ausgebildet sein können – und mehrschaligen Türblattkonstruktionen.

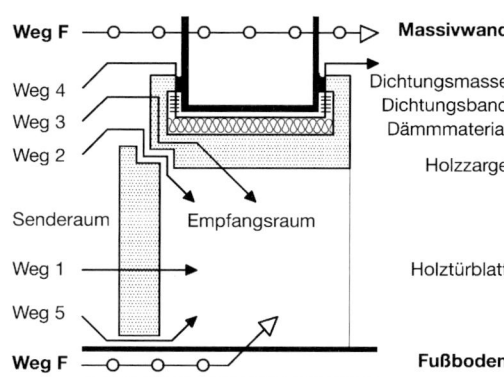

8.38 Schematische Darstellung möglicher Schallübertragungswege bei betriebsfertig eingebauten Türelementen
Weg 1: über das Türblatt mit Türbeschlägen
Weg 2: über die Falzdichtung
Weg 3: über die Zarge (Holz- oder Metallzarge)
Weg 4: über die Anschlussfuge Zarge/Wand
Weg 5: über die Bodendichtung
Weg F: Schallübertragung über flankierende Bauteile wie Fußboden, Wand und Decke.
Vgl. hierzu auch Bild **17**.96,
Teil 1 dieses Werkes.

- **Einschalige Türblattkonstruktionen.** Bei einschalig ausgebildeten Türblättern hängt das bewertete Schalldämm-Maß R_W von der flächenbezogenen Masse und der Biegesteifigkeit der einzelnen Schichten ab. Wie Tabelle 8.39 verdeutlicht, kann die Schalldämmung derartiger Türblätter einmal durch die Erhöhung des Türblattgewichtes (z. B. Einlagen aus homogenen Vollspanplatten, Stabsperrholzplatten, Röhrenspanplatten), zum anderen durch mehrschichtige Platteneinlagen – die untereinander nur geringfügig mechanisch gekoppelt sind – verbessert werden. Immerhin sind mit einschichtig aufgebauten Türblättern Schalldämmwerte bis etwa 34 dB, mit mehrschichtigen, 40 mm dicken Türblättern bis etwa 40 dB erreichbar.

- **Mehrschalige Türblattkonstruktionen.** Mehrschalig ausgebildete Türblätter aus Holz oder Metall erbringen in der Regel bessere Schalldämmwerte als einschalige Konstruktionen (Tabelle 8.40). Die beiden äußeren Deckplatten sollten ein möglichst hohes Flächengewicht aufweisen (z. B. Stahlblech oder mehrfach verleimte Furnierholzplatten, ggf. mit Bleiblechbeschwerung auf der Innenseite), gleichzeitig jedoch möglichst dünn und (biege)-weich sein und ein Minimum an starrer Ver-

---

[1] Der aktuelle Stand der Normung ist Abschn. 8.8 zu entnehmen.

Tabelle **8**.39 Schalldämm-Maße R_w von einschalig ausgebildeten Türblattkonstruktionen [3]

Türblattaufbau		Türblattdicke in mm	Flächengewicht in kg/m²	Schalldämm-Maß R_w in dB (ca. Werte)
Hohlraumtürblatt	mit Stegeinlage	40	12,3	27
Homogenes Türblatt	mit Röhrenspaneinlage	40	15,4	32
Homogenes Türblatt (einschichtig)	mit Vollspaneinlage	40	24,6	34
Sandwichkonstruktion (mehrschichtig)	mit Einlagen aus mehreren Spanplatten – 2 Dreischichtplatten – 3 Strangpressplatten (punktverleimt) – 3 Strangpressplatten (genagelt) – 5 Strangpressplatten (genagelt)	42 41 40 68	18,0 26,0 26,0 33,0	29 39 40 41

Tabelle **8**.40 Schalldämm-Maße R_w von mehrschalig ausgebildeten Türblattkonstruktionen [4], [5]

Türblattaufbau		Türblattdicke in mm	Flächengewicht in kg/m²	Schalldämm-Maß R_w in dB (ca. Werte)
	mit Furnierplatten und Mineralwolle	60	20	35
	mit Furnierplatten, Bleiblech und Mineralwolle	85	46	45
	mit Spanplatten, Promatectplatte, Mineralwolle und Weichfaserplatte	85	64	44

8.4 Innentüren

bindung miteinander haben. Außerdem sollte der Schalenabstand möglichst groß und der Hohlraum mit möglichst biegeweichen Einlagen (z. B. schallabsorbierende Mineralwolleplatten, Weichfaserplatten o. Ä.) gefüllt sein. Mit diesen mehrschaligen Türblattkonstruktionen können bewertete Schalldämm-Maße R_w bis nahezu 48 dB erreicht werden. Aus der Addition der vorgenannten Einzelschichten ergeben sich unter Umständen jedoch auch Türblattdicken zwischen 65 und 90 mm.

Da schalltechnische Anforderungen **nicht an das Türblatt allein**, sondern immer an das betriebsfertig eingebaute Türelement gestellt werden, können diese Werte – wie zuvor erläutert – nur als allgemeine Orientierung dienen.

Konstruktionsbeispiele von Türblattkonstruktionen aus Holz und Holzwerkstoffen s. Abschn. 8.4.4, von Türblattkonstruktionen aus Metall s. Abschn. 8.4.6 sowie Schallschutztüren s. Abschn. 8.6.3.

Falz- und Bodendichtungen. Türdichtungen mindern die Schallübertragung (auch Lüftungs- und Wärmeverluste), dämpfen Schließgeräusche, verhindern Zugluft, ggf. auch das Durchdringen von Rauch (Rauchschutztüren) und schirmen Innenräume gegen Staub, Nässe und Kälte von außen ab. Man unterscheidet

- Falzdichtungen (Dichtung zwischen Türblatt und Zarge) sowie
- Bodendichtungen (Dichtung zwischen Türblatt und Bodenbelag).

Bei der Bewertung der Einflüsse auf die Schalldämmung betriebsfertig eingebauter Türelemente stehen die Falz- und Bodendichtungen mit an erster Stelle. Die Schalldämmeigenschaften des Türblattes und die der Türdichtungen bestimmen im Wesentlichen das resultierende Schalldämm-Maß einer Türanlage. Entscheidend dabei ist, dass Falzdichtung und Bodendichtung in einer Ebene liegen, d. h. der Versatz zwischen Boden- und Falzdichtung möglichst klein gehalten wird.

- **Falzdichtung.** Die dreiseitig umlaufende Falzdichtung muss so beschaffen sein, dass sie die zulässigen Verformungen des Türblattes – hervorgerufen durch Verarbeitungs- und Werkstofftoleranzen, hygrothermisch bedingte Abweichungen usw. – auszugleichen vermag und bei geschlossener Tür in ihrer gesamten Länge an der Türzarge bzw. Türblattoberfläche dicht anliegt. Die Einfederungstiefe (Wirkungsbereich) der Dichtung sollte mind. 3 mm – besser 4,5 (5) mm – betragen und die aufzubringende Schließkraft (bei normalen Türen zwischen 10 und 25 N/m) so bemessen sein, dass sie auch von Kindern, älteren Menschen und Behinderten erbracht werden kann.
  Weiteres hierzu s. Abschn. 8.7.4 sowie Bild **8**.156.

- **Bodendichtung.** Die Dichtung der Fuge zwischen Türblatt und Bodenbelag ist bis heute noch nicht in allen Teilen zufriedenstellend gelöst, obwohl gerade Undichtigkeiten in diesem Bereich sich am nachteiligsten auf die Luftschalldämmung von Türelementen auswirken. Abdichtungsmöglichkeiten ergeben sich im Wesentlichen durch Auflauf-, Absenk-, Magnet- und Schwellendichtungen. Bei hohen schallschutztechnischen Anforderungen können auch Doppel- bzw. Kombinationsanordnungen notwendig werden.

  Bei Innentüren wird in der Regel auf Schwellendichtungen (Anschlagschwellen) verzichtet, da sie beim Durchgang als störend empfunden werden (Stolpergefahr, umständliche Reinigung), in Anbetracht der meist zentralbeheizten Räume ihren Sinn weitgehend verloren haben und auch ästhetisch nicht befriedigen. Bodendichtungen in Form von Auflaufdichtungen oder vollautomatischen Absenkdichtungen werden überall dort eingebaut, wo schwellenlose Übergänge und hohe Schalldämmwerte gefordert sind. Bei beiden Dichtungsarten ist auf einen sorgfältigen dichten Einbau zu achten, da sonst mit erheblichen Schalldämmverlusten gerechnet werden muss.

Konstruktionsbeispiele von Falz- und Bodendichtungen s. Abschn. 8.7.4, Dichtungen.

Baulich bedingte Schallübertragung. Beim betriebsfertig eingebauten Türelement finden baulich bedingte Schallübertragungen einmal über die flankierenden Bauteile (Fußboden, Wand und Decke), zum anderen über die konstruktionsbedingte Anschlussfuge zwischen Türzarge und Wandleibung statt (Bild **8**.38).

- **Anschlussfuge zwischen Türzarge und Wandleibung.** Um den Schallnebenweg über diese Anschlussfuge möglichst weitgehend zu unterbinden, muss der Hohlraum bei Holztürzargen sowohl mit Fugenfüllmaterial gedämmt als auch mit spritzbaren Dichtstoffen bzw. vorkomprimierten Dichtbändern zusätzlich noch umlaufend abgedichtet werden. Da in der Baupraxis eine vollsatte Hinterfüllung der Zarge mit PU-Montageschaum bzw. Mineralwolle (vor allem in den Ecken) kaum erreichbar ist, kommt der sorgfältigen Abdichtung zwischen Zarge und Wandleibung oder Türbekleidung und Wandfläche große Bedeutung zu.

Bei Stahlzargen im Massivbau ist der Fugenhohlraum satt mit Zementmörtel zu hinterfüllen, bei Metallzargen in leichten Trennwänden dicht mit Montageschaum oder Mineralwolle auszustopfen und ebenfalls abzudichten. Für Schutz- und Sondertüren gelten besondere Anforderungen, wie sie in Abschn. 8.6 im Einzelnen erläutert sind.

- **Schallübertragung über flankierende Bauteile.** Auf die Bedeutung der Schallübertragung über angrenzende Bauteile wird in Abschn. 8.4.1.1 sowie Abschn. 15.3.3 in Teil 1 dieses Werkes, näher eingegangen. Vgl. hierzu auch Bild **8**.37.

Konstruktionsbeispiele über die Ausbildung von Trennfugen in schwimmendem Estrich und bei Bodenbelägen unter automatischen Absenkdichtungen s. Abschn. 8.7.4.2.

Anforderungen an die Schalldämmung von Wänden mit Türen. In DIN 4109-1 Tab. 2–6 werden Anforderungenz.B. an die Luftschalldämmung von Treppenhauswänden, Wänden zwischen Fluren und Krankenräumen, Übernachtungsräumen u. Ä. genannt. Derartige Bauteile sind häufig aus Flächenteilen unterschiedlicher Schalldämmung – beispielsweise Wand mit Türelement – zusammengesetzt. Die Dämmwirkung einer Tür ist jedoch in den meisten Fällen geringer als die der umgebenden Wand, so dass das resultierende Schalldämm-Maß R'_w der Gesamtwand dadurch im Allgemeinen wesentlich gesenkt wird. Dies gilt vor allem dann, wenn es sich um schwere Trennwände handelt.

Der Schalldämmwert der Wand soll nach DIN 4109-1 immer höher sein als der des Türelementes. Gemäß Tabelle 3 dieser Norm gilt daher – beispielsweise in Geschosshäusern mit Wohnungen und Arbeitsräumen – für Flurwände mit Türen i. d. R. – die Anforderung:

erf. R'_w (Wand): 53 dB
= erf. R_w (Tür) 27 dB bzw. 37 dB

Das Schalldämm-Maß einer Wand einschließlich der Tür kann gemäß DIN 4109 auch rechnerisch oder mit Hilfe eines Diagramms ermittelt werden. Einzelheiten hierzu s. Abschn. 15.3.3, Teil 1 dieses Werkes.

8.4.1.2 Wärmeschutz

Bei Innentüren sind Anforderungen an den Wärmeschutz nur in Sonderfällen von Bedeutung, so z. B. bei Tiefkühl- und Klimakammern etc. Beim Bau von Passivhäusern oder vergleichbar energieeffizienten Gebäuden können sich Anforderungen an Wohnungstüren sowie Kellerabschluss- bzw. Garagezugangstüren ergeben, sofern die Trennung beheizter und unbeheizter Gebäudebereiche entlang dieser Bauteile verläuft. Hierzu sind dann entsprechende industriell produzierte Sonderelemente zu verwenden – die zunehmend marktverfügbar werden – oder aber sorgfältig detaillierte Einzelstücke handwerklich zu fertigen. Ansonsten s. Abschn. 8.3.1.2.

8.4.1.3 Luftdichtigkeit

Die Anforderungen an Innentüren bezüglich deren Luftdichtigkeit beziehen sich, wie auch schon in Abschnitt 8.4.1.2 beschrieben, nahezu ausschließlich auf entsprechende Bauelemente für Sonderanwendungen im hochenergieeffizienten Bauen. Hier sind ebenfalls entsprechende industriell produzierte Sonderelemente zu verwenden oder aber handwerkliche Einzelstücke zu fertigen. Ansonsten s. Abschn. 8.3.1.3.

8.4.1.4 Feuchtebeanspruchung und mechanische Festigkeit von Innentüren

Hygrothermische Verformung von Innentüren aus Holz und Holzwerkstoffen

Die Ursache einer Verformung (Formänderung) am Türblatt ist immer ein Spannungsausgleich. So hat beispielsweise das Einwirken von kalter und relativ feuchter Luft auf die Außenseite einer Wohnungsabschlusstür zur Folge, dass die dort eingesetzten Materialien aus Holz und Holzwerkstoffen quellen (Außenklima). Die gleichen Werkstoffe auf der Innenseite der Tür schwinden dagegen bei warmer und trockener Luft (Innenklima). Abweichungen von der Ebenheit von Türblättern können sich darstellen in Form von (Bild **8**.41)

- **Längskrümmung** (Krümmung in Richtung der Türblatthöhe),
- **Querkrümmung** (Krümmung in Richtung der Türblattbreite),
- **Verwindung** (Spiralförmige Torsion in der Ebene des Türblattes).

8.4 Innentüren

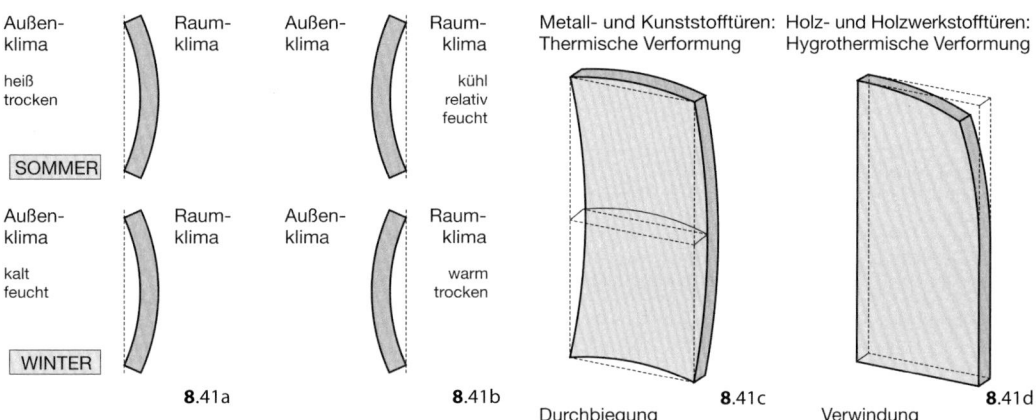

8.41 Schematische Darstellung des Verformungsverhaltens von Türblättern bei unterschiedlichen Klimaten (Differenzklima)
 a) Thermische Verformung bei Metall- und Kunststofftüren
 b) Hygrothermische Verformung bei Holz- und Holzwerkstofftüren
 c) Türblattverformung-Durchbiegung:
   • Längskrümmung in Richtung der Türblatthöhe
   • Querkrümmung in Richtung der Türblattbreite
 d) Türblattverformung-Verwindung:
   • Spiralartige Verdrehung in der Ebene des Türblattes

Wie Tabelle **8**.42 verdeutlicht, sind die maximal zulässigen Verformungswerte von Türblättern nach DIN EN 12 219 in Verformungsklassen eingeteilt. Diese Verformungen dürfen nicht überschritten werden.

In DIN EN 1121, Verhalten von Türen zwischen zwei unterschiedlichen Klimaten, sind die einzelnen Prüfklimate aufgeführt (= Prüfklimate mit steigenden Anforderungen von a bis e).

Als Grenzwert für die zulässige Abweichung eines Türblattes von der Türblattebene wird in der Praxis allgemein ein Abmaß von maximal 4 mm (besser 3,5 mm) angesehen, sofern auch die weitergehenden Anforderungen wie allgemeine Funktionsfähigkeit, Dichtschluss, Schallschutz, Wärmeschutz, Rauchschutz usw. in verformtem Zustand erfüllt werden. Weitere Prüf- und Klassifizierungsnormen über Ebenheit, Verformung und Festigkeit sind in Abschn. 8.8, Normenverzeichnis, angeführt.

Verformungen von Türblättern aus Holz und Holzwerkstoffen lassen sich deutlich reduzieren beispielsweise durch

• geeignete Materialwahl (quell- und schwindarme Werkstoffe, verringerte Feuchteaufnahme über die Türblattoberflächen) sowie

• funktionsgerechte Türblattkonstruktionen (Erhöhung der Türblattdicke, Einbau von metallischen Stabilisatoren, Anbringen von Vorsatzschalen).

Bild 8.43 zeigt einige Möglichkeiten der Verformungsbehinderung durch metallische Aussteifungen. Diese Stabilisatoren in Form von Aluminiumblechen oder Stahlrohrprofilen müssen jeweils kraftschlüssig mit den Deckplatten und Rahmenhölzern verklebt werden. Sie können sich jedoch unter Umständen nachteilig auf den Wärme- und Schallschutz des Türblattes auswirken.

Türblattaufbau. Bezüglich des Türblattaufbaues wird grundsätzlich zwischen symmetrisch und asymmetrisch aufgebauten Türblattkonstruktionen unterschieden.

• Ein **symmetrisch** aufgebautes Türblatt besteht beispielsweise aus einer Mittellage mit darauf beidseitig angeordneten, jeweils gleichartigen Deckplatten und Decklagen (z.B. Sperrtüren nach DIN 68 706-1). Ein derartiges Türblatt bleibt bei hygrothermischer Beanspruchung nur dann weitgehend verformungsfrei, wenn es in jeder Beziehung symmetrisch aufgebaut und gefertigt wurde (beidseitig gleiche

Tabelle **8**.42   Maximal zulässige Verformung von Türblättern (Verformungsklassen) nach DIN EN 12 219

Prüfparameter	Klasse 0 (x) in mm	Klasse 1 (x) in mm	Klasse 2 (x) in mm	Klasse 3 (x) in mm
Verwindung, T	•	8,0	4,0	2,0
Längskrümmung, B	•	8,0	4,0	2,0
Querkrümmung, C	•	4,0	2,0	1,0
Lokale Ebenheit	Ein ohne Zarge geliefertes Türblatt oder ein Türblatt als Teil eines Türelementes muss den Anforderungen nach DIN EN 1530 entsprechen			

- • keine Anforderung
- x Prüfklima, das in DIN EN 1121 und/oder in DIN EN 1294 definiert ist
- T (twist) endgültige Verwindung
- B (bow) absolute Differenz zwischen endgültiger und anfänglicher Verwindung oder Längskrümmung oder die tatsächliche absolute endgültige Verwindung oder Längskrümmung, je nachdem, welche größer ist
- C (cup) endgültige Querkrümmung

Plattenart und Plattenqualität, Verleimungsart, Oberflächenbehandlung usw.). Nachträglich **einseitig** aufgeleimte Platten, Leisten, Furniere, Schichtstoffplatten sowie einseitig aufgetragener deckender Anstrich führen nahezu immer zu Verformungen des Türblattes.

- Bei **asymmetrisch** aufgebauten Türblättern ist die Tragkonstruktion – in Form von Rahmen- oder Sperrtürblatt – nur einseitig oder beidseitig mit ungleichen Vorsatzschalen beplankt. Damit es zu keiner Verformung des Türblattes kommt, müssen die Aufdopplungen immer **beweglich** aufgebracht sein. Da sich derartige Türblattkonstruktionen in der Regel bereits bei geringer Klimaänderung deformieren, ist ihr Einsatz problematisch und auf Sonderfälle (Bild **8**.24) beschränkt. Einzelheiten hierzu s. Abschn. 8.3.3.3, Aufgedoppelte mehrschalige Türblattkonstruktionen.

Innentüren aus Holz- und Holzwerkstoffen (Sperrtüren)

Einsatzempfehlungen. Neben zahlreichen europäischen Prüf- und Klassifizierungsnormen werden in der Baupraxis zur richtigen Auswahl von Innentüren aus Holz und Holzwerkstoffen (Sperrtüren nach DIN 68 706-1) die Güte- und Prüfbestimmungen RAL- GZ 426 [19] herangezogen.

Die Gütesicherung enthält genaue Einsatzempfehlungen bezüglich der Zuordnung von Klimaklassen und mechanischen Beanspruchungsgruppen zu Einsatzorten (Tab **8**.44).

- **Hygrothermische Beanspruchung.** Bei Türelementen aus Holz und Holzwerkstoffen lassen sich klimabedingte Verformungen wegen der hygroskopischen Eigenschaften der Materialien nicht vermeiden. Eine hygrothermische Beanspruchung ist dann gegeben, wenn ein Türblatt auf beiden Seiten unterschiedlichen Klimaten oder beidseits gleichen Klimaten – aber sehr trockenem oder feuchtem Klima – ausgesetzt ist (z. B. Wohnungsabschlusstüren).
- **Mechanische Beanspruchung.** Die mechanische Beanspruchung von Türen erfolgt durch äußere, sich zumeist wiederholende Einwirkungen (z. B. harte und weiche Stöße, vertikale Belastungen, Erschütterungen durch extremes Zuschlagen bei Zugwind). Je nach

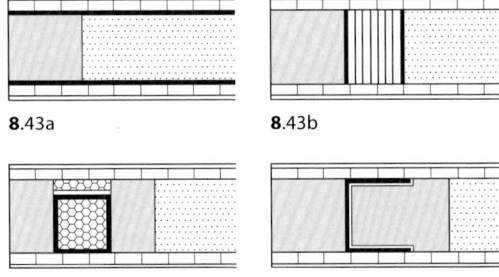

8.43a   8.43b

8.43c   8.43d

8.43   Schematische Darstellung von metallischen Türblattaussteifungen durch Aluminiumbleche und Stahlrohrprofile. Vgl. hierzu auch Bild **8**.24.
  a) Aluminiumbleche vollflächig aufgeklebt (Sandwichkonstruktion)
  b) Aluminium-Stabilisatoren in Furniersperrholz eingeklebt
  c) ☐-Stahlrohrprofil kraftschlüssig verbunden und wärmegedämmt
  d) ⊏-Stahlprofil kraftschlüssig verbunden

8.4 Innentüren

Einsatzbereich ergeben sich vier Beanspruchungsgruppen, nämlich normale Beanspruchung (Wohnbauten), mittlere Beanspruchung (Bürobauten), starke Beanspruchung (Büro- und Verwaltungsbauten) sowie extrem starke Beanspruchung (Schulen, Krankenhäuser usw.).

Die mechanische Widerstandsfähigkeit wird u. a. nach DIN EN 947 bis DIN EN 950 geprüft. Die Klassifizierung der Festigkeitsanforderungen erfolgt gemäß DIN EN 1192. Weitere Normen sind Abschn. 8.8, Normenverzeichnis, zu entnehmen.

Tabelle 8.44. Wie die Tabelle verdeutlicht, werden Sperrtüren in drei **Klimaklassen I, II und III** sowie in vier mechanische **Beanspruchungsgruppen N, M, S und E** eingeteilt und klassifiziert.

Diese Einsatzempfehlungen sollen die Auswahl geeigneter Türblätter für den jeweiligen Verwendungsort erleichtern und eine Arbeitshilfe bei der Erstellung von Leistungsverzeichnissen sein. Vgl. hierzu auch Abschn. 8.4.4.4, Sperrtüren, mit Bild **8**.61.

8.4.2 Bauteilanschlüsse von Innentüren[1]

Für normale Innentüren ist eine preiswerte, rationelle und relativ problemlose, gleichzeitig jedoch auch sichere Befestigungsmethode anzustreben.

Die bauphysikalischen und montagetechnischen Anforderungen bei Schutztüren sind überwiegend von ihrem späteren Nutzzweck bestimmt, so dass spezielle Forderungen hinsichtlich Einbruchhemmung, Schall-, Brand-, Strahlenschutz u. a. noch hinzukommen können.

Bei dem fest mit dem Baukörper verankerten Teil der Innentür unterscheidet man im Wesentlichen zwischen Türrahmen (Massivholz-, Metall- und Kunststoffprofile) und Türzargen (Futter aus Holz und Holzwerkstoffen, Stahl- und Aluminiumblech). Türelemente können entweder

- vor Einbringen des Estrichs,
- vor Aufbringen des Bodenbelages oder
- nach Fertigstellung der Nutzschicht eingebaut werden.

Jede der drei Möglichkeiten weist Vor- und Nachteile auf, die je nach Bauabwicklung von Fall zu Fall abzuklären sind.

8.4.2.1 Bauphysikalische Anforderungen

Im Zusammenhang mit dem Baukörperanschluss von Innentüren werden vor allem hinsichtlich des Schallschutzes Anforderungen gestellt. Einzelheiten hierzu s. Abschn. 8.4.1.1.

Wie Bild **8**.38 verdeutlicht, ist insbesondere darauf zu achten, dass die Anschlussfuge zwischen Wandleibung und Holzzarge nicht nur sorgfältig gedämmt, sondern auch noch im Bereich der Türbekleidungen (Falz- und Zierbekleidung) mit spritzbaren Dichtstoffen und vorkomprimierten Dichtungsbändern umlaufend abgedichtet werden muss. Bei Stahlzargen im Massivbau ist der Fugenhohlraum satt mit Zementmörtel zu hinterfüllen, bei Metallzargen in leichten Trennwänden (Ständerwänden) dicht mit Mineralwolle auszustopfen und ebenfalls umlaufend abzudichten. Für Schutz- und Sondertüren gelten besondere Anforderungen, wie sie in Abschn. 8.6 näher erläutert sind.

8.4.2.2 Montagetechnische Anforderungen

Die Einzelteile seriell hergestellter Holzwerkstoffzargen werden erst an der Baustelle zusammengesetzt und verleimt, wogegen der Zusammenbau handwerklich gefertigter Holztürelemente (meist Sonderanfertigungen) weitgehend in der Werkstatt erfolgt.

Nach Angaben der Hersteller sollte die Montage von Holzwerkstoffzargen bei einem Raumklima von 20 °C und 50% relativer Luftfeuchte erfolgen; zu hohe Baufeuchte führt zu Dimensionsänderungen, Quellungen und Verformungen der Zargen. Wand- und Deckenputzarbeiten sowie Estricharbeiten sollten daher vor dem Holzzargeneinbau möglichst weitgehend abgeschlossen sein.

Grundsätzlich unterscheidet man sichtbare und unsichtbare Befestigungsarten, wobei die Montage von Holzwerkstoffzargen fast nur noch verdeckt erfolgt. Im Einzelnen sind zu nennen:

1. Sichtbare Befestigungsarten

- **Nageltechnik.** Das sichtbare Nageln ist die einfachste Methode, eine Holzzarge in einer Wandöffnung zu befestigen. Wie Bild **8**.45 zeigt, müssen bei dieser traditionellen, nicht mehr gebräuchlichen Einbauart nagelbare Dübelsteine in die Leibung der Maueröffnung

---

[1] Der aktuelle Stand der Normung ist Abschn. 8.8 zu entnehmen.

Tabelle 8.44 Einsatzempfehlungen für Innentüren aus Holz und Holzwerkstoffen (Sperrtüren nach DIN 68 06-1). Auszug aus RAL-RG GZ 426, Güte- und Prüfbestimmungen für Innentürblätter [19]

		Wohnungstüren			Objekttüren			
	Beanspruchung	Wohnungs-eingangstüren	Wohnungs-innentüren	Bad/WC	Kindergarten Krankenhaus Hotelzimmer	Schulraum Herbergen Kasernen	Schulungsräume Sprechzimmer Verwaltung Praxis	Großküchen Kantinen Labor Bad/WC
Hygrothermische Beanspruchung	I		•					
	II	•[6]			•	•	•[4]	•
	III		•[6]	•			•[4,6]	
	N			•	•	•		
Mechanische Beanspruchung[5]	M[5]						•	
	S[5]	•[6]				•		•[4]
	E							•[4]
Feuchte-beständigkeit	Feuchtraumtür			•[4]	•[4]	•[4]		•[4]
	Nassraumtür							
Einbruchhemmung	WK 1 / WK 2	•[3,4]						
Schalldämmung[1]	SSK 1 $R_{w,R}$ = 27 dB[1]	•[2]						
	SSK 2 $R_{w,R}$ = 32 dB[1]	•[2]			•[2]	•[4]		
	SSK 3 $R_{w,R}$ = 37 dB[1]	•[2]					•[2]	

[1] Nachweis durch Prüfung durch eine Prüfstelle für die Erteilung allgemeiner bauaufsichtlicher Prüfzeugnisse der Bauregelliste A: $R_{w,R}$ = erf. R_w.
[2] Je nach Einsatzort sind die Angaben in DIN 4109, Tabelle 3 zu beachten.
[3] Sind keine Anforderungen an die Einbruchhemmung gestellt, so sollten mindestens Zargen der Klasse S zum Einsatz kommen.
[4] Auswahl unter Berücksichtigung der zu erwartenden Beanspruchung.
[5] Türblatt und Türzarge sollten aus korrelierenden Beanspruchungen stammen.
[6] Sollten als Element ausgewiesen werden.

In Bereichen mit langfristig höherer Luftfeuchtigkeit (z. B. immer offen stehenden Fenstern) oder bei Türblättern mit einer Höhe über 2,11 m werden Türen der nächst höheren Klimaklasse empfohlen.

8.4 Innentüren

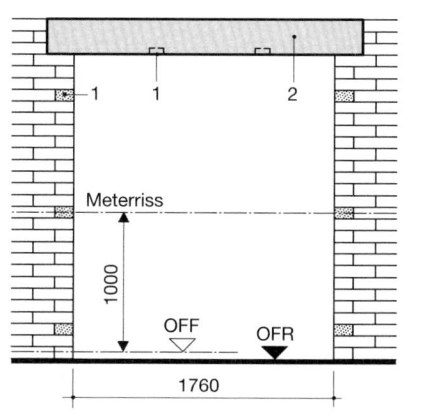
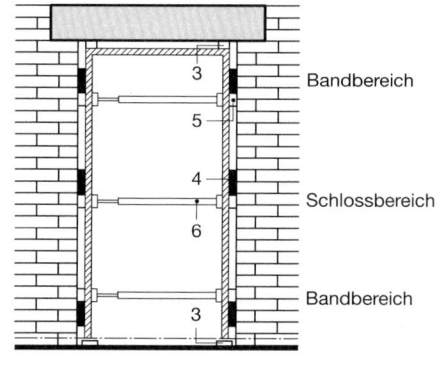

8.45a 8.45b

8.45 Schematische Darstellung einiger Befestigungstechniken für Holztürzargen in Wandöffnungen
  a) Sichtbare Befestigung – Nageltechnik: Nagelbare Dübelsteine sind in Mauerwerk und Betonsturz eingelassen. Nicht mehAr gebräuchliche Befestigungsart, hinsichtlich der Altbausanierung jedoch noch von gewissem Interesse.
  b) Unsichtbare Befestigung – Schäumtechnik: Befestigung durch punktweises Einschäumen von Holzwerkstoffzargen in Wandöffnungen. Die Keile und aussteifenden Spreizen werden nach dem Aushärten des Montageschaumes wieder entfernt.
  1 nagelbare Dübelsteine
  2 Betonsturz
  3 Holzkeile
  4 Befestigungspunkte (Schäumstellen)
  5 Holzplättchen (druckfeste Unterlagen)
  6 aussteifende Spreizen

eingesetzt sein. Nach der Montage werden die in das Futterteil der Holzzarge schräg eingeschlagenen Stahlnägel versenkt und ausgekittet (Bild **8**.50a). Einfache, preisgünstige, nur noch beim Einbau von gestrichenen Türen im Zuge der Altbausanierung verwendete Befestigungsart. Nachteil: Die Nagelstellen zeichnen sich in der Regel in der Anstrichfläche des Türfutters ab.

- **Schraubtechnik.** Beim sichtbaren Schrauben wird die Holzwerkstoffzarge mit Spreizdübeln (Durchsteckdübeln) an der Mauerleibung befestigt. Die Schraubenköpfe bleiben entweder sichtbar (Linsenkopfschrauben) oder auf entsprechend ausgebildeten Schraubenköpfen werden sichtbare Kunststoff-Abdeckkappen aufgesteckt. Einfache, preisgünstige und dauerhafte Befestigungsart für weniger anspruchsvollen Innenausbau.

2. Unsichtbare Befestigungsarten

- **Schäumtechnik.** Zur Befestigung von Holzwerkstoffzargen in Wandöffnungen haben sich in der Baupraxis Montageschäume auf Polyurethanbasis – kurz PU-Schäume genannt – als derzeit rationellste und preisgünstigste Methode durchgesetzt. Hierfür bieten sich Ein- oder Zweikomponenten-Schäume an, deren Eignung durch ein Prüfzertifikat nachzuweisen ist.

Einkomponenten-Schaum (1K-PU-Schaum). In der Dose ist der Schaum hoch verdichtet und steht unter Druck. Ein Treibmittel bewirkt, dass das Material mit hoher Geschwindigkeit ausströmt und sich zum Schaum aufblähen kann. Doch erst der Kontakt zur umgebenden Luft setzt die chemische Reaktion in Gang, die den Schaum aushärten lässt. Um fest werden zu können, benötigen Einkomponenten-Schäume Wasser, das sie der Luft entziehen. Normalerweise reicht die in der Luft enthaltene Feuchtigkeit aus, nur an warmen und trockenen Tagen ist es ratsam, die betroffenen Flächen anzufeuchten.

Entscheidend für die Schaumqualität und den Verlauf der Reaktion sind Umgebungstemperatur (Dosentemperatur 20 °C bis 25 °C), relative Luftfeuchte (mind. 50%) sowie die Feuchte der Kontaktmaterialien. Bei einer Umgebungstemperatur von 20 °C ist der 1K-PU-Schaum nach etwa fünf bis acht Stunden ausgehärtet.

Da beim Aushärten unter Feuchteeinfluss eine Nachreaktion stattfinden kann, ist insbesondere bei großen Türelementen darauf zu achten, dass sich bereits fest fixierte Türzargen dadurch nicht verformen. Da diese Gefahr beim Zweikomponenten-Schaum nicht gegeben ist, wird dieser vorzugsweise für die Türmontage empfohlen.

Zweikomponenten-Schaum (2K-PU-Schaum). Dieser Montageschaum setzt sich aus zwei Komponenten, dem Schaum (Komponente A) und dem Aktivator (Komponente B) zusammen. Bei unterschiedlichen Systemen findet die Zusammenführung der beiden Komponenten und damit die Auslösung der Reaktion entweder erst unmittelbar nach Austritt aus der Dose oder durch Mischen innerhalb der Kartusche statt. Mit dem Auslösen der Reaktion innerhalb der Kartusche beginnt die Verarbeitungsdauer, die bei diesem System nur wenige Minuten (5 bis 10 Minuten) in Anspruch nehmen darf.

Bei Zweikomponenten-Schäumen muss der Untergrund absolut trocken sein; der eingebrachte Schaum härtet unabhängig von Luft- und Werkstofffeuchte innerhalb von 20 bis 30 Minuten vollständig aus. Die Gefahr der Nachreaktion besteht bei Zweikomponenten-Schäumen nicht.

Zargeneinbau mit Montageschaum. Das einzubauende Türelement ist rechtwinkelig, lot- und fluchtgerecht sowie in der Höhe genau passend (Meterrissmarkierung beachten) auszurichten und zu verkeilen. Der Spalt zwischen Holzwerkstoffzarge und Mauerleibung wird anschließend an mindestens drei Befestigungspunkten je Futterseite – in Höhe der Bänder und des Schließbleches – mit druckfesten Unterlagen (Holzplättchen) ausgefüttert. Um den bei der Expansion des Schaumes entstehenden Druck auffangen zu können, werden in gleicher Höhe aussteifende Spreizen lose gegen die Unterlage gedrückt (Bild **8**.45b).

Nach dem Einschäumen beginnt der punkt- oder streifenweise aufgebrachte Schaum sich nach allen Seiten auszudehnen (auf etwa das Zwei- bis Dreifache seines Austrittvolumens), wodurch es zu einer innigen Verbindung von Wandleibung und Türzarge kommt.

Um eine dauerhafte Verbindung zwischen Leibung und Türelement zu erreichen, müssen die Befestigungsstellen frei von Staub und sonstigem losen Material sein. Aus Gründen der Wirtschaftlichkeit sollte der Abstand zwischen Leibung und Zarge nicht größer als 25 mm (Mindestbreite 8 mm) sein.

Marktübliche Montageschäume sind nur für Türgewichte bis max. 40 kg geeignet, sofern die Anschlussfuge zwischen Zarge und Leibung an mindestens drei Punkten auf jeder Seite über die ganze Zargenbreite ausgeschäumt wird (Gesamtklebeflächenanteil mind. 30% je Zargenseite). Türblätter mit höheren Gewichten erfordern größere Klebeflächen. Ab 60 kg Türgewicht muss die Holzwerkstoffzarge vollflächig hinterschäumt und noch zusätzlich mit einer mechanischen Befestigung arretiert werden. In der Leistungsbeschreibung ist dies entsprechend zu berücksichtigen. Für Schutztüren gelten, wie in Abschn. 8.6 näher erläutert, besondere Anforderungen. Weitere Einzelheiten sind DIN 68 706-2, Türzargeneinbau, sowie der Fachliteratur [20] zu entnehmen.

Ökologische Aspekte. Montageschäume, die umweltschädigende Treibmittel enthalten, dürfen aus Gründen des Umweltschutzes (Abbau der Ozonschicht) und im Interesse der Verarbeiter (Gefahr durch leicht entzündliche, giftige Gase) nicht mehr eingesetzt werden. Umweltverträgliche Schäume werden inzwischen am Markt in ausreichendem Umfang angeboten.

Entsorgung von gebrauchten PU-Schaumdosen. Die Verordnung über die Vermeidung von Verpackungsabfällen (Verpackungsverordnung) verpflichtet alle Hersteller, Händler und Handwerker, Verpackungen zu reduzieren, zurückzunehmen, wiederzuverwerten und zu entsorgen. Während die gebrauchten PU-Dosen früher in Baumischcontainer geworfen wurden und teuer entsorgt werden mussten, werden sie heute nach Gebrauch von Dosen-Recyclingfirmen kostenlos zurückgenommen und der Wiederverwertung zugeführt. Einzeldosen müssen bei den örtlichen und öffentlichen Problemstoff-Sammelstellen abgegeben werden.

- **Mechanische Befestigungstechniken.** Zur unsichtbaren mechanischen Befestigung von Holzwerkstoffzargen sind eine Vielzahl verschiedenartiger Befestigungsbeschläge auf dem Markt (Bandeisen, Hessenkrallen, Schraubanker, Mauerklammern u. a. m.). Meist werden sie nur noch regional oder für ganz bestimmte Zwecke eingesetzt, da für ihre Montage längere Einbauzeiten und teilweise hohe Materialkosten zu veranschlagen sind. Ferner benötigen sie – je nach Beschlagart – ein um 20 bis 25 mm größeres Wandöffnungsmaß, als nach DIN 18 100 üblich ist. Außerdem müssen die Zargen bereits sehr frühzeitig, vor dem Putzen und Tapezieren, eingebaut sein; als Befestigungsmittel bei Sichtmauerwerk und Sichtbeton-Wandflächen sind sie ebenfalls ungeeignet.

Tellerankerbeschläge. (Bild **8**.46). Eine Ausnahme bilden die Tellerankerbeschläge. Sie bestehen aus einem Spreizdübel, einer Kreuzschlitzschraube (zugleich zur Distanzregulierung) und einer daran befestigten Sperrholzscheibe, die als Leimfläche dient. Bei Wanddicken bis zu etwa 20 cm sind mindestens drei Befestigungspunkte je Mauerleibung, bei dickeren Wänden die doppelte Anzahl vorzusehen. Während der Abbindezeit des Leimes (etwa 2 Stunden) sind auf Höhe der Befestigungspunkte Futterspreizen einzuspannen, damit die Leimflächen gepresst anliegen.

8.4 Innentüren

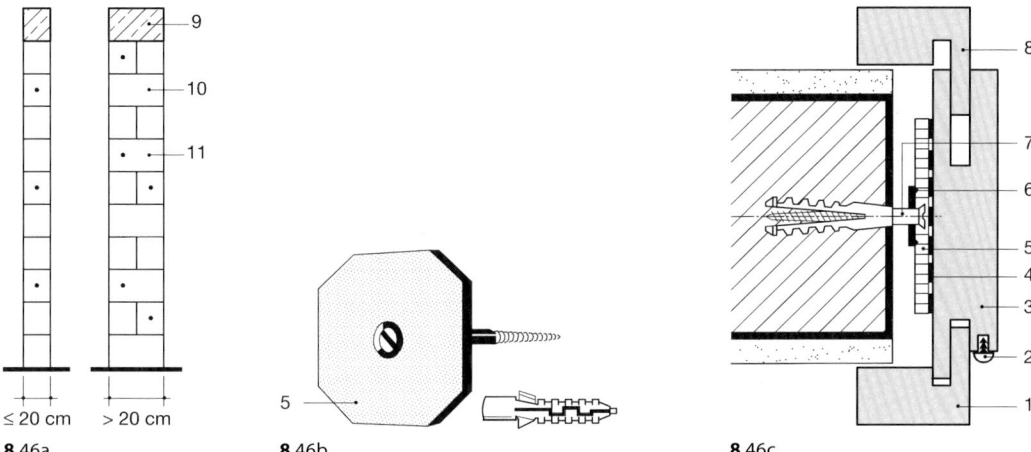

8.46 Unsichtbare mechanische Befestigung von Holztürzargen mit Tellerankern (Elepart-System, Velbert)
  a) Befestigungspunkte (Bohrlöcher für Spreizdübel) je nach Wanddicke
  b) Telleranker aus Sperrholz (Ø 60 und 90 mm)
  c) Einbauspiel
  1 Falzbekleidung
  2 Falzdichtung
  3 Türzarge/Futterstück
  4 Klebefläche
  5 Sperrholzscheibe (Teller)
  6 Verbindungsscheibe aus Metall
  7 Spreizdübel aus Metall
  8 Zierbekleidung
  9 Betonsturz (Schnitt durch Wandöffnung)
  10 Bohrloch/Befestigungspunkte
  11 Wandsteine

Das Wandöffnungsmaß ist gegenüber den Vorgaben der DIN 18 100 um etwa 20 mm größer vorzusehen.

Tellerankerbeschläge ergeben eine problemlose, sehr sichere, beim Einbau von Sicherheitstüren (einbruchhemmende Türen) und im gehobenen Innenausbau bevorzugte Befestigungsart; außerdem sind sie eine relativ preiswerte und umweltfreundliche Alternative zur Schäumtechnik.

8.4.3 Türzargen aus Holz

Türelemente aus Holz und Holzwerkstoffen werden entweder in Einzel- oder Serienfertigung hergestellt. Individuell geplante Türen – bei denen häufig handwerkliche Konstruktionen die Gestaltungsideen bestimmen – werden funktionellen und ästhetischen Anforderungen unserer Zeit genauso gerecht, wie die auf modernsten Anlagen industriell hergestellten Fertigtüren, die stetigen Qualitätsprüfungen unterliegen.

Um die Entwicklung von den traditionellen Türkonstruktionen zum seriell gefertigten Türelement besser zu verstehen, werden im Folgenden zuerst die nach handwerklichen Grundsätzen gearbeiteten Türkonstruktionen aufgezeigt und erst dann die Auswahlkriterien für Fertigtürelemente besprochen.

Derartige Grundlagenkenntnisse sind nicht zuletzt auch im Hinblick auf eine fachgerechte Altbausanierung unerlässlich.

Türzargen und Türrahmenkonstruktionen

Allgemeines. Jede Drehflügeltür besteht im Wesentlichen aus zwei Teilen: einer fest an der Wand verankerten Türzarge – auch Türrahmen genannt – und einem beweglichen Teil, dem Türblatt.

Von der Art, wie Türzargen bzw. Türrahmen ausgebildet und in der Wandöffnung befestigt sind, hängt es weitgehend ab, welchen Belastungen und Anforderungen die Tür insgesamt genügt, wie geräuscharm und dicht sie schließt und wie die Türansicht im Ganzen wirkt.

In jedem Fall muss die Türzarge mit der Wand unverrückbar fest verbunden sein, da an ihr der Türflügel angeschlagen ist und somit auch die Lasten über die Zarge abgetragen werden.

Größere Türanlagen – beispielsweise mit mehreren verglasten Seitenteilen – benötigen außer-

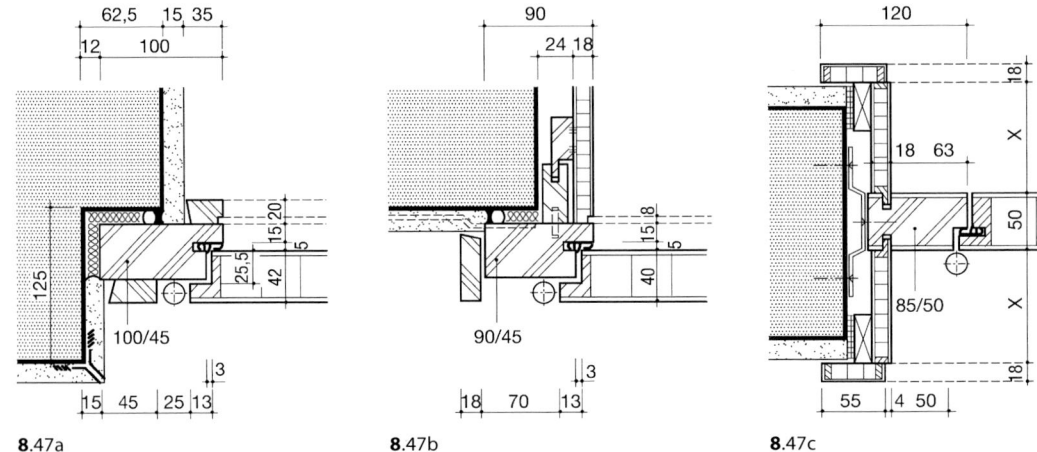

8.47 Konstruktions- und Einbaubeispiele: Türen mit Blendrahmen
a) Blendrahmen in einem Mauerfalz
b) Blendrahmen vor einer Wandfläche
c) Blendrahmen in einer Wandöffnung mit reduziertem lichtem Durchgangsmaß

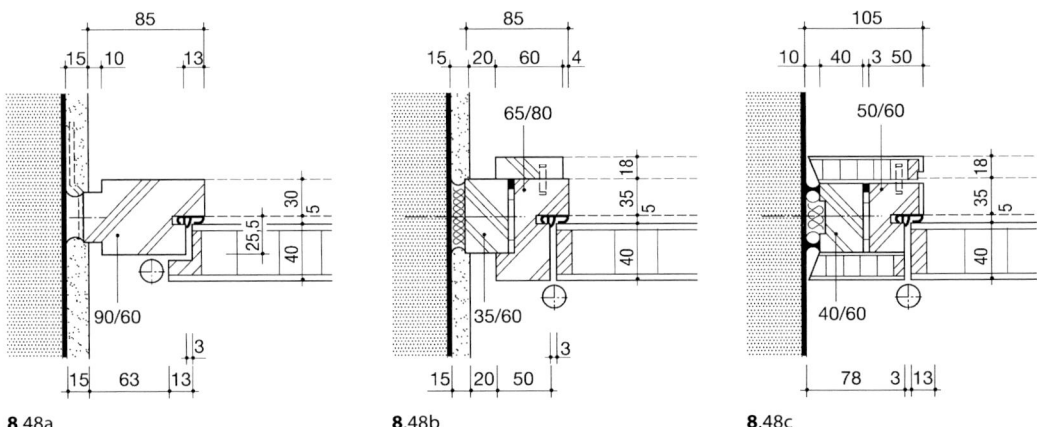

8.48 Konstruktions- und Einbaubeispiele: Türen mit Blockrahmen
a) Einteiliger Blockrahmen (werkseitig grundiert), eingeputzt und nachträglich mit einem Anstrich beschichtet
b) Zweiteiliger Blockrahmen mit Schattenfuge. Auf den unsichtbar befestigten Montagerahmen – bereits im Rohbaustadium montiert und beigeputzt – wird der eigentliche oberflächenfertige Türrahmen erst sehr viel später aufgebracht (Vermeidung von Beschädigungen). Weitere Beispiele s. Bild **8**.25.
c) Zweiteiliger Blockrahmen auf Sichtbetonfläche o. Ä. unsichtbar montiert, die Anschlussfuge ringsumlaufend regelgerecht abgedichtet und beidseitig oberflächenfertig verkleidet.
Der Blockrahmen kann alternativ auch einteilig ausgebildet sein (Bautoleranzen beachten).

dem immer noch verstärkte vertikale Mittelrahmenprofile. Diese können aus einem ausreichend dimensionierten Mittelpfosten, einem Kombinationsprofil (Holz mit Metallrohrverstärkung) oder aus zwei gekoppelten Einzelrahmenprofilen bestehen (Stoßfuge gefälzt oder gefe-

dert und dicht verleimt). Die Kopplungsprofile haben den Vorteil, dass größere Türanlagen in Einzelelemente zerlegt, besser transportiert und bei der Montage vor Ort leichter zu handhaben sind.

8.4 Innentüren

Bauarten. Je nach Bauart der Türumrahmung bzw. Türzarge unterscheidet man Türen mit Blendrahmen, Blockrahmen und Zargenrahmen sowie Türen mit Futter und Bekleidungen.

8.4.3.1 Türen mit Blendrahmen

Blendrahmen (Bild **8**.47) sind aus Vollholz und weisen einen rechteckigen Querschnitt auf. Sie werden entweder in einen Mauerfalz, vor eine Wandfläche oder ohne Anschlag in eine Wandöffnung gesetzt und mit Rohrdübeln (Spreizdübel) oder Ankerlaschen am Baukörper befestigt. Das übliche Mauerfalzmaß beträgt 62,5 mm (1/4 Stein) in der Breite und 125 mm (1/2 Stein) in der Tiefe.

Blendrahmen werden vor allem bei Hauseingangs- und Windfang-, Wohnungsabschluss- und Kellertüren verwendet. Je nach Einsatzort und den sich daraus ergebenden Anforderungen muss die Anschlussfuge zwischen Blendrahmen und Baukörper regelgerecht gemäß Abschn. 8.4.2, Bauteilanschlüsse von Innentüren, ausgebildet sein.

8.4.3.2 Türen mit Blockrahmen

Blockrahmen (Bild **8**.48) bestehen, ähnlich wie die Blendrahmen aus zwei seitlichen und einem oberen Rahmenprofil aus Vollholz mit annähernd quadratischem Querschnitt. Die Blockrahmenprofile können einteilig oder mehrteilig ausgebildet sein.

Türrahmen mit einteiligen Profilen werden meist im Rohbaustadium eingesetzt, mit Federlaschen oder Rohrdübeln am Baukörper befestigt und eingeputzt. Diese Ausführung bietet sich vor allem für Türanlagen an, die nachträglich noch mit einem Anstrich vor Ort beschichtet werden.[1]

Zweiteilig ausgebildete Blockrahmenprofile bestehen aus einem Montagerahmen – der bereits in einem sehr frühen Baustadium montiert und beigeputzt wird – und dem sichtbaren oberflächenfertigen Blockrahmen, der erst nach Abschluss der Ausbauarbeiten sehr viel später eingebaut werden kann (Vermeidung von Beschädigungen). Je nach Einsatzort und den sich daraus ergebenden Anforderungen muss die Anschlussfuge zwischen Blockrahmen und Baukörper regelgerecht gemäß Abschnitt 8.4.2 ausgebildet sein.

Blockrahmen werden beispielsweise bei Hauseingangs- und Wohnungsabschlusstüren, Pendeltüren sowie bei raumhohen Innen- und Außentüren verwendet. Bei der Festlegung der Wandöffnungsmaße nach DIN 18 100 sind die – im Vergleich mit Futtertüren – meist beträchtlich größeren Blockrahmenquerschnitte zu berücksichtigen (Verbreiterung der erforderlichen Rohbauöffnung).

8.4.3.3 Türen mit Zargenrahmen

Zargenrahmen (Bild **8**.49) decken die Leibungen der Wandöffnungen vollflächig ab, ihre Tiefe entspricht in der Regel der jeweiligen Wanddicke. Ein Überstand der Zargenkanten gegenüber den angrenzenden Wandflächen ist ebenfalls möglich, wobei auf den Sockelleistenanschluss zu achten ist.

Der Zargenrahmen wird üblicherweise aus Holzwerkstoffen mit Vollholzanleimern gefertigt (Kantenschutz) und entweder sichtbar oder unsichtbar an der Leibung befestigt. Materialgerechte Anschlüsse zwischen Wandputz und Holzzarge – in Form einer umlaufenden Trenn- bzw. Schattenfuge – lassen sich mit Putzschienen aus verzinktem Stahlblech oder Deckleisten aus Holz herstellen. Die Putzabschlussschienen dienen gleichzeitig als Putzhilfe (Abziehkante) und Kantenschutz.

Zargenrahmenkonstruktionen eignen sich für Innentüren in sturzhoher und raumhoher Ausführung mit Oberlicht oder Oberblende. Weitere Einzelheiten sind der Fachliteratur [12] zu entnehmen.

8.4.3.4 Türen mit Futter und Bekleidungen

Bei Futterrahmentüren (Bild **8**.50) bestehen die mit dem Baukörper fest verbundenen Teile aus dem sog. Futter sowie einer Falz- und Zierbekleidung. Die Breite des Türfutters entspricht in etwa der jeweiligen Wanddicke, so dass der Futterrahmen die Leibung der Wandöffnung vollflächig abdeckt. Durch die beidseitig aufgebrachten Bekleidungen wird die Fuge zwischen Türfutter und Wand geschlossen. Futter und Bekleidung bilden zusammen einen Falz, in den das Türblatt – gefälzt oder ungefälzt – einschlägt.

---

[1] Gemäß DIN 18 355, Tischlerarbeiten, müssen Außenbauteile vor dem Einbau und vor der Verglasung – allseitig – mindestens mit einem Grundanstrich und einem Zwischenanstrich beschichtet sein.
In keinem Fall ist es zulässig, unbehandelte Holzbauteile (z. B. Tür- oder Fensterrahmen) ohne Grundierungen zu montieren.

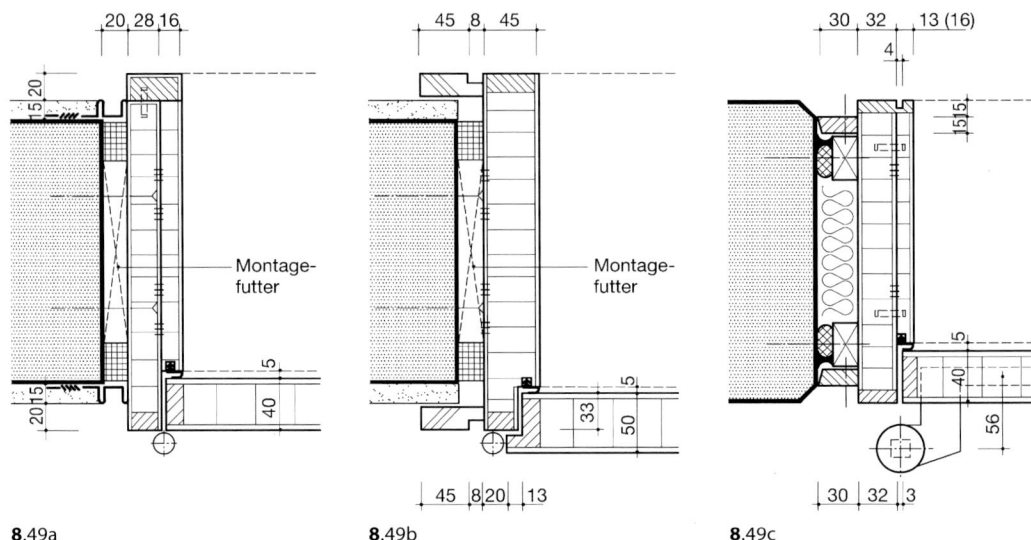

8.49a   **8**.49b   **8**.49c

8.49   Konstruktions- und Einbaubeispiele: Türen mit Zargenrahmen
- a) Aufgedoppelter Zargenrahmen mit Montagefutter und ungefälztem Türblatt. Das bereits im Rohbaustadium genau winkel- und lotrecht montierte Montagefutter mit Putzschienen ermöglicht den erst sehr viel späteren Einbau des oberflächenfertigen Zargenrahmens (unsichtbare Befestigung)
- b) Ausgefälzter Zargenrahmen mit Montagefutter und gefälztem Türblatt (unsichtbare Befestigung)
- c) Aufgedoppelter Zargenrahmen mit gedämmter und abgedichteter Anschlussfuge an Sichtbetonwand, ungefälztem Türblatt und Bodentürschließer (unsichtbare Befestigung)

Futterrahmenkonstruktionen eignen sich für Innentüren, meist in sturzhoher Ausführung; raumhohe Konstruktionen sind jedoch ebenfalls möglich.

Bild 8.50a zeigt eine nach handwerklichen Grundsätzen hergestellte Futterrahmentür, die in dieser Konstruktionsart nur noch bei der Altbausanierung gefragt ist. Zeitgemäße Türen mit Futter und Bekleidungen sind in Bild **8**.50b–d dargestellt.

- **Futterrahmen** wurden früher bis zu einer Wanddicke von 11,5 cm aus 22 mm, bei größeren Wanddicken aus 24 bis 26 mm dickem und verleimtem Vollholz (z. B. Fichte) gefertigt. Bei modernen Konstruktionen werden Holzwerkstoffe (Sperrholz- oder Holzspanplatten) verwendet.
Die beiden oberen Ecken wurden ehemals gezinkt und verleimt. Bei neueren Bauarten sorgen Feder- oder Dübelverbindungen – meist zusammen mit Spannbeschlägen (Exzenterbeschläge) – für einen festen Eckverbund.
Vor Ort wird der Futterrahmen entweder auf den Estrich oder Fertigfußboden aufgesetzt und sichtbar oder unsichtbar an der Leibung der Wandöffnung befestigt. Hierzu wurden früher konisch zugeschnittene Holzstücke (sog. Holzdübel), später nagelbare Dübelsteine (Bild **8**.45) in das Mauerwerk eingesetzt und die Futterteile daran mit Nägeln (versenkt und ausgekittet) oder mit Schrauben befestigt. Moderne Befestigungsmittel sind in Abschn. 8.4.2 beschrieben.

- **Falzbekleidung.** In die Falzbekleidung werden die Beschläge wie Türbänder auf der einen und das Schließblech auf der anderen Seite eingelassen. Die oberen Ecken der Bekleidung – meist auf Gehrung geschnitten – sind mit Federn oder Dübel verbunden und verleimt. Moderne Eckverbinder zeigt beispielhaft Bild **8**.55.
Bei deckend zu streichenden (beschichteten) Türen wird die fertige Falzbekleidung auf die Futterkante geleimt und gestiftet, bei furnierten Bekleidungen durch Dübel o. Ä. unsichtbar mit dem Futterrahmen verbunden.

- **Zierbekleidung.** Die Zierbekleidung wird erst nach dem Einbau des Futters vor Ort aufgebracht. Unebenheiten der angrenzenden Putzflächen können durch entsprechend ausgebildete Schattenfugen oder Deckleisten – die erst nach dem Tapezieren der Wandfläche anzubringen sind – abgedeckt werden.

8.4.3.5 Türen mit einbaufertigen Holzwerkstoffzargen

Einbaufertige Holzwerkstoffzargen (Bild **8**.52) sind serienmäßig hergestellte Bauelemente des Innenausbaues, die am Einsatzort in der Regel keiner Oberflächenbehandlung mehr bedürfen.

8.4 Innentüren

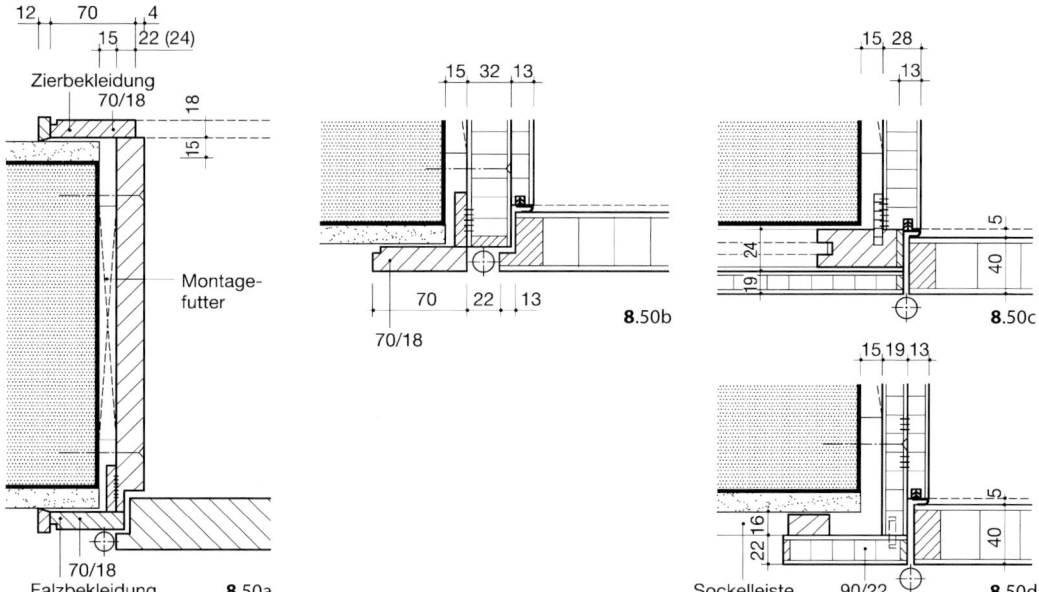

8.50 Konstruktions- und Einbaubeispiele: Türen mit Futter und Bekleidungen
a) Nach handwerklichen Grundsätzen hergestellte Futterrahmentür. Futter, Bekleidungen und Türblatt bestehen aus Vollholz (z. B. Fichte für deckenden Anstrich). Nicht mehr übliche Bauart, hinsichtlich der Altbausanierung jedoch noch von Interesse.
b) Aufgedoppelter Futterrahmen aus Holzwerkstoffen mit Eckverstärkung durch eingeleimte Leiste (unsichtbare Befestigung)
c) Stumpf einschlagendes Türblatt flächenbündig mit Wandbekleidung aus Holzwerkstoffen liegend (Unterkonstruktion + Vertäfelung = Türblattdicke + Falzdichtung). Futterrahmen und Unterkonstruktion sind über eine Federverbindung fest verbunden.
d) Aufgedoppelter Futterrahmen mit Stumpftür und bündig liegender Falzbekleidung. Ausgeprägte Nutbildung auf der Rückseite der Bekleidung, um unebene Wandflächen (z. B. Rauputz, Sichtbetonwand) sowie die Sockelleiste im Bodenbereich aufnehmen zu können.

Sie werden überwiegend aus Holzwerkstoffen in Kombination mit Vollholz gefertigt und bestehen aus einem Türfutter, der Falzbekleidung und einer – entsprechend der jeweiligen Wanddicke – tiefenverstellbaren Zierbekleidung.

Die sichtbaren Flächen der Zargen sind üblicherweise furniert oder mit einer Decklage aus Folie oder dekorativen Schichtstoffplatten beleimt. Die dem Baukörper zugewandte Seite (Rückseite) ist meist mit einem Gegenzugpapier beschichtet und soll unter anderem den Feuchtigkeitsübergang vom Baukörper in die Zarge behindern.

Alle Zargenteile werden zusammen mit dem Türblatt – in gleicher oder anderweitiger Oberflächenbeschichtung – als handlich verpackte Einheit angeboten. Einige Ausführungsvarianten von sturz- und raumhohen Zargenelementen mit Oberlicht oder Oberblende zeigt Bild **8**.51.

Maßkoordination. Die einbaufertige Holzwerkstoffzarge ist im Sinne der Baurationalisierung nicht mehr wegzudenken. Die Verwendung derartiger Fertigelemente setzt jedoch eine entsprechende Maßkoordination bei der Bauplanung, die Einhaltung der in DIN 18 100 genormten Öffnungsmaße für Türen (Bild **8**.7) sowie die Beachtung der in DIN 18 202 vorgegebenen Ebenheitstoleranzen von Wandflächen (Tab. **2**.21, Teil 1 dieses Werkes) bei der Bauausführung voraus.

Beim Verputzen der Wände sind daher Putzbretter in die Wandöffnungen zu stellen (Abzugskanten für den Putzer) und zwingend unveränderbare Meterrissmarkierungen (Meterrissbolzen) als Bezugspunkte zur maßgerechten Montage anzubringen. Die Holzwerkstoffzargen sind erst nach weitgehender Fertigstellung der übrigen Ausbauarbeiten einzubringen, um Beschädigungen der fertigen Oberflächen zu vermeiden.

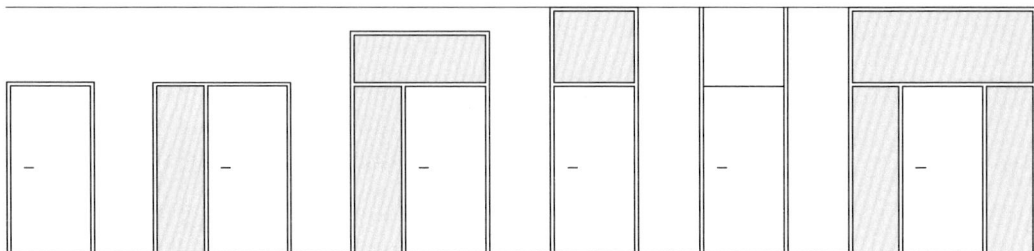

8.51 Schematische Darstellung einiger Ausführungsvarianten von Türelementen mit einbaufertigen Holzwerkstoffzargen.

Normen. Türzargen aus Holz und Holzwerkstoffen für Innentüren sind in DIN 68 706-2 unter Beachtung der DIN 68 706-1 (Türblätter) und DIN 18 101 (Türblattgrößen, Bandsitz und Schlosssitz) genormt. Hierbei handelt es sich vorwiegend um seriell hergestellte, oberflächenfertige Zargenelemente, deren Einzelteile nach den Montagevorschriften der Hersteller zusammengebaut und auf den fertigen Fußboden (OKF) aufgesetzt werden. Für die Ausführung der Tischlerarbeiten ist die VOB Teil C, DIN 18 355, für Beschlagarbeiten DIN 18 35 maßgebend. Den aktuellen Stand der Normung s. Abschn. 8.8.

DIN EN 942, Holz in Tischlerarbeiten, beschreibt das Sortierverfahren von Vollholz nach der sichtbaren Qualität in Tischlerarbeiten und den Feuchtegehalt von Vollholz nach den vorgesehenen Einsatzbedingungen. Güte- und Prüfbestimmungen für Türzargen aus Holz und Holzwerkstoffen (Innentüren) sind in RAL-GZ 426-2 festgelegt. Vgl. hierzu auch Fußnote Abschn. 8.4.1.4, Einsatzempfehlungen.

Auswahlkriterien. Einbaufertige Holzwerkstoffzargen für Innentüren weisen unterschiedliche Konstruktions- und Qualitätsmerkmale (mit zum Teil deutlichen Preisdifferenzen) auf. Als wesentliche Auswahlkriterien gelten (Bild **8**.52)
- problemloser Zusammenbau der meist oberflächenfertigen Einzelteile,
- einfache Montage vor Ort und sichere Befestigungsmöglichkeit am Baukörper,

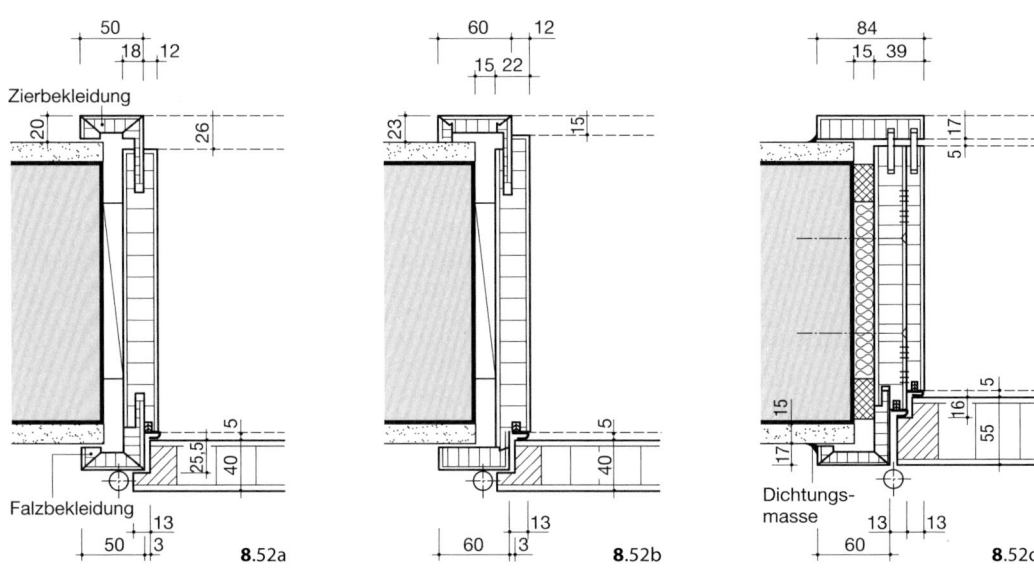

8.52 Konstruktions- und Einbaubeispiele: Türen mit einbaufertigen Holzwerkstoffzargen
   a) bis b) Einteiliger Zargenrahmen (Türfutter mit angeleimter Falzbekleidung) und tiefenverstellbarer Zierbekleidung.
   WESTAG + GETALIT sowie WIRUS-Bauelemente
   c) Aufgedoppelter Zargenrahmen mit Doppelfalz und tiefenverstellbarer Zierbekleidung (Schallschutztür). Unsichtbare Befestigung.
   WIRUS-Bauelemente, Gütersloh

8.4 Innentüren

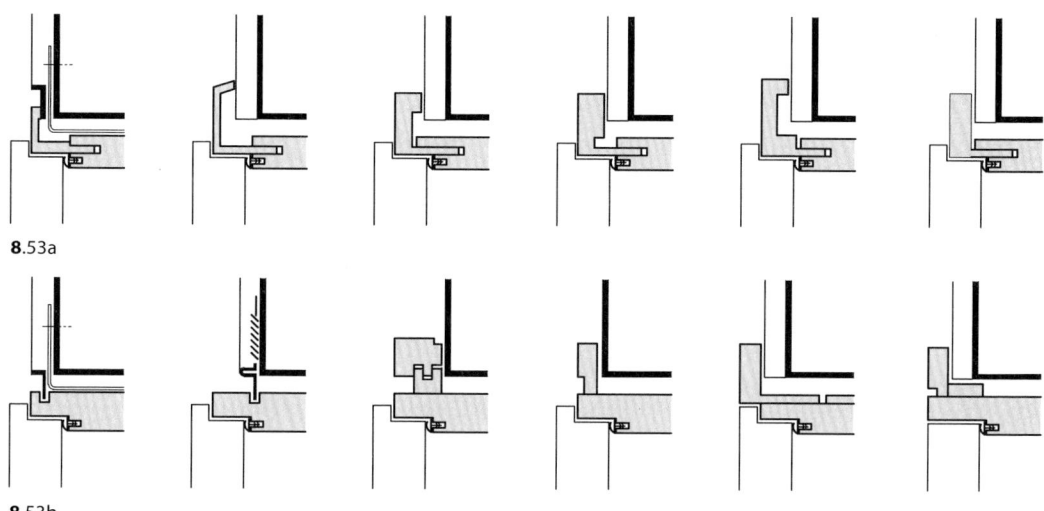

8.53a

8.53b

8.53 Schematische Darstellung von einteiligen Zargenrahmen
  a) Zargenrahmen (Türfutter) mit Bekleidungen
  b) Zargenrahmen (Türfutter) ohne Bekleidungen

- ausreichende Anpassungsfähigkeit an die jeweilige Wanddicke (Tiefenverstellbarkeit),
- ausreichende Stabilität und Beständigkeit gegen Stoß (Kantenbereich),
- funktionsgerechte Befestigung der Beschläge (Türblattgewicht, Türsicherung),
- geräuscharmes und dichtes Schließen der Tür auch bei Verformung des Türblattes (Falzdichtung, ggf. mit Bodendichtung),
- ansprechende Oberflächengestaltung und Formgebung

Einteilige Zargenrahmen. Wie Bild **8.**53 zeigt, werden von den Herstellern einteilige Zargenrahmen (Türfutter) mit und ohne Bekleidungen angeboten. Diese kompakten Zargen sind relativ einfach herzustellen und zeichnen sich durch ein hohes Maß an Stabilität aus. Die Tiefenverstellbarkeit ist bei manchen Produkten zwar teilweise begrenzt, bei Beachtung der Ebenheitstoleranzen von Wandflächen nach DIN 18 202 jedoch von untergeordneter Bedeutung.

Mehrteilige Zargenrahmen. Als Vorteil der in Bild **8.**54 dargestellten mehrteiligen Zargenrahmen (Türfutter) gilt, dass sie eine große Tiefenverstellbarkeit aufweisen und somit bei Bedarf an nahezu jede Wanddicke angepasst werden können. Auch die Befestigung am Baukörper ist problemlos, da durch ein zweites, aufgeschobenes und fest verleimtes Futterstück (Aufdopplung) alle Befestigungspunkte unsichtbar abgedeckt werden. Nachteilig kann sich der verhältnismäßig große Fertigungsaufwand – und bei einzelnen Produkten – die teilweise geringere Stabilität des mehrteiligen Zargenrahmens auswirken.

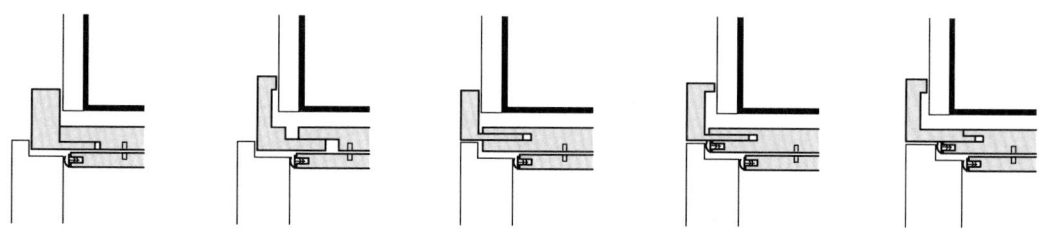

8.54 Schematische Darstellung von mehrteiligen Zargenrahmen (Türfutter) mit Bekleidungen

8 Türen, Zargen und Schlösser

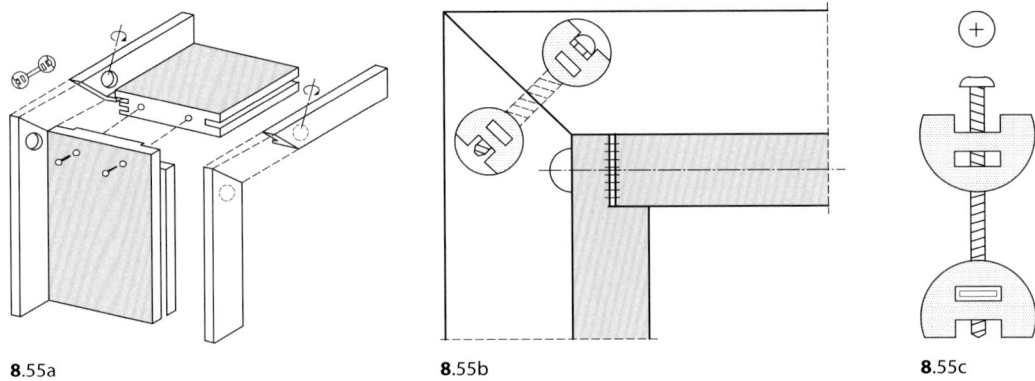

8.55a   **8**.55b   **8**.55c

8.55 Schematische und beispielhafte Darstellung des Zusammenbaues von einbaufertigen Holzwerkstoffzargen
  a) Einzelteile der Zarge vom Hersteller für den Zusammenbau vor Ort geliefert: Türfutter mit angeleimter Falzbekleidung und lose beigelegter Zierbekleidung
  b) obere Eckverbindung von Türfutter und Bekleidung   c) Universal-Eckverbinder (Spannbeschlag)
  ELEPART-System, Velbert

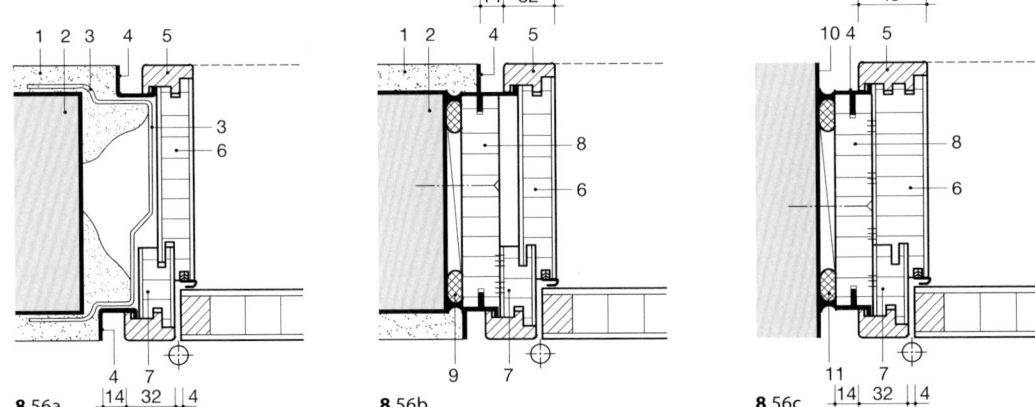

8.56a   **8**.56b   **8**.56c

8.56 Konstruktions- und Einbaubeispiele: Türen mit einbaufertigen Systembauzargen. Vgl. hierzu auch Bild **8**.114.
  a) Zweiteilige Holzwerkstoffzarge mit Metall-Unterkonstruktion und daran angeschweißten U-förmigen Alu-Profilen (Schattenfugen). Der bereits im Rohbaustadium montierte und beigeputzte Montagerahmen ermöglicht den erst sehr viel späteren Einbau der oberflächenfertigen Holzzargenteile (unsichtbare Befestigung)
  b) Zweiteilige Holzwerkstoffzarge mit Montagefutter und ringsumlaufenden U-Profilen (unsichtbare Befestigung)
  c) Zweiteilige Holzwerkstoffzarge mit Montagefutter, ringsumlaufenden L-Profilen und elastisch abgedichteter Anschlussfuge an Sichtbetonwand (unsichtbare Befestigung)
    1 Wandputz
    2 Mauerwerk
    3 Metallbügel (Metall-Unterkonstruktion)
    4 Aluminium-Profil, angeschweißt (Schattenfuge)
    5 Massivholz-Kantumleimer
    6 Türfutter (Zierbekleidung)
    7 Falzbekleidung mit Dichtungsprofil
    8 Montagefutter aus Holzwerkstoff
    9 Anschlussfuge mit Vorfüllprofil und elastoplastischer Dichtmasse
  10 Sichtbetonwand
  11 Komprimiertes Dichtungsband mit elastoplastischer Abdichtung
  neuform Türenwerk, H. Glock, Erdmannshausen

8.4 Innentüren

Zusammenbau der Holzwerkstoffzargen (Bild **8**.55). Die Einzelteile der Innentürzargen – Türfutter, Falz- und Zierbekleidung – werden nach den Montagevorschriften der Hersteller vor Ort zusammengebaut und unter Einsatz von Schrauben, Leim und Spezial-Spannbeschlägen (Exzenterbeschläge) fest miteinander verbunden. Die Eckverbindungen der vertikalen Bekleidungsteile mit dem oberen Querstück können stumpf oder auf Gehrung ausgeführt sein. Die Gefahr einer Beschädigung ist bei einer Gehrung im Allgemeinen größer als bei stumpfen Verbindungen. Auf die Abschnitte 8.3.2 und 8.4.2, Bauteilanschlüsse von Türen, wird verwiesen.

Bild 8.56 zeigt einbaufertige Systembauzargen mit Metall-Unterkonstruktionen oder Holz-Montagefutter und Alu-Profilen, die bereits in einem sehr frühen Baustadium montiert und beigeputzt werden. Daraus ergibt sich, dass die oberflächenfertigen Holzzargenteile erst sehr viel später – nach Abschluss der Ausbauarbeiten – und damit ohne baustellenbedingte Beschädigungen eingebaut werden können.

Diese Systembauzargen eignen sich für hochwertige Wohnbauten genauso, wie für Objekttüren in Büro- und Verwaltungsgebäuden, Banken, Hotels usw. Sie sind in sturzhoher und raumhoher, einbruch- und schallhemmender sowie klimabeständiger Ausführung lieferbar. Einzelheiten sind [51] zu entnehmen.

8.4.4 Türblätter aus Holz

Ähnlich wie zuvor bei den Außentüren (s. Abschn. 8.3.3) werden auch in diesem Abschnitt zuerst die nach handwerklichen Grundsätzen gearbeiteten Türblattkonstruktionen aufgezeigt und erst dann die Auswahlkriterien für industriell hergestellte Fertigtürblätter besprochen.

Bauarten. Je nach Bauart des Türblattes unterscheidet man Latten- und Brettertüren, Vollholzrahmentüren und Sperrtüren sowie Schutz- und Sondertüren gemäß Abschn. 8.6.

Die entsprechenden **Normen** sind in Abschn. 8.8 angeführt.

8.4.4.1 Türblattkonstruktionen von Latten- und Brettertüren

Lattentüren. Lattentüren eignen sich zum Abschluss von Keller-, Lager- und Dachbodenräumen. Sie bestehen aus ungehobelten oder gehobelten Latten (40 bis 50 mm breit, 25 bis 35 mm dick), die senkrecht in Abständen von 20 bis 25 mm auf zwei Querriegel und eine Strebe (100 bis 120 mm breit, 30 bis 35 mm dick) genagelt oder geschraubt werden.

Stumpf verleimte Türen. Vollholztüren aus bis zu 120 mm breiten und etwa 30 mm dicken, senkrecht angeordneten Brettern.

Brettertüren. Brettertüren werden aus 120 bis 160 mm breiten und 25 bis 30 mm dicken, gehobelten und gespundeten Einzelbrettern (= angefräste Nut- und Federverbindung) hergestellt, die senkrecht auf 120 mm breite und 30 mm dicke Querriegel bzw. Diagonalstreben genagelt oder geschraubt sind. Weitere Informationen zu diesen Türblattkonstruktionen s. Abschn. 8.3.3.1, Bild **8**.21

8.4.4.2 Türblattkonstruktion von Rahmentüren

Rahmentürblätter für den Innenbereich können aus Vollholz oder Holzwerkstoffen – wie beispielsweise Sperr-, Span- und Faserholzplatten – gefertigt sein.

Das Zusammenfügen von Vollholz-Rahmenfriesen erfolgt durch gestemmte Zapfen mit Nutzapfen (ältere Bauart). Im industriellen Türrahmenbau hat sich bei Vollholz die Dübelverbindung mit Nutzapfen durchgesetzt (Vergl. Bild **8**.57).

Die beiden seitlichen Rahmenfriese und der obere Querfries sind in der Regel gleich breit (120 bis 150 mm), während der untere Rahmenfries häufig breiter angenommen wird (220 bis 280 mm). Die Friesdicke liegt bei normalen Innentüren zwischen 40 und 45 mm, je nach Türblattgröße und Beanspruchung auch darüber.

Bei Innentüren können die Rahmenfriese des Türblattes auch aus furnierten und mit Anleimern versehenen Holzwerkstoffplatten bestehen, die stumpf zusammengedübelt sind.

Konstruktionsmerkmale von Rahmentürblättern

- **Gestemmte Rahmenverbindungen** (Bild **8**.58c). Bei Rahmentüren älterer Bauart aus Vollholz sind die Friese durch Zapfen verbunden. An den Querfriesen angeschnittene Zapfen mit Nutzapfen greifen dabei in Stemmlöcher der senkrechten Rahmenhölzer und werden mit diesen punktweise verleimt (nur 1/3 des Zapfens)[1]. Die Stoßfuge wird durch einen Nutzapfen gesichert, dessen Länge in der Regel der Nuttiefe zur Aufnahme der Füllung entspricht.

---

[1] DIN EN 204 gilt für die Einstufung von **Klebstoffen** für nichttragende Bauteile zur Verbindung von Holz und Holzwerkstoffen.
In Tabelle 1 dieser Norm erfolgt die Beschreibung der Beanspruchungsgruppen D1 bis D4 unter Berücksichtigung entsprechender Klimabedingungen und Anwendungsbereiche. Der Tabelle ist zu entnehmen, dass bei Bauteilen, die im Außenbereich eingesetzt und der Witterung ausgesetzt sind, Klebstoffe der Beanspruchungsgruppe D4 zu verwenden sind.

8.57a **8**.57b

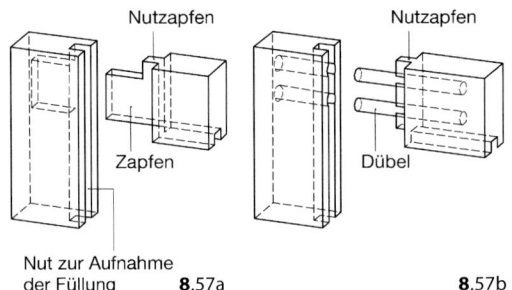

8.57 Schematische Darstellung von üblichen Eckverbindungen bei Rahmentüren aus Vollholz
a) Eckverbindung mit gestemmtem Zapfen und Nutzapfen (gestemmte Rahmenverbindung)
b) Eckverbindung mit Dübeln und Nutzapfen (gedübelte Rahmenverbindung)

8.58a **8**.58b **8**.58c

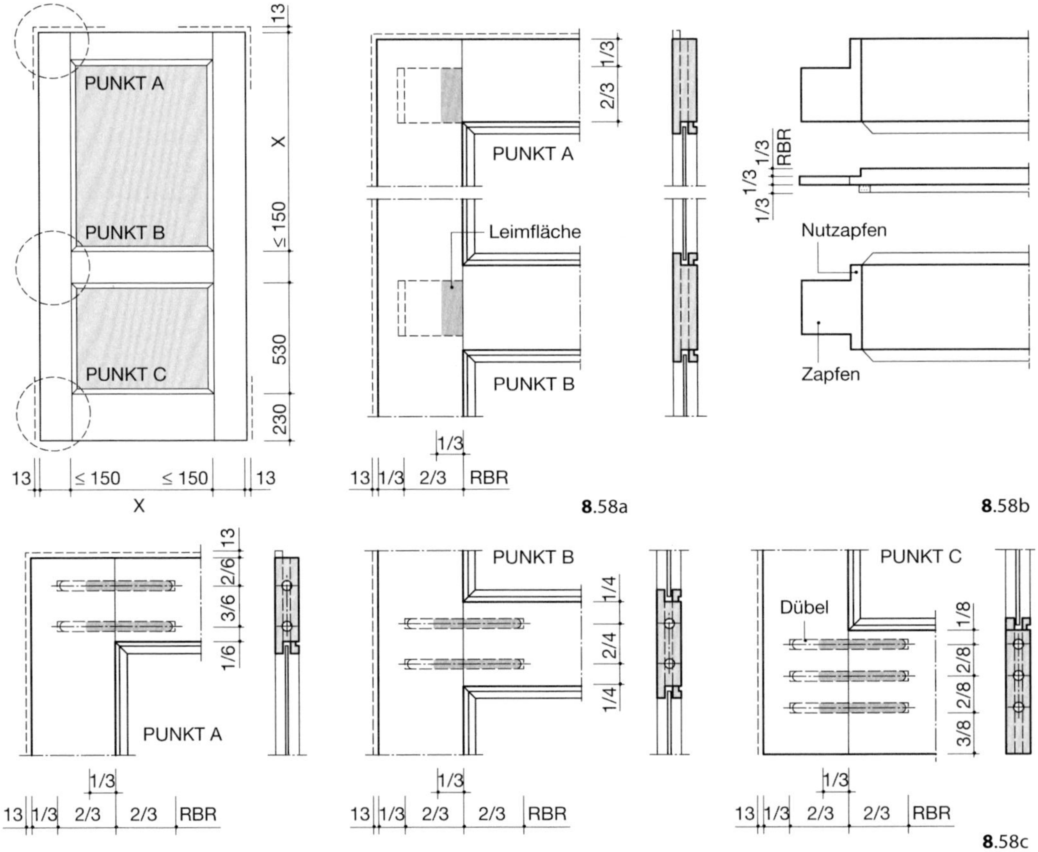

8.58 Konstruktionsbeispiel einer einfachen Rahmentür aus Vollholz: Innentürblatt mit Rahmen und Füllungen
a) Ansicht des Rahmentürblattes
b) Verbindung der Rahmenfriese mit gestemmten Zapfen und Nutzapfen (gestemmte Rahmenverbindung)
c) Verbindung der Rahmenfriese mit Dübeln und Nutzapfen (gedübelte Rahmenverbindung)
Punkt A: obere Eckverbindung
Punkt B: Mittelfries-Rahmenverbindung
Punkt C: untere Eckverbindung

8

8.4 Innentüren

8.59 Füllungen für Rahmentürblätter (Beispiele)
a) eingenutete Vollholzfüllung
(nicht herausnehmbar)
b) überschobene Füllung (nicht herausnehmbar)
c) zweiseitig verleistete, aufgedoppelte Füllung aus Holzwerkstoffen
d) in Falz gelegte Füllung mit Dämmschicht und Dampfsperren aus Alu-Blech (Sandwichkonstruktion)
e) zweiseitig verleistete, einfache Glasfüllung
f) in Falz gelegte Füllung aus Mehrscheiben-Isolierglas mit Vorlegeband, Dichtungsmasse und Glasleiste

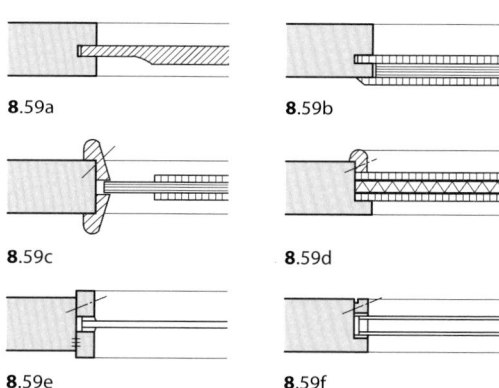

8.59a 8.59b
8.59c 8.59d
8.59e 8.59f

Die früher üblicherweise durchgestemmten, von außen verkeilten und somit im Türfalz sichtbaren Zapfenverbindungen werden bei Innentüren heute kaum mehr eingesetzt (unterschiedliche Schwindrichtungen/Volumenänderungen von Längs- und Querholz beachten!). Einzelheiten hierzu sind [21] zu entnehmen.

- **Gedübelte Rahmenverbindungen** (Bild **8**.58c). Gedübelte Rahmenverbindungen sind einfacher und damit preiswerter herzustellen. Bis zu 150 mm Rahmenfriesbreite sind zwei Dübel, über 150 mm Friesbreite drei Dübel vorzusehen. Der Dübeldurchmesser beträgt in der Regel 16 mm (2/5 der Friesdicke), die Dübellänge etwa 2/3 der Friesbreite.
Bei Außentüren weisen die gedübelten Querfriese aus Vollholz immer noch zusätzlich einen angeschnittenen Nutzapfen zur Sicherung der Dichtheit der Stoßfuge auf.
Bei Innentüren aus Holzwerkstoffplatten werden die Rahmenfriese üblicherweise stumpf zusammengedübelt und verleimt.

- **Mittelfries-Verbindungen.** Waagerechte Mittelfriese gliedern je nach Bedarf und formalen Vorstellungen das Türblatt. Sind Einsteckschlösser vorgesehen, ist darauf zu achten, dass in Schlosshöhe (DIN 18 101) möglichst kein Querfries angeordnet wird, da sonst beim Einfräsen der Schlosstasche der Zapfen bzw. die Dübel weggefräst werden. Sind die senkrechten Rahmenfriese jedoch genügend breit angelegt, braucht darauf keine Rücksicht genommen zu werden.

- **Untere Querfriese.** Die unteren Querfriese sind aus konstruktiven (Aussteifung) und formalen Gründen bei Außentüren, Fenstertüren usw. häufig sehr breit gewählt. Damit derart breite Vollholz-Rahmenfriese ungehindert „arbeiten" (Quellen, Schwinden) können – ohne Spannungen und damit Verformungen des Türblattes auszulösen –, werden diese aus zwei Teilen hergestellt und durch eine nach oben gerichtete angefräste Feder (Schlagregen beachten) unverleimt miteinander verbunden und außenseitig abgedichtet (Bild **8**.22). Außerdem wird stirnseitig jedes Friesteil für sich in die seitliche Rahmenfriese eingezapft (Schlitz- und Zapfenverbindung) oder gedübelt (mit angeschnittenem Nutzapfen) und nur punktweise verleimt (1/3 der Zapfen- bzw. Dübellänge), so dass die seitlichen Friese ungehindert von außen nach innen schwinden können.

- **Rahmenfüllungen.** (Bild **8**.59) können aus den unterschiedlichsten Materialien und Bauarten bestehen, wie beispielsweise aus Vollholz, Sperr-, Span- und Faserholzplatten, Materialkombinationen (Sandwichplatten), Mehrscheiben-Isolierglas u. a.).

Witterungseinflüsse, Schutz vor Einbruch, Forderungen an Wärme- und Schalldämmung, Tageslichteinwirkung sowie gestalterische Absichten bestimmen weitgehend Materialwahl und Einbauart. Füllungen können unter anderem in Nuten eingeschoben, in Fälze eingelegt oder stumpf zwischen beidseitig angebrachten Falzstäben angeordnet werden. Außerdem können sie mehrschichtig ausgebildet sein (Sandwichkonstruktion mit Dämmmaterial und raumseitig aufgebrachter Dampfsperre).

Bei Füllungen, die der Witterung ausgesetzt sind, ist immer darauf zu achten, dass das Regenwasser rasch ablaufen und in keine nach innen fallenden Fugen oder Nuten eindringen kann. Holzflächen, auf oder zwischen denen Wasser stehen bleibt, verfaulen trotz Oberflächenbehandlung früher oder später.

Verglasungen müssen dicht und für den Reparaturfall einfach austauschbar sein. Bei Außentüren werden Mehrscheiben-Isolierglas und ggf. einbruchhemmende Verglasungen eingesetzt. Das Einglasen erfolgt üblicherweise mit Vorlegebändern und spritzbaren Dichtstoffen oder vorgefertigten Dichtprofilen. S. hierzu Abschn. 6.4, Verglasungen von Fenstern.

8.4.4.3 Aufgedoppelte Innentüren aus Holz und Holzwerkstoffen

Aufgedoppelte Innentüren (Bild **8**.60) sind häufig integrierter Bestandteil angrenzender Wandbekleidungen. Die Sichtflächen der Türaufdopplung und die der Wandbekleidung liegen dabei oberflächenbündig zueinander, so dass die Vertäfelung, Verbretterung oder einfach das Furnierbild großflächig, ohne nennenswerte Unterbrechungen durchläuft. Werden dabei noch Bodentürschließer verwendet, sind auch kaum Beschlagteile erkennbar.

8 Türen, Zargen und Schlösser

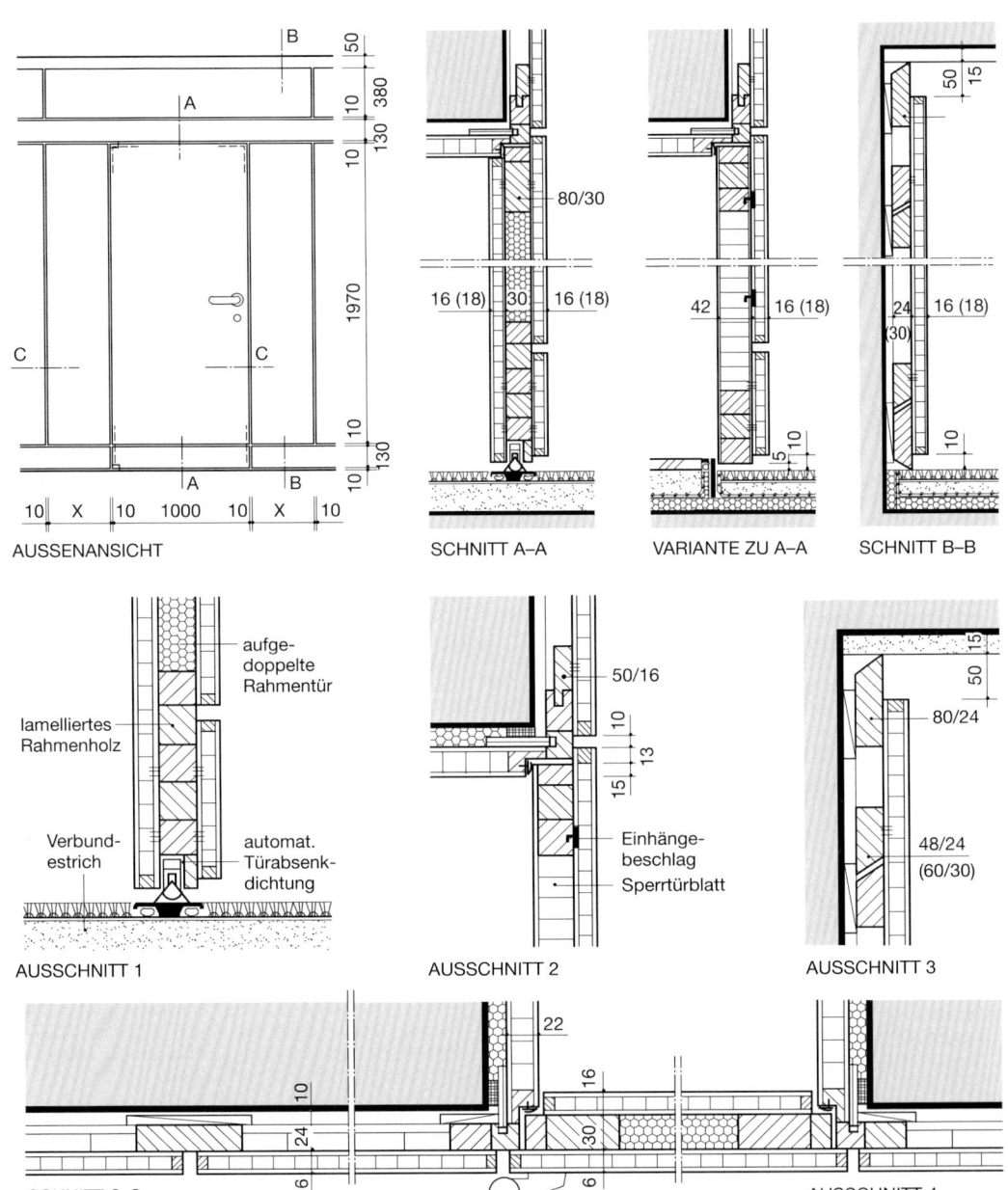

8.60 Konstruktionsbeispiel: Aufgedoppelte Innentür mit Bodentürschließer als integriertem Bestandteil der angrenzenden Wandbekleidung aus Holz und Holzwerkstoffen (Einzelanfertigung)
Schnitt A–A: Beidseitig aufgedoppelte Rahmentür mit lamelliertem Rahmenholz, Dämmstoffeinlage sowie Boden- und Falzdichtung gegen Schallübertragung. Obere Wandbekleidung ist mit Nutklötzen lose eingehängt
Variante zu A–A: Einseitig aufgedoppeltes, biegesteifes Sperrtürblatt. Die bewegliche Befestigung der Aufdoppelung mit Einhängebeschlägen soll ein Verziehen des Türblattes ausschließen.
Schnitt B–B: Vertikalschnitt durch die raumhohe Wandbekleidung, lose eingehängt in eine konisch ausgebildete Unterkonstruktion
Schnitt C–C: Horizontalschnitt durch Wandbekleidung und beidseitig aufgedoppeltes Rahmentürblatt

8.4 Innentüren

Wie Bild **8**.60 zeigt, kann die biegesteife Tragkonstruktion von aufgedoppelten Innentürblättern entweder aus einem Vollholzrahmen oder aus einem glatten Sperrtürblatt bestehen. Die zuvor bei den Außentüren genannten Konstruktionsregeln bezüglich des Aufbringens von Aufdopplungen sind auch bei Innentürblättern zu beachten, insbesondere bei Sonder- und Schutztüren.[1]

Einseitiges Aufleimen von Vorsatzschalen, Tafeln, Leisten oder Stäben führt fast immer zum Verziehen des Sperrtürblattes. Daher müssen auch bei Innentüren die zusätzlichen Aufdopplungen beweglich aufgebracht werden.

In diesem Zusammenhang ist auch zu beachten, dass Beschichtungen aller Art (z.B. Anstriche, Lacke) sowie Schichtstoffplatten u. a. immer nur beidseitig in gleicher Dicke und Beschaffenheit auf Sperrtürblätter aufkaschiert werden dürfen. Einseitig aufgebrachte oder ungleichartige Beschichtungen führen nahezu zwangsläufig zu Verformungen freistehender Türblätter. Vgl. hierzu auch Abschn. 8.4.1.4, Türblattverformungen durch Klimaeinflüsse.

8.4.4.4 Türblattkonstruktionen von Sperrtüren

Sperrtürblätter bestehen im Wesentlichen aus einem Rahmen, der Einlage und den beidseitigen Deckplatten aus Holzwerkstoffen. Aufgrund der früher überwiegend verwendeten Deckplatte aus Sperrholz werden sie in der Baupraxis als „Sperrtür" bezeichnet.

Normen. Türblätter aus Holz und Holzwerkstoffen für Innentüren sind in DIN 68 06-1 unter Beachtung der DIN 18 101 (Türblattgrößen, Bandsitz und Schlosssitz) genormt. Diese Norm gilt vorwiegend für seriell hergestellte Sperrtürblätter und Türblätter für Sondertüren, jedoch nicht für Vollholzrahmentüren.

DIN EN 942, Holz in Tischlerarbeiten, beschreibt das Sortierverfahren von Vollholz nach der sichtbaren Qualität in Tischlerarbeiten und den Feuchtegehalt von Vollholz nach den vorgesehenen Einsatzbedingungen. S. hierzu Fußnote Abschn. 8.3.3.2.

Für die Ausführung der Tischlerarbeiten ist die VOB Teil C, DIN 18 355, für Beschlagarbeiten DIN 18 357 maßgebend.

---
[1] Gemäß DIN 18 355, Tischlerarbeiten, muss der Feuchtegehalt von fertig zusammengebauten **Innenausbauteilen** aus Holz und Holzwerkstoffen (z.B. Einbauschränke, Wand- und Deckenbekleidungen, Innentüren) – die nicht mit der Außenluft in Verbindung stehen – bezogen auf das Darrgewicht 6 bis 10% betragen, wenn diese den Herstellerbetrieb verlassen. Dabei geht man von beheizten Gebäuden mit Raumtemperaturen von etwa 21 °C aus.

Güte- und Prüfbestimmungen für Türblätter aus Holz und Holzwerkstoffen (Innentüren) sind in RAL-GZ 426 festgelegt. Vgl. hierzu auch Fußnote Abschn. 8.4.3 sowie Tab. **8**.44, Einsatzempfehlungen für Sperrtürblätter.

Sperrtürblätter. Die in DIN 68 706-1 festgelegten Konstruktionsmerkmale gelten sowohl für Sperrtüren (Innentüren) allgemeiner Art, als auch für Sondertüren (z.B. Wohnungsabschlusstüren, Feuchtraumtüren u. a.). Da an die einzelnen Türgruppen sehr unterschiedliche technische Anforderungen gestellt werden, weisen sie bezüglich ihres konstruktiven Aufbaues deutliche Unterschiede auf, bei annähernd gleicher Oberflächenbeschaffenheit.

Nach der Art der Mittellagenausbildung (Einlage) unterscheidet man im Wesentlichen folgende Hauptgruppen (Bild **8**.61):

- Kompakttürblätter (Volltürblätter) aus beispielsweise Vollspan- oder Röhrenspanplatten, Stabsperrholzplatten (Tischlerplatten), Mehrschichteinlagen aus Holzfaser-, Holzspan-, Mineralfaser-, Gipskartonplatten usw.
- Hohlraumtürblätter aus beispielsweise hochkant stehenden waben-, raster-, spiral-, wellen- oder stegförmig verleimten Karton-, Furnierholz-, Holzfaser- oder Holzspanplattenstreifen.
- Sandwichtürblätter (Schalentürblätter) beispielsweise mit schall- und wärmedämmenden Dämmstoffeinlagen aus Mineralwolle, Polyurethanschaum u. a. sowie Spezialeinlagen für Schutz- und Sondertüren. Vgl. hierzu Abschn. 8.6.7 mit Bild **8**.127.

Ein Sperrtürblatt ist symmetrisch aufgebaut und wird aus Holz und Holzwerkstoffen gefertigt. Es besteht im Einzelnen aus einem umlaufenden Vollholzrahmen, einer durchgehenden oder punktuell daran angebrachten Rahmenverstärkung, einer Einlage und den beidseitig darauf aufgeklebten Deckplatten. Diese Deckplatten können jeweils noch mit Decklagen beschichtet sein, sofern diese nicht ohnehin Bestandteil der Deckplatten sind. Einzelheiten des konstruktiven Aufbaues zeigt Bild **8**.62.

Konstruktionsmerkmale von Sperrtürblättern

- **Rahmen.** Der umlaufende Rahmen sorgt für Stabilität und Verwindungssteifigkeit. Er besteht üblicherweise aus 35 bis 45 mm breiten, die Einlage allseitig umschließenden Vollholzfriesen. In Einzelfällen kann er mit metallischen Stabilisatoren (Alu-Streifen, Stahlrohrrahmen) verstärkt sein. Zusammen mit den Anleimern können diese Friese eine Breite von 55 bis 75 mm aufweisen und an den für Schloss- und Bandsitz gemäß DIN 18 101 festgelegten Stellen innenseitig noch besonders verstärkt

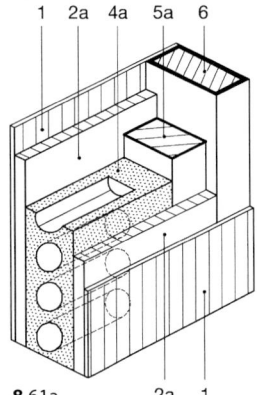 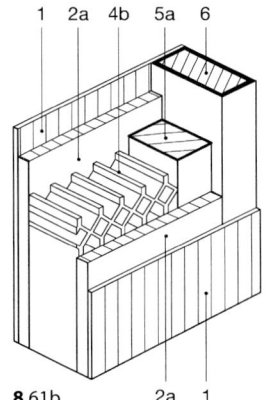 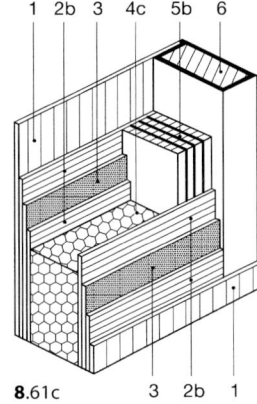

8.61 Schematische Darstellung: Aufbau und Konstruktion von Sperrtürblättern (Beispiele)
    a) Kompakttürblatt: Einlage aus Röhrenspanplatte
    b) Hohlraumtürblatt: Einlage aus Kartonwaben
    c) Sandwichtürblatt: Einlage aus Polyurethanschaum
    1   Decklage (Deckfurnier)
    2a Deckplatte (Furnierholz-, Span- oder Hartfaserplatte)
    2b Deckplatte (Furnierholzplatte mit Aluminiumblech)
    3   Alu-Blech (Dampfsperre, statisch aussteifendes Element)
    4a Einlage aus Röhrenspanplatte
    4b Einlage aus Kartonwaben
    4c Einlage aus Polyurethanschaum
    5a umlaufender Vollholzrahmen
    5b Furnierholzplatten mit Alu-Stabilisatoren
    6   verdeckter Hartholz-Anleimer

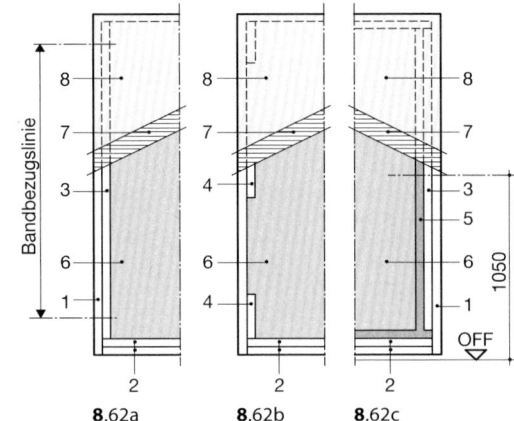

8.62 Schematische Darstellung: Konstruktionsmerkmale von Sperrtürblättern
    a) Türblatt mit Vollholzrahmen und zusätzlicher, durchlaufender Rahmenverstärkung
    b) Türblatt mit Vollholzrahmen und punktueller Rahmenverstärkung
    c) Türblatt mit Vollholzrahmen, durchlaufender Rahmenverstärkung und Stahlrohrprofilrahmen als Stabilisator. Vgl. hierzu auch Bild **8**.43
    1 umlaufender Vollholzrahmen
    2 untere Doppelrahmenfriese zum Kürzen des Türblattes
    3 durchlaufende Rahmenverstärkung
    4 punktuelle Rahmenverstärkung an den für Schloss- und Bandsitz festgelegten Stellen
    5 umlaufender Stahlrohrprofilrahmen
    6 Einlage (Werkstoffe, die auf den jeweiligen Verwendungszweck der Tür abgestimmt sind)
    7 Deckplatte (Furnierholz-, Span-, Hartfaser-, MDF-Platten)
    8 Decklage (Edelfurnier-, Schichtstoff-, Folien- oder Kunstharzlack-Oberflächen)

8.4 Innentüren

8.63 Schematische Darstellung: Kanten- und Falzausbildungen an Sperrtürblättern
a) Falztür mit Einleimer
b) mit Kantenbeschichtung
c) mit verdecktem Anleimer
d) mit unverdecktem Anleimer
e) mit Kunststoffanleimer
f) Stumpftür mit Schichtstoffkante
1 Einleimer
2 Kantenbeschichtung (Folie)
3 verdeckter Anleimer
4 unverdeckter Anleimer
5 Kunststoffanleimer
6 Schichtstoffkante
7 umlaufender Vollholzrahmen
8 Einlage
9 Deckplatte
10a Decklage (Edelfurnier)
10b Decklage (Schichtstoffplatte)

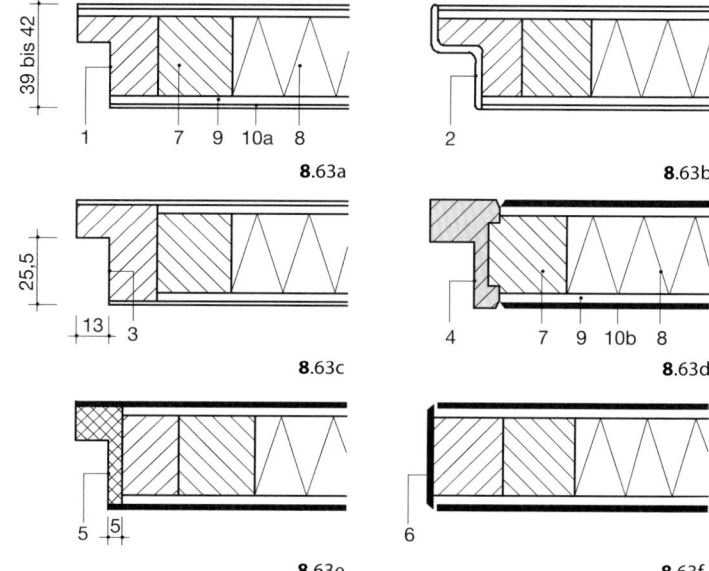

sein. Auch die unteren Doppelquerfriese sind meist breiter angelegt, damit das Türblatt bei Bedarf gekürzt werden kann.

- **Einlage.** Die Einlage ist der vom Rahmen und den Deckplatten umschlossene innere Teil eines Türblattes. Sie steift zusammen mit dem Rahmen das Sperrtürblatt aus und gewährleistet, dass der Abstand zwischen den beiden Deckplatten an jeder Stelle des Türblattes gleich bleibt. Die Einlage kann aus den zuvor genannten Materialien (z. B. Vollspanplatten, Röhrenspanplatten, Wabenstrukturen, mehrlagige Aufbauten mit Werkstoffkombinationen) oder einem anderen, auf den jeweiligen Verwendungszweck der Tür abgestimmten Werkstoff bestehen.

- **Deckplatten.** Die beiden Deckplatten geben dem Türblatt seine endgültige Stabilität, da sie mit dem Rahmen und der Einlage verleimt sind. Üblicherweise bestehen sie aus harten Holzfaserplatten, dünnen Holzspanplatten, Furnierplatten, MDF-Platten, Laminaten mit vollflächigen Alu-Blecheinlagen sowie anderen geeigneten Werkstoffen. Die in der Regel 3,0 bis 5,0 mm dicken Deckplatten müssen so beschaffen sein, dass sich weder die Einlage noch die Rahmenfriese an der Türblattoberfläche abzeichnen.

- **Decklage.** Die Decklage wird als äußerste Schicht auf die Deckplatte aufgeleimt, sofern sie nicht ohnehin Bestandteil der Deckplatte ist. Übliche Decklagen sind Furniere, (Edelfurniere oder Furniere für deckenden Anstrich), dekorative Schichtstoffplatten, Anstrichfolien sowie Direktbeschichtungen. Um Decklagen auch noch nachträglich auf Sperrtüren aufleimen zu können, muss die Einlage so druckfest sein, dass sie den zum Überfurnieren erforderlichen Pressdruck von 0,25 N/mm² bei 80 °C aufnehmen kann. Je nach Art der Decklage liegt die Türblattdicke zwischen 39 und 42 mm.

Sperrtürblätter werden seriell hergestellt und entweder als Halbfabrikate (Türrohlinge) zur Weiterbearbeitung angeboten oder in Form von Fertigprodukten mit werkseitig aufgebrachten Oberflächen verkauft. Weit verbreitet ist der Handel mit Türrohlingen, deren Oberflächenbeschaffenheit auch noch später den individuellen Wünschen der Auftraggeber angepasst werden kann. Für deckende Beschichtungen werden als Haftgrund sog. Anstrich- oder Grundierfolien bereits werkseitig aufgebracht.

Kanten- und Falzausbildungen. Da die außenseitigen Rohkanten der umlaufenden Rahmenfriese im gehobenen Innenausbau nicht unbehandelt bleiben können, müssen entsprechende Vollholzvorleimer oder Beschichtungen aufgebracht werden. Kanten können demnach mit Anleimern oder Einleimern gebildet werden bzw. mit Furnieren, Kunststoffen oder Schichtstoffplatten beschichtet sein.

Die Kantenausbildung eines Türblattes sollte immer auf den jeweiligen Türentyp abgestimmt und entsprechend des jeweiligen Einsatzortes der Tür ausgewählt werden. Neben technischen und funktionalen Gesichtspunkten (z. B. Stoßfestigkeit, Feuchtraumbeständigkeit) sind immer auch gestalterische Kriterien zu berücksichtigen. Folgende Kanten- und Falzausbildungen sind bei Sperrtürblättern üblich (Bild **8**.63):

- **Der Einleimer** ist eine an den Längskanten des Türblattes eingeleimte Hartholzleiste, die beidseitig von den Deckplatten überdeckt ist. Er kann farblich durch Beizen, Lackieren o. Ä. an die Türblattoberfläche angepasst werden.

- **Die Kantenbeschichtung** mit Furnier oder Kunststofffolie wertet das Türblatt auf. Kante und Türblattoberfläche bilden optisch eine Einheit, da Deckplatte und Decklage im seitlichen Falzbereich durch die Beschichtung überdeckt sind.

- **Der verdeckte Anleimer** ist eine an den Längskanten des Türblattes angeleimte Hartholzleiste, die nur noch von der Decklage überdeckt wird. Er gibt der Türkante ein einheitliches Aussehen und verleiht ihr zudem eine hohe Stoßfestigkeit. Der verdeckte Anleimer kann in jeder geeigneten Holzart aufgeführt werden oder auch aus besonders schlagfestem Kunststoff (Polystyrol) bestehen. Beachtenswert ist, dass derartige Kunststoffanleimer nachhobelbar ausgebildet sind.

- **Der sichtbare, unverdeckte Anleimer.** Der verdeckte Anleimer ist ebenfalls eine Vollholzleiste, die entweder zweiseitig (an den Längskanten) oder auch dreiseitig umlaufend an der Sperrtür angebracht wird. Der Anleimer liegt mit der Türblattoberfläche bündig und ist durch eine V-Nut von der Decklage abgesetzt. Ein unverdeckter Hartholzanleimer ergibt einen ausgezeichneten Kantenschutz und verleiht der Tür ein unverwechselbares Aussehen. Er ist in allen geeigneten Holzarten (z. B. Limba, Rotholz, Sipo, Eiche, Esche, Buche u. a.) ausführbar und immer auch zum Nachhobeln geeignet.

Sichtbare Türblattanleimer aus Kunststoff werden ebenfalls angeboten. Hierbei wird ein duroplastischer PUR-Kunststoff in einer Spezialform erhitzt und ringsumlaufend an alle Türblattkanten nahtlos und ohne Fugen „angegossen". Diese spezielle Verfahrenstechnik bietet funktionelle und gestalterische Vorteile. Der dreidimensionalen Form- und Profilgebung an der Kante sowie vielfältigen Farbgestaltung sind kaum Grenzen gesetzt.

Klimaklassen und mechanische Beanspruchungsgruppen. Einsatzempfehlungen für Sperrtürblätter bezüglich der Zuordnung von Klimaklassen und Beanspruchungsgruppen zu Einsatzorten sind Abschn. 8.4.1.4 mit Tabelle **8**.44 zu entnehmen. An Sperrtürblätter werden darüber hinaus noch eine ganze Reihe spezieller Anforderungen gestellt, die in den entsprechenden Abschnitten im Einzelnen erläutert werden.

8.4.5 Türzargen aus Metall

Anstelle der herkömmlichen Türelemente aus Holz und Holzwerkstoffen werden in Verwaltungs-, Industrie-, Freizeit-, Schul- und Krankenhausbauten, aber auch im Wohnungsbau (Mehrfamilienhäuser) vermehrt Türelemente aus Metall eingebaut. Sie zeichnen sich durch ganz bestimmte Vorteile aus, die in den nachstehenden Abschnitten erläutert werden.

Türelemente aus Metall bestehen in der Regel aus einer Metallzarge und einem Metalltürblatt. Häufig werden jedoch auch Stahlzargen mit Türblättern aus anderen Materialien – wie beispiels-

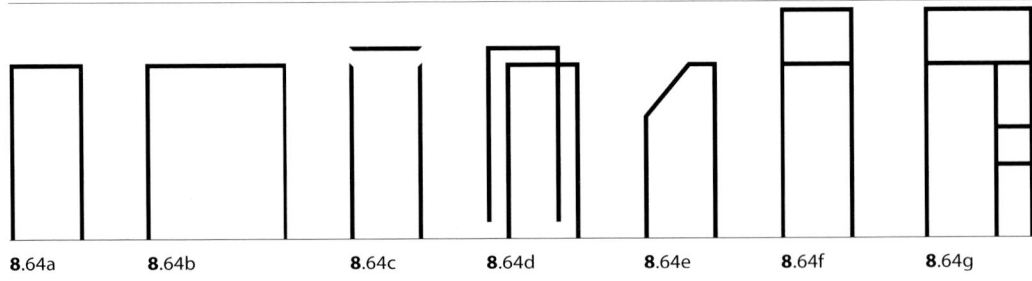

8.64 Schematische Darstellung einiger Ausführungsvarianten von Metallzargen (Beispiele)
    a) Standardzarge
    b) Doppeltürzarge
    c) 3-teilige Zarge
    d) 2-schalige Zarge
    e) Dachschrägenzarge
    f) raumhohe Oberlichtzarge
    g) raumhohe Elementzarge

weise Holz, Holzwerkstoffen, Kunststoff, Glas usw. – kombiniert.

8.4.5.1 Allgemeines

Metallzargen haben sich zu modernen Ausbauelementen entwickelt, die zwischenzeitlich in vielfältigen Formen und Ausführungen erhältlich sind.

Der zu wählende Zargentypus wird ganz wesentlich von der jeweiligen Wandbauart bestimmt: Mauerwerk-, Ständerwerk- und Gipsdielenwände stellen unterschiedliche Anforderungen an Konstruktion, Verankerung und Einbau der Metallzarge. Weitergehende Anforderungen beispielsweise aus den Bereichen Schall-, Feuer-, Rauch-, Einbruch- und Strahlenschutz können noch hinzu kommen.

Die Auswahl der Metallzarge richtet sich auch danach, ob sie gleichzeitig mit der Wanderstellung (im Rohbaustadium) oder nachträglich in die fertige Öffnung (bei Fertigstellung des Innenausbaues) eingebaut werden soll.

Auswahlkriterien. Metallzargen weisen unterschiedliche Konstruktions- und Qualitätsmerkmale (mit zum Teil deutlichen Preisdifferenzen) auf. Als wesentliche Auswahlkriterien gelten

- weitgehende Unempfindlichkeit gegen Stoß, Feuchtigkeit und Temperatureinflüsse,
- jeweils wahlweise DIN-links oder DIN-rechts verwendbar,
- Einbau entweder gleichzeitig mit der Wanderstellung oder nachträglich als oberflächenfertiges Ausbauelement,
- kraftschlüssige Verbindung zwischen Zarge und der jeweiligen Wandbauart sowie rationelle Montage durch ausgereifte Verankerungssysteme,
- ausreichend hohe Tragfähigkeit und Stabilität auch bei schweren Türblättern und raumhohen Elementgrößen,
- geräuscharmer und dichtender Türverschluss durch Zargen- oder Türblattdichtung (Einfach- oder Doppelfalzdichtungen),
- dauerhafter Korrosionsschutz durch den Einbau feuerverzinkter Stahlbleche mit serienmäßiger Grundlackierung,
- Angebot von Sonderstahlzargen für besondere Funktionen und Anforderungen, nichtrostenden Edelstahlzargen für besonders gefährdete Bereiche (z. B. Schwimmbäder; gewerbliche Küchen) sowie oberflächenveredelten Aluminiumzargen,
- relativ günstige Herstellungskosten durch serielle Fertigung (Standardzargen),
- unauffällige, platzsparende Bauformen, formal und farblich anpassungsfähig an jeden Türblattwerkstoff und Einrichtungsstil, bei gleichzeitig geringen Wartungskosten.

Normen.
- **DIN 18 111-1** – Standard-Stahlzargen für gefälzte Türen in Mauerwerkswänden
- **DIN 18 111-2** – Standard-Stahlzargen für gefälzte Türen in Ständerwerkswänden
- **DIN 18 111-3** – Sonder-Stahlzargen für gefälzte und ungefälzte Türblätter

Güte- und Prüfbestimmungen von Stahlzargen sind in RAL-RG 611/5 festgeschrieben [22].

Für die Ausführung der Beschlagarbeiten ist die VOB Teil C, DIN 18 357 maßgebend.

Der aktuelle Stand der Normung ist Abschn. 8.8 zu entnehmen.

8.4.5.2 Stahlzargen für Mauerwerkswände

Einteilige Standard-Mauerwerkszargen

Einteilige Standard-Stahlzargen nach DIN 18 111-1 sind zum Einbau in Mauerwerk oder vergleichbare Wandkonstruktionen mit Wandöffnungen nach DIN 18 100 geeignet. Sie bestehen aus feuerverzinktem Feinblech mit Grundlackierung und sind dazu bestimmt, gefälzte Türblätter nach DIN 18 101 mit einem Türblattgewicht bis 60 kg aufzunehmen. Bei der Wahl entsprechender Bänder bzw. Bandunterkonstruktionen können auch schwerere Türblätter montiert werden. Die Zargen sind DIN-links und DIN-rechts verwendbar und weisen eine Nute für Dichtungsprofile auf.

Fachbegriffe und Maße. Die wichtigsten Fachbegriffe und Grundabmessungen können Bild **8.**65, Wandöffnungs- und Zargenfalzmaße Tabelle **8.**66 entnommen werden. In diesem Zusammenhang sind auch die Bilder **8.**10 bis **8.**15 vergleichend zu beachten.

Zargenarten. Standard-Stahlzargen werden in Form von Umfassungs- oder Eckzargen geliefert.
- **Umfassungszarge** (Bild **8.**67a). Sie deckt die Wandleibung der Öffnung vollflächig ab, so dass auf beiden Seiten der Wand Zargenspiegel sichtbar sind. Eingesetzt wird sie in der Regel bei Wanddicken ≤ 270 mm (einschließlich beidseitigem Putz).

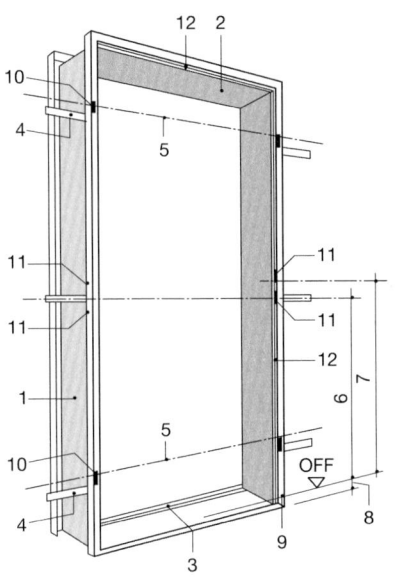
GESAMTANSICHT

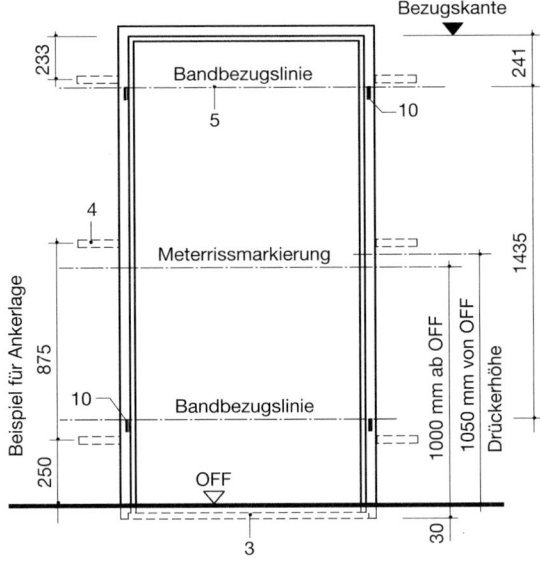
MASSANGABEN

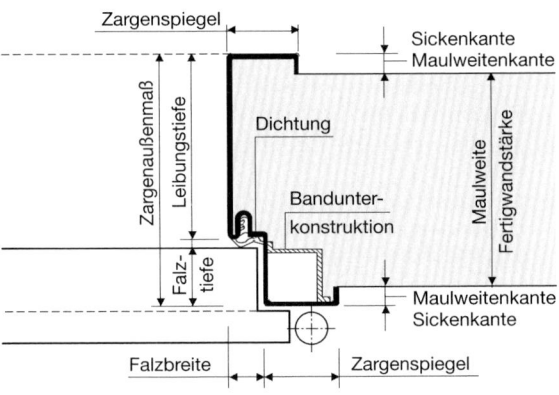

MASSBEZEICHNUNGEN   FACHBEGRIFFE

8.65 Fachbegriffe und Zargenmaße beispielhaft dargestellt an einer einteiligen Standard- (DIN 18 111-1). Vgl. hierzu auch Bild **8.2**
    1 Seitenprofil der Zarge
    2 Querprofil der Zarge
    3 Distanzprofil (lösbarer Transportwinkel)
    4 Anker (nach Wahl der Hersteller)
    5 Bandbezugslinie (nach DIN 18 268)
    6 Meterrissmarkierung
    7 Drückerhöhe
    8 Fußbodeneinstand
    9 Fußbodeneinstandsmarkierung
    10 Stanzung für Bandschlitz (beidseitig vorgestanzt) mit rückseitiger Bandunterkonstruktion (Bandtasche)
    11 Stanzung für Schlossfalle und Schlossriegel (beidseitig vorgestanzt) mit rückseitigem Mauerschutzkasten
    12 Nute für Dichtungsprofil

8.4 Innentüren

Tabelle 8.66 Maße von Standard-Stahlzargen für gefälzte Türblätter (Auszug aus DIN 18 111-1)

	Baurichtmaße (s. DIN 18 100) Breite × Höhe	Nennmaße der Wandöffnung Breite × Höhe	Zargenfalzmaße Breite × Höhe $\pm 1 \, {}^{0}_{-2}$	Lichte Zargen- durchgangsmaße Breite × Höhe	Türblattaußenmaße (Typmaß s. DIN 18 101) Breite × Höhe
1	875 × 1875	885 × 1880	841 × 1858	811 × 1843	860 × 1860
2	625 × 2000[1]	635 × 2005	591 × 1983	561 × 1968	610 × 1985
3	750 × 2000[1]	760 × 2005	716 × 1983	686 × 1968	735 × 1985
4	875 × 2000[1]	885 × 2005	841 × 1983	811 × 1968	860 × 1985
5	1000 × 2000[1]	1010 × 2005	966 × 1983	936 × 1968[2]	985 × 1985
6	750 × 2125	760 × 2130	716 × 2108	686 × 2093	735 × 2110
7	875 × 2125	885 × 2130	841 × 2108	811 × 2093	860 × 2110
8	1000 × 2125	1010 × 2130	966 × 2108	936 × 2093[2]	985 × 2110

[1] Diese Größen sind Vorzugsgrößen (Lagerzargen)
[2] Nur diese Größen sind geeignet für Rollstuhlbenutzer (lichte Durchgangsbreite mindestens 900 mm).
 Vgl. hierzu DIN 18 040.

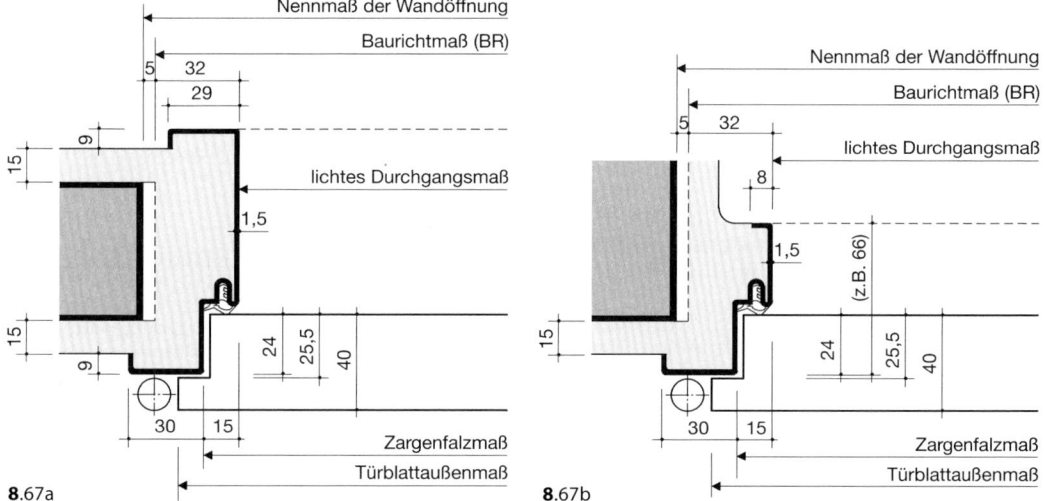

8.67 Einteilige Standard-Stahlzargen für gefälzte Türblätter (Beispiele) nach DIN 18 111-1
 a) Umfassungszarge
 b) Eckzarge

- **Eckzarge** (Bild 8.67b). Sie wird auf einer Seite der Maueröffnung montiert, so dass die Wandleibung weitgehend frei bleibt. Üblicherweise wird sie bei Fertigwanddicken ≥ 300 mm eingebaut.

Den Umfassungszargen wird aus Stabilitätsgründen im Allgemeinen der Vorzug gegeben.

Eckzargen sind zwar billiger als Umfassungszargen, erfordern jedoch Mehrkosten an Verputzer- und ggf. Tapezierarbeiten. Falls Eckzargen verwendet werden, empfiehlt es sich bei verputzten Wänden die gegenüberliegenden Ecken der Wandleibung entweder durch sog. Gegenzargen oder eingeputzte Kantenschutzschienen zu schützen. S. hierzu Bild 9.20.

Werkstoffe und Herstellung. Stahlzargen für normale Beanspruchungen werden üblicherweise aus 1,5 mm dickem, feuerverzinktem Feinblech nach DIN EN 10 142 hergestellt. Bei Zargen, die weitergehenden Anforderungen genügen müssen – wie beispielsweise beim Einsatz von besonders schweren Türblättern, bei starken mechanischen Belastungen in Schulen, Kasernen o. Ä. sowie bei hohen Schallschutzanforderungen an das gesamte Türelement – ist eine Materialdicke von 2,0 mm erforderlich.

Edelstahlzargen (Sonderzargen) für besonders gefährdete Bereiche (z. B. Schwimmbäder) werden aus den Werkstoffen V2A und V4A ebenfalls in 1,5 oder 2,0 mm Materialstärke gefertigt.

Die Stahlbleche werden im Abkant- oder Walzverfahren kaltprofiliert, die notwendigen Öffnungen zur Aufnahme der Bänder, Schlossfalle und Schlossriegel an den beiden Seitenprofilen vorgestanzt, Mauerschutzkasten bzw. Bandunterkonstruktionen rückseitig angeschweißt und die Profile mit Meterriss- bzw. Fußbodeneinstandsmarkierungen versehen.

Anschließend werden die in den beiden oberen Ecken auf Gehrung geschnittenen Quer- und Seitenprofile auf Schweißautomaten elektrisch stumpf zu Rahmen verschweißt. Die untere Querverbindung (Transportschiene) in Form eines Winkelprofiles ist lose aufgeschraubt und wird in der Regel **nach der Zargenmontage wieder entfernt**.

Anker als Einbauhilfen werden nach Wahl des Herstellers entweder im Bereich der Bandunterkonstruktionen bzw. Schlossstanzungen rückseitig an die Seitenprofile angeschweißt oder lose mitgeliefert.

Korrosionsschutz. Die hohen Anforderungen, die heute an die Stahlzargen gestellt werden, verlangen einen umfassenden Korrosionsschutz der gesamten Zargenoberfläche, einschließlich der Kanten und Bearbeitungsflächen. Ein sicherer Korrosionsschutz wird vor allem durch den Einsatz von feuerverzinktem Stahlblech und einer zusätzlichen – nach Abschluss des Produktionsvorganges werkseitig aufgebrachten – Grundbeschichtung nach dem Elektrophorese-Verfahren erreicht. Diese sog. EC-Tauchgrundierung mit anschließendem Einbrennvorgang bei 180 °C ist außerdem als Grundlage für den weiteren Anstrichaufbau mit handelsüblichen Kunstharzlacken (z. B. Alkydharzlacke) bestens geeignet. In Sonderfällen, d. h. bei höchsten Korrosionsschutzanforderungen, können die Stahlzargen auch aus Edelstahl rostfrei (Chrom-Nickel-Stahl) gefertigt sein. Vgl. hierzu Abschn. 8.3.4, Unterabschnitt Korrosionsschutz.

Konstruktionsmerkmale von Standard-Stahlzargen

- **Fußbodeneinstand.** Der übliche Bodeneinstand der seitlichen Zargenprofile in den Estrich beträgt bei einteiligen Standard-Stahlzargen 30 mm. Mehrteilige Schnellbauzargen – die erst nachträglich als oberflächenfertige Ausbauelemente in Wandöffnungen eingesetzt werden – eignen sich dagegen zur Montage auf erhärtetem Estrich oder fertigem Fußbodenbelag.

- **Bodeneinstandsmarkierung.** Als zusätzlicher Orientierungspunkt für den Estrich- bzw. Bodenleger und als Hilfe zur genauen Ausrichtung der Zarge ist eine Fußbodeneinstandsmarkierung am unteren Ende des Zargenprofils in Form einer Kerbe angebracht. Diese Markierung entspricht der Lage des Fertigfußbodens OFF.

- **Meterrissmarkierung.** An jedem Zargenseitenteil ist im Bereich der Schließlöcher eine weitere Markierung eingestanzt. Das Abstandsmaß von dieser Markierung bis Oberfläche des Fertigfußbodens OFF beträgt exakt 1000 mm. Beim Zargeneinbau muss die Markierungskerbe mit dem bauseits an der Wandfläche angebrachten Meterrissbolzen in der Höhe übereinstimmen. Diese Meterrissmarkierung dient auch allen anderen Ausbaufirmen als Bezugspunkt.

- **Distanzprofile.** Die am unteren Ende der Zargenprofile angebrachten Querverbindungen dienen als Aussteifung der Zarge während des Transportes und als Einbauhilfe. Sie bestehen aus Winkel- oder Flachstahlschienen, die normalerweise nach der Montage der Stahlzarge wieder entfernt werden. Wie Bild **8.**68 verdeutlicht, können diese Winkelschienen bei unterschiedlichen Fußbodenhöhen auch als Anschlagschienen – mit und ohne Dichtungsprofile – ausgebildet sein. Beim Verbleib sind die Schienen unbedingt durch Unterfüttern mit Mörtel gegen Durchbiegen zu sichern.

- **Mauerschutzkasten, Bandunterkonstruktionen.** Auf der Rückseite der seitlichen Zargenprofile befinden sich Mauerschutzkasten als Schließlochabdeckung für Schlossfalle und Riegel sowie Bandunterkonstruktionen (Bandtaschen) zur Aufnahme der Bänder-Rahmenteile. Diese Vorrichtungen müssen so ausgebildet sein, dass kein erdfeuchter Mörtel während des Zargeneinbaues in die Aussparungen eindringen kann. Da diese Schutzkasten an den Stahlzargenrückseiten jedoch oftmals nicht dicht angeschweißt, sondern nur angepunktet sind, müssen die Kastenfugen vor dem Zargeneinbau – insbesondere bei dünnflüssigen Hinterfüllstoffen – bauseits noch zusätzlich mit Klebeband o. Ä. abgedichtet werden.

- **Bandauswahl** (Bild 8.69). Bei der Bandauswahl sind die in Abschn. 8.7.1 im Einzelnen erläuterten Auswahlkriterien wie beispielsweise Einsatzbereich, Belastbarkeit der Bänder usw. zu beachten. Ausgehend vom Türblattgewicht erhalten normal beanspruchte Türen üblicherweise zwei Bänder, höhere, breitere und schwerere Türblätter je drei Bänder. Die vom Hersteller vorgegebenen Belastungswerte sind einzuhalten.

- **Bandaufnahmeelemente** (Bild **8.**70) – auch Bandunterkonstruktion (Bandtasche) genannt – dienen zur Aufnahme und Befestigung der Bänder-Rahmenteile an Stahlzargen. Ein Klemmstück schließt zunächst bündig mit dem Zargenspiegel ab. Erst beim Betätigen der Inbus-Stellschraube weicht es seitlich nach innen zurück und gibt den Schlitz zum Einstecken des Band-Rahmenteiles frei. Danach wird die Stellschraube wieder angezogen und der Bandlappen festgeklemmt.

8.4 Innentüren

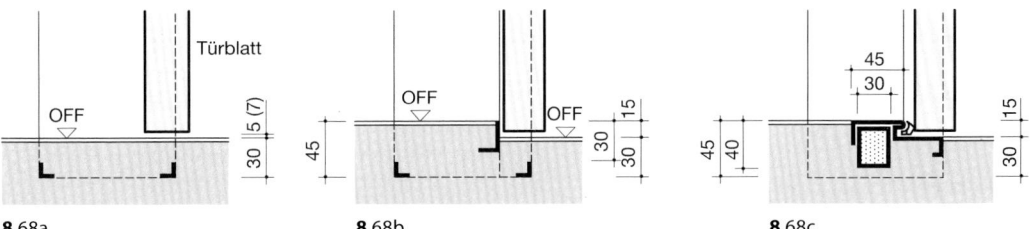

8.68 Schematische Darstellung von Standard-Stahlzargen mit Distanzprofilen und Anschlagschwellen
a) Distanzprofile (Transportwinkel) an die seitlichen Zargenprofile geschweißt, genietet oder geschraubt (20 × 15 × 1,5 mm)
b) eingeschweißter Anschlagwinkel (30 × 20 × 3 mm)
c) Anschlagschwelle mit Dichtungsprofil und eingeschweißtem Vierkantrohr zur Aussteifung

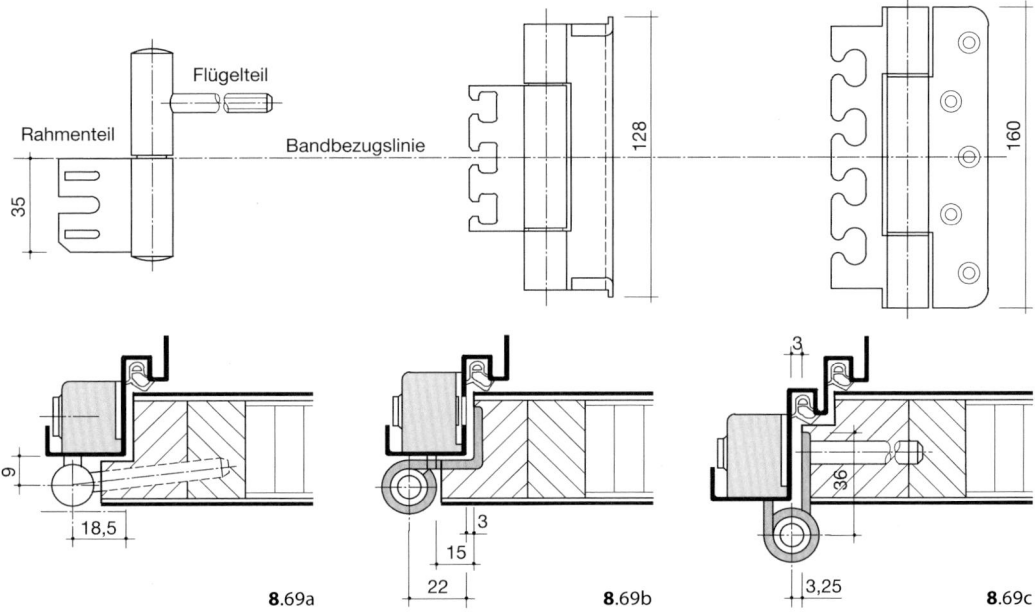

8.69 Bänder für gefälzte Türblätter mit Standard-Stahlzargen
a) Einbohrband mit verdrehsicherem Rahmenteil
b) Winkelband mit verdrehsicherem Rahmenteil
c) Lappen-Zapfenband für Türblatt mit Doppelfalz-Stahlzarge (flächenbündig einliegend)
Simonswerk, Rheda-Wiedenbrück

Bei anderen Aufnahmeelementen (Bild **8**.70c) muss das Kunststoff-Klemmstück zuerst ganz entfernt werden, um das Band in den Schlitz einschieben zu können. Bleibt die Bandtasche ungenutzt (wahlweise DIN-links oder DIN-rechts), wird der überstehende Teil des Füllstückes abgeschliffen und die Fläche überstrichen. Bei diesen dreidimensional verstellbaren Aufnahmeelementen (3D-Justierung) lassen sich die Türblätter auch später noch in der Höhe und Tiefe nachregulieren (Feinjustierung) bzw. die Bänder jederzeit austauschen.

• **Dichtungsprofile.** Standard-Stahlzargen weisen in der Regel eine umlaufende Nute im Bereich des Zargenfalzes auf, in die nach Abschluss der Malerarbeiten Dichtungsprofile eingezogen werden. Diese dämpfen vor allem die Schließgeräusche, mindern die Schallübertragung und verhindern Zugluft. An Türdichtungen können darüber hinaus noch zahlreiche weitere Anforderungen gestellt werden. Wie in Abschn. 8.7.4 näher beschrieben, wird die Funktion der Dichtung vorrangig durch die Formgebung und das Material bestimmt. S. hierzu auch Abschn. 8.3.2.3, Unterabschnitt Überstreichbarkeit-Anstrichverträglichkeit.

standsmarkierung lot- und waagerecht in der Wandöffnung auszurichten bzw. festzusetzen. Die Abweichung von der waagerechten und vertikalen Solllage darf maximal 1 mm/m betragen. Die Anker sind kraftschlüssig zwischen Zarge und Wand dort anzubringen, wo die Kräfte auf die Zarge einwirken (z. B. im Band- und Schlossbereich).

Die etwas in X-Form vorgespannte, leicht nach innen gewölbte Stahlzarge ist so auszuspreizen, dass die durch das Hinterfüllen und durch die Hinterfüllstoffe zu erwartenden Durchbiegungen aufgefangen werden und das Zargenfalzmaß auf der gesamten Höhe eingehalten wird. Eine nachträgliche Korrektur ist meist ausgeschlossen.

Der Hohlraum zwischen Zarge und Wand ist mit Hinterfüllstoffen auszufüllen. Als Hinterfüllstoffe eignen sich:

- **Zementmörtel** (Mörtelmischung 1:4), erdfeucht verarbeitet, so dass der Hohlraum satt hinterfüllt wird. Ob dies auch tatsächlich erreicht wurde, lässt sich leicht durch Beklopfen der Zargenprofile kontrollieren.

- **Zweikomponenten-Expansionsschäume** entsprechend Prüfzeugnis und Eignungsnachweis. Der Hohlraum kann damit völlig hinterfüllt oder auch nur teilweise gefüllt werden, mindestens jedoch zu 50 %. Bei teilweiser Hinterfüllung werden die Montageschäume dort eingebracht, wo die höchsten Belastungen auftreten (z. B. im Band- und Schlossbereich).

Montageschäume und dünnflüssige Hinterfüllstoffe erfordern ein zusätzliches Abdichten der Bandunterkonstruktionen und Mauerschutzkasten. Vgl. hierzu auch die Abschnitte 8.3.2 und 8.4.2, Bauteilanschlüsse von Außen- und Innentüren (Montagetechnische Anforderungen – Schäumtechnik).

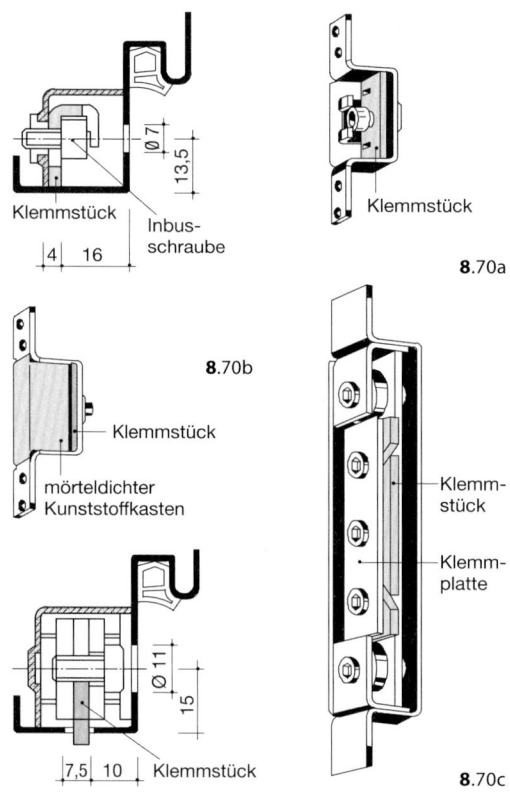

8.70 Bandunterkonstruktionen (Bandtaschen, Bandaufnahmeelemente) zur Befestigung von Türbändern (Rahmenteile) an Standard-Stahlzargen
   a) Bandtaschengehäuse (Hinterschweißtasche) mit einziehbarem Klemm- und Zentrierstück
   b) Bandtaschengehäuse (Hinterschweißtasche), jedoch mit mörteldichtem Kunststoffkasten
   c) Bandaufnahmeelement für hohe Türblattgewichte und schwere Objektbänder, mit dreidimensionaler Verstellbarkeit (3D-Justierung) und herausnehmbarem Klemmstück
   Simonswerk, Rheda-Wiedenbrück

Einbau von Standard-Stahlzargen in Mauerwerkswände

Der Einbau von einteiligen, mit einer Grundlackierung versehenen Standard-Stahlzargen erfolgt in der Regel im Zuge der Massivwanderstellung. Oberflächenfertige Ausbauzargen in zweischaliger oder dreiteiliger Ausführung werden demgegenüber erst bei Fertigstellung des Innenausbaues montiert.

Gemäß DIN 18 111-3 ist die Standard-Stahlzarge zunächst auf Rechtwinkligkeit zu prüfen und dann nach dem Meterriss oder der Bodenein-

Ankersysteme. Zur sicheren Wandverankerung der Stahlzargen stehen je nach Konstruktionsart und Einsatzbereich unterschiedliche Ankerformen zur Verfügung. In der Regel gehören acht (sechs) Anker zum Lieferumfang der Standardzargen. Nach Wahl des Herstellers werden diese entweder werkseitig an der Zarge angeschweißt oder lose mitgeliefert. Immer sind sie jedoch so anzubringen, dass die auf die Zarge einwirkenden Kräfte und Belastungen – vor allem resultierend aus Türblattaufhängung und Verschluss (Band- und Schlossbereich) – auf die Wand über-

8.4 Innentüren

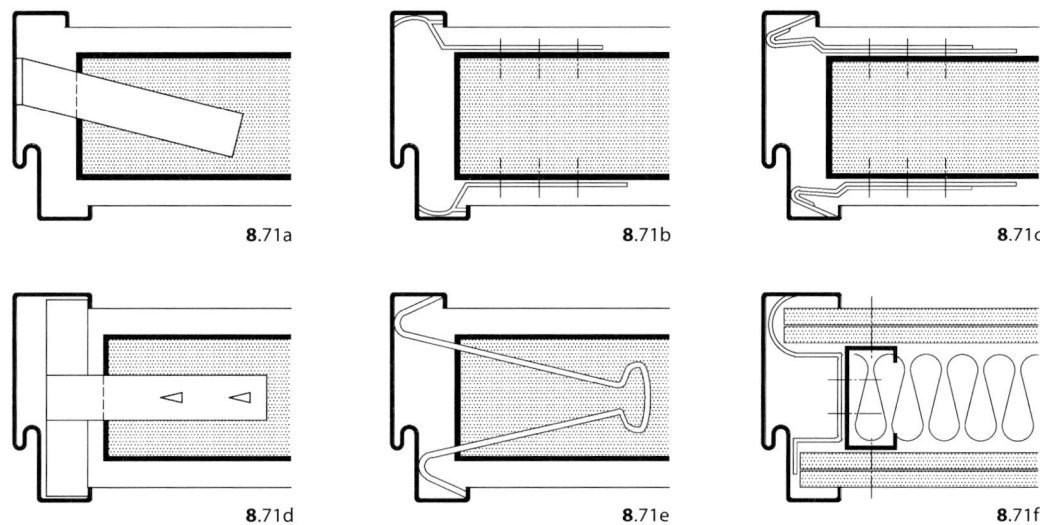

8.71 Schematische Darstellung von Ankersystemen zur Befestigung von Stahlzargen bei unterschiedlichen Wandbauarten
  a) fest angeschweißte, herausbiegbare Anker (Mauerwerk-, Betonwände)
  b) bis c) lose mitgelieferte Klemmanker (Mauerwerk-, Betonwände)
  d) bis e) lose mitgelieferte Schiebeanker (Porenbeton-, Gipsdielenwände)
  f) fest angeschweißte Hutanker (Ständerwerkswände)

tragen werden. Bei einer Zargenbreite von über 1000 mm empfiehlt es sich, auch das obere Querprofil durch einen Anker am Sturz oder an der Rohdecke zu arretieren.

Bild 8.71a bis f zeigt – passend zur jeweiligen Wandbauart – unterschiedliche Ankerformen.

Einteilige Umfassungszargen, die während der Wanderstellung eingebaut, d. h. eingemauert oder einbetoniert werden, weisen meist angeschweißte Anker auf, die durch Herausbiegen in richtige Montageposition gebracht werden. Erfolgt der Einbau dieser Umfassungszargen und der Eckzargen erst später in die bereits vorhandene Wandöffnung, so kommen häufig lose Klemmanker zum Einsatz. Diese werden im Zargenspiegel an beliebiger Stelle eingeklemmt und an der unverputzten Wandfläche angenagelt bzw. angedübelt. Damit erübrigt sich das früher übliche, nachträgliche Stemmen von Ankerlöchern.

Umfassungszargen, die in Porenbeton- oder Gipsdielenwänden eingesetzt werden, sind mit sog. Schiebeankern ausgerüstet, die je nach Fugenlage in der Höhe justierbar sind und in die Wand eingemauert werden.

Mit sog. Fugenankern lassen sich Stahlzargen auch rationell in Sichtmauerwerk montieren.

Der Einbau einteiliger Standardzargen in Ständerwerkswände hängt im Wesentlichen von der jeweiligen Zargenart ab. In der Regel werden fest verschweißte Hutanker (Bügelanker) verwendet. Sie sind gezielt auf die jeweiligen Maulweiten abgestimmt. Weitere Ankerformen sind DIN 18 111-3 sowie den jeweiligen Herstellerunterlagen zu entnehmen.

8.4.5.3 Stahlzargen für Ständerwerkswände

Einteilige Standard-Ständerwerkszargen

Einteilige Standard-Stahlzargen nach DIN 18 111-2 sind zum Einbau in Metallständerwerk oder vergleichbare Wandkonstruktionen geeignet. Daher werden sie auch Ständerwerkszargen oder Trockenbau-Stahlzargen genannt.

Fachbegriffe und Maße. Die wichtigsten Fachbegriffe und Maße können Bild **8**.72 entnommen werden. In diesem Zusammenhang wird auch auf Bild **8**.65 verwiesen.

Konstruktionsmerkmale (Bild **8**.73). Einteilige Standard-Ständerwerkszargen weisen ähnliche Konstruktionsmerkmale wie die zuvor erläuterten Standard-Mauerwerkszargen auf. Sie werden jedoch nur als Umfassungszargen geformt und sind damit auch für hohe Beanspruchungen ge-

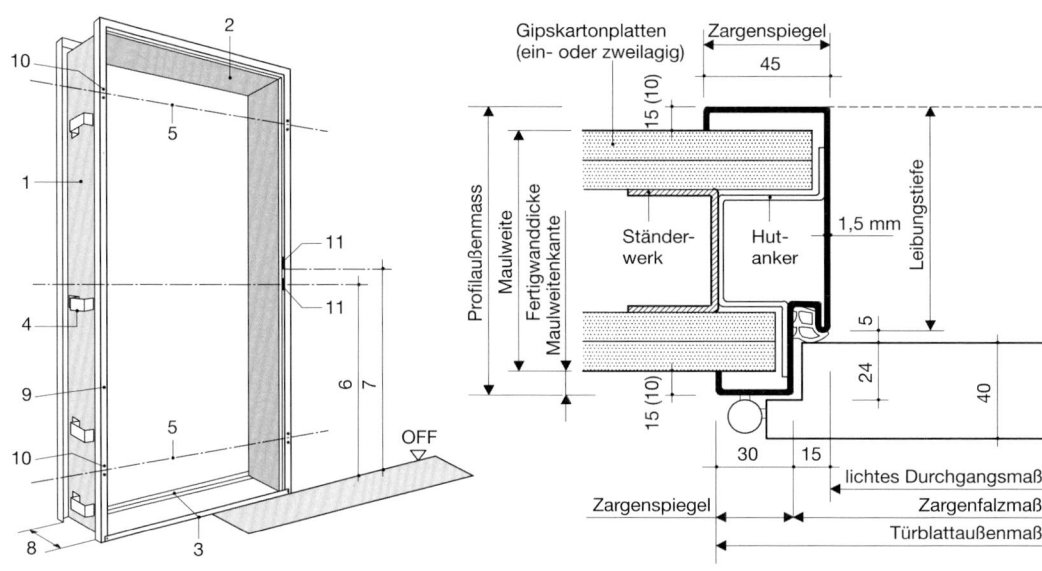

GESAMTANSICHT   FACHBEGRIFFE UND MASSE

8.72 Fachbegriffe und Zargenmaße beispielhaft dargestellt an einer einteiligen Standard-**Ständerwerkszarge** (DIN 18 111-2). Vgl. hierzu auch Bild **8**.65
  1 Seitenprofil der Zarge
  2 Querprofil der Zarge
  3 Distanzprofil (lösbarer Transportwinkel)
  4 Hutanker (Bügelanker)
  5 Bandbezugslinie (nach DIN 18 268)
  6 Meterrissmarkierung
  7 Drückerhöhe
  8 Maulweite
  9 Zargenspiegel
 10 Stanzung für Bandschlitz (beidseitig vorgestanzt)
 11 Stanzung für Schlossfalle und Schlossriegel (beidseitig vorgestanzt)

eignet. Außerdem weisen sie keinen Fußbodeneinstand auf, da sie in der Regel auf erhärteten Estrich oder fertigen Fußboden aufgesetzt werden. Sie sind sowohl für Links- als auch Rechtsanschlag zu nutzen.

Die an den beiden oberen Ecken verschweißten und mit unterseitigen Distanzwinkeln gesicherten Umfassungszargen werden zusammen mit dem Metallständerwerk aufgestellt und mittels vier angeschweißter Hutanker (Bügelanker) je Zargenseite mit diesem kraftschlüssig verbunden. Eine zusätzliche Befestigung durch Bodenwinkel ist überflüssig.

Diese Hutanker sind maßlich wahlweise so dimensionierbar, dass sie sowohl beidseitig einfach als auch beidseitig doppelt mit Gipskartonplatten beplankt werden können. Um möglichst optimale Schalldämm- und Brandschutzwerte zu erzielen, werden die GK-Platten möglichst tief in die Umfassungszarge eingeschoben oder die Zargenspiegel rückseitig mit Gips ausgefüllt. Bevor die zweite Seite des Ständerwerkes beplankt wird, sind alle Hohlräume mit Mineralwolle (Baustoffklasse A) dicht auszustopfen.

Die feuerverzinkten und mit einer Grundlackierung versehenen Standard-Ständerwerkszargen erhalten die bauseitige Endbeschichtung (Lackierung) nach weitestgehender Fertigstellung des Innenausbaues. Der Einbau der Dichtungsprofile und das Anschlagen (Feinjustieren) der Türblätter schließen sich daran an. Vgl. hierzu auch Abschn. 8.7.4, Türdichtungen sowie Abschn. 6.10.3.4, Trennwände mit Unterkonstruktionen aus Metallprofilen, Teil 1 dieses Werkes.

8.4 Innentüren

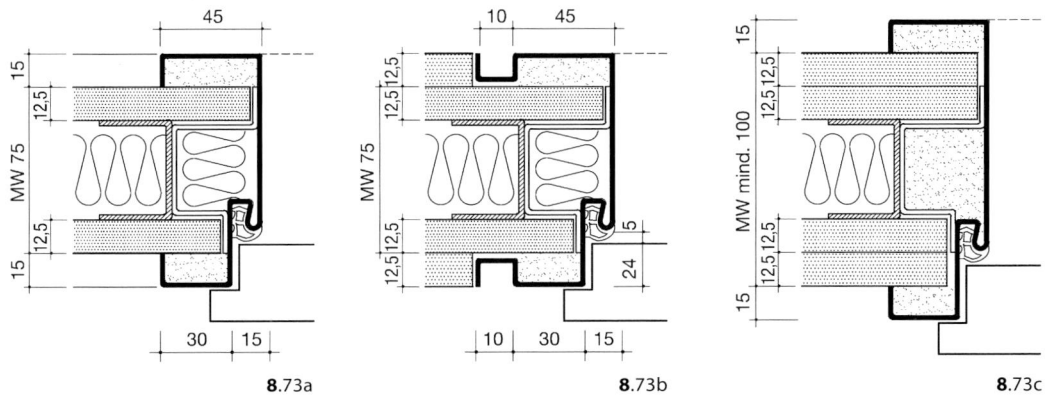

8.73 Konstruktionsbeispiele: Einteilige Standard-Ständerwerkszargen mit Metallständerwerk und beidseitigen Beplankungen aus Gipskartonplatten
a) Ständerwerk beidseitig einfach beplankt
b) Ständerwerk beidseitig doppelt beplankt mit Schattennutzarge
c) Ständerwerk beidseitig doppelt beplankt mit Zargen-Maulweite ≥100 mm (Brandschutzwand nach Angabe des Herstellers)

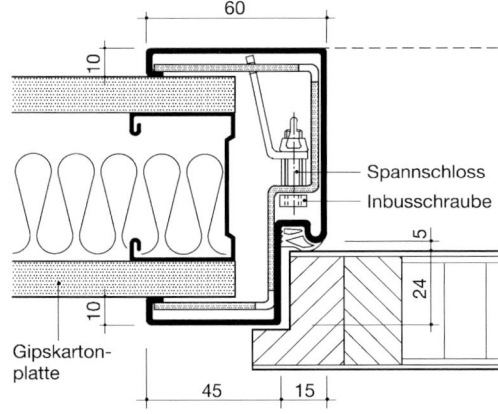

8.74 Dreiteilige Ständerwerkszarge (Schnellbauzarge, bestehend aus zwei Seitenprofilen und einem Querprofil) zum nachträglichen Einbau in eine Gipskartonplatten-Trennwand

Dreiteilige-Ständerwerkszargen

Mit entscheidend für die Auswahl einer bestimmten Zargenart ist der Zeitpunkt, zu dem die Zarge eingebaut werden soll. So werden üblicherweise einteilige Umfassungszargen vor oder während der Errichtung des Metallständerwerkes montiert und erst kurz vor Fertigstellung des Bauvorhabens bauseitig beschichtet. Im Gegensatz dazu kommen oberflächenfertige, mehrteilige Ständerwerkszargen – auch **Schnellbauzargen** genannt – erst dann in die Wandöffnung, wenn der Innenausbau bereits weitgehend abgeschlossen ist. Diese Zargen weisen daher auch keinen Bodeneinstand auf, sondern werden maßgenau auf den fertigen Fußbodenbelag aufgesetzt.

Bild 8.74. Die kraftschlüssige Verbindung mit der Gipskartonplatten-Trennwand erbringen drei Spannanker je Zargenseite, die unsichtbar im Zargenhohlraum liegen. Diese werden über Inbus-Schrauben (Innensechskantschrauben) angezogen, so dass sich eine sichere Klemmverbindung zwischen Zarge und Trennwand ergibt. Eingezogene Dichtungsprofile verdecken die im Falz (Nute) liegenden Bohrungen. Die Verbindung der Zargenseitenteile mit dem Querprofil in den beiden oberen Ecken wird über schraubbare Gehrungsverschlüsse erreicht.

Die Vorteile dieser dreiteiligen Schnellbauzargen sind: Sehr kurze Montagezeiten, zeitgleicher Einbau der oberflächenfertigen Zarge und des kompletten Türblattes erst bei Fertigstellung des Innenausbaues, dadurch Vermeidung von Beschädigungen und Senkung der Montagekosten, jederzeitiges Nachjustieren, Aus- und Wiedereinbauen der Zargen sowie erheblich reduzierte Lager- und Transportkosten im Vergleich mit den einteiligen verschweißten Zargen. Als Nachteil muss die geringere Stabilität und damit Belastbarkeit genannt werden.

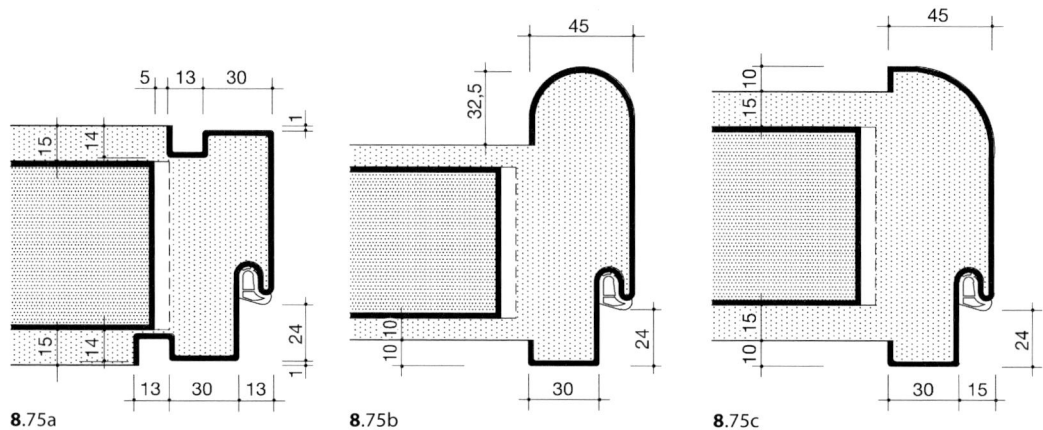

8.75a   **8.**75b   **8.**75c

8.75 Schematische Darstellung von Sonder-Stahlzargen (Beispiele)
   a) Umfassungszarge mit beidseitig umlaufenden Schattennuten (Schattennutzarge)
   b) bis c) Stahlzargen mit besonderer Formgebung für moderne Innenraumgestaltung
   WULF-Handelsgesellschaft, Anröchte-Effeln

8.4.5.4 Sonderstahlzargen

Unter Sonderzargen versteht man Zargen, die besondere Funktionen und Anforderungen zu erfüllen haben. Demnach eignen sie sich zum Einbau in ganz bestimmte Wandkonstruktionen und weisen eine Vielzahl von Profilquerschnitt-Varianten und Anker-Sonderkonstruktionen auf. Sonderzargen bieten aber auch die Möglichkeit, individuelle Wünsche der Raumgestaltung durch besondere Zargen-Formgebung realisieren zu können.

An Sonderausführungen sind beispielsweise zu nennen: Doppeltür- und Doppelfalzzargen, Pendeltürzargen, Dehnungsfugenzargen, Zargen mit Oberlicht und Seitenteil, Renovierungszargen, Rundbogen- und Schattennutzargen, Schiebetürzargen, Aufzugzargen, Sonderzargen aus Edelstahl für Hygiene- und Nassbereiche sowie im Auftrag gefertigte, objektbezogene Sonderzargen.

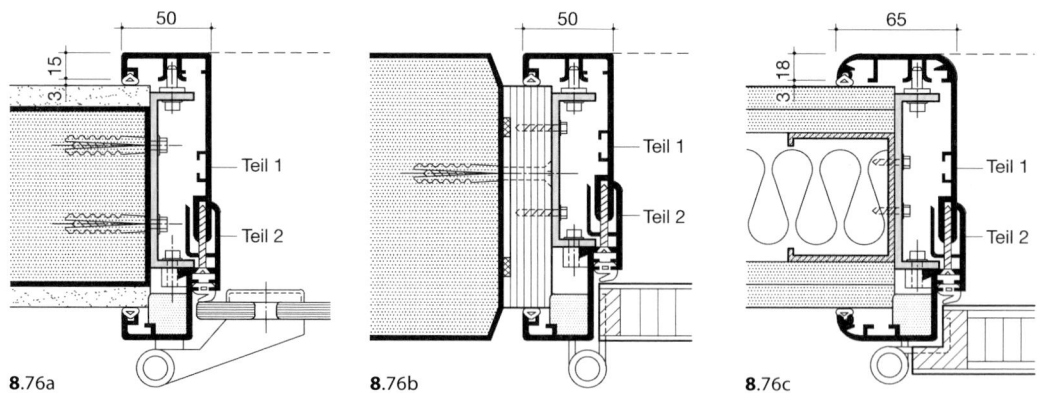

8.76a   **8.**76b   **8.**76c

8.76 Schematische Darstellung von zweischaligen Aluminiumzargen zum nachträglichen Einbau in die fertige Wandöffnung als oberflächenfertiges Ausbauelement (Beispiele)
   a) Zweischalige Umfassungszarge für gefälzte Türblätter und Ganzglastüren (Eckformzarge)
   b) Zweischalige Umfassungszarge für ungefälzte Türblätter, flächenbündig eingebaut in Sichtbetonwand
   c) Zweischalige Umfassungszarge für gefälzte Türblätter, eingebaut in eine Gipskartonplatten-Trennwand (Rundformzarge)
   KÜFFNER Aluzargen, Rheinstetten

8.4 Innentüren

Sonderzargen für Feuer-, Rauch-, Schall- und Strahlenschutztüren sowie Zargen für einbruchhemmende Türen werden – sofern es sich um nicht geregelte Bauprodukte handelt – in allgemeinen bauaufsichtlichen Zulassungen oder Prüfzeugnissen bzw. Zustimmung im Einzelfall auf der Grundlage von Elementprüfungen beschrieben und den jeweiligen Anforderungen entsprechend gefertigt. Vgl. hierzu Abschn. 8.6 Sondertüren. Es kann nicht Aufgabe dieses Werkes sein, auf all diese Sonderzargen im Einzelnen näher einzugehen; zu vielfältig sind die Ausführungsmöglichkeiten, sowohl in technischer als auch formaler Hinsicht. Mit den in Bild **8**.75 dargestellten Sonderzargen sollen nur einige typische Beispiele vorgestellt werden; darüber hinaus wird beispielhaft auf die Herstellerunterlagen [23], [24], [25] verwiesen.

8.4.5.5 Zweischalige Aluminiumzargen

Aluminiumzargen (Bild **8**.76) bestehen aus 3 mm dicken Alu-Strangpressprofilen und sind zweischalig ausgebildet. Nach Fertigstellung der Wände und des Fußbodens werden sie oberflächenfertig in die Wandöffnungen eingebaut und mittels variabler Anschraubanker unsichtbar an der Leibung befestigt.

Die Alu-Zargenrahmen bestehen aus zwei ineinander schiebbaren Teilstücken, die durch Feststellschrauben – unsichtbar im Falzbereich liegend – kraftschlüssig miteinander verbunden werden. Die Rahmenecken sind auf Gehrung geschnitten, verschraubt und verklebt. Die Oberflächen der Zargenteile werden in Eloxal oder pulverbeschichtet geliefert.

Aluminiumzargen sind formstabil, kratz- und stoßfest sowie korrosionsbeständig. Als Innentüren werden sie in vielfältiger formaler Ausbildung vor allem in Verwaltungs-, Instituts- und Krankenhausbauten, aber auch in Schwimmbädern und Saunen eingebaut.

8.4.6 Türblätter aus Metall

Türblätter aus Metall zeichnen sich vor allem durch ihre weitgehende Widerstandsfähigkeit gegen mechanische Beanspruchung, Unempfindlichkeit gegen Feuchtigkeit und Temperatureinflüsse sowie durch ihre meist sehr günstigen Schalldämmwerte aus. Sie werden als Innentüren im gesamten Bauwesen vorzugsweise als Dreh-, Pendel-, Falt- und Schiebetüren verwandt. Außerdem eignen sie sich in besonderem Maße als Schutztüren für besondere Anforderungen, wie sie in Abschn. 8.6 im Einzelnen erläutert sind.

Korrosionsschutz. Zum Korrosionsschutz insbesondere von Bauelementen aus Stahl s. Abschn. 8.3.4.

8.4.6.1 Türen aus Stahlblech

Glatte Stahlblechtüren (Bild **8**.77) bestehen in der Regel aus einem aussteifenden Rahmen aus Flachstahl oder Vierkantrohr, der beidseitig mit 1,0 bis 1,5 mm dicken verzinkten Stahlblechtafeln beplankt ist. Der dadurch entstehende Hohlkörper kann je nach der zu erwartenden Beanspruchung mit weiteren Stahlprofilen ausgesteift, FCKW-freien Dämmstoffen ausgeschäumt oder mit Mineralwolle-Dämmplatten ausgefüllt werden. Zwei Sicherungszapfen an der Bandseite verhindern das Ausheben des Türblattes in geschlossenem Zustand.

Die strapazierfähigen Türelemente, bestehend aus Türblatt und passender Zarge, können als

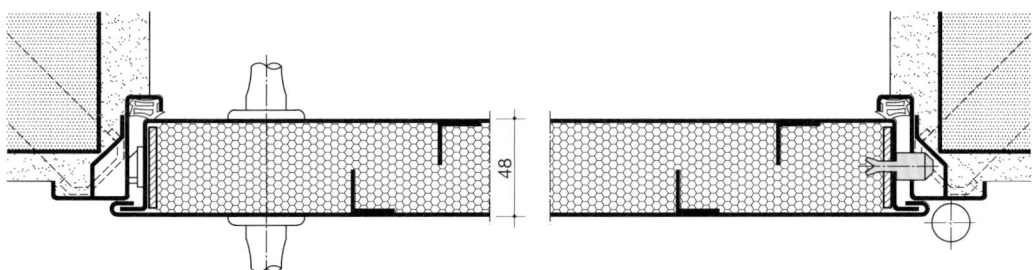

8.77   Konstruktionsbeispiel einer dreiseitig gefälzten, doppelwandigen Stahlblechtür mit umlaufendem Stahlrahmen, senkrechten Profilen als Zusatzaussteifung und schall- bzw. wärmedämmender Dämmstoffeinlage
Hörmann KG, Verkaufsgesellschaft, Steinhagen

8.78 Stahlblechtüren im Materialverbund mit unterschiedlichen Hohlraumeinlagen
  a) Verbundkonstruktion Wabeneinlage mit Stahlblechtafeln
  b) Verbundkonstruktion Röhrenspanplatte mit Stahlblechtafeln
  c) Verbundkonstruktion Hohlraumdämmstoff mit Stahlblechtafeln
  1a Wabeneinlage
  1b Röhrenspanplatte
  1c Dämmstoffeinlage
  2 Stahlblechtafeln
  3 Zinkschicht(en)
  4 Grundierschicht(en)
  5 Deckbeschichtung(en)
  Teckentrup, Verl

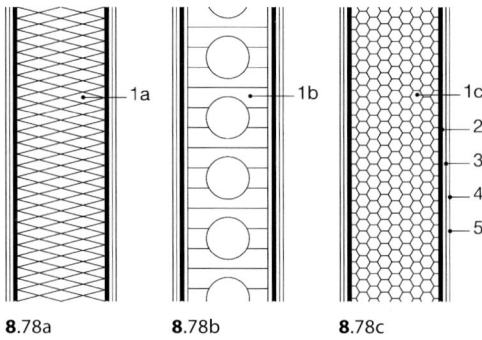

8.78a   8.78b   8.78c

Außen- und Innentüren im gesamten Objektbau (z. B. Verwaltungs-, Schul-, Gewerbe- und Industriebau) eingesetzt werden und sind mit oder ohne Lichtausschnitte erhältlich. Ihre Oberfläche kann wahlweise pulverbeschichtet grundiert (zur weiteren Deckbeschichtung vor Ort) oder mit oberflächenfertiger Kunststoff-Folienbeschichtung versehen sein.

Mit Stahlblech beplankte Türblätter werden außerdem angeboten als:

- **Leichte Innentür** (Bild **8**.78a) mit aussteifendem Holzrahmen und engmaschiger Wabeneinlage, beidseitig mit den Stahlblechtafeln vollflächig verklebt. Das in der Regel etwa 40 mm dicke Türblatt ist als Alternative zur Sperrtür aus Holzwerkstoffen für den Wohnungsbau gedacht.
- **Mehrzwecktür** (Bild **8**.78b) aus einem Materialverbund von Röhrenspanplatte und verzinkten Stahlblechtafeln, vollflächig verklebt. Das etwa 40 mm dicke, strapazierfähige Türblatt eignet sich auch zum Einsatz als Innentür im Objektbau.
- **Wärmegedämmte Stahlblechtür** (Bild **8**.78c) doppelwandig ausgebildet, mit Hohlraumdämmung aus Schaumdämmstoff oder Mineralwolleplatten. Geeignet für Außentüren und Abschlüsse von Räumen mit unterschiedlichen Temperaturen.
- **Feuerschutztür aus Stahl** (Bild **8**.104) wie in Abschn. 8.6, Sondertüren, näher beschrieben.

Zu Metalltüren aus Stahlprofilrohren, Stahl-Aluminium-Kombinationsprofilen und aus selbsttragenden Aluminiumprofilen, die häufig auch als Außentüren verwendet werden, s. Abschn. 8.3.4.1–8.3.4.3 bzw. auch Abschn. 8.6, Sondertüren.

8.4.7 Ganzglas-Türen und -Türanlagen

Türen aus Glas ergeben großzügige, transparente Raumabschlüsse, die in der Regel aus rahmenlosen Türblättern aus Sicherheitsglas bestehen und mit den notwendigen Beschlägen ausgerüstet sind. Man unterscheidet

- Ganzglas-Türen,
- Ganzglas-Türanlagen,
- Ganzglas-Schiebe- und Faltwände (Abschn. 8.5)

Glas im Bauwesen. Zu den Anforderungen an Gläser s. Abschn. 8.3.6.

8.4.7.1 Ganzglas-Fertigtüren

Rahmenlose Ganzglas-Fertigtüren (Bild **8**.79) für den Innenbereich werden sowohl im Wohnungsbau als auch Objektbau – beispielsweise in Büro- und Verwaltungsgebäuden, Praxisräumen u. a. – eingesetzt. Sie bieten die Möglichkeit, Räume funktional voneinander zu trennen und dennoch optisch mehr oder weniger stark zu verbinden.

Das von der Glasindustrie angebotene Ganzglas-Fertigtürprogramm besteht aus verschiedenen Grundtypen mit zahlreichen Variationsmöglichkeiten in Glasart, Struktur, Dekormuster, Farbbeschichtungen und Beschlagart.

Die mit allen erforderlichen Beschlagteilen ausgerüsteten rahmenlosen Türblätter bestehen aus 8 oder 10 mm dicken Einscheiben-Sicherheitsgläsern (ESG) und sind in drei unterschiedlichen Türblattaußenmaßen erhältlich (709 · 1972/2097 – 834 · 1972/2097 – 959 · 1972/2097). Die Türblätter sind mit diesen Abmessungen auf die Baurichtmaße nach DIN 18 100 abgestimmt und eignen sich somit zum Einbau in Norm-Stahlzargen gemäß DIN 18 111 oder Holzwerkstoffzargen mit

8.4 Innentüren

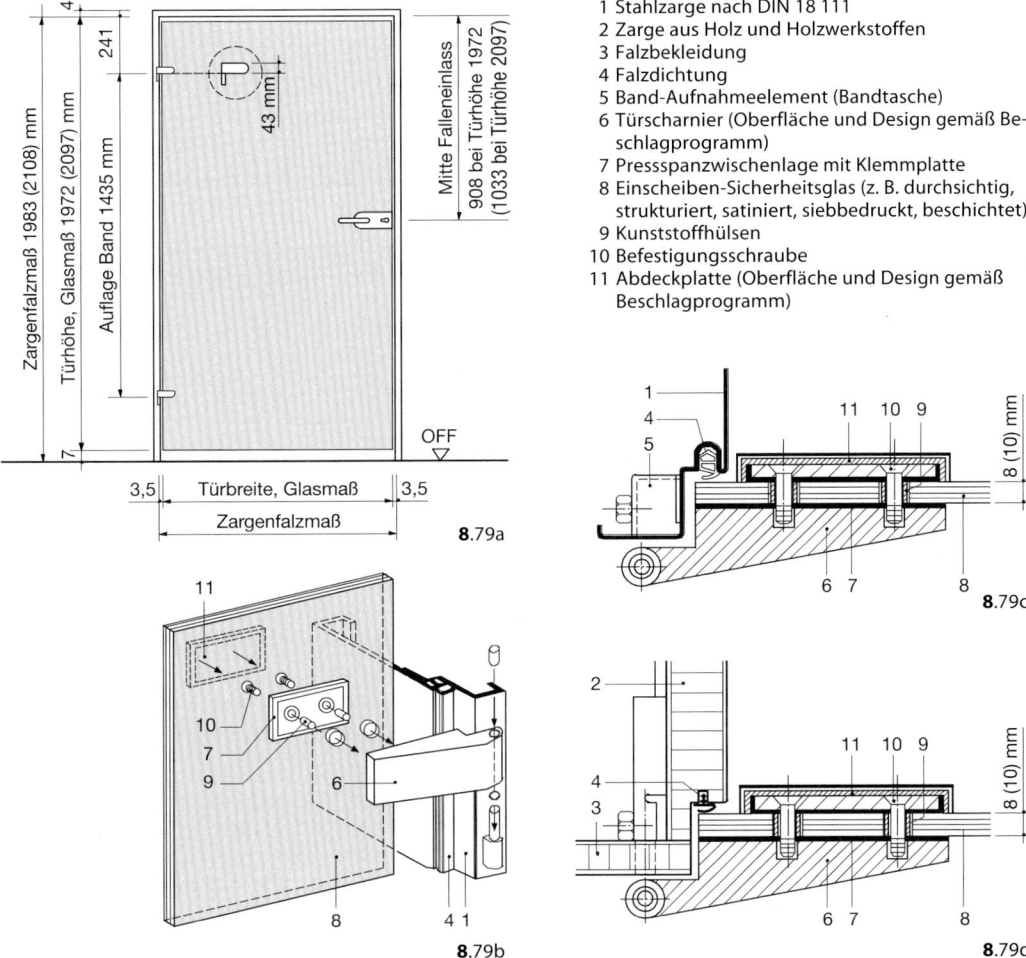

1 Stahlzarge nach DIN 18 111
2 Zarge aus Holz und Holzwerkstoffen
3 Falzbekleidung
4 Falzdichtung
5 Band-Aufnahmeelement (Bandtasche)
6 Türscharnier (Oberfläche und Design gemäß Beschlagprogramm)
7 Pressspanzwischenlage mit Klemmplatte
8 Einscheiben-Sicherheitsglas (z. B. durchsichtig, strukturiert, satiniert, siebbedruckt, beschichtet)
9 Kunststoffhülsen
10 Befestigungsschraube
11 Abdeckplatte (Oberfläche und Design gemäß Beschlagprogramm)

8.79 Schematische Darstellung des konstruktiven Aufbaues einer Ganzglas-Fertigtür
 a) Ansicht und Maße einer Normtür
 b) Darstellung des Zusammenbaues
 c) Ganzglastürblatt mit Stahlzarge
 d) Ganzglastürblatt mit Holzwerkstoffzarge

Bekleidungen. Von der Norm abweichende Sonderabmessungen mit maximalen Türblattaußenmaßen 1200 · 2300 · 10 mm sind möglich.

8.4.7.2 Ganzglas-Türanlagen

Ganzglas-Türanlagen (Bild **8**.80) sind ideale Bauelemente für großflächige transparente Raumabschlüsse, wie sie beispielsweise in öffentlich zugänglichen Büro- und Verwaltungsgebäuden, Einkaufszentren und Ladenbauten, Hotel- und Theaterfoyers, aber auch im Privatbereich erwünscht sind. Sie bestehen aus einem oder mehreren Standard-Türflügeln, um die sich fest eingebaute Seitenteile und/oder Oberlichtglasflächen in jedem gewünschten Winkelgrad gruppieren. Die Türen sind wahlweise als Pendel- oder Anschlagtüren ausführbar. Aus Sicherheitsgründen müssen alle Glasflächen aus Einscheiben-Sicherheitsglas (ESG) bestehen.

Die zulässigen Minimal- bzw. Maximalabmessungen für Türflügel und feststehende Glasflächen sind den jeweiligen Produkt-Diagrammtafeln der Herstellerfirmen zu entnehmen.

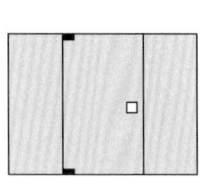 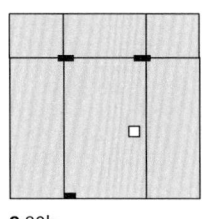 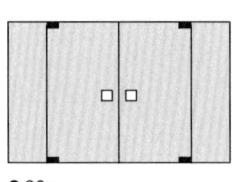 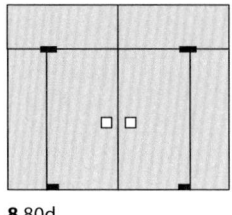

8.80a **8.**80b **8.**80c **8.**80d

8.80 Schematische Darstellung von ein- und zweiflügeligen Ganzglas-Türanlagen mit Seitenteilen (Festteilen) und Oberlichtteilen (Beispiele)
a) einflügelig mit türhohen Seitenteilen
b) einflügelig mit raumhohen Seitenteilen und Oberlicht
c) zweiflügelig mit türhohen Seitenteilen
d) zweiflügelig mit türhohen Seitenteilen und zweigeteiltem Oberlicht

- Die Abmessungen für Einzelflügel mit Eckbeschlägen betragen demnach bis 1000 · 3000 mm. Für schwerere und breitere Türflügel bis max. 1400 mm sowie für stark frequentierte Türen stehen durchgehende untere Türschienen zur Verfügung.
- Für feststehende Seitenteile und Oberlichtflächen sind Maximalabmessungen bis 2400 · 4200 mm möglich. Je nachdem, wie groß die Anlage insgesamt ist und ob sie mit oder ohne Aussteifungsgläser ausgeführt wird, ist mit Glasdicken zwischen 10 und 12 mm zu rechnen. Die Befestigung am Baukörper erfolgt mit speziellen Anschlussprofilen.

Ganzglas-Türanlagen. Bild **8.**81 zeigt eine zweiflügelige Ganzglas-Türanlage mit zwei raumhohen Festteilen und einem Oberlichtteil. Diese Darstellung dient zur Erläuterung der Baukörperanschlüsse, der Funktionsweise der Beschlagteile und Bemessung der notwendigen Glasfugenabstände.

- **Bild 8.81-A.** Die Befestigung der Ganzglasanlage an Wand und Decke erfolgt über einen umlaufenden Rahmen. Das Anschlussprofil besteht aus eine3m Grundkörper mit Bohrungen, einschließlich Klemmstück mit Schrauben und elastischen Zwischenlagen.
  Bei der Variante „Sicherheitsausführung" verhindert die Verschraubung der Klemmstücke – durch die Glasscheibe hindurch – das Herabfallen freihängender Scheiben.
- **Bild 8.81-B.** Die Ausbildung der Eckbeschläge richtet sich nach ihrer jeweiligen Lage und Funktion in der Glaswand (z. B. oberer Eckbeschlag, unterer Eckbeschlag, Oberlichtbeschlag, Winkeloberlichtbeschlag).
  Glasflügel werden jeweils an der oberen und unteren Ecke durch angeklemmte Eckbeschläge aus Leichtmetall gehalten. Anstelle dieser Eckbeschläge können bei breiteren und schwereren Türflügeln auch durchlaufende Türschienen angebracht werden.
  Zwischen den beiden Klemmplatten und der Glasscheibe muss immer eine den Klemmdruck ausgleichende, elastische Zwischenlage aus Pressspan o. Ä. liegen.
- Der Verschluss kann wahlweise über Eckschlösser, Mittelschlösser (Türgriffhöhe) oder in den Fußboden eingelassene Schlösser erfolgen.
- **Bild 8.81-C.** Eckbeschläge, Türschienen sowie alle anderen Beschläge einschließlich Bodentürschließer werden vom Glaswerk mitgeliefert bzw. sind an den einzelnen Glasteilen bereits vormontiert.
  Die für diese Beschlagteile erforderlichen Glasausschnitte und Lochbohrungen werden ebenfalls werkseitig festgelegt. Besondere Wünsche sind bereits bei der Auftragserteilung anzugeben, da Einscheiben-Sicherheitsglas (ESG) nach der Vorspannung des Glases nicht mehr bearbeitet werden kann. Dies bedeutet, dass alle Abmessungen genau angeben und sämtliche Bearbeitungen (Bohrlochabstände, Glasausschnitte, Kantenbearbeitung) bereits bei der Bestellung auf das Sorgfältigste festgelegt sein müssen.
  Die Türflügelbreite ist immer kleiner als das lichte Durchgangsmaß und die Türflügelhöhe kleiner als die Öffnungshöhe anzunehmen. Die in der Abbildung (Ansicht) angegebenen Glasfugenmaße sind Richtmaße, die je nach Flügelanzahl, Flügelbreite und Glasdicke variieren. Weitere Einzelheiten sind den jeweiligen Herstellerunterlagen zu entnehmen.

8.4 Innentüren

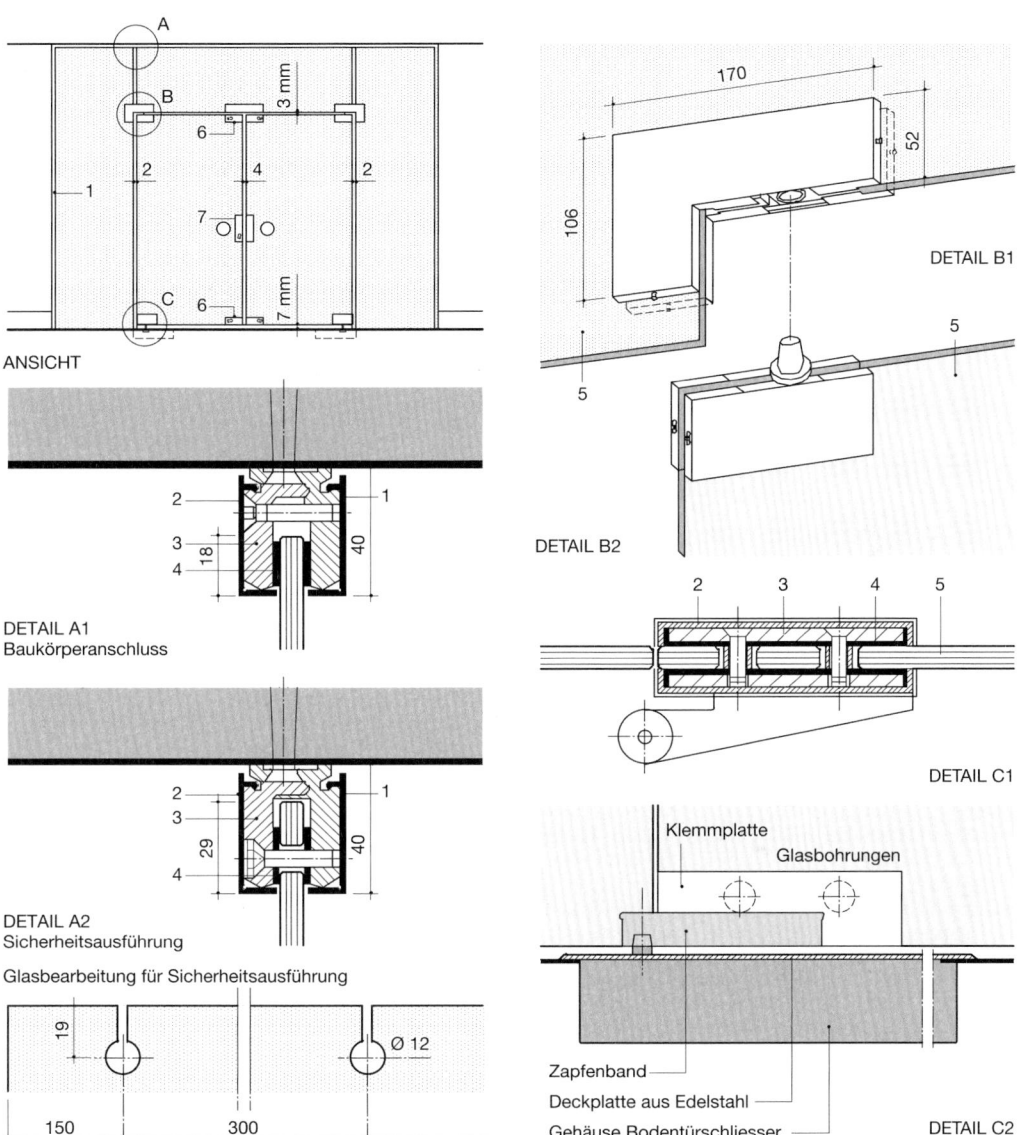

8.81 Konstruktionsbeispiel einer Ganzglas-Türanlage, bestehend aus zwei Türflügeln, zwei raumhohen Seitenteilen (Festteilen) und einem Oberlicht
- ANSICHT Ganzglas-Türanlage
- DETAIL A1 Baukörperanschluss (Wand- und Deckenanschlussprofil)
- DETAIL A2 Baukörperanschluss (Profil für Sicherheitsausführung)
- DETAIL B1 Winkeloberlichtbeschlag mit Buchse für Zapfen (Festteil)
- DETAIL B2 Oberer Eckbeschlag mit Zapfen (Türflügelteil)
- DETAIL C1 Unterer Eckbeschlag (Schnitt: Türflügel-Festteil) mit Zapfenband für Bodentürschließer
- DETAIL C2 Unterer Eckbeschlag (Ansicht-Klemmplatte-Zapfenband) mit Gehäuse-Bodentürschließer

1 Wand- und Deckenanschlussprofile
2 Deckschalen (Aluminium, Edelstahl u. a.)
3 Klemmplatten mit Schrauben
4 elastische Zwischenlagen (Pressspan)
5 Einscheiben-Sicherheitsglas (ESG)
6 Eckschloss
7 Mittelschloss

Nach Vorlagen DORMA-Glas, Bad Salzuflen

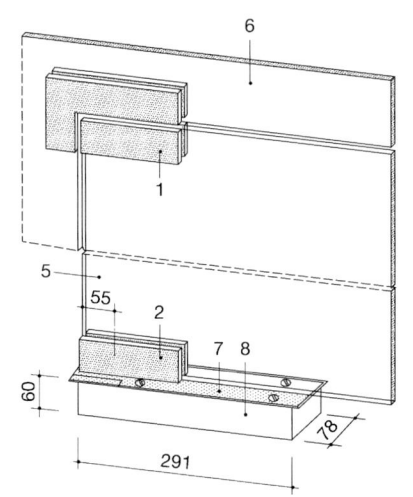 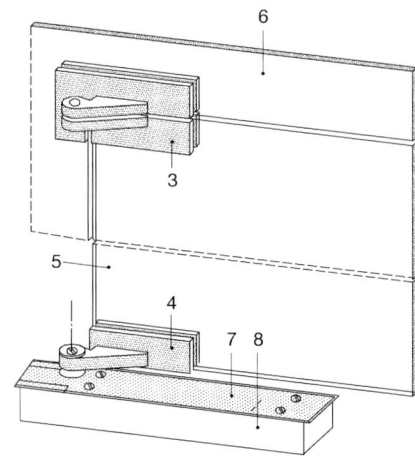

8.82a   **8**.82b

8.82 Schematische Darstellung von Ganzglas-Türanlagen mit Bodentürschließern
a) Ganzglas-Pendeltür
b) Ganzglas-Anschlagtür, jeweils mit Oberlicht
1 und 2 Eckteil/Eckunterteil, Drehpunkt mittig angeordnet (Pendeltür)
3 und 4 Eckoberteil/Eckunterteil, Drehpunkt exzentrisch angeordnet (Anschlagtür)
5 Ganzglas-Türblatt
6 Oberlicht
7 Deckplatte aus Edelstahl
8 Gehäuse-Bodentürschließer
DORMA, Glas, Bad Salzuflen

Transport, Lagerung und Montage. Im Zusammenhang mit Transport, Lagerung und Montage entstehen häufig Schäden an Verglasungseinheiten. Folgende Empfehlungen sind daher zu beachten:
- Glasscheiben dürfen beim Transport nicht nass werden; nassgewordene Gläser sind umgehend zu trocknen. Insbesondere Mehrscheiben-Isoliergläser müssen trocken gelagert werden und dürfen nicht der direkten Sonneneinstrahlung oder anderen Hitzequellen ausgesetzt sein.
- Glastafeln dürfen nur stehend gelagert werden. Die Unterlagen und die Abstützung gegen Kippen dürfen keine Beschädigung des Glases hervorrufen. Die einzelnen Verglasungseinheiten sind durch Zwischenlagen zu trennen.
- Glastafeln dürfen nicht auf harten Untergrund (z.B. Keramik- und Steinbeläge) oder auf die Scheibenecken abgestellt werden. Am vorteilhaftesten ist es, die vom Hersteller gelieferte Verpackung bis zur Montage zu verwenden.
- Jede Verglasungseinheit ist vor dem Einbau auf Fehler bzw. Beschädigungen hin zu überprüfen. Beschädigte bzw. fehlerhafte Einheiten dürfen nicht eingesetzt werden, da unmittelbare Bruchgefahr besteht.
- Trotz der hohen Biegebruch- und Schlagfestigkeit der Gläser ist bei der Montage mit größter Sorgfalt zu verfahren.
- Einscheiben-Sicherheitsgläser (ESG) dürfen nach der Auslieferung bzw. vor der Montage keinesfalls mehr bearbeitet werden.
- Werden Ganzglas-Türanlagen ausnahmsweise vor Abschluss der Putzarbeiten eingebaut, so sind die Glastafeln zum Schutz gegen Kratzer und Ätzungen (z.B. Kalkspritzer) vollflächig mit Papier abzukleben oder anderweitig zu schützen.
- Müssen die Stoßfugen zwischen festsehenden Glasscheiben (z.B. Seiten- und Oberlichtteil) staubdicht ausgeführt werden, so ist hierfür nach Herstellerangabe eine elastische Dichtungsmasse zu verwenden.
- Es ist zwingend darauf zu achten, dass alle Teile (Rahmen und Verglasungen) exakt gefluchtet eingebaut werden, da sonst durch die Verwindung der Glasscheiben die Optik beeinträchtigt wird.

Kenntlichmachung von Glasflächen. Die Musterbauordnung (MBO) schreibt vor, dass Glastüren und andere Glasflächen – die bis zum Fußboden reichen – so zu kennzeichnen sind (z.B. in Augenhöhe), dass sie leicht erkannt werden können. Dies soll verhindern, dass Personen sich Stoßverletzungen zufügen, weil sie die Glasfläche nicht wahrnehmen. Dabei ist zu beachten, dass auch Personen von geringer Körpergröße (z.B. Kinder) auf wirksame Weise gewarnt werden müssen.

Die Kenntlichmachung kann beispielsweise durch Bekleben der Glasflächen mit Klebefolien,

8.5 Innere Schiebetüren und Faltwände

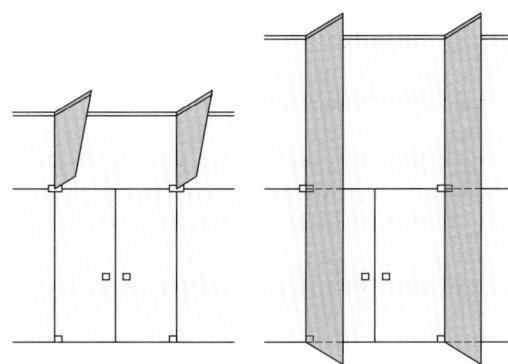

8.83 Schematische Darstellung von Ganzglas-Türanlagen mit Aussteifungsgläsern (Beispiele)

auffallende Griffe oder Handleisten in etwa 1 m Höhe o. Ä. erfolgen.

Aussteifungsgläser (Bild **8**.83). Bei Ganzglas-Türanlagen, die aus mehreren Glasscheiben bestehen und bestimmte Abmessungen überschreiten, können Aussteifungsgläser erforderlich sein. Diese stehen senkrecht zu der Glaswand und werden von einer Klemmkonstruktion, die starr mit dem angrenzenden Bauteil verbunden ist (z. B. Rohdecke, Unterzug), gehalten. Aussteifungsgläser können – je nach statischen oder bauaufsichtlichen Erfordernissen – im Bereich großflächiger Oberlichtteile oder bei sehr hohen Türanlagen auch in raumhoher Ausführung angebracht werden. Die Glasdicke von Aussteifungsgläsern beträgt üblicherweise 12 mm. Bei Pendeltüranlagen ist eine beidseitige Aussteifung empfehlenswert.

8.5 Innere Schiebetüren und Faltwände

Großflächig verschiebbare Tür- und Wandelemente dienen der variablen Raumnutzung. Sie trennen benachbarte Bereiche, in denen gleichzeitig und ohne sich gegenseitig zu stören, verschiedenartige Funktionsabläufe stattfinden sollen; sie bieten andererseits aber auch die Möglichkeit großzügiger Raumverbindungen. Das vielfältige Angebot teilt sich nach Einbauart, Größe und Funktion auf in

- Schiebetüren,
- Harmonikatüren und Harmonikawände,
- Falttüren und Faltwände,

- bewegliche Elementwände und
- Sonderkonstruktionen, wie beispielsweise Teleskopwände, Rollwände, Hub- und Versenkwände (bleiben hier unberücksichtigt). Vgl. hierzu auch Bild **8**.3.

Schiebetüren werden in der Regel an einem Laufwerk aufgehängt und in ihrer ganzen Breite seitlich verschoben (ein- oder beidseitig). Gegenüber den Drehflügeltüren haben sie den Vorteil, dass sie beim Öffnen keinen Drehraum beanspruchen und auch nicht in die meist sparsam bemessene Verkehrsfläche hineinragen.

Schiebetüren sind jedoch aufgrund ihrer Bewegungsrichtung umständlicher zu öffnen und daher im Allgemeinen für stark begangene Durchgangstüren weniger geeignet (Ausnahme: Schiebetüren mit vollautomatischem Türantrieb). Außerdem lassen sie sich schalltechnisch nur ungenügend abdichten und benötigen neben der Türöffnung immer eine etwa gleich große, feststehende Wand- oder Glasfläche zur Unterbringung des oder der aufgeschobenen Schiebetürflügel.

Bild 8.3 in Abschn. 8.2 verdeutlicht, wie sie angeordnet bzw. geführt werden können. Man unterscheidet:

Schiebetüren vor der Wand laufend

- sichtbar vor einer feststehenden Wand- oder Glasfläche
- unsichtbar zwischen Wandfläche und Vertäfelung oder Einbauschrank

Schiebetüren in der Wand laufend

- unsichtbar in Mauernische oder Wandtasche, jeweils in geöffnetem Zustand.

Schiebetüren bestehen im Wesentlichen aus einem oder mehreren Türblättern, der Türumrahmung sowie den Lauf- und Verschlussbeschlägen. Sie können ein-, zwei- oder mehrflügelig ausgebildet sein.

Mehrflügelige Türen sind als Klappschiebetüren (ein Flügel wird auf den anderen aufgeklappt und zusammen in eine Wandtasche geschoben) oder als Teleskopschiebetüren (kulissenartige Führung parallel laufender Schiebetüren) auszubilden. Schiebetüren können aus glatten Sperrtüren, beschichteten Vollspanplatten, mehrschichtig aufgebauten Schalenkonstruktionen, Rahmentüren mit verschiedenartigen Füllungen sowie aus Ganzglas oder Metall hergestellt werden.

8.5.1 Schiebetüren aus Holz und Holzwerkstoffen

Die Ausbildung der Türumrahmung hängt weitgehend von der grundrisslichen Anordnung des Türelementes und damit von der Lage des Türflügels zu den angrenzenden Bauteilen ab.

Bild 8.84 bis 8.87. Läuft die Schiebetür beispielsweise mittig in einer Mauernische oder Wandtasche, so besteht die Türumrahmung aus zwei gleich großen Zargenhälften (Halbfutter). Um das Laufwerk auch nach dem Einbau noch warten und den Türflügel in der Höhe justieren oder ggf. aus- bzw. einhängen zu können, sollte zumindest eine obere Zargenhälfte abnehmbar ausgebildet sein. Schiebetüren werden entweder in Einzelfertigung hergestellt oder als Fertigelement angeboten. Weitere Beispiele sind der Fachliteratur [21], [26] zu entnehmen.

Lauf- und Verschlussbeschläge müssen ein leichtes, geräuscharmes Öffnen und Schließen der Türflügel ermöglichen. Anforderungen an Beschläge von Schiebetüren sind DIN EN 1527, an das Korrosionsverhalten von Schlössern und Baubeschlägen DIN EN 1670 sowie VOB Teil C, DIN 18 357, Beschlagarbeiten, zu entnehmen. Im Einzelnen werden benötigt:

- **Das Laufwerk,** an dem der Schiebetürflügel aufgehängt ist. Vorwiegend werden Rollenbeschläge – auch Laufrohrbeschläge genannt – und Kugel-Schiebetürbeschläge verwandt.

Bild 8.88 zeigt einen Rollen- bzw. Laufrohrbeschlag. Meist doppelpaarig angeordnete, kugelgelagerte Nylon- oder Stahlrollen laufen in einer nahezu geschlossenen Laufschiene, so dass mit Schmutzeinfall kaum zu rechnen ist. Die doppelpaarige Rolle, in Verbindung mit einem Pendelgelenk, gewährleistet eine stets gleichmäßige Belastung des Laufwerkes und ein lotrechtes Hängen des Türflügels.

Bild 8.89. Bei dem in dieser Abbildung dargestellten Kugel-Schiebetürbeschlag hängt das Türblatt nicht an Rollen, sondern an einer Tragschiene mit doppelter Stahlkugelführung, die sich in einer Laufschiene nahezu geräuschlos bewegt. Ein Flattern des Türflügels ist ausgeschlossen. Auch hier sorgen Pendel-

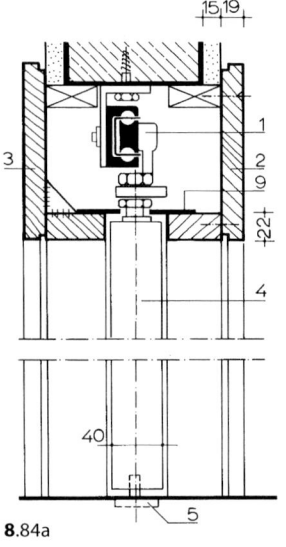

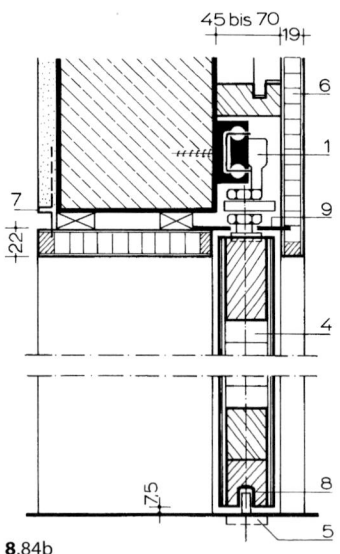

8.84a 8.84b

8.84 Konstruktionsbeispiele: Schiebetürelemente aus Holz und Holzwerkstoffen (Einzelfertigung)
   a) in einer Mauernische bzw. Wandtasche mittig laufend (Decken- bzw. Sturzbefestigung)
   b) unsichtbar hinter einer Wandvertäfelung laufend (Wandbefestigung des Laufwerkes)
   1 Kugel-Schiebetürbeschlag GEZE-PERKEO
   2 abnehmbare Bekleidung
   3 fest eingebaute Zargenhälfte (Halbfutter)
   4 Schiebetürflügel
   5 Führungsnocke
   6 abnehmbare Vertäfelung
   7 Putzschiene (Protektorschiene)
   8 U-förmige Laufnute
   9 Sperrholzleiste o. Ä. als Nutabdeckung

8.5 Innere Schiebetüren und Faltwände

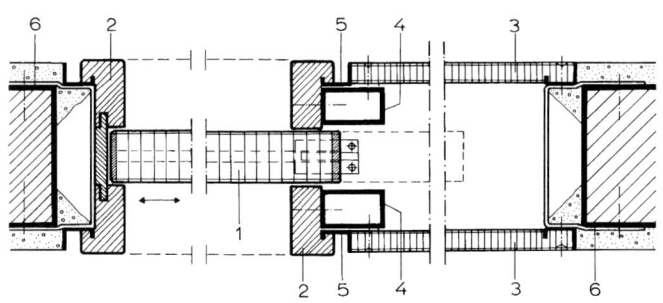 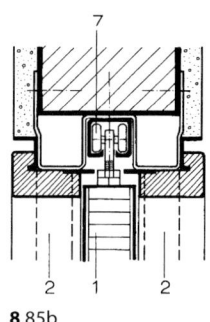

8.85a **8**.85b

8.85 Konstruktionsbeispiel: Schiebetüranlage aus Holz und Holzwerkstoffen (Serienfertigung)
  a) Horizontalschnitt
  b) Vertikalschnitt
  1 Schiebetürflügel
  2 Zargenhälfte (Halbfutter)
  3 Wandtasche (Verkleidung)
  4 Stahlrohr zur Aussteifung
  5 U-förmige Metallprofile (Schattenfuge, Putzleiste)
  6 verzinkte Bandeisen (zugl. Montagebügel)
  7 Rollen-Schiebetürbeschlag
  Neuform-Türenwerk, H. Glock, Erdmannshausen

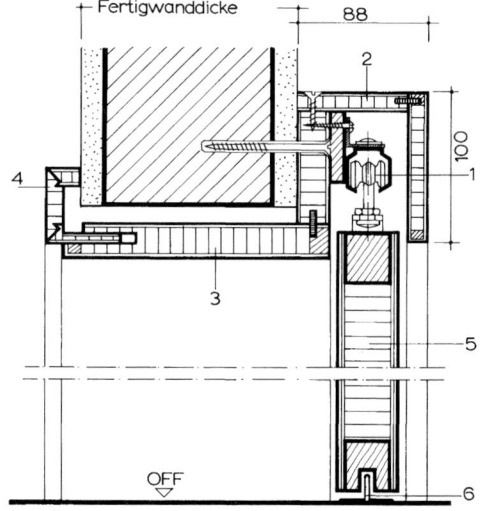 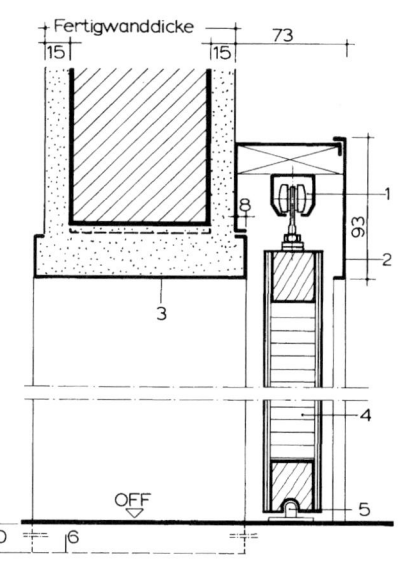

8.86 Konstruktionsbeispiel: Schiebetürelement aus Holzwerkstoffen (Serienfertigung)
  1 Schiebetürbeschlag GEZE-ROLLAN
  2 abnehmbare Winkelblende
  3 fest eingebaute Holzzarge
  4 Zierbekleidung
  5 Schiebetürflügel vor der Wand laufend
  6 Führungsnocke mit U-förmiger Laufnute
  WIRUS-Werke, Gütersloh

8.87 Konstruktionsbeispiel: Schiebetüranlage aus Stahlblech mit Holztürblatt
  1 Laufwerk
  2 abnehmbare Metallblende
  3 Stahlzarge (Umfassungszarge)
  4 Schiebetürflügel vor der Wand laufend
  5 Führungsnocke mit U-förmiger Laufnute
  6 Bodeneinstand
  BEDO-Werk, Schwerte

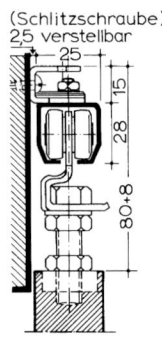 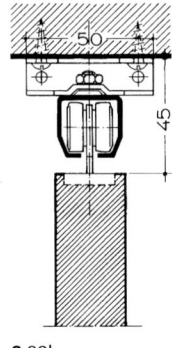 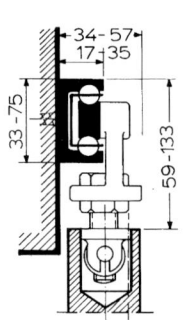 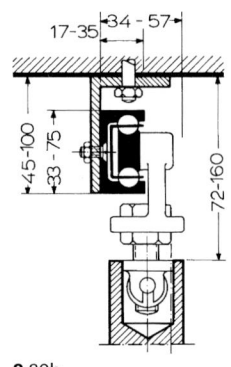

8.88a   **8**.88b   **8**.89a   **8**.89b

8.88   Rollen-Schiebetürbeschlag
     a) Wandbefestigung
     b) Deckenbefestigung
     HELM-Beschläge, Hespe und Woelm, Heiligenhaus

8.89   Kugel-Schiebetürbeschlag
     a) Wandbefestigung
     b) Deckenbefestigung
     GEZE GmbH, Leonberg

aufhänger dafür, dass der Flügel stets lotrecht hängt.

Die Höhen- und Seitenverstellbarkeit ist bei beiden Beschlagarten auch nach dem Einbau jederzeit gegeben. Verstellbare Anschraubwinkel ermöglichen den Einbau beider Beschlagarten sowohl an der Wand und seitlich am Unterzug, als auch an der Decke bzw. Unterkante Sturz. Entsprechend der jeweiligen Türflügelgewichte sind die Laufwerke jeweils von Fall zu Fall zu bestimmen.

Bei hohen und schmalen Schiebetüren können sich u. U. ungünstige Laufeigenschaften ergeben. Die Aufhängungen sind bei derart schmalen Türen möglichst nahe an die Längskanten des Türflügels zu legen.

Das Laufwerk wird im Allgemeinen vor dem Aufstellen der zweiten Schale der Wandtasche montiert. Besonders kräftige, freitragende Spezial-Schiebetürbeschläge können aber auch noch nachträglich montiert werden. Diese Sonderbeschläge laufen freitragend in die Mauernische oder Wandtasche und werden nur im Bereich der Türöffnung sorgfältig befestigt.

- **Türstopper.** Einstellbare Türstopper innerhalb des Laufwerkes sowie weitere, an der verdeckten Längskante des Türflügels mon-

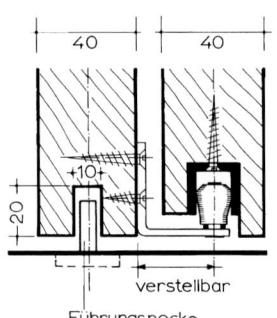 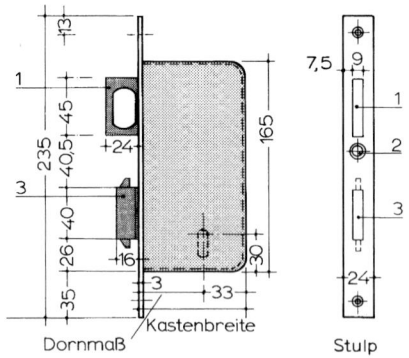

8.90   Schiebetürflügel parallel voreinander laufend, mit tiefenverstellbarer Führungsrolle (Langloch) HELM-Beschläge, Hespe und Woelm, Heiligenhaus

8.91   Einsteck-Schiebetürschloss mit Ziehgriff, Flügelriegel und Druckknopf im Stulp (für einflügelige Schiebetür)
     1   Ziehgriff durch
     2   Druckknopf im Stulp auslösbar
     3   Flügelriegel

8.5 Innere Schiebetüren und Faltwände

tierte Puffer sorgen für die Laufbegrenzung. Sie sind so anzubringen, dass der Türflügel an allen Endstoppern gleichzeitig anschlägt.
- **Führungsnocke.** (Bild 8.90) Eine Führungsnocke (Alu-Schiene, Kunststoffrolle o. Ä.), meist am Fußboden angeschraubt, sorgt für die exakte Führung des ansonsten freihängenden Türflügels. Sie gleitet in einer an der Türblattunterkante eingefrästen Nute und hält so die Schiebetür während des ganzen Öffnungsweges in der Spur.
In den Fußboden eingelassene, durchlaufende U-förmige Führungsschienen (Verschmutzungsgefahr) oder auf den Fußboden aufgeschraubte Sattelschienen (Stolperschienen) sollten im gehobenen Innenausbau vermieden werden.
- **Schiebetürschlösser** (Bild 8.91) – Einsteckschlösser mit üblichen Schließ- und Sicherungsarten – sind mit Ziehgriff und Flügelriegel ausgerüstet. Flügelriegelschlösser, meist ohne Vierkantnuss, sind nur mit einem Klappringschlüssel (umklappbarer Gelenkschlüssel) zu bedienen.

Anstelle der üblichen Drückergarnituren werden
- **Griffmuscheln** aus Holz, Metall oder Kunststoff in den Türflügel eingelassen (Mindestdicke der Türblätter 42 mm), so dass die Schiebetür jeweils in ihrer ganzen Breite in die Wandtasche eingeschoben werden kann. Durch einen Knopf im Stulp des Schlosses ist der Ziehgriff auslösbar. An ihm kann die Schiebetür wieder herausgezogen werden.

8.5.2 Ganzglas-Schiebetüren

Ganzglas-Schiebetüren (Bild 8.92) können ebenfalls ein- oder zweiflügelig ausgebildet sein. Die Glasflügel bestehen im Allgemeinen aus 10 bis

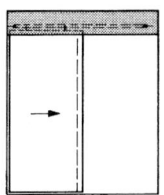
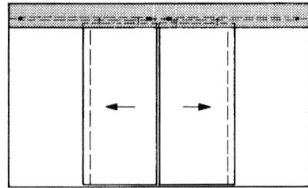

8.92a

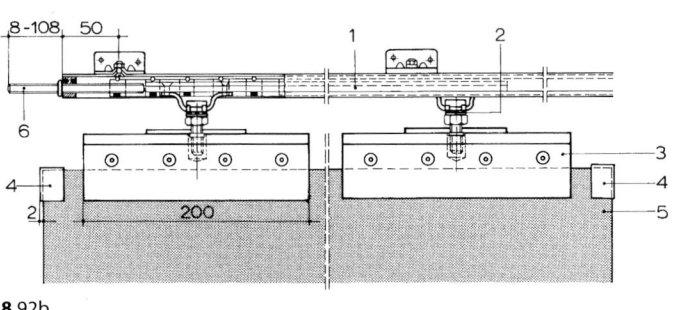

8.92b

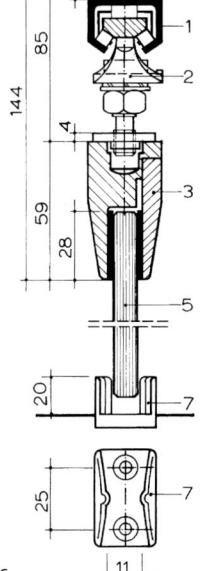

8.92c

8.92 Schiebetürbeschlag für Ganzglastüren mit Laufwerk nach dem Rollenlagerprinzip
    a) Ansichten (ein- und zweiflügelige Anlagen)
    b) Schiebetürbeschlag
    c) Vertikalschnitt (Ausschnitt)
    1 Laufwerk (Schiene) für Wandbefestigung
    2 Laufwagen
    3 Klemmbeschlag (Klemmschuh)
    4 Glasschutzecken
    5 Einscheiben-Sicherheitsglas
    6 verstellbarer Anschlagbolzen
    7 Bodenführung aus Kunststoff
    DORMA-Glas, Bad Salzuflen

12 mm dicken Einscheiben-Sicherheitsgläsern[1], an deren oberen Ecken Klemmbeschläge mit den dazugehörenden Laufrollen angebracht sind. Um mögliche Bautoleranzen besser ausgleichen zu können, werden die Glasflügel – ähnlich wie die Holz- bzw. Metallschiebetüren – oben freihängend aufgehängt und am Fußboden durch Führungsnocken oder -rollen in der Spur gehalten. Die Begrenzung des Laufweges kann im Laufwerk über verstellbare Anschlagbolzen und/oder Stopper erfolgen.

8.5.3 Harmonikatüren und Harmonikawände

Harmonikatüren (Bild 8.3 in Abschn. 8.2) weisen gegenüber den Drehflügeltüren die gleichen Vorteile auf wie die Schiebetüren. Während diese jedoch seitlich in ihrer ganzen Breite zu verschieben sein müssen und immer eine der Türöffnung entsprechend große Wandfläche beanspruchen, benötigen die gefalteten Pakete der Harmonikatüren seitlich wesentlich weniger Platz.

Harmonikatüren eignen sich daher zum Verschluss von größeren Wandöffnungen, beispielsweise im Wohnbereich, wo eine normale Drehflügeltür aus räumlichen Gründen als störend empfunden würde.

Harmonikawände (Bild 8.3 in Abschn. 8.2). Die großflächigeren Harmonikawände sind entsprechend ihrer Größe stabiler konstruiert und dienen vor allem der Unterteilung von Kantinen, Gaststätten, Vereinsräumen, Kirchen und Gemeindesälen. Ihr Anwendungsfeld ist überall dort, wo bei relativ leichter Bedienung mittlere Schalldämmwerte erreicht werden sollen.

Harmonikatüren und -wände sind zweischalig ausgebildete, einbaufertige Raumabschlusselemente, die in ein- oder zweiflügeliger Ausführung mittig an einem Laufwerk aufgehängt und harmonikaförmig zusammengeschoben werden.

- **Holzharmonikatüren** (Bild 8.93) bestehen im Inneren aus einem verzinkten, robusten Stahlscherengitter-Gerüst, das beidseitig mit furnierten Holzwerkstoffplattenstreifen beplankt wird.
- **Kunstlederharmonikatüren** (Bild 8.94) sind beidseitig mit einem Bespannungsmaterial aus schwerem, geschäumtem Spezialkunstleder vollflächig verkleidet.

Die Flügelpakete laufen kugelgelagert in einer oberen Laufschiene und bedürfen in der Regel am Fußboden keiner weiteren Führung (durchlaufender Bodenbelag). Beidseitig umlaufende Schleifdichtungen – gegen Fußboden und Unterdecke abdichtend – sowie schalldämmende Spezialeinlagen (z. B. Schwermatte mit Mineralwolle) verbessern die Schalldämmwerte.

Harmonikatüren und -wände werden nahezu ausnahmslos nach Aufmaß einzeln gefertigt. Durch den Einbau von Weichen o. Ä. sind die Pakete in verschiedene Richtungen ausfahrbar, so dass sie in Nischen oder Taschen eingefahren und ggf. unsichtbar verstaut werden können. Dazu müssen Decke und Fußboden genau parallel und waagerecht liegen, die seitlichen Anschläge lot- und fluchtgerecht stehen.

Die Verkleidungen der Wandleibungen, Stürze usw. werden in der Regel bauseits hergestellt, wobei die Oberflächen der Harmonikaelemente mit denen der angrenzenden Wandvertäfelungen aufeinander abgestimmt sein können.

Griffe auf beiden Türseiten ermöglichen ein leichtes Herausziehen und Feststellen der Harmonikatür bzw. -wand an jeder beliebigen Stelle, während ein Doppelhaken-Sicherheitsschloss den dichten Abschluss sichert.

Da die angebotenen Führungen im Decken- und Fußbodenbereich, die verschiedenartigen Faltungen der Elemente und ihre Parkmöglichkeiten sowie ihre Ausrüstung mit Beschlägen und Garnituren sehr unterschiedlich und vielfältig sein können, muss von einer Beschreibung aller Möglichkeiten abgesehen werden. Nähere Angaben sind den jeweiligen Herstellerunterlagen zu entnehmen.

8.5.4 Falttüren und Faltwände

Falttüren und -wände (Bild 8.3 in Abschn. 8.2) bestehen aus einer Anzahl, meist durch Scharniere gelenkig miteinander verbundener Flügel, die an einem Laufwerk – mit oder ohne Bodenführung – aufgehängt sind und sich durch Zusammenklappen zurückschieben lassen. Sie werden aus Holz bzw. Holzwerkstoffen oder Metall oder in einer Kombination beider Werkstoffgruppen ein- oder mehrschalig hergestellt. Größere Raumabschlüsse sollten möglichst zweiseitig aufschiebbar sein und aus Gründen der Zweckmäßigkeit einen Durchgangsflügel aufweisen.

---

[1] Angaben über Brandschutzgläser s. Abschn. 8.6.1.2, über Sicherheitsgläser Abschn. 8.3.6. Der aktuelle Stand der Normung ist Abschn. 8.8 zu entnehmen.

8.5 Innere Schiebetüren und Faltwände

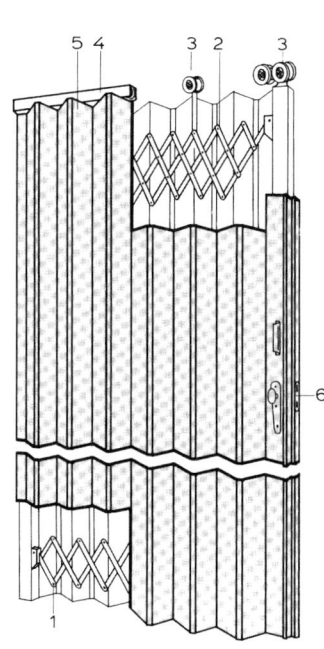

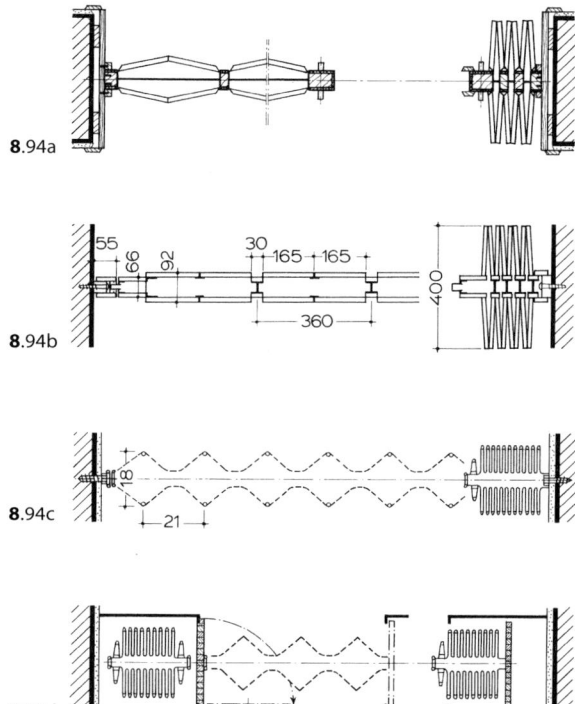

8.93 Konstruktiver Aufbau einer Holzharmonikatür ohne Bodenführung
1 Einfach-Stahlscherenreihe
2 Doppel-Stahlscherenreihe
3 kugelgelagerte Laufrollen
4 Laufschiene
5 beiderseitige Bekleidung mit Spanplattenstreifen
6 Doppelhaken- Sicherheitsschloss
DORMA Hüppe-Raumtrennsysteme, Oldenburg

8.94 Schematische Darstellung einiger Einbaubeispiele von Holz- und Kunstlederharmonikatüren
a) ein- oder zweiflügelige Holzharmonikatür mit Futterrahmen und Bekleidung
b) ein- oder zweiflügelige Holzharmonikatür. Beim Aufschieben werden nur die Segmente bewegt, die zum Öffnen und Schließen der Tür bzw. Wand benötigt werden.
c) bis d) ein- oder zweiflügelige Kunstlederharmonikatüren mit und ohne Paketverkleidung
DORMA Hüppe-Raumtrennsysteme, Oldenburg

Bild 8.3 in Abschn. 8.2 verdeutlicht, wie sie angeordnet und geführt werden. Demnach unterscheidet man:

- **Faltwände mit exzentrischer Aufhängung** (Bild **8**.95). Sie bestehen aus gleich breiten Flügeln (etwa 600 bis 900 mm), die sich aufgrund ihrer exzentrischen Aufhängung immer nur nach einer Raumseite hin ausfalten lassen. Das Laufwerk kann wahlweise an einer Sturzunterkante oder Wandfläche montiert werden (Flügelgewichte beachten). Die Tragrollen sind an der oberen Ecke eines jeden zweiten Flügels, die Bodenführungsrollen genau lotrecht darunter liegend, an der unteren Flügelecke angeordnet. Diese Bodenrollen sind wegen der außermittigen Belastung im gefalteten Zustand unbedingt erforderlich und laufen in einer im Fußboden eingelassenen U-förmigen Schiene (Verschmutzungsgefahr beachten).

- **Faltwände mit zentrischer Aufhängung** (Bild **8**.96). Aufgrund ihrer zentrischen Aufhängung falten sie sich jeweils zur Hälfte nach innen und außen und beginnen an der Wand immer mit einem halben Flügel. Die übrigen Flügel sind gleich breit (etwa 600 bis 900 mm). Bei dieser Wandart sitzen die Tragrollen in der Mitte eines jeden zweiten Flügels. Aufgrund des sich daraus ergebenden Gleichgewichtes ist eine Bodenführung bei kleineren Flügel-

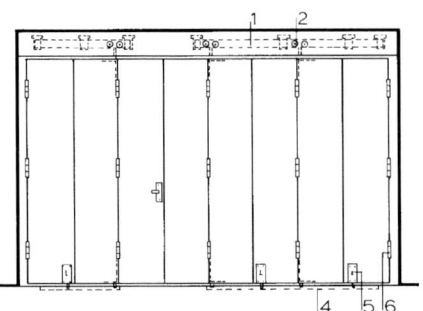

8.95a

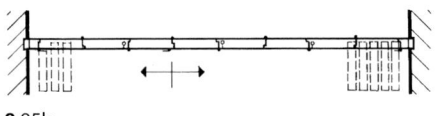

8.95b

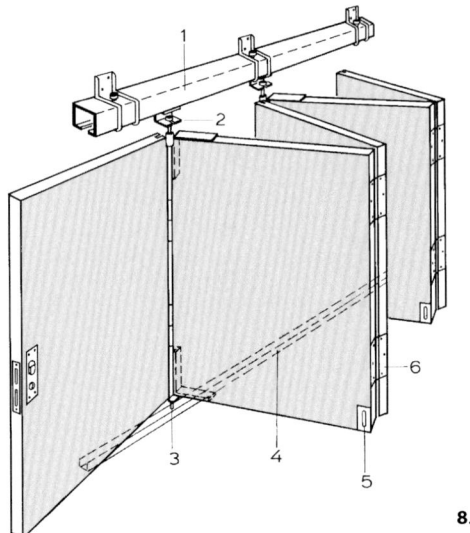

8.95c

8.95 Schematische Darstellung einer Faltwand mit exzentrischer Aufhängung (gleich breite Flügel)
  a) Ansicht der Faltwand
  b) Horizontalschnitt
  c) Schema der Faltwand (Hespe und Woelm, Heiligenhaus)
  1 Laufrohr mit Befestigungsmuffen
  2 Tragrolle (Trägerwinkel mit aufgesetztem Rollenapparat)
  3 Führungsrolle
  4 U-förmige Bodenschiene
  5 Feststellriegel
  6 kugelgelagerte Scharniere

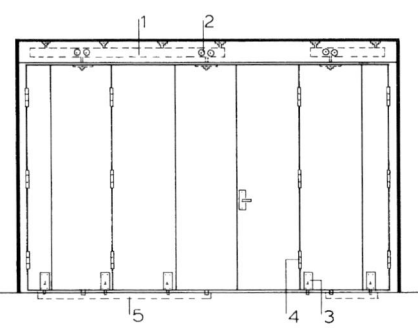

8.96a

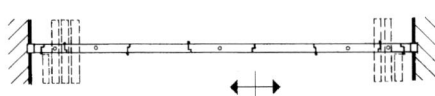

8.96b

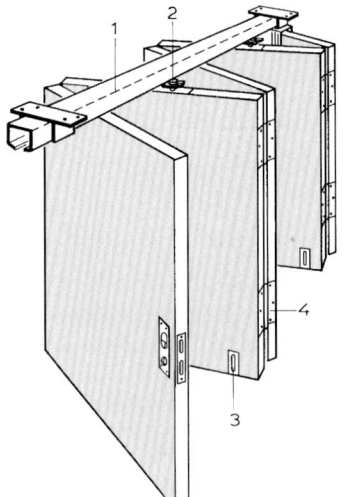

8.96c

8.96 Schematische Darstellung einer Faltwand mit zentrischer Aufhängung (an der Wand mit einem halben Flügel beginnend)
  a) Ansicht der Faltwand
  b) Horizontalschnitt
  c) Schema der Faltwand (Hespe und Woelm, Heiligenhaus)
  1 Laufrohr mit Befestigungsmuffen
  2 Tragrolle
  3 Feststellriegel
  4 kugelgelagerte Scharniere
  5 U-förmige Bodenschiene

8.5 Innere Schiebetüren und Faltwände

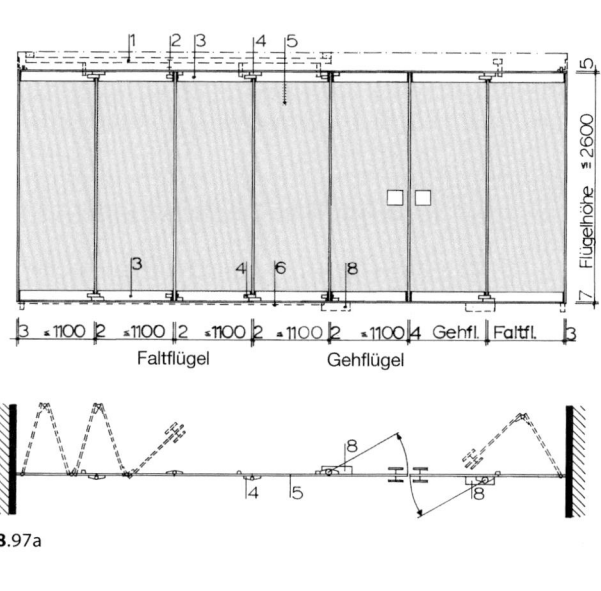

8.97a

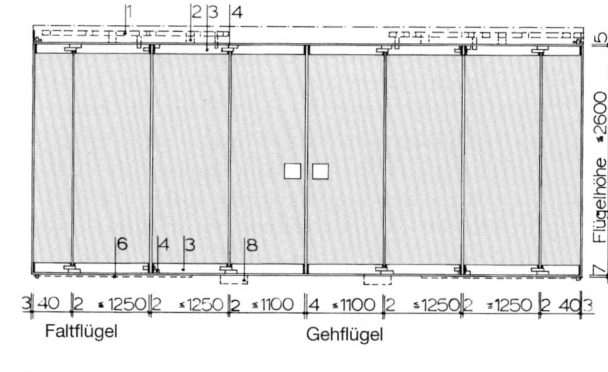

8.97b

8.97c

8.97 Ganzglas-Falttüranlage aus Einscheiben-Sicherheitsglas
- a) Ansicht und Horizontalschnitt von einer exzentrisch aufgehängten Falttüranlage
- b) Ansicht und Horizontalschnitt von einer zentrisch aufgehängten Falttüranlage
- c) Vertikalschnitt durch eine exzentrisch aufgehängte Falttüranlage
- 1 Laufrohr
- 2 Tragrolle
- 3 angeklemmte Türschienen
- 4 Gelenkbänder
- 5 Türflügel mit Einscheiben-Sicherheitsglas
- 6 Bodenführungsschiene
- 7 Bodenführungsrolle
- 8 Bodentürschließer

VEGLA (Saint-Gobain Glas), Aachen

gruppen nicht erforderlich, bei breiteren Anlagen sind die Bodenführungsrollen lotrecht unter den Laufrollen montiert. Diese Faltwandart wird von der Beschlagindustrie auch als Harmonikawand bezeichnet.

Gemeinsam ist allen Faltwandarten, dass die einzelnen Flügel durch jeweils zwei, bei hohen Elementen auch durch drei oder vier kugelgelagerte Scharniere miteinander verbunden sind.

Ähnlich wie bei den Schiebetüren sollte auch hier die im Bereich des Laufwerkes liegende Bekleidung bzw. Wandvertäfelung abnehmbar sein, um ggf. Reparaturen oder eine nachträgliche Höhenjustierung der Faltwand vornehmen zu können.

Einzelheiten bezüglich des konstruktiven Aufbaues der einzelnen Türflügel und der notwendigen Schalldämm-Maßnahmen, die beim Einbau derartiger Wandanlagen zu beachten sind, s. Abschn. 8.5.5, Bewegliche Elementwände.

Ganzglas-Falttüranlagen

Großflächige Raumöffnungen – die je nach Bedarf teilweise oder in der gesamten Breite als Durchgang benötigt werden – können auch mit Ganzglas-Falttüranlagen unterschiedlichster Größe und Ausführung verschlossen werden. Sie eignen sich als bewegliche, transparente Innenraum-Abschlüsse von Hallen und Foyers oder als großflächiger Raumteiler in Ladenstraßen und Warenhäusern.

Ganzglas-Falttüranlagen bestehen aus rahmenlosen Ganzglas-Türflügeln, an deren oberen und unteren Enden durchlaufende Türschienen mit den dazugehörigen Trag- bzw. Führungsrollen angeklemmt sind. Bis zu fünf Türflügel können zusammenhängend seitlich verschoben und zu einem Paket zusammengefaltet werden.

Falttüranlagen aus Einscheiben-Sicherheitsglas können mit oder ohne Gehflügel ausgestattet sein, wobei der Gehflügel als Pendeltür oder als Anschlagtür ausgebildet wird. Die Anforderungen an Beschläge für Falttüren sind in DIN EN 152 festgeschrieben. Alle erforderlichen Beschlagteile werden vom Glaswerk mitgeliefert. Einzelheiten hierzu s. Abschn. 8.4.7 Ganzglas-Türen und -Türanlagen.

Bild 8.97. Wie diese Abbildung verdeutlicht, gibt es Ganzglas-Falttüren wahlweise mit exzentrischer oder zentrischer Aufhängung. Bei beiden Systemen sind Bodenführungsrollen mit den entsprechenden U-förmigen Schienen vorzuse-

hen. Um ein nachträgliches Verstellen (Höhenjustierung) der Tragrollen zu ermöglichen, ist auch hier in der bauseits anzubringenden Verkleidung eine Revisionsklappe o. Ä. vorzusehen.

8.5.5 Bewegliche Elementwände

Die Forderung, eine begrenzte Grundfläche jederzeit so aufteilen zu können, dass sie wechselnden Anforderungen genügt, führte zur Entwicklung von beweglichen Elementwänden. Dabei handelt es sich um schalldämmende, bewegliche Wände ohne Bodenführung, die aus raumhohen, unabhängig voneinander bedienbaren Einzelelementen bestehen.

Elementwände (Bild **8**.98) werden vorzugsweise in Schulen, Mehrzweckhallen, Kongress- und Sportzentren sowie in gastronomischen Objekten eingesetzt. Die zusammengeschobenen Elemente ergeben eine geschlossene, vollkommen glatte Wand ohne sichtbare Metallprofile oder Beschlagteile. Als Oberflächenmaterial werden vorzugsweise Holzfurniere, Schichtstoffplatten, Kunstleder sowie alle anderen im gehobenen Innenausbau üblichen Materialien verwendet.

Die auf dem Markt derzeit angebotenen Wände haben einen sehr ähnlichen Aufbau, so dass im Allgemeinen von folgenden Gegebenheiten ausgegangen werden kann:

- **Aufhängung** (Bild **8**.99). Die verfahrbaren Elementwände werden an Deckenschienen aus Stahl oder Aluminium aufgehängt. Bodenführungsschienen sind aus optischen und Verschmutzungsgründen unerwünscht.

  Für die Elementaufhängung gibt es zwei Möglichkeiten: Die einfachere

- **1-Punkt-Aufhängung** (1 Rollenwagen je Element), bei der die Gefahr des Verkantens der Elemente und damit Beschädigung der Decke bzw. des Fußbodenbelages nie ganz ausgeschlossen werden kann, und die aufwändigere, aber derzeit übliche

- **2-Punkt-Aufhängung** (2 Rollenwagen je Element). Aufgrund ihres Gewichtes erfordern verschiebbare Wände ein hochwertiges Laufrollensystem. Besonders geeignet sind sog. Kreuzrollen, die ein leichtes, geräuscharmes Verschieben der Elemente nach allen Richtungen (ohne Drehscheiben und Weichen) gestatten. Die einzelnen Elemente der geöff-

8.5 Innere Schiebetüren und Faltwände

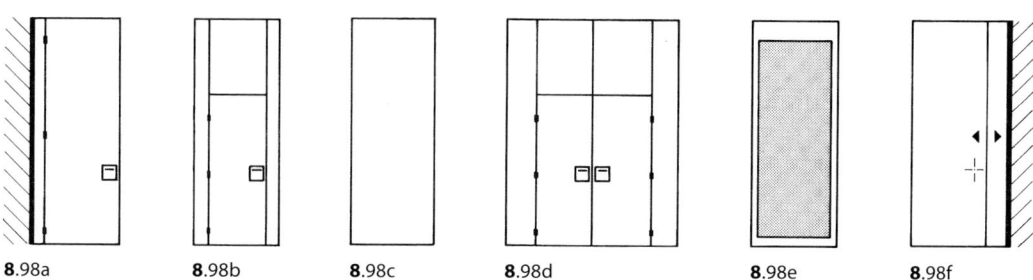

8.98a   **8**.98b   **8**.98c   **8**.98d   **8**.98e   **8**.98f

8.98 Schematische Darstellung einiger Wandelement-Typen von beweglichen Elementwänden
  a) fest angeschlagenes Türelement
  b) einflügelige Durchgangstür
  c) Vollwand-Element
  d) zweiflügelige Durchgangstür
  e) Fenster-Element
  f) Teleskop-Element

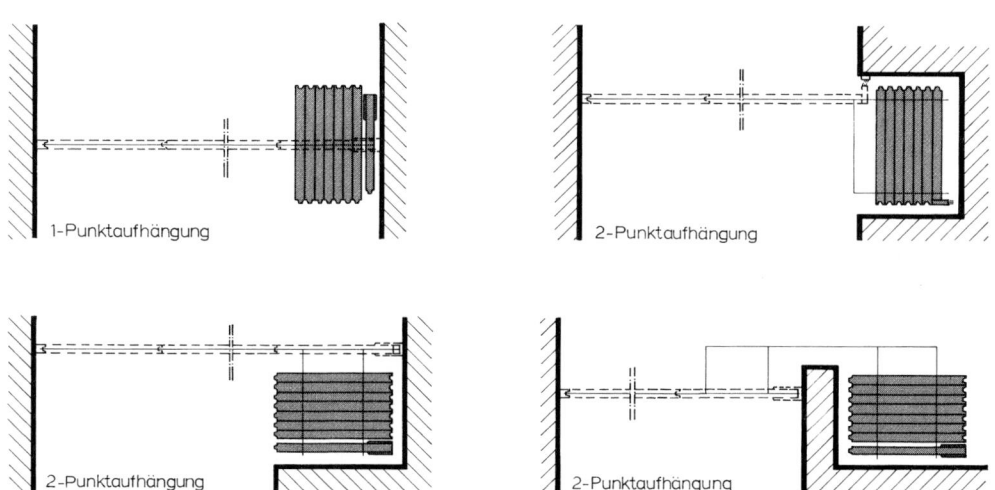

8.99 Schematische Darstellung verschiedener Parkmöglichkeiten von beweglichen Elementwänden

neten Wand können beliebig in einer separaten Nische, hinter einer vorspringenden Wand oder einem Pfeiler sowie einfach seitlich geparkt werden.

- **Wandelemente** (Bild **8**.100). Die zweischalig aufgebauten Elemente (Sandwichkonstruktion) bestehen im Inneren aus einer verwindungssteifen Metallrahmenkonstruktion, die beidseitig freischwingend – aufliegend auf Weichprofildichtungen – mit 16 (19) mm dicken Holzwerkstoffplatten beplankt ist. Die Paneele können auch aus verzinkten Stahlblechtafeln mit Brandschutzausstattung bestehen.

Entsprechend der jeweils geforderten Schalldämmung wird der Hohlraum zwischen den Paneelen mit Mineralwolle, akustischen Gummimatten o. Ä. gefüllt und das notwendige Flächengewicht der Elemente durch aufgeklebte Stahlblechtafeln, Schwermatten oder Gipskartonplatten erreicht.

Daraus ergeben sich Elementdicken zwischen 80 und 150 mm, je nach Elementhöhe und gefordertem Schalldämmwert. Die Elementabmessungen variieren allgemein in der Breite zwischen 600 und 1200 mm, in der Höhe zwischen 2000 und 4100 mm (Sonderkonstruktionen bis 16000 mm).

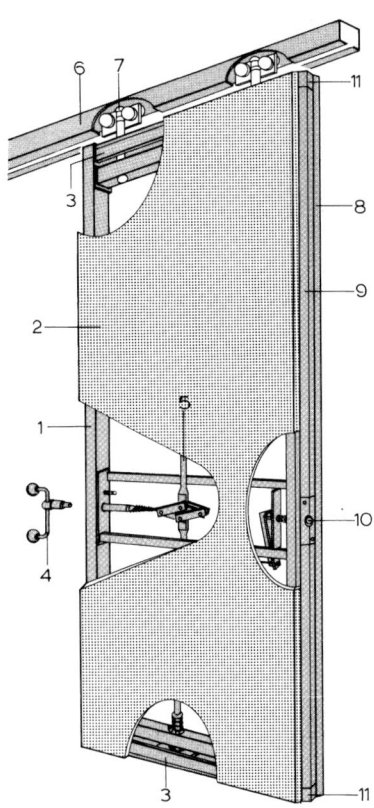

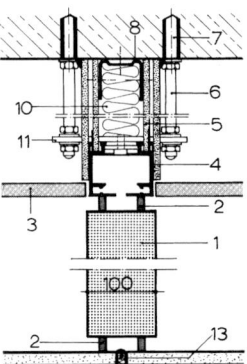

8.101a

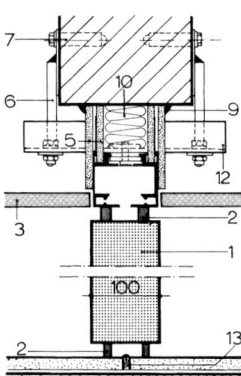

8.101b

8.100 Schematische Darstellung des Aufbaues und der Mechanik eines beweglichen Wandelementes
  1 Rahmen aus Aluminiumhohlkammer- und Stahlrohrprofilen
  2 Spanplattenbekleidung (16 mm) mit Schwermatten und Hohlraumfüllung
  3 horizontale Abdichtung (oben/unten) durch ausfahrbare Dichtleisten
  4 Steckkurbel
  5 Getriebemechanik
  6 Deckenschiene aus Aluminium
  7 Laufwagen mit Kreuzrollen (Zweipunkt-Aufhängung)
  8 vertikale Abdichtung (Nut-Feder-Profil mit Lippendichtungen)
  9 kraftschlüssige Verbindung durch Magnetbänder
 10 Abdrückmechanismus
 11 zusätzliche Eckabdichtung
DORMA Hüppe-Raumtrennsysteme, Oldenburg

8.101 Beispiele von Laufschienen-Abhängungen (System VARIFLEX)
  a) Abhängung an einer Betondecke
  b) Abhängung an einem Unterzug
  1 bewegliche Elementwand
  2 ausfahrbare Dichtleisten
  3 abgehängte Unterdecke
  4 Deckenschiene aus Aluminium
  5 Gipskartonplatten (je 12,5 mm dick)
  6 Gewindestange mit höhenjustierbarer Halteplatte bzw. Konsole
  7 Dübel nach Angabe
  8 Stahlblechprofil
  9 dauerelastische Dichtmasse
 10 Mineralfaserwolle
 11 Halteplatte
 12 Konsole
 13 Trennfuge im schwimmenden Estrich
DORMA Hüppe-Raumtrennsysteme, Oldenburg

8.5 Innere Schiebetüren und Faltwände

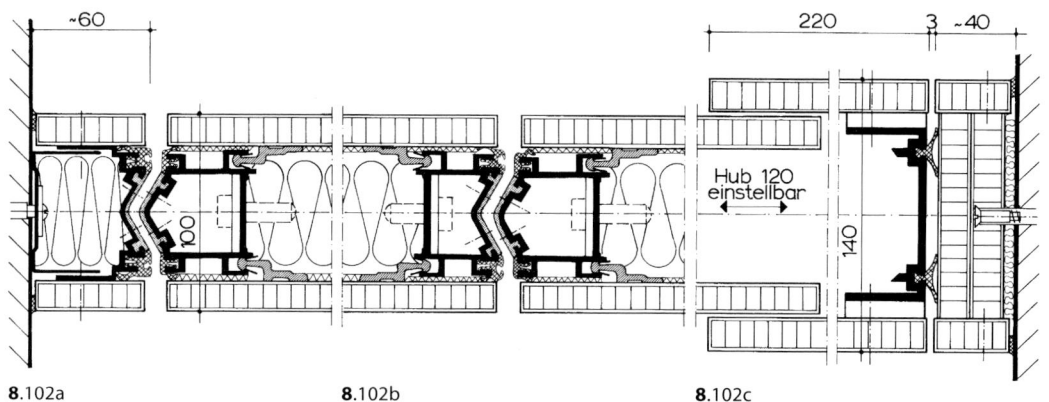

8.102a   **8.**102b   **8.**102c

8.102 Horizontalschnitt durch eine bewegliche Elementwand (System VARIFLEX)
    a) Wandanschluss: erstes Element mit Schlossleiste
    b) vertikale Elementverbindung: Nut-Feder-Profil mit Lippendichtungen und beidseitig angeordneten Magnetbändern
    c) Wandanschluss: letztes Element mit ausfahrbarem Teleskop
    DORMA Hüppe-Raumtrennsysteme, Oldenburg

- **Horizontale Abdichtung** (Bild **8.**101) Jedes Wandelement besitzt nach oben und unten ausfahrbare, beweglich gelagerte Doppeldichtungen, die über eine Spindelmechanik (Wagenheberprinzip) – ausgelöst durch eine Steckkurbel – gegen Fußboden und Deckenschiene gepresst werden. Diese federgelagerten, mit einer Anpresskraft von 15 bis 20 N/mm² versehenen Dichtleisten geben jedem Element eine gute Standfestigkeit, dichten gegen Fußboden und Deckenschiene schalldämmend ab und gleichen Toleranzen sowie nachträgliche Veränderungen des Bauwerkes (z. B. Deckendurchbiegungen) bis zu einer Höhendifferenz von beispielsweise zweimal 40 mm selbsttätig aus.
- **Vertikale Abdichtung** (Bild **8.**102). Die vertikale Verbindung der Elemente untereinander erfolgt bei einer hochwertigen Wand einmal durch formschlüssige Nut-Feder-Profile mit eingearbeiteten Mehrfachdichtungen, zum anderen durch eine kraftschlüssige Verbindung. Dies kann entweder mechanisch durch zwei versenkt angeordnete Schließhaken oder durch die gegenseitige Anziehungskraft zweier, in der Nut-Feder-Schiene verlaufender Magnetbänder geschehen. Deren Anzugskraft kann bis zu 70 N/lfdm. betragen.
- **Wandanschluss** (Bild **8.**102). Auch der Wandanschluss muss bei einer schalldämmenden Elementwand sehr sorgfältig ausgeführt werden. Im Allgemeinen wird hierzu eine sog. Wandanschlussleiste verwendet, die im Prinzip nichts anderes darstellt als das Endstück eines normalen Elementes, das mit der Raumwand dicht verbunden ist und in dessen Nut-Feder-Profil das erste aufzustellende Wandelement eingeschoben wird. Um auch das letzte Element der beweglichen Trennwand einfügen zu können, ist ein gewisser Spielraum gegenüber dem Wandanschluss notwendig. Dieser verbleibende Zwischenraum wird meist durch ein aus dem letzten Element ausfahrbares Teleskopteil verschlossen.

Aus Gründen der Zweckmäßigkeit sollte jede größere, bewegliche Elementwand eine allseits flächenbündig eingebaute Durchgangstür erhalten. Diese weist keine Bodenschwelle auf, sondern dreiseitig umlaufende Doppeldichtungen sowie eine nach unten ausfahrbare Dichtleiste. Generell ist jedoch zu beachten, dass Durchgangstüren in der Regel die Schalldämmwerte einer Wand verringern.

- **Schallnebenwege.** Die Begrenzung der baulichen Schallnebenwege über die flankierenden Bauteile ist genauso wichtig wie die schalltechnischen Maßnahmen am trennenden Bauteil, der beweglichen Trennwand selbst. Der Einbau einer Elementwand mit einem Schalldämm-Maß R'_{wP} von beispielsweise 45 bis 52 dB hat nur dann einen Sinn, wenn die Schall-Längsleitung über die flankierenden Bauteile wie Fußboden, Wand, Decke, Fassade usw. weitgehend reduziert werden kann.

Das Problem der horizontalen Schall-Längsleitung tritt vor allem auf entlang schwimmender Estriche und schallleitender Fußbodenbeläge (durchlaufende Trennfuge oder Verbundestrich vorsehen), schallleitender Unterdeckenplatten und ungedämmter Deckenhohlräume (horizontale Dämmung und/oder vertikale Abschottung einplanen) sowie bei undichten Randanschlüssen. Des Weiteren kann noch die Schall-Längsleitung über Fassaden- bzw. Fensterelemente, Ver- und Entsorgungsleitungen sowie über Lüftungskanäle hinzu kommen. Die geforderte Schalldämmung kann außerdem nur erreicht werden, wenn auch die zwangsläufig auftretenden Bautoleranzen im Rahmen der Grenzen liegen, die die beweglichen Trennwandsysteme auffangen können. Weitere Einzelheiten sind den Abschnitten 14.2.2 und 15.3.3 in Teil 1 dieses Werkes sowie der weiterführenden Fachliteratur [28], [29] zu entnehmen.

8.6 Sondertüren

Von Schutz- und Sondertüren werden je nach Einsatzort und den sich daraus ergebenden Anforderungen ganz spezifische Eigenschaften gefordert, woraus sich sowohl notwendige (Gesetzgeber) als auch individuell wünschenswerte (Bauherr/Planer) Auflagen ableiten lassen. Man unterscheidet:

- **Schutztüren**
  - Feuerschutztüren
  - Rauchschutztüren
  - Schallschutztüren
  - Strahlenschutztüren
  - Einbruchhemmende Türen
  - Schusshemmende Türen u. a.
- **Sondertüren**
  - Wohnungsabschlusstüren
  - Barrierefrei-Türen
  - Feucht- und Nassraumtüren u. a.

8.6.1 Feuerschutztüren und -abschlüsse

Feuerschutzabschlüsse sind gemäß DIN 4102-5 selbstschließende Türen und andere Abschlüsse (z. B. Klappen, Rollläden, Tore), die dazu bestimmt sind, im eingebautem Zustand den Durchtritt eines Feuers durch notwendige Öffnungen in Wänden oder Decken eines Gebäudes für eine definierte Zeitspanne zu verhindern.

Sie sind als Ganzes Bestandteil eines feuerwiderstandsfähigen Raumabschlusses und zwar einschließlich der umgebenden Wand, der in der Wand befestigten Zarge, den Befestigungsmitteln, aller Beschlagteile, Dichtungen und Türflügel. Alle diese Teile beeinflussen sich wechselseitig und sind daher in die Prüfung der Feuerwiderstandsfähigkeit und Dauerfunktionstüchtigkeit einzubeziehen.

Die Notwendigkeit des Einbaues von Feuerschutzabschlüssen ergibt sich aus den baurechtlichen Bestimmungen der Musterbauordnung (MBO) bzw. den jeweiligen Landesbauordnungen (LBO), den Verordnungen und Richtlinien über Bauten und Räume besonderer Art oder Nutzung (z. B. Verkaufsstätten-, Versammlungsstätten-, Garagen-, Krankenhausbau-, Gaststättenverordnungen, den Schulbau-, Hochhaus- oder Industriebaurichtlinien) sowie aus einer Vielzahl weiterer Rechtsverordnungen und Verwaltungsvorschriften.

Diese Verordnungen bestimmen neben der Feuerwiderstandsklasse der Wände auch die erforderliche Feuerwiderstandsklasse der dort einzubauenden Türen.

DIN-Normen[1] Von einigen Besonderheiten abgesehen, müssen Feuerschutzabschlüsse die Anforderungen an raumabschließende Bauteile nach DIN 4102-2 erfüllen. Feuerschutzabschlüsse zählen jedoch zu den **Sonderbauteilen**, weil sie wegen ihrer beweglichen Teile nicht alle Anforderungen an raumabschließende Bauteile erfüllen können.

Feuerschutzabschlüsse werden daher nach DIN EN 1634-1 geprüft und je nach Anforderung in unterschiedliche Feuerwiderstandsklassen eingeteilt (Tabelle **8**.103). Beim Brandversuch – dessen Dauer der Feuerwiderstandsklasse entspricht – muss die raumabschließende Wirkung gewahrt bleiben und der Durchgang des Feuers verhindert werden.

Der Nachweis der Dauerfunktionstüchtigkeit erfolgt gemäß DIN 4102-18. Diese hängt im Wesentlichen von der Ausstattung der Türelemente mit leistungsfähigen Beschlägen, Bändern, Schlössern und anderen Schließmitteln ab. Ein besonders wichtiges Kriterium für die Funktionstüchtigkeit ist das selbsttätige Schließen des/der Türflügel.

---

[1] Der aktuelle Stand der Normung ist Abschn. 8.8 zu entnehmen.

8.6 Sondertüren

Tabelle 8.103 Feuerwiderstandsklassen T nach DIN 4102-5

Feuerwiderstandsklasse	Feuerwiderstandsklasse in Minuten
T 30	≥ 30
T 60	≥ 60
T 90	≥ 90
T 120	≥ 120
T 180	≥ 180

Europäische Normen[1] Mit dem Übergang vom nationalen zum europäischen Regelwerk ergeben sich auch neue Prüf-, Klassifizierungs- und Produktnormen. Außerdem wurde ein neues europäisches Klassifizierungssystem zum Brandverhalten von Bauprodukten (Baustoffen) geschaffen, das insgesamt sieben EUROKLASSEN mit weiteren zusätzlichen Unterklassen vorsieht. Einzelheiten hierzu sind Tabelle 17.111, Teil 1 dieses Werkes zu entnehmen.

- **DIN EN 1363-1** ist die Grundnorm für die Feuerwiderstandsprüfung aller Bauteile.
- **DIN EN 1634-1** regelt das Prüfverfahren für die Bestimmung der Feuerwiderstandsdauer von Feuerschutztüren.
- Bei Feuerschutzabschlüssen handelt es sich in der Regel um **nicht geregelte** Bauprodukte, für die der Nachweis ihrer Verwendbarkeit erbracht werden muss.
- Grundsätzlich hat der Verwender die jeweils aktuelle Fassung der Bauregelliste zu beachten.

Bauregelliste, Ü-Zeichen, CE-Zeichen. Die Landesbauordnungen unterscheiden zwischen geregelten, nicht geregelten und sonstigen Bauprodukten, die in den verschiedenen Bauregellisten aufgeführt sind. Das Zusammenfügen von Bauprodukten zu baulichen Anlagen oder Teilen von baulichen Anlagen definieren sie als Bauart.

- Die **Bauregelliste A** gilt für Bauprodukte im Sinne der Begriffsbestimmung der Landesbauordnungen. Teil **1** dieser Bauregelliste enthält die geregelten Bauprodukte, Teil **2** die nicht geregelten Bauprodukte. Teil **3** enthält nicht geregelte Bauarten.
- Die **Bauregelliste B** dient der Umsetzung der Bauproduktenverordnung Richtlinien der Europäischen Union
- In der **Liste C** werden Bauprodukte geführt, für die es weder technische Baubestimmungen noch allgemein anerkannten Regeln der Technik gibt und die für die Bauordnungen nur eine untergeordnete Bedeutung haben.

Geregelte Bauprodukte entsprechen den in der Bauregelliste A Teil 1 bekannt gemachten technischen Regeln oder weichen von ihnen nicht wesentlich ab.

Nicht geregelte Bauprodukte sind Bauprodukte, die wesentlich von den in der Bauregelliste A Teil 1 bekannt gemachten technischen Regeln abweichen oder für die es keine Technischen Baubestimmungen oder allgemein anerkannten Regeln der Technik gibt.

Die Verwendbarkeit ergibt sich

- für geregelte Bauprodukte aus der Übereinstimmung mit den bekannt gemachten technischen Regeln,
- für nicht geregelte Bauprodukte aus der Übereinstimmung mit
  - der allgemeinen bauaufsichtlichen Zulassung oder
  - dem allgemeinen bauaufsichtlichen Prüfzeugnis oder
  - der Zustimmung im Einzelfall.

Sonstige Bauprodukte sind Produkte, für die es allgemein anerkannte Regeln der Technik gibt, die jedoch nicht in der Bauregelliste A enthalten sind. An diese Bauprodukte stellt die Bauordnung zwar die gleichen materiellen Anforderungen, sie verlangt aber weder Verwendbarkeits- noch Übereinstimmungsnachweise; sie sind deshalb auch nicht in der Bauregelliste A erfasst.

Verwendbarkeitsnachweis. Geregelte und nicht geregelte Bauprodukte – deren Verwendung in den Landesbauordnungen geregelt ist – dürfen eingesetzt werden, wenn ihre Verwendbarkeit in dem für sie geforderten Übereinstimmungsnachweis bestätigt ist und sie deshalb das Übereinstimmungszeichen – Ü-Zeichen – tragen. Diese sind in der Bauregelliste **A**, Teil 1, 2 und 3 aufgelistet.

- Gemäß Bauregelliste gibt es folgende Arten des Übereinstimmungsnachweises:

  ÜH – Übereinstimmungserklärung des Herstellers

  ÜHP – Übereinstimmungserklärung des Herstellers nach vorheriger Prüfung des Bauproduktes durch eine bauaufsichtlich anerkannte Prüfstelle

  ÜZ – Übereinstimmungserklärung des Herstellers nach einer Zertifizierung des Produktes durch eine anerkannte Zertifizierungsstelle (Übereinstimmungszertifikat).

Bauprodukte, die nach dem Bauproduktengesetz auf der Basis harmonisierter europäischer Produktnormen in Verkehr gebracht werden, müssen gemäß der Bauregelliste **B** Teil 1 als Verwendbarkeitsnachweis die **CE-Kennzeichnung** tragen.

Für die sonstigen Bauprodukte braucht die Verwendbarkeit nicht nachgewiesen zu werden. Weitere Einzelheiten sind Abschn. 2.2.4, Teil 1 dieses Werkes zu entnehmen.

Wartung Brandschutztüren jeglicher Bauart und ihre Zubehörbauteile sind regelmäßig – z. B. Feststellanlagen einmal monatlich durch den Betreiber und einmal jährlich durch den Sachkundigen – auf ihre Funktionsfähigkeit zu überprüfen sowie entsprechend den Wartungsanleitungen des Herstellers von Sachkundigen zu warten und in-

---

[1] Der aktuelle Stand der Normung ist Abschn. 8.8 zu entnehmen.

stand zu halten. Die durchgeführten Wartungen und Prüfungen sind dabei schriftlich zu dokumentieren, idealerweise in einem Prüfbuch.

Allgemeine Konstruktions- und Einbauhinweise für Feuerschutzabschlüsse s. Abschn. 8.6.1.

8.6.1.1 Feuerschutztüren aus Stahl

Bei feuerhemmenden einflügeligen Stahltüren (Bild **8**.104) – auch doppelwandige Stahlblechtüren genannt – handelt es sich um selbstschließende Türen ohne Verglasung, die dazu bestimmt sind, notwendige Öffnungen in raumabschließenden Wänden gemäß den baurechtlichen Bestimmungen zu verschließen. Die Arten A und B unterscheiden sich in ihrer Eignung für verschiedene Wandmaterialien (Mauerwerk, Stahlbeton) bzw. Wandöffnungsgrößen.

Stahltüren, die den Festlegungen dieser Normen entsprechen, gelten ohne besonderen Nachweis als T30-Türen nach DIN 4102-5 (Bauregelliste A Teil 1, geregelte Bauart).

DIN EN 16 034 legt, in Verbindung mit DIN EN 13 501-2, die Anforderungen an Feuer- und Rauchschutztüren fest.

Bild 8.104 zeigt eine einflügelige Brandschutztür gemäß DIN EN 16 034. Das Türblatt besteht aus zwei 1,0 mm dicken Feinblechen, die zu einem allseitig geschlossenen, 54 mm dicken Türkasten zusammengefügt sind, und zwar so, dass an drei Türblattkanten umbördelte Anschlagfalze von 24 mm Breite entstehen. Weitere Flach- bzw. Winkelstahlverstärkungen sind zur inneren Aussteifung des Türkastens, zur Verstärkung des Schlossbereiches und zur Befestigung des Obentürschließers eingeschweißt.

Auf der Bänderseite des Türblattes ist ein Sicherungszapfen untergebracht, der beim Schließen der Tür in die Zarge eingreift, um im Falle eines Brandes ein Ausbiegen des Türflügels zu verhindern. Als Dämmstoff kommen nichtbrennbare Mineralfaserplatten nach DIN 18 089-1 zur Anwendung, wobei diese den Türkasten vollständig ausfüllen müssen.

Die Stahlzarge besteht aus Z-förmigen Stahlprofilen von 3 bis 4 mm Dicke, an deren Längsseiten je drei Maueranker angeschweißt sind. Die Verankerung der Türzarge mit der Wand muss nach DIN 18 093 erfolgen. Das Türblatt ist an zwei Konstruktionsbändern aufgehängt.

Als Schließmittel sind ein nichttragendes Federband (DIN 18 272) auf halber Türkastenhöhe oder ein Obentürschließer mit hydraulischer Dämpfung nach DIN 18 263-1 möglich. Weitere Angaben hierzu s. Abschn. 8.7.5, Türschließer (Türschließmittel).

Allgemeine Konstruktions- und Einbauhinweise für Feuerschutzabschlüsse s. Abschn. 8.6.1.2.

8.6.1.2 Feuerschutztüren aus Rohrrahmenkonstruktionen

Türsysteme Feuerschutztüren aus Rohrrahmenprofilen – auch Rohrprofiltüren genannt – sind nach unterschiedlichen Konstruktionsprinzipien aufgebaut. Man unterscheidet

- thermisch geschützte Konstruktionen,
- thermisch getrennte Konstruktionen.

Thermisch geschützte Konstruktionen

- **Beplankte Konstruktionen.** Bei dieser Bauart bestehen die Türflügel- und Blendrahmen aus jeweils mittig angeordneten, tragenden Stahlprofil-Grundrahmen, die beidseitig von außen mit bauaufsichtlich zugelassenen Fasersilikat-Plattenstreifen o. Ä. beplankt und dadurch thermisch geschützt werden. Diese Plattenstreifen werden durch gekantete Stahlblechschalen geschützt, die gleichzeitig auch als Halterung für die äußere Aluminium-Deckverkleidung dienen.

Mit dieser Verbundkonstruktion lassen sich auch die sonst bauüblichen Beschädigungen der fertigen Elementoberflächen auf ein Minimum reduzieren, da die eloxierten oder einbrennlackierten Aluminium-Deckschalen erst kurz vor Baufertigstellung auf die bereits installierten Türelemente aufgeklipst werden.

Konstruktionsbeispiele s. Bild **8**.105a und b. Vgl. hierzu auch Bild **8**.113.

Thermisch getrennte Konstruktionen

- **Sandwichkonstruktion** Bei dieser Bauart bestehen die Türflügel- und Blendrahmen aus jeweils innen- und außenseitig angeordneten – thermisch mittig getrennten – Stahlprofilrohren, die zu Rahmen verschweißt werden. Die thermische Entkopplung erfolgt durch eine isolierende Zwischenschicht aus Fasersilikat-Plattenstreifen o. Ä., die mit den Brandschutzgläsern in einer Ebene liegen. Derartige Stahlprofilrohrkonstruktionen können entweder werk- oder bauseitig direkt farbbeschichtet oder auch mit Aluminium-Deckschalen verkleidet werden.

Konstruktionsbeispiele s. Bild **8**.106a und b.

- **Stegkonstruktion mit Isolatoren.** Bei dieser Bauart bestehen die Türflügel- und Blendrahmen je nach System entweder aus zwei

8.6 Sondertüren

1 Einsteckschloss nach DIN 18 250 mit Schlüssellochblende bei BB-Lochung
2 Ankerlochaussparung (z. B. 80 mm im Beton, 95 mm im Mauerwerk)
3 Lage der Kennzeichnungsschilder
4 Federband nach DIN 18 272. Vgl. hierzu auch Abschn. 8.7.5
5 Meterrissmarkierung (Kerbe)
6 Verstärkungswinkel für Obentürschließer
7 Lage der Z-Stahlzarge
8 Anker nach DIN 18 093
9 Z-Stahlzarge, eingeputzt, 54 × 50 × 25 × 3 mm
10 Schutzkasten
11 umlaufende Flachstahlverstärkung 50 × 5 mm
12 Schlosstaschenauskleidung mit Wärmedämmplatten
13 Schlosstasche
14 Mineralfaserplatten nach DIN 18 089-1
15 Sicherungszapfen

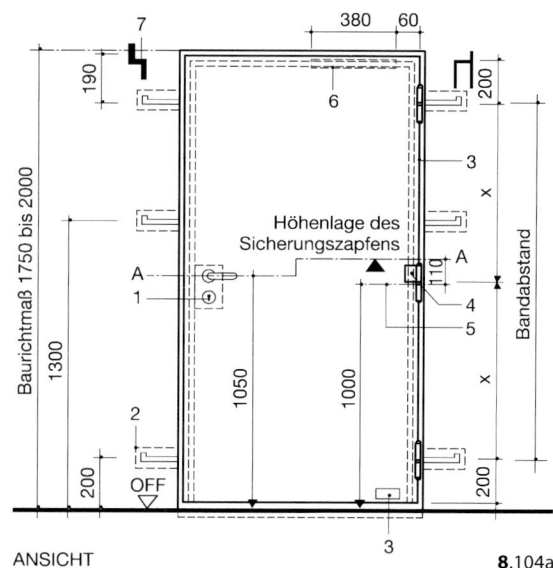

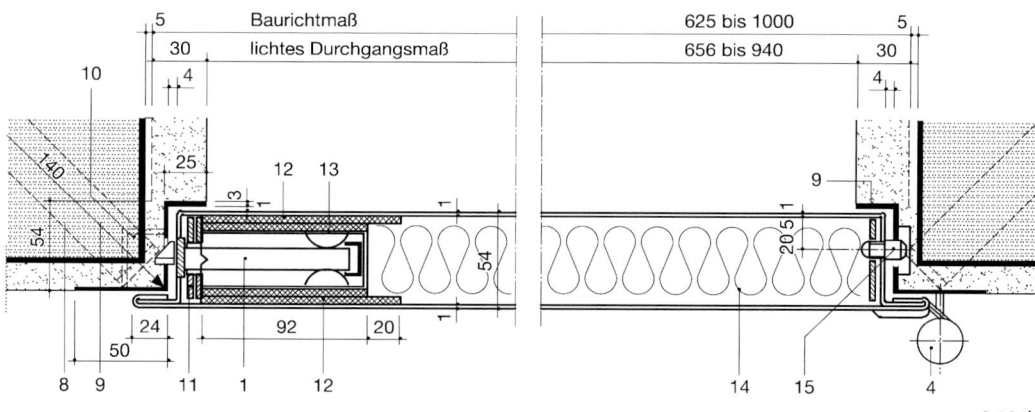

8.104 Feuerschutztür: Feuerhemmende einflügelige T30-1 Stahltür, (insgesamt vereinfachte Darstellung, Maße in mm)
  a) Ansicht der Feuerschutztür. Baurichtmaße der Wandöffnung in der Breite von 625 × 1000 mm, in der Höhe von 1750 × 2000 mm
  b) Schnitt A–A durch Schlosstasche und bandseitigem Sicherungszapfen

Stahlprofilrohren oder aus zwei Aluminiumprofilen. Diese tragenden Profile sind durch kohlefaserverstärkte Kunststoffstege (Isolierstege) kraftschlüssig miteinander verbunden und dadurch gleichzeitig auch thermisch getrennt.
Außerdem sind in die beiden Hohlprofile innenseitig Gipskarton-Plattenstreifen eingeklebt. Diese sog. Isolatoren geben bei Hitzeeinwirkung Feuchtigkeit ab und kühlen die Profile, so dass die kritischen Temperaturgrenzen nicht überschritten werden.

Konstruktionsbeispiele s. Bild **8.**107 und **8.**108.

Allgemeine Konstruktions- und Einbauhinweise

Feuerschutzabschlüsse müssen sowohl hinsichtlich ihres konstruktiven Aufbaues als auch bezüglich Montage, Betrieb und der für den Einbau

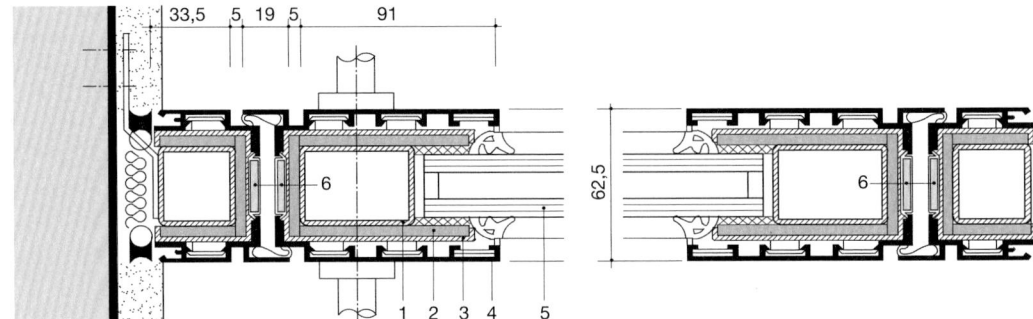

HÖRMANN KG, Steinhagen

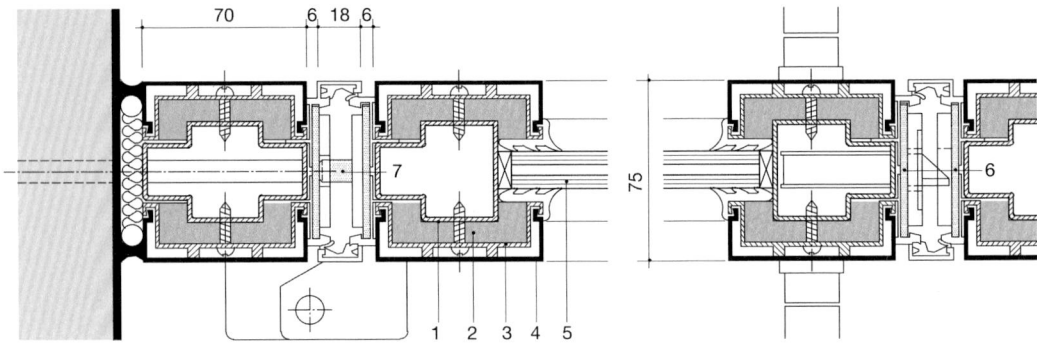

MMB Metallbau-Bedarf, Willich

8.105 Konstruktionsbeispiele von T30-1 Feuerschutztüren aus thermisch geschützten Stahlrohrprofilen (Grundrahmen) mit Brandschutzglas und aufgeklipsten Aluminium-Deckschalen
1 Stahlrohrprofil (tragender Grundrahmen)
2 Fasersilikat-Plattenstreifen (thermischer Schutz)
3 gekantete Stahlblechschale mit Klemmhalterung
4 aufgeklipste Aluminium-Deckschale
5 Brandschutzglas
6 unter Hitzeeinwirkung aufschäumbare Palusol-Brandschutzleisten
7 bandseitig eingebauter Sicherungszapfen

vorgeschriebenen Wände in allen Einzelteilen dem jeweiligen Verwendungsnachweis entsprechen. Im Einzelnen sind zu beachten:

- **Montage.** Nur ein ordnungsgemäßer Einbau mit kraftschlüssiger Verankerung in der angrenzenden Wand sichert die einwandfreie Funktion einer Feuerschutztür im Brandfall. Dies wird durch die Übergabe der Montageanleitung an den Bauherrn zusammen mit dem Zulassungsbescheid dokumentiert. Eine strikte Einhaltung der Montagevorschriften durch den Verarbeiter ist unabdingbar.

Zulässig sind ausschließlich Anschlüsse an in der Zulassung definierte Wandarten wie zum Beispiel Mauerwerk und Stahlbeton aber auch leichte Gipsplatten-Metallständerwände u. a.

Grundsätzlich erfolgt die Zargenmontage immer zweistufig. Zunächst ist eine kraft-/formschlüssige Verbindung mit der Wand durch Anker, Klammern oder Dübeln herzustellen. Anschließend sind alle Hohlräume zwischen Zarge bzw. Blendrahmen und Wand lückenlos zu hinterfüllen, um einem Flammendurchschlag im Anschlussbereich vorzubeugen.

Bei der Montage von Stahlzargen in Massivwänden ist der Hohlraum mit Zementmörtel dicht zu verfüllen.

Beim Einbau von Feuerschutztüren in Ständerwerkswänden werden die Zargenspiegel innenseitig mit Gips hinterfüllt, bevor das Ständerwerk beplankt wird. Diese Hinterfüllung dient der Kühlung der Zargenprofile und Stabilisierung des Verbundes von Zarge und Wand.

Beim nachträglichen Einbau von Stahlzargen in leichte Trennwände müssen die Hohlräume dicht mit Mineralwolle ausgestopft werden.

Auf dem Markt werden auch PU-Schäume in F 30-Qualität angeboten, die einen Feuerwiderstand von 30 Minuten ergeben.

Vgl. hierzu auch Abschn. 8.3.2 bzw. 8.4.2, Bauteilanschlüsse, Abschn. 8.4.5 Türzargen aus Metall sowie in Teil 1 dieses Werkes die Abschnitte 6.10 und 15, nichttragende innere Trennwände.

8.6 Sondertüren

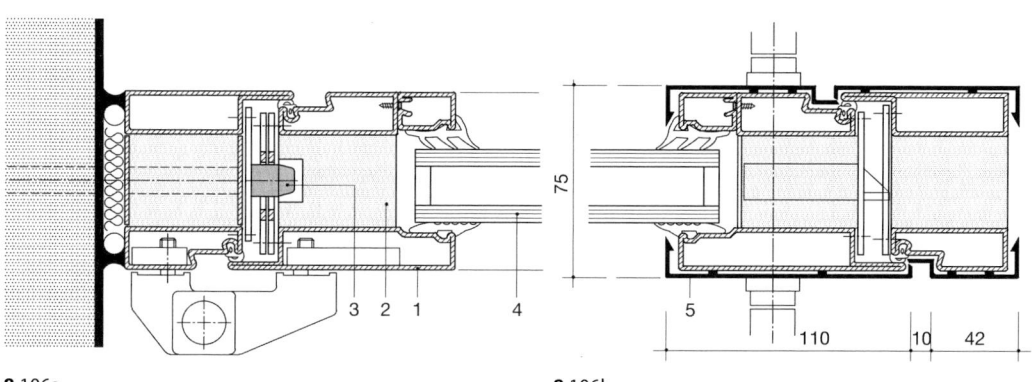

8.106a **8.**106b

8.106 Konstruktionsbeispiele von T30-1 Feuerschutztüren aus thermisch getrennten Stahlprofilrohren (Sandwichkonstruktion) mit Brandschutzglas
  a) Stahlprofilrohrkonstruktion für werk- oder bauseitige Beschichtung (Anstrich)
  b) Stahlprofilrohrkonstruktion mit Aluminium-Deckschalen
  1 Stahlprofilrohre, thermisch mittig getrennt
  2 Fasersilikat-Plattenstreifen (isolierende Zwischenschicht)
  3 bandseitig eingebauter Sicherungszapfen
  4 Brandschutzglas
  5 aufgeklipste Aluminium-Deckschale
  SCHÜCO International, Bielefeld

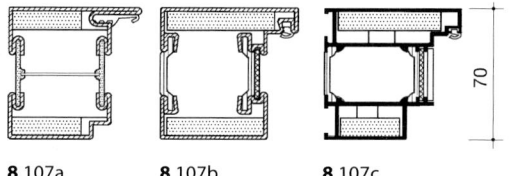

8.107a **8.**107b **8.**107c

8.107 Thermisch getrennte Stahlprofilrohre und Aluminiumprofile (Stegkonstruktionen) für T30-1 Feuerschutztüren (Beispiele)
  a) bis b) Stahlprofilrohre mit Isolierstegen und eingeklebten Gipskarton-Plattenstreifen (Isolatoren)
  c) Aluminiumprofil mit Isolierstegen und eingeklebten Gipskarton-Plattenstreifen (Isolatoren)

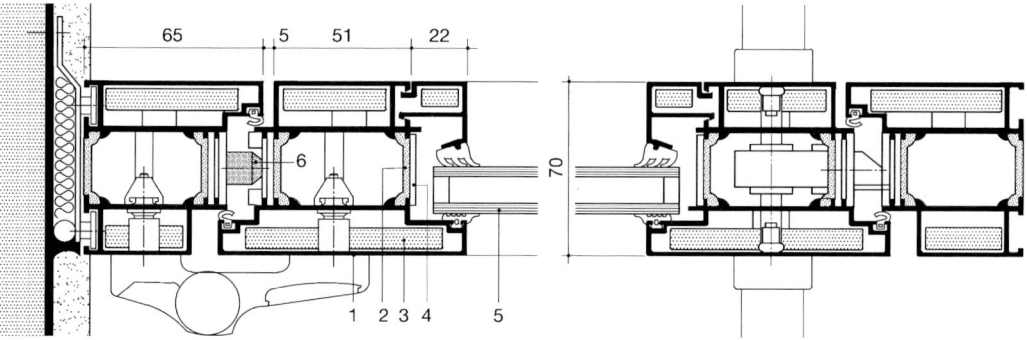

8.108 Konstruktionsbeispiel einer T30-1 Feuerschutztür aus thermisch getrennten, selbsttragenden Aluminiumprofilen (Stegkonstruktion) mit Brandschutzglas
  1 Aluminiumprofile, thermisch getrennt durch Isolierstege
  2 kohlefaserverstärkte Kunststoffstege (Isolierstege)
  3 eingeklebte Gipskarton-Plattenstreifen (Isolatoren)
  4 unter Hitzeeinwirkung aufschäumbare Palusol-Brandschutzleisten
  5 Brandschutzglas
  6 bandseitig eingebauter Sicherungszapfen
  SCHÜCO International, Bielefeld

- **Verglaste Feuerschutztüren.** An manche Feuerschutztüren wird beispielsweise aus Gründen der Verkehrssicherheit die Forderung nach Durchsicht erhoben. Besonders in öffentlich zugänglichen Gebäuden, wo Flucht- und Rettungswege in Fluren und Treppenhäusern jederzeit passierbar sein müssen, sind verglaste Feuerschutzabschlüsse von großem Vorteil.

  Die Feuerwiderstandsfähigkeit von Feuerschutzabschlüssen wird gemäß DIN EN 1634-1 geprüft, die Klassifizierung erfolgt gem. DIN EN 16 034. Vgl. hierzu auch Abschn. 17.7, Baulicher Brandschutz, Teil 1 dieses Werkes.

  Nach der Festlegung der Norm dürfen in brandschutztechnisch geforderten Türen grundsätzlich nur Brandschutzgläser der Feuerwiderstandsgruppe F eingebaut werden und zusammen mit der kompletten Türabschluss-Bauart geprüft und zugelassen sein.

  G-Verglasungen dürfen in Feuerschutztüren nicht eingebaut werden, dagegen sind sie in Rauchschutztüren einsetzbar.

  Sind Bauteilkombinationen geplant (z.B. feststehendes Verglasungsteil mit Feuerschutztür), so müssen beide Teile die gleiche Feuerwiderstandsklasse aufweisen und als Gesamtbauteil (Feuerschutztür mit Brandschutzverglasung) geprüft und bauaufsichtlich zugelassen sein.

- **Brandschutzgläser.** Es gilt festzuhalten, dass normales Glas (Floatglasscheiben) für brandschutztechnische Zwecke nicht geeignet ist. Im Brandfall würde es bei einseitiger Hitzeeinwirkung bereits nach kurzer Zeit zerspringen und so den Feuerdurchtritt in den nächsten Brandabschnitt ermöglichen.

  Der grundsätzliche Unterschied zwischen den üblicherweise verwendeten Brandschutzglasarten ergibt sich aus dem Kriterium der Wärmestrahlung, aus dem sich auch die unterschiedlichen Anwendungsbereiche von F- und G-Verglasungen ableiten lassen.

- **F-Verglasungen** (z.B. F 30, F 60, F 90) verhindern entsprechend ihrer Feuerwiderstandsdauer nicht nur die Ausbreitung von Feuer und Rauch, sondern auch den Durchtritt von Wärmestrahlung durch thermische Isolation (= strahlen**undurchlässige** Verglasung). Dies geschieht in der Regel durch glasklare Zwischenschichten (z.B. Natriumsilikat), die zwischen den einzelnen Sicherheitsglasscheiben eingelagert sind.

  Wenn im Brandfall die dem Feuer zugewandte erste Scheibe zerspringt, schäumt die Gelschicht auf und bildet mit ihrem verdampfenden Wassergehalt für die weiteren Glasscheiben eine hochwärmedämmende Isolierschicht. Dabei wird der Glasverbund undurchsichtig.

- **G-Verglasungen** (z.B. G 30, G 60, G 90) behalten im Brandfall ihre raumabschließende Wirkung und verhindern entsprechend ihrer Feuerwiderstandsdauer die Ausbreitung von Feuer und Rauch. Außerdem bleiben sie im Brandfall durchsichtig.

  G-Verglasungen lassen allerdings die Wärmestrahlung – wenn auch vermindert – passieren (= strahlen**durchlässige** Verglasung), so dass es durch die Hitzestrahlung im angrenzenden Raum zur Entzündung leichtentflammbarer Materialien und Gegenstände kommen kann. Derartige Verglasungen sind damit gegen Feuer „widerstandsfähig", jedoch nicht „feuerhemmend" bzw. „feuerbeständig".

  G-Verglasungen sind brandschutztechnische Sonderbauteile. Über die Zulässigkeit ihrer Verwendung entscheidet die zuständige örtliche Bauaufsichtsbehörde Vgl. hierzu auch Abschn. 15.3.4, Brandschutz von umsetzbaren Trennwänden, in Teil 1 dieses Werkes.

- **Türschließmittel.** Feuerschutzabschlüsse können ihren Zweck – ein Schadensfeuer durch die Türöffnung nicht durchzünden zu lassen – nur erfüllen, wenn sie im Brandfall dicht geschlossen sind. Daher müssen Schließmittel, die an Feuerschutztüren (Rauchschutztüren) montiert werden, den Abschlüssen die Eigenschaft „selbstschließend" verleihen (DIN 4102-18).

  Die Nutzung von Gebäuden – insbesondere mit Publikumsverkehr, Warentransport usw. – macht es jedoch erforderlich, dass selbstschließende Abschlüsse zeitweise offen gehalten werden. Um diese Feuer- bzw. Rauchschutzabschlüsse in geöffnetem Zustand halten zu können, ist eine geprüfte und bauaufsichtlich zugelassene Feststellanlage notwendig, die im Gefahrenfall die Schutztüren wieder bestimmungsgemäß schließt.

  - **Eine Feststellanlage** besteht im Wesentlichen aus einer Feststellvorrichtung (z.B. elektromagnetischer Türschließer, Haftmagnet), einem Brandmelder (Rauch- oder Temperaturmelder), der Energieversorgung und einer Auslösevorrichtung, die im Brandfall die Feststellvorrichtung abschaltet und den/die Türflügel zum Schließen freigibt.

    Bei zweiflügeligen Türanlagen ist eine Schließfolgeregelung vorzusehen. Die Schließfolge wird so geregelt, dass zuerst der Standflügel und dann erst der Gehflügel zufällt.

    Weitere Einzelheiten hierzu sind Abschn. 8.7.5.1 und 8.7.5.2 zu entnehmen.

8.6 Sondertüren

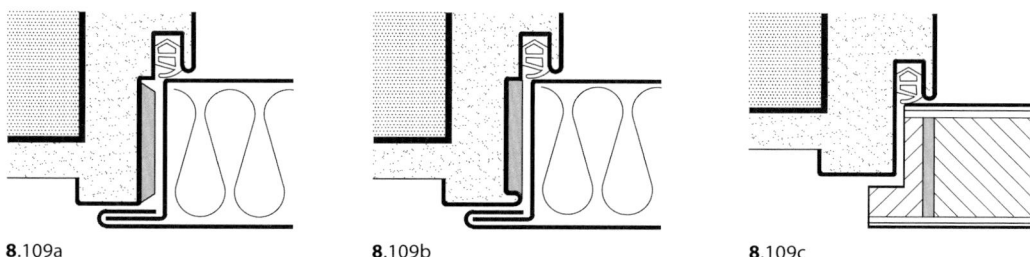

8.109a **8.109b** **8.109c**

8.109 Schematische Darstellung des Einbaues von Brandschutzleisten bei Feuerschutztüren. Diese schäumen unter Hitzeeinwirkung auf, so dass der Luftspalt zwischen Zarge und Türblatt verschlossen und der Durchtritt von Feuer, Rauch und Hitze für eine bestimmte Zeit verhindert wird.
a) Stahlzargenfalz mit aufgeklebter Brandschutzleiste
b) Stahlzargenfalz mit geschützter, bündig eingelegter Brandschutzleiste
c) Türblatt aus Holz und Holzwerkstoffen mit integrierter Brandschutzleiste im Kantenbereich

- **Brandschutzplatten** bestehen aus wasserhaltigem Natrium- oder Kalziumsilikat, das mit Glasfasern bzw. einem Glasfasergewebe (Drahtnetz) zusammengehalten wird. Bei Hitzeeinwirkung ab etwa 150 °C schäumen die 2 mm dicken Platten zu einer druckfesten, nichtbrennbaren und hitzedämmenden Schaumschicht bis 15 mm Dicke auf. Bei großflächiger Anwendung – beispielsweise auf Holzwerkstoff-Türblattflächen – wird dadurch der Wärmedurchgang durch den Türflügel wesentlich reduziert.
  - **Brandschutzleisten** (Bild **8**.109). Den Durchtritt von Feuer, Rauch und Hitze über Türfugen (Falz- und Bodenfuge) verhindern für eine bestimmte Zeit sog. Brandschutzleisten, die in den Zargenfalz oder/und in die Türblattkanten drei- bzw. vierseitig umlaufend integriert sind. Vgl. hierzu die Bilder **8**.109 bis **8**.114.

8.6.1.3 Feuerschutztüren aus Holz- und Holzwerkstoffen

Neben Feuerschutzabschlüssen aus Metall gibt es auch serienmäßig hergestellte Brandschutz-Türelemente aus Holz und Holzwerkstoffen. Sie werden meist in T30-Ausführung hergestellt, einige Spezialfirmen bieten Feuerschutztüren auch in T60- und T90-Ausführung an. Besondere Bedeutung kommt hierbei der gezielten Werkstoffauswahl, dem konstruktiven Aufbau des Türblattes, der Abdichtung des Türspaltes zwischen Zarge und Türblatt sowie dem fachgerechten Einbau zu.

Feuerschutztüren aus Holz und Holzwerkstoffen (Bild **8**.110) müssen ebenfalls gemäß den in Abschn. 8.6.1 näher erläuterten nationalen bzw. europäischen Normen geprüft und bauaufsichtlich zugelassen sein. Auch bei diesen Brandschutztüren sind die im Verwendungsnachweis (Zulassungsbescheid) festgeschriebenen Auflagen bezüglich der Wandbeschaffenheit, Montage, Zargenausbildung (Stahl- oder Holzzarge), Veredelungsmaterialien für die Türblattoberfläche (Furniere, Schichtstoffplatten u. a.), Schließmittel und sonstigen Beschlägen genauestens einzuhalten.

Konstruktionsmerkmale. Der konstruktive Aufbau von brandschutztechnisch beanspruchten Türblättern aus Holz und Holzwerkstoffen und die dabei verwendeten Materialien können sehr unterschiedlich sein. Zahlreiche neue Konstruktionen befinden sich im Entwicklungs-, Prüf- und Zulassungsstadium auf der Basis des Normenwerkes. Im Wesentlichen unterscheiden sich die Türblätter durch folgende Konstruktionsmerkmale:

- **Bild 8.111a.** In die Kanten von Spezialspanplatten wird im Hochdruckverfahren feuerresistentes Duroplast eingepresst. Dadurch entsteht eine Kantenverdichtung, die das Brandverhalten des Türblattes in den gefährdeten Randzonen verbessert. Drei- oder vierseitig im Kantenbereich des Türblattes eingelassene Brandschutzleisten – abgedeckt mit zum Deckfurnier passendem Hartholzeinleimer – sorgen im Brandfall für einen dichten Verschluss der Fuge zwischen Türblatt und Zarge, bzw. Türblatt und Bodenbelag. S. hierzu auch Abschn. 8.6.1.2, Brandschutzplatten-Brandschutzleisten sowie Bild **8**.109.
- **Bild 8.111b.** Die zweischalige Sandwichkonstruktion besteht aus einem inneren Hartholzrahmen mit beidseitiger Beplankung aus schwerentflammbaren Holzspanplatten und einer mittig angeordneten Einlage aus leichten nichtbrennbaren Materialien (z. B. Mineralfaserplatten). Auch bei dieser Bauart sind im Türkantenbereich drei- oder vierseitig umlaufende Brandschutzleisten vorgesehen.

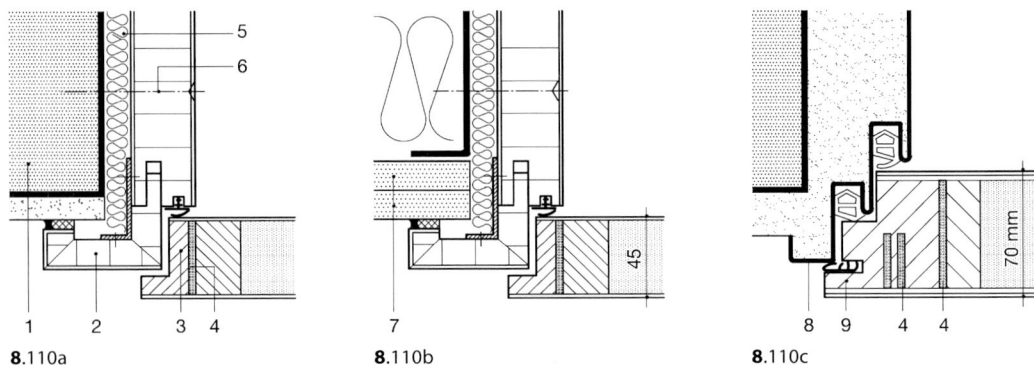

8.110 Konstruktionsbeispiele von einflügeligen T30-1 Feuerschutztüren mit Türblättern aus Holz und Holzwerkstoffen (Beispiele-Ausschnitte)
    a) Zarge aus Holzspanplatten zur Montage in Massivwänden
    b) Zarge aus Holzspanplatten zur Montage in Metallständerwänden
    c) Stahlumfassungszarge (Doppelfalzzarge) zur Montage in Massivwänden
    1 Massivwand
    2 Umfassungszarge aus schwerentflammbaren Holzspanplatten (Baustoffklasse B1)
    3 Holztürblatt mit Spezialbrandschutzeinlage
    4 unter Hitzeeinwirkung aufschäumbare Brandschutzleiste
    5 Mineralwolle (Baustoffklasse A)
    6 bauaufsichtlich zugelassene Dübelbefestigung
    7 Metallständerwand mit zweilagiger Beplankung aus Gipskarton-Bauplatten und Mineralwollefüllung
    8 Stahlumfassungszarge (Doppelfalzzarge)
    9 Holztürblatt mit Spezialbrandschutzeinlage

• **Bild 8.111c.** Mit mehrschichtig aufgebauten Holzwerkstoff-Türblättern können sehr gute Brandschutzwerte (bis T90) erzielt werden. Dabei werden mehrere Schichten schwerentflammbarer Spanplatten zusammengefügt und die Türblattaußenflächen beidseitig mit dünnen, hochdämmenden und temperaturbeständigen Wärmedämmplatten oder mit Brandschutzplatten – die unter Hitzeeinwirkung aufschäumen – vollflächig beschichtet; die Türblatt-Sichtflächen sind mit Furnieren, Schichtstoffplatten o. Ä. veredelt. Auch bei dieser Ausführung sind im Kantenbereich Brandschutzleisten vorgesehen.

Allgemeine Konstruktions- und Einbauhinweise für Feuerschutzabschlüsse s. Abschn. 8.6.1.2.

8.6.1.4 Ganzglas-Feuerschutztür aus Spezialverbundglas

Eine T30-1 Ganzglas-Feuerschutztür (Bild **8.**112) bietet neben dem erforderlichen Brandschutz gemäß DIN 4102 ein Höchstmaß an Transparenz und somit auch interessante innenräumliche Gestaltungsmöglichkeiten.

Das Glastürblatt besteht aus einem gegen Feuer widerstandsfähigen Spezialverbundglas, dessen Zwischenschichten im Brandfall unter Hitzeeinwirkung aufschäumen und Kristallwasser freisetzen. Dadurch wird ein Durchdringen der Wärmestrahlung durch das Glas und somit die Entzündung von brennbaren Stoffen auf der dem Feuer abgewandten Seite verhindert (F-Verglasung). Außerdem erfüllt das Spezialverbundglas alle geforderten Verkehrssicherheitseigenschaften.

Im geschlossenen Zustand unterscheidet sich die Ganzglas-Feuerschutztür nicht von herkömmlichen Ganzglastüren ohne Brandschutzanforderungen. Das vierseitig umlaufende Spezialdichtungs- und Anschlagprofil ist optisch kaum wahrnehmbar. Im Falle eines Brandes würde es unter Hitzeeinwirkung aufschäumen und das Glastürblatt allseitig fest verkeilen und dicht abschließen.

Die Ganzglas-Feuerschutztür wird mit der dazugehörigen Stahlzarge (Umfassungs- oder Eckzarge) einbaufertig geliefert. Ihr Einbau ist in Massivwänden im Innenbereich zugelassen. Vor direkter Sonneneinstrahlung bzw. UV-Strahlung aus speziellen Beleuchtungskörpern ist die Tür zu schützen (Herstellerangaben beachten).

8.6 Sondertüren

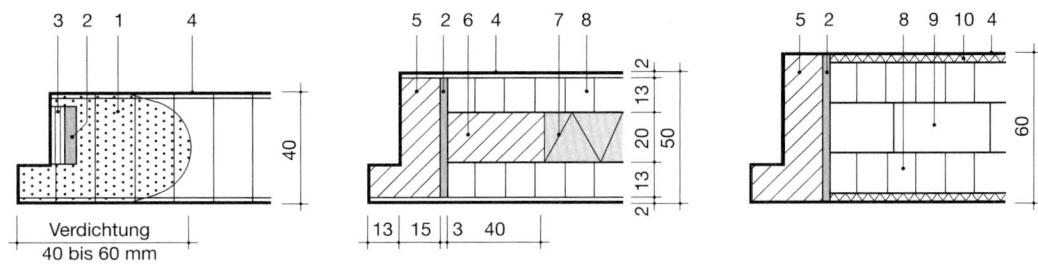

8.111a **8.**111b **8.**111c

8.111 Schematische Darstellung des konstruktiven Aufbaues von Feuerschutztürblättern aus Holz und Holzwerkstoffen (Beispiele)
   a) kantenverdichtete Spezialspanplatte
   b) Sandwichkonstruktion mit nichtbrennbarer Einlage
   c) mehrschichtig aufgebautes Verbundtürblatt mit hitzebeständigen oder aufschäumbaren Oberflächenbeschichtungen
   1 verdichtete Türblattkante mit feuerresistentem Duroplast
   2 Brandschutzleiste im Türblattkantenbereich drei- oder vierseitig umlaufend
   3 Schutzabdeckung der Brandschutzleiste aus Furnier-, Schichtstoff- oder Hartholzstreifen
   4 Sichtflächen aus Edelfurnieren, Schichtstoffplatten u. a.
   5 Hartholzeinleimer
   6 umlaufender Hartholzrahmen
   7 nichtbrennbare leichte Einlage (z. B. Mineralfaserplatten)
   8 schwerentflammbare Spanplatten
   9 normalentflammbare Spanplatte oder leichte Einlage
   10 vollflächige Oberflächenbeschichtung aus hitzebeständigen Wärmedämmplatten oder mit im Brandfall aufschäumbaren Brandschutzplatten

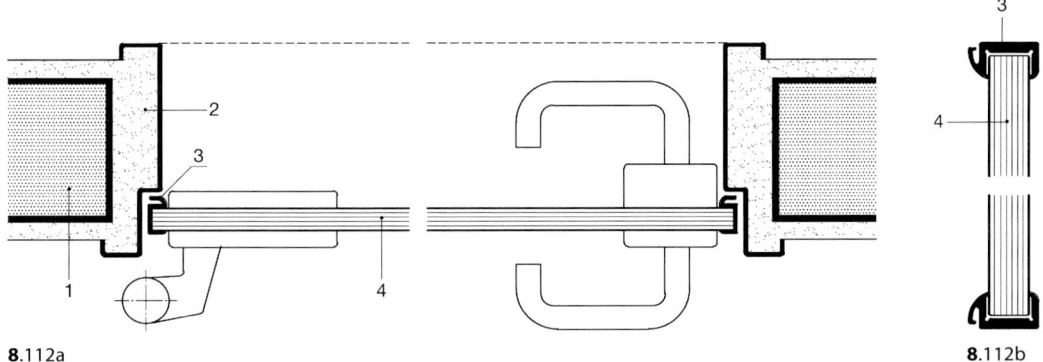

8.112a **8.**112b

8.112 Konstruktionsbeispiel einer T30-1 Ganzglas-Feuerschutztür aus Spezialverbundglas
   a) Horizontalschnitt durch eine Ganzglastür für den Einbau in eine Massivwand
   b) Ausschnitt: Ganzglastürblatt mit vierseitig umlaufendem Dichtungs- und Anschlagprofil
   1 Massivwand (Mauerwerk ≥ 115 mm, Beton ≥ 100 mm)
   2 Umfassungszarge aus Stahl (alternativ Eckzarge)
   3 vierseitig umlaufendes, im Brandfalle unter Hitzeeinwirkung aufschäumendes Spezial-Dichtungs- und Anschlagprofil
   4 Promat-Spezialverbundglas
   PROMAT GmbH, Ratingen

8.6.2 Rauchschutztüren und -abschlüsse

Im Brandfall sind Menschen, die sich in dem betroffenen Gebäude befinden, nicht nur durch das Feuer und die daraus resultierende Wärmestrahlung, sondern auch durch die sich sehr schnell ausbreitenden Rauchgase gefährdet. Für die Rettung flüchtender Personen und für die Arbeit der Feuerwehr ist es entscheidend, dass die Rettungswege möglichst lange rauchfrei und damit begehbar bleiben.

Das Baurecht fordert daher Rauchschutztüren beispielsweise zur Unterteilung langer notwendiger Flure oder als Abschluss innenliegender notwendiger Treppenräume, die als Rettungswege dienen. Während Feuerschutztüren der unmittelbaren Feuereinwirkung und Wärmestrahlung standhalten müssen, sollen Rauchschutztüren im geschlossenen Zustand den Durchtritt von Rauch behindern und somit innerhalb vorgeschriebener Grenzen diejenigen Teile des Gebäudes rauchfrei halten, die nicht direkt neben dem Brandherd liegen. Rauchschutztüren sind demnach **keine** Feuerschutzabschlüsse.

Normen. Die Anforderungen an Rauchschutztüren sind nach deutscher Regelung in DIN 18 095-1 festgelegt. Der Nachweis der Dauerfunktionstüchtigkeit und Dichtheit erfolgt gemäß DIN 18 095-2. Damit gelten Rauchschutztüren als geregelte Bauprodukte.
- **DIN EN 13 916** beinhaltet Anforderungen und Klassifizierung von Rauchschutztüren nach den europäischen Vorgaben.
- **DIN EN 1634-3** regelt die Prüfung von selbstschließenden Rauchschutzabschlüssen.

Kombinierte Feuer- und Rauchschutztüren. Es wird zwischen Feuerschutzabschlüssen und Rauchschutzabschlüssen unterschieden und es sind zwei Verwendungsnachweise zu erbringen (Feuerschutztüren DIN 4102, Rauchschutztüren DIN 18 095).

Inzwischen liegen jedoch einige Türbauarten vor, für die sowohl die Feuerwiderstandsklasse T30 als auch die Eignung als Rauchschutztür nachgewiesen ist.

Rauchschutzabschlüsse (Bild **8**.113 und Bild **8**.114). Der Nachweis der Rauchdichtheit ist nach DIN EN 1634-3 zu erbringen. Diese Norm beinhaltet im Wesentlichen das gleiche Prüfverfahren wie DIN 18 095-2.

Als Kenngröße für die Dichtheit einer Rauchschutztür gilt die sog. Leckrate Q. Sie gibt den Luftvolumenstrom in m^3/h an, der durch die Spalten und Ritzen einer Tür bei einer bestimmten Druckdifferenz dringt. Bei Prüfung mit 50 Pa Überdruck (Druckdifferenz) und bei Lufttemperaturen sowohl zwischen +10 °C und 40 °C (kalter Rauch) als auch bei 200 °C (warmer Rauch) darf die Leckrate dabei nicht größer sein als
- 20 m^3/h bei einflügeligen Rauchschutztüren,
- 30 m^3/h bei zweiflügeligen Rauchschutztüren.

Konstruktionsmerkmale. Selbstschließende Rauchschutztüren bestehen im Wesentlichen aus
- einer Zarge mit den notwendigen Befestigungsmitteln,
- einem oder zwei Türflügeln einschließlich der dazugehörigen Schlösser und Beschläge,
- Türschließmittel mit hydraulischer Dämpfung, bei zweiflügeligen Rauchschutztüren auch mit Schließfolgeregler sowie

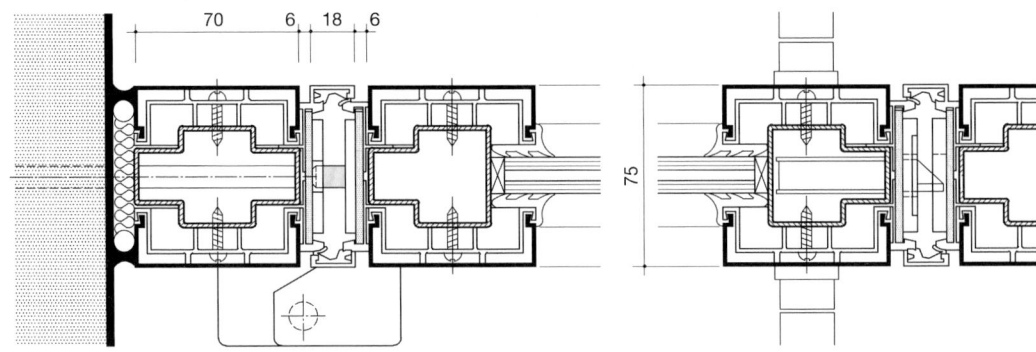

8.113 Konstruktionsbeispiel einer Rauchschutztür aus Stahlprofilrohren (Grundrahmen) mit aufgeklipsten Aluminium-Deckschalen. Vgl. hierzu auch Bild **8**.105.
MBB Metallbau-Bedarf, Willich

8.6 Sondertüren

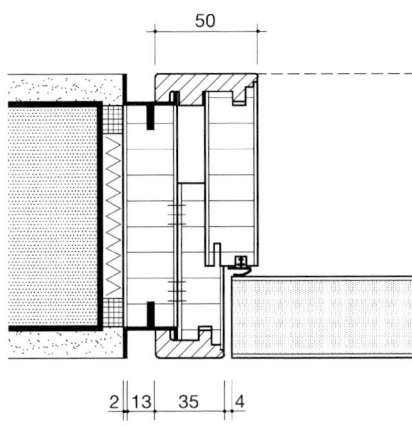
8.114a

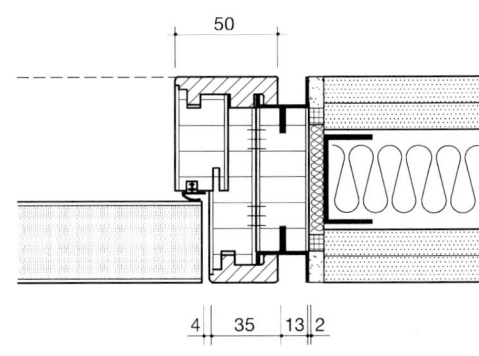
8.114b

8.114 Konstruktionsbeispiele von T30-1 Feuerschutz- und Rauchschutztüren (Kombinationstüren) aus Holz und Holzwerkstoffen. Vgl. hierzu auch Bild **8**.56
  a) Türelement mit zweiteiliger Holzwerkstoffzarge, Montagefutter und ringsumlaufenden U-Profilen, unsichtbar an Massivwand befestigt
  b) Türelement mit zweiteiliger Holzwerkstoffzarge, unsichtbar an Gipskarton-Metallständerwand befestigt
  neuform Türenwerk, H. Glock, Erdmannshausen

- Dichtungsmittel (auch Bodendichtung) und gegebenenfalls Feststellanlagen.

Rauchschutztüren in allgemein zugänglichen, notwendigen Fluren, die als Rettungswege dienen, dürfen keine unteren Anschläge und keine Schwellen haben. Zulässig sind nur Flachrundschwellen mit kreissegmentförmigem Querschnitt bis 5 mm Höhe. Aus betrieblichen Gründen verbieten sich diese jedoch in Krankenhäusern, Pflegeheimen usw.

Verglasungen müssen bruchsicher sein und können beispielsweise aus Drahtspiegelglas oder Einscheiben-Sicherheitsglas bestehen und müssen nach Vorgabe dicht eingebaut sein.

Angaben über Bänder, Schlösser, Schließmittel, Feststellanlagen und Türdrückergarnituren für Rauchschutztüren sind den entsprechenden Normen bzw. vorgeordneten Abschnitten zu entnehmen.

Baukörperanschlüsse von Rauchschutztüren – einschließlich gegebenenfalls erforderlicher Seiten- und Oberlichtteile – müssen nach Einbauanleitung des Herstellers so ausgeführt werden, dass sie dauerhaft dicht sind. Außerdem müssen sie so ausgebildet sein, dass sie mögliche Spannungen in der Zarge und an den Befestigungspunkten infolge hoher Temperaturen aufnehmen können. Als dichte Anschlüsse gelten voll hintermörtelte und eingeputzte Stahlzargen sowie mit Fugendichtmassen noch zusätzlich abgedichtete Anschlüsse bei Blendrahmen o. Ä.

Allgemeine Konstruktions- und Einbauhinweise für Feuerschutzabschlüsse s. Abschn. 8.6.1.2.

8.6.3 Schallschutztüren

Die Anforderungen an den Schallschutz von Türen und deren Prüfung sowie die Einflüsse baulicher Schallübertragungswege bei betriebsfertig eingebauten Türelementen sind in Abschnitt 8.4.1.1 im Gesamtzusammenhang aufgezeigt.

In diesem Abschnitt werden beispielhaft einige Schallschutztüren vorgestellt und die speziellen Konstruktionsmerkmale derartiger Türen näher erläutert.

Schallschutztüren werden als Raumabschluss zum Beispiel in Wohnheimen, Hotels, Krankenhäusern, Konferenzräumen, Chefbüros, Anwalts- und Arztpraxen eingebaut. Wie Tabelle **8**.36 verdeutlicht, werden nach DIN 4109 – je nach Einsatzort der Türen – Schallschutzwerte von 27, 32 oder 37 dB verlangt. Unter Berücksichtigung des in der Schallschutznorm geforderten Vorhaltemaßes von **5 dB** ergeben sich somit als Lieferanforderungen an betriebsfertig einzubauende Türelemente Schalldämmwerte in Höhe von 32, 37 oder 42 dB (bewertetes Schalldämm-Maß R_w). Einzelheiten hierzu s. Abschn. 8.4.1.1.

- **Ausschreibungstexte** von schalldämmenden Türen müssen eindeutig formuliert sein und zwar bezogen auf das am Bau zu erbringende bewertete Bau-Schalldämm-Maß R'_w des betriebsfertigen Türelementes (Bild **8**.37).

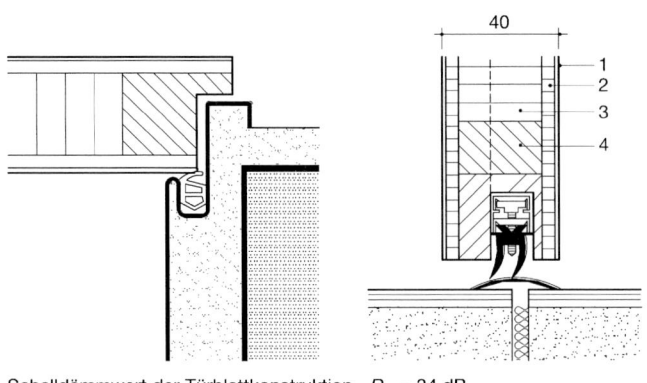

	1 Deckfurnier oder Schichtstoffplatte
	2 MDF- oder Hartfaserplatte, etwa 4,5 mm
	3 stranggepresste Holzspanplatte (Vollspanplatte)
	4 Massivholz-Doppelrahmen
	5 biegeweiche Schallschutzplatten (Weichfaserplatten, 13 mm)
	6 Hartfaserplatte, etwa 2,7 mm
	7 biegeweiche Schallschutzplatte (Weichfaserplatte, 20 mm)
	8 dauerelastoplastische Dichtungsmasse (Silikon o. Ä.)
	9 vorkomprimiertes Dichtband (nur bei Bedarf)
	10 Fugenfüllmaterial (Mineralwolle oder Montageschaum)

Schalldämmwert der Türblattkonstruktion $R_w = 34$ dB
Schalldämmwert der betriebsfertigen Tür $R_w = 29$ dB **8**.115a

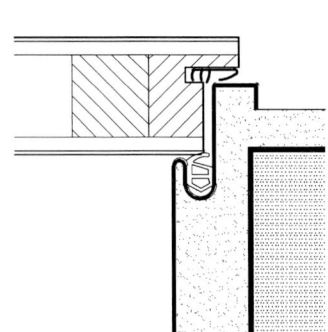 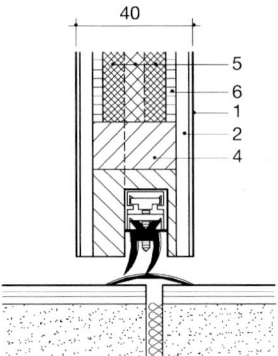 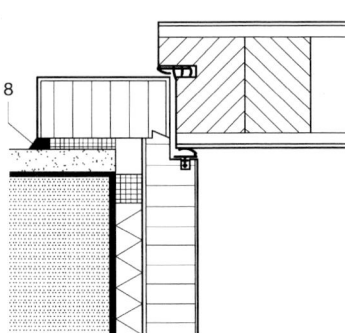

Schalldämmwert der Türblattkonstruktion $R_w = 42$ dB
Schalldämmwert der betriebsfertigen Tür $R_w = 39$ dB **8**.115b

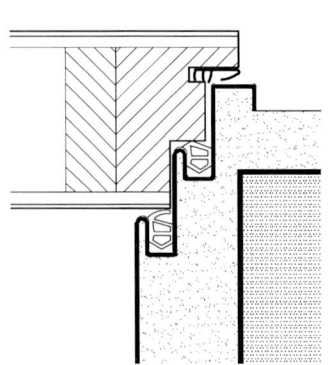 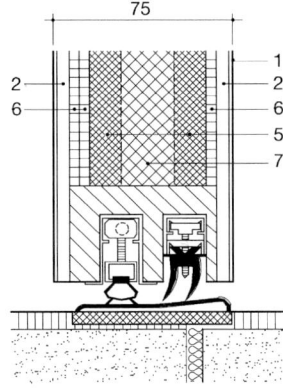 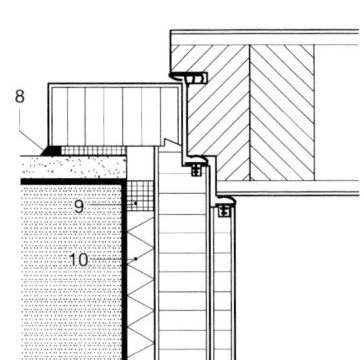

Schalldämmwert der Türblattkonstruktion $R_w = 45$ dB
Schalldämmwert der betriebsfertigen Tür $R_w = 42$ dB **8**.115c

8.115 Konstruktionsbeispiele: Vergleichende Gegenüberstellung betriebsfertiger Schallschutztüren mit jeweils unterschiedlich ausgebildeten, einschaligen Türblattkonstruktionen
  a) einschichtig aufgebautes Türblatt mit Vollspanplatte als Einlage, Falz- und Auflaufdichtung
  b) mehrschichtig aufgebautes Türblatt mit biegeweichen Schallschutzplatten als Einlage, Türblattdichtung, Falz- und Auflaufdichtung
  c) mehrschichtig aufgebautes Türblatt mit biegeweichen Schallschutzplatten als Einlage, Türblattdichtung, doppelter Falzdichtung, Auflauf- und absenkbarer Bodendichtung
  WIRUS-Bauelemente GmbH, Gütersloh

8.6 Sondertüren

Hier wird häufig fälschlicherweise der Schalldämmwert von im Prüfstand geprüften Türblättern eingesetzt, wie er in Firmenprospekten irreführend angegeben wird.

Beispielhafter Ausschreibungstext:
- Wohnungsabschlusstür als Schallschutzelement mit $R_w \geq 42$ dB (bewertetes Schalldämm-Maß) gemäß Tab. **8**.36 und Bild **8**.37.
- geforderte Schalldämmung der betriebsfertigen (gebrauchsfertigen) Tür am Bau $R_w \geq 37$ dB
- Verwendungsbereich: Klimaklasse II, Beanspruchungsgruppe S gemäß Tab. **8**.44.

- **Bauliche Situation.** Mögliche Einflüsse aus dem baulichen Umfeld auf die Schalldämmung betriebsfertig eingebauter Türen sind vom Planer (Ausschreibung) und den Ausführenden (Montage) zu berücksichtigen. Im Einzelnen kann dies die Ausbildung folgender flankierender Bauteile und Zubehörteile betreffen:
  - Art und Konstruktion der Wand (z. B. Massivwand, Gipskarton-Metallständerwand)
  - Flächenanteile von Türelement und Wand (in die Tür eingebaut wird)
  - Oberflächenstruktur der Wandfläche (z. B. Glattputz, Sichtmauerwerk)
  - Art und Beschaffenheit der Zarge (z. B. Stahlzarge, Zarge aus Holz und Holzwerkstoffen)
  - Falz- und Bodendichtungen
  - Beschläge aller Art (z. B. Türbänder, Schlösser)
  - angrenzende Bauteile (z. B. Unterzüge, abgehängte Unterdecke, Wanddurchbrüche, Lüftungskanäle, Rohrleitungen, schwimmender Estrich, Hohlraumboden)
  - Bodenbelag (z. B. Teppichboden, Fliesenbelag mit Fugen).

Konstruktionsmerkmale und vergleichende Gegenüberstellung betriebsfertiger Schallschutztüren

Allgemeine Angaben über die konstruktive Ausbildung flankierender Bauteile, über Beschlagteile und Türblattkonstruktionen sowie Zargenmontage und Baukörperanschlüsse von Türen sind den jeweiligen Abschnitten zu entnehmen, so dass sich eine nochmalige Wiederholung an dieser Stelle weitgehend erübrigt.

- **Türblattkonstruktionen.** Man unterscheidet einschaligen und mehrschaligen Türblattaufbau.

  Einschalige Türblattkonstruktionen (Bild **8**.115) können ein- und mehrschichtig ausgebildet sein. Bei einschichtig ausgebildeten Türblättern wird der Schalldämmwert vor allem durch Erhöhung des Flächengewichtes (z. B. Einlagen aus Vollspanplatten, Stabsperrholzplatten oder Röhrenspanplatten) verbessert, während die schallschutztechnische Wirkung mehrschichtig aufgebauter Türblätter (Verbundkonstruktionen) vor allem von der Art der Verbindung der einzelnen Schichten untereinander abhängig ist. Je loser diese Schichten miteinander verbunden sind, desto höher ist die Dämmwirkung. Vgl. hierzu Tab. **8**.39.

  Mehrschalige Türblattkonstruktionen (Bild **8**.116) erbringen in der Regel bessere Schalldämmwerte als einschalig ausgebildete Elemente. Die beiden äußeren Deckplatten sollten ein möglichst hohes Flächengewicht (z. B. mehrfach verleimte Furnierplatten, Stahlblechtafeln) aufweisen, gleichzeitig jedoch möglichst dünn und biegeweich sein und ein Minimum an starrer Verbindung miteinander haben. Außerdem sollte der Schalenabstand möglichst groß und der Hohlraum mit möglichst biegeweichen Einlagen (z. B. Mineralwolleplatten, Weichfaserplatten) gefüllt sein. Vgl. hierzu Tab. **8**.40.

  - **Bild 8.116 a und b.** Das dargestellte Holztürblatt besteht aus einem umlaufenden Aluminiumrahmen, an den beidseitig je eine 18 mm dicke Schale aus Holzspanplatten angebracht und der Hohlraum mit Mineralwolleeinlagen verfüllt ist. Vorstehende Kanten des Aluminiumrahmens pressen sich als Schneidendichtung in ringsumlaufende Gummiprofile.

  - **Bild 8.116c.** Das gezeigte Metalltürblatt (Stahlblechtürblatt) besteht ebenfalls aus einem verwindungssteifen Metallprofilrahmen. Daran befestigt sind hohlkastenförmig zusammengefügte, körperschallgedämmte (entdröhnte) Stahlblechtafeln mit nichtbrennbarer Mineralwolleeinlage. Auch hier pressen sich vorstehende Kanten als Schneidendichtung in weiche Gummiprofile. Derartige zweischalige Stahlblechtüren ergeben besonders hohe Luftschalldämmwerte. Dies ist auf die sehr schweren, bezogen auf ihr Flächengewicht jedoch sehr biegeweichen, dünnwandigen Stahlblechschalen zurückzuführen.

  Derart schwere und dicke Türblätter müssen in der Regel mit Spezialbändern, z. B. mit verlängerten Bandlappen, angeschweißten Tragbolzen o. Ä. angeschlagen werden. Außerdem sind entsprechend kräftige Einsteckschlösser bzw. Drückergarnituren auszuwählen.

- **Türdichtungen.** Schallschutztüren müssen dicht schließen, da sonst die Schalldämmfähigkeit des Türelementes über die Fugen verloren geht. Häufigster Mangel bei eingebauten Türen ist die unzureichende Funktion und Güte der Falz- und Bodendichtungen.

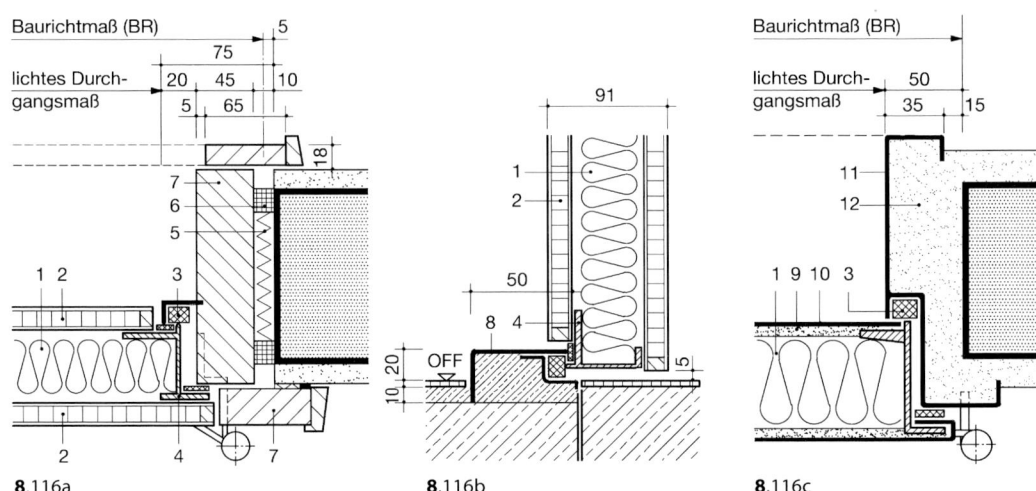

8.116a   **8**.116b   **8**.116c

8.116   Konstruktionsbeispiele betriebsfertiger Schallschutztüren mit zweischaligen Türblattkonstruktionen aus Holz und Holzwerkstoffen (Holztürblatt) und Metall (Stahlblechtürblatt)
- a) Horizontalschnitt durch Holztürblatt mit Futter und Bekleidung
- b) Vertikalschnitt durch Holztürblatt mit eingegossener Anschlagschwelle (bei Stahlzargen). Bewertetes Schalldämm-Maß R_w = 45 dB.
- c) Horizontalschnitt durch Metalltürblatt mit Stahlzarge und eingegossener Anschlagschwelle wie bei b). Bewertetes Schalldämm-Maß R_w = 48 dB.

1 Mineralfaserplatten als Dämmschicht-Einlage
2 Holzspanplatte, 18 mm
3 umlaufendes Dichtungsprofil
4 umlaufender Aluminium- bzw. Stahlrahmen
5 Mineralwolle
6 vorkomprimiertes Dichtungsband
7 Futter und Bekleidung mit Wandabdichtung
8 eingegossene Anschlagschwelle mit Dichtungsprofil
9 körperschalldämmende (entdröhnende) Schicht
10 Stahlblechtafeln
11 Stahl-Umfassungszarge
12 Zementmörtel

G + H Innenausbau, Ludwigshafen

Diese Fehler sind meist auf unsachgemäße Auswahl der Dichtungen und mangelhafte Montage bzw. Justierung der Türblätter zurückzuführen. Vgl. hierzu Abschn. 8.4.1.1 und Abschn. 8.7.4.

- **Bild 8.117.** Insbesondere ist darauf zu achten, dass die Dichtungsprofile von automatisch absenkbaren Bodendichtungen immer in ihrer gesamten Länge auf eine harte, ebene, planparallele Fläche gepresst werden, um so die Bodenfuge dicht zu schließen (ggf. Lichtprobe durchführen). Bei Teppichböden und Fliesenbelägen mit Fugen ist eine unterseitig abgedichtete Aluminium-Bodenschiene einzubauen und der schwimmende Estrich in diesem Bereich durch eine Trennfuge zu unterteilen. Vgl. hierzu Bild **8**.159e).

- **Montage.** Ein unsachgemäßer Einbau der Zarge kann zu einer erheblichen Minderung der Schalldämmung eines Türelementes führen. Es ist immer darauf zu achten, dass die Zarge rechtwinklig, lot- und waagerecht sowie in der Höhe genau passend (Meterrissmarkierung) in die Wandöffnung eingebaut wird. Außerdem sind alle Fugen zwischen Zarge und Baukörper und/oder zwischen Türbekleidung und Wandfläche möglichst luftdicht zu schließen. Vgl. hierzu Bild **8**.38.

- **Bild 8.118.** Bei Zargen aus Holz und Holzwerkstoffen müssen die Hohlräume zwischen Zarge und Wand vollflächig (mind. jedoch 100 mm tief) mit Mineralwolle oder Montageschaum ausgefüllt werden. Entscheidend ist jedoch, dass zusätzlich zwischen Zarge und Wand – mit vorkomprimiertem Dichtband – und/oder im Bereich der Falzbekleidungen eine Abdichtung mit dauerelastischem Dichtstoff vorgenommen wird. Bei hohen Schallschutzanforderungen sind diese Abdichtungsmaßnahmen auf beiden Seiten (Falz- und Zierbekleidung) erforderlich. Vgl. hierzu Abschn. 8.4.2.

- Doppelfalzzargen müssen wegen des hohen Türblattgewichtes außerdem immer noch mit Spreizdübeln o. Ä. auf Höhe der Bänder an der Wandleibung arretiert werden. Diese zusätzliche mechanische Befestigung wird durch die Zargenaufdopplung verdeckt.

- Bei Stahlzargen in Massivwänden wird der Fugenhohlraum dreiseitig vollflächig mit Zementmörtel oder Montageschaum hinterfüllt. Vgl. hierzu Abschn. 8.4.5.

8.6 Sonderturen

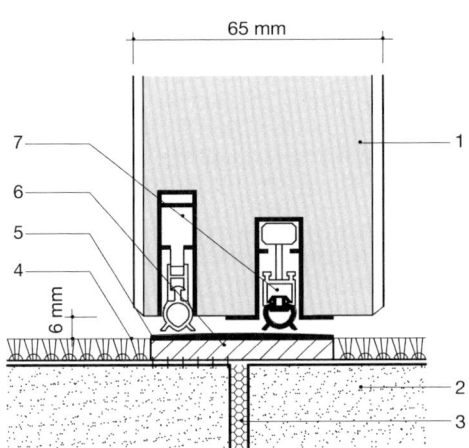

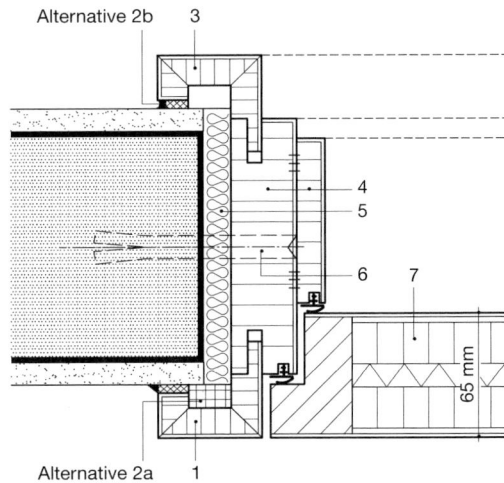

8.117 Konstruktionsbeispiel einer Bodendichtung für schalldämmende Innentüren mit automatisch absenkbaren Türdichtungen und unterseitig abgedichteter, planparalleler Aluminium-Druckplatte bei Teppichböden.
Vgl. hierzu Bild **8**.158e
1 Schallschutztürblatt
2 schwimmender Estrich
3 Trennfuge im Estrich
4 Teppichbelag
5 Aluminium-Druckplatte
6 Hartholzleiste, unterseitig dicht aufgeklebt
7 automatisch absenkbare Bodendichtung

8.118 Konstruktionsbeispiel einer betriebsfertigen Schallschutztür aus Holz und Holzwerkstoffen mit Doppelfalzzarge
1 Falzbekleidung
2a vorkomprimiertes Band mit dauerelastischer Dichtungsmasse
2b Dichtungsmasse mit Vorfüllprofil
3 Zierbekleidung
4 Doppelfalzzarge
5 Fugenfüllmaterial (Mineralwolle oder Montageschaum)
6 mechanische Befestigung (Spreizdübel auf Höhe der Bänder)
7 Schallschutztürblatt

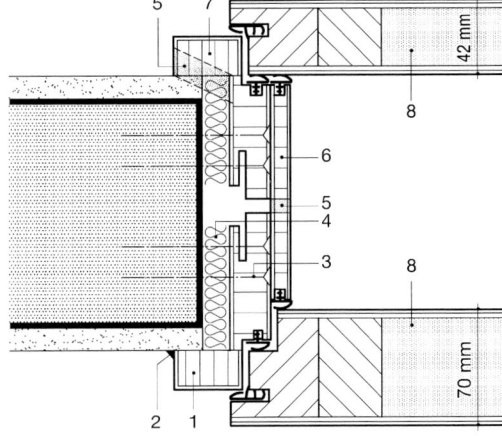

8.119 Konstruktionsbeispiel eines Doppeltürelementes aus Holz und Holzwerkstoffen für höchste Schallschutzanforderungen
1 Falzbekleidung
2 dauerelastoplastische Dichtungsmasse
3 Spreizdübelbefestigung auf Höhe der Bänder
4 Fugenfüllmaterial (Mineralwolle oder Montageschaum)
5 Entlüftungsbohrungen
6 Aufdoppelung
7 Zierbekleidung
8 Schallschutztürblatt
WIRUS-Bauelemente GmbH, Gütersloh

- Werden Metallzargen in Leichtbauwände (z. B. Gipskarton-Metallständerwände) für schalldämmende Zwecke eingebaut, sollte die Blechstärke der Zarge – je nach Herstellerangabe – mind. 2 mm betragen. Die Hohlräume sind mit Mineralwolle auszustopfen – bei Brandbeanspruchung ggf. noch mit Gips zu verfüllen – und der Wandanschluss ebenfalls dauerelastisch auszubilden. Vgl. hierzu Abschn. 8.4.5.

  Weitere Einzelheiten sind den Montageanleitungen der Herstellerfirmen zu entnehmen.

- **Doppeltürelemente** (Bild **8**.119) für höchste Schallschutzanforderungen. In bestimmten Anwendungsfällen (z. B. Verbindungstüren zwischen zwei Hotelzimmern oder zwischen Sekretariat und Direktion usw.) werden Türelemente mit größtmöglichem Schallschutz gefordert, und zwar in Größenordnungen von etwa 50 dB. Derartige Schallschutzleistungen können mit üblichen, hochschalldämmenden Türen (z. B. übliche Türblattdicke 60 bis 70 mm) nicht erbracht werden. Diese Werte sind allenfalls mit Stahltüren und einer Türblattdicke von etwa 100 mm erreichbar. Bild **8**.119 zeigt eine preiswertere Alternative in Form eines Doppeltürelementes aus Holz und Holzwerkstoffen, das eine Schallschutzleistung in betriebsfertigem Zustand von etwa 50 dB erbringt.

8.6.4 Feucht- und Nassraumtüren

Türelemente in Feucht- und Nassraumbereichen sind besonderen Beanspruchungen ausgesetzt. Um typische Schadensbilder – wie beispielsweise verzogene Türblätter, Abblättern der Beschichtungen im Kanten- und Bodenbereich – zu vermeiden, ist eine eindeutige Begriffsdefinition und Klassifizierung der Türblatttypen erforderlich.

- Eine **Feuchtraum**beanspruchung liegt vor, wenn ein Türblatt kurzzeitig einer Feuchteeinwirkung auf der Oberfläche ausgesetzt ist. Diese Feuchteeinwirkung kann aufgrund hoher Luftfeuchte (bis 100%) – und dem sich daraus ggf. ergebenden Kondenswasser – oder durch direktes Spritzwasser erfolgen.

  Ein entscheidendes Kriterium für die richtige Einstufung der Türblätter ist, ob die jeweiligen Räume Fenster zur Stoßlüftung oder eine ausreichende Zwangsbelüftung aufweisen. Weisen häusliche Bäder und Duschen keine Fensterlüftung und keine baulichen Vorrichtungen zur Vermeidung erhöhter Kondenswasserbildung auf, empfiehlt es sich, Feuchtraumtüren vorzusehen. Übliche Einsatzbereiche s. Tabelle **8**.120.

- Eine **Nassraum**beanspruchung liegt vor, wenn ein Türblatt langanhaltender Nässeeinwirkung und häufig anfallendem Spritzwasser ausgesetzt ist. Einsatzbereiche sind Türen von Nasszellen in Krankenhäusern, Hotels, öffentlichen Duschräumen und Badeanstalten.

Güte- und Prüfbestimmungen für Innentüren aus Holz und Holzwerkstoffen und anderen Materialien (DIN 68 706-1) sind RAL- GZ 426, Teil III, Feucht- und Nassräumen, zu entnehmen [30]. Vor der Erteilung des RAL-Gütezeichens muss zusätzlich noch der Nachweis hinsichtlich ihrer klimatischen und mechanischen Eignung gemäß RAL-GZ 426-1erbracht werden. Vgl. hierzu Tab. 8.44.

- **Bild 8.120a bis b** zeigt den konstruktiven Aufbau von Feucht- und Nassraumtürblättern. Daraus wird ersichtlich, dass Feuchtraumtürblätter – die Holz und Holzwerkstoffe enthalten – allseitig an den Flächen und Kanten aus wasserabweisenden Materialien bestehen bzw. damit abgedeckt sein müssen. Dabei ist insbesondere allen sichtbaren Klebefugen besondere Aufmerksamkeit zu schenken.

  Demgegenüber zeichnen sich Türblattkonstruktionen von Nassraumtüren dadurch aus, dass alle Teile aus wasserbeständigen – in öffentlichen Gebäuden sogar dampfstrahlbeständigen – und leicht desinfizierbaren – Kunststoffmaterialien bestehen.

8.6.5 Wohnungsabschlusstüren

Wohnungsabschlusstüren – auch Wohnungseingangstüren genannt – sind Innentüren, die sich zwischen einer abgeschlossenen Wohnung und einem Treppenhaus oder einem allgemein zugänglichen Flur befinden. Damit unterscheiden sich derartige Türen eindeutig von den Laubengangtüren, die als Außentüren zu werten sind.

Anforderungen an Wohnungsabschlusstüren sind nicht in einer eigenen Norm definiert. Von folgenden Eigenschaften und Mindestanforderungen wird in der Regel ausgegangen:

- **Funktionstüchtigkeit** beinhaltet, dass alle Teile der Tür bei ordnungsgemäßem Gebrauch dauerhaft bedienbar bleiben.
- **Verformungsstabilität** bei hygrothermischer und mechanischer Beanspruchung. Gemäß Tabelle **8**.44 müssen Wohnungsabschlusstüren – je nachdem, ob das Treppenhaus oder der Hausflur beheizt ist oder nicht – der Klimaklasse II oder III und der mechanischen Beanspruchungsklasse S entsprechen. Übliche Zimmertüren sind für diesen Verwendungszweck nicht geeignet.

8.6 Sondertüren

Tabelle 8.120 Einsatzempfehlungen für Innentüren aus Holz und Holzwerkstoffen und anderen Materialien. RAL-RG 426, Teil 3: **Feucht- und Nassraumtüren**

	Beanspruchung	Wohnungstüren			Objekttüren			
		Wohnungs-eingangstüren	Wohnungs-innentüren	Bad/WC	Kindergarten Krankenhaus Hotelzimmer	Schulraum Herbergen Kasernen	Schulungsräume Sprechzimmer Verwaltung Praxis	Großküchen Kantinen Labor Bad/WC
Hygrothermische Beanspruchung	I			•				
	II		•		•	•	•⁴⁾	•
	III	•		•			•⁴⁾	
Mechanische Beanspruchung⁵⁾	N							
	M		•		•		•	
	S	•				•		
	E							
Feuchte-beständigkeit	Feuchtraumtür			•⁴⁾	•⁴⁾	•⁴⁾		•⁴⁾
	Nassraumtür							•⁴⁾
Einbruchhemmung	WK 1/WK 2	•³⁾⁴⁾						
Schalldämmung¹⁾	SSK 1 $R_{w,R}$ = 27 dB	•²⁾			•²⁾	•⁴⁾		
	SSK 2 $R_{w,R}$ = 32 dB	•²⁾					•²⁾	
	SSK 3 $R_{w,R}$ = 37 dB							

1) Nachweis durch Prüfung durch eine Prüfstelle für die Erteilung allgemeiner bauaufsichtlicher Prüfzeugnisse der Bauregelliste A: $R_{w,R}$ = erf. R_w.
2) Je nach Einsatzort sind die Angaben in DIN 4109, Tabelle 3 zu beachten.
3) Sind keine Anforderungen an die Einbruchhemmung gestellt, so sollten mindestens Zargen der Klasse S zum Einsatz kommen.
4) Auswahl unter Berücksichtigung der zu erwartenden Beanspruchung.
5) Türblatt und Türzarge sollten aus korrelierenden Beanspruchungen stammen.

In Bereichen mit langfristig höherer Luftfeuchtigkeit (z. B. immer offen stehenden Fenstern) oder bei Türblättern mit einer Höhe über 2,11 m werden Türen der nächst höheren Klimaklasse empfohlen.

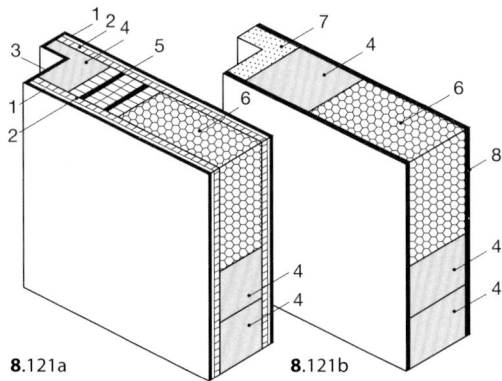

8.121a **8.121b**

8.121 Schematische Darstellung des konstruktiven Aufbaues von Feucht- und Nassraumtürblättern (Beispiele)
a) Feuchtraumtürblatt
b) Nassraumtürblatt
1 dünne HPL-Schichtstoffschicht
2 HDF-Hartfaserplatte, 3 mm dick (Deckplatte)
3 Folienkante (Türfalz ummantelt)
4 umlaufender Polyurethan-Kunststoffrahmen
5 Aluminium-Stabilisator (Rahmenverstärkung)
6 PS-Hartschaum-Einlage
7 verdeckter Kunststoff-Anleimer
8 HPL-Kunststoffplatte, 2 mm dick (Deckplatte)

- **Schallschutz.** Die Anforderungen an den Schallschutz von Wohnungsabschlusstüren hängen im Wesentlichen von der jeweiligen Raumnutzung hinter der Eingangstür ab.

  Wie Tabelle **8**.36 verdeutlicht, wird hinsichtlich der Schalldämmwerte unterschieden zwischen Wohnungsabschlusstüren, die von Hausfluren oder Treppenräumen in Flure und Dielen von Wohnungen führen (bewertetes Schalldämm-Maß R_w 27 dB) und Türen, die von Hausfluren oder Treppenräumen unmittelbar in Aufenthaltsräume von Wohnungen, Appartements o. Ä. führen (bewertetes Schalldämm-Maß R_w 37 dB).

  Damit diese Forderungen erfüllt werden können, sind dreiseitig umlaufende Falzdichtungen und eine Dichtung der unteren Bodenfuge erforderlich (Anschlagschwelle, Auflaufdichtung, automatisch absenkbare Bodendichtung).

  Um Trittschallübertragungen – insbesondere bei harten Bodenbelägen – aus dem Treppenhaus bzw. Hausflur in Wohnungen oder andere Nutzbereiche zu vermeiden, ist im Bereich des Türdurchganges außerdem immer eine Trennfuge im schwimmenden Estrich und Bodenbelag vorzusehen.

- **Brandschutz/Rauchschutz.** Anforderungen an den Brand- und Rauchschutz von Wohnungsabschlusstüren sind in den jeweiligen Landesbauordnungen baurechtlich geregelt. Bei der Beurteilung spielen beispielsweise die Gebäudehöhe, die Anzahl der an das Treppenhaus angrenzenden Nutzungseinheiten sowie die Zugänglichkeit in die Wohnungen – von Treppenhäusern oder von allgemein zugänglichen Fluren aus – eine Rolle.

- **Einbruchschutz.** Beim Einbruchschutz ist zwischen notwendigen (Gesetzgeber) und wünschenswerten (Bauherrn/Planer) Regelungen zu unterscheiden. Es entspricht dem Stand der Technik Wohnungsabschlusstüren mindestens der Widerstandsgruppe RC2 (bei geringem Risiko) zuzuordnen.

  Einzelheiten über die hier angesprochenen Anforderungsbereiche sind den jeweiligen Abschnitten und Bilddarstellungen zu entnehmen.

8.6.6 Einbruch- und Schusshemmende Türen

Nahezu die Hälfte aller Einbrüche wird – so die Kriminalstatistik – durch Haus- und Wohnungseingangstüren verübt. Oftmals sind es sog. Gelegenheitstäter, die durch einen Einbruch auf schnelle Weise an das Geld oder den Besitz anderer gelangen wollen. Die meisten dieser Täter geben jedoch auf, wenn sie überraschend auf zusätzliche Sicherheitseinrichtungen stoßen.

Übliche Türen ohne zusätzliche Sicherungsmaßnahmen weisen nur begrenzte einbruchhemmende Eigenschaften auf. Einbruchhemmende Türen sind demnach dazu bestimmt, dem Versuch einer gewaltsamen Beschädigung oder Zerstörung einzelner Bauteile der Tür – mit dem Ziel des Eindringens in einen geschützten Bereich – eine bestimmte Zeit Widerstand zu leisten.

Die Aufgabe einbruchhemmender Bauteile ist es folglich, einen Einbruch zu verzögern. Die einbruchhemmende Wirkung von Sicherheitstüren ist somit immer relativ – eine absolute Sicherheit gegen Einbrüche kann damit nicht erreicht werden.

Bei der Absicherung hochwertiger Objekte (z. B. Juwelier-, Antiquitätengeschäfte, Banken) sind darüber hinaus noch weitere Maßnahmen erforderlich. Als Ergänzung zur mechanischen Grundsicherung der Türen (Schließtechnik) bieten sich zusätzlich elektronische Absicherungsmaßnahmen – beispielsweise in Form von elektronischer Zutrittskontrolle, Videoüberwachung, Überfall- und Einbruchmeldeanlagen – an. Ihre Aufgabe ist es, Einbruchversuche frühzeitig zu entdecken und zu melden. Einzelheiten hierzu sind der Fachliteratur [31] zu entnehmen.

Normen. Den aktuellen Stand der Normung s. Abschn. 8.8.
- **DIN EN 1063** Glas im Bauwesen
  – Sicherheitssonderverglasung
  – Prüfverfahren und Klasseneinteilung für den Widerstand gegen Beschuss

8.6 Sondertüren

Tabelle 8.122 Kriterien für die Auswahl der Widerstandsklasse (Tätertyp, Täterverfahren Einsatzort, Risiko und Einsatzempfehlung) (DIN EN 162)

Widerstands-klasse	Erwarteter Tätertyp, mutmaßliches Täterverhalten	Empfohlene Einsatzart des einbruchhemmenden Bauteils		
		A	**B**	**C**
		Wohnobjekte	Gewerbeobjekte, öffentliche Objekte	Gewerbeobjekte, öffentliche Objekte (hohe Gefährdung)
RC 1 N	Bauteile der Widerstandsklasse RC 1 N weisen einen Grundschutz gegen Aufbruchversuche mit körperlicher Gewalt wie Gegentreten, Gegenspringen, Schulterwurf, Hochschieben und Herausreißen auf (vorwiegend Vandalismus). Bauteile der Widerstandsklasse RC 1 N weisen nur geringen Schutz gegen den Einsatz von Hebelwerkzeugen auf.	Wenn Einbruchhemmung gefordert wird, wird der Einsatz der Widerstandsklasse RC 1 N nur bei Bauteilen empfohlen, bei denen kein direkter Zugang (nicht ebenerdiger Zugang) möglich ist.		
RC 2 N	Der Gelegenheitstäter versucht, zusätzlich mit einfachen Werkzeugen wie Schraubendreher, Zange und Keile, das Bauteil aufzubrechen.	a) B	a) B	
RC 2	Der Gelegenheitstäter versucht, zusätzlich mit einfachen Werkzeugen wie Schraubendreher, Zange und Keile, das Bauteil aufzubrechen.	B	B	
RC 3	Der Täter versucht zusätzlich mit einem zweiten Schraubendreher und einem Kuhfuß das Bauteil aufzubrechen.	C	C	
RC 4	Der erfahrene Täter setzt zusätzlich Sägewerkzeuge und Schlagwerkzeuge – wie Schlagaxt, Stemmeisen, Hammer und Meißel- sowie eine Akku-Bohrmaschine ein.		A	A
RC 5	Der erfahrene Täter setzt zusätzlich Elektrowerkzeuge, wie z. B. Bohrmaschine, Stich- oder Säbelsäge und Winkelschleifer ein.			B
RC 6	Der erfahrene Täter setzt zusätzlich leistungs-fähige Elektrowerkzeuge, wie zum Beispiel Bohrmaschine, Stich- oder Säbelsäge und Winkelschleifer ein.			C

a) Wenn Einbruchhemmung gefordert wird, wird der Einsatz der Widerstandsklasse RC 2 N nur bei Bauteilen empfohlen, bei denen kein direkter Angriff auf die eingesetzte Verglasung zu erwarten ist.

ANMERKUNG
Diese Tabelle stellt lediglich eine ungefähre Orientierung dar. Fachkundige Beratung, z. B. durch die örtlichen Beratungsstellen der Polizei, ist unerlässlich. Die Abschätzung des Risikos sollte unter Berücksichtigung der Lage des Gebäudes (geschützt/ungeschützt), Nutzung und Sachwertinhalt auf eigene Verantwortung erfolgen. Bei hohem Risiko sollten zusätzlich geprüfte und zertifizierte Einbruchmeldeanlagen eingesetzt werden.
Bei der Auswahl von einbruchhemmenden Elementen für die Widerstandsklassen RC 4 bis RC 6 ist anzumerken, dass bei der Auswahl solcher Elemente in Flucht- und Rettungswegen der Werkzeugeinsatz der Feuerwehr erschwert und deshalb zu berücksichtigen ist.
Außensteckdosen, z. B. im Hausflur, im Garten oder im Bereich der Terrasse sollten spannungslos sein, um ihre Benutzung durch den Einbrecher zu verhindern.

A geringes Risiko
B durchschnittliches Risiko
C hohes Risiko

- **DIN EN 1522** Fenster, Türen, Abschlüsse
  - Durchschußhemmung
  - Anforderungen und Klassifizierung
- **DIN EN 1627** Türen, Fenster, Vorhangfassaden, Gitterelemente und Abschlüsse [1]; Einbruchhemmung, Anforderungen und Klassifizierung
- **DIN EN 1628 bis DIN EN 1630** Prüfverfahren für die Ermittlung der Widerstandsfähigkeit unter statischer Belastung, unter dynamischer Belastung und gegen mechanische Einbruchversuche
- Güte- und Prüfbestimmungen von einbruchhemmenden Türen sind in weiteren Gütesicherungssystemen [5] festgeschrieben.

Einbruchhemmende Türelemente gemäß DIN EN 1627 bilden jeweils insgesamt eine komplette Konstruktionseinheit. Alle Teile einer Sicherheitstür müssen je nach Widerstandsklasse aufeinander abgestimmt, als Einheit geprüft und zugelassen sein (Kennzeichnung durch ein Schild im Falzbereich). Aufgrund dieser Festlegung ist ein beliebiger Austausch von einzelnen Konstruktionsteilen nicht möglich.

Der Nachweis der Einbruchhemmung gilt allerdings immer nur in Verbindung mit der für das jeweilige Element vorgesehenen und geprüften Montageart. Der fachgerechte Einbau ist nach der Montageanleitung des Herstellers vorzunehmen und dem Auftraggeber in Form einer Montagebescheinigung durch die einbauende Firma schriftlich zu bestätigen.

- **Widerstandsklassen** (Tab. **8**.122). Sicherheitstüren nach DIN EN 1627 werden entsprechend ihrer einbruchhemmenden Wirkung in sechs – teilweise noch weiter differenzierte – Widerstandsklassen (RC) unterteilt, die wiederum auf bestimmte Tätertypen und deren mutmaßliche Vorgehensweise abgestimmt sind. Bei der Festlegung der jeweils einzusetzenden Widerstandsklasse durch den Auftraggeber (Planer) ist auch die individuelle Gefährdungssituation (z. B. Lage des Objektes, Einsehbarkeit des Zuganges) zu berücksichtigen. Hilfestellungen bei der Auswahl bieten die kriminalpolizeilichen Beratungsstellen und Sachversicherer.
- **Wandbauart** (Tab. **8**.123). Einbruchhemmende Bauteile sind für den Einbau in Massivwände vorgesehen. Ähnlich wie Feuerschutztüren dürfen sie nicht in jede beliebige Wandart eingesetzt werden. Die entsprechenden Anforderungen an die Beschaffenheit umgebender Wände sind der Tabelle **8**.122 zu entnehmen.
- **Türblattkonstruktion.** Nach den in DIN EN 1628 bis 1630 festgelegten Prüfverfahren darf die Tür an keinem der Angriffspunkte so stark beschädigt oder zerstört werden, dass ein Eindringen in den zu schützenden Bereich möglich wird.

  Bei einem Angriff sind neben der Türblattfläche – die über eine ausreichende Druckfestigkeit (mechanische Belastbarkeit) verfügen muss – vor allem der Schloss- und Bandbereich besonderen Belastungen ausgesetzt. Verstärkungen des Türblattrahmens, beispielsweise durch Stahlprofilrohre oder Aluminium-Stabilisatoren, bewirken eine merklich verbesserte Ausreißfestigkeit aller Beschlagteile. Wesentlich erhöht ist auch die Einbruchhemmung bei Stahlblechtürblättern (Blechdicke je nach Widerstandsgruppe 1,0 – 1,5 – 2,0 mm) und Sandwich-Türblattkonstruktionen, in deren Deckplatten Aluminiumbleche vollflächig eingearbeitet sind.

  Ungeeignet für Sicherheitstüren sind demgegenüber Hohlraumtürblätter mit Wabeneinlagen sowie Kompakttürblätter aus Röhrenspanplatten.
- **Schlösser, Schließzylinder, Beschläge**. Bild **8**.124 verdeutlicht die notwendige mechanische Schließtechnik (Grundausstattung) eines einbruchhemmenden Türelementes. Schlösser und Beschläge von Sicherheitstüren müssen die in Anhang C der DIN EN 1627 genannten Anforderungen erfüllen. Einzelheiten über Sicherheits-Schlösser, -Schließzylinder, -Schwenkriegelverschlüsse, -Schließbleche, -Bänder sowie Schutzbeschläge und Zargen sind den Abschnitten 8.7.1 bis 8.7.5 und den zugehörigen Bildbeispielen zu entnehmen.

  Tabelle **8**.124 zeigt die Zuordnung der einzelnen Widerstandsklassen zu Schlössern, Schließzylindern und Schutzbeschlägen. In diesem Zusammenhang sind die Bilder **8**.148/149 und **8**.152/153 besonders beachtenswert.

  Bei einbruchhemmenden Türen ist ein möglichst bündiges Abschließen des Schließzylinders anzustreben. Ein Vor- oder Zurückliegen des Zylinders gegenüber der Türblattoberfläche oder Schutzbeschlagoberfläche von ≤**3 mm** wird für noch vertretbar gehalten. S. hierzu auch Bild **8**.146 und **8**.147.

---

[1] Alle im Zusammenhang mit der Einbruchhemmung ausgewiesenen Tabellen gelten für Fenster und Türen sowie zusätzliche Abschlüsse. Vgl. hierzu demgemäß auch Abschn. 6, Fenster.

8.6 Sondertüren

Tabelle 8.123 Zuordnung der Widerstandsklassen von einbruchhemmenden Bauteilen zu Massivwänden (DIN EN 1627)

Widerstandsklasse des Bauteils nach DIN EN 1627	Umgebende Wände aus Mauerwerk				aus Stahlbeton nach DIN 1045	
	Wanddicke (ohne Putz) mm	Druckfestigkeitsklasse der (DFK)	Rohdichteklasse der Steine (RDK)	Mörtelgruppe	Nenndicke mm min.	Festigkeitsklasse min.
RC 1 N RC 2 N RC 2	≥ 115	≥ 12	–	min. MG II/DM	> 100	B 15
RC 3	≥ 115	≥ 12	–	min. MG II/DM	> 120	B 15
RC 4	≥ 240	≥ 12	–	min. MG II/DM	> 140	B 15
RC 5	≥ 240	≥ 20	≥ 1,8	DM	> 140	B 15
RC 6	≥ 240[a]	≥ 20	≥ 1,8	DM	> 140	B 15

[a] Anwendbar auf Formate der Höhe 238 mm, 498 mm, 623 mm und 648 mm.

- **Füllungen, Verglasungen** (Tab. 8.126). Die Befestigungen von Füllungen und Verglasungen müssen so beschaffen sein, dass sie die statischen und dynamischen Belastungen aufnehmen, dem manuellen Einbruch widerstehen können und von der Angriffseite nicht zu entfernen sind.
Je nach angestrebter Widerstandsklasse müssen Verglasungen den Anforderungen der nachstehenden Tabelle 8.126 entsprechen. Vgl. hierzu auch Tab. 6.163 in Abschn. 6, Fenster.

- **Montage.** Jedem Türelement, das den Nachweis der Einbruchhemmung gemäß DIN EN 1627 aufweist, muss der Hersteller eine Montageanleitung beifügen. Diese muss u. a. genaue Angaben über die notwendigen Befestigungspunkte und Befestigungsmittel enthalten.
Da aus der möglichen Belastung am Baukörperanschluss überwiegend Scherkräfte auftreten, ist immer eine mechanische Befestigung der Zarge an der Wand bzw. Öffnungsleibung erforderlich. Eine zusätzliche Verschraubung des Schließbleches bzw. der Bänder schafft weitere Festigkeiten.

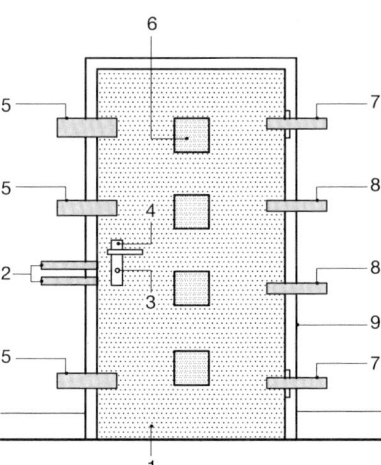

8.124 Schematische Darstellung einer einbruchhemmenden Hauseingangstür (Innenansicht) mit notwendiger mechanischer Schließtechnik (Grundausstattung)
1. mehrfach verstärktes Türblatt aus Holz und Holzwerkstoffen oder Stahlblech mit Einlage
2. Sicherheits-Schlossanlage (bohrgeschütztes Einsteckschloss) mit Falle und Riegel (Fallensperre)
3. bohrgeschützter Sicherheits-Schließzylinder mit Ziehschutz (Zylinderabdeckung)
4. bohrgeschütztes Türschild (Schutzbeschlag)
5. Schwenkriegel-Sicherheitsschloss mit drei-, vier- oder fünffach-Verriegelung bei nur einer Schlüsselumdrehung
6. angriffshemmende Sicherheits-Verglasung (mind. durchwurfhemmend, besser durchbruchhemmend)
7. Sicherheits-Türbänder mit Sicherungszapfen (Tresorbolzen)
8. Sicherungszapfen (Tresorbolzen) mit Hintergreifhaken
9. Zarge mit dauerhafter mechanischer Befestigung (Schwerlastdübel, Maueranker) und Hinterfüllung der Hohlräume (PU-Schaum)

Tabelle **8**.125 Zuordnung der einzelnen Widerstandsklassen zu Schlössern, Schließzylindern und Schutzbeschlägen im Rahmen der Austauschbarkeit (DIN EN 1627)

Widerstands-klasse	Schließzylinder[a]	Schutzbeschläge[a]		Schlösser[b]	
EN 1627	DIN 18 252:2006-12	DIN 18 257:2003-03		DIN 18 251-1:2002-07, DIN 18 251-2:2002-11 oder DIN 18 251-3:2002-11	DIN 18 250:2006-09
	Klasse	Klasse		Klasse	Klasse[c]
RC 1 N	21-, 31-, 71-BZ	ES 1		3	3
RC 2 N	21-, 31-, 71-BZ	ES 1		4	4
RC 2	21-, 31-, 71-BZ	ES 1		4	4
RC 3	21-, 31-, 71-BZ	ES 2		4	4
RC 4	42-, 82-BZ	ES 3		5	5
			Alternativ		
RC 1 N	21-, 31-, 71-BS	ES 1-ZA		3	3
RC 2 N	21-, 31-, 71-BS	ES 1-ZA		4	4
RC 2	21-, 31-, 71-BS	ES 1-ZA		4	4
RC 3	21-, 31-, 71-BS	ES 2-ZA		4	4
RC 4	42-, 82-BS	ES 3-ZA		5	5

[a] Der Austausch von Schließzylindern und Schutzbeschlägen in geprüften einbruchhemmenden Bauteilen ist in den Widerstandsklassen 1 bis 4 ohne gutachtliche Stellungnahme der Prüfstelle zulässig, wenn die Montagemittel und die Stütznockenlänge des Schutzbelages gleichwertig sind und ein Nachweis des Schließzylinders oder des Schutzbelages in Übereinstimmung nach Tabelle NA. 1 vorliegt.
[b] Der Austausch von Schlössern ist nur im Rahmen einer gutachtlichen Stellungnahme der Prüfstelle zulässig.
[c] Anspruchklasse nach DIN 18250:2006:09, Tabelle 2.

Tabelle **8**.126 Mindestanforderungen für Verglasungen

Widerstandsklasse	Widerstandsklasse der Verglasung gemäß EN 356
RC 1 N	Keine Anforderungen*
RC 2 N	Keine Anforderungen*
RC 2	P4 A
RC 3	P5 A
RC 4	P6 B
RC 5	P7 B
RC 6	P8 B

* In diesen Widerstandsklassen können nationale Anforderungen berücksichtigt werden.

ANMERKUNG
Bei Verglasung mit einer geringeren Widerstandsklasse als P4 A kann die Verwendung eines Beschlages erforderlich sein, bei dem zur Entriegelung ein abnehmbarer Schlüssel notwendig ist.

8.6 Sondertüren

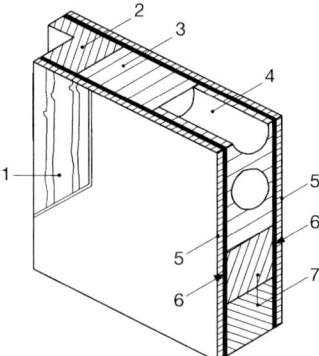

8.127 Schematische Darstellung des konstruktiven Aufbaues eines Strahlenschutztürblattes
1 Deckfurnier, Schichtstoffplatte, Beschichtung o. a.
2 Einleimer aus Hartholz
3 Rahmenverstärkung
4 Einlage (Röhrenspanplatte)
5 Deckplatten (Furnierplatten oder HDF-Hartfaserplatten)
6 eingebettete Bleifolie
7 untere Rahmenhölzer

Eine alleinige Befestigung der Zargen bzw. Blendrahmen am Baukörper mit PU-Montageschaum ist nicht zulässig. Schäume dieser Art dienen bei Sicherheitstüren nur der Hohlraumfüllung, nicht der Befestigung.

8.6.7 Strahlenschutztüren

Strahlenschutztüren für medizinisch genutzte Räume (Diagnostik- und Therapieräume) dienen dem Schutz gegen Röntgen-, Gamma- und Elektronenstrahlung. Die notwendigen Anforderungen sowie Angaben über die Herstellung und Montage von Strahlenschutztüren enthält DIN 6834-1.

Zur Schwächung der abschirmenden Strahlung wird in der Regel Blei verwendet. Die Gesamtdicke der Bleieinlage ist von der zu erwartenden Strahlenintensität und somit von der Art der eingesetzten Geräte (Röntgengeräte) abhängig.

- **Blei** besitzt in Abhängigkeit zur Materialdicke die positive Eigenschaft, Röntgenstrahlen abzuschwächen. So entspricht beispielsweise eine 1 mm dicke Bleikaschierung auf einer Gipskartonplatte der Abschirmungswirkung einer 130 mm dicken Stahlbetonwand.
- **Bleigleichwert.** Den notwendigen Strahlenschutz erbringen bei Strahlenschutztüren die in die beiden Deckplatten einer Sperrtür eingebetteten Bleifolien. Die Dicke dieser beiden Bleifolien in mm ausgedrückt und zusammenaddiert ergibt nach DIN 6845 den sog. Bleigleichwert (Schwächungsgrad). Der geforderte Bleigleichwert ist von der zu erwartenden Strahlenbelastung abhängig und ergibt sich aus dem Strahlenschutzplan zur Errichtung einer Anlage nach DIN 6812, DIN 6846 oder DIN 6847. Übliche Strahlenschutztüren weisen einen Bleigleichwert von 1 bis 3 (5) mm auf.

Wegen der beidseitigen Bleikaschierung des Türblattes und die dadurch bedingte Gewichtserhöhung (1 mm Bleifolie = 11 kg/m^2) sind stärkere Bänder vorzusehen.

Schlösser müssen so abgeschirmt oder angeordnet sein – ggf. mit versetzter Nuss- und Schlüssellochdurchführung – dass an keiner Stelle der Tür deren Schutzwert unterbrochen ist. Zwischen Türunterkante und Fußbodenoberfläche darf bei Türen für Diagnostikräume der Spalt nicht größer als 10 mm sein, bei Therapieräumen nicht größer als 5 mm.

Als Türzarge ist eine mindestens 2,5 mm dicke Stahlumfassungszarge mit umlaufender Dichtung und etwa 50 mm Bodeneinstand vorzusehen; wahlweise kann auch eine Zarge aus Holz oder Holzwerkstoffen eingesetzt werden. Durch rückseitiges Auskleiden der Umfassungszargen mit Bleifolie ist der notwendige Strahlenschutz auch im Bereich der Anschlussfuge zur Wandleibung gegeben.

Strahlenschutztüren sollten im Zuge des Innenausbaues so spät wie möglich montiert werden, um sie vor Beschädigungen während der Bauzeit zu schützen. In modernen Praxen und Behandlungszentren werden sie überwiegend in bleifolienkaschierte Gipskarton-Metallständerwände – als ein- oder zweiflügelige Türelemente – eingebaut. Aus raumbedingten Gründen können auch Schiebetüren nach DIN 6834-4 oder -5 zweckmäßig sein.

Weitere Angaben – vor allem im Hinblick auf die zu verwendenden Sonderbeschläge und Montagerichtlinien – sind den DIN-Normen und Anweisungen der Herstellerfirmen zu entnehmen

- **Bild 8.127.** Wie die Abbildung zeigt, bestehen die beiden Deckplatten eines Sperrtürblattes jeweils aus einer mehrfach verleimten, etwa 4 bis 6 mm dicken Furnierplatte oder einer entsprechenden Hartfaserplatte mit darin eingebetteter Bleifolie. Als Türeinlage wird meist eine Röhrenspanplatte mit guten schalldämmenden Eigenschaften verwendet (Sperrtür nach DIN 68 706-1). Geeignete Veredelungsmaterialien für die Türblattoberflächen sind Furniere, Schichtstoffplatten o. Ä.

8.7 Türbeschläge

Allgemeines

Türbeschläge bedarf es zum Anschlagen, Öffnen, Schließen und ggf. Feststellen der Türblätter sowie zur Einbruchhemmung je nach Einsatzort. Die einfachste Ausrüstung eines Türelementes besteht demnach aus einem oberen und unteren Band, einem Schloss mit Schließblech sowie einer Drückergarnitur. Dazu können je nach Anforderungsprofil noch weitere Sonderausrüstungen hinzukommen. Zu einer funktionstüchtigen Tür gehört immer auch eine Falzdichtung, bei Bedarf mit Bodendichtung. Folgende Hauptgruppen sind demnach zu unterscheiden.

Türbänder	• Bänder aller Art • Türschließer • Feststelleinrichtungen • Sonderausrüstungen
Türgarnituren	• Türdrücker aller Art • Türschilder, Türrosetten • Sondergarnituren • Sonderausrüstungen
Türschlösser	• Schlösser aller Art • Schließbleche • Schlosssicherungen • Sonderausrüstungen
Türdichtungen	• Falzdichtungen • Bodendichtungen • Anschlagschwellen • Sonderausrüstungen

8.7.1 Türbänder

Klassifizierung von Türbändern. Türbänder werden gemäß DIN EN 1935 in vier Gebrauchsklassen eingeteilt. Je nach Anwendungsbereich unterscheidet man folgende Bandklassen:

Klasse 1 Leichter Gebrauch (Klassen 1, 1A). Anwendungen in privaten und anderen Bereichen (z. B. Büros), die nicht für die Öffentlichkeit zugänglich sind.

Klasse 2 Mittlerer Gebrauch. Anwendungen in privaten und anderen Bereichen (z. B. Büros) mit begrenztem Zugang für die Öffentlichkeit.

Klasse 3 Starker Gebrauch. Anwendungen in öffentlichen Gebäuden und Behörden (z. B. Bibliotheken, Krankenhäusern und Schulen).

Klasse 4 Sehr starker Gebrauch (Klassen 4A, 4B, 4C). Bänder für Türen, die einem häufigen, heftigen Gebrauch unterzogen werden. Vom bewussten Missbrauch wird ausgegangen (Anforderungen an einbruchhemmende Türen). Bänder der Klasse 4B und 4C bieten erhöhte Beständigkeit gegen potentiell dauerhaften Angriff.

In der vorgenannten Norm werden außerdem im Einzelnen Anforderungen gestellt an:

- Bänder für Türen mit einer Breite von über 950 mm,
- Bänder für einbruchhemmende Türen,
- Bänder für Feuer- und Rauchschutztüren,
- Bänder für Türen mit Türschließern.

Güte- und Prüfbestimmungen für Türbänder sind in RAL-RG 60/8 [32] festgelegt.

Auswahlkriterien. Bei der Festlegung der Bänder wird oftmals nur das jeweilige Türblattgewicht als alleiniges Auswahlkriterium berücksichtigt. Weitergehende Einwirkungen auf die Bänder werden dabei vernachlässigt. Um Folgeschäden im Türbereich zu vermeiden, sind darüber hinaus folgende Kriterien bei einer Bandauswahl zu beachten:

- **Einsatzbereich/Einsatzort.** Grundsätzlich ist zwischen Außentüren, Innentüren sowie Schutz- und Sondertüren zu unterscheiden. Auch der Einsatzort der Türen – beispielsweise in Wohngebäuden, öffentlichen Gebäuden, Verwaltungsbauten, Schulen, Kasernen usw. – und die daraus resultierenden, sehr unterschiedlichen Beanspruchungen beeinflussen die Bandauswahl.

- **Türblatteinschlag.** Die Falzausbildung bestimmt weitgehend die Bandabwinkelung (sog. Kröpfung). Man unterscheidet gefälzten (ein- oder mehrfach) und ungefälzten (stumpfen) Türblatteinschlag, flächenbündig mit der Falzbekleidung oder aufschlagend.

- **Befestigungs/Aufnahmeelemente.** Abhängig von der gewählten Materialart – Holz oder Holzwerkstoff, Stahl, Aluminium, Kunststoff, Glas – ergeben sich jeweils ganz bestimmte Bandbefestigungstechniken (z. B. einbohren, ausfräsen, aufschrauben, anschweißen, anklemmen), die systemabhängig zu beachten sind.

  Zur besonders sicheren Befestigung der Türblätter bieten sich unterschiedlich ausgebildete Aufnahmeelemente (Bandtaschen) an, passend zur jeweiligen Türrahmen- bzw. Türzargenart (Holzwerkstoff- oder Metallzarge). Die vom Hersteller vorgegebenen Belastungswerte sind einzuhalten. S. hierzu Abschn. 8.7.1.2.

- **Belastbarkeit der Bänder.** Die Wahl der Türbänder wird wesentlich vom jeweiligen Türblattgewicht bestimmt (übliche Abstufungen 40-60-80-100-120-140-160 kg). Die bandbezogenen Belastungswerte sind den Herstellerunterlagen zu entnehmen. Der angegebene Zahlenwert (z. B. 120 kg) bezieht sich auf ein Bänderpaar

8.7 Türbeschläge

und auf die Türblattgröße 2 * 1 m. Ist die Tür breiter als 100 cm, verringert sich das maximale Türgewicht prozentual in dem Maße, wie die Türbreite von 100 cm überschritten wird. Bei 125 cm Türbreite verringert sich folglich das maximale Türgewicht um 25%.

- **Das dritte Band.** Normal beanspruchte Türen werden üblicherweise mit zwei Türbändern, höhere, breitere und schwerere Türblätter mit je drei Bändern angeschlagen (350 mm unter dem oberen Band, bezogen auf die Bandbezugslinie). Bild **8**.40. Nach Herstellerangaben erhöhen sich beim Einsatz eines dritten Bandes die angegebenen Belastungswerte um etwa 30%. Türen mit Türschließern sollten immer mit einem dritten Band – oder mit dafür geeigneten Spezialbändern – ausgerüstet sein (zusätzliche Belastung durch ein nach außen gerichtetes Biegemoment).

- **Konstruktionstechnische Merkmale.** Im Wesentlichen unterscheidet man zweiteilige und dreiteilige (fünfteilige) Bänder. Ein zweiteiliges Band besteht aus einem Flügel- und einem Rahmenteil. Dreiteilige und fünfteilige Bänder bestehen jeweils aus Flügel- und Rahmenteil und einem Stift (Bild .128). Flügel- und Rahmenteile werden bei den letzteren ineinandergeschoben und mit einem durchgesteckten Metallstift verbunden, gesichert durch eine Madenschraube. Dreiteilige und fünfteilige Bänder können wesentlich höhere Belastungen aufnehmen.

  Zahlreiche Bänder sind außerdem verstellbar, d. h. sie lassen sich bei eingehängtem Türblatt in Toleranzbereichen von etwa 2 bis 4 mm zur Seite und in der Höhe nachjustieren (sog. zwei- bzw. dreidimensionale Verstellbarkeit). Eine besondere Gruppe bilden die sog. K-Bänder für Kunststofftüren (herstellerbezogene Profilformen und Bandabwinkelungen). Weitere Einzelheiten sind der Fachliteratur [33] und den Herstellerunterlagen [34], [35] zu entnehmen.

- **Bandbezugslinie.** Die Bandbezugslinie ist nach DIN 18 268 eine gedachte, horizontal verlaufende Linie bei einem Türband, deren Abstand vom oberen Zargenfalz die Höhenlage der Türbänder festgelegt, und zwar unabhängig von Werkstoff, Konstruktion oder Anschlagart (Bild **8**.13 und **8**.14). Gestaltfindung, Ausschreibung, Bestellung, Verarbeitung und Montage werden durch diese einheitliche Festlegung wesentlich erleichtert. Vgl. hierzu auch Abschn. 8.2.4.1.

- **Materialwahl/Korrosionsschutz.** Türbänder werden überwiegend aus Stahl, Edelstahl und Aluminiumlegierungen – jeweils mit verschiedenartigen Oberflächenausführungen – hergestellt. Den üblichen Korrosionsschutz gewährleisten verzinkte Stahlbänder und farbig kunststoffbeschichtete Bänder, die vor der Pulverbeschichtung ebenfalls verzinkt werden. Gemäß DIN EN 1670 werden Baubeschläge je nach Nutzungssituation in vier Korrosionsbeständigkeitsklassen (Klasse 0 bis 4) eingeteilt.

  In Nassräumen und im Außenbereich sollten jedoch nur Bänder aus Edelstahl (Chrom-Nickel-Stahl) eingesetzt werden, da nur dieses Material dauerhafte Korrosionsbeständigkeit garantiert. Alle anderen Arten von Oberflächenvergütungen dienen ausschließlich dem optischen Erscheinungsbild und schützen nicht vor Korrosion.

- **Links-/Rechtsbezeichnung.** Türen, Zargen, Bänder, Schlösser, Garnituren sind nach DIN 10 mit DIN-LINKS und DIN-RECHTS zu bezeichnen (Bild 8.16). Einzelheiten hierzu s. Abschn. 8.2.4.3.

Es kann nicht Aufgabe dieses Werkes sein, einen umfassenden Überblick von allen auf dem Markt befindlichen Türbeschlägen zu geben. Zu vielfältig sind die Ausführungsmöglichkeiten – sowohl in technischer als auch formaler Hinsicht. In den nachfolgenden Abschnitten werden deshalb nur einige wichtige Beschlagtypen in Form von Abbildungen und Einbauskizzen kurz vorgestellt. Für die Ausführung der Beschlagarbeiten ist die VOB, Teil C, DIN 18 357 maßgebend.

8.7.1.1 Bänder für ungefälzte und gefälzte Türen mit Blend- oder Blockrahmen

Türbänder. Zum Anschlagen von gefälzten und ungefälzten Türblättern eignen sich vor allem Aufschraubbänder (sog. Lappenbänder), Einbohrbänder, Kombibänder sowie spezielle Systembänder (Objektbau). Diese Bandprogramme bieten zahlreiche Kombinationsmöglichkeiten des wechselseitig variablen Einsatzes von Rahmen- und Flügelteilen, meist im Verbund mit passenden Aufnahmeelementen.

Objekttürbänder. Im Objektbereich (z. B. in öffentlichen Gebäuden wie Schulen, Krankenhäuser, Hotels, Banken) werden besonders hohe Anforderungen an die Türbänder bezüglich Belastbarkeit, Laufeigenschaft und Sicherheitsreserven gestellt. Diese sog. Systembänder mit dreidimensional verstellbaren Aufnahmeelementen sind universell einsetzbar an Holz-, Stahl- und Aluminiumzargen und weisen besonders abriebfeste Gleitlager (Lauflager) auf.

8.7.1.2 Bänder für ungefälzte und gefälzte Türen mit Holzzargen

- **Aufschraubbänder** (Lappenbänder) Bild **8**.128. Passend zur jeweiligen Falzausbildung gibt es diese Bänder mit geraden oder gekröpften (abgewinkelten) Lappen. Bei besonders starker Beanspruchung der Tür können die Winkelbänder noch zusätzlich mit Tragzapfen (Tragbolzen) ausgestattet sein. Entsprechend ihrer Dicke werden die Bandlappen in den Türfalz und die Türbekleidung eingelassen und mit Senkkopfschrauben befestigt. Die Ecken der Lappen sind abgerundet, so dass die Vertiefungen maschinell ausge-

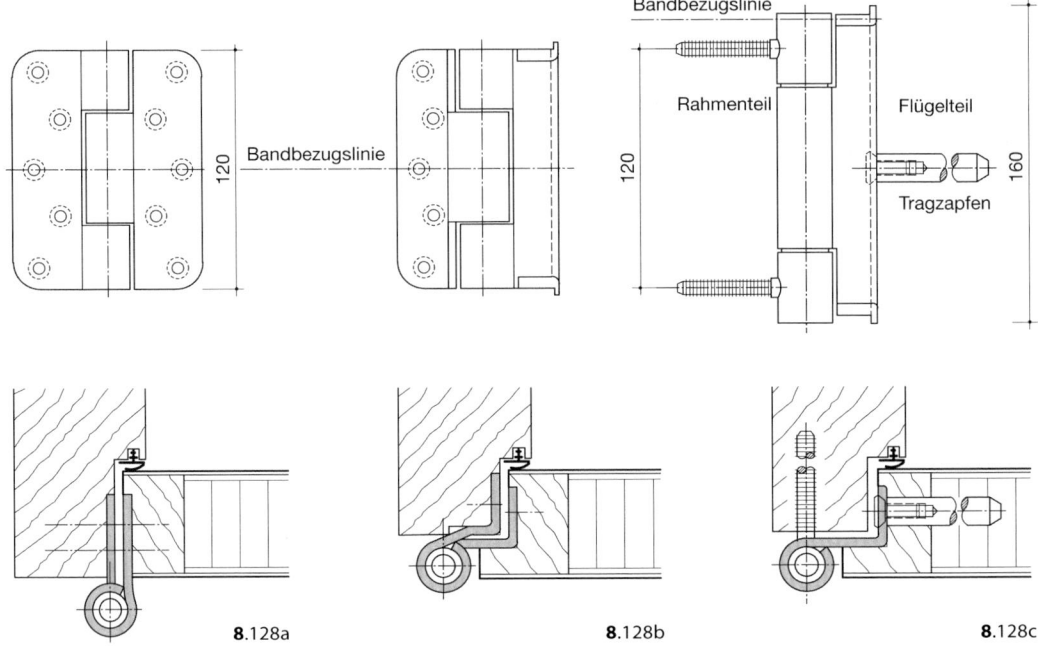

8.128 Bänder für ungefälzte (stumpf einschlagende) und gefälzte Türen mit Blend- oder Blockrahmen
    a) Lappen-Band für ungefälzte Türen
    b) Lappen-Winkelband (gekröpft) für gefälzte Tür
    c) Zapfen-Lappen-Einbohrband (Kombiband) für gefälzte Tür
Simonswerk, Rheda-Wiedenbrück

fräst werden können. Sichere, problemlose, häufig angewandte Befestigungsart.

- **Einbohrbänder** (Bild **8**.129a). Einbohrbänder gibt es in zwei- oder mehrteiliger Ausführung, die Rahmen- und Flügelteile sind jeweils wahlweise mit 1 oder 2 Zapfen versehen. Zum Vorbohren der Löcher werden passende Bohrlehren verwendet, so dass ein maßgenaues und zugleich rasches Anschlagen gewährleistet ist. Die Einbohrzapfen der Bänder können Gewinde zum Eindrehen haben oder glatt ausgebildet sein zum Einstecken (mit Lochung zur Bandsicherung durch Querstifte). Den verstellbaren Bändern wird allgemein der Vorzug gegeben. Einbohrbänder eignen sich vor allem zum Anschlagen von gefälzten Türblättern, da bei ungefälzten Türen im Bereich der Einbohrstellen unschöne Auskerbungen an den Türkanten entstehen.

Die Bilder **8**.129b und c verdeutlichen die Befestigungsart mit Aufnahmeelementen (Bandtaschen). Hier werden die Rahmenteile durch die Falzbekleidung hindurch in die Bandtaschen gesteckt und damit kraftschlüssig verbunden, während die Flügelteile seitlich in den Falzüberschlag des Türblattes einzudrehen sind. Dieser Überschlag darf keinesfalls zu knapp bemessen sein (mind. 13 mm bei Wohnraumtüren, 16 bis 19 mm bei Haustüren). Einbohrbänder gewährleisten eine problemlose und schnelle Montage (ohne Stemm- und Fräsarbeiten), nachträgliche Verstellbarkeit sowie eine relativ hohe Belastbarkeit.

- **Kombibänder** (Bild **8**.128c und **8**.129b). Bei Kombibändern sind Rahmen- und Flügelteil unterschiedlich ausgebildet. So kann beispielsweise an der Türzarge ein Einbohrband und am Türblatt ein Aufschraubband befestigt sein oder umgekehrt. Daraus ergeben sich zahlreiche Kombinationsmöglichkeiten des wechselseitig variablen Einsatzes von Bandteilen. Durch derartige Bänderkombinationen können die Vorzüge der einzelnen Befestigungsarten noch besser ausgenutzt werden.

8.7 Türbeschläge

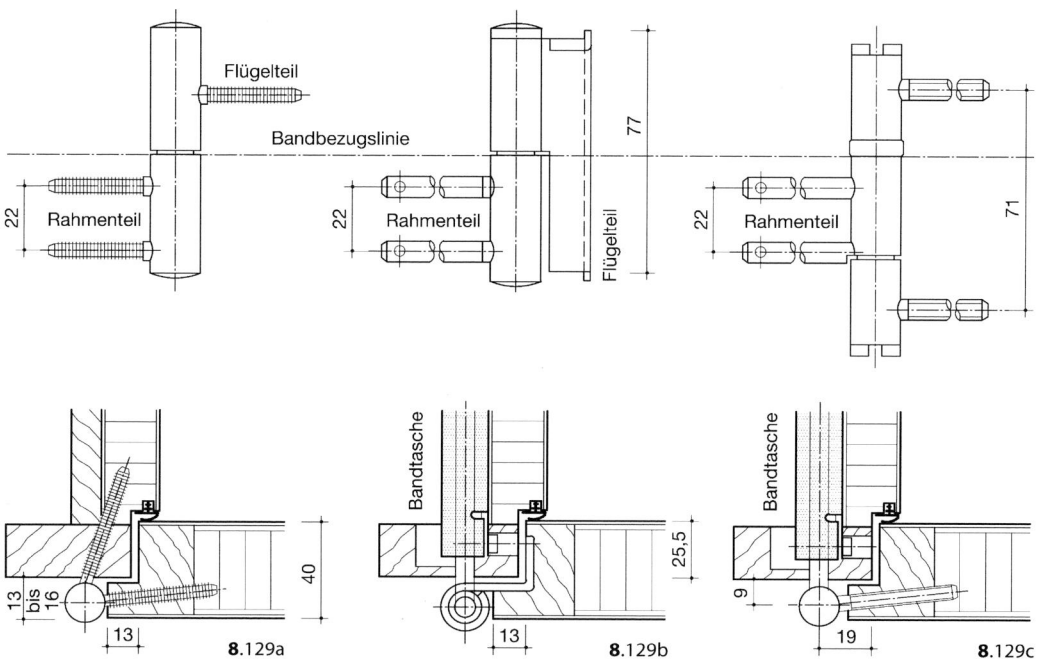

8.129 Bänder für gefälzte Türen mit Holzzargen
  a) Zweiteiliges Einbohrband mit verdrehsicherem Rahmenteil
  b) Lappen-Einbohrband mit Bandtasche (Kombiband)
  c) Dreiteiliges Zapfen-Einbohrband mit Bandtasche (Aufnahmeelement)
  Simonswerk, Rheda-Wiedenbrück

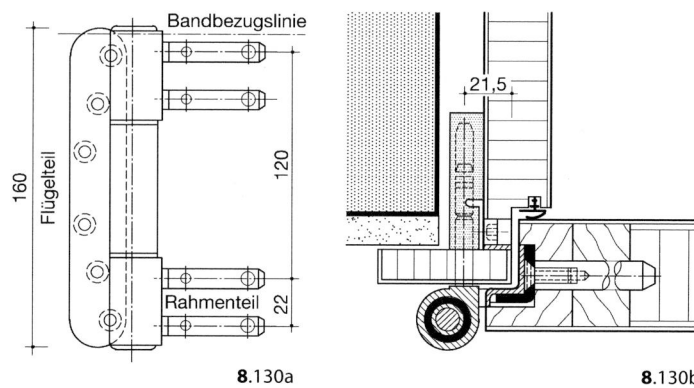

8.130 Dreiteiliges Kunststoff-Kombiband (aus Stahl/Kunststoff) für gefälzte Holztür mit Zapfen-Einbohr-Band in einer Bandtasche (Rahmenteil) und Zapfen-Lappen-Band (Flügelteil)
  a) Bandansicht
  b) Einbaubeispiel
  HEWI-Beschläge Bad Arolsen

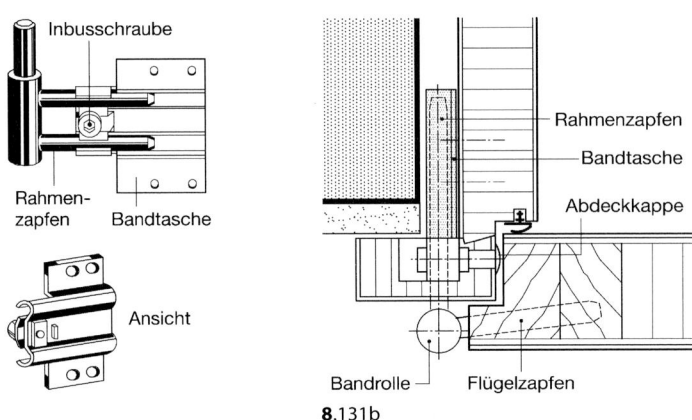

8.131 Band-Aufnahmeelement (Bandtasche) zur kraftschlüssigen Befestigung von Zapfen-Einbohr-Bändern an gefälzter Holzzarge
  a) Bandtasche mit eingeschobenem Rahmenteil (Rückseite)
  b) Einbaubeispiel
  Simonswerk, Rheda-Wiedenbrück

- **Kunststoffbänder** (Bild **8**.131). Diese Bänder bestehen aus einem tragenden Gerüst aus verzinktem Stahl und aus Kunststoffteilen, die entweder unmittelbar aufgespritzt oder erst nachträglich in Form von Abdeckkappen bzw. Steckhülsen aufgesetzt werden. Während der Stahl den Bändern eine hohe Festigkeit verleiht, erbringt der Kunststoff optimale Gleiteigenschaften, hohe Verschleißfestigkeit und ein ansprechendes Design (Farben- und Formenvielfalt). Bei den Kunststoffteilen aus Nylon ist keine störende elektrostatische Aufladung und auch keine Staubbindung zu befürchten. Sie zeichnen sich besonders durch hervorragende thermische Eigenschaften, chemische Beständigkeit, Licht- und Witterungsbeständigkeit sowie hohe Festigkeit aus. Die relativ einfach zu montierenden Bän-

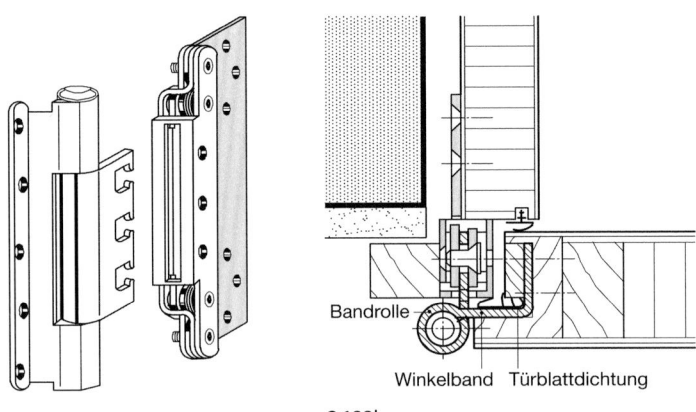

8.132 Dreidimensional verstellbares Aufnahmeelement für den Objektbereich zur Befestigung von Lappen-Winkelbändern (Objekttürbändern) an Holz-, Stahl- und Aluminiumzargen.
  a) Aufnahmeelement für Holzwerkstoffzarge
  b) Einbaubeispiel: Besonders hingewiesen wird auf die durchlaufende Türblattdichtung (geeignet für Schallschutztüren).
  Simonswerk, Rheda-Wiedenbrück

8.7 Türbeschläge

der gibt es passend für nahezu alle Türausbildungen, Zargen- und Anschlagarten sowie Türblattgewichte.

Bandaufnahmeelemente

Aufnahmeelemente – auch Bandtaschen genannt – dienen zur kraftschlüssigen Befestigung von gefälzten und ungefälzten Türblättern an Holz- und Metallzargen. Besonders an die Bänder von Objekttüren werden zum Teil hohe Anforderungen bezüglich Belastbarkeit, Laufeigenschaft und Sicherheitsreserven gestellt.

Bild 8.131 zeigt Aufschraubtaschen für Zapfen-Einbohr-Bänder, die auch mit Rahmenteilen anderer Hersteller kombinierbar sind.

In **Bild 8.132** ist ein dreidimensional verstellbares Aufnahmeelement für den Objektbereich – geeignet für Holz-, Stahl- und Aluminiumzargen – dargestellt. Besonders beachtenswert ist das Einbaubeispiel, das das Aufnahmeelement mit einem Lappenwinkelband und einer durchlaufenden Türblattdichtung zeigt. Diese Konstruktion eignet sich vor allem zur Herstellung von gefälzten Schallschutztüren.

Hinweis: Das Außenmaß der Normzargen aus Holz- und Holzwerkstoffen ist in der Regel so konzipiert, dass sich eine Gesamtfugenbreite von 10 mm (2 · 5 mm) für die Dämm- und Abdichtungsmaßnahmen ergibt. Dabei ist jedoch zu beachten, dass bei der Verwendung von Bandaufnahmeelementen (Bild 8.131) diese gegenüber der Zargenaußenseite vorstehen und zusätzlichen Platz benötigen.

Um die Zarge ordnungsgemäß ausrichten, befestigen und die Fugen entsprechend den Erfordernissen dämmen und dichten zu können, muss bei einer Gesamtfugenbreite von nur 10 mm das Mauerwerk im Bereich der Bandtaschen entweder ausgestemmt oder die Wandöffnung insgesamt größer vorgesehen werden. In diesem Fall wird das zulässige Größtmaß für die Wandöffnung nach DIN 18 100 gewählt, so dass die Öffnungsbreite insgesamt 20 mm größer als das Baurichtmaß ist (Bild 8.11) und die Bandtaschen darin ausreichend Platz finden.

8.7.1.3 Bänder zur Befestigung von einfachen Holztürblättern

Obwohl derartige Bänder im gehobenen Ausbau kaum mehr vorkommen, sollen sie im Hinblick auf die Altbausanierung und ein kostengünstiges Bauen nicht unerwähnt bleiben. Im Einzelnen sind das Einstemm- und Aufschraubband sowie Lang- und Winkelband zu nennen.

- **Einstemmband** (Bild 8.133a). Dieses Band, auch Fitschen genannt, besteht aus zwei Lappen mit je einer Rolle und einem fest vernieteten oder lose einschiebbaren Stift. Die Lappen werden in den Blendrahmen und das Türblatt eingestemmt und von außen mit Schrauben oder Stahlstiften arretiert. Nachteil: Sichtbare Köpfe an der Türblattaußenseite. Sichere, jedoch relativ umständliche, kaum mehr eingesetzte Befestigungsart.

- **Einfaches Aufschraubband** (Bild 8.133b). Es eignet sich zum Anschlagen von Stumpf- und Falztüren (glatte und gekröpfte Ausführung) und wird noch relativ häufig eingesetzt. Während bei den neueren Modellen die Ecken der Lappen für den maschinellen Einbau abgerundet sind, weisen die früher verwendeten Bänder eckige Bandlappen auf.

- **Langband** (Bild 8.133c). Diese Bänder werden auch Ladenbänder genannt, die u. a. zum Anschlagen von Holzfensterläden sowie einfachen Latten- und Brettertüren benutzt werden. Die Befestigung an den Querriegeln erfolgt mit Nägeln oder Schrauben. Der Kloben, um dessen Dorn sich das Band dreht, wird bei massiven Wänden ankerartig eingemauert oder bei Fachwerkwänden an die Holzstiele angeschraubt.

- **Winkelband** (Bild 8.133d). Es eignet sich vor allem zum Anschlagen von schweren Rahmentüren (z. B. Stalltüren), wobei der kräftige Flachstahlwinkel auf den Rahmenfriesen aufgeschraubt wird. An dem querliegenden Teil des Beschlages sitzt das sog. Auge, das um den Dorn eines Hakens läuft, der ebenfalls eingemauert oder angeschraubt sein kann.

8.7.2 Türdrücker

Zum Öffnen und Schließen von Drehflügeltüren bedarf es besonderer Beschläge, die man zusammengefasst als Garnitur bezeichnet. Diese besteht in der Regel und im Wesentlichen aus (Bild 8.134):

- **Türdrücker** (Türdrückerstiftteil, Türdrückerlochteil), die mit einem durch das Türblatt hindurchgehenden Drückerstift (Vierkantstift) verbunden sind und die beim Niederdrücken das Zurückziehen der Schlossfalle und damit das Öffnen der Tür ermöglichen.

- **Einteilige Türschilder** (Außen- und Innenschild), die einmal als Gleit- und Führungslager für die Drehbewegungen der Türdrücker (Dreh- und Zugkräfte), zum anderen als Abdeckplatten für alle im Schlossbereich vor-

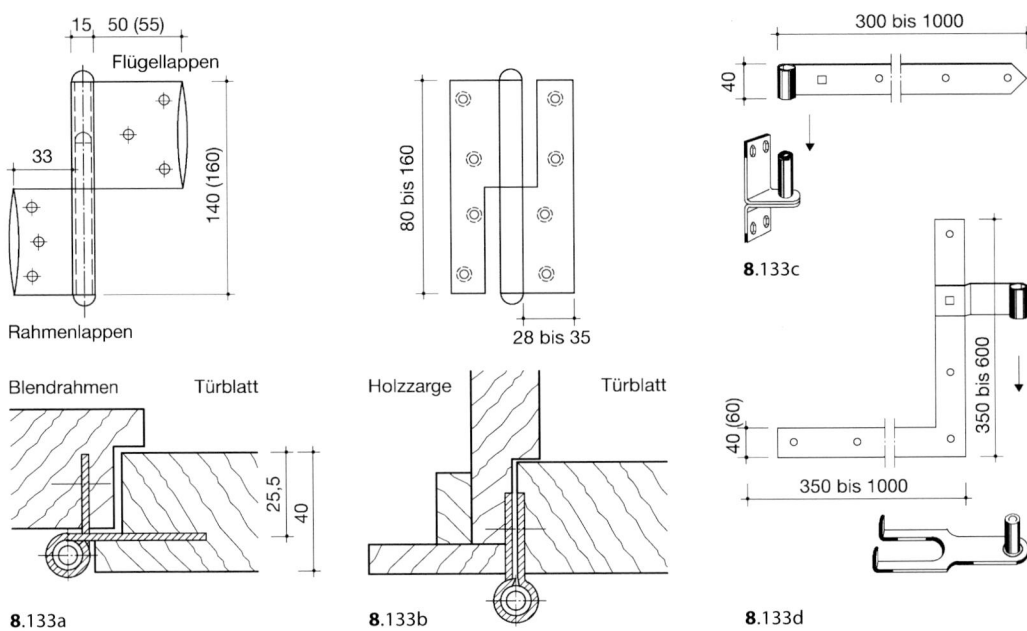

8.133 Bänder zur Befestigung von einfachen Holztürblättern
a) Türanschlag mit Einstemmband (Fitschen)
b) Türanschlag mit geradem Aufschraubband Simonswerk, Rheda-Wiedenbrück
c) Langband mit Haken (Kloben) zum Anschrauben
d) Winkelband mit Haken (Kloben) zum Einmauern

kommenden Bohrungen und Aussparungen dienen.

Türschilder können Ausnehmungen (Lochungen) beispielsweise für Schlüssel, Schließzylinder oder Drücker aufweisen und werden in der Regel von der Innenseite (Öffnungsseite) her befestigt. Sie dienen auch dem Schutz der Türblattoberflächen (Beschädigungen durch Schlüssel), außerdem können an sie besondere Anforderungen bezüglich des Einbruch-, Feuer- und Rauchschutzes gestellt werden.

- **Zweiteilige Türschilder** (Montageeinheit) bestehen aus einem Unterschild – das als eigentliches Führungslager die Drehbewegun-

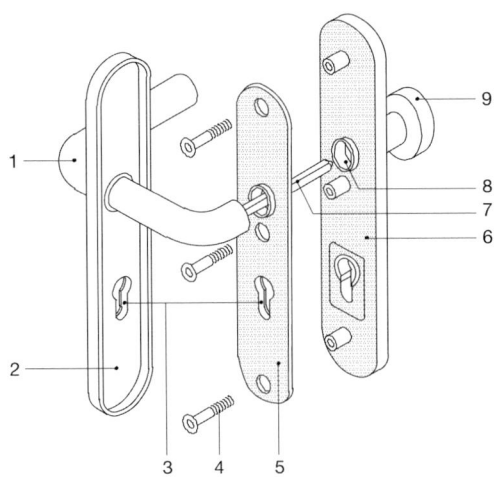

8.134 Schematische Darstellung einer Türdrückergarnitur mit zweiteiligen Türschildern: Benennungen
1 Türdrückerstiftteil
2 Blende (dekorative Abdeckung)
3 Lochung (Ausnehmung) für Profilzylinder
4 Befestigungsschraube
5 Unterschild mit Führungslager
6 zweiteiliges Türschild (Unterschild mit Blende)
7 Drückerstift (Vierkantstift)
8 Führungslager
9 Türknauf (oder Türdrückerlochteil)

8.7 Türbeschläge

gen des Türdrückers aufnimmt – und einer darauf aufgesetzten Blende als dekorative Abdeckung.

Hinsichtlich der Ausführungsformen unterscheidet man im Allgemeinen zwischen Langschild- und Kurzschildgarnituren, quadratischen Breitschildern sowie Rosettengarnituren (Türdrücker- und Schlüsselrosette).

Normen. Türdrückergarnituren im Allgemeinen sind in DIN EN 1906 genormt, Schutzbeschläge für einbruchhemmende Türen im Anhang A (sowie ergänzend in DIN 18 257), Türdrückergarnituren zum Einbau in Feuer- und Rauchschutztüren im Anhang C der vorgenannten Norm. Der aktuelle Stand der Normung ist Abschn. 8.8 zu entnehmen.

- **DIN EN 1906** – Türdrücker und Türknäufe (Türdrückergarnituren), teilweiser Ersatz für DIN 18 255.
- **DIN EN 1670** – Korrosionsverhalten von Schlössern und Baubeschlägen für Türen, Fenster usw.

Klassifizierung von Türgarnituren. Türgarnituren werden nach DIN EN 1906 in vier Anwendungsklassen, Sicherheitsbeschläge für einbruchhemmende Türen in vier Gebrauchsklassen (Klasse 1 bis 4) klassifiziert.

Die Drehmomente (Bedienungskräfte), die zur Bedienung von Türdrückern je nach Aufgabenbereich erforderlich bzw. zulässig sind, sind DIN EN 12 217, Tabelle **1**, zu entnehmen (Leistungsklassen 1 bis 5).

In der Baupraxis (außerhalb der Norm) unterscheidet man:
- Standardbeschläge (privater Wohnbereich mit normaler Beanspruchung)
- Objektbeschläge (öffentlicher Bereich mit häufiger Benutzung durch Publikum)
- Schutzbeschläge (einbruchhemmende Türen, Feuer- und Rauchschutztüren).

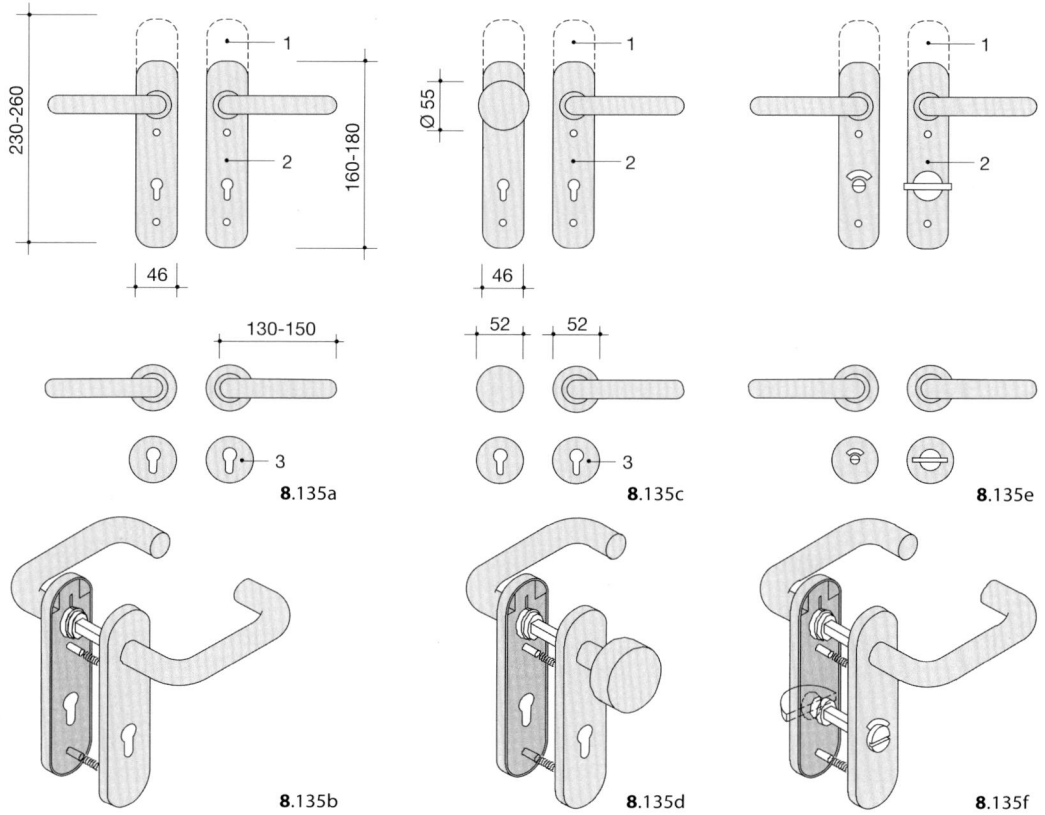

8.135 Schematische Darstellung von Türdrückern, Türschildern und Türrosetten: Garniturarten
- a) bis b) Zimmertür- oder Haustürgarnitur
- c) bis d) Wohnungsabschluss- oder Haustür-Wechselgarnitur
- e) bis f) Badezellen- oder Klosetttürgarnitur

HEWI-Beschläge, Bad Arolsen

1 Langschild
2 Kurzschild
3 Türrosette

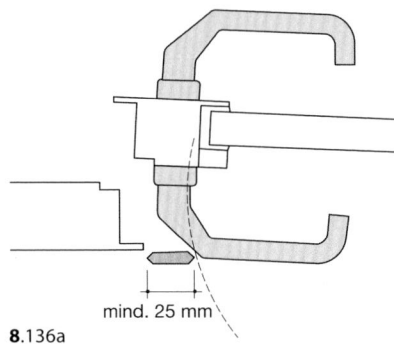
8.136a

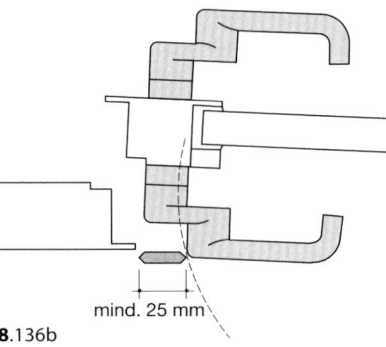
8.136b

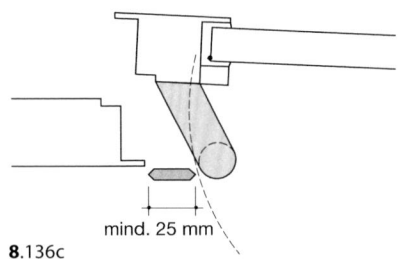
8.136c

8.136 Schematische Darstellung von speziellen Türdrücker- und Türgriffgarnituren für Rohrrahmentüren mit dem nötigen Sicherheitsabstand zur Schließkante
a) bis b) Türdrückergarnituren
c) Türgriffgarnitur

Garniturarten

Drückergarnituren (Bild **8.**135a bis b). Sie besteht aus zwei Türdrückern (Stiftteil und Lochteil) mit zwei Türschildern oder Türrosetten.

- **Beispiel: Zimmertür- oder Haustürgarnitur.** Die Tür ist von innen und außen mit einem Schlüssel verschließbar (Lochungen für Schlüssel oder Schließzylinder). Die unverschlossene Tür kann von beiden Seiten mit dem Türdrücker geöffnet werden. Anstelle von Türdrückern können auch auf einer oder beiden Türseiten Drehknöpfe (Türknaufe) angebracht sein.

Wechselgarnitur (Bild **8.**135c bis d). Sie besteht immer aus einem Türdrücker mit Türschild oder Türrosette, außen aus einem nicht drehbaren Knopfschild bzw. Einzelknopf. Die Verbindung erfolgt mit einem sog. Wechselstift.

- **Beispiel: Wohnungsabschluss- oder Haustür-Wechselgarnitur.** Die Tür ist von innen und außen mit einem Schlüssel verschließbar (Lochungen für Schlüssel oder Schließzylinder). Die unverschlossene Tür kann von innen mit dem Türdrücker, von außen dagegen nur mit dem Schlüssel geöffnet werden, da der Knopf feststehend ist.

Wechselgarnituren sind nur in Verbindung mit einem Wechselschloss verwendbar. Vgl. hierzu Bild **8.**137.

Bad- oder WC-Türgarnituren (Bild **8.**135e bis f). Sie bestehen aus zwei Türdrückern und zwei Türschildern oder Türrosetten.

- **Beispiel: Frei-Besetzt-Garnitur.** Die Tür ist von innen mit der Riegelolive verschließbar, außen wird ein Frei-Besetzt-Zeichen in einem Fenster angezeigt. Die unverschlossene Tür ist von beiden Seiten mit dem Türdrücker zu öffnen. Diese Garnituren sind nur in Verbindung mit einem Badezellen- oder WC-Türschloss verwendbar.

Türdrücker und Türgriffe für Rohrrahmentüren (Bild **8.**136). Bei Rohrrahmentüren aus Metall und Kunststoff müssen die Türdrücker, Türgriffe und Türknöpfe wegen der besonders engen Platzverhältnisse im Bereich der Schlosstasche (kleines Dornmaß) so beschaffen sein, dass Verletzungen der Hand beim Öffnen und Schließen der Tür vermieden werden. Zwischen Türbeschlag und Zargenrahmen (Schließkante) ist daher in Greifhöhe ein **Sicherheitsabstand** von mind. **25 mm** erforderlich. Weitere Einzelheiten sind der Fachliteratur [36] zu entnehmen.

8.7 Türbeschläge

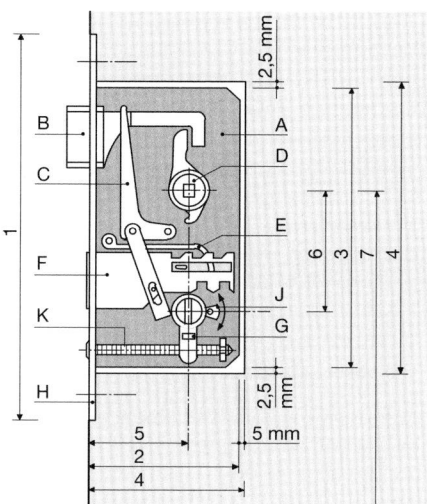

8.137 Schematische Darstellung eines Einsteckschlosses mit eingebautem Profilzylinder sowie den wichtigsten Teilen, Maßen und Bezeichnungen
- A Schlosskasten, Schlosskastendeckblech, Schlosskastenplatte
- B keilförmige Falle
- C Wechsel
- D Nuss mit quadratischem Vierkantloch
- E Zuhaltung
- F Riegel
- G Schlüsselloch mit Zylinderaussparung
- H Stulp
- I Schließbart am Schließzylinder (umlegbar)
- K Stulpschraube = Zylindersicherungsschraube
- 1 Stulplänge
- 2 Kastenbreite
- 3 Kastenhöhe
- 4 Ausnehmung (Ausfräsung im Türblatt)
- 5 Dornmaß
- 6 Sog. Entfernung
- 7 Drückerhöhe von Mitte Nuss bis Oberfläche Fertigfußboden (OFF)

Befestigung und Lagerung von Türdrückern. Türdrücker bzw. Türknöpfe werden durch einen Vierkantstift (Türdrückerstift) – der durch die vierkantförmige Nuss des Schlosskastens gesteckt wird – fest miteinander verbunden, in dem er sichtbar oder unsichtbar mit dem Türdrückerpaar verschraubt, verkeilt oder verklemmt wird. Ziel zahlreicher unterschiedlicher Konstruktionen und Patente der Beschlagindustrie ist es, die Türdrücker so miteinander zu verbinden, dass alle auftretenden Zieh-, Druck- und Drehkräfte optimal abgestützt bzw. aufgefangen werden und die Drückerverbindungen nicht ausleiern und sich auch nicht lockern.

Sicherheits-Türdrückergarnituren (Schutzbeschläge)

Schutzbeschläge für einbruchhemmende Türen sind in DIN EN 1906, Anhang A, genormt (Gebrauchsklassen 1 bis 4). Sie sollen auf der Angriffseite (Außenseite) einer Tür ein gewaltsames Abdrehen des Schließzylinders und einen unmittelbaren mechanischen Angriff auf den Schlossmechanismus (z. B. Widerstand gegen Anbohren, Abschlagen) wirksam erschweren. Zusätzlich sollen Zylinderabdeckungen die Schließzylinder gegen gewaltsames Ziehen schützen. Daher ist die Dicke des Unterschildes und des Deckschildes (Blende) so zu wählen, dass der Schließzylinder **max. 3 mm** aus der Oberfläche des Türschildes hervorsteht. Ergänzende Anforderungen an Schutzbeschläge in den Widerstandsklassen 0 bis 3 finden sich in DIN 18 257

Güte- und Prüfbestimmungen für Schutzbeschläge sind in RAL-RG 607/6 [37] festgelegt.

Der Widerstand eines Schutzbeschlages gegen gewaltsames Eindringen ist jedoch nur ein Aspekt des Gesamtwiderstandes einer einbruchhemmenden Tür. Schutzbeschläge gewährleisten nur dann optimale Sicherheit, wenn auch alle anderen Elemente einer einbruchhemmenden Tür – wie beispielsweise Schloss, Schließzylinder, Türbänder, Befestigung der kompletten Tür am angrenzenden Mauerwerk – sicherheitstechnisch aufeinander abgestimmt sind. S. hierzu Abschn. 8.6, Einbruchhemmende Türen sowie Feuer- und Rauchschutztüren.

Werkstoffe für Türdrückergarnituren

Alle Garniturteile werden in vielfacher Form angeboten und aus den unterschiedlichsten Materialien hergestellt. Im Wesentlichen unterscheidet man:

- **Edelstahl rostfrei** (Chrom-Nickel-Stahl). Dieser Werkstoff eignet sich in besonderer Weise für Türbeschläge im Innen- und Außenbereich, da er äußerst korrosionsbeständig (Korrosionsbeständigkeitsklassen 1 bis 4 gemäß DIN EN 1670), hochabriebfest, kratzunempfindlich und sehr pflegeleicht ist. Aufgrund dieser Eigenschaften wird er empfohlen für Beschläge an vielbegangenen Türen, insbesondere in öffentlich zugänglichen Gebäuden, aber auch für Außenbeschläge und Beschläge in gechlorten Schwimmbädern. Die Oberfläche wird normalerweise matt gebürstet ausgeführt, kann aber auch hochglanzpoliert geliefert werden.

- **Aluminium** ist ein Leichtmetall, für dessen Erstgewinnung ein relativ hoher Energieeinsatz erforderlich ist.

Der metallische Charakter und das Aussehen von Aluminiumflächen werden wesentlich durch die Art der gewählten mechanischen Oberflächen-Vorbehandlung (Bearbeitungsklassen E0 bis E6 gemäß DIN 17 611) beeinflusst. Einzelheiten hierzu s. Abschn. 6.6.4.2.

Nach der mechanischen Bearbeitung wird die Schutzwirkung der natürlichen Oxidschicht des Aluminiums erheblich verbessert, indem durch Anodisieren (Eloxieren) künstlich sehr widerstandsfähige Oxidschichten auf der Aluminiumoberfläche erzeugt werden. Je nach Wahl des Anodisierverfahrens lassen sich unterschiedlich dicke, festhaftende Oxidschichten (z. B. 30 µm) herstellen (= anodische Oxidation).

Diese transparenten Oxidschichten erhalten dauerhaft das Aussehen der Aluminiumoberflächen (Naturfarbton des Aluminiums). Sie können aber auch eingefärbt werden, indem die künstlich erzeugten Oxidschichten durch Farbstoffe oder elektrolytisch gefärbt werden.

Anschließend erfolgt ein Nachverdichten der mikroporösen Oberfläche, wodurch ein Porenverschluss und somit hohe Korrosions-, Licht- und Wetterbeständigkeit erreicht wird.

Beschläge aus Aluminium können somit im Innen- und Außenbereich eingesetzt werden. Grundsätzlich bedarf dieser Werkstoff keiner Pflege. Da Aluminium jedoch empfindlich gegen Säuren und Basen ist, müssen Profile und Beschläge während der Bauzeit gegen Kalk- oder Zementmörtelspritzer durch später wieder abziehbare Folien geschützt werden.

- **Aluminium und Farbbeschichtung.** Nach der anodischen Oxidation kann das Basismaterial durch ein lösungsmittelfreies Lackierverfahren (elektrostatische Pulverbeschichtung) auch farbig beschichtet werden. Die Oberflächenqualität entspricht in etwa der der Eloxalschichten; auch ein wetterfestes Emaillieren von Aluminium ist möglich. Vgl. hierzu auch Abschn. 6.6.4.2, Farbbeschichtungen.

- **Messing** (Kupfer-Zink-Legierung). Messingbeschläge sind aufgrund ihrer goldglänzenden Oberfläche sehr beliebt. Sie werden aus den unterschiedlichsten Legierungen hergestellt, so dass auch die Oberflächenhärte sehr variiert. Grundsätzlich ist festzuhalten, dass der Werkstoff Messing im täglichen Gebrauch zu Korrosion neigt. Die Beschlagteile müssen daher regelmäßig mit Putzmittel behandelt werden, wenn eine Oxidierung erfolgt. Es besteht auch die Möglichkeit – mit allen Vor- und Nachteilen – Messingbeschläge zu wachsen oder mit farblosem Lack zu behandeln. Weitere Einzelheiten sind der Fachliteratur [38] zu entnehmen.

- **Kunststoff** (Polyamid – Handelsname: Nylon). Der Werkstoff Nylon weist so hervorragende Eigenschaften auf wie beispielsweise hohe Bruchsicherheit, Festigkeit, Witterungs- und Alterungsbeständigkeit, hohe Abriebfestigkeit und chemische Beständigkeit sowie keine störende elektrostatische Auflage. Die Produkte sind durchgehend eingefärbt, greifen sich nicht ab und fühlen sich immer angenehm temperiert an. Aufgrund der glatten geschlossenen Oberfläche sind Nylon-Beschläge im Innen- und Außenbereich einsetzbar, leicht sauber zu halten und in vielen Farbangeboten erhältlich.

8.7.3 Türschlösser

Zum Öffnen, Schließen und Sichern von Türen dienen Schlösser mit den zugehörigen Schließwerken und Sicherungssystemen, einschließlich Schließblechen sowie Türgarnituren.

Nach der Art wie Schloss und Türblatt miteinander verbunden sind unterscheidet man:

- **Einsteckschlösser**, die üblicherweise in der Längskante eines Türblattes in sog. Schlosstaschen (Einstemmlöcher) eingesteckt und befestigt werden.
- **Kastenschlösser**, die auf das Türblatt aufgeschraubt werden (kaum mehr gebräuchliche Schlossart).

8.7.3.1 Einsteckschlösser

Einsteckschlösser mit Falle und Riegel werden im gesamten Bauwesen eingesetzt. Sie können ein Buntbart-, Zuhaltungs- oder Zylinderschließwerk haben oder auch nur einen Riegel für Badtüren aufweisen.

Normen. Die für Einsteckschlösser gültige DIN 18 251 ist in drei Teile aufgeteilt. Der aktuelle Stand der Normung ist Abschn. 8.8 zu entnehmen.

- DIN 18 251-1 – Einsteckschlösser für gefälzte Türen
- DIN 18 251-2 – Einsteckschlösser für Rohrrahmentüren
- DIN 18 251-3 – Einsteckschlösser für Mehrfachverriegelungen

Weiter sind zu beachten:

- DIN 18 250 – Einsteckschlösser für Feuerschutzabschlüsse
- DIN EN 12209 – Mechanisch betätigte Schlösser und Schließbleche.

Klassifizierung von Einsteckschlössern. Einsteckschlösser nach DIN 18 251-1 und DIN 18 251-2 werden in fünf Schlossklassen eingeteilt. Je nach Anwendungsbereich bzw. Beanspruchung unterscheidet man:

Klasse 1: Schlösser für Innentüren mit geringer Beanspruchung (sog. leichtes Innentürschloss)

Klasse 2: Schlösser für Innentüren mit erhöhten Anforderungen (sog. Innentürschloss)

Klasse 3: Schlösser für Wohnungsabschlusstüren und Türen in öffentlichen Bauten (sog. Objektschlösser)

Klasse 4: Schlösser für Einbruchhemmung und hoher Benutzerfrequenz (Sicherheitseinsteckschlösser).

Klasse 5: Schlösser für erhöhte Einbruchhemmung und hoher Beanspruchung (Sicherheitseinsteckschlösser).

8.7 Türbeschläge

Güte- und Prüfbestimmungen für Einsteckschlösser sind in RAL-RG 607/2 festgelegt.

Schlossteile, Maße und Bezeichnungen

Die wesentlichsten Teile, Maße und Bezeichnungen eines Einsteckschlosses sind in Bild **8**.137 dargestellt. Im Einzelnen ist besonders hinzuweisen auf:

- **Falle.** Die federnd gelagerte keilförmige Falle wird üblicherweise durch den Türdrücker – bei eingebautem Wechsel auch mit dem Schlüssel – bewegt und dient zur Feststellung des Türblattes im Zargenrahmen.
- **Wechsel.** Der sog. Wechsel ist eine hebelartige Verbindung zwischen Riegel und Falle, der es ermöglicht, dass die Falle mit dem Schlüssel zurückgedreht und so das Türblatt – bei nicht verriegeltem Zustand – geöffnet werden kann. An der Außenseite der Haustür oder Wohnungsabschlusstür bedarf es dann eines Knopfes (Knopfschild o. Ä.) zum Zuziehen, an der Türinnenseite eines Drückers.
- **Nuss.** In das quadratische Vierkantloch der Nuss wird der Vierkantstift des Türdrückers genau passend eingeschoben, so dass die bei einer Drückerbetätigung ausgehende Bewegung direkt auf die Falle übertragen und somit das Öffnen der Tür ermöglicht wird.
- **Zuhaltung.** Die Zuhaltung ist eine Sperre im Schloss, die den Riegel gegen unberechtigtes Verschieben sichert. Bei Schlössern der Klasse 4 und 5 (Sicherheitseinsteckschlösser) wird eine Zuhaltung mit 3-fachem Eingriff in das Riegelschließwerk eingebaut. Die Riegelgegenkraft wird dadurch wesentlich erhöht.
- **Riegel.** Der Riegel wird durch ein- oder zweimalige Riegeldrehung (sog. ein- oder zweitouriges Schloss) in waagerechter Richtung aus dem Stulp herausgeschoben und in ein in der Zarge vorgesehenes Schließblech eingeführt; bei entgegengesetzter Schlüsseldrehung kann er wieder in den Schlosskasten zurückgezogen werden. Festgestellt (versperrt) wird der Schlossriegel in der jeweiligen Lage durch die Zuhaltung.
- **Schlüsselloch- bzw. Schließzylinder-Aussparungen** werden entsprechend der jeweiligen Schlüsselform (Schlüsselart) oder Zylinderform aus dem Schlosskasten (Schlosskastendeckblech) ausgeschnitten.
- **Stulp.** Der Stulp ist ein Teil des Schlosskastens, durch den üblicherweise Falle und Riegel herausragen. Er dient der Befestigung des Schlosses und wird sichtbar in der Türblattlängskante eingelassen. Bei Falztüren ist er einseitig bündig mit dem Schlosskasten, bei Stumpftüren mittig am Schlosskasten befestigt. Schlösser mit schrägem Stulp sind bei zweiflügeligen Türen oder bei besonders dicken einflügeligen Türblättern erforderlich. Die jeweils benötigte Stulpschräge (Abweichung vom 90° Winkel) kann der sog. Stulp-Schrägentabelle [35] entnommen werden. S. hierzu auch Bild **8**.151.
- **Dornmaß.** Das Dornmaß wird von der Vorderkante Stulp bis Mitte Nuss bzw. Mitte Schlüsselloch gemessen und beträgt bei Schlössern für normal benutzte Innentüren 55 mm (Schlossklasse 1 bis 2), bei Schlössern und Türen mit hoher Sicherheitsanforderung üblicherweise 65 mm. Weitere mögliche Dornmaße sind 70, 80 und 100 mm. Bei Einsteckschlössern für Rohrrahmentüren liegen die Dornmaße wegen der geringeren Profilabmessungen zwischen 25 und 45 mm, so dass diese Schlösser zum Teil nur eintourig verschlossen werden können.
- **Entfernung.** Die sog. Entfernung reicht von Mitte Nuss (Türdrücker) bis Mitte Schlüsselloch bzw. Schließzylinder und beträgt bei Schlössern für übliche Innentüren 72 mm (Bad/WC-Schlösser 78 mm), bei Schlössern für Türen mit hoher Sicherheitsanforderung normalerweise 92 mm.
- **Drückerhöhe.** Die Drückerhöhe wird von Mitte Nuss bis Oberfläche Fußboden (OFF) gemessen und beträgt üblicherweise 1050 mm (DIN 18 101), im barrierefreien Bauen 850 mm (DIN 18 040).

Schlosskasten. Der Schlosskasten darf bei Einsteckschlössern der Klasse 1 und 2 offen ausgeführt werden. Bei Einsteckschlössern der Klassen 3 bis 5 muss der Schlosskasten allseitig geschlossen sein und darf nur solche Öffnungen aufweisen, die funktionsbedingt und zur Montage der Beschläge erforderlich sind.

Hochwertige Qualitätsschlösser in mittelschwerer bis schwerer Ausführung weisen eine ganze Reihe beachtenswerter Merkmale auf. So ist in der Regel der verzinkte Schlosskasten insgesamt staub- und spänedicht ausgebildet, so dass Funktionsstörungen durch Eindringen von Fremdkörpern in das Innenwerk des Schlosses ausgeschlossen sind. Durchgehende, aufbohrgeschützte Schraublöcher im Nuss- und Schlüssellochbereich ermöglichen eine sichere Verschraubung der Türschilder. Das unangenehme Flattern des Türdrückers wird durch eine selbstspannende Klemmnuss, gelagert in starken Bronze- oder Kunststoffringen, verhindert. Geräuschabsorber im Fallenbereich bewirken eine schalldämpfende Fallenfunktion. Außerdem ermöglicht ein eingebauter Graphitkanal (mit Abdeckschraube im Stulp) das Schmieren der Innenteile. Kräftige, elastische Drückerhochhaltefedern sorgen dafür, dass selbst bei starker Beanspruchung kein Nachlassen der Federkraft zu verzeichnen ist.

Bild 8.138 zeigt ein Einsteckschloss gemäß DIN 18 251-1 (Klasse 3) für den Einbau in Wohnungsabschlusstüren, vorgerichtet zur Aufnahme eines Profilzylinders. Derartige Schlösser sind meist mit Wechsel und zweitourig verschließbarem Riegel für gefälzte und ungefälzte Türblätter ausgerüstet. Das Dornmaß beträgt üblicherweise 55 mm, kann aber auch darüber liegen.

Bild 8.139 zeigt ein Einsteckschloss nach DIN 18 251-2 (Klasse 3) für den Einbau in Rohrrahmentüren, vorgerichtet für die Aufnahme eines Profilzylinders. Aufgrund der geringen Profilbreite des Flügelrahmens weisen derartige Schlösser ein wesentlich kleineres Dornmaß auf.

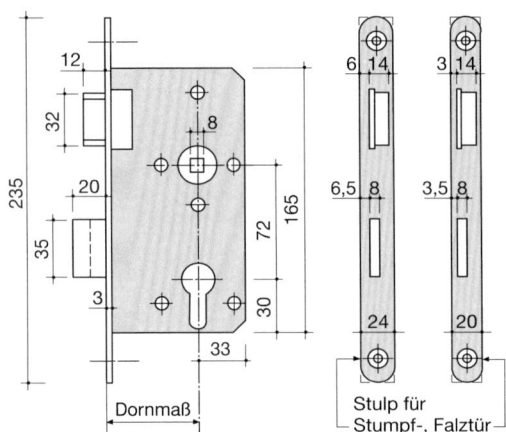

8.138 Einsteckschloss für Wohnungsabschlusstüren nach DIN 18 251-1 (Klasse 3), vorgerichtet zur Aufnahme eines Profilzylinders mit einem Dornmaß von üblicherweise 55 mm

8.139 Einsteckschloss für Rohrrahmentüren nach DIN 18 251-2 (Klasse 3), vorgerichtet zur Aufnahme eines Profilzylinders und mit einem Dornmaß von beispielsweise 35 mm (je nach Profilbreite des Türflügelrahmens)

8.7.3.2 Kastenschlösser

Obwohl Kastenschlösser kaum mehr verwendet werden, sollen sie im Hinblick auf Denkmalpflege und Altbausanierung an dieser Stelle nicht unerwähnt bleiben (Bild **8**.140).

Kastenschlösser werden auf das Türblatt, und zwar üblicherweise auf der Bandseite der Tür, aufgeschraubt. Der Schlosskasten selbst besteht aus einem Schlossblech, auf dem die Schlossteile befestigt sind, dem umlaufenden Gehäuserand und dem darauf aufgeschraubten Schlosskastendeckblech. Der Gehäuserand wird auf der Stirnseite aus einem 40 bis 45 mm breiten Stulp (der über die Türkante greift), auf den drei anderen Seiten des Schlosses durch einen 25 bis 30 mm breiten sog. Umschweif gebildet. Der Stulp weist die Ausschnitte für die vortretenden Verschlussteile (Falle, Schließ- und Nachtriegel) auf. Wird das Kastenschloss wie üblich auf der Bandseite angeschlagen, so greifen Falle und Riegel in einen Schließhaken, liegt das Schloss auf der gegenüberliegenden Türblattseite, so ist anstelle des Schließhakens ein Schließblech zu verwenden.

8.7.3.3 Sicherungsarten der Schlösser

Einsteckschlösser – wie in Abschn. 8.7.3.1 näher beschrieben – können ein Buntbart-, Zuhaltungs- oder Zylinderschließwerk haben. Dementsprechend unterscheidet man:

Buntbartschloss (Bild **8**.141a). Die geringste Sicherheit bietet aufgrund seiner einfachen Schlosskonstruktion das Buntbartschloss. Es hat nur eine Sperrzuhaltung, die durch den Schlüsselbart so angehoben wird, dass der Riegel bewegt werden kann. Dieser wird durch ein- oder zweimaliges Drehen des Schlüssels (ein- oder zweitourig) vorgeschlossen. Der Schutz gegen unbefugtes Öffnen besteht lediglich in der Verschiedenartigkeit der Schlüsselbartformen (Schlüsselbartschweifungen) bzw. Schlüssellochausbildungen im Schlosskastendeckblech. Das Buntbartschloss gilt daher nicht als Sicherheitsschloss und sollte nur in solche Türen eingebaut werden, an die keine Sicherheitsanforderungen gestellt werden (z. B. Zimmertüren im Wohnungsbau).

Zuhaltungsschloss (Bild **8**.141b). Das Zuhaltungsschloss – auch Chubbschloss genannt – bietet eine größere Sicherheit als das Buntbartschloss. Es hat mehrere Sperrzuhaltungen, die durch den gestuften Schlüsselbart so angehoben werden, dass der Riegel bewegt werden kann. Die Zuhaltungen liegen im Schlosskasten unmittelbar oberhalb des Schlüsselloches zu einem „Paket" zusammengefasst flach übereinander. Der Riegel wird durch zweimaliges Drehen des Schlüssels (zweitourig) vorgeschoben. Beim Zuhaltungsschloss besteht die Variationsmöglichkeit in der Auswahl der unterschiedlichen Schlüsselbartformen und in den unterschiedlichen Einschnitten des Schlüsselbartes; jede Bartabstufung hebt beim Öffnen eine Zuhaltung an.

Zylinderschloss. Beim Zylinderschloss ist – im Gegensatz zu den vorgenannten Schlossarten – der Schließmechanismus (Schließwerk) vom Sicherheitsmechanismus (Schließzylinder) ge-

8.7 Türbeschläge

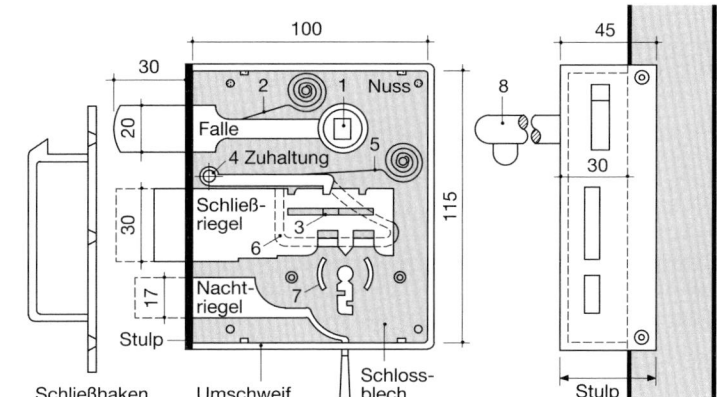

8.140 Schematische Darstellung eines Kastenschlosses
1 Nuss mit quadratischem Vierkantloch
2 Rückholfeder für die Falle
3 Führungsstift für den Schließriegel
4 Drehpunkt der Zuhaltung
5 Feder für die Zuhaltung
6 Zuhaltungsbogen
7 Sicherungsreifchen für Schlüssel (Mittelbruchbesatzung)
8 Türdrücker

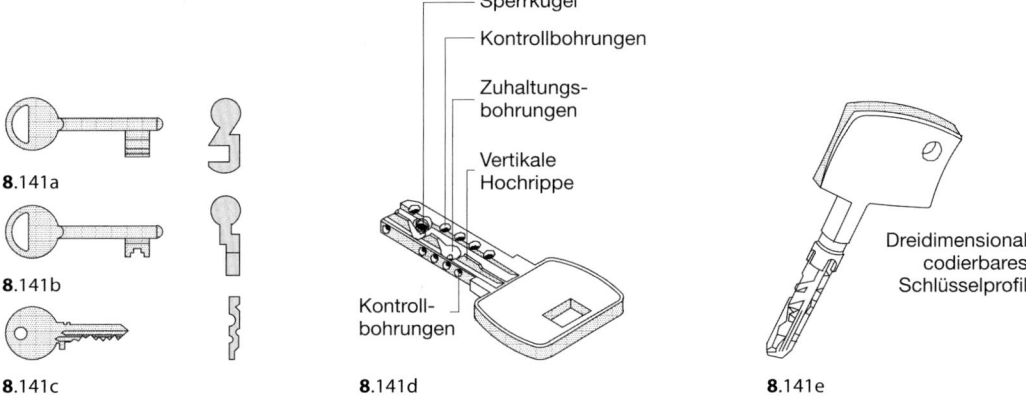

8.141 Schematische Darstellung einiger Schlüsselformen
 a) Schlüssel für Buntbartschloss
 b) Schlüssel für Zuhaltungsschloss
 c) Schlüssel für Schließzylinder (konventionelles Schließsystem)
 d) Schlüssel für Schließzylinder (Wendeschlüsselsystem). DOM Sicherheitstechnik
 e) Schlüssel für Schließzylinder (dreidimensionale Codierung). DOM Sicherheitstechnik

trennt. Der Schließzylinder ist ein jederzeit austauschbares Bauteil, das dazu bestimmt ist, in dafür vorgerichtete Einsteckschlösser eingesetzt zu werden. Schließzylinder werden als Profil-, Rund- und Ovalzylinder angeboten. Entsprechend der jeweiligen Gehäuseform müssen Schlosskasten (Schlosskastendeckblech) und Türgarnitur (Türschilder, Rosetten) ausgespart sein.

8.7.3.4 Schließzylinder

Normen Schließzylinder im Allgemeinen sind in DIN EN 1303, die besonderen Merkmale von Profilzylindern und Schließanlagen im Speziellen in DIN 18252 genormt. Der aktuelle Stand der Normung ist Abschn. 8.8 zu entnehmen.

- **DIN EN 1303** – Schließzylinder für Schlösser
- **DIN 18 252** – Profilzylinder für Türschlösser, u.a. mit Beschreibung von Schließanlagen (Neuausgabe).

Klassifizierung von Schließzylindern (nach DIN EN 1303). Diese Norm enthält Anforderungen an die Festigkeit, Verschlusssicherheit, Dauerhaftigkeit und Korrosionsbeständigkeit von Schließzylindern im Allgemeinen. Schließzylinder nach dieser Norm werden in fünf Verschlusssicherheitsklassen (1 bis 6) klassifiziert.

Schließzylinder für den Einbau in Feuer- und Rauchschutztüren müssen neben der Funktionsfähigkeit auch noch den notwendigen Feuerwiderstand aufweisen und sind nach DIN EN 1634-1 zu prüfen.

Klassifizierung von Profilzylindern (nach DIN 18 252). Schließzylinder in Form von Profilzylindern werden nach dieser Norm in die Klassen P1, P2, P3 mit abgestuften Anforderungen eingeteilt. Profilzylinder aller drei Klassen dürfen in Schließanlagen eingesetzt werden, wobei die Besonderheiten bei Schließanlagen zu berücksichtigen sind.

Profilzylinder der Klassen P2 und P3 sind darüber hinaus für den Einsatz in Türschlössern für Türen mit Sicherheitsanforderungen (z.B. einbruchhemmende Türen) geeignet, sofern sie die zusätzlichen Anforderungen gemäß DIN 18 252 erfüllen. Vgl. hierzu auch Abschn. 8.6.6, Einbruchhemmende Türen.

Einteilung und Benennung: Überblick

Die wesentlichsten Bestandteile eines Schließzylinders sind das Zylindergehäuse, der Zylinderkern mit Schlüsselkanal, die Stiftzuhaltungen und der Schließbart, der das Schließwerk des Schlosses (Zylinderschloss) betätigt. Der Zylinderkern ist demnach drehbar im Zylindergehäuse gelagert. Schließzylinder für Türschlösser werden benannt und eingeteilt nach (Bild **8**.141 bis Bild **8**.143):

Schlüsselformen
- **Klassisches Schlüsselsystem** (Bild **8**.141c) für Schließzylinder mit Stiftzuhaltungen und senkrecht angeordnetem Schlüsselkanal. Die Schlüssel weisen auf einer Schmalseite des Schlüsselschaftes entsprechende Einfräsungen bzw. Einkerbungen auf.
- **Wendeschlüsselsystem** (Bild **8**.141d) gibt es für Schließzylinder mit waagerecht oder senkrecht angeordnetem Schließkanal. Auf den Flachseiten des Schlüsselschaftes sind Bohrmulden angebracht. Diese Bohrbilder sind in der Regel spiegelsymmetrisch auf beiden Seiten gleich angeordnet, so dass es für den Benutzer keine Richtungsvorgabe beim Einschieben des Schlüssels in den Schließkanal gibt.

  Beim DOM-Kugelsystem (Bild **8**.141d) betätigt eine im Wendeschlüssel beweglich gelagerte Stahlkugel erst nach Überspringen eines tief im Schließzylinder liegenden Hindernisses eine von außen unerreichbare, zusätzliche Sperrsicherung. Widerrechtliche Manipulationen am Schlüssel oder Zylinder werden dadurch stark erschwert, so dass das unbefugte Anfertigen eines Nachschlüssels fast unmöglich ist.

- **Dreidimensional codiertes Schlüsselsystem** (Bild **8**.141e). Eine weitere Schlüsselform stellen die dreidimensional-codierbaren Schlüsselprofile dar, die bei höchsten Sicherheitsanforderungen eingesetzt werden. Das nahezu runde Schlüsselprofil des Edelstahlschlüssels ist dreidimensional derart vielfältig ausgefräst, dass ein unberechtigtes Kopieren eines Nachschlüssels nahezu ausgeschlossen werden kann. Weiterentwicklungen sind auf diesem Gebiet zu erwarten. Vgl. hierzu auch „Elektronische Schließzylinder".

Gehäuseformen
- **Profilzylinder** (Bild **8**.142a) mit einteiligem Zylindergehäuse nach DIN 18 252. Aufgrund seiner weiten Verbreitung wird er auch Euro-Zylinder genannt. S. hierzu auch Bild **8**.144.
- **Rundzylinder** (Bild **8**.142b) mit ein- oder zweiteiligem Zylindergehäuse (Außen- und Innenteil). Verwendet wird vor allem die sog. Kurzzylinder-Ausführung. Der Kurzzylinder besteht aus zwei Einzelzylindern, die durch Verbindungsbolzen miteinander verbunden sind. S. hierzu auch Bild **8**.145.
- **Ovalzylinder** (Bild **8**.142c) mit ein- oder zweiteiligem Zylindergehäuse (Außen- und Innenteil). Üblicherweise wird ebenfalls die Kurzzylinder-Ausführung eingesetzt, mit den gleichen konstruktiven Merkmalen wie bei den Rundzylindern.

Bauformen
- **Doppelzylinder** (Bild **8**.143a). Als Doppelzylinder bezeichnet man einen Zylinder mit zwei Schließseiten (von außen und innen zu schließen). Je nach Türblattausbildung (Stumpf- oder Falztür) unterscheidet man symmetrisch oder asymmetrisch aufgebaute Doppelzylinder. S. hierzu auch „Zylinderverlängerungen".

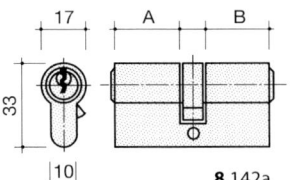

8.142a

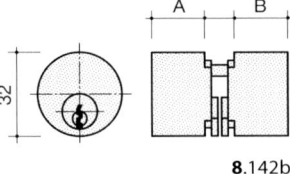

8.142b

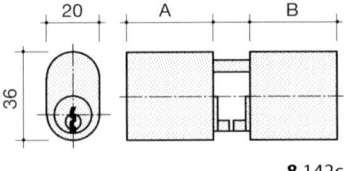

8.142c

8.142 Schematische Darstellung von Schließzylinder-Gehäuseformen
   a) Profilzylinder (PZ)
   b) Rundzylinder (RZ)
   c) Ovalzylinder (OZ)

8.7 Türbeschläge

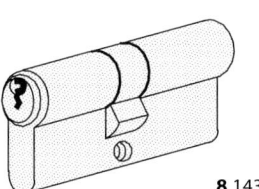

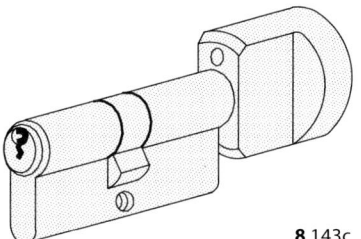

8.143 Schematische Darstellung von Schließzylinder-Bauformen
  a) Doppelzylinder (D)
  b) Halbzylinder (H)
  c) Knaufzylinder (K)

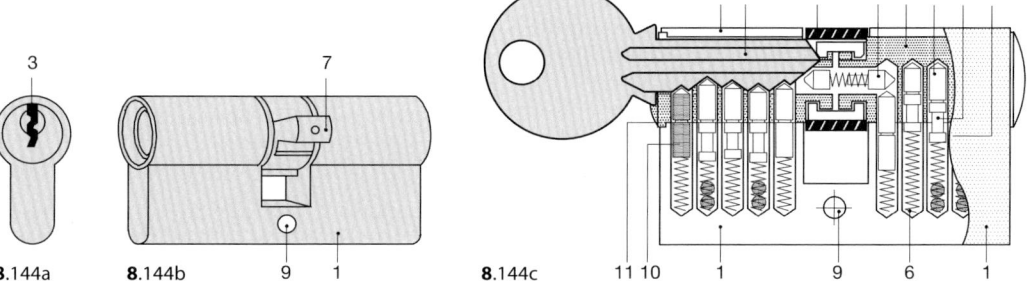

8.144 Schematische Darstellung eines Profilzylinders mit Stiftzuhaltungen (Doppelzylinder)
  a) Ansicht des Profilzylinders
  b) Zylindergehäuse (Doppelzylinder) mit gemeinsamem Schließbart
  c) Längsschnitt mit passendem Schlüssel

  1 Zylindergehäuse
  2 Zylinderschlüssel
  3 Schlüsselkanal
  4 Kernstift
  5 Gehäusestift
  6 Stiftfeder
  7 Schließbart, umlegbar
  ZEISS IKON Aktiengesellschaft, Berlin

  8 automatische Aufsperrsicherung
  9 Bohrung für Stulpschraube (= Zylindersicherungsschraube). Vgl. hierzu Bild **8**.46
  10 gehärtete Stahlstifte
  11 durchgehende Trennungslinie
     (= Schloss kann betätigt werden)
  12 höhenversetzte Stifte (= gesperrtes Schloss)

- **Halbzylinder** (Bild **8**.143b). Als Halbzylinder bezeichnet man einen Zylinder mit nur einer Schließseite, in der Regel als Außenzylinder verwendet (nur von außen zu schließen).
- **Knaufzylinder** (Bild **8**.143c) sind Schließzylinder mit Knauf oder Drehknopf und mit einer Schließseite.

Die Wirkungsweise des Schließzylinders beruht darauf, dass der Schließbart beim Drehen des Schlüssels den Schlossriegel bewegt und – bei Verwendung eines Schlosses mit eingebautem Wechsel – mittelbar auch die Schlossfalle. Beim klassischen Zylinderschloss besteht die Variationsmöglichkeit in den unterschiedlichen Schlüsselprofilen und Einschnitten bzw. Vertiefungen des Schlüssels. Die auf dem Markt angebotenen Zylinder unterscheiden sich hinsichtlich der jeweiligen Sicherheitstechnik jedoch ganz erheblich voneinander und unterliegen einer ständigen Weiterentwicklung [39].

Bild 8.144 zeigt einen symmetrisch aufgebauten Doppelzylinder, die eine Hälfte ohne Schlüssel, die andere mit eingestecktem passendem Schlüssel. Dieser ordnet die unter Federdruck stehenden Kern- und Gehäusestifte so ein, dass ihre Trennungslinie zwischen Zylinderkern und Zylindergehäuse in einer Ebene liegt. Erst dadurch kann der Zylinderkern mit dem eingeführten Schlüssel gedreht, der Schlüsselbart bewegt und damit das Schloss betätigt werden. Im anderen Teil des dargestellten Doppelzylinders ragen die Stifte in den Schlüsselkanal und verhindern so – ohne passenden Schlüssel – eine Drehung des Zylinderkerns.

Bild 8.145 zeigt einen sog. Kurzzylinder, der aus zwei getrennten Einzelzylindern besteht. Am Außenzylinder befinden sich zwei Verbindungsbolzen, die durch das Einsteckschloss hindurch gesteckt werden und auf die sich der Innenzylinder aufschieben lässt. Wenn beide Zylinderenden annähernd bündig mit den Türschildern liegen, verriegeln sich die Verbindungsbolzen selbsttätig. Diese Verriegelung kann nur mit Hilfe eines Auslösestiftes bei geöffneter Tür am Innenzylinder wieder gelöst werden. Eine Anpassung der Zylinderlängen an die jeweiligen Türblattdicken ist bei allen Systemen möglich.

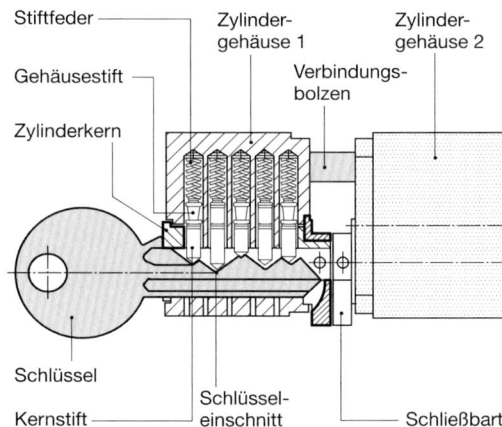

8.145 Schematische Darstellung eines Kurzzylinders (Rund- oder Ovalzylinder), der aus zwei getrennten Einzelzylindern besteht. Diese werden beim Einbau durch Verbindungsbolzen fest miteinander verbunden (selbsttätige Verriegelung).
BKS-Gesellschaft, Velbert

Verschlusssicherheit

Um eine größtmögliche Sicherheit des Schließzylinders zu gewährleisten, sind mehrere Sicherheitsmechanismen im Zylinder integriert. Von besonderer Bedeutung sind:

- **Funktionssicherheit.** Darunter versteht man das zuverlässige Zusammenwirken aller Teile der Schließzylindertechnik über eine lange Gebrauchsdauer hin.
- **Einbruchssicherheit.** Darunter ist der Widerstand des Zylinders gegen jede Art von Gewaltanwendung zu verstehen. Schließzylinder müssen vor allem gegen Abbrechen, Abdrehen, Aufbohren, Herausziehen und Durchschlagen sowie sonstige Angriffe geschützt bzw. gesichert werden.
- **Aufsperrsicherheit.** Als Aufsperrsicherheit bezeichnet man den Widerstand, den ein Schließzylinder gegen gewaltlose Öffnungsversuche mit Sperrwerkzeugen bietet. Um dies zu verhindern, sind hochwertige Schließzylinder mit automatischer Aufsperrsicherung, parazentrischen Schlüsselprofilen, Hantelstiften und zusätzlichen Sperrelementen ausgerüstet.
- **Nachschließsicherheit.** Darunter versteht man den Schutz, den der Schließzylinder mit einem anderen als dem zugehörigen Schlüssel zu betätigen. Dies setzt vor allem eine hohe Präzision und sehr enge Fertigungstoleranzen voraus, mit der die Kernstifte, die Schlüsselkerben, das Profil des Schlüsselkanals und das Profil des Schlüssels hergestellt werden.
- **Abtastsicherheit.** Maßnahmen gegen das gewalt- und spurenlose Abtasten der Schließcodierung der Zuhaltungen eines Schließzylinders sollen verhindern, dass die Anfertigung von Nachschlüsseln ohne Kopie des Originalschlüssels möglich ist.
- **Aufbohrsicherheit.** Der Bohrschutz besteht darin, dass je nach Ausführung gehärtete Stahlstifte die Gehäusestifte bzw. andere gehärtete Stahleinlagen schützen. Weitere Einzelheiten sind der Fachliteratur [40] zu entnehmen.

- **Kopierschutz.** Die Schlüssel der Schließzylinder entsprechen bezüglich ihrer konstruktiven Merkmale dem jeweiligen Zuhaltungs-System eines Zylinders. Von Bedeutung in diesem Zusammenhang ist der sog. Kopierschutz, den ein Schlüssel besitzt. Man unterscheidet Schlüssel ohne Kopierschutz (= erlaubte Nachfertigung durch Schlüsseldienste), und Schlüssel mit Kopierschutz (= Nachfertigung nur vom Hersteller, Legitimationsnachweis erforderlich).
Die nicht autorisierte (illegale) Nachfertigung von Schlüsseln wird durch Schutzrechte (Patente) und/oder hohen technischen Schwierigkeitsgrad beim Anfertigen von Kopien erschwert oder gar verhindert. Weitere Angaben hierzu sind [33] sowie dem Abschnitt „Elektronische Schließzylinder" zu entnehmen.

Schließzylindereinbau

Schließzylinder werden als Profil-, Rund- und Ovalzylinder angeboten. Der jeweiligen Gehäuseform entsprechend, müssen Schlosskasten (Schlosskastendeckblech) und Türgarnitur (Türschilder, Rosetten) ausgespart sein.

Allgemein geht man bei normal beanspruchten Zimmertüren von einer Türblattdicke von etwa 38 bis 42 mm, bei Haustüren aus Holz und Holzwerkstoffen von Türdicken zwischen 66 (68) und 70 mm, aus.

Festlegung der Zylinderlänge. Bei der Festlegung der Zylinderlänge sind folgende Angaben zu berücksichtigen:

- Schließzylinder-Typ (Bauform und Gehäuseform)

8.7 Türbeschläge

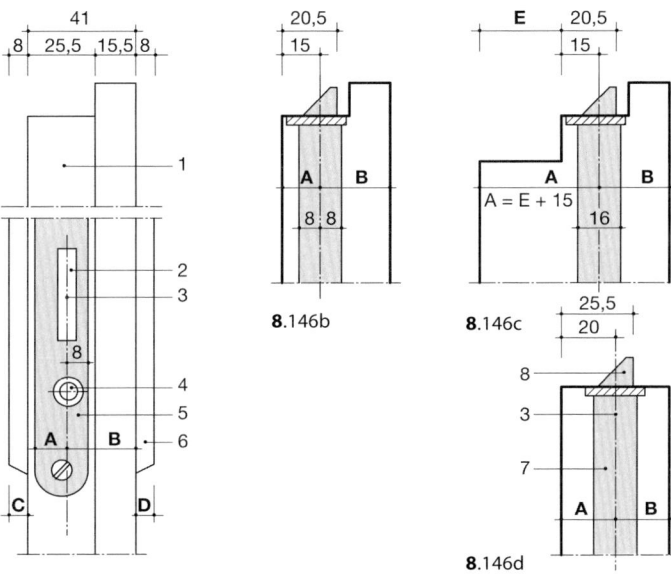

8.146 Schematische Darstellung eines Schlosskasteneinbaues und der Ermittlung von Zylinderlängen
  a) Falztür mit Stulpansicht
  b) Türblatt mit Einfachfalz
  c) Türblatt mit Doppelfalz
  d) Türblatt stumpf einschlagend
  1 Falztür
  2 Schlossriegel
  3 Bezugslinie = Mitte Zylindersicherungsschraube (Stulpschraube). Vgl. hierzu Bild **8**.137
  4 Bohrung für Zylindersicherungsschraube
  5 Stulpansicht
  6 Türschild, Rosette o. Ä.
  7 Schlosskasten
  8 Schlossfalle
  Nach Vorlagen WIRUS-Bauelemente GmbH, Gütersloh

- Türblattdicke
- Schlosslage im Türblatt (Stumpf-, Falz-, Doppelfalztür)
- Türschilddicke (außen und innen).

Bild 8.146. Wie dem Bild entnommen werden kann, ergeben die Maße A und C sowie B und D die erforderlichen Mindestlängen der Zylinderhälften. Diese können symmetrisch (gleich lang) oder asymmetrisch (unterschiedlich lang) ausfallen. Die Längen der beiden Zylinderhälften sind daher immer einzeln zu ermitteln. Es bedeuten:

A und **B** = Abstand von Mitte Zylindersicherungsschraube (vgl. Bild **8**.137k) bis Türblattoberflächen

C und **D** = Türschilddicken (üblicherweise jeweils 8 mm dick),

E = Zusatzfalztiefe (z. B. bei Doppelfalztürblättern).

Grundsätzlich sind die Zylinderlängen A und B mit den Türschilddicken C und D so aufeinander abzustimmen, dass das Gehäuse des Schließzylinders – zumindest auf der Außen- bzw. Angriffseite der Tür – um nicht mehr als **3 mm** aus dem Beschlag herausragt. Zu beachten ist, dass Schließzylinder abgebrochen werden können, wenn diese zu weit aus dem Türschild hervorstehen.
Bei Profilzylindern werden die Maße für die Bestimmung der Zylinderlängen A und B von der Zylindersicherungsschraube (Stulpschraube), bei Rund- und Ovalzylindern vom Schlosskasten aus gemessen. Dabei geht man in der Regel von einer Schlosskastendicke von 14 mm aus.

Zylinderverlängerungen. Da Schließzylinder nicht in jeder Länge geliefert – sondern ausgehend von einem bestimmten Grundmaß nur in festgelegten Rastermaßen verlängert werden – ist es erforderlich, diese Verlängerung so zu wäh-

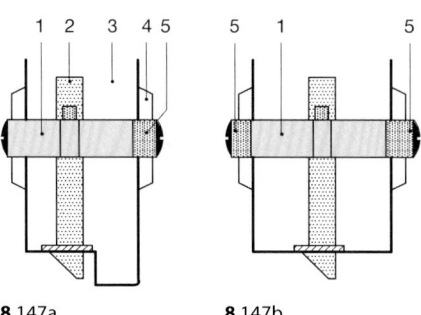 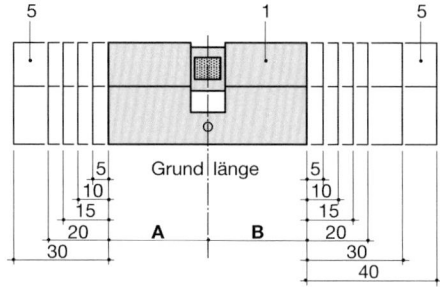

8.147 Schematische Darstellung von Schließzylinder-Verlängerungen
a) einseitig verlängerter Doppelzylinder
b) beidseitig verlängerter Doppelzylinder
c) mögliche Verlängerungen (Auszug)
1 Grundlänge (Grundmaß) eines Zylindergehäuses (unterschiedlich je nach Herstellerangebot)
2 Türschloss
3 Türblatt
4 Türschild
5 Verlängerungen

len, dass die Zylinderenden mit den Türschildern möglichst bündig liegen.

Bild 8.147. Wie die Darstellung zeigt, können die Zylinder in ihrer Gesamtlänge auf die jeweilige Türblattdicke (inkl. Türschilder) abgestimmt und in sog. Stufensprüngen von in der Regel 5 mm ein- oder beidseitig angepasst werden. Dabei kann die Länge der beiden Doppelzylinderhälften unterschiedlich ausfallen (z. B. 35/50 mm).

Einsteckschlösser als Mehrfachverriegelung

Ein Türverschluss mit Mehrfachverriegelung bietet im Vergleich zu einem normalen Einsteckschloss erhöhten Einbruchschutz. Die Mehrfachverriegelung nach DIN 18 251-3 besteht üblicherweise aus einem Hauptschloss – in das ein Schließzylinder eingebaut werden kann – und zwei Nebenschlössern. Nur vom Hauptschloss aus werden die zusätzlichen Riegel der Nebenschlösser zum Schließen und Öffnen betätigt. Ausgehend von der Anzahl der schlossseitigen Verriegelungen unterscheidet man Vierpunkt-, Sechspunkt- oder Zehnpunktverschlüsse. S. hierzu auch Abschn. 8.6.6, Einbruchhemmende Türen.

Bild 8.148. Wie die Abbildung verdeutlicht, weisen die Nebenschlösser verschiedenartige Riegel auf. Zu nennen sind beispielsweise Rollzapfen, Schließbolzen, Schwenkriegel u. a. Ihre Wirkungsweise ist unterschiedlich, so dass sich daraus systembedingte Verschlussvarianten ergeben.

Bild 8.149. Die schlossseitige Mehrfachverriegelung macht jedoch nur dann einen Sinn, wenn auch die Bandseite eines Türblattes gegen Anheben und Eindrücken noch zusätzlich mit einer sog. **Bandsicherung** (Bolzensicherung) verstärkt ist.

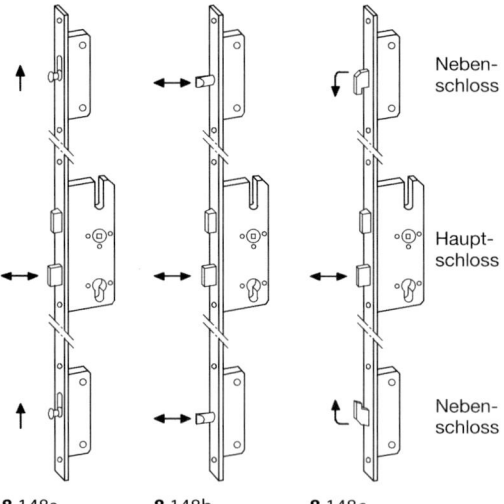

8.148 Schematische Darstellung von Einsteckschlössern als Mehrfachverriegelung
a) Nebenschlösser mit Rollzapfen
b) Nebenschlösser mit Schließbolzen
c) Nebenschlösser mit Schwenkriegel

8.7 Türbeschläge

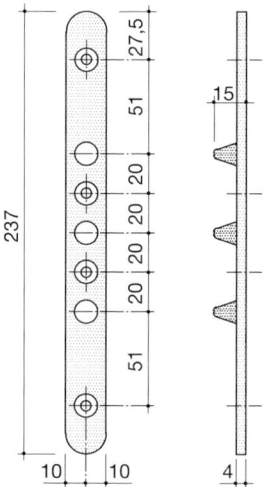

8.149 Darstellung einer Bandsicherung (Bolzensicherung), die das Anheben oder Eindrücken eines Türflügels auf der Bandseite verhindert

8.7.3.5 Elektronische Schließsysteme (Elektronische Schließzylinder)

Mit der Entwicklung des elektronischen Schließzylinders begann ein neuer Abschnitt im Bereich der Sicherheitstechnik mit Schlössern. Während die Zutrittsberechtigung bei konventionellen, rein mechanisch betriebenen Zylindern über den jeweils passenden Schlüssel erfolgt, werden beim elektronischen Schließsystem sowohl Zylinder als auch Schlüssel mit zusätzlichen Komponenten ausgerüstet.

Transpondertechnik. Bei der sog. Transpondertechnik ist von einem elektronischen Schließzylinder im Türblatt – der in jedes DIN-Einsteckschloss passt – und einem Transponder (= digitaler Schlüssel) auszugehen, der den mechanischen Schlüssel ersetzt (Andere Systeme, bei denen die Elektronik in Form einer Magnetkarte oder codierten Chipkarte wirksam wird, bleiben hier unberücksichtigt).

In diesem Transponder – der kleiner als eine flache Streichholzschachtel ist oder in einen Schlüsselkopf passt – sind jeweils individuelle Informationen des Schließplanes elektronisch gespeichert. Auf Knopfdruck wird per Funk (Hochfrequenz-Impuls) und damit berührungslos ein Signal zur Identifizierung an den elektronischen Schließzylinder gesandt (abhör- und fälschungssicheres Codierungsverfahren). Auf der Zylinderseite wird die Codierung eingelesen und von einer Steuerelektronik geprüft, ob die Tür gemäß Schließplan geöffnet werden darf.

Diese Steuereinheit kann je nach System in, auf oder neben der Tür installiert sein (Türterminal, Wandterminal). Die Energieversorgung erfolgt wahlweise mit Batterien (unverkabelt) oder mit Netzanschluss (verkabelt). Geht ein Transponder verloren, kann dieser sofort im System gesperrt werden, ohne dass ein Schließzylinder ausgewechselt werden muss. Elektronische Schließsysteme werden daher zunehmend auch in **Schließanlagen integriert**. S. hierzu Abschn. 8.7.3.7.

Die meisten Hersteller bieten elektronische Schließzylinder wahlweise in zwei Betriebsarten an, und zwar als

- **Offline-Betrieb** (stand-alone-System). Bei dieser auf die jeweilige Einzeltür ausgerichteten Betriebsart besitzt jeder einzelne elektronische Schließzylinder eine Steuereinheit (meist batteriebetrieben), die jeweils vor Ort mit einem Programmiergerät codiert werden kann. Bei diesem System verzichtet man auf die (aufwändige) Vernetzung der Zylinder.

- **Online-Betrieb.** Hierbei handelt es sich um ein verkabeltes (vernetztes) System, dessen Steuerung über eine zentrale Stelle – in der Regel einen Personal Computer – erfolgt. Alle elektronischen Zylinder (z. B. einer Schließanlage) werden damit zentral erfasst und ggf. noch weitere Zusatzfunktionen (z. B. Alarmgeber, Video-Überwachungsanlagen u. Ä.) zugeschaltet. Darüber hinaus ergeben sich noch weitere Möglichkeiten, den Zutritt nach zeitlichen Kriterien zu steuern bzw. einzuschränken. Derart vernetzte Systeme bieten sich vor allem für größere Objekte an. Weitere Einzelheiten hierzu sind der Fachliteratur [35], [41], [42] zu entnehmen.

8.7.3.6 Schließbleche

Falle und Schließriegel der Schlösser greifen in passend ausgestanzte Schließbleche, die üblicherweise in der Falzkante der Türzargen (Falzbekleidung) eingelassen und festgeschraubt werden. Ausgehend von der oberen Bezugskante an der Türzarge ist der Sitz des Schließbleches in DIN 18 101 geregelt. Vgl. hierzu auch Bild **8.**13. Schließbleche werden in der Regel passend zum Schloss mitgeliefert. Ihre Wahl richtet sich nach der Art der Tür.

Klassifizierung von Schließblechen. Anforderungen und Prüfverfahren zur Festigkeit, Schutzwirkung, Dauerhaftigkeit und Wirkungsweise von Schließblechen für Innen- und Außentüren sind in DIN EN 12 209 festgelegt.

Anforderungen, die sich auf Gebrauchsklassen beziehen, werden in drei Klassen, Schutzanforderungen in fünf Klassen eingeteilt.

Schließbleche für Feuer- und Rauchschutztüren müssen noch zusätzliche Merkmale aufweisen; Einzelheiten hierzu sind Anhang A der vorgenannten Norm zu entnehmen.

Schließblecharten. Allgemein unterscheidet man Winkelschließbleche und Flachschließbleche für gefälzte Türen sowie Lappenschließbleche für ungefälzte Türen, jeweils für DIN-Links- und DIN-Rechtstüren geeignet.

- **Winkelschließbleche** (Bild **8.**150a bis d) gibt es mit gleich breiten oder ungleich breiten Schenkeln. Winkelschließbleche mit einem schmalen Schenkel haben den Vorteil, dass dieser bei geschlossener Tür durch den Türblattüberschlag verdeckt wird und von außen nicht sichtbar ist.

- **Lappenschließbleche** (Bild **8.**151a bis c) werden meist für ungefälzte Türen verwendet, so dass die Falle des Schlosses gegen den schmalen Lappen schlägt und dadurch die

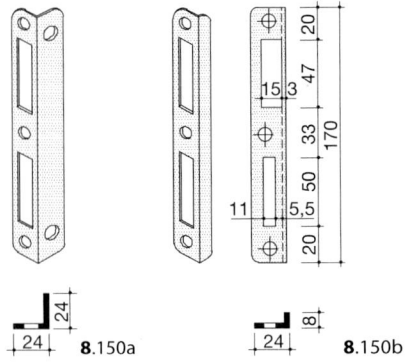
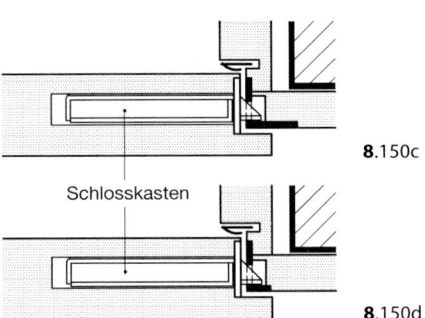

8.150 Schematische Darstellung von Schließblechen mit Einbaubeispielen
    a) Winkelschließblech mit gleich breiten Schenkeln (Einbaubeispiel c)
    b) Winkelschließblech mit einem breiten und einem schmalen Schenkel (Einbaubeispiel d)
    c) Einbaubeispiel: Gefälztes Türblatt mit von außen sichtbarem Winkelschließblech
    d) Einbaubeispiel: Gefälztes Türblatt mit verdeckt liegendem Winkelschließblech

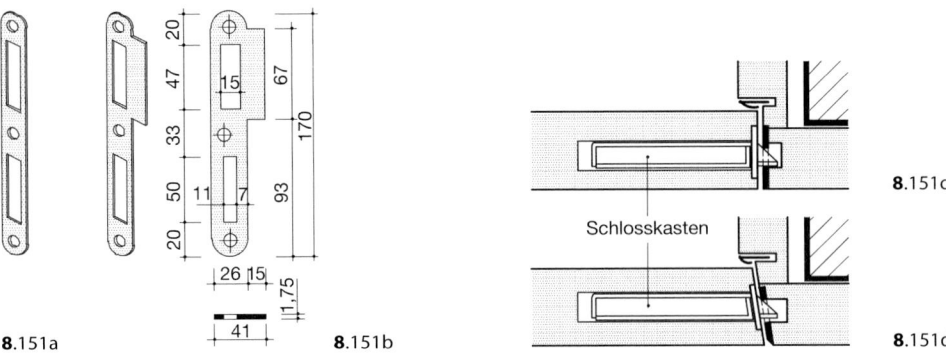

8.151 Schematische Darstellung von Schließblechen mit Einbaubeispielen
    a) Flachschließblech zum Einlassen in Holztür-Zargen oder Aufschrauben auf Metalltürprofile
    b) Lappenschließblech für ungefälzte Tür mit Einsteckschloss
    c) Einbaubeispiel: Ungefälztes Türblatt mit kantenbündigem Lappenschließblech
    d) Einbaubeispiel: Ungefälztes Türblatt mit abgeschrägtem Schlossstulp und schrägem Lappenschließblech

8.7 Türbeschläge

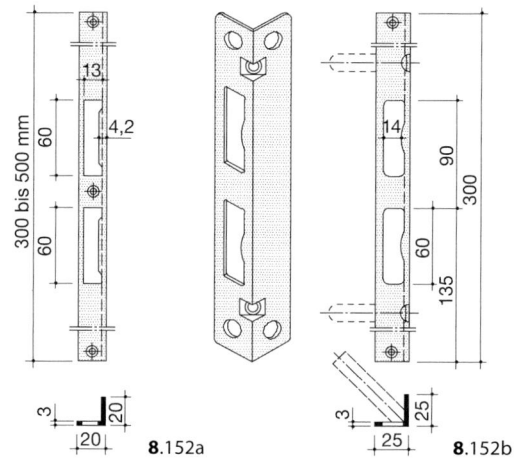

8.152 Schematische Darstellung von Sicherheitsschließblechen
  a) Sicherheits-Winkelschließblech mit gleich breiten Schenkeln, verstärkt und verlängert für gefälzte Türen
  b) Sicherheits-Winkelschließblech mit gleich breiten Schenkeln, verstärkt und verlängert für gefälzte Türen mit zusätzlicher Dübelverankerung bis zum Mauerwerk

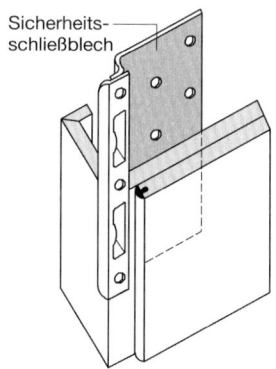

8.153 Schematische Darstellung eines Sicherheitsschließbleches für den Objektbereich (Feuer- und Rauchschutztüren sowie einbruchhemmende Türen)

Kante der Türbekleidung nicht beschädigt wird.

- **Abgeschrägte Schließbleche** (Bild **8.**151d). Bei zweiflügeligen Türen oder bei besonders dicken einflügeligen Drehtüren muss die schlossseitige Türblatt-Längskante unter Umständen abgeschrägt werden. Schlossstulp und Schließblech sind dann in schräger Ausführung zu wählen. Die jeweils vorteilhafteste Gradzahl der Kantenschräge ist einer sog. Stulp-Schrägentabelle zu entnehmen. Einzelheiten hierzu s. [33], [35].

- **Sicherheitsschließbleche** (Bild **8.**152) eignen sich sowohl für Feuer- und Rauchschutztüren, als auch für einbruchhemmende Türen und besonders schwere Türen. Hierfür werden vorwiegend Winkelschließbleche mit gleichen Schenkeln verwendet, die verstärkt (Mindestdicke 3 mm) und besonders lang sind. Oftmals weisen derartige Schließbleche noch zusätzliche Dübelverankerungen bis zum Mauerwerk auf.

8.7.3.7 Schließanlagen

Als Schließanlage wird die Kombination von Schließzylindern und den zugehörigen Schlüsseln mit unterschiedlichen Schließungen und/oder unterschiedlichen Schlüsselprofilen bezeichnet, die miteinander in funktionellem Bezug stehen (DIN 18 252). Schließanlagen werden überall dort eingerichtet, wo Sicherheit und Zweckmäßigkeit dies verlangen. Individuelle Wünsche können bei der Erstellung eines Schließplanes ebenso berücksichtigt werden wie spezielle organisatorische und sicherheitstechnische Erfordernisse.

Der Schließplan wird digital erstellt und unter besonderen Sicherheitsvorkehrungen beim Zylinderhersteller gespeichert. Nachbestellungen von Schließanlagen und Schlüsseln sind daher auch noch nach vielen Jahren möglich. Passend zu jeder Schließanlage wird außerdem eine sog. Sicherheitskarte (ähnlich einer Scheckkarte) geliefert, die anlagenspezifische Daten in mehrfach codierter Form enthält. Sie ist gleichzeitig die Berechtigungskarte für Nachbestellungen von Zylindern und Schlüsseln. Im Wesentlichen unterscheidet man folgende Schließanlagenarten:

- **Zentralschließanlage.** Eine Zentralschließanlage besteht aus mehreren verschieden schließenden Schließzylindern, deren Einzelschlüssel auch noch einen oder mehrere Zentral-Schließzylinder schließen.

Beispiel. Diese Anlagen werden vor allem in Mehrfamilienhäusern und größeren Wohnanlagen eingebaut. So kann beispielsweise jeder Hausbewohner mit seinem Wohnungsschlüssel nicht nur seine eigene Wohnungsabschlusstür, sondern auch die mit Zentral-Schließzylindern ausgestatteten, gemeinsam benutzten Türen wie Haustür, Kellereingangstür usw. schließen. Kein Hausbewohner kann jedoch mit seinem Schlüssel in die

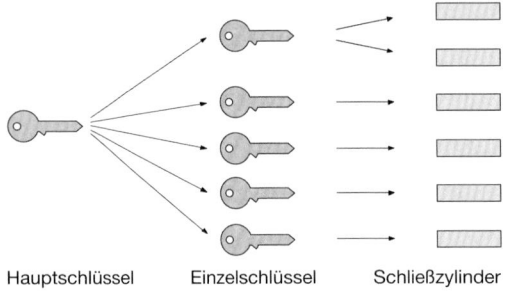

8.154 Schematische Darstellung einer Hauptschlüsselanlage

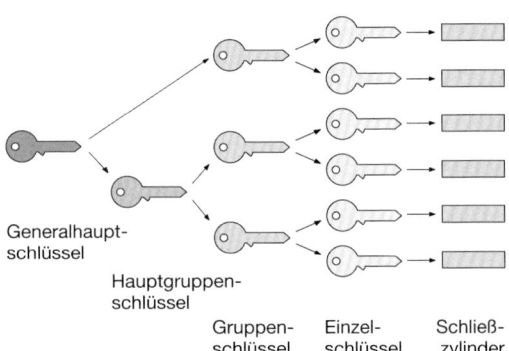

8.155 Schematische Darstellung einer Generalhauptschlüsselanlage

Wohnung eines anderen gelangen. Zentralschließanlagen lassen sich auch in Hauptschlüsselanlagen einfügen. Diese Kombination empfiehlt sich dann, wenn zum Beispiel Wohnungen und Geschäfts- oder Büroräume in einem Gebäude untergebracht sind.

- **Hauptschlüsselanlage** (Bild **8**.154). Eine Hauptschlüsselanlage besteht aus mehreren verschiedenschließenden Schließzylindern. Jeder dieser Zylinder weist eine eigene Schließung mit jeweils zugeordnetem Einzelschlüssel auf. Diese Einzelschlüssel passen nur zu einem bestimmten Schließzylinder bzw. zu mehreren gleichschließenden Schließzylindern. Allen Zylindern übergeordnet ist der Hauptschlüssel, mit dem man sämtliche Schließzylinder einer Anlage öffnen und schließen kann.

  Beispiel. Hauptschlüsselanlagen eignen sich beispielsweise für Einfamilienhäuser, Geschäfte und Gaststätten sowie kleinere Büro- und Fabrikgebäude.

- **Generalhauptschlüsselanlage** (Bild 8.155). Eine Generalhauptschlüsselanlage besteht aus vielen verschiedenschließenden Zylindern, die zu mehreren Gruppen zusammengefasst werden. Jede Gruppe wird von einem Gruppenschlüssel geschlossen, mehrere solcher Gruppen lassen sich wieder zu Hauptgruppen vereinigen. Alle Schließzylinder einer Hauptgruppe sind dann von einem Hauptgruppenschlüssel zu öffnen. Diesen HG-Schlüsseln übergeordnet ist der Generalhauptschlüssel, mit dem sämtliche Schließzylinder der Anlage betätigt werden können.

  Beispiel. Generalhauptschlüsselanlagen eignen sich für große und komplexe Organisationsstrukturen, wie sie beispielsweise bei Banken, Hotels, Krankenhäuser, Hochschulen usw. vorkommen. Die Kombination von Zentralschließanlagen und Hauptschlüsselanlagen bzw. Generalhauptschlüsselanlagen ist möglich.

Eine Schließanlage ist ein preiswertes und relativ sicheres Zutrittsberechtigungssystem. Sie weist jedoch auch Nachteile in der Form auf, dass jeder, der einen Schlüssel hat, das System bedienen kann. Der Verlust von Schlüsseln bedingt aufwendige Systemänderungen. Außerdem ist die Zutrittsberechtigung nur lokal und partiell durch Einzel- oder Gruppenschlüssel begrenzbar. Beabsichtigte Objekterweiterungen müssen bereits bei der Erstbestellung weitgehend bekannt sein. Werden jedoch Gebäudebereiche im Laufe der Zeit anders genutzt oder Arbeitsgruppen erweitert, stoßen Schließanlagen – die auf konventioneller Schlüssel- und Schließzylindertechnik basieren – an ihre Grenzen. Insoweit sind derartige Schließanlagen relativ starr und wenig anpassungsfähig.

Dem gegenüber sind **elektronische Schließsysteme** – die auf der sog. Transpondertechnik mit elektronischen Schließzylindern beruhen – wesentlich flexibler; sie ermöglichen auch noch nachträglich nahezu alle anwendungsrelevanten Modifikationen. Daher werden zunehmend elektronische Systeme in Schließanlagen integriert und beispielsweise einzelne, besonders sicherheitsrelevante Türen damit bestückt oder ganze Objekte mit elektronischer Schließtechnik ausgerüstet. Einzelheiten hierzu s. Abschn. 8.7.3.5 Elektronische Schließsysteme – Elektronische Schließzylinder.

8.7.4 Dichtungen (Falz- und Bodendichtungen)

An Türdichtungen werden zahlreiche Anforderungen gestellt. Zu berücksichtigen sind insbesonde-

8.7 Türbeschläge

re die Luft-, Wind- und Schlagregendichtheit sowie Anforderungen hinsichtlich des Schall- und Wärmeschutzes. Türdichtungen dämpfen außerdem Schließgeräusche und schirmen Innenräume gegen Staub und Witterungseinflüsse von außen ab.

Bei der Auswahl geeigneter Dichtungen ist auf die Werkstoffqualität, Anstrichverträglichkeit, Verträglichkeit gegen Temperatur- und Umwelteinflüsse (UV-Strahlen) sowie umweltschonende Wiederverwertbarkeit zu achten.

Türdichtungen müssen des weiteren mechanische Beanspruchungen aufnehmen, ein hohes Rückstellvermögen aufweisen und so beschaffen sein, dass keine übermäßig hohe Bedienungskräfte (Schließkräfte) benötigt werden.

Schwellenüberstände sind so niedrig wie möglich zu halten, damit auch Rollstuhlbenutzer und Menschen mit sonstigen Behinderungen dieses Hindernis überwinden können.

Normen. Anforderungen und Klassifizierung von Dichtungen und Dichtungsprofilen für Türen und Fenster sind im Wesentlichen in DIN EN 12365-1 festgelegt. Die Teile 2 bis 4 dieser Norm beinhalten Angaben (Prüfverfahren) bezüglich Schließdruck, Rückstellvermögen und Langzeitrückstellvermögen. Der aktuelle Stand der Normung ist Abschn. 8.8 zu entnehmen.

- DIN EN 12 365-1 – Dichtungen und Dichtungsprofile für Fenster, Türen und andere Abschlüsse
- DIN EN 12 217 – Bedienungskräfte
- DIN EN 12 207 – Luftdurchlässigkeit
- DIN EN 12 208 – Schlagregendichtheit

Angaben über die Bedeutung der Falz- und Bodendichtungen bezüglich des Schallschutzes von Türelementen sind Abschn. 8.4.1.1, des Wärmeschutzes (Luft- und Winddichtheit) Abschn. 8.3.1.2 sowie des barrierefreien Bauens Abschn. 8.2.3 zu entnehmen.

Dichtungsarten

Je nach Einsatzbereich und den sich daraus ergebenden Anforderungen können Türelemente folgende Dichtungsarten aufweisen:

Falzdichtungen (Dichtung zwischen Türblatt und Zarge)

- **Türblattdichtung** (Dichtung im Türfalz eingelassen: Türfalzdichtung)
- **Türzargendichtung** (Dichtung im Zargenfalz eingelassen: Zargenfalzdichtung)

Bodendichtungen (Dichtung zwischen Türblatt und Bodenbelag)

- Auflaufdichtung
- Absenkdichtung
- Magnetdichtung
- Resonatordichtung
- Schwellen-/Anschlagdichtung

8.7.4.1 Falzdichtungen

Türelemente neuerer Bauart sind mit einer dreiseitig umlaufenden Falzdichtung ausgestattet. Diese kann in Form einer Türfalzdichtung oder Zargenfalzdichtung ausgebildet sein. Mit der türeigenen Dichtung (Bild **8**.158) ist die Möglichkeit gegeben, ein Türblatt in akustischer Hinsicht unabhängig von der Qualität der Zargenfalzdichtung auszurüsten (z. B. separater Türblatteinbau bei Stahlzargen).

Entscheidend für die Dichtheit und damit auch für das schallschutztechnische Verhalten einer Tür ist, dass Falzdichtung und Bodendichtung umlaufend in einer Ebene liegen. Schallschutztüren können auch mehrere Dichtungsebenen aufweisen (Doppelfalzzargen). Vgl. hierzu Abschn. 8.6 Sondertüren.

Falzdichtungen müssen so beschaffen sein, dass sie die zulässigen Verformungen des Türblattes ausgleichen und bei geschlossener Tür in ihrer gesamten Länge an der Türzarge bzw. Türblattoberfläche dicht anliegen. Die Einfederungstiefe (Wirkungsbereich) der Dichtung sollte mind. 3 mm – besser 4,5 mm (5) – betragen.

Die aufzubringende Bedienungskraft zum Schließen eines Türblattes ohne Türschließer (Schließkraft zur Einleitung einer Bewegung bzw. bei handbetätigten Beschlägen) liegt bei vorwiegender Nutzung durch Menschen mit Behinderung, aber auch Ältere oder Kinder, gemäß DIN EN 12 217 (Klasse 3) bei $\leq$ 25 N. Bei Türen mit Türschließer (z. B. Brandschutztüren oder Hauseingangstüren) ist gem. DIN EN 1154 ein Öffnungsmoment der Größe 3 anzustreben.

Dichtungsprofile für Falzdichtungen. Ausschlaggebend für die Funktion eines Dichtungsprofiles ist seine Formgebung; diese wird durch den jeweiligen Werkstoff unterstützt. Im Wesentlichen unterscheidet man folgende Hauptgruppen:

- **Konventionelle Kammerdichtungen** (Schlauchdichtung) (Bild **8**.156a bis b) Konventionelle Kammerdichtungen sind aufgrund ihrer geringen Einfederungstiefe nur

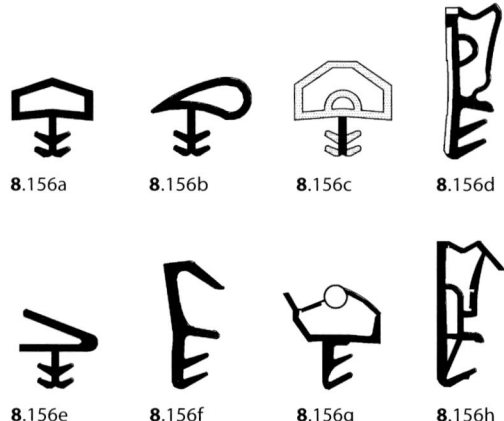

8.156 Schematische Darstellung von Dichtungsprofilen für Falzdichtungen (Außen- und Innentüren)
 a) bis b) Konventionelle Kammerdichtungen (Schlauchdichtungen)
 c) bis d) Mehrkammerdichtungen mit verstärktem Fußbereich und Profilrücken
 e) bis f) Lippendichtungen
 g) bis h) Kombinationsdichtungen

bedingt geeignet, größere Maßabweichungen und Türblattverformungen auszugleichen. Beim Schließvorgang erfordern sie außerdem einen relativ hohen Kraftaufwand. Sie werden vor allem als Innentürdichtungen eingesetzt.

- **Mehrkammerdichtungen** (Bild 8.156c bis d). Mehrkammerdichtungen zeichnen sich durch veränderte Profilformen und funktionsbezogene Materialkombinationen unterschiedlich harter Werkstoffe aus. So ergibt ein mit reißfestem Material verstärkter Fußbereich oder Profilrücken eine hohe Stabilität, verhindert Schrumpf- und Längenausdehnung und ermöglicht die Endlosmontage ohne Eckverschweißung. Der Kopfbereich aus elastischem Werkstoff verbessert andererseits die schalldämmenden Eigenschaften, ergibt einen relativ großen Einfederungsweg und garantiert hohe Funktionssicherheit [43]. Mehrkammerdichtungen eignen sich je nach Qualität und Profilform für Außen- und Innentürdichtungen.

- **Lippendichtungen** (Bild 8.156e bis f). Lippendichtungen zeichnen sich durch ein gutes schallschutztechnisches Verhalten aus. Aufgrund ihres relativ großen Einfederungsweges – bei gleichzeitig geringem Kraftaufwand beim Schließvorgang – eignen sie sich besonders zum Ausgleich größerer Maßabweichungen und zulässiger Türblattverformungen. Lippendichtungen werden je nach Qualität und Formgebung sowohl in Außen- wie Innentüren eingebaut.

- **Kombinationsdichtungen** (Bild 8.156g bis h). Diese Dichtungsprofile stellen im Prinzip eine Kombination aus Schlauch- und Lippendichtungen dar. Sie weisen einen relativ großen Einfederungsweg auf und eignen sich somit optimal zum Toleranzausgleich bei verzogenen Türblättern. Außerdem ergeben sie ausgezeichnete Schall- und Wärmeschutzdämmwerte [44]. Die Einkammerdichtungen werden als Innentürdichtungen eingesetzt, die Mehrkammerdichtungen mit Lippe eignen sich für Haus- und Wohnungsabschlusstüren sowie Objekttüren im Innenausbau.

Werkstoffe für Dichtungsprofile

Dichtungsprofile sollen im Allgemeinen unempfindlich gegen Öle, Fette, Chemikalien und Reinigungsmittel sowie alterungs-, witterungs-, licht-, UV- und ozonbeständig sein. Zu ihrer Herstellung eignen sich im Wesentlichen drei Materialgruppen:

- **Thermoplaste.** Thermoplastische Kunststoffe aus Polyvinylchlorid (PVC) sind kostengünstig verschweißbar, in vielen Farben erhältlich und vollständig recycelbar. Es können jedoch Verträglichkeitsprobleme durch Weichmacherwanderung beim Kontakt mit lösemittelhaltigen Alkydharzlacken oder wasserverdünnbaren Acryllacken entstehen.

- **Elastomere.** Kunststoffe – wie zum Beispiel EPDM (deutsche Bezeichnung APTK) – weisen eine chemische Quervernetzung ihrer Molekülketten auf, die durch Wärmeeinwirkung nicht zu lösen ist. EPDM-Profile sind daher weder versschweißbar noch recycelfähig, sondern nur – relativ aufwendig – vulkanisierbar. Vulkanisierte Eckverbindungen weisen jedoch eine sehr hohe Zugfestigkeit auf, so dass sie mehrfach aus- und wieder eingebaut werden können (z. B. bei Maler- und Renovierungsarbeiten).

- **Thermoplastische Elastomere** (TPE) gehören zur polymeren Gruppe der Polyolefine. Die technische Besonderheit dieses Profilmateriales ist die Verbindung von zwei modifizierten Werkstoffen, d.h. in einem thermoplastischen Material sind vollvernetzte EPDM-Teilchen verteilt. Dieser Spezialwerkstoff auf Kautschukbasis (EPA) kann aufgrund seines spezifischen Strukturaufbaues problemlos verschweißt und recycelt werden und weist eine gute Lackverträglichkeit auf.

- **Silikone** (SI) sind gummielastische Kunststoffe auf Siliciumbasis. Silikon-Kautschuk ist anderen Dichtungswerkstoffen in vielen Materialeigenschaften überlegen (z. B. hohes Rückstellvermögen, Hitze- und Kältebeständigkeit). Silikonprofile sind jedoch nicht verschweißbar – nur vulkanisierbar – und relativ teuer. An den Rahmenecken können die Profile auch ausgeklinkt und „trocken" über Eck gezogen montiert werden.

8.7 Türbeschläge

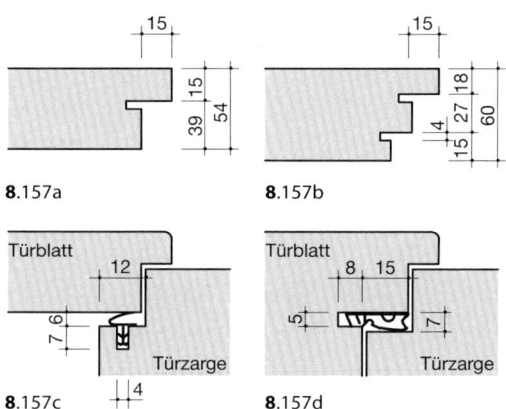

8.157 Schematische Darstellung von überfälzten Türblättern mit Maßangaben für Dichtungsnuten und Einbaubeispielen von Dichtungsprofilen (Profilmaße ohne Einpressung)
a) Türblatt mit Einfachfalz (Türblattdicken von 40 bis 75 mm)
b) Türblatt mit Doppelfalz (Türblattdicken von 60 bis 75 mm)
c) Lippendichtung als Zargendichtung
d) Mehrkammerdichtung als Türblattdichtung

Einbau von Dichtungsprofilen. Je nach Werkstoff können Dichtungsprofile in den Ecken auf Gehrung zugeschnitten und verschweißt bzw. vulkanisiert oder – wie bei der sog. Endlosmontage – nur ausgeklinkt und „trocken" über Eck gezogen eingebaut werden. Ausgeklinkte Ecken schließen genau so dicht wie geschweißte Eckverbindungen. Die Montage ist jedoch einfacher, rationeller und damit auch preisgünstiger.

Beim Einbau in die Zarge ist darauf zu achten, dass die Dichtungsprofile genügend lang sind und press an den Fußbodenbelag anschließen, ohne bei Längendehnung sich aufzuwölben. Die nachträgliche leichte Austauschbarkeit muss gewährleistet sein, daher sollten sie nicht fest eingeklebt werden.

Dichtungsprofile dürfen erst nach Abschluss der Malerarbeiten endgültig eingebaut werden. Sie müssen mit dem vorgesehenen Anstrichmittel (Beschichtungsstoff) hinsichtlich der Verträglichkeit abgestimmt sein. Die Profile dürfen keinesfalls überstrichen werden, da die Gefahr der Verklebung mit dem Anstrich und Ausmagerung bzw. Versprödung der Profile besteht. S. hierzu Abschn. 6.6.2 und Abschn. 8.3.2.3, Überstreichbarkeit – Anstrichverträglichkeit.

8.7.4.2 Bodendichtungen

Bodendichtungen – auch untere Türspaltdichtung genannt – erfüllen die unterschiedlichsten Anforderungen und können in Innen- und Außentüren eingebaut werden.

Bei Schallschutztüren hat die Funktionsfuge zwischen Türblatt und Bodenbelag vor allem schallschutztechnischen Anforderungen zu genügen, in Nassräumen ist die Türschwellenausbildung im Zusammenhang mit Abdichtungsmaßnahmen gemäß DIN 18 195 zu sehen.

Bei Außentüren umfasst das Leistungsvermögen von Bodendichtungen insbesondere die Luft-, Wind- und Schlagregendichtheit sowie Anforderungen hinsichtlich des Schall- und Wärmeschutzes (thermisch getrennte Systeme).

Da eine Vielzahl sehr unterschiedlicher Türspaltdichtsysteme und Schwellen-/Anschlagdichtungen auf dem Markt angeboten werden, können aus Platzgründen nachstehend nur die wichtigsten Funktionsprinzipien mit den jeweiligen Vor- und Nachteilen kurz erläutert und einige Konstruktionsbeispiele aufgezeigt werden. Im Wesentlichen unterscheidet man Auflauf-, Absenk-, Magnet-, Resonator- und Schwellen-/Anschlagdichtungen.

Türspaltdichtungen

- **Auflaufdichtung** (Bild **8**.158a bis c). Auflaufdichtungen werden überall dort eingebaut, wo anschlaglose Übergänge und gute Schallschutzdämmwerte gefordert sind. Sie bestehen aus einem in die Türblattunterkante eingelassenem Aluminiumgehäuse und einem federnd darin gelagerten, höhenverstellbaren Dichtungsprofil, das beim Schließen der Tür auf eine höckerartig ausgebildete Aluminium-Bodenschiene aufläuft.

Auflaufdichtungen weisen keine störanfällige Mechanik auf und das doppelte Dichtungsprofil kann auch größere Bodenunebenheiten ausgleichen. Die zwingend notwendige Bodenschiene wird bei glatten Fußbodenbelägen in ein Kittbett gelegt und aufgeschraubt oder verklebt. Textile Bodenbeläge werden im

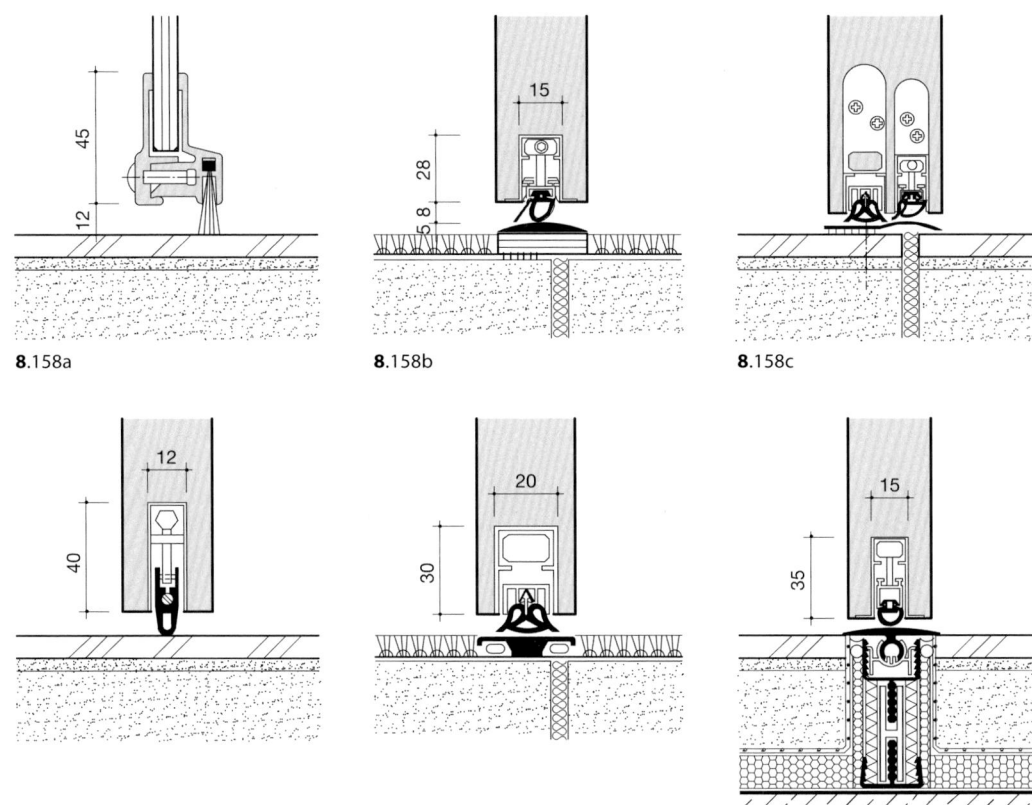

8.158a **8**.158b **8**.158c

8.158d **8**.158e **8**.158f

8.158 Schematische Darstellung von Bodendichtungen (Türspaltdichtungen) mit Einbaubeispielen. Vgl. hierzu auch Bild **8**.115 und Bild **8**.117.
- a) Bürstendichtung (Schleifdichtung) an einer Ganzglastür befestigt (Athmer, Arnsberg)
- b) Auflaufdichtung mit höhenverstellbarem Dichtungsprofil und unterfütterter, abgedichteter Bodenschiene bei Teppichbelag (Athmer)
- c) Kombiniertes Dichtungssystem (Auflauf- und Absenkdichtung) mit unterseitig abgedichteter Doppelschiene und Estrichtrennfuge (Athmer)
- d) Automatisch absenkbare Türdichtung („Kältefeind") mit elastischem Dichtungsprofil bei ebenem Bodenbelag (Athmer)
- e) Automatisch absenkbare Türdichtung („Schall-Ex-S") mit unterseitig abgedichteter Aluminium-Druckschiene und Estrichtrennfuge bei Teppichbelag (Athmer). Vgl. hierzu auch Abschn. 15.3.3, Schall-Längsdämmung, Teil 1 dieses Werkes.
- f) Automatisch absenkbare Türdichtung („Schall-Ex-Omega") mit höhenverstellbarer, schalldämmender Estrich-Trennschiene (Athmer)
- g) Resonatordichtung (schallabsorbierende Kammerdichtung) in die Türblattunterkante eingelassen
- h) Automatische Magnetdichtung mit nach unten gegen die Bodenschiene dichtender Magnetleiste (Athmer)
- i) Automatische Magnetdichtung mit nach oben steigender Magnetleiste und schalldämmender Estrich-Trennfugenausbildung (Alumat, Kaufbeuren)
- k) Anschlagschwelle (Edelstahl oder feuerverzinkter Flachstahl) mit ringsumlaufender, in einer Ebene liegender Türfalzdichtung
- l) Anschlagschiene mit integriertem Dichtungsprofil zum Einbau in den Estrich (Alumat)
- m) Thermisch getrennter Schwellenanschlag mit wärmedämmendem Aluminium-Türprofil und Estrich-Trennfuge (Schüco-Bielefeld). Vgl. hierzu auch Bild **8**.160.

(Fortsetzung siehe nächste Seite)

8.7 Türbeschläge

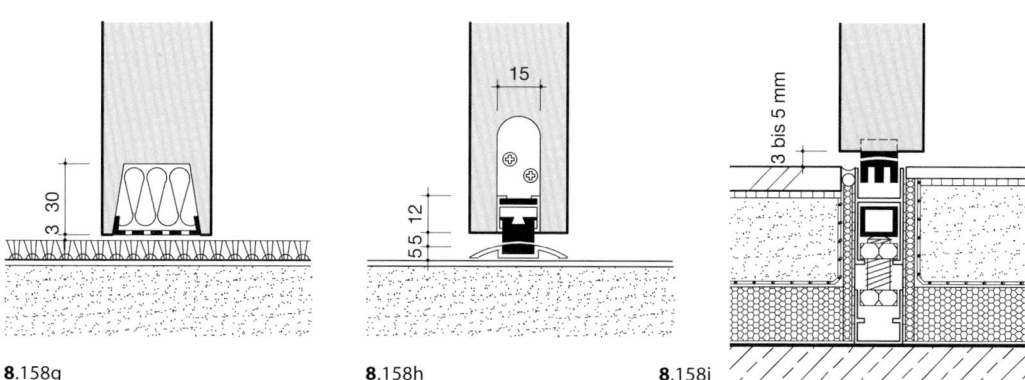

8.158g 8.158h 8.158i

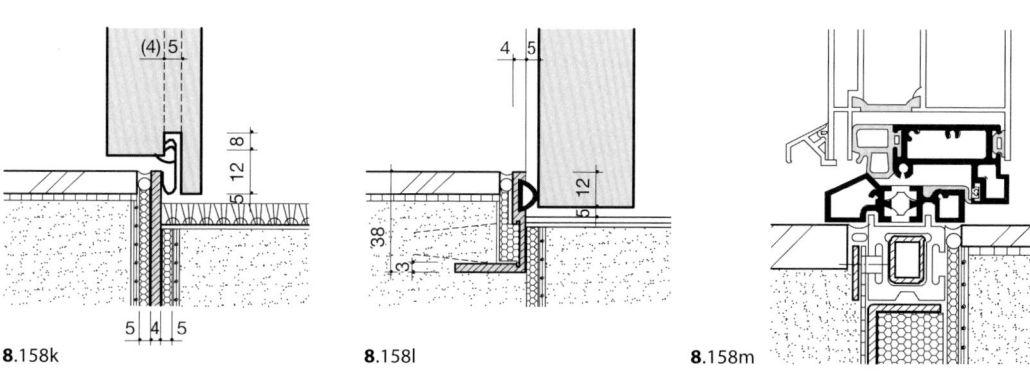

8.158k 8.158l 8.158m

8.158 Fortsetzung

Schienenbereich ausgeschnitten, die Schiene mit einer Unterlage (z. B. Sperrholzstreifen) unterfüttert und dicht montiert.

Noch höhere Schallschutzwerte lassen sich mit kombinierten Systemen (Auflauf- und Absenkdichtung) erreichen. Auch in diesem Fall ist unter der Doppelschiene eine Trennfuge im schwimmenden Estrich vorzusehen.

- **Absenkdichtung** (Bild **8**.158d bis f). Mit automatisch absenkbaren Türdichtungen lassen sich anschlaglose Übergänge mit guten Schall- und Wärmedämmwerten sowie Türelemente mit rauchdichten und feuerhemmenden Bodenfugen herstellen (Rauch- und Feuerschutztüren mit selbstverlöschenden Silikonprofilen).

Automatische Türabdichtungen sind betriebsfertige Funktionselemente, die in der Regel in die Türblattunterkante eingelassen werden. Beim Schließen der Tür wird durch eine Auslösevorrichtung (überstehende Auslöseknöpfe in den Türblattlängskanten) ein elastisches Dichtungsprofil gegen den Fußboden gedrückt; beim Öffnen hebt sich die höhenverstellbare Dichtung wieder an, ohne dabei über den Boden zu schleifen.

Automatisch absenkbare Türdichtungen benötigen demnach immer eine planebene Gegendruckfläche. Diese kann aus glatten, harten und fugenlosen Bodenbelägen bestehen oder – bei Teppichböden und fugenbetonten Keramikbelägen – in Form einer unterseitig abgedichteten Alu-Schiene ausgebildet sein. Obwohl diese Schiene aus akustischer Sicht – vor allem bei Teppichbelägen – zwingend erforderlich ist, wird sie in der Praxis häufig als störend empfunden und oftmals nicht eingebaut. Dadurch geht die Schalldämmleistung einer Schallschutztür jedoch weitgehend verloren.

Bei hohen schallschutztechnischen Anforderungen an ein Türelement ist die akustische Trennung des schwimmenden Estrichs in Form einer Trennfuge (Bild **8**.158e) oder vorgefertigten Estrich-Trennschiene unabdingbar. Bei der in Bild **8**.158f gezeigten Trennschwelle wird ein Metallfuß auf die Rohdecke gedübelt, die Höhe der mehrteiligen Halteleiste entsprechend dem Bodenaufbau eingestellt und die Aluminiumschwelle von oben in einen druckfest ausgebildeten Haltebügel eingesetzt. Die Möglichkeit des nachträglichen Höhenausgleiches ist gegeben.

- **Resonatordichtung** (Bild **8**.158g). Die Resonatordichtung – auch Absorberkammerdichtung genannt – wird überall dort eingesetzt, wo aus zwingenden funktionalen oder ästhetischen Gründen der Einbau einer Bodenschiene ausgeschlossen ist, aber trotzdem eine gewisse Schallabsorption im Bereich der Bodenfuge erreicht werden soll.

  Ihre Wirkungsweise beruht darauf, an der Türblattunterkante einen möglichst großen Hohlraum auszusparen, diesen mit schallabsorbierendem Material (z. B. Mineralwolle) zu füllen und zur Bodenfuge hin mit einem Lochblech o. Ä. abzudecken. Diese Hohlkammerdichtung entzieht dem Schallfeld in der Türspalte so viel Energie, dass trotz Bodenfreiheit eine schalldämmende Wirkung erzielt wird.

  Nachteilig wirkt sich bei dieser zwar berührungslosen und somit wartungsfreien Dichtungsart aus, dass die Bodenfuge nicht größer als 3 mm sein sollte (Ebenheitstoleranzen gemäß DIN 18 202 beachten) und die schallschutztechnische Wirksamkeit der Absorberkammer deutlich unter dem liegt, was die anderen beschriebenen Bodendichtungen leisten können. Weiterentwicklungen sind bei dieser Dichtungsart jedoch zu erwarten. Auf entsprechende Fachliteratur [45], [46] wird verwiesen.

- **Magnetdichtung** (Bild **8**.158h bis i). Permanent wirkende Magnet-Türdichtungen werden überall dort eingebaut, wo schwellenlose Übergänge mit Abdichtungen gegen Schall-, Wärme- und Rauchdurchgang sowie feuerhemmende Bodenfugen gefordert sind.

  Ihre Wirkungsweise beruht auf dem Prinzip der Magnetkraft zweier übereinander angeordneter Magnetprofile. Eine dieser Magnetleisten ist immer beweglich und wird beim Schließen der Tür vom fest eingebauten Gegenprofil magnetisch angezogen und dichtet so die Bodenfuge ab. Beim Öffnen der Tür stoßen sich die beiden Profile wieder ab und der bewegliche Teil wird in eine Aluminiumschiene zurückgezogen.

  Dieser Dichtungsvorgang vollzieht sich – je nach Herstellerprodukt – entweder an der Türblattunterkante (bei nach oben steigender Magnetleiste) oder im Bodenbereich (bei nach unten gezogener Dichtleiste). Beide Systeme weisen Vor- und Nachteile auf. Generell können sich negative Auswirkungen beim Magnet-Dichtsystem vor allem bei klimabedingten Türblattverformungen ergeben. Da die Magnetkraft mit der Entfernung abnimmt, ist je nach Produkt auch von unterschiedlich hohen Türspaltüberbrückungen (von 3 bis 10 mm) auszugehen.

  Die in Bild **8**.158i gezeigte, bodenbündig eingebaute Magnet-Türdichtung dient gleichzeitig als Estrich-Trennschiene und ist somit vorzugsweise für Schallschutztüren, aber auch Rauch- und Feuerschutztüren, geeignet. Bei dieser Magnetdichtung vollzieht sich der eigentliche Dichtungsvorgang an der Türblattunterkante, und zwar durch eine nach oben steigende Magnetschwelle.

Schwellen-/Anschlagdichtung

Höhenversetzte Fußbodenebenen im Türbereich ergeben einen unteren Anschlag für das Türblatt (Bild **8**.158k bis l). Anschlagdichtungen – auch Schwellen genannt – werden vor allem bei Außentüren und Wohnungsabschlusstüren eingeplant. Auch bei höchsten Anforderungen an Schall-, Feuer- und Rauchschutz- sowie Nassraumtüren ist ein unterer Anschlag unumgänglich.

Der Vorteil dieser Dichtungsart ist darin zu sehen, dass Falzdichtung und untere Anschlagdichtung eines Türelementes ringsumlaufend in einer Ebene liegen und auch die unteren Eckanschlüsse mit relativ einfachen Mitteln dicht ausgebildet werden können. In hoch belasteten Nassräumen ergibt der höhenversetzte Übergang die abdichtungstechnisch sicherste Lösung. Nachteilig wirkt sich die Höhendifferenz im Türbereich als unerwünschte Stolperstufe vor allem für betagte und behinderte Menschen aus.

- **Innentüren.** Bei Innentüren wird – unter Ausnahme der zuvor geschilderten Sonderanforderungen – im Allgemeinen auf Anschlagschwellen verzichtet, da sie beim Durchgang

8.7 Türbeschläge

als störend empfunden werden (Stolpergefahr, umständliche Reinigung), in Anbetracht der meist zentralbeheizten Räume ihren Sinn weitgehend verloren haben und auch ästhetisch nicht befriedigen. S. auch Bild **11**.9 und **11**.13, in Teil 1 dieses Werkes.

- **Außentüren.** In den Regelwerken wird davon ausgegangen, dass die Abdichtung an aufgehenden Bauteilen in der Regel mind. 150 mm über die Oberfläche des Belages (Wasser führende Ebene) hochzuführen und dort zu sichern ist.

In Ausnahmefällen ist eine Verringerung der Anschlusshöhe möglich, wenn zu jeder Zeit ein einwandfreier Wasserablauf im Türbereich sichergestellt ist (z. B. in Form von Gitterrostrinnen o. Ä. mit geregelter Entwässerung). In solchen Fällen sollte die Anschlusshöhe jedoch mind. 50 mm über Oberfläche Belag betragen (z. B. bei Balkon- und Terrassentüren).

Bei behindertengerechten Bauten sind Türschwellen grundsätzlich zu vermeiden. Soweit sie technisch unbedingt erforderlich sind, dürfen sie nicht höher als **20 mm** sein. Demnach muss der Anschlag- bzw. Schwellenüberstand so niedrig wie möglich gehalten werden, damit auch Rollstuhlfahrer dieses Hindernis ohne allzu große Kraftanstrengung überwinden können.

Planungskriterien. Folgende Kriterien sind bei der Planung von Hauseingangstüren (Außentüren) – insbesondere des unteren Türanschlusses – im Wesentlichen zu beachten:
- Vordächer oder Fassadenrücksprünge sowie richtige Orientierung des Einganges (Wetterseite!) bereits bei der Planung vorsehen.
- Im gesamten Türbereich ein deutliches Belaggefälle nach außen (z. B. 3%) sowie eine möglichst geringe, jedoch regelgerechte Schwellen-/Anschlaghöhe einplanen.
- Die in der Bauanschlussfuge zwischen Rahmenprofil und Baukörper auftretenden bauphysikalischen Anforderungen (drei Funktionsebenen gemäß Abschn. 8.3.2.1 mit Bild **8**.19) unbedingt beachten und erfüllen.
- Falzdichtung und untere Anschlagdichtung so anordnen, dass sie ringsumlaufend in einer Ebene liegen.
- Bahnenabdichtung (Bauanschlussfolie) an einer stabilen Rücklage (z. B. Stahlwinkel, Türschwellenunterprofil) über Wasser führende Ebene hochziehen, am Unterprofil ankleben und mit Flanschprofil sichern oder ggf. anklipsen. Bei Bedarf obere sichtbare Kante mit Edelstahlwinkel o. Ä. abdecken.
- Schwellen-/Anschlagprofil auf der Rohdecke ausreichend abstützen und verankern.
- Thermisch bzw. akustisch getrennte Schwellensysteme einplanen, wenn das Türelement an von Menschen genutzte und beheizte Innenräume angrenzt.
- Gitterroste außenseitig und in den Boden eingelassene Rahmen für Schmutzfangmatten innenseitig unmittelbar an das Anschlagprofil des Türelementes anschließen.
- Schwellenhöhe vor der Ausführung mit dem Auftraggeber (Bauherrn) schriftlich vereinbaren. Auf die weiterführende Literatur [9], [4] wird verwiesen.

Bild 8.159 zeigt eine Hauseingangstür mit konventionellem Schwellenanschlag und abgedichteter Gitterrostrinne (Einzelanfertigung). Der Zugang ist so ausgebildet, dass nur eine minimale Höhendifferenz zwischen den angrenzenden Gehebenen entsteht und trotzdem kein Spritzwas-

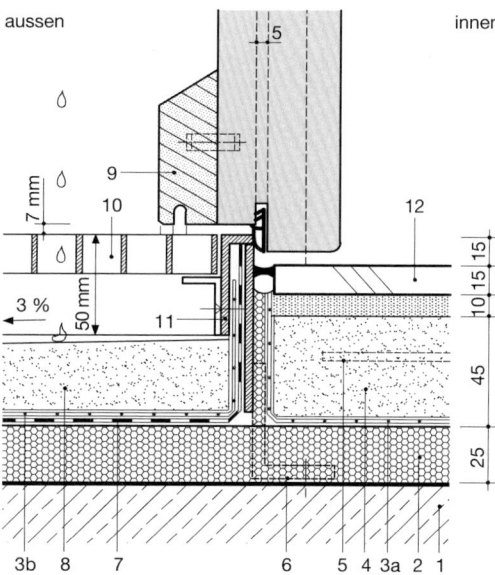

8.159 Konstruktionsbeispiel: Hauseingangstür aus Holz mit konventionellem Schwellenanschlag (Wärmebrücke beachten) und abgedichteter Gitterrostrinne mit kontrollierter Wasserabführung (Einzelanfertigung)
1   Rohdecke
2   Wärme- und Trittschalldämmung
3a Abdeckung (PE-Folie 0,2 mm)
3b Gleit- und Schutzfolie
4   Zementestrich mit Randdämmstreifen
5   Estrichbewehrung (soweit erforderlich)
6   Edelstahl oder feuerverzinkter Flachstahl (75 × 4 mm) mit angeschweißten Laschen
7   Bahnenabdichtung nach DIN 18 195
8   Schutzestrich mit Gefälle (oberflächenvergütet)
9   Wetterschenkel mit Tropfnase
10a Gitterrost mit Rahmen (zugl. Schuhabstreifer)
11 Edelstahl-Abdeckwinkel (zugl. Klemmschiene)
12 Natursteinplatten in Dickbettmörtel

ser von außen nach innen eindringen kann. Dies wird erreicht, in dem eine Gitterrostrinne mit kontrollierter Wasserabführung bis unmittelbar an den Schwellenanschlag herangeführt, die Bahnenabdichtung am Stahlwinkel hochgezogen und mit einem Edelstahl-Flanschprofil dicht angepresst wird (Wärmebrücke beachten!). Die in einer Ebene vierseitig ringsum laufende Türblattdichtung sorgt für einen dichten Verschluss.

Bild 8.160 zeigt eine Außentür aus Kunststoff mit thermisch getrennter Türschwelle in Systembauweise (Serienfertigung). Die behindertengerecht, schlagregendicht und schalldämmend ausgebildete Türschwelle wird mehrteilig in zahlreichen Breiten angeboten und eignet sich für alle Außentürarten. Die Schwellenteile werden sowohl untereinander als auch mit dem Unterprofil hochstabil über Verklipsungen verbunden. Auch die Bahnenabdichtung (Bauanschlussfolie) gegen Wassereinwirkung von außen kann in das Unterprofil entweder eingeklipst oder selbstklebend daran befestigt werden. Die in einer Ebene vierseitig ringsumlaufende Türblattdichtung sorgt für einen dichten Verschluss, im Zusammenwirken mit zwei unterseitig angebrachten Bürstendichtungen oder Auflaufdichtungen.

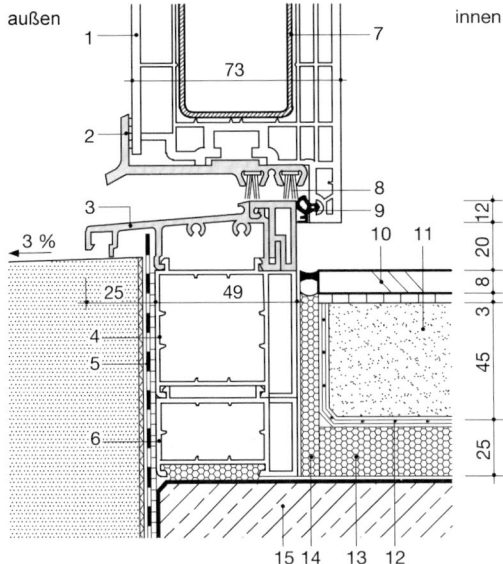

8.160 Konstruktionsbeispiel: Hauseingangstür aus Kunststoff mit thermisch getrenntem Schwellenanschlag (Serienfertigung)
1 Kunststofftür (Mehrkammertürblatt)
2 Wetterschenkel aus PVC, selbstklebend mit zwei Bürsten- oder Auflaufflippendichtungen
3 thermisch getrennte Türschwelle (ohne Wärmebrücke und Tauwasserbildung) aus Aluminium, gerieffelt
4 Türschwellenunterteil aus PVC, einrastbar
5 Bahnenabdichtung nach DIN 18 195
6 Unterprofil aus PVC, einrastbar
7 Stahlprofil
8 Bürstendichtungen
9 Falzdichtung
10 Bodenfliesen in Dünnbettmörtel
11 Zementestrich
12 Abdeckung (PE-Folie 0,2 mm)
13 Wärme- und Trittschalldämmung
14 Randdämmstreifen
15 Rohdecke
Grundmeier KG, Gütersloh

8.7.5 Türschließer und Pendeltürbeschläge

Türschließer dienen dazu, Drehflügeltüren nach dem manuellen Öffnungsvorgang wieder selbsttätig zu schließen. Der Schließvorgang erfolgt in der Regel hydraulisch gedämpft (= kontrollierter Ablauf), nur bei einfacheren Türschließern (Federbänder) ungedämpft (= unkontrollierter Ablauf).

Der Einbau von Türschließern ist überall dort notwendig, wo die Anforderung besteht, dass eine Tür zuverlässig und kontrolliert (selbsttätig) schließen muss. Dies ist beispielsweise der Fall, wenn

- Bauherrn bzw. Nutzer dies wünschen (Sicherheitsaspekt, Energieeinsparung, Vermeidung störender Zugluft usw.) oder
- aufgrund allgemeiner gesetzlicher Vorschriften (Bauordnungen der Länder) dies zwingend geboten ist.

Schließmittel sind demnach üblich an Hauseingangs- bzw. Wohnungsabschlusstüren und vom Gesetzgeber verbindlich vorgeschrieben an Feuerschutz-, Rauchschutz- und Sicherheitstüren.

Normen[1] Vor dem Einbau und der Inbetriebnahme von Türschließern sind die jeweiligen Rechtsvorschriften zu beachten.

- **DIN EN 1154** – Türschließer mit kontrolliertem Schließablauf
- **Beiblatt 1 zu DIN EN 1154** – Anschlagmaße und Einbauregeln
- **DIN EN 1155** – Elektrisch betriebene Feststellvorrichtungen für Drehflügeltüren

---

[1] Der aktuelle Stand der Normung ist Abschn. 8.8 zu entnehmen.

8.7 Türbeschläge

- **DIN EN 1158** – Schließfolgeregler
- **DIN 18 263-1** – Obentürschließer mit Kurbeltrieb und Spiralfeder (Neuausgabe)
- **DIN 18 263-4** – Türschließer mit Öffnungsautomatik (Neuausgabe).

Türschließer- und Montagearten: Ausgehend von der Art der Türschließer und dem Ort ihrer Montage am Türelement unterscheidet man im Wesentlichen (Bild **8.**161a bis d):

- **Obentürschließer,** im oberen Türbereich auf dem Türblatt oder Türrahmen (Zarge) sichtbar montiert
- **Verdeckte Türschließer,** in Türblatt oder Türrahmen (Zarge) unsichtbar eingelassen
- **Rahmentürschließer,** verdeckt in Türflügel- und Türzargen-Rahmenprofile eingebaut (mit Pendelfunktion oder einseitig wirkend als Anschlagtür)
- **Bodentürschließer,** in Fußboden (Estrich) und Türblatt eingelassen (mit Pendelfunktion oder einseitig wirkend als Anschlagtür).

Türschließerfunktionen. Die von den Herstellern angebotenen Türschließerprogramme sind in der Regel als modulare Systeme konzipiert, die es ermöglichen, mit wenigen Türschließermodellen praktisch jede nur denkbare Funktionsanforderung zu erfüllen. Folgende besondere Merkmale und Steuerungsmöglichkeiten sind beispielsweise zu nennen:

- **Schließkraft.** Selbstschließende Drehflügeltüren benötigen auf ihrem gesamten Schließweg eine Schließkraft. Die hierfür notwendige Schließenergie muss vom Benutzer beim Öffnen der Tür zusätzlich aufgebracht werden, so dass bei derartigen manuell betriebenen Türen – im Vergleich zu Normaltüren – stets ein größerer Kraftaufwand erforderlich ist. Die vom Türschließer zu erbringende Schließkraft (Schließmoment) richtet sich vor allem nach der Türflügelbreite und dem Türblattgewicht, denen entsprechende Türschließer-Größen (Bezugsgröße 1 bis) zugeordnet sind und die somit den jeweiligen Erfordernissen optimal angepasst werden können. Einzelheiten sind DIN EN 1154, Tabelle **1**, zu entnehmen.
- **Öffnungsdämpfung.** Mit der im Türschließer integrierten Öffnungsdämpfung wird der Schwung einer heftig aufgestoßenen oder vom Wind erfassten Tür gebremst. Auf diese Weise werden Personen geschützt und Tür- oder Wandbeschädigungen weitgehend verhindert.
- **Schließverzögerung.** Die Schließverzögerung bewirkt eine Verringerung der Schließgeschwindigkeit im Bereich zwischen 120° und 0° Türöffnungswinkel. Damit haben beispielsweise Personen mit Gepäck oder Kinderwagen, Behinderte usw. ausreichend Zeit, den Türbereich zu passieren. Ein Eignungsnachweis in Verbindung mit Feuerschutztüren ist in jedem Fall noch zusätzlich erforderlich.

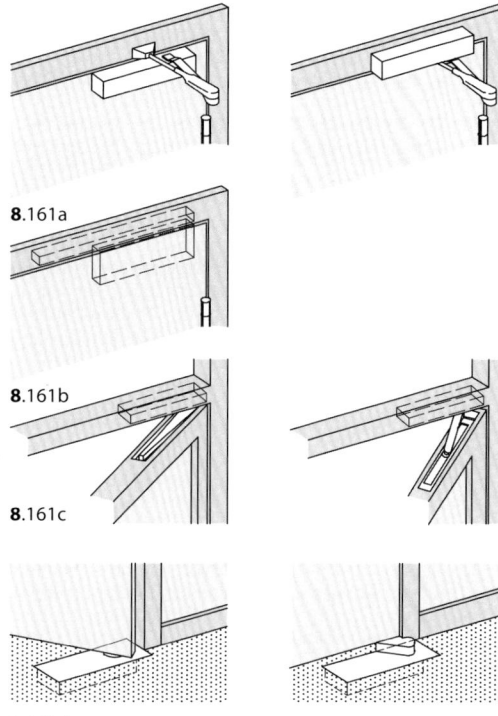

8.161a

8.161b

8.161c

8.161d

8.161 Schematische Darstellung: Türschließer- und Montagearten
  a) Obentürschließer für sichtbare Türblatt- oder Türrahmenmontage
  b) Verdeckte Türschließer für unsichtbare Türblatt- und Türrahmenmontage
  c) Rahmentürschließer für unsichtbare Türflügel- und Türzargen-Profilrahmenmontage (mit Pendelfunktion oder einseitig wirkend als Anschlagtür)
  d) Bodentürschließer für Fußboden- und Türblattmontage (mit Pendelfunktion oder einseitig wirkend als Anschlagtür)

- **Selbstauslösende Türschließer für Feuer- und Rauchschutztüren.** Türschließer sind als Zubehörteile von Feuerschutz- und Rauchschutz-Drehflügeltüren von großer bauaufsichtlicher Bedeutung. Sie sind dazu bestimmt, diesen Abschlüssen die in den Bauordnungen der Länder geforderte Eigenschaft „selbstschließend" zu geben, außerdem müssen sie dauerhaft funktionstüchtig sein. Dadurch soll sichergestellt werden, dass im Fall eines Brandes ein Schadensfeuer nicht über notwendige Öffnungen weitergeleitet wird.

Türschließer für den Gebrauch an Feuer- und Rauchschutztüren erfordern zusätzliche Eigenschaften, um den Anforderungen des vorbeugenden Brandschutzes gerecht zu werden. Diese sind im Einzelnen in DIN 4102-5, DIN 4102-18 und im Anhang A von DIN EN 1154 festgelegt. Vgl. hierzu auch Abschn. 8.6.1, Feuerschutzabschlüsse.

- **Türschließer mit Öffungsautomatik.** (DIN 18 263-4). Türschließer mit Öffnungsautomatik sind Gerätekombinationen, die neben der Schließfunktion und anderen Steuerungsmöglichkeiten noch zusätzlich mit einem Antrieb zum automatischen Öffnen der Tür mittels Fremdenergie ausgestattet sind. Der Antrieb kann elektromechanisch, elektrohydraulisch oder pneumatisch wirken.
- **Elektrisch betriebene Feststellvorrichtungen.** (DIN EN 1155) können eine Drehflügeltür in einer bestimmten Position festhalten oder aber auch frei schwingen lassen. In jedem Fall verursacht die Unterbrechung der Stromzufuhr ein zwangsläufiges Schließen der mit einem Türschließer ausgerüsteten Tür. Um die geforderte Selbstschließung von Feuer- und Rauchschutztüren sicherzustellen, müssen derartige Feststellvorrichtungen mit einer Überwachungseinrichtung (Branderkennungs- und Meldesystem) ausgerüstet sein, damit im Alarmfall die Feststellung aufgehoben wird.
- **Schließfolgeregler** (DIN EN 1158). Schließfolgeregler werden dort eingesetzt, wo die korrekte Schließfolge von zweiflügeligen Drehflügeltüren sicherzustellen ist, insbesondere auch bei zweiflügeligen Feuer- und Rauchschutztüren mit überfälztem Mittelstoß. Der Schließregler darf keine Feststellvorrichtung beinhalten, es sei denn, dass es sich um eine elektrisch betriebene Feststellvorrichtung gemäß DIN EN 1155 handelt. Weitere Einzelheiten über Türschließer (Türschließmittel) sind der Fachliteratur [48], [49] zu entnehmen.

Es würde den Rahmen dieses Werkes sprengen, wollte man einen umfassenden Überblick von allen auf dem Markt befindlichen Türschließerarten geben; zu vielfältig sind die Ausführungsmöglichkeiten – sowohl in technischer als auch formaler Hinsicht. Daher werden nachstehend nur einige gebräuchliche Türschließertypen in Form von Einbauskizzen kurz vorgestellt.

8.7.5.1 Türschließmittel mit unkontrolliertem (ungedämpftem) Schließablauf

- **Federbänder** (DIN 18 22). Federbänder werden als einfaches Schließmittel derzeit nur noch für wenige Bauarten von einflügeligen Feuerschutztüren (max. Türflügelgewicht 80 kg) der Feuerwiderstandsklassen T 30 bis T 90 gemäß DIN EN 16034 verwendet. Federbänder nach dieser Norm erfüllen die in den Bauordnungen der Länder für Feuerschutzabschlüsse geforderte Eigenschaft „selbstschließend".

Die beim Öffnen der Tür aufzuwendende Energie wird in einer zylindrischen Schrauben-Drehfeder gespeichert. Nach dem Loslassen des Türflügels schlägt die Tür – im Gegensatz zu Türschließern mit hydraulischer Dämpfung – mit Schwung ungebremst in die Zarge ein, wodurch sich erhebliche Belästigungen und auch Gefahren für die Verkehrssicherheit ergeben. Derart ungedämpfte Schließmittel sollten daher nur an wenig begangenen Türen angebracht werden.

8.7.5.2 Türschließmittel mit kontrolliertem (hydraulisch gedämpftem) Schließablauf

- **Obentürschließer mit Kurbelbetrieb und Spiralfeder** (DIN 18 263-1). Bild **8**.161 und Bild **8**.162. Ein Obentürschließer mit hydraulischer Dämpfung ist ein Gerät zum selbständigen Schließen von Türen, das entweder auf Türblatt oder Türzarge fest aufgeschraubt ist. Die Benennung weist auf den Montageort im oberen Türbereich hin.

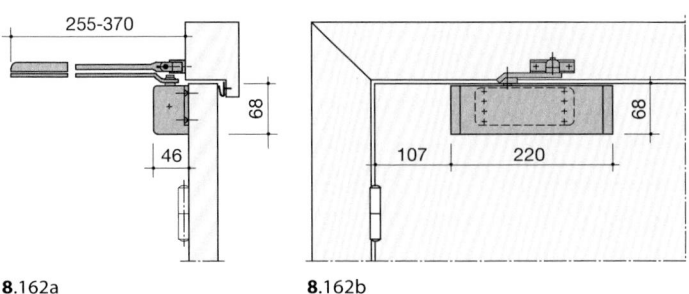

8.162a 8.162b

8.162 Obentürschließer mit Kurbeltrieb und Spiralfeder (DIN 18263-1) im oberen Türbereich sichtbar auf dem Türblatt montiert (Antriebsystem mit Gestänge)
 a) Vertikalschnitt
 b) Türblattansicht
 DORMA-Baubeschläge, Ennepetal

8.7 Türbeschläge

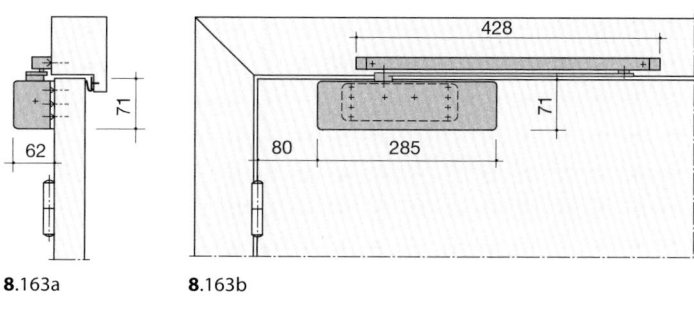

8.163 Obentürschließer mit Lineartrieb (DIN EN 1154) als flach anliegender Gleitschienen-Türschließer sichtbar auf dem Türblatt montiert
a) Vertikalschnitt
b) Türblattansicht
DORMA-Baubeschläge, Ennepetal

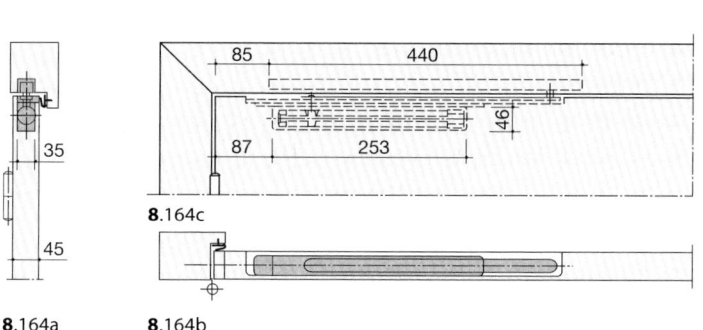

8.164 Obentürschließer mit Lineartrieb (DIN EN 1154) als Gleitschienen-Türschließer verdeckt eingebaut in Türblatt und Türrahmen
a) Vertikalschnitt
b) Türblattansicht
c) Aufsicht obere Türblattkante
DORMA-Baubeschläge, Ennepetal

Die beim Öffnen der Tür aufzuwendende Energie wird in einer Spiralfeder gespeichert. Sie bewirkt beim Loslassen des Türflügels das selbsttätige Schließen der Tür, wobei die Schließbewegung durch hydraulische Dämpfung kontrolliert abläuft und von einem Kurbeltrieb gedämpft wird. Für die Größenwahl des Türschließers sind die Türflügelbreite und das Türblattgewicht je nach Anwendungsbereich maßgebend; für zweiflügelige Türen ist ein besonderer Nachweis der Brauchbarkeit erforderlich. Einzelheiten sind der DIN 18 263-1, Tabelle 1, zu entnehmen.

Güte- und Prüfbestimmungen für Obentürschließer sind in RAL-RG 607/1 [48] festgelegt.

- **Obentürschließer mit Linearbetrieb** (DIN EN 1154). Obentürschließer mit Lineartrieb – auch **Zahntriebtürschließer** genannt und in DIN EN 1154 genormt – bilden die Basis für ganze Produktgruppen-Türschließerfamilien (modulare Systembauweise). Sie werden je nach Antriebsystem sowohl mit Gestänge als auch mit Gleitarm und Gleitschiene angeboten.

- **Flach anliegende Gleitschienen-Türschließer** (Bild **8**.163) – wahlweise für sichtbare Türblatt- oder Türzargenmontage geeignet – sind mit ansprechendem Design und moderner Farbgebung erhältlich und erfüllen alle in Frage kommenden Funktionsanforderungen.

- **Verdeckt eingebaute Gleitschienen-Türschließer** (Bild **8**.164) können nahezu in alle Türflügel aus Holz oder Holzwerkstoffen, Metall und Kunststoff mit einer Türblattdicke ab 45 mm eingebaut werden (Bild **8**.161b). Auch sie erfüllen – wie zuvor im Einzelnen beschrieben – praktisch alle Forderungen, die an einen modernen Türschließer gestellt werden.

8.7.5.3 Bodentürschließer

Bodentürschließer (DIN EN 1154), deren Einzelteile weitgehend unsichtbar im Fußboden und Türelement eingebaut sind – so dass keine Beschlagteile wie Bänderrollen o. Ä. die Türansicht stören – weisen ebenfalls einen kontrollierten Schließablauf auf. Auch hier wird die beim Öffnen des Türblattes entstehende Energie in einer Feder gespeichert. Neben der eigentlichen Schließmechanik können noch zusätzliche Funktionen wie beispielsweise Schließgeschwindigkeit, Schließverzögerung, Öffnungsdämpfung, hydraulische Feststellung usw. integriert sein.

Bodentürschließer gibt es für alle Arten von Anschlagtüren (Links- und Rechtstüren nach DIN 107) mit exzentrisch angeordnetem Drehpunkt sowie für Pendeltüren mit zentrisch angeordne-

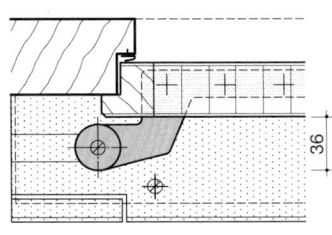 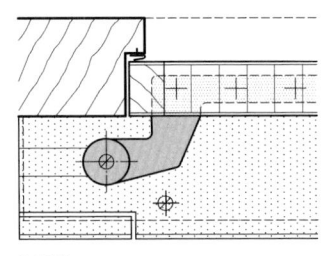 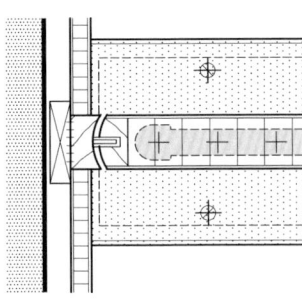

8.165a   8.165b   8.165c

8.165 Schematische Darstellung von Bodentürschließern für Anschlag- und Pendeltüren
  a) Anschlagtür gefälzt, Drehpunkt exzentrisch angeordnet
  b) Anschlagtür ungefälzt, Drehpunkt exzentrisch angeordnet
  c) Pendeltür, Drehpunkt zentrisch angeordnet

tem Drehpunkt (Bild **8.**161und Bild **8.**165). Ferner ist zu unterscheiden zwischen Bodentürschließern, die unabhängig von der Türlagerung nur Schließfunktionen erbringen und solchen, die Schließ- und Tragfunktionen übernehmen (Regelfall). Beachtenswert ist weiter, dass sog. Universal-Bodentürschließer für alle Anschlag- und Pendeltüren sowie Türkonstruktionen aus Holz, Holzwerkstoffen, Metall oder Ganzglas geeignet sind. Vgl. hierzu auch Bild **8.**32 und Bild **8.**79.

Bodentürschließer bestehen aus einem Einbaukasten (sog. Zementkasten), einem darin zu befestigendem Gehäuse mit der eigentlichen Schließmechanik, einer unteren Türschiene (Türhebel) auf der das Türblatt sitzt sowie einem oberen Zapfenpaar zur Türbefestigung (Bild **8.**166).

Der Einbaukasten aus verzinktem Stahlblech wird in den Boden eingelassen (Aussparung im Estrich durch Hartschaumwürfel) und dort fest verankert. Das Türschließergehäuse lässt sich im Einbaukasten auch noch nach der Montage geringfügig in alle Richtungen verstellen, so dass das Türblatt genau eingepasst werden kann. Die Oberseite des Gehäuses wird mit einer Deckplatte aus Edelstahl abgedeckt. Bodentürschließer gibt es für Türblattgewichte bis 300 kg.

Sind Bodentürschließer eindringendem Wasser ausgesetzt (z. B. in Nassräumen oder bei Außentüren ohne Regenschutz), so ist der Raum zwischen Einbaukasten und Türschließergehäuse mit einer geeigneten Vergussmasse auszufüllen.

8.7.5.4 Pendeltürbeschläge

Pendeltüren sind selbstschließende Türen, bei denen die Türblätter durch einen Türrahmen (Zarge) nach beiden Seiten kurzzeitig schwingen und durch Pendeltürbeschläge mit integrierten Schließmitteln wieder in ihre Ausgangsposition zurückgeführt werden. Sie können einflügelig oder zweiflügelig ausgebildet sein, schließen jedoch aufgrund der fehlenden Überfälzung nicht völlig dicht ab. Meist werden Bürsten- oder Gummidichtungen in die abgerundeten Türblattlängskanten eingelassen. Um Zusammenstöße zu vermeiden (z. B. Kellnergang), sollten die Türblätter von Pendeltüren immer Glasfüllungen oder Sehschlitze in Augenhöhe aufweisen.

Neben den vorgenannten, für Pendeltürfunktionen geeigneten

- **Bodentürschließern** (Bild **8.**165c) mit kontrolliertem Schließablauf, gibt es noch weitere spezielle Pendeltürbeschläge.

- **Bommer-Pendeltürband** (Bild **8.**167). Hierbei handelt es sich um einen Beschlag mit Doppelfunktion, der einmal das Türblatt trägt (Aufschraubband) und zum anderen den Pendelvorgang durch eine vorgespannte Schraubenfeder unkontrolliert (ungebremst) in Gang setzt.

Das Bommer-Pendeltürband besteht aus zwei sichtbaren Rollen, die durch einen Steg fest miteinander verbunden sind, und zwei beweglichen Bandlappen, von denen je einer am Türrahmen (Zarge) und Türflügel angeschlagen wird. Die Rollen sind unsichtbar mit kräftigen auswechselbaren Schraubenfedern bestückt. Diese bewirken, dass die Türflügel nach Ingangsetzung selbsttätig, meist hart federnd zurückfallen und nach einigem Hin- und Herpendeln in Ruhestellung übergehen. Die Federn werden erst nach der Türmontage gespannt und gesichert.

8.7 Türbeschläge

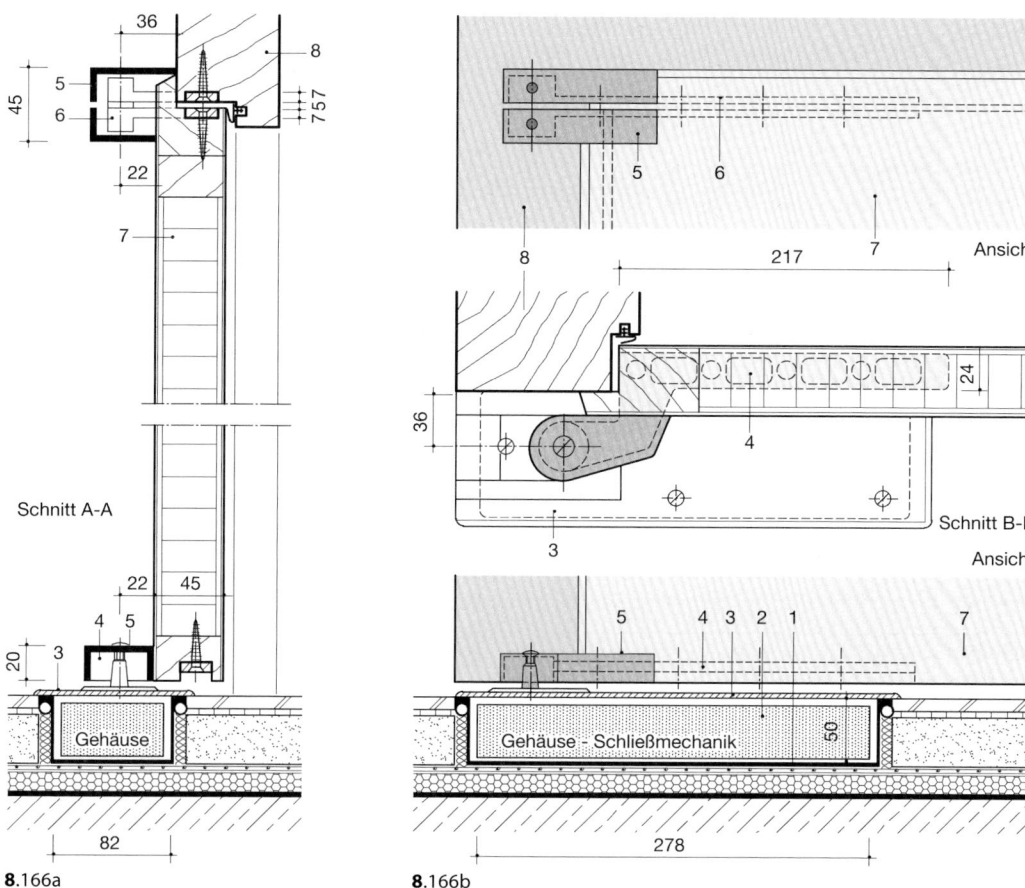

8.166 Konstruktionsbeispiel: Gefälzte Holztür mit exzentrisch ausgebildetem Bodentürschließer, oben eingelassenem Zapfenbandpaar und unterer Türschiene
a) Vertikalschnitt A–A
b) Horizontalschnitt B–B mit Türansichten (oberer und unterer Türbereich)
1 Einbaukasten (sog. Zementkasten)
2 Gehäuse mit Schließmechanik
3 Deckplatte aus Edelstahl
4 untere Türschiene (Türhebel) aus Stahl
GRETSCH-UNITAS, Ditzingen
5 Abdeckkappen aus Edelstahl
6 oberes Zapfenbandpaar
7 Holztürblatt (Ansicht)
8 Türrahmen

Die Größe der Pendeltürbänder muss auf das Türgewicht, die Türbreite und die Türblattdicke abgestimmt werden. Derartige Pendeltürbänder sind nur für Innentüren und keinesfalls für Feuer- oder Rauchschutztüren geeignet.

- **Hawgood-Pendeltürbeschlag** (Bild **8**.168). Bei diesem Pendeltürbeschlag sitzt die Schließkraft in runden Zapfen, die in den Türrahmen (Zarge) eingelassen werden. Es gibt unterschiedlich ausgebildete Beschläge – entweder mit einem oder zwei Zapfen – deren Mechanik jedoch immer unsichtbar ist. Der jeweilige Türflügel wird in den U-förmigen Schuh des Beschlages eingeschoben und daran befestigt. Eine unsichtbar integrierte Arretierung ermöglicht auch eine Offenstellung der Tür von 90° nach beiden Seiten hin. Da die Federkraft in den Zapfen nicht nachgestellt werden kann, muss bei der Beschlagwahl das jeweils zulässige Türblattgewicht, die Türbreite und die Türblattdicke nach Vorgaben der Hersteller genau festgelegt und eingehalten werden.

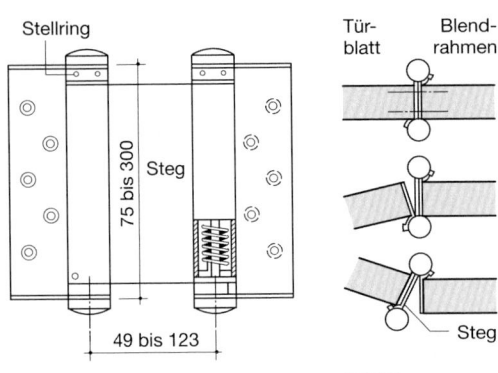
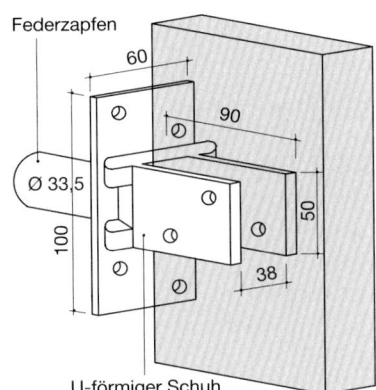

8.167 Bommer-Pendeltürband (Türschließmittel)
a) Ansicht
b) Wirkungsweise

8.168 Hawgood-Pendeltürbeschlag (Türschließmittel) mit einem Federzapfen
DICTATOR-Technik, Neusäß

8.8 Normen

Norm	Ausgabedatum	Titel
DIN 107	04.1974	Bezeichnung mit links oder rechts im Bauwesen
DIN 1249-11	05.2017	Flachglas im Bauwesen – Teil 11: Glaskanten; Begriffe, Kantenformen und Ausführung
DIN 1259-1	09.2001	Glas – Begriffe für Glasarten und Glasgruppen
DIN 1960	09.2016	VOB Vergabe- und Vertragsordnung für Bauleistungen – Teil A: Allgemeine Bestimmungen für die Vergabe von Bauleistungen
DIN 1961	09.2016	VOB Vergabe- und Vertragsordnung für Bauleistungen – Teil B: Allgemeine Vertragsbedingungen für die Ausführung von Bauleistungen
DIN 4072[1]	08.1977	Gespundete Bretter aus Nadelholz
DIN 4074-1	06.2012	Sortierung von Holz nach der Tragfähigkeit – Nadelschnittholz
DIN 4079	06.2016	Furniere; Dicken
DIN 4102-1	05.1998	Brandverhalten von Baustoffen und Bauteilen – Baustoffe; Begriffe, Anforderungen und Prüfungen
DIN 4102-2	09.1977	–; Bauteile, Begriffe, Anforderungen und Prüfungen
DIN 4102-4	05.2016	–; Zusammenstellung und Anwendung klassifizierter Baustoffe, Bauteile und Sonderbauteile
DIN 4102-13	05.1990	–; Brandschutzverglasungen; Begriffe, Anforderungen und Prüfungen
DIN 4102-18	03.1991	–; Feuerschutzabschlüsse; Nachweis der Eigenschaft „selbstschließend" (Dauerfunktionsprüfung)
DIN 4103-1	06.2015	Nichttragende innere Trennwände – Teil 1: Anforderungen und Nachweise
DIN 4103-2	09.2017	–; Trennwände aus Gips-Wandbauplatten
DIN 4103-4	11.1988	–; Unterkonstruktion in Holzbauart
DIN 4108 Bbl 1	04.1982	Wärmeschutz im Hochbau; Inhaltsverzeichnisse; Stichwortverzeichnis
DIN 4108 Bbl 2[2]	03.2006	Wärmeschutz und Energie-Einsparung in Gebäuden – Wärmebrücken – Planungs- und Ausführungsbeispiele
DIN 4108-2	02.2013	–; Mindestanforderungen an den Wärmeschutz
DIN 4108-3	11.2014	–; Klimabedingter Feuchteschutz; Anforderungen, Berechnungsverfahren und Hinweise für Planung und Ausführung
DIN 4108-4	03.2017	–; Wärme- und feuchteschutztechnische Bemessungswerte
DIN V 4108-6	06.2003	–; Berechnung des Jahresheizwärme- und des Jahresheizenergiebedarfs

[1] z. Zt. in Neubearbeitung (E 07.2018)
[2] z. Zt. in Neubearbeitung (E 11.2017)

8.8 Normen

Normen, Fortsetzung

Norm	Ausgabedatum	Titel
DIN V 4108-6 Ber 1	03.2004	–; Berichtigungen
DIN 4108-7	01.2011	–; Luftdichtheit von Gebäuden, Anforderungen, Planungs- und Ausführungsempfehlungen sowie -beispiele
DIN 4108-10	12.2015	–; Anwendungsbezogene Anforderungen an Wärmedämmstoffe – Werkmäßig hergestellte Wärmedämmstoffe
DIN 4109-1	01.2018	Schallschutz im Hochbau – Teil 1: Mindestanforderungen
DIN 4109-2	01.2018	–; Rechnerische Nachweise der Erfüllung der Anforderungen
DIN 4109-4	07.2016	–; Bauakustische Prüfungen
DIN 4109-31	07.2016	–; Daten für die rechnerischen Nachweise des Schallschutzes (Bauteilkatalog) - Rahmendokument
DIN 4109-35	07.2016	–; Daten für die rechnerischen Nachweise des Schallschutzes (Bauteilkatalog) - Elemente, Fenster, Türen, Vorhangfassaden
DIN 4109 Bbl 2	11.1989	–; Hinweise für Planung und Ausführung; Vorschläge für einen erhöhten Schallschutz; Empfehlungen für den Schallschutz im eigenen Wohn- oder Arbeitsbereich
DIN 4172	09.2015	Maßordnung im Hochbau
DIN 5034-1	07.2011	Tageslicht in Innenräumen – Allgemeine Anforderungen
DIN 5034-2	02.1985	–; Grundlagen
DIN 5034-3	02.2007	–; Berechnung
DIN 6812	06.2013	Medizinische Röntgenanlagen bis 300 kV – Regeln für die Auslegung des baulichen Strahlenschutzes
DIN 6834-1	12.2012	Strahlenschutztüren für medizinisch genutzte Räume; Anforderungen
DIN 15 306	06.2002	Aufzüge – Personenaufzüge für Wohngebäude – Baumaße, Fahrkorbmaße, Türmaße
DIN 16 830-1	07.1991	Fensterprofile aus hochschlagzähem Polyvinylchlorid (PVC-HI); Prüfverfahren
DIN 16 830-2	07.1991	–; weiß; Anforderungen
DIN 16 830-3	11.2000	–; Profile mit beschichteten, farbigen Oberflächen; Anforderungen
DIN 17 611	11.2011	Anodisch oxidierte Erzeugnisse aus Aluminium und Aluminium-Knetlegierungen – Technische Lieferbedingungen
DIN 18 000	05.1984	Modulordnung im Bauwesen
DIN 18 015-1[1]	09.2013	Elektrische Anlagen in Wohngebäuden – Planungsgrundlagen
DIN 18 040-1	10.2010	Barrierefreies Bauen; Planungsgrundlagen; Öffentlich zugängliche Gebäude
DIN 18 040-2	09.2011	–; –; Wohnungen
DIN 18 040-3	12.2014	–; –; Öffentlicher Verkehrs- und Freiraum
DIN 18 055	11.2014	Kriterien für die Anwendung von Fenstern und Außentüren nach DIN EN 14351-1
DIN 18 089-1	01.1984	Feuerschutzabschlüsse; Einlagen für Feuerschutztüren; Mineralfaserplatten; Begriff, Bezeichnung, Anforderungen, Prüfung
DIN 18 093	10.2017	Feuer- und/oder Rauchschutzabschlüsse - Einbau und Wartung
DIN 18 095-1	10.1988	Türen; Rauchschutztüren; Begriffe und Anforderungen
DIN 18 095-2	03.1991	–; –; Bauartprüfung der Dauerfunktionstüchtigkeit und Dichtheit
DIN 18 095-3	06.1999	Rauchschutzabschlüsse – Anwendung von Prüfergebnissen
DIN 18 100	10.1983	Türen; Wandöffnungen für Türen; Maße entsprechend DIN 4172
DIN 18 101	08.2014 08.2017	Türen; Türen für den Wohnungsbau; Türblattgrößen, Bandsitz und Schlosssitz; Gegenseitige Abhängigkeit der Maße
DIN 18 104-1	09.2000	Einbruchhemmende Nachrüstprodukte – Teil 1: Aufschraubbare Nachrüstprodukte für Fenster und Türen – Anforderungen und Prüfverfahren
DIN 18 104-2	05.2013	–; Teil 2: Im Falz eingelassene Nachrüstprodukte für Fenster und Türen – Anforderungen und Prüfverfahren
DIN 18 111-1[2]	08.2004	Türzargen, Stahlzargen; Standardzargen für gefälzte Türen in Mauerwerkswänden

[1] z. Zt. in Neubearbeitung (E 09.2018)
[2] z. Zt. in Neubearbeitung (E 10.2018)

Normen, Fortsetzung

Norm	Ausgabedatum	Titel
DIN 18 111-2	10.2018	Türzargen – Stahlzargen – Teil 2: Sonderzargen (1-schalig und 2-schalig) für gefälzte und ungefälzte Türen in Mauerwerkswänden und Ständerwerkswänden
DIN 18 111-3	10.2018	Türzargen – Stahlzargen – Teil 3: Einbau von Stahlzargen nach DIN 18 111-1 und DIN 18 111-2
DIN 18 159-1	12.1991	Schaumkunststoffe als Ortschäume im Bauwesen; Polyurethan-Ortschaum für die Wärme- und Kältedämmung; Anwendung, Eigenschaften, Ausführung, Prüfung
DIN 18 159-2	06.1978	–; Harnstoff-Formaldehydharz-Ortschaum für die Wärmedämmung, Anwendung, Eigenschaften, Ausführung, Prüfung
DIN 18 164-2	09.2001	–; Dämmstoffe für die Trittschalldämmung aus expandiertem Polystyrol-Hartschaum
DIN 18 165-2	09.2001	–; Dämmstoffe für die Trittschalldämmung
DIN 18 181[1]	10.2008	Gipskartonplatten im Hochbau; Grundlagen für die Verarbeitung
DIN 18 182-1	11.2015	Zubehör für die Verarbeitung von Gipskartonplatten; Profile aus Stahlblech
DIN 18 195	07.2017	Abdichtung von Bauwerken – Begriffe
DIN 18 202[2]	04.2013	Toleranzen im Hochbau; Bauwerke
DIN 18 250	09.2006	Schlösser – Einsteckschlösser für Feuerschutzabschlüsse
DIN 18 251-1	07.2002	Schlösser – Einsteckschlösser – Einsteckschlösser für gefälzte Türen
DIN 18 251-2	11.2002	–; –; Einsteckschlösser für Rohrrahmentüren
DIN 18 251-3	11.2002	–; –; Einsteckschlösser als Mehrfachverriegelung
DIN 18 252	05.2018 12.2006	Profilzylinder für Türschlösser – Begriffe, Maße, Anforderungen, Prüfverfahren und Kennzeichnung
DIN 18 255[3]	05.2002	Baubeschläge – Türdrücker, Türschilder und Türrosetten – Begriffe, Maße, Anforderungen, Kennzeichnung
DIN 18 257	06.2015	–; Schutzbeschläge – Begriffe, Maße, Anforderungen, Kennzeichnung
DIN 18 263-1	04.2015	Schlösser und Baubeschläge – Türschließmittel mit kontrolliertem Schließablauf – Obenürschließer mit Kurbeltrieb und Spiralfeder
DIN 18 263-4	04.2015	–; –; Drehflügelantriebe mit Selbstschließfunktion
DIN 18 264	09.1978	Baubeschläge; Türbänder mit Feder
DIN 18 265	09.1978	–; Pendeltürbänder mit Feder
DIN 18 268	01.1985	–; Türbänder; Bandbezugslinie
DIN 18 272	08.1987	Feuerschutzabschlüsse; Bänder für Feuerschutztüren; Federband und Konstruktionsband
DIN 18 273	07.2015	Baubeschläge – Türdrückergarnituren für Feuerschutztüren und Rauchschutztüren – Begriffe, Maße, Anforderungen, Prüfung und Kennzeichnung
DIN 18 299	09.2016	VOB Vergabe- und Vertragsordnung für Bauleistungen – Allgemeine Technische Vertragsbedingungen für Bauleistungen (ATV); Allgemeine Regeln für Bauarbeiten jeder Art
DIN 18 336	09.2016	–; –; Abdichtungsarbeiten
DIN 18 355	09.2016	–; –; Tischlerarbeiten
DIN 18 357	09.2016	–; –; Beschlagarbeiten
DIN 18 360	09.2016	–; –; Metallbauarbeiten
DIN 18 361	09.2016	–; –; Verglasungsarbeiten
DIN 18 534-1	07.2017	Abdichtung von Innenräumen – Anforderungen, Planungs- und Ausführungsgrundsätze
DIN 18 540	09.2014	Abdichten von Außenwandfugen im Hochbau mit Fugendichtstoffen
DIN 18 541-1	11.2014	Fugenbänder aus thermoplastischen Kunststoffen zur Abdichtung von Fugen in Beton; Begriffe, Formen, Maße, Kennzeichnung
DIN 18 541-2	11.2014	–; –; Anforderungen an die Werkstoffe, Prüfung und Überwachung
DIN 18 542	07.2009	Abdichten von Außenwandfugen mit imprägnierten Dichtungsbändern aus Schaumkunststoff – Imprägnierte Dichtungsbänder – Anforderungen und Prüfung

[1] z. Zt. in Neubearbeitung (E 10.2018)
[2] z. Zt. in Neubearbeitung (E 12.2018)
[3] z. Zt. in Neubearbeitung (E 12.2018)

8.8 Normen

Normen, Fortsetzung

Norm	Ausgabedatum	Titel
DIN 18 545-1	02.1992	Abdichten von Verglasungen mit Dichtstoffen; Anforderungen an Glasfalze
DIN 18 545-2	12.2008	–; Dichtstoffe, Bezeichnung, Anforderungen, Prüfung
DIN 18 545-3	02.1992	–; Verglasungssysteme
DIN V 18 599-1	09.2018	Energetische Bewertung von Gebäuden – Berechnung des Nutz-, End- und Primärenergiebedarfs für Heizung, Kühlung, Lüftung, Trinkwarmwasser und Beleuchtung – Allgemeine Bilanzierungsverfahren, Begriffe, Zonierung und Bewertung der Energieträger
DIN 18 650-1	06.2010	Automatische Türsysteme; Teil 1: Produktanforderungen und Prüfverfahren
DIN 18 650-2	06.2010	–; Teil 2: Sicherheit an automatischen Türsystemen
DIN 52 460	12.2015	Fugen- und Glasabdichtungen – Begriffe
DIN 55 634-1	03.2018	Beschichtungsstoffe und Überzüge – Korrosionsschutz von tragenden dünnwandigen Bauteilen aus Stahl – Teil 1: Anforderungen und Prüfverfahren
DIN 55 634-2	03.2018	–; Teil 2: Überwachung und Zertifizierungsanforderungen
DIN 55 928-9	05.1991	–; Beschichtungsstoffe; Zusammensetzung von Bindemitteln und Pigmenten
DIN 55 945	08.2016	Beschichtungsstoffe und Beschichtungen, Ergänzende Begriffe zu DIN EN ISO 4618
DIN 68 121-1	09.1993	Holzprofile für Fenster und Fenstertüren; Maße, Qualitätsanforderungen
DIN 68 121-2	06.1990	–; Allgemeine Grundsätze
DIN 68 141	12.2016	Holzklebstoffe – Bestimmung der offenen Antrockenzeit und Beurteilung der Benetzung und Streichbarkeit
DIN 68 705-2	03.2016	Sperrholz; Stab- und Stäbchensperrholz für allgemeine Zwecke
DIN 68 705-3	12.1981	–; Bau-Furniersperrholz
DIN 68 705-4	12.1981	–; Bau-Stabsperrholz, Bau-Stäbchensperrholz
DIN 68 705-5	10.1980	–; Bau-Furniersperrholz aus Buche
DIN 68 705-5 Bbl 1	10.1980	Bau-Furniersperrholz aus Buche; Zusammenhänge zwischen Plattenaufbau, elastischen Eigenschaften und Festigkeiten
DIN 68 706-1	02.2002	Innentüren aus Holz und Holzwerkstoffen-Türblätter; Begriffe, Maße, Anforderungen
DIN 68 706-2	02.2002	–; Türzargen; Begriffe, Maße, Einbau
DIN 68 740-1	07.2016	Paneele – Begriffe, Bezeichnungen
DIN 68 751	11.1987	Kunststoffbeschichtete dekorative Holzfaserplatten; Begriffe, Anforderungen
DIN 68 762	03.1982	Spanplatten für Sonderzwecke im Bauwesen; Begriffe, Anforderungen, Prüfung
DIN 68 764-1	09.1973	Spanplatten; Strangpressplatten für das Bauwesen, Begriffe, Eigenschaften, Prüfung, Überwachung
DIN 68 764-2	09.1974	–; –; Beplankte Strangpressplatten für die Tafelbauart
DIN 68 765	11.1987	–; Kunststoffbeschichtete dekorative Flachpressplatten; Begriff; Anforderungen
DIN 68 800-1	10.2011	Holzschutz – Teil 1: Allgemeines
DIN 68 800-2	12.2012	Holzschutz – Vorbeugende bauliche Maßnahmen im Hochbau
DIN 68 800-3	02.2012	–; Teil 3: Vorbeugender Schutz von Holz mit Holzschutzmitteln
DIN 68 800-4	02.2012	–; Teil 4: Bekämpfungs- und Sanierungsmaßnahmen gegen Holz zerstörende Pilze und Insekten
DIN EN 54-1	06.2011	Brandmeldeanlagen – Einleitung
DIN EN 54-2[1)]	03.2016	–; Brandmelderzentralen
DIN EN 130	11.1990	Prüfverfahren für Türen; Prüfung der Steifigkeit von Türblättern durch wiederholtes Verwinden

[1)] z. Zt. in Neubearbeitung (E 03.2016)

Normen, Fortsetzung

Norm	Ausgabedatum	Titel
DIN EN 179[1]	04.2008	Schlösser und Baubeschläge – Notausgangsverschlüsse mit Drücker oder Stoßplatte für Türen in Rettungswegen– Anforderungen und Prüfverfahren
DIN EN 204	11.2016	Klassifizierung von thermoplastischen Holzklebstoffen für nichttragende Anwendungen
DIN EN 206	01.2017	Beton – Festlegung, Eigenschaften, Herstellung und Konformität
DIN EN 312	12.2010	Spanplatten – Anforderungen
DIN EN 313-1	05.1996	Sperrholz – Klassifizierung und Terminologie – Klassifizierung
DIN EN 313-2	11.1999	–; –; Terminologie
DIN EN 315	10.2000	Sperrholz – Maßtoleranzen
DIN EN 335	06.2013	Dauerhaftigkeit von Holz und Holzprodukten – Gebrauchsklassen: Definitionen, Anwendung bei Vollholz und Holzprodukten
DIN EN 350	12.2016	–; Prüfung und Klassifizierung der Dauerhaftigkeit von Holz und Holzprodukten gegen biologischen Angriff
DIN EN 350 Ber 1	05.2017	–; –;
DIN EN 356	02.2000	Glas im Bauwesen – Sicherheitssonderverglasung – Prüfverfahren und Klasseneinteilung des Widerstandes gegen manuellen Angriff
DIN EN 438-1	06.2016	Dekorative Hochdruck-Schichtpressstoffplatten (HPL); Platten auf Basis härtbarer Harze (Schichtpressstoffe): Einleitung und allgemeine Informationen
DIN EN 438-2	06.2016	–; –; Bestimmung der Eigenschaften
DIN EN 438-3	06.2016	–; –; Klassifizierung und Spezifikationen für Platten mit einer Dicke kleiner als 2 mm, vorgesehen zum Verkleben auf ein Trägermaterial
DIN EN 438-4	06.2016	–; –; Klassifizierung und Spezifikationen für Kompakt-Schichtpressstoffe mit einer Dicke von 2 mm und größer
DIN EN 438-5	06.2016	–; –; Klassifizierung und Spezifikationen für Schichtpressstoffe für Fußböden mit einer Dicke kleiner 2 mm, vorgesehen zum Verkleben auf ein Trägermaterial
DIN EN 438-6	06.2016	–; –; Klassifizierung und Spezifikationen für Kompakt-Schichtpressstoffe für die Anwendung im Freien mit einer Dicke von 2 mm und größer
DIN EN 438-7	04.2005	–; –; Kompaktplatten und HPL-Mehrschicht-Verbundplatten für Wand- und Deckenbekleidungen für Innen- und Außenanwendung
DIN EN 485-1	10.2016	Aluminium und Aluminiumlegierungen – Bänder, Bleche und Platten Teil 1: Technische Lieferbedingungen; Deutsche Fassung EN 485-1: 2016
DIN EN 485-2	12.2018	–; Teil 2: Mechanische Eigenschaften; Deutsche Fassung EN 485-2: 2016 + A1: 2018
DIN EN 485-3	06.2003	–; –; Grenzabmaße und Formtoleranzen für warmgewalzte Erzeugnisse
DIN EN 513[2]	10.1999	Profile aus weichmacherfreiem Polyvinylchlorid (PVC-U) zur Herstellung von Fenstern und Türen – Bestimmung der Wetterechtheit und Wetterbeständigkeit durch künstliche Bewitterung
E DIN EN 513	12.2017	Kunststoffe - Profile auf Basis von Polyvinylchlorid (PVC) - Bestimmung der Wetterechtheit und Wetterbeständigkeit durch künstliche Bewitterung
DIN EN 514	04.2018	–; Bestimmung der Festigkeit verschweißter Ecken und T-Verbindungen
DIN EN 572-1	06.2016	Glas im Bauwesen – Basiserzeugnisse aus Kalk-Natronsilicatglas – Definitionen und allgemeine physikalische und mechanische Eigenschaften
DIN EN 572-2	11.2012	–; –; Floatglas
DIN EN 572-3	11.2012	–; –; Poliertes Drahtglas
DIN EN 572-4	11.2012	–; –; Gezogenes Flachglas
DIN EN 572-5	11.2012	–; –; Ornamentglas
DIN EN 572-6	11.2012	–; –; Drahtornamentglas
DIN EN 572-7	11.2012	–; –; Profilbauglas mit oder ohne Drahteinlage
DIN EN 572-8	06.2016	–; –; Liefermaße und Festmaße

[1] z. Zt. in Neubearbeitung (E 01.2017)
[2] z. Zt. in Neubearbeitung (E 12.2017)

8.8 Normen

Normen, Fortsetzung

Norm	Ausgabedatum	Titel
DIN EN 622-1	09.2003	Faserplatten – Anforderungen – Allgemeine Anforderungen
DIN EN 622-2	07.2004	–; –; Anforderungen an harte Platten
DIN EN 622-2 Ber 1	06.2006	–; –; –;
DIN EN 622-3	07.2004	–; –; Anforderungen an mittelharte Platten
DIN EN 622-4[1]	03.2010	–; –; Anforderungen an poröse Platten
E DIN EN 622-4	04.2018	–; –; –;
DIN EN 622-5	03.2010	–; –; Anforderungen an Platten nach dem Trockenverfahren (MDF)
DIN EN 634-1	04.1995	Zementgebundene Spanplatten – Anforderungen – Allgemeine Anforderungen
DIN EN 634-2	05.2007	–; Anforderungen an Portlandzement (PZ) gebundene Spanplatten zur Verwendung im Trocken-, Feucht- und Außenbereich
DIN EN 635-1	01.1995	Sperrholz – Klassifizierung nach dem Aussehen der Oberfläche – Allgemeines
DIN EN 635-2	08.1995	–; Laubholz
DIN EN 635-3	08.1995	–; Nadelholz
DIN CEN/TS 635-4	10.2007	–; Einflussgrößen auf die Eignung zur Oberflächenbehandlung – Leitfaden
DIN EN 673	04.2011	Glas im Bauwesen – Bestimmung des Wärmedurchgangskoeffizienten (U-Wert) – Berechnungsverfahren
DIN EN 755-1	10.2016	Aluminium und Aluminiumlegierungen – Stranggepresste Stangen, Rohre und Profile – Technische Lieferbedingungen
DIN EN 755-2	10.2016	–; –; Mechanische Eigenschaften
DIN EN 927-1	05.2013	Beschichtungsstoffe - Beschichtungsstoffe und Beschichtungssysteme für Holz im Außenbereich - Einteilung und Auswahl
DIN EN 927-2	11.2014	Teil 2: Leistungsanforderungen; Deutsche Fassung EN 927-2: 2014
DIN EN 927-3[2]	10.2012	–; –; Freibewitterung
DIN EN 927-5	03.2007	–; –; Beurteilung der Wasserdurchlässigkeit
DIN EN 927-6	12.2018	Teil 6: Künstliche Bewitterung von Holzbeschichtungen mit fluoreszierenden UV-Lampen und Wasser; Deutsche Fassung EN 927-6: 2018
E DIN EN 927-10	11.2017	Teil 10: Bestimmung der Blockfestigkeit von Beschichtungsstoffen und Beschichtungssystemen für Holz; Deutsche und Englische Fassung prEN 927-10: 2017
DIN EN 942	06.2007	Holz in Tischlerarbeiten – Allgemeine Sortierung nach der Holzqualität
DIN EN 947	05.1999	Drehflügeltüren – Ermittlung der Widerstandsfähigkeit gegen vertikale Belastung
DIN EN 948	11.1999	–; Ermittlung der Widerstandsfähigkeit gegen statische Verwindung
DIN EN 949	05.1999	Fenster, Türen, Dreh- und Rolläden, Vorhangfassaden – Ermittlung der Widerstandsfähigkeit von Türen gegen Aufprall eines weichen und schweren Stoßkörpers
DIN EN 950	11.1999	Türblätter – Ermittlung der Widerstandsfähigkeit gegen harten Stoß
DIN EN 951	05.1999	Türblätter – Messverfahren zur Ermittlung von Höhe, Breite, Dicke und Rechtwinkligkeit
DIN EN 952	11.1999	–; Allgemeine und lokale Ebenheit – Messverfahren
DIN EN 1026	09.2016	Fenster und Türen – Luftdurchlässigkeit – Prüfverfahren
DIN EN 1027	09.2016	–; Schlagregendichtheit – Prüfverfahren
DIN EN 1063	01.2000	Glas im Bauwesen – Sicherheitssonderverglasung – Prüfverfahren und Klasseneinteilung für den Widerstand gegen Beschuss
DIN EN 1096-1	04.2012	Glas im Bauwesen – Beschichtetes Glas – Definitionen und Klasseneinteilung
DIN EN 1121	09.2000	Türen – Verhalten zwischen zwei unterschiedlichen Klimaten – Prüfverfahren
DIN EN 1125[3]	04.2008	Schlösser und Baubeschläge – Paniktürverschlüsse mit horizontaler Betätigungsstange für Türen in Rettungswegen – Anforderungen und Prüfverfahren

[1] z. Zt. in Neubearbeitung (E 04.2018)
[2] z. Zt. in Neubearbeitung (E 05.2018)
[3] z. Zt. in Neubearbeitung (E 01.2017)

Normen, Fortsetzung

Norm	Ausgabedatum	Titel
E DIN EN 1125	01.2017	–; –;
DIN EN 1154	04.2003	Schlösser und Baubeschläge – Türschließmittel mit kontrolliertem Schließablauf – Anforderungen und Prüfverfahren
DIN EN 1154 Ber 1	06.2006	–; –; –;
DIN EN 1154 Bbl 1	11.2003	–; –; Anschlagmaße und Einbau
DIN EN 1155	04.2003	–; Elektrisch betriebene Feststellvorrichtungen für Drehflügeltüren – Anforderungen und Prüfverfahren
DIN EN 1155 Ber 1	06.2006	–; –; –;
DIN EN 1158	04.2003	Schlösser und Baubeschläge – Schließfolgeregler – Anforderungen und Prüfverfahren
DIN EN 1158 Ber 1	06.2006	–; –; –;
DIN EN 1191	04.2013	Fenster und Türen – Dauerfunktionsprüfung – Prüfverfahren
DIN EN 1192	06.2000	Türen – Klassifizierung der Festigkeitsanforderungen
DIN EN 1279-1	10.2018	Glas im Bauwesen – Mehrscheiben-Isolierglas – Teil 1: Allgemeines, Systembeschreibung, Austauschregeln, Toleranzen und visuelle Qualität
DIN EN 1294	07.2000	Türblätter – Ermittlung des Verhaltens bei Feuchtigkeitsänderungen in aufeinanderfolgenden beseitig gleichen Klimaten
DIN EN 1303	08.2015	Schlösser und Baubeschläge – Schließzylinder für Schlösser – Anforderungen und Prüfverfahren
DIN EN 1363-1	10.2012	Feuerwiderstandsprüfungen – Allgemeine Anforderungen
E DIN EN 1363-1	04.2018	–; –;
DIN EN 1363-2	10.1999	–; Alternative und ergänzende Verfahren
DIN EN 1364-1	09.2015	Feuerwiderstandsprüfungen für nichttragende Bauteile - Wände
DIN EN 1438	10.1998	Symbole für Holz und Holzwerkstoffe
DIN EN 1522	02.1999	Fenster, Türen, Abschlüsse – Durchschusshemmung – Anforderungen und Klassifizierung
DIN EN 1527	03.2013	Schlösser und Baubeschläge – Beschläge für Schiebetüren und Falttüren – Anforderungen und Prüfverfahren
E DIN EN 1527	12.2017	–; –; –;
DIN EN 1529	06.2000	Türblätter – Höhe, Breite, Dicke und Rechtwinkligkeit – Toleranzklassen
DIN EN 1530	06.2000	–; Allgemeine und lokale Ebenheit – Toleranzklassen
DIN EN 1627	09.2011	Fenster, Vorhangfassaden, Gitterelemente und Abschlüsse – Einbruchhemmung; Anforderungen und Klassifizierung
DIN EN 1628	03.2016	–; –; Prüfverfahren für die Ermittlung der Widerstandsfähigkeit unter statischer Belastung
DIN EN 1629	03.2016	–; –; Prüfverfahren für die Ermittlung der Widerstandsfähigkeit unter dynamischer Belastung
DIN EN 1630	03.2016	–; –; Prüfverfahren für die Ermittlung der Widerstandsfähigkeit gegen manuelle Einbruchversuche
DIN EN 1634-1	04.2018	Feuerwiderstandsprüfungen und Rauschutzprüfungen für Türen, Tore, Abschlüsse, Fenster und Baubeschläge – Teil 1: Feuerwiderstandsprüfungen für Türen, Tore, Abschlüsse und Fenster; Deutsche Fassung EN 1634-1: 2014+A1: 2018
DIN EN 1634-2	05.2009	–; Charakterisierungsprüfung zum Feuerwiderstand von Baubeschlägen
DIN EN 1634-3	01.2005	–; Prüfungen zur Rauchdichte für Rauchschutzabschlüsse
DIN EN 1634-3 Ber 1	09.2009	–; –;
DIN EN 1670	06.2007	Schlösser und Baubeschläge – Korrosionsverhalten – Anforderungen und Prüfverfahren
E DIN EN 1748-1-1	07.2017	Glas im Bauwesen – Spezielle Basiserzeugnisse – Borosilikat – Floatglas – Teil 1-1: Definitionen und allgemeine physikalische und mechanische Eigenschaften; Deutsche und Englische Fassung prEN 1748-1-1: 2017

8.8 Normen

Normen, Fortsetzung

Norm	Ausgabedatum	Titel
DIN EN 1906	12.2012	Schlösser und Baubeschläge – Türdrücker und Türknäufe – Anforderungen und Prüfverfahren
DIN EN 1996-1-1	02.2013	Eurocode 6: Bemessung und Konstruktion von Mauerwerksbauten – Teil 1-1: Allgemeine Regeln für bewehrtes und unbewehrtes Mauerwerk; Deutsche Fassung EN 1996-1-1: 2005 + A1: 2012
DIN EN 1935	05.2002	Baubeschläge – Einachsige Tür- und Fensterbänder – Anforderungen und Prüfverfahren
DIN EN 10 346	10.2015	Kontinuierlich schmelztauchveredelte Flacherzeugnisse aus Stahl zum Kaltumformen – Technische Lieferbedingungen
DIN EN 12 020-1	06.2008	Aluminium und Aluminiumlegierungen – Stranggepresste Präzisionsprofile aus Legierungen EN AW-6060 und EN AW-6063 – Technische Lieferbedingungen
DIN EN 12 020-2	06.2017	–; –; Grenzabmaße und Formtoleranzen
DIN EN 12 046-1	04.2004	Bedienungskräfte – Prüfverfahren – Fenster
E DIN EN 12 046-1	04.2018	–; –; –;
DIN EN 12 046-2	12.2000	–; –; Türen
DIN EN 12 051	12.1999	Baubeschläge – Tür- und Fensterriegel – Anforderungen und Prüfverfahren
DIN EN 12 150-1	12.2015	Glas im Bauwesen – Thermisch vorgespanntes Kalknatron-Einscheibensicherheitsglas – Definition und Beschreibung
DIN EN 12 150-1/A1	05.2017	–; –; –;
DIN EN 12 150-2	01.2005	–; –; Konformitätsbewertung/Produktnorm
E DIN EN 12 150-2	12.2017	–; –; Produktnorm
DIN EN 12 207	03.2017	Fenster und Türen – Luftdurchlässigkeit – Klassifizierung
DIN EN 12 208	06.2000	–; Schlagregendichtheit – Klassifizierung
DIN EN 12 209	10.2016	Schlösser und Baubeschläge – Mechanisch betätigte Schlösser und Schließbleche – Anforderungen und Prüfverfahren
DIN EN 12 210	09.2016	Fenster und Türen – Widerstandsfähigkeit bei Windlast – Klassifizierung
DIN EN 12 216	12.2008	Abschlüsse – Terminologie, Benennungen und Definitionen
DIN EN 12 21	07.2015	Türen – Bedienungskräfte – Anforderungen und Klassifizierung
DIN EN 12 219	06.2000	Türen – Klimaeinflüsse – Anforderungen und Klassifizierung
DIN EN 12 320	12.2012	Baubeschläge – Hangschlösser und Hangschlossbeschläge – Anforderungen und Prüfverfahren
DIN EN 12 337-1	11.2000	Glas im Bauwesen – Chemisch vorgespanntes Kalknatronglas – Definition und Beschreibung
DIN EN 12 365-1	12.2003	Baubeschläge – Dichtungen und Dichtungsprofile für Fenster, Türen und andere Abschlüsse sowie vorgehängte Fassaden – Anforderungen und Klassifizierung
DIN EN 12 400	01.2003	Fenster und Türen – Mechanische Beanspruchung – Anforderungen und Einteilung
DIN EN 12 412-2	11.2003	Wärmetechnisches Verhalten von Fenstern, Türen und Abschlüssen – Bestimmung des Wärmedurchgangskoeffizienten mittels des Heizkastenverfahrens, Rahmen
DIN EN 12 433-1	02.2000	Tore – Terminologie – Bauarten von Toren
DIN EN 12 433-2	02.2000	–; –; Bauteile von Toren
DIN EN 12 453	11.2017	Tore – Nutzungssicherheit kraftbetätigter Tore – Anforderungen und Prüfverfahren
DIN EN 12 488	11.2016	Glas im Bauwesen – Empfehlungen für die Verglasung – Verglasungsgrundlagen für vertikale und geneigte Verglasung
DIN EN 12 519[1]	06.2004	Fenster und Türen – Terminologie
DIN EN 12 765	11.2016	Klassifizierung von duromeren Holzklebstoffen für nichttragende Anwendungen
DIN EN 12 978[2]	10.2009	Türen und Tore – Schutzeinrichtungen für kraftbetätigte Türen und Tore – Anforderungen und Prüfverfahren

[1] z. Zt. in Neubearbeitung (E 01.2015)
[2] z. Zt. in Neubearbeitung (E 11.2017)

Normen, Fortsetzung

Norm	Ausgabedatum	Titel
DIN EN 13 022-1	08.2014	Glas im Bauwesen – Geklebte Verglasung Glasprodukte für Structural-Sealant-Glazing (SSG-) Glaskonstruktionen für Einfachverglasungen und Mehrfachverglasungen mit oder ohne Abtragung des Eigengewichtes
DIN EN 13 022-2	08.2014	–; –; Verglasungsvorschriftenfür Structural-Sealant-Glazing (SSG-) Glaskonstruktionen
DIN EN 13 024-1[1]	02.2012	–; Thermisch vorgespanntes Borosilicat-Einscheibensicherheitsglas – Definition und Beschreibung
DIN EN 13 123-1	10.2001	Fenster, Türen und Abschlüsse – Sprengwirkungshemmung: Anforderungen und Klassifizierung – Stoßrohr
DIN EN 13 123-2	05.2004	–; Sprengwirkungshemmung; Anforderungen und Klassifizierung – Freilandversuch
DIN EN 13 125	10.2001	Abschlüsse – Zusätzlicher Wärmedurchlasswiderstand – Zuordnung einer Luftdurchlässigkeitsklasse zu einem Produkt
DIN EN 13 126-1	02.2012	Baubeschläge ; Beschläge für Fenster und Fenstertüren – Anforderungen und Prüfverfahren – Gemeinsame Anforderungen an alle Arten von Beschlägen
DIN EN 13 241	12.2016	Tore – Produktnorm, – Leistungseigenschaften Prüfverfahren
DIN EN 13 501-1	01.2010	Klassifizierung von Bauprodukten und Bauarten zu ihrem Brandverhalten – Klassifizierung mit den Ergebnissen aus den Prüfungen zum Brandverhalten von Bauprodukten
E DIN EN 13 501-1	08.2017	–; –;
DIN EN 13 501-2	12.2016	–; Klassifizierung mit den Ergebnissen aus den Feuerwiderstandsprüfungen, mit Ausnahme von Lüftungsanlagen
DIN EN 13 541	06.2012	Glas im Bauwesen – Sicherheitssonderverglasung – Prüfverfahren und Klasseneinteilung des Widerstandes gegen Sprengwirkung
DIN EN 13 556	10.2003	Rund- und Schnittholz – Nomenklatur der in Europa verwendeten Handelshölzer
DIN EN 13 637	12.2015	–; Elektrisch gesteuerte Fluchttüranlagen für Türen in Rettungswegen – Anforderungen und Prüfverfahren
DIN EN 13 986	06.2015	Holzwerkstoffe zur Verwendung im Bauwesen – Eigenschaften, Bewertung der Konformität und Kennzeichnung
DIN EN 14 220	01.2007	Holz und Holzwerkstoffe in Fenstern, Außentürflügeln und Außentürrahmen – Anforderungen
DIN EN 14 449[2]	07.2005	Glas im Bauwesen – Verbundglas und Verbund-Sicherheitsglas – Konformitätsbewertung/Produktnorm
DIN EN 14 846[3]	11.2008	Elektromechanische Schlösser und Schließbleche
E DIN EN 15 254-4	12.2016	Erweiterter Anwendungsbereich der Ergebnisse von Feuerwiderstandsprüfungen – Nichttragende Wände –Verglaste Konstruktionen
DIN EN 16 034	12.2014	Türen, Tore und Fenster – Produktnorm, Leistungseigenschaften – Feuer- und/oder Rauchschutzeigenschaften im Bauwesen – Verbundglas und Verbund-Sicherheitsglas – Konformitätsbewertung/Produktnorm
DIN EN 18 255	05.2002	Baubeschläge – Türdrücker, Türschilder und Türrosetten – Begriffe, Maße, Anforderungen, Kennzeichnung
DIN EN 50 131-1	12.2017	Alarmanlagen – Einbruch- und Überfallmeldeanlagen – Teil 1: Systemanforderungen; Deutsche Fassung EN 50 131-1: 2006 + A1: 2009 + A2: 2017
DIN EN ISO 717-1	06.2013	Akustik; Bewertung der Schalldämmung in Gebäuden und von Bauteilen – Luftschalldämmung
DIN EN ISO 717-2	06.2013	–; –; Trittschalldämmung
DIN EN ISO 1461	10.2009	Durch Feuerverzinken auf Stahl aufgebrachte Zinküberzüge (Stückverzinken) – Anforderungen und Prüfungen
DIN EN ISO 6946	03.2018	Bauteile – Wärmedurchlasswiderstand und Wärmedurchgangskoeffizient – Berechnungsverfahren

[1] z. Zt. in Neubearbeitung (E 03.2018)
[2] z. Zt. in Neubearbeitung (E 12.2017)
[3] z. Zt. in Neubearbeitung (E 07.2015)

8.8 Normen

Normen, Fortsetzung

Norm	Ausgabedatum	Titel
DIN EN ISO 7345	07.2018	Wärmeverhalten von Gebäuden und Baustoffen – Physikalische Größen und Definitionen (ISO 7345: 2018); Deutsche Fassung EN ISO 7345: 2018
DIN EN ISO 8044	12.2015	Korrosion von Metallen und Legierungen – Grundbegriffe
DIN EN ISO 9229	11.2007	Wärmedämmung – Begriffe
DIN EN ISO 10 077-1	01.2018	Wärmetechnisches Verhalten von Fenstern, Türen und Abschlüssen – Berechnung des Wärmedurchgangskoeffizienten – Allgemeines
DIN EN ISO 10 077-2	01.2018	–; –; Numerisches Verfahren für Rahmen
DIN EN ISO 10 140-1	12.2016	Akustik – Messung der Schalldämmung von Bauteilen im Prüfstand – Anwendungsregeln für bestimmte Produkte
DIN EN ISO 10 140-2	12.2010	Akustik –; –; Messung der Luftschalldämmung
DIN EN ISO 10 140-3	11.2015	–; –; Messung der Trittschalldämmung
E DIN EN ISO 10 140-4	12.2015	–; –; Messverfahren und Anforderungen
DIN EN ISO 10 211	03.2018	Wärmebrücken im Hochbau – Wärmeströme und Oberflächentemperaturen – Detaillierte Berechnungen
DIN EN ISO 10 848-2	02.2018	Akustik – Messung der Flankenübertragung von Luftschall, Trittschall und Schall von gebäudetechnischen Anlagen zwischen benachbarten Räumen im Prüfstand und am Bau – Anwendung auf Typ-B-Bauteile, wenn die Verbindung geringen Einfluss hat
DIN EN ISO 12 543-1	12.2011	Glas im Bauwesen – Verbundglas und Verbund-Sicherheitsglas – Definitionen und Beschreibung von Bestandteilen
DIN EN ISO 12 543-2	12.2011	–; –; Verbund-Sicherheitsglas
DIN EN ISO 12 543-3	12.2011	–; –; Verbundglas
DIN EN ISO 12 543-4	12.2011	–; –; Verfahren zur Prüfung der Beständigkeit
DIN EN ISO 12 543-5	12.2011	–; –; Maße und Kantenbearbeitung
DIN EN ISO 12 567-1	12.2010	Wärmetechnisches Verhalten von Fenstern und Türen – Bestimmung des Wärmedurchgangskoeffizienten mittels des Heizkastenverfahrens – Komplette Fenster und Türen
DIN EN ISO 12 944-1	01.2019	Beschichtungsstoffe – Korrosionsschutz von Stahlbauten durch Beschichtungssysteme – Allgemeine Einleitung
DIN EN ISO 12 944-2	04.2018	–; –; Einteilung der Umgebungsbedingungen
DIN EN ISO 12 944-3	04.2018	–; –; Grundregeln zur Gestaltung
DIN EN ISO 12 944-4	04.2018	–; –; Arten von Oberflächen und Oberflächenvorbereitung
DIN EN ISO 12 944-5	06.2018	–; –; Beschichtungssysteme
DIN EN ISO 13 789	04.2018	Wärmetechnisches Verhalten von Gebäuden – Spezifischer Transmissions- und Lüftungswärmetransferkoeffizient – Berechnungsverfahren
DIN EN ISO 13 943	01.2018	Brandschutz – Vokabular
E DIN EN ISO 14 439	11.2007	Glas im Bauwesen – Anforderungen für die Verglasung – Verwendung von Verglasungsklötzen
DIN EN ISO 16 283-1	04.2018	Akustik - Messung der Schalldämmung in Gebäuden und von Bauteilen am Bau - Luftschalldämmung
DIN EN ISO 16 283-2	11.2018	–; –; Trittschalldämmung
DIN EN ISO 16 283-3	09.2016	–; –; Fassadenschalldämmung
ISO 834-1	09.1999	Feuerwiderstandsprüfungen – Bauteile – Allgemeine Anforderungen
ISO 834-1 AMD	01.2012	–; –; –; Änderung 1
ISO 834-8	10.2002	–; –; Anforderungen an vertikale raumabschließende nichttragende Bauteile
ISO 834-8 TC 1	10.2009	–; –; –; Korrektur 1
ISO 834-9	02.2003	–; –; Anforderungen an nichttragende Unterdecken
ISO 834-9 TC 1	02.2009	–; –; –; Korrektur 1
DIN ISO 4172	08.1992	Zeichnungen für das Bauwesen; Zeichnungen für den Zusammenbau vorgefertigter Teile

Normen, Fortsetzung

Norm	Ausgabedatum	Titel
DISO 5925-1	09.2007	Brandprüfungen – Rauchschutztüren und Abschlusseinrichtungen – Teil 1: Prüfverfahren zur Ermittlung der Leckrate bei Raumtemperatur und erhöhter Temperatur
ISO 5925-1 AMD	02.2015	Fire tests – Smoke-control door and shutter assemblies – Ambient- and medium-temperature leakage tests; Amendment 1
ISO 8273	07.1985	Türen und Türelemente; Normklimate für die Funktionsprüfung von Türen und Türelementen zwischen unterschiedlichen Klimaten

8.9 Literatur

[1] Die richtigen U-Werte von Fenstern, Türen und Fassaden. VFF Merkblatt ES.01 (Stand: März 2011). Hrsg.: Verband der Fenster- und Fassadenhersteller e.V., Frankfurt
[2] *Wagner, A. u.a.*: Energieeffiziente Fenster- und Verglasungssysteme. (BINE Fachbuch); Bonn; 2013
[3] *Lückmann, R.* Ausbau mit Holz - Fenster, Türen, Böden und Decken erfolgreich planen; Kissing; 2017
[4] *Schulze, H.*: Holzbau. Verlag B.G. Teubner, Stuttgart. 3. Aufl. 2005
[5] Fenster, Haustüren, Fassaden und Wintergärten – Gütesicherung – RAL-GZ 695. RAL-Deutsches Institut für Gütesicherung und Kennzeichnung, Sankt Augustin; 2010
[6] *Wenk, H.-J.; Arnold, U.; Huckfeld T. (Hrsg.)*: Holzfenster und -türen, Band II: Konstruktion, Anschlüsse, Oberflächen, Energieeinsparung; Köln; 2012
[7] *Müller, R.*: Hauseingangstüren aus Holz, Planung, Konstruktion, Gestaltungsgrundsätze. 2. Aufl. 1994, Bauverlag
[8] Leitfaden zur Planung und Ausführung der Montage von Fenstern und Haustüren. Stand März 2010, RAL-Gütegemeinschaften für Fenster und Haustüren, Frankfurt/M.
[9] Anforderungen der Energieeinsparverordnung 2014 für Fenster, Türen und Fassaden; VFF Merkblatt ES.02 Hrsg.: Verband der Fenster- und Fassadenhersteller e.V., Frankfurt; 2014
[10] IVD-Merkblatt Nr. 9, Spritzbare Dichtstoffe in der Anschlussfuge für Fenster und Außentüren, Stand November 2014, Industrieverband Dichtstoffe, Düsseldorf
[11] Abdichtungstechnik. ; www.tremco-illbruck.de; Tremco-Illbruck GmbH & Co. KG, Köln
[12] *Nutsch, W.*: Handbuch der Konstruktuion – Innenausbau; München; 2015
[13] Klassifizierung von Beschichtungen für Holzfenster, Holz-Metall-Fenster und Außentüren. VFF Merkblatt HO.01 (Stand: September 2010). Hrsg.: Verband der Fenster- und Fassadenhersteller e.V., Frankfurt
[14] *Härig, S., Günther, K., Klausen, D.*: Technologie der Baustoffe. 15. Aufl. VDE Verlag, Berlin, 2013
[15] *Wendler-Kalsch, E.; Gräfen, H.*: Korrosionsschadenkunde. Springer, Berlin, 2012
[16] Memento Technisches Handbuch: Glas am Bau. VEGLA, Vereinigte Glaswerke GmbH, Aachen (Saint-Gobain Glass, Aachen), 2006
[17] Glas-Handbuch. Stand 2016. Flachglas AG, Gelsenkirchen (Flachglas Markenkreis, Gelsenkirchen)
[18] Handbuch „Gestalten mit Glas". Interpane Sicherheitsglas Glas-Industrie AG, Lauenförde 2014
[19] Innentüren aus Holz und Holzwerkstoffen. Gütesicherung RAL-GZ 426, Stand Juli 2014. RAL-Deutsches Institut für Gütesicherung und Kennzeichnung, Sankt Augustin
[20] *Weizenhöfer G.*: Leitfaden Türplanung; Berlin; 2015
[21] Holztechnik-Fachkunde. 23. Aufl., 2013. Verlag Europa-Lehrmittel, Haan-Gruiten
[22] Richtlinie für den Einbau von Stahlzargen, Hrsg.: Industrieverband Türen Tore Zargen; Hagen; 2007
[23] Renovierungsstahlzargen. BOS-OHMEN GmbH, Emsdetten
[24] Sonderzargen – Technische Unterlagen, HÖRMANN KG Verkaufsgesellschaft, Steinhagen
[25] Novoferm-Sonderzargen. NOVOFERM GmbH, Rees-Haldern
[26] *Nutsch, W.*: Handbuch der Konstruktion, Stuttgart
[28] Planungsunterlagen: Dorma-Hüppe-Raumtrennsysteme, www.dorma-hueppe.com; Westerstede
[29] Innentüren aus Holz und Holzwerkstoffen, Gütesicherung für Innentüren aus Holz und Holzwerkstoffen. Gütezeichen RAL-GZ 426, Teil III: Feucht- / Nassraumtürblätter RAL – Deutsches Institut für Gütesicherung und Kennzeichnung, St. Augustin; 2014

8.9 Literatur

[30] *Fasold, Peter*: Überfall- und Einbruchmeldeanlagen. TÜR + TOR-REPORT, 3. Aufl. 2013
[31] Tür- und Sicherheitstürbänder Gütesicherung RAL-RG 607/8. RAL-Deutsches Institut für Gütesicherung und Kennzeichnung, Sankt Augustin; 2014
[32] Baubeschlag-Taschenbuch 2011. Verlagshaus Wohlfarth, Duisburg 2010
[33] Simonswerk-Baubeschlagtechnik: Produktbroschüren; www.simonswerk.de; Simonswerk GmbH, Rheda-Wiedenbrück; 2018
[34] Der große Häfele. Schließ- und Beschlagtechnik für Türen. (Stand 2015). Hrsg.: Häfele GmbH & Co., Beschlagtechnik, Nagold
[35] HEWI-Beschläge; Katalog; www.hewi.de; HEWI-Baubeschläge; Bad Arolsen; 2018/19
[36] Schutzbeschläge, Gütesicherung RAL-RG 607/6. Stand November 1998, Hrsg.: Gütegemeinschaft Schlösser und Beschläge e.V., Velbert
[37] FSB-Handbuch 13; Tür- und Fensterbeschläge Barrierefreies Wohnen; FSB-Beschläge, Brakel; 2017
[38] Einsteckschlösser, Rohrrahmenschlösser und Mehrfachverriegelungen, Gütesicherung, RAL-RG 607/2 Hrsg.: Gütegemeinschaft Schlösser und Beschläge e.V., Velbert
[39] Keso-Schließsysteme; www.keso.de
[40] Friedl, W.-J. Effektiver Einbruchschutz - Mechanische, mechatronische und elektronische Gebäudesicherung; Stuttgart; 2016
[41] Digitale Schließ- und Organisationssysteme www.simons-voss.com. Simons Voss Technologies, Unterföhring
[42] Dichtungen für Fenster, Türen, Rollläden und mehr…; Katalog; Dollex; www.dollex.de; Bremen; 2018
[43] Dichtprofile für Fenster und Türen. www.deventer-profile.com. Deventer Profile GmbH & Co. KG, Berlin
[44] Türenkatalog, Jeldwen (ehem. Wirus-Türen), www.jeld-wen.de; Oettingen
[45] Schörghuber Handuch – Schallschutz; www.schoerghuber.de; Schörghuber Spezialtüren KG, Ampfing
[46] *Oswald, R.*: Schwachstellen-Abdichtungsanschlüsse. Deutsche Bauzeitung (db) 2009
[47] Obentürschließer mit hydraulischer Dämpfung, Gütesicherung, RAL-RG 60-1 Hrsg.: Gütegemeinschaft Schlösser und Beschläge e.V., Velbert
[48] Markus Hoeft M.: Mechanische Türschließer – gebändigter Kraftaufwand; bba; Leinfeld-Echterdingen, 2016
[49] ASR A 1.7 „Türen und Tore"; Ausschuss für Arbeitsstätten; Köln; 2017
[50] Neuform-Türenwerk Hans Glock GmbH 6 Co. KG, Erdmannshausen

9 Außen- und Innenputze, Sonderputze, Wärmedämmputze und Wärmedämm-Verbundsysteme

9.1 Allgemeines

Putz ist ein an Wänden oder Decken ein- oder mehrlagig in bestimmter Dicke aufgetragener Belag aus Putzmörteln oder Beschichtungsstoffen, der seine endgültigen Eigenschaften erst durch Verfestigung am Baukörper erreicht. Je nach Belagdicke und Art der verwendeten Mörtel bzw. Beschichtungsstoffe übernehmen Putze bestimmte bauphysikalische Aufgaben. Zugleich dienen sie der Oberflächengestaltung eines Bauwerkes.

Normen. In den letzten Jahren hat es gerade zum Thema „Putze" wichtige Änderungen in den entsprechenden Normen gegeben. So z. B. die DIN EN 998-1. Alle in dieser Norm beschriebenen Produkte mussten, um sie überhaupt noch innerhalb der Europäischen Union in den Verkehr bringen zu dürfen, mit dem CE-Kennzeichnen versehen werden. Lehmputze sind davon ausgenommen. Lehmputzmörtel sind in der DIN 18 947 geregelt und haben nach langer Zeit Eingang gefunden in Teil 2 der ergänzenden nationalen Norm DIN 18550. Weiterhin gelten die Lehmbau-Regeln sowie das Technische Merkblatt TM01 des Dachverbandes Lehm e. V.

Die ehemalige DIN V 18550 wurde überführt in die DIN 18550-1 (Außenputze) und DIN 18550-2 (Innenputze). Der aktuelle Stand der Normung ist Abschn. 9.12 zu entnehmen.

Neue europäische und deutsche Normen für Innen- und Außenputze sowie Wärmedämmsysteme im Überblick:

- **DIN EN 13 914** Planung, Zubereitung und Ausführung von Innen- und Außenputzen
  - Teil 1 Außenputz
  - Teil 2 Innenputz
- **DIN 18550** Planung, Zubereitung und Ausführung von Innen- und Außenputzen
  - Teil 1 Ergänzende Festlegungen zu DIN EN 13914-1 für Außenputz
  - Teil 2 Ergänzende Festlegungen zu DIN EN 13914-2 für Innenputz
- **DIN EN 998-1** Festlegungen für Mörtel im Mauerwerksbau – Teil 1 Putzmörtel
- **DIN EN 15824** Festlegungen für Außen- und Innenputze mit organischen Bindemitteln
- **DIN 55 699** Verarbeitung von Wärmedämm-Verbundsystemen
- **DIN EN 13 499** Außenseitige Wärmedämm-Verbundsysteme (WDVS) aus expandiertem Polystyrol
- **DIN EN 13 500** Außenseitige Wärmedämm-Verbundsysteme (WDVS) aus Mineralwolle
- **DIN EN ISO 9229** Wärmedämmung – Begriffe

Allgemeine Anforderungen wie gute und gleichmäßige Haftung der Putzlagen untereinander und am Putzgrund sowie gleichmäßiges Gefüge innerhalb der einzelnen Lagen, Festigkeit und Widerstand gegen Abrieb, Brandverhalten u. a. m. haben Außen- und Innenputze gleichermaßen zu erfüllen.

- Bei Außenputzen ist insbesondere auf die Wasserdampfdurchlässigkeit zu achten. Die diffusionsäquivalente Luftdichtdicke darf bei keiner Putzlage den Wert $s_d \leq 2{,}0$ m überschreiten.
- Innenputze müssen eine bestimmte Mindestdruckfestigkeit und entsprechendes Haftvermögen aufweisen, um gegebenenfalls Anstriche und leichte Tapeten aufnehmen zu können. Außerdem muss der Innenputz in bewohnten Räumen die Fähigkeit besitzen, Wasserdampf rasch aufnehmen, speichern und bei Bedarf langsam wieder abgeben zu können (klimaregulierende Wirkung).

Zusätzliche Anforderungen können darüber hinaus sowohl an Außen- wie Innenputze gestellt werden.

- Außenputze müssen vor allem witterungsbeständig sein, d. h. insbesondere der Einwirkung von Feuchte und wechselnden Temperaturen widerstehen sowie einen den jeweiligen Beanspruchungsgruppen entsprechen-

den Regenschutz durch wasserhemmende oder wasserabweisende Putzsysteme gewährleisten. Des Weiteren wird vom Außenputz bei Bedarf erhöhte Festigkeit erwartet (Kellerwandaußenputz, Außensockelputz).
- An Innenputze werden noch zusätzliche Anforderungen vor allem als Träger von speziellen Beschichtungen und schweren Tapeten gestellt sowie bezüglich erhöhter Abriebfestigkeit und Feuchtraumbeständigkeit.

Putze für Sonderzwecke übernehmen ganz besondere Anforderungen. Zu nennen sind beispielsweise Putzbekleidungen, die eine besondere Wirksamkeit aufweisen hinsichtlich
- Brandschutz
- Schallschutz
- Wärmeschutz

9.2 Einteilung und Benennung: Überblick

Putze sind grundsätzlich zu unterscheiden in:
- **Putze mit mineralischen Bindemitteln** (Mineralputze) nach DIN EN 998-1
- Für ihre Herstellung werden Putzmörtel verwendet.
- **Putze mit organischen Bindemitteln** (Kunstharzputze) nach DIN EN 15 824
Zu ihrer Herstellung dienen Beschichtungsstoffe.
- **Putze mit Gips als Hauptbindemitteln** (Gipsbinder und Gipstrockenmörtel) nach DIN EN 13279-1
- **Putze mit Lehm als Bindemittel** nach DIN 18947

Putzmörtel
Putzmörtel wurden nach alter Norm den Putzmörtelgruppen PI bis P IV zugeordnet, sie sind nicht mehr gültig. Die Putzmörtel mit mineralischen Bindemitteln werden nach europäischer Normung in Druckfestigkeitsklassen CS I-CS IV nach DIN EN 998-1 unterteilt. 13914-1 (s. Tab. 1–3) Die Festigkeiten der europäischen Norm entsprechen dabei nur ungefähr den Festigkeiten der alten Putzgruppen und sind nicht direkt übertragbar.

Putzmörtel mit organischen Bindemitteln nach DIN EN 15824 werden u.a. nach ihrer Fähigkeit zur Wasseraufnahme und Wasserdampfübertragung kategorisiert.

Die Normen DIN 18550-1 und DIN 18550-2 haben die Vornorm DIN V 18550 ersetzt und ergänzen die europäischen Normen DIN EN 13914-1 und DIN EN 13914-2. Die in der Vornorm geregelte Einteilung in Putzmörtelgruppen PI bis PIV wird im neuen Regelwerk als „ehemalig" bezeichnet. Gleiches gilt für die Einteilung in ehemals Typ P Org 1 und ehemals Typ P Org 2 bei Putzen mit organischen Bindemitteln.

Dennoch sind diese Einteilungen für die Baupraxis weiterhin relevant, bis sich die neuen Bezeichnungen endgültig durchgesetzt haben.

Zu unterscheiden sind:
Putzmörtel nach dem Zustand
- Frischmörtel (gebrauchsfertiger, verarbeitbarer Mörtel)
- Festmörtel (verfestigter Mörtel)

Putzmörtel nach dem Ort der Herstellung
- Baustellenmörtel (auf der Baustelle zusammengesetzte und gemischte Mörtel)
- Werkmörtel (im Werk zusammengesetzte, gemischte und überwachte Mörtel)
- Werktrockenmörtel (im Werk gefertigte, überwachte, verarbeitungsfähige, pulverförmige Mischung)

Putzmörtel nach der Art des Bindemittels
- Baukalke
- Putz- und Mauerbinder
- Zemente
- Baugipse
- Anhydritbinder
- Lehmmörtel

Putzmörtel nach der Art des Zuschlages
- mineralischer Zuschlag (DIN EN 998-1)
- organischer Zuschlag, jeweils mit dichtem oder porigem Gefüge (DIN 15 824)

Beschichtungsstoffe
Beschichtungsstoffe dienen zur Herstellung von Kunstharz- und Silikatputzen und bestehen aus organischen Bindemitteln in Form von Kunststoffdispersionen. Nach Anwendung und Bindemittelanteil wurden ehemals zwei Beschichtungsstofftypen unterschieden in:
- P Org 1 – für Kunstharz- und Silikatputz als Außen- und Innenputz
- P Org 2 – für Kunstharz- und Silikatputz als Innenputz

Nach aktueller europäischer Normung gelten Kunstharz- und Silikatputze aus organischen Bindemitteln als Innenputze und Außenputze nach DIN EN 15824 und klassifiziert die Außen- und Innenputze mit organischen Bindemitteln hinsichtlich ihrer
- Haftfestigkeit ($\geq 0{,}3$ m Pa)
- Wärmeleitfähigkeit λ
- Brandbeanspruchung zusätzlich nur für Außenputze
- Wasserdampfdurchlässigkeit (V)
- Wasseraufnahme (W)
- Dauerhaftigkeit ($> 0{,}3$ m Pa)

Putzgrund
Putzgrund ist der Bauteil, der verputzt wird. Zur Vorbereitung des Putzgrundes gehören geeignete Maßnahmen, die einen festen und dauerhaften Verbund zwischen Putz und Putzgrund fördern. Dies wird gegebenenfalls erreicht durch das Aufbringen eines
- Spritzbewurfes (bei mineralisch gebundenen Putzen)
- Grundanstriches (bei Kunstharzputzen)

9.2 Einteilung und Benennung: Überblick

Putzträger
Putzträger verbessern das Haften des Putzes oder ermöglichen eine vom tragenden Untergrund weitgehend unabhängige Putzkonstruktion. Verwendet werden u. a. metallische Putzträger, Holzwolle-Leichtbauplatten, Ziegeldrahtgewebe.

Putzbewehrung
Putzbewehrungen bewirken eine Verbesserung der Zugfestigkeit des Putzes auf schwierigem Untergrund und tragen so zur Verminderung der Rissbildung bei. Verwendet werden u. a. Glasgitter-Armierungsgewebe, eingebettet in die oberste Schicht des frisch aufgebrachten Unterputzes.

Putzaufbau
Eine Putzlage ist eine in einem Arbeitsgang ausgeführte Putzschicht. Der Spritzbewurf zählt nicht als Putzlage. Dem Aufbau nach unterscheidet man:
- einlagige Putze
- mehrlagige Putze

Die unteren Lagen werden Unterputz, die oberste Lage wird Oberputz genannt. Kunstharzputze auf Wand- und Deckenflächen eignen sich nur als Oberputz.

Putzsysteme
Unter Putzsystem versteht man das ganzheitliche Zusammenwirken von Putzgrund und Putzlage(n). Die an einen Putz gestellten Anforderungen müssen demnach von allen Schichten zusammen dauerhaft erfüllt werden.

Nach alter Handwerkerregel soll die Festigkeit des Putzes von innen nach außen, d. h. zur jeweiligen Putzoberfläche hin, abnehmen. Diese Regel ist auch sinngemäß bei der Festigkeitsabstufung zwischen dem Putzgrund und dem Unterputz anzuwenden.

Die traditionelle Putzregel „weich auf hart" zu putzen, gilt jedoch nur für herkömmliche, mineralisch gebundene Putze auf massiven Mauerwerk (kleinformatige Vollsteine mit hohem Fugenanteil). Sie gilt nicht für Putze auf hoch wärmedämmendem Leichtmauerwerk (porosierte Leichthochlochziegel, Bimshohlblocksteine, Porenbetonsteine).

Derart bewegliche Putzgründe erfordern eine schubweiche Zwischenschicht zwischen Wandbildner und Oberputz, so dass es zu einer sog. Entkopplung und damit Umdrehung der alten Putzregel kommt (Unterputz weicher als Oberputz).

Putzanwendung
Entsprechend seiner örtlichen Lage im Bauwerk und der dadurch gegebenen Beanspruchungsart sind zu unterscheiden:

Außenputz
- Außenwandputz (auf über dem Sockel liegenden, aufgehenden Flächen)
- Außensockelputz (oberhalb der Erdanschüttung)
- Kellerwand-Außenputz (im Bereich der Erdanschüttung)
- Außendeckenputz (auf Deckenunterseiten, die der Witterung ausgesetzt sind).

Innenputz
- Innenwandputz für Räume üblicher Luftfeuchte (einschließlich der häuslichen Küchen und Bäder)
- Innenwandputz für Feuchträume
- Innendeckenputz für Räume üblicher Luftfeuchte (einschließlich der häuslichen Küchen und Bäder)
- Innendeckenputz für Feuchträume.

Putzarten
Nach den zu erfüllenden Anforderungen werden unterschieden:
Putze, die allgemeinen Anforderungen genügen
Putze, die zusätzlichen Anforderungen genügen.
- wasserhemmender Putz
- wasserabweisender Putz
- Außenputz mit erhöhter Festigkeit
- Innenwandputz mit erhöhter Abriebfestigkeit
- Innenwand- und Innendeckenputz für Feuchträume.

Putze für Sonderzwecke
- brandschutztechnisch wirksame Putzbekleidungen
- schallschutztechnisch wirksame Putzbekleidungen
- wärmeschutztechnisch wirksame Putzsysteme.

Wärmedämm-Putzsysteme
Dämmputze wurden zur Verbesserung der Wärmedämmung von Außenbauteilen entwickelt. Sie setzen sich üblicherweise aus einem Unterputz – dem eigentlichen Wärmedämmputz – und einem Oberputz zusammen, der vor allem schützende Funktionen übernimmt, gleichzeitig aber auch der Gestaltung dient.

Dämmputze werden im Wesentlichen nach der jeweiligen Zuschlagart eingeteilt. Man unterscheidet
- Unterputz mit organischem Leichtzuschlag (z. B. Polystyrol),
- Unterputz mit mineralischem Leichtzuschlag (z. B. Perlite),
- Unterputz mit Aerogel
- jeweils mit ein- oder zweilagigem Oberputz.

Wärmedämm-Verbundsysteme
WDV-Systeme werden zur Außendämmung und Gestaltung von Fassaden eingesetzt und bestehen aus einer plattenförmigen Dämmschicht, einer darauf aufgebrachten Armierungsschicht als Bewehrung und einer Schlussbeschichtung (Oberputz).

Neben der Verbesserung des Wärmeschutzes und des Regenschutzes von Außenbauteilen, verhindern sie Wärmebrücken und führen zur Entkopplung des Außenputzes auf kritischen Untergründen (rissfreie Fassaden bei Altbauten).

Leichtputze
Leichtputzsysteme wurden zum Verputzen von hoch wärmedämmendem Leichtmauerwerk aus porosierten Leichtziegeln, Leichtbeton und Porenbeton entwickelt. Dabei wirkt der Unterputz mit seiner geringen Rohdichte als schubweiche Entkopplungsschicht zwischen Putzgrund und dem Oberputz.

Sanierputze

Sanierputze sind Putze mit hoher Porosität und Wasserdampfdurchlässigkeit bei gleichzeitig erheblich verminderter kapillarer Leitfähigkeit. Mit Hilfe der Sanierputze lassen sich feuchte und salzbelastete Wandflächen – im Außen- und Innenbereich – so behandeln, dass man langfristig intakte Putzoberflächen ohne Salzausblühungen und Absprengungen erhält (Altbausanierung).

In der Regel besteht ein mehrlagiges Sanierputzsystem aus
- Spritzbewurf, WTA-Sanierputz,
- WTA-Grundputz,
- Anstrich oder Dekorputz.

Putzweisen

Die Putzweise kennzeichnet die Putze nach der Art ihrer Oberflächenbearbeitung und der dadurch entstehenden Oberflächenstruktur.
- Geglätteter Putz
- Gefilzter Putz
- Geriebener Putz oder Reibeputz (auch genannt: Münchener Rauputz, Wurm-putz, Madenputz, Altdeutscher Putz usw.)
- Kellenwurfputz
- Spritzputz
- Kratzputz
- Rollputz
- Buntsteinputz u. a.

Verlegung, Aufmaß und Abrechnung erfolgt nach VOB, Teil C, DIN 18 350, Putz- und Stuckarbeiten.

9.3 Ausgangsstoffe

9.3.1 Mineralische Bindemittel für Putzmörtel[1]

Mineralische Bindemittel im Sinne der DIN EN 13914 sind: Kalk, Zement und Gips.
Nach ihrem Erhärtungsverhalten unterscheidet man
- Luftbindemittel, die nur an der Luft erhärten und im erhärteten Zustand wasserlöslich sind sowie
- hydraulische Bindemittel, die an der Luft und unter Wasser erhärten und im erhärteten Zustand wasserbeständig sind.

Normen zu den wichtigsten Bindemitteln zur Herstellung von Putzmörteln:
- **DIN EN 459-1** – Baukalk. Definitionen, Anforderungen und Konformitätskriterien
- **DIN EN 197-1** – Zement. Zusammensetzung, Anforderungen und Konformitätkriterien von Normalzement

---

[1] Der aktuelle Stand der Normung ist Abschn. 9.12 zu entnehmen.

- **DIN EN 493-1** – Putz- und Mauerbinder
- **DIN EN 13279-1** – Gipsbinder und Gips-Trockenmörtel – Teil 1: Begriffe und Anforderungen

Baukalke

Baukalke werden aus Kalkstein, Dolomitstein, Kalksteinmergel oder mergeligem (tonhaltigem) Kalkstein durch Brennen unterhalb der Sintergrenze (900 bis 1200 °C) hergestellt. Je mehr tonhaltige Bestandteile der Kalkstein enthält, umso hydraulischer (unter Wasser erhärtend) verhält sich der Kalk.

Während nicht hydraulische Bindemittel nach dem Anmachen mit Wasser nur an der Luft erhärten (Luftbindemittel), erhärten hydraulische Baukalke nach Wasserzugabe sowohl an der Luft als auch unter Wasser. Sie erhärten außerdem schneller und erzielen höhere Festigkeiten als lufthärtende Bindemittel. Aufgrund dieses unterschiedlichen Erhärtungsverhaltens unterscheidet man:

Luftkalke
- Weißkalk **(CL)**
- Dolomitkalk (DL)

und **Kalke mit hydraulischen Eigenschaften**
- Hydraulischer Kalk (HL)
- Natürlicher Hydraulischer Kalk (NHL)
- Formulierter Kalk (FL)

Luftkalke verfestigen durch langsame Aufnahme von Kohlendioxid aus der Luft nach dem Anmachen mit Wasser. Dieser Vorgang wird Karbonatisierung (Karbonaterhärtung) genannt. Sie erhärten nicht unter Wasser (reine Luftbindemittel) und sind nach dem Erhärtungsvorgang – im Vergleich zu hydraulischem Kalk – deutlich weniger wasserbeständig. Weiß- bzw. Dolomitkalkmörtel besitzen gute Verarbeitungseigenschaften (Geschmeidigkeit, Dehnungsfähigkeit). Nach längerer, meist monatelanger Abbindezeit – während der keine luftabsperrenden Tapeten oder dichte Anstriche aufgebracht werden dürfen – entstehen Putze geringerer Festigkeit (vorwiegend Innenputze der ehemaligen Mörtelgruppe PI und jetzigen Druckfestigkeitsklasse CS I), jedoch mit hoher Wasserdampfdurchlässigkeit.

Hydraulische und natürliche hochhydraulische Kalke zeichnen sich vor allem durch ihre vorhandenen hydraulischen Erhärtungsfähigkeiten aus. Die Mörtel sind unter Wasser beständig, sofern sie zuvor eine gewisse Zeit (hydraulische Kalke mind. 5 Tage, hochhydraulische Kalke zwischen 1 und 3 Tagen) an der Luft nach dem Anmachen mit Wasser gelagert haben, d. h. vorhärten konnten. Außerdem binden sie schneller ab und erreichen eine höhere Festigkeit (ehemals Mörtelgruppe PII, jetzt Druckfestigkeitsklasse CS I/II) als Luftkalke. Sie sind besonders geeignet für Außenputze, die ungünstigen Witterungsverhältnissen und mechanischen Beanspruchungen ausgesetzt sind. Vgl. hierzu Abschn. 9.4.1, Putzmörtel sowie Abschn. 6.2.2.3, Mauermörtel, Teil 1 dieses Werkes.

9.3 Ausgangsstoffe

Hinweis. Hydraulisch erhärtende Kalke können mit Zement, nicht aber mit Gips oder Anhydrit gemischt werden.

Formulierter Kalk ist nach DIN EN 459-1 ein Kalk mit hydraulischen Eigenschaften, der hauptsächlich aus Luftkalk (CL) und/oder natürlichem hydraulischem Kalk mit Zusätzen aus anderem hydraulischen und/oder puzzolanischen Material besteht.

Zemente

Zement ist ein hydraulisches Bindemittel, das im Wesentlichen aus Kalkstein, Kieselsäure, Tonerde und Eisenoxid besteht. Das entsprechende Rohstoffgemisch wird oberhalb der Sintergrenze (1400 bis 1500 °C) gebrannt und anschließend fein gemahlen.

Durch Reaktion mit Wasser erhärtet Zement sowohl an der Luft als auch unter Wasser und bleibt nach der Erhärtung auch unter Wasser fest. Reiner Zementmörtel gehört zur Festigkeitskategorie CS III/CS IV und muss nach 28 Tagen eine Druckfestigkeit von $\geq 6{,}0$ N/mm² aufweisen (zum Vergleich: Geforderte Mindestdruckfestigkeit bei hochhydraulischem Kalk 5 N/mm² nach ehemaliger MG PI, das entspricht der Festigkeitskategorie CS II mit einer Spanne von 1,5 bis 5,0 N/mm² nach DIN EN 998-1).

DIN EN 197-1 unterteilt die Normalzemente in sechs Hauptgruppen:

- Portlandzement   CEM I
- Portlandkompositzement   CEM II
- Hochofenzement   CEM III
- Puzzolanzement   CEM IV
- Hüttensand-Puzzolan-Zement CEM V
- Kompositzement   CEM VI

und solche mit hohem Sulfatwiderstand (s. Tab. 2 DIN EN 197-1):
CEM I (CEM I-SR 0; CEM I-SR 3; CEM I-SR 5)
CEM III (CEM III/B-SR; CEM III/C-SR)
CEM IV (CEM IV/A-SR; CEM IV/B-SR)

Einzelheiten über die Hauptzementarten, Festigkeitsklassen usw. sind Abschn. 5.2.1, Zement, Teil 1 dieses Werkes sowie der Spezialliteratur [1] zu entnehmen.

Die europäische Norm enthält jedoch nicht die Zemente mit besonderen Eigenschaften, die vor allem nationale Bedeutung haben. Diese sind in DIN 1164 genormt und haben weitere Zusatzbezeichnungen.

Baugipse (DIN EN 13279-1)

Gips kommt in der Natur als Mineral (Gipsstein) vor oder fällt als Nebenprodukt der chemischen Industrie an (Chemiegips). Zunehmende Bedeutung gewinnt der sog. **REA**-Gips, der in den Rauchgas-Entschwefelungs-Anlagen der Steinkohle-Kraftwerke anfällt. Er ist den Naturgipsen in bautechnischer Hinsicht durchaus ebenbürtig und wie diese auch gesundheitlich völlig unbedenklich.

Durch thermische Behandlung (z. B. Brennen in Drehöfen) wird dem Rohgips das Kristallwasser teilweise oder vollständig entzogen. Mit zunehmender Entwässerung bzw. Brenntemperatur (120 bis 180 °C bei Stuckgips, 300 bis 900 °C bei Putzgips) steigen Festigkeit und Abbindedauer (Erhärtungsverhalten) der verschiedenen Gipssorten. Das beim Brennen entzogene Wasser wird dem feingemahlenen Gips später beim Anmachen wieder zugeführt, so dass wieder Gipsstein entsteht.

Gips ist ein nichthydraulisches Bindemittel, das ausschließlich durch Kristallisation (Hydration) an der Luft erhärtet. Gipse – sowie alle Gipsbaustoffe – sind durch Dauereinwirkung von Wasser löslich und verlieren bei langanhaltender, starker Feuchtigkeitseinwirkung merklich ihre Festigkeit (Gefügezerstörung). Gips darf daher weder in Außenwandputzen noch als Innenputz in Räumen mit langzeitig einwirkender Feuchtigkeit (z. B. in Hallenbädern, Saunen) verwendet werden. Vorübergehend auftretender Feuchtigkeitsanfall – wie er beispielsweise in häuslichen Bädern und Küchen vorkommt – ist unschädlich, da Gips überschüssige Luftfeuchtigkeit rasch aufnehmen und in Trocknungsperioden wieder rasch abgeben kann.

Zur Erzielung bestimmter Eigenschaften dürfen den Baugipsen im Herstellerwerk Zusätze beigegeben werden. Zusätze sind Stellmittel (anorganische Stoffe), die die Konsistenz, die Haftung, das Wasserrückhaltevermögen oder die Versteifungszeit (Erhärtungsverhalten) des Gipses in gewünschter Weise beeinflussen. Bereits werkseitig zugefügt sein können auch Füllstoffe wie Sand oder Perlit. Der zeitlich unterschiedliche Verlauf des Erhärtungsvorganges (Versteifung) ist ein wesentliches Kriterium zur Unterscheidung der einzelnen Gipssorten.

Die DIN EN 13279-1 unterscheidet bei den Gipsprodukten nach Gipsbindern und Gipstrockenmörteln.

Baugipse ohne werkseitig beigegebene Zusätze:
- **Stuckgips.** Bei niedrigen Temperaturen gebrannt, verhältnismäßig rasch versteifend. Er wird vor allem für Stuck-, Form- und Rabitzarbeiten, für das Herstellen von Innenputzen (Gipsputz, Gipskalkputz) sowie zur werksmäßigen Herstellung von Gipsbauplatten verwendet.
- **Putzgips.** Bei höheren Temperaturen gebrannt, beginnt früher zu versteifen und ist dennoch – ohne Schaden zu nehmen – länger an der Putzfläche zu bearbeiten als Stuckgips. Er wird vor allem für die Herstellung von Innenputzen (Gipsputz, Gipssandputz, Gipskalkputz) sowie für Rabitzarbeiten eingesetzt.

Baugipse mit werkseitig beigegebenen Zusätzen:
- **Maschinenputzgips.** Die Stellmittel ermöglichen einen kontinuierlichen maschinellen Putzauftrag. Der verarbeitungsbereit gelieferte, werkseitig vorgemischte Gips wird während des Putzvorganges fortlaufend (meist aus Silos o. Ä.) in die Putzmaschine automatisch eingeblasen, das erforderliche Wasser richtig dosiert zugesetzt, homogen gemischt, als weichplastischer Mörtel über eine Schlauchleitung (Spritzkopf mit Druckluft) transportiert und gleichmäßig in gewünschter Dicke auf den Putzgrund aufgespritzt. Geeignet für einlagige Innenputze (Wand- und Deckenputz) auf nahezu allen festen Putzgründen; mehrlagiges Putzen ist zu vermeiden.
- **Haftputzgips.** Mit Zusätzen (z. B. Kunstharz) zur Verbesserung der Haftung versehen. Er wird verarbeitungsfähig geliefert, weitere Zusätze bzw. Zuschläge dürfen nicht beigegeben werden. Haftputzgips ist vor allem zum Verputzen von schwierigen, d. h. glatten und schwach saugenden Putzgründen – wie beispielsweise Stahlbetondecken – bestimmt. Der einlagige Auftrag des Innenputzes erfolgt von Hand; mehrlagiges Putzen ist zu vermeiden.
- **Fertigputzgips.** Versteift langsam, Füllstoffe (z. B. Perlit, Sand) sind werkseitig zugesetzt, weitere Zuschläge oder Zusätze dürfen nicht zugegeben werden. Fertigputzgips ist das Standardmaterial zum einlagigen Verputzen von Mauerwerksflächen. Er eignet sich besonders für gut saugende Putzgründe. Das Anmachen und Auftragen des Mörtels erfolgt von Hand; mehrlagiges Putzen ist zu vermeiden. Vgl. hierzu auch die ausgewiesene Spezialliteratur [4], [5].

Baugipse dürfen zwar mit Luftkalken, jedoch niemals mit hydraulischen Bindemitteln, wie Zement oder hydraulischem Kalk, vermischt bzw. verarbeitet werden, da die Gefahr der Gefügezerstörung durch sog. Treiben besteht (Kristallwasseranreicherung in Folge Ettringitbildung). Auch eine Vermischung der Sorten Maschinenputzgips, Haftputzgips und Fertigputzgips untereinander oder mit anderen Bindemitteln oder Zuschlägen ist unzulässig, da die gewünschten Eigenschaften verloren gehen.

Weiter ist zu beachten, dass Gips für eingelagerte Metallteile keinerlei schützende Wirkung besitzt, (ungehinderter Zutritt von Feuchte und Sauerstoff), so dass es zu Korrosion kommen kann. Daher sind metallische Putzträger bzw. Aufhängevorrichtungen immer zu lackieren oder zu verzinken. Demgegenüber weist Gipsputz – wie alle Gipsbauteile – ein günstiges Brandverhalten auf: Gips bindet eine verhältnismäßig große Wassermenge, die im Brandfall die Bauteiloberfläche in Form eines Wasserdampfschleiers schützt.

Hinweis: Anhydritbinder (DIN 4208), Putz- und Mauerbinder (DIN EN 413-1,) sowie Trass (DIN 51 043) sind weitere mineralische Bindemittel, die jedoch im Rahmen dieser Abhandlung unberücksichtigt bleiben.
Der aktuelle Stand der Normung ist Abschn. 9.12 zu entnehmen.

9.3.2 Putze mit organischen Bindemitteln

Als Bindemittel von Beschichtungsstoffen für Kunstharzputze werden Polymerisatharze in Form von Dispersionen oder Lösungen verwendet. Der Bindemittelgehalt des Beschichtungsstoffes ist in Abhängigkeit von der Kornzusammensetzung des Zuschlages gemäß DIN EN 15824 festzulegen. Die DIN 18 558, Kunstharzputze, wird zeitnah überarbeitet und dann zurückgezogen oder als Restnorm bestehen bleiben, wenn nicht alle Inhalte Eingang in den anderen Normen finden.

9.3.3 Zuschläge für Mörtel- und Kunstharzputze

Zuschlagstoffe. Baukalke und Zemente müssen durch Zuschläge gemagert werden, weil diese mineralischen Bindemittel für sich allein beim Erhärten schwinden. Baugipse und Anhydritbinder dagegen bedürfen an sich keines Magerungsmittels (Ausnahmen: Gezielte Beeinflussung bestimmter Eigenschaften). Außerdem schwinden Baugipse nicht, im Gegensatz zu Baukalk und Zement. Für die Herstellung von Mörtel- und Kunstharzputzen eignen sich folgende Zuschläge:

9.3 Ausgangsstoffe

Mineralischer Zuschlag. Mineralischer Zuschlag ist nach DIN EN 13 914-1, DIN EN 998-1 bzw. DIN 18 558 ein Gemenge (Haufwerk) aus ungebrochenen und/oder gebrochenen Körnern von natürlichen und/oder künstlichen mineralischen Stoffen. Man unterscheidet:

- Zuschlagstoffe mit dichtem Gefüge nach DIN EN 13 139 (z. B. Natursand, Brechsand o. Ä.)
- Zuschlagstoffe mit porigem Gefüge nach DIN EN 13 055 (z. B. Perlite, Blähton, Vermiculite, Blähglaskügelchen, Bims), auch Leichtzuschläge genannt.

Korngröße, -form, -zusammensetzung, -festigkeit und Reinheit des Sandes sind für das Verhalten und die Widerstandsfähigkeit eines Mörtels oder Putzes ebenso wichtig wie die Art und Güte des Bindemittels. Schädliche Bestandteile wie Lehm, Ton, Kohle, Eisen, Sulfate o. Ä. dürfen die Zuschläge entweder gar nicht oder nur in solchen Mengen enthalten, dass sie die Eigenschaften der Putze nicht beeinträchtigen.

Mörtelsande zur Herstellung von Putzen mit mineralischen Bindemitteln sollen eine möglichst geringe Hohlräumigkeit besitzen. Am vorteilhaftesten sind gemischtkörnige Sande, da sie u. a. weniger Bindemittel benötigen und bessere Verarbeitungseigenschaften ergeben. Günstig sind Sande, deren Massenanteil an Körnung 0 bis 0,25 mm zwischen 10 und 30% liegt.

Größe und Anteil des Grobkorns richten sich immer nach der Putzanwendung. Der Spritzbewurf erfordert stets einen grobkörnigen Sand, damit eine raue Oberfläche entsteht, an der sich der nachfolgende Putz festklammern kann.

Organischer Zuschlag. Organischer Zuschlag ist ein Gemenge aus Körnern organischer Stoffe. Man unterscheidet:

- Zuschlagstoffe mit dichtem Gefüge (z. B. Kunststoffgranulate)
- Zuschlagstoffe mit porigem Gefüge (z. B. Expandiertes Polystyrol = geschäumte Kügelchen).

9.3.4 Zusätze für Putzmörtel

Zusatzmittel. Zusätze sind Zusatzmittel, die die Mörteleigenschaften durch chemische und/oder physikalische Wirkung beeinflussen, so dass die Putze besonderen Anforderungen genügen. Sie dürfen dem jeweiligen Mörtelgemisch nur in geringen Mengen zugegeben werden; außerdem dürfen nur Zusätze verwendet werden, die keinen schädigenden Einfluss auf den Putz ausüben. So dürfen sie insbesondere die Festigkeit und Beständigkeit des Mörtels, den Korrosionsschutz der Putzbewehrung oder des Putzträgers sowie das Erhärten des Bindemittels nicht beeinträchtigen.

Die wichtigsten Zusatzmittel, die Putzmörteln für Außenputze beigegeben werden, sind:

- **Luftporenbildner.** Durch künstlich erzeugte, gleichmäßig verteilte kleine Luftporen werden die Kapillaren unterbrochen, wodurch die Wasseraufnahmefähigkeit des Putzes verringert wird. Des Weiteren wird die Verarbeitbarkeit des Mörtels durch die Gleitwirkung der Luftporen verbessert (Plastifizierungsmittel) und das Mörtelgewicht aufgrund der eingeschlossenen Luft reduziert, so dass dickere Putzlagen in einem Arbeitsgang aufgebracht werden können. Vgl. hierzu auch Abschn. 9.7.5.4. Diese Porenbildner dürfen jedoch nur in kleinen Mengen beigegeben werden, da ein zu hoher LP-Gehalt zu wesentlichen Festigkeitsminderungen führt.

- **Hydrophobierungsmittel** (wasserabweisende Zusätze). Hierbei handelt es sich in der Regel um fettähnliche Substanzen, die weitgehend wasserunlöslich sind und dem Mörtel in genau dosierten Mengen bereits werkseitig zugegeben werden. Sie bewirken, dass das von außen an den fertigen Putz herangetragene Wasser (z. B. Schlagregen) abgewiesen wird, indem sie die Benetzbarkeit der Kapillarwände so stark herabsetzen, dass der Kapillarsog praktisch unterbleibt.

Die Wasserdampfdurchlässigkeit darf dadurch jedoch nur unwesentlich gemindert werden. Auch darf die Hydrophobierung nur in einem solchen Maße erfolgen, dass die Haftung nachfolgender Schichten (z. B. Anstriche) nicht nachteilig beeinflusst wird.

Wie in Abschnitt 10.2 näher beschrieben, können Putzoberflächen auch noch nachträglich mit farblosen Imprägniermitteln (Silanen, Siloxanen oder Silikonen) wasserabweisend ausgerüstet werden.

- **Dichtungsmittel.** Sie machen den Putz weitgehend wasserundurchlässig, indem sie bei Wasserandrang porenstopfend wirken und dadurch einen Dichteffekt herbeiführen. Eingesetzt werden sie fast ausschließlich bei

Außenputzen aus reinem Zementmörtel (Mörtelgruppe PIII) im Sockelbereich und unter der Erdoberfläche.

Bei höherem Wasserdruck wird die wasserabweisende Wirkung in den Kapillaren jedoch überwunden, so dass bitumöse Anstriche o. Ä. als Abdichtungsebene immer eingesetzt werden müssen.

- **Erstarrungsbeschleuniger.** Sie bewirken eine Beschleunigung der Mörtelerstarrung. Auch sie dürfen nur in geringen Mengen zugegeben werden, da sie sonst die Endfestigkeit des Putzes vermindern.
- **Haftverbessernde Zusatzmittel.** Sie verbessern den Haftverbund zwischen Putzmörtel und Putzgrund.
- **Frostschutzmittel.** Sie würden Putzarbeiten auch bei niedrigeren Temperaturen zulassen.
- **Farbmittel** (Pigmente). Diese müssen zur Herstellung eines gefärbten Putzes licht-, kalk- und zementecht sowie wetter- und UV-beständig sein, damit sie durch die Bindemittel, Zuschlagstoffe oder Lichteinwirkung nicht verfärbt oder zerstört werden. Farbpigmente dürfen nur in solchen Mengen verwendet werden, dass ein nachteiliger Einfluss auf den Putz unterbleibt.

9.4 Putzmörtel und Beschichtungsstoffe

9.4.1 Putzmörtel für Mineralputze

Putzmörtel ist nach DIN EN 13 914-1 und 998-1 ein Gemisch, das aus einem oder mehreren miteinander verträglichen **mineralischen** Bindemitteln, gemischt-körnigem Zuschlag sowie Anmachwasser besteht. Bei Mörteln aus Baugipsen und Anhydritbindern kann der Zuschlag entfallen.

Putzmörtel werden den Kategorien CS I – CS III nach DIN EN 13914-1 zugeordnet. Bei der Wahl der Mörtelgruppe ist jedoch immer auch zu berücksichtigen, ob der Putz später noch mit anderen Stoffen beschichtet werden soll.

9.4.1.1 Anforderungen an Putz

Putze müssen den Anforderungen der DIN 18550-1 „Planung, Zubereitung und Ausführung von Außen- und Innenputzen – Teil 1: Ergänzende Festlegungen zu DIN EN 13914-1" (für Außenputze), der DIN 18550-2 „Planung, Zubereitung und Ausführung von Außen- und Innenputzen – Teil 2: Ergänzende Festlegungen zu DIN EN 13914-2 (für Innenputze), der DIN EN 13914-1 „Planung, Zubereitung und Ausführung von Außen- und Innenputzen – Teil 1: Außenputze", der DIN EN 13914-2 „Planung, Zubereitung und Ausführung von Außen- und Innenputzen – Teil 2: Innenputze", im Zusammenhang mit den Anforderungen der DIN EN 998-1 „Festlegungen für Mörtel im Mauerwerksbau – Teil 1: Putzmörtel" entsprechen.

Die DIN EN 998-1 gilt für im Werk hergestellte Putzmörtel aus anorganischen (mineralischen) Bindemitteln, die als Außen- und Innenputze Verwendung finden, sie gilt nicht für Mörtel, deren Hauptbindemittel Gips ist.

Die DIN EN 13279-1 behandelt Gipsbinder und Gips-Trockenmörtel, sie erfasst Gips-Trockenmörtel, deren Hauptbindemittel Gips ist.

Nach DIN 18550 müssen Außenputze gegen Eindringen von Regenwasser beständig sein. Deswegen wurde in DIN EN 998-1 der Index „c" für die Kategorie der kapillaren Wasseraufnahme eingeführt, danach gilt für **Werkputzmörtel**

- **der starkem Regen ausgesetzt ist:**
  Verwendung von Putz
  – mit einer kapillaren Wasseraufnahme der Klasse W_c2 oder Beanspruchungsgruppe III nach DIN 4108-3
  – einer Wasseraufnahme der Klasse W_2 oder W_3 nach EN 15824, Beanspruchungsgruppe III nach DIN 4108-3
- **bei gemäßigten Bedingungen:**
  Verwendung von Putz
  – mit einer kapillaren Wasseraufnahme der Klasse W_c1 oder W_c2 nach EN 998-1 Beanspruchungsgruppe II nach DIN 4108-3
- **bei gemäßigten Bedingungen:**
  Verwendung von Putz
  – mit einer kapillaren Wasseraufnahme der Klasse W_c1 oder W_c2 nach EN 998-1 oder Beanspruchungsgruppe II nach DIN 4108-3
  – einer Wasseraufnahme der Klasse W_2 oder W_3 nach EN 15824, Beanspruchungsgruppe II nach DIN 4108-3
- **bei geschützten Bedingungen:**
  Verwendung von Putz
  – mit einer kapillaren Wasseraufnahme der Klasse W_c0 oder W_c1 oder W_c2 nach EN 998-1 Beanspruchungsgruppe I nach DIN 4108-3
  – einer Wasseraufnahme der Klasse W_2 oder W_3 nach EN 15824, Beanspruchungsgruppe I nach DIN 4108-3

9.4 Putzmörtel und Beschichtungsstoffe

Tabelle 9.1 Zuordnung Beanspruchungsgruppe mit Schlagregenschutz von Putzen

	Beanspruchungsgruppe I nach DIN 4108-3 geringe Schlagregenbeanspruchung	Beanspruchungsgruppe II nach DIN 4108-3 mittlere Schlagregenbeanspruchung	Beanspruchungsgruppe III nach DIN 4108-3 starke Schlagregenbeanspruchung
nach DIN 4108-3	Außenputz ohne besondere Anforderung	mindestens wasserhemmender Außenputz	mindestens wasserabweisender Außenputz
nach DIN EN 998-1[a]	W_c0, W_c1, W_c2	W_c1, W_c2	W_c2
nach DIN EN 15824	W_1, W_2, W_2	W_1, W_2, W_2	W_2/W_3

[a] Der Index „c" wurde für die Kategorie der kapillaren Wasseraufnahme in DIN EN 998-1:2017-02 eingeführt. DIN EN 13914-1:2016-09 verwendet noch die Kategorien ohne Index.

Tabelle 9.2 Zuordnung der ehemaligen Putzmörtelgruppen zu Tabelle 1 (mineralische Bindemittel)

Bezeichnung	ehemalige Putzmörtelgruppen
Mörtel mit Luftkalk	P I
Hydraulischer Kalkmörtel (NHL, HL)	P I
Kalk- und Zementmörtel	P II
Zementmörtel	P III

Tabelle 9.3 Zuordnung der ehemaligen Putzmörtelgruppen zu Tabelle 2 (organische Bindemittel)

Bezeichnung	ehemalige Putztypen
organisch gebundener Silikatputz (Silikatputz)	P Org 1
Dispersionsputz (Kunstharzputz)	P Org 1
Silikonharzputz	P Org 1

Tabelle 9.1 ordnet die Außenputze den Schlagregenbeanspruchungsgruppen I bis III (geringe bis starke Schlagregenbeanspruchung) zu. Die Tabelle gibt an, welche Kriterien für die einzelnen Beanspruchungsgruppen nach DIN 4108-3, DIN EN 988-1 und DIN EN 15824 zu erfüllen sind. Die Kriterien gelten dann als erfüllt, wenn mindestens eine Putzlage des Außenputzsystems die Anforderungen erfüllt.

Der Außenputz kann durch konstruktive Maßnahmen wie ausreichenden Dach- und Fensterbanküberstand oder Ausbildung von Gesimsen -was sich durchaus auch in einer modernen Architektursprache realisieren lässt- vor zu starker

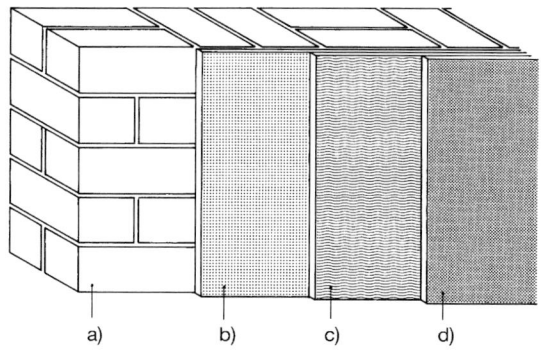

9.4 Schematische Darstellung des Aufbaues eines zweilagigen traditionellen Außenputzes gemäß DIN V 18 550
  a) Mauerwerk (Putzgrund)
  b) Spritzbewurf (zählt nicht als Putzlage)
  c) Unterputz (z. B. Kalkzementmörtel CS II/CS III)
  d) Oberputz (z. B. mineralischer Putz oder Kunstharzputz)

Feuchtebelastung geschützt werden. Dies gewinnt insbesondere mit Blick auf die immer höheren Anforderungen an den Wärmeschutz und den damit verbundenen zunehmenden mikrobiologischen Befall insbesondere von Putzfassaden (s. auch Abschn. 9.11.6) mehr und mehr an Bedeutung.

9.4.1.2 Druckfestigkeitskategorien

Die Putzmörtelgruppen P I – P IV der alten Din V 18 550 sind endgültig in die Druckfestigkeitskategorien CS I – CS IV der DIN EN 13 914 überführt.

Kalkmörtel der Druckfestigkeitskategorien CS I (Luftkalkmörtel) und CS II (Hydraulischer Kalkmörtel – CS I/CS II) ergeben stark saugende, elastische, wenig druckfeste Putze mit hoher Wasserdampfdurchlässigkeit, die jedoch nicht immer ausreichend witterungsbeständig sind. Sie eignen sich vor allem für mechanisch nicht stärker beanspruchte Innenputze, gegebenenfalls auch für Außenputze, an die keine besonderen Feuchtigkeits- bzw. Festigkeitsanforderungen gestellt werden.

Um die Beständigkeit und Festigkeit von Kalkputzen zu erhöhen, können geringe Zementzusätze beigegeben werden. Dadurch werden die Putze fester aber auch dichter und weniger elastisch. Eine zusätzliche Hydrophobierung oder ein Anstrich machen den Putz wasserabweisend. Auf Kalkputzen der Druckfestigkeitskategorie CS I dürfen keine dichten Beschichtungssysteme und auch keine Putzschichten mit höherer Festigkeit aufgebracht werden. Geeignet sind nur sehr wasserdampfdurchlässige Anstriche (z. B. Silikatfarben).

Da bei diesen Putzen jedoch Monate vergehen, bis eine ausreichende Erhärtung aufgrund des Karbonatisierungsvorganges eintritt, dürfen diese erst nach etwa einem halben Jahr auf den Kalkputz aufgebracht werden. Außerdem eignen sich reine Kalkputze – so wie sie an historischen Gebäuden (Denkmalpflege) häufig angetroffen werden – nicht als Unterputz für Kunstharzputze und in der Regel auch nicht für Dispersionsfarbenanstriche.

Wie in Abschn. 9.3.1, Baukalke, bereits erwähnt, hängt es von der Handelsform des Baukalkes ab, ob er unmittelbar verarbeitet werden kann oder ob eine Einsumpfdauer bzw. Mörtelliegezeit (DIN EN 459) einzuhalten ist. Erhärtungs- und Abbindevorgang laufen beim Kalkmörtel parallel. Da das Abbinden (Karbonisation) jedoch primär von dem nur in verhältnismäßig geringen Mengen vorhandenen Kohlendioxid der Luft abhängt, kann sich das Abbinden von Luftkalkmörteln unter Umständen über Wochen und Monate hinziehen. Es ist daher ratsam, Beschleunigungsmaßnahmen wie beispielsweise kräftiges Lüften, Aufstellung von Propangasbrennern (keine Koksöfen!) usw. zu veranlassen, damit dauernd neues Kohlendioxid an den Putz herangeführt wird und das bei der Karbonisation frei werdende Wasser (Teil der sog. Neubaufeuchtigkeit) rascher weggeführt wird. Zugluft muss dabei allerdings vermieden werden, da sonst unter Umständen Putzrisse durch eine zu rasche Oberflächentrocknung entstehen können.

Kalkzementmörtel der Druckfestigkeitskategorie CS II/ CS III

ergeben sehr widerstandsfähige, ausreichend elastische, schwachsaugende Putze mit ausreichender Wasserdampfdurchlässigkeit.

Sie eignen sich hauptsächlich für stark beanspruchte Außenputze (Standardmörtel), denen jedoch trotz ihrer niederschlaghemmenden Eigenschaften in der Regel noch wasserabweisende Zusätze beigegeben werden.

Als Innenputz werden sie überall dort eingesetzt, wo starke mechanische Beanspruchungen zu erwarten sind. Vgl. hierzu Abschn. 9.7.5 und 9.7.6, mineralisch gebundene Außen- und Innenputze. Bei den hydraulisch erhärtenden Mörteln ist besonders darauf zu achten, dass die Verarbeitungszeit (Versteifungsbeginn) nicht überschritten wird.

Zementmörtel der Druckfestigkeitskategorie CS III/ CS IV

ergeben sehr feste, kaum saugende, wenig elastische, starre Putze mit geringer Wasserdampfdurchlässigkeit.

Sie eignen sich hauptsächlich für Außenputze zum Abdichten von Bauteilen, die ständiger Feuchtigkeitseinwirkung ausgesetzt sind (z. B. Kellerwand-Außenputze unter der Erdoberfläche) sowie für Sockelputze. Durch Zugabe von Dichtungsmitteln oder Aufbringen von entsprechenden Dichtungsanstrichen (Beschichtungen) können sie wasserundurchlässig ausgeführt werden. Vgl. hierzu Abschn. 9.7.5.

Zum Verputzen von aufgehenden Wänden (Fassadenbereich) sind sie nur dann geeignet, wenn ein sehr harter und dichter Putzgrund – beispielsweise Mauerwerk der Festigkeitsklasse > 6 oder Beton – vorhanden ist. Werden Zementmörtel auf weniger feste Mauerwerkstoffe aufgebracht, so kommt es wegen ihrer großen Härte zu Spannungsrissen, durch die Niederschlagswasser ungehindert eindringen kann.

9.4 Putzmörtel und Beschichtungsstoffe

Gipshaltige Mörtel nach DIN EN 13 279-1
ergeben stark saugende und schnell trocknende Putze, die vorübergehenden Feuchtigkeitsanfall rasch aufnehmen, aber ebenso schnell durch Verdunsten wieder abgeben.

Gipshaltige Mörtel eignen sich aufgrund der Wasserlöslichkeit des Putzes nur zur Herstellung von Innenputzen. Sie sind auch nicht verwendbar in Räumen mit langzeitiger Feuchtigkeitseinwirkung (z. B. in Schwimmbädern). Zum Einsatz in häuslichen Küchen und Bädern sind sie jedoch gut geeignet, da sie die dort vorübergehend auftretenden Feuchtigkeitsspitzen ausgleichen und rasch abbauen.

Festigkeit und Härte der Putze mit Gips hängen wesentlich von der Gipsart, vom Gipsanteil und gegebenenfalls von der Höhe des Sand- bzw. Perlitzuschlages ab. Vgl. hierzu Abschn. 9.7.6, Innenputz.

Hinweise: Baugipse und Anhydritbinder dürfen nicht zusammen mit hydraulischen Bindemitteln, wie beispielsweise hydraulisch erhärtende Kalke, Putz- und Mauerbinder sowie Zement, verarbeitet werden.

Werden Luftkalk oder Wasserkalk mit Stuckgips oder Putzgips gemeinsam verarbeitet, so ist der Gips kurz vor dem Putzen getrennt in Wasser einzustreuen und dann mit dem bereits angemachten Kalkmörtel zu vermischen.

Zu beachten ist weiter, dass bereits im Zustand des Erstarrens befindliche Mörtel – die hydraulische Bindemittel, Baugips oder Anhydritbinder enthalten – nicht durch erneute Wasserzugabe wieder verarbeitbar gemacht werden dürfen.

9.4.1.3 Zubereitung und Lieferform der Putzmörtel

Nach der Art der Herstellung unterscheidet man zwischen Baustellen- und Werkmörtel.

Baustellenmörtel. Früher wurden die Putzmörtel von den Verarbeitern auf der Baustelle – aus den dort vorhandenen Bindemitteln und Sanden – selbst zusammengesetzt und gemischt. Die DIN 18 550-1 gibt in Tabelle DE.3 die Mischungsverhältnisse von Baustellenmörtel (in Raumteilen) für Außenputze vor, die DIN 18 550-2 in Tabelle DE.1 entsprechend die Mischungsverhältnisse von Baustellenmörtel (in Raumteilen) für Innenputze.

Baustellenmörtel ist heute nicht mehr zu empfehlen. Heute werden fast ausschließlich nur noch werkseitig hergestellte Werktrockenmörtel verwendet. Diese werden den Anforderungen entsprechend maschinell gemischt, gefördert und verarbeitet. Dadurch kann eine hohe Gleichmäßigkeit und auf einen konkreten Anspruch abgestimmte Zusammensetzung der Putzmörtel gewährleistet werden.

Werkmörtel sind im Herstellerwerk aus Ausgangsstoffen zusammengesetzte und gemischte Mörtel, die in stets gleichbleibender Qualität geliefert und einer ständigen Güteüberwachung (Eigen- und Fremdüberwachung) unterliegen. Diese Überwachung garantiert, dass nur geeignete Rohstoffe verarbeitet, normgerechte Mischungsverhältnisse eingehalten und Zusatzmittel (z. B. Hydrophobierungszusätze) in richtiger Dosierung beigegeben werden.

Nur aus Werkmörteln lassen sich Putze mit besonderen Eigenschaften sowie durchgefärbte Oberputze mit gleichmäßig farbiger Struktur herstellen. Dies bedeutet jedoch nicht, dass diese Mörtel in jedem Fall genau nach den in der Putznorm angeführten Mischungsverhältnissen zusammengesetzt sein müssen. Der Nachweis, dass ein bestimmter Werkmörtel einer der vorgenannten Mörtelgruppen entspricht, kann auch über eine Eignungsprüfung erbracht werden.

Wie die Baustellenmörtel, müssen jedoch auch die Werkmörtel den Anforderungen jeweiliger Putzarten (z. B. Druckfestigkeitskategorie) insgesamt entsprechen und für die entsprechenden Putzsysteme anwendbar sein.

Im Einzelnen unterscheidet man:

- **Werkmörtel,** der gebrauchsfertig, d. h. mit dem notwendigen Anmachwasser versehen in verarbeitbarer Konsistenz an die Baustelle geliefert wird.
- **Werktrockenmörtel,** der trocken, d. h. pulverförmig in Papiersäcken oder Containern/Silos geliefert und auf der Baustelle -durch ausschließliche Zugabe einer vom Hersteller genau anzugebenden Menge Wasser und durch Mischen- verarbeitungsfertig gemacht wird (z. B. Edelputze sowie alle Putze, an die besondere Anforderungen gestellt werden).

DIN 18 550-2 gibt in den Tabellen DE.2 (9.3) und DE.3 Beispiele für die Verwendung von Putzmörtel/Putzarten an, wobei Tabelle DE.2 (9.3) sich auf mineralische (anorganische) Putzmörtel, Tabelle DE.3 sich auf organische Putzmörtel bezieht.

9.4.2 Beschichtungsstoffe für Kunstharzputze

Beschichtungsstoffe (in DIN EN 1062-1 und DIN EN 13300 geregelt) dienen der Herstellung von Kunstharzputzen. Sie bestehen nach DIN 18 558 aus **organischen** Bindemitteln in Form von Dispersionen (Kunstharzdispersionen) oder Lösungen und aus Zuschlägen – auch Füllstoffe genannt – mit überwiegendem Kornanteil 0,25 mm.

Der Bindemittelgehalt des Beschichtungsstoffes ist in Abhängigkeit von der Kornzusammensetzung des Zuschlags festzulegen. Kornzusammensetzung und Korngröße sind variabel und bestimmen zusammen mit der Verarbeitungsart die Schichtdicke und die Oberflächenstruktur des Kunstharzputzes.

Die Beschichtungsstoffe werden im Herstellerwerk gefertigt und verarbeitungsfähig geliefert. Sie sind stets in Verbindung mit einem Grundanstrich zu verarbeiten. Mit Ausnahme geringer Zugaben von Verdünnungsmitteln zur Regulierung der Konsistenz sind Veränderungen der Beschichtungsstoffe unzulässig.

Innenputze mit organischen Bindemitteln müssen DIN EN 15 824 entsprechen. Nach Anwendung und Bindemittelanteil werden zwei Typen von Beschichtungsstoffen unterschieden:

- **ehem. Typ P Org 1: Beschichtungsstoff für Außenputze**
- **ehem. Typ P Org 2: Beschichtungsstoff für Innenputze.**

Kunstharzputze werden vorwiegend einsetzt als

- Oberputz auf mineralischen Unterputzen oder anderen mineralischen Untergründen
- Oberputz bei Wärmedämm-Verbundsystemen.

Weitere Einzelheiten sind der vorgenannten Norm für Kunstharzputze zu entnehmen. Vgl. hierzu auch Abschn. 9.8, Kunstharzputz.

9.5 Putzaufbau

Putzlagen

Eine Putzlage ist nach DIN EN 13 914 in Verbindung mit DIN EN 998-1 eine in einem Arbeitsgang ausgeführte Putzschicht. Dies kann durch einen oder mehrere Anwürfe des gleichen Mörtels oder – bei Kunstharzputzen – durch Auftragen des Beschichtungsstoffes (einschließlich des

Tabelle **9**.5 Empfohlene Dicken für verschiedene Arten von Einlagen-Putzen auf massiven Wänden nach CEN/TR 15125 (1)

Bindemittel, auf dem der Putz basiert	Empfohlener Bereich für die Putzlagendicke (mm) Putzarten									
	Normalputz		Leichtputz		Sanierputz	Dünnlagenputz		Feinputz (Spachtel)	
	Nenndicke[a]	Mindestdicke	Nenndicke[a]	Mindestdicke	Bereich	Nenndicke[a]	Mindestdicke	Nenndicke[a]	Mindestdicke
Kalk/Gips	10	5	–	–	–	–	–	–	–
Kalk	10	5	–	–	–	4	2	2	0,1
Kalk/Zement	10	5	10	5	–	–	–	–	–
Zement/Kalk	10	5	10	5	>20, <30	–	–	–	–
Zement	10	5	10	5	>20, <30	–	–	–	–
Zement/Kalk, polymermodifiziert	6	2	6	2	–	3	1	–	–

[a] Die Werte der jeweils zulässigen Mindestdicke sollten nur an einigen vereinzelten Punkten erreicht werden. Für Baustellenmörtel müssen diese Werte möglicherweise erhöht werden.

Tabelle **9**.6 Empfohlene Dicken für verschiedene Arten von Ein- und Mehrlagen-Putzen für Untersichten (die Unterseiten von Fußbodenplatten) nach CEN/TR 15125 (2)

Die Werte für Untersichten sollten denen der Tabellen **9**.5 und **9**.7 (3) entsprechen, jedoch höchstens 15 mm für strukturierte Oberflächen und 10 mm für glatte Oberflächen betragen. Für Brandschutzzwecke kann eine größere Dicke erforderlich sein, dann muss jedoch bei der Auswahl der Materialien und Auftragungsverfahren besondere Vorsicht gelten.

9.5 Putzaufbau

Tabelle **9**.7 Empfohlene Gesamtdicken für Mehrlagen-Putzsysteme aus Kalk- und Zementputzen für massive Wände und Untersichten (die Unterseiten von Fußbodenplatten) nach CEN/TR 15125 (3)

Bindemittel, auf dem der Putz basiert, und Putzart im		Empfohlener Bereich für die aufzubringende Gesamtputzdicke (mm)			
		Wände		Untersichten	
Unterputz	Oberputz	Nenn-dicke	Mindest-dicke[a]	Nenn-dicke	Mindest-dicke[a]
Kalk (GP)[b]	Kalk (GP)	12	7	10	5
Kalk/Zement (GP)	Kalk/Zement (GP)	12	7	10	5
	Kalk (GP)	12	7	10	5
	Polymer	12	7	10	5
Kalk/Zement (GP oder LW)[c]	Silikat	12	7	10	5
	Silicon	12	7	10	5
Zement/Kalk (GP)	Zement/Kalk (GP)	12	7	10	5
	Kalk (GP)	12	7	10	5
	Zement/Kalk, polymermodifziert	12	7	10	5
	Polymer	12	7	10	5
	Gips (GP)	12	7	10	5
	Gipskalk	12	7	10	5
Zement (GP)	Zement (GP)	12	7	10	5
	Gips (GP)	12	7	10	5
	Gipskalk	12	7	10	5
	Polymermodifizierter Zement	12	7	10	5
	Polymer	12	7	10	5

ANMERKUNG
– Für Sanierputze (R) auf der Basis von Kalk-/Zement als Bindemittel wird eine Gesamtputzdicke im Bereich von 20 mm bis 40 mm oder in dem vom Hersteller angegebenen Bereich empfohlen.
– Für Dämmputze auf Zementbasis, die auf Wände aufgebracht werden sollen, wird eine Mindestdicke von 20 mm empfohlen, wobei der Oberputz eine Dicke von 6 mm bis 10 mm haben sollte.
– Für Baustellenmörtel müssen diese Werte möglicherweise erhöht werden.

[a] Die Werte der jeweils zulässigen Mindestdicke sollten nur an einigen vereinzelten Punkten erreicht werden.
[b] GP-Normalputz
[c] LW-Leichtputz

erforderlichen Grundanstriches) geschehen. Es gibt ein- und mehrlagige Putze (Bild **9**.4).

- Unterputz – werden die unteren Lagen,
- Oberputz – wird die oberste Lage genannt.

Der traditionelle Putzaufbau ist mehrlagig, bestehend aus einer Putzgrundvorbehandlung (z. B. Spritzbewurf als Haftgrund), dem Unterputz als Hauptschicht und dem Oberputz als eine Art Dekorschicht. Der Spritzbewurf zählt jedoch nicht als Putzlage. Er dient bei Bedarf lediglich der Vorbereitung des Putzgrundes.

Putzdicken
Bezüglich der Ausführung von Putzlagen in einer größeren Schichtdicke als in den folgenden Tabellen ist Vorsicht geboten. In diesen Fällen sollten den Empfehlungen der Hersteller gefolgt oder ein Mehrlagen-System ausgeführt werden.

Die allgemein gültigen Bereiche der Gesamtputzdicke auf massiven Putzgründen sind in Tab. 9.5 für Einlagenputzsysteme, in Tab. 9.6 für Ein- und Mehrlagenputzsysteme und in Tab. 9.7 und 9.8 für Zweilagenputzsysteme angegeben.

Tabelle **9**.8   Anzahl der Putzlagen und deren Dicken auf Wänden und Decken aus Gipsplatten nach CEN/TR 15125 (4)

Art des Bindemittels	Anzahl der Lagen des auf Wände und Decken aufzubringenden Putzsystems	Gesamtdicke des Putzsystems mm
Kalk mit Haftmittel als Grundierung	2	5 (bei Wänden, ≤ 3 (bei Decken)
Zement/Kalk	2	5 (bei Wänden, ≤ 3 (bei Decken)
Kalk/Zement	2	5 (bei Wänden, ≤ 3 (bei Decken)
Unterputz aus polymermodifiziertem Zement	2[a]	≤ 6

[a] Bei Verwendung von Gipsplatten mit voller Kante kann die Spachteloberfläche nicht niveaugleich mit der Plattenoberfläche hergestellt werden.

9.6   Putzsysteme[1)]

Nach DIN EN 13 914 in Verbindung mit der nationalen Norm DIN 18550 sind die an einen Putz gestellten Anforderungen vom Putzsystem in seiner Gesamtheit zu erfüllen. Demnach sollen die Eigenschaften der verschiedenen Putzlagen eines Systems so aufeinander abgestimmt sein, dass die in den Berührungsflächen der einzelnen Putzlagen und des Putzgrundes auftretenden Spannungen (z. B. durch Schwinden oder Temperaturdehnungen) aufgenommen werden können.

Putzregeln. Die aus handwerklichen Erfahrungen mit Massivmauerwerk abgeleitete traditionelle Putzregel „weich auf hart", die mehr als 30 Jahre Bestandskraft in der DIN 18550, in der es seinerzeit hieß:*" Die Festigkeit des Oberputzes soll im Allgemeinen geringer als die Festigkeit des Unterputzes sein oder gleich fest.",* hatte, ist längst überholt. Inzwischen stehen nämlich Wärmedämmung und nicht mehr Tragfähigkeit und Stabilität im Vordergrund. Heute kommen zunehmend leichte Mauersteine mit hohem Wärmedurchlasswiderstand und gleichzeitig geringem Fugenanteil (Wärmebrücken Minimierung) zur Anwendung. Dadurch werden die Wände instabiler, und der Außenputz muss ggf. auftretende Formänderungen ausgleichen. Um Risse im Außenputz zu vermeiden, muss dieser ausreichend entkoppelnd wirken können. Dazu wurden neue Putzsysteme mit entsprechenden Eigenschaften entwickelt.

Putze mit Entkopplungswirkung. Die bei Mauerwerk aus größeren Formsteinen mit einem relativ geringen Fugenanteil gegebenermaßen höhere Instabilität - überwiegend bei Wänden aus Leichtbeton und Porenbetonsteinen- führte in der Vergangenheit vermehrt zu Rissen im Außenputz, was zunächst i. d. R. mit dem Schwinden der Steine begründet wurde. Als dann vermehrt auch Putzrisse bei porosierten Leichtziegeln aufgetreten sind, die auf die Heterogenität dieser Steine zurückzuführen waren, hat man die Ursache in den Unterschieden zwischen Normaldruckfestigkeit und Querfestigkeit bzw. Querbewegungen des Mauerwerks erkannt. Der Unterschied zwischen einem früher i. d. R. stabilen Putzgrund (Bild **9**.9) und einem weniger stabilen wie bei heutigem Leichtmauerwerk (Bild **9**.10) wird schematisch in diesen Abbildungen dargestellt: Beim stabilen Putzgrund ist nur mit Beanspruchungen durch Klimaeinwirkungen von außen zu rechnen. Beim weniger stabilen Putzgrund können zusätzlich Formänderungen des Mauerwerks und dadurch verursachte Spannungen im Putz auftreten. Um dadurch verursachte sichtbare Risse im Oberputz zu vermeiden, ist eine schubweiche Zwischenschicht zwischen Putzgrund und Oberputz erforderlich. Dazu haben sich Leichtunterputze nach DIN 18550-4 bewährt. Nach vorliegenden Untersuchungen ist die Entkopplungswirkung umso besser, je weicher der Unterputz und je härter der Deckputz ist, also nach der Regel „hart auf weich" (Bild **9**.10)

Für eine Vielzahl von Putzsystemen ist die Eignung durch Erfahrung nachgewiesen. Diese sog. „bewährten Putzsysteme" wurden in den Tabellen **2** und **3** der alten DIN V 18550 zusammengefasst. In ähnlicher Form sind sie unter Einbeziehung der Druckfestigkeitskategorien der mineralischen Bindemittel (DIN EN 998-1), der Wasseraufnahmefähigkeit W, der Wasserdampfdiffusionsstromdichte V der organischen Putze nach DIN 15824 in die DIN 18 550 Teil 1 und 2 übergegangen. Hier sind für unterschiedliche Anwendungsbereiche Mörtelgruppen für die Herstellung des Unterputzes und Mörtelgruppen

---
[1)] Der aktuelle Stand der Normung ist Abschn. 9.12 zu entnehmen.

9.7 Putze mit mineralischen Bindemitteln

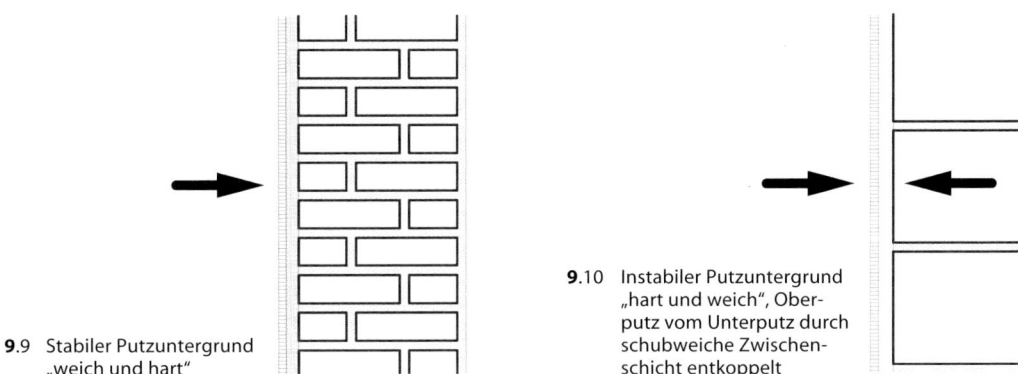

9.9 Stabiler Putzuntergrund „weich und hart"

9.10 Instabiler Putzuntergrund „hart und weich", Oberputz vom Unterputz durch schubweiche Zwischenschicht entkoppelt

bzw. Beschichtungsstoffe für den zugehörigen Oberputz aufgeführt. Werden diese Putzsysteme angewendet, so kann bei sachbezogener und fachgerechter Ausführung davon ausgegangen werden, dass die jeweiligen Anforderungen an den Putz erfüllt werden.

Bei Außenputzen muss jedoch sichergestellt sein, dass Unterputze für Kunstharzputze überwiegend hydraulisch erhärten. Diese Forderung gilt bei Verwendung von Mörteln der Festigkeitsklassen CS II – CS IV als erfüllt.

Bei Verwendung sog. „anderer Putzsysteme", d. h. die von den Angaben der genannten Tabellen abweichen, ist immer eine Eignungsprüfung erforderlich.

9.7 Putze mit mineralischen Bindemitteln: Mineralputz als Außen- und Innenputz

9.7.1 Putzgrund

Putzgrund ist der Bauteil, der geputzt werden soll. In der Regel handelt es sich dabei um Wand- oder Deckenflächen, die so maßgerecht sein müssen, dass der Putz in gleichmäßiger Dicke aufgetragen werden kann.

Die zu beachtenden Ebenheitstoleranzen für Flächen von Wänden und Unterseiten von Decken sind in DIN 18 202 festgelegt. Abweichungen von den vorgeschriebenen Maßen sind nur im Rahmen der von dieser Norm bestimmten Grenzen zulässig. Wie Tabelle **11**.2, in Teil 1 dieses Werkes, zeigt, wird zwischen nichtflächenfertigen (z. B. Unterseiten von Rohdecken) und flächenfertigen Untergründen (z. B. verputzte Wände) unterschieden.

Der Putzgrund muss für eine ordnungsgemäße Aufnahme des Putzes geeignet sein. Maßnahmen, die vor dem Aufbringen des Außenputzes zu ergreifen sind, sind in Tab. **9**.11 zusammengefasst.

Weist der Putzgrund erhebliche Unebenheiten auf, so sind diese vor Beginn des Putzens auszugleichen. Entsprechend dem Aufbau des nachfolgenden Putzes ist ein Mörtel der Festigkeitsklasse CS II – CS IV (ehem. Gruppe PII bis PIV) oder Gipsbindemittel der Kategorie B nach EN 13 279-1 bzw. der Kategorie C für Sonderputze zu verwenden. Bei Lehmputzen ist ein Putzmörtel SII zu verwenden (Gipshaltige und Lehmmörtel eignen sich nur für den Innenbereich einschl. häusliche Küchen und Bäder). Ehe weitergeputzt wird, ist eine ausreichende Erhärtung der Ausgleichsschicht abzuwarten.

Tabelle **9**.11 Zusammenfassung der vor dem Verputzen zu ergreifenden Maßnahmen für verschiedene Arten von Putzgründen

Putzgrund	Vorbehandlung
Putzgrund mit erhöhter Feuchtigkeit	Ausreichende Trocknungszeit für den Putzgrund. Ist die ausreichende Haftung des Putzes nicht sichergestellt, ist eine mineralische Haftbrücke aufzubringen. Nach Unterputzauftrag mit verlängerter Standzeit (2 bis 3 Tage je mm Putzdicke) zusätzlich Armierungsputz mit Gewebeeinlage aufbringen.

DIN 18550-2, DE.Anhang F beschreibt Anwendung, Anforderungen, Festigkeitseigenschaften, Putzsysteme und Trocknung von Lehmputz.

Beschaffenheit und Vorbereitung des Putzgrundes

Die Beschaffenheit des Putzgrundes ist für eine gute Haftung des Putzes von großer Bedeutung. Daher muss jeder Putzausführung eine sorgfältige Prüfung des Putzgrundes auf Putzfähigkeit vorausgehen und die Ergebnisse dokumentiert werden. Dazu gehören:

- Prüfung nach Augenschein
- Wischprobe
- Kratzprobe
- Benetzungsprobe
- Temperaturmessung

Ein guter Putzgrund muss sauber, staubfrei, frei von sonstigen Verunreinigungen, frostfrei (Baustellentemperatur $\geq +5\,°C$), ebenflächig, tragfähig, ausreichend formstabil und maßgerecht sein. Dazu muss der Putzgrund entsprechend vorbereitet (z. B. aufrauen, annässen) werden. Er soll außerdem möglichst homogen aus einem Baustoff bestehen, keine schlecht vermörtelten Fugen aufweisen, eine gewisse Rauigkeit und normale Saugfähigkeit besitzen und in Bezug auf Längen- bzw. Formänderungen - beispielsweise bedingt durch Temperatur -und/oder Feuchtigkeitseinflüsse- sich unproblematisch verhalten. Außerdem sind gewisse Festigkeitskriterien zu beachten. Als traditionelle Putzregel bei massivem Mauerwerk gilt, dass die Putzfestigkeit geringer als die Steinfestigkeit des Putzgrundes sein sollte.

Die Standzeit für die einzelnen Putzlagen beträgt nach DIN EN 13 914 mindestens 1 Tag je mm Putzdicke. Auch auf einen Haftmörtel oder Spritzbewurf darf die erste Putzlage nicht aufgebracht werden, bevor der Mörtel nicht ausreichend erhärtet ist, frühestens jedoch nach 1 Tag. Für einen Putzgrund mit erhöhter Feuchtigkeit ist je nach Dicke und mineralischer Haftbrücke mit einer verlängerten Standzeit von 2–3 Tagen je mm Putzdicke zu rechnen.

Im Zuge der Verbesserung des baulichen Wärmeschutzes von einschaligen Außenwänden haben sich die Eigenschaften der Putzgründe im Laufe der letzten Jahre jedoch entscheidend verändert (Stichwort: Wärmedämmendes Leichtmauerwerk aus porosierten Hochlochziegeln). Demzufolge sind die in Abschn. 9.7.5.4 gemachten Ausführungen in diesem Zusammenhang besonders zu beachten.

Wo sich die Verwendung unterschiedlicher Wandbaustoffe – mit teilweise sehr unterschiedlichen Eigenschaften – nicht vermeiden lässt (inhomogener Putzgrund), ist die Herstellung eines einheitlichen Putzgrundes, beispielsweise durch einen Spritzbewurf, erforderlich. Die Notwendigkeit einer derartigen Putzgrundvorbereitung richtet sich nach Art und Beschaffenheit des Putzgrundes und nach den Eigenschaften des nachfolgenden Putzmörtels. Folgende Maßnahmen kommen im Einzelnen in Betracht:

Verunreinigungen durch anhaftende Fremdstoffe wie Staub, Mörtelspritzer, Betonschlämme u. Ä. sowie Ausblühungen aller Art (insbesondere Salze von Sulfaten), Ölflecke oder Rückstände von Entschalungsmitteln sind zu entfernen bzw. unschädlich zu machen.

Bei glattem Putzgrund hängt der Verbund vor allem von der Saugfähigkeit des Untergrundes ab; gegebenenfalls ist er noch zusätzlich aufzurauen oder mit einem Spritzbewurf zu versehen. Sehr glatte, nicht saugende Putzgründe müssen mit einem dem nachfolgenden Putz entsprechenden Haftanstrich oder mit einem flächigen Putzträger beschichtet werden.

Unterschiedliches Saugverhalten der Baustoffe erfordert in der Regel eine Vorbehandlung des Putzgrundes:

- Stark saugender Putzgrund ist ausreichend vorzunässen und mit einem volldeckenden, grobkörnigen Spritzbewurf zu behandeln, dessen Oberfläche nicht weiter bearbeitet werden darf. Unter Umständen kann auch eine Grundierung aus Kunststoffdispersion die zu große Saugfähigkeit mindern.
- Unterschiedlich saugender Putzgrund, meist aus verschiedenartigen Baustoffen bestehend (z. B. Mischmauerwerk mit unterschiedlichen Längen- und Formänderungen bei Feuchtigkeits- und Temperatureinwirkung), ist ebenfalls mit einem volldeckenden Spritzbewurf vorzubehandeln, soweit nicht zusätzliche Putzträger erforderlich sind.
- Schwach saugender Putzgrund ist mit einem nicht volldeckenden (warzenförmigen) Spritzbewurf zu versehen. Auch hier darf die möglichst grobkörnige Oberfläche nicht weiter bearbeitet werden.
- Gleichmäßig und normal saugender Putzgrund (z. B. Vollziegelmauerwerk) wird im Allgemeinen nur ausreichend vorgenässt. Ansonsten kann hier auf einen Spritzbewurf verzichtet werden.

Auch in anderen Fällen kann ein Spritzbewurf entfallen, wenn ein Putzmörtel besonderer Zusammensetzung verwendet wird (z. B. Werktrockenmörtel) oder der Putzgrund eine besondere Vorbehandlung erhält (z. B. Grundierung, Haftbrücke o. Ä.).

Bei Beton als Putzgrund ist zur Putzgrundvorbereitung im Allgemeinen ein Spritzbewurf aufzubringen (Ausnahme: Maschinenputz- und Haftputzgipse aus Werktrockenmörtel). Hierfür wird in der Regel Mörtel der Festmörtelklasse CS IV verwendet. Der Beton muss im Oberflächenbereich

9.7 Putze mit mineralischen Bindemitteln

allerdings trocken und saugfähig sein. Auf glatte, wenig saugende Betonflächen ist vor dem Verputzen eine Haftbrücke – ein Gemisch aus Kunststoffdispersion und Quarzsand – aufzustreichen bzw. aufzurollen. Weitere Einzelheiten s. Abschn. 9.7.6.5, Innenputze auf Betonflächen.

Alte mineralische Putze können, soweit sie tragfähig und genügend saugfähig sind, eine raue Oberfläche aufweisen und, sofern sie vorher nicht gestrichen waren (z. B. mit Dispersionsfarben), ohne weiteres mit einem mineralischen Putzsystem überarbeitet werden.

Alte Anstriche stellen in der Regel keinen tragfähigen Putzgrund dar und sollten deshalb vor dem Aufbringen neuer mineralischer Putze weitgehend entfernt oder eine Putzbewehrung vorgesehen werden.

Spritzbewurf

Der Spritzbewurf dient der Vorbereitung des Putzgrundes, zählt jedoch nicht als Putzlage. Er soll die mechanische Haftung des Mörtels am Putzgrund verbessern, den zu schnellen Wasserentzug des Mörtels durch den Putzgrund vermindern und feuchteempfindliche Wandbaustoffe bzw. Putzträger (z. B. Holzwolle-Leichtbauplatten) vor Feuchtigkeit während der Bauzeit schützen. Je nach Funktion unterscheidet man demnach

- volldeckenden Spritzbewurf (bei stark oder unterschiedlich saugendem Putzgrund sowie auf Holzwolle-Leichtbauplatten),
- nicht volldeckenden, warzenförmigen Spritzbewurf (bei schwach saugendem Putzgrund, wie beispielsweise Betonflächen).

Der klassische Spritzbewurfmörtel besteht aus 4 RTL gewaschenem Sand (Korngröße 0 bis 4 mm), 1 RTL Portlandzement und 0,5 RTL Kalkhydrat. Je nach Festigkeit des Putzgrundes und entsprechend dem Aufbau des nachfolgenden Putzes wird diese Zusammensetzung variiert und kommt entweder ein Zementmörtel der Festigkeit CS III/CS IV oder Kalkzementmörtel der Festigkeitskategorie CS II/CS III zur Anwendung.

Auf den Spritzbewurf darf erst geputzt werden, wenn er ausreichend erhärtet ist (Wartezeit mind. 12 Stunden). Dies gilt insbesondere beim Aufbringen einer Putzlage aus Gipstrockenmörteln B1-B7 nach DIN EN 13 279-1 auf einen Spritzbewurf aus Zementmörtel.

Untersuchungen haben ergeben [3], dass dem Spritzbewurf oftmals eine zu große Bedeutung beigemessen wird. Er sollte nur in den Fällen angewendet werden, die in der Norm genannt sind.

Abgesehen von diesen Sonderfällen lassen sich durch den Einsatz von **modifizierten Werktrockenmörteln** mit wasserrückhaltenden Eigenschaften gleiche Ergebnisse erzielen. Die kosten- und zeitintensive Vorbehandlung des Putzgrundes durch den manuell ausgeführten Spritzbewurf kann dabei entfallen. Die heutigen Maschinenputzweisen dürfen jedoch nicht generell dazu verleiten, den Unterputz ohne Spritzbewurf direkt auf kritische Putzträger aufzubringen.

Konstruktive und bautechnische Forderungen

- Die Ursachen, welche zu Schäden an Putzen führen, lassen sich im Prinzip in zwei Hauptgruppen zusammenfassen (abgesehen von umweltbedingten Einflüssen): Einmal kann die Ursache des Putzschadens in einer mangelhaften Konstruktion liegen, zum anderen können Putzschäden durch fehlerhafte Zubereitung und Verarbeitung von Putzmörteln entstehen. In jedem Fall begünstigen **Risse** das Eindringen von Wasser. Durchfeuchtetes Mauerwerk ist jedoch vermindernd wärmedämmend und anfällig gegen Frost, Algen- und Schimmelpilzbefall. Außerdem neigen derartige Putze und Beschichtungen verstärkt zum Abplatzen.

Das Risiko von Rissbildungen im Putz hängt wesentlich vom Zustand des Putzgrundes, vom gewählten Putzsystem und der Ausführung ab. Das bloße Vorhandensein von Rissen stellt nicht zwangsläufig einen Mangel dar. Putzrisse werden nach DIN EN 13 914-1 und ergänzender deutscher Norm in „Putzbedingte Risse" sowie in „Putzgrund-/konstruktionsbedingte Risse" klassifiziert.

- **Baugrundbedingte Risse.** Bewegungen bzw. Verformungen von Baukörpern und Bauteilen können sich zum Beispiel durch unterschiedliche Setzungen des Baugrundes, Veränderungen des Grundwasserstandes, Erschütterungen aus Straßen-, Bahn- oder Luftverkehr usw. ergeben. Dabei kann es sich um Bewegungen von Bauteilen handeln, die als Putzgrund dienen, oder von solchen, die an verputzte Bauteile anschließen.

Kein Putz ist selbstverständlich in der Lage, derartige Bewegungen zu überbrücken oder gar zu verhindern. Daher sind an den gefährdeten Stellen Bewegungsfugen einzuplanen. Spezielle Dehnungsfugenprofile (Gebäude-Trennfugenprofile), die auf dem Putzgrund befestigt und später eingeputzt werden, decken die Fugen ab und nehmen gleichzeitig die Bewegungen der Bauteile bzw. Baukörper auf. Einzelheiten hierzu s. Abschn. 9.7.2, Putzprofile.

- **Konstruktionsbedingte Risse.** Mögliche Ursachen sind Verformungen durch zu hohe Auflasten (z. B. Deckendurchbiegungen), tages- und jahreszeitliche Temperatureinflüsse (z. B. Längenänderungen aufgrund mangelnder Wärmedämmung von Betonteilen), Schwinden und Quellen infolge Feuchtigkeitseinwirkung (z. B. durchfeuchtete Putzgrundmaterialien), Verwendung oder Kombination ungeeigneter Baustoffe, fehlende oder in nicht ausreichendem Maße angeordnete Bewegungsfugen usw.

Auch mangelhafte Mauerabdeckungen, vorspringende Gebäudesockel, ungenügend durchdachte Putzanschlüsse an Fenstersimsen usw. begünstigen das Eindringen von Feuchtigkeit.

Ist die oberste Geschossdecke eines Bauwerkes unterseitig zu verputzen (z. B. Massivbetondecke mit darüber liegendem Flachdach), so muss vor Beginn der Putzarbeiten die oberseitige Wärmedämmung (einschließlich Abdichtung) aufgebracht sein, um die Bildung von Kondenswasser zu verhindern.

- **Putzgrundbedingte Risse.** Auch sie werden vor allem verursacht durch wechselnde thermische und feuch-

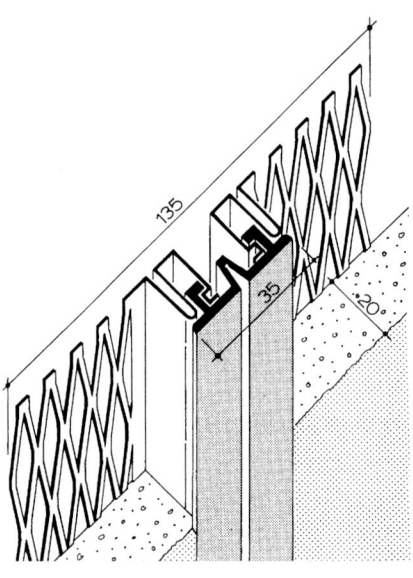
9.12a

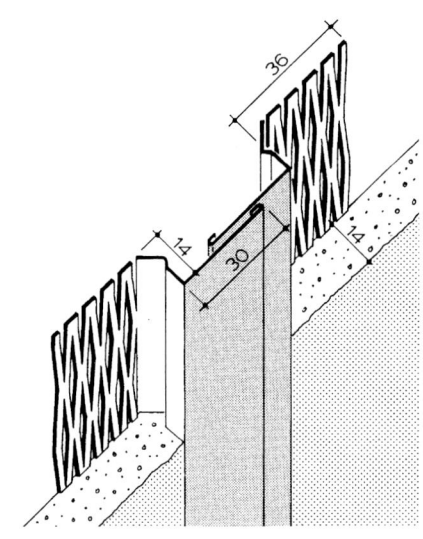
9.12b

9.12 Bewegungsfugenprofile (auch als Dehnungsfugenprofile bzw. Gebäude-Trennfugenprofile bezeichnet) für Außen- und Innenputz
  a) Fugenabdeckung durch bewegliches Mittelteil
  b) Fugenabdeckung durch Kombination der Profile

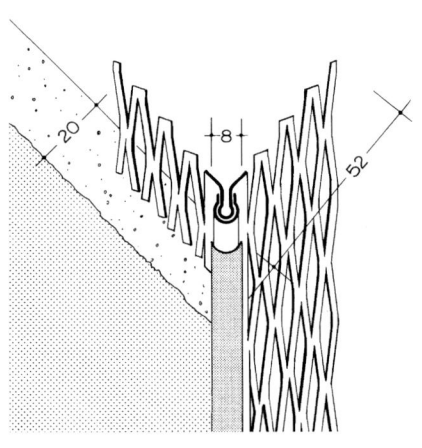
9.13a

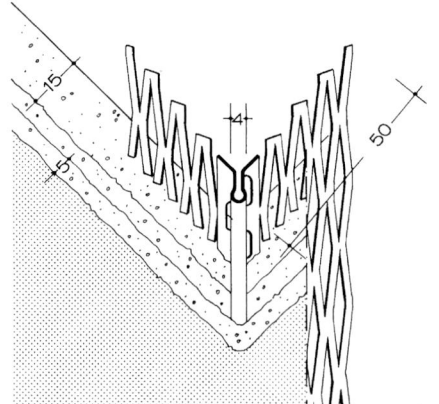
9.13b

9.13 Kantenprofile für den Außenputz
  a) Die Profilkante dieses Kantenschutzprofiles ist mit einem schlagzähen PVC-Überzug gegen Abrieb und Korrosion geschützt und liegt mit der fertigen Putzoberfläche bündig.
  b) Dieses Kantenprofil eignet sich zur allseitigen Einbettung in den Grundputz und einer mind. 5 mm dicken Überdeckung der Profilkante mit mineralischem Oberputz.
  Protektorwerk, Gaggenau

9.7 Putze mit mineralischen Bindemitteln

tigkeitsbedingte Einflüsse sowie falsch eingeschätzte Festigkeitskriterien. So ist mit Rissen zu rechnen, wenn die Festigkeit des Putzes größer als die des Putzgrundes ist (z. B. beim Einsatz fester, traditioneller Putze auf porosierten Leichtziegelsteinen).

Auch die thermischen Längenänderungskoeffizienten aller Metallbauteile sind wesentlich größer als die von verputztem Mauerwerk (z. B. eingeputzte Alu-Fensterbänke, Metallgeländer); noch größere weisen die Kunststoffe auf. Feuchteänderungen wiederum verursachen das Schwinden und Quellen von Holz und Holzwerkstoffen, so dass derartige Materialien als Putzgrund ungeeignet sind. Ähnliches gilt für Rollladenkästen, Stürze usw. mit Abdeckungen aus Holzwolle-Leichtbauplatten; werden diese nicht richtig vorbehandelt, so entstehen Risse im Bereich der Anschlussstellen. S. hierzu auch Abschn. 9.7.2, Wärmedämmende Putzträgerplatten.

- **Putzbedingte Risse.** Derartige Risse können aufgrund einer falschen Zusammensetzung des Putzmörtels (z. B. ungeeigneter Sand, zu hoher Bindemittelanteil) oder durch die Art seiner Verarbeitung entstehen. Im Einzelnen unterscheidet man
- **Netzrisse** (Ursache: falsche Zusammensetzung oder falsches Aufbringen des Mörtels, zu starkes Verreiben oder Glätten),
- **Schrumpfrisse** (Ursache: zu schneller Feuchteentzug infolge unterlassener Putzgrundvorbehandlung),
- **Schwindrisse** (Ursache: Volumenverkleinerung des Mörtels während der Erhärtungsphase, falsche Mörtelzusammensetzung),
- **Sackrisse** (Ursache: der Putzgrund ist zu glatt und zu wenig saugend, oder die Putzlage ist zu dick oder zu schwer),
- **Spannungsrisse** (Ursache: ungünstiges Festigkeitsgefälle zwischen den einzelnen Putzlagen oder zwischen Putzgrund und Putzlagen),
- **Fettrisse** bei mineralischen Edelputzen (sehr kurze, nur an der Oberfläche vorhandene Risse, während der Erhärtungsphase/des Abbindeprozesses).

Auch die Verarbeitung des Putzmörtels bei Wind und/oder Sonne führt zu Rissen in der Putzschale.

Die besten vorsorglichen Maßnahmen zur Verhinderung von Rissen sind noch immer die Herstellung eines möglichst homogenen Mauerwerkes, eine genügend lange Standzeit des Rohbaus vor dem Verputzen sowie ein auf den jeweiligen Putzgrund richtig abgestimmtes Verputzmaterial. Besonders zu beachten ist, dass ein Großteil der Verformungen in den ersten Monaten nach Erstellung des Bauwerkes auftritt. Deshalb sollte vor dem Verputzen eine möglichst lange Wartezeit – wenn möglich bis zu einem halben Jahr – insbesondere bei traditionellen Putzen eingehalten werden.

9.7.2 Putzträger, Putzbewehrung und Putzprofile[1]

In der Regel kann davon ausgegangen werden, dass die zu verputzenden Wand- oder Deckenflächen aufgrund der vorhandenen Rauigkeit und Saugfähigkeit – oder nach entsprechender Untergrundvorbereitung (Spritzbewurf, Haftbrücke, Grundierung) – selbst in der Lage sind, mineralischen Putzmörtel aufzunehmen und eine gute Haftung zu erbringen. Ist diese Haftfähigkeit des Unterputzes auf dem Putzgrund jedoch nicht gegeben, so sind von Seiten des Planers bzw. verarbeitenden Handwerks rechtzeitig entsprechende Maßnahmen vorzusehen. Im Einzelnen unterscheidet man:

Putzträger haben nach DIN EN 13 914 Teil 1 und 2 die Aufgabe, **die Haftung** des Putzes **sicherzustellen** oder eine vom tragenden Untergrund weitgehend unabhängige Putzkonstruktion (statisch wirksame Trägerkonstruktion) zu ermöglichen. Sie müssen gegen Korrosion geschützt und beständig sein gegenüber wechselnden Temperatur- und Feuchtigkeitseinflüssen sowie normgerecht und nach den Vorschriften der Hersteller befestigt werden. Vgl. hierzu auch VOB Teil C, DIN 18 350, Putz- und Stuckarbeiten.

Im Wesentlichen verwendet man metallische Putzträger unterschiedlichster Art, Holzwolle-Leichtbauplatten und Mehrschicht-Leichtbauplatten, Ziegeldrahtgewebe, Rohrmatten sowie Gipskarton-Putzträgerplatten.

Putzbewehrungen/Putzarmierungen sind Einlagen (Metall, Mineral- oder Kunststofffasern) die in die oberste Schicht des frisch aufgebrachten Unterputzes eingebettet werden. Sie bewirken eine Verbesserung der Zugfestigkeit des Putzes auf schwierigem Untergrund, nehmen Spannungen auf und tragen so zur Verminderung der Rissbildung bei.

Neben Glasfaser- und Kunstfaser-Armierungsgeweben werden für stärkere Beanspruchungen auch Drahtgittermatten (Drahtnetzgewebe) eingesetzt, die bei Verwendung spezieller Dübel gleichzeitig als Putzträger dienen.

Zur Erhöhung des Risswiderstandes wird die Putzbewehrung straff und faltenfrei in die zugbelastete Zone des Putzes eingelegt. Dabei muss

---

[1] Der aktuelle Stand der Normung von Putzträgern und Putzprofilen aus Metall (DIN EN 13 658) ist Abschn. 9.12 zu entnehmen.

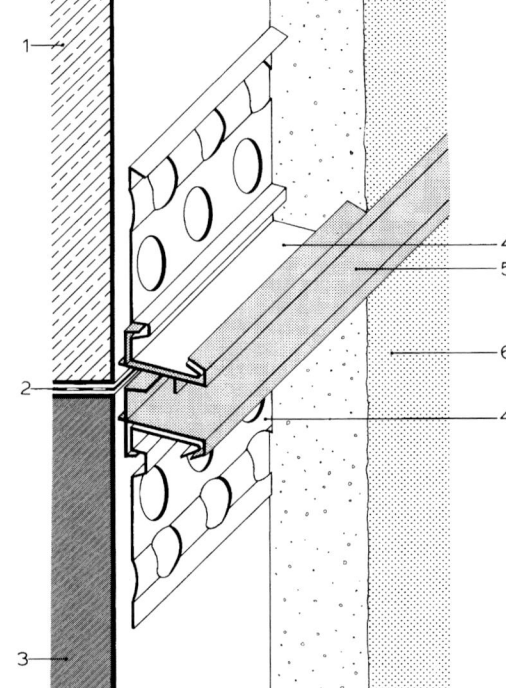

9.14 Gleitlagerfugenprofil zum waagerechten Einbau für den Außenputz.
Das aus zwei Einzelprofilen bestehende Fugenprofil trennt die Außenputzflächen, nimmt die unterschiedlichen Bewegungen des Untergrundes auf und überdeckt die offenbelassene Gleitlagerfuge (zugleich Schattenfuge).
Die beiden Profile sind nach außen hin mit Hart-PVC-Teilen abgedeckt (Korrosionsschutz) und liegen bündig mit der fertigen Putzoberfläche.
1 Betonteil (z. B. Betondecke)
2 Gleitlager
3 Mauerwerk
4 Metallprofile
5 Hart-PVC-Überzug
6 Außenputz
Protektorwerk, Gaggenau

deren Überlappung mindestens 100 mm betragen. Auf benachbarte Bauteile muss die Überlappung mindestens 200 mm betragen. Auf bestehenden Putzen und Unterputzen sollten Armierungsputze mit Armierungsgewebe eingesetzt werden. Wenn bei gipshaltigen Putzen eine Gewebeeinlage eingebaut wird, ist die Putzlage in 2 Schichten auszuführen.

Einzelheiten über Putzbewehrungen sind den nachstehenden Erläuterungen zur Putzgrundvorbereitung von Holzwolle-Leichtbauplatten sowie den Abschnitten 9.11.3 und 9.11.4 zu entnehmen.

Putzprofile werden in vielfältiger Weise an schwierigen Begrenzungs- oder Anschlussstellen sowohl im Außen- wie Innenbereich eingesetzt. Mit ihrer Hilfe ist es auch möglich, die Putzdicke sowohl in der zu verputzenden Fläche als auch an den Kanten genau festzulegen. Je nach Putzverträglichkeit und Einsatzort (z. B. in Nassräumen mit max. Korrosionsschutz) kommen Profile aus verzinktem Stahlblech, Leichtmetall- oder Edelstahlprofile sowie witterungs- und alterungsbeständige Kunststoffprofile zum Einsatz.

Die Befestigung der exakt zugeschnittenen Profile auf dem Putzgrund erfolgt zunächst mit verzinkten Stahlstiften, bevor sie mit einem Ansetzmörtel (Batzen auf Abstand) endgültig fixiert werden. Grundsätzlich ist dabei zu beachten, dass im Außenbereich, in Feuchträumen sowie an Flächen, die mit Mörteln aus Zement, Kalkzement, Putz- und Mauerbinder verputzt werden, **kein gipshaltiges Ansetzmaterial verwendet werden darf.** Geeignet sind nur Ansetzmörtel auf Zementbasis. Nach dem Abbinden des Ansetzmörtels sind die Stahlstifte wieder zu entfernen.

Im Wesentlichen werden Kantenprofile, Sockelprofile, Bewegungsfugenprofile, Gleitlagerfugenprofile u. a. eingesetzt. Vgl. hierzu auch die Bildgruppen in den jeweiligen Abschnitten.

1. Metallische Putzträger
- **Rippenstreckmetall** (Bild 9.15) besteht in der Regel aus 0,2 bis 0,5 mm dickem, verzinktem Stahlblech, das so eingestanzt ist, dass es zu einem profilierten Putzträger mit Grätenstruktur auseinandergezogen werden kann. Wie

9.7 Putze mit mineralischen Bindemitteln

die Darstellung verdeutlicht, hat jede Tafel im Abstand von 100 mm 7 in Längsrichtung verlaufende, entweder 10 mm oder 4 mm hohe, gelochte oder ungelochte Rippen (Hoch- bzw. Flachrippen) und aussteifende 2,5 mm hohe Sicken mit dazwischenliegenden Grätenfeldern. Die üblicherweise 0,60 × 2,50 m großen Tafeln sind nicht völlig ausgebreitet (gestreckt), so dass die schräg stehenden Gräten auftretende Spannungen ausgleichen können.

Beim Anbringen der Tafeln werden an den Längsseiten Randrippe in Randrippe ineinandergelegt (kein stumpfer Stoß!) und alle 20 cm mit verzinktem Bindedraht verrödelt. Auch an den Kopfstößen dürfen die Tafelenden nicht stumpf gestoßen, sondern mind. 5 cm überlappend ineinandergelegt und jede Rippe einmal mit Bindedraht verrödelt werden.

Auf dem Untergrund sind die Rippenstreckmetall-Tafeln mit den Rippen nach unten aufzudübeln, so dass die Putzträgerfläche in Rippenhöhe vom Putzgrund absteht. Aufgrund dieses Abstandes kann sich der scharf angeworfene, heute meist maschinell aufgetragene Mörtel mit der Grätenstruktur allseitig innig verklammern und auch mit dem Putzgrund (meist Spritzbewurf) kraftschlüssig verbinden. Die Putzdicke über den Rippenstreckmetall-Tafeln sollte mindestens 10 (15) mm betragen. S. hierzu auch Bild 9.29.

- **Punktgeschweißte Drahtgitter** (Bild 9.16) sind Putzträger aus etwa 1 mm dicken, verzinkten Stahldrähten mit einer Maschenweite von beispielsweise 12,7 × 12,7 mm. Sie werden in Form von Rollen oder Matten (Großformat 2500 × 1020 mm, Kleinformat 1220 × 400 mm) geliefert und allseitig 100 mm überlappt mittels Spreizdübel und Abstandhalter auf den Untergrund aufgedübelt.

Die Höhe der Abstandhalter richten sich nach der jeweils aufzubringenden Putzdicke. Sie bewirken in jedem Fall, dass sich der mit Druck aufgebrachte Mörtel allseitig mit dem abstehenden Gitterputzträger verklammern und auch mit dem Putzgrund (meist mit Spritzbewurf vorbehandelt) kraftschlüssig verbinden kann.

Derartige Drahtgitter – die durch ihre Verdübelung mit dem Untergrund auch eine putztragende Funktion übernehmen – eignen sich für das vollflächige Überspannen von gerissenen Fassaden bei normalem mineralischem Putz-aufbau sowie für die Bewehrung von Wärmedämmputzen.

- **Drahtgitter mit hinterlegter Absorptionspappe** sind ebenfalls Putzträger aus verzinkten Stahldrähten, deren Rückseite jedoch noch mit einem gelochten Bitumenpapier abgedeckt ist. Diese Hinterlegung verhindert weitgehend das Eindringen von Mörtelfeuchtigkeit in den Putzgrund und dient gleichzeitig der Einsparung von Putzmaterial, da sich der Mörtel nur punktuell durch die Langlochschlitze des Papiers hindurch mit den Drahtkreuzungen allseitig verkrallen kann.

Die in verschiedenen Abmessungen lieferbaren Putzträgertafeln bzw. -streifen eignen sich besonders zum problemlosen Überspannen von senkrechten oder waagerechten Wandschlitzen sowie von kritischen Bauteilen in der Wandfläche wie Holzständer, Stahlträger, Kunststoffrohre usw.

Bild 9.17. Beim Überspannen derartiger putzunfähiger Bauteile muss der Putzträger allseitig mindestens 100 mm auf den angrenzenden tragfähigen Putzgrund übergreifen und auf diesem – keinesfalls auf dem über-

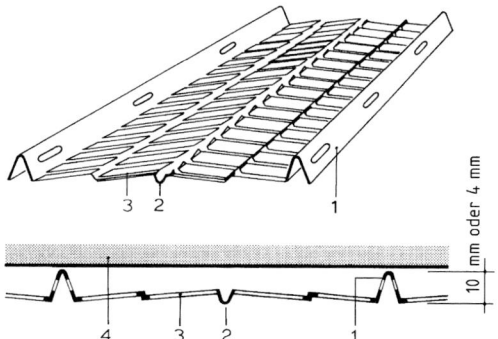

9.15 Schematische Darstellung einer Rippenstreckmetall-Tafel mit gelochten Rippen. Vgl. hierzu auch Bild **9.**29
  1 Rippe(n) mit Lochung, etwa 10 mm oder 4 mm hoch, als Abstandshalter zum Putzgrund
  2 gegenüberliegende Sicke, 2,5 mm hoch, zur Aussteifung der Grätenfelder
  3 Grätenfelder
  4 Putzgrund

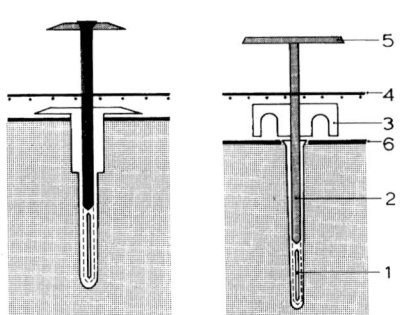 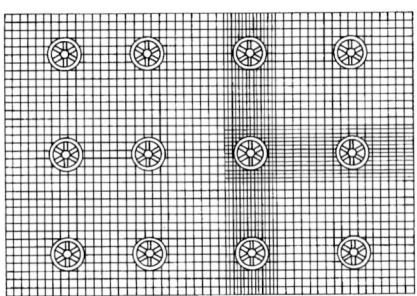

9.16 Schematische Darstellung der Befestigung von punktgeschweißtem Drahtgitter mit Abstand vor dem Putzgrund
  a) Abstandhalter mit Spreizdübel und Putznagel
  b) vollflächige Armierung vor einer Fassade mit 10 cm breiter Mattenüberlappung
  1 Spreizdübel
  2 Nagel
  3 Abstandhalter je nach aufzubringender Putzdicke
  4 punktgeschweißtes Drahtgitter (als Putzträger oder Putzbewehrung)
  5 Halteteller aus Kunststoff
  6 Putzgrund
  BEKAERT, Bad Homburg

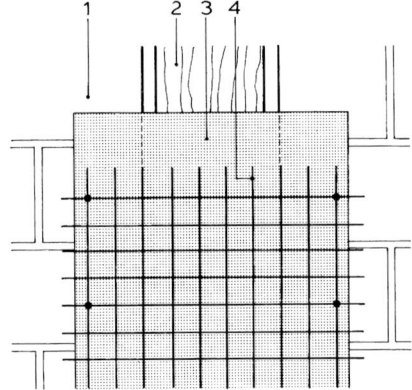

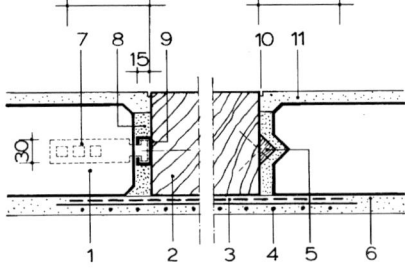

9.17 Überspannen eines kritischen Bauteiles (Holzfachwerk) mit geschweißtem und verzinktem Drahtgitter.
Ein hinterlegtes Bitumenpapier o. Ä. verhindert das Eindringen von Mörtelfeuchtigkeit in den Holzständer. Der Putzträger muss allseitig mind. 10 cm auf den angrenzenden tragenden Putzgrund übergreifen und an diesem – nicht am Holzständer – befestigt werden.
  1 Mauerwerk (z. B. Porenbetonsteine)
  2 Holzständer
  3 Bitumenpapier o. Ä.
  4 geschweißtes, verzinktes Drahtgitter
  5 Dreikantleiste (Altbau), umlaufend
  6 Innenputz
  7 höhenverstellbarer Metallanker (Neubau)
  8 Leichtmauermörtel (Wärmedämmmörtel)
  9 Ankerschiene aus nichtrostendem Stahl
  10 Kellenschnitt
  11 Außenputz

spannten Bauteil – befestigt werden. Um bei Holzständern ein mögliches Quellen infolge eindringender Mörtelfeuchtigkeit gänzlich auszuschließen, wird statt des gelochten Bitumenpapieres eine ungelochte Trennlage verwendet. Damit sich der kritische Bauteil darunter frei bewegen kann, muss der Putzträger selbst ausreichend dimensioniert sein (Eigenstabilität), um seine tragende Funktion (Brückenfunktion) erfüllen zu können.

2. Holzwolle-Dämmplatten und Holzwolle-Mehrschichtplatten[1]

Dämmplatten aus mineralisch gebundener Holzwolle werden als Dämmstoffe zum Zwecke des Wärmeschutzes, aber auch des Schall- und Brandschutzes im gesamten Bauwesen eingesetzt. Auf Grund ihrer offenporigen Plattenstruktur eignen sie sich – bei Beachtung bestimmter Verarbeitungsregeln – auch als Putzgrund für mineralische Außen- und Innenputze.

Im Einzelnen unterscheidet man Holzwolle-Dämmplatten und Holzwolle-Mehrschichtplatten (DIN EN 13168).

- **Holzwolle-Dämmplatten** (Kurzzeichen WW-Platten) bestehen aus langfaseriger Holzwolle und mineralischen Bindemitteln (Zement oder gebrannter Magnesit) in homogener Zusammensetzung.
- **Holzwolle-Mehrschichtplatten** (Kurzzeichen WWC) setzen sich aus einer Dämmstoffschicht (Hartschaum oder Mineralfaser) und einer darauf einseitig oder beidseitig aufgebrachten Deckschicht aus mineralisch gebundener Holzwolle zusammen. Dementsprechend unterscheidet man

- **Hartschaum-WWC-Platten,**
- **Mineralfaser-WWC-Platten,**

jeweils in Form von Zweischicht- oder Dreischichtplatten.

Beispiel für eine Bezeichnung einer **Holzwolle-Mehrschichtplatte:**

WW-C/3 MW (5/90/5)*

*dabei steht
WW   für Holzwolle (**W**ood **W**ool)
C   für Mehrschichtplatte (**C**omposite board) – die Zahl dahinter benennt die Schichtenanzahl
MW   für Mineralwolle (**M**ineral **W**ool)
Die in Klammern angegeben Ziffern stehen für die Nenndicke [in mm] der einzelnen Dämmstoffschichten.

Brandverhalten. Bezüglich ihres Brandverhaltens sind **Holzwolle-Dämmplatten und Holzwolle-Mehrschichtplatten** in DIN 4102-4 klassifiziert

- Holzwolle-Dämmplatten (WW-Platten) und Mineralfaser-WWC-Platten (WWC/MW), als Baustoffe der Klasse B1 (schwerentflammbar),
- Hartschaum-WWC-Platten (WWC/EPS), als Baustoffe der Klasse B2 (normalentflammbar).

Sie müssen darüber hinaus mindestens DIN EN 13501-1 in Kombination mit DIN EN 15715 entsprechen.

Vorzugsmaße und übliche Plattenformate: 500 · 2000 mm,

Plattendicken: 15-25-35-50-60-75-100-125-150-175-200 mm.

Verarbeitung. Holzwolle-Dämmplatten müssen lufttrocken sein, wenn sie eingebaut werden. Deshalb müssen sie feuchtigkeitsgeschützt ausgeliefert und trocken gelagert werden.

Die Platten kann man entweder

- anbetonieren (verlorene Schalung mit einzubetonierenden Haftsicherungsankern),
- auf einer Unterkonstruktion annageln oder anschrauben (Holzwolle-Dämmplatten-Stifte mit Unterlagscheiben),
- andübeln an massiven Bauteilen sowie
- anblenden mit Dünnbettmörtel/Mörtel an Massivwänden im Innenbereich.

Die Platten werden dicht gestoßen und im Verband verlegt; an Wänden sollten die Längskanten der Platten waagerecht liegen. Einzelheiten über Verwendung und Verarbeitung sind den Herstellerangaben zu entnehmen.

Putz auf Holzwolle-Dämmplatten. Angaben über das Verputzen von Holzwolle-Dämmplatten gelten einheitlich für alle Plattenarten. Gemäß DIN EN 13914-1, Tabelle 4 und DIN EN 13 914-2, Tabelle 2 ist eine **ganzflächige Putzbewehrung** – sowohl bei Außen- wie Innenputzen auf Holzwolle-Dämmplatten – erforderlich.

Dabei ist den Schwachstellen – nämlich zusätzliche Bewehrung der Ecken von Fenster- und Türöffnungen, deren Leibungen, der Stoßüberlappung und dem Übergreifen auf benachbarte Bauteile besondere Aufmerksamkeit zu schenken.

Mineralische Außenputze auf Holzwolle-Dämmplatten

Holzwolle-Dämmplatten sind Wärmedämmstoffe, die vor Feuchtigkeit geschützt werden müssen, und zwar einmal vor Regen, zum anderen vor dem Anmachwasser aus dem Unterputz. Deshalb ist sofort -möglichst unmittelbar nach dem Anbringen bzw. Ausschalen der Platten-

---
[1] Der aktuelle Stand der Normung ist Abschn. 9.12 zu entnehmen.

volldeckender Spritzbewurf aus Zementmörtel (CS III/CS IV) aufzubringen.

Vor dem Aufbringen des Oberputzes muss der Unterputz ausreichend erhärtet und trocken sein; erfahrungsgemäß ist beispielsweise bei Mörteln der ehemaligen Mörtelgruppe II eine Standzeit von 1 Tag je mm Unterputzdicke ausreichend.

Die für Unterputz und Oberputz zu verwendenden Festigkeitsklassen entsprechen den in Abschn. 9.6 erläuterten Putzsystemen für Außenputze.

Ungeeignet als Außenputz für Holzwolle-Dämmplatten sind Einlagenputze und Kunstharzputze.

In **Tabelle 4 DIN EN 13914-1** sind die vor dem Verputzen zu ergreifenden Maßnahmen für verschiedene Arten von Putzgründen zusammengefasst. Für Holzwolle-Dämmplatten wird dort i. d. R. eine Bewehrung aus Glasgittergewebe gefordert.

Anwendung anderer Putzsysteme. Abweichend von den in den Tabellen im Einzelnen beschriebenen Putzsystemen dürfen auch andere, auf Leichtbauplatten bewährte Systeme angewandt werden. Es gelten dann die Verarbeitungsrichtlinien der jeweiligen Putzhersteller.

Als Außenputze auf Leichtbauplatten haben sich zum Beispiel Systeme bewährt, bei denen ein Spritzbewurf in der Regel nicht erforderlich ist und die ganzflächige Putzbewehrung aus **Glasfaser-Armierungsgewebe auf den Unterputz** aufgespachtelt wird.

Bei dieser Ausführungsart entfallen die langen Standzeiten für das Erhärten und Trocknen des Spritzbewurfes. Außerdem zeichnet sie sich durch relativ einfache, in ähnlicher Form auch bei anderen Dämmsystemen (z. B. Wärmedämm-Verbundsystem) angewandte Verarbeitungstechniken aus.

Mineralische Innenputze auf Holzwolle-Dämmplatten

Da an den Innenputz aufgrund fehlender Witterungseinflüsse insgesamt geringere Anforderungen gestellt werden als an den Außenputz, ist ein Spritzbewurf bei Innenputz auf Leichtbauplatten in der Regel nicht erforderlich. Die ganzflächige Putzbewehrung besteht ebenfalls aus Glasfaser-Armierungsgewebe, das nach Vorgabe in den Unterputz bzw. Einlagenputz eingebettet wird.

Ungeeignet als Innenputz auf Leichtbauplatten sind im Wesentlichen Kunstharzputze und Putze mit Anhydritmörtel.

Gipskartonplatten im Innenbereich auf Leichtbauplatten

Im Innenbereich können auch Gipskartonplatten (DIN 18 180) als sog. Wand-Trockenputz unmittelbar an senkrechte Holzwolle-Dämmplatten angeblendet werden. Für das Ansetzen der Gipskartonplatten gilt DIN 18 181.

Da diese Platten lediglich mittels Ansetzgips befestigt werden, ergeben sich daraus – im Vergleich zu den feucht eingebrachten Mörtelputzen mit ihren manchmal doch recht umständlich anzubringenden Putzträgern – wesentlich kürzere Montage- und Trockenzeiten.

Dies gilt auch für **Gipskarton-Verbundplatten** (Gipskartonplatten mit werkseitig aufkaschierten Mineralfaser- oder Hartschaumplatten), die im Innenbereich sowohl für Schallschutz- als auch Wärmedämmzwecke eingesetzt werden. S. hierzu DIN 18 184.

Dabei ist jedoch immer zu beachten, dass Dämmstoffe mit hoher dynamischer Steifigkeit (z. B. PS-Hartschaumplatten) den bestehenden Schallschutz negativ beeinflussen können, sowohl im Schalldurchgang als auch in der Schall-Längsleitung.

Derartige Innendämmungen verändern auch ganz wesentlich das bauphysikalische Verhalten von Außenwänden. S. hierzu Abschn. 9.11.3, Innendämmung von Außenwänden sowie Abschn. 17.5.5, Teil 1 dieses Werkes.

3. Sonstige Putzträgerplatten, -gewebe und -matten

- **Putzträgerplatten aus gebranntem Ton** werden überall dort angesetzt, wo auf stoßfeste Untergründe und zugleich rissefreie, optisch einheitliche Putzflächen besonderer Wert gelegt wird (z. B. als Putzgrund von Betonteilen wie Pfeiler, Stürze, Massivdeckenteile).

  Aufgrund gleicher Materialeigenschaften zeichnen sich die mit Tonplatten bekleideten Bauteile nach dem Verputzen nicht vom übrigen Ziegelmauerwerk ab. Die Tonplatten, deren Oberflächen zur besseren Putzhaftung profiliert sind, werden entweder anbetoniert (in die Schalung gestellt oder gelegt) oder nachträglich mit Zementmörtel angeblendet.

- **Ziegeldrahtgewebe** ist ein Putzträger, der aus einem Drahtgewebe besteht, an dessen Kreuzungsstellen rautenförmige Tonkreuzchen aufgepresst und bei 900 °C ziegelhart gebrannt worden sind. Der Ziegeldraht ist ein formbares und formbeständiges Bauelement, aus dem sich große Flächen in ebener, gewölbter oder in freier Gestaltung (Tropfsteinhöhlencharakter) herstellen lassen.

  Die Draht-Ton-Kombination ist beständig gegen Temperaturschwankungen bzw. Klimawechsel und besteht aus nichtbrennbaren Materialien der Baustoffklasse A1. Putze auf Ziegeldrahtgewebe können daher nach DIN 4102-4 als Brandschutzbekleidungen eingesetzt werden.

  Bild 9.18. Der Ziegeldraht wird in Form von Rollen (1 · 5 m) oder Fassadenmatten aus nichtrostendem Stahldraht (1 · 6 m) in einer Materialdicke von 6 bis 8 mm (Maschenweite 20 · 20 mm) geliefert. An den Stoßstellen müssen sich die Bahnen seitlich mind. 30 mm über-

9.7 Putze mit mineralischen Bindemitteln

9.18 Schematische Darstellung eines Ziegeldrahtgewebes, geeignet als nichtbrennbarer Putzträger zur Herstellung ebener, gewölbter oder frei gestalteter Rabitzkonstruktionen. Vgl. hierzu auch Abschn. 9.7.6.6, Hängende Drahtputzdecken.

lappen, so dass die Tonkreuze ineinandergreifen. Im Abstand von je 10 cm sind die Stöße mit Bindedraht zu verrödeln. Das Verlängern von Bahnenstreifen erfolgt durch Abschlagen von je einer Reihe Tonkreuze und Verrödeln der überstehenden Drahtenden.

Da dieser Putzträger flexibel ist, wird bei größeren Flächen, insbesondere wenn eine gewölbte Ausbindung erfolgt (Rabitzkonstruktion), eine zusätzliche Unterkonstruktion aus Trag- und Bewehrungsstäben (Stahlrohrarmierung) gemäß DIN 4121 erforderlich. Vgl. hierzu Abschn. 9.7.6.6, Hängende Drahtputzdecken.

- **Drahtgebundene Schilfrohrmatten** sind ein seit Jahrhunderten bewährter Putzträger, die jedoch kaum mehr im Gebrauch sind. Sie werden an dieser Stelle nur noch erwähnt, da sie im Hinblick auf die Altbausanierung von einem gewissen Interesse sein können.

Die geschälten Schilfrohre in einer Länge von ein bis zwei Metern werden maschinell mit einem dünnen Bindedraht um einen verzinkten Tragdraht geflochten und so Putzträgermatten in den Abmessungen 2·5 m oder 1·10 m hergestellt (Handelsform: Einfachrohrmatten oder Doppelrohrmatten). In dieser Form dienen sie als Putzträger für zu verputzende Flächen, beispielsweise als Deckenbekleidung unter Holzbalkendecken.

Verarbeitung. Die in einem Altbau anzutreffenden Schalungsbretter (Holzlattung) sind in einem Fugenabstand von etwa 15 mm auf der Unterseite einer Holzbalkendecke befestigt. Auf diese Holzdeckenschalung werden die Schilfrohrmatten – immer quer zu den Schalungsbrettern verlaufend und straff gespannt – aufgebracht (Drucklufttacker, Krampen). Die Stöße müssen gut miteinander verzahnt (Stoßüberlappung mind. 100 mm) und durch einen zusätzlichen Spanndraht gesichert sein. Dickere Rohrmatten – deren Stöße nicht verzahnt werden können – sind stumpf zu stoßen und die nachgedrahteten Stoßstellen mit einem mind. 200 mm breiten Drahtgittergewebe zu überdecken.

Schilfrohrmatten können mit allen herkömmlichen mineralischen Mörteln verputzt werden. Nicht geeignet sind Zementmörtel der Festmörtelklasse CS IV (ehem. P III). Der Putzaufbau setzt sich in der Regel aus drei Lagen zusammen: einer sog. Ausdrücklage (verfüllen und vollflächiges ausdrücken der Schilfrohrmatten, ein Spritzbewurf würde nicht genügend tief in die Zwischenräume eindringen), einer Unterputzlage mit abschließendem Oberputz. In bestimmten Fällen ist auch ein zweilagiger Putzaufbau möglich (Ausdrücklage mit direkt darauf aufgebrachter Oberputzlage).

- **Gipskarton-Putzträgerplatten** eignen sich vor-wiegend zur Herstellung von fugenlosen Deckenbekleidungen und Unterdecken, wie sie in Abschn. 14.5.2 mit Bild **14**.32 in Teil 1 dieses Werkes beschrieben sind.

Nach der trockenen Montage der Platten auf einer Unterkonstruktion – bei der zwischen den abgerundeten Längskanten ein Abstand von etwa 5 mm einzuhalten ist – sind diese Fugen mit Gips so auszudrücken, dass sich auf der Plattenrückseite ein beidseitig übergreifender Wulst bildet. Anschließend werden die Plattenflächen einlagig etwa 10 mm dick mit geeignetem Gipsmörtel ganzflächig verputzt.

Diese Unterdecken zeichnen sich – im Vergleich zu den in Abschn. 9.7.6.6 beschriebenen sog. hängenden Drahtputzdecken – durch wesentlich kürzere Montage- und Trockenzeiten sowie geringeres Flächengewicht aus.

9.7.3 Putzausführung

Witterungseinflüsse

Außenputzarbeiten dürfen nach DIN EN 13 914-1 nicht vorgenommen werden, wenn die zu putzenden Flächen vom Regen getroffen werden oder Nachtfröste zu erwarten sind. So können zum Beispiel durch starken Schlagregen die Putzoberfläche beschädigt, noch nicht erhärtete Bindemittel gelöst und an die Putzoberfläche geschwemmt werden.

Bei Frost lassen sich Außenputzarbeiten nur durchführen, wenn die Arbeitsstelle vollständig gegen die Außentemperatur abgeschlossen ist und der so entstehende Arbeitsraum bis zum ausreichenden Erhärten des Putzes beheizt werden kann. Außerdem sind die jeweils geltenden „Richtlinien für den Winterbau" zu beachten.

Ähnlich ungünstig wirkt sich ein zu schneller Wasserentzug aus dem frischen Putz durch Zugluft (Folge: „verbrannter" Oberputz) oder zu starke Sonneneinstrahlung aus. Daher gilt die Putzregel: nicht in, sondern mit der Sonne putzen! Weitere Schutzmaßnahmen sind: Verhängen der Fassade mit Folien o. Ä., Annässen des Putzgrundes und ggf. Feuchthalten des Frischputzes (vorteilhafte Nachbehandlung bei Kalk- und Zementmörtel).

Bei Außenputzarbeiten und während der Abbindezeit soll die Umgebungs- und Untergrundtemperatur in der Regel mind. +5 °C betragen und eine relative Luftfeuchte bis max. 70% gegeben sein. Einige Hersteller bieten jedoch Produkte an, die bereits ab +1 °C Umgebungs- und Untergrundtemperatur und einer relativen Luftfeuchte bis max. 95% verarbeitet werden können.

Innenputzarbeiten dürfen erst begonnen werden, wenn sichergestellt ist, dass die Temperatur der Innenräume nicht unter +5 °C liegt bzw. während der Putzarbeiten auch nicht darunter absinken kann. Dieser Temperaturbereich ist vor allem bei allen Kalkputzen deshalb kritisch, weil der Putz nicht mehr „abbindet", d. h. die zu Karbonat erhärtenden Bindemittel können bei dieser Temperatur keine Kohlensäure mehr aufnehmen. Vgl. hierzu auch Abschn. 9.3.1 und 9.4.1. Alle Öffnungen müssen daher zumindest behelfsmäßig verschlossen sein. Nach Abschluss der Innenputzarbeiten sind die Räume häufig kurzzeitig zu lüften.

Putzgerüste, An- und Abrüsten

Putzgerüste sollen freistehen und einen Wandabstand von etwa 30 cm haben. Damit soll erreicht werden, dass die Handwerker Hand in Hand arbeiten können – vorausgesetzt alle Gerüstlagen sind gleichzeitig besetzt – so dass horizontale Nahtstellen bzw. Arbeitsfugen in Höhe der einzelnen Gerüstbretter vermieden werden. S. hierzu auch Abschn. 11, Gerüste und Abstützungen.

Im Mauerwerk aufliegende Gerüstriegel (= einfach stehende Gerüste) oder die Verankerung der Gerüste mit herkömmlichen Mauerhaken sollten keinesfalls mehr eingesetzt werden, da die hierbei entstehenden Mauerlöcher erst nachträglich ausgemauert und verputzt werden können. Solche Ausbesserungen zeichnen sich später an der Putzoberfläche immer ab.

Moderne Gerüstverankerungen, die keine Schäden im Putz verursachen, sind so konstruiert, dass nichtrostende Hülsen im Mauerwerk (eingeputzt) verbleiben und durch eine farblich angleichbare Kunststoffkappe verschlossen werden. Spätere Wiedereinrüstungen sind so ohne Beschädigung der Putzfassade möglich.

Das Abrüsten ist mit größter Sorgfalt vorzunehmen, da die Putzflächen nach der Fertigstellung sehr stoßempfindlich sind und jede nachträgliche Ausbesserung fast immer sichtbar bleibt.

Aufbringen des Mörtels

Der Mörtelauftrag kann von Hand oder mit einer Maschine erfolgen. Die einzelnen Putzlagen sind – außen wie innen – möglichst gleichmäßig dick aufzubringen und sorgfältig zu verziehen oder zu verreiben. Mit dem Auftragen der jeweils nächsten Lage ist so lange zu warten, bis die vorhergehende so fest ist, dass sie die neue Lage tragen kann.

Dies gilt auch für den Spritzbewurf, auf den der Unterputz erst aufgebracht werden darf, wenn der Mörtel ausreichend erhärtet ist, frühestens jedoch nach 12 Stunden.

Der Unterputz ist vor dem Auftragen des Oberputzes gegebenenfalls aufzurauen und je nach Mörtelart und Witterungsbedingungen anzunässen.

- **Der von Hand aufgetragene Mörtel** wird entweder mit der Kelle kräftig angeworfen oder mit dem Aufziehbrett bzw. Traufel kräftig auf den Putzgrund aufgezogen, so dass er sich mit diesem gut verzahnt. Anschließend wird er in der Regel mit der Abziehlatte oder Kartätsche eingeebnet.

  Besonders ebenflächige und gleichmäßig dicke Putzüberzüge lassen sich mit Hilfe von sog. Putzleisten (Putzlehren) erzielen. Hierbei handelt es sich um lot- und fluchtgerecht angebrachte – jeweils 10 bis 15 cm breite Mörtelstreifen – die vor dem eigentlichen Putzauftrag in Abständen von etwa 1 bis 1,5 m in der vorgesehenen Putzdicke auf dem Putzgrund angebracht werden.

  Nach dem Erhärten des Mörtels wird das eigentliche Putzmaterial zwischen den Putzleisten vollflächig angetragen und mit der Abziehlatte über diese Leisten abgezogen.

  Die jeweils vorgesehene Putzdicke kann auch mit Hilfe von Putzprofilen und im Bereich von Türöffnungen mittels Putzbrettern – die an den Türleibungen befestigt sind – exakt eingehalten werden. Vgl. hierzu auch Abschn. 8.6, Sondertüren.

  Bei allen Beiputzarbeiten und Ausbesserungen ist außerdem darauf zu achten, dass in jeder Putzlage immer nur Mörtel gleicher Zusammensetzung verarbeitet wird, da sonst Rissbildungen, Farbveränderungen o. Ä. auftreten können.

9.7 Putze mit mineralischen Bindemitteln

- **Die maschinelle Verarbeitung** geeigneter Putzmörtel führt – im Vergleich zum Mörtelauftrag mit der Hand – zu wesentlich höheren Putzleistungen und damit zu Kosteneinsparungen (Senkung des Lohnkostenanteils, der Standkosten für das Gerüst usw.).

Der heute üblicherweise verwendete Werktrockenmörtel wird entweder als Sackware in die Putzmaschine eingefüllt oder – bei umfangreicheren Bauvorhaben – aus einem Silo oder Container kontinuierlich durch eine pneumatische Förderanlage eingeblasen.

Das Anmachen erfolgt durch intensives Mischen in der Putzmaschine. Dabei ist die werkseitig angegebene Mindestmischdauer einzuhalten und die Wasserdosierung entsprechend der gewünschten Mörtelkonsistenz vorzunehmen.

Der weichplastische Mörtelbrei wird dann in Schläuchen bis an die Verarbeitungsstelle gepumpt und durch die dem Spritzkopf zugeführte Druckluft gleichmäßig kräftig, querreihig und ggf. in mehreren dünnen Schichten auf den Putzgrund gespritzt.

Diese Art des Mörtelauftrages zeichnet sich durch einen geringen Materialverlust aus. Außerdem wird durch den Anspritzdruck eine verbesserte Haftung erzielt, da der Mörtel relativ gut in die Poren und Vertiefungen des Putzgrundes eindringt. Auch hier ist der Mörtel sofort nach dem Auftragen mit der Abziehlatte oder Kartätsche lot- und fluchtgerecht abzuziehen und je nach Putzart bzw. Putzweise weiter zu bearbeiten.

Angaben über Ausführung, Aufmaß und Abrechnung sind VOB Teil C, DIN 18 350, Putz- und Stuckarbeiten, zu entnehmen. Den aktuellen Stand der Normung s. Abschn. 9.12.

9.7.4 Putzweise

Die Art der Oberflächengestaltung eines frisch aufgebrachten Putzmörtels und die dadurch entstehende Oberflächenstruktur wird als Putzweise bezeichnet. Sie ist mit entscheidend für das äußere Erscheinungsbild eines Gebäudes und die gestalterische Wirkung von Innenraumflächen. Grundsätzlich ist zu unterscheiden zwischen

- rein dekorativen Putzweisen mit vorwiegend schmückender Wirkung,
- Putzweisen, die zur Vorbereitung eines tragenden Untergrundes für weitere Beschichtungen (z. B. Anstriche, Tapeten) dienen und
- Putzweisen, die von der Putzzusammensetzung, Auftragsdicke und ihrer Oberflächenstruktur her eine schützende und bauphysikalische Funktion zu erfüllen haben.

Für Außenputze sollten nur solche Putzweisen gewählt werden, die das Niederschlagwasser gut ableiten, durch Staub und Ablagerungen aus der Luft nicht zu schnell verschmutzen und sich auch sonst handwerksgerecht ausführen lassen. Auch Lage, Höhe und Standort eines Bauwerkes spielen bei der Auswahl eine Rolle.

Putzoberflächen werden sowohl durch den Zuschlag (Korngröße) als auch durch die jeweilige Verarbeitungstechnik bestimmt. Unterschiedliche Putzstrukturen entstehen durch Spritzen, Kratzen, Filzen, Streichen oder Modellieren. Im Einzelnen sind zu nennen:

- **Gefilzter oder geglätteter Putz.** Nach dem Putzauftrag wird die Oberfläche mit der Filzscheibe bzw. Glättekelle (Traufel) bearbeitet. Als glatter Innenputz eignet er sich auch zur Aufnahme weiterer Beschichtungen wie Anstriche, Tapeten usw.

  Gipsputz, der frisch aufgebracht, eben abgezogen und eine bereits ausreichend versteifte Oberfläche hat, wird zunächst leicht angenässt, mit der Filzscheibe gefilzt und ggf. anschließend sorgfältig mit der Traufel geglättet.

  Auf Kalkputz, eben abgezogen und gefilzt, kann gegebenenfalls noch eine feinsandige Schlämme sehr dünn aufgetragen und vorsichtig abgerieben werden. Dabei darf es jedoch zu keiner Sinterhautbildung (Bindemittelanreicherung) an der Oberfläche durch zu langes und zu kräftiges Verreiben kommen. Diese würde die Entstehung von Schwindrissen fördern, bei Luftkalkmörteln das Erhärten der tieferen Schichten hemmen (Karbonaterhärtung) und insgesamt eine weitgehend saugunfähige Oberfläche ergeben.

- **Reibeputz oder geriebener Putz.** Das Zuschlaggemenge dieses Putzes enthält unter anderem ein Rollkorn (Rundkorn), das beim Reiben rillenartige Vertiefungen in der sonst ebenen Putzoberfläche hinterlässt. Durch waagerechtes, senkrechtes oder kreisförmiges Reiben mit einem Reibebrett können unterschiedliche Strukturbilder erzeugt werden. Je nach Art des verwendeten Werkzeugs (Holzscheibe, Traufel o. Ä.) wird er als Münchener Rauputz, Rillenputz oder Scheibenputz bezeichnet. Bevorzugte Struktur auch für kunstharzgebundene Putze.

- **Kellenwurfputz.** Der Mörtel wird durch Anwerfen mit der Kelle aufgebracht. Seine Oberflächenstruktur hängt einmal von der Kornzusammensetzung und Mörtelkonsistenz, zum anderen von der Anwurftechnik des jeweiligen Putzers ab. Vor der eigentlichen Putzausführung sollten daher immer Probeputzflächen erstellt werden. In der Regel wird ein Zuschlag grober Körnung von 6 bis 10 (12) mm verwendet.

  Die raue Oberfläche des Kellenwurfputzes vermittelt immer einen rustikalen Eindruck und belebt so auch großflächige Fassaden. Je nach Grobkorn- bzw. Bindemittelzusammensetzung neigen derartige Putzstrukturen aber auch mehr zum Verschmutzen, so dass sie nicht für Hochhausfassaden oder Fassaden, die extremen Wetterbedingungen ausgesetzt sind, verwendet werden sollen.

- **Kratzputz.** Seine gleichmäßige, porige Oberfläche wird durch das Kratzen des sich erhärtenden Putzes mit einem Nagelbrett o. Ä. erzeugt. Diese Putzweise ist besonders vorteilhaft, da durch das Kratzen die bindemittel- und damit spannungsreiche Oberfläche des nach dem Kratzvorgang noch 8 bis 10 mm dicken Oberputzes entfernt wird.

  Der richtige Zeitpunkt des Kratzens richtet sich nach dem Erhärtungsverlauf des Putzes. Es darf damit begonnen werden, wenn das Korn beim Kratzen herausspringt (charakteristische Putzstruktur, bedingt durch die jeweilige Korngröße) und nicht mehr im Nagelbrett hängen bleibt. Anschließend muss der Putz noch gründlich mit einem Handbesen abgefegt werden. Der Kratzputz gilt als bevorzugte Putzweise für alle Edelputze. Die Verarbeitungsrichtlinien der Hersteller sind zu beachten [2].

- **Spritzputz.** Diese Putzweise beruht auf einer alten Putztechnik (Besenspritzputz). Der feinkörnige, dünnflüssige Mörtel wird heute üblicherweise mit einem Spritzputzgerät oder einer speziellen Spritzpistole durch zwei- oder mehrlagiges Aufsprenkeln (Auftragrichtung jeweils ändern) aufgetragen. Es entsteht eine gleichmäßige Oberfläche, die meist mehr schmückende als schützende Wirkung hat. Sie eignet sich u. a. auch zur Renovierung alter Kratzputzfassaden, die lediglich optisch unansehnlich geworden sind.

- **Modellierputz.** Der angeworfene und eben abgezogene Mörtel wird mit der Kelle oder Traufel derart fächer- oder schuppenförmig verstrichen, dass der einzelne Kellenstrich bewusst sichtbar bleibt (z. B. **Kellenstrichputz, Altdeutscher Putz**).

- **Waschputz.** Aufgrund seiner speziellen Rezeptur ist er besonders stoßfest und auch hohen Feuchtigkeitsbelastungen gewachsen (Unterputz der Druckfestigkeitsklasse CS III/CS IV). Er wird daher vorrangig überall dort eingesetzt, wo es zu starken Beanspruchungen wie zum Beispiel im Sockelbereich, in öffentlichen Treppenhäusern, Fluren usw. kommt. Außerdem bietet der Waschputz interessante gestalterische Möglichkeiten durch eine Vielzahl verschiedener Gesteinskörnungen und Grundeinfärbungen.

  Seine Struktur erhält er durch Abwaschen der an der Oberfläche befindlichen, noch nicht erhärteten Bindemittelschlämme. Mit einer weichen Bürste wird so lange gewaschen, bis die Steinkörnung klar zum Vorschein kommt, wobei diese keinesfalls herausgewaschen werden darf. Der verbliebene Zementschleier wird anschließend mit einem Spezialreinigungsmittel entfernt.

- **Kunstharzgebundene Putze.** Die Oberflächenstruktur organisch gebundener Putze nach DIN EN 15824 entspricht weitgehend den vorgenannten Strukturen mineralisch gebundener Putze. S. hierzu Abschn. 9.8 Putze mit organischen Bindemitteln: Kunstharzputze als Außen- und Innenputz.

  Aus dieser Gruppe sind noch die so genannten **Buntsteinputze** besonders zu erwähnen. Sie enthalten, ähnlich wie der Waschputz, natürlich vorkommende oder gefärbte Steine in den verschiedensten Korngrößen (von 1,5 bis 10 mm), die allerdings nicht mit mineralischen Bindemitteln, sondern mit durchsichtig auftrocknenden Kunstharzen gebunden sind. Da diese Beschichtungsstoffe keine deckenden Pigmente enthalten, trocknet Buntsteinputz klar auf und bedarf keiner weiteren Oberflächenbehandlung.

  Die Quarzkiesbeschichtung eignet sich für dekorative, wetterbeständige Außenbeschichtungen, ausdrucksstarke Wandgestaltung im Innenbereich und für besonders widerstandsfähige Sockelbeschichtungen.

9.7.5 Mineralisch gebundene Außenputze

An den Außenputz werden ganz besondere Anforderungen gestellt. Neben der äußeren Gebäudegestaltung durch entsprechende Struktur- und Farbgebung hat er vor allem bauphysikalische Aufgaben, aber auch mechanische Anforderungen zu erfüllen.

Für die Putzauswahl sind seine örtliche Lage am Bauwerk, die daraus erwachsende Beanspruchungsart sowie die Beschaffenheit des jeweiligen Putzgrundes von Bedeutung.

Gemäß DIN EN 13 914-1 müssen die an einen Putz zu stellenden Anforderungen grundsätzlich vom Gesamtsystem – d. h. von allen Schichten einer Wand, wie zum Beispiel Putzgrund, Putzlagen und ggf. Anstrich – zusammen dauerhaft erfüllt werden. Bewährte Putzarten je nach Anwendungsbereich finden sich in Tabelle 1 und 2 der DIN EN 13 914-1 (mineralische und organische Bindemittel, mit ergänzenden Angaben in DIN 18 550-1 (Tabellen DE.1 und DE.2).

Materialien für Bewehrung, Putzträger und Putzprofile sollten den Empfehlungen der Tabelle 4 der DIN EN 13914-1 entsprechen, Materialien zur Befestigung denen der Tabelle 5.

Tabelle **9**.19 fasst die vor dem Verputzen zu ergreifenden Maßnahmen für verschiedene Arten von Putzgründen für Außenputze zusammen.

9.7.5.1 Außenputze, die allgemeinen Anforderungen genügen[1]

Auf die allgemeinen Anforderungen wie gute Haftung der Putzlagen untereinander und am Putzgrund, gleichmäßiges Gefüge, Festigkeit, Brandverhalten, Wasserdampfdurchlässigkeit – die jede Putzart erfüllen muss – wurde bereits in Abschn. 9.1 hingewiesen.

Bei Außenputzen ist insbesondere auf die Wasserdampfdurchlässigkeit zu achten. Da diese bei Kunstharzputzen wesentlich geringer sein kann als bei mineralisch gebundenen Putzen, musste in der Putznorm ein Grenzwert festgelegt werden, um unzulässige Feuchtigkeitserhöhungen in der Wand infolge innerer Kondensation zu vermeiden.

---

[1] **DIN EN 13914-1** – Planung, Zubereitung und Ausführung von Innen- und Außenputzen – **Teil 1: Außenputz**. Der aktuelle Stand der Normung ist Abschn. 9.12 zu entnehmen.

9.7 Putze mit mineralischen Bindemitteln

Tabelle **9**.19 Zusammenfassung der vor dem Verputzen zu ergreifenden Maßnahmen für verschiedene Arten von Putzgründen

	Putzgrund	Vorbehandlung[a, d]
a)	Ziegelmauerwerk	Eine besondere Vorbehandlung des Putzgrundes ist normalerweise nicht erforderlich, wenn einheitliches normales Saugvermögen nachgewiesen wird.
b)	Betonstein-, Kalksandstein- oder Elementmauerwerk	Abhängig vom Saugvermögen und der Oberflächenrauheit kann eine Vorbehandlung mit Spritzbewurf, eine Haftbrücke aus einem polymermodifizierten Zementmörtel oder ein metallischer Putzträger notwendig sein.
c)	Leichtziegelmauerwerk	Das Saugvermögen sollte überprüft werden, um sicherzustellen, dass es dem von normalen Ziegeln ähnlich ist. Wenn das nicht der Fall ist, können besondere Maßnahmen notwendig sein, z. B. Grundierung, Putzträger aus Metall.
d)	Großformatige Leichtbetonelemente	Besondere Vorsichtsmaßnahmen nach Empfehlung der Hersteller der Elemente oder des Putzherstellers.
e)	Mauerwerk aus Porenbetonblöcken	Abhängig von der Art des Putzes kann eine Vorbehandlung zur Verringerung des Saugvermögens notwendig sein.
f)	Mauerwerk aus Leichtbetonblöcken	Es ist keine besondere Vorbehandlung erforderlich, da die Leichtbetonblöcke üblicherweise eine raue Oberfläche haben und ein niedriges Saugvermögen aufweisen.
g)	Mauerwerk aus Normalbetonblöcken mit dichten Zuschlagsstoffen	Abhängig von Saugvermögen und Oberflächenrauheit kann eine Vorbehandlung, z. B. einer Haftbrücke, Spritzbewurf oder Putzträger, notwendig sein.
h)	Sandsteinblockmauerwerk	Verwendung von Spritzbewurf oder Grundierung.
i)	Beton mit glatter Oberfläche	Verwendung von Grundierung oder Haftbrücke.
j)	Beton mit rauer Oberfläche	Üblicherweise ist keine Vorbehandlung erforderlich.
k)	Schalungssteinmauerwerk aus Holzspanbeton oder Holzwollebauplatten[b, c]	a) Verwendung von Spritzbewurf, wenn Kalk/Zement-Putz festgelegt ist; b) Es ist keine Vorbehandlung notwendig, wenn Kalk/Zement-Leichtputz mit Glasfasergewebe festgelegt ist; c) Verwendung von Spritzbewurf, wenn Kalk/Zement-Wärmedämmputz mit Glasfasergewebe festgelegt ist. Ein Putzträger aus Metall wird empfohlen.
l)	Betonschalungssteine auf Zement/Zuschlag-Basis	Verwendung einer besonderen Untergrundvorbehandlung, wie vom Schalungssteinhersteller empfohlen.
m)	Alte Putzoberflächen	Alte Putzoberflächen können überputzt werden, wenn Haftbrücken und/oder Metallputzträger verwendet werden. Wenn Risse im alten Putz vorhanden sind, siehe 8.3.
n)	zuvor aufgebrachte Unterputzlagen	Die Verwendung einer Grundierung, um das Saugvermögen auszugleichen oder einer Haftbrücke, um die Haftung zu verbessern, kann erforderlich sein.
o)	extrudierte oder expandierte Polystyrolplatten sowie aus Polyurethanplatten[c]	Verwendung einer Haftbrücke.
p)	Holz, z. B. Fachwerk, Platten	Die Verwendung eines Putzträgers ist erforderlich.
q)	Bereiche, die mehr als eine Art des Putzgrundes enthalten, z. B. Mischmauerwerk, Fachwerk mit Füllung (Mauerwerk, Lehm usw.)	Abhängig von der aufgetragenen Putzart ist entweder ein Putzträger oder Armierungsputz erforderlich.

[a] Der Hersteller des Materials bzw. Produkts für den Putzgrund kann besondere Vorbehandlungen empfehlen.
[b] Holzwolle sollte trocken sein und vor der Witterung geschützt werden.
[c] Platten sollten aneinander stoßend verlegt sein. Verfahren für die Vorbereitung der Plattenoberfläche sind:
  i) Überspannen mit Bewehrung wie in 7.5.2.4 und 7.5.2.5 beschrieben;
  ii) für Polystyrol- und Polyurethanplatten mit rauer Oberfläche sind herstellerspezifische Vorbehandlungssysteme aus dünnen Lagen von polymermodifizierten Zementputzen verfügbar. Solche Produkte sollten mindestens einen Tag vor Putzauftrag angewendet werden.
[d] Organische Putze, polymermodifizierte Kalkzementputze und polymermodifizierte Zementputze dürfen üblicherweise ohne Vorbehandlung aufgebracht werden.

Bei Außenputzen darf gemäß DIN EN 13 914-1 die diffusionsäquivalente Luftschichtdicke bei keiner Putzlage den Wert von

- $s_d = 2{,}0$ m[1)]

überschreiten. Da mineralische Putze diese Anforderungen erfahrungsgemäß erfüllen, ist für derartige Putze kein Nachweis erforderlich. Vgl. hierzu auch Abschn. 17.5.6.2 in Teil 1 dieses Werkes.

9.7.5.2 Außenputze, die zusätzlichen Anforderungen genügen

Es gibt Außenputze, die zusätzlichen Anforderungen genügen müssen. Im Einzelnen sind genannt: Wasserhemmend, wasserabweisend, Kellerwandaußenputz und Außensockelputz.

- **Regenschutz durch wasserhemmende oder wasserabweisende Putzsysteme.** DIN 4108-3 enthält Angaben über den Schlagregenschutz von Außenwänden. Diese Angaben sollen dazu beitragen, erhöhte Wandfeuchtigkeit durch Regeneinwirkungen zu vermeiden, um einen dem Wandbaustoff entsprechenden Wärmeschutz zu erzielen.

Je weniger Feuchtigkeit sich bekanntlich in einer Wand befindet, desto höher ist der Wärmedurchlasswiderstand. In diesem Zusammenhang ist zu beachten, dass die heute verwendeten leichten und porösen Wandbaustoffe mehr Wasser aufnehmen als die früher eingesetzten, schweren und dichten Baustoffe.

Regenschutz kann einmal durch konstruktive Maßnahmen wie zweischaliges Mauerwerk oder hinterlüftete Außenwandbekleidung erreicht werden, zum anderen durch Außenputz, der entsprechend der jeweiligen Beanspruchung zu wählen ist.

Bei der Beurteilung der Schlagregenbeanspruchung sind die regionalen klimatischen Bedingungen, die örtliche Lage und die Höhe des Gebäudes zu berücksichtigen. Entsprechend der in DIN 4108-3 angeführten drei Beanspruchungsgruppen werden die Außenputze wie folgt eingeteilt:

Beanspruchungsgruppe I (geringe Schlagregenbeanspruchung):
Keine Anforderungen hinsichtlich des Regenschutzes.

Beanspruchungsgruppe II (mittlere Schlagregenbeanspruchung):
Wasserhemmende Außenputze. Putzsysteme gelten als wasserhemmend, wenn sie der Kategorie W_c1 oder W_c2[2)] nach DIN EN 998-1 bzw. bei Kunstharzputzen $W_1 - W_3$ nach DIN EN 15 824 entsprechen.

Beanspruchungsgruppe III (starke Schlagregenbeanspruchung):
Wasserabweisende Außenputze.
Ausreichend hydrophobe Putze mit der heutzutage für Außenputze geforderten Sicherheit sind nur als Werkmörtel möglich.

Dafür wurden zwei wesentliche Kennwerte festgelegt: Der Wasseraufnahmekoeffizient w und der Diffusionswiderstand s_d.

Putzsysteme gelten als wasserabweisend, wenn sie in der Regel wasserabweisende Zusatzmittel enthalten, der Kategorie W_c2 ($\leq 0{,}20$ kg/(m² · min^{0,5})) für mineralische Bindemittel nach DIN EN 998-1 entsprechen sowie der Kategorie W_2 bis W_3[3)] für organische Bindemittel (Kunstharzputze) nach DIN EN 15 824 entsprechen ($\leq 0{,}1$ kg/(m² · h^{0,5})).

Feuchtigkeitsverhältnisse in beregneten Außenputzwänden hängen von der Wasseraufnahme in den Regenperioden und der Wasserabgabe in den Trocknungsperioden ab.

Die **Wasseraufnahme** eines verputzten Mauerwerkes bei Beregnung erfolgt durch Kapillarleitung, und zwar immer von der feuchten zur trockenen Seite hin, wobei primär die Wasseraufnahme des Außenputzes maßgebend ist (kennzeichnende Größe: Wasseraufnahmekoeffizient w).

Die **Wasserabgabe** in den Trocknungsperioden erfolgt zunächst durch Verdampfung an der Oberfläche und wird im späteren Verlauf durch den Rücktransport der Feuchtigkeit infolge von Kapillarleitung und Dampfdiffusion bestimmt. Der maßgebende Einfluss ist dabei der Wasserdampfdurch-

---

[1)] Nach dem Norm-Entwurf DIN EN 1062-1 werden zur bauphysikalischen Bewertung der **Wasseraufnahme** folgende Richtwerte vorgeschlagen:
- $s_d < 0{,}14$ m = hoch wasserdampfdurchlässig
- s_d 0,14 bis 1,4 m = mittel wasserdampfdurchlässig
- $s_d > 1{,}4$ m = gering wasserdampfdurchlässig

Vor der Ausführung von Fassadenbeschichtungen ist daher zu prüfen, welche Art Außenputz vorgesehen ist und welche bauphysikalischen Kenndaten der vorgesehene Beschichtungswerkstoff aufweist.

[2)] Der Index „c" wurde mit Aktualisierung der DIN EN 998-1: 2017-2 für die Kategorie der kapillaren Wasseraufnahme eingeführt und findet noch nicht in allen Normen Verwendung.
W_0 nicht festgelegt
W_c1: C $\leq 0{,}40$ kg/(m² · min^{0,5})
W_c2: C $\leq 0{,}20$ kg/(m² · min^{0,5})

[3)] $W_1 > 0{,}5$ kg/(m² · h^{0,5}) hoch wasserdurchlässig
$W_2 \leq 0{,}5 \geq 0{,}1$ kg/(m² · h^{0,5}) mittel wasserdurchlässig
$W_3 \leq 0{,}1$ kg/(m² · h^{0,5}) gering wasserdurchlässig

9.7 Putze mit mineralischen Bindemitteln

lasswiderstand der Putzschicht (kennzeichnende Größe für die Wasserabgabe in den Trocknungsperioden: diffusionsäquivalente Luftschichtdicke s_d).

Maßgebend für die Einstufung eines **Putzsystems als wasserabweisend** ist demnach die Erfüllung der Forderung $w \cdot s_d$ 0,2 kg/mh^{0,5}. Wasseraufnahme und Wasserabgabe müssen in einem solchen Verhältnis zueinander stehen, dass die Außenwand – langfristig gesehen – trocken bleibt bzw. austrocknen kann. Demnach müssen die den Regenschutz hauptsächlich bewirkende(n) Putzlage(n) bei wasserabweisenden Putzen folgende Anforderungen erfüllen:

$w \cdot s_d$ · 0,2 kg/mh^{0,5}
w · 0,5 kg/m²h^{0,5}
s_d · 2,0 m

- **Regenschutz durch wasserabweisende Putz/Anstrich-Systeme.** Wie bereits zuvor erwähnt, kann der Regenschutz gemäß DIN 4108-3 durch konstruktive Maßnahmen (z. B. hinterlüftete Außenwandbekleidung) oder durch geeignete Außenputze erreicht werden. Dazu reicht es aus, wenn eine Putzlage (Ober- oder Unterputz) die Anforderungen an den Schlagregenschutz erfüllt. In der Regel wird hierfür der 5 bis 8 mm dicke Oberputz durch Zusatzmittel wasserabweisend eingestellt.

- **Außenputz mit erhöhter Festigkeit.** Mineralisch gebundene Außenputze, die als Träger von Beschichtungen auf organischer Basis (z. B. kunstharzgebundene Oberputze) dienen sollen oder die starker mechanischer Beanspruchung ausgesetzt sind, müssen nach DIN EN 998-1 mindestens der Druckfestigkeitskategorie CII entsprechen.

- **Kellerwandaußenputz.** Kellerwandaußenputze als Träger von Beschichtungen (z. B. Abdichtungen gegen Feuchtigkeit) müssen nach Tabelle 1 DIN EN 13 914-1 aus Mörteln mit hydraulischen Bindemitteln hergestellt werden (Druckfestigkeitskategorie CS III (3,5 bis 7,5 N/mm²) nach DIN EN 998-1). Obwohl hierfür in der Norm Mauerwerk aus Steinen der Druckfestigkeitsklasse 6 verlangt wird, sollten zur Vermeidung von Schäden besser Steine der Druckfestigkeitsklasse 12 oder Beton mit einer Festigkeitsklasse $\geq$ C12/15 ausgeschrieben werden. Kellerwandaußenputze sind im erdberührten Bereich immer nach DIN 18 533 – Abdichtung von erdberührten Bauteilen abzudichten.

    Hinweis: Kunstharzputze dürfen nicht als Kellerwandaußenputze, d. h. im Bereich der Erdanschüttung, verwendet werden.

- **Außensockelputze.** Außensockelputze müssen ausreichend fest, wasserabweisend und widerstandsfähig gegen kombinierte Einwirkung von Feuchtigkeit und Frost sein. Mineralische Oberputze im Sockelbereich sollen eine Druckfestigkeit von 2,5 N/mm² nicht unterschreiten. Werden Putzsysteme nach Tabelle 1, DIN EN 13 914-1 verwendet, so bedarf es keines besonderen Festigkeitsnachweises. Außenputzsockel auf Mauerwerk aus Steinen der Druckfestigkeitsklasse $\leq$ 8 sollen aus Mörteln mit hydraulischen Bindemitteln der Kategorie CS III nach DIN EN 998-1 hergestellt werden und die Anforderungen an wasserabweisende Putzsysteme erfüllen.

Häufig werden im Sockelbereich hoch wärmedämmende Wandbildner bzw. Wärmedämm-Verbundsysteme eingesetzt.

Die Erfahrungen damit zeigen, dass an Putzen mit hoher Druckfestigkeit (CS IV > 6,0 N/mm²) – appliziert auf hoch wärmedämmenden Mauersteinen – Schäden auftreten und diese Putze reißen.

In derartigen Fällen sind Putze der ehem. Mörtelgruppe P II (Druckfestigkeitskategorie CS II, $\leq$ 5,0 N/mm²) angebracht. Im Einzelfall können auch Sanierputze nach WTA eingesetzt werden.

Die Sockelfläche zwischen erdberührter Kellerwand und aufgehender Außenwand stellt eine Übergangszone dar, die vor allem durch Spritzwasser und Stoßbeanspruchung stark belastet ist. Aus diesem Grund ist der Sockelbereich besonders widerstandsfähig auszubilden. Die Sockelhöhe richtet sich im Wesentlichen nach dem Geländeverlauf, der Oberflächenbeschaffenheit und dem verwendeten Material der jeweils angrenzenden Regenaufschlagfläche.

In der Regel beträgt die Sockelhöhe 30 cm. Bei harter und ebener Aufprallfläche sollte sie höher sein und der Plattenbelag ein vom Gebäude wegführendes Gefälle aufweisen. Vorteilhafter ist ein an den Sockelbereich direkt anschließendes Grobkiesbett, da das Oberflächenwasser darin sofort versickern kann.

Die Sockelfläche selbst muss eine vertikale Abdichtung aufweisen, die bis zur oberen horizontalen Wandabdichtung (sog. konstruktive Sockellinie) reicht und im Erdreich nahtlos in die vertikale Kelleraußenwand-Abdichtung übergeht. Einzelheiten hierzu s. Abschn. 17.4.4 in Teil 1 dieses Werkes.

Die Putzzone der aufgehenden Außenwände ist von der Dichtungszone des Bauwerkes möglichst deutlich abzusetzen (bessere Wasserableitung). Der Sockelputz sollte hinter dem Wandputz zurückspringen, zumindest bündig mit diesem liegen, keinesfalls jedoch überstehen (Regenstau, Frostschäden, Schmutzablagerungen).

Um ein Hinterwandern des Sockelputzes durch abfließendes Regenwasser auszuschließen, ist im Bereich der Fuge zwischen Sockel- und Wandputz ein Sockelabschlussprofil anzubringen. Dieses wird mit Ansetzmörtel auf Zementbasis (keinesfalls gipshaltiges Material verwenden!) auf dem aufgehenden Mauerwerk befestigt. S. hierzu Bild 9.20 sowie Bild 9.44.

Darüber hinaus unterstützen konstruktive Maßnahmen den Witterungsschutz, wie zum Beispiel ausreichend bemessene Dach- und Fensterbanküberstände, der Einbau von Bewegungsfugen-, Kantenschutz- und Sockelabschlussprofilen sowie bei kritischen Untergründen bzw. Materialübergängen die Einbettung von Putzarmierungen, Putzträgern usw.

9.7.5.3 Sanierputzsysteme für feuchte und salzbelastete Außenwände

Allgemein bekannt sind die hässlichen Schadensbilder im Sockelbereich von Altbauten (historischen Gebäuden). Die Ursache hierfür ist in fast allen Fällen die Gleiche:

Aufgrund fehlender oder nicht mehr funktionierender horizontaler bzw. vertikaler Wandabdichtungen kann Feuchtigkeit in das Mauerwerk eindringen und dort – infolge der kapillaren Saugfähigkeit poröser Baustoffe – entgegen der Schwerkraft in der Wand aufsteigen. Dabei werden bauschädigende Salze gelöst und von der kapillar wandernden Feuchtigkeit (hygroskopische Feuchte) nach oben in das aufgehende Mauerwerk transportiert.

Beim Verdunsten des Wassers reichern sich die mitgeführten Salze an der Oberfläche herkömmlicher Putze an und kristallisieren dort aus. Infolgedessen sind an der Grenze zwischen dem kapillar durchfeuchteten Bereich und dem trockenen Mauerwerk Salzausblühungen zu erkennen.

Da es bei der Kristallisation aber auch zu einer Volumenvergrößerung kommt, entstehen dadurch auch noch erhebliche Drücke (Sprengkräfte), die zum Abplatzen des Anstriches und im Laufe der Zeit zur Zerstörung der Putzschale führen können.

Ungeeignete Sanierungsversuche, wie zum Beispiel das Aufbringen von wasserundurchlässigen dichten Sperrputzen der ehem. Mörtelgruppe P III, das Anbringen von Keramikfliesen oder Applizieren von nahezu dampfundurchlässigen Beschichtungen führen meist zu einer Verschlimmerung des Schadensbildes. Da die salzhaltige Feuchtigkeit auf Grund derart dampfdichter Verblendungen im Sockelbereich nicht nach außen diffundieren kann, steigt sie im Mauerwerk weiter auf (sog. Dochtwirkung), wodurch sich die Zerstörung von Anstrich und Putz in immer höhere Fassadenzonen verlagert.

Sanierputze

Mit der Abkürzung „R" (englisch renovation mortar) werden in DIN EN 998-1 Sanierputze beschrieben. Es sind Putze mit hoher Porosität und Wasserdampfdurchlässigkeit bei gleichzeitig er-

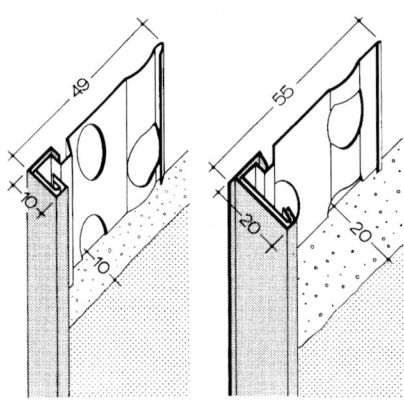

9.20a

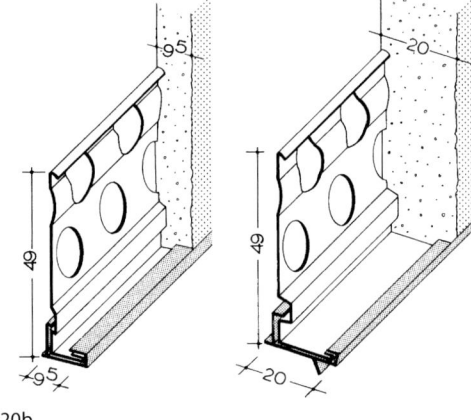

9.20b

9.20 Putzabschluss- und Sockelprofile für den Außenputz. Alle Profilkanten sind mit einem schlagzähen PVC-Überzug gegen Abrieb und Korrosion geschützt und liegen mit der fertigen Putzoberfläche bündig.
    a) Putzabschlussprofile
    b) Sockelprofile

9.7 Putze mit mineralischen Bindemitteln

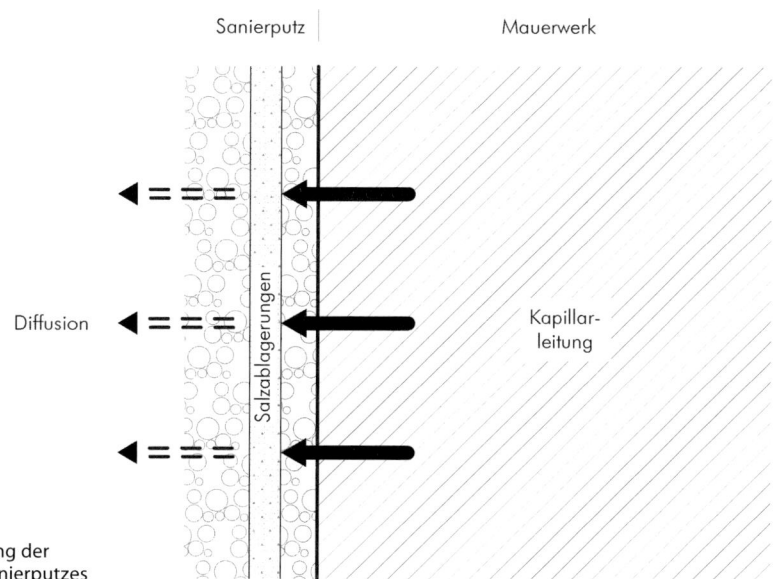

9.21   Schematische Darstellung der Wirkungsweise eines Sanierputzes

heblich verminderter kapillarer Leitfähigkeit. Ihre Wirkungsweise beruht auf folgenden Annahmen (Bild **9**.22):

- Aufgrund der hydrophoben (wasserabweisenden) Ausrüstung des Putzes kann das im Mauerwerk vorhandene salzhaltige Wasser nur etwa 5 mm tief aus dem Putzgrund in den Sanierputz kapillar eindringen.
- Bedingt durch die hohe Wasserdampfdurchlässigkeit verdunstet das Wasser – nicht wie bei den herkömmlichen Putzen an der Putzoberfläche – sondern innerhalb des Putzquerschnittes und wird dann durch Diffusion nach außen transportiert.
- Da Wasserdampf keine Salze transportieren kann, kristallisieren diese beim Verdunsten des Wassers im Inneren der Sanierputzschicht. Dabei werden die Salzkristalle in den großen Porenräumen abgelagert.
- Da die Porosität sehr hoch ist, entsteht dadurch kein Kristallisationsdruck auf das Baustoffgefüge und somit auch kein Schaden an der Putzoberfläche.
- Damit Sanierputze langfristig funktionieren, ist dafür Sorge zu tragen, dass diese nach außen immer durch Diffusion austrocknen können. Anstriche und sonstige Beschichtungen dürfen daher die Wasserdampfdurchlässigkeit des Systems nicht negativ beeinflussen.

Bild **9**.22 zeigt schematisch die oben beschriebene Wirkungsweise eines Sanierputzes.

WTA-Merkblätter. Die technischen Anforderungen an Sanierputzsysteme sind im Einzelnen dem umfangreichen WTA-Merkblatt 2-9-04/D Sanierputzsysteme [3] zu entnehmen.

Aufgrund der darin beschriebenen Anforderungen kann nun eindeutig zwischen Sanierputzen und den weitgehend wasserdampfdichten bzw. wasserundurchlässigen Sperrputzen oder Dichtungsschlämmen unterschieden werden.

Demnach sind Sanierputze keine Sperrputze, denn der Feuchtigkeitsaustausch zwischen Mauerwerk und umgebender Luft wird von den Sanierputzen nicht behindert, sondern begünstigt.

Sanierputzsysteme

Sanierputzsysteme bestehen aus einzelnen, jeweils ganz bestimmte Aufgaben übernehmenden Komponenten, deren bauphysikalischen und bauchemischen Eigenschaften sorgfältig aufeinander abgestimmt sein müssen.

Da die Sanierungssysteme sich zum Teil deutlich voneinander unterscheiden, dürfen immer nur Systemkomponenten von einem Hersteller verwendet werden.

In der Regel besteht ein mehrlagiges Sanierputzsystem aus

- Spritzbewurf,
- WTA-Grundputz,
- WTA-Sanierputz,
- Anstrich oder Dekorputz.

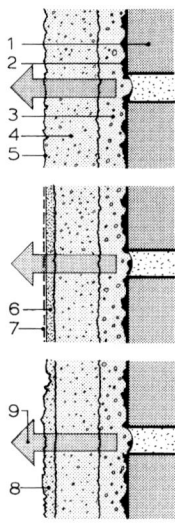

9.22 Schematische Darstellung eines Sanierputzsystems auf einer feuchten und salzbelasteten Außenwand
1 feuchtes und salzbelastetes Mauerwerk (Altputz abgeschlagen, mürbe Fugenmörtel ausgekratzt)
2 warzenförmiger, halbdeckender Spritzbewurf
3 Porengrundputz als Pufferschicht für gelöste Salze und als Ausgleichsschicht
4 hydrophober (wasserabweisender) Sanierputz aus Werktrockenmörtel mit hoher Porosität und Wasserdampfdurchlässigkeit in 15 bis 20 mm Schichtdicke
5 Oberfläche des Sanierputzes modellierend an den angrenzenden Altputz angepasst und die ganze Fassadenfläche mit einem wasserabweisenden, diffusionsoffenen Anstrich vollflächig beschichtet
6 Spachtelputz in 2 bis 5 mm Schichtdicke als glatte Oberfläche für Anstrich
7 wasserabweisender, diffusionsoffener Anstrich
8 mineralischer Leichtputz (weiß oder eingefärbt und gestrichen) als Deckputz/Strukturputz
9 Wassertransport durch Diffusion und Verdunstung
Caparol (DAW), Ober-Ramstadt

Sanierputze können je nach Versalzungsgrad des Putzgrundes mehrlagig oder auch nur einlagig aufgebracht werden. Einlagige Systeme – bestehend aus Spritzbewurf und Sanierputz(en) – sollten nur bei geringer Versalzung eingesetzt werden.

Sanierputze sind aufgrund ihrer Festmörteleigenschaften frostbeständig und daher auch im Sockelbereich anwendbar.

Systemkomponenten/Verarbeitung. Bei Schädigungen der Bausubstanz sollte zuerst versucht werden, die Ursachen zu beseitigen und Maßnahmen zu ergreifen, die das Wasser vom Baukörper fernhalten.

Da aber derartige Maßnahmen (Auftragen bzw. Einfügen vertikaler oder horizontaler Abdichtungen, Bohrlochinjektionen usw.) immer einen massiven Eingriff in die Bausubstanz bedeuten, sind sie bei Altbauten häufig nicht durchführbar (statische Gründe, Kostengründe, Nichtzugänglichkeit).

In derartigen Fällen lassen sich mit Hilfe der Sanierputze feuchte und salzbelastete Wandflächen – im Außen- und Innenbereich – so behandeln, dass man langfristig intakte Putzoberflächen ohne Salzausblühungen und Absprengungen erhält.

Wird ein Sanierputzsystem in Innenräumen eingesetzt, ist für einen stetigen Luftaustausch zu sorgen. Auch Heizen und Stoßlüften beschleunigen die Trocknung der Wand.

- **Putzgrundvorbereitung/Putzgrundvorbehandlung.** Der alte, schadhafte Putz ist bis mind. 80 bis 100 cm über der geschädigten Zone vollständig abzuschlagen und mürber Mauerwerk-Fugenmörtel mind. 2 cm tief auszukratzen.

  Um bei hoher Versalzung des Putzgrundes das Einwandern von bauschädlichen Salzen (Sulfate, Chloride, Nitrate) in den frischen, noch nicht ausreichend hydrophoben Sanierputz zu vermeiden, wurden bisher die leichtlöslichen Salze durch Auftragen einer Bleisalzlösung in schwerlösliche Salze umgewandelt (chemisches Salzumwandlungsverfahren – Arbeitsschutzvorschriften beachten!). Wegen der Giftigkeit und Umweltunverträglichkeit derartiger Produkte, sollte diese Anwendung auf Sonderfälle beschränkt bleiben bzw. auf diese Art der Salzbehandlung gänzlich verzichtet werden.

- **Spritzbewurf.** Ausgehend von der jeweiligen Putzuntergrundbeschaffenheit und den Herstellerangaben ist zu klären, ob ein Spritzbewurf notwendig ist und ob dieser netzförmig (Regelfall) oder volldeckend aufgebracht werden soll. Er verbessert die Haftung des Sanierputzes am Untergrund und gleicht die Saugfähigkeit des Untergrundes aus (Standzeit mind. 24 Stunden).

  In der Regel wird der Spritzputz auf glatten, schwach saugenden oder inhomogenen Untergrund aufgebracht. Bei normalem, homogenem Mauerwerk ist er nicht erforderlich.

- **WTA-Grundputz** dient zum Ausgleich großer Unebenheiten des Putzgrundes (= Ausgleichsputz) und/oder als Salzspeicher bei be-

9.7 Putze mit mineralischen Bindemitteln

sonders hoher Untergrundversalzung (= Porengrundputz).

Der Porengrundputz verhindert mit seinem Mindestporenvolumen von 45 Vol.-%, dass die Salze aus dem Mauerwerk in den nachfolgend aufzubringenden, eigentlichen Sanierputz einwandern können. Sie kristallieren bereits im Porengrundputz aus, so dass der Sanierputz unbelastet trocknen und erhärten kann (Standzeit mind. 7 Tage je cm Schichtdicke).

- **WTA-Sanierputze** können ein- oder mehrlagig aufgebracht werden. Dabei ist eine Gesamtputzdicke von mind. 2 cm einzuhalten. Die Sanierputzdicke darf auf 1,5 cm gemindert werden, wenn Porengrundputz verwendet wird. Einzelne Lagen müssen mind. 1 cm und dürfen höchstens 2 cm dick sein. Bei zweilagigem Auftrag von Sanierputz darf der Sanierputz insgesamt eine Dicke von 4 cm nicht überschreiten.

  Die Anforderungen an den Sanierputz im Einzelnen sind dem WTA-Merkblatt 2-9-04/D [3] zu entnehmen.

- **Bild 9.22.** Wie die Abbildung zeigt, können auf Sanierputze je nach gewünschter Optik ein wasserabweisender, diffusionsoffener Anstrich (Dispersions-Silikatfarben, Siliconharzfarben) oder ein mineralischer Leichtputz als Deckputz (Dekorputz) aufgebracht werden. Beschichtungen aus Dispersionsfarben sind in der Regel zu wasserdampfdicht.

9.7.5.4 Leichtputze auf wärmedämmenden Wandbaustoffen

Die steigenden Anforderungen an den Wärmeschutz einschaliger, monolithischer Außenwände hat die Eigenschaften dieser Putzuntergründe im Laufe der letzten Jahre entscheidend verändert. An Stelle des herkömmlichen Mauerwerkes – das im Wesentlichen statisch/lastabtragende Funktionen zu erfüllen hatte und aus relativ festen kleinen Steinen mit hohem Fugenanteil bestand – treten zunehmend leichtere, hoch wärmedämmende großformatige Wandbildner (z. B. Leichthochlochziegel, Bimshohlblocksteine, Porenbetonsteine).

Am Beispiel der Weiterentwicklung des Leichthochlochziegels (DIN 105-2) lässt sich der Wandel des Putzgrundes am besten verdeutlichen:

- **Putzgrund aus Leichtziegeln.** Die wesentliche Verbesserung der Wärmedämmeigenschaft und die damit zusammenhängende Gewichtsreduzierung von Leichtziegeln wurde einmal durch die starke Porosierung des Scherbens (verminderte Steinrohdichte), zum anderen durch die Optimierung des Lochbildes (Luftkammern) erreicht. Daraus resultierend konnten die Steinformate vergrößert (Rationalisierungseffekt) und somit auch der Fugenanteil verringert werden.

In jüngster Zeit hat die Ziegelindustrie weitere Verbesserungen hinsichtlich der Wärmedämmeigenschaft erreicht, so dass zurzeit Werte von 0,09 W/(m · K) erreichbar sind.

Um gleichzeitig den erhöhten Wärmedurchgang im Fugenbereich zu reduzieren, wurden Leichtmauermörtel mit Leichtzuschlägen (z. B. Blähton, Bims, geschäumtes Polystyrol) und Luftporenbildnern entwickelt. Ihre Wärmeleitrechenwerte sind Abschn. 6.2.2.3, Mauermörtel, Teil 1 dieses Werkes zu entnehmen.

Nach DIN EN 1996-1-1 können die Stoßfugen vermörtelt und unvermörtelt ausgeführt werden. Mit der Einführung der mörtelfreien Stoßfuge – hierbei werden sog. Zahnziegel „knirsch" mit einem tolerierten Zwischenraum von max. 5 mm gestoßen – ergeben sich für den Putzgrund und seine Beurteilung weitere Probleme. Bei der unvermörtelten Fuge entstehen offene Bereiche, die vom Putz ohne Haftung überbrückt werden müssen.

Durch den Verzicht auf die Stoßfugenvermörtelung und den Einsatz von Leichtmauermörteln werden bei porosierten und dicht gelochten Leichtziegeln die „Querstabilität" einer Wand außerdem deutlich gemindert (geringere Querdruckfestigkeit). Bei auftretenden Querkräften (z. B. bei Maueröffnungen infolge eines Deckenschubes einer Betondecke) können dadurch Mauerrisse entstehen, die sich auf den Außenputz übertragen, sofern dieser keine aus-reichende „Entkopplungsfähigkeit" besitzt. Auf die weiterführende Spezialliteratur [9] wird verwiesen.

Auf dieses neu eingeführte wärmedämmende Leichtziegel-Mauerwerk wurden zunächst die herkömmlichen, relativ schweren und starren mineralischen Putze aufgetragen und damit gegen die alte Putzregel – nicht hart auf weich zu putzen – verstoßen. Es kam zu Rissen in der Putzschale und zu Ablöseerscheinungen vom Putzgrund.

Außenwände unterliegen jedoch auch erheblichen Temperaturbelastungen. Besonders bei hoch wärmedämmenden Wandbaustoffen führt intensive Sonnenbestrahlung im Außenputz zu hohen thermischen Beanspruchungen (Wärmestau, Spannungen, Verformungsbestrebungen), die die Festigkeitseigenschaften herkömmlicher starrer Außenputz übersteigen.

Da poröse Wandbildner jedoch verstärkt Wasser (Regenfeuchte) aufnehmen und nur trockene Wände eine optimale Wärmedämmung aufweisen, muss der Außenputz gerade diesen Putzgrund dauerhaft und sicher vor Schlagregen und Feuchtigkeit schützen.

Im Laufe der Jahre setzte sich die Erkenntnis durch, dass Leichtmauerwerk generell – und zwar sowohl Leichtziegel als auch Leichtbeton und Porenbeton – mit einem Putzsystem zu verputzen ist, das eine gewisse „Entkopplung" zwischen Putzgrund und Außenputz ermöglicht.

Damit ist der herkömmlichen Putzregel (bei starrem Mauerwerk) – nicht hart auf weich zu putzen – die **neue Putzregel** (bei hoch wärmedämmenden Wandbaustoffen) – Entkopplung durch eine schubweiche Zwischenschicht – gegenüberzustellen.

Auf diesem Entkopplungsprinzip beruht die Wirkungsweise sowohl der Wärmedämm-Verbundsysteme (WDVS) als auch – in geringerem Maße – die der Wärmedämmputz- und Leichtputz-Systeme.

Leichtputzsysteme[1]

Leichtputze (LW)[2] gemäß DIN 18 550-1 im Zusammenhang mit DIN EN 998-1 sind mineralisch gebundene, aus Werktrockenmörtel hergestellte Putze mit begrenzter Rohdichte. Sie werden zum Verputzen von hoch wärmedämmendem Leichtmauerwerk aus porosierten Leichtziegeln, Leichtbeton und Porenbeton entwickelt. Dabei wirkt der Unterputz mit seiner geringen Rohdichte als sog. schubweiche Entkopplungsschicht zwischen Putzgrund und dem Oberputz.

Mineralische und/oder organische Leichtzuschläge mit porigem Gefüge sowie Luftporenbildner sorgen unter anderem für die Reduzierung des Putzgewichtes bzw. der Putzfestigkeit und damit des E-Moduls sowie für eine bessere Verarbeitbarkeit des Putzmörtels (je niedriger der Elastizitätsmodul, desto günstiger das Verformungsverhalten).

---

[1] Der aktuelle Stand der Normung ist Abschn. 9.12 zu entnehmen.
[2] light weight plastering mortar

Der Aufbau eines Putzes richtet sich nach den jeweiligen Anforderungen, die an ihn gestellt werden und nach der Beschaffenheit des Putzgrundes.

Beim Putzsystem (zweilagiger Leichtputz) müssen die mechanischen und physikalischen Eigenschaften des Unterputzes und des Oberputzes aufeinander abgestimmt sein. Der weiche Unterputz (Leichtputz) muss die Entkopplung ermöglichen, auf den der härtere Oberputz (Deckputz) aufgebracht wird und zwar entgegen der herkömmlichen Putzregel „weich auf hart".

Zweilagige Putzsysteme bestehen in der Regel aus einem etwa 15 bis 18 mm dicken Unterputz und dem dazugehörigen etwa 3 bis 5 mm dicken Oberputz. Die mittlere Dicke des Gesamtputzes beträgt demnach etwa 20 mm. Außerdem muss das Putzsystem durch Hydrophobierung dauerhaft wasserabweisend sein und gleichzeitig eine hohe Wasserdampfdurchlässigkeit aufweisen.

Hinweis. Leichtputze sind keine Wärmedämmputze, wie sie in Abschn. 9.11.4 erläutert sind, da diese hinsichtlich der Wärmedämmung nur geringe Verbesserung erbringen und ansonsten andere Aufgaben zu erfüllen haben. Einlagige Leichtputze mit Baugips werden in der DIN EN 13279-1 behandelt.

Nach DIN 18 550-1 Tabelle DE.6 sind die Kennwerte f. Außenputz, Leichtputz festgelegt. DIN 998-1, Tab. 2 legt zudem die kapillare Wasseraufnahmefähigkeit fest.

Der Aufbau von Leichtputzen richtet sich nach den Anforderungen an den Putz und nach der Beschaffenheit des Putzuntergrundes. Bei dem Putzsystem müssen die mechanischen und physikalischen Eigenschaften des Untergrundes und des Oberputzes aufeinander abgestimmt sein.

Bei Verwendung von Leichtputz als Untergrund für Beläge (keramische Fliesen u. a.) sind die Herstellerangaben zu beachten.

Nach DIN 4102 gelten Leichtputze als nicht brennbar, wenn der Gesamtgehalt an organischen Anteilen einen Massenanteil von 1% nicht unterschreitet.

Verarbeitung (vom zweilagig aufgebauten Gesamtputzsystem). Bei einheitlichem und gleichmäßigem Mauerwerk aus porosierten Leichtziegeln wird der Leichtunterputz in einem Arbeitsgang auf den vorbereiteten Putzgrund (vorgenässt oder grundiert) aufgetragen. Ein Spritzbewurf ist in der Regel nicht erforderlich.

Bei ungleich saugendem Mischmauerwerk trägt man den Unterputz vorteilhafterweise in zwei Arbeitsgängen auf. Dabei wird zunächst eine erste Schicht von etwa 8 bis 10 mm Dicke aufgespritzt. Wird auf schwierigem Putzgrund eine Putzarmierung für erforderlich gehalten, so ist diese

9.7 Putze mit mineralischen Bindemitteln

anschließend in den Mörtel einzubetten. Nach dem ersten Ansteifen des Mörtels (Wartezeiten der Hersteller beachten) wird die weitere Schicht bis zur erforderlichen Unterputzdicke aufgebracht.

Vor dem Auftragen des Oberputzes muss eine bestimmte Mindeststandzeit des Unterputzes nach Angabe des Herstellers (z. B. 1 Tag je mm Putzdicke) eingehalten werden. Da der Unterputz hydrophob (wasserabweisend) ausgebildet ist, muss dieser in der Regel nach Herstellervorgabe im Farbton des Oberputzes grundiert werden. Anschließend wird der Oberputz aufgetragen und geglättet oder strukturiert.

- **Oberputzmörtel für Außenputze mit Leichtputz** entsprechen gemäß DIN 18 550-1, Tabelle DE.6 je nach Druckfestigkeitskategorie nach DIN EN 998-1 der Kategorie CS I – CS III.

  Leichtputze mit organischem Zuschlag und porigem Gefüge sind außen nur als Unterputze zu verwenden.

Faserbewehrte Leichtputze. Um das Risiko der Rissbildung auf hoch wärmedämmendem Mauerwerk noch weiter zu mindern, wurden faserbewehrte Kalk-Zement-Putze als Leichtputze auf den Markt gebracht. Aufgrund der geringen Rohdichte und eines niedrigen Elastizitätsmoduls kombinieren sie die Eigenschaften von Leichtputzen mit denen von faserhaltigen Renovierputzen. Sie sind sowohl als Unterputz als auch als Oberputz verwendbar und gehören zu den Leichtputzen des Typs II[1]. Sie werden auch unter der Bezeichnung „Faserleichtputz", „Ultraleichtputz", Superleichtputz etc. geführt und entsprechen einer Festigkeit von 2,5 – 5 N/(mm^2).

9.7.5.5 Edelputze

Edelputzmörtel sind nach DIN EN 998-1 farbige Putzmörtel der Druckfestigkeitskategorie CS I – CS IV, wobei die Farbe durch Zusatz von Pigmenten oder farbigen Gesteinskörnungen erreicht wird. Sie werden als „CR" (englisch: coloured rendering mortar) bezeichnet.

Früher wurden die Putzmörtel von den Verarbeitern auf der Baustelle selbst zusammengesetzt und aufbereitet. Bereits vor nahezu 100 Jahren begann man jedoch damit, fertige Trockenmischungen an die Baustelle zu liefern, um daraus sog. „Edelputze" (eine Bezeichnung der Werkmörtelindustrie) herzustellen. Mit der fabrikmäßigen Fertigung wurde es möglich, Körnungen (und damit Strukturen) sowie Farbgebung für Putzflächen schon vor der Verarbeitung festzulegen. Unter Berücksichtigung veränderter Umweltbedingungen und nicht zuletzt im Hinblick auf die modernen leichten Wandbaustoffe sind diese Produkte im Laufe der Jahre weiter verbessert worden, so dass sich die Werkmörtel – vor allem lagerfähige Werktrockenmörtel – heute allgemein durchgesetzt haben. Vgl. Abschn. 9.4.1.2, Zubereitung und Lieferform der Putzmörtel.

Edelputz ist ein Wertbegriff für weiße und farbige mineralische Werktrockenmörtel zur Herstellung von Oberputzen für außen und innen gemäß DIN EN 13 914 und DIN 18550. Edelputze sind witterungsbeständig, dauerhaft wasserabweisend und gleichzeitig wasserdampfdurchlässig sowie in Farbe und Oberflächenstruktur vielfältig gestaltbar.

Die Mörtel sind lieferbar für die verschiedensten Putzweisen; als besonders günstige Oberflächenstruktur wird die Kratzputztechnik angesehen. Edelputze eignen sich auch als Oberputz auf Leichtunterputz, EPS-Wärmedämmputz sowie auf Wärmedämm-Verbundsystemen. Weitere Einzelheiten sind den Informationsbroschüren [19] der Deutschen Mörtelindustrie zu entnehmen.

9.7.6 Mineralisch gebundene Innenputze[2]

Auch an den Innenputz werden ganz bestimmte Anforderungen gestellt. Neben seiner Bedeutung für die Innenraumgestaltung hat er sowohl bauphysikalische Aufgaben als auch mechanische Anforderungen zu erfüllen.

Für die Auswahl des Innenputzes sind – ähnlich wie beim Außenputz – seine örtliche Lage im Bauwerk (z. B. als Wand- oder Deckenputz), die daraus erwachsenden Anforderungen (z. B. Stoß- und Abriebfestigkeit) sowie die Beschaffenheit des jeweiligen Putzgrundes von Bedeutung.

Auch beim Innenputz müssen gemäß DIN EN 13 914-2 die an einen Putz zu stellenden Anforderungen grundsätzlich vom Gesamtsystem – d. h. von allen Schichten einer Wand, wie zum Beispiel Putzgrund, Putzlagen und ggf. sonstigen Beschichtungen – zusammen dauerhaft erfüllt werden.

---

[1] Typ I CS II, Trockenrohdichte bis 1300 kg/m^3
Typ II CS I/CS II, Trockenrohdichte bis 1100 kg/m^3

[2] **DIN EN 13 914-2** – Planung, Zubereitung und Ausführung von Innen- und Außenputzen – **Teil 2: Innenputze** mit nationaler Ergänzung nach DIN 18550-2. Der aktuelle Stand der Normung ist Abschn. 9.12 zu entnehmen.

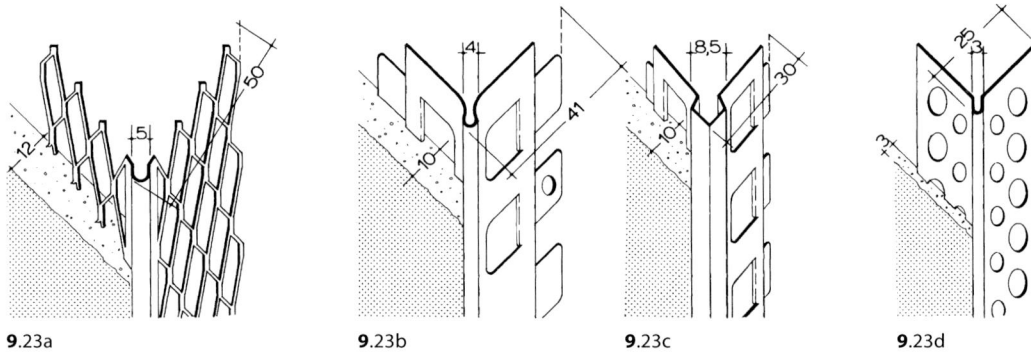

9.23a   **9**.23b   **9**.23c   **9**.23d

9.23 Putzeckprofile für den Innenputz
  a) Profil mit besonders schmaler Kopfform
  b) Profil für Kunstharzputz geeignet
  Protektorwerk, Gaggenau
  c) Profil in scharfkantiger Ausführung
  d) Profil für Dünnbeschichtung auf Porenbeton

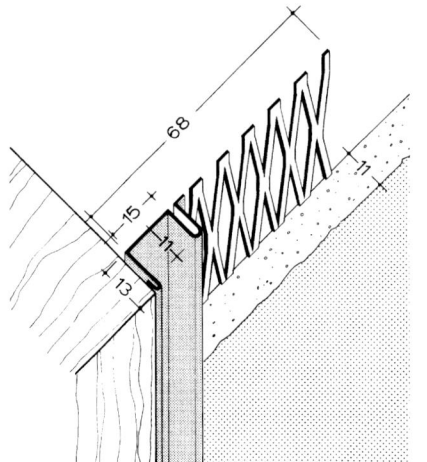 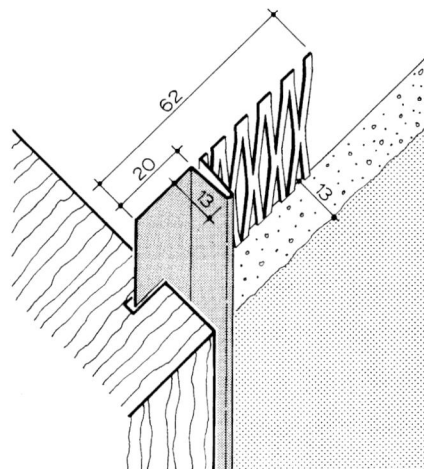

9.24 Putzanschlussprofile für den Innenputz. Zur Herstellung von Schattenfugen, beispielsweise zwischen Putzflächen und Holztürzargen oder anderen Bauteilen
Protektorwerk, Gaggenau

9.7.6.1 Innenputze, die allgemeinen Anforderungen genügen

Auf die allgemeinen Anforderungen, wie gute Haftung der Putzlagen untereinander und am Putzgrund, gleichmäßiges Gefüge, Festigkeit, Brandverhalten, Wasserdampfdurchlässigkeit – die jede Putzart erfüllen muss – wurde bereits in Abschn. 9.1 hingewiesen.

Innenputze eignen sich insbesondere zur Herstellung ebener und fluchtgerechter Wand- und Deckenflächen, die gegebenenfalls noch mit Anstrichen, Tapeten oder Kunstharzputzen beschichtet werden können und dann eine bestimmte Mindestdruckfestigkeit sowie ein entsprechendes Haftvermögen aufweisen müssen.

Verputzte Innenflächen von bewohnten Räumen sollten außerdem die Fähigkeit besitzen, Wasserdampf (Luftfeuchte) aufnehmen, zu speichern und zur gegebenen Zeit langsam an trockene Raumluft wieder abgeben zu können (klimaregulierende Wirkung). Innenputze sind deshalb in der Regel mindestens 10 mm dick vorzusehen. Einzelheiten hierzu s. Abschn. 9.5, Putzaufbau und Putzdicke sowie Abschn. 9.7.6.3, Dünnlagenputz.

9.7 Putze mit mineralischen Bindemitteln

Auch beim Innenputz gilt die Regel, dass die Festigkeit des Putzes vom Putzgrund zur Putzoberfläche hin abnehmen soll (Festigkeitsgefälle bei Mauersteinen mit hoher Rohdichte). Dies gilt auch für die in den Abschnitten 9.7.5.4 und 9.7.6.3 näher beschriebenen Leichtputze für den Innenbereich.

- **Innenwand- und Innendeckenputze für Feuchträume.**
  Derartige Innenputze müssen gegen langzeitig einwirkende Feuchtigkeit beständig sein. Für diese Putzanwendungen scheiden Putzsysteme unter Verwendung von Mörteln mit Baugips nach DIN EN 13 279-1 aus. In häuslichen Küchen und Bädern können solche Putzsysteme jedoch angewendet werden.
  Wandbekleidungen und Beläge auf dem Putz (z. B. keramische Fliesen), die einer direkten Wasserbelastung (Dusch-, Wannenbereich) ausgesetzt sind, erfordern besondere Maßnahmen.

9.7.6.2 Qualitätsstufen für Innenputzoberflächen

Die Tabelle **9**.25 gibt eine tabellarische Übersicht zu den Qualitätsstufen für Innenputzoberflächen und zwar unterteilt nach

- Abgezogene Putzoberfläche
- Geglättete Putzoberfläche
- Gefilzte/abgeriebene Putzoberfläche

Qualitätsstufe 1 steht für „Geschlossene Putzfläche". Bei den Qualitätsstufen Q 2 bis Q 4 muss immer die Ausführungsart „abgezogen", „geglättet", „gefilzt" oder „abgerieben" zu der Herstellung der Putzoberfläche genannt werden, z. B. „Q 2-geglättet".

9.7.6.3 Innenputze mit Gips

Putze mit Gips eignen sich als Wand- und Deckenputz für Innenräume, die keiner langzeitig einwirkenden Feuchtigkeit ausgesetzt sind.

Die Mörtelart ist im Wesentlichen nach den zu erwartenden Beanspruchungen des Putzes und der Beschaffenheit des Putzgrundes auszuwählen. Einzelheiten über die im Bauwesen verwendeten Gipssorten und ihre Einsatzbereiche sind den Abschnitten 9.3.1 und 9.4.1, bewährte Putzsysteme für Innenputze den Tabellen 26 und 27 zu entnehmen.

Gipsputze weisen folgende Vorteile auf: Festigkeit und Härte (einstellbar durch geeignete Gipssorten bzw. Sand- und Kalkbeimischungen), gute Haftfestigkeit (als Deckenputz, bei Rabitzarbeiten usw.), klimaregulierende Wirkung (Puffer bei Feuchtigkeitsspitzen vor allem in häuslichen Küchen und Bädern), anpassbare Versteifungszeit (wichtig beim Einsatz von Putzmaschinen), kurzer Abbindevorgang (keine langanhaltende Baufeuchtigkeit), geeignet zur Herstellung von Flächen, an deren Glätte und Formbeständigkeit hohe Anforderungen gestellt werden, idealer Baustoff für feuerhemmend oder feuerbeständig auszubildende Konstruktionen (im Brandfalle bzw. bei Hitzeeinwirkung entsteht ein schützender Dampfschleier durch entweichendes Kristallwasser).

- **Einlagige Gipsputze** werden aus Maschinenputzgips, Haftputzgips und Fertigputzgips hergestellt, die verarbeitungsfähig als Werktrockenmörtel geliefert und denen an der Baustelle nur noch das erforderliche Wasser richtig dosiert zugesetzt wird. Mögliche Schäden, wie sie beim Mehrlagen-Putz durch falschen Putzaufbau auftreten können, sind beim einlagigen Gipsputz von vornherein ausgeschlossen.

  Im Hinblick auf die Haftung ist zwischen putzfreundlichen Untergründen (z. B. Ziegel-, Kalksandstein-, Hohlblockmauerwerk, saugendem Beton) sowie schwierigen Putzgründen (z. B. schwach saugendem, glattem Beton) zu unterscheiden. Auf diese Gegebenheiten ist die Wahl der Gipssorten und die Vorbehandlungsart des Putzgrundes (z. B. Grundiermittel bei stark saugendem Grund, Haftbrücken auf dichten Betonflächen) abzustimmen. Bei einlagigen Innenputzen beträgt die mittlere Putzdicke in der Regel 10 mm. Putze aus Maschinenputzgips, Haftputzgips und Fertigputzgips werden in Gips-Trockenmörtelgruppen B1 – B7 nach DIN EN 13 279-1 eingeordnet.

- **Dünnlagenputz** (Dünnschichtputz). Die Wandoberflächen im Objektbau werden immer ebener, weil sich aus wirtschaftlichen Gründen Plansteinmauerwerk aus großformatigen Plansteinen (z. B. Planziegelsteine, Kalksandstein- und Porenbetonelemente) immer mehr durchsetzt. Ein dickschichtiges Verputzen zum Ausgleich von Unebenheiten – wie dies bei herkömmlichem Mauerwerk notwendig ist – ist bei derart planebenen Flächen nicht mehr erforderlich.

Tabelle **9**.25 Übersicht der Qualitätsstufen für Innenputzoberflächen

Qualitätsstufe[a]	Abgezogene Putzoberfläche		Gefilzte oder abgeriebene Putzoberfläche		Geglättete Putzoberfläche	
	Beschaffenheit/Eignung der Oberflächen	Maßtoleranz	Eignung der Oberflächen	Maßtoleranz	Eignung der Oberflächen	Maßtoleranz
Q1	Geschlossene Oberfläche		Geschlossene Oberfläche		Geschlossene Oberfläche	
Q2 Strandard	geeignet z. B. für: – Oberputze Körnung ≥ 2,0 mm – Wandbeläge aus Keramik (Fliesen), Natur- und Betonwerkstein usw.	Standardanforderungen an die Ebenheit	geeignet z. B. für: – matte, gefilzte Anstriche/Beschichtungen – grobstrukturierte Wandbekleidungen, z. B. Raufasertapeten mit Körnung RM oder RG nach BFS-Info 05-01	Standardanforderungen an die Ebenheit	geeignet z. B. für: – Oberputze Körnung > 1,0 mm – mittel- bis grobstrukturierte Wandbekleidungen, z. B. Raufasertapeten mit Körnung RM oder RG nach BFS-Info 05-01 [8] – matte, gefüllte Anstriche/Beschichtungen (z. B. quarzgefüllte Dispersionsbeschichtung), die mit langflorigem Farbroller oder mit Strukturrollen aufgetragen werden	Standardanforderungen an die Ebenheit
Q3	geeignet z. B. für: – Oberputze Körnung[b] > 1,0 mm – Wandbeläge aus Fein-Keramik, großformatige (z. B. > 900 cm²) Fliesen, Glas, Natur- und Naturwerkstein usw.	erhöhte Anforderungen an die Ebenheit	geeignet z. B. für: – matte, nicht strukturierte/nicht gefüllte Anstriche/Beschichtungen	Standardanforderungen an die Ebenheit	geeignet z. B. für: – Oberputze Körnung ≤ 1,0 mm – feinstrukturierte Wandbekleidungen z. B. Vlies, Raufasertapeten mit Körnung RF nach BFS-Info 05-01 [8] – matte, feinstrukturierte Anstriche/Beschichtungen	Standardanforderungen an die Ebenheit
Q4			abgeriebene Putzoberfläche geeignet z. B. für: – Lasuren oder Anstriche/Beschichtungen bis zum mittleren Glanz gefilzte Putzoberfläche geeignet z. B. für: – matte, nicht strukturierte/nicht gefüllte Anstriche/Beschichtungen	erhöhte Anorderungen an die Ebenheit	geeignet für glatte Wandbekeleidungen und Beschichtungen mit Glanz, z. B.: – Metall-, Vinyl- oder Seidentapeten – Lasuren oder Anstriche/Beschichtungen bis zum mittleren Glanz – Spachtel- und Glättetechniken	erhöhte Anforderungen an die Ebenheit

[a] Bei den Qualitätsstufen muss immer die Ausführungsart „abgezogen", „geglättet", „gefilzt" oder „abgerieben" genannt werden, z. B. „Q2 – geglättet"
[b] für feinere Oberputze siehe „Q3 – geglättet"

9.7 Putze mit mineralischen Bindemitteln

Dünnlagenputze auf der Bindemittelbasis Gips erfüllen diese Forderungen, da sie sowohl dünn (2 bis 3 mm) als auch bei Bedarf dicker (8 bis 10 mm) aufgetragen werden können. Dünnputze trocknen auch schnell aus (3 mm Dünnputz = 3 Tage Trockenzeit).

Hinweis. Dünnlagenputze werden die konventionellen Gipsputze sicherlich nicht ersetzen, sondern stellen eine sinnvolle Ergänzung zum Verputzen von großformatigen Plansteinen dar. Allerdings gilt es zu bedenken, dass gerade Gipsputze in der Lage sind, vorhandene Raumfeuchte schnell aufzunehmen und bei Trockenheit wieder abzugeben. Diese klimaregulierende Wirkung ist bei 2 oder 3 mm dicken Putzen natürlich kaum mehr gegeben.

- **Spritzputzspachtel** beruhen auf der Bindemittelbasis Acrylharzdispersion und können in noch geringeren Schichtdicken (0,5 bis 3 mm) aufgespritzt werden.

- **Leichtputze mit Baugips** wurden entwickelt, um neuzeitliches Mauerwerk aus porosierten Steinen, Betondecken sowie stark unterschiedlich saugende Putzgründe problemlos und rationell verputzen zu können. Damit hat der Handwerker die Möglichkeit, sowohl leichte wie schwere Wandbildner in Schichtdicken bis zu 25 mm in einem Arbeitsgang zu verputzen.

  Zum Vergleich: Um einen derart dicken Putzauftrag mit herkömmlichen schweren Putzen herstellen zu können, mussten seither jeweils mehrere, in ihrer Festigkeit genau aufeinander abgestimmte Putzlagen in mehreren Arbeitsgängen – unter Beachtung notwendiger Wartezeiten – aufgebracht werden.

- Wie in Abschnitt 9.7.5.4, Leichtputze auf wärmedämmenden Wandbaustoffen, bereits erwähnt, werden Leichtputze mit Baugips in der DIN EN 13279-1 behandelt. Folgende Hinweise sind besonders zu beachten:
  - Gips-Leichtputze sind nur im Innenbereich auszuführen.
  - Gips-Leichtputze sind stets einlagig herzustellen.
  - Die Dicke der Gips-Leichtputze soll 10 mm nicht unterschreiten.

- **Mehrlagige Putze mit Gips.** Bei der Ausführung mehrlagiger Putze mit Gips ist durch die Wahl entsprechender Mörtel bzw. Mischungsverhältnisse dafür zu sorgen, dass der Unterputz zumindest die gleiche Festigkeit wie der Oberputz erreicht. In Gipskalk- und Kalkgipsputzen nimmt die Festigkeit mit steigendem Gipsgehalt des Mörtels zu. Wird der Oberputz unter Verwendung von Gips hergestellt, sollte auch beim Unterputz Gips verwendet werden.

Um für den weiteren Putzauftrag eine genügend raue Oberfläche zu erhalten, ist die Oberfläche der ersten Gipsputzlage in weichem Zustand mit dem Putzkamm aufzukämmen und erst nach dem Erhärten die zweite Lage aufzutragen. Die Dicke der mehrlagig verarbeiteten, gipshaltigen Putze beträgt im Mittel etwa 15 mm.

Die Putzgründe sollten vor dem Verputzen ihre Ausgleichsfeuchte (ist vom Hersteller des Untergrundes zu erfragen) erreicht haben und saugfähig sein. So sollte die Restfeuchte bei Normalbeton bspw. einen Massenanteil von 3% im Oberflächenbereich bis 3 cm Tiefe nicht überschreiten.

Der DIN-Fachbericht CEN/TR 15124 beschreibt Güteklassen von glatten Putzoberflächen.

9.7.6.4 Innenputze mit Kalk

Putze mit Kalk eignen sich als Wand- und Deckenputze für nahezu alle Innenräume. Nach DIN 18 550-2 werden sie im Wesentlichen den Druckfestigkeitskategorien CS I – CS III zugeordnet und die verschiedenen Mörtelarten in Tabelle DE.2 der DIN 18 550-2 den Anforderungen bzw. Putzanwendungen zugeordnet.

Die Mörtelart ist nach den zu erwartenden Beanspruchungen des Putzes und der Beschaffenheit des Putzgrundes auszuwählen. Einzelheiten über die im Bauwesen verwendeten Kalksorten und ihre Einsatzbereiche sind den Abschnitten 9.3.1 und 9.4.1, zu entnehmen. Auf die in Abschn. 9.7.5.4 erläuterten Leichtputze für den Innenbereich wird besonders hingewiesen.

Da die Mörtel aus Luftkalken und Wasserkalken überwiegend dadurch erhärten, dass sie Kohlendioxid aus der Luft aufnehmen (Karbonaterhärtung), andererseits für den Verlauf dieser Reaktion auch Feuchtigkeit benötigen (ein völlig trockener Luftkalkmörtel kann nicht erhärten), ist dafür Sorge zu tragen, dass die für die Erhärtung des Innenputzes erforderliche Mindestfeuchtigkeit durch Nachnässen erhalten bleibt und gleichzeitig eine gute Raumlüftung gewährleistet ist.

Damit dieser Abbindevorgang nicht verhindert wird (Folge: Festigkeitseinbuße), dürfen auch die Putze – vor allem die Luftkalkputze der Druckfestigkeitskategorie CS I – nicht zu früh durch schnell härtende Oberputze o. Ä. abgedeckt werden. Die Erhärtung des Unterputzes muss vorher weitgehend abgeschlossen sein.

Vielfach wird darauf noch eine gipsreiche Feinputzschicht aufgebracht, um eine möglichst glatte Oberfläche zu erreichen. Dieser Putzaufbau muss jedoch zu Schäden führen, weil gegen eine der wichtigsten Putzregeln, wonach der Oberputz nicht härter als der Unterputz sein darf (Festigkeitsgefälle), verstoßen wird.

9.7.6.5 Innenputze auf Betonflächen

Zum Verputzen von Wand- und Deckenflächen aus Beton haben sich vor allem Kalkzement- und Kalkgipsputze sowie Gipsputze bewährt.

Vor Beginn der Putzarbeiten ist zunächst die Beschaffenheit des Putzgrundes sorgfältig zu prüfen. Dabei sind durch Ansehen sowie Wisch-, Kratz- und Benetzungsproben vor allem der Feuchtegehalt, die Saugfähigkeit, die Festigkeit, die Sauberkeit und die Ebenheit der zu verputzenden Oberfläche zu kontrollieren.

Staub, lose Bestandteile, anhaftende Sinterhaut, Mörtelspritzer usw. müssen durch Abkehren, Bürsten oder Sandstrahlen, Schalungstrennmittelrückstände durch Lösemittel beseitigt werden.

Junger und nasser Beton kann nicht verputzt werden, da die Verformungen noch nicht genügend abgeklungen sind und Betonflächen ausreichend saugfähig sein müssen. Eine ausreichende Trockenheit muss daher vor Putzbeginn in jedem Fall abgewartet werden.

Alle nicht putzbaren Bauteile (Holz-, Stahl-, Kunststoffteile) sind mit einem Putzträger, wie in Abschn. 9.7.2 erläutert, zu überspannen und alle Stahlteile dauerhaft gegen Rost zu schützen.

- **Kalkzement- bzw. Kalkgipsputze auf Betonflächen.** Flächen aus Ortbeton, vor allem aber von Betonfertigteilen, weisen häufig eine sehr dichte und glatte Oberfläche auf. Als Putzgrundvorbereitung wird daher in herkömmlicher Weise ein Spritzbewurf mit grober Sandkörnung aufgebracht. Dieser hat die Aufgabe, die Haftfläche und die Verzahnungsmöglichkeiten des Putzes mit dem Untergrund zu vergrößern. Wie in Abschn. 9.7.1 näher beschrieben, ist hierfür in der Regel Mörtel mind. der Druckfestigkeit CS III nach DIN 998-1 bzw. für Kalkgipsputze B2 oder B6 nach DIN 13 279-1 zu verwenden. Auf den Spritzbewurf darf jedoch erst geputzt werden, wenn dieser ausreichend erhärtet ist.

    Im Hinblick auf den damit verbundenen Aufwand und die notwendige Wartezeit kann anstelle des Spritzbewurfes auch eine sog. Haftbrücke flüssig aufgetragen werden, die im Wesentlichen ein Gemisch aus Kunststoffdispersion und Quarzsand darstellt.

    Auf einen derart vorbereiteten Untergrund werden dann entweder in herkömmlicher Weise mehrlagig aufgebaute Kalkzement- bzw. Kalkgipsputze oder einlagige Leichtputze aus Werktrockenmörtel aufgebracht. S. hierzu auch Abschn. 9.7.5.4.

- **Gipsputze auf Betonflächen.** Zum Verputzen von Wand- und vor allem Deckenflächen aus Beton haben sich Gipsputze, insbesondere werkseitig verarbeitungsfähig gelieferte Maschinenputzgipse und Haftputzgipse bestens bewährt. S. hierzu Abschn. 9.7.1, Baugipse.

    Bedingt durch den Wandel der Putztechnik während der letzten Jahrzehnte werden diese Gipsputze unmittelbar einlagig, im Mittel etwa 10 mm dick, nach Herstellerangabe maschinell aufgetragen. Geeignet sind auch Leichtputze mit Gips, wie sie in Abschn. 9.7.6.3 genannt sind.

    Auf dichte, glatte Betonfertigteile und Betondachdecken ist immer eine Haftbrücke aus Kunststoffdispersion aufzutragen, stark saugender Untergrund mit Grundiermittel vorzubehandeln. Sind Bewegungen beispielsweise zwischen Betondachdecken und angrenzenden Wänden zu erwarten, so ist der Deckenputz durch entsprechende Putzprofile oder Kellenschnitte (Fugenschnitt) abzutrennen.

    Muss ausnahmsweise zweilagig geputzt werden, so ist die Oberfläche der ersten Gipsputzlage in noch weichem Zustand aufzurauen (Putzkamm) und erst nach dem Erhärten die zweite Lage aufzutragen. Weitere Einzelheiten sind der Spezialliteratur [4] zu entnehmen.

    Hinweis. Gipsputze dürfen auf Betonflächen bei Bauteiltemperaturen unter +5 °C und Bauteilfeuchte größer 3 Gew.-% nicht aufgetragen werden, da ein ausreichend stabiler Haftverbund bei derart ungeeigneter Beschaffenheit des Untergrundes nicht erreichbar ist. Als Faustregel gilt: Erst 8 Wochen nach dem Betonieren im Sommer und erst nach etwa 60 frostfreien Tagen im Winter, ist ein Verputzen von Betonuntergrund möglich. Es ist auch Stand der Technik, Betonflächen vor dem Putzauftrag mit einer Haftbrücke aus Kunstharzdispersion zu behandeln. Einzelheiten hierzu sind den Merkblättern „Gipsputze und gipshaltige Putze auf Beton" [4] und „Putzgrund – Beurteilung und Vorbehandlung" zu entnehmen.

Tabelle **9**.26 beschreibt Beispiele für die Verwendung verschiedener mineralischer Putzmörtelarten im Innenbereich, Tabelle **9**.27 solche für die Verwendung organischer Putzmörtelarten.

Qualitätsstufen von glatten Oberflächen. In der Ausschreibung für Innenputze sollte die geforderte Qualität von glatten Oberflächen eindeutig beschrieben werden. Dazu sollte der ausschreibende Planer sich den in Tabelle **9**.28 „Qualitätsstufen glatter Oberflächen" beschriebenen Anforderungen bedienen. In Ergänzung hierzu

9.7 Putze mit mineralischen Bindemitteln

Tabelle 9.26 Putzmörtel/Putzarten (mineralisch)

Bezeichnung	Beschreibung	Produktnorm	Druckfestigkeits-kategorie	Anwendungs-beispiele	Ehemalige Putzmörtelgruppe
Mörtel mit Luftkalk (CL)	Putzmörtel mit Luftkalk (Kalkhydrat) als Hauptbindemittel	DIN EN 998-1	CS I	Innenbereich, Denkmalpflege	P I
Mörtel mit hydraulischem Kalk (NHL, HL)	Putzmörtel mit Hauptbindemittel hydraulischer Kalk (NHL, HL)	DIN EN 998-1	CS I/CS II	Innenbereich, Denkmalpflege	P I
Kalk-Zementmörtel	Putzmörtel mit Bindemittel Baukalk (Kalkhydrat) und Zement	DIN EN 998-1	CS II/CS III	Innenbereich, Feuchträume	P II
Zementmörtel	Putzmörtel mit Hauptbindemittel Zement	DIN EN 998-1	CS III/CS IV	Innenbereich, Feuchträume	P III
Gips-/Gipskalkmörtel	Putzmörtel, dessen Hauptbindemittel aus Calciumsulfat besteht	DIN EN 13279-1	B1–B7	Innenbereich, einschließlich häusliche Küchen und Bäder	P IV
Lehmmörtel	Putzmörtel mit Lehm als Bindemittel	DIN 18947	S I/S II	Innenbereich, einschließlich häusliche Küchen und Bäder	–

Angegeben sind Beispiele für die Verwendung der beschriebenen Putzmörtelarten. Zugehörige Anwendungsregeln müssen beachtet werden

Tabelle 9.27 Putzmörtel/Putzarten (organisch)

Bezeichnung	Beschreibung	Produktnorm	Anwendungsbeispiele	Ehemaliger Putztyp
Dispersions-Silikatputz (Silikatputz)	Putz, der als eigenschaftsbestimmendes Bindemittel Kali-Wasserglas und Polymerdispersion enthält.	DIN EN 15824	Innenbereich	–
Dispersionsputz (Kunstharzputz)	Putz, dessen eigenschaftsbestimmendes Bindemittel aus Polymerdispersion besteht.	DIN EN 15824	Innenbereich	P Org 2
Silikonharzputz	Putz, der als eigenschaftsbestimmendes Bindemittel eine Silikonharzemulsion und Polymerdispersion enthält.	DIN EN 15824	Innenbereich	P Org 2

ist die Tabelle 9.25 zu sehen, die die Qualitätsstufen auf nationaler Ebene wiedergibt. Wenn nichts Anderes festgelegt ist, wird von der Anwendung der Qualitätsstufe 1 ausgegangen.

9.7.6.6 Innenputze fü9r Drahtputzdecken (Rabitzdecken)

Hängende Drahtputzdecken nach DIN 4121 sind ebene oder anders geformte Unterdecken, die an tragenden Bauteilen befestigt werden. Sie bestehen in der Regel aus Abhängern, der Unterkonstruktion, dem Putzträger und dem Putz (Bild 9.32). Drahtputzdecken besitzen keine wesentliche Tragfähigkeit und dürfen daher weder betreten noch belastet werden. Ihre Konstruktion entspricht der herkömmlichen Bauweise.

- **Abhänger.** Als Abhänger eignen sich nach der Norm Rundstähle von mind. 5 mm, verzinkte Drähte von mind. 5,1 mm Durchmesser oder andere Spezialabhänger mit gleicher Zugfes-

Tabelle 9.28 Qualitätsstufen glatter Oberfläche

Qualitätsstufen	Glätte des Auftrags
Q1	Keine Anforderungen
Q2	Zum Tapezieren mit Strukturtapete oder zum Aufbringen einer strukturierten Wandverkleidung bzw. zum Auftragen eines Strukturanstrichs
Q3	Zum Auftragen eines matten Anstrichs oder einer glatten Tapete oder einer glatten Wandverkleidung
Q4	Zum Auftragen eines halbmatten Anstrichs und/oder bei Glanzeffekte hervorrufender Beleuchtung[a]

ANMERKUNG Sofern nicht anders festgelegt, wird von der Anwendung der Qualitätsstufe 1 ausgegangen.
Bei bestimmten Oberflächenbeschaffenheiten kann ein Aufbereiten des fertigen Putzes erforderlich sein.

[a] Für das Auftragen von glänzender Farbe können zusätzliche Anforderungen notwendig sein.

tigkeit. Die Anzahl der Abhänger je m^2 und deren Abstand richtet sich im Wesentlichen nach der Art der Unterkonstruktion, insbesondere nach deren Tragfähigkeit und Verformbarkeit. Es sind jedoch in Abhängigkeit der Putzdicke Abhänger in möglichst gleichen Abständen anzuordnen und normgerecht an den tragenden Bauteilen zu befestigen

- bei 25–35 mm Putzdicke: mind. 3 Abhänger/m^2
- bei 35–50 mm Putzdicke: mind. 4 Abhänger/m^2
- bei 50–70 mm Putzdicke: mind. 5 Abhänger/m^2

Einzelheiten über die Befestigungsart der Abhänger an den verschiedenen Deckenarten sind DIN 4121 zu entnehmen. So sollten bereits bei der Herstellung von Stahlbetondecken geeignete Vorrichtungen für das Anbringen der Abhänger vorgesehen werden (z. B. einbetonierte Ankerschienen).

Beim nachträglichen Einsetzen von Metalldübeln ist für die zulässige Belastung von den Angaben der Dübelhersteller auszugehen. Alle Dübel, die für tragende Konstruktionen eingesetzt werden, müssen entweder eine allgemeine bauaufsichtliche Zulassung (DIBT, Deutsches Institut für Bautechnik, Berlin) oder eine Zustimmung im Einzelfall (amtliche Prüfanstalt) aufweisen.

An Deckenholzbalken sind die Abhänger mit mind. 50 mm Eindringtiefe vorzugsweise mit Schrauben an den Seitenflächen der Balken zu befestigen, an Walzstahlprofilen durch Anbringen von Schellen aus Flachstahl. Alle Metallteile müssen – vor allem in Räumen mit hoher Luftfeuchte – ausreichend gegen Korrosion geschützt sein. Weitere Einzelheiten s. Abschn. 14.3.2, Teil 1 dieses Werkes.

- **Unterkonstruktion.** Die Unterkonstruktion (Tragkonstruktion) in herkömmlicher Bauweise besteht aus Tragstäben (Rundstahl ≥ Ø 7 mm) und darüber kreuzweise aufgelegten Querstäben ≥ Ø 5 mm. Die Sicherung an den Kreuzungspunkten erfolgt durch einen Drahtbund aus verzinktem Draht. Auf die Querstäbe kann verzichtet werden, wenn ein Metallputzträger mit größerer Eigensteifigkeit verwendet wird, so dass die Putzdecke zwischen den Tragstäben nicht durchhängen kann.

Bild 9.29 zeigt eine zeitgemäßere Konstruktion. Diese Putzträgerdecke besteht aus Rippenstreckmetall, T-förmigen Tragschienen und Noniusabhängern.

Hängende Drahtputzdecken sind gegen seitliches Verschieben zu sichern, indem die Tragkonstruktion fest mit den angrenzenden Wänden verbunden wird. Die Deckenschalen selbst sind jedoch freischwebend auszubilden und eine ringsumlaufende Trennfuge von mind. 8 mm vorzusehen, wenn sie unter Flachdachdecken eingebaut (ruhendes Luftpolster ergäbe Taupunktverschiebung), starke Temperaturschwankungen (z. B. Deckenstrahlungsheizungen) oder Erschütterungen zu erwarten sind und der Putz aus Kalk-Zement-Werktrockenmörtel der Festigkeitsklasse CS II nach DIN EN 998-1 besteht.

- **Metallputzträger.** Geeignete Metallputzträger zur Herstellung von Drahtputzdecken – wie beispielsweise Rippenstreckmetall, Drahtgitter mit hinterlegter Absorptionspappe sowie Ziegeldrahtgewebe – sind in Abschn. 9.7.2 im Einzelnen erläutert und in den Bildern **9.16** und **9.18** dargestellt. Sie sind straff zu spannen und sorgfältig an der Unterkonstruktion zu befestigen. Werden Anforderungen an den Brandschutz gestellt, so sind die Stöße der Tafeln in jedem Fall etwa 100 mm zu

9.7 Putze mit mineralischen Bindemitteln

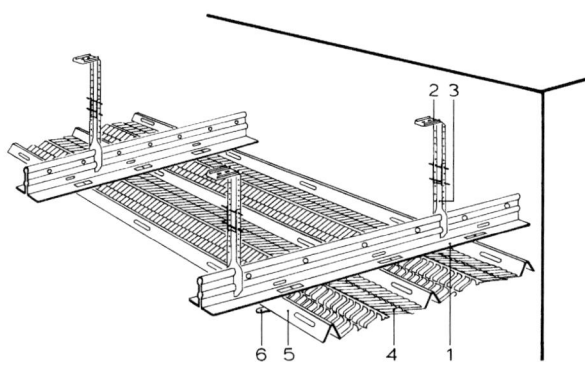

9.29 Putzträgerdecke aus Rippenstreckmetall und verzinkter Metallunterkonstruktion aus T-förmigen Tragschienen mit angestanzten, zunächst senkrecht nach unten stehenden Laschen. Bei der Montage werden die Streckmetalltafeln von unten so zwischen die Laschen geschoben, dass diese von beiden Seiten um die Randrippen gebogen werden können. Vgl. hierzu auch Bild **9**.15.
1 T-förmige Tragschiene
2 Noniusabhänger
3 Justierstab
4 Rippenstreckmetall (Grätenfeld)
5 Randrippe mit Lochung
6 umgebogene Lasche

überlappen und die einzelnen Putzträgerbahnen durch Verrödelung mit Draht zu verbinden. Vgl. hierzu auch Abschn. 9.9, Brandschutztechnisch wirksame Putzbekleidungen.
- **Putz auf Putzträger.** Der Metallputzträger ist mit geeignetem Mörtel der Festigkeitsklasse CS II nach DIN EN 988-1 oder Gipstrockenmörtel der Klasse B1-B7 nach DIN EN 13 279-1 auszudrücken, so dass der Putz den Putzträger auf der Sichtseite mind. 15 mm überdeckt. Die fertige Putzdecke soll einschließlich des eingebetteten Putzträgers mind. 25 mm und nicht mehr als 50 mm dick sein.

Bei Decken aus Mörtel mit mineralischem Bindemittel der Festigkeitsklasse CS II sind außerdem in Abständen von etwa 5 m Bewegungsfugen vorzusehen, die bei Gipstrockenmörteln nach DIN EN 13 279-1 entfallen. Die Wandanschlüsse sind so auszuführen, dass der Deckenputz vom Wandputz entweder durch Schnittfuge oder Putzprofil getrennt ist.

Da bei der Herstellung von herkömmlichen Drahtputzdecken hohe Lohnkostenanteile anfallen und relativ viel Feuchtigkeit in den Bau gebracht wird (Bauverzögerung), werden ebene oder gewölbeartig ausgebildete fugenlose Unterdecken heute vorwiegend in Trockenbauweise aus Gipskarton-Bauplatten bzw. Gipskarton-Putzträgerplatten hergestellt. In diesem Zusammenhang ist auf die in Abschn. 14 in Teil 1 dieses Werkes behandelten „Leichten Deckenbekleidungen und Unterdecken" (DIN EN 13 964) besonders hinzuweisen.

9.7.6.7 Innenputze für Holzbalkendecken

Bei verputzten Deckenbekleidungen ist die Unterkonstruktion unmittelbar an den tragenden Holzbalken verankert; bei Unterdecken wird die Unterkonstruktion abgehängt.
- Unmittelbar an Deckenholzbalken angebrachte Putzträgertafeln sind so zu befestigen, dass sich die Holzbalken oberhalb des Putzträgers frei bewegen können, ohne dass dadurch Schäden an der Putzschale auftreten. Werden Anforderungen an den Schallschutz gestellt, sind nach DIN 4109 Balken und Deckenbekleidung zu trennen, d. h. zwischen Holzbalken und Putzträger noch zusätzliche Längs- bzw. Querleisten (geringere Berührungsfläche) oder Federbügel mit unterlegten Dämmstreifen anzubringen. Vgl. hierzu Bild **11**.21 in Teil 1 dieses Werkes.

Brandschutztechnisch wirksame Putzbekleidungen sind in Abschn. 9.9 erläutert; Einzelheiten über die in Frage kommenden Putzträger – wie beispielsweise Rippenstreckmetall, Ziegeldrahtgewebe, Rohrmatten – sind Abschn. 9.7.2 zu entnehmen.
- Die Konstruktion der abgehängten Unterdecke aus Putz entspricht in herkömmlicher Bauweise weitgehend dem zuvor beschriebenen Aufbau der „Hängenden Drahtputzdecken" (DIN 4121). Eine zeitgemäßere Konstruktion zeigt Bild 9.29.

Fugenlose Deckenbekleidungen und Unterdecken an Holzbalkendecken werden heute jedoch vorwiegend in Trockenbauweise aus Gipskarton-Bauplatten bzw. Gipskarton-Putzträgerplatten hergestellt. Einzelheiten hierzu s. Abschn. 14.5.2 in Teil 1 dieses Werkes.

Tabelle **9**.30 der DIN EN 13 914-2 fasst die vor dem Verputzen zu ergreifenden Maßnahmen für verschiedene Arten von Putzgründen für Innenputze zusammen.

Tabelle **9**.30 Zusammenfassung der vor dem Verputzen zu ergreifenden Maßnahmen für verschiedene Arten von Putzgründen

	Putzgrund	Vorbehandlung[a]
1	Ziegelmauerwerk	Eine besondere Vorbehandlung des Putzgrundes ist üblicherweise nicht erforderlich, wenn der Putzgrund ein einheitliches normales Saugvermögen aufweist
2	Betonstein-, Kalksandstein- oder Elementmauerwerk	Abhängig vom Saugvermögen und der Verbindung kann eine Untergrundvorbehandlung mit Spritzbewurf, eine Verbindung aus einem polymermodifizierten Zementmörtel oder ein metallischer Putzträger notwendig sein.
3	Leichtziegelmauerwerk	Das Saugvermögen sollte überprüft werden, um sicherzustellen, dass es dem von normalen Ziegeln ähnlich ist. Wenn das nicht der Fall ist, können besondere Maßnahmen notwendig sein.
4	Mauerwerk aus Leichtbetonblöcken: Haufwerksporiger Leichtbeton	Bei normalem Saugvermögen – keine Untergrundvorbehandlung notwendig. Bei starkem Saugvermögen – Behandlung mit Spritzbewurf bzw. metallischer Putzträger.
5	Großformatige Leichtbetonelemente	Besondere Vorsichtsmaßnahmen nach Empfehlung der Hersteller der Elemente oder des Putzherstellers. Gips-Trockenmörtel sind nicht empfehlenswert.
6	Mauerwerk aus Porenbetonblöcken	In Abhängigkeit von den Absorptionseigenschaften kann eine Vorbehandlung zur Verringerung des Saugvermögens notwendig sein.
7	Mauerwerk aus Leichtbetonblöcken	Ein polymermodifizierter Spritzbewurf oder eine Haftbrücke werden empfohlen, abhängig vom Innenputz, der Oberflächenglätte und des Saugvermögens der Blöcke.
8	Mauerwerk aus Normalbetonblöcken	Abhängig von Saugvermögen und der Haftung kann eine Vorbehandlung mit Spritzbewurf, oder Verbindung aus einem polymermodifizierten Zementputz oder ein Putzträger erforderlich sein. Bei Gips-Trockenmörtel wird eine Haftbrücke empfohlen.
9	Sandsteinblockmauerwerk	Aufbringen von Spritzbewurf oder einer Ausgleichsputzlage, falls erforderlich.
10	Dichter oder gegossener Beton mit glatter Oberfläche	Untergrundvorbehandlung wird angewendet Bei Gips-Trockenmörtel wird eine Haftbrücke empfohlen. Einige polymermodifizierte Kalkzernent-, Zement- und organischen Innenputze dürfen ohne Untergrundvorbehandlung aufgetragen werden.
11	Schalungsblöcke auf Zement/Zuschlag-Basis	Verwendung einer besonderen Vorbehandlung nach Empfehlung des Blockherstellers.
12	Schalungssteinmauerwerk aus Holzspan-Beton	a) Kalk/Zement-Innenputz: keine, aber Verwendung von Glasfasergewebe; b) Kalk/Zernent-Leichtputz: keine, aber Verwendung von Glasfasergewebe; c) Kalk/Zement-Wärmedämmputz: keine, aber Verwendung von Glasfasergewebe. Ein Putzträger aus Metall wird empfohlen, je nach Dicke der Lage; d) Gips-Trockenmörtel: keine, aber Verwendung von Glasfasergewebe. Spritzbewurf kann verwendet werden.
13	Holzwolleleichtbauplatten (mit oder ohne Wärmedämmung)[b, c]	a) Kalk/Zement-Innenputz: keine, aber Verwendung von Glasfasergewebe; b) Kalk/Zement-Leichtputz: keine Untergrundvorbehandlung notwendig. Der Unterputz ist nicht bewehrt: Auftragen von Armierungsputz nach ausreichender Standzeit; c) Kalk/Zernent-Wärmedärnmputz: keine, aber Verwendung von Glasfasergewebe oder Putzträger aus Metall; d) Gips-Trockenmörtel: keine, aber Verwendung von Glasfasergewebe. Spritzbewurf kann verwendet werden.
14	Alte Innenputzoberflächen	Alte Innenputzoberflächen können überarbeitet werden, wenn eine Haftbrücke und Renovierungsputz verwendet werden, die für diese Anwendung geeignet sind. Wenn Risse im alten Innenputz vorhanden sind, ist es empfehlenswert, sie zu reparieren. Alternativ kann ein Spezialputzmörtel mit Bewehrungsgitter auf die gesamte Fläche aufgetragen werden. Gips-Trockenmörtel ist auf organisch gebundenem Innenputz nicht empfehlenswert. Eine Haftbrücke oder polymermodifizierter Zement oder Kalkzementputz sind bei Zementinnenputzen notwendig.
15	Mehrlagiger Innenputz Innenputzoberflächen	Vor dem Auftragen des Oberputzes kann eine Grundierung erforderlich sein.

Tabelle **9**.30 (Fortsetzung)

	Putzgrund	Vorbehandlung[a]
16	Extrudierte oder expandierte Polystyrol-platten[c]	a) auf kleinen Flächen aus extrudiertem Polystyrol-Hartschaum (bis 60 cm Breite) für Kalk/Zement-Leichtputz: Untergrundvorbehandlung mit Haftbrücke (vorgemischter polymermodifizierter Innenputz) erforderlich, jedoch wird Glasfasergewebe im Unterputz verwendet; b) auf großen Flächen aus extrudiertem Polystyrol-Hartschaum für Kalk/Zement-Leichtputz: Untergrundvorbehandlung mit Haftbrücke (vorgemischter polymermodifizierter Innen putz) erforderlich. Der Unterputz ist nicht bewehrt. Auftragen von Armierungsputz nach ausreichender Standzeit; c) Gips-Trockenmörtel: glatte Platten aus extrudiertem Polystyrol Hartschaum sollten aufgeraut und mit einem Innenputz verputzt werden, der Glasfasergewebe enthält; d) Kalk- oder Kalk/Zement-Innenputze bieten nicht ausreichend Haftung auf glatten Platten aus extrudiertem Polystyrol-Hartschaum, so dass besondere Vorsichtsmaßnahmen zu treffen sind; e) Platten aus expandiertem Polystyrol können mit einem Armierungsputz direkt verputzt werden. Besondere Vorbehandlung ist erforderlich.
17	Mineralwolle	Abhängig von der Art der Mineralwolle und der Dicke des Innenputzes kann ein zusätzlicher Putzträger erforderlich sein, z. B. aus Metall oder ein Glasfasergitter.
18	Fachwerk	Verwendung eines Putzträgersystems ist erforderlich.
19	Bereiche, die mehr als eine Art des Putzgrundes enthalten, z. B. Mischmauerwerk, Fachwerk mit Füllung (Mauerwerk, Lehm usw.)	Abhängig von der aufgetragenen Innenputzart ist entweder ein Putzträgersystem oder bewehrter Unterputz erforderlich.
20	Gipsbauplatte	Eine Haftbrücke/Grundierung kann erforderlich sein, abhängig von der Art der Gipsbauplatte und der Dicke und der Art des Innenputzes.

[a] Der Hersteller des Materials bzw. Produkts für den Putzgrund kann besondere Vorbehandlungen empfehlen.
[b] Holzwolle sollte trocken sein und sollte keinen feuchten Bedingungen ausgesetzt werden.
[c] Platten sollten dicht gestoßen verlegt sein. Verfahren für die Vorbereitung der Plattenoberfläche sind:
 – Überspannen mit Bewehrung;
 – für Polystyrol- und Polyurethanplatten mit rauer Oberfläche sind herstellerspezifische Untergrundvorbehandlungssysteme aus dünnen Lagen polymermodifizierter Zementinnenputze verfügbar. Solche Produkte sollten mindestens einen Tag vor dem Auftragen des Innenputzsystems angewendet werden.

9.8 Putze mit organischen Bindemitteln: Kunstharzputze als Außen- und Innenputz

Kunstharzputze sind nach DIN EN 15 824 Beschichtungen mit putzartigem Aussehen. Für ihre Herstellung werden Beschichtungsstoffe aus **organischen** Bindemitteln, mineralischen Zuschlägen, Pigmenten und eigenschaftsverbessernden Zusätzen verwendet. Demnach ist

- **Kunstharzputz** die fertig getrocknete und erhärtete Beschichtung
- **Beschichtungsstoff** die pastöse Masse im Gebinde, die auf den Untergrund aufgezogen und strukturiert wird, und aus der nach Trocknung der Kunstharzputz entsteht.

Als Bindemittel kommen Polymerisatharze in Form von Dispersionen oder Lösungen in Frage, als Zuschlag Sande in den Korngrößen von 0,2 bis 4 (15) mm.

Die Beschichtungsstoffe werden im Werk hergestellt und als pastöse Masse verarbeitungsfähig geliefert. Mit Ausnahme geringer Zugaben von Verdünnungsmitteln (Wasser oder organische Lösemittel) zur Regulierung der Konsistenz sind weitere Veränderungen der Beschichtungsstoffe unzulässig. Kunstharzputze erfordern immer einen vorherigen Grundanstrich.

Je nach Anwendungsbereich und Bindemittelanteil unterschied man nach alter Norm 2 Beschichtungsstoff-Typen

- **P Org 1 – für Kunstharzputz als Außen- und Innenputz**
- **P Org 2 – für Kunstharzputz als Innenputz.**

Diese Bezeichnungen werden übergangsweise in der DIN 18 550 Teil 1 und 2 immer noch als „ehemalige Putztypen" gelistet. Die europäische Normung nach DIN EN 13 914 kennt diese Typisierung nicht. In einer Gegenüberstellung gilt P Org 1 im Grunde für Kunstharzputz als Außenputz und P Org 2 für Kunstharzputz als Innenputz.

Die Trocknung der Kunstharzputze erfolgt nicht, wie bei den meisten mineralischen Putzen durch chemische Reaktionen (Ausnahme Gipsputze), sondern rein physikalisch durch Verdunstung des enthaltenen Wassers bzw. Lösemittels. Dabei tritt eine immer engere Aneinanderlagerung, d. h. dauerhafte Verklebung der Kunstharzteile mit den Mineralien und dem Untergrund ein.

Die Folge ist eine Art Verschweißung zu einer festen, wasserunlöslichen und wasserabweisenden Schicht, die jedoch ausreichend wasserdampfdurchlässig bleibt (keine geschlossene Filmbildung).

Es entstehen zähelastische, rissefreie Oberflächen, die sich unter anderem durch eine äußerst geringe Wasseraufnahme bei Schlagregen (Regendichtigkeit) und damit Frostunempfindlichkeit sowie erhöhte Abriebfestigkeit im Innenbereich auszeichnen.

Kunstharzputze werden nur als oberste Lage (Oberputz) verwendet. Die an einen Putz zu stellenden Anforderungen sind jedoch von dem jeweiligen Putzsystem in seiner Gesamtheit zu erfüllen, in dem Kunstharzputz als Oberputz verwendet wird. Bewährte Putzsysteme für verschiedene Anwendungsbereiche sind zusammengestellt in

- **DIN 18 550-1, Tabelle DE.2**
  Putzsysteme für Außenputze (Wand- und Deckenputze)
- **DIN 18 550-2, Tabelle DE.3**
  Putzsysteme für Innenputze (Wand- und Deckenputze)

Bei Anwendung dieser Systeme sowie sach- und fachgerechter Ausführung können die genannten Anforderungen an den Putz ohne weiteren Nachweis als erfüllt angesehen werden. An den Kunstharzputz des ehem. Putztyp P Org 1 werden wesentlich höhere Anforderungen gestellt als an den ehem. Typ P Org 2, der nur für den Innenbereich gedacht ist.

Anforderungen an Kunstharzputz

Neben den allgemeinen Anforderungen, die an jeden Putz zu stellen sind – wie gleichmäßig gute Haftung der Putzlagen untereinander und am Putzgrund – treten bei organisch gebundenen Putzen im Vergleich mit den Mineralputzen andere Eigenschaften deutlicher in den Vordergrund. Im Einzelnen sind zu nennen:

- **Wasserdampfdurchlässigkeit** (Permeabilität). Da diese bei kunstharzgebundenen Außenputzen wesentlich geringer sein kann als bei mineralisch gebundenen Putzen, musste ein Grenzwert festgelegt werden, um unzulässige Feuchterhöhungen in der Wand infolge innerer Kondensation zu vermeiden. Im Gegensatz zu den mineralisch gebundenen Putzen, die diese Anforderungen erfahrungsgemäß erfüllen, ist für Kunstharzputze der Nachweis vom Hersteller des Beschichtungsstoffes zu führen.

Die Wasserdampfdurchlässigkeit ist für Außenputze als Wasserdampf-Diffusionsstromdichte nach EN ISO 7783-2 zu bestimmen (Kategorie V) und einer Kategorie in Tab. 1, DIN EN 15824 zuzuordnen.

- Der im Einzelfall tatsächlich gegebene Wasserdampf-Diffusionswiderstand bestimmt sich einmal aus der materialspezifischen Diffusionswiderstandszahl μ, zum anderen – und das wird häufig vernachlässigt – von der von Fall zu Fall sich verändernden Schichtdicke. Erst beide Werte zusammen multipliziert ($\mu \cdot s$ in m) ergeben die in der Norm angegebene diffusionsäquivalente Luftschichtdicke s_d und damit in der Praxis vergleichbare Resultate (amtliche Prüfzeugnisse anfordern). Grundsätzlich gilt, dass der Diffusionswiderstand der Außenwandbeschichtung nicht höher liegen darf als der der anderen verwendeten Wandbaustoffe. Daraus ergibt sich die Regel:
  - Der Diffusionswiderstand $\mu \cdot s$ der einzelnen Schichten sollte von innen nach außen abnehmen,
  - der Wärmedurchlasswiderstand R der Schichten von innen nach außen dagegen zunehmen.

- **Wasseraufnahme.**

Die Wasseraufnahme ist für Außenputze als Durchlässigkeitsrate für flüssiges Wasser nach EN 1062-3 zu bestimmen und einer der in Tabelle **2**, DIN EN 15824 angegebenen Kategorie zuzuordnen.

9.8 Putze mit organischen Bindemitteln

- **Witterungsbeständigkeit.** Kunstharz-Außenputz muss witterungsbeständig und frostbeständig sein, d. h. insbesondere der Einwirkung von Feuchtigkeit und/oder wechselnden Temperaturen widerstehen. Organische Oberputze müssen der ehem. Mörtelgruppe P Org 1 entsprechen.

  Bei Kunstharzputzen für Außensockel im Bereich oberhalb der Anschüttung gelten die Anforderungen an die Witterungsbeständigkeit dann als erfüllt, wenn sie auf Beton oder auf einen mineralischen Unterputz mind. der Druckfestigkeit CS III aufgetragen sind.

- **Regenschutz.** Kunstharzputze für Außenflächen müssen bezüglich des Regenschutzes wasserabweisend sein und wie die mineralischen Außenputze folgende Anforderungen erfüllen (Einzelheiten hierzu s. Abschn. 9.7.5.2):

  $w \leq 0,5$ kg/m²h^{0,5}
  $s_d \leq 2,0$ m
  $w \cdot s_d \leq 0,2$ kg/mh^{0,}

  Dabei ist
  w der Wasseraufnahmekoeffizient in kg/(m²h^{0,5})
  s_d die diffusionsäquivalente Luftschichtdicke in m.

- **Festigkeit.** Bei Kunstharz-Außenputzen gelten die Anforderungen an Putze mit erhöhter Festigkeit als erfüllt, wenn als Untergrund Beton mit geschlossenem Gefüge oder mineralischer Unterputz der Festmörtelklasse CS II oder CS III vorliegt. Die entsprechenden Angaben sind der DIN EN 15 824 und DIN 18 550-1 bzw. Tab. 2, DIN EN 13 914-1 zu entnehmen. Haftfestigkeit nach 28 Tagen $\geq 0,3$ MPa, Dauerhaftigkeit (für Außenputze bei W > 0,5 kg/(m³ · d 0,5)) $\geq 0,3$ MPa

- **Innenputz.** Die Anforderungen an Innenputze für übliche Beanspruchung gelten als erfüllt, wenn Silikat- oder Kunstharzputze nach DIN EN 15 824 verwendet werden.

  In Feuchträumen dürfen nur Beschichtungsstoffe des ehem. Typs P Org 2 auf Beton oder Unterputzen der Festmörtelklassen CS II – CS IV eingesetzt werden.

  Sofern Anforderungen hinsichtlich einer erhöhten Abriebfestigkeit gestellt werden, gelten sie als erfüllt, wenn Kunstharzputz als Oberputz verwendet wird.

- **Brandschutz.** Kunstharzputze nach DIN 18558 mit ausschließlich mineralischen Zuschlägen auf massivem mineralischem Untergrund sind in DIN 4102-4 als schwer entflammbare Baustoffe der Baustoffklasse 1 nach DIN 4102-1 klassifiziert.

  Für Kunstharzputze mit anderen Zuschlägen oder auf anderen Untergründen gilt das Brandverhalten nach DIN 4102-1.

Anwendung und Ausführung von Kunstharzputzen

Kunstharzputze – aus relativ hochwertigen Rohstoffen hergestellt – sind nicht zum Ausgleich grober Wand- und Deckenunebenheiten gedacht. Vielmehr werden sie in den meisten Fällen als **oberste Lage eines Putzsystems** auf mineralischem Unterputz (CS II – CS IV) oder unmittelbar einlagig auf Beton aufgebracht.

Außerhalb des Geltungsbereiches der DIN EN 15824 kommen Kunstharzputze auch auf anderen ebenen Untergründen zum Einsatz, wie zum Beispiel auf Bauteilen aus Gasbeton, Gipskartonplatten, Holzspanplatten, Furnierplatten, zementgebundenen Platten usw.

In jedem Fall muss der zu beschichtende Untergrund fest und tragfähig, sauber und frei von Trennmitteln oder sonstigen Verschmutzungen sowie trocken und saugfähig sein.

Zur Vorbereitung des Untergrundes gehört zwingend ein vorheriger Grundanstrich, der nach Vorschrift des Herstellers auf den Untergrund aufzutragen ist.

Je nach Art des Beschichtungsstoffes (z. B. Korngröße der verwendeten Sande), des Auftragverfahrens und der Oberflächenbehandlung lassen sich unterschiedliche Oberflächenstrukturen bzw. -effekte herstellen, die im Wesentlichen den in Abschn. 9.7.4 beschriebenen Putzweisen entsprechen.

Frisch aufgezogene mineralische Unterputze müssen ausreichend erhärtet und lufttrocken sein, bevor sie mit Grundierung bzw. Beschichtungsstoff beschichtet werden dürfen. Die Wartezeit richtet sich nach den bestehenden Witterungsverhältnissen und der Zusammensetzung des Unterputzmörtels. Eine Mindestwartezeit von 14 Tagen ist vorzusehen; ungünstige Witterungsverhältnisse und Untergrundbeschaffenheit können aber wesentlich längere Wartezeiten erforderlich machen.

Bei der Verarbeitung von Beschichtungsstoffen muss die Temperatur des Untergrundes und der umgebenden Luft mindestens +5 °C betragen. Des Weiteren dürfen sie nicht bei direkter oder starker Sonneneinstrahlung sowie Wind- und Regeneinwirkung aufgebracht werden. Auch ist die frisch aufgetragene Beschichtung vor Frost zu schützen. Da die Verfestigung von Beschichtungsstoffen durch Trocknung erfolgt, kann diese bei hoher relativer Luftfeuchte und/oder niedrigen Temperaturen stark verzögert werden.

Auf Beton mit geschlossenem Gefüge kann der Beschichtungsstoff unmittelbar, d. h. ohne Unterputz aufgebracht werden. Auch bei diesem Putzgrund ist immer ein vorheriger Grundanstrich erforderlich. Durch diesen Grundanstrich wird unter anderem ein einheitliches Saugen des Untergrundes erreicht und damit auch eine gleichmäßigere Strukturierung des Oberputzes.

Die Beschichtungsstoffe werden als pastöse Masse verarbeitungsfertig geliefert. Die Putzdicke richtet sich nach dem jeweiligen Größtkorn-Durchmesser und der gewünschten Oberflächenstruktur. In der Regel werden Kunstharzputze in Dicken bis zu 5 mm, gegebenenfalls auch bis zu 10 mm aufgetragen.

Der Putzanschluss in der Fläche muss immer nass erfolgen; außerdem darf nach dem Auftrocknen nicht mehr nachgerieben werden, da sonst unschöne Flecken in der Oberfläche entstehen können. Weitere Einzelheiten sind der Speziallteratur [32] sowie DIN EN 15824 zu entnehmen.

9.9 Putze für Sonderzwecke: Brandschutztechnisch wirksame Putzbekleidungen[1]

DIN 4102 – Brandverhalten von Baustoffen und Bauteilen – konkretisiert als technische Baubestimmung (Ausführungsnorm) die einzelnen brandschutztechnischen Begriffe, die in den baurechtlichen Vorschriften (z. B. Musterbauordnung, Landesbauordnungen und Rechtsverordnungen) Verwendung finden. Sie enthält ferner die Bedingungen für die Einteilung der Baustoffe nach ihrem Brandverhalten und deren Bezeichnung sowie die Prüfbedingungen für Bauteile und deren Einstufung in Feuerwiderstandsklassen.

- **Baustoffe** werden in DIN 4102-1 nach ihrem Brandverhalten in Baustoffklassen eingeteilt. Dabei wird unterschieden zwischen nichtbrennbaren Baustoffen (Baustoffklasse A) und brennbaren Baustoffen (Baustoffklasse B) mit folgender weiterer Untergliederung: A1/A2 ohne bzw. mit geringen Anteilen brennbarer Stoffe, B1 schwer entflammbar, B2 normal entflammbar, B3 leicht entflammbar. Nach den Prüfzeichenverordnungen der Länder müssen nichtbrennbare Baustoffe – soweit sie brennbare Bestandteile haben (Klasse A2) – sowie schwerentflammbare Baustoffe (Klasse B1) ein gültiges Prüfzeichen des Deutschen Instituts für Bautechnik in Berlin besitzen und güteüberwacht werden. Die Verwendung von Baustoffen der Klasse B3 ist nach §17 MBO grundsätzlich verboten.

- **Bauteile** werden in DIN 4102-2 entsprechend ihrer Feuerwiderstandsdauer in Feuerwiderstandsklassen ≥ 30, 60, 90, 120 und 180 eingeteilt. Die Abstufungen geben die Zeit in Minuten an (Mindestdauer), während der ein Bauteil bzw. eine Konstruktion dem Feuer Widerstand leistet. Des Weiteren kennzeichnen vorangestellte Buchstaben die Bauteilart (z. B.: F für Wände, Stützen, Decken, Unterzüge, Treppen). Nachgestellte Buchstaben weisen auf die Brennbarkeit der für das jeweilige Bauteil verwendeten Baustoffe hin: A – AB – B. Bauteile mit brandschutztechnischen Sonderanforderungen (Sonderbauteile), wie zum Beispiel Brandwände, Feuerschutzabschlüsse, feuerwiderstandsfähige Verglasungen usw. werden in besonderen Teilen der DIN 4102 behandelt. Weitere Angaben sind Abschn. 17.7, Teil 1 dieses Werkes, zu entnehmen.

Klassifizierte Bauteile. Gebräuchliche Baustoffe, Bauteile und Konstruktionen – deren Brandverhalten durch Normbrandprüfungen nachgewiesen und bekannt ist und die daher **ohne besonderen Nachweis** unter den angegebenen Voraussetzungen eingesetzt werden dürfen – sind in DIN 4102 Teil 4 zusammengestellt und klassifiziert (geregelte Bauprodukte). Ihre Anwendung ist im Rahmen bestimmter bauaufsichtlicher Anforderungen ohne weitere Prüfung des Brandverhaltens möglich. Diese katalogartige Zusammenstellung ist somit für die Bauplanung und Bauausführung gleichermaßen von besonderer Bedeutung. Bauteile und Sonderbauteile, die nicht in DIN 4102-4 verzeichnet sind, bedürfen einer allgem. bauaufsichtlichen Zulassung oder eines allgemeinen Prüfzeugnisses oder einer Zulassung im Einzelfall.

---

[1] **Europäische Normen.** Mit dem Übergang vom nationalen zum europäischen Regelwerk ergeben sich für den Brandschutz neue Prüf-, Klassifizierungs- und Produktnormen, die zum Teil noch in Bearbeitung sind.
Zukünftig wird die Klassifizierung von Bauprodukten und Bauarten zu ihrem Brandverhalten gemäß **DIN EN 13 501** erfolgen. Das bisherige Klassifizierungssystem nach DIN 4102 wird für eine gewisse Übergangszeit gleichberechtigt neben dem neuen europäischen Klassifizierungssystem stehen.
Außerdem wurde ein neues **europäisches Klassifizierungssystem** zum Brandverhalten von Bauprodukten (Baustoffen) geschaffen, das insgesamt sieben EUROKLASSEN mit weiteren zusätzlichen Unterklassen vorsieht (seither DIN 4102-1). Einzelheiten hierzu sind Tabelle 17.111, Teil 1 dieses Werkes, zu entnehmen.

9.9 Putze für Sonderzwecke

Feuerwiderstandsdauer. Die Feuerwiderstandsdauer und damit auch die Feuerwiderstandsklasse eines Bauteiles hängt nach DIN 4102-4 im Wesentlichen von folgenden Einflüssen ab:

- Brandbeanspruchung (z. B. einseitig oder mehrseitig)
- verwendeter Baustoff oder Baustoffverbund
- Bauteilabmessungen (z. B. Querschnitt, Schlankheit)
- bauliche Ausbildung (z. B. Anschlüsse, Befestigungen)
- statisches System (z. B. statisch bestimmte oder unbestimmte Lagerung)
- Ausnutzungsgrad der Festigkeiten der verwendeten Baustoffe infolge äußerer Lasten
- Anordnung von Bekleidungen (Putze, Unterdecken, Vorsatzschalen, Ummantelungen).

Putzbekleidungen. Die Feuerwiderstandsfähigkeit von Bauteilen kann demnach unter anderem durch Bekleidungen aus Putz erhöht werden. Dabei ist nach DIN 4102 zu unterscheiden zwischen Putzen, die

- **ohne Putzträger,** und solchen, die
- **mit Putzträgern** auf die zu schützenden Bauteile aufgebracht werden.

1. Putzbekleidungen bei Stahlbeton- und Spannbetonbauteilen

Die Bewehrungsstäbe derartiger Bauteile werden in brandschutztechnischer Hinsicht von der Betondeckung geschützt. Wenn bei Stahlbeton- oder Spannbetonbauteilen der mögliche Achsabstand der Bewehrung zur beflammten Betonoberfläche konstruktiv begrenzt ist und wenigstens den Mindestwerten für F 30 entspricht oder Bauteile in brandschutztechnischer Hinsicht nachträglich verstärkt werden müssen, so kann nach DIN 4102-4 der für höhere Feuerwiderstandsklassen notwendige Achsabstand durch Putzbekleidungen ersetzt werden. In Frage kommen:

- **Putze ohne Putzträger** aus Mörtel der Druckfestigkeitsklasse CS II/CS III (Kalkzementputze) nach DIN EN 998-1 oder der Kategorie B1-B7 für gipshaltige Putzmörtel nach DIN EN 13279-1. Voraussetzung für die brandschutztechnische Wirksamkeit ist eine ausreichende Haftung am Putzgrund. Sie wird sichergestellt, wenn der Putzgrund
  - die Anforderungen nach DIN 18550-2 bzw. DIN EN 13914-2 erfüllt,
  - einen voll deckenden Spritzbewurf mit einer Dicke ≥ 5 mm erhält und
  - aus Beton gemäß den in DIN 4102-4 gemachten Angaben besteht.

Die Brauchbarkeit von Putzbekleidungen, die brandschutztechnisch notwendig sind und die nicht durch Putzträger am Bauteil gehalten werden, ist besonders nachzuweisen, zum Beispiel durch eine allgemeine bauaufsichtliche Zulassung.

- **Putze auf nichtbrennbaren Putzträgern** aus Mörtel der Druckfestigkeitsklasse CS II/CS III nach DIN EN 998-1 oder der Kategorie B1-B7 für gipshaltige Putzmörtel nach DIN EN 13279-1 sowie brandschutztechnisch besonders geeignete Dämmputze. Genannt werden in der Brandschutznorm: Zweilagige Vermiculite- oder Perlite-Zementputze sowie zweilagige Vermiculite- oder Perlite-Gipsputze in normgerechter Mischung. Als nichtbrennbare Putzträger eignen sich z. B. Drahtgittergewebe, Ziegeldrahtgewebe oder Rippenstreckmetall.

Voraussetzungen für die brandschutztechnische Wirksamkeit der genannten Putze auf nichtbrennbaren Putzträgern sind:

- Der Putzträger muss am zu schützenden Bauteil ausreichend fest verankert werden,
- die Spannweite der Putzträger muss ≤ 500 mm sein,
- die Stöße der Putzträgertafeln sind 100 mm zu überlappen und mit Draht zu verrödeln,
- der Putz muss die Putzträger ≥ 10 mm durchdringen. S. hierzu auch Abschn. 9.7.2, Putzträger.

Weitere Angaben sind DIN 4102-4 sowie Abschn. 14.5, Teil 1 dieses Werkes, zu entnehmen.

2. Putzbekleidungen bei Stahlbauteilen

Bei Stahlbauteilen kann der Feuerwiderstand erreicht werden direkt durch

- dämmschichtbildende Beschichtungen (Anstriche),
- plattenförmige Bekleidungen,
- Putze oder indirekt (z. B. bei Deckenstahlträgern) in Form von
- Unterdecken bzw. Deckenbekleidungen.

Anforderungen an den Putz als Brandschutzbekleidung sind in DIN 4102-4 geregelt.

Mit dämmschichtbildenden Anstrichen sind Feuerwiderstandsklassen bis F 90, mit Putzen und plattenförmigen Bekleidungen Anforderungen bis F 120 erreichbar.

Stahl erleidet eine Festigkeitseinbuße, wenn er hohen Temperaturen ausgesetzt ist. Die kritische Temperatur des Stahls (crit T) ist die Temperatur, bei der die Streckgrenze (Fließgrenze) des Stahls auf die im Bauteil vorhandene Stahlspannung absinkt. Um zu erreichen, dass sich Stahlbauteile bei Brandbeanspruchung nur auf eine Stahltemperatur < 500 °C erwärmen und um sie entsprechenden Feuerwiderstandsklassen zuordnen zu können, ist im Allgemeinen eine Bekleidung aus Putz, Gipskartonplatten o. Ä. erforderlich. S. hierzu Bild **17**.121 bis **17**.123 in Teil 1 dieses Werkes.

Ihre Bemessung richtet sich nach dem **Verhältniswert** U/A, d. h. dem Verhältnis vom beflammten Umfang U zu der erwärmenden Querschnittsfläche A. In diesem Zusammenhang ist zu unterscheiden, ob es sich um **profilfolgende** oder **profilunabhängige** kastenförmige Ummantelung bei vier-, drei- oder einseitiger Beflammung handelt. Die Dicke der Bekleidung wird außerdem beeinflusst von der Wärmeleitfähigkeit des jeweils eingesetzten Bekleidungsmaterials.

Die in der DIN 4102-4 im Einzelnen beschriebenen Putzbekleidungen werden durch nichtbrennbare Putzträger wie Rippenstreckmetall, Drahtgittergewebe o. Ä. am Bauteil gehalten. Sie sind mit Klemm- oder Schraubbefestigungen ausreichend fest zu verankern. Putzbekleidungen ohne derartige Putzträger sind ohne besondere Nachweise der Brauchbarkeit – zum Beispiel durch eine allgemeine bauaufsichtliche Zulassung – nicht gestattet. Einzelheiten sind DIN 4102-4 zu entnehmen.

3. Putzbekleidungen bei Wänden aus Mauerwerk

Mauerwerk besteht im Allgemeinen aus nichtbrennbaren mineralischen Baustoffen. Ihre Einstufung in eine bestimmte Feuerwiderstandsklasse hängt daher im Wesentlichen von ihrer Dicke bzw. Breite ab.

Aus der Sicht des Brandschutzes wird zwischen nichttragenden und tragenden sowie zwischen nichtraumabschließenden und raumabschließenden Wänden unterschieden. Einzelheiten s. DIN 4102-4.

Zur Verbesserung der Feuerwiderstandsklasse können Putze der Druckfestigkeit CS I – CS IV nach DIN EN 998-1 und der Putzgruppe B1-B7 nach DIN EN 13279-1 verwendet werden. Voraussetzung für die brandschutztechnische Wirksamkeit ist eine ausreichende Haftung am Putzgrund. Sie wird sichergestellt, wenn

- der Putzgrund die Anforderungen nach DIN EN 13914-2 in Verbindung mit DIN 18550-2 erfüllt,
- der Putzgrund einen volldeckenden Spritzbewurf nach DIN EN 13914-2 mit einer Dicke von ≥ 5 mm erhält. Bei Verwendung von Maschinenputzgips nach DIN EN 13279-1 ist in der Regel kein Spritzbewurf erforderlich. Vgl. hierzu Abschn. 9.3.1, Baugipse, Abschn. 9.7.6.3, Innenputze mit Gips sowie Tabelle **17**.116, Teil 1 dieses Werkes.

4. Putzbekleidungen bei Deckenkonstruktionen (Unterdecken und Deckenbekleidungen)

Viele Geschossdecken (Tragdecken) besitzen eine ausreichende Feuerwiderstandsdauer, ohne dass es dazu des zusätzlichen Schutzes durch eine Unterdecke bedarf (z. B. Stahlbetondecken, sofern sie bestimmte Mindestdimensionen und entsprechende Bewehrungen bzw. Betondeckungen aufweisen).

Anders verhält es sich bei Decken, deren tragende Teile dem Feuer frei ausgesetzt sind (z. B. Stahlträgerdecken, Trapezblechdecken). Sie halten einer Brandbeanspruchung nicht lange Stand, da ihre tragenden Teile sich sehr schnell erwärmen und bei Temperaturen von etwa 500 °C ihre Tragfähigkeit verlieren.

Ähnlich verhält es sich bei Holzbalkendecken. Hier sind vor allem die Felder zwischen den Holzbalken meist mit brennbaren und relativ dünnen Baustoffen geschlossen.

Generell unterscheidet man Massiv-Rohdecken der Bauart **I bis III** sowie Deckenbauarten aus Holz (Holzbalkendecken bzw. Decken aus Holztafeln) der **Bauart IV**. Die kennzeichnenden Kriterien der einzelnen Bauarten sind DIN 4102-4 zu entnehmen.

Der Feuerwiderstand gefährdeter Tragdecken lässt sich am Einfachsten verbessern durch den Einbau ebener, unter den tragenden Teilen durchlaufender Unterdecken bzw. Deckenbekleidungen. Der auf diese Weise erreichte Brandschutz muss – wenn er nicht Teil 4 der Brandschutznorm zu entnehmen ist – durch ein bauaufsichtliches Prüfzeugnis nach Teil 2 der Norm nachgewiesen werden.

Da man nicht jede in der Praxis vorkommende Tragdecke mit jeder vorkommenden Unterdecke prüfen kann, sind in DIN 4102-2 ganz bestimmte, gegen Feuer besonders empfindliche Tragdecken als Prüfdecken festgelegt (Stahlträgerdecke, Stahlbetonrippendecke, Holzbalkendecke).

9.9 Putze für Sonderzwecke

Tabelle **9**.31 Hängende Drahtputzdecken nach DIN 4121, die bei Brandbeanspruchung von unten **allein** einer Feuerwiderstandsklasse angehören (Maße in mm)

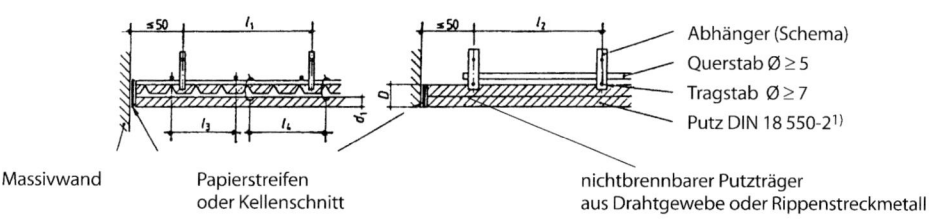

Zeile	Max. Spannweite der			Max. Abstände der		Mindestputzdicke[1] bei Verwendung von		Feuerwiderstandsklasse Benennung
	Tragstäbe $\emptyset \geq 7$	Putzträger aus		Querstäbe $\emptyset \geq 5$	Putzträgerbefestigungspunkte	Putz der Mörtelgruppe P IV a oder P IV b	Vermiculite- oder Perlite-Putz	
		Drahtgewebe	Rippenstreckmetall					
	l_1	l_2	l_2	l_3	l_4	d_1	d_1	
1	750	500	1000	1000	200	20	15	F30-A
2	700	400	800	750	200		25	F60-A

[1] d_1 über Putzträger gemessen; die Gesamtputzdicke muss $D \geq d_1 + 10$ mm sein – d. h. der Putz muss den Putzträger ≥ 10 mm durchdringen.

Bei der Prüfung geht man im Regelfall von einer Brandbeanspruchung von **unten**, d. h. von der Raumseite der Unterdecke aus. Generell können Tragdecken bzw. Unterdecken folgenden Arten der Brandbeanspruchung ausgesetzt sein:
- Brandbeanspruchung von unten (untere Raumseite)
- Brandbeanspruchung von oben aus dem darüber liegenden Raum (obere Raumseite)
- Brandbeanspruchung von oben aus dem Zwischendeckenbereich
- Brandbeanspruchungskombinationen von oben und unten.

Die Brandbeanspruchung erfolgt im Brandfalle nur von einer Seite – nie gleichzeitig.

Unterdecken bzw. Deckenbekleidungen haben bezüglich des baulichen Brandschutzes demnach im Wesentlichen folgende Aufgaben zu erfüllen:
- Sie sollen so beschaffen sein, dass ein entstandener Brand sich nicht unkontrolliert – beispielsweise horizontal – auf dem Weg über den oberen Raumabschluss (Decklage bzw. Deckenhohlraum) ausbreiten kann. Dementsprechend müssen – je nach Bauart, Größe und Zweckbestimmung (Gefahrengrad) des Gebäudes – die für die Herstellung der Unterdecken verwendeten Baustoffe schwerentflammbar oder nichtbrennbar sein.
- Unterdecken sollen außerdem die jeweils darüber liegende Tragdecke vor zu intensiver Brandbeanspruchung von unten schützen, so dass ein Übergreifen des Brandes in das darüber liegende Geschoss verhindert oder so lange wie möglich verzögert wird. Diese Aufgabe übernimmt in der Regel die jeweilige Gesamtkonstruktion, bestehend aus Tragdecke und Unterdecke.

In Sonderfällen übernimmt eine Unterdecke auch **alleine** den Schutz einer empfindlichen Tragdecke bzw. eines hochinstallierten Deckenhohlraumes gegen Brandbeanspruchung von unten. Bei einem Brand im Deckenhohlraum (Zwischendeckenbereich) kann eine selbstständige Unterdecke jedoch auch umgekehrt den Schutz des darunter liegenden Fluchtweges gegen Brandbeanspruchung von oben gewährleisten. S. hierzu Abschn. 14.2.3, Brandschutz mit leichten Unterdecken sowie Bild **15**.13 in Teil 1 dieses Werkes. Nach DIN 4102-4 werden demnach unterschieden:

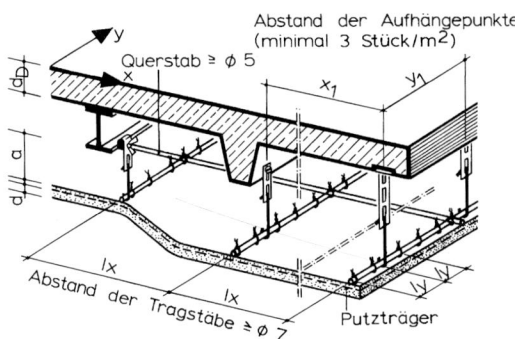

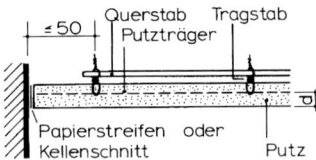

9.33a

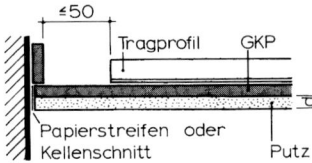

9.33b

9.32 Brandschutztechnische Bezeichnungen bei Unterdecken (Schema). Beispiel: Hängende Drahtputzdecke nach DIN 4121. Vgl. hierzu auch Abschn. 9.7.6.6.

X_1, Y_1 = Abstände der Aufhängepunkte in x- und y-Richtung
l_x = max. Abstände der Tragstäbe
l_y = Abstände der Putzträgerbefestigungspunkte
a = Abhängehöhe (Abstand zwischen UK I-Träger bzw. Balken und OK Putzträger)
d = Mindestputzdicke über Putzträger je nach Mörtelgruppe

9.33 Dichte Wandanschlüsse von Unterdecken an Wänden aus Mauerwerk oder Beton (Schema). Weitere Anschlüsse s. Abschn. 14.2.3, Teil 1 dieses Werkes.
a) Hängende Drahtputzdecke nach DIN 4121
b) Putz auf Gipskarton-Putzträgerplatten (GKP) nach DIN 18 180 bis DIN 18 181

- **Tragdecke selbstständig.** Deckenkonstruktionen (Tragdecken), die allein einer Feuerwiderstandsklasse angehören.
- **Tragdecke mit Unterdecke.** Deckenkonstruktionen (Tragdecken), die eine Feuerwiderstandsklasse nur mit Hilfe einer Unterdecke erreichen.
- **Unterdecke selbstständig.** Unterdecken, die bei Brandbeanspruchung von unten oder von oben (aus dem Zwischendeckenbereich) **allein** einer Feuerwiderstandsklasse angehören.

Klassifizierte Deckenkonstruktionen (Tragdecken) der Bauart I bis III mit entsprechenden Unterdecken, die ohne besonderen Nachweis verwendet werden dürfen, sind DIN 4102-4 zu entnehmen.

Beispielhaft zeigt Tabelle **9**.31 eine hängende Drahtputzdecke nach DIN 4121, die bei Brandbeanspruchung von unten allein einer Feuerwiderstandsklasse angehört. Den schematischen Aufbau einer hängenden Drahtputzdecke mit dichtem Wandanschluss verdeutlichen die Bilder **9**.32 und **9**.33.

Aus Gründen des Brandschutzes nennt DIN 4102-4 noch weitere Konstruktionshinweise, die bei der Ausbildung von Unterdecken in jedem Fall zu berücksichtigen sind. Diese beziehen sich im Einzelnen auf:

- Anschlüsse von Unterdecken an Massivwände
- Anschlüsse von Unterdecken an nichttragende leichte Trennwände
- Einbauten wie Leuchten, klimatechnische Geräte usw. in Unterdecken
- Anbringung zusätzlicher Bekleidungen, Anstriche oder Beschichtungen
- Brandlast in Form von brennbaren Kabel- und Rohrisolierungen im Zwischendeckenbereich
- Dämmschichten im Zwischendeckenbereich, die die Feuerwiderstandsdauer von Unterdecken bzw. Deckenbekleidungen beeinflussen.

9.10 Putze für Sonderzwecke: Schallschutztechnisch wirksame Putzbekleidungen

Beim Schallschutz ist grundsätzlich zu unterscheiden zwischen Maßnahmen der Schalldämmung und der Schallabsorption.

Schalldämmung beinhaltet die Minderung der Schallübertragung zwischen benachbarten Räumen, d. h. die Verringerung des Schalldurchganges durch ein Bauteil.

Schallabsorption (auch Schallschluckung oder Schalldämpfung genannt) bedeutet die Minderung des Schalles bzw. der Schallausbreitung im Raum selbst. Ihr Ziel ist es, die Schallreflexion an den Umgebungsflächen zu beeinflussen und dadurch die Akustik im Raum zu ändern.

Beide Maßnahmen unterscheiden sich und müssen getrennt voneinander betrachtet werden.

9.10 Putze für Sonderzwecke

Schallenergie, die von einer Schallquelle ausgestrahlt wird, kann von den Begrenzungsflächen des Raumes ungeschwächt reflektiert (bei harten und geschlossenen Oberflächen) oder mehr oder weniger absorbiert werden (bei weichen und offenporigen Oberflächen).

Schallabsorbierende Decken- und Wandflächen eignen sich demnach – je nach Zweckbestimmung des Raumes – einmal zur

- Senkung des Lärmpegels, zum anderen aber auch zur
- Regulierung der Nachhallzeit und damit der Verbesserung der Raumakustik.

Um eine gleichmäßige Lärmminderung in Industriebetrieben, Büroräumen, Schalterhallen usw. zu erreichen, sind möglichst große Absorptionsflächen mit möglichst hohem Schallabsorptionsvermögen im Raum anzubringen.

Anders verhält es sich in Unterrichtsräumen, Vortrags- und Konzertsälen. Hier ist eine optimale Wahrnehmung von Sprache und Musik an jeder Stelle des Zuhörerraumes zu gewährleisten. Dabei kommt es nicht darauf an, möglichst viel Schallschluckmaterial im Raum unterzubringen, sondern das richtige Material in der richtigen Menge an der richtigen Stelle einzuplanen Weitere Einzelheiten s. DIN 18 041, Hörsamkeit in kleinen bis mittelgroßen Räumen.

Zur Regulierung von Nachhallzeiten und zur Vermeidung unerwünschter Reflexionen bieten sich im Wesentlichen zwei Arten von Schallabsorbern an:

- **Poröse Schallabsorber** (Hochtonschlucker). Hierzu zählen alle porösen oder faserigen Materialien, wie zum Beispiel Mineralfaserplatten, Holzfaserstoffe, Holzwolle-Leichtbauplatten, Akustikputze u. Ä., deren Oberflächen offene Poren aufweisen, durch die die Schallwellen möglichst tief in das Gefüge eindringen können. Dementsprechend muss der Absorber eine ausreichende Dicke (mind. 10 mm) aufweisen oder mit Abstand vor einer reflektierenden Fläche angeordnet werden.
- **Resonanz-Absorber** (Mittel- bzw. Tieftonschlucker). Hierunter versteht man Bekleidungen aus Sperrholz, Holzbrettern, Gipskartonplatten u. Ä., die mit Abstand vor einer Fläche montiert sind. Diese Absorber aus harten dünnen Platten werden durch die auftreffenden Schallwellen nach Art einfacher Masse-Feder-Systeme zum Mitschwingen angeregt, wodurch der Schallwelle Energie entzogen wird.

Durch offenporige Dämmstoffe im Hohlraum kann die Schallabsorption im Allgemeinen noch verbessert werden.

Konstruktionen ohne Fugen bezeichnet man als Plattenschwinger (Platten-Resonatoren), solche mit Fugen oder Löchern als Lochplattenschwinger (Helmholtz-Resonatoren).

Schallabsorbierende Putzbekleidungen an Decken- und Wandflächen

Üblicher, vollflächig haftender Putz verbessert zwar die Luftschalldämmung von einschaligen Bauteilen (entsprechend seinem Anteil an der flächenbezogenen Masse), aufgrund seiner dichten Oberfläche weist er jedoch so gut wie kein Schallschluckvermögen auf.

Überall dort, wo Ansprüche an die Schallabsorption gestellt werden und aus gestalterischen Gründen fugenlose Putzbekleidungen erwünscht sind, haben sich sog. Akustikputze und putzbeschichtete Akustikdecken bewährt.

- **Akustikputze** (Bild 9.34). Schallabsorbierende Putze – mineralisch gebunden und mit Leichtzuschlagstoffen versetzt – eignen sich zur Direktbeschichtung von trockenem und tragfähigem Putzgrund oder auch von abgehängten Unterdecken und Vorsatzschalen, die eine Nassbeschichtung zulassen.

Mitentscheidend für ihre Wirksamkeit als poröse Schallabsorber ist die besondere Auftragstechnik. Je nach Produkt wird der Mörtel entweder von Hand mit der Traufel in mehreren Lagen aufgezogen oder mehrlagig mit geringem Druck aufgespritzt. Die jeweilige Putz-

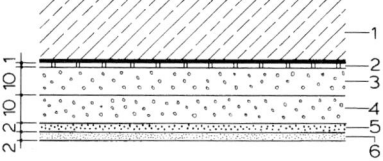

9.34 Schallabsorbierender Akustikputz mit Dekorbeschichtung
1 Putzgrund
2 Grundierung/Haftvermittler
3 erste Putzlage
4 zweite Putzlage
5 Feinschicht
6 Dekorschicht

Sto AG, Stühlingen

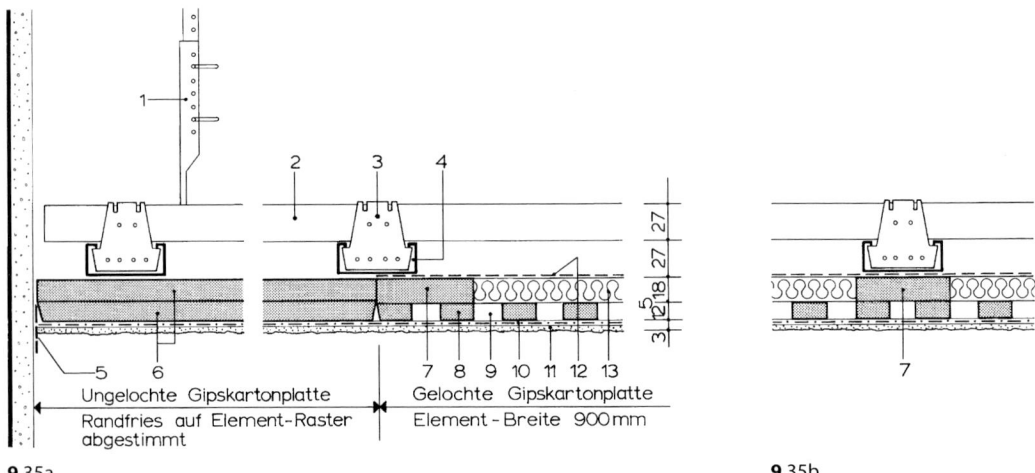

9.35 Abgehängte Akustik-Element-Decke (Gipskarton-Absorberdecke) mit fugenloser homogener Spritzputzbeschichtung
a) Wandanschluss mit Randfries
1 Noniusabhänger
2 Grundprofil 60 × 27
3 Kreuzverbinder
4 Tragprofil 60 × 27
5 Trennstreifen oder elast. Fugenverschluss
6 Randfries (ungelochte Gipskartonplatten)
7 GK-Plattenstreifen (Montagesteg)
b) Regelaufbau des Akustikelementes
8 Gipskarton-Lochplatte
9 Lochbild 12/20/46
10 Glasvliesbahn (schalldurchlässig)
11 Dekorputz
12 Aluminiumfolie
13 Mineralwolle

Sto AG, Stühlingen

schicht muss in der Regel weitgehend durchhärtet sein, bevor die nächste Lage aufgebracht werden kann (Wartezeiten beachten!). Die Gesamtputzdicke liegt üblicherweise bei etwa 25 bis 30 mm.

Mit Akustikputzen ist es möglich, gebogene, schiefwinkelige oder anders geformte Flächen – unabhängig von plattenförmigen Akustikelementen – schallabsorbierend auszubilden. Der mit derartigen Putzen erzielbare Einfluss auf die Nachhallzeit eines Raumes ist aufgrund des hohen Porenanteiles ganz beachtlich.

Bei der Auswahl der Putze ist jedoch auf die unterschiedliche mechanische Belastbarkeit zu achten. Je nachdem, ob sie härtere oder weichere Zuschlagstoffe enthalten, sind sie auch mehr oder weniger mechanisch belastbar. Weniger belastbare Putze können demnach nur an Deckenflächen oder im Oberwandbereich eingesetzt werden.

- **Putzbeschichtete Akustikdecken** (Bild **9**.35). Übliche Akustikdecken – wie sie auch in Abschnitt 14, Teil 1 dieses Werkes, beschrieben sind – bestehen in der Regel aus einzelnen Platten, Kassetten oder Paneelen mit deutlich sichtbaren Fugen.

Putzbeschichtete Akustikdecken ergeben demgegenüber fugenlose homogene Deckenuntersichten, die farblich und strukturell vielfältig gestaltbar sind. Um den oftmals sehr unterschiedlichen räumlichen Gegebenheiten und schalltechnischen Anforderungen entsprechen zu können, bietet der Markt ganz verschiedenartig ausgebildete Akustikdeckensysteme an.

- **Bild 9.35** zeigt beispielhaft eine **Gipskarton-Absorberdecke,** die sich aus einzelnen montagefertigen Plattenelementen zusammensetzt, auf die – nach ihrer Montage an einer abgehängten Unterkonstruktion – eine dünne fugenlose Spritzputzbeschichtung aufgetragen wird.

Das Akustikelement ist 2100 · 900 mm groß und insgesamt nur 31 mm dick. Es besteht aus einer 12,5 mm dicken Gipskarton-Lochplatte (Lochbild 12/20/46), auf deren Rückseite Gipskartonstreifen (Montagestege) mit

9.11 Wärmegedämmte und verputzte Außenbauteile

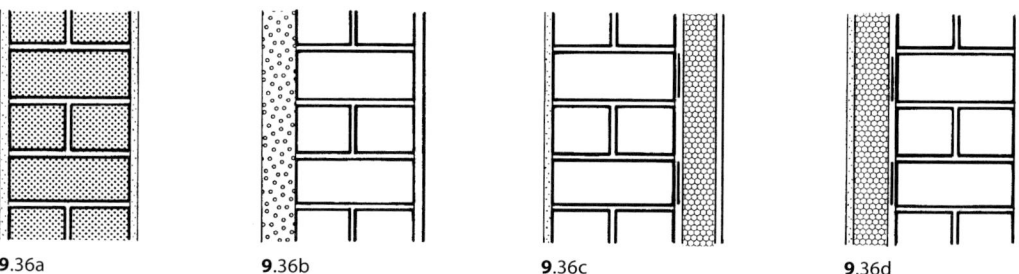

9.36 Schematische Darstellung einschaliger, wärmegedämmter und verputzter Außenwandkonstruktionen
    a) Mauerwerk aus hoch wärmedämmendem Wandbaustoff, beidseitig verputzt
    b) Mauerwerk mit Außendämmung (Wärmedämm-Putzsystem) und Innenputz
    c) Mauerwerk mit Innendämmung (Gipskarton-Verbundplatte) und Außenputz
    d) Mauerwerk mit Außendämmung (Wärmedämm-Verbundsystem) und Innenputz

dazwischen-liegender Mineralwolle vollflächig aufgeklebt sind.

Um unkontrollierte Luftbewegungen durch die Elemente hindurch und damit auch spätere Lochabzeichnungen (Schmutzausfilterungen) auf der Sichtfläche zu vermeiden, ist das gesamte Element rückseitig mit einer Aluminiumfolie beschichtet.

Nach der Deckenmontage wird auf die Unterseite der gelochten und ggf. auch ungelochten Gipskartonplatten (Randfries) eine schalldurchlässige Glasvliesbahn vollflächig aufkaschiert und darauf ein feiner Dekorputz – in drei zeitlich versetzten Arbeitsgängen – aufgespritzt.

Damit ist es möglich, sowohl absorbierende wie reflektierende Flächen durchgehend einheitlich, fugenlos und ohne optische Unterschiede herzustellen.

9.11 Wärmegedämmte und verputzte Außenbauteile

Der Wärmeschutz im Hochbau umfasst alle Maßnahmen, die zur Verringerung von Transmissionswärmeverlusten durch die Gebäudehüllflächen und durch die Trennflächen zwischen Räumen mit unterschiedlichen Temperaturen führen.

Mindestanforderungen (DIN 4108-2). Die DIN 4108-2 legt Mindestanforderungen an die Wärmedämmung von Bauteilen und an Wärmebrücken in der Gebäudehülle fest.

Heutige Neubauten müssen den Anforderungen der Energieeinsparverordnung 2016 entsprechen.

Wärmegedämmte Außenwandkonstruktionen
Bei Außenwänden ist eine Verbesserung des Wärmeschutzes grundsätzlich möglich durch
- Einsatz hoch wärmedämmender Wandbaustoffe (z. B. Leichthochlochziegel, Bimshohlblock- und Porenbetonelemente),
- Anordnung einer zusätzlichen Dämmschicht im Wandquerschnitt (Außendämmung, Kerndämmung, Innendämmung). Vgl. hierzu Bild **6**.14, Teil 1 dieses Werkes.

Wärmegedämmte und verputzte Außenwände. Im Zusammenhang mit wärmegedämmten Putzfassaden sind folgende Wandaufbauten von besonderem Interesse (Bild **9**.36a–d):
- Einschalige Wand aus hoch **wärmedämmenden** Wandbaustoffen, beidseitig verputzt.
- Einschalige Wand mit außenliegender Wärmedämmung, beidseitig verputzt.
- Einschalige Wand mit **innen liegender** Wärmedämmung, beidseitig verputzt.
- Einschalige Wand mit Außendämmung (Wärmedämm-Verbundsystem) und Innenputz.

Zusätzliche Wärmedämmschichten können bei verputzten Außenwandkonstruktionen demnach entweder außen- oder innenseitig angebracht werden. In jedem Fall entstehen bauphysikalische Veränderungen im Wandgefüge, die immer rechtzeitig vor Beginn der Baumaßnahmen überprüft werden müssen.

Als Faustregel für eine einwandfreie Ausbildung der Außenwand in diffusions- und wärmeschutztechnischer Hinsicht kann gelten:
- Der Diffusionswiderstand der einzelnen Schichten sollte von innen nach außen **abnehmen**,
- der Wärmedurchlasswiderstand der Schichten von innen nach außen jedoch **zunehmen**.

9.11.1 Einschalige Wände aus hoch wärmedämmenden Wandbaustoffen

Die Anforderungen an den Wärmeschutz einschaliger, monolithischer Außenwände hat die Eigenschaften dieser Putzuntergründe im Laufe der letzten Jahre entscheidend verändert. An Stelle des herkömmlichen Mauerwerkes aus kleinformatigen Vollsteinen werden überwiegend hoch wärmedämmende großformatige Wandbildner eingesetzt.

Derart bewegliche Putzgründe erfordern jedoch eine schubweiche Zwischenschicht zwischen Wandbildner und Oberputz, so dass es zu einer sog. „Entkopplung" und damit Umdrehung der alten Putzregel kommt (Unterputz weicher als Deckputz). Auf diesem Entkopplungsprinzip beruht die Wirkungsweise sowohl der Wärmedämm-Verbundsysteme (WDVS) als auch – in geringerem Maße – die der Wärmedämmputz- und Leichtputzsysteme.

Einzelheiten über Leichtputze auf wärmedämmenden Wandbaustoffen sind Abschn. 9.7.5.4 zu entnehmen.

9.11.2 Einschalige Wände mit Außendämmung

Die außenseitig aufgebrachte Wärmedämmung weist aus bauphysikalischer Sicht überwiegend Vorteile auf. Dadurch, dass alle Bauteile gleichmäßig ummantelt und lückenlos gedämmt werden (z. B. auch Fensterstürze und Fensterleibungen, einbindende Decken und Zwischenwände, Ringanker, Heizkörpernischen, außenliegende Rohrleitungen usw.), ist die tragende Wandkonstruktion nur geringfügigen Temperaturschwankungen ausgesetzt.

Somit halten sich thermisch bedingte Baukörperbewegungen (Rissbildungen in der Wandscheibe durch Längenänderungen,

Spannungen und Verformungen) in Grenzen. Des Weiteren übernimmt die Außenwand eine temperaturregulierende Funktion. Das Wärmespeichervermögen des Bauteiles bleibt erhalten und dient dem Temperaturausgleich im Innenraum (verzögerte Außentemperatureinflüsse).

Da bei richtiger Dimensionierung der Dämmschichtdicke und dem Einsatz bauphysikalisch bewährter Systeme die Taupunktlage weit nach außen verlegt wird (Frostbeanspruchung nur in der Dämmschicht oder äußersten Oberflächenschicht der tragenden Wand), kann auch kaum Tauwasserbildung im Inneren der tragenden Bauteile entstehen. Die daraus ableitbare konstantere Oberflächentemperatur auf der Raumseite gewährleistet sowohl im Winter als auch im Sommer ein behagliches Innenraumklima.

Da der Diffusionswiderstand der einzelnen Schichten von innen nach außen abnehmen soll, eignen sich für die nachträgliche Außendämmung von aufgehenden Bauteilen vor allem Dämmplatten mit niedriger Rohdichte aus Polystyrol-Hartschaum sowie nichtbrennbare, diffusionsoffene Dämmmaterialien aus Mineralwolle oder Mineralschaum.

Einzelheiten über die Außendämmung einschaliger Wände s. Abschn. 9.11.4, Wärmedämm-Putzsysteme sowie Abschn. 9.11.5, Wärmedämm-Verbundsysteme.

9.11.3 Einschalige Wände mit Innendämmung

Obwohl der Außendämmung aus bauphysikalischer Sicht generell der Vorzug zu geben ist, wird die Innendämmung von Außenwänden überall dort eingesetzt, wo Räume rasch und in der Regel nur für kurze Zeit aufgeheizt werden sollen (z. B. Versammlungsstätten) und wo erhaltenswerte Altbaufassaden (z. B. reich gegliederte Stuckfassaden) aufgrund denkmalpflegerischer Gesichtspunkte nicht verändert werden dürfen oder sollen. Auch bei vorhandenen Sichtbeton-, Klinker- und Natursteinfassaden werden in der Regel innenseitige Dämmmaßnahmen vorgenommen, um das äußere Erscheinungsbild der Gebäude zu erhalten.

Innendämmungen verändern das bauphysikalische Verhalten von Außenwänden erheblich.

Bei niedriger Außentemperatur und mit zunehmender Dicke der Innendämmung sinkt die Temperatur im tragenden Wandbauteil stark ab, wodurch sich die Lage des Taupunktes weit nach innen, d. h. zur Raumseite hin, verschiebt. Die wärmespeichernde Wirkung der schweren Wandteile geht verloren und im Übergangsbereich zwischen tragender Wand und Innendämmung kann es im Winter zur Kondensation bei eindiffundierender Raumfeuchte kommen. Auch in die Außenwand eingebundene Zwischenwände oder Geschossdecken wirken bei Innendämmung als Wärmebrücken, so dass das Risiko der

9.11 Wärmegedämmte und verputzte Außenbauteile

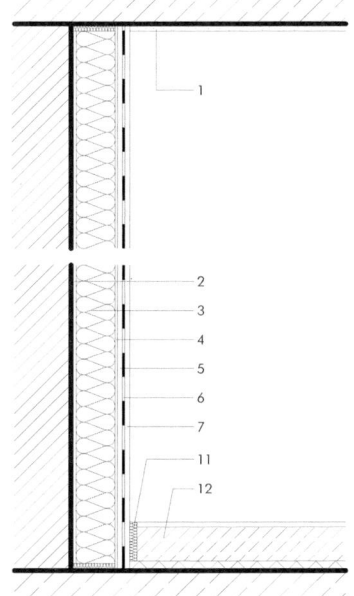
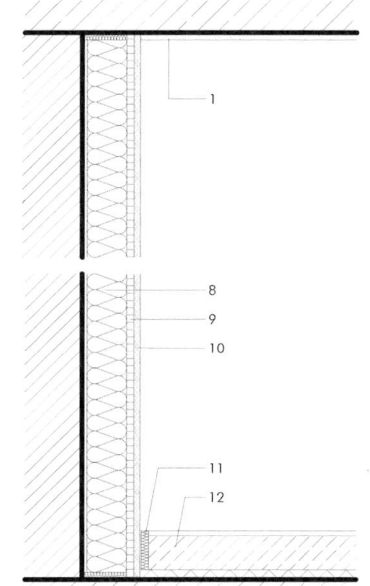

9.37 Konstruktionsbeispiele: Mineralische Innendämmung vor Außenwandkonstruktionen
 a) Calciumslikat- oder Mineralschaumplatte verputzt
 b) Ständerwerk mit Trockenbauplatten
 1 Deckenputz
 2 Verklebung
 3 Dämmplatte
 4 Grundierung
 5 Unterputz
 6 Armierung
 7 Innenputz
 8 Mineralfaserplatte oder Zellulose
 9 Luftdichte OSB-Platte 15 mm, Stöße luftdicht abkleben
 10 Gipskartonplatte 12,5 mm
 11 Randdämmstreifen
 12 Bodenaufbau, schwimmend verlegt, mit Sockelleiste

Schimmelpilzbildung an derart kritischen Stellen erheblich zunimmt.

Tauwasserausfall im Inneren oder auf der Oberfläche von Außenbauteilen entsteht immer dann, wenn die Taupunkttemperatur unterschritten wird. Begünstigt werden derartige Tauwasserbildungen durch hohe Luftfeuchtigkeit und Wärmebrückeneffekte.

Ein Einströmen von Raumluft hinter oder in die Dämmschicht ist durch geeignete Maßnahmen zu verhindern. Ggf. ist eine Simulation erforderlich, insbesondere bei Wänden mit Schlagregenbeanspruchung. Das Glaser-Verfahren ist in diesem Fall nicht immer ausreichend.

1. Tauwasserbildung im Inneren von Bauteilen

Der Wärmeschutz von Bauteilen darf durch Tauwasserbildung nicht unzulässig vermindert werden.

Ein gewisses Maß an Tauwasserbildung in Bauteilen ist nach DIN 4108-3 unschädlich, wenn durch Erhöhung des Feuchtegehaltes der Bau- und Dämmstoffe der Wärmeschutz und die Standsicherheit der Bauteile nicht gefährdet werden und die im Winter anfallende Feuchtigkeit während der Trocknungsperiode im Sommer an die Umgebung wieder abgegeben werden kann.

In DIN 4108-3 sind die zulässigen Tauwasser-Höchstmengen angegeben sowie eine Reihe von bewährten Außenwandkonstruktionen genormt, für die kein rechnerischer Nachweis des Tauwasserausfalls infolge Dampfdiffusion unter normalen Klimabedingungen erforderlich ist.

Für alle anderen Außenwandkonstruktionen ist eine Diffusionsberechnung durchzuführen und mit den Forderungen der zulässigen Maximalmengen zu vergleichen. Entsprechende Rechenbeispiele s. Abschn. 17.5.6 in Teil 1 dieses Werkes.

Tauwasserbildung im Wandinneren infolge von Wasserdampfdiffusion ist bei homogenem Mauerwerk und Mauerwerk mit Außendämmung im Allgemeinen nicht zu erwarten.

Wird aber eine Innendämmung – insbesondere in großer Dämmschichtdicke und mit geringem Diffusionswiderstand – auf eine Außenwand aufgebracht, ist im Einzelfall zu prüfen, ob eine unzulässige diffusionsbedingte Feuchteerhöhung auftreten kann.

- **Bei Außenwänden mit Innendämmung** soll daher gemäß DIN 4108-3 der **Wärmedämmwert** der raumseitigen Dämmschicht auf $R \leq 1{,}0$ m²K/W begrenzt werden und der **Diffusionswiderstand** der Wärmedämmschicht einschließlich Innenputz bzw. Innenbekleidung mindestens $s_d = 0{,}5$ m betragen.
- **Normen.** Im Wesentlichen sind folgende Normen zu beachten: DIN EN ISO 9972, DIN EN ISO 13 788, DIN EN ISO 10 211. Der aktuelle Stand der Normung ist Abschn. 9.12 zu entnehmen.

Wasserdampfdiffusion. Auch bei der Innendämmung sollte zunächst immer von der Regel – wonach der Diffusionswiderstand der einzelnen Schichten von innen nach außen abnehmen soll – ausgegangen werden. Dieser Vorsatz kann jedoch häufig nicht eingehalten werden, beispielsweise bei dichten Wandbaustoffen, so dass die Innendämmung entgegen dieser Regel aufgebracht wird. Dabei kommt der jeweiligen Schichtenkombination eine große Bedeutung zu. Je dampfdichter das vorgesehene Außenbauteil (Mauerwerk, Betonwand) ist und je höher sich die jeweilige relative Raumluftfeuchte darstellt, desto sorgfältiger muss die Innendämmung in ihrem Dampfdiffusionswiderstand darauf abgestimmt werden.

- **Dämmstoffe für Innendämmung**[1]**.** Unerwünschte Dampfdiffusionswanderung aus der Raumluft zum Außenbauteil kann reduziert werden durch
  - dampfdichte Dämmmaterialien (z. B. Schaumglas) bzw.
  - Dämmmaterialien mit relativ hohem Diffusionswiderstand (z. B. extrudierter Polystyrolschaum) oder durch
  - diffusionsoffene Dämmstoffe (z. B. Mineralwolle) mit darauf anschlussdicht aufgebrachten dampfbremsenden bzw. dampfsperrenden Folien.
  - Geeignet sind entweder Polyethylen-, metallkaschierte- oder feuchteadaptive Folien. Auf eine fehlerfreie Verlegung mit weitgehend dampfdicht ausgebildeten Stoß-, Wand- und Deckenanschlüssen ist bei dampfbremsenden/dampfsperrenden Konstruktionen besonders zu achten.
  - Auch eingesetzt als Dämmstoff für Innendämmung werden kapillaraktive Calciumsilikatplatten, die bei üblicher Feuchtebelastung ohne Dampfbremse eingebaut werden können. Da sie über eine hohe kapillare Saugfähigkeit verfügen, sind sie in der Lage, erhebliche Mengen an Feuchtigkeit aus der Wand oder dem Innenraum aufzunehmen, zu speichern und bei Abnahme der Feuchtebelastung wieder rasch abzugeben.

Hinweis. Die vorteilhaften Eigenschaften der Calciumsilikatplatten dürfen jedoch nicht dazu verleiten, diese Art der Innendämmung generell ohne Dampfsperre einzubauen, da aufgrund der Diffusionsoffenheit einer solchen Konstruktion feuchte Raumluft bis zur (kälteren und dampfdichteren) Bestandswand gelangen und dort kondensieren kann. Von der Annahme, dass sich bei einem kapillaraktiven Dämmstoff die eindiffundierte Feuchte in jedem Fall großflächig verteilt und schnell zur Raumseite hin rückverdunstet, kann ohne rechnerischen Nachweis nicht ausgegangen werden.

Rechenwerte der Wärmeleitfähigkeit und Richtwerte der Wasserdampf-Diffusionswiderstandszahlen von Baustoffen sind Tabelle 17.58, Teil 1 dieses Werkes, zu entnehmen.

Innendämmung von Außenwänden aus herkömmlichen Wandbaustoffen (z. B. Hochlochziegel, Bimshohlblocksteine). Bei relativ dampfdurchlässigem Mauerwerk und bei Annahme üblicher Wohnraumbedingungen ergeben sich bei richtiger Dimensionierung und sorgfältiger Ausführung der Innendämmung (z. B. dichte Plattenstöße, Wand- und Deckenanschlüsse) kaum Tauwasserprobleme. Es sind allerdings die zuvor genannten Werte bei Wänden mit Innendämmung gemäß DIN 4108-3 einzuhalten.

Innendämmung von Außenwänden aus dampfdichteren Wandbaustoffen (z. B. Kalksand-Vollsteine, Klinker). Bei derart dichtem Mauerwerk wird die zulässige Tauwassermenge meist überschritten und auch die Rücktrocknung ist

---

[1] **Europäische Normen.** Folgende europäische Produktnormen gelten für Wärmedämmstoffe im Hochbau (Auszug):
- DIN EN 13 162 – Mineralwolle (MW)
- DIN EN 13 163 – Expandierter Polystyrolschaum (EPS)
- DIN EN 13 164 – Extrudierter Polystyrolschaum (XPS)
- DIN EN 13 165 – Polyurethan-Hartschaum (PUR)
- DIN EN 13 166 – Phenolharzschaum (PF)
- DIN EN 13 167 – Schaumglas (CG)

9.11 Wärmegedämmte und verputzte Außenbauteile

rechnerisch oftmals nicht gegeben. Bei Annahme üblicher Wohnraumverhältnisse sind daher zumindest EPS-Hartschaumplatten mit höherem Diffusionswiderstand einzusetzen (Rohdichte 30 kg/m², Diffusionswiderstand μ = 40 bis 100).

Handelt es sich jedoch um Außenwände von Feuchträumen (z. B. häusliche Küchen und Bäder), so ist der Einsatz einer zusätzlichen Dampfbremse oder von fugendicht verlegten XPS-Extruder-Hartschaumplatten zwingend angezeigt. Derartige Platten zeichnen sich einmal durch einen relativ hohen Diffusionswiderstand (μ = 100 bis 250) und hohe Druckfestigkeit (Rohdichte 30 bis 50 kg/m²) aus, zum anderen nehmen sie aufgrund ihrer geschlossenzelligen Struktur praktisch kaum Feuchtigkeit auf.

Innendämmung von Außenwänden aus relativ dampfdichten Wandbaustoffen (z. B. Betonwände). Die Innendämmung von relativ dampfdichten Betonwänden (Rohdichte etwa 2400 kg/m²) ist besonders sorgfältig auszuführen. So hat eine 24 cm dicke Betonwand einen etwa 20mal höheren Diffusionswiderstand als ein gleich dickes Mauerwerk aus Hohlblocksteinen. Würde ein derart dichtes Bauteil innenseitig mit einem diffusionsoffenen Dämmmaterial beplankt, käme es im Winter im Grenzbereich Betonschale/Innendämmung zu ganz erheblichem Tauwasserausfall. In jedem Fall ist die in DIN 4108-3 festgelegte und in Abschn. 17.5.6 beschriebene Tauwasserberechnung (sog. Glaserverfahren) vorzunehmen.

Die Innendämmung von Betonwänden – insbesondere in Nassräumen wie Schwimmbädern u. Ä. – muss daher entweder aus diffusionsdichtem Dämmmaterial (z. B. Schaumglas) oder bei XPS-Hartschaumplatten mit zusätzlicher, raumseitig aufgebrachter, metallkaschierter Dampfsperre (Alu-Folie) fugen- und anschlussdicht ausgeführt werden.

Richtwerte der Wasserdampf-Durchlässigkeit von Bauteilen sind Tabelle **17**.66, Teil 1 dieses Werkes, zu entnehmen.

Schallschutz bei Wänden mit Innendämmung.

Aus schallschutztechnischer Sicht handelt es sich bei der Innendämmung – bestehend aus Dämmmaterial mit leichter Schale (Putz oder Gipskartonplatte) – um ein Masse-Feder-Masse-System. Je nach verwendetem Dämmmaterial (PS-Hartschaumplatten, Mineralwolle) verschlechtern oder verbessern sich die schalltechnischen Werte von Außenwänden.

Insbesondere ist jedoch zu beachten, dass durch eine Innendämmung der Schallschutzwert infolge verstärkter Schall-Längsleitung nachteilig beeinflusst werden kann. Ungünstig verhalten sich vor allem Verbundplatten aus Hartschaumplatten mit hoher Steifigkeit in Verbindung mit leichter Gipskartonbeplankung. Sie bewirken eine Verschlechterung der Schall-Längsdämmung durch Flankenübertragung (Resonanzeffekt).

Um dies zu verhindern, werden Verbundplatten aus elastifiziertem PS-Hartschaum mit niedriger Steifigkeit eingesetzt. Verbessert wird die Schall-Längsdämmung jedoch insbesondere durch Innendämmungen mit weicher Dämmschicht aus Mineralwolle in Form von MW-Verbundplatten (biegeweiche Vorsatzschalen).

2. Tauwasserbildung auf der Oberfläche von Bauteilen

An den Innenoberflächen von ungenügend gedämmten Außenbauteilen kann es bei niedrigen Außentemperaturen und übermäßig hoher Raumluftfeuchte zu Tauwasserbildung (Oberflächenkondensat) kommen. Diese Erscheinung tritt vor allem dann auf, wenn die raumseitige Oberflächentemperatur der Bauteile zu niedrig, d. h. unter der Taupunkttemperatur der umgebenden Raumluft liegt.

Werden die zuvor genannten Wärmedämm- und Diffusionswiderstandswerte bei Wänden mit Innendämmung gemäß DIN 4108-3 jedoch eingehalten, sind in der Regel keine Schäden durch Oberflächenkondensat zu erwarten. Dies setzt jedoch normale Raumlufttemperaturen und relative Luftfeuchten sowie genügende Beheizung und Lüftung voraus.

Energieeinsparverordnung. Mit der Einführung der Energieeinsparverordnung (EnEV) wurden die Anforderungen an den Wärmeschutz im Hochbau weiter erhöht. Dabei nimmt der Einfluss der Wärmeverluste über Wärmebrücken zu. Wärmebrücken sollten daher möglichst vermieden werden.

- **Wärmeverluste über nicht vermeidbare Wärmebrücken** sind nach der Energieeinsparverordnung bei der Energiebilanzierung quantitativ zu berücksichtigen:

  Ohne besondere Maßnahmen beaufschlagt die Energieeinsparverordnung die U-Werte der Außenbauteile mit einem pauschalen Wärmebrückenkoeffizienten U_{WB} von 0,1 W/m²K.

  Sind die Wärmebrücken nach den Vorschlägen von Beiblatt 2 zur DIN 4108 ausgeführt (Planungs- und Ausführungsbeispiele), gilt das Gebäude als „wärmebrückenarm". In diesem Fall darf der pauschale Zuschlag auf den Wärmebrückenkoeffizienten[1] halbiert werden und beträgt nur noch 0,05 W/m²K.

---

[1] Alle Wärmebrücken, die beispielhaft in DIN 4108 Bbl 2 aufgeführt sind, sind ausreichend wärmegedämmt. Es muss kein zusätzlicher Nachweis geführt werden.
Für alle davon abweichenden Konstruktionen muss der Temperaturfaktor an der ungünstigsten Stelle die Mindestanforderung $f_{R,si} \cdot 70$ erfüllen, d. h. nach den in DIN 4108-2 angegebenen Randbedingungen ist eine raumseitige Oberflächentemperatur von $t_{si} \cdot 12{,}6\,°C$ einzuhalten (Fenster und Türen sind davon ausgenommen).
Entsprechend dieser Zusammenhänge liegt demnach die schimmelpilzkritische Temperatur unter 12,6 °C. S. hierzu auch Abschn. 7.3.2, Befestigung am Bauwerk.

Die Wärmeverluste der Wärmebrücken können aber auch als längenbezogener Wärmebrückenverlustkoeffizient Ψ (Psi) berechnet oder – aus Wärmebrückenkatalogen entnommen – in die Energiebilanz eingehen.

Wärmebrücken. Als Wärmebrücken werden örtlich begrenzte Stellen in Baukonstruktionen bezeichnet, in denen gegenüber den angrenzenden Bereichen infolge verstärkter Wärmeleitung niedrigere Oberflächentemperaturen auftreten. Sie verursachen nicht nur einen zusätzlichen Wärmeverlust, sondern reduzieren auch in dem betreffenden Bereich die Oberflächentemperatur des Bauteils. Infolge dessen kann es in ihrem Einflussbereich verstärkt zu Tauwasserniederschlag (Durchfeuchtungserscheinungen) und damit auch häufig zu Schimmelpilzbildung kommen. Vgl. hierzu auch Abschn. 17.5.7, Wärmebrücken, in Teil 1 dieses Werkes.

Schimmelpilzbildungen sind beispielsweise an inneren Fenster- und Türleibungen sowie Fensterbrüstungen, Rollladenkästen, Außenwandecken, im Bereich zwischen Dachdecke und Außenwand, an Stürzen und Deckenflächen unter Kragplatten sowie an Außenwandflächen mit vorgestellten bzw. fest eingebauten, großflächigen Schrankwänden vorzufinden.

Diese Mängel sind jedoch nicht – wie dies immer wieder fälschlicherweise behauptet wird – auf den verbesserten Wärmeschutz der Gebäude zurückzuführen. Vielmehr sind folgende Ursachen im Zusammenhang zu bedenken:

- **Altbausanierung.** Bei Sanierungsmaßnahmen an Altbauten stehen im Hinblick auf die Energieeinsparung der Austausch alter, undichter Fenster gegen neue – wesentlich dichtere und besser gedämmte (Mehrscheiben-Isolierverglasung) – an erster Stelle. Dieser Austausch wurde in den zurückliegenden Jahren häufig als Einzelmaßnahme durchgeführt, ohne gleichzeitig die übrigen Außenbauteile den Anforderungen der DIN 4108 bzw. der Energieeinsparverordnung anzupassen. Die Folge waren/sind Tauwasserschäden aufgrund höherer Raumluftfeuchte bei mangelnder Wärmedämmung, insbesondere im Bereich der zuvor genannten besonders gefährdeten Wärmebrückenbereiche.
- **Luftwechsel.** Während bei den alten Fenstern über die Undichtigkeiten der Fugen eine ständige Frischluftzufuhr – und damit auch der Abtransport von Wasserdampf und Kohlendioxid – stattfand, kann der Mindestluftwechsel bei den neuen, sehr dichten Fenstern nur durch gezielte Lüftungsmaßnahmen (mehrfache Stoßlüftung am Tage) erreicht werden. Die heute vermehrt festzustellenden Feuchteschäden sind vor allem auf zu hohe Raumluftfeuchten und damit auf falsche Heizungs- und Lüftungsgewohnheiten zurückzuführen.
- Die Annahme, der Feuchtetransport aus den Räumen würde über die Wasserdampfdiffusion durch die Wand in ausreichendem Maße stattfinden (aufgrund des Dampfdruckgefälles im Winter von innen nach außen), ist nicht richtig. Mengenmäßig ist dieser Feuchtetransport über die Diffusion sehr gering, so dass auch ein noch so günstiger, diffusionsoffener Wandaufbau die gezielte Raumlüftung zwecks Feuchteabfuhr nicht ersetzen kann.
- **Wasserdampfsorption.** In diesem Zusammenhang ist auch noch auf die Feuchtespeicherung (Sorption) von Raumumschließungsflächen und Einrichtungsgegenständen hinzuweisen. Bei plötzlichem Anstieg und großen Schwankungen der relativen Luftfeuchte ist es vorteilhaft, wenn Materialien mit offenen Poren und Kapillaren – wie beispielsweise Innenputze, Holz, Tapeten, Textilien u. a. – Feuchte aus der Luft aufnehmen und speichern können (Feuchtepuffer). Diese vorübergehend aufgenommene Wassermenge (Absorption) wird dann zu einem späteren Zeitpunkt wieder langsam an trockene Raumluft zurückgegeben (Desorption) und durch Lüften nach außen abgeführt.
- **Heizen im Schlafraum.** Im Zuge der Energieeinsparung wird in der Wohnung die Heizung häufig gedrosselt und im Schlafzimmer oftmals völlig abgedreht. Dieses wird dann üblicherweise über die offene Tür beheizt, so dass feuchtwarme Luft aus anderen Teilen der Wohnung in den Schlafraum strömen kann. Die Folgen sind – insbesondere bei neuen dichten Fenstern – eine Erhöhung der relativen Luftfeuchte sowie ein weiteres Absinken der Oberflächentemperaturen auf den Außenbauteilen.

  Die Tendenz zur übermäßigen Heizenergieeinsparung fördert somit das Risiko der Tauwasserbildung auf Außenbauteilen – vor allem im Bereich von Wärmebrücken – und damit auch der Schimmelpilzbildung. Krasse Temperaturunterschiede innerhalb einer Wohnung sollten daher vermieden werden, da nennenswerte Mengen an Heizenergie dadurch sowieso nicht einzusparen sind.
- **Raumhohe Schrankwände** vor Außenwandflächen wirken bauphysikalisch wie eine zusätzlich innenseitig angebrachte Wärmedämmung. Der Temperaturverlauf innerhalb der Wand wird dadurch nachhaltig verändert, so dass die raumseitige Oberflächentemperatur der Wand um einige Grade abfällt und somit die Kondensatgefahr und die damit verbundene Schimmelpilzbildung in diesem Bereich wächst.

  Der Einbau großflächiger Schrankwände vor Außenwänden sollte deshalb unterbleiben. Lässt er sich nicht vermeiden, so muss zum einen auf einen genügend großen Abstand zwischen Wand und Möbel geachtet werden (mind. 10 bis 15 cm) zum anderen für eine ausreichende Luftzirkulation hinter dem Möbel – über großzügig bemessene Lüftungsschlitze im Sockel- und Deckenanschlussbereich – gesorgt werden.

Weitere Einzelheiten sind der Spezialliteratur [11] sowie Abschn. 17.5.6 Wasserdampfdiffusion, Tauwasserbildung, Teil 1 dieses Werkes, zu entnehmen.

9.11.4 Wärmedämmputzsysteme[1]

Zur Verbesserung der Wärmedämmung von Außenwänden wurden spezielle Dämmputzsysteme ent-

---

[1] Der aktuelle Stand der Normung ist Abschn. 9.12 zu entnehmen.

9.11 Wärmegedämmte und verputzte Außenbauteile

Tabelle 9.38 Bemessungswert der Wärmeleitfähigkeit für Wärmedämmputz nach DIN EN 998-1

Kategorie I		Kategorie II	
Nennwert[a] Wl(m · K), P = 90% λ_D	Bemessungswert[c] W/(m · K) λ^d	Grenzwert[b] W/(m · K) λ_{grenz}	Bemessungswert[c] W/(m · K) λ^e
0,060	0,072	0,057	0,060
0,070	0,084	0,066	0,070
0,080	0,096	0,075	0,080
0,090	0,108	0,085	0,090
0,100	0,120	0,094	0,100
0,120	0,144	0,113	0,120
0,140	0,168	0,132	0,140
0,160	0,192	0,150	0,160

[a] Entspricht dem deklarierten Wert $\lambda_{10,\text{dry}}$ nach DIN EN 998-1.
[b] Der Wert λ_{grenz} (größter nachzuweisender Einzelwert) ist im Rahmen der technischen Spezifikation des jeweiligen Wärmedämmputzmörtels festzulegen.
[c] Bemessungswert (Rechenwert).
[d] $\lambda = \lambda_D \times 1{,}2$
[e] $\lambda = \lambda_{\text{grenz}} \times 1{,}05$

wickelt, die aus mehreren, technisch aufeinander abgestimmten Putzlagen bestehen. Sie setzen sich üblicherweise zusammen aus einem dickeren Unterputz – dem eigentlichen Wärmedämmputz mit erhöhten Wärmedämmeigenschaften, der unter Verwendung von Zuschlägen niedriger Rohdichte hergestellt wird – und einem dünneren Oberputz, der vor allem schützende Funktionen übernimmt, gleichzeitig aber auch der Gestaltung dient (Bild 9.40-1).

Unterputz (Wärmedämmputz). Der Unterputz ist ähnlich wie ein herkömmlicher mineralischer Putz aufgebaut: als Bindemittel werden hydraulischer Kalk und Zement, Zusätze zur Verbesserung der Verarbeitbarkeit (Luftporenbildner) sowie Hydrophobierungsmittel verwendet. Anstelle des Zuschlages Sand, mit dichtem Gefüge, treten jedoch entweder

- organische Zuschläge (expandiertes Polystyrol – EPS – in Form von 1 bis 3 mm großen Kügelchen) oder
- mineralische Zuschläge (Leichtzuschlagstoffe wie Blähton, Blähschiefer, Blähglaskügelchen, Bims sowie Perlite und Vermiculite) oder
- ein Gemisch aus den vorgenannten organischen/mineralischen Zuschlägen.

Wärmedämmputze weisen nach DIN 18550-1 einen Rechenwert für die Wärmeleitfähigkeit ≤ 0,2 W/(mK) auf. Dazu darf die Trockenrohdichte des erhärteten Mörtels max. 600 kg/m³ betragen.

Der Bemessungswert der Wärmeleitfähigkeit für Wärmedämmputz nach DIN 998-1 ist in Anhang F, DIN18550-1, festgelegt.

Je leichter ein Baustoff ist, umso besser sind seine Wärmedämmeigenschaften; dies gilt auch für die Putzmörtel.

Dämmputze werden deshalb heute vorwiegend aus extrem leichten Zuschlagstoffen – nämlich geschäumten Polystyrolkügelchen – hergestellt. Diese ergeben eine gute Wärmedämmung, bewirken jedoch andererseits eine geringere mechanische Festigkeit des Unterputzes, so dass dieser immer eines schützenden Oberputzes bedarf. Neuartige Systeme enthalten als Zuschlagstoff Aerogele auf Silikatbasis. Mit diesem Zuschlag-Material wird die Wärmeleitfähigkeit stark reduziert. Der Anteil an Aerogel ist allerdings aufgrund der hohen Materialkosten sehr gering. Es wird also nur da Einsatz finden, wo konstruktiv eine dünne Dämmschicht erforderlich ist oder sich die Investitionskosten durch eine höher zu erzielende Rendite aufgrund einer dadurch bedingt möglichen größeren Raumfläche gegenfinanzieren lassen.

Tabelle 9.31. Dämmputze werden im Wesentlichen nach der jeweiligen Zuschlagart eingeteilt. Wie die Übersicht verdeutlicht, gibt es neben den in DIN 18 550 genormten Dämmputzen mit organischen Zuschlägen auch solche mit mineralischen Leichtzuschlagstoffen. Diese müssen eine allgemeine bauaufsichtliche Zulassung des

Tabelle **9**.39 Übersicht: Wärmedämm-Putzsysteme

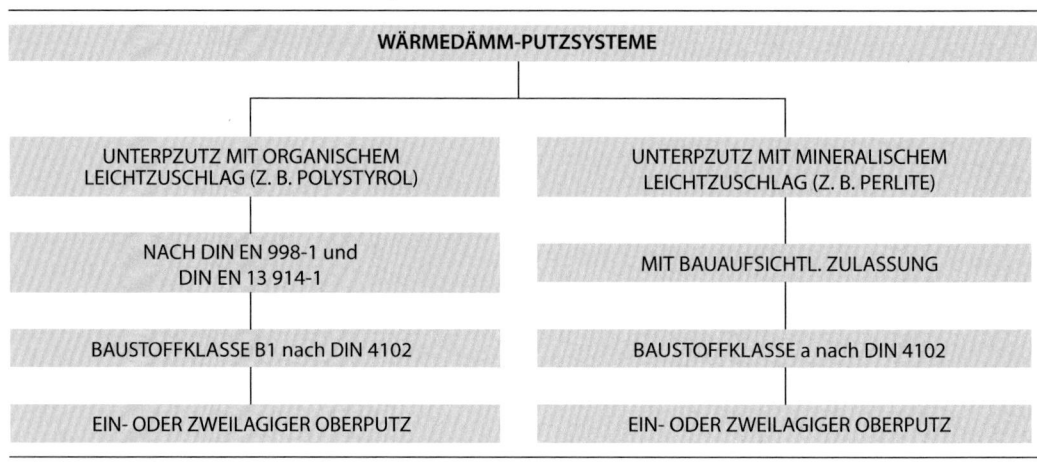

Deutschen Instituts für Bautechnik, Berlin, aufweisen. Sie erreichen jedoch, bis auf die o.g. Aerogel-haltigen Wärmedämmputze, in der Regel nicht die günstigen Rechenwerte der Wärmeleitfähigkeit von EPS-Dämmputzen.

- **Wärmedämm-Putzsysteme aus Mörteln mit mineralischen Bindemitteln und expandiertem Polystyrol (EPS) als Zuschlag** sind in DIN 18550 im Zusammenhang mit DIN EN 998-1 genormt. Die Prüfparameter u. a. für Wärmedämmputzmörtel sind in Tabelle 2, DIN EN 998-1 festgelegt.[1]

Oberputz. Der Oberputz nach DIN 18550-1 ist ebenfalls aus Werktrockenmörtel herzustellen und soll den Eigenschaften eines Putzes aus den Mörtelgruppen CS I-II nach DIN EN 998-1 vergleichbar sein (ehemals PI oder PII nach der alten DIN V 18 550). Die mechanischen und physikalischen Eigenschaften des Unterputzes und des Oberputzes müssen aufeinander abgestimmt sein. Nur ein qualitativ hochwertiger, **wasserabweisender** Oberputz kann eine Durchfeuchtung und damit eine Verminderung der Wärmedämmung des Unterputzes verhindern. Daher werden alle Dämmputze nur zusammen mit einem passenden Oberputz als System zugelassen.

An den Oberputz werden vor allem Anforderungen hinsichtlich des Regenschutzes (Wasseraufnahmekoeffizient $w \leq 0{,}5$ kg/(m$^2 \cdot$ h^{0,5}), der Witterungsbeständigkeit, mechanischen Festigkeit sowie Wasserdampfdurchlässigkeit gestellt. Außerdem ist mit ihm praktisch jede gewünschte und bekannte Putzoberfläche herstellbar.

Bei Wärmedämm-Putzsystemen richtet sich das Verhältnis zwischen den Druckfestigkeiten von Unterputz zu Oberputz nach der Art der verwendeten Zuschläge. Nach der bereits mehrfach angeführten traditionellen Putzregel (bei massivem Mauerwerk) soll die Festigkeit des Oberputzes immer geringer sein als die Festigkeit des Unterputzes.

Das Festigkeitsgefälle bei den Wärmedämm-Putzsystemen verläuft jedoch genau umgekehrt: Der Oberputz ist härter als der darunterliegende Dämmputz. Durch die schubweiche Zwischenschicht zwischen Wandbildner und Oberputz ergibt sich eine Entkopplung (Vgl. hierzu auch Abschn. 9.6 Putze mit Entlkopplungswirkung). Die langjährige Anwendung hat gezeigt, dass dadurch nicht zwangsläufig Schäden auftreten müssen – vorausgesetzt, der Unterschied in der Festigkeit beider Lagen liegt innerhalb der festgelegten Grenzen (Vgl. hierzu auch Abschn. 9.7.5.4, Leichtputze auf wärmedämmenden Wandbaustoffen).

Verarbeitung. Vor dem Aufbringen des Dämmputzes ist eine sorgfältige Untergrundbeurteilung vorzunehmen. Bei neuem, einheitlichem und gleichmäßig saugendem Mauerwerk sind keine besonderen Maßnahmen erforderlich. Unterschiedlich saugende Untergründe bedürfen jedoch eines voll deckenden Spritzbewurfes (Vorspitzmörtel).

Bei Untergründen mit erhöhter Rissbildungsgefahr (Mischmauerwerk) ist eine Putzarmierung in Form eines Glasgit-

---

[1] Der aktuelle Stand der Normung ist Abschn. 9.12 zu entnehmen.

9.11 Wärmegedämmte und verputzte Außenbauteile

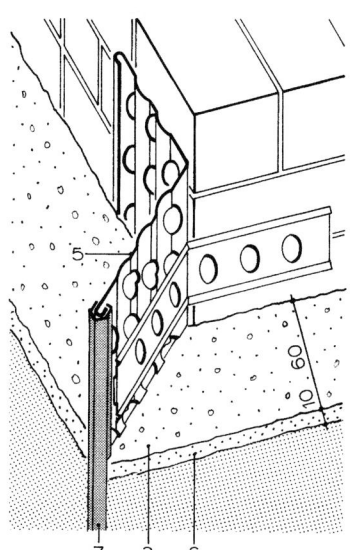

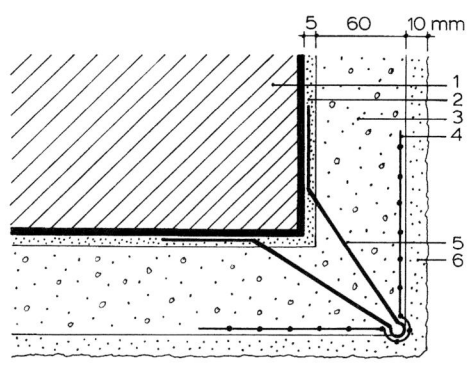

9.40-1b

9.40-1a

9.40-1 Konstruktionsbeispiele: Unterschiedliche Kantenausbildungen bei Wärmedämm-Putzsystemen
  a) Kantenprofil mit PVC-Überzug. Das Profil wird mit Ansetzmörtel auf Zementbasis am Untergrund befestigt. Der mit Druck aufgespritzte Mörtel verklammert sich allseitig kraftschlüssig durch die Lochungen des Profils hindurch. Der PVC-Überzug wird nicht verputzt und ist nach dem Putzvorgang umgehend zu reinigen. Vgl. hierzu auch Bild 9.13.
  b) Kantenprofil ohne PVC-Überzug. Dieses Profil eignet sich für die Unterputzanbringung, d. h. die Schiene wird unsichtbar in den Dämmputz eingebaut und im Kantenbereich ein Glasgittergewebestreifen als zusätzliche Armierung eingebettet. Der Oberputz wird in einer Dicke von etwa 8 bis 10 mm um die Ecke herumgeführt.

  1 Putzgrund
  2 Spritzbewurf (soweit erforderlich)
  3 Unterputz (Dämmputz)
  4 Glasgittergewebe
  5 Kantenprofil
  6 Oberputz
  7 PVC-Überzug

  Protektorwerk, Gaggenau

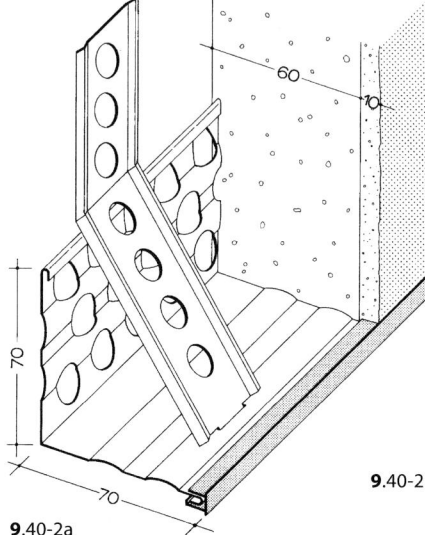

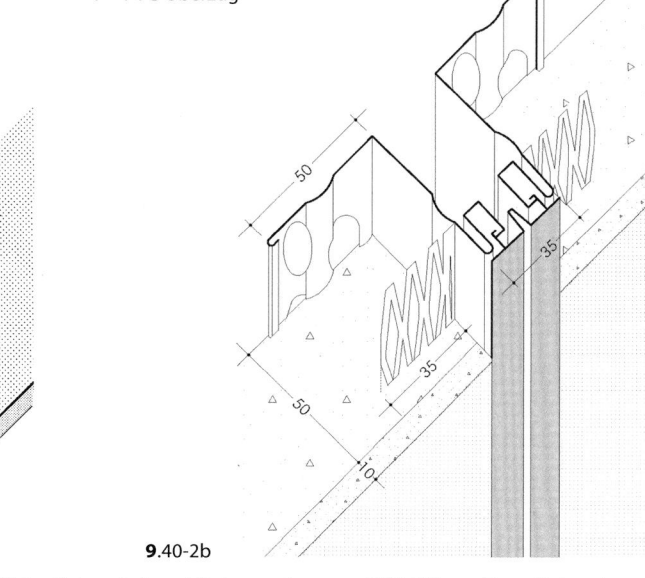

9.40-2a

9.40-2b

9.40-2 Putzsockel- und Dehnungsfugenprofil für Wärmedämm-Putzsysteme
  a) Sockelprofil mit schräggestelltem Schenkel (110°) und Stützbügel
  b) Dehnungsfugenprofil für senkrecht verlaufende Wandfugen
  Protektorwerk, Gaggenau

tergewebes erforderlich, das in die obere Zone des Dämmputzes – vor Aufbringung des Oberputzes – eingebettet wird. Ein Armierungsgewebe ist nur mit einer angrenzenden weichen Schicht wirksam.

Bei anderen Systemen wird dieses Armierungsgewebe nach Angaben der Hersteller in das obere Drittel eines auf dem Unterputz aufgebrachten Ausgleichsputzes eingearbeitet.

Die Mindestschichtdicke beträgt in der Regel 30 mm, die maximale Schichtdicke 100 mm. In einem Arbeitsgang können max. 60 mm aufgetragen werden. Darüber hinaus ist 2-lagig zu arbeiten.

Um einen gleichmäßig dicken, plan-ebenen Putzauftrag und wirksamen Kantenschutz zu erreichen, ist es unverzichtbar, Sockel-, Kanten-, Sturz- und Dehnungsprofile an Fensterleibungen, Rollladenkästen, Hauskanten u. Ä. anzubringen. Aufgrund der größeren Putzdicken ist auch darauf zu achten, dass Überstände wie beispielsweise Ortgänge, Fensterbänke und Abdeckungen aller Art entsprechend breiter ausgebildet werden (Bilder **9**.40-1 und **9**.40-2).

Dem fertigen Werktrockenmörtel darf außer Wasser nichts mehr zugesetzt werden. Der Unterputz wird in Schichtdicken von 50 bis 60 mm (max. 100 mm) in einem Arbeitsgang aufgetragen und eben abgezogen, wobei Reiben und Filzen zu vermeiden ist. Ist aus wärmetechnischen Gründen ein dickerer Dämmputz erforderlich, so kann nach ausreichender Wartezeit (mehrere Tage) eine zweite Lage aufgetragen werden. Dabei sind die jeweiligen Verarbeitungsrichtlinien der Hersteller genauestens einzuhalten.

Nach einer Austrocknungszeit von mindestens 1 Tag pro 1 cm Dämmputzdicke wird der jeweils zugelassene System-Oberputz aufgetragen.

Bei der farblichen Gestaltung ist darauf zu achten, dass nur helle Farbtöne gewählt werden, da dunkle Farben bei thermischer Beanspruchung zu Spannungen und damit zur Rissbildung in der Putzschale führen können.

9.11.5 Wärmedämm-Verbundsysteme

Wärmedämm-Verbundsysteme (WDVS) – früher auch Thermohaut genannt – bestehen aus mehreren fest miteinander verbundenen und bauphysikalisch aufeinander abgestimmten Komponenten (Wärmedämmstoffschichten, Armierungsgewebe und Außenputz), die als System zur Wärmedämmung und Gestaltung von Fassaden eingesetzt werden.

Sie haben sich als Außendämmung seit nunmehr 60 Jahren bewährt und weisen eine ganze Reihe von Vorteilen auf: Verbesserung des Wärmeschutzes und des Regenschutzes der Außenbauteile, Verhinderung von Wärmebrücken, keine Tauwasserbildung im Inneren der Außenwand und auf der raumseitigen Oberfläche, Entkopplung des Außenputzes von der tragenden Konstruktion, dadurch rissfreie Fassaden auch bei Altbauten, Plattenbauten und Holzfachwerkbauten.

WDVS dürfen nur verwendet werden, wenn sie bauaufsichtlich zugelassen sind. Wärmedämm-Verbundsysteme zählen zu den nicht geregelten Produkten, da für sie nicht genügend technische Regelwerke (z. B. Normen) existieren. Vgl. hierzu Abschn. 2.2.4, Bauprodukte, Teil 1 dieses Werkes. Der Verwendbarkeitsnachweis ist durch eine allgemeine bauaufsichtliche Zulassung zu führen (Deutsches Institut für Bautechnik, Berlin). In ihr werden Aufbau und Schichtenfolge eines Systems beschrieben sowie Fragen der Standsicherheit, Dauerhaftigkeit, Gebrauchstauglichkeit u. a. m. geregelt.

In den allgemeinen bauaufsichtlichen Zulassungen wird außerdem zwingend vorgeschrieben, dass nur in sich geschlossene Systeme verarbeitet werden dürfen. Alle Einzelkomponenten – auch Zubehörteile – gelten als Systembestandteile. Mischsysteme mit Komponenten anderer Fabrikate sind nicht zulässig. Sie beinhalten ein Schadensrisiko und verwerken die Herstellergewährleistung. Die Verarbeitung von WDV-Systemen wird in der DIN 55699 geregelt.

Schichtenfolge. Bei der Planung von Wärmedämm-Verbundsystemen ist von folgenden Schichten auszugehen:

- **Tragwand** (vorrangig statische und schallschutztechnische Funktionen)
- **Wärmedämmschicht** (unterschiedliche Dämmstoffarten und Befestigungsmöglichkeiten)
- **Armierungsschicht** (Bewehrung gegen thermische und mechanische Beanspruchungen)
- **Außenputz** (Schlussbeschichtung mit mineralisch- oder kunstharzgebundenen Oberputzen).

Anforderungen unterschiedlichster Art haben dazu geführt, dass von den Herstellern jeweils mehrere, verschiedenartig aufgebaute Systemvarianten angeboten werden. Sie unterscheiden sich vor allem hinsichtlich der verwendeten Dämmstoffarten, Befestigungsmöglichkeiten und Oberflächenbeschichtungen.

Allgemeine Angaben über Wärmedämm-Verbundsysteme sind DIN EN ISO 9229 zu entnehmen. Diese Norm dient vor allem der Begriffsbestimmung, für baupraktische Belange ist sie weitgehend ohne Bedeutung.

9.11 Wärmegedämmte und verputzte Außenbauteile

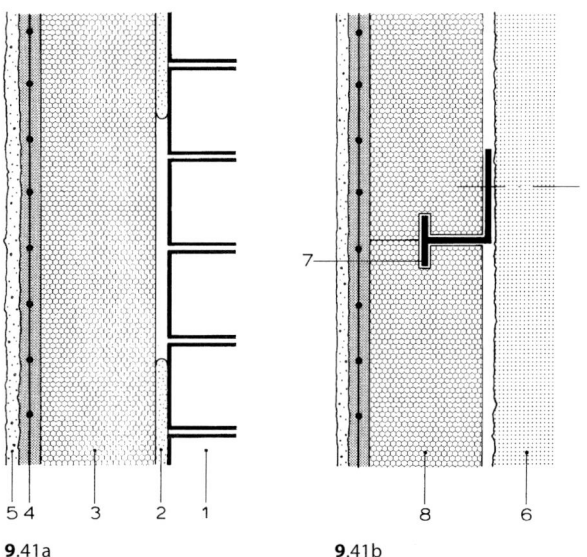

9.41 Wärmedämm-Verbundsysteme (Aufbau und Befestigungsarten)
a) Klebeverfahren, ggf. mit Verdübelung
b) mechanische Schienenbefestigung
1 Untergrund (tragfähiges Mauerwerk)
2 Klebemasse (Klebemörtel)
3 Dämmstoff (PS-Hartschaum-, Mineralwolle- oder Mineralschaumplatten)
4 Armierungsschicht (Glasgittergewebe in Armierungsmasse)
5 Außenputz/Schlussbeschichtung
6 labiler, nicht tragfähiger Untergrund
7 Hart-PVC-Schiene
8 PS-Hartschaumplatten mit umlaufender Nut

Die Verarbeitung von Wärmedämm-Verbundsystemen ist in DIN 55 699 festgelegt.

Standsicherheit. Mit der Erteilung einer allgemeinen bauaufsichtlichen Zulassung für ein bestimmtes System gilt der Standsicherheitsnachweis als erbracht. Im Zuge des Zulassungsverfahrens müssen nach DIN EN 1991-1-1 für die Gebäudehöhe h

- $0 < h \leq 8$ m
- $8 < h \leq 20$ m
- $20 < h \leq 100$ m

unter Berücksichtigung der jeweiligen Windsoglasten für die Wandfläche bzw. den Randbereich, die Standsicherheit nachgewiesen werden.

- Daraus resultierend sind in der jeweiligen bauaufsichtlichen Zulassung die Mindestzahl der Dübel pro Quadratmeter Fassadenfläche für diese drei Höhenbereiche – unterteilt nach Fläche und Randbereich – vorgeschrieben. Nähere Angaben über Dübelanordnung und Dübelverbrauch beinhalten die Herstellerunterlagen.
- Ein weiteres entscheidendes Kriterium für die Standsicherheit eines WDV-Systems ist die richtige Beurteilung der jeweiligen Außenwand bezüglich ihrer Tragfähigkeit und die darauf abgestimmte Wahl der Befestigungsart.
- **Brandschutz.** Die Anforderungen an den Brandschutz sind in den jeweiligen Landesbauordnungen und den dazugehörigen Ausführungsverordnungen (z. B. WDVS-Zulassungsbescheiden) geregelt.

Das Brandverhalten von WDV-Systemen ist in der jeweiligen allgemeinen bauaufsichtlichen Zulassung angegeben. Diese Angaben im Zulassungsbescheid sind demnach maßgeblich für das jeweilige System.

- Ausgehend von der jeweiligen Landesbauordnung dürfen Fassadenbekleidungen der **Baustoffklasse B2** (normalentflammbar) im Allgemeinen an Gebäuden mit Oberfläche Fußboden (OFF) ≤ 7 m eingesetzt werden.[1]
- Bei Gebäuden mit OFF ≤ 22 m (unterhalb der Hochhausgrenze) muss das Dämmsystem mind. die **Baustoffklasse B1** (schwer entflammbar) erfüllen.
- Bei Gebäuden mit OFF > 22 m (über Hochhausgrenze) muss das gesamte WDV-System der **Baustoffklasse A** (nichtbrennbar) entsprechen. Anzuwenden in der Regel bis 100 m Gebäudehöhe bzw. bei allen öffentlichen Gebäuden besonderer Art und Nutzung (z. B. Krankenhäuser, Schulen).

Wenn ein Wärmedämmverbundsystem auf Außenwänden aufgebracht wird, darf bei Verwendung

- einer Dämmschicht aus brennbaren Baustoffen der Aufbau nicht als Putz angesehen werden
- einer Dämmschicht aus nicht brennbaren Baustoffen (z. B. Mineralwollplatten, Schaumglas) der Aufbau als Putz angesehen werden.

Mögliche Brandschutzmaßnahmen bei WDVS mit Polystyrol-Hartschaum größerer Dicke (100 mm < d ≤ 300 mm) sind umlaufende „Brandriegel" als sichere Brandbegrenzung in der Dämmebene in jedem 2. Geschoss, ein „Sturzschutz" über Fenster- und Türöffnungen, sowie eine Brandbegrenzung im Sockelbereich maximal 90 cm über Gelände zur Verhinderung des Brandeintrittes in die Dämmebene.

Die Brandriegel sollen eine fortschreitende, geschossübergreifende Branderweiterung in der Dämmebene des WDVS verhindern. Dies geschieht durch vollständige Unterbre-

---
[1] Für den Brandschutz ist jeweils die Höhe der Oberfläche Fußboden (OFF) des obersten Aufenthaltsraumes über der Geländeoberfläche maßgebend.

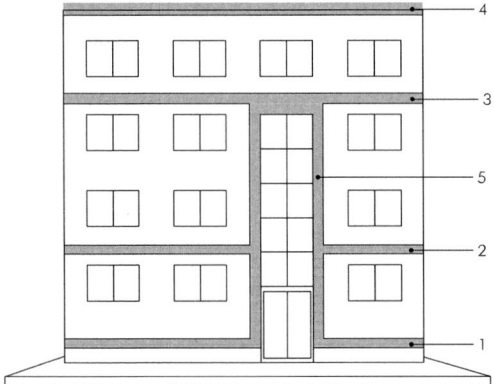

9.42 Brandriegel bei schwerentflammbarem WDVS, hier am Beispiel einer geschossübergreifenden mehrgeschossigen Verglasung
1 1. Brandriegel Sockel ≤ 0,90 m über OKG
2 2. Brandriegel zwischen Erd- und 1. Obergeschoss
3 3. Brandriegel zwischen 2. und 3. Obergeschoss (und nachfolgend im Abstand von Etagen)
4 Abschlussriegel
5 Umlaufender Brandschutzriegel

chung der Dämmung in jedem 2. Geschoss. Der Brandriegel besteht aus einem nicht brennbaren Material, z. B. einem mindestens 200 mm hohen Mineralwollstreifen mit einer Rohdichte von mindestens 60 kg/m³ und einem Schmelzpunkt > 1000 °C. Andere Materialien und Lösungen bedürfen gesonderter prüftechnischer Nachweise und der Verankerung in den WDVS-Zulassungen. [29]

Zum Brandschutz s. auch Abschn. 17.7 „Baulicher Brandschutz" in Teil 1 dieses Werkes.

Schallschutz. WDV-Systeme beeinflussen nicht nur den Schalldurchgang durch die Wand, sondern auch die Schallausbreitung entlang der Wand (Schall-Längsleitung).
Die tatsächliche Verbesserung der Schalldämmung durch WDV-Systeme hängt im Wesentlichen ab von der

- dynamischen Steifigkeit des Dämmstoffes,
- Dicke des Dämmstoffes,
- Masse des Putzsystems,
- Art der Befestigung.

Daraus ergibt sich, dass sich die Schalldämmung von Außenwänden – je nach gewähltem WDV-System – verbessern oder verschlechtern kann.

Eine Verbesserung ist in der Regel zu erwarten bei weichen (elastifizierten) PS-Hartschaumplatten oder Mineralwolleplatten mit dickem Oberputz. Günstige Schalldämm-Maße ergeben sich auch bei schienenbefestigten Systemen.

Ungünstig wirken sich dagegen WDV-Systeme mit steifer Dämmschicht (z. B. Mineralfaser-Lamellen) und dünnem Oberputz aus. Entsprechende Angaben sind den (meisten) Zulassungsbescheiden zu entnehmen.

Traggrund (Untergrund). Die Beschaffenheit des Untergrundes ist meist ausschlaggebend für die zu wählende Befestigungsart der Dämmstoffplatten. Man unterscheidet:

- **Tragfähige Untergründe.** Dazu zählen neues Mauerwerk und Betonuntergründe ohne weitere Beschichtungen sowie neue feste Putze (Druckfestigkeitskategorien CS I-III). Auf derart tragfähige Untergründe können WDV-Systeme ohne Verdübelung standsicher und kostengünstig aufgeklebt werden. Ebenheitstoleranzen bei **verklebten Systemen** ≤ 1 cm bezogen auf 1 Meter Messlänge.

- **Reduziert tragfähige Untergründe.** Dazu zählen meist Altbauten mit fest am Untergrund haftenden Putzen oder Anstrichen, auf denen ein Kleber jedoch nur ein reduziertes Haftvermögen entwickeln kann. In diesen Fällen kann neben dem Verkleben eine zusätzliche Verdübelung erforderlich sein.

- **Nicht tragfähige Untergründe.** Bei Putzen oder Anstrichen mit unzureichender Haftung zum Untergrund sowie bei sehr unebenen Fassaden sind schienenbefestigte WDV-Systeme im Vorteil. Ebenheitstoleranzen bei **Schienenbefestigung** ≤ 3 cm bezogen auf 1 Meter Messlänge.

Bauliche Gegebenheiten. Dämmplatten dürfen auf Außenwandflächen erst dann aufgebracht werden, wenn eine ausreichende Trockenheit des Untergrundes gewährleistet ist. Wird eine Außendämmung auf zu feuchte oder gar durchnässte Wände angebracht, führt dies – vor allem bei relativ dampfdichten Systemen – zu Schäden. Dies gilt insbesondere dann, wenn die Dämmung kurz vor oder während der Heizperiode angesetzt wird.

Bei Neubauten müssen daher die Innenputz- und Estricharbeiten abgeschlossen und die Wände soweit trocken sein, dass eine übermäßige Feuchteanreicherung nicht mehr gegeben ist. WDV-Systeme lassen zwar das Austrocknen mäßig feuchter Wände zu, eine gewisse Dampfbremse – vor allem Systeme mit PS-Dämmplatten und dampfdichteren Kunstharzputzen – stellen sie dennoch dar, so dass sich die Dampfdiffusion (Austrocknung) von innen nach außen zeitlich deutlich verzögern kann. Funktionsbezogene Beeinträchtigungen sind in der Regel jedoch nicht zu erwarten.

Des Weiteren muss sichergestellt sein, dass kein Wasser (Regen, aufsteigende Feuchtigkeit) in bzw. hinter das WDV-System gelangen kann. Daher müssen Fenster, Rollladenkästen und vor allem die Horizontalflächen (Fensterbänke, Dacheindeckungen) mit geeigneten Abdeckungen versehen sein. Ein Wärmedämm-Verbundsystem übernimmt keine Abdichtungsfunktionen nach DIN 18533.

9.11 Wärmegedämmte und verputzte Außenbauteile

Wärmedämmstoffe[1]. Die Ausgangsprodukte der Dämmstoffe sind entweder organischen (synthetisch oder natürlich) oder mineralischen Ursprungs. Zugelassene Dämmstoffe müssen mit dem Produkt-Zusatz WDV gekennzeichnet sein. Für die WDV-Systeme werden vor allem eingesetzt:

- **Expandierter Polystyrol-Hartschaum** (EPS nach DIN EN 13 163). Der zur Gruppe der synthetisch hergestellten organischen Dämmstoffe zählende und an aufgehenden Bauteilen am häufigsten angebrachte Plattentyp ist EPS 15 SE (Markenname Styropor). Er weist eine Mindestrohdichte von 15 kg/m³, mit einer Wärmeleitfähigkeit von $\lambda \leq 0{,}04$ W/(m · K) auf.

  Die Plattenkanten können stumpf aneinanderstoßen, mit Nut und Feder, Stufenfalz oder einer umlaufenden Nut (Schienenbefestigung) versehen sein. WDV-Systeme mit PS-Hartschaumplatten (= Baustoffklasse B1 nach DIN 4102) sind schwer entflammbar eingestuft und dürfen daher nur bis zu einer Gebäudehöhe von 22 m (Hochhausgrenze) eingesetzt werden.

  Bei EPS-Hartschaumplatten ist zwingend darauf zu achten, dass sie ausreichend lang – mindestens sechs Wochen – werkseitig abgelagert sind, bevor sie auf die Fassade aufgebracht werden (Schwindvorgänge aufgrund flüchtiger Bestandteile im Polystyrolschaum). Beim Einsatz zu frischer Platten kommt es sonst an den Stoßfugen zu Rissbildungen (Relativ häufige Schadensursache bei WDV-Systemen mit EPS-Dämmplatten).

- **Extrudierter Polystyrol-Hartschaum** (XPS nach DIN EN 13 164). Geschlossenzellige Extruderschaumstoffe nehmen praktisch kein Wasser auf und können deshalb im Wandbereich außerhalb der Feuchtigkeitsabdichtung eines Bauwerkes – beispielsweise als Perimeterdämmung im Bereich der Sockelzone und des Kellergeschosses – eingesetzt werden (Bild 9.44). Neben ihrer Feuchteunempfindlichkeit zeichnen sie sich auch durch hohe mechanische Festigkeit aus (Markenname Styrodur). S. hierzu Abschn. 11.3.4, Wärmeschutz und Energieeinsparung Teil 1 dieses Werkes.

- **Mineralwolle** (MW nach DIN EN 13 162). Die zur Gruppe der mineralischen Dämmstoffe zählende Mineralwolle besteht aus Steinfasern, die durch Zusatz eines Kunstharzes zu festen Platten gebunden werden. Diese sind in ihrer gesamten Dicke durch Hydrophobierungsmittel wasserabweisend ausgerüstet.

  Bei WDV-Systemen werden üblicherweise Dämmplatten des Anwendungstyps WD, mit einer Rohdichte von etwa 165 kg/m³ und einer Wärmeleitfähigkeit von $\lambda = 0{,}04$ W/(m · K) verwendet. Wegen ihrer vergleichsweise geringen Abreißfestigkeit von 15 kN/m² müssen die Platten in jedem Fall verklebt und gedübelt werden. WDV-Systeme mit Steinwolle (= Baustoffklasse A2 nach DIN 4102) sind nicht brennbar und daher für Gebäudehöhen bis 100 m einsetzbar.

- **Mineralwolle-Lamellenstreifen** weisen eine senkrecht zur Wandoberfläche angeordnete Faserstruktur auf, so dass sie knickfrei zum Dämmen von gerundeten Flächen eingesetzt werden können. Sie weisen eine Rohdichte von etwa 80 bis 100 kg/m³ und eine Abreißfestigkeit von etwa 85 kN/m² auf. Dies macht eine Verdübelung der Lamellen bei klebegeeignetem Untergrund überflüssig. Ihre beidseitige Vorbeschichtung erlaubt sogar eine vollflächige und maschinelle Verklebung.

- **Mineralschaumplatte** (nicht genormt). Diese auf der Basis einer Kalk-Zement-Mischung neu entwickelte hydrophobierte Dämmplatte zählt zu der Gruppe der mineralischen Dämmstoffe. Sie weist eine Rohdichte von 115 kg/m³ und eine Wärmeleitfähigkeit von λ 0,045 W/(m · K) auf und ist diffusionsoffen (Wasserdampfdiffusionswiderstandszahl $\mu = 5$). Wegen der hohen Abreißfestigkeit von 85 kN/m² kann auf die Verdübelung bei klebegeeignetem Untergrund verzichtet werden. WDV-Systeme mit Mineralschaumplatte (Baustoffklasse A2 nach DIN 4102) sind nicht brennbar und daher für Gebäudehöhen bis 100 m einsetzbar. Einzelheiten hierzu sind [22] zu entnehmen.

- **Holzweichfaserplatte** (WF nach DIN EN 13171). Sie machen bislang nur einen sehr geringen Prozentsatz im Einsatz bei den WDVS aus. Sie gehören zur Gruppe der natürlich organischen, pflanzlichen Dämmstoffe. Da sie aus einem nachwachsenden Rohstoff bestehen -Weichholzfasern hauptsächlich aus Fichten oder Tannen, meist ohne Zusatzstoffe-, leisten Sie einen wichtigen Beitrag zur CO_2-

---

[1] Der aktuelle Stand der Normung von werkmäßig hergestellten Wärmedämmstoffen im Hochbau (DIN EN 13 162 bis DIN EN 13 171) ist Abschn. 9.12 zu entnehmen.

Minderung. Die Platten sind zudem wasserabweisend und diffusionsoffen (Wasserdampfdiffusionswiderstandszahl μ = 5-10). Mit einer hohen Rohdichte von 150 kg/m³-450 kg/m³ und einer Wärmeleitfähigkeit von λ 0,039 W/mK – 0,05 W/(mK) weisen sie gute Dämmeigenschaften im Winter und einen guten Hitzeschutz im Sommer auf [18]. Sie können einen sehr guten Schallschutz bieten, insbesondere bei Verwendung von Holzfaserplatten mit geringer dynamischer Steifigkeit unter einer harten Putzträgerplatte oder bei nur mechanisch befestigten Systemen [17]. Brandschutz B2 nach DIN 4102 bzw. Euroklasse E nach DIN EN 13501-1. Durch das Brandverhalten des Baustoffes (Verkohlungsschicht) sind jedoch Feuerwiderstände von F30-B bis hin zu F90-AB durch allgemeine bauaufsichtliche Prüfungen (abP) belegt. Zusätze können die Festigkeit (Zement oder Magnesit) oder Feuchtebeständigkeit (Baumharz, Bitumen) erhöhen.

Befestigungstechniken. Die Befestigungsart der Dämmplatten von WDV-Systemen ist durch die allgemeinen bauaufsichtlichen Zulassungen vorgeschrieben. Wie zuvor bereits erwähnt, ist die jeweilige Befestigungsmethode abhängig von der Art des Dämmstoffs, der Beschaffenheit des Traggrundes und von der Gebäudehöhe. Im Einzelnen unterscheidet man:

- **Klebeverfahren** (Bild **9**.41a). Die einfachste und kostengünstigste Befestigungsart ist das Kleben. Voraussetzung hierfür ist ein klebegeeigneter und tragfähiger Untergrund. Die Abreißfestigkeit des Untergrundes muss mind. 80 kN/m² betragen. Als Klebemasse werden sowohl Dispersionskleber als auch mineralisch gebundene Werkstoffe eingesetzt.

  Verarbeitung. Der Kleberauftrag erfolgt bei üblichen Untergründen in der sog. Wulst-Punkt-Methode, d. h. mit einem randumlaufenden Klebestreifen mit plattenmittigem Batzenauftrag auf der Dämmplattenrückseite.

  Bei planebenen Untergründen kann eine vollflächige Verklebung erfolgen. Steinwolle-Lamellenstreifen sind immer vollflächig zu verkleben.

  Diese feste Verbindung mit dem Untergrund ist notwendig, da sich der Nachschwindevorgang bei PS-Hartschaumplatten über mehrere Jahre hinzieht (etwa drei bis fünf Jahre) und somit die Schwind- und Kontraktionskräfte in sog. Zwängungsspannung gehalten werden müssen. Sie verhindert jegliche Eigenbewegung der Dämmplatten und damit auch die Rissbildung in den Putzbeschichtungen oberhalb der Stoßfugen.

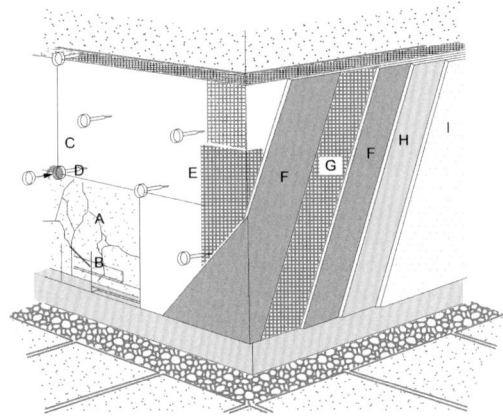

9.43 Wärmedämm-Verbundsystem: Schematische Darstellung der Verarbeitungsschritte
A Vorbereitung des Untergrundes (Altbau/Neubau)
B Anbringen der thermisch getrennten Sockelschienen mit Spreizdübel (Wärmebrückenminimierung)
C Ankleben der Dämmplatten mit Klebemörtel
D zusätzliche Verdübelung (nur bei unsicherem Untergrund) mit versenkbaren Dübeln
E Anbringen der Eckverstärkung (Gewebeeckschutz oder spezielle Eckschutzschienen)
F Aufbringen einer zweilagigen Armierungsschicht
G Einarbeiten des Glasgittergewebes „nass-in-nass" mittig in die Armierungsmasse
H Auftrag einer Grundierung (soweit erforderlich)
I Auftrag des Außenputzes/Schlussbeschichtung

Vor Beginn der Klebearbeiten sind in Sockelhöhe auf Gehrung geschnittene Sockelabschlussschienen mit Dübelschrauben zu befestigen. Die Dämmplatten werden dann im Verband (versetzte Vertikalfugen) dicht und press gestoßen sowie flucht- und lotgerecht angesetzt. Im Bereich der Gebäudeecken sind die Platten zu verzahnen und der am Plattenstoß gegebenenfalls herausquellende Kleber sofort zu entfernen. Nach etwa drei Tagen hat der Kleber so weit abgebunden, dass weitergearbeitet werden kann.

- **Klebeverfahren und Verdübelung** (Bild **9**.43). Bei reduziert tragfähigen Untergründen ist eine zusätzliche Verdübelung der Dämmstoffplatten vorzunehmen. Es dürfen nur bauaufsichtlich zugelassene Dübel verwendet werden. Typ, Länge und Tellerdurchmesser der eingesetzten Dübel richten sich nach dem jeweiligen Wandmaterial und Dämmstoff. Die Anzahl der Dübel pro m² ist abhängig vom betreffenden Fassadenbereich (Höhe, Flächenbzw. Randzonen, Dübellastklassen) und der Windzone.

9.11 Wärmegedämmte und verputzte Außenbauteile

Verarbeitung. Hinsichtlich der Dübelanordnung unterscheidet man zwei Ausführungsarten.

Beim **Typ I** werden die Dübel unmittelbar nach dem Anbringen der Dämmplatten gesetzt (Regelfall), so dass mit dem Dübelkopf nur die Dämmplatten gehalten werden (Dübelteller unterhalb Gewebe). Dies hat jedoch den Vorzug, dass die Dübel jeweils gezielt auf den Platten-T-Stößen gesetzt werden können.

Beim **Typ II** wird die Verdübelung dagegen erst nach der Verlegung (Einbettung) des Glasgittergewebes vorgenommen (Dübelteller umfasst Gewebe, der Unterputz wird zweilagig aufgebracht). Damit werden vom Dübelkopf sowohl die Dämmplatten als auch die Armierungsschicht und somit indirekt auch die Putzschale verbessert gehalten.

- **Schienenbefestigung** (Bild 9.41b). Die Schienenbefestigung ist dann vorteilhaft, wenn es sich um unebene und nicht tragfähige Untergründe handelt oder das Abschlagen eines Altputzes zu kosten- und zeitaufwendig ist. Das Mauerwerk muss jedoch tragfähig sein.

Verarbeitung. Die PVC-Schienen werden am Untergrund mit bauaufsichtlich zugelassenen Dübeln befestigt. Dabei können Unebenheiten bis 3 cm ausgeglichen werden. Die auf der Rückseite mit Klebebatzen versehenen Dämmplatten werden mit ihrer umlaufenden Nut – Reihe für Reihe – in die Schienen im Verband eingesetzt und exakt ausgerichtet. Je nach Untergrund und Gebäudehöhe kann es erforderlich sein, die montierten Dämmplatten noch zusätzlich mittig mit entsprechenden Tellerdübeln zu sichern.

Größere Unebenheiten im Untergrund sind entweder durch Abschleifen derselben, durch Auftragen von Ausgleichsputz oder ggf. durch Anpassen der Dämmstärke auszugleichen.

Armierungsschicht. Auf die Dämmplatten wird eine zum System gehörende Armierungsschicht (Bewehrung) – bestehend aus Armierungsmasse und Glasgittergewebe – aufgebracht. Diese Armierungsschicht ist für die Qualität des gesamten Dämmsystems von ausschlaggebender Bedeutung, da das Gewebe in der Lage sein muss, die durch thermische Einflüsse entstehenden risseauslösenden Zug- und Druckspannungen aufzunehmen. Außerdem muss es noch ausreichend wasserdampfdurchlässig sein.

Diese Anforderungen werden üblicherweise von Armierungsschichten mit Glasgittergewebeeinlagen erbracht. Ähnlich gute Ergebnisse lassen sich mit in die Armierungsmassen beigegebenen Glasfasern erzielen. Weiterentwicklungen sind auf diesem Gebiet zu erwarten.

Verarbeitung. Für die Herstellung der Armierungsschicht sind drei Arbeitsgänge erforderlich: Auf die Dämmschicht wird zunächst eine etwa 3 mm dicke Klebe- und Spachtelmasse aufgetragen, in das Glasgittergewebe mit etwa 10 cm Überlappung eingedrückt wird. Anschließend wird das Gewebe in gleicher Dicke nass-in-nass überspachtelt, so dass eine vollständige Überdeckung sichergestellt ist.

Das Gewebe muss mittig bzw. im oberen Drittel der Armierungsschicht angeordnet sein. Darüber hinaus sind alle Außenecken und Kanten mit einem besonderen Gewebeschutz oder mit speziellen Eckschutzschienen zu sichern. Um den Oberputz auftragen zu können, muss die Armierungsschicht abgebunden und ausreichend trocken sein (Standzeit je nach Witterung 3 bis 5 Tage).

Außenputz (Oberputz, Schlussbeschichtung). Als Oberputz werden sowohl mineralisch – als auch kunstharzgebundene Putze eingesetzt und zwar mit jeweils verschiedenen Körnungen und Oberflächenstrukturen, gegebenenfalls noch ergänzt durch eine farbliche Beschichtung. Von den Oberputzen werden u. a. wasserabweisende Eigenschaften (z. B. durch Luftporenbildner) verlangt.

Da der Farbton einen wesentlichen Einfluss auf die Oberflächentemperatur hat (dunkle Flächen erwärmen sich bei Besonnung wesentlich stärker als helle Flächen) und um die thermischen Spannungen möglichst gering zu halten (die Endbeschichtung kann durch die darunterliegende Dämmung keine Wärme an tieferliegende Schichten abgeben), dürfen für die Schlussbeschichtung nur helle Farben gewählt werden. Als Maß hierfür gilt der sog. **Hellbezugswert.** Gemäß normierter Festlegung ist die zulässige Farbton-Intensität der Oberputze auf den Hellbezugswert ≥ 20 begrenzt. Der Hellbezugswert berücksichtigt aber nicht den Nah-Infrarotbereich (700 nm – 2500 nm), der auch für die Aufheizung der Oberflächen verantwortlich ist. Dieser wird über die TSR-Formel erfasst, die eine Aussage darüber abgibt, wie viel Strahlung aus dem Infrarotbereich reflektiert wird. So hilft eine TSR-formulierte Farbe die Oberflächentemperatur des WDVS gegenüber einem konventionell getönten Anstrich um bis zu 25 °C kühler zu halten, was eine Reduzierung des Hellbezugswertes auf HBW5 und somit dunklere Farbtöne in der Fassade ermöglicht.

Hellbezugswert. Der Hellbezugswert ist ein Maß für den Reflexionsgrad einer bestimmten Farbe. Entscheidend sind der Schwarzpunkt HBW = 0 und der Weißpunkt HBW = 100. Der HBW gibt also an, wie weit der bestimmte Farbton vom Schwarz- oder Weißpunkt entfernt ist. Wesentlich hierfür ist das Pigment (Farbkörper) und nicht das Bindemittel oder der Glanzgrad einer Farbe.

TSR-Wert (aus dem Englischen, Total-Solar-Reflectance). Der TSR-Wert berücksichtigt die gesamte solare Reflexion. Spezielle Pigmente mit Infrarot-reflektierenden Eigenschaften helfen, die Fassadenoberfläche des WDVS kühler zu halten. Je mehr Sonnenstrahlen reflektiert werden, also je höher der TSR-Wert, desto geringer die Oberflächenaufheizung. [15]

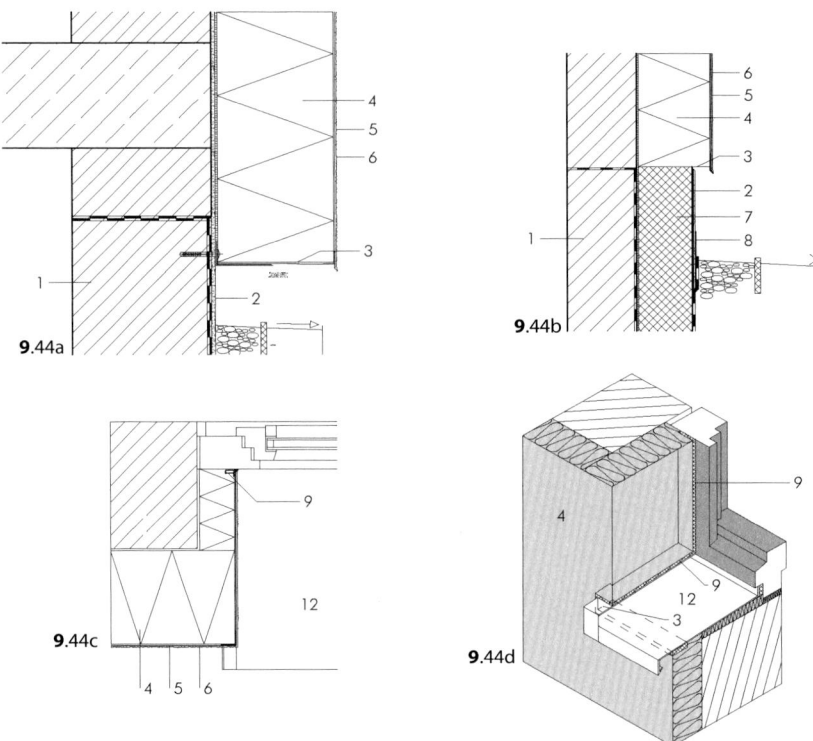

9.44 Konstruktionsbeispiele: Regelanschlüsse und Verlegehinweise für Wärmedämm-Verbundsysteme
   a) **Sockelausbildung**. Zur Vermeidung von Wärmebrücken, Fassadendämmung mindestens 30 cm unter UK Kellerdecke führen, jedoch mindestens 30 cm oberhalb Geländeoberfläche enden lassen. Vertikale Abdichtung bis hinter Dämmung hochziehen und an horizontale Dichtung anschließen.
   b) **Fassaden-/Kellerwanddämmung**. Kellerwanddämmung (Perimeterdämmung) mindestens 30 cm über Erdreich hochziehen und elastisch/dicht an überstehende Sockelschiene anschließen. Vertikale und horizontale Abdichtung wie zuvor gemäß DIN 18 195.
   c) **Fenster-/Türleibungen** außenseitig grundsätzlich mitdämmen (Tauwasserbildung!) und Anschlussfuge zwischen Fassadendämmplatte und Fensterrahmen mit Fugendichtband abdichten. Armierungsschicht und Außenputz über das Dichtband ziehen und mit Kellenschnitt vom Rahmen trennen (unsichtbare Ausführung).
   d) **Fensterbankanschlüsse**. Metallfensterbänke mit seitlicher Aufkantung ([-Profil) und Dehnungspuffer, ausreichendem Fassadenüberstand (etwa 3 cm) und mit Gefälle nach außen anbringen. Alle Anschlussfugen, wie zuvor beschrieben, mit unsichtbarem Fugendichtband elastisch dicht ausbilden.

Um unzulässige Feuchtigkeitserhöhungen in der Wand zu vermeiden, darf die diffusionsäquivalente Luftschichtdicke der Putze (Armierungsschicht und Putzschicht zusammen) gemäß DIN 18 550-1 nicht größer als s_d 2,0 m sein.

Des Weiteren dürfen auch im Oberputzbereich immer nur Systemkomponenten verwendet werden, die aufeinander abgestimmt sind (Materialverträglichkeit) und von einem Hersteller stammen, da sonst alle Gewährleistungsansprüche verloren gehen.

Einzelheiten über die Ausführung von Putzen siehe VOB Teil C, DIN 18 350, Putz- und Stuckarbeiten, von **Beschichtungen** DIN 18 363, Maler- und Lackierarbeiten.

Schon im Planungsstadium ist der Detailausbildung große Aufmerksamkeit zu schenken. Es würde jedoch den Rahmen dieser Abhandlung bei weitem sprengen, wollte man auf alle Anschlüsse näher eingehen. An dieser Stelle sollen deshalb nur einige wichtige Problembereiche angesprochen und mit Bild **9**.44a bis h einige

9.11 Wärmegedämmte und verputzte Außenbauteile

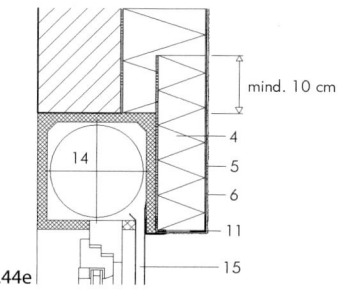

9.44e

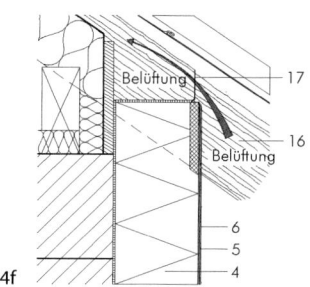

9.44f

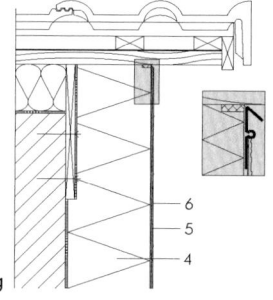

9.44g

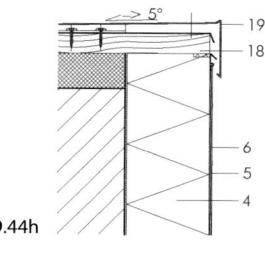

9.44h

e) **Rollladenkastenanschlüsse**. Profilschiene auf Höhe des Rollladenkasten-Sturzes anbringen. Rolladenkasten überdämmen und außenseitig mit Armierungsschicht und Putzlage beschichten (unsichtbare Ausführung). Anschlussfugen an Rollladenschienen, wie bei c) beschrieben, mit unsichtbarem Fugendichtband elastisch =ausbilden.

f) bis g) **Steildachanschlüsse** (vereinfachte Darstellung). Dachüberstände – vor allem am Ortgang– niemals zu knapp bemessen. Zuluftöffnungen im Bereich der Traufverkleidung keinesfalls verschließen und bei ausgebauten Dachgeschossen Fassadendämmung an Dachdämmung lückenlos anschließen. Alle Anschlussfugen, wie unter c) beschrieben, ausbilden.

h) **Flachdachanschlüsse**. Fassadendämmung lückenlos an Dachdämmung anschließen, dazu Attika-Aufkantungen umlaufend dämmen und vorgegebene Bewegungsfugen übernehmen (ggf. mit sichtbarem Dehnungsfugenprofil). Zuluftprofile ausreichend bemessen und Metallabdeckungen mit beweglichen Schiebenähten montieren. Für die Dachausbildung selbst sind die „Flachdachrichtlinien" zu beachten.

1 Kellermauerwerk mit horizontaler und vertikaler Abdichtung
2 Sockelputz (Mörtelgruppe P III)
3 Aufsteckprofil
4 Fassadendämmplatte
5 Armierungsschicht mit Glasgittergewebe
6 Außenputz
7 Perimeterdämmung
8 Sockelbeschichtung
9 elastisches Fugendichtband
10 Dränplatten mit Schutzvlies
11 Eckschutz
12 Metallfensterbank
13 Aufsteckprofil
14 Rollladenkasten
15 Rollladenschiene
16 Hinterlüftung
17 Zuluftprofil
18 Randbohle
19 Abdeckprofil

Sto AG

Detaillösungen vorgestellt werden. Bei diesen Bildbeispielen wurden die an das Dämmsystem angrenzenden Bauteile und Schichtenfolgen – im Hinblick auf eine bessere Übersichtlichkeit – bewusst nur schematisch dargestellt. Auf die weiterführende Literatur [21], [22], [23], [28] wird hingewiesen.

9.11.6 Mikrobiologischer Befall

Die immer stärkeren Anforderungen an die Wärmedämmung von Gebäuden, die Klimaveränderung (mildere Winter, feuchtere Sommer) und die wachsenden Bemühungen um Klima- und Umweltschutz (Reduzierung der Schwefelsäure in der Luft, Reduzierung von Bioziden) andererseits haben gleichzeitig zu besseren Wachstums- und Lebensbedingungen von Algen, Pilzen und Vermoosungen auf Fassaden beigetragen. Das

Ergebnis sehen wir tagtäglich auf dutzenden von verputzten Fassaden: Bereits nach kurzer Zeit augenscheinlich durchnässte und schäbig aussehende Putzfassaden in Folge von Algen-, Moos- oder Flechtenbefall.

Bei älteren, ungedämmten Putzfassaden treten derartige optische Mängel sehr viel seltener auf; denn nicht sonderlich gut wärmegedämmte Fassaden lassend die Wärme besser hindurch, was zu einem schnelleren und wirksameren Rücktrocknungseffekt des Außenputzes führt und dem Algenbefall damit kaum Nährboden für Keime bietet. Gedämmte Flächen bleiben dagegen an der Außenputzoberfläche kühl und können nicht so schnell und effektiv rücktrocknen.

Maßnahmen gegen Vermoosungen und Veralgungen sind

- Wärmespeichernde Dickputzsysteme zur Temperaturerhöhung der Putzoberfläche
- Auftragung von Bioziden

Dickputzsysteme werden je nach Dicke des Systems – wenn auch verzögert – auf Dauer allerdings genauso von mikrobiologischem Befall betroffen sein. Und die Verwendung von Bioziden ist ökologisch bedenklich, weil sie das Grundwasser verunreinigt. Außerdem müsste eine solche Behandlung in etwa alle drei Jahre wiederholt werden.

Es gibt auch bereits Überlegungen von bestimmten Herstellern, dem Putz Phase Change Material (PCM) beizumischen, um so dessen Wärmespeicherfähigkeit zu erhöhen. Aber auch das ist noch keine Lösung von Dauer.

Mittlerweile veralgen auch Vorhangfassaden und demnächst sicherlich auch ungedämmte Fassaden. Aber ist das ein Freibrief dafür, unser kostbares Grundwasser zu vergiften? Festzuhalten ist in diesem Zusammenhang, dass veralgte Fassaden lediglich ein optisches „Problem" aber keine Funktionsbeeinträchtigung und schon gar kein Bauschaden sind.

Eine Lösung des Problems könnten in naher Zukunft photokatalytische Verfahren sein. Dabei werden Oberflächen mit Nanopartikeln aus Titandioxid (TiO_2) beschichtet. Durch das auftreffende Sonnenlicht werden organische Substanzen auf der entsprechenden Oberfläche zersetzt und entfachen eine antimikrobielle Wirkung. Beschichtungen mit photokatalytischen Dispersionsfarben erzielen ebenfalls eine antimikrobielle Wirkung.

Effektive Methoden, mikrobielles Wachstum auf wärmegedämmte Fassaden effektiv zu minimieren, werden eines Tages Beschichtungen mit Infrarot-aktiven Anstrichen sein. Die derzeit auf dem Markt verfügbaren Infrarot-Anstriche sind noch nicht ausreichend witterungsstabil, was nur eine Frage der Zeit ist.

Fassadenputze, die auf der Basis physikalischer Wirkungsprinzipien beruhen, in dem die Wassertropfen-Oberflächen vergrößert werden und damit schneller verdunsten und gleichzeitig Feuchtigkeit durch feinste Kapillarporen des Putzes aufgenommen und relativ schnell wieder an die Luft abgegeben wird, bewirken ein schnelleres Abtrocknen der Putzoberfläche. Dadurch wir den Mikroorganismen die Feuchtigkeit und damit der Nährboden entzogen. Solche Fassadenputzt sind seit etwa 5 Jahren auf dem Markt, so dass schon die ersten Praxiserfahrungen vorliegen müssten.

9.12 Normen

Norm	Ausgabedatum	Titel
DIN 105-6	06.2013	Mauerziegel – Planziegel
DIN 105-100	01.2012	–; Mauerziegel mit besonderen Eigenschaften
DIN V 106	10.2005	Kalksandsteine mit besonderen Eigenschaften
DIN 488-1	08.2009	Betonstahl; Sorten, Eigenschaften, Kennzeichen
DIN 488-2	08.2009	–; Betonstabstahl; Maße und Gewichte
DIN 488-4	08.2009	–; Betonstahlmatten und Bewehrungsdraht; Aufbau, Maße und Gewichte
DIN 1164-10	03.2013	Zement mit besonderen Eigenschaften – Teil 10: Zusammensetzung, Anforderungen und Übereinstimmungsnachweis von Zement mit niedrigem wirksamen Alkaligehalt

9.12 Normen

Normen, Fortsetzung

Norm	Ausgabedatum	Titel
DIN 1164-11	11.2003	–; Zusammensetzung, Anforderungen und Übereinstimmungsnachweis von Zement mit verkürztem Erstarren
DIN 1164-12	06.2005	–; Zusammensetzung, Anforderungen und Übereinstimmungsnachweis von Zement mit einem erhöhten Anteil an organischen Bestandteilen
DIN 1960	09.2016	VOB Vergabe- und Vertragsordnung für Bauleistungen – Teil A: Allgemeine Bestimmungen für die Vergabe von Bauleistungen
DIN 1961	09.2016	VOB Vergabe- und Vertragsordnung für Bauleistungen – Teil B: Allgemeine Vertragsbedingungen für die Ausführung von Bauleistungen
DIN 4102-1	05.1998	Brandverhalten von Baustoffen und Bauteilen; Baustoffe; Begriffe, Anforderungen und Prüfungen
DIN 4102-2	09.1977	–; Bauteile; Begriffe, Anforderungen und Prüfungen
DIN 4102-3	09.1977	–; Brandwände und nichttragende Außenwände; Begriffe, Anforderungen und Prüfungen
DIN 4102-4	05.2016	–; Zusammenstellung und Anwendung klassifizierter Baustoffe, Bauteile und Sonderbauteile
DIN 4108-2	02.2013	Wärmeschutz und Energie-Einsparung in Gebäuden; Mindestanforderungen an den Wärmeschutz
DIN 4108-3	10.2018	– Teil 3: Klimabedingter Feuchteschutz; Anforderungen, Berechnungsverfahren und Hinweise für Planung und Ausführung
DIN 4108-4	03.2017	Wärmeschutz und Energie-Einsparung in Gebäuden – Wärme- und feuchteschutztechnische Bemessungswerte
DIN V 4108-6	06.2003	–; Berechnung des Jahresheizwärme- und des Jahresheizenergiebedarfs
DIN V 4108-6 Ber 1	03.2004	–; Berichtigungen
DIN 4108-7	01.2011	Wärmeschutz und Energie-Einsparung in Gebäuden – Luftdichtheit von Gebäuden, Anforderungen, Planungs- und Ausführungsempfehlungen sowie -beispiele
DIN 4108-10	12.2015	–; Anwendungsbezogene Anforderungen an Wärmedämmstoffe – Werkmäßig hergestellte Wärmedämmstoffe
DIN 4108 Bbl 2[1]	03.2006	Wärmeschutz und Energie-Einsparung in Gebäuden – Wärmebrücken – Planungs- und Ausführungsbeispiele
DIN 4109-1	01.2018	Schallschutz im Hochbau – Teil 1: Mindestanforderungen
DIN 4109-2	01.2018	– Teil 2: Rechng. Nachweise der Erfüllung der Anforderungen
DIN 4109 Bbl 2	11.1989	–; Hinweise für Planung und Ausführung; Vorschläge für einen erhöhten Schallschutz; Empfehlungen für den Schallschutz im eigenen Wohn- oder Arbeitsbereich
DIN 4109 Bbl 3	06.1996	–; Berechnung von $R'_{w,R}$ für den Nachweis der Eignung nach DIN 4109 aus Werten des im Labor ermittelten Schalldämm-Maßes R_w
DIN 4121	08.2017	Hängende Drahtputzdecken; Putzdecken mit Metallputzträgern, Rabitzdecken; Anforderungen für die Ausführung
DIN 4420-1	03.2004	Arbeits- und Schutzgerüste – Schutzgerüste – Leistungsanforderungen, Entwurf, Konstruktion und Bemessung
DIN V 18 004	04.2004	Anwendungen von Bauprodukten in Bauwerken – Prüfverfahren für Gesteinskörnungen nach DIN V 20 000-103 und DIN V 20 000-104
DIN 18 041	03.2016	Hörsamkeit in kleinen bis mittelgroßen Räumen - Anforderungen, Empfehlungen und Hinweise für die Planung
DIN 18 168-1	04.2007	Gipsplatten-Deckenbekleidungen und Unterdecken, Teil 1: Anforderungen an die Ausführung
DIN 18 168-2	05.2008	– Teil 2: Nachweis der Tragfähigkeit von Unterkonstruktion und Abhängungen aus Metall

[1] z. Zt. in Neubearbeitung (E 11.2017)

Normen, Fortsetzung

Norm	Ausgabedatum	Titel
DIN 18 180	09.2014	Gipskartonplatten; Arten und Anforderungen
DIN 18 181[1)	10.2008	Gipsplatten im Hochbau – Verarbeitung
DIN 18 182-1	11.2015	Zubehör für die Verarbeitung von Gipskartonplatten; Profile aus Stahlblech
DIN 18 184	10.2008	Gipskarton-Verbundplatten mit Polystyrol- oder Polyurethan-Hartschaum als Dämmstoff
DIN 18 195	07.2017	Abdichtung von Bauwerken - Begriffe
DIN 18 202[2)	04.2013	Toleranzen im Hochbau – Bauwerke
DIN 18 330	09.2016	VOB Vergabe- und Vertragsordnung für Bauleistungen – Teil C: Allgemeine Technische Vertragsbedingungen für Bauleistungen (ATV) – Mauerarbeiten
DIN 18 340	09.2016	–; –; Trockenbauarbeiten
DIN 18 345	09.2016	–; –; Wärmedämm-Verbundsysteme
DIN 18 350	09.2016	–; –; Putz- und Stuckarbeiten
DIN 18 363	09.2016	–; –; Maler- und Lackiererarbeiten
DIN 18 366	09.2016	–; –; Tapezierarbeiten
DIN 18 516-1	06.2010	Außenwandbekleidungen, hinterlüftet – Anforderungen, Prüfgrundsätze
DIN 18 516-3	09.2018	– Teil 3: Naturwerkstein; Anforderungen, Bemessung
DIN 18 516-4	02.1990	–; Einscheiben-Sicherheitsglas; Anforderungen, Bemessung, Prüfung
DIN 18 516-5	09.2013	–; Betonwerkstein; Anforderungen, Bemessung
DIN 18550-1	01.2018	Planung, Zubereitung und Ausführung von Innen- und Außenputzen – Teil 1: Ergänzende Festlegungen zu DIN EN 13914-1 für Außenputze
DIN 18550-2	01.2018	-: - Teil 2: Ergänzende Festlegungen zu DIN EN 13914-2 für Innenputze
DIN 18 558	01.1985	Kunstharzputze; Begriffe, Anforderungen, Ausführung
DIN V 18 580	03.2007	Mauermörtel mit besonderen Eigenschaften
DIN 18 942	12.2018	Lehmbaustoffe und Lehmbauprodukte
DIN 20 000-404	04.2018	Anwendung von Bauprodukten in Bauwerken - Teil 404: Regeln für die Verwendung von Porenbetonsteinen nach DIN EN 771-4: 2015-11
DIN 51 043	08.1979	Trass; Anforderungen, Prüfung
DIN 55 699	08.2017	Anwendung und Verarbeitung von außenseitigen Wärmedämm-Verbundsystemen (WDVS) mit Dämmstoffen aus expandiertem Polystyrol-Hartschaum (EPS) oder Mineralwolle (MW)
DIN 55 945	08.2016	Beschichtungsstoffe und Beschichtungen – Ergänzende Begriffe zu DIN EN ISO 4618
DIN 68 800-1	10.2011	Holzschutz ; Allgemeines
DIN 68 800-2	02.2012	Holzschutz; Vorbeugende bauliche Maßnahmen im Hochbau
DIN 68 800-3	02.2012	Schutz von Holz mit Holzschutzmitteln
DIN 68 800-4	02.2012	Bekämpfungs- und Sanierungsmaßnahmen gegen Holz zerstörende Pilze und Insekten
DIN EN 197-1[3)	11.2011	Zement – Zusammensetzung, Anforderungen und Konformitätskriterien von Normalzement
DIN EN 197-2	05.2014	Zement – Konformitätsbewertung
DIN EN 206	01.2017	Beton - Festlegung, Eigenschaften, Herstellung und Konformität
DIN EN 235	04.2002	Wandbekleidungen – Begriffe und Symbole
DIN EN 413-1[4)	07.2011	Putz- und Mauerbinder – Zusammensetzung, Anforderungen und Konformitätskriterien
DIN EN 413-2	12.2016	–; Prüfverfahren
DIN EN 459-1	07.2015	Baukalk – Definitionen, Anforderungen und Konformitätskriterien

[1) z. Zt. in Neubearbeitung (E 10.2018)
[2) z. Zt. in Neubearbeitung (E 12.2018)
[3) z. Zt. in Neubearbeitung (E 11.2018)
[4) z. Zt. in Neubearbeitung (E 07.2018)

9.12 Normen

Normen, Fortsetzung

Norm	Ausgabedatum	Titel
DIN EN 520	12.2009	Gipsplatten – Begriffe, Anforderungen und Prüfverfahren
DIN EN 998-1	02-2017	Festlegungen für Mörtel im Mauerwerksbau – Putzmörtel
DIN EN 998-2	02.2017	–; Mauermörtel
DIN EN 1062-1	08.2004	Beschichtungsstoffe – Beschichtungsstoffe und Beschichtungssysteme für mineralische Substrate und Beton im Außenbereich – Einteilung
DIN EN 1062-3	04.2008	–;–; Bestimmung der Wasserdurchlässigkeit
DIN EN 1062-6	10.2002	–;–; Bestimmung der Kohlenstoffdioxid-Diffusionsstromdichte (Permeabilität)
DIN EN 1062-7	08.2004	–;–; Bestimmung der rissüberbrückenden Eigenschaften
DIN EN 1991-1-1	02.2010	Eurocode 1: Einwirkungen auf Tragwerke – Teil 1-1: Allgemeine Einwirkungen auf Tragwerke – Wichten, Eigengewicht und Nutzlasten im Hochbau; Deutsche Fassung EN 1991-1-1: 2002 + A2: 2009
DIN EN 1996-1-1	02.2013	Eurocode 6: Bemessung und Konstruktion von Mauerwerksbauten – Teil 1-1: Allgemeine Regeln für bewehrtes und unbewehrtes Mauerwerk; Deutsche Fassung EN 1996-1-1: 2005 + A1: 2012
DIN EN 13 162	04.2015	Wärmedämmstoffe für Gebäude – Werkmäßig hergestellte Produkte aus Mineralwolle (MW) – Spezifikation
DIN EN 13 163	02.2017	Wärmedämmstoffe für Gebäude – Werkmäßig hergestellte Produkte aus expandiertem Polystyrol (EPS) – Spezifikation; Deutsche Fassung EN 13 163
DIN EN 13 164	04.2015	–; Werkmäßig hergestellte Produkte aus extrudiertem Polystyrolschaum (XPS) – Spezifikation
DIN EN 13 165	09.2016	–; Werkmäßig hergestellte Produkte aus Polyurethan-Hartschaum (PUR) – Spezifikation
DIN EN 13 166	09.2016	–; Werkmäßig hergestellte Produkte aus Phenolharzhartschaum (PF) – Spezifikation
DIN EN 13 167	04.2015	–; Werkmäßig hergestellte Produkte aus Schaumglas (CG) – Spezifikation
DIN EN 13 168	04.2015	–; Werkmäßig hergestellte Produkte aus Holzwolle (WW) – Spezifikation
DIN EN 13 169	04.2015	–; Werkmäßig hergestellte Produkte aus Blähperlit (EPB) – Spezifikation
DIN EN 13 170	04.2015	–; Werkmäßig hergestellte Produkte aus expandiertem Kork (ICB) – Spezifikation
DIN EN 13 171	04.2015	–; Werkmäßig hergestellte Produkte aus Holzfasern (WF) – Spezifikation
DIN EN 13 187	05.1999	Wärmetechnisches Verhalten von Gebäuden – Nachweis von Wärmebrücken in Gebäudehüllen – Infrarot-Verfahren
DIN EN 13 279-1[1)]	11.2008	Gipsbinder und Gips-Trockenmörtel – Begriffe und Anforderungen
DIN EN 13 279-2	03.2014	–; Prüfverfahren
DIN EN 13 494[2)]	02.2003	Wärmedämmstoffe für das Bauwesen – Bestimmung der Haftzugfestigkeit zwischen Klebemasse/Klebemörtel und Wärmedämmstoff sowie zwischen Unterputz und Wärmedämmstoff
DIN EN 13 495[3)]	02.2003	–; Bestimmung der Abreißfestigkeit von außenseitigen Wärmedämm-Verbundsystemen (WDVS) (Schaumblock-Verfahren)
DIN EN 13 496	12.2013	–; Bestimmung der mechanischen Eigenschaften von Glasfasergewebe
DIN EN 13 497	11.2018	Wärmedämmstoffe für das Bauwesen – Bestimmung der Schlagfestigkeit von außenseitigen Wärmedämm-Verbundsystemen (WDVS); Deutsche Fassung EN 13 497: 2018
DIN EN 13 498	02.2003	–; Bestimmung des Eindringwiderstandes von außenseitigen Wärmedämm-Verbundsystemen (WDVS)
DIN EN 13 499	12.2003	Wärmedämmstoffe für Gebäude – Außenseitige Wärmedämm-Verbundsysteme (WDVS) aus expandiertem Polystyrol – Spezifikation
DIN EN 13 500	12.2003	–; Außenseitige Wärmedämm-Verbundsysteme (WDVS) aus Mineralwolle – Spezifikation

[1)] z. Zt. in Neubearbeitung (E 08.2017)
[2)] z. Zt. in Neubearbeitung (E 07.2017)
[3)] z. Zt. in Neubearbeitung (E 12.2017)

Normen, Fortsetzung

Norm	Ausgabedatum	Titel
DIN EN 13 501-1[1]	01.2010	Klassifizierung von Bauprodukten und Bauarten zu ihrem Brandverhalten – Klassifizierung mit den Ergebnissen aus den Prüfungen zum Brandverhalten von Bauprodukten
DIN EN 13 501-2	12.2016	–; Klassifizierung mit den Ergebnissen aus den Feuerwiderstandsprüfungen, mit Ausnahme von Lüftungsanlagen
DIN EN 13 658-1[2]	09.2005	Putzträger und Putzprofile aus Metall – Begriffe, Anforderungen und Prüfverfahren – Innenputze
DIN EN 13 658-2[3]	09.2005	–; –; Außenputze
DIN EN 13 914-1	09.2016	Planung, Zubereitung und Ausführung von Innen- und Außenputzen – Außenputz
DIN EN 13 914-2	09.2016	–; Planung und wesentliche Grundsätze für Innenputz
DIN EN 13 950	09.2014	Gipsplatten-Verbundelemente zur Wärme- und Schalldämmung – Definitionen, Anforderungen und Prüfverfahren
DIN EN 13 963	09.2014	Materialien für das Verspachteln von Gipsplatten-Fugen – Begriffe, Anforderungen und Prüfverfahren
DIN EN 13 964	08.2014	Unterdecken – Anforderungen und Prüfverfahren
DIN EN 14 496	09.2017	Kleber auf Gipsbasis für Verbundplatten zur Wärme- und Schalldämmung und Gipsplatten – Begriffe, Anforderungen und Prüfverfahren
DIN EN 14 566[4]	10.2009	Mechanische Befestigungselemente für Gipsplattensysteme – Begriffe, Anforderungen und Prüfverfahren
DIN EN 15 824	09.2017	Festlegungen für Außen- und Innenputze mit organischen Bindemitteln
DIN EN ISO 6946	03.2018	Bauteile – Wärmedurchlasswiderstand und Wärmedurchgangskoeffizient – Berechnungsverfahren (ISO 6946: 2017); Deutsche Fassung EN ISO 6946: 2017
DIN EN ISO 6504-3	05.2007	Beschichtungsstoffe – Bestimmung des Deckvermögens – Teil 3: Bestimmung des Kontrastverhältnisses von hellen Beschichtungen bei einer festgelegten Ergiebigkeit
DIN EN ISO 9229	11.2007	Wärmedämmung – Begriffe
DIN EN ISO 9972	12.2018	Wärmetechnisches Verhalten von Gebäuden - Bestimmung der Luftdurchlässigkeit von Gebäuden - Differenzdruckverfahren (ISO 9972:2015); Deutsche Fassung EN ISO 9972: 2015
DIN EN ISO 10 211	03.2018	Wärmebrücken im Hochbau – Wärmeströme und Oberflächentemperaturen – Detaillierte Berechnungen (ISO 10211: 2017); Deutsche Fassung EN ISO 10 211: 2017
DIN EN ISO 12 572	05.2017	Wärme- und feuchtetechnisches Verhalten von Baustoffen und Bauprodukten – Bestimmung der Wasserdampfdurchlässigkeit
DIN EN ISO 13 370	03.2018	Wärmetechnisches Verhalten von Gebäuden – Wärmeübertragung über das Erdreich – Berechnungsverfahren (ISO 13 370: 2017); Deutsche Fassung EN ISO 13 370: 2017
DIN EN ISO 13 788	05.2013	Wärme- und feuchtetechnisches Verhalten von Bauteilen – Oberflächentemperatur zur Vermeidung kritischer Oberflächenfeuchte und Tauwasserbildung im Bauteilinneren – Berechnungsverfahren
DIN EN ISO 13 789	04.2008	Wärmetechnisches Verhalten von Gebäuden – Spezifischer Transmissionswärmeverlustkoeffizient – Berechnungsverfahren
DIN EN ISO 13790	02.2013	Energieeffizienz von Gebäuden – Berechnung des Energiebedarfs für Heizung und Kühlung
DIN EN ISO 14683	03.2018	Wärmebrücken im Hochbau – Längenbezogener Wärmedurchgangskoeffizient – Vereinfachte Verfahren und Anhaltswerte

[1] z. Zt. in Neubearbeitung (E 08.2017)
[2] z. Zt. in Neubearbeitung (E 08.2017)
[3] z. Zt. in Neubearbeitung (E 08.2017)
[4] z. Zt. in Neubearbeitung (E 11.2014)

9.13 DIN-Fachberichte:

CEN/TR 15125   10.2005   Planung, Zubereitung und Ausführung von Kalk-, Zement- und Kalkzement-Innenputzsystemen

Weitere ergänzende Normen siehe Abschnitt 10.6, Beschichtungen und Wandbekleidungen

9.14 Literatur

[1] *Klausen, Hoscheid Liebfang*: Technologie der Baustoffe. 15. Aufl., VDE-Verlag
[2] Merkblatt Sanierputze. Wissenschaftlich-Technischer Arbeitskreis für Denkmalpflege und Bauwerksanierung (WTA), Baierbrunn (2005)
[3] Merkblatt 2: Gipsputze und gipshaltige Putze auf Beton, Hrsg.: Bundesverband der Gipsindustrie e. V.
[4] WDVS-Atlas (12.2012) CAPAROL Farben Lacke Bautenschutz GmbH, Ober-Ramstadt
[5] http://www.sto.de/de/produkte/fassadendaemmsysteme/fassadendaemmsystem_uebersicht.html STO AG, Stühlingen
[6] WDVS – Grundlagen für Planung und Ausführung (07.2012) SCHWENK-Putztechnik GmbH, Ulm
[8] Richtlinie: Fassadensockelputz/Außenanlage. . (3. Aufl., 2013) Hrsg.: Gemeinsame Richtlinie der Berufsverbände: Fachverband der Stuckateure für Ausbau und Fassade Baden-Württemberg, Stuttgart, sowie Verband Garten-, Landschafts- und Sportplatzbau Baden-Württemberg, Leinfelden-Echterdingen
[9] *Künzel, H.*: Wie verputzt man Leichtziegel-Mauerwerk? Deutsches Architektenblatt (DAB) **8** (2000)
[10] *Pohl, R.*: Energetisch sinnvoll und sicher: Massivhäuser. Deutsche Bauzeitschrift (DBZ) **8** (2002)
[11] *Klopfer, H.*: Schimmel an Außenbauteilen – Ursachen und Abhilfemöglichkeiten. ARCONIS **3** (2001)
[12] WDV-Systeme; Rechtliche Informationen zur fachgerechten Verarbeitung von WDVS Hrsg.: Fachverband Wärmedämm-Verbundsysteme e.V., Baden-Baden
[13] Praxismerkblatt Brandschutzmaßnahmen bei WDVS mit EPS-Dämmstoffen, Hrsg.: VDPM
[14] http://wissen.malerblatt.de/fassadenfarben/grundlagen/1714-tsr-wert.thml (01.2018)
[15] Total-Solar-Reflectance Hrsg.: IWM (Industrieverband Werkmörtel e.V.), (04.2014)
[16] Dämmmaßnahmen an Gebäudefassaden, Hrsg.: Bundesinstitut für Bau-, Stadt- und Raumforschung (BBSR-Analysen Kompakt, 11.2017)
[17] Borsch-Laaks, Rabold, Hessinger, Bacher: Außendämmungen aus nachwachsenden Rohstoffen in der Altbausanierung, Hrsg. Holzbau Quadriga (Kastner-Verlag, 04.2015)
[18] Holzfaserdämmstoffe, Eigenschaften – Anforderungen – Anwendungen (holzbau handbuch 4.5.2, Hrsg. Informationsdienst Holz, 08.2012)
[19] Leitlinien für das Verputzen von Mauerwerk und Beton - Grundlagen für die Planung, Gestaltung und Ausführung; Hrsg.: IWM (Industrieverband Werkmörtel e.V.), (11.2014; 2., vollständig überarbeitete Ausgabe)
[20] Technische Zusatzinformation – Aktuelle Normung Putzmörtel, Hrsg.: baumit.com (10.2015)

10 Beschichtungen (Anstriche) und Wandbekleidungen (Tapeten) auf Putzgrund

10.1 Beschichtungen: Allgemeine Grundbegriffe

Beschichtungen – früher Anstriche genannt – werden auf Außen- und Innenputzen, nicht selten auch auf Beton und Mauerwerk, zum Zwecke der Sachwerterhaltung (Schutzfunktion), aus Gründen der Hygiene (Verminderung der Verschmutzung, Erleichterung der Reinigung) sowie aus gestalterischen Gründen (Farbgebung) aufgebracht.

Beschichtungsstoffe sind nach demjenigen Bestandteil des Bindemittels zu bezeichnen, der für die charakteristischen Eigenschaften des resultierenden Beschichtungssystems maßgebend ist (DIN EN 1062-1).

Anstrich ist eine aus Anstrichstoffen hergestellte Beschichtung auf einem Untergrund, auf dem er nach dem Trocknen haftet. Er kann aus einer oder mehreren Schichten bestehen.

Anstrichstoff ist ein flüssiger bis pastenförmiger Beschichtungsstoff, der vorwiegend durch Streichen, Rollen oder Spritzen aufgetragen wird. Anstrichstoffe ergeben im Allgemeinen nach physikalischer Trocknung oder chemischer Reaktion einen festen Anstrich, auch Beschichtung genannt.

Beschichtung ist der Oberbegriff (Sammelbegriff) und die neue Bezeichnung für eine aus Beschichtungsstoffen hergestellte Schicht auf einem Untergrund. Auch mehrere in sich zusammenhängende Schichten werden Beschichtung genannt. Mehrschichtige Beschichtungen bezeichnet man als Beschichtungssystem.

Beschichtungen haben nicht die Aufgabe, bautechnische und putztechnische Mängel zu beheben.

Beschichtungsstoff

Beschichtungsstoffe auf Innenputzflächen werden nach DIN EN 13300 in Bezug auf Nassabriebbeständigkeit, Deckvermögen, maximale Korngröße und Glanz klassifiziert.

Farbige Beschichtungsstoffe – auch Beschichtungsmittel genannt – bestehen aus Bindemitteln, Pigmenten als Farbträger, Füllstoffen, Verdünnungsmitteln und ggf. weiteren Zusätzen (Additiven) für besondere Eigenschaften. Bestimmte Farbtöne (z. B. Orange, intensives Grün) erfordern einen besonders hohen Arbeitsaufwand (z. B. mehrmaliges Beschichten, um ein ausreichendes Deckvermögen zu erreichen.

- **Farbmittel** ist der Sammelbegriff für alle farbgebenden Substanzen: Farbstoffe und Pigmente. Nach ihren Eigenschaften wird zwischen löslichen Farbstoffen (z. B. Holzbeizen, Druckfarben) – die im Bauwesen von untergeordneter Bedeutung sind – und unlöslichen Pigmenten organischer oder anorganischer Herkunft unterschieden (z. B. natürliche Pigmente aus aufbereiteten Erden oder synthetische Pigmente).

- **Pigmente.** Für Beschichtungsstoffe am Bau werden unlösliche Pigmente verwendet. Sie werden durch Bindemittel miteinander und mit dem Untergrund verbunden und haben deckende Wirkung. Darunter versteht man die Eigenschaft eines Stoffes, die Farbe des Untergrundes zu verdecken. Entsprechend ihres Verwendungszwecks müssen sie licht-, kalk- und zementecht sowie wetter- und UV-beständig sein.

- **Bindemittel** verbinden die Pigmentteilchen untereinander und mit dem Untergrund und bestimmen somit weitgehend die Haltbarkeit der Beschichtung. Man unterscheidet wasserverdünnbare Bindemittel (z. B. Kalk, Zement, Wasserglas, Dispersionen) und lösemittelverdünnbare Bindemittel (z. B. Lacke, Leinöl-Firnis, Natur- und Kunstharze).

- **Verdünnungsmittel.** Um die gewünschte Konsistenz eines Beschichtungsstoffes zu erreichen, wird dem Beschichtungsstoff – bei der Herstellung oder unmittelbar vor der Verarbeitung – ein Verdünnungsmittel zugegeben.

- **Füllstoffe** (z. B. Kreide) werden den Beschichtungsstoffen unter Umständen zur Volumenvergrößerung oder Strukturgebung beigemischt.

Beschichtungsaufbau

Ein Beschichtungssystem kann je nach Lage und Beschaffenheit der zu streichenden Putzfläche, den an sie gestellten Anforderungen und gestalterischen Absichten sehr unterschiedlich aufgebaut sein. Zu beachten ist auch, dass allen Anstricharbeiten immer eine äußerst sorgfältige Untergrundprüfung bzw. -vorbehandlung vorausgehen muss. Im Einzelnen unterscheidet man:

- **Grundbeschichtung** (Grundierung), die aus einer oder mehreren Schichten(en) bestehen kann und einmal zur Haftverbesserung zwischen Untergrund und nachfolgenden Beschichtungen, zum anderen zur Untergrundverfestigung sowie Verminderung der Saugfähigkeit des Untergrundes dient. Hierbei können auch Spezialgrundierungen (Tiefengrund) notwendig werden.
- **Zwischenbeschichtung.** Zwischen Grund- und Deckbeschichtung kann je nach Bedarf eine Zwischenbeschichtung erforderlich sein. Sie soll dazu beitragen, dass die für das System vorgesehenen Eigenschaften – wie beispielsweise Deckfähigkeit, Schichtdicke, Ebenheit – erreicht werden.
- **Deckbeschichtung** (Schlussanstrich), die aus einer Schicht oder mehreren Schichten besteht und insgesamt mit den Stoffen der darunterliegenden Beschichtungen abgestimmt sein muss. Sie übernimmt den Schutz der unter ihr liegenden Schichten und gibt dem Beschichtungssystem die geforderten Oberflächeneigenschaften. Zu beachten ist jedoch, dass der Begriff „Deckanstrich" nichts über das Deckvermögen der Schlussbeschichtung aussagt.

10.2 Wasserverdünnbare Beschichtungsstoffe. Deckende Beschichtungssysteme für Außen- und Innenputze[1]

Leimfarben. Leime bestehen aus tierischen, pflanzlichen oder synthetischen Grundstoffen, denen Wasser als Lösungsmittel beigegeben wird. Wegen der Wasserlöslichkeit der Leimfarben ist ihr Einsatzbereich auf Innenräume begrenzt, außerdem weisen sie eine geringe Abriebfestigkeit auf. Die früher weit verbreitete Leimfarbentechnik hat heute praktisch keine Bedeutung mehr. Alte Leimfarbenanstriche sind kein geeigneter Untergrund für neu aufzubringende Tapeten oder weitere Beschichtungen.

Kalkfarben sind wässrige Aufschlämmungen von gelöschtem Kalk bzw. werkmäßig hergestellten Kalkfarben nach DIN EN 459-1.

Kalk kann Bindemittel und zugleich Weißpigment für die Kalkfarbe sein. Zum Abtönen können jedoch auch bis zu 10% kalkbeständige Buntpigmente beigemischt werden. Geringe Anteile anderer Bindemittel (z. B. Kunststoffdispersionen) erhöhen die Beständigkeit.

Kalkfarbenanstriche – außen und innen einsetzbar – erhärten durch Aufnahme von Kohlendioxid (Karbonaterhärtung s. Abschn. 9.3.1) und können auf allen Putzarten mit mineralischen Bindemitteln der Druckfestigkeitskategorien CS I und geringer, CS I/CS II, CS II/CS III und CS III/CS IV aufgebracht werden (Hinweis: Fresko-Maltechnik auf feuchtem Kalkputz). Ungeeignet sind alle Untergründe, die bereits einmal mit Öl-, Lack-, Dispersionsfarben o. Ä. gestrichen wurden sowie gipshaltige Putze.

Kalkfarben ergeben preiswerte, feuchtigkeitsbeständige, wasserdampfdurchlässige, jedoch nur bedingt wetter- und wischbeständige Beschichtungen. Zur Verbesserung des Fassadenschutzes kann eine hydrophobierende Imprägnierung aufgebracht werden. In Gegenden mit starken Emissionen aus der Schwerindustrie ist Kalkfarbe aufgrund des sauren Regens für den Außenbereich nicht zu empfehlen, da sie sich unter Einwirkung von „saurer" Atmosphäre zersetzen.

Kalk-Weißzementfarben bestehen aus Kalk (DIN EN 459-1) und Weißzement (DIN EN 197-1) und ggf. zementbeständigen Buntpigmenten. Diese sog. Zementfarben werden mit Wasser angemacht und erhärten durch Hydration sowohl an der Luft als auch unter Wasser. Beschichtungen dieser Art sind daher gegenüber schwefeliger Säure aus dem Regenwasser weniger empfindlich als Kalkfarben, jedoch genauso wasserdampfdurchlässig. Außerdem eignen sie sich für Beschichtungen in Feuchträumen. Der Effekt des „Schlämmanstriches" wird durch Feinsandzuschläge erreicht. Wasserabweisende, hydrobierende Imprägnierungen verbessern auch hier die Witterungsbeständigkeit.

Zementfarbenanstriche – außen wie innen einsetzbar – können auf Putzarten mit mineralischen Bindemitteln der Druckfestigkeitskategorien CS I und geringer, CS I/CS II, CS II/CS III und CS III/CS IV

---

[1] Der aktuelle Stand der Normung von Beschichtungsstoffen und Beschichtungssystemen (DIN EN ISO 4618, DIN EN 1062) ist Abschn. 10.6 zu entnehmen.

10.2 Wasserverdünnbare Beschichtungsstoffe

aufgebracht werden. Ungeeignet sind Kunstharzputze, Dispersionsfarbenanstriche sowie gipshaltige Untergründe.

Silikatfarben lassen sich prinzipiell in drei Gruppen einteilen: Reinsilikatfarbe, Dispersionssilikatfarbe und Sol-Silikatfarbe.

- **Reinsilikatfarben (zweikomponentig)** sind frei von organischen Zusätzen jeder Art und werden daher als Mineralfarben bezeichnet. Sie sind geeignet für wasserbenetzbare, mineralische Untergründe, wie Kalk- und Zementputz, Beton, Backstein und poröser Naturstein. Reinsilikatfarben bestehen aus Kaliwasser, Pigmenten und Füllstoffen. Dabei fungiert kieselsaures Wasserglas – eine klare wässrige Lösung, auch als „Fixativ" bezeichnet – als Bindemittel. Die Erhärtung erfolgt physikalisch (Verdunstung des Wassers) und chemisch (kristalline Versteinerung). Diese sog. Verkieselung bewirkt eine widerstandsfähige Verbindung der Pigmente untereinander und eine vorzügliche Verankerung mit dem Untergrund. Reine Silikatfarben sind unbegrenzt überstreichbar. Silikat Beschichtungen können auf allen ausreichend festen, mineralischen Untergründen (Kalkputze, Kalk-Zementputze und Zementputze, Ziegelmauerwerk, Naturstein, Beton) aufgebracht werden. Ungeeignet sind gipshaltige Putze und Flächen mit organischen Beschichtungen.

Silikatbeschichtungen sind licht-, säure- und wetterbeständig, geeignet für den Außen- und Innenbereich. Sie sind offenporig und zeichnen sich durch hohe Wasser- und Wasserdampfdurchlässigkeit aus. Aufgrund dieser Offenporigkeit schützen sie den Untergrund nicht gegen Regen. Um einen ausreichenden Regenschutz zu gewährleisten, wird häufig zusätzlich eine hydrophobierende Imprägnierung aufgebracht. Dies aber hat in vielen Fällen auch nachteilige Auswirkungen (s. u. den Unterabschnitt „Hydrophobierende Imprägniermittel").

Da sie aufgrund ihrer kristallinen Versteinerung auch gegen die Einwirkung saurer Atmosphäre (Industrieabgase) beständig sind und ein relativ günstiges Anschmutzverhalten aufweisen, gewinnen sie für den Schutz historischer Fassaden (Denkmalschutz) eine immer größere Bedeutung.

Mit der Verarbeitung sollten jedoch nur erfahrene Firmen beauftragt und die Beratungsdienste der Herstellerfirmen rechtzeitig in Anspruch genommen werden.

Verarbeitung. Die Verarbeitungsrichtlinien der Hersteller sind unbedingt einzuhalten. Verschmutzte Untergründe und alte mineralische Anstriche werden mit einer Ätzflüssigkeit (1:5 mit Wasser verdünnt) und harter Bürste gründlich gereinigt und mit reinem Wasser nachgewaschen. Öl-, Latex- und Dispersionsfarben sind restlos zu entfernen. Bei stark saugenden Untergründen ist eine Grundbeschichtung auf Wasserglasbasis erforderlich. Bereits einige Stunden vor der Verarbeitung soll das Farbpulver (Pigment) mit dem kristallklaren Bindemittel (Fixativ) genau nach Herstellervorschrift gemischt werden (Einsumpfzeit). Bei stark saugendem Untergrund wird der ersten Beschichtung entsprechend mehr Fixativ (keinesfalls Wasser) zugegeben und zügig mit der Bürste – nass in nass – aufgetragen. Die zweite Beschichtung erfolgt meist unverdünnt. Zwischen jeder Beschichtung müssen 12 Stunden Trockenzeit liegen, um eine ausreichende Erhärtung und Verkieselung zu erreichen. Die hohe Wasseraufnahmefähigkeit der Silikatfarbe wird meist durch eine nachfolgende Hydrophobierung (Wasser abweisende farblose Imprägnierung) gemindert.

- **Dispersions-Silikatfarben (einkomponentig)** sind eine Weiterentwicklung der zuvor beschriebenen reinen Silikatfarben. Ihnen werden – neben dem Kaliwasserglas – noch bis zu 5% hochpolymere Kunststoffdispersionen als stabilisierendes Bindemittel zusätzlich beigemischt, ggf. auch noch Silicone zur Verbesserung des Regenschutzes. Erreicht werden dadurch eine wesentlich leichtere Verarbeitbarkeit und vielfältigere Einsatzmöglichkeiten, ohne die typisch mineralischen Eigenschaften zu verlieren. Zwar reduziert sich die Wasserdampfdurchlässigkeit dieser Silikatfarben geringfügig, eine Art „Filmbildung" – wie sie unter Umständen bei kunstharzgebundenen Beschichtungen auftreten kann – findet jedoch nicht statt.

Verarbeitung. Dispersions-Silikatfarben lassen sich wesentlich problemloser als die reinen Silikatfarben verarbeiten. Mischungsfehler und Schäden infolge unsachgemäßer Verarbeitung – wie sie bei den mehrkomponentig aufgebauten reinen Silikatfarben unter Umständen auftreten können – sind weitgehend ausgeschlossen. Eine leichte Kreidung ist allerdings im Laufe der Jahre möglich. Hochwertigen Dispersions-Silikatfarben werden bereits werkseitig Hydrophobierungsmittel zugesetzt, um einen verbesserten Feuchteschutz (Regenschutz) zu bewirken. Dadurch wird die vorgegebene Oberflächenstruktur des Untergrundes, z. B. bei historischen Gebäuden, jedoch nicht verändert.

Silikatfarben sind sehr ätzend. Daher sind bei ihrer Verarbeitung Augen und Haut vor Farbspritzern zu schützen und angrenzende Flächen sorgfältig abzudecken.

- **Sol-Silikatfarben.** Herkömmliche Silikatfarben enthalten Wasserglas als Bindemittel. Bei der seit kurzem auf dem Markt befindlichen Sol-Silikatfarbe besteht das Bindemittel aus einer Kombination von Wasserglas und Kieselsol. Beide sind rein anorganische, silikatische Substanzen.

Reines Kieselsol hat als Bindemittel für Fassadenfarben eine zu geringe Bindekraft. Durch entsprechende Abmischung mit dem traditionellen Kaliwasserglas ergibt sich jedoch ein Bindemittel mit völlig neuartigen Eigenschaften (Verkieselung und Adhäsion).

Sol-Silikatfarben weisen alle Vorteile herkömmlicher Silikatfarben auf und haften darüber hinaus – nicht nur auf mineralischen Untergründen – sondern auch zuverlässig auf **organischen** Untergründen (z. B. Altbeschichtungen aus Dispersionsfarben, Kunstharzbeschichtungen). Daraus ergeben sich für Silikatfarben weitere, bisher unerreichbare Anwendungsgebiete. Weitere Einzelheiten sind den Herstellerunterlagen [7] zu entnehmen.

Dispersionsfarben werden aus wasserverdünnbaren Kunststoffdispersionen als Bindemittel unter Zusatz von Pigmenten, Füllstoffen und Additiven hergestellt. Bei der Trocknung/Erhärtung der Beschichtung verdunstet das Wasser bzw. wird vom Untergrund aufgenommen, die festen Bestandteile bleiben zurück, fließen zusammen und verkleben miteinander. Dadurch entsteht eine nahezu geschlossene, weitgehend wasserundurchlässige, jedoch ausreichend wasserdampfdurchlässige, mikroporöse Beschichtung.

Durch Zugabe bestimmter Arten bzw. Mengen von Bindemitteln oder Füllstoffen lassen sich Beschichtungen mit ganz unterschiedlichen Eigenschaften und Oberflächenstrukturen herstellen. Vgl. hierzu auch Abschn. 9.8, Putze mit organischen Bindemitteln: Kunstharzputze als Innen- und Außenputz.

Dispersionsfarben ergeben gut haftende, wetter- und UV-beständige Außenbeschichtungen gemäß DIN EN 1062 sowie nassabriebbeständige Innenbeschichtungen für Decken- und Wandflächen gemäß DIN EN 13300.

Diese Beschichtungen können auf fast allen tragfähigen Untergründen aufgetragen werden. Ausgenommen sind Putze der Druckfestigkeitskategorie CS 1 oder geringer (Luftkalkmörtel) sowie Sanierputze. Bei diesen beiden Putzarten muss eine optimale Wasserdampfdurchlässigkeit gewährleistet sein, die bei Dispersionsbeschichtungen in dem gewünschten Maße nicht gegeben ist. Auf die weiterführende Spezialliteratur [1], [2] wird verwiesen.

Siliconharzfarben bestehen aus einer Bindemittelkombination (Siliconharzemulsion mit Kunststoffdispersion), Pigmenten, Füllstoffen und Zusatzmitteln. Da das Primärbindemittel Silicon von sich aus hydrophobe Eigenschaften besitzt, ergibt sich daraus eine besonders gute, systempermanente wasserabweisende Wirkung (Regenschutz) bei gleichzeitig hoher Wasserdampfdurchlässigkeit.

Infolgedessen sind Siliconharzbeschichtungen hinsichtlich des Diffusionsvermögens mit Mineralfarben (Silikatfarben), bezüglich der geringen Wasseraufnahme mit Dispersionsfarben vergleichbar. Außerdem ergeben sie eine gute Haftung sowohl auf mineralischen als auch organischen Untergründen (Altbeschichtungen). Zudem können Siliconharzfarben auch auf Gipsflächen eingesetzt werden, da sie nicht alkalisch reagieren.

Siliconharzfarben weisen eine optimale Balance zwischen Wasseraufnahme- und Wasserdampfdiffusionswerten auf, sofern es sich um hochwertige und damit auch meist hochpreisige Beschichtungen handelt. Bei den auf dem Markt angebotenen Produkten bestehen jedoch erhebliche qualitative Unterschiede.

Farblose Beschichtungssysteme für Außenputze: Wasser abweisende Fassadenimprägnierungen

Hydrophobierende Imprägniermittel sollen als nicht filmbildende, farblose Stoffe möglichst tief in den Porenraum saugfähiger mineralischer Untergründe eindringen und vor eindringender Feuchtigkeit und damit das Bauwerk vor feuchtebedingten Schäden schützen, ohne dadurch die Wasserdampfdurchlässigkeit nennenswert zu mindern. Dabei werden die oberflächennahen Poren mit einer hauchdünnen Schicht ausgekleidet, die jedoch äußerlich nicht erkennbar ist und damit das Erscheinungsbild des Bauwerks nicht beeinflusst. Gegenüber einem weißen oder farbigen Beschichtungsmaterial lassen sie jedoch die UV-Strahlung ungehindert durch und schützen den Untergrund nicht vor chemischen oder mechanischen Einflüssen.

Imprägniermittel müssen unter anderem alkali- und UV-beständig sein und sollten möglichst wenig Lösemittel enthalten. In der Regel bestehen sie aus dem eigentlichen Wirkstoff (z. B. Siliconharze) und einem Lösemittel (z. B. Alkohole). Im Wesentlichen werden folgende Fassadenschutzmittel verwendet:

10.3 Beschichtungen auf Außenputzen

- Silane (löslich in Alkohole, organische Lösemitteln)[1]
- Siloxane (löslich in Alkohole, organische Lösemitteln)
- Siliconharze (löslich in organischen Lösemitteln) u. a. m.

Siliconharzimprägnierungen. Silikonharzlösungen spielen insbesondere wegen des immer stärker werdenden ökologischen Bewusstsein des Verbrauchers und damit das Verlangen nach lösemittelfreien Produkten heute kaum noch eine bedeutende Rolle. Weitere Nachteile sind die relativ hohe Teilchengröße sowie die ungenügende Beständigkeit auf stark alkalischen Untergründen.

Die Silane und die Siloxane haben sich als die Substanzen zur Hydrophobierung herauskristallisiert. Sie haben eine größere Alkalistabilität und die Abbauprodukte sind weniger wasserlöslich. Besonders bewährt haben sich Kombinationen von Silanen und Siloxanen, sog. Silicon-Microemulsionskonzentrate **(SMK-Technologie)**. Damit lassen sich auf das jeweilige Bauwerk optimal angepasste Hydrophobierungsmittel herstellen.

Sie werden auf trockenem bis nassem Untergrund lösemittelfrei verarbeitet (umweltfreundliche Produkte).

Verarbeitung. Hydrophobierende Imprägniermittel können auf den Untergrund aufgesprüht, gestrichen, gerollt oder gecremt werden. Neben der Art der Imprägniermittel ist auch die richtige Ausführung der vorgenannten Applikationstechniken von ausschlaggebender Bedeutung für die Wirksamkeit einer Fassadenimprägnierung.

Die Verarbeitung der Imprägniermittel wird wesentlich von der Art und Beschaffenheit der jeweiligen Bausubstanz bestimmt. Üblicherweise werden sie mit Sprüh- und Flutgeräten bis zur völligen Sättigung des Untergrundes aufgetragen.

Beim Flutverfahren wird ausschließlich die kapillare Saugfähigkeit des Baustoffes genutzt, um das Imprägniermittel in den Untergrund im Sinne einer Tränkung einzubringen. Der Auftrag erfolgt mehrmals, wobei nass-in-nass gearbeitet wird. Dabei gilt: Je mehr Imprägnierstoff auf einen porösen Baustoff aufgetragen wird, desto größer ist die Eindringtiefe und desto länger und nachhaltiger die Schutzwirkung. Die Eindringtiefe sollte mindestens einige Millimeter betragen. Sie ergibt sich aus der Saugfähigkeit des Untergrundes, der Porengröße und der Anzahl der Poren sowie insbesondere aus der Wirkstoffkonzentration.

Imprägniercreme-Technologie. Bei kleineren Flächen werden die Cremes mit einer Lammfellrolle aufgetragen, bei größeren Fassadenflächen ist eine Spritzapplikation der Creme mit Airlessgeräten angebracht.

Vor jeder Imprägnierung hat eine gründliche Reinigung der Fassade zu erfolgen. Bei sachgemäßer Ausführung der Imprägnierung ist mit einer Wirkungsdauer von bis zu 10 Jahren zu rechnen. Hinzuweisen ist noch, dass Imprägniermittel keine Dichtungsmittel sind und sie daher auch nicht zur Imprägnierung/Abdichtung von Flächen, die unter Wasserdruck stehen, verwendet werden können. Weitere Angaben sind der Spezialliteratur [9] zu entnehmen.

10.3 Beschichtungen auf mineralischen Außenputzen

Außenputz und das jeweilige Beschichtungssystem sind immer aufeinander abzustimmen. Der Putz ist einerseits auf die nachfolgende Oberflächenbehandlung einzustellen, andererseits darf die Beschichtung das materialbedingte Verhalten der Putzlagen nicht nachteilig beeinflussen. Somit bestimmen Putzart und Beschaffenheit des Untergrundes, ebenso wie der jeweilige Beschichtungsstoff bzw. die Applikationstechnik, Wirkung und Haltbarkeit des Beschichtungssystems.

Bauphysikalische Anforderungen

Anforderungen bezüglich des klimabedingten Feuchteschutzes sind in DIN 4108-3 festgelegt. Im Zusammenhang mit den Fassadenbeschichtungen sind dies vor allem

- Erhaltung einer möglichst hohen Wasserdampfdurchlässigkeit,
- Begrenzung der kapillaren Wasseraufnahme (Regenschutz).

Die Tauwasserbildung im Inneren von Bauteilen ist abhängig vom Temperaturverlauf in der Wand und vom Wasserdampfdiffusionswiderstand der einzelnen Baustoffschichten. Die wesentlichen Kenngrößen sind in Abschn. 17.5.6, in Teil 1 dieses Werkes beschrieben. Durch das Aufbringen von Beschichtungen auf eine Außenwand können sich die Verhältnisse jedoch ändern.

Im Grenzbereich zwischen Beschichtung und Untergrund darf kein Tauwasser anfallen. Der Einfluss der Beschichtung ist vernachlässigbar, wenn ihre diffusionsäquivalente Luftschichtdicke $s_d \leq 2$ m beträgt, denn dann gilt eine Konstruktion als diffusionsoffen.

Während diese Forderung bei Neubauten kaum Probleme aufwirft, können bei der Renovierung von Altbauten – insbesondere wenn bereits früher relativ dichte Fassadenbeschichtungen auf-

---

[1] S. hierzu Abschn. 10.4 Ökologische Aspekte

getragen wurden – Berechnungen des Diffusionswiderstandes der verschiedenen Wandschichten notwendig werden, wobei das vereinfachte Glaser-Verfahren bei den heute hoch gedämmten Gebäuden längst nicht mehr immer ausreicht.

An dieser Stelle wird nochmals darauf hingewiesen, dass beim Beschichten von reinen Kalkputzen (Druckfestigkeitskategorie CS 1 oder geringer) auch immer eine ausreichende Kohlensdioxiddurchlässigkeit gegeben sein muss.

Regenschutz. Bei Beregnung der Fassade kann Wasser durch kapillaren Transport in Außenbauteile eindringen. Maßnahmen zur Begrenzung der Wasseraufnahme – wie beispielsweise hinterlüftete Außenwandbekleidungen sowie Wasser abweisende oder wasserhemmende Außenputze – sind in DIN 4108-3 angeführt. Die wesentlichen Kenngrößen sind in Abschn. 17.5.6, Teil 1 dieses Werkes, beschrieben.

Fassadenbeschichtungen[1] können demnach die Wasseraufnahme ebenfalls wirksam mindern, dabei darf die Wasserabgabe während der Trocknungsperiode jedoch nicht nachteilig beeinträchtigt werden.

Wie in Abschn. 9.7.5.2 Schlagregenschutz, bereits erwähnt, sind Beschichtungssysteme in DIN 4108-3 zur Erzielung eines entsprechenden Regenschutzes nicht aufgeführt, da Fassadenbeschichtungen bisher nicht genormt sind. Vertreter der Mörtel- und Bindemittelindustrie aben deshalb in einer Richtlinie [6] vereinbart, dass ein **Wasser abweisendes Putz/Beschichtungs-System**[2] aus einem wasserhemmenden Putz und einer wasserabweisenden Beschichtung gebildet wird.

Die kapillare Wasseraufnahme bzw. Wasserdampfdurchlässigkeit beeinflusst den Feuchtehaushalt einer Außenwand maßgeblich. Dabei spielt die Größe und Verteilung der Poren (Porenstruktur) eine wichtige Rolle. Vergleicht man die Wirkungsweise der mineralischen Beschichtungen mit denen der kunstharzgebundenen Beschichtungsmittel, so stellt man fest, dass mineralische Beschichtungen aus Kalk, Weißzement und Wasserglas (Silikatfarbe) die größeren Poren des Putzes „verstopfen" und so die kapillare Wasseraufnahme in gewünschtem Maße herabsetzen, ohne die Wasserdampfdurchlässigkeit des Putzes zu beeinträchtigen: Eine rasche Feuchtigkeitsabgabe ist nach wie vor möglich.

Die kunstharzgebundenen Beschichtungen aus Dispersionen u. Ä. bieten demgegenüber einen wesentlich besseren Wetterschutz, da sie beispielsweise gegen anfallenden Schlagregen nahezu dicht sind. Entsprechend niedriger ist jedoch ihre Wasserdampfdurchlässigkeit. Bei diesen Anstrichen bzw. Kunstharzbeschichtungen kann die in die Wand eingedrungene Feuchtigkeit nur noch wesentlich verlangsamt nach außen entweichen. Eine ausreichend hohe Wasserdampfdurchlässigkeit ($s_d \leq 2$ m) ist daher in jedem Fall zu fordern.

Putz als Beschichtungsuntergrund[2]

Seit jeher gilt die wichtige Malerregel: Jede Beschichtung ist nur so gut, wie ihr Untergrund dies zulässt. Die einwandfreie Beschaffenheit des Untergrundes ist daher eine unerlässliche Voraussetzung für die Haltbarkeit der Beschichtung. Die Eigenschaften, die der Untergrund aufweisen muss, sind in der DIN EN 998-1 beschrieben für die Putzmörtel und in der DIN 13279-1 für die gipshaltigen Untergründe.

Außenputze auf mineralischer Basis müssen den aktuellen Putznormen entsprechen. Sie können ein- oder mehrlagig mit unterschiedlicher Oberflächenstruktur aufgebracht sein. Neben den allgemeinen Anforderungen, die jede Putzart erfüllen soll, müssen Außenputze vor allem den in Abschn. 9.7.5 angeführten zusätzlichen

---

[1] **Europäische Normung.** Für Beschichtungssysteme im Fassadenschutz erscheint in Kürze:
DIN EN 1062-1, Beschichtungsstoffe und Beschichtungssysteme für mineralische Untergründe und Beton im **Außenbereich**.
Während die bisherigen Einteilungen sich im Wesentlichen an den Bindemitteln orientierten, geht die neue europäische Norm von bauphysikalischen Vorgaben aus.
Beschichtungen werden demnach zukünftig nach ihrer **bauphysikalischen Leistungsfähigkeit** klassifiziert und eingeteilt.
Dabei sollen neben Wasseraufnahme und Wasserdampfdurchlässigkeit, die Wetterbeständigkeit, Haftung am Untergrund, UV-Beständigkeit, CO_2-Durchlässigkeit, Pilz- und Algenresistenz und die Risseüberbrückung erfasst werden.
In zahlreichen Tabellen werden die grundsätzlichen technischen Kenndaten sowohl für die **Putze** als auch für die **Beschichtungen** zusammengestellt. Danach kann im Prinzip für jeden Putzaufbau und jede Putzfassade die entsprechend technisch abgestimmte Beschichtung ausgewählt werden.

[2] Der aktuelle Stand der Normung von Putzen (DIN EN 13 914, DIN V 18 550, DIN EN 998-1) und Beschichtungsstoffen (DIN EN ISO 4618, DIN EN 1062) ist Abschn. 9.12 zu entnehmen.

10.4 Beschichtungen auf Innenputzen

Anforderungen genügen. Danach sollen sie witterungsbeständig, ausreichend fest und tragfähig sein, um Beschichtungen aufnehmen zu können. Vgl. hierzu die Tabellen **9**.1 und **9**.11.

Die jeweiligen Kriterien, die mindestens eine Putzlage zum ausreichenden Schlagregenschutz erfüllen muss, sind in Tab. **9**.1, Abschn. 9.4 aufgeführt.

Der Außenputz muss richtig aufgebaut sein. Wird ein anderer Aufbau als in den Tabellen vorgegeben ausgeführt, ist eine Eignungsprüfung durchzuführen. Die Putzanforderungen orientieren sich an der erforderlichen Witterungsbeständigkeit des Bauteils.

Die früher allgemein gültige Putzregel des nach außen abnehmenden Festigkeitsgefälles gilt heute nur noch für Außenputze mit stabilem Putzuntergrund. Angaben über das bei Leichtputzen auf wärmedämmenden Wandbaustoffen geltende Entkopplungsprinzip (schubweiche Zwischenschicht zwischen Wandbildner und Oberputz s. Abschn. 9.6).

Oberflächenbehandlung. Die Auswahl der Werkstoffe richtet sich nach den zu erwartenden Beanspruchungen, der Beschaffenheit des zu beschichtenden Untergrundes und nach gestalterischen Gesichtspunkten. Die Beschichtungen sind entsprechend VOB Teil C, DIN 18 363, Maler- und Lackierarbeiten, auszuführen. Die jeweilige Eignung der Oberflächen verschiedener Qualitätsstufen ist Tabelle **9**.25 zu entnehmen. Bei Neuputzen muss bereits aus der Leistungsbeschreibung erkennbar sein, welche Oberflächenbehandlungen vorgesehen sind.

Wie in Abschn. 9.3.1 bereits erwähnt, erhärten **Luftkalkmörtel** überwiegend dadurch, dass sie langsam – von außen nach innen – Kohlendioxid aus der Luft aufnehmen und dabei der gelöschte Kalk wieder in Calciumcarbonat (Kalkstein) umgewandelt wird. Der Verlauf dieser Reaktion ist abhängig vom Feuchtegehalt des Mörtels und vom Eindringvermögen des Kohlendioxids in die Mörtelporen. Diese Umkristalisation kann dann nicht – oder nur sehr verlangsamt – stattfinden, wenn eine dichte, filmbildende Beschichtung vorgenannter Art aufgebracht und so das Kohlendioxid bzw. Regenwasser vom Putz ferngehalten wird (Dauer des Abbindeprozesses 1 bis 2 Jahre). Die Folge davon sind mürbe Mörtel mit geringer Festigkeit. Kunstharzgebundene Beschichtungen erfordern daher als Anstrichuntergrund einen Putz aus hydraulisch erhärtendem Mörtel, der auch bei Luftabschluss die notwendige Festigkeit erreicht. Putze der Druckfestigkeitskategorien CS I und CS II (ehemalige Putzmörtelgruppe P I) sind vor allem an alten Bauwerken (historischen Gebäuden) anzutreffen.

10.4 Beschichtungen auf mineralischen Innenputzen

Putz als Beschichtungsuntergrund[1]

Innenputze auf mineralischer Basis müssen in der Regel den aktuellen Putznormen entsprechen. Sie können ein- oder mehrlagig mit unterschiedlicher Oberflächenstruktur aufgebracht sein. Neben den allgemeinen Anforderungen – die jede Putzart erfüllen soll – müssen Innenputze vor allem den in Abschn. 9.7.6 angeführten, zusätzlichen Anforderungen genügen. Um beispielsweise Beschichtungen oder Tapeten aufnehmen zu können, müssen sie ausreichend fest und tragfähig sein. Auch auf ihre Feuchtebeständigkeit und das Festigkeitsgefälle der einzelnen Putzlagen ist zu achten.

Tabelle **9**.25 in Abschn. 9.7.6 beschreibt die Qualitätsstufen Q1 bis Q4 für Innenputzoberflächen. Bei diesen Qualitätsstufen muss immer die Ausführungsart „abgezogen", „geglättet", gefilzt" oder „abgerieben" genannt werden, z. B. „Q2 geglättet".

Wenn nichts Anderes festgelegt ist, wird von der Anwendung der Qualitätsstufe Q1 ausgegangen.

Tabelle **9**.26 beschreibt Beispiele für die Verwendung verschiedener mineralischer Putzmörtelarten, Tabelle **9**.27 solche für die Verwendung organischer Putzmörtelarten.

Untergrundvorbereitung. Die Eignung bzw. Beschaffenheit des Beschichtungsuntergrundes ist vor Beginn der Malerarbeiten zu überprüfen. Der Putz muss zum Zeitpunkt der vorgesehenen Oberflächenbehandlung tragfähig (fest) und ausreichend trocken sein. Im Allgemeinen ist eine Standzeit von mindestens vier Wochen erforderlich. Dieser Zeitraum ist von den klimatischen Verhältnissen im Bau, von der Putzart und Putzdicke und von der vorgesehenen Oberflächenbehandlung abhängig.

Die Putzoberfläche muss saugfähig und frei von Schmutz sowie losen bzw. schlecht haftenden Teilen sein. Sie darf keine Kalksinterschichten, abblätternde Altanstriche, Bindemittelanreicherungen, Ausblühungen o. Ä., sowie keine die Haft beeinträchtigenden Rückstände von Putzzusätzen

---

[1] Der aktuelle Stand der Normung von Putzen (DIN EN 13 914, DIN V 18 550, DIN EN 998-1) und Beschichtungsstoffen (DIN EN ISO 4618, DIN EN 1062) ist Abschn. 8.6 zu entnehmen.

aufweisen. Sind Risse vorhanden, so sind entsprechende Maßnahmen (z. B. Armierungsspachtelung) vorzusehen. Die Putzoberfläche muss außerdem fluchtgerecht und frei von störenden Unebenheiten sein. Die entsprechenden Ebenheitstoleranzen sind Tabelle **11**.3, Teil 1 dieses Werkes, zu entnehmen.

Beschichtungsstoffe

DIN EN 13 300. In dieser europäischen Norm sind wasserhaltige Beschichtungsstoffe und Beschichtungssysteme für die Gestaltung und den Schutz von Wänden und Decken im **Innenbereich** klassifiziert.

Diese Norm beinhaltet Angaben über:

- **Vorgesehene Anwendung.** Gestaltung, besondere Eigenschaften.
- **Bindemitteltyp.** Abgeleitet von dem Bindemittelbestandteil.
- **Nassabriebbeständigkeit.** Klasse 1 beschreibt die höchste Beständigkeit, Klasse 2 ist vergleichbar mit der seitherigen Bezeichnung „scheuerbständig", Klasse 3 entspricht der bisherigen Bezeichnung „waschbeständig". Diese Begriffe aus der DIN 53 778 entfallen und sollen zukünftig nicht mehr verwendet werden.
- **Kontrastverhältnis = Deckvermögen.** Wird in vier Klassen eingeteilt. Der jeweilige Hersteller gibt das Kontrastverhältnis als Ergiebigkeit – in Quadratmeter pro Liter – in Abhängigkeit zur jeweiligen Klasse an. Daraus wird ein durchschnittlicher Verbrauchswert – Liter pro m^2 – auf einem definierten Untergrund ermittelt.
- **Glanzabstufungen.** Eingeteilt in vier Klassen mit den Bezeichnungen glänzend, mittlerer Glanz – entspricht den seitherigen Bezeichnungen „seidenmatt" und „seidenglänzend" – sowie matt und stumpfmatt.
- **Korngröße.** Unterschieden werden die Korngrößen fein = Innenfarben, mittel = Streichputze, grob = feine Strukturputze, sehr grob = grobe Strukturputze.

Maler- und Lackierarbeiten sind gemäß VOB Teil C, DIN 18363, auszuführen. Bezüglich des jeweiligen Beschichtungsaufbaues sind die Angaben der Hersteller zu beachten.

Hinweis. Die Entwicklung auf dem Gebiet der Beschichtungsstoffe während der letzten Jahrzehnte führte zu einem nahezu unüberschaubaren Angebot an Beschichtungsstoffen, Lacken und ähnlichen Produkten mit den unterschiedlichsten Eigenschaften, Applikationstechniken, Oberflächenstrukturen usw. Immer neue Produkte für ganz spezifische Einsatzgebiete kommen auf den Markt und erfordern eine sehr differenzierte Auswahl, die letztlich nur noch in enger Zusammenarbeit mit den Fachberatern der Hersteller getroffen werden kann. Diese Beratungsdienste sollten rechtzeitig in Anspruch genommen werden, damit unkorrigierbare Fehlentscheidungen vermieden werden. Firmenneutrale Merkblätter bzw. Technische Richtlinien der Berufsverbände können dabei eine wertvolle Hilfe sein.

Alle wichtigen anstrichtechnischen Begriffe und Klassifizierungen über Beschichtungsstoffe sind in DIN EN 13 300 festgelegt. Bei der Abfassung von Leistungsverzeichnissen sollte man sich dieser Begriffe bedienen, um Missverständnisse von vornherein auszuschließen.

Ökologische Aspekte. Immer wieder geraten bestimmte Beschichtungsstoffe für den Innenausbau aufgrund möglicher gesundheitsschädigender Emissionen in die öffentliche Kritik, denn Lösemittel, Weichmacher und Hochsieder stehen im Verdacht, die menschliche Gesundheit zu schädigen.

Grundsätzlich sind Innenbeschichtungen auf **Dispersionsbasis** in drei Kategorien zu untergliedern:

- **Standardqualitäten** enthalten bis zu 1,5% organische Lösemittel (Kohlenwasserstoffverbindungen), die überwiegend in sog. „preiswerten" Beschichtungen benötigt werden.
- **Lösemittelfreie Qualitäten (L.F.-Qualitäten)** sind auf den ersten Blick frei von organischen Lösemitteln. Sie enthalten jedoch schwer flüchtige (hoch siedende) Lösemittel, sogen. „Weichmacher", die auf den Etiketten der Hersteller nicht deklariert werden müssen und somit verschwiegen werden. Dieser unhaltbare Zustand wurde von den Verbraucherverbänden bereits mehrfach kritisiert.
- **E.L.F. (E**missionsarm **L**ösemittel**F**rei**)-Qualitäten.** Diese Produkte sind lösemittel- und weichmacherfrei und entsprechen den hohen Anforderungen des Umweltbundesamtes. Zunehmend werden im Innenbereich Produkte dieser Qualitätsstufe eingesetzt, die alle TÜV-geprüft und raumluftüberwacht sind. Diese Produkte sind mit einer achteckigen TÜV-Plakette markiert. Einzelheiten hierzu sind der Spezialliteratur [10] zu entnehmen.

10.5 Wandbekleidungen (Tapezier-, Klebe- und Spannarbeiten) auf mineralischen Innenputzen

Der Oberbegriff „Wandbekleidungen" umfasst alle flexiblen Flächengebilde, die als Bahnen in Rollenform geliefert und mit einem Klebstoff oder einem anderen Befestigungsmittel an Decken oder Wänden tapeziert oder gespannt werden (Wandbekleidungen, Spannstoffe). Wandteppiche und ähnliche Wandbehänge werden hiermit nicht erfasst.

Normen/Einteilung. In den europäischen Normen DIN EN 233 und DIN EN 234 sind die Wandbekleidungen unterteilt in

- DIN EN 233 „Wandbekleidungen in Rollen – Festlegungen für fertige Papier-, Vinyl- und Kunststoffwandbekleidungen". Diese Europäische Norm legt u. a. Anforderungen an die Kennzeichnung, die hauptsächlich der Verbraucherinformation zur Ermöglichung einer optimalen Auswahl des Produktes dienen soll, fest.
Abwaschbarkeit. Wird bspw. von einer Wandbekleidung nach dem Tapezieren „Abwaschbarkeit" verlangt, dann muss sie je nach Abwaschbarkeitsgrad mit „abwaschbar", „hoch abwaschbeständig" oder „scheuerbeständig" gekennzeichnet sein.
- DIN EN 234: Wandbekleidungen für nachträgliche Behandlung. In dieser Norm werden u. a. die Wasserbeständigkeit, Waschbarkeit und Farbbeständigkeit gegen Licht sowie Umweltanforderungen behandelt.

Je nach Aufbau und Material lassen sich die fertigen Wandbekleidungen gemäß DIN EN 235 (Begriffe) einteilen in

- Papier-, Kunststoff-, Vlies-, Textil- und Velourswandbekleidungen sowie Metall-Effekt-Wandbekleidungen und Naturwerkstoffwandbekleidungen.

Des Weiteren informiert DIN EN 235 mit grafischen Symbolen über Eigenschaften der Tapeten und weist auf die Verarbeitungsregeln hin. Qualitätstapeten sind auf der Rückseite gekennzeichnet; diese Zeichen gelten europaweit.

Tapezier-, Klebe- und Spannarbeiten innen sind gemäß VOB Teil C, ATV DIN 18363 und DIN 18366 sowie den Merkblättern 10 „Beschichtungen, Tapezier- und Klebearbeiten auf Innenputz" [5] und 16 „Technische Richtlinien für Tapezier- und Spannarbeiten innen" [10] des Bundesausschusses Farbe- und Sachwertschutz. Frankfurt/Main auszuführen. Vor dem Tapezieren oder Kleben hat der Auftragnehmer den Untergrund der Norm entsprechend zu überprüfen, um festzustellen, welche Maßnahmen erforderlich sind, um zu einer mangelfreien Werklieferleistung zu gelangen.

Für Wandbekleidungen auf mineralischen Innenputzen gelten die gleichen Voraussetzungen wie für die zuvor in Abschn. 10.4 erläuterten Beschichtungen auf mineralischen Innenputzen. Der Untergrund muss in der Oberflächengüte mindestens Q2 entsprechen für mittel- bis grobstrukturierte Oberflächen. Je feiner die Beschichtung, desto höher die Anforderung an die Oberflächenstruktur.

Neben Putzen kommen als Untergründe auch Betonflächen, Wandbauplatten aus Gips, Gipsplatten (Gipskartonplatten), Gipsfaserplatten, Innendämmungen und Holzwerkstoffplatten in Frage. Die Untergründe müssen den im Merkblatt 16" Technische Richtlinien für Tapezier- und Spannarbeiten innen" des Bundesausschusses Farbe- und Sachwertschutz beschriebenen Anforderungen genügen [10].

Tapetenwechsel. Moderne und fertige Tapeten sind in der Regel trocken abziehbar. Zwei Varianten bieten sich an:

- **Spaltbar trocken abziehbare Tapeten.** Bei der Renovierung wird die obere Deckschicht im Ganzen abgezogen. Die untere Schicht bleibt als glatter Makulaturgrund für die neue Tapete an der Wand.

- **Restlos trocken abziehbare Tapeten** sind durch eine rückseitige Beschichtung entsprechend präpariert, so dass sie vollständig von der Wand abgezogen werden können.

- **Nicht spaltbare, überstreichbare Tapeten** (z. B. Raufasertapeten) werden mit einer Nadelwalze perforiert und mit einem Ablösemittel eingeweicht, so dass sie nach einer gewissen Einwirkzeit leichter entfernt werden können.

10.6 Normen

Norm	Ausgabedatum	Titel
DIN V 105-6	06.2013	Mauerziegel, Planziegel
DIN V 106	05.2010	Kalksandsteine mit besonderen Eigenschaften
DIN 1164-10	03.2013	Zement mit besonderen Eigenschaften; - Teil 10: Zusammensetzung, Anforderungen und Übereinstimmungsnachweis von Zement mit niedrigem wirksamen Alkaligehalt
DIN 1960	09.2016	VOB Vergabe- und Vertragsordnung für Bauleistungen – Teil A: Allgemeine Bestimmungen für die Vergabe von Bauleistungen
DIN 1961	09.2016	VOB Vergabe- und Vertragsordnung für Bauleistungen – Teil B: Allgemeine Vertragsbedingungen für die Ausführung von Bauleistungen
DIN 4102-1	05.1998	Brandverhalten von Baustoffen und Bauteilen; Baustoffe; Begriffe, Anforderungen und Prüfungen
DIN 4102-2	09.1977	–; Bauteile; Begriffe, Anforderungen und Prüfungen
DIN 4102-4	05.2016	–; Zusammenstellung und Anwendung klassifizierter Baustoffe, Bauteile und Sonderbauteile
DIN 4103-1	06.2015	Nichttragende innere Trennwände; Anforderungen, Nachweise
DIN 4108 Bbl 2[1)]	03.2006	Wärmeschutz und Energie-Einsparung in Gebäuden; Wärmebrücken; Planungs- und Ausführungsbeispiele
DIN 4108-2	02.2013	–; Mindestanforderungen an den Wärmeschutz
DIN 4108-3	10.2018	– Teil 3: Klimabedingter Feuchteschutz – Anforderungen, Berechnungsverfahren und Hinweise für Planung und Ausführung
DIN 4108-10	12.2015	–; Anwendungsbezogene Anforderungen an Wärmedämmstoffe – Werkmäßig hergestellte Wärmedämmstoffe
DIN 4109-1	02.2018	Schallschutz im Hochbau – Teil 1: Mindestanforderungen
DIN V 18 151-100	10.2005	Hohlblöcke aus Leichtbeton – Hohlblöcke mit besonderen Eigenschaften
DIN V 18 152-100	10.2005	Vollsteine und Vollblöcke aus Leichtbeton – Vollsteine und Vollblöcke mit besonderen Eigenschaften
DIN V 18 153-100	10.2005	Mauersteine aus Beton (Normalbeton) – Mauersteine mit besonderen Eigenschaften
DIN 18 168-1	04.2007	Gipsplatten-Deckenbekleidungen und Unterdecken; Teil 1: Anforderungen an die Ausführung
DIN 18 181[2)]	10.2008	Gipskartonplatten im Hochbau; Grundlagen für die Verarbeitung
DIN 18 184	10.2008	Gipskarton-Verbundplatten mit Polystyrol- oder Polyurethan-Hartschaum als Dämmstoff
DIN 18 195	07.2017	Abdichtung von Bauwerken – Begriffe
DIN 18 202	04.2013	Toleranzen im Hochbau – Bauwerke
DIN 18 350	09.2016	VOB Vergabe- und Vertragsordnung für Bauleistungen – Teil C: Allgemeine Technische Vertragsbedingungen für Bauleistungen (ATV) Putz- und Stuckarbeiten
DIN 18 363	09.2016	–; –; Maler- und Lackiererarbeiten – Beschichtungen
DIN 18 366	09.2016	–; –; Tapezierarbeiten
DIN 18 550-1	01.2018	Planung, Zubereitung und Ausführung von Außen- und Innenputzen – Teil 1: Ergänzende Festlegungen zu DIN EN 13914-1:2016-09 für Außenputze
DIN 18550-2	01.2018	–; Teil 2: Ergänzende Festlegungen zu DIN EN 13914-2:2016-09 für Innenputze

[1)] z. Zt. in Neubearbeitung (E 11.2017)
[2)] z. Zt. in Neubearbeitung (E 10.2018)

10.6 Normen

Normen, Fortsetzung

Norm	Ausgabedatum	Titel
DIN 18 558	01.1985	Kunstharzputze; Begriffe, Anforderungen, Ausführung
DIN V 18 580	03.2007	Mauermörtel mit besonderen Eigenschaften
DIN 20 000-404 nach DIN EN 771-4	04.2018	Anwendung von Bauprodukten in Bauwerken – Teil 404: Regeln für die Verwendung von Porenbetonsteinen
DIN 55 945	08.2016	Beschichtungsstoffe und Beschichtungen – Begriffe – weitere Begriffe zu DIN EN ISO 4618
DIN 55 950	08.2001	Bindemittel für Beschichtungsstoffe; Kurzzeichen
DIN 55 968	08.2013	Pigmente; Industriell hergestellte Pigmentruße (Flammruß, Furnaceruß, Gasruß); Anforderungen und Prüfverfahren
DIN 68 800-1	10.2011	Holzschutz im Hochbau; Allgemeines
DIN 68 800-2	02.2012	Holzschutz – Teil 2: Vorbeugende bauliche Maßnahmen im Hochbau
DIN 68 800-3	02.2012	–; Vorbeugender Schutz von Holz mit Holzschutzmitteln
DIN 68 800-4	02.2012	–; Bekämpfungs- und Sanierungsmaßnahmen gegen holzzerstörende Pilze und Insekten
DIN EN 197-1	11.2011	Zement – Teil 1: Zusammensetzung, Anforderungen und Konformitätskriterien von Normalzement; Deutsche Fassung EN 197-1: 2011
DIN EN 233	02.2017	Wandbekleidungen in Rollen; Festlegungen für fertige Papier-, Vinyl- und Kunststoffwandbekleidungen
DIN EN 234[1]	02.1997	–; Festlegungen für Wandbekleidungen für nachträgliche Behandlung
DIN EN 235	04.2002	Wandbekleidungen; Begriffe und Symbole
DIN EN 259-1	12.2001	Wandbekleidungen in Rollen; Hoch beanspruchbare Wandbekleidungen; Anforderungen
DIN EN 259-2	12.2001	–; –; Bestimmung der Stoßfestigkeit
DIN EN 266	03.1992	–; Festlegungen für Textilwandbekleidungen
DIN EN 459-1	07.2015	Baukalk; Definitionen, Anforderungen und Konformitätskriterien
DIN EN 459-2	12.2010	–; Prüfverfahren
DIN EN 459-3	07.2015	–; Konformitätsbewertung
DIN EN 771-1	11.2015	Festlegungen für Mauersteine – Mauerziegel
DIN EN 771-2	11.2015	–; Kalksandsteine
DIN EN 771-3	11.2015	–; Mauersteine aus Beton (mit dichten und porigen Zuschlägen)
DIN EN 771-4	11.2015	–; Porenbetonsteine
DIN EN 771-5	11.2015	–; Betonwerksteine
DIN EN 771-6	11.2015	–; Natursteine
DIN EN 998-1	02.2017	Festlegungen für Mörtel im Mauerwerksbau – Teil 1: Putzmörtel
DIN EN 1062-1	08.2004	Beschichtungsstoffe; Beschichtungsstoffe und Beschichtungssysteme für mineralische Substrate und Beton im Außenbereich; Einteilung
DIN EN 1062-3	04.2008	–; –; Bestimmung der Wasserdurchlässigkeit
DIN EN 1062-6	10.2002	–; –; Bestimmung der Kohlenstoffdioxid-Diffusionsstromdichte (Permeabilität)
DIN EN 1062-7	08.2004	–; –; Bestimmung der rissüberbrückenden Eigenschaften
DIN EN 1062-11	10.2002	–; –; Verfahren für die Konditionierung vor der Prüfung
DIN EN 1062-11 Ber.1	09.2005	Berichtigungen zu DIN EN 1062-11: 2002-10

[1] z. Zt. in Neubearbeitung (E 11.2018)

Normen, Fortsetzung

Norm	Ausgabedatum	Titel
DIN EN 12 149	01.1998	Wandbekleidung in Rollen; Bestimmung der Migration von Schwermetallen und bestimmten anderen extrahierbaren Elementen, des Gehaltes an Vinylchlorid-Monomer sowie der Formaldehydabgabe
DIN EN 12 859	05.2011	Gips-Wandbauplatten; Begriffe, Anforderungen und Prüfverfahren
DIN EN 12 860	07.2002	Gipskleber für Gips-Wandbauplatten; Begriffe, Anforderungen, Prüfverfahren
DIN EN 13 168	04.2015	Wärmedämmstoffe für Gebäude – Werkmäßig hergestellte Produkte aus Holzwolle (WM) – Spezifikation
DIN EN 13 279-1[1)]	11.2008	Gipsbinder und Gips-Trockenmörtel; Begriffe und Anforderungen
DIN EN 13 300	11.2002	Beschichtungsstoffe; Wasserhaltige Beschichtungsstoffe und Beschichtungssysteme für Wände und Decken im Innenbereich; Einteilung
DIN EN 14 496	09.2017	Kleber auf Gipsbasis für Verbundplatten und Gipsplatten zur Wärme- und Schalldämmung – Begriffe, Anforderungen und Prüfverfahren
DIN EN 15 318	01.2008	Planung und Ausführung von Bauteilen aus Gips-Wandbauplatten
DIN EN ISO 150[2)]	05.2007	Rohleinöl, Lackleinöl und Leinölfirnis für Beschichtungsstoffe – Anforderungen und Prüfung (ISO 150: 2006); Deutsche Fassung EN ISO 150: 2007
DIN EN ISO 4618	01.2015	Beschichtungsstoffe – Begriffe
DIN EN ISO 6504-3[3)]	05.2007	Beschichtungsstoffe – Bestimmung des Deckvermögens – Teil 3: Bestimmung des Kontrastverhältnisses von hellen Beschichtungen bei einer festgelegten Ergiebigkeit (ISO 6504-3: 2006); Deutsche Fassung EN ISO 6504-3: 2007
DIN EN ISO 7783[4)]	02.2012	Beschichtungsstoffe – Bestimmung der Wasserdampfdurchlässigkeit – Schalenverfahren im Außenbereich – Bestimmung und Einteilung der Wasserdampf-Diffusionsstromdichte (Permeabilität)
DIN EN ISO 9229	11.2007	Wärmedämmung Begriffe
DIN EN ISO 11 998	10.2006	Beschichtungsstoffe – Bestimmung der Nassabriebbeständigkeit und der Reinigungsfähigkeit von Beschichtungen
DIN EN ISO 14 021	07.2016	Umweltkennzeichnungen und -deklarationen – Umweltbezogene Anbietererklärungen (Umweltkennzeichnung Typ II)
DIN ISO 14 025	10.2011	–; Typ III – Umweltdeklarationen – Grundsätze und Verfahren
DIN EN ISO 14 040	11.2009	Umweltmanagement – Ökobilanz – Grundsätze und Rahmenbedingungen
DIN EN ISO 16 000-1	06.2006	Innenraumluftverunreinigungen – Allgemeine Aspekte der Probenahmestrategie
DIN EN ISO 18451-1[5)]	12.2017	Pigmente, Farbstoffe und Füllstoffe – Begriffe - Teil 1: Allgemeine Begriffe
DIN EN ISO 18451-2[6)]	12.2017	–; Teil 2: Einteilung nach koloristischen und chemischen Gesichtspunkten (ISO 18451-2: 2018); Deutsche und Engllische Fassung EN ISO 18451-2: 2018
DIN EN ISO 8130-1[7)]	02.2011	Pulverlacke; Bestimmung der Teilchengrößenverteilung durch Sieben
ISO EN ISO 4618	01.2015	Beschichtungsstoffe - Begriffe (ISO 4618:2014); Dreisprachige Fassung

[1)] z. Zt. in Neubearbeitung (E 08.2017)
[2)] z. Zt. in Neubearbeitung (E 02.2018)
[3)] z. Zt. in Neubearbeitung (E 10.2018)
[4)] z. Zt. in Neubearbeitung (E 07.2018)
[5)] z. Zt. in Neubearbeitung (E 04.2018)
[6)] z. Zt. in Neubearbeitung (E 12.2018)
[7)] z. Zt. in Neubearbeitung (E 04.2018)
Weitere ergänzende Normen siehe Abschnitt 9.12, Außen- und Innenputze, Sonderputze und Wärmedämmsysteme

10.7 Literatur

[1] *Klausen, Hoscheid, Lieblang*: Technologie der Baustoffe, Handbuch für Studium und Praxis. 15. Aufl., C. F. Müller, VDE-Verlag, Berlin

[2] *Brasholz, Waldau, Wallenfang, Gatz*: Lexikon der Anstrichtechnik. Teil 1, Grundlagen. Teil 2, Anwendung. Verlag Callwey, München (2000)

[3] Merkblatt 9: Beschichtungen auf mineralischen Außenputzen. Hrsg.: Bundesausschuss Farbe- und Sachwertschutz. Frankfurt/Main (2010)

[4] Merkblatt 10: Beschichtungen, Tapezier- und Klebearbeiten auf Innenputz. Hrsg.: Bundesausschuss Farbe- und Sachwertschutz. Frankfurt/Main (2012)

[5] Sol-Silikatfarben. Keimfarben GmbH, Diedorf

[6] *Weber, H.*: Flüssige und cremige Imprägniermittel zum Oberflächenschutz. in: Arconis **2**/02

[7] TÜV-geprüftes Innenraumsortiment. STO AG, Stühlungen

[8] Merkblatt 16: Technische Richtlinienfür Tapezier- und Spannarbeiten innen, Hrsg.: Bundesausschuss Farbe- und Sachwertschutz. Frankfurt/Main (11.2013)

11 Gerüste und Abstützungen

11.1 Gerüste

11.1.1 Allgemeine Bestimmungen

Gerüste erfordern für Entwurf, Berechnung und Ausführung den Einsatz von Fachleuten und Unternehmen, die eine sorgfältige Ausführung gewährleisten.

Während für die betriebssichere Errichtung und den Ausbau von Gerüsten der Gerüstbauunternehmer verantwortlich ist, haftet für die ordnungsgemäße Erhaltung und Benutzung jeder Unternehmer, der die Gerüste benutzt oder benutzen lässt.

In Deutschland benötigen Gerüste eine bauaufsichtliche Zulassung des Deutschen Institutes für Bautechnik. Grundsätzlich muss für alle Gerüste, wenn sie nicht in Regelausführung nach DIN EN 12 810-1 errichtet werden, eine statische Berechnung aufgestellt bzw. der Nachweis der Brauchbarkeit (geprüfte Typenberechnung) erbracht werden. Die dabei zu beachtenden Bestimmungen sind enthalten vor allem in DIN EN 12 810-1 und DIN EN 12 811-1.

Gerüste werden normativ nach
- der Verwendungsart (z.B. Arbeitsgerüst)
- der Art der Gerüstausbildung (z.B. Fassadengerüst) und
- der Bauart

unterschieden.

Bei der Bauart wird zusätzlich unterschieden nach
- dem Tragsystem (z.B. Standgerüst)
- der Ausführungsart (z.B. Rahmengerüst)

Die **Verwendungsart** beschreibt die vom Gerüst zu erfüllende Grundfunktion, also der zu erfüllenden Aufgabe als Gerüst für Arbeits-, Schutz- oder Tragzwecke. Nach der Verwendungsart werden dem gemäß unterschieden:

- Arbeitsgerüste (DIN EN 12 811)
- Schutzgerüste (DIN 4420 / DIN EN 12811-4)
- Traggerüste (DIN EN 12 812)

Die für solche Gerüste zu beachtenden ausführlichen Bestimmungen sowie Festlegungen für Bezeichnungen, Materialien, Leistungsanforderungen usw. sind in unterschiedlichen Normwerken enthalten.

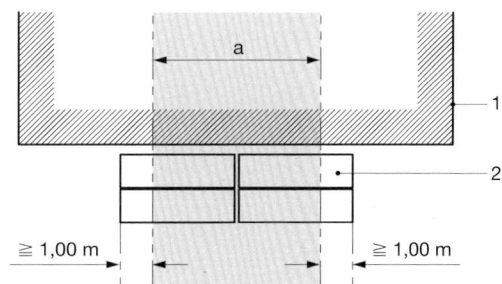

11.1 Überstand Schutzgerüst (DIN 4420)
a) Zu schützender Arbeitsbereich
1 Gebäudeaußenkante
2 Schutzbereich

Arbeitsgerüste gemäß DIN EN 12 811-1 bis 3 dienen der Durchführung von Bau- und Montagearbeiten sowie der Lagerung von Material und Werkzeugen.

Schutzgerüste gemäß DIN 4420-1 sind Gerüste, die als Fang- oder Dachfanggerüste Personen gegen tieferen Absturz sichern oder als Schutzdächer bzw. Arbeitsgerüste mit Bekleidungen Personen, Maschinen, Geräte u.a. vor herabfallenden Gegenständen schützen.

Entsprechend der unterschiedlichen Gefahrenpotenziale gibt es verschiedene Ausführungen von Schutzgerüsten. Dazu gehören Fanggerüste (FG), Dachfanggerüste (DG), Schutzdächer (SD) und Schutzgitter bzw. -netze.

Schutzgerüste müssen den zu schützenden Bereich, bezogen auf die Absturzkante, seitlich um mindestens 1,00 m überragen (Bild **11.1**).

Schutzdächer (SD) nach DIN EN 12 811-4 sollen darunterliegende Bereiche gegen herabfallende Gegenstände schützen.

Traggerüste dienen zur Unterstützung von Bauteilen bei der Montage oder während der Bauzeit, solange die vorgesehene Tragfähigkeit noch nicht erreicht ist. Zu den zahlreichen Ausführungsformen sind auch Absteifungen und Abfangungen zu rechnen (Abschn. 11.2) sowie freistehende Gerüste zur Sicherung einzelner Bauwerks-

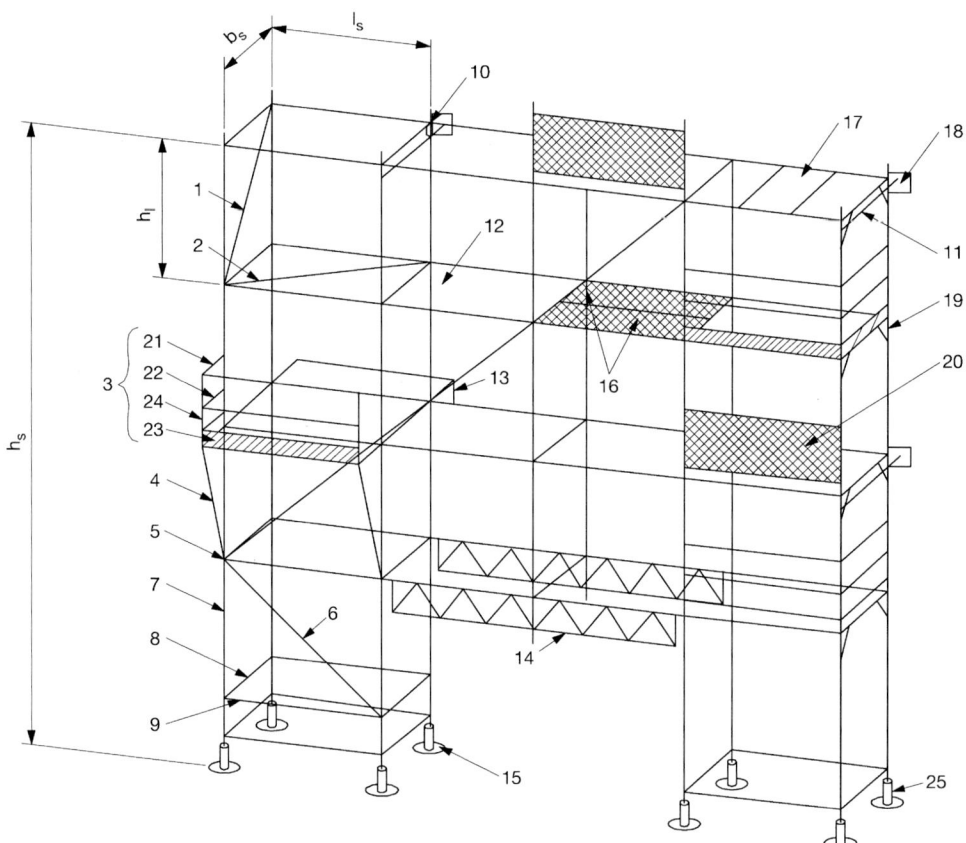

11.2 Beispiele für Gerüstbauteile und Benennungen eines Fassadengerüstes als Standgerüst (DIN EN 12 811-1)

h_s Höhe des Arbeitsgerüstes
b_s Gerüstfeldbreite, von Ständermitte zu Ständermitte
l_s Gerüstfeldlänge, von Ständermitte zu Ständermitte
h_l Abstand benachbarter horizontaler Ebenen

1 Vertikalaussteifung (Querdiagonale)
2 Horizontalaussteifung (Horizontaldiagonale)
3 Seitenschutz
4 Konsolstrebe
5 Knoten
6 Vertikalaussteifung (Längsdiagonale)
7 Ständer
8 Querriegel
9 Längsriegel
10 Kupplung
11 Gerüsthalter
12 Belagfläche
13 Konsole
14 Überbrückungsträger
15 Fußplatte
16 Belagteil
17 Horizontalrahmen
18 Gerüstanker
19 Vertikalrahmen
20 Geflecht
21 Geländerholm
22 Zwischenholm
23 Bordbrett
24 Geländerpfosten
25 Fußspindel

teile während der Ausführungszeit (Abschn. 11.3). Traggerüste als Unterstützungen von Betonschalen bzw. Betonschalungen sind in Abschn. 5.4 in Teil 1 des Werkes behandelt.

Hinsichtlich des Tragsystems werden in ATV DIN 18 451 unterschieden:

- Standgerüste (S)
- Hängegerüste (H)
- Konsolgerüste (K)

Gerüste können ausgeführt werden als:

- Stahlrohr-Kupplungsgerüste (SR)
- Rahmengerüste (RG)
- Modulsysteme (MS)

Unterschieden werden ferner Gerüste mit *längenorientierten* Gerüstlagen (Fassadengerüste u. Ä.) sowie *Raumgerüste*, z. B. zur Einrüstung von Innenräumen für Deckenarbeiten.

11.1 Gerüste

Tabelle **11**.3   Verkehrslasten auf Gerüstlagen (DIN 12 811-1 Tabelle 3)

Lastklasse	Gleichmäßig verteilte Last q_1 kN/m²	Auf einer Fläche von 500 mm × 500 mm konzentrierte Last F_1 kN	Auf einer Fläche von 200 mm × 200 mm konzentrierte Last F_2 kN	Teilflächenlast q_2 kN/m²	Teilflächenfaktor a_p
1	0,75	1,50	1,00	–	–
2	1,50	1,50	1,00	–	–
3	2,00	1,50	1,00	–	–
4	3,00	3,00	1,00	5,00	0,4
5	4,50	3,00	1,00	7,50	0,4
6	6,00	3,00	1,00	10,00	0,5

Fassadengerüste werden i. d. R. zumeist sehr wirtschaftlich als Systemgerüste erstellt. Die früher weit verbreiteten hölzernen Leitergerüste haben kaum mehr eine baupraktische Bedeutung. Stahlrohr-Kupplungsgerüste kommen insbesondere bei komplizierten Gerüstformen oder bei hohen Beanspruchungen zum Einsatz.

Die Bezeichnungen der Einzelteile eines Fassadengerüstes in der Ausführung als Standgerüst zeigt Bild **11**.2.

Hinsichtlich ihrer Tragfähigkeit werden Arbeitsgerüste gem. DIN EN 12811-1 in 6 Lastklassen eingeteilt (Tab. **11**.3). Zusätzlich erfolgt eine Zuordnung zu 7 Breiten- und 2 Höhenklassen (Tab. **11**.4 und **11**.5).

Die Bezeichnung eines Fertiggerüstsystems nach DIN EN 12 810-1 mit Kurzzeichen muss die Lastklasse, die Orientierung der Gerüstlagen, die Systembreite und Feldlänge, die Durchgangshöhe und Aussagen zur Bekleidung und zur Zugangsart enthalten.

Beispiel Arbeitsgerüst (AG) der Lastklasse 4, bemessen ohne Fallversuche auf Belagfläche, Systembreitenklasse 0,9 m bei einer Feldlänge von 2,50 m und einer Durchgangshöhe $\geq$ 1,90 m, ohne Bekleidung, mit Leiter:
Gerüst DIN EN 12 810-4N-SW09/250-H2-A-LA
bzw. für ein entsprechendes Gerüst, bemessen mit Fallversuchen auf Belagfläche, mit Bekleidung sowie Leiter- und Treppenzugang:
Gerüst DIN EN 12 810-4D-SW09/250-H2-B-LS

Bei der Ausschreibung von Gerüsten kann wie folgt vorgegangen werden: „Fassadengerüst nach DIN EN 12 810-1, Lastklasse 3 (2 kN/m²) Breitenklasse W06, Höhenklasse H 2".

Jedes systemgebundene Bauteil vor Ort muss dauerhaft lesbar gekennzeichnet sein mit:

a) einem Symbol oder Buchstaben zur Identifizierung des Gerüstsystems und seines Herstellers;

b) dem Herstellungsjahr unter Angabe der letzten beiden Ziffern bzw. einer entsprechenden zurück verfolgbaren Verschlüsselung.

Tabelle **11**.4   Breitenklassen für Gerüstlagen

Breitenklasse	w in m
W06	$0{,}6 \leq w < 0{,}9$
W09	$0{,}9 \leq w < 1{,}2$
W12	$1{,}2 \leq w < 1{,}5$
W15	$1{,}5 \leq w < 1{,}8$
W18	$1{,}8 \leq w < 2{,}1$
W21	$2{,}1 \leq w < 2{,}4$
W24	$2{,}4 \leq w$

Tabelle **11**.5   Klassen der lichten Höhe

Klasse	Lichte Höhe		
	Zwischen den Gerüstlagen h_3	Zwischen Gerüstlagen und Querriegeln oder Gerüsthaltern h_{1a} und h_{1b}	Schulterhöhe h_2
H_1	$h_3 \geq 1{,}90$ m	$1{,}75$ m $\leq h_{1a} < 1{,}90$ m $1{,}75$ m $\leq h_{1b} < 1{,}90$ m	$h_2 \geq 1{,}60$ m
H_2	$h_3 \geq 1{,}90$ m	$h_{1a} \geq 1{,}90$ m $h_{1b} \geq 1{,}90$ m	$h_2 \geq 1{,}75$ m

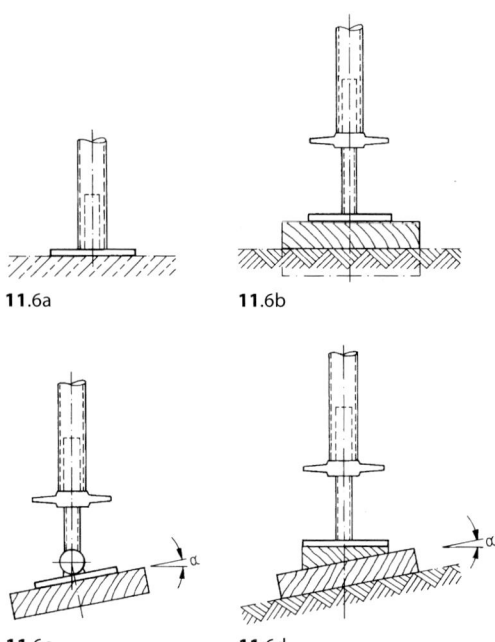

Gerüste sind mit ihren Auflagern – bei Stahlrohrgerüsten mit Fußplatten bzw. Fußspindel – vollflächig auf tragfähigen Untergrund oder lastverteilende Unterlagen (z. B. Bohlen, Kanthölzer, Stahlträger) zu stellen. Neigungen im Untergrund bis zu 5° sind durch Keile oder schwenkbare Fußplatten auszugleichen (Bild **11.6**). Bei größeren Neigungen und für lastabtragende Träger ist ein statischer Nachweis zu erbringen.

Vor der Benutzung und nach längeren Arbeitsunterbrechungen, konstruktiven Änderungen oder bei sonstigen außergewöhnlichen Einwirkungen sind die Gerüste durch den verantwortlichen Unternehmer entsprechend der vom Hersteller zur Verfügung zu stellenden Aufbau- und Verwendungsanleitung zu überprüfen.

11.6 Beispiele für die Auflagerung von Fußspindel und Fußplatten
  a) Auflagerung auf tragfähigem Untergrund
  b) Auflagerung auf Bohle, Träger o. Ä.
  c) schwenkbare Fußspindel ($\alpha < 5°$)
  d) Neigungsausgleich durch keilförmiges Auflager ($\alpha < 5°$)

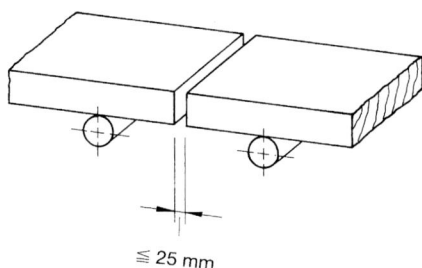

11.7 Maximalabstände von Belagteilen (DIN 12 811-1)

Tabelle **11**.8 Gerüstbohlen aus Holz als Belagteile von Fanggerüsten (DIN 4420-1)

Bohlenbreite	Absturzhöhe	Größte zulässige Stützweite m							
		für doppelt gelegte Bretter oder Bohlen mit einer Dicke von				für einfach gelegte Bretter oder Bohlen mit einer Dicke von			
cm	m	3,5 cm	4,0 cm	4,5 cm	5,0 cm	3,5 cm	4,0 cm	4,5 cm	5,0 cm
20	1,00	1,5	1,8	2,1	2,6	–	1,1	1,2	1,4
	1,50	1,3	1,6	1,9	2,2	–	1,0	1,1	1,3
	2,00	1,2	1,5	1,7	2,0	–	–	1,0	1,2
	2,50	1,2	1,4	1,6	1,8	–	–	1,0	1,1
	3,00	1,1	1,3	1,5	1,7	–	–	–	1,2
24	1,00	1,7	2,1	2,5	2,7	1,0	1,2	1,4	1,6
	1,50	1,5	1,8	2,2	2,5	–	1,1	1,2	1,4
	2,00	1,4	1,6	2,0	2,2	–	1,0	1,2	1,3
	2,50	1,3	1,5	1,9	2,1	–	1,0	1,1	1,2
	3,00	1,2	1,4	1,8	1,9	–	–	1,0	1,2
28	1,00	1,9	1,9	2,7	2,7	1,1	1,3	1,5	1,7
	1,50	1,7	2,0	2,5	2,7	1,0	1,2	1,4	1,6
	2,00	1,5	1,8	2,2	2,5	1,0	1,1	1,3	1,4
	2,50	1,4	1,7	2,0	2,3	–	1,0	1,2	1,4
	3,00	1,3	1,6	2,0	2,1	–	1,0	1,1	1,3

11.1 Gerüste

Tabelle 11.9 Zulässige Stützweite in m für Gerüstbeläge aus Holzbohlen/-brettern (DIN 4420-3)

Last-klasse	Brett- oder Bohlenbreite in cm	Brett- oder Bohlendicke in cm				
		3,0	3,5	4,0	4,5	5,0
1, 2, 3	20	1,25	1,50	1,75	2,25	2,50
	24 und 28	1,25	1,75	2,25	2,50	2,75
4	20	1,25	1,50	1,75	2,25	2,50
	24 und 28	1,25	1,75	2,00	2,25	2,50
5	20, 24, 28	1,25	1,25	1,50	1,75	2,00
6	20, 24, 28	1,00	1,25	1,25	1,50	1,75

11.1.2 Materialien

Für Gerüstbauteile aus Stahl (nur in korrosionsgeschützter Ausführung nach DIN 4427), Aluminium oder Holz sind in DIN EN 12 811-1 allgemeine Angaben enthalten. Gerüstbauteile aus Holz müssen mindestens der Sortierklasse S 10 oder MS 10 nach DIN 4074-1 oder DIN EN 338 entsprechen. Gerüstbretter und -bohlen aus Holz müssen dauerhaft mit dem Ü-Zeichen gekennzeichnet sein. Die Kennzeichnung muss außerdem die letzten beiden Ziffern des Jahres der Herstellung enthalten. *Gerüstbohlen* aus Holz müssen nach DIN 4420-3 mindestens 3 cm dick, vollkantig und dürfen an den Enden nicht aufgerissen sein. Ihren Maximalabstand zeigt Bild 11.7. Zulässige Stützweiten für Gerüstbohlen oder -bretter zeigen die Tabellen 11.8 und 11.9.

Gem. DIN EN 12811-1 müssen Brettsperrholz-Gerüstbeläge aus mind. 5 Lagen mit einer jeweiligen Mindeststärke von 9 mm bestehen. Belagteile aus Stahl erfordern eine Nennwanddicke von mindestens 2 mm, bei Aluminiumlegierungen sind es mind. 2,5 mm.

11.1.3 Bauliche Anforderungen

Bei dem erforderlichen Standsicherheitsnachweis nach DIN EN 12 811-1 muss eine ausreichende Aussteifung der Gerüste durch Diagonalen, Rahmen usw. (Bild 11.10) sowie eine Veran-

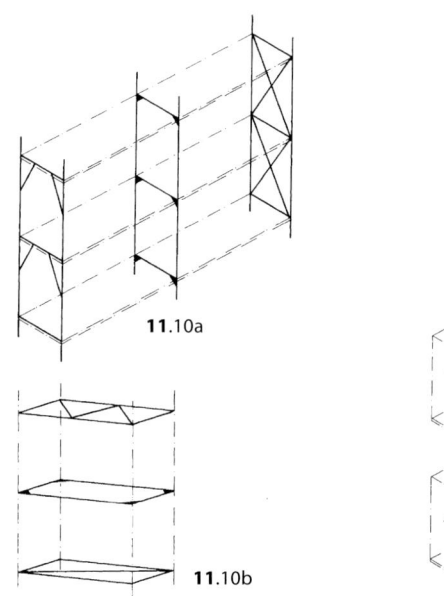
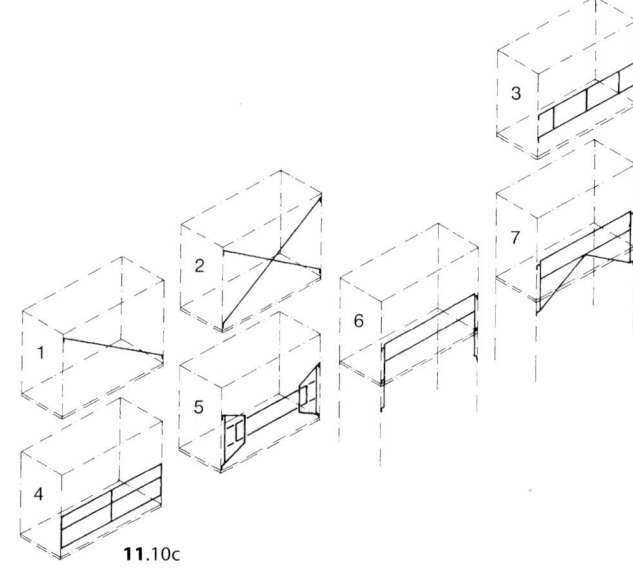

11.10 Beispiele für Aussteifungen von Gerüstfeldern
 a) Querverstrebungen, b) Beispiel für steife Horizontalebenen, c) Längsverstrebungen
 1 mit Diagonale
 2 mit Diagonalen als Andreaskreuz
 3 mit Geländerholm und Zwischenholm als Träger
 4 Rahmen mit Geländerholm, Zwischenholm und Ständer
 5 Rahmen aus drei Teilen als Verstrebungen
 6 Überbrückungsrahmen als Seitenschutz auf der zu errichtenden Ebene
 7 Überbrückungsrahmen mit Verstrebungen als Seitenschutz auf der zu errichtenden Ebene

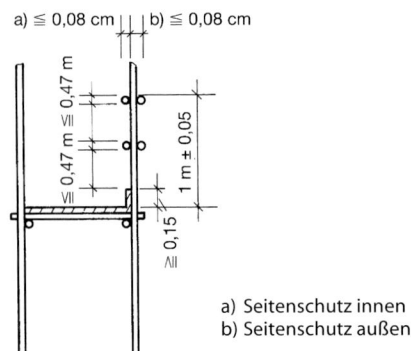
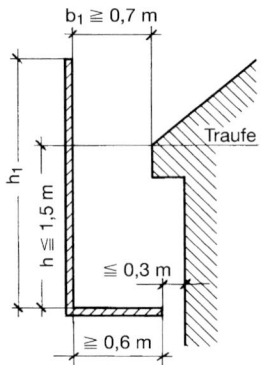

11.11 Seitenschutz bei Arbeitsgerüsten (DIN EN 12 811-1)

11.12 Dachfanggerüste; lotrechte und waagerechte Begrenzungen (DIN 4420-1)

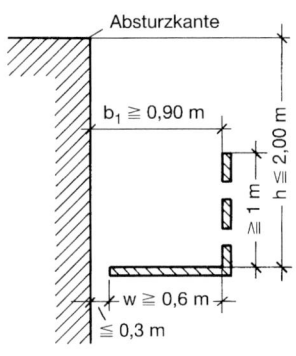
11.13a

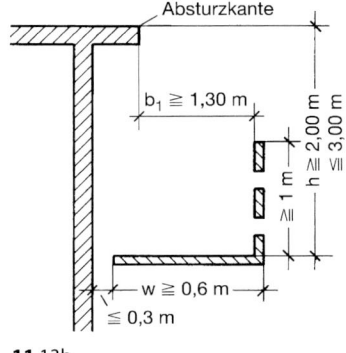
11.13b

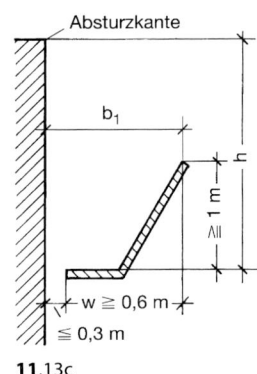
11.13c

11.13 Belagbreite und Seitenschutz bei Fanggerüsten (DIN 4420-1)
 a) und b) Schutzgerüste vor senkrechten Wänden
 c) Fanggerüst

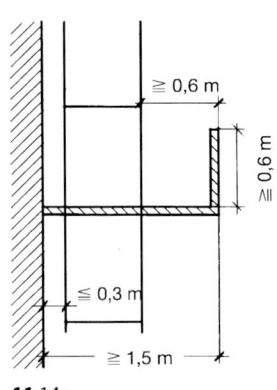
11.14a

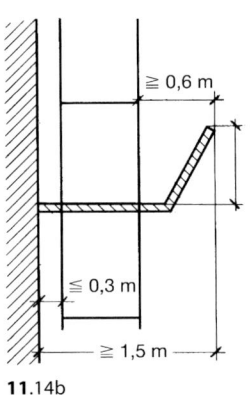
11.14b

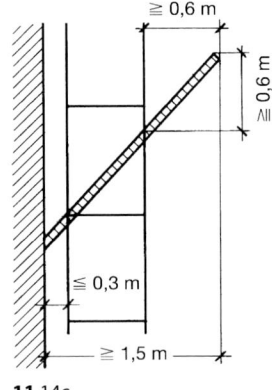
11.14c

11.14 Abmessungen von Schutzdächern (DIN 4420-1)
 a) Schutzdach mit vertikaler Bordwand
 b) Schutzdach mit geneigter Bordwand
 c) geneigtes Schutzdach

11.1 Gerüste

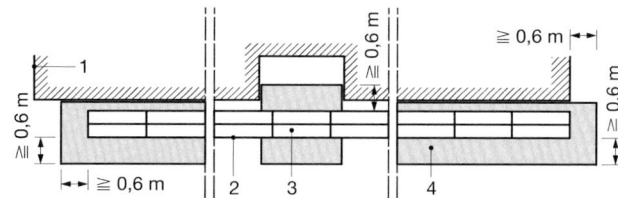

11.15 Schutzdach an Gerüstlängsseiten und an Gebäuderücksprüngen
1 Außenkante Bauwerk
2 Außenkante Gerüst
3 Belagfläche
4 Schutzdach

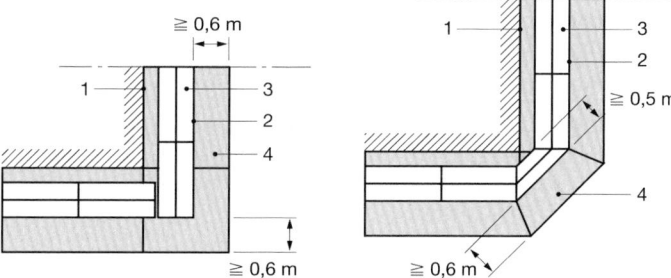

11.16 Schutzdach an Gebäudeecken
1 Außenkante Bauwerk
2 Außenkante Gerüst
3 Belagfläche
4 Schutzdach

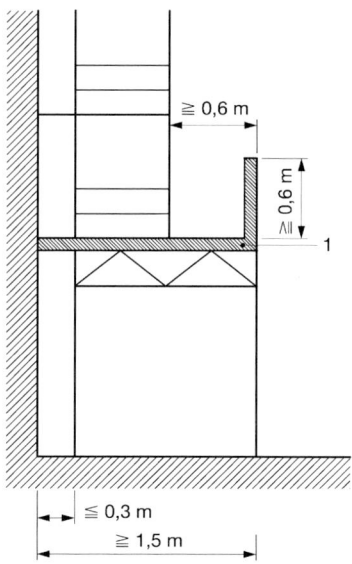

11.17 Durchgangsrahmen mit Schutzdach
1 Schutzdach

kerung mit Hilfe von Gerüsthaltern berücksichtigt sein.

Die Arbeitsplätze auf den Gerüsten müssen über Treppen, Leitern oder Laufstege sicher erreichbar sein.

Bei Gerüstlagen mit mehr als 2 m Höhe über sicherem Untergrund muss ein *Seitenschutz* bestehend aus Geländerholm, Zwischenseitenschutz und Bordbrett vorhanden sein (Bild **11**.11). Letzteres muss mit seiner Oberkante mindestens 150 mm über die Belagebene reichen.

Alle Teile müssen gegen unbeabsichtigtes Lösen, das Bordbrett auch gegen Kippen gesichert sein.

Der Abstand zwischen Gerüstbelägen und Bauwerk darf gem. DIN 4420-1 nicht größer als 0,30 m sein. Wenn ein Absturz auch in das Gebäude hinein möglich ist, muss der Seitenschutz auch zu dieser Seite hin ausgebildet werden.

Besondere Bestimmungen gelten gem. DIN 4420-1 für Dachfang- und Fanggerüste (Bild **11**.12 und **11**.13). Die Höhe der Schutzwand muss mindestens 1,00 m betragen und sie muss bei Dachfanggerüsten die Absturzkante um mindestens das Maß $1,5 - b_1$ überragen (Bild **11**.12).

Die Anforderungen an Schutzdächer sind aus den Bildern **11**.14 bis **11**.17 ersichtlich.

Bei Dächern mit Traufhöhen von mehr als 5 m müssen bei Dachneigungen > 45° Absturzsicherungen direkt am Arbeitsplatz angeordnet werden.

Grundsätzlich sind alle Absturzkanten bei Höhen über 2 m durch Absperrungen o. Ä. zu sichern.

Besonders, wenn Sicherungen an öffentliche Verkehrsflächen angrenzen, sind ausreichende Freiflächen zu berücksichtigen und durch Beschilderung und Absperrung kenntlich zu machen.

11.1.4 Gerüstbauarten

Stahlrohr-Kupplungsgerüste

Stahlrohr-Kupplungsgerüste nach DIN 4420-3 werden aus einzelnen Stahlrohren und besonderen Verbindungsstücken, den Kupplungsteilen, montiert (Bild **11**.19). Sie bestehen aus Rohren der Stahlsorte S 235. Der Rohrdurchmesser beträgt 48,3 mm, die Mindestwanddicke 3,2 mm. Auch genormt sind Rohre der Stahlsorte S 185; Ø 48,3 mm, Nennwanddicke 4,05 mm. Diese dürfen jedoch nur für Gerüste der Lastenklassen 1–4 und max. bis 20 m Gerüsthöhe verwendet werden. Für alle Verbindungsteile ist eine besondere behördliche Zulassung (Prüfzeichen) erforderlich. Sie müssen dauerhaft und deutlich erkennbar gekennzeichnet sein.

Bei Stahlrohr-Kupplungsgerüsten mit längenorientierten Gerüstlagen darf der Vertikalabstand der Gerüstlagen nicht größer als 2 m sein. Für die erforderlichen Verankerungen werden in DIN 4420-3, je nach Gerüstbauhöhe und Ausführungsart spezielle Verankerungsraster und die der statischen Berechnung zugrunde zu legenden Ankerkräfte festgelegt.

Stahlrohrgerüste werden heute insbesondere als Traggerüste bei Einschalungsarbeiten für große Bauteile verwendet. Für normale Arbeits- und Schutzgerüste ist der Arbeitsaufwand für das Auf- und Abbauen relativ hoch. Zur Rationalisierung werden hier vielfach als Sonderform der Stahlrohrgerüste die meistens in geschlossenen Systemen angebotenen Schnellbaugerüste (Systemgerüste nach DIN EN 12810) eingesetzt.

Die Ständerabstände sind nach Tabelle **11**.18 zu wählen.

Systemgerüste

Als Systemgerüst ist ein Gerüst aus vorgefertigten Bauteilen definiert, in dem einige oder alle Systemteile durch fest an den Bauteilen angebrachte Verbindungen vorbestimmt ist.

Herstellerspezifische Fassadengerüstsysteme werden als „Fassadengerüst aus vorgefertigten Bauteilen" in DIN EN 12 810 genormt.

Die unterschiedlichen Konstruktionen der Systemgerüste, die sich zurzeit auf dem Markt befinden, werden hinsichtlich der Ausbildung des vertikalen Traggliedes systematisch in folgender Weise geordnet:

- Rahmengerüst
  - Rahmengerüst mit Vertikalrahmen, die in Höhe der Belagebene gestoßen werden (D-Rahmen)
  - Rahmengerüst mit Vertikalrahmen, die in Höhe der Geländerholme gestoßen werden (Aufgelöste Rahmen)
- Modulgerüst

Die nach dem Baukastenprinzip zusammengesteckten Konstruktionen werden zeitsparend auf- und abgebaut, sind zudem wirtschaftlich und stabil.

Nach Ihrer Bauart und dem Verwendungszweck unterscheidet man Standgerüste als Rahmen- oder Modulgerüste, sowie mobile Gerüstkonstruktionen, die an ihren Einsatzort gefahren und angebracht werden können.

Ein modernes Schnellbaugerüst zeigt Bild **11**.20.

Ausleger- und Konsolgerüste

Auslegergerüste sind Arbeits- und Schutzgerüste, deren Belagflächen auf Auslegern, die aus dem Bauwerk auskragen, aufliegen. Der „Ausleger" kann ein Stahlprofil sein, das auf der Stahlbetondecke über zwei vorher einbetonierte Stahlschlaufen mit Holzkeilen verkeilt wird. Es kragt über den Deckenrand hinaus und hat am äußeren Ende eine Vorrichtung zur Aufnahme eines Geländerpfostens. Als Belag dienen üblicherweise Holzbohlen. Auslegergerüste werden im konventionellen Gerüstbau kaum mehr verwendet – wenn überhaupt, dann vereinzelt bei kleineren Handwerksbetrieben. Abgelöst wurden sie durch Modulkonstruktionen wie Bühnensystemen oder Konsolgerüsten, die einfach am Bauwerk verankert werden, ohne dass auskragende Ausleger erforderlich sind.

Diese in der Baupraxis früher häufig verwendeten Gerüste waren bis in DIN 4420-3 als Regelausführungen beschrieben. Sie wurden jedoch im Jahr 2006 aus der Norm herausgenommen. Im Anwendungseinzelfall ist daher ein Brauchbarkeitsnachweis erforderlich, bestehend aus dem Standsicherheitsnachweis und dem Nachweis der Arbeits- und Betriebssicherheit.

Tabelle **11**.18 Ständerabstände für die Regelausführung der Stahlrohr-Kupplungsgerüste mit längenorientierten Gerüstlagen

Lastklasse	1 und 2	3 und 4	5	6[1]
Ständerabstand l in mm	2,5	2,0	1,5	1,2

[1] Für die Gerüstgruppe 6 sind zusätzlich Zwischenquerriegel erforderlich.

11.1 Gerüste

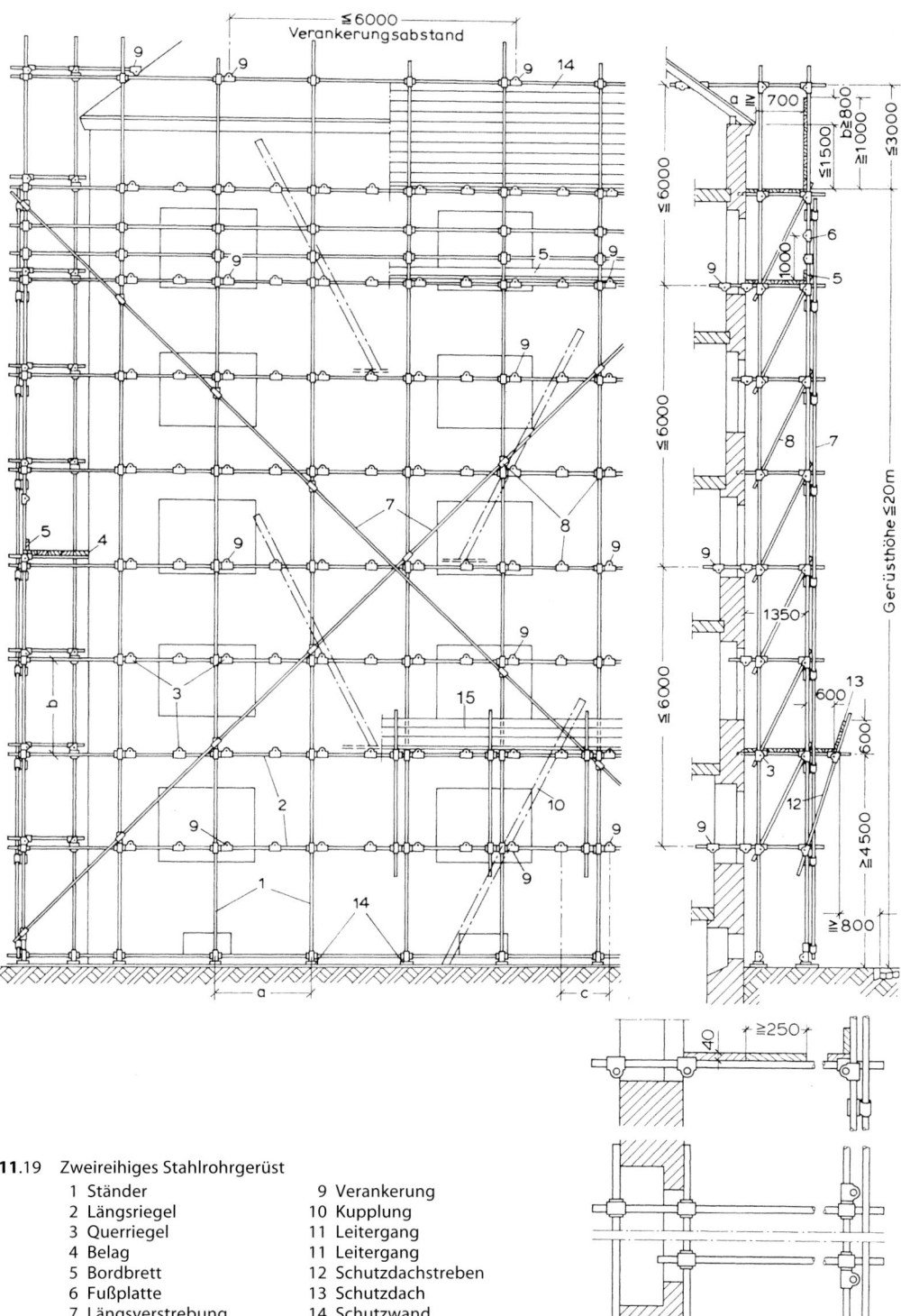

11.19 Zweireihiges Stahlrohrgerüst
1 Ständer
2 Längsriegel
3 Querriegel
4 Belag
5 Bordbrett
6 Fußplatte
7 Längsverstrebung
8 Querverstrebung
9 Verankerung
10 Kupplung
11 Leitergang
11 Leitergang
12 Schutzdachstreben
13 Schutzdach
14 Schutzwand
15 Schutzgeländer

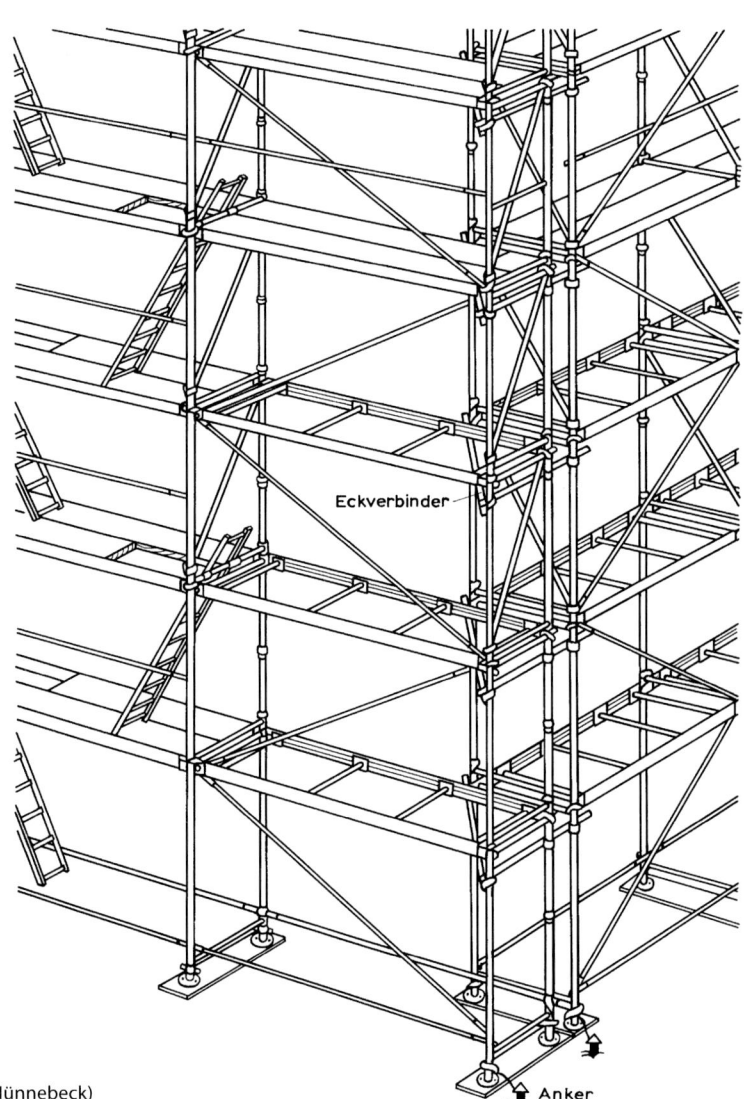

11.20 Modernes Systemgerüst (Hünnebeck)

Hängegerüste

Hängegerüste sind Arbeits- und Schutzgerüste mit (selten) längen- oder (meistens) flächenorientierten Belagebenen. Die Beläge lagern stabförmigen Biegetraggliedern (z.B. Gitterträgern, Kanthölzern, Walzprofilen) welche an Zugstäben hängen, die an den einzurüstenden Bauwerken (z.B. Brücken, Hallendächer o.ä.) verankert sind. Bei den Zugstäben kann es sich um Biegesteile Tragglieder (z.B. Rohre), aber auch biegeweiche Stäbe (z.B. Seile, Ketten oder Gewindestäbe) handeln. Hängegerüste können auch fahrbar sein.

In DIN 4420-3 ist eine Regelausführung dieser Gerüste aus Stahl in den Lastklassen 1 bis 3 genormt. (Bild **11**.21). Gemäß DIN EN 12811-1 dürfen die auf die tragenden Bauteile eines Raumgerüstes einwirkenden Lasten unter der Annahme einer Lasteinwirkungsfläche von 6,0 m² für die gleichmäßig verteilte Last q_1 nach Tabelle 3 und einer Last von 0,75 kN/m² auf die übrige Fläche ermittelt werden.

11.1 Gerüste

11.21 Hängegerüst mit längsorientierter Gerüstlage (Bohlen quer gespannt)

Bügelgerüste

Bügelgerüste werden vorwiegend für Dacharbeiten verwendet. Sie werden oberhalb der Traufe befestigt und stützen sich unterhalb der Traufe gegen die Gebäudewand.

Bockgerüste

Sie bestehen aus Böcken von Holz oder Stahl mit darüber gelegtem Gehbelag. Es dürfen nicht mehr als zwei Gerüstböcke übereinandergestellt werden. Die maximale Belaghöhe liegt bei 2,6 m über dem Basisniveau. Der Abstand der Gerüstböcke darf nicht größer als 3 m sein.

Anmerkung: Bei Bockgerüsten handelt es sich im Eigentliche nicht mehr um „Gerüste" sondern um „Produkte", die nach AgV aufzubauen sind.

Fahrbare oder mobile Arbeitsbühnen und fahrbare Gerüste

Fahrbare Arbeitsbühnen und Fahrgerüste werden insbesondere für Montagearbeiten innerhalb von Gebäuden verwendet. Die Bestimmungen für Konstruktion und Betrieb fahrbarer Arbeitsbühnen enthält DIN EN 1004. Danach werden unterschieden:

- Fahrgerüste mit Aufbauhöhen bis 12,00 m innerhalb von Gebäuden und
- Fahrgerüste mit Aufbauhöhen bis 8,00 m außerhalb von Gebäuden.

Bei vertikalen, gleichmäßig verteilten Verkehrslasten sind mobile Arbeitsbühnen zugelassen für

- Gerüstgruppe 2: 1,5 kN/m^2
- Gerüstgruppe 3: 2,0 kN/m^2.

Für den Nachweis der Standsicherheit enthält DIN EN 1004 Abschn. 10 weitere Definitionen und die anzuwendenden Berechnungsverfahren.

Die Fahrrollen müssen gegen unbeabsichtigtes Lösen gesichert und feststellbar sein.

Ein Fahrgerüst in schematischer Darstellung zeigt Bild **11**.22. Fahrgerüste sind in der Regel als Systemgerüste (vgl. Bild **11**.20) auf dem Markt und werden erst an der Baustelle zusammengesetzt.

Zur Besteigung von Fahrgerüsten sind Anlegeleitern nicht zugelassen. Durchstiegöffnungen (Mindestabmessungen 0,60 m * 0,40 m) sind zu umwehren oder mit Klappen abzudecken.

Ein Seitenschutz (s. Bild **11**.11) muss ab 12,00 m Belaghöhe vorhanden sein.

Zu den Anforderungen an Treppen bzw. Leitern s. Tab. **11**.25a + b.

Fahrbare Arbeitsbühnen bzw. Fahrgerüste sind vom Hersteller jeweils mit einem Schild auszustatten, welches das Herstellerzeichen, den Hinweis „Die Anweisungen für Aufbau und Gebrauch sind sorgfältig zu befolgen" sowie die zutreffende Kennzeichnung enthält:

Beispiel Fahrbare Arbeitsbühne der Lastklasse 2 mit einer zulässigen Höhe von 8,00 m außen und 12,00 m innen. Der Zugang erfolgt über Stufenleiter und Schrägleiter.
Fahrbare Arbeitsbühne
EN 1004 – 2 – 8/12 – xBCX

Fahrbare Gerüste sind nach DIN 4420-3 die auf Fahrrollen stehen und verfahren werden können. Fahrbare Gerüste können z.B. erstellt werden aus Gerüstrohren und Kupplungen sowie aus Systemgerüstbauteilen.

Fahrbare Gerüste aus Stahlrohren und Kupplungen dürfen in der Regelausführung nur auf höchstens 6,0 m^2 der Belagfläche mit dem flächenbezogenen Nutzgewicht der Lastklassen 1 bis 3 nach DIN EN 12811-1 belastet werden. Die verbleibende Belagfläche darf mit maximal 0,75 kN/m^2 belastet werden. Diese Gerüste dürfen bei einem Arbeitswind von maximal 0,1 kN/m^2 (entspricht ungefähr der Windstärke 6 der Beaufort-Skala) auch als Fanggerüst nach DIN 4420-1, Klasse FL 1, eingesetzt werden. Bei Windstärken über 6 ist das Gerüst zu sichern.

Fahrbare Gerüste aus Stahlrohren und Kupplungen in der Regelausführung dürfen in Längs- und Querrichtung höchstens zweifeldrig ausgeführt

Tabelle **11**.22a Fahrgerüste: Klassifizierung der Zugangsarten (DIN EN 1004)

Zugangsart \ Klassifizierung	**A** Treppe	**B** Stufenleiter	**C** Schrägleiter	**D** Vertikale Leiter[1]
Neigung	35°–55°	35°–55°	60°–75°	–
Stufensteigung	190–250 mm	150–250 mm	–	–
Stufenabstand	–	–	230–300 mm	–
Mindeststufentiefe	125 mm	80 mm	80 mm	–
lichte Mindestbreite	400 mm	280 mm	280 mm	280 mm
horizontaler Abstand zwischen 2 Stufen	0–50 mm	0–160 mm	–	–
Sprossenabstand	–	–	230–300 mm	230–300 mm
Sprossentiefe bzw. -durchmesser	–	–	20–80 mm	20–51 mm
vertikaler Höchstabstand zwischen verschiedenen Belagflächen	–	–	4,20 m	4,20 m
Höchstabstand zwischen dem Boden und der ersten Belagfläche	–	–	4,60 m	4,60 m

[1] Der horizontale Abstand zwischen der Vorderkante Stufe oder dem Mittelpunkt der Sprosse und einem beliebigen Hindernis hinter der Treppe/Leiter muss mindestens 150 mm betragen.

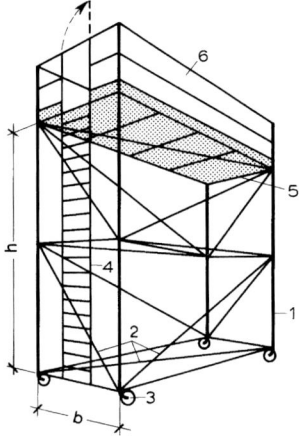

11.22b Fahrbare Arbeitsbühne (Fahrgerüst) in schematischer Darstellung
1 Tragstäbe
2 Aussteifungen
3 Fahrrollen, feststellbar
4 sicherer Aufstieg
5 Arbeitsbühne mit ausreichender Belag Unterstützung
6 Seitenschutz

werden. Dabei darf ein Verhältnis von Standhöhe zu kleinster Aufstandsbreite von höchstens 3:1 nicht überschritten werden. Die Standhöhe darf 12 m nicht übersteigen.

11.2 Absteifungen und Abfangungen

Absteifungen

Baumaßnahmen mit umfangreichen Erdarbeiten unmittelbar neben bestehenden Bauwerken erfordern in der Regel besondere Sicherungsvorkehrungen, denn durch Veränderungen im Gründungsbereich kann es – besonders bei Böden mit Grundbruchgefahr – zu erheblichen Setzungen und sogar zum Einsturz der betroffenen Bauteile kommen (s. auch Abschn. 3.1 und 3.4 in Teil 1 des Werkes).

Zu den in solchen Fällen erforderlichen Sicherungsmaßnahmen gegen Kippen und Knicken bzw. Ausbeulen gehören Absteifungen der benachbarten Bauwerksteile.

Die Art der Maßnahmen und die Dimensionierung der Absteifungen müssen nach statischer Berechnung festgelegt werden.

11.2 Absteifungen und Abfangungen

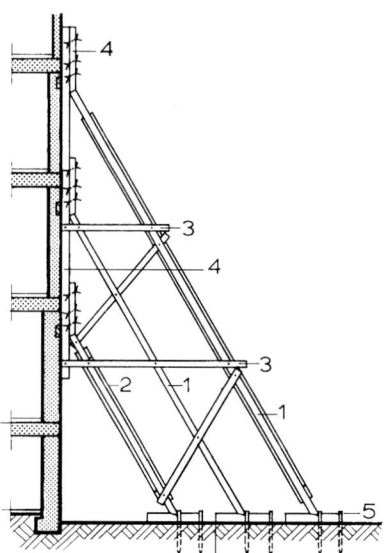

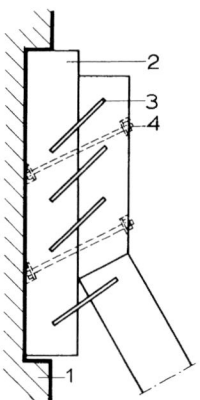

11.24 Klebepfosten
1 Abzusteifender Bauteil
2 Klebepfosten
3 Widerlager, gesichert durch Klammern
4 Bolzenverbindung

11.23 Absteifung einer Giebelwand
1 Absteifungsstrebe
2 Diagonalverbände
3 Zangen
4 Klebepfosten (s. Bild **11**.31)
5 Tragschwelle oder Treiblade (s. Bild **11**.32)

Für die Ausführung kommen Holz- und Profilstahlträger in Frage, die mit besonderen zimmermannsmäßigen Verbindungen eingebaut werden.

Häufig müssen z. B. für Unterfangungsarbeiten (s. Abschn. 4.5 in Teil 1 des Werkes) freistehende Giebelwände abgesteift werden. Dabei werden meistens schräg angreifende Absteifungen angewendet, die in den ermittelten notwendigen Abständen (z. B. ca. 2,00 m) am günstigsten in der Höhe der Geschossdecken ansetzen (Bild **11.23**). An den abzusteifenden Bauteilen wird mit „Klebepfosten" angesetzt (Bild **11.24**). Sie werden nach Möglichkeit in den abzusteifenden Bauteil eingelassen, oder sie stützen sich gegen angebolzte oder angedübelte Querbalken. Die Streben werden gegen verankerte Auflagerbohlen oder -kanthölzern verkeilt oder in verankerte Treibladen eingesetzt (Bild **11.25**).

Werden Arbeiten, die eine Absteifung erforderlich machen, in Baulücken ausgeführt, können bei Entfernungen bis zu ca. 15,00 m *Verspreizungen* angewendet werden.

Die Spreizbalken werden je nach erforderlicher Länge ein- oder zweiteilig ausgeführt (Bild **11.26** und **11.27**).

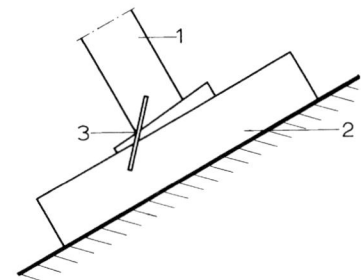

11.25a

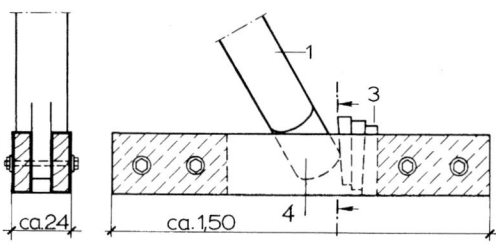

11.25b

11.25 Absteifung: Strebenfuß
a) auf Schwelle verkeilt
b) in Treiblade
1 Strebe
2 Schwelle
3 Keile, gesichert durch Klammern
4 Zapfen

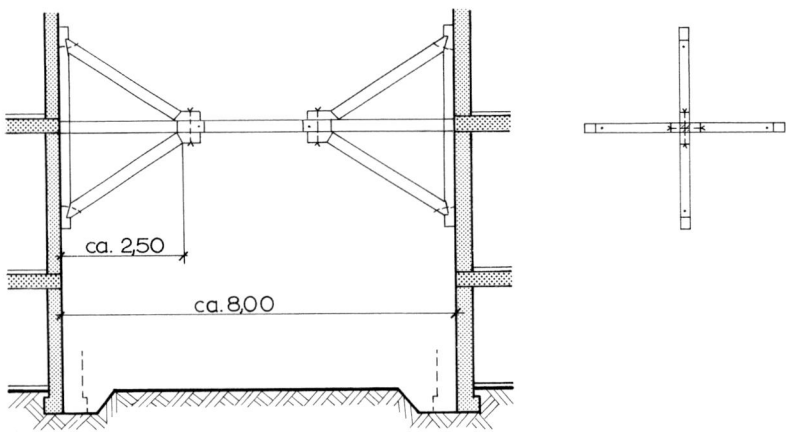

11.26　Verspreizung von Giebelwänden (Spreizstück aus einem Stück)

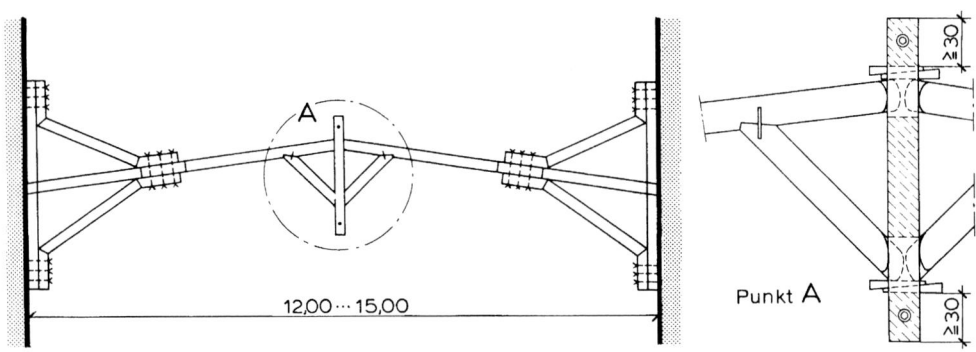

11.27　Verspreizung von Giebelwänden (Spreizbalken geteilt und von der Mitte her verspannt)

Bei Verspreizungen von Giebelwänden werden waagerechte Balkenhölzer mit Hilfe von Klebepfosten oder Balkenkreuzen in Richtung der Mittelwände und in Höhe der Geschossdecken zwischen die Giebel eingespannt und verkeilt. Die Balkenkreuze werden gegen die Spreizbalken verstrebt. Bei größerer Spannweite sind die Balken in der Mitte durch angebolzte Spannriegel zu verstärken und durch Verschwertungen zu sichern.

Abfangkonstruktionen, insbesondere Verspreizungen, werden immer noch meistens in den herkömmlichen Holzkonstruktionen ausgeführt. Sie sind jedoch – bei entsprechendem statischem Nachweis – auch mit Stahlrohrkonstruktionen möglich (vgl. Abschn. 11.1.4).

Abfangungen

Wenn bei Umbauten oder Reparaturen tragende Konstruktionselemente entfernt und durch andere ersetzt werden müssen, sind die darüber liegenden Bauwerksteile vorher abzufangen, d.h. es müssen provisorische Tragekonstruktionen eingebaut werden.

Für die Ausführung der Abfangung sind die aufzunehmenden Eigengewichts- und Verkehrslasten und alle sonstigen Rahmenbedingungen (z.B. Erschütterungen aus Maschinenbetrieb oder Verkehr) genau zu erfassen. Danach sind die Ausführungsart und die erforderlichen Dimensionen der Abfangungsmaßnahmen statisch zu ermitteln. Daneben sind für die Zeit der Bauausführung ggf. Provisorien für den laufenden Betrieb des vorhandenen Bauwerkes zu planen (gesi-

11.2 Absteifungen und Abfangungen

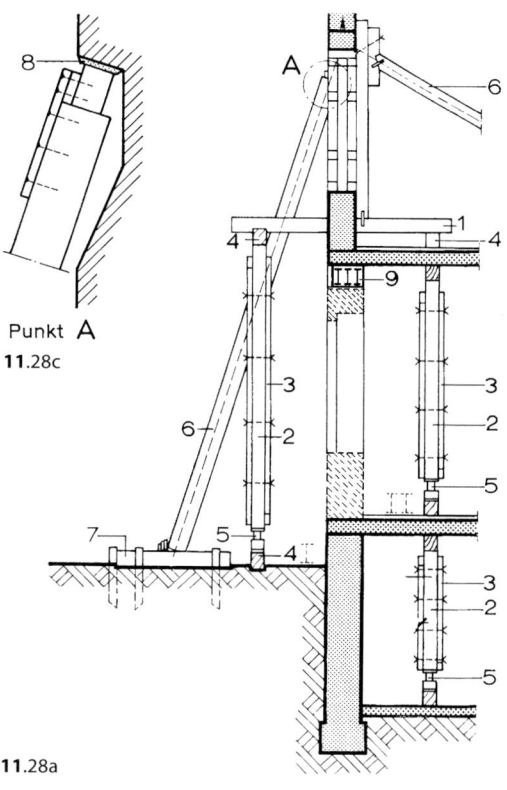
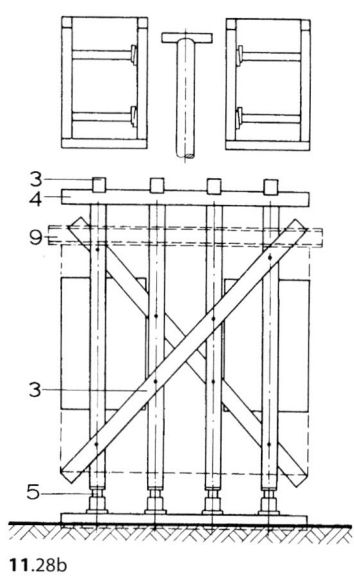

11.28 Abfangung einer Fassade in zimmermannsmäßiger Ausführung
a) Schnitt, b) Ansicht, c) Detail Anschluss Absteifungsstrebe
1 Abfangträger
2 Abfangstütze
3 Diagonalverband
4 Schwelle
5 Hydraulikpresse
6 Absteifungsstrebe
7 Treiblade
8 Zementmörtel
9 Neu eingebaute Abfangträger

cherte Zugänge bzw. Zufahrten für die Nutzer, vorläufige Umlegungen und der Betrieb von Ver- und Entsorgungsleitungen, Verkehrssicherung usw).

In Bild **11.28** ist die zimmermannsmäßig ausgeführte Abfangungskonstruktion für einen größeren Fassadenausbruch dargestellt (z. B. Einbau einer Durchfahrts- oder Schaufensteröffnung).

Bei der gezeigten Ausführungsmöglichkeit ist die Einbeziehung des über der Ausbruchstelle liegenden Bauwerksteiles notwendig.

Die in diesem Falle abzufangende tragende Außenwand wird ggf. zunächst abgesteift (vgl. Bilder **11.25–11.27**). Größere Öffnungen von Fenstern o. Ä. werden bei großen abzufangenden Lasten evtl. gesondert ausgesteift. Danach werden oberhalb der Mauer Durchbrüche zum Durchschieben der Abfangträger hergestellt. Die Abfangträger liegen hier außen auf einer untereinander ausgesteiften Reihe von Abfangstützen. Innen werden die auf den Abfangträgern ruhenden Lasten von Stützenreihen im Erd- und Kellergeschoss über eine Schwelle auf den Baugrund abgetragen.

Bei sehr großen abzutragenden Lasten kann eine provisorische Gründung für die Abfangstützen erforderlich werden (Stahlbetonbalken o. Ä.). Auf eventuell im Untergrund vorhandene Entsorgungsleitungen ist Rücksicht zu nehmen.

In ähnlicher Weise wird vorgegangen, wenn eine Tragkonstruktion im Gebäudeinneren abzufangen ist.

Sollen lange Strahlträger als Unterzüge (Abfangträger) eingebaut werden, so sind sie *vor* dem

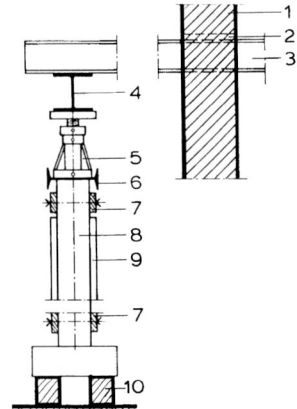

11.29 Abfangen einer Wand unter Verwendung von hydraulischen Pressen
1 abgefangene Wand
2 Stampfbetonfuge
3 Abfangeträger (Breitflansch)
4 Jochträger
5 hydraulische Presse
6 Auflager für Pressen und Spindeln
7 Zange
8 Holzstütze
9 Kreuzstrebe
10 Schwellenrost

Absteifen der Wände an Ort und Stelle bereitzulegen, damit ihr Antransport und Einbau durch die Absteifungen nicht behindert wird.

Sind beim Abfangen von Wänden größere Setzungen beim Belasten der Jochkonstruktion zu erwarten, werden zwischen die Jochstützen und Jochlängsträger hydraulische Pressen eingebaut, durch welche die Jochkonstruktion mehrfach bis zur vollen errechneten Belastung gedrückt wird, bevor die Joche die Last der angefangenen Wand aufnehmen (Bild **11.**29).

11.3 Freistehende Gerüste

Zunehmend müssen *freistehende* Bauwerksteile vorübergehend gesichert werden wie z. B. historische Fassaden, hinter denen oft ein völlig neues Bauwerk errichtet wird.

In der Regel muss zunächst vor Beginn der Abbrucharbeiten im Gebäudeinneren durch teilweises, vorübergehendes Ausmauern von Öffnungen die Scheibenwirkung der zu erhaltenden Wandflächen verbessert werden.

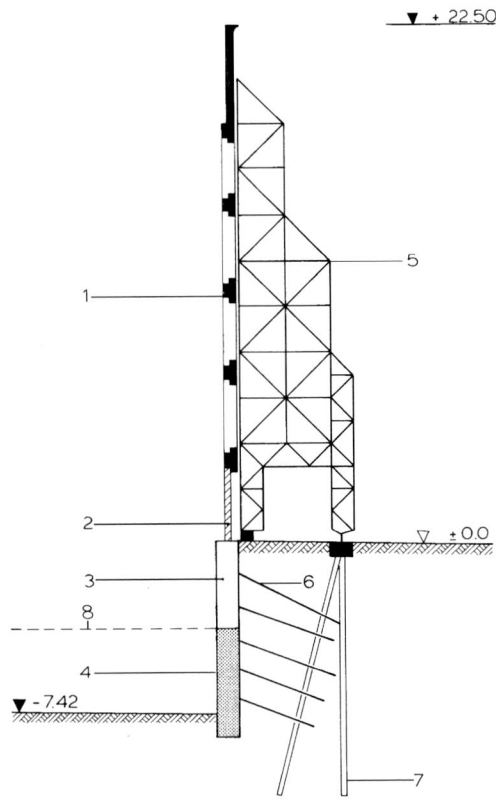

11.30 Fassadenabfangung (Systemskizze; München, Stachusrondell; nach G. Chambosse) [2]
1 Fassade
2 prov. Ausmauerung
3 Kellerwand
4 Unterfangung (Soilcrete)
5 Stahlrohrgerüst
6 Erdanker
7 Pfahlgründung bzw. Anker
8 ursprüngliche Gründungsebene

Die Abfanggerüste können in diesen Fällen meistens nur auf der Außenseite der Baustelle errichtet werden.

Die bestehenbleibenden Bauwerksteile müssen bis zur Fertigstellung der neuen Decken und aussteifenden Innenwände durch Gerüstkonstruktionen stabilisiert und gegen Windkräfte gesichert werden. Dabei entstehen in den Gerüsten Druck- und Zugbeanspruchungen. Es ist deshalb eine feste Verankerung mit dem Untergrund erforderlich.

Auf der Gebäudeaußenseite werden für die Gerüste deshalb meistens schwere provisorische Fundamente aus Ortbeton oder Fertigteilen ge-

11.4 Schutzvorrichtungen

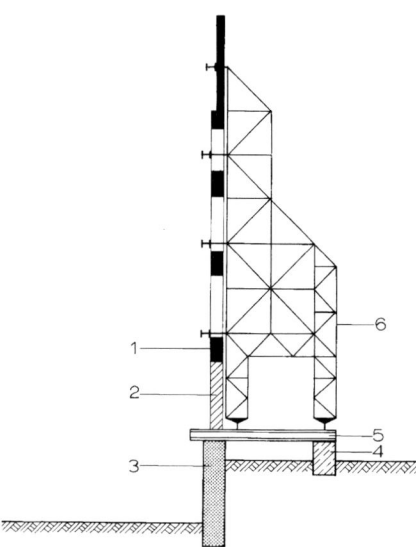

11.31 Abfangung einer freistehenden Fassade
1 zu erhaltende Fassade
2 provisorische Ausmauerung größerer Öffnungen
3 vorhandenes Kellermauerwerk
4 prov. Fundament (Gegengewicht)
5 Träger, in Fundament und Kellermauerwerk verankert
6 räumliches Gitterohr-Gerüst, mit horizontalen Trägern an der Fassade verankert

schaffen, die durch ihr Eigengewicht gegen auftretende Zugkräfte wirken können. Wenn die Kellergeschosse bestehen bleiben, kann die innere Gerüstverankerung an Kellerdecken und anderen Bauteilen – bei entsprechendem statischem Nachweis – ausreichen. Mit den bestehen bleibenden Außenwänden werden die Gerüste mit Hilfe schwerer Querträger auf der Innen- und nötigenfalls auch auf der Außenseite verbunden (Bild **11**.30).

Wenn das Eigengewicht der Gerüstfundamente bei sehr umfangreichen Sicherungsarbeiten an hohen Bauwerksteilen zur Aufnahme von Zugkräften nicht ausreicht, müssen die Fundamente durch Erdanker gesichert werden. Können innenliegende bestehenbleibende Bauwerksteile nicht zur Gründung der freistehenden Gerüste herangezogen werden (z. B. wenn auch die vorhandenen Kellergeschosse zu ersetzen sind), können zusätzliche provisorische Fundamente an der Außenseite der zu sichernden Wände erforderlich sein (Bild **11**.31).

Erforderliche Fundamentunterfangungen werden nach den in Abschn. 4.5 in Teil 1 dieses Werkes dargestellten Grundsätzen ausgeführt.

11.4 Schutzvorrichtungen

11.4.1 Schutzdächer

Schutzdächer nach DIN EN 12811-4 werden an Arbeitsgerüsten nach DIN EN 12811-1 angebracht, Arbeitende sowie andere Personen vor eventuell herabfallenden Gegenständen zu schützen. Insbesondere in Bereichen, in denen das Betreten durch Personen aus der Öffentlichkeit nicht verhindert werden kann, z.B. in Stadtzentren, werden diese benötigt. Sie sind darauf ausgelegt, aus max. 24 m Höhe herabfallenden Bauschutt, Arbeitsgeräte etc. mit einem Gewicht von max. 3 kg aufzufangen. Unterschieden werden u.a. begehbare und nicht begehbare Schutzdächer.

Um das Herabfallen von Gegenständen aus der Höhe wirksam stoppen zu können, muss die Wahl der Breiteklasse (B 1 bis B 7 = 0,6 m Breite bis $\geq$ 2,40 m Breite) des Schutzdaches auf einer Gefährdungsbeurteilung beruhen (Bild **11**.32).

Die Bezeichnung eines Schutzdaches muss die Normverweisung, die Form-, Last- und Breiteklasse enthalten.

Beispiel: Schutzdachsystem mit einer >= 30°, geneigten Fläche, die ohne Schneelast ausgelegt ist und eine Mindestbreite 1,5 m aufweist
EN 12811-4 V1 SL 0 B4

11.4.2 Schutznetze

Schutznetze für Bau- und Montagearbeiten dienen als Auffangeinrichtungen z. B. beim Hallen- und Brückenbau, als Seitenschutz im Freileitungsbau, als Absturzsicherung oder Auffangeinrichtung an Arbeitsgerüsten sowie als Seitenschutz an Dachfanggerüsten und im Tunnelbau. Sie bieten Schutz vor tieferem Absturz auch bei großen Grundrissflächen.

Im Gegensatz zu Anseilsicherungen bleibt bei Schutznetzen die Beweglichkeit der Beschäftigten über dem abgesicherten Bereich bei allen Arbeits- und Transportvorgängen unbeeinträchtigt.

Es sollte beachtet werden, dass Schutznetze wegen der Alterungsempfindlichkeit ihres Werkstof-

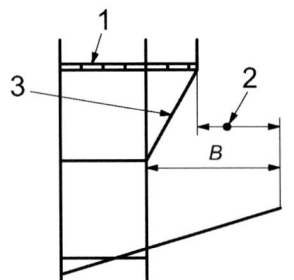

11.32 Schutzdach
1 Belagfläche
2 geschützter Bereich B
3 Schutzdachbefestigung
B Breite des Schutzdaches

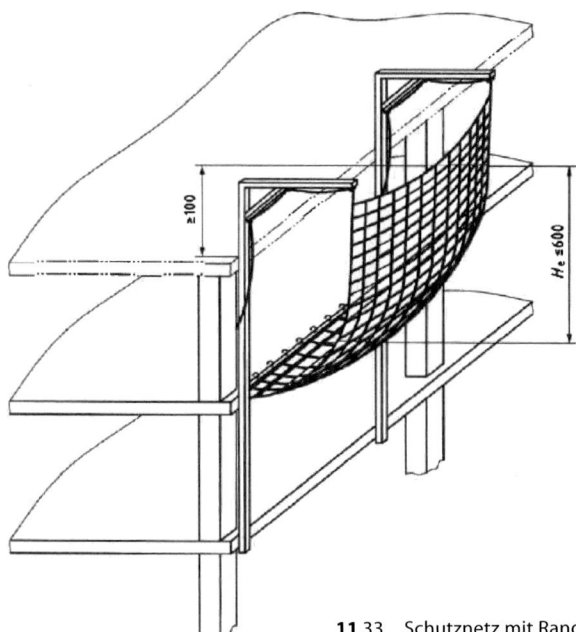

11.33 Schutznetz mit Randseil in galgenartigen Tragkonstruktionen

fes nur eine begrenzte Zeit der freien Bewitterung ausgesetzt werden dürfen und danach ausgemustert werden müssenEine jährliche Überprüfung des Schutznetzes hat durch die nach DIN EN 1263-1 genormte Belastung einer Prüfmasche im Netz zu erfolgen. Auch nach Beanspruchung durch aufgefangene Personen sollten Schutznetze ausgewechselt werden. Bild **11**.33 zeigt ein Schutznetz als Seitenschutz mit Randseil aufgehängt in galgenartigen Tragkonstruktionen.

Die zulässigen Absturzhöhen und erforderlichen Auffangbreiten sind in DIN EN 1263-2 geregelt.

Die Absturzhöhen H_i, H_e und H_r sind in Tabelle **11**.34 definiert.

Schutznetze sollten so dicht wie möglich unter der Arbeitsebene montiert werden. Die Absturzhöhen H_i und H_e dürfen 6,00 m nicht überschreiten.

Die Auffangbreite b ist der horizontale Abstand zwischen dem Rand der Arbeitsfläche und dem Rand des Schutznetzes, siehe Bilder **11**.36 und **11**.37.

In Abhängigkeit von der Absturzhöhe muss die Auffangbreite b des Schutznetzes mindestens die Werte nach Tabelle **11**.35 aufweisen.

Wenn die Arbeitsfläche um mehr als 20° geneigt ist,

- muss die Auffangbreite b mindestens 3,00 m betragen;
- darf der Abstand t zwischen dem äußersten Arbeitsplatz und dem untersten Punkt des Schutznetzrandes nicht mehr als 3,00 m betragen (s. Bild **11**.37).

11.4 Schutzvorrichtungen

Tabelle 11.34   Definitionen der Absturzhöhen

	Bild	Definition	Bemerkung
H_e	11.37	Vertikaler Abstand zwischen der zu schützenden Arbeitsebene und dem Schutznetz	Die Absturzhöhe von der Arbeitsebene darf 6 m nicht überschreiten, d.h. ausgehend vom Schwerpunkt einer Person beträgt die höchste anzunehmende Fallhöhe 7m
		Vertikaler Abstand zwischen dem Rand der zu schützenden Arbeitsebene und dem Schutznetz	Diese Messgröße wird zur Ermittlung des horizontalen Vorsprungs des Schutznetzes unterhalb der darüber gelegenen Arbeitsebene verwendet, siehe Tabelle 11.35.
H_r		Vertikaler Abstand zwischen der zu schützenden Arbeitsebene und dem 2 m breiten Rand des Schutznetzes	Die Tragfähigkeit der Schutznetze ist an den Rändern geringer. Daher darf der vertikale Abstand an diesen Stellen 3 m nicht überschreiten.

Tabelle 11.35   Zulässige Absturzhöhen und erforderliche Auffangbreiten

Absturzhöhe H_e	≤ 1,00 m	≤ 3,00 m	≤ 6,00 m
Auffangbreite b	≥ 2,00 m	≥ 2,50 m	≥ 3,00 m

Die Bezeichnung eines Schutznetzes muss die Benennung, die Normverweisung, das Schutznetz-System und die Angaben zur Maschengröße, Maschenanordnung, Netzgröße und Prüfstufe enthalten.

Beispiel: Schutznetz mit Randseil in galgenartiger Tragkonstruktion (V), der Netzklasse B1, mit rhombischer (D) Maschenanordnung in einer Maschengröße von 60 mm, Netzabmessung 12 m * 18 m, Produktionskontrolle der Überwachungsstufe M.

Schutznetz DIN EN 1263-1-V-B1-D60-12/18-M

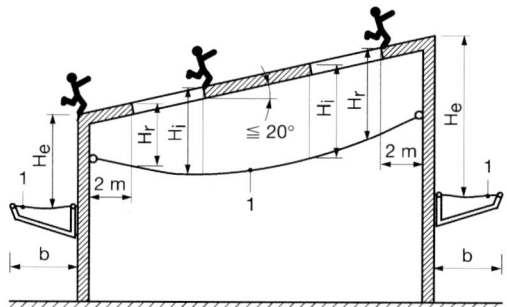

11.36 Zulässige Absturzhöhen und erforderliche Auffangbreiten von Arbeitsflächen mit einer Neigung von 0° bis 20°
1 Schutznetz

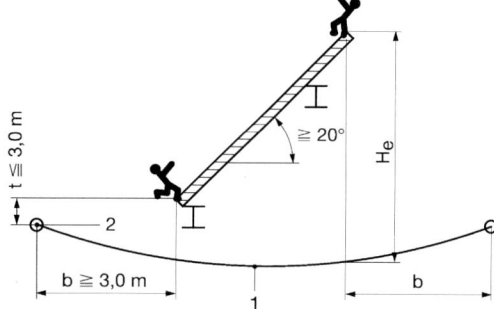

11.37 Zulässige Absturzhöhen und erforderliche Auffangbreiten von Arbeitsflächen mit einer Neigung von mehr als 20°
1 Schutznetz
2 unterster Punkt des Schutznetzrandes

11.5 Normen

Norm	Ausgabedatum	Titel
DIN 4420-1	03.2004	Arbeits- und Schutzgerüste; Schutzgerüste, Leistungsanforderungen, Entwurf, Konstruktion und Bemessung
DIN 4420-3	01.2006	–; Ausgewählte Gerüstbauarten und ihre Regelausführungen
DIN 4426	01.2017	Einrichtungen zur Instandhaltung baulicher Anlagen – Sicherheitstechnische Anforderungen an Arbeitsplätze und Verkehrswege; Planung und Ausführung
DIN 18 451	09.2016	VOB Verdingungsordnung für Bauleistungen – Teil C: Allgemeine Technische Vertragsbedingungen für Bauleistungen (ATV) Gerüstarbeiten
DIN EN 39	11.2001	Systemunabhängige Stahlrohre für die Verwendung in Trag- und Arbeitsgerüsten; Technische Lieferbedingungen; Deutsche Fassung EN 39: 2001
DIN EN 74-1	12.2005	Kupplungen, Zentrierbolzen und Fußplatten für Arbeitsgerüste und Traggerüste; Rohrkupplungen – Anforderungen und Prüfverfahren; Deutsche Fassung EN 74-1: 2005
E DIN EN 74-2	01.2009	–; Spezialkupplungen – Anforderungen und Prüfverfahren; Deutsche Fassung prEN 74-2: 2006
E DIN EN 74-3	07.2007	–; Ebene Fußplatten und Zentrierbolzen – Anforderungen und Prüfverfahren; Deutsche Fassung prEN 74-3: 2005
DIN EN 338	07.2016	Bauholz für tragende Zwecke – Festigkeitsklassen; Deutsche Fassung EN 338:2016
DIN EN 1004[1]	03.2005	Fahrbare Arbeitsbühnen aus vorgefertigten Bauteilen; Werkstoffe, Maße, Lastannahmen und sicherheitstechnische Anforderungen; Deutsche Fassung EN 1004: 2004
DIN EN 1065	12.1998	Baustützen aus Stahl mit Ausziehvorrichtung; Produktfestlegung, Bemessung und Nachweis durch Berechnung und Versuche; Deutsche Fassung EN 1065: 1998
DIN EN 1263-1	3.2015	Temporäre Konstruktionen für Bauwerke – Schutznetze (Auffangnetze); Sicherheitstechnische Anforderungen, Prüfverfahren; Deutsche Fassung EN 1263-1: 2014
DIN EN 1263-2	03.2015	Schutznetze (Sicherheitsnetze); Sicherheitstechnische Anforderungen für die Errichtung von Schutznetzen; Deutsche Fassung EN 1263-2: 2014
DIN EN 1298	04.1996	Fahrbare Arbeitsbühnen; Regeln und Festlegungen für die Aufstellung einer Aufbau- und Verwendungsanleitung; Deutsche Fassung EN 1298: 1996
DIN EN 12 810-1	03.2004	Fassadengerüste aus vorgefertigten Bauteilen; Produktfestlegungen; Deutsche Fassung EN 12 810-1: 2003
DIN EN 12 810-2	03.2004	–; Besondere Bemessungsverfahren und Nachweise; Deutsche Fassung EN 12 810-2: 2003
DIN EN 12 811-1	03.2004	Temporäre Konstruktionen für Bauwerke; Arbeitsgerüste – Leistungsanforderungen, Entwurf, Konstruktion und Bemessung; Deutsche Fassung EN 12 811-1: 2003
DIN EN 12 811-2	04.2004	–; Informationen zu Werkstoffen; Deutsche Fassung prEN 12 811-2: 2004
DIN EN 12 811-3	02.2003	–; Versuche zum Tragverhalten; Deutsche Fassung EN 12 811-3: 2002
DIN EN 12 811-3 Ber. 1	02.2004	Berichtigung 1
DIN EN 12 811-4	03.2014	–; Schutzdächer für Arbeitsgerüste – Leistungsanforderungen, Entwurf, Konstruktion und Bemessung des Produktes; Deutsche Fassung EN 12 811-4: 2013
DIN EN 12 812	12.2008	Traggerüste – Anforderungen, Bemessung und Entwurf; Deutsche Fassung EN 12812: 2008
DIN EN 12 812AnwRL	08.2009	Anwendungsrichtlinie für Traggerüste nach DIN EN 12812
DIN EN 12 813	09.2004	Temporäre Konstruktionen für Bauwerke; Stütztürme aus vorgefertigten Bauteilen; Besondere Bemessungsverfahren; Deutsche Fassung EN 12 813: 2004

[1] z. Zt. in Neubearbeitung (E 06.2018)

11.6 Literatur

[1] Deutsche Gesetzliche Unfallversicherung Bauarbeiten DGUV Vorschrift 38
[2] *Chambosse, G.*: Sicherung historischer Fassaden bei Entkernung von Gebäuden. In: DAB 6/92
[3] Deutscher Abbruchverband e.V. (Hrsg.): Abbrucharbeiten, Düsseldorf 2015
[4] Kübert, R.: Gerüstbau-Handbuch, Stuttgart, 2003
[5] *Heiermann, W./Keskari, L.*: VOB Teil C Kommentar – Gerüstarbeiten, Köln, 2007
[6] Berufsgenossenschaft der Bauwirtschaft, Berlin: Bausteine B 117, Berlin 2016
[7] Jäger, M.: Gerüstbau für Planer und Koordinatoren (Arbeitssicherheit im Bauwesen, Bd. 5), Berlin, 2006
[8] Stypa, D.: Arbeits- und Schutzgerüste, Berlin, 2014
[9] Bügler, C.-L. und Schmidt, W.: Lehrbuch für das Gerüstbauhandwerk (Bd. 1 bis Bd. 3), Wiesbaden, 2008-2017
[10] Bundesinnung für das Gerüstbauer-Handwerk (Hrsg.): Fachregeln für den Gerüstbau (FRG),
FRG1 – „Standgerüst als Fassaden- oder Raumgerüst aus vorgefertigten Bauteilen", Köln, 2011
FRG 2 – „Hängegerüste" Köln, 2010
FRG 3 – „Fahrgerüste als fahrbare Gerüste oder fahrbare Arbeitsbühnen" Köln, 2013
FRG 4 – „Traggerüste" Köln, 2008

Sachwortverzeichnis

A
Abbund (abbinden) 135
Abdeckungen
– an der Mündung 363
Abdichtung 290, 292, 295, 299–301, 310–313, 318, 319, 321–324, 362, 694, 695, 703, 710, 749, 786, 799, 840, 841, 853
Abdichtung (Fenster) 475
Abdichtungssysteme 301
Abdichtungssysteme für Anschlussfugen (PRF) 592
Abflussbeiwert 227
Abgas 341, 356
Abgasanlage 348, 353, 356
– freistehende 348
– geschosshohe 354
– im Freien 361
Abgasleitungen 346
Abgas-Sammelschacht 367
Abgastemperaturen 341, 344, 347, 348, 350, 355, 364
Ablaufschlaufe 251, 265
Abluft 343, 356, 368–372, 374
Abluftöffnungen 374
Absenkdichtung 747
Abstände
– von brennbaren Baustoffen 347
– von brennbaren Bauteilen 344
– zu brennbaren Bauteile 346
Acrylstegplatte 503
AgBB-Bewertungsschema 34
AGOF – Arbeitsgemeinschaft ökologischer Forschungsinstitute e.V 34
Akustikdecken
– putzbeschichtete 824
Akustikputze 823
Altbausanierung 772, 793, 830
Aluminium 210, 629, 631, 632, 694, 720, 729, 730, 867
Aluminium-Einlage 616
Aluminiumfenster 531
Aluminiumzargen 667, 677
Anfallspunkt 75
Anforderungen (Türen)
– an die Schalldämmung 612, 639, 644
– montagetechnische 618, 647, 672
Anhydritmörtel 792
Ankerplatte 580
Ankerschiene 95, 790
Ankersysteme 672
Anschlag (Türen) 748
– stumpfer 618, 621
Anschlagdichtung 743, 748, 749
Anschlag (Fenster) 451
– stumpfer 451
Anschluss
– Kopfband 134

– luftdichter 255
– von Gasfeuerstätten 366
– von Zugstäben 128
– Wand- 212
Anschlussfuge 475, 617, 618, 840
Anschlussfugen (Glasfassade) 592
Anstriche s. Beschichtungen 153
Antikglas 488
Antrittstufe 377, 412
AOLG – Arbeitsgemeinschaft der obersten Gesundheitsbehörden der Länder 33
Arbeitsstättenverordnung 605
Asbest 192
Attika 293, 334
Attikarand 74
Aufgesattelte Treppe 396, 406
Aufkämmung 104
Aufklauung 104
Auflaufdichtung 745
Aufschiebling 93
Aufsparrendämmung 96
Auftritt 380
Aufzug 436, 607
– Bauarten 438
– Betten- 440
– Fahrkorb 441
– Förderleistungsberechnung 436
– Grundrissplanung 440
– Hydraulik- 438
– Kleingüter- 437
– Lasten- 437
– Personen- 437
– Schachtgrube 437
– Schachtkopf 437
– Seil- 438
– Triebwerksraum 438
– Türhöhen 441
– Überfahrt 437
– Unterfahrt 437
Ausbrennen 344
Ausfachung 585
Ausgleichstufe 377
Außendämmung 771, 825, 826
Außenjalousette 557
Außenputze 769, 775, 778, 791, 795, 796, 816, 817, 852–854
– mineralisch gebundene 796, 799
– wasserabweisende 798
– wasserhemmende 798
Außensockelputze 799
Außentreppe 397, 403, 404
Außentüranlagen
– automatische 637
Außentüren 601, 602, 605, 612, 614, 621, 623, 628, 636, 678, 712, 720, 740, 745, 754

Aussteifung 77
- Längs- 92, 102
- Quer- 91, 102
- Sparrendach 92
Austragung 123
Austrittstufe 377

B
Balkenkopf 84
Balkenschuh 94, 142
Bandaufnahmeelemente 670, 672
Bandbezugslinie 610, 611, 721
Bänder 610–612, 619, 628, 650, 667, 670, 671, 707, 710, 711, 717, 719–721, 724, 725
Bandsitz 609, 656
Barrierefreie Erschließung 437
Barrierefreies Bauen 593
Barrierefreies Bauen (Treppen) 382, 428
Bauarten 342, 353, 608, 621, 653, 659
Baubiologie 11, 13, 29
Baufurniersperrholz (BFU) 80, 206
Baugipse 770, 773, 774, 810, 820
Bauhilfsstoffe 46
Bauholz 78
- zurichten 87
Baukalke 770, 772, 774
Baukörperanschluss 613, 647, 717
Baumstütze 152
Bauökologie 11–13, 25
Bauprodukte 677, 697
Bauproduktenverordnung (BauPVO) 5
Bauregelliste 648, 697
Bauschaum 250, 266
Baustellenmörtel 770, 779
Baustoffe 282, 343, 348, 773, 784, 785, 791, 798, 800, 818, 819, 821
Baustoffklasse 344, 384, 704, 792, 818, 835, 837
Bauteile 870, 874
- klassifizierte 818
Bauvorschriften 343, 352
Bauwerksanschluss (Fenster) 469
Bauzusatzstoffe 46
Beanspruchung
- mechanische 282, 623, 628, 646
Beanspruchungsgruppen 620, 646, 647, 666, 769, 798
Befestigungsarten
- sichtbare 647
- unsichtbare 649
Befestigungsmittel 619, 717
Befestigungstechniken 649, 650, 838
Begrünung 223
- extensive 223, 286, 323, 322
- intensive 322, 325
Beiholz 94
Bekiesung 222
Bemessung 375, 680, 820
Bequemlichkeitsregel (Treppen) 391
Beschichtungen 849
- auf mineralischen Außenputzen 853
- auf Stahl 153

- ökologische Aspekte 856
- Überzug aus Metall (Feuerverzinkung) 153
Beschichtungsstoffe 769, 770, 776
- für Kunstharzputze 780
Beschichtungssystem 853
Beschlag 507, 737, 754
- Drehkipp- 511
- Oberlicht- 516
- Schiebefenster- 512
- Schwingflügel- 512
- Wendeflügel- 512
Betonpolster 104
Betriebsweise
- für feuchte 343, 348
Bettenaufzüge 440
Bewegungsfugen 289, 293, 309, 325, 592, 785, 800, 813
Bezeichnung 601, 744, 791, 818, 849, 856
Biberschwanzdeckung 175
Bindemittel
- mineralische 772
Binder (Dach) 102
Binderkonstruktion 145
Bindersparren 104
BIPV = Building Integrated Photovoltaics 591
Bitumenbahnen 296, 297, 299
Bitumenkorrosion 204, 207, 227
Bitumenschindeldeckung 203
Bitumen-Wellplattendeckung 204
Blendrahmen 451, 626, 628, 630, 652, 653, 698, 700, 707, 719, 725
Blockrahmen 653
Blockrahmen (Fenster) 534
Blockstufe 377
Blocktreppe 406
Blower-Door-Test 252
Bodendichtungen 743, 745
Bodentürschließer 628, 633, 661, 680, 691, 751, 753, 754
Bogentragwerk 154
Bohle 88
- First- 104
Bohlenschiftung 123
Bolzen 131, 132
- Pass- 135
Bolzentreppe 396
Bolzenverbindung 127, 142
Bombierung 193
Brandmeldeanlage 385
Brandschutz 285, 637, 702–704, 714, 812, 817, 818, 820, 821, 835
Brandschutzfassade 576
Brandschutzglas 700, 702
Brandschutzkonzept 385
Brandschutzverglasung 487, 491, 576, 585
Brandwand 104
Brennwertkessel 341
Brett 88
Brettdicke 88
Brettlasche 93
Brettschichtholz (BSH) 79

Sachwortverzeichnis

Brettschichtträger 124
Brettsperrholz (BSP oder X-Lam) 80
Brüstung 481, 528
Butzenglas 488

C

CE-Kennzeichnung 297, 376, 697
Chemischer Holzschutz 84

D

Dachabdichtung 281, 287, 288, 292, 300, 301, 304, 308, 311, 313, 315, 316, 319, 320, 324, 331, 332
– flüssig aufzubringende 301
Dachdeckung 167, 338
– Betondachsteine 185
– Biberschwanz-Doppeldeckung 175
– Biberschwanz-Kronendeckung 175
– Bitumenschindeldeckung 203
– Bitumen-Wellplattendeckung 204
– Dachpappedeckung 221
– Doppelstehfalzdeckung 211
– Falzziegeldeckung 178
– Faserzement- 192
– Faserzement-Wellplattendeckung 192
– Flachdachpfanne 180
– Formziegel 184
– Hohlpfannendeckung 177
– Hohlziegeldeckung 177
– Lehmschindeldeckung 205
– Leistendeckung 215
– Metalldeckung 205
– Mönch- und Nonnen-Deckung 177
– Schieferdeckung 186
– Schindeldeckung 200
– Stroh- und Reetdeckung 204
– textile 165
– Wandanschluss 182
– Winkelstehfalzdeckung 212
– Zubehörziegel 184
Dachdeckungsmaterial 168
Dächer
– begrünte 323, 325
– belüftete 329
Dach(flächen)fenster (DFF) 264
Dachformen 281
Dach (geneigte Dächer) 73
– -abdichtung 73
– Anfallspunkt 75
– Auflagerkräfte 76
– aufliegende Wärmedämmung 92, 260
– Ausführungsarten 258
– ausgebaute(s) 122, 246
– aus Stahlbeton 161
– Begriffe 75
– begrünte 223
– belüftete Konstruktionen 251, 259
– Brandschutz 153, 257
– -deckung 73
– Dreiecksverband 77
– -elemente aus Holz 160
– Fertigteile 92, 260

– -formen 73
– -gaube 75, 266
– -graben 183
– Graben- 74
– -haken 242
– Hängewerke 108
– harte Bedachung 168, 223
– Konstruktionsgrundregeln 75
– Lastabtragung 76
– Mansard- 74
– Massivdachkonstruktionen 160
– -neigung 167
– nicht belüftete Konstruktionen 252, 258
– Passivhausstandard 261
– Pfetten- 76, 99
– Photovoltaik 225
– Planung 169
– Pult- 74
– Regensicherheit 172
– Sattel- 74
– Schallschutz 255
– Shed- 74
– Solardach-Systeme 225
– Solarthermie 225
– Sparren- 76, 90
– Standfläche 242
– Standrost 242
– -teile 75
– textile Flächentragwerke 165
– Turm- 119
– -überstand 96, 242
– über zusammengesetztem Grundriss 117
– Unter- 92
– Vordeckung 83, 173
– Walm- 74, 113
– Wandanschluss 241
– Wärmeschutz 246
– weiche Bedachung 168
– Windrispe 77
– Windsogsicherung 173
– zeichnerische Darstellung 77
– Zelt- 74, 119
– Zusatzmaßnahmen zur Regensicherheit 172
Dachraum, ausgebaut 122, 246
Dachreiter 266
Dachrinne 227
– aufliegende 227, 235
– Hänge- 229
– innen liegende 237
– Notüberlauf 241
– Rinnenhalter 231
– Rinnenheizung 237
– Saumrinne 246
– Sicherheitsrinne 235, 237
– Standrinne 227, 236
– verdeckt liegende 235
– vorgehängte 227
Dachstein 169, 185
Dachstuhl 100
– liegender 101
– stehender 100

Dachtragwerk 158
- aus Holz 77, 122
- aus Stahl 152
- aus textilen Werkstoffen 165
Dachüberstand 96, 244
Dachverglasung 262
Dachziegel 169
- Press- 169
- Strang- 169
Dachzubehör 241
Dämmstoffe 828
Dampfbremse 259, 333, 334, 349, 828, 829, 836
- feuchteadaptive 259
- kapillaraktive 260
Dampfdruckausgleich 300, 306
Dampfdruckausgleichsschicht 306, 308
Dampfsperre 254, 259, 285, 289, 306, 308, 311, 313, 314, 327, 328, 330, 828, 829
Dauerhaftigkeit 834
Dauerhaftigkeitsklasse 84
Deckenbekleidungen 793, 813, 820, 821
Deckendurchführung 346
Dehnungsausgleich (Dilatation) 206, 231, 242
Dichtprofil 494
Dichtstoffe 479, 494, 617, 619–621, 710
- spritzbare 620
Dichtungsbahnen 306, 311, 315
Dichtungsbänder
- vorkomprimierte 619, 620
Dichtungsprofile 667, 670, 671, 674, 675, 710, 743–745
Diffusionswiderstand 816
Dilatation 206, 242, 231
DIN-rechts, DIN-links 451
Dispersionsfarben 850, 852
Dispersions-Silikatfarben
- (einkomponentig) 851
Doppeldachdeckung 175
Doppelstehfalzdeckung 211
Doppelverglasung (DV) 453
Doppelzange 102
Drahtglas 486, 503, 636
Drahtputzdecken 812
- hängende 811
Drehkipp-Beschlag 511
Drehkippfenster 511
Drehkippflügel 450
Dreieckstrebenbau (DSB) 127
Dreiecksverband 77
Dreischichtplatte 80, 791
Drempel 75, 108
Drückergarnituren 687, 709, 728
Druckstabanschluss 129
DSB-Träger 127
Dübel
- aus Hartholz 130
- aus Stahl 130
- besonderer Bauart 132
- Einlass- 132
- Einpress- 132
- für räumliche Tragwerke 136

- rechteckige 131
- Stab- 130, 135
- Verpress- 136
Dübelverbindung 130, 580
Dünnlagenputz 807
Duobalken 79
Durchgangshöhe 352, 381

E
Edelputze 779, 796, 805
Einbau 358, 365
- von Standard-Stahlzargen 672
Einbauzarge (Fenster) 455
Einblasdämmung 249
Einbruchhemmende Verglasung 491
Einbruchhemmung 601, 615, 647, 648, 716, 717, 720, 730
Einbruchhemmung (Fenster) 560
Eindringtiefeklasse (NP) 86
Eingeschobene Treppe 410
Einhandverschluss 512
Einholmtreppe 409, 417
Einlagenputze 792
Einlassdübel 132
Einpressdübel 132
Einscheiben-Sicherheitsglas (ESG) 487, 503, 636, 679–681, 687, 691, 692, 707
Einscheibenverglasung (EV) 453
Einsteckschlösser 661, 687, 730, 732, 738
Einteilung und Benennung 602, 734, 770
Elektrochrome Verglasung 491
Elementbauweise (Glasfassaden) 573
Elementwände 692
Eloxierung 538
Energieeinsparverordnung 825, 829
Engobe 169
Entsorgungsindikator (EI) 23
EPDM-Kautschuk 494, 585, 592
ETFE-Folie 167

F
Fachwerkbinder (Holz) 145
Fachwerkträger (Stahl) 157
Fahrkorb 607
Fahrtreppe 383
Fallmarkise 557
Fallrohr 240
Falttüren 683, 688, 692
Faltwände 636, 678, 683
Faltwerk 161
Falzdichtungen 743
Falzentwässerung 503, 586
Falzraum 494, 496
Falz- und Bodendichtungen 615, 628, 643, 709, 742
Falzziegeldeckung 178
Farbbeschichtung (Aluminiumfenster) 539
Farbbeschichtungen 678, 730
Faserzement 331
Faserzementdachdeckung 192
Faserzement-Wellplattendeckung 192

Sachwortverzeichnis

Fassade 695, 790, 794, 837, 847, 853, 877–879
- Loch- 447
Fassadenbeschichtungen 798, 853
Fenster 447
- Abdeckprofile 523
- Abdichtung 475
- Abdichtungsebenen 476
- Aluminiumfenster 531
- Anforderungen 455
- Ankerabstände 474
- -anschlag 451
- Anschlagdichtung 516
- aus Edelstahl - Rohrprofil 539
- Ausführungsarten 518
- Ausschäumen 473
- -band 508
- -bank 455, 482, 522
- Bauart 455
- Bauaufsichtliche Vorschriften 447
- Baustoff 452
- Bauwerksanschluss 461, 463, 535, 564
- Beanspruchungsebene 534
- Beanspruchungsgruppen 460, 500
- Befestigung 472
- Beschlag 507
- Bewegungsrichtung 450
- Bezeichnung und Bauart 450
- Bezeichnung von Einzelteilen 455
- Blendrahmen 451
- -brüstung 447
- Brüstungsanschluss 481
- CE-Kennzeichen 460
- Dichtstoff 479
- Dichtungsprofil 516, 521
- DIN-rechts, DIN-links 451
- Distanzklötze 473
- Drehkippfenster 511
- Drehkippflügel 450
- Durchschusshemmung 562
- Einbauart 451
- Einbauebene 470
- Einbauzarge 455, 476
- Einbruchhemmung 560
- Einfach- 452
- Einlassgetriebe 509
- Einreiberverschluss 509
- elektrischer Schließantrieb 538
- Falzentwässerung 503
- Fenstergriffe (Oliven) 509
- Fensterrollladen (s. a. Rollladen) 549
- Fingerschutz 538
- Flügelrahmen 451
- Fugendämmung 475
- Funktionsbeschlag 511
- für Niedrigenergie- und Passivhausstandard 528
- Glasaufbau 466
- Glashalteleiste 455
- Hebeschiebe- 515
- Holz-Aluminiumfenster- 530
- Holzfenster 518

- Horizontalschiebe- 513
- Isolierverglasung (Schallschutz) 464
- -kantel 521
- Kantengetriebe 510
- Kasten- 452
- Keller- 545
- Kontrollierte Lüftung 566
- Kosten 450
- Kunststoff- 540
- Kunststoff-Aluminium-Verbund- 557
- -laden 560
- Lage zur Himmelsrichtung 449
- -leibung 451
- Leibungsfläche 477
- Lochfassade 447
- Luftdurchlässigkeit 459
- Lüftungseinrichtung 565
- Luftwechsel 459
- Mindestanforderungen 468
- Mindestluftwechsel 459
- Mitteldichtung 516
- Montagerahmen 455
- notwendige 447
- Oberflächenbehandlung (Aluminiumfenster) 538
- Oberflächenbehandlung (Holzfenster) 527
- Oberlichtbeschlag 516
- Öffnungs- bzw. Flügelart 453
- Oliven 509
- Passivhaus- 542
- Planung 448
- Produktnormen 456
- Putzanschlüsse 481
- Rahmendurchbiegung 461
- Rahmenmaterialien 472
- Referenzluftdurchlässigkeit 459
- Regenschutzschiene 514, 564
- Regensperre 475
- Schallschutz 464, 527
- Schallschutz-Verbund- 537
- Schau- 535
- Schiebe- 512
- Schlagregensicherheit 461
- Schlaudern 473
- Schließrichtung 451
- Schwellen bei Fenstertüren 485
- Schwingflügel- 512
- Sonnenschutz 549
- Stahl- 539
- Tauwasserschutz 463
- Tragklötze 473
- Verbindung zum Bauwerk 472
- Verbund- 452
- Verglasung 486
- Verglasungsart 453
- Verklotzung 472, 498
- -verschluss 509
- versenkbare Fensterelemente 516
- Versiegelung 495
- Vertikalschiebe- 513
- Wärmedurchgangskoeffizient U_w 462

S

Fenster
- Wärmeschutz 462
- Wendeflügel- 512
- Wetterschutzschiene 455, 522
- Widerstandsfähigkeit bei Windlast 461
- Zubehör 516
Fenster-Fassadensystem 573
Fensterflächenanteil 449
Fenstertür 485, 524
Fertigputzgips 774, 807
Fertigteildachelemente 92, 260
Fertigteile (Dächer)
- Spannbeton- 161
Fertigteilgauben 271
Festigkeit 817
Festigkeitsklasse 717
Festpunkt 578, 593
Fettrisse 787
Feuchteadaptive Dampfbremse 259
Feuchtebeanspruchung 615, 623, 628, 644
Feucht- und Nassraumtüren 696, 712
Feuerschutzabschlüsse 696, 698, 699, 702, 704, 706, 707, 730, 751, 752, 818
Feuerschutztüren 602, 609, 696, 701–703, 706, 716, 748, 752
- aus Rohrrahmenkonstruktionen 698
- aus Stahl 698
Feuerwiderstandsklasse 160
Filiformkorrosion 539
Filigranplatte 162
firetower 385
First 176, 180, 188, 196, 203, 213, 201, 329
- Lüfterfirst 180, 207
Firstbohle 91, 93, 104
Firstlasche 91
Firstpfette 100
Firstziegel 180
Flachdächer
- begrünte 319, 322, 324, 325, 327
- belüftete 330, 334
Flachdachpfanne 180
Flachdachrichtlinie 292, 319, 593
Flächentragwerke, textile 165
Flachpressplatte (P) 81
Fledermausgaupe 75
Floatglas 636, 637
Flügelrahmen 451
Formaldehyd 30, 31, 33, 34
Formziegel (Dächer) 184
Fortluft 369, 370
Freitreppe 397
Frischluft 368–370, 374
Fuge 346, 364, 800, 803
- Anschluss- 475, 592
- Bewegungs- 592
- Schatten- 261
- Trenn- 425
- Wartungs- 183, 241, 425
Fugenbänder 620
Fugendämmung 617, 618
Fugendämmung (Fenster) 475

Fugendichtstoffe 619
Fundamente 348, 352, 878, 879
Fünfschichtplatte 80
Funktionsschema 342
Furnierschichtholz (FSH bzw. LVL) 80
Furniersperrholz 628, 646
Furnierstreifenholz 81
Fußpfette 104
F-Verglasung 491, 702, 704

G
Gang-Nail System 141
Ganzglasanlagen 606
Ganzglas-Falttüranlagen 692
Ganzglas-Schiebetüren 687
Ganzglastüren 604, 676, 678, 687, 692, 704
Garage 435
Gasfeuerstätten 366
Gaupe 75, 266
Gebäudeklasse 383
Gebrauchsklasse 85, 252
Gefährdungsklasse 85
Gehbelag 400, 873
Gehbereich 377, 389, 393, 394
Geländer 426
Gelenkträger 128
Gemauerte Treppe 397
Generalhauptschlüsselanlage 742
Gerberpfette 104
Gerberträger 122, 131
Gesamtenergiedurchlassgrad (g-Wert) 449
Geschosstreppe 377
Gespärre 76, 91
Gestemmte Treppe 411
Gewinnstrategie (Energiedesign) 575
Giebel 75
Giebelanker 93
Giebelscheibe 92
Gipsbaustoffe 773
Gipskarton-Absorberdecke 824
Gipskartonplatten 674, 792, 817, 820, 823, 825
Gipskarton-Putzträgerplatten 787, 793, 813
Gipsmörtel 793
Gipsputze 807, 810, 816
Gitterbinder 157
Gitterträger 127
Gittertragwerk 157
Glas s. a. Verglasung 486, 586
- im Bauwesen 636, 678
- opakes 488
- Sonnenschutz- 575
- sprengwirkungshemmendes 636
- Stufen- 488, 589, 595
- Vakuum- 574
Glasfalz 496
Glasfalzentwässerung 586
Glasfasergewebe 166
Glashalteleiste 455, 494, 498
Glastreppe 420

Sachwortverzeichnis

Grabendach 74
Grat 75, 176, 180, 188, 198, 201, 203, 214, 329
Gratsparren 115, 122
Gratziegel 176, 180
Graue Energie 13, 29
Grauwasser 240
Greimbauweise 141
Grundbegriffe 343
– allgemeine 849
Gurtbalken 109
Gurtwickler 556
G-Verglasung 491, 702

H

Hackenplatten-Verbindungen 143
Hahnenbalken 97
Halbfertigteil 162
Halbholz 79
Halbzeug 573
Handlauf 381, 393, 428
Hängedachrinne 229
Hängesäule 109
Hängeschale 152
Hängewerk (Dach) 101, 108
Harmonikatüren 683, 688
Harmonikawände 683, 688
Harte Bedachung 168, 223
Hartfaserplatte 82, 664, 708
Hauptschlüsselanlage 742
Hauptträger 100
Hauseingangstreppe 398
Haustür
– aufgedoppelte 626
Heizen
– im Schlafraum 830
Heizräume 352
Hellbezugswert 839
Hinterschneidung 241, 212
Hochhaus 385, 696
Hochleistungsschornstein 359
Höhe 343, 344
Hohlpfannendeckung 177
Hohlziegeldeckung 177
Holmtreppe 396
Holz 78, 867
– Abbund (abbinden) 135
– Bau- 78
– (BFU) Baufurniersperr- 80, 130
– Binderkonstruktion 145
– (BSH) Brettschicht- 79
– (BSP) Brettsperrholz 80
– Dauerhaftigkeit 86
– Dauerhaftigkeitsklasse 84
– -dichte 78
– Dreischichtplatte 80
– Duobalken 79
– Eindringtiefeklasse (NP) 86
– Fachwerkbinder 145
– -faserplatte 82
– Festigkeitsklasse 78
– -feuchte 78
– (FHS bzw. LVL) Furnierschicht- 80
– (FP) Flachpressplatte 81
– Fünfschichtplatte 80
– Furnierstreifen- 81
– Gütebedingungen 78
– Güteklasse 78
– Halb- 79
– Hartfaserplatte 82
– (HWL) Holzwolle-Leichtbauplatte 83
– (HWP) Holzwerkstoffplatten 80
– in Tischlerarbeiten 656
– Kammertrocknung 78, 87
– Kantholz 78, 79, 81, 87–89, 122, 136, 145, 268, 399, 866, 872, 875
– (KLED) Lasteinwirkungsdauer 90
– Kreuzholzbalken 79
– (KVH) Konstruktionsvoll- 79
– Mängel und Fehler 83
– MDF-Platte 82
– Nadel- 78
– (NKL) Nutzungsklasse 90
– OSB-Flachpressplatte 81
– Schichtholzplatte 80
– Schnitt- 88
– -schutz 83
– Sortierklasse 78
– Sortierung 78
– Spanplatte 81, 206
– Sperrholzplatte 80
– Steildachelemente aus 160
– Streifen- 81
– (SWP) Massivholz- 81
– Triobalken 79
– Verbundwerkstoffe 83
– Voll- 78
– Weichfaserplatte 83
– -werkstoffe 80
Holzabmessungen 88
Holz-Aluminium-Fenster 530
Holzfaserplatte 82
Holz (Fensterbau) 519
– Äste 521
– Ausführungsbeispiele 524
– Beschichtungssysteme 527, 529
– bewährte Holzarten 520
– Erneuerungsanstrich 529
– Flügelabmessung 524
– Holzfensterprofile 523
– Holzschutzbehandlung 527
– Kantel 521
– Keilzinkung 521
– lamellierte Holzfensterprofile 521
– Qualitätsanforderungen 519
– Renovierungsanstrich 529
– Schutzimprägnierung 529
– tropische Hölzer 519
– Überholungsanstrich 529
Holzfeuchte 622
Holzkonstruktion, ingenieurmäßig 122
Holznagelbauweise 136

Holzschutz 83
- -chemischer 84
- Gebrauchsklasse 85, 252
- Gefährdungsklasse 85
- -konstruktiver 78, 84
- RAL-Gütezeichen 87
- Schutzmittelverteilung 86
Holzschutzmittel, Kennzeichnung 87
Holztreppe 404
Holzverbindung 127
- Bolzenverbindungen 142
- Dübelverbindungen 130
- Gang-Nail System 141
- Greimbauweise 141
- ingenieurmäßig 128
- Keilzinkung 145
- Leimverbindungen 143
- Lochplattenverbindung 141
- mit Hakenplatten 143
- mit Stahlblech 141
- mit Stahlgussteilen 143
- Nagelverbindungen 136
Holz-Verbundwerkstoffe 83
Holzwerkstoffe (s. a. Holz) 80, 92, 122, 206, 288
Holzwerkstoffplatten (HWP) 80
Holzwolle-Dämmplatten 791
Holzwolle-Leichtbauplatte (HWL) 83, 771
Holzwolle-Mehrschichtplatten 791
Hydraulikaufzug 438

I
Imprägniermittel 852, 853
- hydrophobierende 852, 853
Ingenieurmäßige Holzdachkonstruktionen 122
Innenanschlag 621
Innendämmung 826, 829
Innendeckenputze 807
Innenputze 769, 815
- auf Betonflächen 810
- für Drahtputzdecken 811
- für Holzbalkendecken 813
- mit Gips 807, 820
- mit Kalk 809
Innentüren 601, 602, 639, 712, 720
Intelligente Gläser 492
Isolierverglasung 830
Isolierverglasung (MIG) 453, 464

J
Jalousette 556

K
Kaiserstiel 119, 120
Kalkfarben 850
Kalkmörtel 779
Kalkputze 778
Kalk-Weißzementfarben 850
Kalkzementmörtel 778, 785
Kammertrocknung 78, 87
Kantel 521
Kantenschutz 653, 666

Kanten- und Falzausbildungen 665
Kantholz 78, 79, 81, 87–89, 122, 136, 145, 268, 399, 866, 872, 875
Kapillaraktive Dampfbremse 260
Kappleiste 182, 212, 241
Kastenschlösser 730, 732
Kastenträger 124
Kehlbalken 76, 92, 97
Kehle 119, 176, 180, 188, 198, 201, 214
Kehlsparren 118, 122
Keilstufe 379
Keilzinkung 79, 145
Kelleraußentreppe 423
Kellerfenster 545
Kellerwand-Außenputze 778
Kippflügel 450, 454, 455, 498, 517, 548
Klappflügel 454, 498, 507, 516, 517
Klappladen 560
Kleingüteraufzüge 437
Klemmfilz 248
Klimaklassen 646, 647, 666
Klotzung 472, 493, 585, 587
Knagge 98, 99
Kniestock 75, 108, 120
Kompriband 477, 484, 593, 621
Kondensatbildung 285, 309, 316, 341, 342, 348, 349, 351, 355, 367
Konstruktionen
- belüftete 362
Konstruktionsvollholz (KVH) 79
Kontaktkorrosion 629
Kontrollierte Lüftung 566
Konvektion 254
Kopfband 77, 100, 102, 129
Kopfhöhe 381
Koppelpfette 99, 122, 145
Korrosionsschutz 153, 288, 313, 628, 629, 667, 670, 677, 775
Kragtreppe 396, 398, 399
Kratzputz 795
Kreuzbalken 79
Kronendachdeckung 175
Krümmling 412
Krüppelwalm 116
Kumulierter Energieaufwand (KEA) 13, 43
Kunstharzputze 774, 778, 792, 815–817
Kunststoff-Hohlkammerprofile 633
Kunststoff- oder Elastomerbahnen 300
Kupfer 288, 210

L
Lamellentreppe 402
Lamellierte Holz - Fensterprofile 521
Langloch 578, 686
Längsaussteifung 92, 102
Lastabtragung (geneigte Dächer) 76
Lasteinwirkungsdauer (Holz) 90
Lastenaufzüge 437
Latte 88
Latten- und Brettertüren 621, 725
Lauflänge 391

Sachwortverzeichnis

Lauflinie 377, 379, 389
Lebenszykluskostenberechnung 4
Leergebinde 104
Lehmschindeldach 205
Leibung 451, 647, 650, 653, 654, 677, 791
Leichtbetonmassivplatte (geneigte Dächer) 160
Leichtputze 771, 803–805, 809, 826
Leichtputzsysteme 771, 804
Leimfarben 850
Leimverbindung 143
Leistendeckung 215
Leitern 869, 873
Leitertreppe 410
Lichtlenkung 492
Lichtraumprofil 381
Lichtschacht 546
Lichtstreuverglasung 491
Liegender Stuhl 101, 106
Life Cycle Assessment (LCA) 13
Links- und Rechtsbezeichnung 612
Lochfassade 447
Lochplattenverbindung 141
Loslager 574
Lospunkt 578, 594
low-E-coatings 574, 614
low-ε-Schicht 449, 486
Luft-Abgas-Systeme 347, 353, 357
Luftdichtheit 252, 254, 314, 336, 337, 348, 617, 644
Luftdurchlässigkeit 623, 743
Luftdurchlässigkeit (Fenster) 459
Lüfterfirstziegel 180
Luftkalke 772
Luftkalkmörtel 809
Luftkollektor 591
Luftporenbildner 775
Luftschalldämmung 639, 643, 644
Luftschichtdicke
– äquivalente 252, 254
Lüftungsanlage 341, 344, 367–374
Lüftungseinrichtung 350, 352, 565
– mit Wärmerückgewinnung (WRG) 464, 512, 566
Luftwechsel 459, 830

M

Maisonettewohnung 383, 384
Mansarddach 74
Markise 557
Maßbezeichnungen 608, 610
Massivdachkonstruktion 160
Massivholzplatten (SWP) 81
Maßtoleranzen
– bei Wandöffnungen 609
Maßtoleranzen (Treppen) 391
MBO-Musterbauordnung 42, 323, 377, 383, 384, 415, 426, 437, 444, 447, 575, 682, 696, 818
MDF-Mitteldichte Holzfaserplatte 82
Mehrfachbelegung 350, 357
Mehrscheiben-Isolierglas (MIG) 488, 623, 628, 637, 661
Mehrschicht-Leichtbauplatten 787
Membran 166
MERO-Tragwerk 159

Metall(dach)deckung 205
– aus Aluminium 210
– aus Blei 210
– aus Kupfer 210
– aus nichtrostendem Stahl 210
– aus verzinktem Stahl 210
– aus Zink 207
– Doppelstehfalzdeckung 211
– in handwerklicher Ausführung 206
– Leistendeckung 215
– mit vorgefertigten Elementen 217
– Patina 210
– Trennlage 208, 210
– Wandanschluss 212
– Winkelstehfalzdeckung 212
Metallzargen 644, 647, 667, 725
Meterriss 608, 618
Mindestluftwechsel 459, 830
Mineralwolle 248
Mittelpfette 100
Modulordnung 608
Mollersche Konstruktion 121
Mönch- und Nonnen-Deckung 177
Montageschaum 475, 618, 644, 650, 710
Montageschornsteine 358
Musterbauordnung (MBO) 42, 323, 377, 383, 384, 415, 426, 437, 444, 447, 575, 682, 696, 818

N

Nachhallzeiten 823
Nachhaltig Konstruieren 1
– Baubiologie 11
– Bauökologie 11
– Dächer 48, 60
– Deutsche Zertifizierungssysteme 5
– Dreisäulenmodell 1, 4
– Effizienz 8
– Entsorgungsindikators (EI) 23
– Erhöhung der Dauerhaftigkeit 43
– Erhöhung der Konstruktionseffizienz 39
– Erhöhung des Anteils regenerativer und recycelter Baustoffe 42
– Fußbodenaufbauten 61
– Grundlagen der Bewertung 3
– Horizontale Bauteile 55
– Innenwände 54
– Integrale Bauteile 39
– Konsistenz 8
– Lebenszykluskostenberechnung 4
– Materialkonzepte 5
– Niedrigstenergiegebäude 8
– ÖKOBAUDAT 24
– Ökobilanz 4, 8, 13, 22–24, 26
– Opake Fassaden 49
– Optimierungsstrategien 8
– Österreichische Zertifizierungssysteme (TQB) 22
– Produktdeklarationsregeln (PCR) 24
– Schadstoffarme Baustoffe 29
– Schadstoffberatung 38
– Schutzgüter 1, 2
– Schutzziele 1, 2

Nachhaltig Konstruieren
- Schweizerische Zertifizierungssysteme (SNBS) 22
- Suffizienz 8
- Transparente Fassaden 51
- Treibhauspotenzial (GWP) 22
- Verbesserung von Instandhaltung und Nachnutzung 44
- Vermeidung von schadstoffhaltigen Baustoffen 46
- Versauerungspotenzial (AP) 17
- Vertikale Bauteile 49
- Zertifizierungssysteme 3, 30
Nadelholz 78
Nagelbauweise 136
Nagelbrettbinder 148
Nagelplattenbinder 141
Nagelverbindung 136, 141
Nassbeschichtung 539
Nebenluftvorrichtungen 351
Nebenträger 100
Netzrisse 787
nicht notwendige Treppe 377, 385
Nichtrostender Stahl 210
Niedertemperatur-Feuerstätten 355
Niedrigstenergiegebäude 8
Nockenblech 182, 268
Notüberlauf 241, 333, 334
notwendige Treppe 377, 383, 385
Nutzungsklasse (Holz) 90

O
Oberflächenbehandlung (Aluminiumfenster) 538
Oberflächenbehandlung (Holzfenster) 527
Oberlicht 516, 653, 655, 676, 680–682
Oberputz 832
Objekttüren 602
Ochsenauge 270
ÖKOBAUDAT 24
Ökobilanz 4, 13
Oliven (Fenstergriffe) 509
opak 573
Opakglas 488
Opferschicht 84
Ornamentglas 636, 637
Ortgang 75, 180, 188, 198, 213
- Strackort 188, 192
Ortgangüberstand 96
OSB-Flachpressplatte 81, 206

P
Paneelelement 533, 590
Pascal (Pa) 252
Passbolzen 135
Passivhausfenster 525, 542
Passivhausstandard 261
Patina 210
Pendeltürbeschläge 750
Pendeltüren 754
Personenaufzüge 437, 440
Pfette (n) 104
- -auflager 84
- -dach 99
- First- 100
- Fuß- 104
- Gerber- 104, 131
- Koppel- 99, 122, 145
- Mittel- 100
- Sparren- 99, 122, 145
Pfettendach 76, 99
- Abmessungen 119
- mit liegendem Stuhl 106
- mit Sprengwerk 105
- mit stehendem Stuhl 100
Pfettenstrang 104, 128
Pfosten 101
Pfostenfassade 576
Pfosten-Riegel-Fassade (PRF) 573
- Anschlussfugen 592
- Ausfachung 585
- Bauarten 580
- Befestigung am Bauwerk 578
- Befestigungssyteme 582
- Fugen und Anschlussausbildung 591
- Füllelemente 585
Photovoltaik (Dächer) 225
Photovoltaik (PV-Module – Fassade) 591
Planungshinweise 602
Plattendecke 162
Plattenstufe 377, 379
Podest 377
- -fläche 382
- -länge 382, 392
- Zwischen- 382
Podestanschluss 392, 393
Polyestergewebe 166
Polymerbitumenbahnen 296
Porenbeton 160
Pressdübelplatte 144
Pressleistenverglasung 586
Primärenergieinhalt (PEI) 13, 532
Primer 479, 496, 620
Produktdeklarationsregeln (PCR) 24
Profil 633, 736
Profilblech 157, 217
Profilblechkassette 219
Profilträger 153
PTFE-Gewebe 166
Pultdach 74
Pulverbeschichtung 539, 632, 721, 730
Putzabschlussschienen 653
Putzanschlussprofile 806
Putzanwendung 771, 775
Putzarmierungen 787
Putzarten 771
Putzaufbau 771, 780
Putzausführung 793
Putzbekleidungen 819, 822, 823
- bei Deckenkonstruktionen 820
- bei Stahlbauteilen 819
- bei Stahlbeton- und Spannbetonbauteilen 819
- brandschutztechnisch 819
- brandschutztechnisch wirksame 771, 813
Putzbewehrung 771, 787, 791

Sachwortverzeichnis

Putze
- für Sonderzwecke 770, 818, 822, 825
Putzgerüste 794
Putzgrund 770, 783
Putzlagen 780, 781
Putzmörtel 770, 772, 775, 779, 805
Putzprofile 787
Putzrisse 785
Putzsysteme 771, 782
- wasserhemmende 798
Putzträger 771, 787, 788, 813, 819
Putzweise 772, 795

Q
Queraussteifung 91, 102
Querschnitte 349

R
Rabitzdecken 811
Raffstore 556
Rahmenkonstruktionen 614, 625
Rampen 435
- barrierefreie 435
- befahrbare 435
Rauchrohranschluss 350
Rauchschutzabschlüsse 706
Rauchschutztüren 609, 696, 702, 706, 707, 720, 729, 741, 751
Rauch- und Wärmeabzugsanlage (RWA) 384
Raum 621, 702, 754
Raumakustik 823
Raumfeuchte 826
Räumliche Knotenverbindung 139
Raumlüftung 809, 830
Raumtragwerk 158, 160
Reetdeckung 204
Regeldachneigung 168, 169, 171, 253
Regenfallrohr 73, 227, 238
Regenschutz 798, 799, 817
Regenschutzschiene 514, 564
Reinigungsöffnungen 347, 351
Resonanz-Absorber 823
Resonatordichtung 748
Retentionsdach 327
Rettungsweg 377
Riegelfassade 577
Rigole 240
Ringbalken 92
Rinnenhalter 231
Rippenstreckmetall 788
Rispenband 92
Risse 785, 787
- baugrundbedingte 785
- konstruktionsbedingte 785
- -Schwind- (Holz) 83
- -Trocken- (Holz) 83
Rollladen 549
- Aufbau-Rollladenkasten 550
- außenliegender Rollladenkasten 553
- -ballen 550
- Ballendurchmesser 555

- Einbau 550
- einbruchshemmende 550
- Elektroantrieb 556
- für Fenster – Sonderformen 554
- Gurtwickler 556
- -kasten 550
- konstruktive Anordnung 551
- Laufschiene 556
- Mauerkasten 556
- -panzer 554
- -profile 555
- Schallschutz 549
- Sicherung 550
- tragender Rollladenkasten 552
- Vorbau-Rollladenkasten 550
- vorgefertigter 552
- -walze 555
Rolltreppe 383
Rosttragwerk 146

S
Sachbilanzdaten 24
Sackrisse 787
Sambatreppe 423
Sammelschachtanlagen 374
Sandwichpaneel 157
Sanierputze 772, 800, 802, 852
Sanierputzsysteme 800, 801
Satteldach 74
Saumrinne 246
Schachtgrube 437
Schachtkopf 437
Schadstoffarme Baustoffe
- Biologische Effekte 29
- Chemische Effekte 30
- Elektrische Effekte 30
- Methoden der Bewertung 32
- Minderung von Schadstoffgehalten 38
Schadstoffberatung 38
Schadstofffreiheit (Baustoffe) 30
Schalen 161, 308, 330, 358
Schalenartiges Tragwerk 152
Schalenkonstruktion 163, 683
Schallabsorber
- poröse 823
Schalldämm-Maß 639–641, 695
Schalldämmung 612, 618, 639, 641, 644, 661, 693, 696, 709, 710, 822, 836
- Prüfung 639
Schallschutz 322, 612, 617, 618, 628, 639, 645, 707, 712, 714, 757, 792, 813, 822, 829, 836
- -geneigte Dächer 160
- Treppen 386
Schallschutzstufe (SSt) 386
Schallschutztüren 602, 621, 696, 707, 709, 710, 745
Schallschutzverglasung 490
Schare 210, 211
Schattenfuge 261
Schaufenster 492
Scheibenwirkung 77, 92, 97, 878

Scheibenzwischenraum (SZR) 575, 614, 615
Scherzapfen 117
Schichtholzplatte 80
Schiebeladen 560
Schiebetürbeschläge 684, 686
Schiebetüren 637, 684
– mit automatischem Türantrieb 637
Schieferdeckung 186
Schiffstreppe 423
Schiftsparren 118, 122
Schiftung 117, 122
Schilfrohrmatten 793
Schimmelpilzbildung 617, 827, 830
Schindeldeckung 200
Schlagregenbeanspruchung 798
Schlagregendichtheit 615, 617, 743, 745
Schleppgaupe 75
Schleppstufen 382, 398
Schließanlagen 733, 739, 741
Schließbleche 716, 739, 740
Schließfolgeregler 752
Schließmittel 698, 702, 703, 750, 752
Schließsysteme
– elektronische 739, 742
Schließzylinder 716, 726, 728, 729, 731, 733, 736, 737, 739, 741
Schlösser 612, 680, 707, 716, 719, 721, 730–732, 739
Schlosssicherungen 720
Schlosssitz 609, 656
Schmiege 115, 122
Schneefanggitter 242
Schneelastzone 75
Schnellbauzargen 675
Schnittholz 88
Schornsteine
– einschalige 358
Schornsteinführung 346
Schornsteinsanierung 365
Schrägverglasung 493, 500
Schrittmaßregel 382, 391
Schrumpfrisse 787
Schüsseln 405
Schutznetz 880
Schutztüren 601, 602, 616, 621, 647, 650, 696, 702
Schwalbenschwanz 410
Schwebezapfen 109
Schwelle 485, 624, 628, 875, 877
Schwellen-/Anschlagdichtungen 745
Schwenkkehle 201
Schwindrisse 787
s_d 816
Seilaufzug 438
Selbstreinigungseffekt 488, 503
Selbsttragende (Glas-) Fassade 576
Semiprobabilistisches Teilsicherheitskonzept 493
Setzstufe 379, 380, 411
Sheddach 74, 262
Sicherheitsgläser 636, 682
Sicherheitsregel (Treppen) 391
Sicherheitsrinne 235, 237
Sicherheitstreppenraum 385

Sicherheitsverglasung 585
Sichtschutzglas 491
Sicke 157
Siliconharzfarben 803, 852
Siliconharzimprägnierungen 853
Silikatfarben 778, 803, 851
Sockelputze 778
Solarthermie 225
Sondergläser 492
Sondertüren 601, 609, 619, 621, 644, 663, 696, 743
Sonnenschutz 549
– außen liegender 575
– verglasungsintegrierter 558, 575
Sonnenschutzverglasung 490, 575
Sortierklasse (Holz) 78
Spannungsrisse 787
Spanplatten 81, 206, 330, 616, 628, 704
Sparren
– -abstand 91, 104
– Binder- 104
– -dach 76
– Grat- 115, 122
– Kehl- 118, 122
– Schift- 118, 122
– Streich- 250
– unterspannte 144
– Wechsel- 91
Sparrendach 76, 90
– Abmessungen 119
Sparrenhalter 96
Sparrenpfette 99, 122, 145
Sparren - Pfetten - Anker 142
Sperrholzplatte 80
Spindeltreppe 377, 396, 399
Spließdach 176
Sprengwerk (Dach) 101, 105
Sprinkleranlage 385
Spritzbewurf 771, 772, 775, 784, 785, 792, 801, 802
Spritzputz 772, 796, 802
Sprossenfenster 489, 500
Stabdübel 128, 135
– -anschlüsse 135
– Mindestabstände 135
Stahl-Abgasanlage
– freistehende 358
Stahlbetonbauteile (geneigte Dächer) 161
Stahlbetontreppe 396, 399
– -vorgefertigte 402
Stahl-Fachwerkträger 157
Stahl – nichtrostend 210
Stahltreppe 415
Stahl – Untergurt 137
Stahlzargen
– für Mauerwerkswände 667
– für Ständerwerkswände 673
Stakete 429
Standfläche 242
Standrinne 236
Standrohr 240
Standrost 242, 352
Standsicherheit 348, 617, 827, 834, 835, 873

Sachwortverzeichnis

Stehender Stuhl 100
Steigungsverhältnis 380, 390
Steildachelemente aus Holz 160
Stichbalken 117
Stiel 102
Stirnversatz 93
Strackort 188, 192
Strahlenschutztüren 602, 677, 696, 719
Strebe 101, 105
Streichsparren 96, 250
Streifenholz 81
Strohdeckung 204
Structural-Sealant-Glazing-System (SSGS) 587
Stuckgips 774
Stufe(n)
– Antritt- 377, 412
– Ausgleichs- 377
– aus Naturstein 397
– aus Stahlbetonfertigteilen 398
– Austritt- 377
– aus Werkstein 398
– Block- 377
– Keil- 379
– Platten- 377, 379
– Schlepp- 382, 398
– Setz- 379, 380, 411
– Tritt- 379, 411
– Trog- 416
– Verziehen 394
– Wechsel- 423
– Winkel- 379
Stufenabstand 380
Stufenarten 379
Stufenglas 264, 488, 492, 504, 535, 589
Stuhl (geneigte Dächer) 100
– liegender 101
– -säule 101
– stehender 100
Stumpfer Anschlag (Fenster) 451
Stützweite 867
Suffizienz 8
Systemabgasleitungen
– einschalige 355
Systemgrenze
– zeitliche 4
Systemschornsteine 358

T
Taktile Kennung (Treppen) 382, 429
Tapezierarbeiten 669, 857
Tauwasser 254, 258
Tauwasserbildung
– auf der Oberfläche von Bauteilen 829
– im Inneren der tragenden Bauteile 826
– im Inneren von Bauteilen 827
– in Bauteilen 827
Tauwasserschutz 285
Teilvorgespanntes Glas (TVG) 487, 503
Tellerankerbeschläge 650, 651
Textile Materialen 165
Thermische Entkoppelung (Alu-Fenster) 533

Tischlerarbeiten 622, 656, 663
Tor 601
Tragbolzentreppe 422
Träger
– Brettschicht- 124
– DSB- 127
– Fachwerk- 157
– Gelenk- 128
– Gerber- 104, 122, 128
– Gitter- 127
– Kasten- 124
– Profil- 153
– Stahl-Fachwerk- 157
– Trigonit- 127
– unterspannter 149, 154
– Vollwand- 124
– Waben- 154
– Wellsteg- 124
Trägerrost 146
Tragholmhöhen 407
Tragwerk
– Bogen- 154
– Gitter- 157
– MERO- 159
– Raum- 146, 160
– Rost- 146
– schalenartig 152
– Trägerrost 146
Tragwerkplanung (Glasfassaden) 576
Transparente Wärmedämmung (TWD) 491, 591
Trapezblech 156, 157
Trapezprofile 315
Traufe 75, 104, 329, 188, 196
Traufüberstand 96
Treibhauspotenzial (GWP) 22
Trennfuge 425
Trennlage 60, 61, 65, 66, 208, 210, 289, 295, 306, 311, 325, 331, 790
Trennwandanschluss 596
Treppen 377
– Antrittstufe 377
– aufgesattelte 396, 406
– -auftritt 380
– -auge 377, 379
– aus Glas 420
– Ausgleichs- 377
– Außen- 397, 403, 404
– aus Stahlbetonfertigteilen 403
– Austrittstufe 377
– Bauarten 396, 406
– Bequemlichkeitsregel 391
– Block- 406
– Bolzen- 396
– Brandmeldeanlage 385
– Brandschutz 383
– Durchgangshöhe 381
– eingeschobene 410
– Einholm- 409, 417
– einschiebbare 383
– Fahr- 383
– Flächenbedarf 391

S

Treppen
- Frei- 397
- Gehbelag 400
- Gehbereich 377, 389, 393, 394
- -geländer 426
- gemauerte 397
- geschlossene 380
- Geschoss- 377
- gestemmte 411
- -grundrisse 378
- Handlauf 381, 393, 428
- Harfe 431
- Hauseingangs- 398
- -holm 377
- Holm- 396
- Holz- 404
- in Altbauten 385
- in Hochhäusern 385
- Kantenschutz 400, 402, 411, 420
- Kelleraußen- 423
- Kopfhöhe 381
- Krag- 396, 398, 399
- Krümmling 412
- Lamellen- 402
- -lauf 377
- Laufbreite 384
- Lauflänge 391
- Lauflinie 377, 389
- Leiter- 410
- Lichtraumprofil 381
- -loch 377
- Maßtoleranzen 391
- Neigung 389
- nicht notwendige Treppe 377, 385
- notwendige Treppe 377, 383, 385
- offene 380
- Planung von 389
- -podest 377
- Podestanschluss 392, 393
- Roll- 383
- Rutschsicherung 400
- Samba- 423
- Schallschutz 386
- Schiffs- 423
- Schrittmaßregel 382
- Setzstufe 380, 411
- Sicherheitsregel 391
- Sonderformen 420
- -spindel 377
- Spindel- 396, 399
- Stahl- 415
- Stahlbeton- 396, 399
- -steigung 380
- Steigungsverhältnis 380, 382, 389, 390
- Steigungsverhältnis 390
- -stufe 377
- taktile Kennung 382, 429
- Tragbolzen- 422
- Trittstufe 377, 405, 411
- Unterschneidung 380, 389, 390
- Verziehen 394
- vorgefertigte Stahlbeton- 402
- Vorschriften 380, 426
- -wange 377, 405
- wangenfreie 396, 420
- Wangentreppe 396
- Wechselstufen- 423
- Wendel- 394, 399, 414, 417
- Wendelungen 392
- Werkstein- 397
- zu Kellerräumen 385
Treppengeländer 426
- Stakete 429
Treppenneigung 390
Treppenraum 377, 384
- innen liegender 384
- notwendiger 384
- Sicherheits- 385
Triebwerksraum 438
Trigonit-Träger 127
Triobalken 79
Trittstufe 379, 405, 411
Trogstufe 415
Tür 601
Türblattaufbau 645
Türblätter 614, 622, 627, 659, 667, 677, 712, 720, 754
Türblattgrößen 609, 656
Türblattkonstruktionen 621–623, 642, 659, 663, 709, 716
- aufgedoppelte 623
- aus Metall 643
- einschalige 641
- mehrschalige 641
Türen
- Rauchschutztüren (CS bzw. RS) 384
Turmdach 119
Türschließer 612, 702, 750, 751, 753
Türschließmittel 752
Türschlösser 730
Türspaltdichtungen 745, 746
Türsysteme
- automatische 637
Türzargen
- aus Metall 666
Türzargendichtung 743
TVOC-Konzentration 34

U
Überfahrt 437
Überkopfverglasung 493, 500, 637
Überzug aus Metall 153
Umkehrdach 224, 283, 295, 305, 306, 308, 311, 313
Umwehrung 426
Umweltlabel 36
Umweltproduktdeklaration (EPD) 5, 24
Unterdach 92, 167, 173, 253
Unterdecken 793, 811, 813, 819–821, 823
Unterdeckung (Dach) 173, 181, 235, 253
Unterfahrt 437
Unterputz 831
Unterschneidung 380, 389, 390
Unterspannbahn 167, 172, 186, 235, 249, 250, 253, 252

Sachwortverzeichnis

Unterspannplatte 257
Unterspannter Sparren 144
Unterspannter Träger 149, 154
Unterspannung (Dach) 112, 144, 167, 172

V

Vakuumglas 463, 574
Vakuum-Isolationspaneele (VIP) 552, 590
Verbrennungsluft 367
Verbund-Sicherheitsglas (VSG) 487, 503, 636, 637
Verformung
- hygrothermische 644
- thermische 616, 645

Verformung (Glasfassaden) 574
Verglasung 486
- Acrylstegplatte 503
- angriffhemmende 636
- Auswahl des Verglasungssystems 500
- Bemessung 493
- Brandschutz- 487, 491
- Dach- 262
- Dampfdruckausgleich 497
- Dichtprofil 494
- Dichtstoff 494
- Dichtstoffvorlagen 496
- Doppel- (DV) 453
- Drahtglas 486, 503
- Einbau 493
- einbruchhemmende 491, 661
- Einscheiben- (EV) 453
- Einscheibensicherheitsglas (ESG) 487, 503
- elektrochrome 491
- Falzraum 494, 496
- Floatglas 486
- Funktionsglas 486
- F-Verglasung 491
- Glasfalz 496
- Glashalteleiste 494, 498
- Gussglas 486
- G-Verglasung 491
- hard-coatings 449, 486
- Isolier- (MIG) 453
- Lagerung und Schutz 493
- Lichtstreu- 491
- low-ε-Beschichtung 449, 486
- Mehrscheibenisolierglas (MIG) 488
- mit besonderen lichttechnischen Eigenschaften 487
- mit selbstreinigenden Oberflächen 488
- mit Sicherheitseigenschaften 486
- Ornamentglas 486
- Primer 479, 496
- Qualitätsprüfung 492
- Randverbund 463, 488
- Schalldämmung 464
- Schallschutz- 490
- Schaufenster- 492
- Scheibenzwischenraum (SZR) 488
- schmutzabweisende 503
- Schräg- 493, 500
- Sichtschutz- 491
- Sonder- 492
- Sonnenschutz- 490
- Sprossenfenster 489, 500
- Stufenglas 492, 504, 535
- Teilvorgespanntes Glas (TVG) 487, 503
- Überkopf- 493, 500
- Verbundglas (Schallschutz) 487
- Verbundsicherheitsglas (VSG) 487, 503
- Verklotzung 472, 498
- warm edge/„warme Kante"-System 449, 488
- Wärmeschutzglas 487, 489

Verglasung s. a. Glas 585, 586
- absturzsichere 428
- Brandschutz- 585
- Pressleisten- 586
- Sicherheits- 585
- Sonnenschutz- 575

Verglasungsart 453, 630
Verglasungssystem 494, 500
Verklotzung 472, 498
Verpressdübel 136
Versatz 93, 104, 128
Versauerungspotenzial (AP) 22
Verschlusssicherheit 733, 736
Versottung 348
Verwahrung 241
Verwendbarkeitsnachweis 697, 834
Verziehen (Treppen) 394
Vollholz 621–623, 653–655, 660
Vollholz (Konstuktions-) 78
Vollsparrendämmung 233, 246
Vollwand 618, 693
Vollwandträger 124
Vordächer 749
Vordeckung 83, 173
Vorfertigung
- Stahlbetontreppen 402

Vorholz 93, 129

W

Wabenträger 154
Walm 75
Walmdach 74, 113
Wandanschluss 212, 241, 594, 695, 822, 824
Wandbekleidungen 661, 807, 849
Wände
- aus Stahlbeton 717

Wangenfreie Treppe 396
Wangentreppe 396
Wange (Treppen) 377, 411
Wärmebrücken 207, 248, 261, 293, 309, 313, 314, 328, 333, 613, 617, 618, 626, 756, 771, 825, 826, 829, 830, 834, 840
Wärmedämm-Putzsysteme 771, 826, 832, 833
Wärmedämmstoff 248, 791
- Klemmfilz 248
- Zellulosedämmung 249

Wärmedämmung 292, 300, 307, 308, 310, 311, 313, 315–317, 319, 320, 323, 328–330, 333
- aufliegende 317
- Einblas- 249
- transparente (TWD) 491, 591

Wärmedämm-Verbundsysteme 618, 771, 834, 841
- schallschutztechnisch 834
warm edge/"warme Kanten"-System 449, 488
Wärmedurchgangskoeffizient 613
Wärmedurchlasswiderstand 816
Wärmekonvektion 207
Wärmeleitfähigkeitsgruppe (WLG) 246
Wärmerückgewinnung 341, 368–370, 372, 374
Wärmeschutz 284, 307, 316, 337, 347, 357, 358, 367, 612, 613, 615, 617, 627, 628, 644, 645, 756, 798, 803, 825–827, 829, 830, 837
Wärmeschutzglas 487, 489
Wartungseinrichtungen 351
Wartungsfuge 183, 241, 213
Waschputz 796
Wasserdampfdiffusion 281, 308, 328, 828, 830
Wasserdampf-Diffusionswiderstand 816
Wasserdampfdurchlässigkeit 816
Wasserfalz 231
Wechsel 91, 266, 286, 365, 729,
Wechselgarnitur 728
Wechselsparren 91
Weichfaserplatte 83
Wellstegträger 124
Wendeltreppe 394, 399, 414, 417
Werkmörtel 770, 779, 805
Werksteintreppe 397
Werkstoffe
- für Dichtungsprofile 744
Wetterschutzschiene 455, 522
Widerstandsklassen 636
Windrispe 77, 92
Windsogsicherung 173
Windverbandanschluss 138
Windzone 75, 174
Winkelstehfalzdeckung 212
Winkelstufe 379

Witterungsbeständigkeit 817
Wohnungsabschlusstüren 601, 605, 607, 609, 613, 621, 646, 653, 663, 696, 712, 714, 730–732, 744, 748, 750
Wohnungseingangstüren 712

Z
Zange 98, 102
Zargen 601, 612, 648, 650, 657, 667, 669, 677, 716
Zargenrahmen 653
Zellulosedämmung 249
Zeltdach 74, 119, 120
Zemente 770, 773, 774
Zementmörtel 320, 629, 644, 647, 672, 700, 710, 776, 778, 785, 792, 794
Zentralschließanlage 741
Zertifizierungssysteme 3, 4, 30
- Deutsche 5
- Österreichische 22
- Schweizerische 22
Zertifizierungssystem LEED 3, 30
Ziegeldrahtgewebe 771, 787, 792, 812, 819
Zink 629, 207
Zugbegrenzer 351
Zugstab 104, 109, 128
Zuluft 342, 354, 355, 357, 366, 368–370, 372, 374
Zurichten des Bauholzes 87
Zusatzmittel 775, 779, 798, 799
Zuschlagstoffe 774–776, 824
Zustimmung im Einzelfall (ZiE) 420, 584, 677, 697, 812
Zweikomponenten-Schaum 650
Zwerchgiebel 266
Zwischenpodest 382
Zwischensparrendämmung 256, 260–262
Zylinderlänge 736
Zylinderschloss 732

SPRINGER NATURE

GPSR Compliance

The European Union's (EU) General Product Safety Regulation (GPSR) is a set of rules that requires consumer products to be safe and our obligations to ensure this.

If you have any concerns about our products, you can contact us on ProductSafety@springernature.com

In case Publisher is established outside the EU, the EU authorized representative is:

Springer Nature Customer Service Center GmbH
Europaplatz 3
69115 Heidelberg, Germany

Printed by Wilco bv, the Netherlands